D1686606

collection Apollo

Dictionnaire

FRANÇAIS - PORTUGAIS

par
Fernando V. Peixoto da Fonseca

Professeur agrégé au Lycée militaire de Lisbonne,
Vice-président de la direction de la Société de Langue portugaise,
Chevalier de l'ordre des Palmes académiques.

LIBRAIRIE LAROUSSE
17, rue du Montparnasse, et boul. Raspail, 114, Paris-6ᵉ

TABLE DES MATIÈRES
ÍNDICE

	Pages
Préface	V
Abréviations	VII
Dictionnaire français-portugais	1
Résumé de grammaire française	353
Dictionnaire portugais-français	363
Résumé de grammaire portugaise	737
Guide de la conversation	747
Manière d'écrire une lettre	758
Règles de prononciation	p. verte

Prefácio	V
Abreviaturas	VII
Dicionário francês-português	1
Resumo de gramática francesa	353
Dicionário português-francês	363
Resumo de gramática portuguesa	737
Guia da conversação	747
Modo de escrever uma carta	758
Regras de pronúncia	p. verde

Le présent volume appartient à la dernière édition (revue et corrigée) de cet ouvrage. La date du copyright mentionnée ci-dessous ne concerne que le dépôt à Washington de la première édition.

© 1957. — Librairie Larousse, Paris.

Librairie Larousse (Canada) limitée, propriétaire pour le Canada des droits d'auteur et des marques de commerce Larousse. — Distributeur exclusif au Canada : les Editions Françaises Inc., licencié quant aux droits d'auteur et usager inscrit des marques pour le Canada.

ISBN 2-03-020909-0

PRÉFACE

Le présent Dictionnaire, conçu sur un plan entièrement nouveau, donne au lecteur, quelle que soit la partie du Dictionnaire qu'il consulte, toutes les indications nécessaires pour traduire, prononcer et construire correctement.

Pour le lecteur français qui veut parler ou écrire en portugais, nous donnons, dans la partie française-portugaise, toutes les traductions portugaises de chaque mot, avec des explications en français, permettant de ne pas confondre ces acceptions; nous y ajoutons l'indication du genre, quand il varie, et la place de l'accent tonique. S'il s'agit de verbes irréguliers, nous renvoyons par un astérisque au résumé grammatical portugais, où l'on trouvera la conjugaison cherchée. Enfin, s'il s'agit d'un mot à construction difficile (préposition, pronom, verbe à régime différent), nous indiquons avec force exemples la manière de l'employer.

Quand ce même lecteur ouvrira la partie portugaise-française, il aura la traduction des mots portugais en français. Nos explications ne lui seront pas nécessaires dans ce cas; aussi les donnons-nous en portugais pour les lecteurs de cette langue, qui, eux, négligeront en revanche les explications en français de l'autre partie.

Nous avons adopté, pour la prononciation figurée, un système très simple, quoique exact. Au lieu d'employer des signes spéciaux, peu clairs pour les personnes non initiées à la science phonétique, nous avons gardé l'alphabet ordinaire, mais en donnant, quelquefois en caractère gras, les quelques lettres dont la prononciation diffère sensiblement dans les deux langues. Une

PREFÁCIO

O presente Dicionário, concebido segundo um plano inteiramente novo, dá ao leitor, qualquer que seja a parte do Dicionário que consulte, todas as indicações necessárias para traduzir, pronunciar e construir correctamente.

Para o leitor português que queira falar ou escrever em francês, damos, na parte portuguesa-francesa, todas as traduções francesas de cada palavra, com explicações em português que permitam não confundir as acepções; acrescentamos a indicação do género dos vocábulos, quando este varia, e a colocação do acento tónico. Se se trata de verbos irregulares, remetemos por meio de um asterisco ao resumo gramatical francês, onde se achará a sua conjugação. Por último, se se trata duma palavra de construção difícil (preposição, pronome, verbo de regime diferente), indicamos com muitos exemplos o modo de utilizá-la.

Quando o mesmo leitor abrir a parte francesa-portuguesa, encontrará a tradução dos vocábulos franceses em português. Não lhe farão falta então as nossas explicações, por isso as damos ali em francês para os leitores desta língua, que descurarão em troca as explicações portuguesas que damos na outra parte.

Adoptámos para a pronúncia figurada um sistema muito simples, embora exacto. Em lugar de empregar sinais especiais, pouco claros para as pessoas não iniciadas na ciência fonética, conservámos o alfabeto ordinário, dando, às vezes em normando, as poucas letras cuja pronúncia difere sensivelmente em ambas as línguas. Uma página em papel verde dá o valor de todos page sur papier vert donne la valeur de ces signes, qu'il sera d'ailleurs utile de se faire expliquer de vive voix.

Notre vocabulaire, patiemment choisi, est bien plus riche que celui de maint dictionnaire plus volumineux. L'emploi des racines (réelles ou non) nous a permis, par le groupement des dérivés, de beaucoup l'élargir. Nous y avons fait une bonne place aux néologismes, à la langue familière et, pour la partie portugaise, aux termes particuliers au Brésil.

Nous avons accordé une attention spéciale à la grammaire, et nous n'avons pas hésité à consacrer de longs articles remplis d'exemples aux prépositions, aux verbes difficiles à traduire. Chaque fois qu'un mot donne lieu à plusieurs traductions, nous les avons distinguées, dans la langue du chercheur, par des explications et des exemples.

Quant aux verbes irréguliers, nous ne nous sommes pas contentés de les signaler à l'infinitif, nous avons fait place, dans l'ordre alphabétique, au résumé grammatical, à toutes leurs personnes irrégulières, telles que *vais, vont, aille, irai...* pour *aller*.

Notre résumé de grammaire, pour chaque langue, permettra de repasser ou d'apprendre les quelques notions indispensables pour bien parler et bien écrire, et notre petit guide de conversation rendra les plus grands services au débutant dans les premiers temps de son séjour dans l'Empire portugais ou au Brésil.

estes sinais, que convirá no entanto ouvir explicar de viva voz.

O nosso vocabulário, pacientemente escolhido, é muito mais rico que o de muitos dicionários mais volumosos. O emprego de raízes (reais ou não) permitiu-nos, mediante o agrupamento dos derivados, ampliá-lo consideràvelmente. Concedemos um lugar importante aos neologismos, à língua familiar e aos brasileirismos.

Prestámos especial atenção à gramática, e não vacilámos em consagrar longos artigos cheios de exemplos às preposições, aos verbos difíceis de traduzir. Sempre que uma palavra origina várias traduções, distinguimo-las na língua do consulente por meio de explicações ou de exemplos.

Quanto aos verbos irregulares, não nos contentámos com assinalá-los no infinitivo, mas pusemo-los por ordem alfabética, no resumo gramatical, em todas as pessoas irregulares, como *vou, ia, fui, vá...* para o verbo *ir*.

O nosso resumo de gramática, para cada língua, permitirá rever ou aprender as poucas noções indispensáveis para falar e escrever bem, e o nosso pequeno guia de conversação prestará os maiores serviços ao principiante nos primeiros dias da sua permanência em França ou nos outros territórios onde se fala francês.

Fernando V. Peixoto da Fonseca

ABRÉVIATIONS — ABREVIATURAS

adj.	adjectif, adjectivo.
adv.	adverbe, advérbio.
Agr.	Agriculture, agricultura.
ant.	vieilli, antiquado.
Arg.	Argot, calão.
Arch., Arq.	Architecture, arquitectura.
Astr.	Astronomie, astronomia.
augm., aum.	augmentatif, aumentativo.
barb.	barbarisme, barbarismo.
Bot.	Botanique, botânica.
Br.	Brésilien, brasileirismo.
Chim.	Chimie, química.
Com.	Commerce, comércio.
dém, dem.	démonstratif, demonstrativo.
des.	inusité, desusado.
dim.	diminutif, diminutivo.
ex.	exemple, exemplo.
f.	féminin, feminino.
fam.	familier, familiar.
fig.	figuré, figurado.
Fortif.	Fortification, fortificação.
franç., franc.	français, francês.
gal.	gallicisme, galicismo.
Géogr., Geogr.	Géographie, geografia.
Géol., Geol.	Géologie, geologia.
Gramm., Gram.	Grammaire, gramática.
hér., her.	héraldique, heráldica.
Hist.	Histoire, história.
impers., impess.	impersonnel, impessoal.
interj.	interjection, interjeição.
inus.	inusité, desusado.
iron., irón.	ironique, irónico.
irrég., irreg.	irrégulier, irregular.
Jurispr.	Jurisprudence, jurisprudência.
loc.	locution(s), locução, -ções.
m.	masculin, masculino.
Mar.	Marine, marinha.
Mat.	Mathématiques, matemática.
Méc., Mec.	Mécanique, mecânica.

Méd., Med.	Médecine, medicina.
Mus., Mús.	Musique, música.
n.	neutre, neutro.
néol., neol.	néologisme, neologismo.
n. pr.	nom propre, nome próprio.
Observ.	Observation, observação.
p. p.	participe passé, particípio passado.
pers., pess.	personne, pessoa, personnel, pessoal.
pl.	pluriel, plural.
Poét.	Poétique, poético.
pop.	populaire, popular.
port.	portugais, português.
poss.	possessif, possessivo.
prép., prep.	préposition, preposição.
provinc.	provincialisme, provincianismo.
p. us.	peu usité, pouco usado.
Quím.	Chimie, química.
r.	réfléchi, reflexo.
rég., reg.	régulier, regular.
s.	substantif, substantivo.
sing.	singulier, singular.
Synt., Sint.	Syntaxe, sintaxe.
superl.	superlatif, superlativo.
Techn., Técn.	Technique, técnico.
Théâtr., Teatr.	Théâtre, teatro.
u.	usité, usado.
vi.	verbe intransitif, verbo intransitivo.
vt.	verbe transitif, verbo transitivo.
vulg.	vulgaire, vulgar.
vx.	vieilli, vieux, antiquado.
Zool.	Zoologie, zoologia.

Prononciation figurée. —— Dans beaucoup de cas, pour gagner de la place, nous supprimons, dans la prononciation figurée, les syllabes se prononçant de la même manière dans les deux langues.

Pronúncia figurada. —— Em muitos casos, para poupar espaço, suprimimos na pronúncia figurada as sílabas que se pronunciam de igual modo em ambas as línguas.

DICTIONNAIRE
FRANÇAIS - PORTUGAIS

A

à prep. (a). A, de, em, com, por, até. ||*A* [direction]: *aller à Lisbonne*, ir* a Lisboa. ||*A* [distance, intervalle]: *à deux pas*, a dois passos; *de deux à trois jours*, de dois a três dias. ||*A* [manière]: *à l'anglaise*, à inglesa; *à la nage*, a nado. ||*Em* [situation, position]: *être à Paris*, estar* em Paris; *au siècle dernier*, no século passado. ||*De* [usage, utilité]: *marché aux grains*, mercado de cereais; *canne à sucre*, cana de açúcar; *canne à pêche*, cana de pesca. ||*De* [particularité]: *l'homme à la barbe blanche*, o homem da barba branca. ||*De* [manière de fonctionner]: *moulin à vent*, moinho de vento. ||*De* [ingrédient caractéristique]: *crème au chocolat*, creme de chocolate; *soupe aux choux*, sopa de couves. ||*Com* [mélange]: *café au lait*, café com leite. ||*Com* [= avec]: *vendre à perte*, vender com perda; *se laver à l'eau froide*, lavar-se com água fria. ||*Por* [= pour]: *prendre à témoin*, tomar por testemunha; *pour toda a vida*. ||*Por* [époque approximative]: *à la Noël*, pelo [= por + o] Natal. ||*Por* [distributif]: *trois kilomètres à l'heure*, três quilómetros por hora. ||*Até* [= jusqu'à]: *à ce soir*, até logo à noite. ||*Por* [= par]: *reconnaître au son*, reconhecer pelo som. ||*Loc. diverses*. — *A: jouer aux cartes*, jogar às [= a + as] cartas; *boire à la santé*, beber à saúde; *à midi*, ao [= a + o] meio-dia; *à sa mort*, à [= a + a] sua morte. *Por*: *à l'unanimité*, por unanimidade. ||*Régime verbal*. *Em* [s'emploie avec certains verbes]: *travailler à*, trabalhar em, *consentir à*, consentir* em. *Etre à* [se traduit de diverses manières]: *tout est à faire*, tudo está por fazer*; *c'est à voir*, vai-se pensar; *c'est à qui*, é a ver* quem. *Laisser à*, dar* que, dar* a. *Continuer à chanter*, continuar a cantar (ou cont. cantando). [*Observ. A* seguido em francês do artigo *le* ou *les*, contrai-se em *au* e *aux* (ô, ô), equivalentes a *ao* e *aos*.]

abaisse|| f. (abéç). Massa que se adelgaça por meio de rolo. ||- **langue** m. (-āg). Cataglosso, abaixa-língua. ||-**ment** (-mã), m. Abaixamento. ||*Fig.* Abatimento, humilhação, f.

abaisser vt. (abèçé). Baixar. ||Rebaixar, humilhar. ||(A)baixar-se. ||*Fig.* Rebaixar-se, humilhar-se.

abajoue f. (abaju). Bolsa ou faceira.

abandon || m. (abãdô). Abandono. ||Descuido, negligência, f. ||Singeleza, f., simplicidade, f. ||*A l'-*, descuidado, da. ||-**né**, ée adj. (-onê). Abandonado, da. ||Exposto, ta, enjeitado, da (enfant). ||-**nement** m. (-onmã). Abandono. ||Desregramento. ||-**ner** (-né). Abandonar. ||Descuidar [négliger]. ||Entregar [livrer]. ||(**s'**) vr. Abandonar-se. ||Prostituir-se*.

abasourd||**ir** vt. (abazurdir). Ensurdecer. ||*Fig.* Aturdir, surpreender [stupéfaction]. ||-**issement** m. (-ā). Estupefacção, f., assombro.

abat m. (aba). Forte aguaceiro.

abâtardir vt. (abatardir). Abastardar.

abat-jour. (abajur). Quebra-luz.

Lettres penchées: accent tonique. ||V. page verte pour la prononciation figurée. ||*Verbe irrég. V. à la fin du volume.

ABA — ABO

abatt‖age m. Derrota, f. ‖Matança, f. [animaux]. ‖-ant, m. (-ã). Assento ou aba móvel. ‖-ement m. Abatimento. Desconto (rabais). ‖-eur m. (-ár). Abatedor. ‖-is m. Entulho. ‖Corte [arbres]. ‖Miúdos, m. pl. [animaux]. ‖-oir m. (-uar). Matadouro.
abattre* vt. (abatr). Derrubar. ‖Matar [animaux]. ‖Fig. Abater, humilhar. ‖ (s') vr Caír*, precipitar-se.
abbatial, ale adj. (abacial). Abacial, abadengo, ga.
abbaye f. (abéí). Abadía.
abbé m. (abé). Abade [monastère]. Padre [avec un nom propre]. ‖Clérigo, sacerdote [prêtre]. ‖Loc. Monsieur l'Abbé. Padre [conversation]. Rev. Sr. [adresses].
abbesse f. (abéç). Abadessa.
abcès m. (abcé). Abcesso.
Abdérame n. pr. (abdêram). Abderramão.
abdication f. (abdicació). Abdicação.
abdiquer vt. (a-é). Abdicar.
abdom‖en m. (a-ômén). Abdómen. ‖-inal adj. (-al). Abdominal.
abécédaire m. (abécêdér). Abecedário.
abeille f. (abéí). Abelha; caruara (Br. du N.) [petite].
Abencérage n. pr. (abàncêraj). Abencerragem.
aberration f. (abéració). Aberração.
abêt‖ir vt. (abétir). Entontecer, embrutecer. ‖-issement m. (-çmã). Embrutecimento.
abhorrer vt. (aborê). Aborrecer.
abî‖me m. (abím). Abísmo; perambeira, f. (Br. de Minas). ‖-mer vt. (-é). Subverter. ‖Estragar [gâter]. ‖ (s') vr. Abismar-se.
ab intestat loc. lat. (abintécta). Ab intestato, sem testamento.
abjec‖t, ecte adj. (abjéct). Abjecto, ta. ‖-tion f. (-kció). Abjecção.
abjur‖ation f. (abjüració). Abjuração. ‖-er vt. (-é). Abjurar.
ablatif m. (a-atíf). Ablatívo.
ablation f. (a-ació). Ablação.
ablette f. (a-ét). Mujem, m.
ablution f. (a-ücíó). Ablução.
abnégation f. (a-êgació). Abnegação.
aboi m. (abua). Ladrído. ‖ Loc. Aux abois, acossado, da [animal]; em apuros; em camísa de onze varas.

aboiement ou aboîment m. (abuamã). Latído, ladrído.
abol‖ir vt. (abolír). Abolír. ‖-issement m. (-çmã) e -ition f. (-ció). Abolição, f. ‖-is m. (-ciónism). ‖-itionnisme m. (-cionícm). Abolicionísmo.
abomi‖nable adj. (abo-abl). Abominável. ‖-nation f. (-ació). Abominação. ‖-ner vt. (-é). Abominar.
abond‖amment adv. (abôdamã). Abundantemente. ‖-ance f. (-ãç). Abundância. ‖Loc. Parler d'abondance. Falar com facilidade, de improviso. ‖-ant, ante adj. (-ã, ãt). Abundante. ‖-er vi. (-é). Abundar. ‖ Loc. Abonder dans le sens de quelqu'un, ser* do mesmo parecer de alguém.
abonn‖é, ée adj. e s. (aboné). Assinante. ‖Subscritor. ‖-ement m. (-mã). Assinatura, f. [périodiques, théâtre]. ‖Subscrição, f. ‖-er vt. (-é). Subscrever. ‖Assinar, tornar-se assinante.
abord m. (abor). Acesso. ‖ pl. Cercanías, f. [environs]. ‖Loc. D'abord, primeíro. De prime abord, à primeíra vista. Tout d'abord, antes de tudo. ‖-able adj. (-abl). Acessível. ‖-age m. (-aj). Abordagem, f. ‖-er vt. (-é). Abordar, abeirar-se [une personne]. Arribar [marine]. ‖Abordar, tratar [un sujet]. ‖-eur m. (-ár). Abalroador.
aborigène adj. (abor-én). Aborígene, indígena.
abortif, ive adj. (abortif, ív). Abortivo, a.
abouch‖ement m. (abuxmã). Abocamento. ‖-er vt. (-é). Reunir. ‖Técn. Ajustar [tuyaux].
abouler vt. (abulé). Pop. Soltar, largar. ‖ (s') vr. Vír*.
aboulique adj. e s. (abulíc). Abúlico, a.
about‖ m. (ab-u). Topo. ‖-er vt. (-té). Ligar pelos topos. ‖-ir vi. (-ír). Confinar (com.). ‖Concluir*, terminar. ‖Ir* ter*, ir* dar* [conduire]. ‖Med. Supurar [abcès]. ‖-issant, ante adj. (-ã, ãt). Limítrofe, confinante. ‖m. pl. Confrontações dum terreno, f. ‖-issement m. (-çmã). Resultado.
abo‖yer vi. (abuaíé). Ladrar. ‖-yeur adj. (-iár). Ladrador.

Itálico : acento tónico. ‖V. página verde para a pronúncia figurada. ‖*Verbo irreg. V. no final do livro.

abracadabrant, ante adj. (abracadabrā̀, ā̀t). Estupendo, da, extraordinário, ia.
abra∥sif, ive adj. (abrazíf, v). Abrasívo, a. ∥**-sion** f. (abrazió̀). Abrazão.
abrég∥é m. (abrêjé̀). Compêndio. ∥**-é, ée** adj. (-jé̀). Compendiado, abreviado, da. ∥Loc. En- (ā̀n-). Em resumo. ∥Com abreviaturas. ∥**-er** vt. (-jé̀). Abreviar.
abreu∥ver vt. (abrâvề). Matar a sede a [animaux]. ∥Ensopar [tremper]. ∥(s') vr. Beber. ∥**-voir** m. (-uar). Bebedouro.
abréviation f. (abrê-aciò̧). Abreviação, abreviatura.
abri m. (abrí). Abrigo. ∥Loc. A l'abri de, em segurança, resguardado.
abrico∥t m. (abr-ó̀). Albricoque, damasco. ∥**-tier** m. (-é̀). Damasqueiro.
abriter vt. (abr-é̀). Abrigar.
abro∥gation f. (abrogaciò̧). Ab-rogação. ∥**-ger** vt. (-jé̀). Ab-rogar.
abrupt, te adj. (abrù̀pt). Abrupto, a.
abrut∥i, ie adj. (abrùtí). Embrutecído, da. ∥**-ir** vt. (-ír). Embrutecer. ∥**-issant, ante** adj. (-çā̀, ā̀t). Embrutecedor, ora. ∥**-issement** m. (-çmā̀). Embrutecimento.
Abruzzes n. pr. (abrùz). Abruzos.
abscisse f. (abcíç). Abcíssa.
abs∥ence f. (abçā̀ç). Ausência. ∥Falta [manque]. ∥Loc. En l'absence de, na ausência de. ∥ **-ent, ente** adj. (-ā̀, ā̀t). Ausente. ∥**-enter** (s') [-té̀] vr. Ausentar-se.
abside f. (abcíd). Abside.
absinthe f. (abçā̀nt). Absínto, m.
absolu∥, ue adj. (abçolù̀). Absoluto, ta. ∥**-tion** f. (-ciò̧). Absolução. ∥**-tisme** m. (-tíçm). Absolutismo.
absor∥bable adj. (abçorbabl). Absorvível. ∥**-bant, ante** adj. (-ā̀, ā̀t). Absorvente. ∥**-ber** vt. (-é̀). Absorver. ∥**-ption** f. (-ciò̧). Absorção.
abs∥oudre* vt. (abçùdr). Absolver. ∥**-ous, oute** p. p. (-u, ut). Absolvído, da. ∥**-oute** f. (-ut). Absolvição geral.
absten∥ir* (s') vr. (abçtânír). Abster-se*. ∥ **-tion** (-āciò̧). Abstenção. ∥**-tionniste** m. (-onnı́çt). Abstencionista.
abster∥gent, ente adj. (abçtérjā̀, ā̀t). Abstergente. ∥**-ger** vt. (-é̀). Limpar, purgar.

absti∥nence f. (abç-ā̀ç). Abstinência. ∥**-nent, ente** adj. (-ā̀, ā̀t). Abstinente.
abstraction f. (abçtrakciò̧). Abstracção. ∥Loc. Faire abstraction de, prescindir de.
abs∥traire* vt. (abçtré̀r). Abstraír*. ∥**-trait, aite** adj. (-é̀, é̀t). Abstracto, ta.
abstrus, use adj. (abçtrù̀, ù̀z). Abstruso, sa.
absurd∥e adj. (abçù̀rd). Absurdo, da. ∥**-ité** f. (-é̀). Absurdo, m.
abus m. (abù̀). Abuso. ∥**-er** vt. (-zé̀). Abusar. ∥Enganar [tromper]. ∥(s') vr. Enganar-se. ∥**-if, ive** adj. (-zíf, ív). Enganador, ora.
abysse m. (abíç). Fossa (f.) abissal.
Abyssinie n. pr. (a-í). Abissínia.
abyssin, ine adj. (-ā̀n, ín). Abissínio, nia ; abexim.
acabit m. (acabí). Qualidade, f. [choses]. ∥Carácter, casta, f. [personnes].
acacia m. (acacià̧). Acácia, f.
académ∥icien, ienne f. (acadê-iā̀n). Académico. ∥**-ie** f. (-í). Academia. ∥**-ique** adj. (-ík). Académico, ca.
Acadie n. pr. (acadí). Acádia.
acagnarder (s') vr. (acahardé̀). Dar* hábitos de preguiça. ∥(s') vr. Mandriar.
acajou m. (acajù̀). Acaju, mogno.
acan∥thacées f. pl. (acātacé̀). Bot. Acantáceas. ∥**-the** f. (-ā̀t). Acanto, m.
acariâtre adj. (acariatr). Áspero, ra ; rabugento, ta.
acarus m. (acarù̀ç). Ácaro.
accabl∥ant, ante adj. (aca-ā̀, ā̀t). Acabrunhante. ∥**-ement** m. (-āmā̀). Prostração, f., abatimento. ∥**-er** vt. (-é̀). Acabrunhar. ∥Accabler de, cumular de.
accalmie f. (acalmí). Mar. Calmaria. ∥Fig. Tranquilidade; interrupção.
accapar∥ement m. (acaparmā̀). Açambarcamento. ∥**-er** vt. (-é̀). Açambarcar [marchandises]. ∥Fig. Abarcar. ∥**-eur** m. (-ár). Açambarcador, ora.
accéder vi. (akcêdé̀). Aceder.
accéler∥ateur, trice adj. (akcêlêratár, tríç). Acelerador, tríz. ∥**-ation** f. (-ciò̧). Aceleração. ∥**-er** vt. (-é̀). Acelerar.

Lettres penchées : accent tonique. ∥V. page verte pour la prononciation figurée. ∥*Verbe irrég. V. à la fin du volume.

ACC — ACC

accen‖t m. (akçã). Acento. ‖-tuation f. (-tùaciõ). Acentuação. ‖-tuer vt. (-ê). Acentuar.
accept‖able adj. (aképtabl). Aceitável. ‖-ation f. (-ciõ). Aceitação. ‖-er vt. (-ê). Aceitar. ‖Loc. Accepter avec empressement, aceitar com ambas as mãos; pegar no ar (Br.). ‖-eur m. (-âr). Aceitante [lettre de change]. ‖-ion f. (-ciõ). Acepção.
acc‖ès m. (akçé). Acesso. ‖-essible adj. (-cibl). Acessível. ‖-essit m. (-it). Acessit.
accessoire adj. (akcéçuar). Acessório, ria.
accid‖ent m. (akç-ã). Acidente. ‖-enté, ée adj. (-ê). Acidentado, da [terrains]. ‖Desigual [style, etc.]. ‖Agitado, da [vie, conduite, etc.]. ‖-entel, elle adj. (-él). Acidental. ‖-enter vt. (-ê). Acidentar, tornar acidentado.
acclam‖ation f. (aclamaciõ). Aclamação. ‖-er vt. (-ê). Aclamar.
acclima‖tation f. (aclimataciõ). Aclimatação. ‖-ter vt. (-tê). Aclimatar.
accoin‖tance f. (acùantãç). Familiaridade, ligação. ‖-ter (s') vr. Relacionar-se.
acco‖lade f. (acolad). Abraço, m. ‖Espaldeirada [chevaliers]. ‖Chaveta [signe typographique]. ‖-ler vt. (-ê). Abraçar. ‖Reunir.
accommo‖dable adj. (acomodabl). Accmodável. ‖-dant, ante adj. (-ã, ãt). Complacente, afável. ‖-dation f. (-ciõ). Acomodação. ‖-dement m. (-dmã). Acordo. ‖-der vt. (-ê). Acomodar. ‖Arranjar [arranger]. ‖Temperar, preparar [comestibles]. ‖Convir*.
accompagn‖ateur, trice m. e f. (a-anhatâr, riç). Acompanhador, ora. ‖ -ement m. (-ã). Acompanhamento. ‖-er vt. (-ê). Acompanhar.
accom‖pli, ie adj. (acõ-i). Completo, ta; acabado, da. ‖ -plir vt. (-ir). Cumprir, executar. ‖-plissement m. (-mã). Cumprimento, realização (f.) cabal.
accor‖d m. (acor). Acordo. ‖Gram. Concordância, f. ‖Mús. Acorde. ‖D'accord, loc. adv. De acordo. ‖Loc. Mettre, être d'accord, pôr*, estar* de acordo. ‖-dable adj. (-dable). Conciliável. ‖Outorgável [octroyable]. ‖-dailles f. pl. (-daù). Esponsais, m. pl. ‖-dé, ée adj. (-ê). Concedido, da ‖m. e f. Noivo, a [fiancés]. ‖-déon (-dêõ). Harmónio. ‖-der vt. (-dê). Concordar, conciliar, harmonizar. ‖Outorgar, conceder. ‖Mús. Afinar [voix, instruments]. ‖-deur m. (-dâr). Afinador.
accore f. (acor). Escora, f. ‖ adj. Alcantilado, a.
accort, orte adj. (acor, ort). Insinuante, amável.
accoster vt. (acoçtê). Atracar [bateaux]. ‖Aproximar-se, chegar-se [quelqu'un].
acco‖tement m. (acotmã). Berma da estrada, f., passeio da rua. ‖-ter vt. Encostar, suster*.
accou‖chée f. (acuxê). Parturiente. ‖-chement m. (-xmã). Parto. ‖-cher vi. Dar* à luz. ‖Sint. Accoucher de deux jumeaux, parir dois gémeos. ‖vt. Partejar, assistir a uma parturiente. ‖-cheur, euse adj. e s. (-âr, âz). Parteiro, m. Parteira, comadre.
accou‖der (s') vr. (sacudê). Apoiar-se sobre os cotovelos ‖-doir m. (-uar). Reclinatório. ‖Parapeito [fenêtre].
accoupler vt. (acu-ê). Juntar, jungir, emparelhar. ‖vr. Juntar-se, ter* cópula [animaux].
accou‖trement m. (acutrâmã). Atavio, trajo. ‖-trer vt. (-rê). Ataviar ridiculamente.
accoutu‖mance f. (acutùmãç). Hábito, m., costume, m. ‖ -mé, ée adj. (-ê). Acostumado, da; habitual. ‖Loc. A l'accoutumée, Como de costume. ‖ (s') vr. Acostumar-se, habituar-se.
accréditer vt. (acrê-ê). Acreditar, dar* carta de crédito.
accroc m. (acrô). Rasgão. ‖Fig. Obstáculo, mancha, f.
accro‖chage m. (acroxaj). Acção (f.) de enganchar. ‖Engate [véhicules]. ‖-che f. (-x). Gancho, m. ‖-cheœur m. (-câr). Caracol [de cabelo]. ‖-chement m. (-xmã). V. ACCROCHAGE. ‖-cher vt. (-ê). Pendurar a um gancho. ‖Embaraçar, fazer* parar [mettre obstacle]. ‖Obter*

Itálico : acento tónico. ‖V. página verde para a pronúncia figurada. ‖*Verbo irreg. V. no final do livro.

ACC — ACQ

por astúcia. ‖ (s') vr. Prender-se, agarrar-se [se saisir].
accroire* vt. (acruar). U. com o v. *faire : en faire accroire*, fazer* crer* (no que não é verdade). ‖*En faire accroire à*, enganar.
accroissement m. (acruaçmã). Crescimento, aumento.
accroître* vt. (acruatr). Aumentar, crescer.
accroupir (s') vr. (sacrupír). Acocorar-se, agachar-se.
accru, ue adj. (acrü). Aumentado, da.
accueil m. (acâi). Acolhimento. ‖-**llant, ante** adj. (-iã, ãt). Acolhedor, ora. ‖-**llir*** vt. (-ir). Acolher.
accul‖**ement** m. (acülmã). Encurralamento. ‖-**er** vt. (-lê). Encurralar. ‖ (s') vr. Encostar-se.
accumu‖**lateur, trice** adj. e s. m. (acümülatêr, triç). Acumulador, ora. ‖-**lation** f. (-laciõ). Acumulação. ‖-**ler** vt. (-ê). Acumular.
accu‖**sable** adj. (acüzabl). Acusável. ‖-**sateur, trice** adj. e s. (-zatêr, triç). Acusador, ora. ‖-**satif** m. (-if). Acusativo. ‖-**sation** f. (-zaciõ). Acusação. ‖-**sé, sée** adj. (-zê). Acusado, da. ‖m. e f. *Jurisp*. Réu, ré. ‖*Aviso* [de réception]. ‖-**ser** vt. (-zê). Acusar. ‖*Fig*. Indicar, revelar. ‖*Ressaltar* [faire ressortir].
acéphale adj. (acêfal). Acéfalo, la.
acerbe adj. (acêrb). Acerbo, ba.
acéré, ée adj. (acêrê). Acerado, da. ‖*Fig*. Mordaz.
acé‖**tate** m. (acêtat). Acetato. ‖-**tique** adj. (-ík). Acético, ca. ‖-**tocellulose** f. (-océlülôz). Acetocelulose. ‖-**tone** f. (-on). Acetona.
acétylène m. (acêtilén). Acetileno.
Achaïe n. pr. (acaí). Acaia.
achaland‖**age** m. (axaladaj). Freguesia, f. (com.). ‖-**er** vt. (-ê). Afreguesar.
achar‖**nement** m. (axarnãmã). Encarniçamento. ‖Empenho, obstinação, f. ‖-**ner** vt. (-nê). Encarniçar. ‖ (s') vr. Encarniçar-se.
achat m. (axa). Compra, f.
Achate n. pr. (acat). Acates.
achemi‖**nement** m. (ax-ã). Encaminhamento. ‖-**ner** vt. (-ê). Encaminhar.
Achéron n. pr. (akêrõ). Aqueronte.

ache‖**ter** vt. (axtê). Comprar. ‖-**teur, euse** m. e f. (axtêr, êz). Comprador, ora.
ach‖**evé, ée** adj. (axvê). Acabado, da. ‖*Fig*. Consumado, da; perfeito, ta. ‖-**èvement** m. (axévmã). Acabamento. ‖*Fig*. Perfeição. ‖-**ever** vt. (-ê). Acabar.
Achille n. pr. (axil). Aquiles.
achoppement m. (axopmã). Tropeço. ‖*Pierre d-* (piér). Obstáculo, m., dificuldade imprevista.
achromatique adj. (acromatík). Acromático, ca.
aci‖**de** adj. (acid). Ácido, da. ‖s. m. Ácido. ‖-**dimétrie** f. (-êtri). Acidimetria. ‖-**dité** f. (-ítê). Acidez. ‖-**duler** vt. (-ülê). Acidular.
aci‖**er** m. (aciê). Aço. ‖-**érage** m. (-êraj). Aceração, aceragem. ‖-**érer** vt. (-ê). Acerar. ‖-**érie** f. (-í). Fábrica de aço, acerário, m.
acné f. (a-ê). Acne.
acolyte m. (acolít). Acólito.
acompte m. (acõt). Pagamento por conta, prestação, f. ‖Loc. *Donner un acompte*. Dar* alguma coisa por conta.
aconit m. (aconít). Acónito.
acoquiner vt. (aco-nê). Atrair*, cativar. ‖ (s') vr. Ligar-se demais, apaixonadamente.
Açores n. pr. (acor). Açores.
acotylédone adj. (acotilêdon). Acotiledóneo, a.
à-coup m. (acu). Sacudidela, f.
acoustique adj. (acuçtík). Acústico, ca. ‖s. f. Acústica.
acqué‖**reur** m. (akêrêr). Adquiridor, comprador, m. ‖-**rir*** vt. (-rír). Adquirir.
acquêt m. (akê). Aquisição, f. ‖pl. Bens adquiridos a título oneroso [pendant le mariage].
acquies‖**cement** m. (akiéçmã). Aquiescência, f., consentimento. ‖-**cer** vi. Aquiescer, consentir*.
acqu‖**is, ise** adj. (akí, íz). Adquirido, da. ‖V. ACQUÉRIR. ‖s. m. Conhecimentos adquiridos (pl.), experiencia, f. ‖-**isition** f. (-ziciõ). Aquisição. ‖-**it** m. (-í). Quitação, f., recibo, f. ‖-*à-caution* (-ôciõ). Carta de guia, f. ‖*Pour* - (par). Recebi, recebemos [factures]. ‖-**ittement** m. (-ã). Pagamento, liquidação, f. [dette]. ‖Absolvição, f. [accusé]. ‖-**itter**

Lettres penchées : accent tonique. ‖V. page verte pour la prononciation figurée. ‖*Verbe irrég. V. à la fin du volume.

ÂCR — ADO

vt. (-é). Pagar, liquidar [dette].
‖Absolver [accusé]. ‖Dar* por
quite. ‖ (s') vr. Pagar. ‖Cumprir,
desempenhar [charge, devoir].
âcr‖e adj. (acr). Acre. ‖Áspero
[caractère]. ‖-eté f. (-âté). Agrura.
acrimo‖nie f. (acrimoni). Acrimónia.
‖-nieux, euse adj. (-â, âz). Acrimonioso, a.
acroba‖te m. (acrobat). Acrobata.
‖-tie f. (-ci). Acrobacia.
acropole f. (acropol). Acrópole.
acrostiche m. (acroçtix). Acróstico.
act‖e m. (act). Acto. ‖Acção, f. ‖Escritura, f. [notarial]. ‖Acta, f. (com.).
‖Certidão, f. [de naissance, etc.].
‖Loc. Acte d'accusation, acusação, f.
‖Prendre acte, tomar nota, f. ‖Faire
acte de, dar* provas de. ‖Faire acte
de présence, fazer* ofício de corpo
presente. ‖Demander acte, pedir* que
se faça constar. ‖-eur, rice m. e f.
(-âr, ríç). Actor, triz. ‖-if, ive adj.
(-if, iv). Activo, va. ‖-ion f. (-kciõ).
Acção. ‖-ionnaire m. e f. (-kcionér). Accionista. ‖-ionner vt. (-ioné).
Interpor* acção, demandar em juízo
[justice]. ‖Pôr* em movimento
[mécanisme]. ‖-ivation f. (-aciõ).
Activação. ‖-iver vt. (-é). Activar.
‖-ivité f. (-ivité). Actividade.
actini‖e f. (act-i). Actínia. ‖-que
adj. (-íc). Actínico, a.
actuaire m. (actüér). Actuário.
actu‖alité f. (actüa-é). Actualidade.
‖-el, elle adj. (-él). Actual. ‖-ellement adv. (-á). Actualmente ; já-hoje (Br.).
acuité f. (acüité). Acuidade.
acupuncture f. (acüpõctür). Acupunctura.
adage m. (adaj). Adágio.
Adam n. pr. (adã). Adão.
adapt‖ation f. (adaptaciõ). Adaptação. ‖-er vt. (-é). Adaptar.
additi‖on f. (adiciõ). Adição. ‖Soma
[arithm.]. ‖Conta [rest.]. ‖-onnel,
elle adj. (-onèl). Adicional. ‖-ionner vt. (-oné). Adicionar, somar.
adducteur adj. (adüctâr). Adutor.
Adélaïde n. pr. (adélaid). Adelaide.
Adèle n. pr. (adél). Adélia.
adén‖ite f. (adénit). Adenite. ‖-oïde
adj. (adénoïd). Adenóide.
adepte m. e f. (adépt). Adepto, ta.

adéquat, ate adj. (adécua, at). Adequado, da.
adhé‖rence f. (adèrãç). Aderência.
‖-rent, ente adj. e s. (-rã, ãt). Aderente. ‖-rer vi. (-ré). Aderir*. ‖-sif,
ive adj. (-zif, iv). Adesívo, va.
‖-sion f. (-ziõ). Adesão.
adieu m. (adiâ). Adeus.
Adige n. pr. (adij). Adígio.
adip‖eux, euse adj. (a-â, âz). Adiposo, sa. ‖-osité f. (-o-é). Adiposidade.
adjacent, ente adj. (a-açã, ãt). Adjacente.
adjectif, ive adj. (a-éctif, iv). Adjectivo, va. ‖m. Adjectivo.
ad‖joindre* vt. (a-uãndr). Associar.
‖ (s') vr. Juntar a si. ‖-joint, ointe
adj. (-uãn, -t). Adjunto, ta, auxiliar : adjoint au maire, magistrado
que substitui o presidente da câmara
municipal. ‖-jonction f. (-õkciõ).
Associação, união. ‖Adjunção, anexação.
adjudant m. (a-üdã). Adjudante,
sargento-adjudante.
adjudica‖taire m. (a-ü-atér). Adjudicatário. ‖-tion f. (-ciõ). Adjudicação.
adjuger vt. (a-üjê). Adjudicar.
adjur‖ation f. (a-üraciõ). Adjuração.
‖-er vt. (-é). Adjurar, conjurar.
adjuvant, ante adj. e s. m. (a-üvã,
-t). Adjuvante.
admettre* vt. (a-étr). Admitir.
administ‖rateur, trice m. e f. (a- çtratâr, ríç). Administrador, ora.
‖-atif, ive adj. (-if, iv). Administrativo, va. ‖-ation f. (-ciõ). Administração. ‖-tré, ée adj. (-é). Administrado, a. ‖-er vt. (-é). Administrar. ‖ (s') vr. Atribuir-se*.
admir‖able adj. (a-rabl). Admirável.
‖-ateur, trice m. e f. (-atâr, triç).
Admirador, ora ; fã (Br.). ‖-atif,
ive adj. (if, iv). Admirativo, va.
‖-ation f. (-aciõ). Admiração. ‖-er
vt. (-é). Admirar.
admis‖sible adj. (a-ibl). Admissível.
‖-sion f. (-iõ). Admissão.
admones‖tation f. (a-onéçtaciõ). Admoestação. ‖-ter vt. (-é). Admoestar.
adoles‖cence f. (adoléçãç). Adolescência. ‖-cent, ente adj. e s. (-çã,
ãt). Adolescente.
Adolphe n. pr. (adolf). Adolfo.

Itálico : acento tónico. ‖V. página verde para a pronúncia figurada. ‖*Verbo
irreg. V. no final do livro.

Adonis n. pr. (adoniç). Adónis.
adoniser vt. (ado-sê). Adonisar.
adonner (s') vr. (sadonê). Dar-se*, entregar-se.
adopt||**able** adj. (adoptabl). Adoptável ||-**er** vt. (-ê). Adoptar. ||**Perfilhar** [opinion, etc.]. ||-**if, ive** adj. (-if, iv). Adoptivo, va. ||-**ion** f. (-çiô). Adopção.
ador||**able** adj. (adorabl). Adorável. ||-**ateur, trice** adj. (-atér, triç). Adorador, ora. ||-**ation** f. (-aciô). Adoração. ||-**er** vt. (-ê). Adorar.
adosser vt. (adocê). Encostar, apoiar.
adouc||**ir** vt. (aducír). Adoçar, suavizar. ||-**issant, ante** adj. (-ã, ãt). Mitigante, calmante. ||-**issement** m. (-ã). Adoçamento, suavizamento.
adrénaline f. (adrênalin). Adrenalina.
adres||**se** f. (adréç). Habilidade, destreza. ||**Endereço**, m., direcção [lettres, etc.]. ||**Mensagem**, memorial, m. ||*Tour d'adresse* (tur-). Prestidigitação, f. ||-**ser** vt. (-ê). Dirigir, endereçar.
Adriatique n. pr. (adriatik). Adriático.
Adrien, enne n. pr. (adriàn, én). Adriano, na.
adroit, e adj. (adrua, uat). Destro, e.
adsor||**ber** vt. (adsorbê). Adsorver. ||-**ption** f. (-pciô). Adsorção.
adul||**ation** f. (adùlaciô). Adulação. ||-**er** vt. (-ê). Adular.
adulte adj. e s. (adùlt). Adulto, ta.
adult||**ération** f. (adùltêraciô). Adulteração. ||-**ère** adj. (-ér). Adúltero, ra. ||m. Adultério. ||-**érer** vt. (-êrê). Adulterar. ||-**érin, ine** adj. (-êràn, in). Adulterino, na.
adven||**ir*** vi. (a-ânír). Acontecer, suceder. ||-**tif, ive** adj. (-àtíf, iv). Adventício, cia.
adverbe m. (a-érb). Advérbio.
adver||**saire** m. (a-ércér). Adversário, ia. ||-**sité** f. (-é). Adversidade.
aède m. (aéd). Aedo.
aér||**age** m. (aéraj) ou -**ation** f. (aêraciô). Ventilação. ||-**ien, enne** adj. (-iàn, én). Aéreo, ea. ||-**obie** adj. e m. (-obí). Aeróbio, a. ||-**odrome** m. (-odrom). Aeródromo. ||-**odynamique** adj. (-odinamík). Aerodinâmico, ca. ||f. Aerodinâmica. ||-**olithe**

m. (-olit). Aerólito. ||-**onaute** m. e f. (-onôt). Aeronauta. ||-**onautique** f. (-onôtík). Aeronáutica. ||-**onaval, e** adj. (-onaval). Aeronaval. ||-**onef** m. (-onéf). Aeronave, f. ||-**ophagie** f. (-ofaji). Aerofagia. ||-**oplane** m. (-o-an). Aeroplano. ||-**oport** m. (-opor). Aeroporto. ||-**ostat** m. (-oçta). Aeróstato. ||-**ostation** f. (oçtaciô). Aerostação. ||-**ostier** m. (-oçtié). Aerosteiro. ||-**otechnique** f. e adj. (-écník). Aerotécnico, a.
aff||**abilité** f. (afa-é). Afabilidade. ||-**able** adj. (afabl). Afável.
affadir vt. (afadír). Tornar ensosso. ||*Fig.* Tornar insípido, sem graça.
affaibli||**r** vt. (afé-ír). Enfraquecer. ||-**ssant, ante** adj. (-ã, ãt). Debilitante. ||-**ssement** m. (-ã). Enfraquecimento. ||-**sseur** adj. (-ár). Enfraquecedor.
affaire f. (afér). Assunto, m. ||**Negócio**, m. [commercial, etc.]. ||**Processo**, m. ||**Combate**, m. Duelo, m. Loc. *Avoir affaire à*, ter* de falar com; ter* negócios a tratar com; ter* contas a ajustar com. *C'est mon, ton affaire*, isso é comigo, contigo. *C'est l'affaire de*, é coisa de. *Cela fait mon affaire*, isso convém-me. *Se tirer d'affaire*, tirar-se de apuros. *Faire ou aller ses affaires*, satisfazer* as suas necessidades. *Son affaire est bonne*, o seu assunto é claro. *La belle affaire*! bonito serviço! ||pl. Objectos (m.) escolares do estudante; interesses (m.) do Estado ou particulares. ||-**é, ée** adj. (-ê). Atarefado, a.
affaiss||**ement** m. (aféçmã). Abatimento, prostração f. ||-**er** vt. (-ê). Deprimir. ||(s') vr. Desinchar. *Fig.* Sucumbir.
affaler (s') vr. (afalê). *Fam.* Deixar-se cair*. ||*Mar.* Aproximar-se demais da costa.
affam||**é, ée** adj. (afamê). Faminto, a. ||-**er** vt. (-ê). Esfomear.
affec||**tation** f. (aféctaciô). Afectação. ||-**té, ée** adj. (-ê). Destinado, da. ||**Fingido**, da; afectado, da. ||-**ter** vt. (-ê). Destinar, aplicar. Impressionar [émouvoir]. ||(s') vr. Apoquentar-se. ||**Fingir-se**. ||-**tif, ive** adj. (-if, iv). Afectivo, a. ||-**tion** f. (-kciô). Afecto, m. ||*Med.*

---

res penchées : accent tonique. || V. page verte pour la prononciation figurée. ||*Verbe irrég. V. à la fin du volume.

AFF — ÂGE

Afecção. ‖-tionné, ée adj. (-oné).
Afeiçoado, da [dévoué]. ‖ Querido,
da [aimé] ‖-tionner vt. (-cioné).
Querer, ter* afecto a. ‖-tueux,
euse adj. (-tiuê, âz). Afectuoso, sa.
afférent, ente adj. (afêrâ, ât). Aferente. ‖ Correspondente.
afferm‖age m. (afêrmaj). Arrendamento. ‖-er vt. (-ê). Arrendar.
affermi‖r vt. (afêrmír). Firmar,
consolidar, fortalecer. ‖-ssement m.
(-â). Firmeza, f. ‖ Consolidação, f.
afféterie f. (afêtrí). Afectação, f. presunção.
affich‖age m. (a-aj). Afixação, f. ‖-e
f. (-ix). Cartaz, m., edital, m. ‖-er
vt. (-ê). Afixar anúncios, etc. ‖ Ostentar, alardear. ‖-eur m. (-âr).
Afixador de cartazes, cartazeiro.
affid‖avit m. (a-ít). Affidavit. ‖-é,
ée adj. (-ê). De confiança, seguro, a.
‖ s. m. e f. Espião, espia; agente
secreto, ta.
affil‖é, ée adj. (a-ê). Afiado, da;
amolado, da. ‖-ée (d') loc. adv.
(-ê). Sem parar. ‖-er vt (-ê). Afiar,
amolar.
affili‖ation f. (a-ciô). Filiação. ‖-er
vt. (-ê). Filiar, associar.
affin‖er vt. (a-ê). Afinar, purificar.
‖-erie f. (-rí). Oficina onde se afinam metais. ‖-ité f. (-ê). Afinidade.
affiquet m. (a-ê). Porta-agulhas de
fazer* malha. ‖pl. Enfeites de senhora.
affirm‖atif, ive adj. (a-rmatif, ív).
Afirmativo, va. ‖-ation f. (-aciô).
Afirmação, f. ‖-er vt. (-ê). Afirmar.
affleur‖ement m. (a-ârmâ). Afloramento; nivelação, f. ‖-er vt. (-ê).
Nivelar. ‖vi. Aflorar.
affli‖ctif, ive adj. (a-ctíf, ív). Aflitivo, va. ‖-ction f. (-kciô) Aflição.
‖-gé, ée adj. (-ê). Aflito, ta; atacado, da. ‖-geant, ante adj. (-jâ, ât).
Aflitivo, va; torturante. ‖-ger vt.
(-ê). Afligir, atormentar.
afflu‖ence f. (a-uâc). Afluência.
‖-ent, ente adj. e s. m. (-â, ât).
Afluente. ‖-er vi. (-ê). Afluir*.
‖-x m. (-ü). Afluxo.
affol‖ement m. (afolmâ). Terror
louco, desvario. ‖-er vt. (-ê). Enlouquecer, endoidecer.
affranchi‖, e adj. (afrâxí). Livre,
forro, a. ‖ Franqueada [lettre]. ‖m.

Liberto [esclave]. ‖ Franquear [lettre]. ‖-ssement m. (-â). Libertação, f., alforria, f. ‖ Franquia
[lettre].
affres f. pl. (afr). Angústia, f., terrores, m. pl.
affr‖ètement m. (afrêtmâ). Fretamento. ‖-éter vt. (-êtê). Fretar.
‖-éteur m. (-êtâr). Fretador.
affreux, euse adj. (afrâ, âz). Horroroso, sa.
affriander vt. (afriâdê). Engodar, fazer* a boca doce.
affriolant, ante adj. (afriolâ, ât).
Apetitoso, sa; atraente.
affron‖t m. (afrô). Afronta, f. ‖Loc.
Faire affront à, ser* a vergonha de.
‖-ter vt. (-tê). Nivelar. ‖ Fig. Defrontar [danger].
affubl‖ement m. (afüblâmâ). Trajo
ridículo, farpela, f. ‖-er vt. (-ê).
Enfarpelar, vestir* de maneira extravagante.
affusion f. (afüziô). Afusão.
affû‖t m. (afû). Carreta, f. de artilharia. ‖ Emboscada, f. [chasse].
‖ Loc. A l'affût, à espreita, à espera.
‖-tage m. (-taj). Afiação, f. ‖-ter
vt. (-ê). Afiar, amolar [outils].
‖ Colocar uma peça na carreta.
‖-tiau m. (-tiô). Ninharia, f.
Afghanistan m. (afga-çtâ). Afeganistão.
afin conj. (afân). A fim.
africain, aine adj. (africân, én).
Africano, na.
Afrique n. pr. (afrík). África.
aga‖çant, ante adj. (agaçâ, ât).
Enervante, irritante. ‖-cement m.
(-â). Embotamento [dents]. ‖ Irritação, f. ‖-cer vt. (-ê). Embotar.
‖ Irritar, provocar, enervar. ‖-cerie
f. (-rí). Provocação, negaças (pl.),
olhares (m. pl.) para chamar a
atenção.
agape f. (agap). Ágape.
agaric m. (agarík). Agárico.
agate f. (agat). Ágata.
Agathe n. pr. (agat). Ágata, Águeda.
agavé m. (agavê). Ágave, piteira, f.
âge m. (aj). Idade, f. ‖Bas-, infância, f. ‖Bel-, juventude, f. ‖Moyen-
Idade Média, f. ‖Loc. Entre deux
âges, de meia idade. D'âge à,
idade para. Retour d'âge, idade crítica; menopausa [femmes], cl

---

Itálico : acento tónico. ‖V. página verde para a pronúncia figurada. ‖*V
irreg. V. no final do livro.

térico [hommes]. *Age ingrat*, idade das ilusões. *Être sur l'âge*, ir* para a velhice. *D'âge en âge*, de geração em geração.
âgé, ée adj. (ajé). Idoso, sa; velho, a. *Age de*, com a idade de, de idade.
agen‖ce f. (ajãç). Agência. ‖**-cement** m. (-ã). Disposição, f., arranjo. ‖**-cer** vt. (-ê). Dispor*, ajustar. ‖**-t** (-ã) m. Agente. ‖*Agent de billets*, contratador; cambista (*Br*.).
agglomér‖ation f. (a-omêraciõ). Aglomeração. ‖**-er** vt. (-ê). Aglomerar.
agglutiner vt. (a-ù-é). Aglutinar.
aggrav‖ant, ante adj. (agravã, ãt). Agravante. ‖**-ation** f. (-aciõ). Agravação. ‖**-er** vt. (-ê). Agravar.
agil‖e adj. (ajíl). Ágil. ‖**-ité** f. (-ê). Agilidade.
aglo m. (ajiô). Ágio. ‖**-tage** m. (-aj). Agiotagem, f. ‖**-teur** (-ãr) m. Agiota.
agi‖r vi. (ajir). Agir, proceder. ‖Citar em juízo [justice]. ‖**(s')** v. impess. Tratar-se : *il s'agit de*, trata-se de. ‖Sint. *Agir en*, proceder como. ‖**-ssant, ante** adj. (-ã, ãt). Activo, va, diligente. ‖**-ssement** m. (-ã). Procedimento, comportamento.
agit‖ateur m. (a-a-âr). Agitador. ‖**-tation** f. (-aciõ). Agitação. ‖**-er** vt. (-ê). Agitar.
Aglaé n. pr. (a-aé). Aglaia.
agneau m. (anhô). Cordeiro.
Agnès n. pr. (anhéç). Inês.
agnostique adj. e s. (a-oçtic). Agnóstico, ca.
agoni‖e f. (agoni). Agonia. ‖**-r** vt. (-ir). *Pop*. Cumular [d'injures]. ‖**-sant, ante** adj. (-ã, ãt). Agonizante. ‖**-ser** vi. (-ê). Agonizar.
agoraphobie f. (agorafobi). Agorafobia.
agouti m. (aguti). Aguti.
agra‖fe f. (agraf). Colchete, m., fivela, gancho, m., grampo, m. ‖**-fer** vt. (-ê). Acolchetar, prender; agarrar.
agraire adj. (agrér). Agrário, ia.
agrand‖ir vt. (agrãdír). Aumentar, ampliar. ‖*Fig*. Engrandecer, enobrecer. ‖**-issement** m. (-ã). Ampliação, f. [photographie]. ‖Aumento, engrandecimento.
agréable adj. (agrêabl). Agradável.
agré‖é, ée adj. (agrêê). Aceite. ‖s. m.

Defensor [tribunal de commerce]. ‖**-er** vt. (-ê). Aceitar, aprovar. ‖vi. Agradar [plaire].
agré‖gation f. (agrêgaciõ). Agregação, admissão. ‖**-gé** m. Professor efectivo de liceu ou faculdade. ‖**-ger** vt. (-jê). Agregar, associar.
agré‖ment m. (agrêmã). Consentimento. ‖Atractivo [qualité agréable]. ‖Encanto [charme]. ‖Adorno [discours, vêtement, etc.]. ‖Loc. *Arts d'agrément*, artes (f.) recreativas. ‖**-menter** vt. (-ãtê) Enfeitar, guarnecer.
agrès m. pl. (agré). Aparelhagem, f., acessórios.
agress‖eur m. (agréçâr). Agressor. ‖**-if, ive** adj. (-if, ív). Agressivo, va. ‖**-ion** f. (-iõ). Agressão. ‖**-ivité** f. (-ê). Agressividade.
agreste adj. (agréçt). Agreste, rústico, a.
agric‖ole adj. (agricol). Agrícola. ‖**-ulteur** m. (-ùltãr). Agricultor. ‖**-ulture** f. (-ùltùr). Agricultura.
Agripp‖a n. pr. (agripa). Agripa. ‖**-ine** n. pr. (-in). Agripina.
agripper vt. (agripê). Agarrar, arrebatar.
agronome m. (agronom). Agrónomo.
agrumes m. pl. (agrùm). Agrumes.
aguerrir vt. (aghérir). Aguerrir.
aguets m. pl. (aghé). Vigilância, f. ‖Loc. *Aux aguets*, à escuta, de emboscada.
agui‖chant, ante e **-cheur, euse** adj. (aghixã, ãt) e (-xâr, âz). Provocante. ‖**-cher** vt. (-ê). Provocar.
ah! interj. Ah!
aha‖n m. (aã). Afã. ‖**-ner** vi. (-ê). Afadigar-se, cansar-se.
Ahasvérus n. pr. (aaçvêrùç). Ahasverus.
ahur‖i, ie adj. (aùri). Aturdido, da; espantado, da; perturbado, da. ‖**-ir** (-ir) vt. Aturdir, espantar. ‖**-issant, ante** adj. (-ã, ãt). Pasmoso, sa. ‖**-issement** m. (-ã). Aturdimento, estupefacção, f.
aid‖e f. (éd). Ajuda. ‖m. Ajudante : *aide de camp*, ajudante de campo. ‖Loc. *A l'aide!* Socorro! *A l'aide de*, com o auxílio de. *Venir en aide à*, socorrer. ‖**-er** vt. (-ê). Ajudar.
aïe! interj. (aí). Ai!
aieul, eule m. e f. (aiâl). Avô, avó

Lettres penchées : accent tonique. ‖V. page verte pour la prononciation figurée. ‖*Verbe irrég. V. à la fin du volume.

‖Pl. A*ïeuls*, avós; *aïeux*, antepassados.
aigl‖**e** m. (é-). *Águia*, f. ‖Pl. *Águias* (insígnias). ‖*Grand aigle*, águia real; papel de grande formato (1,06 × 0,75). ‖**-on** m. (-ô). Filho da águia.
aigre‖ adj. (*ègr*). Acre; azedo, da. ‖**--doux, ouce** adj. (*ègrâdu, uç*). Agridoce.
aigrefin m. (*ègrâfàn*). Trampolineiro, cavalheiro de indústria.
aigrelet, ette adj. (*ègrâlé, èt*). Acídulo, la.
aigrette f. (*ègrét*). Penacho, m., crista; martinete, m. ‖*Zool.* Garça.
aigr‖**eur** f. (*ègrâr*). Acidez, azedume, m. ‖*Fig.* Aspereza, acrimónia [en paroles]. ‖*Azia* [estomac]. ‖**-ir** vt. (-*ír*). Azedar; irritar.
aigu, uë adj. (*ègü*). Agudo, da.
ai‖**gue-marine** f. (*ègmarín*). Água-marinha. ‖**-guière** f. (-*ghiér*). Jarro, m., gomíl, m.
aigu‖**illage** m. (*ègüíìaj*). Agulha, f. (manobra das agulhas duma linha férrea). ‖**-ille** f. (*ègüiíâ*). Agulha. ‖**-illée** f. (-*iìé*). Enfiadura, agulhada. ‖**-iller** vt. (-*ilé*). Fazer* a agulha. ‖**-illeur** m. (-*iàr*). Agulheiro [chemin de fer]. ‖**-illette** f. (-*ìiét*). Agulheta. ‖**-illon** m. (-*iô*). Aguilhão. ‖**-illonner** vt. (-*iìoné*). Aguilhoar.
aigui‖**ser** vt. (*èghizé*). Aguçar. ‖Amolar, afiar [couteaux, etc.]. ‖**-seur** m. Amolador, afiador.
ail m. (ai). Alho. Pl. *Aïls* [termo de botânica]; *aulx*, dentes de alho [gousses d'ail]; ô).
ai‖**le** f. (él). Asa. ‖Aspa, vela [moulin]. *Aba* [chapeau]. *A la* [militaire et bâtiment]. ‖Loc. *A tire-d'aile*, em voo rápido. *Battre de l'aile*, andar de asa caída. *Ne battre que d'une aile*, já não poder*, ter* decaído muito. ‖**-lé, ée** (-é) adj. Alado, da. ‖**-leron** m. Ponta de asa. f. ‖Pena, f. [moulin]. ‖Leme de inclinação [aeron.]. ‖**-lette** f. (-élét). Asinha.
ailleurs adv. (*aiiâr*). Algures, em outros lugares. ‖ (**d'**) loc. Aliás, por outro lado.
ailloli m. (*aiioli*). Suco de alho com azeite.
aimable adj. (*émabl*). Amável.
aim‖**ant** m. (*émâ*). Íman, magnete.

‖**-ant, ante** adj. (-*â, ât*). Amante, amorável. ‖**-anter** vt. (-*ê*). Magnetizar.
aimer vt. (*émé*). Amar [d'amour]. Querer* [affection]. Gostar de [aimer d'amour; plaire] : *j'aime la musique*, gosto de música.
aine f. (én). Virilha.
aîn‖**é, ée** adj. e s. (éné). Primogénito, ta; o *mais* velho, a *mais* velha : *il est mon aîné*, ele é mais velho que eu. ‖**-esse** f. (-éç). Primogenitura.
ainsi adv. (*ànci*). Assim : *ainsi que, assim como*; *ainsi soit-il*, assim seja, ámen.
air m. (ér). Ar. ‖Tom, aparência, f., aspecto. ‖*Ária*, f., cantiga, f. [chanson]. ‖Pl. Atmosfera, f. sing. ‖Loc. *Avoir l'air de*, parecer. *En l'air*, no ar, levianamente. *Grand air*, ar livre; maneiras distintas. *En bon air*, o bom tom. *En avoir l'air et la chanson*, ter* escritas na cara as suas qualidades.
airain m. (*érân*). Bronze.
ai‖**re** f. (ér). Área [surface]. ‖*Eira* [agriculture]. ‖Ninho, m. (de *av*e de rapina). ‖*Mar.* Direcção do vento. ‖**-rée** f. (*éré*). Eirada. ‖**-relle** f. (*érél*). Airela.
ais m. (é). Fasquia, f., ripa, f.
aisance f. (*ézâç*). Comodidade. ‖Facilidade, desembaraço, m. [pour parler]. ‖Desafogo, m. [fortune]. ‖*Cabinet* ou *lieu d'* -, latrina, privada, retrete.
ai‖**se** f. (éz). Gosto, m. ‖Comodidade. ‖Loc. *A l'aise, à son aise*, à vontade, còmodamente. *A votre aise*, irón., não se incomode. ‖adj. Contente : *je suis bien aise*, muito estimo. ‖**-sé, ée** adj. (-*é*). Fácil. ‖Abastado, da [fortune].
aisselle f. (écél). Axila, sovaco, m.
aîtres m. pl. (étr). Diversas partes da casa, cantos : *connaître les aîtres d'une maison*, conhecer os cantos duma casa.
Ajax n. pr. (ajakç). Ájax.
ajonc m. (ajô). Junco; tojo, carqueja, f.
ajouré, ée adj. (*ajuré*). Aberto, ta; iluminado, da.
ajour‖**nement** m. (*ajurnâmâ*). Adiamento. ‖**-ner** vt. (-*é*). Adiar.
ajou‖**té** m. (*ajuté*). Aditamento.

Itálico : acento tónico. ‖ V. página verde para a pronúncia figurada. ‖ *Verbo irreg. V. no final do livro.

AJU — ALI

‖-ter vt. (ajuté). Acrescentar, ajuntar.
ajus‖tage m. (ajùçtaj). Ajustamento. ‖-tement m. (-â). Ajustamento. ‖Enfeite, atavio [vêtement]. ‖-ter vt. (-é). Ajustar. ‖Consertar [machines]. ‖Conciliar [mettre d'accord]. ‖Apontar [arme]. ‖Ornar, ataviar [parer]. ‖-teur m. (-âr). Ajustador.
ajutage m. (ajùtaj). Tubo de ligação.
alam‖bic m. (alãbík). Alambique. ‖-biquer vt. (-é). Alambicar.
alanguir vt. (alãghír). Enfraquecer.
Alaric n. pr. (alarík). Alarico.
alar‖mant, ante adj. (a-rmã, ãt). Alarmante. ‖-me f. (-arm). Alarme, m. ‖-mer vt. (-é). Alarmar. ‖-miste adj. (-íçt). Boateiro, a.
albanais, aise adj. (a-é, éz). Albanês, esa.
Albanie n. pr. (a-í). Albânia.
albâtre m. (a-atr). Alabastro.
albatros m. (a-atroç). Albatroz.
Albert‖ n. pr. (-ér). Alberto. ‖-ine n. pr. (-tín). Albertina.
albigeois, e adj. (-jua, az). Albigense.
albi‖nisme m. (-íçm). Albinismo. ‖-nos adj. (-oç). Albino.
Albion n. pr. (-ió). Álbion.
album m. (-om). Álbum.
albu‖men m. (-ùmén). Albúmen. ‖-mine f. (-ín). Albumina. ‖-mineux, euse adj. (-â, âz). Albuminoso, sa. ‖-minurie f. (-ùri). Albuminúria.
alca‖li m. (-ali). Álcali. ‖-lin, ine adj. (-ãn, ín). Alcalino, na. ‖-loïde m. (-oíd). Alcaloide.
alchi‖mie f. (-i). Alquimia. ‖-miste m. (-íçt). Alquimista.
Alcibiade n. pr. (-ad). Alcibíades.
alcoo‖l m. (-ol ou -ool). Álcool. ‖-lat m. (-a). Alcoolato. ‖-lique adj. (-ík). Alcoólico. ‖-liser vt. (-é). Alcoolizar. ‖-lisme m. (-íçm). Alcoolismo. ‖-mètre m. (-étr). Alcoómetro.
alcôve f. (-ôv). Alcova.
alcyon m. (-ió). Alcião.
aldéhyde f. (-éid). Aldeído. (quím.)
aléa‖ m. (aléa). Acaso. ‖-toire adj. (-uar). Aleatório, ia; contingente.
alêne f. (alén). Sovela.

alentour adv. (alãtur). Em volta. ‖ m. pl. Arredores.
Alep n. pr. (alép). Alepo.
aler‖te adj. (ɛlért). Esperto, ta; vivo, va. ‖s. f. Alerta, m., alarme, m. ‖interj. Alerta! ‖-ter (-é). Dar* alarme.
alé‖sage m. (-êzaj). Alisamento. ‖Diâmetro [cylindre]. ‖-ser vt. (-é). Polir*, rectificar. ‖-soir m. (-uar). Broca, f.
alevin m. (-ên). Peixe miúdo para repovoamento.
Alexandr‖e n. pr. (alékçãdr). Alexandre. ‖-ie n. pr. (-i). Alexandria.
alexandrin m. (alékçãdrãn). Alexandrino (Poét.).
alezan, ane adj. e s. (-ã, an). Alazão, zã.
alèze f. (aléz). Vincilho, m. ‖Pano (m.) dobrado que se coloca debaixo dum doente. ‖ Tábua que se junta a outra.
alfa m. (-a). Alfa (Bot.).
alfénide m. (-ênid). Alfenide.
Alfred n. pr. (-éd). Alfredo.
algarade f. (-arad). Arremetida, escândalo, m.
algèbr‖e f. (-ébr). Álgebra. ‖-ique adj. (-êbrík). Algébrico, ca.
Alger n. pr. (-é). Argel.
Algérie n. pr. (-êri). Argélia.
algide adj. (-id). Álgido, da.
algue f. (a-). Alga.
alibi m. (a-i). Alibí.
aliboron m. (ɛ-orõ). Burro. Fig. Ignorante.
Alice n. pr. (alíç). Alice.
alidade f. (a-ad). Alidade.
alié‖nable adj. (a-ênabl). Alienável. ‖-nation f. ‖-ació). Alienação. ‖-né, ée adj. (-é). Alienado, da. ‖ adj. e s. Alienado da; demente; doido, da [fou]. ‖-niste m. (-íçt). Alienista.
ali‖gnement m. (a-nhmã). Alinhamento. ‖-gner vt. (-nhé). Alinhar. ‖ Arq. Nivelar.
aliment‖ m. (a-ã). Alimento. ‖-taire adj. (-ér). Alimentício, cia. ‖-tation f. (-ació). Alimentação. ‖-ter vt. (-é). Alimentar.
alinéa m. (a-ẽa). Alínea, f.
alisier m. (a-ɛ̃). Lódão.
aliter vt. (a-é). Levar à cama. ‖ (s') vr. Cair* à cama, estar* de cama.
alizarine f. (ɛ-rín). Alizarina.

Lettres penchées : accent tonique, figurée. ‖*Verbe irrég. V. à la fin du volume. ‖V. page verte pour la prononciation

ALI — ALL

alizé adj. (a-é). Alísio, alisado [vent].
Allah n. pr. (ala). Alá.
allai‖tement m. (alétmã). Aleitamento, amamentação, f. ‖**-ter** vt. (-é). Amamentar. ‖**Criar** [donner le sein ou le biberon].
allant, ante adj. (alã, ãt). Irrequieto, ta. ‖Loc. *Allants et venants*, transeuntes. ‖s. m. Viveza, f., ardor.
allé‖chant, ante adj. (alêxã, ãt). Atraente, sedutor, ora. ‖**-cher** vt. Engodar, atrair*.
allée f. (alé). *Ida* : *allées et venues*, idas e vindas. ‖Alameda. ‖Arruamento, m. [jardin].
allégation f. (alégaciõ). Alegação.
all‖ège f. (aléj). Barcaça. ‖Peitoril, m. [fenêtres]. ‖**-ègement** m. (-ã). Aljamento. ‖Fig. Alívio. ‖**-éger** vt. (-jé). Aliviar; alijar.
allégor‖ie f. (alégori). Alegoria. ‖**-ique** adj. (-ík). Alegórico, ca.
all‖ègre adj. (alégr). Alegre [gai]. ‖Vivo, va. ‖Ágil. ‖**-ègrement** adv. (êgrâmã). Alegremente. ‖**-égresse** f. (-égréç). Alegria esfusiante.
alléguer vt. (alêghé). Alegar.
alléluia m. (alélùà). Aleluia.
Allemagne n. pr. (almanh). Alemanha.
allemand, ande adj. e s. (almã, ãd). Alemão, mã.
aller* vi. (alé). Ir* : *aller à pied, à Paris*, ir* a pé, a Paris. ‖Andar, caminhar : *ce cheval va bien*, este cavalo anda bem. ‖Andar [fonctionner] : *cette montre ne va pas*, este relógio não anda. ‖Ficar, estar* [vêtement] : *ton veston te va bien*, o teu casaco fica-te bem. ‖Convir*, harmonizar-se : *ceci ne va pas avec cela*, isto não se harmoniza com aquilo. ‖Servir* [plaire] : *l'affaire me va*, a coisa serve-me. ‖Loc. *Aller au plus pressé*, começar pelo mais urgente. *Aller de mal en pis*, ir* de mal a pior. *Aller sur ses vingt ans*, andar pelos vinte anos. ‖*Allons! Allez!* interj. Vamos! Eia! *Cela va de soi*, ou *sans dire*, é evidente, escusado será dizer*. *Et allez donc!* E zás! *Il y va de...*, trata-se de... *Laisser aller*, deixar correr. *N'y pas aller par quatre chemins*, cortar a direito, proceder decididamente. ‖s. m. Ida, f. *Au pis aller*, do mal o menos. ‖*S'en aller*, ir-se* embora, *je m'en vais*, vou-me embora. ‖*Y aller*, agir de certo modo. ‖*Reg. Aller en*, ir* de: *aller en voiture*, ir* de carro. Ir* a [dans un pays] : *aller en Italie*, ir* a Itália. Ir* de [avec un nom de vêtement] : *aller en jaquette*, ir* de fraque.
allergie f. (alérji). Alergia.
alliage m. (a-aj). Liga, f., mistura, f. ‖*Fig.* Mescla, f.
alliance f. (a-ãç). Aliança. ‖*Fig.* União, combinação : *alliance de mots*.
al‖lié, ée adj. e s. (-ié). Aliado, da; unido, da; aparentado, da. ‖**-lier** vt. (-é). Aliar. ‖Ligar [métaux]. ‖*Fig.* Unir, juntar.
alligator m. (a-ator). Aligátor, caimão.
allô! interj. Está lá!
allocation f. (alocaciõ). Abono, m., subsídio, m. : *allocation familiale*, abono de família.
allocution f. (alocùciõ). Alocução.
allogène adj. e s. (alojén). Alógeno, a.
allon‖ge f. (alõj). Acrescento, m. ‖Gancho (m.) do talho. ‖**-gé, ée** adj. (-é). Alongado, da. ‖**-gement** m. (-ã). Alongamento. ‖**-ger** vt. (-é). Alongar. ‖Assentar [coup]. ‖(s') vr. Prolongar-se.
allopathie f. (alopatí). Alopatia.
allo‖tropie f. (alotropí). Alotropia. ‖**-tropique** adj. (-ík). Alotrópico, ca.
allouer vt. (alué). Conceder, abonar.
allu‖mage m. (alùmaj). Acendimento. ‖Ignição, f. [automobiles, moteurs]. ‖**-me-feu** m. (-é). Acendalha, f.; sacaí (*Br.* du N.). ‖**-mer** vt. (-é). Acender. ‖*Fig.* Atear. ‖**-mette** f. (-ét). Fósforo, m. : *allumette bougie*, tósforo de cera. ‖**-meur** m. (-âr). Acendedor [de l'éclairage public]. ‖**-moir** m. Acendedor, isqueiro.
allure f. (alùr). Andadura [du cheval]. ‖Marcha [véhicules]. ‖Andamento, m. [d'une affaire]. ‖Movimento, m., vida; comportamento, m. [d'une personne]. ‖Loc. *A bonne allure*, a bom passo; *à toute allure*, o mais depressa possível.
allusion f. (alùziõ). Alusão.
alluvion f. (alùviõ). Aluvião.

Itálico : acento tónico. ‖V. página verde para a pronúncia figurada. ‖*Verbo irreg. V. no final do livro.

ALM — AMB

almanach m. (-anа). Almanaque.
almée f. (a-é). Almeia.
aloès m. (aloéç). Aloés.
aloi m. (alua). Quilate, boa ou má qualidade, f.
alopécie f. (alopêci). Alopecia.
alors adv. (alor). Então. ‖ -que loc. conj. (-kâ). No momento em que, quando [quand]. ‖ Mesmo que [quand bien même].
alose f. (alôz). Sável, m.
alouate m. (aluat). Aluato ou aluata.
alouette f. (aluét). Calhandra, cotovia.
alourd‖ir vt. (alurdír). Entorpecer, tornar pesado. ‖ -issement m. (-ã). Peso, entorpecimento, prostração, f.
aloyau m. (aluaiô). Lombo de vaca.
alpaca m. (-aca). Alpaca, f. (Zool.).
alpaga m. (-aga). Alpaca, f. (Zool.).
Alpes n. pr. (alp). Alpes.
alpestre adj. (-éçtr). Alpestre.
alpha ‖ m. (fa). Alfa [letra]. ‖ -bet m. (-é). Alfabeto ‖ -bétique adj. (-étík). Alfabético, ca.
Alphon‖se n. pr. (-fôç). Afonso. ‖ -sine n. pr. (-ín). Afonsa, Alfonsina.
alpin‖, ine adj. (-ãn, ín). Alpino, na. ‖ -isme m. (-íçm). Alpinismo, montanhísmo. ‖ -iste s. 2g. (-íçt). Alpinista, montanhísta.
Alsace n. pr. (-zaç). Alsácia.
alsacien, enne adj. (-zaciàn, én). Alsaciano, na.
altér‖abilité f. (-êra-é). Alterabilidade. ‖ **-able** adj. (-abl). Alterável. ‖ **-ant, ante** adj. (-ã, ãt). Alterante. Que dá sede. ‖ **-ation** f. (-aciô). Alteração. ‖ Sede ardente.
altercation f. (-ércaciô). Altercação.
alté‖ré, ée adj. (-êré). Alterado, da. ‖ Sedento, ta [assoiffé]. ‖ **-rer** vt. (-é). Alterar [modifier]. ‖ Dar* sede.
alt‖**ernatif, ive** adj. (-érnatif, iv). Alternativo, va. ‖ **f. A**lternativa. ‖ **-erne** adj. (-érn). Alterno, na. ‖ **-erner** vt. (-é). Alternar.
altesse f. (-éç). Alteza.
altier, ère adj. (-ié, ér). Altaneiro, ra; altivo, va.
altitude f. (-ùd). Altitude.
alto m. (-ô). Violeta, f. [instrument]. ‖ Contralto [voix].
altruisme m. (rùíçm). Altruísmo.

alumi‖ne f. (alùmín). Alumína. ‖ **-nium** m. (-om). Alumínio.
alu‖**n** m. (alãn). Alúmen, pedra-ume, f. ‖ **-nage** m. (ùnaj). Aluminagem. ‖ **-ner** vt. (-é). Aluminar. ‖ **-nière** f. (-iér). Fábrica de alúmen.
alvéole m. (-éol). Alvéolo.
alvin, ine adj. (-ãn, in). Alvino, na.
amabilité f. (ama-é). Amabilidade.
ama‖**dou** m. famadu). Isca, f. ‖ **-douer** vt. (-é). Engodar, adular.
amai‖**grir** vt. (amégrír). Emagrecer. ‖ **-grissement** m. (-ã). Emagrecimento.
amal‖**game** m. (a-am). Amálgama, f. ‖ **-gamer** vt. (-é). Amalgamar.
Amalthée n. pr. (ama-é). Amalteia.
aman‖**de** f. (amãd). Amêndoa. ‖ **-dier** m. (-é). Amendoeira, f.
amant, ante n. m. e f. (amã, ãt). Amante.
amarante f. (amarãt). Amaranto, m.
am‖**arrage** m. (amaraj). Amarração, f. ‖ **-arre** f. (-ar). Amarra. ‖ **-arrer** vt. (-é). Amarrar (mar.).
amaryllis m. (amarílíç). Amarílis.
am‖**as** m. (amа). Montão. ‖ **-asser** vt. (-cé). Amontoar. ‖ *Fig.* Entesourar [argent]. ‖ **-asseur** m. (-âr). Amontoador.
amateur‖ adj. e s. (amatâr). Amador. ‖ **-isme** m. (amatâriçm). Amadorismo.
amazone f. (amazon). Amazona.
Amazones n. pr. (amazon). Amazonas (geogr.).
ambages f. pl. (ãbaj). Rodeios, m.
ambassa‖**de** f. (ãbaçad). Embaixada, ‖ **-deur, dr**‖**ce** m. e f. (-âr, dríç). Embaixador, triz.
ambi‖**ance** f. (ã-ãç). Ambiente, m. ‖ **-ant, ante** adj. (-ã, ãt). Ambiente.
ambigu, uë adj. (ã-ù). Ambíguo, ua. ‖ **-ïté** f. (-ité). Ambiguidade.
ambi‖**tieux, euse** adj. e s. (ã-ciâ, âz). Ambicioso, sa. ‖ **-tion** f. (-ciô). Ambição. ‖ **-tionner** vt. (-cioné). Ambicionar.
amble m. (ãbl). Furta-passo, passo travado : *aller à l'amble*, andar a furta-passo.
ambon m. (ãbô). V. JUBÉ.
am‖**bre** m. (ãbr). Âmbar. ‖ *Loc. Fin comme l'ambre*, fino como um coral. ‖ **-brer** vt. -é. Ambrear.
Ambroise n. pr. (ãbruaz). Ambrósio.

Lettres penchées : accent tonique. ‖ V. page verte pour la prononciation figurée. ‖ *Verbe irrég. V. à la fin du volume.

AMB — AMO 14

ambroisie f. (ãbruazí). Ambrósia.
ambul‖**ance** f. (ãbùlãç). Ambulância. ‖**-ancier, ère** adj. e s. (-iê, -ér). Enfermeiro, ra. ‖**-ant, ante** adj. (-ã, ãt). Ambulante. ‖**-atoire** adj. (-uar). Ambulatório, ria.
âme f. (am). Alma. ‖Loc. *Avoir l'âme chevillée au corps*, ter* sete fôlegos como os gatos. *Ame damnée de quelqu'un*, alma danada de alguém. *Rendre l'âme*, expirar, entregar a alma ao Criador. *De toute son âme*, com todas as veras da sua alma.
Amédée n. pr. (amêdê). Amadeu.
amélior‖**ation** f. (amê-oraciõ). Melhoramento, m. [action]. ‖Melhoras, f. pl. [état]. ‖**-er** vt. (-ê). Melhorar.
amen m. (amén). Ámen, amém.
aména‖**gement** m. (amê-ã). Arranjo, disposição, f. ‖**-ger** vt. (-ê). Dispor*, arranjar.
amen‖**dable** adj. (amãdabl). Emendável, melhorável. ‖**-de** f. (-ãd). Multa. ‖*-honorable*, retractação : *faire amende honorable*, retractar-se. ‖**-dement** m. (-ã). Emenda, f. ‖Adubo [agriculture]. ‖**-der** vt. (-ê). Emendar. ‖Beneficiar [terre].
amène adj. (amén). Ameno, na.
amener vt. (amnê). Trazer*. ‖*Mar.* Amainar [voiles]. ‖Loc. *Mandat d'amener*, mandato de captura.
aménité f. (amê-ê). Amenidade.
amenuiser vt. (a-ù-ê). Desbastar.
amer, ère adj. (amér). Amargo, ga. ‖s. m. Amargor. ‖Fel [des animaux].
améri‖**cain, aine** adj. (amêrìcàn, én). Americano, na. ‖**-canisme** m. (amêraniçm). Americanismo.
Amérique n. pr. (amêrík). América.
amér‖**ir** vi. (amêrír). Amarar. ‖**-issage** m. (-aj). Amaragem, f.
amertume f. (amértùm). Amargura.
améthyste f. (amêtiçt). Ametista.
ameu‖**blement** m. (amãblâmã). Mobiliário. ‖**-bler** vt. (-ê). ‖**-blir** vt. (-ír). Surribar [terres]. ‖*Jurispr.* Converter em bens móveis. ‖**-blissement** m. (-ã). Surriba, f. [terres]. ‖*Jurispr.* Conversão em bens móveis.
ameuter vt. (amâtê). Amotinar. ‖Amatilhar [chiens].
ami, ie adj. e s. (amí). Amigo, ga.

amiable adj. (a-abl). Amigável : *à l'amiable*, amigàvelmente.
amiante m. (a-ãt). Amianto.
amibe f. (amìb). Amiba.
amical, ale adj. (a-al). Amigável.
ami‖**de** f. (amíd). Amida. ‖**-don** m. (-õ). Amido. ‖**-donner** vt. (-onê). Amidonar.
amin‖**cir** vt. (amãncír). Adelgaçar. ‖**-cissement** m. (-ã). Adelgaçamento.
amir‖**al** m. (a-ral). Almirante. ‖**-ale** f. (-al). Almiranta. ‖**-auté** f. (-ôtê). Almirantado, m.
amitié f. (a-ê). Amizade. ‖Favor, m. [service]. ‖pl. Cumprimentos, m. pl. : *envoyer ses amitiés à quelqu'un*, mandar lembranças a alguém. ‖Carinhos, m. pl. [caresses].
ammoni‖**ac, acque** adj. (amo-ak). Amoníaco, ca. ‖**-acal, ale** adj. (-al). Amoniacal. ‖**-aque** f. (-ak). Amoníaco, m.
ammonite f. (amonít). Amonite.
amné‖**sie** f. (amnêzí). Amnésia. ‖**-ique** adj. (a-ezìc). Amnésico, a.
amnis‖**tie** f. (amnictí). Amnistia. ‖**-tier** vt. (-ê). Amnistiar.
amocher vt. (amoxê). *Fam.* Aleijar, ferir* ; estragar.
amoin‖**drir** vt. (amuãndrír). Diminuir. ‖**-drissement** m. (-ã). Diminuição, f.
amoll‖**ir** vt. (amolír). Amolecer. ‖*Fig.* Enfraquecer, efeminar. ‖**-issant, ante** adj. (-ã, ãt). Amolecedor, ora. ‖*Fig.* Debilitante.
amon‖**celer** vt. (amõçlê). Amontoar. ‖**-cellement** m. (-célmã). Amontoamento.
amont (en) loc. adv. (ãnamõ). A montante.
amoral, e adj. (amoral). Amoral.
amor‖**çage** m. (amorçaj). Escorvamento. ‖**-ce** f. (-orç). Isca. ‖Escorva [explosif]. ‖*Fig.* Engodo, atractivo. ‖**-cer** vt. (-ê). Iscar. ‖*Fig.* Engodar. ‖Preparar.
amorphe adj. (amorf). Amorfo, a.
amort‖**ir** vt. (amortír). Amortecer. ‖Amortizar [dette, rente]. ‖**-issable** adj. (-abl). Amortizável. ‖**-issement** m. (-ã). Amortecimento. ‖Amortização, f. [dette]. ‖**-isseur** m. (-ãr). Amortecedor.
amour m. (amur). Amor. ‖*Observ.* Geralmente f. no pl. : *de belles*

Itálico : acento tónico. ‖V. página verde para a pronúncia figurada. ‖*Verbo irreg. V. no final do livro.

AMO — AND

amours, belos amores. ‖**-acher** vt. (-é). Apaixonar. ‖**-ette** f. (-ét). Namorico, m. ‖Tutano, m. [moelle]. ‖*Bot*. Junquilho. ‖**-eux, euse** adj. (-ő, őz). Amoroso, sa. ‖s. m. e f. Namorado, da; galã, m. ‖- **-propre** m. (-ropr). Amor-próprio.
amovible adj. (amovíbl). Amovível.
ampélidées f. pl. (ãpê-é). Ampelídeas.
ampère ‖ m. (ãpér). Ampere. ‖**-mètre** m. (-métr). Amperímetro.
amphi ‖ **bie** m. (ãfibí). Anfíbio. ‖**-bologie** f. (-olojí). Anfibologia. ‖**-bologique** adj. (-ík). Anfibológico, ca.
amphigou ‖ **ri** m. (ãfigurí). Anfigúri. ‖**-rique** adj. (-ík). Anfigúrico, ca.
amphithéâtre m. (ãfiteãtr). Anfiteatro.
Amphitrite n. pr. (ãf-rít). Anfitrite.
amphitryon m. (ãfitriõ). Anfitrião.
amphore f. (ãfor). Ânfora.
am ‖ **ple** adj. (ãpl). Amplo, a. ‖**-pleur** f. (-ãr). Amplidão. ‖**-pliation** f. (-ació). Ampliação. ‖**-plificateur** m. (-atár). Amplificador. ‖**-plification** f. (-ació). Amplificação. ‖**-plifier** vt. (-é). Amplificar. ‖**-plitude** f. (-ùd). Amplitude.
ampou ‖ **le** f. (ãpul). Ampola. ‖**Lâmpada eléctrica**. ‖**-lé, ée** adj. (-é). Empolado, da.
ampu ‖ **tation** f. (ãpùtació). Amputação. ‖**-ter** vt. (-é). Amputar.
amulette f. (amùlet). Amuleto, m.
amu ‖ **sant, ante** adj. (amùzã, ãt). Divertido, da. ‖**-sement** m. (-ã). Divertimento. ‖Entretimento, distracção, f. ‖**-ser** vt. (-zé). Divertir*. ‖Entreter* [distraire]. ‖**-sette** f. (-zét). Brinquedo, m. ‖**-seur** m. (-zár). Jocoso, divertido.
amygdale f. (amigdal). Amígdala.
amylacé, ée adj. (amilacé). Amiláceo, a.
an m. (ã). Ano. ‖Loc. *Nouvel an*, ano novo. *Bon an*, *mal an*, um ano por outro. *Bout de l'an*, missa (f.) de aniversário. *Deux fois l'an*, duas vezes por ano.
anabaptiste m. (anabatiçt). Anabaptista.
anacardier m. (-cardié). Anacardeiro.
anachorète m. (anacorét). Anacoreta.
anachronisme m. (anacroniçm). Anacronismo.

Anacréon n. pr. (anacréő). Anacreonte.
anacréontique adj. (anacréőtík). Anacreôntico, ca.
ana ‖ **glyphe** m. (anaglíf). Anáglifo. ‖**-gramme** f. (-ram). Anagrama, m.
anal, ale adj. (anal). Anal.
analgésie f. (ana-ézí). Analgesia.
ana ‖ **logie** f. Analogia. ‖**-logique** adj. (-ík). Análogico, ca. ‖**-logue** adj. (-ogh). Anélogo, ga.
ana ‖ **lyse** f. (analíz). Análise. ‖**-lyser** vt. (-izé). Analisar. ‖**-lyseur** m. (-ár). Analisador. ‖**-lyste** m. (-íçt). Analista. ‖**-lytique** adj. (-ík). Analítico, ca.
ananas m. (anana). Ananás.
anaphylaxie f. (anafilakcí). Anafilaxia.
anar ‖ **chie** f. (anarxí) Anarquia. ‖**-chiste** adj. e s. (-íçt). Anarquista.
Anasta ‖ **se** n. pr. (anaçtaz). Anastácio. ‖**-sie** n. pr. (-zí). Anastácia.
ana ‖ **thématiser** vt. (anatêma-zé). Anatematizar. ‖**-thème** adj. e s. m. (-ém). Anátema.
Anato ‖ **le** n. pr. (anatol). Anatólio. ‖**-lie** n. pr. (-lí). Anatólia.
anato ‖ **mie** f. (anatomí). Anatomia. ‖**-mique** adj. (-ík). Anatómico, ca. ‖**-miste** m. (-íçt). Anatomista.
ancestral, ale adj. (ãcéçtral). Ancestral.
ancêtres m. pl. (ãcétr). Antepassados. ‖m. sing. Antepassado. ‖f. sing. Antepassada.
anche f. (ãx). Palheta de instrumento de sopro.
anchois m. ẩxua). Anchova, f.
ancien ‖, **enne** adj. (ãciăn, én). Antigo, ga. ‖ s. Ancião, iã. ‖pl. Anciães [vieillards], anciãs [vieilles femmes]. ‖**-neté** f. (-énté). Antiguidade.
an ‖ **cre** f. (ãcr). Âncora. ‖**-crer** vi. (-ré). Ancorar, fundear. ‖vt. Fixar, agarrar.
andain m. (ãdãn). Erva (f.) cortada de cada foiçada.
andalou, ouse adj. e s. (ãdalu, uz). Andaluz, za.
Andalousie n. pr. (ãdaluzí). Andaluzia.
andante adv. (ãdãt). *Mús*. Andante.
Andes n. pr. (ãd). Andes
Andorre n. pr. (ãdor). Andorra.

Lettres penchées : accent tonique. ‖V. page verte pour la prononciation figurée. ‖*Verbe irrég. V. à la fin du volume.

andoui‖lle f. (âduiîâ). Chouriço, m., linguiça. ‖Rolo, m. [tabac]. ‖*Fam. Parvo*, m. [imbécile]. ‖-ller m. (-lê). Esgalho. ‖-llette f. (-lét). Linguiça.
André, ée n. pr. (ãdrê). André, Andresa.
Andrinople n. pr. (ãdrinopl). Andrinopla.
androgyne adj. e s. m. (ãdrojín). Andrógino, na.
Andro‖maque n. pr. (ãdromak). Andrómaca. ‖-mède n. pr. (-méd). Andrómeda.
âne m. (an). Asno, burro, jumento.
anéan‖tir vt. (anêatír). Aniquilar. ‖-tissement m. (-ã). Aniquilamento.
anecdo‖te f. (anékdot). Anedota. ‖-tique adj. (-ík). Anedótico, ca.
ané‖mie f. (anêmí). Anemia. ‖-mique adj. (-ík). Anémico, ca.
anémone f. (anêmon). Anémona.
ânerie f. (anârí). Burrice, estupidez.
ânesse f. (anéc). Burra.
anesthé‖sie f. (anéctêzí). Anestesia. ‖-sique adj. (-ík). Anestésico, ca.
anévrisme m. (anêvríçm). Aneurisma.
anfrac‖tueux, euse adj. (ãfraktuê, âz). Anfractuoso, sa. ‖-tuosité f. (-ô-ê). Anfractuosidade.
ange m. (ãj). Anjo. ‖Loc. *Être aux anges*, estar* extasiado. *Rire aux anges*, rir* tolamente.
Angèle n. pr. (ãjél). Ângela.
angélique adj. (ãjélík). Angélico, ca.
angélus m. (ãjèlùç). Trindades, f. pl., ave-marias, f. pl.
angine f. (ãjín). Angina.
anglais, aise adj. e s. (ã-é, éz). Inglês, sa. ‖*Cursivo inglês* [écriture]. ‖pl. Canudos [cheveux].
angle m. (ãgl). Ângulo.
Angleterre n. pr. (ãglâtér). Inglaterra.
angli‖can, ane adj. (ã-ã, an). Anglicano, na. ‖-canisme m. (-aníçm). Anglicanismo. ‖-cisme m. (-íçm). Anglicismo.
anglo-saxon, onne adj. e s. (ãgloçakçõ, on). Anglo-saxão, ónica.
angoi‖sse f. (ãguaç). Angústia. ‖-sser vt. (-ê). Angustiar.
angora adj. (ãgora). Angora : *chat angora*, gato angora.
Angora n. pr. (ãgora). Angora.

anguille f. (ãghiîâ). Enguía [zool.].
angu‖laire adj. (ãgùlér). Angular. ‖-leux, euse adj. (-â, âz). Anguloso, sa.
anhy‖dre adj. (anidr). Anídro, dra. ‖-dride m. (-rid). Anidrido.
anicroche f. (a-rox). Embaraço, m., tropeço, m.
ânier, ère adj. e s. (aniê, ér). Burriqueiro, ra.
aniline f. (a-ín). Anilina.
animadversion f. (a-a-érciõ). Animadversão.
anim‖al, ale adj. e s. m. (a-al). Animal. ‖-alier s. m. e adj. (-aliê). Animalista. ‖-ation f. (-aciõ). Animação. ‖-é, ée adj. (-ê). Animado, da. ‖-er vt. (-ê). Animar. ‖-osité f. (-ozitê). Animosidade.
ani‖s m. (aní). Anis. ‖-sette f. (-ét). Aniseta.
Anjou n. pr. (ãju). Anju.
ankyl‖ose f. (ãkilôz). Anquilose. ‖-oser vt. (-ôzê). Anquilosar.
Anna n. pr. (ana). Ana.
ann‖al, ale adj (anal). Anual. ‖-ales f. pl. (-al). Anais, m. pl.
Annam n. pr. (anam). Anão.
Ann‖e n. pr. (an). Ana. ‖-ette n. pr. (anét). Aninhas.
anneau m. (anô). Anel, aro, argola, f.
année f. (anê). Ano, m. ‖Loc. *Souhaiter une bonne année*, desejar feliz ano novo. *Année de probation*, ano de noviciado.
ann‖elé, ée adj. (anâlê). Anelado, da. ‖-élides m. ou f. pl. (-élíd). Anelídeos.
ann‖exe adj. (anékç). Anexo, xa. ‖s. f. Anexo, m. [édifices]. ‖Sucursal. ‖-exer vt. (-ê). Anexar. ‖-exion f. (-iõ). Anexação.
Annibal n. pr. (a-al). Aníbal.
annihiler vt. (anilê). Aniquilar.
anniversaire adj. e s. m. (anivérsér). Aniversário.
annon‖ce f. (anôç). Anúncio, m. ‖-cer vt. (-ê). Anunciar, prognosticar. ‖-ciation f. (-aciô). Anunciação. ‖-cier m. (-iê). Encarregado dos anúncios. ‖-ceur m. (-âr). Anunciante.
anno‖tation f. (anotaciô). Anotação. ‖-ter vt. (-ê). Anotar.
ann‖uaire m. (anùér). Anuário. ‖-ualité f. (-a-ê). Anualidade.

Itálico : acento tónico. ‖V. página verde para a pronúncia figurada. ‖*Verbo irreg. V. no final do livro.

‖**-uel, elle** adj. (-uél). Anual.
‖**-uité** f. (-uité). Anuidade.
annulaire adj. (anùlér). Anular, anelar.
annu‖lation f. (anùlació). Anulação.
‖**-ler** vt. (-é). Anular.
anobli‖ir vt. (ano-ír). Enobrecer.
‖**-ssement** m. (-á). Enobrecimento.
anodin, ine adj. (anodàn, ín). Anódino, na.
anode f. (anod). Ánodo, m.
anomalie f. (anomalí). Anomalia.
ânon‖ m. (anó). Burrinho. ‖**-ner** vi. (-oné). Titubear, ler* mal.
ano‖nymat m. (ano-a). Anonimato.
‖**-nyme** adj. e s. (-ím). Anónimo, ma.
anophèle m. (anofél). Anofeles.
anormal, ale adj. (anormal). Anormal.
anse f. (áç). Asa [de recipiente]. ‖*Mar.* Enseada. ‖*- de panier,* arco abatido. ‖Loc. *Faire danser l'anse du panier,* roubar nas compras. ‖*Hist.* V. HANSE.
Anselme n. pr. (acélm). Anselmo.
antago‖nisme m. (àtagoniçm). Antagonismo. ‖**-niste** adj. e s. (-íçt). Antagonista.
antan m. (àtá). Antano.
antarctique adj. (àtarktík). Antárctico, ca.
antécédent, ente adj. e s. m. (àtêcêdá, àt). Antecedente.
Antéchrist n. pr. (àtêcríçt). Antecristo.
antédiluvien, enne adj. (àtê-ùviàn, én). Antediluviano, na.
Antée n. pr. (àté). Anteu.
antenne f. (àtén). Antena.
anté‖rieur, re adj. (àtêriár). Anterior. ‖**-riorité** f. (-or-é). Anterioridade.
anthologie f. (àtoloji). Antologia.
anthracite m. (àtracít). Antracite, f.
anthrax m. (àtrakç). Antraz.
anthropo‖ïde adj. e s. (àtropoíd). Antropóide. ‖**-logie** f. (-oji). Antropologia. ‖**-logiste** m. (-íçt). Antropologista. ‖**-métrie** f. (-êtrí). Antropometria. ‖**-phage** adj. e s. (-faj). Antropófago, ga. ‖**-phagie** f. (-ji). Antropofagia. ‖**-pithèque** m. (-téc). Antropopiteco.
antibiotique adj. e s. (à-otíc). Antibiótico, a.
antichambre f. (à-àbr). Antecâmara.

antici‖pation f. (à-acíô). Antecipação. ‖**-per** vt (-é). Antecipar.
antidater vt. (à-até). Antedatar.
antidérapant adj. (à-êrapá). Antiderrapante.
antidote m. (à-ot). Antídoto.
antienne f. (à-én). Antífona.
antifriction f. (à-rikció). Antifricção.
Antilles n. pr. (àtíiâ). Antilhas.
antilope f. (ë-op). Antílope, m.
antimilitariste m. (à-aríçt). Antimilitarista.
antimoine m. (à-uan). Antimónio.
antinomie f. _(à-omí)._ Antinomia.
Antinoüs n. pr. (à-òùç). Antínoo.
Antio‖che n. pr. (à-ox). Antioquía. ‖**-chus** n. pr. (-cùç). Antíoco.
antipape m. *(à-ap).* Antipapa.
antipa‖thie f. (à-atí). Antipatia. ‖**-thique** adj (-ík). Antipático, ca; poiaia *(Br.).*
antipatriotique adj. (à-atriotík). Antipatriótico, ca.
antiphrase f. (à-fraz). Antífrase.
antipode m. (à-od). Antípoda.
antipyrine f. (à-rín). Antipirina.
anti‖quaille f. (à-caíiá). Antigualha. ‖**-quaire** m. (-kér). Antiquário. ‖**-que** adj. (-ík). Antigo, ga. ‖**-quité** f. (-kité). Antiguidade.
antireligieux, euse adj. (à-râl-iâ, âz) Anti-religio*so*, sa.
anti‖scorbutique adj. (à-çcorb`tík). Antiescorbútico, ca. ‖**-scrofuleux, euse** adj. (-çcrofùlâ, âz). Antiescrofuloso, sa. ‖**-septique** adj. e s. m. (-céptík). Anti-séptico, ca. ‖**-social, ale** adj. (-ocial). Anti-social. ‖**-thèse** f. (-téz). Antítese.
Antoine‖ n. pr. (àtuan). Ant*ó*nio. ‖**-tte** n. pr. (-ét). Antoníeta, Antónia.
Antonin n. pr. (àtonàn). Antonino.
antre m. (àtr). Antro.
anus m. (anùe). Ánus.
Anvers n. pr (àvér). Antuérpia.
anxi‖été f. (àkciêté). Ansiedade. ‖**-eux, euse** adj. (-kciâ, âz). Ansio*so*, sa.
aorte f. (aort). Aorta.
aoû‖t m. (u). Agosto. ‖**-teron** m. (-trô). Jornaleiro, ceifeiro.
apache m. (apax). Apache, rufião.
apai‖sement m. (apézmá). Apazi-

Lettres penchées : accent tonique. ‖V. page verte pour la prononciation figurée. ‖*Verbe irrég. V. à la fin du volume.

guamento. ‖-ser vt. (-é). Apaziguar.
apa‖nage m. (apanaj). Apanágio.
‖ Característica, f., atributo. ‖-nager vt. (-é). Dar* apanágio.
aparté m. (aparté). Aparte.
apath‖ie f. (apati). Apatia. ‖-ique adj. (-ík). Apático, ca.
apatride adj. e s. (apatríd). Apátrida.
Apelle n. pr. (apél). Apeles.
Apennins n. pr. (apénãn). Apeninos.
apercev‖able adj. (apérçvabl). Perceptível. ‖-oir* vt. (-uar). Avistar, distinguir. ‖ (s') de vr. : dar* por, notar, perceber.
aperçu m. (apérçü). Vista de olhos, f. [coup d'oeil]. ‖ Resumo, bosquejo.
apéritif, ive adj. e s. m. (apéritíf, ív). Aperitivo, va.
à peu près loc. (-âpré). Aproximadamente. ‖ s. m. Aproximação, f.
apeuré, ée adj. (apâré). Assustado, da.
apho‖ne adj. (afon). Áfono, a, afónico, ca. ‖-nie f. (-ní). Afonia.
aphorisme m. (aforíçm). Aforísmo.
aphrodisiaque adj. (afro-iak). Afrodisíaco, ca.
Aphrodite n. pr. (afrodít). Afrodite.
aph‖te m. (aft). Afta, f. ‖-teux, euse adj. (-â, âz). Aftoso, sa.
api m. (api). U. em : *pomme d'api*, maçã camoesa.
apicult‖eur m. (a-ù-âr). Apicultor. ‖-ure f. (-ür). Apicultura.
apit‖oiement m. (a-uamã). Piedade, f. ; dó, compaixão, f. ‖-oyer vt. (-uaié). Fazer* dó, dar* pena. ‖ (s') vr. Compadecer-se, apiedar-se.
aplan‖ir vt. (a-anír). Aplanar. ‖-issement m. (-â). Achatamento.
aplomb m. (a-õ). Verticalidade, f. Equilíbrio. ‖*Fig.* Aprumo [sérieux]. ‖ Topete, arrogância, f. ‖ (d') loc. adv. A prumo : *ce mur est d'aplomb*, esta parede está vertical. ‖ Bem equilibrado.
apocalypse f. (apocalípç). Apocalipse.
apocope f. (apocop). Apócope.
apocryphe adj. (apocríf). Apócrifo, fa.
apode adj. (apod). Ápodo, da.
apogée m. (apojé). Apogeu.
Apollon n. pr. (apolõ). Apolo.
apol‖ogétique adj. e s. f. (apolojétík). Apologético, ca. ‖-ogie f. (-jí). Apologia. ‖-ogiste m. (-íçt). Apolo-

gista. ‖-ogue m. (-ogh). Apólogo.
aponévrose f. (aponêvrôz). Aponevrose.
apophyse f. (apofíz). Apófise (anat.).
apopl‖ectique adj. (apo-êktík). Apopléctico, ca. ‖-exie f. (-ékçi). Apoplexia.
apos‖tasie f. (apoçtazí). Apostasía. ‖-tasier vi. (-ié). Apostatar. ‖-tat m. (-a). Apóstata.
aposter vt. (apoçté). Postar.
a posteriori loc. lat. (apoçtêriorí). A posteriori.
apos‖tille f. (apoçtíiâ). Apostila. ‖ Recomendação. ‖-tiller vt. (-ié). Apostilar. ‖ Recomendar.
apostol‖at m. (apoçtola). Apostolado. ‖-ique adj. (-ík). Apostólico, ca.
apostro‖phe f. (apoçtrof). Apóstrofe [rhétorique]. ‖ Apóstrofo, m. [orthographe]. ‖-pher vt. (-é). Apostrofar.
apothéose f. (apotêôz). Apoteose.
apothicaire m. (apo-kér). Boticário.
apôtre m. (apôtr). Apóstolo. ‖ Loc. *Bon apôtre*, hipócrita.
apparaître* vi. (aparétr). Aparecer.
apparat m. (apara). Aparato.
appar‖eil m. (aparéi). Aparelho. ‖ Aparato. ‖-eillage m. (-éiiaj). Aparelhagem, f. ‖-eillement m. (-éiiâmâ). Emparelhamento [animaux]. ‖-eiller vt. (-éié). Aparelhar (mar.). ‖ Emparelhar [animaux]. ‖ vi. Dar* à vela, aprestar (mar.).
appa‖remment adv. (aparamã). Aparentemente. ‖-rence f. (-râç). Aparência. ‖-rent, ente adj. (-â, ât). Aparente. ‖-renter vt. (-té). Aparentar.
appa‖riteur m. (apar-âr). Bedel. ‖-rition f. (-ció). Aparição. ‖-roir* v. imp. (-ruar). Constar. *Il appert*, consta.
appartement m. (apartamã). Aposento, casa, f., quarto, sala, f. ‖ Andar ; apartamento (*Br*.).
‖appartel‖nance f. (apartânãç). Pertença, dependência. ‖-nant adj. (-â). Pertencente. ‖-nir* vi. (-ir). Pertencer, caber*, competir*. ‖ (s') vr. Ser* senhor dos seus actos.
appas m. pl. (apa). Encantos.
appâ‖t m. (apa). Engodo, isca, f.

Itálico : acento tónico. ‖V. página verde para a pronúncia figurada. ‖*Verbo irreg. V. no final do livro.

APP — APP

‖*Fig.* Incentivo, atractivo. ‖**-ter** vt. (*-té*). Engodar. ‖**Iscar**.
appauvr‖**ir** vt. (apóvrír). Empobrecer. ‖**-issement** m. (*-ã*). Empobrecimento.
appeau m. (apô). Assobio, chamariz.
appel m. (apél). Chamada, f. ‖**Encorporação**, f. [militaire]. ‖Recurso, apelação, f. [tribunal]. ‖Loc. *Appel d'air*, aspiração (f.) de ar. *Appel comme d'abus*, recurso contra os abusos de poder da autoridade eclesiástica. *Manquer à l'appel*, não responder à chamada. ‖*Fig.* Faltar. *Cour d'appel*, tribunal de apelação. ‖**-ant, ante** adj. (*-plã, ãt*). Apelante. ‖**-er** vt. (*-plé*). Chamar. Apelar. ‖Citar [justice]. ‖ (**s'**) vr. Chamar-se. ‖Loc. *En appeler à*, apelar para, valer-se* de. *En appeler de*, não se conformar com, recorrer. ‖**-latif, ive** adj. (*-élatíf, ív*). Apelativo, va. ‖**-lation** f. (*-ciô*). Chamamento, m., denominação.
appendi‖**ce** m. (apãdíç). Apêndice. ‖**-cite** f. (*-it*). Apendicite.
appentis m. (apati). Alpendre, telheiro.
appesanti‖**r** vt. (apãzatír). Tornar pesado, sobrecarregar; agravar. ‖ (**s'**) vr. Insistír. ‖**-ssement** m. (*-ã*). Peso, pesadume.
appé‖**tissant, ante** adj. (apê-ã, ãt). Apetitoso, sa. ‖**-tit** m. (*-i*). Apetite.
applaud‖**ir** vt. (a-ôdír). Aplaudir. ‖ (**s'**) vr. Congratular-se, gabar-se. ‖vi. *Applaudir à*, louvar. ‖**-issement** m. (*-ã*). Aplauso.
appl‖**icable** adj. (a-abl). Aplicável. ‖**-ication** f. (*-ciô*). Aplicação. ‖**-ique** f. (*-ík*). Adorno, m., enfeite, m. [ornement]. ‖Candelabro de parede. ‖**-iquer** vt. (*-iké*). Aplicar. ‖Dar* [donner]. ‖ (**s'**) vr. Aplicar-se.
appoin‖**t** m. (apuãn). Resto, demasia, f., troco. ‖Loc. *Faire l'appoint*, completar uma quantia. ‖**-tements** m. pl. (*-ã*). Sôldo, ordenado. ‖**-ter** vt. (*-é*). Dar* ordenado; fixar o salário.
appor‖**t** m. (apor). Quota, f., contribuição, f. ‖**-ter** vt. (*-té*). Trazer*. ‖Empregar [fonds]. ‖Aplicar [attention, soin].
appo‖**ser** vt. (apôzé). Apor*, aplicar. ‖**-sition** f. (*-ciô*). Aposição [gramm.]. ‖Aplicação.
appréci‖**able** adj. (aprè-*a-*). Apreciável. ‖**-ation** f. (*-ciô*). Apreciação. Avaliações, estima. ‖**-er** vt. (*-é*). Apreciar.
appréhen‖**der** vt. (aprêãdé). Agarrar. ‖Temer [craindre]. ‖**-sion** f. (*-ô*). Apreensão, temor, m.
apprendre vt. (aprãdr). Aprender. ‖Ensinar [erseigner].
appr‖**enti, ie** m. e f. (aprãti). Aprendiz, iza. ‖**-ssage** m. (*-aj*). Aprendizagem, f., aprendizado.
appr‖**êt** m. (apré). Preparo [étoffes, cuirs]. ‖Tempero [mets]. ‖*Fig.* Afectação, f. ‖pl. Preparativos. ‖**-êté, ée** adj. (*-été*). Presumido, da. ‖**-êter** vt. (*-ě*). Preparar, dispor*. ‖Condimentar [aliments]. ‖Dar* o preparo [étoffes, cuirs]. ‖ (**s'**) vr. Preparar-se. ‖**-êteur** m. (*-ãr*). Aparelhador, preparador.
appris, ise adj. (apri, iz). Aprendido, da. ‖Ensinado, da; educado, da. ‖Loc. *Mal appris*, mal-educado.
apprivoi‖**sement** m. (aprivua-*ã*). Domesticação, f. ‖**-ser** vt. (*-é*). Amansar, domesticar.
approba‖**teur, trice** adj. (aprobatãr, *-ríç*). Aprovador, ora. ‖**-tif, ive** adj. (*-if, ív*). Aprovativo, va. ‖**-tion** f. (*-ciô*). Aprovação.
appr‖**ochable** adj. (aproxa-). Acessível. ‖*Fig.* Tratável. ‖**-ochant, ante** adj. *t-ã, ãt*). Semelhante, aproximado, da. ‖adv. *Quase, pouco mais ou menos.* ‖**-oche** f. (*-ox*). Aproximação. ‖pl. Imediações. ‖*Lunette d'approche*, óculo (m.) de alcance. ‖**-ocher** vt. (*-xê*). Aproximar. ‖vi. Aproximar-se : *l'heure approche*, aproxima-se a hora.
approfondi‖**r** vt. (aprofôdír). Profundar; estudar a fundo. ‖**-ssement** m. (*-ã*) Aprofundamento.
approprier vt. (aproprié). Apropriar. ‖Limpar [nettoyer].
approuver vt. (apruvé). Aprovar.
approvisio‖**nnement** m. (apro-onmã). Abastecimento, provisão, f. ‖**-nner** vt. (*-nê*). Abastecer, prover*.
approximati‖**f, ive** adj. (aprokç-atíf, iv). Aproximativo, va. ‖**-on** f. (*-ciô*). Aproximação.
app‖**ul** m. (apùi). Apoio. ‖Peitoril

Lettres penchées : accent tonique. ‖ V. page verte pour la prononciation figurée. ‖ *Verbe irrég. V. à la fin du volume.

ÂPR — ARC

[fenêtre]. ‖ *A l'appui de*, em apoio de. ‖-**ui-main** m. (-àn). Tento [peintres]. ‖-**uyer** vt. (-ié). Apoiar.
âpre adj. (apr). Áspero, ra. ‖ *Ávido, da* : *âpre au gain*, ganancioso, sa.
après‖ adv. (apré). Depois. ‖ prep. Depois de. ‖ *Atrás* : *courir après quelqu'un*, correr atrás de alguém. ‖ Loc. *Après coup*, demasiado tarde. *Après que*, depois que. *Après quoi*, depois do que. *D'après*, segundo, conforme. *Ci-après*, um pouco adiante. *Attendre après quelqu'un*, esperar alguém. *Crier après*, ralhar a. *Être après une personne*, não deixar em paz uma pessoa. *Demander après quelqu'un*, perguntar por alguém. ‖-**demain** adv. (-dâmân). Depois de amanhã. ‖-**dîner** m. (-é). Noitinha, f. ‖-**guerre** m. (-ghér). Após-guerra. ‖-**midi** m. (-id). Tarde, f.
à présent loc. adv. (-rêzâ). Agora.
âpreté f. (aprâté). Aspereza. ‖ Amargor, m.
à-propos loc. adv. (-ropô). A propósito. ‖ s. m. A-propósito; improvisação, f.
apt‖**e** adj. (apt). Apto, ta. ‖-**itude** f. (-ùd). Aptidão.
apur‖**ement** m. (apùrmâ). Apuramento, verificação, f. ‖-**er** vt. (-é). Apurar, verificar.
aqua‖**fortiste** m. (acuafortiçt). Aguafortista. ‖-**relle** f. (-rél). Aguarela. ‖-**relliste** m. (-içt). Aguarelista. ‖-**rium** m. (-riom). Aquário. ‖-**tique** adj. (-ík). Aquático, ca.
aqueduc m. (acdùc). Aqueduto.
aqueux, euse adj. (acâ, âz). Aquoso, sa; áqueo, a.
aquilin adj. (akilàn). Aquilino [nez].
aquilon m. (akilô). Aquilão.
ara‖**be** adj. e s. (arab). Árabe. ‖-**besque** adj. (-éçk). Arabesco, ca; arábico, ca. ‖ s. f. Arabesco, m. ‖-**bique** adj. (-ík). Arábico, ca. ‖-**bisme** m. (-içm). Arabismo.
Arabie n. pr. (arabí). Arábia.
arable adj. (ara-). Arável, lavradio, ia.
arachide f. (araxíd). Amendoím, m.
arachnide m. (aracníd). Aracnídeo.
arachnoïde f. (aracnoíd). Aracnóide.
araignée f. (arénhé). Aranha.
aratoire adj. (aratuar). Aratório, ia.

arbal‖**ète** f. (arbalét). Bøsta. ‖-**étrier** m. (-êtrié). Besteiro. ‖ *Técn*. Perna de asna, f.
arbitr‖**age** m. (ar-raj). Arbitragem, f. ‖-**aire** adj. (-ér). Arbitrário, ria. ‖ s. m. Arbitrariedade, f. ‖-**al, ale** adj. (-al). Arbitral. ‖-**e** m. (-ítr). Árbitro. ‖ *Árbitro* [personne]. ‖-**er** vt. (-é). Arbitrar.
arborer vt. (arborê). Arvorar, hastear.
arbo‖**rescent, ente** adj. (arboréçâ). Arborescente. ‖-**riculture** f. (-ù-ùr). Arboricultura.
arbousier m. (arbuzié). *Bot*. Medronheiro.
arb‖**re** m. (arbr). Árvore, f. ‖-**risseau** m. (-ô). Arbusto. ‖-**uste** m. (-ùçt). Arbusto (herbáceo).
arc‖ m. (arc). Arco. ‖ Loc. *Arc de plein cintre*, arco de volta inteira. *Arc en fer à cheval*, arco de ferradura. *Arc rampant*, arco aviajado. ‖-**ade** f. (-ad). Arcada.
arcane m. (arcan). Arcano.
arc‖-**boutant** m. (arcbutâ). Arcobotante. ‖-**bouter** vt. (-é). Escorar, especar. ‖-**doubleau** m. (u-ô). Arco saliente. ‖-**eau** m. (-çô). Arco de abóbada. ‖-**-en-ciel** m. (-câciél). Arco-íris.
archa‖**ïque** adj. (arcaík). Arcaico, ca. ‖-**ïsme** m. (-íçm). Arcaísmo.
archal m. (arxal). Latão. *Fil d'archal*, arame.
archange m. (arcâj). Arcanjo.
arche f. (arx). Arco, m. [ponts]. ‖ Arca [de Noé, d'alliance].
archéo‖**logie** f. (arkêoloji). Arqueologia. ‖-**logue** m. (-ogh). Arqueólogo.
archer m. (arxê). Archeiro.
archet m. (arxé). Arco [instrument].
arche‖**vêché** m. (arxâvéxé). Arcebispado. ‖-**vêque** m. (-vék). Arcebispo.
archi‖**diacre** m. (arx-acr). Arcediago. ‖-**diocèse** m. (-océz). Arquidiocese, f. ‖-**duc** m. (-ùc). Arquiduque. ‖-**épiscopal** adj. (-é-çkopal). Arquiepiscopal. ‖-**fou, folle** adj. (-fu, fol). Doido varrido (*fam.*).
Archimède n. pr. (arx-éd). Arquimedes.
archi‖**pel** m. (-él). Arquipélago. ‖-**prêtre** m. (-rétr). Arcipreste. ‖-**tecte** m. (-éct). Arquitecto. ‖-**tectural** adj. (-ùral). Arquitectónico,

---

Itálico : acento tónico. ‖ V. página verde para a pronúncia figurada. ‖ *Verbo irreg. V. no final do livro.

ca. ||-tecture f. (-ùr). Arquitectura.
||-trave f. (-rav). Arquitrave.
archi||ves f. pl. (arxív). Arquivo, m.
||-viste m. (-íçt). Arquivista.
archivolte f. (arx-o-). Arquivolta.
arçon m. (arçõ). Arção; arco (de bater lã). ||Loc. Vider les arçons, cair* do cavalo.
arctique adj. (arctík). Árctico, ca.
ard||emment adv. (ardamã). Ardentemente. ||-ent, ente adj. (-ã, ãt). Ardente. ||-eur f. (-âr). Ardor, m.
ardoi||se f. (arduaz). Ardósia, lousa. ||-sé, ée adj. (-é). Da cor de ardósia. ||-sier m. (-ziê). Ardosieiro, louseiro. ||-slère f. (-iér). Ardosieíra.
ardu, ue adj. (ardù). Árduo, a.
are m. (ar). Are.
arène f. (arén). Areal, m.; arena; campo (m.) de luta.
aréole f. (areòl). Aréola.
aréomètre m. (areômétr). Areómetro.
aréopa||ge m. (areòpaj). Areópago. ||-gite m. (-it). Areopagita.
arête f. (arét). Aresta [angle]. ||Espinha (de peixe). ||Bot. Pragana.
Arétin n. pr. (arêtàn). Aretíno.
ar||gent m. (arjã). Prata, f. [métal]. ||Dinheiro [monnaie]. ||-genter vt. (-té). Pratear. ||-genterie f. (-rí). Baixela de prata; pratas, pl. ||-gentier m. (-ié). Tesoureiro da casa real. ||Guarda-prata [meuble]. ||-gentifère adj. (-ér). Argentífero. ||-gentin, ine adj. (-ãn, ín). Argentino, na. ||-genture f. (-ùr). Prateação.
Argentine n. pr. (arjãtín). Argentina.
argile f. (arjíl). Argila, barro, m.
argon m. (argô). Argão, árgon.
argonaute m. (argonôt). Argonauta.
argot|| m. (argô). Calão, gíria, f. ||-ique adj. (-tík). Referente ao calão.
argousin m. (arguzàn). Comitre. ||Fam. Polícia, beleguim.
arguer vt. (argûé). Arguir, acusar. ||vi. ant. Concluir*.
argu||ment m. (argümã). Argumento. ||-menter vi. (-é). Argumentar.
argus m. (argüç). Esbirro, espião.
Argus n. pr. (argüç). Argos.
argutie f. (argücí). Argúcia.

aria m. (aría). Pop. Embaraço, aborrecimento, contrariedade, f.
ari||de adj. (aríd). Árido, da. ||-dité f. (-é). Aridez.
Arioste n. pr. (arioçt). Ariosto.
Aristide n. pr. (ariçtíd). Aristides.
aristocra||te adj. e s. (ariçtocrat). Aristocrata. ||-tie f. (-cí). Aristocracia. ||-tique adj. (-ík). Aristocrático, ca.
Aristophane n. pr. (ariçtofan). Aristófanes.
Aristote n. pr. (ariçtot). Aristóteles.
arithmétique f. (aritmêtík). Aritmética.
arlequin m. (arlêcàn). Arlequim.
Armand, de n. pr. (armã, ãd). Armando, da.
arma||teur m. (armatêr). Armador. ||-ture f. (-ùr). Armadura.
arme f. (arm). Arma. ||pl. Armas, escudo, m. [blason]. ||Loc. Arme à feu, arma de fogo. Arme à répétition, arma automática; de repetição (Br.). Aux armes! Interj. Às armas! Faire des armes, jogar as armas. Sous les armes, em armas, armado.
ar||mée f. (armé). Exército, m. ||-mement m. (-ã). Armamento.
Arménie n. pr. (arméní). Arménia.
arménien, enne adj. e s. (arméniàn, èn). Arménio, ia.
armer vt. (armé). Armar. ||Sint. Armer de, armar com.
armistice m. (armíçtíç). Armistício.
armoire f. (armuar). Armário, m. ||Loc. Armoire à glace, guarda-vestidos, m.; guarda-fato (de espelho), m.
armoiries f. pl. (armuarí). Armas.
armo||rial m. (armorial). Armorial. ||-rié, ée adj. (-ié). Armoriado, da.
Armorique n. pr. (armorík). Armórica, Bretanha.
ar||mure f. (armùr). Armadura. ||-murerie f. (-rí). Armaria. ||-murier m. (-ié). Armeiro.
arnica f. (arnica). Arnica.
aroma||te m. (aromat). Arómatas, pl. ||-tique adj. (-ík). Aromático, ca. ||-tiser vt. (-zé). Aromatizar.
arôme m. (arôm). Aroma.
arpège m. (arpéj). Arpejo.
ar||pent m. (arpã). Arpente, jeira, f. ||-pentage m. (-aj). Agrimensura, f. ||-penter vt. (-é). Medir* terrenos.

Lettres penchées : accent tonique. ||V. page verte pour la prononciation figurée. ||*Verbe irrég. V. à la fin du volume.

‖ Andar a passos largos. ‖ **-penteur** m. (-ằr). Agrimensor.
arpète f. (arpét). *Fam.* Aprendiza de costura.
arqué, ée adj. (arké). Arqueado, da.
arque‖buse f. (arcábùz). Arcabuz, m. ‖ **-busier** m. (-ié). Arcabuzeiro.
arquer vt. (arké). Arquear.
arra‖chage m. (araxaj). Arranca, f., arrancamento. ‖ **-chement** m. (-ã). Arrancadura, f. ‖ **-cher** vt. (-é). Arrancar. ‖ **-cheur** m. (-ằr). Arrancador. ‖ *Arracheur de dents*, dentista.
arran‖geant, ante adj. (arãjã, ãt). Acomodável. ‖ **-gement** m. (-ã). Arranjo. Ordenação, f. ‖ **-ger** vt. (-é). Arranjar. Arrumar. ‖ **-ger** (s') vr. Arranjar-se.
arrérages m. pl. (arêraj). Atrasos, atrasados.
arrestation f. (aréçtaciõ). Detenção.
arrê‖t m. (aré). Prisão, f. ‖ **Rìste** [lance]. ‖ Ferrolho [mécanisme]. ‖ Sentença, f. [tribunal]. Paragem, f. [véhicule]. ‖ *Chien d'arrêt*, cão perdigueiro. *Maison d'arrêt*, prisão. ‖ pl. Detenção (mil.) : *être aux arrêts*, estar* detido. ‖ **-té** m. (-té). Despacho ministerial, portaria, f. ‖ *Arrêté de compte*, liquidação de conta, f. ‖ **-ter** vt. (-té). Deter*, fazer* parar. ‖ Decidir, resolver [déterminer]. ‖ Liquidar [un compte]. ‖ Tomar, apalavrar [location, domestique]. ‖ (s') vr. Parar, deter-se* ; fixar-se. ‖ Emperrar ; empacar (Br.) [cheval].
arrhes f. pl. (ar). Sinal, m., arras.
arri‖ère adv. (ariér). Atrás. ‖ *Loc. En arrière*, por trás, para trás [avec mouvement]. Atrasado, da [en retard]. *Rester en arrière*, ficar para trás. *Roue arrière*, roda traseira. ‖ s. m. Defesa [football]. Popa, f., [marine]: *vent arrière*, vento em popa. ‖ **-éré, ée** adj. (-éré). Atrasado, da. ‖ s. m. pl Atrasos [dettes].
arrière‖-ban m. (ariérbã). Levantamento em massa, convocação para a guerra, f. ‖ **-bouche** f. (-ux). Fauce. ‖ **-boutique** f. (-utík). Fundo de loja, m. ‖ **-cour** f. (-ur). Saguão. ‖ **-garde** f. (-ard). Retaguarda. culatra (*Br. du S.*) ‖ **-goût** (-u) m. Ressaibo. ‖ **-grand-mère** f. (-grãmér). Bisavó. ‖ **-grand-père** m.

(-ér). Bisavô. ‖ **-pensée** f. (-ãcé). Pensamento reservado, m., segunda intenção. ‖ **-petit-fils** m. (-âtifíç). Bisneto. ‖ **-petite-fille** f. (-âtitfiïã). Bisneta. ‖ **-petits-enfants** m. pl. (-izãfã). Netos. ‖ **-plan** m. (-ã). Último plano, fundo [perspective]. ‖ **-saison** f. (-ézõ). Fim (m.) do outono. ‖ **-train** m. (-rãn). Traseira f., jogo traseiro [véhicule]. ‖ Quarto traseiro [animal].
arriérer vt. (ariéré). Atrasar.
arri‖mage m. (ar-aj). Estiva, f. ‖ **-mer** vt. (-é). Estivar.
arri‖vage m. (ar-aj). Chegada [baco, mercadorias]. ‖ **-vée** f. (-é). Chegada. ‖ **-ver** vi. (-é). Chegar. ‖ Acontecer [avoir lieu]. ‖ **-isme** m. (-içm). Arrivismo. ‖ **-viste** m. (-íçt). Aventureiro.
arro‖gance f. (arogãç). Arrogância. ‖ **-gant, ante** adj. (-ã, ãt). Arrogante.
arroger (s') vr. (çarojé). Arrogar-se.
arrondi‖r vt. (arõdír). Arredondar. ‖ **-ssement** m. (-ã) Arredondamento ‖ Distrito em que se divide um departamento.
arro‖sage m. (arozaj). Rega, f. ‖ **-sement** m. (-ã). Rega, f. ‖ **-ser** vt. (-é). Regar. ‖ **-seur, euse** m. e f. (-ằr, ằz). Aquele, a que rega. ‖ **-soir** m. (-uar). Regador.
arsenal m. (arçănal). Arsenal.
ars‖enic m. (arçănik). Arsénico. ‖ **-énical** adj. (-ê-al). Arsenical. ‖ **-énobenzol** m. (-ênobănzol). Arsenobenzol. ‖ **-ine** f. (-ín). Arsína.
art m. (ar). Arte, f.
Artémise n. pr. (artêmiz). Artemisa.
art‖ère f. (artér). Artéria. ‖ **-ériel, elle** adj. (-ériel). Arterial. ‖ **-ériosclérose** f. (-érioç-êróz). Arteriosclerose.
artésien adj. (artézián). Artesiano.
arthri‖te f. (artrít). Artrite. ‖ **-tisme** m. (-içm). Artritismo.
Arthur n. pr. (artùr). Artur.
artichaut m. (ar-xô). Alcachofra, f.
article m. (arti-). Artigo. ‖ *Loc. Faire l'article*, exagerar o valor da mercadoria.
articu‖lation f. (ar-ùlaciõ). Articulação. ‖ **-ler** vt. (-é). Articular.
artifi‖ce m. (ar-iç). Artifício. ‖ **-ciel, elle** adj. (-iel). Artificial. ‖ **-cier**

Itálico : acento tónico. ‖ V. página verde para a pronúncia figurada. ‖ *Verbo irreg. V. no final do livro.

m. (-*iê*). Pirotécnico, fogueteiro.
‖**-cieux, euse adj.** (-*iâ, iâz*). Artificioso, sa.
artill‖erie f. (artiîâri). Artilharia.
‖**-eur m.** (-*iár*). Artilheiro.
artimon m. (-ar-*õ*). Mezena, f., gata, f. [mât, voile].
artisan‖ m. (ar-*zã*). Artífice. *Fig.* Autor. ‖**-al, e adj.** (ar-anal). Relativo, a ao artífice. ‖**-at m.** (-*a*). Operariado.
art‖iste m. e f. (ar-*içt*). Artista. ‖**-istique adj.** (-*ik*). Artístico, ca.
Ary‖as (ar*iaç*) ou **-ens m. pl.** (-*àn*). Árias.
aryen, enne adj. (ar*iàn, én*). Ariano, a.
as m. (aç). *A*sse. ‖ Ás, notabilidade, f.
asbeste m. (açbéçt). Asbesto.
ascaride m. (açcarid). Ascáride (zool.).
ascen‖dance f. (açãdáç). Ascendência. ‖**-dant m.** (-*ã*). Ascendente. ‖**-seur m.** Ascensor, elevad*o*r. ‖**-sion f.** (-*iõ*). Ascensão.
asc‖ète m. (acét). Asceta. ‖**-étique adj.** (-ètik). Ascético, ca. ‖**-étisme m.** (-*içm*). Ascetismo.
asep‖sie f. (acépcí). Assepsia. ‖**-tique adj.** (-ik). Asséptico, ca. ‖**-tiser vt.** (-é). Assepsi*a*r.
asiatique adj. (aziatík). Asiático, ca. **Asie n. pr.** (azí). Ásia.
asile m. (azíl). Asilo.
asine adj. f. (azín). Asinina.
aspect m. (açpé). Aspecto.
asperge f. (açpérj). Espargo, m.
asperger vt. (açpérjê). Aspergir.
aspérité f. (açpèrité). Aspereza.
aspers‖ion f. (açpérciõ). Aspersão. ‖**-oir m.** (-*uar*). Hissope.
asphalte m. (açfalt). Asfalto.
asphy‖xiant, ante adj. (açfikciã, ãt). Asfixi*a*nte. ‖**-xie f.** (-*kcí*). Asfixia. ‖**-xier vt.** (-*ié*). Asfixi*a*r.
aspic m. (açpíc). Áspide, f.
aspir‖ant, ante adj. (aç-rã, ãt). Aspir*a*nte. ‖**-ateur, trice adj. e s.m.** (-atór, -riç). Aspirad*o*r, ora. ‖**-ation f.** (-*ciõ*). Aspiração. ‖**-atoire adj.** (-*uar*). Aspiratório, ia. ‖**-er vt.** (-*ê*). Aspirar.
aspirine f. (aç-rín). Aspirina.
assagir vt. (açajír). Ass*i*sar.
assail‖lant, ante adj. e s. (açaiiã,

ãt). Assalt*a*nte. ‖Agressor, a. ‖**-lir* vt.** (-ai*ír*). Assalt*a*r.
assai‖nir vt. (acén*ír*). San*e*ar. ‖**-nissement m.** (-*ã*). Saneamento.
assai‖sonnement m. (acézonãmã). Tempero, condimento. *Fig.* Graça, f. gosto. ‖**-sonner vt.** (-*é*). Temper*a*r, condimentar.
assas‖sin, ine adj. e s. (açaçàn, *in*). Assassino, na. ‖**-sinat m.** (-*a*). Assassínio. ‖**-siner vt.** (-*é*). Assassinar.
assaut m. (açô). Assalto. ‖ Loc. *Faire assaut d'esprit*, rivalizar no engenho.
assécher vt. (acêxê). Secar.
assem‖blage m. (açã-aj). Reunião, f. ‖ *Técn.* Emsambladura, f. [bois]. ‖**-blée f.** (-*ê*). Assembleia. ‖**-bler vt.** (-*ê*). Reunir. ‖*Técn.* Ensamblar. ‖*Impr.* Alçar.
assener vt. (açãné). Vibrar, descarregar, desferir*.
assen‖timent m. (açã-*ã*). Assentimento. ‖**-tir* vi.** (-ir). Assentir*.
asseoir* vt. (aç*uar*). Sentar. ‖ (s') vr. Sentar-se.
assermenté, ée adj. (acérmãtê). Ajuramentado, a.
assertion f. (acérciõ). Asserção.
asserv‖ir vt. (acérvír). Escravizar. ‖**-issement m.** Escravização, f.
assesseur m. (acéçár). Assessor.
assez adv. (acé). Bastante, assaz. ‖ Loc. *C'est assez*, basta, chega.
assi‖du, ue adj. (acidü). Assíduo, a. ‖**-duité f.** (-*é*). Assiduidade. ‖**-dûment adv.** (-*ã*). Assiduamente.
assié‖geant, ante adj. (aciéjã, ãt). Siti*a*nte. ‖**-ger vt.** (-*ê*). Siti*a*r, cerc*a*r.
assie‖tte f. (aciét). Prato, m. ‖ Base, equilíbrio, m. ‖ Loc. *Assiette au beurre*, mesa do orçamento. *N'être pas dans son assiette*, não estar normal. *Pique-assiettes*, papa-jantores.
assi‖gnable adj. (a-nh*a*). Citável; determin*á*vel. ‖**-gnat m.** (-nh*a*). Cédula, f. ‖**-gnation f.** (-nhaciõ). Citação (jur.). ‖Ordem de pagamento. ‖**-gner vt.** (-*ê*). Designar; consignar. ‖*Jurispr.* Citar.
assimiler vt. (acimilê). Assimilar.
assise f. (aciz). Base, alicerce, m. ‖ Fi*a*da [pierres de taille]. ‖*Geol.* Socalco, m. (de monte). ‖pl. Ju-

---

Lettres penchées : accent tonique. ‖V. page verte pour a pronunciation figurada. ‖*Verbe irrég. V. à la fin du volume.

ASS — ATH

rispr. Audiências do tribunal criminal. ‖ *Loc. Cour d'assises,* tribunal criminal. *Tenir ses assises,* reunir-se (para julg*ar*).
assis‖tance f. (a-çtã*ç*). Assistência. ‖*-publique,* assistência pública. ‖*-tant,* **ante** adj. e s. (*-ã, ãt*). Assistente. ‖ pl. Assistentes. ‖*-ter* vt. (*-ê*). Assist*ir;* peru*ar* (*Br.*) [à un jeu].
asso‖ciation f. (aço-aciõ). Associação. ‖*-cié, ée* adj. (*-ié*). Associado, da. ‖ m. Sócio, ia. ‖*-cier* vt. (*-ié*). Associ*ar*.
assolement m. (açolm*ã*). Afolhamento.
assombrir vt. (açõbr*ir*). Escurecer.
assom‖mant, ante adj. (açom*ã, ãt*). Enfadonho, a; pesado, da. ‖*-mer* vt. (*-ê*). Mat*ar* (à panc*ada*). ‖ *Moer** (com panc*adas*). ‖ *Fig.* Desconcert*ar;* enfad*ar,* caustic*ar.* ‖ Sint. *Assommer de questions, moer** com perguntas. ‖*-moir* m. (*-uar*). Cacete [arme]. ‖ Taberna, f.
assomption f. (aõpciõ). Assunção.
assonance f. (açonãç). Assonância.
assor‖ti, ie adj. (açort*i*). Adequado, da. ‖ *Com.* Sortido, da [approvisionné]. ‖*-timent* m. (açor-*ã*). Conjunto; harmonia, f. ‖ *Com.* Sortimento [marchandises]. ‖*-tir* vt. (*-ir*). Combin*ar,* ajust*ar.* ‖ *Com.* Sort*ir.* ‖ *Fig.* Conform*ar.* ‖ (s') vr. Combinar-se; harmonizar-se.
assou‖pir vt. (açup*ir*). Adormentar, suaviz*ar.* ‖*-pissement* m. (*-ã*). Adormecimento, torpor.
assou‖plir vt. (açu-*ir*). Abrandar. ‖ *Fig.* Amansar, domar [animal, caractère]. ‖*-plissement* m. (*-ã*). Amansamento, amolecimento; domínio.
assour‖dir vt. (açurd*ir*). Ensurdecer, abaf*ar.* ‖*-dissant,* **ante** adj. (*-ã, ãt*). Ensurdecedor, ora. ‖*-dissement* m. (*-ã*). Ensurdecimento.
assou‖vir vt. (açuv*ir*). Saci*ar,* cev*ar.* ‖*-vissement* m. (*-ã*). Saciedade, f.; realiz*ação,* f.
assujet‖tir vt. (açüjêt*ir*). Sujeit*ar.* ‖*-tissant,* **ante** adj. (*-ã, ãt*). Escravizante. ‖*-tissement* m. (*-ã*). Sujeição, f.
assumer vt. (açüm*ê*). Assumir.
assu‖rance f. (açürãç). Segurança. ‖ Firmeza, certeza; garantia, penh*or,* m. ‖ *Com.* Seguro, m. [incendie, etc.]. ‖ *Assurances sociales,* seguros soci*ais*. ‖*-ré, ée* adj. Seguro, ra; certo, ta. ‖ Segur*ado,* da (com.). ‖*-rément* adv. (*-rêmã*). Seguramente, certamente. ‖*-rer* vt. (*-ê*). Segur*ar;* assegur*ar.* ‖ *Loc. Assurer le pavillon, salvar* a bandeira. ‖*-rer* (s') vr. (*-ê*). Verificar [certitude]. ‖ Segur*ar-se* [assurance]. ‖ Prender [arrêter]. ‖*-reur* m. (*-rör*). Segurador.
Assyrie n. pr. (acir*i*). Assíria.
assyrien, enne adj. e s. (aciri*ãn, én*). Assírio, a.
astérisque m. (açtêrí*çk*). Asterisco.
asthme m. (açm). Asma, f.
asti‖cot m. (aç-*ô*). Larva, f. [insecte], isca, f. [pêche]. ‖*-coter* vt. (*-otê*). Arreli*ar,* contrari*ar.*
astiquer vt. (aç-*ê*). Lustr*ar,* pol*ir,* brun*ir,* dar* brilho, lustro ou polimento.
astragale m. (açtrag*al*). Astrágalo.
astrakan m. (açtrakã). Astracã.
astral adj. (açtr*al*). Astral.
astre m. (açtr). Astro.
astr‖eindre* vt. (açtrãndr). Sujeit*ar,* adstring*ir.* ‖*-ingent,* **ente** adj. (*-ãnjã, ãt*). Adstringente.
astro‖logie f. (açtroloj*i*). Astrologia. ‖*-logue* m. (*-ogh*). Astrólogo. ‖*-nome* m. (*-om*). Astrônomo. ‖*-nomie* f. (*-i*). Astronomia.
astu‖ce f. (açtü*ç*). Astúcia. ‖*-cieux, euse* adj. (*-iâ, iâz*). Astucioso, sa.
Asturies n. pr. (açtür*i*). Astúrias.
asynchrone adj. (açãncron). Assíncrono, a.
atavisme m. (ataviçm). Atavismo.
ataxie f. (atakc*i*). Ataxia.
atelier m. (atãlié). Oficina, f., loja, f. [ouvriers]. ‖ Estúdio [artiste].
ater‖moiement m. ou **atermoiment** m. (atérmuam*ã*). Dilação, f., moratória, f., espera, f., mora, f. [dettes]; tergiversação, f. ‖*-moyer* vi. (*-uaiiê*). Adi*ar,* tergivers*ar.*
Athanase n. pr. (atan*az*). Atanásio.
athé‖e m. (at*ê*). Ateu. ‖*-isme* m. (*-içm*). Ateísmo.
athénée m. (atên*ê*). Ateneu.
Athènes n. pr. (at*én*). Atenas.
athl‖ète m. (a-*êt*). Atleta. ‖*-étique* adj. (*-êtik*). Atlético, ca. ‖*-étisme* m. (*-êtiçm*). Atletismo.

Itálico : acento tônico. ‖ V. página verde para a pronúncia figurada. ‖ *Verbo irreg. V. no final do livro.

athrepsie f. (atré-í). Atrepsia.
atlante m. (a-ãt). Atlante (arq.).
Atlanti‖de m. pr. (a-ãtíd). Atlântida. **‖-que** n. pr. (-ík). Atlântico.
atlantique adj. (a-ãtic). Atlântico, a.
atlas m. (a-aç). Atlas.
Atlas n. pr. (a-aç). Atlas.
atmosph‖ère f. (atmoçfér). Atmosfera. **‖-érique** adj. (-êrík). Atmosférico, ca.
atoll m. (atol). Atol.
ato‖me m. (atom). Átomo. **‖-mique** adj. (-ík). Atómico, ca. **‖-miser** vt. (-é). Atomizar.
ato‖ne adj. (aton). Átono, na. **‖-nie** f. (-í). Atonia.
atour m. (atur). Atavio, adorno.
atout m. (atu). Trunfo. **‖Fam.** Revés.
atrabilaire adj. (atra-ér). Atrabiliário, ia; colérico, ca.
âtre m. (atr). Lar, lareira, f.
atrium m. (atríom). Átrio.
atro‖ce adj. (atroç). Atroz. **‖-cité** f. (-é). Atrocidade.
atroph‖ie f. (atrofí). Atrofia. **‖-ier** vt. (-ié). Atrofiar.
attabler (s') vr. (çata-é). Amesendar-se.
att‖achant, ante adj. (ataxã, ãt). Atraente. **‖-ache** f. (-ax). Laço, m. **‖Anat.** Ligamento, m. **‖Juntura** [membres]. **‖Loc.** Port d'attache, porto de matrícula (mar.). **‖-aché, ée** adj. (-é). Atado, da. **‖Destinado, da; atribuído, da. Fig.** Apegado, da; agarrado, da [à une idée]. **‖s.** m. Adido [ambassades]. **‖-achement** m. (-ã). Apego. **‖-acher** vt. (-é). Atar. **‖Pegar** [coller]. Fixar [attention, regard]. Atribuir* [valeur, intérêt]. **‖Interessar. ‖Fig.** Atrair* [quelqu'un à une opinion]. **‖Destinar** [à un emploi]. **‖vi.** Pegar-se [casserole]. **‖(s')** vr. Prender-se, agarrar-se. **‖Fig.** Unir-se; aplicar-se; dedicar-se.
att‖aquable adj. (ataca-). Atacável. **‖-aque** f. (-ak). Ataque, m. **‖-aquer** vt. (-é). Atacar. **‖(s')** à vr. Atacar, meter-se a, provocar.
attarder vt. (atardé). Atrasar. **‖(s')** vr. Demorar-se, atrasar-se.
att‖eindre* vt. (atãdre). Atingir. **‖-eint, einte** adj. (-ãn, ãnt). Tocado, da; ferido, da; atteint de, tocado por. **‖-einte** f. (-ãnt). Golpe,

m., ferida. **‖Acesso**, m. [maladie].
atte‖lage m. (a-aj). Acção de atrelar. **‖Parelha**, f [chevaux]. Junta, f. [boeufs]. **‖-ler** vt. (-é). Atrelar. **‖Jungir** [boeufs]. **‖-lle** f. (-él). Arco da coelheira [chevaux]. **‖Med.** Tala [fractures].
attenant, ante adj. (a-ã, ãt). Contíguo, gua.
atten‖dant (en) loc. prep. (ãnatãdã). Entretanto. **‖-que, loc. conj.** Até que. **‖-dre** vt. (-ãdr). Esperar, aguardar. **‖Loc.** Attendez donc! Espere lá! S'attendre à, esperar, prever*, contar com
atten‖drir vt. (atãdrír). Amolecer. **‖Fig.** Enternecer, comover. **‖-drissant, ante** adj. (-ã, ãt). Enternecedor, ora. **‖-drissement** m. (-ã). Enternecimento.
attendu, ue adj. (atãdü). Esperado, da. **‖prep.** Tendo em vista, atendendo, considerando. **‖Loc.** Attendu que, visto que.
attentat m. (atãta). Atentado.
attente f. (açãt). Espera.
attenter vi. 'atãté). Atentar.
atten‖tif, ive adj. (atãtíf, ív). Atento, ta. **‖-tion** f. (-çió). Atenção. **‖interj.** Cuidado! Cautela! **‖Sint.** Attention à, cuidado com. **‖-tionné, ée** adj. (-oné). Atencioso, sa.
atténu‖ation f. (atênüació). Atenuação. **‖-er** vt. (-é). Atenuar.
atterr‖er vt. (atéré). Derrubar. **‖-ir** vt. (-ír). Aportar [bateaux]. **‖Aterrar** [aéroplanes]. **‖-issage** m. (-aj). Aterragem, f. [avions]. Aportamento, arribada, f.
ates‖tation f. (atéçtació). Atestação. **‖Testemunho**, m. **‖Atestado**, m. [certificat]. **‖-ter** vt. (-é). Atestar.
atticisme m. (a-içm). Aticismo.
attifer vt. (a-é). Enfeitar, ataviar. **‖Vestir*** com afectação.
attique adj. e s. m. (atik). Ático, ca.
attirail m. (a-rái). Aparato. **‖Fam.** Bagagem, f., tralha, f.
attirance f. (a-rãç). Atracção.
attir‖ant, ante adj. (a-rã, ãt). Atraente. **‖-er** vt. (-é). Atrair*.
attiser vt. (a-zé). Atiçar.
attitré, ée adj. (a-ré). Titular. **‖Preferido, da; habitual [commerçant].
attitude f. (a-üd). Atitude.

Lettres penchées: accent tonique. **‖V.** page verte pour la prononciation figurée. **‖*Verbe irrég. V.** à la fin du volume.

FR.-PORTUG. —

attouchement m. (atu-ã). Toque, contacto.
attraction f. (atraksiõ). Atracção.
attrait m. (atré). Atractivo.
attra‖pe f. (atrap). Armadilha. ‖-**per** vt. (-é). Apanhar, tomar; pegar em (Br.). ‖ Logra r, enganar [tromper]. ‖ interj. *Attrape!* Toma! ‖-**peur** m. (-ẽr). Embaidor.
attrayant, ante adj. (atréiã, ãt). Atraente, atractivo, va.
attrib‖uer vt. (atr-üé). Atribuir*. ‖-**ut** m. (-ü). Atributo. ‖-**ution** f. (-ciõ). Atribuição.
attris‖tant, ante adj. (atriştã, ãt). Entristecedor, ora. ‖-**ter** vt. (-é). Entristecer.
attrou‖pement m. (atru-ã). Tropel, ajuntamento. ‖-**per** vt. (-é). Agrupar, amontoar.
au, aux art. contr. (õ). Ao; aos, às.
aubade f. (õbad). Alvorada.
aubaine f. (õbén). Pechincha [chance inespérée].
aube f. (õb). Alvorada. ‖ Pena, pá [moulins].
aubépine f. (õbépin). Espinheiro-alvar, m.
auberge f. (õbérj). Albergue, m., hospedaria, estalagem.
aubergine f. (õbérjin). Beringela.
aubergiste m. e f. (õbérjişt). Estalajadeiro, ra.
aubier m. (õbié). *Bot.* Alburno.
auburn adj. (õbürn). Castanho avermelhado.
au‖cun, une adj. e pr. (õcẽn, ün). Nenhum, uma. ‖ *D'* -*s* loc. Alguns. ‖-**cunement** adv. (-ã). De modo nenhum, de modo algum.
auda‖ce f. (õdaç). Audácia. ‖-**cieux, euse** adj. (-iã, ãz). Audacioso, sa; audaz.
au‖-deçà loc. adv. (õ-a). Do lado de cá. ‖--**dedans** loc. adv. (õdadã). Por dentro. ‖--**dehors** loc. adv. (õdãor). Por fora. ‖--**delà** loc. adv. (-a). Além, para lá. ‖--**dessous** loc. adv. (-u). Por baixo. ‖--**dessus** loc. adv. (-ü). Por cima. ‖--**devant** loc. adv. (-ã). Ao encontro.
audible adj. (õdi-). Audível.
audien‖ce f. (õdiãç). Audiência. ‖-**cier** m. (-ié). Meirinho; pregoeiro.

audi‖teur m. (õ-ãr). Auditor. ‖-**tif, tive** adj. (-if, iv). Auditivo, va. ‖-**tion** f. (-ciõ). Audição. ‖-**toire** m. (-uar). Auditório.
au‖ge f. (õj). Bebedouro, m., pia. ‖ Cocho, m. [maçon]. ‖-**get** m. (-é). Comedouro [oiseaux].
augment‖atif, ive adj. (õgmãtatif, iv). Aumentativo, va. ‖-**ation** f. (-aciõ). Aumento, m. ‖-**er** vt. (-é). Aumentar.
au‖gure m. (õgür). Áugure [prêtre]. ‖ A g o i r o [pronostic]. ‖-**gurer** vt. (-é). Augurar, agoirar.
Augus‖te n. pr. (õgüşt). Augusto, ta. ‖-**tin, ine** n. pr. (-ẽn, in). Agostinho, nha [religieux].
aujourd'hui adv. (õjurdüi). Hoje. ‖ *D'-*, a contar de hoje.
aumô‖ne f. (õmõn). Esmola : *demander l'aumône*, pedir* esmola. *Faire l'aumône*, dar* esmola. ‖-**nier, ère** adj. (-iẽ, iér). Esmoler. ‖ s. m. Capelão.
aune m. (õn). Amieiro [arbre]. ‖ f. Alna, vara [mesure] (1 m 188).
auparavant adv. (õparavã). Dantes.
auprès adv. (õpré). Perto, ao pé.
auquel, elle, els, elles pron. rel. (õkel). Ao qual, à qual, aos quais, às quais [affirmation]. ‖ A qual, a quais [interr. ou dubit.].
auréole f. (õréol). Auréola.
auricul‖aire adj. (õr-ülér). Auricular. ‖-**e** f. (-ül). Aurícula.
aurifère adj. (õr-ér). Aurífero, ra.
aurochs m. (õrokç). Auroque.
aurore f. (õror). Aurora, alva, amanhecer, m.
ausculter vt. (õçcülté). Auscultar.
auspice m. (õçpiç). Auspício.
aussi adv. (õçi). Também. Tão [comparat. avec un adj. ou adv.] : *aussi bien*, tão bem; *aussi savant que*, tão sábio como. ‖ conj. Por isso : *cela est beau, aussi c'est cher*, isso é lindo, por isso é caro. ‖ *Aussi bien, tanto mais que* : *je ne le dirai pas, aussi bien je n'en suis pas sûr*, não o direi, tanto mais que não tenho a certeza. ‖-**tôt** adv. (-õ). Logo, imediatamente. ‖ *Aussitôt que*, logo que, assim que.
aust‖ère adj. (õçtér). Austero, ra. ‖-**érité** f. (-ér-é). Austeridade.
austral‖, ale adj. (õçtral). Austral.

Itálico : acento tónico. ‖ V. página verde para a pronúncia figurada. ‖ *Verbo irreg. V. no final do livro.

AUS — AVA

‖**-len, enne** adj. (-ièn, én). Australiano, na.
Australie n. pr. (òçtrali). Austrália.
autant adv. (otã). Tanto, tão; outro tanto : *s'il a fait cela je puis en faire autant*, se ele fez isso eu posso fazer* outro tanto. ‖*Autant de*, outro tanto, outros tantos, outras tantas. *Les étoiles sont autant de soleils*, as estrelas são outros tantos sóis. Tanto, ta [adj. comparatif] : *autant de livres que de cahiers*, tantos livros como cadernos. ‖*Autant... autant*, quanto... tanto : *autant de têtes, autant d'avis*, quantas cabeças, tantas sentenças. ‖Loc. *Autant que*, tanto como. *D'autant que*, visto como. *D'autant mieux*, tanto mais. *D'autant moins* [plus] *que*, tanto menos [mais] que. *Autant que possible*, tanto quanto possível.
autarcie f. (òtarxí). Autarquía.
autarcie f. (òtarcí). Autarcía.
autel m. (òtel). Altar. ‖*Maître - *(métr-). Altar-mor.
auteur m. (otâr). Autor. *Femme auteur*, autora.
authen‖ticité f. (òtã-é). Autenticidade. ‖**-tifier** vt. (-ié). Autenticar. ‖**-tique** adj. (-ik). Autêntico, ca.
auto‖ f. (òtó). *Auto*(móvel) m. ‖**-bus** m. (-ùç). Autocarro. ‖**-car** m. (-ar). Camioneta f. (de passageiros). ‖**-chtone** adj. e s. (òtocton). Autóctone. ‖**-clave** adj. e s. m. (-av). Autoclave. ‖**-crate** m. (-rat). Autocrata. ‖**-cratie** f. (-racî). Autocracía. ‖**-dafé** m. (-afé). *Auto*-do-fé. ‖**-drome** m. (-rom). Autódromo. ‖**-gène** adj. (-én). Autogéneo, a. ‖**-gire** m. (-ir). Autogíro. ‖**-graphe** adj. e s. m. (-raf). Autógrafo, fa. ‖**-mate** m. (-at). Autômato. ‖**-maticité** f. (òtoma-é). Automatia. ‖**-matique** adj. (-ík). Automático, ca. ‖**aut**‖**omnal** adj. (òto-al). Outonal. ‖**-omne** m. (-on). Outono.
auto‖mobile adj. e s. f. (òtomobil). Automóvel, m. ‖**-mobilisme** m. (-içm). Automobilismo. ‖**-mobiliste** m. (-içt). Automobilista. ‖**-moteur, motrice** adj. e s. (-otâr, riç). Automotor, ora. ‖**-nome** adj. (-ònòm). Autônomo, ma. ‖**-nomie** f. (-i). Autonomía. ‖**-psie** f. (-pcí). Autópsia. ‖**-psier** vt. (-ié). Autopsiar.

autori‖sation f. (òtorizaciô). Autorização. ‖**-ser** vt. (-zé). Autorizar. ‖**-taire** adj. (-ér). Autoritário, ia. ‖**-té** f. (-é). Autoridade.
auto‖route, -strade f. (òtorut, -çtrad). Auto-estrada, rodovía (Br.). ‖**-vaccin** m. (-akçàn). Autovacina, f.
autour adv. (òtur). Em volta. ‖Loc. *Autour de*, em volta de, cerca de. *Tout autour*, por todos os lados. ‖s. m. Açor [oiseau].
autre‖ adj. (ôtr). Outro, ra. ‖Loc. *Les autres*, os restantes. *A d'autres*, quem não te conhecer que te compre. *Sans autre*, sem mais. *Tout autre*, muito diferente. *L'un et l'autre*, um e outro. *L'en l'autre*, um ao outro. *Autre part*, algures. *De temps à autre*, de vez em quando. ‖**-fois** adv. (ôtrâfua). Antigamente. ‖**-ment** adv. (ôtrâmã). De outro modo.
Autriche n. pr. (òtrix). Áustria.
autrichien, enne adj. e s. (òtrixiàn, én). Austríaco, ca.
autruche f. (òtrùx). Avestruz, m. ou f.
autrui pr. ind. (òtrùi). Outrem, o próximo : *parler mal d'autrui*, falar mal do próximo. ‖*D'autrui*, alheio, a, os, as (adj.) : *le bien d'autrui*, o bem alheio.
auvent m. (ôvã). Alpendre, beiral; galpão (*Br. du S.*).
auv‖ergnat, ate adj. e s. (òvêrnha, at). Auvernhês, esa.
Auvergne n. pr. (òvêrnh). Auvérnhia.
auxiliaire adj. e s. (ôkcilié̀r). Auxiliar.
avach‖**ir (s')** vr. (çavaxir). Deformar-se. ‖**-issement** m. (-á). Deformação, f.
aval m. (aval). *Com*. Aval.
avalanche f. (avalãx). Alude, m. ‖*Fig*. Montão, m.
ava‖ler vt. (avalé). Engolir, tragar. ‖**-leur, euse** adj. (-âr, âz). Comilão, lona.
avan‖**ce** f. (avãç). Avanço m. ‖Loc. *A l'avance, d'avance*, de antemão. *En avance*, com avanço, antes da hora. *Par avance*, adiantadamente. *Avance à l'allumage*, avanço por ignição. ‖pl. Primeiros passos, m. [amitié]. ‖**-cé, ée** adj. (-é). Adiantado, da. *Avançado, da* [fortification, etc.]. *Prestes a corromper-se* [viandes].

Lettres penchées : accent tonique. ‖V. page verte pour la prononciation figurée. ‖*Verbe irrég. V. à la fin du volume.

‖ **Maduro, ra** demais [fruits]. ‖ **-cée** f. (-*é*). Posto avançado, m. ‖ **-cement** m. (-*ã*). Avanço, adiantamento. ‖ **-cer** vt. (-*é*). Adiantar. ‖ *Mil.* Avançar.
avanie f. (avaní). Insulto, m.
avant prep. (avã). Antes; antes de, que. ‖ *Observ.* On dit *antes de* avec un infinitif ou un substantif ou pronom complément, *antes que* avec un verbe à un temps personnel ou un substantif ou pronom sujet : *antes de comer, antes de mim; antes que eu coma*; mais : *antes de nós irmos* (infinitif personnel). ‖ adv. Dentro : *aller très avant*, ir* muito dentro. ‖ adv. t. Antes [auparavant]. ‖ Loc. *En avant*, para a frente. *En avant de*, na frente de. *Avant tout*, antes de mais nada. *Très avant dans la nuit*, muito pela noite dentro.
avant m. (avã). Dianteira, f. ‖ Proa, f. ‖ Avançado [football].
avanta‖**ge** m. (avãtaj). Vantagem, f. ‖ **-ger** vt. (-*é*). Favorecer. ‖ **-geux, euse** adj. (-*â*, *âz*). Vantajoso, osa. ‖ Presunçoso, osa [vaniteux].
avant‖**-bras** m. (avãbra). Antebraço. ‖ **-coureur** adj. e s. (-*urér*). Precursor. ‖ **-dernier, ère** adj. (-*érniê*, *ér*). Penúltimo, ma. ‖ **-garde** f. (-*ard*). Vanguarda. ‖ **-goût** m. (-*u*). Antegosto. ‖ **-hier** adv. (-*iér*). Anteontem. ‖ **-port** m. (-*or*). Anteporto. ‖ **-poste** m. (-*oçt*). Posto avançado. ‖ **-propos** m. (-*ropô*). Prefácio. ‖ **-scène** f. (-*cén*). Proscénio. m. ‖ Frisa ou camarote (m.) de palco. ‖ **-train** m. (-*rãn*). Jogo dianteiro [véhicule]. ‖ **-veille** f. (-*éi*). Antevéspera.
ava‖**re** adj. e s. (avar). Avarento, ta. ‖ **-rice** f. (-*riç*). Avareza. ‖ **-ricieux, euse** adj. (-*iâ*, *âz*). Avarento, ta.
ava‖**rie** f. (avarí). Avaria. ‖ **-rier** vt. (-*rié*). Avariar. ‖ Transmitir a sífilis.
avatar m. (avatar). Avatar.
à vau-l'eau loc. adv. (avôlô). Ao sabor da corrente. ‖ *Aller-*, loc. (alé-). Ir* por água abaixo, malograr-se, frustrar-se.
avé m. (avé). Ave-maria, f.
avec prep. (avék). Com.
avenant, ante adj. (a-ã, ãt). Gracioso, sa ; agradável. ‖ s. m. Acto adicional [assurance]. ‖ *A l'avenant*, de harmonia.
avènement m. (avénmã). Vinda, f.; advento, elevação, f. (ao poder).
avenir m. (a-ír). Futuro. ‖ *A l'avenir*, doravante, para o futuro, de futuro.
avent m. (avã). Advento.
aven‖**ture** f. (avãtŭr). Aventura. Loc. *A l'aventure*, à aventura. *D'aventure, par aventure*, porventura. ‖ **-turer** vt. (-*ŭré*). Aventurar. ‖ **-tureux, euse** adj. (-*â*, *âz*). Aventureiro, ra ; arriscado, da. ‖ **-turier, ère** m. e f. (-*ié*, *ér*). Aventureiro, ra.
avenu, ue adj. (a-ŭ). Acontecido, da. ‖ s. f. Avenida.
avérer vt. (avéré). Verificar, averiguar. ‖ **(s')** vr. Verificar-se.
Averne n. pr. (avérn). Averno.
averse f. (avérç). Chuvada, aguaceiro, m.
aversion f. (avércíõ). Aversão.
aver‖**tir** vt. (avértír). Advertir*, avisar. ‖ **-tissement** m. (-*ã*). Advertência, f., aviso. ‖ **-tisseur** m. (-*âr*). Avisador.
aveu m. (avé). Confissão, f. ‖ Consentimento. ‖ Testemunho. ‖ Loc. *De l'aveu de*, segundo a opinião de. *Faire l'aveu de*, confessar (vt.). *Sans aveu*, vagabundo.
aveu‖**glant, ante** adj. (avã-ã, ãt). Obcecante. ‖ **-gle** adj. e s. (-*â*-). Cego, ga. ‖ Loc. *A l'aveugle*, às cegas. ‖ **-glement** m. (-*ãmã*). Cegueira, f. ‖ Obcecação, f. [de l'esprit]. ‖ **-glément** adv. (-*émã*). Cegamente. ‖ **-gle-né** m. (-*ãné*). Nado-cego, cego de nascença. ‖ **-gler** vt. (-*é*). Cegar. ‖ **-glette (à l')**, loc. (-*ét*), às cegas, às apalpadelas.
avia‖**teur** m. (a-târ). Aviador. ‖ **-tion** f. (-*ciõ*). Aviação.
aviculteur m. (a-ŭ-âr). Avicultor.
avi‖**de** adj. (avíd). Ávido, da ; cobiçoso, sa. ‖ **-dité** f. (a-é). Avidez, m., sofreguidão.
avil‖**ir** vt. (a-ír). Envilecer. ‖ **-issant, ante** adj. (-*ã*, *ãt*). Aviltante. ‖ **-issement** m. (-*ã*). Envilecimento.
aviné, ée adj. (a-é). Ébrio, ia.
avion m. (-õ). Avião.
avionnette f. (a-onét). Avioneta.
aviron m. (a-rõ). Remo.
a‖**vis** m. (aví). Aviso [advertence].

Itálico : acento tónico. ‖ V. página verde para a pronúncia figurada. ‖ *Verbo irreg. V. no final do livro.

AVI — BAC

A mon avis, na minha opinião. ‖ *Parecer* [opinion]. ‖ Loc. *Être d'avis, ser* de opinião*. ‖ **-visé, ée** adj. (-*é*). Prudente. ‖ **-viser** vt. (-*é*). Avisar, advertir*. ‖ *Avistar* (a caça). ‖ vi. Considerar. ‖ **-viso** m. (-*ô*). *Mar.* Aviso.
aviver vt. (a-*é*). Avivar.
avocassier, ère adj. (avocacié, ér). Rabulista, chicaneiro, ra. ‖ s. m. Rábula, advogado fraco.
avocat m. (avoca). Advogado. ‖ adj. *Femme avocate*, advogada.
avoine f. (avuan). Aveia.
avoir* vt. (avuar). Ter*. ‖ **Haver*** [auxiliaire]. ‖ Loc. *Avoir à*, ter de, dever : *j'ai à écrire*, tenho de escrever. ‖ *Y avoir*, v. imp. Haver* : *il y aura des amis*, haverá amigos. ‖ Loc. *Avoir de quoi*, ter* de quê. *En avoir assez*, estar* farto. *Avoir beau*, ser* em vão que, por mais que. *Quoi qu'il en ait*, diga o que disser, por mais que faça. *Tant il y a*, em conclusão, seja como for. *Avoir affaire à*, estar* a contas com. *Avoir égard à*, dizer* respeito a. *Avoir l'air*, parecer. *Avoir mal à*, ter* dores de. *En avoir contre*, estar* aborrecido com. *Il y en a*, há quem. *N'avoir que faire de*, não ter* consideração por.
avoir m. (avuar). Bens, pl. ; activo, haver (com.).

avois! ‖ **nant, ante** adj. (avua-ã, ãt). Vizinho, nha. ‖ **-ner** vt. (-*é*). Confinar com.
avor ‖ **tement** m. (avor-ã). Aborto. ‖ *Fig.* Malogro. ‖ **-ter** vi. (-*é*). Abortar. ‖ *Fig.* Malograr-se. ‖ **-ton** m. (-*ô*). Aborto.
av ‖ **ouable** adj. (avua-). Confessável ‖ **-oué, ée** adj. (-*ué*). Confessado, da ‖ s. m. Procurador. ‖ **-ouer** vt. (-*ué*). Confessar. ‖ Ratificar, confirmar.
avril m. (avril). Abril. ‖ *Poisson d'-*, (puaçõ-), mentira, f., logro (do dia 1 de Abril).
axe m. (akç). Eixo.
axial, ale adj. (akcial). Axial.
axiome m. (akciom). Axioma.
axonge f. (akçõj). Banha de porco.
ayant ‖ **-cause** m. (éiãcôz). Sucessor, beneficiário dum direito por transmissão. ‖ **-droit** m. (-*rua*). Possuidor dum direito, interessado
azalée f. (azalé). Azálea.
azoïque adj. (azoíc). Azóico, a.
az ‖ **otate** m. (azotat). Azotato, nitrato. ‖ **-ote** m. (azot). Azoto. ‖ **-oté, ée** adj. (-*oté*). Azotado, da. ‖ **-otique** adj. (-*ík*). Azótico ca ; nítrico, ca.
aztèque adj. e s. (azték). Asteca, asteque (*Geogr.*).
az ‖ **ur** m. (azür). Azul celeste. ‖ **-uré, ée** adj. (-*é*). Azulado, da.
azyme adj. (azim). Ázimo.

B

baba m. (baba). Babá, espécie de pudim.
babeurre m. (babör). Tabefe ou soro de leite coalhado.
babi ‖ **l** m. (babi). Tagarelice, f. ‖ **-llage** m. (-iáj). Tagarelice, f. ‖ **-llard, arde** adj. (-iár, ard). Tagarela, falador, ora. ‖ **-ller** vi. (-*ié*). Tagarelar.
babine f. (babin). Beiço, m. (de animal) grosso e pendente.
babiole f. (babiol). Bagatela, bugiganga ; café pequeno, m. (*Br.*).
bâbord m. (babor). Bombordo.
babouche f. (babux). Babucha.
babouin m. (babuen). Babuíno.
Babylone n. pr. (ba-on). Babilónia.

bac m. (bac). Barca (f.) de passagem. ‖ *Pop.* Bacharelato (exame final do curso do liceu) [baccalauréat].
baccalauréat m. (bacalorêa). Bacharelato.
baccara m. (bacara). Bacará (jogo de cartas).
bac ‖ **chanal** m. (bacanal). Barulho, folia, f. ‖ **-chanale** f. Bacanal. ‖ **-chante** f. (-ãt). Bacante.
Bacchus n. pr. (bacüç). Baco.
bâche f. (bax). Toldo, m.
bachelier, ère m. e f. (ba-ié). Bacharel (diplomado, da com o curso do liceu).
bâcher vt. (baxé). Cobrir* com toldo.
bachique adj. (baxík). Báquico, ca.

Lettres penchées : accent tonique. figurée. ‖ *Verbe irrég. ‖ V. page verte pour la prononciation V. à la fin du volume.

BAC — BAL

bachot m. (baxô). Bote. ‖ *Pop.* Bacharelato.
bacille m. (bacíl). Bacílo.
bâcler vt. (ba-é). Trancar [porte]. ‖ Alinhavar, atabalhoar [travail].
bacté‖rie f. (baktêrí). Bactéria. ‖-riologie f. (-oloji). Bacteriologia.
ba‖daud, aude adj. e s. (badô, ôd). Papalvo, va; basbaque, 2 g. ‖-dauderie f. (-âri). Pasmaceira, basbaquice.
Bade n. pr. (bad). Bade.
baderne f. (badérn). *Mar.* Baderna. *Fig.* Traste, m. [chose inutile]. ‖ Mamarracho, m., cangalho, m. [personne].
badi‖geon m. (ba-jô). Brocha, f. ‖ Oca, f. ‖-geonnage m. (-jonaj). Caiadela, f. ‖ *Med.* Pincelada, f. ‖-geonner vt. (-é). Caiar, pintar a oca. ‖ *Med.* Pincelar. ‖-geonneur m. (-âr). Caiador. ‖ Mau pintor.
bad‖in, ine adj. (badân, ín). Folgazão, zã; brincalhão, lhona. ‖-inage m. (-aj). Galhofa, f. ‖ Leveza [style]. ‖-iner vi. (-é). Brincar, galhofar. ‖-inerie f. (-rí). Gracejo, m., futilidade.
bafouer vt. (bafué). Achincalhar, troçar de.
bafoui‖llage m. (bafuiaj). *Fam.* Algaravia, f., titubeação, f. ‖-ller vi. (-ié). Titubear. ‖-lleur, euse adj. e s. (-iâr). *Fam.* Tartamudo, da.
bâ‖fre f. (bafr). Comezaina. ‖-frer vt. (-é). *Pop.* Devorar. ‖vi. Empanzinar-se, empanturrar-se.
bagage m. (bagaj). Bagagem, f., equipagem, f. ‖ Loc. *Plier bagage (fig. e fam.)*, pôr-se* ao fresco.
bagarre f. (bagar). Zaragata, desordem, barulho, m., tumulto, m.
bagasse f. (bagás). Bagaço, m. (de cana de açúcar). ‖ *Prov.* interj. Cáspite!
bagatelle f. (bagatél). Bagatela.
ba‖gnard m. (banhar). Presidiário, forçado. ‖-gne m. (banh). Penitenciária, f., presídio.
bagnole f. (banhol). Carripana.
bagout m. (bagu). Mexerico.
bague f. (bagh). Anel, m.
baguenauder vi. (baghnôdé). Entreter-se* com futilidades.
baguette f. (baghét). Ponteiro, m. ‖ Baqueta [tambour]. ‖ Vareta [fu-

sil]. ‖ Batuta [chef de musique]. ‖ Loc. *Baguette de fée*, varinha de condão. *Mener à la baguette*, levar a toque de caixa.
bah! interj. (ba). Ora!
bahut m. (baü). Baú, arca, f. ‖ *Pop.* Liceu, escola, f. ‖ *En bahut*, abaulado.
bai, baie adj. (bé). Baio, baia [cheval]. ‖ s. f. Baía. ‖ Abertura, vão, m. [édifices]. ‖ Baga [fruit].
bai‖gner vt. (bénhé). Banhar. ‖vi. Estar* mergulhado. ‖ (se) vr. Banhar-se. ‖ *Sint. Baigner de larmes*, banhar em lágrimas. ‖-gneur, euse m. e f. (-âr, âz). Banheiro, ra [qui s'occupe des bains]. ‖ Banhista, 2 g. [personne qui se baigne]. ‖-gnoire f. (-uar). Banheira, tina. ‖ *Teatr.* Frisa.
bail m. (bai). Arrendamento, contrato.
bâill‖ement m. (baiiâmã). Bocejo. ‖-er vi. (-ié). Bocejar.
bail‖l‖er vt. (baié). Dar*, entregar. ‖ Loc. *La bailler bonne* ou *belle*, dizer* uma coisa incrível. ‖-eur, eresse m. e f. (-iâr, réç). Arrendatário, ia. ‖ *Bailleur de fonds*, sócio capitalista.
bail‖li m. (baii). Bailio. ‖-liage m. (baiiaj). Bailiado.
bâil‖lon m. (baiiô). Mordaça, f. ‖-lonner vt. (-oné). Amordaçar.
bain m. (bãn). Banho. ‖ Loc. *Bain-marie*, banho-maria. *Salle de bains*, casa de banho; banheiro (Br.).
baïonnette f. (baionét). Baioneta.
bai‖semain m. (bézmãn). Beija-mão. ‖-ser vt. (-é). Beijar. ‖ s. m. Beijo; muxoxo (Br.).
bais‖se f. (béç). Baixa. ‖-ser vt. (-é), Baixar. ‖ (se) vr. Baixar-se. ‖-sier m. (-ié). Baixista.
bajoue f. (baju). Faceira. ‖ Bochecha caída.
bakélite f. (bakélit). Baquelite.
bal m. (bal). Baile; chinfrim (Br.), batuque (Br. du N.) [populaire].
bala‖de f. (balad). *Pop.* Passeio, m. ‖-der (se) vr. *Pop.* Passear sem destino. ‖-deur adj. (-âr). *Train-*, mecanismo de mudança de velocidades [auto]. ‖-deuse f. (-âz). Carro (m.) de mão.

Itálico : acento tônico. ‖ V. página verde para a pronúncia figurada. ‖ *Verbo irreg. V. no final do livro.

baladin, ine m. e f. (baladàn, ín). Cómico, ca de teatro.
bala‖**fre** f. (balafr). Cicatriz, gilvaz, m. ‖**-frer** vt. (-é). Acutilar, ferir*.
balai m. (balé). Vassoura, f.
balan‖**ce** f. (balàç). Balança [instrument]. ‖*Com.* Balanço, m. ‖*Ca-maroeiro,* m. [pêche]. ‖**-cement** m. (-ã) Balanço, equilíbrio. ‖**-cer** vt. (-é). Balouçar. ‖*Com.* Dar* balanço a. ‖*Fig.* Ponderar, examinar. ‖vi. Vacilar, hesitar, estar* indeciso. ‖**(se)** vr. Oscilar; balouçar-se. ‖**-cier** m. (-ié). Balanceiro, maromba, f. ‖*Pêndula,* f. [horloges]. ‖**-çoire** f. (-uar). Balouço, m., balancé, m.
balauste f. (balôçt). Balustía.
bala‖**yage** m. (baléíaj). Varredela, f. ‖**-yer** vt. (-ié). Varrer. ‖**-yeur, euse** m. e f. (-iár, áz). Varredor, ora. ‖**-yures** f. pl. (-iùr). Varreduras, lixo, m.
balbu‖**tiement** m. (ba-ùcimã). Balbuciação, f. ‖**-tier** vt. e vi. (-cié). Balbuciar.
balcon m. (ba-õ). Varanda, f. ‖Balcão (teatro).
baldaquin m. (ba-acàn). Baldaquíno.
Bâle n. pr. (bal). Basileia.
balei‖**ne** f. (balén). Baleia. ‖**-nier** m. (-ié). Baleeiro. ‖**-nière** f. (-iér). Baleeíra.
bai‖**lise** f. (baliz). Baliza. ‖**-iser** vt. (-é). Balizar.
baliste f. (balíçt). Balísta.
baliveau m. (ba-ó). Árvore (f.) que não se corta.
baliverne f. (ba-érn). Frioleíra.
Balkans n. pr. (ba-ã). Balcãs.
balkanique adj. (ba-aník). Balcânico, ca.
ballade f. (balad). Balada.
ballant, ante adj. (balã, ãt). Oscilante, a dar a dar [locution].
ballast m. (balaçt). Balastro.
balle f. (bal). Bala [de fusil, etc.]. ‖Bola [pour jouer]. ‖Fardo, m. [paquet]. ‖Tampão, m. (tip.). ‖Loc. *Saisir la balle au bond,* aproveitar a oportunidade. *Enfant de la balle,* filho que segue a profissão do *pai. Renvoyer la balle,* replicar prontamente.
ball‖**erine** f. (balarín). Bailarína. ‖**-et,** m. (-é). Bailado. ‖Pantomima, f.

ball‖**on** m. (balõ). Bola, f., péla, f. [jeu]. ‖Balão [aérostat]. ‖Cabeço [géogr.]. ‖Loc. *Ballon d'essai,* balão de ensaio. ‖**-onnement** m. (-o-ã). *Med.* Meteorismo. ‖**-onner** vt. (-oné). Distender, inchar. ‖**-onnet** m. (-é). Balãozinho.
ball‖**ot** m. (balô). Fardo pequeno, pacote. ‖**-ottage** m. (-otaj). Empate [voto]. ‖**-ottement** m. (-ã). Bamboleio. ‖**-otter** vt. (-é). Sacudir*. ‖Votar pela segunda vez. ‖vi. Bater, oscilar.
balnéaire adj. (ba-êér). Balnear.
balnéation f. (-êacíó). Balneação.
bal‖**ourd, ourde** adj. (balur, urd). Bronco, ca; estúpido, da. ‖**-ourdise** f. (-íz). Estupidez, grosseria.
balsa‖**mine** f. (ba-amín). Balsamína. ‖**-m que** adj. (-ík). Balsâmico, ca.
balte adj. (balt). Báltico, ca.
Balthasar n. pr. (ba-azar). Baltazar.
Baltique n. pr. (ba-ík). Báltico.
balus‖**trade** f. (balùçtrad). Balaustrada. ‖**-tre** m. -ùçtr). Balaústre.
bambin, ine m. e f. (bãbãn, ín). Menino, na.
bamb‖**oche** f. (bãbox). Fantoche, m. ‖*Pop.* Pândega, bambochata. ‖**-ocheur, euse** adj. e s. (-ár, âz). Libertino, na; pândego, ga.
bambou m (bãbu). Bambu; taquara, f. (*Br.*). ‖**-la** f. (-a). Batuque, m.
ban m. (bã). Pregão, proclamação, f. Convocação da nobreza, f. ‖Desterro [bannissement]. ‖Banhos [mariage]. ‖Loc. *Le ban et l'arrière-ban,* toda a gente. *Mettre au ban,* exilar, desterrar. *En rupture de ban,* que infringe o desterro. *Ouvrir* (ou *fermer*) *le ban,* rufar o tambor antes (ou depois) da proclamação. *Publier les bans,* correr banhos (ou proclamas).
ban‖**al, ale** adj. (banal). Comum. ‖Vulgar, trivial. ‖**-alité** f. (-é). Trivialidade.
bana‖**ne** f. (banan). Banana. ‖**-nier** m. (-ié). Bananeíra, f.
banat m. (bana). Banato.
bano m. (bã). Banco.
bancaire adj. (bãkér). Bancário, ia.
bancal, ale adj. (bãcal). Cambaio, a. ‖s. m. *Sabre* recurvo.
banco adj. inv. (bãcô). De banco

Lettres penchées : accent tonique. ‖V. page verte pour la prononciation figurée. ‖*Verbe irrég. V. à la fin du volume.

BAN — BAR 32

(moeda). *Faire banco*, fazer* banca (ao jogo).
bancroche adj. e s. (bãcrox). V. BANCAL.
banda∥ge m. (bãdaj). Funda, f. [bande]. ∥Ligadura, f. ∥Band**ag**em, f. ∥Aro [roues]. ∥**-giste** m. (-içt). Fundeiro.
ban∥de f. (bãd). Faixa, tira. ∥Cinta [médecine]. ∥Bando, m., quadrilha [de personnes]. ∥Comprimento de onda, m. (T.S.F.). ∥Tabela [billard]. ∥*Mar*. Inclinação transversal dum navio. ∥*Loc. Donner de la bande*, dar* a borda (o navio). *Faire bande à part*, fazer* rancho à parte. *Mettre sous bande*, cintar (jornais, etc.). ∥**-deau** m. (-ô). Venda, f. [pour les yeux]. ∥Bandó [coiffure]. ∥**-delette** f. (-ét). Ligadura, tirinha. ∥**-der** vt. (-ê). Vendar. ∥Esticar, retesar [arc, etc.]. ∥**-derille** f. (-ríiâ). Bandarilha. ∥**-derole** f. (-rol). Bandeirola.
ban∥dit m. (bãdi). Bandido, bandoleiro. ∥**-doulière** f. (-uliér). Bandoleira. ∥Loc. *Porter en bandoulière*, trazer* em bandoleira, a tiracolo [fusil, etc.].
banlieue f. (bãliâ). Arrabalde, m., arredores, m. pl., subúrbios, m. pl.
banlieusard m. (bã-âzar). *Fam*. Habitante dos arrabaldes.
banne f. (ban). Toldo, m. [toile]. ∥Cesta [récipient].
banni, ie adj. (bani). Desterrado, da.
bannière f. (baniér). Pendão, m., estandarte, m.
bann∥ir vt. (banir). Desterrar, banir. ∥**-issement** m. (-ã). Desterro.
banque∥ f. (bãk). Banca [jeu, commerce]. ∥Banco, m. [établissement]. ∥**-route** f. (-rut). Bancarrota : *faire banqueroute*, falir*, abrir falência. ∥**-routier, ère** adj. e s. (-iê, iér). Falido, da.
ban∥quet m. (bãké). Banquete. ∥**-queter** vi. (-catê). Banquetear-se.
banquette f. (bãkét). Banco (m.) estofado.
banquier, ère m. e f. (bãkiê, ér). Banqueiro, ra.
banquise f. (bãkiz). Banquisa.
banquiste m. (bãkiçt). Saltimbanco, charlatão.

baobab m. (baobab). Embondeiro, baobá.
bap∥têne m. (batém). Baptismo. ∥**-tiser** vt. (-ê). Baptizar. ∥**-tismal, ale** adj. (-çmal). Baptismal. ∥**-tistère** m. (-çtér). Baptistério.
Baptiste n. pr. (batiçt). Baptista.
baquet m. (baké). Selha, f.
bar m. (bar). Robalo [poisson]. ∥Bar, botequim.
bara∥gouin m. (baraguàn). Algaraviada, f. ∥**-gouiner** vt. (-inê). Algaraviar.
bara∥que f. (barak). Barraca. Casebre (m.) de madeira. ∥**-quement** m. (-â). Abarracamento.
baraterie f. (baratrí). *Mar*. Bataria.
baratte f. (barat). Batedeira (de nata para fazer* manteiga).
barbant, e adj. (barbã, ãt). *Argot mil*. Maçador, ora.
barba∥re adj. e s. (barbar). Bárbaro, a. ∥**-rie** f. (-i). Barbárie. ∥**-risme** m. (-içm). Barbarismo.
Barbarie n. pr. (barbari). Berbéria.
barbe f. (barb). Barba. ∥*Técn*. Rebarba [métal]. ∥*Barbe-de-capucin*, almeirão m., chicória brava. ∥*Loc. Rire dans sa barbe*, rir* para dentro. *Une vieille barbe, une barbe grise*, um velho experimentado. *La barbe!* (argot), que chatice! ∥adj. e s. m. Da Berbéria [cheval].
Barbe n. pr. (barb). Bárbara.
barbeau m. (barbô). Barbo. ∥*Bleu-*. (blâ-). Azulóio.
barbe∥lé, ée adj. (barbâlê). Farpado, da ∥**-r** vt. (-ê). *Argot mil*. Maçar.
Barberousse n. pr. (barbãruç). Barba-Roxa, Barba-Ruiva.
barbet, ette adj. e s. (barbé, ét). Cão de água. ∥Loc. *Crotté comme un barbet*, cheio de lodo.
bar∥biche f. (barbix). Barbicha. ∥**-bier** m. (-iê). Barbeiro.
barbillon m. (barbiõ). Barbozinho [poisson]. ∥Barbela, f. (de seta ou de anzol). ∥pl. Barbilhões.
barbon m. (barbõ). Velho gaiteiro, jarreta.
barboter vi. (barbotê). Debicar na água ou no lodo [oiseaux]. ∥Patinhar, chafurdar [battre l'eau avec les pieds ou les mains]. ∥Borbu-

---

Itálico : acento tónico. ∥V. página verde para a pronúncia figurada. ∥*Verbo irreg. V. no final do livro.

lhar [un gaz]. ‖*Fam.* e *fig.* Atrapalhar-se (ao falar), tartamudear. ‖*Argot.* Roubar, abarbatar.
barbouil‖lage m. (barbuiíaj). Borradela, f., mamarracho [peinture]. ‖Garatujas, f. pl. [écriture]. ‖Lengalenga, f. ‖-ller vt. (-iié). Titubear. ‖Rabiscar, garatujar [écriture]. ‖Borrar, esborratar [peindre mal]. ‖-lleur, euse adj. e s. (-iiâr, âz). Tagarela confuso, sa. ‖Borrador, ora [mauvais peintre]. ‖Escrevinhador, ora [mauvais écrivain].
barbu, ue adj. (barbü). Barbudo, da. ‖s. f. Rodovalho, m. [poisson].
barcarolle f. (barcarol). *Mús.* Barcarola.
Barcelone n. pr. (barçálon). Barcelona.
barcelonnette f. (barçâlonet). Bercinho suspenso, m.
bar‖de f. (bard). Barda [armure]. Tíra delgada de toucinho [cuisine]. ‖m. Bardo [poète]. ‖-dé, ée adj. (-é). Bardado, da. ‖Envolto, ta em tíras de toucinho [cuisine]. ‖-der vt. (-é). Couraçar. ‖Envolver em tíras de toucinho.
barège m. (baréj). Barege.
barème m. (barém). Tabela, f.
barguigner vi. (barghinhé). Vacilar, hesitar.
bar‖il m. (baríl). Barríl. ‖-illet m. (bariíé). Pipo.
barioler vb. (bariolé). Matizar.
baromètre m. (baromêtr). Barómetro.
bar‖on m. (baró). Barão. ‖-onne f. (-on). Baronesa. ‖-onnet m. (-oné). Baronete.
baroque adj. (barok). Barroco, ca ; extravagante.
barque m. (bark). Barca, bote, m.
barrage m. (baraj). Represa, f. [rivières]. ‖Barreira, f. [chemins, rues].
ba‖rre f. (bar). Barra. Tranca [portes]. ‖Cana [du gouvernail]. ‖Traço, m. [écriture]. ‖Teia [tribunal]. ‖pl. Molha [jeu]. ‖*Barre d'appui*, varanda. ‖*Loc. Barre d'eau,* macaréu, m. ‖*Paraître à la barre,* comparecer perante os juízes. ‖-rreau m. (-ó). Barra pequena, f. ‖Foro [avocats]. ‖-rrer vt. (-é). Trancar [porte]. ‖Obstruír* [chemin, orifice]. ‖Riscar [écriture]. ‖Cancelar [chèque]. ‖vi. Conduzir* uma embarcação à barra. ‖-rrette f. (-ét). Barrete, m. [cardinal]. ‖-rreur m. (-âr), Timoneiro (mar.).
barrica‖de f. (bar-ad). Barricada. ‖-der vt. (-é), Barricar.
barrière f. (bariér). Barreira, tranqueira.
barrique f. (barík). Barríca, pipa.
Barthélemy r. pr. (bartê-í). Bartolomeu.
barye f. (barí). Baria.
baryte f. (barít). Baríta.
baryton m. (bar-ó). Barítono.
baryum m. (bariom). Bário.
bas, basse adj. (ba, aç). Baixo, xa. ‖s. m. *Baixo* [partie inférieure] ‖*Meia,* f. [pour les pieds]. ‖adv. Baixo. ‖*Loc. A bas,* abaixo. *En bas,* ca em baixo, lá em baixo. *Ici-bas,* aqui, neste mundo. *Là-bas,* lá adiante, além. *Mettre bas,* parir (animais). *Tout bas,* baixínho. *Traiter de haut en bas,* tratar com altivez, sobranceiramente.
basalte m. (bazalt). Basalto.
basa‖ne f. (bazun). Baduna. ‖-ner vt. (-é). Atrigueirar, crestar.
bas-bleu m. (bablâ). Literata pedante.
bascu‖le f. (baççûl). Báscula. ‖-ler vt. (-é). Oscilar [tourner sur un axe]. ‖Desequilibrar-se [tomber].
ba‖se f. (baz). Base. ‖-ser vt. (-é). Basear.
bas-fond m. (bafó). Baíxa, f. [terrain]. ‖Baíxio [mer]. ‖pl. Escumalha (f.) social, ralé.
Basile n. pr. (bazíl). Basílio.
basi‖lic m. ¡ba-ík). Basilisco [reptile]. ‖Manjericão [plante]. ‖-lique f. (-ík). Basílica.
basoche f. (bazox). *Fam.* Conjunto (m.) dos homens de leis.
bas‖que adj. e s. (bazk). Basco, ca [habitant]. ‖Vasconço, basco [idiome]. ‖f. Aba [vêtements]. ‖-quine f. t-kín). Vasquinha.
bas-relief m. (barâlíêf). Baíxo-relevo
basse f. (baç). *Mús.* e *mar.* Baixo, m. ‖-contre f. (-ôtr). Baixo profundo, m. ‖-cour f. (-ur). Capoeira. ‖-fosse f. (-oç). Masmorra.

Lettres penchées : accent tonique. ‖ V. page verte pour la prononciation figurée. ‖ *Verbe irrég. V. à la fin du volume.

BAS — BAU 34

bassesse f. (bacéç). Baixeza, vileza.
basset m. (bacé). Podengo.
ba‖ssin m. (baçàn). Alguidar, hacía. f. [récipient]. ‖Tanque, lago [lac artificiel]. ‖Doca, f. [ports]. ‖Prato (das esmolas; duma balança). ‖Taça, f. (de jardim). ‖Anat. Bacía, f. ‖Loc. *Bassin de radoub*, doca seca, f. ‖-**ssine** f. (-ín). Tacho, m. ‖-**ssiner** vt. (-é). Aquecer [lits]. ‖Humedecer, molhar. ‖*Pop.* Enfadar, aborrecer. ‖-**ssinet** m. (-é). Bacinete [armure]. ‖-**ssinoire** f. (-*uar*). Esquentador, m. (de *cama*).
basson m. (baçõ). Baixão.
baste interj. (baçt). Basta! Chega!
Bastille n. pr. (baçtiâ). Bastilha.
bastingage m. (baçtàngaj). *Mar.* Amurada.
basti‖on m. (baçtiõ). Bastião, baluarte. ‖-**onner** vt. (baç-oné). Abaluartar.
bastonnade f. (baçtonad). Paulada.
bas-ventre m. (bavátr). Baixo-ventre.
bât m. (ba). Albarda, f.
bataclan m. (bata-â). *Fam.* Cangalhada, f., tralha, f.
batai‖lle f. (bataí). Batalha. ‖-**ller** vi. (-é). Batalhar, pelejar. ‖-**lleur, euse** adj. (-íår, âz). Batalhador, ora. ‖-**llon** m. (-iõ). Batalhão.
bâtar‖d, arde adj. e s. (batar, ard). Bastardo, da. ‖s. f. Bastardo, m. [écriture]. ‖-**dise** f. (-iz). Bastardía.
Bataves n. pr. (batav). Batavos.
bateau m. (batô). Barco. ‖Loc. *Bateau à voiles*, barco à vela. *Bateau de plaisance*, barco de recreio. *Bateau pêcheur*, pesqueiro. ‖-**-mouche** m. (-ux). Barco ónibus.
ba‖teleur, euse m. e f. (ba-âr, âz). Saltimbanco. ‖-**telier, ère** m. e f. (-ié, ér). Barqueiro, ra. ‖-**tellerie** f. (-élàri). Indústria do transporte em barcos. ‖Conjunto (de barcos dum rio).
bat-flanc m. (ba-â). Tarimba, f.; girau (*Br.*).
bâti m. (bati). Armação, f. ‖Alinhavo [couture].
batifoler vi. (ba-olé). Galhofar, folgar.
bâ‖timent m. (ba-â). Edifício. ‖Embarcação, f. ‖-**tir** vt. (-ir). Construir. ‖Alinhavar [coudre]. ‖-**tisse** f. (-iç). Edificação, obra de alvenaria [maçonnerie]. ‖-**tisseur** m. (-âr). Edificador.
batiste f. (batiçt). Cambraia.
bât‖on m. (batõ). *Pau*; manguara, f. (*Br.*) [long]. ‖Bastão [canne, dignité]. ‖Loc. *A bâtons rompus*, sem tom nem som. *Mettre des bâtons dans les roues*, levantar dificuldades. ‖-**onner** vt. (-oné). Espancar. ‖-**onnier** m. (-ié). Bastonário.
batracien m. (batraciàn). Batráquio.
bat‖tage m. (bataj). Batedura, f. ‖*Agr.* Debulha, f. ‖-**tant, ante** adj. (-â, ât). Batente, que bate. ‖m. Batente [portes]. ‖Badalo [cloche]. ‖Loc. *Pluie battante*, grande aguaceiro, m. *Tambour battant*, a toque de caixa. *Tout battant neuf*, novinho em folha.
bat‖tement m. (-â). Batimento. ‖Palpitação, f., pulsação, f. [cœur, artères]. ‖Loc. *Battement d'ailes*, bater de asas. *Battement de mains, palmas*, f. pl. ‖-**terie** f. (-rí). Batería [artillerie]. ‖Toque, m. [tambour]. ‖Batería [cuisine, électricité]. ‖Loc. *Dresser ses batteries*, tomar precauções. ‖-**teur** m. (-âr). Batedor [métaux]. ‖Debulhador [agriculture]. ‖-**teuse** f. (-âz). Debulhadora. ‖-**toir** m. (-*uar*). Pá, f. (de bater roupa).
battre* vt. (batr). Bater [frapper; l'ennemi; tapis, etc.]. ‖Percorrer, explorar [la campagne]. ‖Rufar [tambour]. ‖Baralhar [cartes]. ‖Sacudir [vêtements, etc.]. ‖Pulsar [cœur, pouls]. ‖(se) vr. Bater-se [en duel, etc.]. ‖Lutar. ‖Loc. *Battre en retraite*, fugir*. *Battre des mains*, aplaudir, dar* palmas. *Battre froid*, tratar com frieza. *Battre la campagne*, divagar. *Battre l'eau*, fazer* esforços inúteis. *Battre le pavé*, andar ao acaso. *Battre monnaie*, cunhar moeda. *Battre la mesure*, bater* compasso. *Se battre l'œil de*, não fazer* caso de.
batt‖u, ue adj. (batù). Batido, da [frappé; vaincu]. ‖Sacudido, da [vêtements]. ‖Pisado, da [chemin; yeux]. ‖*Fig.* Vulgar, sabido, da. ‖-**ue** f. (-ù). Batida.
baudet m. (bôdé). Burro.
baudrier m. (bôdrié). Boldrié.
baudruche f. (bôdrùx). Trípa.

Itálico : acento tónico. ‖V. página verde para a pronúncia figurada. ‖*Verbo irreg. V. no final do livro.

bauge f. (bôj). Covil (m.) lamacento (do javali) [sanglier].
baume m. (bôm). Bálsamo.
bauxite f. (bôksit). Bauxite.
bavar||**d, arde** adj. e s. (bavar, ard). Falador, ora; prosa (Br.). ||**-dage** m. (-aj). Tagarelice, f. ||**-der** vi. (-ê). Tagarelar.
bavarois, oise adj. (bavarua, az). Bávaro, ra. ||s. f. Infusão de chá, capilé e leite.
ba||**ve** f. (bav). Baba. ||**-ver** vi. (-ê). Babar, babar-se. ||**-vette** f. (-ét). Babeiro, m. ||**-veux, euse** adj. (-â, âz). Baboso, sa.
Bavière n. pr. (baviér). Baviera.
bavochure f. (bavoxùr). Borradura.
bavolet m. (bavolé). Coifa, f.
bavure f. (-ùr). Rebarbá.
bayadère f. (baiadér). Bailadeira.
bayer vi. (baîé). Pasmar. ||Loc. *Bayer aux corneilles*, andar de boca aberta, embasbacado.
Bayonne n. pr. (baion). Baiona.
ba||**zar** m. (bazàr). Bazar. ||**-zarder** vt. (-é). *Pop.* Vender.
béant, ante adj. (beâ, ât). Aberto, ta.
béarnais, aise adj. e s. (bêarné, éz). Bearnês, esa.
béa||**t, ate** adj. (bêa, at). Beato, ta. ||**-tement** adv. (-â). Com beatitude. ||**-tifier** vt. (-ié). Beatificar. ||**-titude** f. (-ùd). Beatitude. Bem-aventurança [Evangile].
Béatrice n. pr. (bêatriç). Beatriz.
beau (**bel** antes de vogal), **belle** adj. (bô, bél). Belo, la; formoso, sa; lindo, da. ||Bom, boa [considérable; avantageux]. ||s. m. Belo. ||f. Desempate, m. [jeu]. ||Loc. *Le beau monde*, a alta roda. *Le beau sexe*, o belo sexo. *Beau parleur*, bem falante. *Beau joueur*, bom jogador. *Le bel âge*, a juventude. *Un bel âge*, uma idade avançada. *Il ferait beau voir*, seria curioso. *Il fait beau voir*, é bonito ver*. *Au plus beau*, no melhor. *Bel et bien, bel et beau*, inteiramente. *De plus belle*, cada vez mais. *En beau*, favoràvelmente. *Etre au beau*, estar* bom [le temps], indicar bom tempo [baromètre]. *Faire le beau, la belle*, pavonear-se. *Tout beau*, devagarinho. *Il y a beau temps*, há tempo. *Donner beau jeu*, dar* ensejo. *A belles dents*, furiosamente. *Avoir beau*, por mais que, em vão. *Se faire beau*, vestir-se* a primor, arranjar-se. *Payer en bel argent*, pagar em bom dinheiro. *L'échapper belle*, escapar de boa. *La manquer belle*, perder* uma boa ocasião. *L'avoir belle*, ter* bom ensejo. *En conter (en dire, en faire) de belles*, contar (dizer*, fazer*) disparates. *A la belle étoile*, ao relento. *De la belle façon (manière)*, sem rodeios. *Faire la pluie et le beau temps*, dispor* de grande influência. *La bailler belle*, escarnecer. *Porter beau*, ter* boa presença. *Se mettre au beau*, melhorar. *Il fait beau*, está bom tempo.
beaucoup adv. (bôcu). Muito. ||**-de** (-dâ). Muito, ta tos, tas [adj.]. ||**-trop** (-trô). Demasiado. ||Loc. *Il s'en faut de beaucoup*, falta muito.
beau||**-fils** m. (bôfiç) Enteado. ||Genro [mari de la fille]. ||**-frère** m. (-rér). Cunhado. ||**- père** m. (-ér). Padrasto. ||Sogro [père de l'un des époux].
beaupré m. (bôpré). *Mar.* Gurupés.
beauté f. (bôté). Beleza, formosura. ||Beldade [femme].
bébé m. (bèbè). Bebé, criancinha, f.: bebé; nenêm (Br.).
bec m. (bék). Bico. *Fam.* Boca; cara, f. ||Loc. *Se prendre de bec*, discutir.
bécarre m. (bècar). Bequadro.
béc||**asse** f. (bécaç). Galinhola. ||Mulher estúpida. ||**-assine** f. (-in). Narceja.
bec-de-||**cane** m. (békdâcan). Trinco. ||**- lièvre** m. (-iévr). Lábio leporino [infirmité].
bê||**che** f. (béx). Pá (de cavar). ||**-cher** vt. (-xé). Cavar. *Fig.* e *pop.* Criticar, cortar na casaca de.
bec||**quée** f. (béké). Biscato, m. [oiseaux]. ||*Fam.* Bocadinho (de comida). ||**-queter** vt. (-é). Bicar; acariciar com o bico.
bedaine f. (-én). Barriga.
bédane m. (bêdan). Badame.
bedeau m. (-ô). Sacristão [église]. ||Bedel [université].
bedon m. (-ôn). Pança, f.; barrigudo.
bédouin, ine adj. e s. (bêduin, ín). Beduíno, na.
bée adj. f. (bè). Hiante, escancarada.
beffroi m. (béfrua). Atalaia, f.

Lettres penchées : accent tonique. ||V. page verte pour la prononciation figurée. ||*Verbe irrég. V. à la fin du volume.

BÉG — BER

béga‖yement m. (bêghémã). Gaguez, f. ‖-yer vi. (-ié). Gaguejar.
begônia m. (bégonía). Begónia, f.
bègue adj. e s. (bégh). Gago, ga.
bégueule adj. (bêgûl). Hipócrita.
bégui‖n m. (bêghàn). Touca, f. ‖ Pop. Paixoneta, f.; namorico. ‖-nage m. (-aj). Beguinaría, f. ‖-ne f. (-ín). Beguína.
beige adj. (béj). Crua, por tingir [laine]. ‖ Trigueíro, ra [couleur].
beignet m. (benhé). Filhó, f., coscorão, sonho.
béjaune m. (bêjôn). Passarínho. ‖ Fig. Novato, inexperiente.
bel adj. V. BEAU.
bê‖lement m. (bé-ã). Balído. ‖-ler vi. (-é). Balir ou balar.
belette f. (-ét). Donínha.
belge adj. e s. (bé-). Belga.
Belgique n. pr. (bé-îk). Bélgica.
Belgrade n. pr. (bé-rad). Belgrado.
bé‖lier (-îîé). Carneiro [mouton]. Aríete [machine de guerre]. ‖ Áries [zodiaque]. ‖-lière f. (-îér). Chocalho, m.; argola (do badalo).
bélître m. (bêlĕtr). Bûltre.
belladone f. (béladon). Beladona.
bellâtre adj. e s. (bélatr). Presumído, da.
belle-‖de-jour f. (bé-âjur). Bons-días, pl. ‖- -de-nuit f. Boas-noîtes, pl. ‖- -fille f. (-fîîa). Enteada. ‖Nora [femme du fils]. ‖- -mère f. (-ér). Madrasta. ‖Sogra [mère de l'un des époux]. ‖- -sœur f. (-âr). Cunhada.
belliciste adj. e s. (bé-íçt). Belicísta.
belligérant, ante adj. (bê-ẽrã, ãt). Beligerante.
belliqueux, euse adj. (bé-â, âz). Belicoso, sa.
Bellone n. pr. (bélon). Belona.
bellot, otte adj. (bélô, ot). Bonitote, bonitaça; bonitão, tona (Br.).
belluaire m. (bélûér). Beluário.
belote f. (-ot). Jogo de cartas.
belvédère m. (bé-êdér). Mirante.
Belzébuth n. pr. (bé-êbût). Belzebu.
bémol m. (bêmol). Bemol.
bénédicité m. (bênê-ê). Oração em latim antes das refeições.
bénédic‖tin, ine adj. e s. (bênê-ctàn, ín). Beneditíno, na. ‖-tion f. (-cíõ). Benção.
béné‖fice m. (bênêfíç). Benefício. ‖ Lucro. ‖ Privilégio. ‖ Mercê, f. ‖ Loc. Sous bénéfice d'inventaire, com todas as reservas. ‖-ficiaire m. (-iér). Beneficiário [héritier]. ‖-ficier vi. (-ié). Beneficiar, lucrar.
benêt adj. e s. (-é). Pateta, palerma.
bénévole adj. (bênêvol). Benévolo, la.
Bengale n. pr. (bãgal). Bengala.
béni, e part. de bénir (bêni). Bendíto, abençoado, da.
bénin, igne adj. (bênãn, ính). Benígno, na.
bénir* vt. (bênír). Benzer, abençoar.
bé‖nit, e adj. (bêni, ít). Bento, ta. ‖-nitier m. (-ié). Pia (f.) de água benta.
Benjamin n. pr. (bànjamãn). Benjamím.
benjoin m. (bànjuàn). Benjoím.
benne f. (bén). Cesto (m.) vindímo. ‖ Vagoneta [wagonnet].
benoît, e adj. (bânua, at). Indulgente, beato, ta.
Benoît, e n. pr. (bânua, at). Bento; Benedíto, ta.
ben‖zine f. (bànzín). Benzína. ‖-zol m. (-ol). Benzol. ‖-zonaphtol m. (-onaftol). Benzonaftol.
Béotie n. pr. (bêocí). Beócia.
béotien, enne adj. e s. (bêocíàn, én). Beócio, cia.
béquille f. (bêkíîa). Muleta.
berbère adj. e s. (bérbér). Berbere.
bercail m. (bercaí). Curral.
ber‖ceau m. (bérçô). Berço. ‖ Ramada (f.) em arco (charmille). ‖-cer vt. (-é). Embalar. ‖ Fig. Acalentar, iludir. ‖-ceuse f. (-çáz). Embaladeíra [nourrice]. ‖ Canção de embalar. ‖ Cadeíra de balouço [chaise].
béret m. (bérê). Boina, f.
bergamote f. (bérgamot). Bergamota.
berge f. (bérj). Margem.
ber‖ger, ère m. e f. (bérjé, ér). Pastor, a; campeiro (Br.). ‖s. f. Poltrona estofada. ‖ Loc. Étoile du berger, estrela de alva. ‖-gerie f. (-jâri). Aprísco, m., redíl, m., curral, m.; caiçara (Br. du N.). ‖ Pastoral [poésie]. ‖-geronnette f. (-âronet). Alvéola, lavandisca.
Berlin n. pr. (bêrlàn). Berlím.
berline f. (bérlín). Berlínda.
berlingot m. (bérlàngô). Caramelo.
berlinois, oise adj. e s. (bér-ua, uaz). Berlinense, berlinês, esa.
berlue f. (bérlû). Miragem, deslum-

Itálico : acento tônico. ‖ V. página verde para a pronúncia figurada. ‖ *Verbo irreg.* V. no final do livro.

BER — BIE

bramento, m. ‖Loc. *Avoir la berlue*, enganar-se.
Bernar‖d n. pr. (bérnar). Bernardo. ‖-din, ine n. pr. (-dàn, in). Bernardino, na.
ber‖**ne** f. (bérn). Manteação. ‖Troça [moquerie]. ‖Loc. *En berne*, a meia haste [drapeau]. ‖-ner vt. (-é). Mantear. ‖*Fig.* Zombar [ridiculiser]. ‖-neur, euse adj. (-âr, âz). Zombeteiro, ra. ‖-nique! interj. (-ík). Ora bolas!
Berthe n. pr. (bért). Berta.
Bertrand n. pr. (bértrã). Beltrão.
béryl m. (béríl). Berilo.
beryllium m. (bér-íom). Glicínio.
besace f. (bâzaç). Alforje, m.
besicles f. pl. (bâzícl). Lunetas.
be‖**sogne** f. (bâzonh). Tarefa, trabalho, m.; jurema (*Br.*). ‖Loc. *Abattre de la besogne*, trabalhar muito. *Tailler de la besogne*, preparar trabalho. ‖-sogneux, euse adj. (-â, âz). Necessitado, da.
besoin m. (bâzuán). Necessidade, f. ‖Loc. *Avoir besoin*, precisar, ter precisão. *Au besoin*, se for preciso.
besti‖**al, ale** adj. (béç-al). Bestial. ‖-alité f. (-é). Bestialidade. ‖-aux m. pl. (-ió). Gados. ‖-ole f. (-iol). Bicho, m., animalejo, m.
bêta m. (béta). *Pop.* Patetinha.
bétail m. (bétai). Gado. ‖Loc. *Gros bétail*, gado grosso. *Menu bétail*, gado miúdo.
bê‖**te** f. (bét). Animal, m. ‖Besta [de somme]. ‖Bicho, m. [petit animal]. ‖Bruto, m. [stupide]. ‖adj. Parvo, a [sot]. ‖-te à bon Dieu (-ô did). Joaninha. ‖-te de somme (-dâ çom). Besta de carga. ‖-te féroce (-êroç). Fera. ‖-te noire, sombra negra. ‖*Bonne*- (bon-). Bom tipo, palerma, m. ‖*Faire la bête*, fazer-se* tolo. ‖*Chercher la petite bête*, inventar aborrecimentos. ‖*Pas si bête!* Quem vai nisso! ‖-tement adv. (-â). Tolamente.
Bethléem n. pr. (bêtlêêm). Belém.
Bétique n. pr. (bêtík). Bética.
bêtise f. (bétíz). Asneira; bobagem (*Br. du N.*).
bé‖**ton** m. (bêtô). Betão. ‖-tonner vt. (-oné). Construir* em betão. ‖-tonnière f. (bêtoniér). Betoneira.
betterave f. (bétrav). Beterraba.

beu‖**glant** m. (bâ-â). *Pop.* Café-concerto. ‖-glement m. (-â). Mugido. ‖-gler vi. (-é). Mugir. ‖*Pop.* Cantar (muito alto).
beu‖**rre** m. (âr). Manteiga, f. ‖Loc. *Faire son beurre*, fazer* fortuna. *Les yeux au beurre noir*, os olhos pisados. ‖-rrée f. (-ré). Fatia de pão com manteiga. ‖-rrer vt. (-ré). Barrar de manteiga. ‖-rrier, ère adj. (-ié, iér). Amanteigado, da. ‖s. m. Manteigueira, f.
beuverie f. (bâvrí). Patuscada.
bévue f. (bévü). Engano, m., disparate, m., lapso, m.
bi‖**ais** m. (bié). Viés. ‖Loc. *De biais*, *en biais*, Ce esguelha, de soslaio. ‖-aiser vi. (-zé). Enviesar. ‖*Fig.* andar com rodeios.
bibelot m. (-ô). Bugiganga, f., artefacto, futilidade, f.
biberon m. (-rô). Biberão; mamadeira, f.
bibl‖**e** f. (bi-). Bíblia. ‖-lographie f. (-ografí). Bibliografia. ‖-liophile m. (-fil). Bibliófilo. ‖-liothécaire m. (-tékér). Bibliotecário. ‖-liothèque f. (-ék). Biblioteca; estante. ‖-ique adj. (-ík).Bíblico, ca.
biceps m. (-épç). Bicépete.
bi‖**che** f. (bix). Corça. ‖-chette f. (-ét). Corça nova. ‖*Fam.* Pegueruchinha. ‖-chon m. (-ô). Cãozinho fraldiqueirc. ‖-chonner vt. (-oné). Frisar [cheveux]. ‖Embonecar [orner].
bicoque f. (-ok). Casota.
bicyclette f. (-ét). Bicicleta.
bidet m. (-é). Garrano [cheval]. ‖Bidé [meuble].
bidon m. (-ô). Lata, f. ‖Cantil [de soldat].
bief m. (biéf). Calha, f. [moulin]. ‖Porção (f.) de canal.
bielle f. (biél). Biela.
bien m. (biãn). Bem. ‖adv. Bem. ‖Muito [beaucoup]. ‖Loc. *Bien que*, se bem que. *Aussi bien*, aliás. *Bien plus*, além disso. *Bien sûr!* certamente! claro! *Eh bien?* e daí? *Eh bien!* pois bem! *En tout bien tout honneur*, com bom fim. *Pour le bien*, por bem. *Si bien que*, de modo que. *Tant bien que mal*, antes assim que pior. *Tourner bien, estar* bem

---

Lettres penchées : accent tonique. ‖V. page verte pour la prononciation figurée. ‖*Verbe irrég. V. à la fin du volume.

encaminhado. *Venir à bien*, aperfei-
çoar-se.
bien‖-aimé, ée adj. (biàn némê).
Bem-amado, da. ‖--être m. (-étr).
Bem-estar. ‖-faisance f. (-ézàç).
Beneficência. ‖-faisant, ante adj.
(-ézã, ãt). Benfazejo, a. ‖-fait m.
(-é) Benefício. ‖-faiteur, trice m.
e f. (-étâr, riç). Benfeitor, a.
‖- -fonds m. (-õ). Imóvel. ‖-heu-
reux, euse adj. (-nârâ, âz). Bem-
aventurado, da.
bien‖séance f. (biàncêàç). Decência,
conveniência. ‖-séant, ante adj.
(-ã, ãt). Conveniente.
bientôt adv. (biàntô). Em breve. ‖*A
bientôt*, até breve, até logo.
bienveill‖ance f. (biànvéiiâç). Bene-
volência. ‖-ant, ante adj. (-ã, ãt).
Benévolo, la.
bienvenu, ue adj. e s. f. (biàn-ù).
Bem-vindo, da; boas-vindas, pl.
bière f. (biér). Cerveja. ‖Ataúde, m.
[cercueil].
biffer vt. (-ê). Riscar, safar.
bifteck m. (-ék). Bife.
bifurcation f. (-ùrcaciõ). Bifurcação.
biga‖me adj. e s. (-am). Bígamo,
ma. ‖-mie f. (-i). Bigamia.
biga‖rré, ée adj. (-arê). Pintalgado,
da. ‖-rreau m. (-rô). Ginja, f. ‖-rrer
vt. (-rê). Sarapintar.
bigle adj. (bi-). Vesgo, ga.
big‖ot, ote adj. e s. (-ô, ot). Beato,
ta; *beato*, ta, falso, sa. ‖-oterie f.
(-otri). Beatice.
bi‖jou m. (-u). Jóia, f., dixe. ‖-jou-
terie f. (-ri). Joalharia. ‖-joutier,
ère m. e f. (-ié, ér). Joalheiro, ra.
bilan m. (-ã). *Com*. Balanço. ‖Loc.
Déposer son bilan, abrir falência.
bilboquet m. (-oké). Emboca-bola.
bi‖le f. (bil). Bílis, f. ‖*Fig*. Mau
humor, m. ‖Loc. *Se faire de la bile*,
inquietar-se. ‖-lieux, euse adj. (-iâ,
âz). Bilioso, osa.
bilingue adj. (-àngh). Bilíngue.
billard m. (biàr). Bilhar.
bille f. (biiâ). Bola [billard]. ‖Be-
lindre, m. [d'enfants]. ‖Esfera [rou-
lements].
billet m. (biié). Bilhete. ‖Loc. *Billet
à ordre*, promissória. f. *Billet de
banque*, nota de banco. *Billet de
faire part*, participação, f. *Billet de
cargaison*, conhecimento de carga.

Billet de logement, boleto. *Billet
doux*, missiva (f.) amorosa. *Je vous
en donne mon billet*, garanto-lhe.
billevesée f. (-zê). Patranha.
billion m. (-iõ). Bilião.
billon m. (biiõ). Bilhão [monnaie].
billot m. (biiô). Cepo.
bimane adj. (-an). Bímano, na.
bimensuel, elle adj. (-àçùèl). Bi-
mensal.
bimoteur adj. (-otâr). Bimotor.
bi‖ner vt. (-ê). Binar [terres].
‖-nette f. (-ét). *Agr*. Sachola.
‖-niou m. (-iu). Gaita (f.) de foles.
binocle m. (-o-). Luneta, f.
bio‖graphe m. e f. (biograf). Bió-
grafo, fa. ‖-graphie f. (-i). Bio-
grafia. ‖-logie f. (-oji). Biologia.
‖-logiste m. Biólogo.
bi‖pède m. (-éd). Bípede. ‖-place
adj De *dois* lugares. ‖-plan m.
(-ã). Biplano.
bi‖que f. (bik). *Fam*. Cabra. ‖-quet
m. (-é), ette f. (-ét). Cabrito, ta.
biréfringent, e adj. (-rêfrànjã, ãt).
Birrefringente.
biribi m. (-r-i). *Argot mil*. Compa-
nhia (f.) disciplinar.
bis, is adj. (bi, iz). Trigueiro, ra.
Moreno, na. ‖Loc. *Pain bis*, pão de
segunda. ‖adv. (biç). Bis. ‖A [nu-
méro].
bisaïeul, eule m. e f. (-aiâl). Bisa-
vô, vó.
bisannuel, elle adj. (-anùel). Bisa-
nual.
bisbille f. (-çbiiâ). *Fam*. Questiún-
cula.
biscaïen, enne adj. e s. (-çcaiàn, én).
Biscainho, nha. ‖m. Bala (f.) de
metralha.
Biscaye n. pr. (-çcai). Biscaia.
biscornu, ue adj. (-çcornù). Bicorne.
‖Extravagante. ‖Irregular.
bis‖cotte f. (-çcot). Tosta. ‖-cuit
m. (-ùi). Biscoito. ‖Porcelana
(f.) branca. ‖-cuiterie f. (-âri).
Biscoitaria.
bise f. (biz). Nortada.
bi‖seau m. (-ô). Bisel. ‖-seauter vt.
(-ê). Biselar. ‖Marcar [cartes].
bismuth m. (-çmùt). Bismuto.
bison m. (-õ). Bisão.
bis‖que f. (biçk). Sopa (de crustá-
ceos, etc.). ‖-quer vi. (-ê). *Fam*.
Despeitar-se.

Itálico : acento tónico. ‖V. página verde para a pronúncia figurada. ‖*Verbo
irreg. V. no final do livro.

bissac m. (-*ac*). Alforje [sac long].
bisser vt. (-*é*). Bisar.
bissextile adj. (-*ékçtîl*). Bissexto, ta.
bistouri m. (-çturí). Bisturí.
bis‖tre m. (biçtr). Bistre. ‖**-tre** adj. (biçtr). Cor de bistre. ‖**-trer** vt. (-*é*). Dar* a cor do bistre. ‖**-trot** m. (-*ô*). *Pop.* Café, restaurante.
bit‖ume m. (-*ùm*). Betume. ‖**-umer** vt. (-*é*). Betumar. ‖**-umineux, euse** adj. (-*â, âz*). Betuminoso, sa.
bivou‖ac m. (-*uac*). Bivaque. ‖**-aquer** vi. (-*é*). Bivacar.
biza‖rre adj. (-*ar*). Esquisito, ta; extravagante. ‖**-rrerie** f. (-âri). Extravagância.
bizut m. (-*ù*). Caloiro.
blackbouler vt. (-*ulé*). Reprovar.
blafard, arde adj. (-afar, ard). Baço, ça.
bla‖gue f. (-agh). Bolsa de tabaco. ‖*Fam.* Chalaça [mensonge]. ‖**-guer** vi. (-*é*). Contar balelas [mentir]. ‖ Escarnecer [railler]. ‖**-gueur, euse** adj. (-ghâr, âz). Embusteiro, ra [menteur]. ‖ Trocista.
blaireau m. (-érô). Texugo [animal]. ‖ Pincel [barbe].
Blaise n. pr. (-éz). Brás.
blâ‖mable adj. (-ama-). Censurável. ‖**-me** m. (-am). Censura, f. ‖**-mer** vt. (-*é*). Censurar.
blanc , anche adj. (-*â, âx*). Branco, ca. ‖ s. m. Clara, f. [œuf]. ‖ m. e f. Branco, ca [race]. ‖ Loc. *Blanc d'Espagne*, crê, giz. *Donner carte blanche*, dar* carta branca. *En blanc*, em branco. *Rougir à blanc*, corar. *Saigner à blanc*, dessangrar. *Voir tout en blanc*, ver* tudo cor de rosa. ‖**-bec** m. (-*ék*). Rapaz inexperiente.
blan‖châtre adj. (-âxatr). Esbranquiçado, da. ‖**-cheur** f. (-*âr*). Brancura. ‖**-chir** vt. (-*ir*). Branquear. ‖ Lavar [linge]. ‖ Escaldar [cuisine]. ‖**-chissage** m. (-*aj*). Lavagem, f. ‖**-chissante, ante** adj. (-*â, ât*). Alvejante. ‖**-chisserie** f. (-*rí*). Lavandaria, f. ‖**-chisseur, euse** m. e f. (-*âr, âz*). Lavadeiro, ra.
blanc‖-manger m. (-â mãjé). Manjar branco. ‖**-seing** n. (-çân). Assinatura (f.) em branco.
blanquette f. (-âkét). Vinho branco espumoso, m. ‖ Guisado (m.) de carnes brancas com molho branco.
blas‖lé, ée adj. (-azé). Saciado, da. ‖**-er** vt. (-*é*). Insensibilizar, embotar.
blason m. (-asô). Brasão. ‖ Armas, f. pl. [armoiries].
blasph‖émateur, trice m. e f. (-açfêmatâr, trïç). Blasfemador, ora. ‖**-ème** m. (-êm). Blasfémia, f. ‖**-émer** vt. e vi. (-êmé). Blasfemar.
blatte f. (-at). Barata.
blé m. (-ê). Trigo. ‖**-noir**. Trigo mourisco.
bled m. (-éd). Interior das terras na África do Norte.
blê‖me adj. (-ém). Lívido, da. ‖**-mir** vi. (-émir). Empalidecer.
ble‖ssant, ante adj. (-éçâ, ât). Ofensivo, va. ‖**-ssé, ée** adj. (-*é*). Ferido, da. ‖**-sser** vt. (-*é*). Ferir*. ‖ *Blesser à mort*, ferir* de morte. ‖**-ssure** f. (-*ùr*). Ferida.
blet, ette adj. (-*é, ét*). Sorvado, da.
bleu, eue adj. (-*â*). Azul. ‖ s. m. Azul [couleur]. ‖ Nódoa (f.) negra [ecchymose]. ‖ *Argot mil.* Recruta. ‖ *Petit-*, (-*i-*). *Fam.* e *pop.* Vinho ordinário. ‖ Loc. *Conte bleu*, história (f.) fantástica. *Cordon-bleu*, cozinheira exelente (f.). *En rester bleu*, être bleu (argot), ficar admirado. *N'y voir que du bleu*, não dar* por isso. *Passer au bleu*. *Fam.* Sumir-se; escamotear. ‖**-âtre** adj. (-*atr*). Azulado, da. ‖**-et** m. (-*é*). Escovinha, f. (planta). ‖**-ir** vt. (-*ir*). Azular. ‖ vi. Tornar-se azul.
blin‖dage m. (-àndaj). Blindagem, f. ‖**-der** vt. (-*é*). Blindar.
bloc m. (-oc). Bloco. ‖ Montão [tas]. ‖ *Fig.* Agrupamento político. ‖ Loc. *En bloc*, em bloco, por junto. *A bloc*, a fundo.
blo‖ckhaus m. (-ocôç). Fortim. ‖**-cus** m. (-*ùç*). Bloqueio.
blon‖d, onde adj. (-ô, ôd). Loiro, ra. ‖**-dasse** adj. (-*aç*). Loiro claro, a. ‖**-din, ine** adj. (-ân, în). Loiro, a. ‖**-dir** vi. (-*ir*). Lourejar.
bloquer vt. (-oké). Bloquear.
blottir (se) vr. (çà -otir). Agachar-se.
blou‖se f. (-uz). Blusa. ‖ Ventanilha [billard]. ‖**-ota**. ‖**-ser** vt. (-*é*). *Fam.* Enganar.

Lettres penchées : accent tonique. ‖ V. page verte pour la prononciation figurée. ‖ *Verbe irrég. V. à la fin du volume.

BLU — BON 40

blu‖et m. (-ùé). Escovinha, f. [bot.]. ‖-ette f. (-ét). Centelha.
blu‖ff m. (-ǎf). *Neol.* Engano artificioso. ‖-ffer vt. (-é). Enganar (com falsas aparências).
blu‖tage m. (-ùtaj). Peneiração, f. ‖-ter vt. (-é). Peneirar. ‖-toir m. (-uar). Peneira, f.
boa m. (boa). Boa, f.
bobard m. (bobar). *Fam.* Patranha, f.
bobèche f. (bobéx). Arandela.
bobi‖ne f. (bobin). Carretel, m. ‖*Pop.* Carantonha. ‖-ner vt. (-é). Enrolar [bobine]. ‖Dobar [écheveau]. ‖-nette f. (-ét). Taramela.
bobo m. (bôbô). *Ache*, dói-dói.
bocage m. (bocaj). Mata, f. ‖Bosquezinho [petit bois].
bocal m. (bocal). Frasco, boião, redoma, f.
boche s. e adj. (box). Alemão.
bock m. (bok). Copo de cerveja.
bœuf m. (bǎf). *Boi.* ‖Vaca, f. [viande]. ‖adj. *Pop.* Enorme. ‖*-à la mode* (-mod). *Carne guisada ou estufada,* f.
boh‖ème f. (boém). Boêmia. ‖adj. e s. Boêmio, ia. ‖-émien, enne adj. (-émiàn, én). Boêmio, ia. ‖Cigano, a.
Bohême n. pr. (boém). Boêmia.
boire* vt. (buar). Beber. ‖s. m. Beber.
bois m. (bua). Madeira, f. ‖Bosque [forêt]. ‖Lenha, f. [de chauffage]. ‖Galho [cerfs]. ‖*Pau* [campêche, Brésil, etc.]. ‖*Bois de lit* (-dã li). Armação (f.) de cama. ‖Loc. *Casser du bois*, despedaçar-se ao tocar no solo [avion]. *Être du bois dont on fait les flûtes*, ser* *pau* para toda a obra, estar* por tudo. *On verra de quel bois je me chauffe*, vão ver com quem se meteram. ‖-sé, ée adj. (-é). Arborizado, da. ‖-ser vt. (-é). Entivar. ‖Arborizar. ‖-serie f. (-ri). Forro (m.) de madeira.
boisseau m. (buaçô). Alqueire.
boisson f. (buaçô). Bebida.
boîte f. (buat). Caixa. ‖*Argot mil.* Prisão. ‖*-aux lettres*, caixa do correio.
boi‖ter vi. (buaté). Coxear; renguear (*Br. du S.*). ‖-terie f. (-ri). Manqueira. ‖-teux, euse adj. (-â, âz). Coxo, a; capenga (*Br.*).
boîtier m. (buatié) [montre]. Caixeiro [fabricant de boîtes].

bol‖ m. (bol). Tigela, f. ‖Bolo [alimentaire]. ‖-ée f. (-é). Tigelada.
bolche‖visme m. (bolxàvíçm). Bolchevismo. ‖-viste m. (-içt). Bolchevista.
bolée f. (bolé). Tigelada.
bolet m. (bolé). Boleto.
bolide m. (bolíd). Bólido.
Bolivie n. pr. (bolivi). Bolívia.
bolivien, enne adj. (bo-iàn, en). Boliviano, na.
Bologne n. pr. (bolonh). Bolonha.
bombance f. (bôbâç). Festança.
bombard‖e f. (bôbard). Bombarda. ‖-ement. (-âmã). Bombardeamento. ‖-er vt. (-é). Bombardear. ‖-ier m. (-ié). Bombardeiro.
bom‖be f. (bôb). Bomba. ‖*Pop. Faire la bombe* (fér la -). Andar na borga; na farra (*Br.*). ‖-ber vt. (-é). Arquear, abaular.
bombyx m. (bôbiks). Bômbice.
bon, onne adj. (bô, on). Bom, boa. ‖s. m. Vale, senha, f. [commercial]. ‖Sint. *Bon à manger*, bom para comer. *Bon pour cent francs*, vale cem francos. ‖Loc. *A quoi bon*, para que serve (isso). *Bon à tirer*, pode imprimir-se. *C'est bon*, chega, está bem. *En dire de bonnes*, dizer* das boas. *Pour de bon, pour tout de bon*, a sério, deveras. *Sentir bon*, cheirar bem. *Tenir bon*, aguentar.
bonapartis‖me m. (bonapartiçm). Bonapartismo. ‖-te adj. (-içt). Bonapartista.
bonasse adj. (bonaç). Bonacheirão, ona.
Bonaventure n. pr. (bonavãtùr). Boaventura.
bon‖bon m. (bôbô). Bombom, doce. ‖-bonne f. (-on). Garrafão, m. ‖-bonnière f. (-oniér). Caixa de bombons.
bond m. (bô). Salto, pulo. ‖Loc. *Du premier bond*, às primeiras. *Faire faux bond*, roer* a corda. *Prendre la balle au bond*, aproveitar a ocasião.
bon‖de f. (bôd). Batoque, m. [tonneau]. ‖Rolha [étang]. ‖-der vt. (-é). Abarrotar, encher.
bon‖dir vi. (bôdír). Saltar; pongar (*Br. du N.*). ‖-dissant, ante adj. (-ã, ãt). Saltante. ‖-don m. (-ô). Batoque.
bonheur m. (bonǎr). Felicidade, f. ‖Loc. *Au petit bonheur*, à sorte. *Par*

Itálico: acento tônico. ‖V. página verde para a pronúncia figurada. ‖*Verbo irreg. V. no final do livro.

BON — BOU

bonheur, felizmente. *Porter bonheur, dar* sorte.*
bon‖homie f. (bonomí). Bondade, singeleza. ‖-homme m. (-om). Simplório. ‖Boneco; calunga, f. (*Br.*) [dessin, etc.]. ‖ Rapazito. ‖ Loc. *Faux bonhomme*, hipócrita.
boni m. (boní). Saldo, lucro.
Boniface n. pr. (bo-aç). Bonifácio.
boni‖fication f. (bo-aciô). Melhoramento, m. ‖-fier vt. (-ié). Melhorar.
boniment m. (bo-ã). Arenga (f.) de charlatão.
bonjour m. (bôjur). Bom dia : *souhaiter le bonjour, dar* os bons dias.*
bonne‖ f. (bon). Criada. Empregada (*Br.*). ‖ *Bonne d'enfant*, ama seca. *Bonne à tout faire*, criada para todo o serviço. ‖-maman, f. (-amã). Avòzinha.
bonne‖t m. (boné). Gorro, barrete, carapuça, f., touca, f. ‖ Loc. *Bonnet à poil*, barretina, f. *Bonnet de nuit*, barrete de dormir. *Bonnet de police*, bivaque. *Deux têtes dans un (même) bonnet*, duas pessoas sempre da mesma opinião. *Gros bonnet*, personagem (f.) importante. *Jeter son bonnet par-dessus les moulins*, afrontar a opinião pública. ‖-terie f. (-âtâri). Comércio [de boinas, meias, etc.]. ‖-tier m. (-iê). ère f. (-ér). Barreteiro, ra.
bonsoir m. (bôçuar). Boa tarde, f., boa noite, f. : *souhaiter le bonsoir, dar* as boas noites, tardes.*
bonté f. (bôtê). Bondade.
bonze m. (bôz). Bonzo.
boqueteau m. (bo-ô). Bosquezito.
borax m. (borakç). Bórax.
bor‖d m. (bor). Borda, f. ‖Bordo [marine]. ‖Aba, f. [chapeau].
Bordeaux n. pr. (bordô). Bordéus.
bor‖dée f. (bordê). Bordada. Rumo, m., rota [marine]. ‖Enfiada [injures]. ‖ Loc. *Courir une bordée*, bordejar. *Fig.* Ir* a borga [matelots]. ‖-delais, aise adj. e s. (-é, éz). Bordelês, esa. ‖-der vt. (-é). Debruar [vêtements]. ‖-dereau m. (-arô). Factura, f., nota (f.) circunstanciada. ‖-dure f. (-ùr). Orla, cercadura [cadres]. ‖Bordadura [héráld.]. ‖ Berma [trottoir].
boréal, ale adj. (boréal). Boreal.

Borée n. pr. (boré). Bóreas [myth.].
borgne adj. e s. (bornh). Zarolho, a. ‖*Fig.* Suspeito, ta; mal afamado, da (aspect].
borique adj. (borik). Bórico, ca.
bor‖ne f. (born). Marco, m., limite, m., termo, m. ‖Terminal, m. [électricité]. ‖ Loc. *Dépasser les bornes*, passar da marca. ‖-né, ée adj. (-é). Limitado, da. ‖*Fig.* Acanhado, da [intelligence] ‖-ner vt. (-ê). Delimitar. ‖*Fig.* Limitar.
Bosnie n. pr. (boçni). Bósnia.
Bosphore n. pr. (boçfor). Bósforo.
bosquet m. (boçkè). Bosquezinho.
boss‖e f. (boç). Giba, corcova [dos] ‖Inchaço, m., galo, m. [d'un coup]. ‖Saliência [objets]. ‖ Gesso, m. [beaux-arts]. ‖Loc. *Avoir la bosse de*, ter* bossa para. *Ronde bosse*, alto-relevo, m. ‖-eler vt. (-é). Trabalhar em relevo. ‖-elure f. (-ùr). Trabalho (m.) em relevo. ‖-ette f. (-ét). Copo (m.) de brida. ‖-oir m. (-uar). *Mar.* Turco. ‖-u, ue adj. e s. (-ù). Corcunda. ‖-uer vt. (-ùé). Trabalhar em relevo
boston m. (boçtô). Bóston [jeu].
bot adj. (bô). *Pied bot*, cambaio.
botan‖ique adj. e s. f. (botaník). Botânico, ca. ‖-iste m. (-içt). Botânico.
bot‖te f. (bot). Bota (alta) ; perneira (*Br. du S.*) [chaussure]. ‖ Molho, m. [faisceau]. ‖Meda [paille, foin]. ‖Estocada [escrime]. ‖ Loc. *A propos de bottes*, sem mais nem menos. *Avoir du foin dans ses bottes*, ser* rico. *Botte à l'écuyère*, bota de montar. *Porter une botte*, atirar uma pergunta embaraçosa. ‖-ter vt. (-ê). Calçar. ‖Convir*. ‖-tier m. (-iê). Sapateiro.
Bottin n. pr. (botàn). Anuário comercial francês.
bottine f. (botín). Bota, botim, m.
botulisme m. (botùliçm). Botulismo.
bouc m. (buk). Bode : *bouc émissaire*, bode expiatório.
bou‖can m. (bucã). *Fam.* Algazarra, f. ‖-caner vt. (-cané). Defumar. ‖-canier m. (-aniê). Flibusteiro.
bouchage m. (buxaj). Arrolhamento.
bou‖che f. (bux). Boca. ‖ Loc. *A pleine bouche*, com a boca cheia. *Bouche à feu*, canhão, m. *Faire la*

Lettres penchées : accent tonique. ‖ V. page verte pour la prononciation figurée. ‖*Verbe irrég. V. à la fin du volume.

petite bouche, fazer-se* rogado. Mauvaise bouche, mau hálito, m. Pour la bonne bouche, para o fim. ‖-chée f. (-é). Bocado, m. ‖-cher vt. (-é). Tapar. ‖s. m. Carniceiro. ‖-chère f. (-ér). Mulher dum carniceiro. ‖-cherie f. (-rí). Talho, m. [seulement au Portugal], açougue, m. ‖Fig. Carnificina, chacina [tuerie]. ‖-chon m. (-ô). Rolha, f. ‖Ramo [à la porte d'un cabaret]. ‖Bóia, f. [pêche]. ‖-chonner vt. (-oné). Esfregar [cheval].

bou‖cle f. (bucl). Fivela [de métal, etc.]. ‖Anel, m., caracol, m. [cheveux]. ‖Brinco, m., argola [oreille]. ‖-cler vt. (-é). Afivelar. ‖Fechar [circuit]. ‖Loc. Cheveux bouclés et ondés, cabelo anelado e ondeado; cabelo cacheado (Br.). ‖-clier m. (-ié). Escudo, broquel.

Bouddha n. pr. (budá). Buda.

bou‖der vi. (budé). Amuar, mostrar enfado. ‖Passar [domino]. ‖vt. Mostrar-se enfadado com, arrufar-se com. ‖-derie f. (-rí). Amuo, m., arrufo, m. ‖-deur, euse adj. (-âr, âz). Amuado, da; agastado, da.

bou‖din m. (budán). Morcela, f. ‖Loc. Ressort à boudin, mola (f.) em espiral. S'en aller en eau de boudin, ficar em águas de bacalhau. ‖-diner vt. (-é). Torcer o fio antes de o meter no carretel.

boudoir m. (buduar). Toucador.

boue f. (bu). Lama; barro, m. ‖Fig. Abjecção.

bouée f. (bué). Bóia. ‖ Bouée de sauvetage (-dâ côvtaj). Bóia de salvação.

boueux, euse adj. (buâ, âz). Lamacento, ta; enlameado, da.

bouf‖fant, ante adj. (bufã, ãt). Entufado, da. ‖s. m. Tufo. ‖-fe adj. (-uf). Burlesco, ca. ‖-fée f. (-é). Baforada [fumée]. ‖Bafo, m., hálito, m. [odeur, chaleur]. ‖Rajada, rabanada [vent]. ‖-fer vi. (-é). Inchar. ‖Pop. Comer. ‖-fette f. (-ét). Laço, m. Borla. ‖-fi, ie adj. (-í). Empolado, da; inchado, da. ‖-fir vt. (-ír). Inchar. ‖-fissure f. (-ùr). Inchação. ‖-fon, onne adj. e s. m. (-ô, on). Cómico, ca ; bobo. ‖-fonnerie f. (-onâri). Chocarrice.

bou‖ge m. (buj). Cubículo, casa (f.)

suspeita. ‖-geoir m. (-juar). Castiçal. ‖-ger vi. (-jê). Mexer-se.

bougie f. (bují). Vela (de aluminar).

bou‖gon, onne adj. (bugô, on). Resmungão, ona. ‖-gonner vi. (-oné). Fam. Resmungar.

bou‖gre, esse adj. e s. (bugr, éç). Pop. Traste, tunante. ‖Loc. Un bon bougre, bom tipo. ‖interj. Apre! ‖-grement adv. Pop. (-âmã). Terrivelmente.

bouillabaisse f. (buiabéç). Caldeirada.

boui‖llant, ante adj. (buiã, ãt). Fervente. ‖Fig. Ardente. ‖-lleur m. (-iár). Destilador : bouilleur de cru, proprietário dum destilador. ‖Caldeira, f. [machines]. ‖-lli m. (-ií). Cozido. ‖-llie f. (-ií). Papas, f. pl. ; mingau, m. (Br.). ‖Papinha [d'enfant]. ‖Pasta [à papier]. ‖-llir* vi. (buiír). Ferver. ‖-lloire f. (-iuar). Chaleira. ‖-llon m. (-iô). Caldo [cuisine]. ‖Borbotão [de l'eau qui bout]. ‖Folho [étoffe]. ‖Loc. Fam. Boire un bouillon, fazer* mau negócio. Bouillon d'onze heures, veneno, droga, f. Bouillon pointu, clister. ‖-llon-blanc m. (-â). Verbasco. ‖-llonnement m. (-onmã). Fervura, f. ‖-llonner vi. (-oné). Ferver; pipocar (Br.). ‖Tufar [étoffe]. ‖-lotte f. (-iot). Escalfeta. ‖Jogo (m.) de cartas.

boulan‖ger, ère m. e f. (bulãjê, ér). Padeiro, ra. ‖-gerie f. (-rí). Padaria.

bou‖le f. (bul). Bola. ‖Pop. Pinha. ‖pl. Jogo de bolas. ‖Loc. Boule de son, pão de soldado. ‖-leau m. (-ô). Bétula, f. ‖-le-de-neige f. (-dânéj). Viburno, m. ‖-ledogue m. (-o-). Buldogue. ‖-let m. (-é). Pelouro, granada, f. ‖Grilheta f. [peine infamante]. ‖Fig. e fam. Empecilho. ‖-lette f. (-ét). Bolinha. ‖Almôndega [mets]. ‖Fig. e fam. Engano, m., disparate, m.

boule‖vard m. (bu-ar). Bulevar. ‖-vardier m. (-ié). Frequentador dos bulevares.

boulever‖sement m. (bu-ér-ã). Subversão, f. ‖-ser vt. (-é). Subverter.

boulier m. (buliê). Ábaco.

boulingrin m. (bulãgrãn). Relvado.

Boulogne n. pr. (bulonh). Bolonha.

Itálico : acento tónico. ‖V. página verde para a pronúncia figurada. ‖*Verbo irreg. V. no final do livro.

boulon m. (bulô). Perno, cavilha, f.
bou‖lot, otte adj. (bulô, ot). Gordúcho, a. ‖**-lotter** vt. Argot (-otê). Comer.
boum! onomat. (bum). Pum!
bou‖quet m. (buké). Ramo [fleurs]. [Bosquezínho [arbres]. ‖**Girândola**, f. final [feux d'artifice]. Aroma [vins]. ‖**-quetlère** f. (-iér). Florísta.
bouquetin m. (bu-àn). Cabra (f.) montesa.
bou‖quin m. (bucàn). Bode velho. ‖**Alfarrábio** [livre]. ‖**-quiner** vi. (-ê). Procurar ou consultar alfarrábios. ‖**-quiniste** m. (-içt). Alfarrabísta.
bour‖be f. (burb). Lodo, m., vasa. ‖**-beux, euse** adj. (-ê, êz). Lodoso, sa. ‖**-bier** m. (-ié). Lodaçal, lameiro; tijuco (Br.). ‖**-billon** m. (-biiô). Carnicão.
bourbonien, enne adj. (burbonián, én). Borbónico, ca.
bour‖de f. (burd). Mentirola. ‖**-don** m. (-ô). Zângão [insecte]. ‖Bordão [pèlerin]. ‖Sino grande. ‖Bordão [musique]. ‖**-donnement** m. (-o-ã). Zumbído. ‖**-donner** vi. (-oné). Zumbír. ‖vt. Cantarolar [chantonner].
bour‖g m. (bur). Burgo, víla, f. ‖**-gade** f. (-gad). Aldeía, vilória. ‖**-geois, oise** adj. e s. (-jua, uaz). Burguês, ésa. ‖Pop. Patrão, roa. ‖f. Pop. Mulher [épouse]. ‖Loc. En bourgeois, à paisana. Maison bourgeoise, casa particular. ‖**-geoisie** f. (-juazi). Burguesía.
bour‖geon m. (burjô). Rebento; broto (Br.). ‖Borbulha, f. [visage]. ‖**-geonnement** m. (-o-ã). Abotoação, f. ‖**-geonner** vi. (-oné). Rebentar. [Cobrir-se* de borbulhas [peau].
bourgeron m. (burjârô). Blusa, f.
bourgmestre m. (burghméçtr). Burgomestre.
bour‖gogne m. (burgonh). Borgonha [vin]. ‖**-guignon, onne** adj. (-ghinhô, on). Borgonhês, ésa.
Bourgogne n. pr. (burgonh). Borgonha.
bourrache f. (burax). Borragem.
bou‖rrade f. (burad). Fig. Pancada brusca, encontrão, m., trompaço, m. (Br. du S.). ‖**-rrasque** f. (-açk).

Temporal, m. ‖**-rre** f. (bur). Tufo, m. [poils]. Bucha [arme].
bourreau m. (burô). Carrasco.
bourrée f. (burê). Molho (m.) de lenha miúda. ‖Dança da Auvérnhia.
bou‖rreler vt. (burlê). Atormentar. ‖**-rrelet** m. (-ê). Chouriço (de janela). Bocel (artilh.). ‖**-rrelier** m. (-ié). Seleiro. ‖**-rrellerie** f. (-élri). Selaría. ‖**-rrer** vt. (-ê). Encher (de crina). ‖Meter buchas [armes]. ‖Rechear [nourriture]. ‖**-rriche** f. (-ix). Canastra, cabaz, m. ‖**-rrichon** m. (-ô). Pop. Cabeça, f.
bourricot m. (bur-ô). Burrínho.
bourrique f. (burík). Burra. ‖Fig. Burro, a; estúpido, a.
bourru, ue adj. (burù). Ríspido, da.
bour‖se f. (burç). Bolsa. ‖Loc. Sans bourse délier, sem desatar os cordões à bolsa. ‖**-sier, ère** m. e f. (-ié, ér). Bolseiro, ra [collèges]. ‖Bolsísta.
boursou‖fler vt. (burçu-ê). Inchar. ‖**-flure** f. (-ùr). Inchação, f.
bouscu‖lade f. (buçcùlad). Atropelo, m. ‖**-ler** vt. (-ê). Empurrar.
bou‖se f. (buz). Bosta. ‖**-sillage** m. (-iiaj). Adobe. ‖Fig. e fam. Sucata [travail mal fait]. ‖**-siller** vt. (-iié). Aldrabar, atrapalhar.
boussole f. (buçol). Bússola.
bout m. (bu). Ponta, f., extremidade, f. ‖Bocado, fragmento [papier, bois, etc.] ‖Loc. A bout portant, à queima-roupa. A tout bout de champ, a todo o momento. Au bout de, ao cabo de, ao fim de. Au bout de compte, no fim de contas. Bout à bout, pelas pontas. Bout de chandelle, coto de vela. Bout de l'an, fim do ano. D'un bout à l'autre, de lés a lés. Etre à bout (de), estar* exausto, estar* sem. Haut bout, cabeceira (f.) da mesa. Pousser à bout, fazer* perder* a paciência. Sur le bout du doigt, na ponta da língua. Venir à bout de, conseguir*. ‖**-ade** f. (-ad). Repente, m.
bout‖-e-en-train m. (-tàtràn). Animador. ‖**-efeu** m. (-â). Morrão.
bouteille f. (butéi). Garrafa.
boute‖r vt. (butê). Ant. Por*. ‖**-selle** m. (-tcél). Bota-sela.
boutl‖que f. (butík). Loja. ‖**-quier, ère** m. e f. (-ié, ér). Lojísta.

Lettres penchées: accent tonique. ‖V. page verte pour la prononciation figurée. ‖*Verbe irrég. V. à la fin du volume.

boutoir m. (butùr). Focínho do javalí.
bouton‖ m. (butő). Botão. ‖**Puxador** [porte]. ‖**Borbulha**, f. [peau]. ‖**-d'or** m. (-or). Botão-de-ouro (bot.). ‖**-ner** vt. (-oné). Abotoar. ‖Tocar [escrime]. ‖**-nière** f. (-iér). Botoeíra.
bouture f. (butùr). Estaca.
bouvier m. (buvié). Boieíro.
bouvillon m. (buvijő). Novílho; terneíro (Br. du S.).
bouvreuil m. (buvrǽi). Písco.
bovin, ine adj. (bovǽn, ìn). Bovino, a.
box m. (bokç). Compartimento (m.) para um cavalo.
bo‖xe f. (bokç). Boxe, m. ‖**-xer** vi. (-é). Jogar o boxe. ‖**-xeur** m. (-àr). Jogador de boxe, pugilísta.
boyard m. (boiàr). Boiardo.
boyau m. (buaiő). Trípa, f.
boycott‖age m. (boikotaj). Boicotagem, f. ‖**-er** vt. (-é). Boicotar.
B.P.F. abrev. de *Bon pour francs*, (Vale francos...).
bracelet m. (braçlé). Bracelete, pulseíra, f.
brachial adj. (braxíal). Braquíal.
braco‖nnage m. (braconaj). Caça (f.) furtíva. ‖**-nner** vi. (-é). Caçar ou pescar ilegalmente. ‖**-nnier** m. (-ié) Caçador furtívo.
bractée f. (bracté). Bráctea.
bradel m. (bradél). Cartonagem (f.) leve.
braderie f. (bradrí). Hasta pública de mercadorías em segunda mão.
braguette f. (braghét). Braguílha.
brahmane m. (braman). Brâmane.
brai m. (bré). Breu.
braie f. (bré). Fralda, cueíro, m.
brai‖llard, arde adj. (braiiar, ard). Gritador, ore. ‖**-llement** m. (-â). Gritaría, f. ‖**-ller** vi. (-ié). Gritar, guinchar, berrar.
brai‖ment m. (brémã) Zurro. ‖**-re*** vi. (-ér). Zurrar.
brai‖se f. (bréz). Brasa, carvão, m. ‖**-ser** vt. (-é). Assar nas brasas.
bramer vi. (bramé). Bramar.
bran‖card m. (brãcar). Varal [véhicules] ‖Maca, f. [malades]. ‖**-cardier** m. (-ié). Maqueíro.
bran‖chage m. (brãxaj). Ramagem, f. ‖**-che** f. (-ãx). Ramo, m. ; sacai, m. (Br. du N.) [sèche]. ‖Ramal

[fleuve, tranchée]. ‖Ramo, m. [division, section]. ‖ Perna, f. [compas, tenailles, etc.]. ‖Braço [chandelier]. ‖**-chement** m. (-ã). Ramificação, f. ‖**-cher** vt. (-é). Pendurar. ‖Ramificar]. ‖vi. Empoleirar-se [oiseaux]. ‖**-chette** f. (-xét). Raminho, m. ‖**-chies** f. pl. (-xí). Brânquias.
brandade f. (brãdad). Bacalhau (m.) à provençal.
brande f. (brãd). Brejo, m. [plante]. ‖ Esteval, m. [broussailles].
brandebourg m. (brã-ur). Alamar.
Brandebourg n. pr. (brã-ur). Brandeburgo.
brandir vt. (brãdír). Brandír.
brandon m. (brãdő). Brandão, tocha, f., archote.
br‖anlant, ante adj. (brãlã, ãt). Oscilante. ‖**-anle** m. (-ãl). Oscilação, f., impulso. ‖Dança (f.) de roda. ‖Loc. *Mettre en branle*, pôr* em movimento. *Sonner le branle*, dobrar (os sinos). ‖**-anle-bas** m. (-a) *Mar.* Toque de combate. *Fig.* Desordem, f. ‖**-anler** vt. (-é). Menear, abanar. ‖vi. Mover-se, oscilar. ‖Loc. *Branler dans le manche*, não estar* sólido, abanar.
braque m. (brak). Cão perdigueíro. ‖*Fig.* e *fam.* Doidivanas.
braquer vt. (braké). Apontar [arme]. ‖Assestar [regard]. ‖Dirigír [télescope].
bras m. (bra). Braço. ‖Loc. *A bras*, à força de braço. *A bras-le-corps*, pelo meio do corpo. *A bras raccourcis*, sem dó nem pegada. *A bras tendu*, a pulso. *A tour de bras*, com fôrça. *Avoir le bras long*, ter* muita influência. *Avoir sur les bras*, ter* a seu cargo. *Bras dessus, bras dessous*, de braço dado.
braser vt. (brazé). Soldar.
brasier m. (brazié). Braseíro.
brasiller vt. (brazijé). Grelhar. ‖vi. Cintilar [mer].
brass‖age m. (braçaj). Brassadura, f. ‖**-sard** m. (-ar). Braçadeíra, f. ‖**Braçal** [armure]. ‖**-sse** f. (-aç). Braça. ‖**-ssée** f. (-é). Braçada. ‖**-sser** vt. (-é). Preparar a cerveja. ‖*Fig. Brasser des affaires*, meter-se em vários negócios ao mesmo tempo. ‖**-sserie** f. (-rí). Cervejaría. ‖**-sseur**

Itálico : acento tônico. ‖V. página verde para a pronúncia figurada. ‖*Verbo irreg. V. no final do livro.

m. (-âr). Cervejeiro. ‖-ssière f. (-iér). Jaqueta.
brasure f. (brazür). Soldagem.
bra‖vache m. (bravax). Valentão; cabra, jagunço (Br.). ‖-vade f. (-ad). Bravata. ‖-ve adj. e s. m. (-av). Bravo : *homme brave*, homem valente, valentão; capanga (Br.). ‖*Honrado* : *brave homme*, homem de bem; *braves gens*, boa gente, sing. ‖-ver vt. (-ê). Desafiar. ‖-vo! interj. (-ô). Bravo! ‖-voure f. (-ur). Bravura.
break m. (brék). Breque.
brebis f. (brâbî). Ovelha.
brèche‖ f. (bréx). Brecha. ‖- -dent m. (-â). Desdentado (na frente).
bréchet m. (brêxé). Esterno, quilha, f.
bred‖ouille f. (brâdui). Partida dobrada (no gamão). ‖adj. De mãos a abanar : *revenir, rentrer bredouille*, sair* como se entrou, sem ter* obtido nada; *se coucher bredouille*, ir* para a cama sem ceia. ‖-ouiller vi. (-uiîê). Tartamudear. ‖-ouilleur adj. (-iâr) Tatibitate; gasguita (*Br. du N.*).
bref, ève adj. e s. m. (bréf, év). Breve. ‖adv. Numa palavra. ‖Loc. *En bref*, em poucas palavras.
brelan m. (brâlâ). Jogo de cartas. ‖Tavolagem, f.
breloque f. (brâlok). Dixe, m. ‖*Mil.* Toque (m.) a destroçar. ‖*Battre la breloque*, divagar, despropositar.
brème f. (brém). Brema (peixe).
Brême n. pr. (brém). Brema (al. Bremen).
bré‖sil m. (brêzil). Pau-brasil. ‖-silien, enne adj. e s. (-iân, ién). Brasileiro, ra.
Brésil n. pr. (brêzil). Brasil.
Bretagne n. pr. (brâtanh). Bretanha. ‖*Grande-* (grâdâ-). Grã-Bretanha.
bretelle f. (brâtél). Correia. ‖Suspensórios, m. pl. [pantalon].
bre‖ton, onne adj. e s. (brâtõ, on). Bretão, tã. ‖-tonnant, ante adj. (-onâ, ât). Que fala bretão.
bretteur m. (brétâr). Espadachim.
breuvage m. (brâvaj). Beberagem, f.
bre‖vet m. (brâvé). Patente, f. diploma. ‖*Ant.* Privilégio, alvará.

‖-veter vt. (-ê). Conceder (diploma, etc.).
bréviaire m. (brêviér). Breviário.
bribe f. (brib). Bocado, m.; trecho, m.
bric-à-brac m. (bricabrac). Bricabraque.
brick m. (briz). Brigue.
bri‖cole f. (tricol). Parte do arreio que se liga ao peitoral [cheval]. ‖Tirante, m, correia. ‖Gancho, m. [petit travail]. ‖-coler vi. (-ê). *Fam.* Exercer toda a espécie de ofícios.
bri‖de f. (brid). Bridão, m. ‖Correia [chapeau]. ‖*Fig.* Loc. *A bride abattue*, à rédea solta. *A toute bride*, a toda a brida. *La bride sur le cou*, sem freio. *Lâcher la bride*, dar* de mão. *Tourner bride*, voltar atrás. ‖-der vt. (-ê). Enfrear. ‖Atar [volaille].
brid‖ge m. (bridj). Bridge. ‖-ger vi. (-ê). Jogar o bridge.
bridon m. (-õ). Bridão.
brie m. (bri). Queijo de Brie.
bri‖ef, ève adj. (briéf, év). Antiga forma de *Bref.* ‖-èveté f. (-é-ê). Brevidade.
briga‖de f. (brigad). Brigada. ‖Esquadra [gendarmes]. ‖-dier m. (-ié). Cabo [cavalerie].
bri‖gand m. (brigâ). Salteador; cabra (Br.). ‖-gandage m. (-daj). Banditismo. ‖-gantin m. (-ân). Bergantim.
Brigitte n. pr. (brijit). Brígida.
bri‖gue f. (brigh). Intriga, cabala. ‖-guer vt. (-ê). Solicitar, lutar por.
bri‖llammert adv. (briiamâ). Brilhantemente. ‖-llant, ante adj. e s. m. (-iâ, iât). Brilhante. ‖-llanter vt. (-ê). Abrilhantar. ‖-ller vi. (-iê). Brilhar.
brimade f. (brimad). Partida (aos caloiros e recrutas).
brimbaler vt. (brânbalê). Agitar; repenicar.
brimborion m. (brânboriõ). Ninharia, f.
brimer vt. (brimê). Vexar, tirar o pêlo (aos caloiros).
brin m. (brân). Palhinha, f. ‖Bocadinho [petite portion]. ‖Fio [fil]. ‖Pé, vergôntea, f. [plante]. ‖Loc. *Brin de conversation*, dois dedos de conversa; prosinha, f. (Br.). *Un*

Lettres penchées = accent tonique. ‖ V. page verte pour la prononciation figurée. ‖ *Verbe irrég. V. à la fin du volume.

BRI — BRO

beau brin de fille, uma raparigaça.
brindille f. (brãndíiã). Raminho, m.
brio m. (brío). Vivacidade, f.
brioche f. (briox). Bolo, m. [pâtisserie]. ‖ *Fig.* e *fam.* Asneira.
bri‖que f. (bric). Tijolo, m. ‖**-quet** m. (-ké). Fuzil. ‖ Isqueiro [à essence]. ‖ *Loc. Battre le briquet,* petiscar lume. ‖**-quetler** m. (-ié). Tijoleiro. ‖**-quette** f. (-ét). Briquete.
bri‖s m. (bri). Quebra, f. ‖**-sant** m. (-zã). Escolho.
bri‖se f. (briz). Brisa. ‖**-sées** f. pl. (-é). Ramos (m.) quebrados. ‖ *Loc. Aller sur les brisées de quelqu'un,* competir* com. ‖**-se-glace** m. (-â-aç). Quebra-gelo. ‖**-se-lames** m. (-am). Quebra-mar. ‖**-sement** m. (-ã). Rebentação, f. ‖ *Fig.* Quebranto, prostração, f. ‖**-ser** vt. (-ê). Quebrar. ‖ *Fig.* Quebrantar ‖ **vi.** Rebentar [les vagues]. ‖ *Loc. Brisons là,* não se fala mais nisso, acabou-se.
brisque f. (brick). Jogo de cartas, m. ‖ *Pop.* Divisa [soldat rengagé].
brisure f. (br-ùr). Quebra. ‖ Caco, m. [fragment].
britannique adj. (br-anic). Britânico, ca.
broc m. (brô). Jarro (recipiente).
brocanteur m. (brocãtâr). Adelo, antiquário.
brocard m. (brocar). *Fam.* Remoque.
brocart m. (brocar). Brocado.
bro‖chage m. (broxaj). Brochagem, f. ‖**-chant**, ante adj. (-ã, ãt). Atravessado, da por cima (heráldica). ‖ *Loc. Brochant sur le tout,* ainda por cima. ‖**-che** f. (-ox) Espeto, m. [cuisine]. ‖ Broche, m. [bijou]. Agulha [à tricoter]. ‖ Varinha [cheville]. ‖ Nota [de banque]. ‖**-ché,** ée adj. (-ê). Brochado, da [livres]. ‖ Recamado, da [étoffes]. ‖**-cher** vt. (-ê). Brochar [livres]. Recamar [étoffes]. ‖ *Fig.* e *fam.* Atabalhoar [travail].
brochet m. (broxé). Lúcio (peixe).
bro‖chette f. (broxét). Espeto (m.) pequeno. ‖ Varinha para dar* de comer aos pássaros. ‖**-cheur,** euse m. e f. (-âr, âz). Brochador, ora. ‖**-chure** f. (-ùr). Brochura [livre]. ‖ Brochagem [reliure].
brocoli m. (brocoli). Bróculos, pl.

brodequin m. (bro-ãn). Borzeguim.
bro‖der vt. (brodê). Bordar. ‖**-derie** f. (-dri). Bordado, m. ‖**-deur,** euse m. e f. (-âr, âz). Bordador, ora.
brole‖ment m. (bruamé). Trituração, f.
brom‖e m. (brom). Bromo. ‖**-ure** m. (-ùr). Brometo.
bron‖che f. (brôx). Brônquio. ‖**-cher** vi. (-ê). Tropeçar. ‖ Mover-se [bouger]. ‖**-chite** f. (-ít). Bronquite.
bron‖ze m. (brôz). Bronze. ‖**-zer** vt. (-ê). Bronzear.
br‖ossage m. (broçaj). Escovadela, f. ‖**-osse** f. (-oç). Escova; *brosse à dents,* escova de dentes. ‖ Brocha [peinture]. ‖**-ossée** f. (-océ). Sova. ‖**-osser** vt. (-ê). Escovar. ‖ *Fam.* Vencer, bater. ‖**-osseur** m. (-âr). Escovador.
brou m. (bru). Casca (f.) verde [noix]. ‖ Cor de noz, f.
brouet m. (brué). Caldo de ovos e leite com açúcar. ‖ *Brouet noir,* caldo negro (dos Espartanos).
brouette f. (bruét). Carrinho (m.) de mão.
brouhaha m. (bruaa). Zunzum, vozeio.
brouillamini m. (bruiia-í). *Fig.* Confusão, f.
brouil‖lard m. (bruiíar). Nevoeiro. ‖ Borrador [commerce]. ‖ adj. Mataborrão [papier]. ‖**-le** f. (-uiiã). Desavença. ‖**-lement** m. (-ã). Desordem, f. ‖**-ller** vt. (-iiê). Misturar, baralhar. ‖ *Fig.* Malquistar, desunir [personnes]. ‖ Confundir, perturbar, desarranjar. ‖ **(se)** vr. Zangar-se, malquistar-se, indispor-se*. ‖ Toldar-se, embrulhar-se [ciel]. ‖**-llon,** onne adj. (-iõ, on). Enredador, ora. ‖ s. m. Borrão, rascunho.
broussai‖lles f. pl. (bruçai). Mato, m.; capoeira. (Br.). ‖**-lleux,** euse adj. (-â, âz). Sarçoso, sa.
brousse f. (bruç). Mato, m.
brou‖ter vt. (brutê). Roer* [herbe]. Pastar. ‖**-tille** f. (-tiiã). Galho, m. ‖ *Fig.* Bagatela.
bro‖yage m. (bruaiaj) ou **broiement** m. (bruamé). Moedura, f., trituração, f. ‖**-yer** vt. (-iê). Moer*, triturar. ‖ *Loc. Broyer du noir,* entregar-se a ideias tristes. ‖**-yeur,** euse adj. e s. (-iâr, âz). Esmagador, ora ; triturador, ora. ‖ f. *Técn.* Trituradora [machine].

Itálico : acento tónico. ‖V. página verde para a pronúncia figurada. ‖*Verbo irreg. V. no final do livro.

BRU — BUR

bru f. (brù). Nora (fem. de genro).
brui‖ne f. (brùin). Chuvisco, m.; garoa (Br.). ‖-ner vi. (-ê). Chuviscar.
bruil‖re* vi. (brùir). Sussurrar. ‖-ssant, ante adj. (-ã, ãt). Sussurrante. ‖-ssement m. (-ã). Sussurro.
bruit m. (brùi). Ruído, barulho; angu (Br. de Rio).
brû‖lage m. (brùlaj). Queima, f. ‖-lant, ante adj. (-ã, ãt). Ardente, abrasador, ora. ‖-le-pourpoint (à) loc. (-urpúan). À queima-roupa. ‖-ler vt. (-ê). Queimar; requeimar. ‖Torrar [café]. ‖vi. Arder : *la maison brûle*, a casa arde. ‖Queimar-se : *le rôti brûle*, o assado queima-se. ‖*Fig.* Saltar, passar [etape, gare]. ‖Loc. *Brûler la cervelle, fazer* saltar os miolos. Brûler la politesse à, deixar (alguém) sem se despedir*. *Brûler le pavé, ir* depressa*. *Brûler les planches*, representar com entusiasmo. *Brûler de*, morrer por. ‖-ler (se) vr. Arder, queimar-se. ‖-lerie f. (-rí). Destilaria de aguardente. ‖-leur, euse m. e f. (-âr, âz). Incendiário, ia. Destilador, ora. ‖m. Bico [gaz]. ‖-loir m. (-uar). Torrador. ‖-lot m. (-ô). Brulote. ‖-lure f. (-ùr). Queimadura.
br‖umaire m. (brùmèr). Brumário. ‖-ume m. (brùm). Bruma, neblina; garoa (Br.). ‖-umeux, euse adj. (-â, âz). Brumoso, osa.
bru‖n, une adj. (brân, ùn). Castanho, nha, escuro, a. ‖Moreno, na [personne]. Pardo, da. ‖-ne s. f. (-ùn). Entardecer, m.
bru‖net, ette adj. (brùnè, èt). Moreninho, nha [personne]. ‖-nir vt. (-ir). Amorenar, tostar, abaçanar. ‖Polir, brunir [métaux]. ‖vi. Tornar-se moreno, na, queimar-se [au soleil].
brus‖que adj. (brùsk). Brusco, ca. ‖-quer vt. (-ê). Tratar bruscamente. *Fig.* Precipitar [affaire]. ‖-querie f. (-rí). Brusquidão.
bru‖t, ute adj. (brùt). Bruto, a. ‖-tal, ale adj. (-al). Brutal. ‖-taliser vt. (-a-é). Maltratar. ‖-talité f. (-ê). Brutalidade. ‖-te f. (-ùt). Besta, bruto, a.
Brutus n. pr. (brùtùs). Bruto.
Bruxelles n. pr. (brùcèl). Bruxelas.

bru‖yamment adv. (brùiamã). Ruidosamente. ‖-yant, ante adj. (-iã, ãt). Ruidoso, osa.
bruyère f. (brùièr). Urze. ‖*Coq de bruyère* (coc dã -). Tetraz (ave).
buanderie f. (bùãdrí). Lavandaria.
bubon m. (bùbô). Bubão.
buc‖cal, ale adj. (bùcal). Bucal. ‖-cin m. (-kçàn). Búzio, trompa, f.
bu‖centaure m. (bùçãtôr). Bucentouro. ‖-céphale m. (-êfal). Bucéfalo.
bû‖che f. (tùx). Acha, cavaco, m. ‖-cher m. (-ê). Fogueira, f., pira, f. ‖vi. *Pop.* Trabalhar. ‖-cheron, onne m. e f. (-rô, on). Lenhador, ora. ‖-chette f. (-èt). Maravalha, graveto, m.; sacai, m. (*Br. du N.*). ‖-cheur m. (-âr). *Fam.* Trabalhador.
bucolique adj. e s. f. (bùcolík). Bucólico, ca.
bud‖get m. (bùdjé). Orçamento. ‖-gétaire adj. (-êtèr). Orçamental.
buée f. (bùê). Vapor, m. (dum líquido em ebulição).
buf‖fet m. (bùfê). Aparador [meuble]. ‖Cesto de viagem. ‖Restaurante [gares]. ‖*Caixa*, f. [orgue]. ‖-fetier m. (-ftiê). Dono dum restaurante [chemin de fer].
buf‖fle m. (bù-). Búfalo. ‖-fleterie f. (-âtrí). Correame, m. [de soldat].
buis m. (bùs). Buxo (planta).
buis‖son m. (bùçô). Silvado, moita, f.; mocambo (Br.) [grand]. ‖Loc. *Buisson - ardent*, sarça - de - moisés. *Buisson d'écrevisses*, etc., prato de caranguejos, etc. (em pirâmide espinhosa) ‖-sonnier, ère adj. (-oniê, èr). Silvestre. ‖Loc. *Faire l'école buissonnière*, fazer* gazeta, faltar à escola.
bulbe m. (bùlb). Bulbo, bolbo.
bulgare adj (bù-ar). Búlgaro, ra.
Bulgarie n. pr. (bù-arí). Bulgária.
bulle f. (bùl). Bula. ‖Bolha [air, savon].
bulletin m. (bù-àn). Boletim. ‖Director de certas repartições. ‖adj. De repartição, f.
bure f. (bùr). Burel, m.
bur‖eau m. (bùralé). Repartição, f., secção, f. [administration]. ‖Escritório [d'homme d'affaires, d'écrivain].

Lettres penchées : accent tonique. ‖V. page verte pour la prononciation figurée. ‖*Verbe irrég. V. à la fin du volume.

BUR — CAB 48

‖Mesa, f. [assemblée]. ‖Secretária, f., mesa, f. [table]. ‖Loc. *Bureau de location*, bilheteira, f.; bilhetaria, f. (*Br.*) [théâtre]. *Bureau de placement*, agência (f.) de colocações. *Bureau de tabac*, tabacaria, f. ‖-**eaucrate** m. (-*rat*). Burocrata. ‖-**eaucratie** f. (-*aci*). Burocracia.
burette f. (bùrét). Almotolia, galheta.
burgau m. (bùrgô). Burgau.
buri‖**n** m. (bùràn). Buril. ‖-**ner** vt. (-*é*). Burilar.
burlesque adj. (bùrlé çk). Burlesco, ca.
burnous m. (bùrnu). Albornoz.
busc m. (bùçk). Barba de baleia, f., lâmina (f.) de aço.
buse f. (bùz). Bútio, m. (ave).
busquer vt. (bùçké). Guarnecer de barbas [corset]. ‖Arquear.
buste m. (bùst). Busto.
but m. (bù). Alvo [tir]. ‖*Fig.* Fim, mira, f. Loc. *Aller droit au but, ir* direito ao objectivo*. *De but en blanc*, bruscamente, sem precauções.
butane m. (bùtan). Butano (quím.).

butée f. (bùté). Botaréu, m. (arq.).
buter vt. (bùté). Escorar. ‖ (**se**) vr. Obstinar-se.
bu‖**tin** m. (bùtàn). Despojo. ‖-**tiner** vt. e vi. (-*é*). Saquear. ‖Rebuscar.
butoir m. (bùtuar). Espera, f., batente.
butor m. (bùtor). Alcaravão. ‖*Fig.* Grosseiro, alarve.
bu‖**tte** f. (bùt). Outeiro, m., montículo, m. ‖Loc. *Etre en butte à*, servir* de alvo. ‖-**tter** vt. (-*é*). Rodear de terra [arbres, etc.].
bu‖**vable** adj. (bùva-). Bebível. ‖-**vard** m. (-*ar*). Mata-borrão [papier, cahier].
bu‖**vette** f. (bùvét). Cantina ‖Fonte [dans les stations thermales]. ‖-**veur, euse** m. e f. (-*âr, âz*). Bebedor, ora. ‖-**voter** vi. (-*oté*). Beberricar.
Byzance n. pr. (bizãç). Bizâncio.
byzantin, ine adj. (bizâtàn, ìn). Bizantino, na.

C

ça pr. dem. (ça). Contr. de *cela*. Isto, isso, aquilo.
çà adv. (ça). Aqui, cá : *viens çà*, vem cá. ‖Loc. *Çà et là*, aqui e ali. ‖interj. *Eia!* Vamos! : *çà, travaillez*, vamos, trabalhem! *Ah çà, or çà!* ora pois, ora essa!
caba‖**le** f. (cabal). Cabala. ‖-**istique** adj. (-çtík). Cabalístico, ca.
caban m. (cabã). Gabão.
caba‖**ne** f. (caban). Cabana, choça. ‖-**non** m. (-*õ*). Cabanazinha, f. ‖Cela [pour les aliénés].
caba‖**ret** m. (cabaré). Taberna, f. ‖Licoreira, f. [service]. ‖-**retier, ère** m. e f. (-*rtié, ér*). Taberneiro, ra.
cabas m. (caba). Cabaz.
cabestan m. (cabéçtã). Cabrestante.
cabiai m. (cabié). Capivara, f. (*Br.*)
cabillaud m. (cabiió). Bacalhau fresco.
cabi‖**ne** f. (cabìn). Camarote, m. [navires]. ‖Barraca [bains]. ‖Ca*bina* [téléphonique]. ‖-**net** m. (-*é*). Gabinete. ‖Loc. *Cabinets d'ai-*

sances, retrete, f. *Cabinet de toilette*, toucador. *Mettre au cabinet*, pôr* de parte.
câ‖**ble** m. (ea-). Cabo, corda, f., amarra, f. ‖-**bler** vi. (-*é*). Torcer (cordas). ‖vt. Telegrafar (*cabo* submarino). ‖-**blogramme** m. (-*ogram*). Cabograma.
cabo‖**che** f. (cabox). *Fam.* Cachola. ‖*Com.* Tacha. ‖-**chon** m. (-*õ*). Cabochão.
cabo‖**tage** m. (cabotaj). Cabotagem, f. ‖-**teur** m. (-*âr*). Navio costeiro.
cabo‖**tin** m. (cabotàn). Comediante. ‖-**tinage** m. (-*aj*). Cabotinagem, f.
ca‖**brer (se)** vr. (-*abré*). Encabritar-se, empinar-se. ‖*Fig.* Revoltar-se.
ca‖**bri** m. (cabrí). Cabrito. ‖-**briole** f. (-*ol*). Cabriola. ‖-**brioler** vi. (-*é*). Cabriolar. ‖-**briolet** m. (-*é*). Cabriolé. ‖Corda (f.) de nós (para algemar).
cabus adj. (cabù). *Chou cabus*, repolho, m. (*couve*).

Itálico : acento tónico. ‖V. página verde para a pronúncia figurada. ‖*Verbo irreg. V. no final do livro.

caca m. (cacá). Caca, f. [lang. enf.].
caca∥o m. (cacaó). Cacau. **∥-oyer** m. (-oié). Cacaueiro.
caca∥toès m. (cacatoéç). Cacatua, f. **∥-tois** m. (-ua). Mar. Sobre (vela).
cachalot m. (ca-ξalô). Cachalote.
cache∥ f. (cax). Esconderijo, m. ∥Marginador, m. [photo]. ∥**--cache** m. Escondidas, f. pl. [jeu.]. ∥**-col** m. Cachecol. ∥**- -corset** m. (-orcé). Corpinho, colete de senhora.
cachectique adj. (caxéctic). Caquéctico, ca.
cachemire m. (ca-ír). Caxemira, f.
cache-∥nez m. (ca-ê). Cachené. ∥**--pot** m. (-ô). Tapa-vaso. ∥**--poussière** m. (-uciér). Guarda-pó; poncho (Br.).
cacher vt. (caxê). Esconder, ocultar. ∥ (**se**) vr. Esconder-se; amoitar (Br.).
ca∥chet m. (caxé). Selo. ∥Hóstia, f. [médicinal]. ∥Preço de lição. ∥Courir le cachet, dar* lições fora de casa. Lettre de cachet, carta régia. ∥**-cheter** vt. (-ê). Selar. ∥Lacrar [cire]. ∥**-chette** f. (-ét). Esconderijo, m.
cachexie f. (caxékcí). Caquexia.
ca∥chot m. (caxô). Calabouço; xadrez (Br.). ∥**-chotterie** f. (-otrí). Mistério, m.; segredinho, m. ∥**-chottier, ère** adj. (-otié, ê) Misterioso, sa.
cachou m. (caxu). Cachu (substância vegetal). ∥ adj. Cor de tabaco.
cacochyme adj. (cacoxím). Cacoquimo, ma. Fig. Respingão, ona.
cacolet m. (cacolé). Cadeirinha, f., andilhas, f. pl.
cacophonie f. (cacofoní). Cacofonia.
cact∥ées f. pl. (cactê). Cactáceas. ∥**-us** m. (-ùç). Cacto.
cadastre m. (cadaçtr). Cadastro.
cada∥véreux, euse adj. (cadavêrâ, âz) ou **-vérique** adj. (-ík). Cadavérico, ca. ∥**-vre** m. (-avr). Cadáver, m.; zambeta Br.).
cade m. (cad). Barril (de salineiro). ∥Zimbro.
cadeau m. (cadô). Prenda, f., presente.
cade∥nas m. (ca-a). Cadeado. ∥**-nasser** vt. (-é). Fechar a cadeado.
caden∥ce f. (cadãç). Cadência, compasso, m. ∥**-cer** vt. et vi. (-ê). Cadenciar, ritmar.

cadet, ette adj. e s. (cadé, ét). Mais novo; caçula (Br. du Sud) [frère] : il est mon cadet, é mais novo que eu. ∥Mil. Cadete.
Cadix n. pr. (cadikç). Cádis.
cadmium m. (ca-iom). Cádmio.
cadran m. (cadrã). Quadrante. ∥Mostrador [horloge, poste de T. S. F.]; disco (Br.) [T. S. F.]. ∥Cadran solaire, relógio de sol.
ca∥drat m. (cadra). Quadrado (tip.). ∥**-dratin** m. (-àn). Quadratim. ∥**-dre** m. (cadr). Caixilho, moldura, f. [tableau] ∥Plano [ouvrage littéraire]. ∥Cercadura, f. [encadrement]. ∥Mar. Catre [hamac]. ∥Quadro [du personnel]. ∥**-drer** vi. (-ê). Quadrar, convir*.
ca∥duc, uque adj. (cadùc). Caduco, ca. ∥**-ducée** m. (-cé). Caduceu. ∥**-ducité** f. (-ê). Caducidade.
caecum m. (cêcom). Cego (anat.).
ca∥fard, arde adj. (cafar, ard). Hipócrita. ∥ s. m. Barata, f. (zool.). Fam. Neurastenia, f. : avoir le cafard, estar* aborrecido. ∥ m. e f. Fam. Beato, ta falso, sa, hipócrita. ∥**-farder** (-ê). vi. Ter* modos de beato. ∥Espiar [mouchardar].
ca∥fé m. (café). Café. ∥Loc. Café-concert, café-concerto. Café noir, café simples. Café au lait, café com leite. ∥**-féier** m. (-êié). Cafèzeiro. ∥**-fetier** m. (-ié). Dono dum café. ∥**-fetière** f. (-iér). Cafeteira.
cafre adj. e s. (cafr). Cafre.
cage f. (caj). Jaula; gaiola [oiseaux.] ∥Vão, m. [escalier]. ∥Loc. Cage à poules, galinheiro. Mettre en cage, meter na prisão.
cagibi m. (ca-i). Abrigo.
cagn∥ard, arde adj. e s. (canhar, ard). Madraço, ça. ∥**-arder** vi. (-ê). Fam. Mandriar; mamparrear (Br.). ∥**-eux, euse** adj. (-â, âz). Cambaio, ta; zambeta Br.).
cagnotte f. (canhot). Bolo, m. [au jeu].
ca∥got, ote adj. e s. (cagô, ot). Beato, ta; santarrão, ona. ∥**-goterie** f. (-otrí). Beatice.
cagoule f. (cagul). Cogula.
cahier m. (caié). Caderno. ∥Loc. Cahier des charges, caderno de encargos.

Lettres penchées : accent tonique. ∥V. page verte pour la prononciation figurée. ∥*Verbe irrég. V. à la fin du volume.

CAH — CAL

cahin-caha loc. adv. (caàn caa). *Fam.* Nem bem nem mal, aos tropeções.

ca‖**hot** m. (caô). Sacudidela, f., solavanco; tranco (*Br.*) [voitures]. ‖**-hoter** vi. (-é). Sofrer solavancos. ‖ vt. Sacudir*, agitar.

cahute f. (caùt). Choça.

caïeu m. (caiâ). Bolbilho.

caille f. (caïïâ). Codorniz.

caill‖**é** m. (caiïé). Coalhada, f. ‖**-ebotte** f. (-ot). Coalhada. ‖**-ebotis** m. (-oti). Xadrez [marine]. ‖**-ebotter** vt. (-otê). Coagular, coalhar. ‖**-er** vt. (-é). Coalhar, coagular. ‖**-ette** f. (-ét). Tagarela [bavarde]. Coalheira [ruminants]. ‖**-ot** m. (-ô). Coágulo.

caill‖**ou** m. (caiïu). Calhau, seixo. ‖**-outeux, euse** adj. (-utâ, âz). Pedregoso, osa. ‖**-outis** m. (-uti). Cascalho.

caïman m. (caimâ). Caimão.

Caire n. pr. (kér). Cairo.

cais‖**se** f. (kéç). Caixa. ‖ Tambor, m. [musique]. ‖ *Grosse*- - (gróç-). Bombo, m. ‖ *Loc. Battre la caisse*, tocar o tambor. *Caisse d'épargne*, caixa económica. *Caisse des dépôts et consignations*, caixa geral de depósitos. *Caisse de secours*, montepío, m. *Faire sa caisse*, contar a caixa. *Tenir la caisse*, governar o dinheiro, administrar os fundos. ‖**-sier, ère** m. e f. (-iê, ér). Caixa [employé]. ‖**-son** m. (-ô). Armão. ‖ Caixotão [plafond].

cajol‖**er** vt. (cajolê). Bajular. ‖**-erie** f. (-rí). Bajulação. ‖**-eur, euse** adj. e s. (-âr, âz). Bajulador, ora.

cal m. (cal). Calo.

calabrais, aise adj. e s. (calabré, éz). Calabrês, esa.

Calabre n. pr. (calabr). Calábria.

calage m. (calaj). Calçamento, escoramento.

calamine f. (calamín). Calamina.

calami‖**té** f. (cala-tê). Calamidade. ‖**-teux, euse** adj. (-â, âz). Calamitoso, osa.

calan‖**dre** f. (calâdr). Calandra. ‖**-drer** vt. (-ê). Calandrar.

calcaire adj. (calkér). Calcário, ia. ‖ s. m. Calcário.

calci‖**ner** vt. (ca-ê). Calcinar. ‖**-um** m. (-iom). Cálcio.

calcu‖**l** m. (ca-ùl). Cálculo. ‖**-lateur,**

trice m. e f. (-atâr, riç). Calculador, ora. ‖**-ler** vt. (-é). Calcular.

ca‖**le** f. (cal). Porão, m. [bateau]. ‖ Rampa [ports]. ‖ Calço, m. [coin]. ‖ *Loc. Cale de construction*, estaleiro, m. *Etre à fond de cale*, estar* na última miséria. ‖**-lé, ée** adj. (-ê). Calçado, da. ‖ *Fig.* e *pop.* Forte, sabedor, ora.

caleba‖**sse** f. (ca-aç). Cabaça; combuca (*Br. du N.*); purunga (*Br.*) [vase]. ‖**-ssier** m. (-iê). Cabaceira, f.

calèche f. (caléx). Caleche, caleça.

caleçon m. (-ô). Cerouias, f. pl.; cuecas, f. pl. [court].

caléfaction f. (calêfakciô). Calefacção.

calem‖**bour** m. (calâbur). Trocadilho. ‖**-bredaine** f. (-râdén). Evasiva, subterfúgio, m.; graça, gracejo, m.

calen‖**des** f. pl. (calâd). Calendas. ‖**-drier** m. (-riê). Calendário.

calepin m. (ca-ân). Canhenho, agenda, f.

caler vt. (calê). Calçar [mettre une cale]. ‖ Arriar [voile]. ‖ vi. Mergulhar. ‖ *Fig.* e *pop.* Ceder, recuar. ‖ Parar de repente [moteur].

calfa‖**t** m. (ca-a). Calafate. ‖**-ter** vt. (-ê). Calafetar.

calfeutrer vt. (ca-âtrê). Calafetar [portes, fenêtres]. ‖ **(se)** vr. Calafetar-se, fechar-se [personnes].

cali‖**bre** m. (calíbr). Calibre. ‖ calice m. (caliç). Cálice.

calicot m. (ca-ô). Calicó [étoffe]. ‖ *Pop* Caixeiro de loja de modas.

ca‖**lifat** m. (ca-a). Califado. ‖**-life** m. (-if). Califa.

Californie n. pr. (ca-rni). Califórnia.

califourchon (à) loc. (ca-urxô). Às cavalitas, escarranchado, da.

câli‖**n, ine** adj. (calâ, in). Carinhoso, sa; meigo, ga. ‖**-ner** vt. (-ê). Acariciar, amimar. ‖**-nerie** f. (-rí). Afago, m, meiguice.

calleux, euse adj. (calâ, âz). Caloso, sa.

calligra‖**phie** f. (ca-rafí). Caligrafia. ‖**-phier** vt. (-iê). Caligrafar.

callosité f. (calo-ê). Calosidade.

cal‖**mant, ante** adj. (ca-â, ât). Calmante. ‖**-mar** m. (-ar). Calmar (zool.). ‖**-me** adj. (ca-). Calmo, ma.

Itálico : acento tónico. ‖ V. página verde para a pronúncia figurada. ‖ *Verbo irreg.* V. no final do livro.

CAL — CAM

‖s. m. Calmaría, f. *Fig.* Sossego. ‖**-mer** vt. (-ê). Acalmar.
calomel m. (calomel). Calomel, calomelanos, pl.
calom‖niateur, trice adj. e s. (calo-atêr, riç). Caluniador, ora. ‖**-nie** f. (-î). Calúnia. ‖**-nier** vt. (-ié). Caluniar.
calori‖e f. (calorí). Caloria. ‖**-fère** m. (-ér). Calorífero. ‖**-fique** adj. (-ík). Calorífico, ca. ‖**-fuge** adj. (-ùj). Calorífugo, ga. ‖**-que** adj. (-ic). Calórico, ca.
calot‖te f. (calot). Calota [sphère]. ‖ Solidéu, m. [ecclésiastique]. ‖*Fam.* Clero. ‖*Fam.* Caldo (m.), sopapo (m.) na cabeça. ‖Loc. *Calotte du cieux*, abóbada celeste. *Calotte du crâne*, parte superior do crânio. ‖**-ter** vt. (-ê). Dar* caldos.
cal‖que m. (ca-). Calco. ‖**-quer** vt. (-ê). Decalcar.
calumet m. (calùmé). Cachimbo (dos Ameríndios).
calvaire m. (ca-ér). Calvário.
calville f. (ca-íl). Camoesa (maçã).
Calvin n. pr. (ca-àn). Calvino.
calvi‖nisme m. (ca-niçm). Calvinismo. ‖**-niste** m. (-içt). Calvinista.
calvitie f. (ca-cí). Calvície.
camaïeu m. (camaiâ). Camafeu.
camail m. (camaí). Camal. Murça, f.
camara‖de m. e f. (camarad). Camarada. ‖**-derie** f. (-rí). Camaradagem.
camard, arde adj. (camar, ard). Achatado [nez]. ‖Que tem o nariz achatado. ‖*Pop.* f. Morte.
cambiste m. (cäbict). Cambista.
cambium m. (cäbiom). Tecido vegetal em vias de formação.
Cambodge n. pr. (cäbodj). Camboja.
cambouis m. (cäbuí). Óleo sujo das máquinas.
cam‖brement m. (cäbrâmä). Curvatura, f., arqueamento. ‖**-brer** vt. (-ê). Arquear, curvar. ‖**-briolage** m. (-olaj). Roubo (por arrombamento, chaves falsas, etc.). ‖**-brioler** vt. (-ê). Roubar. ‖**-brure** f. (-ùr). Arqueamento, m.
cambuse f. (cäbùz). *Mar.* Dispensa. ‖ Cantina. ‖*Pop.* Casa pouco limpa.
came f. (cam). Came.
camée m. (camé). Camafeu.
caméléon m. (caméléõ). Camaleão.

camélia m. (camêliâ). Camélia, f.
came‖lot m. (ca-ô). Chamalote. ‖Ardina, bufarinheiro. ‖**-lote** f. (-ot). Mercadoria [de peu de valeur]. ‖ Fancaria [travail mal fait].
camembert m. (camâbér). Queijo de Camembert.
camé‖rière f. (camêriér) e ‖**-riste** f. (-içt). Camareira.
camerlingue m. (camérlângh). Camerlengo.
Cameroun n. pr. (camrun). Camarões, pl.
Camille n. pr. (camíâ). Camilo, la.
camion‖ m. (camiõ). Camião; caminhão [surtout au Brésil]. Galera, f. [véhicules]. ‖**-nage** m. (-naj). Camionagem, f. ‖**-nette** f. (-ét). Camioneta (ou caminheta, *Br.*) pequena. ‖**-neur** m. (-âr). Motorista de camião.
cami‖sole f. (ca-ol). Camisola (de mulher). ‖**-de force**. Camisa de forças.
camomille f. (camomiiâ). Camomila.
camou‖flage m. (camu-aj). Disfarce, camuflagem, f. ‖**-fler** v. (camu-ê). Camuflar, disfarçar. ‖**-flet** m. (-é). Fumaça, f. ‖*Fig.* e *fam.* Afronta, f. ‖*Mil.* Contramina, f.
cam‖p m. (cä). Acampamento, campo [militaire]. ‖**-volant** (-olâ). Campo volante; acampamento de ciganos. Corpo de batedores. ‖Loc. *Ficher ou foutre le camp* [argot mil.], *lever le camp*, ir-se* embora, safar-se. ‖**-pagnard, arde** adj. (-anhar, ard). Camponês, esa. ‖**-pagne** f. (-anh). Campo, m. ‖*Mil.* Campanha. ‖Loc. *Battre la campagne*, bater campo. *Fig.* Divagar. *En campagne*, em campanha. *En pleine campagne*, em campo raso. ‖**-pagnol** m. (-anhol). Campanhol.
campa‖ne f. (cäpan). *Arq.* Campana. ‖**-nille** m. (-anil). Campanário. ‖**-nule** f. (-ùl). Campânula (planta).
cam‖pé, ée adj. (cäpé). Acampado, da. ‖*Posto*do, da; colocado, da [placé]. *Fam. Bien campé*, bem instalado. ‖**-pement** m. (-ä). Acampamento. ‖**-per** vi. (-ê). Viver no campo. ‖vt. Acampar. *Fam.* Instalar. ‖(**se**) vr. *Fam.* Instalar-se.
cam‖phre m. (cäfr). Cânfora, f. ‖**-phrier** m. (-ié). Canforeiro.

Lettres penchées : accent tonique. ‖V. page verte pour la prononciation figurée. ‖*Verbe irrég. V. à la fin du volume.

CAM — CAN

camus, use adj. (camü, üz). Achatado, ada.
Canada n. pr. (canada). Canadá.
canadien, enne adj. e s. (canadiân, én). Canadiano, na.
canai‖lle f. (canai). Canalha, populaça. ‖adj. Acanalhado, da. ‖-llerie f. (-iâri). Canalhice.
canal‖ m. (canal). Canal; paraná, igarapé (Br.). ‖Regueiro [irrigation]. ‖-isation f. (-aciô). Canalização. ‖-iser vt. (-é). Canalizar.
canapé m. (canapé). Canapé.
ca‖nard m. (canar). Pato [oiseau]. ‖Atoarda, f. [mensonge]. ‖Torrão de açúcar embebido em café, etc. ‖-sauvage (-çôvaj). Pato bravo. ‖-narder vt. (-é). Atirar a coberto (a alguém). ‖vi. Desafinar. ‖-nardière f. (-iér). Espingarda comprida, pateira.
canari m. (canari). Canário amarelo.
canasson m. (canaçô). Pop. Rocinante.
canca‖n m. (câcã). Falatório [médisance]. ‖Cancã [danse]. ‖-ner vi. (-é). Mexericar. ‖Dançar o cancã. ‖-nier, ère adj. (-aniê, êr). Mexeriqueiro, ra.
can‖cer m. (câcér). Cancro, câncer. ‖-céreux, euse adj. (-êrâ, âz). Canceroso, osa.
can‖cre m. (câcr). Caranguejo. ‖Fig. Cábula, sovina. ‖-crelat m. (-âla). Barata, f.
candélabre m. (cãdêlabr). Candelabro.
can‖deur f. (cãdâr). Candura. ‖-di adj. (-i). Cãndi [sucre].
candi‖dat m. (cã-a). Candidato. ‖-dature f. (-ùr). Candidatura. ‖-de adj. (-id). Cândido, da.
cane f. (can). Pata (fem. de pato).
canepin m. (ca-ân). Pelica (f.) de cabrito.
caneton m. (ca-ô). Patinho.
canette f. (canét). Patinha. ‖Canela do tear ‖Medida de líquidos [bière].
canevas m. (ca-a). Talagarça, f. [tissu]. ‖Esboço, plano.
canezou m. (ca-u). Corpete sem mangas.
cangue f. (cãgh). Canga (suplício).
caniche m. (canix). Cão de água.
cani‖culaire adj. (ca-ùlêr). Canicular. ‖-cule f. (-ùl). Canícula.
canif m. (canif). Canivete.

canin, ine adj. (canãn, in). Canino, na. ‖s. f. Canino, m. [dent].
caniveau m. (ca-ô). Valeta, f.; rego.
cann‖age m. (canaj). Medição a varas, f. ‖Palhinha (fundo de cadeira). ‖-aie f. (-é). Canavial, m. ‖-e f. (-an). Cana : canne à sucre, cana de açúcar. ‖Bengala [pour s'appuyer]; bengalão, m.; manguara (Br.) [grande]. ‖Vara [mesure : 1,71 m à 2,98 m]. ‖-é, ée adj. (-é). De palhinha [siège]. ‖-eler vt. (-é). Canelar. ‖-elle f. (-él). Canela (bot.). ‖Torneira [robinet]. ‖-elure f. (-ùr). Canelura.
cannibal‖e adj. e s. (ca-al). Canibal, antropófago, ga. ‖-isme m. (-içm). Canibalismo.
canoë m. (canoé). Piroga, f.
cano‖n m. (canô). Canhão [arme]. ‖Cano [tube d'une arme]. ‖Cânone [règle]. ‖Droit canon. Direito canónico. ‖-nique adj. (-o-ic). Canónico, ca. ‖-nisation f. (-aciô). Canonização. ‖-niser vt. (-é). Canonizar. ‖-nnade f. (-ad). Canhoneio, m. ‖-nner vt. (-é). Canhonear. ‖-nnier m. (-ié). Artilheiro. ‖-nnière f. (-iér). Canhoneira. ‖Zarabatana [jouet].
cano‖t m. (canô). Bote, escaler, canoa, f.; igareté (Br.) : canot de sauvetage, lancha (f.) salva-vidas. ‖-tage m. (o-aj). Passeio de barco. ‖Remo [sport]. ‖-tier m. (-tié). Canoeiro. ‖Chapéu de palha, palhinhas.
cantal m. (cãtal). Queijo de Cantal (Auvérnhia). ‖-oup m. (-u). Cantalupo.
canta‖tte f. (cãtat). Cantata. ‖-trice f. (-riç). Cantora.
cantharide f. (cãtarid). Cantárida.
cantilène f. (cã-én). Cantilena.
cantin‖e f. (cãtin). Cantina. ‖-nier, ère m. e f. (-ié, ér). Cantineiro, vivandeira.
cantique m. (cãtic). Cântico.
canton m. (cãtô). Bastidor, m. [théâtre]. ‖Loc. Parler à la cantonade, falar para fora da cena. ‖-al, ale adj. (-al). Cantonal. ‖-nement m. (-é). Acantonamento. ‖-ner vt. (-é). Acantonar. ‖-nier m. (-ié). Cantoneiro.
ca‖nule f. (canùl). Cânula. ‖-nuler

Itálico : acento tónico. ‖V. página verde para a pronúncia figurada. ‖*Verbo irreg. V. no final do livro.

CAN — CAR

vt. (-é). *Pop.* Seringar, incommodar.
canut m. (canü). Tecelão de seda, em Lião.
caout‖chouc m. (cautxu). Cauchu, borracha, f. ‖**-chouter** vt. (-é). Revestir* de cauchu.
cap m. (cap). Cabo. ‖*Mar.* Vante, f. [proue]. ‖*Ant.* Cabeça, f. ‖*Loc. De pied en cap*, dos pés à cabeça. *Mettre le cap sur*, tomar o rumo de.
capa‖ble adj. (capa-). Capaz. ‖**-cité** f. (-é). Capacidade.
capara‖çon m. (caparaçó). Caparazão. ‖**-çonner** vt. (-oné). Pôr* o caparazão.
cape‖ f. (cap). Capa; poncho, m. (*Br.*) [en laine]. ‖*Loc. A la cape, de capa* (náut.). *Sous cape*, à socapa. ‖**-line** f. (-in). Capelína.
Capet n. pr. (apé). Capeto.
capétien, enne adj. (capêciàn, én). Capetiano.
Capharnaüm n. pr. (cafarnaóm). Cafarnaum. ‖m. Confusão, f.
capil‖laire adj. (ca-ér). Capilar. ‖s. m. Avenca, f. ‖**-larité** f. (-ar-é). Capilaridade.
capilotade f. (ca-ad). Caperotada. ‖*Loc. Mettre en capilotade* (*fig.*), fazer* em bocados.
capi‖taine m. (ca-én). Capitão. ‖**-tainerie** f. (-rí). Capitanía.
capital‖, ale adj. e s. m. e f. (ca-al). Capital. ‖f. Maiúscula [typographie]. ‖*Petite capitale*, versalete, m. ‖**-isation** f. (-ació). Capitalização. ‖**-iser** vt. (-é). Capitalizar. ‖**-iste** m. (-íçt). Capitalísta.
capit‖eux, euse adj. (ca-â, âz). Capitoso; sa; embriagador, ora. ‖**-ole** m. (-ol). Capitólio.
capiton‖ m. (ca-ó). Borra (f.) de seda. ‖**-ner** vt. (-oné). Estofar.
capit‖ulation f. (ca-ùlació). Capitulação. ‖**-ule** m. (-ùl). *Bot.* Capítulo. ‖**-uler** vi. (-ùlé). Capitular.
ca‖pon, onne adj. (capó, on). Cobarde. ‖**-ponner** vi. (-oné). Acobardar-se.
caporal m. (capora*l*). *Cabo* (exército).
capo‖t adj. (capô). Capote (no jogo). ‖s. m. Capote, capelo. Capota, f.; cambota, f. (*Br.*) [du moteur]. ‖**-te** f. (-ot). Capote, m. [vêtement]. ‖ Chapéu de senhora. ‖ Capota

[de voiture]. ‖**-ter** vi. (-oté). Voltar-se, capotar.
câpre f. (capr). Alcaparra.
capr‖ice m. (capríç). Capricho. ‖**-icieux, euse** adj. (-iâ, âz). Caprichoso, sa. ‖**-icorne** m. (-orn). Capricórnio.
caprin, ine adj. (capràn, in). Capríno, na.
capsule f. (ca-ùl). Cápsula.
cap‖tation f. (ca-ació). Captação. ‖**-ter** vt. (-é). Captar. ‖**-tieux, euse** adj. (-ciâ, âz). Capcioso, sa. ‖**-tif, ive** adj. (-íf, ív). Cativo, va. ‖**-tiver** vt. (-é). Cativar. ‖**-tivité** f. (-é). Cativeiro, m. ‖**-ture** f. (-ùr). Captura. ‖**-turer** vt. (-é). Capturar.
ca‖puchon m. (capùxó). Capuz. ‖**-pucin** m. (-çàn). Capuchinho. ‖**-pucine** f. (-ín). Capuchinha. ‖**-pulet** m. (-é). Capuz (de mulher).
Capulet n. pr. (capùlé). Capuleto.
caque f. (cac). Barrica. ‖Loc. *La caque sent toujours le hareng*, o que o berço dá a tumba o leva.
caque‖t m. (caké). Falatório. ‖Loc. *Rabattre le caquet*, obrigar a meter a víola no saco. ‖**-tage** m. (-ctaj). Tagarelíce, f. ‖**-ter** vi. (-é). Cacarejar [poules]. ‖*Fig.* Tagarelar [personnes].
car conj. (car). Porque, pois que. ‖s. m. Carro, camioneta (f.) de carreira.
carabe m. (carab). Carocha, f.
cara‖bin m. (carabàn). *Fam.* Estudante de medicina. ‖**-bine** f. (-in). Carabina, clavina; clavinote, m. (*Br. du N.*) [petite]. ‖**-biné, ée** adj. (-é). *Fam.* Violento, ta. ‖**-binier** m. (-ié). Carabineiro.
cara‖co m. (caracó). Corpete de senhora. ‖**-coler** vi. (-olé). Caracolar.
caract‖ère m. (caracté*r*). Carácter. ‖**-ériser** vt. (-é*r*-é). Caracterizar. ‖**-éristique** adj. (-çtíc). Característico, ca. ‖s. f. Característica.
cara‖fe f. (caraf). Garrafa. ‖**-fon** m. (-ó). Garrafinha, f.
caraïbe m. (caraíb). Caraíba.
caram‖bolage m. (caràbolaj). Carambola, f. ‖**-boler** vi. (-é). Carambolar.
caram‖el m. (caramé*l*). Caramelo. ‖**-éliser** vt. (-ê-é). Transformar em caramelo.

Lettres penchées : accent tonique. ‖V. page verte pour la prononciation figurée. ‖*Verbe irrég. V. à la fin du volume.

'carapace f. (carapaç). Carapaça, concha [tortues]. ‖Casca [autres animaux].
carat m. (cara). Quilate.
caravan‖e f. (caravan). Caravana. ‖-sérail m. (-cêraí). Caravançará.
caravelle f. (caravél). Caravela.
carbo‖narisme m. (carbonaríçm). Carbonarismo. ‖-naro m. (-ó). Carbonário.
car‖bonate m. (carbonat). Carbonato. ‖-bone m. (-on). Carbono. ‖-bonifère adj. (-ér). Carbonífero, ra. ‖-bonique adj. (-íc). Carbónico, ca. ‖-bonisation f. (-acio). Carbonização. ‖-boniser vt. (-ê). Carbonizar. ‖-burant m. (-urã). Carburante. ‖-burateur m. (-atár). Carburador. ‖-buration f. (-ciõ). Carburação. ‖-bure m. (-ùr). Carbureto, carboneto.
carcan m. (carcã). Golilha, f. [de fer]. ‖Fam. Sendeiro [cheval].
carcasse f. (carcaç). Carcaça, esqueleto, m. ‖Técn. Esboço, m., armação. ‖Fam. Corpo, m. [humain].
car‖dage m. (cardaj). Cardadura, f. ‖dan m. (cardã). Cardã.
carde f. (card). Carda. ‖-der vt. (-ê). Cardar. ‖-dère m. (-ér). Cardo-penteador. ‖-deur, euse m. e f. (-ár, âz). Cardador, cardadeira.
car‖dia m. (cardía). Cárdia, f. ‖-diaque adj. (-íac) Cardíaco, ca.
cardi‖nal, ale adj. (car-al). Cardinal, cardeal. ‖s. m. Cardeal. ‖-nalat m. (-a). Cardinalato. ‖-nalice adj. (-íç). Cardinalício, ia.
cardon m. (cardõ). Cardo (hortense).
carême m. (carém). Quaresma, f. ‖--prenant m. (prânâ). Carnaval, entrudo. ‖Mascarado.
carénage m. (carênaj). Acção de querenar, f.
carence f. (caráç). Carência, falta.
car‖ène f. (carén). Carena, querena. ‖-éner vt. (-êné). Carenar, querenar.
car‖essant, ante adj. (careçã, ãt). Carinhoso, sa. ‖-esse f. (-éç). Carícia; muxoxo (Br.). ‖-esser vt. (-ê). Acariciar; bolinar (Br.).
caret m. (caré). Tartaruga de pente, f. ‖Fil de caret, fio grosso de que se faz cordame.
car‖galson f. (carghézô). Carga; carregação. ‖-go m. (-ó). Barco de carga. ‖-guer vt. (-ê). Carregar, colher [voile].
cariatide f. (cariatid). Cariátide.
caricat‖ural, ale adj. (car-atùral). Caricatural. ‖-ure f. (-ùr). Caricatura. ‖-uriste m. (-íçt). Caricaturista.
ca‖rie f. (carí). Cárie. ‖-rier vt. (-ié). Cariar.
carillon‖ m. (carííõ). Carrilhão [cloches]. ‖ Repíque [bruit]. ‖Fig. Barulho [tapage]. ‖-né, ée adj. (-oné). Com repíque de sínos [fête]. ‖-ner vi. (-ê). Repicar [cloches]. Tocar com força [à la porte]. ‖Fazer* muito barulho [tapage]. ‖-neur m. (-ár). Carrilhanor.
carlin m. (carlân). Carlíno [monnaie]. ‖Carlindogue [chien].
carlingue f. (carlãngh). Carlínga.
carliste m. (carlíçt). Carlísta.
carmagnole f. (carmanhol). Carmanhola.
car‖me m. (carm) e -mélite f. (-ê-lít). Carmelita.
Carmel m. (carmél). Carmel, Carmelo, Carmo [ordre].
carmi‖n m. (carmãn). Carmim. ‖-né, ée adj. (-iné). Carminado, da.
car‖nage m. (carnaj). Carnificína, f. ‖-nassier, ère adj. e s. (-ié, ér). Carnívoro, ra. ‖f. Bolsa de caça. ‖-nation f. (-ciõ). Carnação, tez [teint].
carnaval m. (carnaval). Carnaval.
car‖ne f. (carn). Quina, ângulo, m. Pop. Carne ruím. ‖Sendeiro, m. [cheval]. ‖Rameira [mauvaise femme]. ‖-né, ée adj. (-ê). Cor de carne. ‖De carne [nourriture].
carnet m. (carné). Canhenho.
carnil‖er m. (carnié). Bolsa (f.) de caça. ‖-vore adj. (-or). Carnívoro, ra.
Caroline n. pr. (carolín). Carolína.
caroncule f. (carõcùl). Carúncula.
carotide f. (carotíd). Carótida.
carot‖te f. (carot). Cenoura. ‖Tabaco (m.) em rolo (para mascar). ‖Fig. e fam. Vigarice, monha. ‖adj. inv. Ruivo, va; ruço, ça [cheveux]. ‖Loc. Tirer une carotte, ludibríar. ‖-ter vt. (-ê). Fam. Vigarizar. ‖-teur m. (-ár), -tier m. (-ié). Vigarísta; intrujão, ona.

Itálico : acento tónico. ‖V. página verde para a pronúncia figurada. ‖*Verbo irreg. V. no final do livro.

carou‖be f. (caru*b*). Alfarroba. ‖**-bier** m. (*-iê*). Alfarrobeira, f.
Carpathes n. pr. (carpa*t*). Cárpatos.
car‖pe f. (carp). Carpa [poisson]. ‖m. Carpo [anatomie]. ‖**-pelle** m. (*-él*). Carpelo. ‖**-pette** f. (*-ét*). Tapete (m.) de sala.
carquois m. (ca*rcua*). Carcás, aljava, f.
ca‖rre f. (car). Largura de ombros [de vêtement]. ‖Espessura [d'une planche]. ‖**-ré, ée** adj. e s. m. (*-ê*). Quadrado, da. ‖Formato de papel [45×56; o *grand carré* : 56×90]. ‖**-rreau** m. (*-ô*). Ladrilho [carrelage]. ‖Chão de ladrilho ou azulejo [carrelé]. ‖Vidraça, f., vidro [fenêtres]. ‖*Ouros* [cartes]. ‖Limatão. ‖*Méd.* Peritonite (f.) tuberculosa. ‖Virote [flèche]. ‖Almofadão [coussin]. ‖Ferro de engomar [de alfaíate]. ‖Loc. *Rester sur le carreau*, ca*ir** morto. *Se garder à carreau* (*fam.*), pôr-se* a pau. ‖**-rrefour** m. (*-ur*). Encruzilhada, f. ‖**-rrelage** m. (*-aj*). Pavimento de mosaico. ‖**-rreler** vt. (*-ê*). Ladrilhar. ‖**-rrelet** m. (*-é*). Rede (f.) quadrada. ‖Patruça, f. [poisson]. ‖**-rreleur** m. (*-âr*). Sapateiro remendão ambulante. ‖**-rrément** adv. (*-êmã*). *Fig.* Francamente, decididamente. ‖**-rrer** vt. (*-ê*). Quadrar, esquadrar.
ca‖rrier m. (ca*rié*). Cabouqueiro. ‖**-rrière** f. (*-iér*). Carreira. ‖Pedreira. ‖Loc. *Donner carrière*, da*r** largas. *Se donner carrière*, abrir caminho; divertir-se.
carr‖iole f. (ca*riól*). Carrinha. Traquitana [mauvaisevoiture]. ‖**-ossable** adj. (*-oça*-). Transitável. ‖**-osse** m. (*-oç*). Coche. ‖**-osserie** f. (*-ri*). Carroçaria. ‖**-ossier** m. (*-ié*). Segeiro.
carrousel m. (caru*zél*). Festa (f.) de cavalaria no séc. XVII. ‖Lugar onde se fazia essa festa.
carrure f. (ca*rùr*). Largura de ombros
cartable m. (carta-). Pasta, f. (de estudante, de herbários, etc.).
carte f. (cart). Carta [jeux]. ‖Mapa, m. [géographie]. ‖Cartão, m., bilhete, m. [postale, de visite]. ‖Lista [restaurant]. ‖Loc. *Battre les cartes*, baralhar. *Brouiller les cartes*, semear a discórdia, embrulhar um neg cio.

Carte grise, livrete (m.) de circulação (dum automóvel). *Carte lisse*, cartão encorpado. *Jouer cartes sur table*, pôr* as cartas na mesa. *Perdre la carte*, perturbar-se. *Tirer les cartes*, deitar as cartas.
cartel m. (cart*él*). Cartel. ‖Relógio de parede emoldurado.
carter m. (ca*rtèr*). Cárter.
Carthag‖e n. pr. (carta*j*). Cartago. ‖**-ène** n. pr. (*-èn*). Cartagena.
carthaginois, oise adj. (carta-*ua, uaz*). Cartaginês, esa.
cartila‖ge m. (ca*r*-a*j*). Cartilagem, f. ‖**-gineux, euse** adj. (*-â, âz*). Cartilaginoso, sa.
carto‖graphe m. (cartogra*f*). Cartógrafo. ‖**-graphie** f. (*-i*). Cartografia. ‖**-manciene** f. (*-ãcién*). Cartomante.
car‖ton m. (cartô). Cartão. ‖Caixa (f.) de cartão. ‖*- à chapeau* (*-xapô*) Chapeleira, f. ‖**-tonnage** m. (*-onaj*). Cartonagem, f. ‖**-tonner** vt. (*-ê*). Cartonar. ‖**-tonnier** m. (*-iê*). Papeleira, f. [meuble]. ‖Cartonageiro [homme].
cartou‖che m. (cartu*x*). Escudo, cartela, f., vinheta, f. [pour inscriptions, armoiries]. ‖f. Cartucho, m. ‖**-cherie** f. (*-ri*). Fábrica de cartuchos. ‖**-chière** f. (*-iér*). Cartucheira.
cas m. (ca). Caso. ‖Loc. *En tout cas*, em todc o caso. *Faire cas de, faire grand cas de*, ter* em conta; ter* grande consideração por. *Le cas échéant*, em caso de necessidade.
casanier, ère adj. (cazan*iê, ér*). Caseiro, ra.
casa‖que f. (ca*zac*). Colete, m. (de jóquei). ‖Loc. *Tourner casaque*, voltar a casaca. ‖**-quin** m. (*-cân*). Casaquinha, f. (de mulher).
casbah f. (ca*çba*). Alcáçova.
casca‖de f. (ca*çcad*). Cascata. ‖**-der** vi. (*-ê*). Ca*ir** em cascata. ‖*Pop.* e *fig.* Andar na pândega. ‖**-deur, euse** adj. (*-âr, âz*). Estróina (*fam.*).
ca‖se m. (caz). Cabana. ‖*Casa* [échecs, dames]. ‖Compartimento, m. [armoires]. ‖*Casa* [d'une page réglée]. ‖**-sé, ée** adj. (*-ê*). Colocado, da.
ca‖sséeux, euse adj. (cazê*â, âz*). Ca-

Lettres penchées : accent tonique. ‖V. page verte pour la prononciation figurée. ‖**Verbe irrég.* V. à la fin du volume.

CAS — CAU   56

seoso, sa. ‖-séine f. (-ín). Caseína.
casemate f. (ca-át). Casamata.
caser vt. (cazê). Colocar. ‖vi. Avançar uma *casa* [tric-trac, dames, etc.]. caser‖ne f. (cazérn). Quartel, m. ‖-ner vt. (-ê). Aquartelar.
casier m. (cazié). Papeleira, f. ‖*Casier à bouteilles*, garrafeira, f.
casimir m. (caz-ír). Casimíra, f.
casino m. (ca-ô). Casino.
casoar m. (cazoár). Casoar.
Caspienne n. pr. f. (caçpién). Cáspio, m.
cas‖que m. (caçc). *Casco* (zool.). ‖*Elmo*, capacete. ‖-qué, ée adj. (-é). Com capacete. ‖-quette f. (-két). Boné, m.
ca‖ssant, ante adj. (caçã, ãt). Quebradiço, ça. ‖*Fig.* Cortante, incisivo, va [ton, voix]. ‖-ssation f. (-acíõ). Cassação : *cour de cassation*, tribunal supremo.
ca‖sse f. (caç). Quebra [brisement]. ‖*Cássia* [plante]. ‖*Caixa* [typographie]. ‖Loc. *Bas de casse, caixa baíxa* (tip.). ‖*Haut de casse, caixa alta* (tip.) *Payer la casse*, pagar o que se parte. ‖-sse-cou m. (-u). Quebra - costas [endroit]. Atrevido [téméraire] ‖interj. Cuidado! ‖-ssement m. (-ã). Quebra, f., brita, f. ‖*-de tête*, cansaço de espírito ou da cabeça. ‖-sse-noisette m. (-uazet) ou -sse-noix m. (-ua). Quebra-nozes. ‖-sser vt. (-ê). Quebrar, partir. ‖*Fig.* Debilitar [affaiblir]. ‖*Cassar* [annuler]. ‖*Licenciar* [troupes]. ‖-sserole f. (-rol). Caçarola. ‖-ssetête m. (-ét). Quebra-cabeças. ‖ - s s e t i n m. (-án). Caixotim. ‖-ssette f. (-ét). Escrínio, m. ‖*Bolsinho*, m., bolso m. [trésor particulier d'un souverain].
cassis m. (caçi). Rego de escoamento de águas [perpendiculaire à la direction d'une route).
cassis m. (caçíç). Groselheira, f. ‖*Groselha*, f. [liqueur].
cassolette f. (caçolét). Caçoleta, incensador, m. [vase-réchaud].
cassonade f. (caçonád). Açúcar (m.) mascavado.
cassoulet m. (caçulé). Guisado de feijão branco com *carne* de ganso, porco e carneiro.

castagnette f. (caçtanhét). Castanhola.
caste f. (caçt). Casta.
cas‖tel m. (caçtél). *Ant.* Castelo. ‖-tillan, ane adj. (-iiã, ían). Castelhano, na.
Castille n. pr. (caçtíiã). Castela.
castor m. (caçtor). Castor.
castra‖t m. (caçtra). Castrado. ‖-tion f. (-cíõ). Castração.
cassure f. (caçùr). Quebra, fractura.
ca‖suel, elle adj. (cazùél). Casual. ‖-suiste m. (-íçt). Casuísta.
cata‖clysme m. (cata-íçm). Cataclismo. ‖-combe f. (-õb). Catacumba. ‖-falque m. (-a-). Catafalco.
catalan, ane adj. (catalã, an). Catalão, lã.
cata‖lepsie f. (catalé-í). Catalepsia. ‖-leptique adj. (-íc). Caléptico, ca. ‖-logue m. (-ogh), Catálogo. ‖-loguer vt. (-ê). Catalogar.
Catalogne n. pr. (catalonh). Catalunha.
cata‖lyse m. (cataliz). Catálise. ‖-lyseur m. (cata-âr). Catalisador. ‖-plasme m. (cata-açm). Cataplasma, f. ‖-pulte f. (-pùlt). Catapulta. ‖-pulter vt. (-ê). Catapultar. ‖-racte m. (-ract). Catarata. ‖-rrhe m. (-ar). Catarro. ‖-rrheux, euse adj. (-â, âz). Catarroso, sa. ‖-strophe f. (-çtrof). Catástrofe. ‖-strophique adj. (-íc). Catastrífico, a.
caté‖chiser vt. (catêxizé). Catequizar. ‖-chisme m. (-íçm). Catecísmo. ‖-chiste m. (-íçt). Catequista. ‖-chumène m. (-cùmén). Catecúmeno. ‖-gorie f. (-orí). Categoria. ‖-gorique adj. (-íc). Categórico, ca.
cathédrale f. (catêdral). Catedral.
Catherine n. pr. (catrín). Catarina.
cathode f. (catod). Cátodo, m. catholi‖cisme m. (cato-íçm). Catolicismo. ‖-cité f. (-íté). Catolicidade. ‖-que adj. (-íc). Católico, ca.
catimini (en) loc. (ã ca-í). Às escondidas.
catir vt. (catír). Lustrar.
catogan m. (catogã). Nó para prender o cabelo.
Caucase n. pr. (côcaz). Cáucaso.
cauca‖sien, enne adj. (côcazíãn, én). ‖-sique adj. (-íc). Caucásico, ca.
cauchemar m. (cô-ar). Pesadelo.
cau‖se f. (côz). Causa. ‖Loc. *Avoir*

Itálico : acento tónico. ‖V. página verde para a pronúncia figurada. ‖*Verbo irreg. V. no final do livro.

CAU — CÉL

gain de cause, ganhar o processo. *A cause de*, por causa de. *Et pour cause*, e com motivo, com toda a razão. ‖**-ser** vt. (-é). Causar. ‖vi. Conversar. ‖**-serie** f. (-rí). Palestra. ‖**-sette** f. (-ét). Cavaqueira : *faire la causette*, cavaquear. ‖**-seur, euse** adj. (-âr, âz). Conversador, eira. ‖Falador, ora [bavard]. ‖s. f. Conversadeira [meuble].
causse m. ou f. (côç). Nome dado aos planaltos calcários dos montes Cevenas.
causti‖cité f. (côç-é). Causticidade. ‖**-que** adj. (-ic). Cáustico, ca.
caut‖èle f. (côtél). Finura. ‖**-eleux, euse** adj. (-tlâ, âz). Desconfiado, da; manhoso, sa.
caut‖ère m. (côtér). Cautério. ‖**-érisation** f. (ér-aciõ). Cauterização. ‖**-ériser** vt. (-é). Cauterizar.
cau‖tion f. (côciõ). Caução, fiança [garantie]. ‖Fiador, ora [personne qui garantit]. ‖Loc. *Être caution de*, ficar por fiador de. *Sujet à caution*, pouco seguro. ‖**-tionnement** m. (-o-ã). Caução, f. ‖**-tionner** vt. (-é). Caucionar.
ca‖valcade f. (cava-ad). Cavalgada. ‖**-vale** f. (-al). Égua [na poesia]. ‖**-valerie** f. (-alrí). Cavalaria. ‖**-valier, ère** adj. (-ié, ér). Desenvolto, ta; livre. ‖Brusco, ca; altivo, va. ‖s. m. Cavaleiro. ‖Cavalheiro [ém opposition à dame]. ‖Cavalo [échecs]. ‖Marca de papel [60 × 48 ou 43,5 × 63]. ‖Loc. *A la cavalière*, sem constrangimento. *Beau cavalier*, jovem de boa presença. *Perspective cavalière, plan cavalier*, cavaleira (perspectiva). ‖**-valièrement** adv. (-ã). Livremente, petulantemente.
ca‖ve adj. (cav). Cavo, va. ‖Macilento, ta [yeux, visage, face]. ‖*Cava* [nat.]. ‖s. f. Adega, frasqueira [souterrain]. ‖Entrada [jeu]. ‖**-veau** m. (-ô). Adegazinha, f. ‖Cripta, f. [sépulture]. ‖**-verne** f. (-érn). Caverna. ‖**-verneux, euse** adj. (-â, âz). Cavernoso, sa. ‖**-vet** m. (-é). *Escapo*, nacela, f. ‖**-viar** m. (-iar). Caviar.
cavité f. (ca-é). Cavidade.
ce (cet antes de vog. ou *h* mudo), **cette, ces** adj. dem. (çã, cét, cê). Este, ta, tes, tas, essa, essas, esses,

essas; aquele, la, les, las. ‖*Observ.* Este designe ce qui est près de la personne qui parle; *esse* ce qui est près de la personne à qui l'on parle; *aquele* ce qui est éloigné des deux, ou qui a eu lieu dans un temps passé. Ex. : *dans ce temps-là*, naquele tempo. Dans *ce... -ci, ce... -là*, les adv. *ci* et *là* ne se traduisent pas.
ce pr. dem. (çã). Isto, isso, aquilo, o : *ce que je dis*, o que digo; *ce dont je parle*, aquilo de que falo. ‖*Observ.* Avec le verbe *être* il ne se traduit point : *c'est, ce sont* (cé, çà çõ), é, são (*ce n'est un livre*, é um livro; *ce sont des livres*, são livros. *C'est moi, toi*, etc., sou eu, és tu, etc. [le verbe se met à la personne du pronom].
céans adv. (cêã). Aqui (dentro).
ceci pron. dem. (çãci). Isto.
Cécile n. pr (cécil). Cecília.
cécité f. (cê-é). Cegueira.
cé‖dant, ante adj. (cêdã, ãt). Cedente. ‖**-der** vt. (-é). Ceder.
cédille f. (cédiiã). Cedilha.
cédrat m. (cêdra). Cidreira, f. [arbre]. ‖Cidra, f. [fruit].
cèdre m. (cédr). Cedro.
cédulaire adj. (cêdûlér). Relativo à cédula.
cédule f. (cêdûl). Cédula.
cégétiste adj. e s. (céjétiçt). Cegetista.
ceindre* vt. (çãndr). Cingir.
cein‖ture f. (çãntûr). Cinto, m. ‖Cintura [corps]. ‖**-turon** m. (-ô). Cinturão.
cela pron. dem. (-a). Isso, aquilo; isto (o que precede).
céladon adj. inv. (céladõ). Verde pálido. ‖s. m. Quebra-luz de suspensão [abat-jour].
cé‖lébrant m. (célébrã). Celebrante. ‖**-lébration** f. (-aciõ). Celebração. ‖**-lèbre** adj. (-ébr). Célebre. ‖**-lébrer** vt. (-é). Celebrar. ‖**-lébrité** f. (-é). Celebridade.
celer vt. (-é). Ocultar.
céleri m. (cê-rí). Aipo.
célérité f. (célêr-é). Celeridade, rapidez.
céleste adj. (célêçt). Celeste [du ciel matériel]. ‖Celestial [du ciel religieux].

Lettres penchées : accent tonique. ‖V. page verte pour la prononciation figurée. ‖*Verbe irrég. V. à la fin du volume.

Célestin n. pr. (cèléçtàn). Celestino.
céli‖bat m. (cê-a). Celibato. ‖**-bataire** adj. e s. (-ér). Celibatário, ia; solteiro, ra.
celle pron. dem. (cél). V. CELUI.
cellier m. (célié). Adega.
celloïdine f. (célo-ìn). Celoidine.
ce‖llulaire adj. (célùlér). Celular. ‖**-llule** f. (-àl). Célula [anatomie]. ‖ Cela [prison, monastère]. ‖ Alvéolo, m. [abeilles]. ‖**-lluloïd(e)** m. (-oìd). Celulóide. ‖**-llulose** f. (-óz). Celulose. ‖**-llulosique** adj. (-ìc). Celulósico, a.
celte adj. (cé-). Celta.
celui, celle, ceux, celles‖ pron. dem. (-ùi, cél, câ, cél). O, a, os, as [avec *de* ou *que*] ; aquele, la, les, las [avec *dont, pour, avec,* etc.] : *celui qui parle,* o que fala ; *celle du coin,* a da esquina; *ceux dont je parle,* aqueles de quem falo. ‖**-ci**. Este, etc. ‖**-là**. *Esse,* etc. ; aquele, etc. : *celui-ci est plus grand que celui-là,* este é maior que esse. ‖*Observ.* Les adv. *ci* et *là,* dans *celui-ci, celui-là,* ne se traduisent pas. V. l'article CE.
cémenter vt. (cèmàtê). Cimentar.
cénacle m. (cèna-). Cenáculo.
cen‖dre f. (çàdr). Cinza. ‖**-dré, ée** adj. (-é). Cendrado, da. ‖ s. f. Escumilha [plombs]. ‖**-dreux, euse** adj. (-â, âz). Cinzento, ta. ‖**-drier** m. (-ié). Cinzeiro.
Cendrillon n. pr. (çàdriiõ). Gata-borralheira.
cène f. (cén). Ceia (de Cristo).
céno‖bite m. (cènobit). Cenobita. ‖**-taphe** m. (-af). Cenotáfio.
cen‖s m. (çàç). Censo. ‖**-sé, ée** adj. (-é). Reputado, da. ‖**-sément** adv. (-à). Por suposição. ‖**-seur** m. (-àr). Censor.
cen‖surable adj. (çàçùra-). Censurável. ‖**-sure** f. (-ùr). Censura. ‖**-surer** vt. (-é). Censurar.
cen‖t adj. num. (çà). Cem, cento. ‖s. m. Cento. ‖*Observ.* Les composés de *cent, deux cents, trois cents,* etc. se traduisent par : *duzentos, trezentos, quatrocentos, quinhentos, seiscentos, setecentos, oitocentos, novecentos.* Tous ont un féminin : *duzentas, trezentas,* etc. *Cento* s'emploie à partir de 101 : *cento e um.* Loc. *Je vous le donne en cent,* não é capaz de adivinhar. *Pour cent,* por cento. ‖**-taine** f. (-én). Centena.
centau‖re m. (çàtôr). Centauro. ‖**-rée** f. (-é). Centáuria.
cen‖tenaire adj. e s. (çã-ér). Centenário, ia. ‖**-tenier** m. (-ié). Centurião. ‖**-tésimal, ale** adj. (-èzimal). Centesimal. ‖**-tiare** m. (-iàr). Centiare. ‖**-tième** adj. (-iém). Centésimo, ma. ‖ s. m. Centésima parte, f. ‖**-tigrade** adj. (-rad). Centígrado. ‖**-tigramme** m. (-am). Centigrama. ‖**-tilitre** m. (-ítr). Centilitro. ‖**-time** m. (-ím). Cêntimo. ‖**-timètre** m. (-étr). Centímetro.
cen‖tral, ale adj. (çàtral). Central. ‖**-tralisation** f. (-acio). Centralização. ‖**-traliser** vt. (-é). Centralizar. ‖**-tre** m. (çàtr). Centro. ‖**-trer** vt. (-é). Centrar. ‖**-trifuge** adj. (-ùj). Centrífugo, ga. ‖**-trifuger** vt. (-é). Centrifugar. ‖**-tripète** adj. (-et). Centrípeto, ta. ‖**-tuple** adj. (-ù-). Cêntuplo, pla. ‖**-tupler** vt. (-é). Centuplicar. ‖**-turion** m. (-riõ). Centurião.
cep m. (cép). Cepa, f.
cépage m. (-aj). Bacelo.
cèpe m. (cép). Boleto.
cépée f. (cêpé). Tufo (m.) de rebentos (do mesmo tronco).
cependant adv. (-àdà). No entanto. ‖Entretanto [pendant]. ‖conj. Todavia.
cépha‖lalgie f. (cêfala-ì). Cefalalgia. ‖**-lée** f. (-é). Cefaleia.
céramique adj. (cêramìc). Cerâmico, ca. ‖ s. f. Cerâmica.
cérat m. (cèra). Cerato.
cerbère m. (cérbér). Cérbero.
cer‖ceau m. (cérçô). Arco (de criança). ‖**-cle** m. (cér-). Círculo : *grand cercle,* círculo máximo [géographie]. ‖ Tonel : *vin en cercles,* vinho em vasilha. ‖**-cler** vt. (-é). Arcar (uma pipa).
cercueil m. (cèrcúi). Caixão.
Cerdagne n. pr. (cèrdanh). Cerdanha.
céréale f. (cêréal). Cereal, m.
cérébral, ale adj. (cêrêbral). Cerebral.
cérémo‖nial m. (cêrêmonial). Cerimonial. ‖**-nie** f. (-ì). Cerimónia. ‖**-nieux, euse** adj. (-iâ, âz). Cerimonioso, sa.

Itálico: acento tônico. ‖V. página verde para a pronúncia figurada. ‖*Verbo irreg. V. no final do livro.

CER — CHA

cerf m. (cér ou cérf). Cervo, veado.
cerfeuil m. (cérfái). Cerefólio.
cerf-volant m. (cérvolã). Papagaio [jouet]. ‖ Escaravelho [coléoptère].
ceri‖se f. (-ríz). Cereja. ‖**-sier** m. (-é). Cerejeira, f.
cer‖ne m. (cérn). Cerne. ‖ Olheiras, f. pl. [yeux]. ‖**-né, ée** adj. (-é). Cercado, da. ‖ *Yeux cernés*, olheiras, f. ‖**-neau** m. (-ô). Miolo das nozes verdes. ‖**-ner** vt. (-é). Cercar.
cer‖tain, aine adj. (cértãn, én). Certo, ta. ‖**-tainement** adv. (-ã) ou ‖**-tes** adv. (cért). Certamente.
certi‖ficat m. (cér-a). Certificado. ‖**-fier** vt. (-ié). Certificar. ‖**-tude** f. (-úd). Certeza.
cérumen m. (-umén). Cerume, cera, f.
céruse f. (céruz). Cerusa, alvaiade, m.
cer‖veau m. (cérvô). Cérebro. ‖*-brûlé* (-rûlé). Homem extravagante. ‖*-félé* (-félé). Maluco, ca. ‖**-velas** m. (-a), Salpicão. ‖**-velet** m. (-é). Cerebelo. ‖**-velle** f. (-él). Miolos, m. pl. ‖*Fig.* Siso, m., cabeça [intelligence]. ‖ *Loc. Brûler la cervelle*, dar* um tiro na cabeça. *Se creuser la cervelle*, dar* tratos à imaginação. ‖**-vical, ale** adj. (-al). Cervical.
cervoise f. (cérvuaz). *Ant.* Cerveja.
César n. pr. (cézar). César.
césar‖ien, enne adj. (cézarián, én). Cesáreo, a. ‖**-isme** m. (-íçm). Cesarismo.
cess‖ant, ante adj. (céçã, ãt). Cessante. ‖ *Loc. Toute affaire cessante*, pondo tudo de lado. ‖**-ation** f. (-ació). Cessação.
ce‖sse f. (céç). Trégua. ‖*Sans cesse*, sem cessar. ‖**-sser** vt. (-é). Cessar.
ce‖ssion f. (céciô). Cessão. ‖**-ssionnaire** m. (-onér). Cessionário [qui reçoit].
c'est-à-dire loc. conj. (cétadír). Isto é, quer dizer.
césure f. (cézúr). Cesura.
cet, cette adj. dem. (cét). V. CE.
cétacé adj. e s. (cétacé). Cetáceo.
cétone f. (cêton). Cetona.
C. G. T. (céjêté). *Abrev.* de Confédération Générale du Travail. (Confederação Geral do Trabalho.)
chacal m. (xacal). Chacal.
chacun, une pr. ind. (xacãn, un). Cada um, cada uma. ‖*Todos : chacun le dit*, todos o dizem.

chadouf m. (xaduf). Cegonha, f. (para tirar água).
chafouin, ouine adj. (xafuàn, ín). Enfesado, da.
cha‖grin, ine adj. (xagrãn, ín). Triste. ‖s. m. Desgosto, pesar. ‖*Chagrém* (couro). ‖**-griné, ée** adj. (-é). Desgostoso, sa.
cha‖hut m. (xaù). Banzé, zaragata, f. ‖**-huter** vi. (-é). Fazer* chinfrim.
chai ou **chais** m. (xé). Adega, f.
chaî‖ne f. (xén). Cadeia, corrente. ‖ Urdidura [étoffes]. ‖ Leva [forçats]. ‖ *Loc. Chaîne de montagnes*, cordilheira, serra. *Faire la chaîne*, fazer* corren:eza. ‖**-nette** f. (-ét). Cadeiazinha. ‖**-non** m. (-ô). Elo, anel. ‖ Cadeia secundária, f. (geogr.).
chair f. (xér). Carne. ‖ *Loc. Chair de poule*, pele de galinha. *Moitié chair, moitié poisson*, nem carne nem peixe.
chaire f. (xér) Cátedra, cadeira [professeur, évêque]. ‖ Púlpito, m. [d'église, éloquence sacrée].
chaise f. (xéz). Cadeira. ‖ *Loc. Chaise à porteurs*, cadeirinha. *Chaise longue*, canapé, m. *Chaise percée*, cadeira de retrete furada.
chaland, ande m. e f. (xalã, d). Freguês, esa. ‖m. Bateira, f. [bateau].
Chaldée n. pr. (ca-é). Caldeia.
chaldéen, enne adj. (ca-éãn, én). Caldeu, eia.
châle m. (xal). Xale.
chalet m. (-é). Chalé.
cha‖leur f. (xalér). Calor, m. ‖**-leureux, euse** adj. (-â, áz). Caloroso, sa.
châlit m. (xalí). Armação (f.) de cama.
chaloir* vi. (zaluar). Importar. ‖ *Observ.* U. nas loc. : *Il ne m'en chaut, peu m'en chaut* ou *peu me chaut*. Não me importa, não me aquece nem arrefece; pouco se me dá, importa-me pouco.
chaloupe f. (xalup). Chalupa; salva-vidas, m.
chalumeau m. (xalûmô). Maçarico [chimie]. Palhinha, f., tubo [tuyau]. ‖ *Mus.* Avera.
cha‖lut m. (xalù). Arrastão (rede). ‖**-lutier** m. (-ié). Arrastão (barco).
chamade f. (xamad). *Mil.* Chamada (toque de tambor ou corneta para anunciar rendição). ‖ *Battre la cha-*

Lettres penchées : accent tonique, figurée. ‖ *Verbe irrég. ‖V. page verte pour la prononciation V. à la fin du volume.

CHA — CHA 60

made, fig., confessar-se vencido, render-se.
chamai∥ller vi. et vt. (xamaié). Brigar, questionar. ∥**-llerie** f. (-rí). Rixa.
chama∥rrer vt. (xamaré). Enfeitar com galões, etc. ∥Sobrecarregar [style, etc.]. ∥**-rrure** f. (-ùr). Enfeite (m.) ridículo.
chambar∥d m. (xàbar). Chinfrim. ∥**-dement** m. (-á). *Pop.* Subversão, f. ∥**-der** vt. (-é). *Pop.* Pôr* em desordem.
chambellan m. (xàbélá). Camarista.
chambranle m. (xàbràl). Alizar [portes et fenêtres]. ∥Guarnição, f. [cheminée].
cham∥bre f. (xàbr). Quarto, m. [pièce; dortoir]. ∥Câmara [cavité]. ∥Vara [tribunaux]. ∥Câmara [députés]. ∥ - *à coucher* (-uxé). Quarto de dormir, m.; dormitório, m. (*Br.*). ∥Loc. *Chambre garnie*, quarto mobilado, m. *Chambre noire*, câmara escura. *Garder la chambre*, não sair* do quarto. ∥**-brée** f. (-é). Camarata [caserne]. ∥**-brer** vt. (-é). Encerrar. ∥**-brette** f. (-ét). Quartinho, m. ∥**-brière** f. (-iér). Criada grave [domestique]. ∥Descanso, m. [pour voiture], m. [fouet].
cha∥meau m. (xamô). Camelo. ∥**-melier** m. (-ié). Cameleiro.
chamois m. (xamua). Camurça, f.
champ m. (xã). Campo. ∥**-clos** (-ô). Liça, f. ∥ - *de navets* (-dâ -é). *Pop.* Cemitério. *Champ de Mars*, campo de manobras. ∥Loc. *A travers champs*, a corta-mato. *A tout bout de champ*, a cada instante. *Battre aux champs*, rufar em marcha de continência. *Courir les champs*, andar a monte; divagar. *En plein champ*, em campo raso. *Fou à courir les champs*, doido varrido. *Prendre la clef des champs*, dar* às de Vila Diogo. *Sur-le-champ*, imediatamente.
Champagne n. pr. (xàpanh). Champanha, m. Champanhe; champanha, f. (*Br.*). ∥f. *Fine -* (fín-). Aguardente (de Charentes).
champêtre adj. (xàpétr). Campestre.
champignon m. (xã-nhõ). Cogumelo.
cham∥pion m. (xàpiõ). Campeão. ∥**-pionnat** m. (-ona). Campeonato.
champlever vt. (xàlvê). Gravar. ∥Incrustar [émaux].
Chanaan n. pr. (canaã). Canaã.
chance f. (xãç). Sorte. ∥Risco, m. ∥Possibilidade.
chance∥lant, ante adj. (xã-á, ãt). Vacilante. ∥**-ler** vi. (-é). Cambalear.
chance∥lier m. (xã-ié). Chanceler. ∥**-llère** f. (-iér). Regalo (m.) de peles (para os pés).
chancellement m. (xàcé-á). Vacilação, f., cambaleio.
chancellerie f. (xàcélrí). Chancelaria.
chanceux, euse adj. (xàçá, âz). Afortunado, da [qui a de la chance]. ∥Incerto, ta; duvidoso, sa.
chancir vi. (xàcir). V. MOISIR.
chancre m. (xàcr). *Med.* Cancro, úlcera, f. ∥*Fig.* Carcoma, f., caruncho, podridão, f.
chandail m. (xàdai). Camisola, f. (de desporto).
chande∥leur f. (xã-âr). Candelária. ∥**-lier** m. (-ié). Candelabro. ∥**-lle** f. (-él). Vela (de sebo). ∥Loc. *Brûler la chandelle par les deux bouts*, gastar à larga, arruinar a saúde. *Voir trente-six chandelles*, ver* as estrelas.
chanfrein m. (xàfràn). Testeira, f. [animal]. ∥Chanfradura, f. [angle].
chan∥ge m. (xàj). Troca, f. ∥Loc. *Donner le change*, enganar. *Prendre le change*, deixar-se enganar. ∥**-geant, ante** adj. (-jã, ãt). Instável, mudável. ∥**-gement** m. (-á). Mudança, f. ∥**-ger** vt. (-é). Mudar. ∥vi. Mudar de roupa. ∥Sint. *Changer contre*, trocar por. ∥**-geur** m. (-jâr). Cambista.
chanoi∥ne m. (xanuan). Cónego. ∥**-nesse** f. (-éç). Cónega.
chan∥son f. (xàçõ). Canção. ∥pl. *Fig.* Cantigas [vains discours]. ∥**-sonner** vt. (-oné). Ridicularizar por meio de cantigas. ∥**-sonnette** f. (-ét). Cançoneta. ∥**-sonnier** m. (-ié). Cançonetista [chanteur]. ∥Cancioneiro [recueil].
chant m. (xá). Canto. ∥*De -*, de ponta. ∥*Plain-* (-àn-). Cantochão. ∥**-age** m. (-taj). Chantagem, f., extorsão, f.
chan∥ter vt. (xàtê). Cantar. ∥Loc.

Itálico : acento tónico. ∥V. página verde para a pronúncia figurada. ∥*Verbo irreg. V. no final do livro.

CHA — CHA

Faire chanter, exercer chantagem. ‖**-terelle** f. (-rél). *Prima* (corda de instrumento). ‖*Chamariz*, m. [chasse]. ‖**-teur, euse** m. e f. (-âr, âz). Cantor, ora. ‖Loc. *Maître chanteur*, burlão.

chantier m. (xãtié). Estância, f. [charpentiers]. ‖Canteiro [maçons]. ‖*Mar*. Carreira, f., estaleiro. ‖*Sur le chantier*, entre mãos.

chantonner vt. (xãtoné). Cantarolar.

chantre m. (xãtr). Chantre [cathédrales]. ‖Cantor (poét.).

chanvre m. (xãvr). Cânhamo.

cha‖os m. (kaô). Caos. ‖**-otique** adj. (-otic). Caótico, ca.

cha‖pe f. (xap). Capa [liturgie]. ‖Capitel, m. [boussole]. ‖**-peau** m. (-ô). Chapéu. ‖*Mec*. Chaveta [roues]. ‖*- haut de forme, de soie* (-ô -orm, -ua). Chapéu alto; chapéu de seda (*Br*.). ‖*- melon* (-ô). Chapéu de coco. ‖*- mou* (-u). Chapéu mole, de feltro. ‖Loc. *Mettre chapeau bas, tirer son chapeau*, tirar o chapéu.

chape‖lain m. (xa-ãn). Capelão. ‖**-let** m. (-é). Rosário, contas, f. pl. ‖Réstea, f. [oignons].

chapelier m. (xa-ié). Chapeleiro.

chapelle f. (xapél). Capela.

chapellerie f. (xapélri). Chapelaria.

chapelure f. (xa-ùr). Pão (m.) ralado.

cha‖peron m. (xaprõ). Capuz. ‖Espigão [toit]. ‖*Fig*. Dama de companhia, f. ‖**-peronner** vt. (-oné). Acompanhar.

chapiteau m. (xa-ô). Capitel. ‖*Tampa*, f. [alambic].

chapi‖tre m. (xapítr). Capítulo. ‖Cabido [chanoines]. ‖**-trer** vt. (-é). Chamar a capítulo [réprimander].

chapon m. (xapõ). Capão.

chaque adj. (xac). Cada, todo, da.

char m. (xar). Carro. ‖*Char à bancs* (-ã). Charabã, churrião.

charabia m. (xarabia). Algaravia, f.

charade f. (xarad). Charada, enigma, m.

charançon m. (xarãçõ). Gorgulho.

charbon m. (xarbõ). Carvão. ‖*Med*. Carbúnculo. ‖*-de terre* (-ér). Carvão de pedra. ‖*- ardent* (-ardã). Áscua, f. ‖**-nage** m. (-onaj). Hulheira, f. ‖**-ner** vt. (-é). Carbonizar. ‖Enfaruscar [noircir]. ‖Desenhar a carvão. ‖**-ne**ie f. (-ri). Carvoaria. ‖**-neux, euse** adj. (-â, âz). Carbunculoso, sa. ‖**-rier, ère** adj. e s. (-ié, -iér). Carvoeiro, ra.

char‖cuter vt. (xarcùté). Trinchar, cortar mal [viande]. ‖*Med*. Operar desastradamente. ‖**-cuterie** f. (-tri). Salsicharia. ‖**-cutier, ère** m. e f. (-tié, iér). Salsicheiro, ra.

char‖don m. (xardõ). Cardo. ‖*-à foulon* (-ulõ). Variedade de cardo. ‖**-donneret** m. (-onré). Pintassilgo.

char‖ge f. (xarj). Carga. ‖Cargo, m. [emploi]. ‖Encargo, m. [responsabilité]. ‖Carga [attaque]. ‖Caricatura. ‖Loc. *A charge de*, com a condição de. *Cahier des charges*, caderno de encargos. *Être à charge de*, pesar a. ‖**-gé, ée** adj. (-é). Carregado, da [fardeau]. ‖Encarregado, da [mission, etc.]. ‖Com valor declarado [lettre]. Encoberto [ciel]. ‖*- d'affaires* (-dafér). Encarregado de negócios. ‖*- de cours* (-ur). Professor auxiliar. ‖**-gement** m. (-â). Carregamento, carga, f. ‖Carta com valor declarado. ‖**-ger** vt. (-é). Carregar. ‖Encarregar [ordre, mandat, etc.]. ‖Exagerar. ‖Caricaturar. ‖*(se)* vr. Carregar-se. ‖Encarregar-se [mission]. ‖**-geur** m. (-jâr). Carregador.

chariot m. (xariô). Carroça (f.) de quatro rodas.

chari‖table adj. (xar-a-). Caritativo, va. ‖**-té** f. (-é). Caridade.

charivari m. (xar-ari). Charivari, balbúrdia, f. ‖Assuada, f. [moquerie].

charla‖tan m. (xarlatã). Charlatão. ‖**-tannerie** f. (-anri). Charlatanice.

Char‖lemagne m. pr. (xar-anh). Carlos Magno, ‖*Faire charlemagne* (fér). Não dar* desforra [jeux]. ‖**-les** n. pr. (xarl). Carlos. ‖**-lotte** n. pr. (-ot). Carlota.

charlotte f. (xarlot). Chapéu (m.) de senhora. ‖Charlota.

char‖mant, ante adj. (xarmã, ãt). Encantador, ora. ‖**-me** m. (xarm). Encanto. ‖Carpa, f. [arbre]. ‖**-mer** vt. (-é). Encantar. ‖**-meur, euse** adj. (-âr, âz). Encantador, ora. ‖**-mille** f. (-ciã). Alameda arborizada.

char‖nel, elle adj. (xarnél). Carnal. ‖**-ier** m. (-ié). Ossário.

Lettres penchées : accent tonique. ‖V. page verte pour la prononciation figurée. ‖*Verbe irrég. V. à la fin du volume.

charnière f. (xarnié*r*). Charneira, dobradiça.

char‖**nu, ue** adj. (xarnü). Carnudo, da. ‖**-ogne** f. (-onh). Carcaça, cadáver, m.

charpen‖**te** f. (xarpãt). Madeiramento, m. ‖ *Armação* [armature]. ‖**-té, ée** adj. (-é). Constituído, da [personnes]. ‖**-ter** vt. (-é). Carpintear. ‖ *Planear* [disposer]. ‖**-tier** m. (-ié). Carpinteiro.

charpie f. (xarpí). Fios, m. pl. (para aplicar nas feridas).

charr‖**étée** f. (xarté). Carroçada. ‖**-etier, ère** m. e f. (-ié, èr). Carroceiro, ra. ‖**-ette** f. (-ét). Carroça. ‖**-ier** vt. (-ié). *Carriar* [transporter en chariot]. ‖ *Arrastar* [entraîner]. ‖ s. m. Barreleiro, ‖**-oi** m. (-ua). Carreto, frete. ‖**-on** m. (-õ). Carpinteiro de carros. ‖**-ue** f. (-ü). Charrua, arado, m.

charte f. (xart). Diploma, m., carta. ‖**-partie** f. (-artí). Carta de frete (dum navio).

char‖**tre** f. (xartr). Ant. Cárcere, m. ‖**-treuse** f. (-âz). Cartuxa [couvent]. ‖ Licor (m.) aromático. ‖**-treux, euse** m. e f. (-â, âz). Cartuxo, xa.

Charybde n. pr. (carí-). Caríbdis.

chas m. (xa). Fundo (de agulha).

chasse f. (xaç). Caça. ‖**-à courre** (-ur). Grande caçada com matilha de cães, montaria. ‖ Sint. *Chasse au furet*, caça com furão. ‖ Loc. *Donner la chasse*, dar* caça. *Qui va à la chasse perd sa place*, quem vai ao mar perde* o lugar. ‖ *Permis de chasse*, licença de caça.

châsse f. (xaç). Relicário, m.

chas‖**sé, ée** adj. (xacé). Caçado, da. ‖ Expulso, sa; despedido, da. ‖**-ssé-croisé** m. (-ruazé). Contradança, f. ‖ *Fig.* Andança, f., evolução, f. ‖**-sselas** m. (-a). Uva branca, f. ‖**-sse-mouches** m. (-ux). Enxota-moscas. ‖**-sse-neige** m. (-éj). Corta-neve. ‖**-sse-pierres** m. (-iér). Guarda-calhas. ‖**-ssepot** m. (-pó). Espingarda de guerra (inventada por Chassepot). ‖**-sser** vt. (-é). Caçar. ‖ Expulsar, despedir* [expulser]. ‖ *Dar** caça. ‖ Sint. *Mar*. Garrar. ‖ Sint. *Chasser au fusil*, caçar com espingarda. ‖**-sseur**, euse m. e f. (-âr, âz, réç). Caçador, ora.

cha‖**ssie** f. (xací). Remela. ‖**-ssieux, euse** adj. (-iâ, âz). Remeloso, sa.

châssis m. (xací). Bastidor. ‖ *Agr.* Caixilho envidraçado, estufa, f. ‖ *Quadro*, fixe [auto]. ‖ Gaveta (f.) móvel [plaques phot.]. ‖ Prensa, f. [tirage de photos].

chas‖**te** adj. (xaçt). Casto, ta. ‖**-teté** f. (-âté). Castidade.

chasuble f. (xazü-). Casula.

chat, chatte m. e f. (xa, at). Gato, ta. ‖ *Chat sauvage* (çôvaj). Gato bravo. Loc. *A bon chat, bon rat*, para espertalhão, espertalhão e meio. *Acheter chat en poche*, comprar nabos em saco. *Comme chien et chat*, como o cão e o gato. *Il n'y a pas un chat*, não há vivalma. *Réveiller chat qui dort*, acordar moscas que dormem.

châ‖**taigne** f. (xaténh). Castanha. ‖**-taigneraie** f. (-ré). Souto, m. ‖**-taignier** m. (-ié). Castanheiro. ‖**-tain** adj. e s. (-tãn). Castanho, nha : *chevelure châtain*, cabeleira castanha.

châ‖**teau** m. (xatô). Castelo [forteresse]. ‖ Palácio [palais]. ‖ - *d'eau*, mãe de água, f. ‖ - *fort*, fortaleza, f., praça forte, f. ‖ *Châteaux en Espagne*, castelos no ar. ‖**-teaubriant** m. (-rió). Lombo de vaca grelhado. ‖**-telain, aine** m. e f. (-ãn, én). Castelão, lã. ‖ f. Cadeia, cordão, m. [chaîne]. ‖**-telet** m. (-é). Castelinho.

chat-huant m. (xaüã). Bufo, coruja (f.) parda.

châtier vt. (xatié). Castigar.

chatière f. (xatiér). Gateira.

châtiment m. (xa-ã). Castigo.

chatoiement m. (xatuamã). Cintilação, f., cambiante.

chaton m. (xatô). Gatinho. ‖ Engaste [pierres]. ‖ Amentilho [arbres].

chatoui‖**llement** m. (xatuiiãmã). Cócegas, f. pl. ‖**-ller** vt. (-ié). Fazer* cócegas. ‖**-lleux, euse** adj. (-iâ, âz). Coceguento, ta.

chato‖**yant, ante** adj. (xatuaiã, ãt). Furta-cor; brilhante. ‖**-yer** vi. (-ié). Mudar de cor, brilhar.

châtrer vt. (xatré). Castrar.

cha‖**ttemite** f. (xa-ít). Sonso, sa.

Itálico : acento tónico. ‖ V. página verde para a pronúncia figurada. ‖ *Verbo irreg. V. no final do livro.

CHA — CHE

‖-tterie f. (-ri). Afago, m., mimo, m. ‖Gulodice [gourmandise].
chau‖d, aude adj. (xô, -d). Quente. ‖Fig. Vivo, vu; ardente. ‖s. m. Calor. ‖Loc. Avoir chaud, ter*calor. Il fait chaud, está calor. Pleurer à chaudes larmes, debulhar-se em lágrimas. Tout chaud, já, imediatamente. ‖-dement adv. (-ă). Com calor. ‖-dière f. (-iér). Caldeira. ‖-dron m. (-rô). Tacho de cobre. ‖-dronnier m. (-ronié). Caldeireiro.
chau‖ffage m. (xôfaj). Aquecimento. ‖-ffe f. (xôf). Aquecimento, m. ‖-ffe-bain m. (-àn). Esquentador. ‖-ffer vt. (-é). Aquecer. ‖Fig. e fam. Activar. ‖vi. Escaldar. ‖Ter* as caldeiras acesas [navire]. ‖Loc. Chauffer à blanc, branquear. Chauffer au rouge cerise, aquecer até o rubro cereja. ‖-fferette f. (-rét). Escalfeta. ‖-fferie f. (-ri). Forja [métaux]. ‖Casa da caldeira [bateau]. ‖-ffeur m. (-àr). Fogueiro [machines]. ‖Chofer (surtout au Brésil), motorista [auto].
chauler vt. (xôlé). Tratar com cal.
chau‖me m. (xôm). Colmo, palha, f. ‖Restolho [champ fauché]. ‖Choupana, f. [chaumière]. ‖-mière f. (-iér). Choupana, choça, palhoça; tejupar, m., tijupá, m. (Br. du N.).
chau‖sse f. (xôç). Coador, m. [filtre]. ‖pl. Calções, m. pl. ‖-ssée f. (-é). Calçada, pavimento, m. ‖-sse-pied m. (-ié). Calçadeira, f. ‖-sser (-é). Calçar. ‖-sse-trape f. (-rap). Calcitrapa. ‖Armadilha [piège]. ‖-ssette f. (-ét). Peúga. ‖-sson m. (-ô). Sapatilha, f. ‖Luta (f.) a pontapés. ‖Espécie de torta. ‖-ssure f. (-ùr). Calçado, m. [la paire]. ‖Sapato, m. [chaussure isolée]. ‖Loc. Trouver chaussure à son pied, achar forma para o seu pé.
chau‖ve adj. (xôv). Calvo, va. ‖-vesouris f. (-çuri). Morcego, m. ‖-vin, ine adj. e s. (-àn, ín). Patrioteiro, ra. ‖-vinisme m. (-íçm). Patriotice.
chaux f. (xô). Cal. ‖- vive (-iv). Cal viva. ‖- éteinte (-êtànt). Cal apagada. ‖Loc. Lait de - (lé dâ -). Leite de cal.
chavi‖rement m. (xa-rmà). Soçobro. ‖-rer vi. (-é). Soçobrar [bateau].

‖Voltar-se [véhicule]. ‖Fig. Caír*.
chef‖ m. (xéf). Chefe. ‖Ant. Cabeça, f. [tête]. ‖Ponto capital [d'accusation]. ‖De son -, loc. (dâ sô-). Por sua própria autoridade. ‖- d'œuvre m. (xédàvr). Obra prima, f. ‖- lieu m. (-iá). Cabeça, f. [de district]. ‖Capital, f. [département].
cheik m. (xéc). Xeque.
chélidoine f. kê-uan). Celidónia.
chélonien m. (-onàn). Quelónio.
che‖min m. (-ǎn). Caminho. ‖- battu (-atù). Caminho trilhado. ‖- de fer, caminho de ferro; estrada (f.) de ferro (Br.). ‖- de la Croix, via-sacra, f. ‖- de table, centro de mesa. ‖- de traverse, atalho. ‖ Grand chemin, estrada (f.) real. ‖Loc. Aller son caemin, seguir* o seu caminho. A mi-chemin, a meio caminho. Chemin faisant, de caminho. Faire son chemin, triunfar. Rebrousser chemin, arrepiar caminho. ‖-mineau m. (-ô). Vagabundo.
cheminée f. (-é). Chaminé.
che‖miner vi. (-é). Caminhar. ‖-minot m. (-ô). Ferroviário.
chemis‖e f. (-iz). Camisa. ‖Pasta [dossier]. ‖-erie f. (-ri). Camisaria. ‖-ette f. (-ét). Camisinha. ‖-ier ère m. e f. (-ié, ér). Camiseiro, ra. ‖m. Blusa, f. (de senhora).
chenal m. (-al). Canal; levada, f.
chenapan m. (-apà). Vadio, valdevinos.
chêne‖ m. (xén). Carvalho. ‖- liège (-iéj). Sobreiro. ‖Chêne vert (-ér). Azinheira, f.
chéneau m. (xênô). Algeroz, caleira, f.
chenet m. (-é). Morilho.
chènevis m. (xé-i). Semente (f.) de cânhamo.
chenil m. (-i). Canil. ‖Fig. Pocilga, f.
chenille f. (-iíà). Lagarta.
chenu, ue adj. (-ù). Encanecído, da.
cheptel m. (xtél). Gado.
chèque m. (xéc). Cheque.
chéquier m. (xêkié). Livro de cheques.
cher, ère adj. e adv. (xér). Caro, ra; vendre une chose cher, vender caro uma coisa. ‖Loc. Pas cher, barato.
cher‖cher vt. (xérxé). Procurar. ‖Loc. Chercher à, procurar ; chercher à parler, procurar falar.

Lettres penchées : accent tonique. ‖V. page verte pour la prononciation figurée. ‖*Verbe irrég. V. à la fin du volume.

||**-cheur, euse** m. e f. (-âr, âz). Buscador, ora. ||Investigador, ora.
chère f. (xér). *Faire bonne chère, comer bem*.
ch||**èrement** adv. (-rmã). Carinhosamente [affectueusement]. ||*Caro, ra* [à prix élevé]. ||**-éri, ie** adj. (-êri). Querido, da; bem (sortout au Brésil). ||**-érir** vt. (-ír). Adorar.
chér||**if** m. (xêrif). Xerife. ||**-ifien, enne** adj. (xêr-iàn, én). Xerifino, a.
cherté f. (xêrtê). Carestía.
chérubin m. (xêrùbàn). Querubim.
chétif, ive adj. (xêtif, ív). Débil; definhado, da; fraco, ca. ||*Fig*. Ruim; mesquinho, nha.
che||**val** m. (-al). Cavalo. ||*- de bât (dâ ba)*. Grosseirão. ||*- du diable* (-ù diá-). Louva-a-Deus. ||*-vapeur* (-apâr). Cavalo-vapor. ||*Chevaux de bois* (-ô -ua). Cavalinhos. ||*Loc. A cheval sur*, a cavalo em, e *fig*.; intransigente com; bom conhecedor de. ||**-valer** vt. (-é). Escorar. ||**-valeresque** adj. (-réçk). Cavalheiresco, ca. ||**-valerie** f. (-rí). Cavalaría. ||**-valet** m. (-é). Cavalete. ||**Estaca, f**. ||**-valier** m. (-ié). Cavaleiro; cavalheiro. ||*-errant* (-êrã). Cavaleiro andante. ||**-valière** f. (-iér). Anel de grande pedra, m. ||**-valine** adj. (-ín) Cavalar. ||**-vauchée** f. (-ôxê). Cavalgada. ||**-vauchement** m. (-ã). Cavalgamento. ||**-vaucher** vi. (-ê). Cavalgar. ||*- Ginetear (Br. du S.)* [bien]. ||**-vau-léger** m. (-êjê). Soldado de cavalaria ligeira.
cheve||**lu, ue** adj. (xâ-ù). Cabeludo, da. ||**-lure** f. (-ùr). Cabeleira.
che||**vet** m. (-é). Cabeceira, f. ||**-vêtre** m. (-étr). Cabresto.
cheveu m. (-â). Cabelo. ||*Loc. En cheveux*, em cabelo. *Faire dresser les cheveux*, pôr* os cabelos em pé. *Ne tenir qu'à un cheveu*, estar* por um triz. *Tiré par les cheveux*, forçado, ilógico.
che||**ville** f. (-íîã). Cavilha. ||Tornozelo, m. [du pied]. ||*- ouvrière* (uvriér). Cravelha mestra. ||*Poét*. Rípio, m. ||**-viller** vt. (-iê). Cavilhar; introduzir* rípios.
cheviote f. (-ot). Cheviote, m.
ch||**èvre** f. (xévr). Cabra. ||**Cábrea** [machine]. ||*Loc. Ménager la chèvre et le chou*, jogar com pau de dois

bicos. ||**-evreau** m. (xâ-ô). Cabrito. ||**Pele** (f.) de cabrito. ||**-èvrefeuille** m. (-âfâi). Madressilva, f. ||**-evreuil** m. (xâvrâi). Cabrito montês. ||**-evrier** m. (xâvriê), **-ère** f. (-iér). Cabreiro, ra. ||**-evron** m. (-ô). Caibro [charpente]. ||Chaveirão [blason]. ||*Mil*. Galão. ||**-evrotain** m. (-otàn). Almiscareiro. ||**-evrotant, ante** adj. (-â, ât). Trémulo, la, tremelicante [voix]. ||**-evrotement** m. (-ã). Tremor [voix]. ||**-evroter** vi. (-ê). Falar com voz trémula. ||**-evrotine** f. (-ín). Chumbo (m.) grosso de caça.
chez prep. (xê). Em casa de [sans mouvement]. ||A casa de [avec mouvement vers]. ||Entre [parmi]. ||Em [dans]. ||*- moi, toi, nous, etc*. (-mua, tua, nu). Em [ou : a] minha, tua, nossa, etc. casa. ||**-soi** (çua), m. Casa própria, f.
chiasse f. (xiaç). Escória. ||Excremento, m.
chic m. (xic). Elegância, f., originalidade, f. ||adj. Elegante, bem-feito, a ; bom, boa.
chica||**ne** f. (-an). Chicana, rabulice. ||**-ner** vi. e vt. (-ê). Chicanar ; tergiversar ; atormentar. ||**-neur, euse,** adj. e s. (-âr, âz). Chicaneiro, ra ; enredador, eira. ||**-nier, ère** adj. (-ié, ér). Enredadeiro, ra ; caviloso, sa.
chi||**che** adj. (xix). Mesquinho, nha. ||*Pois chiche*, grão-de-bico. ||**-chement** adv. (-â). Mesquinhamente. ||**-chi** m. (-xi). Caracol [m.] postiço [cheveux]. ||*Loc. Faire du chichi*, ter* modos afectados.
chicorée f. (-orê). Chicória.
chi||**cot** m. (-ô). Toco [d'arbre]. ||Raiz (f.) dum dente quebrado. ||**-cotin** m. (-otàn). Azebre (suco do aloés).
chien, enne m. e f. (xiàn, én). Cão, cadela. ||*Cachorro, cachorrinho ; pevinha (Br.)* [jeune]. ||*Cão* [fusil]. ||*- couchant* (-uxã). Perdigueiro. ||*- courant*. Galgo. ||*- de mer* (-ér). Cação. ||*- de métairie* (-êtéri). Cão de quinta. ||*Loc. Avoir du chien*, ter* graça. *Entre chien et loup*, ao lusco-fusco. *Être chien*, ser* mesquinho. *Se regarder en chiens de faïence*, não se poderem ver*. ||**-dent** m. (-ã). Grama, f. (bot.).

Itálico : acento tónico. ||V. página verde para a pronúncia figurada. ||*Verbo irreg. V. no final do livro.

CHI — CHO

chienlit m. (-*i*). *Fam.* Máscara carnavalesca, f.
chiff‖e f. (xif). Trapo, m. ‖**-on** m. (-ő). Farrapo, trapo; mulambo (*Br.*). ‖ *- de papier* (-apiê). Pedaço de papel. ‖Loc. *Parler chiffons*, falar de trapos, de bagatelas. ‖**-onner** vt. (-oné). Amarrotar. ‖*Fig.* Contrariar. ‖**-onnier, ère** m. e. f. (-iê, ér). Trapeiro, ra. ‖ m. *Guarda-roupa* [meuble].
chi‖ffre m. (xifr). Algarismo. ‖Número, cifra, f. ‖Montante. ‖**-ffrer** vt. (-é). Numerar. ‖Cifrar [écrire en chiffre].
chignon m. (-nhã). Carrapito.
Chili n. pr. (-*i*). Chile.
chilien, enne adj. (-*iàn, én*). Chileno, na.
chi‖mère f. (-ér). Quimera. ‖**-mérique** adj. (-éric). Quimérico, ca.
chi‖mie f. (-*i*). Química. ‖**-mique** adj. (-*ic*). Químico, ca. ‖**-miste** m. (-içt). Químico.
chimpanzé m. (xànpàzé). Chimpanzé.
Chine n. pr. (xin). China.
chiner vt. (-é). Matizar [couleurs]. ‖*Argot.* Criticar.
chi‖nois, oise adj. (-*ua, uaz*). Chinês esa. ‖**-noiserie** f. (-*ri*). Chinesice. ‖*Fig.* Bugiganga ao gosto chinês.
Chio n. pr. (kiô). Quios.
chiourme f. (-*urm*). Chusma.
chi‖per vt. (-é). Surripiar, palmar. ‖**-pie** f. (-*i*). *Pop.* Mulher rabugenta.
chipolata f. (-*olata*). Salsicha pequena [saucisse].
chi‖que f. (-*ic*). Tabaco (m.) de mascar. ‖Nígua [insecte]. ‖**-quenaude** f. (-ôd). Piparote, m. ‖**-quer** vt. e vi. (-é). Mascar tabaco.
chiro‖graphaire adj. (kirografér). Quirografário, ia. ‖**-mancie** f. (-àci). Quiromancia. ‖**-mancien, enne** adj. e s. (-*iàn, én*). Quiromante.
chirur‖gical, ale adj. (-xur-al). Cirúrgico, ca. ‖**-gie** f. (-*jí*). Cirurgia. ‖**-gien** m. (-*iàn*). Cirurgião.
chlo‖rate m. (clorat). Clorato. ‖**-re** m. (-or). Cloro. ‖**-rhydrique** adj. (-ridric). Clorídrico, ca. ‖**-roforme** m. (-oform). Clorofórmio. ‖**-rophylle** f. (-fíl). Clorofila. ‖**-rose** f.

(-ôz). Clorose. ‖**-rure** m. (-*ür*). Cloreto.
choc m. (xoc). Choque.
choco‖lat m. (xocola). Chocolate. ‖**-latier** m. (-tié). Chocolateiro. ‖**-latière** f. (-ièr). Chocolateira.
chœur m. (cēr) Coro.
choir vi. (xuar). Cair*. ‖U. só no infinitivo e no p. passado : *chu, chue* (xù).
choisir vt. (xuazír). Escolher, seleccionar.
choix m. (xua). Escolha, f., selecção, f. ‖Eleição, f. ‖Loc. *Au choix, à la escolha. De premier choix*, de primeira ordem.
choléra m. (coléra). Cólera, f. [méd.]
chô‖mage m. (xôma-). Desemprego. ‖**-mer** vi. (-é). Folgar, descansar. ‖**-meur** m. (-*ár*). Desempregado.
cho‖pe f. (xop). Copo (m.) de cerveja. ‖**-pine** f. (-*in*). Quartilho, m.
chopper vi. (xopé) Tropeçar, dar* uma topada.
cho‖quant, ante adj. (xocá, àt). Desagradável. ‖**-quer** vt. (-é). Chocar com.
cho‖ral, ale adj. (coral). Coral. ‖**-rée** f. (-é). Coreia. ‖**-régraphie** f. (-rafí). Coregrafia. ‖**-riste** m. (-içt). Corista. ‖**-roïde** f. (-oid). Coroideia. ‖**-rus** m. (-*ùç*). *Faire - loc.* (fér-). Repetir* em coro; fazer* coro.
chose f. (xôz). Coisa. ‖*Fam.* Fulano [personne indéterminée] : *Monsieur Chose*, o Senhor Fulano, *le Petit Chose*, o coiso, o coisinho. ‖Loc. *Grand-chose*, grande coisa. *Pas grand-chose*, pouca coisa. *Quelque chose que*, seja o que for. *Tout chose*, embaçado.
chott m. (xot). Albufeira, f.
chou m. (xu). Couve, f. ‖Pastel [à la crème]. ‖**-cabus** (cabü). Repolho. ‖*- -rave* (-rav). Couve-nabo, f. ‖*- -fleur* (-*ár*). Couve-flor, f. ‖Loc. *Bête comme chou*, tapado como uma porta. *Envoyer planter des choux*, mandar passear. *Faire chou blanc*, não ter* êxito. *Faire ses choux gras de*, tirar proveito de. *Mon chou*, meu amor, querido.
chou‖an m. (xuá). Insurrecto da

Lettres penchées : accent tonique. ‖V. page verte pour la prononciation figurée. ‖*Verbe irrég. V. à la fin du volume.

CHO — CIN

Vendeía. ‖**-annerie** f. (-anrí). Sublevação da Vendeia.
choucroute f. (xucrut). Couve fermentada.
chouette f. (xuét). Coruja.
choyer vt. (xuaié). Amimar.
chrême m. (crém). Crisma.
chré‖tien, enne adj. e s. (crétiàn, én). Cristão, tã. ‖**-tienté** f. (-é). Cristandade.
Christ‖ n. pr. (criçt). Cristo. ‖**-lan** n. pr. (-iã). Cristiano.
christ‖laniser vt. (criçtia-é). Cristianizar. ‖**-ianisme** m. (-içm). Cristianismo. ‖**-mas m.** (-çmaç). Postal de Boas-Festas.
Christophe n. pr. (criçtof). Cristóvão.
chro‖matique adj. (cromatic). Cromático, ca. ‖**-me m.** (-om). Crómio. ‖**-mé, ée** adj. (-é). Cromado, da. ‖**-mo m.** (-ô). Cromo. ‖**-molithographie** f. (-o-rafi). Cromo-litografia.
chro‖nique adj. e s. f. (cronic). Crónico, ca. ‖**-niqueur m.** (-âr). Cronista. ‖**-nologie** f. (-olojí). Cronologia. ‖**-nologique** adj. (-íc). Cronológico, ca. ‖**-nomètre** m. (-étr). Cronómetro.
chry‖salide f. (crizalíd). Crisálida. ‖**-santhème** m. (-átém). Crisântemo. ‖**-solithe** f. (-olit). Crisólito, m.
Chrysostome n. pr. (crizoçtom). Crisóstomo.
chu‖chotement m. (xùxo-ã). Cochicho, cicio. ‖**-choter** vt. et vi. (-é). Cochichar, ciciar. ‖**-choterie** f. (-rí). Cochicho, m., segredinho, m. ‖**-choteur, euse** adj. e s. (-âr, âz). Cochichador, ora.
chut! interj. (xùt). Caluda! Silêncio!
chute f. (xùt). Queda. [Fracasso, m. [insuccès]. ‖**-d'eau** (-ô). Queda de água, f.
chy‖le m. (xil). Quilo. ‖**-me** m. (xim). Quimo.
Chypre n. pr. (xipr). Chipre.
ci adv. (ci). Aquí. Com subst. prec. de *ce, cet, cette,* equivale a : este, esta, estes, estas. V. CE. Com os pron. *celui, celle, ceux, celles* tem igual valor. V. CKLUI. ‖**-après** (-apré). Adiante, em seguida. ‖**-dessous** (-u). Abaixo. ‖**-dessus** (-ù). Acima. ‖Susodito, ta : *les

mots ci-dessus*, as palavras susoditas. ‖**-devant** (-ã). Antigamente; antigo, ex- : *ci-devant noble*, ex-nobre. ‖s. m. Fidalgo [révolution]. ‖**-gît** (-jí). Aquí jaz. ‖**-inclus** (-àn-ù). Incluso, sa. ‖**-joint, ointe** (-uàn, t). Junto, ta. ‖*Com*. Total : *ci 50 francs*, total 50 francos. ‖Loc. *Comme ci, comme ça*, assim, assim. *De-ci de là*, dum lado e doutro. *Par-ci par-là*, aquí e acolá.
cible f. (ci-). Alvo, m.
ciboire m. (-uar). Cibório.
cibou‖le f. (-ul). Cebolinha. ‖**-lette** f. (-ét). Cebolinha miúda.
cicatri‖ce f. (-atriç). Cicatriz. ‖**-sation** f. (-aciõ). Cicatrização. ‖**-ser** vt. (-é). Cicatrizar.
clcéro m. (-êrô). Cícero (tip.).
Cicéron n. pr. (-ô). Cícero.
cicerone m. (-êron). Cicerone.
cidre m. (cidr). Cidra, f.
ciel m. (ciél). Céu.
clerge m. (ciérj). Círio.
cigale f. (-al). Cigarra.
ciga‖re m. (-ar). Charuto. ‖**-rette** f. (-ét). Cigarro, m.; pito, m. (*Br.*).
cigogne f. (-onh). Cegonha.
ciguë f. (-ù). Cicuta.
ci‖l m. (cil). Pestana, f. ‖**-liaire** adj. (-iér). Ciliar. ‖**-lice** m. (-iç). Cilício. ‖**-lier** vi. (-ié). Pestanejar.
cimaise f. (-éz). Cimácio.
cime f. (cim). Cimo, m.
ci‖ment m. (-ã). Cimento; concreto (*Br.*). ‖Loc. *A chaux et à ciment*, de pedra e cal. ‖**-menter** vt. (-é). Cimentar.
clmeterre m. (-ér). Cimitarra, f., alfanje.
clmetlère m. (-iér). Cemitério.
cimler m. (-ié). Cimeira, f. [casque] ‖Peça (f.) do quarto traseiro do boi ou do veado [viande].
cinabre m. (-abr). Cinábrio.
ciné‖aste m. (-éaçt). Cineasta. ‖**-ma** m. (-a). Cinema. ‖**-matographe** m. (-ograf). Cinematógrafo.
clnéraire adj. (-érér). Cinerário, ria.
cinétique adj. (-étic). Cinético, ca.
cingler vt. (càn-é). Singrar [navire]. ‖Flagelar [fouetter]. Forjar [fer].
cin‖q adj. e s. (cànc). Cinco. ‖**-quantaine** f. (-átén). Cinquenta aproximadamente. ‖**-quante** adj. (-ãt). Cinquenta. ‖**-quantième** adj. (-iém).

Itálico : acento tónico. ‖V. página verde para a pronúncia figurada. ‖*Verbo irreg. V. no final do livro.

CIN — CLA

Quinquagésimo, ma. ‖-quième adj. (-iém). Quinto, ta.
cin‖tre m. (càntr) Arco. ‖Címbre [boiseries pour une arche]. ‖Plein- (-àn-). Volta inteira, f. ‖-trer vt. (-é). Cimbrar. ‖Abobadar [voûter]. ‖Arquear [courber].
cipaye m. (-ai). Cipaio.
cirage m. (-raj). Enceradura, f. [action]. Pomada, f., graxa, f. [pour la chaussure].
circassien, enne adj. e s. (-rcaciàn, én). Circassiano, na.
circon‖cire vt. (-rcõcír). Circuncidar. ‖-cision f. (-ció). Circuncisão. ‖-férence f. (-ërác). Circunferência. ‖-flexe adj. (-flêc). Circunflexo. ‖-locution f. (-ocució). Circunlocução. ‖-scription f. (-çcripció). Circunscrição. ‖-scrire* vt. (-ir). Circunscrever. ‖-spect, ecte adj. (-é, ct). Circunspecto, ta. ‖-spection f. (-êkció). Circunspecção. ‖-stance f. (-çtáç). Circunstância. ‖-stanciel, elle adj. (-iél). Circunstancial. ‖-venir* vt. (-ír). Circundar. ‖-volution f. (-olùció). Circunvolução.
circuit m. (-rcùi). Circuíto, círculo.
circu‖laire adj. (-rcùlér). Circular. ‖-lation f. (-ació). Circulação. ‖-latoire adj. (-tuar). Circulatório, ria. ‖-ler vi. (-é). Circular; trafegar (Br.).
ci‖re f. (cir) Cera. ‖- à cacheter (-axté). Lacre, m. ‖-ré m. (-é). Impermeável. ‖-rer vt. (-é). Encerar. ‖Engraixar [chaussures]. ‖Toile cirée, oleado, m. ‖-reux adj. (-ó). Ceroso.
cirque m. (circ). Circo.
cirrhose f. (-róz). Cirrose.
cirrus m. (-rùc). Círro.
ci‖saille f. (-aí). Cisalha. ‖-sailler vt. (-ié). Cortar com tesoura grande.
cisalpin, ine adj. (-àn, in). Cisalpino, na.
ci‖seau m. (-ó). Cinzel [de graveur]. ‖Formão [pour le bois]. ‖pl. Tesoura, f. sing. ‖-seler vt. (-é). Cinzelar. ‖-seleur m. (-âr). Cinzelador. ‖-selure f. (-ùr). Cinzeladura.
ciste m. (ciçt). Cista, f., açafate, m.
cistercien, enne adj. (-çtércià, én). Cisterciense.
cita‖delle f. (-adél). Cidadela.

‖-din, ine adj. (-àn, in). Citadino, na. ‖s. Habitante de cidade.
citation f. (-ació). Citação.
Citeaux n. pr. (-ô). Cister.
cité f. (-é). Cidade. ‖Bairro, m.
citerne f. (-érn). Cisterna.
citer vt. (-é). Citar, convocar.
cithare f. (-tar). Cítara.
citoyen, enne m. e f. (-tuaiàn, én). Cidadão, dã.
ci‖trin adj. (-ràn). Citrino. ‖-trique adj. (-ríc). Cítrico, ca. ‖-tron m. (-ó). Limão. ‖-tronnade f. (-onad). Limonada. ‖-tronnier m. (-ié). Limoeiro.
citrouille f. (-ruiiâ). Abóbora.
ci‖vet m. (-é). Guisado de lebre. ‖-vette f. (-ét). Cebolinha miúda [plante]. ‖Civeta [animal, parfum].
civière f. (-iér). Padíola.
civil, ile adj. (-il). Civil. ‖Paisano [non militaire]. ‖Civilizado, ada [poli]. ‖En -, loc. (ã-). À paisana. ‖-isateur, trice adj. e s. (-atâr, ríc). Civilizador, ora. ‖-isation f. (-ció). Civilização. ‖-iser vt. (-é). Civilizar. ‖-ité f. (-é). Civilidade.
civi‖que adj. (-íc). Cívico, ca. ‖-isme m. (-içm). Civismo.
clabau‖d adj. (-abô). Ladrador [chien]. ‖-dage m. (-aj). Latido. ‖Fig. Alarido [cris]. ‖Mexerico [médisance]. ‖-der vi. (-é). Ladrar [chien]. ‖Fig. Vociferar, gritar. ‖Dizer* mal [médire].
claie f. (-é). Caniçado, m.
clair‖ et m (-éré) Clarete. ‖-e-voie f. (-rvuaà). Clarabóia. ‖A -, loc. Reticulado, da. ‖- -obscur m. (-obçcùr). Clcro-escuro. ‖-on m. (-ô). Clarim. ‖-semé, ée adj. (-é). Espalhado, da; ralo, la. ‖-voyance f. (-uaiâç). Clarividência. ‖-voyant, ante adj. (-tã, ãt). Clarividente, perspicaz.
clameur f. (-amâr). Clamor, m.
clan m. (-ã). Clã.
clandestin, ine adj. (-ãdéçtàn, in). Clandestino, na.
clapet m. (-apé). Válvula, f.
clapier m. (-apié). Coelheira, f.
cla‖potement m. (-apo-ã). Marulho.

Lettres penchées : accent tonique. ‖V. page verte pour la prononciação figurée. ‖*Verbe irrég. V. à la fir. du volume.

CLA — CLO

‖**-poter** vi. (-ê). Marulhar. ‖**-potis** m. (-ã). Marulho.
clappement m. (-a-ã). Estalo (com a língua).
cla‖que f. (-ac). Palmada [coup]. ‖*Teatr.* Claque. ‖Gáspea [chaussure]. ‖**m.** Claque [chapeau]. ‖**-quement** m. (-ã). Estalido. ‖**Muxoxo** (*Br. de Baía*) [de langue]. ‖**Ranger** [de dents]. ‖**-quemurer** vt. (-ùrè). Emparedar. ‖**-quer** vi. (-ê). Ranger, bater [les dents]. ‖**Estalar** [fouet]. ‖vt. Esbofetear [gifler]. ‖**Dar* palmas** [applaudir]. ‖ Sint. *Claquer des dents*, bater os dentes. ‖**-quet** m. (-ké). Cítola, f. ‖**-queter** vi. (-ê). Gritar [cigogne]. ‖**-quette** f. (-ét). Matraca.
clarifier vt. (-ar-ié). Clarificar.
clari‖ne f. (-arín). Chocalho, m. ‖**-nette** f. (-ét). Clarinete, m.
clarté f. (-arté). Claridade.
cla‖sse f. (-ac). Classe. ‖*Aula.* ‖Loc. *Aller en classe*, andar na escola. *Faire la classe*, dar* aula. *Faire ses classes*, fazer* os seus estudos. ‖**-ssement** m. (-ã). Classificação, f. ‖**-sser** vt. (-ê). Classificar. ‖**-sseur** m. (-âr). Classificador. ‖**-ssification** f. (-acíõ). Classificação. ‖**-ssique** adj. e s. (-ic). Clássico, ca.
Clau‖de n. pr. (-ôd). Cláudio, ia. ‖**-dine** n. pr. (-ín). Claudina.
claudication f. (-ô-acíõ). Claudicação, coxeio, m.
clause f. (-ôz). Cláusula.
claustral, ale adj. (-ôçtrál). Claustral.
claveau m. (-avô). Aduela, f. (de arca). ‖**Morrinha**, f. (vet.).
clavecin m. (-a-àn). Cravo (mús.).
clavelée f. (-a-é). Morrinha, gafeira.
cla‖vette f. (-avét). Chaveta. ‖**-vicule** f. (-ùl). Clavícula.
clavier m. (-avié). Teclado.
clayon m. (-éíõ). Cesto de vime (onde secam os queijos).
clef ou **clé** f. (-ê). Chave. ‖**Clave** (mús.). ‖**Fecho**, m. (arquit.). ‖**-anglaise** (-ã-éz). Chave inglesa. ‖**- de voûte** (-ut). Fecho (m.) de abóbada. ‖Loc. *Fausse clef*, gazua. *La clef des champs*, a liberdade.
clématite f. (-ématít). Clematite.
clé‖mence f. (-êmãc). Clemência.

‖**-ment, e** adj. (-ã, ãt). Clemente.
Clément n. pr. (-êmã). Clemente.
Cléopâtre n. pr. (-êopatr). Cleópatra.
clepsydre f. (-é-ídr). Clepsídra.
cler‖c m. (-ér). Clérigo. ‖**Sábio**; letrado. ‖**Escrevente** [notaire], etc. Loc. fig. *Pas de clerc*, erro, disparate. ‖**-gé** m. (-ê). Clero. ‖**-ical, ale** adj. (-al). Clerical.
cli‖ché m. (-ê). Cliché. ‖**-cher** vt. (-ê). Estereotipar.
cli‖ent, ente m. e f. (-iã, ãt). Cliente. ‖**-entèle** f. (-él). Clientela.
clign‖ement m. (-nh-ã). Piscadela, f. ‖**-er** vt. (-ê). Piscar. ‖**-otant, ante** adj. (-otã, ãt). Pisco, ca. ‖**-otement** m. (-ã). Pestanejo. ‖**-oter** vt. (-ê). Pestanejar.
clima‖t m. (-a). Clima. ‖**-térique** adj. (-atéric). Climatérico, ca. ‖**-tique** adj. (-íc). Climático, ca. ‖**-tiser** vt. (-ê). Climatizar.
clin m. (-àn). U. na loc. : *clin d'œil* (-ãí). Relance. Loc. *En un clin d'œil*, num abrir e fechar de olhos.
clinique f. (-ic). Clínica. ‖adj. Clínico, ca.
clinquant m. (-àncã). Lantejoula, f.
clique f. (-ic). Súcia. ‖**-queter** vi. (-ê). Estalar. ‖**-quetis** m. (-í). Tinido [bruit]. ‖**-quette** f. (-ét). Crótalo, m.
cli‖sse f. (-iç). Cesto (onde o queijo escorre), m. ‖**-sser** vt. (-ê). Empalhar garrafas.
cli‖vage m. (-aj). Clivagem, f., veeiro. ‖**-ver** vt. (-ê). Clivar.
cloaque m. (-oac). Cloaca, f.
clochard m. (-oxar). Vagabundo.
clo‖che f. (-ox). Sino, m. ‖Loc. *Cloche à fromage*, queijeira. *Cloche à plongeur*, campânula de mergulhador. *Cloche d'avertissement*, campainha de alarme. ‖**-che-pied (à)** loc. (-ché). A pé-coxinho. ‖**-cher** m. (-ê). Campanário. ‖vi. Coxear [boîter]. ‖**-cheton** m. (-õ). Coruchéu. ‖**-chette** f. (-ét). Campainha.
cloison‖ f. (-uazõ). Tabique, m. ‖**-ner** vt. (-onê). Separar com tabique.

Itálico : acento tónico. ‖V. página verde para a pronúncia figurada. ‖*Verbo irreg. V. no final do livro.

CLO — CŒ

cloî‖tre m. (-uatr). Claustro. ‖-trer vt. (-é). Enclausurar. ‖Encerrar.
clopi‖n-clopant adv. (-opàn-opâ). A coxear. ‖-ner vi. (-iné). Coxear um pouco.
cloporte m. (-oport). Bicho-de-conta.
cloque f. (-oc). Bolha [peau].
clore* vt. (-or). Fechar. ‖Rodear [entourer].
clo‖s, ose adj. (-ô, ôz). Fechado, da. ‖Terminado, da. ‖s. m. Cerca, f. ‖-serie f. (-rí). Cerrado, m.
Clotilde n. pr. (-oti-). Clotilde.
clô‖ture f. (-ôtùr). Vedação. ‖Clausura [religieux]. ‖Encerramento, m., fecho, m. [séance, etc.]. ‖Final, m. [comptes]. ‖-turer vt. (-é). Encerrar. ‖Terminar [séance, etc.]. ‖Rematar [comptes].
cl‖ou m. (-u). Prego. ‖Pop. Prego (casa de penhores). ‖Pop. Esquadra, f. [poste de police]. ‖Méd. Furúnculo. ‖Fam. Atracção, f. ‖-à crochet (-roxé). Escápula, f. ‖-de girofle (-ro-). Cravo-de-cabecinha. ‖Loc. Cela ne vaut pas un clou, isso não vale dois caracóis. River son clou à quelqu'un, responder desabridamente a alguém. ‖-ouage m. (-uaj). Pregagem, f. ‖-ouer vt. (-ué). Pregar. ‖-outer vt. (-é). Cravejar.
Clovis n. pr. (-oviç). Clóvis.
clow‖n m. (-un). Palhaço. ‖-nerie f. (clunrí). Palhaçada.
club m. (-âb). Clube.
clystère m. (-çtér). Clister.
co‖accusé, ée adj. (côacùzé). Coacusado, da. ‖-adjuteur, trice m. e f. (-a-ùtâr, triç). Coadjutor, ora. ‖-aguler vt. (-agùlé). Coagular. ‖-alisé, sée adj. (-a-é). Coligado, da. ‖-aliser vt. (-é). Coligar. ‖-alition f. (-iciô). Coligação.
coaltar m. (coa-ar). Coltar.
coas‖sement m. (coa-â). Coaxo. ‖-ser vi. (-é). Coaxar.
cobalt m. (cobalt). Cobalto.
cobaye m. (cobai). Cobaia, f., porquinho da Índia.
coca f. (coca). Coca.
cocagne f. (cocanh). Cocanha. ‖Loc. : pays de cocagne, terra abundante, f. ; mât de cocagne, mastro de cocanha.
coca‖ïne f. (cocaïn). Cocaína. ‖-ïnomane m. e f. (coca-oman). Cocainómano, na.
co‖carde f. (cocard). Distintivo, m. ‖-cardier adj. (-ié). Apaixonado de condecorações.
cocasse adj. (cocaç). Ridículo, la.
coccinelle f. (cokcinél). Joaninha.
cocyx m. (cokciç). Cóccix.
coche m. (cox). Diligência, f. ‖f. Porca.
cochenille f. (co-iïâ). Cochonilha.
coch‖er m. (coxé). Cocheiro. ‖-ère adj. f. (-ér). Porte cochère, porta do carro, portão, m.
cochet m. (coxé). Galinho.
Cochinchine n. pr. (coxànxin). Cochinchira.
co‖chon m. (coxõ). Porco. ‖- de lait (-é). Leitão. ‖- d'Inde (-ànd). Porquinho da Índia. ‖-chonner vt. (-é). Trabalhar mal e porcamente. ‖-chonnerie f. (-onri). Porcaria. ‖-chonnet m. (-é). Porquinho, bacorinho. ‖Bolinha, f. [boules].
cocktail m. (co-él). Cacharolete.
coco m. (cocô). Coco. ‖Fam. Pássaro, melro : un joli coco, um grand melro. ‖Ovo [œuf]. ‖Pequenino [terme d'amitié]. ‖Refresco [boisson]. ‖f. Fam. Cocaína.
cocon m. (cocõ). Casulo.
cocorico m. (cocor-ô). Cocorocó.
cocotier m. (cocotié). Coqueiro.
co‖cotte f. (cocot). Galinha [terme enfantin]. ‖Pequerrucha [mot d'amitié]. ‖Pombinha (de papel). ‖Caçarola de ferro. ‖Leviana, prostituta. ‖-coter vt. (-é). Fam. Amimar.
code m. (cod). Código.
codélne f. (codéin). Codeína.
codétenu, ue m. e f. (côdê-ù). Companheiro, a de prisão.
codex m. (codékç). Farmacopeia, f.
codi‖cille m. (co-íl). Codicilo. ‖-fier vt. (-ié). Codificar.
coefficient m. (co-é-iâ). Coeficiente.
cœlentéré m. (cêlâtêré). Clenterado, da. m. e f.
coer‖cible adj. (coérci-). Coercível. ‖-citif, ve adj. (-if, ív). Coercivo, va.
cœur m. [câr). Coração. ‖Copas, f. [aux cartes]. ‖Olho [de légume]. ‖Loc. À contre-cœur, de má von-

Lettres penchées : accent tonique. ‖V. page verte pour la prononciation figurée. ‖*Verbe irrég. V. à la fin du volume.

tade. *Aller au cœur*, comover. *Avoir à cœur*, desejar muito. *Avoir le cœur gros*, estar* muito triste. *Avoir mal au cœur*, ter* náuseas. *De bon (grand) cœur*, de boamente. *En avoir le cœur net*, tirar a limpo. *Par cœur*, de cor. *Prendre à cœur*, tomar a peito. *S'en donner à cœur joie*, gozar plenamente de. *Si le cœur vous en dit*, se lhe apetece. *Soulever le cœur*, revolver o estômago. *Tenir au cœur*, não sair* do pensamento.

coexister vi. (coégziçtě). Coexistir.
cof‖fre m. (cofr). Cofre. ‖**-fre-fort** m. (-âfor). Cofre forte. ‖**-frer** vt. (-é). Prender. ‖**-fret** m. (-é). Cofrezinho.

cognac m. (conhac). Conhaque.
cognassier m. (conhacié). Marmeleiro.
cognat m. (cogna). Cognato.
co‖gnée f. (conhé). Machado, m. ‖**-gner** vt. (-é). Cravar, martelar. ‖**vi**. Esbarrar, bater. ‖**(se)** vr. Esbarrar. ‖*Pop.* Bater-se.

cohé‖rence f. (coěrâç). Coerência. ‖**-rent, ente** adj. (-râ, ât). Coerente.
cohéritier m. (coêr-ié). Co-herdeiro.
cohésion f. (coěziö̌). Coesão.
cohorte f. (coort). Coorte.
cohue f. (coù). Multidão. ‖ Barafunda, confusão.

coi, oite adj. (cua, uat). Quieto, ta. ‖*Loc. Se tenir coi*, estar* calado.
coi‖ffe f. (cuaf). Coifa, touca [de femme]. ‖**Forro**, m. [de chapeau]. ‖**-fſé, ée** adj. (-é). Penteado, da. ‖ Coberto, ta [avec un chapeau]. ‖*Fig.* Afeiçoado, da. ‖*Loc. Coiffer sainte Catherine*, ficar para tia. *Né coiffé*, felizardo. ‖**-ffer** vt. (-é). Pentear. ‖ Cobrir*, usar [chapeau, etc.] ‖**(se)** vr. Pentear-se. Cobrir* a cabeça. ‖**-ffeur, euse** m. e f. (-âr, âz). Cabeleireiro, ra; barbeiro. ‖ f. Toucador, m. [meuble]. ‖**-ffure** f. (-ùr). Touccado, m., penteado, m. ‖ Aquilo com que se cobre a cabeça.

coin‖ m. (cuàn). Canto [angle intérieur]. ‖ Esquina, f. [angle extérieur]. ‖ Cunha, f. [à fendre du bois, etc.]. ‖ Cunho [monnaies] ‖*Fig.* Cunho, marca, f. [caractère].

‖ Rabo [œil]. ‖ *Quatre coins* (catrã-). Quatro cantinhos [jeu]. ‖*Loc. Coin du feu*, borralho. *Du coin de l'œil*, de soslaio. ‖**-cer** vt. (-é). Acunhar.
coïnci‖dence f. (coàn-âç). Coincidência. ‖**-der** vi. (-é). Coincidír.
coing m. (cuàn). Marmelo : *gelée de coings*, geleia de marmelo.
cok‖e m. (coc). Coque. ‖**-éfier** vt. (cokêfié). Transformar em coque. ‖**-erie** f. (-crí). Fábrica de coque.
col m. Colo, pescoço : *faux col*, colarinho postiço.
Col‖las n. pr. (cola). Nicolau. ‖**-ette** n. pr. (-ét). Coleta.
colchique m. (co-ic). Cólquico.
colcotar m. (colcotar). Colcotar.
cold-cream m. (cô-rím). Creme para amaciar a pele.
coléoptère m. (colêo-ér). Coleóptero.
col‖ère f. (colér). Cólera. ‖ adj. Colérico, ca. ‖ *- bleue* (-â). Cólera violenta. ‖**-érique** adj. (-êric). Colérico, ca.
colibacille m. (co-acíl). Colibacilo.
colibri m. (co-rí). Colibri, beija-flor; cuitelo (*Br.*).
colifichet m. (co-ché). Ninharia, f. ‖ Enfeite, bugiganga, f. ‖ *Massa* (f.) seca (para pássaros).
colimaçon m. (co-açõ). Caracol.
colin m. (colàn). Pescada, f. [poisson]. ‖ *- -maillard* m. (-aiàr). Cabra-cega, f. ‖ *- -tampon* m. (-âpõ). Antiga banda de tambores suíços. ‖ *Loc. S'en soucier comme de colin-tampon*, importar-se tanto como nada.
colique f. (colíc). Cólica.
colis m. (coli). Pacote. ‖ *- postal*, encomenda postal.
Colisée n. pr. (co-é). Coliseu.
colla‖borateur, trice m. e f. (colaboratâr, riç). Colaborador, ora. ‖**-boration** f. (-ciõ). Colaboração. ‖**-borer** vi. (-é). Colaborar.
col‖lage m. (colaj). Colagem, f. ‖ Coadura, f. [du vin]. ‖**-llant, ante** adj. (-â, ât). Pegajoso, sa. ‖ Justo, ta [vêtement].
collargol m. (colargol). Colargol.
colla‖téral, ale adj. (colatêral). Colateral. ‖**-tion** f. (-ciõ). Colação. ‖**-tionner** vt. (-onê). Colacionar.

Itálico : acento tônico. ‖V. página verde para a pronúncia figurada. ‖*Verbo irreg. V. no final do livro.

COL — COM

colle f. (col). Cola. ‖*Fam.* Peta [mensonge]. ‖*Fam.* Pergunta difícil, de algibeira. ‖-*de pâte* (-âpat). Massa de pegar.
col‖lecte f. (coléct). Colecta. ‖-lecteur m. (-âr). Colector. ‖-lectif, ive adj. (-îf, îv). Colectivo, va. ‖-lection f. (-kciô). Colecçã*o.* ‖-lectionneur, euse adj. e s. (-onâr, âz). Coleccionador, ora. ‖-lectivisme m. (-îçm). Colectivismo. ‖-lectivité f. (-ê). Colectividade.
col‖lège m. (coléj). Colégio. ‖-égial, ale adj. (-êjial). Colegial. ‖-égien, enne s. e adj (-êjàn, én). Colegial. ‖-ègue m. (-ég). Colega, m. e f.
coller vt. (colê). Colar, pegar [fixer]. ‖Clarificar [vins, liqueurs]. ‖*Fig.* Estar* pegado. ‖*Estar* justo* [vêtements]. ‖*se* - vr. r'egar-se. ‖*Fam.* Reduzir* ao silêncio.
col‖lerette f. (colrét). Colarete, m., cabeção, m. ‖-let m. (-ê). Gola, f. Romeira, f. [manteau]. ‖Colo (bot.). ‖*Técn.* Manilha, f. (de tubo). ‖- *monté* (-ôtê). Pedante; afectado, da. ‖*Petit* - (-i-). Eclesiástico [ant.]. ‖-leter vt. (-ê). Agarrar pela gola. ‖(se) vr. Lutar.
colleur m. (colâr). Forrador [d'appartements]. ‖Colador [d'affiches].
collier m. (coliê). Colar. ‖Coleira, f. [chien, chat]. ‖Coelheira, f. [chevaux]. ‖*Loc. A plein collier*, esforçadamente. *Franc de collier*, de confiança.
colline f. (colìn). Colina.
collision f. (co-iô). Colisão.
coll‖odion m. (colodiô). Colódio. ‖-oïde m. (-id). Colóide. ‖-oïdal, e adj. (-al). Coloidal.
collu‖sion f. (colùziô). Colusão.
collyre m. (colìr). Colírio.
colmater vt. (co-atê). Entulhar.
colocataire m. e f. (colocatér). Co-arrendatário, ria.
Cologne n pr. (colonh). Colónia.
Colom‖b n. pr. (colô). Colombo. ‖-bie n. pr. (-i). Colômbia.
colom‖bier m. (colôbiê). Pomba. ‖-bier m. (-iê). Pombal. ‖Formato de papel (0,90 × 0,63). ‖-bin, ine adj. (-ân, in). Colombino. ‖s. f. Colombina [excrément d'oiseaux]. ‖-bophile adj. (-ofil). Columbófilo, la.

colon m. (colô). Colono, rendeiro.
côlon m. (colô). Cólon.
colo‖nel m. (colonél). Coronel. ‖-nelle f. (-él). Coronela.
colo‖nial, ale adj. (colonial). Colonial. ‖-nie f. (-i). Colónia. ‖-nisateur adj. (-atâr). Colonizador. ‖-nisation f. (-aciô). Colonização. ‖-niser vt. (-ê). Colonizar.
colo‖nnade f. (colonad). Colunata. ‖-nne f. (-on). Coluna. ‖-nnette f (-êt). Columelo, m.
colophane f. (colofan). Colofónia.
coloquinte f. (colocànt). Coloquíntida. ‖*Pop.* Cabeça.
colo‖rant, ante adj. (colorã, ãt). Corante. ‖-ration f. (-ciô). Coloração. ‖-ré, ée adj. (-ê). Colorido, da. ‖-rer vt. (-ê). Colorir*. ‖*Fig.* Disfarçar [sauver les apparences]. ‖Embelezar [embellir]. ‖-riage m. (-aj). Colorização. ‖-rier vt. (-iê). Colorir*, iluminar. ‖-ris m. (-i). Colorido. ‖-riste m. (-içt). Colorista. m. e f.
co‖lossal, ale adj. (cologal). Colossal. ‖-losse m. (-oç). Colosso.
colpor‖tage m. (co-ortaj). Venda (f.) ambulante. ‖-ter vt. (-ê). Bufarinhar. ‖*Fig.* Espalhar [raconter]. ‖-teur m. (-âr). Bufarinheiro; carcamano (*Br. du N.*). ‖Mascate (*Br.*) [d'étoffes].
colti‖ner vt. (co-ê). Carregar [em cima do chapéu de couro). ‖-neur m. (-âr). Moço de fretes.
columbarium m. (colôbariom). Columbário.
colza m. (-a). Colza, f.
co‖ma m. (-a). Coma [méd.]. ‖-mateux, euse adj. (comatoso, sa.
com‖bat m. (-a). Combate, peleja, f., luta, f. ‖-batif, ive adj. (-îf, îv). Combativo, va. ‖-battant m. (-â). Combatente. ‖-battre* vt. (-atr) Combater.
combe f. (côb). Comba.
combien adv. (-iân). Quanto. ‖Quão [devant un adj.] : *combien il est brave*, quão valente é. ‖- *de.* Quanto, ta, tos, tas : *combien de fautes*, quantos erros.
combi‖nable adj. (-a-). Combinável. ‖-naison f. (-é). Combinação. ‖-ne f. (-ìn). *Argot.* Entendimento, m. ‖-ner vt. (-ê). Combinar.

Lettres penchées : accent tonique. ‖V. page verte pour la prononciation figurée. ‖*Verbe irrég. V. à la fin du volume.

com‖ble adj. (cõ-). Cheio, a. ‖ s. m. Cimo. ‖*Arq.* Madeiramento (do telhado). ‖*Loc. De fond en comble,* de alto a baixo. ‖-bler vt. (-ê). Encher.
com‖burant, ante adj. (-urã, ãt). Comburente. ‖-bustible adj. e s. m. (-çti-). Combustível. ‖-bustion f. (-iõ) Combustão.
co‖médie f. (comêdi). Comédia. ‖-médien, enne s. e adj. (-iãn, én). Comediante, ta.
comestible adj. (coméçti-). Comestível.
comète f. (comét). Cometa, m.
comice m. (comíç). Comício.
comique adj. (comíc). Cómico, ca.
comité m. (co-é). Comissão, f.
com‖mandant m. (comãdã). Comandante; major. ‖-mande f. (-ãd). Encomenda. ‖*Mec.* órgão (m.) de transmissão. ‖*De -,* loc. Imposto, fingido. ‖-mandement m. (-ã). Comando; liderança, f. (*Br.*). ‖Mandamento [précepte]. ‖*Ordem,* f. ‖Poder, mando. ‖Intimação, f. (judicial). ‖-mander vt. (-ê). Comandar. ‖Mandar, ordenar. ‖Impor* [respect, admiration]. ‖Dominar [par sa position]. ‖ (se) vr. Dominar-se. ‖Sint. *Commander à quelqu'un de venir,* mandar a alguém que venha. ‖-mandeur m. (-ãr). Comendador. ‖-manditaire m. (-ér). Comanditário. ‖-mandite f. (-ít). Comandita. ‖-manditer vt. (-ê). Comanditar.
comme conj. (com). Como. Quando. ‖adv. Como. ‖*Loc. Comme ceci,* assim. *Comme ci, comme ça,* assim, assim. *Comme il faut,* como deve ser*. *Comme quoi,* de que maneira. *Comme tout,* inteiramente. *Tout comme,* exactamente como, como se fosse.
commémo‖raison f. (comêmorézõ). Comemoração (religiósa). ‖-ratif, ive adj. (-atíf, ív). Comemorativo, va. ‖-ration f. (-ciõ) Comemoração. ‖-rer vt . (-ê). Comemorar.
commen‖çant, ante adj. e s. (comãçã, ãt). Principiante. ‖-cement m. (-ã). Começo. ‖-cer vt. e vi. (-ê). Começar.
commensal m. (comãçal). Comensal.
comment adv. (comã). Como.

comment‖aire m. (comatér). Comentário. ‖-ateur, trice m. e f. (-atâr, ríç). Comentador, ora. ‖-er vt. (-ê). Comentar.
commérage m. (comêraj). Mexerinquice, f.
commer‖çable adj. (comérça-). Comerciável. ‖-çant, ante adj. e s. (-ã, ãt). Comerciante. ‖-ce m. (-érç). Comércio. ‖Trato [amitié]. ‖-cer vt. (-ê). Comerciar. ‖-cial, ale adj. (-ial). Comercial. ‖-cialiser vt. (-ê). Comercializar.
commère f. (comér). Comadre.
com‖mettant m. (comêtã). Comitente. ‖-mettre* vt. (-êtr). Cometer. ‖Nomear [préposer]. ‖Comprometer [réputation].
comminatoire adj. (co-uar). Cominatório, ia.
commis, ise adj. (comi, íz). Cometido, da. ‖ s. m. e f. Caixeiro, ra, empregado, da [commerce]. ‖Encarregado, da [d'un service]. ‖*Commis voyageur* (-uaiajâr). Caixeiro-viajante.
commisération f. (co-êraciõ). Comiseração.
commis‖saire m. (co-ér). Comissário. ‖*Commissaire priseur* (-r-âr). Avaliador oficial. ‖-sariat m. (-aria). Comissariado. ‖-sion f. (-iõ). Comissão. ‖*Commission rogatoire* (-rogatuar). Deprecada, carta rogatória. ‖-sionnaire m. (-onér). Moço de recados [qui fait des commissions]. ‖Moço de fretes [portefaix]. ‖Comissionista [commerce]. ‖-sionner vt. (-ê). Encarregar.
com‖mode adj. e s. f. (comod). Cómodo, da. ‖-modément adv. (-êmã). Cômodamente. ‖-modité f. (-ê). Comodidade. ‖-modore m. (-or). Comodoro.
commotion f. (comociõ). Agitação; tranco (*Br.*), m, abalo, m. ‖*Fig.* Comoção.
commuer vt. (comuê). Comutar.
commu‖n, une adj. (comãn, ùn). Comum. *D'un commun accord,* de comum acordo. ‖-nal, ale (-al). Cmunal. ‖-nard m. s e adj. (-ar, d). Partidário, ia da Comuna de l'aris, em 1871. (-ôtê). Comunidade. ‖-ne f. (-ùn). Comuna [française]. ‖Município, m., *casa da*

Itálico : acento tónico. ‖V. página verde para a pronúncia figurada. ‖*Verbo irreg. V. no final do livro.

câmara. ‖pl. Comuns, m. pl. [chambres anglaises]. ‖**-nément** adv. (-êmã). Comummente; comumente (Br.). ‖**-niant, ante** adj. (-ñã, ãt). Comungante. ‖**-nicant, ante** adj. (-ã, ãt). Comunicante. ‖**-nicatif, ive** adj. (-atíf, ív). Comunicativo, va. ‖**-nication** f. (-ciõ). Comunicação. ‖**-nier** vi. (-ié). Comungar. ‖**-nion** f. (-iõ). Comunhão. ‖**-niqué** m. (-ê). Comunicado. ‖**-niquer** vt. (-ê). Comunicar. ‖**-nisme** m. (-içm). Comunismo. ‖**-niste** s. e adj. (-içt). Comunista.

commuta‖teur m. (comùtatár). Comutador. ‖**-tion** f. (-ciõ). Comutação. ‖**-trice** f. (-riç). Comutatriz.

compact, acte adj. (-act). Compacto, ta.

compa‖gne f. (-anh). Companheira. ‖**-gnie** f. (-í). Companhía. ‖Bando, m. [de perdreaux]. ‖Loc. De bonne compagnie, de boas maneiras. Fausser compagnie, retirar-se, não comparecer. Tenir compagnie, acompanhar, ficar com. ‖**-gnon** m. (-õ). Companheiro. ‖**-gnonnage** m. (-onaj). Associação, f. [d'ouvriers]. ‖Companheirismo.

compar‖able adj. (-ara-). Comparável. ‖**-aison** f. (-ézõ). Comparação. ‖**-aitre*** vi. (-étr). Comparecer. ‖**-atif, ive** adj. (-atíf, ív). Comparativo, va. ‖**-er** vt. (-ê). Comparar. ‖**-oir*** vi. (-ír). Comparecer (em justiça).

comparse m. (-arç). Comparsa.

compartiment m. (-ar-ã). Compartimento. ‖Divisão (f.) simétrica duma superfície.

comparution f. (-arùciõ). Comparência.

com‖pas m. (-a). Compasso. ‖Mar. Bússola, f. ‖**-passé, ée** adj. (-ê). Compassado, da. ‖**-passer** vt. (-ê). Compassar.

compa‖ssion f. (-iõ). Compaixão. ‖**-tible** adj. (-ati-). Compatível. ‖**-tir** vi. (-ír). Compadecer-se. ‖Sint. Compatir à, compadecer-se de. ‖**-tissant, ante** adj. (-ã, ãt). Compassivo, va.

compatriote m. (-atriot). Compatriota.

compen‖sation f. (-ãçaciõ). Compensação. ‖**-ser** vt. (-ê). Compensar.

compère m. (-ér). Compadre. ‖Fig. Cúmplice. ‖Fin, rusé - (fàn, rùzê-). Homem pronóstico. ‖ - -loriot (-oriò). Terçol.

compé‖tence f. (-êtãç). Competência. ‖**-tent, ente** adj. (-ã, ãt). Competente. ‖**-titeur** m. (-ár). Competidor. ‖**-tition** f. (-ciõ). Competição.

compi‖llation f. (-aciõ). Compilação. ‖**-ler** vt. (-ê). Compilar.

complainte f. (-ãnt). Endecha [chanson triste]. ‖Queixa, lamúria.

com‖plaire* vi. (-êr). Comprazer. ‖**-plaisance** f. (-ãç). Complacência. ‖**-plaisant, ante** adj. (-ã, ãt). Complacente.

complémen‖t m. (-êmã). Complemento. ‖**-taire** adj. (-ér). Complementar.

com‖plet, ète adj. (-é, ét). Completo, ta. ‖s. m. Fato; terno (Br.). ‖**-plètement** adv. (-ã). Completamente. ‖**-pléter** vt. (-êtê). Completar. ‖**-plexe** adj. e s. m. (-êkç). Complexo, xa.

com‖plication f. (-aciõ). Complicação. ‖**-plice** m. e f. (-iç). Cúmplice. ‖**-plicité** f. (-ê). Cumplicidade. ‖**-plies** f. pl. (-í). Completas.

compli‖ment m. (-ã). Cumprimento. ‖pl. Cumprimentos, parabéns [politesses]. ‖**-menter** vt. (-ê). Cumprimentar.

com‖pliqué, ée adj. (cõ-ê). Complicado, da. ‖**-pliquer** vt. (-ê). Complicar.

com‖plot m. (cõ-ô). Conluio. ‖**-ploter** vt. (-ê). Conluiar, tramar.

componction f. (cõpõkciõ). Compunção.

comporter (se) vr. (çcõportê). Comportar-se.

com‖posant, ante adj. (cõpôzã, ãt). Componente. ‖**-posé, ée** adj. e s. (-ê). Composto, ta. ‖**-poser** vt. (-ê). Compor*. ‖(se) vr. Compor-se*. ‖**-sìte** adj (-ít). Compósito. ‖**-positeur, trice** m. e f. (-ér, tríç). Compositor, ora. ‖**-position** f. (-ciõ). Composição. ‖**-posteur** m. (-oçtár). Componedor.

compen‖sation f. (-ãçaciõ). Compota. ‖En -,

Lettres penchées : accent tonique. ‖V. page verte pour la prononciation figurée. ‖*Verbe irrég. V. à la fin du volume.

COM — CON

loc. (ã-). *Fig.* Num bolo. ‖**-potier** m. (-*ié*). Compoteira, f.; fruteira, f.
compound adj. (cõpund). « Compound » [machines].
com‖préhensible adj. (cõprêãci-). Compreensível. ‖**-préhension** f. (-*iõ*). Compreensão. ‖**-prendre*** vt. (-*ãdr*). Compreender.
com‖presse f. (cõpréç). Compressa. ‖**-presseur** m. (-*âr*). Compressor. ‖**-pression** f. (-*iõ*). Compressão. ‖**-primer** vt. (-*é*). Comprimir.
compris, ise adj. (cõprí, íz). Compreendido, da. ‖*Y -*, loc. Incluindo : *y compris les livres*, incluindo os livros.
compro‖mettant, ante adj. (cõprométã, ãt). Compremetedor, ora. ‖**-mettre*** vt. (-*étr*). Comprometer. ‖**-mis** m. (-*í*). Compromisso. ‖**-mission** f. (-*iõ*). Comprometimento.
comp‖tabiliser vt. (cõta-*é*). Contabilizar. ‖**-tabilité** f. (cõta-*é*). Contabilidade : *comptabilité en partie double*, contabilidade por partidas dobradas. ‖**-table** adj. e s. m. (-*a*-). Contador, guarda-livros. ‖*Expert comptable*, perito contabilista. ‖**-tant** adj. (-*ã*). De contado. ‖adv. À vista : *payer comptant*, pagar à vista. *Au -*, loc. (ô-). A pronto pagamento. ‖**-te** m. (cõt). Conta, f. ‖*- courant* (-*urã*). Conta corrente, f. ‖*- de cuisinière* (-*dãcü-iér*). Continha calada, f. ‖*- rendu* (-*rãdü*). Apreciação, f. ‖*Acta*, f. [d'une séance]. ‖Loc. *A bon compte*, barato. *A compte*, por conta. *Au bout du compte*, afinal de contas. *De compte à demi*, a meias. *Régler son compte à quelqu'un*, ajustar as contas a alguém. *Rendre compte*, dar* contas. ‖**-te-fils** m. (-*il*). Conta-fios. ‖**-te-gouttes** m. (-*ut*). Conta-gotas. ‖**-ter** vt. (-*é*). Contar. ‖Loc. *Compter sur*, contar com. ‖**-teur**, **euse** m. e f. (-*âr, âz*). Contador, ora. ‖**-toir** m. (-*uar*). Balcão [de boutique]. ‖Feitoria, f. [à l'étranger].
compulser vt. (cõpü-*é*). Compulsar.
comput m. (cõpüt). Cômputo.
com‖tal, ale adj. (cõtal). Condal. ‖**-tat** m. (-*ta*). Condado. ‖**-te** m. (cõt). Conde. ‖**-té** m. (-*é*). Condado. ‖**-tesse** f. (-*éç*). Condessa.
concasser vt. (cõcacé). Triturar.

conca‖ve adj. (cõcav). Côncavo, va. ‖**-vité** f. (-*é*). Concavidade.
concéder vt. (cõcêdé). Conceder.
concen‖tration f. (cõçãtraciõ). Concentração. ‖**-trer** vt. (-*é*). Concentrar. ‖**-trique** adj. (-*ic*). Concêntrico, ca.
conception f. (cõcépciõ). Concepção.
con‖cernant part. (cõcérnã). Relativo, va. ‖**-cerner** vt. (-*é*). Dizer* respeito a.
con‖cert m. (cõcér). Concerto. ‖**-certer** vt. (-*é*). Combinar.
concessi‖on f. (cõcéciõ). Concessão. ‖**-onnaire** adj. e s. (-*onér*). Concessionário, ia.
conce‖vable adj. (cõ-*a*-). Concebível. ‖**-voir** vt. (-*uar*). Conceber.
concier‖ge m. e f. (cõciérj). Porteiro, ra. ‖**-gerie** f. (ã*z*i). Funções (pl.) de porteiro, portaria.
conci‖le m. (cõcíl). Concílio. ‖**-liabule** m. (-*abül*). Conciliábulo. ‖**-liant, ante** adj. (-*iã, ãt*). Conciliador, ora. ‖**-liation** f. (-*ciõ*). Conciliação. ‖**-lier** vt. (-*ié*). Conciliar.
conci‖ls, ise adj. (cõcí, íz). Conciso, sa. ‖**-sion** f. (-*iõ*). Concisão.
concitoyen, enne m. e f. (cõ-uatã, én). Concidadão, ã.
conclave m. (cõ-*av*). Conclave.
con‖cluant, ante adj. (cõ-*üã, ãt*). Concludente. ‖**-clure*** vt. (-*ür*). Concluir*. ‖Inferir* [opinion]. ‖vi. Opinar, pronunciar-se por : *conclure à une chose*, pronunciar-se por uma coisa. ‖**-clusion** f. (-*iõ*). Conclusão.
concombre m. (cõcõbr). Pepino.
concor‖dance f. (cõcordãç). Concordância. ‖**-dant, ante** adj. (-*ã, ãt*). Concordante. ‖**-dat** m. (-*a*). Concordata, f. [pape ; commerçants]. ‖**-de** f. (-*ord*). Concórdia. ‖**-der** vi. (-*é*). Concordar.
con‖courir vi. (cõcurír). Concorrer. ‖**-cours** m. (-*ur*). Concurso. Afluência, f.
concr‖et, ète adj. (cõcré, ét). Concreto, ta. ‖**-étion** f. (-*êciõ*). Concreção. ‖**-étiser** vt. (-*é*). Concretizar.
concu‖binage m. (cõcü-aj). Concubinato. ‖**-bine** f. (-*ín*). Concubina.
concupiscence f. (cõcüpiçãç). Concupiscência.

Itálico : acento tónico. ‖V. página verde para a pronúncia figurada. ‖*Verbo irreg. V. no final do livro.

concu‖rremment adv. (cōcùramã). Concorrentemente. ‖-rrence f. (-ãc). Concorrência. ‖Rivalidade. ‖-rrent, ente m. e f. (-ã, ãt). Concorrente. ‖-rrencer vt. (-ê). Fazer* concorrência a.
concussion f. (cōcùciō). Concussão.
condam‖nable adj. (cōdana-). Condenável. ‖-nation f. (-ciō). Condenação. ‖Pena. ‖-né, née adj. (-ê). Condenado, da. ‖-ner vt. (-ê). Condenar.
conden‖sateur m. (cōdãçatár). Condensador. ‖-sation f. (-ciō). Condensação. ‖-ser vt. (-ê). Condensar. ‖-seur m. (-ãr). Condensador.
condescen‖dance f. (cōdéçãdãç). Condescendência. ‖-dant, ante adj. (-ã, ãt). Condescendente. ‖-dre vi. (-ãdr). Condescender.
condiment m. (cōdi-). Condimento.
condisciple m. (cōdici-). Condiscípulo.
condi‖tion f. (cō-ciō). Condição. ‖A - que, loc. Contanto que. ‖Loc. Être en condition, estar* a servir*. ‖-tionné, ée adj. (-oné). Condicionado, da. ‖-tionnel, elle adj. e s. m. (-él). Condicional. ‖-tionnement m. (-ã). Condicionamento. ‖-tionner vt. (-é). Acondicionar; condicionar.
condoléance f. (cōdoleãç). Condolência. ‖Loc. Présenter ses condoléances, dar* os pêsames.
condor m. (cōdor). Condor.
con‖ductance f. (-ãç). Condutância. ‖-ducteur, trice adj. (cōdùctàr, riç). Condutor, ora ; vaqueano (Br.). ‖-ductibilité f. (-é). Condutibilidade. ‖-ductivité f. (-é). Condutividade. ‖-duire* vt. (-ùir). Conduzir*. ‖ Liderar (Br.) [politique]. ‖ (se) vr. Conduzir-se*, comportar-se. ‖-duit m. (-ùi). Conduto, canal. ‖-duite f. (-ùit). Condução. ‖- intérieure, automóvel fechado, m. ‖Cano, m., canalização [eau, gaz].
cône m. (côn). Cone.
confec‖tion f. (cōfékciō). Confecção. ‖Roupa feita [vêtements]. ‖-tionner vt. (-oné). Confeccionar, fabricar. ‖-tionneur, euse m. e f. (-ãr, ãz). Confeccionador, ora. ‖ Costureiro, ra, alfaiate.

confédé‖ration f. (cōfêdêraciō). Confederação. ‖-rer vt. (-é). Confederar.
confé‖rence f. (cōfêrãç). Conferência. ‖-rencier m. (-ié). Conferencista. ‖-rer vt. (-ê). Conferir*, conceder [accorder]. ‖Cotejar [comparer]. ‖vi. Conferenciar [converser].
con‖fesse f. (cōféç). Confissão : aller à confesse, ir* confessar-se. ‖-fesseur m. (-ãr). Confessor. ‖-fession f. (-iō). Confissão. ‖-fessionnal m. (-onal). Confessionário.
confetti m. pl (cōféti). Papelinhos.
con‖fiance f. (cō-ãç). Confiança. ‖-fiant, ante adj. Confiante. ‖-fidence f. (-ãç). Confidência. ‖-fident, ente m. e f. (-ã, ãt). Confidente. ‖-fidentiel, elle adj. (-ciél). Confidencial. ‖-fier vt. (-ié). Confiar. ‖ (se) vr. Fiar-se. ‖Sint. Se confier à, fiar-se em, confiar em.
configuration f. (cō-uraciō). Configuração.
con‖finement m. (cō-ã). Isolamento. ‖-finer vi. (-é). Confinar. ‖vt. Encerrar [reléguer]. ‖-fins m. pl. (-ãn). Confins.
confire* vt. (cōfir). Confeitar [sucre]. ‖Pôr* de conserva [vinaigre].
confir‖mation f. (cō-rmaciō). Confirmação. ‖-mer vt. (-ê). Confirmar.
confiscation f. (cō-çcaciō). Confiscação.
confi‖serie f. (cō-ri). Confeitaria. ‖-seur, euse m. e f. (-ãr, ãz). Confeiteiro, ra.
confisquer vt. (cō-çké). Confiscar, embargar.
con‖fit, ite adj. (cōfi, it). Confeito, ta [sucre]. ‖De conserva [vinaigre]. ‖Fig. Cheio, a [dévotion]. ‖s.m. Conserva, f. ‖-fiture f. (-ùr). Doce, m., compota. ‖-fiturier, ère adj. e s. (iê, êr). Confeiteiro, ra.
conflagration f. (cō-agraciō). Conflagração.
conflit m. (cō-i). Conflito, pleito.
con‖fluent m. (cō-ùã). Confluente. ‖-fluer vi. (-ùé). Confluir*.
confondre vt. (cōfōdr). Confundir.
confor‖mateur m. (cōformatãr). Conformador. ‖-mation f. (-ciō). Conformação, forma. ‖-me adj. (-orm). Conforme. ‖-mément adv.

Lettres penchées : accent tonique. ‖V. page verte pour la prononciation figurée. ‖*Verbe irrég. V. à la fin du volume.

(-êmã). Em conformidade. ‖-mer vt. (-é). Conformar. ‖-mité f. (-ê). Conformidade.
confor‖t m. (cōfor). Conforto, comodidade, f. ‖-table adj. (-a-). Confortável; cómodo, da. ‖-ter vt. (-é). Confortar.
con‖frère m. (cōfrér). Confrade. Colega, m. e f. ‖-frérie f. (-èri). Confraria. ‖-frontation f. (-ōtaciõ). Confrontação. ‖ Acareação [judiciaire]. ‖-fronter vt. (-é). Confrontar. ‖ Acarear [en justice].
Confucius n. pr. (cōfùciùç). Confúcio.
con‖fus, use adj. (cōfù, ùz). Confuso, sa. ‖-fusément adv. (-êmã). Confusamente. ‖-sion f. (-iõ). Confusão; angu, m. (Br. de Rio).
congé‖ m. (cōjé). Autorização, f. [pour s'absenter]. ‖ Despedida, f. [domestique, maison]. ‖ Feriado [écoles]. ‖ Loc. Donner congé, despedir*. Etre en congé, estar* em férias. Pour prendre congé, a despedir-se [abr. em francês : p. p. c.]. Prendre congé, despedir-se*. ‖-dier vt. (-êdié). Despedir*.
con‖gélation f. (cōjélaciõ). Congelação. ‖-geler vt. (-é). Congelar.
congénère adj. e s. (cōjênér). Congénere.
congénital, ale adj. (cōjê-al). Congénito, ta.
congest‖ion f. (cōjéçtiõ). Congestão. ‖-ionner vt. (-oné). Congestionar.
conglomérat m. (cō-omêra). Conglomerado.
congratu‖lation f. (cōgratùlaciõ). Congratulação. ‖-ler vt. (-é). Felicitar.
congre m. (cōgr). Congro.
congréga‖niste m. (cōgrêganiçt). Congreganista. ‖-tion f. (-ciõ). Congregação.
con‖grès m. (cōgré). Congresso. ‖-gressiste m. e f. (-içt). Congressista.
congru, ue adj. (cōgrù). Côngruo, ua.
co‖nifère adj. e s. (co-ér). Conífero, ra. ‖-nique adj. (-ic). Cónico, ca.
conjec‖ture f. (cōjéctùr). Conjectura. ‖-turer vt. (-é). Conjecturar.
con‖joint, inte m. e f. (cōjuàn, ànt). Cônjuge [époux]. ‖ adj. Unido, da;

ligado, da. ‖-jointement adv. (-ã). Juntamente.
conjonc‖tif, ive adj. e s. f. (cōjōctìf, ìv). Conjuntivo, va. ‖-tion f. (-kciõ). Conjunção. ‖-ture f. (-ùr). Conjuntura [occasion].
conju‖gaison f. (cōjùghézō). Conjugação. ‖-gal, ale adj. (-al). Conjugal. ‖-guer vt. (-é). Conjugar. conjungo m. Pop. (cōjōgō). Casamento.
conjur‖ateur m. (cōjùratâr). Conjurador. ‖-ation f. (-ciõ). Conjuração. ‖-er vt. e vi. (-é). Conjurar.
conna‖issable adj. (conéca-). Conhecível. ‖-issance f. (-âç). Conhecimento, m. ‖ Loc. A ma connaissance, que eu saiba. Etre en pays de connaissance, estar* em terra conhecida. ‖-issement m. (-ã). Conhecimento (dir.). ‖-isseur m. (-âr). Conhecedor, entendedor. ‖-ître* (-étr). Conhecer. ‖ (se) vr. Ser* entendido. ‖ S'y connaître en, ser* perito em.
connecteur m. (conéctâr). Aparelho de conexão, conector.
connétable m. (conêta-). Condestável. ‖-exe adj. (conécs). Conexo, xa. ‖-xion f. (-iõ). Conexão.
connivence f. (co-âç). Conivência.
connu, ue part. de connaître e adj. (conù). Conhecido, da.
conque f. (cōc). Concha, búzio, m.
con‖quérant, ante adj. e s. (cōkêrã, ãt). Conquistador, ora. ‖-quérir* vt. (-ír). Conquistar. ‖-quête f. (-êt). Conquista.
Conrad n. pr. (cōrad). Conrado.
consa‖crant adj. e s. m. (cōçãcrã). Consagrante. ‖-crer vt. (-é). Consagrar.
consanguin, ine adj. (cōçãghàn, ìn). Consanguíneo, ea.
con‖science f. (cōciãç). Consciência. ‖-sciencieux, euse adj. (-iâ, âz). Conscienciôso, sa. ‖-sclent, ente adj. (-iã, ãt). Consciente.
cons‖cription f. (cōçcripciō). Recrutamento, m. ‖-crit m. (-ì). Recruta, conscrito.
consécration f. (cōçêcraciō). Consagração.
consécutif, ive adj. (cōcêcùtìf, ìv). Consecutivo, va.
con‖seil m. (cōcéi). Conselho. ‖ Con-

Itálico : acento tónico. ‖ V. página verde para a pronúncia figurada. ‖ *Verbo irreg. V. no final do livro.

selheiro [conseiller]. ‖ Consultor [avocat]. ‖-seiller m. (-ité). Conselheiro. ‖vt. Aconselhar. ‖-seilleur m. (-iár). Aconselhador.
consen‖tant, ante adj. (cõçtã, ãt). Consentidor, ora. ‖-tement m. (-ã). Consentimento. ‖-tir* vt. (-ír). Autorizar. ‖vi. Consentir*.
con‖séquence f. (cõcêcãç). Consequência. ‖ Loc. En conséquence, por conseguinte. Tirer à conséquence, ser* importante. ‖-séquent, ente adj. (-ã, ãt). Consequente. Par conséquent, por conseguinte.
conser‖vateur, trice adj. e s. (cõcérvatár, ríç). Conservador, ora. ‖-vation f. (-ció). Conservação. ‖-vatoire adj. e s.m. (-uar). Conservatório, ia, s. f. ‖-ve f. (-érv). Conserva. ‖-ver vt. (-é). Conservar. ‖-verie f. (-vrí). Conservaria.
considé‖rable adj. (cõ-êra-). Considerável. ‖-rant m. (-ã). Considerando. ‖-ration f. (-ació). Consideração. ‖-rer vt. (-é). Considerar.
consi‖gnataire s. (cõ-nhatér). Consignatário. ‖-gnation f. (-ció). Consignação : Caisse des dépôts et consignations, caixa geral de depósitos. ‖-gne f. (-ính). Ordem, senha. ‖Arrecadação. ‖-gner vt. (-é). Consignar.
consis‖tance f. (cõ-çtãç). Consistência. ‖-tant, ante adj. (-ã, ãt). Consistente. ‖-ter vi. (-é). Consistír. ‖-toire m. (-uar). Consistório.
conso‖lable adj. (cõçola-). Consolável. ‖-lant, ante adj. (-ã, ãt). Consolador, ora. ‖-lateur, trice adj. e s. (-ár, ríç). Consolador, ora. ‖-lation f. (-ció). Consolação. ‖-le f. (-ol). Consola [meuble]. ‖ Mísula [architecture]. ‖-ler vt. (-é). Consolar. ‖-lider vt. (-é). Consolidar.
consom‖mateur m. (cõçomatár). Consumidor. ‖Consumador [qui termine]. ‖-mation f. (-ció). Consumação [fin]. ‖Consumo, m. [action de consommer]. ‖Bebida [dans un café]. ‖-mé, ée adj. (-é). Consumado, da [parfait]. ‖s. m. Caldo de substância [bouillon]. ‖-mer vt. (-é). Consumar [terminer]. ‖Consumir [user].

consomption f. (cõçõpció). Consumpção.
con‖sonance f. (cõçonãç). Consonância. ‖-sonne f. (-on). Consoante.
consor‖t adj. (cõçor). Consorte. ‖-tium m. (-çiom). Consórcio.
conspi‖rateur, trice m. e f. (cõç-ratár, ríç). Conspirador, ora. ‖-ration f. (-ció). Conspiração.
conspuer vt. (cõçpüé). Conspurcar.
cons‖table m. (cõçta-). Polícia inglês. ‖-tamment adv. (-ã). Constantemente. ‖-tance f. (-ãç). Constância.
Cons‖tance n. pr. (cõçtã). Constâncio, cia. ‖-tant n. pr. (-ã). Constante.
constant, ante adj. (cõçtã, ãt). Constante.
Constant‖in n pr. (cõçtãtãn). Constantino. ‖-inople n. pr. (-o-). Constantinopla.
cons‖tat m. (cõçta). Verificação, f. ‖-tatation f. (-ació). Comprovação. ‖-tater vt. (-é). Verificar.
conste‖llation f. (cõçtélació). Constelação. ‖-llé, ée adj. (-é). Constelado, da.
conster‖nation f. (cõçtérnació). Consternação. ‖-ner vt. (-é). Consternar.
consti‖pation f. (cõç-ació). Prisão de ventre. ‖-per vt. (-é). Prender (o ventre).
constitu‖ant, ante adj. (cõç-üã, ãt). Constituínte. ‖-é, ée adj. (-é). Constituído, da. ‖-er vt. (-é). Constituír*. ‖-tion f. (-ció). Constituição. ‖-tionnel, elle adj. (-onél). Constitucional.
constriction f. (-trikció). Constrição.
constru‖cteur m. (cõçtrüctár). Construtor. ‖-ctif, ive adj. (-if, ív). Construtivo. va. ‖-ction f. (-kció). Construção. ‖-ire* vt. (-üír). Construír*.
con‖sul m. (cõçül). Cônsul. ‖-sulaire adj. (-ér). Consular. ‖-sulat m. (-a). Consulado.
consul‖tant adj. (cõçü-ã). Consultante. ‖-tatif, ive adj. (-atíf, ív). Consultivo. va. ‖-tation f. (-ació). Consulta. ‖-ter vt. (-é). Consultar.
consumer vt. (cõçümé). Consumir.
con‖tact m. (cõtact). Contacto : au

Lettres penchées : accent tonique. ‖ V. page verte pour la prononciation figurée. ‖ *Verbe irrég. V. à la fin du volume.

contact de, em contacto com. ‖**-acter** vi. (-acté). Contact*ar*.
con‖tagieux, euse adj. (cõtajiâ, âz). Contag*ioso*, sa. ‖**-tagion** f. (-iõ). Contág*io*, m. ‖**-tagionner** vt. (-oné). Contagi*ar*. ‖**-taminer** vt. (cõta-é). Contamin*ar*.
conte m. (cõt). Cont*o*.
contem‖plateur, trice m. e f. (cõtā--atôr, rĭç). Contemplad*or*. ora. ‖**-platif, ive** adj. (-if, ív). Contemplat*ivo*, va. ‖**-plation** f. (-ciõ). Contemplaç*ão*. ‖**-pler** vt. (-é). Contempl*ar*.
contemporain, aine adj. (cõtãporàn, én). Contemporân*eo*, ea.
contempteur m. (cõtãptâr). Desprezad*or*.
conte‖nance f. (cõ-ãç). Extens*ão*, capacid*ade*. ‖Porte, m. [maintien]. ‖Loc. *Faire bonne contenance*, mostrar presença de espírito. *Perdre contenance*, perder* a cabeça. *Se donner une contenance*, ocultar o embaraço. ‖**-nant, ante** adj. e s. m. (-ã, ãt). Continent*e*. ‖**-nir*** vt. (-ír). Conter*.
conten‖t, ente adj. (cõtã, ãt). Content*e*. ‖**-tement** m. (-ã). Contentament*o*. ‖**-ter** vt. (-é). Content*ar* : *se contenter de*, contentar-se com.
contentieux, euse adj. e s.m. (cõtãciâ, âz). Contenc*ioso*, sa.
contenu m. (cõ-ù). Conteúd*o*, capacid*ade*, f.
conter vt. (cõté). Cont*ar*. ‖Loc. *En conter, en conter de belles*, dizer* cousas extraordinárias, pregar mentiras. *Conter fleurette*, galante*ar*.
contes‖tation f. (cõtéçtaciõ). Contestaç*ão*, altercaç*ão*. ‖**-ter** vt. (-é). Contest*ar*, neg*ar*.
conteur, euse adj. e s. (cõtâr, âz). Cont*ista*.
conti‖gu, uë adj. (cõ-ù). Contíg*uo*, gua. ‖**-guité** f. (-ùité). Contiguid*ade*.
contin‖ence f. (cõ-ãç). Continênc*ia*. ‖**-ent, ente** adj. e s.m. (-ã, ãt). Continent*e*. ‖**-ental, ale** adj. (-al). Continent*al*.
contin‖gence f. (cõtãnjãç). Contingênc*ia*, f. ‖**-gent, ente** adj. e s. m. (-ã, ãt). Contingent*e*. ‖**-gentement** m. (-ã). Fixaç*ão* (f.) dum contingente.

‖**-genter** vt. (-é). Fixar um contingente.
conti‖nu, ue adj. (cõ-ù). Contín*uo*, ua. ‖**-nuateur, trice** m. e f. (-atôr, rĭç). Continuad*or*, ora. ‖**-nuation** f. (-ciõ). Continuaç*ão*. ‖**-nuel, elle** adj. (-ùèl). Contín*uo*, ua. ‖**-nuer** vt. e vi. (-é). Continu*ar*, segu*ir**. ‖**-nuité** f. (-é). Continuid*ade*.
contondant, ante adj. (cõtõdã, ãt). Contundent*e*.
contors‖ion f. (cõtorciõ). Contors*ão*. ‖**-ionniste** s. (-içt). Contorcion*ista*.
con‖tour m. (cõtur). Contorn*o*. ‖**-tourner** vt. (-é). Contorn*ar*.
con‖tractant, ante adj. (cõtractã, ãt). Contratant*e* [qui contracte]. Contraent*e* [qui resserre]. ‖**-tracté, ée** adj. (-é). Contraíd*o*, da ; contracto, ta [grammaire]. ‖**-tracter** vt. (-é). Contrat*ar* [faire un contrat]. ‖Contrair* [acquérir, mariage, amitié, etc., diminuer]. ‖**-traction** f. (-kciõ). Contracç*ão*.
contra‖dicteur m. (cõtra-ctâr). Contradit*or*. ‖**-diction** f. (-ciõ). Contradiç*ão*. ‖**-dictoire** adj. (-uar). Contradit*ório*, ria.
con‖traindre* vt. (cõtrãndr). Constrang*er*. ‖Obrig*ar*, forç*ar*. ‖Incomod*ar*. ‖*Contraindre de*, obrigar a. ‖**-traint, ainte** adj. (-ãn, ãnt). Constrang*ido*, da. ‖Incomodad*o*, da. ‖Obrigad*o*, da. ‖**-trainte** s.f. Coacç*ão*, constrangiment*o*, m. ‖Inc*ómodo*, m., embaraç*o*, m.
contraire adj. (cõtrér). Contrári*o*, ria.
contralto m. (cõtra-ô). Contralt*o*.
contra‖riant, ante adj. (cõtrariã, ãt). Contrariant*e*. ‖**-rier** vt. (-é). Contrari*ar*. ‖**-riété** f. (-été). Contraried*ade*.
contr‖aste m. (cõtraçt). Contrast*e*. ‖**-aster** vi. (-é). Contrast*ar*.
contrat m. (cõtra). Contrat*o*.
contravention f. (cõtravãciõ). Contravenç*ão*.
contre prep. (cõtr). Contr*a*. ‖Encostado a [adossé]. ‖Por [échange]. ‖s.m. Contr*a*. ‖Loc. *Ci-contre*, ao lado. *Par contre*, pelo contrário. *Tout contre*, mesmo ao pé. ‖**-amiral** m. (-a-ral). Contra-almirant*e*. ‖**-assurance** f. (-açûrãç). Resseguro, m. ‖**-attaque** f. (-atac). Con-

---

Itálico : acento tónico. ‖V. página verde para a pronúncia figurada. ‖*Verbo irreg. V. no final do livro.

tra-ataque, m. ‖- -balancer vt. (-balăcê). Contrabalançar. ‖-bande f. (-ábád). Contrabando, m. ‖-bandier m. (-ié). Contrabandista. ‖-bas (en) loc. (-ã-ába). Em nível inferior. ‖- -basse f. (-aç). Contrabaixo, m. ‖- -carrer vt. (ăcaré). Contrariar. ‖- -cœur (à) loc. adv. (-âcŏr). De má vontade. ‖-coup m. (-u). Repercussão, f. ‖-danse f. (-áç). Contradança. ‖-dire* vt. (-ír). Contradizer*. ‖-dit m. (-i). Contradita, f. ‖Sans-, loc. (çã-). Sem contradição.
contrée f. (cōtré). Região.
contre‖-expertise f. (-rékepértiz). Segunda vistoria. ‖-façon f. (-àfaçō). Falsificação. ‖-facteur m. (-ctăr). Falsificador, contrafactor. ‖-faire vt. (-ér). Contrafazer*. ‖ Arremedar [imitar les personnes ou des animaux]. ‖-fait, aite adj. (-é, ét). Contrafeito, ta. ‖Disforme. ‖-fort m. (-or). Contraforte. ‖- -jour m. (-ur). Contraluz. ‖- -maitre, esse m. e f. (-etr, éç). Contramestre, tra; capataz, m. ‖- -mander vt. (-ádé). Contra-ordenar. ‖- -marche f. (-arx). Contramarcha. ‖- -marque f. (-arc). Contramarca. ‖- -mine f. (-ín). Contramina. ‖- -ordre m. (ordr). Contra-ordem, f. ‖- -partie f. (-arti). Contrapartida. ‖Fig. Opinião contrária. ‖- -pied m. (-ié). Sentido oposto. ‖Loc. Prendre le contre-pied, defender o contrário. ‖- -plaqué m. (-aké). Contraplacado. ‖- -poids m. (-ua). Contrapeso. ‖- -poil m. (-ual). Contrapelo. ‖- -point m. (-uăn). Contraponto. ‖- -poison m. (-uază). Contraveneno. ‖- -porte f. (-ort). Guarda-vento, m. ‖- -projet m. (-rojé). Contraprojecto. ‖- -scarpe f. (-çarp). Contra-escarpa. ‖- -seing m. (-ê). Referenda, f. ‖- -sens m. (-çăç). Contra-senso [erreur]. ‖Significação contrária. ‖A-, loc. adv. Às avessas. ‖- -signer vt. (-nhé). Referendar. ‖- -temps m. (-ã). Contratempo. ‖-venant, ante adj. (-ã, ăt). Contraventor, ora. ‖- -venir vi. (-ír). Transgredir*. ‖- -vent m. (-ã). Contravento. ‖- -visite f. (-ít). Contravisita.
contri‖buable adj. e s. (cōtríbùa-).

Contribuinte. ‖-buer vi. (-ùé). Contribuir*. ‖-butif, ive adj. (-íf, ív). Contributivo, va. ‖-bution f. (-ció). Contribuição.
contr‖ister vt. (cōtriçté). Contristar. ‖-it, ite adj. (-i, it). Contrito, ta. ‖-ition f. (-ció). Contrição.
contrô‖le m. (cōtrôl). Registo, inspecção, f. ‖Comprovação, f., verificação, f. ‖Contraste [bijoux, métaux]. ‖Fiscalização, f. ‖Fig. Crítica, f., censura, f. ‖-ler vt. (-é). Registar, inspeccionar. ‖Comprovar, verificar. ‖Pôr* a marca [bijoux, métaux]. ‖Fig. Criticar, censurar. ‖-leur, euse m e f. (-ăr, ăz). Fiscal, inspector ora, verificador, ora. ‖Empregado da contrastaria [poids et mesures]. ‖Condutor (nos transportes públicos). ‖Fig. Crítico.
controuver vt (cōtruvé). Inventar, forjar.
contro‖verse f. (cōtrovérç). Contrevérsia. ‖-verser vi. (-é). Controverter.
contu‖mace m. (cōtùmaç). Contumácia. ‖m. Contumaz. ‖-max m. (-akç). Contumaz.
contu‖s, use adj. (cōtù, ùz). Contuso, sa. ‖-s-on f. (-ió). Contusão. ‖-sionner vt. (-oné). Contundir.
conv‖aincant, ante adj. (cōvănca, ăt). Convincente. ‖-aincre* vt. (cōvăncr). Convencer. ‖-aincu, ue adj. (-ù). Convencido, da; convicto, ta.
conva‖lescence f. (cōvaléçăç). Convalescença. ‖-lescent, ente m. e f. (-ă, ăt). Covalescente.
convection f. (cōvékció). Convecção.
conve‖nable adj. (cō-a-). Conveniente. ‖-nance f. (-ăç). Conveniência, f. ‖-nir* vi. (-ír). Convir*. ‖Sint. Convenir de, ou sur une chose. Combinar uma coisa. Convenir de ses erreurs, reconhecer os seus erros. ‖Obs. Auxiliar avoir quando exprime « conveniência », aux. être quando exprime « acordo ».
conven‖tion f. (cōváció). Convenção. ‖pl. Cláusulas. ‖-tionalisme m. (-ònalíçm). Convencionalismo. ‖-tionnel, elle adj. (-onél). Convencional.
conver‖gent, ente adj. (cōvérjă, ăt). Convergente ‖-ger vi. (-é). Convergir*.

convers, erse adj. (cõvér, érç). Converso, sa [couvents].
conver‖sation f. (cõvérçaciõ). Conversação. ‖-ser vi. (-é). Conversar.
con‖version f. (cõvérciõ). Conversão. ‖-vertir vt. (-ír). Converter. ‖-vertisseur m. (-ár). Conversor.
conve‖xe adj. (cõvékç). Convexo, xa. ‖-xité f. (-é). Convexidade.
convict m. (cõvíct). Degredado.
conviction f. (cõ-kciõ). Convicção.
con‖vié, ée adj. e s. (cõvié). Convidado, da. ‖-vier vt. (-ié). Convidar. ‖-vive m. (ív). Convíva.
convocation f. (cõvocaciõ). Convocação.
convoi m. (cõvua). Enterro. ‖ Mil. e mar. Comboio. ‖ Comboio; trem (Br.) [chemins de fer].
convoi‖table adj. (cõvuatá-). Cobiçável. ‖-ter vt. (-é). Cobiçar. ‖-tise f. (-íz). Cobiça.
convoler vi. (cõvolé). Tornar a casar.
convolvulus m. (cõvo-ùlùç). Convólvulo.
convoquer vt. (cõvoké). Convocar.
convo‖yer vt. (cõvuaié). Comboiar. ‖-yeur m. (-iár). Comboieiro.
convul‖sé, ée adj. (cõvù-é). Convulso, sa. ‖-ser vt. (-é). Convulsionar. ‖-sif, ive adj. (-íf, ív). Convulsivo, va. ‖-sion f. (-iõ). Convulsão.
coolie m. (culí). Cóli, cole.
coopé‖rateur, trice adj. e s. (coopératôr, ríç). Cooperador, ora. ‖-ratif, ive adj. (-íf, ív). Cooperativo, va. ‖-ration f. (-ciõ). Cooperação. ‖-ratisme m. (-içm) Cooperativismo. ‖-rer vi. (-é). Cooperar.
coor‖dination f. (coor-aciõ). Coordenação. ‖-donné, ée adj. e s. f. (-oné). Coordenado, da. ‖-donner vt. (-é). Coordenar.
copahu m. (copaù). Copaíba, f.
copain m. (copán). Companheiro, amigo.
copal m. (copal). Copal.
copartager vi. (copartajé). Co-participar, compartilhar, partilhar.
copeau m. (copô). Apara, f.
co‖pie f. (copí). Cópia. ‖ Original, m. [imprimerie]. ‖ - de lettres (-étr). Copiador, m. ‖ -pier vt. (-ié). Copiar. ‖-pieux, euse adj. (-iâ, âz). Copioso, sa.

copiste m. (-içt). Copista, escrevente.
copropriétaire m. e f. (copropriétér). Co-proprietário, ria.
copte adj. e s. (copt). Copta.
copyright m. (opérait). Direito de editor.
coq‖ m. (coc). Galo. ‖ Mar. Cozinheiro. ‖ - de bruyère (-dã brüiér). Tetraz. ‖ Loc. Comme un coq en pâte, como o peixe na água. Etre le coq du village, ser* o mais importante da terra. Fier comme un coq, muito orgulhoso. Rouge comme un coq, encarnado como um pimentão. ‖ - à l'âne m. (-an). Despropósito.
coque f. (coc). Casca. ‖ Mar. Casco, m. [bateau].
coquelicot m. (co-ô). Papoula, f.
coqueluche f. (co-üx). Tosse convulsa. ‖ Loc. Etre la coqueluche de, ser* o menino bonito de. Estar* muito em voga.
coquemar m. (co-ar). Chaleira, f.
coquerico m. (cocr-ô). Cocorocó.
co‖quet, ette adj. (coké, ét). Presumido, da [personnes]. ‖ Galante [femme]. ‖ Lindo, da; gracioso, sa [choses]. ‖-queter vi. (-kté). Provocar, namoriscar. ‖ -quetier m. (-ié). Oveiro. ‖-quettement adv. (-é-á). Garridamente.
co‖quillage m. (cokiiáj). Concha, f. ‖ Marisco [comestible]. ‖-quille f. (-iiâ). Concha. ‖ Casca [œuf, noix]. ‖ Gralha [typographie]. ‖ Marca de papel (44 × 56 cm). ‖ Loc. Portez vos coquilles ailleurs, quem não te conhecer que te compre.
co‖quin, ine adj. e s. (cocãn, ín). Patife, fa. ‖-quinerie f. (-rí). Patifaria.
cor m. (cor). Corno [cerf]. ‖ Mús. Trompa, f. [chasse, orchestre]. ‖ Calo [peau]. ‖ Loc. A cor et à cri, com grande barulho, com grande insistência.
co‖rail m. (corai). Coral.
coran m. (corã). Alcorão.
corbeau m. (corbô). Corvo.
cor‖beille f. (corbéi). Canastra, açafate, m., cesto, m. ‖ Canteiro, m. [jardin]. ‖ - de mariage (-ariaj). Prendas, pl. (da noiva). ‖-billard m. (-iiár). Carreta (f.) de enterro. ‖-bin m. (-ãn). Corvo : bec de corbin, instrumento de ponta recurva.

Itálico : acento tônico. ‖V. página verde para a pronúncia figurada. ‖*Verbo irreg. V. no final do livro.

cor‖dage m. (cordaj). Cordame, massame. ‖-de f. (cord). Corda. ‖Baraço, m. ‖Trama [étoffes]. ‖Corda bamba [jongleurs]. ‖Antiga medida de lenha (4 esteres). ‖Fig. Forca [potence]. ‖Loc. Avoir plusieurs cordes à son arc, ter* recursos vários. Friser la corde, merecer a forca. Montrer la corde, mostrar o fio. Tenir la corde, levar vantagem. Usé jusqu'à la corde, no fio, coçado. ‖-deau m. (-ô). Cordel. ‖-delette f. (-âlét). Cordínha. ‖-delier m. (-ié). Franciscano. ‖-delière f. (-iér). Cordão, m. ‖Franciscana [sœur]. ‖-der vt. (-ê). Amarrar com corda [attacher]. ‖Torcer [tordre]. ‖Cordear [mesurer]. ‖(se) vr. Torcer-se. ‖-derie f. (-âri). Cordoaria.
cordia‖l, ale adj. e s. m. (cordial). Cordial. ‖-lité f. (-é). Cordialidade.
cordier m. (cordié). Cordoeiro.
cor‖don m. (cordô). Cordão. ‖Fita, f. [chapeau]. ‖Serrilha, f. [monnaies]. ‖- bleu m. (-â). Boa cozinheira, f. ‖-donner vt. (-oné). Torcer, enrolar. ‖-donnerie f. (-onrí). Sapataria. ‖-donnet m. (-é). Trancelim, torçal, retrós. ‖-donnier, ère m. e f. (-ié, ér). Sapateiro, ra.
Cordoue n. pr. (cordu). Córdova.
coreligionnaire m. e f. (corâ-onér). Correligionário, ria.
coriace adj. (coriaç). Coriáceo, ea.
coricide m. (cor-id). Calicida.
corindon m. (corândô). Corindo.
Corinthe n. pr. (corânt). Corinto.
corinthien, enne adj. e s. (corântiân, én). Coríntio, ia.
cormoran m. (cormorâ). Alcatraz.
cornac m. (cornac). Cornaca.
cornaline f. (cornalin). Cornalina.
cor‖ne f. (corn). Corno, m., chifre, m.; aspa (Br. du S.). ‖ Antena [insecte]. ‖Casco, m. [cheval]. ‖Calçadeira [pour chausser]. ‖- d'abondance (-âdabôdâç). Cornucópia. ‖Loc. Corne de cerf, raspas de veado. Montrer les cornes, mostrar os dentes. ‖-né, ée adj. (-é). Córneo, ea. ‖s. f. Córnea.
corneille f. (cornéi). Gralha.
cornemuse f. (cornâmüz). Gaita de foles.
cor‖ner vt. (corné). Marrar. ‖Tocar a buzina. ‖vi. Zumbir [oreilles]. ‖-net m. (-é). Corneta, f. ‖Cartucho [de papier]. ‖Corneto [nez]. ‖- à pistons (-çtô). Cornetím. ‖- à bouquin (-ucân). Corneta, f. [de chifre]. ‖-nette f. (-ét). Touca. ‖Estandarte, m. [drapeau]. ‖-niche f. (-ix). Cornija. ‖-nichon m. (-ô). Pepino pequeno. ‖Fig. e pop. Tolo, imbecil. ‖-nier, ère adj. (ié, ér). Angular.
cornouil‖le f. (cornuiiâ). Cornisolo, m. ‖-ller m. (-iié). Corniso.
cornu, ue adj. (cornü). Cornudo, da. ‖s. f. Retorta.
Corogne (La) n. pr. (lacoronh). Corunha.
co‖rollaire m. (colorér). Corolário. ‖-rolle f. (-ol). Corola.
corpo‖ral m. (corporal). Corporal. ‖-ration f (-râció). Corporação. ‖-ratisme m. (-râtiçm). Corporativismo. ‖-re, elle adj. (-él). Corporal, corpóreo, ea.
cor‖ps m. (cor). Corpo. ‖Loc. A bras-le-corps, com os braços em volta do corpo. A son corps défendant, contra sua vontade. A corps perdu, sem reflectir. Corps enseignant, corpo docente. ‖-pulence f. (-ùlâç). Corpulência. ‖-pulent, ente adj. (-â, ât). Corpulento, ta. ‖-puscule m. (-çcùl). Ccrpúsculo.
correc‖t, ecte adj. (coréct). Correcto, ta. ‖-teur f. (-âr). Corrector. ‖-tif, ive f. (-if, iv). Correctivo, va. ‖-tion f. (-kció). Correcção. ‖-tionnel, elle adj. (-onél). Correccional.
corréla‖tif, ive adj. (corélatif, iv). Correlativo va. ‖-tion f. (-ció). Correlação.
correspon‖dance f. (coréçpôdâç). Correspondência. ‖-dancier m. (-ié). Correspondente (com.). ‖-dant, ante adj. e s. (-â, ât). Correspondente. ‖-dre vi. (-ôdr). Corresponder.
corridor m. (cor-or). Corredor.
corri‖gé m. (cor-é). Correcção, f. ‖-ger vt. (-é). Corrigir.
corroborer vt. (coroboré). Corroborar.
corroder vt. (corodé). Corroer*.
corrompre* vt. (corôpr). Corromper.
corro‖sif, ive adj. (corozif, iv). Corrosivo, va. ‖-sion f. (-ió) Corrosão.

corro‖yer vt. (coruaié). Curtir, surrar. ‖-yeur m. (-iăr). Surrador.

corrup‖teur, trice adj. et s. (corüăr, rĭç). Corruptor, ora. ‖-tion f. (-ció). Corrupção.

cors m. pl. (cor). Esgalhos [cerf].

corsage m. (corçáj). Corpo, corpete.

corsaire m. (corcĕr). Corsário.

corse adj. (corç). Corso, sa.

Corse n. pr. (corç). Córsega.

corsé, ée adj. (corcĕ). Forte, encorpado, da.

cor‖selet m. (corçâlé). Corselete. ‖-ser vt. (-ĕ). Dar* força, dar* corpo. ‖-set m. (-ĕ). Espartilho. ‖-setier, ère m. e f. (-âtiĕ, ĕr). Espartilheiro, ra.

cortège m. (cortéj). Cortejo.

cortical, ale adj. (cor-al). Cortical.

cor‖véable adj. (corvĕa-). Sujeito à corveia : *taillable et corvéable à merci*, submetido a toda a espécie de obrigações. ‖-vée f. (-ĕ). Corveia. ‖*Mil.* Faxina. ‖*Fig.* Maçada.

corvette f. (corvĕt). Corveta.

corymbe m. (corănb). Corímbo.

cory‖phée m. (corifĕ). Corifeu. ‖-za m. (-a). Coriza, f., defluxo.

cosaque m. (cozac). Cossaco.

cosinus m. (cocinŭç). Cosseno.

cosmétique m. (coçmĕtĭc). Cosmético.

cosm‖ique adj. (coçmĭc). Cósmico, ca. ‖-ographie f. (-ografĭ). Cosmografia. ‖-opolite adj. (-olĭt). Cosmopolita.

cosse f. (coç). Vagem. ‖ Loc. *Parchemin en cosse*, pele de carneiro sem lã.

cossette f. (cocĕt). Fragmento de beterraba cortada para se lhe extrair o açúcar.

cossu, ue adj. (coçŭ). Abastado, da.

costaud, de adj. (coçtô, d). Atarracado, da. ‖ *Argot*. s. m. Brutamontes.

costu‖me m. (coçtŭm). Traje. ‖-mer vt. (-ĕ). Vestir*. ‖Mascarar [déguiser]. ‖-mier m. (-iĕ). Guarda-roupa.

cotation f. (cotació). Cotação.

cote f. (cot). Cota [topogr.]. ‖Quota, quota-parte. ‖ Cotação [Bourse]. ‖Indicação de registo). ‖ *mal taillée* (-aiĕ). Corte (m.) de contas.

côte f. (côt). Costa [bord]. ‖Costela [corps]. ‖Encosta [pente]. ‖Costado [navire]. ‖Loc. *A mi-côte*, a meia encosta. *Côte à côte*, lado a lado. *Etre à la côte*, estar* mal nos negócios. *Se tenir les côtes de rire*, rir* a bandeiras despregadas.

côté m. (côtĕ). Lado. ‖ *Bas côté* (ba-). *Nave* (f.) lateral. ‖Loc. *A côté*, ao lado. *De côté*, de parte. *Sur le côté*, de lado, deitado. ‖*Fig.* Caído. *De côté et d'autre*, de vários lados. *Tirer de son côté*, afastar-se dos outros.

coteau m. (cotô). Colina, f., encosta, f., outeiro.

côte‖lé, ée adj. (cô-ĕ). Pregueado, da [étoffe]. ‖-lette f. (-ĕt). Costeleta.

coter vt. (cotĕ). Cotar. ‖Taxar. ‖Classificar. ‖Considerar, ter* em conta.

coterie f. (cotri). Roda, sociedade. ‖Súcia.

cothurne m. (cotŭrn). Coturno.

côtier, ère adj. (côtiĕ). Costeiro, ra.

cotignac m. (co-nha). Doce de marmelo.

cotillon m. (cotiiŏ). Saia (f.) de baixo [jupon]. ‖Cotilhão [danse].

cotir vt. (cotĭr). Pisar [fruta].

coti‖sation f. (co-ació). Cotização. ‖-ser vt. (-ĕ). Cotizar. ‖(se) vr. Cotizar-se.

co‖ton m. (cotŏ). Algodão : *coton hydrophile*, algodão hidrófilo. ‖ *Fig. Filer un mauvais coton*, estar* mal de saúde ou de negócios. ‖-tonnade f. (-onad). Tecido (m.) de algodão. ‖-tonneux, euse adj. (-â, âz). Felpudo, da. ‖-tonnier, ière adj. e s. m. (-iĕ, ĕr). Algodoeiro, ra. ‖-tonpoudre m. (-udr). Algodão-pólvora.

côtoyer vt. (côtuaiĕ). Ladear, costear, bordejar.

cotre m. (cotr). Cúter.

cotret m. (cotrĕ). Acha, f., cavaca, f. [bois].

cottage m. (cotáj). Casinha (f.) de campo.

cotte f. (cot). Vasquinha [de femme]. ‖Calças de trabalho (f. pl.). ‖ Cota [d'armes].

cotylé‖don m. (co-ĕdŏ). Cotilédone. ‖-doné, ée adj. (-onĕ). Cotiledóneo, ea.

cou m. (cu). Pescoço. ‖ *Rompre le cou*, dar* uma queda mortal.

Itálico : acento tónico. ‖V. página verde para a pronúncia figurada. ‖*Verbo irreg. V. no final do livro.

couac m. (cuac). Fíñla, f. [son faux].
couar‖d, arde adj. (cuar, d). Cobarde. ‖**-dise** f. (-îz). Cobardía.
cou‖chage m. (cuxaj). Pernoita, f. [action]. ‖**Roupa** f.) de cama. ‖**Mergulhía,** f. [agriculture]. ‖**-chant** adj. (-á). Poente [soleil]. ‖**Perdigueiro** [chien]. ‖ s. m. Poente. ‖**-che** f. (-ux). Leito, m., cama. ‖Camada [géologie, etc.]. ‖Roupa de criança. ‖pl. Parto, m. sing. [de la femme] : *faire ses couches,* parir. ‖ *Fausse -* (fôç-). Aborto, m. ‖ *- optique* (-ptic). Tálamo (m.) óptico. ‖**-ché, ée** adj. (-é). Deitado, da. ‖Estendído, da. ‖ *Papier -,* papel acetinado. ‖**-cher** vt. (-é). Deitar [au lit]. ‖Estender [étendre]. ‖Mencionar, inscrever. ‖vi. Dormír* [passer la nuit]. ‖ **(se)** vr. Deitar-se. ‖Estender-se [s'étendre]. ‖Pôr-se* [astres]. ‖ Loc. *Coucher à la belle étoile,* dormír* ao relento. *Coucher en joue,* pôr* a arma à cara. *Coucher sur la dure,* deitar-se no chão. *Envoyer coucher,* mandar passear. ‖s. m. Deitar [action et position]. ‖Ocaso, pôr [astres]. ‖**-chette** f. (-ét). Caminha. ‖**-cheur, euse** m. e f. (-ár, âz). Companheiro, ra de cama : *mauvais coucheur,* homem intratável.
couci-couça ou **-couci** loc. adv. (cuci-cuça). Assim, assim.
coucou m. (cucu). Cuco. ‖Relógio de cuco. ‖Antigo carro público de duas rodas.
cou‖de m. (cud). Cotovelo. ‖ Loc. *Coude à coude,* chegado, tocando-se. ‖ *Jouer des coudes,* acotevelar. ‖**-dée** f. (-é). Côvado, m. ‖**-dé, ée** adj. (-é). Dobrado, da em forma de cotovelo. ‖ Loc. *Avoir ses coudées franches,* ter* liberdade de acção.
cou-de-pied m. (-ié). Peito do pé.
cou‖der vt. (-é). Dobrar, curvar. ‖**-doyer** vt. (-uaié). Acotevelar.
cou‖dre vt. (cudr). Coser. ‖s. m. Aveleíra, f. ‖**-drier** m. (-ié). Aveleíra, f.
couen‖ne f. (cuan). Coirato, m. [lard]. ‖*Méd.* Dermatite, cutite. ‖**-neuse** adj. (-âz). Diftérica.
cou‖ffe f. (cuf) ou **-ffin** m. (-àn). Alcofa, f.

cougouar m. (cuguar). Cuguardo, puma.
couic m. (cuic). Pio [cri d'oiseau]. ‖ Loc. *Faire couic,* morrer.
cou‖lage m. (culaj). Escoamento [liquide]. ‖Quebra, f. [diminution] ‖Decoada, f. [linge]. ‖Vazar [métaux]. ‖ *Fig.* Desperdício [gaspillage]. ‖**-lant, ante** adj. (-á, át). Corrente. ‖Corrediço, ça [nœud]. ‖s. m. Passadeira, f. [anneau]. ‖**-lé, ée** adj. (-é). Coado, da. ‖Vazado, da [métaux]. ‖*Mar.* Afundado, da [bateau]. ‖Vertido, da ; escorrido, da [liquide]. ‖Fundído, da ; derretído, da. ‖Passado, da [temps]. ‖**-lée** f. (-é). Vazamento, m. [statue]. ‖Corrente [liquide, lave]. ‖**-ler** vi. (-é). Correr [liquide, rivière, temps]. ‖Derreter-se [bougie]. ‖Afundar-se [bateau]. ‖Entornar, verter [récipient]. ‖vt. Coar [métal, liquide]. ‖*Mús.* Ligar. ‖Vazar, fundir [métaux]. ‖ Loc. *Couler à fond,* ir* ao fundo, perder-se*. *Se la couler douce,* não se ralar.
couleur f. «culâr). Cor. ‖ Loc. *En dire de toutes les couleurs,* inventar grandes patranhas. *Haut en couleur,* rubicundo.
couleu‖vre f. (culâvr). Cobra. ‖ *Avaler des couleuvres,* engolir afrontas. ‖**-vrine** f. (-ín). Colubrína.
cou‖lis m. (culí). Suco, coada, f. [cuisine]. ‖adj. *Vent -* (vã-). Vento encanado. ‖**-lisse** f. (-íç). Ranhura. ‖Corrediça [porte]. ‖Bastidor, m. [théâtre]. ‖Sector. ‖ Loc. *Faire les yeux en coulisse,* deitar olhares ternos a furto. ‖**-lisser** vt. (-é). Pôr* corrediças. ‖vi. Deslizar em corrediças. ‖**-lissier** m. (-ié). Corretor de bolsa (não oficial).
cou‖loir m. (culuar). Corredor, coxía, f. ‖**-lure** f. (-ùr). Abortamento (bot.). ‖Perda (de metal em fusão).
coup m. (cu). Golpe. ‖Ferida, f. [blessure]. ‖Tiro [arme à feu]. ‖Jogada, f. [cartes]. ‖Trago [boisson]. ‖ *- d'autorité,* abuso de autoridade. ‖ *- de bâton* (-atô). Paulada, f. ‖ *- de bec,* bicada, f. ‖ *- de canne* (-ár). Bengalada, f. ‖ *- de feu* (-á). Tiro. ‖ *Fig.* Amor súbito. ‖ *- de foudre* (-udr). ‖ *- de hasard* (-â

Lettres penchées : accent tonique. ‖V. page verte pour la prononciation figurée. ‖ ***Verbe irrég.** V. à la fin du volume.

cou — cou

azar). Lance súbito. ‖- *de Jarnac* (-arnac). Traição, f. ‖- *de langue* (-äg). Má língua, f., murmuração, f. ‖- *de main* (-àn). Ataque súbito. ‖*Ajuda*, f.; ajutório (*Br.*). ‖- *de maître* (-étr). Rasgo magistral. ‖- *d'œil* (-ái). Olhadela, f. ‖*Visão*, f. ‖- *de pied* (-ié). Pontapé. ‖- *de poing* (-uàn). Soco. ‖*Machado manual*. ‖- *de sang* (-ã). Ataque de apoplexia. ‖- *de sifflet* (-é). Apitadela, f. ‖- *de soleil* (-oléi). Insolação, f. ‖- *d'essai* (-éeé). Ensaio. ‖- *de tête* (-ét). Cabeçada, f. ‖*Fig.* Loucura, f. capricho. ‖- *de tonnerre* (-onér). Trovão. ‖- *de vent* (-ã). Lufada, f. ‖- *de théâtre* (-êatr). Lance teatral. ‖*Observ.* Les coups portés avec des instruments contondants ou pointus prennent souvent la terminaison *ada* : *coup d'épée*, estocada, espadeirada; *coup de lance*, lançada; *coup de marteau*, martelada; *coup de poignard*, punhalada. ‖Loc. *A coup sûr*, com toda a certeza. *Après coup*, tarde demais. *A tout coup*, a cada passo. *Au coup de*, ao dar* (horas). *Boire un coup*, afogar-se. *Coup sur coup*, um atrás do outro. *Encore un coup*, outra vez. *Faire (prendre) coup*, desaprumar-se (uma parede). *Faire les cent coups*, fazer* muita algazarra. *Monter le coup*, enganar, iludir. *Petits coups*, pancadinhas; tapinhas (*Br.*). *Pour le coup*, desta vez. *Sans coup férir*, sem luta. *Sous le coup*, de baixo do peso. *Sur le coup*, imediatamente. *Tout à coup*, de repente. *Tout d'un coup*, duma só vez.
coupable adj. (cupa-). Culpado, da.
cou‖page m. (cupaj). Corte. ‖-**pant** ante adj. (-ã, ãt). Cortante. ‖ s. m. Gume.
cou‖pe f. (cup). Taça [récipient]. ‖Corte, m. [coupure]. ‖Loc. *Etre sous la coupe de*, estar* na dependência de. ‖Prov. *Il y a loin de la coupe aux lèvres*, da colher à boca se perde a sopa. ‖-**pé**, ée adj. (-é). Cortado, da. ‖s. m. Cupé, trem. ‖-**pe-choux** m. *Fam.* (-u). Sabre-baioneta. ‖*Irmão leigo encarregado da horta.* ‖-**pe-circuit** m. (-rcüí). Fusível. ‖-**pée** f. (-é). Escotilha, portaló, m. ‖-**pe-feu** m. (-é). Clareira, f.

‖-**pe-file** m. (-íl). Carta (f.) de lívre trânsito. ‖-**pe-gorge** m. (-orj). Lugar suspeito, valhacoito. ‖-**pe-jarret** m. (-aré). Assassino, bandido.
coupelle f. (cupél). Copela.
cou‖pe-papier m. (cou-apié). Corta-papel. ‖-**per** vt. (-é). Cortar. Tartir [aux cartes]. ‖ **(se)** vr. Cortar-se. ‖Loc. *Couper court*, pôr* fim. *Couper un fil (un cheveu) en quatre*, ser* excessivamente meticuloso. ‖-**peret** m. (-ré). Cutelo. ‖-**perose** f. (-óz). Caparrosa [sulfate]. ‖*Acne* [peau]. ‖-**perosé**, ée adj. (-é). Cheio, a de acne. ‖-**peur** m. (-ár). Cortador. ‖-**pe-vent** m. (-ã). Corta-vento.
cou‖plage m. (cu-aj). Ajustamento. ‖-**ple** m. (cu-). Par, casal. ‖*Mar.* Caverna, f. ‖*Fís.* Binário. Elemento [piles]. ‖f. Par, m. [de choses]. ‖-**pler** vt. (-é). Atrelar, emparelhar, ajoujar. ‖-**plet** m. (-é). Copla, f.
coupoir m. (cupuar). Cortador [instrument].
coupole f. (cupol). Cúpula.
cou‖pon m. (cupõ). Cupão. ‖Retalho, pedaço [étoffe]. ‖-**pure** f. (-ùr). Corte, m. ‖Cédula [de banque].
cour f. (cur). Pátio, m. [d'édifice]. ‖Corte [du souverain]. ‖*Tribunal* (m.) superior. ‖Loc. *Cour d'appel*, supremo tribunal de justiça. *Cour d'assises*, supremo trib. de justiça (em matéria criminal). *Cour de cassation*, supremo tribunal de recurso. *Cour des comptes*, tribunal de contas. *Cour martiale*, tribunal militar. ‖Loc. *Cour plénière*, reunião plenária. *Hors-cour*, absolvido; absolvição. *La cour du roi Pétaud*, casa sem rei nem roque.
coura‖ge m. (curaj). Coragem, f., ânimo. ‖interj. Eia! ‖Loc. *Perdre courage*, desanimar. *Reprendre courage*, recobrar ânimo. ‖-**geux**, euse adj. (-ã, ãz). Corajoso, sa; corajudo, da (*Br. de Minas*).
cou‖ramment adv. (curamã). Correntemente. ‖-**rant**, ante adj. e s. m. (-ã, ãt). Corrente. ‖Loc. *Au courant*, ciente, em dia. *Au courant de la plume*, ao correr da pena. *Dans le courant de*, no decorrer de. *Le cinq courant*, em cinco do corrente. *Fin*

Itálico: acento tónico. ‖V. página verde para a pronúncia figurada. ‖*Verbo irreg. V. no final do livro.

COU — COU

courant, em fins do corrente. ||**-rante** (-ât). *Fam.* Diarreia.

cour||**batu, ue** adj. (curbatü). Aguado, da [chevaux]. || Esfalfado, da (personnes]. ||**-bature** f. (-ùr). Esfalfamento, m. [fatigue]. ||**Fadiga muscular.** ||*Veter.* Aguamento, m. [chevaux]. ||**-baturer** vt. (-é). Derrear, cansar; aguar.

cour||**be** f. (curb). Curva. ||adj. Curvo, va. ||**-ber** vt. (-é). Curvar. ||vi. e vr. Curvar-se, dobrar-se. ||**-bette** f. Salamaleque, m. [salut]. ||*Curveteio*, m., curveta [du cheval]. ||**-bure** f. (-ùr). Curvatura.

courette f. (curét). Pàtiozinho, m.

coureur, euse adj. e s. (curár, âz). Corredor, ora; libertino, na.

courge f. (curj). Abóbora.

courir*vi. (curir). Correr. ||Sint. *Courir après*, correr atrás (de).

courlis m. (curlí). Maçarico real.

cou||**ronne** f. (curon). Coroa. ||Marca de papel [36 × 46]. ||**-ronnement** m. (-ã). Coroação, f. ||**-ronner** vt. (-é). Coroar. ||*Ferir-se*' nos joelhos [cheval]. ||vr. Coroar-se.

cou||**rre***vt. (cur). Correr [a] (caça). ||*Chasse à courre* (xaçacur). Caça a cavalo e com galgos. ||**-rrier** m. (-ié). Correio.

courroie f. (curua). Correia.

cour||**roucer** vt. (curucé). Irritar. ||**-roux** m. (-u). Ira, f., cólera, f.

cours m. (cur). Curso. ||Passeio [promenade]. ||*Aula*, f. ||Cotação, f. [change]. ||- de ventre (-âvâtr). Diarreia. ||*Loc. Avoir cours*, correr. ||*Passar* [monnaies]. *Donner cours*, dar* saída; entregar-se.

cour||**se** f. (curç). Corrida, carreira. ||*Fam.* Voltas, f. pl., recado, m. [commission]. ||*Corso*, m. (mar.). ||**-sier** m. (-ié). Corcel.

court, ourte adj. (cur, urt). Curto, ta. ||Insuficiente. ||*Loc. A court de*, falto de. *Couper court*, abreviar. *Prendre court*, oprimir, molestar. *Tourner court*, dar* uma reviravolta. *Tout court*, sem mais nada.

cour||**tage** m. (curtaj). Corretagem, f. ||**-taud, aude** adj. (-ô, ôd). Atarracado, da.

court||**-bouillon** m. (curbuiiõ). Espécie de caldo com pimenta. ||**- -cir-**

cuit m. (-rcùi). Curto-circuito. ||**-epointe** f. (-âpuânt). Colcha.

courtier m. (curtié). Corretor. ||*-marron* (-arõ). Corretor intruso.

courtil m. (curti). Jardim.

courtine f. (curtín). Cortinado, m. (de cama).

courti||**san, ane** m. e f. (cur-ã, an). Cortesão, sã. ||**-sanerie** f. (-rí). Cortesania. ||**-ser** vt. (-é). Cortejar.

cour||**tois, oise** adj. (curtua, uaz). Cortês. ||**-toisie** f. (-i). Cortesia.

couscous m. (cuçcuç). Cuscuz.

cou||**sin, ine** m. e f. (cuzân, ín). Primo, ma. ||m. *Zool.* Mosquito. ||*-germain* (-érmân). Primo coirmão. ||*-issu de (curmâ)* (-ù-). Primo segundo. ||**-sinage** m. (-aj). Parentesco de primo. ||**-siner** vt. (-é). Tratar por primo.

cousoir m. (cuzuar). Tear.

cou||**ssin** m. (cuçân). Almofada, f ||*Coxim.* ||**-ssinet** m. (-é). Almofadinha, f.

cousu, ue adj. (cuzù). Cosido, da. ||*Cousu d'or*, podre de rico.

coû||**t** m. (cù). Custo. ||**-tant** adj. (-â). Do custo : *prix coûtant*, preço do custo.

cou||**teau** m. (cutô). Faca, f.; quicé, f. (*Br. du N.*) [petit et vieux]. ||*Loc. A couteaux tirés*, em guerra aberta. *Couteau à cran d'arrêt*, navalha de ponta e mola, f. *Couteau de poche*, canivete, navalha, f. *Le pain et le couteau*, a ?aca e o queijo. ||**-telas** m. (-a). Facalhão. ||**-telier** m. (-ié). Cutileiro. ||**-tellerie** f. (-élri). Cutelaria.

coû||**ter** vi. (cuté). Custar. ||*Loc. Coûte que coûte*, custe o que custar. ||**-teux, euse** adj. (-â, âz). Custoso, sa. ||*Caro*, ra.

coutil m. (cuti). Cotim, brim.

cou||**tume** f. (cutùm). Costume, m. ||**-tumier, ère** adj. (-ié, ér). Costumeiro, ra. *Consuetudinário* [droit]. ||*Loc. Être coutumier*, costumar.

cou||**ture** f. (cutùr). Costura. ||*Loc. A plate couture*, por completo. ||**-turé, ée** adj. (-é). Cheio, a de cicatrízes. ||**-turer** vt. (-é). Cobrir* de cicatrizes. ||**-turier** m. (-ié). Costureiro, alfaiate. ||*Anat.* Costureiro [muscle]. ||**-turière** f. (-iér). Costu-

---

Lettres penchées : accent tonique. ||V. page verte pour la prononciation figurée. ||*Verbe irrég. V. à la fin du volume.

COU — CRÉ

reíra [celle qui coud]. ||Modista [qui fait des robes].
couvée f. (cuvé). Ovos, m. pl. (que uma ave choca ao mesmo tempo). ||Ninhada [oiseaux]. ||Fig. e fam. Família.
couvent m. (cuvã). Convento.
couver vt. (cuvé). Chocar [œufs]. ||Fig. Preparar. ||vi. Manter-se* latente [feu]. ||Loc. Couver des yeux, devorar com os olhos.
cou||vercle m. (cuvér-). Tampa, f., testo. ||-vert, erte adj. (-ér, ért). Coberto, ta. Nublado, da [ciel]. ||Fig. Encoberto, ta. ||s. m. Talher. ||Loc. Mettre, ôter le couvert, pôr*, levantar a mesa. Sous le couvert de, a coberto de. ||-verture f. (-ùr). Cobertura. ||Cobertor, m. [de lit, de voyage]. ||Capa [de livre]. ||Pretexto, m., pé, m.
couveuse f. (cuvâz). Galinha choca [poule]. ||Chocadeira, incubadora. [machine].
couvre||-chef m. (cuvrâxéf). Chapéu, barrete, etc. ||- -feu m. (-â). Toque de recolher [sonnerie]. ||- -lit m. (-í). Coberta, f., colcha, f. ||- -pieds m. (-ié). Manta (f.) de viagem.
cou||vreur m. (cuvrâr). Telhador, trolha, f. ||-vrir* vt. (-ír). Cobrir* ||(se) vr. Cobrir-se*. ||Nublar-se [le ciel].
coxalgie f. (cokça-í). Coxalgia.
crabe m. (crab). Caranguejo do mar.
crac interj. (crac). Zás! [subitement]. Catrapuz! [bruit].
cra||chat m. (craxa). Escarro. ||Venera, f. [décoration]. ||-chement m. Expectoração, f. ||-cher vi. (-ê). Escarrar. ||Espirrar [la plume]. ||Loc. Tout craché, escarrado, sem tirar nem pôr*. ||-cheur m. (-âr). Cuspinhador. ||-choir m. (-uar). Escarrador. ||-choter vi. (-otê). Cuspinhar.
craie f. (cré). Giz, m. [pour écrire]. ||Greda [minéral].
crain||dre* vt. (crândr). Temer, recear*. ||-te f. (-ânt). Temor, m., receio, m. ||Sint. Craindre de, que..., ne, temer que. Crainte de, com mêdo de. ||-tif, ive adj. (-íf, ív). Tímido, da.
cramoisi, ie adj. (cramuazí). Carmesim (2 g.).

cram||pe f. (crâp). Cãibra. ||-pon m. (-ô). Grampo. ||Fig. e fam. Maçador, ora [adj.]. ||-ponner vt. (-oné). Prender com grampo. ||Ferrar [cheval]. ||Fig. e fam. Importunar. || (se) vr. Agarrar-se. ||-ponnet m. (-é). Grampo pequeno.
cran m. (crã). Entalhe. ||Loc. Avoir du cran, ter* afoiteza. Monter d'un cran, subir* um furo.
crâ||ne m. (cran). Crânio. ||adj. Altivo, va; decidido, da. ||-ner vi. (-é). Fanfarrear. ||-nerie f. (-rí). Bravata. Decisão [bravoure]. ||-nien, enne adj. (-iân, én). Craniano, na.
cranter vt. (crâté). Dentar, entalhar.
cra||paud m. (crapô). Sapo; cururu (Br.) [sorte de-]. ||Poltrona baixa, f. [fauteuil]. ||Reparo (de morteiro). ||-paudine f. (-ín). Chumaceira.
crapouillot m. (crapuiió). Canhãozinho de trincheira.
crapu||le f. (crapül). Crápula. ||Pop. Crápula, m., devasso, m. [coquin]. ||-leux, euse adj. (-â, âz). Crapuloso, sa.
craque f. (crac). Fam. Mentirola.
cra||queler vt. (cra-é). Fender. ||-quelure f. (-ùr). Fenda. ||-quement m. (-ã). Estalido. ||-quer vi. (-é). Estalar.
cra||sse f. (crac). Sujidade. ||Escória [métaux]. ||Fig. e pop. Vilania, patifaria [mauvais tour]. ||Fig. Avareza. ||adj. f. Crassa, sórdida. ||-sseux, euse adj. (-â, âz). Imundo, da. ||Fig. Sovina [avare].
cratère m. (cratér). Cratera, f.
crava||che f. (cravax). Chibata, pingalim, m. ||-cher vt. (-ê). Chibatar, chicotear.
crava||te f. (cravat). Gravata. ||-ter vt. (-ê). Engravatar.
cra||yeux, euse adj. (créiâ, âz). Gredoso, sa. ||-yon m. (-iô). Lápis. ||-yonner vt. (-oné). Esboçar a lápis.
créan||ce f. (crêâç). Crédito, m. ||Lettre de (létr dâ-). Credencial; carta de crédito. ||-cier, ère m. e f. (-ié, ér). Credor, ora.
créa||teur, trice adj. e s. (crêatâr, ríç). Criador, ora. ||-tion f. (-ciô).

Itálico : acento tónico. ||V. página verde para a pronúncia figurada. ||*Verbo irreg. V. no final do livro.

Criação. ||-ture f. (-tùr). || Criatura. || Apaniguado, m.
crécelle f. (crécél). Matraca.
crèche f. (créx). Presépio, m., mangedoura. ||Berço, m., creche.
crédence f. (crêdâç). Credência.
crédi||t m. (crêdi). Crédito. ||*A crédit* (a-). Fiado; de carona (Br.). ||-ter vt. (-é). Creditar. ||-teur m. (-âr). Credor
cr||edo m. (crêdô). Credo. ||-édule adj. (-ùl). Crédulo, la. ||-édulité f. (-é). Credulidade.
créer vt. (crêé). Criar.
crémaillère f. (crêmaiiér). Cremalheira. ||Loc. *Pendre la crémaillère*, dar* um jantar para festejar a entrada numa casa nova.
créma||tion f. (crêmació). Cremação. ||-toire adj. (-tuar). Crematório, ria.
cr||ème f. (crém). Nata [lait]. ||Creme, m. ||*Fig*. Nata, flor. ||-émer vt. (-êmé). Cremar, incinerar. ||-émerie f. (-ri). Leitaria, manteigaria, queijaria. ||-émeux, euse adj. (-â, âz). Cremoso, sa; natoso, sa. ||-émier, ère m. e f. (-ié, ér). Leiteiro, ra; manteigueiro, ra.
crémone f. (crêmon). Cremona (ferrolho).
cré||neau m. (crênô). Ameia, f. ||-neler vt. (-é). Amear, dentar, serrilhar.
créole adj. (créol). Crioulo, la.
créosote f. (créozot). Creosoto, m.
cr||êpage m. (crépaj). Frisagem, f. [étoffe]. ||*Fig.* Desordem, f. [dispute]. Tb. se diz : *crêpage de chignon.* ||-êpe m. (-ép). Crepe, fumo [chapeau, bras]. ||f. Coscorão, m. [sorte de pâtisserie]. ||-êpé m. (-é). Postiço [faux cheveux]. ||-êpelé, ée adj. (-é). Frisado, da. ||-êpelure f. (-ùr). Ondulação. ||-êper vt. (-é). Frisar. ||Loc. *Se crêper le chignon*, agarrar-se pelos cabelos.
cré||pi m. (crépi). Reboco; sopapo (Br.). ||-pine f. (-in). Franja. ||Ralo esférico. ||-pins m. pl. (-àn). Ferramentas, f. pl. [cordonniers].
cré||pir vt. (crépir). Rebocar, caiar. ||-pissage m. (-aj) e -pissure f. (-ùr). Reboco, m., rebocadura, f.

crépi||tation f. (crê-ació). Crepitação. ||-ter vi. (-é). Crepitar.
cré||pon m. (crêpô). Crespão. ||-pu, ue, adj. (-ù). Crespo, pa.
crépus||culaire adj. (crêpùçcùlér). Crepuscular. ||-cule m. (-ùl). Crepúsculo.
crescendo adv. e s. m. (créçxàndô). Crescendo.
cresson|| m. (créçô). Agrião. ||-nière f. (-oniér). Lugar (m). onde crescem agriões.
Crésus n. pr. (crézùç). Creso.
crétacé adj. (crêtacé). Cretáceo.
crête f. (crét). Crista. || --de-coq f. (-oc). Crista de galo (bot.).
créti||n m. (crêtàn). Cretino. ||*Fig.* Imbecil. ||-nisme m. (-içm). Cretinismo.
cretonne f. (cràton). Cretone, m.
creu||sage m. (crôzaj) e -sement m. (-â). Escavação, f. ||-ser vt. (-é). Cavar. ||*Fig.* Profundar, examinar a fundo [une question]. ||Abrir o apetite. ||Loc. *Se creuser la cervelle*, dar* tratos ao miolo. ||-set m. (-é). Cadinho, crisol.
creux, euse adj. (crâ, âz). Oco, ca. Vazio, ia [vide]. ||s. m. Concavidade, f.
cre||vaison f. (crâvézô). *Fam.* Furo [pneu]. ||Morte. ||-vasse f. (-aç). Greta. ||-vasser vt. (-é). Gretar. ||-vé, ée adj. (-é). Rebentado, da. ||s. m. Abertura (f.) nas mangas [vêtements]. ||*Petit* (-i-). Peralvilho.
crève-cœur m. (-âr). Dissabor; despeito.
crever vt. (-é). Rebentar. ||vi. Morrer [animaux]. ||Loc. *Crever les yeux*, ser* evidente, meter-se pelos olhos dentro. *Crever le cœur*, cortar o coração.
crevette f. (crâvét). Camarão, m. ||-grise (griz). Camarão escuro ou negro, m.
cri|| m. (cri) Grito. ||Pregão [annonce publique]. ||Loc. *A cor et à cri*, com instância. *A grands cris*, em altos gritos. *Jeter les hauts cris*, reclamar em altas vozes. *Pousser des cris*, dar*, soltar gritos. ||-ailler vi. (-aiié). Berrar. ||-aillerie f. (-ârî). Berreiro, m., gritaria. ||-ail-

Lettres penchées : accent tonique. ||V. page verte pour la prononciation figurée. ||*Verbe irrég. V. à la fin du volume.

CRI — CRO

leur, euse adj. (-iâr, âz). Gritador, ora; berrador, ora. ‖-ant, ante adj. (-â, ât). Gritante. ‖*Fig.* Revoltante [injustice, etc.]. ‖-ard, arde adj. (-ar, ard). Gritante. ‖Berrante [couleur]. ‖ Loc. *Dettes criardes*, dívidas pequenas.
cri‖blage m. (cri-aj). Crivação, f. ‖-ble m. (-í). Crivo. ‖-bler vt. (-é). Crivar, peneirar [tamiser]. ‖*Fig.* Crivar [coups, etc.]. ‖-blure f. (-ùr). Limpadura.
cric m. (cri). Macaco [machine].
cric interj. (cric). Trri.
cricri m. (cricrí). Grilo.
cri‖ée f. (crié). Almoeda. ‖-er vt. e vi. (-ié). Gritar. ‖Apregoar [annoncer]. ‖Guinchar [grincer]. ‖*Fig.* Pedir* [justice, vengeance]. ‖Loc. *Crier à*, insurgir-se contra. *Crier au secours*, gritar por socorro. ‖-erie f. (-rí). Gritaria. ‖-eur, euse m. e f. (-âr, âz). Gritador, ora. ‖-*public* (-ù-ic). Pregoeiro.
cri‖me m. (crim). Crime. ‖-minel, elle adj. e s. (-él). Criminoso, sa.
crin m. (cràn). Crina, f. ‖Loc. *A tous crins*, enérgico, ca; violento, ta. *Etre comme un crin*, ser* irritável.
crincrin m. (cràncràn). Mau violino.
cri‖nière f. (cr-iér). Crina [cheval]. ‖*Juba* [lion, etc.]. ‖*Fam.* Guedelha. ‖-noline f. (-olín). Crinolina.
crique f. (cric). *Mar.* Calheta.
criquet m. (cr-é). Acrídio.
crise f. (criz). Crise.
cris‖pation f. (criçpació). Crispação. ‖-per vt. (-é). Crispar. ‖-pin m. (-àn). Crispim (teatro). ‖Capa (f.) curta com capuz. ‖Canhão (de luva de esgrima).
cri‖ssement m. (cr-â). Rangido. ‖-sser vi. (-é). Ranger (os dentes).
cris‖tal m. (-al). Cristal. ‖-tallerie f. (-rí). Fabrico, m., fábrica de objectos de cristal. ‖-tallin, ine adj. (-àn, in). Cristalino, na. ‖-tallisation f. (-ació). Cristalização. ‖-talliser vt. (-é). Cristalizar.
cri‖térium m. (cr-êríom). Critério. ‖-tique adj. (-ic). Crítico, ca. ‖ s. m. Crítico. ‖ f. Crítica. ‖-tiquer vt. (-é). Criticar. ‖-tiqueur m. (-âr). Criticador.

croa‖ssant, ante adj. (croaçâ, ât). Crocitante. ‖-ssement m. (-â). Crocito. ‖-sser vi. (-é). Crocitar.
croate adj. e s. (croat). Croata.
Croatie n. pr. (croací). Croácia.
croc‖ m. (crô). Gancho. ‖Presa, f. [animaux]. ‖- -en-jambe m. (-câjáb). Cambapé, rasteira, f.
croche f. (crox). Colcheia (mús.). ‖adj. Torto, ta. ‖*Double* - (du-). Semicolcheia. ‖*Triple* - (tri-). Fusa.
cro‖chet m. (croxé). Gancho. ‖Gazua, f. [pour serrures]. ‖Colchete [typographie] ‖Colmilho [animaux]. ‖Croché, renda, f. [ouvrage de dames]. ‖-cheter vt. (-é). Abrir (com gazua) [serrure]. ‖ (se) vr. Bater-se. ‖-cheteur m. (-âr). Moço de fretes. ‖-chu, ue adj. (-ù). Adunco, ca.
crocodile m. (crocodíl). Crocodilo.
croire* vt. (cruar). Crer*, acreditar. ‖ (se) [çà] vr. Julgar-se. ‖Loc. *Croire à*, crer* em. *En croire quelqu'un*, acreditar em alguém.
croi‖sade f. (cruazad). Cruzada. ‖-sé, ée adj. e s. m. (-é). Cruzado, da. ‖-sée f. (-é). Janela. ‖ Encruzilhada [de chemins]. ‖-sement m. (-â). Cruzamento. ‖-ser vt. (-é). Cruzar. ‖Loc. *Se croiser les bras*, cruzar os braços. ‖-seur m. (-âr). Cruzador. ‖-sière f. (-iér). Cruzeiro, m. ‖-sillon m. (-ió). Braço de cruz.
croi‖ssance f. (cruaçàç). Crescimento, m. ‖-ssant, ante adj. (croçâ, ât). Crescente. ‖ s. m. Quarto crescente [lune]. ‖Podão [instrument de jardinier]. ‖*Fig.* Turquia.
croître* vi. (cruatr). Crescer.
croix f. (crua). Cruz. ‖Loc. *Croix de par Dieu*, á-bê-cê. *Croix gammée*, cruz gamada.
cro‖quant, ante adj. (crocâ, ât). Estalante. ‖ s. m. Miserável, farroupilha. ‖-pe f. Bolo (m.) de amêndoas torradas. ‖-que-mitaine m. (-én). Papão. ‖-que-mort m. (-or). Gato-pingado. ‖-quer vt. (-é). Comer, trincar [manger quelque chose de dur]. ‖Esboçar [dessin]. ‖Estalar (na boca). ‖Loc. *Croquer le marmot*, esperar muito tempo. *Joli à croquer*, lindo a valer*. ‖-quet m. (-é). Croqué [jeu]. ‖-quette f.

Itálico : acento tónico. ‖V. página verde para a pronúncia figurada. ‖*Verbo irreg. V. no final do livro.

(-ét). Croquete, m. ‖=**quignole** f. (-nhol). Bolinho (m.) seco. ‖**Piparote** (m.) no nariz. ‖=**quis** m. (-i). Esboço.

crosne m. (-crôn). Planta labiada de tubérculo comestível, originária do Japão.

crosse f. (croç). Cajado, m. ‖ Báculo (épiscopal) [Coronha [armes]. ‖ Crossa (anat.).

crotale m. (crotal). Crótalo.

cro‖**tte** f. (crot). Lama, vasa. ‖ Excremento, m. (de coelho, ôca, etc.). ‖ Bombons (m. pl.) de chocolate. ‖=**tter** vt. (-ê). Enlamear, enlodar. ‖=**ttin** m. (-àn). Esterco.

crou‖**lant, ante** adj. (crulá, ãt). Arruinado, da. ‖=**lement** m. (-ã). Desmoronamento. ‖=**ler** vi. (-é). Desmoronar-se.

croup m. (crup). Garrotilho, difteria, f.

crou‖**pe** f. (crup). Garupa. ‖=**petons (à)** loc. (-ó). De cócoras. ‖=**pier** m. (-ié). Banqueiro [jeu]. ‖=**pière** f. (-iér). Retranca. ‖ Loc. *Tailler des croupières*, criar embaraços. ‖=**pion** m. (-ió). Cóccix. ‖ Uropígio.

crou‖**pir** vi. (crupir). Estagnar-se [eaux]. ‖ *Fig.* Atolar-se [dans l'ignorance, le vice]. ‖=**pissant, ante** adj. (-ã, ãt). Estagnado, da [eaux]. ‖ Estagnante. ‖ Corrupto, ta. ‖=**pissement** m. (-ã). Estagnação, f. (pus.).

crous‖**tade** f. (cruçtad). Empada. ‖=**tillant, ante** adj. (-iiã, ãt). Que estala no boca. ‖=**tille** f. (-iiã). Côdeazinha. ‖ Batatinha frita. ‖=**tiller** vi. (-ié). Estalar (na boca). ‖ Comer* côdeazinhas [manger]. ‖=**tilleux, euse** adj. (-iiã, âz). Brejeiro, ra.

croû‖**te** f. (crut). Côdea [pain]. ‖ Casca [fromage]. ‖ Crosta [peau]. ‖ *Fig.* Mamarracho, m. [peinture]. ‖ *Argot mil.* Cozinha; pessoal que a prepara. ‖ - *au pot* (-ô pô) Sopa de cascas. ‖ Loc. *Casser la ou une croûte*, comer uma bucha. ‖=**ton** m. (-õ). Pedaço de pão frito.

cro‖**yable** adj. (cruaiá-). Crível. ‖=**yance** f. (-iãç). Crença. ‖=**yant, ante** adj. (-iã, ãt). Crente.

cru m. (crù). Terreno, lavra, f., colheita, f. ‖ Vinho (a produção)

[vins]. ‖ Loc. *De son cru*, da sua lavra, do seu país.

cru, ue adj. (crù). Cru, ua.

cruauté f. (-ôté). Crueldade.

cru‖**che** f. (crùz). Bilha. ‖ *Fig.* e *pop.* Pateta. ‖=**chon** m. (-õ). Moringue, bilhinha, f., cantarinho.

cruci‖**fères** f. pl. (crù-ér). Crucíferas. ‖=**fié** m. (-ié). Crucificado. ‖=**fiement** m. (-imã). Crucificação, f. ‖=**fier** vt. (-ié). Crucificar. ‖=**fix** m. (-i). Crucifixo.

crudité f. (crù-é). Crueza.

crue f. (crù). Cheia.

cruel, elle adj. (crùèl). Cruel.

crûment adv. (crùmã). Cruamente.

crustacé m. (crùçtacé). Crustáceo.

cry‖**anesthésie** f. (crianéçtèzí). Crianestesia. ‖=**olithe** m. (-olit). Criólito.

cryp‖**te** f. (cri-). Cripta. ‖=**togame** adj. e s. f. (-ogam). Criptogâmico, ca.

cubage m. (cùbaj). Cubagem, f.

cubain, aine adj. (cùbãn, én). Cubano, na.

cu‖**be** m. (cùb). Cubo. ‖ adj. Cúbico, ca. ‖=**ber** vt. (-ê). Cubar. ‖=**bique** adj. (-ic). Cúbico, ca. ‖=**bisme** m. (-içm). Cubismo. ‖=**biste** adj. e s. (-içt). Cubista.

cubitus m. (cù-ùç). Cúbito.

cucurbita‖**cées** f. pl. (cùcùr-ê). Cucurbitáceas.

cueil‖**lage** m. (cãiiaj) ou =**laison** f. (-iézõ). Colheita, f.; época (f.) das colheitas. ‖=**lette** f. (-lét). Colheita. ‖=**lir*** vt. (-ir). Colher.

culder vt. *Ant.* (cùidé). Cuidar, crer*.

cui‖**ller** f. (cùiér). Colher. ‖ - *à potage* (-otaj). Colher de sopa. ‖ - *à pot* (-ô). Concha. ‖=**llerée** f. (-é). Colherada.

cuir m. (cùir). Coiro. ‖ *Fig.* Erro de ligação, etc. ‖ - *à rasoir* (-razuar). Assentador. ‖ - *de Russie*. Coiro da Rússia.

cuiras‖**sse** f. (cùiraç). Couraça. ‖=**ssé** m. (-é). Couraçado. ‖=**ssier** m. (-ié). Couraceiro. ‖=**sser** vt. (-ê). Couraçar.

cul‖**re*** vt. (cùir). Cozer. ‖ Passar [fruits]. ‖vi. *Fig.* Causar dor aguda. ‖ Loc. *Il t'en cuira*, hás-de arrepender-te.

cul‖**sant, ante** adj. (cùizã, ãt). Pun-

Lettres penchées : accent tonique. ‖ V. page verte pour la prononciation figurée. ‖ *Verbe irrég. V. à la fin du volume.

FR.-PORTUG. — 1   4

CUI — CUV

gente [douleur]. ‖-sine f. (-ín). Cozinha. ‖-siner vt. (-é). Cozinhar, preparar. ‖-sinier, ère m. e f. (-ié, ér). Cozinheiro, ra.
cuisse f. (cùiç). Coxa.
cuisson f. (cùiçõ). Cozedura.
cuissot m. (cùiçó). Pernil.
cuistre m. (cùiçtr). Pedante.
cu‖it, ite adj. (cùi, ít). Cozido, da. ‖s. f. Cozedura. ‖Pop. Piela; porre, m. (Br.) [ivresse].
cui‖vre m. (cùivr). Cobre. ‖-vré, ée adj. (-é). Acobreado, da [couleur]. ‖-vrer vt. (-é). Cobrear [couvrir de cuivre]. ‖-vreux, euse adj. (-â, âz). Acobreado, da. ‖Cuproso, sa [chimie].
cul m. (cù). Cu. ‖- -blanc (-â). Cartaxo (ave). ‖- -de-jatte, m. (-at). Aleijado das pernas. ‖- -de-lampe m. (-áp). Vinheta, f. ‖Pendente (de abóbada). ‖- -de-sac m. (-ac). Beco, beco sem saída.
culasse f. (cùlaç). Culatra. ‖Loc. Chargeant par la culasse, de carregar pela culatra [armes].
cul‖bute f. (cu-ùt). Cambalhota. ‖Fig. Revés, m., ruína. ‖Loc. Faire la culbute, dar* uma cambalhota. ‖-buter vt. (-é). Derrotar, pôr* em desordem. ‖Derrubar [renverser]. ‖vi. Dar* cambalhotas. ‖Fig. Falir*.
culée f. (cùlê). Encontro, m. (de ponte).
culinaire adj. (cù-ér). Culinário, ia.
culminant, ante adj. (cù-ã, ãt). Culminante.
culot m. (cùlô). Fundo (de lâmpada). Base, f. (de volutas, etc.). ‖Sarro [pipe]. ‖Fam. Filho mais novo; caçula (Br.). ‖Pop. Descaramento, lata, f.
cu‖lotte f. (cùlot). Calções, m. pl. ‖Alcatra [bœuf]. ‖Perda, macaca [au jeu]. ‖- de peau (dâpô). Veterano. ‖-lotter vt. (-é). Vestir* os calções a. ‖Queimar [pipe].
culpabilité f. (cù-a-é). Culpabilidade.
culte m. (cù-). Culto.
culti‖vable adj. (cù-a). Cultivável. ‖-vateur m. (-âr). Cultivador, lavrador. ‖-vé, ée adj. (-é). Cultivado, da [terre]. Culto, ta [personnes]. ‖-ver vt. (-é). Cultivar.
cultuel, elle adj. (cù-ùél). Cultual.

cul‖tural, ale adj. (cù-ùral). Cultural. ‖-ture f. (-ùr). Cultura. ‖-turel, elle adj. (-él). Cultural [qui a rapport à l'instruction].
cumin m. (cùmàn). Cominho.
cumu‖l m. (cùmùl). Acumulação (f.) de funções. ‖-ler vt. (-é). Acumular. ‖-lus m. (-ùç). Cúmulo (nuvem).
cu‖pide adj. (cùpíd). Cúpido, da; ávido, da. ‖-pidité f. (-é). Cupidez, avidez.
Cupidon n. pr. (cù-õ). Cupído.
cupri‖fère adj. (cùpr-ér). Cuprífero, ra.
cuprique adj. (cùpríc). Cúprico, ca.
cu‖pule f. (cùpùl). Cúpula. ‖-pulifère adj. (-ér). Cupulífero, ra.
cura‖bilité f. (cùra-é). Curabilidade. ‖-ble adj. (-a-). Curável.
curaçao m. (cùraçó). Curaçau.
Curaçao n. pr. (cùraçó). Curaçau.
curage m. (cùraj). Limpeza, f.
cura‖telle f. (cùratél). Curadoria. ‖-teur, trice m. e f. (-âr, ríç). Curador, ora. ‖-tif, ive adj. (-if, ív). Curativo, va.
cure f. (cùr). Cuidado, m. [soin]. Cura [médicale]. ‖Residência paroquial. ‖Curato, m. [benéfice ecclésiastique]. ‖Loc. N'avoir cure, não querer* saber*.
curé m. (cùré). Cura, pároco; padre.
cu‖re-dents m. (cùrdã). Palito. ‖-rée f. (-é). Encarna [chasse]. ‖Fig. Sonner la -, ser* ávido de lucros. ‖-re-oreille m. (-oréi). Esgaravatador (dos ouvidos). ‖-rer vt. (-é). Limpar, tirar a porcaria de. ‖-retage m. (-áj). Limpeza (f.) dos tecidos doentes. ‖-reter vt. (cùrté). Limpar (cavidades do corpo). ‖-rette f. (-ét). Cureta. ‖-reur m. (-âr). Limpador.
curie f. (cùri). Cúria.
cu‖rieux, euse adj. (cùriâ, âz). Curioso, sa. ‖-riosité f. (-o-é). Curiosidade.
cur‖seur m. (cùrçâr). Cursor. ‖-sif, ive adj. (-íf, ív). Cursivo, va.
curule adj. (cùrùl). Curul.
cuscute f. (cùçcùt). Cuscuta.
cutané, ée adj. (cùtané). Cutâneo, ea.
cuti-réaction f. (cù-réakçió). Cutirreacção.
cu‖vage m. (cùvaj). Fermentação, f. [du moût]. ‖-ve f. (cùv). Cuba.

90

Itálico : acento tónico. ‖V. página verde para a pronúncia figurada. ‖*Verbo irreg. V. no final do livro.

‖Tína [teinture, etc.]. ‖Loc. *A fond de cuve*, com excesso. ‖-**veau** m. (-ô). *Cuba* (f.) *pequena*. ‖-**vée** f. (-é). *Porção contida numa cuba*. ‖-**velage** m. (-aj). *Revestimento*. ‖-**veler** vt. (-é). *Revestir**. ‖-**ver** vi. (-é). *Fermentar* [moût]. ‖Loc. *Cuver son vin*, *cozer a bebedeira*. ‖-**vette** f. (-ét). *Bacia, alguidar*, m. [pour se laver]. ‖*Funil*, m. (do algeroz). ‖*Tína* [baromètre, photo]. ‖*Fig. Bacia* (geogr.). ‖-**vier** m. (-ié). *Ce¹ha*, f.
cyan‖amide f. (-anamíd). *Cianamida*. ‖-**hydrique** adj. (cianidríc). *Cianídrico, ca*. ‖-**ogène** m. (-ojén). *Cianogénio*. ‖-**ure** m. (-ùr). *Cianeto*.
cybernétique f. (-érnêtic). *Cibernética*.
cy‖clable adj. (-a-). *Acessível a ciclistas*. ‖-**clamen** m. (-én). *Ciclame*. ‖-**cle** m. (ci-). *Ciclo*. ‖-**clecar** m. (-âcar). *Triciclo ou quadriciclo a motor*. ‖-**clisme** m. (-içm)
Ciclismo. ‖-**cliste** m. (-içt). *Ciclista*. ‖-**clonal, e** adj. (-onal). *Ciclónico, ca; ciclonal*. ‖-**clone** m. (-on) *Ciclone*.
cyclo‖pe m. (-çp). *Ciclope*. ‖-**péen, enne** adj. (-êân, én). *Ciclópico, ca*
cygne m. (cinh). *Cisne*.
cylin‖dre m. (-àndr). *Cilindro*. ‖-**drée** f. (-é). *Cilindrada*. ‖-**drique** adj. (-ic). *Cilíndrico, ca*.
cymba‖le f. (cànbal). *Címbalo*, m., *prato*, m. ‖-**lier** m. (-ié). *Cimbaleiro*.
cynégétique adj. (-êjêtic). *Cinegético, ca*.
cy‖nique adj. (cinic). *Cínico, ca*. ‖-**nisme** m. (-içm). *Cinismo*.
cyprès m. (-ré). *Cipreste*.
cyprin m. (-ren). *Cipríno*.
Cy‖prien n. pr. (-riàn). *Cipriano*. ‖-**rille** n. pr. (-ríl). *Cirílo*.
cystite f. (-çtít). *Cistíte*.
Cythère n. pr. (-ér). *Citera*.
cytise m. (-iz). *Cítiso*.
czar (-ar) m. e seus der. V. **TSAR**.

D

da (da), partícula que se costuma unir a *oui*, sim e *nenni*, não. *Oui-da*, claro que sim. *Nenni-da*, claro que não.
dacty‖le m. (dactíl). *Dáctilo*. ‖-**lique** adj. (-ic). *Dactílico, ca*. ‖-**lographe** s. e. adj. (-ograf). *Fam. dactylo. Dactilógrafo*, fa.
dada m. (dada). *Cavalo* [mot enfantin]. ‖*Fig*. e *fam*. *Ideia fixa*, f.
dadais m. (dadé). *Pateta*.
da‖gue f. (dag). *Adaga*. ‖-**Primeiro esgalho, m**. [cerf]. ‖-**guer** vt. (-é). *Apunhalar*. ‖*Marrar* [animaux].
daguerréo‖type m. (daghérêotíp). *Daguerreótipo*. ‖-**typie** f. (-í). *Daguerreotipía*.
dahlia m. (dalía). *Dália*, f.
daigner vi. (dénhé). *Dignar-se*.
daim m. (dàn). *Gamo*.
dais m. (dé). *Dossel, pálio*.
da‖llage m. (dalaj). *Lajedo*. ‖-**lle** f. (dal). *Laje*. ‖-**ller** vt. (-é). *Lajear*.

dalma‖te adj. e s. (da-at). *Dálmata*. ‖-**tique** f. (-ɔc). *Dalmática*.
dalot m. (dalé). *Embornal*.
dalto‖nien, enne adj. (da-oniàn, én). *Daltónico, ca*. ‖-**nisme** m. (-içm). *Daltonismo*.
dam m. (dam). *Dano, prejuízo* (ant. neste sentido). ‖*Condenação eterna*, f.
Damas n. pr. (damaç). *Damasco*.
da‖mas m. (dama). *Damasco* (tecido e fruto). ‖-**masquinage** m. (-ç-aj). *Damasquinagem*, f. ‖-**masquiner** vt. (-é). *Damasquinar*. ‖-**masser** vt. (-é). *Adamascar*. ‖-**massure** f. (-ùr). *Adamascado*, m.
da‖me f. (dam). *Dama* [en général]. *Dame* (titre d'honneur; carte). ‖*Rainha* [échecs]. ‖*Dama* [jeu de dames]. ‖Loc. *Notre-Dame*, Nossa Senhora. *Dame d'atour, açafata*. ‖interj. *Gra essa! cáspite!* ‖*- jeanne* f. (-jan). *Garrafão*, m. ‖-**mer** vt. (-é). *Fazer* dama* [jeu de dames]. ‖*Calcar* [terre]. ‖-**me-**

Lettres penchées : accent tonique. ‖V. page verte pour la prononciation figurée. ‖*Verbe irrég. V. à la fin du volume.

DAM — DE

ret m. (-ré). Adam*a*do. ‖-mier m. (-ié). Tabuleiro [jeux]. ‖Loc. *En damier*, azadrezado, em xadrez.
dam‖nable adj. (dana-). Condenável. ‖-nation f. (-ció). Condenação. ‖-né, ée adj. e s. (-é). Condenado, da. Réprobo [religion]. ‖-ner vt. (-é). Condenar. ‖Loc. *Faire damner*, atormentar.
damoi‖seau m. (damuazó). Donzel [page]. ‖Galanteador. ‖-selle f. (-él). Donzela nobre (ant.).
dancing m. (dácinh). Baile público.
dan‖din m. (dádòn). Pateta. ‖-dinement m. (-á). Meneio. ‖-diner vt. (-é). Menear. ‖-dy m. (-i). Dândi, janota.
Danemark n. pr. (da-arc). Dinam*a*rca, f.
dan‖ger m. (dájé). Perigo. ‖-gereux, euse adj. (-râ, âz). Perigoso, sa.
Daniel n. pr. (daniél). Daniel.
danois, oise adj. (danua, az). Dinamarqu*ê*s, esa.
dans prep. (dã). Em. ‖Dentro de [temps] : *dans 8 jours*, dentro de 8 dias.
dan‖sant, ante adj. (dáçá, ãt). Dançante, de dança. ‖-se f. (dáç). Dança, baile, m. ‖Loc. *Danse de Saint-Guy*, dança de S. Vito. *Danse effrénée*, dança desenfreada ; remeleixo, m. (Br.). ‖-ser vi. (-é). Dançar, bailar. ‖-seur, euse m. e f. (-âr, âz). Dançarino, na. ‖- *de corde* (-âcord). Funâmbulo.
Danube n. pr. (danùb). Danúbio.
danubien, enne adj. (danùbiân, én). Danubiano, na.
Daphné n. pr. (dafné). Dafne.
dar‖d m. (dar). Dardo. ‖-der vt. (-é). Dardejar [soleil]. ‖Dardar [frapper]. ‖Lançar [regard].
dare-dare loc. adv. (dardar). A toda a pressa.
Darius n. pr. (dariùç). Dario.
darse f. (darç). Doca, f.
dar‖tre f. (dartr). Dartro, m. ‖-treux, euse adj. (-â, âz). Dartroso, sa.
darwinisme m. (daruiniçm). Darwinismo.
da‖te f. (dat). Data. ‖Loc. *En date de*, com data de. *Faire date*, fazer*

época. ‖-ter vt. e vi. (-é). Datar. ‖-terie f. (-rí). Dataria.
datif m. (datif). Dativo.
dat‖te f. (dat). Tâmara. ‖-tier m. (-ié). Tamareira, f.
dau‖be f. (dôb). Estufado, m. ‖-ber vt. (-é). Estufar [viande]. ‖Socar, esmurrar. ‖*Fig.* Escarnecer [railler].
daumont (à la) loc. adv. (-a dômô). Atrelagem de duas parelhas sem boleia, guiadas por dois postilhões.
dau‖phin m. (dôfân). Delfim. ‖-phine f. (-in). Delfina.
Dauphiné n. pr. (dôfiné). Delfinado.
davantage adv. (davátaj). Mais, mais tempo.
David n. pr. (david). David.
davier m. (davié). Boticão.
de (dà). De [origine, matière, extraction] : *né de parents pauvres*, nascido de pais pobres; *table de marbre*, mesa de mármore; *homme de génie*, homem de génio; *charbon de bois*, carvão de madeira. ‖Com [avec] : *saluer de la main*, saudar com a mão; *d'un air triste*, com ar triste. ‖Quand *de* précède en français un infinitif sujet ou complément direct d'un autre verbe, on le supprime : *il est difficile de parler ainsi*, é difícil falar assim; *j'ai décidé de sortir*, resolvi sair. ‖Quand l'infinitif est complément indirect, on garde le régime qui convient au verbe : *se fatiguer de lire*, cansar-se de ler; *je me préoccupe d'acheter ce livre*, preocupo-me com comprar este livro; *se contenter de sortir*, contentar-se com sair. ‖Avec un verbe de prière, d'exhortation, de menace, etc., le verbe qui suit se met en portugais au subjonctif : *je vous demande de venir*, peço-lhe que venha; *je lui défends de sortir*, proíbo-lhe que saia. ‖Avec les verbes *défendre* et *prohiber*, on garde souvent en portugais l'infinitif : *je vous défends de fumer*, proíbo-o de fumar. ‖*De* remplaçant le partitif est supprimé : *de grands arbres entourent la maison*, grandes árvores rodeiam a casa. ‖*De* explétif en français ne se traduit pas : *il y eut deux élèves de punis*, houve dois alunos castigados. ‖*Observ.* De

Itálico : acento tónico. ‖V. página verde para a pronúncia figurada. ‖*Verbo irreg. V. no final do livro.

forma com o art. *les* o art. contracto *des* (dè), e com o art. *le* o contracto *du* (dù) que se traduzem por *dos*, *das*, *do*. ‖*De*, antes de palavra que começa por vogal ou *h* mudo, elide-se em *d'* : *d'affection*, *d'huile*.

dé (dè) m. Dado [à jouer]. ‖Dedal [à coudre].

déambuler vi. (dèâbùlé). Deambular.

débâcle f. (dèba-). Descongelação. ‖*Fig.* Derrocada.

déba‖llage m. (dèbalaj). Desempacotamento. ‖Liquidação, f. [commerce]. ‖-**ller** vt. (-é). Desempacotar.

déban‖dade f. (dèbâdad). Debandada. ‖-**der** vt. (-é). Dispersar. Afrouxar [arc, ressort]. Desvendar [ôter le bandage]. ‖ **(se)** vr. Pôr-se* em debandada.

débarbouil‖lage m. (dèbarbuiíaj). Lavagem, f. ‖-**ler** vt. (-é). Lavar.

débarcadère m. (dèbarcadér). Desembarcadouro.

débar‖der vt. (dèbardé). Descarregar. ‖-**deur** m. (-âr). Descarregador.

débar‖quement m. (dèbarcâmã). Desembarque. ‖-**quer** vt. e vi. (-é). Desembarcar.

déba‖rras m. (dèbara). Desafogo. Arrecadação, f. ‖[chambre]. ‖-**rrasser** vt. (-é). Desembaraçar.

débat m. (dèba). Debate.

débâtir vt. (dèbatír). Demolir. ‖Descoser [une couture].

débattre* vt. (dèbatr). Debater. ‖ **(se)** vr. Debater-se, lutar.

débau‖chage m. (dèbòxaj). Desvio de alguém do seu serviço. ‖-**che** f. (-óx). Desordem. ‖Desregramento, m., devassidão. ‖Excesso, m., abuso, m. ‖-**ché**, **ée** m. e f. (-é). Devasso, sa; dissoluto, ta. ‖-**cher** vt. (-é). Provocar ao abandono do trabalho. ‖Desencaminhar, depravar corromper, perverter.

debet m. (dèbèn). *Com.* Débito.

dé‖bile adj. (dèbíl). Débil. ‖-**bilitant**, **ante** adj. (-ã, ãt). Debilitante. ‖-**bilité** f. (-é). Debilidade. ‖-**biliter** vt. (-é). Debilitar.

dé‖bine f. (dèbín). Miséria. ‖-**biner** vt. (-é). *Pop.* Dizer* mal de. ‖ **(se)** vr. Safar-se.

débi‖t m. (dèbí). Débito [dans les comptes]. ‖Caudal [rivières]. ‖*Fig.* Elocução, f. ‖ - *de tabac* (-aba). Tabacaria, f. ‖ - *de vin* (-àn). Taberna, f. ‖-**tant**, **ante** m. e f. (-a, ãt). Retalhista, vendedor, ora a retalho. ‖Taberneiro, ra. ‖-**ter** vt. (-é). Vender por miúdo. ‖Cortar [pierre, bois]. ‖Debitar, lançar na conta [commerce]. ‖Recitar. ‖Fornecer, deitar [un volume d'eau, etc.]. ‖-**teur**, **trice** m. e f. (-âr, riç). Devedor, ora.

dé‖blai m. (dè-é). Desaterro [déblaiement]. ‖Desobstrução [chemin de fer]. ‖Desentulho, escavação, f. ‖-**blaiement** m. (-émã). Desaterro, terraplanagem, f.

déblatérer vt. (dé-atêré). Deblaterar, barafustar.

débla‖yement m. (dè-éiâmã). Desaterro. ‖-**yer** vt. (-ié). Desaterrar. ‖Desembaraçar.

déboire m. (dèbuar). Dissabor, sensaboria, f.

déboi‖sement m. (dèbua-ã). Desarborização, f. ‖-**ser** vt. (-é). Desarborizar.

déboi‖tement m. (dèbua-ã). Luxação, f. ‖-**ter** vt. (-é). Deslocar.

débonnaire adj. (dèbonér). Bondoso, sa. ‖Bonacheirão, ona [avec excès].

débor‖dant, **ante** adj. (dèbordã, ãt). Trasbordante. ‖-**dement** m. (-ã). Trasbordamento, cheia, f. ‖*Fig.* Profusão, f. ‖-**der** vi. (-é). Trasbordar, extravasar [rivière, récipient]. ‖vt. *Fig.* Exceder, ultrapassar [dépasser].

débotter vt. (dèboté). Descalçar as botas. ‖*Au débotter* (ô-), à chegada.

débou‖ché m. (dèbuxé). Saída, f. ‖-**chage** m. (-aj). Destapamento. ‖-**cher** vt. (-é). Destapar. ‖vi. Desaguar [un fleuve].

débouler vi. (dèbulé). Saltar (a lebre, o coelho).

débou‖lonner vt. (dèbuloné). Desencavilhar. ‖*Fig.* Destruir*.

débourrer vt. (dèburé). Tirar o estofo. ‖Tirar o cotão. ‖Tirar a bucha [fusil]. ‖Desembaraçar, desbravar [personnes]. ‖Despejar [pipe].

débour‖s m. (dèbur), **-sé** m. (-é) e

Lettres penchées : accent tonique. ‖V. page verte pour la prononciation figurée. ‖*Verbe irrég. V. à la fin du volume.

DEB — DÉC 94

-sement m. (-ã). Desembolso. ‖-ser vt. (-é). Desembolsar.
debout adv. (-bu). De pé, em pé. ‖*Mar. Vent debout*, vento pela proa. ‖interj. Leva arriba!
débou‖té m. (débuté). Denegação, f. ‖-ter vt. (-é). Denegar [justice].
déboutonner vt. (débutoné). Desabotoar. ‖ (se) vr. Desabotoar-se. ‖*Fig.* Abrir o seu coração.
débrai‖llé, ée adj. (débraié). Descomposto, ta. ‖s. m. Desalinho. ‖-ller (se) vr. (-ié). Descompor-se*, desalinhar-se.
débra‖yage m. (débréiaj). Acção (f.) de desembraiar. ‖-yer vt. (-ié). Desembraiar, desengatar.
débrider vt. (débr-é). Desenfrear.
débris m. (débri). Caco [fragment]. ‖*Fig.* Resto.
débroui‖llard, arde adj. (débruiiar, ard). *Fam.* Desembaraçado, da; expedito, ta. ‖-llement m. (-iãmã). Desembaraço; destrinça, f. ‖-ller vt. (-ié). Desenredar, desembaraçar. ‖ (se) vr. Tirar-se de apuros.
débucher vi. (débùxé). Saír*, saltar (a caça). ‖vt. Fazer* saír*.
débusquer vt. (débùçké). **Fazer*** saír* (a caça). ‖Desalojar [ennemis]. ‖*Fig.* Desbancar [d'un emploi].
début t m. (débù). Princípio. Saída, f. [au jeu]. ‖ Estreia, f. [d'un acteur]. ‖Entrada, f. [dans une carrière]. ‖Loc. *Au début*, ao princípio. ‖-tant, ante m. e f. (ã, ãt). Principiante, estreante. ‖-ter vi. (-é). Principiar. ‖Estrear-se [un acteur]. ‖Iniciar-se (numa carreira).
deçà prep. (-a). Deste lado. ‖-*et delà* (-ê, -a). Dum lado e doutro. ‖ Loc. *En deçà* (ã-). Deste lado.
décacheter vt. (dêca-é). Abrír*.
décade f. (dêcad). Década.
déca‖dence f. (dêcadãç). Decadência. ‖-dent, ente adj. (-ã, ãt). Decadente.
déca‖di m. (dêcadi). Décimo día [calendrier républicain]. ‖-èdre m. (-édr). Decaedro. ‖-gone m. (-on). Decágono. ‖-gramme m. (-ram). Decagrama.
décalage m. (dêcalaj). Descalçadura, f. ‖Deslocação, f. (no tempo ou no espaço).

décalcifier vt. (dêca-ié). Descalcificar.
décalcomanie f. (dêca-omaní). Decalcomania.
décaler vt. (dêcalé). Descalçar (tirar o calço). ‖Deslocar, distanciar.
déca‖litre m. (dêcalítr). Decalitro. ‖-logue m. (-og). Decálogo.
décal‖que m. (dêca-). Decalque. ‖-quer vt. (-é). Decalcar.
décamètre m. (dêcamétr). Decâmetro.
décamper vi. (dêcãpé). Desacampar [lever le camp]. ‖*Fig.* Fugír*.
décan‖tation f. (dêcataciõ). Decantação. ‖-ter vt. (-é). Decantar.
déca‖page m. (dêcapaj). Desoxidação, f. ‖-per vt. (-é). Desoxidar.
décapi‖tation f. (dêca-aciõ). Decapitação. ‖-ter vt. (-é). Decapitar.
décapotable adj. (dêcapota-). Descapotável (automóvel).
décastère m. (dêcaçtér). Decastere.
décasyllabe adj. (dêcacilab). Decassílabo, ba.
déca‖tir vt. (dêcatír). Deslustrar [étoffes]. ‖ (se) vr. *Pop.* Perder* a frescura. ‖-tissage m. (-aj). Deslustro.
déca‖vé, ée adj. (dêcavê). Desbancado, da [jeux]. ‖*Fam.* Depenado, da. ‖-ver vt. (-é). Desbancar, arruinar.
décé‖dé, ée adj. (dêcêdé). Falecido, da. ‖-der vi. (-é). Falecer.
déc‖èlement m. (dêcé-ã). Revelação, f., descobrimento. ‖-eler vt. (-é). Descobrír*, revelar.
décembre m. (dêcãbr). Dezembro.
décemment adv. (dêçamã). Decentemente.
décence f. (dêçãç). Decência.
décennal, ale adj. (dêcénal). Decenal.
décent, ente adj. (dêçã, ãt). Decente.
décentrali‖sation f. (dêçãtra-aciõ). Descentralização. ‖-ser vt. (-é). Descentralizar.
décentrer vt. (dêçãtrê). Descentrar.
déception f. (dêcépciõ). Decepção; taboca (*Br.*).
décerner vt. (dêcérné). Conceder.
décès m. (dêcé). Falecimento.
déce‖vant, ante adj. (dê-ã, ãt). Enganador, ora; falaz. ‖-voir* vt.

Itálico : acento tónico. ‖V. página verde para a pronúncia figurada. ‖*Verbo irreg. V. no final do livro.

(-uar). Enganar. ‖Tirar a ilusão.
déchaî‖nement m. (dêxé-ã). Desencadeamento. ‖-ner vt. (-ê). Desencadear.
déchanter vi. (dêxãtê). Fam. Mudar de tom.
déchar‖ge f. (dêxarj). Descarga. [armes, architecture, navires]. ‖Descargo, m. [commerce, jurisprudence]. ‖-gement m. (-ã). Descarregamento. ‖-ger vt. (-ê). Descarregar. ‖-geur m. (-ár). Descarregador.
décharné, ée adj. (dê-x). (dê-arnê). Descarnado, da.
dé‖chaussement m. (dêxô-ã). Descalçadura, f. ‖-chaussé, ée (-ê) e -chaux (-ô). Descalço, ça. ‖-chausser vt. (-ê). Descalçar. ‖Descarnar [dents].
dèche f. (déx). Pop. Miséria. ‖Loc. Dans la dèche, na penúria.
déchéance f. (dêxêãç). Decadência. ‖Perda [d'un droit]. ‖Degradação, queda [chute].
déchet m. (dêxé). Diminuição, f., quebra, f. ‖Descrédito, alteração, f. ‖Resíduo, escória, f.
déchif‖frement m. (dê-râmã). Decifração, f. ‖-frer vt. (-ê). Decifrar.
déchiqueter vt. (dê-ê). Recortar.
déchi‖rant, ante adj. (dê-rã, ãt). Lancinante. ‖-rement m. (-ã). Rasgadela, f. ‖Dilaceramento [douleur vive]. ‖pl. Discórdias, f., tumultos. ‖- d'entrailles (-ãtrai). Cólica violenta, f. ‖-rer vt. (-ê). Rasgar, dilacerar. ‖-rure f. (-ùr). Rasgão, m., fractura.
déchloruré, ée adj. (dêclorùrê). Descloretado, da.
déchoir* vi. (dêxuar). Decair*, enfraquecer.
déchu, ue adj. (dêxù). Decaído, da; abatido, da. ‖Deposto, ta [souverain].
déci‖dé, ée adj. (dê-ê). Decidido, da. ‖-der vt. (-ê). Decidir; atar (Br. de Rio Grande do Sul).
déci‖gramme m. (dê-ram). Decigrama. ‖-litre m. (-ítr). Decilitro. ‖-mal, ale adj. (-al). Decimal. ‖-me m. (-ím). Décimo (10ª parte do franco). ‖-mer vt. (-ê). Dizimar. ‖-mètre m. (-étr). Decímetro.
déci‖sif, ive adj. (dê-êf, ív). Decisivo, va. ‖-sion f. (-ió). Decisão.

déclama‖teur trice adj. (dê-amatâr, ríç). Declamador, ora. ‖-tion f. Declamação. ‖-toire adj. (-uar). Declamatório. ria.
déclamer vt. (dê-amê). Declamar.
décla‖ration f. (dêclaracíõ). Declaração. ‖-ratcire adj. (-uar). Declaratório, ria. ‖-ré, ée adj. (-ê). Declarado, da. ‖-rer vt. (-ê). Declarar.
décl‖assé, ée adj. e s. (dê-acê). Deslocado, ca; desqualificado, da. ‖-assement m. (-ã). Deslocação, f. ‖Desqualificação, f. ‖Desclassificação, f. ‖-asser vt. (-ê). Deslocar. ‖Desqualificar. ‖Desclassificar. ‖(se) vr. Desqualificar-se.
dé‖clenche (dê-ãx). Escape, m. ‖-clenchement m. (-ã). Desencadeamento. ‖-clencher vt. (-ê). Levantar (a tranqueta). ‖Fig. Desencadear.
déclic m. (d3-íc). Disparador.
déclin m. (cê-ãn). Declínio, decadência, f., ccaso, decaimento.
décli‖nable adj. (dê-a-) Declinável. ‖-naison f. (-ézó). Declinação. ‖-ner vt. e vi. (-ê). Declinar.
décli‖ve adj. (dê-ív). Declivoso, sa. ‖s. f. Declive, m., ladeira. ‖-vité f. (-ê). Inclinação, declividade.
déclouer vt. (dêclu-uê). Despregar.
décocher vt. (dêcoxê). Disparar. ‖Fig. Lançar [regards]. ‖Fig. Deitar [épigrammes, etc.].
décoction f. (dêcokcíõ). Decocção.
décoiffer vt. (dêcuafê). Despentear.
décolérer vi. (dêcolêrê). Desencolerizar-se.
décoll‖age m. (dêcolaj). Descolamento. ‖-lation f. (-cíõ). Degolação. ‖-lement m. (-ã). Descolamento. ‖-ler vt. (-ê). Descolar. ‖Degolar [décapiter]. ‖vi. Descolar [avion].
décolle‖tage m. (dêco-aj). Decote (acção). ‖Corte (de beterrabas, cenouras, etc.). ‖-ter vt. (-ê). Decotar. ‖Desenbrir* (o pescoço, etc.). ‖-té, ée adj. Decotado, da. ‖s. m. Decote.
décolo‖ration f. (dêcoloracíõ). Descoloração. ‖-rer vt. (-ê). Descolorir*.
décombres n. pl. (dêcôbr). Escombros.

Lettres penchées : accent tonique. ‖V. page verte pour la prononciation figurée. ‖*Verbe irrég. V. à la fin du volume.

DÉC — DÉC

décommander vt. (dêcomãdé). Contra-ordenar [commande, invitation].
décompo‖sable adj. (dêcõpoza-). Decomponível. ‖**-sé, ée** adj. (-é). Decomposto, ta. ‖**-sition** f. (-ciõ). Decomposição.
décompression f. (dêcõpréciõ). Descompressão.
déc‖ompte m. (dêcõt). Desconto. ‖**-ompter** vt. (-é). Descontar.
décon‖certant, ante adj. (dêcõcértã, ãt). Desconcertante. ‖**-certement** m. (-ã). P. us. Desconcerto. ‖**-certer** vt. (-é). Desconcertar, desmanchar, embaraçar, desnortear.
décon‖fit, ite adj. (dêcõfi, ĩt). Confuso, sa; interdito, ta. ‖**-fiture** f. (-ùr). Derrota. ‖*Com*. Quebra. ‖Insolvência [du non commerçant].
décongeler vt. (dêcõjlé). Descongelar.
déconseiller vt. (dêcõcéiié). Desaconselhar.
déconsi‖dération f. (dêcõ-êraciõ). Desconsideração, desprezo, m. ‖**-déré, ée** adj. (-é). Desconsiderado, da; desacreditado, da. ‖**-dérer** vt. (-é). Desconsiderar, desacreditar. ‖ **(se)** vr. Desacreditar-se, perder* a consideração.
déconte‖nancé, ée adj. (dêcõ-ãcé). Perturbado, da. ‖**-nancer** vt. (-é). Perturbar.
déconvenue f. (dêcõ-ù). Fracasso, m., contrariedade.
déco‖r m. (dêcor). Decoração, f., ornato. ‖Cenário [théâtre]. ‖**-rateur** m. (-atör). Decorador. ‖**-ratif, ive** adj. (-íf, ív). Decorativo, va. ‖**-ration** f. (-ciõ). Decoração, ornamentação. ‖Condecoração [insigne]. ‖**-ré, ée** adj. (-é). Decorado, da; adornado, da. ‖Condecorado [insigne] : *décoré de*, condecorado com. ‖**-rer** vt. Decorar.
décortiquer vt. (dêcor-ê). Descorticar.
décorum m. (dêcorom). Decoro.
découcher vi. (dêcuxé). *Dormir* fora de casa*.
découdre* vt. (dêcudr). Descoser. ‖Loc. *En découdre*, passar a vias de facto.
découler vi. (dêculé). Escorrer, pingar. ‖*Fig*. Resultar, provir*.
décou‖page m. (dêcupaj). Recorte. ‖Trincho, acto de trinchar [viande]. ‖**-per** vt. (-é). Recortar. ‖Trinchar [viandes]. ‖**-peur, euse** m. e f. (-âr, âz). Recortador, ora; trinchante.
découpler vt. (dêcu-é). Separar, soltar. ‖*Bien découplé* (biãn-). Esbelto, airoso.
découpure f. (dêcupùr). Recorte, m. [chose et action].
découra‖gé, ée adj. (dêcurajé). Desalentado, da. ‖**-geant, ante** adj. (-jã, ãt). Desanimador, ora. ‖**-gement** m. (-ã). Desânimo, esmorecimento. ‖**-ger** vt. (-é). Desalentar, desanimar.
découronner vt. (dêcuroné). Descoroar, destronar. ‖Despojar dos ramos superiores [arbres].
décousu, ue adj. e s. m. (dêcuzù). Descosido, da; desconexão, f.
découv‖ert, erte adj. (dêcuvér, ért). Descoberto, ta. ‖ s. m. Descoberto. ‖*A - loc*. A descoberto. ‖**-verte** f. (-ért). Descobrimento, m. ‖*A la - loc*. Em descoberta. ‖**-vrir** vt. (-rír). Descobrir*. ‖ **(se)** vr. Descobrir-se*. ‖Aclarar [le ciel].
décras‖ser vt. (dêcracé). Limpar, lavar [ôter la crasse]. ‖*Fig*. Desembrurar, civilizar [personnes]. ‖**-soir** m. (-uar). Pente fino.
décré‖pi, ie adj. (dêcrêpi). Danificado da. ‖**-pir** vt. (-ír). Estragar [murs]. ‖**-pit, ite** adj. (-i, ít). Decrépito, ta. ‖**-pitude** f. (-ùd). Decrepitude.
décr‖et m. (dêcré). Decreto. ‖**-étale** f. (-al). Decretal. ‖**-éter** vt. (-é). Decretar.
décrier vt. (dêcrié). Desacreditar.
dé‖crire* vt. (dêcrír). Descrever. ‖**-crit, ite** adj. (-i, ít). Descrito, ta.
décro‖chement m. (dêcro-ã). Despregadura, f. ‖**-cher** vt. (-é). Desprender. ‖**-chez-moi-ça** m. (-êmuaça). *Pop*. Roupa em segunda mão. ‖Loja (f.) de adelo [boutique].
dé‖croissance f. (dêcruacác). Decréscimo, m. ‖**-croissant, ante** adj. (-ã, ãt). Decrescente. ‖**-croître*** vi. (-uatr). Decrescer.
décro‖ttage m. (dêcrotaj). Limpeza, f. ‖**-tter** vt. (-é). Limpar, desenlamear. ‖**-tteur** m. (-âr). Engraixador.

Itálico : acento tónico. ‖V. página verde para a pronúncia figurada. ‖*Verbo irreg. V. no final do livro.

déçu, ue adj. (dêçù). Desiludído, da.
déculotter vt. (dêcùloté). Tirar os calções.
décu‖ple adj. (dêcù-). Décuplo, pla. ‖-pler vt. (-é). Decuplicar.
décurion m. (dêcùriô). Decurião.
dédai‖gner vt. (dêdênhê). Desdenhar. ‖-gneux, euse adj. (-â, âz). Desdenhoso, sa.
dédain m. (dêdân). Desdém.
dédale m. (dêdal). Dédalo, labirínto.
Dédale n. pr. (dêdal). Dédalo.
dedans adv. (dâdâ). Dentro. ‖Loc. *Au dedans* (ô-). No interior, lá dentro.
dédicace f. (dê-aç). Dedicatória. ‖Consagração [église].
dédier vt. (dêdié). Dedicar.
dé‖dire* vt. (dêdír). Desdizer*. ‖ (se) vr. Desdizer-se*. ‖**-dit** m. (-i). Retractação, f. [de la parole]. ‖Multa, f. [au cas de rupture de contrat].
dédomma‖gement m. (dêdoma-â). Reparação, f., indemnização, f. ‖-ger vt. (-é). Reparar, indemnizar.
dédorer vt. (dêdoré). Desdourar.
dédouaner vt. (dêduané). Despachar (na alfândega).
dédou‖blement m. (dêdu-âmâ). Desdobramento. ‖-bler vt. (-é). Desdobrar. ‖ Tirar o forro [ôter la doublure].
dé‖duction f. (dêdùkciô). Dedução. ‖-duire*** vt. (-ùir). Deduzir*. ‖-duit m. (-ùi). Ant. Divertimento.
déesse f. (dêéç). Deusa.
défai‖llance f. (dêfaiâç). Desfalecimento, m. ‖*Fig.* Fraqueza. ‖Falta, supressão. ‖-llant, ante adj. (-iâ, ât). Enfraquecído, da; desfalecído, da. ‖*Faltoso, sa* [témoin]. ‖**-llir*** vi. (-ir). Desfalecer. ‖Faltar.
dé‖faire* vt. (dêfér). Desfazer*. ‖**-fait, aite** adj. (-é, êt). Desfeíto, ta. ‖**-faite** f. (-ét). Derrota. ‖Escapatória [prétexte]. ‖**-faitisme** m. (-içm). Derrotísmo. ‖**-faitiste** adj. e s. (-içt). Derrotísta.
défal‖cation f. (dêfa-aciô). Desfalque, m. ‖**-quer** vt. (-é). Desfalcar.
défausser (se) vr. (dêfôcê). Baldar-se (ao jogo).
défaut m. (dêfô). Defeito. ‖Falta, f. [absence]. ‖ Revelía, f. [justice].

‖ - *de la cuirasse*, loc. Ponto fraco. ‖Loc. *A défaut de*, na falta de. *Être en défaut*, faltar à lei. *Faire défaut*, faltar. *Par défaut*, à revelía.
défa‖veur f. (dêfavôr). Desfavor, m. ‖**-vorable** adj. (-ora-). Desfavorável.
défec‖tion f. (dêfékciô). Defecção. ‖**-tueux, euse** adj. (-tùâ, âz). Defeituoso, sa.
défen‖dable adj. (dêfâda-). Defensável. ‖**-deur, eresse** m. e f. (-âr, réç). Demandado, da; réu, ré. ‖**-dre** vt. (-âdr). Defender. ‖Proibír. ‖Proteger. ‖ (se) vr. Defender-se. ‖Guardar-se [éviter]. ‖*Défendre de fumer*, proibir fumar, ou que se fume. ‖**-se** f. (-âç). Defesa. ‖Proibição. ‖Presa [dent]. ‖Loc. *Défense de fumer*, é proibido fumar. *Faire défense de*, proibir. ‖**-seur** m. (-âr). Defensor. ‖**-sif, ive** adj. (-if, iv). Defensivo, va.
déféquer vi. (dêfêkê). Defecar.
défé‖rence f. (dêfêrâç). Deferência. ‖**-rent, ente** adj. (-â, ât). Deferente. ‖**-rer** vt. (-é) Conceder, atribuir*. ‖Denunciar [tribunal]. ‖vi. Condescender.
déferler vt. (dêfêrlé). Rebentar [ondas].
déferrer vt. (dêféré). Desferrar.
dé‖fi m. (dêfi). Desafío, repto. ‖Loc. *Mettre au défi*, desafiar. ‖**-fiance** f. (-fâç). Desconfiança. ‖**-fiant, ante** adj. (-iâ, ât). Desconfiado, da.
défibrer vt. (dê-ré). Desfibrar.
déficeler vt. (dê-é). Desatar.
déficient, ente adj. (de-iâ, ât). Deficiente.
défi‖cit m. (dêficit). Deficit. ‖**-citaire** adj. (-ér). Deficitário, ia.
défier vt. (dêfié). Desafiar. ‖ (se) vr. Desconfiar [se méfier]. Desafiar-se [défi].
défigurer vt. (dê-ùré). Desfigurar.
défi‖lade f. (dê-ad). Desfilada. ‖**-lé** m. (-é). Desfiladeiro [passage]. ‖Desfile [troupes]. ‖**-ler** vt. (-é). Desenfiar, desfiar [désenfiler]. ‖ vi. Desfilar [aller à la file].
défi‖ni, le adj. (dê-í). Definído, da. ‖*Passé défini*, pretérito perfeito simples. ‖**-nir** vt. (-ir). Definír. ‖**-nissable** adj. (-a-). Definível.

Lettres penchées : accent tonique. ‖ V. page verte pour la prononciation figurée. ‖ *Verbe irrég. V. à la fin du volume.

||-nitif, ive adj. (-íf, ív). Definitívo, va. **||-nition** f. (-ció). Definição.
défla||gration f. (dê-agració). Deflagração. **||-tion** f. (-ció). Deflação.
déflorer vt. (dêfloré). Desflorar. ||Tornar intransitável [chemin].
défoncer vt. (dêfôcé). Desfundar.
défor||mable adj. (dêforma-). Deformável. **||-mation** f. (-ció). Deformação. **||-mer** vt. (dêformé). Deformar.
défralchir vt. (dêfréxir). Murchar.
défrayer vt. (dêfréié). Custear, pagar. ||Loc. *Défrayer la conversation, la compagnie,* alimentar a conversa, entretê-la.
défri||chement m. (dêfr-à). Arroteamento, surríba, f. **||-cher** vt. (-é). Arrotear, desbravar.
défriser vt. (dêfr-é). Desfrisar. ||*Fig.* Desconcertar.
défro||que f. (dêfroc). Espólio, m. [religieux]. ||*Roupa* usada. **||-qué** m. (-ké). Desfradado, egresso.
défunt, unte adj. e s. (dêfû, ât). Defunto, ta.
déga||gé, ée adj. (dêgajé). Livre, desembaraçado, da. **||Desenvencilhado**, da [escalier, chambre]. ||Desempenhado, da. **||-gement** m. (-â). Desempenho. ||Desprendimento. ||Corredor [habitation]. ||Emanação, f. [de gaz, etc.]. **||-ger** vt. (-é). Desempenhar. ||Desimpedir*. ||Emanar [gaz]. ||Isolar (a incógnita). ||Libertar [délivrer]. ||Aliviar [la tête]. **||(se)** vr. Libertar-se. Desprender-se, soltar-se.
dégai||ne f. (dêghén). *Fam.* Andar, m., atitude [ridicule]. **||-ner** vt. (-é). Desembainhar.
dégan||ter vt. (dêgâté). Desenluvar. **||-té, ée** adj. (-é). Desenluvado, da; sem luvas.
dégarnir vt. (dêgarnír). Desguarnecer. ||Desenfeitar. ||Limpar (as árvores).
dégât m. (dêga). Estrago. ||Dano.
dégauchir vt. (dêgôxír). Desbastar, aplainar [une pierre, un madrier, etc.]. ||Endireitar [ce qui n'est pas droit].
dé||gel m. (dêjél). Degelo. **||-gelée** f. (-é). *Pop.* Sova. **||-geler** vt. e vi. Descongelar.
dégéné||ré, ée adj. (dêjénêré). Degenerado, da. **||-rer** vi. (-é). Degenerar. **||-rescence** f. (-éçâç). Degenerescência.
dégin||gandé, ée adj. (dêjàngâdê). Desengonçado, da. **||-gandement** m. (-â). Desengonço.
déglutition f. (dê-ù-ció). Deglutição.
dégobiller vt. (dêgobiíé). *Pop.* Vomitar.
dégoiser vt. (dêguazé). *Vulg.* Tagarelar.
dégommer vt. (dêgomé). Desengomar. ||*Fam.* Destituír*.
dégonfler vt. (dêgô-fé). Desinchar.
dégor||gement m. (dêgor-â). Escoamento [tuyau]. ||Derrame [humeurs]. ||Limpeza, f. [laines, etc.]. **||-ger** vt. (-é). Vomitar. ||Limpar [laver]. ||Desobstruír* [canal, etc.].
dégoter vt. (dêgoté). *Fam.* Derrubar [atteindre]. ||*Pop.* Suplantar [surpasser].
dégouliner vi. (dêgu-é). *Pop.* Pingar, gotejar.
dé||gourdi, ie adj. (dêgurdí). Esperto, ta. **||-gourdir** vt. (-ir). Desentorpecer. ||Amornar [chauffer]. ||Desemburrar [une personne].
dé||goût m. (dêgu). Fastio, repugnância, f. **||-goûtant, ante** adj. (-â, ât). Asqueroso, sa. **||-goûté, ée** adj. Fastiento, ta; difícil. ||Loc. *Faire le dégoûté,* fazer-se* esquisito. **||-goûter** vt. (-é). Enjoar. ||Enfadar, desgostar. ||Dissuadir, desviar.
dé||gouttant, ante adj. (dêgutâ, ât). Gotejante. **||-goutter** vi. (-é). Gotejar, pingar.
dégra||dant, ante adj. (dêgradâ, ât). Degradante. **||-dateur** m. (-atêr). Degradador. **||-dation** f. (-ació). Degradação. ||*Fig.* Aviltamento, m. [avilissement]. ||Deterioração [dégât]. **||-der** vt. (-é). Degradar. ||Deteriorar. ||*Fig.* Aviltar [avilir].
dégrafer vt. (dêgrafé). Desacolchetar.
dégrai||sser vt. (dêgrécé). Desengordurar. ||Limpar [vêtements]. **||-sseur** m. (-âr). Desengordurador.
degré m. (dàgré). Grau. ||Degrau [escalier].
dégr||èvement m. (dêgré-â). Redução, f. (de imposto). **||-ever** vt. (-âvé). Reduzir* (o imposto).
dégrin||golade f. (dêgràngolad).

Itálico : accento tónico. ||V. página verde para a pronúncia figurada. || *Verbo irreg. V. no final do livro.

Queda (de escantilhão). ||-goler vi. (-é). Caír* de escantilhão.
dégriser vt. (dègr-é). Desembriagar. ||Fig. Desenganar.
dégrossir vt. (dègrocír). Desbastar.
déguenillé, ée adj. (dè-ié). Esfarrapado, da.
déguerpir vi. (dê-érpír). Fugír, retirar-se, saír*, abandonar.
dé||guisement m. (dê-á). Disfarce. ||-guiser vt. (-é). Disfarçar.
dégus||tation f. (dègùctació). Prova. ||-ter vt. (-é). Provar, saborear.
déhan||ché, ée adj. (dêãxé). Saracoteado, da; desengonçado, da. ||-chement m. (-á). Bamboleio, saracoteio [affectation dans la marche]. ||-cher (se) vr. Bambolear-se, saracotear-se. ||Fig. Afectar derreamento.
déharnacher vt. (dèarnaxé). Desarrear, desaparelhar.
déhiscence f. (dèiçáç). Deiscência.
dehors adv. (dâor). Fora, exteriormente. ||s. m. Exterior. ||pl. Fig. Aparências. ||Loc. Au-dehors, lá fora, cá fora. En dehors, por fora, para fora. En dehors de, fora. Etre en dehors, ser* extremamente franco.
déisme m. (dèiçm). Deísmo.
déjà adv. (dèjà). Já, já então.
déjection f. (dèjékció). Dejecção.
déjeter (se) vr. (dê-é). Curvar-se, empenar-se [bois]. ||Torcer-se [corps].
déjeuner vt. (dèjûné). Almoçar [le matin ou à midi]. ||s. m. Almoço. ||Petit - (-í-). Desjejum. ||Loc. Déjeuner de, almoçar. Déjeuner de soleil, coisa [f.] efémera.
déjouer vt. (dèjué). Frustrar.
déjuger v. e vr. (dèjùjé). Mudar de opinião.
delà adv. (-a). Além. [U. com as prep. à, en, par]. ||Loc. Au-delà, en delà, par-delà, mais além, para lá, ainda maís. De delà, de além. ||s. m. L'au-delà, o além, o outro mundo.
déla||bré, ée adj. (dèlabré). Arruinado, da. ||-brement m. (-âmã). Ruína, f. ||-brer vt. (-é). Arruinar.
délacer vt. (dèlacé). Desatacar.
délai m. (dèlé). Prazo [temps accordé]. ||Delonga, f., dilação, f. ||À bref délai, em breve prazo.
délainer vt. (dèléné). Deslanar.

déla||issement m. (dèlé-á). Abandono. ||-sser vt. (-é). Abandonar.
délaiter vt. (dèlété). Desleitar.
déla||ssement m. (dèla-á). Descanso. ||-sser vt. (-é). Descansar.
déla||teur m. (dèlatér). Delator. ||-tion f. (-ció). Delação.
délaver vt. (dèlavé). Deslavar.
déla||yage m. (dèléaj). Diluição, f. ||-yer vt. (-ié). Diluir*.
délébile adj. (dèlèbíl). Delével.
délec||table adj. (dèlécta-é). Deleitável. ||-te- vt. (-é). Deleitar.
délé||gation f. (dèlègació). Delegação. ||-gué, ée adj. e s. (-é). Delegado, da. ||-guer vt. (-é). Delegar.
délester vt. (dèléçté). Deslastrar.
délétère adj. (dèlêtér). Deletério, ia.
délibé||ration f. (dè-èració). Deliberação. ||-ré, ée adj. (-é). Deliberado, da. Resolvido, da [décidé]. ||-rément adv. (-émã). Deliberadamente. ||-rer vi. (-é). Deliberar.
délica||t, ate adj. (dè-a, at). Delicado, da. ||-tesse f. (-éç). Delicadeza.
déli||ce m., f. no pl. (dêlíç). Delícia, f. ||-cieux, euse adj. (-iâ, âz). Delicioso, sa.
délictueux, euse adj. (dè-ctùâ, âz). Delituoso, sa.
délié, ée adj. (dèlié). Desatado, da. ||Delgado, da; fino, na [mince]. ||Agudo, da; penetrante. ||Fino [d'une lettre]. ||-lier vt. (-ié). Desligar; desatar.
délimi||tation f. (dè-ació). Delimitação. ||-ter vt. (-é). Delimitar.
délinquant, ante adj. (dèlãncã, ãt). Delinquente.
déliquescent, ente adj. (dè-kéçã, ãt). Deliquescente.
dé||lirant, ante adj. (dè-rã, ãt). Delirante. ||-lire m. (-ír). Delírio. ||-lirer vi. (-é). Delirar.
délit m. (dèli). Delito. ||Loc. En flagrant délit, em flagrante.
déli||vrance f. (dè-ráç). Entrega [remise]. ||Libertação, livramento, m. [action de délivrer]. ||Parto, m. [accouchement]. ||-vrer vt. (-é). Livrar [d'un danger]. ||Entregar [remettre]. ||Libertar [mettre en liberté]. ||Parír [accoucher]. || (se) vr. Livrar-se.

Lettres penchées : accent tonique. ||V. page verte pour la prononciation figurée. ||*Verbe irrég. V. à la fin du volume.

DÉL — DEM 100

déloger vt. (délojé). Desalojar, pôr* fora. ||vi. Mudar (de casa).
délo||**yal, ale** adj. (dèluaial). Desleal. ||**-yauté** f. (-ôté). Deslealdade.
del||**ta** m. (dèl-a). Delta. ||**-toïde** m. (-oíd). Deltóide.
déluge m. (dèlùj). Dilúvio. ||Loc. *Remonter au déluge*, reportar-se a uma época remota.
déluré, ée adj. (dèlùré). Vivo, va.
délustrer vt. (dèlùstré). Deslustrar.
démago||**gie** f. (dèmagoji). Demagogia. ||**-gue** m. (-og). Demagogo.
démalloter vt. (dèmaioté). Desenfaixar.
demain adv. (-àn). Amanhã.
démancher vt. (dèmàxé). Desencabar [ôter le manche]. ||Deslocar, desmanchar.
deman||**de** f. (-ád). Petição [action de demander]. ||Pergunta [interrogation]. ||Pedido, m., requerimento, m. (prière). ||Demanda [judiciaire]. ||Loc. *L'offre et la demande*, a oferta e a procura. ||**-der** vt. (-é). Pedir* (prier). ||Perguntar [interroger]. ||Demandar [en justice]. ||Loc. *Demander quelqu'un* ou *après quelqu'un*, perguntar por alguém. ||**-der (se)** vr. Perguntar a si próprio. ||**-deur, deresse** m. e f. (-âr, réç). Demandista.
déman||**geaison** f. (dèmàjézô). Comichão, prurido, m. ||Fig. Tentação [désir véhément]. ||**-ger** vi. (-é). Ter* comichão; ter* grande desejo.
démanteler vt. (dèmà-tlé). Desmantelar.
démantibuler vt. (dèmà-ùlé). Quebrar os queixos. ||Escangalhar, desmontar.
démarcation f. (dèmarcasió). Demarcação.
démar||**che** f. (dèmarx). Passo, m. : *faire des démarches*, fazer* diligências. ||*Fausse* – (fôç-) . Passo (m.) inútil. ||**-cheur** m. (-âr). Corretor.
démar||**quage** m. (dèmarcaj). Plágio. ||**-quer** vt. (-é). Desmarcar. ||Plagiar (imiter).
déma||**rrage** m. (dèmaraj). Desatracação, f. [bateau]. ||Arranque [coureur, automobile]. ||**-rrer** vt. (-é). Desamarrar, desatracar [navire]. ||Arrancar [course, automobile].

||vi. Levantar ferro [bateau]. ||*Fig.* e *fam.* Mover-se [changer de place]. ||**-rreur** m. (-âr). Motor de arranque.
démasquer vt. (dèmaçké). Desmascarar. ||Descobrir* [batterie].
démâter vt. (dèmaté). Desmastrear.
démê||**lage** m. (dèmèlaj). Cardagem, f. [laine]. ||**-lé** m. (-é). Questão, f., altercação, f. ||**-ler** vt. (-é). Desenredar, desembaraçar [fils, cheveux, etc.]. ||*Fig.* Desvendar [mystères, etc.]. ||Deslindar [débrouiller]. ||**-loir** m. (-uar). Pente de alisar; dobadoira, f. ||**-lures** f. pl. (-ùr). Cabelos (m. pl.) que caem ao pentear.
démem||**brement** m. (dèmàbrâmà). Desmembramento. ||**-brer** vt. (-é). Desmembrar.
déména||**gement** m. (dèmèna-à). Mudança, f. (de casa). ||**-ger** vt. (-é). Mudar. ||vi. Mudar-se [de domicile]. ||*Fig.* e *fam.* Tresvariar. ||**-geur** m. (-âr). Agente de mudanças.
démence f. (dèmàç). Demência, loucura.
démener (se) vr. (dè-é-). Agitar-se; afobar-se (*Br.*).
dément, ente m. e f. (dèmà, àt). Demente.
démen||**ti** m. (dèmàtí). Desmentido [action de démentir]. ||*Fig.* e *fam.* Vergonha (f.) de não ter* êxito. ||**-tir** vt. (-ir). Desmentir*, contradizer*. ||**-ter** vi. (-é). Desmerecer.
démesuré, ée adj. (dè-ùré). Desmedido, da.
démettre vt. (dèmétr). Deslocar [un os]. || (se) vr. Demitir-se [donner sa démission].
demeu||**rant, ante** adj. (-àrà, àt). Residente. || (au) loc. (ô). De resto. ||**-re** f. (-âr). Morada [habitation]. ||Estada, permanência [temps passé dans un endroit]. ||Demora [retard]. ||Loc. *A demeure*, com demora. *Mettre en demeure*, intimar. *Mise en demeure*, intimação. *Se mettre en demeure de*, obrigar-se a. ||**-rer** vi. (-é). Permanecer [rester dans un endroit]. ||Residir, viver [être domicilié]. ||Ficar [rester].
demi, ie adj. (-í). Meio, a. ||s. m. Meio. ||*Observ.* Antes dum substan-

---

Itálico : acento tónico. ||V. página verde para a pronúncia figurada. ||*Verbo irreg. V. no final do livro.

DEM — DEN

tivo é invariável em francês : *demiheure*, meia hora. ‖Loc. *A demi*, meio, por metade. *En diable et demi*, com toda a força, excessivamente.
demi‖-cercle m. (-ér). Semicírculo. ‖- **-deuil** m. (-âi). Luto aliviado. ‖- **-dieu** m. (-iö). Semideus. ‖- **-jour** m. (-ur). Alvorada, f., alva, f. ‖- **-lune** f. (-ùn). Meia lua. ‖- **-mal** m. (-al). *Fam.* Inconveniente sem gravidade. ‖- **-mesure** f. (-ùr). Meia medida. ‖- **-mort, orte** adj. (-or, t). Semimorto, ta. ‖- **-mot** m. (-ô). Meia palavra, f. ‖(à) - loc. Por meias palavras.
déminéraliser vt. (dê-êra-é). Desmineralizar.
demi‖-pause f. (-ôz). Pausa de mínima. ‖- **-pension** f. (-ãciö). Semi-internato. ‖- **-pensionnaire** m. (-onér). Semi-interno. ‖- **-reliure** f. (-r-ùr). Meia encadernação.
démis, ise adj. (dêmí, iz). Deslocado, da [os]. ‖Demitido, da [emploi].
demi-saison f. (-cézö). Meia estação.
demi‖-sang m. (-ã). Meio-sangue [cheval]. ‖- **-solde** f. (-o-) Meio soldo, m. ‖em. Oficial na inactividade. ‖- **-soupir** m. (-upir). Pausa de colcheia, f.
démis‖sion f. (dê-iö). Demissão. ‖-**sionnaire** adj. (oné́r). Demissionário, ia. ‖-**sionner** vi. (-oné). Demitir-se.
demi‖-teinte f. (-ãnt). Meia tinta. ‖- **-ton** m. (-ó). Meio tom. ‖- **-tour** m. (-ur). Meia volta, f.
démobiliser vt. (dêmo-é). Desmobilizar.
démocra‖te m. (dêmocrat). Democrata. ‖-**tie** f. (-cí). Democracia. ‖-**tique** adj. (-tíc). Democrático, ca.
démo‖dé, ée adj. (dêmodé). Fora de moda. ‖-**der** vt. (-é). Fazer* passar de moda.
démographie f. (dêmografi). Demografia.
demoiselle f. (-uazél). Menina. ‖Donzela, solteira. ‖Libélula. ‖Maço, m. (de calceteiro).
démo‖lir vt. (dêmolír). Demolir, arrasar. ‖Escangalhar [meubles, etc.]. ‖-**lisseur** m. (-ôr). Demolidor, destruidor. ‖-**lition** f. (-ciö). Demolição, destruição.

démon m. (dêmō). Demónio, diabo.
démonétiser vt. (dêmonê-é). Desmonetizar.
démoniaque adj. (dêmoníac). Demoníaco, ca.
démonstra‖teur m. (dêmõctratẽr). Demonstrador. ‖-**tif, ive** adj. (-tif, ív). Demonstrativo, va. ‖-**tion** f. (-ciö). Demonstração.
démon‖table adj. (dêmõta-). Desmontável. ‖-**tage** m. (-aj). Desmonte. ‖-**ter** vt. (-é). Desmontar, descavalgar ‖Desarmar [une machine]. ‖*Fig.* Desconcertar, confundir [une personne]. ‖(se) vr. Disjuntar-se. ‖Desconcertar-se.
démontrer vt. (dêmotré). Demonstrar.
démoral‖sant, ante adj. (dêmora-ã, ãt). Desmoralizador, ora. ‖-**sation** f. (-ciö). Desmoralização; esculhambação (*Br.*, grossier). ‖Desalento, m. [découragement]. ‖-**ser** vt. (-é). Desmoralizar [pervertir]. ‖Desanimar [décourager].
démordre vi. (dêmordr). Largar a presa. ‖*Fig.* Desistir, renunciar.
Démosthene n. pr. (dêmoctén). Demóstenes.
démouler vt. (dêmulé). Desmoldar, tirar do molde.
démunir vt. (dêmùnír). Desprover de munições.
démuseler vt. (dêmù-é). Desaçaimar.
dénatter vt. (dênaté). Desentrançar.
dénatu‖ré, ée adj. (dênatùré). Desnaturado, da. Depravado, da; desumano, na. ‖-**rer** vt. (-é). Desnaturar.
dé‖négation f. (dênẽgaciö). Denegação. ‖-**ni** m. (-í). Denegação, f.
déniaiser vt. (dêniézé). Desembrutecer.
déni‖cher vt. (dê-é). Desaninhar, desanichar. ‖*Fig.* Descencantar [découvrir]. vi. ‖*Fam.* Fugir*. ‖-**cheur** m. (-ẽr). Destruidor de ninhos. ‖*Fig.* Desencantador [d'antiquités, etc.].
dénicotiniser vt. (dê-o-é). Desnicotinizar.
dénier vt. (dênié). Negar, denegar.
denier m. (-ié). Dinheiro [monnaie romaine ou française] ‖*Juro.* ‖Loc. *Au denier vingt*, a cinco por cento. *A beaux deniers comptants*, por bom

---

Lettres penchées : accent tonique. ‖V. page verte pour la prononciation figurée. ‖*Verbe irrég. V. à la fin du volume.

dinheiro. *Denier à Dieu*, gorjeta (f.) interesseira. *Denier de la veuve*, esmola (f.) dada por um pobre.
déni‖grement m. (dê-râmã̄). Difamação, f. ‖-grer vt. (-ê). Denegrir, difamar.
Denis, ise n. pr. (-*i*, *iz*) Dinís, Dionísio; Dionísia.
déni‖veler vt. (dè-ê). Desnivelar. ‖-vellation f. (-élació) Desnivelamento, m. ‖-vellement m. (-ã). Desnível.
dénom‖brement m. (dênôbrâmã̄). Enumeração, f. ‖-brer vt. (-ê). Enumerar.
dénomina‖teur m. (dêno-atôr). Denominador. ‖-tion f. (-ció). Denominação.
dénommer vt. (dènomê). Nomear, denominar.
dénon‖cer vt. (dênōcê). Denunciar. ‖-ciateur, trice adj. e s. (-atôr, rís). Denunciante; *cabra* (*Br.*). ‖-ciation f. (-ció) Denúncia.
dénoter vt. (dênotê). Denotar.
dé‖nouement ou -noûment m. (dênumã̄). Desenlace. ‖-nouer vt. (-uê). Desatar, desatacar. ‖Desenredar [situation, argument].
denrée f. (dārê). Gênero, m., mercadoria. ‖-*s alimentaires* (-za-ātêr). Gêneros alimentícios, m.
den‖se adj. (dã̄ç). Denso, sa. ‖-sité f. (-ê). Densidade.
dent t f. (dã̄). Dente, m. ‖- *de sagesse* (-ajéç). Dente de siso. ‖*Fausse* - (fôç-). Dente postiço. ‖*Grosse* - (grôç-). Queixal, m. ‖Loc. *A belles dents*, com toda a gana. *Agacer les dents*, embotar os dentes. *Avoir les dents longues*, ter* fome. *Avoir une dent contre quelqu'un*, ter* asca a alguém. *Claquer les dents*, bater os dentes. *Déchirer à belles dents*, cortar na casaca de. *Desserrer les dents*, mostrar os dentes. *Faire ses dents*, estar* com os dentes. *Sur les dents*, estafado [de travail, etc.]. ‖-taire adj. (-ér). Dentário, ia. ‖-tal, ale adj. (-al). Dental. ‖-telé, ée adj. (-ê). Denteado, da. ‖Dentado [muscle]. ‖-teler vt. (-ê). Dentear, dentar. ‖-telle f. (-êl). Renda. ‖-tellier, ère adj. e s. (-ié, êr). Rendeiro, ra. ‖-telure f. (-ùr). Denteado, m. ‖-ter vt. (-ê). Den-

tear. ‖-ticule m. Dentículo. ‖-tier m. (-ié). Dentadura, f. ‖-tifrice adj. et s. m. (-ríç). Dentífrico, ca. ‖-tiste m. (-íçt). Dentista. ‖-tition f. (-*ció*). Dentição. ‖-ture f. (-ùr). Dentadura, dentuça.
dénu‖dation f. (dênùdació). Desnudação, desnudamento, m. ‖Escarnação. ‖-der vt. (-ê). Desnudar. ‖Denudar, escarnar.
dé‖nué, ée adj. (dênùê). Desprovido, da; privado, da. ‖-nuement ou -nûment f. (-ã). Privação, f., miséria, f. ‖-nuer vt. (-ùê). Despojar, privar.
dénutrition f. (dênùtrició). Desnutrição.
dépanner vt. (dépanê). Consertar.
dépaqueter vt. (dépa-ê). Desempacotar.
dépareiller vt. (dépáréiê). Desemparelhar.
déparer vt. (déparê). Desadornar, prejudicar, desfear.
déparier vt. (déparié). Desirmanar.
déparler vi. (déparlê). Calar-se. ‖Falar mal.
dépar‖t m. (dépar). Partida, f. ‖Separação, f. ‖-tager vt. (-ajé). Desempatar.
département m. (départamã̄). Departamento.
départir vt. (départír). Repartir [distribuer]. ‖Conceder. ‖ (se) vr. Desistir. Afastar-se, desviar-se.
dépa‖ssement m. (dépa-ã̄). Excesso, excedente. ‖-sser vt. (-ê). Ultrapassar, exceder [surpasser]. ‖Passar adiante de. ‖*Fam.* Espantar.
dépaver vt. (dépavê). Desempedrar.
dépayser vt. (dépéizê). Tirar do meio. ‖*Fig.* Desorientar, confundir.
dép‖eçage ou -ècement m. (-é-ã). Despedaçamento. ‖-ecer vt. (-ê). Despedaçar.
dépê‖che f. (dépéx). Despacho, m. ‖Telegrama, m. ‖-cher vt. (-ê). Despachar. ‖ (se) vr. Aviar-se, despachar-se.
dépeigner vt. (dêpênhê). Despentear.
dépeindre* vt. (dêpãdr). Pintar, descrever.
dépenaillé, ée adj. (dê-aiiê). Andrajoso, sa.
dépen‖dance f. (dépadã̄ç). Dependência. ‖-dant, ante adj. (-ã̄, ã̄t).

Itálico : acento tónico. ‖V. página verde para a pronúncia figurada. ‖*Verbo irreg. V. no final do livro.

Dependente. ‖-dre vi. (-ádr). Depender. ‖vt. Despendurar [décrocher].
dépens m. pl. (dêpã̃). Custas, f. pl.; gastos. ‖Aux ... loc. (ô-). à custa. ‖-e f. (-ã́s). Despesa, gasto, m. ‖-er vt. (-ê). Gastar. ‖Fig. Esbanjar. ‖-ensier, ère adj. (-iê, ér). Gastador, ora. ‖s. m. Dispenseiro. ‖f. Dispenseira.
déperdition f. (dêpér-ció). Perda.
dépérir vi. (dêpêrír). Enfraquecer, definhar, definhar-se. ‖-rissement m. (-ã). Enfraquecimento, definhamento.
dépêtrer vt. (dêpêtré). Desprender, livrar, desembaraçar, despear. ‖(se) vr. Desembaraçar-se, livrar-se.
dépeuplement m. (dêpã-ãmã). Despovoamento. ‖-pler vt. (-ê). Despovoar.
déphosphoration f. (dêfoçforació). Desfosforação.
dépilation f. (dê-ació). Depilação. ‖-ler vt. (-ê). Depilar.
dépister vt. (dêpicté). Despistar [faire* perdre la piste]. ‖Seguir o rasto de; descobrir* o paradeiro de.
dépit m. (dêpi). Despeito. ‖Loc. En dépit de, mau grado. En dépit du bon sens, muito mal. ‖-ter vt. (-ê). Despeitar.
déplacé, ée adj. (dê-acê). Deslocado, da [changé]. ‖Transferido, da [fonctionnaire]. ‖Fig. Inconveniente. ‖-cement m. (-ã). Deslocação, f. ‖Transferência, f. ‖-cer vt. (-ê). Deslocar, mudar. ‖Transferir* [fonctionnaire]. ‖Mar. Deslocar.
déplaire* vi. (dêplér). Desagradar. ‖(se) vr. Não se dar* bem [dans un endroit]. ‖Aborrecer-se. ‖Loc. Ne vous déplaise, não se enfade, não leve a mal, tenha* paciência. ‖-sant, ante adj. (-ã, ãt) Desagradável. ‖-sir m. (-ír). Desprazer.
déplanter vt. (dê-ãté). Desplantar.
dépliant m. (dê-iã). Folha (f.) dobrada. ‖-plier vt. (-iê). Desdobrar. ‖-plisser vt. (-ê). Desenrugar. ‖-ploiement m. (-uamã). Desdobramento, m. ‖Ostentação, f.
déplomber vt. (dê-ôbé). Levantar o chumbo da alfândega. ‖Deschumbar [dent].

déplorable adj. (dê-ora-). Deplorável. ‖-rer vt. (-ê). Deplorar.
déployer vt. (dê-uaié). Desdobrar.
déplumer vt. (dê-ùmé). Depenar.
dépolariser vt. (dêpolar-ê). Despolarizar.
dépolir vt. (dêpolír). Despolir. ‖Esmerilar [cristal].
dépopulation f. (dêpopùlació). Despovoamento, m.
déport m. (dêpor). Prémio [terme de bourse] ‖-tation f. (-ació). Deportação. ‖-tements m. pl. (-ã). Desregramento, sing., excesso, sing. ‖-ter vt. (-ê). Deportar.
déposant, ante adj. e s. (dêpôzã, ãt). Depositante. ‖Depoente [justice]. ‖-ose f. (-ôz). Levantamento, m. arrancamento, m. ‖-oser vt. (-ê). Depositar. ‖Depor* [en justice]. ‖Renunciar a, pôr* de lado. ‖-ositaire m. (-ér). Depositário. ‖-osition f. (-ició). Deposição.
déposséder vt. (dêpocêdê). Desapossar. ‖-session f. (-éció). Espoliamento, m.
dépôt m. (dêpô). Depósito. ‖Sedimento [liquides]. ‖Prisão preventiva [Paris].
dépoter vt. (dêpoté). Desenvasar. ‖Trasfegar [liquides]. ‖-toir m. (-uar). Esterqueira, f., monturo.
dépouille f. (dêpuiã). Despojo, m. [reste]. Restos (mortais), m. pl. ‖Pele [animal]. ‖Espólio, m. [d'un mourant]. ‖-llement m. (-ã). Despojo. ‖Exame [compte]. ‖Contagem, f. [vote]. ‖-ller vt. (-iê). Despojar. ‖Esfolar [animaux]. ‖Examinar. ‖Contar [votes].
dépourvu, ue adj. (dêpurvù). Desprovido, da. ‖Au ‑, loc. (ô-). De improviso.
dépoussiérer vt. (dêpu-êrê). Limpar o pó a.
dépravation f. (dêpravació). Depravação ‖-vé, ée adj. (-ê). Depravado, da. ‖-ver vt. (-ê). Depravar.
déprécier vt. (dêprêciê). Depreciar.
déprédation f. (dêprêdació). Depredação.
dépression f. (dêprécció). Depressão; abaixamento, m.
déprimant, ante adj. (dêpr-ã, ãt). Deprimente. ‖-mer vt. (-ê). Deprimir.

Lettres penchées : accent tonique. ‖V. page verte pour la prononciation figurée. ‖*Verbe irrég. V. à la fin du volume.

DEP — DÉS

depuis prep. (-ùi). Desde. ‖Há : *depuis 5 minutes*, há 5 minutos. ‖adv. Depois : *Je ne l'ai pas vu depuis*, não o vi depois.
dépulper vt. (depù-é). Despolpar.
dépur‖atif, ive adj. (dépùratif, ív). Depurativo, va. ‖**-er** vt. (-é). Depurar.
dépu‖tation f. (dépùtaciõ). Deputação. ‖**-té** m. (-é). Deputado. ‖**-ter** vt. (-é). Deputar.
déraci‖ner vt. (déra-é). Desenraizar. ‖**né, ée** adj. (-é). Desenraizado, da; desarraigado, da. ‖*Fig.* Expatriado, da; desterrado, da.
déraidir vt. (dérédír). Afrouxar [câble, chaîne]. Distender [le corps]. ‖Abrandar [assouplir]
dérai‖llement m. (dèraiâmâ). Descarrilamento, m. ‖**-ller** vt. (-ié). Descarrilar.
dérai‖son f. (dèrézõ). Desatino, m. ‖**-sonnable** adj. (-ona-). Despropositado, da. ‖**-sonner** vi. (-é). Desarrazoar, desatinar.
déran‖gement m. (dèrâ-â). Desarranjo, desordem, f. ‖Incómodo [gêne, ennui]. ‖ *- de corps* (*-or*). Diarreia, f. ‖**-ger** vt. (-é). Desarranjar, desordenar. ‖Incomodar
déra‖page m. (dèrapaj). Resvaladura, f. ‖**-per** vi. (-é). Resvalar [véhicule].
déra‖té, ée adj. (dèraté). Sem baço. ‖Azougado, da. ‖Loc. *Courir comme un dératé*, correr como um doido. ‖**-tiser** vt. (-é). Exterminar ôs ratos.
derechef adv. (dàrãxéf). De novo.
dé‖réglé, ée adj. (dèrê-é). Desregrado, da. ‖**-règlement** m. (-é-âmâ). Desordem, f. ‖**-régler** vt. (-é). Desarranjar, desregrar.
déri‖der vt. (dér-é). Desenrugar. ‖Alegrar [égayer]. ‖**-sion** f. (-iõ). Irrisão, mofa. ‖**-soire** adj. (-uar). Irrisório, a.
déri‖vatif, ive adj. (dêr-atif, ív). Derivativo, va. ‖**-vation** f. (-ciõ). Derivação. ‖**-ve** f. (-ív). Abatimento, m. ‖Loc. *A la dérive*, sem governo, ao sabor da corrente. ‖**-vé, ée** adj. (-é). Derivado, da. ‖**-ver** vi. Descaír* [mar.]. ‖vt. *Fig.* Derivar.
derme m. (dérm). Derme, f.
dermite f. (dérmít). Dermite.

der‖nier, ère adj. (dérnié, ér). Último, a. ‖Passado da [mois, semaine, etc.]. ‖**-nièrement** adv. (-â). Ultimamente.
déro‖bade f. (dérobad). Galão, m., sacão, m. ‖**-bé, ée** adj. (-é). Roubado, da. ‖*Fig.* Escondido, da; oculto, ta. ‖Secreto, ta [escalier, porte]. ‖Loc. *A la dérobée*, às escondidas. ‖**-ber** vt. (-é). Roubar. ‖*Fig.* Subtraír*, esconder. ‖**(se)** vr. Subtraír-se*, esconder-se. ‖Furtar-se [cheval].
déro‖gation f. (dêrogaciõ). Derrogação. ‖**-ger** vi. (-jé). Derrogar.
dérouiller vt. (dèruiié). Desenferrujar.
dérou‖lement m. (dèru-â). Desenvolvimento. ‖**-ler** vt. (-é). Desenrolar, desenvolver.
dérou‖te f. (dérut). Derrota. ‖Loc. *Mettre en déroute*, derrotar. ‖**-ter** vt. (-é). Desorientar, despistar. ‖*Fig.* Desconcertar.
derrière prep. (dériér). Atrás de. adv. Atrás, para trás. ‖s. m. *Lado de trás*. ‖Rabo [d'une personne]. ‖pl. Retaguarda [militaire].
derviche m. (dérvix). Derviche.
des art. pl. (dè) [contracção de *de les*]. Dos, das : *le livre des enfants*, o livro dos meninos. ‖Uns, umas.
dès prep. (dé). Desde, mesmo já. ‖Loc. *Dès lors*, desde então. *Dès que*, logo que ; já que, visto que.
désabuser vt. (dèzabùzé). Desenganar, desiludir.
désac‖cord m. (dèzacor). Desacordo. ‖**-corder** vt. (-é). Desafinar; desavír*, malquistar.
désaccoutumer vt. (dèzacutùmê). Desacostumar.
désaffecter vt. (dèzaféctè). Mudar de destino (um edifício).
désagréable adj. (dèzagrêa-). Desagradável.
désagréger vt. (dèzagrêjé). Desagregar.
désalté‖rant, ante adj. (dèza-êrâ, ât). Mitigativo, va. ‖**-rer** vt. (-é). Dessedentar, matar a sede. ‖**(se)** vr. Dessedentar-se.
désappoin‖tement m. (dèzapuàn-é). Desapontamento, decepção, f. ‖**-ter** vt (-é). Desapontar, causar decepção a.

Itálico : acento tónico. ‖V. página verde para a pronúncia figurada. ‖*Verbo irreg. V. no final do livro.

désapprendre* vt. (dêzaprádr). Desaprender.
désapproba‖teur, trice adj. (dêzaprobatǻr, rís). Desaprovador, ora. ‖**-tion** f. (-ció). Desaprovação.
désapprouver vt. (dêzapruvê). Desaprovar.
désarçonner vt. (dêzarçoné). Desmontar, sacudir* (da sela). ‖*Fig. e fam.* Confundir, atrapalhar.
désargen‖té, ée adj. (dêzarjàté). *Fam.* Sem dinheiro. ‖ Desprateado, da ‖**-ter** vt. (-é). Despratear.
désar‖mement m. (dêzarmãmã). Desarmamento. ‖**-mer** vt. (-é). Desarmar.
désarroi m. (dêzarua). Desordem, f., confusão, f.
désarticuler vt. (dêzar-ùlê). Desarticular.
désassortir vt. (dêzaçortír). Desirmanar, desemparelhar.
désas‖tre m. (dêzaçtr). Desastre. ‖**-treux, euse** adj. (-â, âz). Desastroso, osa.
désavan‖tage m. (dêzavàtaj). Desvantagem, f. ‖ Prejuízo [dommage]. ‖ *Au désavantage de*, em detrimento de. ‖**-tager** vt. (-é). Prejudicar. ‖**-tageux, euse** adj. (-â, âz). Desvantajoso, osa.
désa‖veu m. (dêzavâ). Condenação, f. ‖ Denegação, f. ‖ Retratação, f. ‖**-vouer** vt. (-ué). Reprovar. ‖ Negar [nier]. Retratar-se. ‖ *Não reconhecer* [méconnaître].
desceller vt. (décélé). Desselar. ‖ Arrancar, desprender, despregar (uma coisa selada).
des‖cendance f. (déçàdàç). Descendência. ‖**-cendant, ante** adj. e s. (-â, ât). Descendente. ‖**-cendre** (-ádr). Descer. ‖ *vi.* Descender [provenir]. ‖ *Loc. Descendre à l'hôtel*, alojar-se no hotel. ‖**-cente** f. (-ât). Descida [action]. Decaimento, f. [diminution]. ‖ *Med.* Hérnia. ‖ Despejo, m. (cano). ‖*- de croix* (-â crua) Decimento, (m. da cruz). ‖*- de justice* (-â jùçtíç). Vistoria, devassa local. ‖*- de lit* (-â li). Tapete (m.) de cama.
descrip‖tif, ive adj. (décr-íf, iv). Descritivo, va. ‖**-tion** f. (-ció). Descrição.
désemparer vt. (dêzàparé). Desamparar. ‖ *Sans -*, loc. (çà-). Sem parar.
désenchanter vt. (dêzàxàté). Desencantar. ‖*Fig.* Desiludir.
désen‖fler vi. (dêzà-é). Desinchar. ‖**-flure** f. (-ùr). Desinchação.
désennuyer vt. (dêzànùiié). Desenfadar, entreter*.
déséquili‖bré, ée adj. (dêzê-ré). Desequilibrado, da. ‖**-brer** vt. (-é). Desequilibrar.
déser‖t, erte adj. e s. m. (dêzér, ért). Deserto, ta. ‖**-ter** vt. e vi. (-é). Desertar. ‖**-teur** m. (-ãr). Desertor. ‖**-tion** f. (-ció). Deserção. ‖**-tique** adj. (-ic). Desértico, ca.
déses‖pérance f. (dêzéçpêràç). Desesperança. ‖**-pérant, ante** adj. (-ã, ât). Desesperante. ‖**-péré, ée** adj. e s. (-é). Desesperado, da. ‖**-pérer** vt. e vi. (-é). Desesperar. ‖**-poir** m. (-uar). Desespero. ‖ Loc. *Au désespoir de cause*, em último recurso.
désha‖billé, ée adj. (dêzabiié). Despido, da. ‖ s. m. Roupão, penteador. ‖**-biller** vt. (-ié). Despir*.
déshabituer vt. (dêza-ùé). Desabituar, desacostumar.
déshériter vt. (dêzêr-é). Deserdar.
déshonnê‖te adj. (dêzonét). Desonesto, ta; obsceno, na. ‖**-teté** f. (-é). Desonestidade, impudor, m. ‖**-neur** m. (dêzonâr). Desonra, f. ‖**-norant, ante** adj. (-oràŋ, ât). Desonroso, osa. ‖**-norer** vt. (-é). Desonrar.
desiderata m. pl. (dê-êrata). V. DÉSIDÉRATUM.
désidératum m. (dê-êratom). Desiderato; lacuna, f., problema.
dési‖gnation f. (dê-nhació). Designação. ‖**-gner** vt. (-é). Designar.
désillusio‖n f. (dê-ùzió). Desilusão, desengano, m. ‖**-nner** vt. (-é). Desiludir, desenganar.
désincrustant m. (dêzàncrùçtã). Desencrostante.
désinence f. (dê-àç). Desinência.
désinfec‖tant, ante adj. e s. m. (dêzàntéctà, ât). Desinfectante. ‖**-ter** vt. (-é). Desinfectar. ‖**-tion** f. (-ció). Desinfecção.
désinté‖ressé, ée adj. (dêzàntêrêcé). Desinteressado, da. ‖**-ressement** m.

Lettres penchées : accent tonique. ‖ V. page verte pour la prononciation figurée. ‖ *Verbe irrég. V. à la fin du volume.

DÉS — DES

(é-ã). Desinterêsse. ‖-resser vt. (-ê). Indemnizar, compensar.
désintoxiquer vt. (dèzàntokciké). Desintoxicar.
désinvol‖te adj. (dèzànvo-). Desenvolto, ta. ‖-ture f. (-ùr). Desenvoltura; soltura (de linguagem, etc.).
dési‖r m. (dèzír). Desejo. ‖-rable adj. (-a-). Desejável.
Désiré n. pr. (dê-ré). Desidério.
dési‖rer vt. (dè-ré). Desejar. ‖-reux, euse adj. (-ã, äz). Desejoso, sa.
désis‖tement m. (dè-çtãmã). Desistência, f. ‖-ter (se) vr. Desistír.
désob‖éir vi. (dèzobèír). Desobedecer. ‖-éissance f. (-áç). Desobediência. ‖-éissant, ante adj. (-ã, ãt). Desobediénte.
désobli‖geant, ante adj. (dèzo-jã, ãt). Descortês, indelicado, da. ‖-ger vt. (-ê). Desagradar a, desgostar.
désodoriser vt. (dèzodor-é). Desodorizar.
déseu‖vré, ée adj. (dèzâvré). Desocupado, da; ocioso, sa. ‖-vrement m. (-âmã). Ociosidade, f., desocupação, f.
déso‖lant, ante adj. (dèzolã, ãt). Desolador, ora, deplorável. ‖-lation f. (-acíõ). Desolação. ‖-ler vt. (-ê). Desolar [affliger]. ‖ Assolar, talar [détruire]. ‖ Fig. Contrariar [fâcher].
désopi‖lant, ante adj. (dèzo-ã, ãt). Desopilante; hilariante. ‖-er vt. (dèzo-ê). Desopilar : se désopiler la rate, desopilar a bílis.
désor‖donné, ée adj. (dèzordoné). Desordenado, da. ‖-dre m. (-ordr) Desordem, f.; esculhambação, f. (Br., vulg.).
désorgani‖sation f. (dèzorg-acíõ). Desorganização. ‖-ser vt. (-ê). Desorganizar.
désorienter vt. (dèzoriãté). Desorientar.
désormais adv. (dèzormé). Doravante, daqui em diante.
désosser vt. (dèzocé). Desossar.
despo‖te m. (dèçpot). Déspota. ‖-tique adj. (-ic). Despótico, ca. ‖-tisme m. (-ìçm). Despotísmo.
desquamation f. (dèçcuamacíõ). Descamação.
dessaisir vt. (dèçèzír). Desapossar (dum direíto).
dessa‖ilé, ée adj. (dêçalé). Dessalgado, da. ‖ Finório, ia [rusé]. ‖-ler vt. (-ê). Dessalgar.
dessé‖chement m. (dêcê-ã). Dessecação, f. ‖-cher vt. (-ê). Dessecar.
dessein m. (dèçàn). Desígnio, intenção, f. ‖ Loc. A dessein, de propósito.
desseller vt. (dècèlé). Desselar, tirar a sela.
desserrer vt. (dècéré). Afrouxar.
de‖ssert m. (dècér). Sobremesa, f. ‖-sserte f. (-ért). Sobejos, m. pl. [d'un repas]. ‖ Aparador, m. [meuble].
desser‖vant m. (dêcérvã). Cura, capelão. ‖-vi, ie adj. (-i). Levantado, do [da mesa]. ‖ Servído, da [service public]. ‖-vir* vt. (-ir). Levantar a mesa. ‖ Servír* [cure, train, etc.]. ‖ Fig. Prejudicar [nuire].
dessiccation f. (dè-acíõ). Dessecação.
dessiller vt. (dècīê). Abrír os olhos.
dessi‖n m. (dèçàn). Desenho. ‖ Dessin à main levée, desenho à mão livre. ‖-nateur m. (-atôr). Desenhador. ‖-ner vt. (-ê). Desenhar. ‖ Sint. Dessiner d'après nature, desenhar do natural.
dessouder vt. (dèçudé). Dessoldar.
dessous adv. (-u). Debaíxo. ‖ s. m. Parte (f.) inferior. ‖ Lado secreto. ‖ Desvantagem, f. [infériorité]. ‖ pl. Roupas (f. pl.) de baíxo (de mulher). ‖ Loc. Au-dessous, abaíxo. Au-dessous de, por baíxo de. Ci-dessous, mais abaíxo. En dessous, por baíxo, de soslaio; sonso. Là-dessous, nísso, nesse aspecto. Par-dessous, por baíxo.
dessus adv. (-ù). Em címa. ‖ s. m. Parte (f.) superior. ‖ Fig. Vantagem, f., superioridade, f. ‖ Mús. Típle [voix]. ‖ Direíto [étoffes]. ‖ Loc. Au-dessus, por címa. Ci-dessus, acíma, mais alto. En dessus, por címa. Là-dessus, acerca dísso. Prendre le dessus, dominar. Sens dessus dessous, de pernas para o ar.
desti‖n m. (dèçtàn). Destino, sorte, f., fado. ‖-nataire m. e f. (-atér). Destinatário, ia. ‖-nation f. (-acíõ). Destino, m., aplicação. ‖ A destination de, com destíno a. ‖-née f. (-ê). Destíno, m., sína. ‖-ner vt. (-ê). Destinar.

Itálico : acento tónico. ‖ V. página verde para a pronúncia figurada. ‖ *Verbo irreg. V. no final do livro.

desti‖tuer vt. (déç-ùé). Destituír. ‖-tution f. (-ciõ). Destituição.

destrier m. (déçtrié). Corcel.

destroyer m. (déçtroiár). Contratorpedeiro.

destruc‖teur, trice adj. e s. (déçtrùctár, ríç). Destruidor, ora. ‖-tif, ive adj. (-íf, ív). Destrutívo, va. ‖-tion f. (-kciõ). Destruição.

dé‖suet, ète adj. (déçuè, èt). Desusado, da. ‖-suétude f. (-ètùd). Desuso, m.

désu‖nion f. (dèzùniõ). Desunião. ‖-nir vt. (-ír). Desunir.

déta‖chage m. (dètaxáj). Limpeza, f. ‖-chement m. (-ã). Desprendimento. ‖Mil. Destacamento. ‖-cher vt. (-é). Desatar [lien]. ‖Desprender, tirar. ‖Separar. ‖Fig. Desligar [obligation, etc.]. ‖ Desenodoar [tache]. ‖Mil. Destacar [troupes]. ‖Realçar, vincar [dessin, peinture].

dé‖tail m. (dètai). Pormenor, minudência, f. ‖Loc. Au détail, por miúdo; a retalho. En détail, pormenorizadamente. ‖-taillant m. (-iã). Retalhista, retalheiro. ‖-tailler vt. (-ié). Cortar em bocados [une marchandise]. ‖Vender a retalho. ‖Fig. Pormenorizar [récit].

détaler vt. (dètalé). Recolher (mercadorias expostas). ‖vi. Fam. Escapulir-se.

détaxe f. (dètakç). Redução, supressão duma taxa.

détec‖teur m. (dètèctár). Detector. ‖-tive m. (-ív). Detective [police]. ‖Detectiva, f. [photo].

dé‖teindre* vt. e vi. (dètãndr). Destingir, desbotar. ‖-teint, einte adj. (-ãn, ãnt). Desbotado, da.

dételer vt. (dê-té). · Desatrelar [chevaux]. ‖Desjungir [bœufs].

dé‖tendre vt. (dètãdr). Distender [arc, ressort, etc.]. ‖Fig. Apaziguar, sossegar, acalmar. ‖-tenir* vt. (dè-ír). Deter, reter*, guardar. ‖-tente f. (-ãt). Gatilho, m. [arme]. ‖Escape, m. [ressort]. ‖Expansão [gaz]. ‖Loc. Dur à la détente, agarrado (ao dinheiro). ‖-tenteur, trice m. e f. (-ár, ríç). Detentor, ora. ‖-tention f. (-ciõ). Detenção. ‖-tenu, ue adj. e s. (-ù). Detido, da.

détério‖ration f. (dêtêrioraciõ). Deterioração. ‖-rer vt. (-é). Deteriorar.

détermi‖nation f. (dêtêr-aciõ). Determinação. ‖-ner vt. (-é). Determinar. ‖-nisme m. (-içm). Determinísmo.

déterrer vt. (dètéré). Desenterrar.

détersif m. (dètèrcíf). Detersivo.

détes‖table adj. (dètéçta-). Detestável. ‖-ter vt. (-é). Detestar.

déto‖nant, ante adj. (dètoná, ãt). Detonante. ‖-nation f. (-aciõ) Detonação. ‖-ner vi. (-é). Detonar.

détonner vi. (dètoné). Mús. Desentoar, desafinar. ‖Fig. Destoar.

dé‖tour m. (dètur). Rodeio. ‖-tourner vt. (-é). Desviar, afastar. ‖Descaminhar, roubar [voler]. ‖Fig. Dissuadir.

détracteur m. (dètractár). Detractor, difamador.

détraqué, ée adj. e s. (dètraké). Desequilibrado, da; anormal.

détraquer vt. (dètraké). Desarranjar; perturbar.

détrem‖pe f. (dètrãp). Têmpera (pintura). ‖Loc. En détrempe, à têmpera. ‖-per vt. (-é). Embeber, molhar. ‖Destemperar [acier].

détresse f. (dètréç). Aflição, angústia. ‖Miséria. ‖Perigo, m.

détriment m. (dètr-ã). Detrimento : au détriment de, em detrimento de.

détritus m. (dètr-ùç). Detrito.

détroit m. (dètrua). Estreito.

détromper vt. (dêtrõpé). Desenganar.

détrôner vt. (dètrôné). Destronar.

dé‖trousser vt. (dètrucé). Roubar [voler]. ‖-trousseur m. (-ár). Salteador.

détruire* vt. (dètrùír). Destruír*.

dette f. (dèt). Dívida.

deuil m. (dài). Luto, dó. ‖Loc. Faire son deuil de, renunciar a. Grand deuil, luto carregado. Porter le deuil de, andar de luto por. V. DEMI-DEUIL.

deutérium m. (dàtériom). Deutério.

deu‖x adj. (dâ). Dois, duas. ‖Segundo : Charles deux, Carlos segundo. ‖Loc. A deux, juntos. Le deux juin, (em) dois de Junho. Tous deux, ambos. ‖-xieme adj. (-zièm). Segundo, da.

Lettres penchées : accent tonique. ‖ V. page verte pour la prononciation figurée. ‖ *Verbe irrég. V. à la fin du volume.

dévaler vt. (dévalé). Descer, baixar. ||vi. Caír*.
déva||**liser** vt. (déva-é). Roubar. ||**-liseur** m. (-âr). Gatuno. ||**-lorisier** vt. (-or-é). Desvalorizar. ||**-luation** f. (dévaluació). Desvalorização legal da moeda. ||**-luer** vt. (-üé). Desvalorizar.
devan||**cer** vt. (-âcé). Ir* adiante [aller devant]. ||Avantajar-se a [être supérieur]. ||Preceder. ||**-cier, ère** m. e f. (-ié, ér). Antecessor, ora. ||pl. Antepassados.
devan||**t** prep. (-â). *Diante de* : *devant le mur*, diante da parede. ||Perante [en présence de] ||adv. Adiante : *être devant*, estar* adiante. ||s. m. Dianteira, f. [partie antérieure]. ||Loc. *Au-devant*, ao encontro [rencontre]. *Ci-devant*, antigamente. *Par-devant*, por diante; perante [notaire]. *Prendre les devants*, tomar a dianteira. ||**-ture** f. (-ûr). Dianteira. ||Frente [de boutique].
dévas||**tateur, trice** adj. e s. (dévaçtatâr, ríç). Devastador, ora. ||**-tation** f. (-ció). Devastação. ||**-ter** vt. (-é). Devastar.
déveine f. (dévén). Má sorte, azar, m.
déve||**loppement** m. (dê-o-â). Desenvolvimento. ||**-lopper** vt. (-é). Desenvolver.
devenir* vi. (dâ-ír). Tornar-se; virar (Br.) [se transformer] : *devenir grand*, tornar-se grande. ||**Pôr-se*** [momentanément] : *devenir triste*, pôr-se* triste. ||Ser* feito de : *que devenez-vous?*, que é feito de si?
déver||**gondage** m. (dévérgôdâj). Desvergonha, f. ||**-gondé, ée** adj. (-é). Desavergonhado, da.
dévernir vt. (dévérnír). Desvernizar.
dévers prep. (-ér). Para o lado de. ||Loc. *Par-devers le juge*, em presença do juiz. *Par-devers soi*, na sua posse.
déverser vt. (dévércé). Derramar [liquide]. ||*Fig*. Espalhar. ||vi. Espalhar-se. ||Trasbordar [fleuve]. ||Inclinar-se, pender.
dévêtir* vt. (dévétír). Desvestir*, despir*, desnudar.
déviation f. (dê-ació). Desvio, m.
dévi||**der** vt. (dê-é). Dobar. ||**-deur, euse** m. e f. (-âr, âz). Dobador, deira. ||**-doir** m. (-uar). Dobadoura, f.
dévier vt. (dévié). Desviar. ||vi. Desviar-se.
devi||**n, neresse** m. e f. (-ân, réç). Adivinho, nha. ||**-ner** vt. (-é). Adivinhar. ||**-nette** f. (-ét). Adivinha. ||**-neur, euse** m. e f. (-âr, âz). Adivinhador, ora.
devis m. (-í). Orçamento.
dévisager vt. (dê-ajé). Desfigurar. ||Encarar (com insistência).
devi||**se** f. (-íz). Divisa. ||Valor (m.) cambial, papel moeda, m. ||**-ser** vi. (-é). Conversar.
dévisser vt. (dê-é). Desaparafusar.
dévoiement m. (dévuamâ). Diarreia, f. ||Inclinação, f. (duma chaminé, etc.)
dévoi||**lement** m. (dévua-â). Revelação, f., levantamento do véu. ||**-ler** vt. (-é). Levantar o véu. ||Descobrir*, revelar.
devoir m. (-uar). Dever, obrigação, f. ||Exercício [écoliers]. ||vt. Dever. ||Loc. *Dussé-je*, muito embora. *En devoir de*, pronto a. *En devoir à quelqu'un*, reservar a alguém o castigo do mal feito. *Rendre ses devoirs à*, prestar as suas homenagens a. *Se mettre en devoir de*, preparar-se para.
dévo||**lu, ue** adj. (dévolü). Destinado, da. ||Devido, da [dû]. ||Loc. *Jeter son dévolu sur*, deitar as vistas para. ||**-lution** f. (-ció). Devolução.
dévo||**rant, ante** adj. (dévorâ, ât). Devorador, ora. ||**-rer** vt. (-é). Devorar.
dévo||**t, ote** adj. (dévô, ot). Devoto, ta. ||Beato, ta [très religieux]. ||**-tieux, euse** adj. (-ciâ, âz). Muito devoto, ta. ||**-tion** f. (-ció). Devoção.
dé||**voué, ée** adj. (dévué). Consagrado, da. ||Dedicado, da; afeiçoado, da [fidèle]. ||**-vouement** m. (-umâ). Abnegação, f., dedicação, f. ||Sacrifício. ||**-vouer** vt. (-é). Dedicar, consagrar. ||Sacrificar.
dévoyer vt. (dévuaié). Desencaminhar. ||Desviar [dévier]. ||Desarranjar [ventre].
dextérité f. (dékçtér-é). Destreza. ||**-tre** adj. (dékçtr). Destro, tra. ||**-trine** f. (-ín). Dextrina.
dia interj. (diá). Arre (grito do car-

Itálico : acento tónico. ||V. página verde para a pronúncia figurada. ||*Verbo irreg. V. no final do livro.

DIA — DIG

roceiro). ||Loc. *N'entendre ni à huhau* (ou *à hue*) *ni à dia*, não atender a razão alguma.
diablète m. (-abét). Diabetes. ||**-étique** adj. e s. (-étic). Diabético, ca.
dia||ble m. (dia-). Diabo. ||Carrinho de carregador. ||Loc. *A la diable*, às três pancadas. *Au diable vauvert*, em casa do diabo. *Bon diable*, bom tipo. *C'est le diable à confesser*, é dificílimo. *Comme un beau diable*, furiosamente. *Du diable*, endiabrado. *En diable*, como o diabo. *Envoyer au diable*, mandar para o diabo. *La poupée du diable*, uma enxovalhada. *Le diable bat sa femme et marie sa fille*, está a chover e a fazer sol. *Tirer le diable par la queue*, comer o pão que o diabo amassou. ||**-blement** adv. (-âmã). *Fam*. Excessivamente. ||**-blerie** f. (-rí). Diabrura. ||**-blotin** m. (-otãn). Diabrete. ||**-bolique** adj. (-olíc). Diabólico, ca. ||**-bolo** m. (-oló). Diábolo (jogo).
diachylon m. (-ax-ô). Diaquilão.
diacre m. (diácr). Diácono.
diadème m. (-adém). Diadema.
diagnosti||c m. (-a-oçtíc). Diagnóstico. ||**-quer** vt. (-é). Diagnosticar.
dia||gonale adj. e s. f. (-agonal). Diagonal. ||**-gramme** m. (-ram). Diagrama.
dialec||tal, ale adj. (-aléctal). Dialectal. ||**-te** m. (-éct). Dialecto. ||**-tique** f. (-íc). Dialéctica.
dia||logue m. (-alog). Diálogo. ||**-loguer** vt. e vi. (-ghé). Dialogar.
dia||mant m. (-amã). Diamante. ||**-mantaire** m. (-ér). Diamantista. ||**-manté, ée** adj. (-é). Diamantado, da; adiamantado, da. ||**-mantin, ine** adj. (-ãn, ín). Diamantino, na.
diam||étral, ale adj. (-amétral). Diametral. ||**-ètre** m. (-étr). Diâmetro.
diane f. (dían). Toque (m.) de alvorada.
Diane n. pr. (dían). Diana.
diantre m. e interj. (-ãtr). Diacho.
diapason m. (diapazô). Diapasão.
diaphane adj. (-afan). Diáfano, na.
diaphragme m. (-afra-). Diafragma.
diaprer vt. (-apré). Matizar.
diarrhée f. (-arê). Diarreia.

dias||tase f. (-actaz). Diástase. ||**-tasique** adj. (-çíc). Diastásico.
diathermane adj. (-atérman). Diatérmano, na; diatérmico, ca.
diathèse f. (-atéz). Diátese.
diatribe f. (-atríb). Diatribe.
dicotylé||done f. (-o-êdon) ou **-donée** f. (-é). Dicotiledónea.
dicta||teur m. (-ctatér). Ditador. ||**-torial, ale** adj. (-orial). Ditatorial. ||**-ture** f. (-ùr). Ditadura.
dic||tée f. (-cté). Ditado, m. ||**-ter** adj. (-é). Ditar. ||**-tion** f. (-kcio). Dicção. ||**-tionnaire** m. (-onér). Dicionário. ||**-ton** m. (-ô). Rifão.
didactique adj. e s. f. (-actic). Didáctico, ca.
didelphes m. pl. (-élf). Didelfos.
Didier n. pr. (-ié). Desidério.
dièdre m. (-édr). Diedro.
di||èse m. (-éz). Sustenido. ||**-éser** vt. (-ézé). Marcar com sustenido.
diète f. (-ét). Dieta.
Dieu n. pr. (-ê). Deus. ||Loc. *Bon -!* Santo Deus! *Dieu merci*, graças a Deus. *Dieu vous bénisse!* Santinho! [se dit à celui qui éternue]. *Le bon Dieu*, a hóstia consagrada, f. *Pour l'amour de Dieu*, sem interesse, de graça. *Plaise à Dieu!* Oxalá! Deus queira! *Venir de Dieu*, acontecer casualmente.
diffa||mateur, trice adj. e s. (-amatêr, ríç). Difamador, ora. ||**-mation** f. (-ció). Difamação. ||**-matoire** adj. (-uar). Difamatório, ia. ||**-mer** vt. (-é). Difamar.
diffé||remment adv. (-êramã). Diferentemente. ||**-rence** f. (-ãç). Diferença. ||**-rencier** vt. (-ié). Diferenciar. ||**-rend** m. (-ã). Debate. ||**-rent, ente** adj. (-ã, ãt). Diferente. ||**-rentiel, elle** adj. (-ciél). Diferencial. ||**-rer** vt. e vi. (-ê). Diferir*.
diffi||cile adj. (-íl). Difícil. ||**-culté** f. (-ù-é). Dificuldade. ||**-cultueux, euse** adj. (-ùà, ãz). Dificultoso, sa.
diffor||me adj. (-orm). Disforme. ||**-mité** f. (-é). Disformidade.
diff||us, use adj. (-ù, ùz). Difuso, sa. ||**-user** vt. (-é). Difundir. ||**-useur** m. (-âr). Difusor. ||**-usion** f. (-ió). Difusão.
di||gérer vt. (-êrê). Digerir*. ||**-geste** m. (-éçt). Digesto. ||**-tif, ive** adj.

Lettres penchées: accent tonique. ||V. page verte pour la prononciation figurée. ||*Verbe irrég. V. à la fin du volume.

(-íf, ív). Digestívo, va. ‖-tion f. (-ió). Digestão.
di‖gital, ale adj. (-al). Digital. ‖s. f. Digital, dedaleira. ‖-gitigrade adj. (-rad). Digitígrado, da.
di‖gne adj. (dinh). Digno, na. ‖-gnitaire m. (-ér). Dignitário, ia. ‖-gnité f. (-é). Dignidade.
digression f. (-réció). Digressão.
digue f. (dig). Díque, m.
dilacérer vt. (-acêré). Dilacerar.
dilapider vt. (-a-é). Dilapidar.
dila‖tation f. (-atació). Dilatação. ‖-ter vt. (-é). Dilatar.
dilatoire adj. (-atuar). Dilatório, ia.
dilemme m. (-ém). Dilema.
dilettant‖e m. (-étāt). Diletante, entusiasta. ‖-tisme m. (-íçm). Diletantísmo.
dili‖gemment adv. (-amã). Diligentemente. ‖-gence f. (-ãç). Diligência. ‖-gent, ente adj. (-ã, ãt). Diligente.
diluer vt. (-üé). Diluir*.
diluvien, enne adj. (-üviãn, én). Diluviano, na.
dimanche m. (-ãx). Domingo. ‖Loc. Dimanche après la grand-messe, em día de São Nunca, para a semana dos nove días.
dîme f. (dim). Dízima, dízimo, m.
dimension f. (-ãció). Dimensão.
dimi‖nuer vt. e vi. (-üé). Diminuir*. ‖-nutif, ive adj. e s. m. (-íf, ív). Diminutivo, va. ‖-nution f. (-ció). Diminuição.
din‖de f. (dànd). Perua. ‖-don m. (-ó). Peru. ‖Fig. Homem estúpido. ‖Loc. Le dindon de la farce, o alvo da risota, o que faz o papel de trouxa. ‖-donneau m. (-onó). Peruzinho.
dî‖née f. (-é). Jantar, m. (em viagem). ‖-ner m. e vt. (-é). Jantar. ‖Loc. Dîner de, de, comer (este ou aquele prato) ao jantar. Dîner en ville, jantar fora. Dîner par cœur, ficar sem jantar. ‖-nette f. (-ét). Jantarinho, m. ‖-neur, euse m. e f. (-âr, âz). Aquele, la que janta; papa-jantares.
dingo m. (dàngô). Dingo.
dio‖césain, aine adj. (-océzàn, én). Diocesano, na. ‖-cèse m. (-éz). Diocese, f.
Dio‖clétien n. pr. (-o-êciàn). Diocleciano. ‖-gène n. pr. (-én). Diógenes.
dioptrique f. (-o-ríc). Dióptrica.
diorama m. (-orama). Diorama.
Dioscoride n. pr. (-oçoríd). Dioscórides.
diphtérie f. (-ftêrí). Difteria.
diphtongue f. (-ftôg). Ditongo, m.
diploma‖te m. (-omat). Diplomata. ‖-tie f. (-cí). Diplomacía. ‖-tique adj. (-íc). Diplomático, ca.
di‖plôme m. (-ôm). Diploma. ‖-plômé, ée adj. (-ômé). Diplomado, da.
diptère adj. et s. m. (-ér). Díptero.
dire* vi. (dir). Dizer*. ‖ (se) vr. Dizer* para consigo; dizer-se [se prétendre]. ‖ s. m. Dizer, testemunho [opinion]. ‖Loc. A dire d'experts, segundo os entendidos. Aussitôt dit, aussitôt fait, dito e feito. Au dire de, segundo afirma. A vrai dire, a bem dizer. Cela va sans dire, escusado é dizer. Ce n'est pas à dire, não quer dizer. C'est tout dire, é quanto basta. Dis donc! Diz lá! En dire de belles, dizê-las de todo o tamanho. Il n'y a pas à dire, assim é preciso. Qu'en dira-t-on, a opinião pública. Les on-dit, os boatos. On dirait de, tomar-se-ia por. Par ouï-dire, de outiva.
dire‖ct, ecte adj. (-réct). Directo, ta. ‖-cteur, trice adj. e s. m. (-âr, ríç). Director, ora. ‖f. Directriz. ‖-ction f. (-kció). Direcção. ‖-ctoire m. (-uar). Directório.
diri‖geable adj. e s. m. (-rija-). Dirigível. ‖-geant, ante m. e f. (-ã, ãt). Dirigente. ‖-ger vt. (-é). Dirigir. ‖ (se) vr. Dirigír-se; tocar (Br.).
dirimant, ante adj. (-r-ã, ãt). Dirimente.
discer‖nement m. (dicérnâmã). Discernimento. ‖-ner vt. (-é). Discernir*.
disci‖ple m. (dicí-). Discípulo. ‖-plinaire adj. (-ér). Disciplinar. ‖-pline f. (-ín). Disciplina (ordem). ‖-pliner vt. (-é). Disciplinar.
disconti‖nu, ue adj. (-çcô-ü). Descontínuo, ua. ‖-nuer vt. e vi. (-é). Descontinuar. ‖-nuité f. (-é). Descontinuidade.

Itálico: acento tónico. ‖V. página verde para a pronúncia figurada. ‖*Verbo irreg. V. no final do livro.

disconvenir* vi. (-çcõ-ír). Desconvir*; negar.
discor‖dance f. (-çcordãç). Discordância. ‖**-dant, ante** adj. (-ã, ãt). Discordante. ‖**-de** f. (-ord). Discórdia. ‖**-der** vi. (-ê). Discordar.
discou‖reur, euse adj. e s. (-çcurâr, âz). Discursador, ora; falador, ora. ‖**-rir*** vi. (-ír). Discorrer, falar.
discours m. (-çcur). Discurso. ‖Palavreado. ‖Linguagem, f.
discourtois, oise adj. (-çcurtua, uaz). Descortês.
discrédit‖ m. (-çcrèdí). Descrédito. ‖**-er** vt. (-tê). Desacreditar.
discr‖et, ète adj. (-çcré, ét). Discreto, ta. ‖**-étion** f. (-êcíõ). Discrição. ‖**-étionnaire** adj. (-onér). Discricionário, ia.
disculper vt. (-çcù-ê). Desculpar.
dis‖cussion f. (-çcùcíõ). Discussão. ‖**-cutable** adj. (-a-). Discutível. ‖**-cuter** vt. (-ê). Discutir, debater.
disert, erte adj. (-ér, ért). Diserto, ta; facundo, da.
disette f. (-ét). Escassez, penúria.
diseur, euse m. e f. (-âr, âz). Dizedor, ora (Bô-). Bem falante.
disgrâ‖ce f. (-çgraç). Desvalimento, m. ‖**-cié, ée** adj. (-ê). Desvalido, da. ‖Fig. Destituído, da (de espírito). ‖**-cier** vt. (-íé). Desfavorecer. ‖**-cieux, euse** adj. (-íâ, âz). Desengraçado, da; poiaía (Br.).
dis‖joindre* vt. (-çjuàndr). Separar, desunir. ‖**-jonction** m. (-õctãr). Disjuntor. ‖**-jonction** f. (-õkcíõ). Disjunção.
dislo‖cation f. (-çlocacíõ). Deslocação. ‖**-quer** vt. (-ê). Deslocar.
disparaître* vi. (-çparétr). Desaparecer.
dispa‖rate adj. (-çparat). Discordante; desarmônico, ca. ‖s.f. Disparidade. ‖**-rité** f. (-ê) Disparidade.
disparition f. (-cíõ). Desaparição.
dispen‖dieux, euse adj. (-çpãdíâ, âz). Dispendioso, sa. ‖**-saire** m. (-ér). Dispensário. ‖**-ser** vt. (-ê). Dispensar.
disper‖ser vt. (-çpércê). Dispersar. ·‖**-sion** f. (-íõ). Dispersão
dispo‖nibilité f. (-çpo-ê). Disponibilidade. ‖Loc. *En disponibilité*, na disponibilidade. ‖**-nible** adj. (-i-). Disponível.

dispo‖s, ose adj. (-çpô, ôz). Bem disposto, ta. ‖**-ser** vt. e vi. (-ê). Dispor*. ‖**-sitif** m. (-if). Dispositivo, f., plano. ‖Dispositivo. ‖Sistema. ‖**-sition** f. (-cíõ). Disposição.
dispropor‖tion f. (-çproporcíõ). Desproporção. ‖**-tionné, ée** adj. (-oné). Desproporcionado, da.
dis‖pute f. (-çpùt). Disputa, discussão. ‖**-puter** vi. (-ê). Discutir. ‖Rivalizar [d'esprit, de luxe, etc.]. ‖ **(se)** vr. Disputar, reivindicar. ‖**-puteur, euse** adj. e s. (-âr, âz). Disputador, ora; discutidor, ora.
disqualifier vt. (-çca-ié). Desqualificar, desclassificar. ‖Desacreditar [déshonorer].
disque m. (diçe). Disco.
dissec‖teur m. (-éctâr). Dissector. ‖**-tion** f. (-kcíõ). Dissecção.
dissem‖blable adj. (-ã-a-). Dissemelhante.
disséminer vt. (-ê-ê). Disseminar.
dissen‖sion f. (-ãcíõ). Dissensão. ‖**-timent** m. (-ã). Dissentimento.
disséquer vt. (-cêkê). Dissecar.
disser‖tateur, trice m. (-értatâr). Dissertador. ‖**-tation** f. (-cíõ). Dissertação. ‖**-ter** vi. (-ê). Dissertar, discorrer.
dissident, ente adj. (-ã, ãt). Dissidente.
dissimilation f. (-acíõ). Dissimilação.
dissimu‖lateur, trice adj. e s. (-ùlatâr, rìç). Dissimulador, ora. ‖**-lation** f. (-cíõ). Dissimulação. ‖**-ler** vt. (-ê). Dissimular.
dissi‖pation f. (-acíõ). Dissipação. ‖**-pé, ée** adj. (-ê). Dissipado, da. ‖**-per** vt. (-ê). Dissipar.
dissocier vt. (-ocíê). Dissociar.
disso‖lu, ue adj. (-olù). Dissoluto, ta. ‖**-lution** f. (-cíõ). Dissolução. ‖**-lvant, ante** adj. e s. m. (-ã). Dissolvente.
disso‖nance f. (-onãç). Dissonância. ‖**-nant, ante** adj. (-ã, ãt). Dissonante.
dis‖soudre* vt. (-udr). Dissolver. ‖**-sous, oute** adj. (-u, ut). Dissolvido, da.
dissuader vt. (-ùadê). Dissuadir.
dis‖tance f. (-çtãç). Distância. ‖**-tant, ante** adj. (-ã, ãt). Distante.

Lettres penchées : accent tonique. ‖V. page verte pour la prononciation figurée. ‖*Verbe irrég. V. à la fin du volume.

DIS — DOD

distendre vt. (-çtãdr). Distender
distension f. (-çtãció). Distensão
distil‖lateur m. (-ç-latár). Destilador. ‖-lation f. (-çió). Destilação. ‖-ler vt. (-é). Destilar. ‖-lerie f. (-rí). Destilaria.
distin‖ct, incte adj. (-çtànct). Distinto, ta. ‖-ctif, ive adj. (-íf, ív) Distintivo, va. ‖-ction f. (-kcíó). Distinção. ‖-gué, ée adj. (-ghé). Distinto, ta. ‖-guer vt. (-ghé). Distinguir. ‖ (se) vr. Sobressair*; dar* pancas (Br.).
distique m. (-çtíc). Dístico.
dis‖traction f. (-çtrakcíó). Distracção. ‖-traire* vt. (-ér). Distrair. ‖-trait, aite adj. (-é, ét). Distraído, da. ‖-trayant, ante adj. (-éiã, ãt). Distractivo, va.
distri‖buer vt. (-çtr-uè). Distribuir. ‖-buteur, trice adj. e s. (-ár, ríç). Distribuidor, ora. ‖-butif, ive adj. (-íf, ív). Distributivo, va. ‖-bution f. (-cíó). Distribuição.
district m. (-çtríct). Distrito.
dit, ite adj. (di, it). Dito, ta. ‖Chamado, da [surnommé]. ‖Loc. Autrement dit, por outras palavras. Avoir son dit et son dédit, ser* atreito a faltar à sua palavra. C'est bientôt dit, é bom de dizer*. Ledit, ladite, o dito, o referido, a dita, a referida.
dithyrambe m. (-tirãb). Ditirambo.
dito adv. (-ô). Idem, igualmente.
diur‖èse f. (-ùréz). Diurese. ‖-étique adj. (-étíc). Diurético, ca.
diurne adj. (-ùrn). Diurno, na.
diva‖gation f. (-agació). Divagação. ‖-guer vi. (-ghé). Divagar.
divan m. (-ã). Divã.
dive adj. f. ant. (div). Divina.
diver‖gence f. (-érjãç). Divergência. ‖-gent, ente adj. (-ã, ãt). Divergente. ‖-ger vi. (-é). Divergir*.
div‖ers, erse adj. (-ér, érç). Diverso, sa. ‖-ersifier vt. (-ié). Diversificar. ‖-ersion f. (-ió). Diversão. ‖-ersité f. (-é). Diversidade.
diver‖tir vt. (-értír). Divertir*. ‖-tissant, ante adj. (-ã, ãt). Divertido, da. ‖-tissement m. (-é). Divertimento.
divette f. (-ét). Cantora de opereta ou de café concerto.
dividende m. (-ãd). Dividendo.
divi‖n, ine adj. (-ãn, ín). Divino,

na. ‖-nateur, trice adj. e s. (-atár, ríç). Divinatório, ia. ‖-nation f. (-ció). Adivinhação. ‖-natoire adj. (-uar). Divinatório, ia. ‖-niser vt. (-é). Divinizar. ‖-nité f. (-é). Divindade.
divi‖ser vt. (-é). Dividir. ‖-seur m. (-ár). Divisor. ‖Plus grand commun - (-ù grã comãn -). Máximo divisor comum. ‖-sible adj. (-í-). Divisível. ‖-sion f. (-ió). Divisão. ‖-sionnaire adj. (-onér). Divisionário, ia.
divor‖ce m. (-orç). Divórcio. ‖-cer vi. (-é). Divorciar-se. ‖Sint. Divorcer d'avec, divorciar-se de.
divul‖gation f. (-ù-ació). Divulgação. ‖-guer vt. (-ghé). Divulgar.
dix‖ adj. (diç; diz [diante de vog. ou h mudo]; di [diante de consoante ou h aspirado]). Dez. ‖- -huit adj. (-ùit). Dezoito. ‖- -huitième adj. (-iém). Décimo, ma oitavo, va. ‖s. m. Um dezoito avos. ‖-ième adj. e s. m. (-iém). Décimo, ma. ‖- -neuf adj. (-znáf). Dezanove. ‖- -neuvième adj. (-àviém). Décimo, ma nono, na. ‖s. m. Um dezanove, avos. ‖- -sept adj. (-cét). Dezassete. ‖- -septième adj. (-iém). Décimo, ma sétimo, ma. ‖s. m. Um dezassete avos.
dizain‖ m. (-ãn). Décima, f. [poésie]. ‖Mistério [chapelet]. ‖-e f. (-én). Dezena.
djinn m. (-ín). Génio.
do m. (dô). Dó (mús.).
do‖cile adj. (docíl). Dócil. ‖-cilité f. (-é). Docilidade.
dock‖ m. (doc). Doca f. ‖-er m. (-ér). Trabalhador da docas.
doc‖te adj. (doct). Douto, ta. ‖-teur m. (-ár). Doutor. ‖-toral, ale adj. (-oral). Doutoral. ‖-torat m. (-a). Doutoramento. ‖-toresse f. (-éç). Doutora, médica.
doc‖trinal, ale adj. (doctr-al). Doutrinal. ‖-trine f. (-ín). Doutrina.
docu‖ment m. (docùmã). Documento. ‖-mentaire, adj. (-ér). Documental. ‖-mentation f. (-ació). Documentação. ‖-menter vt. (-é). Documentar.
dodeliner vt. e vi. (do-é). Embalar, balouçar; menear a cabeça.
dodo m. (dôdô). Caminha, f. (infantil). ‖Loc. Aller au dodo, ir* para a caminha. Faire dodo, fazer* ó-ó.

Itálico : acento tónico. ‖V. página verde para a pronúncia figurada. ‖*Verbo irreg. V. no final do livro.

dodu, ue adj. (dodù). Rechonchudo, da.
dogaresse f. (dogaréç). Dogaressa, dogesa [femme du doge].
doge m. (doj). Doge.
dogmati‖que adj. (do-atîc). Dogmático, ca. ‖**-ser** vt. e vi. (-ê). Dogmatizar.
dogme m. (do-). Dogma.
dogue m. (dog). Dogue, cão de fila.
doigt‖ m. (dua). Dedo. ‖Loc. *Donner sur les doigts*, castigar. *Montrer du doigt*, apontar a (com o) dedo. *Ne faire œuvre de ses dix doigts*, não fazer* nada. *Savoir sur le bout du doigt*, saber* na ponta da língua. *Se mettre le doigt dans l'œil*, enganar--se redondamente. *S'en mordre les doigts*, torcer a orelha. *Toucher du doigt*, ver* claramente. *Y mettre les quatre doigts et le pouce*, comer como um bruto. ‖**-é** m. (-ê). Dedilhação, f. ‖**-er** vt. (-ê). Dedilhar (um instrumento). ‖**-ier** m. (-iê). Dedeira, f.
doit m. (dua). Deve.
dol m. (dol). Dolo, fraude, f.
do‖léance f. (doléâç). Queixa. ‖**-lent, ente** adj. (-â, ât). Dolente.
dollar m. (dolar). Dólar.
dolman m. (do-â). Dólman.
dolmen m. (do-én). Dólmen.
dom m. (dô). Dom (título).
do‖maine m. (domén). Domínio, propriedade, f., terra, f., patrimônio. ‖*Fig. Campo* [d'une science, etc.]. ‖*- de l'Etat* (-âlêta). Patrimônio do Estado. ‖**-manial, ale** adj. (-anial). Dominial.
dôme m. (dôm). Zimbório, cúpula, f. ‖*- des cieux* (-jê ciâ). Abóbada celeste, f.
domesti‖cation f. (doméç-acio). Domesticação. ‖**-cité** f. (-ê). Domesticidade. ‖*Criadagem* [les domestiques]. ‖**-que** adj. (-îc). Doméstico, ca. ‖ s. m. e f. Criado, da. ‖m. Criadagem, f.; peonada, f. (*Br. du S.*). ‖**-quer** vt. (-ê). Domesticar.
domi‖cile m. (do-îl). Domicílio. ‖**-ciliaire** adj. (-iêr). Domiciliário, ia. ‖**-cilier (se)** vr. Domiciliar-se.
domi‖nant, ante adj. (do-â, ât). Dominante. ‖**-nateur, trice** adj. e s. (-atór, rîç). Dominador, ora. ‖**-nation** f. (-ció). Dominação.

Domínio, m. [des passions]. ‖**-ner** vt. (-ê). Dominar.
domi‖nicain, aine adj. (do-àn, én). Dominicano, ra; domínico, ca [religieux]. ‖Dominicano, na [de la Rép. Dominicaine]. ‖**-nical, ale** adj. (-al). Dominical.
Dominique n. pr. (do-îc). Domingos.
domino m. (ôo-ô). Dominó.
domma‖ge m. (domaj). Dano, prejuízo. ‖Loc. *C'est dommage!* É pena! *Dommages et intérêts*, perdas e danos. ‖**-geable** adj. (-ja-). Prejudicial.
dom‖ptage m. (dôtaj). Doma, f. ‖**-pter** vt. (-ê). Domar. ‖**-pteur** m. (-âr). Domador.
do‖n m. (dô). Dom. ‖**-nation** f. (donació). Doação.
donc conj. (cô; dôc [no começo da frase]). Pois. ‖Portanto [au debut de la phrase]. ‖Loc. *Dis donc!* Diz lá, olha lá!
dondon f. *Fam.* (dôdô). Gordanchuda; mocetona; mulheraça.
donjon m. (dôjô). Torre (f.) de menagem. ‖Torreão [grosse tour].
donjuanesque adj. (dôjùanéçk). Donjuanesco, ca.
don‖nant, ante adj. (donâ, ât). Dadivoso, sa. ‖*- donnant*. Ela por ela. ‖**-ne** f. (dòn). Distribuição de cartas [au jeu]. ‖**-née** f. (-ê). Dado, m. [problèmes, etc.]. ‖Base, fundamento, m. ‖**-ner** vt. (-ê). Dar*. ‖Sint. *Donner à penser*, dar* que pensar. *Donner à boire*, dar* de beber. *Donner sur la rue*, dar* para a rua. ‖**-neur, euse** adj. e s. (-âr, âz). Dador, ora.
don-quichottisme m. (dô-içm). Donquixotismo.
dont pron. rel. (dô). De quem [personnes], de que [choses]; do *qual*, da *qual*, dos *quais*, das *quais* : *la chose dont je parle*, a coisa de que falo. ‖*Cujo*, ja; *cujos*, jas [avec une idée de possession] : *la personne dont le frère est venu*, a pessoa cujo irmão veio. ‖*Observ. Cujo* est suivi immédiatement de la chose possédée.
donzelle f. irón. (dôzél). Rapariga ou mulher de porte duvidoso.
doper vt. ;dopê). Administrar excitantes a um cavalo de corrida.

Lettres penchées : accent tonique. ‖ V. page verte pour la prononciation figurée. ‖*Verbe irrég. V. à la fin du volume.

dorade f. (dor*a*d). Dour*a*da, bic*a*.
doré, ée adj. (dor*ê*). Dour*a*do, da.
dorénavant adv. (dorênav*á*). Dor*a*vante, para o futuro.
do‖**rer** vt. (dor*ê*). Dour*a*r. ‖**-reur** m. (-*ûr*). Dour*a*dor.
dorloter vt. (dorlot*ê*). Amim*a*r.
dor‖**mant, ante** adj. (dorm*ã*, *ã*t). Dorm*e*nte. ‖ Estagn*a*da [eau]. ‖**-meur, euse** adj. e s. (-*âr*, *âz*). Dorminh*o*co, ca [qui dort beaucoup]. ‖Dorm*i*dor, *o*ra [qui dort]. ‖f. Pregui*cei*ra [chaise longue]. ‖Brinco, m. [pour les oreilles]. ‖**-mir*** vi. (-*ír*). Dorm*ir**. ‖Loc. *Dormir debout*, c*ai*r* de sono. *Dormir sur les deux oreilles*, dorm*ir** a sono solto.
Dorothée n. pr. (dorot*ê*). Dorot*ei*a.
dorsal, ale adj. (dors*a*l). Dors*a*l.
dortoir m. (dortu*a*r). Dormit*ó*rio.
dorure f. (dor*ûr*). Dourad*u*ra.
dos m. (d*ô*). C*o*stas, f. pl. [homme]. ‖Lombo [animal]. ‖Lomb*a*da, f. [livres]. ‖ Espald*a*r [chaise]. ‖Verso [documents]. ‖Loc. *A dos de*, a cavalo em. *Avoir bon dos*, ter* as c*o*stas l*a*rgas. *En dos d'âne*, abaul*a*do. *Être sur le dos*, est*a*r* a c*a*rgo; est*a*r* deit*a*do. *Faire le gros dos*, arque*a*r o lombo; d*a*r-se* *a*res. *Renvoyer dos à dos*, não d*a*r* raz*ã*o a nenhuma das partes. *Tourner le dos*, ir-se* embora, fug*i*r*.
do‖**se** f. (d*ôz*). D*o*se. ‖**-ser** vt. (-*ê*). Dose*a*r, dos*a*r.
dossier m. (doci*ê*). Espald*a*r [sièges]. ‖ P*a*sta, f. [papiers]. ‖ A*u*tos, m. pl., proc*e*sso [jurispr.].
do‖**t** f. (dot). D*o*te, m. ‖**-tal, ale** adj. (-*a*l). Dot*a*l. ‖**-ter** vt. (-*ê*). Dot*a*r.
doual‖**ire** m. (du*é*r). *A*rras, f. pl., dotaç*ã*o, f. ‖**-rière** f. (-*iér*). Vi*ú*va dot*a*da, r*i*ca.
doua‖**ne** (du*a*n). Alf*â*ndega. ‖**-nier, ère** adj. (-*iê*, *ér*). Aduan*ei*ro, ra. ‖ s. m. Gu*a*rda-fisc*a*l.
douar m. (du*a*r). Adu*a*r.
dou‖**blage** m. (du-*aj*). Dobr*a*gem, f., duplicaç*ã*o, f. ‖**-blé, ée** adj. (-*ê*). Dobr*a*do; dupl*i*cado [redoublé]. ‖ s. m. J*o*go por tab*e*la (bilh*a*r). ‖Casqu*i*nha, f. (f*o*lha met*á*lica). ‖**-bler** vt. (-*ê*). Duplic*a*r, dobr*a*r. ‖Redobr*a*r [augmenter]. ‖*Mar.* Do-

br*a*r [cap]. ‖Forr*a*r [vêtement]. ‖ Repet*ir** [classe]. ‖**-blet** m. (-*é*). Diverg*e*nte, f. [mot]. ‖P*e*dra f*a*lsa, f. ‖**-blon** m. (-*ô*). Dobr*ã*o [monnaie]. ‖**-blure** f. (-*ûr*). F*o*rro, m. ‖Substit*u*to, m. (teatro).
dou‖**ce-amère** f. (duçam*é*r). Dulcam*a*ra. ‖**-ceâtre** adj. (-ç*a*tr). Adoc*i*cado, da. ‖**-cement** adv. (-*ã*). Suavem*e*nte. ‖Lentam*e*nte, devag*a*r. ‖ Delicadam*e*nte. ‖Baixo [voix] : *parlez tout doucement*, f*a*le baix*i*nho. ‖ interj. Devag*a*r! Alto! ‖**-cereux, euse** adj. (-*râ*, *âz*). Mel*i*fluo, ua. ‖**-cette** f. (-*ét*) Erva-b*e*nta [plante]. ‖**-ceur** f. (-*âr*). Doç*u*ra [goût]. ‖Suavid*a*de [climat]. ‖Maleabilid*a*de [toucher]. ‖Indulg*ê*ncia, bond*a*de. ‖Mansid*ã*o. ‖pl. Doç*a*rias [friandises]. ‖Galant*ei*os, m. pl. [propos]. ‖Loc. *En douceur*, devag*a*r, sem pr*e*ssa.
douch‖**e** f. (dux). D*u*che, m., duch*a*. ‖**-er** vt. (-*ê*). Duch*a*r.
douc‖**ir** vt. (duc*ír*). Pol*ir**, esmerilh*a*r.
doué, ée adj. (du*ê*). Dot*a*do, da.
douelle f. (du*é*l). Adu*e*la.
douer vt. (du*ê*). Dot*a*r.
douille f. (du*i*). *O*lhal, m. [lance, baïonnette]. ‖ Cart*u*cho, m. (inv*ó*lucro).
douillet, ette adj. (dui*é*, *é*t). F*o*fo, fa; m*a*cio, ia. ‖Delic*a*do, da; sens*í*vel; peg*a*s. ‖ S. f. Vest*i*do (m.) acolcho*a*do.
dou‖**leur** f. (dul*â*r). D*o*r. ‖**-loureux, euse** adj. (-ur*â*, *âz*). Doloros*o*, sa. ‖ s. f. *Pop.* C*o*nta [à payer].
dou‖**te** m. (dut). D*ú*vida, f. ‖Loc. *Ne faire aucun doute*, ser* incontest*á*vel. ‖**-ter** vt. (-*ê*). Duvid*a*r. ‖ (*se*) vr. Calcul*a*r, suspeit*a*r. ‖**-teux, euse** adj. (-*â*, *âz*). Duvid*o*so, sa.
douve f. (duv). Adu*e*la. ‖*Fort.* F*o*sso, m. ‖*Zool.* D*í*stoma, m.
doux, ouce adj. (du, uç). D*o*ce [goût]. ‖M*a*cio, ia [toucher]. ‖ Su*a*ve [pente, caractère]. ‖M*a*nso, sa; tamb*é*m, r*a* (*Br. du S.*) [animaux]. ‖ Temper*a*do, am*e*no [climat]. ‖*Tout -*, adv. (tu-). Devagarinho.
dou‖**zaine** f. (duz*é*n). D*ú*zia. ‖Loc. *A la douzaine*, de três ao vint*é*m (fam.). ‖**-ze** adj. (duz). D*o*ze.

Itálico : acento tónico. ‖ V. página verde para a pronúncia figurada. ‖ *Verbo irreg. V. no final do livro.

DOY — DUC

‖-**zième** adj. (-*ièm*). Duodécimo, ma; décimo, ma segundo, da.
doyen, enne m. e f. (duai*àn*, *én*). Decano, na. ‖m. Deão [de cathédrale]. ‖Director (de faculdade).
drachme f. (dracm). Dracma.
draconien, enne adj. (draconi*àn*, *én*). Draconíano, na.
dragage m. (dragaj). Dragagem, f.
dragée f. (drajé). Amêndoa coberta. ‖Grajeia, pílula. ‖Loc. *Tenir la dragée haute*, fazer-se* caro, rogado.
drago‖**n** m. (dragō). Dragão. ‖**-nne** f. (-on). Fiador, m. (da espada).
dra‖**gue** f. (drag). Draga. ‖**-guer** vt. (-é). Dragar.
drai‖**n** m. (drèn). Dreno (med.). ‖Dra*i*no, vala, f. [champs]. ‖**-nage** m. (-énaj). Drenagem, f. ‖**-ner** vt. (-é). Drenar, escoar, enxugar. ‖*Fig.* Chamar a si, atra*i*r*.
dra‖**matique** adj. (dramatic). Dramático, ca. ‖**-maturge** m. (-*ùrj*). Dramaturgo. ‖**-me** m. (-am). Drama.
dra‖**p** m. (dra). Pano [étoffe]. ‖Lençol [lit]. ‖Loc. *Etre dans de beaux draps*, estar* em bons lençó*i*s. ‖**-peau** m. (-pó). Bandeira, f. ‖Loc. *Etre sous les drapeaux*, estar* no serviço militar. ‖**-per** vt. (-é). Cobrir* com panos, com cortinados. ‖Dispor* as roupagens [tableau, statue]. ‖*Fig.* Escarnecer. ‖ (se) vr. Envolver-se, embuçar-se. ‖**-perie** f. (-rí). Fábrica de panos; negócio (m.) de panos. ‖Roupagens (pl.), pregas (pl.) [statue, peinture, etc.]. Cortinados (m. pl.), reposte*i*ros (m. pl.) [tapisserie]. ‖**-pier, ère** m. e f. (-*iê*, *ér*). Pane*i*ro, ra.
drelin m. (drèl*àn*). Trelim! Dlim!
dres‖**sage** m. (dréçaj). Levantamento [érection]. ‖Ensino [animaux]. ‖**-sser** vt. (-é). Endireitar, erguer. ‖Levantar [élever]. ‖Armar [meuble, machine]. ‖Redig*i*r [document]. ‖Dispor*, preparar [arranger]. ‖Ensinar [animaux, personnes]. ‖Desbastar, aplainar [superfície]. ‖ (se) vr. Levantar-se. ‖Eriçar [cheveux]. ‖**-sseur** m. (-âr). Amestrador. ‖**-ssoir** m. (-uar). Aparador.
drille m. (dri*iâ*). Broca (f.) de parafuso [instrument] ‖f. pl. Trapos velhos, m. pl. ‖Loc. *Bon drille*, companhe*i*rão. *Pauvre drille*, pobre d*i*abo.
drisse f. (driç). Adriça (mar.).
dro‖**gue** f. (drog). Droga. ‖**-guer** vt. (-é). Medicamentar. ‖Adulterar [falsifier]. ‖vi. *Fig.* e *fam.* Esperar muito tempo, secar. ‖**-guerie** f. (-*rí*). Drogaria. ‖**-guet** m. (-é). Droguete. ‖**-guiste** m. (-*içt*). Droguísta.
droit, oite adj. (dru*a*, uat). Direito, ta. ‖*Fig.* Recto, ta; justo, ta : *esprit droit*, espírito justo. ‖ s. m. Direito. ‖Recto [géométrie]. ‖f. Direita. ‖Recta [géométrie]. ‖adv. Em linha recta; directamente. ‖*-canon* (-*anō*). Direito canónico. ‖- *coutumier* (-utùmié). Direito consuetudinário. ‖ *- des gens* (-é jã). Direito das gentes. ‖Loc. *A bon droit*, com razão. *A droite* (de), à direita (de). *De plein droit*, incontestàvelmente. *Faire droit*, fazer* justiça. ‖**-ure** f. (-ur). Equidade, rectidão, justiça.
dro‖**latique** adj. (drolatic). Engraçado, da. ‖**-latiquement** adv. (-*ã*). Engraçadamente.
drô‖**le** adj. (drôl). Engraçado, da; divertido, da. ‖ - de *loc.* Estranho, nha : *drôle de chose*, coisa estranha. ‖s. m. Patife. ‖Loc. *Ce n'est pas drôle*, não tem graça. ‖**-lerie** f. (-*rí*). Chiste, m. ‖**-lesse** f. (-*éç*). Mulher de mau porte.
dromadaire m. (dromadér). Dromedário.
dru, ue adj. (drù). Espesso, sa; forte. ‖adv. Abundantemente.
druide m. (drùìd). Druida.
dryade f. (dri*ad*). Dríade.
du art. contr. (dù). Do. (*Observ.* Du partitif non déterminatif se supprime en port. : *manger du pain*, comer pão; *boire du vin qui est dans la bouteille* (determ.), beber do vínho que está na garrafa.
dû, ue adj. (dù). Devido, da. ‖s. m. Débito.
dua‖**lisme** m. (dùaliçm). Dualísmo. ‖**-lité** f. (-é). Dualidade.
du‖**c** m. (dùc). Duque. ‖Bufo [oiseau nocturne]. Tb. se diz grand-duc. ‖*Petit* - (-*i*-). Carruagem (f.) com lugar apenas para um criado. ‖**-cal** adj. (-al). Ducal. ‖**-cat** m. (-*a*-). Ducado [monnaie]. ‖**-ché** m.

Lettres penchées : accent tonique. ‖V. page verte pour la prononciation figurée. ‖ *Verbe irrég. V. à la fin du volume.

(-ê). Ducado. ||-chesse f. (-éç). Duquesa.
ducroire m. (dùcruar). Percentagem (f.) do comissário.
ductile adj. (dùctíl). Dúctil.
duègne f. (dùénh). Aia. || Mulher velha e rabugenta.
du||el m. (dùél). Duelo. ||-elliste m. (-íçt). Duelista.
Dulcinée n. pr. (dù-ê). Dulcineia.
dûment adv. (dùmã). Devidamente.
du||ne f. (dùn). Duna. ||-nette f. (-ét). Tombadilho.
duo m. (dùó). Duo, dueto.
du||pe f. (dùp). Pessoa enganada; lorpa (m. e f.). || Loc. Être dupe, ser* enganado. Passer pour dupe, passar por trouxa. ||-per vt. (-ê). Enganar. ||-perie f. (-rí). Logro, m., engano, m.
dupli||cata m. (dù-ata). Duplicado: en duplicata, duplicado, da, adj. ||-cité f. (-é). Duplicidade.
duquel pron. (dùkél). Do qual.
du||r, ure adj. (dùr). Duro, ra || Fig.

Difícil. || s. f. Chão, m., tábuas, f. pl. || Loc. A la dure, com dureza. Sur la dure, no solo. ||-rable adj. (dùra-). Duradouro, ra.
duralumin m. (-màn). Duralumínio.
durant prep. (-ã). Durante.
durcir vt. (dùrcír). Endurecer.
du||rée f. (dùré). Duração. ||-rer vi. (-é). Durar. ||-reté f. (-rté). Dureza.
durillon m. (dùritiõ). Durão, calo.
du||vet m. (dùvé). Penugem, f. [oiseau]. || Buço [personnes]. || Colchão de penas [matelas]. ||-veté, ée adj. (-é). Penugento, ta.
dyna||mite f. (-amít). Dinamite. ||-mo m. (-ô). Dínamo. ||-momètre m. (-ométr). Dinamómetro.
dynastie f. (-açtí). Dinastía.
dyne f. (din). Dine, m.
dysenterie f. (-àtrí). Disentería.
dyspep||sie f. (-çpépçí). Dispepsia. ||-tique adj. e s. (-ic). Dispéptico, ca.
dyspnée f. (-ç-é). Dispneia.

E

eau|| f. (ô). Água. || Loc. A vau-l'eau, à tona da água; ao sabor da corrente. Eau ardente, aguarrás. Eau de boudin, águas de bacalhau (fig.). Eau régale, água régia. Eaux basses, penúria. Eaux grasses, vacas gordas (fig.). Faire eau, meter água. Faire l'eau, fazer* aguada. Grandes eaux, cheias. Gare l'eau! Água vai! Il n'est pire eau que l'eau qui dort, guarda-te de homem que não fala e de cão que não ladra. Nager entre deux eaux, fazer* carambola para dois lados. Rompre l'eau, levantar dificuldades. Se mettre dans l'eau de peur de la pluie, ir* de mal para pior. Sentir l'eau, ser* insípido. Voie d'eau, água aberta. ||- de-vie f. (-í). Aguardente. ||- forte f. (-òrt). Água-forte.
éba||hi, ie adj. (ébaí). Admirado, da; embasbacado, da. ||-hir (s') vr. (-ír). Admirar-se, ficar embasbacado, da. ||-hissement m. (-ã). Admiração, f., surpresa, f.

ébarber vt. (ébarbê). Desbarbar.
éba||ts m. pl. (éba). Folia, f., folguedo; passatempo. || Prendre ses ébats, divertir-se*, brincar.
ébaubi, ie adj. (ébôbí). Espantado, da.
ébau||che f. (ébôx). Esboço, m., bosquejo, m. ||-cher vt. (-ê). Esboçar, bosquejar, delinear.
éb||ène f. (ébén). Ébano. ||-éniste m. (-éníçt). Marceneiro. ||-énisterie f. (-rí). Marcenaria.
éblou||ir vt. (é-uír). Deslumbrar. ||-issant, ante adj. (-ã, ãt). Deslumbrante. ||-issement m. (-ã). Deslumbramento. Otuscação, f.
ébonite f. (ébonít). Ebonite.
éborgner vt. (ébornhé). Vazar (um olho).
ébouillanter vt. (ébuiiãté). Escaldar.
ébou||lement m. (ébu-ã). Derrocada, f., desabamento. ||-ler vt. (-é). Derrocar, desmoronar. ||-lis m. (-í). Montão, acumulação, f. (de rochas, etc.).

Itálico: acento tónico. || V. página verde para a pronúncia figurada. || *Verbo irreg. V. no final do livro.

ébouriffer vt. (ébur-é). Desgrenhar, esguedelhar.
ébrancher vt. (ébrãxé). Podar.
ébran‖lement m. (ébrã-ã). Abalo, sacudidela, f.; tranco (*Br. du S.*). ‖*Fig.* Comoção, f. [nerveuse]. ‖**-ler** vt. (-é). Abalar, sacudir* [mettre en mouvement]. ‖*Fig.* Enfraquecer [affaiblir]. ‖ Comover. ‖ (s') vr. Abalar-se; pôr-se* em movimento. ‖*Fig.* Comover-se.
ébrasure f. (ébrazùr). Vão, m. (de janela, etc.).
ébrécher vt. (ébrèxé). Embotar [couteau]. ‖Abrir brecha. ‖*Fig.* Arruinar, diminuir.
ébriété f. (ébrié*té*). Ebriedade.
ébrouer (s') vr. (ébrué). Resfolegar, assustar-se (cavalo).
ébruiter vt. (ébrù-é). Divulgar.
ébullition f. (ébu-ció). Ebulição.
écai‖llage m. (ékaïa*j*). Escamação, f. [écailles]. ‖Abertura, f. (das ostras). ‖**-lle** f. (-ai). Escama. ‖ Concha (tortue, coquille). ‖**-ller** vt. (-ié). Escamar. ‖Abrir [huîtres]. ‖ Lascar, estalar [murs]. ‖**-lleux, euse** adj. (-iâ, âz). Escamoso, sa.
écale f. (ecal). Casca, vagem.
écarlate adj. (écarlat). Escarlate. ‖ s. f. Escarlata (tecido).
écarqui‖llement m. (ècarkiiãmã). Arregalamento [yeux]. ‖Escanchamento [jambes]. ‖**-ller** vt. (-é). Arregalar [yeux]. ‖Escanchar [jambes].
écar‖t m. (ècar). Sacão, galão, salto para o lado [cheval]. ‖Afastamento, desvio [chemin]. ‖Descarte [jeu]. ‖Variação, f., diferença, f. [comparaison]. ‖*Fig.* Digressão. ‖*Méd.* Distensão, f. ‖*Grand -* (grã-). Escanchamento das pernas (até tocar com as coxas no chão). ‖Loc. *A l'écart*, à parte. ‖**-té, ée** adj. (-é). Afastado, da. ‖Descartado. [jeux]. ‖ s. m. Certo jogo de cartas.
écartel‖er vt. (ècar-é). Esquartejar. ‖ Esquartelar.
écar‖tement m. (ècar-ã). Afastamento, separação, f. ‖**-ter** vt. (-é). Afastar. ‖Descartar [jeu].
ecchymose f. (ék-ôz). Equimose.
ecclésiastique adj. e s. m. (-ê-é-actic). Eclesiástico, ca.

écervelé, ée adj. (êcér-é). Estouvado, da; desmiolado, da.
échafau‖d m. (èxafô). Andaime. ‖ Cadafalso, patíbulo. ‖Estrado, tribuna, f. ‖**-dage** m. (-*aj*). Andaime. ‖**-der** vt. (-é). Levantar andaimes. ‖*Fig.* Arquitectar, fantasiar.
écha‖llas m. (èxala). Estaca, f. ‖*Fig.* e *fam.* Pau de virar tripas (personne grande et maigre). ‖**-lote** (-ot). f. Chalota, alho-de-escalão, m.
échan‖crer vt. (èxãcré). Chanfrar. ‖**-crure** f. (-ùr). Chanfro, m.
échan‖ge m. (èxãj). Troca, f. ‖Permuta, f. [livres, journaux, etc.]. ‖*Libre-échange* (libr-). Livre câmbio. ‖**-ger** vt. (-é). Trocar; permutar. ‖**-giste** m. (-i*ç*t). Cambista. ‖*Libre-échangiste*, livre cambista.
échanson m. (èxãçô). Escanção.
échantillon‖ m. (èxãtiiô). Amostra, f. ‖**-nage** m. (-onaj). Corte de amostras. ‖**-ner** vt. (-é). Preparar amostras.
échap‖pade m. (èxapad). Resvaladura, escapadela. ‖**-patoire** f. (-uar). Escapatória. ‖**-pée** f. (-é). Escapada. ‖Leviandade [imprudence]. ‖Vista [peintures]. ‖**-pement** m. (-ã). Escape. ‖**-per** vi. (-é). Fugir*, evadir-se. ‖ (s') vr. (-é). Fugir*, desaparecer. ‖Loc. *L'échapper belle*, escapar por um triz, livrar-se de boa.
écharde f. (èxard). Espinho, m.
échar‖pe f. (èxarp). Banda, faixa [d'officier]. ‖Charpa [pour le bras]. ‖Espécie de estola [de dame]. ‖*En -*, loc. (ãn-). A tiracolo; ao peito. ‖**-per** vt. (-é). Dilacerar, mutilar.
échas‖se f. (èxaç). Anda [pour marcher]. ‖**-sier** m. (-ié). Pernalta.
échau‖dé, ée (èxôdé). Escaldado, da. ‖ s. m. Espécie de filhó, f. ‖**-der** vt. (-é). Escaldar; escarmentar. ‖**-doir** m. (-uar). Escaldadouro.
échauf‖fant, ante adj. m. (èxôfã, ãt). Afogueante. ‖Que prende o ventre [constipation]. ‖**-fement** m. (-ã). Afogueamento; aquecimento. ‖Prisão (f.) de ventre [constipation]. ‖**-fer** vt. (-é). Aquecer. ‖*Fig.* Acalorar. ‖**-fourée** (-uré) Fracasso, m., temeridade. ‖Rixa, escaramuça [bagarre, combat].
éché‖ance m. (èxéãç). Vencimento, m. ‖Prazo, m. [délai]. ‖**-ant, ante**

Lettres penchées : accent tonique. ‖V. page verte pour la prononciation figurée. ‖*Verbe irrég. V. à la fin du volume.

ÉCH — ÉCO

adj. (-ã, ãt). Pertencente. ‖Loc. *Le cas échéant*, se ceder o caso.
échec m. (èxéc). Revés [insucesso]. ‖Xeque [au jeu d'échecs]. ‖*- et mat* (-ê mat). Xeque-mate. ‖Loc. *Faire échec*, pôr* em xeque. ‖*Etre échec*, estar* em xeque. ‖pl. (-é). Xadrez [jeu].
éch‖elle f. (èxél). Escada de mão, escadote, m. ‖Loc. *Faire la courte échelle*, fazer* subir* aos ombros; auxiliar. *Sur une grande échelle*, em grande escala. *Tirer l'échelle après*, reconhecer que não há superior. ‖**-elon** m. (-ô). Escalão. ‖**-elonner** vt. (-oné). Escalonar.
écheniller vt. (ê-ièé). Eslagartar.
éch‖velé, ée adj. (-é). Desgrenhado, da.
échevin m. (ê-àn). Almotacé.
échi‖ne f. (èxín). Espinhaço, m. ‖**-ner (s')** vr. (-é). Fatigar-se excessivamente, esfalfar-se [travail].
échiquier m. (ê-ié). Tabuleiro [des échecs, des dames]. ‖Xadrez [carrelage]. ‖*En -*, (à-). Em xadrez.
écho m. (èćô). Eco.
échoir* vi. (èxuar). Tocar, caber [correspondre]. ‖Vencer-se [délai].
écho‖ppe f. (èxop). Lojeca, quitanda. ‖Buril, m. [burin]. ‖**-pper** vt. (-é). Burilar.
échou‖age m. (èxuaj). Encalhe [action d'échouer]. ‖Varadouro [endroit]. ‖**-ement** m. (-ã). Encalhe. ‖*Fig.* Malogro [échec]. ‖**-er** vi. (-é). *Mar.* Varar, encalhar. ‖*Fig.* Fracassar.
éclabou‖ssement m. (ê-abu-ã). Salpicadura (f.) de lama. ‖**-sser** vt. (-é). Enlamear. ‖**-ssure** f. (-ùr). Salpico de lama, etc.
éclair m. (ê-ér). Relâmpago. ‖*Biscoito*, bolo. ‖*Fermeture éclair*, fecho (m.) de correr. ‖**-rage** m. (-aj). Iluminação, f.
éclair‖cie f. (ê-érci). Aberta [temps]. ‖Clareira [bois]. ‖**-cir** vt. (-ír). Aclarar. ‖Esclarecer. ‖**-cissant, ante** adj. (-ã, ãt). Esclarecedor, ora. ‖**-cissement** m. (-ã). Esclarecimento.
éclai‖rement m. (ê-êrmã). Iluminação, f. ‖**-rer** vt. (-é). Alumiar, iluminar. ‖*Fig.* Instruir*. ‖*Mil.* Explorar. ‖v. imp. Relampejar. ‖**-reur** m.

(-âr). Explorador, batedor; escuteiro.
écla‖t m. (ê-a). Estilhaço [fragment]. ‖Estilha, f. [bois]. ‖Esplendor, brilho [lumineux]. ‖Estampido. [bruit]. ‖*Fig.* Magnificência, f. ‖Escândalo. ‖*- de rire* (-êr). Gargalhada. ‖Loc. *D'éclat*, brilhante. *Rire aux éclats*, rir* às gargalhadas. ‖**-tant, ante** adj. (-ã, ãt). Brilhante. ‖Estridente [três sonore]. ‖*Fig.* Célebre; manifesto, ta. ‖**-tement** m. (-ã). Estouro. ‖**-ter** vi. (-é). Estalar; pipocar (*Br.*). ‖Brilhar. ‖Manifestar-se. ‖Rebentar (a rir). ‖Prorromper [cris, insultes]. ‖Loc. *Eclater de rire*, rir* a bandeiras despregadas.
éclectique adj. (ê-éctic). Ecléctico, ca.
éclip‖se f. (ê-í-). Eclipse, m. ‖**-ser** vt. (-é). Eclipsar.
éclisse f. (ê-ís). Tala [fractures]. ‖Cincho, m. [fromages]. ‖Aduela. ‖Cunha (de madeira).
éclopé, ée adj. (ê-opé). Coxo, xa.
é‖clore* vi. (ê-or). Nascer [œufs]. ‖Desabrochar [fleurs]. ‖Aparecer, revelar-se [une chose]. ‖**-clos, ose** adj. (-ô, ôz). Aberto, ta [fleurs]. ‖Saído, da, do ovo. ‖**-closion** f. (-iô). Eclosão, nascimento, m. [œufs]. ‖Desabrochar, m. [fleurs]. |*Fig.* Aparição.
éclu‖se f. (ê-ùz). Comporta, represa. ‖**-sier** m. (-ié). Guarda da comporta.
écœu‖rant, ante adj. (èkãrã, ãt). Enjoativo, va. ‖**-rement** m. (-ã). Enjoo, repugnância, f. ‖**-rer** vt. (-é). Enjoar, repugnar.
éco‖le f. (ècol). Escola. ‖Loc. *Ecole des eaux et forêts*, escola de ensino superior agrícola (em Nancy). *Faire l'école*, dar* aula. *Faire l'école buissonnière*, fazer* gazeta. ‖**-lier, ère** m. e f. (-ié, ér). Escolar, estudante.
éconduire vt. (ècôdùir). Despedir*.
écono‖mat m. (ê-écònoma). Economato. ‖**-me** adj. (-om). Económico, ca [personne]. ‖**-mie** f. (-í-). Economia. ‖**-mique** adj. (-íc). Económico, ca [chose]. ‖**-miser** vt. (-é). Economizar. ‖**-miste** m. (-ìçt). Economista.

Itálico: acento tónico. ‖V. página verde para a pronúncia figurada. ‖*Verbo irreg. V. no final do livro.

éco‖pe f. (êcop). Vertedouro, m. ‖**-per** vt. (-ê). Escoar, despejar [eau]. ‖vi. *Pop*. Ouvir* ralhos; levar pancada.

écor‖ce f. (êcorç). Casca. ‖**-cer** vt. (-ê). Descascar.

écor‖cher vt. (êcorxê). Esfolar. ‖**-cheur** m. (-âr). Esfolador. ‖**-chure** f. (-ùr). Esfoladela; escoriação.

écorner vt. (êcornê). Descornar. ‖Descantear [briser les angles]. ‖*Fig*. Desfalcar [la fortune].

écornifleur m. (êcor-âr). *Fam*. Parasita, papa-jantares; plagiário.

écossais, aise adj. e s. (êcocé, éz). Escocês, esa.

Ecosse n. pr. (êcoç). Escócia.

écosser vt. (êcocê). Descascar.

écot m. (êcô). Escote.

écou‖lement m. (êcu-ã). Escoamento, retirada, f., saída, f. ‖Venda, f. [marchandises]. ‖Corrimento (med.). ‖**-ler** vt. (-ê). Vender fàcilmente. ‖**(s')** vr. Escorrer [un liquide]. Derramar-se [s'épancher]. ‖Decorrer [temps]. ‖*Sair**, retirar-se [en foule]. ‖Vender-se [les marchandises].

écourter vt. (êcurtê). Encurtar.

écou‖te f. (êcut). Escuta. ‖*Mar*. Escota. ‖*Loc*. Etre aux écoutes, estar* à escuta, à espreita. ‖**-ter** vt. (-ê). Escutar. ‖Ceder, deferir* a. ‖**(s')** vr. Ter* demasiado cuidado com a saúde. ‖**-teurs** m. pl. (-âr). Auscultadores; fones (*Br*.). ‖**-tille** f. (-tîâ). Escotilha.

écouvillon m. (êcuviiõ). Escovilhão [artillerie].

écran m. (êcrã). Tela, f. [cinéma]. ‖Guarda-fogo.

écra‖sant, ante adj. (êcrazã, ãt). Esmagante, ora. ‖**-sement** m. (-ã). Esmagamento. ‖**-ser** vt. (-ê). Esmagar. ‖Atropelar [voitures]. ‖*Fig*. Aniquilar [accabler] ‖ Humilhar [rabaisser]. ‖**(s')** vr. Esmagar-se. ‖Amachucar-se. ‖*Sint*. *Ecraser d'impôts*, esmagar com impostos. ‖**-seur** m. (-âr). Esmagador.

écré‖mer vt. (êcrêmê). Desnatar. ‖**-meuse** f. (-âz). Desnatadeira.

écrevisse f. (êcràvîç). Lagostim, m. ‖Câncer, m. [constellation].

écrier (s') vr. (cêcriê). Exclamar.

écrin m. (êcrĩ). Escrínio, guarda-jóias.

écr‖ire* vt. (êcrir). Escrever. ‖**-it, ite** adj. e s. m. (-i, it). Escrito, ta. ‖**-iteau** m. (-ô). Letreiro. ‖**-itoire** f. (-uar). Escrivaninha. ‖**-iture** f. (-ùr). Escrita. ‖Escritura. ‖Letra, caligrafia.

écri‖vailleur m. (êcr-aiiâr). Escrevinhador. ‖**-vain** m. (-ã). Escritor, ora. ‖*- public* (-ù-ic). Publicista, plumitivo. ‖**-vassier, ère** m. e f. (-ié, ér). Escrevinhador, ora.

écr‖ou m. (êcru). Porca, f. (de parafuso). ‖Registo [prisons]. ‖*Levée d'* (-ê-). Libertação dum preso.

écrouelles f. pl. (-uél). Escrófulas.

écrouer vt. (-ê). Registar, inscrever.

écr‖ouir vt. (-ir). Martelar a frio. ‖**-ouissage** m. (-aj). Malhadela (f.) a frio.

écrou‖lement m. (êcru-ã). Desabamento. ‖**-ler (s')** vr. (-ê). Desabar.

écru, ue adj. (êcrù). Cru, ua (pano, ferro).

ectoplasme m. (ê-o-açm). Ectoplasma.

écu m. (êcù). Escudo. ‖*Ecus moisis*, dinheiro aferrolhado.

écubier m. (êcùbiê). Escovém.

écueil m. (êcëi). Escolho.

écuelle f. (êcùél). Escudela.

éculer vt. (êcùlê). Acalcanhar.

écu‖mant, ante adj. (êcùmã, ãt). Espumante, escumante. ‖**-me** f. (-ùm). Espuma, escuma. ‖**-mer** vt. (-ê). Escumar. ‖vi. Espumar, escumar, espumejar. ‖**-meur** m. (-âr). Espumador, escumador ‖ *écumeur de mer*, pirata. ‖*Fam*. *Ecumeur de marmite*, parasita, papa-jantares. ‖**-meux, euse** adj. (-â, âz). Espumoso, sa. ‖**-moire** f. (-uar). Espumadeira.

écureuil m. (êcùrài). Esquilo.

écurie f. (êcùri). Cavalariça.

écusson m. (êcùçõ). Escudete, escudo [blason]. ‖Enxerto de borbulha [greffe].

écu‖yer m. (êcùiié). Picador [cavalier]. ‖Escudeiro [gentilhomme]. ‖Escudeiro [qui suivait le chevalier]. ‖Mestre de equitação. ‖*Grand écuyer* (grãt-). Estribeiro-mor. ‖**-yère** f. (-iér). Amazona. ‖*Bottes à l'-*, (botza-). Botas de montar.

Lettres penchées : accent tonique. ‖V. page verte pour la prononciation figurée. ‖*Verbe irrég. V. à la fin du volume.

eczéma‖ m. (égzêma). Eczema.
‖-**teux, euse** adj. (-â, âz). Eczematoso, sa.
éden m. (êdén). Éden, paraíso.
édenté, ée adj. e s. (êdãtê). Desdentado, da.
Edgar n. pr. (è-ar). Edgardo.
édicter vt. (ê-ctê). Promulgar.
édicule m. (è-ùl). Edículo.
édifi‖**ant, ante** adj. (ê-iâ, ât). Edificante. ‖-**cation** f. (-aciô). Edificação. ‖-**ce** m. (-iç). Edifício. ‖-**er** vt. (-ê). Edificar. ‖*Fig.* Instrui**r***; moralizar.
Edimbourg n. pr. (èdànbur). Edimburgo.
édile m. (èdil). Edil.
édi‖**t** m. (èdí). Edicto. ‖-**ter** vt. (-ê). Editar. ‖-**teur** m. (-âr). Editor. ‖-**tion** f. (-ciô). Edição. ‖-**torial** m. (-oriàl). Editorial, artigo de fundo.
Edmond n. pr. (é-ô). Edmundo.
Edouard n. pr. (èduar). Eduardo.
édredon m. (èdrâdô). Edredão.
éduca‖**teur, trice** adj. e s. (èdùcatôr, riç). Educador, ora. ‖-**tion** f. (-ciô). Educação.
éduquer vt. (èdùkê). Educar.
effa‖**cé, ée** adj. (èfacê). Apagado, da. ‖*Fig.* Esquecido, eclipsado, da. ‖-**cement** m. (-ã). Apagamento. ‖*Fig.* Retraimento, isolamento. ‖-**cer** vt. (-ê). Apagar. ‖*Fig.* Fazer* esquecer, suplantar. ‖ (**s'**) vr. Apagar-se. ‖*Fig.* Retrair-se*, eclipsar-se.
eff‖**arement** m. (èfar-ã). Espanto. ‖-**arer** vt. (-ê). Sobressaltar.
effarou‖**chement** m. (èfaru-ã). Susto, espanto. ‖-**cher** vt. (-ê). Assustar, amedrontar.
effec‖**tif, ive** adj. (èféctíf, ív). Efectivo, va. ‖-**tuer** vt. (-uê). Efectuar, realizar.
efféni‖**né, ée** adj. (èfê-ê). Efeminado, da. ‖-**ner** vt. (-ê). Efeminar.
effervescence f. (èférvéçáç). Efervescência.
effet m. (èfê). Efeito. ‖pl. Objectos de uso; bens; roupas, f. ‖*Fundos públicos*. ‖Loc. *Effet à court terme*, letra (f.) a pequeno prazo. *En effet*, com efeito.
effeuiller vt. (èfâitê). Desfolhar.
effica‖**ce** adj. (è-aç). Eficaz. ‖-**cité** f. (-ê). Eficácia.

effigie f. (èfigí). Efígie, imagem.
effi‖**lé, ée** adj. (ê-ê). Afilado, da [mince]. ‖Desfiado, da. ‖s. m. Franja, f. ‖-**ler** vt. (-ê). Desfiar. ‖Adelgaçar [amincir]. ‖-**lochage** m. (-oxaj). Desfiamento. ‖-**locher** vt. (-ê). Desfiar; desfibrar. ‖-**lochures** f. pl. (-ùr). Desfiadura, fiapagem, f. sing.
efflan‖**qué, ée** adj. (è-ãkê). Esgalgado, da. ‖*Fig.* Frouxo, xa [style]. ‖-**quer** vt. (-ê). Emagrecer, esgalgar.
effleur‖**ement** m. (è-ârmã). Afloração, f. [frôlement]. ‖Raspão. ‖-**rer** vt. (-ê). Roçar, raspar, aflorar. ‖*Fig.* Ver* por alto [un sujet].
efflorescence f. (è-oréçãç). Eflorescência.
effluve m. (è-ùv). Eflúvio.
effon‖**drement** m. (èfôdrâmã). Cava funda. ‖-**drer** vt. (- ê). Cavar fundo. ‖ (**s'**) vr. Desabar, cair*.
ef‖**forcer** (**s'**) vr. (cêforcê). Esforçar-se. ‖-**fort** m. (-or). Esforço.
effraction f. (èfrakciô). Arrombamento, m.
effraie f. (èfrê). Coruja das torres.
effra‖**yant, ante** adj. (èfréiã, ãt). Assustador, ora. ‖-**yer** vt. (-iê). Assustar; fazer* pr* cuca (*Br.*).
effréné, ée adj. (èfrênê). Desenfreado, da.
effriter vt. (èfr-ê). Esboroar.
effroi m. (èfrua). Pavor, terror.
effron‖**té, ée** adj. (èfrôtê). Descarado, da; desavergonhado, da; descochado, da (*Br.*). ‖-**terie** f. (-ri). Descaramento, m.
effroyable adj. (èfruaià-). Pavoroso, sa.
effusion f. (èfùziô). Efusão.
égal‖**l, ale** adj. (ègal). Igual, ‖s. m. Igual. ‖Loc. *Cela est égal*, tanto faz. ‖-**er** vt. (-ê). Igualar. ‖-**liser** vt. (-ê). Nivelar, alisar. ‖-**lité** f. (-ê). Igualdade.
égard m. (ègar). Atenção, f., respeito. ‖Loc. *A l'égard de*, com respeito a. *A tous égards*, a todos os respeitos. *Eu égard à*, em atenção a. *Par égard à* (*pour*), tendo em consideração.
éga‖**ré, ée** adj. (ègarê). Extraviado, da. ‖-**rement** m. (-ê). Extravio. ‖-**rer** vt. (-ê). Extraviar; transviar.

Itálico : acento tónico. ‖V. página verde para a pronúncia figurada. ‖*Verbo irreg. V. no final do livro.

viar. ‖ (s') vr. Tresmalhar-se; desguaritar-se (Br. du Sud) [bétail].
égayer vt. (êghéié). Alegrar.
égide f. (éjid). Égide.
églan‖tine m. (ê-ãtiê). Roseira (f.) brava. ‖-tine f. (-ín). Rosa silvestre ou brava.
église f. (ê-íz). Igreja.
églogue f. (ê-og). Égloga, écloga.
ego‖ïsme m. (êgoíçm). Egoísmo. ‖-iste adj. e s. (-íçt). Egoísta.
égor‖gement m. (êgor-ã). Degolação, f. ‖-ger vt. (-ê). Degolar. ‖-geur m. (-ãr). Degolador.
égosiller (s') vr. (cêgoziiê). Esganiçar-se.
égou‖tt m. (êgu). Esgoto. ‖-tier m. (-iê). Encarregado dos esgotos.
égou‖tter vt. (êgutê). Escorrer. ‖Escoar. ‖Enxugar. ‖-ttoir m. (-uar). Enxugador, esgotador. ‖Cincho [fromage].
égrati‖gner vt. (êgra-nhê). Arranhar. ‖-gnure f. (-ùr). Arranhão, m.
égrener vt. (êgrãnê). Debulhar. ‖Desfiar [chapelet].
égrillard, arde adj. (êgriiar, ard). Livre; licencioso, sa.
égriser vt. (êgr-é). Polir*, lapidar.
Egypte n. pr. (êjipt). Egipto.
égyptien, enne adj. (êjipciân, én). Egípcio, ia.
eh! interj. (é). Eh! Ah! Olá! Olé! Ó! ‖- bien! interj. Pois bem! ‖- donc! Então! ‖- quoi! O quê! Pois quê!
éhonté, ée adj. (êõtê). Desavergonhado, da; descarado, da.
eider m. (éidér). Eíder.
éjaculer vt. (êjaculê). Ejacular.
éjection f. (êjékciõ). Ejecção.
élaborer vt. (élaborê). Elaborar.
éla‖gage m. (élagaj). Poda, f. [arbres]. ‖Fig. Corte, supressão, f. ‖-guer vt. (-ê). Podar [arbres]. ‖Fig. Cortar, suprimir, eliminar.
él‖an m. (êlã). ímpeto, arrebatamento. ‖Alce [mammifère] ‖Prendre son - (prãdrã sõ-). Tomar balanço, transportar-se, atirar-se. ‖-ancé, ée adj. (-ê). Lançado, da ‖Esbelto, ta; delgado, da. ‖-ancement m. (-ã). ímpeto, arrebatamento. ‖Pontada, f. [douleur]. ‖-ancer vt. (-ê). Lançar. ‖vi. Alancear. ‖ (s') vr. Lançar-se com ímpeto, arrojar-se.

élar‖gir vt. (élarjír). Alargar. ‖Soltar [prisonnier]. ‖-gissement m. (-ã). Alargamento. ‖Soltura, f. [prisonnier].
élas‖ticité f. (élaç-ê). Elasticidade. ‖-tique adj. e s. m. (-íc). Elástico, ca.
élec‖teur, trice adj. e s. (êléctãr, ríç). Eleitor, ora. ‖-tif, ive adj. (-íf, ív). Electivo, va. ‖-tion f. (-kciõ). Eleição. ‖-toral, ale adj. (-oral). Eleitoral.
élec‖tricien m. (êlêctr-àn). Electricista. ‖-tricité f. (-ê). Electricidade. ‖-trifier vt. (-iê). Electrificar. ‖-trique adj. (-íc). Eléctrico, ca. ‖-trisation f. (-aciõ). Electrização. ‖-triser vt. (-ê). Electrizar.
électro‖-aimant m. (êléctroêmã). Electroíman. ‖-chimie f. (-i). Electroquímica. ‖-cuter vt. (-ùtê). Electrocutar. ‖-cution f. (-ciõ). Electrocução. ‖-de f. (-od). Eléctrodo, m. ‖-gène adj. (-én). Electrogéneo, na. ‖-lyse f. (-íz). Electrólise. ‖-lyte m. (-ít). Electrólito. ‖-mètre m. (-étr). Electrómetro. ‖-moteur, rice adj. (-otãr, ríç). Electromotor, tríz. ‖-n m. t-õ). Electrão. ‖-nique adj. e s. f. (-oníc). Electrónico, ca. ‖-phore m. (-for). Electróforo. ‖-thérapie f. (-térapí). Electroterapia.
electuaire m. (êlêctùér). Electuário.
élé‖gamment adv. (êlêgamã). Elegantemente. ‖-gance f. (-ãç). Elegância. ‖-gant, ante adj. e s. (-ã, ãt). Elegente; torena (Br. du S.).
élé‖giaque adj. (êlêjíac). Elegíaco, ca. ‖-gie f. (-i). Elegia.
élémen‖t m. (êlêmã). Elemento. ‖-taire adj. (-ér). Elementar.
Eléonore n. pr. (êlêonor). Leonor.
éléphant m. (êlêfã). Elefante.
él‖levage m. (ê-aj). Criação (de animais), f. ‖-evateur, trice adj. e s. m. (-tãr, ríç). Elevador, ora. ‖-évation f. (-ciõ). Elevação, f. ‖-ève m. f. (-év). Aluno, na; discípulo, la; estudante. ‖f. Criação [animaux]. ‖-evé, ée adj. (-ê). Elevado, da. ‖Educado, da; criado, da; instruído, da. ‖-ever vt. (-ê). Elevar, erguer. ‖Criar [animaux, enfants, plantes]. ‖Educar. ‖ (s') vr. Elevar-se, erguer-se. ‖Insurgir-se [contre une autorité, un abus, etc.]. ‖-eveur m.

Lettres penchées : accent tonique. ‖V. page verte pour la prononciation figurée. ‖*Verbe irrég. V. à la fin du volume.

FR.-PORTUG. —] 5

(-ár). Criador (de gado); chacareiro (Br.). ‖-eveuse f. (-áz). Criadeira. ‖-evure f. (-úr). Empola.
élider vt. (è-é). Elidír.
Elie n. pr. (èlí). Elías.
éli‖gibilité f. (è-é). Elegibilidade. ‖-gible adj. (-í-). Elegível.
élimer vt. (è-é). Coçar, roçar.
élimi‖nation f. (è-acio). Eliminação. ‖-natoire adj. (-tuár). Eliminatório, ia. ‖-ner vt. (-é). Eliminar.
élire* vt. (èlír). Eleger.
Elisabeth n. pr. (è-abét). Isabel.
Elise n. pr. (èlíz). Elisa.
élision f. (è-io). Elisão.
élite f. (èlít). Escol, m., fina-flor, gema, nata.
élixir m. (è-kcír). Elixír.
elle pron. (él). Ela. ‖Loc. *Elle-même*, ela própria.
éllebore m. (élébor). Helébôro.
elli‖pse f. (éli-). Elipse. ‖-ptique adj. (-íc). Elíptico, ca.
Elme (Saint-) n. pr. (càntè-). Santelmo, São Telmo.
élocution f. (èlocúcio). Elocução.
élo‖ge m. (èlój). Elogio. ‖-gieux, euse adj. (-iá, áz). Elogioso, sa.
Eloi n. pr. (èluà). Elói.
éloi‖gné f. (è-é) adj. (èluanhé). Afastado, da. ‖Loc. *Bien éloigné de*, muito longe de. *Je ne suis pas éloigné de*, estou disposto a. ‖-gnement m. (-ã). Afastamento, apartamento, distância, f. ‖*Fig.* Antipatia, f., repulsa, f. ‖-gner vt. (-é). Afastar; repelir*.
élo‖quence f. (èlocáç). Eloquência. ‖-quent, ente adj. (-ã, ãt). Eloquente.
élu, ue adj. (èlú). Eleito, ta.
élucider vt. (èlù-é). Elucidar.
élucubration f. (èlùcùbracio). Lucubração.
éluder vt. (èlùdé). Sofismar, iludír.
élysée m. (è-é). Elísio.
élytre m. (èlítr). Élitro.
émacié, ée adj. (èmacié). Emaciado, da; macilento, ta.
émail‖ m. (èmai). Esmalte. ‖-ler vt. (-ié). Esmaltar. ‖-leur adj. (-iár). Esmaltador.
émanation f. (èmanacio). Emanação.
émanci‖pation f. (èmã-acio). Emancipação. ‖-per vt. (-é). Emancipar.
émaner vi. (èmané). Emanar.

émar‖gement m. (èmarjâmã). Nota marginal, f. ‖-ger vt. (-é). Marginar. ‖vi. Receber um ordenado.
emba‖llage m. (àbalaj). Embalagem, f. ‖-llement m. (-ã). *Fam.* Arrebatamento, entusiasmo, exaltação, f. ‖-ller vt. (-é). Empacotar. ‖*Fig.* Meter (numa carruagem). ‖*Fam.* Entusiasmar. ‖(s') vr. Tomar o freio nos dentes [chevaux]. ‖Entusiasmar-se, irritar-se. ‖-leur m. (-ár). Enfardador.
embar‖cadère m. (àbarcadér). Embarcadouro; cais. ‖-cation f. (-cio). Embarcação.
embardée f. (àbardé). Guinada, desvio, m. [bateau, auto].
embargo m. (àbargó). Embargo.
embar‖quement m. (àbarcâmã). Embarque. ‖*Fig.* Entrada, f. (numa empresa). ‖-quer vt. e vi. (-é). Embarcar.
emba‖rras m. (àbara). Embaraço, estorvo. ‖Loc. *Faire des embarras*, dar-se* grandes ares. *Mettre une fille dans l'embarras*, engravidar uma rapariga. ‖-rrassant, ante adj. (-ã, ãt). Embaraçoso, sa. ‖-rrassé, ée adj. (-é). Embaraçado, da. ‖-rrasser vt. (-é). Embaraçar; complicar; obstruir*. ‖Sint. *S'embarrasser de*, embaraçar-se com.
embau‖chage m. (àbôxaj). Ajuste. ‖-cher vt. (-é). Ajustar, contratar. ‖ Aliciar, induzir* [enrôler; attirer]. ‖-choir (-uar). Encóspias, f. pl.
embau‖mement m. (àbômâmã). Embalsamamento. ‖-mer vt. (-é). Embalsamar. ‖vi. Cheirar bem. ‖-meur m. (-ár). Embalsamador.
embe‖llie f. (àbélí). Aberta (do tempo). ‖-llir vt. (-ír). Embelezar. ‖-llissement m. (-ã). Embelezamento.
embê‖tant, ante adj. (àbétã, ãt). Enfadonho, a. ‖-tement m. (-ã). Enfado. ‖-ter vt. (-é). Enfadar, maçar; azucrinar (*Br. du N.*).
embla‖vage m. (ã-avaj). Semeadura, f. ‖-ver vt. (-é). Semear.
emblée (d') loc. (dã-é). De chofre, de roldão.
emblème m. (ã-ém). Emblema, símbolo.
embobeliner vt. (àbo-é). Embair*.

Itálico : acento tónico. ‖V. página verde para a pronúncia figurada. ‖*Verbo irreg. V. no final do livro.

emboire* vt. (ābuar). Untar, besuntar. ‖ **(s')** vr. Embaciar-se (pintura).
emboî‖tement m. (ābua-ā). Encaixe. ‖**-ter** vt (-ê). Encaixar. ‖Loc. *Emboîter le pas à*, caminhar nas pegadas de.
embolie f. (āboli). Embolia.
embonpoint m. (ābõpuàn). Gordura, f. ‖Loc. *Prendre de l'embonpoint*, engordar.
embou‖che f. (ābux). Prado (m.) fértil. ‖**-ché**, **ée** adj. (-ê). Embocado, da. ‖*Mal* -. Desbocado, da. ‖**-cher** vt. (-ê). Embocar. ‖**-chure** f. (-ùr). Embocadura. ‖Foz [fleuve]. ‖Bocal [instrument].
embourber vt. (āburbê). Atolar, atascar. ‖ **(s')** vr. Atolar-se. Fig. Aviltar-se.
embouteillage m. (ābutéiaj). Engarrafamento. ‖**-ller** vt. (-ié). Engarrafar.
emboutir vt. (ābutír). Embutir, arredondar (metais).
embran‖chement m. (ābrā-ā). Ramificação, f. ‖Ramal [voie ferrée]. ‖Encruzilhada, f. [chemins]. ‖Fig. Ramo, divisão, f. ‖**-cher** vt. (-ê). Ramificar; entroncar, ligar.
embra‖sement m. (ābra-ā). Abrasamento, grande incêndio. ‖**-ser** vt. (-ê). Incendiar, abrasar.
embra‖ssade f. (ābraçad). Abraço, m. ‖**-sse** f. (-aç). Cordão, m. (de cortinado). ‖**-ssement** m. (-ā). Abraço. ‖Beijo [baiser]. ‖**-sser** vt. (-ê). Beijar [avec la bouche]. ‖Abraçar. ‖Loc. *Qui trop embrasse mal étreint*, quem muito atraca pouco ensaca. ‖**-sure** f. (-ùr). Portinhola (de canhão). ‖Vão, m. [fenêtre, porte].
embra‖yage m. (ābréiaj). Engate. ‖**-yer** vt. (-ié). Engatar, embraiar.
embrocher vt. (ābroxê). Espetar; atravessar de lado a lado.
embroui‖llamini m. (ābruiia-i). Enredo. ‖**-llement** m. (-imā). Enredo. ‖**-ller** vt. (-ê). Enredar, embaraçar.
embrumer vt. (ābrùmê). Enevoar. ‖Fig. Obscurecer.
embrun m. (ābrǣn). Bruma, f. ‖Poalho, podhla (f.) de água.
embry‖on m. (ābriõ). Embrião. ‖**-onnaire** adj. (-onér). Embrionário, ia.
embûche f. (ābêx). Emboscada (ant.). ‖Armadilha, cilada.
embus‖cade f. (ābùçcad). Emboscada; tocaia (Br.). ‖**-quer** vt. (-ê). Emboscar. ‖ **(s')** vr. Emboscar-se; tocaiar (Br.).
émeraude f. (ê-rôd). Esmeralda.
émerger vi. (êmérjê). Emergir.
émeri m. (êmri). Esmeril.
émeril‖lon m. (êmriiõ). Esmerilhão. ‖**-onné**, **ée** adj. (-onê). Travesso, sa; vivo, a; esperto, ta.
émérite adj. têmêrit). Emérito, ta. ‖Consumado, da.
émervei‖llement m. (êmérvéiiāmā). Admiração, f., pasmo. ‖**-ller** vt. (-ié). Maravilhar, espantar, surpreender.
émétique m. (êmêtic). Emético.
émettre* vt (êmétr). Emitir.
émeu‖te f. (êmât). Motim, m. ‖**-tier** m. (-iê). Amotinador.
émietter vt. (êmiétê). Esmigalhar [pain]. ‖Migar, esfarelar.
émi‖grant, ante adj. e s. (ê-rā, āt). Emigrante. ‖**-gration** f. (-aciõ). Emigração. ‖**-gré, ée** adj. e s. (-ê). Emigrado, da. ‖**-grer** vi. (-ê). Emigrar.
Émi‖le n. pr. (êmil). Emílio. ‖**-lie** n. pr. (-i). Emília. ‖**-lien** n. pr. (-iān). Emiliano.
émincer m. (êmāncê). Fatia (f.) delgada (de carne).
émin‖emment adv. (ê-amā). Eminentemente. ‖**-ence** f. (-āç). Eminência. ‖**-ənt, ente** adj. (-ā, āt). Eminente.
émir m. (êmir). Emir.
émis‖saire m. (ê-ér). Emissário. ‖**-sion** f. (-iõ). Emissão.
Emma n. pr. (éma). Ema. ‖**-nuel** n. pr. (-ùél). Manuel.
emmagasiner vt. (āmaga-ê). Armazenar.
emmailloter vt. (āmaiiotê). Enfaixar (uma criança).
emman‖cher vt. (āmāxê). Encabar. ‖Fig. Encetar, empreender. ‖**-chure** f. (-ùr). Cava (vestuário).
emmêler vt. (āmêlê). Emaranhar.
emména‖gement m. (āmêna-ā). Instalação, f. ‖**-ger** vi. (-ê). Instalar-se, acomodar-se.

Lettres penchées : accent tonique. ‖V. page verte pour la prononciation figurée. ‖*Verbe irrég. V. à la fin du volume.

emmener vt. (ã-é). Levar, conduzir*.
emmitoufler vt. (ã-u-é). Agasalhar.
emmurer vt. (ãmüré). Emparedar.
émoi m. (êmua). Emoção, f.
émollient, ente adj. (êmoliã, ãt). Emoliente.
émolument m. (êmolümã). Emolumento.
émonder vt. (êmõdé). Mondar.
émotion f. (êmocĩõ). Emoção, comoção.
émouchet m. (êmuxé). Francelho.
émoulu, ue adj. (êmulù). Afiado, da. ‖ Loc. *Frais émoulu de*, acabado de sair* de.
émousser vt. (êmucé). Embotar.
émoustiller vt. (êmuçtiié). *Fam.* Alegrar, excitar, espertar.
émou‖vant, ante adj. (êmuvã, ãt). Comovente, emocionante. ‖-**voir*** vt. (-uar). Comover, excitar, perturbar.
empailler vt. (ãpaíié). Empalhar.
empaler vt. (ãpalé). Empalar.
empan m. (ãpã). Palmo.
empanacher vt. (ãpanaxé). Empenachar.
empaqueter vt. (ãpa-é). Empacotar.
emparer (s') vr. (çãparê). Apoderar-se.
empâ‖tement m. (ãpa-ã). Empastamento. ‖-**ter** vt. (-é). Empastar.
empattement m. (ãpa-ã). Base, f.
empaumer vt. (ãpômé). Empalmar.
empê‖chement m. (ãpé-ã). Impedimento. ‖-**cher** vt. (-é). Impedir*. ‖-**cheur** m. (-ãr). Empecilho.
empeigne f. (ãpénh). Gáspea.
empennage m. (ãpénaj). Empenagem, f. (aviação).
empereur m. (ãprãr). Imperador.
empeser vt. (ã-é). Engomar, gomar.
empester vt. (ãpéçté). Empestar.
empêtrer vt. (ãpétré). Pear. ‖ *Fig.* Enredar [affaire]. ‖*Estorvar*.
empha‖se f. (ãfaz). Ênfase. ‖-**tique** adj. (-íc). Enfático, ca.
emphysème m. (ãfizém). Enfisema.
emphythéose f. (ãfitêôz). Enfiteuse.
empiècement m. (ãpié-ã). Crescença, f., encaixe (de vestido, etc.).
empie‖rrement m. (ã-érmã). Empedramento. ‖-**rrer** vt. (-é). Empedrar.
empi‖létement m. (ã-ê-ã). Usurpação, f. ‖-**éter** vt. e vi. (-é). Usurpar, invadir.

empiffrer (s') vr. (çã-ré). Abarrotar-se, fartar-se, empanzinar-se.
empi‖llement m. (ã-ã). Empilhamento. ‖-**ler** vt. (-é). Empilhar, amontoar. ‖ (s') vr. Acumular-se.
empire m. (ãpír). Império.
empirer vt. e vi. (ã-ré). Piorar.
empi‖rique adj. (ã-ríc). Empírico, ca. ‖-**risme** m. (-içm) Empirismo.
emplacement m. (ã-a-ã). Local, lugar.
emplâtre m. (ã-atr). Emplastro.
emplette f. (ã-ét). Compra.
emplir vt. (ã-ír). Encher.
emplo‖i m. (ã-ua). Emprego. ‖-**yé, ée** adj. e s. (-ié). Empregado, da. ‖-**yer** vt. (-ié). Empregar. ‖-**yeur** m. (-iár). Patrão, chefe.
emplumer vt. (ã-ûmé). Emplumar.
empocher vt. (ãpoxé). Embolsar. ‖*Fig.* e *fam.* Ter* de aguentar.
empoi‖gnant, ante adj. (ãpuanhã, ãt). Comovente. ‖-**gner** vt. (-é). Agarrar. ‖*Fig.* Comover.
empois m. (ãpua). Goma (f.) de amido.
empoiso‖nnement m. (ãpuazo-ã). Envenenamento. ‖-**nner** vt. (-é). Envenenar.
empor‖té, ée adj. (ãporté). Colérico, ca. ‖-**tement** m. (-ã). Irritação, f. ‖-**te-pièce** m. (-iéç). Saca-bocados. ‖ Loc. *A l'emporte-pièce*, sem rodeios. ‖-**ter** vt. (-é). Levar. ‖ Arrebatar [par force]. ‖ Ganhar [militairement]. ‖ (s') vr. Encolerizar-se, arrebatar-se. ‖ Tomar o freio nos dentes [cheval]. ‖Loc. *Emporter la balance*, fazer* inclinar a balança. *L'emporter sur*, levar a melhor.
empoter vt. (ãpoté). Envasar.
empour‖pré, ée adj. (-é). Purpurado, da. ‖-**prer** vt. (ãpurpré). Purpurear.
empr‖eindre* vt. (ãprãndr). Imprimir. ‖-**eint, einte** adj. (-ãn, ãnt). Impresso, ssa. ‖*Fig.* Gravado, da; marcado, da. ‖-**einte** f. (-ãnt). Impressão, marca, sinal, m.; cunho, m.
empr‖essé, ée adj. (ãprécé). Solícito, ta; diligente. ‖Azafamado, da. ‖Apressado, da. ‖ Serviçal. ‖-**essement** m. (-ã). Diligência, f; zelo. ‖-**esser (s')** vr. (-é). Apressar-se. ‖Loc. *S'empresser autour de*, mos-

Itálico : acento tónico. ‖V. página verde para a pronúncia figurada. ‖*Verbo irreg. V. no final do livro.

trar-se solícito junto de. S'empresser de, apressar-se a.
emprise f. (àpriz). Neol. Influência, ascendente, m.
emprison‖nement m. (àpr-o-ā). Aprisionamento. ‖-ner vt. (-é). Aprisionar.
emprun‖t m. (àprân). Empréstimo. ‖Fig. Plágio [copie]. ‖Loc. D'emprunt, suposto, ta; fingido, da. ‖-té, ée adj. (-é). Pedido, da emprestado, da. ‖Embaraçado, da. ‖Falso, sa. ‖Fingido, da. ‖-ter vt. (-é). Pedir* emprestado. ‖Fig Tirar, ir* buscar. ‖-teur, euse adj. e s. (-âr, âz). Pedinchão, ona.
empuantir vt. (àpùàtir). Empestar.
empyrée m. (à-ré). Empíreo.
ému, ue adj. (èmù). Comovido, da.
ému‖lation f. (èmùlàciô). Emulação. ‖-le adj. e s. (-ùl). Emulo.
émulsion f. (èmù-iô). Emulsão.
en prep. Em. ‖A [verbes de mouvement] : aller en France, ir* a França. ‖De [manière] : portrait en buste, retrato de meio corpo; en veston, de casaco. ‖De [matière] : objet en bois, objecto de madeira. ‖Como : agir en homme, portar-se como homem. ‖Com; por; como se fosse. ‖Observ. Suivi d'un p. présent en français, il se supprime : en parlant, falando.
en pron. pes. (à). Dele, dela, disso, etc. : ne m'en parlez pas, não me fale dele, disso, etc. ‖Observ. En partitif, suivi d'une quantité, se supprime : j'en ai plusieurs, j'en ai six, tenho muitos, tenho seis. Sans expression de quantité, il peut se traduire par o, a, os, as : avez-vous du courage? J'en ai. Tem coragem? Tenho (-a).
en adv. (à). Daí, de lá. ‖Observ. Généralement il ne se traduit pas : Venez-vous de Lisbonne? J'en viens. Vem de Lisboa? Venho.
énamourer vt. (ênamùré). Enamorar.
encabure f. (èkà-ùr). Amarra.
enca‖drement m. (àcàdrâmâ). Caixilho, moldura, f. ‖Fig. Ambiente. ‖-drer vt. (-é). Emoldurar. ‖-dreur m. (-âr). Moldureiro.
encai‖sse f. (àkéç). Encaixe, dinheiro em caixa. ‖-ssement m.

(-â). Encaixotamento. ‖-sser vt. (-é). Encaixotar. | Receber em caixa (com.). ‖-sseur m. (-âr). O que recebe.
encan m. (àcâ). Leilão. ‖Loc. Mettre à l'encan, vender em hasta pública.
encanailler vt. (àcanaié). Acanalhar; aviltar.
encar‖tage m. (àcartaj). Intercalação, f. ‖-ter vt. (-é). Intercalar.
en-cas m. (àca). Reserva, f.
encastrer vt. (àcaçtré). Encastrar.
encaustique f. (àcôçtic). Encáustica, encausto, m.
enceinte adj. f. (àçânt). Grávida. ‖s. f. Recinto, m.
encen‖s m. (àçâ). Incenso. ‖-ser vt. (-é). Incensar. ‖-soir m. (-uar). Incensório, turíbulo.
encéphale m. (àcêfal). Encéfalo.
encercler vt. (àcèr-é). Cercar.
enchaî‖nement m. (àxé-â). Encadeamento. ‖-ner vt. (-é). Encadear.
enchan‖té, ée adj. (àxàté). Encantado, da. ‖-tement m. (-â). Encantamento. ‖-ter vt. (-é). Encantar. ‖-teur, eresse adj. et s. (-âr, réç). Encantador, ora.
enchâsser vt. (àxàcé). Engastar.
enchè‖re f. (àxêr). Lanço, m. ‖Loc. Mettre aux enchères, pôr* em leilão. Vendre aux enchères, vender em leilão. Folle enchère, lanço excessivo, m. ‖-érir vt. (-érir). Fazer* um lanço [aux enchères]. Encarecer [prix]. ‖vi. Encarecer. ‖-sur, cobrir* o lanço. Fig. Levar a palma a. ‖-érissement m. (-â). Encarecimento. ‖-érisseur m. (-âr). Licitante.
enchevê‖trement m. (à-étrâmâ). Emaranhado [confusion]. ‖-trer vt. (-é). Encabrestrar [chevaux]. ‖Fig. Emaranhar, embrulhar, confundir.
enchifrener vt. (à-râné). Entupir* o nariz.
encla‖ve f. (â-av). Território encravado, m. ‖-ver vt. (-é). Encravar.
enclin, ine adj. (â-àn, in). Propenso, sa; inclinado, da; disposto, ta.
encl‖ore vt. (â-or). Cercar, murar. Encerrar [renfermer]. ‖-os, ose adj. (-ô, ôz). Murado, da. ‖s. m. Recinto, m.
enclume f. (â-ùm). Bigorna.
encoche f. (àcox). Banco de tamanqueiro, m. ‖Entalho, m.

Lettres penchées : accent tonique. ‖V. page verte pour la prononciation figurée. ‖*Verbe irrég. V. à la fin du volume.

ENC — ENF

encoignure f. (ăconhùr). Canto, m.
encoller vt. (ăcolé). Preparar, encolar.
encolure f. (ăcolùr). Pescoço (m.) do cavalo. ‖*Fig*. Atitude, aspecto, m.
encom‖brant, ante adj. (ăcōbrā, āt). Atravancador, ora. ‖**-bre** m. (-ōbr). Empecílho, obstáculo. ‖**-brement** m. (-ămā). Estorvo. ‖**-brer** vt. (-ê). Estorvar, atravancar, embaraçar.
encontre (**à l'**) loc. (-ăcōtr). Ao encontro.
encorbellement m. (ăcorbé-ā). Avançamento, construção (f.) saliente.
encore adv. (ăcor). Ainda mais. ‖*Outra vez* [de nouveau]. ‖Todavia [au moins]. ‖Loc. *Encore que*, ainda que. *Mais encore*, mas também.
encoura‖geant, ante adj. (ăcurajā, āt). Encorajador, ora. ‖**-gement** m. (-ā). Encorajamento. ‖**-ger** vt. (-ê). Encorajar, alentar. ‖Fomentar, estimular, proteger.
encourir* vt. (ăcurír). Incorrer em, expor-se* a.
encrage m. (ăcraj). Aplicação (f.) de tinta.
encr‖assement m. (ăcra-ā). Ensebamento. ‖**-asser** vt. (-ê). Ensebar.
en‖cre f. (ăcr). Tinta. ‖**-crer** vt. (-ê). Dar* tinta. ‖**-crier** m. (-ié). Tinteiro.
encroûter vt. (ăcruté). Encrostar.
encyclique f. (ă-ic). Encíclica.
encyclopé‖die f. (ă-opêdi). Enciclopédia. ‖**-dique** adj. (-ic). Enciclopédico, ca. ‖**-diste** m. (-içt). Enciclopedista.
endémique adj. (dêmic). Endêmico, ca.
endetter vt. (ădété). Endividar. ‖(**s'**) vr. Endividar-se.
endeuiller vt. (ădăiié). Enlutar.
endêver vi. *Fam*. (ădévê). Agastar-se, zangar-se, irritar-se.
endiablé, ée adj. (ă-a-é). Endiabrado, da.
endiguer vt. (ă-é). Pôr* diques.
endimancher vt. (ă-ăxé). Endomingar.
endive f. (ădiv). Endívia.
endo‖carde m. (ădocard). Endocárdio. ‖**-carpe** m. (-arp). Endocarpo. ‖**-crine** adj. f. (-rin). Endócrina.
endoctriner vt. (ădoctr-é). Doutrinar.
endolorir vt. (ădolorír). Dolorir.

endomma‖gement m. (ădoma-ā). Dano. ‖**-ger** vt. (-ê). Danificar, prejudicar, deteriorar; arruinar.
endor‖mant, ante adj. (ădormā, āt). Adormecedor, ora. ‖Enfadonho, a. ‖**-mi, ie** adj. (-i). Adormecido, da; dormente [assoupi]. ‖*Fig*. Entorpecido, da [inactif]. ‖**-mir*** vt. (-ír). Adormecer [assoupir]. ‖*Fig*. Serenar [distraire]. ‖(**s'**) vr. Adormecer. *Fig*. Distrair-se*.
en‖dos m. (ădō). Endosso. ‖**-dosser** vt. (-o-ê). Endossar. ‖Vestir*, pôr* aos ombros. ‖**-dosseur** m. (-ăr). Endossante, endossador.
endroit m. (ădrua). Sítio, lugar. ‖Direito (contrário de avesso). ‖Loc. *A l'endroit de*, para com. *En mon endroit*, no que me diz respeito.
en‖duire* vt. (ădùir). Untar. ‖Revestir*, cobrir*. ‖**-duit, uite** adj. (-ùi, ùit). Untado, da. ‖s. m. Capa, f., reboco [murs]. ‖Camada, f. [peinture].
en‖durance f. (ădùrăç). Resistência. ‖Paciência. ‖**-durant, ante** adj. (-ā, āt). Resistente. ‖Sofredor, ora [patient].
endur‖cir vt. (ădùrcir). Endurecer. ‖*Fig*. Empedernir [cœur]. ‖**-cissement** m. (-ā). Endurecimento.
endurer vt. (ădùré). Suportar.
Enéi‖de n. pr. (ănéíd). Eneias. ‖**-ide** n. pr. (-íd). Eneida.
éner‖gie f. (ênêrji). Energia. ‖**-gique** adj. (-ic). Enérgico, ca. ‖**-gumène** m. (-ùmén). Energúmeno.
éner‖vant, ante adj. (ênêrvā, āt). Enervante, irritante, debilitante. ‖**-vement** m. (-ămā). Enervação, f., enervamento, desânimo. ‖**-ver** vt. (-ê). Enervar.
enfai‖tement m. (ăfé-ā). Folha (f.) de chumbo (telhado). ‖**-ter** vt. (-ê). Cobrir* a cumieira do telhado (com chumbo, telhas, etc.).
enfance f. (ăfăç). Infância. ‖Loc. *Tomber en enfance*, cair* em idiotia.
enfant n. m. e f. (ăfā). Criança, f.; menino, na; guri, piá (Br.); nhonhô (Br. du S., fam.). ‖Filho, a [fils, fille]. ‖Loc. *Bon enfant*, simplório, ia. *Enfant de la balle*, filho de peixe. *Enfant de troupe*, pupilo do exército. *Enfant terrible*, menino indiscreto. *Enfant trouvé*, enjeitado.

Itálico : acento tônico. ‖V. página verde para a pronúncia figurada. ‖*Verbo irreg. V. no final do livro.

Faire l'enfant, ser* infantil. *Petits-enfants,* netos. ‖-ement m. (-ã). Parto. ‖-er vt. (-ê). Parir. ‖-illage m. (-iáj). Criancice, f. ‖-in, ine adj. (-àn, ín). Infantil.
enfariner vt. (ãfar-ê). Enfarinhar.
enfer m. (ãfér). Inferno.
enfermer vt. (ãférmê). Encerrar.
enferrer vt. (ãféré). Trespassar, atravessar. ‖ (s') vr. Espetar-se (na espada do adversário).
enfiévrer vt. (ã-êvrê). Enfebrecer. ‖*Fig.* Sobreexcitar, inflamar.
enfi‖lade f. (ã-ad). Enfiada, fileira, renque, m. ‖*Mil.* Fogo de barragem, de enfiada. ‖-ler vt. (-ê). Enfiar. ‖*Mil.* Bater com tiros de enfiada. ‖*Fig.* Meter-se por [chemin].
enfin adv. (ãfàn). Enfim, afinal.
enflammer vt. (ã-amê). Inflamar.
en‖flé, ée adj. (ã-ê). Inchado, da; empolado, da. ‖ Sobreexcitado, da. ‖-fler vt. et vi. (ã-ê). Inchar, entumecer. ‖ Encher [d'air]. ‖-flure f. (-ùr). Inchaço, m. ‖*Fig.* Ênfase.
enfon‖cement m. (ãfô-ã). Cravação, f. (prego). ‖ Arrombamento. ‖ Fundo, perspectiva, f. ‖-cer vt. (-ê). Cravar (prego). ‖ Arrombar. ‖ Derrotar [adversaire]. ‖ vi. Ir* ao fundo.
enfouir vt. (ãfuír). Enterrar. ‖*Fig.* Esconder, dissimular.
enfour‖cher vt. (ãfurxê). Montar [cheval, etc.]. ‖*Fam.* Aferrar-se a [opinion]. ‖-chure f. (-ùr). Forquilha.
enfourner vt. (ãfurnê). Enfornar.
enfreindre* vt. (ãfràndr). Infringir.
enfuir (s')* vr. (çãfùir). Fugir*. ‖*Fig.* Desvanecer-se, desaparecer.
enfumer vt. (ãfùmê). Defumar.
enga‖geant, ante adj. (ãgajã, ãt). Insinuante. ‖-gé, ée adj. (-ê). Empenhado, da. ‖ Contratado, da [artiste]. ‖ Alistado, da [enrôlé]. ‖ Comprometido, da. ‖-gement m. (-ã). Empenho. ‖ Alistamento [soldats]. ‖ Contrato [artistes]. ‖ Compromisso. ‖-ger vt. (-ê). Empenhar [objets, parole d'honneur, etc.]. ‖ Alistar [soldats]. ‖ Contratar [artistes]. ‖ Convidar [inviter]. ‖ Comprometer [une obligation].
engeance f. (ãjãç). Raça, casta. ‖ *Loc. Maudite engeance,* corja, súcia.
engelure f. (ã-ùr). Frieira.

engendrer vt. (ãjãdrê). Engendrar.
engin m. (ãjàn). Engenho, máquina, f. ‖ Laço, armadilha, f. [piège].
englober vt. (ã-obê). Englobar. ‖ Reunir, compreender.
englou‖tir vt. (ã-utír). Engolir, tragar. ‖*Fig.* Absorver, devorar. ‖-tissement m. (-ã). Desaparição, f.
engoncer vt. (ãgôcê). Dar* o aspecto de não ter* pescoço (fato).
engor‖gement m. (ãgor-ã). Entupimento, obstrução, f. ‖*Med.* Enfartamento. ‖-ger vt. (-ê). Entupir. ‖*Med.* Enfartar, ingurgitar.
en‖gouement m. (ãgumã). Engasgamento. ‖*Fig.* Admiração exagerada, f. ‖-gouer vt. (-uê). Engasgar. ‖ (s') vr. Apaixonar-se, entusiasmar-se.
engouffrer vt. (ãgufrê). Tragar. ‖ (s') vr. Engolfar-se, lançar-se.
engoulevent m. (ãgu-ã). Noitibó.
engoûment m. (ãgumã). V. ENGOUEMENT.
engour‖dir vt. (ãgurdír). Entorpecer. ‖-dissement m. (-ã). Entorpecimento.
engrai‖s m. (ãgrê). Adubo [terres]. ‖ Engorda, f. [bétail]. ‖-ssage m. (-aj) e -ssement m. (-ã). Ceva, f., engorda, f. ‖-sser vt. (-ê). Engordar, cevar. ‖ Adubar [terres]. ‖ vi. Engordar. ‖-sseur m. (-âr). Cevador.
engre‖nage m. (ãgrànaj). Engrenagem, f. ‖-ner vt. e vi. (-ê). Engrenar, endentar.
engueu‖lade f. (ãgàlad). *Pop.* Descompostura. ‖-ler vt. (-ê). *Pop.* Descompor*, insultar.
énig‖matique adj. (é-atic). Enigmático, ca. ‖-me f. (-ígm). Enigma, m.
eni‖vrant, ante adj. (ànivrã, ãt). Embriagador, ora. ‖-vrement m. (-ã). Embriaguez, f. ‖-vrer vt. (-ê). Embriagar.
enjam‖bée f. (ãjãbê). Pernada. ‖-bement m. (-ã). Passagem (f.) do sentido dum verso para o imediato. ‖-ber vt. (-ê). Saltar, passar por cima. ‖ vi. Andar a passo largo.
enjeu m. (ãjâ). Entrada, f., parada, f. [jeu]. ‖*Fig.* Capital (que se arrisca). ‖*Loc. Son honneur est l'enjeu de* a sua honra está comprometida em.

Lettres penchées : accent tonique. ‖ V. page verte pour la prononciation figurée. ‖ *Verbe irrég. V. à la fin du volume.

enjoindre* vt. (ãjuàndr). Prescrever, ordenar, impor*.
enjô‖ler vt. (ãjôlé). Engodar. ‖-leur, euse adj. (-âr, âz). Embaidor, ora.
enjoli‖vement m. (ãjo-á). Enfeite. ‖-ver vt. (-é). Enfeitar.
en‖joué, ée adj. (ãjué). Alegre. ‖-jouement m. (-á). Jovialidade, f.
enla‖cement m. (ãla-á). Enlace. ‖-cer vt. (-é). Enlaçar. ‖ Fig. Apertar, estreitar, cingir.
enlai‖dir vt. (ãlédír). Afear, desfear. ‖-dissement m. (-ã). Desfeamento, fealdade, f.
enl‖èvement m. (ãlé-á). Levantamento. ‖ Rapto, arrebatamento. ‖ Tomada, f. [place forte]. ‖-ever vt. (-é). Levantar. ‖ Retirar [ôter]. ‖ Arrebatar [entrainer]. ‖ Levar [emporter]. ‖ Raptar [ravir une personne]. ‖ Enlevar, transportar [exciter]. ‖ Roubar [voler].
enli‖ser vt. (ã-é). Enterrar (na areia movediça).
enlumi‖ner vt. (ãlù-é). Iluminar (com iluminuras. ‖-neur m. (-âr). Iluminador. ‖-nure f. (-ùr). Iluminura.
ennemi, ie adj. e s. (é-í). Inimigo, ga.
ennobl‖ir vt. (ãno-ír). Enobrecer, sar [presser]. Pisoar [drap, peaux].
ennui m. (ãnùi). Aborrecimento, tédio. ‖-yant, ante adj. (-iã, ãt). Aborrecido, da. ‖-yer vt. (-ié). Aborrecer; cacetear (Br.). ‖-yeux, euse adj. (-iû, ûz). Maçador, ora; cacete (Br.).
énon‖cé, ée adj. (ênõcé). Enunciado, da. ‖-cer vt. (-é). Enunciar. ‖-ciation f. (-acío). Enunciação.
enorgueillir vt. (ãnorgâiir). Orgulhar, envaidecer, ufanar.
énor‖me adj. (ênorm). Enorme. ‖-mité f. (-é). Enormidade.
enqu‖érir (s') vr. (çâkêrír). Indagar, inquirir. ‖-ête f. (-ét) Inquérito, m., investigação, devassa, inquirição [justice]. ‖-êteur m. (-âr). Investigador, inquiridor, sindicante.
enraciner vt. (ãra-é). Enraizar.
enra‖gé, ée adj. (ãrajé). Raivoso, sa. ‖-ger vi. (-é). Enraivecer-se.
enrayer vt. (ãréié). Travar; freiar (Br.) [roues]. ‖ Encravar. ‖ Fig. Suspender. deter*, suster*.

enrégimenter vt. (ãrê-ãté). Arregimentar; alistar, arrebanhar.
enregis‖trement m. (ãrã-çtrãmã). Registo, assento. ‖ Repartição (f.) de registo (conservatória, etc.). ‖-trer vt. (-é). Registar. ‖ Inscrever. ‖ Despachar [bagages]. ‖-treur, euse adj. e s. (-âr, âz). Registador, ora.
enrhumer vt. (ãrùmé). Constipar, encatarroar. ‖ (s') vr. Constipar-se.
enrich‖ir vt. (ãr-ír). Enriquecer. ‖-issement m. (-ã). Enobrecimento.
enrober vt. (ãrobé). Enroupar.
enrô‖lement m. (ãrô-á). Alistamento. ‖-ler vt. (-é). Alistar, recrutar.
enr‖ouement m. (ãrumã). Rouquidão, f. ‖-ouer vt. (-ué). Enrouquecer.
enrou‖lement m. (ãru-ã). Enrolamento. ‖-ler vt. (-é). Enrolar.
ensabler vt. (ãça-é). Assorear. ‖ Mar. Encalhar.
ensanglanter vt. (ãçã-ãté). Ensanguentar.
ensei‖gnant, ante adj. (ãcénhã, ãt). Docente. ‖-gne f. (-énh). Tabuleta [boutique]. ‖ Insígnia [bannière]. ‖ m. Mil. ant. Alferes ‖ Guarda-marinha [marine]. ‖ Loc. A telle enseigne que, por sinal que. Enseigne de vaisseau de première classe, segundo-tenente (de marinha). ‖-gnement m. (-ã). Ensino. ‖-gner vt. (-é). Ensinar.
ensemble adv. (ãçã-). Juntamente, juntos, adj. pl. : être ensemble, estar* juntos. ‖ m. Conjunto. ‖ Loc. Avec ensemble, de comum acordo. Tout ensemble, ao mesmo tempo.
ensemen‖cement m. (ã-ã-ã). Semeadura, f. ‖-cer vt. (-é). Semear.
enserrer vt. (ãcéré). Apertar.
ense‖velir vt. (ãçã-ír). Amortalhar ‖ Sepultar [enterrer]. ‖-velissement m. (-ã). Amortalhamento. ‖ Enterramento.
ensoleiller vt. (ãçoléiié). Assoalhar (ao sol). ‖ Fig. Alegrar.
ensorce‖ller vt. (ãçorçãlé). Embruxar. ‖-leur m. (-âr). Feiticeiro. ‖-llement m. (-é-ã). Bruxedo.
ensuite adv. (ãçùit). Em seguida.
ensuivre (s') vr. (çãçùivr). Seguir-se resultar.

Itálico : acento tônico. ‖ V. página verde para a pronúncia figurada. ‖ *Verbo irreg. V. no final do livro.

entablement m. (ãta-ãmã). Entablamento, cimalha, f.
entacher vt. (ataxé). Macular.
entai‖lle f. (ãtái). Entalhe, m., corte, m. ‖**-ller** vt. (-ié). Cortar.
entamer vt. (ãtamé). Encetar [comestible]. ‖ Entabular [commencer]. ‖ Ferir*, ofender [réputation].
enta‖ssement m. (ãta-ã). Amontoamento. ‖**-sser** vt. (-é). Amontoar.
ente f. (ãt). Enxerto, m.
enten‖dement m. (ãtã-ã). Entendimento. ‖**-deur** m. (-ár). Entendedor. ‖Loc. *A bon entendeur salut*, a bom entendedor meia palavra basta. ‖**-dre** vt. (-ãdr). Ouvir* [audition]. ‖ *Fig.* Compreender, entender. ‖ (s') vr. Entender-se; compreender-se. ‖Loc. *A entendre*, a dar* ouvidos a. *Cela s'entend*, já se deixa ver*. ‖**-du, ue** adj. (-ù). Entendido, da [compris] ‖ Ouvido, da [audition]. ‖Loc. *Bien entendu*, claro; fica assente. ‖**-te** f. (-ãt). Interpretação, inteligência. ‖ Acordo, m. [politique]. ‖Loc. *A double entente*, de duplo sentido.
entérite f. (ãtérit). Enterite.
ente‖rrement m. (ãtérmã). Enterro. ‖**-rrer** vt. (-é). Enterrar.
en-tête m. (ãtét). Cabeçalho. ‖Timbre [papier à lettres].
entê‖té, ée adj. (ãtété). Teimoso, sa; obstinado, da. ‖**-tement** m. (-ã). Teimosia, f. ‖ Birra, f.; dengue (*Br.*) [enfant]. ‖**-ter** vt. (-é). Entontecer. ‖ (s') vr. Teimar, obstinar-se.
enthousias‖me m. (ãtuziaçm). Entusiasmo. ‖**-mer** vt. (-é). Entusiasmar. ‖**-te** adj. e s. (-açt). Entusiasta.
enti‖ché, ée adj. (ã-é). Apegado, da. ‖**-cher** (s') vr. (-é). Apegar-se.
entier, ère adj. (-ãtié, ér). Inteiro, ra. ‖s. m. Inteiro. ‖Loc. *En entier*, por inteiro.
entièrement adv. (-é). Inteiramente.
entité f. (ã-é). Entidade.
entoiler vt. (ãtualé). Fixar em tela.
entôler vt. (ãtôlé). Roubar (numa casa).
entomolo‖gie f. (ãtomoloji). Entomologia. ‖**-giste** m. (-içt). Entomologista, entomólogo.
enton‖ner vt. (ãtoné). Envasilhar [liquide]. ‖ Entoar [musique, etc.]. ‖**-noir** m. (-uar). Funil.

entorse f. (ãtorç). Entorse. ‖ *Fig.* Alteração violenta.
entorti‖llement m. (ãtortiiãmã). Enrolamento. ‖**-ller** vt. (-ié). Enrolar, envolver ‖*Fig.* Contorcer. ‖*Fam.* Enganar, seduzir*, enrolar.
entou‖r (à l') loc. adv. (-átur) Em redor. ‖**-rage** m. (-aj). Cercadura, f. ‖ Roda, f., círculo, camarilha, f. ‖**-rer** vt. (-é). Rodear, cercar.
entournure f. (ãturnúr). Cava (de manga). ‖Loc. *Gêné dans les entournures*, pouco à vontade, incomodado.
en-tout-cas m (ãtuca). Sombrinha, f., guarda-sol.
entozoaire m. (ãtozoér). Entozoário.
entr‖acte m. (ãtracto). Entreacto. ‖**-aider** (s') vr. (çãtrédé). Ajudar-se mùtuamente. ‖**-ailles** f. pl. (-ai). Entranhas. ‖**-'aimer** (s') vr. (-émé). Amar-se um ao outro.
entr‖ain m. (-ãn). Animação, f. ‖**-aînant, ante** adj. (-énã, ãt). Arrebatador, ora; excitante. ‖**-aînement** m. (-ã). Treino, preparação, f. [cheval, athlète] ‖Arrastamento. ‖Arrebatamento, exaltação, f. ‖**-aîner** vt. (-é). Arrastar. ‖Acarretar [conséquences]. ‖ Treinar, exercitar [cheval, etc.]. ‖**-aîneur** m. (-ár). Treinador [sports].
entrant, ante adj. (ãtrã, ãt). *Fig.* Insinuante, penetrante.
entra‖ve f. (ãtrav). Peia. ‖**-ver** vt. (-é). Pear; estorvar, embaraçar.
entre prep. (ãtr). Entre, no meio de; em. ‖ Mùtuamente, recìprocamente [avec certains verbes] : *s'entredétruire*, destruir-se* mùtuamente; *s'entre-dévorer*, devorar-se recìprocamente.
entre‖bâillement m. (ãtrâbaiiãmã). Greta, f. ‖**-bâiller** vt. (-ié). Entreabrir. ‖**-chat** m. (-a). Salto de dança (em que os pés batem várias vezes um no outro). ‖**-choquer** (s') vr. (-oké) Entrechocar-se. ‖**-côte** f. (-ôt). Entrecosto, f. ‖**-couper** vt. (-upé). Entrecortar. ‖**-croisement** m. (-rua-ã). Entrecruzamento. ‖**-croiser** (s') vr. (-é). Entrecruzar-se. ‖**-deux** m. (-ã). Entremeio [dentelles, etc.]. ‖ Consola, f. ‖Espaço intermédio. ‖adv. Assim assim, meio outra.

Lettres penchées : accent tonique. ‖V. page verte pour la prononciation figurée. ‖*Verbe irrég. V. à la fin du volume.

ENT — ÉPA

entrée f. (ātrē). Entrada, ingresso, m. ‖Loc. *Avoir ses entrées*, ter* entrada, direito de assistír a.
entre‖faite f. (ātrâfét). U. nas loc. *sur ces* ou *dans ces entrefaites*, entretanto, entrementes. ‖**-filet** m. (-é). Local, f. [journaux]. ‖**-heurter (s')** vr. (-ārtē). Chocar-se. ‖**-lacement** m. (-a-ā). Entrelaçamento, enastramento. ‖**-lacer** vt. (-é). Entrelaçar. ‖**-lacs** m. (-ā). Entrelaçado. ‖**-larder** vt. (-é). Entremear, lardear [viande]. ‖*Fig*. Misturar [mêler]. ‖**-mêler** vt. (-é). Intercalar. ‖**-mets** m. (-é). Prato do meio. ‖**-metteur** m. (-âr). Medianeiro, intermediário. ‖**-metteuse** f. (-âz). Alcoviteira [proxènète]. ‖**-mettre (s')** vr. (-étr). Intrometer-se, meter-se de permeio. ‖**-mise** f. (-īz). Mediação, intermédio, m. ‖**-nœud** m. (-nā). Entrenó. ‖**-pont** m. (-ō). Entrecoberta, f. ‖**-poser** vt. (-ōzé). Armezenar. ‖**-positaire** m. (-ér). Depositante, depositário. ‖**-pôt** m. (-ō). Entreposto, depósito. ‖**-prenant, ante** adj. (-rānā, āt). Empreendedor, ora. ‖**-preneur** m. (-âr). Empreendedor. ‖**Empreiteiro** [bâtiments]. ‖**-prise** f. (-īz). Empresa; empreitada.
entrer vi. (ātrē). Entrar.
entresol m. (ātrâçol). Sobreloja, f.
entre‖temps m. (ātrâtā). Meio tempo. ‖adv. Entretanto. ‖**-tenir** vt. (-ir). Manter*. ‖**(s')** vr. Manter-se*. ‖Conversar [parler]. ‖**-tenue** f. (-ù). Amante, amíga [maîtresse]. ‖**-tien** m. (-iān). Manutenção, f. ‖Conversação, f. ‖**-toile** f. (-ual). Entremeio, m. ‖**-toise** f. (-uaz). Tirante, m. ‖**-voie** f. (-ua). Entrevía. ‖**-voir** vt. (-uar). Entrever*. ‖**-vue** f. (-ù). Entrevísta, encontro, m.
entrouvrir* vt. (ātruvrír). Entreabrír.
énumé‖ration f. (ēnùmēraciō). Enumeração. ‖**-rer** vt. (-é). Enumerar.
envah‖ir vt. (āvaír). Invadír. ‖**-issant, ante** adj. (-ā, āt). Invasor, ora. ‖**-issement** m. (-ā). Invasão, f. ‖**-isseur** m. (-âr). Invasor.
enve‖loppant, ante adj. (ā-opā, āt). Envolvente. ‖**-ppe** f. (-op). Envoltório, m. ‖Sobrescrito, m. [de lettre]. ‖**-ppement** m. (-ā). Envolvimento, f. ‖**-pper** vt. (-é). Envolver; disfarçar.
envenimer vt. (ā-é). Envenenar, infectar [blessure]. ‖*Fig*. Azedar.
envergure f. (āvérgûr). Envergadura. ‖*Fig*. Capacidade, envergadura.
envers m. (āvér). Avesso; contrário. ‖prep. Para com, com. ‖Loc. *A l'envers*, às avessas. *Envers et contre tous*, contra tudo e contra todos.
envi (à l') [-āvī] loc. adv. Ao desafio, à porfia; a qual melhor.
en‖viable adj. (āvia-). Invejável. ‖**-vie** f. (-ī). Inveja. ‖Vontade [désir] : *avoir envie de sortir*, ter vontade de saír*. ‖Antolho, m. [caprice]. ‖Espigo, m. [aux doigts]. ‖Sinal, m. [tache à la peau]. ‖Loc. *Brûler d'envie*, estar* morto por. *Passer son envie*, satisfazer* o desejo. *Porter envie à*, ter* inveja de. ‖**-vier** vt. (-iē). Invejar. ‖**-vieux, euse** adj. (-iâ, âz). Invejoso, sa.
envi‖ron adv. (ā-rō). Cerca de, uns : *environ vingt*, uns vinte. ‖**-ronnant, ante** adj. (-ā, āt). Circunvizínho, nha. ‖**-ronner** vt. (-oné). Rodear. ‖**-rons** m. pl. (-ō). Arredores.
envisager vt. (ā-ajē). Encarar.
envoi m. (āvua). Envio, remessa, f.
envo‖lée f. (āvolē). Voo, m. ‖**-ler (s')** vr. Levantar voo, voar.
envoû‖tement m. (āvu-ā). Bruxaría, f., encanto. ‖**-ter** vt. (-é). Embruxar, enfeitiçar, encantar.
envo‖yé, ée m. e f. (āvuaiē). Enviado, da. ‖**-yer*** vt. (-iē). Enviar, mandar. ‖Loc. *Envoyer paître, promener, mandar passear, à fava*. ‖**-yeur** m. (-iâr). Expedidor, remetente.
Eole n. pr. (ēol). Éolo.
éolien, enne adj. (ēoliān, én). Eólio, ia; eólico, ca.
éosine f. (ēosīn). Eosina.
épacte f. (ēpact). Epacta.
épagneul m. (ēpānhâl). Sabujo.
épais‖, aisse adj. (ēpé, éç). Espesso, a. ‖**-seur** f. (-âr). Espessura, grossura. ‖**-sir** vt. (-īr). Espessar, engrossar, adensar. ‖**-sissement** m. (-ā). Espessamento, engrossamento.
épan‖chement m. (ēpā-ā). Derramamento, derrame. ‖*Fig*. Efusão, f., desabafo. ‖**-cher** vt. (-ē). Derramar. Desafogar [le cœur]. ‖**(s')** vr.

Itálico : acento tônico. ‖V. página verde para a pronúncia figurada. ‖*Verbo irreg. V. no final do livro.

ÉPA — ÉPI

Derramar-se. ‖*Fig.* Desabafar; desabafar-se (*Br.*); abrir-se, expandir-se.

épan‖dage m. (êpãdaj). Derramamento. ‖*Agr.* Estrumação, f. ‖**-dre** vt. (-ãdr). Derramar, espalhar.

épan‖ouir vt (épanuír). Desabrochar [fleurs]. ‖*Fig.* Alegrar [visage]. ‖ Dilatar [cœur]. ‖ (s') vr. Abrir-se. ‖**-ouissement** m. (-ã). Desabrochamento. ‖*Fig.* Expansão, f., dilatação, f.

épar‖gnant, ante adj. e s. (êparnhã, at). Poupado, da. ‖**-gne** f. (-ar-). Economia. ‖**-gner** vt. (-é). Poupar, economizar.

éparpi‖llement m. (êparpiiãmã). Dispersão, f. ‖**-ller** vt. (-ié). Espalhar, dispersar, esbanjar.

épars, arse adj. (êpar, arç). Esparso, sa; disperso, sa; espalhado, da.

éparvin m. (êparvãn). Esparavão.

épa‖tant, ante adj. (êpatã, ãt). Espantoso, sa. ‖**-te** f. *Pop.* (-at). Ostentação. ‖**-té, ée** adj. (-é). Achatado, da. ‖*Pop.* Espantado, da. ‖**-tement** m. (-ã). Achatamento. ‖*Pop.* Assombro. ‖**-ter** vt. (-é). Achatar. ‖*Pop.* Espantar. ‖**-teur, euse** adj. (-âr, âz). *Pop.* Vaidoso, sa.

épau‖le f. (êpôl). Ombro, m., espádua. ‖*Loc. Coup d'épaule,* empurrão. *Hausser les épaules,* encolher os ombros. ‖**-lement** m. (-ã). Esteio. ‖**-ler** vt. (-é). Encostar ao ombro [fusil]. ‖**-lette** f. (-ét). Dragona. ‖*Fig.* Patente (de oficial).

épave f. (êpav). *Mar.* Destroços, m. pl. ‖ Ruína (individu).

épée f. (êpê). Espada. ‖ *Coup d'épée,* espadeirada, estocada, cutilada.

épeler vt. (è-é). Soletrar.

éperdu, ue adj. (êpérdü). Perdido, da; desvairado, da; apaixonado, da.

éperlan m. (êpèrlã). Eperlano.

épe‖ron m. (êprõ). Espora, f. ‖*Fig.* Incentivo, estímulo. ‖*Mar.* Beque. ‖ Esporão [coql. ‖**-ronner** vt. (-oné). Esporear. ‖*Fig.* Incitar, estimular.

épervier m. (êpérvié). Gavião (oiseau). ‖ Tarrafa, f. [pêche].

épeuré, ée adj. (êpâré). Assustado, da; amedrontado, da.

éphèbe m. (êféb). Efebo.

éphém‖ère adj. (êfêmér). Efêmero, ra. ‖ s. m. Efêmero (insecto).

éphémérides f. pl. (-êríd). Efemérides.

épi m. (êpí). Espíga, f.

épi‖ce f. (êpç). Espécie, especiaria. ‖Loc. *C'est chère épice,* é caro como fogo. ‖**-cé, ée** adj. (-é). Picante. ‖**-cer** vt. (-é). Temperar. ‖**-cerie** f. (-rí). Mercearia. ‖**-cier, ère** m. e f. (-ié, ér). Merceeiro, ra.

Épictète n. pr. (ê-ét). Epicteto.

Épicure n. pr. (-ür). Epicuro.

épicurien, enne adj. (ê-ùriàn, én). Epicurísta.

épidémi‖e f. (ê-êmí). Epidemia. ‖**-que** adj. (-ic). Epidêmico, ca.

épiderme m. (ê-érm). Epiderme, f.

épier vt. (êpié). Espiar.

épieu m. (êpiê). Chuço, venábulo.

épi‖gastre m. (ê-açtr). Epigastro. ‖**-glotte** f. (-ot). Epiglote. ‖**-gramme** f. (-ram). Epigrama, m.

épi‖lage m. (ê-aj). Depilação, f. ‖**-latoire** adj. (-uar). Depilatório, ia.

épilep‖sie f. (ê-é-í). Epilepsía. ‖**-tique** adj. e s. (-ic). Epiléptico, ca.

épiler vt. (ê-é). Depilar.

épilo‖gue m. (ê-og). Epílogo. ‖**-guer** vt. e vi. (-ghé). Censurar.

épinard m. (ê-ar). Espinafre. ‖*Fam. Plat d'épinards,* quadro mal pintado.

épi‖ne f. (êpín). Espinha. ‖ Espinho, m. [arbuste]. ‖ *-vinette* (-ét). Uva-espim ‖**-nette** f. (-ét). Espineta. ‖**-neux, euse** adj. (-â, âz). Espinhoso, sa.

épin‖gle f. (êpàn-). Alfinete, m. ‖ *à cheveux* (-â). Gancho do cabelo, m. ‖Loc. *Chercher une épingle dans une botte de foin,* procurar agulha em palheiro. *Tiré à quatre épingles,* tirado das canelas. *Tirer son épingle du jeu,* livrar-se de apuros. ‖**-gler** vt. (-é). Pregar com alfinetes. ‖ Esgaravatar.

épi‖nière adj. f. (ê-iér). Espinal. ‖**-noche** f. (-ox). Carapau, m.

épi‖phanie f. (ê-fani) Epifanía, día (m.) de Reis. ‖**-ploon** m. (-oõ). Epíploo, redenho.

épique adj. (êpic). Épico, ca.

Épire n. pr. (êpír). Epiro.

épisco‖pal, ale adj. (ê-çopal). Episcopal. ‖**-pat** m. (-a). Episcopado.

épiso‖de m. (ê-od). Episódio. ‖**-dique** adj. (-ic). Episódico, ca.

Lettres penchées : accent tonique. ‖V. page verte pour la prononciation figurée. ‖*Verbe irrég. V. à la fin du volume.

ÉPI — ÉRA

épissure f. (ê-ùr). Entrelaçamento, m., costura, soldadura.
épistolaire adj. (ê-çtolér). Epistolar.
épi‖taphe f. (ê-af). Epitáfio, m. ‖-thélium m. (-êliom). Epitélio. ‖-thète f. (-ét). Epíteto, m.; atributo, m.
épitre f. (êpítr). Epístola.
épizootie f. (ê-ootí). Epizootia.
éploré, ée adj. (ê-oré). Lacrimoso, sa; choroso, sa; desolado, da.
éplu‖chage m. (ê-ùxaj) e -chement m. (-â). Descasca, f., limpeza, f. ‖Fig. Esquadrinhamento, m. ‖-cher vt. (-ê). Descascar, debulhar [grains, etc.]. ‖Fig. Expurgar, esquadrinhar. ‖-chure f. (-ùr). Alimpadura, casca, resto, m.
époinrer vt. (êpuântê). Despontar.
épon‖ge f. (êpôj). Esponja. ‖-ger vt. (-ê). Enxugar, limpar com esponja.
épopée f. (êpopê). Epopeia.
époque f. (époc). Época.
époumoner (s') vr. (cêpumonê). Esfalfar-se, fatigar os pulmões.
épou‖sailles f. pl. (êpuzai). Esponsais, m. pl. ‖-se f. (-uz). Esposa. ‖-sée f. (-ê). Desposada. ‖-ser vt. (-ê). Desposar. ‖Fig. Abraçar [parti]. ‖-seur m. (-âr). Pretendente.
épou‖ssetage m. (êpu-aj). Limpeza, f. [poussière]. ‖-sseter vt. (-ê). Limpar o pó. ‖Fam. Bater, chegar a roupa ao pêlo.
épouvan‖table adj. (êpuvâta-). Espantoso, sa. ‖-tail m. (-ai). Espantalho. ‖-te f. (-ât). Assombro, m. ‖-ter vt. (-ê). Espantar, apavorar.
époux, ouse m. e f. (êpu, uz). Esposo, sa.
épreinte f. (êprànt). Tenesmo, m.
éprendre* (s') vr. (cêprâdr). Enamorar-se, apaixonar-se.
épreuve f. (êprâv). Prova; provação.
épris, ise adj. (êprí, íz). Enamorado; apaixonado, da.
éprou‖ver vt. (êpruvê). Experimentar. ‖Sofrer. ‖-vette f. (-ét). Proveta.
épucer vt. (êpùcê). Espulgar.
épui‖sable adj. (êpù-a). Esgotável. ‖-sant, ante adj. (-â, ât). Esgotante. ‖-sement m. (-â). Esgotamento. ‖Enfraquecimento, extenuação, f. ‖-ser vt. (-ê). Esgotar, esvaziar; gapuiar (Br. du N.) [étang]. ‖ (s') vr. Esgotar-se, enfraquecer-se. ‖-sette f. (-ét). Camaroeiro, m.
épuration f. (êpùraciô). Depuração.
épure f. (êpùr). Traçado, m., desenho (m.) acabado. ‖Monteia [perspective].
épurer vt. (êpùrê). Depurar.
équa‖rrir vt. (êcarír). Esquadrar (pranchão). ‖Esquartejar [animaux]. ‖-rrissage m. (-aj). Esquadria, f. [madriers]. ‖Esquartejamento [animaux]. ‖-rrisseur m. (-âr). Esquartejador.
équa‖teur m. (êcuatâr). Equador. ‖-tion f. (-ciô). Equação. ‖-torial, ale adj. (-orial). Equatorial. ‖s. m. Equatorial, f. ‖-torien, enne adj. (-iân, én). Equatoriano, na.
équerre f. (êkér). Esquadro, m. : d'équerre, em esquadria.
équestre adj. (êcùéçtr ou êkéçtr). Equestre.
équidé adj. (êcùidê). Equídeo.
équidistant, ante adj. (êcùi-çtâ, ât). Equidistante.
équilatéral, ale adj. (êcùilatêral). Equilateral.
équili‖bre m. (êkilíbr). Equilíbrio. ‖-brer vt. (-ê). Equilibrar. ‖-briste m. (-íçt). Equilibrista.
équinoxe m. (ekinokç). Equinócio.
équi‖page m. (êkipaj). Tripulação, f. [marine, aviation]. ‖Carruagem, f. [voiture]. ‖Comitiva, f. [suite]. ‖Loc. En piteux équipage, mal trajado. ‖-pe f. (-íp). Grupo, turno, m. [football]. ‖-pée f. (-ê). Leviandade. ‖-pement m. (-â). Equipamento. ‖-per vt. (-ê). Prover*. ‖Aparelhar; guarnecer [navire].
équitable adj. (êkita-). Equitativo, a.
équitation f. (êkitaciô). Equitação.
équiva‖lence f. (êkivalêç). Equivalência. ‖-lent, ente adj. (-â, ât). Equivalente. ‖-loir* vi. (-uar). Equivaler*.
équivoque adj. (êkivokç). Equívoco, ca. ‖s. f. Equívoco, m.
érable m. (êra-). Ácer, bordo.
éra‖fler vt. (êra-ê). Arranhar. ‖-flure f. (-ûr). Arranhadela.
érail‖lé, ée adj. (êraiiê). Raiado

Itálico : acento tónico. ‖V. página verde para a pronúncia figurada. ‖*Verbo irreg. V. no final do livro.

ÈRE — ESO

(olhos). ‖Roufenha (voz). ‖**-ller** vt. (*-ié*). Esgarçar. ‖**-llure** f. (*-iùr*). Esgarçadura. ‖**Esfoladela**.
ère f. (*ér*). *Era*.
érec‖**tile** adj. (èréctíl). Eréctil. ‖**-tion** f. (*-kció*). Erecção.
érein‖**tant, ante** adj. (èràntã, ãt). Derreador, ora. ‖**-tement** m. (*-ã*). Derreamento. ‖*Fig.* e *fam.* Crítica (f.) violenta. ‖**-ter** vt. (*-ê*). Derrear. ‖*Fam.* Sovar. ‖ Criticar violentamente.
er‖**got** m. (érgó). Esporão. ‖**Cravagem,** f. [seigle]. ‖**-goter** vi. *Fam.* (*-oté*). Chicanar. ‖**-tique** adj. (*-âr*, *âz*). Chicaneiro, ra.
ériger vt. (êr-é). Erigir.
ermi‖**tage** m. (*ér-aj*). Eremitério. ‖**-te** m. (*-it*). Eremita, ermitão.
Ernest, ine n. pr. (érnéçt, *ín*). Ernesto, tina.
érosion f. (èrozió). Erosão.
érotique adj. (*-íc*). Erótico, ca.
erra‖**nt, ante** adj. (érã, ãt). Errante. ‖**-ta** m. inv. (*-a*). Errata, f. ‖**-tique** adj. (*-íc*). Errático, ca. ‖**-tum** m. (*-om*). Erro, errata, f.
err‖**ements** m. pl. (érmã). Trâmites. ‖**-er** vi. (*-ê*). Errar, vaguear. ‖**-eur** f. (*-âr*). Erro, m. ‖Loc. *Erreur n'est pas compte*, contas erradas não valem. ‖**-oné, ée** adj. (*-oné*). Erróneo, ea; errado, da.
éructation f. (bèrù-ació). Eructação.
érud‖**it, ite** adj. e s. (êrûdi, ít). Erudito, ta. ‖**-ition** f. (*-ció*). Erudição.
érup‖**tif, ive** adj. (êrù-íf, *ív*). Eruptivo, va. ‖**-tion** f. (*-ció*). Erupção.
érysipèle m. (êr-él). Erisipela, f.
ès prep. ant. (éç). Em, nas : *docteur ès lettres*, doutor em letras.
esbrou‖**fe** f. (éçbrúf). *Pop.* Bazófia. ‖**-feur, euse** adj. e s. (*-âr*, *âz*). Gabarola, parlapatão, ona.
escabeau f. (éçcabó). Escabelo.
esca‖**dre** f. (éçcádr). Esquadra. ‖**-drille** f. (*-íiâ*). Esquadrilha. ‖**-dron** m. (*-ó*). Esquadrão.
escala‖**de** f. (éçcalád). Escalada. ‖**-der** vt. (*-ê*). Escalar.
esca‖**le** f. (éçcál). Escala (barco). ‖**-lier** m. (*-ié*). Escada, f.
escalope f. (éçcalop). Fatia de carne ou *peixe*
escamo‖**tage** m. (éçcamotaj). Escamoteação, f. ‖**-ter** vt. (*-ê*). Escamo-

tear. ‖**-teur** m. (*-âr*). Escamoteador.
escampette f. (éçcâpét). U. na loc. *Prendre la poudre d'escampette*, pôr-se* na alheta, deitar a fugir*.
escapade f. (éçcapad). Escapadela.
escar‖**billle** f. (éçcarbíiâ). Escória, cinza. ‖**-bo**t m. (*-ó*). Escaravelho. ‖**-boucle** f. (*-u-*). Carbúnculo.
escarcelle f. (éçcarcél). Escarcela.
escargot m. (éçcargó). Caracol.
escarmou‖**che** f. (éçcarmux). Escaramuça. ‖**-cher** vi. (*-ê*). Escaramuçar. ‖*Fig.* Questionar levemente.
escarpe m. (éçcarp). *Pop.* Assassino, bandido.
escar‖**pe** f. Escarpa [fortification]. ‖**-pé, ée** adj. (*-ê*). Escarpado, da. ‖**-pement** m. (*-âmã*). Escarpamento. ‖**-per** vt. (*-ê*). Escarpar.
escarpin m. (*-ãn*). Escarpim.
escarpolette f. (*-olét*). Baloiço, m.
escarre f. (éçcar). Escara.
Escaut n. pr. (éçcô). Escalda.
Eschyle n. pr. (éxíl). Ésquilo.
escient m. (éciã). Conhecimento. U. na loc. *À bon escient*, com conhecimento de *causa*.
esclandre m. (éç-ãdr). Escândalo, cena escandalosa, f.
esclava‖**ge** m. (éç-avaj). Escravatura, f. ‖**-giste** adj. (*-içt*). Escravista.
esclave adj. e s. (éçclav). Escravo, va.
escoffier vt. (éçcofié). *Pop.* Matar.
escogriffe m. (éçcogríf). *Ant.* Larápio, gatuno. ‖*Trangalhadanças* (fig. e fam.) [homme trop grand].
escomp‖**table** adj. (éçcôta-). Descontável. ‖**-te** m. (*-ôt*). Desconto. ‖**-ter** vt. (*-ê*). Descontar.
escopette f (éçcopét). Escopeta.
escor‖**te** f. (éçcort). Escolta. ‖**-ter** vt. (*-ê*). Escoltar.
escouade f. (éçcuad). Esquadra [mil.].
escri‖**me** f. (éçrím). Esgríma. ‖**-mer** vi. (*-ê*). Esgrimir ‖ (s') vr. Esforçar-se (sem grande êxito). ‖**-meur** m. (*-âr*). Esgrimista.
escro‖**c** m. (éçcrô). Burlão. ‖**-quer** vt. (*-ê*). Burlar. ‖**-querie** f. (*-rí*). Burla, intrujice, trapaça, fraude.
Esculape n. pr. (éçcùlap). Esculápio.
Esope n. pr. (ézop). Esopo.

Lettres penchées : accent tonique. ‖V. page verte pour la prononciation figurée. ‖*Verbe irrég. V. à la fin du volume.

ÉSO — EST 134

ésotérique adj. (êzotêríc). Esotérico, ca.
espa‖ce m. (éçpaç). Espaço. ‖-cer (-é). Espaçar, espacear; espacejar.
espadon m. (éçpadô). Espadão. ‖*Zool.* Peixe-espada.
espadrille f. (éçpadríiâ). Alpargata, alpercata, alparcata.
Espagne n. pr. (éçpanh). Espanha.
espagnol‖, ole adj. e s. (éçpanhol). Espanhol, ola. ‖-ette f. (-ét). Fecho, m.
espalier m. (éçpalié). Espaldeira, f.
espèce f. (éçpéç). Espécie. ‖pl. Metal sonante, m. [argent].
espé‖rance f. (éçpêráç). Esperança. ‖-rɛnto m. (-ô). Esperanto. ‖-rer vt. (-é). Esperar.
espiè‖gle adj. (éçpié-). Travesso, sa; traquinas. ‖-glerie f. (-âri). Travessura, traquinice.
espingole f. (éçpàngol). Bacamarte, m., trabuco, m.
espi‖on, onne m. e f. (éçpiô, on). Espião, ia. ‖-onnage m. (-onaj). Espionagem, f. ‖-onner vt. (-é). Espiar.
esplanade f. (éç-anad). Esplanada.
espoir m. (éçpuar). Esperança, f.
esprit m. (éçprí). Espírito; caipora (*Br.*) [être imaginaire]. ‖*Fig.* Génio, índole, f. ‖ Engenho [ingéniosité]. ‖- *fort* (-or). Homem despreocupado. ‖ Incrédulo. ‖ *Bel* -. Aliteratado, pretencioso. ‖*Saint-Esprit* (çànt). Espírito Santo. ‖ Loc. *Avoir de l'esprit jusqu'au bout des doigts*, ter* pilhas de graça. *Rendre l'esprit,* dar* a alma ao Criador.
esquif m. (éçkif). Esquife, barco.
esquille f. (éckíiâ). Esquírola.
Esquimaux n. pr. (éçkimô). Esquimós.
esquinter vt. (éçcàntê). Derrear.
esqui‖sse f. (éçkiç). Esboço, m. ‖-sser vt. (-é). Esboçar; delinear.
esquiver vt. (éçkivê). Evitar.
essai m. (éçé). Ensaio; tentativa, f.
essai‖m m. (éçàn). Enxame. ‖-mage m. (-émaj). Enxameação, f. ‖-mer vi. (-é). Enxamear. ‖*Fam.* Emigrar.
essa‖yage m. (écéiaj). Ensaio. ‖-yer vt. (-iê). Ensaiar. ‖-yeur, euse adj. e s. (-iâr, âz). Ensaiador, ora.
esse m. (éç). *Esse.* ‖ f. Gancho, m.
essen‖ce f. (éçáç). Essência. ‖ Gasolina [auto]. ‖-tiel, elle adj. (-ciél). Essencial.
esseulé, ée adj. (éçâlé). Isolado, da.
essieu m. (éciâ). Eixo (de roda).
essor m. (éçor). Voo. ‖*Fig.* Impulso. ‖-er vt. (éçoré). Enxugar. ‖-ouse f. (-âz). Enxugadeira.
essou‖fflement m. (éçu-âmá). Esfalfamento. ‖-ffler vt. (-ê). Esfalfar.
essu‖ie-main m. (éçùimàn). Toalha, f. ‖-yage m. (-íaj). Enxugamento. ‖-yer vt. (-iê). Enxugar. ‖*Fig.* Sofrer [perte]. Aguentar [affront].
est m. (éçt). *Este, leste, levante.*
estacade f. (éçtacad). Estacada.
estafette f. (éçtafét). Estafeta.
esta‖fier m. (éçtafié). Estafeiro [valet]. ‖ Espadachim, rufião. ‖-filade f. (-ad). Cutilada, golpe, m.
estagnon m. (éçtanhô). Lata, f.
estaminet m. (éçta-é). Café, botequim.
estam‖page m. (éçtápaj). Estampagem, f. ‖-pe f. (-áp). Estampa. ‖-per vt. (-é). Estampar. ‖*Pop.* Burlar. ‖-peur m. (-âr). Estampador. ‖*Pop.* Burlão. ‖-pille f. (-iiâ). Marca, selo, m. ‖-piller vt. (-iiê). Selar, marcar.
est-ce que...? loc. interrog. (éç kâ). Sans traduction (inicia uma pergunta).
esth‖ète m. (éçtét). Esteta. ‖-étique adj. (-êtíc). Estético, ca.
esti‖mable adj. (éç-a-). Estimável. ‖-mation f. (-ciô). Estimativa. ‖-me f. (-ím). Estima. ‖-mer vt. (-é). Estimar. ‖ Avaliar. ‖ Pensar, crer*.
estivant m. (éç-á). Veraneante.
esto‖c m. (éçtoc). Estoque. ‖ Cepa, f. [arbre]. ‖ Loc. *A blanc estoc,* rente ao chão. *Frapper d'estoc et de taille,* bater a torto e a direito. ‖-cade f. (-ad). Estocada.
esto‖mac m. (éçtoma). Estômago. ‖-maquer (s') vr. Agastar-se.
estom‖pe f. (éçtóp). Esfuminho, m. ‖-per vt. (-é). Esfumar; atenuar.
Estonie n. pr. (éçtoní). Estónia.
estonien, enne adj. e s. (éçtoniàn, én). Estónio, ia.
estrade f. (éçtrad). Estrado, m. [parquet]. ‖ ant. Estrada [chemin].
estragon m. (éçtragô). Estragão.
Estrémadure n. pr. (éçtrêmadùr). Estremadura.

Itálico : acento tónico. ‖V. página verde para a pronúncia figurada. ‖ *Verbo irreg. V. no final do livro.

EST — ÉTO

estro‖pié, ée adj. e s. (éçtropié). Aleijado, da [invalide]. ‖Estropíado, da. ‖-pier vt. (-ié). Estropiar. ‖Aleijar [une personne].
estuaire m. (éçtùér). Estuário, esteiro.
esturgeon m. (éçtürjõ). Esturjão.
et conj. (è). E. ‖Et... et, tanto... como; quer. quer.
éta‖ble f. (èta-). Estábulo, m. ‖-bli m. (-í). Banco, banca, f. ‖adj. (f. -ie). Estabelecído, da. ‖-blir vt. (-ír). Estabelecer. ‖-blissement m. (-ã). Estabelecimento.
éta‖ge m. (ètaj). Andar. ‖-ger vt. (-é). Dispor* em andares. ‖-gère f. (-ér). Estante, prateleira.
étai m. (èté). Estai (náut.). ‖Esteio, suporte, escora, f.
étain m. (ètãn). Estanho.
éta‖l m. (ètal). Balcão de talho. ‖-lage m. (-aj). Exposição (f.) de mercadorías [boutique]. ‖Gala, f. (ostentation)
éta‖le adj. (ètal). Estofo (mar). ‖-ler vt. (-é). Expor*, mostrar; estender, espalhar. ‖Fig. Ostentar, fazer* gala de. ‖(s') vr. Estender-se. ‖Fam. Estatelar-se, cair*.
étalon m. (ètalõ). Padrão [poids et mesures]. ‖Estalão [monnaies]. ‖Cavalo padreador, garanhão.
étamage m. (ètamaj). Estanhadura, f., estanhagem, f.
étambot m. (ètãbô). Cadaste da ré.
éta‖mer vt. (ètamé). Estanhar. ‖-meur m. (-âr). Estanhador.
étamine f. (ètamín). Estamenha [étoffe]. ‖Peneira [tamis]. ‖Coador, m. ‖Bot. Estame, m.
étamper vt. (ètãpé). Trabalhar com o punção. Abrir os buracos da ferradura. ‖Estampar em relevo.
étan‖che adj. (ètãx). Estanque. ‖-chéité f. (-é-é). Estanqueidade. ‖-cher vt. (-é). Estancar, vedar. ‖Matar, apagar [la soif].
étang m. (ètã). Tanque, lago.
étape f. (ètap). Tirada, f. : brûler l'étape, não fazer* paragem.
état‖ m. (èta). Estado. ‖- de service (-érvíç). Folha (f.) de serviços. ‖Loc. En l'état, assim. En tout état de cause, seja como for. Faire état de, ter* em conta. Hors d'état de, impossibilitado para. ‖- -major m. (-ajor). Estado-maior.
Etats-Unis n. pr. (ètazùnì). Estados Unidos.
étatis‖me m. (ètatiçm). Estatismo. ‖-te m. (-içt). Estatista.
étau m. (ètô). Torno.
étayer vt. (ètéié). Escorar, especar. ‖Fig. Apoiar.
été m. (èté). Verão, estío.
ét‖eignoir m. (èténhuar). Apagador (de vela). ‖-eindre* vt. (-ãndr). Apagar (luz). ‖-eint, einte adj. (-ãn, ãnt). Apagado, da; extinto, ta.
éten‖dage m. (ètãdaj). Estendedura, f. ‖-dard m. (-ar). Estandarte. ‖-dre m. (-ãdr). Estender, desdobrar. ‖-du, ue adj. (-ù). Estendído, da; desdobrado, da. ‖ Extenso, [grand]. ‖-due f. (-ù). Extensão; alcance, m.
éter‖nel, elle adj. (ètérnél). Eterno, na. ‖-niser v. (-é). Eternizar. ‖-nité f. (-é). Eternidade.
éter‖nuement m. (ètérnùmã). Espírro. ‖-nuer vi. (-ùé). Espirrar.
éth‖er m. (ètér). Éter. ‖-éré, ée adj. (-èré). Etéreo, ea.
Ethiopie n. pr. (è-opì). Etiópia.
éthique adj. e s. f. (ètic). Ético, ca.
ethmoïde adj. e s. m. (é-oíd). Etmóide.
eth‖nique adj. (é-ic). Étnico, ca. ‖-nographie f. (-ografì). Etnografia.
éthy‖lène m. (ètilén). Etileno. ‖-lique adj. (-ìc). Etílico, ca.
étiage m. (ètiaj). Estiagem, f.
Etienne n. pr. (ètién). Estêvão.
étin‖celant, ante adj. (ètãn-ã, ãt). Faiscante, brilhante. ‖-celer vi. (-é). Faiscar, chispar, brilhar. ‖-celle f. (-él). Faísca, chíspa. ‖-cellement m. (-ã). Cintilação, f.; brílho.
étio‖lement m. (ètìo-ã). Estiolamento [plantes]. ‖Fig. Definhamento. ‖-ler vt. (-é). Estiolar [plantes]. Fig. Enfraquecer, debilitar.
étique adj. (ètic). Ético, ca.
éti‖queter vt. (è-é). Etiquetar, rotular. ‖-quette f. (-ét). Etiqueta, rótulo, m., letreiro, m. [inscription]. ‖Etiqueta [cérémonie].
étirer vt. (è-rê). Estirar, estender.
éto‖ffe f. (ètof). Fazenda. ‖Fig. Estofa, estofo, m., laia. ‖-ffer vt.

Lettres penchées : accent tonique. ‖V. page verte pour la prononciation figurée. ‖*Verbe irrég. V. à la fin du volume.

ÉTO — ÉTR

(-ê). Estofar, enchumaçar, acolchoar.
étoi‖**le** f. (êtual). Estrela. ‖Asterisco, m. [typogr.]. ‖Loc. *A la belle étoile*, ao relento. *Etoile de mer*, estrela-do-mar. *Etoile du berger*, estrela-d'alva. *Etoile filante*, estrela cadente. ‖**-lé, ée** adj. (-é). Estrelado, da (céu). ‖**-ler** vt. (-é). Estrelar; recamar, fender (em estrela).
étole f. (étol). Estola.
éton‖**namment** adv. (êtonamã). Espantosamente. ‖**-nant, ante** adj. (-ã, ãt). Espantoso, sa. ‖**-nement** m. (-ã). Espanto. ‖**-ner** vt. (-ê). Espantar.
étouf‖**fée** f. (êtufé). Estufado, m. ‖**-fement** m. (-ã). Sufocação, f. ‖**-fer** vt. (-é). Sufocar. ‖Abafar [une affaire]. ‖vi. Rebentar [de rire]. ‖**-foir** m. (-uar). Abafador. ‖Forno [endroit surchauffé].
étou‖**pe** f. (êtup). Estopa. ‖**-per** vt. Estopar. ‖**-pille** f. (-iiã). Estopim, m., rastilho, m.
étour‖**derie** f. (êturdàrî). Estouvamento, m. ‖**-di, ie** adj. (-i). Estouvado, da. ‖Tonto, ta; zonzo, za (*Br.*). ‖**-dir** vt. (-ir). Aturdir, atordoar. ‖**-dissant, ante** adj. (-ã, ãt). Atroador, ora; estrondoso, sa. ‖*Fam.* Extraordinário, ia. ‖**-dissement** m. (-ã). Atordoamento; tontura, f.
étourneau m. (êturnô). Estornínho.
étran‖**ge** adj. (êtrãj). Estranho, nha. ‖**-ger, ère** adj. e s. (-é, ér). Estrangeiro, ra [d'un autre pays]. ‖Estranho, nha; desconhecido, da. ‖**-geté** f. (-é). Estranheza.
étran‖**glé, ée** adj. (êtrã-é). Estrangulado, da. ‖Apertado, da; estreitado, da. ‖**-glement** m. (-ãmã). Estrangulamento. ‖Aperto, estreitamento. ‖**-gler** vt. (-é). Estrangular. ‖Apertar, sufocar. ‖**-gleur** m. (-âr). Estrangulador.
étrave f. (êtrav). *Mar.* Roda da proa.
être* vi. e aux. (êtr). Ser*, estar*. ‖*Observ.* Le verbe être se rend par *ser*: 1º avec un nom : *être un homme*, ser um homem ; *c'est la guerre*, é a guerra; 2º avec un adjectif exprimant une qualité du sujet : *être bon*, ser bom; *être Fran-*

çais, ser francês ; 3º avec un participe passé indiquant une action (verbes passifs) : *le sucre brut doit être raffiné*, o açúcar bruto deve ser refinado; 4º avec un numéral : *nous sommes cinq*, somos cinco ; 5º pour indiquer la matière : *la table est en bois*, a mesa é de madeira; 6º pour indiquer la propriété, l'attribution : *le livre est à moi, il est pour toi*, o livro é meu, é para ti. On traduit *être* par *estar*: 1º pour indiquer un complément circonstanciel de lieu : *nous sommes à Paris*, estamos em Paris; *nous sommes en mars*, estamos em Março; 2º avec un adjectif indiquant un état : *le chien est mort*, o cão está morto; *je suis malade*, estou doente; *le verre est brisé*, o copo está partido; 3º avec un participe passé indiquant un état : *la porte est fermée depuis ce matin*, a porta está fechada desde esta manhã. ‖*Observ.* Avec certains adjectifs on emploie *ser* ou *estar*, selon que l'on veut exprimer un caractère permanent ou passager : *la glace est froide*, o gelo é frio; *l'eau est froide*, a água está fria; *l'herbe est verte*, a erva é verde; *ces cerises sont vertes*, estas cerejas estão verdes. Avec les adj. *feliz, infeliz, ditoso e desditoso*, on emploie toujours *ser*: *je suis heureux*, sou feliz. ‖v. aux. *ter*˟ : *il est tombé de la neige*, tem caído neve [pendant quelque temps] ; *nous nous sommes vus*, temo-nos visto [plusieurs fois, récemment, etc.]. ‖s. m. Ser, ente : *un être matériel*, um ser material. ‖Loc. *Ainsi soit-il*, assim seja. *C'est à*, pertence a, *cabe a*. *C'est à qui*, andam a ver quem. *C'est moi, toi, etc.*, sou eu, és tu, etc. *En être pour*, sustentar, manter*. *Etre à même de*, ser* capaz de, estar* em condições de. *Etre assis*, estar sentado. *Il en est d'autres*, há outros. *Il en est de même*, sucede o mesmo. *Il est à désirer*, é de desejar. *Il est des choses difficiles*, há coisas difíceis. *Il est 1 heure, 2 heures*, é uma hora, são duas horas. *N'est-ce pas?* Não é? *Si j'étais de (que de)*, se eu estivesse no lugar de. *Soit que...*, quer*. *Être, dar*˟ no vinte.
étr‖**eindre*** vt. (êtrãndr). Apertar.

Itálico : acento tónico. ‖V. página verde para a pronúncia figurada. ‖*Verbo irreg. V. no final do livro.

‖ Abraçar, estreitar. ‖-einte f. (-ànt). Abraço, m.;˙aperto, m. ‖*Fig.* Opressão.
étr‖enne f. (êtrén). Prenda, brinde, m. ‖Estreia (1ª venda). ‖-enner vt. Estrear. ‖vi. Estrear-se.
êtres m. pl. (étr). Cantos [maison].
étrier m. (êtriè). Estribo.
étri‖lle f. (êtriîâ). Almofaça. ‖-ller vt. (-ié). Almofaçar. ‖*Fig.* Tratar mal. ‖*Fam.* Levar couro e cabelo, fazer* pagar caro.
étriper vt. (êtr-ê). Estripar.
étriqué, ée adj. (êtr-é). Apertado, da; acanhado, da; estreito, ta.
étrivière f. (êtr-iér). Loro (m.) do estribo. ‖ *Loc. Donner les étrivières*, surrar, azorragar.
étroi‖t, oite adj. (êtrua, uat). Estreito, ta. ‖*A l'-*, loc. Apertadamente. ‖-tesse f. (-éç). Estreiteza.
étrusque adj. (êtrùçk). Etrusco, ca.
étu‖de f. (êtùd). Estudo, m. ‖-diant, ante adj. e s. (-iâ, ât). Estudante. ‖-dier vt. (-ié). Estudar.
étui m. (êtùi). Estojo, *caixa*, f.
étu‖ve f. (êtùv). Estufa. ‖-vée f. (-é). Estufado, m. ‖-ver vt. (-é). Estufar. ‖*Med.* Lavar levemente.
étymologie f. (ê-oloji). Etimologia; étimo, m.
eucalyptus m. (àca-ùç). Eucalipto.
eucharis‖tie f. (àcariçti). Eucaristia. ‖-tique adj. (-ic). Eucarístico, ca.
Eu‖doxie n. pr. (ådokci). Eudóxia. ‖-gène, énie n. pr. (-én, êni). Eugénio, ia.
eugénique adj. (ajênic). Eugénico, ca.
euh! interj. (â). Ah! Oh! Eh!
Eulalie n. pr. (àlali). Eulália.
eunuque m. (ânùc). Eunuco.
eu‖phémisme m. (âfêmiçm). Eufemismo. ‖-phonie f. (-oni). Eufonia.
euphorbe f. (âforb). Euforbia.
euphor‖ie f. (àfori). Euforia. ‖-ique adj. (-ic). Eufórico, ca.
Euphr‖asie n. pr. (âfrazi). Eufrásia. ‖-ate n. pr. (-at). Eufrates.
Eurasie f. (àrasi). Eurásia.
Europe n. pr. (àrop). Europa.
européen, enne adj. (àropêân, én). Europeu, eia.
Eusèbe n. pr. (àzéb). Eusébio.
eustache m. (àçtax). Faca (f.) grosseira (com *cabo* de madeira).

Eustache n. pr. (àçtax). Eustáquio.
euthanasie f. (ètanazi) Eutanásia.
eux pron. pes. 3ª pes. pl. m. (â). *Eles*; si. ‖ *Eux-mêmes*, eles próprios.
évac‖uation f. (évacùacio). Evacuação. ‖-uer vt. (-ùé). Evacuar.
évader (s') vr. (cèvadé). Evadir-se.
éva‖luation f. (èvalùacio). Avaliação. ‖-luer vt. (èvalùé). Avaliar, calcular. ‖*Évaluer à*, avaliar em.
évan‖gélique adj. (êvājêlic). Evangélico, ca. ‖-géliser vt. (-é). Evangelizar. ‖-géliste m. (-içt). Evangelista. ‖-gile m. (-il). Evangelho.
évan‖ouir (s') vr. (cèvanuir). Desmaiar. ‖-ouissement m. (-â). Desmaio. ‖ Desvanecimento.
évapo‖ration f. (évaporacio). Evaporação. ‖-ré, ée adj. (-é). Evaporado, da. ‖*Fig.* Estarola, leviano, na. ‖-rer vt. (-é). Evaporar.
Évariste n. pr. (èvariçt). Evaristo.
éva‖sé, ée adj. (èvazé). Aberto, ta; largo, ga. ‖-sement m. (-à). Alargamento. ‖-ser vt. (-é). Alargar, abrir. ‖-sif, ive adj. (-if, iv). Evasivo, va. ‖-sion f. (-iô). Evasão.
Eve n. pr. (év). Eva.
évêché m. (èvéxé). Bispado.
éveil‖ m. (èvéi). Despertar. ‖Aviso. ‖*Loc. Donner l'éveil*, mettre en *éveil*, pôr* de sobreaviso. ‖-llé, ée adj. (-ié). *Fig.* Esperto, ta. ‖-ller vt. (-ié). Despertar, acordar.
événement n. (êvê-â). Acontecimento, facto, incidente, sucesso notável.
éven‖t m. (èvâ). Mofo, bafio. ‖Ar livre. ‖Respiradouro. ‖*Loc. Tête à l'évent*, cabeça no ar, cabeça de vento. ‖-tail m. (-ai). Leque. ‖-taire m. (-ér). Açafate, giga, f. ‖-ter vt. (-ê). Vertilar. ‖ Abanar [avec un éventail]. ‖ Descobrir* ‖une mine, un projet]. ‖ (s') vr. Alterar-se com o ar. ‖ Abanar-se.
éventrer vt. (èvàtré). Desventrar.
éven‖tualité f. (èvàtùa-è). Eventualidade. ‖-tuel, elle adj. (-ùél). Eventual, acidental, incerto, ta.
évêque m. (èvéc). Bispo.
évertuer (s') vr. (cèvêrtùè). Esforçar-se, diligenciar, procurar.
évidemment (-ê-â). Esvaziamento.

Lettres penchées : accent tonique. ‖V. page verte pour la prononciation figurée. ‖*Verbe irrég. V. à la fin du volume.

‖Escavação, f., chanfradura, f. ‖Recorte. ‖Rendilhamento.
évi‖demment adv. (ê-amã). Evidentemente. ‖**-dence** f. (-ãç). Evidência. ‖**-dent, ente** adj. (-ã, ãt). Evidente.
évider vt. (êv-é). Esvaziar.
évier m. (êvié). Lavadouro (cozinha).
évincer vt. (êvãncé). Despojar [juridiquement]. ‖Afastar, excluir*.
évi‖table adj. (ê-a-). Evitável. ‖**-tement** m. (-ã). Evitamento. ‖Linha (f.) de resguardo [ch. de fer]. ‖**-ter** vt. (-é). Evitar, esquivar-se a.
évoca‖teur, trice adj. (êvocatêr, ríç). Evocador, ora. ‖**-tion** f. (-ció). Evocação; apelo, m.
évolu‖er vi. (êvolùé) Evolucionar. ‖*Fig.* Transformar-se. ‖**-tion** f. (-ció). Evolução, transformação.
évoquer vt. (êvoké). Evocar; relembrar; interpelar.
exacerber vt. (êgzacêrbé). Exacerbar, agravar; excitar.
exact, acte adj. (êgzact). Exacto, ta.
exaction f. (-kció). Exacção.
exactitude f. (êgzac-ùd). Exactidão.
exagé‖ration f. (êgzajêració). Exageração, exagero, m. ‖**-ré, ée** adj. (-é). Exagerado, da. ‖**-rer** vt. (-é). Exagerar.
exal‖tation f. (égza-ació). Exaltação. ‖**-ter** vt. (-é). Exaltar.
exa‖men m. (égzamãn). Exame. ‖**-minateur, trice** m. e f. (-atãr, ríç). Examinador, ora. ‖**-miner** vt. (-é). Examinar.
exaspé‖rant, ante adj. (égzaçpêrã, ãt). Exasperador, ora. ‖**-ration** f. (-ació). Exasperação. ‖**-rer** vt. (-é). Exasperar, irritar; agravar.
exaucer vt. (égzôcé). Escutar, acolher favoràvelmente.
excavation f. (ékçcavació). Escavação.
excé‖dent m. (ékcêdã). Excedente. ‖**-der** vt. (-é). Exceder. ‖*Fig.* Esfalfar, prostrar, fatigar em extremo.
exce‖llemment adv. (ékcélamã). Excelentemente. ‖**-llent, ente** adj. (-ã). Excelente; cutuba (*Br.*, argot). ‖**-ller** vi. (-é). Sobressair*; dar* pancas (*Br.*).
excentri‖cité f. (ékçãtr-ê). Excentricidade. ‖**-que** adj. (-íc). Excêntrico, ca.
excep‖té prep. (ékcé-ê). Excepto. ‖**-ter** vt. (-é). Exceptuar. ‖**-tion** f. (-ció). Excepção. ‖**-tionnel, elle** adj. (-onél). Excepcional.
exc‖ès m. (ékcé). Excesso. ‖**-essif, ive** adj. (-íf, ív). Excessivo, va.
exciper vt. (ékcipê). Excepcionar.
exci‖table adj. (ékcita-). Excitável. ‖**-tant, ante** adj. (-ã, ãt). Excitante. ‖**-tation** f. (-ació). Excitação. ‖**-ter** vt. (-é). Excitar.
excla‖mation f. (ékçclamació). Exclamação. ‖**-mer (s')** vr. (-é). Exclamar-se.
exclu‖re* vt. (ékçclùr). Excluir*. ‖**-sif, ive** adj. (-íf, ív). Exclusivo, va. ‖**-sion** f. (-ió). Exclusão. ‖**-sivisme** m. (-íçm). Exclusivismo. ‖**-sivité** f. (-é). Exclusivo, m.
excommu‖nication f. (ékçcomù-ació). Excomunhão. ‖**-nier** vt. (ié). Excomungar.
exco‖riation f. (ékçcoriació). Escoriação. ‖**-rier** vt. (-ié). Escoriar, esfolar, arranhar.
excré‖ment m. (ékçcrêmã). Excremento. ‖**-tion** f. (-ció). Excreção.
excroissance f. (ékçcruaçãç). Excrescência.
excursio‖n f. (ékçcùrció). Excursão. ‖**-nniste** adj. e s. (-onéçt). Excursionista.
excu‖sable adj. (ékçcùza-). Desculpável. ‖**-se** f. (-ùz). Desculpa. ‖Loc. *Faire des excuses*, pedir* desculpa. *Faites excuse*, desculpe. ‖**-ser** vt. (-é). Desculpar, escusar; relevar. ‖**-ser (s')** vr. Desculpar-se, escusar-se.
exécr‖able adj. (égzêcra-). Execrável. ‖**-ation** f. (-ació). Execração. ‖**-er** vt. (-é). Execrar.
exécu‖tant, ante adj. (égzêcùtã, ãt). Executante. ‖**-ter** vt. (-é). Executar. ‖**(s')** vr. Resolver-se, decidir-se. ‖**-teur, trice** adj. (-ãr, ríç). Executor, ora. ‖**-tif, ive** adj. (-íf, ív). Executivo, va. ‖**-tion** f. (-ció). Execução. ‖**-toire** adj. (-uar). Executório, ia.
exem‖plaire m. e s. m. (égzã-êr). Exemplar. ‖**-ple** m. (-ã-). Exemplo. ‖Loc. *Par exemple*, por exemplo.
exempt, empte adj. (égzã, ãt).

EXE — EXP

Isento, ta. ‖-ter vt. (-é). Isentar. ‖-tion f. (-ciô). Isenção.

exer‖cer vt. (ègzércé). Exercer. ‖Exercitar [muscles, soldats, etc.]. ‖- la médecine, exercer a clínica; clinicar (Br.). ‖-cice m. (-iç). Exercício.

exha‖lation f. (ègzalaciô). Exalação. ‖-ler vt. (-é). Exalar.

exergue m. (ègzérg). Exergo.

exhaure f. (ègzór). Esgotamento (m.) das águas das minas.

exhau‖ssement m. (ègzô-â). Elevação, f. ‖-sser vt. (-é). Altear, subir*.

exhib‖er vt. (ègz-é). Exibir. ‖-ition f. (-ciô). Exibição.

exhort‖ation f. (ègzortaciô). Exortação. ‖-er vt. (-é). Exortar.

exhu‖mation f. (ègzùmaciô). Exumação. ‖-mer vt (-é). Exumar.

exi‖geant, ante adj. (ègzijâ, ât). Exigente. ‖-gence f. (-âç). Exigência. ‖-ger vt. (-é). Exigir.

exi‖gu, uë adj. (ègz-ù). Exíguo, ua. ‖-guïté f. (-ùité). Exiguidade.

exi‖l m (ègzíl). Exílio. ‖-lé, ée adj. e s. (-é). Exilado, da. ‖-ler vt. (-é). Exilar, desterrar, banir.

exis‖tant, ante adj. (ègzictâ, ât). Existente. ‖-tence f. (-âç). Existência. ‖-tencialisme m. (-aliçm). Existencialismo. ‖-ter vi. (-é). Existir.

ex-libris m. (èkç-ríç). Ex-líbris.

exode m. (ègzod). Êxodo.

exoné‖ration f. (ègzonèraciô). Exoneração. ‖-rer vt. (-é). Exonerar.

exophtalmique adj. (ègzof-ic). Exoftálmico, ca.

exorbitant, ante adj. (ègzor-â, ât). Exorbitante, exagerado, da.

exor‖ciser vt. (ègzor-é). Exorcismar. ‖-cisme m. (-içm). Exorcismo. ‖-ciste m. (-içt). Exorcista.

exorde m. (ègzord). Exórdio.

exotique adj. (ègzotíc). Exótico, ca.

expan‖sif, ive adj. (èkçpâcíf, ív). Expansivo, va. ‖-sion f. (-iô). Expansão, desabafo, m., efusão; propagação.

expatrier vt. (èkçpatríé). Expatriar.

expectative f. (èkçpéctativ). Expectativa, expectação.

expectorer vt. (èkçpéktoré). Expectorar.

expé‖dient, ente adj. e s. m. (èkçpê-

diâ, ât). Expediente. ‖-dier vt. (-ié). Expedir*. ‖-diteur, trice adj. e s. (-âr, ríç). Expedidor, ora; remetente. ‖-ditif, ive adj. (-if, ív) Expedito, ta. ‖-dition f. (-iô). Expedição. ‖-ditionnaire m. (-onér). Expedicionário [corps militaire]. ‖Amanuense, escrevente.

expéri‖ence f. (èkçpêriâç). Experiência. ‖-mental, ale adj. (-âtal). Experimental. ‖-mentateur, trice adj. e s. (-atâr, ríç). Experimentador, ora. ‖-menté, ée adj. (-é). Experimentado, da. ‖-menter vt. (-é). Experimentar.

exper‖t, erte adj. (èkçpér, ért). Prático, ca; versado, da. ‖s. m. Perito, conhecedor. ‖-tise f. (-íz). Relatório (m.) pericial, vistoria. ‖-tiser vt. (-é). Avaliar, vistoriar.

expier vt. (èkçpié). Expiar.

expi‖rant, ante adj. (èkç-râ, ât). Expirante. ‖-ration f. (-aciô). Expiração. ‖-rer vi. (-é). Expirar.

expli‖cation f. (èkç-aciô). Explicação. ‖-cite adj. (-it). Explícito, ta. ‖-quer vt. (-é). Explicar.

exploi‖t m. (èkç-ua). Façanha, f. ‖Citação, f. [d'huissier]. ‖-tant m. (-â). Explorador. ‖-tation f. (-aciô). Exploração. ‖-ter vt. (-é). Explorar. ‖-teur m. (-âr). Explorador.

explo‖rateur, trice adj. (-âr). Explorador. ‖-ration f. (èkç-oraciô). Exploração. ‖-rer vt. (-é). Explorar.

exploser vi. (èkç-ozé). Explodir*.

explo‖sif, ive adj. (èkç-ozíf, ív). Explosivo, va. ‖-sion f. (-iô). Explosão.

expor‖tateur, trice adj. (èkçporta-târ, ríç). Exportador, ora. ‖-tation f. (-ciô). Exportação. ‖-ter vt. (-é). Exportar.

expo‖sant, ante m. e f. (èkçpozâ, ât). Expositor, ora. ‖s. m. Expoente [math.]. ‖-sé m. (-é). Exposição, f. ‖-ser vt. (-é). Expor*. ‖-sition f. (-ciô). Exposição; orientação.

ex‖près, esse adj. (èkçprê, éç). Expresso, sa. ‖adv. De propósito, expressamente. ‖s. m. Portador. ‖-pressément adv. (-êmâ). Expressamente; propositalmente (Br.). ‖-pressif, ive adj. (-if, ív). Expres-

---

Lettres penchées : accent tonique. ‖V. page verte pour la prononciation figurée. ‖*Verbe irrég. V. à la fin du volume.

EXP — FÂC

sivo, va. ‖-**pression** f. (-*ió*). Expressão.
exprimer vt. (ékçpr-*é*). Exprimir [ideia]. ‖ Espremer [liquido].
exproprier vt. (ékçproprié). Expropriar.
expul‖ser vt. (ékçpù-*é*). Expulsar. ‖-**sion** f. (-*ió*). Expulsão.
expurger vt. (ékçpùrjé). Expurgar.
exquis, ise adj. (ékçkí, iz) Requintado, da; delicado, da; delicioso, sa.
exsangue adj. (ékçág). Exangue.
exta‖se f. (ékçtaz). Êxtase. ‖-**sier (s')** vr. (-*ié*). Extasiar-se. ‖-**tique** adj. (-*ic*). Extático, ca.
exten‖sif, ive adj (ékçtacíf, ív). Extensivo, va. ‖-**sion** f. (-*ció*). Extensão, distensão, expansão.
exté‖nuation f. (ékçtènùació). Extenuação. ‖-**nuer** vt. (-*ùé*). Extenuar, debilitar, esgotar.
exté‖rieur, eure adj. (ékçtériár). Exterior. ‖Loc. *A l'extérieur*, no exterior, do lado de fora. ‖-**rioriser** vt. (-*or-é*). Exteriorizar, manifestar.
extermi‖nation f. (ékçtér-ació). Exterminação. ‖-**ner** vt. (-*é*). Exterminar.
ex‖ternat m. (ékçtérna). Externato. ‖-**terne** adj. e s. (-*érn*). Externo, na.
exterritorialité f. (ékçtêr-oria-*é*). Exterritorialidade.
extincteur m. (ékçtàntêr). Extintor.
extir‖pation f. (ékç-rpació). Extirpação. ‖-**per** vt. (-*é*). Extirpar.

extor‖quer vt. (ékçtorkê). Extorquir. ‖-**sion** f. (-*ió*). Extorsão.
extra prep. (ékçtra). *Extra*. ‖ s. m. Extraordinário.
extraction f. (ékçtrakció). Extracção. ‖ Condição, origem, estirpe.
extra‖der vt. (ékçtradé). Extraditar. ‖-**dition** f. (-*ció*). Extradição.
extrados m. (ékçtradô). Extradorso.
extra-fin, ine adj. (ékçtrafàn, *in*). Extrafino, na.
ex‖traire* vt. (ékçtrér). Extrair*. ‖-**trait** m. (-*é*). Extracto. ‖Resumo.
extra‖ordinaire adj. (ékçtraor-ér). Extraordinário, ia. ‖-**poler** vt. (-*olé*). Extrapolar. ‖-**vagance** f. (-*agáç*). Extravagância. ‖-**vagant, ante** adj. (-*ã, ãt*). Extravagante. ‖-**vaguer** vi. (-*é*). Delirar. ‖-**vaser (s')** vr. (-*é*). Extravasar-se.
extr‖ême adj. (ékçtrém). Extremo, ma. ‖-**ême-onction** f. (-ôketô). Extrema-unção. ‖-**émiste** m. (-êmiçt). Extremista. ‖-**émité** f. (-*é*). Extremidade; termo, m.; últimas, pl.; excesso, m.
extrinsèque adj. (ékçtràncéc). Extrínseco, ca.
exubé‖rance f. (égzùbêráç). Exuberância. ‖-**rant, ante** adj. (-*ã, ãt*). Exuberante, excessivo, va.
exulter vi. (égzù-*é*). Exultar.
ex-voto m. (ékçvotô). Ex-voto.
Ezéchiel n. pr. (êzêkiél). Ezequiel.

F

fa m. (fa). Fá (nota e clave musical).
fabl‖e f. (*fa*-). Fábula. ‖-**iau** m. (-*ió*). Romance em verso.
fabri‖cant, ante m. e f. (fabr-*ã, ãt*). Fabricante. ‖-**cation** f. (-*ació*). Fabricação. ‖-**que** f. (-*ic*). Fábrica. ‖-**quer** vt. (-*é*). Fabricar; preparar.
fabu‖leux, euse adj. (fabùlâ, *âz*). Fabuloso, sa. ‖-**liste** m. (-*içt*). Fabulista.
façade f. (façad). Fachada.
face f. (faç). Face, cara. ‖ Frente [d'un objet, d'une affaire]. ‖*Fig*. Aspecto, m. ‖ Cara [monnaie, médaille]. ‖ Loc. *A la face de*, à vista de. *De face*, de frente. *En face*,

em frente. *Faire volte-face*, voltar costas. *Perdre sa face*, perder* a honra. *Sauver la face*, salvar as aparências.
face-à-main m. (-*an*). Lornhão, luneta, f.
facé‖tie f. (facêcí). Facécia. ‖-**tieux, euse** adj. (-*iâ, âz*). Facecioso, sa; chistoso, sa; faceto, ta.
facette f. (facét). Faceta.
fâ‖cher vt. (faxé). Zangar. ‖Loc. *Etre fâché que*, sentir* que. *Se fâcher de*, irritar-se com. ‖-**cherie** f. (-*ri*). Zanga. ‖-**cheux, euse** adj. (-*â, âz*). Deplorável. ‖s. m. Impertinente.

Itálico: acento tónico. ‖V. página verde para a pronúncia figurada. ‖*Verbo irreg. V. no final do livro.

FAC — FAI

facial, ale adj. (facial). Facial.
faciès m. (faciéç). Fácies, rosto.
faci‖le adj. (facíl). Fácil. ‖-lement adv. (-ã). Fàcilmente. ‖-lité f. (-é). Facilidade. ‖-liter vt. (-é). Facilitar.
façon f. (façó). Maneira, modo, m. ‖Feitura, lavra [fabrication]. ‖pl. Modos, m., cerimónias. ‖Denguices [affectation]. ‖Loc. A façon, só o feitio. De toute façon, de toda a maneira. Faire des façons, ser* de etiquetas. Sans façon, sem cerimónia. S'en donner de la bonne façon, tratar-se bem.
faconde f. (facód). Facúndia.
faço‖nnage m. (façonaj). Feitura, f. ‖-nner vt. (-é). Afeiçoar, formar. ‖Fig. Habituar. ‖-nnier, ère adj. (-ié, ér). Cerimonioso, sa. ‖s. m. Que só põe a mão-de-obra, o feitio.
fac-similé m. (-é). Fac-símile.
fac‖tage m. (fa-aj). Distribuição (f.) do correio. ‖Transporte [marchandises]. ‖-teur m. (-âr). Factor. ‖Fabricante [pianos]. ‖Carteiro [postal]. ‖Carregador [ch. de fer]. ‖-tice adj. (-iç). Factício, ia. ‖-tieux, euse adj. (-ciá, âz). Faccioso, sa. ‖-tion f. (-ció). Facção. ‖-tionnaire m. (-onér). Sentinela, f.
fac‖torerie f. (factorârí). Feitoria. ‖-totum m. (-otom). Factotum. ‖-tum m. (-om). Memorial.
facture f. (factûr). Factura. ‖-rer vt. (-é). Facturar. ‖-rier m. (-ié). Livro ou encarregado das facturas.
facul‖tatif, ive adj. (facù-atif, ív). Facultativo, va. ‖-té f. (-é). Faculdade.
fa‖daise f. (fadéz). Tolice. ‖-dasse adj. (-aç). Sensaborão, ona. ‖-de adj. (fad). Insípido, da. ‖-deur f. (-âr). Sensaboria, insipidez.
fago‖t m. (fagô). Feixe de lenha. ‖Loc. Sentir le fagot, cheirar a heresia. ‖-ter vt. (-é). Enfeixar (a lenha). ‖Fig. Enfarpelar mal, vestir* sem elegância [attifer]. ‖-tin m. (-àn). Macaco de saltimbanco [singe]. ‖Chocarreiro, palhaço.
fai‖ble adj. (fé-). Fraco, ca; molongô (Br. d'Amazonas). ‖s. m. Fraco, inclinação, f.; quedinha, f. (Br.). ‖-blesse f. (-éç). Fraqueza. ‖-blir vi. (-ír). Enfraquecer; diminuir*.

faïen‖ce f. (faïáç). Faiança. ‖-cerie f. (-rí). Fábrica, comércio (m.) de faianças. ‖-cier, ère m. e f. (-ié, ér). Louceiro, ra.
fai‖lle f. (fai). Falha [géologie]. ‖Falhe, m. [étoffe]. ‖-lli, ie adj. (-ii). Falido, da [commerce]. ‖Loc. A jour failli, ao anoitecer. ‖-llible adj. (-ii-). Falível. ‖-llir* vi. (-ír). Falir*, quebrar [comm.] ‖Enganar-se [se tromper]. ‖Estar* quase a: il a failli venir, esteve quase a vir*. ‖-llite f. (-iit). Quebra, falência.
faim f. (fàn). Fome.
faine f. (fén) Fruto (m.) da faia.
fainéan‖t, ante adj. (fénêã, ãt). Madraço, ça. ‖-ter vi. (-é). Mandrear. ‖-tise f. (-iz). Mândria, preguiça.
faire*‖ vt. (fĕr). Fazer*. ‖Dizer* [dire]: oui, fit-il, sim, disse ele. ‖Fazer-se*, fingir-se : faire le malade, fazer-se* doente. ‖Mostrar-se : faire l'aimable, mostrar-se amável. ‖impes. Estar* : faire beau, estar* bom tempo; il fait très froid, está muito frio. ‖Ser* : il fait jour, é dia. ‖ (se) vr. Fazer-se*, tornar-se. ‖Melhorar : ce vin se fera, este vinho há-de melhorar. ‖Observ. Faire se traduit par fazer quand il s'agit d'un travail matériel. Sinon on le traduit par d'autres verbes : faire de la musique, tocar música; faire du cheval, montar a cavalo; faire plaisir, pitié, part, un pas, dar* prazer, pena, parte, um passo; faire attention, tomar cuidado; faire connaître, dar* a conhecer; se faire une idée, fazer* ideia; faire savoir, dar* a saber*. ‖Loc. Faire du chemin, andar para diante. Faire faire, mandar fazer*. Faire son droit, andar em Direito. Faire mal, magoar; machucar (Br.). Faire son chemin, triunfar na vida. Il fait beau voir, é bonito ver*, dá gosto ver*. Il fait bon, é bom, sabe bem : il fait bon dormir, é bom dormir*. Il fait cher vivre, a vida está cara. N'avoir que faire de, não se importar com. Se faire fort de, comprometer-se a. S'en faire, ralar-se. Se laisser faire, condescender. ‖ -part m. (-ar). Participação, f.
falsable adj. (fâza-). Factível.

Lettres penchées : accent tonique. ‖V. page verte pour la prononciation figurée. ‖ *Verbe irrég. V. à la fin du volume.

fais‖an m. (fâzã). Faisão. ‖**-ander** vt. (-é). Macerar. ‖**-anderie** f. (-rí). Lugar (m.) de criação de faisões. ‖**-ane** f. (-an). Faisoa.

faisceau m. (féçó). Feixe. ‖**Satîlho** [fusils].

faiseur, **euse** m. e f. (fâzâr, âz). Fazedor, ora. ‖Intrigante. ‖Loc. *Faiseur d'embarras*, impertinente. *Faiseuse d'anges*, tecedeira de enjos.

fait, **aite** adj. (fé, ét). Feito, ta; ‖s. m. Facto. ‖Loc. *C'en est fait*, acabou-se. *C'en est fait de lui*, está perdido. *Aller au fait*, ir* ao que interessa. *Au fait*, de facto. *De fait*, de facto. *Dire son fait à quelqu'un*, dizer* as verdades a alguém. *En fait de*, quanto a. *Entendre bien son fait*, saber* da poda. *Mettre en fait*, dar* como certo. *Par le fait*, de facto. *Prendre fait et cause pour*, tomar o partido de. *Sur le fait*, em flagrante. *Si fait*, claro que sim. *Tout à fait*, inteiramente. *Voilà qui est fait*, pronto, já está.

faî‖tage m. (fétaj). Fileira, f. ‖**-te** m. (fét). Alto, cimo [édifice]. ‖Cume [montagne]. ‖Copa, f. [arbre]. ‖*Fig.* Apogeu, fastígio, auge [honneurs].

faits divers m. pl. (fé-ér). Ecos.
fait-tout m. (fétu). Caçarola, f.
faix m. (fé). Fardo, carga, f.
fakir ou **faquir** (fakír). Faquir.
falaise f. (faléz). Falésia, arriba.
falbala m. (fa-ala). Falbalá.
fallacieux, **euse** adj. (falaciâ, âz). Falaz, enganador, ora.
falloir* v. impes. (faluar). Ser* preciso, ser* necessário, ser* mister. ‖*Observ.* Avec un verbe à l'infinitif, *falloir* se traduit plutôt par *dever-se*: *il faut lire*, deve-se ler*. Avec un verbe à un temps personnel on le rend aussi par *ter* de*: *il faut que tu viennes*, tens de vir*. Avec *me, te*, etc., on le traduit par *precisar de*: *il me faut un livre*, preciso dum livro; *il te faut partir*, precisas de ir-te embora. ‖Loc. *Comme il faut*, como deve ser*. *Peu s'en faut*, pouco falta para. *Tant s'en faut que*, falta muito para, tão longe está de.
falot, **ote** adj. (falô, ot). Ridículo, la; chocarreiro, ra; apagado, da.
falsi‖ficateur m. (fa-atâr). Falsificador. ‖**-fication** f. (-ciõ). Falsificação. ‖**-fier** vt. (-ié). Falsificar, adulterar, alterar.
fa‖mé, **ée** adj. (famê). Afamado, da. ‖**-meux**, **euse** adj. (-â, âz). Famoso, sa.
fami‖lial, **ale** adj. (fa-al). Familiar. ‖**-liariser** vt. (-r-é). Familiarizar. ‖**-liarité** f. (-é). Familiaridade. ‖**-lier**, **ère** adj. (-ié, ér). Familiar. ‖**-lle** f. (-iiã). Família.
famine f. (famín). Fome. ‖Loc. *Crier famine*, queixar-se de miséria.
fanat‖ique adj. (fanatíc). Fanático, ca. ‖**-iser** vt. (-é). Fanatizar. ‖**-isme** m. (-içm). Fanatismo.
fanchon f. (fãxõ). Lenço (m.) para a cabeça.
Fanchon n. pr. (fãxõ). *Dim.* Chiquinha.
fa‖ne f. (fán). Folha seca. ‖**-ner** vt. (-é). Murchar [plantes]. ‖*Agr.* Remexer a erva (para fazer* feno). ‖Descorar, desbotar. ‖**-neur**, **euse** m. e f. (-âr, âz). Trabalhador, ora da seca do feno.
fanfa‖re f. (fãfar). Fanfarra [société musicale]. ‖Música de charanga. ‖**-ron**, **onne** adj. e s. (-õ, on). Fanfarrão, ona; impostor, ora.
fanfreluche f. (fãfrãlüx). Bugiganga, ice, me, berloque, m., bagatela.
fan‖ge f. (fãj). Lama. ‖**-geux**, **euse** adj. (-â, âz). Lodacento, ta.
fanion m. (fãnió). Estandarte, guião, bandeirola, f., bandeirinha, f.
fanon m. (fãnõ). Papada, f. [bœuf]. ‖Machinho [cheval]. ‖Barba, f. [baleine]. ‖Manípulo [prêtre].
fanta‖isie f. (fãtézi). Fantasia, imaginação. ‖Capricho, m. ‖Loc. *Pain de fantaisie*, pão de luxo. ‖**-siste** adj. (-içt). Fantasista, fantasioso, sa.
fantasia f. (fãtazia). Divertimento equestre árabe, m.
fantasmagorie f. (fãtaçmagori). Fantasmagoria.
fantasque adj. (fãtaçk). Extravagante, esquisito, ta; fantasioso, sa.
fantassin m. (fãtaçãn). Infante, soldado de infantaria.
fantastique adj. (fãtaçtíc). Fantástico, ca; quimérico, ca.
fantoche m. (fãtox). Fantoche, títere, roberto, bonifrate, autómato.
fantôme m. (fãtôm). Fantasma.
faon m. (fã). Enho, corço.

Itálico: acento tónico. ‖V. página verde para a pronúncia figurada. ‖*Verbo irreg. V. no final do livro.

faquin m. (facàn). Estafermo, patife, velhaco, biltre, insolente.
farandole f. (farâdol). Farândola.
faraud, aude adj. e s. (farô, ôd). Casquilho, peralta; sécia, f.
far||ce f. (farç). Farsa [comédie]. ||Recheio, m. [cuisine]. ||Chalaça [plaisanterie]. ||adj. Engraçado, da; cómico, ca. ||Loc. *Faire une farce*, fazer* uma pirraça. ||**-ceur, euse** adj. e s. (-âr, âz). Galhofeiro, ra [plaisant].
farcin m. (farçàn). Laparão (tumor).
farcir vt. (farcír). Rechear. ||*Fig.* Encher, atestar, atulhar.
fard m. (far). Pintura, f. ||*Fig.* Dissimulação, f., disfarce.
fardeau m. (fardô). Fardo, carga, f.
farder vt. (fardé). Pintar. ||*Fig.* Dissimular, disfarçar [la vérité].
fardier m. (fardié). Zorra, f.
farfadet m. (farfadé). Duende.
farfouiller vt. (farfuié). Revolver, remexer.
faribole f. (far-ol). Frioleira.
fari||ne f. (farín). Farinha. ||*- à bouillie* (-buií). Farinha para papas; fubá, m. (*Br.*). ||**-neux, euse** adj. (-â, âz). Farinhento, ta.
farouche adj. (farux). Feroz. ||Arisco, ca; esquivo, va [intraitable].
fascicule m. (facicùl). Paveia, f. ||Fascículo [publication].
fasci||nateur, trice m. e f. (facinatâr, riç). Fascinador, ora. ||**-nation** f. (-ciô). Fascinação.
fascine f. (-ín). Faxina, feixe, m.
fasciner vt. (-é). Fascinar, deslumbrar; enganar, iludir.
fascis||me m. (faciçm). Fascismo. ||**-te** adj. e s. (-íçt). Fascista.
faste adj. (façt). Fasto, ta. ||s. m. Fausto. ||pl. Fastos [histoire].
fastidieux, euse adj. (faç-iâ, âz). Fastidioso, sa; enfadonho, nha.
fastueux, euse adj. (façtuâ, âz). Faustoso, sa; faustuoso, sa; pomposo, sa.
fat adj. (fat). Fátuo, ua; arrogante.
fatal||, ale adj. (fatal). Fatal. ||**-isme** m. (-íçm). Fatalismo. ||**-iste** adj. e s. (-íçt). Fatalista. ||**-ité** f. (-é). Fatalidade.
fatidique adj. (fa-ic). Fatídico, ca.
fati||gant, ante adj. (fa-â, ât). Fatigante, fastidioso, sa; afanoso, sa. ||**-gue** f. (-ig). Fadiga, cansaço, m. ||**-gué** adj. (-é). Fatigado, cansado. ||**-guer** vt. (-é). Fatigar, cansar. ||vi. Cansar-se, afadigar-se.
fatuité f. (fatü-é). Fatuidade.
fau||bourg m. (fôbur). Arrabalde. ||*Observ.* Em certas cidades, e em especial em Paris, nome que conservam antigos bairros excêntricos. Por antonomásia, o *Faubourg* é o Bairro de Saint-Germain. ||**-bourien, enne** adj. (-iàn, én). Arrabaldino, na; suburbano, na [accent, manières, etc.].
fau||cher vt. (fôxé). Ceifar. ||**-cheur, euse** m. e f. (-âr, âz). Ceifeiro, ra; segador, ora.
faucille f. (fôciiâ). Foice, foicinha.
fauco||n m. (fôcô). Falcão. ||**-nnerie** f. (-onri). Falcoaria. ||**-nnier** m. (-ié). Falcoeiro. ||*Grand* - (grã-). Falcoeiro-mor.
faufil|| m. (fôfíl). Linha (f.) de alinhavar. ||**-ler** vt. (-é). Alinhavar. ||*Fig.* Introduzir* hàbilmente, insinuar. || (se) vr. Meter-se como piolho em costura, insinuar-se.
faune f. (fôn). Fauna. ||m. Fauno.
faus||saire m. (fôcêr). Falsário. ||**-sement** adv. (-â). Falsamente. ||**-ser** vt. (-é). Falsear, deturpar. ||Torcer [mécanisme]. ||vi. Desafinar. ||**-set** m. (-é). Falsete [voix]. ||Espicho [tonneau]. ||**-seté** f. (-é). Falsidade, hipocrisia; mentira.
faute f. (fôt). Falta. ||Culpa; erro, m. ||Loc. *C'est ta faute*, é culpa tua. *Faire faute*, faltar. *Faute de*, por falta de. *Ne pas se faire faute de*, não deixar de.
fauteuil m. (fôtéi). Poltrona, f. [rembourré]. ||Cadeira de braços, f.
fau||teur, trice m. e f. (fôtâr, riç). Fautor, ora. ||**-tif, ive** adj. (-if, ív). Falível. ||Defeituoso, sa.
fau||ve adj. (fôv). Fulvo, va [couleur]. ||*Bête fauve* (bét-) Animal feroz, m. ||s. m. Fera, f. ||**-vette** f. (-ét). Toutinegra.
faux f. (fô). Foice, gadanha.
faux||, ausse adj. (fô, ôç). Falso, sa. ||Errado, da. ||Suposto, ta. ||s. m. Falsificação, f., imitação, f. ||Loc. *A faux*, em falso. *Porter à faux*, estar* em falso; não atingir o objectivo.

Lettres penchées : accent tonique. ||V. page verte pour la prononciation figurée. ||*Verbe irrég. V. à la fin du volume.

FAV — FER

S'*inscrire en faux*, acusar de falso.
‖ **- -filet** m. (-é). Acém. ‖ **- -fuyant** m. (-ùiã). Atalho; evasiva, f.
fa‖veur f. (favâr). Favor, m. ‖Fitilho, m. [ruban]. ‖**-vorable** adj. (-ora-). Favorável. ‖**-vori, ite** adj. (-í, ít). Favorito, ta. ‖**s.** m. Suíço, f. [barbe]. ‖**-voriser** vt. (-é). Favorecer. ‖**-voritisme** m. (-içm). Favoritismo.
fayot m. (faió). *Fam.* Feijão seco.
féal, ale adj. (féal). *Ant.* Fiel, leal.
fébri‖fuge adj. (fèbr-ù̀j). Febrífugo, ga. ‖**-le** adj. (-íl). Febril. ‖**-lité** f. (-é). Febrilidade.
fécal, ale adj. (fêcal). Fecal.
fèces f. pl. (féç). Fezes. ‖Borra, f., sedimento, m. [liquide].
fécon‖d, onde adj. (fêcõ, õd). Fecundo, da. ‖**-dation** f. (-acíõ). Fecundação. ‖**-der** vt. (-é). Fecundar. ‖**-dité** f. (-é). Fecundidade.
fécu‖le f. (fècul). Fécula. ‖**-lent, ente** adj. (-ã, ãt). Feculento, ta.
fédé‖ral, ale adj. (fêdêral). Federal. ‖**-ration** f. (-ciõ). Federação.
fé‖e f. (fê). Fada. ‖**-erie** f. (-ri). Magia, f. ‖Mágica. *Fig.* Encantamento [charme]. ‖**-erique** adj. (-éc). Mágico, ca; fádico, ca; encantado da, f.
feindre* vt. (fàndr). Fingir. ‖*Feindre de*, fingir.
feint, einte adj. (fàn, ànt). Fingido, da. ‖**s.** f. Fingimento, m. Finta [escrime].
feld-maréchal m. (fé-arêxal). Marechal de campo.
feldspath m. (fé-çpat). Feldspato.
fê‖lé, ée adj. (félé). Rachado, da; fendido, da. ‖*Loc. Avoir la tête fêlée*, ter* pancada na mola. ‖**-ler** vt. (-é). Rachar, fender, estalar.
féli‖bre m. (félibr). Escritor provençal. ‖**-brige** m. (-ij). Escola literária provençal do séc. XIX.
Féli‖cie n. pr. (fê-í). Felícia. ‖**-cien** n. pr. (-ián). Feliciano.
féli‖citation f. (fê-aciõ). Felicitação. ‖**-cité** f. (-é). Felicidade. ‖**-citer** (-é). Felicitar.
félin, ine adj. (fèlàn). Felino, na.
Félix n. pr. (fêlikç). Félix.
félo‖n, onne adj. (fèlõ, on). Traidor, ora. ‖**-nie** f. (-í). Felonia.
felouque f. (-uc). Faluca; falua.
fêlure f. (fêlùr). Racha, fenda.

femelle f. (-él). Fêmea. *Pop.* Mulhér.
fémi‖nin, ine adj. (fê-àn, ín). Feminíno, na. ‖**-nisme** m. (-içm). Feminísmo. ‖**-niste** adj. e s. (-íçt). Feminista.
femme‖ f. (fam.). Mulher. ‖*- de chambre* (-ãbr). Criada de quarto, aia. ‖*- de charge* (-arj). Governanta. ‖*- de journée, de ménage* (-ênaj). Mulher a dias. ‖*Vieille - (viéi-).* Velha; curumba (*Br.*). ‖**-lette** f. (-ét). Mulherzinha, mulherínha. ‖*Fig.* Maricas, m.
fémur m. (fêmùr). Fémur.
fenaison f. (-êzó). Sega, ceifa do feno.
fen‖dant m. (fãdã). Cutilada de alto a baixo, f. [escrime]. ‖**-dille-ment** m. (-íimã). Fendedura, f. ‖**-diller** vt. (-ité). Estalar, gretar. ‖**-dre** vt. (-ãdr). Fender, rachar. ‖*Fig.* Cortar [cœur]. ‖**(se)** vr. Fender-se. ‖Caír* a fundo [escrime]. ‖**-du, ue** adj. (-ù). Fendído, da; rachado, da.
fenêtre f. (-étr). Janela.
fenil m. (-íl ou -í). Feneiro.
fenouil m. (-uí). Funcho.
fente f. (fãt). Fenda, racha.
féoda‖l, ale adj. (féodal). Feudal. ‖**-lité** f. (-é). Feudalismo, m.
fer‖ m. (fér). Ferro. ‖*- à cheval* (-al). Ferradura, f. ‖*- à repasser* (-rpacé). Ferro de engomar. ‖*- à tuyauter* (-ùitê). Ferro para encanudar. ‖*- carré* (-arê). Verga (f.) de ferro. ‖*Fil de fer*, arame. ‖*Loc. Chemin de fer*, caminho de ferro; estrada (f.) de ferro (*Br.*). *Jeter dans les fers*, pôr* a ferros. *Les quatre fers en l'air*, de pernas para o ar. ‖*- -blanc* m. (-ã). Lata, f. ‖**-blanterie** f. (-rí). Latoaria. ‖**-blantier** m. (-iê). Latoeiro.
Ferdinand n. pr. (fér-ã). Fernando.
férié, ée adj. (fêrié). Feriado.
férir* vt. (fêrír). Ferir*. ‖*Loc. Sans coup férir*, sem luta, sem dar* um tiro, sem violência.
fermage m. (férmaj). Renda, f.
ferme‖ adj. (férm). Fírme. ‖**adv.** Firmemente, com segurança, sòlidamente. ‖**s.** f. Quinta, herdade; xácara (*Br.*) [propriété rurale]. ‖Arrendamento, m., renda [ce que l'on paye]. ‖*Arq.* Asna (do telhado).

Itálico : acento tônico. ‖V. página verde para a pronúncia figurada. ‖***Verbo irreg.** V. no final do livro.

‖-ment adv. (-âmā). Firmemente.
fermen‖t m. (férmā). Fermento. ‖-tation f. (-aciõ). Fermentação. ‖-ter vi. (-é). Fermentar, levedar.
fermer vt. (férmé). Fechar, cerrar.
fermeté f. (férmâté). Firmeza.
fermeture f. (férmâtùr). Fecho, m. ‖Encerramento, m. ‖Fermeture éclair, fecho de correr, m.
fermier m. (férmié). Caseiro, rendeiro; xacareiro (Br.); arrendatário. ‖Arrematante [impôts, etc.].
fermoir m. (férmuar). Fecho [livre, porte-monnaie]. ‖Formão, cinzel.
Fernand n. pr. (férnā). Fernando.
féro‖ce adj. (féroç). Feroz. ‖-cité f. (-é). Ferocidade.
ferrail‖le f. (féraī). Ferro-velho, m. sucata. ‖-ller vi. (-iié). Esgrimir mal. ‖Fig. e fam. Discutir.
ferrant adj. (férā). U. na loc. maréchal-ferrant (marèxal-). Ferrador.
fe‖rré, ée adj. (féré). Ferrado, da. ‖Férreo, ea. ‖Fig. e fam. Forte [instruit]. ‖-rrer vt. (-é). Ferrar. ‖Guarnecer de ferro. ‖- à glace (-aç). Ferrar a rompão. ‖-rret m. (-é). Agulheta, f. (de atacador, etc.). ‖-rreux, euse adj. (-â, âz). Ferroso, sa. ‖-rrique adj. (-ic). Férrico, ca. ‖-rronnerie f. (-onrí). Ferraria. ‖-rronnier, ère m. e f. (-ié, ér). Ferrageiro, ra. ‖s. f. Diadema (m.) com uma jóia ao meio. ‖-rroviaire adj. (-oviér). Ferroviário, ia. ‖-rrugineux, euse adj. (-ù-â, âz). Ferruginoso, sa. ‖-rrure f. (-ùr). Ferragem.
fertil‖le adj. (fértil). Fértil. ‖-iser vt. (-é). Fertilizar. ‖-iseur m. (-âr). Fertilizador. ‖-ité f. (-é). Fertilidade, fecundidade.
féru, ue adj. (férù). Ferido, da (cheval). ‖Féru d'amour, apaixonado.
férule f. (férùl). Férula. ‖Canafrecha [plante].
fer‖vent, ente adj. (férvā, āt). Fervente. ‖-veur f. (-ār). Fervor, m.
fe‖sse f. (féç). Nádega. ‖-ssée f. (-é). Açoites, m. pl. ‖-sse-mathieu m. (-atiâ). Onzenéro; causula (adj. Br.). ‖-sser vt. (-é). Açoitar, dar açoites. ‖-sseur m. (-âr). Açoitador. ‖-ssier, ère adj. (-ié, ér). Nadegueiro, ra; glúteo, ea. ‖s. m. Nádegas, f. pl., rabo.

festin m. (féçtān). Festim, banquete.
festival, ale adj. (féç-al). Festivo, va. ‖s. m. Festival, festa, f.
fes‖ton m. (féçtō). Festão. ‖-tonner vt. (-oné). Festoar, engrinaldar.
festoyer vt. (féçtuaié). Festejar.
fêtard m. (fétzr). Estróina, patusco, folião, pândego.
fê‖te f. (fét). Festa. ‖Aniversário, m., dia (m.) do santo. ‖Dia (m.) santo, feriado, m. ‖Loc. Faire la fête, andar na pândega. Souhaiter la fête, desejar feliz aniversário. ‖-te-Dieu f. (-iâ). Corpo de Deus, m. ‖-ter vt. (-é). Festejar, celebrar. ‖Acolher [une personne].
fétiche m. (fétix). Feitiço.
fétidité f. (fê-é). Fetidez, fedor, m.
fétu m. (fêtù). Palhinha, f., argueiro, m. ‖Fig. Insignificância, f.
feu m. (fà). Fogo. ‖Lume [pour se chauffer]. ‖Lar [famille, maison]. ‖Arme à- (arma-). Arma de fogo. ‖Bouche à- (buxa-). Peça de artilharia. ‖Coap de- (cu -). Tiro [arme]. ‖- d'artifice (-ar-iç). Fogo de vistas. ‖- de joie (-ua). Facho. ‖-follet (-olé). Fogo-fátuo; caipora (Br.). ‖- grégeois (-réjua). Fogo grego. ‖Loc. Aller au feu, ir* para o combate. A petit feu, a fogo lento. Au feu! Fogo! Há fogo! Comme le feu et l'eau, como o cão e o gato. Faire long feu, falhar [arme]. Prendre feu, pegar fogo; irritar-se.
feu, eue adj (fà). Falecido, da; defunto, ta : feu la reine, a falecida rainha, a rainha defunta.
feudataire adj. e s. (fâdatér). Feudatário, ia.
feui‖llage m. (fàiiaj). Folhagem, f. ‖-llaison f. (-ézō). Folheação. ‖-llant, tine adj. e s. (-tâ, tin). Bernardo, da [religieux]. ‖-lle f. (fâi). Folha. ‖Loc. Feuille d'émargement, folha de vencimentos. Feuille morte, folha seca. Feuille volante, folha solta. ‖-llée f. (-ié). Folhagem. ‖-lle-morte adj. (-ort). De cor de folha seca. ‖-llet m. (-ié). Folha, f. (de livre). ‖Folhoso [ruminants]. ‖-lleté, ée adj. (-é). Folhado, da [pâte]. ‖-lleter vt. (-é). Folhear [livres]. ‖-lleton m. (-õ). Folhetim. ‖-llette f. (-iét). Quartola (114-135 litros). ‖-llu, ue adj.

Lettres penchées : accent tonique. ‖V. page verte pour la prononciation figurée. ‖*Verbe irrég. V. à la fin du volume.

FEU — FIL

(-*iùù*). Folhudo, da. ||**-llure** f. (-*iùr*). Entalhe, m. [portes, fenêtres].
feu||**trage** m. (fâtr*aj*). Feltragem, f. ||**-tre** m. (fâtr). Feltro. ||**-trer** vt. (-*ê*). Feltrar.
fève f. (fév). Fava.
février m. (fêvri*ê*). Fevereiro.
fez m. (féz). Fez (barrete).
fi! interj. Puf! ||Loc. *Faire fi de*, não fazer caso de, desdenhar.
fiacre m. (flacr). Trem, tipóia, f.
fian||**çailles** f. pl. (-*àçai*). Esponsais, m. pl. ||**-cé, ée** m. e f. (-*ê*). Noivo, va. ||**-cer** vt. (-*ê*). Prometer em casamento; celebrar esponsais.
fiasco m. (fiaçcô). Fiasco, fracasso m. ||**-ter** vt. Fiascar, fracassar.
fi||**bre** f. (fibr). Fibra. ||**-breux, euse** adj. (-*â*, *âz*). Fibroso, sa. ||**-celer** f. (-*il*). Fibrilha. ||**-brine** f. (-*in*). Fibrina. ||**-brociment** m. (-ô-*â*). Fibrocimento. ||**-brome** m. (-*om*). Fibroma.
fi||**celé, ée** adj. (-*ê*). Atado, da. ||*Fam.* Vestido, da; arranjado, da. ||**-celer** vt. (-*ê*). Atar, amarrar. ||**-celle** f. (-*él*). Cordel, m. guita. ||*Fig.* Artifício, m., esperteza. ||*Fam.* Espertalhão, m. [astucieux]. ||Loc. *Laisser voir la ficelle*, deixar ver* a maroteira. *Tenir les ficelles*, mexer os cordelinhos; tecer os pauzinhos (*Br.*).
fi||**che** f. (fix). Verbete, m. ||Ficha [au jeu]. ||**-cher** vt. (-*ê*). Fixar, cravar. ||*Fam.* Pôr*, deitar, dar*, aplicar. || (se) vr. Meter-se. ||*Fam.* Escarnecer. ||*Observ.* Existe um infinitivo popular *fiche*, empregado nos mesmos sentidos que *ficher*; nestas acepções o particípio passado é *fichu*. ||Loc. *Ficher dedans*, escarnecer. *Ficher le camp*, pôr-se* ao fresco. *Je m'en fiche*, estou-me nas tintas. *Je t'en fiche*, não é nada dísso. ||**-ché, -ée** adj. (-*ê*). Cravado, da. ||**-chier** m. (-*iê*) Ficheiro. ||**-chtre!** interj. (-r). *Fam.* Caramba! ||**-chu, ue** adj. (-*ù*). *Pop.* Deitado, de escarnecido, da; feito, ta [V. FICHER]. ||adj. Perdido, da » *il est fichu*, está perdido. ||Mal feito, ta, mau, má : *un fichu repas*, uma refeição má ruim. ||s. m. Lenço (do pescoço).
fic||**tif, ive** adj. (fictif, *iv*). Fictício, ia. ||**-tion** f. (-kciô). Ficção.

fi||**dèle** adj. (-*él*). Fiel. ||**-délité** f. (-ê-*ê*). Fidelidade. ||**-duciaire** adj. (-*iér*). Fiduciário, ia.
fie||**f** m. (fiéf). Feudo. ||**-ffé, ée** adj. (-*ê*). Enfeudado, da. ||*Fam.* Refinado, da [incorrigible].
fie||**l** m. (tiél). Fel. ||**-lleux, euse** adj. (-*â*, *âz*). Féleo, ea. || Amargo, ga.
fien||**te** f. (tiât). Excremento, m.
fier vt. (fié). Fiar. || (se) vr. Fiar-se : *se fier à*, tiar-se em.
fie||**r, ère** adj. (tiér). Soberbo, ba; arrogante. || Orgulhoso, sa; altivo, va. ||Nobre; digno, na. || *Fam.* Famoso, sa ; grande (ironicamente). ||Loc. *Fier comme Artaban, comme un Ecossais*, todo cheio de si, ufano. ||**-r-à-bras** m. (-*ra*). Ferrabrás. ||**-rement** adv. (-*â*). Soberbamente. ||**fierté** f. (-*ê*). Soberba, arrogância, altivez, ufania.
fièvre f. (fiévr). Febre. ||*Fig.* Febre, sobreexcitação. ||**-pétéchiale** (-êtê-xial). Tifo (m.) exantemático. ||*- quarte* (-*uart*). Quartã. ||**-tierce** (-*iérç*). Terçã.
fiévreux, euse adj. (fièvrâ, *âz*). Febril, febricitante. ||*Fig.* Ardente.
fifre m. (fifr). Pífaro, pífano.
fifrer vi. (-*ê*). Tocar pífaro.
figer vt. (-*ê*). Congelar, coalhar.
figno||**ler** vt. (-nholê). Esmerar-se em. ||**-leur** m. (-*âr*). Elegante.
fi||**gue** f. (fig). Figo, m. || *- de Barbarie* (-*âbarbari*). Fruto do cacto, m. || *- d'été* - *fleur* (-êtê, -âr). Figo lampo, m. ||Loc. *Faire la figue*, fazer* tigas. *Moitié figue, moitié raisin*, meio a bem, meio a mal. ||**-guier** m. (-*iê*). Figueira, f.
figu||**rant, ante** adj. (-*ûrâ*, *ât*). Figurante. ||**-ration** f. (-*aciô*). Figuração. ||**-re** f. (-*ûr*). Figura. || Cara, rosto, m. [visage]. ||Loc. *Figure de papier mâché*, cara de desenterrado. ||**-ré, ée** adj. (-*ê*). Figurado, da. ||**-rer** vt. (-*ê*). Figurar. ||**-rine** f. (-*in*). Figurinha.
fi||**l** m. (fil) Fio. ||Arame. || *- à plomb* (-*ô*). Fio de prumo. ||*-d'archal* (-arxal), *-de fer* (-âfér). Arame. || *- de mer* (-âmér). Bodelha, f. || *- de la Vierge* (-*iérj*). Fios, flocos. ||Loc. *Aller contre le fil de l'eau*, remar contra a maré. *De fil en aiguille*, dum assunto para outro. *Donner du*

Itálico : acento tônico. ||V. página verde para a pronúncia figurada. || *Verbo irreg. V. no final do livro.

FIL — FIR

fil à retordre, dar* que fazer*. *Ne tenir qu'à un fil,* estar* por um fio.
fil‖lament m. (-amã). Filamento. ‖-landreux, euse adj. (-ãdrâ, âz). Fibroso, sa. ‖-lant, ante adj. (-ã, ãt). Corrente, oleoso, sa [liquide]. ‖Cadente [étoile]. ‖-lasse f. (-aç). Filaça. ‖-lature f. (-ùr). Fiação. ‖*Fig.* Seguimento espiando, m. [police].
fil‖le f. (fíl). Fila. ‖*A la -,* loc. Em fila. *En file indienne,* em fila indiana. ‖-lé, e adj. (-é). Fiado, da. ‖s. m. Fio (de ouro ou de prata). ‖-ler vt. (-é). Fiar. ‖Passar à fieira [fil métallique]. ‖v. *Fam.* Fugir*, esgueirar-se [une personne]. ‖Deitar fumo [lampe]. ‖Correr em fio [un liquide]. ‖Loc. *Filer à l'anglaise,* despedír-se* à francesa. *Filer doux,* não replicar. ‖-let m. (-é). Fiozinho [liquide]. ‖Rede f. [tissu à mailles]. ‖Lombo [viande]. ‖Freio [langue]. ‖Espécie de bridão [rênes]. ‖*Técn.* Filete. ‖Rosca, f. [vis]. ‖-leter vt. (-é). Abrír roscas. ‖-leur, euse m. e f. (-âr, âz). Fiandeiro, ra.
fil‖lial, ale adj. (-ial). Filial. ‖-liation f. (-ció). Filiação. ‖-lière f. (-iér). Fieira. ‖Tarraxa [pour les vis]. Loc. *Etre dans la filière* (argot mil.), saber* desenrascar-se. *Suivre la filière,* seguír* os trâmites [affaire].
filigrane, m. (-ran). Filigrana, f.
filin m. (-àn). Cabo (náut.).
fil‖lle f. (fíiã). Filha [par rapport aux parents]. ‖Solteira [femme non mariée]. ‖*Criada* [servante]. ‖Prostituta. ‖*Jeune -* (jân-). Rapariga; menininna (*Br.*). ‖*Petite -* (-it-). Menína. ‖*Vieille -* (viéiiâ-). Solteirona. ‖*- mère* (-ér) Mãe não casada. ‖-llette f. (-iét). Menína, rapariguinha. ‖-lleul, eule m. e f. (-iâl). Afilhado, da.
film m. (film). Filme, fita, f. ‖Película, f. ‖*- parlant* (-arlã). Filme falado; filme falante (*Br.*).
filmer vt. (-é). Filmar.
filon m. (-ó). Filão, veio. ‖*Fig.* Fonte, f., inspiração, f.
filoselle f. (-ozél). Cadarço, m.
filou‖ m. (-u). Gatuno. ‖Trapaceiro [au jeu]. ‖-ter vt. (-é). Furtar.

‖Trapacear. ‖-terie f. (-rí). Gatunice; trapacíce.
fils m. (fíç). Fílho. ‖Filhão (*Br.*) [grand].
fil‖trage m. (-raj). Filtragem, f. ‖-tre m. (filtr). Fíltro. ‖-trer vt. (-é). Filtrar, coar; escoar.
fin f. (fàn). Fim, m. ‖*- dernière* (-érniér). Novíssimo, m. [religion]. ‖*- de non recevoir* (-nõrâçávuar). Excepção dilatória (dir.). ‖Loc. *A cette fin,* para este fim. *A la fin,* por fim. *En fin de compte,* finalmente. *Faire une fin,* mudar de vída, casar-se. *Faire une mauvaise fin,* acabar mal. *Fin courant,* no fim do corrente. *Mener à bonne fin,* levar a cabo. *Toucher à sa fin,* morrer.
fin‖n, ine adj. (fàn, ín). Fíno, na [ténu]. ‖s. m. Roupa branca fina, f. ‖-nal, ale adj. (-al). Final. ‖-nale m. Final (mús.) [morceau]. ‖f. Final (letra, sílaba, prova desportiva, tónica).
finan‖ce f. (-aç). Finança. ‖pl. Dinheiro (m. sing.) de contado: *moyennant finances* pagando logo, a dinheiro. ‖Erário, m. [public]. ‖Finanças [ministère]. ‖-cer vt. (-é). Financiar. ‖-cier, ère adj. e s. m. (-ié, ér). Financeiro, ra; banqueiro.
fi‖nasser vi. (-acé). Trapacear. ‖-nasserie f. (-çrí). Trapaça, esperteza saloia. ‖-naud, aude adj. (-ó, ód). Finório, ia; mitrado, da (*Br. du S.*). ‖-ne f. (fin). Aguardente. ‖-nesse f. (-éç). Finura. ‖Subtileza [astuce]. ‖Delicadeza, leveza. ‖Agudeza [ouïe]. ‖-ni, ie adj. (-í). Acabado, da. ‖s. m. Perfeição, f. ‖-nir vt. (-ír). Acabar. ‖*En -,* loc. Acabar. ‖-nissage m. (-aj). Acabamento. ‖-nissant, ante adj. (-ã, ãt). Que acaba. ‖-nition f. (-ció). Fase de acabamento.
finlandais, aise adj. (fànlàdé, éz). Finlandês, esa.
Finlande n. pr. (fànlãd). Finlândia.
fiole f. (fiól). Frasco, m.
fiord m. (fiord). Fíorde.
fioriture f. (fior-ùr). Variação [musique]. ‖Floreado, m. [ornement].
firmament m. (-rmamã). Firmamento, f.
firme f. (firm). Fírma.

Lettres penchées : accent tonique. ‖ V. page verte pour la prononciation figurée. ‖ **Verbe irrég.* V. à la fin du volume.

FIR — FLÉ 148

Firmin n. pr. (-rmàn). Firmíno.
fis‖c m. (fiçk). Físco. ‖**-cal, ale** adj. (-al). Fiscal.
fissure f. (-ùr). Fenda, greta. ‖*Med.* Fissura.
fistule f. (fiçtùl). Fístula.
five o'clock m. (faivo-ɔc). Chá das cinco.
fi‖xage m. (-kçaj). Fixação, f., fixagem, f. ‖**-xe** adj. (fikç). Fíxo, xa. ‖interj. *Mil.* Sentido! ‖**-xer** vt. (-ê). Fixar. ‖**-xité** f. (-ê). Fixidez.
flacon‖ m. (-acõ). Frasco; garrafa, f. ‖**-nier** m. (-oniê). Frasqueira, f.
fla-fla m. (-a-a). Estardalhaço.
flage‖llation f. (-ajélaciõ). Flagelação. ‖**-ller** vt. (-ê). Flagelar, fustigar. ‖*Fig.* Criticar, atacar.
flageo‖ler vi. (-ajôlê). Vacilar, tremer as pernas. ‖**-let** m. (-é). Flautim [musique]. ‖Feijão branco.
flagor‖**ner** vt. (-agornê). Bajular. ‖**-nerie** f. (-ârí). Bajulação. ‖**-neur, euse** adj. (-âr, âz). Bajulador, ora; adulador, ora; servil.
flagrant, ante adj. (-agrã, ãt). Flagrante. ‖Loc. *En flagrant délit*, em flagrante.
flai‖**r** m. (-ér). Faro. ‖*Fig.* Perspicácia, f., faro. ‖**-rer** vt. (-ê). Farejar. ‖*Fig.* Pressentir*, adivinhar.
flamand, ande adj. (-amã, ãd). Flamengo, ga.
flamant m. (-amã). Flamingo.
flam‖**bage** m. (-âbaj). Chamuscadura, f., sapeca, f. (*Br.*). ‖**-bant, ante** adj. (-a, ãt). Chamejante, flamejante. ‖*Fam. Tout flambant neuf,* todo flamante. ‖**-bart** m. (-bar). *Pop.* Pândego, flamante. ‖**-beau** m. (-ô). Archote, brandão. ‖Candelabro. ‖*Fig.* Facho, fonte, f. ‖**-bée** f. (-ê). Fogueira; coivara (*Br. du N.*). ‖**-ber** vt. (-ê). Chamuscar; sapecar (*Br.*) [viandes]. ‖Passar pela chama [instruments de chir.]. ‖vi. Arder. ‖**-berge** f. (-érj) Espadagão, m., durindana. ‖**-boiement** m. (-uamã). Clarão, chamejamento. ‖**-boyant, ante** adj. (-aiã, ãt). Chamejante, flamejante, coruscante. ‖**-boyer** vi. (-iê). Chamejar, flamejar, cintilar, brilhar.
flamingant, ante adj. (-amãngã, ãt). Que fala flamengo.
flam‖**me** f. (-am). Chama, labareda. ‖*Mar.* Flâmula [banderole]. ‖*Fig.* Ardor, m., paixão. ‖**-mé, ée** adj. (-ê). Flâmeo, ea. ‖**-mèche** f. (-éx). Faúlha, centelha [étincelle].
flan m. (-ã). Torta, f., pudim. ‖*Impr.* Cartão para matriz.
flanc m. (-ã). Flanco, lado, ilharga, f. ‖pl. Entranhas, f. pl., seio, ventre [de la mère]. ‖Loc. *Etre sur le flanc,* estar* de cama, estar* exausto. *Prêter le flanc,* dar* o flanco.
flancher vi. (-âxê). *Pop.* Desistir, não persistir.
Flandre n. pr. (-ãdr). Flandres, pl.
flandrin m. (-ãdrãn). *Fam.* Magrizela.
flanelle f. (-anél). Flanela.
flâ‖**ner** vi. (-anê). Vadiar, vaguear. ‖**-nerie** f. (-rí). Divagação, vadiagem. ‖**-neur, euse** adj. (-âr, âz). Vadio, ia, quebra-esquinas. ‖Ocioso, sa; flanador, ora [paresseux].
flanquer vt. (-ãkê). Flanquear. ‖Assentar, pregar [un coup]. ‖- *à la porte,* pôr* fora, na rua.
flaque f. (-ac). Poça, charco, m.
flasque adj. (-açc). Frouxo, xa. ‖s. f. Polvorinho, m. ‖m. Falca, f. (art.).
fla‖**tter** vt. (-atê). Afagar, lisonjear. ‖**-tterie** f. (-rí). Lisonja, adulação. ‖**-tteur, euse** adj. e s. (-âr, âz). Lisonjeiro, ra; adulador, ora.
flatulent, ente adj. (-atùlã, ãt). Flatulento, ta.
fléau m. (-êô). Mangual, malho [agr.]. ‖Travessão [de balance]. ‖Flagelo [calamité]. ‖- *d'armes* (-arm). Mangual.
flè‖**che** f. (-éx). Flecha, seta. ‖Agulha [tour]. ‖Lança [véhicule]. ‖Loc. *Faire flèche de tout bois,* empregar todos os meios. ‖**-échette** f. (-êxét). Setazinha.
flé‖**chir** vt. (-êxir). Flectir. ‖vi. Curvar-se, dobrar-se. ‖**-chissement** m. (-ã). Flexão, f. ‖**-chisseur** adj. m. (-ãr). Flexor [anat.].
fle‖**gmatique** adj. (-é-atic). Fleumático, ca. ‖**-gme** m. (-õ). Fleuma, f. ‖**-gmon** m. (-õ). Fleimão. ‖**-mme** f. (-ém). *Pop.* Mándria, preguiça.
flémard, arde adj. e s. (-êmar, d). *Pop.* Mandrião, ona.
flétr‖**ir** vt. (-êtrír). Murchar. ‖*Fig.* Manchar [réputation]. ‖**-Issant, ante** adj. (-ã, ãt). Desonroso, sa.

Itálico: acento tónico. ‖V. página verde para a pronúncia figurada. ‖*Verbo irreg. V. no final do livro.

FLE — FOI

||-Issure f. (-ùr). Ferrete, m. ||Fig. Desonra, ignomínia, infâmia.
fleu||r f. (-àr). Flor. ||- d'amour (-amùr). Amaranto, m. ||Quatre -s (catrà-). Infusão sudorífica de várias flores. ||Loc. La fine fleur, la fleur des pois, a quinta-essência, a nata. Fleur des veuves, saudade, escabiosa. ||-raison f. (-ézó). Florescência. ||-rdeliser vt. (-â-é). Guarnecer de flores de lis. ||-rer vi. (-é). Cheirar (a). ||-ret m. (-é). Florete [arme]. ||-rette f. (-ét). Florzinha. ||Fig. Galanteio, m. : conter fleurette, cortejar. ||-ri, ie adj. (-i). Florído, da. ||-rir* vt. (-ir). Florir* [orner de fleurs]. ||vi. Florescer. ||Fig. Prosperar, florescer. ||Observ. Neste sentido o part. pres. é florissant e o imperfeito florissais, etc. ||-rissant, ante adj. (-à, àt). Florescente. ||-riste m. e f. (-íçt). Florista. ||-ron m. (-ó). Florão. ||Bot. Flósculo.
fleuve m. (-âv). Rio.
flex||ibilité f. (-ékç-é). Flexibilidade. ||-ible adj. (-í-). Flexível. ||-ion f. (-ió). Flexão.
flibus||terie f. (-ùçtàrí). Piratária, flibustaría. ||-tier m. (-ié). Flibusteiro, pirata ; aventureiro.
flic m. Argot. Polícia.
flic flac onom. (-ac). Zás trás.
flingot m. (àngó). Pop. Espingarda, f. ||Afiador (de cortador).
flint-glass m. (-int-aç). Cristal.
flir||t m. (-àrt). Galanteio. ||-ter vi. (-é). Namoriscar.
floche adj. (-ox). Felpudo, da.
flocon || m. (-ocó). Floco. ||-neux, euse adj. (-onâ, àz). Flocoso, sa.
floculer vi. (-ocùlé). Flocular.
flonflon m. (-ôflô). Estribilho.
flo||raison f. (-orézó). Floração. ||-ral, rale adj. (-al). Floral. ||-re f. (-or). Flora. ||-réal m. (-éal). Floreal.
Flor||ence n. pr. (-oràç). Florença. ||-ent n. pr. (-àt). Florêncio.
florentin, ine adj. (-oràtàn, in). Florentino, na.
florès (faire) loc. Fam. Ter* êxito.
Floride n. pr. (-oríd). Florida.
florin m. (-oràn). Florim.
florissant, ante adj. (-or-à, àt). Florescente, próspero, ra.

flo||t m. (-ô). Onda, f. ||Enchente, f. [marée montante]. ||Fig. Torrente, f. [liquide abondant]. ||pl. Ríos, caudais [de sang, etc.]. ||Loc. A flot, a flutuar. Se remettre à flot, endireitar a vida. ||-ttage f. (-ézó). Flutuação. ||-ttant, ante adj. (-à, àt). Flutuante. ||-tte f. (-ot). Frota. ||Armada, esquadra [de guerre]. ||Pop. Ror, m. [grande quantité]. ||-ttement m. (-à). Flutuação, f. ||-tter vi. (-é). Flutuar. ||Fig. Hesitar, vacilar. ||-tteur m. (-àr). Flutuador. ||-ttille f. (-íiâ). Flotílha. ||-ttoir m. (-otùàr). Fábrica.
fl||ou, oue adj. (-u). Vaporoso, sa ; leve. ||Desfocado, da [photo]. ||s. m. Leveza, f., imprecisão, f. ||-ouer vt. (-ué). Fam. Intrujar, roubar.
fluctuation f. (-ùctùacíó). Flutuação ; bubuia (Br.).
fluet, ette adj. (-ùé, ét). Esbelto, ta ; franzino, na ; esguio, ia.
flu||ide adj. (-ùid). Fluido, da. ||-idité f. (-é-). Fluidez.
fluo||r m. (-ùor). Flúor. ||-rescent, ente adj. (-çà, àt). Fluorescente.
flû||te f. (-ùt). Flauta. ||Taça [verre]. ||pl. Fam. Canetas [jambes] ||-té, ée adj. (-é). Aflautado, da. ||-tiste m. (-íçt). Flautista.
fluvial, ale acj. (-ùvial). Fluvial.
flu||x m. (-ù). Fluxo. ||-xion f. (-kcíó). Fluxão ; congestão.
foc m. (foc). Mar. Cutelo (vela).
focal, ale adj. (-al). (focal). Focal.
fœtus m. (fétùç). Feto, embrião.
foi f. (fua). Fé. ||Loc. Foi de, à fé de. Jurer sa foi, jurar pela sua honra. Ma foi, palavra de honra. Sans foi ni loi, sem religião nem consciência.
foie m. (fua). Fígado.
foin m. (fuàn). Feno. ||Filamentos sedosos da alcachofra. ||Loc. Avoir, mettre du foin dans ses bottes, ter* meios. Bête à manger du foin, burro (m.) chapado. Faire ses foins, ganhar dinheiro. Foin de ! interj. Mal haja!
foi||re f. (fucr). Feira. ||Pop. Diarreia, soltura. ||-rer vi. (-é). Pop. Ter* soltura ||Fig. Ter* medo. ||-reux, euse adj. (-â, áz). Pop. Diarreico, ca. ||Fig. e pop. Poltrão, medricas.
fois f. (fua). Vez. ||Loc. A la fois, ao mesmo tempo. Bien des fois, mui-

---

Lettres penchées : accent tonique. ||V. page verte pour la prononciation figurée. ||*Verbe irrég. V. à la fin du volume.

FOI — FOR 150

tas vezes. *Une fois pour toutes*, duma vez para sempre. *Y regarder à deux fois*, pensar duas vezes no caso, pesar devidamente.
foiso∥n f. (fuazõ). Fartura, abundância. ∥**-nner** vi. (-é). Abundar, pulular; aumentar de volume.
fo∥l, olle adj. (fol). Doido, da; louco, ca. ∥**-lâtre** adj. (-atr). Folgazão, ona ou zã; galhofeiro, ra. ∥**-lâtrer** vi. (-é). Divertir-se, folgar. ∥**-lâtrerie** f. (-âri). Folia, galhofa; *terra (Br.)*.
foliacé, ée adj. (fo-acé). Foliáceo, ea.
foli∥chon, onne adj. (fo-õ, on). Folgazão, ona ou zã. ∥**-chonner** vi. (-oné). Brincar. ∥**-chonnerie** f. (-rí). Brincadeira, galhofa, folia, pândega.
folie f. (folí). Loucura. ∥*Loc. A la folie*, loucamente, até à loucura.
fo∥lio m. (foliô). Fólio [livres]. ∥**-lioter** vt. (-oté). Numerar, paginar.
folklore m. (fo-or). Folclore.
fo∥lle adj. e s. f. (fol). Louca, doida. ∥**-llet, ette** adj. (-é, ét). Galhofeiro, ra ∥*Feu -*, (fâ-). Fogo-fátuo.
follicule m. (fo-ül). Folículo.
fomenter vt. (fomaté). Fomentar.
fon∥cé, ée adj. (fôcé). Escuro, ra. ∥**-cer** vt. (-é). Pôr* fundo a [tonneau]. ∥ Carregar [couleur]. ∥ vi. Carregar, cair* a fundo. ∥**-cier, ère** adj. (-ié, ér). Predial, de raíz. ∥*Fig.* Profundo, da [qualité]. ∥ s. m. Contribuição predial, f. ∥*Crédit -* (credí-). Crédito predial. ∥**-cièrement** adv. (-ã). Profundamente, fundamentalmente.
fonc∥tion f. (fôkciõ). Função. ∥**-tionnaire** m. (-onér). Funcionário. ∥**-tionner** vi. (-é). Funcionar.
fon∥d m. (fô). Fundo. ∥ Fundamento [procès]. ∥ Fundilhos, pl. [pantalon]. ∥*Fig.* Âmago, essência, f. ∥*- de cale* (-al). Porão. ∥*Loc. De fond en comble*, de alto a baixo. *Le fin fond*, o âmago, a parte (f.) mais recuada. ∥**-damental, ale** adj. (-amãtal). Fundamental, essencial, principal.
fondant, ante adj. (fôdã, ãt). Fundente. ∥ Sumarento, ta : *poire fondante*, pêra de água. ∥ s. m. Bombom de licor.
fon∥dateur, trice adj. e s. (fôdatêr, riç). Fundador, ora. ∥**-dation** f.

(-ciõ). Fundação. ∥ pl. Alicerces, m. pl. [édifices]. ∥**-dé, ée** adj. (-é). Fundado, da. ∥*- de pouvoir* (-uvuar). Procurador. ∥**-dement** m. (-ã). Fundamento. ∥*Ânus*, recto. ∥*Caboucos* [édifice]. ∥**-der** vt. (-é). Fundar. ∥**-derie** f. (fô-rí). Fundição. ∥**-deur** m. (-âr). Fundidor. ∥**-dre** vt. (fôdr). Fundir, derreter. ∥ Fundir, vasar [statue, etc.]. ∥ Misturar [les couleurs]. ∥ Graduar, esbater [une couleur]. ∥ vi. Derreter-se [un solide]. ∥*Cair** [se précipiter]. ∥ Dissolver-se [aliment dans la bouche]. ∥ Desfazer-se*, debulhar-se [en larmes].
fondrière f. (fôdriér). Barranco, m.; biboca *(Br.)*.
fonds m. (fô). Terra, f., solo. ∥ Fundos, pl., capital. ∥ Estabelecimento, loja, f. [de commerce]. ∥ Cabedal [capacité]. ∥*Loc. Biens fonds*, bens de raíz. *Fonds perdu*, capital empatado em títulos de renda vitalícia. *Fonds de roulement*, fundos em caixa.
fondu, ue adj. (fôdü). Derretido, da; fundido, da. ∥*Fig.* Reunido, da [incorporé]. ∥ Esbatido, da [couleurs].
fontai∥ne f. (fôtén). Fonte. ∥**-nier** m. (-ié). Encarregado dos chafarizes; fabricante de talhas, etc.
fontanelle f. (fôtanél). Fontanela.
fonte f. (fôt). Fundição. ∥ Coldre, m. [selle]. ∥ Ferro fundido, m. ∥*- verte* (-ért). Bronze, m. ∥*- des glaces* (-ê -aç). Fusão de gelo, degelo, m.
fonts m. pl. (fô). Pia baptismal, f. sing.
football m. (futból). Futebol. ∥**-eur** m. (-âr). Futebolista.
for m. (for). Foro. ∥*For intérieur*, foro íntimo; consciência, f.
forage m. (forai). Perfuração, f.
forain, aine adj. (forãn). Forasteiro, ra [qui n'est pas du lieu]. ∥ s. m. Feirante [marchand nomade].
forban m. (forbã). Pirata.
forçat m. (força). Forçado, presidiário, grilheta.
for∥ce f. (forç). Força; muque, m. *(Br.)*. ∥ adv. Muito, tos, tas ; *Loc. De force*, à força. *De vive force*, à viva força. ∥**-cé, ée** adj. (-é). For-

---

Itálico : acento tónico. ∥ V. página verde para a pronúncia figurada. ∥ *Verbo irreg. V. no final do livro.

FOR — FOU

çado, da; obrigado, da; constrangido, da.
forcené, ée adj. (forçâné). Fora de si, furioso, sa; furibundo, da.
forceps m. (forcépç). Fórceps.
for∥cer vt. (forcé). Forçar. ∥Obrigar. ∥Esgotar, cansar [gibier]. ∥Arrombar [serrure]. ∥ (se) vr. Forçar-se. ∥Esforçar-se [faire un effort]. ∥Sint. *Forcer de*, forçar a. ∥-cerie f. (-âri). Estufa [cultures].
forer vt. (foré). Perfurar, brocar.
forestier, ère adj. (foréçtié, ér). Florestal. ∥*Garde - (gard-)*. Guarda florestal.
foret m. (foré). Verruma, f., pua, f.
forêt f. (foré). Floresta. ∥- *sur le bord de la mer*, mangue, m. (*Br*.).
for∥faire vi. (forfér). Prevaricar. ∥Faltar a [l'honneur, etc.]. ∥-fait m. (-é). Crime, malfeitoria. ∥*Com.* Empreitada, f.; indemnização, f. ∥*Déclarer -*, desdizer-se*. ∥-faiture f. (-ùr). Prevaricação, delito, m.
forfanterie f. (forfâtri). Farronca, bravata, charlatanice, bazófia.
for∥ge f. (forj). Forja. ∥-ger vt. (-é). Forjar; inventar. ∥-geron m. (-âró). Ferreiro. ∥-geur m. (-âr) Forjador; autor, inventor.
for∥maliser (se) vr. (forma-é). Ofender-se. ∥-maliste m. (-içt). Formalista. ∥-malité f. (-é). Formalidade. ∥-mat m. (-a). Formato; tamanho, feitio. ∥-mateur, trice adj. e s. (-âr, riç). Formador, ora. ∥-mation f. (-ció). Formação. ∥-me f. (form). Forma [tous les sens]. ∥Molde, m. [moule]. ∥Loc. *Dans les formes*, em regra. *Pour la forme*, pró-forma. ∥-mel, elle adj. (-él). Formal. ∥-mer vt. (-é). Formar; aperfeiçoar; educar; criar.
formidable adj. (for-a-). Formidável, terrível; enorme, fortíssimo, ma.
for∥mique adj. (formic). Fórmico, ca. ∥-mol m. (-ol). Formol.
form∥ulaire m. (formùlér). Formulário. ∥-ule f. (-ùl). Fórmula. ∥-uler vt. (-é). Formular, enunciar.
forniquer vi. (for-é). Fornicar.
fors prep. (for). *Ant.* Fors, excepto.
fort, orte adj. (for, ort). Forte. ∥Grande, alentado, da. ∥s. m. Forte. ∥Loc. *Au fort de*, no auge de. *C'est trop fort!* É demais! *Se faire fort de*, obrigar-se a. ∥adv. Fortemente: *appuyer fort*, carregar com força. ∥Muito: *fort bon*, muito bom, óptimo. ∥Loc. *De plus en plus fort*, cada vez mais.
forte adv. (forté). *Mús.* Forte.
for∥teresse f. (fortâréç). Fortaleza. ∥-tifiant, ante adj. (-iã, iãt). Fortificante. ∥-tification f. (-ació). Fortificação. ∥-tifier vt. (-ié). Fortificar. ∥-tin m. (-ãn). Fortim. ∥-tiori (a) loc. lat. (-ciori). Com mais forte razão.
fortuit, uite adj. (fortùi, it). Fortuito, ta; casual; imprevisto, ta.
fortu∥ne f. (fortùn). Fortuna. ∥Loc. *A la fortune du pot*, sem cerimónia, do que houver (para comer). *Bonnes fortunes*, aventuras galantes. *De fortune*, de emergência, improvisado. ∥-né, ée adj. (-é). Afortunado, da.
forum m. (forom). Fórum, foro.
fo∥sse f. (foç). Fossa [cavité]. ∥Cova [sépulture, etc.]. ∥Loc. *Basse-fosse*, masmorra, calabouço, m. *Creuser sa fosse avec ses dents*, arruinar a saúde a comer demais. *Fosse commune*, vala comum. *Fosse d'aisances*, sentina. *Mettre les clefs sur la fosse*, renunciar a uma herança. ∥-ssé m. (-é). Vala, f. [champs]. ∥*Fosso* [fortification]. ∥Loc. *Sauter le fossé*, acabar por decidir-se. ∥-sset m. (-é). Espicho. ∥-ssette f. (-ét). Covinha, cova (no jogo do belindre).
fossile s. m. e adj. (focíl). Fóssil.
fossoyeur m. (focuàiór). Coveiro.
fou ou fol, folle adj. e s. (fu, fol). Louco, ca; doido, da. ∥s. m. Bobo [bouffon]. ∥Bispo [aux échecs]. ∥Loc. *Coiffé comme un chien fou*, desgrenhado. *Fou à lier*, doido varrido. *La folle du logis*, a fantasia.
fouailler vt. (fuaié). Chicotear.
fouchtra! intej. (fuxtrá). Bolas! (u. na Auvérnhia).
fou∥dre f. (fudr). Raio, m., faísca. ∥m. Cuba, f. [tonneau]. ∥-droyant, ante adj. (-uaiã, ãt). Fulminante. ∥*Fig.* Terrível. ∥-droyer vt. (-ié). Fulminar. ∥*Fig.* Aterrar, confundir.
foue∥t m. (tué). Chicote: *donner le fouet*, açoitar. ∥-tté, ée adj. (-é). Açoitado, da. ∥Batido, da (ovo, nata). ∥-tter vt. (-é). Açoitar. ∥Bater [artilleria, cuisine].

Lettres penchées : accent tonique. ∥V. page verte pour la prononciation figurée. ∥*Verbe irrég. V. à la fin du volume.

fougasse f. (fugaç). Mína, fornilho, m.
fougère f. (fujér). Feto, m. (planta).
fou‖gue f. (fug). Arrebatamento, m., ímpeto, m. **‖-gueux, euse** adj. (-â, âz). Fogoso, sa; ardente; vivo, va.
foui‖lle f. (fuíiâ). Escavação. ‖Busca, pesquisa, investigação. **‖-lle-au-pot** m. (-iôpô). Bicho de cozinha. **‖-ler** vt. (-ié). Escavar. ‖Rebuscar, esquadrinhar, pesquisar, investigar. ‖Revistar : *fouiller dans ses poches*, revistar os bolsos. ‖ **(se)** vr. Procurar (nos bolsos, no fato). **‖-lleur, euse** m. e f. (-iâr, âz). Escavador, ora; pequisador, ora. **‖-llis** m. (-ií). Emaranhado, trapalhada, f., confusão, f., misturada, f.
foui‖nard, arde adj. (fuinár, ard). *Pop*. Bisbilhoteiro, ra. **‖-ne** f. (-ín). Fuínha. **‖-ner** vi. *Pop*. (-é). Safar-se, acobardar-se; bisbilhotar.
fou‖ir vt. (fuír). Cavar. **‖-isseur, euse** adj. (-âr, âz). Fossador, ra.
fou‖lage m. (fulaj). Pisa, f. [raisin]. ‖Pisoamento [drap]. **‖-lant, ante** adj. (-â, ât). Compressor, ora : *pompe foulante*, bomba premente.
foulard m. (fular). Lenço de pescoço. ‖Tecido de seda [étoffe].
fou‖le f. (ful). Multidão, tropel, m. ‖*Fig*. Vulgo, m. [le vulgaire]. ‖Aperto, m., apertão, m. [presse]. **‖-lée** f. (-é). Rasto, m. (da caça). **‖-ler** vt. (-é). Pisar, calcar. ‖Prensar [presser]. Pisoar [drap, peaux]. ‖ **(se)** vr. *Pop*. Ralar-se, cansar-se, mexer-se, afadigar-se. **‖-leur** m. (-âr). Lagareiro [vins]. ‖Pisoeiro [draps]. **‖-lon** m. (-ô). Pisão [machine]. ‖Pisoador [ouvrier]. **‖-lure** f. (-ùr). Apisoamento, m. [drap]. ‖Entorse [membre].
four m. (fur). Forno. ‖*Fig*. e *pop*. Fiasco, fracasso, f. ‖- *à chaux*, Forno de cal. ‖*Petits fours* (-í). Bolinhos secos, bolinhos de chá, sequilhos.
four‖be adj. (furb). Velhaco, ca. **‖-berie** f. (-ârí). Velhacaria.
four‖bir vt. (furbír). Limpar, polir. **‖-bissure** f. (-ùr). Limpeza.
fourbu, ue adj. (furbù). Aguado, da (cavalo). ‖*Fig*. Exausto, ta.
four‖che f. (furx). Forcado, m., forquilha. **‖-cher** vi. (-é). Bifurcar-se. ‖Trocar as palavras. **‖-chette** f. (-ét). Garfo, m. [pour manger]. ‖Ranilha [cheval]. ‖Quilha [oiseaux]. **‖-chu, ue** adj. (-ù). Fendido, da.
four‖gon m. (furgô). Furgão [véhicule]. ‖Esborralhador [tisonnier]. **‖-gonner** vt. (-oné). Esborralhar. ‖*Fam*. Revolver, remexer, rebuscar.
four‖mi f. (furmí). Formiga. **‖-milier** m. (-ié). Formigueiro (zool.). **‖-milière** f. (-iér). Formigueiro, m. **‖-mi-lion** m. (-iô). Formiga-leão, f. **‖-miller** vi. (-iié). Formigar.
fournaise f. (furnéz). Fornalha. ‖Forno, m. (-ô). Fogão, fogareiro. ‖*Haut fourneau*, alto forno. **‖-née** f. (-é). Fornada.
fourni, ie adj. (furní). Fornido, da [épais]. ‖Fornecido, da [pourvu]. ‖Entregue [remis].
four‖nier m. (furnié). Forneiro. **‖-nil** m. (-í). Casa do forno e da amassadeira.
four‖niment m. (fur-â). Equipamento (de soldado). **‖-nir** vt. (-ír). Fornecer. ‖Abastecer [approvisionner]. **‖-nisseur** m. (-âr). Fornecedor. **‖-niture** f. (-ùr). Fornecimento, m. ‖*Ervas aromáticas*, pl. [salade]. ‖Aviamento, m. [vêtements].
fourra‖ge m. (furaj). Forragem, f. **‖-ger** vt. (-é). Devastar. ‖ vi. Forragear. ‖*Fig*. Remexer. **‖-gère** adj. f. (-ér). Forrageira. ‖ s. f. Forrageal, m. ‖*Mil*. Forrageira [cordon]. **‖-geur** m. (-âr). Forrageador, forrageiro.
four‖ré, ée adj. (furé). Forrado, da [peaux]. ‖Metido, da [introduit]. ‖Espesso, sa [touffu]. ‖ s. m. Espessura, f., brenha, f. **‖-reau** m. (-ô). Bainha, f. **‖-rer** vt. (-é). Forrar [peaux]. ‖ Meter, introduzir*. ‖Embutir, empanturrar [comestibles]. **‖-reur** m. (-âr). Peleiro. **‖-rier** m. (-ié). Furriel. **‖-rière** f. (-iér). Depósito (m.) de animais e objectos abandonados. **‖-rure** f. (-ùr). Pele; peliça.
four‖voiement m. (furvuamâ). Extravio. ‖Erro, engano. **‖-voyer** vt. (-aié). Descaminhar. ‖ **(se)** vr. Desviar-se. ‖Enganar-se [se tromper].
foyer m. (fuaié). Lar, lareira, f. ‖*Fís*. Foco. ‖Salão de descanso [théâtre]. ‖Fornalha, f., fornilho [feu].

Itálico : acento tónico. ‖V. página verde para a pronúncia figurada. ‖*Verbo irreg. V. no final do livro.

frac m. (frac). Fraque; casaca, f.
fracas‖ m. (fraca). Fracasso, estrépito. ‖**-ser** vt. (-ê). Despedaçar.
frac‖**tion** f. (frakciô). Fracção. ‖*Mat.* Fracção, quebrado, m. ‖**-tionnaire** adj. (-onér). Fraccionário, ia. ‖**-tionner** vt. (-é). Fraccionar.
fractu‖**re** f. (fractùr). Fractura. ‖**-rer** vt. (-é). Fracturar, partir.
fragi‖**le** adj. (frajíl). Frágil. ‖**-lité** f. (-é). Fragilidade.
fragment m. (fragmã). Fragmento.
frai m. (fré). Desova, f. [poisson]. ‖Desgaste [monnaie]. ‖Ovo (de peixe).
fraîch‖**ement** adv. (fré-ã). Frescamente. ‖**-eur** f. (-ár). Frescura. ‖**-ir** vt. (-ír). Refrescar (tempo).
frairie f. (fréri). Patuscada.
frais, aîche adj. (fré, éx). Fresco, ca. ‖adv. Recém : *fleur fraîche cueillie*, flor colhida de fresco, há pouco. ‖s. m. Fresco : *prendre le frais*, tomar o fresco. ‖pl. Gastos, custas, f. pl. [droit]. ‖*Faux* -, (fô-). Despesas imprevistas, f. pl. ‖*Loc. A frais communs*, a meias. *Faire ses frais*, ganhar para a despesa. *Se mettre en frais de*, fazer* as despesas de, dar-se* em (fig.) ; dispensar.
frai‖**se** f. (fréz). Morango, m. [fruit]. ‖Colarinho, m., pregueado, colarete, m. ‖Redenho, m. [veau]. ‖*Técn.* Fresa. ‖**-ser** vt. (-é). Fresar [bois, fer]. ‖**-sette** f. (-ét). Pequeno colarinho pregueado, m. ‖**-seuse** f. (-áz). Fresadora. ‖**-sier** m. (-ié). Morangueiro.
fram‖**boise** f. (frãbuaz). Framboesa. ‖**-boisier** m. (-ié). Framboeseiro.
framée f. (framé). Frâmea (lança).
fr‖**anc, anche** adj. (frã, ãx). Franco, ca. ‖Inteiro, ra : *trois jours francs*, três dias inteiros. ‖s. m. Franco. ‖**-anque** adj. (-ãc). Franco, ca.
français, aise adj. (frãcé, éz). Francês, esa. ‖s. m. Francês (língua).
franc‖**-alleu** m. (frãcalô). Alódio (ant.). ‖**-comtois, oise** adj. (-ôtua, uaz). Franco-condês, esa.
France n. pr. (frãc). França.
Franche-Comté n. pr. (frã-ôté). Franco Condado.
franchement adv. (frã-ã). Francamente.
fran‖**chir** vt. (frãxír). Transpor*, saltar [sauter]. ‖Atravessar [traverser]. ‖*Fig.* Vencer, superar [difficulté, obstacle]. ‖**-chise** f. (-íz). Franqueza [sincérité]. ‖Franquia [exemption]. ‖**-chissable** adj. (-a-). Transponível, franqueável.
fran‖**ciscain, aine** adj. e s. (frã-çcàn, én). Franciscano, na. ‖**-ciser** vt. (-é). Afrancesar.
franc-maçon ‖ m. (frãmaçô). Pedreiro-livre, maçâo. ‖**-nerie** f. (-onrí). Franco-maçonaria, maçonaria.
franco adv. (frãcô). Isento, franco.
franco-anglais adj. (frãcô-ã-é). Franco-inglês.
François, oise n. pr. (frãçua, uaz). Francisco, ca.
francophil‖**e** adj. (frãcofil). Francófilo, la. ‖**-ie** f. (-í). Francofilia.
franc‖**-parler** m. (frãparlé). Franqueza, f. ‖*Loc. Avoir son franc-parler*, falar sem papas na língua. ‖**-tireur** m. (-rár.) Franco-atirador.
fran‖**ge** f. (frãj). Franja. ‖**-ger** vt. (-é). Franjar; orlar.
franquette f. (frãkét). U. na loc. *à la bonne franquette*, com franqueza : com simplicidade, sem fazer* cerimónia.
fra‖**ppant, ante** adj. (frapã, ãt). Surpreendente. ‖**-ppe** f. (frap). Cunhagem. ‖**-pper** vt. (-é). Ferir. ‖Bater, dar* pancadas (em qualquer coisa). ‖vi. Bater, tocar (à la porte). ‖Cunhar [monnaie]. ‖Gelar [un liquide]. ‖Orerar [impôt, contribution]. ‖*Fig.* Fulminar (faire périr). ‖**-ppeur, euse** adj. e s. (-ár, áz). Espancador, ora.
frasque f. (fraçc). Extravagância.
fra‖**ternel, elle** adj. (fratérnél). Fraternal, fraterno, na. ‖**-terniser** vt. (-é). Fraternizar. ‖**-ternité** f. (-é). Fraternidade. ‖**-tricide** m. (-r-íd). Fratricídio. ‖ adj. e s. 2 g. Fratricida.
frau‖**de** f. (frôd). Fraude. ‖**-der** vt. (-é). Defraudar. ‖vi. Cometer fraude. ‖**-deur, euse** adj. e s. (-ár). Defraudador, ora. ‖**-duleux, euse** (-ùlá, áz). adj. Fraudulento, ta ; doloso, sa.
frayer vt. (fréié). Abrir [chemin]. ‖vi. Desovar [poissons]. ‖*Fig.* Dar-se*, conviver [s'entendre]. ‖ (**se**) vr. Abrir (para si) [chemin].
frayeur f. (fréiár). Pavor, m.

Lettres penchées : accent tonique. ‖ V. page verte pour la prononciation figurée. ‖ *Verbe irrég. V. à la fin du volume.

fredaine f. (frâdén). Estroinice.
Frédéric n. pr. (frêdêric). Frederico.
fre‖don m. (frâdô). Gorjeio, trauteio. ‖-donner vt. e vi. (-onê). Trautear; cantarolar; gargantear.
frégate f. (frêgat). Fragata (navio e ave).
frei‖n m. (fràn). Freio, travão. ‖-nage m. (-énaj). Travagem, f. ‖-ner vi. (-ê). Travar; freiar (Br.).
frelater vt. (frâlatê). Adulterar.
frêle adj. (frêl). Frágil, débil.
frelon m. (frâlô). Vespão.
freluquet m. (frâlùkê). Peralvilho.
fré‖mir vt. (frêmir). Estremecer. ‖-missant, ante adj. (-ã, ãt). Fremente, trêmulo, la. ‖-missement m. (-ã). Estremecimento, frêmito.
frêne m. (frén). Freixo.
fréné‖sie f. (frênêzi). Frenesi, m. ‖-tique adj. (-ic). Frenético, ca.
fré‖quemment adv. (frêcamã). Frequentemente. ‖-quence f. (-cãç). Frequência. ‖-quent, ente adj. (-cã, ãt). Frequente. ‖-quentation f. (-aciõ). Frequentação. ‖-quenter vt. (-ê). Frequentar [endroit]. ‖ Ter* relações, ter* trato; dar-se* com [personne].
fr‖ère m. (frér). Irmão. ‖Frei [avec un nom de religieux] : *frère Jean*, frei João. ‖-convers (-ōvêr). Irmão, frade converso. ‖- *lai* (-é). Frade leigo. ‖ *Faux* -, (fô-). Traidor. ‖-érot m. (-êrô). Fam. Irmãozinho.
fresque f. (fréck). Fresco, m. (arte).
fressure f. (frécùr). Fressura.
fr‖et m. (fré). Frete. ‖-ètement m. (-ã). Fretamento. ‖-éter vt. (-êtê). Fretar. ‖-éteur m. (-ãr). Fretador.
fréti‖llant, ante adj. (frêtiiã, ãt). Bulicoso, sa. ‖-llement m. (-ã). Bulício, agitação, f. ‖-ller vi. (-iiê). Mexer-se, agitar-se; saltar.
fretin m. (frâtàn). Peixe miúdo.
frette f. (frét). Aro, m., virola.
freudien, enne adj. (frâdiàn, én). Freudiano, a.
friable adj. (fria-). Friável, quebradiço, ça.
friand‖, ande adj. (friã, ãd). Apetitoso, sa [agréable]. ‖Guloso, sa [gourmand]. ‖Loc. *Friand de*, apreciador de. ‖-ise f. (-iz). Guloseima.
Fribourg n. pr. (fribur). Friburgo.

fri‖candeau m. (fr-ãdô). Fricandó. ‖-cassée f. (-acê). Fricassé, m. ‖-casser vt. (-ê). Fazer* de fricassé. ‖*Fig.* Dissipar, estragar, gastar.
fricatif, ive adj. (fr-atif, iv). Fricativo, va.
friche f. (frix). Baldo, m. ‖*En friche* (ã-). Inculto.
fri‖cot m. *Fam.* (fr-ô). Fricassé (de carne). ‖-coter vt. (-ê). Guisar de fricassé. ‖-coteur m. (-ãr). *Pop.* Comilão. ‖ Especulador; arranjista. ‖Sorna (soldado mandrião).
fric‖tion f. (frikciõ). Fricção. ‖*Med.* Linimento, m. ‖-tionner vt. (-onê). Friccionar, esfregar.
fri‖gidité f. (fr-ê). Frigidez. ‖-gorie f. (-ori). Frigoria. ‖-gorifier vt. (-ié). Frigorificar. ‖-gorifique adj. (-ic). Frigorífico, ca.
frileux, euse adj. (fr-ã, âz). Friorento, ta.
fri‖maire m. (fr-ér). Frimário. ‖-mas m. (-a). Nevoeiro cerrado.
fri‖me f. (frim). *Pop.* Falsa aparência. ‖-mousse f. (-uç). *Fam.* Cara.
fringale f. (frãngal). Fome súbita, apetite (m.) devorador.
fringant, ante adj. (frãngã, ãt). Vivo, va. ‖Fogoso, sa [fougueux].
fri‖pe f. (frip). *Pop.* Conduto, m. (de pão). ‖-per vt. (-ê). Amarrotar. ‖Desperdiçar [dissiper]. ‖-perie f. (-ri). Trastes, m. pl. ‖-pier, ère m. e f. (-iê, ér). Algibebe, m.; adelo, la.
fri‖pon, onne adj. e s. (fr-ô, on). Intrujão, ona. ‖-ponnerie f. (-ri). Intrujice. ‖-pouille f. (-uiã). Bandalho, m., pulha, m.; vadio, m.
frire* vt. (frir). Fritar, frigir*. ‖ vi. Fritar-se, frigir-se*.
frise f. (friz). Friso, m. ‖Bambolina [théâtre]. ‖Frisa [étoffe]. ‖*Cheval de* - (xl dâ-). Cavalo de frisa.
Frise n. pr. (friz). Frísia.
fri‖sé, ée adj. (fr-ê). Frisado, da. ‖-ser vt. (-ê). Frisar. ‖*Fig.* Roçar por [frôler]. ‖Andar por, orçar [âge] : *friser la cinquantaine*, andar pelos cinquenta. ‖vi. Frisar-se. ‖-sette f. (-ét). Anel, m.; ca;acol, m. (de cabelos). ‖-seur m. (-ãr). Frisador.
fri‖son, onne adj. e s. (fr-õ, on). Frísio, sia. ‖m. Caracol (de cabelo). ‖-sotter vt. (-otê). Frisar, anelar.

Itálico : acento tónico. ‖V. página verde para a pronúncia figurada ‖*Verbo irreg. V. no final do livro.

frisquet, ette adj. (friçké, ét). Fresco, ca. ‖s. f. Frasqueta [imprimerie].
frisson‖ m. (fr-ō). Calafrio, arrepio [froid]. ‖Estremecimento [tressaillement]. ‖**-nant, ante** adj. (-onā, āt). Trémulo, la. ‖**-nement** m. (-ā). Estremecimento. ‖**-ner** vi. (-ē). Estremecer. ‖Arrepiar-se, tremer.
frisure f. (fr-ùr). Frisado, m.
fri‖**it, ite** adj. (fri, it). Frito, ta. ‖**-ítte** f. (-it). *Técn.* Frita. ‖**-iture** f. (-ùr). Fritura [action]. ‖Fritada [chose frite].
frivo‖**le** adj. (fr-ol). Frívolo, la. ‖**-lité** f. (-é). Frivolidade.
fro‖**c** m. (froc). Hábito [de religieux]. ‖*Loc. Jeter le froc aux orties*, renunciar à vida monástica. ‖**-card** m. (-ar). *Pop.* Frade, monge.
froi‖**d, de** adj. (frua, uad). Frio, ia. ‖s. m. Frio. ‖*Loc. A froid*, em frio. *Battre froid*, acolher com frieza. *Il fait froid*, está frio. *Ne pas avoir froid aux yeux*, não ter* medo. *Prendre froid*, apanhar um resfriamento. *Souffler le chaud et le froid*, jogar com pau de dois bicos. ‖**-deur** f. (-ár). Frieza. ‖**-dure** f. (-ùr). Frialdade, frio, m.
froi‖**ssement** m. (frua-ā). Amarrotamento [chiffonnement]. ‖*Fig.* Melíndre [amourpropre]. ‖Mágoa, f. [mécontentement]. ‖**-sser** vt. (-ē). Esfregar. ‖Amarrotar [chiffonner]. ‖Melindrar [moralement]. ‖ **(se)** vr. Melindrar-se, ofender-se.
frô‖**lement** m. (frō-ā). Roçadura, f. ‖**-ler** vt. (-ē). Roçar.
froma‖**ge** m. (fromaj). Queijo. ‖*- à la crème* (a crém). Requeijão. ‖*- de Hollande* (-á olād). Queijo flamengo. ‖*Loc. Entre la poire et le fromage*, à sobremesa. ‖**-ger, ère** m. e f. (-ê, ér). Queijeiro, ra. ‖m. Cincho. ‖**-gerie** f. (-rí). Queijaria.
froment m. (fromā). Trigo candial.
fron‖**ce** f. (frōç). Vinco, m, ruga. ‖**-cement** m. (-ā). Franzimento. ‖**-cer** vt. (-ē). Franzir. ‖s. m. (-i). Pregueado, franzido.
fron‖**daison** f. (frōdézō). Folhagem. ‖**-de** f. (frōd). Funda [arme]. ‖Fronde [végétaux]. ‖Ligadura [bandage]. ‖**-der** vt. (-ē). *Fig.* Criticar. ‖**-deur** m. (-ár). Fundibulário.

‖*Fig.* Má língua, crítico, descontente.
fron‖**t** m. (frō). Testa, f. [tête] ‖Frente [parlie antérieure]. ‖**-tal, ale** adj. (-al). Frontal. ‖**-taller, ère** adj. (-iê, ér). Fronteiriço, ça. ‖**-tière** f. (-iér). Fronteira. ‖adj. Fronteiriço, ça. ‖**-tispice** m. (-çpíç). Frontispício. ‖**-ton** m. (-ō). Frontão.
fro‖**ttée** f. (frotē). Tareia. ‖**-ttement** m. (-ā). Esfregamento. ‖*Fig.* Contacto, atrito. ‖*Mec.* Desgaste; embate. ‖**-tter** vt. (-ē). Esfregar. ‖Roçar. ‖ **(se)** vr. Esfregar-se. ‖*Loc. Qui s'y frotte s'y pique*, quem boa cama fizer nela se deitará. ‖**-tteur** m. (-ár). Encerador. ‖*Mec.* Friccionador. ‖**-ttis** m. (-í). V. GLACIS. ‖**-ttoir** m. (-uar). Escova, f., pano (de encerar). ‖Almofada, f. (máq. eléct.)
frou-frou m. (frufrú). Ruge-ruge [onomatopée].
frous‖**sard, arde** adj. e s. *Pop.* (-ar, ard). Medricas. ‖**-se** f. (-uç). Medo, m., pavor, m.
fruc‖**tidor** m. (frùc-or). Frutidor. ‖**-tifier** vi. (-ié). Fructificar. ‖**-tose** m. (-ōz). Frutose, f. ‖**-tueux, euse** adj. (-ùâ, ēz). Frutuoso, sa; proveitoso, sa; útil.
fru‖**gal, ale** adj. (frùgal). Frugal. ‖**-galité** f. (-é). Frugalidade.
frui‖**t** m. (frùi). Fruto. ‖pl. Fruta, f. ‖*- défendu* (-ēfādù). Fruto proibido. ‖*- sec* Fruto seco. ‖*Fig. Mau estudante*. ‖Falhado, inútil. ‖**-té, ée** adj. (-é). Que sabe ao fruto verde. ‖**-terie** f. (-rí). Frutaria. ‖**-tier, ère** adj. (-iê, ér). Frutífero, ra [arbre]. ‖s. m. e f. Fruteiro, ra [marchand de fruits]. ‖m. Fruteira, f.
frus‖**ques** f. pl. (frùçk). *Pop.* Trapos, m. pl. [vêtements]. ‖**-quin** m. (-ān). ‖V. SAINT-FRUSQUIN.
fruste adj. (frùçt). Gasto, ta [monnaies]. ‖*Fig.* Rude [style, etc.].
frustrer vt. (-rē). Frustrar; privar de.
fuch‖**sia** m. (fukcia). Fúcsia, f. ‖**-sine** f. (-cín). Fucsina.
fucus m. (fùcùç). Fuco, alga, f.
fu‖**gace** adj. (fùgaç). Fugaz. ‖**-gitif,**

Lettres penchées : accent tonique. ‖V. page verɔo pour la prononciation figurée. ‖*Verbe irrég. V. à la fin du volume.

FUG — FUT

ive adj. (-*if, ív*). Fugitívo, va; fugído, da; passageíro, ra.
fugue f. (fùg). Fuga.
fuir* vi. (fùir). Fugir*. ‖Verter [vase]. ‖*Sair**, escoar-se [gaz, etc.]. ‖vt. Fugir* de, afastar-se de.
fuite f. (fùit). Fuga, fugída. ‖Escape, m. [gaz, liquide]. ‖*Fig.* Evasíva.
Fulgence n. pr. (fù-ãç). Fulgêncio, ia.
fulgu‖rant, ante adj. (fù-ùrã, ãt). Fulgurante. ‖**-rer** vi. (-é). Fulgurar, coruscar, brilhar, fulgír.
fuligineux, euse adj. (fù-ã, ãz). Fuliginoso, sa; denegrído, da.
ful‖micoton m. (fù-cotõ). Algodão-pólvora. ‖**-minant, ante** adj. (-ã, ãt). Fulminante. ‖**-miner** vt. (-é). Fulminar, explodir*, detonar.
Fulvie n. pr. (fù-í). Fúlvia.
fu‖mage m. (fùmaj). Fumagem, f. [viandes]. ‖Estrumação, f. [fumier]. ‖**-mant, ante** adj. (-ã, ãt). Fumegante. ‖**-mé, ée** adj. (-é). Fumado, da. ‖**-me-cigarettes** m. (-arét). Boquílha, f.; piteíra (*Br.*). ‖**-mée** f. (-é). Fumo, m. ‖pl. Bosta, f. sing. [cerf]. ‖**-mer** vi. (-é). Fumegar. ‖vt. Fumar; pitar (*Br.*) [tabac]. ‖Defumar, fumar [exposer à la fumée]. ‖Estrumar [terres]. ‖**-merle** f. (-rí). Hábito m. de fumar. ‖**-merolle** f. (-rol). Fumarola. ‖**-meron** m. (-õ). Tição fumegante. ‖**-met** m. (-é). Aroma [vins]. ‖Fartum [viandes]. ‖**-meterre** f. (-ér) Fumária. ‖**-meux, euse** adj. (-ã-ãz). Fumoso, sa. ‖*Fig.* Espirituoso, sa [vins]. ‖**-mier** m. (-ié). Estrume, esterco; detríto; estrumeíra, f.
fumi‖gation f. (fù-aciõ). Fumigação. ‖**-ger** vt. (-é). Fumegar, defumar.
fumis‖te m. (fùmiçt). Fabricante de fogões. ‖Limpa-chaminés [ramoneur]. ‖*Fig.* e *pop.* Trampolineíro. ‖**-terie** f. (-rí). Comércio (m.) de fogões. ‖*Pop.* Parlapatíce, mistificação.
fumoir m. (fùmuar). Sala (f.) de fumo.
funambule s. (fùnãbùl). Funâmbulo.
fu‖nèbre adj. (fùnébr). Fúnebre. ‖**-nérailles** f. pl. (-érai). Funeral, m. sing. ‖**-néraire** adj. (-ér). Funerário, ia, fúnebre.

funeste adj. (fùnéçt). Funesto, ta; azíago, ga; fatal; deplorável; lúgubre.
funiculaire adj. e s. m. (fù-ùlér). Funicular.
fur m. (fùr). U. na loc. : *au fur et à mesure*, à medida que.
furet m. (fùré). Furão [animal]. ‖*Fig.* Bisbilhoteíro [curieux]. ‖Jogo do anel [jeu].
fure‖ter vi. (fùrté). Afuroar [chasse]. ‖*Fig.* Rebuscar, indagar ; gapuíar (*Br. du N.*) [fouiller]. ‖**-teur, euse** adj. (-âr, âz). *Fig.* Bisbilhoteíro, ra; esquadrinhador, ora.
fu‖reur f. (fùrâr). Furor, m. ‖**-ribond, onde** adj. (-õ, õd). Furibundo, da. ‖**-rie** f. (-rí). Fúria. ‖**-rieux, euse** adj. (-iâ, âz). Furioso, sa.
furoncle m. (fùrõ-). Furúnculo.
furtif, ive adj. (fùrtíf, ív). Furtívo, va; clandestíno, na; oculto, ta.
fusain m. (fùzẽn). Fusano [arbuste]. ‖Carvão [pour dessiner]. ‖Desenho a carvão, carvão.
fu‖seau m. (fùzô). Fuso. ‖**-sée** f. (-é). Foguete, m. [feu d'artifíce] ‖Espoleta [de projectile]. ‖*Técn.* Manga [roues]. ‖Fusada [fil].
fuse‖lage m. (fù-aj). Fuselagem, f., carcaça, f. (de avião). ‖**-lé, ée** adj. (-é). Fuselado, da; afusado, da.
fuser vi. (fùzé). Arder sem explodir. ‖Fundir-se, derreter-se.
fusible adj. e s. m. (fùzí-). Fusível.
fu‖sil m. (fùzi). Espingarda, f. [arme de guerre ou de chasse] ‖Afiador [pour aiguiser]. ‖**-siller** m. (-ié). Fusileíro. ‖**-sillade** f. (-iád). Fuzilaría. ‖**-siller** vt. (-ié). Fuzilar. ‖Trespassar. ‖Afiar.
fusion f. (fùziõ). Fusão. ‖**-ner** vt. (-oné). Fundir. ‖vi. Fundir-se.
fustiger vt. (fùç-é). Fustigar.
fût m. (fù). Casco, tonel. ‖Fuste [fusil, instruments, colonne].
futaie f. (fùté). Mata, floresta. ‖*Árvore de grande porte.*
futaille f. (fùtai). Tonel, m.; vasilhame, m. [ensemble].
futaine f. (fùtén). Fustão, m.
futé, ée adj. (fùté). *Fam.* Astuto, ta.
futi‖le adj. (fùtíl). Fútil. ‖**-lité** f. (-é). Futilidade.
futur‖, ure adj. e s. m. (fùtùr).

Itálico : acento tónico. ‖V. página verde para a pronúncia figurada. ‖*Verbo irreg. V. no final do livro.

FUY — GAL

Futuro, ra. ||Novo, va. ||**-isme** m. (-ícm). Futurismo.
fuyant, ante adj. (fùiã, ãt). Fugidío, ia; fugaz. ||Fugente (heráld).
fuyard, arde m. e f. (fuiar, ard). Fugitívo, va; fugido, da.

G

gabardine f. (gabardín). Gabardina.
gabare f. (gabar). Gabarra.
gabarit m. (gabari). Molde, modelo.
gabegie f. (ga-i). Intrujíce.
ga||**belle** f. (gabél). Gabela. ||**-belou** m. (-u). Fiscal de barreira [octroi] ou de alfândega [douane].
gabier m. (gabié). Gajeíro.
gabion m. (gabió). Gabião, cestão.
Gabriel, elle n. pr. (gabriél). Gabriél, ela.
gâ||**che** f. (gax). Chapa-testa [portes]. ||**-cher** vt. (-ê). Amassar [plâtre]. ||*Fig.* Desperdiçar. ||**-chette** f. (-ét). Gatílho, m. [armes]. ||Mola [de serrure]. ||**-cheur** m. (-ãr). Amassador. ||*Fig.* Estragado [gaspilleur]. ||Aldrabão [mauvais ouvrier]. ||**-chis** m. (-i). Lodaçal [boue]. ||*Fig.* Embrulhada, f., trapalhada, f., salsada, f. [mauvaise affaire].
gadoue f. (gadu). *Agr.* Esterco, m., lixo, m., estrume, m. [engrais].
Gaétan n. pr. (gaëtã). Caetano.
ga||**ffe** f. (gaf). *Mar.* Arpéu, m. ||*Fig.* e *fam.* Asneíra [sottise] : *faire une gaffe*, fazer* um disparate. ||**-ffer** vi. (-ê). Fazer* disparate. ||**-ffeur** m. (-ãr). Desastrado.
gaga adj. (gaga). *Fam.* Decrépito.
ga||**ge** m. (gaj). Penhor. ||pl. Salário. ||**-ger** vt. (-ê). Apostar; afiançar, garantír. ||**-geure** f. (-jùr). Aposta. ||**-giste** m. (-içt). Assalariado. ||Músico civíl de banda militar.
ga||**gnant, ante** adj. (ganhã, ãt). Que ganha. ||Premiado, da [loterie]. ||**-gné, ée** adj. (-ê). Ganho, a. ||**-gnepain** m. (-ãn). Ganha-pão. ||**-gnepetit** m. (-âti). Amolador. ||**-gner** vt. (-ê). Ganhar. ||Apanhar [maladie]. ||Alcançar [hauteur]. ||vi. Estender-se, alastrar [s'étendre]. ||Aumentar. ||Loc. *Gagner à*, ganhar com. *Gagner de vitesse*, passar adiante. *Gagner le dessus*, dominar, vencer. *Gagner les devants*, tomar a dianteíra. *Gagner sur*, ganhar a; dominar, obter*.
gai, aie adj. (ghé). Alegre.
gaïac m. (gaiac). Guaiaco, pau-santo.
gai||**ement** adv. (ghémã). Alegremente. ||**-eté** f. (-ê). Alegría. ||Loc. *De gaieté de cœur*, de peito feito.
gaillar||**d, arde** adj. (gaiar, ard). Alegre. ||Bem disposto [en bonne santé]. ||s. m. Valentão. ||*Mar.* Castelo [proue et poupe]. ||f. Leviana. ||**-dise** f. (-íz). Vivacidade, boa disposição. ||Atrevimento, m., dito licencioso, m.
gaiment adv. (ghémã). Alegremente.
gain m. (gãn). Ganho. ||Vantagem, f. : *avoir gain de cause*, obter* decisão favorável, bom provimento.
gaine f. (ghén). Bainha. ||Cínta.
gaîté f. (ghétê). Alegría.
gala m. (gala). Espectáculo de gala. ||Banquete oficial. ||Solenídade, f.
galamment adv. (galamã). Galantemente. ||Elegantemente.
galan||**t, ante** adj. (galã, ãt). Galante. ||Elegante, aprimorado, da. ||Divertido, da [de bonne compagnie]. ||s. n. Galanteador, galã. ||*Vert-* (vér-). Velho gaiteíro. ||**-terie** f. (-rí). Galantaría. ||**-tin** m. (-ãn). Galanteador ridículo. ||**-tine** f. (-ín). Galantina.
galaxie f. (ga-ksí). Galáxia.
galbe m. (gc-). Perfíl, contorno, figura, f., aspecto.
gale f. (gal). Sarna. ||*Fig.* e *fam.* Má-língua, maldizente.
galée f. (galê). *Imp.* Galé, galiota.
galéjade f. (galêjad). Zombaría.
galène f. (ga-én). Galena.
galère f. (galêr). Galé, galera.
galerie f. (ga-rí). Galeria. ||*Teat.* Geral. ||*Fig.* Público, m., especta-

---

Lettres penchées : accent tonique. ||V. page verte pour la prononciation figurée. ||*Verbe irrég. V. à la fin du volume.

GAL — GAR

dores, m. pl. ‖ Colecção. ‖ Corredor, m.
galérien m. (galêriàn). Galeote.
galet m. (galé). Seixo. ‖ *Técn.* Rolete, rodízio.
galetas m. (ga-*a*). Sótão [mansarde]. ‖ Tugúrio [taudis].
gale‖tte f. (galét). Bolacha. ‖ *Pop.* Dinheiro, m., bago, m. ‖**-tteux, euse** adj. (-â, âz). *Pop.* Rico, ca.
galeux, euse adj. (galâ, âz). Sarnento, ta: sarnoso, sa; tinhoso, sa.
galhauban m. (galôbà). Brandal.
Gali‖ce n. pr. (galíç). Galíza. ‖**-cle** n. pr. (-í). Galícia [Polónia e Ucrânia].
Galien n. pr. (galiàn). Galíano, Galeno.
Galilée n. pr. (ga-é). Galileía [géogr.]. ‖ *Galileu* [savant].
galiléen, enne adj. (ga-éân, én). Galileu, eía.
galimatias m. (ga-atí*a*). Aranzel.
galion m. (galíô). Galeão.
galle f. (gal). Galha, bugalho, m.
Galles n. pr. pl. (gal). Gales.
galli‖can, ane adj. (ga-cã, *a*n). Galicano, na. ‖**-canisme** m. (-aníçm). Galicanísmo. ‖**-cisme** m. (-íçm). Galicísmo, francesísmo.
gallinacé, ée adj. (ga-acé). Galináceo, ea.
gallo-romain, aine adj. (galoromàn, én). Galo-romano, na.
galoche f. (galox). Galocha.
gal‖on m. (galô). Galão. ‖**-onner** vt. (-oné). Agaloar.
galo‖p m. (galó). Galope. ‖ *Fam.* Descompostura, f. ‖ *Au -*, loc. (ô) A galope. ‖**-pade** f. (-*a*d). Galopada. ‖**-pant, ante** adj. (-â, ât). Galopante. ‖**-per** vi. (-é). Galopar. ‖ *Andar muito depressa* [courir]. ‖**-pin** m. (-àn). Recadeíro [commissionnaire]. ‖ Garoto atrevído [gamin effronté].
galva‖niser vt. (ga-a-é). Galvanizar. ‖**-no** m. (-ó). Galvano. ‖**-nomètre** m. (-ométr). Galvanómetro. ‖**-noplastie** f. (-açtí). Galvanoplastía.
galvau‖der vt. (ga-ôdé). Aldrabar [ouvrage]. ‖ Desonrar [réputation]. ‖**-deux, euse** s. (-â, âz). Vadío, ía.
gam‖bade f. (gâbad). Cabríola. ‖**-bader** vi. (-é). Cabriolar. ‖**-biller** vi. (-íé). Pernear (fam.).
Gambie n. pr. (gâbí). Gâmbia.

gamelle f. (gamél). Gamela; marmíta.
ga‖min, ine m. e f. (gamàn, ín). Gaiato, ta. ‖ adj. Garoto, ta. ‖**-miner** vi. (-é). Garotar. ‖**-minerie** f. (-rí). Garotíce; molecagem (*Br.*).
gamme f. (gam). Escala; gama; tom, m.
gammée adj. (gamé). Gamada.
ganache f. (ganax). Ganacha [cheval]. ‖ *Fig.* e *fam.* Pacóvio, ia, palerma.
gandin m. (gàdàn). Písa-flores.
Gange n. pr. (gâj). Ganges.
ganglion m. (gâ-ió). Gânglio.
gangr‖ène f. (gâgrén). Gangrena. ‖**-ener** vt. (-âné). Gangrenar. ‖**-éneux, euse** adj. (-â, âz). Gangrenoso, sa.
gangue f. (gâg). Ganga (min.).
ganse f. (gâç). Presílha, alamar, m.
gan‖t m. (gâ). Luva, f. ‖ *Loc. Se donner des gants*, gabar-se do que não se fez. ‖**-té, ée** adj. (-é). Enluvado, da. ‖**-telet** m. (-é). Guante. ‖**-ter** vt. (-é). Enluvar, convir* a : *cela me gante*, convém-me. ‖**-terie** f. (-rí). Luvaría. ‖**-tier, ère** m. e f. (-ié, ér). Luveíro, ra.
Ganymède n. pr. (ga-éd). Ganímedes.
garag‖e m. (garaj). Garagem, f., recolha, f. [aut.]. ‖ Resguardo [ch. fer.]. ‖**-iste** m. (-íçt). Garagísta.
garance f. (garâç). Ruíva, garança.
garan‖t, ante adj. (garâ, ât). Fiador, ora : *prendre à garant*, tomar como fiador. ‖**-tie** f. (-í). Garantía. ‖**-tir** vt. (-ír). Garantír, afiançar.
gar‖ce f. (garç). *Pop.* Rameíra, prostítuta. ‖ ant. Raparíga. ‖ *Loc. Garce de*, maldita, excomungada. ‖**-çon** m. (-ô). Rapaz; *pid* (*Br.*) ; rapazínho; curumím (*Br. du N.*) [petit]. *Criado*, moço, aprendíz. ‖ Solteíro [célibataire]. ‖ *Loc. Garçon de café*, criado de café. *Garçon de recette*, cobrador. *Vieux garçon*, solteirão. ‖**-conne** f. (-on). Raparíga arrapazada. ‖**-connet** m. (-é). Rapazínho. ‖**-çonnière** f. (-iér). Quarto, m., *casa de rapaz solteiro*.
garde‖ f. (gard). Guarda. ‖ Copos, m. pl. (épée). ‖ Vigilante [infirmière]. ‖ m. Guarda [gardien; soldat]. ‖ *Loc. Descendre de garde*,

---

Itálico : acento tónico. ‖V. página verde para a pronúncia figurada. ‖ *Verbo irreg. V. no final do livro.

GAR — GAU

sair* de guarda. *Garde à vous*, sentido (voz e toque). *Garde des sceaux*, ministro da justiça, em França. *Garde* (f.) *de corps*, guarda pessoal. *Monter la garde*, estar* de guarda. *N'avoir garde de*, não fazer tenção de. *Prendre garde*, acautelar-se. *Prendre garde de*, tratar de evitar [suivi d'infinitif]. *S'en donner jusqu'aux gardes*, beber à tripa forra. *Se donner garde de*, evitar. *Se tenir sur ses gardes*, precaver-se*, desconfiar. *Sous bonne garde*, a bom recato. ‖--**barrière** m. e f. (-âbariér). Guarda-barreira. ‖--**boue** m. (-u). Guarda-lama. ‖--**chasse** m. (-xaç). *Guarda* (m.) *de coutada*. ‖--**chiourme** m. (-urm). Comitre (ant.). ‖*Guarda militar*. ‖--**côte** m. (-ôt). Guarda-costas (mar.). ‖--**crotte** m. (-rot). Guarda-lama. ‖--**du corps** m. (-ù cor). Guarda-costas; jagunço (Br.) [d'un politique]. ‖--**fou** m. (-u). Parapeito. ‖--**magasin** m. (-agazăn). Fiel de armazém. ‖--**malade** m. e f. (-alad). Enfermeiro, ra. ‖--**manger** m. (-âjé). Guarda-comidas. ‖--**meuble** m. (-â-). Arrecadação (f.) de móveis.
gardénia m. (-deniâ). Gardénia, f.
gard‖**er** vt. (gardé). Guardar. ‖--**erie** f. (-âri). Infantário, m. ‖--**e-robe** f. (-rob). Guarda-roupa, m. ‖--**eur, euse** adj. e s. (-âr, âz). Guardador, ora. ‖--**ien, enne** adj. (-iân, en). Guarda; protector, ora. ‖*Gardien de la paix*, guarda, polícia (agente).
gardon m. (gardŏ̂). Leucisco.
gare f. (gar). Estação. ‖*interj.* Cuidado! ‖*Loc. Gare l'eau!* Água vai! *Sans crier gare*, sem dizer* água vai.
garenne f. (garén). Tapada, coutada.
garer vt. (garé). Abrigar, recolher [auto]. *Desviar um comboio* [voie].
garga‖**riser** sp. vr. (-argar-ê). Gargarejar. ‖--**risme** m. (-içm). Gargarejo [action et médicament].
gargo‖**te** f. (gargot). Tasca. ‖--**tier, ère** m. e f. (-ié, ér). Taberneiro, ra.
gar‖**gouille** f. (garguîiâ). Gárgula; goteira. ‖--**gouillement** m. (-â). Gorgolejo [liquide]. ‖--**gouiller** vi. (-iié). Gorgolejar. ‖--**goulette** f. (-ulét). Bilha de barro, moringue, m.
gargousse f. (gargúç). Cartucho, m.

garnement m. (garnâmă). Velhaco, patife; vadio, valdevinos.
gar‖**ni, ie** adj. (garnî). Guarnecido, da. ‖*Mobilado de* [meublé]. ‖*Com acompanhamento* (culinária). ‖s. m. Quarto, casa (f.) mobilada, de aluguer. ‖--**nir** vt. (-ir). Guarnecer. ‖*Enfeitar* [orner]. ‖*Mobilar* [meuble]. ‖*Reforçar* [renforcer]. ‖--**nison** f. (-ŏ̂). Guarnição. ‖--**niture** f. (-ùr). Guarnição, enfeite, m., ornamento, m. [parure].
Garonne n. pr. (garon). Garona.
garr‖**ot** m. (garŏ̂). Garrote [pour serrer]. ‖*Cernelha*, f. [d'animal]. ‖--**otter** vt. (-oté). Garrotar, esganar.
gars m. (ga) *Fam.* Rapaz; rapagão.
Gascogne n. pr (gaçconh). Gasconha.
gascon‖**, onne** adj. (gaçcŏ̂, on). Gascão, â. ‖--**nade** f. (-ad). Fanfarronada, farronca, bazófia, jactância.
Gaspard n. pr. (gaçpar). Gaspar.
gaspi‖**llage** m. (gaçpiiáj). Desperdício. ‖--**ller** vt. (-iié). Desperdiçar, malbaratar. ‖--**lleur, euse** adj. e s. (-âr, âz). Dissipador, ora; gastador, ora.
gastéropode m. (gaçtêropod). Gasterópode, gasterópodo.
gas‖**traigle** f. (gaçtra-i). Gastralgia. ‖--**trique** adj. (-ric). Gástrico, ca. ‖--**tronome** adj. e s. (-onom). Gastrónomo. ‖--**tronomie** f. (-i). Gastronomia.
gâteau m. (gatŏ̂). Bolo, pastel; doce. ‖*Favo* [de miel]. ‖-- *de Savoie* (-avua). Pão-de-ló. ‖-- *des Rois* (-êrua). Bolo-rei.
gâ‖**te-métier** m. (ga-êtiê). Barateiro. ‖--**ter** vt. (-ê). Estragar. ‖*Amimar* [enfants]. ‖--**terie** f. (-ri). Mimo, m. ‖--**te-sauce** m. (-ŏç). Bicho de cozinha. ‖--**teux, euse** adj. (-â, âz). *Fam.* Caquético, ca; tonto, ta; senil.
gâtine f. (gatîn). Tremedal, m.
gâtisme m. (gatiçm). Caquexia, f.
gau‖**che** adj. (gŏx). Esquerdo, da. ‖*Torto, ta*; torcido, da [de travers]. ‖*Fig.* Desajeitado, da; canhestro, ra. [inhábil]. ‖s. f. Esquerda. ‖*A gauche* (de), à esquerda de. ‖--**chement** adv. (-â). Desajeitadamente. ‖--**cher, ère** adj. (-ê, ér). Canhoto, ta. ‖--**cherie** f. (-ri). *Fam.* Acanhamento, sang-froid. ‖--**chir** vi. (-ir). Empenar (superfície). Torcer-se,

---

Lettres penchées : accent tonique. ‖V. page verte pour la prononciation figurée. ‖*Verbe irrég. V. à la fin du volume.

GAU — GÊN

entortar-se, deformar-se. ‖-chissement m. (-ã). Empenamento, torcimento, deformação, f.
gaude f. (gôd). Gauda, reseda.
gaudriole f. (gôdríol). Chocarrice.
gau‖frage m. (gôfraj). Estampagem, f. ‖-fre f. (gôfr). Favo, m. [de miel]. ‖Barquilho, m. [pâtisserie]. ‖-frer vt. (-é). Estampar. ‖-frette f. (-ét). Coscorão, m., filhó.
gau‖lage m. (gôlaj). Varejo. ‖-le f. (gôl). Vara, cana; vergasta, chibata.
Gaule n. pr. (gôl). Gália.
gauler vt. (gôlé). Varejar.
gau‖lois, oise adj. (-ua, uaz). Gaulês, esa. ‖Livre, alegre. ‖-loiserie f. (-rí). Graça pesada, ou equívoca, graçola.
gausser (se) vr. (-ôcé). Escarnecer.
Gautier n. pr. (gôtié). Gualtério.
gavage m. (gavaj). Ceva, f., engorda, f.
gave m. (gav). Torrente, f. (Pirenéus).
gaver vt. (gavé). Cevar [animaux]. ‖Encher, fartar [personnes].
gavotte f. (gavot). Gavota (dança).
gavroche m. (gavroх). Garoto de Paris.
gaz m. (gaz). Gás.
gaze f. (gaz). Gaze, gaza.
gazelle f. (gazél). Gazela.
gazer vt. (gazé). Cobrir* com gaze. ‖Fig. Atenuar. ‖Passar pelo lume. ‖Andar bem (avião, automóvel).
gazette f. (gazét). Gazeta, jornal, m.
gaz‖eux, euse adj. (gazâ, âz). Gasoso, sa. ‖-ier m. (-ié). Empregado de companhia de gás. ‖-ogène m. (-ojén). Gasogénio. ‖-omètre m. (-étr). Gasómetro.
gazo‖n m. (gazô). Relva, f. ‖-nner vt. (-oné). Arrelvar, relvar.
gazoui‖llement m. (gazuiïãmã). Gorjeio. ‖-ller vi. (-ïié). Gorjear. ‖-llis m. (-ïí). Chilreada, f.
geai m. (jé). Gaio.
géant, ante adj. e s. (jêã, ãt). Gigante (adj. e s. m.); giganta, f.
Gédéon n. pr. (jêdêô). Gedeão.
géhenne f. (jéén). Geena; tortura.
geignant, ante adj. (jênhã, ãt.). Gemente, choramingas, lamuriento, ta.
geindre* vi. (jàndr). Gemer, queixar-se, lamentar-se, lamuriar.
gel m. (jél). Gelo, caramelo.

gélati‖ne f. (jélatín). Gelatina. ‖-neux, euse adj. (-ã, âz). Gelatinoso, sa.
ge‖lée f. (-é). Frio (m.) rigoroso. ‖Geleia [viande, fruits]. ‖- blanche (-ãх). Geada. ‖-ler vt. (-é). Gelar. ‖- blanc (-ã). Gear, cair* geada.
gélif, ive adj. (jélif, ív). Gretado, da; fendido, da (pelo frio).
gelinotte f. (-ot). Franga; ganga.
gémeaux m. pl. (jêmô). Gémeos (ast.).
gé‖mir vi. (jêmír). Gemer. ‖-missant, ante adj. (-ã, ãt). Gemente. ‖-missement m. (-ã). Gemido.
gemme adj. e s. f. (jém). Gema. ‖Bot. Gema, rebento, gomo.
gémonies f. pl. (jêmoní). Gemónias.
gênant, ante adj. (jénã, ãt). Incómodo, da; penoso, sa; embaraçoso, sa.
gencive f. (jãcív). Gengiva.
gendar‖me m. (jãdarm). Guarda-republicano. ‖Pop. Arenque fumado. ‖-mer (se) vr. (-é). Irritar-se. ‖-merie f. (-ãri). Guarda-republicana.
gendre m. (jãdr). Genro.
gê‖ne f. (jén). Incómodo, m. ‖Fig. Penúria [d'argent]. ‖Acanhamento, m. [contrainte]. ‖Sans gêne, loc. Mal educado, sem cerimónia. ‖-né, ée adj. (-é). Acanhado, da; matuto, ta (Br.). ‖Em apuros, na penúria [sans argent].
généalo‖gie f. (jênêaloji). Genealogia. ‖-giste m. (-íçt). Genealogista.
gêner vt. (jéné). Incomodar; atormentar; estorvar; pôr* em apuros.
généra‖l, ale adj. e s. m. (jênêral). Geral, general, m. ‖-liser vt. (-é). Generalizar. ‖-lissime m. (-ím). Generalíssimo. ‖-lité f. (-é). Generalidade; maioria.
géné‖rateur, trice adj. e s. (jênêratâr, ríç). Gerador, ora. ‖Geom. f. Geratriz. ‖-ration (-ciô). Geração. ‖-reux, euse adj. (-ã, âz). Generoso, sa. ‖-rosité f. (-o-é). Generosidade; bondade; bizarria; clemência.
Gênes n. pr. (jén). Génova.
genèse f. (-éz). Génese.
genêt m. (-é). Giesta, f. ‖- d'Espagne (-éçpanh). Cítiso.
gêneur, euse m. e f. (jênâr, âz). Importuno, na; maçador, ora; carraça.

Itálico: acento tónico. ‖V. página verde para a pronúncia figurada. ‖*Verbo irreg. V. no final do livro.

GEN — GIB

Gen‖ève n. pr. (jênév). Genebra.
genevois, oise adj. (jâ-ua, uaz). Genebrino, na; genebrês, esa.
Geneviève n. pr. (jâ-iév). Genoveva.
genévrier m. (-êvrié). Junípero.
gé‖nial, ale adj. (jênial). Genial. ‖-nie m. (-i). Gênio, espírito; engenho, talento. ‖*Técn*. Engenharia, f.
génisse f. (jênic). Vitela, novilha; vaquilhona (*Br. du S.*).
géni‖tal, ale adj. (jê-al). Genital. ‖-tif m. (-if). Genitivo.
génois, oise adj. (jênua, uaz). Genovês, esa.
gen‖ou m. (-u). Joelho. ‖*Pop*. Careca [chauve]. ‖*Loc*. *A genoux, de joelhos*. *Couper comme un genou*, não cortar nada. ‖-ouillère f. (-iér). Joelheira.
genre m. (jâr). Género. ‖*Loc*. *Faire du genre*, dar-se* ares, presumir.
gens m. e f. pl. (jã). Gente, f. sing., pessoas. ‖- *de cheval* (-â -al). Cavaleiros. ‖- *d'église* (-ê-iz). Eclesiásticos. ‖- *d'épée* (-êpê). Fidalgos. ‖- *de robe* (-rob). Togados. ‖*Jeunes* - (jân-). Gente moça. ‖*Vieilles* - (viéi-). Velhos, gente velha.
gens f. (jãnc). Gens (em Roma).
gent f. (jã). *Ant*. Gente, nação, raça.
gentiane f. (jácian). Genciana.
gentil‖l, ille adj. (játi, áiá), Gentil, gracioso, sa; amável, lindo, da. ‖*Irón*. Bonito, ta. ‖*Loc*. *Etre gentil*, ser* delicado. *Ce n'est pas gentil*, não está bem. ‖-homme m. (-iom). Fidalgo. ‖*Gentil-homme* [charge de cour]. ‖-hommière f. (-iér). Solar, m.; *casa solarenga*.
gentil‖lité f. (jâ-ê). Gentilidade. ‖-llesse f. (-iéé). Gentileza. ‖-llet, ette adj. (-iê, ét). Engraçadinho, nha. ‖-ment adv. (-â). Gentilmente, lindamente, amàvelmente.
génuflexion f. (jênû-êkciõ). Genuflexão, ajoelhação.
géo‖désie f. (jêodêzi). Geodesia. ‖-graphe m. (-raf). Geógrafo. ‖-graphie f. (-i). Geografia. ‖-graphique adj. (-ic). Geográfico, ca.
geô‖le f. (jôl). Calabouço, m. ‖-lier m. (-ié). Carcereiro.
géo‖logie f. (jêoloji). Geologia. ‖-logue m. (-og). Geólogo. ‖-mètre

m. (-étr). Geómetra. ‖-métrie f. (-êtri). Geometria.
Georges, gette n. pr. (jorj, ét). Jorge, Georgina.
Géor‖gie n. pr. (jêorji). Geórgia. ‖-giques f. pl. (-ic). Geórgicas.
gérance f. (jêréc). Gerência.
géranium m. (jêraniom). Gerânio.
gérant, ante m. e f. (jêrã, ãt). Gerente, director, ora; administrador, ora.
Gérard n. pr. (jêrar). Gerardo.
ger‖be f. (jêrb). Feixe, m. ‖Braçado, m. [de fleurs]. ‖-ber vt. (-ê). Enfeixar. ‖-bier m. (-ié). Meda, f.
gerboise f. (jérbuaz). Gerbo, m.
ger‖cer vt. (jêrê). Gretar, abrir [la peau]. ‖-cure f. (-ùr). Cieiro, m.
gérer vt. (jêrê). Gerir, administrar.
germa‖in, aine adj. (jêrmẽ, én). Coirmão, ã ‖*Germano*, na [peuple]. ‖-nique adj. (-ic). Germânico, ca. ‖-niser vt. (-ê). Germanizar. ‖-nisme m. (-içm). Germanismo. ‖-nophile adj. Germanófilo, la.
ger‖me m (jêrm). Germe. ‖-mer vi. (-ê). Germinar. ‖-mination f. (-aciõ). Germinação.
gérondif m. (jêrõdif). Gerundivo (latim); gerúndio (francês).
Gertrude n. pr. (jêrtrùd). Gertrudes.
Gervais, a se n. pr. (jérvé, éz). Gervásio, ia.
gésler m. (jêziê). Moela, f. (aves).
gésine f. (jêzin). *Ant*. Parto, m.
gésir* vi. (jêzir). Jazer* : *ci-gît, aqui jaz*. ‖*Fig*. Consistir.
gesse f. (jéc). Cizirão, m.
ges‖tation f. (jéctaciõ). Gestação. ‖-tatoire adj. (-uar). Gestatório, ia. ‖-te m. (jéct). Gesto, meneio. ‖f. Gesta (liter.) ‖-ticulation f. (-ùlaciõ). Gesticulação. ‖-ticuler vi. (-ê). Gesticular. ‖-tion f. (-iõ). Gestão, gerência. ‖-tionnaire m. (-onér). Gerente, administrador.
geyser m. (jêzêr). Géiser.
gib‖beux, euse adj. (-â, âz). Giboso, sa. ‖-bon m. (-õ). Gibão (macaco). ‖-bosité f. (-o-ê). Gibosidade, giba.
gibecière f. (-iér). Bolsa (de caça). ‖Saca, mala [d'écolier].
gibelin, ine m. e f. (-ãn, in). Gibelino, na.
gibelotte f. (-ot). Fricassé (m.) de coelho, etc. com vinho branco.

Lettres penchées : accent tonique. ‖V. page verte pour la prononciation figurée. ‖*Verbe irrég. V. à la fin du volume.

giberne f. (jib*é*rn). Cartuch*e*ira.
gibet m. (-*é*). Forca, f. ‖Pat*í*bulo, cadafalso. ‖Madeiro da cruz.
gibier m. (-*ié*). Caça, f. (os animais caçados). ‖- *de passage* (-açaj). *Aves de arribação*, f. pl. ‖- *de potence* (-otãç). Trat*a*nte (fig.).
giboulée f. (-ulé). Aguaceiro, m.
giboyeux, euse adj. (-ua*iâ*, âz). Abund*a*nte em caça.
gibus m. (-*ù*ç). Chap*éu* de molas.
gi‖cler vi. (-é). Salpic*a*r. ‖-**cleur** m. (-*â*r). Injector, pulverizador.
gi‖fle f. (ji-). Bofet*a*da, tapa-olhos, m; munhec*a*ço, m. (*Br.*). ‖-**fler** vt. (-é). Esbofet*ea*r.
gigantesque adj. (-*â*tésk). Gigantesco, ca.
gigogne (**mère**) f. (mér-*o*nh). Mãe de m*ui*tos f*i*lhos (mulher). ‖*Table* -, mesa de encaix*a*r.
gigo‖t m. (-*õ*). Perna (f.) de carn*ei*ro. ‖-**ter** vi. (-é). Espern*ea*r.
gigue f. (jig). *Pop.* Perna. ‖Jiga [danse, air].
Gilbert, erte n. pr. (-*é*r, *é*rt). Gilberto, ta.
gile‖t m. (-é). Colete. ‖Camisola (f.) inter*io*r.
gille m. (jil). Palhaço de f*ei*ra. ‖*Fam* Palonso, lorpa, lucas [niais].
Gilles n. pr. (jil). Gil.
gin m. (jàn). Aguard*e*nte de cere*ai*s,f.
gingembre m. (jànj*â*br). Gengibre.
girafe f. (-r*a*f). Girafa.
girandole f. (-r*â*dol). Gir*â*ndola.
giratoire adj. (-ratu*a*r). Giratório, ia.
giro‖fle m. (-ro-). Cravo-de-cab*e*c*i*nha ‖-**flée** f. (-é). G*oi*vo, m.
giron m. (-r*õ*). Colo, reg*a*ço. ‖*Fig.* Se*i*o, grémio [sein]. ‖Gir*ã*o (her.).
girondin, ine adj. (-r*õ*d*à*n, *i*n). Girond*i*no, na.
girouette f. (jiru*é*t). Catav*e*nto, m.
gi‖sant, ante adj. (-*ã*, *ã*t). Jacente. ‖-**sement** m. (-*ã*). Jazigo (geol.).
gitan, ane m. e f. (-*ã*, an). Cigano, na.
gî‖te m. (jit). Alojam*e*nto. ‖Cama, f. [du lièvre]. ‖- *à la noix* (-anu*a*). Chambão. ‖-**ter** vi. (-é). Mor*a*r, habit*a*r; est*a*r* na toca.
givre m. (jivr). Ge*a*da, f., gelo.
glabre adj. (-*a*br). Glabro, a; pel*a*do, da; imberbe [visage].
glaçage m. (-aç*a*j). Congelaç*ã*o, f.

gla‖ce f. (-aç). Gelo, m. [eau gelée]. ‖Espelho, m. [miroir]. ‖Vidr*a*ça [vitre à châssis mobile]. ‖Gel*a*do, m. [crème glacée]. ‖-**cer** vt. (-é). Gel*a*r. ‖Lustr*a*r, acetin*a*r. ‖Cobr*i*r* de açúcar [fruits]. ‖-**cial, ale** adj. (-i*a*l). Glac*i*al. ‖-**cier** m. (-ié). Glac*ia*r. ‖Vend*e*dor de gel*a*dos. ‖-**cière** f. (-i*é*r). Gele*i*ra [pour gard*e*r la glace]. ‖Gelad*ei*ra, sorvet*ei*ra. ‖-**cis** m. (-*i*). Talude. ‖*Pint.* Cor (f.) transp*a*rente. ‖-**çon** m. (-*õ*). Bloco de gelo, caramelo.
gladiateur m. (-adiat*â*r). Gladiador.
glaïeul m. (-ai*é*l). Gladíolo.
glaire f. (-*é*r). Baba, muco, m. ‖Clara de *o*vo (para encadernaç*õe*s).
glai‖se f. (-éz). Barro, m., greda. ‖-**seux, euse** adj. (-*â*, *â*z). Argil*o*so, sa.
glaive m. (-év). Gládio, espada, f.
glan‖d m. (-*ã*). Bolota, f. ‖Borla, f. [ornement]. ‖-**de** f. (-*ã*d). Glândula.
gla‖ne f. (-an). Resp*i*ga. ‖-**ner** vt. (-é). Rebusc*a*r. ‖Respig*a*r [aux champs]. ‖-**neur, euse** m. e f. (-*â*r, *â*z). Respigador, *o*ra; rebuscador, *o*ra.
gla‖pir vi. (-ap*i*r). Latir. ‖-**pissant, ante** adj. (-*â*, *â*t). Esganiç*a*do, da. ‖-**pissement** m. (-*ã*). Lat*i*do, regou*go*; guincho, *ui*vo, gritaria, f.
glas m. (-a). Dobre a finados.
glauque adj. (-ôc). Gl*au*co, ca.
glèbe f. (-éb). Gleba; f*eu*do, m.
gli‖ssade f. (-*a*d). Escorregad*e*la, deslizam*e*nto, m. ‖-**ssant, ante** adj. (-*â*, *â*t). Escorreg*a*dio, ia. ‖-**ssement** m. (-*ã*). Escorregam*e*nto. ‖-**sser** vi. (-é). Escorreg*a*r, desliz*a*r. ‖*Fig.* Passar por c*i*ma [omettre]. ‖Desliz*a*r, passar furtivam*e*nte. ‖**vt.** Introduz*i*r*, passar [couler]. ‖ (**se**) vr. Introduz*i*r-se*, met*e*r-se. ‖Infiltr*a*r-se, insinu*a*r-se. ‖-**sseur** m. (-*â*r). Deslizador, patinador. ‖-**ssière** f. (-i*é*r). Corred*i*ça. ‖-**ssoire** f. (-u*a*r). Resvaladouro, m., p*i*sta de gelo, f.
glo‖bal, ale adj. (-ob*a*l). Gl*o*bal. ‖-**be** m. (-ob). Globo. ‖Red*o*ma, f. [pour horloges, etc]. ‖M*a*nga (f.) red*o*nda de cande*ei*ro, globo [de lampe].
globule m. (-ob*ù*l). Glóbulo.

Itálico : acento tónico. ‖V. página verde para a pronúncia figurada. ‖*Verbo irreg. V. no final do livro.

gloire f. (-uar). Glória. ‖Honra.
glo‖ria m. (-oría). Café ou chá com aguardente. ‖-**rieux, euse** adj. (-ió, áz). Glorioso, sa. ‖-**rifier** vt. (-ié). Glorificar. ‖-**riole** f. (-iol). Gloríola, vang ria.
glo‖se f. (-ôz). Glosa. ‖-**ser** vt. (-ê). Glosar.
glossaire m. (-océr). Glossário.
glotte f. (-ot). Glote.
glou‖glou m. (-u-u). Gluglu [bouteille, oiseaux]. ‖-**ssement** m. (-à). Cacarejo. ‖-**sser** vi. (-é). Cacarejar.
glou‖ton, onne adj. e s. (-utô, on). Glutão, ona. ‖-**tonnerie** f. (-rí). Glutonaria, gula, voracidade.
gl‖u f. (-ù). Visco, m. ‖-**uant, ante** adj. (-uã, ãt). Viscoso, sa. ‖Fig. Maçador ora. ‖-**uau** m. (-uô). Varinha (f.) enviscada (para caçar aves).
glucose f. (-ücôz). Glicose.
gluten m. (-ütén). Glúten.
gly‖cérine f. (-érín). Glicerina. ‖-**cine** f. (-ín). Glicínia (planta).
gneiss m. (-éç). Gnéisse.
gnocchi m. pl. (nhoki). Certas massas (f.) italianas tostadas no forno.
gno‖me m. (-ôm). Gnomo. ‖-**mon** m. (-ô). Gnómon, quadrante solar.
gnostique adj. e s. m. (-octíc). Gnóstico, ca.
go (**tout de**) loc. adv. (tudgô). Pop. Sem cumpeno, livremente, imediatamente.
gobe‖let m. (go-é). Copo (sem pé). ‖-**mouches** m. (-ux). Papa-moscas.
gober vt. (gobé). Tragar. ‖Sorver [œufs, huîtres]. ‖Fig. Engolir [croire].
go‖berger (se) vr. (-obérjé). Divertir-se. ‖-**bet** m. (-é). Fam. Bocado (que se engole duma vez). ‖Fig. (p. us.). Pateta. ‖-**beur, euse** m. e f. (-âr, âz). Palerma, pateta, lorpa.
Godefroy n. pr. (go-rua). Godofredo.
godelureau m. (go-ùrô). Requestador.
goder vi. (godé). Fazer* pregas.
godet m. (godé). Prega, f. [vêtements]. ‖Alcatruz [de noria]. ‖Godé [peinture].
godiche adj. e s. (godíx). Desastrado, da.
godl‖lle f. (godiiâ). Ginga. ‖-**ller** vi. (-ié). Remar com a ginga. ‖-**llot** m. (-ô). Sapatorra, f., sapato grosseiro.
godlveau m. (go-ô). Almôndega, f.

godron m. (godrô). óvalo. ‖Canudo.
goéland m. (goêlã). Alcatraz.
goélette f. (goêlét). Goleta (mar.).
goémon m. (goemô). Sargaço, bodelha, f.
gogo m. (gcgô). Simplório, tanso. ‖A -, loc. Fam. à farta, à larga.
gogue‖nard, arde adj. (go-ar, ard). Trocista. ‖-**narder** vi. (-é). Troçar, galhofar, chalacear, escarnecer.
goguette (**en**) loc. (ãgoghét). Alegre, com um grão na asa, tocado [gris, ivre].
goinfre adj. (guànfr). Glutão, ona.
goi‖tre m. (guatr). Papeira, f., bócio. ‖-**treux, euse** adj. (-â, âz). Com papeira ou bócio, cretino, na.
golfe m. (go-). Golfo.
Golgotha n. pr. (go-ota). Gólgota.
Goliath n. pr. (goliat). Golias.
gomme f. (gom). Borracha. ‖Goma.
gomm‖er vt. (gomé). Engomar, meter em goma. ‖-**eux, euse** adj. (-â, âz). Gomoso, sa. ‖s. m. Pop. Peralvilho.
gond m. (gô). Gonzo. ‖Fig. e fam. Sortir des gonds, sair* fora de si.
gondo‖le f. (gôdol). Gôndola. ‖-**ler** vi. (-é). Ter* a proa recurvas para cima. ‖-**lier** m. (-ié). Gondoleiro.
gon‖flé, ée adj. (gô-é). Inchado, da. ‖-**flement** m. (-âmã). Inchação, f. ‖-**fler** vt. e vi. (-é). Inchar, encher.
gong m. (gôg). Gongo, tantã.
Gonzalve n. pr. (gôza-). Gonçalo.
goret m. (goré). Leitão, bácoro.
gor‖ge f. (gorj). Garganta. ‖Peito, m. [de femme]. ‖Pescoço, m. [cou]. ‖Goela [gosier]. ‖Desfiladeiro. ‖Loc. A gorge déployée, a bandeiras despregadas. Faire des gorges chaudes, fazer* chacota. Rendre gorge, vomitar. ‖-**gée** f. (-ê). Trago, m. ‖-**ger** vt. (-ê). Empanzinar, fartar, encher. ‖-**gerette** f. (-arêt). Gorjeira.
gorille m. (goriiâ). Gorila.
gosier m. (gozié). Goela, f., faringe, f.
gosse m. e f. Pop. (goç). Garoto, ta.
gothique adj. (gotic). Gótico, ca.
goton f. (gotô). Rapariga do campo. ‖Meretriz [femme dissolue].
gouache f. (guax). Guache, m. (pint.).
goual‖ller vt. (guaiié). Escarnecer.

Lettres penchées: accent tonique. ‖V. page verte pour la prononciation figurée. ‖*Verbe irrég. V. à la fin du volume.

‖-llerie f. (-rí). Caçoada. ‖-lleur, euse adj. (-iâr, âz). Trocísta.
goudro‖n m. (gudrṍ). Alcatrão, breu. ‖-nnage m. (-onaj). Alcatroamento, breadura, f. ‖-nneuse f. (-âz). Máquina de alcatroar.
gouffre m. (gu-). Vórtice, abismo. ‖Fig. Remoínho, sorvedouro, pego.
goujat m. (guja). Trolha, servente de pedreiro. ‖Grosseirão [mal élevé].
goujon m. (gujõ). Cadoz [poisson]. ‖Munhão, perno [cheville de fer].
gou‖let m. (gulé). Barra, f. [port]. ‖-lot m. (-ó). Gargalo. ‖-lu, ue adj. (-ù). Sôfrego, ga, voraz; guloso, sa.
goumier m. (gumié). Cavaleiro árabe.
gou‖pille f. (gupíià). Troço, m, sotroço, m. ‖-pillon m. (-iõ). Hissope. ‖Escova (f.) de garrafas.
gour‖d, de adj. (gur, d). Entorpecido, da, dormente. ‖-de f. (gurd). Cabaça [fruit]. ‖Cantil, m. [récipient]. ‖s. e adj. f. Pop. Imbecíl, parvo, va, pateta, m.; pamonha (Br.). ‖-din m. Cacete, moca, f.
gourgandine f. (gurgādín). Rameira, meretríz, hervoeíra, prostitúta.
gourm‖ade f. (gurmad). Soco, m., murro, m. ‖-and, ande adj. (-ā, ād). Guloso, sa. ‖-andise f. (-íz). Guloseíma.
gourme f. (gurm). Gurma [poulains]. ‖Usagre, m., impetigo, m. ‖Loc. Jeter sa gourme, pagar o tributo da mocidade, fazer* loucuras, divertir-se*.
gour‖met m. (gurmé). Gastrónomo. ‖-mette f. (-ét). Barbela (do freio).
gous‖se f. (guç). Vagem. ‖- d'ail (-ai). Dente (m.) de alho. ‖-set m. (-é) Sovaco. ‖Bolsínho [poche].
goû‖t m. (gu). Gosto ‖-ter vt. (-ê). Saborear, provar. ‖Fig. Aprovar. ‖Apreciar : je goûte ce livre, apreciò este lívro. ‖vi. Merendar. ‖s. m. Merenda, f., lanche [collation].
gou‖tte f. (gut). Gota [dans toutes les acceptions]. ‖Loc. N'y voir goutte, não ver* mesmo nada. ‖-tte-lette f. (-ét). Gotínha. ‖-tter vt. (-ê). Gotejar. ‖-tteux, euse adj. (-â, âz). Gotoso, sa. ‖-ttière f. (-iér). Goteira, algeroz, m. [toits]. ‖Goteíra (cirur.).

gouver‖nable adj. (guvérna-). Governável. ‖-nail m. (-ai). Leme. ‖-nant, ante adj. (-ā, āt). Governante. ‖s. f. Governanta [d'une maison]. ‖Aiama seca; pajem, m. (Br.) [d'enfants]. ‖-ne f. p. us. (-érn). Governo, m., orientação. ‖-nement m. (-ê). Governo. ‖-nemental, ale adj. (-al). Governamental. ‖-ner vt. (-ê). Governar; liderar (Br.). ‖-neur m. (-ér). Aio [précepteur]. ‖Governador.
goyave f. (goiav). Goiaba (bot.).
grabat m. (graba). Grabato, catre.
grabuge m. (grabùj). Fam. Zaragata, f.
grâce f. (graç). Graça. ‖Loc. De grâce, por favor. De bonne grâce, de boa vontade. Grâce à, graças a. Mauvaise grâce, maus modos. ‖Indulto, m., perdão, m. [pardon]. ‖Mercê [faveur].
gra‖cier vt. (gracié). Indultar. ‖-cieuseté f. (-â-é). Gratificação. ‖Cortesía, afabilidade. ‖-cieux, euse adj. (-ciâ, âz). Gracioso, sa; airoso, sa; folheíro, ra (Br. du S.). ‖-cile adj. (-íl). Grácil; débil, fíno, na.
gra‖dation f. (gradació). Gradação. ‖-de m. (-ad). Grau; posto. ‖-din m. (-ān). Degrau. ‖-duation f. (-ùació). Graduação. ‖-duel, elle adj. (-ùél). Gradual. ‖-duer vt. (-ê). Graduar; conferir* um posto.
graillon m. (graiṍ). Cheiro a gordura queimada. ‖Gargalho [crachat].
grai‖n m. (grān). Grão. ‖Conta, f. [de rosaire]. ‖Bátega, f. [averse]. ‖- de beauté (-ôté). Sinal, sarda, f. ‖-ne f. (-én). Semente. ‖Grainha [melon, citrouille, etc.]. ‖Ovo, m. (bicho de seda). ‖Loc. Mauvaise graine, de má raça. Monter en graine, ficar para tía [femme]. ‖-neterie f. (-árí). Celeiro, m. ‖-netier m. (-ié). Negociante de sementes e grãos.
grais‖sage m. (gréçaj). Engorduramento. ‖-se f. (-éç). Gordura. ‖Loc Prendre de la graisse, engordar. ‖-ser vt. (-ê). Engordurar. ‖-seur m. (âr). Untador. ‖-seux, euse adj. (-â, âz). Gordurento, ta; engordurado, da.
graminée f. (gra-ê). Gramínea

Itálico : acento tónico. ‖V. página verde para a pronúncia figurada. ‖*Verbo irreg. V. no final do livro.

gram‖maire f. (gramér). Gramática. ‖**-mairien** m. (-iân). Gramático. ‖**-matical, ale** adj. (-a-al). Gramatical.
gramme m. (gram). Grama.
gramophone m. (gramofon). Gramofone, fonógrafo; vitrola, f. (Br.).
grand, ande adj. (grã, ãd). Grande. ‖ Mor [dignités] : grand veneur, monteiro-mor. ‖*Magno*, na [avec certains noms propres] : *Alexandre le Grand*, Alexandre Magno. ‖Crescido, da [personne]. ‖*Observ.* O f. *grande* não possui o *e* final em certas palavras compostas, como *grand-mère*.
grand‖-croix f. (grãcrua). Grã-cruz. ‖**- duc** m. (-ùc). Grão-duque.
Grande-Bretagne n. pr. (grãdbrètanh). Grã-Bretanha.
grande-duchesse f. (-éç). Grã-duqueza.
grand‖-elet, ette adj. (grã-é, èt). Crescidinho, nha. ‖**-eur** f. (-âr). Tamanho, m. ‖*Fig.* Grandeza. ‖**-iose** adj. (-iôz). Grandioso, sa. ‖**-ir** vi. (-ir). Crescer. ‖vt. Ampliar; elevar.
grand‖-livre m. (grãlìvr). Lista (f.) dos credores do Estado. ‖**-maman** f. (-amã). Avòzinha. ‖**-mère** f. (-ér). Avó. ‖**-messe** f. (-éç). Míssa cantada, solene. ‖**- oncle** m. (tô-). Tio-avô. ‖**-papa** m. (-apa). Avôzinho. ‖**--père** m. (-ér). Avô. ‖**-s-parents** m. pl. (-arã). Avós. ‖**- -tante** f. (-ãt). Tia-avó.
grange f. (grãj). Granja, celeiro, m. [grenier].
granit m. (granit). Granito.
gra‖nule m. (granùl). Grânulo. ‖**-nuler** vt. (-é). Granular.
gra‖phique adj. e s. m. (grafic). Gráfico, ca. ‖**-phite** m. (-it). Grafite, f. ‖**-phologie** f. (-oloji). Grafologia.
grap‖pe f. (grap). Cacho, m. ‖**-piller** vt. (-iié). Rebuscar, colher.
grappin m. (grapãn). Fateixa, f. ‖*Loc. Jeter le grappin sur*, abarbatar, deitar a fateixa a.
gras‖, asse adj. (gra, aç). Gordo, da [qui a de la graisse]. ‖Gordurento, ta [de la nature de la graisse]. ‖Engordurado, da [graisseux]. ‖*Fig.* Fértil [terre]. ‖Escorregadio, ia [pavé]. ‖*Tipogr.* Normando. ‖*Loc. Faire gras*, comer carne. *Jour gras*, dia de carne. *Parler gras*, carregar no **r**. ‖**--double** m. (-u-). Dobrada, f. ‖**-sement** adv. (-ã). Còmodamente. ‖ Generosamente; abundantemente.
grasseyer vi. (graçéié). Carregar nos **rr** (pronúncia gutural).
grassouillet, ette adj. (graçuiié, èt). Rechonchudo da; gorducho, cha.
grati‖fication f. (gra-aciõ). Gratificação. ‖**-fier** vt. (-ié). Gratificar; premiar, galardoar.
gra‖tin m. (gratãn). Pegado [cuisine]. ‖*Au-*, loc. (ô-). Com pão ralado. ‖**-tiner** vt. (-é). Tostar, corar. ‖vi. Pegar-se ("s'attacher au vase].
gratis adv. (gratiç). Grátis, à borla; de carona (Br.).
gratitude f. (gra-nùd). Gratidão.
gra‖ttage m. (grataj). Raspadura, f. ‖**-tte** f. (grat). Sacho, m. ‖*Fam.* Rapinice. ‖**-tte-ciel** m. (-iél). Arranha-céus. ‖**-tte-papier** m. (-apié). Escrevinhador. ‖**-tter** vt. (-é). Raspar. ‖Coçar [la peau]. ‖**-ttoir** m. (-uar). Raspadeira, f., raspa, f.
gra‖tuit, uite adj. (gratùi, ùit). Gratuito, ta. ‖**-tuité** f. (-é). Gratuitidade, gratuidade.
gravats m. pl. (grava). Caliça, f. sg.
grave adj. (grav). Grave.
gra‖veleux, euse adj. (gra-â, âz). Saibroso, sa. ‖*Fig.* Obsceno, na; indecente [très libre]. ‖**-velle** f. (-él). Litíase, cálculos, m. pl., pedras, f. pl.
gra‖ver vt. (gravé). Gravar. ‖**-veur** m. (-âr). Gravador.
gravier m. (gravié). Cascalho.
gravir vt. (gravir). Trepar.
gravi‖tation f. (gra-aciõ). Gravitação. ‖**-té** f. (-é). Gravidade. ‖**-ter** vi. (-é). Gravitar.
gravois m. (grava). V. GRAVATS.
gravure f. (gravùr). Gravura.
gré m. (grè). Grado. ‖*Loc. Bon gré mal gré, de gré ou de force*, a bem ou a mal. *Contre mon gré, mau grado meu. De gré à gré*, às boas. *En gré*, a seu gosto. *Savoir bon gré à*, estar* contente com. *Savoir mauvais gré, peu de gré à*, estar* des-

---

Lettres penchées : accent tonique. ‖V. page verse pour la prononciation figurée. ‖*Verbe irrég. V. à la fin du volume.

GRÈ — GRI

contente com. *Se savoir bon gré*, felicitar-se.
grèbe m. (gréb). Grebe, mergulhão.
grébiche f. (grèbix). Livro de cordel, volante, m.
gre‖c, cque adj. e s. (gréc). Grego, ga. ‖m. *Fig.* Batoteiro, trapaceiro [au jeu]. ‖f. Grega. ‖ Coifa (fem.).
Grèce n. pr. (grèc). Grécia.
gredin, ine m. e f. (grâdàn, in). Miserável, patife, fa; má rês, f.
gr‖éement m. (grêmâ). Aparelho. ‖-éer vt. (-êê). Aparelhar (navio).
gref‖fe f. (gréf). Enxerto, m. ‖-fer vt. (-é) Enxertar. ‖-fier m. (-iê). Escrivão. ‖-fon m. (-ô). Enxerto, garfo.
gr‖ège adj. f. (gréj). Crua [soie]. ‖-égeois** adj. (-èjua). Grego (fogo).
Grégoire n. pr. (grèguar). Gregório.
grégorien, enne adj. (grêgoriàn, én). Gregoriano, na.
grê‖le adj. (grél). Delgado, da. ‖ Agudo, da [voix]. ‖s. f. Granizo, m. ‖*Fig.* Saraivada [quantité]. ‖-lé, ée adj. (-é). Açoitado, da, pelo granizo. ‖ Bexigoso, sa [visage]. ‖-ler vi. (-ê). Cair* granizo, saraivar.
grelin m. (grâlàn). Cabo calabroteado.
grelon m. (grâlô). Pedra, f. (de granizo).
gre‖lot m. (grâlô). Guizo. ‖-lotter vi. (-é). Tiritar, tremer.
grenache m. (grânax). Uva (f.) e vinho de Linguadoque e do Rossilhão.
grena‖de f. (grânad). Romã [fruit]. ‖ Granada (projéctil). ‖-dier m. (-iê). Granadeiro (mil.). ‖ Romãzeira, f. [arbre]. ‖-dine f. (-in). Granadina.
Grenade n. pr. (grânad). Granada.
grenaille f. (grânai). Granalha.
grenat m. (grâna). Granada (pedra preciosa), f. ‖ Vermelho-escarlate.
grenier m. (grâniê). Celeiro; paiol (Br.). ‖ Sótão, águas-furtadas, f. (Br.).
grenouille f. (grânui). Rã; gia (Br.). ‖*Loc. Manger la grenouille*, fazer* um desfalque.
grenu, ue adj. (grânù). Granuloso, sa.
grès m. (grè). Grés, areísco, arenito. ‖ Louça (f.) de grés [céramique].
gré‖sil m. (grèzî). Pedrísco. ‖-siller

vi. (-ièê). Granizar. ‖ Crepitar [au feu]. ‖vt. Encarquilhar.
gr‖ève f. (grév). Praia. ‖ Areal, m. [rivières]. ‖ Greve [ouvriers]. ‖-ever vt. (-âvé). Agravar. ‖-éviste m. (-ict). Grevista.
gri‖bouillage m. (gr-uiiaj). Garatuja, f. [écriture]. ‖ Mamarracho [peinture]. ‖-bouille m. (-ui). Zaranza. ‖-bouiller vt. (iiê). *Fam.* Garatujar, rabiscar; pintalgar, borrar. ‖-bouilleur m. (-iâr). Pinta-monos.
grièche f. (griéx). V. PIE-GRIÈCHE.
gri‖ef, ève adj. (grièf, év). *Ant.* Grave. ‖s. m. Agravo, gravame [plainte]. ‖-èvement adv. (-mâ). Gravemente. ‖-èveté f. (-é). *Ant.* Gravidade.
gri‖ffe f. (grif). Garra. ‖ Unha [des chats]. ‖ *Fig.* Rubrica [parafe]. ‖ Chancela [empreinte]. ‖-ffer vt. (-é). Arranhar. ‖-ffon m. (-ô). Grifo. ‖-ffon [Sabujo [chien]. ‖-ffonnage m. (-onaj). Gatafunhos, m. pl. ‖-ffonner vt. (-é). Garatujar, gatafunhar, rabiscar.
grignoter vt. (grinhoté). Mordiscar, roer*. ‖ *Fig.* e *fam.* Ganhar.
grigou m. (gr-u). *Pop.* Somítico.
gri‖l m. (gri). Grelha, f. ‖*Loc. Etre sur le gril*, estar* sobre brasas. ‖-llade f. (-iiad). Grelhado, m. ‖-llage m. (-iiaj). Assadura (f.) na grelha. ‖ Rede (f.) metálica, de arame. ‖-llager vt. (-ê). Gradear.
gri‖lle f. (griia). Grelha; moquém, m. (Br.). ‖ Grade [de jardin]. ‖ Locutório, m. [couvents]. ‖-ller vt. (-iiê). Grelhar; moquear (Br.) [au feu]. ‖ Gradear [mettre une grille]. ‖*Loc. Griller de*, arder em desejos de.
grillon m. (griiô). Grilo.
gri‖maçant, ante adj. (gr-açâ, ât). Trejeitador, ora. ‖-mace f. (-aç). Careta, esgar, m. ‖*Loc. Faire la grimace*, mostrar má cara. ‖-macier, ère adj. (-iê, ér). Esgareiro, ra.
gri‖maud, aude adj. (gr-ô, ôd). Rabugento, ta. ‖-me m. (-im). Velho burlesco [théâtre]. ‖-mer (se) vr. (câ-é). Pintar-se. ‖-moire m. (-uar). Livro mágico. ‖ Engrimanço.
grim‖pant, ante adj. (grânpâ, ât).

Itálico: acento tónico. ‖ V. página verde para a pronúncia figurada. ‖ * Verbo irreg. V. no final do livro.

GRI — GRU

Trepador, ora e -deira. ‖-per vi. (-ê). Trepar, escalar. ‖-peur m. (-âr). Trepador.
grin‖cement m. (gràn-ã). Rangido. ‖-cer vi. (-ê). Ranger; chiar.
grincheux, euse adj. (grànxâ, âz). Impertinente, rabugento, ta; caturra.
gringalet m. (gràngalé). Alfenim.
gri‖ppage m. (gr-aj). Aderência, f. (de duas superfícies metálicas). ‖-ppe f. (-ip). Gripe [maladie]. ‖;Embirração [antipathie]. ‖-ppé, ée adj. (-ê). Agarrado, da. ‖Engripado, da. ‖-pper vt. (-ê). Agarrar. Franzir [étoffe]. ‖Aderir* [métaux]. ‖-ppe-sou m. (-u). Somítico, sovina, forreta.
gr‖is, ise adj. (gri, iz). Cinzento, ta; pardo, da. ‖Encoberto, ta [temps]. ‖Grisalho, lha; ruço, ça [cheveux]. ‖Fam. Alegrote, ta [ivre]. ‖Petit- - (-i-). Esquilo da Rússia. ‖-saille f. (-aí). Grisalha. ‖-sâtre adj. (-atr). Acinzentado, da. ‖-ser vt. (-é). Embebedar, embriagar. ‖-serie f. (-rí). Embriaguez. ‖-sette f. (-ét). Tecido [mo] leve [étoffe]. ‖Costureirinha. ‖-son, onne adj. (-õ, on). Grisalho, lha [cheveu]. ‖Geogr. Grisão, ona. ‖Fam. Burrico, ruço. ‖-sonnant, ante adj. (-onã, ãt). Grisalho, lha. ‖-sonner vi. (-ê). Embranquecer, encanecer.
grisou m. (gr-u). Grisu.
grive f. (griv). Tordo, m.
grivèlerie f. (gr-élrí). Calote, m. (num restaurante).
gri‖vois, oise adj. (gr-ua, uaz). Desbragado, da; licencioso, sa. ‖-voiserie f. (-rí). Desbragamento, m.
Groenland n. pr. (groànlãd). Groenlândia.
grog m. (grog). Grogue.
gro‖gnard, arde adj. (gronhar, ard). Resmungão, ona. ‖s. m Veterano (soldado). ‖-gnement m. (-ã). Grunhido. ‖-gner vi. (-ê). Grunhir. ‖vt. Resmungar. ‖-gnon, onne adj. (-õ, on). Resmungão, ona; rabugento, ta.
groin m. (gruãn). Focinho (de porco).
grommeler vi. (gro-ê). Resmungar.
gron‖dant, ante adj. (grõdã, ãt). Ralhador, ora. ‖-dement m. (-ã). Ribombo, estrondo [éléments]. ‖Bramido, ronco, rugido [animaux].

‖-der vi. (-ê). Ribombar [les éléments]. ‖Rabujar, murmurar. ‖vt. Ralhar com, repreender. ‖-derie f. (-rí). Ralho, m. ‖-din m. (-àn). Roncador [poisson].
groom m. (grum). Paquete, moço de recados, mandarete.
gros, osse adj. (grô, ôç). Grosso, sa. ‖Grávida [femme]. ‖Grande [chaussure, fièvre, affaire]. ‖Inchado, da [enflé]. ‖s. m. Grosso. ‖f. Grosa. ‖Pública-fcrma. ‖Letra grossa, bastardo, m. ‖adv. Muito : gagner gros, ganhar muito. ‖En gros, loc. adv. Por grosso. por atacado, por junto. Gros bonnet, figurão, mandão. Gros lot, sorte grande, f.
grosel‖lle f. (grozéiiâ). Groselha. ‖-llier m. (-iê). Groselheira, f.
gro‖ssesse f. (grôcéç). Gravidez. ‖-sseur f. (-âr). Grossura. ‖Tumor, m. ‖-ssier, ère adj. (-ié, ér). Grosseiro, ra. ‖-ssiereté (-é). Grosseria, grossaria; incorrecção.
gro‖ssir vt. (grôçir). Engrossar, engordar. ‖Fig. Exagerar, aumentar. ‖vi. Inchar, crescer. ‖-ssissant, ante adj. (-ã, ãt). Crescente [qui augmente]. ‖De aumentar [lentille]. ‖-ssissement m. (-ã). Engrossamento, engorda, f. ‖Aumento [optique]. ‖-ssiste m. (-içt). Negociante pcr grosso. ‖-sso modo loc. adv. lat. (-ô modô). Sumàriamente. ‖-ssoyer vt. (-uaíê). Tirar pùblica-forma de ; exarar.
grotesque adj. (grotéçk). Grotesco, ca ; ridículo, la ; extravagante.
grotte f. (grot). Gruta, lapa.
groui‖llant, ante adj. (gruiiã, ãt). Efervescente, buliçoso, sa. ‖Fervilhante. ‖-llement m. (-ã). Bulício, efervescência, f. ‖-ller vi (-iê). Fervilhar. ‖Mexer-se, bulir* [remuer].
grou‖pe m. (grup). Grupo; turma, f. (Br.). ‖-pement m. (-ã). Agrupamento. ‖-per vt. (-ê). Agrupar.
gruau m. (grùô). Grão de cereal descorticado). ‖Sêmola, f. (caldo de). ‖Farinha-flor, f. ‖Grou pequeno [oiseau].
grue f. (grù). Grou, m. [oiseau]. ‖Guindaste, m., grua. ‖Fam. Meretriz.
gruger vt. (grùjê). Trincar [man-

Lettres penchées : accent tonique. ‖ V. page verte pour la prononciation figurée. ‖ *Verbe irrég. V. à la fin du volume.

GRU — GUI 168

ger]. ‖*Fig.* Explorar, extorquir* a.
‖*Técn.* Esboroar, picar, esfarelar.
gru‖me f. (grùm). Casca (de madeira cortada). ‖*En-* (à-). Cortada com casca [bois]. ‖*-meau* m. (-*ô*). Grumo. ‖*-meler* (se) vr. (cà-é). Grumor-se. ‖*-meleux, euse* adj. (-*ê, âz*). Grumoso, sa.
gruyère m. (grùière). Queijo de Gruyère, aldeia da Suíça.
Guadeloupe n. pr. (gua-up). Guadalupe.
guano m. (guanô). Guano.
gué m. (ghé). *Vau.* ‖*Passer à -.* Passar a vau. ‖*Interj.* Ó ai! Olé!
guelte f. (ghé-). Comissão (na venda).
guenille f. (-*iiâ*). Andrajo, m., farrapo, m., trapo, m.
guenon f. (-*ô*). Macaca.
guépard m. (ghépar). Lobo-tigre.
guê‖pe f. (ghép). Vespa; maribondo, m. (*Br.*). ‖*-pier* m. (-*iê*). Vespeiro. ‖*Abelharuco*, melharuco [oiseau].
guère adv. (ghér). *Quase nada, muito pouco: il n'a guère le temps,* quase não tem tempo; *il n'est guère appliqué,* não é muito aplicado.
guéret m. (ghêré). Alqueive; seara, f.
guéridon m. (ghêr-*ô*). Jardineira, f.; mesa (f.) de pé-de-galo, mesa (f.) de centro.
guérilla f. (ghèriia). Guerrilha.
guéri‖r vt. e vi. (ghèrir). Curar, sarar. ‖*-son* f. (-*ô*). Cura. ‖*-ssable* adj. (-*a*-). Curável. ‖*-sseur* m. (-*âr*). Curador. ‖*Curandeiro* [charlatan].
guérite f. (ghèrit). Guarita.
gue‖rre f. (ghér). Guerra. *Loc. Bonne guerre,* guerra leal. *De guerre lasse,* cansado de lutar. *Foudre de guerre,* grande cabo de guerra. *Petite guerre,* manobras de exércitos amigos. ‖*-rrier, ère* m. e f. (-*iê, ér*). Guerreiro, ra. ‖*-rroyer* vi. (-uaié). Guerrear, combater.
guet m. (ghé). Espreita, f. ‖*Ronda*, f. ‖*- apens* m. (-*apã*). Cilada, f.
guêtre f. (ghétr). Polaina.
gue‖tter vt. (ghété). Espreitar. ‖*-tteur* m. (-*âr*). Vigia, atalaia.
gueu‖lard, arde adj. (gâlar, ard). *Pop.* Tagarela, grulha, gritador. ‖*-le* (f.) (gâl). Goela [d'animal]. ‖Boca [de four, etc.]. ‖*Pop.* Boca, cara. ‖*Fort en-* (for ã-). Fanfarrão. ‖*-le-de-loup* f. (-âlu). Boca-

-de-lobo (planta). ‖*-ler* vi. (-*é*). *Pop.* Gritar. ‖*-les* m. pl. (gâl). Goles (her.). ‖*-leton* m. (-*ô*). *Pop.* Comezaina, f.
gueu‖se f. (gâz). Gusa [métal]. ‖*Mendiga*. ‖*-serie* f. (-*ri*). Indigência; miséria, mendicidade; pedincha.
gueux, euse adj. (gâ, âz). Mendigo, ga. ‖Patife, fa; maroto, ta [coquin].
gui m. (ghi). Visco. ‖Retranca, f.
Gui n. pr. (ghi). Guído. V. Guy.
guibolle f. (ghibol). *Pop.* Gâmbia.
gui‖chet m. (ghixé). Postigo; portinha, f. ‖Bilheteira, f.; bilheteria (*Br.*) [pour des billets] ‖*-chetier* m. (-*iê*). Porteiro. ‖Carcereiro.
gui‖de m. (ghid) Guia; vaqueano (*Br.*). ‖f. Guia [livre, objet pour guider]. ‖Rédea [des chevaux]. ‖*Loc. A grandes guides,* à rédea solta. ‖*-de-âne* m. (-*dan*). Manual; pauta, f. ‖*-der* vt. (-*é*). Guiar. ‖*-derope* m. (-*rop*). Corda-guia, f. (aeróstato). ‖*-don* m. (-*ô*). Guidão [drapeau]. ‖Guiador [bicyclette].
gui‖gnard, arde adj. (ghinhar, ard). Azarento, ta; panema (*Br. du N.*). ‖*-gne* (ghinh). *Pop.* Enguiço, m. ‖Ginja [cerise]. ‖*-gner* vt. (-*é*). Olhar de esguelha. ‖Viscar os olhos. ‖*-gnol* m. (-*ol*). Fantoche; teatrinho. ‖*-gnon* m. (-*ô*). Mau olhado, enguiço.
Guillaume n. pr. (ghiiôm). Guilherme.
guilledou m. (ghiidu). *Courir le guilledou,* frequentar alcouces (fam.).
guille‖met m. (ghiimé). Aspas, f. pl. ‖*-mot* m. (-*ô*). Guilhemote.
guilleret, ette adj. (ghiré, ét). Vivo, va; alegre; licencioso, sa.
guillo‖cher vt. (ghiioxé). Ornar com guilhoché. ‖*-chis* m. (-*i*). Guilhoché, ornato em linhas paralelas.
guilloti‖ne f. (ghiiotin). Guilhotina. ‖*-ner* vt. (-*é*). Guilhotinar.
guimauve f. (ghimôv). Malvaísco, m.
guimbarde f. (ghànbard). Carripana, caranguejola [véhicule].
guimpe f. (gànp). Véu, m. (de freira).
guin‖dé, ée adj. (gàndé). Afectado, da; empolado, da. ‖*-der* vt. (-*é*). Guindar. ‖*Fig.* Afectar, empolar. ‖ (se) vr. Tomar tom afectado.

Itálico: acento tônico. ‖V. página verde para a pronúncia figurada. ‖*Verbo irreg. V. no final do livro.

GUI — HAL

Guinée n. pr. (gh-ê). Guiné.
guin‖gois (de) loc. adv. (dâgàngua). De esguelha. ‖**-guette** f. (-ét). Retíro, m. (fora de portas), tasca.
guipure f. (ghipùr). Guipura, renda.
guirlande f. (ghirlåd). Grinalda.
guise f. (ghiz). Guísa, maneira.
guita‖re f. (ghitar). Víola. ‖**-riste** m. (-içt). Violísta, guitarrista; codoense (Br.).
Gustave n. pr. (gùçtav). Gustavo.

gu‖tta-percha f. (gùtapérca). Guta-percha. ‖**-tte** f. (gùt). Guta.
guttural, ale adj. (gùtùral). Gutural.
Guy n. pr. (ghi). Guído. ‖ Víto: *danse de Saint-Guy*, dança de S. Víto.
Guyane n. pr. (guian). Guíana.
gymna‖se m. (gimnaz). Ginásio. ‖**-ste** m. (-açt). Ginasta. ‖**-stique** f. (-íc). Ginástica. ‖ adj. Ginástico, ca.
gypse m. (gipç). Gesso.
gyroscope m. (-roçcop). Giroscópio.

H

h m. ou f. (ax). Esta letra pode ser em francês muda ou aspirada. A muda não se tem em conta para nada : *l'homme* (lom), *les hommes* (lêzom). A aspirada também não se pronuncia, mas não permite a ligação com a consoante anterior, nem a elisão do artigo, etc. : *le hêtre* (lâ étr), *les hêtres* (lê étr). Na pronúncia figurada indicamo-la com o sinal (').
ha! interj. ('a). Ah!
habi‖le adj. (abíl). Hábil : *habíle à dessiner*, hábil a desenhar. ‖**-leté** f. (-é). Habilidade, jeito, m.
hab‖illage m. (abíiaj). Acção (f.) de vestir*. ‖**-illé, ée** adj. (-iié). Vestído, da : *habillé en marquis*, vestído de marquês. ‖**-illement** m. (-å). Vestuário. ‖**-iller** vt. (-ié). Vestir*. ‖ Preparar [cuisine]. ‖ *Fig*. Dizer* mal de. ‖ **(s')** vr. Vestir-se*. ‖**-illeur, euse** m. e f. (-iiàr, åz). O, a que ajuda a vestir* os actores [théâtre].
habit m. (abí). Fato; terno (Br.). ‖ Casaca, f. [de cérémonie]. ‖ Hábito [de religieux].
habi‖table adj. (a-a-). Habitável. ‖**-tacle** m. (-a-). Bitácula, f. [marine]. ‖**-tant, ante** m. e f. (-å, åt). Habitante. ‖**-tat** m. (-a). Hábitat. ‖**-tation** f. (-ció). Habitação. ‖**-ter** vt. e vi. (-é). Habitar; morar, viver.
habi‖tude f. (a-ùd). Hábito, m. ‖ Loc. *D'habitude*, habitualmente. ‖**-tué, ée** m. e f. (-ùé). Frequentador, ora. ‖ Freguês, esa [boutique,

café]. ‖**-tuel, elle** adj. (-ùél). Habitual. ‖**-tuer** vt. (-ùé). Habituar, acostumar.
hâ‖blerie f. ('a-âri). Palavreado, m., tagarelíce. ‖**-bleur** m. (-år). Palrador; gabarola, fanfarrão.
ha‖che f. ('ax). Machado, m. ‖**-cher** vt. (-é). Picar [viande, légumes]. Despedaçar [couper maladroitement]. ‖ Sombrear com traços [dessins]. ‖**-chette** f. (-ét). Machadínha. ‖**-chis** m. (-í). Picado (de carne, etc.). ‖**-chisch** m. (-íx). Haxíxe. ‖**-choir** m. (-uar). Faca, f., tábua, f. (de picar). ‖**-churs** f. (-ùr). Sombreado, m.
hagard, arde adj. ('agar, ard). Bravio, ia; desvairado, da; esgaseado, da.
hale f. ('é). Sebe. ‖ Valado, m.
haillon m. ('aiió). Andrajo, farrapo; mulambo (Br.).
hai‖ne f. ('én). Ódio, m. ‖ Loc. *Avoir en haine*, odiar*. *En haine de*, por ódio a. ‖**-neux, euse** adj. (-â, åz). Odiento, ta; rancoroso, sa.
haïr* vt. ('aír). Odiar*, aborrecer : *haïr* à mort*, odiar* de morte. ‖**-ssable** adj. (-ó). Odioso, sa; detestável.
haïtien, enne adj. e s. (aitiàn, én). Haitiano, na.
halage m. ('alaj). Sírga, f. : *chemin de halage*, caminho de sirga.
hâ‖le m. ('al). Cresta, f., tisne. ‖**-lé, ée** adj. (-é). Crestado, da.
haleine f. (alén). Hálito, m., alento, m. ‖ Loc. *De longue haleine*, de fôlego. *Hors d'haleine*, ofegante. *Tenir en haleine*, não deixar des-

Lettres penchées : accent tonique. ‖ V. page verte pour la prononciation figurée. ‖ *Verbe irrég. V. à la fin du volume.

cansar. *Tout d'une haleine*, de uma assentada, de um fôlego.
haler vt. ('alê). Içar, alar, puxar.
hâler vt. ('alê). Crestar, tisnar.
ha‖letant, ante adj. ('a-ã, ãt). Arquejante. ‖**-lètement** m. (-é-ã). Arquejo. ‖**-leter** vi. (-é). Arquejar.
hall m. ('al). Neol. Átrio.
hallali m. (alalí). Halalí (grito ou toque de caça ao veado).
halle f. ('al). Praça, mercado, m. ‖**hallebar‖de** f. ('a-ard). Alabarda. ‖**-dier** m. (-ié). Alabardeiro.
hallier m. ('alié). Matagal. ‖ Comerciante ou guarda (de praça).
halluci‖nation f. (alü-actõ). Alucinação. ‖**-ner** vt. (-é). Alucinar.
halo m. ('alô). Halo. ‖ Auréola, f.
halte f. ('a-). Alto, m. ‖ interj. Alto! : *halte-là!* Alto lá! Faça alto!
haltère m. (a-ér). Haltere.
hamac m. ('amac). Cama (f.) de rede (de descanso ou de bordo); maca, f.
Hambourg n. pr. (ãbur). Hamburgo.
hameau m. ('amô). Lugarejo, casal.
hameçon m. (a-õ). Anzol; laço (fig.).
hampe f. ('ãp). Haste; pau, m., cabo, m. ‖ Peito (m.) do veado. ‖ Pojadouro, m. (do boi).
han onomat (-ã). Hã (indica esforço).
hanche f. ('ãx). Anca, quadril, m.
handi‖cap m. ('ã-ap). Neol. Desvantagem, f. ‖**-caper** vt. (-é). Constituir* obstáculo, embaraçar.
hangar m. ('ãgar). Hangar, hoteiro.
hanneton m. ('a-õ). Besouro.
Hanovre n. pr. ('anovr). Hanôver.
han‖té, ée adj. ('ãté). Frequentado, da. ‖ Fig. Perseguido, da [obsédé]. ‖ Encantado, da ; embruxado, da [maison]. ‖**-ter** vt. (-é). Frequentar. ‖ Perseguir* [obséder]. ‖ Loc. *Avoir hanté les foires*, ser* sabido. *Dis-moi qui tu hantes, je te dirai qui tu es*, diz-me com quem andas, dir-te-ei as manhas que tens. ‖**-tise** f. (-íz). Trato, m., frequentação. ‖ Obsessão.
happer vt. (apê). Apanhar; abocar.
haquenée f. ('a-é). Hacaneía.
haquet m. ('akê). Carroça sem taipais, estreita e comprida, f.
haran‖gue f. ('arãg). Arenga. ‖**-guer** vt. (-é). Arengar, discursar.
haras m. ('ara). Coudelaria, f.

harasser vt. ('aracê). Estafar, cansar em excesso, moer*, extenuar.
har‖cèlement m. ('ar-ã). Impertinência, f. ‖**-celer** vt. (-é). Importunar, fatigar; atormentar, afligir.
harde f. ('ard). Manada [de bêtes]. ‖ Matilha (de cães dois a dois). ‖ pl. Fato, m. sing., roupa habitual sing.
har‖di, ie adj. ('ardí). Ousado, da. ‖ interj. Ânimo! ‖**-diesse** f. (-iéç). Ousadia. ‖**-diment** adv. (-ã). Ousadamente, atrevidamente.
harem m. ('arém). Harém, serralho.
haren‖g m. ('arã). Arenque. ‖**-gère** f. (-ér). Peixeira, regateira.
hargneux, euse adj. ('arnhâ, âz). Intratável, rabugento, ta; arisco, ca.
haricot m. ('ar-ô). Feijão. ‖ *- vert* (-ér). Feijão carrapato, vagem, f. ‖ *- de mouton* (-utõ). Guisado de carneiro com batatas e nabos.
haridelle f. ('ar-él). Pileca, sendeiro, m., rocim, m., cavalicoque, m.
harmo‖nica f. (armo-a). Harmónica. ‖**-nie** f. (-í). Harmonia. ‖**-nieux, euse** adj. (-iâ, âz). Harmonioso, sa. ‖**-nique** adj. (-íc). Harmónico, ca. ‖**-niser** vt. (-é). Harmonizar. ‖**-nium** m. (-íom). Harmónio.
harna‖chement m. ('arna-ã). Aparelhamento [action]. ‖ Arreios, m. pl. [harnais]. ‖ *Fam.* Farpela, f. (pesada e ridícula). ‖**-cher** vt. (-é). Ajaezar, arrear. ‖ *Fig.* Ataviar, vestir* [ridiculement].
har‖nais m. ('arné) Arreios, m. pl., jaez. ‖**-nois** m. (-ua). Fig. Arnês [armure] : *blanchir sous le harnois* (ou *harnais*), envelhecer num ofício.
haro! interj. ('arô). Aqui d'el-rei! ‖ Loc. *Crier haro sur*, protestar indignadamente contra.
harpe f. ('arp). Harpa. ‖ Pedra de espera (arq.). ‖ Harpa (molusco).
harpie f. ('arpí). Harpia.
harpiste m. e f. ('arpíçt). Harpista.
har‖pon m. ('arpõ). Arpão. ‖**-ponner** vt. (-onê). Arpoar. ‖**-ponneur** m. (-âr). Arpoador.
hart f. ('ar). Vincilho, m. ‖ Corda.
hasar‖d m. ('azar). Acaso; azar, risco. ‖ Loc. *A tout hasard*, à aventura. *Au hasard*, ao calhar. *Par hasard*, por acaso. ‖**-der** vt. (-é). Arriscar: *se hasarder à*, arriscar-se

---

Itálico : acento tónico. ‖ V. página verde para a pronúncia figurada. ‖*Verbo irreg. V. no final do livro.

a. ‖-deux, euse adj. (-ā, āz). Arriscado, da.
haschisch m. V. HACHISCH.
hase f. ('az). Lebre fêmea.
hast m. (aşt). Haste, f., cabo (lança).
hâ‖te f. ('at). Pressa. *A la hâte*, à pressa. *En hâte*, sem demora. ‖-ter vt. (-é). Apressar, acelerar; despachar.
hâtif, ive adj. ('atif, iv). Precoce, temporão, ã; prematuro, ra.
hauban m. ('ôbā). Ovém, cordame, cabo.
haus‖se f. ('ôç). Alta. ‖-sement m. (-ā). Alteamente. ‖-ser vt. (-é). Altear, alçar, elevar. ‖- *les épaules* (-èzêpôl). Encolher os *ombros*. ‖-sier m. (-ié). Altista (na bolsa).
hau‖t, te adj. ('ô, 'ôt). Alto, ta. ‖s.m. Alto. ‖adv. Alto. ‖Loc. *De haut en bas*, de cima para baixo; por cima do ombro (fig.). *En haut*, em cima. *Haut en couleur*, berrante. *Là-haut*, lá em cima; no céu. *Tenir le haut du pavé*, estar* no galarim. *Tomber de son haut*, cair* das nuvens. *Très Haut*, Altíssimo. ‖-tain, aine adj. (-àn, én). Altivo, va, arrogante.
hautbois m. ('ôbua). Oboé.
haut-de-chausses m. ('ôdxôç). Calções, pl.
hauteur f. ('ôtâr). Altura. ‖Altivez [fierté]. ‖Loc. *Tomber de sa hauteur*, estatelar-se, estender-se ao comprido.
haut‖-fond m. ('ôfô). Baixio. ‖- -le- cœur m. (-câr). Náusea, f. ‖- -le- corps m. (-or). Estremeção.
havage m. ('avaj). Extracção (f.) de pedra (por cortes paralelos às camadas de estratificação).
havane m. ('avan). Havano [cigare].
Havane (La) n. pr. (la'avan). Havana.
hâve adj. ('av). Pálido, da; macilento, ta; magro, a; desfigurado, da.
havre m. ('avr). Enseada, f., angra, f.
Havre (Le) n. pr. (lâ'avr). Havre.
havresac m. ('avrèçac). Mochila, f.
Haye (La) n. pr. (la 'é). Haia.
hé! interj. ('ê). Eh! Olá! Ah! Oh!
heaume m. ('ôm). Elmo, capacete.
hebdomadaire adj. (é-omadér). Hebdomadário, ia; semanal.
héberger vt. (èbêrjê). Albergar.
hébé‖ter vt. (èbêtê). Embrutecer,

estupeficar. ‖-tude f. (-ùd). Embrutecimento, m., embotamento, m.
hé‖braïque adj. (èbraíc). Hebraíco, ca. ‖-breu adj. e s. m. (-ā). Hebreu, hebraíco.
hécatombe f. (ècatôb). Hecatombe.
hectare m. (éctàr). Hectare.
hecto‖gramme m. (éctogram). Hectograma. ‖-litre m. (-itr). Hectolitro. ‖-mètre m. (-étr). Hectómetro. ‖-watt m. (-uat). Hectovátio.
hégémonie f. (èjêmoní). Hegemonia.
hégire f. (èjír). Hégira.
hein! interj. ('àn). Hem!
hélas! interj. (èlaç). Ai! *Ai de mim!*
Hélène n. pr. (èlén). Helena.
héler vt. (êlê). Chamar (à fala).
héli‖ce f. (èliç). Hélice. ‖-coptère m. (-o-ér). Helicóptero.
hélio‖gravure f. (è-ogravùr). Heliogravura. ‖ -thérapie f. (-êrapí). Helioterapia. ‖-trope m. (-rop). Heliotrópio. ‖-tropique adj. (-íc). Heliotrópico, ca.
hélium m. (èlíom). Hélio.
hell‖ène adj (élén). Heleno, na. ‖-énique adj. (-énic). Helénico, ca.
helminthe m. (é-ànt). Helminta.
Héloïse n. pr. (èloíz). Heloísa.
Helv‖**ètes** n. pr. (é-ét). Helvécios. ‖-étie n. pr. (-êcí). Helvécia.
helvétique adj. (é-étíc). Helvético, ca; suíço, ça.
hem! interj. ('ém). Olá! Olé! Hum!
héma‖tie f. (èmati). Hematia. ‖-tite f. (-it). Hematite. ‖-tocèle f. (-océl). Hematocele, m. ‖-turie f. (-ùri). Hematúria.
hémicycle m (è-i-). Hemiciclo.
hémi‖plégie f. (ê-èjí). Hemiplegia. ‖-plégique adj. (-íc). Hemiplégico, ca. ‖-sphère m. (-çfér). Hemisfério. ‖-sphérique adj. (-èric). Hemisféríco, ca. ‖-stiche m. (-ix). Hemistíquio.
hémo‖globine f. (êmo-obín). Hemoglobina. ‖-ptysie f. (-í). Hemoptíse. ‖-rragie f. (-rajê). Hemorragia. ‖-rragique adj. (-jic). Hemorrágico, ca. ‖-rroïdes f. pl. (-oíd). Hemorróidas. ‖-stase f. (-çtaz). Hemostase. ‖-statique adj. e s. m. (-ík). Hemostático, ca.
henné m. ('ené). Alfena, f., hena,f., ca.

Lettres penchées : accent tonique. ‖V. page verte pour la prononciation figurée. ‖*Verbe irrég. V. à la fin du volume.

HEN — HID 172

hennin m. ('énàn). Chapéu cónico.
hen‖nir vi. (-énír). Relinchar. **‖-nissement** m. (-á). Relincho.
Henri, riette n. pr. (ârí, iét). Henrique, Henriqueta.
hépati‖que adj. e s. f. (êpatíc). Hepático, ca. **‖-te** f. (-ít). Hepatite.
hepta‖èdre m. (é-aédr). Heptaedro. **‖-gone** m. (-on). Heptágono.
héral‖dique adj. (êra-íc). Heráldico, ca. **‖-diste** m. (-íçt). Heraldista.
héraut m. ('êrô). Arauto; pregoeiro.
herb‖acé, ée adj. (érbacé). Herbáceo, ea. **‖-age** m. (-aj). Ervagem, f.
her‖be f. (érb). Erva. *‖ Mauvaise* (môvéz-). Joio, m. ‖ Loc. *En herbe*, em embrião. *Manger son blé en herbe*, gastar antecipadamente. *Toutes les herbes de la Saint-Jean*, todos os meios possíveis. **‖-bette** f. (-ét). Relva, ervinha. **‖-beux, euse** adj. (-â, âz). Ervoso, sa. **‖-bier** m. (-ié). Herbário. **‖-bivore** adj. (-or). Herbívoro, ra. **‖-borisation** f. (-oracíô). Herborização. **‖-boriser** vi. (-é). Herborizar. **‖-boriste** m. (-íçt). Herborísta, ervanário. **‖-boristerie** f. (-árí). Loja de ervanário. **‖-bu, e** (-ù). Ervoso, sa.
Hercule n. pr. (érculí). Hércules.
herculéen, enne adj. (érculêân, én). Hercúleo, ea.
hère m. ('ér). *Fam.* U. na loc. : *pauvre hère* (pôvr-). Pobre diabo.
hérédi‖taire adj. (êrê-ér). Hereditário, ia. **‖-té** f. (-é). Hereditariedade.
héré‖siarque m. (êrêzíarc). Heresíarca. **‖-sie** f. (-í). Heresía. **‖-tique** adj. (-íc). Herético, ca. **‖ s. m. e f.** Herege, 2 g.
hériss‖er vt. ('êr-é). Eriçar. **‖-on** m. (-ô). Ouriço (cacheiro, etc.).
héri‖tage m. (êr-aj). Herança, f. **‖-ter** vt. (-é). Herdar. **‖-tier, ère** (-ié, ér). Herdeiro, ra.
hermétique adj. (érmétíc). Hermético, ca.
hermin‖e f. (érmín). Armínho, m. **‖-ette** f. (-ét). Enxó (de carpinteiro).
her‖niaire adj. ('érniér). Herniário, ia. **‖-nie** f. (-í). Hérnia, quebradura. **‖-nieux, euse** adj. e s. (-iâ, âz). Hernioso, sa ; quebrado, da.
Héro‖de n. pr. (êrod). Herodes. **‖-dote** n. pr. (-ot). Heródoto.

her‖oï-comique adj. (êroicomíc). Herói-cómico, ca. **‖-oïne** f. (-ín). Heroína. **‖-oïque** adj. (-oíc). Heróico, ca. **‖-oïsme** m. (-oíçm). Heroísmo.
héron m. ('êrô). Garça, f.
héros m. ('êrô). Herói.
her‖pès m. ('érpéç). Herpes, pl. **‖-pétique** adj. (-íc). Herpético, ca.
her‖sage m. ('érçaj). Gradajem, f. **‖-se** f. ('érç). Grade. ‖ Rastrílho, m. [fortification] **‖-ser** vt. (-é). Gradar, esterroar.
hertzien, enne adj. (értçiân, én). Hertziano, na.
hési‖tant, ante adj. (ê-â, ât). Hesitante. **‖-tation** f. (-acíô). Hesitação. **‖-ter** vi. (-é). Hesitar : *hésiter à*, hesitar em.
hétaïre f. (êtaír). Hetaíra, hetera.
hétéro‖clite adj. (êtêro-ít). Heteróclito, ta. **‖-doxe** adj. (-okç). Heterodoxo, xa. **‖-dyne** adj. (-ín). Heterodíno, a. **‖-gène** adj. (-én). Heterogéneo, ea.
hê‖traie f. ('étré). Faial, m. **‖-tre** m. ('étr). Faia, f.
heu! interj. ('â). Oh! Ora! Hum!
heur m. (âr). Sorte, f., acaso.
heure f. (âr). Hora. ‖ Loc. *Six heures et quart, seis e um quarto ; moins le quart*, menos um quarto ; *quinze, e quinze.* ‖ *A la bonne heure*, ainda bem. *A l'heure qu'il est*, na hora actual. *A une heure indue*, a desoras. *De bonne heure*, cedo. *L'heure du berger*, o momento oportuno. *Mettre à l'heure*, acertar (o relógio). *Pour le quart d'heure*, por ora. *Tout à l'heure*, ainda agora (avant) ; já (après).
heureux, euse adj. (ârâ, âz). Feliz. **‖-ment** adv. (-â). Felizmente.
heur‖t m. (âr). Choque, embate. **‖-té, ée** adj. (-é). Chocado, da. ‖*Fig.* Ferido, da [blessé]. ‖ Discordante [style]. **‖-ter** vt. (-é). Chocar. ‖ vi. Bater à porta. **‖-toir** m. (-uar). Aldraba, f., batente, martelo (de porta).
hexagone m. (égzagon). Hexágono.
hiatus m. (iatùç). Hiato.
hiber‖nant, ante adj. (-érnâ, ât). Hibernante. **‖-ner** vi. (-é). Hibernar.
hibou m. ('íbu). Mocho ; caboré (*Br.*).
hic m. ('ic). Busílis, dificuldade, f.
hi‖deur f. (idâr). Hediondez.

Itálico : acento tónico. ‖V. página verde para a pronúncia figurada. ‖*Verbo irreg.* V. no final do livro.

HIE — HON

‖**-deux, euse** adj. (*-â, âz*). Hediondo, da; horrendo, da; feíssimo, ma.
hier adv. (*iér*). Ontem.
hiér‖archie f. (*iêrarxi*). Hierarquia. ‖**-archique** adj. (*-ic*). Hierárquico, ca. ‖**-atique** adj. (*-atic*). Hierático, ca. ‖**-oglyphe** m. (*-o-if*). Hieróglifo. ‖**-oglyphique** adj. (*-ic*). Hieroglífico, ca.
Hilaire n. pr. (*ilér*). Hilário.
hil‖arant, ante adj. (*-arã, ãt*). Hilariante. ‖ Alegre. ‖**-are** adj. (*-ar*). Hilare, contente. ‖**-arité** f. (*-é*). Hilaridade; gargalhada.
hin‖dou, oue adj. (*ãndu*). Hindu. ‖**-douisme** m. (*-içm*). Hinduísmo.
Hindoustan n. pr. (*ãnduçtã*). Indostão.
hindoustani ‖ m. (*ãnduçtani*). Indostano. ‖**-que** adj. (*-ic*). Indostânico, ca.
hippique adj. (*-ic*). Hípico, ca.
Hippocrate n. pr. (*-ocrat*). Hipócrates.
hippo‖drome m. (*-odrom*). Hipódromo; cancha, f. (*Br.*). ‖**-griffe** m. (*-rif*). Hipógrifo.
Hippolyte n. pr. (*-olit*). Hipólito, ta.
hippo‖phagie f. (*-ofají*). Hipofagia. ‖**-potame** m. (*otam*). Hipopótamo.
hirondelle f. (*irõdél*). Andorinha.
hirsute adj. (*irçùt*). Hirsuto, ta.
hispa‖nique adj. (*içpanic*). Hispânico, ca. ‖**-nisant, ante** m. e f. (*-â, ãt*). Hispanizante. ‖**-nisme** m. (*-içm*). Hispanismo. ‖ **-no-américain, aine** adj. (*-o-amêr-ãn, én*). Hispano-americano, na.
hisser vt. (*icê*). Içar, levantar; subir*, alar, erguer.
histoire f. (*içtuar*). História. ‖ Conto, m., fábula, f. ‖ *Fam.* Dificuldade [prétexte] (*cãnt*). ‖ *- sainte* (*cànt*). História sagrada. ‖ Loc. *Histoire de...*, com a intenção de. *Faire des histoires*, andar com coisas, cerimónias.
histor‖ien m. (*içtoriàn*). Historiador. ‖**-ier** vt. (*-ié*). Historiar. ‖**-iette** f. (*-iét*). Historieta. ‖**-ique** adj. (*-ic*). Histórico, ca.
histrion m. (*içtriõ*). Histrião.
hi‖ver m. (*-ér*). Inverno. ‖**-vernage** m. (*-aj*). Invernada, invernia.
ho! interj. (*ò*). Olá! Oh!

hobereau m. (*'obrô*). Esmerilhão. ‖ *Fig.* Fidalgote provinciano.
ho‖chement m. (*'o-ã*). Meneio. ‖**-cher** vt. (*-ê*). Abanar. ‖**-chet** m. (*-é*). Guizo, roca, f. [enfants]. ‖ *Fig.* Futilidade f., bugiganga, f., frioleira, f.
holà! interj. (*'ola*). Olá! Alto! ‖ Loc. *Mettre le holà!* fazer* calar.
holl‖andais, aise adj. (*'olãdé, éz*). Holandês, esa. ‖**-ande** m. (*-ãd*). Queijo flamengo. ‖ f. Holanda (tecido).
Hollande n. pr. (*'olãd*). Holanda.
holocauste m. (*olocôçt*). Holocausto.
homard m. (*'omar*). Lavagante [crustacé].
homélie f. (*omêli*). Homilia.
homéo‖pathe m. (*omêopat*). Homeopata. ‖**-pathie** f. (*-i*). Homeopatia. ‖**-pathique** adj. (*-ic*). Homeopático, ca.
Homère n. pr (*omér*). Homero.
homérique adj. (*omêric*). Homérico, ca.
homicide m. (*-o-i*). Homicídio [assassinat]. ‖ adj. e s. Homicida.
hommage m. (*omaj*). Homenagem, f.
hommasse adj. f. (*omaç*). Machona.
homme m. (*om*) Homem. ‖ Loc. *Brave homme*, bom homem. *Homme de loi*, homem de leis. *Homme de paille*, testa de ferro. *Homme de rien*, joão-ninguém; café pequeno (*Br.*). *Homme de robe*, magistrado. *Homme des bois*, orangotango. *Honnête homme*, homem de bem. *Jeune homme*, mancebo, jovem, moço, rapaz.
homo‖gène m. (*omojén*). Homogéneo, ea. ‖**-logue** adj. (*-og*). Homólogo, ga. ‖**-loguer** vt. (*-ê*). Homologar. ‖**-nyme** adj. (*-im*). Homónimo, ma; xará (*Br.*). ‖**-nymie** f. (*-i*). Homonímia, homofonia.
hongre adj. (*'õgr*). Castrado [cheval].
Hongrie n. pr. (*'õgri*). Hungria.
hongrois, oise adj. e s. (*'õgrua, uaz*). Húngaro, ra.
hon‖nête adj. (*onét*). Honesto, ta; honrado, da [probe, chaste]. ‖ Decente, equitativo, va. ‖**-nêteté** f. (*-é*). Honestidade, honradez [probité, modestie]. ‖ Decência [bienséance]. ‖**-neur** m. (*-âr*). Honra, f. ‖ Loc. *Affaire d'honneur*, pendência de honra. *Faire honneur à*, honrar.

Lettres penchées : accent tonique. ‖ V. page verte pour la prononciation figurée. ‖ *Verbe irrég. V. à la fin du volume.

Point d'honneur, pundonor. *Se faire honneur de*, ufanar-se de. *Se piquer d'honneur*, empenhar-se, esforçar-se. *Tenir à honneur*, considerar como muito honroso.

honnir vt. ('onir). Aviltar, infamar, desonrar, vilipendiar.

hono‖rabilité f. (onora-é). Honorabilidade. ‖**-rable** adj. (-a-). Honroso, sa. ‖**-raire** adj. (-ér). Honorário, ia. ‖ m. pl. Honorários.

Hono‖rat e **-ré** n. pr. (onora, é). Honorato.

hono‖rer vt. (onoré). Honrar : *honorer de*, honrar com. ‖**-rifique** adj. (-ic). Honorífico, ca.

Honorine n. pr. (onorín). Honorina.

hon‖te f. ('ôt). Vergonha. ‖ Loc. *Faire honte*, envergonhar. ‖**-teux, euse** adj. (-â, âz). Vergonhoso, sa [qui fait honte]. ‖ Envergonhado, da; encabulado, da (*Br.*) [qui a honte; timide]. ‖ Loc. *Je suis honteux de*, tenho vergonha de.

hop! interj. ('op). *Eia!* Upa!

hôpital m. (ô-al). Hospital.

ho‖quet m. ('oké). Soluço : *avoir le hoquet, estar* com soluços.* ‖**-queter** vi. (-é). Estar* com soluços, ter* soluços.

Horace n. pr. (oraç). Horácio.

horaire adj. e s. m. (orér). Horário, ia.

horde f. ('ord). Horda.

horion m. ('orió). Pancada (f.) violenta (na cabeça ou nos ombros).

hori‖zon m. (orizó). Horizonte. ‖**-zontal, ale** adj. (-al). Horizontal.

hor‖loge f. (orlój). Relógio. ‖**-loger** m. (-é). Relojoeiro. ‖**-logerie** f. (-rí). Relojoaria.

hormis prep. (ormi). Excepto, afora.

hormone f. (ormon). Hormona.

horoscope m. (oroçóp). Horóscopo.

ho‖rreur f. (orâr). Horror, m. ‖**-rrible** adj. (-i-). Horrível. ‖**-rrifier** vt. (-ié). Horrorizar. ‖**-rripilant, ante** adj. (-â, ât). Horripilante. ‖**-rripiler** vt. (-é). Horripilar.

hors prep. ('or). Fora; excepto. ‖ *Fora de : hors la loi*, fora da lei. ‖ *Hors que*, a não ser que. ‖**-d'œuvre**, m. (-âvr). Aperitivo, acepipes, pl.

Hortense n. pr. (ortâç). Hortênsia.

hortensia m. (ortâcia). Hortênsia, f.

horti‖cole adj. (or-ol). Hortícola.

‖**-culteur** m. (-ù-âr). Horticultor. ‖**-culture** f. (-ùr). Horticultura.

hosanna m. (ozana). Hosana; glória, f.

hospi‖ce m. (oçpiç). Hospício. ‖**-talier, ère** adj. (-alié, ér). Hospitalar; hospitaleiro, ra. ‖**-taliser** vt. (-é). Hospitalizar. ‖**-talité** f. (-é). Hospitalidade.

hostie f. (oçtí). Hóstia; vítima.

hosti‖le adj. (oçtíl). Hostil. ‖**-lité** f. (-é). Hostilidade.

hô‖te, tesse m. e f. (ôt, éç). Hóspede, da. ‖ Hospedeiro, ra [qui donne l'hospitalité]. ‖ *Table d'hôte*, mesa redonda (em hotel, pensão, etc.).

hô‖tel m. (ôtél). Hotel. ‖ Palácio. ‖ Loc. *Hôtel de ville*, câmara municipal. ‖ *Hôtel des monnaies*, casa da moeda, f. ‖ *Hôtel-Dieu*, hospital principal. *Maître d'hôtel*, mordomo; chefe do serviço de mesa. ‖**-telier, ère** adj. e s. (-ié, ér). Hoteleiro, ra. ‖**-tellerie** f. (-é-ri). Hospedaria, estalagem, pousada.

ho‖tte f. ('ot). Cesto (m.) vindimo [vendangeurs]. ‖ Pano (m.) de chaminé (em forma de cesto).

hottentot, ote adj. ('otatô, ot). Hotentote.

hou! interj. ('u). Hum!

houblon m. ('u-ó). Lúpulo.

houe f. ('u). Enxada, enxadão, m.

houi‖lle f. ('huïâ). Hulha. ‖**-ller, ère** adj. e s. (-ié, iér). Hulheiro, ra. ‖**-llère** f. (-iér). Hulheira.

houle f. ('ul). Ondulação (mar.).

houlette f. ('ulét). Cajado, m. [bâton de berger]. ‖ *Fig.* Pastorícia. ‖ Sachô, m. [bêche de jardinier].

houleux, euse adj. ('ulâ, âz). Encapelado, da [mer]. ‖ *Fig.* Agitado, da.

houp‖pe f. ('up). Borla [à poudre]. ‖ Poupa [touffe de cheveux, de plumes]. ‖**-pelande** f. (-âd). Mantéu, m. ‖**-pette** f. (-ét). Borlinha, poupita.

hourdis m. (urdí). *Obra* (f.) tosca de alvenaria. ‖ Camada (f.) de estuque sobre um fasquiado.

houri f. ('urí). Huri.

hourra! interj. ('ura). Hurra! Viva!

hourvari m. (urvari). Algazarra, f., chinfrim, tumulto, bulha, f.

housard m. ('uzar). Hussardo.

Itálico : acento tónico. ‖ V. página verde para a pronúncia figurada. ‖ *Verbo irreg. V. no final do livro.

houseaux m. pl. ('uzô). Polainas (f. pl.) de couro.
houspiller vt. (uçpiié). Maltratar, sacudir*, abanar, atormentar.
houssaie f. ('uçé). Campo de azevinhos, m.
housse f. ('uç). Gualdrapa, xairel, m.
houssine f. ('ucin). Vergasta.
houx m. ('u). Azevinho.
hoyau m. ('uaiô). Alvião, enxadão.
Hubert n. pr. (ùbér). Huberto.
hublot m. ('ù-ô). Vigia, f. (mar.).
huche f. ('ùx). Arca, hucha. ‖*Amassadeira*, masseira [pour pétrir].
hue! interj. ('ù). Arre! (animais).
hu‖ée f. ('ué). Gritaria. **‖-er** vt. ('ué). Apupar, vaiar [une personne]. ‖vi. Piar (o mocho).
huguenot, ote adj. e s. ('ù-ô, ot). Huguenote.
Hugues n. pr. (ùg). Hugo.
huhau! interj. ('uô). Arre! (bestas).
hui‖lage m. (ùilaj). Untura, f. **‖-le** f. (ùil). Óleo, m., azeite, m. ‖Loc. *A l'huile*, com azeite [cuisine]; a óleo [peinture]. *Huile de cotret*, fam., pauladas, f. pl. *Huile de lin*, óleo de linhaça. *Saintes huiles*, santos óleos. *Sentir l'huile*, dar* muito trabalho. **‖-er** vt. (-é). Olear. **‖-erie** f. (-ri). Lagar (m.) de azeite. ‖*Armazém* (m.) *de azeite* [magasin]. **‖-leux, euse** adj. (-â, âz). Oleoso, sa. **‖-ler** m. (-ié). Galheteiro [de table]. ‖Azeiteiro.
huis m. (ùi). *Ant.* Porta, f. ‖Loc. *A huis clos*, à porta fechada. *Demander le huis clos*, pedir* julgamento secreto. **‖-sier** m. (-ié). Bedel, porteiro, contínuo. ‖Oficial de diligências, meirinho [tribunal].
hui‖t adj. (ùit, 'ùi antes de consoante). Oito. **‖-taine** f. (-én). Uns oito : *une huitaine de jours*, uns oito dias. ‖Espaço de oito dias : *assigner à huitaine*, emprazar para daí a oito dias. **‖-tième** adj. (-iém). Oitavo, va.
hui‖tre f. (ùitr). Ostra. **‖-trier, ère** adj. e s. (-ié, ér). Ostreiro, ra.
hulotte f. ('ùlot). Corujão, m.
hululer vt. ('ùlùlé). Piar (aves noturnas).
hum! interj. ('âm). Hum!
huma‖in, aine adj. (ùmàn, én).

Humano, na. ‖-niser vt. (-é). Humanizar. **‖-nisme** m. (-içm). Humanismo. **‖-niste** m. (-içt). Humanista. **‖-nitaire** adj. (-ér). Humanitário, ia. **‖-nité** f. (-é). Humanidade.
Humbert n. pr. (ânbér). Humberto.
hum‖ble adj. (ân-). Humilde; obscuro, ra.
humecter vt. (ùmécté). Humedecer.
humer vt. ('ùmé). Sorver. ‖*Fig.* Aspirar.
humé‖ral, ale adj. (ùméral). Umeral. **‖-rus** m. (-ùç). Úmero.
humeur f. (ùmár). Humor, m. ‖*Fig.* Capricho, m. ‖*Humeurs froides* (-ruad). Escrófulas.
humi‖de adj. (ùmid). Húmido, da. **‖-dité** f. (-é). Humidade.
humi‖liant, ante adj. (ù-iâ, ât). Humilhante. **‖-liation** f. (-acio). Humilhação. **‖-lier** vt. (-ié). Humilhar. **‖-lité** f. (-é). Humildade.
humo‖risme m. (ùmoriçm). Humorismo. **‖-riste** m. (-içt). Humorista. **‖-ristique** adj. (-ic). Humorístico, ca.
humour m. (ùmur). Humor.
humus m. (ùmùç). Húmus.
hu‖ne f. ('ùn). Cesto (m.) da gávea. **‖-nier** m. (-ié). Gávea, f. [voile].
Huns n. pr. m. pl. Hunos.
hu‖ppe f. ('ùp). Poupa [oiseau]. ‖Poupa [de plumes]. **‖-ppé, ée** adj. (-é). De poupa. ‖*Fig.* Abastado, da; rico, ca.
hure f. ('ùr). Cabeça cortada.
hur‖lant, ante adj. ('urlâ, ât). Uivador, ora. **‖-lement** m. (-â). Uivo. ‖Alarido [de personnes]. **‖-ler** vi. (-é). Uivar. ‖Berrar [crier]. **‖-leur, euse** adj. (-âr, âz). Uivador, ora.
hurluberlu m. (ùrlùbérlù). Estouvado, doidivanas, valdevinos, leviano.
huron, onne adj. e s. ('ùrô, on). Hurão, roa.
hussard m. ('ùçar). Hussardo. ‖Loc. *A la hussarde*, bruscamente, sem atenções.
hutte f. ('ut). Choça, choupana.
Hyacinthe n. pr. (iaçànt). Jacinto, ta.
hybr‖idation f. (-r-acio). Hibridação. **‖-ide** adj. (-id) Híbrido, da.
hydr‖ate m. (-rat). Hidrato. **‖-ater** vt. (-é). Hidratar. **‖-aulique** adj. (-ôlic). Hidráulico, ca. **‖-avion** m. (-avio). Hidroavião. **‖-e** f. Hidra.

Lettres penchées : accent tonique. ‖ V. page verte pour la prononciation figurée ‖ *Verbe irrég. V. à la fin du volume.

hydro‖carbure m. (-rocarbùr). Hidrocarboneto. ‖ **-gène** m. (-én). Hidrogénio. ‖ **-graphie** f. (-rafí). Hidrografia. ‖ **-lyse** f. (-íz). Hidrólise. ‖ **-mel** m. (-él). Hidromel. ‖ **-phile** adj. (-íl). Hidrófilo, la. ‖ **-phobe** adj. (-ob). Hidrófobo, ba. ‖ **-phobie** f. (-í). Hidrofobia. ‖ **-pique** adj. (-íc). Hidrópico, ca. ‖ **-pisie** f. (-í). Hidropisia. ‖ **-plane** m. (-an). Hidroplano. ‖ **-statique** adj. e. s. f. (-ςtatíc). Hidrostático, ca. ‖ **-thérapie** f. (-têrapí). Hidroterapia.
hyène f. (ién). Hiena.
hygi‖ène f. (-ién). Higiene. ‖ **-énique** adj. (-énic). Higiénico, ca. ‖ **-éniste** m. (-içt). Higienista.
hygromètre m. (-rométr). Higrómetro.
hy‖men m. (-én). Hímen. ‖ *Fig.* União, f. ‖ **-ménée** m. (-êné). Himeneu. ‖ **-ménoptères** m. pl. (-o-ér). Himenópteros.
hymne m. e f. (imn). Hino, m.

hyper‖bole f. (-érbol). Hipérbole. ‖ **-bolique** adj. (-íc). Hiperbólico, ca. ‖ **-tension** f. (-ãció). Hipertensão. ‖ **-trophie** f. (-rofí). Hipertrofia.
hypno‖se f. (-óz). Hipnose. ‖ **-tique** adj. (-íc). Hipnótico, ca; macotena (*Br.*). ‖ **-tiser** vt. (-ê). Hipnotizar. ‖ **-tisme** m. (-íçm). Hipnotismo.
hypo‖condre m. (-ocõdr). Hipocôndrio. ‖ **-condrie** f. (-í). Hipocondría. ‖ **-cras** m. (-raç). Hipocraz [liqueur]. ‖ **-crisie** f. (-í). Hipocrisia. ‖ **-crite** adj. e s. (-ít). Hipócrita. ‖ **-dermique** adj. (-érmic). Hipodérmico, ca. ‖ **-gée** m. (-é). Hipogeu. ‖ **-sulfite** m. (-çù-ít). Hipossulfíto. ‖ **-ténuse** f. (-énùz). Hipotenusa. ‖ **-thèque** f. (-éc). Hipoteca. ‖ **-théquer** vt. (-é). Hipotecar. ‖ **-thèse** f. (-éz). Hipótese.
hysope f. (izop). Hissopo, m. (bot.).
hysté‖rie f. (içtêrí). Histeria. ‖ **-rique** adj. (-íc). Histérico, ca.

I

ïambe m. (iãb). Jambo (poesía).
Ibères n. pr. (-ér). Iberos.
ibérique adj. (-éric). Ibérico, ca.
ibis m. (-íç). Íbis, m. e f.
Icare n. pr. (-ar). Ícaro.
iceberg m. (-érg). (A) icebergue.
icelui, celle, ceux, celles adj. e pron. (-ùi, él, çð, él). *Ant.* V. CELUI.
ichneumon m. (icnãmõ). Icnéumon.
ichtyo‖logie f. (ictioloji). Ictiología. ‖ **-phage** adj. e s. (-faj). Ictiófago, ga. ‖ **-saure** m. (-çôr). Ictiossauro.
ici adv. (-í). Aquí. ‖ *Ici-bas*, adv. (-a). Neste mundo.
icô‖ne f. (-on). Ícone, m. ‖ **-noclaste** adj. e s. m. (-o-açt). Iconoclasta. ‖ **-nographie** f. (-rafí). Iconografia.
ictère m. (ictér). Icterícia, f.
idé‖al, ale adj. (-êal). Ideal. ‖ **-aliser** vt. (-ê). Idealizar. ‖ **-alisme** m. (-íçm). Idealismo. ‖ **-aliste** adj. e s. (-íçt). Idealista.
idée f. (-ê). Ideia.
idem adv. lat. (-ém). *Idem.*
identi‖fication f. (-ã-ació). Identificação. ‖ **-fier** vt. (-ié). Identificar.

‖ **-que** adj. (-íc). Idêntico, ca. ‖ **-té** f. (-ê). Identidade.
idéolo‖gie f. (-êoloji). Ideología. ‖ **-gique** adj. (-íc). Ideológico, ca. ‖ **-gue** m. (-og). Ideólogo.
ides f. pl. (id).*Idos*, m. pl.
idio‖matique adj. (-omatíc). Idiomático, ca. ‖ **-me** m. (-íom). Idioma. ‖ **-t, ote** adj. (-iô, ot). Idiota. ‖ **-tie** f. (-í). Idiotía. ‖ **-tisme** m. (-íçm). Idiotismo.
idoine adj. (-uan). Idóneo, ea.
idolâ‖tre adj. e s. (-olatr). Idólatra. ‖ **-trer** vt. (-ê). Idolatrar. ‖ **-trie** f. (-í). Idolatría.
idole f. (-ol). Ídolo, m.
idy‖lle f. (-íl). Idílio, m. ‖ **-llique** adj. (-íc). Idílico, ca.
Iéna n. pr. (iêna). Iena.
if m. (if). Teixo.
igname f. (ignam). Inhame, m.
Ignace n. pr. (inhaç). Inácio.
ignare adj. (inhar). Ignaro, ra.
ign‖é, ée adj. (ignê). Ígneo, ea. ‖ **-ifuge** adj. (-ùj). Ignífugo, ga. ‖ **-ition** f. (-ció). Ignição.

Itálico : acento tónico. ‖V. página verde para a pronúncia figurada. ‖*Verbo irreg. V. no final do livro.

Igno‖ble adj. (inho-). Ignóbil.
‖**-minie** f. (-í). Ignomínia. ‖**-minieux, euse** adj. (-iâ, âz). Ignominioso, sa.
Igno‖rance f. (inhorâs). Ignorância.
‖**-rant, ante** adj. e s. (-ã, ãt). Ignorante; matuto (*Br. du N.*).
‖**-rantisme** m. (-içm). Ignorantismo. ‖**-rer** vt. (-ê). Ignorar. ‖Desconhecer [méconnaître].
Iguane m. (iguan). Iguano, m., iguana, f.
il, ils pron. pes. da 3ª pes. m. Ele, s.
Ile f. (il). Ilha.
Iléon m. (-êô). Íleo.
Iléum m. (-êom). Íleo.
Iliaque adj. (-iac). Ilíaco, ca.
Illé‖gal, ale adj. (-êgal). Ilegal. ‖**-galité** f. (-ê). Ilegalidade.
Illégiti‖me adj. (-ê-im). Ilegítimo, ma. ‖**-mité** f. (-ê). Ilegitimidade.
Illettré, ée adj. (-êtrê). Analfabeto, ta. ‖Iletrado, da [ignorant].
Illicite adj. (-it). Ilícito, ta.
Illico adv. lat. (-ê). Sem demora.
Illimité, ée adj. (-ê). Ilimitado, da; sem limites.
Illisible adj. (-ibl). Ilegível.
Illo‖gique adj. (-ojic). Ilógico, ca. ‖**-gisme** m. (-içm). Ilogismo.
Illumi‖nation f. (-ù-aciô). Iluminação. ‖**-ner** vt. (-ê). Iluminar.
Illu‖sion f. (-ùziô). Ilusão. ‖**-sionner** vt. (-onê). Iludir. ‖**-sionnisme** m. (-içm). Ilusionismo. ‖**-sionniste** m. (-içt). Ilusionista. ‖**-soire** f. (-uar). Ilusório, ia.
Illus‖trateur m. (-ùçtratâr). Ilustrador. ‖**-tration** f. (-ciô). Ilustração. ‖**-tre** adj. (-ùçtr). Ilustre. ‖**-trer** vt. (-ê). Ilustrar.
Illustrissime adj. (-sim). Ilustríssimo, ma.
Illyrien, enne adj. (-riàn, én). Ilírico, ca.
Ilôt m. (-ô). Ilhota, f.; camalote (*Br. du S.*, ilôt flottant). Ilha, f. [de maisons].
Ilote m. (-ot). Ilota.
Ima‖ge f. (-aj). Imagem. ‖Estampa, gravura. ‖Semelhança. ‖**-gé, ée** adj. (-ê). Figurado, da; metaforizado, da. ‖**-ger** vt. (-ê). Encher de imagens. ‖**-gerie** f. (-rí). Imaginária. ‖**-gier** m. (-iê). Santeiro. ‖ *Ant*. Pintor e escultor.

Imagi‖nable adj. (-a-a-). Imaginável. ‖**-naire** adj. (-ér). Imaginário, ia. ‖**-natif, ive** adj. (-atif, ív). Imaginativo, va ‖**-nation** f. (-ciô). Imaginação. ‖**-ner** vt. (-ê). Imaginar. ‖ (s') vr. Imaginar, calcular, supor*.
Imbé‖cile adj. (ànbêcíl). Imbecil. ‖**-cilité** f. (-ê). Imbecilidade.
Imberbe adj. (ànbérb). Imberbe, lampínho.
Imbiber vt. (àn-ê). Embeber : *imbiber d'eau*, embeber em água.
Imbriquer vt. (ànbrikê). Imbricar.
Imbroglio m. (ànbroiliô). Embrulhada, f., trapalhada, f., imbróglio.
Imbu, ue adj. (ànbù). Embebido, da. ‖ *Fig*. Imbuído, da; impregnado, da.
Imbuvable adj. (ànbùva-). Intragável, salobro, a.
Imi‖table adj. (-ta-). Imitável. ‖**-tateur, trice** adj. (-âr, riç). Imitador, ora, ‖**-tation** f. (-ciô). Imitação. ‖**-ter** vt. (-ê). Imitar.
Immaculé, ée adj. (-acùlê). Imaculado, da.
Immanent, ente adj. (-anâ, ãt). Imanente.
Immangeable adj. (imã- ou ànmäja-). Não comível, intragável.
Immanquable adj. (imã- ou ànmãca-). Infalível, certo, ta; fatal; seguro, ra.
Immatériel, elle adj. (-atêriêl). Imaterial.
Immatricu‖lation f. (-atr-ùlaciô). Matrícula. ‖**-ler** vt. (-ê). Matricular.
Immédia‖t, te adj. (-êdia, at). Imediato, ta. ‖**-tement** adv. (-ã). Imediatamente, logo.
Immémorial, ale adj. (-êmoriâl). Imemorial.
Immen‖se adj. (-âç). Imenso, sa. ‖**-sément** adv. (-êmâ). Imensamente. ‖**-sité** f. (-ê). Imensidade.
Immerger v. (-érjê). Imergir.
Immérité, ée adj. (-êr-ê). Imerecido, da.
Immersion f. (-érciô). Imersão.
Immeuble adj. e s. m. (-ù-). Imóvel; prédio, casa, f., edifício.
Immi‖grant, ante adj. e s. (-rã, ãt). Imigrante. ‖**-gration** f. (-aciô). Imigração. ‖**-grer** vi. (-ê). Imigrar.
Immi‖nence f. (-içãç). Iminência. ‖**-nent, ente** adj. (-ã, ãt). Iminente.
im‖miscer vt. (-icê). Imiscuir*.

Lettres penchées : accent tonique. ‖V. page verte pour la prononciation figurée. ‖ *Verbe irrég. V. à la fin du volume.

‖-mixtion f. (-kçtiõ). Imisção, intervenção; introdução; mistura.
immob‖ile adj. (-obíl). Imóvel ‖-ilier, ère adj. (-iê, ér). Imobiliário, a. ‖-ilisation f. (-aciõ). Imobilização. ‖-iliser vt. (-ê). Imobilizar. ‖-ilité f. (-ê). Imobilidade.
immodéré, ée adj. (-odêrê). Imoderado, da.
immo‖deste adj. (-odéçt). Imodesto, ta. ‖-destie f. (-í). Imodéstia.
immo‖lation f. (-olaciõ). Imolação. ‖-ler vt. (-ê). Imolar; chacinar.
immon‖de adj. (-õd). Imundo, da. ‖-dice f. (-iç). Imundície; impureza.
im‖moral, ale adj. (-oral). Imoral. ‖-moralité f. (-ê). Imoralidade.
immor‖taliser vt. (-orta-ê). Imortalizar. ‖-talité f. (-ê). Imortalidade. ‖-tel, elle adj. (-él). Imortal. ‖ s. f. Perpétua [plante].
immuable adj. (-üa-). Imutável.
immu‖nisation f. (-ü-aciõ). Imunização. ‖-niser vt. (-ê). Imunizar. ‖-nité f. (-ê). Imunidade.
immutabilité f. (-üta-ê). Imutabilidade.
impact m. (ànpact). Impacto.
impair, aire adj. (ànpér). Ímpar. ‖ s. m. Disparate, tolíce, f., erro.
impalpable adj. (ànpa-a-). Impalpável.
impardonnable adj. (ànpardona-). Imperdoável.
imparfait, aite adj. (ànparfé, ét). Imperfeito, ta; incompleto, ta.
impar‖tial, ale adj. (ànparcial). Imparcial. ‖-tialité f. (-ê). Imparcialidade, rectidão, desinteresse, m.
impasse f. (ànpaç). Beco (m.) sem saída; situação embaraçosa.
impa‖ssibilité f. (ànpa-ê). Impassibilidade. ‖-ssible adj. (-i-). Impassível, imperturbável, calmo, ma.
impa‖tiemment adv. (ànpaciamã). Impacientemente. ‖-tience f. (-iãç). Inpaciência. ‖-tient, ente adj. (-iã, ãt). Impaciente = *impatient de*, impaciente por. ‖-tientant, ante adj. (-ã, ãt). Que impaciente, enervante. ‖-tienter vt. (-ê). Impacientar.
im‖payable adj. (ànpéia-). Impagável, inestimável. ‖ *Fam.* Impagável, cómico, ca ‖-payé, ée adj. (-iê).

Por pagar, não pago, ga; em dívida.
impeccable adj. (ànpéca-). Impecável.
impénétrable adj. (ànpênêtra-). Impenetrável; inacessível.
impéni‖tence f. (ànpê-ãç). Impenitência. ‖-tent, ente adj. (-ã, ãt). Impenitente.
impéra‖tif, ive adj. e s. m. (ànpêratif, iv). Imperativo, va. ‖-trice f. (-riç). Imperatriz.
imperceptible adj. (ànpércépti-). Imperceptível, insignificante.
imperfection f. (ànpérféckciõ). Imperfeição; defeito, m., vício, m.
impé‖rial, ale adj. e s. f. (ànpêrial). Imperial. ‖-rialisme m. (-içm). Imperialismo. ‖-rialiste m. (-içt). Imperialista. ‖-rieux, euse adj. (-iâ, âz). Imperioso, sa.
impérissable adj. (ànpêr-a-). Imperecível, imorredouro, ra; imortal.
impéritie f. (ànpérici). Imperícia.
imperméa‖biliser vt. (ànpérmêa-ê). Impermeabilizar. ‖-ble adj. e s. m. (-a-). Impermeável.
impersonnel, elle adj. (ànpérçonél). Impessoal.
imperti‖nent, ente adj. (ànpér-ã, ãt). Impertinente; cargoso, sa (*Br. de Rio Grande do Sul*). ‖-nence f. (-ãç). Impertinência.
imperturbable adj. (ànpértùrba-). Imperturbável.
impétigo m. (ànpê-ô). Impetigo.
impétrant, ante adj. e s. (ànpêtrã, ãt). Impetrante, suplicante.
impé‖tueux, euse adj. (ànpêtüâ, âz). Impetuoso, sa. ‖-tuosité f. (-o-ê). Impetuosidade, ímpeto, m., violência.
im‖pie adj. (ànpí). Ímpio, ia. ‖-piété f. (-êtê). Impiedade. ‖-pitoyable adj. (-uaia-). Impiedoso, sa.
implacable adj. (àn-aca-). Implacável, inexorável, inflexível.
implanter vt. (àn-ãtê). Implantar.
impli‖cite adj. (àn-it). Implícito, ta. ‖-quer vt. (-ê). Implicar.
implo‖ration f. (àn-oraciõ). Imploração, súplica. ‖-rer vt. (-ê). Implorar, suplicar, solicitar, rogar.
impo‖li, ie adj. (ànpolí). Indelicado, da. ‖-litesse f. (-éç). Indelicadeza, descortesia, má-criação.

Itálico : acento tónico. ‖ V. página verde para a pronúncia figurada. ‖ *Verbo irreg. V. no final do livro.

IMP — INA

impondérable adj. (ànpŏdêra-). Imponderável; muito subtil.
impopu‖laire adj. (ànpopùlér). Impopular. ‖-larité f. (-ar-é). Impopularidade.
impor‖tance f. (ànportâç). Importância. ‖-tant, ante adj. (-â, ât). Importante. ‖-tateur, trice adj. e s. (-atêr, riç). Importador, ora. ‖-tation f. (-ciõ). Importação. ‖-ter vt. (-é). Importar. ‖vi. Importar, convir*, ser* conveniente, ser* útil. ‖ Loc. N'importe quoi, seja o que for.
importu‖n, une adj. (ànportân, ùn). Importuno, na; cacete (Br.). ‖-ner vt. (-é). Importunar; cacetear (Br.); azucrinar (B. du N.). ‖-nité f. (-é). Importunidade.
impo‖sant, ante adj. (ànpozâ, ât). Imponente. ‖-sé, ée adj. (-é). Imposto, ta. ‖adj. e s. Que paga uma parte do imposto. ‖-ser vt. (-é). Impor*. ‖Tributar [un impôt]. ‖Loc. En imposer, iludir, fazer* crer* [tromper]. ‖-sition f. (-ciõ). Imposição; imposto, m.
impo‖ssibilité f. (ànpo-é). Impossibilidade. ‖-ssible adj. (-i-). Impossível; insuportável.
imposte f. (ànpoçt). Imposta [architecture]. ‖ Bandeira [fenêtre].
impos‖teur m. (ànpoçtâr). Impostor. ‖-ture f. (-ùr). Impostura.
impôt m. (ànpô). Imposto, tributo: impôt sur le revenu, imposto de rendimento.
impo‖tence f. (ànpotâç). Impotência. ‖-tent, ente adj. (-â, ât). Impotente; aleijado, da; estropiado, da.
impraticable adj. (ànpra-a-). Impraticável; intransitável.
imprécation f. (ànprêcaciõ). Imprecação.
imprégner vt. (ànprênhé). Embeber, impregnar.
impresario m. (ànprêzariô). Empresário.
impres‖sion f. (ànpréciõ). Impressão. ‖-sionnable adj. (-ona-). Impressionável. ‖-sionnant, ante adj. (-â, ât). Impressionante. ‖-sionner vt. (-é). Impressionar. ‖-sionnisme m. (-içm). Impressionismo.
impré‖voyance f. (ànprévuaiâç). Imprevidência. ‖-voyant, ante adj. (-iâ, ât). Imprevidente. ‖-vu, ue adj. (-ù). Imprevisto, ta.
impri‖mable adj. (ànpr-a-). Imprimível. ‖-matur m. (-ùr). Imprimatur [mot lat.]. ‖-mé, ée adj. e s. m. (-é). Impresso, sa. ‖-mer vt. (-é). Imprimir. ‖-merie f. (-ri). Imprensa; tipografia. ‖-meur m. (-âr). Impressor.
improbable adj. (ànproba-). Improvável.
improductif, ive adj. (ànprodù-if, iv). Improdutivo, va.
impromptu n. (ànprôptù). Improviso, repente.
impro‖pre adj. (ànpropr). Impróprio, ia. ‖-priété f. (-êté). Impropriedade.
improvi‖sateur, trice adj. e s. (ànpro-atâr, riç). Improvisador, ora. ‖-sation f. (-ciõ). Improvisação. ‖-ser vt. (-é). Improvisar. ‖-ste (à l') loc. (-içt). De improviso.
impru‖demment adv. (ànprùdamâ). Imprudentemente. ‖-dence f. (-âç). Imprudência. ‖-dent, ente adj. (-â, ât). Imprudente, incauto, ta; descuidado, da.
impu‖demment adv. (ànpùdamâ). Impudentemente. ‖-dence f. (-âç). Impudência. ‖-dent, ente adj. (-â, ât). Impudente. ‖-deur f. (-âr). Impudor, m. ‖-dicité f. (-ici-té). Impudícia. ‖-dique adj. (-ic). Impudico, ca.
impui‖ssance f. (ànpù-âç). Impotência. ‖-ssant, ante adj. (-â, ât). Impotente, fraco, ca; incapaz.
impul‖sif, ive adj. (ànpù-if, iv). Impulsivo, va. ‖-sion f. (-ciõ). Impulso, m., impulsão. ‖Fig. Estímulo, m.
impu‖nément adv. (ànpùnêmâ). Impunemente. ‖-ni, ie adj. (-i). Impune. ‖-rité f. (-é). Impunidade.
im‖pur, ure adj. (ànpùr). Impuro, ra. ‖-pureté f. (-é). Impureza.
impu‖table adj. (ànpùta-). Imputável. ‖-tation f. (-ciõ). Imputação. ‖-ter vt. (-é). Imputar.
imputrescible adj. (ànpùtréci-). Imputrescível.
inabordable adj. (-aborda-). Inabordável, inacessível; intratável.
inacceptable adj. (-akcépta-). Inaceitável.

Lettres penchées : accent tonique. ‖ V. page verte pour la prononciation figurée. ‖ *Verbe irrég. V. à la fin du volume.

inaccessible adj. (-akcéci-). Inacessível, inabordável; intratável.
inaccoutumé, ée adj. (inacutùmé). Desacostumado, da; desusado, da.
inachevé, ée adj. (-a-é). Inacabado, da; incompleto, ta; imperfeito, ta.
inac‖tif, ive adj. (-actíf, ív). Inactivo, va. ‖**-tion** f. (-kció). Inacção, inércia, indolência.
inadmissible adj. (-a-íbl). Inadmissível.
inadvertance f. (-a-értãç). Inadvertência, descuido, m., negligência.
inaliénable adj. (-a-êna-). Inalienável.
inalté‖rable adj. (-a-êra-). Inalterável. ‖**-ré, ée** adj. (-é). Inalterado, da.
inamical, ale adj. (-a-al). Hostil.
inamovible adj. (-amoví-). Inamovível.
inanimé, ée adj. (-a-é). Inanimado, da.
inanition f. (-a-ció). Inanição.
inaperçu, ue adj. (-apérçù). Despercebido, da.
inap‖plicable adj. (-a-a-). Inaplicável. ‖**-pliqué, ée** adj. (-é). Inaplicado, da; desaplicado, da.
inappréciable adj. (-aprêcia-). Inapreciável, inestimável; precioso, sa.
inapte adj. (-a-). Inapto, ta; inepto, ta; inábil, incapaz.
inarticulé, ée adj. (-ar-ùlé). Inarticulado, da; desarticulado, da.
inassouvi, ie adj. (-açuví). Insaciado, da; insatisfeito, ta.
inattaquable adj. (-ataca-). Inatacável.
inattendu, ue adj. (-atãdù). Inesperado, da; inopinado, da; imprevisto, ta.
inatten‖tif, ive adj. (-atãtíf, ív). Desatento, ta. ‖**-tion** f. (-ció). Desatenção, distracção, inadvertência.
inaugu‖ral, ale adj. (-ôgùral). Inaugural. ‖**-ration** f. (-ció). Inauguração. ‖**-rer** vt. (-é). Inaugurar.
inavouable adj. (-avua-). Inconfessável; vergonhoso, sa [honteux].
incalculable adj. (anca-ùla-). Incalculável; inumerável, inúmero, ra.
incandes‖cence f. (ãncãdéçã). Incandescência. ‖**-cent, ente** adj. (-ã, ãt). Incandescente, candente.
incantation f. (ãncãtació). Encantamento, m., encanto, m., feitiço, m.
incapa‖ble adj. (ãncapa-). Incapaz. ‖**-cité** f. (-é). Incapacidade.
incar‖cération f. (ãncarcêració). Encarceramento, m. ‖**-cérer** vt. (-é). Encarcerar, prender.
incar‖nat, ate adj. (ãncarna, at). Encarnado, da. ‖**-nation** f. (-ció). Encarnação. ‖**-ner** vt. (-é). Encarnar. ‖ **(s')** vr. Encarnar. ‖Loc. *Ongle incarné*, unha (f.) encravada.
incartade f. (ãncartad). Despropósito, m. ‖Loucura, extravagância.
incassable adj. (ãncaça-). Inquebrável, infrangível.
incen‖diaire adj. e s. (ãçãdiér). Incendiário, ia. ‖**-die** m. (-í). Incêndio. ‖**-dier** vt. (-ié). Incendiar.
incer‖tain, aine adj. (ãncértãn, én). Incerto, ta. ‖**-titude** f. (-ùd). Incerteza; dúvida; irresolução.
incess‖amment adv. (ãncéçamã). Incessantemente. ‖ Sem demora. ‖**-ant, ante** adj. (-ã, ãt). Incessante.
incessible adj. (ãncéci-). Incessível, inalienável.
inces‖te m. (ãncéçt). Incesto. ‖**-tueux, euse** adj. (-ùâ, âz). Incestuoso, sa.
inci‖demment adv. (ãn-amã). Incidentemente, casualmente, acessoriamente. ‖**-dence** f. (-ãç). Incidência. ‖**-dent, ente** adj. e s. m. (-ã, ãt). Incidente.
inciné‖ration f. (ãn-êració). Incineração. ‖**-rer** vt. (-é). Incinerar.
inci‖se f. (ãnciz). Inciso, m. ‖**-ser** vt. (-é). Incisar. ‖**-sif, ive** adj. (-íf, ív). Incisivo, va. ‖**-sion** f. (-ió). Incisão, corte, m.
inciter vt. (ãn-é). Incitar, impelir*.
inclé‖mence f. (ãn-êmãç). Inclemência. ‖**-ment, ente** adj. (-ã, ãt). Inclemente. ‖*Fig.* Rigoroso, sa.
incli‖naison f. (ãn-ézô). Inclinação; declive, m. ‖**-nation** f. (-ació). Inclinação; tendência; quedinha (*Br.*). ‖**-ner** vt. (-é). Inclinar, vergar, baixar. ‖vi. Inclinar-se, pender, propender.
in‖clure* vt. (ãn-ùr). Incluir*. ‖**-clus, use** adj. (-ù, ùz). Incluso, sa. *Ci-inclus*, incluso, sa [adj.].
incoercible adj. (ãncoérci-). Incoercível, irreprimível.

Itálico : acento tónico. ‖V. página verde para a pronúncia figurada. ‖*Verbo irreg. V. no final do livro.

incognito, adv. (ànconh-ô). Incógnito, ta [adj.].
incohé‖rence f. (àncoêrᾶς). Incoerência. **‖-rent, ente** adj. (-ā, āt). Incoerente. ‖*Fig.* Discordante.
incolore adj. (àncolor). Incolor.
incomber vi. (àncôbé). Incumbir.
incombustible adj. (àncôbüςtí-). Incombustível.
incommensurable adj. (àncomᾶςùra-). Incomensurável.
incom‖modant, ante adj. (àncomodā, āt). ‖**-mode** adj. (-od). Incómodo, da. ‖**-moder** vt. (-é). Incomodar. ‖**-modité** f. (-é). Incomodidade, incómodo, m.
incomparable adj. (àncōpara-). Incomparável.
incompa‖tibilité f. (àncōpa-é). Incompatibilidade. ‖**-tible** adj. (-í-). Incompatível, contrário, ia; oposto, a.
incompé‖tence f. (àncōpētᾶς). Incompetência. ‖**-tent, ente** adj. (-ā, āt). Incompetente; inábil.
incomplet, ète adj. (àncō-ê, êt). Incompleto, ta; imperfeito, ta.
incompréhensible adj. (àncōprêāci-). Incompreensível, ininteligível.
incompressible adj. (àncōpréci-). Incompressível.
incompris, ise adj. (àncōpri, íz). Incompreendido, da; inapreciado, da.
inconcevable adj. (àncō-a-). Inconcebível, incrível, surpreendente.
inconciliable adj. (àncō-ia-). Inconciliável, incompatível.
inconduite f. (àncōdùit). Má conduta, mau procedimento, m.
incon‖gru, ue adj. (àncōgrù). Incongruente, incôngruo, ua. ‖**-gruité** f. (-é). Incongruência, incongruidade, inconveniência.
inconnu, ue adj. e s. (àncōnù). Desconhecido, da; ignorado, da; incógnito, ta.
incons‖cience f. (àncōciᾶς). Inconsciência. ‖**-cient, ente** adj. (-iā, āt). Inconsciente, inconscencioso, sa.
inconsé‖quence f. (àncōcēᾶς). Inconsequência. ‖**-quent, ente** adj. (-ā, āt). Inconsequente, incoerente.
inconsidéré, ée adj. (àncō-ēré). Inconsiderado, da; irreflectido, da.
inconsis‖tance f. (àncō-ςtᾶς). Inconsistência. ‖**-tant, ante** adj. (-ā, āt). Inconsistente, inconstante.

inconsolable adj. (àncōçola-). Inconsolável.
incons‖tance f. (àncōςtᾶς). Inconstância. ‖**-tant, ante** adj. (-ā, āt). Inconstante, volúvel, versátil.
incontes‖table adj. (àncōtéςta-). Incontestável. ‖**-té, ée** adj. (-é). Incontestado, da; inconteste.
inconti‖nence f. (àncō-āς). Incontinência. ‖**-nent, ente** adj. (-ā, āt). Incontinente. ‖ adv. In-continenti.
incon‖venance f. (àncō-āς). Inconveniência. ‖**-venant, ante** adj. (-ā, āt). Inconveniente; indecoroso, sa [impoli]. ‖**-vénient** m. ɛ-ēniā). Inconveniente, desvantagem ?., prejuízo.
incorpo‖ration f. (àncorporaciō). Incorporação. ‖**-rel, elle** adj. (-él). Incorpóreo, ea. ‖**-rer** vt. (-é). Incorporar, encorporar, incluir*, juntar.
incorr‖ect, ecte adj. (àncorēct). Incorrecto, ta. ‖**-ection** f. (-kciō). Incorrecção. ‖**-igible** adj. (-íbl). Incorrigível, indócil, obstinado, da.
incorruptible adj. (àncorù-í-). Incorruptível, íntegro, gra; probo, ba.
incré‖dule, la adj. (àncrédùl). Incrédulo, la. ‖**-lité** f. (-é). Incredulidade. Ateísmo, m., impiedade.
incriminer vt. (àncr-é). Incriminar, culpar, recriminar, acusar.
incro‖yable adj. (àncruaia-). Inacreditável, incrível. ‖**-yant, ante** adj. (-iā, āt). Descrente, incrédulo, la.
incrus‖tation f. (àncrüςtaciō). Incrustação. ‖**-ter** vt. (-é). Incrustar, embutir, entalhar.
incu‖bation f. (àncùbaciō). Incubação. ‖**-ber** vt. (-é). Incubar.
incul‖pation f. (àncù-aciō). Inculpação. ‖**-per** vt. (-é). Inculpar, culpar, incriminar, acusar de crime.
inculquer vt. (àncù-é). Inculcar.
inculte adj. (ᾶncù-). Inculto, ta.
incunable adj. e s. m. (àncùna-). Incunábulo, m.
incurable adj. (àncùra-). Incurável; irremediável.
incurie f. (àncùri). Incúria, desleixo, m., negligência, descuido, m.
incursion f. (àncùrciō). Incursão.
indé‖cence f. (àndēçᾶς). Indecência. ‖**-cent, ente** adj. (-ā, āt). Indecente, desonesto, ta; indecoroso, sa.
indéchiffrable adj. (àndē-ra-). Indecifrável, ininteligível.

Lettres penchées : accent tonique. ‖V. page verte pour la prononciation figurée. ‖*Verbe irrég. V. à la fin du volume.

indéchirable adj. (àndê-ra-). Ilacerável, irrompível.
indéci‖s, ise adj. (àndêci, íz). Indeciso, sa. ‖-sion f. (-ió). Indecisão, dúvida, incerteza, hesitação.
indécrottable adj. (àndêcrota-). Impossível de tirar-se-lhe a lama. ‖Fig. Incorrigível.
indéfectible adj. (àndêfécti-). Indefectível; indestrutível.
indéfi‖ni, ie adj. (àndê-i). Indefinido, da. ‖-nissable adj. (-a-). Indefinível. ‖Fig. Inexplicável.
indéfrisable adj. (àndêfr-a-). Permanente, indesfrisável.
indéhiscent, ente adj. (àndêiça, ãt). Indeiscente (bot.).
indélébile adj. (àndê-bíl). Indelével, inapagável. ‖Fig. Indestrutível.
indéli‖cat, ate adj. (àndê-a, àt). Indelicado, da. ‖-catesse f. (-éç). Indelicadeza, grosseria.
indem‖ne adj. (àndé-). Indemne. ‖-niser vt. (-ê). Indemnizar. ‖-nité f. (-é). Indemnização, reparação.
indéniable adj. (àndênia-). Inegável, insofismável.
indépen‖dance f. (àndêpádàç). Independência. ‖-dant, ante adj. (-ã, ãt). Independente.
indescriptible adj. (àndéçcr-íbl). Indescritível, inenarrável.
indésirable adj. (àndê-ra). Indesejável.
indestructible adj. (àndéçtructí-). Indestrutível, indelével, inapagável.
indétermi‖nation f. (àndêtêr-acio). Indeterminação. ‖-né, ée adj. (-ê). Indeterminado, da.
index m. (àndéķç). ïndice. ‖Indicador [doigt]. ‖Agulha, f., ponteiro.
indianiste m. (àn-aniçt). Indianista.
indi‖cateur, trice adj. e s. (àn-atör, riç). Indicador, ora. ‖Guia, f. [ch. de fer, etc.]. ‖-catif, ive adj. (-íf, ív). Indicativo, va. ‖-cation f. (-ció). Indicação.
indicible adj. (àn-íbl). Indizível.
indi‖en, enne adj. e s. (àndiàn, én). ïndio, ia; indiano, na. ‖-enne f. (-íén). Indiana, chita.
indifférence f. (àn-eràç). Indiferença. ‖-rent, ente adj. (-ã, àt). Indiferente, insensível, apático, ca.
indigence f. (àn-àç). Indigência.
indigène adj. e s. (àn-én). Indígena.

indigent, ente adj. e s. (àn-ã, ãt). Indigente, mendigo, ga; pobre.
indi‖geste adj. (àn-éçt). Indigesto, ta. ‖-gestion f. (-ió). Indigestão.
indi‖gnation f. (àn-nhació). Indignação. ‖-gne adj. (-inh). Indigno, na. ‖-gner vt. (-ê). Indignar. ‖-gnité f. (-é). Indignidade; infâmia.
indi‖go m. (àn-ô). índigo, anil. ‖-gotier m. (-otié). Anileira, f.
indiquer vt. (àn-é). Indicar.
indirect, ecte adj. (àn-réct). Indirecto, ta.
indiscipline f. (àndici-in). Indisciplina.
indis‖cret, ète adj. (àn-ççré, ét). Indiscreto, ta. ‖-crétion f. (-êció). Indiscrição; imprudência.
indiscutable adj. (àn-ççùta-). Indiscutível, evidente.
indispensable adj. (àn-çpâça-). Indispensável, imprescindível.
indis‖poser vt. (àn-çpôzé). Indispor*. ‖-position f. (-ció). Indisposição, incómodo, m. ‖Fig. Irritação.
indissoluble adj. (àn-olù). Indissolúvel, insolúvel.
indistinct, incte adj. (àn-çtànct). Indistinto, ta; confuso, sa; vago, ga.
indivi‖du m. (àn-ù). Indivíduo. ‖-dualiser vt. (-a-é). Individualizar. ‖-dualisme m. (-içm). Individualismo. ‖-dualité f. (-ê). Individualidade. ‖-duel, elle adj. (-ùél). Individual, próprio, ia; particular.
indi‖vis, ise adj. (àn-í, íz). Indiviso, sa. ‖Par -, loc. (par-). Indivisamente. ‖-visible adj. (-íbl). Indivisível. ‖-vision f. (-íó). Indivisão.
Indochine n. pr. (àndoxin). Indochina.
indocile adj. (àndocíl). Indócil.
indo-européen, enne adj. e s. (àndoâropèàn, én). Indo-europeu, eia.
indo‖lence f. (àndolàç). Indolência. ‖-lent, ente adj. (-ã, ãt). Indolente, negligente, apático, ca.
indolore adj. (àndolor). Indolor.
indomp‖table adj. (àndôta-). Indomável. ‖-té, ée adj. (-ê). Indomado, da; indómito, ta; irreprimível.
in-douze adj. e s.m. (àn-duz). In-doze (formato de livro).
indu, ue adj. (àndù). Indevido, da.
indubitable adj. (àndù-a-). Indubitável, certo, ta; seguro, ra.

Itálico : acento tónico. ‖V. página verde para a pronúncia figurada. ‖*Verbo irreg. V. no final do livro.

Ind‖ucteur, trice adj. e s. (àndùctǎr, rís). Inductor, ora. ‖**-uction** f. (-kcíõ). Indução. ‖**-uire*** vt. (-ir). Induzir*. ‖**-uit, uite** adj. e. s. m. (-úi, it). Induzído, da.

Indul‖gence f. (àndù-ãç). Indulgência. ‖**-gent, ente** adj. (-ã, ãt). Indulgente, benévolo, bonacheirão, ona

Indûment adv. (àndùmã). Indevidamente

Indu‖ration f. (àndùracíõ). Induração, endurecimento, m. ‖**-rer** vt. (-ê). Endurecer, espessar.

Indus‖trialiser vt. (àndùçtria-ê). Industrializar. ‖**-trialisme** m. (-íçm). Industrialísmo. ‖**-trie** f. (-i). Indústria. ‖**-triel, elle** adj. e s. (-iél). Industrial. ‖**-trieux, euse** adj. (-iã, ãz). Industrioso, sa.

Inébranlable adj. (-êbrãla-). Inabalável, fírme, fòrte, sólido, da.

Inédit, ite adj. (-êdi, ít). Inédito, ta; insólito, ta.

Ineffable adj. (-éfa-). Inefável.

Ineffaçable adj. (-êfaça-). Inapagável, indelével. ‖ *Fig.* Indestrutível, eterno, na; durável, perpétuo, ua.

Inefficace adj. (-ê-aç). Ineficaz. ‖**-cité** f. (-ê). Ineficácia.

Inégal, ale adj. (-êgal). Desigual. ‖**-galité** f. (-ê). Desigualdade, desproporção; aspereza.

Inélé‖gance f. (-êlêgãç). Deselegância. ‖**-gant, ante** adj. (-ã, ãt). Deselegante, desairoso, sa; tosco, ca.

Inéluctable adj. (-êlùcta-). Inelutável, fatal.

Inénarrable adj. (-ênara-). Inenarrável, indescritível, indizível.

Inep‖te adj. (-épt). Inapto, ta. ‖**-tie** f. (-cí). Inépcia, inaptidão.

Inépuisable adj. (-êpù-a-). Inesgotável, inexaurível.

Inerme adj. (-érm). Inerme.

Iner‖te adj. (-ért). Inerte. ‖**-tie** f. (-cí). Inércia.

Inespéré, ée adj. (-éçpérê). Inesperado, da; inopinado, da; imprevisto, ta.

Inestimable adj. (-éç-a-). Inestimável, inapreciável.

Inévitable adj. (-ê-a-). Inevitável, fatal, certo, ta.

In ex ‖ act, acte adj. (-égzact). Inexacto, ta. ‖**-actitude** f. (-ùd).

Inexactidão; falsidade, mentira; erro, m.

Inexcusable adj. (-ékçcùsa-). Indesculpável, inexcusável.

Inexécu‖table adj. (-égzêcùta-). Inexequível. ‖**-tion** f. (-cíõ). Inexecução, falta de execução.

Inexistant, ante adj. (-égziçtã, ãt). Inexistente.

Inexorable adj. (-égzora-). Inexorável, implacável, severo, ra.

Inex‖périence f. (-ékçpêríãç). Inexperiência. ‖**-périmenté, ée** adj. (-ãtê). Inexperiente, inexperto, ta.

Inexpli‖cable adj. (-ékçp-a-). Inexplicável. ‖**-qué, ée** adj. (-ê). Inexplicado, da.

Inexploité, ée adj. (-ékç-uatê). Inexplorado, da (mína, etc.).

Inexploré, ée adj. (-ékç-orê). Inexplorado, da; por descobrir.

Inexpressif, ive adj. (-ékçprécíf, ív). Inexpressívo, va.

Inexprimable adj. (-ékçpr-a-). Inexprimível, incizível, inefável.

Inexpugnable adj. (-ékçpù-a-). Inexpugnável.

Inextensible adj. (-ékçtãci-). Inextensível.

Inextricable adj. (-ékçtr-a-). Inextricável, indeslindável.

Infail‖libilité f. (ànfaii-ê). Infalibilidade. ‖**-lible** adj. (-í). Infalível; inevitével.

In‖famant, ante adj. (ànfamã, ãt). Infamante. ‖**-fâme** adj. (-am). Infame. ‖**-famie** f. (-i). Infâmia, desonra.

Infan‖t, ante m. e f. (àntã, ãt). Infante. ‖**-terie** f. (-rí). Infantaria. ‖**-ticide** m. (-íd) Infanticídio. ‖ adj. Infanticída. ‖**-tile** adj. (-íl). Infantíl, de criança.

Infatigable adj. (ànfa-a-). Infatigável, incansável; diligente.

Infa‖tuation f. (ànfatùacíõ). Enfatuação. ‖**-tuer** vt. (-ùê). Enfatuar.

Infé‖cond, onde adj. (ànfêcõ, õd). Infecundo; ca; estéril.

Infec‖t, ecte adj. (ànféct). Infecto, ta. ‖**-ter** vt. (-ê). Infectar. ‖**-tieux, euse** adj. (-kcíã, ãz). Infeccioso, sa. ‖**-tion** f. (-kcíõ). Infecção.

Inféoder vt. (ànfêodê). Enfeudar. ‖ **(s')** vr. Aderír*, enfeudar-se [parti]

Lettres penchées : accent tonique. ‖ V. page verte pour la prononciation
figurée. ‖ *Verbe irrég. V. à la fin du volume.

Inférer vt. (ànfêré). Inferír*.
infé‖rieur, eure adj. (ànfèriár). Inferior. ‖**-riorité** f. (-or-é). Inferioridade.
infernal, ale adj. (ànférnal). Infernal.
infester vt. (ànféçté). Infestar.
infi‖dèle adj. (àn-él). Infiel. ‖**-délité** f. (-ê-é). Infidelidade.
infil‖tration f. (àn-racio͂). Infiltração. ‖**-trer** vt. (-é). Infiltrar.
infime adj. (ànfím). Ínfimo, ma.
infi‖ni, ie adj. (àn-í). Infinito, ta. ‖**-nité** f. (-é). Infinidade. ‖**-nitésimal, ale** adj. (-èz-al). Infinitesimal.
infinitif m. (àn-íf). Infinitívo.
infir‖me adj. e s. (ànfírm). Enfermo, ma; doente, fraco, ca; débil. ‖**-mer** vt. (-é). Invalidar. ‖ *Fig.* Enfraquecer. ‖**-merie** f. (-rí). Enfermaria. ‖**-mier, ère** m. e f. (-ié, ér). Enfermeiro, ra. ‖**-mité** f. (-é). Enfermidade, doença, afecção crónica, achaque, m.; caruara (*Br. du N.*). ‖ *Fig.* Fraqueza, imperfeição, defeito, m.
inflam‖mable adj. (àn-ama-). Inflamável. ‖**-mation** f. (-cio͂). Inflamação. ‖**-matoire** adj. (-uar). Inflamatório, ia.
inflation f. (àn-acio͂). Inflação. ‖**-nisme** m. (-oniçm). Inflacionísmo. ‖**-niste** adj. e m. (-oniçt). Inflacionísta.
infléchir vt. (àn-êxír). Inflectír.
infle‖xible adj. (àn-èkcí-). Inflexível. ‖**-xion** f. (-kcio͂). Inflexão.
infliger vt. (àn-é). Infligír.
inflorescence f. (àn-oréçàç). Inflorescência.
influ‖ence f. (àn-ùàç). Influência. ‖**-encer** vt. (-é). Influenciar, influír*. ‖**-ent, ente** adj. (-à, àt). Influente. ‖**-enza** f. (-àza). Influenza. ‖**-er** vi. (-é). Influír*.
in-folio adj. e s. m. (ànfolío). In-fólio (formato de livro).
infor‖mation f. (ànformacio͂). Informação, inquérito, m., averiguação. ‖**-me** adj. (-orm). Informe. ‖**-mer** vt. (-é). Informar, avisar; instruír*.
infor‖tune f. (ànfortùn). Infortúnio, m. ‖**-tuné, ée** adj. (-é). Infortunado, da; desventurado, da; infeliz.
infraction f. (ànfrakcio͂). Infracção,

transgressão, violação [de la loi].
infranchissable adj. (ànfrã-a-). Intransponível, intrapassável.
infructueux, euse adj. (ànfrùctùâ, âz). Infrutuoso, sa; infrutífero, ra.
in‖fus, use adj. (ànfù, ùz). Infuso, sa. ‖**-fuser** vt. (-é). Infundir, introduzir*. ‖**-fusion** f. (-io͂). Infusão. ‖**-fusoires** m. pl. (-uar). Infusórios.
ingambe adj. (àngáb). *Fam.* Ágil, lesto, ta; lépido, da; bem disposto, ta.
ingé‖nier (s') vr. (çànjénié). Esforçar-se por. ‖**-nieur** m. (-iár). Engenheiro. ‖**-nieux, euse** adj. (-iâ, âz). Engenhoso, sa. ‖**-niosité** f. (-o-é). Engenho, m., habilidade.
ingé‖nu, ue adj. (ànjènù). Ingénuo, ua. ‖**-nuité** f. (-é). Ingenuidade, simplicidade. ‖**-nument** adv. (-à). Ingènuamente, inocentemente.
in‖gérence f. (ànjèràç). Ingerência. ‖**-gérer** vt. (-é). Ingerír*. ‖ (s') vr. Ingerír-se*, intrometer-se. ‖**-gestion** f. (-çtio͂). Ingestão.
ingr‖at, ate adj. (àngra, at). Ingrato, ta. ‖**-atitude** f. (-ùd). Ingratidão.
ingrédient m. (àngrèdiã). Ingrediente.
inguérissable adj. (ànghêr-a-). Incurável, insanável.
inguinal, ale adj. (ànghinal). Inguinal.
ingurgiter vt. (àngùr-é). Ingurgitar, tragar, engolír* com avidez.
inhabile adj. (-abíl). Inábil.
inhabité, ée adj. (-a-é). Desabitado, da; inabitado, da; deserto, ta.
inhalation f. (inalacio͂). Inalação.
inhérent, ente adj. (inêrã, ãt). Inerente, inseparável, ligado, da.
inhibition f. (ini-cio͂). Inibição.
inhospitalier, ère adj. (inoç-alié, ér). Inospitaleiro, ra; inospito, ta.
inhumain, aine adj. (inùmà̃n, én). Desumano, na; inumano, na; cruel.
inhu‖mation f. (inùmacio͂). Inumação. ‖**-mer** vt. (-é). Inumar.
inimaginable adj. (-a-a-). Inimaginável.
inimitable adj. (-a-). Inimitável.
inimitié f. (-ié). Inimizade.
ininflammable adj. (-àn-ama-). Ininflamável, incombustível.
inintelli‖gent, ente adj. (-àntè-ã). Ininteligente. ‖**-gible** adj. (-í-).

Itálico : acento tónico. ‖ V. página verde para a pronúncia figurada. ‖*Verbo irreg. V. no final do livro.

Ininteligível, incompreensível.
ininterr‖ompu, ue adj. (-àntérõpù).
Ininterrupto, ta. ‖-uption f. (-ùpciõ).
Ininterrupção.
ini‖que adj. (-íc). Iníquo, ua. ‖-quité f. (-é). Iniquidade.
ini‖tial, ale adj. e s. f. (-cial). Inicial. ‖-tiation f. (-ciõ). Iniciação. ‖-tiative f. (-atív). Iniciativa. ‖-tier vt. (-ié). Iniciar.
injec‖té, ée adj. (ànjéc-é). Injectado, da. ‖ Encarniçado, da [visage, yeux]. ‖-ter vt. (-é). Injectar. ‖ (s') vr. Injectar-se, encarniçar-se [yeux, visage]. ‖-teur, trice adj. e s. (-ãr, ríç). Injector, ora. ‖-tion f. (-ciõ). Injecção.
injonction f. (ànjõkciõ). Injunção.
inju‖re f. (ànjùr). Injúria. ‖-rier vt. (-ié). Injuriar. ‖-rieux, euse adj. (-iâ, âz). Injurioso, sa.
injus‖te adj. (ànjùçt). Injusto, ta. ‖-tice f. (-íç). Injustiça. ‖-tifié, ée adj. (-ié). Injustificado, da.
inlassable adj. (ànlaça-). Incansável, infatigável
inné, ée adj. (-é). Inato, ta.
inno‖cemment adv. (-oçamã). Inocentemente. ‖-cence f. (-áç). Inocência. ‖-cent, ente adj. (-ã, ãt). Inocente.
innocent n. pr. (-oçã). Inocêncio.
innocenter v. (-oçãté). Inocentar.
innocuité f. (-coù-é). Inocuidade.
innombrable adj. (-ōbra-). Inúmerável, numeroso, sa; inúmero, ra.
inno‖vateur m. (-ovatãr). Inovador, ora. ‖-vation f. (-aciõ). Inovação. ‖-ver vt. (-é). Inovar.
inoccupé, ée adj. (-ocùpé). Desocupado, da; ocioso, sa.
in-octavo adj. e s. m. (-octavõ). In-octavo (formato de livro).
inocu‖lation f. (-ocùlaciõ). Inoculação. ‖-ler vt. (-é). Inocular.
inodore adj. (-é). Inodoro, ora.
inoffensif, ive adj. (-ofãcíf, ív). Inofensivo, va; inocente.
inon‖dation f. (-õdaciõ). Inundação. ‖-der vt. (-é). Inundar.
inopérant, ante adj. (-opêrã, ãt). Inoperante, sem efeito.
inopiné, ée adj. (-o-é). Inopinado, da; inesperado, a; imprevisto, ta.
inoppor‖tun, une adj. (-oportãn,

ùn). Inoportuno, na. ‖-tunité f. (-é). Inoportunidade.
in‖oubliable adj. (-u-ia-). Inesquecível. ‖-ouï, ïe adj. (-uí). Inaudíto, ta; espantoso, sa; estranho, nha.
In pace m. (inpacé). In pace, cárcere conventual.
in petto loc. adv. (-éttõ). No coração, no íntimo, interiormente.
Inqualifiable adj. (ànca-ia-). Inqualificável, incígno, na.
in-quarto acj. e s. m. (àncuartõ). In-quarto (formato de livro).
inqui‖et, ète adj. (ànkié, ét). Inquieto, ta; perereca (Br.). ‖-étant, ante adj. [-êtã, ãt). Inquietante. ‖-éter vt. (-é). Inquietar. ‖-étude f. (-ùd). Inquietação, desassossego, m.
inquisi‖teur m. (ànk-ãr). Inquisidor. ‖-tion f. (-ciõ). Inquisição. ‖-torial, ale adj. (-orial). Inquisitorial.
insalsissable adj. (àncé-a). Inapreensível, inencontrável. ‖ Fíg. Impalpável, incompreensível. ‖ Jurispr. Impenhorável.
insalubre adj. (àn-ùbr). Insalubre.
insanité f. (àn-é). Insânia, insensatez, loucura.
insatiable adj. (àn-cia-). Insaciável, ávido, da; sôfrego, ga.
ins‖cription f. (ànçcripciõ). Inscrição. ‖-crire* vt. (-ir). Inscrever.
insec‖te m. (àncéct). Insecto. ‖-ticide m. (-id). Insecticida. ‖-tivore adj. (-or). Insectívoro, ra.
insécurité f. (àncècùr-é). Insegurança, inseguridade.
in-seize adj. e s. m. (àncéz). In-dezasseis (formato de livro).
insensé, ée adj. e s. m. (ànçãçé). Insensato, ta; insano, na; louco, ca.
insensi‖biliser vt. (ànçã-é). Insensibilizar. ‖-bilité f. (-é). Insensibilidade. ‖-ble adj. (-í-). Insensível; imperceptível; apático, ca.
in‖sérer vt. (àncèré). Inserir*. ‖-sertion f. (-èrciõ). Inserção.
insidieux, euse adj. (àn-iâ, âz). Insidioso, sa; traiçoeiro, ra; falso, sa.
insi‖gne n. (àncính). Insígnia, f. ‖ adj. Insigne. ‖-gnifiant, ante adj. (-iã, ãt). Insignificante.
insi‖nuant, ante adj. (àn-ùã, ãt). Insinuante. ‖-nuation f. (-aciõ).

INS — INT 186

Insinuação. ||-nuer vt. (-ê). Insinuar.
insípide adj. (àn-id). Insípido, da.
insis||tance f. (àniçtãç). Insistência. ||-ter vi. (-ê). Insistir.
insociable adj. (ànçociá-). Insociável, intratável.
insolation f. (ànçolaciõ). Insolação.
inso||lemment adv. (ànçolamã). Insolentemente. ||-lence f. (-ãç). Insolência. ||-lent, ente adj. (-ã, ãt). Insolente, atrevído, da.
insolite adj. (ànçolit). Insólito, ta.
insoluble adj. (ànçolù-). Insolúvel. ||Fig. Irresolúvel.
insolvable adj. (ànço-a-). Insolvente.
insomnie f. (ànçomní). Insónia.
insonore adj. (ànçonor). Insonoro, ra.
insou||ciance f. (ànçuciãç). Descuido, m., indiferença. ||-ciant, ante adj. (-iã, ãt). Descuidado, da; indiferente, apático, ca; desleixado, da.
insoumis, ise adj. (ànçumí, íz). Insubmisso, ssa; rebelde.
insoupçonnable adj. (ànçu-ona-). Insuspeito, ta; fidedigno, na.
insoutenable adj. (ànçu-a-). Insustentável; indefensável; falso, sa.
inspec||ter vt. (ànçpé-ê). Inspeccionar. ||-teur, trice m. e f. (-âr, riç). Inspector, ora. ||-tion f. (-ciõ). Inspecção; exame, m., revista.
inspi||ration f. (ànç-raciõ). Inspiração. ||-rer vt. (-ê). Inspirar.
insta||bilité f. (ànçta-ê). Instabilidade. ||-ble adj. (-ê). Instável, inconstante, mudável.
instal||lation f. (ànçtalaciõ). Instalação. ||-ler vt. (-ê). Instalar. ||-ler (s') vr. Instalar-se.
ins||tamment adv. (ànçtamã). Instantemente. ||-tance f. (-ãç). Instância. ||-tant, ante adj. e s. m. (-ã, ãt). Instante. ||-tantané, ée adj. e s. m. (-ané). Instantâneo, ea.
instar (à l') loc. prep. (-ànçtar). À semelhança, a exemplo, ao modo.
instaurer vt. (ànçtôrê). Instaurar.
instiga||teur, trice adj. e s. (ànçatâr, riç). Instigador, ora. ||-tion f. (-ciõ). Instigação.
instin||ct m. (ànçtàn). Instinto. ||-ctif, ive adj. (-ctíf, ív). Instintivo, va.
insti||tuer vt. (ànç-ùê). Instituir*. ||-tut m. (-ù). Instituto. ||Regra, f.,

ordem, f. (religiosa). ||-tuteur, trice m. e f. (-âr, riç). Instituidor, ora. ||Professor, ora primário, ia. ||-tution f. (-ciõ). Instituição. ||Instituto, m., colégio, m.
instru||cteur m. (ànçtrùctôr). Instrutor. ||-ctif, ive adj. (-íf, ív). Instrutivo, va. ||-ction f. (-kciõ). Instrução, ensino, m.; conhecimento, m. ||-ire* vt. (-ír). Instruir*. ||-it, ite adj. (-í, ít). Instruído, da; ensinado, da.
instrument|| m. (ànçtrùmã). Instrumento. ||-aire adj. (-ér), ou -al, ale adj. (-al). Instrumental. ||-er vt. (-ê). Instrumentar. ||Redigir [un acte]. ||-iste m. (-içt). Instrumentista.
insu m. (ànçù). Ignorância, f. ||À l'insu de, à mon insu, sem o conhecimento de, sem eu saber*.
insubor||dination f. (ànçùbordinaciõ). Insubordinação. ||-donné, ée adj. (-doné). Insubordinado, da; indisciplinado, da.
insuccès m. (ànçùkcé). Insucesso, fracasso, mau êxito.
insuffi||sance f. (ànçù-ãç). Insuficiência. ||-sant, ante adj. (-ã, ãt). Insuficiente, escasso, ssa; incapaz.
insuffler vt. (ànçù-ê). Insuflar.
insu||laire adj. (ànçùlér). Insular. ||-line f. (-ín). Insulína.
insul||tant, ante adj. (ànçù-ã, ãt). Insultante. ||-te f. (-ù-). Insulto, m. ||-ter vt. (-ê). Insultar; xingar (Br.). ||-teur m. (-âr). Insultador.
insupportable adj. (ànçùporta-). Insuportável.
insur||gé, ée m. e f. (ànçùrjé). Insurrecto, ta. ||-ger (s') vr. Insurgir-se, sublevar-se, revoltar-se.
insurmontable adj. (ànçùrmõta-). Insuperável, invencível, inexcedível.
insurrection f. (ànçùrékciõ). Insurreição, revolta, sublevação.
intact, acte adj. (àntact). Intacto, ta; inteiro, ra; íleso, sa; impoluto, ta.
intaille f. (àntai). Pedra gravada.
intarissable adj. (àntar-a-). Inesgotável, inexaurível, perene.
inté||gral, ale adj. (àntêgral). Integral. ||Inteiro, ra [entier]. ||-grant, ante adj. (-ã, ãt). Integrante. ||-grer vt. (-ê). Integrar. ||-grité f. (-ê). Integridade, inteireza.

Itálico : acento tónico. ||V. página verde para a pronúncia figurada. || *Verbo irreg. V. no final do livro.

INT — INT

Intel‖lect m. (àntéléct). Intelecto.
‖-lectuel, elle adj. (-ùél). Intelectual.
‖-ligence f. (-àç). Inteligência.
‖-ligent, ente adj. (-ã, ãt).
Inteligente. ‖-ligible adj. (-íbl).
Inteligível, perceptível, compreensível, claro, ra; audível.

Intem‖pérance f. (àntãpêrãç). Intemperança. ‖-pérant, ante adj. (-ã, ãt). Intemperante. ‖-périe f. (-í).
Intempérie, perturbação atmosférica.

Intempestif, ive adj. (àntãpéçtíf, ív). Intempestivo, va; inconveniente.

Intenable adj. (àn-a-). Insustentável, indefensável, insubsistente.

Inten‖dance f. (àntãdãç). Intendência. ‖-dant m. (-ã). Intendente.

Inten‖se adj. (àntãç). Intenso, sa. ‖-sif, ive adj. (-íf, ív). Intensivo, va. ‖-sifier vt. (-ié). Intensificar. ‖-sité f. (-é). Intensidade.

Inten‖ter vt. (àntãté). Intentar. ‖-tion f. (-ció). Intenção, tenção, intento, m., desígnio, m., intuíto, m.

Intercaler vt. (àntércalé). Intercalar, inserir*, introduzir*.

Intercéder vi. (àntércédé). Interceder, pedir* por.

Intercepter vt. (àntércé-é). Interceptar, impedir*, sustar, reter*.

Inter‖cesseur m. (àntércéçâr). Intercessor. ‖-cession f. (-ció). Intercessão, intervenção, mediação.

Interchangeable adj. (àntérxája-). Intermutável, permutável.

Inter‖diction f. (àntér-kció). Interdição. ‖-dire* vt. (-ír). Interdizer* [prêtre, église]. ‖Proibir. ‖-dit m. (-í, -í, ít). Interdíto, defeso. ‖-dit, Ite adj. (-í, ít). Interdíto, ta.

Inté‖ressant, ante adj. (àntêréçã, ãt). Interessante. ‖-ressé, ée adj. e s. (-é). Interessado, da. ‖-resser vt. (-é). Interessar : s'intéresser à, interessar-se por. ‖-rêt m. (-é). Interesse. ‖Lucro, juro.

Intérieur, eure adj. e s. m. (àntêriâr). Interior. ‖Fig. íntimo, ma. ‖Loc. A l'intérieur, no interior, do lado de dentro.

Intéri‖m m. (àntérím). Interinidade, f. ‖Par -, loc. Interinamente. ‖-maire adj. (-ér). Interino, na.

Interje‖ction f. (àntérjékció). Interjeição. ‖-ter vt. (-âté). Interpor* ; - appel (apél). Apelar (da sentença).

Inter‖ligne f. (àntérlính). Entrelínha. ‖-ligner vt. (-é). Entrelinhar.

Interlocuteur, trice m. e f. (àntérlocùtâr, ríç). Interlocutor, ora.

Interlope adj. (àntérlop). Fraudulento, ta ; ilegel ; contrabandista.

Inter‖mède m. ₍àntérmêd). Intermédio. ‖Teatr. Entremez. ‖-médiaire adj. e s. m. (-êdiér). Intermediário.

Inter‖minable ɛdj. (àntér-a-). Interminável. ‖-mittence f. (-ãç). Intermitência. ‖-mittent, ente adj. (ã, ãt). Intermitente.

Internat m. (àntérna). Internato.

International, ale adj. (àntérnacionàl). Internacional.

Inter‖ne adj. e s. m. (àntérn). Interno, na. ‖-nement m. (-ãmã). Internamento. ‖-ner vt. (-é). Internar.

Inter‖pellation f. (àntérpélació). Interpelação. ‖-peller vt. (-é). Interpelar, interrogar ; intimar.

Interpénétrer vi. (àntérpênêtré). Interpenetrar.

Interplanétaire adj. (àntér-anêtér). Interplanetário, ia.

Inter‖poser vt. (àntérpozé). Interpor*. ‖-position f. (-ció). Interposição. ‖Fig. Intervenção, mediação.

Interpr‖étation f. (àntérprêtació). Interpretação. ‖-ète m. (-ét). Intérprete. ‖-éter vt. (-êté). Interpretar, explicar, traduzir*, exprimir*.

Interrègne m (àntérénh). Interregno.

Interro‖gateur, trice m. e f. (àntérogatâr, ríç). Interrogador, ora. ‖-gatif, ive adj. (-íf, ív). Interrogativo, va. ‖-gation f. (-ció). Interrogação. ‖-gatoire m. (-uar). Interrogatório.

Inter‖rompre vt. (àntérôpr). Interromper. ‖-rupteur m. (-ù-âr). Interruptor. ‖-ruption f. (-ció). Interrupção ; suspensão, reticência.

Intersection f. (àntércekció). Intersecção.

Interstice m. (àntérçtíç). Interstício, intervalc.

Interurbain, aine adj. (àntérùrbàn, én). Interurbano, na.

Intervalle m. (àntérval). Intervalo.

Inter‖venir* vi. (àntérvânír). Intervir*. ‖-vention f. (-ãció). Intervenção, mediação, ingerência.

Inter‖version f. (àntérvérció). Inter-

Lettres penchées = accent tonique, figurée. ‖ *Verbe irrég. ‖ V. page verte pour la prononciation V. à la fin du volume.

versão. ||-**vertir** vt. (-*ír*). Interverter, inverter.
inter||**view** f. (àntérvíu). Entrevista. ||-**viewer** vt. (-iuvé). Entrevistar (jorn.).
intestat adj. (àntécta). Intestado, da.
intesti||**in**, **ne** adj. e s. m. (àntéçtin, ìn). Intestíno, na : *intestin grêle*, intestíno delgado; *gros intestin*, intestíno grosso. ||-**nal**, **ale** adj. (-*al*). Intestínal.
inti||**me** adj. e s. (àntím). Íntimo, ma. ||-**mé**, **ée** adj. (-*é*). Intimado, da. ||Citado, da [procès]. ||-**mer** vt. (-*é*). Intimar, citar, notificar.
intimi||**dation** f. (àn-acíó). Intimidação. ||-**der** vt. (-*é*). Intimidar.
intimité f. (às-m-*é*). Intimidade.
intitu||**lé**, **ée** adj. (àn-ùlé). Intitulado, da. ||s. m. Título [titre]. ||-**ler** vt. (-*é*). Intitular; preambular.
intolé||**rable** adj. (àntoléra-). Intolerável. ||-**rance** f. (-*àç*). Intolerância. ||Violência.
intonation f. (àntonacíó). Intonação, entonação.
intouchable adj. (àntuxa-). Intangível, intocável.
intoxiquer vt. (àntokciké). Intoxicar, envenenar.
intrados m. (àntradô). Intradorso.
intraitable adj. (àntréta-). Intratável, brusco, ca: desagradável.
intra-muros loc. adv. (àntramùroç). Intramuros, dentro de muros.
intransi||**geance** f. (àntrã-jàç). Intransigência. ||-**geant**, **ante** adj. (-*ã*, *ãt*). Intransigente, intolerante.
intransitif, **ive** adj. (àntrã-íf, ív). Intransitivo, va.
intrépi||**de** adj. (àntrêpíd). Intrépido, da. ||-**dité** f. (-*é*). Intrepidez, arrojo, m., bravura, valor, m.
intri||**gant**, **ante** adj. e s. (àntr-*ã*, *ãt*). Intrigante. ||-**gue** f. (-*íg*). Intriga; angu, m. (*Br. de Rio*). ||-**guer** vi. (-*é*). Intrigar, enredar.
intrinsèque adj. (àntràncék). Intrínseco, ca; íntimo, ma; essencíal.
intro||**duction** f. (àntrodùkcíó). Introdução. ||-**duire*** vt. (-*ùir*). Introduzir*, meter. ||*Fig.* Pôr* em uso.
introït m. (àntroit). Intróito.
introuvable adj. (àntruva-). Inencontrável, impossível de achar.
in||**trus**, **use** adj. e s. (àntrù, ùz).

Intruso, sa. ||-**trusion** f. (-íó). Intrusão, usurpação.
intui||**tif**, **ive** adj. (àntù-íf, ív). Intuitívo, va. ||-**tion** f. (-cíó). Intuição; pressentimento, m.
inu||**sable** adj. (-*ùza-*). Impossível de estragar. ||-**sité**, **ée** adj. (-*é*). Desusado, da; inusitado, da.
inuti||**le** adj. (-*ùtíl*). Inútil. ||-**lisable** adj. (-*a-*). Inutilizável. ||-**lisé**, **ée** adj. (-*é*). Inutilizado, da. ||-**lité** f. (-*é*). Inutilidade.
invali||**de** adj. e s. (ànvalíd). Inválido, da. ||-**der** vt. (-*é*). Invalidar. ||-**dité** f. (-*é*). Invalidez.
invariable adj. (ànvaría-). Invariável, imutável, inalterável.
invasion f. (ànvazíó). Invasão.
invecti||**ve** f. (ànvéctív). Invectiva. ||-**ver** vt. (-*é*). Invectivar.
inven||**dable** adj. (ànvãda-). Invendável. ||-**du**, **ue** adj. (-*ù*). Por vender, não vendido, da.
inven||**taire** m. (ànvatér). Inventário. ||-**ter** vt. (-*é*). Inventar. ||-**teur** m. (-*âr*). Inventor. ||-**tion** f. (-*cíó*). Invenção, invento, m., descoberta, criação. ||-**torier** vt. (-*oríé*). Inventariar.
in||**verse** adj. (ànvérç). Inverso, sa. ||-**version** f. (-íó). Inversão.
invertir vt. (ànvértír). Inverter.
investiga||**teur**, **trice** adj. e s. (ànvéçatâr, riç). Investigador, ora. ||-**tion** f. (-cíó). Investigação.
inves||**tir** vt. (ànvéctír). Investir* [dignité]. ||Cercar [place]. ||Aplicar [fonds]. ||-**tissement** m. (-*ã*). Investída, f., assalto, arremetida, f.
invétéré, **ée** adj. (ànvêtêré). Inveterado, da; enraizado, da; arraigado, da.
invincible adj. (ànvànci-). Invencível.
invisible adj. (àn-íbl). Invisível.
in||**vitation** f. (àn-acíó). Convíte, m. ||-**vite** f. (-*í*). Invite, m. ||-**viter** vt. (-*é*). Convidar. ||*Fig.* Incitar, arrastar, induzir*, excitar.
invocation f. (ànvocacíó). Invocação; orago, m. [liturgie].
involontaire adj. (ànvôlõtér). Involuntário, ia; forçado, da.
invoquer vt. (ànvoké). Invocar.
invraisem||**blable** adj. (ànvrécã- a-). Inverosímil. ||-**blance** f. (-*àç*). Inverosimilhança.

Itálico : acento tônico. ||V. página verde para a pronúncia figurada. ||*Verbo irreg. V. no final do livro.

invulnérable adj. (ànvù-êra-). Invulnerável; íntegro, gra; intacto, ta.
io‖de m. (iod). Iodo. ‖**-dé, ée** adj. (-ê). Iodado, da. ‖**-dure** m. (-ùr). Iodeto.
ion ‖ m. (iõ). Íão. ‖**-iser** vt. (-on-ê). Ionizar.
ionien, enne adj. (ioniàn, én). Jónico, ca; jónio, ia.
iota m. (-a) Iota : il n'y manque pas un iota, não lhe falta nada.
ipéca m. (-êca). Ipeca, ipecacuanha.
iphigénie n. pr. (ifijéni). Ifigénia.
irascible adj. (iraci-). Irascível.
Ir‖ène n. pr. (irén). Irene. ‖**-énée** n. pr. (-ênê) Ireneu.
iri‖dacées f. pl. (ir-acê). Iridáceas. ‖**-descent, ente** adj. (-éçã, ãt). Iridescente. ‖**-dium** m. (-iom). Irídio.
ir‖is m. (iriç). Íris. ‖**-iser** vt. (-ê). Irisar.
Irlande n. pr. (irlãd).
iro‖nie f. (ironí). Ironia. ‖**-nique** adj. (-ic). Irónico, ca. ‖**-niste** m. (-içt). Ironísta.
iroquois, oise adj. e s. (irocua, uaz). Iroqués, esa.
irraisonné, ée adj. (irézonê). Insensato, ta; desarrazoado, da.
irréalisable adj. (irêa-a-). Irrealizável.
irréconciliable adj. (irêcõ-ia-). Irreconciliável.
irrécusable adj. (irêcùza-). Irrecusável.
irréductible adj. (irêdùcti-). Irredutível, irreduzível.
irréel, elle adj. (irêél). Irreal.
irré‖fléchi, ie adj. (irê-êxí). Irreflectido, da. ‖**-flexion** f. (-êkciõ). Irreflexão.
irréfutable adj. (irêfùta-). Irrefutável, incontestável.
irrégularité f. (irêgùlar-ê). Irregularidade. ‖**-lier, ère** adj. (-iê, êr). Irregular; defeituoso, sa.
irréli‖gieux, euse adj. (irê-tâ, âz). Irreligioso, sa. ‖**-gion** f. (-iõ). Irreligião.
irré‖médiable adj. (irêmêdia-). Irremediável. ‖**-missible** adj. (-íbl). Irremissível, imperdoável.
irremplaçable adj. (irã-aça-). Insubstituível.
irré‖parable adj. (irêpara-). Irreparável. ‖**-préhensible** adj. (-rêãcí-).

Irrepreensível. ‖**-prochable** adj. (-oxa-). Irrepreensível. ‖**-sistible** adj. (-çtí-). Irresistível.
irréso‖lu, ue adj. (irêzolù). Irresoluto, ta. ‖**-lution** f. (-ciõ). Irresolução, indecisão, incerteza.
irres‖pectueux, euse adj. (irécpéctùâ, âz). Irrespeitoso, sa.
irrespirable adj. (iréç-ra-). Irrespirável.
irresponsable adj. (irécpõça-). Irresponsável.
irrévé‖rence f. (irêvêrãç). Irreverência. ‖**-rencieux, euse** adj. (-iâ, âz). Irreverente, irrespeitoso, sa.
irrévocable adj. (irêvoca-). Irrevogável, irrevocável.
irri‖gateur m. (ir-atõr). Irrigador. ‖**-gation** f. (-ciõ). Irrigação. ‖**-guer** vt. (-ghê). Irrigar.
irri‖table adj. (ir-a-). Irritável. ‖**-tant, ante** adj. (-ã, ãt). Irritante. ‖**-tation** f. (-aciõ). Irritação. ‖**-ter** vt. (-ê). Irritar, exaltar.
irruption f. (irùpciõ). Irrupção, invasão, incursão, investida.
Isaac n. pr. (t-aac). Isaac.
Isa‖beau [ant] (-õ) e **-belle** n. pr. (-él). Isabel.
isabelle adj. e s. m. (-él). Isabel.
Isaïe n. pr. (-aí). Isaías.
isard m. (-ar). Camurça (f.) dos Pirenéus.
Isidore n. pr. (-or). Isidoro, Isídro.
Islam n. pr. (içlam). Islão.
islamisme m. (-içm). Islamismo.
Islande n. pr. (içlãd). Islândia.
Iso‖cèle adj. (-océl). Isósceles. ‖**-chrone** adj (-cron). Isócrono, na.
Iso‖lant, ante adj. (-olã, ãt). Isolante. ‖**-lateur, trice** adj. (-atõr, riç). Isolador, ora. ‖**-lement** m. (-ã). Isolamento. ‖**-ler** vt. (-ê). Isolar.
Israël n. pr. (içraél). Israel.
israélite adj. e s. (-élit). Israelita.
issu, ue adj. (-ù). Saído, da. ‖ Oriundo, da [né]. ‖f. Saída : à l'issue de, à saída de. ‖Fig. Fim, m., resultado, m. : issue fatale, desenlace (m.) fatal. ‖pl. Farelo, m. sing. ‖Vísceras, miudezas (boucherie].
isthme m. (içm). Istmo.
Ita‖lien, enne adj. e s. (-aliàn, én).

Lettres penchées : accent tonique. ‖ V. page verte pour la prononciation figurée. ‖ *Verbe irrég. V. à la fin du volume.

Italiano, na; carcamano (*Br. du N.*, par dénigrement). ‖**-lique** adj. e s. m. (*-íc*). Itálico, ca.
Ithaque n. pr. (*-ac*). *Ítaca.*
itinér‖aire m. (*-êrér*). Itinerário. ‖*-ant,* **ante** adj. (*-ã, ãt*). Itinerante.
Ivoire m. (*-uar*). Marfim. ‖*Loc. Ivoire végétal,* corozo.

Ivrale f. (*-ré*). Joio, m. [botanique].
ivr‖e adj. (ivr). Ébrio, ia; bêbedo, da; embriagado, da. ‖*Loc. Ivre mort,* a cair* de bêbedo. ‖**-esse** f. (*-éç*). Embriaguez, borracheira. ‖**-ogne** adj. e s. m. (*-onh*). Bêbedo, beberrão. ‖**-ognerie** f. (*-rí*). Bebedeira, embriaguez.

J

ja‖bot m. (jabô). Papo [oiseau]. ‖Bofe, folho [chemise]. ‖**-boter** vi. (*-oté*). *Pop.* Tagarelar, palrar, chilrear.
jacas‖se f. (jacaç). Tagarela. ‖**-ser** vi. (*-é*). Tagarelar, falazar.
jachère f. (jaxér). Alqueive, m.
jacinthe f. (jaçãnt). Jacinto, m.
Jacob n. pr. (jacob). Jacob.
jacobin, ine adj. (jacobãn, in). Jacobino, na. ‖*Ant.* Dominicano, na.
Jacqueline n. pr. (ja-in). Jaquelina.
jacquerie f. (jacrí). Motim (m.) popular, com execuções arbitrárias.
Jacques n. pr. (jac). Tiago, Iago, Jaime. ‖*- Bonhomme* (-onom). Zé Povinho (o camponês francês).
jac‖quet m. (jaké). Espécie de gamão. ‖**-quot** m. (*-ô*). Louro, papagaio cinzento africano [perroquet].
jactance f. (ja-ãç). Jactância.
jaculatoire adj. e s. f. (jaculatuar). Jaculatório, ia.
jade m. (jad). *Jade.*
jadis adv. (jadiç). Outrora, dantes.
jaguar m. (jaguar). Jaguar.
jaill‖ir vi. (jaiír). Brotar, jorrar. ‖**-issant, ante** adj. (*-ã, ãt*). Jorrante, esguichante, que brota. ‖**-issement** m. (*-ã*). Jorro, esguicho. ‖*Fig.* Expansão, f., manifestação súbita, f.
jais m. (jé). Azeviche.
ja‖lon m. (jalô). Baliza, f. ‖**-lonner** vt. (*-é*). Balizar, alinhar, demarcar.
ja‖louser vt. (*-é*). Invejar. ‖**-lousie** f. (*-i*). Inveja [envie]. ‖Ciúme, m. [en amour]. ‖Gelosia [persienne]. ‖**-loux, ouse** adj. (*-u, uz*). Ciumento, ta [en amour]. ‖Invejoso, sa [envieux].
Jamaïque n. pr. (jamaic). Jamaica.

jamais adv. (jamé). Nunca, jamais. ‖*Loc. A jamais, à tout jamais,* para sempre, para todo o sempre.
jam‖bage m. (jãbaj). Ombreira, f. [porte, fenêtre]. ‖Pilar, pilastra, f. (arq.) ‖**Perna,** f., haste, f. [lettres]. ‖**-be** f. (jãb). Perna. ‖*- de force* (-âforç). Escora. ‖*Loc. A toutes jambes,* a toda a pressa. *Cela lui fait une belle jambe,* adianta-lhe muito. *Par-dessous la jambe,* com uma perna às costas. *Prendre ses jambes à son cou,* desatar a correr. ‖**-bière** f. (*-iér*). Polaina, greva. ‖**-bon** m. (*-ô*). Presunto. ‖**-bonneau** m. (-onô). Pernil.
janissaire m. (ja-ér). Janízaro.
jansé‖nisme m. (jãcénism). Jansenismo. ‖**-niste** m. (*-içt*). Jansenista.
jante f. (jãt). Camba (de roda).
janvier m. (jãvié). Janeiro.
Janvier n. pr. (jãvié). Janudrio.
Japhet n. pr. (jafét). Jafete.
Japon n. pr. (japô). Japão.
japonais, aise adj. e s. (japoné, éz). Japonês, esa.
jap‖pement m. (ja-ã). Latido. ‖**-per** vi. (*-é*). Latir, ganir, ladrar.
jaquemart m. (ja-ar). Ferreiro-bate-o-malho [jouet]. ‖Boneco que bate as horas com um martelo [horloge].
jaquette f. (jakét). Vaqueiro, m. (vestimenta antiga) [d'homme]. ‖Casaquinho [de dame].
jar‖din m. (jardãn). Jardim. ‖Horta, f. [potager]. ‖*- fruitier* ou *verger* (-rù-ié, -érjé). Pomar. ‖**-dinage** m. (*-aj*). Jardinagem, f. ‖**-diner** vi. (*-é*). Jardinar. ‖**-dinet** m. (*-é*). Jardinzinho. ‖**-dinier, ère** m. e f. (*-ié, ér*). Jardineiro, ra; hortelão, oa, horticultor, ora.

Itálico : acento tónico. ‖V. página verde para a pronúncia figurada. ‖ *Verbo irreg. V. no final do livro.

jargon m. (jargõ). Gíria, f.
Jarnac n. pr. (jarnac). *Coup de -* (cu-). Estocada (f.) traiçoeira.
jarni∥! (jarní), **-bleu!** (-*â*), **-dieu!** (-diâ). Tarrenego!
jarre f. (jar). Pote, m., talha.
jar∥**ret** m. (jaré). Jarrete [homme]. ∥ Curvejão [animaux]. ∥ Loc. *Avoir du jarret*, ter* boas pernas. ∥**-retelle** f. (-rtél). Liga. ∥**-retière** f. (-iér). Liga. ∥ Jarreteira [chevalerie].
jars m. (jar). Ganso (macho).
ja∥**sement** m. (ja-*â*). Tagarelice, f. ∥**-ser** vi. (-é). Tagarelar.
jasmin m. (jaçmãn). Jasmim.
jas∥**pe** m. (jaçp). Jaspe. ∥**-per** vt. (-é). Jaspear, zebrar.
jatte f. (jat). Tigela, gamela.
jau∥**ge** f. (jõj). Arqueação [d'un navire]. ∥ Vara [baguette graduée]. ∥ Medida [capacité]. ∥ Medição [mesure]. ∥ Régua, padrão, m. [pour mesurer]. ∥**-geage** m. (-jaj). Calado [navires]. ∥ Medição (f.) de vasilhas. ∥**-ger** vt. (-é). Medir* [tonneau]. ∥ Arquear [navire]. ∥ *Fig.* Apreciar, avaliar.
jau∥**nâtre** adj. (jônatr). Amarelado, da. ∥**-ne** adj. (jôn). Amarelo, la. ∥ *Que tura uma greve*. ∥ *- d'œuf*. Gema (f.) de ovo. ∥ Loc. *Jaune d'eau*, nenúfar. ∥**-net** m. (-é). *Pop.* Amarelinha, f. (moeda de ouro). ∥**-nir** vt. e vi. Amarelecer. ∥**-nissant, ante** adj. (-*â*, *ât*). Amarelento, ta. ∥**-nisse** f. (-iç). Icterícia.
java f. (java). Certa dança.
javanais, aise adj. e s. (javané, éz). Javanês, esa.
Javel (eau de) f. (ô-avél). Lixívia.
javeline f. (ja-ín). Zarguncho, m.
javelle f. (javél). Gavela, feixe, m.
javelliser vt. (javé-é). Juntar lixívia a água para esterilizá-la.
javelot m. (ja-ô). Venábulo, dardo.
je pron. pers. (jã). *Eu*.
Jean∥, **ne** n. pr. (jã, an), João, Joana. ∥**-neton** n. pr. (-ntõ). Joaninha. ∥**-nette** n. pr. (-ét). Joaninha.
jean-jean m. (jãjã). Pateta, João-ninguém; café pequeno (*Br.*).
jeannette f. (janét). Cruzinha de ouro [croix].
Jean∥**nine** n. pr. (janín). Joaninha. ∥**-not** n. pr. (-ô). Joãozinho.

jéjunum m. (jêjùnom). Jejuno.
jérémlade f. (jêrêmiad). Jeremiada.
Jérémie n. pr. (jêrêmí). Jeremias.
Jéricho n. pr. (jêricô). Jericó.
Jérôme n. pr. (jêrôm). Jerónimo.
jersey m. (jérzé). Camisola (f.) de lã ou malha de seda. ∥ Estambre.
Jersey n. pr. (jérzé). Jérsia.
Jérusalem n. pr. (jêrùzalém). Jerusalém.
jésuite m. (jêzùit). Jesuíta.
Jésus n. pr. (jêzù). Jesus. ∥ *Menino*. Jesus [figure]. ∥ Formato de papel.
Jésus-Christ n. pr. (jêzùcri). Jesus Cristo.
jet m. (jé). Tiro, arremesso. ∥ *Jacto* [liquide, vapeur, etc.]. ∥ Alijamento (mar.). ∥ *Bot.* Rebento, renovo. ∥ Loc. *Jet d'eau*, repuxo. *Jet d'abeilles*, enxame. *Jet de lumière*, raio de luz. *Du premier jet*, à primeira vez.
je∥**tage** m. (-aj). Muco, corrimento. ∥**-té, ée** adj. (-é). Deitado, da. ∥ Atirado, da [lancé fortemente]. ∥**-tée** f. (-é). Molhe, m., paredão, m. ∥**-ter** vt. (-é). Deitar. ∥ Atirar [avec force]. ∥ *Deitar fora* [se débarrasser]. ∥**-teur, euse** adj. e s. (-*âr*, *âz*). Lançador, ora. ∥**-ton** m. (-ô). Tento; senha, f.
jeu m. (jã). Jogo. ∥ Loc. *Avoir beau jeu*, ter* os trunfos na mão. *Ce n'est pas de jeu*, não é lícito. *Jeu de cartes*, jogo das cartas. *Baralho* [paquet]. *Jeu de mots*, trocadilho. *Jeu d'esprit*, enigma. *Jouer gros jeu*, jogar forte.
jeudi m. (jãdí). Quinta-feira, f.
jeun (à) loc. adv. (ajãn). Em jejum.
jeu∥**ne** adj. (jãn). Jovem, novo, va. ∥**-nesse** f. (-éç). Juventude, mocidade. ∥**-net, ette** adj. (-é, ét). Novinho, nha. ∥ Loc. *Jeune fille*, f. jovem rapariga (*Br.* pejor.) ; *jeune homme*, jovem, mancebo. *Jeunes gens*, jovens, gente (f.) nova.
jeû∥**ne** m. (jãn). Jejum. ∥**-neur, euse** m. e f. (-*âr*, *âz*). Jejuador, ora.
jiu-jitsu m. (ù-ù). Jiu-jítsu.
Joachim n. pr. (joaxãn). Joaquim.
joai∥**llerie** f. (joaiiârí). Joalharia. ∥**-llier, ère** m. e f. (-iié, ér). Joalheiro, ra.
jobard, e adj. m. (jobar). Simplório, tanso, pateta, palerma.

Lettres penchées : accent tonique. ∥ V. page verte pour la prononciation figurée. ∥ *Verbe irrég. V. à la fin du volume.

jockey m. (joké). Jóquei [hippisme].
Joconde n. pr. (jocôd). Gioconda.
jocrisse m. (jocríç). Papalvo.
joie f. (jua). Alegria, gozo, m. ‖Loc. *Feu de joie*, fogueira (f.) em sinal de regozijo. *Ne pas se sentir de joie*, não caber* em si de contente.
joignant, ante adj. (juanhã, ãt). Contíguo, ua. ‖prep. Junto de.
jo‖Indre* vt. (juãndr). Juntar. ‖Alcançar [atteindre]. ‖-**Int, Inte** adj. (-ãn, ãnt). Junto, ta. ‖s. m. Junta, f.; juntura, f. ‖Loc. *Trouver le joint*, dar* no vinte. ‖-**Intée** f. (-é). Punhado, m. ‖-**Intif, ive** adj. (-íf, ív). Unido, da. ‖-**Inture** f. (-ùr). Juntura. ‖Articulação, junta [os].
jo‖li, ie adj. (joli). Bonito, ta; lindo, da; batuta (Br., f.). ‖-**Iiesse** f. (-iéç). Boniteza, lindeza. ‖-**Ilet, ette** adj. (-ié, ét). Bonitinho, nha.
Jo‖nas n. pr. (jonaç). Jonas. ‖-**nathan** n. pr. (-tã). Jonatã.
jon‖c m. (jõ). Junco. ‖-**chaie** f. (-é). Juncal, m. ‖-**chée** f. (-é). Juncada [fleurs, feuilles]. ‖-**cher** vt. (-é). Juncar, cobrir*. ‖-**chets** m. pl. (-é). Pauzinhos [jeu d'enfants].
jonction f. (jõkciõ). Junção.
jon‖gler vt. (-é). Fazer* jogos malabares. ‖*Fig*. Brincar com. ‖-**glerie** f. (-ârí). Malabarismo, m. [tour d'adresse]. ‖*Fig*. Hipocrisia, charlatanice. ‖-**gleur, euse** m. e f. (-âr, âz). Jogral; malabarista, pelotiqueiro, ra; escamoteador, ora.
jonque f. (jõc). Junco, m. (barco).
jonquille f. (jõkíía). Junquilho, m.
Jo‖seph n. pr. (jozéf). José. ‖-**sèphe** n. pr. (-éf). Josefa. ‖-**séphine** n. pr. (-éfín). Josefina.
Josué n. pr. (jozué). Josué.
jouable adj. (jua-). Representável.
joubarbe f. (jubarb). Saião, m. (bot.).
joue f. (ju). Face. ‖Loc. *Coucher ou mettre en joue*, apontar. *En joue!* apontar!
jou‖er vi. e vt. (jué). Jogar. [musique]. ‖Representar [rôle]. ‖Andar [se mouvoir]. ‖(se) vr. (çâ-). Divertir-se*. ‖Zombar (de) [se moquer]. ‖Loc. *Jouer du violon*, tocar violino. *Jouer des coudes*, abrir caminho (à cotovelada). *Jouer de bonheur, de malheur*, ter* muita sorte, não ter* sorte nenhuma. *Jouer quelqu'un*, enganar alguém. ‖-**et** m. (-é). Brinquedo. ‖*Fig*. Joguete; peteca, f. (Br.). ‖-**eur, euse** adj. e s. (-âr, âz). Jogador, ora. Tocador, ora [musique]. ‖Brincalhão, ona [blagueur].
joufflu, ue adj. (juflù). Bochechudo, da.
joug m. (ju). Jugo, canga, f.
jouir vi. (juír). Gozar, fruir*.
jouis‖sance f. (juíçãç). Gozo, m. ‖Fruição [usage, possession]. ‖-**sant, ante** adj. (-ã, ãt). Que goza, fruidor, ora. ‖-**seur, euse** adj. e s. (-âr, âz). Gozador, ora; egoísta, pândego, ga.
joujou m. (juju). Brinquedo. ‖Loc. *Faire joujou*, brincar.
joule m. (jul). Joule.
jour m. (jur). Dia. ‖Luz, f. [clarté, vie]. ‖Fenda f., fresta, f. [ouverture]. ‖Loc. *A jour*, aberto (adj.) [ajouré]. *A trois jours de vue*, ou *de date*, a três dias de vista. *Au grand jour*, às escâncaras. *De nos jours*, nos nossos dias. *Du jour au lendemain*, dum dia para o outro. *Faire jour*, ser* de dia. *Il fait jour*, é dia, amanhece. *Faux jour*, vislumbre. *Jour gras*, dia de carne. *Jour maigre*, dia de abstinência. *Les beaux jours*, a juventude; a primavera [le printemps]. *Mettre à jour*, pôr* em dia. *Se faire jour*, abrir caminho. *Vivre au jour le jour*, viver sem olhar ao futuro. *Voir le jour*, nascer; aparecer.
jour‖nal m. (jurnál). Jornal, diário. ‖-**nalier, ère** adj. (-ié, ér). Diário, ia. ‖s. m. Jornaleiro [ouvrier]. ‖-**nalisme** m. (-íçm). Jornalismo. ‖-**naliste** m. (-íçt). Jornalista. ‖-**née** f. (-é). Dia, m. : *une belle journée*, um lindo dia. ‖Jorna, jornal, m. ‖Jornada, f. ‖-**nellement** adv. (-é-ã). Diàriamente; de dia para dia.
jou‖te f. (jut). Justa. ‖-**teur** m. (-âr). Justador, lutador; adversário.
jouvence f. ant. (juvãç). Juventude : *fontaine de Jouvence*, fonte de Juventa. ‖-**ceau** m. (-çó). *Fam*. Rapazola. ‖-**celle** f. (-él). Raparigota, donzela.

Itálico : acento tónico. ‖V. página verde para a pronúncia figurada. ‖*Verbo irreg. V. no final do livro.

jo‖vial, ale adj. (joviαl). Jovial. ‖-vialité f. (-ê). Jovialidade.
joyau m. (juaiô). Jóia, f.
jo‖yeuseté f. (juaiã-ê). Chίste, m. ‖-yeux, euse adj. (-iâ, âz). Alegre. ‖.s. m. Soldαdo dos batalhões de África [argot].
jubé m. (jùbê). Jubeu, tribuna, f.
jubi‖lation f. (jù-aciô). Júbilo, m. ‖-lé m. (-ê). Jubileu. ‖-ler vi. (-ê). Jubilar, rejubilar.
jucher vi. (jùxê). Empoleirar-se [oiseaux]. ‖Fig. Morar alto. ‖vt. Colocαr muίto alto. ‖ (se) vr. (çâ-). Empoleirar-se [oiseaux].
judaï‖que adj. (jùdaic). Judaicα, ca. ‖-sant, ante adj. (-ã, ãt). Judaizante.
Judas n. pr. (jùdα). Judas.
Judée n. pr. (jùdê). Judeia.
judi‖ciaire adj. (jù-iêr). Judiciário, ia; judiciαl. ‖-cieux, euse adj. (-iâ, âz). Judicioso, sa; ponderado, da.
Judith n. pr. (jùdit). Judite.
ju‖ge m. (jù). Juiz. ‖-gé, ée adj. (-ê). Julgαdo, da. ‖Loc. Au jugé, a olho. ‖-gement m. (-ã). Julgamento, juízo [tribunal]. Juízo, opinião, f. ‖Loc. Jugement dernier, juízo final. Jugement par défaut, sentença (f.) à revelia. Mettre en jugement, processar. ‖-geote f. Fam. (-jot). Juízo, m., senso, m. ‖-ger vt. e vi. (-ê). Julgar, ‖Imaginαr.
jugu‖laire adj. (jùgùlêr). Jugular. ‖.s. f. Francalete[képi; casque]. ‖-ler vt. (-ê). Degolar. ‖Fig. Debelar, jugular, abafar [enrayer].
juif, ive adj. e s. (jùif, ίv). Judeu, día.
juillet m (jùiê). Julho.
juin m. (jùàn). Junho.
juiverie f (jùivri). Judiaria [quartier]. ‖Fam. Rapacidade [action]. ‖Loja de agiota [boutique].
juju‖be m. (jùjùb). Açoceίfa, f. ‖-bier m. (-iê). Jujubeirα, f
Ju‖lles n. pr. (jùl). Júlio. ‖-lie n. pr. (-i). Júlia. ‖-lien, enne n. pr. (-iàn, én). Juliãno, Juliana. ‖Juliano [empereur romain].
julien, enne adj. (jùliãn, én). Juliαno, na. ‖.s. f. Sopa juliana.
Juliette n. pr. (jùlίét). Julieta.
jumeau, elle adj. e s. (jùmô, él). Gémeo, ea. ‖-meler vt. (-ê). Emparelhar [accoupler]. ‖-melle f. (-él). Binóculo, m., binóculos, m. pl. (Br.) [marine, théâtre] ‖-melles f. pl. (-él). Peças gémeαs [machine]. ‖Binóculo, m. sing., binóculos, m. pl. (Br.) [lunette]
jument f. (jùmã). Égua.
jungle f. (jõ-). Selva.
Junon n. pr. (jùnõ) Juno.
junte f. (jànt ou jõt) Junta (adm.).
ju‖pe f. (jùp·. Saia; fralda. ‖-pon m. (-õ). Saiα (f.) de baίxo. ‖Fam. Mulher, f., rapariga, f.
jurande f. (jùrãd). Confraria.
ju‖ratoire αdj. (jùratuar). Juratório, ia. ‖-ré, ée adj. e s. n. pr. (-ê). Jurado, da. ‖-rement m. (-ã). Jura, f.; praga, f. ‖-rer vt. e vi. (-ê). Jurar; pragυejar, blasfemar; discordar, não se harmonizar. ‖Loc. Il ne faut jurer de rien, ninguém diga : desta água não beberei. J'en jurerais, ia jurá-lo. Jurer ses grands dieux, jurar pelo maίs sagrado.
ju‖ridiction f. (jùr-keiô). Jurisdição. ‖-ridique adj. (-ik). Jurídico, ca, ‖-risconsulte m. (-çcõçù-). Jurisconsulto. ‖-risprudence f. (-rùdãç). Jurisprudênzia. ‖-riste m. (-içt). Jurista. ‖ -ron m. (-õ). Jura, f., praga, f. ‖-ry m. (-i). Júri.
jus m. (jù). Sumo [fruits]. ‖Suco [viande]. ‖Argot mil. Café simples.
jusant m. (jùzã). Jusante, vasante.
jusque prep. (jùçk). Até. ‖Loc. Jusqu'à ce que, até que.
jusquiame f. (jùçkiãm). Meimendro, m.
jus‖te adj. e s. (jùçt). Justo, ta. ‖ adv. Exatamente : au juste, à justa; à risca. ‖-tement adv. (-ãmã). Justamente ‖-tesse f. (-éç). Justeza, exactidão. ‖-tice f. (-iç). Justiça. ‖-ticiable adj. (-iα-). Justicável, sob a alçada de [tribunal]. ‖-ticier, ère e s. (-ίê, ér). Justiceiro, rα. ‖vt. Justiçαr, punίr. ‖-tification f. (-aciô). Justificαção. ‖-tifier vt. (-iê). Justificαr.
Jus‖tin, ine n. pr. (jùçtãn, ίn). Justíno, na. ‖-tinien n. pr (-iân). Justiniαno.
jute m. (jù). Juta, f.

Lettres penchées = accent tonique. ‖V. page verte para a pronunciation figurée. ‖*Verbe irrég. V. à la fin du volume.

juteux, euse adj. (jùtâ, ôz). Sumarento, ta [fruit]. ‖Suculento, ta [viande].
Jutland n. pr. (jù-âd). Jutlândia.
juvénile adj. (jùvênil). Juvenil.
juxtapo‖ser vt. (jùkçtapozé). Justapor*. ‖**-sition** f. (-ciô). Justaposição.

K

kabyle adj. e s. (cabil). Cabíla.
kaiser m. (caizér). Kaíser.
kakatoes m. (cacatoéç). Cacatua, f.
kaki adj. (caki). Caquí, cor de caquí.
kaléidoscope m. (calê-oçcop). Caleidoscópio.
kan m. (cã). Cã (persa, tártaro).
kangourou m. (cãguru). Canguru.
kaolin m. (caolàn). Caulíno.
kapo‖k m. (capoc). Capoca, f., sumaúma, f. ‖ **-quier** m. (-kié). Sumaumeira, f.
képhir m. (kêfír). Quefír.
képi m. (kêpí). Quépi.
kermès m. (kérméç). Quermes.
kermesse f. (kérméç). Quermesse, arraial, m.
kérosène m. (kêroséń). Querosene.
khaki adj. (caki). V. KAKI.
khédive m. (kêdív). Quedíva.
kilo‖ m. (-ô). Quilo. ‖**-gramme** m.
(-ram). Quilograma. ‖**-grammètre** m. (-étr). Quilográmetro. ‖**-mètre** m. (-étr). Quilómetro. ‖**-métrique** adj. (-étric). Quilométrico, ca.
kimono m. (-onô). Quimono.
kinesthésique adj. (-éçtézíc). Cinestésico, ca.
kiosque m. (kioçk). Quiosque.
kirsch m. (kirx). Aguardente de cerejas.
klaxon‖ m. (-akçô). Buzina, f. ‖**-ner** vi. (-oné). Buzinar.
kleptomane m. e f. (-é-oman). Cleptómano, na.
knock-out m. (nocaut). Nocaute.
krach m. (crac). Quebra, f.
krypton m. (kr-ỗ). Cripton.
ky‖rie m. (kirié). Quírie. ‖**-rielle** f. (-iél). Ladainha; enfíada.
kyste m. (kiçt). Quísto.

L

la art. f. (la). A. ‖ **m.** Lá [note].
là adv. Aí, ali, lá. ‖ *Observ.* 1. *Aí* indique un endroit moins éloigné que *ali* ou *lá.* 2. Precedido de *ce, cet, cette, ces,* suprime-se, e estes adj. traduzem-se por *esse* ou *aquele.* V. CE. ‖*Isto* [ceci] : *restons-en là,* fiquemos nisto. *Nous en viendrons là,* chegaremos a isto. ‖*Loc.* *Jusque-là,* até aí. *Là-bas,* além, lá adiante. *Là-dedans,* lá dentro. *Là-dessous,* por baixo (dísso). *Là-dessus,* sobre isso. Dito ísso [ceci dit]. *Là-haut,* lá em címa. Çá et là, aquí e alí. *Là, là!* bem, bem! vamos!
labarum m. (labarom). Lábaro, m.
label m. (labél). Marca (f.) sindical.
labeur m. (labúr). Labor, tarefa, f.
la‖bial, ale adj. (labíal). Labial.
‖**-bié, ée** adj. (-iê). Labiado, da.
labo‖ratoire m. (laboratuar). Laboratório. ‖**-rieux, euse** adj. (-iâ, âz). Laborioso, sa; trabalhador, eira.
labou‖r m. (labur). Lavra, f. ‖**-rable** adj. (-a-). Arável. ‖**-rage** m. (-aj). Lavra, f. ‖**-rer** v. (-é). Lavrar. ‖**-reur** m. (-âr). Lavrador, agricultor, cavador.
labyrinthe m. (la-rànt). Labirinto.
lac m. (lac). Lago (geografía).
la‖çage m. (laçaj) ou **-cement** m. (-â). Atadura, f. ‖**-cer** vt. (-ê). Atar, atacar, laçar, apertar [corset, etc.].
lacérer vt. (lacêrê). Lacerar, dilacerar, despedaçar; rasgar, esfarrapar.
lacet m. (lacé). Atacador, atilho.

Itálico : acento tónico. ‖ V. página verde para a pronúncia figurada. ‖ *Verbo irreg. V. no final do livro.

LÂC — LAM

‖Laço [chasse]. ‖Ziguezague [chemin]. ‖Lacete [mouvement d'oscillation].
lâ‖chage m. (laxaj). Afrouxamento. ‖-che adj. (lax). Lasso, ssa. ‖ Cobarde [poltron]. ‖-cher vt. (-ê). Soltar. ‖Loc. *Lâcher pied*, recuar. *Lâcher prise*, largar de mão. ‖-cheté f. (-é). Cobardía. ‖-cheur, euse adj. e s. (-âr, âz). *Fam.* Mau amigo, má amiga, abandonador, ora.
lacis m. (lací). Rede, f., entrelaçado.
laco‖nique adj. (laconíc). Lacónico, ca. (-ùçtr). ‖-nisme m. (-íçm). Laconismo.
lacrym‖al, ale adj. (lacr-al). Lacrimal. ‖-ogène adj. (-ojén). Lacrimogéneo, ea.
lacs m. (la). Laçada, f., nó corredio.
lac‖tate m. (lactat). Lactato. ‖-tation f. (-ció). Lactação. ‖-té adj. (-é). Láctéo, ea. ‖-tique adj. (-íc). Láctico, ca. ‖-tose m. (-óz). Lactose, f.
la‖cune f. (lacùn). Lacuna. ‖-custre adj. (-ùçtr). Lacustre.
la‖dre, esse adj. e s. (ladr, éç). Leproso, sa. ‖ Sovina [avare]. ‖ Triquinoso, sa [porc]. ‖-drerie f. (-ârí). Lepra. ‖ Sovinice. ‖ Triquinose.
lagune f. (lagùn). Laguna, ría.
lai, aie adj. (lé). Leigo, ga. ‖ s. m. *Lai*.
laïc adj. e s. m. (laíc). Laico, leigo.
laiche f. (léx). Carriço, m. (bot.).
laï‖ciser vt. (lai-é). Laicizar. ‖-cité f. (-é). Laicidade.
lai‖d, de adj. (lé, éd). Feio, ia. ‖-deron m. ou f. (-ró). Camafeu, feiona, f. ‖-deur f. (-âr). Fealdade.
laie f. (lé). Javalina. ‖ Vereda, atalho, m. [sentier].
lai‖nage m. (lénaj). Lã, f., lanifício. ‖ Cardadura, f. [avec des chardons]. ‖-ne f. (lén). Lã. ‖-neux, euse adj. (-â, âz). Lanoso, sa. ‖-nier, ère adj. (-ié, ér). Lanar. ‖ s. m. Negociante de lãs, frisador.
laïque adj. (laíc). Laico, ca. ‖ s. m. e f. Leigo, ga.
lai‖sse f. (léç). Trela [chiens]. ‖*En laisse*, loc. à corda. ‖-sser vt. (-é). Deixar. ‖Loc. *Laisser à penser*, dar* que pensar. *Laisser aller*, m., abandono. *Laisser faire*, consentir*. *Laisser-passer*, m. inv., salvo-conduto, passe, cartão de livre trânsito.
lai‖t m. (lé). Leite. ‖*- de chaux*, água (f.) de cal. ‖*- de poule*, gemada f. ‖*Petit-* (-é). Soro de leite. ‖-tage m. (-aj). Lacticínio. ‖-tance f. (-âç). Láctea. ‖-terie f. (-rí). Leitaría. ‖-teron m. (-ó). Serralha, f. ‖-teux, euse adj. (-â, âz). Leitoso, sa. ‖-tier, ère adj. e s. (-ié, ér). Leiteiro, ra. ‖ s. m. Escória, f. [métaux].
laiton m. (létó). Latão.
laitue f. (léù). Alface.
laïus, m. (laiùç). Discurso, alocução, f. [argot d'école].
Laïus n. pr. (laiùç). Laio.
laize f. (léz). Festo, m., largura, f.
lama m. (lamá). Lama [bouddhiste]. ‖Lama, alpaca, f. [zool.].
lama‖nage m. (lamanaj). Pilotagem, f. ‖-neur m. (-âr). Piloto (da barra).
lamantin m. (lamătân). Lamantim.
lambeau m. (lâbô). Farrapo, fragmento, pedaço. ‖Loc. *Mettre en lambeaux*, esfarrapar, despedaçar, rasgar.
Lambert n. pr. (lâbêr). Lamberto.
lambi‖n, ine adj. (lâbân, ín) Molengão, ona; papa-açorda. ‖-ner vi. (-é). Molengar, preguiçar, roncear.
lambourde f. (lâburd). Barrote, m.
lambr‖equin m. (lâbrăcăn). Lambrequim, guarnição, f. (arq., her.). ‖-is m. (-í). Lambril, lambrim [revêtement de plâtre, marbre]. ‖Artesão, apainelado [plafond orné]. ‖-isser vt. (-é). Revestir* de lambris [les murs]. ‖Artesoar [plafond].
la‖me f. (lam). Lâmina, folha [épée, ccuteau]. ‖Onda [vague]. ‖Loc. *Bonne, fine lame*, bom esgrimista, m. ‖-mé, ée adj. (-é). Laminado, da. ‖-melle f. (-él). Lamela, lâminazinha.
lamen‖table adj. (lamâta-). Lamentável. ‖-tation f. (-ció). Lamentação. ‖-ter vt. (-é). Lamentar.
lami‖nage m. (la-aj). Laminagem, f. ‖-ner vt. (-é). Laminar. ‖-nerie f. (-rí). Oficina de laminagem. ‖-neur m. (-âr). Laminador. ‖-noir m. (-uar). Laminador (máquina).
lam‖padaire m. (lâpadér). Lampadário. ‖-pant, ante adj. (-â, ăt). Que dá luz clara [pétrole]. Claro, ra

Lettres penchées : accent tonique. ‖V. page verte pour la prononciation figurée. ‖*Verbe irrég. V. à la fin du volume.

[huile]. ‖-pas m. (-a). Lampa, f. [tissu]. ‖-pe f. (láp). Lâmpada. ‖ Candeeiro, m.; fifó, m. (Br.); castiçal. ‖-pée f. (-é). Trago, m. ‖-per vt. (-é). Emborcar, beber àvidamente. ‖-pion m. (-ió). Tigelinha, f. [godet]. ‖Lamparina, f. ‖ Pop. Balão veneziano [en papier]. ‖-piste m. (-ist). Lampadeiro. ‖-pisterie f. (-àrí). Indústria, comércio [m.], arrecadação de candeeiros ou lâmpadas.
lamproie f. (làprua). Lampreia.
lan‖ce f. (làç). Lança; agulheta. ‖-ce-flammes m. (-am). Lança-chamas. ‖-cement m. (là-á). Lançamento. ‖-céolé, ée adj. (-êolé). Lanceolado, da. ‖-ce-pierres m. (-iér). Fisga, f. ‖-cer vt. (-é). Lançar. ‖Atirar, arremessar [jeter]. ‖-ce-torpille m. (-orpíiá). Lança-torpedos.
lancette f. (làcét). Lanceta.
lanceur, euse adj. e s. (làçâr, âz). Lançador, ora; atirador, ora.
lancier m. (làcié). Lanceiro.
lancinant, ante adj. (là-â, ât). Lancinante, pungente, cruciante, aflitivo, va.
landais, aise adj. e s. (làndé, éz). Landês, esa (das Landas).
lan‖dau m. (làdô). Landó. ‖-daulet m. (-é). Landolé.
lande f. (làd). Landa, areal, m., charneca, gândara.
landgrave m. (làdgrav). Landegrave.
landier m. (làdié). Morilho.
langage m. (làgaj). Linguagem, f.
lange m. (làj). Cueiro, fralda, f.
langoureux, euse adj. (làgurâ, âz). Langoroso, sa; lânguido, da.
langous‖te f. (làguçt). Lagosta. ‖-tine f. (-ín). Lagostím, m.
lan‖gue f. (làg). Língua. ‖ Loc. Avoir la langue bien pendue, ter* uma grande lábia. Donner sa langue aux chats, ou aux chiens, desistír de adivinhar. Langue verte, calão, m., gíria. Se mordre la langue, arrepender-se de ter* falado; calar-se a tempo. Tirer la langue, deitar a língua de fora. ‖-guette f. (-ghét). Lingueta.
Languedoc n. pr. (là-oc). Linguadoque.
lan‖gueur f. (làguçr). Langor, m. ‖-guir vi. (-ír). Languescer. ‖-guissant, ante adj. (-â, ât). Lânguido, da.
lanier m. (lanié). Açor fêmea.
lanière f. (lanié). Correia, tira.
lanlaire (làlér). U. na loc. : envoyer faire lanlaire, mandar passear.
lansquenet m. (làç-é). Lansquenete. ‖Lansquené [jeu].
lanter‖ne f. (làtérn). Lanterna. Balão (m.) veneziano. ‖-ner vi. (-é). Perder* o tempo. ‖vt. Fam. Entreter* com promessas, demorar.
lanturlu ou -turelu m. (làtùrlù). Ora! Pois sim! Não queria mais nada!
lanugineux, euse adj. (lanù-â, âz). Lanuginoso, sa; lanugento, ta.
La Palisse (M. de) n. pr. (-apaliç). Calino : Vérité de La Palisse, calinada, do amigo Banana.
laparotomie f. (laparotomí). Laparotomia.
laper vt. (lapé). Beber com a língua, lamber, sorver (como os gatos).
lapereau m. (la-rô). Láparo.
lapi‖daire f. (la-ér). Lapidar. ‖adj. e s. Lapidário, ia. ‖-der vt. (-é). Lapidar, apedrejar. ‖ Fig. Maltratar.
la‖pin, ine m e f. (lapàn, ín). Coelho, lha. ‖ Fig. e fam. Valente [brave]. ‖ Loc. Lapin de clapier, de choux, coelho manso. Lapin de garenne, coelho bravo. Poser un lapin, pregar um calote; ferrar um cão. ‖-pinière f. (-iér). Coelheira.
lapis-lazuli m. (la-çlazùlí). Lápis-lazúli, lazulite.
lapon, onne adj. e s. (lapô, on). Lapão, lapónia.
Laponie n. pr. (laponí). Lapónia.
lap‖s, se adj. (lapç). Lapso, sa. ‖ s. m. Lapso de tempo). ‖-sus m. (-ùç). Lapso, erro, falta, f., deslize.
laptot m. (la-ô). Marinheiro senegalês. Descarregador indígena.
laquais m. (laké). Lacaio.
la‖que f. (lac). Laca. ‖ m. Charão [vernis, couleur, objet enduit]. ‖-quer vt. (-é). Lacar, cobrir* com laca.
larbin m. (larbàn). Pop. Criado.
larcin m. (larçàn). Latrocínio.
lar‖d m. (lar). Toucinho. ‖-der vt. (-é). Lardear. ‖ Crivar [de coups]. ‖-doire f. (-uar). Lardeadeira. ‖-don

---

Itálico : acento tónico. ‖V. página verde para a pronúncia figurada. ‖*Verbo irreg. V. no final do livro.

m. (-ô). Tíra (f.) de toucinho. ‖Motejo [sarcasme].
lares adj. pl. (lar). Lares (deuses).
lar‖ge adj. (larj). Largo, ga. ‖*Fig.* Lato, ta; grande. ‖*Fig.* Liberal, generoso, sa. ‖s. m. Largo, largura, f. ‖*Loc. Au large*, à larga [à l'aise]. Ao largo [en haute mer]. ‖interj. Passe de largo! ‖**-gesse** f. (-éç). Largueza. ‖**-geur** f. (-âr). Largura. ‖**-go** adv. (-ô). *Mús.* Largo. ‖**-gue** adj. (larg). *Mar.* Bombo, ba. ‖**-guer** vt. (-ghé). Largar (as velas) ; *arrear (cabos)*.
larigot (à tire-) loc. adv. (-irlar-ô). Sem conta nem medida, à larga.
lar‖me f. (larm). Lágrima. ‖*Loc. Fondre en larmes*, debulhar-se em lágrimas. *Pleurer à chaudes larmes*, chorar amargamente. *Rire aux larmes*, chorar de riso. ‖**-mier** m. (-ié). Lacrimal. ‖*Arq.* Lacrimal, goteira, f. ‖**-moiement** m. (-uamã). Lacrimação, f. ‖**-moyant, ante** adj. (-uaiã, ãt). Lacrimejante. ‖**-moyer** vi. (-ié). Lacrimejar, choramingar, chorar.
larron m. (larô). Ladrão, gatuno.
larve f. (larv). Larva. ‖Espectro, m.
la‖ryngé, ée adj. (larànjé). Laríngeo, ea. ‖**-ryngite** f. (-át). Laringite. ‖**-rynx** m. (-ànkç). Laringe.
las! interj. (laç). Ai! ai de mim!
las, asse adj. (la, aç). Cansado, da ; lasso, ssa ; enfadado, da ; enfastiado, da.
lascif, ive adj. (lacíf, ív). Lascivo, va ; sensual, licencioso, sa.
la‖ssant, ante adj. (laçã, ãt). Fatigante. ‖**-sser** vt. (-é). Cansar. ‖**-ssitude** f. (-ùd). Cansaço, m., lassidão, fadiga. ‖*Fig.* Desgosto, m.
lasso m. (laçô). Laço (de vaqueiro).
latent, ente adj. (latã, ãt). Latente, oculto, ta ; escondido, da ; encoberto, ta.
latéral, ale adj. (latéral). Lateral.
la‖tin, ine adj. e s. (latãn, ín). Latino, na. ‖s. m. Latim. ‖*Loc. Latin de cuisine*, latim macarrónico. *Savoir, entendre son latin*, ser* finório. ‖**-tiniser** vt. (-é). Latinizar. ‖**-tinisme** m. (-içm). Latinismo. ‖**-tiniste** m. (-içt). Latinista. ‖**-tinité** f. (-é). Latinidade.
latitude f. (la-ùd). Latitude.
latrie f. (latrí). Latria, adoração.

latrines f. pl. (latrín). Latrina, sing.
la‖ttage m. (lataj). Ripado. ‖**-tte** f. (lat). Rípa, fasquia. ‖**-tter** vt. (-é). Ripar, fasquiar. ‖**-ttis** m. (-i). Ripado, fasquiado.
laudanum m. (lôdanom). Láudano.
lau‖datif, ive adj. (lôdatif, ív). Laudatório, ia. ‖**-des** f. pl. (lôd). Laudes (liturgia).
Laure n. pr. (lôr). Laura.
lau‖réat, ate adj. e s. (lôrêa, at). Laureado, da. ‖**-rier** m. (-ié). Loureiro. ‖*Laurier-cerise*, louro-cerejo. *Laurier-sauce*, loureiro.
Laurent n. pr. (lôrã). Lourenço.
la‖vable adj. (lava-). Lavável. ‖**-vabo** m. (-ô). Lavatório [meuble]. ‖Lavabo [cérémonie]. ‖Manistérgio [linge sacré]. ‖**-vage** m. (-aj). Lavagem, f.
lavallière f. (lavaliér). Gravata larga de laço.
lavande f. (lavãd). Alfazema.
lavandière f. (lavãdiér). Lavadeira [femme]. ‖Lavandisca [oiseau].
lavasse f. (lavaç). Sopa ou molho (m.) muito aguados. ‖Aguaceiro, m.
lave f. (lav). Lava.
la‖vement m. (la-ã). Lavagem, f. ‖Clister. ‖**-ver** vt. (-é). Lavar. ‖*Fig.* Sombrear, aguar [dessin]. ‖**-ver(se)** vr. Lavar-se. ‖**-vette** f. (-ét). Esfregão, m. ‖**-veur, euse** m. e f. (-âr, âz). Lavador, deira. ‖**-vis** m. (-í). Aguada, f. ‖**-voir** m. (-uar). Lavadouro.
laxatif, ive adj. (lakçatif, ív). Laxativo, va ; laxante.
la‖yetier m. (léiãtié). Caixoteiro. ‖**-yette** f. (-iét). Enxoval, m.
Lazare n. pr. (lazar). Lázaro.
laza‖ret m. (lazaré). Lazareto. ‖**-riste** m. (-içt). Lazarista.
lazzi m. pl. (lazi) pal. ital. Pantomima (f. sing.) cómica ; chalaças, f. pl.
le, la, les art. (lâ, la, lê). O, a, os, as. ‖pron. pes. (id.). O, a, os, as ; lo, la, los, las ; no, na, nos, nas : *je le vois*, vejo-o ; *tu la manges*, come-la ; *ils le font*, fazem-no. ‖*Observ.* On emploie la deuxième forme après *r*, *s* ou *z*, que perd le verbe, et la troisième après une nasale, qu'il maintient.
lé m. (lê). Pêsto [étoffe].

Lettres penchées : accent tonique. ‖V. page verte pour la prononciation figurée. ‖*Verbe irrég. V. à la fin du volume.

leader m. (lidâr). Pal. ingl. Chefe. ‖ Artigo de fundo.
Léandre n. pr. (leâdr). Leandro.
lebel m. (-él). Espingarda (f.), Lebel.
léchage m. (lèxaj). Lambidela, f.
lèche f. (léx). Fatia, talhadinha. ‖ **-frite** f. (-rít). Pingadeira (cozinha).
lé‖cher vt. (lèxé). Lamber. ‖ **-cheur, euse** adj. (-âr, âz). Glutão, ona. ‖Fam. Bajulador, ora [flatteur].
leçon f. (-ô). Lição. ‖Loc. *Faire la leçon*, ensinar, dar* lição, leccionar.
lec‖teur, trice m. e f. (léctâr, rís). Leitor, ora. ‖ **-ture** f. (ù-r). Leitura.
léga‖l, ale adj. (légal). Legal. ‖ **-liser** vt. (-é). Legalizar, reconhecer. ‖ **-lité** f. (-é). Legalidade.
léga‖t m. (léga). Legado. ‖ **-taire** m. (-ér). Legatário, ia. ‖ **-tion** f. (-ció). Legação.
lé‖gendaire adj. (lèjâdèr). Lendário, ia. ‖ **-gende** f. (-âd). Lenda. ‖Legenda [cartes, dessins].
lé‖ger, ère adj. (lèjê, ér). Leve, ágil. ‖ **-gèreté** f. (-érté). Leveza.
légiférer vi. (lê-êré). Legislar.
lé‖gion f. (lèjió). Legião. ‖ **-gionnaire** m. (-onér). Legionário.
législ‖lateur m. (lê-çlatâr). Legislador. ‖ **-latif, ive** adj. (-íf, ív). Legislativo, va. ‖ **-lation** f. (-ció). Legislação. ‖ **-lature** f. (-ùr). Legislatura. ‖ **-te** m. (-içt). Legista.
légi‖time adj. (lê-ím). Legítimo, ma. ‖ **-timer** vt. (-é). Legitimar. ‖ **-timiste** m. (-içt). Legitimista. ‖ **-timité** f. (-é). Legitimidade.
legs m. (lé). Legado, doação, f., dom.
léguer vt. (lêgé). Legar, deixar.
légu‖me m. (lègùm). Legume. f. ‖Fam. *Grosse légume*, alto funcionário, figurão. ‖ **-mier, ère** adj. (-iê, ér). Leguminoso, sa. ‖ s. m. Prato coberto (para legumes). ‖ **-mineux, euse** adj. (-â, âz). Leguminoso, sa.
leitmotiv m. (laitmotíf) pal. alemã. Motivo condutor [musique].
lémures m. pl. (lêmùr). Lémures.
lendemain m. (lã-ãn). Dia seguinte.
lendit m. (lâdi). Hist. Feira que se realizava na Idade Média na planície de S. Dinis, nos arredores de Paris. Feriado nessa altura.
lendore m. e f. (lâdor). Lesma, f. (pessoa).

lénitif, ive adj. e s. m. (lê-íf, ív). Lenitivo, va; emoliente.
lent‖, ente adj. (lã, lãt). Lento, ta. ‖ s. f. Lêndea. ‖ **-eur** f. (-âr). Lentidão, pachorra, vagar, m., demora.
lentille f. (lãtíâ). Lentilha. ‖**Lente** [optique].
lentisque m. (lãtíçk). Lentisco.
Léocadie n. pr. (lèocadí). Leocádia.
Léo‖n n. pr. (lèô). Leão. ‖ **-nard** n. pr. (-onár). Leonardo.
lé‖onin, ine adj. (lèonãn, in). Leonino, na. ‖ **-ontine** f. (-ôtín). Cordão (m.) comprido de relógio de senhora.
léopard m. (lèopar). Leopardo.
Léopold n. pr. (lèopol). Leopoldo.
lépidoptère m. (lê-o-ér). Lepidóptero.
léporide m. (lèporíd). Lepórido.
lèpre f. (lépr). Lepra.
lé‖preux, euse adj. e s. (lèprâ, âz). Leproso, sa. ‖ **-proserie** f. (-ozrí). Leprosaria, gafaria.
lequel, laquelle, lesquels, lesquelles pron. rel. e inter. (-él, lakél, lêkél). *O qual*, a qual, os quais, as quais; que [dans les phrases affirmatives]: *l'homme avec lequel je sors*, o homem com que saio : *les personnes auxquelles je m'adresse*, as pessoas a que me dirijo. ‖ Qual (2 g.) ; quais (2 g.) [dans une phrase interrogative] : *lequel de ces hommes est Jean?* qual desses homens é o João? *Desquels parles-tu?* De quais falas? ‖ Observ. Com as prep. à e de contrai-se em : **auquel, auxquels, duquel, desquels, etc.**
les art. e pron. V. LE.
lès (lé). V. LEZ.
lèse-majesté f. (lé-ajéçté). Lesa-majestade.
léser vt. (lèzé). Lesar, prejudicar.
lesi‖ner vi. (lê-é). Regatear, ser* mesquinho. ‖ **-neur** m. (-âr). Somítico ; cauíla (Br.).
lésion f. (lèzió). Lesão ; dano, m.
le‖ssivage m. (lé-aj). Barrela, f. ‖ **-ssive** f. (-ív). Lixívia, decoada, barrela. ‖ **-ssiver** vt. (-é). Lixiviar. ‖ **-ssiveuse** f. (-âz). Lixiviador, m., barreleiro, m.
lest m. (léçt). Lastro. ‖Loc. *Jeter du lest*, fazer* um grande sacrifício.
les‖te adj. (léçt). Lesto, ta. ‖ **-tement**

Itálico : acento tónico. ‖V. página verde para a pronúncia figurada. ‖ *Verbo irreg. V. no final do livro.

adv. (-âmã). Lestamente. ||**-ter** vt. (-ê). Lastrar, encher, carregar.
léthar||**gie** f. (lêtarjî). Letargia. ||**-gique** adj. (-îc). Letárgico, ca.
letton, onne adj. e s. (létõ, ón). Letão, ã.
let||**tre** f. (létr). Letra. || Carta [epítre]. ||pl. Letras. ||Loc. *En grandes lettres*, em maiúsculas. *En petites lettres*, em minúsculas. *En toutes lettres*, por extenso. *Lettre de cachet*, carta régia (de prisão ou de exílio). *Lettre de change*, letra de câmbio. *Lettre de créance*, credencial. *Lettre de faire-part*, participação. *Lettre de voiture*, carta de porte, guia. *Lettre moulée*, letra de forma. *Lettres patentes*, carta de mercê. ||**-tré, ée** (-ê). Letrado, da.
leucémie f. (lâcêmî). Leucemia.
leuco||**cyte** m. (lâcocít). Leucócito. ||**-plasie** f. (-asî). Leucoplasia.
leur pron. pes. 2 g. (lâr). Lhes, 2 g.: *je leur parle*, falo-lhes. ||*Observ. Le leur, la leur se traduisent par lho, lha, et les leur par lhos, lhas : je le leur donne*, dou-lho; *il les leur porte*, leva-lhos (ou lhas).
leur, leurs adj. pos. 2 g. (lâr). Seu, sua, seus, suas (deles, delas): *leur maison*, a casa deles (ou delas); *leurs amis*, os seus amigos (ou os amigos deles ou delas). ||*Le leur, la leur, les leurs*, pron. pos. O seu, a sua, os seus, as suas (ou : o deles, o delas ; a deles, a delas; os delas, as delas, as delas).
leur||**re** m. (lâr). Logro; taboca, f. (Br.). ||**-rer** vt. (-ê). Lograr (fig.). ||Adestrar [oiseaux].
levain m. (-àn). Levedura, f., fermento.
le||**vant** adj. e s. m. (-ã). Nascente. ||m. Levante, oriente. ||**-vantin, ine**, adj. (-àn, în). Levantino, na.
lève f. (lév). Alavanca, pilão, m.
le||**vé, ée** adj. (-ê). Levantado, da. ||Levedado, da [pain]. ||Germinado, da [plantes]. ||Recrutado, da [soldats]. ||s. m. Levantamento. ||**-vée** f. (-ê). Levantamento, m. ||Cobrança [impôts]. ||Vasa [jeux]. ||Leva [troupes]. ||Aterro, m., dique, m. ||Tiragem [poste]. ||Loc. *Levée de boucliers*, demonstração dos soldados romanos quando se sublevavam contra um chefe. *Levée en masse*, recrutamento (m.) geral. ||**-ver** vt. (-ê). Levantar. || Tirar [ôter]. || Erguer [yeux, regard, etc.]. ||Cobrar [impôts]. ||Recrutar [soldats]. || Suprimir [difficulté, obstacles]. ||Recolher [lettres]. ||vi. Germinar; fermentar [pâte, pain]. || (se) vr. Levantar-se. ||Nascer [jour, astres]. ||Loc. *Lever le coude*, gostar da pinga. *Lever les épaules*, encolher os ombros. ||**-ver** m. (-ê). Levantar. ||Nascer [astre]. ||Loc. *Lever de rideau*, antecato; levantar do pano. *Lever-Dieu*, m. Elevação, f. (da hóstia).
levier m. (-ié). Alavanca, f.
levis adj. m. (-i). Levadiça, f. (ponte).
lévite m. (lêvît). Levita. ||f. Labita, levita (sobrecasaca).
levraut m. (lâvrô). Lebracho.
lèvre f. (lévr). Lábio, m., beiço, m.
levrette f. (lâvrét). Galga.
lévrier m. (lêvrié). Galgo, lebréu.
levure f. (-ûr). Levedura.
le||**xicographie** f. (lêkcicografî). ||**-xique** m. (-îc). Léxico.
Leyde n. pr. (léd). Leida.
lez prep. (lè). Junto de (geogr.).
lé||**zard** m. (lêzar). Lagarto. ||**-zarde** f. (-ard). Fenda, racha. ||**-zarder** vt. (-ê). Gretar. ||vi. Mandriar [flâner].
liaison f. (-êzõ). Ligação. ||Conexão. || Argamassa [pierres, mortier, etc.]. || Engrossamento, m. [sauce]. || Concubinato, m., relações, f. pl.
liane f. (lian). Liana, cipó, m.
liant, ante adj. (liã, ãt). Flexível. ||*Fig.* Afável [caractère]. ||s. m. Flexibilidade. ||Afabilidade, docilidade.
liard m. (liar). Cheta, f. ||Loc. *Couper un liard en quatre*, ser muito agarrado. *N'avoir pas un rouge liard*, não ter* vintém. ||**-der** vi. (-ê). Regatear, ratinhar, ser* sovina.
liasse f. (liac). Rolo, m., maço, m. [papiers]. ||Filaça, meada de fio.
Liban n. pr. (-â). Líbano.
libation f. (-aciõ). Libação.
li||**belle** m. (-él). Libelo. ||**-bellé** m. (-ê). Redacção, f. ||**-beller** vt. (-ê). Redigir, lavrar, formular (autos).
libellule f. (-êlûl). Libélula.
libé||**ral, ale, aux** adj. (-êral, ô).

Lettres penchées : accent tonique. ||V. page verte pour la prononciation figurée. ||*Verbe irrég. V. à la fin du volume.

Liberal, aís (pl.). ‖**-ralité** f. (-é). Liberalidade. ‖**-rateur, trice** adj. (-âr, rìç). Libertador, ora. ‖**-ration** f. (-ció). Libertação. ‖**-rer** vt. (-é). Libertar. ‖**Licenciar** [soldat].
liber‖taire m. (-értér). Libertário. ‖**-té** f. (-é). Liberdade. ‖**-tin, ine** adj. e s. (-àn, ìn). Libertíno, na. ‖**Livre-pensador**, ora [irréligieux]. ‖**-tinage** m. (-aj). Libertinagem, f. ‖**Irreverência**, irreligião.
libidineux, euse adj. (-â, âz). Libidinoso, sa.
li‖braire m. (-rér). Livreiro. ‖**-brairie** f. (-í). Livraria.
libre‖ adj. (libr). Livre. ‖Loc. *Libre à vous de, pode muito bem.* ‖**-échange** m. (-èxàj). Livre-câmbio. ‖**-échangiste** m. (-ìçt). Livre-cambista.
libre‖ttiste m. (-rétìçt). Libretista. ‖**-tto** m. (-ó). Libreto; argumento.
lice f. (liç). Liça [tournois, etc.]. ‖Cadela de caça [chienne]. ‖Liço, m. [métiers à tisser]. ‖Loc. *Entrer en lice*, saír* à estacada, descer à arena.
licen‖ce f. (-âç). Licença [permission]. ‖Licenciatura [grade]. ‖**-clé, ée** adj. e s. (-ìé). Licenciado, da : *licencié ès lettres*, licenciado em letras. ‖**-ciement** m. (-imá). Licenciamento. ‖**-cier** vt. (-é). Licenciar. ‖**-cieux, euse** adj. (-iâ, âz). Licencioso, sa ; desregrado, da ; devasso, ssa.
lichen m. (-kén). Líquen.
li‖citation f. (-acìó). Licitação. ‖**-cite** adj. (-ìt). Lícito, ta.
licol m. (-ol). Cabresto, cabeçada, f.
licorne f. (-orn). Licorne, unicórnio.
licou m. (-u). Cabresto, cabeçada, f.
licteur m. (-ìctár). Líctor.
lie f. (li). Borra, lía. ‖*Fig.* Ralé.
li‖ège m. (lìéj). Cortiça, f. ‖**-égeux, euse** adj. (-éjâ, âz). Encortiçado, da ; corticento, ta.
lien m. (lìàn). Ligadura, f., atílho. ‖*Fig.* Laço, vínculo, parentesco.
lier vt. (lìér). Ligar, atar. ‖*Fig.* Travar, contraír* [amitié, conversation]. ‖ (se) vr. Ligar-se, sujeitar-se.
lierre m. (lìér). Hera, f.
liesse f. (lìéç). Alegria, júbilo, m.
lieu m. (lìâ). Lugar. ‖Localidade, f. ‖Motívo : *avoir lieu de*, ter* motívo para. ‖Loc. *Au lieu de*, em lugar de. *Au lieu que*, ao passo que. *Avoir lieu*, realizar-se. *Il n'y a pas lieu*, não é oportuno. *Lieux d'aisances*, latrinas, f. pl. *Mauvais lieu*, lugar suspeito. *Sans feu ni lieu*, sem eira nem beira. *Sur les lieux*, no lugar. *Tenir lieu de*, fazer* as vezes de. *Vider les lieux*, mudar-se.
lieue f. (lìâ). Légua.
lieutenant m. (lìâ-â). Tenente.
lièvre m. (lìévr). Lebre, f.
liga‖ment m. (-amá). Ligamento. ‖**-ture** f. (-ùr). Ligadura. ‖**-turer** vt. (-é). Ligar, apertar (com ligadura).
lige adj. (lij). Lígio, ia.
lignage m. (lìnhaj). Linhagem, f.
lignard m. (-nhar). *Pop.* Soldado de infantaria de linha.
li‖gne f. (lình). Linha. ‖Traço, risco [trait]. ‖Linha de pesca. ‖Fileira [rangée]. ‖Loc. *A la ligne*, abrir parágrafo. *Aller à la ligne*, (abrir) parágrafo. *Hors ligne*, superior. *Ligne à plomb*, fio de prumo, m. *Ligne de fond*, espinel, m. *Ligne droite*, linha recta. *Mettre à la ligne*, abrir parágrafo. ‖**-gnée** f. (-é). Raça, descendência. ‖**-gneul** m. (-ál). Linhol. ‖**-gneux, euse** adj. (-á, âz). Lenhoso, sa. ‖**-gnite** m. (-ìt). Lignite, f.
ligoter vt. (-oté). Amarrar, atar.
li‖gue f. (lig). Liga, aliança, associação ; coligação, confederação ; conspiração, conluio, m., cabala. ‖**-guer** vt. (-é). Ligar, coligar. ‖**-gueur** m. (-âr). Membro ou partidário da Liga (dos católicos contra os protestantes no reinado de Henrique III).
lilas m. (-a). Lilás (bot.).
Lilliput n. pr. (-ùt). Liliputo. ‖**lilliputien, enne** adj. (-ùtìàn, én). Liliputiano, na.
li‖mace f. (-aç). Lesma. ‖**-maçon** m. (-ó). Caracol. ‖Parafuso de Arquimedes.
li‖mage m. (-aj). Limagem, f. ‖**-maille** f. (-aïià). Limalha.
limande f. (-âd). Azevia (peixe).
limbe m. (lànb). Limbo. ‖pl. *Limbo*, *m*.
li‖me f. (lim). Lima [outil, fruit]. ‖**-mer** vt. (-é). Limar.

Itálico : acento tónico. ‖V. página verde para a pronúncia figurada. ‖*Verbo irreg. V. no final do livro.

LIM — LIT

li‖mon m. (-ŏ). Lodo, lama, f. ‖Varal [voiture]. ‖Limão azedo [fruit]. ‖-monade f. (-onad). Limonada. ‖-monadier, ère m. e f. (-ié, èr). Limonadeiro, botequineiro, ra. ‖-moneux, euse adj. (-onâ, âz). Limoso, sa. ‖-monier m. (-ié, ér). Cavalo que se mete aos varais. ‖Limoeiro [arbre].
Limousin n. pr. (-uzàn). Limosino.
limou‖**sin, ine** adj. e s. (-uzàn, ín). Limosino, na. ‖-**sine** f. (-ín). Limosína [auto].
lim‖**pide** adj. (lànpíd). Límpido, da. ‖-**pidité** f. (-é). Limpidez.
lin m. (làn). Linho.
linceul m. (lànçål). Mortalha, f. ‖Fig. Lençol [neige, etc.].
linéaire adj. (-êér). Linear.
lin‖**ge** m. (lànj). Roupa branca, f. ‖Loc. Blanc comme un linge, branco como a cal da parede. Laver son linge sale en famille, lavar a roupa suja em casa. ‖-**ger, ère** m. e f. (-jé, èr). Roupeiro, ra. ‖Costureiro, ra de roupa branca. ‖-**gerie** f. (-rí). Comércio (m.) de roupa branca [linge]; rouparia.
lingot m. (làngó). Lingote, barra, f.
lin‖**gual, ale** adj. (làngual). Lingual. ‖-**guiste** m. (-uíçt). Linguista. ‖-**guistique** f. (-íc). Linguística.
li‖**nier, ère** adj. (-ié, èr). Líneo, ea.
li‖**niment** m. (-à). Linimento. ‖-**noléum** m. (olêom). Linóleo, oleado. ‖-**non** m. (-õ). Cambraia f., baptista, f.
Linné n. pr. (-é). Lineu.
li‖**not, te** m. (-ŏ) ou -**notte** f. (-ot). Pintarroxo, m. ‖Loc. Tête de linotte, cabeça de avelã, de vento, no ar.
linotyp‖**e** f. (-otíp). Linótipo. ‖-**iste** m. (-íçt). Linotipista.
lion‖, **onne** m. e f. (liõ, on). Leão, leoa. ‖Fig. Homem ou mulher à moda. ‖-**ceau** m. (-çŏ). Leãozinho.
lip‖**pe** f. (lip). Lábio (m.) inferior, beiço, m. ‖Loc. Faire la lippe, fazer* beicinho. ‖-**pée** f. (-é). Bocado, m. ‖Franche lippée (fráx-). Comida boa e de graça. ‖-**pu, ue** adj. (-ù). Beiçudo, da.
li‖**quation** f. (-uaciõ). Liquação. ‖-**quéfaction** f. (-êfakciõ). Liquefacção. ‖-**quéfier** vt. (-ié). Liquidificar. ‖Liquefazer*. ‖-**queur** f. (-câr). Licor m., líquido, m.
li‖**quidateur** m. (-kidatér). Liquidador. ‖-**quidation** f. (-ciõ). Liquidação. ‖-**quide** m. (-íd). Líquido. ‖-**quider** vt. (-é). Liquidar. ‖-**quoreux, euse** adj. (-corâ, âz). Licoroso, sa. ‖-**quoriste** m. (-içt). Licorista.
lire* vt. e vi. (lír). Ler*. ‖Loc. Lire à haute voix, ler* em voz alta. Lire aux astres, ficar de boca aberta. Lire tout bas, ler* baixinho. ‖s. f. Lira [monnaie].
lis m. (líç). Lírio, açucena, f. ‖Fleur de lis (-âr dà-), flor-de-lis.
Lisbonne n. pr. (-çbon). Lisboa.
liséré m. (-êrê). Galão, debrum, orla, f.
liseron m. (-rõ). Campainha, f. (bot.). ‖**seur, euse** m. e f. (-âr, âz). Ledor, ora. ‖f. Marca de leitura. ‖-**sible** adj. (-í-). Legível.
lisière f. (-iér). Ourela [étoffe]. ‖Ourelo, m. [drap]. ‖Orla [bois]. ‖pl. Andadeiras [enfant].
lis‖**sage** m. (líçaj). Alisamento. ‖-**se** adj. (líç). Liso, sa. ‖-**ser** vt. (-é). Alisar. ‖Guarnecer de precintas.
liste f. (líçt). Lista, catálogo, m.
lit. m. (li). Cama, f.; giraù, m. (Br.) [meuble]. ‖Leito [meuble; rivière]. ‖Camada, f. [couche]. ‖Loc. Enfant du premier, du second lit, filho do primeiro, do segundo matrimónio. Garder le lit, estar* de cama. Lit de camp, tarimba, f. Lit de justice, trono com dossel; sessão do parlamento. Lit de plume, colchão de penas. Lit de repos, camilha, f. Lit de sangle, cama de campanha, f.
litanie f. (-aní). Litania, ladainha.
liteau m. (-ŏ). Liste, f. [raie]. ‖Ripa, f., sarrafo [de bois].
li‖**tée** f. (-é). Ninhada. ‖-**terie** f. (-rí). Colchoaria, roupa da cama.
li‖**tharge** f. (-tarj). Litargírio, m. ‖-**thine** f. (-ín). Litina.
litho‖**graphe** m. (ograf). Litógrafo. ‖-**graphie** f. (-í). Litografia. ‖-**graphier** vt. (-ié). Litografar.
Lithuanie n. pr. (-ùani). Lituânia.
litière f. (-iér). Liteira [véhicule]. ‖Cama de palha [des animaux].
li‖**tige** m. (-íj). Litígio. ‖-**tigieux**,

Lettres penchées : accent tonique. ‖V. page verte pour la prononciation figurée. ‖*Verbe irrég. V. à la fin du volume.

LIT — LON

euse adj. (-iâ, âz). Litigioso, sa.
litote f. (-ot). Litotes, m.
litre m. (litr). Litro [mesure].
litté∥raire adj. (-êrér). Literário, ia. ∥**-ral, ale** adj. (-al). Literal. ∥**-rateur** m. (-âr). Literato. ∥**-rature** f. (-ùr). Literatura.
littoral m. (-oral). Litoral.
litur∥gie f. (-ùrjí). Liturgía. ∥**-gique** adj. (-ic). Litúrgico, ca.
livi∥de adj. (-id). Lívido, da. ∥**-dité** f. (-é). Lividez.
Livourne n. pr. (-urn). Liorne.
li∥vrable adj. (-vra-). Susceptível de entrega. ∥**-vraison** f. (-ézó). Entrega. Remessa [marchandises]. ∥Fascículo, m. [d'un ouvrage].
li∥vre m. (livr). Livro. ∥f. Libra [poids; monnaie]. ∥Arrátel, m. [poids]. ∥Loc. A livre ouvert, correntemente. Grand-livre, razão (com.). Teneur de livres, guarda-livros. ∥**-vré, ée** adj. (-é). Entregue. ∥**-vrée** f. (-é). Libré. ∥**-vrer** vt. (-é). Entregar. ∥Dar* [bataille]. ∥**-vret** m. (-é). Livrinho, livrete. ∥Libreto [opéra]. ∥Caderneta, f. [de caisse d'épargne]. ∥**-vreur** m. (-âr). Distribuidor, entregador.
lo∥be m. (lob). Lóbulo, lobo. ∥**-bule** m. (-úl). Lóbulo.
lo∥cal, ale adj. e. s. m. (local). Local. ∥**-caliser** vt. (-é). Localizar. ∥**-calité** f. (-é). Localidade. ∥**-cataire** s. m. (-ér). Inquilino, na. ∥**-catif, ive** adj. e s. m. (-if, iv) Locativo, va. ∥**-cation** f. (-ció). Locação. ∥Aluguer, m. [maison]. ∥Bilheteira [théâtre]. ∥Loc. En location, de aluguer. De assinatura [théâtre]. ∥**-catis** m. (-i). Fam. Cavalo, carro de aluguer. ∥Casa (f.) ou quarto mobilado.
loch m. (loc). Barquinha, f. (náut.).
loche f. (lox). Pardelha, cadozete, m.
loco∥mobile adj. e s. f. (locomobil). Locomóvel. ∥**-moteur, trice** adj. (-âr, ric). Locomotor, ora. ∥**-motive** f. (-iv). Locomotiva, máquina (de comboio).
locution f. (locùció). Locução. ∥Expressão, linguagem.
lof m. (lof). Ló, barlavento.
logarithme m. (logari-). Logaritmo.
lo∥ge f. (loj). Choça [hutte]. ∥Cubículo, m. [concierge]. ∥Camarote, m. [théâtre]. ∥Camarim, m. [d'acteur]. ∥Loja [maçonnique]. ∥Lóculo, m. [fruits]. ∥Cela [fous]. ∥Galería [arch.]. ∥**-geable** adj. (-ja-). Habitável. ∥**-gement** m. (-á). Alojamento [demeure]. ∥Quarto, parte (f.) de casa. ∥Aboletamento [troupes]. ∥**-ger** vi. (-é). Morar, viver. ∥vt. Alojar [donner logement]. ∥Meter, introduzir* : loger une balle dans la tête, meter uma bala na cabeça. ∥**-gette** f. (-jét). Cubículo, m., celazinha. ∥**-geur, euse** m. e f. (-âr, âz). Alugador, ora de quartos mobilados.
lo∥gicien, enne (lo-ián, én). Lógico, ca. ∥**-gique** adj. e. s. f. (-ic). Lógico, ca.
logis m. (loji). Casa, f., domicílio.
logographe m. (logogrif). Logógrifo.
loi f. (lua). Lei. ∥Loc. Se faire une loi de, obrigar-se a.
loin adv. (luàn). Longe. ∥Loc. De loin en loin, de longe a longe. Parent de loin, parente afastado.
lointain, aine adj. (luàntàn, én). ongínquo, ua. ∥s. m. Distância, f.
loir m. (luar). Leirão.
loi∥sible adj. (luazí-). Lícito, ta. ∥**-sir** m. (-ir). ócio. ∥Loc. A loisir, à vontade, com vagar.
lombaire adj. (lôbér). Lombar.
lombard, arde adj. e s. (lôbar, ard). Lombardo, da.
Lombardie n. pr. (lôbardí). Lombardía.
lombes m. pl. (lôb). Lombos.
lombric m. (lôbric). Lombriga, f. ∥Minhoca, f. [ver de terre].
londonien, enne adj. e s. (lôdoniàn, én). Londrino, na.
Londres n. pr. (lôdr). Londres.
londrès m. (lôdrés). Charuto havano.
long, gue adj. (lô, ôg). Comprido, da. ∥s. m. Comprimento. ∥Loc. De long en large, de um lado para o outro. Le long de, ao longo de. Tout de son long, a todo o comprimento. Tout le long de, durante todo.
longanimité f. (lôga-é). Longanimidade, indulgência, generosidade.
lon∥ge f. (lôj). Arreata [du cheval]. ∥Lombo, m. [de veau, etc.]. ∥**-ger** vt. (-é). Costear. ∥**-geron** m. (-ró). Longarina, f. ∥**-gévité** f. (-ê-é). Longevidade. ∥**-gitude** f. (-ùd). Longitude.

Itálico: acento tónico. ∥V. página verde para a pronúncia figurada. ∥*Verbo irreg. V. no final do livro.

LON — LUB

longtemps adv. (lôtã). Muito tempo. ‖ Loc. *Aussi longtemps que*, tanto tempo como.

lon‖guet, ette adj. (lôghé, ét). Compridinho, nha. ‖**-gueur** f. (-gŏr). Comprimento, m., extensão. ‖Lentidão [lenteur]. ‖Loc. *En longueur*, ao comprido. *Traîner en longueur*, arrastar-se, demorar muito tempo. ‖**-gue-vue** f. (-ù). óculo (m.) de alcance.

looch m. (loc). Looque [pharmacie].

lopin m. (lopãn). Pedaço, parte, f.

loqua‖ce adj. (locuaç). Loquaz. ‖**-cité** f. (-é). Loquacidade.

loque f. (lok). Farrapo m, andrajo, m., mulambo, m. (*Br.*).

lo‖quet m. (loké). Trinco. ‖**-queteau** m. (-tô). Tranqueta, f., fecho.

loqueteux, euse adj. e s. (lo-â, âz). Andrajoso, sa ; esfarrapado, da.

lord m. (lor). Lorde. ‖**- -maire** m. (-ér). Lorde-maior, presidente da câmara de Londres.

lorette f. (lorét). Mulher de vida fácil, cortesã, loureira.

lor‖gner vt. (lornhé). Olhar de soslaio. Deitar o binóculo. ‖*Fig.* Cobiçar [convoiter]. ‖**-gnette** f. (-ét). Binóculo, m. [de théâtre]. ‖Luneta.

loriot m. (lorió). Verdelhão.

lorrain, aine adj. e s. (lorãn, én). Loreno, na.

Lorraine n. pr. (lorén). Lorena.

lors‖ adv. (lor). Então. ‖Loc. *Lors de*, por ocasião de. *Lors même que*, mesmo quando. *Pour lors*, nesse caso, nesse tempo. ‖**-que** conj. (lorçk). Quando.

losange m. (lozãj). Losango.

lo‖t. m. (lô). Lote. ‖Prémio [loterie]. ‖**-terie** f. (-rí). Lotaria. ‖**-ti, ie** adj. (-i). Repartido, da ; contemplado, da ; favorecido, da.

lotier m. (lotié). Lódão, trevo.

lotion f. (loció). Loção.

lo‖tir vt. (lotír). Dividir em lotes. ‖**-tissement** m. (-iç). Divisão (f.) em lotes.

loto m. (lotô). Loto, quino (jogo).

lotus m. (lotùç). Loto (bot.).

lou‖able adj. (lua-). Louvável. ‖**-age** m. (-aj). Arrendamento, aluguer.

louan‖ge f. (luãj). Louvor, m. ‖**-ger** vt. (-é). Louvar. ‖**-geur, euse** adj. e s. (-jâr, âz). Lisonjeiro, ra.

lou‖che adj. (lux). Vesgo, ga [yeux],

‖*Fig.* Turvo, va [trouble] ; suspeito, ta ; duvidoso, sa. ‖ s. f. Concha [pour la soupe, etc.]. ‖**-cher** vi. (-é). Ser* vesgo, ga. ‖**-cheur, euse** m. e f. (-âr, âz). Vesgo, ga ; zanaga, estrábico, ca.

lou‖er vt. (lué). Alugar [location]. ‖Louvar [vanter]. ‖**-eur, euse** adj. e s. (-âr, âz). Alugador, ora. ‖ Adulador, ora [louangeur].

loufoque adj. e s. (lufoc). Telhudo, da ; pílulas, maluco, ca.

lougre m. (lugr). Lugre.

louis n. pr. (luí). Luís (moeda).

Louis n. pr. (luí). Luís. ‖**-se** n. pr. (-íz). Luísa. ‖**-sette** n. pr. (-ét). Luisinha.

loulou m. (lulu). Lulu. ‖Queridinho.

loup m. (lu). Lobo. ‖Mascarilha, f. [masque]. ‖Loc. *Avoir vu le loup, estar* rouco ; *estar* abismado. *Connu comme le loup blanc*, ser* muito conhecido. *Loup-cervier*, lobocerval. *Quand on parle du loup on en voit la queue*, falai no mau, aparelhai o pau.

lou‖pe f. (lup). Lupa [verre]. ‖Lobinho, m. [tumeur]. ‖*Bot.* Nó, m. ‖**-per** vt. (-é). Executar mal. ‖**-peur, euse** adj. e s. (-âr, âz). Arg. Mandrião, ona.

loup-garou m. (lugaru). Lobisomem.

lour‖d, de adj. (lur, d). Pesado, da. ‖**-derie** f. (-âri). Inconveniência. ‖**-deur** f. (-âr). Peso, m., pesadume, m.

loustic m. (luçtic). Farsante, folião.

loutre f. (lutr). Lontra.

Louvain n. pr. (luvãn). Lovaina.

lou‖vart m. (luvár) e **-vat** m. (-a). Lobacho. ‖**-ve** f. (luv). Loba. ‖Ferro-de-luva, m. [levier]. ‖**-veteau** m. (-ô). Lobacho. ‖**-veterie** f. (-âri). Batida aos lobos. ‖**-vetier** m. (-ié). Monteiro.

louvoyer vi. (luvuaié). Bordejar. ‖*Fig.* Andar com rodeios.

lo‖yal, ale adj. (luaial). Leal. ‖**-yalisme** m. (-içm). Lealismo. ‖**-yauté** f. (-ôté). Lealdade.

loyer m. (luaié). Aluguer.

lubie f. (lùbi). Manía, capricho, m.

lubri‖cité f. (lùbr-é). Lubricidade. ‖**-fiant, ante** adj. (-ã, ãt). Lubri-

---

Lettres penchées : accent tonique. ‖V. page verte pour la prononciação figurée. ‖*Verbe irrég. V. à la fin du volume.

LUC — LYC

ficante. ‖-fier vt. (-ié). Lubrificar. ‖-que adj. (-íc). Lúbrico, ca.
Luc n. pr. (lùc). Lucas.
lucarne f. (lùcarn). Trapeira, fresta.
Lucas n. pr. (lùcá). Lucas.
luci‖de adj. (lùcíd). Lúcido, da. ‖-dité f. (-é). Lucidez.
Luce n. pr. (lùc). Lúcio.
Lucerne n. pr. (lùcérn). Lucerna.
Lu‖cie n. pr. (lùcí). Lúcia. ‖-cien, enne n. pr. (-íàn, én). Luciano, na.
Luciole f. (lùcíol). Luciano, na.
Lucifer n. pr. (lù-ér). Lucifer.
luciole f. (lùcíol). Lucíolo, m.
lu‖cratif, ive adj. (lùcr, ív). Lucrativo. ‖-cre m. (lùcr). Lucro.
Lucrèce n. pr. (lùcréç). Lucrécio, ia.
Ludovic n. pr. (lùdovíc). Ludovico.
luette f. (lùét). Úvula, campainha.
lueur f. (lùœr). Clarão, m., luz. ‖ *Fig.* Vislumbre, m., aparência fugaz.
lugubre adj. (lùgùbr). Lúgubre.
lui pron. pes. (lùí). Ele : *c'est lui*, é ele; *lui-même*, ele próprio. ‖ Ele [complément indirect sans préposition] : *je lui donne*, dou-lhe; *dis-lui*, diz-lhe. ‖Ele [complément avec préposition] : *c'est pour lui*, é para ele. ‖ Si [quand le sujet et le complément sont la même personne] : *l'égoïste ne pense qu'à lui*, o egoísta não pensa senão em si.
lui‖re* vi. (lùír). Luzir*. ‖-sant, ante adj. (-á, át). Luzente. ‖ *Ver luisant* (vér-). Pirilampo. ‖s. m. Brilho.
lumbago m. (lôbagô). Lumbago.
lumi‖ère f. (lùmiér). Luz. ‖ *Loc. Mettre en lumière*, pôr* em evidência. ‖-gnon m. (-nhô). Morrão [mèche]. ‖ Coto (de vela). ‖-naire m. (-ér). Luminárias, f. pl. ‖-nescence f. (-éçáç). Luminescência. ‖-neux, euse adj. (-á, ǎz). Luminoso, sa; brilhante, luzente.
lu‖naire adj. (lùnér). Lunar. ‖-naison f. (-ó). Lunação. ‖-natique adj. (-íc). Lunático, ca.
lunch m. (lânx). Lanche. ‖-cher vi. (-é). Lanchar, merendar.
lundi m. (lândí). Segunda-feira, f.
lu‖ne f. (lùn). Lua. ‖ *Loc. Nouvelle lune*, lua nova. *Pleine lune*, lua cheia. ‖-né, ée adj. (-é). Lunado, da. ‖ *Loc. Bien, mal luné*, bem, mal disposto, humorado.

lu‖ **netier** m. (lù-ié). Oculista. ‖-**nette** f. (-ét). Óculo, m., luneta. ‖ Buraco, m. [chaise percée]. ‖ - *d'approche* (-apróx). Óculo (m.) de longo alcance. ‖-**nettes** f. pl. Óculos, m. pl. ‖-**netterie** f. (-rí). Lunetaria.
lupin m. (lùpàn). Tremoço.
lupus m. (lùpùç). Lápus (med.).
lurette f. (lùrét). U. na loc. : *il y a belle lurette*, em tempos que já lá vão, há muito tempo.
lu‖ron m. (lùrô). Folgazão. ‖-**ronne** f. (-on). Mulher decidida e alegre.
Lusiades n. pr. (lùziád). Lusíadas.
Lusitanie n. pr. (lù-aní). Lusitânia.
lusitanien, enne adj. e s. (lù-aniàn, én). Lusitano, na.
lus‖trage m. (lùçtraj). Lustro. ‖-**tral, ale** adj. (-al). Lustral. ‖-**tre** m. (lùçtr). Lustre [éclat; chandelier]. ‖ Lustro [cinq ans]. ‖-**trer** vt. (-é). Lustrar. ‖-**trine** f. (-ín). Lustrina.
lut m. (lùt). Luto (massa, betume).
Lutèce n. pr. (lùtéç). Lutécia.
luth m. (lùt). Alaúde. ‖ *Fig.* Estro.
Luther n. pr. (lùtér). Lutero.
lutherie f. (lù-rí). Profissão de violeiro; comércio de alaudeiro.
luthé‖ranisme m. (lùtèraniçm). Luteranismo. ‖-**rien, enne** adj. e s. (-iàn, én). Luterano, na.
luthier m. (lùtié). Violeiro.
lu‖tin, ine adj. (lùtàn, ín). Travesso, ssa. ‖ s. m. Duende. ‖-**tiner** vt. (-é). Arreliar. ‖ vi. Fazer* travessuras [espièglerie].
lutrin m. (lùtràn). Estante (f.) de coro.
lut‖te f. (lùt). Luta. ‖-**ter** vi. (-é). Lutar. ‖-**teur** m. (-âr). Lutador.
luxation f. (lùkçacíô). Luxação.
luxe m. (lùkç). Luxo, fausto.
luxueux, euse adj. (lùkçuâ, âz). Luxuoso, sa; faustoso, sa; sumptuoso, sa.
lu‖xure f. (lùkçùr). Luxúria, ‖-**xuriant, ante** adj. (-iâ, ât). Luxuriante. ‖-**xurieux, euse** adj. (-iâ, âz). Luxurioso, sa; sensual, libidinoso, sa.
lu‖zerne f. (lùzérn). Luzerna.

ly‖cée m. (-é). Liceu; ginásio (*Br.*). ‖-**céen, enne** n. m. e f. (-éàn, én). Aluno, na, dum liceu.

Itálico : acento tónico. ‖V. página verde para a pronúncia figurada. ‖*Verbo irreg. V. no final do livro.

lym‖phangite f. (lànfājít). Linfangite. ‖**-phatique** adj. (-atíc). Linfático, ca. ‖**-phatisme** m. (-ísm). Linfatismo. ‖**-phe** f. (lànf). Linfa.
lyn‖chage m. (lànxaj). Linchagem, f. ‖**-cher** vt. (-é). Linchar.

lynx m. (lànkç). Lince [zoologie].
Lyon n. pr. (lió). Lião.
lyonnais, aise adj. (-oné, éz). Lionês, esa.
ly‖re f. (lir). Lira. ‖**-rique** adj. (-íc). Lírico, ca. ‖**-risme** m. Lirismo.

M

ma adj. pos. (ma). Mínha, a mínha.
maboul!! adj. (mabul). *Pop.* Telhudo, da. ‖**-isme** m. (-içm). Telha, f., maniá, f.
macabre adj. (macabr). Macabro, bra.
macada‖m m. (macadàm). Macadame. ‖**-miser** vt. (-é). Macadamizar.
macaque m. (macac). Macaco.
maca‖ron m. (macaró). Maçapão. ‖**-roni** m. (-oní). Macarrão. ‖**-ronique** adj. (-íc). Macarrónico, ca.
Macchabée n. pr. (macabé). Macabeu.
macédoine f. (macêduan). Salada russa. ‖*Fig.* Miscelânea.
Macédoine n. pr. (macêduan). Macedónia.
macé‖ration f. (macêració). Maceração. ‖**-rer** vt. (-é). Macerar.
macfarlane m. (ma-arlan). Capote.
mâche f. (max). Erva-benta.
mâchefer m. (ma-ér). Escória, f.
mâ‖chement m. (ma-á). Mastigação. ‖**-cher** vt. (-é). Mastigar, mascar.
machia‖vélique adj. (makiavélic). Maquiavélico, ca. ‖**-vélisme** m. (-içm). Maquiavelísmo, perfídia, f., astúcia, f.
mâchicoulis m. (ma-ulí). Mata-cães.
machin m. (maxàn). *Pop.* Coiso, coisa, f.
machi‖nal, ale adj. (ma-al). Maquinal. ‖**-nation** f. (-ció). Maquinação. ‖**-ne f.** (-ín). Máquina. ‖*Pop.* Coisa [objet dont on ne dit pas le nom]. ‖**-ner** vt. (-é). Maquinar. ‖**-nerie** f. (-rí). Maquinaria. ‖**-niste** m. (-içt). Maquinista ‖Guarda-freio [de tram].
mâchoire f. (maxuar). Maxilar, m., maxila. ‖Forquilha [techn.].
mâchonner vt. (maxoné). Mascar.

mâchurer vt. (max̀uré). Enfarruscar.
ma‖çon m. (maçó). Pedreiro. ‖**-conner** vt. (-oné). Construir*. ‖**Tapar** (com pedra e cal) [murer]. ‖**-connerie** f. (-rí). Alvenaría. ‖Obra de alvenaría. ‖Maçonaría [franc-maçonnerie]. ‖**-connique** adj. (-íc). Maçónico, ca.
macreuse f. (macréz). Cerceta.
macu‖le f. (macùl). Mácula. ‖**-ler** vt. (-é). Maculàr, manchàr, sujàr.
madame f. (madàm). Senhora; sinhá (*Br. pop.*).
madapolam m. (madapolam). Madapolão.
Madeleine n. pr. (ma-én). Madalena.
mademoiselle f. (ma-uazél). Menína.
madère m. (madér). Vínho da Madeira.
Madère n. pr. (madér). Madeíra.
madone f. (maçon). Madona, Vírgem.
madré, ée adj. (madré). Astuto, ta [rusé]. ‖Com veios, raiado, da [veiné].
madrépore f. (madrêpor). Madrépora.
madrier m. (madrié). Pranchão.
madrigal m. (madr-al). Madrigal.
madrilène adj. (madr-én) Madrileno, na.
maes‖tria f. (maéçtría). Mestría. ‖**-tro** m. (-ô) Maestro, compositor.
mafflu, ue adj. (ma-ù). Bochechudo, da.
maga‖sin m. (magazàn). Armazém. ‖**-sinage** m. (-aj). Armazenagem, f. ‖**-sinier** m. (-ié). Fiel de armazem. ‖**-zine** m. (-ín). Magazíne, revista, f.
mage m. (maj). Mago.
Magellan n. pr. (majélá). Magalhães.
ma‖gicien, enne adj. e s. (ma-iàn, én). Mágico, ca. ‖**-gie** f. (-í). Magía. ‖**-gique** adj. (-íc). Mágico, ca.

Lettres penchées : accent tonique. ‖V. page verte pour la prononciation figurée. ‖*Verbe irrég. V. à la fin du volume.

MAG — MAI

magis‖ter m. (ma-ctér). Mestre--escola (de aldeia). ‖*Fig.* Pedante. ‖**-tère** m. (-ér). Magistério. ‖**-tral, ale** adj. (-ral). Magistral. ‖**-trat** m. (-a). Magistrado. ‖**-trature** f. (-ür). Magistratura.

magnanerie f. (manhanrí). Sericicultura; sirgaria.

magna‖nime adj. (manhaním). Magnánimo, ma. ‖**-nimité** f. (-é). Magnanimidade.

magnat m. (magna). Magnate, figurão.

magné‖sie f. (manhèzí). Magnésia. ‖**-sium** m. (-íom). Magnésio. ‖**-tique** adj. (-ic). Magnético, ca. ‖**-tiser** vt. (-é). Magnetizar. ‖**-tiseur** m. (-ár). Magnetizador. ‖**-tisme** m. (-ícm). Magnetísmo; hipnotísmo.

magni‖ficat m. (ma-at). Magnificat. ‖**-ficence** f. (-nh-ác). Magnificência. ‖**-fier** vt. (-ié). Magnificar. ‖**-fique** adj. (-ic). Magnífico, ca.

magno‖lia m. (manholía). Magnólia, f. ‖**-lier** m. (-ié). Magnólia, f.

magnum m. (magn-om). Garrafa (f.) de *dois litros*.

magot m. (magó). Macaco [singe]. ‖ Chinês de porcelana. ‖ *Fam.* Pé de meia [argent].

maharajah m. (maaraja). Marajá.

mahdi m. (madí). Madí.

Mahomet n. pr. (maomé). Mafoma.

mahomé‖tan, ane adj. e s. (maométã, an). Maometano, na. ‖**-tisme** m. (-ícm). Maometísmo, islamísmo.

mai m. (mé). Maio.

mai‖gre adj. (mégr). Magro, gra [non gras]. ‖*Árido*, da. ‖*Pouco fértil*. ‖ De abstinência [repas]: *faire maigre*, fazer* abstinência. ‖ s. m. *Carne magra*, f. [viande]. ‖ Comida (f.) de abstinência. ‖**-grelet, ette** adj (-âlé, ét). Magrinho, nha. ‖**-greur** f. (-ár). Magreza. ‖ Secura [sécheresse]. ‖**-grichon, onne** adj. (-õ, on). Magrizela. ‖**-grir** vt. e vi. (-ír). Emagrecer.

mail m. (mai). Passeio público [promenade]. ‖ Maço, malho, marreta, f.

maille f. (mai). Malha. ‖ Mealha [monnaie]. ‖ *Loc. Avoir maille à partir*, ter* contas a ajustar. *Sans sou ni maille*, sem vintém, sem cheta.

maillechort m. (maixòr). Metal branco (liga de zinco, cobre e níquel).

mai‖llet m. (maiié). Maço, macete. ‖**-lloche** f. (-íox). Macete, maço grande. ‖**-llon** m. (-ió). Malhazinha, f.

maillot m. (maiió). Faixa, f. [enfant]. ‖ Fato de banho [bain]. ‖ Fato de malha [danseuses].

main‖ f. (màn). Mão. ‖ Talho (m.) de letra [écriture]. ‖ *Loc. À la main, sous la main, à la main*. A mão. *A pleines mains*, às mãos cheias. *De longue main*, de há muito; esmeradamente. *En main, à la mão*; em punho. *En mains propres*, em mão própria. *En venir aux mains*, chegar a vias de facto. *Forcer la main*, constranger. *Gagner de la main*, suplantar. *Homme de main*, homem resoluto. *Lâcher la main*, largar de mão. *La haute main*, comando, m. *Main basse*, canhota. *Main courante*, corrimão, m.; borrador, m. [commerce]. *Prendre en main*, encarregar-se de. *Prêter la main*, ajudar. *Sous main*, secretamente. *Tenir la main à*, cuidar de. *Y aller de main morte*, proceder sem energia. ‖**-d'œuvre** f. (-dâvr). Mão-de-obra. ‖**-forte** f. (-ort). Ajuda. ‖**-levée** f. (-é). Desembargo, m. ‖**-mise** f. (-iz). Embargo, m. ‖**-morte** f. (-ort). Mão-morta.

maint, ainte adj. (màn, ànt). Muito, ta.

maintenant adv. (màn-ã). Agora; já hoje (Br.).

main‖tenir* vt. (màn-ír). Manter*. ‖**-tien** m. (-ián). Manutenção, f. ‖ Atitude, f., porte, aspecto, ar [tenue].

mai‖re m. (mér). Presidente de câmara municipal; administrador de bairro, em Paris. ‖**-rie** f. (-í). Edifício (m.) da administração municipal.

mais conj. (mé). Mas. ‖ adv. Mais [plus]: *n'en pouvoir mais*, não poder* mais.

maïs m. (maíç). Milho.

mai‖son f. (mézó). Casa; oca (Br.) [d'indigènes]. ‖ Arapuca (Br.) [vieille]. ‖ *Loc. À la maison*, em casa. *Garder la maison*, não sair* de casa. *Gens de maison*, criada-

---

Itálico: acento tónico. ‖ V. página verde para a pronúncia figurada. ‖ *Verbo irreg. V. no final do livro.

MAI — MAL

gem, f. *Maison d'arrêt* ou *de force*, cadeia. *Maison garnie*, casa mobilada. *Maison de retraite*, asilo, m. *Maison de ville*, câmara municipal. *Petites-maisons*, rilhafoles. *Train de maison*, casa abastada. ‖**-sonnée** f. (-oné). *Pop.* Gente da casa. ‖**-sonnette** f. (-ét). Casinha, casinhoto, m.
maistrance f. (méçtráç). Mestrança.
mai‖tre m. (métr). Amo. ‖Senhor, dono = *maître de son temps*, senhor do seu tempo. ‖Mestre [professeur, métiers.] ‖*Observ.* Dá-se este título em França a advogados, notários e escrivães. ‖Loc. *En maître*, magistralmente. *Grand maître de la maison royale*, mordomo-mor da casa real. *Maître d'étude*, regente de estudos, prefeito. *Maître d'hôtel*, chefe de mesa. *Maître passé*, que a sabe toda. *Passer maître*, saír* mestre. *Petit maître*, peralvilho. *Se rendre maître de*, assenhorear-se de. ‖**-tresse** f. (-éç). Ama. ‖Dona, senhora. ‖Mestra [professeur.] ‖*Amante* [femme aimée]. ‖adj. *Maîtresse femme*, grande mulher. ‖**-trise** f. (-iz). Domínio, m. ‖Mestria [dans un art]. ‖Mestrado, m. [ordres militaires]. ‖Escola de canto. ‖Capela [chant]. ‖**-triser** vt. (-é). Dominar; submeter; domar.
majes‖té f. (majéçté). Majestade. ‖**-tueux, euse** adj. (-ùà, ëz). Majestoso, sa ; grandioso, sa ; emproado, da.
majeur, eure adj. e s. (majûr). Maior, 2 g. ‖*Fig.* Importante, irresistível.
majolique f. (majolic). Majólica.
ma‖jor m. (major). Major. ‖Médico militar. ‖**-jorat** m. (-a). Morgadio. ‖**-joration** f. (-ciô). Aumento (m.) de valor.
majordome m. (majordôm). Mordomo.
majorer vt. (majoré). Aumentar o preço.
majorit‖aire adj. e s. (major-ér). Partidário, ia, da maioria. ‖**-é** f. (-é). Maioria [plupart]. ‖Maioridade [âge].
Majorque n. pr. (majorc). Maiorca.
majuscule adj. e s. f. (majùçcùl). Maiúsculo, la.
mal m. (mal). Mal. ‖Dor, f. [souf-france]. ‖adv Mal. ‖Loc. *Avoir du mal à*, custar (a alguém), ter* dificuldade em. *Avoir mal à*, doer* (a alguém). *Avoir mal aux cheveux*, doer* a cabeça (depois de uma bebedeira). *De mal en pis*, de mal a pior. *Faire mal*, fazer* doer* magoar [douleur]. Fazer* mal [mal agir]. ‖*Doer**, vi. : *la tête me fait mal*, dói-me a cabeça. *Mal au cœur*, enjoo, náuseas, f. pl. *Mal aux dents*, dor (f.) de dentes. *Mal de mer*, enjoo (no mar). *Haut mal*, epilepsia, f. *Mettre à mal*, desgraçar; maltratar. *Pas mal*, menos mal; bastante. *Prendre en mal*, ter* más intenções. *Prendre mal*, levar a mal. *Se donner du mal*, ter* uma trabalheira. *Se trouver mal*, desmaiar.
malachite f. (malakít). Malaquite.
mala‖de adj. (malad). Doente. ‖**-die** f. (-í). Doença. ‖Loc. *Faire une maladie*, ficar doente. *Relever d'une maladie*, acabar de ter* uma doença. ‖**-dif, ive** adj. (-if, iv). Doentio, ia.
maladrerie f. (maladrarí). Gafaría. ‖**-dresse** f. (maladréç). Falta de jeito, inépcia. ‖**-droit, oite** adj. e s. (-ua, uat). Desajeitado, da.
malais, aise adj. e s. (malé, ëz). Malaio, ia.
mal‖aise m. (maléz). Mal-estar. ‖**-aisé, ée** adj. (-é). Penoso, sa.
malandrin m. (maladràn). Malandrim.
malappris, ise adj. e s. (malaprí, iz). Malcriado, da; grosseiro, ra.
malaria f. (malaría). Maláría.
malavisé, ée adj. e s. (-é). Imprudente, indiscreto, ta; inconsiderado, da.
malaxer vt. (malakcé). Amassar.
malchan‖ce f. (malxáç). Má sorte. ‖**-ceux, euse** adj. (-â, ëz). Azarento, ta; panema (*Br. du N.*)
malcontent, ente adj. (malcôtâ, ât). Descontente, malcontente.
maldonne f. (maldón). Engano, m. (ao dar as cartas).
mâle adj. e s. m. (mal). Macho.
malédiction f. (malè-kciô). Maldição. ‖Imprecação. ‖*Fig.* Desgraça.
maléfice m. (maléfíç). Malefício.
malencontreux, euse adj. (malâcôtrâ, âz). Malfadado, da; desastroso, sa.

Lettres penchées : accent tonique. ‖ V. page verte pour la prononciation figurée. ‖ *Verbe irrég. V. à la fin du volume.

MAL — MAN

malentendu m. (malātādù). Equívoco.
malepeste! interj. (ma-éçt). Mal haja! safa! bravo!
malfaçon f. (ma-açõ). Defeito, m.
malfai‖sant, ante adj. (ma-āzā, āt). Malfazejo, ja. ‖ Daninho, nha [nuisible]. ‖-**teur** m. (-âr). Malfeitor, facínora.
malfamé, ée adj. (ma-amé). Mal afamado, da; de má fama, desacreditado, da.
malformation f. (ma-ormaciõ). Malformação, imperfeição.
malgache adj. e s. (ma-ax). Malgaxe.
malgré prep. (ma-ré). Apesar de.
malhabile adj. (malabil). Desajeitado, da; inábil, incapaz, incompetente.
mal‖heur m. (malár). Infelicidade, f.; caiporismo (Br.). ‖ Loc. Jouer de malheur; não ter* sorte. Malheur! com a breca! Malheur à..., ai de... Porter malheur, dar* azar. ‖ Prov. A quelque chose malheur est bon, há males que vêm por bens. ‖-**heureux, euse** adj. e s. (-â, âz). Infeliz; caipora (Br.); desgraçado, da.
malhon‖nête adj. (malonét). Desonesto, ta. ‖ Grosseiro, ra; malcriado, da. ‖ Indecoroso, sa; indecente. ‖-**nêteté** f. (-é). Desonestidade. ‖ Má-criação, grosseria, descortesía.
mali‖ce f. (maliç). Malícia. ‖ Travessura [espièglerie]. ‖ Loc. N'y pas entendre malice, proceder inocentemente. ‖-**cieux, euse** adj. (-â, âz). Malicioso, sa. ‖ Travesso, ssa [espiègle].
malignité f. (ma-nh-é). Malignidade.
malin, igne adj. e s. m. (malàn, ính). Maligno, na. ‖ Travesso, ssa [espiègle]. ‖ Espertalhão, ona [rusé]. ‖ Loc. Ce n'est pas malin (pop.), não é difícil. Faire le malin, armar em esperto. Le malin, o demônio, o mafarrico.
malines f. (malín). Renda fina.
malingre adj. (malàngr). Enfesado, da.
malintentionné, ée adj. (malàntacioné). Mal-intencionado, da; malévolo, la.
malle f. (mal). Mala, baú, m. ‖ Mala-posta.

malléable adj. (maléa-). Maleável.
malle-poste f. (ma-oçt). Mala-posta.
mallette f. (malét). Mala, maleta.
malmener vt. (ma-āné). Maltratar.
malotru, ue adj. (malotrù). Grosseiro, ra; achavascado, da; malfeito, ta.
malouin, ine adj. e s. (maluàn, ín). De Saint-Malo.
malpro‖pre adj. (ma-ropr). Sujo, ja. ‖-**preté** f. (-âté). Sujidade, sordidez.
malsain, aine adj. (ma-àn, én). Doentio, ia, insalubre, malsão, sã.
malséant, ante adj. (ma-êâ, ât). Inconveniente, impróprio, ia; indecoroso, sa.
malsonnant, ante adj. (ma-onā, ât). Malsoante, desagradável; indecente.
malt m. (ma-). Malte.
Malte n. pr. (ma-). Malta.
malthusianisme m. (ma-ù-aniçm). Maltusianismo.
malto‖te f. (ma-ôt). Maltosta. ‖-**tier** m. (-ié). Exactor.
malvacées f. pl. (ma-acé). Malváceas.
malvei‖llance f. (ma-éiâç). Malevolência. ‖-**llant, ante** adj. (-iâ, ât). Malevolente, malévolo, la.
malversation f. (ma-érçaciõ). Malversação, concussão, defraudação.
malvoisie f. (ma-uazí). Malvasía.
maman f. (mamã). Mamã; mamãe (Br.). ‖ Loc. Belle-maman, sogra; madrasta. Bonne-maman, avòzinha.
ma‖melle f. (mamél). Mama, teta. ‖ Loc. Enfant à la mamelle, criança (f.) de peito. ‖-**melon** m. (-õ). Mamilo. ‖ Cabeço [monticule]. ‖-**melonné, ée** adj. (-oné). Mamelado, da; acidentado, da.
mameluk m. (ma-ùc). Mameluco.
mammifère m. (ma-ér). Mamífero.
mammouth m. (ma-ut). Mamute.
m'amour ou **mamour** m. (mamur). Fam. Meu amor. ‖ pl. Festas, carícias, f. pl.
manant m. (manã). Vilão. ‖ Labrego, rústico, casca-grossa, grosseiro.
mancenillier m. (mã-ié). Mancenilheira, f.
man‖che m. (mãx). Cabo, pega, f. ‖ f. Manga [vêtement]. ‖ Mangueira [conduit]. ‖ Partida [jeu]. ‖ Loc. Avoir dans sa manche, ter* às suas

Itálico : acento tónico. ‖ V. página verde para a pronúncia figurada. ‖ *Verbo irreg. V. no final do livro.

MAN — MAN

ordens. *Branler dans le manche*, abanar; estar* pouco seguro. *Jeter le manche après la cognée*, desanimar por completo. *Manche à balai*, pau de vassoura. *Manche à vent*, ventilador, m. *Tirer la manche à*, agarrar-se a, pedir* com insistência. ||**-cheron** m. (-rõ). Rabiça, f. [charrue]. ||**-chette** f. (-ét). Punho, m. [chemise]. ||**-chon** m. [de journal]. ||**-chon** m. (-õ). Regalo. ||**-chot**, **ote** m. e f. (-ô, ot). Maneta. || *Fig.* Desastrado, da [maladroit]. ||[m. Cotete [oiseau].

mandant m. (mãdã). Mandante.

manda||**rin** m. (mãdarãn). Mandarim. ||**-rine** f. (-ín). Tangerina.

man||**dat** m. (mãda). Mandato. ||Poder, procuração, f. *Loc. Mandat d'amener*, contra-fé, f. *Mandat d'arrêt*, ordem de prisão, f. *Mandat de dépôt*, ordem de prisão, f. *Mandat (de) poste*, vale de correio. ||**-dataire** m. (-ér). Mandatário. ||Procurador [fondé de pouvoir]. ||**-dater** vt. (-é). Expedir* ordem de pagamento.

mandchou, **oue** adj. e s. (mã-u). Manchu, 2 g. (da Manchúria).

man||**dement** m. (mã-dã). Mandamento. ||**-der** vt. (-é). Mandar dizer* (por carta). ||Mandar chamar [envoyer chercher]. ||Mandar [ordonner].

mandibule f. (mã-ùl). Mandíbula.

mandoline f. (mãdolín). Bandolim, m.

mandragore f. (mãdragor). Mandrágora.

mandrin m. (mãdrãn). Mandril. ||Punção, f. ||Estilete.

manège m. (manéj). Picaria, f., equitação, f. ||Picadeiro [endroit pour exercer les chevaux]. ||Carrocel [chevaux de bois]. ||*Fig.* Manobra, f., manejo, artimanha, f., astúcia, f.

mânes m. pl. (man). Manes, almas, f.

manette f. (manét). Manípulo, m., alavanca, chave.

manganèse m. (mãganéz). Manganês.

man||**geable** adj. (mãja-). Comestível. ||**-geaille** f. (-aï). Comida, f. ||**-geoire** f. (-juar). Comedouro, m. ||**-ger** vt. (-é). Comer. *Loc. Manger à sa faim*, comer até fartar.

Manger le morceau, dar* com a língua nos dentes. ||**-ge-tout** m. (-u). Esbanjador [gaspilleur]. ||Vagem (f.) tenra [pois]. ||**-geur**, **euse** adj. e s. (-âr, âz). Comedor, ora. ||**-geure** f. (-jùr). Roedura. ||Buraco, m. [étoffes].

mangli||**e** m. (mã-). Mangue. ||**-ier** m. (-ié). Mangueira, f. (bot.).

mangouste f. (nãguçt). Mangusto, m.

man||**gue** f. (mãg). Manga (bot.). ||**-guier** m. (-ié). Mangueira, f. (bot.).

maniable adj. (mania-). Manejável.

maniaque adj. (maniac). Maníaco, ca.

manichéen, **éenne** adj. e s. (ma-xê-ãn, én). Maniqueu, eia.

manicure m. e f. (ma-ùr). V. MANUCURE.

manie f. (maní). Mania.

ma||**niement** m. (ma-ã). Manejo. ||**-nier** vt. (-ié). Manejar, manear.

mani||**ère** f. (maniér). Maneira, f. ||*Fam.* Espécie: uma maneira de domestique, uma espécie de criado. ||Afectação [affectation]. ||Modos, m. pl.: *bonnes manières*, distinção. *De la belle manière*, sem contemplações. *De manière ou d'autre*, dum modo ou doutro. *Faire des manières, fazer* salamaleques. *Par manière d'acquit*, sem entusiasmo. ||**-éré**, **ée** adj. (-é). Afectado, da.

manifes||**tant**, **ante** m. e f. (ma-éçtã, ãt). Manifestante. ||**-tation** f. (-ació). Manifestação. ||**-te** adj. e s. m. (-éçt). Manifesto, ta. ||Declaração, f. [douane]. ||**-ter** vt. (-é). Manifestar, declarar, patentear.

manigan||**ce** f. (ma-ãç). Manigância. ||**-cer** vt. (-é). Maquinar, tramar.

mani||**lle** f. (maniíã). Manilha [jeu]. ||m. Charuto [cigare]. ||Chapéu de palha. ||**-llon** m. (-ió). Ás (no jogo).

manioc m. (manioc). Mandioca, f.

manipu||**lation** f. (ma-ùlació). Manipulação. ||**-ler** vt. (-é). Manipular.

manitou m. (ma-u). Manitu [indiens]. ||*Pop. Grand-*, pessoa (f.) poderosa.

manivelle f. (ma-él). Manivela.

manne f. (man). Maná, m. [aliment]. ||Cesto, m., cabaz, m., canastra [panier].

mannequin m. (ma-ãn). Manequim.

manœu||**vre** f. (manâvr). Manobra.

Lettres penchées : accent tonique. ||V. page verte pour la prononciation figurée. ||*Verbe irrég. V. à la fin du volume.

MAN — MAR 210

‖m. Servente [ouvrier]. ‖**-vrier** m. (*-ié*). Manobrador, manobreiro, manobrista.
manoir m. (manuár). Solar, mansão, f.
manomètre m. (manométr). Manómetro.
manouvrier, ère m. e f. (manuvriê, iér). Jornaleiro, ra.
man‖quant, ante adj. (mãcã, ãt). Que falta. ‖s. m. Ausente. ‖**-que m.** (mãc). Falta, f. ‖Loc. *Manque de,* por falta de. ‖**-qué, ée** adj. (*-é*). Falhado, da; malogrado, da : *projet manqué,* projecto gorado. ‖**-quement** m. (*-ã*). Falta, f. ‖**-quer** vi. (*-é*). Faltar. ‖Falhar [rater]. ‖Loc. *Manquer de,* ter* falta de (avec un nom) . *manquer de pain,* ter* falta de pão. Estar* quase a (avec un verbe) : *manquer de tomber,* estar* quase a cair*. *Manquer de parole,* faltar à palavra. *Manquer le train, une occasion,* perder o comboio, uma ocasião. *Manquer une sauce,* estragar um molho. *Manquer un rendez-vous,* faltar a um encontro. *Il s'en manque de beaucoup, de peu,* falta muito, pouco. *Ne pas manquer de,* não deixar de. *Sans manquer,* sem falta.
mansar‖de f. (mãçard). Mansarda, água-furtada. ‖**-dé, ée** adj. (*-é*). Em forma de mansarda.
mansuétude f. (mãçuètüd). Mansidão.
man‖te f. (mãt). Capote m. (de mulher). ‖Louva-a-deus [insecte]. ‖**-teau** m. (*-ô*). Manto; casaco de abafo. ‖Verga, f. [cheminée]. ‖*- d'arlequin* (*-arlécãn*). Bambolinas, f. pl. ‖Loc. *Sous le manteau,* à socapa ‖**-telet** m. (*-é*). Mantelete. ‖Postigo do vigia, etc. ‖**-tille** f. (*-iâ*). Mantilha.
Mantoue n. pr. (mãtu). Mântua.
manucure s. m. e f. (manüçür). Manicuro, ra.
manuel, elle adj. e. s. m. (manüèl). Manual.
manufactu‖re f. (manüfactür). Manufactura. ‖**-rer** vt. (*-é*). Manufacturar. ‖**-rier, ère** adj. e s. (*-ié, ér*). Manufactureiro, ra; manufactor, ora.
manuscrit, ite adj. e s. (manüççri, it). Manuscrito, ta.

manuten‖tion f. (manütãcio). Manutenção; administração, gestão. ‖**-tionnaire** m. (*-onér*). Director de manutenção, administrador.
mappemonde f. (ma-ôd). Mapa-mundo, m.
maquereau m. (macaró). Cavala, f.
maquette f. (makét). Maqueta, esboço, m.
maqui‖gnon m. (ma-nhô). Alquilador. ‖**-gnonnage** m. (*-onaj*). Manhas (f. pl.) de alquilador, ciganice, f.
maqui‖llage m. (makiiaj). Pintura, f., caracterização, f. ‖**-ller** vt. (*-ié*). Pintar, caracterizar. ‖*Fig.* Dissimular, disfarçar [déguiser].
maquis m. (maki). Matagal na Córsega. ‖Resistência, f. (aos Alemães durante a 2ª Grande Guerra).
marabout m. (marabu). Marabu [oiseau]. ‖Morábito [musulman]. ‖Cafeteira, f. [vase]. ‖*Pop.* Mostrengo [homme laid].
maraicher, ère adj. (marêxé, ér). Hortícola, hortense. ‖s. m. Hortelão.
marais m. (maré). Pântano. ‖Lameiro [pour culture]. ‖*- salant* (*-alã*). Salina, marinha de sal, f.
marasme m. (maraçm). Marasmo.
marasquin m. (maraççãn). Marasquino.
marâtre f. (maratr). Madrasta.
marau‖d m. (marô). Marau, mariola. ‖**-dage** m. (*-aj*) e **-de** f. (*-ôd*). Pilhagem, f. ‖**-der** vi. (*-é*). Pilhar. ‖**-deur** m. (*-âr*). Gatuno, larápio, pilho.
mar‖bre m. (marbr). Mármore. ‖**-brer** vt. (*-é*). Marmorear; jaspear. ‖**-brerie** f. (*-ári*). Arte, oficina de marmorista. ‖**-brier** m. (*-ié*). Marmorista. ‖**-brure** f. (*-ür*). Imitação do mármore, marmorização.
marc m. (marc). Marco [poids, monnaie]. ‖Bagaço [raisin, olives]. ‖Borra, f. [lie]. ‖Pé [café]. ‖Bagaceira, f. [liqueur].
Marc n. pr. (marc). Marcos.
marcassin m. (marcaçãn). Javali (com menos de um ano).
Mar‖cel, elle m. n. pr. (marcél). Marcelo, la. ‖**-cellin,** ine n. pr. (*-ãn, in*). Marcelino, na.
marchan‖d, ande m. e f. (marxã, ãd). Mercador, ora. ‖ Comprador, ora [acheteur]. ‖adj. Mercantil :

Itálico : acento tónico. ‖V. página verde para a pronúncia figurada. ‖*Verbo irreg. V. no final do livro.

MAR — MAR

ville marchande, cidade mercantil. ‖ Corrente : *prix marchand*, preço corrente. ‖Mercante [bateau]. ‖Loc. *Denrée marchande*, género (m.) vendável. *Etre le mauvais marchand de*, só ter* dissabores com. *Marchande des quatre saisons*, hortaliceira ambulante. *Marchand forain*, feirante. ‖-**dage** m. (-*aj*). Regateio. ‖-**der** vt. (-*ê*). Regatear [un prix]. ‖*Fig.* Subornar. ‖vi. Hesitar : *marchander à*, hesitar em. ‖-**deur, euse** adj. e s. (-*âr, âz*). Regateador, ora. ‖-**dise** f. (-*iz*). Mercadoria, fazenda.
mar‖che f. (marx). Marcha. ‖Degrau [degré]. ‖ Marca (fronteira). ‖-**ché** m. (-*é*). Mercado [endroit]. ‖Ajuste, contrato. ‖Loc. *Bon marché, à bon marché*, barato; sem inconveniente de maior. *Faire bon marché de*, não ligar importância a. *Faire le marché d'autrui*, trabalhar por conta alheia. *Marché à terme*, compra (f.) a prazo. *Par-dessus le marché*, ainda por cima. ‖-**chepied** m. (-*ié*). Estribo (de carro). ‖Escadote [escabeau]. ‖-**cher** vi. (-*ê*). Andar. ‖Loc. *Faire marcher*, constranger. *Marcher sur*, pisar. *Marcher sur le pied à*, pisar; desconsiderar. ‖-**cheur, euse** adj. e s. (-*âr, âz*). Andarilho, lha; andador, ora; caminheiro, ra.
mar‖cottage m. (marcotaj). Mergulhia, f. ‖-**cotte** f. (-*ot*). Mergulhão, m., alporque, m. ‖-**cotter** vt. (-*ê*). Mergulhar, alporcar.
mardi m. (mardí). Terça-feira, f. ‖- *gras* (-*ra*). Terça-feira gorda, f.
mare f. (mar). Charco, m. ‖*Fig. - de sang* (-*ãçã*). Mar de sangue, m.
maréca‖lge m. (marécaj). Pântano. ‖-**geux, euse** adj. (-*â, âz*). Pantanoso, sa.
maré‖chal, ale adj. (marêxal). Marechal, la. ‖ *- des logis* (-*êlojî*). Sargento de cavalaria. ‖- *ferrant* (-*érã*). Ferrador. ‖-**chaussée** f. (-*ôcê*). Jurisdição dos marechais de França. ‖ Corpo de polícia montada.
marée f. (marê). Maré. ‖Peixe (m.) fresco. ‖- *montante* (-*õtãt*). Maré cheia, fluxo, m. ‖- *descendante* (-éçãdãt). Vazante, refluxo, m. ‖*Grande* - (grãd-). Maré viva.
marelle f. (marél). Jogo (m.) do homem, da semana.

maréyeur m. (marêiâr). Peixeiro.
margarine f. (margarin). Margarina.
mar‖ge f. (marj). Margem, beira, borda, orla. ‖-**gelle** f. (-*él*). Bocal, m. (de poço). ‖-**ger** vt. (-*ê*). Marginar. ‖-**geur** m. (-*âr*). Marginador. ‖-**ginal, ale** adj. (-al). Marginal.
margot f. (margó). Pega (ave). ‖*Fig.* Tagarela [ba*v*arde].
Margot n. pr. (margó). Margarida.
margotin m. (margotàn). Feixezinho.
margoulette f. (margulét). *Pop.* Boca, queixos, m. pl., cara.
marguerite f. (margärit). Margarida, bonina, malmequer branco, m.
Marguerite n. pr. (margàrit). Margarida.
marguillier m. (marghiié). Fabriqueiro, fabricário.
mari m. (marí). Marido.
mar‖iable adj. (maria-). Casadoiro, ra. ‖-**iage** m. (-*iaj*). Casamento, matrimónio, núpcias, f. pl. ‖*Fig.* Enlace, reunião, f. ‖-**ier** vt. (-*ié*). Casar, desposar. ‖-**ier** (se) vr. Casar (-se). ‖-**ieur, euse** adj. e s. (-*iâr, âz*). Casamenteiro, ra.
Ma‖rianne n. pr. (marian). Mariana. ‖-**rie** n. pr. (-*i*). Maria. ‖-**riette** n. pr. (-*iét*). Mariazinha, Marieta.
marin‖, ine adj. e s. (marán, in). Marinho, nha. ‖ s. m. Marinheiro [matelot]. ‖f. Marinha. ‖-**ade** f. (-ad). Escabeche, m. ‖-**er** vt. (-*ê*). Pôr* em escabeche, em salmoura, de conserva.
marinier, ère adj. e s. m. (mar-*iê, ér*). Marinheiro, ra; barqueiro.
Marion n. pr. (mariõ). Mariquinhas.
marionnette f. (marionét). Títere, m., fantoche, m., roberto, m.
mariste m. (maríçt). Marista.
marital, ale adj. (mar-al). Marital.
maritime adj. (mar-im). Marítimo, ma.
maritorne f. (mar-orn). Borjeça.
Marius n. pr. (mariùç). Mário.
marivau‖dage m. (mar-ôdaj). Estilo afectado. ‖-**der** vi. (-*ê*). Usar de afectação, ser* requintado.
marjolaine f. (marjolén). Manjerona.
mark m. marc). Marco (moeda alemã).

Lettres penchées : accent tonique. ‖V. page verte pour la prononciation figurée. ‖*Verbe irrég. V. à la fin du volume.

MAR — MAS

marmaille f. (marmaí). Pequenada, criançada; gurizada (*Br*.).
marmelade f. (mar-ad). Marmelada.
marmi‖te f. (marmít). Marmita, panela. ‖-ter vt. (-ê). *Fam*. Bombardear. ‖-teux, euse adj. (-â, âz). Miserável, pobre. ‖-ton m. (-ô). Bicho de cozinha, moço de cozinha.
marmonner vt. (marmoné). *Pop*. Resmungar, resmonear, rosnar.
marmoréen, enne adj. (marmorêân, én). Marmóreo, ea.
mar‖mot m. (marmô). Fedelho, garoto [enfant]. ‖Figura (f.) grotesca. ‖Loc. *Croquer le marmot*, fartar-se de esperar. ‖-motte f. (-ot). Marmota [animal]. ‖Lenço (m.) de cabeça. ‖-motter vt. e vi. (-otê). Resmungar, murmurar, falar entre dentes.
marmouset m. (marmuzé). Figurinha (f.) grotesca. ‖*Fam*. Rapazinho.
mar‖ne f. (marn). Marga. ‖-neux, euse adj. (-â, âz). Margoso, sa. ‖-nière f. (-iér). Margueira.
Maroc n. pr. (maroc). Marrocos.
marocain, aine adj. e s. (marocân, én). Marroquino, na.
maronite adj. (maronít). Maronita.
maro‖quin m. (marocân). Marroquim. ‖-quinerie f. (-kinrí). Marroquinaria. ‖Objecto de marroquim, m. ‖-quinier m. (-iê). Marroquineiro.
marotte f. (marot). Bastão (m.) de bobo. ‖*Fig*. e *fam*. Monomania.
marou‖fle m. (maru-). Tratante. ‖-fler vt. (-ê). Colar com marufle.
mar‖quant, ante adj. (marcâ, ât). Marcante. ‖-que f. (marc). Marca, sinal, m., distintivo, m. ‖-quer vt. (-ê). Marcar, assinalar. ‖*Fig*. Fixar. ‖marque‖ter vt. (marcâtê). Marchetar, embutir [bois]. ‖Mosquear [tacher]. ‖-terie f. (-ârí). Marchetaria.
mar‖quis m. (marki). Marquês. ‖-quise f. (-iz). Marquesa.
marraine f. (marén). Madrinha.
marrant, ante adj. (marâ, ât). Reinadio, ia.
marri, ie adj. (marí). Pesaroso, sa.
mar‖ron m. (marô). Castanha, f. ‖- *glacé* (-acê). Castanha cristalizada, f. ‖ adj. Castanho, nha; cor de castanha. ‖Fúgido, da [sauvage] :

nègre marron, escravo fugido. ‖-*d'Inde*, castanha-da-índia, f. ‖*Fig*. Clandestino, na; ilegal, falso, sa. ‖-ronnier m. (-oniê). Castanheiro. ‖- *d'Inde*, castanheiro da índia.
mars m. (març). Março.
Mars n. pr. (març). Marte [dieu, astre].
Marseille n. pr. (marcéi). Marselha.
marseillais, aise adj. (marcéiiê, éz). Marselhês, esa.
marsouin m. (marçuân). Marsuíno. ‖*Fam*. Soldado de infantaria colonial. ‖*Fig*. Homem feio e porco.
marsupial, ale adj. (marçùpial). Marsupial.
marteau m. (martô). Martelo. ‖- *-pilon* (-ô). Martelo-pilão.
mar‖tel m. (martél). *Ant*. Martelo. U. na loc. : *se mettre martel en tête*, ralar-se. ‖-teler vt. (-ê). Martelar. ‖*Fig*. Causticar. ‖Fazer* a martelo [des vers, etc.].
Marthe n. pr. (mart). Marta.
martial, ale adj. (marcial). Marcial.
Martin n. pr. (martân). Martinho, Martim.
martin-pêcheur m. (martânpéxâr). Pica-peixe.
martinet m. (mar-é). Martelo hidráulico. ‖Martinete [oiseau]. ‖Disciplínas, f. pl. [pour punir]. ‖Espanador [pour épousseter].
martingale f. (martângal). Gamarra [harnais]. ‖Duplicação da parada [jeu].
martre f. (mart). Marta.
marty‖r, re m. e f. (martír). Mártir, 2 g. ‖-re m. (-ír). Martírio. ‖-riser vt. (-ê). Martirizar. ‖-rologe m. (-oloj). Martirológio.
mas m. (maç). Casal, herdade, f.
mascarade f. (maçcarad). Mascarada.
mascaret m. (maçcaré). Macaréu.
mascaron m. (maçcarô). Mascarão.
mascotte f. (maçcot). Mascote.
masculin, ine adj. (maçcùlân, ín). Masculino, na.
masochisme m. (masoxízm). Masochismo.
mas‖que m. (maçc). Máscara, f., caraça, f. ‖Mascarado [personne]. ‖-quer vt. (-ê). Mascarar. ‖Ocultar [cacher].
massa‖cre m. (maçacr). Matança, f. ‖Pim-pam-pum [jeu]. ‖*Fig*. Sar-

---

Itálico : acento tônico. ‖V. página verde para a pronúncia figurada. ‖*Verbo irreg. V. no final do livro.

MAS — MAT

rafaçal [mauvais ouvrier]. ||-crer vt. (-é). Chaciner. ||Fig. Estragar.
massage m. (maçaj). Massagem, f.
mas||**se** f. (mac). Massa. ||Montão, m. [amas]. ||Maça, clava [arme]. ||-sepain m. (-àn). Maçapão. ||-ser vt. (-é). Amontoar. ||Agrupar, reunir. ||Dar* massagens. ||-seur, euse m. e f. (-âr, âz). Massagista.
massicot m. (ma-ô). Massicote. ||Guilhotina (f.) para papel.
massier m. (maciê). Maceiro. ||Aluno tesoureiro duma oficina de arte.
massif, ive adj. (macíf, ív). Maciço, ça. ||s. m. Maciço.
massue f. (maçù). Maça, clava. ||Moca [bâton noueux].
mastic m. (mactíc). Almácega, f. ||Massa (f.) de vidraceiro [vitriers].
masti||**cateur** m. (mac-atâr). Mastigador. ||-**cation** f. (mac-aciô). Mastigação. ||-**quer** vt. (-é). Mastigar [mâcher]. ||Fixar com massa, betumar.
mastoc m. (maçtoc). Fam. Brutamontes.
mastodonte m. (maçtodôt). Mastodonte. ||Fig. e fam. Pesadão, mastodonte.
mastoïdite f. (maçto-ít). Mastoidite.
mastroquet m. (maçtroké). Pop. Taberneiro.
masure f. (mazùr). Pardieiro, m., casebre, m.; tapera (Br.).
mât m. (ma). Mastro (de navio). ||- de perroquet (-éroké). Mastaréu de joanete.
mat, ate adj. (mat). Mate. ||s. m. Mate [échecs].
matamore m. (matamor). Matamouros.
mat||**ch** m. (matx). Desafio, partida, f., jogo.
mate||**las** m. (ma-a). Colchão. ||-**lasser** vt. (-é). Acolchoar. ||-**lassier** m. (-iê). Colchoeiro.
mate||**lot** m. (ma-ô). Marujo. ||-**lote** f. (-ot). Caldeirada à fragateira.
mater vt. (maté). Dar* mate [échecs]. ||Fig. Domar [dompter].
mâter vt. (maté). Mastrear, emastrar.
matéri||**aliser** vt. (matèria-é). Materializar. ||-**alisme** m. (-íçm). Materialismo. ||-**aliste** m. (-íçt). Materialista. ||-**alité** f. (-é). Materiali-

dade. ||-**aux** m. pl. (-íô). Materiais; documentos. ||-**el, elle** adj. e s. m. (-iél). Material.
matern||**el, elle** adj. (matérnél). Maternal, materno, na. ||-**ité** f. (-é). Maternidade.
mathéma||**ticien, enne** adj. e s. (matêma-iàn, én). Matemático, ca. ||-**tique** adj. e s. f. (-íc). Matemático, ca (como s. f. u. quase sempre no pl.).
Mathias n. pr. (matíaç). Matías.
mathurin m. (matùràn). Argot mar. Marujo. ||Trinitário [religieux].
Mathusalem n. pr. (matùzalém). Matusalém.
matière f. (matiér). Matéria : matière première, matéria-prima. ||Fig. Causa, motivo, m. : il n'y a pas matière à rire, não há motivo para rir*.
matin m. (matàn). Manhã, f. ||adv. Cedo. ||Loc. De bon matin, de manhã cedo. Un beau matin, um destes dias, qualquer dia* [futur].
mâtin, ine adj. e s. (matàn, ín). Tratante. ||m. Mastim [chien].
matinal, ale adj. (ma-al). Matinal, matutino, na. ||Madrugador, ora [qui se lève matin].
mâtiné, ée adj. (ma-é). Cruzado, da.
ma||**tinée** f. (ma-é). Manhã. ||Roupão, m., bata [vêtement]. ||Tarde, vesperal, m. (Br.) [spectacle]. ||Loc. Faire la grasse matinée, levantar-se tarde. ||-**tines** f. pl. (-ín). Matinas.
matir vt. (matir). Foscar; encalcar.
matois, oise adj. e s. (matua, uaz). Manhoso, sa; matreiro, ra; finório, ia.
matou m. (matu). Gato (macho).
matraque f. (matrac). Matraca, maça.
matras m. (matra). Matrás, balão.
matr||**icaire** f. (matr-ér). Matricária. ||-**ice** f. (-íç). Matriz. ||-**icule** f. (-ùl). Matrícula, registo, m.
matr||**imonial, ale** adj. (matr-oniál). Matrimonial. ||-**one** f. (-on). Matrona.
matte f. (mat). Minério (m.) que só sofreu uma fusão.
Matthieu n. pr. (ma-iô). Mateus.
maturation f. (matùraciô). Maturação, amadurecimento, m.

Lettres penchées : accent tonique. ||V. page verte pour la prononciation figurée. ||*Verbe irrég. V. à la fin du volume.

mâture f. (matùr). Mar. Mastreação.
maturité f. (matùr-é). Maturidade.
matutinal, ale adj. (matù-al). Matutinal, matutino, na.
mau‖dire* vt. (môdír). Amaldiçoar. ‖-dit, ite adj. (-í, ít) Maldito, ta.
maugréer vi. (môgréé). Praguejar.
Maur n. pr. (môr). Mauro.
mau‖re adj. e s. (môr). Mouro, ra. ‖-resque adj. (-réçk). Mourisco, ca. ‖-ricaud m. (-ô). Trigueiro; escuro.
Maurice n. pr. (môríç). Maurício.
mausolée m. (môzolé). Mausoleu.
maus‖sade adj. (môçad). Enfadonho, nha; pesado, da [ennuyeux]. ‖ Rabugento, ta; desabrido, da. ‖-saderie f. (-rí). Desabrimento, m., mau--humor, m. ‖ Insipidez, falta de graça.
mau‖vais, aise adj. e s. (môvé, éz). Mau, má. ‖adv. Mal : sentir mauvais, cheirar mal. ‖Loc. Faire mauvais, estar* mau tempo. Le mauvais, o diabo.
mauve f. (môv). Malva.
mau‖viette f. (môviét). Cotovia. ‖Fig. e fam. Pessoa franzina. ‖-vis m. (-í). Malviz, tordo branco.
maxillaire m. (makç-ér). Maxilar.
maxim‖e f. (makçím). Máxima. ‖-um m. (-om). Máximo. ‖Pena (f.) máxima.
Maxim‖e n. pr. (makçím). Máximo. ‖-ilien n. pr. (-iàn). Maximiliano.
Mayence n. pr. (miáç). Mogúncia.
mayonnaise f. (maionéz). Maionese.
mazagran f. (mazagrã). Mazagrã.
mazette f. (mazét). Sendeiro, m. [cheval]. ‖ Pexote, m. [mauvais joueur]. ‖ Desajeitado, m. [maladroit]. ‖ interj. Coa breca! Safa! Caramba! Ena! Apre!
mazout m. (mazu). Mazute (quím.).
mazurka f. (mazùrca). Mazurca.
me pron. pes. (mâ). Me.
mea-culpa m. loc. lat. (mêacù-a). Mea-culpa, retractação, f.
méandre m. (mêádr). Meandro, curva, f.
méat m. (mêa). Meato, canal.
méca‖nicien, enne m. e f. (mêca--iàn, én). Mecânico, ca ; maquinista. ‖ Guarda-freio ; motorneiro (Br.) [tram]. ‖-nique adj. e s. f. (-íc). Mecânico, ca. ‖ f. Fig. Intriga. ‖-niser vt. (-é). Mecanizar.

‖-nisme m. (-íçm). Mecanísmo. ‖Fig. Estrutura, f. ‖-nothérapie f. (-ôtêrapí). Mecanoterapia.
Mécène n. pr. (mêcén). Mecenas.
mé‖chamment adv. (mêxamã). Maldosamente. ‖-chanceté f. (-é). Maldade. ‖-chant, ante adj. (-ã, ãt). Mau, má; maldoso, sa; perverso, sa.
mèche f. (méx). Mecha. ‖ Torcida [de lampe]. ‖ Pavio, m. [de bougie]. ‖ Madeixa [de cheveux]. ‖ Rosca [de tarière]. ‖ Loc. Découvrir ou éventer la mèche, descobrir* a tramóia. Être de mèche, estar* de acordo. Il n'y a pas mèche, não há meio. Mener tambour battant, mèche allumée, levar a toque de caixa. Vendre la mèche, revelar um segredo.
mécompte m. (mêcõt). Erro, engano. ‖Fig. Decepção, f., desengano.
méconium m. (mêconiom). Mecónio.
mécon‖naissable adj. (mêconéça-). Irreconhecível. ‖-naissance f. (-ãç). Desconhecimento, m. ‖-naître* vt. (-étr). Desconhecer, não reconhecer.
mécontent, ante adj. e s. m. (mêcõtã, ãt). Descontente. ‖-tement m. (-ã). Descontentamento. ‖-ter vt. (-é). Descontentar, desgostar.
Mecque (La) n. pr. (lamêc). Meca.
mécréant, ante adj. e s. (mêcrêã, ãt). Descrente, incrédulo, la. ‖ Infiel [non chrétien].
méda‖ille f. (mêdái). Medalha. ‖-iller vt. (-ié). Medalhar. ‖-illon m. (-iõ). Medalhão.
méde‖cin m. (mê-àn). Médico. ‖ adj. Femme médecin, médica. ‖-cine f. (-ín). Medicina. ‖ Mezinha ; puçanga (Br. du N.) [remède].
Médée n. pr. (mêdé). Medeia.
mé‖dial, ale adj. (mêdial). Medial. ‖-dian, ane adj. (-iã, an) Mediano, na. ‖-diat, ate adj. (-iá, ãt). Mediato, ta. ‖-diateur, trice adj. e s. (-âr, ríç). Mediador, ora. ‖-diation f. (-ciõ). Mediação, intercessão.
médi‖cal, ale adj. (mêdi-al). Médico, ca. ‖-cament m. (-ã). Medicamento. ‖-camenter vt. (-é). Medicamentar. ‖-camenteux, euse adj. (-â, âz). Medicamentoso, sa. ‖-castre m. (-açtr). Medicastro. ‖-cation f. (-ciõ). Medicação. ‖-cinal, ale adj. (-al). Medicinal.

Itálico : acento tónico. ‖V. página verde para a pronúncia figurada. ‖*Verbo irreg. V. no nnal do livro.

médiéval, ale adj. (mêdiéval). Medieval.
médio‖cre adj. (mêdiocr). Medíocre. ‖**-crité** f. (-é). Mediocridade.
mé‖dire* vi. (mêdír). Maldizer*. ‖**-disance** f. (-ãç). Maledicência. ‖**-disant, ante** adj. (-ã, ãt). Maldizente, maledicente, detractor, ora.
médi‖tatif, ive adj. (mê-atif, iv). Meditativo, va. ‖**-tation** f. (-ciõ). Meditação. ‖**-ter** vt. e vi. (-é). Meditar, pensar, imaginar, magicar.
méditerra‖né, ée adj. (mê-éranê). Mediterrâneo, ea.
Méditerranée n. pr. (mê-éranê). Mediterrâneo, m.
méditerranéen, enne adj. (mê-éranèãn, én). Mediterrâneo, ea, mediterrânico, ca.
médium m. (mêdiom). Médium [spiritisme]. ‖ Meio termo. ‖**-dius** m. (-iùç). Médio (dedo).
Méduse n. pr. (mêdùz). Medusa.
méduser vt. (mêdùzé). Assombrar.
meeting m. (miting). Reunião, f.
méfait m. (mêfé). Malfeitoria, f., crime. ‖ Dano, prejuízo [dégât].
mé‖fiance f. (mêfiãç). Desconfiança. ‖**-fiant, ante** adj. (-iã, ãt). Desconfiado, da. ‖**-fier (se)** vr. (-ié). Desconfiar, suspeitar.
méga‖lithique adj. (mêga-ic). Megalítico, ca. ‖**-lomanie** f. (-omani). Megalomania. ‖**-phone** m. (-fon). Megafone, altifalante (de bordo).
mégarde f. (mégard). Inadvertência.
mégère f. (mêjèr). Megera, fúria.
mé‖gir vt. (mêjír). Curtir em branco. ‖**-gis** m. (-ji). Banho de cinza e alúmen para curtir ‖**-gissier** m. (-ié). Surrador, curtidor.
mégot m. (mégô). Ponta (f.) de cigarro ou de charuto, beata (pop.); sabiá (Br.).
méhari m. (mêari). Dromedário.
meilleur, eure adj. (méiár). Melhor.
méjuger vi. (mêjùjé). Julgar mal.
mélan‖colie f. (mêlãcoli). Melancolia. ‖**-colique** adj. (-ic). Melancólico, ca, triste.
mélan‖ge m. (mêlãj). Mistura, f. ‖**-ger** vt. (-jé). Misturar. ‖**-geur** m. (-ãr). Misturador.
Mélanie n. pr. (mêlani). Melânia.
mélasse f. (mêlaç). Melaço, m.
mêl‖ée f. (mêlé). Refrega, peleja.

‖**-ler** vt. (-é). Misturar : se mêler de, meter-se a, intrometer-se em.
mélèze m. (mêléz). Lárice, larício.
Mélie n. pr. (mêli). Amélia.
méli-mélo m. (mê-êlô). Salgalhada, f., confusão, f., embrulhada, f.
mélinite f. (mê-ít). Melinite.
mélisse f. (mêlic). Melissa.
mélo‖die f. [mêlodi). Melodia. ‖**-dieux, euse** adj. (-iã, ãz). Melodioso, sa. ‖**-dique** adj. (-ic). Melódico, ca. ‖**-drame** m. (-ram). Melodrama. ‖**-mane** adj. e s. (-an). Melómano, na.
melon m. (mâlõ). Melão. ‖ Coco [chapeau]. ‖**-d'eau** (-dó). Melancia, f.
mélopée f. (mêlcpé). Melopeia.
mem‖brane f. (mãbran). Membrana. ‖**-bre** m. (mãbr). Membro. ‖**-bru, ue** adj. (-ù). Membrudo, da. ‖**-brure** f. (-ùr). Cavername, m. [navire]. ‖ Couceira [portes, fenêtres].
même adj. (mém. Mesmo, ma [identique, égal]. ‖ Próprio, ia; mesmo, ma : ses ennemis eux-mêmes, os próprios inimigos. ‖ adv. Até, mesmo, ainda : les plus savants même, até os mais sábios. Je me suis même privé de sortir, privei-me mesmo de sair*. ‖ Loc. De même, de igual modo, da mesma maneira, igualmente, ainda assim : j'ai agi de même, procedi à mesma. Etre à même de, ser* capaz de, estar* em condições de. Quand même... ainda quando... [suivi d'un verbe] : apesar de tudo [non suivi de verbe] : quand même il pleuvrait, ainda quando (ou : mesmo que) chovesse; nous vaincrons quand même, havemos de vencer apesar de tudo. Revenir au même, vir* a dar* na mesma. Tout de même, ainda assim, afinal, em todo o caso.
mémento m. (mêmãtô). Memento. Agenda, f. [livre].
mé‖moire f. (mêmuar). Memória. ‖ m. Memória, :., memorial. ‖ Conta, f., rol [compte facture]. ‖ Loc. De mémoire d'homme, nunca. Mémoire d'apothicaire, conta muito salgada, f. Pour mémoire, para lembrar. ‖**-morable** adj. (-ora-). Memorável. ‖**-morandum** m. (-ãdom). Memorando. ‖**-morial** m. (-ial). Memorial.

Lettres penchées : accent tonique. ‖ V. page verte pour la prononciation figurée. ‖ *Verbe irrég. V. à la fin du volume.

MEN — MÉP

me‖naçant, ante adj. (-açã, ãt). Ameaçador, ora. ‖-nace f. (-aç). Ameaça. ‖-nacer vt. (-é). Ameaçar : *menacer de tomber*, ameaçar cair*.
ménade f. (mènàd). Ménade, bacante.
ména‖ge m. (mènaj). Casal [mari et femme]. ‖Casa, f. [mobilier, etc.]. ‖Governo da casa [administration]. ‖Loc. *De ménage*, caseiro, ra [adj.] : *pain de ménage*, pão caseiro. *Faire bon*, ou *mauvais ménage*, dar-se* bem, mal. *Faire le ménage*, limpar a casa. *Femme de ménage*, mulher a dias. *Se mettre en ménage*, pôr* casa. ‖-gement m. (-ã). Cautela, f. : *user de ménagements*, usar de cautela. ‖-ger vt. (-é). Poupar [épargner, soigner]. ‖*Não expor*, acautelar [santé, quelqu'un]. ‖Preparar, reservar, aproveitar lugar para : *ménager un escalier*, arranjar sítio para uma escada. ‖ **(se)** vr. Poupar-se. ‖Preparar para si. ‖Loc. *Ménager la chèvre et le chou*, jogar com pau de dois bicos. *Ménager ses paroles*, medir* as palavras; falar pouco. *Ménager une surprise*, reservar uma surpresa. *N'avoir rien à ménager*, não ter* de estar* com atenções. ‖-ger, ère adj. (-é, èr). Caseiro, ra. ‖ s. f. Dona de casa; criada, governanta. ‖-gerie f. (-rí). Colecção de feras, de bichos.
men‖diant, ante adj. e s. (mãdiã, ãt). Mendigo, ga. ‖Mendicante [ordre rel.]. ‖Loc. *Les quatre mendiants*, figos, passas, amêndoas e avelãs misturados. ‖-dicité f. (-dicité). Mendicidade. ‖-dier vt. (-ié). Mendigar. ‖-digot m. (-ô). Mendigo. ‖-digoter vi. (-oté). Mendigar.
meneau m. (-ô). Couceira, f., mainel.
me‖née f. (-é). Intriga, ardil, m. ‖-ner vt. (-é). Levar [conduire]; tratar [traiter]. ‖Traçar : *mener une parallèle*, traçar uma paralela. ‖Loc. *Mener à la baguette*, fazer-se* obedecer, dominar, sujeitar.
Ménélas n. pr. (mènèla). Menelau.
mén‖estrel m. (mènéçtrél). Menestrel. ‖-étrier m. (-êtrié). Rabequista, violinista [de aldeia].
meneur, euse m. e f. (-ár, ãz). Acompanhador, dama de companhia.

‖*Fig.* Cabecilha, m., chefe, m. [grèves, insurrections].
menhir m. (ménir). Menir.
ménin‖ge f. (mènànj). Meninge. ‖-gite f. (-it). Meningite.
ménisque m. (mèniçk). Menisco.
menotte f. (-ot). Mãozinha. ‖pl. Algemas [fers].
menson‖ge m. (mãçõj). Mentira, f.; pabulagem (*Br.*). ‖-ger, ère adj. (-é, ér). Falso, sa; mentiroso, sa; ilusório, ia.
men‖sualité f. (mãçùa-é). Mensalidade. ‖-suel, elle adj. (-ùèl). Mensal.
mensuration f. (mãçùraciõ). Mensuração, medição, medida.
men‖tal, ale adj. (mãtal). Mental. ‖-talité f. (-é). Mentalidade.
men‖terie f. (mãtrí). Mentira, embuste, m. ‖-teur, euse adj. e s. (-âr, âz). Mentiroso, sa; falaz, enganador, ora.
menthe f. (mãt). Hortelã, hortelã-pimenta.
men‖tion f. (mãciõ). Menção. ‖-tionner** vt. (-oné). Mencionar.
mentir* vi. (mãtir). Mentir*. ‖Loc. *A beau mentir qui vient de loin*, de longes terras, longas mentiras. *Bon sang ne peut mentir*, quem sai aos seus não degenera. *Sans mentir*, em boa verdade, com franqueza.
men‖ton m. (mãtõ). Queixo, mento. ‖-tonnière f. (-oniér). Babeira.
Mentor n. pr. (mãtor). Mentor.
me‖nu, ue adj. (-ù). Miúdo, da. ‖ s. m. Ementa, f., lista, f. ‖adv. Miùdamente. ‖-nuet m. (-é). Minuete.
menui‖ser vt. (-ù-é). Marceneirar. ‖-serie f. (-rí). Marcenaria. ‖-sier m. (-ié). Marceneiro.
Méphistophélès n. pr. (mêfiçtofêléç). Mefistófeles.
méphitique adj. (mêf-ic). Mefítico, ca.
méplat, ate adj. (mê-a, at). Desigual [em espessura]. ‖ s. m. Plano.
mé‖prendre* (se) vr. (-êprãdr). Enganar-se. ‖-pris m. (-í). Desprezo. ‖Loc. *Au mépris de*, a despeito de. ‖-prisant, ante adj. (-ã, ãt). Desdenhoso, sa. ‖-prise f. (-iz). Engano, m. ‖-priser vt. (-ê). Desprezar.

Itálico : acento tónico. ‖V. página verde para a pronúncia figurada. ‖*Verbo irreg. V. no final do livro.

mer f. (mér). Mar, m. ‖Loc. *Coup de mer*, borrasca, f. *La mer à boire*, um bicho de sete cabeças. *Tenir la mer*, navegar ao largo.

mercan‖ti m. (mércâti). Chatim. ‖**-tile** adj. (-íl). Mercantil.

mercenaire adj. (mérçânér). Mercenário, ia; interesseiro, ra.

mercerie f. (mérçârí). Retrosaria.

merceriser vt. (mérçâr-é). Mercerizar.

merci f. (mérci). Mercê [grâce, indulgence] : *sans merci*, sem piedade. ‖ s. m. Agradecimento. ‖ interj. Obrigado, da [2 g. ou m. inv.]. ‖ Loc. *Merci bien*, muito obrigado, da.

mercier, ère m. e f. (mércié, ér). Capelista, retroseiro, ra.

mercredi m. (mércrâdi). *Quarta-feira*, f.

mer‖cure m. (mércùr). Mercúrio. ‖**-curiale** f. (-ial). Mercurial [plante]. ‖ Reprimenda. ‖*Lista de preços* (num mercado). ‖**-curiel, elle** adj. (-iél). Mercurial, de mercúrio.

mère f. (mér). Mãe. ‖ *Fam.* Tia [femme du peuple] : *la mère Machin*, a tia Fulana. ‖ adj. *Mãe : langue mère*, língua mãe. ‖ Madre [religieuse]. ‖ Loc. *Mère laine*, a lã mais fina da ovelha. *Mère nourrice*, ama de leite.

méridien, enne adj. e s. m. (mér-iân, én). Meridiano, na. ‖**-dional, ale** adj. (-onal). Meridional.

meringue f. (mârâng). Merengue, m.

mérinos m. (mêr-oç). Merino, na.

meri‖se f. (mâriz). Cereja brava. ‖**-sier** m. (-ié). Cerejeira brava, f.

mé‖ritant, ante adj. (mêr-ã, ãt). Merecedor, ora. ‖**-rite** m. (-it). Mérito. ‖**-riter** vt. (-é). Merecer : *mériter d'être puni*, merecer ser* castigado. ‖**-ritoire** adj. (-uar). Meritório, ia; louvável.

merlan m. (mérlã). Pescada, f. ‖*Pop.* Cabeleireiro.

merle m. (mérlâ). Melro. ‖*Fig.* *Vilain merle*, mostrengo, embirrento.

mer‖lin m. (mérlân). Merlim (mar.). ‖ Maço [de boucher]. ‖**-lon** m. (-õ). Merlão (de ameia).

mérovingien, enne adj. e s. (mêro-vànjiân, én). Merovíngio, ia.

mervei‖lle f. (mérvéi). Maravilha.

‖**-lleux, euse** adj. (-iâ, âz). Maravilhoso, sa; prodigioso, sa.

mes adj. pos. (mê). Os meus, as minhas [au Brésil u. sans art.] : *mes amis*, os meus amigos ; *un de mes amis*, um amigo meu; *deux de mes amis*, dois amigos meus.

mésa‖lliance f. (mêzaliáç). Casamento desigual, m. ‖**-llier** vt. (-ié). Casar com pessoa inferior.

mésange f. (mêzãj). Melharuco, m.

mésaventure f. (mêzavâtùr). Contratempo, m., infortúnio m., desdita.

mesdames f. pl. (mêdam) [Minhas] senhoras.

mesdemoiselles f. pl. (mê-uazél) [Minhas] meninas.

mésesti‖me f. (mêzéçtim). Menoscabo, m. ‖**-mer** vt. (-é). Menosprezar.

mésintelligence f. (mêzàntê-jãç). Desinteligência, desacordo, m.

mésothorium m. (mêsotoriom). Mesotório.

mes‖quin, ine adj. (méçân, ín). Mesquinho, nha. ‖**-quinerie** f. (-rí). Mesquinhez, mesquinharia, avareza.

mess m. (méç). Messe, f. [mil.].

messa‖ge m. (méçaj). Mensagem, f. ‖**-ger, ère** m. e f. (-é, ér). Mensageiro, ra. ‖**-gerie** f. (-rí). Recovagem, empresa de transportes.

messe f. (méç). Missa. ‖Loc. *Dire la messe*, dizer* missa. *Grand-messe*, missa cantada. *Messe de minuit*, missa do galo. *Servir la messe*, ajudar à missa.

messeoir* vi. (méçuar). Ficar mal : *il messied de...*, fica mal.

messidor m. (méç-or). Messidor.

messie m. (mécí). Messias.

messieurs m. pl. (-iâ). Senhores.

messin, ine adj. e s. (méçân, ín). De Metz.

messire m. (-ir). Senhor, monsenhor.

mestre m. (méçtr). *Ant.* Mestre.

mesu‖rable adj. (-ùra-). Mensurável. ‖**-re** f. (-ùr). Medida. ‖*Compasso*, m. [musique]. ‖ Loc. *Au fur et à mesure*, à medida, à proporção. *Mesure à 2 temps*, compasso binário. *Mesure à 3 temps*, compasso ternário. *Mesure à 4 temps*, compasso quaternário *Outre mesure*, imoderadamente. *Sur mesure*, por medida. ‖**-ré, ée** adj. (-ê). Medido, da. ‖*Fig.*

Lettres penchées : accent tonique. ‖ V. page verte pour la prononciation figurée. V. *Verbe irrég.* V. à la fin du volume.

FR.-PORTUG. — 8

MÉT — MEU 218

Comedido, da; circunspecto, ta. ‖**-rer** vt. (-ê). Medir*. ‖**-reur** m. (-âr). Medidor.
métabolisme m. (métàbolíçm). Metabolismo.
métacarpe m. (métacarp). Metacarpo.
métairie f. (météri). Herdade.
métal m. (métal). Metal. ‖**-lique** adj. (-íc). Metálico, ca. ‖**-liser** vt. (-ê). Metalizar. ‖**-loïde** m. (-oíd). Metalóide. ‖**-lurgie** f. (-ùrjí). Metalurgia. ‖**-lurgiste** m. (-íçt). Metalurgista, metalúrgico.
méta‖morphose f. (métamorfoz). Metamorfose. ‖**-morphoser** vt. (-ê). Metamorfosear. ‖**-phore** f. (-for). Metáfora. ‖**-physique** adj. e s. (-íc). Metafísico, ca. ‖**-tarse** m. (-arç). Metatarso. ‖**-thèse** f. (-éz). Metátese.
métayer, ère m. e f. (météié, ér). Fazendeiro, ra; estancieiro, ra (*Br. du N.*).
méteil m. (météí). Meado (agr.).
métempsycose f. (métāpcicôz). Metempsicose.
météo‖re m. (météor). Meteoro. ‖**-riser** vt. (-ê). Meteorizar. ‖**-rologie** f. (-olojí). Meteorologia. ‖**-rologique** adj. (-íc). Meteorológico, ca. ‖**-rologiste** m. (-íçt). Meteorologista.
métèque adj. e s. m. (météc). Meteco.
métho‖de f. (métod). Método, a. ‖**-dique** adj. (-íc). Metódico, ca.
méthyle m. (métíl). Metilo.
méticuleux, euse adj. (mê-ùlâ, âz). Meticuloso, sa; escrupuloso, sa.
métier m. (métié). Mister, ofício. ‖*Tear* [à tisser]. ‖Bastidor [pour broder]. ‖Loc. *De son métier*, de ofício.
mé‖tis, isse adj. e s. (métíç, ça; cariboca (*Br.*), caboclo, cla (*Br.*); cabra, m. (*Br.*), cabrocha (*Br.*), chinoca, f. (*Br. du S.*). ‖**-tisser** vt. (-ê). Mestiçar, cruzar raças.
métrage m. (métraj). Medição (f.) em metros. ‖Metragem, f., comprimento.
mètre m. (métr). Metro.
mé‖tré m. (métré). Medição (f.) em metros. ‖**-treur** m. (-âr). Medidor. ‖**-trique** adj. (-íc). Métrico, ca.

métrite f. (métrít). *pat.* Metrite.
métro m. (métrô). Metropolitano.
métronome m. (métronom). Metrónomo.
métro‖pole f. (métropol). Metrópole. ‖**-politain, aine** adj. e s. m. (-ân, én). Metropolitano, na.
mets m. (mé). Prato, iguaria, f.
me‖ttable adj. (méta-). Usável [vêtement]. ‖**-tteur** m. (-âr). O que põe, colocador. ‖Loc. *Metteur au point*, acabador. *Metteur en pages*, paginador. *Metteur en scène*, encenador.
mettre* vt. (métr). Pôr* [placer] : *mettre un accent*, pôr* um acento. ‖Meter [introduire] : *mettre en boîte*, enlatar. ‖Enfiar, vestir* [robe, habit]. ‖Calçar [chaussures]. ‖Deitar, pôr* [lettre]. ‖*Mettre à jour*, pôr* em dia. *Mettre à l'amende*, multar. *Mettre à la côte*, dar* à costa. *Mettre à la voile*, fazer-se* à vela. *Mettre bas*, parir [animaux] ; depor* [armes] ; despir* [vêtements]. *Mettre dans*, acertar. *Mettre dedans*, lograr (tromper). *Mettre du sien*, pôr* do seu bolso. *Mettre en colère*, irritar. *Mettre en gage*, empenhar. *Mettre en peine*, inquietar, preocupar. *Mettre en évidence*, evidenciar. *Mettre le feu*, deitar fogo. ‖ (se) à vr. pôr -se a.
meu‖blant, ante adj. (mâblā, āt). Que mobíla. ‖**-ble** m. (mâbl). Móvel. ‖**-bler** vt. (-ê). Mobilar.
meugler vi. (mâ-ê). V. BEUGLER.
meu‖lage m. (mâlaj). Desbaste. ‖**-le** f. (mâl). Meda [paille, foin]. ‖Mó [moulin]. ‖Rebolo, m. [aiguiseur]. ‖**-ler** vt. (-ê). Amolar. ‖**-lière** adj. (-iér). Molar [pierre]. ‖ s. f. Pedreira molar.
meu‖nerie f. (mânârí). Moagem. ‖**-nier, ère** m. e f. (-ié, ér). Moleiro, ra.
meur‖tre m. (mârtr). Morte, f., assassínio. ‖**-tri, ie** adj. (-í). Magoado, da. ‖Tocado, da [fruits]. ‖*Fig.* Mortificado, da. ‖**-trier, ère** m. e f. (-ié, ér). Homicida, assassino, na. ‖ adj. Mortal mortífero, ra : *maladie meurtrière*, doença mortal ; *climat meurtrier*, clima mortífero. ‖*Fig.* Perigoso, sa ; destruidor, ora. ‖**-trière** f. (-iér). Seteira. ‖**-trir** vt. (-ír). Magoar, pisar

Itálico : acento tónico. ‖V. página verde para a pronúncia figurada. ‖*Verbo irreg. V. no final do livro.

MEU — MIL

‖ Tocar [fruits]. ‖**-trissure** f. (-ùr). Pisadura [contusion, tache sur les fruits]. ‖ Nódoa negra.
Meuse n. pr. f. (mâz). Mosa, m.
meute f. (mât). Matilha.
mévente f. (mêvãt). Má venda.
mexicain, aine adj. e s. (mékzicàn, én). Mexicano, na.
Mexique n. pr. (mékçik). México.
mi pref. inv. Meio, semi- (em pal. compostas). ‖ Loc. *A la mi-août*, em meados de Agosto. *A mi-chemin*, a meio caminho. *A mi-côte*, a meia encosta. *A mi-corps*, a meio corpo. *La mi-carême*, o meado (m.) da quaresma. *Mi-soie, mi-coton*, metade seda, metade algodão.
miasme m. (miαçm). Miasma.
miau‖lement m. (miô-ã). Miado, mio. ‖**-ler** vi. (-ê). Miar.
mica m. (-a). Mica, f.
miche f. (mix). Pão, m., micha.
Michel n. pr. (-él). Miguel.
micmac m. (micmac). Enredo, intriga, f.
micro m. (-rô). Microfone.
micro‖be m. (-rob). Micróbio. ‖**-bien, enne** adj. (-iàn, én). Microbiano, na.
micron m. (-rô). Micron.
micro‖phone m. (-rofon). Microfone. ‖**-scope** m. (-çcop). Microscópio. ‖**-scopique** adj. (-íc). Microscópico, ca.
midi m. (-i). Meio-dia. ‖ Loc. *Chercher midi à quatorze heures*, inventar trabalhos. *En plein midi*, em pleno dia, no meio do dia, à luz do dia.
midinette f. (-ét). Costureirinha.
mie f. (mi). Miolo, m. [pain]. ‖ *Fam.* Amiga : *m'amie*, minha amiga. ‖ adv. Ant. Não, nem migalha : *je ne le ferai mie*, não o farei, não farei nem migalha.
mi‖el m. (miél). Mel. ‖**-ellé, ée** adj. (-é). Melado, da. ‖**-elleux, euse** adj. (-â, âz). Meloso, sa; melífico, ca.
mien, enne adj. pos. (miên, én). Meu, minha : *un mien parent*, um parente meu. ‖ pron. pos. (com le, la). O meu, a minha : *voilà le mien, eis o meu*.
miette f. (miét). Migalha; bocadinho, m.
mieux adv. (miâ). Melhor. ‖ *Mais* [avec les verbes *vouloir, aimer*] :

j'aime mieux cela, gosto mais disso. s. m. O melhor : *le mieux est de parler*, o melhor é falar. ‖ Loc. *A qui mieux mieux*, à porfia. *Au mieux*, o melhor possível. *Bien mieux*, muito melhor. *De mieux en mieux*, cada vez melhor. *Faire de son mieux*, esmerar-se. *Il vaut mieux*, mais vale é melhor.
miè‖vre adj. (miévr). Alambicado, da; fraco, ca. ‖**-vrerie** f. (-âri). Afectação, fraqueza, fragilidade.
mign‖ard, arde adj. (-nhar, ard). Gracioso, sa; engraçado, da. ‖ *Mimalho*, lha; afectado, da. ‖**-ardise** f. (-íz). Graça, mimo, m. ‖ Denguice, afectação. ‖ *Cravina* [œillet].
mi‖gnon, onne adj. (-nhô, on). Mimoso, sa; delicado, da. ‖ s. m. e f. Queridinho, nha; pequerrucho, cha. ‖ Loc. *Péché mignon*, pecadilho fraqueza, f. ‖**-gnonnette** f. (-onét). Espiguilha [dentelle]. ‖ Cravina [œillet].
migraine f. (-rén). Enxaqueca.
migra‖teur, trice adj. (-ratôr, riç). Migrador, ora. ‖**-tion** f. (-ciô). Migração.
mijaurée f. (-õré). Presumida.
mijoter vt. (-oté). Cozer em lume brando. ‖ *Fig.* Urdir, preparar, tramar.
mil adj. num. Mil [nas datas de 1001 a 1999]. ‖ s. m. Milho miúdo [millet].
Milan n. pr. (-ã). Milão
mi‖lan m. (-ã). Milhano, milhafre. ‖**-lanais, aise** adj. (-ané, éz). Milanês, esa.
mildew (-diù). Míldio.
millaire adj. (-iér). Miliar.
mill‖ice f. (-iç). Milícia. ‖**-cien, enne** adj. (-iàn, én). Miliciano, na.
milieu m. (-iâ). Meio, centro. ‖ Loc. *Au milieu, au bon milieu, en plein milieu*, exactamente ao meio, precisamente no meio. *Au milieu de*, no meio de. *Tenir le milieu*, estar* no meio, distar igualmente.
mili‖taire adj. e s. m. (-ér). Militar. ‖**-tant, ante** adj. (-ã, ãt). Militante. ‖**-tariser** vt. (-ar-é). Militarizar. ‖**-tarisme** (-içm). Militarismo. ‖**-ter** vi. (-é). Militar, combater, lutar.
mille adj. (mil). Mil. ‖ s. m. Mil,

Lettres penchées : accent tonique. ‖ V. page verte pour la prononciation figurée. ‖ *Verbe irrég. V. à la fin du volume.

MIL — MIS 220

milhar. ‖ **Milha**, f. [mesure]. ‖ Loc. *Des mille et des cents*, um ror de, milhentos, as. ‖ *Observ. Mille* adj. num. é invariável. ‖ **- -feuille** f. (-*àí*). Milefólio, m., mil-folhas.
millénaire adj. (-énêr). Milenário, ia.
mille‖-pattes m. (-at). Centopeia, f.; lacraia, f. (*Br du N.*). ‖ **- -pertuis** m. (-értùi). Milfurada, f. ‖ **-pieds** m. (-ié). Escolopendra, f., centopeia, f.; lacraia, f. (*Br. du N.*).
millésime m. (-ézím). Milésimo. ‖ Data, f. (em moedas ou medalhas).
millet m. (*miê*). Milho miúdo.
mil‖liard m. (-*iar*). Bilião. ‖ **-liardaire** m. (-ér). Milionário. ‖ **-lième** adj. (-*iém*). Milésimo, ma. ‖ **-lier** m. (-ié). Milhar. ‖ **-ligramme** m. (-*ram*). Miligrama. ‖ **-limètre** m. (-étr). Milímetro. ‖ **-lion** m. (-*ió*). Milhão. ‖ **-lionième** adj. (-oniém). Milionésimo, ma. ‖ **-lionnaire** adj. e s. (-ér). Milionário, ia.
milord m. (-*or*). Milorde; ricaço.
mi‖me m. (mim). Mimo, momo. ‖ **-mer** vt. (-é). Mimar. ‖ **-mique** adj. e s. (-íc). Mímico, ca.
mimosa m. (-*oza*). Mimosa, f.
minable adj. (-*a-*). Minável. ‖ Miserável, mísero, ra; pobre.
minaret m. (-*aré*). Minarete.
mi‖nauder vi. (-*ôdé*). Trejeitear, requebrar-se. ‖ **-nauderie** f. (-*rí*). Requebro, m., denguice. ‖ **-naudier, ère** adj. e s. (-*ié, ér*). Dengoso, sa; afectado, da; requebrado, da.
min‖ce adj. (*mànç*). Delgado, da. ‖ *Fig. Magro*, gra [médiocre]. ‖ **-ceur** f. (-*ár*). Delgadeza, finura; magreza.
mi‖ne f. (min). Mina [excavation, engin]. ‖ Cara, aspecto, m. [visage]. ‖ Loc. *Faire mine de*, fingir*; parecer. Mine de plomb*, plumbagina. *Ne pas payer de mine*, ter* má cara. ‖ **-ner** vt. (-é). Minar. ‖ **-nerai** m. (-ré). Minério. ‖ **-néral, ale** adj. e s. m. (-éral). Mineral. ‖ **-néralogie** f. (-ojí). Mineralogia.
Minerve n. pr. (-érv). Minerva.
minet, ette m. e f. (-é, ét). *Fam.* Gatinho, nha; bichaninho, nha. ‖ f. Menor [proposition].
miniature f. (-atùr). Miniatura.
minier, ère adj. (-ié, ér). Mineiro, ra.

mini‖ma (à) loc. adv. (-*a*). *Appel à minima*, recurso do ministério público quando acha a pena muito fraca. ‖ **-mum** m. (-*om*). Mínimo.
minis‖tère m. (-çtér). Ministério. ‖ **-tériel, elle** adj. (-*ériél*). Ministerial. ‖ **-tre** m. (-íçtr). Ministro.
minium m. (-*iom*). Mínio.
minois m. (-*ua*). *Fam.* Palmínho de cara, carínha bonita, f.
minorit‖aire adj. (-*or-ér*). Minoritário, ia. ‖ **-é** f. (-é). Menoridade [âge]. ‖ Minoría [assemblée].
Minorque n. pr. (-*orc*). Minorca.
Minotaure n. pr. (-*otôr*). Minotauro.
mino‖terie f. (-otrí). Moagem. ‖ **-tier** m. (-ié). Moageiro.
minuit m. (-*ùi*). Meia-noite, f.
minuscule adj. e s. f. (-*ùçcul*). Minúsculo, la.
mi‖nute f. (-*ùt*). Minuto, m. ‖ Minuta [notaires]. ‖ interj. Devagar! ‖ **-nuterie** f. (-*rí*). Maquinismo (m.) dos minutos e segundos (relógio).
minu‖tie f. (-*ùci*). Minúcia. ‖ **-tleux, euse** adj. (-*iâ, âz*). Minucioso, sa.
mioche m. (*míox*). *Fam.* Miúdo.
mirabelle f. (mirabél). Ameixa amarela.
mira‖cle m. (-*ra-*). Milagre. ‖ **-culeux, euse** adj. (-*ùlâ, âz*). Milagroso, sa; miraculoso, sa.
mi‖rage m. (-*raj*). Miragem, f. ‖ **-re** f. (mir). Mira. ‖ **-rer** vt. (-é). Mirar. ‖ **-rette** f. (-ét). Raspador, m. (de pedreiro, etc.). ‖ **-rifique** adj. (-r-íc). Mirífico, ca.
miriflore m. (-r-or). *Fam.* Janota.
mirliton m. (-*r-ô*). Flauta de cana, f.
mirobolant, ante adj. (-robolã, ãt). Mirabolante; maravilhoso, sa.
miroi‖r m. (-ruar). Espelho. ‖ - *ardent* - adj. (-ardã). Espelho ustório. ‖ *Œufs au miroir*, ovos estrelados. ‖ **-tement** m. (-ã). Cintilação, f. ‖ **-ter** vi. (-é). Cintilar. ‖ **-tier** m. (-ié). Espelheiro.
miroton m. (-*rotô*). Roupa velha, f. (guisado de carne cozida com cebolas).
mis, ise adj. (m, iz). Posto, ta. ‖ Metído, da [introduit]. V. METTRE.
misaine f. (-én). Traquete, m. (náut.).

Itálico : acento tónico. ‖ V. página verde para a pronúncia figurada. ‖ *Verbo irreg. V. no final do livro.

misanthro‖pe adj. (-ātrop). Misantropo. ‖**-pie** f. (-i). Misantropia.
miscellanée f. (micélané). Miscelânea.
mi‖se f. (miz). Entrada [jeu]. ‖Lanço, m. [enchère]. ‖Capital, m. ‖Trajo, m., modo de vestir*. ‖Loc. *Être de mise*, ser* próprio, ter* aceitação. *Mise à jour*, revisão. *Mise à pied*, suspensão, demissão. *Mise à la retraite*, aposentação. *Mise au point*, afinação, regulação, preparação. *Mise en demeure*, mandado compulsório, m. *Mise en disponibilité*, passagem à disponibilidade. *Mise en liberté*, libertação, absolvição. *Mise en œuvre*, iniciação, princípio (m.) de realização. *Mise en pages*, paginação. *Mise en scène*, encenação. *Mise en valeur*, exploração. *Mise en vente*, venda. ‖**-ser** vt. (-é). Apostar; lançar (leilão).
mi‖sérable adj. (-êra-). Miserável. ‖**-sère** f. (-ér). Miséria. ‖*Crier -*, loc. (criê-). Queixar-se. ‖**-séréré** m. (-êrêré). Miserere. ‖**-séreux, euse** adj. (-â, âz). Pobre. ‖**-séricorde** f. (-ord). Misericórdia. ‖**-séricordieux, euse** adj. (-iâ, âz). Misericordioso, sa; compassivo, va.
misonéisme m. (-onêiçm). Misoneísmo.
missel m. (-él). Missal.
mis‖sion f. (-iõ). Missão. ‖**-sionnaire** m. (-onér). Missionário. ‖**-sive** f. (-iv). Missiva, carta.
mistral m. (-çtral). Mistral.
mitaine f. (-én). Mitene, meia-luva.
mitan m. (-ã). Ant. Meio, centro.
mite f. Traça (insecto).
miteux, euse adj. (-â, âz). *Fam.* Mísero, ra; miserável, mesquinho, nha.
Mithridate n. pr. (-r-at). Mitridates.
mitiger vt. (-jé). Mitigar.
mi‖ton m. (-õ). Manguito, *manga curta*, f. (-tone). ‖**-tonner** vt. (-oné). Ferver em lume brando no molho.
mitoyen, enne adj. (-uaiàn, én). Meeiro, ra; mediano, na; médio, ia.
mitrail‖le f. (-rai). Metralha. ‖**-ler** vt. (-ié). Metralhar. ‖**-leur, euse** m. e f. (-iâr, âz). Metralhador, ora.

mi‖tre f. (mitr). Mitra. ‖**-tron** m. (-õ). *Pop.* Moço de padeiro.
mixte adj. (mikçt). Misto, ta. ‖**-ture** f. (-ùr). Mistura; mistela.
mnémotechnie f. (-êmotécni). Mnemotecnia.
mobi‖le adj. (mobíl). Móvel. ‖m. Móbil [cause]. ‖**-lier, ère** adj. (-ié, ér). Mobiliário, ia. ‖s. m. Mobília, f. ‖**-lisation** f. (-aciõ). Mobilização. ‖**-liser** vt. (-é). Mobilizar. ‖**-lité** f. (-é). Mobilidade.
moche adj. (mox). *Pop.* Feio, ia.
modalité f. (moda-é). Modalidade.
mode m. (mod). Modo. ‖f. Moda. ‖Loc. *A la mode de Bretagne*, segundo, da (adj.) [oncles, neveux, etc.]
mod‖elage m. (mo-aj). Modelação, f. ‖**-èle** m. (-él). Modelo. ‖**-eler** vt. (-é). Modelar. ‖**-eleur** m. (-ár). Modelador, escultor de estatuetas. ‖**-elliste** m. (-élíçt). Desenhador de modelos.
modé‖ration f. (modêraciõ). Moderação. ‖**-ré, ée** adj. (-é). Moderado, da. ‖**-rer** vt. (-é). Moderar.
moder‖ne adj. (modérn). Moderno, na. ‖**-niser** vt. (-é). Modernizar. ‖**-nisme** m. (-içm). Modernismo.
modes‖te adj. (modéçt). Modesto, ta. ‖**-tie** f. (-i). Modéstia.
modicité f. (mo-é). Modicidade.
modi‖fication f. (mo-aciõ). Modificação. ‖**-fier** vt. (-ié). Modificar.
modique adj. (modic). Módico, ca.
modiste f. (modíçt). Modista de chapéus.
mo‖dulation f. (modùlaciõ). Modulação. ‖**-dule** m. (-ùl). Módulo. ‖**-duler** vt. (-é). Modular, articular.
moe‖lle f. (mual). Medula. ‖*Tutano*, m. [d'os de boucherie]. ‖*Fig.* Íntimo, m., âmago, m. [substance]. ‖Loc. *Moelle épinière*, espinal medula. *Moelle allongée*, bolbo raquidiano, m. ‖**-lleux, euse** adj. (-â, âz). Meduloso, sa. ‖*Fig.* Macio, ia [doux]. ‖Pastoso, sa [peinture]. ‖m. Maciêza, f. [douceur]. ‖Pastosidade, f. [peinture]. ‖**-llon** m. (-õ). Pedra (f.) de alvenaria.
mœurs f. pl. (mâr ou mârç). Costumes, m. pl., usos, m. pl., hábitos, m. pl.
mofette f. (mofét). Mofeta.
mohair m. (moér). Pêlo de cabra.

Lettres penchées : accent tonique. ‖V. page verte pour la prononciation figurée. ‖*Verbe irrég. V. à la fin du volume.

moi pron. pers. (mua). *Eu* [sujet] : *moi, qui vous le dis, eu* que lhe digo; *c'est moi*, sou *eu*. ‖Mim [complément] : *de vous à moi*, de você a mim : *par moi-même*, por mim próprio. ‖*A moi*, loc. (a mua). *Meu, minha, meus, minhas* [possessif] : *ce livre est à moi*, este livro é *meu*; *des amis à moi*, amigos *meus*. *Chez moi*, em minha casa, em *casa*.

moignon m. (muanhõ). Coto (membro).

moindre adj. (muàndr). Menor.

moi‖**ne** m. (muan). Monge, frade [religieux]. ‖Escalfeta, f. [de lit]. ‖-**neau** m. (-nó). Pardal.

moins‖ adv. (muàn). Menos. ‖s. m. Menos [tiret]. ‖Loc. *Au moins*, ao menos. *Du moins*, pelo menos. *Le moins*, o menos [avant le nom] : *le moins savant de tous*, o menos sábio de todos [ou avant un verbe]; *le moins que je ferai*, o menos que farei. Menos [après un nom, un verbe] : *l'homme le moins savant*, o homem menos sábio : *ce que j'aime le moins*, aquilo de que gosto menos. *Pas le moins du monde*, de modo nenhum. *Pour le moins*, pelo menos. *Tout au moins*, pelo menos. ‖-**perçu** m. (-érçù). Quantia (f.) não recebida. ‖-**value** f. (-alù). Desvalorização, diminuição de valor.

moi‖**re** f. (muar). Catassol, m., tecido ondeado, m. ‖-**ré** m. (-ré). Brilho ondeado. ‖-**rer** vt. (-é). Ondear.

mois m. (mua). Mês.

Moise n. pr. (moiz). Moisés.

moi‖**si, ie** adj. (muazí). Bolorento, ta. ‖s. m. Mofo. ‖-**sir** vt. e vi. (-ír). Embolorecer. ‖*Fig*. Criar bolor. ‖-**sissure** f. (-ùr). Bolor, m., mofo, m.

mois‖**son** f. (muaçõ). Ceifa; colheita. ‖-**sonner** vt. (-oné). Ceifar [faucher]. ‖Colher [récolter]. ‖-**sonneur, euse** m. e f. (-ár, âz). Ceifeiro, ra.

moi‖**te** adj. (muat). Húmido, da. ‖-**teur** f. (-ár). Humidade; transpiração.

moitié f. (muatié). Metade. ‖*Fam*. Cara metade [femme]. ‖Loc. *A moitié, meio*; *a meias*; *a meio de*. *De*

moitié, duas vezes; *outro tanto*; a meias.

moi adj. m. (mua). V. MOU.

molaire adj. e s. f. (molér). Molar.

moldave adj. (mo-av). Moldavo, va.

môle m. (môl). Molhe [port]. ‖*Med*. Mola.

molé‖**culaire** adj. (molècùlér). Molecular. ‖-**cule** f. (-ùl). Molécula.

molène f. (molén). Verbasco, m.

molester vt. (molécté). Molestar.

molette f. (molét). Moleta. ‖Roseta [éperon].

mollasse adj. (molaç). Balofo, fa.

mol‖**lesse** f. (moléç). Moleza. ‖Indolência, apatia. ‖Languidez, voluptuosidade. ‖-**let, ette** adj. (-é, ét). Macio, ia. ‖Molete [pain]. ‖Escalfado [œuf]. ‖s. m. Barriga (f.) da perna [jambe]. ‖-**letière** f. (-iér). Polaina, greva. ‖-**leton** m. (-õ). Moletão. ‖-**lir** vi. (-ír). Abrandar. ‖Afrouxar [vent, câble]. ‖-**lusque** m. (-ùçk). Molusco.

molosse s. m. (moloç). Molosso.

Moluques n. pr. (molùc). Molucas.

môme s. m. *Pop*. Criancinha, f.

moment‖ m. (momá). Momento. ‖Loc. *Au moment de*, no momento de. *Du moment que*, desde que, visto que. ‖-**ané, ée** adj. (-ané). Momentâneo, ea.

mômerie f. (mômrí). Momice.

mo‖**mie** f. (momí). Múmia. ‖-**mifier** vt. (-ié). Mumificar.

mon, ma, mes adj. pos. (mõ, ma, mê). *O meu, a minha, os meus, as minhas* : *un de mes amis*, um dos meus amigos. ‖*Observ*. Usa-se em fr. *mon* em vez de *ma* antes dum fem. que começe por vogal ou *h* mudo : *mon amie, mon heure*.

monacal, ale adj. (monacal). Monacal.

mo‖**narchie** f. (monarxí). Monarquia. ‖-**narchique** adj. (-íc). Monárquico, ca. ‖-**narque** m. (-arc). Monarca.

monas‖**tère** m. (monaçtér). Mosteiro. ‖-**tique** adj. (-íc). Monástico, ca.

monazite f. (monazít). Monazite.

monceau m. (mõçó). Amontoado.

mon‖**dain, aine** adj. (mõdàn, én). Mundano, na. ‖-**de** m. (mõd). Mundo. ‖Loc. *Beau monde*, alta

---

Itálico : acento tónico. ‖V. página verde para a pronúncia figurada. ‖*Verbo irreg. V. no final do livro.

sociedade. *Tout le monde*, toda a gente; todo o mundo (*Br.*)
monder vt. (mõdé). Mondar.
mondial, ale adj. (mõdi*a*l). Mundial.
monétaire adj. (monêtér). Monetário, ia.
mongol, ole adj. (mõgol). Mongol.
moniteur m. (mo-âr). Monitor.
mo‖nnaie f. (moné). Moeda. ‖*Troco*, m., demasia [ce que l'on rend]. ‖*Trocos*, m. pl., miúdos, m. pl. [petite monnaie]. ‖Loc. *Battre monnaie*, cunh*a*r moeda. ‖*Fig.* Arranjar dinheiro. *Donner à quelqu'un la monnaie de sa pièce*, pagar a alguém na mesma moeda. *Fausse monnaie*, moeda falsa. *Payer en monnaie de singe*, escarnecer do credor. ‖**-nnayer** vt. (-éié). Amoedar. ‖**-nnayeur** m. (-i*ã*r). Moedeiro. ‖Loc. *Faux* - (fô-), moedeiro falso.
mono‖bloc adj. (mono-oc). Inteiriço, ça. ‖**-chrome** adj. (-crom). Monocrómico, ca. ‖**-cle** m. (-o-). Monóculo. ‖**-coque** m. (-oc). Monococo. ‖**-gramme** m. (-r*a*m). Monogr*a*ma. ‖**-graphie** f. (-fí). Monografia. ‖**-lithe** m. (-it). Monólito. ‖**-logue** m. (-og). Monólogo. ‖**-mane** m. (-*a*n). Monomaníaco. ‖**-manie** f. (-aní). Monom*a*nia.
monôme m. (monôm). Monómio. ‖Bicha (f.) de estudantes de mãos dadas.
mono‖plan m. (mono-*ã*). Monoplano. ‖**-pole** m. (-ol). Monopólio. ‖**-poliser** vt. (-ê). Monopolizar. ‖**-syllabe** adj. e s. m. (-ab). Monossílabo, ba. ‖**-théisme** m. (-êism). Monoteísmo. ‖**-tone** adj. (-on). Monótono, na. ‖**-tonie** f. (-í). Monotonía. ‖**-type** adj. e s. m. (-ip). Monótipo. ‖**-valent, ente** adj. (-alã, t). Monovalente.
monseigneur m. (mõcênh*ã*r). Monsenhor. ‖*Observ.* Faz no pl. fr. : *messeigneurs* ou *nosseigneurs*, em port. : monsenhores.
monsieur m. (mâci*â*). Senhor, cavalheiro. ‖O senhor (tratamento empregue pelos criados): *si monsieur veut m'écouter*, se o senhor quer ouvir-me. ‖Loc. *Faire le monsieur*, dar-se* ares. *Gros monsieur*, figurão; ricaço. *Monsieur de*, senhor Dom. *Un vilain monsieur*, indivíduo

pouco recomendável. ‖*Observ.* O pl. é *messieurs* (méciâ).
mons‖tre m. (mõçtr). Monstro. ‖**-trueux, euse** adj. (-u*ã*, *â*z). Monstruoso, sa. ‖**-truosité** f. (-o-é). Monstruosidade.
mont m. (mõ). Monte. ‖Loc. *Monts et merveilles*, mundos e fundos. *Par monts et par vaux*, de todos os lados.
montage m. (mõt*a*j). Subida, f. [ascension]. ‖Montagem, f. [machine].
mon‖tagnard, arde adj. e s. (mõtanh*a*r, *a*rd). Montanhês, esa; serrano, na. ‖**-agne** f. (-anh). Montanha, serra. ‖**-tagneux, euse** adj. (-anh*ã*, *â*z). Montanhoso, sa; acidentado, da.
montant, ante adj. (mõt*ã*, *ã*t). Ascendente, que sobe. ‖*Enchente* [marée]. ‖*Fechado, da* [robe]. ‖s. m. Prumo, montante [pilier]. ‖Quantia, f., importância, f., total.
mont-de-piété m. (mõ-dêê). Casa (f.) de penhores, prego (fam.).
mon‖te f. (mõt). Montada (acção). ‖**-te-charge** m. (-*a*rj). Monta-cargas. ‖**-téef.** (-ê). Subida. ‖**-te-plats** m. (-*a*). Monta-pratos. ‖**-ter** vt. (-ê). Subir*. ‖Montar [à cheval, etc.; uma machine, una affaire]. ‖Engastar [pierre précieuse]. ‖Sint. *Monter sur*, montar em, subir* a. *Monter le coup,* enganar. ‖**-teur** m. (-*â*r). Montador.
montgolfière f. (mõgo-iér). Balão, m., aeróstato, m.
monticule m. (mõ-*ù*l). Montículo; coxilha, f. (*Br. du S.*)
montoir m. (mõtu*a*r). Apeadeira, f.
mon‖tre f. (mõtr). Escaparate, m. [vitrine]. ‖Relógio, m. [de poche]. *Montre-bracelet*, relógio m. de pulso. ‖Loc. *Faire montre de*, dar* mostras de. ‖**-trer** vt. (-ê). Mostrar. ‖Apontar, indic*a*r. ‖**-treur, euse** m. e f. Mostrador, ora; exibidor, ora.
monture f. (mõt*ù*r). Montada [animal]. ‖Engaste, m. [pierre]. ‖Montagem, armação [machine].
monu‖ment m. (monùmê). Monumento. ‖**-mental, ale** adj. (-*a*l). Monumental.
mo‖quer (se) vr. (-oké). Troçar. ‖**-querie** f. (-rí). Troça, escárnio, m.
moquette f. (mokét). Moqueta [tissu].

Lettres penchées : accent tonique. ‖V. page verte pour la prononciation figurée. ‖*Verbe irrég. V. à la fin du volume.

MOQ — MOT 224

moqueur, euse adj. e s. (mocâr, ôz). Trocista, escarnecedor, ora.
moraine f. (morén). Moreia.
mora‖l, **ale** adj. e s. f. (moral). Moral. ‖ m. Moral, ânimo. ‖**-liser** vt. (-é). Moralizar. ‖**-liste** m. (-ict). Moralista. ‖**-lité** f. (-é). Moralidade.
mora‖**toire** adj. (moratuar). Moratório, ia. ‖**-torium** m. (-oríom). Moratória, f.
morave adj. (morav). Morávio, ia.
morbi‖**de** adj. (morbíd). Mórbido, da. ‖**-desse** f. (-éç). Morbidez. ‖**-dité** f. (-é). Morbidade, morbosidade.
morbleu! interj. (mor-â). Irra!
mor‖**ceau** m. (morçô). Pedaço, bocado. ‖ Trecho [littéraire, musical]. ‖ Morceau friand, acepipe; quitute (Br.). ‖**-celer** vt. (-ãlé). Fragmentar.
mor‖**dant, ante** adj. (mordã, ãt). Mordente [qui mord]. ‖ Fig. Mordaz, 2 g. ‖ s. m. Mordente. ‖ Fig. Mordacidade. ‖**-dicus** adv. (-ùç). Com firmeza.
mor‖**dienne** interj. (mordién) **-dieu!** interj. (-id). V. MORBLEU!
mordiller vt. (mordiié). Mordiscar.
mordoré, ée adj. (mordoré). Castanho, a com reflexos dourados.
mordre vt. (mordr). Morder; roer*.
mo‖**reau, elle** adj. (moró). Negro, a. ‖**-relle** f. (-él). Erva-moira.
moresque adj. (moréçk). Mourisco, ca.
morfil m. (morfíl). Dente de elefante (em bruto). ‖ Partícula (f.) de aço.
morfondre vt. (morfôdr). Transir. ‖ (se) vr. Enregelar. ‖ Fartar-se de esperar, aborrecer-se à espera.
morganatique adj. (morganatíc). Morganático, ca.
morgue f. (morg). Sobrancería. ‖ Necrotério, m.
moribond, onde adj. (mor-ô, ôd). Moribundo, da.
moricaud, aude adj. e s. (mor-ô, ôd). Trigueiro, ra; escuro, ra; moreno, na.
morigéner vt. (mor-ênê). Repreender.
morille f. (moriíã). Morchela.
morion m. (morió). Morrião.
mormon, onne adj. e s. (mormô, on). Mórmone, mormonista.
morne adj. (morn). Sombrio, ia,

triste. ‖ f. Morro, m., cabeço, m., colina, f.
morose adj. (morôz). Tristonho, nha; carrancudo, da; jururu (Br.).
Morphée n. pr. (morfê). Morfeu.
morphine f. (morfín). Morfina.
mors m. (mor). Freio [cheval]. ‖ Loc. Prendre le mors aux dents, encolerizar-se. Ronger le mors, tascar.
morse m. (morç). Morsa, f.
morsure f. (morçùr). Mordedura.
mort f. (mor). Morte, falecimento, m. ‖ Loc. A mort, de morte. Mort-aux-rats, mata-ratos, m., veneno, m.
mort, orte adj. e s. (mor, ort). Morto, ta. ‖ Seco, ca [bois, feuille]. ‖ Loc. Eau morte, água estagnada, parada.
mortadelle f. (mortadél). Mortadela.
morta‖**ise** f. (mortéz). Mortagem. ‖**-iser** vt. (-é). Escatelar, entalhar.
mor‖**talité** f. (morta-é). Mortalidade. ‖**-tel, elle** adj. (-él). Mortal. ‖**-te-saison** f. (-ézô). Tempo morto, m.
mortier m. (mortié). Argamassa, f. [maçonnerie]. ‖ Morteiro (art.). ‖ Almofariz [vase]. ‖ Barrete [juge].
morti‖**fère** adj. (mor-ér). Mortífero, ra. ‖**-fication** f. (-acio). Mortificação. ‖**-fier** vt. (-ié). Mortificar; atormentar; humilhar; afligir*.
mort-né, ée adj. (morné). Nado-morto, ta.
mortuaire adj. (mortùér). Mortuário, ia.
moru‖**e** f. (morù). Bacalhau, m. ‖**-tier** m. (-ié). Bacalhoeiro.
mor‖**ve** f. (morv). Mormo, m. [animaux]. ‖ Mônco, m., ranho, m. [humeur]. ‖**-veux, euse** adj. e s. (-â, âz). Ranhoso, sa; garoto, ta. ‖ Mormoso, sa [animaux].
mosaïque adj. (mozaíc). Mosaico, ca. ‖ s. f. Mosaico, m., ladrilho, m.
Moscou n. pr. (moçcô). Moscovo.
moscouade f. (moçcuad). Açúcar (m.) mascavado.
moscovite adj. (moçcovit). Moscovita.
mosquée f. (moçkê). Mesquita.
mot m. (mô). Palavra, f. ‖ Mote [poésie]. ‖ Bilhete. ‖ Mots croisés, palavras cruzadas, f. ‖ Loc. Au bas mot, por baixo preço. Gros mot,

---

Itálico: acento tônico. ‖ V. página verde para a pronúncia figurada. ‖ *Verbo irreg. V. no final do livro.

palavrão. *Mot d'ordre* ou *de ralliement*, santo-e-senha. *Mot pour rire*, graça, f. *Ne souffler mot*, não abrir bico. *Prendre au mot*, pegar na palavra. *Se donner le mot*, entender-se, estar* de acordo.
mo‖teur, trice adj. e s. (motàr, riç). Motor, triz. ‖-tif m. (-tíf). Motivo. ‖-tion f. (-ció). Moção. ‖-tiver vt. (-é). Motivar, justificar.
moto f. (motó). Moto.
motoculture f. (motocù-ùr). Motocultura.
moto‖cycle m. (motocí-). Motociclo. ‖-cyclette f. (-ét). Motocicleta, mota, moto.
motoriser vt. (motor-é). Motorizar.
motte f. (mot). Torrão, m. (de terra).
motus interj. (motùç). *Fam.* Caluda!
mou, molle adj. (mu, mol). Mole. ‖ *Fig.* Fraco, ca; mole, débil.
mouchar‖d m. (muxar). Bufo, esbirro. ‖-der vt. e vi. (-é). Espiar.
mouche f. (mux). Mosca. ‖ Sinal postiço, m. [ornement]. ‖ Loc. *Faire mouche*, acertar no alvo. *Fine mouche*, espertalhão, m. *Mouche à miel*, abelha. *Pattes de mouche*, garatujas. *Prendre la mouche*, zangar-se, estar* com a mosca, arrebatar-se.
moucher vt. (muxé). Assoar [le nez]. ‖ Espevitar [chandelle]. ‖ *Pop.* Castigar.
moucheron m. (muxró). Mosquito.
mou‖cheter vt. (muxté). Mosquear. ‖-cheture f. (-ùr). Mosqueado, m. ‖-chettes f. pl. (-ét). Espevitador, m. sing. ‖-choir m. (-uar). Lenço.
moudre* vt. (mudr). Moer*.
moue f. (mu). Beicinho, m., beiça.
mouette f. (muét). Gaivota.
mou‖fle f. (mu-). Luva (só com o dedo polegar) [gant]. ‖ Cadernal, m. [poulie]. ‖ m. Mufla, f. [four]. ‖-flon m. (-ó). Argali, carneiro montês.
moui‖llage m. (muiàj). Ancoradouro [lieu]; ancoragem, f. [action]. ‖ Adição de água, f. ‖-llé adj. (-é). Molhado, encharcado. ‖-ller vt. (-ié). Molhar. ‖ Aguar [étendre d'eau]. Fundear [mar.]. ‖ Pronunciar *ll* como *i*. ‖-llette f. (-iét). Fatia de pão que se molha nos ovos quentes. ‖-llure f. (-iùr). Molhadela.

moujik m. (mujic). Mujique [paysan russe].
moulage m. (mulaj). Moldagem, f.
moul‖e m. (mul). Molde. ‖ f. Mexilhão [mollusque]. ‖-é, ée adj. (-é). Moldado, da. ‖ De forma [lettre]. ‖-er vt. (-é). Moldar [dans un moule]. ‖ (se) vr. *Fig.* Regular-se, tomar por modelo.
mou‖lin m. (mulàn). Moinho. ‖-liner vt. (-é). Dobar e torcer [soie]. ‖-linet m. (-é). Molinete, sarilho.
moult adv. (mu). *Ant.* Muito.
moulu, ue adj. (mulù). Moído, da.
moulure f. (mulùr). Moldura (arq.).
mou‖rant, ante adj. e s. (muràñ, àt). Moribundo, da. ‖-rir* vi. (-ír). Morrer, falecer, expirar; acabar.
mouron m. (muró). Morrião (bot.).
mous‖quet m. (mucké). Mosquete. ‖-quetaire m. (-âter). Mosqueteiro. ‖-queterie f. (-âri). Mosquetaria. ‖-queton m. (-ó). Mosquetão.
mousse m. (muç) Grumete [marine]. ‖ f. Musgo, m. [plante]. ‖ Espuma [adj. Rombo, ba; embotado, da.
mousseline f. (mu-ín). Musselina.
mous‖ser vi. (ucé). Espumar. ‖-seron m. (-ó). Tricoloma de S. Jorge. ‖-seux, euse adj. (-â, âz). Espumoso, sa [liquide]. ‖ Musgoso, sa [moussu].
mousta‖che f. (muçtax). Bigode, m. ‖-chu, ue adj. (-ù). De bigodes.
mous‖tiquaire m. (muç-kér). Mosquiteiro. ‖-tique m. (-íc). Mosquito.
moût m. (mu). Mosto.
moutar‖d m. (mutar). *Pop.* Rapazinho. ‖-de f. (-ard). Mostarda. ‖-dier m. (-ié). Mostardeira, f.
mouton m. (mutó). Carneiro. ‖ *Fig.* Cordeiro [homme doux]. ‖ Macaco de bate-estacas [machine]. ‖-ner vi. (-oné). Frisar. ‖ Encapelar-se [mer]. ‖ Encarneirar [ciel]. ‖-neux, euse adj.(-â, âz). Encarneirado, da [mer, ciel]. ‖-nier, ère adj. (-ié, ér). Ovelhum, do carneiro.
mouture f. (mutùr). Moedura, moenda.
mou‖vant, ante adj (muvà, àt). Movente [qui meut]. ‖ Movediço, ça [qui se meut]. ‖-vement m. (-á). Movimento. ‖-vementé, ée adj. (-é).

Lettres penchées: accent tonique. ‖V. page verte pour la prononciation figurée. ‖*Verbe irrég. V. à la fin du volume.

Movimentado, da. ‖**-voir*** vt. (-uar). Mover.
moyen, enne adj. (muaíàn, én). Médio, ia. ‖ s. m. Meio. ‖ f. Média : en moyenne, em média. ‖**-yenágeux, euse** adj. (-énajé, âz). Fam. Medieval. ‖**-yennant** prep. (-ã). Mediante, por meio de.
moyeu m. (muaiá). Cubo (de roda).
mucilage m. (mù-aj). Mucilagem, f.
mu‖cosité f. (mùco-é). Mucosidade. ‖**-cus** m. (-ùç). Muco, mucosidade, f.
mu‖le f. (mù) Muda. ‖**-e** Capoeira [cage]. ‖**-er** vt. (-é). Mudar, estar* na muda.
muet, ette adj. (mùé, ét). Mudo, da. ‖ f. Pavilhão de caça; cama de lebre.
muezzin m. (mùèzàn). Almuadem.
mu‖fle m. (mùfl). Focinho. ‖**Pop.** Grosseirão. ‖**-flerie** f. (-ârí). Grosseria. ‖**-flier** m. (-ié). Antirríno.
mu‖gir vi. (mùjír). Mugir. ‖**-gissant, ante** adj. (-â, ât). Mugidor, ora. ‖**-gissement** m. (-â). Mugido.
muguet m. (mùghé). Junquilho, lírio convale [fleur] ‖ Sapinhos, m. pl. [maladie]. ‖Peralta, peravílho [élégant].
muid m. (mùi). Moio; tonel de 1 moío.
mulâtre, esse m. e f. (mùlatr, éç). Mulato, ta; cafuso, sa (Br.).
mu‖le f. (mùl). Mula [animal]. ‖Chinela [pantoufle]. ‖**-let** m. (-é). Macho. ‖ **Mujem** [poisson]. ‖**-letier** m. (-ié). Almocreve. ‖**-lot** m. (-ô). Arganaz.
multi‖colore adj. (mù-olor). Multicolor. ‖**-ple** adj. (-i-). Múltiplo, a. ‖**-plicande** m. (-âd). Multiplicando. ‖**-plicateur** m. (-atâr). Multiplicador. ‖**-plication** f. (-ciô). Multiplicação. ‖**-plier** vt. (-ié). Multiplicar. ‖**-tude** f. (-ùd). Multidão.
muni‖cipal, ale adj. (mù-al). Municipal. ‖**-cipalité** f. (-ê). Municipalidade. ‖**-ficence** f. (-âç). Munificência, generosidade.
mu‖nir vt. (mùnír) Munir, prover*. ‖**-nition** f. (-ciô). Munição.
muqueux, euse adj. (mùkâ, âz). Mucoso, sa. ‖ s. f. Mucosa.
mur m. (mùr). Muro [de ville, de ferme]. ‖Parede, f. [d'un bâtiment]. ‖Loc. Gros mur, parede mestra, f

Mur mitoyen, parede meia, f. Mur orbe, parede cega.
mûr, ûre adj. (mùr). Maduro, ra.
mur‖aille f. (mùraí). Muralha, parede. ‖**-al, ale** adj. (-al). Mural.
mûre f. (mùr). Amora.
murer vt. (mùré). Murar [clore]. ‖ Entaipar, emparedar [boucher].
mûrier m. (mùrié). Amoreira, f.
mûrir vt. e vi. (mùrír). Amadurecer, sazonar.
mur‖murateur m. (mùrmùratôr). Murmurador. ‖**-mure** m. (-ùr). Murmúrio. ‖**-murer** vt. (-é). Murmurar.
musaraigne f. (mùzarénh). Musaranho, m.
mu‖sard, arde adj. (mùzar, ard). Fam. Distraído, da. ‖**-sarder** vi. (-é). Distraír-se*, perder* o tempo.
mus‖c m. (mùçc). Almíscar. ‖**-cade** f. (-ad). Moscada, noz moscada. ‖**-cadin** m. (-àn). Peralvilho. ‖**-cat** m. Moscatel (uva), f.
mus‖cle m. (mùç-). Músculo. ‖**-clé, ée** adj. (-ùlér). Musculoso, da. ‖**-culaire** adj. (-ùlér). Muscular. ‖**-culeux, euse** adj. (-â, âz). Musculoso, sa.
muse f. (mùz). Musa.
museau m. (mùzô). Focinho.
musée m. (mùzé). Museu.
muse‖ler vt. (mù-é). Açaimar. ‖**Fig.** e fam. Amordaçar [faire taire]. ‖**-lière** f. (-iér). Açaimo, m., açamo, m.
muser vi. (mùzé). Divagar.
musette f. (mùzét). Gaita de foles [instrument]. ‖ Bornal, m., saca, sacola.
muséum m. (mùzêom). Museu (de história natural).
mus‖ical, ale adj. (mù-al). Musical. ‖**-icien, enne** m. e f. (-iàn, én). Músico, m., musicóloga, f. ‖**-ique** f. (-ic). Música.
musquer vt. (mùçké). Almiscarar.
musulman, ane adj. e s. (mùzù-â, an). Muçulmano, na; islamita.
mutation f. (mùtaciô). Mutação.
muti‖lation f. (mù-aciô). Mutilação. ‖**-ler** vt. (-é). Mutilar, amputar.
muti‖n, ine adj. e s. (mùtàn, in). Rebelde. ‖**Fig.** Vivaço, ça [éveillé]. ‖**-ner** vt. (-é). Amotinar. ‖**-nerie** f. (-rí). Revolta [soulèvement]. ‖**Fig.** Teimosia, perrice; esperteza.
mu‖tisme m. (mùtiçm). Mutísmo.

Itálico : acento tónico. ‖V. página verde para a pronúncia figurada. ‖***Verbo irreg. V. no final do livro.

‖**-tlté** f. (-*é*). Mut*ismo*, m., mud*ez*.
mu‖**tualiste** m. (mùtùaliçt). Mutua*lísta*. ‖**-tuel**, elle adj. (-él). M*útuo*, ua ; recíproco, ca.
myocarde adj. m. (-ocard). Miocárd*io*.
myo‖**pe** adj. e s. (mi*op*). Mí*ope*. ‖**-pie** f. (-í). Miop*ía*.
myosotis m. (miozotiç). Miosót*is*, f.
my‖**riade** f. (-ri*ad*). Miríade. ‖**-riamètre** m. (-étr). Mirî*á*metro. ‖**-riapode** m. (-*od*). Miriápode.
myrrhe f. (mir). Mirra.

myrte m. (mirt). Mírto, murta, f.
mys‖**tère** n. (miçtér). Mistério. ‖**-térieux**, euse adj. (-êri*á*, *áz*). Mister*ioso*, sa. ‖**-ticisme** m. (-*içm*). Misticismo. ‖**-tification** f. (-aci*ô*). Mistifica*ção* ‖**-tifier** vt. (-*ié*). Mistific*ar*. ‖**-tique** adj. e s. (-*ic*). Místico, ca. ‖ f Mística.
my‖**the** m. (mit). Mi*to*. ‖**-thologie** f. (-*oloji*). Mitolog*ia*. ‖**-thomane** m. e f. (-*an*). Mitómano, na.
myxomatose f. (-kçomatóz). Mixomat*ose*.

N

nabab m. (nab*ab*). Nab*abo* [titre].
nabot, ote adj. e s. (nab*ô*, *ot*). Pitor*ra*, atarracado, da; an*ão*, an*ã*.
Nabuchodonosor n. pr. (nabùcodonozor). Nabucodonosor.
nacarat adj. inv. (nacara). Nacar*ado*, da. ‖ s. m. Cor (f.) de nácar carmi*m*.
nacelle f. (nacél). Barqu*inha* [ballon]. ‖Bote, m., escal*er*, m., lancha.
na‖**cre** f. (nacr). Nácar, m. ‖**-crer** vt. (-*é*). Nacar*ar*.
naevus m. (névùç). N*evo*.
na‖**ge** f. (naj). Nad*o*, m. ‖Voga [rameurs]. ‖Loc. A la **nage**, a nad*o*. En *nage*, a su*ar* em bica. ‖**-geoire** f. (-*juar*). Barbatana. ‖**-ger** vi. (-*é*). Nad*ar*. ‖**-geur**, euse m. e f. (-*âr*, *âz*). Nadador, ora; remador, ora.
naguère adv. (naghér). H*á pouco*.
naïade f. (na*iad*). N*áiade*.
naïf, ïve adj. (naïf, *ív*). Ingénuo, ua.
nain, aine adj. e s. (nàn, én). An*ão*, an*ã*.
naiss‖**ain** m. (nèçan). Ostras (f. pl.) ou mexilh*ões* (m. pl.) novos. ‖**-ance** f. (-*áç*). Nasci*mento*, m., nas*cença*. ‖*Prendre* **naissance**, prov*ir**.
naître* vi. (nétr). Nas*cer*.
naïveté f. (nai-t*é*). Ingenui*dade*.
nanan m. (nan*á*). Gulos*eima*, f. [mot enfantin]. ‖*Fig*. Preciosidade, f., delí*cia*, f
nandou m. (n*âdu*). Nandu*.
nanisme m. (naniçm). Nan*ismo*.
nankin m. (nàcàn). Nanqu*ím* [tissu].
nansouk m. (nàzuk). Nanzuque.

nan‖**tir** vt. (nàt*ir*). Garant*ir*. ‖**Pourver*** [pourvoir]*. ‖**-tissement** m. (-*á*). Fia*nça*, f., penhor, cau*ção*, f.
na‖**phtaline** f. (naftal*in*). Naftal*ina*. ‖**-phte** m. (na-). Nafta, f.
Naples n. pr. (napl). Nápoles.
Napoléon n. pr. (napol*e*ô). Napole*ão*. ‖**-léon** m. (napol*e*ô). Napole*ão* [monnaie: 20 francs en or]. ‖**-léonien, enne** adj. (-oni*àn*, én). Napoleónico, ca.
napolitain, aine adj. (napo-*àn*, én). Napolitano, na.
nap‖**page** m. (napaj). Serviço de toalha e guardanap*os*, m. ‖**-pe** f. (nap). Toalha (de mesa, de alt*ar*, de água). ‖Porção indefinida duma superfície curva. ‖**-peron** m. (-*rô*). Pani*nho* de mesa bord*ado*.
Narcisse n. pr. (narciç). Narci*so*.
narcotique adj. e s. m. (narcotic). Narcótico ca.
nard m. (nar). N*ardo*.
narghileh m. (nar-é). Narguilé.
nar‖**gue** f. (narg). Desdém, m. ‖**-guer** vt. (-*é*). Desdenhar, zombar de.
narguilé m. (nargh-é). Narguilé.
narine f. (narin). Narina.
narquois, oise adj. (narcu*a*, *az*). Troc*ista*; malic*ioso*, sa; manhoso, sa.
na‖**rrateur, trice** m. e f. (naratôr, riç). Narrador, ora. ‖**-rration** f. (-*ciô*). Narração. ‖**-rrer** vt. (-*é*). Narr*ar*.
narval m. (narv*al*). Narv*al*.
na‖**sal, ale** adj. (nazal). Nasal.

Lettres penchées : accent tonique. ‖V. page verte pour la prononciation figurée ‖***Verbe irrég.** V. à la fin du volume.

‖**-sarde** f. (-ard). Piparote (m.) no nariz.
naseau m. (nazô). Venta, f. (animais).
nasi‖llard, arde adj. (naziár,ard). Fanhoso, sa. ‖**-llement** m. (-â). Pronúncia (f.) fanhosa. ‖**-ller** vi. (-iié). Fanhosear, nasalar.
nasse f. (nac). Nassa. ‖*Fig.* Laço m.
na‖tal, ale adj. (natal). Natal. ‖**-talité** f. (-é). Natalidade.
nata‖tion f. (natació). Natação. ‖**-toire** adj. (-uar). Natatório, ia.
natif, ive adj. (natif, iv). Nativo, va.
natio‖n f. (nació). Nação. ‖**-nal, ale** adj. (-onal). Nacional. ‖**-nalisme** m. (-içm). Nacionalismo. ‖**-naliste** adj. e s. (-ict). Nacionalista. ‖**-nalité** f. (-é). Nacionalidade.
nativité f. (na-é). Natividade.
nat‖te f. (nat). Esteira [tapis]. ‖ Trança [cheveux, etc.]. ‖**-ter** vt. (-é). Esteirar [sol]. ‖ Entrançar [tresser].
natural‖lsatlon f. (natùra-ació). Naturalização. ‖**-iser** vt. (-é). Naturalizar. ‖**-isme** m. (-içm). Naturalismo. ‖**-iste** m. (-ict). Naturalista. ‖**-ité** f. (-é). Naturalidade.
na‖ture f. (natùr). Natureza. ‖ Temperamento, m. ‖adj. (Ao) natural. ‖ Loc. *D'après nature*, do natural. *En nature*, em géneros. ‖**-turel, elle** adj. (-él). Natural; simples. ‖**-turellement** adv. (-â). Naturalmente. ‖**-turisme** m. (-içm). Naturismo.
naufra‖ge m. (nôfraj). Naufrágio. ‖**-gé, ée** m. e f. (-é). Náufrago, ga. ‖adj. Naufragado, da. ‖**-ger** vi. (-é). *Ant.* Naufragar.
nau‖séabond, onde adj. (nôzêabô, ôd). Nauseabundo, da. ‖**-sée** f. (-é). Náusea. ‖**-séeux, euse** adj. (-â, âz). Nauseabundo, da; nauseativo, va.
nau‖tique adj. (nôtic). Náutico, ca. ‖**-tonier** m. (-onié). Nauta, barqueiro.
naval, ale adj. (naval). Naval.
navarin m. (navaràn). Guisado de carneiro com nabos e batatas.
Navarre n. pr. (navar). Navarra.
na‖vet m. (navê). Nabo. ‖**-vette** f. (-ét). Nabo silvestre, m. ‖ Lançadeira [tisserand]. ‖ Canela [machine à coudre]. ‖ Naveta [encens]. ‖Loc. *Faire la navette*, andar numa dobadoira.
navi‖gable adj. (na-a-). Navegável. ‖**-gateur** m. (-âr). Navegador. ‖**-gation** f. (-ció). Navegação. ‖**-guer** vi. (-ghé). Navegar; manobrar.
navire m. (navír). Navio, barco.
na‖vrant, ante adj. (navrâ, ât). Pungente, cruciante. ‖**-vrer** vt. (-é). Afligir*, pungir*, cruciar, magoar.
nazaréen, enne adj. e s. (nazarêân, én). Nazareno, na.
naz‖i m. (nazi). Nazi. ‖**-isme** (-içm) Nazismo.
ne adv. (nâ). Não. ‖*Observ. Ne pas, ne point* traduzem-se simplesmente por *não.* ‖*Quand* ne *est accompagné d'un adv. ou pron. négatif, on ne le rend en portugais qu'au commencement de la phrase; je ne vois rien,* não vejo nada, ou nada vejo. ‖Loc. *Ne ... plus,* já ... não; não ... mais (*Br.*). *Ne ... que,* não ... senão; só, apenas.
né, ée adj. (nê). Nado, da; nascido, da. ‖ *Nato,* ta ; *criminel-né, criminoso nato.* ‖De nascimento, nado, da [aveugle, sourd, etc.] ‖Loc. *Né coiffé,* nascido sob uma boa estrela. *M**me** Legrand, née Leblanc*, Sra. Leblanc Legrand. *Premier né,* primogénito.
néanmoins conj. (nêâmuàn). Não obstante, contudo, todavia, entretanto.
néant m. (nêâ). Nada; nulidade, f.
nébul‖eux, euse adj. (nêbùlâ, âz). Nebuloso, sa. ‖**-osité** f. (-o-é). Nebulosidade ; obscuridade.
néces‖saire adj. (nêcêcér). Necessário, ia. ‖s. m. Estojo : *nécessaire à ouvrage*, estojo de costura. ‖**-ité** f. (-é). Necessidade. ‖**-iter** vt. (-é). Necessitar; implicar. ‖**-iteux, euse** adj. (-â, âz). Necessitado, da.
nécro‖logie f. (nêcroloji). Necrologia. ‖**-mancien, enne** m. e f. (-âcièn, én), ou **-mant** m. (-â). Necromante, nigromante. ‖**-pole** f. (-ol). Necrópole. ‖**-se** f. (-ôz). Necrose.
nectar m. (néctar). Néctar.
néerlandals, aise adj. e s. (nêêrlâdé, éz). Neerlandês, esa.
nef f. (néf). Nave. ‖*Ant.* Nave, nau.

Itálico : acento tónico. ‖V. página verde para a pronúncia figurada. ‖*Verbo irreg. V. no final do livro.

néfaste adj. (nèfaçt). Nefasto, ta.
nèf||**le** f. (né-). Néspera. ||**-lier** m. (-ié). Nespereira, f.
néga||**teur, trice** adj. e s. (nègatêr, ríç). Negador, ora. ||**-tif, ive** adj. (-íf, ív). Negativo, va. ||**-tion** f. (-ciô). Negação.
négli||**gé, ée** adj. (nê-é). Descuidado, da. ||s. m. Trajo caseiro. ||Loc. *Etre en négligé*, estar* de bata, de roupão. ||**-geable** adj. (-ja-). Desprezível. ||**-gemment** adv. (-jamã). Negligentemente. ||**-gence** f. (-áç). Negligência, descuido, m. ||**-gent, ente** adj. (-ã, ãt). Negligente, descuidado, da. ||**-ger** vt. (-é). Descurar; desprezar.
négo||**ce** m. (nègoç). Negócio. ||**-ciant** m. (-iã). Negociante. ||**-ciateur, trice** m. e f. (-atêr, ríç). Negociador, ora. ||**-ciation** f. (-ciô). Negociação. ||**-cier** vt. (-ié). Negociar.
nè||**gre, esse** m. e f. (nègr, nê-éç). Negro, gra; preto, ta; mucama, f. (Br.). ||**Petit nègre**, francês de preto, pretoguês. ||**-grier** adj. (-ié). Negreiro. ||**-grillon** adj. e s. m. (-iiô). Pretinho, moleque, m; curumim (Br. du N.).
négus m. (nègúç). Negus.
nei||**ge** f. (néj). Neve. ||**-ger** vi. (-é). Nevar. ||**-geux, euse** adj. (-â, âz). Nevoso, sa; nevado, da.
nenni adv. (nani). *Fam.* Não, que ideia.
nénuphar m. (nènüfar). Nenúfar.
néo|| pref. (néô). Neo : *néo-catholique*, neocatólico, *néo-latin*, neolatino, novilatino. ||**-logisme** m. (-ojiçm). Neologismo.
néon m. (néô). Néon.
néophyte m. e f. (néofít). Neófito, ta.
néphrite f. (nèfrít). Nefrite.
népotisme m. (népotiçm). Nepotismo.
Neptune n. pr. (nèptün). Neptuno.
nerf m. (nérf, pl. nér). Nervo. ||*Fig.* Força, f, energia, f., vigor.
néroli m. (nèroli). Óleo volátil extraído da flor de laranjeira.
Néron n. pr. (nêrô). Nero.
nerprun m. (nèrprän). Espinheiro cerval, escambroeiro, sanguinho.
ner||**veux, euse** adj. (nèrvâ, âz). Nervoso, sa. ||**-vin** adj. (-ãn). Nervino. ||**-vosité** f. (-ôzité). Nervosidade. ||**-vure** f. (-ür). Nervura.

Nestor n. pr. (néçtor). Nestor.
nestorien, enne adj. (néçtoriàn, én). Nestoriano, na.
ne||**t, ette** adj. (nét). Líquido, da [somme]. ||Limpo, pa [propre]. ||Claro, ra; nítido, da [pensée, écriture, voix, vue]. ||adv. Duma só vez; francamente. ||Loc. *En avoir le cœur net*, tirar a limpo. *Faire maison nette*, despedir* a criadagem toda. *Mettre au net*, passar a limpo. *Refuser net*, recusar redondamente. *Tout net*, claramente. ||**-ttement** adv. (-ã). Claramente. ||**-tteté** f. (-âté). Limpeza [propreté]. ||Clareza, nitidez [clarté].
netto||**iement** vt. (nétuamã) ou **-yage** m. (-iaj). Limpeza, f. ||**-yer** vt. (-ié). Limpar. ||**-yeur, euse** adj. e s. (-êr, âz). Limpador, ora.
neuf adj. num. (nâf). Nove. ||*Nono*, na [rois, papes : *Henri neuf*, Henrique nono]. ||s. m. Nove. ||**-**, **-ve** adj. Novo, va. ||s. m. Novidade, f.
neurasthén||**ie** f. (nâraçtêni). Neurastenia. ||**-ique** adj. e s. (-íc). Neurasténico, ca.
neurone m. (nâron). Neurónio.
neu||**traliser** vt. (nâtra-é). Neutralizar. ||**-t*alité** f. (-é). Neutralidade. ||**-tre** adj. (nâtr). Neutro, tra. ||**-tron** m. (-ô). Neutrão.
neu||**valne** f. (nâvén). Novena. ||**-vième** adj. (-iém). Nono, na. ||s. m. Nono.
névé m. (mèvê). Massa (f.) de neve endurecida.
neveu m. (-â). Sobrinho.
névr||**algie** f. (névra-i). Nevralgia. ||**-ite** f. (-ít). Nevrite. ||**-ose** f. (-ôz). Nevrose.
New York n. pr. (niuiôrc). Nova Iorque.
nez m. (nê). Nariz. ||Loc. *Avoir le nez fin*, ou *bon nez*, ter* bom olfacto; ser* previdente. *Avoir quelqu'un dans le nez*, não poder* com alguém, detestar alguém. *Rire au nez*, troçar duma pessoa na frente dela. *Nez à nez*, cara a cara. *Saigner du nez*, deitar sangue pelo nariz; não ter* coragem. *Tirer les vers du nez*, puxar pela língua.
ni conj. (ni). Nem. *Ni... ni*, nem... nem.
niable adj. (nia-). Negável.

Lettres penchées : accent tonique. ||V. page verte pour la prononciation figurée. ||**Verbe irrég.* V. à la fin du volume.

niai‖s, aise adj. (nié, éz). Simplório, ia. ‖-serie f. (-rí). Patetíce.
nicaise m. (-éz). Simplório, papalvo.
Nice n. pr. Nice.
ni‖che f. Nicho, m. [dans un mur]. ‖Casota [chien]. ‖Partida, traquinice. ‖-chée f. (-é). Ninhada [oiseaux]. ‖ Fam. Filharada [enfants]. ‖-cher vi. (-é). Fazer* o ninho. ‖vt. Colocar. ‖-chon m. (-ô). Arg. Mama, f., teta, f.
ni‖ckel m. (-él). Níquel. ‖-ckeler vt. (-é). Niquelar.
Nicolas n. pr. (-ola). Nicolau.
nicotine f. (-otín). Nicotina.
nid m. (ni). Ninho.
nièce f. (-és). Sobrinha.
nie‖lle f. (niél). Nigela [plante]. ‖Alforra, mangra [agr.]. ‖Néelo, m. [métaux]. ‖-ller vt. (-é). Nigelar [métaux]. ‖ Mangrar [céréales]. ‖-llure f. (-ùr). Ferrugem (nos cereais).
nier vt. (nié). Negar.
nigaud, aude adj. (-ô, ôd). Simplório, ia; pateta, tolo, la; basbaque.
nigelle f. (-él). Nigela dos alqueires.
nihi‖‖isme m. (-içm). Niilismo. ‖-liste m. (-içt) Niilista.
Nil n. pr. Nilo.
nim‖be m. (nànb). Nimbo. ‖-bus m. (-ùç). Nimbo (nuvem).
ni‖ppes f. pl. (nip). Trapos, m. pl. ‖-pper vt. (-é). Fam. Enfarpelar.
nippon, onne adj. (-ô, on). Nipónico, ca.
nique f. (nic). Troça, negaça.
nirvana m. (-rvana). Nirvana.
nitouche (sainte) f. (càn-ux). Mosquinha morta, hipócrita.
ni‖trate m. (-rat). Nitrato. ‖-tre m. (nitr). Nitro, salitre. ‖-trière f. (-iér). Nitreira. ‖-trique adj. (-ic). Nítrico, ca. ‖-troglycérine f. (-o-érin). Nitroglicerina.
ni‖veau m. (-vô). Nível. ‖-veler vt. (-é). Nivelar. ‖-vellement m. (-é-à). Nivelamento.
nivôse m. (-ôz). Nivoso (mês).
nobiliaire adj. e s. m. (no-ér). Nobiliário, ia.
no‖ble adj. (no-). Nobre. ‖-blesse f. (-éç). Nobreza, fidalguia.
no‖ce f. (noç). Boda; núpcias, pl. [premières, etc.]. ‖ Fam. Pândega, folia; farra (Br.) : faire la noce,

andar na pândega. ‖-ceur, euse adj. e s. (-âr, âz). Pândego, ga, folião, ona.
no‖cif, ive adj. (nocif, ív). Nocivo, va. ‖-civité f. (-é). Nocividade.
noctambule adj. e s. (noctàbùl). Noctâmbulo, la; noctívago, ga.
nocturne adj. e s. m. (noctùrn). Nocturno, na.
noël m. (noél). Natal. ‖Loa, f. [cantique]. ‖ Bonhomme Noël (bonom-). Velho do Natal, pai Natal.
nœud m. (nâ). Nó, laço : nœud coulant, nó corredio. ‖Nodo (astr.).
noir‖, oire adj. e s. m. (nuar). Negro, gra; preto, ta. ‖ Fig. Triste, sombrio, ia. ‖m. Preto, negro. ‖f. Semínima [mus.]. ‖ Loc. Broyer du noir, estar* triste. Faire noir, estar* escuro, ser* de noite. Voir en noir, ver* negro. ‖-âtre adj. (-àtr). Escuro, ra. ‖-aud, aude adj. e s. (-ô, ôd). Moreno, na. ‖-ceur f. (-âr). Negrura. ‖ Fig. Maldade [méchanceté]. ‖-cir vt. (-ír). Enegrecer. ‖-cissure f. (-ùr). Nódoa negra, pisadura.
noise f. (nuaz). Altercação.
noi‖setier m. (nua-ié). Aveleira. ‖-sette f. (-ét). Avelã.
noix f. (nua). Noz.
nolis m. (nolí). Frete (de navio).
nom m. (nô). Nome. ‖ - de famille (-amiâ). Apelido. ‖ Petit - (-i-). Principal nome de baptismo. ‖ - de guerre (-ér). Alcunha, f. ‖ Loc. Au nom de, em nome de. Avoir nom, chamar-se. Nom de nom, nom d'un chien, irra! arre!
nomad‖e adj. e s. (nomad). Nómada. ‖-isme m. (-içm). Nomadismo.
nom‖bre m. (nôbr). Número. ‖ Loc. Nombre de, grande número de. Au nombre de, no número de. ‖-brer vt. (-é). Numerar. ‖-breux, euse adj. (-â, âz). Numeroso, sa; cadenciado, da.
nombril m. (nôbrí). Umbigo.
nomencla‖teur m. (nomà-atâr). Nomenclador. ‖-ture f. (-ùr). Nomenclatura; rol, m.
nomi‖nal, ale adj. (no-al). Nominal. ‖-natif, ive adj. (-if, ív). Nominativo, va. ‖-nation f. (-ciô). Nomeação.
no‖mmé, ée adj. (nomé). Nomeado,

Itálico : acento tónico. ‖ V. página verde para a pronúncia figurada. ‖ *Verbo irreg. V. no final do livro.

NON — NOU

da. ‖Chamado, da [appelé]. ‖Loc. *A jour nommé*, no dia marcado. *A point nommé*, a propósito. ‖**-mmément** adv. (-ã). Nomeadamente. ‖**-mmer** vt. (-é). Nomear. ‖Chamar [appeler].
non‖ adv. (nõ). Não. ‖Loc. *Ne pas dire non*, não dizer* que não. *Non pas*, não. *Non plûs*, também não. ‖**--activité** f. (-nac-é). Inactividade. ‖Loc. *En non-activité*, na inactividade, na disponibilidade.
non‖**agénaire** adj. e s. (nonajênér). Nonagenário, ia. ‖**-ante** adj. (-ãt). *Ant.* e *provinc.* Noventa.
nonce m. (nõç). Núncio.
noncha‖**lance** f. (nõxalãç). Indolência, moleza. ‖**-lant, ante** adj. (-ã, ãt). Indolente, inactivo, va.
nonciature f. (nõciatùr). Nunciatura.
non-intervention f. (nõãntérvãciõ). Não intervenção.
non‖**-jouissance** f. (nõjuiçãç). Privação do gozo. ‖**-lieu** m. (-iã). Improcedência, f., falta de motivo, f.
no‖**nnain** f. (nonãn). *Ant.* Monja, freira. ‖**-nne** f. (non). *Pop.* Monja, freira. ‖**-nnette** f. (-onét). Freirinha. ‖Bolínho ‖} redondo [pâtisserie].
nonobstant prep. e adv. (nonobçtã). Não obstante.
non‖**-payement** m. (nõpéimã). Falta (f.) de pagamento. ‖**-recevoir** m. (-rã-uar). Excepção (f.) peremptória. ‖**--sens** m. (-çãç). Contrasenso. ‖**-valeur** f. (-alõr). Coisa sem valor. ‖Pessoa inútil. ‖Perda [perte].
nopal m. (nopal). Nopal (bot.).
nord‖ m. (nor). Norte. ‖**-est** m. (-déçt). Nordeste. ‖**-ouest** m. (-ouéçt). Noroeste.
norma‖**l, ale** adj. (normal). Normal. ‖**-lien, enne** m. e f. (-iãn, én). Normalista. ‖**-liser** vt. (-é). Normalizar.
norman‖**d, ande** adj. e s. (normã, ãd). Normando, da. ‖**-der** vt. (-é). Joeirar; limpar, ventilar (o trigo).
Normandie n. pr. (normãdí). Normandia.
norme f. (norm). Norma.
Norvège n. pr. (norvéj). Noruega.
norvégien, enne adj. e s. (norvéjiãn, én). Norueguês.

nos adj. pos. (nõ). (Os) nossos, (as) nossas.
nostal‖**gie** *. (noçta-í). Nostalgia. ‖**-gique** adj. (-íc). Nostálgico, ca; saudoso, sa.
nota‖**bilité** f. (nota-é). Notabilidade. ‖**-ble** adj. (-a-). Notável.
no‖**taire** m. (notér). Notário. ‖**-tairesse** f. (-éç). Mulher dum notário.
notamment adv. (notamã). Particularmente, especialmente, por exemplo.
nota‖**rial, ale** adj. (notarial). Notarial. ‖**-riat** m. (-ia). Notariado. ‖**-rié, ée** adj. (-ié). Feito, ta, perante notário. ‖**-tion** f. Notação.
no‖**te** f. (not). Nota. ‖Conta [facture]. ‖**-ter** vt. (-é). Anotar. ‖**-tice** f. (-íç). Notícia; nota. ‖**-tifier** vt. (-ié). Notificar, avisar.
notion f. (moción). Noção.
no‖**toire** adj. (notuar). Notório, ia. ‖**-toriété** f. (-oriété). Notoriedade, publicidade.
notre adj. pos. (notr). Nosso, ssa.
nôtre pron. pos. (nôtr). Nosso, ssa : *les nôtres*, os nossos, as nossas.
noué, ée adj. (nué). Enlaçado, da; atado, da. ‖*Fig.* Raquítico, ca.
nou‖**ement** m. (numã). Enlaçamento. ‖**-er** vt. (-é). Enlaçar. ‖*Fig.* Estabelecer [relations, intrigues, etc.]. ‖**(se)** vr. Enlaçar-se. ‖vi. Desenvolver-se [fruits]. ‖**-et** m. (-é). Boneca (f.) de pano com medicamento para infusão. ‖**-eux, euse** adj. (-ã, ãz). Nodoso, sa.
nougat m. (nuga). Nogado.
nouilles f. pl. (nuiiã). Massa, f. sing., macarronete, m. sing.
nourri‖**l, ie** adj. (nurí). Alimentado, da. ‖*Criado*, da [élevé]. ‖Nutrido, da; vigoroso, sa. ‖**-cier, ère** adj. (-ié, ér). Ama de leite. ‖**-cier, ère** adj. (-ié, ér). Nutritivo, va. ‖s. m. Marido da ama de leite. ‖**-ir** vt. (-ír). Alimentar, nutrir. ‖Amamentar, criar [allaiter, élever]. ‖**-issant, ante** adj. (-ã, ãt). Nutritivo, va. ‖**-isseur** m. (-ãr). Criador de gado. ‖**-isson** m. (-õ). Criança (f.) de peito, de mama. ‖**-lture** f. (-ùr). Alimento, m., comida ; bóia (*Br.*).
nous pron. pes. (nu). Nós [sujet]. ‖Nos [complément] : *nous nous sommes souvenus*, nós lembrámo-nos. ‖*Nous-mêmes*, nós próprios.

Lettres penchées : accent tonique. ‖V. page verte pour la prononciation figurée. ‖*Verbe irrég. V. à la fir du volume.

nou‖veau, vel, elle adj. (nuvô, él). Novo, va. ‖Recém- [dans les loc. : *nouveau marié*, recém-casado, *nouveau-né*, recém-nascido]. ‖s. m. *Du nouveau*, coisa (f.) surpreendente. ‖ *A ou de nouveau*, de novo. ‖*Observ. Nouvel* usa-se em fr. antes de palavra que comece por vogal ou *h* mudo. ‖**-veauté** f. (-ê). Novidade. ‖**-velle** f. (-él). Notícia, nova : *prendre des nouvelles*, saber* notícias. ‖Novela [littérature]. ‖**-velliste** m. (-íçt). Novelista. ‖Noticiarista [journaliste].
no‖**vateur, trice** adj. e s. (novatêr, ríç). Inovador, ora. ‖**-vation** f. (-ciô). Novação, renovação (dir.).
novembre m. (novâbr). Novembro.
novi‖**ce** adj. e s. (novíç). Noviço, ça. ‖**-ciat** m. (-*ia*). Noviciado.
novocaïne f. (novocaín). Novocaína.
noyade f. (nuaíod). Afogamento, m.
noyau m. (nuaiô). Caroço [fruit]. ‖*Fig. e anat.* Núcleo.
no‖**yé, ée** m. e f. (nuaié). Afogado, da. ‖*Fig. Noyé de pleurs*, banhado em pranto. ‖**-yer** vt. (-ié). Afogar.
noyer m. (nuaié). Nogueira, f.
nu, ue adj. (nü). Nu, ua. ‖s. m. Nu. ‖Sint. *Nu-jambes*, com as pernas ao léu; *nu-pieds*, descalço; *nu-tête*, em cabelo. ‖Loc. *A nu*, descoberto, em pêlo. *Nue propriété*, propriedade de raiz (sem usufruto). *Tête nue*, em cabelo, sem chapéu.
nua‖**ge** m. (nüaj). Nuvem, f. ‖**-geux, euse** adj. (-â, dz). Nublado, da.
nuan‖**ce** f. (nüâç). Matiz, m. ‖**-cer** vt. (-é). Matizar. ‖*Fig.* Variar.

nubien, enne adj. e s. (nübiàn, én). Núbio, ia.
nubi‖**le** adj. (nübíl). Núbil. ‖**-lité** f. (-ê). Nubilidade, puberdade.
nucléus m. (nü-êüç). Núcleo (anat.).
nudisme m. (nüdíçm). Nudismo.
nudité f. (nü-ê). Nudez.
nue f. (nü) e **nuée** f. (nüê). Nuvem.
nui‖**re*** vi. (nüír). Prejudicar. ‖**-sible** adj. (-í-). Nocivo, va; prejudicial.
nuit f. (nui). Noite. ‖Loc. *Passer une nuit blanche*, passar uma noite em branco. *Il fait nuit*, é de noite. ‖**-tamment** adv. (-amã). De noite, durante a *noite*.
nu‖**l, ulle** adj. (nül). Nulo, la. ‖Nenhum, ma [aucun]. ‖*Nulle part*, em *parte alguma*, nenhures. ‖pron. Ninguém : *nul ne sait*, ninguém sabe. ‖**-llement** adv. (-â). De modo algum. ‖**-llité** f. (-ê). Nulidade.
numér‖**aire** adj. e s. (nümérér). Numerário, ia. ‖**-al, ale** adj. (-al). Numeral. ‖**-ateur** m. (-atêr). Numerador. ‖**-ation** f. (-ciô). Numeração. ‖**-ique** adj. (-íc). Numérico, ca. ‖**-o** m. (-ô). Número. ‖**-otage** m. (-otaj). Numeração, f. ‖**-oter** vt. (-é). Numerar.
numide adj. (nümíd). Númida.
numisma‖**te** m. (nü-çmat). Numismata. ‖**-tique** f. (-íc). Numismática.
nuptial, ale adj. (nüpcíal). Nupcial.
nuque f. (nüc). Nuca; cachaço, m. [fam.].
nutri‖**tif, ive** adj. (nütr-íf, ív). Nutritivo, va. ‖**-tion** f. (-ciô). Nutrição, alimentação.
nymphe f. (nànf). Ninfa.

O

ô interj. (ô). Ó! [vocatif]. ‖Oh!
oasis f. (oazíç). Oásis, m.
obédience f. (obêdíàç). Obediência.
obé‖ir vi. (obêír). Obedecer. ‖**-issance** f. (-âç). Obediência. ‖**-issant, ante** adj. (-ã, ãt). Obediente.
obélisque m. (obêlíçk). Obelisco.
obérer vt. (obêré). Endividar, oberar, carregar de dívidas.
ob‖**èse** adj. (obéz). Obeso, sa. ‖**-ésité** f. (-ê-é). Obesidade, gordura.

objec‖ter vt. (o-écté). Objectar. ‖**-teur** m. (-âr). Que objecta. ‖**-tif, ive** adj. (-íf, ív). Objectivo, va. ‖s. m. Objectivo. ‖**-tion** f. (-ciô). Objecção. ‖**-tivité** f. (-ê). Objectividade.
objet m. (o-é). Objecto.
objurgation f. (o-ürgacíô). Objurgação, repreensão; acusação.
obla‖t m. (o-a). Oblato. ‖**-tion** f. (-ciô). Oblação, oferta, oblata.

Itálico : acento tónico. ‖V. página verde para a pronúncia figurada. ‖*Verbo irreg. V. no final do livro.

obli‖gataire adj. (o-atér). Obrigatório, ia. ‖-gation f. (-ciõ). Obrigação. ‖-gatoire adj. (-uar). Obrigatório, ia. ‖-gé, ée adj. (-é). Obrigado, da. ‖ Agradecido, da [reconnaissant]. ‖-geamment adv. (-jamã). Obsequiosamente. ‖-geant, ante adj. (-ã, ãt). Obsequioso, sa; serviçal, cortês, penhorante. ‖-ger vt. (-é). Obrigar, tapar. ‖ Obsequiar, penhorar [servir].
obli‖que adj. (o-ík). Oblíquo, ua. ‖-quer vi. (-ké). Obliquar. ‖-quité f. (-u-é). Obliquidade. ‖Fig. Doblez.
obli‖tération f. (o-êraciõ). Obliteração. Carimbo, m. [postes]. ‖-térer vt. (-é). Obliterar. ‖ Carimbar [timbres]. ‖Med. Obstruir*, tapar.
oblong, ongue adj. (o-õ, õg). Oblongo, ga; oval.
obole f. (obol). Óbolo, m.
obscè‖ne adj. (obcén). Obsceno, na. ‖-nité f. (-é). Obscenidade.
obscur‖, ure adj. (obçcùr). Obscuro, ra. ‖-cir vt. (-ir). Obscurecer. ‖-cissement m. (-ã). Obscurecimento. ‖-ément adv. (-êmã). Obscuramente. ‖-ité f. (-é). Obscuridade.
obsé‖dé, ée adj. (obcêdê). Obsidiado, da; assediado, da. ‖Fig. Importunado, da; perseguido, da [poursuivi]. ‖-der vt. (-é). Obsediar, assediar. ‖ Inquietar, importunar, perseguir*.
obs‖èques f. pl. (obcéc). Exéquias. ‖-équieux, euse adj. (-êkiâ, âz). Obsequioso, sa.
obser‖vable adj. (obcérva-). Observável. ‖-vance f. (-ãç). Observância. ‖-vateur, trice m. e f. (-atór, rís). Observador, ora. ‖-vation f. (-ciõ). Observação. ‖-vatoire m. (-uar). Observatório. ‖-ver vt. (-é). Observar, peruar (Br.).
obsession f. (obcéciõ). Obsessão.
obsi‖diane f. (obç-ian) e -dienne f. (-ién). Obsidiana.
obstacle m. (obçta-). Obstáculo.
obstétrique f. (obçtêtric). Obstetrícia. ‖adj. Obstétrico, ca.
obsti‖nation f. (obç-aciõ). Obstinação, teimosia, pertinácia, porfia. ‖-né, ée adj. e s. (-ê). Obstinado, da; teimoso, sa. ‖-ner (s') vt. (-é). Obstinar-se, teimar, persistir.

obs‖tructif, ive adj. (obçtrùctif, ív). Obstrutivo, va. ‖-truction f. (-kciõ). Obstrução. ‖-truer vt. (-é). Obstruir*, entupir*, embaraçar.
ob‖tenir* vt. (-ánir). Obter*. ‖-tention f. (-ãciõ). Obtenção.
obtu‖rateur m. (-ùratár). Obturador. ‖-ration f. (-ciõ). Obturação. ‖-rer vt. (-é). Obturar, tapar.
obtus, use adj. (-ù, ùz). Obtuso, sa.
obus‖ m. (obù.. Obus, granada, f. ‖-ier m. (-ié). Morteiro, obus.
obvier vi. (-ié). Obviar.
oc adv. provençal (oc). Sim. ‖ Langue d'oc, língua de oc (ao S. da França).
ocarina m. (ocar-a). Ocarina, f.
occa‖sion f. (ocaziõ). Ocasião. ‖Motivo, m., pretexto, m. ‖ Pechincha [marché avantageux]. ‖ Loc. A l'occasion de, por altura de. D'occasion, em segunda mão. ‖-sionnel, elle adj. (-onêl). Ocasional. ‖-sionner vt. (-é). Ocasionar, causar, provocar.
occident‖ m. (okç-ã). Ocidente. ‖-al, ale adj. (-tal). Ocidental.
occi‖pital, ale adj. (okç-al). Occipital. ‖-put m. (-ùt). Occipícío.
oc‖cire* vt. (okcír). Ant. Matar. ‖-cis, ise adj. (-i, íz). Morto, ta.
occlusion f. (o-ùziõ). Oclusão.
occul‖te adj. (ocùlt). Oculto, ta. ‖-tisme m. (-íçm). Ocultismo.
occu‖pant, ante adj. e s. (o-cùpã, ãt). Ocupante. ‖-pation f. (-aciõ). Ocupação. ‖-per vt. (-é). Ocupar: s'occuper de, ocupar-se com.
occurrence f. (ocùréç). Ocorrência.
océan‖ m. (oeã). Oceano. ‖-ique adj. (-ic). Oceânico, ca.
ocelot m. (o-ô). Ocelote, gato bravo.
o‖cre f. (ocr). Ocre, m. ‖-creux, euse adj. (-â, âz). Ocreoso, sa.
oc‖taèdre m. (-aédr). Octaedro. ‖-tane m. (-an). Octana, f. ‖-tave f. (-av). Oitava.
Octa‖ve n. pr. (octav). Octávio. ‖-vie n. pr. (-í). Otávia.
oc‖tavo (in-) m. (octavô). Em oitavo [livre]. ‖-tobre m. (-obr). Outubro. ‖-togénaire adj. e s. (-ênér). Octogenário, ia. ‖-togone m. (-on).
oc‖troi m. (octrua). Outorga, f., concessão, f. ‖ Imposto de barreira [droit]. ‖ Barreira, f., alfândega

---

Lettres penchées: accent tonique. ‖V. page verte pour la prononciation figurée. ‖*Verbe irrég. V. à la fin du volume.

municipal, f. [bureau]. ||**-troyer** vt. (*-ié*). Outorgar, conceder, facultar.

ocul||**aire** adj. (oculér). Ocular. ||s. m. Ocular, s. f. ||**-iste** m. (*-içt*). Oculista, oftalmologista.

odalisque f. (odaliçk). Odalisca.

ode f. (od). *O*de.

odéon m. (odêô). Odeão.

odeur f. (odâr). Odor, m., cheiro, m.

odieux, euse adj. (odiâ, âz). Odioso, a.

odontalgie f. (odôta-*i*). Odontalgia.

odo||**rant, ante** adj. (odorã, ât). Odorante. ||**-rat** m. (*-a*). Olfacto. ||**-riférant, ante** adj. (*-*erã, ât). Odorífero, ra; aromático, ca; fragrante.

odyssée f. (o-é). Odisseia.

œcuménique adj. (êcùmênic). Ecuménico, ca.

œdème m. (êdém). Edema.

œdipe m. (êdíp). *É*dipo, solucionador de enigmas.

Œdipe n. pr. (êdíp). *É*dipo.

œil m. (*á*i). Olho. ||Loc. A *l'œil*, a olho; de graça (pop.). *A l'œil nu*, a olho nu. *Avoir les yeux battus* ou *cernés*, ter* olheiras. *Cela crève (frappe) les yeux*, isso salta à vista. *Couver des yeux*, comer com os olhos. *D'un bon œil, d'un mauvais œil*, com gosto, com desgosto. *Entre deux yeux*, fixamente. *Entre quatre-z-yeux*, cara a cara, em particular. *En un clin d'œil*, num abrir e fechar de olhos. *Faire les gros yeux*, olhar com desagrado. *Mauvais œil*, mau olhado; caruara, f. (*Br. du N.*). *Œil-de-bœuf*, clarabóia, f. *Œil-de-perdrix*, calo [cor]. *N'avoir pas froid aux yeux*, ter* energia, coragem. *Ouvrir les grands yeux*, arregalar os olhos. *Regarder du coin de l'œil*, olhar de soslaio. *Taper dans l'œil*, dar* nas vistas. ||*Observ*. Faz *yeux* no pl., excepto nos compostos, em que faz *œils*.

œi||**llade** f. (*â*iad). Olhadela. ||**-llère** f. (*-iér*). Vaso (m.) de lavar os olhos. ||Antolhos, m. pl. [cheval].

œil||**let** m. (âiét). Cravo [fleur]. ||Ilhó, f. [trou]. ||**-lette** f. (*-iét*). Dormideira; óleo (m.) de dormideira.

œnologie f. (ênoloji). Enologia.

œsophage m. (êzofaj). Esófago.

œstre m. (êçtr). Estro (insecto).

œuf m. (âf, pl. â). Ovo. ||*Fig*. Gérmen, origem, f. ||Loc. *- à la coque*, ovo quente; *- dur*, ovo cozido; *- sur le plat*, ovo estrelado.

œuvre f. (âvr). Obra. ||Fábrica [églises]. ||Loc. *Exécuteur des hautes œuvres*, carrasco. *Hors-d'œuvre*, aperitivos, m. pl., acepipes, m. pl. [cuisine]. *Le grand œuvre*, a pedra filosofal, f. *Mettre en œuvre*, empregar.

offen||**sant, ante** adj. (ofãçã, ât). Ofensivo, va ||**-se** f. (*-ãç*). Ofensa. ||**-ser** vt. (*-é*). Ofender. ||**-seur** m. (*-âr*). Ofensor. ||**-sif, ive** adj. (*-íf, ív*). Ofensivo, va. ||s. f. Ofensiva.

offertoire m. (ofértuar). Ofertório.

offi||**ce** m. (ofíç). Ofício. ||Escritório [bureau]. ||f. Copa. ||Loc. *D'office*, por dever de ofício; oficioso, sa. ||**-cial** m. (*-ial*). Provisor. ||**-ciant** m. (*-iã*). Celebrante. ||**-ciel, elle** adj. (*-iél*). Oficial. ||**-cier** vi. (*-ié*). Oficiar. ||s. m. Oficial. ||**-cieux, euse** adj. (*-iâ, âz*). Oficioso, sa. ||**-cinal, ale** adj. (*-inal*). Oficinal. ||**-cine** f. (*-in*). Laboratório, m. (farm.).

offr||**ande** f. (ofrãd). Oferenda. ||**-ant, ante** adj. (*-ã, ât*). U. na loc. *Au plus offrant et dernier enchérisseur*, a quem mais der.

off||**re** f. (ofr). Oferecimento, m. ||Oferta : *l'offre et la demande*, a oferta e a procura. ||**-rir*** vt. (*-ir*). Oferecer, ofertar; apresentar.

offset m. (*-ét*). Offset.

offusquer vt. (ofùçké). Ofuscar.

og||**ival, ale** adj. (o-al). Ogival. ||**-ive** f. (*-iv*). Ogiva.

ogre, esse m. e f. (ogr, éç). Ogro, papão; mulher do papão, fera f., m.

oh! interj. (o). Oh!

ohé! interj. (oé). Olé! olá!

oïdium m. (oidiom). Oídio.

oie f. (ua). Ganso, m. ||*Fam*. Pateta, m. e f.

oignon m. (onhô). Cebola, f. [plante et montre]. ||Calo, calosidade, f. [pied].

oïl adv. (oí). Sim. *Langue d'oïl*, língua de oïl (fr. ant. do N.).

oindre* vt. (uãndr). Ungir [liturgie]. ||Untar [frotter d'huile].

oi||**seau** m. (uazô). Pássaro, ave, f. ||Loc. *A vol d'oiseau*, a direito; de relance. *Oiseau-mouche*, colibri. *Oiseau de proie*, ave de rapina. *Petit*

Itálico : acento tónico. ||V. página verde para a pronúncia figurada. ||*Verbo irreg. V. no final do livro.

OIS — OPÉ

à petit l'oiseau fait son nid, grão a grão enche a galinha o papo. ||**-selet** m. (-é). Passarinho. ||**-seleur** m. (-ár). Passarinheiro.
oi||**seux, euse** adj. (uazé, âz). Ocioso, sa. (-é). Passarinho.
-sif, ive adj. (-if, iv). Ocioso, sa; desocupado, da.
oisillon m. (uazió) Passarinho.
oisiveté f. (uaz-é). Ociosidade.
oison m. (uazó). Ganso pequeno.
olé||**agineux, euse** adj. (oléa-â, âz). Oleaginoso, sa. ||**-ine** f. (-in). Oleína.
olfactif, ive adj. (o-actif, iv). Olfactivo, va.
oligarchie f. (o-arxí). Oligarquia.
oli||**vâtre** adj. (o-atr). Azeitonado, da. ||**-ve** f. (-iv). Azeitona. || adj. inv. Cor de azeitona. ||**-vier** m. (-ié). Oliveira, f.
Olivier n. pr. (o-ié). Oliveiros.
olographe adj. (olográf). Ológrafo.
olympe n. pr. (olànp). Olimpo.
Olym||**pe** n. pr. (olànp). Olímpia. ||**-piades** n. pr. (-iad). Olimpíadas. ||**-pie** n. pr. (-í). Olímpia (cidade).
olym||**pien, enne** adj. (-iàn, én). Olímpico, ca. ||**-pique** adj. (-ic). Olímpico, ca.
ombe||**lle** f. (óbél). Umbela. ||**-llifère** adj. (-ér). Umbelífero, ra.
ombilic m. (ó-ic). Umbigo.
ombra||**ge** m. (óbraj). Ramagem que dá sombra, f. ||*Fig.* Desconfiança, f. [méfiance]. ||**-geux, euse** adj. (-â, âz). Espantadiço, ça [chevaux]. ||*Fig.* Desconfiado, da; suspeitoso, sa [personne].
om||**bre** f. (óbr). Sombra. ||Loc. *Ombres chinoises*, sombrinhas (projectadas). *Sous (l') ombre de*, com o pretexto de, com o pé de. ||**-brelle** f. (-él). Sombrinha. ||**-brer** vt. (-é). Sombrear. ||**-breux, euse** adj. (-â, âz). Umbroso, sa, sombrio, ia.
omelette f. (o-ét). Omeleta, fritada.
om||**ettre*** vt. (ométr). Omitir. ||**-ission** f. (-ió). Omissão, falta.
omni||**bus** m. (o-ùç). Ônibus. ||**-potent, ente** adj. (-otá, át). Omnipotente. ||**-science** f. (-ciâç). Omnisciência. ||**-scient, ente** adj. (-iâ, ât). Omnisciente.
omoplate f. (omo-at). Omoplata.
on pron. (ó). Se : *on étudie, a gente se* : *on lit*, a gente lê.

||Alguém, a gente, uma pessoa [avec des verbes *réflchis*] : *on se souvient*, lembra-se uma pessoa.
on||**ce** f. (óç). Onça [monnaie; mammifère]. ||**-cial, ale** adj. (-ial). Uncial.
oncle m. (ô-). Tio. ||Loc. *Oncle à la mode de Bretagne*, primo co-irmão do pai ou da mãe.
onc||**tion** f. (ókçió). Unção. ||**-tueusement** adv. (-tâ-á). Untuosamente. ||**-tueux, euse** adj. (-â, âz). Untuoso, sa. ||*Fig.* Cheio de unção.
on||**de** f. (ód). Onda. ||Água [eau]. ||**-dé, ée** adj. (-é). Ondeado, da; cacheado, da (tBr.). ||**-dée** f. (-é). Aguaceiro, m. ||**-doiement** m. (-uamâ). Ondulação, f. ||Baptismo provisório. ||**-doyant, ante** adj. (-uaiâ, ât). Ondulante. ||*Fig.* Volúvel. ||**-doyer** vi. (-ié). Ondear. ||Baptizar provisòriamente. ||**-dulant, ante** adj. (-ùlâ, ât). Ondulante. ||**-dulation** f. (-acló). Ondulação. ||**-dulé, ée** adj. (-é). Ondulado, da. ||**-duler** vt. e vi. (-é). Ondular. ||**-duleux, euse** adj. (-â, âz). Onduloso, sa; ondulado, da.
onéreux, euse adj. (onêrâ, âz). Oneroso, sa; incómodo, da.
on||**gle** m. (ó-). Unha, f. ||Loc. *Ongle incarné*, unha encravada. ||**-glée** f. (-é). Entorpecimento (m.) doloroso das pontas dos dedos, causado pelo frío. ||**-glet** m. (-é). Carcela, f. [relieur]. ||Onglete, malhete, cunha, f. ||Ranhura, f. [couteau, canif, etc.].
onguent m. (ógâ). Unguento.
on||**guiculé** adj. (ógùicùlé). Unguiculado, da. ||**-gulé, ée** adj. (-é). Ungulado, da.
onomastique adj. (-astíc). Onomástico, ca.
onomatopée f. (onomatopê). Onomatopeia.
onques adv. (óc) *Ant.* Nunca.
onyx m. (oníkç). Ónix.
on||**ze** adj. (óz). Onze. ||**-zième** adj. (-iém). Undécimo, ma.
opacité f. (opa-é). Opacidade.
opa||**le** f. (opal). Opala. ||**-lin, ine** adj. (-àn, in) Opalino, na.
opaque adj. (opac). Opaco, ca.
opéra|| m. (opêrá). Ópera, f. ||**-teur** m. (-âr). Operador. ||**-tion** f. (-ció).

Lettres penchées : accent tonique. ||V. page verte pour la prononciation figurée. ||*Verbe irrég. V. à la fin du volume.

OPE — ORÉ

Operação. ‖-toire adj. (-uar). Operatório, ia.
opercule m. (opércùl). Opérculo.
opérer vt. (opéré). Operar, obrar. ‖Operar [chirurgie].
operette f. (opêrêt). Opereta.
ophi‖cleide m. (of-êid). Oficlide. ‖-dien, enne adj. e s. (-iàn, én). Ofídio, ia.
ophtalmie f. (ofta-í). Oftalmía.
op‖iacé, ée adj. (opiacé). Opiáceo, ea. ‖-iat m. (-ia). Opiato.
opimes adj. f. pl. (opím). Opímos.
opi‖nant, ante adj. (o-ã, ãt). Opinante. ‖-ner vi. (-é). Opinar. ‖Loc. *Opiner du bonnet*, anuir* sempre ao parecer alheio.
opiniâ‖tre adj. (o-iatr). Teimoso, sa. ‖-treté f. (-âté). Teimosía.
opinion f. (o-iõ). Opinião.
opi‖omane adj. e s. (o-oman). Opiómano, na. ‖-um m. (-iom). Ópio.
opopanax m. (opopanakç). Opopánax.
opossum m. (opoçom) Sariguéia, f.
opportun‖, une adj. (oportãn, ùn). Oportuno, na. ‖-ément adv. (-êmã). Oportunamente. ‖-isme m. (-ícm). Oportunísmo. ‖-ité f. (-ê). Oportunidade; ensejo, m.
oppo‖sable adj. (opoza-). Oponível. ‖-sant, ante adj. e s. (-ã, ãt). Opositor, ora, oponente. ‖-sé, ée adj. (-ê). Oposto, ta. ‖-ser vt. (-ê). Opor*. ‖-site m. (-ít). Oposto, contrário. ‖Loc. *A l'opposite*, em frente. ‖-sition f. (-ciõ). Oposição.
oppress‖er vt. (oprécê). Oprimir. ‖-eur m. (-âr). Opressor. ‖-if, ive adj. (-íf, ív). Opressivo, va. ‖-ion f. (-iõ). Opressão; sufocação.
oppri‖mant, ante adj. (o-pã, ãt). Oprimente, opressor, ora. ‖-mer vt. (-ê). Oprimir; acabrunhar, afligir.
opprobre m. (oprobr). Opróbrio.
opter vi. (opté). Optar.
opticien m. (opt-iàn). Oculísta.
opti‖misme m. (opt-ícm). Optimísmo. ‖-miste m. (-íçt). Optimísta.
option f. (opciõ). Opção, escolha.
opu‖lemment adv. (opùlamã). Opulentamente. ‖-lence f. (-ãç). Opulência. ‖-lent, ente adj. (-ã, ãt). Opulento, ta; rico, ca; faustoso, sa.
opuscule m. (opùçcùl). Opúsculo.
or m. (or). Ouro. ‖Loc. *Cousu d'or*, podre de rico. *Dire, parler d'or*, falar muito bem. *Rouler sur l'or*, nadar em dinheíro.
or conj. (or). Ora, portanto, pois.
oracle m. (ora-). Oráculo.
ora‖ge m. (oraj). Trovoada, f. ‖-geux, euse adj. (-â, âz). Tempestuoso, sa. ‖*Fig.* Tumultuoso, sa.
oraison f. (orézõ). Oração, prece.
oral, ale adj. (oral). Oral.
oran‖ge f. (orãj). Laranja. ‖m. e adj. inv. Cor de laranja, alaranjado, da. ‖-gé, ée adj. (-ê). Alaranjado, da. ‖-geade f. (-jad). Laranjada. ‖-ger m. (-ê). Laranjeira, f. ‖-gerie f. (-rí). Laranjal, m. ‖Estufa.
orang-outan m. (orãutã). Orangotango.
ora‖teur m. (oratâr). Orador. ‖-toire adj. (-uar). Oratório, ia. ‖s. m. Oratório. ‖-torien m. (-oriàn). Oratoriano. ‖-torio m. (-ió). Oratória, f. [drame musical].
or‖be m. (orb). Orbe, globo. ‖-bite f. (-ít). Órbita.
orches‖tre m. (orkéçtr). Orquestra, f. ‖-trer vt. (-ê). Orquestrar.
or‖chidée f. (ork-ê). Orquídea. ‖-chis m. (-kíç). Órquide, satirião.
ordi‖naire adj. e s. m. (or-ér). Ordinário, ia; *usual*. ‖*A l'-*, loc. De ordinário. *Contre l'ordinaire*, contra o costume. ‖-nairement adv. (-ã). Habitualmente. ‖-nal, ale adj. (-al). Ordinal. ‖-nation f. (-ciõ). Ordenação [liturgie].
ordonn‖ance f. (ordonãç). Ordenação, arrumação. ‖Prescrição, decreto, m. ‖Ordenança, regulamento, m. ‖Receita [médecin]. ‖Ordenança [d'un officier]. ‖-ancement m. (-ã). *Ordem* (f.) de pagamento. ‖-ancer vt. (-ê). Dar* ordem de pagamento. ‖-ateur, trice m. e f. e adj. (-atâr, ríç). Ordenador, ora. ‖-é, ée adj. e s. f. (-ê). Ordenado, da. ‖-er vt. (-ê). Ordenar.
ordre m. (ordr). Ordem, f. ‖Loc. *Billet à ordre*, letra promissória, f. *Mettre ordre à*, pôr* em ordem. *Mot d'ordre*, santo-e-senha. *Par ordre*, por ordem superior.
ordu‖re f. (ordùr). Porcaría, líxo, m., sujidade. ‖*Fig.* Obscenidade, indecência. ‖-rier, ère adj. (-iê, ér). Indecente, porco, ca; obsceno, na.
orée f. (oré). Orla, borda.

Itálico: acento tónico. ‖V. página verde para a pronúncia figurada. ‖*Verbo irreg. V. no final do livro.

orei‖llard, arde adj. e s. m. (oréiiar, ard). Orelhudo, da; morcego orelhudo [zool.]. ‖-lle f. (oréi). Orelha [externe]. ‖ Ouvido, m. [interne]. ‖Asa, aselha [partie latérale]. ‖Loc. Avoir de l'oreille, ter* ouvido. Avoir les oreilles rebattues, estar* farto de ouvir*. Avoir l'oreille dure, ser* duro de ouvido. Dormir sur ses deux oreilles, dormir* tranquilo. Dresser l'oreille, prestar atenção. Faire la sourde oreille, fazer* ouvidos de mercador. Frotter les oreilles à, bater em. L'oreille basse, de orelha murcha. Prêter l'oreille, dar* ouvidos. Se faire tirer l'oreille, fazer-se* rogado, ceder a custo. ‖-ller m. (-ié). Almofada, f. ‖-llette f. (-iét). Aurícula f. (-ícula) [cœur]. ‖-llons m. pl. (-iô). Trasorelho, m. sing.
orémus m. (orêmùç). Oração, f.
Orénoque n. pr. (orènoc). Orenoco.
ores adv. (or). Agora : d'ores et déjà, desde já, desde agora.
orf‖èvre m. (orfévr). Ourives. ‖-èvrerie f. (-âri). Ourivesaria.
orfroi m. (orfrua). Aurifrígio.
organdi m. (orgàdí). Organdí.
orga‖ne m. (organ). órgão, f. [voix]. ‖-nique adj. (-íc). Orgânico, ca. ‖-nisateur, trice m. e f. (-atœr, ríç). Organizador, ora. ‖-nisation f. (-ció). Organização. ‖-niser vt. (-é). Organizar. ‖-nisme m. (-içm). Organismo. ‖-niste m. e f. (-içt). Organista [musique]. ‖-nothérapie f. (-têrapí). Organoterapia.
organsin m. (orgaçàn). Organsim.
or‖ge f. (orj). Cevada. ‖Observ. É m. nas loc. orge mondé e orge perlé, cevada descascada e cevadinha. ‖-geat m. (-ja). Orchata, f. ‖-gelet m. (-âlé). Terçol. ‖-gie f. (-í). Orgia, bacanal.
orgue m. (org). órgão (mus.). ‖- de Barbarie (-â barbarí). Realejo. ‖Point d'- (puàn-). Suspensão, f. [musique]. ‖Observ. É m. no sing. e f. no pl. : de belles orgues.
or‖gueil m. (orgài). Orgulho. ‖-gueilleux, euse adj. (-iâ, iâz). Orgulhoso, sa.
orien‖t m. (oriã). Oriente. ‖-tal, ale adj. e s. (-tal). Oriental. ‖-taliste m. (-içt). Orientalista. ‖-tation f.

(-ció). Orientação. ‖-ter vt. (-é). Orientar; guiar (fig.).
orifice m. (or-iç). Orifício.
oriflamme f. (cr-am). Auriflama.
origan m. (or-ã). Orégão.
Origène n. pr. (or-én). Orígenes.
origi‖naire adj. (or-ér). Originário, ia; oriundo, da. ‖-nal, ale adj. (-al). Original. ‖-nalité f. (-é). Originalidade. ‖-nel, elle adj. (-él). Original, nativo, va; primitivo, va.
oripeau m. (oripô). Ouropel.
or‖me m. (orm). Olmo. ‖-meau m. (-ô). Olmeiro novo.
or‖nemaniste m. (ornâmaniçt). Ornamentista. ‖-nement m. (-ã). Ornamento. ‖-nemental, ale adj. (-tal). Ornamental. ‖-nementation f. (-ció). Ornamentação. ‖-nementer vt. (-é). Ornamentar. ‖-ner vt. (-é). Ornar.
ornière f. (orniér). Rodeira, rotina, sulco, m. ‖Fig. Ramerrão, m., rotina.
ornitho‖logie f. (or-toloji). Ornitologia. ‖-rynque m. (-rànc). Ornitorrinco.
orobanche f. (orobãx). Orobanca.
orograph‖ie f. (orografí). Orografia. ‖-ique adj. (-íc). Orográfico, ca.
oronge f. (orój). Oronga (cogumelo).
Orphée n. pr. (orfé). Orfeu.
orphe‖lin, ine m. e f. (orfâlàn, ín). órfão, ã. ‖-linat m. (-a). Orfanato.
orphéon m. (orfeô). Orfeão.
orseille f. (orcéi). Urzela.
orteil m. (ortéi). Dedo do pé.
ortho‖chromatique adj. (ortocromatíc). Ortocromático, ca. ‖-doxe adj. (-okç). Ortodoxo, xa. ‖-graphe f. (-graf). Ortografia. ‖-graphier vt. (-ié). Ortografar. ‖-graphique adj. (-íc). Ortográfico, ca. ‖-logie f. (-ií). Ortologia. ‖-pédie f. (-êdí). Ortopedia. ‖-pédiste m. e f. (-íçt). Ortopedista. ‖-ptère adj. e s. (-ér). Ortóptero.
ortie f. (ortí). Urtiga.
ortolan m. (ortolà). Hortulana, f
orvet m. (orvé). Anguínha, f
orviétan m. (orviêtã). Electuário ‖Marchand d'- (marxã-). Charlatão.
os m. (oç, pl. ô). Osso.

Lettres penchées : accent tonique. ‖V. page verte pour la prononciation figurée. ‖*Verbe irrég. V. à la fin du volume.

osc — ouv

osci‖llation f. (oç-actõ). Oscilação. ‖-ller vi. (-lê). Oscilar.
osé, ée adj. (ozé). Ousado, da.
oseille f. (ozéi). Azedas, pl.
oser vt. (ozé). Ousar, atrever-se.
oseur m. (ozár). Atrevido, ousado.
osier m. (ozié). Víme.
osmose f. (oçmóz). Osmose.
oss‖ature f. (oçatùr). Ossatura. ‖Fig. Armação, esqueleto, m. ‖-elet m. (-é). Ossinho. ‖pl. Encarne, sing. [jeu]. ‖-ements m. pl. (-ã). Ossadas, f. pl. ‖-eux, euse adj. (-â, âz). Ossoso, sa. ‖-ifier vt. (-ié). Ossificar. ‖-uaire m. (-ùèr). Ossário.
osten‖sible adj. (oçtâci-). Ostensível. ‖-soir m. (-çuar). Custódia, f. ‖-tation f. (-actõ). Ostentação, espalhafato, m., alarde, m.
ostr‖acisme m. (oçtraciçm). Ostracismo. ‖-éiculture f. (-ê-ù-ùr). Ostreicultura.
ostrogoth, e ou -got, e adj. e s. (oçtrogô, ot). Ostrogodo, da. ‖m. Grosseiro, indecente, bárbaro.
otage m. (otaj). Refém.
otarie f. (otarí). Otária.
ôter vt. (ôtê). Tirar : ôter son manteau, tirar o casaco.
ot‖ite f. (otít). Otite. ‖-orrhée f. (-oré). Otorreía.
ottomane f. (otoman). Otomana.
ou conj. (u). Ou.
où adv. e pr. rel. (u). Onde, em que; aonde. ‖Observ. En port. onde ne se rapporte jamais au temps : l'année où je suis né, no ano em que nasci.
ouaille f. (uai). Fig. Ovelha.
ouais interj. (ué). O quê! olá!
oua‖te f. (uat). Algodão (m.) em rama; chumaço, m. ‖-ter vt. (-é). Acolchoar, enchumaçar, algodoar.
ou‖bli m. (u-i). Esquecimento. ‖-blie f. (-í). Barquilho, m. ‖-blier vt. (-é) (s') vr. Faltar ao dever. ‖-bliettes f. pl. (-iét). Masmorra, sing., segredo, m. sing. ‖-blieux, euse adj. (-iâ, âz). Esquecido, da.
ouest m. (uéçt). Oeste.
ouf ! interj. (uf). Ufa!
oui adv. e s. m. (ui). Sim. ‖Loc. Oui-da, certamente, sim, claro.
ouï-dire m. (uidír). Boato, rumor.

‖Loc. Par ouï-dire, por ter* ouvido dizer*.
ouïe f. (ui). Ouvido, m. [sens]. ‖pl. Guelras, brânquias [poissons].
ouïr* vt. (uír). Ouvír*; escutar.
ouistiti m. (uiç-í). Sagui, saguim.
ouragan m. (uragã). Furacão.
Oural n. pr. (ural). Ural.
ourdir vt. (urdír). Urdír; tramar.
our‖ler vt. (urlé). Debruar. ‖-let m. (-é). Orla, f., debrum, bainha, f.
our‖s, se m. e f. (urç). Urso, sa. ‖Loc. Ours mal léché, grosseirão. ‖-sin m. (-ãn). Ouriço do mar. ‖-son m. (-õ). Urs(oz)inho.
outarde f. (utard). Abetarda.
ou‖til m. (utí). Ferramenta, f., utensílio. ‖-tillage m. (-iáj). Ferramental, apetrechos, pl. ‖-tiller vt. (-ié). Prover* de ferramentas, apetrechar, equipar.
outra‖ge m. (utraj). Ultraje. ‖-geant, ante adj. (-jã, ãt). Ultrajante. ‖-ger vt. (-é). Ultrajar. ‖-geux, euse adj. (-â, âz). Ultrajante.
outran‖ce f. (utrâç). Exagero, m. A -, loc. (a-). A todo o transe. De morte. ‖-cier, ère adj. (-ié, ér). Exagerado, da; excessivo, va.
outre f. (utr). Odre, m.
ou‖tre prep. (utr). Além de, da parte de lá de. ‖adv. Adiante, mais além : passer outre, passar adiante. ‖Loc. En outre, além disso. Outre mesure, desmedidamente. Outre que, além de que ‖-tré, ée adj. (-é). Exagerado, da. ‖Indignado, da; irritado, da. ‖-trecuidance f. (-âkidãç). Presunção, fatuidade. ‖-trecuidant, ante adj. (-ã, ãt). Presunçoso, sa. ‖-tremer m. (-âmér). Ultramar (tinta), m. [géogr.]. ‖-tre-mer adv. (-é-ér). Ultramar, m. ‖-trepasser vt. (-é). Ultrapassar. ‖-trer vt. (-é). Exagerar. ‖-tre-tombe adv. (-õb). Além-túmulo.
ouvert, erte adj. (uvér, ért). Aberto, ta. ‖-ure f. (-ùr). Abertura. ‖Loc. Ouverture de cœur, franqueza.
ouvr‖able adj. (uvra-). Útil, de trabalho. ‖-age m. (-aj). Obra, f. ‖-ager vt. (-é) e -er vt. (-é). Trabalhar. ‖-e-boîtes m. (-âbuat). Abrelatas. ‖-eur, euse m. e f. (-â, âz). Abridor, ora. ‖ Arrumador, ora; indi-

Itálico : acento tónico. ‖V. página verde para a pronúncia figurada. ‖*Verbo irreg. V. no final do livro.

OVA — PAÎ

cador, ora (*Br.*) [théâtr.]. ‖-ier, ère m. e f. (-*ié*, *ér*). Operário, ia. *Cheville ouvrière*, cavilha mestra. ‖-ir* vt. (-*ir*). Abrir. ‖ *Loc. S'ouvrir à un ami*, abrir-se com um amigo. *S'ouvrir un passage*, abrir passagem. *S'ouvrir sur un jardin*, dar* para um jardim. ‖-oir m. (-*uar*). Oficina, f.; sala de costura, de lavores, f.

ov‖aire m. (ov*ér*). Ovário. ‖-ale adj. (-*al*). Oval. ‖-aliser vt. (-*é*). Ovalar, dar* forma oval a.

ovation‖ f. (ova*ciô*). Ovação. ‖-ner vt. (-*oné*). Ovacionar.

ove m. (ov). Óvalo (arq.).

ovi‖vipare adj (o-*ar*). Ovíparo, ra ‖-vule m. (-*ùl*). Óvulo.

oxydable adj. (oksida-). Oxidável.

oxy‖dation f. (okç-*aciô*). Oxidação. ‖-de m. (-*id*). Óxido. ‖-der vt. (-*é*) Oxidar.

oxy‖gène m. (okç-*én*). Oxigénio. ‖-géner vt. (-*éné*). Oxigenar.

ozène f. (oz*én*). Ozena.

ozone m. (oz*on*). Ozone.

P

pacage m. (pac*aj*). Pasto, pastagem, f.

pacha m. (pax*a*). Pax*á*.

pachyderme m. (paxid*érm* ou -ki-). Paquiderme.

paci‖ficateur, trice m. e f. (pa-at*âr*, r*iç*). Pacificador, ora. ‖-fication f. (-*ciô*). Pacificação. ‖-fier vt. (-*ié*). Pacificar. ‖-fique adj. (-*ic*). Pacífico, ca. ‖-fiste m. (-*içt*). Pacifista.

pacotille f. (pacot*iiâ*). Pacotilha.

pac‖te m. (pa-). Pacto. ‖-tiser vi. (-*é*). Pactuar.

Pactole n. pr. (pactol). Pactolo.

Padoue n. pr. (padu). Pádua.

paf! interj. (paf). Zás! Trás! ‖ adj. *Pop.* Bêbedo, da.

pagaie f. (pagh*é*). Pagaia, remo, m. [rame].

pagaie, pagaye f. (pag*ai*). Desordem, precipitação, barafunda.

paganisme m. (paganí*ç*m). Paganismo.

page f. (paj). Página. ‖ *Loc. A la page*, bem informado, em dia. *Mettre en page*, paginar. *Mise en page*, paginação. *Metteur en page*, paginador. ‖ m. Pajem.

pagi‖nation f. (pa-ac*iô*). Paginação. ‖-ner vt. (-*é*). Paginar.

pagne m. (panh). Tanga, f.

pagode f. (pag*od*). Pagode, f.

paie f. P*ag*a, remuneração.

paiement m. (pém*ô*). Pagamento.

païen, enne m. e f. (pai*ân*, *én*). Pagão, ã; gentio, ia. ‖ *Fam.* ímpio, ia.

paillar‖d, arde adj. (paiar, ard).

Libertino, na; dissoluto, ta. ‖-dise f. (-*iz*). Luxúria, libertinagem.

pailla‖sse f. (pai*áç*). Enxergão, m. [matelas]. ‖ m. Palhaço, faz-tudo. ‖-sson m. (-*ô*). Esteirão, capacho.

pa‖ille f. (pa*iiâ*). Palha. ‖ Falha [métaux]. ‖ adj. Cor de palha. ‖ *Loc. Brin de paille*, palhinha. *Feu de paille*, fogach*o*. *Homme de paille*, testa-de-ferro. *Tirer à la courte paille*, tirar s*o*rtes à *a*ventura. ‖-ller m. (-*ié*). Palh*e*iro. ‖-lleter vt. (-*é*). Lentejoil*a*r. ‖-llette f. (-*iiét*). Lentejoula [ornement]. ‖ Lâminazinha [d'or]. ‖-llor m. (-*iô*). Carapuça (f.) de palha ‖ Lentejoula *grande*, f. [sur une étoffe]. ‖-llotte f. (-*iot*). Palhota, palh*o*ça, cubata.

pain m. (pàn). Pão. ‖ *Loc. Pain à cacheter*, obreia, f. *Pain à chanter*, hóstia, f. *Pain d'épice*, bolo (de centeio, mel e espécies). *Pain de saint-jean*, alfarroba, f. *Pain du ciel*, maná. *Au pain et à l'eau*, a pão e água.

pai‖r, aire ad*j.* e s. m. (pér). Par. ‖ *Loc. Au pair*, sô por cama e mesa [employé]. *De pair*, a par. *Hors de pair*, sem rival. ‖-re f. (pér). Par, m. ‖ *Loc. Paire de bœufs*, junta de bois; cambão, m. (*Br.*). *Paire de chevaux*, parelha de cavalos. ‖-resse f. (-*éç*). Mulher dum par (inglesa). ‖-rie f. (-*í*). Pariato, m.

paisible adj. (pézi-). Pacífico, ca; tranquilo, la; manso, sa; calmo, ma.

paître* vt. e vi. (pétr). Pastar [man-

Lettres penchées : accent tonique. ‖ V. page verte pour la prononciation figurée. ‖ *Verbe irrég. V. à la fin du volume.

PAI — PAN

ger de l'herbe]. ‖Apascentar [faire paître]. ‖Loc. *Envoyer paître*, mandar passear, pôr* a andar.
paix f. (pé). Paz. ‖*Paix!* interj. Caluda! ‖Loc. *Ficher la paix*, deixar em paz.
pal m. (pal). Estaca, f. ‖Pala, f. (her.).
palabre f. (palabr). Conciliábulo, m.
paladin m. (paladẫn). Paladíno.
palais m. (palé). Palácio. ‖Palato, céu da boca [bouche]. ‖Foro [tribunal].
palan m. (palã). Talha, f. (mar.).
palanquin m. (palãcẫn). Palanquím.
palatal, ale adj. (palatal). Palatal.
pala‖tin, ine adj. e s. f. (palatẫn, ín). Palatíno, na. ‖*-tinat* m. (-a). Palatinado.
pale f. (pal). Pala [liturgie]. ‖Pá [rame, hélice]. ‖Comporta [moulin].
pâle adj. (pal). Pálido, da.
pale‖frenier m. (pa-rãnié). Palafreneíro. ‖*-froi* m. (-ua). Palafrém.
palé‖ographie f. (palêografi). Paleografía. ‖*-ontologie* f. (-õtoloji). Paleontologia.
Palerme n. pr. (palérm). Palermo.
paleron m. (pa-rõ). Pá (das reses).
Palestine n. pr. (paléçtin). Palestina.
palestre f. (paléçtr). Palestra.
palet m. (palé). Patela, f., molha, f.
paletot m. (pa-ô). Paletó, casaco.
palette f. (palét). Palheta, paleta.
palétuvier m. (palêtùvié). Mangue.
pâleur f. (palẫr). Palidez.
palier m. (palié). Patamar. ‖Parte (f.) plana dum caminho. ‖Chumaceira, f. [méc.]. ‖*Fig.* Escalão.
pali‖mpseste m. (palãn-éçt). Palimpsesto. ‖*-nodie* f. (-odi). Palinódia, retractação.
pâlir vi. (palír). Empalidecer.
palissade f. (pa-ad). Palissada.
palissandre m. (pa-ãdr). Palissandro, jacarandá, pau-santo.
pâlissant, ante adj. (pa-ã, ãt). Que empalidece.
palladium m. (paladiom). Paládio [métal]. ‖*Fig.* Salvaguarda, f. [garantie].
Pallas n. pr. (palaç). Palas.
pal‖liatif, ive adj. (paliatíf, ív). Paliatívo,va. ‖*-lier* vt. (-ié). Paliár; aliviar, atenuar, disfarçar.

palmarès m. (pa-aréç). Relação (f.) de alunos premiados.
pal‖me f. (pa-). Palma (ramo). ‖Loc. *Palmes académiques*, palmas académicas, condecoração francesa. ‖*-mé, ée* adj. (-é). Unido, da com palmoura. ‖*-mette* f. (-ét). Palmeta. ‖*-mier* m. (-ié). Palmeira, f.; jaci, tucum, pindoba, f. (Br.).
pal‖mipède adj. e s. (pa-éd). Palmípede. ‖*-miste* m. (-íçt). Palmíste.
palombe f. (palõb). Pombo (m.) torcaz ou bravo.
pâlot, otte adj. (palô, ot). Pàlidozíto, ta; um pouco pálido, da.
pal‖pable adj. (pa-pa-). Palpável. ‖*-pe* f. (palp). Palpo, m. ‖*-per* vt. (-é). Palpar. ‖*Fig.* e *fam.* Receber (dinheiro) [argent].
palpi‖tant, ante adj. (pa-ã, ãt). Palpitante. ‖*-tation* f. (-açiõ). Palpitação. ‖*-ter* vi. (-é). Palpitar.
palplanche f. (-ãx). Ensecadeira.
palsambleu interj. (pa-ã-â). Pelo sangue de Cristo, por Deus; coa breca.
paltoquet m. (pa-oké). Lapuz, labrego.
palu‖déen, enne adj. (palùdêãn, én). Palustre. ‖*-disme* m. (-íçm). Paludísmo. ‖*-stre* adj. (-ùçtr). Palustre.
pâ‖mer vi. e se **pâmer** vr. (pamé). Desmaiar, desfalecer. ‖Loc. *Se pâmer de rire*, morrer a rir*. ‖*-moison* f. (-uazõ). Desmaio, m., desfalecimento, m.
Pampelune n. pr. (pã-ùn). Pamplona.
pam‖phlet m. (pãplé). Panfleto, sátira, f. ‖*-phlétaire* m. (-êtér). Panfletário, libelísta.
pampre m. (pãpr). Pâmpano, parra, f.
pan m. (pã). Aba, f. [vêtement]. ‖*Pano* [de mur]. ‖Fralda, f. [chemise]. ‖Lado, face, f. [d'un ouvrage de menuiserie, etc.]. ‖*Pan coupé* (-upé). Bisel. *Pan de bois* (-ua). Tabique, taipa, f.
panacée f. (panacé). Panaceia.
pana‖che m. (panax). Penacho. ‖*Fig.* e *fam.* Jactância, f., gabarolice, f. ‖Loc. *Faire panache*, virar-se, voltar-se [automobile]. ‖*-cher* vt. (-é). Empenachar. ‖Matizar [bigarrer], ‖Misturar, variar [mêler].
panade f. (panad). Açorda.
panais m. (pané). Pastinaga, f.

Itálico : acento tónico. ‖V. página verde para a pronúncia figurada. ‖*Verbo irreg. V. no final do livro.

panama m. (panama). Panamá (chapéu).
Panama n. pr. (panama). Panamá.
panard, arde adj. (panar, ard). Cambaio, ia; cambro, bra [cheval].
panaris m. (panari). Panarício.
pancarte f. (pácart). Cartaz, m.
pancréas m. (pácrèac). Pâncreas.
pandectes f. pl. (pádéct). Pandectas.
pandore m. (pádor). Fam. Polícia.
Pandore n. pr. (pádor). Pandora.
pané, ée adj. (pané). Panado, da. ||Eau panée (ô-). Água de pão.
panégy||rique m. (panêjiric). Panegírico. ||-riste m. (-içt). Panegirista.
pane||terie f. (pa-ârí). Saquitaria. ||-tier m. (-ié). Saquitário. ||-tière f. (-iér). Surrão, m.; aparador, m. [meuble]; armário (m.) para o pão.
pangermanisme m. (pájérmaniçm). Pangermanísmo.
pangolin m. (págolàn). Pangolim.
panic m. (panic). Panico, painço.
panicule f. (pa-ùl). Panícula.
panier m. (panié). Cesto, cesta, f. ||Loc. Panier à ouvrage, cesto de costura. Panier à poisson, cofo (Br.). Panier de pêcheur, samburá (Br.). Panier percé, mãos rotas, perdulário.
panique f. (panic). Pânico, m.
pan||ne f. (pan). Pelúcia [étoffe]. ||Banha [porc, etc.]. ||Pena [du marteau]. ||Madre [poutre]. ||Avaria [auto]; en panne, imobilizado. ||-neau m. (-ô). Painel. ||Almofada, f. [de porte]. ||Rede, f. [filet]. ||Loc. Tomber dans le panneau, cair* no laço, deixar-se enganar. ||-neton m. (-ô). Palhetão.
panonceau m. (panôçô). Escudete.
pano||plie f. (pano-i). Panóplia. ||-rama m. (-rama). Panorama.
pansage m. (páçaj). Limpeza, f., penso, tratamento [animaux domestiques].
panse f. (páç). Pança, barriga.
pan||sement m. (pá-â). Curativo, penso. ||-ser vt. (-é). Pensar, curar.
panslavisme m. (páçlaviçm). Panslavismo.
pansu, ue adj. (páçù). Pançudo, da.
pantagruélique adj. (pátagrùélic). Pantagruélico.
panta||lon m. (pátalô). Calças, f. pl. ||-lonnade f. (-onad). Farsa.

pantelant, ante adj. (pâ-â, ât). Ofegante [haletant]. ||Palpitante.
pan||théisme m. (pátéiçm). Panteísmo. ||-théiste m. (-içt). Panteísta. ||-théon m. (-ô). Panteão.
panthère f. (rátér). Pantera.
pantin m. (pátàn). Boneco, títere.
pantographe m. (pátograf). Pantógrafo.
pantois, oise adj. (pátua, uaz). Fam. Banzado, da; atónito, ta.
panto||mètre m. (pátométr). Pantómetro. ||-mime f. (-im). Pantomima. ||m. Pantomimo, pantomimeiro.
pantoufle f. (pátu-). Pantufa.
paon|| m. (pâ). Pavão. ||-ne f. (pan). Pavoa.
papa m. (papa). Papá; papai (Br.). ||Loc. A la papa, sem pressas. Grand-papa, vovô (linguagem infantil).
pa||pal, ale adj. (papal). Papal. ||-pauté f. (-pôté). Papado.
papavéracées f. pl. (papavêracé). Papaveráceas.
papayer m. (papaié). Papaia, f.
pape m. (pap). Papa.
papegai m. (pa-é). Ave artificial, f.
pape||llard, arde adj. (pa-lar, ard). Beato, ta; falso, sa. ||-lardise f. (-iz). Beatice, beatério, m.
pape||rasse f. (papraç). Papelada. ||-rassier adj. e s. m. (-ié). Papelista.
papesse f. (papéç). Papísa.
pape||terie f. (pa-ârí). Papelaria. ||-tier, ère m. e f. (-ié, ér). Papeleiro, ra.
papier m. (papié). Papel. ||Loc. Papier à cigarettes, papel de fumar. Papier brouillard ou buvard, mata-borrão. Papier-calque, papel vegetal. Papier carbone, papel químico. Papier collant, papel gomado. Papier de verre, lixa (f.) de vidraceiro. Papier gris, papel pardo, de embrulho. Papier libre, papel selado. Papier long, letra (f.) a longo prazo. Papier pelure, papel celo, de seda. Papier timbré, papel selado. Etre dans les petits papiers de quelqu'un, estar* nas boas graças de alguém.
papi||lionacé, ée adj. (pa-onacé). Papilionáceo, ea. ||-llon m. (-iô). Borboleta, f. ||-llonner vi. (-oné). Borbolet*ear*. ||-llote f. (-iot). Pape-

Lettres penchées : accent tonique. ||V. page verte pour la prononciation figurée. ||*Verbe irrég. V. à la fin du volume.

PAP — PAR 242

lote, m. ‖Rebuçado, m. [bonbon]. ‖**-lloter** vi. (-é). Pestanejar [yeux]. ‖vt. Pôr* papelotes em [cheveux].
pap‖isme m. (papiçm). Papismo. ‖**-iste** m. (-içt). Papista.
paprika m. (papr-a). Pimentão.
papyrus m. (pa-rùç). Papiro.
pâ‖que f. (pac). Páscoa (judeus). ‖**-ques** f. pl. (pac). Páscoa (cristã). ‖Loc. *Faire ses pâques*, comungar pela Páscoa, ir* à desobriga.
paquebot m. (pa-ó). Paquete.
pâquerette f. (pacrét). Margarida.
paquet m. (paké). Pacote, embrulho. **paquetage** m. (pa-aj). Empacotamento. ‖*Roupas*, f. pl., equipamento [soldat].
par prep. (par). Por. ‖Loc. *De par*, em nome de. *Par-devant*, perante.
parabole f. (parabol). Parábola.
parachever vt. (para-é). Rematar, acabar, aperfeiçoar, concluir*.
parachut‖e m. (paraxùt). Pára-quedas. ‖**-iste** m. (-içt). Pára-quedista.
paraclet m. (para-é). Paracleto.
para‖de f. (parad). Alarde, m., ostentação. ‖Parada, revista [troupes]. ‖Parada (d'un coup). ‖**-der** vi. (-é). Pavonear-se. ‖Manobrar.
paradis‖ m. (paradí). Paraíso. ‖**-iaque** adj. (-iac). Paradisíaco, ca. ‖**-ier** m. (-ié). Ave-do-paraíso.
para‖doxal, ale adj. (paradokçal). Paradoxal. ‖**-doxe** m. (-okç). Paradoxo.
para‖fe m. (paraf). Rubrica, f. ‖**-fer** vt. (-é). Rubricar; assinar.
paraffine f. (parafín). Parafina.
parage m. (paraj). Paragem, f. [endroit]. ‖Estirpe, f., linhagem, f. [extraction].
paragraphe m. (paragraf). Parágrafo.
paraître* vi. (parétr). Parecer [sembler]. ‖Publicar-se. ‖Aparecer, manifestar-se. ‖Comparecer.
parall‖èle adj. (paralél). Paralelo, ela. ‖m. Paralelo. ‖f. Paralela. ‖**-élépipède** m. (-élê-éd). Paralelipípedo. ‖**-élisme** m. (-içm). Paralelismo. ‖**-élogramme** m. (-ogram). Paralelograma, rombóide.
paraly‖ser vt. (para-é). Paralisar. ‖**-sie** f. (-í). Paralisia. ‖**-tique** adj. (-ic). Paralítico, ca.

paran‖gon m. (parãgõ). Padrão; comparação, f. ‖**-gonner** vt. (-oné). Parangonar.
parapet m. (parapé). Parapeito [pont].
paraphe m. V. PARAFE.
paraphra‖se f. (parafraz). Paráfrase. ‖**-ser** vt. (-é). Parafrasear.
parapluie m. (para-ùí). Guarda-chuva.
parasite m. (parazít). Parasita.
parasol m. (paraçol). Guarda-sol.
paratonnerre m. (paratonér). Pára-raios.
paratyphoïde adj. (para-foid). Paratifóide.
paravent m. (paravã). Guarda-vento, biombo [meuble].
parbleu interj. (par-â). Por Deus!
parc m. (parc). Parque, tapada, f. ‖Redil, malhada, f., curral [troupeaux].
parcelle f. (parcél). Parcela, partícula.
parce que loc. conj. (parçâcâ). Porque.
parchemi‖n m. (parxãmàn). Pergaminho. ‖**-né**, **ée** adj. (-é). Apergaminhado, da.
parcimo‖nie f. (par-oní). Parcimónia. ‖**-nieux, euse** adj. (-iâ, âz). Parcimonioso, sa; parco, ca; poupado, da.
pardessus m. (pardâcù). Sobretudo, casacão, gabão, capote.
par-devant loc. prep. (pardâvã). Por diante. ‖Perante [notaire, etc.].
pardi, pardieu, pardienne, interj. (pardí, -iâ, -ién). Por Deus!
pardon‖ m. (pardõ). Perdão. ‖Romaria, f. [pèlerins]. ‖Loc. *Demander pardon*, pedir* desculpa. *Je vous demande pardon*, desculpe. ‖**-nable** adj. (-ona-). Perdoável. ‖**-ner** vt. (-é). Perdoar, desculpar. ‖Vi. Poupar [à].
pare-brise m. (parâbriz). Guarda-brisa, pára-brisa.
pare-chocs m. (parxoc). Pára-choques.
pareil, eille adj. (paréí). Semelhante, igual, idêntico, ca. ‖Loc. *Rendre la pareille*, pagar na mesma moeda. *Sans pareil*, sem par. *Un pareil*, semelhante, tal.
parement m. (parmã). Frontal

Itálico: acento tónico. ‖V. página verde para a pronúncia figurada. ‖*Verbo
irreg V. no final do livro.

PAR — PAR

[autel]. ‖ Ornamento, enfeite. ‖ Canhão [manche]. ‖ Silhar [maçonnerie].

parenchyme m. (paràxím). Parênquima.

paren‖t, ente m. e f. (parã, ãt). Parente. ‖ pl. País. ‖**-té** f. (-é). Parentesco, m.

parenthèse f. (parãtéz). Parêntese, m. ou parêntesis, m.

parer vt. (paré). Enfeitar, ornar. ‖ Parar [un coup]. ‖ vi. Remediar [à]. ‖ **(se)** vr. Enfeitar-se, adornar-se.

pares‖se f. (paréç). Preguiça. ‖**-ser** vi. (-é). Preguiçar. ‖**-seux, euse** adj. (-â, âz). Preguiçoso, sa ; molongó (*Br. de l'Amazonas*).

par‖faire* vt. (parfér). Perfazer*. ‖**-fait, aite** adj. e s. m. (-é, ét). Perfeito, ta.

parfois adv. (parfua). às vezes.

parfum‖ f. (parfãn) Perfume. ‖**-er** vt. (-ùmé). Perfumar. ‖**-erie** f. (-rí). Perfumaría. ‖**-eur, euse** m. e f. (-âr, âz). Perfumista.

pari m. (parí). Aposta, f.

paria vt. (paria). Pária, pariá.

parier vt. (parié). Apostar.

parié‖taire f. (pariêtér). Parietária. ‖**-tal, ale** adj. e s.m. (-al). Parietal.

parieur, euse adj. e s. (pariâr, âz). Apostador, ora ; o, a que aposta.

Paris n. pr. (parí). París.

parisien, enne adj. e s. (pariziàn, én). Parisiense.

parité f. (par-é). Paridade.

parju‖re m. (parjùr). Perjúrio [faux serment]. ‖ adj. e s. Perjuro, ra [personne]. ‖**-rer (se)** vr. (-é). Perjurar, jurar falso.

par‖lant, ante adj. (parlã, ãt). Falante. ‖ Falado [cinéma]. ‖ *Fig.* Expressivo, va; parecido, da [ressemblant]. ‖**-lé, ée** adj. (-é). Falado, da. ‖**-lement** m. (-ãmã). Parlamento. ‖**-lementaire** adj. e s. (-tér). Parlamentar. ‖ Parlamentário, ia. ‖**-lementer** vi. (-é). Parlamentar. ‖**-ler** vt. e vi. (-é). Falar. ‖ Sint. *Parler à*, falar com. ‖ *Loc. Faire parler de soi*, dar* que falar. *Parler d'abondance*, falar de improviso. *Parler d'or*, falar muito bem. *Parler en l'air*, falar no ar. *Parler musique, peinture, etc.*, falar de música, de pintura, etc. ‖ s. m. Fala, f., linguagem, f., falar. ‖ Dialecto, linguajar [patois]. ‖**-leur, euse** m. e f. (-âr, âz). Falador, ora. ‖ *Haut-parleur*, altifalante. ‖ *Loc. Beau parleur*, bem falante. ‖**-loir** m. (-uar). Locutorio. ‖**-lote** f. (-ot). *Fam.* Centro (m.) de cavaco, lugar (m.) de cavaqueíra.

Parme n. pr. (parm). Parma.

parmesan, ane adj. (parmãzã). Parmesão, sã.

parmi prep. (parmí). Entre.

Parnasse n. pr. (parnaç). Parnaso.

paro‖die f. (parodí). Paródia. ‖**-dier** vt. (-ié). Parodiar, imitar.

paroi f. (parua). Parede.

paroi‖sse f. (paruaç). Paróquia. ‖**-ssial, ale** adj. (-ial). Paroquial. ‖**-ssien, enne** adj. e s. (-iàn, én). Paroquiano, na. ‖ m. Devocionário, lívro de orações. ‖ m. lívro de missa.

parole f. (parol). Palavra. ‖ pl. Letra, sing. [d'une chanson]. ‖ *Loc. Ma parole! palavra! Payer de paroles*, gabar-se, alardear. *Porter la parole*, falar em nome de vários. *Sur parole*, sob palavra. *Tenir sa parole*, cumprir a palavra.

paronyme m. (paroním). Parónimo.

parotide f. (parotíd). Parótida.

paroxysme m. (parokcísm). Paroxísmo.

parpaillot m. (parpaiô). Calvinísta [alcunha]. ‖ *Fam.* Herege, ateu.

parpaing m. (parpãn). Perpianho.

Parque n. pr. (parc). Parca.

parquer vt. (parké). Encurralar.

par‖quet m. (parké). Sobrado enxadrezado, parqué, parquete. ‖ *Teía*, f. [tribunal]. ‖ Ministério público. ‖ Câmara (f.) dos corretores. ‖**-queter** vt. (-âté). Assoalhar (com parqué).

parrain m. (parãn). Padrinho. ‖**-age** m. (-ênaj). Apadrinhamento.

parricide m. (par-íd). Parricídio [crime]. ‖ m. e f. Parricida [criminel].

parsemer vt. (parçãmé). Semear.

part m. (par). Recém-nascido [enfant, en t. de droit].

part f. (par). Parte. ‖ *Loc. A part*, à parte. *A part moi*, comigo mesmo. *De part en part*, de lado a lado. *De part et d'autre*, de ambos os lados. *De toutes parts*, de todos os lados.

Lettres penchées : accent tonique. ‖ V. page verte pour la prononciation figurée. ‖ *Verbe irrég. V. à la fin du volume.

PAR — PAS

D'une part, por um lado. *Faire part,* dar* parte. *Lettre de faire-part,* participação. *Prendre part,* tomar parte. *Prendre en bonne, mauvaise part,* levar a bem, a mal.

parta‖ge m. (partáj). Partilha, f., repartição. ‖ **Parte,** f. [lot]. Loc. *Avoir en partage,* receber em quinhão. *Ligne de partage des eaux,* linha divisória. ‖**-ger** vt. (-ê). Repartir, quinhoar [diviser]. ‖ Participar em [prendre part à]. ‖Loc. *Etre bien partagé,* ser* bem dotado; sair* favorecido duma partilha. *Partager une opinion,* partilhar duma opinião. ‖**-geur, euse** adj. e s. (-âr, âz). Repartidor, ora; socialista (irónico).

par‖tance f. (partáç). Partida, saída (mar.). ‖ Loc. *En partance,* a partir, pronto a largar. ‖**-tant** conj. (-â). Portanto. ‖**-tant** m. (-â). O que parte ou *sai.*

partenaire s. (partánér). Parceiro, ra [au jeu]. ‖ Par, m. [danse].

parterre m. (partér). Canteiro [fleurs]. ‖ Plateia, f. [théâtre].

Parthes n. pr. (part). Partos.

parti m. (parti). Partido. ‖Loc. *De parti pris,* de caso pensado. *Faire un mauvais parti,* maltratar. *Parti pris,* opinião preconcebida. *Prendre parti,* tomar partido; torcer (Br.). *Prendre son parti,* resignar-se. ‖ adj. Partido, da [blason].

partial‖, **ale** adj. (parciál). Parcial. ‖**-ité** f. (-ê). Parcialidade.

partici‖pant, ante adj. (par-â, ât). Participante. ‖**-pation** f. (-áciô). Participação. ‖**-pe** m. (-íp). Particípio. ‖**-per** vi. (-ê). Participar : *participer à,* participar em.

parti‖cularité f. (par-ùlar-ê). Particularidade. ‖**-cule** f. (-ùl). Partícula. ‖**-culier, ère,** adj. (-iê, ér). Particular. ‖ s. m. Particular.

par‖tie f. (parti). Parte. ‖ Partida [commerce, jeu]. ‖Loc. *C'est partie remise,* fica para outra vez. *En partie double* ou *simple,* por partidas dobradas, ou simples. *Forte partie,* adversário de respeito, m. *Partie de chasse,* caçada. *Partie de pêche,* pescaria. *Partie de plaisir,* reunião alegre. *Partie plaignante,* queixoso, m. *Prendre à partie,* atacar, culpar,

deitar as culpas para. ‖**-tiel, elle** adj. (-ciél). Parcial.

partir* vi. (partír). Partir, sair* [sortir]. ‖ Proceder, ter* origem. ‖ *Fig.* Arrancar [moteur]. ‖ Disparar [armes]. ‖Loc. *A partir de,* a contar de. *Faire partir,* disparar [armes, fusées]. *Partir d'un éclat de rire,* soltar uma gargalhada.

partisan m. (par-â). Partidário ; torcedor (Br.). ‖ Guerrilheiro.

parti‖tif, ive adj. (par-íf, ív). Partitivo, va. ‖**-tion** f. (-ciô). Partitura (mús.). ‖ Partição (herál.).

partout adv. (partu). Por toda a parte, em toda a parte.

parure f. (parùr). Adorno, m. ‖ Adereço, m. [bijou]. ‖ Apara, raspa [peau].

parve‖nir* vi. (parvânír). Chegar [arriver]. ‖ *Fazer** fortuna, elevar-se em dignidade. ‖**-nu, ue** adj. (-ù). Chegado, da. ‖ s. m. e f. Novo-rico, nova-rica ; arranjista ; felizardo, da.

parvis m. (parví). Adro [église].

pas m. (pa). Passo. ‖ Limiar [seuil]. ‖ Degrau [marché]. Desfiladeiro [passage]. ‖Loc. *A grands pas,* a passos largos. *A pas de loup,* pé ante pé. *Avoir le pas,* ter* precedência. *De ce pas,* agora mesmo. *Faire un pas,* dar* um passo. *Faux pas,* passo em falso, tropeção ; deslize. *Mauvais pas,* apuro, transe. *Pas de clerc,* imprudência, f., disparate. *Pas de tortue,* passo de boi. *Pas de vis,* volta (f.) de parafuso. *Pas redoublé,* marcha (f.) militar a dois tempos. *Revenir sur ses pas,* voltar atrás.

pas adv. de negação (pa). Não. ‖ *Observ.* Pas, acompanhado de *ne,* usa-se com os verbos e suprime-se em português : *je ne travaille pas,* não trabalho. Quando está só, sem verbo, tem igual tradução : *pas moi, eu não ; pas maintenant,* agora não. *Pas de... pas de,* loc. Sem... não há : *pas de travail, pas d'argent,* sem trabalho não há dinheiro. ‖Loc. *Pas du tout, pas le moins du monde,* absolutamente nada, de modo algum. *Pas un,* nem um, nenhum. *Un pas grand chose,* um tratante, um patife, um velhaco.

Itálico : acento tónico. ‖V. página verde para a pronúncia figurada. ‖ *Verbo irreg. V. no final do livro.

pascal, ale adj. (paçcal). Pascal.
Pascal n. pr. (paçcal). Pascoal.
pasquin‖ m. (paçcàn). Pasquím. ‖**-ade** f. (-inad). Pasquinada, libelo, m.
pass‖**able** adj. (paça-). Sofrível, admissível. ‖**-ablement** adv. (-âmā). Sofrivelmente, bastante. ‖**-ade** f. (-ad). Passagem curta, demora. ‖**-age** m. (-aj). Passo [texte]. ‖Passagem, f. [traversée]. ‖Bilhete (de passagem). ‖Rua (f.) coberta [galerie]. ‖**-ager, agère** adj. e s. (-é, ér). Passageiro, ra. ‖**-ant, ante** adj. (-ā, āt). Concorrido, da [rue]. ‖s. m. e f. Transeunte, 2 g. [personne]. ‖**-avant** m. (-avā). Mar. Meia-nau, f. ‖Guía (f.) de livre trânsito [marchandises].
pa‖**sse** f. (paç). Passagem [chasse]. ‖Passe, m. [magnétiseur, escrime]. Papel (m.) para estragos [imprimerie]. ‖Arredondamento, m. (duma soma). ‖Loc. En passe de, em condições de. Mot de passe, santo-e-senha. ‖**-ssé, ée** adj. (-é). Passado, da. ‖s. m. Passado. ‖Gram. Pretérito. ‖Loc. Dix heures passées, dez dadas. Passé dix heures, depois das dez. Vingt ans passés, passados vinte anos.
passe‖**-boule** m. (pa-ul). Goela-aberta, f. (jogo). ‖**-debout** m. (-âbu). Guía, f. (mercadorías). ‖**-droit** m. (-rua). Injustiça, f. ‖**-lacet** m. (-acé). Passador, agulheta, f. ‖**-menterie** f. (-ātrí). Passamanaria. ‖**-mentier, ère** m. e f. (-ié, ér). Passamaneiro. ‖**-partout** m. (-artu). Gazua, f. [clef]. Porta-retratos; moldura, f. ‖**-passe** m. (-aç). Passe-passe. ‖**-port** m. (-or). Passaporte.
passer vt. e vi. (pacé). Passar. ‖Vestír [un vêtement]. ‖Loc. Cela me passe, não percebo isso. En passant, de caminho. En passer par, resignar-se, aceitar. Il faut passer par là ou par la porte, é pegar ou largar. Passer dans une ville, sur un pont, passar por uma cidade, por uma ponte. Passer en revue, passar revista a. Passer le porte, ser* despedido. Passer outre, seguir* avante sem fazer* caso. Passer son envie, matar o desejo. Passer sous silence,

passar em silêncio. Passer sur une faute, perdoar um erro. Passer un examen, fazer= um exame. Se passer de, passar sem.
passereau m. ‛pa-ró). Pássaro.
passerelle f. (ra-rél). Passadiço, m. ‖Ponte de comando [bateaux].
passe‖**rose** f. (pa-róz). Malva-rosa. ‖**-temps** m. (-ā). Passatempo.
passeur m. (paçōr). Barqueiro.
pa‖**ssible** adj. (paci-). Incurso, sa. ‖**-ssif, ive** adj. e s. m. (-if, ive). Passivo, va.
passion‖ f. (paciō). Paixão. ‖**-nant, ante** adj. (-onā, āt). Apaixonante. ‖**-né, ée** adj. (-é). Apaixonado, da. ‖**-nel, elle** adj. (-é). Passional. ‖**-ner** vt. (-ē) Apaixonar; arrebatar.
passivité f. (pa-é). Passividade.
passoire f. (paçuar). Passador, m.
pastel m. (paçtél). Pastel dos tintureiros [plante]. ‖Pastel [crayon]. ‖**-liste** m. (-içt). Pastelísta.
pastèque f. (paçtéc). Melancía.
pasteur‖ m. (paçtār). Pastor. ‖**-iser** vt. (-é). Pasteurizar.
pasti‖**che** m. (paçtix). Imitação, f., plágio. ‖**-cher** vt. (-é). Imitar, plagiar; decalcar.
pastille f. (paçtīā). Pastílha.
pas‖**toral, ale** adj. e s. f. (paçtoral). Pastoral. ‖**-toureau, relle** m. e f. (-urō, él). Pastorínho, nha. ‖f. Pastorela, auto (m.) pastoríl.
pat adj. (pat). Empatado, da [jeu].
patache f. (patax). Patacho, m. [embarcation]. ‖Carroção, m. [voiture]. ‖Fam Carripana, carangujola.
patagon, one adj. e s. (patagō, on). Patagão, ā.
pataquès m. (patakéç). Erro de ligação (na pronúncia).
patarafe f. (pataraf). Pop. Rabisco, m., garatuja letra mal feita.
patate f. (patat). Batata doce.
pata‖**ti, patata** onomatopeia (patati, patata). Déu-déu-déu. ‖**-tras** onomat. (-ra). Trás! Pumba! Tumba!
pataud, aude adj. e s. (patō, ōd). Grosseiro, ra. ‖m. Patudo, da [chien].
patauger vi. (patōjé). Chafurdar. ‖Fig. Atrapalhar-se.
patchouli m. (pa-uli). Patechulí.
pâ‖**te** f. (pat). Massa [pain, pâtis-

Lettres penchées : accent tonique. ‖V. page verte pour la prononciation figurée. ‖*Verbe irrég. V. à la fin du volume.

PAT — PÂT 246

serie]. ‖ Pasta. ‖ Pastel, m. [imprimerie]. ‖ Loc. *Comme un coq en pâte*, como peixe na água. *Mettre la main à la pâte*, pôr* mãos à obra. *Ni pain ni pâte*, nem migalha. ‖ **-té** m. (*-é*). Empada, f. ‖ Quarteirão [maisons]. ‖ *Borrão* [d'encre]. ‖ **-tée** f. (*-é*). Comida [des animaux]. ‖ Farelada [volaille].

patelin, ine adj. (pa-*àn, ín*). Insinuante. ‖ s. m. *Pop.* Aldeia, f., parvónia, f.

patène f. (patén). Patena.

patenôtre f. (pa-ôtr). Pai-nosso, m. ‖ *Irón.* Reza, lengalenga.

pat‖ent, ente adj. (patã, ãt). Patente. ‖ **-ente** f. (*-ãt*). Contribuição industrial ou comercial. ‖ Patente [privilège]. ‖ *Carta de saúde* [marine]. ‖ **-enté, ée** adj. (*-é*). Colectado em contribuição comercial ou industrial.

pater m. (patér). Pai-nosso.

patère f. (patér). Patera [rideaux]. ‖ Pátera [coupe évasée].

pater‖ne adj. (patérn). Paterno, na. ‖ **-nel, elle** adj. (*-él*). Paternal. ‖ **-nité** f. (*-é*). Paternidade.

pâteux, euse adj. (patã, ãz). Pastoso, sa; *muito espesso*, ssa.

pathétique adj. (patétic). Patético, ca; tocante, comovente.

patho‖gène adj. (patojén). Patogénico, ca. ‖ **-logie** f. (*-ojí*). Patologia. ‖ **-logique** adj. (*-ic*). Patológico, ca; doentio, ia.

pathos m. (patoç). Patético [rhétor.]. ‖ *Fam.* Ênfase, f., empáfia, f., embófia, f.

patibulaire adj. (pa-ùlér). Patibular.

pa‖tiemment adv. (paciamã). Pacientemente. ‖ **-tience** f. (*-iáç*). Paciência. ‖ Labaça [plante]. ‖ Loc. *Patience d'allemand*, paciência de santo. *Perdre patience*, perder* a paciência. *Prendre patience*, esperar com paciência. ‖ **-tient, ente** adj. e s. (*-iã, ãt*). Paciente. ‖ **-tienter** vi. (*-é*). Esperar com paciência.

patin f. m. (patàn). Patim. ‖ **-age** m. (*-aj*). Patin*agem*, f.

patine f. (patín). Pátina.

pati‖ner vi. (pa-é). Patinar. ‖ **-neur, euse** m. e f. (*-âr, âz*). Patinador, ora. ‖ **-noire** f. (*-uar*). Pista de patinagem, rínque, m.

pâtir vi. (patír). Padecer, sofrer.

pâtis‖serie f. (pa-rí). Pastelaria; confeitaria [seule forme au Brésil]. ‖ **-sier, ère** m. e f. (*-ié, ér*). Pasteleiro, ra.

patois, oise adj. (patua, uaz). Dialectal. ‖ s. m. Dialecto, linguajar.

patraque f. (patrac). Cangalho, m. ‖ *vieille machine*; personne faible]. ‖ Loc. *Devenir patraque*, ficar um cangalho, um traste velho.

pâtre m. (patr). Pastor.

patri‖arcal, ale adj. (patriarcal). Patriarcal. ‖ **-arcat** m. (*-a*). Patriarcado. ‖ **-arche** m. (*-arx*). Patriarca.

Patrice n. pr. (patriç). Patrício.

patri‖cien, enne adj. e s. (*-iàn, én*). Patrício, ia; nobre, fidalgo, ga.

patrie f. (patrí). Pátria.

patri‖moine m. (patr-uan). Património. ‖ **-monial, ale** adj. (*-oniál*). Patrimonial.

patrio‖tard, arde adj. (patriotar, ard). Patrioteiro, ra. ‖ **-te** adj. e s. (*-iot*). Patriota. ‖ **-tique** adj. (*-ic*). Patriótico, ca. ‖ **-tisme** m. (*-içm*). Patriotismo.

patron, onne m. e f. (patrõ, on). Patrão, oa. ‖ Patrono, ona, padroeiro, eira [protecteur, saint]. ‖ s. m. Padrão [modèle]. ‖ **-age** m. (*-onaj*). Patrocínio [protection, secours]. ‖ Patronato. ‖ **-al, ale** adj. (*-al*). Patronal. ‖ **-at** m. (*-a*). Patronado. ‖ **-ner** vt. (*-é*). Patrocinar, proteger. ‖ **-nesse** f. (*-éç*). Protectora. ‖ Directora.

patronymique adj. (patro-ic). Patronímico, ca.

patrouil‖le f. (patruiã). Patrulha. ‖ **-ler** vi. (*-ié*). Patrulhar.

patte f. (pat). Pata. ‖ Escápula [clou]. ‖ Presilha [bande d'étoffe]. ‖ Loc. *À patte*, à pata, à pé. *A quatre pattes*, de gatas. *Faire patte de velours*, esconder as unhas. *Graisser la patte*, untar as unhas. *Pattes de mouche*, garatujas. *Retomber sur ses pattes*, sair* ileso, sair-se* bem. ‖ **-d'oie** f. (*-ua*). Encruzilhada [carrefour]. ‖ Pé-de-galinha, m. [rides].

pattu, ue adj. (patù). Patudo, da.

pâ‖turage m. (patùraj). Pastagem, f. ‖ **-ture** f. (*-ùr*). Pasto, m.

Itálico: acento tónico. ‖ V. página verde para a pronúncia figurada. ‖ *Verbo irreg. V no final do livro.

paturin m. (-àn). Poa, f., relva, f.
paturon m. (patùrõ). Ranilha, f.
Paul, **aule** n. pr. (pol) Paulo, Paula. ‖**-ine** n. pr. (-ín). Paulina.
paume f. (pôm). Palma [main]. ‖**Péla** [jeu].
paupérisme m. (pôpêriçm). Pauperismo.
paupière f. (pôpiér). Pálpebra.
pause f. (pôz). Pausa.
pau‖vre adj. e s. m. (pôvr). Pobre. ‖Loc. *Pauvre sire, pauvre hère*, pobre homem, sem mérito. *Pauvre honteux*, pobre envergonhado. ‖**-vresse** f. (-éç). Pobre, mendiga. ‖**-vret, ette** adj. e s. (-é, ét). Pobrezinho, nha. ‖**-vreté** f. (-âté). Pobreza, indigência.
pavage m. (pavaj). Empedrado. ‖*- en bois* (-ã bua). Pavimento de madeira.
pava‖ne f. (pavan). Pavana. ‖**-ner (se)** vr. (-é). Pavonear-se.
pa‖vé m. (pavé). Pedra (f.) de calçada [pierre]. ‖Empedrado [sol pavé]. ‖Paralelipípedo de madeira [en bois]. ‖Loc. *Battre le pavé*, vadiar. ‖*Sur le pavé*, sem domicílio. ‖**-vé, ée** adj. (-é). Empedrado, da. ‖f. Digital, dedaleira [plante]. ‖**-ver** vt. (-é). Empedrar, calcetar. ‖**-veur** m. (-âr). Calceteiro.
pavillon m. (paviiõ). Pavilhão. Campânula, f. [phonographe]. ‖Loc. *Amener* ou *baisser le pavillon*, arriar a bandeira.
pavois m. (pavua). Pavês. ‖**-ement** m. (-ã). Empavesamento. ‖**-er** vt. (-é). Empavesar, enbandeirar.
pavot m. (pavô). Dormideira, f.
pa‖yable adj. (péia-). Pagável. ‖**-yant, ante** adj. (-iã, ãt). Pagante. ‖**-ye** f. (péi). Paga. ‖*Haute-* (-ôt-). Gratificação (militar). ‖**-yement** m. (-ã). Pagamento. ‖**-yer** vt. (-ié). Pagar. ‖Loc. *Payer de*, dar provas de. *Payer de retour*, pagar na mesma moeda. *Payer de sa personne*, arriscar a vida. *Se payer de mots*, contentar-se com palavras. ‖**-yeur, euse** adj. e s. (-iâr, âz). Pagador, ora.
pays m. (péi). País. ‖Terra, f. [contrée natale]. ‖Loc. *En pays de connaissance*, entre conhecidos. *Mal du pays*, nostalgia, f., saudades, f. pl.
pays, yse m. e f. (péi, iz). Fam.

Patrício, ia; conterrâneo, ea; compatriota.
paysa‖ge m. (péizaj). Paisagem, f. ‖**-giste** m. (-içt). Paisagista.
paysan, anne m. e f. (péizã, an). Camponês, esa; aldeão, ã; rústico, ca.
péa‖ge m. (pêcj). Peagem, f. ‖**-ger** m. (-é). Portageiro.
peau f. (pô). Pele. ‖Casca [fruit]. ‖Loc. *Faire peau neuve*, mudar de pele. ‖*Fig.* Mudar de vida, de opinião, de fato. *Le loup mourra dans sa peau*, o que o berço dá a tumba o leva. ‖**-ssorio** f. (-rí). Pelaria. ‖**-ssier, ère** m. e f. (-ié, ér). Peleiro, ra.
pécari m. (pêcari). Pecari.
pecc‖adille f. (pêcadiiá). Pecadilho, m. ‖**-ant, ante** adj. (pécã, ãt). Maligno, na (humor).
pechblende f. (péx-ãd). Pechblenda.
pêche f. (péx). Pesca [poissons]. ‖Pêssego, m. [fruit].
pé‖ché m. (pêxé). Pecado. ‖Loc. *Péché mignon*, pecha, f., fraco. ‖**-cher** vi. (-é). Pecar : *pécher en paroles*, pecar por palavras.
pê‖cher vt. (pêxé). Pescar; gapuiar (*Br. du N.*). ‖s. m. Pessegueiro [arbre]. ‖**-cherie** f. (-rí). Pescaria. ‖**-cheur, euse** m. e f. (-âr, âz). Pescador, ora. ‖*- de crevettes*, gapuiador (*Br. du N.*).
pêcheur, cheresse m. e f. (pêxâr, -éç). Pecador, ora.
pécore f. (pêcor). Animal, m., besta.
pectoral, ale, aux adj. e s. (péctoral). Peitoral.
pécule m. (pêcùl). Pecúlio, maquia, f.
pécu‖ne f. (pêcùn). Pecúnia. ‖**-niaire** adj. (-iér). Fecuniário, ia.
pédago‖gie f. (pêdagoji). Pedagogia. ‖**-gue** m. (-og). Pedagogo.
péda‖le f. (pêdal). Pedal, m. ‖**-ler** vi. (-é). Pedalar. ‖**-lier** m. (-ié). Teclado de pedais.
pédant, **ante** adj. (pêdã, ãt). Pedante. ‖**-erie** f. (-rí). Pedantice. ‖**-isme** m. (-içm). Pedantismo : fabulagem, f. (*Br.*).
péd‖estre adj. (pêdéçtr). Pedestre. ‖**-icule** m. (-ùl). Pedículo. ‖**-icure** m. (-ùr). Pedicuro, calista.
pédoncule m. (pêdocùl). Pedúnculo.
Pégase n. pr. (pêgaz). Pégaso.

Lettres penchées : accent tonique. ‖V. page verte pour la prononciation figurée. ‖*Verbe irrég. V. à la fin du volume.

pègre f. (pégr). Argot. Ladroagem.
pei‖gnage m. (pénhaj). Cardagem, f. ‖**-gne** m. (pénh). Pente. ‖Loc. *Se donner un coup de peigne*, dar* uma penteadela. ‖**-gnée** f. (-é). Pop. Sova, tareia. ‖**-gner** vt. (-é). Pentear. ‖**-gneur, euse** adj. e s. (-âr, âz). Cardador, deira. ‖**-gnoir** m. (-uar). Penteador. ‖Roupão (de senhora).
peindre* vt. (pàndr). Pintar: *peindre en bleu*, pintar de azul.
pei‖ne f. (pén). Pena (castigo, aflição). ‖Loc. *A peine*, apenas, mal. *A grand'peine*, com muito custo. *Dans la peine*, aflito. *En peine de*, em cuidado com. *Faire de la peine*, afligir*, fazer* sofrer. *Homme de peine*, carregador. *Sans peine*, sem custo. *Se donner la peine de*, ter* a bondade de. *Sous peine de*, sob pena de. ‖**-né, ée** adj. (-é). Aflito, ta. ‖**-ner** vt. (-é). Afligir*. ‖vi. Cansar-se, afadigar-se, fatigar-se; desgostar-se.
pein‖tre m. (pàntr). Pintor. ‖**-ture** f. (-ùr). Pintura.
péjoratif, ive adj. (péjoratîf, îv). Pejorativo, va; depreciativo, va.
Pékin n. pr. (pécàn). Pequim.
pékin‖ m. (pécàn). Seda (da China) [étoffe]. *Fam.* Paisano, civil. ‖**-ois** m. (-nua). Pequinês [chien].
pela‖de f. (pálad). Pelada. ‖**-ge** m. (-aj). Pelagem, f. ‖**-gra** f. Depilação, f., peladura, f. [action de peler].
Pélage, gie n. pr. (pélaj, î). Pelágio, ia.
pelé, ée adj. (pálé). Pelado, da.
pêle-mêle m. (pé-él). Misturada, f.; confusão, f. ‖adv. Em desordem.
peler vt. (pàlé). Pelar. ‖Descascar [fruits]. ‖vi. e vr. Pelar-se.
pèle‖rin, ine m. e f. (pélràn, in). Peregrino, na. ‖**-rinage** m. (-naj). Peregrinação, f. ‖**-rine** f. (-in). Romeira; capa curta, capinha.
pélican m. (pélicà). Pelicano.
pelisse f. (pálíç). Peliça.
pel‖le f. (pél). Pá [outil]. ‖*Fam. Ramasser une pelle*, dar* um trambolhão [tomber]. ‖**-llée, -llerée, lletée** f. (-é, rê, -é). Pàzada, pá cheia.
pelle‖terie f. (pé-âri). Pelaria.
‖**-tier, ère** m. e f. (-iê, ér). Peleiro, ra.
pellicule f. (pé-ùl). Película.
Péloponèse n. pr. (pèloponéz). Peloponeso.
pelo‖te f. (pâlot). Pelota, bola [boule]. ‖Almofada, pregadeira [épingles]. ‖Novelo, m. [de fil]. *Fig. Faire sa pelote*, fazer* o seu pé-de-meia. ‖**-ter** vt. (-é). Enovelar [mettre en pelote]. ‖ Maltratar. ‖*Pop.* Adular [flatter]. ‖vi. Jogar à bola [jouer]. ‖**-ton** m. (-ô). Novelo [de fil]. ‖Pelotão [soldats]. ‖**-tonner** vi. (-oné).Enovelar. ‖**(se)** vr. Enovelar-se, fazer-se num novelo, numa bola, enrolar-se.
pelouse f. (pâluz). Relva, relvado, m.
pelu‖che f. (pâlùx). Pelúcia, felpa. ‖**-cheux, euse** adj. (-â, âz). Felpudo, da; peluginoso, sa; peludo, da.
pelure f. (pàlûr). Pele, casca [fruits]. ‖Papel (m.) de seda. ‖*Pop.* Fato, m., roupa, farpela.
pénal‖, ale adj. (pênal). Penal. ‖**-iser** vt. (-é). Penalizar. ‖**-lté** f. (-é). Penalidade.
pénates m. pl. (pênat). Penates.
penaud, aude adj. (pânô, ôd). Embaraçado, da; interdito, ta; confuso, sa.
pen‖chant, ante adj. (pàxâ, ât). Inclinado, da. ‖s. m. Pendor. ‖*Fig.* Declínio, decadência, f. ‖Inclinação, f., tendência, f.; quedinha, f. (Br.). ‖**-cher** vi. (-é). Pender. ‖vt. Inclinar, curvar. ‖*- la tête* [de sommeil], cabecear (com sono); cochilar (Br.). ‖**(se)** vr. Inclinar-se, debruçar-se.
pen‖dable adj. (pâda-). Que merece a forca. ‖Loc. *Tour pendable*, partida de mau gosto, f. ‖**-dalson** f. (-ézô). Enforcamento, m. [supplice].
pendant, ante adj. (pâdâ, ât). Pendente [qui pend; non terminé]. ‖s. m. Pingente [chose qui pend]. ‖Brinco [d'oreille]. ‖Loc. *Faire pendant*, fazer* simetria. ‖prep. Durante. ‖Loc. conj. *Pendant que*, enquanto; quando.
pen‖dard, arde adj. e s. (pâdar, ard). Malvado, da; celerado, da. ‖**-deloque** f. (-oc). Pingente, m. [de verre]. ‖*Fam.* Farrapo, m., andrajo, m. [loque]. ‖**-dentif** m.

Itálico : acento tónico. ‖V. página verde para a pronúncia figurada. ‖*Verbo irreg. V. no final do livro.

(-íf). Pendente [arch.]. ‖**Pingente** [bijou]. ‖**-derie** f. (-rí). Roupeiro, m., guarda-roupa, m. ‖**-diller** vi. (-ié). Baloiçar-se. ‖**-dre** vt. (pãdr). Pendurar. ‖*Enforcar* [supplice]. ‖vi. Pender; descair*, descer muito. ‖**-du** m. (-ù). Enforcado.

pendule m. (pãdùl). Pêndulo. ‖f. Relógio (m.) de mesa, de sala.

pêne m. (pén). Escopeiro, vassouro.

péné‖trant, ante adj. (pēnêtrã, ãt). Penetrante. ‖**-tration** f. (-aciõ). Penetração. ‖**-tré, ée** adj. (-é). Penetrado, da; compenetrado, da. ‖**-trer** vt. e vi. (-é). Penetrar, entrar.

pénible adj. (péni-). Penoso, sa.

péniche f. (pénix). Barcaça, barca.

pénicilline f. (pé-ín). Penicilina.

péninsule f. (pēnãnçùl). Península.

péni‖tence f. (pē-ãç). Penitência. ‖**-tencier** m. Penitenciária, f. ‖**-tent, ente** m. e f. (-ã, ãt). Penitente. ‖**-tentiaire** adj. (-ciér). Penitenciário, ia. ‖**-tentiel** m. (-iél). Penitencial, ritual das penitências.

pen‖ne f. (pén). Pena (rémige) [plume]. ‖*Mar*. Penol, m. ‖**-né, ée** adj. (-é). Composto, ta; pinulado, da.

penny m. (péné). Dinheiro (moeda inglesa).

pénombre f. (pēnõbr). Penumbra.

pen‖sant, ante adj. (pãçã, ãt). Pensante, pensador, ora. ‖*Loc*. *Bien, mal pensant*, de bons, maus sentimentos. ‖**-sée** f. (-é). Pensamento, m. ‖*Amor-perfeito*, m. [fleur]. ‖**-ser** vt. (-é). Pensar, julgar. ‖vi. Pensar, reflectir*. ‖Sint. *Penser à*, pensar em. ‖*Loc*. *Donner à penser*, dar* que pensar. *Sans penser à mal*, sem ter* más intenções. ‖s. m. Pensamento: *de sombres pensers*, pensamentos sombrios. ‖**-seur** m. (-âr). Pensador. ‖**-sif, ive** adj. (-íf, iv). Pensativo, va; banzativo, va (*Br*.); meditabundo, da.

pension‖ f. (pãcio). Pensão. ‖Pensionato, m. [maison d'éducation]. ‖*Loc*. *Pension bourgeoise*, ou *de famille*, casa de hóspedes. ‖**-naire** m. e f. (-onér). Pensionista. ‖**-nat** m. (-a). Pensionato, internato.

‖**-ner** vt. (-é). Pensionar, dar pensão a.

pensum m. (pãnçom). Castigo (tarefa imposta a um aluno).

penta‖gone m. (pãntagon). Pentágono. ‖**-teuque** m. (-ác). Pentateuco.

pente f. (pãt). Encosta. ‖*Faixa pendente* [tapisserie]. ‖*Fig*. Queda.

pentecôte f. (pã-ôt). Pentecostes, m.

pénultième adj. (pēnù-iém). Penúltimo, ma.

pénurie f. (pénùri). Penúria, carência, escassez; miséria, pobreza.

pépie f. (pépi). Pevide, gogo, m. ‖*Loc*. *Avoir la pépie*, ter* muita sede.

pé‖piement m. (pêpimã). Chilreio. ‖**-pier** vi. (-íé). Chilrear, piar.

Pépin n. pr. (pépãn). Pepino.

pépin‖ m. (pépãn). Pevide, m. [fruits]. ‖*Fam*. Guarda-chuva. ‖*Pop*. Paixoneta, f. [béguin]. ‖**-ière** f. (-nér). Viveiro, m. [arbres]. ‖*Fig*. Alfobre, m. ‖**-iériste** m. (-ériçt). Viveirista.

pépite f. (pêpit). Pepita (min.).

péplum m. (pē-om). Peplo.

pep‖sine m. (pépçin). Pepsina. ‖**-tone** f. (-on). Peptona.

perçage m. (pérçaj). Perfuração, f.

perca‖le f. (pércal). Percal, m. ‖**-line** f. (-ín). Percalina.

perçant, ante adj. (pérçã, ãt). Perfurante. ‖Penetrante [cri, froid]. ‖Agudo, da [vue, voix, esprit].

perce‖ f. (pérç). Furador, m. [outil]. ‖Orifício, m., furo [trou]. ‖*Loc*. *En perce*, aberta (pipa). *Mettre en perce*, abrir (pipa, etc.). ‖**-ment** m. (-ã). Perfuração, f. ‖*Abertura*, f. [isthme, etc.]. ‖**- -neige** f. (-ãnéj). Campainhas brancas, pl. ‖**- -oreille** m. (-oréi). Bicha-cadela, f.

percep‖teur m. (pérçéptár). Perceptor. ‖Cobrador [contributions]. ‖**-tible** ajd. (-í-). Perceptível. ‖**-tion** f. (-ciõ). Percepção.

percer vt. (pércé). Furar, perfurar. ‖Abrir [porte, rue, etc.]. ‖Atravessar (avec une arme; traverser). ‖*Fig*. Descobrir* [mystère]. ‖Trespassar [chagrin, etc.]. ‖vi. Abrir-se : *l'abcès a percé*, abriu-se o abcesso. ‖*Fig*. Manifestar-se. Tornar-se

PER — PER 250

conhecido : *cet homme commence à percer*, este homem começa a tornar-se conhecido. ||Loc. *Percer ses dents*, estar* com os dentes (a criança).
percevoir vt. (pérçâvuar). Cobrar [taxe]. ||*Fig.* Sentir*, notar.
per||**che** f. (pérx). Perca [poisson]. ||*Vara* [de bois; mesure]. ||*Fig. Pau-de-virar-trípas,* m. [personne grande et mince]. ||**-cher** vi. (*-ê*) ou **se -** vr. Empoleirar-se [sur un perchoir, une branche]. ||*Fig.* e *fam.* Viver, morar, habitar.
percheron, onne adj. e s. (pérxârô, on). Percherão, ona (cavalo).
perchoir m. (pérxuar). Poleiro.
perclus, use adj. (pér-ù, ùz). Tolhido, da; paralítico, ca.
percolateur m. (pércolatêr). Filtro de fazer* café.
perçoir m. (pérçuar). Furador, trado.
percu||**ssion** f. (pércùciô). Percussão. ||**-ter** vt. (*-ê*). Percutir, bater.
per||**dable** adj. (pérda-). Perdível. ||**-dant, ante** m. e f. (*-ã, ãt*). Perdente. ||**-dition** f. (*-ciô*). Perdição, perda, dissipação.
perdre vt. (pérdr). Perder*. ||Loc. *A en perdre la tête*, de perder* a cabeça. *Perdre au change*, perder* com a troca. *Perdre de*, perder* em; privar-se de. *Se perdre à*, não perceber nada de.
perdreau m. (pérdrô). Perdigoto.
perdrix f. (pérdri). Perdiz; nambu, m. (*Br.*) [sorte de perdrix].
perdu, ue adj. (pérdù). Perdido, da. ||Loc. *A ses heures perdues*, nas horas de ócio. *Peine perdue*, trabalho perdido.
père m. (pér). Pai. ||*Fam.* Tio [avec un nom de vieillard] : *le père Marcel*, o tio Marcelo. ||Loc. *Père aux écus*, ricaço. *Père nourricier*, marido da ama de leite. *Saint-père*, santo padre, papa. *Les pères conscrits*, os senadores romanos. *De père en fils*, de pai para filho.
pérégrination f. (pêrêgr-aciô). Peregrinação.
péremptoire adj. (pêrãptuar). Peremptório, ia; decisivo, va.
perfec||**tible** adj. (pérfécti-). Perfectível. ||**-tion** f. (*-kciô*). Perfeição.

||**-tionnement** m. (*-o-ã*). Aperfeiçoamento. ||**-tionner** vt. (*-ê*). Aperfeiçoar.
per||**fide** adj. (pérfid). Pérfido, da. ||**-fidie** f. (*-i*). Perfídia.
perfo||**rant, ante** adj. (pérforã, ãt). Perfurante. ||**-ration** f. (*-aciô*). Perfuração. ||**-rer** vt. (*-ê*). Perfurar, furar.
performance f. (pérformãç). Resultado (m.) desportivo.
Pergame n. pr. (pérgam). Pérgamo.
pergola f. (pérgola). Pérgula.
péri||**carde** (pêr-ard). Pericárdio (anat.). ||**-carpe** m. (*-arp*). Pericarpo. ||**-cliter** vi. (*-ê*). Periclitar. ||**-gée** m. (*-ê*). Perigeu.
périgourdin, ine adj. (pêr-urdãn, in). Perigordino, na (do Périgord).
péril m. (pêril). Perigo, risco.
périlleux, euse adj. (pêriiê, áz). Perigoso, sa. ||*Saut -* (çô-). Salto mortal. ||*Fig.* Acto arriscado.
périmer vi. (pêr-ê). Caducar.
péri||**mètre** m. (pêr-êtr). Perímetro. ||**-née** m. (*-ê*). Perineu.
pério||**de** f. (pêriod). Período, m. ||**-dique** adj. (*-ic*). Periódico, ca.
périos||**te** m. (pêrioçt). Periósteo. ||**-tite** f. (*-it*). Periostíte.
péripatéticien, enne adj. e s. (pêratêticiãn, ên). Peripatético, ca.
péripétie f. (pêr-êci). Peripécia.
péri||**phérie** f. (pêrifêri). Periferia. ||**-phrase** f. (*-raz*). Perífrase. ||**-phraser** vi. (*ê*). Falar por perífrases.
périple m. (pêri-). Périplo.
périr vi. (pêrir). Perecer, morrer. ||Naufragar. ||*Fig.* Morrer.
périscope m. (pêriçcop). Periscópio.
périssable adj. (pêr-a-). Perecível, perecedouro, ra; mortal.
périssoire f. (pêr-uar). Charuto, m., canoa, guiga.
péri||**style** m. (pêriçtil). Peristilo. ||**-toine** m. (*-uan*). Peritoneu. ||**-tonite** f. (*-onit*). Peritonite.
per||**le** f. (pérl). Pérola. ||**-lé, ée** adj. (*-ê*). Perlado, da. ||*Fig.* Primoroso, sa [soigné]. ||**-ler** vi. (*-ê*). Perlar [larmes, sueur]. ||vt. Descascar (cevada, arroz). ||*Fig.* Executar com primor. ||**-ier, ère** adj. (*-iê, êr*). Perlífero, ra. ||*Huître -*

Itálico : acento tónico. ||V. página verde para a pronúncia figurada. ||*Verbo irreg. V. no final do livro.

(ùitr-). Ostra perlífera, madrepérola.
perlimpinpin m. (pérlànpnpàn). V. POUDRE.
perma‖nence f. (pérmanàç). Permanência. ‖**-nent, ente** adj. (-ã, ãt). Permanente, estável, constante.
perméable adj. (pérmêa-). Permeável.
per‖mettre* vt. (pérmétr). Permitir. ‖**-mis** (-i). Licença, f. ‖**-mission** f. (-iõ). Autorização. ‖**-missionnaire** m. (-onér). Licenciado (militar).
permu‖tation f. (pérmùtaciõ). Permuta, permutação. ‖**-ter** vt. (-é). Permutar, trocar.
pernicieux, euse adj. (pér-iâ, âz). Pernicioso, sa; nocivo, va.
péroné m. (pêronê). Peróneo.
péronnelle f. (pêronél). Sirigaita.
péro‖raison f. (pêrorézõ). Peroração. ‖**-rer** vi. (-é). Perorar.
Pérou n. pr. (pêru). Peru.
perpendiculaire adj. e. s. f. (pérpà--ùlér). Perpendicular.
perpétrer vt. (pérpêtrê). Perpetrar.
perpé‖tuel, elle adj. (pérpêtùél). Perpétuo, ua. ‖**-tuer** vt. (-uê). Perpetuar. ‖**-tuité** f. (-é). Perpetuidade.
perple‖xe adj. (pér-ékç). Perplexo, xa. ‖**-xité** f. (-é). Perplexidade.
perquisition f. (pérki-ciõ). Pesquisa, busca. ‖**-ner** vi. (-oné). Fazer uma busca, pesquisar, indagar.
perron m. (pérõ). Escadaria, f.
perroquet m. (pêroké). Papagaio, loiro. ‖*Mar.* Joanete.
perruche f. (pérùx). Periquito, m.
perru‖que f. (pérùc). Peruca, chinó, m. ‖**-quier** m. (-ié). Cabeleireiro.
pers, erse adj. (pér, rç). Garço, ça.
per‖san, ane adj. e s. (pérçã, ân). Persa. ‖**-se** f. Chita da Índia. ‖adj. e s. Persa (da antiguidade).
Perse n. pr. (pérç). Pérsia.
persécu‖ter vt. (pércècùté). Perseguir*. ‖**-teur, trice** m e f. (-ár, ríç). Perseguidor, ora. ‖**-tion** f. (-ciõ). Perseguição.
persévé‖rance f. (pércêvêrãç). Perseverança. ‖**-rant, ante** adj. (-ã, ãt). Perseverante. ‖**-rer** vi. (-é). Perseverar, persistir, continuar.

persienne f. (pérciên). Persiana.
persi‖flage m. (pér-aj). Zombaria, f. ‖**-fler** vt. (-é). Zombar de, mofar de. ‖**-fleur** m. (-ár). Trocista.
persil m. (pérci). Salsa, f.
persis‖tance f. (pérciçtãç). Persistência. ‖**-tant, ante** adj. (-ã, ãt). Persistente. ‖**-ter** vi. (-é). Persistir, perseverar; durar.
person‖nage m. (pérçonaj). Personagem, f. ‖**-nalité** f. (-é). Personalidade. ‖*Egoísmo*, m. ‖Afronta. ‖**-ne** f. (-on .. Pessoa. ‖ pron. Ninguém : *Il n'est venu personne,* não veio ninguém. *Oserai-t-il nier?* Atrever-se-á alguém a negar? ‖Loc. *En personne,* pessoalmente. *Grande personne,* pessoa adulta. *Jeune personne,* jovem (rapariga). *Payer de sa personne,* dar* o corpo ao manifesto. ‖**-nel, elle** adj. (-él). Pessoal. ‖**-nification** f. (-aciõ). Personificação. ‖**-nifier** vt. (-ié). Personificar, personalizar.
perspective f. (pérçpéctív). Perspectiva. ‖*Fig.* Esperança; receio, m.
perspica‖ce adj. (pérç-aç). Perspicaz. ‖**-cité** f. (-é). Perspicácia.
persua‖der vt. (pérçùadê). Persuadir. ‖**-sif, ive** adj. (-if, iv). Persuasivo, va. ‖**-sion** f. (-iõ). Persuasão.
perte f. (pért). Perda. ‖Morte; ruína. ‖Loc. *A perte de vue,* a perder* de vista. *En pure perte,* inùtilmente. *Pertes et profits,* ganhos e perdas. *Vendre à perte,* vender com prejuízo.
perti‖nemment adv. (pér-amã). Convenientemente. ‖**-nent, ente** adj. (-ã, ãt). Pertinente, conveniente.
pertuis m. (pértùi). Estreito, canal.
pertuisane f. (-an). Partasana.
perturba‖teur, trice adj. (pértùrbatár, ríç). Perturbador, ora. ‖**-tion** f. (-ciõ). Perturbação, desordem.
péruvien, enne adj. e s. (pêrùviân, én). Peruviano, na; peruano, na.
pervenche f. (pérvãx). Pervinca.
perver‖s, erse adj. (pérvér, érç). Perverso, sa. ‖**-sion** f. (-iõ). Perversão. ‖**-sité** f. (-é). Perversidade. ‖**-tir** vt. (t-ir). Perverter. ‖**-tissement** m. (-ã). Perversão, f.
pesage m. (pàzaj). Pesagem, f.

Lettres penchées : accent tonique. ‖ V. page verte pour la prononciation figurée. ‖ *Verbe irrég. V. à la fin du volume.

PES — PEU 252

‖Sítio onde se pesam os jóqueis antes e depois de cada corrida.
pe‖samment adv. (pàzamã). Pesadamente. ‖-sant, ante adj. (-ã, ãt). Pesado, da. ‖-santeur f. (-ár). Peso, m. ‖ Gravidade [force d'attraction des corps].
pèse‖-alcool m. (péza-ol). Pesa-álcool. ‖-bébé m. (-êbê). Balança (f.) de pesar crianças.
pesée f. (pàzé). Pesagem [action de peser]. ‖Esforço (m.) sobre uma alavanca [levier]. ‖Contrapeso, m. [complément d'un poids].
pèse‖te f. (pé-é). Pesa-leite. ‖- lettre m. (-étr). Pesa-cartas. ‖- liqueur m. (-ár). Pesa-licores.
pe‖ser vt. e vi. (pàzé). Pesar. ‖-son m. (-õ). Dinamómetro.
pessi‖misme m. (pé-içm). Pessimismo. ‖-miste adj. e s. (-içt). Pessimista.
pes‖te f. (péçt). Peste. ‖interj. Apre! Irra! Peste de..., mal haja..., leve o diabo... ‖-ter vi. (-é). Praguejar. ‖-teux, euse adj. (-â, âz). Pestoso, sa. ‖-tiféré, ée adj. (-éré). Empestado, da; pestilento, ta. ‖-tilence f. (-ãç). Pestilência. ‖-tilentiel, elle adj. (-ciél). Pestilencial.
pet m. (pé). Peido. ‖- -de-nonne (-on). Sonho, frito culinária).
pétale m. (pétal). Pétala, f.
pé‖tarade f. (pétarad). Peidorrada (cavalo). ‖Estralejo, m., estralada [suite de détonations]. ‖-tarader vi. (-ê). Peidorrear. ‖-tard m. (-ar). Petardo. ‖Fig. Boato.
pétaudière f. (pétôdiér). Casa sem rei nem roque, barafunda.
pétéchie f. (pêtéxi). Petéquia.
pé‖ter vi. (pêtê). Peidar-se. ‖Estalar, rebentar, crepitar.
Pétersbourg n. pr. (pêtérçbur). Petersburgo.
péti‖llant, ante adj. (pétiiã, ãt). Crepitante. ‖Espumante [vin]. ‖Fig. Chispante, brilhante. ‖-llement m. (-ã). Cintilação, f.; crepitação, f. ‖-ller vi. (-ié). Crepitar.
pétiole m. (pèciol). Pecíolo.
peti‖t, te adj. (pàti, it). Pequeno, na. ‖Observ. On emploie généralement en portugais les diminutifs pour rendre les noms français accompagnés de l'adj. petit : petit jardin, jardinzinho; petit livre, livrinho. Si l'on emploie pequeno, on le met habituellement après : um livro pequeno. ‖Novínho, nha [très jeune]. ‖Fig. Insignificante : une petite affaire, um negócio insignificante. ‖Mesquinho, nha [mesquin]. ‖Loc. En petit, em ponto pequeno. Petit à petit, pouco a pouco. Petit monde, microcosmo. ‖s. m. Pequeno, na. ‖Filho, lha, cria, f.; filhote, m. (Br.) [animaux]. ‖-te-fille f. (-iiâ). Neta. ‖-ts-enfants m. pl. (-zãfã). Netos. ‖-tement adv. (-ã). Poucochinho. ‖ Mesquinhamente, pobremente. ‖-tes-maisons f. pl. (-ézõ). Manicómio, m. sing. ‖-tesse f. (-éç). Pequenez. ‖Mesquinhez.
petit‖-fils m. (pàtifiç). Neto. ‖- -gris m. (-ri). Esquilo da Rússia.
péti‖tion f. (pê-ciõ). Petição. ‖-tionner vi. (-oné). Peticionar, fazer* petição; representar, expor*.
petit-lait m. (pàtilé). Soro.
petit-maître m. (pàtimétr). Petimetre, peralta, janota, elegante.
petit‖-neveu m. (pàtinvâ). Sobrinho-neto. ‖-e-nièce f. (-tniéç). Segunda-sobrinha, sobrinha-neta.
peton m. (pàtõ). Fam. Pèzinho.
pétrel m. (pêtrél). Petrel (ave).
pétri, le adj. (pêtrí). Amassado, da. ‖Fig. Repleto, ta; cheio, a [plein].
pétri‖fiant, ante adj. (pêtr-iã, ãt). Petrificante. ‖-fier vt. (-ié). Petrificar.
pé‖trin m. (pêtrãn). Masseira, f. ‖Loc. Etre dans le pétrin, estar* em apuros. ‖-trir vt. (-ír). Amassar. ‖-trissage m. (-aj). Amassadura, f. ‖-trisseur m. (-âr). Amassador.
pétro‖le m. (pêtrol). Petróleo. ‖-lier, ère adj. (-ié, ér). Petroleiro, ra.
pétu‖lance f. (pètùlãç). Petulância. ‖-lant, ante adj. (-ã, ãt). Petulante, vivo, va; impetuoso, sa.
pétunia m. (pêtùniâ). Petúnia, f.
peu adv. (pà). Pouco, ca, adj. : peu de monde, pouca gente. ‖s. m. Pouco : le peu que je dis, o pouco que digo.

Itálico : acento tónico. ‖V. página verde para a pronúncia figurada. ‖ *Verbo irreg. V. no final do livro.

PEU — PHO

‖ Loc. *A peu près*, pouco mais ou menos. *Depuis peu*, há pouco. *Peu souvent*, poucas vezes. *Pour peu que*, *si peu que*, por pouco que. *Quelque peu*, um tanto ou quanto. *Sous peu*, dentro em pouco. *Un homme de peu*, um homem humilde. *Un peu*, um pouco, um bocado. *Un tant soit peu*, um tudo-nada, pouco-chinho.
peu‖plade f. (pâ-*ad*). Povo, m. (primitivo). ‖-ple m. (pâ-). Povo. ‖ Loc. *Bas peuple*, arraia (f.) miúda. ‖-pler vt. (-ê). Povoar, colonizar.
peuplier m. (pâ-*iê*). Choupo, álamo.
peu‖r f. (pâr). Medo, m. ‖ Loc. *Avoir peur*, ter* medo. *De peur*, com medo. *En être quitte pour la peur*, só sofrer o susto. *Faire peur*, causar medo; fazer*, pôr* cuca (Br.). *Peur bleue*, pavor, m. ‖-reux, euse adj. (-*â*, *âz*). Medroso, sa.
peut-être loc. adv. (pâtétr). Talvez, porventura, quiçá. ‖ s. m. Dúvida, f.
phaéton m. (faêtô). Faetonte.
phagédénique adj. (fajêdênic). Fajedénico, ca.
phagocyte m. (fagocít). Fagócito.
phalan‖ge f. (faláj). Falange. ‖-gette f. (-ét). Falangeta. ‖-gine f. (-*in*). Falanginha.
phalanstère m. (falâctèr). Falanstério.
phalène f. (falén). Falena.
phanérogame adj. (fanêrogam). Fanerogâmico, ca.
phantasme m. (fâtaçm). Fantasma.
pharaon m. (faraô). Faraó.
phare m. (far). Farol.
phari‖saïque adj. (far-aíc). Farisaico, ca. ‖-saïsme m. (-íçm). Farisaísmo. ‖-sien m. (-*iàn*). Fariseu.
pharma‖ceutique adj. (farmaçãtic). Farmacêutico, ca. ‖-cie f. (-*i*). Farmácia. ‖-cien, enne s. (-*iàn*, *ién*). Farmacêutico, ca; boticário, ia. ‖-copée f. (-opê). Farmacopeia.
pha‖ryngien, enne adj. (farànjiàn, *ién*). Faríngeo, ea. ‖-ryngite f. (-*it*). Faringite. ‖ - rynx m. (-ànkç). Faringe, f.
phase f. (faz). Fase.
Phé‖lbé n. pr. (fêbê). Febe. ‖-bus n. pr. (-*ùç*). Febo, Apolo.
Phénicie n. pr. (fê-*i*). Fenícia.
phénicien, enne adj. e s. (fê-*iàn*, *ién*). Fenício, ia.

phénique adj. (fênic). Fénico, ca.
phénix m. (fênikç). Fénix, f.
phénol m. (ˀênol). Fenol.
phéno‖ménal, ale adj. (fênomênal). Fenomenal. ‖-mène m. (-*én*). Fenómeno.
Philadelphie n. pr. (f-adé-*i*). Filadélfia.
philanthro‖pe m. (f-âtrop). Filantropo. ‖-pie f. (-*i*). Filantropía. ‖-pique adj. (-*ic*). Filantrópico, ca.
philaté‖lie f. (f-atêlí). Filatelia. ‖-liste m. (-*içt*). Filatelísta.
philharmonique adj. (filarmonic). Filarmónico, ca.
Phili‖ppe n. pr. (f-*ip*). Felipe. ‖-ppine n. pr. (-*in*). Filipa. ‖ pl. Filipinas.
philippique f. (f-*ic*). Filípica.
philo‖logie f. (f-oloji). Filologia. ‖-logique adj. (-*ic*). Filológico, ca. ‖-logue m. (-*og*). Filólogo.
Philomène n. pr. (f-omén). Filomena.
philo‖sophal, ale adj. (f-ozofal). Filosofal. ‖-sophe m. (-*of*). Filósofo. ‖-sopher vi. (-*ê*). Filosofar. ‖-sophie f. (-*i*). Filosofia. ‖-sophique adj. (-*ic*). Filosófico, ca.
philtre m. (f-r). Filtro.
phlébite f. (flêbit). Flebite.
phlegmon m. (flégmô). Fleimão.
phobie f. (fobí). Fobia.
phocéen, enne adj. e s. (focèàn, *én*). Fócio, ia (de Foceia).
phœnix m. (fênikç). Fénix (bot.).
pho‖nème m. (fonêm). Fonema. ‖-nétique adj. e s. f. (-êtic). Fonético, ca. ‖-no m. (-*ô*) et nographe m. (-ograf). Fonógrafo, grafonola; vitrola, f. (Br.).
phoque m. (foc). Foca, f.
phos‖phate m. (foçfat). Fosfato. ‖-phore m. (-*or*). Fósforo. ‖-phoré, ée adj. (-*ê*). Fosforado, da. ‖-phorescence f. (-éçàç). Fosforescência. ‖-phoreux, euse adj. (-*â*, *âz*). Fosforoso, sa.
photo‖génique adj. (fotojênic). Fotogénico, ca. ‖-graphe m. (-*raf*). Fotógrafo. ‖-graphie f. (-*i*). Fotografia. ‖-g*r*aphier vt. (-*iê*). Fotografar. ‖-**graphique** adj. (-*ic*). Fotográfico, ca. ‖-**gravure** f. (-*ùr*). Fotogravura. ‖-**lithographie** f.

Lettres penchées : accent tonique. ‖ V. page verte pour la prononciation figurée. ‖ *Verbe irrég. V. à la fin du volume.

(-ografí). Fotolitografia. ‖**-type** m. (-íp). Fotótipo.
phra‖**se** f. (fraz). Frase. ‖**-séologie** f. (-êolojí). Fraseologia. ‖**-ser** vi. (-ê). Frasear. ‖**-seur** m. (-âr). Fraseador, discursador.
phrénologie f. (frênolojí). Frenologia.
phrygien, enne adj. (fr-iàn, ién). Frígio, ia.
phti‖**sie** f. (f-i). Tísica. ‖**-sique** adj. (-ic). Tísico, ca.
phylloxéra m. (f-oксéra). Filoxera, f.
physicien m. (f-iàn). Físico.
physio‖**logie** f. (f-olojí). Fisiologia. ‖**-nomie** f. (-omí). Fisionomía. ‖**-nomiste** m. (-içt). Fisionomista.
physique adj. (f-ic). Físico, ca. ‖s. f. Física.
piaf‖**fement** m. (pia-â). Piafé. ‖**-fer** vi. (-ê). Fazer* piafé. ‖**-feur** m. (-âr). Garboso, sa (cavalo).
piai‖**ller** vi. (piaiê). Chiar. ‖**-llerie** f. (-rí). Chiadeira. ‖**-lleur, euse** adj. (-iâr, âz). Chiador, ora.
pia‖**ne-piane** adv. (-anpían). *Fam.* Devagarinho, pianinho. ‖**-nissimo** adv. (-ô). Pianíssimo. ‖**-niste** m. e f. (-içt). Pianista. ‖**-no** m. (-ô). Piano.
piassava m. (-açava). Piaçaba.
piastre f (piaçtr). Piastra [monnaie orientale].
piau‖**lement** m. (-ô-â). Pio. ‖**-ler** vi. (-ê). Piar, pipilar.
pic m. Pico (geogr.). ‖Picanço [oiseau]. ‖Picão [outil]. ‖Loc. *A pic, à pique. Tomber à pic,* calhar, vir* a propósito.
picador m. (-ador). Picador.
picaillons m. pl. (-aiô). *Pop.* Dinheiro, sing., milho, sing., massa, f. sing.
Picard, arde n. pr. (-ar, ard). Picardo, da; (da Picardía).
picaresque adj. (-aréçk). Picaresco, ca.
piccolo m. (-olô). Água-pé, f.
pichenette f. (-ét). Piparote, m.
pichet m. (-ê). Pichel.
pickles m. pl. (picl). Conserva (f.) de legumes em vinagre.
pick‖**pocket** m. (-okét). Carteirista. ‖**-up** m. (-âp). Rádio-gramofone; gira-discos.
picorer vi. (-orê). Pilhar [maurader]. ‖Procurar comida [oiseaux]. ‖vt. *Fam.* Debicar.
pico‖**t** m. (-ô). Esgalho [arbres]. ‖Remate [dentelle]. ‖**-tement** m. (-â). Formigueiro, comichão, f. ‖**-ter** vt. (-ê). Causar formigueiro. ‖*Fig.* Arreliar, atanazar, contrariar.
picotin m. (-otàn). Quarto de alqueire [mesure]. ‖Ração, f., penso [nourriture du cheval].
pi‖**crate** m. (-rat). Picrato. ‖**-crique** adj. (-ic). Pícrico.
pictural, ale adj. (-ùral). Pictórico, ca; pitoresco, ca.
pie f. (pi). Pega. ‖adj. Pío, ía [pieux]. De cor branca e preta ou ruça [cheval, vache].
Pie n. pr. (pi) Pío.
pièce f. (-éç). Peça. ‖Pedaço, m. [morceau]. ‖Quarto, m. [chambre]. ‖Pipa [barrique]. ‖Lago, m. [bassin]. ‖Moeda [monnaie]. Remendo, m. [morceau pour raccommoder]. ‖*Cada um, uma : à cinq francs pièce,* a cinco francos cada um, uma. ‖Loc. *De toutes pièces,* de ponto em branco. *Donner la pièce,* dar* gorjeta. *Faire pièce,* mistificar. *Mettre, tailler en pièces,* fazer* em bocados. *Pièce blanche,* moeda de prata. *Pièce de résistance,* prato (m.) de resistência. *Pièce montée,* bolo (m.) alto. *Tout d'une pièce,* de uma só peça, inteiro, ra.
pied m. (pié). Pé. ‖Loc. *A pied d'œuvre,* junto da obra. *Au petit pied,* em ponto pequeno. *Au pied levé,* com o pé no estribo. *Avoir bon pied, bon œil, estar* cheio de vigor. *De pied en cap,* dos pés à cabeça. *Être pied ferme,* a pé firme. *Fouler aux pieds,* pisar, espezinhar. *Lâcher pied,* recuar, retroceder. *Marcher sur les pieds à,* pisar. *Mettre les pieds dans le plat,* não guardar as conveniências. *Mettre sur pied,* levantar, organizar. *Ne pas savoir sur quel pied danser,* não saber* que partido tomar. *Ne pouvoir mettre un pied devant l'autre,* estar fraco. *Pied à pied,* posso a posso. *Pied de bœuf,* mão de vaca, f.; mocotó, m. (Br.). *Pied de cochon,* chispe. *Pied de fonte,* forma (f.) de ferro (de sapateiro). *Pied de nez,* gaifona, f. *Pied de veau,*

Itálico : acento tónico. ‖V. página verde para a pronúncia figurada. ‖*Verbo irreg. V. no final do livro.

PIE — PIL

mãozinha de vitela, f. *Portrait en pied*, retrato de corpo inteiro. *Prendre pied*, tomar pé; enraizar-se, estabelecer-se. *Sécher sur pied*, definhar-se. *Sur un pied de guerre*, em pé de guerra. *Sur le pied de guerre*, levantado. *Sur un pied d'égalité*, em pé de igualdade. *Tomber sur ses pieds*, cair* de pé; livrar-se de boa. *Valet de pied*, trintanário, lacaio.
pied ||-à-terre m. (piêtatér). Pousada, f. **||--d'alouette** m. (-daluét). Espora (f.) brava. **||--de-biche** m. (-íx). Pé-de-cabra. ||Punho de campainha (sonnette). **||--de-chèvre** m. (-âxévr). Pé-de-cabra. **||--de-veau** m. (-ô). Jarro (planta). **||--droit** m. (-rua). Pé-direito. || Pilar, pilastra, f. [pilier].
pié||destal m. (piêdéçtal). Pedestal. **||-douche** m. (-ux). Peanha, f.
piège m. (piéj). Armadilha, f.; arapuca, f. (*Br.*).
pie||-grièche f. (pigriéx). Picanço, m. ||*Fig.* Harpia [méchante femme]. **||--mère** f. (-ér). Pia-máter.
Piémont n. pr. (-êmô). Piemonte.
piémontais, aise adj. e s. (-êmôté, éz). Piemontês, esa.
pierraille f. (-éraí). Cascalho, m.
Pierre n. pr. (piér). Pedro.
pie||rre f. (piér). Pedra. ||Loc. *Faire d'une pierre deux coups*, matar dois coelhos duma cajadada. *Fusil à pierre*, espingarda (f.) de pederneira. *Il gèle à pierre fendre*, está um frio de rachar. *Pierre à bâtir*, pedra de construção. *Pierre à feu, à fusil*, pederneira. *Pierre d'achoppement*, tropeço, m. *Pierres d'attente*, esperas (arq.) *Pierre de taille*, pedra de cantaria. *Pierre de touche*, pedra de toque. *Pierre levée*, dólmen, m., anta. *Pierre ponce*, pedra-pomes. *Pierre qui roule n'amasse pas mousse*, pedra mexida não cria bolor. **||-rreries** f. pl. (-âri). Pedrarias. **||-rrette** f. (-ét). Pedrinha. || Mulher mascarada de pierrô.
Pierrette n. pr. (piérét). Pedrinha.
pierr||eux, euse adj. (piérâ, âz). Pedregoso, sa. **||-ot** m. (-ô). Pierrô, trajo de palhaço. ||Pardal [moineau].
piété f. (piêtê). Piedade, devoção.

piéti||nement m. (-ê-á). Calcadura, f. **||-ner** vi. (-ê). Pisar, calcar.
piéton m. (piêtô). Peão. || Transeunte [passant].
piètre adj. (piétr). Ruim, fraco, ca.
pieu m. (piâ). Estaca, f., chuço.
pieuvre f. (-ívr). Polvo, m. ||*Fig.* Pessoa insaciável.
pieux, euse adj. (piâ, âz). Pio, ia; piedoso, sa; religioso, sa.
piézoélectricité f. (-êzôélêctr-ê). Piezelectricidade.
pi||geon m. (-jô). Pombo; juriti (*Br.*). ||*Fig.* Lorpa [niais]. || Loc. *Pigeon ramier*, pombo trocaz. *Pigeon volé*, jogo infantil. *Pigeon voyageur*, pombo correio. **||-geonneau** m. (-onô). Pombinho, borracho. **||-geonnier** m. (-iê). Pombal, m.
pigment m. (-á). Pigmento.
pignocher vi. (-nhoxê). Debicar, depenicar, comer sem vontade.
pignon m. (-nhô). Empena, f. [toits]. ||**Carrete** [roue]. || Pinhão [graine]. || Loc. *Avoir pignon sur rue*, ter* casa sua.
pilastre m. (-açtr). Pilastra, f.
pile f. Pilha. || Pegão, m. [pont]. ||Cunho, m. [monnaie] (*pile ou face*, cara ou cunho. || Sova, tareia [volée].
piler vt. (-ê). Pilar, moer, pisar.
pileux, euse adj. (-â, âz). Piloso, sa; peludo, da.
pilier m. (-iê). Pilar. ||Loc. *Fig. Pilier de cabaret*, bêbedo, borracho.
pi||llage m. (piiaj). Pilhagem, f. ||Loc. *Mettre au pillage*, saquear. **||-llard, arde** adj. e s. (-iar, ard). Ladrão, ladra. **||-ller** vt. (-iê). Pilhar, saquear, roubar. || Plagiar. **||-lleur** m. (-iêr). Gatuno, ladrão.
pi||lon m. (-ô). Pilão, mão (f.) de almofariz [mortier]. ||*Fam.* Perna de ave, f. (cozida). || Loc. *Mettre au pilon*, destruir* a edição (dum livro) o inutilizando. **||-lonner** vt. (-onê). Moer*, pisar, calcar.
pilori m. (-ori). Pelourinho.
pilo||t m. (-ô). Estaca, f. **||-tage** m. (-otaj). Pilotagem, f. **||-te** m. (-ot). Piloto; jacumaúba (*Br.*) [de canot]. **||-ter** vt. (-ê). Pilotar [bateaux, etc.]. || Estacar [terrain]. ||*Fig.* Guiar (alguém). **||-tin** m.

Lettres penchées : accent tonique. ||V. page verte pour la prononciation figurée. ||*Verbe irrég.* V. à la fin du volume.

(-àn). Praticante (de piloto, etc.).
‖-tis m. (-í). Estacaria, f.
pilou m. (-u). Flanela (f.) de algodão.
pilule f. (-ùl). Pílula.
pimbêche f. (pànbéx). Impertinente.
pimen‖t m. (-ã). Pimento. ‖-té, ée adj. (-é). Apimentado, da; picante. ‖-ter vt. (-é). Temperar com pimento.
pimpant, ante adj. (pànpã, ãt). Elegante, atraente, sedutor, ora.
pimprenelle f. (pànprãnél). Pimpinela.
pin m. (pàn). Pinheiro.
pinard m. (-ar). Pop. Vinho; pinga, f. [argot].
pinasse f. (-aç). Pinaça (mar.).
pin‖ce f. (pànç). Pinça [outil]. ‖Alavanca [levier]. ‖Pulso (poder de agarrar), m. [action]. ‖Loc. Pince monseigneur, gazua. ‖-cé, ée adj. (-é). Beliscado, da [avec les doigts]. ‖Afectado, da. ‖Frio, ia; seco, ca; altivo, va.
pin‖ceau m. (pànçó). Pincel. ‖Fig. Feixe (de luz). ‖-ce-maille m. (-ai). Avarento, ta; sovina. ‖-cement m. (-ã). Beliscadura, f. ‖-ce-nez m. (-é). Lunetas, f. pl. ‖-cer vt. (-é). Beliscar [avec les doigts]. ‖Agarrar [avec des pinces, etc.]. ‖Fam. Apanhar [prendre; arrêter]. ‖vi. Fig. Apertar (frio). ‖-ce-sans-rire m. (-àrír). Sonso. ‖Gracejador. ‖-cette f. (-ét). Pinçazinha. ‖pl. Tenaz [pour le feu]. ‖-çon m. (-õ). Beliscadura, f. (nódoa).
Pindare n. pr. (pàndar). Píndaro.
pingouin m. (pànguãn). Pinguím.
ping-pong m. (pàn-õg). Pingue-pongue, ténis de mesa.
pin‖gre adj. (pàngr). Mesquinho, nha. ‖-grerie f. (-àrí). Mesquinhez.
pinnule f. (-ùl). Pínula.
pinson m. (pànçõ). Tentilhão.
pintade f. (pàntad). Pintada.
pin‖te f. (pànt). Pinta (medida). ‖Loc. Se faire une pinte de bon sang, regozijar-se imenso. ‖-ter vi. Pop. Beber muito. ‖vt. Beber.
pio‖che f. (píox). Picareta. ‖-cher vt. (-é). Cavar (com alvião). ‖vi. Fig. e fam. Dar-lhe* a valer*,

afadigar-se. ‖-cheur m. (-àr). Cavador. ‖Fam. Trabalhador.
piolet m. (-olé). Pau ferrado.
pion m. (-õ). Peão, pedra, f. ‖Fam. Prefeito, vigilante [écoles].
pionnier m. (-onié). Pioneiro.
pioupiou m. (-upiu). Pop. Carango, soldado de infantaria.
pi‖pe f. (pip). Cachimbo, m.; pito, m. (Br.); catimbau (Br.) [mauvaise pipe]. ‖-peau m. (-pô). Flauta (f.) pastoril. ‖Vara (f.) enviscada [glu]. ‖-pée f. (-é). Caça com reclamo. ‖-pelet, ette m. e f. (-é, ét). Fam. e irón. Porteiro, ra. ‖-per vt. (-é). Caçar com chamariz. ‖Marcar [les dés, les cartes]. ‖-perie f. (-rí). Logro, m. ‖-pette f. (-ét). Pipeta.
pipi m. (pipí). U. na loc. da linguagem infantil : faire pipi, fazer* chichi.
pi‖quage m. (-caj). Costura, f., pesponto. ‖-quant, ante adj. (-ã, ãt). Picante. ‖Apimentado, da; malicioso, sa [spirituel]. ‖s. m. Espinho, pico. ‖Fig. Sabor, sal : le piquant de l'aventure, o sabor da aventura.
pi‖que f. (pic). Lança, chuço, m. ‖Discórdia [brouille]. ‖m. Espadas f. pl. [jeu de cartes] : jouer pique, jogar espadas. ‖-qué, ée adj. (-é). Picado, da. ‖s. m. Piqué, acolchoadinho. ‖-que-assiette m. (-aciét). Papa-jantares. ‖-que-nique m. (-íc). Piquenique. ‖-quer v. (-é). Picar. ‖Pespontar [étoffe]. ‖Lardear [viande]. ‖Acolchoar [matelas]. ‖Picar [oiseau, avion]. ‖(se) vr. Picar-se. ‖Gabar-se [se vanter]. ‖Loc. Piquer des deux, dar* de esporas. Piquer la curiosité, espicaçar a curiosidade. Pop. Se piquer le nez, embebedar-se. ‖-quet m. (-é). Estaca, f. [de bois]. ‖Castigo de estar de pé [punition]. ‖Piquete [soldats]. ‖Jogo dos centos [jeu]. ‖-quette f. (-ét). Água-pé. ‖-queur m. (-àr). Monteiro [chasse]. ‖Capataz [ouvrier]. ‖-quier m. (-ié). Piqueiro [soldat].
piqûre f. (-ùr). Picada; injecção. ‖Pesponto, m. [couture]. ‖Folheto, m. [livre].
pira‖te m. (-rat). Pirata. ‖-ter vi.

Itálico : acento tónico. ‖V. página verde para a pronúncia figurada. ‖*Verbo irreg. V. no final do livro.

PIR — PLA

(-*ê*). Pirate*ar*. ||**-terie** f. (-*rí*). Pirata*ría*.
pire adj. (pi). Pí*or*. ||s. m. O pí*or*.
pirogue f. (-*rog*). Piro*ga*.
pirouet||**tte** f. (-*ruét*). Pirue*ta*. ||**-tter** vi. (-*é*). Fazer* piruet*as*.
pis m. (pi). Tet*a*, f., *úbere*.
pis adv. (pi). Pí*or*. ||Loc. *Qui pis est*, o que é pí*or*. *Un pis aller*, o pí*or dos casos*.
pisciculture f. (piç-ù-*ùr*). Piscicul*tura*.
piscine f. (picín). Pisc*ína*.
Pise n. pr. Pí*sa*.
pis||**sat** m. (-*a*). Mij*o*, urin*a*, f. ||**-sement** m. (-*ã*). Micç*ão*, f., mij*a*d*a*, f. ||**-senlit** m. (-*ãli*). Dente-de-leão, taráxac*o*. ||*Fam*. Mij*ão*. ||**-seur, euse** m. e f. (-*âr, âz*). Mij*ão*, *ona*. ||**-seux, euse** adj. (-*â, âz*). Mij*a*d*o*, *da*. ||**-ser** vt. e vi. (-*é*). Mij*ar*. ||**-soir** m. (-*uar*) e **-sotière** f. (-*otiér*). Mij*a*d*eiro*, urin*ol*.
pista||**che** f. (-çt*ax*). Pistach*a*, pist*á*c*ia*. ||**-chier** m. (-*ié*). Pistác*ia*, f., pistach*eiro*.
piste f. (píçt). Pist*a*, rast*o*, m.
pistil m. (-çt*íl*). Pistíl*o*.
pisto||**le** f. (-çt*ol*). Pistol*a* [monnaie]. ||**-let** m. (-*é*). Pistol*a*, f. ||*Grand* -, pistol*ão*; garrunch*a*, f. (*Br.*).
pis||**ton** m. (-çt*õ*). Êmbol*o* [machines]. ||Cornet*ím* [musique]. ||Loc. *Avoir du piston*, ter* empenh*os*, cunh*as*. ||**-tonner** vt. (-*oné*). Proteg*er*, recomend*ar*. ||*Pop*. Maç*ar*, aborrec*er*.
pitance f. (-*âç*). Condut*o*, m.
pitchpin m. (-*pàn*). Pinhe*iro* americ*ano*. ||Pinh*o* american*o* [bois].
piteux, euse adj. (-*â, âz*). Trist*e*.
pi||**tié** f. (-*ié*). Piedad*e*, dó, m. ; *faire pitié*, met*er* dó. ||**-toyable** adj. (-uaiá-). Lastimos*o*, sa; reles.
piton m. (-*õ*). Pit*ão*. ||Pic*o* [montagne]. ||*Pop*. Penc*a*, f. [gros nez].
pi||**tre** m. (pitr). Palhaç*o*. ||**-trerie** f. (-*rí*). Palhaçad*a*, fars*a*d*a*.
pittoresque adj. (-*oréçc*). Pitoresc*o*, ca; pinturesc*o*, ca.
pituite f. (-*ùit*). Pituít*a*.
pivert m. (-*ér*). Picanç*o*, pet*o* real.
pivoine f. (-*uan*). Peóni*a*.
pivo||**t** m. (-*ô*). Eix*o*, gonz*o*. ||*Fig*. Móbi*l*, caus*a*, f. ||**-tant, ante** adj.

(-*otã, ãt*). Giratóri*o*, ia. ||Apru*m*ad*a* [racine]. ||**-ter** vi. (-*é*). Gir*ar* (em gonz*o*), rod*ar*.
pla||**cage** m. *-acaj*). Folhead*o*. ||**-card** m. (-*ar*). Armári*o* (na parede). ||Cart*az* [affiche]. ||*Impr*. Prov*a* (f.) de granel. ||**-carder** vt. (-*é*). Afix*ar* cartaz*es*, edit*ais*.
pla||**ce** f. (-*aç*). Lug*ar*, m., síti*o*, m. [endroit]. ||Praç*a*, larg*o*, m. [ville]. ||Carg*o*, m. empreg*o*, m. [emploi]. ||Posiç*ão* [rang]. ||Praç*a* [commerce]. ||Lug*ar*, m. [théâtre]. ||Estacionament*o*, m., praç*a* [voitures]. ||Loc. *A la place*, em lug*ar*. *Faire place*, dar* lug*ar*. *Faire la place*, anc*ar* na praç*a* (com.). *Place!* arred*a!* deix*em* pass*ar!* *Prendre place*, instal*ar*-se. *Rester sur la place*, cair* mort*o* ou muit*o* ferid*o*. *Sur place*, no mesm*o* síti*o*. *Voiture de place*, carr*o* (m.) de praç*a*. ||**-cement** m. (-*ã*). Colocaç*ão*, f. ||Empreg*o* de capital.
placenta m. (-açânt*a*). Placent*a*, f.
placer vt. (-*acé*). Coloc*ar*. ||Empreg*ar* [domestique: de l'argent].
placet m. (-*acé*). Memori*al*.
placeur, euse m. e f. (-*açâr, âz*). Agent*e* de colocaç*ões*. ||Arrumad*or*, *ora* [théâtres].
Placide n. pr. (-*acíd*). Plácid*o*.
placi||**de** adj. (-*acíd*). Plácid*o*, da. ||**-dité** f. (-*é*). Placid*ez*, calm*a*.
placier, ère m. e f. (-*acié, ér*). Pracist*a*, caixe*iro*, ra de praç*a*.
plafon||**d** m. (*-afõ*). Tect*o*. ||Máxim*o* [vitesse]. ||Limit*e* [d'émission]. ||**-nier** m. (-*onié*). Lâmpad*a* (f.) no tect*o*.
plage f. (-*aj*). Prai*a*.
pla||**giaire** m. (-*ajiér*). Plagiári*o*. ||**-giat** m. (-*ia*). Plági*o*. ||**-gier** vt. (-*ié*). Plagi*ar*.
plai||**d** m. (*-é*). Mant*o* escocê*s*. ||*Ant*. Audiênc*ia* f., assembl*eia*, f. ||**-dable** adj. (-*a*-). Litigáve*l*. ||**-dant, ante** adj. (-*ã, ãt*). Pleiteant*e*. ||**-der** vi. (-*é*). Pleit*ear*, litig*ar*. ||Advog*ar*, defend*er* [une cause]. ||Loc. *Plaider pour*, dep*or* a favor de. ||**-deur, euse** m. e f. (-*âr, âz*). Demandist*a*, 2 g. ||**-doirie** f. (-*uari*). Advocac*ia*. ||Defes*a* [discours]. ||**-doyer** m. (-*uaié*-). Defes*a*, f.
plaie f. (-*é*). Chag*a*. ||Ferid*a* [bles-

Lettres penchées : accent tonique. ||V. page verte pour la prononciation figurée. ||*Verbe irrég. V. à la fin du volume.

PLA — PLA

sure]. ||Praga [calamité]. ||Loc. *Ne chercher que plaies et bosses*, só arranjar questões, zaragatas.

plaignant, ante m. e f. (-énhã, ãt). Queixoso, sa; autor, ora (dir.).

plain||, **aine** adj. (-àn, én). Plano, na. ||- **-chant** m. (-ã). Cantochão.

plaindre* vt. (-àndr). Lastimar. || (**se**) vr. Queixar-se, chorar-se.

plaine f. (-én). Planície, planura, campina, plaino, m.

plain||**te** f. (-ànt). Queixa, querela. ||Gemido, m., lamúria [gémissement]. ||**-tif, ive** adj. (-if, iv) Lamuriento, ta; queixoso, sa; plangente.

plaire* vi. (-ér). Agradar. || (**se**) vr. Comprazer-se*. ||Loc. *Plaise à Dieu*, Deus queira. *Plaît-il?* Como? Que deseja? *S'il vous plaît*, se faz favor, se lhe apraz.

plai||**samment** adv. (-ézamã). Agradàvelmente. ||Ridiculamente. ||**-sance** f. (-ãç). Ant. Prazer, m. ||Loc. *De plaisance*, de recreio.

Plaisance n. pr. (-ézàç). Placência.

plai||**sant, ante** adj. (-ézã, ãt). Agradável. ||Gracioso, sa; divertido, da. ||Ridículo, la. ||*Mauvais plaisant*, engraçado de mau gosto. ||**-santer** vi. (-é). Gracejar. ||Fig. Brincar, mangar. ||**-santerie** f. (-ri). Brincadeira; gracejo, m. ||Loc. *Entendre la plaisanterie*, ser* para graças. ||**-santin** m. (-àn). Bobo, farsista, gracejador, ridículo.

plaisir m. (-ézir). Prazer. ||Barquilho [oublie]. ||Loc. *A plaisir*, por gosto. *Faire plaisir*, dar* gosto. *Fam. Menus plaisirs*, alfinetes.

plan, ane adj. (-ã, an). Plano, na. ||s. m. Plano [surface; projet; peinture]. ||Planta, f. [ville, maison]. ||Loc. *Laisser en plan*, deixar projectado.

plan||**che** f. (-ãx). Tábua, prancha [bois]. ||Chapa [métal]. ||Lâmina [gravure]. ||Talhão, m. [jardin]. ||pl. Palco, m. sing. [théâtre]. ||**-chéier** vt. (-êié). Assoalhar. ||**-cher** m. (-é). Soalho, sobrado, chão.

pla||**ne** f. (-an). Raspílha, f. ||**-ner** vt. (-é). Aplainar [bois]. ||vi. Adejar, pairar [oiseaux]. ||Planar [aéroplanes]. ||*Fig. Planer sur*, dominar, ver* do alto.

pla||**nétaire** adj. (-anétér). Planetá-

rio, ia. ||**-nète** f. (-ét). Planeta, m.

planeur m. (-anör).Planador [avion]. ||Aplainador (de metais).

planisphère m. (-a-çfér). Planisfério.

plan||**t** m. (-ã). Pé, estaca, f. ||Plantio [arbres]. ||**-tage** m. (-aj). Plantação, f., plantio.

plantain m. (-àtàn). Tanchagem, f.

plan||**taire** adj. (-àtér). Plantar. ||**-tation** f. (-ació). Plantação.

plan||**te** f. (-àt). Planta. ||Loc. *Jardin des plantes*, jardim botânico. *Plante potagère*, planta hortense. . ||**-ter** vt. (-é). Plantar. ||Loc. *Planter là*, abandonar. *Planter sa tente*, assentar arraiais. ||**-teur** m. (-àr). Plantador. ||Roceiro [colon]. ||**-tigrade**, adj. e s. m. (-rad). Plantígrado, da. ||**-ton** m. (-ó). Plantão.

planturoux, euse adj. (-àtürã, äz) Copioso, sa; abundante; fértil.

pla||**que** f. (-ac). Placa [métal]. ||Chapa [photographie]. ||Venera [insigne]. ||Loc. *Plaque tournante*, placa giratória. ||**-qué, ée** adj. (-é). Chapeado, da. ||s. m. Plaqué [doré].

plaqueminier m. (-a-tié). Guiacana, f., diospireiro, ébano.

pla||**quer** vt. (-é). Chapear. ||*Pop.* Abandonar. ||**-quette** f. (-ét). Folheto, m., brochura [livre] ||Medalha.

plastique adj. e s. f. (-actic). Plástico, ca.

plastr||**on** m. (-açtrõ). Plastrão [chemise]. ||Colete almofadado [escrime]. ||*Fig*. Arre-burrinho, pobre diabo. ||**-onner** vi. (-oné). Cobrir* com plastrão. ||*Fig*. Empertigar-se, fazer* peito.

plat, ate adj. (-a, at). Chato, ta [sans relief, bas]. ||Plano, na; liso, sa [uni]. ||Calmo, ma [mer]. ||*Fig*. Trivial, vulgar, sensaborão, ona. ||s. m. *Parte plana*, f. (duma coisa). ||Travessa, f. [vaisselle]. ||Prato, iguaria, f. ||Loc. *A plat ventre*, de bruços. *A plat*, a toda a largura; vazio (câmara). *Coup de plat*, pranchada. *Œufs sur le plat*, ovos estrelados. *A plate couture*, completamente. *Vaisselle plate*, baixela de prata.

platane m. (-atan). Plátano.

pla||**teau** m. (-ató). Prato [balance].

Itálico : acento tónico. ||V. página verde para a pronúncia figurada. ||*Verbo irreg. V. no final do livro.

PLA — PLO

‖Bandeja, f. [plat]. ‖Planalto [terrain]. ‖**-te-bande** f. (-ãd). Platibanda [jardin]. ‖Faixa [arch.]. ‖**-tée** f. (-é). Pratada, travessada. ‖**-te-forme** f. (-orm). Plataforma.
platine m. (-atín). Platina, f. ‖Fecharia [armes]. ‖Quadro, m. [presse typog.] ‖*Pop.* Palavreado, m., língua [parole facile].
platitude f. (-a-üd). Chateza, vulgaridade.
Platon n. pr. (-atõ). Platão.
plato‖nique adj. (-atonic). Platónico, ca. ‖**-nisme** m. (-içm). Platonismo.
plâ‖trage m. (-atraj). Engessadura, f. ‖**-tras** m. (-a). Caliça, f. ‖**-tre** m. (-atr). Gesso. ‖**-trer** vt. (-é). Engessar. ‖**-treux, euse** adj. (-â, âz). Gessoso, sa. ‖**-trier** m. (-ié). Estucador, gesseiro.
plausible adj. (-õzi-). Plausível.
Plaute n. pr. (-ôt). Plauto.
pl‖èbe f. Plebe. ‖**-ébéien, enne** adj. e s. (-ébéîàn, én). Plebeu, eia. ‖**-ébiscite** m. (-icit). Plebiscito.
pléiade f. (-éiad). Pléiade.
plei‖n, eine adj. (-àn, én). Cheio, ia. ‖Alto [mer]. ‖Pleno, na [au milieu] : *en plein jour*, em pleno dia. ‖ s. m. Cheio. ‖Grosso [lettres]. ‖Loc. *En plein*, em cheio; completamente. *Faire le plein*, encher. *Tout plein de*, fam., um ror de : *tout plein de fautes*, um ror de erros. ‖**-nement** adv. (-ã). Plenamente.
plé‖nier, ère adj. (-éniê, ér). Plenário, ia. ‖**-nipotentiaire** adj. e s. m. (-otâciér). Plenipotenciário, ia. ‖**-nitude** f. (-üd). Plenitude.
pléonasme m. (-éonaçm). Pleonasmo.
pléthore f. (-étor). Pletora.
pleu‖r m. (-âr). Pranto, choro. ‖pl. Lágrimas, f. pl. ‖**-rard, arde** adj. (-âr, ard). Chorão, ona. ‖**-rer** vi. e t. (-é). Chorar.
pleurésie f. (-ârêzi). Pleurisia.
pleureur, euse adj. (-ârâr, âz). Chorão, ona ; pranteador, ora.
pleurni‖cher vi. (-âr-é). Choramingar. ‖**-cheur, euse** adj. (-âr, âz). Choramíngas, chorão, ona.
pleutre adj. e s. m. (-âtr). Poltrão.
pleuvoir* vi. (-âvuar). Chover.
plèvre f. (-évr). Pleura.
plexus m. (-ékçùç). Plexo.

pli ‖ m. Prega, f. [linge, etc.]. ‖Sobrescrito, carta, f. [lettre]. ‖Ruga, f. [ride]. ‖*Fig.* Costume [habitude]. ‖Loc. *Faux pli*, prega, f., roga, f. *Ne pas faire un pli*, assentar bem. *Pli du bras*, *du jarret*, curva (f.) do braço, da perna. ‖**-able** adj. (-ia-). Dobrável. ‖**-age** m. (-cj). Dobragem, f. ‖**-ant, ante** adj. (-â, ãt). Flexível, dobradiço, ça. ‖*Fig.* Acomodatício, ia [caractère, etc.]. ‖ s. m. Banco portátil (dobradiço).
plie f. (-i). Patruça.
pli‖er vt. (-ié). Dobrar. ‖vi. Dobrarse. ‖*Fig.* Ceder; submeter-se. ‖Loc. *Plier bagage*, fazer* as malas. ‖**-eur, euse** m. e f. (-âr, âz). Dobrador, ora.
Pline n. pr. Plínio.
plinthe f. (-ànt). Plinto. ‖Rodapé, m. [d'un mur].
pliocène m. (-océn). Plioceno.
pli‖ssage m. (-aj). Franzimento, franzido. ‖**-ssement** m. (-ã). Dobra, f. [terrain]. ‖Dobradura, f. ‖**-ssé** m. (-é). Preguedo. ‖**-sser** vt. e vi (-é). Preguear, franzir. ‖**-ssure** f. (-ür). Preguedo, m., franzido, m.
plom‖b m. (-õ). Chumbo. ‖Pía (f.) de despejos [évier]. ‖Bago, bala, f. [chasse]. ‖Loc. *Avoir du plomb dans l'aile*, estar* em maus lençóis, em precária situação. *Fil à plomb*, fio de prumo. *Mettre du plomb dans la tête*, tomar juízo. ‖**-bage** m. (-aj). Chumbagem, f. ‖Colocação (f.) de selo de chumbo. ‖**-bagine** f. (-in). Plombagina. ‖**-ber** vt. (-é). Chumbar. ‖Pôr* selo de chumbo [sceau]. ‖**-berie** f. (-ri). Plumbaria. ‖**-bier** m. (-ié). Chumbador, canalizador.
plon‖geant, ante adj. (-õjâ, ãt). De cima para baixo, mergulhante. ‖**-gée** f. (-é). Submersão. ‖Loc. *En plongée*, imerso [sous-marin]. ‖**-geon** m. (-jõ). Mergulho. ‖Mergulhão [oiseau]. ‖Loc. *Faire le plongeon*, escapulir-se. ‖**-ger** vt. (-é). Cravar, enterrar [enfoncer]. ‖*Fig.* Atirar [misère, etc.]. ‖vi. Mergulhar. ‖*Fig.* Desaparecer. ‖ **(se)** vr. Afundar-se; enfronhar-se. ‖**-geur, euse** adj. (-âr, âz). Mergulhador,

---
Lettres penchées : accent tonique. ‖V. page verte pour la prononciation figurée. ‖*Verbe irrég. V. à la fin du volume.

PLO — POI 260

ora. ‖s. m. Lavador de louça [restaurant].
ploutocratie f. (plutocraci). Plutocracía.
ployer vt. (-uaié). Dobrar, vergar. ‖vi. Vergar, curvar-se.
pluie f. (-ùi). Chuva.
plumage m. (-ùmaj). Plumagem, f.
plumas‖serie f. (-ùmaçrí). Comércio (m.), indústria de plumaceiro. ‖-sier, ère m. e f. (-ié, ér). Plumaceiro, ra; plumísta.
plu‖me f. (-ùm). Pluma, pena. ‖Aparo, m., pena [écrire]. ‖-meau m. (-ô). Espanador. ‖-mer vt. (-é). Depenar. ‖-met m. (-é). Penacho. ‖-metis m. (-í). Plumetís (bordado). ‖-mier m. (-ié). Caixa (f.) de aparos. ‖-mitif m. (-it). Plumitívo. ‖-mule f. (-ùl). Penínha.
plupart (la) f. (-ùpar). Maioría, maior parte. ‖Loc. *Pour la plupart*, na sua maioría.
plu‖ral, ale adj. (-ùral). Plural. ‖-ralité f. (-é). Pluralidade. ‖-riel, elle adj. e s. m. (-iél). Plural.
plus adv. (-ù). Mais. ‖s. m. Mais, máximo. ‖Mais (sinal). ‖Loc. *Au plus*, quando muito. *Au plus tôt*, quanto antes. *De plus en plus*, cada vez mais. *Ne... plus*, já não... ; *je ne mange plus*, (já não como [au Brésil = não ... mais]. *Non plus*, também não. *Tout au plus*, o máximo. *Le plus, la plus, les plus, o mais, a mais, os mais, as mais* [avant un nom ou adj., un verbe ou adv.] : *les plus savants*, os mais sábios; *le plus vite possible*, o mais cêdo possível. *Mais* [après un nom ou verbe] : *l'homme le plus savant*, o homem mais sábio; *ce que j'admire le plus*, o que mais admiro.
plusieurs adj. pl. (-ùziâr). Vários, ias.
plus‖-que-parfait m. (-ùççâparfé). Mais-que-perfeito. ‖-value f. (-ùvalù). Valorização.
Plutarque n. pr. (-ùtark). Plutarco.
Pluton n. pr. (-ùtô). Plutão.
pluton‖ien, enne adj. (-ùtoniân, én). Plutónico, ca. ‖-isme m. (-içm). Plutonísmo.
plutôt adv. (-ùtô). Antes, de preferência.

plu‖vial, ale adj. (-ùvíal). Pluvial. ‖s. m. Pluvial (capa). ‖-vier m. (-ié). Tarâmbola, f. ‖-vieux, euse adj. (-iâ, âz). Pluvioso, sa. ‖-viôse m. (-iôz). Pluvíoso (mês).
pneu‖matique adj. e s. m. (-âmatíc) [abr. *pneu*]. Pneumático, ca. ‖-monie f. (-oní). Pneumonía. ‖-mothorax m. (-otorakç). Pneumotórax.
pochade f. (poxad). Esbôço, m.
pochard, arde m. e f. (poxar, ard). Bêbedo, da; borracho, cha.
po‖che f. (pox). Bolso, m., algibeira. ‖Colher (de fundição). ‖Saco, m. [sac]. ‖Loc. *Acheter chat en poche*, comprar nabos em saco. *Avoir la langue dans sa poche*, ter* papas na língua. ‖-cher vt. (-é). Pisar, contundir [meurtrir]. ‖Escalfar [œufs]. ‖-chette f. (-ét). Bolsínho, m. ‖Rabequínha [musique]. ‖Estojo, m. [compas]. ‖Sobrescríto, m. [enveloppe]. ‖-choir m. (-uar). Estampílha, f. (lâmina ou folha). ‖-chon m. (-ô). Concha, f. (sopa).
podagre f. (podagr). Podagra [goutte]. ‖adj. e s. Gotoso, sa [personne].
poê‖le m. (pual). Fogão de sala [chauffage]. ‖Véu nupcial [mariés]. ‖Pálio [dais]. ‖f. Frigideira, sertã [à frire]. ‖Loc. *Tenir la queue de la poêle*, ter* a faca e o queijo na mão. ‖-lée f. (-é). Fritada. ‖-lon m. (-ô). Tachínho de cabo.
po‖ème m. (poém). Poema. ‖-ésie f. (-ézi). Poesía. ‖-ète m. (-ét). Poeta. ‖-étesse f. (-étèç). Poetísa. ‖-étique adj. (-ic). Poético, ca. ‖-étiser vt. e vi. (-é). Poetizar, poetar.
poids m. (pua). Peso, m. ‖Loc. *Au poids de l'or*, a peso de ouro. *Poids lourd*, camião, caminhão, camioneta, f.; caminhête [surtout au Br.].
poignant, ante adj. (puanhâ, ât). Pungente, cruciante, lancinante.
poi‖gnard m. (puanhar). Punhal. ‖-gnarder vt. (-é). Apunhalar. ‖*Fig.* Magoar, afligir. ‖-gne f. (puanh). *Fam.* Pulso, m. (fôrça). ‖-gnée f. (-é). Punhado, m. ‖Punho, m., cabo, m. [manche]. ‖Loc. *Poignée de main*, apêrto (m.)

Itálico : acento tónico. ‖V. página verde para a pronúncia figurada. ‖*Verbo irreg. V. no final do livro.

POI — PÔL

de mão. ||-gnet m. (-é). Pulso [bras]. ||Punho (manga).
poi||l m. (pual). Pêlo. || Loc. A poil, em pêlo. A trois poils, sem medo algum. Avoir un poil dans la main, ser* preguiçoso. Poil follet, penugem (barba), f. ||-lu, ue adj. (-ù). Peludo, da. ||s. m. Valente; soldado francês da 1a guerra mundial.
poin||çon m. (puànçõ). Punção. ||-çonnage m. (-onaj). Puncionagem, f. ||-çonner vt. (-é). Puncionar, furar.
poindre* vi. (puàndr). Despontar, começar a aparecer, apontar.
poing m. (puàn). Punho. ||Loc. Coup de poing, soco, murro, punhada, f.
point m. (puàn). Ponto. ||Pontada, f. [douleur]. ||Medida, f. (sapatos, etc.). ||Nota, f. (de aluno). ||Loc. A point nommé, no momento preciso. A son point et aisément, sem pressas. Au dernier point, extremamente. De point en point, ponto por ponto. En tout point, inteiramente. Etre mal en point, estar* em estado lastimoso. Faire le point, deitar balanço. Mettre au point, dar* os últimos retoques; focar [photogr.]. Point à la ligne, ponto parágrafo. Point de repère, ponto de referência. Point d'orgue, suspensão (mús.). Point du jour, alvorada, f. Point-virgule, ponto e vírgula. Rendre des points, dar* vantagem. Sur le point de, quase a, mesmo a. Venir à point, calhar, vir* a propósito.
point adv. (puàn). Não: je ne lis point, não leio. ||Não há: point de fumée sans feu, não há fumo sem fogo. ||Loc. Point d'argent, point de Suisse, sem dinheiro não se faz nada. Point du tout, de modo nenhum.
pointage m. (puàntaj). Pontaria, f. ||Ponto (de entrada).
pointe f. (puànt). Ponta. ||Chiste, m. [plaisanterie]. ||Loc. Pousser une pointe, chegar-se. Sur la pointe des pieds, em bicos (m. sing.) de pés.
poin||teau m. (puàntô). Punção. ||-ter vt. (-é). Fisar (orelhas). ||-teur m. (-âr). Apontador. ||-tillage m. (-iíaj). Pontilhado, m. ||-tiller vt. (-ié). Pontear. ||-tilleux, euse

adj. (-iéâ, âz). Caturra; exigente.
poin||tu, ue adj. (puàntù). Ponteagudo, da. ||-ture f. (-ùr). Medida [chaussure, gant].
poi||re f. (puar). Pêra. ||Pop. Lorpa, m. e f. [naïf]. ||Pop. Cara [visage]. ||Loc. Entre la poire et le fromage, à sobremesa. ||Fig. e fam. Garder une poire pour la soif, pensar no futuro. Poire à poudre, polvorinho, m. Poire d'angoisse, mordaça. Poire fondante, pêra de água. ||-ré m. (-é). Perada, f. ||-reau m. (-ô). Alho-porro. ||Pop. Faire le poireau, estar* à espera. ||-rée f. (-é). Acelga. ||-rier m. (-ié) Pereira, f.
pois m. (pua). Ervilha, f. ||Loc. Pois chiche, grão de bico. Pois de senteur, ervilha de cheiro.
poison m. (puazô). Veneno.
poissard, arde adj. (puaçàr, ard). Grosseiro, ra. ||s. f. Peixeira; regateira, ordinária, ordinarona.
poi||sse f. (puaç). ||Pop. Azar, m. ||-sser vt. (-é). Empesgar. ||Lambuzar [salir]. ||Pop. Roubar, palmar. ||-sseux, euse adj. (-â, âz). Pegajoso, sa.
poisson|| m. (puaçõ). Peixe. ||Loc. Finir en queue de poisson, dar* em águas de bacalhau. Poisson d'avril, mentira, f (de 1 de Abril). Poisson volant, peixe voador. ||-nerie f. (-ri). Mercado (m.) de peixe, peixaria. ||-neux, euse adj. (-â, âz). Piscoso, sa [fleuve, étang]. ||-nier, ère m. e f. (-ié, ér). Peixeiro, ra.
poitevin, ine adj. e s. (pua-àn, ín). Do Poitou.
poitr||ail m. (puatrai). Peito [cheval]. [Peitoral [harnais]. ||-inaire m. e f. (-ér). Tísico, ca. ||-ine f. (-ín). Peito, m.
poi||vre m. (puavr). Pimenta, f. ||Loc. Poivre et sel, grisalho, lha (adj.). ||-vrade f. (-ad). Piverada. ||-vrer vt. (-é). Apimentar. ||-vrier m. (-ié). Pimenteira, f. ||-vrière f. (-iér). Pimenteiro, m.
poix f. (pua). Pez, m., cerol, m., breu, m.
poker m. (pokér). Jogo de dados.
pola||ire adj. (polér). Polar. ||-riser vt. (-a-é). Polarizar.
pôle m. (rôl). Pólo.

Lettres penchées : accent tonique. ||V. page verte pour la prononciation figurée. ||*Verbe irrég. V. à la fin du volume.

POL — PON 262

polé‖mique f. (polêmic). Polémica. ‖-miste m. (-içt). Polemista.
poli, ie adj. (poli). Polido, da. ‖Delicado, da; cortês [courtois].
poli‖ce f. (polic). Polícia. ‖Apólice [assurances, etc.]. ‖Loc. *Bonnet de police*, bivaque. *Salle de police*, calabouço, m. ‖-cer vt. (-é). Policiar, civilizar.
polichinelle m. (po-él). Polichinelo.
policier, ère adj. (po-ié, ér). Policial. ‖s. m. Polícia, guarda.
poliment adv. (po-ã). Cortêsmente.
poliomyélite f. (po-o-êlít). Poliomielíte, paralisia infantil.
polir vt. (polír). Polir; civilizar.
poli‖ssage m. (po-aj). Polimento. ‖-sseur, euse adj. e s. (-âr, âz). Polidor, ora. ‖-ssoir m. (-uar). Polidor, brunidor [instruments].
polisson‖, onne m. e f. (po-ô, on). Garoto, ta; gaiato, ta. ‖Malandro. dra [fripon]. ‖Livre, licencioso, sa; obsceno, na. ‖-ner vi. (-oné). Garotear, traquinar. ‖-nerie f. (-rí). Garotice; molecagem (Br.). ‖Palavrão, m. [parole].
politesse f. (po-éç). Cortesia. ‖Loc. *Brûler la politesse*, despedir-se* à francesa; faltar a uma entrevista.
polit‖icien, enne m. e f. (po-iciàn, én). Político, ca. ‖-ique adj. e s. f. (-íc). Político, ca.
polka f. (po-a). Polca, polaca.
pollen m. (polén). Pólen.
poll‖uer vt. (polué). Poluir*. ‖-tion f. (-uciô). Poluição.
Pologne n. pr. (polonh). Polónia.
polonais, aise adj. (polonê, êz). Polaco, ca; polonês, esa (Br.).
pol‖tron, onne adj. (poltrô, on). Poltrão, ona. ‖-tronnerie f. (-onrí). Poltronaria, cobardia.
poly‖chrome adj. (po-crom). Policromo, ma. ‖-copie f. (-opí). Policópia. ‖-èdre f. (-édr). Poliedro. ‖-game adj. (-am). Polígamo, ma. ‖-gamie f. (-í). Poligamia. ‖-glotte adj. e s. (-ot). Poliglota. ‖-gonal, e adj. (-onal). Poligonal. ‖-gone m. (-on). Polígono.
Polynésie n. pr. (po-êzí). Polinésia.
poly‖nôme m. (po-ôm). Polinómio. ‖-pe m. (-íp). Pólipo. ‖-phasé, ée adj. (-fazé). Polifásico, ca. ‖-phonie f. (-oní). Polifonia. ‖-pier m.
(-ié). Polipeiro. ‖-syllabe adj. e s. m. (-ab). Polissílabo, ba. ‖-technicien m. (-écn-iàn). Aluno da Politécnica. ‖-technique adj. (-íc). Politécnico, ca. ‖-théisme m. (-êiçm). Politeísmo. ‖-théiste m. (-içt). Politeísta. ‖-urie f. (-ùrí). Poliúria.
pomma‖de f. (pomad). Pomada. ‖-der vt. (-é). Pôr* pomada.
po‖mme f. (pom). Maçã. ‖Pomo, m., maçaneta [objet rond]. ‖Loc. *Pomme d'amour*, tomate, m. *Pomme d'Arménie*, damasco, m. *Pomme de pin*, pinha. *Pomme de terre*, batata. ‖-mmé, ée adj. (-ê). Repolhudo, da. ‖-mmeau m. (-ô). Botão (de punho de espada). ‖-mmelé, ée adj. (-é). Pedrento, ta [ciel]. ‖Rodado [cheval]. ‖-mmeler (se) vr. (-ê). Cobrir-se* de nuvens [ciel]. ‖-mmette f. (-ét). Maçaneta. ‖-mmier m. (-ié). Macieira, f.
pom‖pe f. (pôp). Pompa, aparato, m. [grandeur]. ‖Bomba [machine]. ‖Loc. *Pompe foulante*, bomba premente. *Pompes funèbres*, funerais, m. pl.; agência funerária, f. [entreprise]. ‖-per vt. (-é). Dar* à bomba. ‖Aspirar, absorver. ‖Fig. Atrair*. ‖-peux, euse adj. (-â, âz). Pomposo, sa. ‖-pier m. (-ié). Bombeiro.
Pom‖pée n. pr. (pôpê). Pompeu. ‖-péi m. pr. (-êi). Pompeios.
pompon‖ m. (pôpô). Borla, f. ‖Loc. *Avoir son pompon*, estar* alegrote. ‖-ner vt. (-oné). Adornar.
pon‖çage m. (pôçaj). Polidura, f. (com pedra-pomes). ‖-ce adj. (pôç). Pomes (inn.). ‖s. f. Pedra-pomes.
Ponce Pilate n. pr. (pôç-at). Pôncio Pilatos.
ponceau m. (pôçô). Pontilhão. ‖adj. inv. Cor de papoula.
pon‖cer vt. (pôcê). Polir* (com pedra-pomes). ‖Estresir [dessins]. ‖-cif m. (-íf). Estresido [dessin]. ‖Trabalho banal, sem valor.
ponction f. (pôkciô). Punção.
ponc‖tualité f. (pôctùa-é). Pontualidade. ‖-tuation f. (-ciô). Pontuação. ‖-tué, ée adj. (-ûé). Pontuado, da. ‖-tuel, elle adj. (-él). Pontual. ‖-tuer vt. (-é). Pontuar.
pondé‖ration f. (pôdêraciô). Ponde-

Itálico: acento tónico. ‖V. página verde para a pronúncia figurada. ‖*Verbo irreg. V. no final do livro.

ração. ||**-ré, ée** adj. (-*é*). Ponderado, da. ||**-rer** vt. (-*é*). Ponder*ar*.
pon||**deur, euse** adj. (-*ódâr, âz*). Poedor, deira. ||**-dre** vt. (*pòdr*). Pôr* (ovos). ||*Pop.* Produzir*.
poney m. (*poné*). Pónei, garrano.
pont m. (*pô*). Ponte, f. [bateau]. ||n. pr. Ponto [géogr.] : *Pont-Euxin*, Ponto Euxino. ||Loc. *Donner dans le pont*, cair* no laço. *Faux pont*, bailéu do porão. ||*Fig. e fam. Pont aux ânes*, dificuldade nula, f. *Pont-levis*, ponte levadiça, f. *Pont suspendu*, ponte pênsil, f.
pon||**te** m. (*pôt*). Postura [poules]. ||m. Ás de *ouros* ou copas (em certos jogos). ||**-té, ée** adj. (-*é*). Munido, da de coberta [bateau]. ||**-ter** vt. (-*é*). Munir de coberta. ||Apontar (jogar *c*ontra o banqueiro).
ponti||**fe** m. (*pòtif*). Pontífice. ||**-fical, ale** adj. (-*al*). Pontifical. ||**-ficat** m. (-*a*). Pontificado. ||**-fier** vi. (-*ié*). Pontificar.
pont-neuf m. (*pônâf*). Cantiga (f.) da rua, ária (f.) popular.
ponton m. (*pôtô*). Pontão. ||**-nier** m. (-*onié*). Pontoneiro.
pope m. (*pop*). Pope (padre).
popeline f. (*po-în*). Popelina.
popu||**lace** f. (*popùlaç*). Populaça. ||**-lacier, ère** adj. (-*ié, èr*). Plebeu, eia; baixo, xa. ||**-lage** m. (-*aj*). Botão-de-*ouro*. ||**-laire** adj. (-*èr*). Popular. ||**-lariser** vt. (-*ar-é*). Popularizar. ||**-larité** f. (-*é*). Popularidade. ||**-lation** f. (-*ciô*). População. ||**-leux, euse** adj. (-*â, âz*). Populoso, sa. ||**-liste** adj. e s. (-*içt*). Populista. ||**-lo** m. (-*ô*). Ralé, f. (f.) de povo.
porc m. (*por*). Porco, suíno. ||Carne (f.) de porco.
porcelaine f. (*porçâlèn*). Porcelana.
porc||**elet** m. (*porçâlé*). Porquinho. ||**-épic** m. (-*kêpic*). Porco-espinho.
porche m. (*porx*). Pórtico. ||Alpendre [maisons].
por||**cher, ère** m. e f. (*porxê, êr*). Porqueiro, ra. ||**-cherie** f. (-*rí*). Pocilga. ||**-cin, ine** adj. (-*ân, în*). Porcino, na ; suíno.
po||**re** m. (*por*). Poro. ||**-reux, euse** adj. (-*â, âz*). Poroso, sa.
pornogra||**phie** f. (*pornografí*). Pornografia. ||**-phique** adj. (-*ic*). Pornográfico, ca ; indecente.

porosité f. (*poro-é*). Porosidade.
porphyre m. (*porfír*). Pórfiro.
port|| m. (*por*). Porto [mer, etc.]. ||Porte [action de porter, prix, maintien]. ||Desfiladeiro (nos Pirenéus). ||**-able** adj. (-*a-*). Transportável, por*t*átil. ||**-age** m. (-*aj*). Transporte.
portail m. (*portai*). Portal, portada, f.
por||**tant, ante** adj. (*portã, ãt*). Sustentador, ora. ||s. m. Asa, f. [coffre]. ||Suporte, bastidor. ||Loc. *Bien ou mal portant*, bem ou mal de saúde. ||**-tatif, ive** adj. (-*atif, ív*). Portátil.
por||**te** m. (*port*). Porta. ||adj. Porta [anatomie]. ||Loc. *Enfoncer une porte*, meter dentro uma porta. *Faire la porte*, ser* porteiro. *Mettre à la porte*, despedir*. *Mettre la clef sous la porte*, mudar-se às escondidas. *Porte dérobée*, porta falsa. *Porte vitrée*, porta envidraçada. ||**-té, ée** adj. (-*é*). Levado, da ; inscrito, ta. || Propenso, sa [enclin].
porte||**-allumettes** m. (portalùmét). ||Fosforeira, f. ||**--avions** m. (-avió). Porta-aviões. ||**--bagages** m. (-*agaj*). Porta-bag*c*gens. ||**- -billets** m. (-*ièe*). Carteira, f. ||**--bonheur** m. (-*onêr*). Amuleto, mascote, f. ||**--bouteilles** m. (-*butêi*). Garrafeira, f. ||**--cartes** m. (-*art*). Carteirinha (f.) para cartões. ||**--chapeaux** m. (-*apô*). Bengaleiro; chapeleiro (Br.). ||**--cigares** m. (-*ar*). Charuteira f. ||**--cigarettes** m. (-*ét*). Cigarreira, f. [étui]. ||**- -clefs** m. (-*é*). Chaveiro; argola (f.) para chaves [anneau]. ||**--crayon** m. (-*rèiô*). Lapiseira, f., porta-lápis. ||**--drapeau** m. (-*rapô*). Porta-bandeira.
portée f. (*ortê*). Alcance, m. [armes, lumière]. ||Ninhada [animaux]. ||Pauta [mus.]. ||Loc. *A portée*, à mão.
porte||**-étendard** m. (*portêtãdar*). Porta-estandarte. ||**--faix** m. (-*é*). Moço de fretes. ||**--feuille** m. (-*âi*). Carteira, f. ; pasta, f. [ministre]. ||**--malheur** m. (-*alêr*). Enguiço, agoiro. ||**--manteau** m. (-*âtô*). Cabide. ||*Mala* (f.) de viagem. ||Turco [navire]. ||**--ment** m. (-*ã*). Senhor dos Passos. ||**--mine** m.

Lettres penchées : accent tonique. ||V. page verte pour la prononciation figurée. ||*Verbe irrég. V. à la fin du volume.

(-ín). Lapiseira, f. ||--monnaie m. (-oné). Porta-moedas. ||--parapluie m. (para-ŭi). Bengaleiro. ||--plume m. (-ŭm). Caneta, f. ||--queue m. (-câ). Caudatário.
porter vt. (porté). Levar, trazer*. ||Usar [vêtement]. ||Render, dar* [intérêt]. ||Dirigir* [regards, attention]. ||Pôr* : *portez cela à mon compte*, ponha na minha conta. ||vi. Assentar, apoiar-se : *porter sur une colonne*, assentar numa coluna. ||Alcançar [armes]. ||Trazer* no ventre [gestation]. || (se) vr. *Fig.* Transportar-se. ||Dirigir-se*. ||Entregar-se [se livrer]. ||Loc. *Porter à la tête*, subir* à cabeça. *Porter à faux*, estar* em falso. *Porter bateau*, ser* navegável. *Porter bonheur*, dar* sorte. *Porter de l'intérêt à*, interessar-se por. *Porter la parole*, falar em nome de alguém. *Porter malheur*, ser* de mau agoiro, dar* azar. *Porter plainte*, queixar-se. *Se porter bien*, ou *mal*, passar bem, ou mal de saúde. *Se porter fort pour*, responder por.
porte||**-savon** m. (por-avŏ). Saboneteira, f. ||**--serviettes** m. (-érviét). Toalheiro.
porteur, euse m. e f. (portâr, âz). Portador, ora. ||Carregador, deira [fardeaux]. ||Loc. *Chaise à porteur*, cadeirinha. *Porteur d'eau*, aguadeiro. *Porteur de contraintes*, encarregado de mandados compulsórios.
porte-voix m. (portăvuá). Porta-voz.
por||**tier, ère** m. e f. (portié, iér). Porteiro, ra. ||f. Portinhola [voiture]. ||Cortinado (m.) de porta [rideau]. ||**--tillon** m. (-iŏ). Portinha, f.
portion f. (porciŏ). Porção. ||**--cule** f. (-ŭl). Porciúncula.
portique m. (portic). Pórtico.
Porto n. pr. (portŏ). Porto. ||**-Rico** n. pr. (-r-ŏ). Porto Rico.
portrait m. (portré). Retrato : *portrait en buste, en pied*, retrato de meio corpo, de corpo inteiro. ||**-iste** m. (-içt). Retratista.
portugais, aise adj. e s. (portŭghé, éz). Português, esa.
Portugal n. pr. (portŭgal). Portugal.
po||**se** f. (pŏz). Colocação [action]. ||Postura [attitude]. ||*Fam.* Afectação. ||Exposição [photographie]. ||**-sément** adv. (-ĕmã). Pausadamente. ||**-ser** vt. (-é). Colocar, pousar. ||Fazer* [questions]. ||Arranjar, dispor*. ||Lançar [fondements]. ||Escrever [chiffres]. ||vi. Descansar. ||Servir* de modelo. ||Presumir [affectation]. || (se) vr. Pôr-se*. ||Armar em, fazer-se*. ||**-seur, euse** adj. e s. (-âr, âz). *Fam.* Presumido, da ; afectado, da ; tolo, la. ||m. Colocador.
posi||**tif, ive** adj. (pô-if, ív). Positivo, va. ||s. m. Positivo [photographie]. ||**-tion** f. (-ciŏ). Posição. ||**-tivisme** m. (-içm). Positivismo.
possi||**édé, ée** adj. (pocédé). Possuído, da. ||Possesso, sa [démon]. ||**-éder** vt. (-é). Possuir*. ||**-esseur** m. (-éçâr). Possuidor. ||**-essif, ive** adj. (-if, iv). Possessivo, va. ||**-ession** f. (-iŏ). Posse, possessão.
poss||**ibilité** f. (po-é). Possibilidade. ||**-ible** adj. (-í-). Possível.
postal, ale adj. (poçtal). Postal.
pos||**te** f. (poçt). Posta [voyages]. ||Correio, m. [lettres, etc.]. ||m. Posto [endroit, téléphone, soldats, etc.]. ||Aparelho [T.S.F.] ; posto [d'émission]. ||Loc. *A poste fixe*, em situação fixa. *Mettre à la poste*, deitar no correio. *Poste de police*, esquadra, f. *Relever un poste*, render uma guarda. ||**-ter** vt. (-é). Postar. ||Deitar no correio.
pos||**térieur, eure** adj. (poçtêriâr). Posterior, 2 g. ||**-teriori** (a) loc. (-êriori). A posteriori. ||**-tériorité** f. (-é). Posterioridade. ||**-térité** f. (-é). Posteridade.
posthume adj. (poçtŭm). Póstumo, ma.
postiche adj. (poçtix). Postiço, ça.
postillon m. (poçtiŏ). Postilhão. ||Perdigoto [salive].
post-scolaire adj. (poçtçcolér). Pós-escolar. ||**-scriptum** m. (-r-om). Pós-escrito.
postu||**lant, ante** m. e f. (poçtŭlã, ãt). Postulante. ||**-lat** m. (-a). Postulado. ||**-ler** vt. (-é). Postular.
posture f. (poçtŭr). Postura.
pot m. (pô). Panela, f. [à 2 anses]. ||Púcaro [à 1 anse]. Boião [de verre, faïence, etc., cylindrique]. Frasco [petit pot de pharmacie, cuisine, etc.]. ||*Vaso* [en terre, etc.].

Itálico : acento tónico. ||V. página verde para a pronúncia figurada. ||*Verbo irreg. V. no final do livro.

POT — POU

‖Jarro [à bec et anse]. ‖Vasilha, f. [poterie quelconque sans valeur]. ‖Loc. *Découvrir le pot aux roses*, descobrir* a tramóia. *Papier pot*, papel branco (31 × 40). *Payer les pots cassés*, pagar as favas. *Pot à fleurs*, jarra, f. *Pot à eau*, jarro. *Pot à feu*, lampião. *Sourd comme un pot*, surdo como uma porta. *Tourner autour du pot*, usar de rodeios.
pota‖ble adj. (pota-). Potável. ‖-ge m. (-aj). Sopa, f. ‖Loc. *Pour tout potage*, ùnicamente. ‖-ger, ère adj. (-ê, ér). Hortense [plante]. ‖ s. m. Horta, f. [jardin].
pota‖sse f. (potàç). Potassa. ‖-ssium m. (-íom). Potássio.
pot‖-au-feu m. (potôfâ). Cozido. ‖-de vin m. (-àn). Gratificação, f., luvas, f. pl. [somme, cadeau].
poteau m. (potô). Poste. ‖*Pop*. Amigalhaço, amigalhão.
potée f. (poté). Panelada [contenu : v. *Pot*]. ‖Poteia, argila fina de moldagem.
potelé, ée adj. (po-ê). Roliço, ça.
potence f. (potàç). Forca. ‖ Craveira [appareil]. ‖Loc. *Gibier de potence*, celerado, tratante.
poten‖tat m. (potàta). Potentado. ‖-tiel, elle adj. (-ciél). Potencial. ‖ s. m. Potencial.
poterie f. (potrí). Olaria [industrie]. ‖ Louça [vaisselle]. ‖Loc. *Poterie d'étain*, pichelaria.
poterne f. (potérn). Poterna.
potiche f. (potix). Jarrão, m.
potier m. (potié). Oleiro. ‖ *Picheleiro* [en étain].
poti‖n m. (potàn). Liga (f.) de cobre, estanho e chumbo [alliage]. ‖Enredo, mexerico (fam.) [commérage]. ‖-nier, ère adj. e s. (-ié, ér). Mexeriqueiro, ra; intriguista.
potion f. (pocio). Poção [remède].
potiron m. (po-ro). Abóbora-menina, f.
potron-jaquet ou -minet m. (potrôjaké, -é). U. na expressão *dès le -*, logo ao amanhecer.
pou m. (pu). Piolho.
pouah! interj. (puá). Safa! Puf!
pou‖ce m. (puç). Polegar [doigt]. ‖ Polegada, f. [mesure]. ‖Loc. *Mettre les pouces*, render-se. *Se mordre les pouces*, torcer a orelha. *Sur le pouce*, depressa, de pé (comer). *Tourner ses pouces*, não fazer* nada. ‖-cet (*petit*) m. (pâtipucé). Anãozinho. ‖-cettes f. pl. (-ét). Algemas.
pou‖ding m. (pudàng). Pudim [mets]. ‖-dingue m. (-àng). Conglomerado.
pou‖dre f. (pudr). Pó, m. [substance pulvérisée] ‖Pólvora [à canon, etc.]. ‖Loc. *Cheval qui bat la poudre*, cavalo ronceiro. *Mettre en poudre*, fazer* em pó. *Mettre le feu aux poudres*, desencadear uma revolta. *Poudre de perlimpinpin*, pós (m. pl.) de perlimpimpim. *Poudre de plomb*, escumilha, f. *Prendre la poudre d'escampette*, dar* às de Vila Diogo, escapulir-se, fugir*. ‖-drer vt. (-é). Empoar, polvilhar. ‖-drerie f. (-éri). Fábrica de pólvora. ‖-drette f. (-ét). Excremento (m.) em pó. ‖-dreux, euse adj. (-â, âz). Poeirento, ta. ‖-drière f. (-iér). Polvorinho, m. [poire à poudre]. Caixinha de pó de arroz; porta-pó, m. (*Br.*).
pouf m. (puf). Sofá redondo sem encosto [coussin]. ‖Grande peta, f. [tromperie]. ‖ interj. Zás! trás! ‖-ffer vi. (-é). Rebentar (de riso).
Pouille (La) n. pr. (*lapuí*). Apúlia.
pouil‖le f. (puí). Gracejo, m. [moquerie]. ‖-lleux, euse adj. (-iâ, âz). Piolhoso, sa.
poulailler m. (pulaiié). Galinheiro. ‖Galinheiro, geral, f. [théâtre].
pou‖lain m. (pulàn). Potro. ‖ *-apprivoisé* (-apr-uazé). Potro amansado; bagual (*Br. du* S.). ‖-laine f. (-én). Beque, m. [navire].
poularde f. (pulard). Franga engordada.
pou‖le f. (pul). Galinha. ‖*Pop*. Cortesã [femme]. ‖Parada; bolo, m. [jeu]. ‖Loc. *Chair de poule*, medo, m. *Poule d'eau*, galinha-d'água. *Poule mouillée*, cobarde, 2 g. ‖-let m. (-é). Frango. ‖*Fig.* Carta (f.) de namoro. ‖-ette f. (-ét). Franga. ‖Molho (m.) branco [cuisine].
pouliche f. (pulíx). Potra, poldra.
poulie f. (pulí). Roldana, polé.
pouliner vi. (puli-). Parir (a égua).
poulpe m. (pu-). Polvo.

Lettres penchées : accent tonique. ‖V. page verte pour la prononciation figurée. ‖ *Verbe irrég. V. à la fin du volume.

POU — PRA 266

pouls m. (pu). Pulso. (Pulsação das arterias).
poumon m. (pumõ). Pulmão.
poupard m. (pupar). Criança (f.) de cueiros [enfant]. ‖Boneca, f.
poupe f. (pup). Popa.
pou‖pée f. (pupé). Boneca. ‖**-pin, ine** adj. (-ãn, in). Fresco, ca. rosado, da. ‖**-pon, onne** m. e f. (-õ, on). Criancinha, f. ‖Gorducho, cha [jeune garçon, fille potelé, ée]. ‖**-ponnière** f. (-iér). Infantário, m.
pour prep. (pur). Para, a fim de : *travailler pour s'instruire*, trabalhar para instruir-se*. ‖Por [au lieu de] : *prendre une chose pour une autre*, tomar uma coisa por outra. ‖Por [en faveur de]. ‖Para [eu égard à] : *grand pour son âge*, crescido para a idade. ‖Por [en considération de] : *pour Dieu*, por Deus. ‖Por [moyennant, durée] : *pour vingt francs*, por vinte francos; *pour un an*, por um ano. ‖Para [contre] : *remède pour la fièvre*, remédio para a febre. ‖Por [à cause de] : *punir pour avoir volé*, castigar por ter roubado. ‖Loc. *Le pour et le contre*, o pró e o contra. *Pour lors*, então, nesse tempo. *Pour peu que*, por pouco que. *Pour que*, para que.
pourboire m. (purbuar). Gorjeta, f.
pourceau m. (purçó). Porco, suíno.
pour‖centage m. (purçãtaj). Percentagem, f. ‖**-chasser** vt. (-acê). Perseguir*. ‖**-fendre** vt. (-ãdr). Rachar de alto a baixo. ‖**-lécher (se)** vr. (-êxê). Lamber os beiços. ‖**-parlers** m. pl. (-arlé). Negociações, f. pl., conferências, f. pl.
pourpoint m. (purpuãn). Gibão.
pour‖pre m. e f. (purpr). Púrpura, f. ‖**-pré, ée** adj. (-é). Purpúreo, ea.
pourquoi conj. e adv. (purcuá). Porquê, porque.
pou‖rri, ie adj. (puri). Podre. ‖**-rrir** vt. e vi. (-ir). Apodrecer. ‖**-rriture** f. (-ùr). Podridão.
poursui‖te f. (purçùit). Perseguição. ‖Solicitação [soins, recherche]. ‖Diligências, pl. ‖Demanda [judiciaire]. ‖**-vant, ante** m. e f. (-ã, ãt). Perseguidor, ora. ‖ Pretendente, solicitante [emploi]. ‖**-Demandant** [justice]. ‖**-vre** vt. (-ùivr).

Perseguir*; acuar (Br.) [gibier, ennemi]. ‖Demandar [justice]. Prosseguir* [continuer].
pourtant adv. (purtã). No entanto.
pourtour m. (purtur). Contorno.
pour‖voi m. (purvuá). Apelação, f. ‖Loc. *Pourvoi en cassation*, recurso. *Pourvoi en grâce*, pedido de indulto. ‖**-voir*** vi. (-uar). Prover*. ‖vt. Abastecer, munir. ‖ **(se)** vr. Prover-se*. ‖Apelar [justice]. ‖**-voyeur, euse** m. e f. (-uaiár, áz). Provedor, ora. ‖**-vu, ue** adj. (-ù). Provido, da. ‖Loc. *Pourvu que*, desde que, contanto que.
poussah m. (puçá). Sempre-em-pé. ‖*Fig.* Batoque (homem gordo).
pou‖sse f. (puç). Rebento, m. [plantes]. ‖**-ssée** f. (-é). Empurrão, m. ‖Acesso, m. [fièvre, etc.]. ‖**-sse-café** m. (-afé). Cálice de licor (depois do café). ‖**-sse-caillou** m. (-aiùu). *Fam.* Soldado de infantaria. ‖**-sse-pied** m. (-ié). Barquinho. ‖**-sse-pousse** m. (-uç). Carro anamita de duas rodas. ‖**-sser** vt. (-ê). Empurrar. ‖*Fig.* Impelir*, incitar. ‖Dar* [cri, soupir]. ‖vi. Crescer [personnes, plantes]. ‖Nascer [cheveux, etc.]. ‖ **(se)** vr. Empurrar-se. ‖ *Fig.* Penetrar ‖ Prosseguir* [avancer]. ¿Loc. *Pousser à bout*, exasperar. *Pousser au noir*, carregar o quadro, exagerar o mal.
pou‖ssier m. (puçié). Cisco. ‖**-ssière** f. (-iér). Poeira, pó, m. ‖**-ssiéreux, euse** adj. (-erã, áz). Poeirento, ta.
poussif, ive adj. (pucif, iv). Com pulmoeira. ‖*Fig.* Ofegante.
poussin‖ m. (puçãn). Pinto. ‖**-ière** f. (-iér). Estufa para pintos. ‖Plêiades, f. pl. [astronomie].
poussoir m. (puçuar). Botão móvel.
pou‖tre f. (putr). Viga. ‖**-trelle** f. (-él). Travezinha, vigota.
pouvoir* vt. e s. m. (puvuar). Poder*.
prai‖rial m. (prêriál). Pradial. ‖**-rie** f. (-i). Prado, m., campina.
pra‖line f. (pralín). Amêndoa coberta. ‖**-ner** vt. (-ê). Confeitar amêndoas.
prati‖cable adj. (pra-a-). Praticável. ‖Transitável [chemin]. ‖**-cien, enne** m. e f. (-iãn, én). Prático, ca. ‖**-quant, ante** adj. (-ã, ãt). Prati-

---

Itálico : acento tónico. ‖V. página verde para a pronúncia figurada. ‖*Verbo irreg. V. no final do livro.

cante. ‖-que adj. (-íc). Prático, ca.
‖s. f. Prática. ‖ Praxe [habitude].
‖Fregués, m. [client]. ‖ Trato, m.
[fréquentation]. ‖-quer vt. (-é).
Praticar. ‖Frequentar.
pré m. (prê). Prado. ‖Loc. *Aller sur
le pré*, bater-se em duelo.
pré‖alable adj. (prêala-). Prévio,
ia. ‖Loc. *Au préalable*, prèvia-
mente. ‖-ambule m. (-àbùl). Preâm-
bulo.
préau m. (prêô). Pátio coberto.
prében‖de f. (prêbâd). Prebenda.
‖-dé m. (-é). Prebendado.
précaire adj. (prêkér). Precário, ia.
précau‖tion f. (prêcôció). Precau-
ção. ‖-tionner vt. (-oné). Preca-
ver*.
précé‖demment adv. (prêcêdamâ).
Precedentemente. ‖-dent, ente adj.
(-â, ât). Precedente. ‖-der vt. (-é).
Preceder. ‖vi. Ter* primazia.
précep‖te m. (prêcé-). Preceito.
‖-teur m. (-âr). Preceptor.
prê‖che m. (préx). Prédica, f. ‖-cher
vt. e vi. (-é). Pregar (è). ‖-cheur
m. (-âr). Pregador (è).
pré‖cieux, euse adj. (prêciâ, âz).
Precioso, sa. ‖*Fig.* Amaneirado,
da [maniéré]. ‖ s. m. e f. Presu-
mido, da. ‖-ciosité f. (-cíôzité). Pre-
ciosismo, m., afectação [manières,
langage].
précipi‖ce m. (prê-íç). Precipício;
perambeira, f. (*Br. de Minas*).
‖-tamment adv. (-amâ). Precipita-
damente. ‖-tation f. (-ció). Preci-
pitação. ‖-té m. (-é). Precipitado.
‖-ter vt. (-é). Precipitar.
préciput m. (prê-ù). Precípuo.
pré‖cis, ise adj. (prêcí, iz). Pre-
ciso, sa; fixo, xa. ‖Em ponto
[heures]. ‖ s. m. Epítome. ‖-cisé-
ment adv. (-êmâ). Precisamente.
‖-ciser vt. (-é). Precisar, fixar.
‖-cision f. (-ió). Precisão; exac-
tidão; rigor, m., concisão.
précité, ée adj. (prê-é). Supraci-
tado, da; supramencionado, da.
préco‖ce adj. (prêcoç). Precoce.
‖-cité f. (-ité). Precocidade.
préconçu, ue adj. (prêcôçù). Precon-
cebido, da.
préconiser vt. (prêco-é). Preconizar;
recomendar, elogiar, apregoar.
pré‖curseur m. (prêcùrçâr). Pre-
cursor. ‖-destiner vt. (-éç-é). Pre-
destinar; reservar, preparar.
prédi‖cant m. (prê-â). Predicante.
‖-cat m. (-a). Predicado, nome pre-
dicativo. ‖-cateur m. (-âr). Prega-
dor (è). ‖-cation f. (-ció). Pre-
gação (è); prédica, sermão, m.
pré‖diction f. (prê-kció). Predição.
‖-dilection f. (-ció). Predilecção,
preferência marcada.
pré‖dire* vt. (prêdir). Predizer*.
‖-disposer vt. (-çpozé). Predispor*.
‖-disposition f. (-ció). Predisposi-
ção. ‖-dominance f. (-o-âç). Pre-
dominância, predomínio, m. ‖-domi-
nant, ante adj. (-â, ât). Predomi-
nante. ‖-dominer vi. (-é). Predo-
minar.
préémi‖nence f. (prêê-âç). Preemi-
nência. ‖-nent, ente adj. (-â, ât).
Preeminente, superior.
préétabli, ie adj. (prêêta-i). Pre-
estabelecido, da.
préexcellence f. (prêêkcélâç). Preex-
celência.
préexis‖tant, ante adj. (prêégzíçtâ,
ât). Preexistente. ‖-ter vi. (-é).
Preexistir.
préface f. (prêfaç). Prefácio, m.
préfect‖oral, ale adj. (prêféctoral).
Prefeitural. ‖-ure f. (-ùr). Pre-
feitura.
préfé‖rable adj. (prêféra-). Preferí-
vel. ‖-ré, ée adj. (-é). Preferido,
da. ‖-rence f. (-âç). Preferência.
‖-rentiel, elle adj. (-iél) Preferen-
cial. ‖-rer vt. (-é). Preferir*.
préfet m. (prêfé). Prefeito.
préfixe m. (prêfikç). Prefeito.
préhension f. (prêâció). Preensão.
préhis‖toire f. (prêiçtuar). Pré-his-
tória. ‖-torique adj. (-oric). Pré-
-histórico, ca.
préjudi‖ce m. (prêjùdiç). Prejuízo.
‖-ciable adj. (-ia-). Prejudicial.
‖-ciel, elle adj. (-iél). Prévio, ia;
prelativo, va; preventivo, va.
préju‖gé m. (prêjùjé). Preconceito.
‖-ger vt. (-é). Prejulgar. Conjec-
turar, presumir [prévoir].
prélart m. (prêlar). Toldo encerado.
prélasser (se) vr. (çâprêlacé).
Pavonear-se. ‖ Repimpar-se [fau-
teuil].
prélat m. (prê-a). Prelado.
prêle f. (prél). Cavalinha (bot.).

Lettres penchées : accent tonique. ‖V. page verte pour la prononciation
figurée. ‖*Verbe irrég. V. à la fin du volume.

pré||lèvement m. (prēlé-ā). Adiantamento [somme]. ||**Amostra**, f. [matière] : *analyser un prélèvement*, analisar uma amostra. ||**-lever** vt. (-é). Tirar, levantar antecipadamente.

préliminaire adj. e s. m. (prê-ér). Preliminar.

prélu||de m. (prēlůd). Prelúdio. ||**-der** vi. (-é). Preludiar.

prématuré, ée adj. (prêmatůrê). Prematuro, ura; precoce, temporão.

prémédi||tation f. (prêmē-aciō). Premeditação. ||**-ter** vt. (-é). Premeditar.

prémices f. pl. (prêmíç). Primícias.

premier||, ère adj. (prămiê, ér). Primeiro, ra. ||*Prımo* [nombres]. ||s. f. Estreia [théâtre]. ||*Jeune premier*, galã. ||*Matières premières*, matérias primas. ||**-** **-né** m. (-é). Primogénito.

prémisse f. (prêmiç). Premissa.

prémontré m. (prêmōtrê). Premonstratense, cónego regrante.

prémunir vt. (prêmůnír). Premunir, precaver, acautelar.

pre||nable adj. (prăna-). Conquistável, expugnável [ville]. ||**-nant**, **ante** adj. (-ā, āt). Que toma, que pega. ||*Préensil* [hist. nat.]. ||**Aliciante**.

prendre* vt. (prădr). Tomar. ||Agarrar [saisir]. ||Comer [échecs, dames]. ||vi. Enraizar [plantes]. ||Coalhar [liquides]. ||Loc. *Prendre à cœur*, tomar a peito. *Prendre à partie*, declarar-se contra. *Prendre à tâche*, esforçar-se. *Prendre au mot*, pegar na palavra. *Prendre congé*, despedir-se*. *Prendre en pitié*, *, compadecer-se de. Prendre fait et cause*, intervir*. *Prendre feu*, arder. *Prendre garde*, ter* cuidado. *Prendre la fuite*, fugir*. *Prendre la mer*, fazer-se* ao mar. *Prendre le large*, fazer-se* ao largo [navire]. *Prendre les devants*, tomar a dianteira. *Prendre peur*, assustar-se, ficar com medo. *Prendre plaisir*, ter* gosto. *Prendre racine*, criar raízes. *Prendre son parti de*, resignar-se a. *Prendre une chose en mal*, levar uma coisa a mal. *S'en prendre à*, deitar as culpas a. *Se prendre à*, pôr-se* a. *Se prendre de vin*, embriagar-se. *S'y prendre bien, ou mal*, haver-se*, arranjar-se bem, ou mal.

preneur, euse m. e f. (prânâr, âz). Tomador, ora. || Arrendatário, ia [bails].

pré||nom m. (prênō). Nome (de baptismo). ||**-nommé, ée** adj. e s. (-omê). Atrás nomeado, da; supracitado, da.

préoccu||pation f. (prêocùpaciō). Preocupação. ||**-per** vt. (-é). Preocupar.

prépa||rateur, trice m. e f. (prêparatâr, riç). Preparador, ora. ||**-ratif** m. (-íf). Preparativo. ||**-ration** f. (-ciō). Preparação. ||**-ratoire** adj. (-uar). Preparatório, ia. ||**-rer** vt. (-é). Preparar, predispor*, arranjar.

prépondé||rance f. (prêpōdêrāç). Preponderância. ||**-rant, ante** adj. (-ā, āt). Preponderante; decisivo, va.

prépo||sé, ée m. e f. (prêpozê). Encarregado, da. ||**-ser** vt. (-é). Encarregar. ||**-sitif, ive** adj. (-if, iv). Prepositivo, va. ||**-sition** f. (-ciō). Preposição.

prérogative f. (prêrogatív). Prerrogativa; privilégio, m., regalia.

près adv. e prep. (prê). Perto (de). ||*Quase* (a) [sur le point de]. ||Loc. *A beaucoup près*, bem longe disso. *A cela près, salvo isso. A peu près*, (pouco) mais ou menos. *Tout près*, pertinho, muito próximo.

présa||ge m. (prêzaj). Presságio. ||**-ger** vt. (-é). Pressagiar.

pré-salé m. (prêçalê). Carneiro engordado à beira-mar.

presby||te adj. e s. (prêçbít). Presbita. ||**-tère** m. (-ér) Presbitério. ||**-tie** f. (-ci). Presbitia.

prescience f. (prēciāç). Presciência; previdência.

pres||cription f. (prêççripciō). Prescrição. ||**-crire*** vt. (-ír). Prescrever.

préséance f. (prêçêāç). Precedência.

présélection f. (prêçêlékciō). Pré-selecção.

pré||sence f. (prêzāç). Presença. ||**-sent, ente** adj. (-ā, āt). Presente. ||s. m. Presente. ||**-sentable** adj. (-a-). Apresentável. ||**-sentation** f. (-ciō). Apresentação. ||**-senter** vt. (-é).

Itálico : acento tónico. ||V. página verde para a pronúncia figurada. ||*Verbo irreg. V. no final do livro.

Apresent*ar*, exib*ir*, exp*or** ; oferec*er*.
préser‖vateur, trice adj. (prêzérva-târ, ríç). Preservad*or*, ora. ‖**-vatif, ive** adj. e s. m. (-íf, ív). Preserva-t*ivo*, va. ‖**-vation** f. (-ció). Preservação. ‖**-ver** vt. (-ê). Preserv*ar*.
présí‖dence f. (prê-âç). Presidência. ‖**-dent, ente** m. e f. (-ã, ãt). Presidente, ta. ‖**-dentiel, elle** adj. (-ciél). Presidencial. ‖**-der** vi. e vt. (-ê). Presid*ir*.
présomp‖tif, ive adj. (prêzõptíf, ív). Presunt*ivo*, va. ‖**-tion** f. (-ció). Presunção. ‖**-tueux, euse** adj. (-uâ, âz). Presunçoso, sa ; presum*ido*, da.
pres‖que adv. (préçk). Quase. ‖**-qu'île** f. (-íl). Península.
pre‖ssage m. (préçaj). Prensagem, f. ‖**-ssant, ante** adj. (-ã, ãt). Urgente. ‖**-sse** f. (-éç). Prensa [machine]. ‖ Pr*essa*, urgência. ‖ Imprensa [journaux]. ‖ Loc. *Sous presse*, no prelo. ‖**-ssé, ée** adj. (-é). Prensado, da. ‖ Comprim*ido*, da [serré]. Atacado, da [poursuivi]. ‖ Atormentado, da. ‖ Urgente. ‖ Precisado, da [besoin].
pressen‖timent m. (préçã- ã). Pressentimento. ‖**-tir*** vt. (-ír). Pressent*ir**, suspeit*ar*; sond*ar*.
pre‖sser vt. (précé). Apert*ar* [serrer]. ‖ Prens*ar* [machines]. ‖ Acoss*ar* [harceler]. ‖ Apress*ar* [hâter]. ‖ Insist*ir* com [forcer]. ‖ vi. Urg*ir* : *cela presse*, isso urge. ‖ **(se)** vr. Apress*ar*-se [se hâter]. ‖ Apert*ar*-se. ‖**-ssion** f. (-ció). Pressão. ‖**-ssoir** m. (-uar). Prensa, f. (de lagar). ‖ Lagar [à vin, etc.]. ‖**-ssurer** vt. (-uré). Prens*ar*. ‖ *Fig.* Oprim*ir*, esmag*ar*, esbulh*ar*.
prestance f. (préçtãç). Distinção, garbo, *m.*, figura, gentileza.
prestation f. (préçtació). Prestação.
pres‖te adj. (préçt). Presto, ta. ‖ interj. Depressa ! Rápido ! ‖**-tement** adv. (-â). Prestamente. ‖**-tesse** f. (-éç). Presteza, ligeireza, agilidade.
prestidigitat‖eur m. (préç-atâr). Prestidigitador. ‖**-ion** f. (-ció). Prestidigitação.
presti‖ge m. (préçtíj). Prestígio. ‖**-gieux, euse** adj. (-iâ, âz). Prestigioso, sa ; maravilhoso, sa.
presto adv. (préçtô). Presto (mús.).

présu‖mable adj. (prêzùma-). Presumível. ‖**-mer** vt. (-ê). Presum*ir*.
présure f. (prêzúr). Coalheira.
pr‖êt m. (pré). Empréstimo. ‖ Pré [soldats]. ‖**-êt, éte** adj. (-é, ét). Pronto, ta. ‖**-êté, ée** adj. (-é). Empréstado, da. ‖ Loc. *(Un) prêté (pour un) rendu*, justa represália, f.
prê‖tendant, ante adj. e s. (prêtãdã, ãt). Pretendente. ‖**-tendre** vt. (-ãdr). Pretender. ‖ Pretend*ido*, da. ‖ Pretenso, sa [supposé]. ‖ *Noivo*, va [fiancé].
prête-nom m. (prétnõ). Testa-de-ferro.
pretentaine (courir la) loc. (cur*ir* la prãtátén). *Fam.* Vagabunde*ar*.
préten‖tieux, euse adj. (prêtãcíâ, âz). Pretensioso, sa ; afectado, da. ‖**-tion** f. (-ció). Pretensão. ‖ Vaidade.
prêter vt. (prêté). Emprest*ar*.
prétérit m. (prêtêrít). Pretérito.
préteur m. (prêtâr). Pretor.
prêteur, euse adj. e s. m. (prêtâr, âz). Emprestador, deira. ‖ s. m. Prestamista [de métier].
prétex‖te m. prêtêkçt). Pretexto. ‖ adj. e s. f. Pretexta [toge]. ‖**-ter** vt. (-ê). Pretext*ar*, descul*par*-se com.
préto‖ire m. (prêtuar). Pretório. ‖**-rien, enne** adj. (-iãn, én). Pretoriano, na.
prê‖tre m. (prétr). Sacerdote, padre. ‖**-tresse** f. (-éç). Sacerdotisa. ‖**-trise** f. (-íz). Sacerdócio, m.
preuve f. (prâv). Prova : *faire preuve de*, d*ar** provas de, prov*ar*.
preux m. (prâ). Valente, bravo.
prévaloir* vi. (prêvalu*ar*). Prevalecer. ‖ **(se)** vr. (çâ-). Ufan*ar*-se.
prévari‖cateur m. (prêvar-atâr). Prevaricador. ‖**-cation** f. (-ció). Prevaricação.
préven‖ance f. (prê-âç). Amabilidade. ‖**-nant, ante** adj. (-ã, ãt). Amável. ‖**-ir*** vt. (-ir). Preven*ir**. ‖ Ir* ao encontro de (aller au-devant de]. ‖ Evit*ar* [détourner]. ‖ Predispor* [influencer].
préven‖tif, ive adj. (prêvãtíf, ív). Preventivo, va. ‖**-tion** f. (-ció). Prevenção ; prisão preventiva [justice].
prévenu, ue adj. (prê-ù). Prevenido, da. ‖ s. m. e f. Acusado, da ; réu, ré.
pré‖vision f. (prê-ió). Previsão.

Lettres penchées : accent tonique. ‖V. page verte pour la prononciation figurée. ‖ *Verbe irrég. V. à la fin du volume.

‖**-voir*** vt. (uar). Prever* ; prevenir*.
pré‖**vôt** m. (prêvô). Preboste. ‖Loc. *Prévôt de salle*, ajudante de mestre de esgrima. ‖**-vôtal, ale** adj. (-al). Prebostal. ‖**-vôté** f. (-ê). Prebostado, m. ‖Polícia militar [gendarmerie].
prévo‖**yance** f. (prêvuaiác). Previdência. ‖**-yant, ante** adj. (-iã, ãt). Previdente, acautelado, da.
Priam n. pr. (priam). Príamo.
Priape n. pr. (priáp). Priapo.
prie-dieu m. (pridiê). Genuflexório.
prier vt. (prié). Rogar, pedir* : *je vous prie de venir*, rogo-lho que venha. ‖ Rezar, orar [dire des prières]. ‖Loc. *Se faire prier*, fazer-se* rogado.
pri‖**ère** f. (priér). Pedido, m., rogo, m. ‖Oração, prece [oraison]. ‖**-eur, eure** m. e f. (-âr). Príor, oresa. ‖**-euré** m. (-ê). Priorado.
primaire adj. (pr-ér). Primário, ia.
pri‖**mat** m. (pr-*a*). Primado f. ‖**-mauté** f. (-ôtê). Primazia.
pri‖**me** f. (prim). Prêmio, m. (seguros). ‖Loc. *De haute prime*, logo. *Faire prime*, ter* grande aceitação. ‖adj. Ant. Primeiro, ra ; *prime jeunesse*, primeira juventude. ‖Loc. *B prime*, b linha (b'). *De prime abord*, à primeira vista. *De prime saut*, de repente. ‖**-mer** vt. (-é). Vir* antes de. ‖Premiar [récompenser].
primesautier, ère adj. (pr-ôtié, ér). Espontâneo, ea ; impulsivo, va.
primeur f. (pr-âr). Primícias, pl., fruto (m.) temporão, novidade. ‖Começo, m., princípio, m. [début].
primevère f. (pr-ér). Primavera (dos jardins), prímula.
primitif, ive adj. (pr-if, iv). Primitivo, va.
primo adv. (pr-ô). Primeiro.
primogéniture f. (pr-ojê-ùr). Primogenitura.
primordial, ale adj. (pr-ordial). Primordial, primitivo, va.
prin‖**ce** m. (prànc). Príncipe. ‖Loc. *En prince*, principescamente. ‖**-ceps** adj. (-épç). Príncipe (edição). ‖**-cesse** f. (-éç). Princesa. ‖**-cier, ère** adj. (-ié, ér). Principesco, ca.
princi‖**pal, ale** adj. (pràn-al). Principal. ‖ s. m. Director [collège].

‖Principal [d'une affaire]. ‖Capital [com.]. ‖**-pauté** f. (-ôtê). Principado, m. ‖**-pe** m. (-íp). Princípio.
prin‖**tanier, ère** adj. (pràntanié, ér). Primaveril. ‖**-temps** m. (-tà). Primavera, f. ‖Flor, f. [de la vie].
prio‖**ri (a)** loc. (apriorí). A priori. ‖**-rité** f. (-ê). Prioridade.
pri‖**s, ise** adj. (pri, iz). Tomado, da. ‖Agarrado, da [saisi]. ‖Atacado, da [maladie]. ‖Seduzido, da [trompé]. ‖Gelado, da [liquide]. ‖Coalhado, da [caillé]. ‖Loc. *Pris de peur*, assustado. *Pris de vin*, embriagado. *Taille bien prise*, corpo bem feito, m. ‖**-se** f. (-iz). Tomada. ‖Presa [butin]. ‖Facilidade de agarrar [saisir]. ‖Pitada [tabac]. ‖Loc. *Aux prises avec*, a contas com. *Donner prise*, dar* ocasião. *Lâcher prise*, desistir, largar de mão. *Prise d'air*, ventilador, m. *Prise d'eau*, válvula de entrada. *Prise de bec*, altercação. *Prise de courant*, tomada de corrente. ‖**-sée** f. (-ê). Avaliação. ‖**-ser** vt. (-é). Avaliar [évaluer]. ‖Apreciar [faire cas de]. ‖vi. Tomar rapé. ‖**-seur** m. (-âr). O que toma rapé. ‖Tabaquista.
pris‖**matique** adj. (priçmatic). Prismático, ca. ‖**-me** m. (-içm). Prisma.
pri‖**son** f. (pr-ô). Prisão ; xadrez, m. (Br.), cárcere, m. ‖**-sonnier, ère** m. e f. (-onié, ér). Prisioneiro, ra. [de guerre]. ‖Preso, sa.
pri‖**vatif, ive** adj. (pr-atíf, ív). Privativo, va. ‖**-vation** f. (-cio). Privação. ‖**-vauté** f. (-ôtê). Privança. ‖**-ver** vt. (-é). Privar, tirar a.
privi‖**lège** m. (pr-éj). Privilégio. ‖**-légié, ée** adj. e s. (-éjiê). Privilegiado, da. ‖**-légier** vt. (-êjié). Privilegiar.
prix m. (pri). Preço. ‖Prémio [récompense]. ‖Loc. *A tout prix*, por todo o preço. *Au prix coûtant*, pelo preço do custo. *Prix de revient*, preço do custo. *Au prix de*, em comparação com ; à custa de. *Hors de prix*, caríssimo. *Prix fait*, preço marcado. *Remporter un prix*, ganhar um prêmio. *Y mettre le prix*, pagar por bom dinheiro.
pro‖**babilité** f. (proba-ê). Probabilidade f. ‖**-bable** adj. (-a-). Prová-

---

Itálico : acento tónico. ‖V. página verde para a pronúncia figurada. ‖*Verbo irreg. V. no final do livro.

vel. ‖-bant, ante adj. (-ã, ãt). Probante, probatório, ia.
pro‖be adj. (prob). Probo, ba. ‖-bité f. (-é). Probidade, honradez.
pro‖blématique adj. (pro-êmatic). Problemático, ca. ‖-blème m. (-ém). Problema, enigma.
proboscidien, enne adj. e s. (proboçiàn, én). Proboscídeo, ea.
pro‖cédé m. (procêdé). Procedimento. ‖Ponteira (f.) de sola [billard]. ‖Proceder [conduite]. ‖-céder vi. (-êdé). Proceder. ‖-cédure f. (-ùr). Processo, m., autos, m. pl. [justice]. ‖-cédurier, ère adj. (-rié, ér). Demandista, chicaneiro, ra. ‖-cès m. (-é). Processo, pleito. ‖Loc. Procès-verbal, acta, f., auto. Sans autre forme de procès, sem mais nem menos.
procession‖ f. (procéciõ). Procissão. ‖-nel, elle adj. (-onél). Processional.
procès-verbal m. (procévérbal). Auto; acta, f. (de sessão) ; termo.
pro‖chain, aine adj. (proxàn, én). Próximo, ma. ‖ s. m. Próximo. ‖-chainement adv. (-ã). Pròximamente.
proche adj. (prox). Próximo, ma.‖ prep. e adv. Próximo, perto (de). ‖ s. m. pl. Parentes.
procla‖mation f. (pro-amaciõ). Proclamação. ‖-mer vt (-é). Proclamar; divulgar, revelar; declarar.
proconsul m. (procõçùl). Procônsul.
procré‖ation f. (procrêaciõ). Procriação. ‖-er vt. (-é). Procriar.
pro‖curateur m. (procùratâr). Procurador. ‖-curation f. (-ciõ). Procuração, poder, m. ‖-curer vt. (-é). l'proporcionar. ‖ (se) vr. Arranjar, obter*. ‖-cure f. (-ùr). Procuradoria (religiosa). ‖-cureur m. (-âr). Procurador (religioso). ‖-cureuse f. (-âz). Proxeneta, alcoviteira.
Procuste n. pr. (procùçt). Procusto.
prodigalité f. (pro-a-é). Prodigalidade.
prodi‖ge m. (prodíj). Prodígio. ‖-gieux, euse adj. (-iâ, âz). Prodigioso, sa; portentoso, sa.
prodi‖gue adj. e s. (prodíg). Pródigo, ga : enfant prodigue, filho pródigo. ‖-guer vt. (-ghé). Prodigar.

prodrome m. (prodrom). Pródromo.
pro‖ducteur m. (prodùctâr). Produtor. ‖-ductif, ive adj. (-íf, ív). Produtivo, va. ‖-duction f. (-kciõ). Produção. ‖-duire* vt. (-ùir). Produzir*. ‖-duit m. (-ùi). Produto.
proémi‖nence f. (proê-âç). Proeminência. ‖-nent, ente adj. (-ã, ãt). Proeminente, elevado, da.
pro‖fanateur, trice adj. e s. (profanatâr, riç). Profanador, ora. ‖-fanation f. (-ciõ). Profanação. ‖-fane adj. e s. (-an). Profano, na. ‖-faner vt. (-é). Profanar; macular.
proférer vt. (proférê). Proferir*.
pro‖fès, esse adj. (profé, éç). Professo, essa. ‖-fesser vt. (-é). Professar. ‖-fesseur m. (-âr). Professor, ora [2 g en port.]. ‖-fession f. (-iõ). Profissão. ‖-fessionnel, elle adj. (-onél). Profissional. ‖-fessoral, ale adj. (-ral). Professoral. ‖-fessorat m. (-a). Professorado, magistério.
pro‖fil m. (profíl). Perfil. ‖-filer vt. (-é). Perfilar; projectar.
profi‖t m. (profí). Proveito. ‖ Loc. Faire du profit, aproveitar, dar* lucro. Mettre à profit, aproveitar, tirar lucro. Profits et pertes, ganhos e perdas. ‖-table adj. (-a-). Proveitoso, sa. ‖-ter vi. (-é). Aproveitar (vt.). ‖-teur, euse adj. e s. (-âr, âz). Aproveitador, deira.
profond‖, onde adj. (profõ, õd). Profundo, da. ‖-ément adv. (-êmã). Profundamente. ‖-eur f. (-âr). Profundidade. ‖ Fig. Profundeza.
profusion f. (profùziõ). Profusão.
progéniture f. (projé-ùr). Progenitura, descendência, prole.
programme m. (program). Programa.
pro‖grès m. (progré). Progresso. ‖-gresser v... (-é). Progredir*. ‖-gressif, ive adj. (-íf, ív). Progressivo, va. ‖-gression f. (-iõ). Progressão. ‖-gressiste m. (-içt). Progressista.
prohi‖bé, ée adj. (pro-ibé). Proibido, da. ‖-ber vt. (-é). Proibir. ‖-bitif, ive adj. (-íf, ív). Proibitivo, va. ‖-bition f. (-ciõ). Proibição.
proie f. (prua). Presa. ‖ Loc. Etre en proie à, ser* presa de. Oiseau de proie, ave de rapina, f.
projec‖teur m. (projéctâr). Projec-

Lettres penchées : accent tonique. ‖V. page verte pour a pronunciação figurée. ‖ *Verbe irrég. V. à la fin du volume.

tor. ‖-tile m. (-íl). Projéctil. ‖-tion f. (-kciõ). Projecção.
pro‖jet m. (projé). Projecto. ‖-jeter vt. (-jté). Projectar.
prolé‖taire m. (prolétér). Proletário. ‖-tariat m. (-ariá). Proletariado. ‖-tarien, enne adj. (-iàn, én). Proletário, ia.
prolifique adj. (pro-ík). Prolífico, ca.
proli‖xe adj. (prolíkç). Prolixo, xa. ‖-xité f. (-é). Prolixidade.
prologue m. (prolog). Prólogo.
pro‖longation f. (prolõgaciõ). Prolongação. ‖-longe f. (-õj). Prolonga. ‖-longement m. (-ã). Prolongamento. ‖-longer vt. (-é). Prolongar.
pro‖menade f. (pro-ad). Passeio, m. ‖-mener vt. (-é). Passear (levar a passeio). ‖ (se) vr. Passear. ‖-meneur, euse m. e f. (-âr, âz). Passeante. ‖-menoir m. (-uar). Passeio (coberto), galeria, f. Varanda, f. (teat.).
pro‖messe f. (proméç). Promessa. ‖-metteur, euse adj. (-âr, âz). Prometedor, ora. ‖-mettre* vt. (-étr). Prometer. ‖ (se) vr. Prometer a si próprio. ‖-mis, ise adj. e s. (-í, íz). Prometido, da; noivo, va.
Prométhée n. pr. (prométê). Prometeu.
promiscuité f. (pro-ccù-é). Promiscuidade.
promission f. (pro-iõ). Promissão.
promontoire m. (promõtuar). Promontório.
pro‖moteur, trice m. e f. (promotâr, ríç). Promotor, ora. ‖-motion f. (-ciõ). Promoção. ‖-mouvoir* vt. (-uvuar). Promover.
prompt‖, ompte adj. (prõ, õt). Pronto, ta; rápido, da. ‖-ement adv. (-ã). Prontamente. ‖-itude f. (-ùd). Prontidão, presteza. ‖Irascibilidade.
promul‖gation f. (promù-aciõ). Promulgação. ‖-guer vt. (-ghé). Promulgar, publicar.
prô‖ne m. (prõn). Homília, f. ‖-ner vt. (-é). Pregar a. ‖Enaltecer, gabar [vanter]. ‖vi. Pregar, censurar.
pro‖nom m. (pronõ). Pronome. ‖-nominal, ale adj. (-o-al). Pronominal.
pronon‖çable adj. (pronõça-). Pronunciável. ‖-cé, ée adj. (-é). Pronunciado, da. ‖ s. m. Decisão, f. ‖-cer vt. (-é). Pronunciar. ‖-ciation f. (-aciõ). Pronúncia, pronunciação.
pronos‖tic m. (pronoçtic). Prognóstico. ‖-tiquer vt. (-é). Prognosticar; predizer*.
propa‖gande f. (propagád). Propaganda. ‖-gateur m. (-atâr). Propagador. ‖-gation f. (-ciõ). Propagação. ‖-ger vt. (-jé). Propagar, espalhar.
propension f. (propáciõ). Propensão.
pro‖phète, étesse m. e f. (profét, êtéç). Profeta, tisa. ‖-phétie f. (-cí). Profecia. ‖-phétique adj. (-íc). Profético, ca. ‖-phétiser vt. (-é). Profetizar, vaticinar; prever*.
prophyla‖ctique adj. (prof-actíc). Profiláctico, ca. ‖-xie f. (-kcí). Profilaxia.
prop‖ice adj. (propíç). Propício, ia. ‖-itiatoire adj. (-ciatuar). Propiciatório, ia.
propor‖tion f. (proporciõ). Proporção. ‖-tionnel, nelle adj. (-onél). Proporcional. ‖-tionner vt. (-é). Proporcionar, harmonizar.
pro‖pos m. (propõ). Propósito [résolution]. ‖Conversação, f. ‖Maledicência, f. [médisance]. ‖Loc. A propos, a propósito. A tout propos, a cada instante. De propos délibéré, de caso pensado. A propos de bottes, despropositadamente. Mal à propos, fora de propósito. ‖-poser vt. (-ozé). Propor*. ‖-position f. (-ciõ). Proposição, oração ; teorema, m.
pro‖pre adj. (propr). Próprio, ia [exclusif, apte, naturel]. ‖Limpo, pa [net, pas sale]. ‖s. m. Próprio, característica, f.; sentido próprio. ‖-prement adv. (-âmã). Pròpriamente. ‖Limpamente. ‖-pret, ette adj. (-é, ét). Limpinho, nha. ‖-preté f. (-é). Limpeza, asseio, m.
proprié‖taire adj. e s. (propriétér). Proprietário, ia. ‖Senhorio, ía [d'immeuble]. ‖Dono, na [d'une propriété]. ‖-té f. (-é). Propriedade [droit, caractère]. ‖Quinta, herdade, fazenda [immeubles, terres, etc.]
propul‖seur adj. e s. m. (propù-âr). Propulsor. ‖-sion f. (-iõ). Propulsão.
prorata m. (prorata). Quota parte, f.

Itálico : acento tónico. ‖V. página verde para a pronúncia figurada. ‖*Verbo irreg. V. no final do livro.

proro‖gation f. (prorogació). Prorrogação. ‖**-ger** vt. (-é). Prorrogar.
pro‖saïque adj. (prozaíc). Prosaico, ca. ‖**-saïsme** m. (-ícm). Prosaísmo. ‖**-sateur** m. (-âr). Prosador.
pros‖cription f. (proçcripció). Proscrição. ‖**-crire*** vt. (-ír). Proscrever. ‖**-crit, ite** adj. e s. (-í, ít). Proscrito, ta; abolido, da.
prose f. (prôz). Prosa.
prosély‖te m. (prozélit). Prosélito. ‖**-tisme** m. (-ícm). Proselitismo, partidarismo.
proso‖die f. (prozodí). Prosódia. ‖**-dique** adj. (-íc). Prosódico, ca. ‖**-popée** f. (-opê). Prosopopeia.
prospec‖teur m. (proçpectâr). Prospector. ‖**-tion** f. (-ció). Prospecção. ‖**-tus** m. (-úç). Prospecto.
pros‖père adj. (proçpér). Próspero, ra. ‖**-pérer** vi. (-êré). Prosperar. ‖**-périté** f. (-é). Prosperidade.
proster‖nation f. (proçtérnació). Prosternação. ‖**-ner** (se) vr. (-é). Prosternar-se.
prosti‖tuée f. (proç-üé). Prostituta. ‖**-tuer** vt. (-üé). Prostituir*. ‖**-tution** f. (-ció). Prostituição.
protagoniste m. (protagoníçt). Protagonista. ‖*Fig.* Promotor, fautor.
prote m. (prot). Proto; chefe (tip.).
protec‖teur, trice adj. e s. (protéctâr, ríç). Protector, ora. ‖**-tion** f. (-ció). Protecção. ‖**-tionnisme** m. (-ioníçm). Proteccionismo. ‖**-tionniste** m. (-íçt). Proteccionista. ‖**-torat** m. (-ora). Protectorado.
protée m. (proté). Proteu. ‖**Protéo**.
proté‖gé, ée adj. e s. (protêjé). Protegido, da. ‖**-ger** vt. (-é). Proteger, defender; auxiliar; abrigar.
protes‖tant, ante adj. e s. (protéçtã, ãt). Protestante. ‖**-tantisme** m. (-íçm). Protestantismo. ‖**-tataire** adj. e s. (-atér). Protestador, ora. ‖**-tation** f. (-ció). Protesto. ‖**-ter** vt. e vi. (-é). Protestar.
protêt m. (proté). Protesto (com.).
prothèse f. (protéz). Prótese.
proto‖colaire adj. (protocolér). Protocolar. ‖**-cole** m. (-ól). Protocolo, cerimonial. ‖Formulário.
proton m. (protó). Protão.
proto‖type m. (prototíp). Protótipo. ‖**-xyde** m. (-kcíd). Protóxido. ‖**-zoaire** m. (-oér). Protozoário.

protubé‖rance f. (protúbêrãç). Protuberância. ‖**-rant, ante** adj. (-ã, ãt). Protuberante.
prou adv. (pru). *Ant*. Muito. ‖ *Loc. Ni peu ni prou*, de modo nenhum.
proue f. (pru). Proa.
prouesse f. (pruéç). Proeza.
prouver vt. (pruvé). Provar.
prove‖nance f. (pro-ãç). Proveniência. ‖**-nant, ante** adj. (-ã, ãt). Proveniente, procedente, oriundo, da.
provençal, ale adj. e s. (provãçal). Provençal.
Provence n. pr. (provãç). Provença.
provende f. (provãd). Provenda.
provenir* vi. (pro-ír). Provir*.
prover‖be m. (provérb). Provérbio. ‖**-bial, ale** adj. (-ial). Proverbial.
providen‖ce f. (pro-ídãç). Providência. ‖**-tiel, elle** adj. (-ciél). Providencial; oportuno, na, feliz.
pro‖vignage m. (pro-nhaj). Mergulhia, f. ‖**-vigner** vt. (-é). Mergulhar (a videira). ‖**-vin** m. (-ãn) Mergulhão (de videira).
provin‖ce f. (provãç). Província. ‖**-cial, ale, aux** adj. (-ial, ió). Provinciano, na; matuto (*Br*.). ‖**-cialisme** m. (-íçm). Provincianismo.
proviseur m. (prov-âr). Reitor.
provi‖sion f. (pro-ió). Provisão. ‖Preparo, m. [garantie de fonds]. ‖**-sionnel, elle** adj. (-onél). Provisional. ‖**-soire** adj. (-uar). Provisório, ia; interino, na.
provo‖cant, ante adj. (provocã, ãt). Provocante. ‖**-cateur, trice** adj. e s. (-atâr, ríç). Provocador, ora. ‖**-cation** f. (-ció). Provocação. ‖**-quer** vt. (-ké). Provocar, excitar, incitar; desafiar.
proxénète m. et f. (-énét). Proxeneta.
proximité f. (prokç-é). Proximidade.
prude adj. e s. f. (prüd). Hipócrita, fingido, da; impostor, ora; austero, ra.
pru‖demment adv. (prüdamã). Prudentemente. ‖**-dence** f. (-ãç). Prudência. ‖**-dent, ente** adj. (-ã, ãt). Prudente.
Prudence n. pr. (prüdãç). Prudêncio, ia.
pruderie f. (prüdrí). Hipocrisia.
prud'homie f. (prüdomí). Probidade, honestidade. ‖**-'homme** m. (-om). Homem probo. ‖Árbitro.

Lettres penchées : accent tonique. ‖ V. page verte pour la prononciation figurée. ‖ *Verbe irrég. V. à la fin du volume.

PRU — PUL 274

[corporations]. ‖*Jacques Prud'-homme*, conselheiro Acácio [sot]. **-hommesque** adj. (-éçk). Conselheiral, sentencioso, sa.

pru‖ne f. (prùn). Ameixa, abrunho, m. ‖**-neau** m. (-nô). Ameixa (f.) seca. ‖**-nelle** f. (-él). Abrunho (m.) bravo [fruit]. ‖*Menina* [de l'œil]. ‖Tecido (m.) fino de lã [tissu]. ‖**-nellier** m. (-ié). Abrunheiro. ‖**-nier** m. (-ié). Ameixieira, f., ameixoeira, f.

prurit m. (prùrí). Prurido.

Prusse n. pr. (prùç). Prússia.

pruss‖iate m. (prùciat). Prussiato. ‖**-ien, enne** adj. e s. (-ián, én). Prussiano, na. ‖**-ique** adj. (-ic). Prússico, ca; cianídrico, ca.

psal‖miste m. (pça-íçt). Salmista. ‖**-modie** f. (-odí). Salmodia. ‖**-modier** vt. e vi. (-ié). Salmodiar.

psau‖me m. (pçôm). Salmo. ‖**-tier** m. (-ié). Saltério, salteiro.

pseud‖o pref. (pçàdô). Pseudo : *pseudo-savant*, *pseudo-sábio*. ‖**-onyme** m. (-oním). Pseudónimo.

psittacisme m. (-acíçm). Psitacismo.

psych‖analyse f. (peicanalíz). Psicanálise. ‖**-asthénie** f. (-açténi). Psicastenia.

Psyché n. pr. (pç-é). Psíque.

psych‖é f. (pç-é). Psiqué, m. (toucador). ‖**-chiatre** m. (-kíatr). Psiquíatra. ‖**-chique** adj. (-xíc). Psíquico, ca. ‖**-chisme** m. (-íçm). Psiquismo. ‖**-chologie** f. (-colojí). Psicologia. ‖**-chologique** adj. (-ic). Psicológico, ca. ‖**-chologue** m. (-og). Psicólogo. ‖**-chopathie** f. (-patí). Psicopatia. ‖**-chose** f. (-ôz).Psicose.

Ptolémée n. pr. (ptolêmê). Ptolomeu.

ptomaï‖ne f. (ptomaín). Ptomaína.

ptose f. (-ôz). Ptose.

puan‖t, ante adj. (pùã, ãt). Fedorento, ta. ‖*Loc. Bêtes puantes*, raposa, doninha, texugo, etc. ‖**-teur** f. (-ár). Fetidez, fedor, m., peste.

pu‖bère adj. (pùbèr). Púbere. ‖**-berté** f. (-é). Puberdade. ‖**-bescent, ente** adj. (-éçã, ãt). Pubescente.

pubis m. (pùbíç). Púbis.

publi‖c, que adj. e s. m. (pù-ic). Público, ca. ‖**-cain** m. (-àn). Publicano. ‖**-cation** f. (-ció). Publicação. ‖**-ciste** m. (-íçt). Publicista. ‖**-ci-**

taire adj. (-ér). Publicitário, ia. ‖**-cité** f. (-é). Publicidade. ‖**-er** vt. (-ié). Publicar, divulgar ; editar.

puce f. (pùç). Pulga [insecte]. ‖adj. Cor de pulga. ‖*Loc. Avoir la puce à l'oreille*, estar* com a pedra no sapato, de pé atrás.

pucelle f. (pùcél). Donzela.

puceron m. (pùçrô). Pulgão.

pud‖dlage m. (pù-aj). Pudelagem, f. ‖**-dler** vt. (-é) Pudelar (o ferro).

pu‖deur f. (pùdàr). Pudor, m. ‖**-dibond, onde** adj. (-ô, ôd). Pudibundo, da. ‖**-dibonderie** f. (-rí). Pudor (m.) exagerado. ‖**-dicité** f. (-é). Pudicícia. ‖**-dique** adj. (-ic). Pudico, ca.

puer vt. e vi. (pùé). Feder.

pué‖riculture f. (pùèr-ù-ùr). Puericultura. ‖**-ril, ile** adj. (-íl). Pueril. ‖**-rilité** f. (-é). Puerilidade, infantilidade, criancice.

puerpéral, ale adj. (pùérpêral). Puerperal.

pugilat m. (pù-a). Pugilato.

puîné, ée adj. e s. (pù-é). Segundogénito, ta; nascido depois.

puis adv. (pùi). Depois, em seguida. ‖*Loc. Et puis*, e depois, além disso.

pui‖sage m. (pù-aj). Tiradura, f. ‖**-sard** m. (-ar). Fossa, f. ; escoadouro. ‖**-satier** m. (-ié). Poceiro. ‖**-ser** vt. (-é). Tirar [eau]. ‖*Fig*. Ir* buscar : *puiser à une bonne source*, ir* buscar a boa fonte.

puisque conj. (pùiçk). Visto que.

puis‖samment adv. (pù-amã). Poderosamente. ‖**-sance** f. (-ãç). Poder, m. ‖Potência [force, machines, état souverain, mathématiques, optique]. ‖Autoridade, domínio, m. ‖**-sant, ante** adj. (-ã, ãt). Poderoso, sa. ‖Potente [machine, etc.]. ‖Forte, vigoroso, sa. ‖*Loc. Le Tout-Puissant*, o Todo-Poderoso.

puits m. (pùi). Poço.

pull-over m. (poulôvàr). Camisola, f. (de enfiar pela cabeça).

pulluler vi. (pùllùlé). Pulular.

pulmonaire adj. (pù-onér). Pulmonar. ‖s. f. Pulmonária [bot.].

pul‖pe f. (pùlp). Polpa. ‖**-peux, euse** adj. (-â, âz). Polposo, sa.

pulsation f. (pù-ació). Pulsação.

pultacé, ée adj. (pù-acê). Pultácio, ia ; pastoso, sa.

Itálico : acento tónico. ‖V. página verde para a pronúncia figurada. ‖*Verbo irreg. V. no final do livro.

PUL — QUA

pulvé‖rin m. (pù-êrằn). Polvorím. ‖-risateur m. (-atằr). Pulverizador. ‖-risation f. (-ció). Pulverização. ‖-riser vt. (-é). Pulverizar.
pu‖rulent, ente adj. (-ùlằ, ằt). Pulverulento, ta.
puma m. (pùma). Puma.
pu‖nais, aise adj. (pùné, éz). Ozénico, ca. ‖-naise f. (-éz). Percevejo, m. ‖-naisie f. (-í). Ozena.
punch m. (pôx). Ponche (bebida).
punique adj. (pùníc). Púnico, ca.
pu‖nir vt. (pùnír). Punir, castigar. ‖-nissable adj. (-a-). Punível. ‖-nition f. (-ció). Punição, castigo, m.
pupille f. (pùpíl). Pupila. ‖m. e f. Pupilo, la.
pupitre m. (pùpítr). Carteira, f.
pur, ure adj. (pùr). Puro, ra : *en pure perte*, em vão, debalde.
purée f. (pùré). Puré, m.
pu‖rement adv. (pùrmằ). Puramente. ‖Loc. *Purement et simplement*, pura e simplesmente. ‖-reté f. (-é). Pureza, candura; castidade.
pur‖gatif, ive adj. e s. m. (pùrgatíf, ív). Purgante, purgativo, va. ‖-gation f. (-ció). Purgação. ‖Purga [remédio]. ‖-gatoire m. (-uar). Purgatório. ‖-ge f. (-j). Purga. ‖-ger vt. e vi. (-é). Purgar.
puri‖fication f. (pùr-ació). Purificação. ‖-fier vt. (-ié). Purificar; limpar, expurgar.
purin m. (pùrằn). Chorume (esterco).
pu‖risme m. (pùriçm). Purismo. ‖-riste m. (-içt). Purista.
puri‖tain, aine m. e f. (pùr-ằn, én). Puritano, na. ‖-tanisme m. (-aníçm). Puritanísmo.
purpurin, ine adj. (pùrpùrằn, ín). Purpurino, na ; purpúreo, ea.

puru‖lence f. (pùrùlằç). Purulência. ‖-lent, ente adj. (-ằ, ằt). Purulento, ta.
pus m. (pù). Pus, matéria, f.
pusillani‖me adj. (pù-aním). Pusilânime. ‖-mité f. (-é). Pusilanimidade, fraqueza, timidez, cobardia.
pustu‖le f. (pùçtùl). Pústula. ‖-leux, euse adj. (-ằ, ằz). Pustuloso, sa ; empipocado, da (*Br. du S.*).
putatif, ive adj. (pùtatíf, ív). Putativo, va ; reputado, da ; suposto, ta.
putois m. (pùtυa). Toirão, fueta, f.
pu‖tréfaction f. (pùtrêfakció). Putrefacção. ‖-tréfier vt. (-ié). Putrificar. ‖-trescible adj. (-éci-). Putrescível. ‖-tride adj. (-íd). Pútrido, da.
puy m. (pùi). Monte, pico.
pygmée m. (-é). Pigmeu.
pyjama m. (-ôn). Pijama. (-ama).
pylône m. (-ôn). Pilão, pilone ; pilar.
pylore m. (-or). Piloro.
pyrale f. (-ral). Pírale.
pyra‖midal, ale adj. (-ra-al). Piramidal. ‖-mide f. (-íd). Pirâmide.
pyrénéen, enne adj. (-rênèằn, én). Pirenaico, ca.
Pyrénées n. pr. f. pl. (-rênê). Pireneus, m. pl.
pyrèthre m. (-rétr). Piretro.
pyrite f. (-rit). Pirite.
pyro‖gallique adj. (-alíc). Pirogál(h)ico, ca. ‖-gravure f. (-ravùr). Pirogravura. ‖-technie f. (-écní). Pirotecnia.
Pyrrhus n. pr. (-rùç). Pirro.
Pythagore n. pr. (-agor). Pitágoras.
pythagoricien, enne adj. e s. (-agor-iằn, én). Pitagórico, ca.
pythie f. (-tí). Pítia.
pytho‖n m. (-ô). Pitão. ‖-nisse f. (-iç). Pitonisa, profetisa.

Q

quadra‖génaire adj. e s. (cuadrajênêr). Quadragenário, ia. ‖-gésime f. (-zím). Quaresma ; quadragésima.
qua‖drangulaire adj. (cuadrằgùlêr). Quadrangular. ‖-drant m. (-ằ). Quadrante. ‖-drature f. (-atùr). Quadratura.
quadrige m. (cuadríj). Quadriga, f.
quadrilatère m. (cuadr-atér). Quadrilátero.
qua‖drillage n. (cadriíaj). Quadri-

Lettres penchées : accent tonique. ‖V. page verte pour la prononciation figurée. ‖ *Verbe irrég. V. à la fin du volume.

QUA — QUE

culado. ||**-drille** f. (-íiâ). Quadrilha (cavaleiros, toureiros). ||m. Quadrilha, f. (dança).
quadrimoteur m. (cuadrimotêr). Quadrimotor.
quadru||**mane** adj. e s. (cuadrùman). Quadrúmano, na. ||**-pède** m. (-éd). Quadrúpede.
quadru||**ple** adj. (cuadrù-). Quádruplo, pla. ||**-pler** vt. e vi. (-ê). Quadruplicar.
quai m. (ké). Cais, molhe [port]. ||Caís, plataforma, f. [gare]. ||Loc. Se mettre à quai, atracar.
quaker m. (cuécr). Quaker (ingl.).
quali||**fiable** adj. (ca-ia-). Qualificável. ||**-ficatif, ive** adj. (-if, ív). Qualificativo, va. ||**-fier** vt. (-ié). Qualificar.
quali||**tatif, ive** adj. (ca-atif, iv). Qualitativo, va. ||**-té** f. (-é). Qualidade. ||Loc. En qualité de, na qualidade de, a título de. Homme de qualité, homem de qualidade, nobre.
quand adv. e conj. (câ). Quando. ||Muito embora, mesmo se [mème].
quant, ante adj. (câ, ât). U. na loc. Toutes et quantes fois, sempre que. ||Loc. prep. Quant à, quanto a.
quanta m. pl. (cuâta). Quanta.
quant-à-moi, quant-à-soi m. inv. (câtamua, -çua). Fam. Reserva (f.) afectada.
quantième m. (câtiém). Data, f., dia : quel quantième sommes-nous ? A quantos (em que dia) estamos ?
quan||**titatif, ive** adj. (câ-atif,iv). Quantitativo, va. ||**-tité** f. (-é). Quantidade.
quantum m. (cuâtom). Quinhão. ||Fis. Quantum (pl. quanta).
qua||**rantaine** f. (carátén). Quarentena. ||**-rante** adj. (-ât). Quarenta. ||**-rantième** adj. (-iém). Quadragésimo, ma. ||s. m. Quadragésima parte, f.
quar||**t** m. (car). Quarto, quarta parte, f. ||Loc. Fièvre quarte, quartã (febre). Le quart d'heure de Rabelais, a hora de pagar. Le tiers et le quart, todo o bicho careta. Passer un mauvais quart d'heure, passar um mau bocado. Quart de soupir, pausa de semicolcheia, f. ||**-taut** m. (-ô). Quartola, f. ||**-teron**

m. (-ârô). Quarteirão. ||Ant. Quarta, f.
quartier || m. (cartié). Bairro [villes]. ||Quarto [d'un objet]. ||Quarto [lune] : premier, dernier quartier, quarto crescente, quarto minguante. ||Pedaço [morceau]. ||Quartel [caserne, écu]. ||Quartel, perdão : demander quartier, pedir* quartel. ||Loc. Mettre en quartiers, fazer* em postas. ||**- -maître** m. (-étr). Quartel-mestre. ||Cabo de marinheiros.
quarto adv. (cuartô). Em quarto lugar.
quartz|| m. (cuartç). Quartzo. ||**-eux, euse** adj. (-â, âz). Quartzoso, sa. ||**-ite** f. (-ít). Quartzite.
quasi ou **quasiment** adv. (cazí, -á). Quase, pouco mais ou menos.
quasi-||**contrat** m. (ca-ôtra). Quase-contrato. ||**-délit** m. (-éli). Quase-delito.
quasimodo f. (ca-odô). Quasímodo, m.
quassia m. (cuacia). Quássia, f.
quaternaire adj. (cuáternér). Quaternário, ia.
quator||**ze** adj. (catorz). Catorze. ||**-zième** adj. (-iém). Décimo, ma quarto, ta. ||s. m. Catorze avos.
quatrain m. (catrân). Quadra, f., quarteto (poesia).
qua||**tre** adj. e s. m. (catr). Quatro. ||Quarto, ta [souverains]. ||Loc. Entre quatre yeux, cara a cara. Marchande des quatre saisons, hortaliceira. Se mettre en quatre, empenhar-se em, esforçar-se por. ||**-tre-temps** m. pl. (-âtâ). Têmporas, f. pl. ||**-tre-vingtième** adj. (-âvàntiém). Octogésimo, ma. ||**-tre-vingts** (-àn) ou **vingt** (-àn) [com outro numeral]. Oitenta : quatre-vingts francs, oitenta francos. Quatre-vingt-deux, oitenta e dois. ||**-trième** adj. (-iém). Quarto, ta. ||s. m. Quarto andar [étage]. ||**-trièmement** adv. (-â). Em quarto lugar. ||**-ttrocentiste** m. (cu-oçâtiçt). Quatrocentista.
quatuor m. (cuatùor). Quarteto.
que pron. rel. (câ). Que. ||pron. int. Que : que lisez-vous? Que está al ler* ? Qu'est-ce que (ou qui) ? (O) que é que ?

Itálico : acento tónico. ||V. página verde para a pronúncia figurada. ||*Verbo irreg. V. no final do livro.

que conj. (câ). Que : *je veux que vous veniez*, quero que venha. ‖*Porque* [interrogatif] : *que ne vient-il pas?* Porque não vem ele? ‖*Quão* [vx.], que [avec un adj.] : *que cela est beau*, quão, que belo é isso. ‖*Quanto*, a, os, as [avec un nom] : *que de fleurs!* quantas flores! ‖*Como* : (*aus*)*si... que*, tão... como.

quel, quelle adj. (kél). Que [devant un nom suivi ou non de verbe) : *quel livre?* que livro? *Quel homme est-ce?* que homem é? ‖*Qual* [exprimant un choix] : *quel livre veux-tu?* [de deux ou trois donnés] qual livro queres? ‖Loc. *Quel que, quelle que*, qualquer que : *quelles que soient vos intentions*, quaisquer (pl.) que sejam as suas intenções.

quelconque adj. (ké-ôc). Qualquer : *un livre quelconque*, um livro qualquer.

quelque adj. ind. (ké-). Algum, uma : *quelque chose*, alguma coisa ; *quelques jours*, alguns dias. ‖adv. Cerca de ; uns, umas [environ] : *quelque cinquante ans*, uns cinquenta anos. ‖*Por muito* [avec un adj.] : *quelque savant qu'il soit*, por muito sábio que seja.

quelquefois adv. (ké-âfua). Às vezes, algumas vezes, por vezes.

quelques‖-uns pron. ind. (kélkâzán). Alguns. ‖**-unes** m. et. m. (-zùn). Algumas.

quelqu'un, une pron. ind. (kélcân, ùn). Algum, uma : *quelqu'un de vos amis*, algum dos seus amigos. ‖Alguém [une personne] : *quelqu'un est-il venu?* veio alguém?

quéman‖der vt. (kêmãdé). Pedinchar. ‖**-deur, euse** adj. e s. (-âr, âz). Pedinchão, ona.

qu'en dira-t-on m. inv. (cã-ratõ). Bocas (f. pl.) do mundo ; que dirão.

quenelle f. (cânél). Almôndega.

quenotte f. (cânot). Dentinho, m.

quenoui‖lle f. (cânuíiâ). Roca. ‖Rocada [de filasse, laine, etc.]. ‖**-llée** f. (-íé). Rocada, estriga.

quere‖lle f. (cârél). Querela, questão. ‖**-ller** vt. et vi. (-é). Questionar, altercar com. ‖**-lleur** m. (-âr). Altercador, questionador.

quérir* vt. (kêrír). Buscar.

ques‖tion f. (kéçtiõ). Pergunta [interrogation]. ‖Questão [proposition]. ‖Tormento, m. [supplice]. ‖**-tionnaire** m. (-onér). Questionário. ‖**-tionner** vt. (-é). Interrogar. ‖**-tionneur, euse** m. e f. (-âr, âz). Perguntador, ora.

quê‖te f. (két). Busca [recherche]. ‖Peditório, m. [pour les pauvres]. ‖**-ter** vt. (-é). Procurar [chercher]. ‖Pedir* [pour les pauvres]. ‖**-teur, euse** adj. e s. (-âr, âz). Farejador, ora [chiens]. ‖*Moine quêteur*, frade mendicante.

queue f. (câ). Cauda ; rabo, m. [animaux]. ‖Pedúnculo, m., pecíolo, m. (bot.). ‖*Cabo*, m. [casserole, etc.]. ‖*Cauda* [de vêtements]. ‖Taco, m. [billard]. ‖*Rabicho*, m. [cheveux]. ‖*Cauda* [comètes]. ‖*A la queue*, em bicha. *A la queue leu leu*, em fila. *Finir en queue de poisson*, ficar em águas de bacalhau, acabar mal. *Sans queue ni tête*, sem pés nem cabeça. *Tenir la queue de la poêle*, ter* a faca e o queijo na mão. ‖**- d'aronde** f. (-arõd). Rabo (m.) de andorinha, de minhoto (técn.). ‖**- de-morue** f. (-orù). Trincha [pinceau]. ‖Fam. Labita.

queux m. (câ). Cozinheiro.

qui pron. rel. (ki). Que : *celui qui vient*, o que vem; quem [avec préposition] : *celui avec qui je sors*, aquele com quem saio. ‖pron. int. Quem : *à qui ai-je parlé?* Com quem falei? ‖Loc. *Qui est-ce qui? Quem é que? Qui que ce soit*, quem que seja. Ninguém [négatif].

quia (à) loc. adv. (acùiia). Sem poder* responder : *être à quia*, estar* embaraçado. ‖Reduzido à miséria.

quibus m. (cù-ùç). Pop. Cum quibus, dinheiro, cobres, pl., mílho.

quiconque pron. ind. (kicôc). Quem quer que, seja quem for.

quidam m. (xi- ou cùidam). Quídam, fulano, um certo, um tal.

quiétude f. (kiêtùd). Quietude.

quignon m. (kinhõ). Naco de pão.

qui‖lle f. (kiâ). Quilha [bateau]. ‖Paulito, m. [jeu]. ‖**-llon** m. (-iiõ). *Guarda-mão* [épée].

quinaud, aude adj. (kinõ, ôd). Confuso, sa ; envergonhado, ada.

Lettres penchées : accent tonique. ‖V. page verte pour la prononciation figurée. ‖***Verbe irrég.** V. à la fin du volume.

quin‖caille f. (càncai). Ferragem.
‖-caillerie f. (-iàri). Quinquilharía.
‖-caillier, ère m. e f. (-iê, ér).
Quinquilheiro, ra.
quinconce m. (càncôç). Quincôncio.
quinine f. (kinín). Quinina.
quinola m. (kinola). Valete de copas
(no ganha-perde).
quinqua‖génaire adj. e s. (cuàncua-
jênér). Quinquagenário, ia. ‖-gé-
sime s. f. (-im). Quinquagésima.
quinquet m. (cànké). Candeeiro de
bomba, lâmpada (f.) de Quinquet.
quinquina m. (cànkina). Quina, f.
quint adj. (càn). Quinto (Carlos).
quintal m. (càntal). Quintal (peso).
quinte f. (cànt). Quinta [musique].
‖ Acesso, m. [toux]. ‖ Fam. Telha.
‖ quintessen‖ce f. (càntéçàç). Quinta-
-essência. ‖-cier vt. (-ié). Quintes-
senciar, refinar, requintar.
quintette m. (càntét). Quinteto.
quinteux, euse adj. (càntö, âz).
Intermitente, caprichoso, sa.
quin‖to adv. (cùàntô). Em quinto
lugar. ‖-tuple adj. (-ù-). Quíntu-
plo, pla. ‖-tupler vt. (-é). Quintu-
plicar.
quinzaine f. (cànzén). Quinzena.
quin‖ze adj. (cànz). Quinze.
‖-ze-vingts m. pl. (-àn). Hospital
de cegos em Paris [fundado por
S. Luís para 300 cegos]. ‖-zième
adj. (-iém). Décimo, ma quinto, ta.
‖ s. m. Quinze avos.
quiproquo m. (kiproçô). Quiproquó,
confusão, f., equívoco, engano.
quittance f. (kitàç). Recibo, m.
quit‖te adj. Quite; livre, liberto,
ta : quitte d'embarras, livre de
estorvos. ‖ Loc. En être quitte pour,
sofrer apenas. Quitte à, só com o
risco de. ‖-ter vt. (-é). Deixar.
‖ Tirar [un vêtement]. ‖-us m.
(cùitùç). Quitação, f., declaração de
quite.
qui-vive? loc. interj. (kivív). Quem
vive? Quem vem lá?
quoi pron. rel. (cua). Que : avoir de
quoi vivre, ter* com que viver.
‖ pron. int. Que, quê : de quoi
parles-tu? De que falas? Quoi?
Quê? O quê? ‖ Loc. Comme quoi,
de que modo. Quoi donc? Como?
Quoi que je fasse, por mais que
faça.
quoique conj. (cuac). Embora.
quolibet m. (co-é). Graçola, f.,
piada, f., necedade, f.
quorum m. (corom). Quorum,
número necessário de membros.
quo‖te-part f. (cotpar). Quota-parte.
‖-tient m. (ciâ). Quociente. ‖-tité
f. (-é). Quota, quinhão, m.

R

rabâ‖chage m. (rabaxaj). Fam.
Repisamento. ‖-cher vt. (-é). Fam.
Repisar. ‖-cheur, euse adj. e s.
(-âr, âz). Repisador, ora; matra-
queador, ora.
ra‖bais m. (rabé). Abatimento, des-
conto. ‖-baisser vt. (-é). Abater,
baixar (o preço). ‖ Fig. Rebaixar.
rabat‖ m. (raba). Cabeção [eccle-
siastiques, magistrats]. ‖-joie m.
(-ua). Desmancha-prazeres. ‖-teur
m. (-âr). Batedor. ‖-tre* vt. (-atr).
Baixar [baisser]. ‖ Abater [dimi-
nuer]. Assentar [coutures]. ‖ Fig.
Rebaixar, humilhar [humilier].
‖ Bater o mato [chasse]. ‖ Loc. En
rabattre, reconsiderar em. Rabattre le caquet,
abaixar a grimpa. Se rabattre,
mudar de caminho. ‖ Fig. Mudar
bruscamente de assunto.
rabbin m. (rabèn). Rabino.
rabelaisien, enne adj. (ra-éziàn, én).
Rabelesiano, na.
rabiot m. (rabiô). Arg. mil. Sobras
(f. pl.) de mantimentos.
rabique adj. (rabic). Rábico, ca.
râ‖ble m. (ra-). Lombo. ‖-blé, ée
adj. (-é). Lombudo, da.
rabo‖t m. (rabô). Plaina, f. ‖-tage
m. (-aj). Aplainamento. ‖-ter vt.
(-é). Aplainar. ‖-teux, euse adj.
(-â, âz). Áspero, ra; rugoso, sa;
desigual.
rabougri, ie adj. (rabugri). Enfe-
zado, da; pereréca (Br.).

Itálico: acento tônico. ‖ V. página verde para a pronúncia figurada. ‖ *Verbo
irreg. V. no final do livro.

rabrouer vt. (rabru*ê*). Descompo*r**, trata*r* com rudeza, recebe*r* mal.
racahout m. (racau). Farínha árabe, f.
racaille f. (rac*ai*). Escória, ralé.
raccommo‖dage m. (racomodaj). Remendo; arranjo. ‖**-der** vt. (-*ê*). Remenda*r*; arranja*r*. ‖**-deur** m. (-â*r*). Remendã*o*, remendeiro, consertado*r*.
raccor‖d m. (raco*r*). Ligação, f., ajustamento [tuyaux, etc.]. ‖**-dement** m. (-âmã). Junção, f. ‖**-der** vt. (-*ê*). Liga*r*, junta*r*, uni*r*, ajusta*r* [tuyaux, etc.].
raccourˇ‖ci, ie adj. (racu*r*ci). Encurtado, da. ‖Loc. *A bras raccourcis*, com toda a força. *En raccourci*, em ponto pequeno; em resumo. ‖**-cir** vt. (-i*r*). Encurta*r*. ‖**-cissement** m. (-â). Encurtamento, diminuição, f.
rac‖croc m. (racr*ô*). Bambú*r*rio, sorte, f. [jeux]. ‖**-crocher** vt. (-*ê*). Pendura*r* de novo. ‖Dete*r** [arrête*r*]. ‖ (**se**) vr. Agarra*r*-se.
race f. (ra*ç*). Raça, estirpe; *casta*.
ra‖chat m. (ra*x*a). Resgate. ‖**-cheter** vt. (-*ê*). Resgata*r*.
ra‖chitique adj. (ra*x*-ic). Raquítico, ca. ‖**-chitisme** m. (-*ç*m). Raquitismo.
racine f. (rac*í*n). Raiz.
ra‖clée f. (ra-*ê*). Sova. ‖**-cler** vt. (-*ê*). Raspa*r*. ‖Arranha*r* [violon]. ‖**-clette** f. (-*é*t) e **-cloir** m. (-ua*r*). Raspado*r*, m. ‖**-clure** f. (-ü*r*). Raspadura, raspas, pl., apa*r*as, pl.
raco‖llage m. (racolaj). Angariação, f., recrutamento. ‖**-ler** vt. (-*ê*). Angaria*r*, recruta*r*. ‖**-leur** m. (-â*r*). Recrutado*r*, alicia*r**ador*, engajado*r*.
racon‖tar m. (racô*t*a*r*). Mexerico, bisbilhoti*ce*, f. ‖**-ter** vt. (-*ê*). Con*t*a*r*. ‖**-teur, euse** adj. (-â*r*, âz). Contado*r*, ora; narrado*r*, ora; novel*eir*o, ra.
racornir vt. (racorni*r*). Endurecer.
rade f. (rad). Rada, *a*ngra; porto, m.
radeau m. (rad*ô*). Jangada, f., balsa, f.
radia‖l, ale adj. (radi*a*l). Radi*a*l. ‖**-teur** m. (-â*r*). Radiado*r*. ‖**-tion** f. (-c*t*ô). Radiação, irradiação.
radi‖cal, ale, aux adj. e s. m. (ra-*a*l). Radical. ‖**-celle** f. (-*é*l). Radicela, radícula.
ra‖dié, ée adj. (radi*ê*). Radiado, da.
‖**-dier** vt. (-i*ê*). Radia*r*. ‖s. m. Revestimento. ‖**-dieux, euse** adj. (-i*â*, âz). Radioso, sa; radi*a*nte (fig.).
radio f. (radi*ô*). Rádio, telefonia.
radio‖actif, ive adj. (radioactif, *ì*v). Radioactivo, va. ‖**-diffuser** vt. (-ùs*ê*). Radiodifundi*r*. ‖**-diffusion** f. (-iô). Radiodifusã*o*. ‖**-électrique** adj. (-êl*é*ctric). Radioelé*c*trico, ca. ‖**--émission** f. (-ê-iô). Radioemissã*o*. ‖**-graphie** f. (-raf*í*) Radiogra*f*ia. ‖**-phonie** f. (-foni). Radiofonia. ‖**-phonique** adj. (-ic). Radiofónico, ca. ‖**-scopie** f. (-çcop*í*). Radioscopia. ‖**-télégra*p*hie** f. (-êlêgrafi). Radiotelegra*f*ia. ‖**-thérapie** f. (-têrap*í*). Radioterap*í*a. ‖**-vision** f. (-iô). Televisã*o*.
radis m. (rad*í*). Rabanete.
radium m. (radi*o*m). Rádio (quím.).
radius m. (radi*ù*ç). Rádio (osso).
rado‖tage m. (rado*t*aj). Disparatório. ‖**-ter** vi. (-*ê*). Disparata*r*. ‖**-teur, euse** adj. e s. (-â*r*, âz). Disparata*r**do, da; *a*rengado*r*, ora.
ra‖doub m. (rad*u*). Conserto (naval). ‖**-douber** vt. (-*ê*). Conserta*r*.
radoucir vt. (raduci*r*). Suaviza*r*. ‖ (**se**) vr. Abranda*r*, suaviza*r*-se.
rafale f. (rafal). Rajada.
raffer‖mir vt. (rafê*r*mi*r*). Fortalecer, reforça*r*. ‖**-missement** m. (-â). Consolidação, f.; firmeza, f.
raffi‖nage m. (ra-aj). Refinação, f. ‖**-né, ée** adj. e s. (-*ê*). Refinado, da. ‖**-nement** m. (-â). Refinação, f., requínte. ‖**-ner** vt. (-*ê*). Refina*r*. ‖**-nerie** f. (-r*í*). Refinar*í*a. ‖**-neur, euse** adj. (-â*r*, âz). Refinado*r*, ora.
raffoler vi. (=afol*ê*). Ser* *doido* (por) : *raffoler de musique*, ser doido por música.
rafistoler vt. (ra-çtol*ê*). *Fam.* Atamanca*r*, remenda*r* mal.
ra‖fle f. (ra-). Razia. ‖Rede. ‖Pa*r*elhas, pl. (d*a*dos). ‖Engaço, m. [raisin]. ‖**-fler** vt. (-*ê*). Saquea*r* (pilhar]. ‖*Fazer** mão baixa [emporter tout].
rafraî‖chir vt. (rafréxi*r*). Refresca*r*. ‖**-chissant, ante** adj. (-â, â*t*). Refrescante. ‖**-chissement** m. (-â). Refresco [boisson]. ‖Refrescamento.
ragaillardir vt. (ragaia*r*di*r*). Reanima*r*, revigora*r*, alegra*r*.

Lettres penchées : accent tonique. ‖V. page verte pour la prononciation figurée. ‖*Verbe irrég. V. à la fin du volume.

ra‖ge f. (raj). Raiva. ‖Dor violenta. ‖Loc. A la rage, excessivamente. Faire rage, causar danos; estar* no auge. ‖-ger vi. (-é). Raivar. ‖-geur, euse adj. (-âr, âz). Fam. Irritável, assomadiço, ça; exaltado, da.

raglan m. (ra-â). Sobretudo, capote.

ragot m. (ragó). Javali de dois anos [sanglier]. ‖Pop. Tagarelice, f.

ragoû‖t m. (ragu). Guisado. ‖-tant, ante adj. (-â, ât). Apetitoso, sa.

raid m. (réd). Incursão, f., ataque.

rai‖de adj. (réd). Teso. sa. Íngreme [côte]. ‖Fig. Rígido, da. ‖Loc. Tenir raide, resistir enèrgicamente. Tomber raide mort, cair* redondamente morto. ‖-deur f. (-âr). Tesura. ‖-dillon m. (-iió). Ladeira, f. ‖-dir vt. (-ír). Retesar. Fig. Resistir.

raie f. (ré). Raia [poisson]. ‖Risco, m.

raifort m. (réfor). Rábano silvestre.

rail m. (rai). Carril, calha, f.

rai‖ller vt. (raié). Troçar de. ‖vi. Zombar; xingar (Br.). ‖-lerie f. (-iârí). Zombaria. ‖-lleur, euse adj. e s. (-âr, âz). Trocista.

rainette f. (rénét). Raineta, rela.

rainure f. (rénùr). Ranhura.

rais m. pl. (ré). Raios (luz, roda).

rai‖sin m. (rézàn). Uva, f. [grain]. ‖Uvas, f. pl. [fruit]. ‖Loc. Papier raisin, papel de 0,65 por 0,50 m. Raisin de mer, sargaço, bodelha, f. Raisin sec, passas, f. pl. ‖-siné m. (-é). Uvada, f.

rai‖son f. (rézó). Razão. ‖Loc. A plus forte raison, com mais razão. Avoir raison, ter razão. Avoir raison de, triunfar de. Demander raison, pedir* satisfação. Donner de mauvaises raisons, dar* desculpas de mau pagador. Entendre raison, ser* razoável. Mettre à la raison, obrigar pela força. ‖-sonnable adj. (-ona-). Razoável. ‖-sonnement m. (-â). Raciocínio. ‖-sonner vi. (-é). Raciocinar. ‖-sonneur, euse adj. e s. (-âr, âz). Raciocinador, ora.

rajeu‖nir vt. (rajénír). Rejuvenescer, remoçar. ‖-nissement m. (-â). Rejuvenescimento, remoçamento.

rajouter vt. (rajuté). Acrescentar.

rajuster vt. (rajùçté). Reajustar.

râle m. (ral). Estertor [moribond]. ‖Galinha-d'água, f., codorniz-rei, f.

ralen‖tir vt. (ralãtír). Afrouxar, amortecer. ‖Au ralenti, ao retardador [cinéma]; a passo. ‖-tissement m. (-â). Afrouxamento.

râler vi. (ralé). Agonizar.

ralingue f. (ralàng). Relinga.

ra‖lliement m. (ra-â). Reunião, f. ‖-llier vt. (-ié). Reunir. ‖Aderir* a : rallier un parti, aderir* a um partido. ‖Voltar a [retourner].

rallon‖ge f. (ralój). Acrescentamento, m. ‖Tábua [table]. ‖-ger vt. (-é). Aumentar, acrescentar, alongar.

rallumer vt. (ralùmé). Tornar a acender. ‖Fig. Reacender, avivar.

ramage m. (ramaj). Ramagem, f. (em tecido). ‖Gorjeio, chilreio [chant].

ramas‖sage m. (ramaçaj). Apanha, f. ‖-sé, ée adj. (-é). Apanhado, da; atarracado, da. ‖-ser vt. (-é). Apanhar. ‖-seur, euse adj. e s. (-âr, âz). Apanhador, deira. ‖-sis m. (-i). Montão, acervo. ‖Súcia, f., corja, f. [personnes].

ra‖me f. (ram). Remo, m. [barque]. ‖Resma [papier]. ‖Estaca [plantes]. ‖Comboio, m., fila [wagons, bateaux]. ‖-meau m. (-ô). Ramo. ‖Ramal, subdivisão, f., ramo. ‖-mée f. (-é). Ramada, ramaria, ramagem.

ramener vt. (ra-é). Tornar a trazer*. ‖Fazer* voltar [faire revenir]. ‖Fig. Restabelecer, restaurar.

ramer vi. (ramé). Remar; — rapidement : mupicar (Br.) [barque]. ‖Estacar, espacar, segurar [plantes].

ramette f. (ramét). Resma de papel de carta.

rameur m. (ramâr). Remador.

ra‖meux, euse adj. (ramâ, âz). Ramoso, sa. ‖-mier adj. (-ié). Torcaz, bravo [pigeon]. ‖s. m. Pombo bravo, torcaz.

rami‖fication f. (ra-cactó). Ramificação. ‖-fier vt. (-ié). Ramificar. ‖-lle f. (-iiâ). Raminho, m.

ramol‖lir vt. (ramolír). Amolecer. ‖-lissant, ante adj. (-â, ât). Amolecedor, ora; emoliente. ‖-lissement m. (-â). Amolecimento. ‖Fig. Idiotice, f.

ramo‖nage m. (ramonaj). Limpeza

Itálico : acento tônico. ‖V. página verde para a pronúncia figurada. ‖*Verbo irreg. V. no final do livro.

RAM — RAR

(f.) de fuligem. ‖-**ner** vt. (-é). Limpar a fuligem. ‖-**neur** m. (-ár). Limpa-chaminés.
rampant, ante adj. (rãpã, ãt). Rastejante, rasteiro, ra. ‖*Fig.* Servil.
ram‖pe f. (rãp). Corrimão, m. [main courante]. ‖Lanço, m. [section d'escalier]. ‖*Rampa* [plan incliné]. ‖*Ribalta* [théâtre]. ‖-**per** vi. (-é). Rastejar, arrastar-se, rojar-se.
rams m. (ramç). Certo jogo de cartas.
ramure f. (ramùr). Ramagem. ‖Armação, galhos, m. pl. (do veado, etc.).
rancart (mettre au) loc. (métrôrãcar). Pôr* de parte, arrumar.
ran‖ce adj. (rãç). Rançoso, sa. ‖-**cir** vi. (-ir). Rançar.
rancœur f. (rãcœr). Rancor, m.
ran‖çon f. (rãçõ). Resgate, m. ‖-**connement** m. (-onmã). Resgate. ‖*Fig.* Extorsão. ‖-**çonner** vt. (-é). Resgatar. ‖*Fig.* Extorquir*, espoliar. ‖-**çonneur, euse** adj. e s. (-ár, áz). Espoliador, ora; resgatador, ora.
rancu‖ne f. (rãcùn). Rancor, m. ‖-**nier, ère** adj. (-ié, ér). Rancoroso, sa; odiento, ta.
randonnée f. (rãdoné). Volta, giro, m., circuito, m. ‖*Fig.* Caminhada [marche].
ran‖g m. (rã). Fila, f., fileira, f. ‖Posto, categoria, f., lugar : *un poste honorable*, um posto honroso. ‖Classe, f., ordem, f. ‖Loc. *Au rang de*, entre. *Rang d'oignons*, réstea (f.) de cebolas. ‖-**gé, ée** adj. (-é). Ordenado, da. ‖*Campal* [bataille]. ‖-**ger** vt. (-é). Ordenar, dispor*; colocar [placer]. ‖Afastar [mettre de côté]. ‖Submeter [soumettre]. ‖**(se)** vr. Colocar-se. ‖Emendar-se [conduite]. ‖Adoptar [une opinion].
ranimer vt. (ra-é). Reanimar.
ranz m. (rãz ou rãtç). Cantiga (f.) dos pastores suíços.
rapa‖ce adj. e s. m. (rapaç). Rapace. ‖-**cité** f. (-é). Rapacidade.
rapa‖triement m. (rapatrimã). Repatriamento. ‖-**trier** vt. (-ié). Repatriar. ‖Reconciliar.
râ‖pe f. (rap). Ralador, m. ‖Grosa [lime]. ‖-**pé, ée** adj. (-é). Ralado, da. ‖Coçado, da [vêtement]. ‖-**per** vt. (-é). Ralar [avec la râpe]. ‖Coçar.
rapetasser vt. (ra-acé). Remendar.
rapetisser vt. (ra-é). Diminuir.
Raphaël n. pr. (rafaél). Rafael.
rapiat, ate adj. (rapia, at). *Pop.* Sovina, ganancioso, sa ; ávido, da.
rapi‖de adj. (rapid). Rápido, da. ‖*Empinado*, da [côte]. ‖-**dité** f. (-é). Rapidez, velocidade, ligeireza.
rapié‖cement m. (ra-ê-ã). Remendo. ‖-**cer** vt. (-é). Remendar.
rapière f. (rapiér). Espada.
rapin m. (rapẽn). Aluno de pintura.
rapine f. (rapin). Rapina.
rappe‖l m. (rapél). Chamamento, chamada, f. ‖-**ler** vt. (-plé). Tornar a chamar. ‖Chamar [appeler]. ‖Revocar [faire revenir]. ‖Recordar [mémoire]. ‖**(se)** vr. Recordar(-se de), lembrar(-se de).
rappor‖t m. (rapor). Relação, f. [entre personnes ou choses]. ‖Relato [récit]. ‖Relatório [sur un sujet donné]. ‖Analogia, f. ‖*Mat.* Razão, f. ‖Loc. *Maison de rapport*, casa para alugar. *Par rapport à*, em relação a. *Sous le rapport de*, no ponto de vista de, em atenção, a. ‖-**ter** vt. (-é). Tornar a trazer*. ‖Trazer* [apporter]. ‖Produzir* [terres]. ‖Referir* [conter]. ‖Render [maison]. ‖Anular, revogar. ‖Proporcionar [renommée, gloire, etc.]. ‖Relatar [faire un rapport]. ‖Delatar, denunciar. ‖Acrescentar [ajouter]. ‖Vir* entregar [chien]. ‖**(se)** vr. Estar* em harmonia. ‖Loc. *S'en rapporter à*, ater-se* a. *Se rapporter à*, referir-se a*. ‖-**teur, euse** adj. e s. (-ár, áz). Delator, ora [mouchard]. ‖s. m. Transferidor [géomét.].
rapprendre* vt. (raprãdr). Reaprender, aprender de novo.
rappro‖chement m. (rapro-ã). Aproximação, f. ‖*Fig.* Reconciliação, f. ‖-**cher** vt. (-é). ‖*Fig.* Reconciliar. ‖Comparar, confrontar, relacionar.
rapso‖de m. (rapçód). Rapsodo. ‖-**die** f. (-í). Rapsódia.
rapt m. (rapt). Rapto.
raquette f. (rakét). Raqueta.
ra‖re adj. (rar). Raro, ra ; escasso,

Lettres penchées : accent tonique. ‖V. page verte pour la prononciation figurée. ‖*Verbe irrég. V. à la fin du volume.

FR.-PORTUG. — 10

sa. ‖-réfaction f. (-êfaksiȭ). Rarefacção. ‖-réfier vt. (-ié). Rarefazer*. ‖-rement adv. (-ā). Raramente, raras vezes. ‖-reté f. (-é). Raridade, rareza, escassez, míngua.
ras, ase adj. (ra, az). Raso, sa. ‖Loc. Au ras du, rente com. En rase campagne, em campo raso. Ras de marée, maremoto, vaga (f.) sísmica.
ra‖sade f. (razad). Copázio, m. ‖-sement m. (-ā). Arrasamento. ‖-ser vt. (-é). Barbear, fazer* a barba. ‖Arrasar [abattre]. ‖Passar rente a [frôler]. ‖Pop. Chatear, maçar. ‖-ser (se) vr. Barbear-se. ‖-seur, euse adj. e s. (-âr, âz). Pop. Chato, ta; maçador, ora; cacetérrimo, ma (Br.). ‖-sibus adv. (-üç). Fam. Rente, resvés. ‖-soir m. (-uar). Navalha (f.) de barba. ‖Fam. Chato, ta.
rassasier vt. (raçazié). Saciar, fartar, encher, satisfazer*.
rassem‖blement m. (raçã-âmã). Reunião, f. ‖Ajuntamento [foule]. ‖Assembleia, f., concentração, f. ‖-bler vt. (-é). Juntar, reunir, concentrar.
rasseoir* vt. (raçuar). Sentar de novo. ‖ (se) vr. Tornar a sentar-se.
rasséréner vt. (racèrêné). Serenar.
rassis, ise adj. (raci, îz). Sentado, da de novo. ‖Duro, a [pain].
rassor‖timent m. (raçor-ā). Sortimento (acção). ‖-tir vt. (-ír). Sortir de novo.
rassu‖rant, ante adj. (raçürã, āt). Tranquilizador, ora. ‖-rer vt. (-é). Tranquilizar, sossegar, acalmar.
rastaquouère m. (raçtacuèr). Cavalheiro de indústria, figurão.
rat m. (ra). Rata, f., ratazana, f. ‖Sovina [avare]. ‖Loc. Avoir des rats (dans la tête), ter macaquinhos no sótão. Rat de cave, pavio. Rat des pharaons, mangusto. Rat sauteur, dípo.
rata m. (rata). Guisado (pop.). ‖Roncho, pitança, f. [soldats et pop.].
ratafia m. (ratafia). Ratafia, f.
ratanhia m. (ratania). Ratânia, f.
ratatiner vt. (rata-é). Enrugar [rider]. ‖Encarquilhar [rapetisser].

ratatouille f. (ratatuiïâ). Guisado (m.) mal feito, chanfana, f.
rate f. (rat). Baço, m. ‖Loc. Désopiler, épanouir la rate, desopilar o fígado. Ne pas se fouler la rate, não se cansar, trabalhar pouco.
râ‖teau m. (ratô). Ancinho. ‖-telier m. (ra-ié). Grade (f.) de manjedoura. ‖Armeiro (para colocar as armas). ‖Placa, f., dentadura, f. ‖-telures f. pl. (-ür). O que se junta com o ancinho.
rater vi. (raté). Falhar [fusil]. ‖Fig. Fracassar [échouer]. ‖vt. Não acertar em [coup]. ‖Fig. Perder*.
rati‖er m. (ratié). Rateiro. ‖-ère f. (-iér). Ratoeira.
rati‖fication f. (ra-cacio). Ratificação. ‖-fier vt. (-ié). Ratificar, reconhecer, validar.
ratine f. (ratín). Ratina. ‖-tionaliser vt. (ra-ciõ). Ração. ‖-tionaliser vt. (-ona-é). Racionalizar. ‖-tionalisme m. (-içm). Racionalismo. ‖-tionnel, elle adj. (-él). Racional. ‖-tionnellement adv. (-ā). Racionalmente. ‖-tionnement m. (-nmã). Racionamento. ‖-tionner vt. (-é). Racionar; arraçoar.
ratisser vt. (ra-é). Limpar com ancinho. ‖Rapar, raspar [racler].
raton m. (ratõ). Rato, rata, f.
ratta‖chement m. (rata-ā). Reatamento. ‖-cher vt. (-é). Atar [attacher]. ‖Reatar, atar de novo. ‖Fig. Apegar, prender; unir, ligar. ‖ (se) vr. Reatar-se. ‖Apegar-se [attachement]. ‖Relacionar-se [se rapporter].
rattraper vt. (ratrapé). Apanhar de novo. ‖Alcançar [rejoindre].
ratu‖re f. (ratür). Rasura. ‖-rer vt. (-é). Rasurar, riscar, raspar.
rauque adj. (rôc). Rouco, ca.
rava‖ge m. (ravaj). Estrago. ‖-ger vt. (-é). Estragar, assolar. ‖-geur m. (-âr). Estragador, assolador.
raval‖lement m. (rava-ā). Vazio, desbaste, rebaixo. ‖-ler vt. (-é). Tragar [avaler]. ‖Baixar [abaisser]. ‖Rebocar [crépir]. ‖Desbastar [mur, etc.]. ‖ (se) vr. Rebaixar-se.
ravau‖dage m. (ravôdaj). Remendo (em roupa velha). ‖Obra (f.) tosca

Itálico : acento tónico. ‖V. página verde para a pronúncia figurada. ‖*Verbo irreg. V. no final do livro.

[ouvrage mal fait]. ||-der vt. (-ê). Remend*ar*, consert*ar*. ||*Fam.* Descompor*.

ra||ve f. (rav). Rábano, m. ||-vier m. (-*ié*). Pratinho (de rabanetes).

ravigo||te f. (ra-ot). Molho (m.) verde. ||-ter vt. (-ê). Revigor*ar*.

rav||in m. (ravàn). Barranco. ||-ine f. (-ín). Torrente. ||-iner vt. (-ê). Abr*ir* barrancos, sulc*ar*.

ravioli m. pl. (ravioli). Raviói*s*.

ravir vt. (ravír). Arrebat*ar*. ||Encant*ar* [charmer]. ||Loc. *A ravir,* às mil maravílhas, a mat*ar*.

raviser (se) vr. (ɣra-ê). Reconsider*ar*, mud*ar* de parecer.

ra||vissant, ante adj. (ra-ã, ãt). Arrebatador, ora. ||-vissement m. (-ã). Arrebatamento [charme]. ||Rapto, roubo. ||-visseur m. (-ãr). Raptor, roubador, rapace, rabaz.

ravitai||llement m. (ra-aiiãmã). Abastecimento. ||-ller vt. (-*ié*). Abastec*er*, aprovision*ar*, prov*er*.

raviver vt. (ra-ê). (Re) aviv*ar*.

ravoir* vt. (ravu*ar*). Reav*er*.

ra||yé, ée adj. (réié). Raiado, da. ||-yer vt. (-*ié*). Rai*ar*; estri*ar* (art.).

Raymond n. pr. (rémó). Raimundo.

ra||yon m. (réió). Raio [lumière, roues, géométrie]. ||Prateleíra, f. [armoire, etc.]. ||Favo [de miel]. ||Secção, f. [magasins]. ||-yonnant, ante adj. (-onã, ãt). Radiante. ||-yonne f. (-on). Seda artificial. ||-yonnement m. (-ã). Radiação,f ||Esplendor. ||-yonner vi. (-é). Radi*ar*. ||-yonnés m. pl. (-é). Radiados (zool.). ||-yure f. (-ùr). Riscas, pl. ||Anulação.

raz m. (ra). Vaga sísmica, f.

raz||zia f. (razia). Razia, gaziva, fossado, m. ||-zier vt. (-*ié*). Correr, faz*er* uma razia, saque*ar*.

re, ré pref. (râ, rê). Re : [precede alguns verbos e subst. em francês e em português] : *réchauffer,* reaquecer, *réapparition,* reaparição. Em geral costuma usar-se em português o verbo primitivo acompanhado de : *de novo* ou precedido por : *tornar a* : *relire,* torn*ar* a ler, ler de novo, e o substantivo precedido de *novo* : *réadjudication*, nova adjudicação.

ré m. (rê). Ré [musique].

[ouvrage mal fait]. ||-der vt. (-ê). réabsorber vt. (rêa-orbê). Reabsorver.

réac||tif, ive adj. (rêactíf, ív). Reactivo, va. ||-tion f. (-çtó). Reacção. ||-tionnaire adj. e s. (-onér). Reaccionário, ia.

réagir vt. (réajír). Reagír.

réalgar m. (rêa-*ar*). Rosalgar.

réa||lisable adj. (rêa-a-). Realizável. ||-lisation f. (-ctó). Realização. ||-lisme m. (-íçm). Realísmo. ||-liste m. (-íçt). Realísta. ||-lité f. (-ê). Realidade.

réappa||raitre* vi. (rêaparétr). Reaparecer. ||-rition f. (-ctó). Reaparição, reaparecimento, m.

rébarbatif, ive adj. (rêbarbatíf, ív). Rebarbativo, va; áspero, ra.

rebâtir vt. (rábatír). Reconstru*ir**.

rebat||tre vt.* (rábatr). Rebat*er*. ||*Fig.* Repis*ar*, maç*ar*. ||-tu, ue adj. (-ù). *Fig.* Repisado, da; rebatído, da; tratado, da; repetído, da.

rebe||lle adj. e s. (rábél). Rebelde. ||-ller (se) vr. (-ê). Rebel*ar*-se.

rébellion f. (rébélió). Rebelião.

rebiffer vi. (r-â-ê). Resistír.

reboi||sement m. (rábuıa-ã). Repovoamento florestal. ||-ser vt. (-ê). Rearboriz*ar*, repovo*ar* de árvores.

rebond||i, ie adj. (rabôdí). Roliço, ça. ||-ir vi. (-ír). Ressalt*ar*. ||-issement m. (-ã). Ressalto.

rebor||d m. (rábor). Rebordo. ||Beira, f., borda, f. [bord]. ||Debrum [étoffes]. ||-der vt. (-ê). Debru*ar* de novo.

reboucher vt. (râbuxê). Torn*ar* a tap*ar*, rolh*ar* de novo.

rebours m. (rábur). Contrapelo. ||*Fig.* Contrário : *c'est le rebours du bon sens,* é o contrário do bom senso. ||Loc. *A rebours,* ao invés, às avessas.

rebouteux m. (rábutá). Curandeiro.

rebrousser vt. (râbrucê). Arrepi*ar* (cabelo). ||Loc. *Rebrousser chemin,* arrepi*ar* caminho, volt*ar* atrás. *A rebrousse-poil,* a contrapelo.

rebuffade f. (râbùfad). Recusa brusca, resposta torta; repostada.

rébus m. (rêbuç). Enigma pitoresco.

rebu||t m. (rábù). Refugo [chose rejetée]. ||Repulsa, f., recusa (p. us.). ||-tant, ante adj. (-ã, ãt). Ingrato, ta; desagradável. ||Chо-

Lettres penchées : accent tonique. ||V. page verte pour la prononciation figurée. ||*Verbe irrég. V. à la fin du volume.

RÉC — RÉC 284

cante, repugnante. ‖**-ter** vt. (-*ê*). Repelír* [rejeter]. Desgostar, chocar. Desanimar [décourager].
récalcitrant, ante adj. (rêca-rã, ãt). Recalcitrante.
récapitu‖lation f. (rêca-aciõ). Recapitulação. ‖**-ler** vt. (-*ê*). Recapitular, resumír.
re‖cel m. (rácél). Receptação, f., encobrimento. ‖**-celer** vt. (-*clê*). Receptar, encobrír*. ‖**-celeur, euse** m. e f. (-*âr*, *âz*). Receptador, ora.
récemment adv. (reçamá). Recentemente, há pouco tempo.
recen‖sement m. (râçã-á). Recenseamento [statistique]. ‖Verificação, f., inventário. ‖**-ser** vt. (-*ê*). Recensear [personnes]. ‖Arrolar [animaux].
récent, ente adj. (rêçã, ãt). Recente, novo, va; fresco, ca.
récépissé m. (rêcê-é). Guía, f., recibo.
récep‖tacle m. (récépta-). Receptáculo. ‖**-teur** m. (-*âr*). Receptor. ‖**-tion** f. (-*ciõ*). Recepção.
recette f. (râcét). Receita [argent reçu; remède, procédé]. ‖Recebedoria [bureau] : *garçon de recette*, cobrador.
rece‖vable adj. (râçva-). Admissivel. ‖**-veur, euse** m. e f. (-*âr*, *âz*). Cobrador, ora. ‖Condutor [tramways]. ‖**-voir** vt. (-*uar*). Receber.
rechange m. (râxáj). Reserva, f., sobresselente, adj. e s. m. ‖Recâmbio [banque]. ‖Loc. *De rechange*, sobresselente, de reserva.
rechaper vt. (râxapê). Rechapar.
réchapper vt. (réxapê). Escapar.
rechar‖gement m. (râxarjâmã). Novo carregamento, recarga, f. ‖**-ger** vt. (-*ê*). Tornar a carregar. ‖Consertar [route].
réchaud m. (rêxó). Rescaldeíro. ‖Fogareíro, fogãozinho, lamparína, f. [lampe pour chauffer].
réchau‖ffé, ée adj. (rêxôfé). Reaquecido, da. ‖s. m. *Coisa requentada*, f. ‖*Fig.* Notícia (f.) velha. ‖**-ffement** m. (-*fmã*). Reaquecimento. ‖**-ffer** vt. (-*ê*). Reaquecer, requentar.
rechausser vt. (râxôcê). Tornar a calçar. ‖Amotar [arbre].
rêche adj. (réx). Rude, áspero, ra.
recher‖che f. (râxérx). Investiga-

ção. ‖Pesquísa, busca [enquête]. ‖Esmero, m. [soin]. ‖**-ché, ée** adj. (-*ê*). Rebuscado, da. ‖Esmerado, da [soigné]. ‖Muito procurado, solicitado, da. ‖**-cher** vt. (-*ê*). Tornar a procurar. ‖Indagar [chercher avec soin]. Pretender, requestar, solicitar.
rechi‖gné, ée adj. (râxinhê). Malhumorado, da. ‖**-gner** vi. (-*ê*). Mostrar má cara, mau humor.
rechute f. (râxüt). Recaída.
récidi‖ve f. (rê-ív). Reincidência, recidíva. ‖**-ver** vi. (-*ê*). Reincidír. ‖**-viste** m. (-*íçt*). Reincidente, recidivísta.
récif m. (rêcíf). Recife, escolho.
récipient m. (rê-iã). Recipiente.
réci‖procité f. (rê-ro-é). Reciprocidade. ‖**-proque** adj. (-*oc*). Recíproco, ca; mútuo, ua; alternativo, va.
réci‖t m. (rêci). Relato, narrativa, f. ‖**-tatif**, m. (-*atíf*). Recitativo. ‖**-tation** f. (-*ciõ*). Recitação. ‖**-ter** vt. (-*ê*). Recitar, declamar.
récla‖mation f. (rê-amaciõ). Reclamação. ‖**-me** f. (-*am*). Reclamo, m. ‖**-mer** vt. (-*ê*). Reclamar, implorar.
re‖clure* vt. (râ-ür). Recluír*, enclausurar. ‖**-clus**, use adj. e s. (-*ü*, *üz*). Recluso, sa.
réclusion (-*iõ*). Reclusão, clausura.
recoiffer vt. (râcuafê). Tornar a pentear, arranjar o cabelo.
recoin m. (râcuãn). Recanto.
réco‖lement m. (rêco-ã). Verificação (f.) de conformidade. ‖**-ler** vt. (-*ê*). Verificar (dir.).
recoller vt. (râcôlê). Tornar a colar, colar de novo.
récollet, ette m. e f. (rêcôlé, ét). Recolecto, ta.
récol‖te f. (rêco-). Colheíta. ‖**-ter** vt. (-*ê*). Colher, apanhar; tirar.
recomman‖dable adj. (râcomãda-). Recomendável. ‖**-dation** f. (-*ciõ*). Recomendação. ‖Registo, m. (-correio). ‖**-der** vt. (-*ê*). Recomendar. ‖Registar [poste].
recommen‖cement m. (râcomã-ã). Recomeço. ‖**-er** vt. (-*ê*). Recomeçar. ‖Repetir*. ‖Tornar, voltar [a avec un verbe] : *recommencer à lire*, voltar a ler*.
récompen‖se f. (rêcõpãç). Recom-

Itálico : accento tónico. ‖V. página verde para a pronúncia figurada. ‖*Verbo irreg. V. no final do livro.

pensa. ‖-ser vt. (-ê). Recompensar.
recompo‖ser vt. (râcõpozê). Recompor*. ‖-sition f. (-ciõ). Recomposição.
recompter vt. (râcõtê). Recontar.
réconci‖liation f. (rêcõ-iaciõ). Reconciliação. ‖-lier vt. (-ié). Reconciliar, recongraçar.
recon‖duction f. (râcõdùkciõ). Recondução. ‖-duire* vt. (-ùir). Reconduzir*. ‖Iron. Despedir* [renvoyer].
réconfor‖t m. (rêcõfor). Reconforto. ‖-ter vt. (-ê). Reconfortar.
recon‖naissable adj. (râconéça-). Reconhecível. ‖-naissance f. (-âç). Reconhecimento, m., gratidão. ‖Exame, m., exploração. ‖Cautela de penhores [mont-de-piété]. ‖Conhecimento (m.) de dívida [dette]. ‖-naissant, ante adj. (-â, ât). Reconhecido, da. ‖-naître*, vt. (-étr). Reconhecer, admitir, examinar; confessar. ‖Agradecer [gratitude]. ‖Loc. Reconnaître à la voix, reconhecer pela voz. S'y reconnaître dans, ser* entendido em.
reconquérir* vt. (râcõkêrir). Reconquistar; readquirir, recuperar.
reconsti‖tuant, ante adj. e s. (râcõçtuâ, ât). Reconstituinte. ‖-tuer vt. (-ùé). Reconstituir*. ‖-tution f. (-ciõ). Reconstituição.
reconstruire* vt. (râcõçtruir). Reconstruir*, reedificar, restabelecer.
recopier vt. (râcopié). Recopiar.
record m. (râcor) [pal. ingl.]. Vitória, f.
recors m. (râcor). Beleguim.
recoucher vt. (râcuxê). Deitar de novo (na cama), tornar a deitar.
recoudre* vt. (râcudr). Recoser.
recou‖pe f. (râcup). Rolão, m. [son]. ‖Lasca [pierre]. ‖Retalho, m. [étoffe]. ‖Apara [métal]. ‖-per vt. (-ê). Recortar. ‖Partir de novo [cartes].
recourber vt. (râcurbê). Recurvar.
re‖courir* vt. (râcurir). Recorrer. ‖-cours m. (-ur). Recurso: recours en cassation, recurso ao supremo.
recou‖vrable adj. (râcuvra-). Recobrável. ‖-vrement m. (-âmâ). Reembolso, cobrança, f. [impôts, etc.]. ‖Restabelecimento [santé]. ‖-vrer vt. (-ê). Recuperar.

‖Arrecadar [impôts]. ‖-vrir* vt. -ir). Recobrir.*
recracher vt. (râcraxê). Cuspir*.
récr‖éatif, ive adj. (rêcrêatíf, ív). Recreativo, va. ‖-éation f. (-ciõ). Recreio, m. ‖-éer vt. (-ê). Recrear, divertir*, alegrar.
recrépir vt. (râcrêpir). Rebocar.
récrier (se) vr. (çârêcrié). Exclamar; protestar, clamar.
récrimi‖nation f. (rêcr-aciõ). Recriminação. ‖-ner vi. (-ê). Recriminar.
récrire* vt. (rêcrír). Escrever de novo, tornar a escrever.
recroqueviller (se) vr. (-râcro-iié). Encarquilhar-se, engelhar-se, enrugar-se.
recru, ue adj. (râcrù). Moído, da; cansado, da. ‖s. f. Leva [levée]. ‖Recruta, m. [soldat].
recrudescence f. (râcrùdéçâç). Recrudescência, recrudescimento, m.
recru‖tement m. (râcrù-â). Recrutamento. ‖-ter vt. (-ê). Recrutar. ‖-teur m. (-ár). Recrutador.
rectan‖gle adj. e s. m. (réctâ-). Rectângulo. ‖-gulaire adj. (-ùlér). Rectangular.
recteur m. (réctár). Reitor.
recti‖fication f. (réct-aciõ). Rectificação. ‖-fier vt. (-ié). Rectificar. ‖-ligne adj. (-ính). Rectilíneo, ea. ‖-tude f. (-ùd). Rectidão.
recto m. (réctô). Primeira (f.) página [papier]. ‖Anverso [document].
rectorat m. (réctóra). Reitorado.
rectum m. (réctom). Recto.
reçu m. (râçù). Recibo.
recueil‖ m. (râcâi). Colecção, f. ‖-lement m. (-iâmâ). Recolhimento. ‖-lir* vt. (-ír). Recolher. ‖(se) vr. Recolher-se; retirar-se (fig.).
re‖cuire* vt. (râcùir). Recozer. ‖-cuit m. (-ùi) e -cuite f. (-ùit). Recozimento.
recu‖l m. (râcùl). Recuo, retrocesso. ‖-lade f. (-ad). Recuada. ‖-lé, ée adj. (-ê). Recuado, da. ‖-lement m. (-â). Recuo, retrocesso. ‖Loc. Courroie de -, retranca. ‖-ler v. e vi. (-ê). Recuar, retroceder. ‖*Fig. Alargar; atrasar: reculer un payement, atrasar um pagamento. ‖-lons (à) loc. (-ô). Às arrecuas.

Lettres penchées : accent tonique. ‖V. page verte pour la prononciation figurée. ‖*Verbe irrég. V. à la fin du volume.

récupé‖ration f. (rècùpèraciô). Recuperação. ‖**-rer** vt. (-é). Recuperar, reaver*.
récu‖rage m. (rècùraj). Limpeza, f. ‖**-rer** vt. (-é). Limpar, arear.
récuser vt. (rècùzé). Recusar.
rédac‖teur m. (rèdactâr). Redactor. ‖**-tion** f. (-ciô). Redacção.
reddition f. (ré-ciô). Rendição.
redemander vt. (râdâmâdé). Pedir* de novo, tornar a pedir*.
rédemp‖teur m. (rèdàptâr). Redentor. ‖**-tion** f. (-ciô). Redenção. ‖**-toriste** m. (-oriçt). Redentorista.
redescendre vi. (ràdéçâdr). Tornar a descer, descer de novo.
rede‖vable adj. (râ-a-). Devedor, ora. ‖**-vance** f. (-âç). Renda, censo, m.
redevenir vi. (râdà-ir). Tornar a ser*, tornar-se, fazer-se*.
redevoir vt. (râ-uar). Continuar a dever, dever ainda.
rédhibitoire adj. (rê-uar). Redibitório, ia.
rédiger vt. (rê-é). Redigir.
redingote f. (râdàngot). Sobrecasaca.
re‖dire* vt. (râdír). Redizer*. ‖ vi. Criticar : *trouver à redire*, ter* que dizer*. ‖**-dite** f. (-ít). Repisação, repetição, repisamento, m.
redon‖dance f. (râdôdâç). Redundância. ‖**-dant**, **ante** adj. (-â, ât). Redundante, supérfluo, ua ; excessivo, va.
redonner vt. (râdoné). Voltar a dar*. ‖ Voltar à carga [troupes].
redorer vt. (râdoré). Tornar a dourar, redourar, dourar de novo.
redou‖blé, **ée** adj. (râdu-é). Redobrado, da. ‖ Loc. *Pas redoublé*, passo dobrado. ‖**-blement** m. (-âmâ). Redobro. ‖**-bler** vt. (-é). Redobrar.
redou‖table adj. (râduta-). Temível. ‖**-te** f. (-ut). Reduto, m. ‖**-ter** vt. (-é). Temer : *redouter de parler*, temer falar.
redre‖ssement m. (râdré-â). Acção (f.) de endireitar. ‖**-sser** vt. (-é). Endireitar. ‖ *Fam.* Repreender (gronder). ‖**-sseur** m. (-âr). O que endireita. ‖ *Redresseur de torts*, defensor dos fracos, cavaleiro andante.
ré‖ductible adj. (rédùcti-). Redutível. ‖**-duction** f. (-kciô). Redução.

‖**-duire*** vt. (-ùir). Reduzir*. ‖**-duit**, **uite** adj. (-ùi, ít). Reduzido, da. ‖ s. m. Retiro. ‖ Tugúrio [galetas].
réédifier vt. (rêê-ié). Reedificar.
réédi‖ter vt. (rêê-é). Reeditar. ‖**-tion** f. (-ciô). Reedição.
réédu‖cation f. (rêêdùcaciô). Reeducação. ‖**-quer** vt. (-é). Reeducar.
réel, **elle** adj. (réél). Real, exacto, a.
réé‖llection f. (rêélékciô). Reeleição. ‖**-lire*** vt. (-ir). Reeleger.
réellement adv. (rêé-â). Realmente.
réexpédier vt. (rêèkçpèdié). Reexpedir*, expedir* de novo.
refaire* vt. (râfér). Refazer*. ‖ *Pop.* Enganar : *on m'a refait*, pregaram-ma.
réfec‖tion f. (rêfékciô). Refeição. ‖**-toire** m. (-uar). Refeitório.
re‖fendre vt. (râfâ). *Mur de -*, tabique, divisória, f. ‖**-fendre** vt. (-âdr). Refender. ‖ Serrar ao comprido [bois].
référé m. (rêfêré). Requerimento de urgência. ‖**-rence** f. (-âç). Referência. ‖**-rendaire** m. (-ér). Referendário. ‖**-rendum** m. (-om). Referendum. ‖**-rer** vt. (-é). Referir*. ‖ vi. *En référer à*, apelar para.
refermer vt. (râfèrmé). Voltar a fechar, refechar.
réfl‖échi, **ie** adj. (rê-èxi). Reflectido, da [pensée, esprit, lumière, son]. ‖ Reflexo, xa [verbe, pronom]. ‖**-échir** vt. (-ir). Reflectir. ‖ vi. Reflexionar. ‖**-échissement** m. (-â). Reflexão, f. ‖**-ecteur** m. (-éctâr). Reflector.
refl‖et m. (râ-é). Reflexo. ‖**-éter** vt. (-é). Reflectir* e s. m. reproduzir*.
réfle‖xe adj. e s. m. (rê-ékç). Reflexo, xa. ‖**-xion** f. (-ciô). Reflexão.
re‖fluer vi. (râ-ùé). Refluir*. ‖**-flux** m. (-ù). Refluxo.
re‖fondre vt. (râfôdr). Refundir. ‖**-fonte** f. (-ôt). Refundição.
réfor‖mateur, **trice** adj. e s. (rêformatâr, ríç). Reformador, ora. ‖**-me** f. (-orm). Reforma. ‖**-mer** vt. (-é). Reformar, refazer*.
refoul‖ement m. (râfu-â). Recalcamento. ‖**-ler** vt. (-é). Rechaçar.
réfrac‖taire adj. (rêfractér). Refractário, ia ; rebelde. ‖**-ter** vt. (-é).

Itálico : accento tónico. ‖ V. página verde para a pronúncia figurada. ‖ *Verbo irreg. V. no final do livro.

Refractar. ||**-tion** f. (-kcɩõ). Refracção.
refrain m. (râfrᾰn). Estribɩlho.
refréner vt. (râfrēnē). Refrear.
réfrigérant, ante adj. (rêfr-ērᾱ, ᾱt). Refrigerante.
réfringent, ente adj. (rêfrᾰnjᾱ, ᾱt). Refringente.
refrogné, ée adj. (râfronhē). Fran zɩdo, da (rosto). ||**-gner (se)** vr. (-ē). Fazer* má cara.
refroɩ||**dir** vt. (râfruadɩr). Esfrɩɑr. ||vi. Arrefecer, esfrɩar. ||**-dissement** m. (-ᾱ). Resfriamento.
refuge m. (râfùj). Refúgio.
réfugier (se) vr. (rêfùjɩē). Refugiar-se, acoitɑr-se; abrigar-se.
re||**fus** m. (râfù). Recusa, f. ||**-fuser** vt. (-ē). Recusar, negar; rejeitar.
réfu||**ter** vr. (rêfùtē). Refutar. ||**-tation** f. (-actõ). Refutação.
re||**gagner** vt. (rᾱganhē). Recuperar (recouvrer). ||Voltar a : *regagner sa maison*, voltar a *c*asa. ||**-gain** m. (ᾰn). Erva (f.) nova [prés]. ||Fig. *Regain de jeunesse*, remoçamento.
ré||**gal** m. (rêgal). Regalo [plaisir]. ||Banquete, festim. ||**-galade** f. (-ad). Regabofe, m. ||Fogueira [flambée]. ||Loc. *A la régalade*, sem tocɑr com os lábios no copo. ||**-gale** adj. f. (-al). Régia [eau]. ||**-galer** vt. (-ē). Mimosear. ||**-galien, enne** adj. (-ɩᾰn, én). Regalengo, ga ; realengo, ga.
regar||**d** m. (râgɑr). Olhɑr. ||Bocɑ (f.) de esgoto [égouts]. ||Loc. *En regard*, em frente [en face]. ||*Au regard de*, à vɩsta de. ||**-dant, ante** adj. (-ᾱ, ᾱt). Reparador, ora. ||*Fam*. Agarrado, da [avare]. ||**-der** vt. (-ē). Olhɑr. ||Dizer* respeito a : *cela me regarde*, isso diz-me respeito. ||Reparar [faire attention] : *regarder ce que l'on fait*, reparar no que se faz.
regarnir vt (rᾱgarnɩr). Guarnecer de novo, tornar a enfeitar.
régate f. (rêgat). Regata.
régence f. (rêjᾱç). Regência.
régénérer vt. (rêjēnērē). Regenerar.
ré||**gent, ente** adj. m. e s. (rējᾱ, ᾱt). ||**-genter** vt. (-ē). Dirigir. ||**-gicide** adj. e s. m. (-id). Regicida [assassin]. ||Regicídɩo [assassinat].

régie f. (rēji). Administração.
regimber vi. (râjᾱnbē). Escoucear. ||*Fig*. Recalcitrar, resistɩr.
régime m. (rējím). Regime. ||Racɩmo, cacho [fruits].
régiment m. (rēj-ᾱ). Regimento.
ré||**gion** f. (rējiõ). Região. ||**-gional, ale** adj. (-onal). Regional.
ré||**gir** vt. (rējɩr). Reger. ||**-gisseur** m. (-ᾱr). Administrador.
registre m. (rᾱjɩçtr). Registo.
réglage m. (rē-aj). Pautação, f. [papier]. ||Regulação, f. [tir]. ||Afinação, f. [machine]. Regularização, f. [mécanisme].
règle f. (rē-ɩ). Régua. ||Regra [loi].
ré||**glé, ée** adj. (rē-ē). Regrado, da. ||Pautado, da [papier]. ||Regulado, da [ɩir, mécanisme]. ||Afinɑdo, da [machine].
règlement m. (rē-ᾱmᾱ). Regulamento. ||Liquidação, f. [comptes].
ré||**glementer** vt. (rē-âmᾱtē). Regulamentar. ||**-gler** vt. (-ē). Regrar [disposer]. ||Pautar [papier]. ||Regular [mécanisme]. ||Pagar [payer]. ||se vr. Regularizar-se. ||**-glette** f. (-ét). Regreta (tip.).
réglisse f. (rē-íç). Alcaçuz, m.
réglure f. (rē-ùr). Riscado, m.
régnant, ante adj. (rênhᾱ, ᾱt). Reinante. ||*Fig*. Dominante.
règne m. (rénh). Reinado [rois, influence]. ||Reino [hist. nat.].
régner vi. rénhē). Reinar.
regorger vi. (râgorjē). Regurgitar : *regorger d'argent*, ser* muito rico, ter* muito dinheiro.
Regra||**ter** vt. (râgratē). Raspar de novo. ||Regatear [marchander]. ||**-tier, ère** m. e f. (-iē, ér). Regatão, toa.
régres||**sif, ive** adj. (rêgrécif, iv). Regressivo, va. ||**-sion** f. (-íõ). Regressão, retrocesso, m. ; reversão.
regret m. (râgrē). Pesar. ||Loc. *A regret*, com pena. ||pl. Queixas, f., queixumes. ||**-table** adj. (-a-). Lamentável, deplorável, lastimável, desagradável ; saudoso, sa. ||**-ter** vt. (-ē). Lastimar, sentir*, lamentar. ||Ter* saudades de : *regretter sa jeunesse*, ter* saudades da mocidade.
régular||**iser** vt. (rēgùlar-ē). Regularizar. ||**-té** f. (-ē). Regularidade ;

Lettres penchées : accent tonique. ||V. page verte pour la prononciation figurée. || *Verbe irrég. V. à la fin du volume.

pontualidade; harmonia; observância.

régu‖lateur, trice adj. e s. (rêgùlatâr, rîç). Regulador, ora. ‖-lier, ère adj. (-ié, ér). Regular; pontual.
réhabili‖ter vt. (rêa-é). Reabilitar. ‖-tation f. (-aciõ). Reabilitação.
rehau‖ssement m. (râô-ã). Realce. ‖-sser vt. (-ê). Realçar; altear.
rehaut m. (râô). Pint. Realce.
réim‖pression f. (rêânpréciõ). Reimpressão. ‖-primer vt. (-ê). Reimprimir, reeditar.
rein m. (rän). Rim. ‖ pl. Lombo, espinhaço. ‖ Loc. Avoir les reins solides, ser* rico, poderoso.
reine‖ f. (rén). Rainha. ‖- -claude f. (-ôd). Rainha-cláudia. ‖- -marguerite f. (-argârit). Rainha-margarida, malmequer-da-sécia, m.
reinette f. (rénét). Reineta.
ré‖installer vt. (rêânçtalé). Reinstalar. ‖-intégrer vt. (-àntègrê). Reintegrar.
reis m. (réiç). Dignitário turco.
réitérer vt. (rê-êrê). Reiterar.
reître m. (rétr). Retre [cavalier allemand]. ‖ Fig. Vieux reître, raposa (f.) velha; praça (f.) velha.
rejaill‖ir vi. (râjaiír). Esguichar. ‖ Ressaltar [rebondir]. ‖ Recaír* [retomber]. ‖-issement m. (-ã). Esguicho. ‖ Fig. Reflexo.
re‖jet m. (râjé). Rejeição, f. ‖ Rebento [plantes]. ‖-jeter vt. (-jtê). Repelír*, rechaçar. ‖ Assacar [faute]. ‖-jeton m. (-ô). Rebento. ‖ Fig. Fílho.
rejoindre* vt. (râjuandr). Reunír. ‖ Ir* ter* com [retrouver]: je vous rejoindrai, irei ter* consigo.
rejouer vt. (râjuê). Jogar de novo, tocar de novo.
ré‖joui, ie adj. (rêjui). Alegre. ‖-jouir vt. (-uír). Alegrar, regozijar. ‖-jouissance f. (-âç). Regozijo, m. ‖-jouissant, ante adj. (-ã, ãt). Divertido, da; engraçado, da.
relâ‖che m. (râlax). Descanso, m. [repos]. ‖ Suspensão [théâtre]. ‖ Escala [marine]. ‖-ché, ée adj. (-ê). Frouxo, xa. ‖ Relaxado, da [morale, etc.]. ‖-chement m. (-ã) Afrouxamento. ‖ Relaxamento, relaxação, f. ‖-cher vt. (-ê). Afrouxar.

‖ Fig. Relaxar. ‖ Mar. Fazer* escala. ‖ Soltar [prisonnier].
relais m. (râlé). Muda, f. (cavalos).
‖ Electroíman. ‖ Terreno de aluvião.
relancer vt. (râlâcé). Levantar de novo [chasse]. ‖ Fig. e fam. Importunar, perseguír*. ‖ Ralhar [gronder].
relaps, apse adj. (râlapç). Relapso, sa.
rela‖ter vt. (râlaté). Relatar. ‖-tif, ive adj. (-if, ív). Relativo, va. ‖-tion f. (-ciõ). Relação.
relaxer vt. (râlakcé). Soltar, libertar, pôr* em liberdade.
relayer vt. (râléié). Render [remplacer]. ‖ Mudar (cavalos) [chevaux].
relé‖gation f. (râlêgaciõ). Relegação. ‖-guer vt. (-ghê). Relegar.
relent m. (râlâ). Bafio, moto.
re‖levailles f. pl. (râ-ai). Purificação (cerimónia), sing. ‖-lève f. (-év). Rendição. ‖-levé, ée adj. (-ê). Elevado, da. ‖ Apurado, da [mets]. ‖ s. m. Extracto [comptes]. ‖ Mapa, estatística, ‖-levée f. (-ê). Tarde. ‖-lever vt. (-ê). Levantar. ‖ Fig. Reanimar [ranimer]. ‖ Substituír, revezar [relayer]. ‖ Apurar [assaisonner]. ‖ vi. Depender. ‖ Convalescer. ‖ (se) vr. Levantar-se. ‖ Avultar.
relief m. (râlíéf). Relevo. ‖ pl. Sobras, f. pl. (de refeição). ‖ Fig. Restos (o que não foi empregue).
re‖lier vt. (râlíé). Encadernar [livres]. ‖ Reatar. ‖-lieur m. (-íõr). Encadernador.
religi‖eux, euse adj. e s. (râ-iã, âz). Religioso, sa. ‖-on f. (-iõ). Religião.
reli‖quaire m. (râ-kér). Relicário. ‖-quat, m. (-ca). Resto, saldo. ‖-que f. (-íc). Relíquia.
relire* vt. (râlir). Reler*.
reliure f. (râlíûr). Encadernação.
relui‖re* vi. (râlúir). Reluzír*. ‖-sant, ante adj. (-ã, ãt). Reluzente.
reluquer vt. (râlùkê). Pop. Mirar.
remâcher vt. (râmaxé). Remast'gar.
rémanence f. (rêmanêç). Remanência.
rema‖niement m. (râmanimã). Novo arranjo. ‖ Recomposição, f. (tip.). ‖-nier vt. (-ié). Arranjar. ‖ Recorrer [imprimerie]. ‖ Retocar, refundír.

Itálico: accento tónico. ‖ V. página verde para a pronúncia figurada. ‖ *Verbo irreg. V. no final do livro.

rema‖riage m. (râmariaj). Segundo casamento. ‖-rier vt. (-ié). Tornar a casar, casar de novo.

remar‖quable adj. (râmarca-). Notável. ‖-que f. (-arc). Nota. ‖-quer vt. (-ké). Notar. ‖Fig. Observar.

rembarquer vt. (râbarké). Reembarcar, tornar a embarcar.

rembarrer vt. (râbaré). Repelir*.

rem‖blai m. (râ-é). Terrapleno. ‖-blayer vt. (-ié). Terraplenar.

rembou‖rrage m. (râburaj). Estofo, estofamento (Br.). ‖-rrer vt. (-é). Estofar; acolchoar; encher.

rembour‖sement m. (râbur-ã). Reembolso. ‖-ser vt. (-é). Reembolsar.

rembru‖nir vt. (râbrùnir). Escurecer. ‖Fig. Entristecer. ‖-nissement m. (-ã). Escuridade, f., negrume.

re‖mède m. (râmèd). Remédio. ‖Loc. Remède de bonne femme, mezinha, f.; puçanga, f.(Br. du N.). ‖-médier vi. (-èdié). Remediar. ‖Fig. Obviar.

remé‖moratif, ive adj. (râmèmoratif, iv). Rememorativo, va. ‖-morer vt. (-moré). Rememorar. ‖ (se) vr. Recordar, lembrar-se de.

remer‖ciement m. (râmér-ã). Agradecimento : *adresser ses remerciements*, agradecer. ‖-cier vt. (-ié). Agradecer. ‖Despedir* [renvoyer]. ‖Loc. *Remercier de quelque chose*, agradecer alguma coisa.

réméré m. (rêmêré). Venda (f.) a retro : *vendre à réméré*, retrovender.

remettre* vt. (râmétr). Repor*. ‖Tornar a pôr* : *remettre sur la table*, tornar a pôr* na mesa. ‖Tornar a vestir* : *remettre son veston*, tornar a vestir* o casaco. ‖Curar, sarar (osso deslocado). ‖Entregar; remeter [lettre]. ‖Fig. Reconciliar. ‖Restabelecer [santé]. ‖Sossegar, tranquilizar. ‖Depositar, confiar. ‖Perdoar [faire grâce]. ‖Adiar, deixar para : *remettre à demain*, adiar para amanhã. ‖ (se) vr. Pôr-se* de novo. ‖Refazer-se* [santé, fortune, etc.]. ‖Loc. *S'en remettre à quelqu'un*, confiar em alguém.

Rémi n. pr. (rêmi). Remígio.

réminiscence f. (rê-içãs). Reminiscência.

remi‖se f. (râmíz). Entrega.

‖Remessa [de marchandises]. ‖Desconto, m. [rabais]. ‖Atraso, m. [retard]. ‖Cocheira [voitures] : *voiture de remise*, trem (m.) de praça. ‖-ser vt. (-é). Pôr* na cocheira. ‖-sier m. (-ié). Intermediário de corretor da Bolsa.

rémission f. (rê-ió). Remissão.

rémois, oise adj. e s. (rêmua, uaz). De Remos (Reims).

re‖montage m. (râmõtaj). Colocação (f.) de meias solas e gáspeas [bottes]. ‖Acção de dar* corda. ‖-monte m. (-õt). Remonta. ‖-montée f. (-é). Subida. ‖-monter vt. (-é). Tornar a subir*. ‖Subir* [monter]. ‖Ascender : *remonter au quinzième siècle*, ascender ao século XV. ‖Tornar a montar [chevaux]. ‖Ir* rio acima [rivière]. ‖vt. Dar* corda a [pendule, etc.]. ‖Reanimar [ranimer]. ‖-montoir m. (-uar). Chave (f.) ou pé para dar* corda.

remon‖trance f. (râmõtrãs). Exprobração. ‖Censura. ‖-trer vt. (-é). Representar (queixa). ‖Censurar.

re‖mordre vt. (râmordr). Remorder. ‖-mords m. ;-or). Remorso.

remor‖quage m. (râmorcaj) ou -que f. (-orc). Reboque, m. (-é). ‖-queur m. (-âr). Rebocador.

rém‖oulade f. (rêmulad) ou ...olade f. (-olad). Molho (m.) picante.

rémouleur m. (rêmulâr). Amolador.

remous m. (râmu). Remoínho.

rempail‖ler vt. (râpaié). Empalhar [chaises]. ‖-eur, euse m. e f. (-iâr, âz). Empalhador, eira.

rempart m. (râpar). Muralha, f. ‖Parapeito. ‖Fig. Amparo, defesa, f.

rempla‖çant, ante m. e f. (râ-açã, ãt). Substituto, ta. ‖-cement m. (-ã). Substituição, f. ‖-cer vt. (-é). Substituir, suprir, suceder a.

rempli m. (râ-í). Prega, f. (vestido).

rem‖plir vt. (râ-ír). Preencher. ‖Cumprir [un devoir]. ‖-plissage m. (-aj). Nariz-de-cera, palha, f.

rem‖ploi m. (râ-ua). Novo emprego. ‖-ployer vt. (-ié). Reempregar.

remplumer (se) vr. (râ-ùmé). Cobrir-se* de penas novas.

remporter vt. (râporté). Tornar a levar. ‖Alcançar, ganhar [prix].

re‖muant, ante adj. (râmuã, ãt).

Lettres penchées : accent tonique. ‖V. page verte pour la prononciation figurée. ‖*Verbe irrég. V. à la fin du volume.

Buliçoso, sa; turbulento, ta; perereca (*Br.*). ||**-mue-ménage** m. (ùmênaj). Desarrumação, f. ||Balbúrdia, f. [agitation]. ||**-muement** m. (-â). Movimento. ||*Fig.* Agitação, f. ||**-muer** vt. (-ê). Mexer. ||*Fig.* Comover, apaixonar.

rémuné||rateur, trice adj. e s. (rêmùnêratâr, riç). Remunerador, ora. ||**-ration** f. (-ció). Remuneração. ||**-rer** vt. (-ê). Remunerar, recompensar.

renâcler vt. (râna-ê). Resfolgar. ||Fungar, sopiar. ||*Fig.* Resmungar.

re||naissance f. (rânéçâç). Renascimento, m. ||**-naissant, ante** adj. (-â, ât). Renascente. ||**-naître*** vi. (-ét́r). Renascer, renovar-se.

rénal, ale adj. (rênal). Renal.

renard. m. (rânar). Raposa, f. [*Observ.* Raposa est à la fois la femelle du renard ou le renard en général]. ||Raposo; guarachaím (*Br. du S.*) [mâle].

Renaud n. pr. (rânô). Reinaldo.

renché||rir vt. e vi. (râxêrír). Encarecer. ||**-rissement** m. (-â). Encarecimento.

rencon||tre f. (râcōtr). Encontro, m. ||Coincidência [hasard]. ||Loc. *A la rencontre*, ao encontro. ||**-trer** vt. (-ê). Encontrar, topar com.

rendement m. (râ-â). Rendimento. ||Produção, f. [rapport].

rendez-vous m. (râdêvu). Encontro.

rendormir* vt. (râdormír). Readormecer. ||(se) vr. Tornar a adormecer.

ren||dre vt. (râdr). Devolver [restituer]. ||Transportar. ||Deitar [vomir]. ||Exprimir, traduzir*. ||Entregar [livrer]. ||Tornar, fazer*: *rendre odieux*, fazer* odioso. ||Pronunciar [sentence]. ||Produzír*, render : *ce blé rend beaucoup*, este trigo produz muito; *rendre un son*, produzir um som. ||Loc. *Rendre justice*, fazer* justiça. *Rendre la justice*, julgar. *Rendre l'âme*, entregar a alma ao criador. *Rendre raison*, dar* a razão. *Rendre réponse*, responder. *Rendre service*, prestar serviço. *Rendre visite*, visitar. *Rendre une visite*, pagar uma visita. *Se rendre à l'ennemi*, render-se. *Se rendre compte*, inteirar-se; dar*

por. *Se rendre malade*, adoecer, ficar doente. ||**-du, ue** adj. (-ù). Estafado, da; fatigado, da. ||Devolvido, da [restitué]. ||Expresso, sa [exprimé]. ||Chegado, da [arrivé]. ||s. m. Objecto devolvido. ||Loc. *Compte rendu*, acta, f., apreciação, f. *Un prêté pour un rendu*, uma coisa pela outra, ela por ela.

rêne f. (rén). Rédea, guia.

René, ée n. pr. (râné). Renato, ta.

renégat m. (rânêga). Renegado.

renfermer vt. (râfêrmê). Encerrar. ||(se) vr. Concentrar-se. ||Loc. *Sentir le renfermé*, cheirar a bafio.

renfiler vt. (râ-ê). Tornar a enfiar, enfiar de novo.

ren||flement m. (râ-âmâ). Inchação, f. ||**-fler** vt. (-ê). Inchar. ||Dilatar. ||Enfunar [voiles].

renflouer vt. (râ-ué). Desencalhar.

renfon||cement m. (râfō-â). Aprofundamento. ||Rebaixo, recôncavo [coin]. ||**-cer** vt. (-ê). Aprofundar.

renfor||cement m. (râforçâmâ). Reforço. ||**-cer** vt. (-ê). Reforçar.

renfro||gné, ée adj. (râfronhê). Franzido, da (rosto). ||**-gner** (se) vr. (çârâfronhê). Mostrar má cara, ficar carrancudo.

rengager vt. (râgajê). Empenhar de novo. ||(se) vr. Realistar-se.

rengai||ne f. (râghén). Lengalenga. ||**-ner** vt. (-é). Tornar a embainhar. ||*Fig.* Meter a viola no saco.

rengorger (se) vr. (çârâgorjê). Pavonear-se, emproar-se, empertigar-se, dar-se* ares.

re||niement m. (rânimâ). Renegação, f. ||**-nier** vt. (-ié). Renegar : *renier sa foi*, renegar a sua fé. ||Negar. ||**-nieur, euse** adj. (-âr, âz). Fungão, ona ; fungador, ora.

reni||fler vi. (râ-ê). Fungar, cheirar : *renifler du tabac*, cheirar rapé. ||**-fleur, euse** adj. (-âr, âz). Fungão, ona. ||**-flement** m. (-â). Cheiradela.

re||nom m. (rânô). Renome. ||**-nommé, ée** adj. (-omê). Famoso, sa. ||s. f. Fama, renome, m., nomeada, reputação.

renon||ce f. (rânôç). Balda (jogo). ||**-cement** m. (-â). Renúncia. ||**-cer** vi. (-ê). Renunciar : *renoncer à un droit*, renunciar a um direito. ||**-ciation** f. (-ació). Renúncia.

Itálico : accento tónico. ||V. página verde para a pronúncia figurada. ||*Verbo irreg. V. no final do livro.

REN — REP

renon‖culacées f. pl. (rânôcùlacé). Ranunculáceas. ‖-cule f. (-ùl). Ranúnculo, m.
renouée f. (rânué). Sempre-noiva.
re‖nouement m. (rânumã). Reatamento. ‖-nouer vt. (-ué). Reatar.
renou‖veau m. (rânuvô). Primavera, f. ‖Fig. Renovação f. ‖-veler vt. (-é). Renovar. ‖-vellement m. (-é-ã). Renovação, f., renovamento.
réno‖vateur, trice adj. e s. (rênovatôr, riç). Renovador, ora. ‖-ver vt. (-é). Renovar, reformar.
rensei‖gnement m. (rãcénhâmã). Informação, f. ‖-gner vt. (-é). Informar; tornar a ensinar.
rentable adj. (rãta-). Lucrativo, va.
ren‖te f. (rãt). Renda : rente viagère, renda vitalícia. ‖-ter vt. (-é). Dotar com renda. ‖-tier, ère m. e f. (-ié, ér). Capitalista.
ren‖trant, ante adj. (rãtrã, ãt). Reentrante. ‖-tré, ée adj. (-é) Recolhido, da. ‖Reprimido, da [colère, etc.]. ‖Encovado, da [yeux]. ‖Reservado, da; concentrado, da. ‖-trée f. (-é). Entrada. ‖Ingresso, m. [fonds]. ‖Abertura [classes, parlement, etc.]. ‖Recolha [récolte]. ‖Compra (ao jogo) [jeu]. ‖-trer vi. (-é). Entrar de novo. ‖Voltar [revenir]. ‖Reabrir [écoles, etc.]. ‖Entrar, caber [tenir dans]. ‖Cobrar [argent]. ‖Recobrar, recuperar. ‖Refrear [colère, etc.]. ‖Loc. Rentrer en soi-même, voltar a si.
ren‖versant, ante adj. (rãvércã, ãt). Surpreendente. ‖-verse (à la) loc. (-érç). De costas. ‖-versé, ée adj. (-é). Derrubado, da. ‖Transtornado, da [bouleversé]. ‖Perturbado, da [troublé]. ‖ às avessas : le monde renversé, o mundo às avessas. ‖-versement m. (-âmã). Derrubamento, m. ‖Transtorno [bouleversement]. ‖Fig. Ruína, f. ‖-verser vt. (-é). Derrubar [faire tomber]. ‖Transtornar [bouleverser]. ‖Entornar [liquide, etc.]. ‖Inverter [la direction] : renverser la vapeur, inverter o vapor.
ren‖voi m. (rãvua). Devolução, f. ‖Despedida, f. (congé). ‖Apresentação, f. (em juízo) [tribunal]. ‖Adiamento [ajournement]. ‖Chamada, f., nota, f. ‖Arroto [éructation]. ‖-voyer* vt. (-uaié). Devolver [retourner, envoyer de nouveau]. ‖Despedir* [congédier]. ‖Remeter [au juge]. ‖Absolver [accusé]. ‖vi. Mar. Rolar.
réorganiser vt. (rêorga-é). Reorganizar.
réouverture f. (rêuvértùr). Reabertura.
repaire m. (râpér). Antro, valhacouto.
repaître* (se) vr. (râpêtr). Saciar-se, deleitar-se, fartar-se.
ré‖pandre vt. (rêpâdr). Derramar [liquide, etc.]. ‖Espalhar [lumière, odeur, bienfaits]. ‖(se) vr. Desfazer-se* [en compliments, injures, etc.]. ‖-pandu, ue adj. (-ù). Derramado, da. ‖Espalhado, da. ‖Divulgado, da.
réparable adj. (rêpara-). Reparável.
reparaître* vi. (râparétr). Reaparecer, tornar a aparecer.
répa‖rateur, trice m. e f. (rêparatôr, riç). Reparador, ora. ‖-ration f. (-ció). Reparação. ‖-rer vt. (-é). Reparar, consertar. ‖Fig. Expiar.
reparler vi. (râparlé). Falar de novo, tornar a falar.
repar‖tie f. (râparti). Réplica. ‖-tir* vt. (-ir). Replicar, retorquir*. ‖vi. Partir de novo.
répar‖tir vt. (rêpartir). Repartir. ‖-tition f. (-ció). Partilha.
repas m. (râpa). Refeição, f.; bóia, f. (Br.). ‖Loc. Repas maigre, comida (f.) de jejum.
repas‖sage m. (râpaçaj). Passagem (f.) a ferro [linge]. ‖Afiação, f. [aiguisage]. ‖-ser vt. (-é). Passar (a ferro) [linge]. ‖Afiar [aiguiser]. ‖-seur m. (-ér). Amolador. ‖-seuse f. (-âz). Engomadeira (mulher).
repêcher vt. (râpéxé). Tirar da água. ‖Pescar de novo.
repeindre* vt. (râpãdr). Pintar de novo.
repen‖tant, ante adj. (râpãtã, ãt). Arrependido, da. ‖-ties f. pl. (-í). Raparigas duma regeneração. ‖-tir m. (-ir). Arrependimento. ‖-tir* (se) vr. Arrepender-se.
repérage m. (râpéraj). Referencia-

Lettres penchées : accent tonique. ‖V. page verte pour la prononciation figurée. ‖ *Verbe irrég. V. à la fin du volume.

ção, f.; indicação (f.) de ajustamento.
réper‖cussion f. (rêpércùciõ). Repercussão. ‖**-cuter** vi. (-ùté). Repercutir, reflectir*.
reperdre vt. (râpérdr). Tornar a perder*, perder* de novo.
re‖père m. (râpér). Sinal. ‖**-pérer** vt. (-é). Assinalar, referenciar.
réper‖toire m. (rêpértuar). Repertório. ‖**-torier** vt. (-orié). Registar.
répé‖ter vt. (rêpêté). Repetir*. [Ensaiar [rôle]. ‖**-titeur** n. (-âr). Explicador. ‖**-tition** f. (-ciõ). Repetição. ‖Explicação [leçon]. ‖Ensaio, m. [théâtre].
repeu‖plement m. (râpâplâmã). Repovoamento. ‖**-pler** vt. (-é). Repovoar.
repiquer vt. (râ-é). Repicar. ‖Transplantar. ‖Reparar (pavimento).
répit m. (rêpí). Descanso, trégua, f.
replacer vt. (râ-acé). Colocar de novo.
replanter vt. (râ-ãté). Replantar.
replâtr‖age m. (râ-atraj). Reboco. ‖Fig. Conserto, remendo. ‖**-er** vt. (-é). Rebocar. ‖Fig. Consertar.
replet, ète adj. (râ-é, ét). Repleto, ta; obeso, sa; cheio, eia.
re‖pli m. (râ-i). Prega, f., dobra, f. ‖**-pliement** m. (-imã). Dobramento. ‖**-plier** vt. (-ié). Tornar a dobrar.
répli‖que f. (rê-íc). Réplica. ‖**-quer** vt. (-é). Replicar, retorquir*.
replonger vt. (râ-õjé). Remergulhar, mergulhar de novo.
répon‖dant m. (rêpõdã). Fiador. ‖**-dre** vt. (-õdr). Responder. ‖Fig. Corresponder. ‖Loc. Répondre négativement, responder que não; dar* um fora–(Br.).
répons m. (rêpõ). Responso.
réponse f. (rêpõç). Resposta.
repopulation f. (râpopùlaciõ). Repovoamento, m., repovoação.
repor‖t m. (râpor). Transporte (de soma). ‖Reporte [bourse]. ‖**-tage** m. (-aj). Reportagem, f. [journaux]. ‖**-ter** vt. (-é). Tornar a levar [de nouveau]. ‖Levar [porter]. ‖ (se) vr. Reportar-se. ‖Loc. A reporter, a transportar; soma e segue. ‖**-ter** m. (-ér). Repórter, informador.
re‖pos m. (râpõ). Repouso, descanso.

‖Pausa, f., cesura, f. ‖Loc. Champ du repos, cemitério. ‖**-posé**, ée adj. (-sé). Descansado, da. ‖**-poser** vt. (-é). Descansar. ‖Assentar [liquides]. ‖ (se) vr. Descansar-se, repousar-se. ‖**-posoir** m. (-uar). Repositório, altar
repous‖sant, ante adj. (râpuçã, ãt). Repelente. ‖**-sé**, ée adj. (-é). Em relevo, rebatido, da. ‖**-ser** vt. (-é). Repelir*. ‖vi. Crescer de novo : la barbe repousse, a barba cresce de novo. ‖**-soir** m. (-uar). Cavilha, f.
répréhen‖sible adj. (rêprêãcí-). Repreensível. ‖**-sion** f. (-ciõ). P. us. Repreensão, reprimenda, censura.
reprendre* vt. (râprãdr). Retomar [prendre de nouveau]. ‖Recobrar, recuperar. ‖Prosseguir* [continuer]. ‖Repreender [gronder]. ‖Voltar [maladie] : sa goutte l'a repris, voltou-lhe a gota. ‖Loc. Les chairs reprennent, a ferida fecha-se. On ne m'y reprendra plus, não caio noutra. Reprendre le dessus, restabelecer-se ; recuperar o perdido. Se reprendre, corrigir-se*, retractar-se. Se reprendre à l'espérance, voltar a ter* esperança.
représailles f. pl. (râprêzaiiã). Represálias.
représen‖tant m. (râprêzãtã). Representante. ‖**-tation** f. (-aciõ). Representação. ‖**-ter** vt. (-é). Representar. ‖Apresentar de novo.
répression f. (rêprêciõ). Repressão.
répriman‖de f. (rêpr-ãd). Reprimenda, repreensão. ‖**-der** vt. (-é). Repreender, admoestar, censurar.
réprimer vt. (rêpr-é). Reprimir.
repri‖s m. (râprí). Repris de justice, cadastrado, reincidente. ‖**-se** f. (-íz). Continuação. ‖Cerzidura [linge]. ‖Reposição [théâtre]. ‖Repetição [musique]. ‖Loc. A plusieurs reprises, por várias vezes. ‖**-ser** vt. (-é). Cerzir. ‖**-seuse** f. (-âz). Cerzideira.
réproba‖teur, trice adj. (rêprobatár, ríç). Reprovador, ora. ‖**-tion** f. (-ciõ). Reprovação; desaprovação.
repro‖che m. (râprox). Censura, f. ‖**-cher** vt. (-é). Censurar; deitar em cara, exprobar, lançar em rosto.
repro‖ducteur, trice adj. e s. m. (râprodùctár, ríç). Reprodutor, ora.

Itálico : accento tónico. ‖V. página verde para a pronúncia figurada. ‖*Verbo irreg. V. no final do livro.

RÉP — RES

‖-duction f. (-kció). Reprodução. ‖-duire* vt. (-ùír). Reproduzír*; imitar.
réprou‖vé, ée adj. e s. (rêpruvê). Reprovado, da; réprobo, ba [damné]. ‖-ver vt. (-ê). Reprovar, condenar.
reps m. (répç). Repes.
reptile m. (réptíl). Réptil.
repu, ue adj. (rápü). Farto, ta.
républi‖cain, aine adj. e s. (rêpùàn, én). Republicano, na. ‖-que f. (-íc). República.
répu‖diation f. (rêpùdiació). Repúdio, m. ‖-dier vt. (-iê). Repudiár.
répu‖gnance f. (rêpùnháç). Repugnância. ‖-gnant, ante adj. (-ã, ãt). Repugnante. ‖-gner vi. (-ê). Repugnar, ter* repugnância; ser* oposto.
répul‖sif, ive adj. (rêpù-íf, ív). Repulsivo, va. ‖-sion f. (-ió). Repulsão; repulsa, antipatía, repugnância.
répu‖tation f. (rêpùtació). Reputação. ‖-ter vt. (-ê). Reputar.
re‖quérir* vt. (râkêrír). Requerer*. ‖-quête f. (-ét). Requerimento, m.
requiem m. (rêkùiém). Réquiem.
requin m. (râcán). Tubarão.
requis, ise adj. (râkí, iz). Requerido, da; necessário, ia.
réqui‖sition f. (rê-ció). Requisição. ‖-sitionner vt. (-oné). Requisitar. ‖-sitoire m. (-uar). Acusação, f.
res‖cinder vt. (rèçàndé). Rescindír. ‖-cision f. (-ió). Rescisão.
rescousse f. (réçcuçe). Ant. Novo ataque, m. ‖Loc. A la rescousse, em auxílio.
réseau m. (rêzó). Rede, f., malha, f.
résection f. (rêcékció). Ressecção.
réséda m. (rêzédá). Reseda, f.
réser‖ve f. (rêzérv). Reserva. ‖Legítima [droit]. ‖Fig. Restrição. ‖Loc. A la réserve de, com excepção de. En réserve, de reserva. Sans réserve, sem excepção. Sous toute réserve, sem garantia. ‖-vé, ée adj. (-é). Reservado, da. ‖-ver vt. (-ê). Reservar. ‖-viste m. (-íçt). Reservísta. ‖-voir m. (-uar). Reservatório. ‖Tanque [eau]. ‖Viveiro [poissons].
rési‖dant, ante adj. (rê-á, ãt). Residente. ‖-dence f. (-áç). Residência. ‖-dent m. (-á). Residente (representante diplomático). ‖-der vi. (-é). Residír, morar, viver.
résidu m. (rê-à). Resíduo.
rési‖gnation f. (rê-nhació). Resignação. ‖-gné, ée adj. (-é). Resignado, da. ‖-gner vt. (-é).Resignar. ‖ (se) vt. Resignar-se, submeter-se.
rési‖liation f. (rê-ació). Anulação. ‖-lier v. (-é). Anular, resilír.
résille f. (rêzíiâ). Redezinha.
rési‖ne f. (rêzín). Resína. ‖-neux, euse adj. (-á, áz). Resinoso, sa.
résipiscence f. (rê-içáç). Resipiscência, arrependimento, m.
résis‖tance f. (rê-çtáç). Resisténcia. ‖-tant, ante adj. (-á, ãt). Resistente. ‖-ter v.. (-ê). Resistír, aguentar, suportar; defender-se.
résolu, ue adj. (rêzolú). Resolvído, da. ‖Resolute, ta. ‖-tion f. (-ció). Resolução, sclução; denodo, m.
ré‖sonance f. (rêzonáç). Ressonáncia. ‖-sonateur m. (-atôr). Repercutidor. ‖-sonnant, ante adj. (-á, át). Ressoante. ‖-sonnement m. (-é). Ressonância, f. ‖-sonner vi. (-é). Ressoar, ecoar, soar.
résor‖ber vt. (rêzorbé). Reabsorver. ‖-ption f. (-pció). Reabsorção.
résorcine f. (rêzorcín). Resorcína.
résoudre* vt. (rêzudr). Resolver.
respect‖ m. (réçpé). Respeito. ‖-able adj. (-cta-). Respeitável; macanudo, da (Br. du S.). ‖-er vt. (-ê). Respeitar. ‖-if, ive adj. (-íf, ív). Respectívo, va. ‖-ueux, euse adj. (-ùâ, áz). Respeitoso, sa.
respi‖rable adj. (réç-ra-). Respirável. ‖-ration f. (-ció). Respiração. ‖-ratoire adj. (-uar). Respiratório, ia. ‖-rer vi. e vt. (-ê). Respirar.
resplen‖dir vi. (réç-ádír). Resplandecer. ‖-dissant, ante adj. (-á, át). Resplandecente.
respon‖sabilité f. (réçpôça-é). Responsabilidaée. ‖-sable adj. (-a-). Responsável.
ressac m. (ráçac). Ressaca, f.
ressaisir vt. (râcézír). Recobrar.
ressasser vt. (râçacé). Repetír*.
ressaut‖ m. (râçó) Ressalto. ‖-er vi. (-té). Ressaltar. ‖Pop. Zangarse [se fâcher].
ressem‖blance f. (râçá-áç). Semelhança, parecença. ‖-blant, ante adj. (-á, áz). Parecído, da. ‖-bler

Lettres penchées : accent tonique. ‖V. page verte pour la prononciation figurée. ‖*Verbe irrég. V. à la fin du volume.

RES — RET

vi. (-ê). Parecer-se, assemelhar-se.
resse‖melage m. (râçã-aj). Conserto (de solas). ‖-meler vt. (-ê). Deitar meias-solas, solas novas.
ressen‖timent m. (râçã-ã). Ressentimento. ‖-tir* vt. (-ír). Ressentír*. ‖ (se) vr. Ressentír-se, melindrar-se, magoar-se.
resse‖rrement m. (râcér-ã). Estreitamento, aperto. ‖-rrer vt. (-ê). Apertar. ‖Fig. Estreitar. ‖Prender (o ventre) [constipar].
resservir* vt. e vi. (râcérvír). Servír* de novo, tornar a servír*.
ressort m. (râçor). Mola, f. ‖Cabelo [montre]. ‖Elastério [élasticité]. ‖Alçada, f. [tribunal]. ‖Fig. Força, f. ‖Competência, f. : *c'est de mon ressort*, é da minha competência.
ressor‖tir vi. (râçortír). Saír* de novo. ‖Sobressaír* [relief]. ‖Ser* da jurisdição. ‖-tissant, ante adj. e s. (-ã, ãt). Da alçada; súbdito, membro de colónia estrangeira.
ressource f. (râçurç). Recurso, m.
ressouvenir (se) vr. (çâraçu-ír). Tornar a recordar-se; reconsiderar.
ressusciter vt. e vi. (réçü-ê) Ressuscitar, ressurgír*; renascer.
restant, ante adj. (réçtã, ãt). Restante. ‖s. m. Resto.
restau‖rant, ante adj. (réçtorã, ãt). Restaurante. ‖s. m. Restaurante, casa (f.) de pasto. ‖-rateur, trice m. e f. (-atôr, riç). Restaurador, ora. ‖-ration f. (-çiô). Restauração. ‖-rer vt. (-ê). Restaurar; restabelecer.
res‖te m. (réçt). Resto. ‖Sobejo [mets]. ‖Loc. *Au reste, du reste*, além disso. *De reste*, de sobra. *Être en reste*, ficar a dever. ‖-ter vi. (-ê). Ficar. ‖Loc. *En rester là*, ficar por ali. *Il reste à*, resta.
resti‖tuer vt. (réç-tüê). Restituír. ‖-tution f. (-ciô). Restituição.
res‖treindre vt. (réçtrãndr). Restringír*. ‖-triction f. (-ikciô). Restrição.
résul‖tant, ante adj. (rézü-tã, ãt). Resultante. ‖-tat m. (-a). Resultado. ‖-ter vi. (-ê). Resultar.
résu‖mé, ée adj. (rézümê). Resumido, da. ‖s. m. Resumo. ‖-mer vt. (-ê). Resumír.

résurrection f. (rêzürékciô). Ressurreição, ressurgimento, m.
retable m. (râta-). Retábulo.
réta‖blir vt. (rêta-ír). Restabelecer. ‖-blissement m. (-ã). Restabelecimento, restauração, f.
réta‖mer vt. (rêtamê). Estanhar de novo. ‖-meur m. (-âr). Estanhador.
retaper vt. (râtapê). Arranjar.
retar‖d m. (râtar). Atraso. ‖Loc. *En retard*, atrasado. ‖-dataire m. e s. (-atér). Retardatário, ia. ‖-dement m. (-âmã). Atraso. ‖-der vt. e vi. (-ê). Atrasar, demorar; tardar.
retenir* vt. (râ-ír). Reter*. ‖Ir*, ficar [addition, soustraction]. ‖ (se) vr. Conter-se*; parar, deter-se*.
rétention f. (rétãciô). Retenção.
reten‖tir vi. (râtãtír). Retinír*. ‖-tissant, ante adj. (-ã, ãt). Retumbante. ‖-tissement m. (-ã). Retumbância, f.; ressonância, f., eco.
rete‖nu, ue adj. (râ-ü). Retído, da. ‖Fig. Moderado, da. ‖-nue f. (-ü). Moderação. ‖Desconto, m. [salaire, etc.]. ‖Espaço (m.) entre duas comportas. ‖Privação [école] : *en retenue*, privado, de castigo.
réticence f. (rê-ãç). Reticência.
réticule m. (rê-ül). Retícula, f. ‖Saco, malinha, f. (de senhora).
rétif, ive adj. (rêtif, iv). Renitente, teimoso, sa; recalcitrante.
rétine f. (rêtin). Retina.
reti‖ration f. (râ-raciô). Retiração. ‖-ré, ée adj. (-ê). Retirado, da. ‖-rement m. (-ã). Contracção (cir.). ‖-rer vt. (-ê). Retirar. ‖Tirar [sortir, tirer]. ‖ (se) vr. Retirar-se. Recolher [rentrer]. ‖Afastar-se [s'éloigner]. ‖Encolher-se, contraír-se* [se contracter].
retom‖bée f. (râtôbê). Nascença [abóbada]. ‖-ber vi. (-ê). Recaír*.
retordre vt. (râtordr). Retorcer. ‖Loc. *Donner du fil à retordre*, dar* que fazer*, dar* água pela barba.
rétorquer vt. (rêtorkê). Retorquír*, redarguír* a, objectar a, opor*.
retors, orse adj. (râtor, orç). Retorcido, da. ‖Fig. Astuto, ta.
retou‖che f. (râtux). Retoque, m. ‖-cher vt. (-ê). Retocar, aperfeiçoar.
retour m. (râtur). Volta, f. ‖Canto, ângulo [coin]. ‖Reviravolta, f.,

---

Itálico : accento tónico. ‖V. página verde para a pronúncia figurada. ‖*Verbo irreg. V. no final do livro.

[sinuosité]. ||Reciprocidade, f. ||Mudança, f., vicissitude, f. ||Torna, f. [droit]. ||Loc. *En retour*, em paga. *Faire un retour sur soi*, reflectir*. *Sans retour*, para sempre.
retour||**ne** f. (râturn). Trunfo, m. ||**-ner** vt. (-é). Voltar. ||Devolver [renvoyer]. ||vi. Voltar, regressar. ||Loc. *De quoi retourne-t-il?* Que se passa? ||Qual é o trunfo? [cartes].
retracer vt. (râtracé). Traçar de novo, retraçar. ||Referír*, contar.
rétrac||**tation** f. (rêtractaciô). Retractação. ||**-ter** vt. (-é). Retractar, dar como não dito. ||**-tile** adj. (-íl). Retráctil. ||**-tion** f. (-ciô). Retracção, contracção, encolhimento, m.
retrai||**t** m. (râtré). Contracção, f. ||Retirada, f. [action de retirer]. ||Suspensão, f. [d'emploi]. ||**-te** f. (-ét). Retiro, m. ||Retirada [armée] : *battre en retraite*, retirar-se. ||Aposentação, reforma [fonctionnaire] : *en retraite*, reformado, da; *prendre sa retraite*, reformar-se, aposentar-se. ||Ressaque, m. [lettre de change]. ||**-té**, **ée** adj. e s. (-é). Reformado, da. ||**-ter** vt. (-é). Aposentar, reformar.
retran||**chement** m. (râtrã-ã). Corte, supressão, f. ||Entrincheiramento [fortification]. ||**-cher** vt. (-é). Suprimír, subtraír*. ||Entrincheirar [fortification]. || (**se**) vr. Entrincheirar-se. ||*Fig.* Escudar-se, abrigar-se, cobrir-se*; retrair-se*.
rétré||**ci**, **ie** adj. (rêtrêci). Estreito, ta. ||**-cir** vt. (-ir). Estreitar. ||**-cissement** m. (-ã). Estreitamento.
retremper vt. (râtrãpé). Remolhar. ||Retemperar [acier]. ||*Fig.* Fortalecer.
rétri||**buer** vt. (rêtr-ùé). Retribuír*. ||**-bution** f. (-ciô). Retribuição.
rétroactif, ive adj. (rêtroactif, iv). Retroactivo, va.
rétrocéder vt. (rêtrocêdé). Fazer* retrocessão de (dir.).
rétrograd||**e** adj. (rêtrograd). Retrógrado, da. ||**-der** vi. (-é). Retrogradar, retroceder, recuar.
rétropédalage m. (rêtropédalaj). Pedalagem (f.) para trás.
rétrospectif, ive adj. (rêtroçpéctif, iv). Retrospectivo, va.
retrous||**sé**, **ée** adj. (râtrucé). Arregaçado, da. ||**-sement** m. (-ã). Arregaçamento. ||**-ser** vt. (-é). Arregaçar. ||**-sis** m. (-í). Aba revirada, f. (chapéu). || Canhão [botte, vêtement].
retrouver vt. (râtruvé). Tornar a achar, reencontrar. ||Ir* ter* com : *va retrouver ta mère*, vai ter* com a tua mãe. ||(**se**) vr. Tornar a encontrar-se. ||Dar* com o caminho [chemin]. ||Voltar a si [se rassé**réner**].
rétroviseur m. (rêtro-âr). Retrovisor.
rets m. (ré). Rede, f., armadilha, f.
réu||**ni**, **ie** adj. (rêùni). Reunido, da. ||**-nion** f. (-iô). Reunião. ||**-nir** vt. (-ir). Reunír; juntar, ligar.
réus||**si**, **ie** adj. (rêùci). Bem sucedido, da; bem executado, da. ||**-sir** vt. (-ir). Executar bem. ||vi. Saír-se* bem, ter* êxito : *réussir en tout*, ter* êxito em tudo. ||Conseguír* : *réussir à sortir*, conseguír* saír*. ||**-site** f. (-ít). Êxito, m., triunfo, m. ||Paciência, adivinhação [cartes].
revaloriser vt. (râvalor-é). Revalorizar.
revanche f. (râvãx). Desforra. ||Loc. *En revanche*, em compensação.
rêvas||**ser** vi. (rêvacé). Sonhar, delirar. ||Devanear (*fig.*). ||**-serie** f. (-ri). *Fam.* Devaneio, m.
rêve m. (rév). Sonho; devaneio.
revêche adj. (râvéx). Áspero, ra; rude. ||*Fig.* Rebarbativo, va.
réveil|| m. (rêvéí). Despertar. ||Despertador [pendule]. ||Alvorada, f. [sonnerie militaire]. ||**-le-matin** m. (-atàn̈). Despertador. ||**-ler** vt. et (**se**) vr. (-é). Despertar, acordar. ||**-lon** m. (-iô). Consoada, f. ||**-lonner** vi. (-oné). Fazer* a consoada, cear as janeiras.
révé||**lateur, trice** adj. e s. (rêvélatâr, ric). Revelador, ora. ||**-lation** f. (-aciô). Revelação. ||**-ler** vt. (-é). Revelar, divulgar; dar* a conhecer.
reve||**nant, ante** adj. (râ-ã, ãt). Que volta. ||Prazenteiro, ra [plaisant]. || s. m. *Alma-do-outro-mundo*. ||**-nant-bon** m. (-ô). Lucro inesperado.
revendeur, euse m. e f. (râvãdâr, âz). Revendedor, ora; revendilhão, ona.

Lettres penchées : accent tonique. ||V. page verte pour la prononciation figurée. ||*Verbe irrég. V. à la fin du volume.

REV — RHU

revendi‖cation f. (râvã-aciő). Reivindicação. ‖-quer vt. (-é). Reivindicar; chamar a si; reclamar.
revendre vt. (râvãdr). Revender.
revenir* vi. (râ-ír). Voltar. ‖Recordar [se souvenir]. ‖Agradar [plaire]. ‖Resultar : *il ne m'en revient aucun profit*, não me resulta daí nenhum proveito. ‖Saír* [coûter] : *cela revient cher*, isso sai caro. ‖Loc. *Cela revient au même*, isso vem a dar* no mesmo. *Il n'en reviendra pas*, já não se cura. *Je n'en reviens pas*, estou pasmado. *Revenir à soi*, voltar a si; cair* em si. *Revenons à nos moutons*, voltemos ao assunto, à vaca fria.
revente f. (râvãt). Revenda.
reve‖nu m. (râ-ü). Renda, f. ‖-nu, ue adj. (-ü). Vindo, da; de volta.
rêver vi. (rêvé). Sonhar.
réver‖bération f. (rêvêrbêraciő). Reverberação. ‖-bère m. (-êr). Revérbero; candeeiro (de iluminação pública). ‖-bérer vt. (-êrê). Reverberar, reflectir*.
révé‖rence f. (rêvêrãç). Reverência. ‖-rencieux, euse adj. (-iâ, âz). Reverencioso, sa. ‖-rend, ende adj. (-ã, ãd). Reverendo, da. ‖-rer vt. (-ê). Reverenciar; venerar; acatar.
rêverie f. (rêvrí). Sonho, m., devaneio, m., quimera, fantasia; delírio, m.
re‖vers m. (râvér). Avesso. ‖Costas, f. pl. [main]. ‖Reverso [médaille]. ‖Canhão [botte]. ‖Banda, f. [vêtement]. ‖*Fig.* Revés [fortune, etc.]. ‖Loc. *De revers*, com as costas da mão [coup]. ‖-verser vt. (-ê). Tornar a deitar. ‖Transferir* [fonds]. ‖*Mar.* Baldear.
revê‖tement m. (râvê-ã). Revestimento. ‖-tir* vt. (-ír). Revestír*.
rêveur, euse adj. e s. (rêvér, âz). Sonhador, ora; devaneador, ora.
revient m. (râviãn). Preço do custo.
revirement m. (râ-rmã). Reviravolta, f., reviramento, mudança, f.
revi‖ser vt. (râ-é) ou **révi‖ser** vt. (rê-é). Rever*. ‖-sion f. (-iő). Revisão.
revivre* vi. (râvívr). Reviver.
révo‖cable adj. (rêvoca-). Revogável, revocável. ‖-cation f. (-ciő). Revogação, revocação, anulação.

296

re‖voici prep. *Fam.* (râvuaci). Eis aqui de novo. ‖**voilà** prep. *Fam.* (-a). Eis ali de novo.
revoir* vt. (râvuar). Rever*, tornar a ver*. ‖Loc. *Au revoir*, adeus, até à vista, até depois.
ré‖voltant, ante adj. (rêvo-ã, ãt). Revoltante. ‖-volte f. (-olt). Revolta, rebelião. ‖-volté, ée adj. e s. (-é). Revoltado, da. ‖-volter vt. (-ê). Revoltar.
révo‖lu, ue adj. (rêvolü). Terminado, da. ‖-lution f. (-ciő). Revolução. ‖-lutionnaire adj. e s. (-onér). Revolucionário, ia. ‖-lutionner vt. (-ê). Revolucionar. ‖*Fig.* Perturbar.
revolver m. (rêvo-ér). Revólver.
révoquer vt. (rêvoké). Revogar. ‖Despedir*, destituir* [employé].
re‖vue f. (râvü). Revista. ‖**-vuiste** m. (-içt). Revisteiro.
révul‖sif, ive adj. e s. m. (rêvù-if, iv). Revulsivo, va. ‖**-sion** f. (-iő). Revulsão (med.).
rez-de-chaussée m. (rêdxôcê). Rés-do-chão. ‖Nível do chão, do solo.
rhabiller vt. (rabiié). Vestir* de novo, revestír*. ‖*Fig.* Vestir*, cobrir*.
rhénan, ane adj. e s. (rênã, an). Renano, na.
rhéostat m. (rêoçta). Reóstato.
rhét‖eur m. (rêtêr). Retórico. ‖**-oricien** m. (-iãn). Retórico. ‖**-orique** f. (-íc). Retórica.
Rhin n. pr. (rãn). Reno.
rhinocéros m. (rinocêroç). Rinoceronte.
Rhodes n. pr. (rod). Rodes.
rhododendron m. (rododãndrő). Rododendro.
rhombe m. (rőb). Rombo, losango.
Rhône n. pr. (rôn). Ródano.
rhubarbe f. (rübarb). Ruibarbo, m.
rhum m. (rom). Rum.
rhuma‖tisant, ante adj. (rùma-ã, ãt). Reumático. ‖**-tismal, ale** adj. (-çmal). Reumatismal. ‖Loc. *Douleur rhumatismale*, dor reumática; caruara (*Br. du N.*). ‖**-tisme** m. (-içm). Reumatismo.
rhume m. (rüm). Catarro, constipação, f. ‖Coriza, f. [cerveau]. ‖*Rhume des foins*, asma (f.) dos fenos.

Itálico : accento tónico. ‖V. página verde para a pronúncia figurada. ‖*Verbo irreg. V. no final do livro.

RIA — RIX

riant, ante adj. (riã, ãt). Risonho, a.
ribambelle f. (r-ãbél). Chorrilho, m.
ribaud, aude adj. e s. (r-ô, ôd). Ribaldo, da; impudico, ca.
ribote f. (r-ot). *Pop.* Patuscada, bródio, m., comezaina, pândega.
rica‖nement m. (r-a-ã). Risota, f., zombaria, f. ‖**-ner** vi. (-ê). Zombar, caçoar, rir*. ‖**-neur, euse** adj. e s. (-âr, âz). Troçista, zombeteiro, ra.
richard, arde adj. e s. (r-ar). Ricaço, ça.
Richard n. pr. (r-ar). Ricardo.
ri‖che adj. e s. (rix). Rico, ca. ‖**-chesse** f. (-éç). Riqueza. ‖**-chissime** adj. (-im). Riquíssimo, ma.
ricin m. (r-ãn). Rícino.
rico‖cher vi. (r-oxé). Ricochetear. ‖**-chet** m. (-é). Ricochete. ‖Loc. *Par ricochet*, de ricochete, indirectamente, por tabela.
rictus m. (rictúç). Rictus, ricto.
ride f. (rid). Ruga; prega.
rideau m. (r-ô). Cortinado. ‖Pano [théâtre]. ‖*Rideau de fer*, cortina (f.) de ferro. ‖Loc. *Tirer le rideau*, correr* a cortina.
rider vt. (r-é). Enrugar; encrespar.
ridicule adj. e s. m. (-íl). Ridículo, la. ‖Loc. *Tourner en ridicule*, meter a ridículo, ridicularizar.
rien pron. ind. (riãn). Nada. ‖Loc. *C'est un rien*, não é nada. *Rien de bon*, nada bom. *Rien que de*, apenas com. *S'amuser à des riens*, entreter-se* com ninharias. *Un propre à rien*, um inútil.
rieur, euse adj. e s. (riãr, âz). Amigo, ga de rir; galhofeiro, ra.
riflard m. (r-ar). Garlopa, f. ‖Limatão. ‖*Pop.* Guarda-chuva, malva, f.
rigi‖de adj. (r-id). Rígido, da. ‖**-dité** f. (-é). Rigidez, rijeza.
rigodon m. (r-odõ). Rigodão.
rigo‖le f. (r-ol). Regueira, rego, m., vala. ‖**-ler** vi. (-é). *Pop.* Rir*.
rigoris‖me m. (r-oriçm). Rigorismo. ‖**-te** adj. e s. (-içt). Rigorista.
ri‖goureux, euse adj. e s. (r-urâ, âz). Rigoroso, sa. ‖**-gueur** f. (-gâr). Rigor, m. ‖Loc. *A la rigueur*, com todo o rigor; à letra; afinal de contas.
rillettes f. pl. (riiét). Picado f.

sing.) de *carne de porco frita*; torresmos, m.
rimai‖ller vi. (r-aiié). Versejar. ‖**-lleur** m. (-âr). Poetastro.
ri‖me f. (rim). Ríma. ‖Loc. *Sans rime ni raison*, sem tom nem som. ‖**-mer** vt. e vi. (-ê). Rimar. ‖**-meur** m. (-âr). Rimador, versejador.
rin‖çage m. (trãnçaj). Enxaguadura, f. ‖**-ceau** m. (-ô). Folhagem, f. (ornato). ‖**-cer** vt. (-ê). Enxaguar. ‖**-çure** f. (-ür). Enxaguadura.
ripaille f. (r-ai). Patuscada.
ripos‖te f. (r-oçt). Réplica. ‖**-ter** vt. (-é). Ripostar, replicar.
rire* vi. (rir). Rir*, rir-se*. ‖s. m. Ríso. ‖Loc. *Fou rire*, riso descomedido. *Pincer sans rire*, dizer* uma graça sem se desmanchar. *Pour rire*, a brincar. *Prêter à rire*, provocar o riso. *Rira bien qui rira le dernier*, até ao lavar dos cestos é vindima. *Rire à gorge déployée*, rir* a bandeiras despregadas. *Rire aux anges*, rir* tolamente.
ris m. (ri). Ríso. ‖Moleja, f. [veau, agneau]. ‖Rizes, pl. (náut.).
ri‖sée f. (-é). Risada. ‖Loc. *Etre la risée de*, ser* alvo de irrisão de. ‖**-sette** f. (-ét). Risadinha : *faire risette*, dar* uma risadinha. ‖**-sible** adj. (-í-). Risível, ridículo, la.
ris‖que m. (riçk). Risco. ‖Loc. *A ses risques et périls*, por sua conta e risco. *Au risque de*, com risco de. ‖**-quer** vt. (-é). Arriscar.
rissoler vt. (r-olé). Tostar, corar.
ristourne f. (riçturn). Estorno, m.
rite m. (rit). Rito, cerimónia, f.
ritournelle f. (r-urnél). Ritornelo, f. ‖*Fam.* Estribilho, m., refrão, m.
rituel, elle adj. (r-uèl). Ritual. ‖s. m. Ritual.
rivage m. (r-aj). Margem, f., costa, f.
rival, ale adj. e s. (r-al). Rival. ‖**-iser** vi. (-é). Rivalizar. ‖**-ité** f. (-é). Rivalidade; oposição.
rive f. (riv). Margem, riba, borda.
river vt. (r-é). Achatar, revirar.
riverain, aine adj. (r-rân, én). Ribeirinho, nha; marginal.
ri‖vet m. (r-é). Rebite. ‖**-veter** vt. (-é). Rebitar, cravar, revirar.
rivière f. (r-iér). Rio, m.; paraná, m. (*Br.*). ‖Colar, m. [diamants].
rixe f. (rikç). Rixa, zaragata.

Lettres penchées : accent tonique. ‖V. page verte pour la prononciation figurée. ‖ *Verbe irrég. V. à la fin du volume.

riz‖ m. (ri). Arroz. ‖**-ière** f. (-iér). Arrozal, m.
rob m. (rob). Arrobe (xarope).
robe f. (rob). Vestido, m. ‖Toga [de magistrat]. ‖Hábito, m. [religieux] ‖Pélo, m. [cheval]. ‖*Robe de chambre*, bata, roupão, m. *Gens de robe*, togados.
Robert, erte n. pr. (robér, ért). Roberto, ta.
robinet m. (ro-é). Torneira, f.
robinier m. (ro-ié). Acácia (f.) bastarda.
robot m. (robô). Autómato.
robus‖te adj. (robùçt). Robusto, ta; entroncado, da; troncudo, da (*Br.*). ‖**-tesse** f. (-éç). Robustez, força.
roc‖ m. (roc). Rocha, f. ‖**-ade** f. (-ad). *Mil.* Caminho (m.) de ferro ou estrada estratégica paralela à linha de combate. ‖**-aille** f. (-ái). Decoração com pedrinhas e conchas. ‖**-ailleux, euse** adj. (-iá, âz). Pedregoso, sa. ‖*Fig.* Rude, duro, ra; desagradável.
Roch n. pr. (roc). Roque.
ro‖che f. (rox). Rocha. ‖Loc. *De la vieille roche*, doutros tempos. ‖**-cher** m. (-é). Rochedo, penedo.
rochet m. (roxé). Roquete [surplis]. ‖*Roue à rochet*, roda dentada (com dentes curvos), roda catarina.
rocheux, euse adj. (roxá, âz). Rochoso, sa; penhascoso, sa.
rocking-chair m. (rokinhtxér). Cadeira (f.) de balouço.
rococo m. (rococô). Rococó [Louis XV]. ‖adj. Rococó; sediço, ça [vieux].
rocou m. (rocu). Anato, urucu.
roder vi. (rodê). Esmerilar, polir*.
rô‖der vi. (rôdê). Rondar. ‖**-deur, euse** m. e f. (-âr, âz). Vagabundo, da; vadio, ia; rondador, ora.
Rodolphe n. pr. (rodolf). Rodolfo.
rodomontade f. (rodomõtad). Fanfarronada, farronca, gabarolice.
Rodrigue n. pr. (rodríg). Rodrigo.
roga‖tion f. (rogaciõ). Rogação. ‖**-toire** adj. (-uar). Rogatório, ia.
rogaton m. (rogatõ). Sobra, f., resto.
Roger n. pr. (rojê). Rogério.
ro‖gne f. (ronh). Ronha. ‖*Fam.* Mau-humor, m. ‖**-gner** vt. (-é). Recortar. ‖Roer* [ongles]. ‖Cercear, diminuír*.

rognon m. (ronhõ). Rim (de animal).
rognure f. (ronhùr). Apara, raspa, pequena lasca.
rogomme m. (rogom). Aguardente, f. ‖Loc. *Voix de rogomme*, voz roufenha.
rogue adj. (rog). Arrogante. ‖s. f. Ovas (pl.) de peixe para isca na pesca.
roi m. (rua). Rei.
roide adj. (ruad). V. RAIDE.
roitelet m. (rua-é). Carriciúha, f.
Roland n. pr. (rolã). Rolando, Rolão, Roldão, Orlando.
rôle m. (rôl). Rol, lista, f. ‖Registo. ‖Tabela (f.) dos julgados [liste des causes]. ‖Folha, f. [feuillet]. ‖Rolo [tabac]. ‖Papel [théâtre]. ‖Loc. *A tour de rôle*, alternadamente. *Jouer un rôle*, desempenhar um papel. *Rôle d'équipage*, rol de passageiros.
romain, aine adj. e s. (romãn, én). Romano, na. ‖m. *Impr.* Redondo. ‖f. Balança romana. ‖Alface romana [laitue].
roman, ane adj. (romã, an). Românico, ca [langue, style]. ‖s. m. Romance.
roman‖ce f. (romãç). Romanza. ‖**-cer** v. (-ê). Romancear. ‖**-cier, ère** m. e f. (-ié, ér). Romancista.
roma‖nesque adj. (romanéçk). Romanesco, ca. ‖**-nichel** m. (-él). Cigano. ‖**-niste** m. (-içt). Romanista.
roman‖tique adj. (romãtic). Romântico, ca. ‖**-tisme** m. (-içm). Romantismo.
romarin m. (romarãn). Rosmaninho.
Rome n. pr. (rom). Roma.
rom‖pre* vt. (rõpr). Romper [étoffe]. ‖Quebrar, partir. ‖Fatigar, cansar. ‖*Fig.* Interromper [contrat, etc.]. ‖Infringir*, violar [sermento, promesse]. ‖Acostumar, habituar. ‖Loc. *Rompez!*, Destroçar. *Rompre les rangs*, abrir fileiras. ‖**-pu, ue** adj. (-ù). Roto, ta. ‖*Fig.* Rebentado, da; cansado, da; fatigado, da. ‖Acostumado, da; habituado, da. ‖Loc. *A bâtons rompus*, sem tom nem som, sem sequência; por diversas vezes.
Romulus n. pr. (romùlùç). Rómulo.

Itálico : accento tónico. ‖V. página verde para a pronúncia figurada. ‖*Verbo irreg. V. no final do livro.

Roncevaux n. pr. (rõ-ô). Ronces-vales.
ron‖**d, onde** adj. (rõ, rõd). Redondo, da. ‖*Fig*. Franco, ca; sincero, ra. ‖*Pop*. Alegrote, ta [gris]. ‖s. m. Rodela, f. ‖*Argot*. Vintém [sou]. ‖Loc. *Rond-de-cuir*, manga-de--alpaca. *Rond de serviette*, argola (f.) de guardanapo. ‖**-dache** f. (-ax). Rodela, escudo (m.) redondo. ‖**-de** f. (rõd). Ronda. ‖*Roda* [danse]. ‖Letra redonda [écriture]. ‖*Mus*. Semibreve. ‖**-deau** m. (-dô). Rondó. ‖**-de-bosse** f. (-oç). Alto-relevo, m. ‖**-delet, ette** adj. (-é, ét). Redondinho, nha. ‖**-delle** f. (-él). Rodela, disco, m. ‖**-dement** adv. (-ã). Redondamente. ‖**-deur** f. (-âr). Redondeza. ‖**-din** m. (-àn). Acha (f.) de lenha, toro; tronco de pinheiro.
rond-point m. (rõpuàn). Rotunda, f.
ron‖**flant, ante** adj. (rô-ã, ãt). Roncador, ora; ruidoso sa. ‖**-flement** m. (-âmã). Ronco. ‖**-fler** vi. (-ê). Roncar, ressonar; ressoar, troar. ‖**ron**‖**gement** m. (rõ-ã). Roedura, f. ‖**-ger** vt. (-ê). Roer*. ‖**-geur, euse** adj. e s. m. (-âr, âz). Roedor, ora. ‖*Fig*. Atormentador, roaz.
ron‖**ron** m. (rõrõ) e **-ronnement** m. (-o-ã). Ronrom. ‖**-ronner** vi. (-ê). Ronronar, fazer* ronrom; roncar.
roquet m. (roké). Gozo, cão fraldiqueiro. ‖*Fig*. Rabugento.
rosa‖**ce** f. (rozaç). Rosácea. ‖**-cées** f. pl. (-é). Rosáceas.
rosaire m. (rozér). Rosário.
Rosalie n. pr. (rozali). Rosália.
rosat adj. inv. (roza). Rosado, da.
rosbif m. (roçbif). Rosbife.
ro‖**se** f. (roz). Rosa. ‖m. e adj. inv. Cor de rosa. ‖**-sé, ée** adj. (-ê). Rosado, da.
roseau m. (rozô). Cana, f. ‖*Cana brava*, f.; canarana, f. (*Br. du N.*) [sauvage].
rose-croix m. (rôzâcrua). Rosa-cruz.
rosée f. (rôzé). Orvalho, m., rocio, m.
ro‖**seraie** f. (rozré). Roseiral, m. ‖**-sette** f. (-ét). Roseta. ‖Laçada [boucle]. ‖Registo, m. [montre]. ‖Vermelhão, m. [craie]. ‖**-sier** m. (rôzié). Roseira, f. ‖**-sière** f. (-tér) Donzela premiada pela sua virtude.

ros‖**se** f. (roç). Rocím, m.; pangaré, m. (*Br.*). ‖adj. Mordaz, sarcástico, ca. ‖**-sée** f. (-ê). Sova, tunda, tosa, tareia. ‖**-ser** vt. (-ê). Sovar.
rossignol m. (ro-nhol). Rouxinol [oiseau]. ‖*Gazua*, f. [fausse clef]. ‖*Mono* [marchandise démodée].
rossinante f. (ro-ãt). Rocinante, m., pileca, rocím, m.
ros‖**tral** adj. (roçtral). Rostral. ‖**-tre** m. (roçtr). Rostro, esporão.
rot m. (rô). Arroto, eructação, f.
rôt m. (rô). Assado, carne assada, f.
rota‖**tif, ive** adj. (rotatíf, ív). Rotativo, va. ‖**-:ion** (-ciô). Rotação. ‖**-toire** adj. (-uar). Rotatório, ia.
rote f. (rot). Rota.
roter vi. (roté). *Pop*. Arrotar.
rô‖**ti** m. (rôti) ou **rôt** m. (rô). Assado; churrasco (*Br.*). ‖**-tie** f. (-í). Torrada.
rotin m. (rotàn). Rotim. ‖Palhínha, f. [chaises].
rô‖**tir** vt. (rôtír). Assar. ‖**-tisserie** f. (-rí). Loja de venda de carne assada. ‖**-tisseur, euse** m. e f. (-âr, âz). Vendedor de assados. ‖**-tissoire** f. (-uar). assadeira.
rotogravure f. (rotogravùr). Rotogravura.
roton‖**de** f. (rotôd). Rotunda. ‖**-dité** f. (-é). Rotundidade, redondeza.
rotule f. (rotúl). Rótula.
rotu‖**re** f. (rotùr). Vilania, plebeidade. ‖**-rier, ère** adj. e s. (-ié, ér). Plebeu, eia.
rouage m. (ruaj). Rodado, rodagem, f.
rou‖**blard, arde** adj. (ru-ar, ard). Espertalhão, ona. ‖**-blardise** f. (-íz). Astúcia, esperteza, manha, ronha.
rouble m. (ru-). Rublo.
rou‖**coulement** m. (rucu-ã). Arrulho. ‖**-couler** vi. (-ê). Arrulhar.
roue f. (ru). Roda.
roué, ée adj. (rué). Rodado, da. ‖Espancado, da [coups]. ‖Extenuado, da; fatigado, da. ‖s. m. Libertino, devasso.
rouelle f. (ruél). Rodela, talhada.
Rouen n. pr. (ruã). Ruão.
rou‖**ennais, aise** adj. e s. (ruané, éz). De Ruão. ‖**-ennerie** f. (-nri). Ruão, m. (tecido).
rouer vt. (rué). Rodar (suplício). ‖*Fig*. Moer de pancadas [coups].

Lettres penchées: accent tonique. ‖V. page verte pour la prononciation figurée. ‖*Verbe irrég. V. à la fin du volume.

ROU — RUB

rouerie f. (rurí). Manha, velhacaria, patifaria, astúcia, maroteira.
rouet m. (rué). Roda (f.) de fiar.
rou‖ge adj. (ruj). Encarnado, da; vermelho, lha; corado, da; sanguíneo, ea. ‖s. m. Encarnado, em brasa [fer]. ‖s. m. Encarnado vermelho. [Carmim, vermelhão [fard]. ‖Loc. *Maladie rouge*, escarlatina. *Se fâcher rouge*, zangar-se a valer. *Voir rouge, enfurecer-se*, ver* tudo cor de sangue. ‖-**geâtre** adj. (-jatr). Encarniçado, da; avermelhado, da. ‖-**geaud, aude** adj. (-jó, ód). Vermelhaço, ça. ‖-**ge-gorge** m. (-orj). Pintarroxo. ‖-**geole** f. (-jól). Sarampo, m. ‖-**ge-queue** m. (-kâ). Rabirruiva, f. ‖-**get** m. (-é). Salmonete [poisson]. ‖-**geur** f. (-âr). Vermelhidão. ‖Rubor, m. [honte]. ‖-**gir** vt. (-ír). Avermelhar. ‖vi. Avermelhar-se. Corar, ruborizar-se [honte].
roui‖lle f. (ruí). Ferrugem. ‖*Rouille des feuilles*, míldio, m. ‖-**lé, ée** adj. (-iié). Enferrujado, da; ferrugento, ta. ‖-**ller** vt. (-iié). Enferrujar. ‖vi. Enferrujar-se.
rou‖ir vt. (ruír). Macerar. ‖-**issage** m. (-aj). Maceração, f.
rou‖lade f. (rulad). Trinado, m. [musique]. ‖Trambolhão, m. [dégringolade]. ‖-**lage** m. (-aj). Rodagem, f., rolagem, f. ‖-**lant, ante** adj. (-ã, ãt). Rolante. ‖Circulante [matériel, fonds]. ‖*Feu roulant*, fogo de barragem. ‖-**leau** m. (-ô). Rolo, cilindro. ‖Loc. *Etre au bout de son rouleau*, não saber* já o que dizer*. ‖-**lée** f. (-é). Pop. Sova, tareia, surra. ‖-**lement** m. (-ã). Rolamento. ‖*Rufo* [tambour]. ‖Ribombar [tonnerre]. ‖Circulação, f. [de fonds]. ‖Turno, escala, f. [service alternatif]. ‖Loc. *Roulement à billes*, rolamento de esferas. ‖-**ler** vt. e vi. (-é). Rolar, rodar. Enrolar [mettre en rouleau]. ‖*Fam.* Intrujar [tromper]. ‖Balançar [navire]. ‖Ribombar [tonnerre]. ‖Loc. *Rouler carrosse*, ter* carruagem. *Rouler les yeux*, mexer os olhos. *Rouler sa bosse*, andar num vaivém. *Rouler un projet*, formar, acalentar um projecto. ‖(**se**) vr. Rebolar-se. ‖-**lette** f. (-ét). Roleta

[jeu]. ‖Rodinha. ‖Fita métrica [mètre]. ‖Loc. *Sur des roulettes*, às mil maravilhas. ‖-**lis** m. (-i). Balanço. ‖-**lotte** f. (-ot). Carro atrelado (de cigano, etc.).
roumain, aine adj. e s. (rumàn, én). Romeno, na.
Roumanie n. pr. (rumaní). Roménia.
roumi m. (rumí). Cristão (designação árabe).
roupie f. (rupí). Rupia [monnaie]. ‖Pingo, m. (do nariz) [humeur].
roupiller vi. (rupiié). *Pop.* Dormir*, dormitar.
rou‖ssâtre adj. (ruçatr). Arruivado, da. ‖-**sseau** adj. (-ô). Ruivo, ruço. ‖-**ssette** f. (-ét). Cação, m. [poisson]. ‖Morcego (m.) grande [chauve-souris]. ‖-**sseur** f. (-âr). Cor ruiva. ‖Loc. *Tache de rousseur*, sarda. ‖-**ssi** m. (-í). Chamusco, queimado : *Cela sent le roussi*, cheira a queimado. ‖-**ssiller** vt. (-iié). Chamuscar.
Roussillon n. pr. (ruciiô). Rossilhão.
roussir vt. (ruçír). Chamuscar.
rou‖te f. (rut). Estrada, caminho, m., senda; via. ‖*Grande route*, estrada principal. ‖*Fig.* Rumo, m., derrota [navire]. ‖Loc. *Faire route*, encaminhar-se, dirigir-se. *Faire fausse route*, transviar-se, ir* por mau caminho. *Feuille de route*, guia de marcha. ‖-**tier, ère** adj. (-ié, ér). Itinerário, ia : *carte routière*, mapa (m.) das estradas. ‖s. m. Roteiro [marine]. ‖Estradista (ciclismo). ‖*Vieux routier*, homem experimentado. ‖pl. Salteadores. ‖-**tine** f. (-ín). Rotina. ‖-**tinier, ère** adj. (-ié, ér). Rotineiro, ra.
rouvre m. (ruvr). Roble, carvalho.
rouvrir* vt. (ruvrír). Reabrir.
roux, ousse adj. (ru, ruç). Ruço, ça ; ruivo, va. ‖s. m. Ruivo (cor). ‖Loc. *Eau rousse*, água chilra.
roya‖l, ale adj. (ruaiál). Real. ‖-**liste** adj. e s. (-íçt). Realista.
ro‖yaume m. (ruaiôm). Reino. ‖-**yauté** f. (-é). Realeza, monarquia.
ruade f. (rüad). Coice, m.
ru‖ban m. (rübã). Fita. ‖-**banerie** f. (-anrí). Comércio (m.) etc. de fitas. ‖-**banier, ère** adj. e s. (ié, ér). Fiteiro, ra.

Itálico : accento tónico. ‖V. página verde para a pronúncia figurada. ‖*Verbo irreg. V. no final do livro.

rubé‖faction f. (rùbêfakciõ). Rubefacção. ‖-fier vt. (-ié). Rubificar.
rubicond, onde adj. (rù-õ, õd). Rubicundo, da; vermelho, lha; corado, da.
rubis m. (rùbí). Rubí.
rubrique f. (rùbríc). Rubrica. ‖Epígrafe [titre]. ‖Fig. Manha, ardil, m.
ru‖che (rùx). Colmeia. ‖Fig. Franzido, m., pregueado, m. ‖-cher m. (-é). Colmeal. ‖vt. Encanudar, franzir.
ru‖de adj. (rùd). Rude. ‖Fig. Duro, ra; penoso, sa; custoso, sa. ‖Áspero, ra [âpre]. ‖Temível [redoutable]. ‖-dement adv. (-ã). Rudemente. ‖Pop. Muito. ‖-desse f. (-éç). Rudeza; rigor, m.
rudi‖ment m. (rù-ã). Rudimento. ‖-mentaire adj. (-ér). Rudimentar.
ru‖doiement m. (rùduamã). Mau trato. ‖-doyer vt. (-ié). Maltratar.
rue f. (rù). Rua. ‖Arruda [plante].
ruée f. (rùé). Acometimento, m., ataque, m., investida. ‖Palha, mato, m.
ruelle f. (rùél). Viela, quelha. ‖Espaço (m.) entre a cama e a parede.
ruer vi. (rùé). Escoucear. ‖ (se) vr. Precipitar-se, investir*.
Rufin n. pr. (rùfãn). Rufino.
rugi‖r vi. (rùjir). Rugir. ‖-ssant, ante adj. (-ã, ãt). Rugidor, ora. ‖-ssement m. (-ã). Rugido, bramido.
ru‖gosité f. (rùgo-é). Rugosidade. ‖-gueux, euse adj. (-gâ, âz).

Rugoso, sa; enrugado, da; áspero, ra.
rui‖ne f. (rùin). Ruína. ‖-ner vt. (-é). Arruinar. ‖-neux, euse adj. (-â, âz). Ruinoso, sa.
ruis‖seau m. (rù-ó). Riacho, ribeiro. ‖-selant, ante adj. (-ã, ãt). Jorrante, a escorrer : ruisselant d'eau, a escorrer água. ‖-seler vi (-é). Escorrer, pingar. ‖-sellement m (-é-ã). Jorro, jacto; escorrimento.
rumeur f. (rùmár). Rumor, m.
rumi‖nant, ante adj. e s. (rù-ã, ãt). Ruminante. ‖-ner vt. (-é). Ruminar.
rupture f. (rùptùr). Ruptura, rotura. ‖Violação, rompimento, m.
rural, ale adj. (rùral). Rural. ‖Campestre, campesino, na.
ru‖se f. (rùz). Astúcia, ardil, m. ‖-sé, ée adj. (-é). Astucioso, sa; arapuca (Br.). ‖-ser vi. (-é). Usar de manha, de astúcia; astuciar.
russe adj. e s. (rùç). Russo, ssa.
Russie n. pr. (rùci). Rússia.
rus‖taud, aude adj. e s. (rùçtô, ôd). Labrego, ga. ‖-ticité f. (-é) Rusticidade. ‖-tique adj. (-ic). Rústico, ca; grosseiro, ra. ‖-tre m. (rùçtr). Labrego, campónio; caipira, guasca, matuto, tabaréu (Br.).
rut m. (rùt). Cio. ‖Brama, f., berra, f. [du cerf]
rutabaga m. (rùtabaga). Rutabaga, f.
ruti‖lant, ante adj. (rù-ã, ãt). Rutilante, resplandecente, brilhante. ‖-ler vi. (-é). Rutilar, brilhar.
ryth‖me m. (ritm). Ritmo. ‖-mer vt. (-é). Ritmar. ‖-mique adj. (-íc). Rítmico, ca ‖s. f. Rítmica.

S

sa adj. pos. f. (ça). A sua. V. SON.
sabbat m. (çaba). Sábado [jour de la semaine juive]. ‖Sabá [sorciers]. ‖Fam. Alarido, algazarra, f. [tapage].
sabir m. (çabír). Língua (f.) franca, sabir.
sa‖ble m. (ça-). Areia, f. ‖Sable [blason]. ‖-bler vt. (-é). Arear, sai-

brar. ‖Fig. Beber dum trago : sabler le champagne, beber champanhe. ‖-bleux, euse adj. (-â, âz). Arenoso, sa. ‖-blier m. (-ié) Ampulheta, f. [horloge]. Areeiro [vase]. ‖-blière f. (-iér). Areal, m., saibreira. ‖Frechal, m. [poutre]. ‖-blon m. (-õ). Areia (f.) fina. ‖-blonneux, euse adj. (-â, âz).

Lettres penchées : accent tonique. ‖V. page verte pour la prononciation figurée. ‖*Verbe irrég. V. à la fin du volume.

SAB — SAI

Arenoso, sa; areento, ta; saibroso, sa. ‖**-blonnière** f. (*-iér*). Areeiro, m. (de areia fina).
sabor‖d m. (*çabor*). Portinhola, f., escotilha, f. ‖**-der** vt. (*-é*). Afundar (navio propositadamente).
sabo‖t m. (*çabó*). Tamanco, soco [chaussure]. ‖*Casco* [cheval]. ‖**Unha**, f. [bœuf, etc.]. ‖Estribo de grade [voitures]. ‖Pitorra, f. [jouet]. ‖*Fig.* Porcaria, f. (coisa ordinária). ‖**-tage** m. (*-áç*). Tamancaria, f. ‖Sabotagem, f., estrago. ‖**-ter** vt. (*-é*). *Fig.* Atamancar [travailler sans soin]. ‖Sabotar, deteriorar. ‖vi. Fazer* barulho com os tamancos. ‖**-tier** m. (*-ié*). Tamanqueiro.
sabouler vt. (*çabulé*). Sacudir*.
sa‖bre m. (*çabr*). Sabre. ‖*Loc. Mettre sabre au clair*, desembainhar o sabre. *Traîneur de sabre*, militar arrogante. ‖**-bretache** f. (*-àtaç*). Patrona, bornal (m.) de hussardo.
sac m. (*çac*). Saco. ‖Mochila, f. [soldat]. ‖Saque [pillage] : *mettre à sac*, saquear. ‖*Loc. La main dans le sac*, com a boca na botija, em flagrante. *Sac à main*, malinha (f.) de senhora. *Sac à papier!* Bolas! abóbora! *Sac à vin*, odre, borrachão. *Un homme de sac et de corde*, um celerado. *Vider son sac*, desafogar, desabafar.
sac‖cade f. (*çacad*). Sacão, m., despejar o saco. ‖**-cadé, ée** adj. (*-é*). Brusco, ca. ‖Entrecortado, da (estilo).
saccager vt. (*çacajé*). Saquear.
saccharin, ine adj. (*çacaràn, ín*). Sacarino, na. ‖s. f. Sacarina.
sacerdo‖ce m. (*çacérdoç*). Sacerdócio. ‖**-tal, ale** adj. (*-al*). Sacerdotal.
sachet m. (*çaxé*). Saquinho. ‖Almofadinha, f. [parfumé].
sacoche f. (*çacoç*). Sacola. ‖Bolsa, saco, m., alforge, m.
sacramental, ale adj. (*çacramàtal*). Sacramental.
sa‖cre m. (*çacr*). Sagração, f. ‖**-cré, ée** adj. (*-é*). Sagrado, da; sacro, cra. ‖*Pop.* Maldito, ta; execrável : *sacré menteur*, maldito mentiroso. ‖s. m. Sagrado. ‖**-crement** m. (*-àmã*). Sacramento. ‖**-crer** vt.

Sagrar, consagrar. ‖vi. Blasfemar, praguejar.
sacri‖ficateur m. (*çacr-atàr*). Sacrificador. ‖**-fice** m. (*-iç*). Sacrifício. ‖**-fier** vt. (*-ié*). Sacrificar, imolar.
sacrilège m. (*çacr-éj*). Sacrilégio. ‖adj. Sacrílego, ga.
sacripant m. (*çacr-ã*). Sacripanta.
sacris‖tain m. (*çacriçtàn*). Sacristão. ‖**-tie** f. (*-í*). Sacristia.
sa‖cro-saint, ainte adj. (*çacroçàn, ànt*). Sacrossanto, ta. ‖**-crum** m. (*-om*). Sacro, osso sacro.
safran m. (*çafrã*). Açafrão.
saga‖ce adj. (*çagaç*). Sagaz; mitrado, da (*Br. du S.*). ‖**-cité** f. (*-é*). Sagacidade, esperteza, perspicácia.
sagaie f. (*çaghé*). Azagaia, zagaia.
sa‖ge adj. (*çaj*). Prudente, cordato, ta. ‖Recatado, da; modesto, ta. ‖Ajuizado, da [enfant]. ‖Casto, ta; honesto, ta. ‖s. m. Sábio : *les sept sages de la Grèce*, os sete sábios da Grécia. ‖**-ge-femme** f. (*-am*). Parteira. ‖**-gement** adv. (*-ã*). Prudentemente. ‖**-gesse** f. (*-éç*). Prudência. ‖Juízo, m. [enfant]. ‖Sabedoria [science].
sagittaire m. e f. (*ça-ér*). Sagitário, ia.
sagou m. (*çagu*). Sagu.
sagouin m. (*çaguàn*). Saguí, saguim. ‖*Fig.* e *fam.* Porcalhão.
sagoutier m. (*çagutié*). Sagueiro.
sai‖gnant, ante adj. (*cénhã, ãt*). Sangrento, ta. ‖**-gnée** f. (*-é*). Sangria. ‖**-gnement** m. (*-ã*). Derramamento de sangue : *avoir un saignement de nez*, deitar sangue pelo nariz. ‖**-gner** vt. e vi. (*-é*). Sangrar. ‖*Loc. Saigner à blanc*, sangrar até não deitar sangue. *Saigner du nez*, deitar sangue pelo nariz. ‖**-gneur** m. (*-àr*). Sangrador. ‖**-gneux, euse** adj. (*-à, àz*). Ensanguentado, da.
sai‖llant, ante adj. (*çaiã, ãt*). Saliente. ‖**-llie** f. (*-ií*). Saliência [édifice, proéminence] : *faire saillie*, fazer* saliência. ‖Arrancada, salto, m. [élan]. ‖Cobrição [accouplement]. ‖*Fig.* Ímpeto, m. [impetuosité]. ‖**-llir** vi. (*-iir*). Jorrar [jaillir]. ‖Fazer* saliência [édifices].

Itálico : accento tónico. ‖V. página verde para a pronúncia figurada. ‖*Verbo irreg. V. no final do livro.

‖ vt. Cobrír* (ter* *coíto*) [accouplement].
sain, ine adj. (càn, én). *São, sã.*
saindoux m. (càndu). Banha (f.) de porco derretida, pingue, unto.
sainfoin m. (çànfuàn). Esparceto.
saint‖, **ainte** adj. e s. (çàn, ànt). *Santo, ta.* ‖ **- -crépin** m. (-rèpàn). Ferramenta (f.) de sapateiro. ‖**-e-barbe** f. (-arb). Paiol, m. (a bordo). ‖ **- -esprit** m. (-técpri). Espírito-Santo. ‖**-eté** f. (-âté). Santidade, f. ‖ **- -office** m. (-iç). Santo ofício. ‖ **- -père** m. (-ér). Santo Padre. ‖ **- -siège** m. (-iéj). Santa Sé, f.
sai‖**si, ie** adj. (çézi). Agarrado, da; apanhado, da. ‖ Embargado, da [justice]. ‖ Loc. *Saisi d'effroi*, tomado de medo. *Saisi de joie*, cheio de alegria. ‖ s. f. Embargo, m., penhora. ‖ Loc. *Saisie-arrêt*, embargo ou arresto (m.) de bens (nas mãos de terceiro). *Saisie-brandon*, arresto de frutos pendentes. *Saisie conservatoire*, embargo preventivo. *Saisie-exécution*, execução mobiliária. *Saisie-gagerie*, arresto de coisa reivindicada, embargo provisório. ‖**-sine** f. (-ín). Posse de bens de raiz. ‖**-sir** vt. (-ír). Agarrar : *saisir au collet*, agarrar pela gola. ‖ Embargar, penhorar [justice]. ‖ Cэm reender, entender. ‖ Apoderar-se de : *le désespoir l'a saisi*, o desespero apoderou-se dele. *Etre saisi*, ficar tolhido (de medo, etc.). *Saisir le tribunal*, submeter ao tribunal. ‖**-sissable** adj. (-a-). Embargável [justice]. ‖**-sissant, ante** adj. (-â, ât). Que surpreende. ‖ *Vivo, va*; repentino, na [froid]. ‖**-sissement** m. (-à). Arrepio [froid]. ‖ *Fig.* Emoção, f., abalo, comoção, f., impressão, f.
saison ‖ f. (cézô). Estação, f. ‖ Loc. *Arrière-saison*, outono, m. *Etre de saison*, ser* oportuno. *Hors de saison*, fora de propósito, intempestivo. ‖ **-nier, ère** adj. (-oniè, ér). Da estação (do ano).
sajou m. (çaju). Saju (macaco).
sala‖**de** f. (çalad). Salada [verdure]. ‖ Celada [casque]. ‖**-dier** m. (-ié). Saladeira, f.
salage m. (çalaj). Salga, f.
salaire m. (çalér). Salário.

salaison f. (çalézô). Salgação, salgadura, salga. ‖ Coisa salgada.
salamalec m (çalamaléc). Salamaleque, mesura, f., vénia, f.
salamandre f. (çalamàdr). Salamandra.
Salamanque n. pr. (çalamàc). Salamanca.
salant adj. m. (çalà). *Marais salant*, salina, f., marinha de sal.
salarié, ée adj. e s. (çalarié). Assalariado, da; assoldadado, da.
salaud, aude adj. e s. (çalô, ôd). *Pop.* Porcalhão, ona; porco, ca; indecente.
sale adj. (çal). Sujo, a. ‖ *Fig.* Sórdido, da; escuro, ra : *sale affaire, négocio* (m.) escuro. *Quel sale type! Que tipo ignóbil!*
salé, ée adj. (çalé). Salgado, da. ‖ *Fig.* Picante, lívre. ‖ *Fam.* Salgado, da; excessivo, va [prix].
salésien, enne adj. (çalèsiân, én). Salesiano, na.
saler vt. (çalé). Salgar. ‖ *Fig.* Carregar em (preço), salgar [prix].
saleté f. (ça-é). Porcaria, sujidade, imundície. ‖ *Fig.* Obscenidade.
saleur, euse m. e f. (çalër, âz). Salgador, deira.
salicylique adj. (ça-íc). Salicílico, ca.
salière f. (çaliér). Saleiro, m.
saligaud, aude adj. e s. (ça-ô, ôd). *Pop.* Porcalhão, ona; porco, ca.
sa‖lin, ine adj. (çalàn, ín). Salino, na. ‖**-line** f. (-ín). Salina.
salique adj. (çalíc). Sálico, ca.
sa‖lir vt. (çalír). Sujar. ‖**-lissant, ante** adj. (-â, ât). Que suja. ‖**-lissure** f. (-ür). Sujidade.
sa‖livaire adj. (ça-ér). Salivar. ‖**-live** f. (-ív). Saliva, cuspo, m. ‖**-liver** vi. (-é). Salivar, cuspir*.
salle f. (çal). Sala. ‖ Salão, m. [grande salle]. ‖ Loc. *Faire salle comble*, ter* uma enchente [théâtre]. *Salle à manger*, casa de jantar. *Salle de police*, calabouço, m. *Salle des pas perdus*, sala de espera [tribunal].
Salluste n. pr. (çalüçt). Salústio.
sal‖migondis m. (ça-ôdí). Roupa (f.) velha (guisado). ‖**-mis** m. (-í). Guisado de caça já assado no espeto.
saloir m. (çaluar). Saleiro.
salon m. (çalô). Sala, f.; salão

SAL — SAP

[grande salle]. ||Galería, f. (pintura, etc.).
salop||, **ope** adj. e s. (çalô, op). *Pop.* Porcalhão, ona. ||**-erie** f. (-rí). Porcaría. ||**-ette** f. (-ét). Bêbe, m. [enfant]. ||Fato-de-macaco, m., bata [ouvrier].
salpê||**tre** m. (ça-étr). Salitre. ||**-trière** f. (-iér). Salitraría.
Salpêtrière n. pr. (ça-étriér). Certo hospício de mulheres, em París.
salsepareille f. (ça-âparéi). Salsaparrilha.
salsifis m. (ça-í). Cercefí.
saltimbanque m. (ça-ànbác). Saltimbanco, pelotiqueiro. ||*Fig.* Charlatão.
salu||**bre** adj. (çalùbr). Salubre, saudável. ||**-brité** f. (-é). Salubridade.
saluer vt. (çalüé). Saudar, cumprimentar. ||*Mil.* Salvar. ||*Fig.* Aclamar.
salure f. (çalùr). Salsugem.
salu||**t** m. (çalù). Saudação, f. ||Salvação, f. [action de sauver, ce qui sauve]. ||**-taire** adj. (-ér). Salutar. ||**-tation** f. (-ació). Saudação. ||**-tiste** m. (-içt). Membro do exército da salvação (associação protestante).
salve f. (ça-). Salva (artilharía).
samaritain, aine adj. e s. (çamar-àn, én). Samaritano, na.
samedi m. (ça-í). Sábado.
samovar m. (çamovar). Samovar.
Samson n. pr. (çáçô). Sansão.
Samuel n. pr. (çamüèl). Samuel.
sanatorium m. (çanatoriom). Sanatório.
sancti||**fication** f. (çãc-ació). Santificação. ||**-fier** vt. (-ié). Santificar.
sanc||**tion** f. (çãkció). Sanção. ||**-tionner** vt. (-oné). Sancionar.
sanc||**tuaire** m. (çãctüér). Santuário. ||**-tus** m. (-ùç). Sanctus (igr.).
sandale f. (çâdal). Sandália.
sandaraque f. (çâdarac). Sandáraca.
sandwich m. (çãduítx). Sanduíche, f. [m. au Br.].
sang m. (çã). Sangue. ||Loc. *Avoir du sang de navet dans les veines*, ter* capilé nas veías. *Coup de sang*, hemorragia (f.) cerebral. *Jusqu'au sang*, até fazer* sangue. *Sang mêlé*, mestiço. *Se faire du bon sang*, alegrar-se. *Se faire du mauvais sang*,

arreliar-se. *Suer sang et eau*, suar as estopinhas.
sanglant, ante adj. (çã-ã, ãt). Sangrento, ta; sanguinolento, ta.
san||**gle** f. (çã-). Cilha. ||Loc. *Lit de sangle*, cama (f.) de campanha. ||**-gler** vt. (-é). Cilhar [chevaux]. ||Cingir*, apertar [serrer]. ||Açoitar, chicotear, azorragar [frapper].
sanglier m. (çã-ié). Javali.
sanglon m. (çã-ô). Cilhazinha, f.
san||**glot** m. (çã-ô). Soluço. ||**-gloter** vi. (-oté). Soluçar.
sangsue f. (çãçü). Sanguessuga.
sangui||**n, ine** adj. (çãgän, ín). Sanguíneo, ea. ||s. f. Sanguínea [pierre]. ||**-naire** adj. (-ér). Sanguinário, ia. ||**-nolent, ente**, adj. (-olã, ãt). Sanguinolento, ta; ensanguentado, da.
sanitaire adj. (ça-ér). Sanitário, a.
sans prep. (çã). Sem. ||Loc. *Sans-cœur*, desalmado, da. *Sans-culotte*. *Hist.* Sem calções, nome dado aos revolucionários franceses de 1789. *Sans-culottides*. Dias complementares do calendário revolucionário francês. *Sans-façon*, m., à-vontade. *Sans-gêne*, m., sem-cerimonia, f. *Sans-souci*, m. *Fam.* Não-te-rales, m. f.
sanscrit m. (çãçcri). Sânscrito.
sans-fil m. (çãfil). Rádio, f. (T.S.F.).
sans-filiste m. (çã-içt). Amador de rádio, de telefonía.
santal m. (çãtal). Sândalo.
santé f. (çãté). Saúde. ||Loc. *A votre santé*, à sua saúde. *Boire à la santé de*, brindar por. *Crever de santé*, estar* muito gordo. *Porter une santé*, fazer* uma saúde, um brínde.
Saône n. pr. f. (ôn). Sona, m.
saoul||, **oule** adj. (çu, ul). Bêbedo, da. ||**-ler** vt. (-é). Embriagar.
sapajou m. (çapajú). *Fig.* Macaco.
sape f. (çap). Sapa, mina, solapa.
sapèque f. (çapéc). Sapeca.
sa||**per** vt. (çapé). Sapar. ||**-peur** m. (-âr). Sapador. ||Loc. *Sapeur-pompier*, sapador-bombeiro.
saphir m. (çafir). Safira, f.
Sapho n. pr. (çafó). Safo.
sa||**pin** m. (çapán). Abeto [arbre]. ||*Pop.* Tipóia, f. [voiture]. ||**-pine** f. (-ín). Barrote, m. (de abeto). ||**-pinière** f. (-iér). Mata de abetos.

Itálico: accento tônico. ||V. página verde para a pronúncia figurada. ||*Verbo irreg. V. no final do livro.

SAP — SAU

sapo‖naire f. (çaponér). Saponária. ‖-nifier vt. (-ié). Saponificar.
sapotier m. (çapotié). Sapotilha, f.
sarabande f. (çarabãd). Sarabanda.
Saragosse n. pr. (çaragoç). Saragoça.
Sarah n. pr. (çara). Sara.
sarbacane f. (çarbacan). Zarabatana.
sarcas‖me m. (çarcaçm). Sarcasmo. ‖-tique adj. (-ic). Sarcástico, ca.
sarcelle f. (çarcél). Cerceta.
sar‖clage m. (çar-aj). Sacha, f. ‖-cler vt. (-é). Sachar. ‖-cleur, euse m. e f. (-âr, ẽz). Sachador, ora. ‖-cloir m. (-uar). Sacho, escardilho.
sar‖cophage m. (çarcofaj). Sarcófago. ‖-copte m. (-o-). Sarcopto.
Sardaigne n. pr. (çardénh). Sardenha.
Sardanapale n. pr. (çardanapal). Sardanapalo.
sardi‖ne f. (çardín). Sardinha. ‖-nerie f. (-rí). Fábrica de conservas de sardinhas. ‖-nier, ère adj. e s. (-ié, ér). Sardinheiro, ra.
sardonique adj. (çardonic). Sardónico; ca; sarcástico, ca.
sargasse f. (çargaç). Sargaço, m.
sarigue f. (çaríg). Sarigueia; timbu, m. (Br. du N.).
sarment‖ m. (çarmã). Sarmento. ‖-eux, euse adj. (-ã, ẽz). Sarmentoso, sa.
sarrasin, ine adj. e s. (çarazẽn, ín). Sarraceno, na. ‖m. Trigo mourisco [plante].
sarrau m. (çaró). Blusa, f., bibe.
sas m. (ça). Peneira, f., joeira.
sasser vt. (çacé). Peneirar, joeirar.
Satan n. pr. (çatã). Satanás.
sata‖né, ée adj. (çatané). Fam. Satânico, ca. ‖-nique adj. (-ic). Satânico, ca.
satellite m. (çatélit). Satélite.
satiété f. (çaciété). Saciedade, fartura.
sati‖n m. (çatẽn). Cetim. ‖-né, ée adj. (-iné). Acetinado, da. ‖s. m. Reflexo de cetim. ‖-ner vt. (-é). Acetinar. ‖-nette f. (-ét). Cetineta.
sati‖re f. (çatír). Sátira. ‖-rique adj. (-ic). Satírico, ca. ‖-riser vt. (-é). Satirizzar; ridiculizar.
satis‖faction f. (ça-çfakció). Satisfação. ‖-factoire adj. (-ctuar). Satisfatório, ia. ‖-faire* vt. (-ér). Satisfazer*. ‖-faisant, ante adj. (-ãzã, ãt). Satisfatório, ia. ‖-fait, aite adj. (-é, ẽt). Satisfeito, ta.
satu‖ration f. (çatùracïó). Saturação. ‖-rer vt. (-é). Saturar.
saturnales f. pl. (çatùrnal). Saturnais.
Saturne n. pr. (çatùrn). Saturno.
sa‖turnin, ine adj. (çatùrnẽn, ín). Saturnino, na. ‖-turnisme m. (-íçm). Saturnismo.
saty‖re m. (çatír). Sátiro. ‖-rique adj. (-ic). Satírico, ca (de sátiro).
sau‖ce f. (çóç). Molho, m., acompanhamento, m. ‖-cer vt. (-é). Molhar, ensopar. ‖-cière f. (-iér). Molheira.
sauci‖sse f. (çóciç). Salsicha. ‖-sson m. (-ó). Salsichão, paio.
sauf‖, auve adj. (çôf, ôv). Salvo, va; livre. ‖prep. Salvo. Sauf à, com o risco de; sem prejuízo de. ‖-conduit m. (-õdüi). Salvo-conduto.
sauge f. (çôj). Salva (planta).
saugrenu, ue adj. (çôgrænù). Ridiculo, la; absurdo, da; extravagante.
saule m. (çôl). Salgueiro : saule pleureur, chorão.
saumâtre adj. (çômatr). Salobro, bra.
sau‖mon m. (çômó). Salmão. ‖-moné, ée adj. (-oné). Salmonado, da.
saumure f. (çômùr). Salmoura.
saunier m. (çônié). Salineiro.
saupoudrer vt. (çôpudré). Salpicar de sal. ‖Polvilhar. ‖Fig. Semear.
sau‖r adj. m. (çôr), e -ret adj. (-é). Fumado, curado [hareng].
sauriens m. pl. (çóriãn). Sáurios.
saussaie f. (çóçé). Salgueiral, m.
sau‖t m. (çô). Salto. ‖Loc. Au saut du lit, ao saltar da cama. De prime saut, de repente. Faire un saut, dar* um salto. Saut de loup, fosso de vedação. Saut périlleux, salto mortal. ‖-te f. (-ót). Mar. Mudança brusca de vento. ‖-té, ée adj. (-é). Saltado, da. ‖Salteado, da [cuisine]. ‖-te-mouton m. (-mutó). Eixo (jogo). ‖-ter vt. e vi. (-é). Saltar, pular; pongar (Br. du N.). ‖-terelle f. (-rél). Gafanhoto, m. [insecte]. ‖Salta-riscos [équerre]. ‖-terie f. (-rí). Bailarico, m.

Lettres penchées : accent tonique. ‖V. page verte pour la prononciation figurée. ‖*Verbe irrég. V. à la fin du volume.

sauternes m. (çôtérn). Vínho branco de Sauternes (Gironda).
sau‖te-ruisseau m. (çôtrùiçô). Moço de cartório. ‖**-teur, euse** adj. e s. (-âr, âz). Saltador, ora. ‖*Fig.* Cata-vento [personne inconstante]. ‖**-tillant, ante** adj. (-itã, ãt). Saltitante. ‖*Fig.* Entrecortado, da. ‖**-tillement** m. (-iãmã). Saltínho, pulo. ‖**-tiller** vi. (-iê). Saltitar. ‖*Fig.* Divagar. ‖**-toir** m. (-uar). Aspa, f. [croix en x]. ‖Sautor [blason]. ‖Loc. *En sautoir*, a tiracolo; em aspa.
sauva‖ge adj. e s. (çôvaj). Selvagem ; chucro, cra (*Br. du S.*). ‖Silvestre [plantes]. ‖**-gement** adv. (-ã). Selvàticamente. ‖**-geon** m. (-jô). Cavalo (para enxertia). ‖**-gerie** f. (-rí). Selvajaría, crueldade.
sauve‖garde f. (çô-ard). Salvaguarda. ‖**-garder** vt. (-ê). Salvaguardar, acautelar, salvar, proteger.
sauve-qui-peut m. (çôvkipâ). Salve-se quem puder; pânico, confusão, f.
sau‖ver vt. (çôvê). Salvar. ‖(**se**) vr. Salvar-se. ‖Escapar-se, ir-se* embora. ‖**-vetage** m. (-vtaj). Salvamento. ‖Loc. *Bouée de sauvetage*, bóia de salvação. *Canot de sauvetage*, barco salva-vidas. ‖**-veteur** m. (-âr). Salvador. ‖**-veur** m. (-âr). Salvador, redentor, libertador.
savamment adv. (çavamã). Sàbiamente, doutamente, proficientemente.
savane f. (çavan). Savana.
savant, ante adj. e s. (çavã, ãt). Sábio, bia ; douto, ta ; erudito, ta.
savarin m. (çavarãn). Savarém.
sa‖vate f. (çavat). Chinela. ‖Luta a pontapés. ‖Loc. *Traîner la savate*, chinelar. ‖**-vetier** m. (-iê). Sapateiro remendão. ‖*Pop.* Sarrafaçal.
saveur f. (çavâr). Sabor, m.
Savoie n. pr. (çavua). Sabóia.
savoir‖ vt. (çavuar). Saber*. ‖Loc. *A savoir, savoir*, a saber*. *Savoir par cœur*, saber* de cor. *Un je ne sais quoi*, um não sei quê. ‖s. m. Saber. ‖**-faire** m. (-ér). Tacto, jeito, habilidade, f. ‖**-vivre** m. (-ívr). Boa educação, f., saber-viver.
savoisien, enne adj. e s. (çavuazìàn, én). Saboiano, na.

savon‖ m. (çavô). Sabão, sabonete. ‖Raspanete ; pito (*Br.*) [réprimande]. ‖**-nage** m. (-aj). Ensaboadela, f. ‖**-ner** vt. (-ê). Ensaboar. ‖**-nerie** f. (-nri). Saboaría. ‖Tapete fabricado antigamente em Beauvais e hoje nos Gobelinos. ‖**-nette** f. (-ét). Sabonete, m. ‖Relógio (m.) com tampa. ‖**-neux, euse** adj. (-â, âz). Saponáceo, ea. ‖**-nier** m. (-iê). Saponária, f.
savou‖rer vt. (çavurê). Saborear. ‖**-reux, euse** adj. (-â, âz). Saboroso, sa.
savoyard, arde adj. e s. (çavuaíar, ard). Saboiano, na.
Saxe n. pr. (çakç). Saxe.
saxon, onne adj. e s. (çakçô, on). Saxão, ona.
saxophone m. (çakçofon). Saxofone.
saynète f. (çénét). Sainete, m.
sbire m. (çbir). Esbirro.
scabreux, euse adj. (çcabrâ, âz). Escabroso, sa. ‖*Fig.* Perigoso, sa.
scaferlati m. (çcafërlatí). Tabaco ordinário.
scalène adj. (çcalén). Escaleno.
scal‖pel m. (çca-él). Escalpelo. ‖**-per** vt. (-ê). Escalpar.
scanda‖lle m. (çcãdal). Escândalo. ‖**-leux, euse** adj. (-â, âz). Escandaloso, sa. ‖**-liser** vt. (-ê). Escandalizar, ofender; dar* mau exemplo.
scander vt. (çcãdê). Escandir.
scandinave adj. e s. (çcã-av). Escandinavo, va.
Scandinavie n. pr. (çcã-aví). Escandinávia.
scaphan‖dre m. (çcafãdr). Escafandro. ‖**-drier** m. (-iê). Mergulhador.
scapulaire m. (çcapùlér). Escapulário.
scarabée m. (çcarabê). Escaravelho.
scarifi‖cation f. (çcar-açiô). Escarificação. ‖**-er** vt. (-iê). Escarificar.
scarlatine f. (çcarlatín). Escarlatina.
scarole f. (çcarol). Escarola.
sceau ou **scel** m. (çô, çél). Selo.
scélé‖rat, ate adj. e s. (çêléra, at). Celerado, da. ‖**-ratesse** f. (-éç). Perfídia, malvadez, perversidade.
sce‖llé m. (çêlê). Selo. ‖**-llement** m. (cé-ã). Chumbagem, f. ‖**-ller** vt. (-ê). Selar [sceau]. ‖Cimentar,

---

Itálico : accento tónico. ‖V. página verde para a pronúncia figurada. ‖*Verbo irreg. V. no final do livro.

betumar. ‖*Fig.* Selar, confirmar, firmar.
scénario m. (cênariô). Cenário.
sc‖ène f. (cén). Cena. ‖*Fam.* Escândalo, m., questão : *faire une scène*, armar um escândalo, uma questão. ‖**-énique** adj. (cênic). Cénico, ca.
scep‖ticisme m. (cép-içm). Cepticismo. ‖**-tique** adj. (-ic). Céptico, ca.
sceptre m. (céptr). Ceptro.
schah, shah ou **chah** m. (xa). Xá.
shelling m. (xlàn). Xelim.
sché‖ma m. (xêma). Esquema. ‖**-matique** adj. (-ic). Esquemático, ca. ‖**-matiser** vt. (-ê). Esquematizar.
scherzo m. (çkérdzô). *Mus.* Scherzo.
sch‖ismatique adj. (xiçmatic). Cismático, ca. ‖**-isme** m. (-içm). Cisma. ‖*Fig.* Divisão (f.) de opiniões.
schiste m. (xiçt). Xisto.
schizophrénie f. (çk-ofrêni). Esquizofrenia.
schooner m. (çkunâr). Escuna, f.
sciage m. (ciaj). Serração, f. ‖Loc. *Bois de sciage*, prancha, f.
sciatique f. (ciatic). Ciática.
scie f. (ci). Serra. ‖*Pop.* Serrazina, cegarrega [personne, rengaine].
sciemment adv. (ciamã). Conscientemente, com conhecimento de causa.
scien‖ce f. (ciãç). Ciência. ‖**-tifique** adj. (-ic). Científico, ca.
sc‖ier vt. (ciê). Serrar. ‖**-ierie** f. (ciri). Serração. ‖**-ieur** m. (ciâr). Serrador : *scieur de long*, serrador de serra braçal.
scinder vt. (çãdê). Cindir.
scinti‖llant, ante adj. (cãntiiã, ãt). Cintilante. ‖**-llation** f. (-laciô) e **-llement** m. (-lãmã). Cintilação, f. ‖**-ller** vi. (-iiê). Cintilar.
scion m. (ciô). Rebento renovo.
Scipion n. pr. (cipiô). Cipião.
scission f. (ciciô). Cissão, cisão. f.
sciure f. (ciûr). Serradura.
Scithie n. pr. (citi). Cítia.
sclé‖rose f. (çklêrôz). Esclerose. ‖**-rotique** f. (-otic). Esclerótica.
sco‖laire adj. (çcolér). Escolar. ‖**-larité** f. (-ar-ê). Escolaridade. ‖**-lastique** adj. e s. f. (-çtic). Escolástico, ca.
scolie f. (çcoli). Escólio, m.

scoliose f. (-iôz). Escoliose [pathol.].
scolopendre f. (çcolopãdr). Escolopendra.
sconse m. ou **skunks** m. (çcôç). Pele (f.) de raposinho.
scorbut m. (çcorbù). Escorbuto.
scorie f. (çcori). Escória.
scorpion m. (çcorpiô). Escorpião.
scouffin m. (çcufàn). Ceira, f.
scribe m. (çcrib). Escriba.
scout m. (çcut). Explorador (mil.).
scrofu‖le f. (çcrofùl). Escrófula. ‖**-leux, euse** adj. (-â, âz). Escrofuloso, sa.
scrupu‖le m. (çcrùpùl). Escrúpulo. ‖**-leux, euse** adj. (-â, âz). Escrupuloso, sa.
scru‖tateur m. (çcrùtatâr). Escrutador. ‖**-ter** vt. (-ê). Escrutar. ‖**-tin** m. (-ãn). Escrutínio.
sculp‖ter vt. (çcùltê). Esculpir. ‖**-teur** m. (-âr). Escultor. ‖**-ture** f. (-ùr). Escultura.
se pron. refl. (çã). Se.
séance f. (çéãç). Sessão. ‖Loc. *Séance tenante*, acto contínuo, m. *Tenir ses séances*, reunir-se, reunir.
séant, ante adj. (çeã, ãt). Com assento : *tribunal séant à*, tribunal com assento em. ‖Decente ; conveniente. ‖s. m. Assento : *se mettre sur son séant*, sentar-se na cama.
seau m. (çô). Balde.
sébacé, ée adj. (çêbacê). Sebáceo, cea.
Sébastien n. pr. (cêbaçtiàn). Sebastião.
sébile f. (cêbil). Escudela.
sec, èche adj. (céc, éx). Seco, ca. ‖s. m. Seco. ‖adv. Secamente : *répondre sec*, responder secamente. ‖Loc. *A pied sec*, a pé enxuto. *A sec*, em seco ; sem dinheiro. *Boire sec*, beber muito. *D'un œil sec*, com os olhos enxutos. *Orage sec*, trovoada (f.) sem chuva. *Raisins secs*, uvas passas, f. *Tout sec*, sem mais nada.
sé‖cante f. (cêcãt). Secante. ‖**-cateur** m. (-atâr). Tesoura (f.) de podar, podadeira, f.
sécession f. (cêcéciô). Secessão.
sé‖chage m. (cêxaj). Secagem, f. ‖**-cher** vt. (-ê). Secar. ‖vi. Consumir-se*. ‖Loc. *Sécher sur pied*, morrer de tédio. ‖**-cheresse** f. (-réç). Secura. ‖Seca [manque de

---

Lettres penchées : accent tonique. ‖V. page verte pour la prononciation figurée. ‖ *Verbe irrég. V. à la fin du volume.

pluie]. ‖-choir m. (-*uar*). Secadouro.
secon‖d, onde adj. (câgô, ôd). Segundo, da. ‖s. m. Imediato [navire]. ‖Padrinho [duels]. ‖Loc. *En second*, em segundo lugar : *capitaine en second*, segundo capitão. ‖-daire adj. (-*ér*). Secundário, ia. ‖-de f. (-ôd). Segundo, m. [temps]. ‖Quinto *ano*, m. [classe]. ‖-der vt. (-ê). Secundar.
se‖couement m. (câcumã). Sacudidela, f. ‖-couer vt. (-*ué*). Sacudir*.
se‖courable adj. (çacure-). Compassivo, va. ‖-courir* vt. (-*ir*). Socorrer. ‖-cours m. (-*cur*). Socorro. ‖Loc. *Appeler au secours*, gritar por socorro. *Au secours! Socorro!* Acudam! Ó da guarda!
secousse f. (çacuç). Sacudidela.
se‖cret, ète m. (çâcré, ét). Secreto, ta. ‖s. m. Segredo. ‖Loc. *Au secret*, no segredo, incomunicável. *Secret de polichinelle, de la comédie*, segredo da abelha. ‖-crétaire m. e f. (-êtér). Secretário, ia. ‖Secretária, f. [meuble]. ‖-crétariat m. (-ariâ). Secretaria, f.
sécré‖ter vt. (cêcrêtê). Segregar. ‖-teur, trice adj. (-êr, riç). Secretor, ora. ‖-tion f. (-ciô). Secreção.
sec‖taire m. (céctér). Sectário. ‖-tateur m. (-atâr). Sectário, sequaz. ‖-te f. (céct). Seita. ‖-teur m. (-âr). Sector. ‖-tion f. (-kciô). Secção. ‖-tionner vt. (-onê). Seccionar, dividir, separar, cortar.
sécu‖laire adj. (cêculér). Secular. ‖-lariser vt. (-ar-ê). Secularizar. ‖-lier, ère adj. (-*iê*, *ér*). Secular, laico, ca; leigo, ga [laïque].
secundo *adv*. (cêcôdô). Em segundo lugar, depois, segundo.
sécurité f. (cêcurité). Segurança.
sédatif, ive adj. e s. m. (cêdatif, *iv*). Sedativo, va; calmante.
sédentaire adj. (cêdatér). Sedentário, ia; estável, fixo, xa; caseiro, ra.
sédiment m. (cê-ã). Sedimento.
sédi‖tieux, euse adj. (cê-ciâ, ãz). Sedicioso, sa. ‖-tion f. (-ciô). Sedição, sublevação, revolução.
sé‖ducteur, trice adj. e s. (cê-dûctâr, riç). Sedutor, ora.

(-kciô). Sedução. ‖-duire* vt. (-*uir*). Seduzir*. ‖-duisant, ante adj. (-*ã*, *ãt*). Sedutor, ora.
segment m. (cégmã). Segmento.
Ségovie n. pr. (cégovi). Ségovia.
séguedille f. (cêghâdiiâ). Seguidilha.
seiche f. (céx). *Zool.* Choco m.
séide m. (cêid). Sectário, fanático, executor dos crimes de outrem.
seigle m. (cé-). Centeio.
sei‖gneur m. (cénhâr). Senhor, fidalgo. ‖-gneurial, ale adj. (-*ial*). Senhorial. ‖-gneurie f. (-*i*). Senhoria, senhorio, m., domínio, m.
sein m. (çán). *Seio*. ‖Peito [femmes] : *donner le sein*, dar* o *peito*.
seine f. (cén). Chincha (rede).
Seine n. pr. f. (cén). Sena, m.
seing m. (çán). Selo, firma, f. ‖Loc. *Acte sous seing privé*, documento particular, sem assinatura reconhecida.
sei‖ze adj. (céz). Dezasseis. ‖-zième adj. (-*iém*). Décimo, ma sexto, ta. ‖s. m. Dezasseis avos [fraction].
sé‖jour m. (cêjur). Estadia, f., permanência, f. ‖Mansão, f., morada, f. [demeure]. ‖-journer vi. (-*ê*). Permanecer; estacionar; morar.
sel m. (cél). Sal.
sélecteur adj. (cêléctâr). Selector.
sélecti‖on f. (cêlékciô). Selecção [sport]. ‖Seleccionado, m. (*Br.*) [sport]. ‖-onner vt. (-onê). Seleccionar.
se‖lle f. (cél). Sela [cheval]. ‖Selim, m. [bicyclette, etc.]. ‖Evacuação [intestinale]. ‖-ller vt. (-*ê*). Selar. ‖-llerie f. (-*âri*). Selaria. ‖-llette f. (-*ét*). Escabelo, m. ‖Loc. *Mettre sur la sellette*, apertar com perguntas. ‖-llier m. (-*iê*). Seleiro.
selon prep. (çâlô). Segundo. ‖Loc. *C'est selon*, é conforme.
semaille f. (çâmai). Sementeira.
semaine f. (çâmén). Semana. ‖Loc. *A la petite semaine*, com usura e a curto prazo. *La semaine des quatre jeudis*, a semana dos nove dias.
sémaphore m. (cêmafor). Semáforo.
sem‖blable adj. (çã-*a*-). Semelhante, parecido, da. ‖-blant m. (-*ã*). Aparência, f. ‖Loc. *Faire semblant*, fingir. *Ne faire semblant de rien*, fazer-se* de novas. ‖-bler vi. (-*ê*).

Itálico : accento tónico. ‖V. página verde para a pronúncia figurada. ‖ *Verbo irreg. V. no final do livro.

SEM — SÉQ

Parecer. ‖ Loc. *Si bon vous semble,* se lhe parece bem.
semelle f. (çamél). Sola. ‖Palmílha [de liège, etc.]. ‖Banzo, m. (de víga) [poutre]. ‖Loc. *Ne pas reculer d'une semelle,* não transigir.
semence f. (çamáç). Semente.
semer vt. (çamé). Semear; espalhar.
semes‖tre m. (çaméçtr). Semestre. ‖-triel, elle adj. (-iél). Semestral.
semeur, euse adj. e s. (çamâr, âz). Semeador, ora. ‖*Fig.* Propalador, ora.
semi pref. (çami). Semi, meio, eia : *semi-circulaire,* semicircular.
sémillant, ante adj. (cêmiiâ, ât). Bulíçoso, sa; esperto, ta; vivaço, sa.
séminaire m. (cê-ér). Seminário.
séminal, ale adj. (cê-al). Seminal.
séminariste m. (cê-aríçt). Seminarista.
semis m. (çami). Semeadura, f. ‖Viveiro [arbres].
sémitique adj. (cê-íc). Semítico, ca.
semi-ton m. (çã-ô). Meio-tom.
semoir m. (çamuar). Semeador.
semon‖ce f. (çamóç). Reprimenda; péto, m. (*Br.*). ‖-cer vt. (-ê). Repreender, censurar.
semoule f. (çamul). Sêmola.
sempiternel, elle adj. (çã-érnél). Sempiterno, na; eterno, na.
séna‖t m. (cêna). Senado. ‖-teur m. (-âr). Senador. ‖-torial, ale adj. (-oriál). Senatorial. ‖-tus-consulte m. (-uç-côçu-). Senátus-consulto.
séné m. (cêné). Sene, cássia, f.
sénéchal m. (cênéchál). Senescal.
séneçon m. (cê-ô). Tasneirínha, f.
Sénèque n. pr. (cênéc). Sêneca.
sénestre f. (cênéçtr). Sinistra.
sénevé m. (cê-é). Mostardeira, f.
séni‖le adj. (cênil). Senil. ‖-lité f. (-é). Senilidade.
sens m. (çãç). Sentido. ‖ Loc. *Abonder dans le sens de,* ser* do parecer de. *Faux sens,* sentido deturpado. *Sens commun,* bom senso. *Sens dessus dessous,* de pernas para o ar. *Sens devant derrière,* de trás para diante. *Tomber sous le sens,* ser* palpável, meter-se pelos olhos.
sen‖sation f. (çãçació). Sensação. ‖-sationnel, elle adj. (-onél). Sensacional. ‖-sé, ée adj. (-é). Sensato, ta; ajuizado, da.

sensibili‖sation f. (çã-ació). Sensibilização. ‖-ser vt. (-ê). Sensibilizar. ‖-té f. (-é). Sensibilidade.
sen‖sible adj. (çãci-). Sensível. ‖-siblerie f. t-âri). Sensibil.d/de exagerada. ‖-sitif, ive adj. (-if, ív). Sensitivo, va. ‖s. f. Sensitiva. ‖-sualité f. (-ùa-é). Sensualidade. ‖-suel, elle adj. (-ùél). Sensual.
sente f. (çãt). Senda, vereda.
senten‖ce f. [çãtáç). Sentença. ‖-cieux, euse adj. (-iâ, âz). Sentencioso, sa; conceituoso, sa; grave.
senteur f. (çãtâr). Cheiro, m.
senti, ie adj. (çãtí). Sentido, da. ‖ Cheirado, da [odorat].
sentier m. (çãtié). Atalho, senda, f.
senti‖ment m. (çã-â). Sentimento. ‖-mental, ale adj. (-al). Sentimental. ‖-mentalité f. (-é). Sentimentalidade.
sentine f. (çãtím). Sentina.
sentinelle f. (çã-él). Sentinela.
sentir* vt. (çã-ir). Sentir* ‖Cheirar, cheirar a [odorat]. ‖ Loc. *Ne pouvoir sentir,* não poder* suportar. *Sentir bon,* cheirar bem. *Sentir mauvais,* cheirar mal.
seoir* vi. (çuar). Ficar : *une coiffure qui sied bien,* um penteado que fica bem. ‖impes. Convir* : *il vous sied mal de parler ainsi,* não lhe convém falar assim.
sépale m. (cépal). Sépala, f.
sépar‖able adj. (cépara-). Separável. ‖-ation f. (-ció). Separação. ‖-atiste adj. e s. (-içt). Separatista. ‖-er vt. (-é). Separar; dividir.
sépia f. (cépía). Sépia [couleur]. ‖Síba [mollusque].
sept‖ adj. (cét). Sete. ‖-ante adj. (-ptãt). Setenta (ant. e dial.).
septembre m. (céptãbr). Setembro.
septen‖trion m. (séptãtríõ). Setentrião. ‖-trional, ale, aux adj. (-onal, -ô). Setentrional, ais.
septième adj. ;cétiém). Sétimo, ma.
septique adj. (céptíc). Séptico, ca.
septua‖génaire adj. e s. (céptùajénér). Septuagenário, ia. ‖-gésime f. (-zim). Septuagésima (calend.).
sépul‖cral, ale adj. (cêpù-ral). Sepulcral. ‖-cre m. (-ù-r). Sepulcro. ‖-ture f. (-ùr). Sepultura.
séquelle f. (cèkél). Sequela, súcia [personnes]. ‖Enfiada [choses].

Lettres penchées : accent tonique. ‖V. page verte pour la prononciation figurée. ‖ *Verbe irrég. V. à la fin du volume.

séquence f. (cêcãç). Sequência, seguimento, m., continuação.
séques‖tration f. (cêkéçtraciõ). Sequestração. ‖**-tre** m. (-éçtr). Sequestro. ‖**-trer** vt. (-ê). Sequestrar.
sequin m. (çãcãn). Cequim.
sérail m. (cêraí). Serralho.
séra‖phin m. (cêrafãn). Serafim. ‖**-phique** adj. (-íc). Seráfico, ca.
serbe adj. e s. (cérb). Sérvio, ia.
Serbie n. pr. (cérbí). Sérvia.
serbocroate adj. e s. (cérbôcroat). Servo-croata.
Serbocroatie n. pr. (cérbôcroací). Servocroácia.
serein, eine adj. (çãràn, én). Sereno, na.
séré‖nade f. (cêrênad). Serenata. ‖**-nité** f. (-ê). Serenidade, calma.
séreux, euse adj. (cêrâ, âz). Seroso, sa.
serf, erve adj. e s. (cérf, -v). Servo, va.
serge f. (sérj). Sarja.
Serge n. pr. (cérj). Sérgio.
sergent m. (cérjã). Sargento. ‖*Ant.* Meirinho. ‖*Loc. Sergent-chef,* primeiro sargento. *Sergent de ville,* agente da polícia, polícia.
sériciculture f. (cêr-ù-ùr). Sericicultura.
sé‖rie f. (cêrí). Série. ‖**-rier** vt. (-ê). Seriar, ordenar, classificar.
sérieux, euse adj. (cêriâ, âz). Sério, ia. ‖s. m. Seriedade, f. : *garder son sérieux,* ficar sério; *prendre au sérieux,* tomar a sério.
seri‖n, ine m. e f. (çãràn, ín). Canário, ia. ‖*Fig.* e *pop. Parvo,* va [sot]. ‖**-ner** vt. (-ê). Ensinar a cantar um canário, etc. ‖*Fig.* Matraquear [répéter]. ‖**-nette** f. (-ét). Serineta.
seringa m. (çãrãnga). Silindra.
serin‖gue f. (çãràng). Seringa. ‖**-guer** vt. (-ghê). Seringar.
serment m. (cérmã). Juramento : *faire serment,* jurar.
sermon ‖ m. (cérmõ). Sermão. ‖**-naire** adj. e s. (-onér). Sermonário. ‖**-ner** vt. (-ê). Admoestar, fazer* um sermão a.
séro‖sité f. (cêro-ê). Serosidade. ‖**-thérapie** f. (-térapí). Seroterapia.
serpe f. (cérp). Podadeira, podão, m.
ser‖pent m. (cérpã). Serpente, f. ‖Serpentão [musique]. ‖*Loc. Serpent à sonnettes,* cobra cascavel, f. ‖**-penter** vi. (-ê). Serpentear. ‖**-pentin** m. (-àn). Serpentina, f.
serpette f. (cérpét). Podoa.
serpillière f. (cérpiiér). Serapilheira.
serpolet m. (cérpolé). Serpão.
serrage m. (céraj). Pressão, f.
serre f. (cér). Garra [animaux]. ‖Estufa [plantes, etc.].
serré, ée adj. (céré). Apertado, da. ‖*Fig.* Rigoroso, sa; conciso, sa. ‖*Fam.* Fona, mesquinho, nha [avare].
serre‖file m. (cérfíl). Cerrafila. ‖**-frein** m. (-ràn). Guarda-freio. ‖**-joint** m. (-uàn). *Técn.* Gastalho. ‖**-ment** m. (-ã). Aperto. ‖Barreira, f. (de mina). ‖Aflição, f.
serrer vt. (céré). Apertar. ‖Estreitar [relations, amitié]. ‖Guardar, fechar [enfermer]. ‖*Mar.* Ferrar [voiles]. ‖*Loc. Serrer de près,* estar* quase a apanhar. *Serrer son style,* escrever com concisão.
serru‖re f. (cérur). Fechadura. ‖**-rerie** f. (-ãrí). Serralharia. ‖**-rier** m. (-ié). Serralheiro.
ser‖tir vt. (cértír). Engastar. ‖**-tisseur** m. (-ãr). Engastador. ‖**-tissure** f. (-ùr). Engaste, m.
sérum m. (cêrom). Soro.
servage m. (cérvaj). Servidão, f.
ser‖vant adj. m. (cérvã). Leigo [religion]; *frère servant,* irmão converso, frade leigo. ‖s. m. Servente (art.). ‖**-vante** f. (-ãt). Criada, serva. ‖**-veur, veuse** m. e f. (-ãr, âz). Criado, da de mesa.
ser‖viable adj. (cérvía-). Serviçal. ‖**-vice** m. (-íç). Serviço. ‖*Com.* Remessa, f., expedição, f.
serviette f. (cérviét). Guardanapo, m. [table]. ‖*Pasta* [portefeuille]. ‖*Toalha* [toilette].
ser‖vile adj. (cérvíl). Servil. ‖**-vilisme** m. (-íçm). Servilismo. ‖**-vilité** f. (-ê). Baixeza. ‖**-vir*** vt. (-ír). Servir*. ‖Vender. ‖Ajudar a [messe]. ‖**(se)** vr. Servir-se*. ‖Valer-se*, utilizar : *se servir des mains,* valer-se das mãos. ‖**-viteur** m. (-ãr). Servidor, servo, criado, serviçal. ‖**-vitude** f. (-ùd). Servidão, f. ‖**-vo‐frein** m. (-ôfrãn). Servo-freio.

Itálico : acento tônico. ‖V. página verde para a pronúncia figurada. ‖*Verbo irreg. V. no final do livro.

SES — SIL

ses adj. pos. pl. (cê). Os *seus*, as *suas*.
sésame m. (cêzam). Sésamo, gergelim.
sessile adj. (cécíl). Séssil, rente.
session f. (céciô). Sessão.
sesterce m. (céçtérç). Sestércio.
setier m. (çâtié). Sesteiro [ancienne mesure]. ‖Quartilho (em Paris).
séton m. (cêtô). Sedenho.
seuil m. (çâi). Soleira, f., limiar.
seu‖l, eule adj. (çâl). Só; sòzinho, nha. ‖**-lement** adv. (-ā). Sòmente, só. ‖Loc. *Non seulement*, não só. *Pas seulement*, nem sequer. ‖**-let, ette** adj. (-é, ét). Sòzinho, nha.
sève f. (cév). Seiva. ‖*Fig.* Vigor, m.
sévère adj. (cêvér). Severo, ra.
Séverin, ine n. pr. (cêvràn,ín). Severino, na.
sévérité f. (cêvêr-é). Severidade.
sé‖vices m. pl. (cêvíç). Sevícias, f. pl. ‖**-vir** vi. (-ír). Usar de rigor [punir]. ‖Grassar, lavrar [épidémie, froid, etc.].
se‖vrage m. (çâvraj). Desmame. ‖**-vrer** vt. (-é). Desmamar. ‖*Fig.* *Priver : sevrer de tout plaisir*, privar de todo o prazer.
sexa‖génaire adj. e s. (céçajênér). Sexagenário, ia. ‖**-gésime** f. (-zím). Sexagésima (domingo).
sexe m. (cékç). Sexo.
sex‖ennal, ale adj. (cékcénal). Sexenal. ‖**-tant** m. (-ā). Sextante. ‖**-te** f. (cékçt). Sexta (hora). ‖**-tuple** adj. (-ù-). Séxtuplo, pla.
sexu‖alisme m. (céksùalíçm). Sexualismo. ‖**-el, elle** adj. (-ùèl). Sexual.
seyant, ante adj. (céîā, āt). Que fica bem, que diz bem, conveniente.
shako m. (xacô). Barretina, f.
shrapnel m. (xrapnél). Granada (f.) de balas.
si conj. Se; si (*Br.*) ‖ adv. Tão [comparaisons]. ‖ Si [musique]. ‖ Loc. *Si bien que*, de modo que. *Si fait, que si*, pois não, decerto. *Si ce n'est*, a não ser*.
siamois, oise adj. e s. (-amuo, az). Siamês, esa. ‖m. Siamês [langue].
Sibérie n. pr. (-éri). Sibéria.
sibérien, enne adj. e s. (-êriàn, én). Siberiano, na.
sibilant, ante adj. (-ā, āt). Sibilante.

sibyll‖e f. (-íl). Sibíla. ‖**-in, ine** adj. (-àn, ín). Sibilíno, na.
sicaire m. (-kér). Sicário.
sic‖catif, ive adj. e s. m. (-atíf, ív). Secante. ‖**-cité** f. (-kç-ê). Sicidade, secura, sequidão, aridez.
Sicile n. pr. (cicíl). Sicília.
sicilien, enne adj. e s. (-iàn, én). Siciliano, na.
sidéral, ale adj. (-êral). Sideral.
sidérurgi‖e f. (-êrùrjí). Siderurgía. ‖**-que** adj. (-ic). Siderúrgico, ca.
siècle m. (ciè-). Século.
si‖ège m. (ciéj). Assento. ‖Boleia [voiture]. ‖Sede, f. [endroit]. ‖Sé, f. [évêché]. ‖Sítio, cerco [militaire]. ‖**-éger** vi. (-é). Residir. ‖Ter* assento. ‖*Fig.* Estar*, encontrar-se.
sien, enne adj. e pron. pos. (ciàn, én). Seu, sua, dele, dela.
Sienne n. pr. (cién). Siena.
sieste f. (ciéçt). Sesta.
sieur m. (ciâr). Senhor.
sif‖flant, ante adj. (-ā, āt). Sibilante. ‖**-flement** m. (-âmā). Assobio. ‖**-fler** vi. (-ê). Assobiar. ‖**-flet** m. (-é). Apito, assobio. ‖**-fleur, euse** adj. e s. (-êr, âz). Assobiador, ora. ‖**-floter** vi. (-ôtê). Assobiar em surdina, baixo.
sigisbée m. (-çbê). Chichisbéu.
Sigismond n. pr. (-çmô). Sigismundo.
sigle m. (ci-). Sigla, f.
si‖gnal m. (-nhal). Sinal. ‖**-gnaler** vt. (-ê). Assinalar. ‖**-gnalement** m. (-ā). Sincis, m. pl. ‖**-gnalisation** f. (-aciô). Sinalização. ‖**-gnataire** m. (-ér). Signatário. ‖**-gnature** f. (-ùr). Assinatura; sinal, m. ‖**-gne** m. (cinh). Sinal [marque] ‖Signo. ‖Sinal, gesto. ‖Indício. ‖Loc. *Faire le signe de croix*, fazer* o sinal da cruz, benzer-se. ‖**-gner** vt. (-ê). Assinar. ‖**(se)** vr. Persignar-se, benzer-se. ‖**-gnet** m. (-nhé). Sinal, marca, f. (de livro). ‖**-gnificatif, ive** adj (-atíf, ív). Significativo, va. ‖**-gnification** f. (-ciô). Significação. ‖Intimação, notificação. ‖**-gnifier** vt. (-ié). Significar, querer* dizer*. ‖Intimar.
silen‖ce m. (-āç). Silêncio; quirirí (*Br.*) [nocturne]. ‖**-cieux, euse** adj. (-iâ, âz). Silencioso, sa.

Lettres penchées : accent tonique. ‖V. page verte pour la prononciation figurée. ‖*Verbe irrég. V. à la fin du volume.

SIL — SNO

Silène n. pr. (-*én*). Sileno [myth.].
silex m. (-*ékç*). Sílex, pederneira, f.
silhouette f. (-*luét*). Perfil, m.
si‖**licate** m. (-*at*). Silicato. ‖-**lice** f. (-*iç*). Sílica. ‖-**licium** m. (-*iom*). Silício.
sillage m. (*ciaj*). Mar. Esteira, f.
sillon‖ m. (*citô*). Sulco. ‖-**ner** vt. (-*oné*). Sulcar, abrir, rasgar.
silo ‖m. (-*ô*). Silo. ‖-**tage** m. (-*aj*). Ensilagem, f. ‖-**ter** vt. (-*é*). Ensilar.
simagrée f. (-*agré*). Afectação.
simarre f. (-*ar*). Samarra; toga.
Siméon n. pr. (-*êô*). Simeão.
simiesque adj. (-*iéçk*). Simíesco, ca.
simi‖**laire** adj. (-*ér*). Similar. ‖-**li** m. (-*i*). Símile. ‖-**ligravure** f. (-*ravûr*). Similigravura. ‖-**litude** f. (-*ùd*). Semelhança. ‖-**lor** m. (-*or*). Ouro falso.
Simon n. pr. (-*ô*). Simão.
simo‖**niaque** adj. (-*oniac*). Simoníaco, ca. ‖-**nie** f. (-*i*). Simonía.
Simone n. pr. (-*on*). Simone.
simoun m. (-*un*). Simum.
sim‖**ple** adj. e s. (çàn-). Símples. ‖Singelo, la; ingénuo, ua. ‖Loc. *Simple comme bonjour*, muitíssimo fácil. ‖-**plet, ette** adj. (-*é*, *ét*). Simplório, ia. ‖-**plicité** f. (-*é*). Simplicidade. ‖**Parvoíce** [niaiserie]. ‖-**plifier** vt. (-*ié*). Simplificar.
simulacre m. (-*ùlacr*). Simulacro.
simu‖**lateur, trice** adj. e s. (-*ùlatôr*, *riç*). Simulador, ora. ‖-**lation** f. (-*ciô*). Simulação. ‖-**ler** vt. (-*é*). Simular, fingir, dissimular; parecer.
simulta‖**né, ée** adj. (-*ù-ané*). Simultâneo, ea. ‖-**nément** adv. (-*â*). Simultâneamente, ao mesmo tempo.
sinapisme m. (-*apíçm*). Sinapismo.
sin‖**cère** adj. (çàncér). Sincero, ra. ‖-**cérité** f. (-*écàr-ê*). Sinceridade.
sinécure f. (-*êcùr*). Sinecura.
sin‖**ge** m. (çàn*j*). Macaco. ‖*Pop*. Patrão. ‖-**ger** vt. (-*é*). Macaquear. ‖-**gerie** f. (-*ri*). Macaquice [grimace]. ‖Arremedo, m. [imitation]. ‖Trejeitos, m. pl., esgares, m. pl., gestos, m. pl.
singu‖**lariser** vt. (càngùlar-*é*). Singularizar. ‖-**larité** f. (-*é*). Singularidade. ‖-**lier, ère** adj. (-*ié*, *ér*). Singular; estranho, nha; raro, ra.
sinis‖**tre** adj. e s. m. (-*içtr*). Sinís-

tro, tra. ‖-**tré, ée** adj. e s. (-*é*). Sinistrado, da; vítima, f.
sinologue m. (-*olog*). Sinólogo.
sinon conj. (-*ô*). Senão; a não ser.
sinople m. (-*o-*). Sinople, sinopla.
sinu‖**eux, euse** adj. (-*ùà*, *àz*). Sinuoso, sa. ‖-**osité** f. (-*é*). Sinuosidade, tortuosidade, curva, volta.
sinus m. (-*ùç*). Seno.
siphon m. (-*fô*). Sifão.
sire m. (*cir*). Senhor. ‖Loc. *Un triste sire*, um homem sem consideração.
sirène f. (-*rén*). Sereia.
si‖**rop** m. (-*rô*). Xarope. ‖-**roter** vt. (-*oté*). Beberricar. ‖-**rupeux, euse** adj. (-*ùpà*, *àz*). Xaroposo, sa.
sis, sise adj. (ci, ciz). Sito ta.
sisal m. (-*al*). Sisal.
sis‖**mique** adj. (-*çmic*). Sísmico, ca. ‖-**mographe** m. (-*ograf*). Sismógrafo.
Sisyphe n. pr. (-*zif*). Sísifo.
site m. (*cit*). Sítio pitoresco, paisagem, f.
sitôt adv. (-*ô*). Tão depressa. ‖Loc. *De sitôt*, tão cedo. *Sitôt que*, logo que, assim que.
si‖**tuation** f. (-*ùaciô*). Situação. ‖-**tuer** vt. (-*ùé*). Situar.
six ‖ adj. (ci antes de consoante, ciz antes de vogal, ciç em pausa e como subst.). Seis. ‖-**ième** adj. e s. m. (-*iém*). Sexto, ta. ‖ f. Primeiro ano, m. (do liceu francês).
sixte f. (cikçt). *Mús.* Sexta.
Sixt‖**e** n. pr. (cikçt). Sixto. ‖-**ine** adj. e s. f. (-*in*). Sistina.
ski‖ m. (çki). Esqui. ‖-**eur, euse** m. e f. (-*idr*, *àz*). Esquiador, ora (desportista).
sla‖**ve** adj. e s. (çlav). Eslavo, va. ‖-**von, onne** adj. e s. (-*ô*, *on*). Eslavão, ona.
Slavonie n. pr. (çlavoni). Eslavónia.
slov‖**aque** adj. e s. (çlovac). Eslovaco, ca. ‖-**ène** adj. e s. (-*én*). Esloveno, na.
smalah f. (çmala). Comitiva (árabe). ‖*Fam.* Família numerosa.
smectique adj. (çméktic). Esméctico, ca.
smoking m. (çmôking). Smoking.
Smyrne n. pr. (çmírn). Esmirna.
sno‖**b** m. (çnob). Snobe. ‖-**bisme** m. (-*içm*). Snobísmo.

Itálico : acento tónico. ‖V. página verde para a pronúncia figurada. ‖*Verbo irreg. V. no final do livro.

so‖bre adj. (çobr). Sóbrio, ia. ‖-briété f. (-êté). Sobriedade.
sobriquet m. (çobriké). Alcunha, f.
soc m. (çoc). Relha, f. [charrue].
so‖ciable adj. (çocia-). Sociável. ‖-cial, ale adj. (-ial). Social. ‖-cialisme m. (-içm). Socialismo. ‖-cialiste adj. e s. (-içt). Socialista. ‖-ciétaire adj. e s. (-ér). Societário, ia. ‖-ciété f. (-êté). Sociedade. ‖-ciologie f. (-oloji). Sociologia. ‖-ciologue m. e f. (-og). Sociólogo, ga.
socle m. (ço-). Soco, pedestal, base, f.
socque m. (çoc). Soco, tamanco.
Socrate n. pr. (çocrat). Sócrates.
so‖da m. (çoda). Soda, f. ‖-dium m. (-iom). Sódio.
sœu‖r f. (çûr). Irmã. ‖Belle-sœur (bél‿çûr). Cunhada. ‖Demi-sœur (-çâr). Meia-irmã. ‖Sœur tourière (-çâr-turiér). Irmã porteira. ‖-rette f. (-ét). Irmãzinha.
sofa m. (çofa). Sofá.
soi‖ pron. (çua). Si. ‖Loc. Avec soi, consigo. A part soi, de si para consigo. Avoir un chez soi, ter* casa própria. Cela va de soi, é evidente. Chez soi, em sua casa. Prendre sur soi, tomar a seu cargo. Revenir à soi, voltar a si. ‖- -disant adj. (-â). Suposto, ta; pretenso, sa.
soie‖ f. (çua). Seda. ‖Cerda [animaux]. ‖-rie f. (-ri). Seda [étoffe]. ‖Fábrica de sedas.
soif f. (çuaf). Sede (beber). ‖Avoir soif, ter sede.
soi‖gner vt. (çuanhê). Cuidar : soigner ses intérêts, cuidar dos seus interesses. ‖Esmerar-se : soigner un travail, esmerar-se num trabalho. ‖-gner (se) vr. Tratar-se. ‖-gneur m. (-âr). Treinador (desp.). ‖-gneux, euse adj. (-â, âz). Cuidadoso sa ; desvelado, da ; diligente.
soin m. (çuàn). Cuidado. ‖Esmero, desvelo. ‖Loc. Aux bons soins de, ao cuidado de. Aux petits soins, cheio de atenções. Avoir soin de, tratar de. Rendre des soins, fazer* a corte, cortejar ; andar em volta de.
soi‖r m. (çuar). Tarde, f., tardinha, f. ; noite, f. ‖-rée f. (-é). Noite : venez dans la soirée, venha à noite. ‖Serão, m., reunião. ‖Sarau, m., serão, m. [fête].

solt conj. (çua ; çuat antes de vogal ou em pausa). Seja [à supposer] : soit trois à multiplier par quatre, seja três vezes quatro. ‖Seja, quer : soit l'un soit l'autre, quer um quer outro. ‖Loc. Ainsi soit-il, assim seja. Tant soit peu, muito pouco. ‖adv. Seja, pois seja, pois sim.
soi‖xantaine f. (çuaçatén). Uns sessenta, m. pl. ‖Os sessenta, m. pl. [âge]. ‖-xante adj. (-ât). Sessenta. ‖-xantième adj. (-iém). Sexagésimo, ma.
soja m. (çoja). Soja, f.
sol m. (çol). Solo, chão, terra, f. ‖Sol [musique].
solaire adj. (çolér). Solar.
solanées f. pl. (çolané). Solanáceas, solâneas.
solda‖t m. (ço-a). Soldado. ‖-tesque f. (-éçk). Soldadesca. ‖adj. Soldadesco, ca ; próprio de soldados.
sol‖de f. (ço-). Soldo, m. [salaire]. ‖m. Saldo [d'um compte]. ‖-der vt. (-ê). Saldar. ‖-deur m. (-âr). Negociante de saldos.
sole f. (çol). Linguado, m. [poisson]. ‖Sola (do casco) [cheval]. ‖Folha, alqueive, m. [terre]. ‖Soleira [four].
solécisme m. (çolêciçm). Solecismo.
soleil m. (çoléi). Sol. ‖Girassol [plante]. ‖Girândola, f. [feu d'artifice]. ‖Loc. Coup de soleil, insolação, f. Soleil levant, sol nascente.
solen‖nel, elle adj. (çolanél). Solene. ‖-niser vt. (-ê). Solenizar. ‖-nité f. (-ê). Solenidade ; ênfase.
solfatare f. (ço-atar). Solfatara.
sol‖fège m. (ço-atâr). Solfejo. ‖-fier vt. (-iê). Solfejar.
solida‖ire adj. (ço-ér). Solidário, ia. ‖-riser vt. (-ar-ê). Solidarizar. ‖-rité f. (-ê). Solidariedade.
soli‖de adj. e s. m. (çolíd). Sólido, da. ‖-difier vt. (-iê). Solidificar. ‖-dité f. (-ê). Solidez. ‖Fig. Firmeza.
soli‖loque m. (ço-oc). Solilóquio. ‖-pède adj. e s. m. (-éd). Solípede.
soliste m. e f. (çolíçt). Solista.
soli‖taire adj. e s. m. (ço-ér). Solitário, ia. ‖-tude f. (-úd). Solidão.
sol‖ive f. (çcliv). Viga. ‖-veau m. (-vó). Vigota, f. ‖Fig. Nulidade, f.
solli‖citation f. (ço-aciô). Solicitação. ‖-citer vt. (-ê). Solicitar.

Lettres penchées : accent tonique. ‖V. page verte pour la prononciation figurée. ‖*Verbe irrég. V. à la fin du volume.

FR.-PORTUG. — 1

SOL — SOR 314

‖-**citeur** m. (-âr). Solicitador.
‖-**citude** f. (-ùd). Solicitude.
solo m. (çolô). *Mús.* Solo.
solstice m. (çolçtiç). Solstício.
solu‖bilité f. (çolù-é). Solubilidade.
‖-**ble** adj. (-ù-). Solúvel. ‖-**tion** f. (-ciô). Solução. ‖Resolução.
sol‖vabilité f. (ço-a-é). Solvabilidade. ‖-**vable** adj. (-a-). Solvável.
sombre adj. (çôbr). Sombrio, ia. ‖ Escuro, ra. ‖Carrancudo, da; triste.
sombrer vi. (çôbré). Soçobrar, afundar-se [navire]. ‖*Fig.* Perder-se*.
sommaire adj. e s. m. (çomér). Sumário, ia.
sommation f. (çomaciô). Intimação. ‖ Emprazamento, m. [judiciaire].
somme f. (çom). Soma. ‖m. Sono. ‖Loc. *Bête de somme*, azêmola. *En somme, somme toute*, em suma. *Faire un somme*, dormir* um sono.
som‖meil m. (çoméi). Sono. ‖Loc. *Avoir sommeil*, ter sono. ‖-**meiller** vi. (-iê é). Dormitar; cochilar (*Br.*). ‖*Fig.* Estar* descuidado.
sommelier, ère m. e f. (ço-iê, ér). Dispenseiro, copeiro [palais, etc.]. ‖ Encarregado dos vinhos [restaurant].
sommer vt. (çomé). Mandar, intimar; emprazar [judiciairement].
sommet m. (çomé). Cume. ‖Vértice (ângulo). ‖*Fig.* Fastígio, auge.
sommier m. (çomié). Enxergão : *sommier élastique*, colchão de molas. ‖Azêmola, f. [bête]. ‖Someiro [orgue].
sommité f. (ço-é). Cume, m. ‖*Fig.* Sumidade, notabilidade.
som‖nambule adj. e s. (çomnàbùl). Sonâmbulo, la. ‖-**nifère** adj. e s. m. (-ér). Soporífero, ra. ‖-**nolence** f. (-âç). Sonolência. ‖-**nolent**, ente adj. (-â, ât). Sonolento, ta ; entorpecido, da.
somp‖tuaire adj. (çôptùèr). Sumptuário, ia. ‖-**tueux**, euse adj. (-ùâ, âz). Sumptuoso, sa. ‖-**tuosité** f. (-o-é). Sumptuosidade, pompa.
son, **sa**, **ses** adj. pos. (çô, ça, cê). O *seu*, a *sua*, os *seus*, as *suas*. ‖Loc. *Faire son malin*, armar em esperto. *Savoir son français*, saber* francês.
son m. (çô) Farelo [grains]. ‖ Som, ruído [bruit].

sona‖te f. (çonat). Sonata. ‖-**tine** f. (-ín). Sonatina.
son‖dage m. (çôdaj). Sondagem. ‖-**de** f. (çôd). Sonda. ‖-**der** vt. (-é). Sondar, indagar; apalpar; tatear.
son‖ge m. (çôj). Sonho. ‖-**ge-creux** m. (-âcrê). Visionário. ‖-**ger** vi. (-é). Sonhar : *songer à*, pensar em. ‖-**gerie** f. (-rí). Devaneio, m., sonho, m. ‖-**geur**, euse adj. (-âr, âz). Sonhador, ora. ‖*Fig.* Pensativo, va.
sonnaille f. (çonai). Chocalho, m.; cincerro, m. (*Br.*) [bêtes].
son‖nant, ante adj. (çonâ, ât). Sonante, soante. ‖Loc. *Espèces sonnantes*, metal sonante (dinheiro). *Midi sonnant*, meio-dia em ponto. ‖-**ner** vi. (-é). Soar. ‖Tocar [les cloches, le cor]. ‖Dar* [les heures]. ‖vt. Tocar : *sonner la cloche*, tocar o sino. ‖Chamar [domestiques]. ‖-**net** m. (-é). Soneto. ‖-**nette** f. (-ét). Campainha. ‖-**neur** m. (-âr). Sineiro. ‖Menestrel.
sono‖re adj. (çonor). Sonoro, ra. ‖-**riser** vt. (-é). Sonorizar. ‖-**rité** f. (-é). Sonoridade.
Sophie n. pr. (çofí). Sofia.
sophis‖me m. (çofiçm). Sofisma. ‖-**te** m. e f. (-íçt). Sofista. ‖-**tiquer** vt. (-é). Sofisticar, sofismar.
Sophocle n. pr. (çofo-). Sófocles.
soporifère ou **soporifique** adj. e s. m. (çoporifèr, -ic). Soporífero, ra; soporífico, ca ; camunhengue (*Br.*).
soprano m. (çoprano). Soprano.
sorbe f. (çorb). Sorva.
sor‖bet m. (çorbé). Sorvete. ‖-**betière** f. (-âtiér). Sorveteira.
sorbier m. (çorbié). Sorveira, f.
Sorbonne f. (çorbon). Sorbona.
sor‖cellerie f. (çorcélri). Bruxaria, bruxedo, m.; macumba [rite spiritualiste du nègre brésilien]. ‖-**cier**, ère m. e f. (-ié, ér). Bruxo, xa; feiticeiro, ra; pagé, m. (*Br. du N.*).
sordi‖de adj. (çordíd). Sórdido, da. ‖-**dité** f. (-é). Sordidez.
sorgho m. (çorgô). Sorgo, milho-zaburro, milho-sorgo.
sornette f. (çornét). Frioleira.
sort m. (çor). Sorte, f. ‖Loc. *Tirer au sort*, tirar à sorte; ir* às sortes [soldats]. *Jeter le sort*, deitar sortes. *Jeter un sort*, enfeitiçar. *Le*

Itálico : acento tônico. ‖V. página verde para a pronúncia figurada. ‖ *Verbo irreg. V. no final do livro.

SOR — SOU

sort en est jeté, está decidido; o que for há-de *soar*.

sor‖table adj. (çorta-). Conveniente. ‖**-tant, ante** adj. (-â, ât). Saliente. ‖Cessante.

sorte f. (çort). Sorte. ‖Modo, m., maneira [manière] : *faire en sorte que*, agir de modo que. ‖ Classe : *de toute sorte*, de toda a classe. ‖Espécie : *une sorte de*, uma espécie de.

sortie f. (çorti). Saída. ‖*Fig*. Crítica, invectiva, censura.

sortilège m. (çor-éj). Sortilégio.

sortir* vi. (çortir). Sair*. ‖vt. Tirar, fazer* sair* : *sortir une voiture*, tirar um carro (da garagem).

sosie m. (çozi). Sósia.

Sosie n. pr. (çozi). Sósia.

sot, otte adj. e s. (çô, ot). Parvo, va; bobo, ba (*Br*.).

sotie f. (çoti). Sotia (farsa).

sot-l'y-laisse m. (çol-éç). Rabadilha, f., sobrecu, rabadela, f.

sot‖tement adv. (ço-â). Parvamente. ‖**-tise** f. (-iz). Parvoíce; bobagem, bobice (*Br*.).

sou m. (çu). Soldo [monnaie]. ‖Loc. *Cela vaut mille francs comme un sou*, isso vale mil francos a olhos fechados. *N'avoir pas le sou*, não ter* vintém. *Net comme un sou neuf*, muito limpo. *Sans le sou*, sem cheta. *Sou à sou*, pouco a pouco. *Un sans le sou*, um pelintra, um depenado.

soubassement m. (çuba-â). Envasamento (arq.). ‖Rodapé (de cama).

soubresaut m. (çubrâçô). Sobressalto. ‖Sacão [cheval]. ‖Estremeção.

soubrette f. (çubrét). Criadinha.

souche f. (çux). Tronco, m., cepa. ‖Talão, m. [d'un livre à souche]. ‖Loc. *Faire souche*, ter* descendência. *Livre à souche*, livro de talões.

souchet m. (çuxé). Junça, f., albaflor, f. [plante].

sou‖ci m. (çuci). Cuidado, inquietação, f. ‖Maravilha, f. [plante]. ‖*Sans-souci* (çãçuci). Descuidado. ‖**-cier** (se) vr. Inquietar-se. Importar-se, fazer* caso. ‖**-cieux, euse** adj. (-iâ, âz). Preocupado, da.

soucoupe f. (çucup). Pires, m. ‖Loc. *Soucoupe volante*, disco (m.) voador.

sou‖dain, aine adj. (çudàn, -én). Súbito, ta; repentino, na. ‖adv. De repente; de supetão (*Br*.). ‖**-daineté** f. (-é). Rapidez, brusquidão.

Soudan n. pr. (çudã). Sudão.

soudan m. (çudã). Sultão. ‖**-ais, aise** adj. e s. (-ané, éz). Sudanês, esa.

soudard m. (çudar). Caserneiro.

soude f. (çud) Soda. ‖Barrilha.

souder vt. (çudé). Soldar.

soudoyer vt. (çuduaié). Assoldadar, assalariar, contratar, ajustar.

soudure f. (çucùr). Solda; soldadura [travail].

souf‖flage m. (çu-aj). Sopro do vidro). ‖**-fle** m. (çu-). Sopro. ‖Alento, respiração, f. ‖**-flé, ée** adj. (-é). Soprado, da. ‖Enfolado, da [crème]. ‖**-fler** vt. (-é). Soprar. ‖Apagar [éteindre]. ‖Soprar [un élève]. ‖Pontear [à un acteur. ‖*Fig*. Surripiar [enlever]. ‖Un. Respirar. ‖**-flerie** f. (-âri). Foles, m. pl. ‖**-flet** m. (-é). Fole. ‖Bofetada, f. [gifle]. ‖*Fig*. Afronta, f., injúria, f. ‖**-fleter** vt. (-âté). Esbofetear. ‖**-fleur, euse** adj. e s. (-âr, âz). Soprador, ora. ‖Ponto [théâtre]. ‖**-flure** f. (-ùr). Ampola, bolha, vesícula. ‖Falha, chocho, m.

souf‖france f. (çufrãç). Sofrimento, m. ‖Loc. *En souffrance*, suspenso, sa; em suspenso. ‖**-frant, ante** adj. (-â, ât). Adoentado, da; malacafento, ta; molongó (*Br*.) [qui souffre]. ‖Sofredor, ora; tolerante. ‖Dolente [qui exprime la douleur]. *Église souffrante*, as almas do purgatório. ‖**-fre-douleur** m. (-âdulâr). Burro de carga [celui qui a tout le travail]. ‖Juguete, alvo de troças [cible de tracasseries]. ‖**-freteux, euse** adj. (-âtâ, âz). Necessitado, da [miséreux]. ‖Doente [maladif]. ‖**-frir** vt. e vi. (-ir). Sofrer, padecer [douleur]. ‖Aturar, tolerar. ‖*Fig*. Decair*, estragar-se, deteriorar-se [languir].

sou‖frage m. (çufraj). Enxoframento. ‖**-fre** m. (çufr). Enxofre. ‖**-frer** vt. (-é). Enxofrar. ‖**-frière** f. (-iér). Enxofreira (jazigo de enxofre).

souhait‖t m. (çué). Desejo. ‖Voto : *souhaits de bonne année*, boas-fes-

---

Lettres penchées : accent tonique. ‖V. page verte pour a prononciation figurée. ‖*Verbe irrég. V. à la fin du volume.

SOU — SOU 316

tas, f. ‖Loc. *A souhait*, à medida dos *seus* desejos. *A vos souhaits*, santinho, viva. ‖**-table** adj. (-a-). Desejável. ‖**-ter** vt. (-é). Desejar. ‖Loc. *Souhaiter la bonne année, la fête*, dar* as boas-festas, desejar feliz aniversário. *Souhaiter le bonjour*, dar* os bons dias.
soui‖lle f. (*çuiiâ*). Chiqueiro, m. [sanglier]. ‖Cova [bateau échoué]. ‖**-ller** vt. (-*ié*). Sujar. ‖*Fig*. Manchar : *souiller ses mains*, manchar as mãos. ‖**-llon** m. e f. (-*iô*). Porco, ca ; porcalhão, ona [sale]. ‖Criada (de serviços sujos). ‖**-llure** f. (-*iùr*). Mancha, nódoa ; mácula, labéu, m.
soûl, oule adj. (çu, ul). Farto, ta. ‖*Pop*. Bêbedo, da [ivre]. ‖Loc. *Tout son soûl*, até fartar, à farta.
soula‖gement m. (çula-â). Alívio. ‖**-ger** vt. (-é). Aliviar ; suavizar.
soû‖lard m. (çular). Bêbedo. ‖**-ler** vt. (-é). Fartar. ‖Embebedar, embriagar [enivrer]. ‖**-lerie** f. (-ri). Bebedeira ; patuscada ; porre, m. (*Br*.).
sou‖lèvement m. (çulé-â). Levantamento. ‖*- de cœur* (-câr). Náusea, f. ‖**-lever** vt. (-é). Levantar. ‖*Fig*. Excitar [dispute, etc.]. ‖Sublevar [sédition, révolte]. ‖Loc. *Soulever le cœur*, causar náuseas, enjoar.
soulier m. (çulié). Sapato.
soulte f. (çult). Torna (jur.).
sou‖mettre vt. (çumétr). Submeter. ‖**-mis, ise** adj. (-*i, iz*). Submetido, da ; submisso, ssa. ‖**-mission** f. (-*iô*). Submissão. ‖**-missionner** vt. (-*oné*). Propor*, licitar, apresentar propostas.
soupape f. (çupap). Válvula.
soup‖çon m. (çupçô). Suspeita, f. ‖Bocadinho, tudo-nada [fragment]. ‖**-çonner** vt. (-*oné*). Suspeitar de. ‖**-çonneux, euse** adj. (-*â, âz*). Suspicaz, desconfiado da ; receoso, sa ; suspeitoso, sa.
soupe f. (çup). Sopa. ‖Loc. *Trempé comme une soupe*, encharcado, da.
soupente f. (çupât). Desvão, m., vão, m.
souper m. (çupê). Ceia, f. ‖vi. Cear.
soupeser vt. (çu-é). Tomar o peso a.
sou‖peur, euse m. e f. (çupâr, âz).

Que costuma cear. ‖**-pière** f. (-*iér*). Terrina.
sou‖pir m. (çupír). Suspiro. ‖**-pirail** m. (-*aí*). Clarabóia, f., respiradouro. ‖**-pirant** m. (-*â*). Apaixonado. ‖**-pirer** vt. e* vi. (-é). Suspirar : *soupirer après*, suspirar por.
sou‖ple adj. (çu-). Flexível. ‖*Fig*. Servil. ‖**-plesse** f. (-éç). Flexibilidade. ‖*Fig*. Subserviência.
souquenille f. (çukânii â). Blusa comprida, espécie de bata.
sour‖ce f. (çurç). Fonte, nascente. ‖*Fig*. Fonte, origem : *de bonne source*, de boa fonte ; *de source certaine*, de origem fidedigna. ‖**-cier** m. (-*ié*). Vedor.
sour‖cil m. (çurcí). Sobrancelha, f. ‖**-cilier, ère** adj. (-*ié, ér*).Supraciliar. ‖**-ciller** vi. (-*ié*). Franzir as sobrancelhas ; pestanejar.
sourd‖, **ourde** adj. e s. (çur, urd). Surdo, da. ‖Loc. *Faire la sourde oreille*, fazer* ouvidos de mercador. *Sourd comme un pot*, surdo como uma porta. ‖**-ine** f. (-*in*). Surdina. ‖**- muet, muette** m. e f. (-*ùé, ét*). Surdo-mudo, surda-muda.
sourdre* vi. (çurdr). Brotar, manar [eau]. ‖*Fig*. Surgir, resultar.
souriant, ante adj. (çuriâ, ât). Sorridente, risonho, nha ; alegre, prazenteiro, ra.
souri‖ceau m. (çuriçô). Ratinho ; camondongo (*Br*.). ‖**-cière** f. (-*iér*). Ratoeira.
sourire* vi. (çurír). Sorrir*. ‖s. m. Sorriso.
souris f. (çurí). Rato, m.
sournois‖, **oise** adj. (çurnuá, uaz). Sonso, sa. ‖**-erie** f. (-*ri*). Dissimulação, sonsice, manha, sorrelfa.
sous‖ prep. (çu). Sob, debaixo de. ‖*Fig*. Sob, mediante : *sous une condition*, sob uma condição. ‖Loc. *Sous cape*, à socapa. *Sous peu*, dentro em pouco. *Sous prétexte*, com o pretexto. ‖**- bois** m. (-*ua*). Vegetação (f.) rasteira. ‖Bosque, floresta, f. [peint]. ‖**- chef** m. (-*éf*). Sub-chefe. ‖**- commission** f. (-*o-tô*). Subcomissão.
sous‖cripteur m. (çuçkriptâr). Subscritor. ‖**-cription** f. (-*ciô*). Subscrição, assinatura. ‖**-crire*** vt. (-*ír*).

Itálico : accento tônico. ‖V. página verde para a pronúncia figurada. ‖ *Verbo irreg. V. no final do livro.

Subscrever, assin*a*r. ‖-**crit, ite** adj. (-*i*, *it*). Subscrito, ta.

sous‖-**cutané, ée** adj. (cucùtan*ê*). Subcutâneo, ea. ‖--**diacre** m. (-*i*acr). Subdi*á*cono. ‖--**directeur, trice** m. e f. (-rect*ó*r, ri*ç*). Subdiretor, ora. ‖--**entendre** vt. (-z*à*tãdr). Subentender. ‖--**genre** m. (-*à*r). Subg*é*nero. ‖--**gouverneur** (-uvérn*á*r). Vice-governador. ‖--**lieutenant** m. (-iâ-*ã*). Alferes. ‖--**locataire** m. f. (-ocat*é*r). Sublocatário, ia. ‖--**location** f. (-ci*ô*). Sublocação. ‖--**louer** vt. (-lu*é*). Subalugar, sublocar. ‖--**main** m. (-*à*n). Past*a*, f. (d*e* secretária). ‖--**maître, esse** m. e f. (-*ê*tr, *è*ç). Ajudante de professor, ora. ‖--**marin, ine** adj. e s. m. (-ar*à*n, *i*n). Submarino, na. ‖--**multiple** adj. (-*ù*-*i*-). Subm*ú*ltiplo, pla. ‖--**œuvre** m. (-z*ô*vr). U. na loc. : *reprendre en sous-œuvre*, reconstruir* desde os alicerces. ‖--**officier** m. (-zo-i*ê*). Sargento, furriel. ‖--**ordre** m. (-z*ó*rdr). Subordinado, da : *en sous-ordre*, subordinadamente. ‖--**pied** m. (-i*ê*). Pres*í*lha, f. ‖--**préfecture** f. (-rêf*é*ctù*r*). Subprefeitura. ‖--**préfet** m. (-*é*). Subprefeito. ‖--**secrétaire** m. (-*â*crêt*é*r). Subsecretário. ‖--**seing** m. (-ç*à*n). Contrato particular.

soussigné, ée m. e f. (çu-nh*ê*). Abaixo assinado, da : *je soussigné*, o abaixo assinado, eu.

sous‖-**sol** m. (çuç*o*l). Subsolo. ‖--**tendre** vt. (-*á*dr). Subtender. ‖--**titre** m. (-*i*tr). Subtítulo.

sous‖**traction** f. (çuçtraksi*õ*). Subtracção. ‖--**traire*** vt. (-*é*r). Subtrair, deduzir. ‖ Diminuir*, deduzir*. sous‖-**ventrière** f. (çuvàtri*é*r). Cilhamestra. ‖--**verge** m. (-*é*rj). Cavalo das varas, da mão (art.).

souta‖che f. (çut*a*x). Tranc*i*nha. ‖-**cher** vt. (-*ê*). Bord*a*r a sut*a*che.

soutane f. (çut*a*n). Sotaina.

soute f. (çut). Paiol, m.

sou‖tenable adj. (çu-*a*-). Sustent*á*vel ; suport*á*vel ; defens*á*vel. ‖-**tenance** f. (-*á*ç). Defesa [thèse]. ‖-**tènement** m. (-*é*-*ã*). Sustentação, f. ‖-**teneur** m. (-*â*r). Sustentador. ‖Chulo, rufi*ã*o. ‖-**tenir*** vt. (-*i*r). Suster*, sustent*a*r. ‖-**tenu, ue** adj.

(-*ù*). Sust*í*do, da. ‖Elev*a*do, d*a* [style].

souterrain, aine adj. e s. m. (çutér*à*n, *é*n). Subterrâneo, ea. ‖ *Fig.* Secreto, ta.

soutien m. (çuti*à*n). Sustent*á*culo. ‖--**gorge** m. (-*o*rj). Ampara-seios.

soutier m. (çuti*ê*). Paiol*ei*ro.

sout‖rage m. (çu-raj). Trasfego. ‖-**rer** vt. (-*ê*). Trasfeg*a*r. ‖*Fig.* Apanh*a*r (por astúcia).

souve‖nance f. (çu-*á*ç). Recordação. ‖-**nir** m. (-*i*r) Lembrança, f. ‖-**nir*** **(se)** vr. Record*a*r-se, lembr*a*r-se.

souvent adv. (çuv*ã*). Mu*i*tas vezes.

souve‖rain, aine adj. e s. (çuvr*à*n, *é*n). Soberano, na. ‖-**raineté** f. (-*é*). Soberania, ‖*F-g.* Pod*e*r supremo, m.

soviéti‖que adj. e s. (çovi*é*tic). Soviético, ca. ‖-**ser** vt. (-*ê*). Bolchevizar.

soyeux, euse adj. (çuai*â*, *ã*z). Sedoso, sa ; acetinado, da ; fino, na ; suave, macio, ia.

spacieux, euse adj. (çpaci*â*, *â*z). Espaç*o*so, sa ; vasto, ta ; amplo, pla.

spadassin m. (çpadaç*à*n). Espadach*i*m.

spahi m. (çpa*i*). Sip*ai*, sip*a*io.

sparadrap m. (çparadr*a*p). Esparadr*a*po, emplastro.

Sparte n. pr. (çp*a*rt). Esparta.

spar‖te m.(çp*a*rt). Esparto [plante]. ‖-**terie** f. (-r²). Espartaria. ‖-**tiate** adj. e s. (-c*ia*t). Espartano, na. ‖

spas‖me m. (çpaçm). Espasmo. ‖-**modique** adj. (-odic). Espasmódico, ca.

spath m. (çpat). Espato (miner.).

spatule f. (çpat*ù*l). Espátula.

speaker m. (çpik*â*r). Locutor.

spé‖cial, ale adj. (çp*è*cial). Especial. ‖-**cialiser** vt. (-*ê*). Especializar. ‖-**cialiste** m. (-*i*çt). Especialista. ‖-**cialité** f. (-*é*). Especialid*a*de.

spé‖cieux, euse adj. (çpêci*â*, *â*z). Especi*o*so, sa. ‖-**cifier** vt. (-i*ê*). Especificar. ‖-**cifique** adj. (-*i*c). Específico, ca. ‖-**cimen** m. (-*é*n). Espécime, amostra, f., modelo.

specta‖cle m. (çpéct*a*-). Espetáculo. ‖-**culai*r*e** adj. (-*ù*l*è*r). Espectacular. ‖-**teur, trice** m. e f. (-*â*r, r*i*ç). Espect*a*dor, ora ; testemunha, f.

spectr‖e m. (çp*é*ctr). Espectro.

Lettres penchées : accent tonique. ‖ V. page verte pour la prononciation figurée. ‖ *Verbe irrég. V. à la fin du volume.

‖**-ographe** m. (-ogra*f*). Espectrógrafo.

spécu‖**lateur, trice** adj. e s. (çpêcùla*târ*, rí*ç*). Especulad*or*, *ora*. ‖**-latif, ive** adj. (-i*f*, i*v*). Especulati*vo*, va. ‖**-lation** f. (-ci*ô*). Especulaç*ão*. ‖**-ler** vt. (-*ê*). Especul*ar*. ‖**-lum** m. (-om). Espéculo.

speech m. (çpitx). Discurso.

sperme m. (çpér*m*). Esperma.

sph‖**ère** f. (çfé*r*). Esfera. ‖**-érique** adj. (-êri*ç*). Esfé*r*ico, ca.

sphincter m. (çfànctér). Esfíncter.

sphinx m. (çfànkç). Esfínge, f.

spinal, ale adj. (ç-al). Espin*a*l.

spi‖**ral, ale** adj. e s. f. (ç-r*a*l). Espir*al*. ‖m. Cabelo [montre]. ‖**-re f**. (çpir). Espira.

spiri‖**te** m. (ç-rít). Espírita. ‖**-tisme** m. (-íçm). Espiritismo. ‖**-tuel, elle** adj. (-*u*èl). Espiritu*al*. ‖**Espirituoso**, sa; gracioso, sa. ‖**-tueux, euse** adj. (-*u*â, âz). Espirituoso, sa (bebída). ‖s. m. Licor.

spirochète m. (ç-rôkét). Espiroqueta.

spleen m. (ç-in). Neura, f.

splen‖**deur** f. (ç-ādâ*r*). Esplendor, m. ‖**-dide** adj. (-íd). Esplêndido, da.

spo‖**lliation** f. (çpoliaci*ô*). Espoliaç*ão*. ‖**-lier** vt. (-i*ê*). Espoli*ar*.

spongieux, euse adj. (çpõjiâ, âz). Esponjoso, sa; poroso, sa.

sponta‖**né, ée** adj. (çpôtan*ê*). Espontâneo, ea. ‖**-néité** f. (-ê-é). Espontaneidade. ‖**-nément** adv. (-*â*). Espontâneamente, naturalmente.

spo‖**radique** adj. (çporadí*c*). Esporádico, ca. ‖**-re f**. (çpor). Esporo, m.

spor‖**t** m. (çpor). Desporto; esporte (Br.). ‖**-tsman** m. (-çman). Desportista.

spumeux, euse adj. (çpùmâ, âz). Espumoso, sa; espúmeo, ea; espum*a*nte.

squale m. (çcu*a*l). Esqualo.

squameux, euse adj. (çcuamâ, âz). Escamoso, sa.

square m. (çcuar). Jardim graded*o* (numa praça pública).

sque‖**lette** m. (çcâlét). Esqueleto. ‖**-lettique** adj. (-í*c*). Esquelético, ca.

squirre m. (çkir). C*i*rro (tum*or*).

sta‖**biliser** vt. (çta-é). Estabiliz*ar*. ‖**-bilité** f. (-*ê*). Estabilidade. ‖**-ble** adj. (-*a*-). Estável.

stabulation f. (çtabùlaci*ô*). Estabulaç*ão*.

stade m. (çtad). Estádio.

sta‖**ge** m. (çtaj). Estágio. ‖**-giaire** m. (-ié*r*). Estagiário.

sta‖**gnant, ante** adj. (çtagn*â*, ât). Estagnante, estagnado, da. ‖**-gnation** f. (-aci*ô*). Estagnaç*ão*. ‖*Fig.* Inércia.

sta‖**lactite** f. (çtalactít). Estalactite. ‖**-lagmite** f. (-ât). Estalagmite.

stalle f. (çtal). Cadeira de coro. ‖Cadeira [théâtre]. ‖Divis*ão* [écurie].

stance f. (çtaç). Estância, estrofe.

stand m. (çt*â*d). Mostruário.

standard‖ m. (çtâda*r*). Estal*ão*. ‖Norma, f. ‖**-iser** vt. (-*ê*). Aferir*, uniformizar, unific*ar*.

staphylocoque m. (çtafilococ). Estafilococo.

station‖ f. (çtaci*ô*). Estaç*ão*, paragem. ‖Apeadeiro, m. [chemin de fer]. ‖**-naire** adj. (-onér). Estacionário, ia. ‖**-nement** m. (-*â*). Estacionamento. ‖**-ner** vi. (-*ê*). Estacion*ar*, par*ar*, estac*ar*, deter-se*.

statique adj. (çtatíc). Estático, ca. ‖s. f. Estática.

statis‖**ticien, enne** m. e f. (çtatiçticiàn, én). Estatístico, ca. ‖**-tique** f. (-í*c*). Estatística.

sta‖**tuaire** adj. e s. (çtatùér). Estatuário, ia. ‖**-tue f**. (-*ù*). Estátua. ‖**statuer** vt. (çtatù*ê*). Estatuír*.

statuette f. (çtatùèt). Estatueta.

stature f. (çtat*ù*r). Estatura.

statut‖ m. (çtat*ù*). Estatuto. ‖**-aire** adj. (-tér). Estatutário, ia.

steamer m. (çtimô*r*). Vapor (barco).

stéa‖**rine** f. (çtearin). Estearina. ‖**-rique** adj. (-í*c*). Esteárico, ca. ‖**-tite** f. (-ít). Esteatite.

steeple-chase m. (çti-âtxé*z*). Corrida (f.) de obstáculos.

stèle f. (çtél). Estela, cipo, m.

stellaire adj. (çtelé*r*). Estel*ar*.

stencil m. (çtàcil). Papel parafinado (para cópias).

sténo-dactylographe m. e f. (çtênodac-ogr*a*f). Estenodactilógrafo, fa.

sténogra‖**phe** m. e f. (çtênogr*a*f). Estenógrafo, fa. ‖**-phie f**. (-i). Estenografia, taquigrafia. ‖**-phier** vt. (-i*ê*). Estenograf*ar*, taquigraf*ar*.

sténotypie f. (çtêno-i). Estenotipia.

Itálico : acento tônico. ‖V. página verde para a pronúncia figurada. ‖ *Verbo irreg. V. no final do livro.

Stentor n. pr. (ςtător). Estentor. ‖ *De stentor* (dâ-). De estentor.
steppe f. (ςtép). Estepe.
stère m. (ςtér). Estere.
stéréo‖graphie f. (ςtêrêograf*i*). Estereografia. ‖**-scope** m. (-ςcop). Estereoscópio. ‖**-tomie** f. (-om*i*). Estereotomia. ‖**-typie** f. (-*i*). Estereotip*i*a.
stéri‖le adj. (ςtêr*i*l). Estéril. ‖**-liser** vt. (-*ê*). Esterilizar. ‖**-lité** f. (-*ê*). Esterilid*a*de.
sterling adj. e s. m. (ςtêrl*i*àn). Esterl*i*no, na.
sternum m. (ςt*é*rnom). Esterno.
sternutatoire adj. (ςtérn*ù*tat*u*ar). Esternutatório, ia; ptármico, ca.
stéthoscope m. (ςtêtoςcop). Estetoscópio.
stigma‖te m. (ςtigm*a*t). Est*í*gma. ‖**-tiser** vt. (-*ê*). Estigmatizar.
stilligoutte m. (ς-ut). Conta-gotas.
stimu‖lant, ante adj. e s. m. (ς-ùlá, ăt). Estimul*a*nte. ‖**-ler** vt. (-*ê*). Estimul*a*r, espica*ç*ar, excitar, activar.
stipe m. (ςtip). Estípe, haste, f.
stipendier vt. (ς-ādi*ê*). Estipendi*a*r, assalari*a*r, assoldad*a*r.
sti‖pulation f. (ς-ùlaci*õ*). Estipulação. ‖**-pule** f. (-*ù*l). Estípula. ‖**-puler** vt. (-*ê*). Estipular.
stock‖ m. (ςtoc). Estoque (*Br.*); existência, f. ‖**-er** vt. (-*ê*). Armazen*a*r, deposit*a*r, sortir*, abastec*e*r.
Stockholm n. pr. (ςtoco-). Estocolmo.
stoï‖cien, enne adj. (ςtoïci*à*n, *é*n). Estóico, ca. ‖**-cisme** m. (-*i*ςm) Estoic*i*smo. ‖**-que** adj. (-*i*c). Estóico, ca.
stoma‖cal, ale adj. (ςtomac*a*l). Estomacal. ‖**-chique** adj. (-x*í*c). Estomáquico, ca.
stop‖page m. (ςtopaj). Cerzidura, f. ‖Par*a*gem, f. [arrêt]. ‖**-per** vi. (-*ê*). Par*a*r, deter-se*. ‖vt. Cerz*i*r [rentraire]. ‖**-peur, euse** m. e f. (-*â*r, *â*z). Cerzidor, deira.
store m. (ςtor). Gelosia, f., estore.
stovaïne f. (ςtovaïn). Estovaína.
strabisme m. (ςtrabiςm). Estrabismo.
Stradivarius n. pr. (ςtra-ari*ù*ς). Estradivário.
stran‖gulation f. (ςtrăgùlaci*õ*). Estrangulação. ‖**-gurie** f. (-r*i*). Estrangúria.
strapontin m. (ςtrapõtàn). Assento de dobradiça (em teatros, etc.).
Strasbourg n. pr. (ςtra*ç*bur). Estrasb*u*rgo.
strass m. (ςtraς). Diamante f*a*lso.
stra‖tagème m. (ςtrataj*é*m). Estratagema. ‖**-tège** m. (-*é*j). Estratego. ‖**-tégique** adj. (-êj*i*c). Estratégico, ca. ‖**-tégiste** m. (-*é*ςt). Estrategista, táctico.
strati‖fication f. (ςtra-aci*õ*). Estratificação. ‖**-fier** vt. (-*i*ê). Estratificar; acamar.
stratosphère f. (ςtratoςf*é*r). Estratosfera.
stratus m. (ςtrat*ù*ς). Estrato.
strict‖, **icte** adj. (ςtrict). Estrito, ta. ‖**-ement** adv. (-âm*ã*). Estritamente.
strident, ente adj. (ςtr-ā, ăt). Estridente, agudo, da; penetr*a*nte.
str‖ie f. (ςtr*i*). Estr*i*a. ‖**-lé, ée** adj. (-*i*ê). Estriado, da; rai*a*do, da.
stroboscopie f. (ςtroboςcopi). Estroboscop*i*a.
strophe f. (ςtrof). Estrofe.
structure f. (ςtrùct*ù*r). Estrutura.
strychnine f. (ςtricn*i*n). Estricn*i*na.
stuc m. (ςtùς). Estuque.
stu‖dieux, euse adj. (ςtùdi*â*, *â*z). Estudi*o*so, sa. ‖**-dio** m. (-*i*ô). Estúdio.
stupé‖faction f. (ςtùpêfakci*õ*). Estupefacção. ‖**-fait, aite** adj. (-*é*, *é*t). Estupef*a*cto, ta. ‖**-fiant, ante** adj. e s. m. (-*iã*, *ã*t). Estupefaciente. ‖**-fier** vt. (-*i*ê). Pasm*a*r, deix*a*r estupef*a*cto, espant*a*r, assombr*a*r, entorpec*e*r.
stu‖peur f. (ςtup*â*r). Estup*o*r, m., estupefacção, f. ‖**-pide** adj. e s. (-*i*d). Estúp*i*do, da. ‖**-pidité** f. (-*ê*). Estupidez, parvoíce, tolice, estolidez.
stupre m. (ςtùpr). Estupro.
sty‖le m. (ςtil). Estilo. ‖**-ler** vt. (-*ê*). Form*a*r, adestr*a*r. ‖**-let** m. (-*é*). Estilete. ‖**-liser** vt. (-*ê*). Estiliz*a*r. ‖**-lo** m. (-*ô*). Caneta [f.] (de t*i*nta) permanente, caneta-tinteiro.
su m. (ςù). Conhecimento [em *au vu et au su de tous*, vendo-o e sabendo-o toda a gente.
suaire m. (ςù*ê*r). Sudário.
suant, ante εdj. (ςù*ã*, *ã*t). Su*a*do, da.

Lettres penchées : accent tonique. ‖ V. page verte pour la prononciation figurée. ‖ *Verbe irrég. V. à la fin du volume.

SUA — SUD

sua‖ve adj. (cùav). Suave. ‖-vité f. (-é). Suavidade; alegria.
sub‖alterne adj. e s. (cùba-érn). Subalterno, na. ‖-conscient m. (-ôciã). Subconsciente. ‖-diviser vt. (-é). Subdividir. ‖-division f. (-iô). Subdivisão.
subéreux, euse adj. (cùberâ, âz). Suberoso, sa.
subir vt. (cùbír). Sofrer.
su‖bit, ite adj. (cùbi, ít). Súbito, ta. ‖-bitement adv. (-â). Súbitamente. ‖-bito adv. (-ô). Fam. De repente.
subjectif, ive adj. (cù-éctíf, ív). Subjectivo, va.
subjonctif, ive adj. e s. m. (cù-ôctíf, ív). Subjuntivo, va; conjuntivo, va.
subjuguer vt. (cù-ùghê). Subjugar.
subli‖me adj. (cu-ím). Sublime. ‖-mé, ée adj. e s. m. (-é). Sublimado, da. ‖-mer vt. (-é). Sublimar. ‖-mité f. (-é). Sublimidade, perfeição.
submer‖ger vt. (cù-érjê). Submergir. ‖-sible adj. (-i-). Submersível. ‖-sion f. (-iô). Submersão.
subor‖dination f. (cùbor-aciô). Subordinação. ‖-donné, ée adj. (-oné). Subordinado, da. ‖-donner vt. (-oné). Subordinar, submeter; sujeitar.
subor‖nation f. (cùbornaciô). Subornação, suborno, m. ‖-ner vt. (-é). Subornar. ‖-neur, euse adj. e s. (-âr, âz). Subornador, ora; aliciador, ora.
subreptice adj. (cùbréptíç). Subreptício, ia; furtivo, va; ilícito, ta.
subro‖gation f. (cùbrogaciô). Sub-rogação. ‖-ger vt. (-jé). Sub-rogar.
subsé‖quemment adv. (cùbcécamã). Subsequentemente. ‖-quent, ente adj. (-cã, ãt). Subsequente, seguinte.
subsi‖de m. (cùbcid). Subsídio. ‖-diaire adj. (-iér). Subsidiário, ia.
subsis‖tance f. (cùbzíctãç). Subsistência. ‖-tant, ante adj. (-ã, ãt). Subsistente. ‖-ter vi. (-é). Subsistir, persistir, perdurar, manter-se.
substan‖ce f. (cùbçtãç). Substância. ‖-tiel, elle adj. (-ciél). Substancial. ‖-tif, ive adj. e s. m. (-íf, ív). Substantivo, va.
substi‖tuer vt. (cùbç-ùê). Substi-

tuír*. ‖-tut m. (-ù). Substituto. ‖-tution f. (-ciô). Substituição.
subterfuge m. (cù-érfùj). Subterfúgio, pretexto, rodeio, evasiva, f.
sub‖til, ile adj. (cù-íl). Subtil. ‖-tiliser vt. (-é). Subtilizar. ‖-tilité f. (-é). Subtileza, finura.
suburbain, aine adj. (cùbùrbãn, én). Suburbano, na.
sub‖venir* vi. (cù-ânír. ‖Prover*. ‖-vention f. (-âciô). Subvenção. ‖-ventionner vt. (-oné). Subvencionar, subsidiar, socorrer, auxiliar.
subversif, ive adj. (cù-érçíf, ív). Subversivo, va; revolucionário, ia.
suc m. (cùc). Suco. ‖Sumo [plantes].
succé‖dané, ée adj. e s. m. (cùkcédané). Sucedâneo, ea. ‖-der vi. (-é). Suceder, seguir-se*.
succès m. (cùkcé). Êxito, sucesso.
succes‖seur m. (cùkcéçôr). Sucessor. ‖-sif, ive adj. (-íf, ív). Sucessivo, va. ‖-sion f. (-iô). Sucessão. ‖-soral, ale adj. (-oral). Sucessoral, sucessório, ia.
succin m. (cùkçan). Súccino.
succinct, incte adj. (cùkçan, ãnct). Sucinto, ta; conciso, sa. ‖Fam. Parco, ca; pouco abundante.
succion f. (cùkciô). Sucção.
succomber vi. (cucôbé). Sucumbir, fraquejar. ‖Fig. Ceder; morrer.
succulent, ente adj. (cùcùlã, ãt). Suculento, ta; saboroso, sa.
succursale f. (cùcùrçal). Sucursal, filial.
su‖cement m. (cù-ã). Chupadela, f. ‖-cer vt. (-ê). Chupar. ‖-cette f. (-ét). Chupeta, chucha. ‖-ceur m. (-âr). Sugador. ‖-çoir m. (-uar). Sugadouro. ‖-çon m. (-ô). Chupão. ‖-çoter vt. (-oté). Chuchar.
su‖crage m. (cùcraj). Adoçamento. ‖-cre m. (cùcr). Açúcar. ‖Loc. Casser du sucre, dizer* mal. Sucre brut, açúcar mascavado. Sucre de lait, lactose, f. Sucre d'orge, caramelo. ‖-cré, ée adj. (-é). Açucarado, da. ‖-crer vt. (-é). Açucarar. ‖-crerie f. (-ârí). Fábrica ou refinação de açúcar. ‖pl. Doces. ‖-crier, ère adj. e s. m. (-ié, ér). Açucareiro, ra. ‖-crin m. (-ãn). Melão Cantalupo.
sud m. (cùd). Sul.
sudation f. (cùdaciô). Sudação.

Itálico : accento tónico. ‖V. página verde para a pronúncia figurada. ‖*Verbo irreg. V. no final do livro.

sud-est m. (cùdéçt). Sudeste, sueste.
sudorifique adj. e s. m. (cùdor-ic) Sudorífico, ca.
sud-ouest m. (cùduéçt). Sudoeste.
Suède n. pr. (cùèd). Suécia.
suédois, oise adj. e s. (cùéduœ, uaz). Sueco, ca.
su∥ée f. (cùè). | *Pop.* Susto, m. [peur]. ∥**-er** vi. (cùè). Suar. ∥**-ette** f. (cùét). Febre miliar. ∥**-eur** f. (-ŵr). Suor, m.
suffi∥re* vi. (cùfir). Bastar. ∥**-samment** adv. (-amã). Suficientemente. ∥**-sance** f. (-ãç). Suficiente, m. : *avoir sa suffisance,* ter* o suficiente. ∥*Presunção,* vaidade. ∥*Loc. A suffisance, en suffisance, bastante.* ∥**-sant, ante** adj. (-ã, ãt). Suficiente, bastante. ∥*Vaidoso, sa.*
suffixe adj. e s. m. (cùfikç). Sufixo, que se sufixa.
suffo∥cant, ante adj. (cùfocã, ãt). Sufocante. ∥**-cation** f. (-aciõ). Sufocação. ∥**-quer** vt. e vi. (-ké). Sufocar, abafar, asfixiar, afogar.
suffra∥gant adj. e s. m. (cùfragã). Sufragâneo. ∥**-ge** m. (-aj). Sufrágio. ∥**-gette** f. (-ét). Sufragista (mulher).
sug∥gérer vt. (cùgjèré). Sugerir*. ∥**-gestif, ive** adj. (-éçtif, ív). Sugestivo, va. ∥**-gestion** f. (-iõ). Sugestão. ∥**-gestionner** vt. (-oné). Sugestionar.
suici∥de m. (cù-id). Suicídio. ∥**-dé, ée** m. e f. (-é). Suicida. ∥**-der (se)** vr. Suicidar-se.
suie f. (cùì). Fuligem.
suif∥ m. (cùif). Sebo; carnaúba, f. [de palmier du Brésil]. ∥**-fer** vt. (-é). Ensebar.
suin∥t m. (cùàn). Suarda, f. ∥**-tement** m. (-ã). Ressumação, f. ∥**-ter** vi. (-é). Ressumar, escorrer.
Suisse n. pr. (cùìç). Suíça.
suis∥se adj. e s. m. (cùìç). Suíço, ça. ∥m. *Guarda-portão,* porteiro. ∥**-sesse** f. (-éç). Suíça.
suite f. (cùìt). Séquito, m. [cortège]. ∥*Série, seguimento, m.* ∥*Continuação* [ce qui suit]. ∥*Consequência, efeito, m.* ∥*Nexo, m.* : *des mots sans suite,* palavras sem nexo. ∥*Loc. A la suite,* a seguir. *De suite,* sem interrupção. *Ensuite,* em seguida. *Esprit de suite,* perseverança, f.

Par la suite, depois. *Par suite,* em resultado. *Tout de suite,* imediatamente.
sui∥vant, arte adj. (cù-ã, ãt). Seguinte. ∥s. f. Dama de companhia; *criada ladina* [théâtre]. ∥pl. Companheiros, acólitos. ∥prep. Segundo, conforme. ∥**-vi, ie** adj. (-ì). Seguido, da. ∥**-vre*** vt. (cùìvr). Seguir*. ∥vi. Seguir-se*, vir* depois.
su∥jet m. (cùjé). Sujeito [gramm.]. ∥*Motivo, causa,* f. ∥*Assunto* : *sujet d'une lettre,* o assunto duma carta. ∥*Súbdito, vassalo* [personne]. ∥*Paciente* [anatomie; malade]. ∥**-jet, ette** adj. (-é, ét). Sujeito, ta. ∥*Propenso sa* [enclin]. ∥s. f. *Súbdita* [d'un souverain, etc]. ∥**-jétion** f. (-êciõ). Sujeição; obrigação.
sul∥fatage m. (cù-ataj). Sulfatagem f. ∥**-fate** m. (-at). Sulfato. ∥**-fater** vt. (-é). Sulfatar. ∥**-fhydrique** adj. (-ric). Sulfídrico, ca. ∥**-fite** m. (-it). Sulfito. ∥**-fure** m. (-ûr). Sulfureto. ∥**-fureux, euse** adj. (-ã, ãz). Sulfuroso, sa. ∥**-furique** adj. (-ic). Sulfúrico, ca. ∥**-furiser** vt. (-é). Sulfurizar.
Sulpice n. pr. (cù-iç). Sulpício.
sul∥tan m. (cù-ã). Sultão. ∥**-tane** f. (-an). Sultana.
superbe adj. e s. f. (cùpérb). Soberbo, ba.
supercherie f. (cùpérxàri). Intrujice, fraude, trapaça, embuste, m.
superfi∥cie f. (cùpér-i). Superfície. ∥**-ciel, elle** adj. (-é, él). Superficial.
superfin, ine adj. (cùpérfàn, ìn). Superfino, na; excelente.
super∥flu, ue adj. (cùpér-ù). Supérfluo, ua. ∥**-fluité** f. (-é). Superfluidade, demasia, excesso, m.
supé∥rieur, eure adj. (cùpêriŵr). Superior. ∥s. m. e f. Superior, ora. ∥**-riorité** f. (-or-é). Superioridade, vantagem.
super∥latif, ive adj. e s. m. (cùpérlatíf, ív). Superlativo, va. ∥**-poser** vt. (-ozé). Sobrepor*. ∥**-position** f. (-ciõ). Sobreposição.
supersti∥tieux, euse adj. (cùpérçciâ, âz). Supersticioso, sa. ∥**-tion** f. (-ciõ). Superstição.
superstructure f. (cùpérçtrùctùr). Superstrutura.

Lettres penchées : accent tonique. ∥V. page verte pour la prononciation figurée. ∥ *Verbe irrég. V. à la fin du volume.

SUP — SUR

supplanter vt. (cù-āté). Suplantar; vencer.
sup‖pléance f. (cù-êãç). Substituição, suprimento, m. ‖**-pléant, ante** adj. e s. (-ã, ãt). Suplente. ‖**-pléer** vi. (-é). Suprir : *la valeur suppléé au nombre*, o valor supre o número. ‖**-plément** m. (-ã). Suplemento. ‖**-plémentaire** adj. (-ér). Suplementar.
suppli‖ant, ante adj. e s. (cù-iã, ãt). Suplicante. ‖**-cation** f. (-aciõ). Suplicação, súplica, rogo, m.
suppli‖ce m. (cù-iç). Suplício. ‖**-cié, ée** m. e f. (-ié). Suplicíado, da. ‖**-cier** vt. (-ié). Suplicíar.
sup‖plier vt. (cù-ié). Suplicar. ‖**-plique** f. (-ic). Súplica.
suppor‖t m. (çùpor). Suporte. ‖**-table** adj. (-a-). Suportável. ‖**-ter** vt. (-é). Suportar, aguentar.
suppo‖sable adj. (cùpôza-). Presumível, admissível. ‖**-sé, ée** adj. (-sé). Suposto, tá. ‖**prep**. Supondo : *supposé ceci*, supondo isto. ‖**-ser** vt. (-é). Supor*. ‖**-sition** f. (-ciõ). Suposição. ‖**-sitoire** m. (-uar). Supositório.
suppôt m. (çùpô). Subordinado. ‖Sequaz, fautor [dans le mal].
sup‖pression f. (çùpréciõ). Supressão. ‖**-primer** vt. (-é). Suprimir, extinguir; omitir; abolir*.
suppu‖ration f. (çùpùraciõ). Supuração. ‖**-rer** vi. (-é). Supurar.
supputer vt. (çùpùté). Suputar.
supr‖ématie f. (çùprêmaci). Supremacia. ‖**-ême** adj. (-ém). Supremo, ma; sumo, ma; derradeiro, ra; último, ma.
sur prep. (cùr). Sobre, em cima de. ‖Por [relation] : *deux mètres sur trois*, dois metros por três. ‖ Com : *compter sur quelqu'un*, contar com alguém. ‖Por [d'après] : *juger sur la mine*, julgar pelo aspecto. ‖Em [parmi] : *deux jours sur trois*, dois dias em três. ‖Para [vers] : *sur le soir*, para a tarde.
sur, ure adj. (cùr). Ácido, da; azedo, da; amargo, ga; acre; agro, gra.
sûr, ûre adj. (cùr). Seguro, ra : *c'est sûr*, é garantido. ‖Loc. *A coup sûr, pour sûr*, com certeza.
surabon‖dance f. (çùrabõdãç). Superabundância. ‖**-dant, ante** adj. (-ã, ãt). Superabundante. ‖**-der** vi. (-é). Superabundar, abundar.
surah m. (çùra). Tecido de seda.
suraigu, uë adj. (cùrégù). Sobreagudo, da; muito agudo, da.
surajouter vt. (çùrajuté). Acrescentar, aumentar, ajuntar.
suralimen‖tation f. (çùra-ãtaciõ). Sobrealimentação. ‖**-ter** vt. (-é). Sobrealimentar.
suranné, ée adj. (cùrané). Antiquado, da; desusado, da; fora de moda.
surbals‖sé, ée adj. (cùrbécé). Rebaixado, da. ‖**-ser** vt. (-é). Rebaixar, abater, abaixar.
surchar‖ge f. (cùrxarj). Sobrecarga. ‖Emenda [écriture]. ‖**-ger** vt. (-é). Sobrecarregar. ‖Emendar.
surchauffer vt. (cùrxôfé). Sobreaquecer, aquecer demais.
surcou‖pe f. (cùrcup). Recorte (m.) com carta maior. ‖**-per** vt. (-é). Recortar com carta maior (jogo).
surcroit m. (çurcrua). Aumento : *par surcroît*, além disso.
surdi‖-mutité f. (çùr-ù-é). Surdimutismo, m. ‖**-té** f. (-é). Surdez.
sureau m. (çùrô). Sabugueiro.
surélever vt. (cùré-é). Sobrelevar, aumentar de novo, elevar.
sûrement adv. (cùrmã). Seguramente.
surench‖ère f. (cùrãxér). Sobrelanço, m. ‖**-érir** vi. (-érir). Cobrir* o lanço; oferecer mais.
suret, ette adj. (cùré, ét). Azedote, ta; acídulo, la.
sûreté f. (cùrté). Segurança.
surexci‖tation f. (cùrékç-aciõ). Sobreexcitação. ‖**-ter** vt. (-é). Sobreexcitar, estimular demasiado.
surfac‖e f. (cùrfaç). Superfície. ‖**-er** vt. (-é). Alisar.
surfaire* vt. (cùrfér). Encarecer.
surfaix m. (cùrfé). Sobrecilha, f.
surfiler vt. (cùr-é). Chulear.
surgir vi. (cùrjír). Surgir.
sur‖hausser vt. (çùrôcé). Altear. ‖**-humain, aine** adj. (-ùmàn, én). Sobre-humano, na.
surintendant, ante m. e f. (cùrãntãdã, ãt). Superintendente.
surir vi. (cùrir). Azedar.
surje‖t m. (cùrjé). Ponto de luva.

Itálico : accento tónico. ‖V. página verde para a pronúncia figurada. ‖*Verbo irreg. V. no final do livro.

SUR — SYL

‖-ter vt. (-âté). Coser a ponto de luva.
surlendemain m. (cùrlã-àn). Dois dias depois, o 2º dia depois.
sur‖menage m. (cùrmãnaj). Esgotamento, excesso de trabalho. ‖-mener vt. (-é). Esgotar, esfalfar. ‖-monter vt. (-ôté). Passar por cima. ‖Dominar, sobrepujar. ‖Vencer [difficulté]. ‖ (se) vr. Dominar-se, vencer-se.
surmulet m. (cùrmùlé). Salmonete.
surmulot m. (cùrmùlô). Ratazana, f.
sur‖nager vi. (cùrnajé). Sobrenadar. ‖-naturel, elle adj. (-ùrél). Sobrenatural. ‖-nom m. (-ô). Sobrenome, cognome. ‖-nommer vt. (-omé). Cognominar. ‖-numéraire adj. (-ùmérér). Supranumerário, ia.
suroît m. (cùrua). Sudoeste [vent]. ‖ Chapéu de oleado (de marinheiro).
surpasser vt. (cùrpacé). Sobrepujar. ‖ Exceder, vencer, superar. ‖ (se) vr. Exceder-se.
surplis m. (cùr-i). Sobrepeliz, f.
surplomber vt. (cùr-ôbé). Desaprumar-se [perdre l'aplomb]. ‖Dominar, estar* sobranceiro.
surplus m. (cùr-ù). Excesso. ‖Loc. Au surplus, quanto ao mais.
sur‖prenant, ante adj. (cùrprânâ, ât). Surpreendente. ‖-prendre* vt. (-âdr). Surpreender. ‖-prise f. (-iz). Surpresa, espanto, m.
surproduction f. (cùrprodùkciô). Superprodução.
surrénal, ale adj. (cùrénal). Suprarenal.
sursaturer vt. (cùrçatùré). Sobressaturar.
sursaut m. (cùrçô). Sobressalto. ‖ Loc. En sursaut, sobressaltado. ‖-er vi. (-é). Sobressaltar.
sur‖seoir* vt. e vi. (cùrçuar). Suspender. ‖-sis m. (-i). Prazo.
surtaxe f. (cùrtakç). Sobretaxa. ‖Disposição excessiva e ilegal.
surtout adv. (cùrtu). Sobretudo. ‖ s. m. Sobretudo [vêtement]. ‖Grande centro de mesa (de prata, etc.).
surveil‖lance f. (cùrvéiiâç). Vigilância. ‖-lant, ante adj. e s. (-iâ, ât). Vigilante. ‖-ler vt. (-é). Vigiar, fiscalizar; velar por [à].
sur‖venance f. (cùr-âç). Super-

niência. ‖-venant, ante adj. (-â, ât). Superveniente, que sobrevém. ‖-venir* vi. (-ir). Sobrevir*.
sur‖vie f. (cùrvi). Sobrevivência. ‖-vivance f. (-âç). Sobrevivência. ‖-vivant, ante adj. e s. (-â, ât). Sobrevivente. ‖-vivre* vi. (-ivr). Sobreviver. ‖-voler vt. (-olé). Voar por cima, sobrevoar.
sus prep. (cù). No encalço : courir sus à, correr no encalço de. ‖Loc. En sus, a mais. ‖interj. Sus, eia!
suscep‖tibilité f. (cùcép-é). Susceptibilidade. ‖-tible adj. (-i-). Susceptível; capaz, apto, ta.
susciter vt. (cùç-é). Suscitar.
suscription f. (cùçcripciô). Endereço, m., sobrescrito, m., direcção.
sus‖dit, ite adj. (cùdi, it). Susodito, ta [vx.], sobredito, ta. ‖-nommé, ée adj. (-omé). Supracitado, da.
suspect‖, ecte adj. (cùçpé, éct). Suspeito, ta. ‖-er vt. (-é). Suspeitar de, desconfiar de.
sus‖pendre vt. (cùçpâdr). Suspender, pendurar. ‖-pens adj. (-â). Suspenso. ‖Loc. En suspens, na incerteza. ‖-pensif, ive adj. (-if, iv). Suspensivo, va. ‖Loc. Points suspensifs, reticências, f. ‖-pension f. (-iô). Suspensão; interrupção.
suspicion f. (cùç-iô). Suspeita, f.
susten‖tation f. (cùçtâtaciô). Sustentação; sustento, m. ‖-ter vt. (-é). Sustentar, alimentar, nutrir.
susur‖rement m. (cùçurmâ). Sussurro. ‖-rer vt. (-é). Sussurrar.
suture f. (cùtùr). Sutura, costura.
Su‖zanne n. pr. (cùzan). Susana. ‖-zette, zon n. pr. (-ét, ô). Susaninha.
suze‖rain, aine adj. e s. (cùzràn, én). Suserano, na. ‖-raineté f. (-é). Suserania.
svastika m. (çvaç-a). Suástica, f.
svel‖te adj. (çvé-). Esbelto, ta. ‖-tesse f. (-éç). Esbelteza.
sybari‖te adj. e s. (-arit). Sibarita ‖-tisme m. (-içm). Sibaritismo.
sycomore m. (cicomor). Sicómoro.
sycophante m. (ofât). Sicofanta.
sylla‖baire m. (-abér). Silabário. ‖-be f. (-ab). Sílaba. ‖-bique adj. (-ic). Silábico, ca. ‖-bus m. (-ùç). Sílabo.

Lettres penchées : accent tonique. ‖V. page verte pour la prononciation figurée. ‖*Verbe irrég. V. à la fin du volume.

syllepse f. (-épç). Silepse [gramm.].
syllogisme m. (-ojíçm). Silogismo.
syl‖phe m. (cilf). Silfo. ‖**-phide** f. (-íd). Sílfide.
Sylvain n. pr. (-àn). Silvano.
syl‖vestre adj. (-éçtr). Silvestre. ‖**-viculture** f. (-ù-ùr). Silvicultura.
symbo‖le m. (cànbol). Símbolo. ‖**-lique** adj. (-íc). Simbólico, ca. ‖**-liser** vt. (-é). Simbolizar. ‖**-lisme** m. (-íçm). Simbolismo.
symé‖trie f. (-êtri). Simetría. ‖**-trique** adj. (-íc). Simétrico, ca.
sympa‖thie f. (cànpatí). Simpatía. ‖**-thique** adj. e s. m. (-íc). Simpático, ca. ‖**-thiser** vi. (-é). Simpatizar.
sympho‖nie f. (cànfoni). Sinfonia. ‖**-nique** adj. (-íc). Sinfónico ca.
Symphorien n. pr. (çànforiàn). Sinforiano.
symp‖tomatique adj. (çànptomatíc). Sintomático, ca. ‖**-tôme** m. (-ôm). Sintoma.
synagogue f. (-agog). Sinagoga.
synalèphe f. (-aléf). Sinalefa.
synchro‖ne adj. (càncron). Síncrono, na; sincrónico, ca. ‖**-nisme** m. (-íçm). Sincronismo.
synclinal m. (càn-al). Sinclinal.
synco‖pe f. (càncop). Síncope. ‖**-per** vt. (-é). Sincopar.
syndi‖c m. (càndíc). Síndico. ‖**-cal, ale** adj. (-al). Sindical. ‖**-calisme** m. (-íçm). Sindicalismo. ‖**-caliste** adj. e s. (-íçt). Sindicalista. ‖**-cat** m. (-a). Sindicato ; sindicado. ‖**-quer** vt. (-ké). Sindicar.
synecdoque f. (-écdoc). Sinédoque.
synérèse f. (-èréz). Sinérese.
syno‖dal, ale adj. (-odal). Sinodal. ‖**-de m.** (-od). Sínodo.
synony‖me adj. e s. m. (-oním). Sinónimo, ma. ‖**-mie** f. (-í). Sinonímia.
synoptique adj. (-optíc). Sinóptico, ca.
syno‖vial, ale adj. (-ovíal). Sinovial. ‖**-vie** f. (-í). Sinóvia.
syntaxe f. (cantakç). Sintaxe.
synth‖èse f. (càntéz). Síntese. ‖**-étique** adj. (-étíc). Sintético, ca. ‖**-étiser** vt. (-é). Sintetizar.
syntoniser vt. (çànto-é). Sintonizar.
syphil‖is f. (-f-íç). Sífilis. ‖**-itique** adj. e s. (-íc). Sifilítico, ca.
Syracuse n. pr. (-racùz). Siracusa.
syriaque adj. e s. m. (-riac). Siríaco, ca.

Syrie n. pr. (-ri). Síria.
syrien, enne adj. e s. (-riàn, én). Sírio, ia.
syringe f. (-rànj). Flauta (f.) de Pã.
syst‖ématique adj. (çtêmatíc). Sistemático, ca. ‖**-ématiser** vt. (-é). Sistematizar. ‖**-ème** m. (-ém). Sistema.
systole f. (-çtol). Sístole.
sizygie f. (-jí). Sizigia.

T

ta adj. pos. f. (ta). Tua, a tua. V. TON.
taba‖c m. (taba). Tabaco; fumo (Br.). ‖**-gie** f. (-í). Sala de fumo. ‖**-tière** f. (-iér). Tabaqueira. ‖Clarabóia de levantar [fenêtre].
tabellion m. (tabélió). Tabelião.
tabernacle m. (tabérna-). Tabernáculo.
tabès m. (tabéç). Tabes.
tablature f. (ta-atùr). Tavolatura [musique]. ‖Loc. Donner de la tablature, (ant.), dar* que fazer.

table f. (ta-). Mesa [meuble]. ‖Chapa, placa [lame]. ‖Mesa [repas]. ‖Tábua [tableau] : table de Pythagore, tábua de Pitágoras. ‖Loc. Sainte table, mesa de comunhão. Table de nuit, mesa de cabeceira; criado-mudo, m. (Br.). Table des matières, índice, m. Table d'hôte, mesa redonda.
tableau m. (ta-ô). Quadro [peinture, liste, écoles]. ‖Loc. Tableau d'avancement, lista (f.) de promoções. Tableau noir, quadro, lousa, f.

Itálico : accento tónico. ‖V. página verde para a pronúncia figurada. ‖*Verbo irreg. V. no final do livro.

Tableau vivant, quadro vivo. ‖--tin m. (-àn). Quadrinho, quadrozinho.
ta‖blée f. (ta-é). Mesa. ‖-bler vi. (-é). Contar : *tabler sur*, contar com, basear-se em.
tabletier m. (ta-âtié). Fabricante ou vendedor de tabuleiros de jogo e outros objectos de marfim.
tablette f. (ta-ét). Tabuínha. ‖Prateleira [rayon]. ‖Pau, m. [chocolat]. ‖Loc. *Rayer quelque chose de ses tablettes*, não contar com uma coisa.
tabletterie f. (ta-étri). Marcenaria de tabuleiros de jogos, etc.
tablier m. (ta-ié). Avental [vêtement]. ‖Tabuleiro [pont]. ‖Painel [auto]. ‖ Cortina, f. [cheminée].
tabou adj. e s. m. (tabu). Tabu.
tabouret m. (taburé). Tamborete.
tabulateur m. (tabùlatér). Tabulador.
tac m. (tac). Taque (onomat.). ‖Loc. *Répondre du tac au tac*, ripostar enèrgicamente.
ta‖chant, ante adj. (taxâ, ât). Que se mancha. ‖-che f. (tax). Mancha, nódoa. ‖*Fig.* Mácula, labéu, m. ‖Loc. *Tache de rousseur*, sarda.
tâche f. (tax). Tarefa; jurema (*Br.*). ‖Loc. *A la tâche*, de empreitada. *Prendre à tâche*, tomar a peito, esforçar-se.
tacher vt. (ta-é). Manchar, sujar.
tâ‖cher vt. (taxé). Esforçar-se. ‖-cheron m. (-rõ). Trabalhador de empreitada.
tacheter vt. (ta-é). Sarapintar.
tachycardie (takicardi). Taquicardía.
taci‖te adj. (tacit). Tácito, ta. ‖-turne adj. (-ùrn). Taciturno, na.
tact‖ m. (tact). Tacto. ‖-icien m. (-iàn). Táctico. ‖-ile adj. (-il). Táctil. ‖-ique adj. (-ic). Táctico, ca. ‖ s. f. Táctica.
taël m. (taél). Tael.
taenia m. (ténia). Ténia, f.
taffetas m. (ta-a). Tafetá.
tafia m. (tafia). Cachaça, f.
taiaut interj. (taió). Boca! Pega!
Tage n. pr. (taj). Tejo.
taie f. (té). Fronha [oreiller]. ‖Bélida, névoa [œil].
taillable adj. (taiia-). Tributável, colectável com a talha.

tailla‖de f. (taiiad). Corte, m., gilvaz, m. ‖-cer vt. (-é). Cortar.
taillandier m. (taiiàdié). Cuteleiro, ferreiro, ferrageiro.
tail‖le f. (tɛi). Corte, m. ‖Estatura [stature]. ‖Cintura, cinta. ‖Poda [arbres]. ‖Talha [gravure]. ‖Loc. *Pierre de taille*, pedra de cantaria. ‖-llé, ée adj. (-ié). Cortado, da. ‖*Fig.* Preparado, da. ‖-lle-crayon m. (tai-crɛiõ). Apara-lápis. ‖-lledouce f. (-uç). Talho doce, m.
tail‖ller vt. (taiié). Cortar. ‖Talhar, facetar [pierres, diamants]. ‖Podar [arbres]. ‖Talhar [jeu]. ‖Loc. *Tailler en pièces*, fazer* em postas. *Tailler et rogner*, pôr* e dispor*. ‖-llerie f. (-âri). Lapidaría. ‖-lleur m. (-iêr). Alfaiate. ‖- *de pierre* (-âpiér). Canteiro. ‖-lleuse f. (-iëz). Costureira, modista.
taillis m. (taii). Mata (f.) de corte.
tain m. (tàn). Aço (dos espelhos).
taire* vt. (tér). Calar. ‖(se) vr. Calar-se.
talc m. (talc). Talco.
talent m. ·talâ). Talento.
taler vt. (tɛlé). Talar, pisar.
tallon m. (taliõ). Talião.
talisman m. (ta-çmâ). Talismã.
talmudique adj. (ta-ùdic). Talmúdico, ca.
taloche f. (talox). Cascudo, m. [coup]. ‖Talocha [maçon].
talon m. (talõ). Calcanhar. ‖Tacão [chaussure]. ‖Talão [livre]. ‖Loc. *Etre sur les talons de quelqu'un*, ir* no encalço de alguém. *Talon rouge*, fidalgo, nobre. ‖-ner vt. (-oné). Perseguir*, acossar. ‖-nette f. (-ét). Calcanheira. ‖Palmilha.
talus m. (talù). Talude, declive.
tamanoir m. (tamanuar). Papa-formigas, grande formigueiro.
tamarin m. (tamarân). Tamarindo. ‖-ier m. (-ié). Tamarindeiro.
tamaris m. (tamari). Tamargueira, f.
tambour‖ m. (tâbur). Tambor. ‖Loc. *Sans tambour ni trompette*, pela calada. *Tambour battant*, a toque de caixa. *Tambour de basque*, pandeiro, pandereta, f. ‖-in m. (-àn). Tamboril. ‖Tamborileiro [joueur]. ‖-iner vi. (-é). Tamborilar. ‖*Fig.* Apregoar [publier]. ‖--major m. (-ajor). Tambor-mor.

Lettres penchées : accent tonique. ‖ V. page verte pour la prononciation figurée. ‖ *Verbe irrég. V. à la fin du volume.

TAM — TAQ

tam‖**is** m. (tamí). Peneira, f. ‖**-lser** vt. (-é). Peneirar, joeirar.
Tamise n. pr. (tamíz). Tamisa.
tampon‖ m. (tãpô). Tampão. ‖*Pára-choques* [chemins de fer]. ‖Boneca, f. [vernis]. ‖*Loc. Coup de tampon* (pop.), soco. ‖**-nement** m. (-o-ã). Obturação, f. ‖Choque [trains]. ‖**-ner** vt. (-é). Obturar. ‖Chocar [trains]. ‖**-noir** m. (-uar). Broca, f., pua, f.
tam-tam m. (tamtam). Tantã, gongo. ‖*Fam.* Escândalo; publicidade, f.
tan m. (tã). Casca, f. (árvore).
tancer vt. (tãcé). Repreender.
tanche f. (tãx). Tenca.
tandem m. (tãdém). Tandem.
tandis que loc. conj. (tãdí câ). Enquanto, ao passo que.
tangage m. (tãgaj). Arfagem, f.
tan‖**gence** f. (tãjãç). Tangência. ‖**-gent, ente** adj. e s. f. (-ã, ãt). Tangente.
tango m. (tãgô). Tango.
tanguer vi. (tãghê). Arfar.
tanière f. (taniér). Covil, m., toca.
tanin m. (tanãn). Tanino.
tank m. (tãk). Tanque (dè guerra).
tan‖**nage** m. (tanaj). Curtimento. ‖**-nant, ante** adj. (-ã, ãt). Próprio, ia para curtir. ‖*Fig.* Maçador, ora; aborrecido, da. ‖**-ne** f. (tan). Mancha escura. ‖**-né, ée** adj. (-é). Curtido, da. ‖**-ner** vt.- (-é). Curtir. ‖*Fig.* e *pop.* Maçar, enfadar. ‖**-nerie** f. (-nrí). Curtimenta. ‖**-neur** m. (-âr). Curtidor, surrador.
tant adv. (tã). Tanto. ‖*Loc. En tant que,* como, na qualidade de. *Si tant est que,* supondo que. *Tant bien que mal,* assim assim. *Tant et plus,* mais e mais, muito. *Tant pis,* paciência. *Tant que,* enquanto. *Tant s'en faut que,* bem longe de. *Tant soit peu,* un tant soit peu, um bocadinho, um poucochinho, um *pouco* que seja.
tantale m. (tãtal). Tântalo [métal].
Tantale n. pr. (tãtal). Tântalo.
tante f. (tãt). Tia. ‖*Loc. Ma tante,* o prego, casa de penhores. *Tante à la mode de Bretagne,* prima em 2º grau (pelo lado do pai ou da mãe).
tan‖**tet** m. (tãté). Tudo-nada. ‖**-tinet** m. (-é). Nadinha, bocadinho.

tantôt adv. (tãtô). Logo, daqui a pouco [peu après]. ‖ Há bocado [peu avant]. ‖ conj. Ora, umas vezes : *tantôt l'un, tantôt l'autre,* ora um, ora outro.
taon m. (tã). Tavão, moscardo.
tapa‖**ge** m. (tapaj). Barulho; escândalo. ‖**-geur, euse** adj. (-âr, âz). Barulhento, ta. ‖ *Fig.* Exagerado, da.
ta‖**pe** f. (tap). Palmada, pancada. ‖*Tapa-olhos;* tapa-olho (*Br.*) [sur l'oeil]. ‖**-pé, ée** adj. (-é). Batido, da. ‖Escrito, ta (à máquina). ‖Seco, ca [fruits].
tapecul m. (ta-ù). Vela (f.) da ré [canot]. ‖Carripana, f. [carriole]. ‖Tílburi de dois assentos.
ta‖**pée** f. (tapé). Porção, data, ror, m. ‖**-per** vt. (-é). Dar* palmadas em. ‖Secar [fruits]. ‖*Mar.* Tapar. ‖*Fam.* Cravar, pedir* dinheiro emprestado [argent]. ‖ Dactilografar. ‖**-pette** f. (-ét). Pancadinha; tapinhas, m. pl. (*Br.*) ‖ Rolhador, m. [bouchons]. ‖*Pop.* Língua [langue]. ‖**-pin** m. (-ãn). *Pop.* Mau tambor.
tapinois (en) loc. (ãta-ua). Às escondidas, pela calada, a furto.
tapioca m. (tapioca). Tapioca, f.
tapir m. (tapír). Tapir.
tapir (se) vr. (çãtapír). Acaçapar-se, agachar-se, esconder-se.
tapis‖ m. (tapi). Tapete : *tapis roulant,* tapete rolante. ‖ Pano de mesa [table] ‖Alcatifa, f. [parquets]. ‖*Loc. Mettre sur le tapis,* pôr* à discussão. *Tenir sur le tapis,* ocupar-se de, falar de. ‖**-ser** vt. (-cé) Atapetar. ‖Alcatifar [parquets]. ‖Forrar a papel [papiers peints]. ‖**-serie** f. (-rí). Tapeçaria, colgadura. ‖Papel pintado, m. [papier]. ‖Bordado (m.) em talagarça [broderie]. ‖**-sier, ère** m. e f. (-ié, ér). Tapeceiro ra. ‖Decorador, ora; estofador, ora [décoration]. ‖ f. Carro (m.) grande de transporte, etc.).
tapon m. (tapõ). Rodilha, f.
tapoter vt. (tapoté). Dar* palmadinhas, pancadinhas em; martelar.
taquet m. (také). *Mar.* Cunho.
taqui‖**n, Ine** adj. e s. (takãn, ín). Arreliador ora. ‖**-ner** vt. (-é).

Itálico : accento tónico. ‖V. página verde para a pronúncia figurada. ‖*Verbo irreg. V. no final do livro.

Arreliar, contrariar. ‖-nerie f. (-rí). Arrelía, implicação.
tarabuster vt. (tarabùçtê). *Fam.* Importunar, incomodar, maçar.
tarare interj. (tarar). Ora adeus!
tarasque f. (taraçk). Tarasca.
taraud‖ m. (tarô). Tarraxa, f. ‖-er vt. (-ê). Abrir roscas, brocar.
tard adv. (tar). Tarde. ‖s. m. Anoitecer : *sur le tard*, ao anoitecer, à noitinha, à tardinha, já tarde.
tar‖der vi. (tardê). Tardar. ‖-dif, ive adj. (if, iv). Tardio, ia.
ta‖re f. (tar). Tara [défaut; poids]. ‖-ré, ée adj. (-ê). Viciado, da; corrompido, da; tarado, da; degenerado, da.
taren‖telle f. (tarãtél). Tarantela. ‖-tule f. (-ùl). Tarântula.
tarer vt. (tarê). Tarar [poids]. ‖ *Estragar*, avariar. ‖*Fig.* Alterar.
taret m. (taré). Teredo.
tar‖ge f. (tarj). Tarja, broquel, m. ‖-gette f. (-ét). Fecho, m., ferrolho, m.
targuer (se) vr. (çâtarghê). Ufanar-se, gabar-se, vangloriar-se.
tarière f. (tariér). Trado, m.
tarif ‖ m. (tarif). Tarifa, f. ‖-er vt. (-ê). Tarifar, tabelar.
ta‖rir vt. (tarir). Secar. ‖vi. Secar-se, esgotar-se. ‖*Fig.* Cessar, parar. ‖-rissable adj. (-a-). Esgotável. ‖-rissement m. (-â). Esgotamento, seca, f.
tarlatane f. (tarlatan). Tarlatana.
tarots m. pl. (tarô). Cartas (f.) de jogar com quadradinhos nas costas.
tarse m. (tarç). Tarso.
tartan m. (tartã). Escocês de lã.
tartane f. (tartan). Tartana.
tartare adj. e s. m. (tartar). Tártaro, ra (da Tartária).
tar‖te f. (tart). Torta. ‖-telette f. (-ét). Tortazinha. ‖-tine f. (-tin). Fatía de pão com manteiga, etc. ‖*Fam.* Aranzel, m., tirada.
tar‖trate m. (tartrat). Tartarato. ‖-tre m. (tartr). Tártaro. ‖-trique adj. (-ic). Tartárico, ca.
tar‖tufe m. (tartùf). Tartufo, hipócrita. ‖-tuferie f. (-rí). Tartufice, hipocrisia.
tas m. (ta). Montão. ‖*Loc. En tas*, enroscado. *Sur le tas*, em flagrante.
Tasmanie n. pr. (taçmaní). Tasmânia.

tasse f. (taç). Chávena, xícara, taça.
tas‖**seau** m. (taçó). Suporte (de prateleira). ‖-sement m. (-ã). Abatimento; acumulação, f. ‖-ser vt. (-ê) Amontoar. ‖ (se) vr. Abater, dar* de si, cair* [edifícios, terre].
tâ‖ter vt. (taté). Apalpar; bolinar (Br.). ‖*Fig.* Experimentar, tatear. ‖*Loc. Tâter d'un métier*, experimentar um ofício. *Tâter le pouls*, tomar o pulso. *Tâter quelqu'un*, sondar alguém. ‖-tevin m. (-ãn). Argau.
tatillon‖, **onne** adj. (tatiiõ, on). *Fam.* Miudinho, nha; coca-bichinhos. ‖-ner vi. (-onê). Ser* coca-bichinhos.
tâ‖tonner vi. (tatonê). Tatear, tentear, tentar. ‖-tonnement m. (-ã). Apalpadela, f. ‖-tons (à) loc. (-õ). Às apalpadelas, às cegas.
tatou m. (tatu). Tatu.
tatouage m. (tatuaj). Tatuagem, f. ‖-touer vt. (-ê). Tatuar, marcar.
taudis m. (tôdi). Pardieiro.
taule f. (tôl). Cepo, m. (da bigorna).
tau‖**pe** f. (tõp). Toupeira. ‖-pe-grillon m. (-riõ). Toupeirinho. ‖-pin m. (-ãn). Sapador-mineiro. ‖-pinière (-iér). *Fig.* Casebre, m.
tau‖**reau** m. (tôrô). Touro. ‖-rillon m. (-iiõ). Novilho. ‖-romachie f. (-omaxi). Tauromaquia.
taux m. (tô). Taxa, f. ‖ Tabela, f. ‖ Razão, f. (de juro) [intérêt].
tavelure f. (ta-ùr). Malha, pinta. ‖*Mancha* [fruits].
taverne f. (tavérn). Taberna.
taxation f. (takçaciõ). Taxação.
ta‖**xe** f. (takç). Taxa. ‖-xer vt. (-ê). Taxar. ‖Acusar, tachar. ‖-xi m. (-i). Táxi.
taximètre m. (takç-étr). Taxímetro.
taylorisme m. (têllorìçm). Taylorismo.
Tchécoslovaquie n. pr. (txèçoçlovaki). Checoslováquia.
tchèque adj. e s. (txéc). Checo, ca.
te pron. (tâ). Te.
té m. (tê). Esquadro em T.
tech‖**nicien** m. (téc-iãn). Técnico. ‖-nique f. (-ic). Técnica. ‖-nologie f. (-oloji). Tecnologia.
tectonique f. (téktonic). Tectónica.
tégument m. (tègùmã). Tegumento.
tei‖**gne** f. (ténh). Tinha [maladie].

Lettres penchées : accent tonique. ‖V. page verte pour la prononciation figurée. ‖*Verbe irrég. V. à la fin du volume.

TEI — TEN

‖Traça [insecte]. ‖-gneux, euse adj. e s. (-â, âz). Tinhoso, sa.
teindre* vt. (tàndr). Tingír.
teint m. (tàn). Tez, f. [peau]. ‖ Cor, f. (de tecído) [couleur].
tein‖te f. (tànt). Tínta. ‖Loc. Demi-teinte, meia-tínta. Une teinte de, umas luzes de, uma ponta de. ‖-ter vt. (-ê). Colorír*, pintar. ‖-ture f. (-ùr). Tintura, tínta. ‖-turerie f. (-âri). Tinturaría. ‖-turier m. (-iê). Tintureíro.
tel, elle adj. (tél). Tal. ‖Loc. Tel quel, tal qual.
télé‖férique m. (télêfêric). Teleférico. ‖-gramme m. (-ram). Telegrama. ‖-graphe m. (-af). Telégrafo. ‖-graphie f. (-í). Telegrafía. ‖-graphier vt. (-iê). Telegrafar. ‖-graphique adj. (-íc). Telegráfico, ca. ‖-graphiste m. e f. (-íçt). Telegrafísta.
Télémaque n. pr. (tèlêmac). Telémaco.
télé‖mètre m. (tèlêmétr). Telémetro. ‖-pathie f. (-atí). Telepatía. ‖-phone m. (-fòn). Telefone; fone (Br.). ‖Loc. Coup de téléphone, telefonadela, f. ‖-phoner vt. e vi. (-ê). Telefonar. ‖-phonie f. (-í). Telefonía. ‖-phonique adj. (-íc). Telefónico, ca. ‖-phoniste m. e f. (-íçt). Telefonísta.
téles‖cope m. (tèlèçop). Telescópio. ‖-coper (se) vr. (-ê). Encaixar-se (num choque, etc.).
télévision f. (télê-iô). Televisão.
tellement adv. (té-â). De tal modo, de tal sorte.
tellière m. (téliér). Papel-ministro.
témé‖raire adj. (tèmèrér). Temerário, ia. ‖-rité f. (-ê). Temeridade, arrojo, m., imprudéncia.
témoi‖gnage m. (tèmuanhaj). Testemunho. ‖-gner vi. (-ê). Servír* de testemunha. ‖vt. Testemunhar, manifestar, demonstrar, mostrar.
témoin m. (tèmuàn). Testemunha, f. ‖ Padrinho [duel, mariage]. ‖Loc. Prendre à témoin, tomar por testemunha. Témoin les blessures qu'il a reçues, provam-no as feridas que recebeu.
tempe f. (tàp). Fonte, têmpora.
tempé‖rament m. (tàpêramâ). Temperamento. ‖Fig. Moderação, f. ‖Prazo : vendre à tempérament, vender a prazo. ‖-rance f. (-âç). Temperança. ‖-rant, ante adj. (-â, àt). Temperante. ‖-rature f. (-atùr). Temperatura. ‖-rer vt. (-ê). Temperar.
tempê‖te f. (tâpét). Tempestade. ‖-ter vi. (-ê). Esbravejar, barafustar. ‖-tueux, euse adj. (-ùâ, âz). Tempestuoso, sa ; borrascoso, sa.
tem‖ple m. (tâ-). Templo. ‖-plier m. (-iê). Templário.
tempo‖raire adj. (tâporér). Temporário, ia. ‖-ral, ale adj. (-ral). Temporal. ‖-rel, elle adj. (-él). Temporal. ‖-riser vi. (-ê). Temporizar, contemporizar, demorar.
temps m. (tâ). Tempo. ‖Loc. A temps, por um certo tempo [peine]. Au temps jadis, outrora. De temps en temps, de tempos a tempos. De tout temps, sempre. En même temps, ao mesmo tempo. En temps et lieu, a seu tempo, oportunamente. Gros temps, temporal. Il est grand temps, é mais que tempo. Le bon vieux temps, os bons tempos. Se donner du bon temps, levar vída regalada. Tout le temps, sempre.
tenable adj. (tàna-). Sustentável.
tenace adj. (tànaç). Tenaz.
ténacité f. (tèna-ê). Tenacidade.
tenail‖le f. (tànaí). Tenaz. ‖-lement m. (-âmâ). Tortura (f.) das tenazes. ‖-ller vt. (-iê). Atenazar.
te‖nancier, ère m. e f. (tànàciê, ér). Vassalo. ‖Rendeíro. ‖ Gerente [hôtel, etc.]. ‖-nant, ante adj. (-â, ât). U. na loc. Séance tenante, imediatamente. ‖s. m. Mantenedor [tournoi]. ‖ Paladíno [opinion]. ‖Loc. D'un seul tenant, tudo pegado. Les tenants et les aboutissants, os terrenos confinantes.
ten‖dance f. (tâdâç). Tendéncia. ‖-dancieux, euse adj. (-iâ, âz). Tendencioso, sa. ‖-dant, ante adj. (-â, ât). Tendente, com o intuito de.
tender m. (tâdér). Ténder.
tendeur m. (tâdàr). Tensor.
tendon m. (tâdô). Tendão.
tendre adj. (tâdr). Terno, na ; iracema (Br.) [personne]. ‖Tenro, ra, mole [viande, pain, etc.].
tendre vt. (tâdr). Esticar ; estender. ‖Cobrir*, forrar [tapisser; papier].
ten‖dresse f. (tâdréç). Ternura.

Itálico : acento tónico. ‖V. página verde para a pronúncia figurada. ‖*Verbo irreg. V. no final do livro.

‖-dreté f. (-âtê). Ternura; moleza. ‖-dron m. (-õ). Rebento. ‖*Fam.* Moçoila, f.
tendu, ue adj. (tàdù). Tenso, sa. ‖Estendido, da [rideau, etc.].
tén‖èbres f. pl. (tênêbr). Trevas. ‖-ébreux, euse adj. (-êbrâ, âz). Tenebroso, sa; escuro, ra; triste.
teneur f. (tànêr). Teor, m. [texte]. ‖- de livres, guarda-livros.
ténia m. (tênía). Ténia, f.
tenir* vt. (tànír). Segurar. ‖Conservar, encerrar [garder]. ‖Conter* [contenir]. ‖Cumprir [promesse]. ‖Caber* [être contenu]. ‖Resistír, aguentar. ‖Administrar, dirigir. ‖vi. Estar* (preso) : *ce bouton ne tient que par un fil*, este botão não está senão por um fio. ‖Depender : *cela ne tient qu'à vous*, isso só depende de si. ‖Parecer-se com : *il tient de son père*, parece-se com o pai. ‖Loc. *En tenir*, estar* pelo beiço. *Je n'y tiens plus*, já não me interessa. *La colère le tient*, a cólera domina-o. *Qu'à cela ne tienne*, por isso não seja a dúvida. *S'en tenir à une chose*, ater-se* a uma coisa. *Tenir à*, interessar-se por. *Tenir bon*, resistir. *Tenir compte de*, ter* em conta. *Tenir des propos*, dizer* coisas. *Tenir lieu de*, fazer* as vezes de. *Tenir secret*, guardar segredo. *Tenir tête à*, fazer* frente a. *Tenir un pari*, manter* uma aposta. *Tiens!* toma! olha! ouve! puxa! (*Br.*) *Tenez!* tome! olhe! ouça!
tennis m. (ténís). Ténis.
tenon m. (tànõ). Espiga, f., respiga, f., dente, macho.
ténor m. (tênôr). Tenor.
ten‖seur m. (tàçâr). Tensor. ‖-sion f. (-íõ). Tensão; pressão (*Br.*) [artérielle].
tenta‖culaire adj. (tàtacùlér). Tentacular. ‖-cule m. (-ùl). Tentáculo.
ten‖tant, ante adj. (tàtâ, ât). Tentador, ora. ‖-tateur, trice adj. e s. (-atêr, riç). Tentador, ora. ‖-tation f. (-ciõ). Tentação. ‖-tive f. (-ív). Tentativa.
tente f. (tàt). Tenda, barraca.
tenter vt. (tàtê). Tentar, experimentar [essayer]. ‖Cobrir* com toldo.
tenture f. (tàtùr). Tapeçaría. ‖Papel pintado, m.

te‖nu, ue adj. (tànù). Obrigado, da : *être tenu au travail*, ser* obrigado ao trabalho. ‖Loc. *Bien tenu*, cuidado. *Mal tenu*, descuidado. ‖-nue f. (-ù . Postura, porte, m. [maintien]. ‖Direcção [maison, etc.]. ‖Uniforme, m. ‖Loc. *En tenue*, fardado. *Tenue de livres*, escrituração comercial.
ténu, ue adj. (tènù). Ténue.
tératologie f. (têratoloji). Teratologia.
tercet m. (térçé). Terceto.
téré‖benthine f. (têrêbàtín). Terebintina. ‖-binthe m. (-ànt). Terebinto, aroeira, f., mástique, f.
tergiver‖sation f. (tér-érçaciõ). Tergiversação. ‖-ser vi. (-ê). Tergiversar, hesitar, vacilar.
terme m. (térm). Termo. ‖Prazo [délai]. ‖Trimestre, renda, f. [loyer] : *payer son terme*, pagar a casa.
termi‖naison f. (tér-ézõ). Terminação. ‖-nal, ale adj. (-al). Terminal. ‖-ner vt. (-ê). Terminar. ‖-nus m. (-ùç). Término, testa, m. (de linha férrea).
termi‖te m. (têrmít). Térmite, f.; cupim (*Br.*). ‖-tière f. (-iér). Termiteira; cupim, m. (*Br.*).
ternaire adj. (térnér). Ternário, ia.
ter‖ne adj. (térn). Apagado, da [éteint]. ‖s. m. Terno [loterie]. ‖-nir vt. (-ir). Apagar. ‖Manchar, empanar [réputation, etc.]. ‖-nissure f. (-ùr). Mancha, mácula, embaciamento, m.
terpène m. (térpén). Terpeno.
terr‖ain m. (térán). Terreno. ‖-asse f. (-aç). Terraço, m. ‖Açoteia [toiture plane]. ‖-assement m. (-á). Aterro [terrain]. ‖Terraplanagem, f. [travail]. ‖-asser vt. (-ê). Aterrar [terrain]. ‖Derrubar [renverser]. ‖-assier m. (-ié). Trabalhador de aterros.
terr‖e f. (tér). Terra. ‖Barro, m. [à modeler]. ‖Loc. *A terre*, ao chão. *Terre à terre*, sem elevação. *Terre cuite*, terracota. *Terre glaise*, greda. *Terre promise*, terra da promissão. ‖-eau m. (-ô). Terriço. ‖-e-neuve m. (-âv). Terra-nova [chien].
Terre-Neuve n. pr. (térnâv). Terra Nova.

Lettres penchées : accent tonique. ‖V. page verte pour la prononciation figurée. ‖*Verbe irrég. V. à la fin du volume.

terr‖e-plein m. (tér-àn). Terrapleno. ‖**-er** vt. (-é). Aterrar, cobrir* de terra. ‖**-estre** adj. (-éçtr). Terrestre, terráqueo, ea; terreno, na.
terreur f. (térâr). Terror, m.
terreux, euse adj. (térâ, âz). Terroso, sa; baço, ça.
terrible adj. (téri-). Terrível.
terr‖ien, enne adj. (tériàn, én). Terreno, na. ‖s. m. Proprietário rural. ‖**-ier** m. (-ié). Cova, f. toca, f. ‖Podengo, rateiro [chien].
terrifier vt. (tér-ié). Terrificar, aterrar, apavorar, aterrorizar.
terrine f. (térin). Alguidar, m. ‖Tacho (m.) coberto [cuisine].
terri‖toire m. (tér-uar). Território. ‖**-torial, ale** adj. (-ial). Territorial.
terroir m. (téruar). Torrão natal.
terro‖riser vt. (téror-é). Aterrorizar. ‖**-risme** m. (-içm) Terrorismo. ‖**-riste** adj. e s. (-riçt). Terrorista.
ter‖tiaire adj. (térciér). Terciário, ia. ‖**-tio** adv. (-ció). Em terceiro lugar.
tertre m. (tértr). Cabeço, montículo, outeiro, cômoro, cerro.
Tertullien n. pr. (tértülién). Tertuliano.
tes adj. pos. (tê). Os teus, as tuas, teus, tuas.
tesson m. (téçõ). Caco [poterie, verre, etc.].
test m. (téçt). Teste [épreuve]. ‖Concha, f., carapaça, f. [animaux].
testa‖ment m. (téçtamã). Testamento. ‖**-mentaire** adj. (-ér). Testamentário, ia. ‖**-teur, trice** m. e f. (-âr, ríç). Testador, ora.
tester vi. (téçté). Testar.
tétan‖os m. (tétanoç). Tétano. ‖**-iser** vt. (-é). Tetanizar.
têtard m. (tétar). Girino, peixe cabeçudo. ‖Leucisco, caboz [poissons].
tête f. (tét). Cabeça. ‖Topo, m., frente [objet]. ‖Loc. *A sa tête*, como lhe dá na cabeça. *A tête reposée*, tranquilamente. *A tue-tête*, em grande grita. *Avoir la tête près du bonnet*, ser* irritável. *Avoir quelque chose en tête*, ter* uma coisa metida na cabeça. *Coup de tête*, cabeçada; desatino (fig.). *La tête la première*,

de cabeça para baixo. *Monter la tête*, exasperar, excitar. *Piquer une tête*, dar* um mergulho. *Se payer la tête de*, fazer* pouco de. *Tenir tête*, resistir. *Tête à queue*, pirueta. *Tête baissée*, de cabeça baixa; às cegas (fig.) *Tête carrée* cabeçudo, *Tête de linotte*, cabeça de alho chocho. *Tête de mort*, caveira.
tête‖-à-tête m. (tétatét). Entrevista. f. ‖Serviço para duas pessoas. ‖**- -bêche** loc. adv. (-éx). Pés com cabeça, um com os pés para a cabeça do outro. ‖**- -de-nègre** adj. (-ànégr). Castanho, nha; escuro, ra.
té‖tée f. (tété). Mamada. ‖**-ter** vt. (-é). Mamar.
tê‖tière f. (tétiér). Touquinha [enfants]. ‖Cabeçada [cheval].
té‖tine f. (tétin). Teta. ‖**-ton** m. (-õ). Mama, f., teta, f.
tétraèdre m. (tétraédr). Tetraedro.
têtu, ue adj. (tétü). Cabeçudo, da; teimoso, sa; cargoso, sa (*Br. de Rio Grande do Sul*).
teuto‖n, onne adj. e s. (tâtõ, on). Teutão, â. ‖**-nique** adj. (-íc). Teutónico, ca.
Texas n. pr. (tékçaç). Texas.
tex‖te m. (tékçt). Texto. ‖**-tile** adj. e s. (-íl). Têxtil. ‖**-tuel, elle** adj. (-üél). Textual. ‖**-ture** f. (-ür). Textura, contextura.
thaler m. (talér). Táler.
Thalie n. pr. (talí). Thalia.
thapsia m. (tapcia). Tápsia, f.
thaumaturge m. (tômaturj). Taumaturgo.
thé m. (tê). Chá.
théât‖ral, ale adj. (teátral). Teatral. ‖**-re** m. (-atr). Teatro.
thé‖baïde f. (têbaid). Tebaida. ‖**-bain, aine** adj. e s. (-àn, én). Tebano, na.
Thèbes n. pr. (téb). Tebas.
théière f. (têiér). Chaleira, bule, m.
thème m. (têm). Tema. ‖Retroversão, f. [langues].
Thémistocle n. pr. (tê-çto-). Temístocles.
théobromine f. (têobromín). Teobromina.
Théo‖dore n. pr. (têodor). Teodoro. ‖**- -doric** n. pr. (-íc). Teodorico. ‖**-dose** n. pr. (-oz). Teodósio.

Itálico: acento tônico. ‖V. página verde para a pronúncia figurada. ‖*Verbo irreg. V. no final do livro.

théolo‖gal, ale adj. (têologál). Teológal. ‖**-gie** f. (-í). Teología. ‖**-gien** m. (-iàn). Teólogo. ‖**-gique** adj. (-ic). Teológico, ca.

Théo‖phile n. pr. (têofíl). Teófilo. ‖**-phraste** n. pr. (-fraçt). Teofrasto.

théo‖rème m. (têorém). Teorema. ‖**-ricien, enne** m. e f. (-riàn, én). Teórico, ca. ‖**-rie** f. (-í). Teoría. ‖**-rique** adj. (-íc). Teórico, ca.

thérapeutique adj. (têrapûtíc). Terapêutico, ca.

Thérèse n. pr. (têréz). Teresa.

thériaque f. (têríac). Teríaga.

ther‖mal, ale adj. (têrmál). Termal. ‖**-mes** m. pl. (têrm). Termas, caldas, f. pl. ‖**-midor** m. (-ór). Termidor. ‖**-mie** f. (-í). Termia. ‖**-momètre** m. (-ométr). Termómetro. ‖**-mosiphon** m. (-cifón). Termosifão. ‖**-mostat** m. (-oçtá). Termostato.

Thermopyles n. pr. (têrmopíl). Termópilas.

thésauriser vi. (têzôr-ê). Entesourar, acumular, arrecadar.

thèse f. (têz). Tese.

Thésée n. pr. (têzê). Teseu. ‖**-essalie** n. pr. (téçalí). Tessália. ‖**-essalonique** n. pr. (-oníc). Tessalónica.

Thibaut n. pr. (tibô). Teobaldo.

Thierry n. pr. (tiéri). Teodórico.

Thomas n. pr. (tomá). Tomás.

thon m. (tõ). Atum.

tho‖racique adj. (toracíc). Torácico, ca. ‖**-rax** m. (-akç). Tórax.

Thrace n. pr. (traç). Trácia.

thuriféraire m. (tùr-êrér). Turiferário.

thuya m. (tùia). Tuia, f.

thym m. (tàn). Tomilho. ‖**-us** m. (timùç). Timo [anatomie].

thyroïde adj. (tiroíd). Tireóide.

Thyrse n. pr. (tirç). Tirso.

tiare f. (tiár). Tiara.

Tibère n. pr. (-ér). Tibério.

Tibet n. pr. (tibé). Tibete.

ti‖bia m. (-ia). Tíbia, f. ‖**-bial, ale** adj. (-iál). Tibial.

Tibre n. pr. (tibr). Tibre.

Tiburce n. pr. (-ùrç). Tibúrcio.

tic m. (tic). Tique. ‖*Fig.* Mania, f.

ticket m. (-é). Bilhete.

tic-tac m. (-ac). Tique-taque.

ti‖ède adj. (tiéd). Tépido, da; morno, na. ‖**-edeur** f. (-êdár). Tepidez. ‖**-édir** vt. (-êdír). Amornecer.

tien, enne adj. pos. (tiàn, én). Teu, tua.

tier‖ce f. (tiérç). Terça [escrime, heure liturgique, jeu]. ‖Terceira [musique]. ‖*Loc.* *Fièvre tierce,* terçã. ‖**-celet** m. (-é). Terçô (falcão). *Tiers arbitre,* árbitro de desempate.

tiers, erce adj. (tiér, érç). Terceiro, ra : *tiers orare ordem* (f.) terceiro, ra. ‖s. m. Terceiro [troisième personne]. ‖Terço [fraction]. ‖*Loc.* *Tiers état,* terceiro estado.

tiers-point m. (tiérpuàn). Lima (f.) triangular.

ti‖ge f. (tij). Haste, talo, m. [plantes]. ‖Vara, varinha [baguette]. ‖Tronco, m. [famille]. ‖Fuste, m. [colonne]. ‖Cano, m. [botte]. ‖*Loc.* *Faire tige,* ter* descendência. ‖**-gelle** f. (-él). Caulículo, m. (do embrião).

tignasse f. (-nhaç). *Fam.* Trunfa, gaforina, grenha.

ti‖gre, esse m. e f. (tigr, éç). Tigre, tigre-fêmea. ‖**-gré, ée** adj. (-é). Tigrado, da; mosqueado, da.

tilbury m. (-ùri). Tílburi.

tiliacées f. pl (-acé). Tiliáceas.

tillac m. (tiíac). Coberta, f.

tilleul m. (tiél). Tília, f.

tim‖bale f. (tànbal). Timbale [musique]. ‖Copo (m.) de metal (sem pé) [verre]. ‖Forma de empadas [cuisine_.

tim‖brage m. (tànbraj). Timbragem, f. ‖**-bre** m. (tànbr). Selo postal. ‖*Timbre* [son, marque]. ‖Carimbo [sceau]. ‖*Loc.* *Avoir le timbre fêlé,* ter* pancada na mola. ‖**-bré, ée** adj. (-é). Telhudo, da (fam.). ‖**-bre-poste** m. (-âpoçt). Selo de correio. ‖**-brer** vt. (-ê). Selar, carimbar, timbrar.

timi‖de adj. (-íd). Tímido, da. ‖**-dité** f. (-é). Timidez.

ti‖mon m. (-ó). Timão, lança, f. [voiture]. ‖Cana, f. (do leme) [bateaux]. ‖**-monier** m. (-oniê). Timoneiro. ‖Cavalo de tiro.

timoré, ée adj. (-é). Timorato, ta.

Timothée n. pr. (-oté). Timóteo.

tinctorial, ale adj. (tànctoriál). Tintorial, tintório, ia.

Lettres penchées : accent tonique. ‖V. *page verte pour la prononciation figurée.* ‖*Verbe irrég. V. à la fin du volume.

TIN — TOI 332

ti‖ne f. (tin). Selha. ‖-nette f. (-ét). Tinote, mea. (para despejos).
tintamarre m. (tàntamɑr). Algazarra, f., banzé, barulheira, f., balbúrdia, f.
tin‖tement m. (tàn-á). Badalada, f. ‖Zumbído [oreilles]. ‖-ter vi. (-é). Tocar, dobrar [sonner]. ‖Zumbír [oreilles]. ‖-touin m. (-tuàn). Inquietação, f., apreensão, f., desassossego.
ti‖que f. (tic). Carraça. ‖-quer vi. (-é). Ter* um tíque, ter* convulsões.
tir m. (tir). Tíro. ‖Loc. *Tir à la cible*, tíro ao alvo. *Tir plongeant*, tíro mergulhante.
ti‖rade f. (-rad). Tirada. ‖Arrancada, puxada [action]. ‖-rage m. (-aj). Tracção, f. ‖*Fig.* Dificuldade, f. : *il y a du tirage*, custa trabalho. ‖Tiragem, f. [impression]. ‖Sorteio [soldats, loterie]. ‖-raillement m. (-aimã). Puxão. ‖*Fig.* Desacordo. ‖-railler vt. (-ié). Dar* puxões. ‖*Fig.* Assediar, importunar. ‖vi. Disparar a esmo. ‖-railleur m. (-iár). Atirador. ‖*Fig.* Pioneiro.
tirant m. (-ràt). Tirante. ‖Cordão [bourse]. ‖Orelha, f. [soulier]. ‖Calado [bateau]. ‖Nervo [viande].
tiré, ée adj. (-ré). Puxado, da. ‖Tirado, da [extrait]. ‖s. m. Sacado [commerce]. ‖Loc. *Tiré à quatre épingles*, tirado das canelas.
tire‖-bouchon m. (-rbuxõ). Saca-rolhas. ‖-bouton m. (-ō). Abotoador. ‖- -d'aile m. (-él). Vôo rápido. ‖Loc. *A tire-d'aile*, em vôo rápido. ‖- -fond m. (-õ). *Tira*-fundo. ‖- -laine m. (-én). Larápio. ‖- -larigot (à). loc. à larga, à grande. ‖- -ligne m. (-inh). *Tira*-linhas. ‖-lire f. (-ír). Mealheiro, m. ‖- -pied m. (-pié). Tirapé. ‖- -point m. (-uàn). Furador, sovela, f.
tirer vt. (-ré). Puxar : *tirer une ficelle*, puxar uma guita. ‖Puxar de : *tirer l'épée*, puxar da espada. ‖Tirar [ôter] : *tirer ses bas*, tirar as meias. ‖Traçar [lignes, traits]. ‖Imprimír. ‖Atirar [flèche, coup de feu, etc.]. ‖Arrancar, extraír. ‖Sortear [loterie, etc.]. ‖Livrar [délivrer]. ‖Sacar [effet de commerce]. ‖Passar à fieira [métaux].
‖Correr [verrou, rideau]. ‖Ter* de calado [navire]. ‖Loc. *Bon à tirer*, pode imprimir-se. *Tirer à conséquence*, ter* consequências graves. *Tirer à qui fera*, ver* quem há-de começar. *Tirer à sa fin*, estar* a acabar. *Tirer au clair*, tirar a limpo. *Tirer au large*, fazer-se* ao largo. *Tirer son épingle du jeu*, livrar-se de boa. *Tirer sur le rouge*, atirar para encarnado. *Tirer sur une corde*, puxar por uma corda.
tiret m. (-ré). Travessão.
tiretaine f. (-rtén). Tiritana.
tirette f. (-rét). Cordão, m.
ti‖reur, euse m. e f. (-râr, âz). Atirador, ora. ‖Sacador [traite]. ‖Loc. *Tireuse de cartes*, cartomante. ‖-roir m. (-uar). Gaveta, f. ‖Válvula distribuidora, f. [machine à vapeur]. ‖*Tiroir-caisse*, caixa, f.
tisane f. (-an). Tisana, chá, m.
ti‖son m. (-õ). Tição. ‖-sonner vt. (-oné). Atiçar. ‖-sonnier m. (-ié). Atiçador, esborralhador.
tis‖sage m. (-aj). Tecelagem, f. ‖-ser vt. (-é). Tecer. ‖-serand m. (-rã). Tecelão. ‖-su, ue adj. e s. m. (-ù). Tecido, da.
titan m. (-ã). Titã. ‖-tanique adj. (-anic). Titânico, ca.
titrage m. (-raj). Doseamento.
ti‖tre m. (titr). Título. ‖*Lei*, f. [métaux]. ‖Dose, f., concentração, f. ‖Loc. *A juste titre*, com razão. *A titre de*, com o pretexto de. *A titre gracieux*, gratuitamente. ‖-tré, ée adj. (-é). Titular. ‖Titulado, da [solution]. ‖-trer vt. (-é). Titular.
tituber vi. (-ùbé). Titubear.
titu‖laire adj. e s. (-ùlèr). Titular. ‖-lariser vt. (-ar-é). Efectivar.
Titus n. pr. (-ùç). Tito.
toas‖t m. (tôçt). Brinde : *porter un toast*, fazer* um brinde. ‖Torrada, f. [pain grillé]. ‖-ter vi. (-é). Brindar, fazer* brindes.
Tobie n. pr. (tobi). Tobias.
tocsin m. (tokçàn). Rebate : *sonner le tocsin*, tocar a rebate.
toge f. (toj). Toga.
tohu-bohu m. (toùboù). Caos.
toi pron. (tua). Tu ; ti, te. ‖*Toi-même*, tu próprio.
toi‖le f. (tual). Tela. ‖Lona, pano, m. ‖- *d'araignée*, teia de aranha.

Itálico : acento tónico. ‖V. página verde para a pronúncia figurada. ‖*Verbo irreg. V. no final do livro.

TOI — TOR

‖-lette f. (-ét). Toucador, m. [meuble]. ‖Arranjo, m., limpeza : *faire sa toilette*, arranjar-se. ‖Trajo, m. : *toilette de bal*, trajo de baile. ‖Telazinha [petite toile]. ‖Loc. *Cabinet de toilette*, quarto de vestir*. *Marchande à la toilette*, adela.
Toinon n. pr. (tuanõ). Antoninha.
toi‖se f. (tuaz). Toesa [mesure]. ‖Craveira, estalão, m. [pour mesurer les personnes]. ‖-sé m. (-é). Medição, f. ‖-ser vt. (-é). Medir*. ‖*Mirar : toiser de haut en bas*, mirar de alto a baixo. ‖-seur m. (-ár). Medidor.
toison f. (tuazõ). Tosão, m., velo, m., lã.
toit‖ m. (tua). Telhado. ‖-ure f. (-úr). Telhado, m., cobertura.
tôle f. (tôl). Chapa, folha.
Tolède n. pr. (toléd). Toledo.
tolé‖rance f. (tolerãç). Tolerância. ‖-rant, ante adj. (-ã, ãt). Tolerante. ‖-rer vt. (-é). Tolerar.
tomate f. (tomat). Tomate, m.
tombal, ale adj. (tõbal). Tumular.
tombant, ante adj. (tõbã, ãt). Que cai. ‖Pendente, caído, da.
tombe f. (tõb). Tumba. ‖-beau m. (-bó). Túmulo, sepulcro, jazigo.
tombée f. (tõbé). Queda, caída.
tomber‖ vi. (tõbé). Cair*, tombar. ‖vt. *Pop*. Derrubar : *tomber son adversaire*, derrubar o adversário. ‖Loc. *Bien tomber*, vir* a propósito. *Tomber de son haut*, cair* das nuvens. *Tomber du côté où l'on penche*, pagar os seus erros. *Tomber en arrêt*, estacar diante da caça [chiens]. *Tomber en poussière*, desfazer-se* em pó. *Tomber raide mort*, cair* redondo. ‖-eau m. (-bó). Carroça-báscula, f.
tombola f. (tõbola). Tômbola, f.
tome m. (tom). Tomo, volume.
ton, ta, tes adj. pos. (tõ, ta, tê). Teu, tua, teus, tuas. ‖*Observ*. Generalmente precedés de l'article défini, surtout au Portugal.
ton‖ m. (tõ). Tom. ‖-alité f. (tona-é). Tonalidade.
ton‖deur, euse m. et f. (tõdár, âz). Tosquiador, eira. ‖f. Máquina de tosquiar. ‖-dre vt. (tõdr). Tosquiar [animaux]. ‖Cortar à escovinha [personnes]. ‖Tosar [draps]. ‖Cortar, segar [prés]. ‖-du, ue adj. (-ù). Tosquiado, da. ‖Cortado rente.
tonicité f. (to-é). Tonicidade.
tonifier vt. (to-ié). Tonificar.
tonique adj. e s. m. (tonic). Tónico, ca.
tonitruant, ante adj. (to-rùã, ãt). Tonitruante, atroador, ora.
tonnage m. (tonaj). Tonelagem, f.
tonnant, ante adj. (tonã, ãt). Tonante, trovejante, atroador, ora.
ton‖ne f. (ton). Tonelada [mesure]. ‖Tonel, m. ‖-neau m. (-ó). Pipa, f. ‖Tonelada, f. [marine]. ‖-nelet m. (-é). Barrilinho. ‖-nelier m. (-ié). Tanoeiro.
tonnelle f. (tonél). Caramanchão, m.
tonnellerie f. (tonélrí). Tanoaria.
tonner vi. (tonê). Troar.
tonnerre m. (tonér). Trovão. ‖Câmara, f. [armes].
tonsu‖re f. (tõçúr). Tonsura. ‖-rer vt. (-é). Tonsurar.
tonte f. (tõt). Tosquia.
tontine f. (tõtin). Tontina.
topaze f. (topaz). Topázio, m.
toper vi. (topé). Dar* a mão, anuir. ‖Loc. *Tope-là!* Toque! Está dito!
topinambour m. (to-ábur). Topinambo.
topique adj. e s. m. (topic). Tópico, ca.
topographie f. (topografi). Topografia.
toquade f. (tocad). *Fam*. Mania.
toquante f. (tocãt). *Pop*. Relógio, m.
to‖que f. (toc). Gorra, barrete, m. ‖-qué, ée adj. e s. (-é). Maníaco, ca. ‖-quer vt. (-é). *Fig*. Dar* cabo do juízo. ‖-quet m. (-é). Gorro, touca, f.
tor‖che f. (torx). Tocha. ‖-cher vt. (-é). Limpar. ‖*Pop*. Atabalhoar, atamancar. ‖-chère f. (-ér). Tocheiro, m. ‖-chis m. (-í). Argamassa, f. : *mur de torchis*, taipa, f. ‖-chon m. (-õ). Esfregão, rodilha, f., apagador.
tordre vt. (tordr). Torcer. Loc. *Tordre l'échine*, humilhar-se.
toréador m. (zoréador). Toureiro.
torgnole f. (tornhol). *Pop*. Estalo, m., soco, m., murro, m.
tornade f. (tornad). Tornado, m.
torpédo f. (torpêdô). Torpedo, m. (auto).
torpeur f. (torpâr). Torpor, m.
torpill‖age m. (torpiiaj). Torpedea-

Lettres penchées : accent tonique. ‖V. page verte pour la prononciation figurée. ‖*Verbe irrég. V. à la fin du volume.

TOR — TOU 334

mento. ‖-e f. (-iiâ). Torpedo, m. ‖-er vt. (-iéé). Torpedear. ‖-eur m. (-iár). Torpedeiro.
torre‖faction f. (torêfakció). Torrefacção. ‖-fier vt. (-ié). Torrificar, torrar.
torrent‖ m. (torã). Torrente, f. ‖-iel, elle adj. (-ciél). Torrencial.
torride adj. (torid). Tórrido, da.
tors‖, orse adj. (tor, orç). Torcido, da; torto, ta. ‖-ade f. (-ad). Franja. ‖Entrançado, m. [passementerie].
torse m. (torç). Torso, busto.
torsion f. (torció). Torção.
tort m. (tor). Culpa, f. [faute]. ‖Erro, sem-razão, f. ‖Dano, prejuízo. ‖Loc. *A tort*, sem razão. *A tort ou à raison*, com razão ou sem ela. *Avoir tort*, não ter razão. *Être dans son tort*, equivocar-se. *Faire tort*, prejudicar, causar dano.
torticolis m. (tor-oli). Torcicolo.
torti‖llement m. (tortiiâmã). Torcimento. ‖-ller vt. (-iéé). Torcer. ‖-llon m. (-iõ). Rodilha, f. ‖Esfuminho [dessin].
tortionnaire adj. (torcionér). De tortura. ‖s. m. Carrasco [bourreau].
tor‖tu, ue adj. (tortù). Torto, ta. ‖-tue f. (-ù). Tartaruga. ‖-tueux, euse adj. (-ùá, âz). Tortuoso, sa.
tortu‖re f. (tortùr). Tortura, tormento, m. ‖-rer vt. (-ê). Torturar.
toscan, ane adj. e s. (toçã an). Toscano, na.
tôt adv. (tô). Depressa. ‖Cedo [de bonne heure]. ‖Loc. *Au plus tôt*, quanto antes. *Tôt ou tard*, mais tarde ou mais cedo.
total‖, ale adj. e s. m. (total). Total. ‖-iser vt. (-ê). Totalizar. ‖-Ité f. (-ê). Totalidade, total, m.
tôt-fait m. (tôfé). Doce rápido.
toton m. (totô). Rapa, pião.
touage m. (tuaj). Atoagem, f.
toubib m. (tubib). *Arg. mil.* Médico.
tou‖chant, ante adj. (tuxã, ãt). Comovente: *paroles touchantes*, palavras comoventes. ‖prep. No tocante a. ‖-che f. (tux). Toque, m. ‖Tecla [instruments]. ‖-che-à-tout m. (-xatu). *Fam.* Mexilhão. ‖-cher vt. (-ê). Tocar. ‖Receber [argent]. ‖*Fig.* Comover [émouvoir]. ‖Loc. *Toucher au but*, atingir o alvo.

‖s. m. Tacto. ‖-cheur m. (-âr). Tocador. ‖Boieiro [bétail].
tou‖ffe f. (tuf). Tufo, m., feixe, m., madeixa. ‖-ffu, ue adj. (-ù). Espesso, ssa; tufoso, sa; denso, sa.
toujours adv. (tujur). Sempre. ‖Em todo o caso [néanmoins].
Toulon n. pr. (tulô). Tulono.
Toulouse n. pr. (tuluz). Tolosa.
toupet m. (tupé). Topete, tufo.
toupie f. (tupí). Pião, m. ‖Torno cónico [tour].
tour f. (tur). Torre. ‖m. Volta, f. [circulaire]. ‖Contorno [contour]. ‖Sorte, f.; mágica, f. (*Br.*) [d'adresse]. ‖Volta, f., giro [promenade] : *faire un tour*, *dar* uma volta. ‖Jeito [tournure]. ‖Vez, f., turno [rang, ordre] : *à son tour*, por sua vez. ‖Torno [machine]. ‖Roda, f. [hospices]. ‖Loc. *A double tour*, com duas voltas. *Tour de bâton*, ganhos ilícitos, pl. *Tour de cou*, colar, gargantilha, f. *Tour de force*, esforço violento. *Un bon tour*, uma boa partida, f. *Tour à tour*, alternadamente, sucessivamente.
tour‖be f. (turb). Turfa. ‖-bière f. (-iér). Turfeira.
tourbi‖llon m. (turbiiô). Turbilhão. ‖-llonnement m. (-onmã). Redemoinho. ‖-llonner vi. (-é). Redemoinhar, rodopiar, rodar.
tourelle f. (turél). Torrezinha.
tourie f. (turí). Garrafão (m.) empalhado.
tourier, ière m. e f. (turié, ér). Porteiro, rodeira (de convento).
tourillon m. (turiiô). Munhão.
tou‖risme m. (turíçm). Turismo. ‖-riste m. e f. (-íçt). Turista.
tourlourou m. (turluru). Carango.
tourmaline f. (turmalín). Turmalina.
tour‖ment m. (turmã). Tormento. ‖-mente f. (-ãt). Tormenta. ‖-menter vt. (-ê). Atormentar, torturar.
tour‖nant, ante adj. (turnã, ãt). Giratório, ia. ‖s. m. Volta, f. ‖-nebride m. (-âbrid). Pousada, f. ‖-nebroche m. (-âbrox). Manivela (f.) de espeto. ‖-nedos m. (-âdô). Fatias (f. pl.) de lombo de vaca. ‖-née f. (-ê). Digressão. ‖Visita de

Itálico : acento tónico. ‖V. página verde para a pronúncia figurada. ‖ *Verbo irreg. V. no final do livro.

inspecção. ‖ *Fam.* Roda [buveurs]. ‖-**nemain (en un)** loc. adv. (ănănăn). Num ápice. ‖-**ner** vt. (-é). Dar* voltas : *tourner une manivelle,* dar* voltas a uma manivela. ‖ Girar [mouvement de rotation] : *la porte tourne sur ses gonds,* a porta gira nos gonzos. ‖ Virar [changer de direction] : *tourner la tête, la page,* voltar a cabeça, a página. ‖Dirigir : *tourner sa colère,* dirigir a cólera. ‖ Envolver [faire le tour] : *tourner une armée,* envolver um exército. ‖ Ladear : *tourner une difficulté,* ladear uma dificuldade. ‖ Compor* [écrire] : *tourner un sonnet,* compor* um soneto. (-é). *Técn.* Tornear. ‖ Cambar [tordre] : *tourner sa chaussure,* cambar o sapato. ‖vi. Talhar-se, azedar [liquides] : *le lait a tourné,* o leite talhou-se. ‖ Rodar [vent]. ‖ Loc. *Bien tourner, mal tourner,* ter* bom resultado, acabar mal. *La tête lui tourne,* anda-lhe a cabeça à roda. *Se tourner vers,* voltar-se para. *Tourner de l'œil,* morrer, fechar o olho. *Tourner en bourrique,* atordoar. *Tourner en ridicule,* levar para o ridículo. *Tourner les talons,* safar-se.

tournesol m. (turnəçol). Girassol [fleur]. ‖ Tornassol [matière colorante].

tour‖nette f. (turnét). Dobadoura. ‖-**neur** m. (-ǽr). Torneiro. ‖-**nevis** m. (-ávíç). Desandador, chave (f.) de parafusos. ‖-**niquet** m. (-é). Torniquete. ‖-**nis** m. (-í). Cenurose, f.

tournoi m. (turnuá). Torneio.

tournoiement m. (turnuamã̌). Remoinho, rodopio, torvelinho.

tour‖noyant, ante adj. (turnuaiã̌, ǎt). Rodopiante. ‖-**noyer** vi. (-ié). Rodopiar, remoinhar, girar, voltear.

tournure f. (turnǘr). Forma : *tournure de style,* forma de estilo. ‖ Apresentação, presença [d'une personne]. ‖ Anquinhas, pl. [bouffant].

tour‖te f. (turt). Torta. ‖-**teau** m. (-ó). Resíduo. ‖ Pão de rala grande.

tourterelle f. (turtəʳél). Rola ; juriti, m. (*Br.*).

tourtière f. (turtiér). Torteira.

Toussaint f. (tuçǎ̌n). Todos-os-santos.

tousser vi. (tucé). Tossir, ter* tosse.

tout, oute adj. e pron. (tu, ut). Todo, da. ‖inv. Tụ̌co. ‖s. m. Todo. ‖adv. Inteiramente : *tout pareil,* inteiramente igual. ‖*Observ.* Com certos adj. e adv. equivale a um diminutivo : *tout petit,* pequenino ; *tout bas,* baixinho ; *tout près,* pertinho. ‖ Loc. *A tout prendre,* afinal, em suma. *C'est tout un,* vem a dar* no mesmo. *Du tout,* de modo nenhum, absolutamente nada. *Du tout au tout,* completamente. *Le tout est de savoir,* tudo está em saber. *Pour tout de bon,* a sério, deveras. *Rien du tout,* absolutamente nada. *Risquer le tout,* arriscar tudo. *Tout aimable qu'il soit,* por amável que seja. *Tout au moins,* pelo menos. *Tout au plus,* quando muito. *Tout autant,* outro tanto. *Tout beau,* pouco a pouco. *Tout court,* simplesmente. *Tout de bon,* a valer, a sério. *Tout de même,* mesmo assim. *Tout doux,* de mansinho. *Tout plein,* muitos, tas.

tout-à-l'égout m. (tutalêgu). Despejo de retrete por autoclismo.

toute‖bonne f. (tu-on). Salva. ‖-**fois** adv. (-uá). Todavia. ‖ - **puissance** f. (-ü-ãç). Omnipotência.

toutou m. (tutú). Totó (cão).

tout-puissant, toute-puissante adj. (tupüiçã̌, -tpüiçãt). Todo-poderoso, toda-poderosa, omnipotente.

toux f. (tu). Tosse.

toxi‖ne f. (tokçín). Toxina. ‖-**que** adj. e s. m. (-ík). Tóxico, ca.

trac m. (trac) *Pop.* Cagaço, medo.

traçant, ante adj. (traçã̌, ãt). Rastejante [racines].

tracas m. (tracá). Balbúrdia, f. ‖-**ser** vt. (-é). Inquietar. ‖-**serie** f. (-rí). Inquietação. ‖ Arrelia. ‖-**sier, ère** adj. e s. (-ié, ér). Arreliador, ora ; quezilento ta ; aborrecido, da.

tra‖ce f. (traç). Vestígio, m. ‖ Cicatriz. ‖-**cement** m. (-ã̌). Traçado. ‖-**cer** vt. (-é). Traçar, riscar.

tra‖chée f. (traxé). Traqueia. ‖-**chée-artère** f. (-artér). Traqueia-artéria. ‖-**chéotomie** f. (-otomí). Traqueotomia. ‖-**chome** m. (-om). Tracoma.

tracteur m. (tractǽr). Tractor.

traction f. (tracçió). Tracção.

tradition f. (tra-ció). Tradição. ‖-**nel, elle** adj. (-onél). Tradicional.

Lettres penchées : accent tonique. ‖V. page verte pour la prononciation figurée. ‖*Verbe irrég. V. à la fin du volume.

TRA — TRA

tra‖ducteur m. (tradùctâr). Tradutor. ‖-duction f. (-kciô). Tradução. ‖-duire* vt. (-ùir). Traduzir*.

trafi‖c m. (trafic). Tráfico. ‖-quer vi. (-ké). Traficar, negociar. ‖-queur m. (-âr). Traficante.

tra‖gédie f. (trajêdí). Tragédia. ‖-gédien, enne m e f. (-iàn, én). Trágico, ca. ‖-gi-comique adj. (-omic). Tragicómico, ca. ‖-gique adj. (-íc). Trágico, ca.

tra‖hir vt. (traír). Traír*, atraiçoar. ‖Enganar [tromper]. ‖ (se) vr. Traír-se*, revelar-se. ‖-hison f. (-ô). Traição, felonia; engano, m.

train m. (tràn). Comboio; trem (Br.) [chemin de fer]. ‖Passo : aller bon train, ir* com bom passo. ‖Ruído, algazarra, f. [bruit]. ‖Loc. A fond de train, a toda a velocidade. Aller son train, seguir* sem novidade. Être en train de... Estar* a [seguido do infinitivo] : être en train de lire, estar a ler. Mener quelqu'un bon train, não poupar alguém. Mettre en train, começar. Train de bois, jangada, f. Train de plaisir, comboio de recreio. Train omnibus, comboio correio.

traî‖nage m. (trénaj). Arrastamento. ‖-nant, ante adj. (-ã, ãt). Que se arrasta : robe traînante, vestido (m.) de cauda. ‖Fig. Monótono. ‖-nard m. (-ar). Retardatário. ‖Indolente, pachorrento. ‖-nasser vi. (-ê). Arrastar. ‖-ne f. (trén). Arrastamento, m. ‡Cauda [robes]. ‖-neau m. (-nô). Trenó. ‖-née f. (-ê). Rasto, m. ‖-ner vt. (-ê). Arrastar. ‖ vi. Arrastar-se. ‖-neur m. (-âr). Arrastador. ‖Retardatário. ‖Loc. Traîneur de sabre, militar fanfarrão.

train-train m. (tràntràn). Ramerrão, rotina, f.

traire* vt. (trér). Ordenhar, mungir.

trait m. (tré). Tiro. ‖ Trago [à boire]. ‖ Rasgo [esprit, etc.]. ‖Feição, f. [du visage]. ‖Traço [ligne]. ‖Relação, f. [rapport] : avoir trait à, ter* relação com. ‖Loc. Comme un trait, como um dardo. D'un trait, duma assentada. Gens de trait, besteiros. Trait de plume, penada, f. Trait de temps, lapso de tempo. Trait d'union, traço de união, hífen.

trai‖table adj. (tréta-). Tratável. ‖-tant m. (-ã). Arrematante de impostos. ‖ Visitador [médecin]. ‖-te f. (-ét). Trato, m. ‖Escravatura. ‖Caminhada [chemin]. ‖Letra [comm.]. ‖ Loc. D'une traite, duma vez. ‖-té m. Tratado, convénio. ‖Discurso escrito sobre uma matéria. ‖-tement m. (-ã). Tratamento. ‖ Vencimento [appointements]. ‖-ter vi. (-ê). Tratar. ‖vt. Receber, acolher. ‖-teur m. (-âr). Dono de restaurante.

traî‖tre, esse adj. e s. (trétr, éç). Traidor, ora. ‖Loc. Pas un traître mot, nem uma palavra. ‖En traître, à traição, traiçoeiramente. ‖-treusement vt. (-â-ã). Traiçoeiramente. ‖-trise f. (-íz). Traição, perfídia.

tra‖jectoire f. (trajéctuar). Trajectória. ‖-jet m. (-é). Trajecto, percurso, caminho.

tra‖me f. (tram). Trama. ‖-mer vt. (-ê). Tramar, urdir, tecer.

tramontane f. (tramôtan). Tramontana, rumo, m., direcção.

tramway m. (tramué). Carro eléctrico; bonde (Br.).

tran‖chant, ante adj. (trãxã, ãt). Cortante. ‖s. m. Gume. ‖-che f. (-ãx). Talhada, posta. ‖Fatia [pain, viande]. ‖Borda [livre] : doré sur tranche, com as folhas douradas. ‖ Espessura [épaisseur]. ‖-ché, ée adj. (-ê). Cortado, da. ‖Nítido, da. ‖-chée f. (-ê). Trincheira [mil.]. ‖Vala, fosso, m. ‖pl. Cólicas, dores. ‖-chefil m. (-íl). Barbela, f. ‖-cher vt. (-ê). Cortar. ‖Resolver [difficulté]. ‖ Dar-se* ares : trancher du grand seigneur, dar-se* ares de fidalgo. ‖Contrastar : le rouge tranche sur le vert, o encarnado contrasta com o verde. ‖Loc. Trancher dans le vif, cortar pelo são. Trancher net, encurtar razões. ‖-chet m. (-ê). Trincho. ‖-choir m. (-uar). Trincho.

tranquill‖e adj. (trãkíl). Tranquilo, a. ‖-iser vt. (-ê). Tranquilizar. ‖-ité f. (-ê). Tranquilidade.

trans‖action f. (trãzàkciô). Transacção. ‖-atlantique adj. e s. m. (-àtic). Transatlântico, ca. ‖-bordement m. (-or-ã). Transbordo. ‖-border vt. (-ê). Transbordar. ‖-bordeur

---

Itálico : accento tónico. ‖V. página verde para a pronúncia figurada. ‖*Verbo irreg. V. no final do livro.

TRA — TRE

m. (-âr). Transbordador. ‖-**cendant, ante** adj. (-ãçãdã, ãt). Transcendente. ‖-**cription** f. (-çcripció). Transcrição. ‖-**crire*** vt. (-ir). Transcrever.
transe f. (trãç). Transe, m., angústia, ânsia.
transept m. (trãcépt). Transepto.
trans‖férer vt. (trãçfêré). Transferir*. ‖-**fert** m. (-ér). Transferência, f. ‖-**figuration** f. (-ùració). Transfiguração. ‖-**figurer** vt. (-é). Transfigurar. ‖-**formation** f. (-ormació). Transformação. ‖-**former** vt. (-é). Transformar. ‖-**fuge** m. (-ùj). Trânsfuga. ‖-**fusion** f. (-ió). Transfusão. ‖-**gresser** vt. (-récé). Transgredir*. ‖-**gresseur** m. (-âr). Transgressor. ‖-**gression** f. (-ió). Transgressão.
transi, ie adj. (trãci). Transido, da; enregelado, da; repassado, da.
transiger vt. (trãz-é). Transigir.
transir vt. (trãcir). Transir.
transit m. (trãzit). Trânsito. ‖-**if, ive** adj. (-if, iv). Transitivo, va. ‖-**ion** f. (-ció). Transição. ‖-**oire** adj. (-tuar). Transitório, ria.
trans‖lation f. (trãçlació). Translação, transferência. ‖-**lucide** adj. (-ùcid). Translúcido, da. ‖-**mettre*** vt. (-étr). Transmitir. ‖-**migrer** vi. (-ré). Transmigrar. ‖-**mission** f. (-ió). Transmissão. ‖-**muer** vt. (-ùé). Transmutar. ‖-**mutation** f. (-ació). Transmutação. ‖-**parence** f. (-arãç). Transparência. ‖-**parent, ente** adj. e s. m. (-ã, ãt). Transparente. ‖-**percer** vt. (-éreé). Atravessar, traspassar. ‖-**piration** f. (-ració). Transpiração. ‖-**pirer** vi. (-é). Transpirar. ‖-**planter** vt. (-ãté). Transplantar. ‖-**port** m. (-or). Transporte. ‖-**porter** vt. (-é). Transportar. ‖-**poser** vt. (-ozé). Transpor*. ‖-**position** f. (-ció). Transposição. ‖-**substantiation** f. (-ùbçtãciació). Transubstanciação. ‖-**vasement** m. (-a-ã). Transvasamento. ‖-**vaser** vt. (-é). Tranvasar. ‖-**versal, ale** adj. (-érçal). Transversal. ‖-**verse** adj. (-érç). Transverso, sa.
transylvain, aine adj. e s. (-ãn, én) Transilvânio, ia.
Transylvanie n. pr. (trã-ani). Transilvânia.
trapèze m. (trapéz). Trapézio.

trap‖pe f. (trap). Armadilha. ‖ Tr**a**pa [ordre]. ‖-**p ste** m. (-içt). Trapista (religioso).
trapu, ue adj. (trapù). Atarracado, da.
tra‖quenard m. (tra-ar). Armadilha, f. ‖ *Fig.* Laço. ‖-**quer** vt. (-é). Acossar. ‖-**quet** m. (-é). Taramela, f. [moulin]. ‖ ◯artaxo [oiseau].
traumatisme m. (trômatiçm). Traumatismo.
travail‖ m. (travai). Trabalho. ‖ Tronco [vétérinaire]. ‖ *Observ.* Nesta acep. faz no pl. *travails*; nos demais casos : *travaux*. ‖ *Loc. En travail,* de parto. *Travaux publics,* obras (f. pl.) públicas. ‖-**ler** vt. (-ié). Trabalhar. ‖-**leur, euse** m. e f. (-iâr, âz). Trabalhador, ora (-eira, adj. f.). ‖-**liste** adj. e s. (-içt). Trabalhista.
travée f. (travé). Tramo, m.
tra‖vers m. (çravér). Través, largura, f. [largeur]. ‖ *Fig.* Defeito [défaut]. Loc. *A tort et à travers,* a torto e a direito. *De travers,* de esguelha. *Entendre de travers,* ouvir* mal. *En travers,* de través. *Regarder de travers,* olhar de lado, de soslaio. ‖-**verse** f. (-érç). Travessa. [Carreiro, m. [chemin]. ‖-**versée** f. (-cé). Travessia. ‖-**verser** vt. (-é). Atravessar. ‖-**versin** m. (-ãn). Travesseiro.
traves‖ti m. (travéçti). Disfarce. ‖-**tir** vt. (-ir). Disfarçar. ‖-**tissement** m. (-ã). Disfarce, mascarada, f.
trayon m. (tréiõ). Mamilo (de *vaca*).
Trébizonde n. pr. (trê-õd). Trebizonda.
trébu‖chant, ante adj. (trébùxã, ãt). De peso legal [monnaies]. ‖-**cher** vi. (-é). Tropeçar. ‖-**chet** m. (-é). Armadilha, f., alçapão. ‖*Fig.* Laço.
tréfi‖ler vt. (trê-é). Passar pela fieira [métaux]. ‖-**lerie** f. (-lri) Fieira. ‖ Oficina de arameiro.
trèfle m. (trê-). Trevo.
tréfonds m. (trêfõ). Subsolo. ‖ *Fig.* Recôndito, escaninho, esconso.
trei‖llage m. (tréiiaj). Caniçado. ‖-**llager** vt. (-é). Guarnecer de caniçado. ‖-**lle** f. (-éi). Latada, ramada, parreira. ‖-**llis** m. (-ii). Rede (f.) de arame [clôture]. ‖ Serapilheira, f. [étoffe]. ‖ Quadrícula, f. [qua-

---

Lettres penchées : accent tonique. ‖V. page verte pour la prononciation figurée. ‖*Verbe irrég. V. à la fin du volume.

drillage]. Rótula (f.) de ferro ou aço.
trei‖ze adj. (tréz). Treze. ‖-zième adj. (-ièm). Décimo, ma terceiro, a.
tréma m. (trêma). Trema. ‖ *Observ*. Em francês põe-se sobre o *e*, *i* ou u para indicar que se separam da vogal que os precede : *ciguë*, *naïf*, *Saül*. En portugais on ne l'emploie plus.
trem‖blant, ante adj. (trã-ã, ãt). Tremente, trémulo, la. ‖-ble m. (-ã-). Choupo tremedor. ‖-blement m. (-âmã). Tremor. ‖-bler vi. (-é). Tremer. ‖-bleur, euse adj. e s. (-âr, âz). Tremente. ‖-blotant, ante adj. (-otã, ãt). Trémulo, la. ‖-blotement m. (-ã). Tremor, tremura, f. ‖-bloter vi. (-é). Tremelicar, tremular.
trémie f. (trêmî). Tremonha, tegão, m.
trémière adj. (trêmiér). *Rose trémière*, malva-rosa, malva-de-cheiro.
trémolo m. (tremolô). Trémulo (mús.).
trémou‖ssement m. (trêmu-ã). Saracoteio. ‖-sser vi. (-é). Saracotear-se. ‖vt. Agitar, movimentar.
trem‖page m. (trãpaj). Molha, f. ‖-pe f. (-ãp). Têmpera. ‖-pée f. (-é). Preparação por imersão. ‖-per vt. (-é). Molhar, humedecer. ‖Temperar [acier, etc.]. ‖vi. Empapar-se. ‖*Fig*. Participar : *tremper dans un crime*, participar num crime. ‖-pette f. (-ét). Fatia ensopada. ‖ Loc. *Faire la trempette*, comer fatias ensopadas.
tremplin m. (trã-ãn). Trampolim.
tren‖taine f. (trãtén). Uns trinta. ‖-te adj. (-ãt). Trinta. ‖ Loc. *Se mettre sur son trente et un*, endomingar-se, enfarpelar-se.
Trente n. pr. (trãt). Trento.
trentième adj. (trãtiém). Trigésimo, ma. ‖s. m. Trinta avos.
tré‖pan m. (trêpã). Trépano [outil]. ‖Trepanação, f. [opération]. ‖-paner vt. (-ané). Trepanar.
trépas m. (trêpa). Morte, f. ‖-ser vi. (-é). Morrer, falecer.
trépidation f. (trê-aciô). Trepidação.
trépied m. (trêpié). Tripeça, f. ‖*Trempe*, f. [cuisine]. ‖Tripé [d'appareil photographique].
trépi‖gnement m. (trê-nh-ã). Tripúdio. ‖-gner vi. (-é). Tripudiar.
trépointe f. (trêpuãnt). Vira.
très adv. (tré). Muito, mui.

trésor‖ m. (trêzor). Tesouro. ‖-erie f. (-âri). Tesouraria. ‖-ier m. (-ié). Tesoureiro.
tressage m. (tréçaj). Entrançamento.
tressaill‖ement m. (tréçaiiâmã). Estremecimento. ‖-ir* vi. (-ir). Estremecer, vibrar.
tressauter vi. (tréçôté). Sobressaltar-se, estremecer.
tre‖sse f. (tréç). Trança. ‖-sser vt. (-é). Entrançar.
tréteau m. (trêtô). Cavalete. ‖ Tablado, palco : *monter sur les tréteaux*, subir* ao tablado, fazer-se* actor.
treuil m. (trái). Sarilho, guincho.
trêve f. (trév). Trégua, descanso, m.
Trèves n. pr. (trév). Tréveros.
tri m. (tri). Apartamento, escolha, f.
triage m. (triaj). Selecção, f.
trian‖gle m. (triã-). Triângulo. ‖-gulaire adj. (-ùlér). Triangular.
tribord m. (tr-or). Estibordo.
tribu m. (tr-ù). Tribo.
tribulation f. (tr-ùlaciô). Tribulação, aflição, atribulação.
tri‖bun m. (tr-ãn). Tribuno. ‖-bunal m. (-ùnal). Tribunal. ‖-bune f. (-ùn). Tribuna, varandim, m.
tribut‖ m. (tr-ù). Tributo. ‖-aire adj. e s. (-ér). Tributário, a.
tri‖cher vi. (tr-é). Fazer* batota. ‖-cherie f. (-ri). Batota, trapaça; tribofe, m. (*Br*.). ‖-cheur, euse m. e f. (-âr, âz). Batoteiro, ra.
trichi‖ne f. (trixín). Triquina. ‖-nose f. (-óz). Triquinose.
trichromie f. (tricromí). Tricromia.
tricolore adj. (tr-olor). Tricolor.
tricorne m. (tr-orn). Tricórnio.
tricot‖ m. (tr-ô). Malha, f. ‖ Camisola (f.) de malha. ‖-er vt. e vi. (-té). Fazer* malha. ‖Fazer* meia [des bas]. ‖-eur, euse m. e f. (-âr, âz). Fabricante de malhas. ‖ Máquina de fazer* malha [métier].
trictrac m. (tr-rac). Gamão.
tricycle m. (tr-i-). Triciclo.
trident m. (tr-ã). Tridente.
triduum m. (tr-ùom). Tríduo.
trièdre m. (triédr). Triedro.
triennal, ale adj. (triénal). Trienal.
tri‖er vt. (trié). Apartar. ‖-eur, euse m. e f. (-âr, âz). Apartador ora.
triglyphe m. (tr-if). Tríglifo.

trigonométrie f. (tr-onomêtri). Trigonometria.
trille m. (triiâ). Trilo, trinado.
trillion m. (triliô). Trilião.
trilogie f. (tr-oji). Trilogia.
trimarder vi. (tr-ardé). *Pop.* Andar à procura de trabalho.
trimbaler vt. (trànbalé). Arrastar atrás de si, levar consigo.
trimer vi. (tr-é). *Pop.* Labutar.
trimes||tre m. (tr-éçtr) Trimestre. ||**-triel, elle** adj. (-iél). Trimestral.
tringle f. (trãn-). Varão, m. (de ferro). ||Moldura inferior dum tríglifo. ||Régua de carpinteiro.
trinité f. (tr-é). Trindade.
trinôme m. (tr-ôm). Trinómio.
trinquer vt. (trànké). Tocar os copos nos brindes.
trio m. (triô). Trio. ||Trindade, f.
triolet m. (triolé). Tresquiáltera, f.
triom||phal, ale adj. (triôfal). Triunfal. ||**-phant, ante** adj. (-ã, ãt). Triunfante. ||**-phateur, trice** adj. e s. (-târ, iç). Triunfador, ora. ||**-phe** m. (-ôf). Triunfo. ||**-pher** vi. (-é). Triunfar.
tripaille f. (tr-aí). Tripalhada.
tri||pe f. (trip). Tripa [intestin]. ||Dobrada [comestible]. ||Moqueta [étoffe]. ||**-perie** f. (-rí). Triparia. ||**-pette** f. (-ét). Tripinha. ||*Loc. Cela ne vaut pas tripette*, isso não vale um caracol, dois caracóis.
triphtongue f. (triftôg). Tritongo, m.
tripier, ère m. e f. (tr-ié, ér). Tripeiro, ra.
tri||ple adj. e s. m. (tri-). Triplo, pla, f. ||**-pler** vt. (-é). Triplicar. ||**-plicata** m. (-ata). Triplicar. ||**-plicité** (-té). Triplicidade.
tripoli m. (tr-olí). Trípoli.
triporteur m. (tr-ortâr). Triciclo com caixa (para transportes).
tripot m. (tr-ô). Tavolagem, f. ||**-age** m. (-aj). Mixórdia, f.; intrigalhada, f. ||**-ée** f. (-é). *Pop.* Tareia, sova. ||**-er** vt. (-é). Manejar [touche] vi. *Fig.* Especular com. ||**-eur** m (-âr). Arranjista, especulador.
triptyque m. (tr-ic). Tríptico.
trique f. (tric). *Pop.* Cacete, m.
trirème f. (trirém). Trirreme.
trisaïeul, eule m. e f. (tr-iâl). Trisavô, vó.

trisannuel, elle adj. (tr-anùél). Trisanual.
tris||te adj. (triçt). Triste. ||**-tesse** f. (-éç). Tristeza.
triton m. (tr-ô). Tritão.
tritu||ration f. (tr-uraciô). Trituração. ||**-rer** vt. (-é). Triturar.
triumvir|| m. (triomvir). Triúnviro. ||**-al, ale** adj. (-al). Triunviral. ||**-at** m. (-a). Triunvirato.
trivalent, ente adj. (tr-alã, ãt). Trivalente.
tri||vial, ale adj. (tr-ial). Trivial. ||**-vialité** f (-é). Trivialidade. ||**-vium** m. (-iom). Trívio.
troc m. (troc). Troca, f., permuta, f.
trocart m. (trocar). Trocarte.
troglodyte m. (tr-oglodit). Troglodita.
tro||gne f. (tzonh). Cara. ||**-gnon** m. (-ô). Caroço, resto, talo.
Troie n. pr. (trua). Tróia.
trois|| adj. (trua). Três. ||*Terceiro : Henri trois*, Henrique terceiro. ||**-ième** adj. (-iém). Terceiro, ra. ||**- -mâts** m. (-a). Barco de três mastros. ||**- -six** m. (-ciç). Álcool de 85º a 97.
trolley m. (trolé). Trólei.
trom||be f. (trôb). Tromba marinha. ||**-blon** m. (-ô). Bacamarte; garrucha, f. (Br.). ||**-bone** m. (-on). Trombone. ||**-pe** f. (trôp). Trompa (de caça). ||Tromba (de elefante, etc.). ||**- -l'œil** m. (-lâi). Falsa aparência, f., pintura realista, f.
trom||per vt. (trôpé). Enganar; tapear (Br.). ||**-perie** f. (-prí). Engano, m., mentira; pabulagem (Br.).
trom||peter vt. (trô-é). Enganar. ||**-pette** f. (-ét). Trombeta. ||m. Trombeteiro, clarim.
trompeur, euse adj. e s. (trôpâr, âz). Enganador, ora; mentiroso, sa.
tronc m. (trô). Tronco. ||Caixa (f.) de esmolas [église].
tronçon|| m. (trôçô). Troço. ||**-ner** vt. (-oné). Cortar, dividir, decepar.
trô||ne m. (trôn). Trono. ||**-ner** vi. (-oné). Sentar-se no trono.
tron||qué, ée adj. (trôké). Truncado, da. ||**-quer** vt. (-é). Truncar.
trop adv. (trô). Demais : *trop de livres*, livros demais. ||*Loc. De trop, en trop,* a mais. *Par trop,* em demasia.
trope m. (trop). Tropo.
trophée m. (trofé). Troféu.

Lettres penchées : accent tonique. ||V. page verte pour la prononciation figurée. ||*Verbe irrég. V. à la fin du volume.

tro‖pical, ale adj. (tro-*al*). Tropical. ‖**-pique** m. (-*ic*). Trópico.
trop-plein m. (trô-*àn*). Excesso.
troquer vt. (troké). Trocar.
trot‖ m. (tró). Trote. ‖**-te** f. (-ot). Caminhada, tirada. ‖**-ter** vt. (-é). Trotar. ‖**-teur** m. (-*ár*). Trotador, andarilho. ‖**-tin** m. (-*àn*). Recadeira, f. ‖**-tiner** vi. (-é). Ter* trote curto [cheval]. ‖Andar a passos miudinhos e rápidos. ‖**-toir** m. (-*uar*). Passeio (da rua).
trou m. (tru). Buraco. ‖Loc. *Trou de chat*, gateira, f. *Faire un trou à la lune*, fugir* sem pagar as dívidas.
troubadour m. (trubadur). Trovador.
trou‖blant, ante adj. (tru-*à*, *àt*). Perturbador, ora. ‖**-ble** m. (tru-). Perturbação, f. ‖Desordem, f. ‖adj. Turvo, va. ‖**-ble-fête** m. (-*àfét*). Desmancha-prazeres. ‖**-bler** vt. (-é). Perturbar. ‖Turvar [liquides].
trou‖ée f. (trué). Abertura. ‖*Mil.* Brecha. ‖Clareira [bois]. ‖**-er** vt. (-ué). Furar, esburacar, romper.
trou‖pe f. (trup). Tropa. ‖**-peau** m. (-*pô*). Rebanho. ‖**-pier** m. (-*ié*). Soldado, tropa.
trous‖se f. (truç). Molho, m., feixe [faisceau]. ‖Estojo, m. [chirurgien, etc.]. ‖Maleta [voyage]. ‖f. pl. Calções, m. pl. ‖Loc. *Aux trousses de quelqu'un*, no encalço de alguém. ‖**-sé, ée** adj. (-é). *Fam.* Arranjado, da. ‖**-seau** m. (-çó). Molho. ‖Enxoval [mariée, pensionnaire]. ‖**-sequee** f. (-*câ*). Rabicho, m. (do arreio). ‖**-sequin** m. (-*càn*). Borraina, f. ‖**-ser** vt. (-é). Arregaçar, levantar [vêtement]. ‖Preparar [volaille].
trou‖vaille f. (truvai). Achado, m. ‖**-ver** vt. (-é). Achar, encontrar. ‖**(se)** vr. imp. Existir : *il s'en trouve de bons*, existem bons. ‖Loc. *Aller trouver*, ir* ter* com*. *Il se trouve que*, acontece. *Se trouver mal*, desmaiar.
trouvère m. (truvér). Trovador.
tru‖and, ande m. e f. (truã, ãd). Vadio, ia. ‖**-anderie** f. (-rí). Vadiagem, vagabundagem, vida de mendigo.
truble f. (trùbl). Conto, m. (rede).
truc m. (truc). Truque. ‖Maquinaria, f. [théâtre]. ‖Sorte, f. [pres-

tidigitation]. ‖*Fam.* Habilidade, f., lábia, f. ‖*Pop.* Coisa, f., coiso.
trucage m. (trùcaj). Falsificação, f.
truchement m. (trù-*ã*). Turgimão.
truculent, ente adj. (trìcùlã, ãt). Truculento, ta; brutal, atroz.
truelle f. (trùél). Trolha, colher.
truffe f. (trùf). Túbera, trufa.
truie f. (trùi). Porca, bácora.
trui‖te f. (trùit). Truta. ‖**-té, ée** adj. (-é). Mosqueado, da.
trumeau m. (trùmô). Tremó. ‖Rabadilha, f. (do boi).
trusquin m. (trùçàn). Graminho [outil de menuisier].
trust m. (tràçt). Sindicato, cartel.
trypanosome m. (tr-anozôm). Tripanossoma.
tsar‖ m. (tzar). Czar. ‖**-ien, enne** adj. (-*iàn, én*). Czarino, na. ‖**-ine f.** (-*in*). Czarina. ‖**-isme** m. (-içm). Czarismo.
tsé-tsé f. (tcê-é). Tsé-tsé.
tu, toi, te pron. (tù, tua, tâ). Tu, ti, te. ‖*Observ. Tu* traduz-se por *tu*. *Toi* equivale a *tu* quando é sujeito, *te* quando é comp. dir., e *ti* nos restantes casos : *c'est toi*, és tu; *regarde-toi*, olha-te; *pour toi*, para ti. *Te* equivale sempre a *te*. ‖*A toi*, loc. *Teu, tua* (adj.). ‖Loc. *C'est à toi de*, compete-te, cabe-te.
tuant, ante adj. (tùã, ãt). Extenuante, penoso, sa; fatigante.
tub m. (tàb). Alguidar, banho.
tube m. (tùb). Tubo, cano, canal.
tuber‖cule m. (tùbércùl). Tubérculo. ‖**-culeux, euse** adj. e s. (-*â*, *âz*). Tuberculoso, sa. ‖**-culose** f. (-óz). Tuberculose.
tubé‖reuse f. (tùbêráz). Tuberosa. ‖**-reux, euse** adj. (-â, âz). Tuberoso, sa.
tubu‖laire adj. (tùbùlér). Tubular. ‖**-lure** f. (-*ùr*). Tubuladura.
tudesque adj. (tùdéçk). Tudesco, ca.
tu‖er vt. (tùè). Matar. ‖**-erie** f. (-*rí*). Matança. ‖**-e-tête (à)** loc. Com toda a força, a plenos pulmões. ‖**-eur** m. (-*âr*). Matador. ‖Magarefe.
tuf m. (tùf). Tufo (geol.).
tui‖le f. (tùil). Telha. ‖*Fig. e fam.* Surpresa desagradável. ‖**-lerie** f. (-*rí*). Telheira. ‖pl. Tulherias. ‖**-lier** m. (-*ié*). Telheiro.

Itálico : accento tónico. ‖V. página verde para a pronúncia figurada. ‖*Verbo irreg. V. no final do livro.

TUL — ULY

tuli‖pe f. (tùlíp). Túlipa [fleur, abat-jour]. ‖-pier m. (-ié). Tulipeiro.
tulle m. (tùl). Tule.
tumé‖faction f. (tùmêfakcíõ). Tumefacção. ‖-fier vt. (-ié). Tumefazer*, tumeficar, intumescer.
tumeur f. (tùmár). Tumor, m.
tumul‖te m. (tùmù-). Tumulto. ‖-tueux, euse adj. (-ùâ, âz). Tumultuoso, sa.
tumulus m. (tùmùlùç). Tumulus.
tungstène m. (tõgctén). Tungsténio, volfrâmio.
tunique f. (tùníc). Túnica.
Tunis‖ n. pr. (tùníç). Túnis. ‖-ie n. pr. (-zí). Tunísia.
tunisien, enne adj. e s. (tù-iàn, én). Tunisino, na; tunesino, na.
tunnel m. (tùnél). Túnel.
turban m. (tùrbã). Turbante.
turbin m. (tùrbín). Argot. Estafa, f.
turbi‖ne f. (tùrbín). Turbina. ‖-ner vt. (-é). Pop. Esfalfar-se.
turboréacteur m. (tùrboréaktár). Turborreactor.
turbot m. (tùrbô). Rodovalho. ‖-ière f. (-iér). Caçarola.
turbu‖lence f. (tùrbùláç). Turbulência. ‖-lent, ente adj. (-ã, ãt). Turbulento, ta; irrequieto, ta.
tur‖c, urque adj. e s. (tùrc). Turco, ca. ‖-co m. (-ô). Atirador argelino.
turf m. (tùrf). Hipódromo.
turgescent, ente adj. (tùrjéçã, ãt). Turgescente, inchado, da.
turlu‖pin m. (tùrlùpàn). Chocarreiro. ‖-pinade f. (-ad). Chocarrice. ‖-piner vt. e vi. (-é). Chalacear, chocarrear, dizer* graçolas.
turlutaine f. (tùrlùtén). Fam. Estribilho, m., bordão, m., capricho, m.

turne f. (tùrn). Quarto, m., casinhoto, m.
turpitude f. (tùr-ùd). Torpeza.
Turquie n. pr. (tùrkí). Turquía.
tur‖quin adj. (tùrcàn). Turqui. ‖-quoise f. (-cuaz). Turquesa.
tussilage m. (tù-aj). Tussilagem, f.
tut‖élaire adj. (tùtélér). Tutelar. ‖-elle f. (-él). Tutela. ‖-eur, trice m. e f. (-âr, riç). Tutor, ora.
tuto‖iement m. (tùtuamã). Tratamento por tu. ‖-yer vt. (-uaié). Tratar por tu, tutear, atuar.
tutu m. (tùtü). Rabinho, rabiosque.
tu‖yau m. (tùiô). Tubo. ‖Cano [plume, cheminée]. ‖ Canudo [vêtements]. ‖Loc. Tuyau d'arrosage, mangueira, f. ‖-yautage m. (-aj). Encanudamento. ‖-yauter vt. (-é). Encanudar, frisar. ‖Pop. Informar. ‖-yauterie f. (-tri). Canalização. ‖-yère f. (-iér). Agulheta (de forno).
tympan m. (tànpã). Tímpano.
type m. (tip). Tipo.
ty‖phique adj. (tifíc). Tífico. ‖-phoïde adj. (-oíd). Tifóide.
typhon m. (tifõ). Tufão.
ty‖pique adj. (tipíc). Típico, ca. ‖-pographe m. (-ograf). Tipógrafo. ‖-pographe f. (-í). Tipografia. ‖-pographique adj. (-íc). Tipográfico, ca.
Tyr n. pr. (tir). Tiro.
tyran‖ m. (tirã). Tirano. ‖-nie f. (-aní). Tiranía. ‖-nique adj. (-íc). Tirânico, ca. ‖-niser vt. (-é). Tiranizar, oprimir.
Tyrol n. pr. (tirol). Tirol.
tyrolien, enne adj. e s. (tiroliàn, én). Tirolês, esa.
tzar. V. TSAR.
tzigane adj. e s. (tç-an). Cigano, na.

U

ubiquité f. (ù-cùité). Ubiquidade.
uhlan m. ('ùlã). Ulano.
ukase m. (ucaz). Ucasse.
Ukraine n. pr. (ùcrén). Ucrânia.
ul‖cération f. (ù-êraciõ). Ulceração. ‖-cère m. (-ér). Úlcera, f. ‖-cérer vt. (-êré). Ulcerar, ferir*.

ultérieur, eure adj. (ù-êriár). Ulterior.
ultimatum m. (ù-atom). Ultimato.
ultramontain, aine adj. e s. (ù-ramõtàn, én). Ultramontano, na.
ululer vi. (ùlùlé). Ulular.
Ulysse n. pr. (ùlíç). Ulisses.

Lettres penchées : accent tonique. ‖V. page verte pour la prononciation figurée. ‖*Verbe irrég. V. à la fin du volume.

un, une art., pron. e num. (ân, ùn). Um, uma. ‖adj. *Uno, na*; *único, ca.* ‖m. *Um.* ‖Loc. *L'un et l'autre*, um e outro. *L'un l'autre*, um ao outro. *Ne faire qu'un*, ser* o mesmo. *Pas un*, nenhum, nem um : *je n'ai pas un instant*, não tenho nem um instante.
unani‖me adj. (ùnanim). Unânime. ‖-mité f. (-é). Unanimidade.
uni, ie adj. (ùni). Unido, da. ‖Líso, sa; *igual, uniforme; regular.*
uni‖fication f. (ù-aciô). Unificação. ‖-fier vt. (-ié). Unificar.
unifor‖me adj. e s. m. (ù-orm). Uniforme. ‖-mément adv. (-êmã). Uniformemente. ‖-mité f. (-é). Uniformidade; *monotonía.*
unilatéral, ale adj. (ù-atéral). Unilateral.
uniment adv. (ù-ã). Singelamente.
union f. (ùniô). União.
unipersonnel, elle adj. (ù-érçonél). Unipessoal.
uni‖que adj. (ùnic). Único, ca. ‖-quement adv. (-â). *Unicamente.*
unir vt. (ùnír). Unír.
unisson m. (ù-ô). Uníssono. ‖Loc. *A l'unisson*, em uníssono.
uni‖taire adj. e s. (ù-tér). Unitário, ia. ‖-té f. (-é). Unidade.
univers‖ m. (ù-ér). Universo. ‖-el, elle adj. (-cél). Universal. ‖-Itaire adj. e s. (-ér). Universitário, ia. ‖-ité f. (-é). Universidade.
uranium m. (ùraniôm). Urânio.
urate m. (ùrat). Urato.
ur‖bain, aine adj. (ùrbân, én). Urbano, na. ‖-banité f. (-a-é). Urbanidade. ‖-banisme m. (-içm). Urbanismo.
ur‖ée f. (ùré). Ureia. ‖-émie f. (-êmí). Uremia. ‖-ètre m. (-étr). Uretra, f.
ur‖gence f. (ùrjáç). Urgência. ‖-gent, ente adj. (-ã, ãt). Urgente.
ur‖inaire adj. (ùr-ér). Urinário, ia. ‖-inal m. (-al). Urinol. ‖-ine f.

(-ín). Urina. ‖-Iner vi. (-é). Urinar. ‖-inoir m. (-uar). Urinol, mictório. ‖-ique adj. (-ic). Úrico.
urne f. (ùrn). Urna.
Ursule n. pr. (ùrçùl). *Úrsula.*
ursuline f. (ùrçùlín). Ursulína.
urti‖caire f. (ùr-ér). Urticária. ‖-cant, ante adj (-ã, ãt). Urticante.
us‖ m. pl. (ùç). Usos. ‖-age m. (ùzaj). Uso. ‖Costume. ‖-agé, ée adj. (-é). Usado, da. ‖-ager, ère adj. e s. (-ãç). *Usuário, ia.* ‖-ance f. (-ãç). Prazo (m.) de 30 dias. ‖é, ée adj. (-é). Gasto, ta; usado, da. ‖-er vt. (-é). Usar. ‖Gastar [vêtement, etc.]. *Vêtements usés*, roupa (f. sing.) usada. ‖s. m. Uso [usage]. ‖Loc. *En user envers quelqu'un*, proceder para com alguém. *User de la force*, empregar força.
usi‖nage m. (-aj). Fabrico. ‖-ne f. (ùzin). Fábrica; usina (*Br.*). ‖-ner vt. (-é). Fabricar, aperfeiçoar. ‖-nier m. (-ié). Fabricante.
usité, ée adj. (ùzi-é). Usado, da.
ustensile m. (ùçtãcíl). Utensílio.
usuel, elle adj. (ùzùél). Usual.
usufruit‖ m. (ùzùfrùi). Usufruto. ‖-ier, ère m. e f. (-ié, ér). Usufrutuário, ia.
us‖uraire adj. (ùzùrér). Usurário, ia. ‖-ure f. (-ùr). Usura. ‖-urier, ère adj. e s. (-ié, ér). Usurário, a, onzeneiro, a.
usur‖pateur, trice m. e f. (ùzùrpatêr, ríç). Usurpador, ora. ‖-pation f. (-ciô). Usurpação. ‖-per vt. (-é). Usurpar.
ut m. (ùt). Dó, ut (nota).
uté‖rin, ine adj. (ùtêrân, ín). Uterino, na. ‖-rus m. (-ùç). Útero.
uti‖le adj. (ùtil). Útil. ‖-lisation f. (-aciô). Utilização. ‖-liser vt. (-é). Utilizar. ‖-litaire adj. (-ér). Utilitário, ia. ‖-lité f. (-é). Utilidade.
uto‖pie f. (ùtopí). Utopia. ‖-pique adj. (-ic). Utópico, ca. ‖-piste m. e f. (-íçt). Utopista.

V

va‖cance f. (vacãç). Vaga [emploi vacant]. ‖pl. Férias. ‖-cant, ante adj. (-ã, ãt). *Vago, ga;* disponível.
vacarme m. (vacarm). Algazarra, f.

vacation f. (vacaciô). Período (m.) consagrado a cada assunto judicial. ‖pl. *Férias judiciais.*
vac‖cin m. (vakçãn). Vacina, f.

Itálico : acento tónico. ‖V. página verde para a pronúncia figurada. ‖*Verbo irreg. V. no final do livro.

‖-cination f. (-ació). Vacinação. ‖-cine f. (-ín). Vacina. ‖-ciner vt. (-é). Vacinar.
va‖che f. (vax). Vaca. ‖-cher, ère m. e f. (-ê, ér). Vaqueiro, ra. ‖-cherie f. (-rí). Vacaria, estábulo, mo.
vacill‖ant, ante adj. (vaciiã, ãt). Vacilante. ‖-ation f. (-ació). Vacilação. ‖-er vi. (-ié). Vacilar.
vacuité f. (vacü-é). Vacuidade.
vadroui‖lle f. (vadruiiâ). Lambaz, m. [balai]. ‖Arg. Pândega, bródio, m. ‖-ller vi. (-ié). Arg. Andar na pândega, vadiar.
va-et-vient m. (vaêvián). Vaivém.
vagabond‖ m. (vagabõ). Vagabundo. ‖-age m. (-aj). Vagabundagem, f. ‖-er vi. (-é). Vagabundear, vadiar.
va‖gir vi. (vajír). Vagir. ‖-gissement m. (-ã). Vagido, choro.
vague adj. (vag). Vago, ga. ‖ s. f. Vaga.
vaguemestre m. (va-éçtr). Vagomestre (neol.), sargento encarregado da distribuição da correspondência.
vaguer vi. (vaghê). Vaguear.
vaill‖amment adv. (vaiiamâ). Valentemente. ‖-ance f. (-iãç). Valentia. ‖-ant, ante adj. (-iã, ãt). Valente, torena (Br. du S.).
vain, aine adj. (vàn, én). Vão, vã.
vain‖cre* vt. (vànçr). Vencer. ‖-cu, ue adj. (-ü). Vencido, da. ‖-queur adj. e s. (-câr). Vencedor, ora.
vair m. (vér). Veiro, veiros.
vairon adj. e (vérô). Gázeo [yeux]. ‖ s. m. Leucisco [poisson].
vaiss‖eau m. (véçô). Vasilha, f., vaso. ‖Vaso, nave, f. ‖Nave, f. [édifice]. ‖Vaso [anatomie]. ‖-elier el. (-é). Aparador. ‖-elle f. (-él). Loiça; baixela. ‖- plate, baixela de prata ou ouro. ‖Loc. Faire, ou récurer la vaisselle, lavar, limpar a loiça.
val m. (val). Vale estreito.
valable‖ adj. (vala-). Válido, da. ‖-ment adv. (-âmâ). Válidamente.
Valachie n. pr. (valakí). Valáquia.
valaque adj. e s. (valac). Valaco, ca. Valáquio, ia.
valence f. (valâç). Laranja de Valência. ‖Valência [chimie].
Valence n. pr. (valâç). Valência, Valença.
valenciennes f. (valâcién). Renda de Valenciennes, valenciana.

VAC — VAN

Valentin, ine n. pr. (valâtân, ín). Valentím, ína.
Valère n. pr. (valér). Valério.
valériane f. (valériân). Valeriana. Val‖érien n. pr. (valériân). Valeriano. ‖-ery n. pr. (-í). Valerico.
valet‖ m. (valé). Criado. ‖Valete [cartes]. ‖Barrilete (de marceneiro) [menuisiers]. ‖- de ferme. Moço de lavoura. ‖- de pied, lacaio. ‖-aille f. (-ai). Criadagem, f.; peonada (Br. du S.).
valétudinaire adj. e s. (valêtü-ér). Valetudinário, ia.
va‖leur f. (valœr). Valor, m.; muque, m. (Br.). ‖Loc. Mettre en valeur, valorizar. ‖-leureux, euse adj. (-â, âz). Valoroso, sa. ‖-lidation f. (-ació). Validação. ‖-lide adj. (-id). Válido, da. ‖-lider vt. (-é). Validar. ‖-lidité f. (-é). Validade, validez.
valise f. (valíz). Mala de mão.
valkyrie f. (va-rí). Valquíria.
vall‖ée f. (va‖é). Vale, m. ‖-on m. (-õ). Valezinho. ‖-onnement m. (-onmâ). Ondulação, f. [terrain].
valoir* vt. e vi. (valuar). Valer*. ‖Loc. Autant vaut, tanto monta. A valoir, a descontar. Mieux vaut, il vaut mieux, mais vale. Rien qui vaille, bandalho. Vaille que vaille, haja o que houver.
valoriser vt. (valor-ê). Valorizar.
val‖se f. (valç). Valsa. ‖-ser vi. (-é). Valsar. ‖-seur, euse m. e f. (-âr, âz). Valsista.
val‖ve f. (va‿v). Válvula. ‖-vule f. (-ül). Válvula.
vampire m. (tâpír). Vampiro.
van m. (vã). Joeira, f.; carroção.
vanda‖le m. (vâdal). Vândalo. ‖-lisme m. (-içm). Vandalismo.
vanesse f. (vanéç). Vanessa.
vanill‖e f. (vaniiâ). Baunilha. ‖-ier m. (-ié). Baunilha, f. [planta].
vani‖té f. (va-é). Vaidade. ‖-teux, euse adj. (-â, âz). Vaidoso, sa; semostradeira, adj. f. (Br.).
vanne f. (van). Comporta.
vanneau m. (vanô). Pavoncinho.
van‖ner vt. (vanê). Joeirar. ‖Pop. Esfalfar [fatiguer]. ‖-nerie f. (-nrí). Cestaria. ‖-nier m. (-ié). Cesteiro.
vantail m. (vâtai). Batente.
van‖tard, arde adj. e s. (vâtar, ard).

Lettres penchées : accent tonique. ‖V. page verte pour la prononciation figurée. ‖*Verbe irrég. V. à la fin du volume.

VAN — VÉN 344

Gabarola, fanfarrão, ona. ‖**-tardise** f. (-íz). Gabarolice. ‖**-ter** vt. (-é). Gabar, celebrar. ‖**-terie** f. (-trí). Jactância, bazófia, gabarolice.
va-nu-pieds m. (vanùpié). Maltrapilho, farrapão, pobretão, miserável.
va‖peur f. (vapár). Vapor, m. ‖**-poreux, euse** adj. (-orâ, âz). Vaporoso, sa. ‖**-porisateur** m. (-atár). Vaporizador. ‖**-poriser** vt. (-é). Vaporizar, pulverizar.
vaquer vi. (vaké). Vagar.
varangue f. (varãg). Caverna (náut.).
varech m. (varéc). Vareque.
vareuse f. (varâz). Camisola de marinheiro.
vari‖abilité f. (varia-é). Variabilidade. ‖**-able** adj. (-ía-). Variável. ‖**-ante** f. (-íât). Variante. ‖**-ation** f. (-acíô). Variação.
vari‖ce f. (varíç). Variz. ‖**-celle** f. (-él). Varicela, bexigas (doidas); catapora(s) (Br.).
var‖ier vt. (varié). Variar. ‖**-iété** f. (-êté). Variedade.
vario‖le f. (varíol). Varíola. ‖**-leux, euse** adj. e s. (-â, âz). Varioloso, sa; bexigoso, sa.
variqueux, euse adj. (variká, âz). Varicoso, sa; com varizes.
varlet m. (varlé). Varlete, pajem.
varlope f. (varlop). Garlopa.
Varsovie n. pr. (varçoví). Varsóvia.
vase m. (vaz). Vaso, vasilha, f., recipiente; cuia, f. (Br.). ‖f. Vasa, lodo, m.
vaseline f. (va-ín). Vaselína.
vaseux, euse adj. (vazâ, âz). Lodacento, ta; lodoso, sa; vasento, ta.
vasistas m. (va-çtaç). Bandeira, f. (de porta ou janela).
vasque f. (vaçk). Taça (de fonte).
vas‖sal, ale adj. e s. (vaçál). Vassalo, la. ‖**-selage** f. (-aj). Vassalagem, f.
vaste adj. (vaçt). Vasto, ta.
vaticiner vi. (va-é). Vaticinar.
va-tout m. (vatú). Tudo (ao jogo) : *jouer son va-tout*, arriscar tudo.
vaudevil‖le m. (vô-íl). Comédia musicada, f. ‖**-liste** m. (-íçt). Autor de comédias musicadas.
vau-l'eau (à) loc. adv. (avôlô). Rio abaixo. ‖*Fig.* Por água abaixo.
vaurien m. (vôrián). Bandalho.
vautour m. (vôtúr). Abutre [oiseau].

vau‖trait m. (vôtré). Matilha, f. (na caça ao javalí). ‖**-trer (se)** vr. Rebolar-se, espojar-se.
veau m. (vô). Vitelo, bezerro; garrote (Br.). ‖ Vitela, f. [viande, peau]. ‖Loc. *Pleurer comme un veau*, berrar, chorar como uma Madalena. *Veau d'or*, bezerro de ouro. *Veau marin*, de mer, foca, f.
vedette f. (vâdét). Vedeta. ‖ Estrela [théâtre]. ‖Loc. *En vedette*, destacadamente; à vista (fig.).
végé‖tal, ale adj. e s. m. (vêjétal). Vegetal. ‖**-tarien, enne** adj. e s. (-rián, én). Vegetariano, na. ‖**-tarisme** m. (-íçm). Vegetarísmo. ‖**-tatif, ive** adj. (-íf, ív). Vegetativo, va. ‖**-tation** f. (-ciô). Vegetação. ‖**-ter** vi. (-é). Vegetar.
véhé‖mence f. (vêêmãç). Veemência. ‖**-ment, ente** adj. (-â, ât). Veemente.
véhicu‖le m. (vê-ùl). Veículo. ‖**-ler** vt. (-é). Transportar, veicular.
veil‖le f. (véi). Vigília, vela; velório, m. (Br.). ‖ Véspera [jour précédent]. ‖Loc. *A la veille de*, às vésperas de. ‖**-ée** f. (-ié). Velada. ‖**-er** vt. (-é). Velar. ‖vi. Velar, vigiar, olhar por : *veiller à une chose*, olhar por uma coisa. ‖**-eur** m. (-íâr). Velador, vigia. ‖*- de nuit*, guarda-nocturno. ‖**-euse** f. (-íâz). Lamparina.
vei‖ne f. (vén). Veia. ‖ Filão, m. [mine]. ‖*Pop.* Sorte [chance]. ‖**-nard, arde** adj. e s. (-ár, ard). Felizardo, da. ‖**-ner** vt. (-é). Raiar, venar. ‖**-neux, euse** adj. (-âr, âz). Venoso, sa.
vêler vi. (vêlé). Parir (vaca).
vélin m. (vêlán). Velino.
velléité f. (vélé-é). Veleidade.
vélocip‖ède m. (vêlo-éd). Velocípede. ‖**-édiste** m. e f. (-êdíçt). Velocipedista, ciclista.
vélo‖cité f. (vêlo-é). Velocidade. ‖**-drome** m. (-rom). Velódromo.
vel‖ours m. (vâlúr). Veludo, ‖**-outer** vt. (-é). Aveludar.
velu, ue adj. (vâlû). Veloso, sa.
vélum m. (vêlom). Toldo grande.
venaison f. (vânézô). Carne de caça grossa.
vénal, ale adj. (vênal). Venal. ‖**-ité** f. (-é). Venalidade.

Itálico : accento tónico. ‖V. página verde para a pronúncia figurada. ‖*Verbo irreg. V. no final do livro.

venant, ante adj. (vânā̆, ā̆t). Vindo, da; que vem. ‖*Loc. A tout venant*, a todos. *Tout venant*, em bruto.
Venceslas n. pr. (-lac). Venceslau.
ven‖dange f. (vādā̆j). Vindima. ‖**-danger** vt. (-ê). Vindimar. ‖**-dangeur** m. (-ā̆r). Vindimador. ‖**-dangeuse** f. (-ā̆z). Vindimadeira. ‖**-démiaire** m. (-êmiêr). Vindimiário.
vendetta n. (vāndéta). Vendeta.
Vendée n. pr. (vādê). Vendeia.
ven‖deur, euse m. et f. (vādā̆r, ā̆z). Vendedor, ora (ou eira). ‖**-dre** vt. (vā̆dr). Vender.
vendredi n. (vādrādi). Sexta-feira, f.
venelle f. (vānél). Viela.
vénéneux, euse adj. (vênênā̆, ā̆z). Venenoso, sa.
véné‖rable adj. (vênêra-). Venerável. ‖**-ration** f. (-ciô). Veneração. ‖**-rer** vt. (-ê). Venerar.
vénerie f. (vênrí). Montaria, caça.
venette f. (vânét). *Fam.* Medo, m.
veneur m. (vānā̆r). Veador, monteiro. ‖*Grand veneur*, monteiro-mor.
ven‖geance f. (vājāc). Vingança. ‖**-ger** vt. (-ê). Vingar. ‖**-geur, eresse** adj. e s. (-jā̆r, jréc). Vingador, ora.
véniel, elle adj. (vêniél). Venial.
ve‖nimeux, euse adj. (vā-â, ā̆z). Venenoso, sa. ‖**-nin** m. (-ăn). Veneno.
venir* vi. (vânír). Vir*. ‖*Loc. A venir*, vindouro. *En venir à*, chegar a. *S'en venir*, voltar. *Venir à bout*, levar a cabo. *Venir de*, acabar de (com um verbo) : *il vient de sortir*, acaba de sair*.
Venise n. pr. (vāníz). Veneza.
vénitien, enne adj. e s. (vê-ciàn, én). Veneziano, na.
vent m. (vā). Vento. ‖*Loc. Avoir vent de*, ter* informação de. *En plein vent*, ao ar livre, exposto ao vento.
vente f. (vā̆t). Venda.
vent‖er v. impes. (vātê). Ventar. ‖**-eux, euse** adj. (-â, ā̆z). Ventoso, sa. ‖**-ilateur** m. (-atā̆r). Ventilador. ‖**-ilation** f. (-ciô). Ventilação. ‖**-iler** vt. (-ê). Ventilar. ‖**-ôse** m. (-ô̆z). Ventoso, sa. ‖**-ouse** f. (-uz). Ventosa. ‖ Ventilador, m.
ven‖tral, ale adj. (vātral). Ventral ‖**-tre** m. (vā̆tr). Ventre, barriga, f. ‖*Loc. A plat ventre*, de bruços, de barriga para baixo. *Ventre à terre*, à desfilada. ‖**-trebleu!** interj. (-â-â).

Com os diabos! Por Deus! ‖**-trée** f. (-ê). Barrigada. ‖**-tricule** m. (-ū̆l). Ventrículo. ‖**-trière** f. (-iêr). Ventrilha. ‖**-triloque** adj. e s. m. (-oc). Ventríloquo. ‖**-tru, ue** adj. (-ū̆). Barrigudo, da; pançudo, da.
ve‖nu, ue adj. (vânū̆). Vindo, da. ‖*Loc. Bien venu*, bem-vindo. *Le dernier venu*, o último a vir*, a chegar. *Le premier venu*, o primeiro que chega. *Mal venu*, mal recebido, mal acolhido. *Nouveau venu*, recém-chegado. ‖**-nue** f. (-ū̆). Vinda. ‖*Loc. D'une belle venue*, bem desenvolvido.
vêpres f. pl. (vépr). Vésperas.
ver m. (vér). Verme. ‖*Loc. Tirer les vers du nez*, tirar nabos da púcara. *Ver à soie*, bicho-da-seda. *Ver luisant*, pirilampo, vagalume. *Ver solitaire*, solitária, f. (bicha).
véracité f. (vêra-ê). Veracidade.
véranda f. (vêrā̆da). Varanda; galpão, m. (*Br. da S.*).
verbal‖, ale adj. (vérbal). Verbal. ‖**-iser** vi. (-ê). Verbalizar. ‖**-isme** m. (-icm). Verbalismo.
verb‖e m. (vérb). Verbo. ‖*Palavra*, f. ‖*Loc. Avoir le verbe haut*, falar com voz forte. ‖**-eux, euse** adj. (-â, ā̆z). Verboso, sa. ‖**-iage** m. (-iaj). Verborreia, f., palavrório. ‖**-osité** f. (-o-ê). Verbosidade, loquacidade.
ver‖dâtre adj. (vérdatr). Esverdeado, da. ‖**-det** m. (-é). Verdete. ‖**-deur** f. (-ā̆r). Verdor, m., verdura.
verdict m. (vérdíct). Veredicto.
ver‖dier m. (vérdié). Sirga, f. ‖**-dir** vi. (-ír). Verdejar. ‖**-doyant, ante** adj. (-uaiā̆, ā̆t). Verdejante. ‖**-dure** f. (-ū̆r). Verdura, verdor, m.
véreux, euse adj. (vêrâ, ā̆z). Bichoso, sa. *Fig.* Suspeito, ta; desonesto, ta.
ver‖ge f. (vérj). Vara. ‖Pénis, m. ‖*Loc. Frapper de verges*, açoitar. ‖**-gé, ée** adj. (-ê). Marcado, da pelos fios da forma [papier]. ‖ ‖**-ger** m. (-ê). Vergel, pomar.
verglas m. (zér-a). Geada, f., gelo.
vergogne f. (vérgonh). Vergonha.
vergue f. (vérg). Verga (de vela).
véri‖dique adj. (vêr-ic). Verídico, ca. ‖**-ficateur** m. (-atā̆r). Verificador. ‖**-fication** f. (-ciô). Verificação. ‖**-fier** vt. (-iê). Verificar.
vérin m. (vêrān). Macaco (mec.).

vérІ||table adj. (vêr-*a*-). Verdade*i*ro, ra. ||**-té** f. (-*é*). Verdade.
verjus m. (vérju). Agraço.
vermeil, eille adj. (vérmé*i*). Vermelho, lha. ||s. m. Prata dourada, f.
vermicelle m. (vér-*él*). Aletria, f.
vermifuge m. (vér-*ù*). Vermífugo.
vermillon m. (vér-*iõ*). Vermelhão.
vermi||ne f. (vérmín). Bicharia [poux]. ||*Fig.* Canalha, ralé. ||**-sseau** m. (-*ç*ô). Vermezinho, bichinho.
vermoulure f. (vérmulùr). Caruncho, m., carcoma, m.
vermout ou **vermouth** m. (vérmut). Vermute.
vernier m. (vérnié). Nónio.
ver||nir vt. (vérnír). Envernizar. ||**-nis** m. (-*i*). Verníz. ||**-nissage** m. (-*aj*). Envernizamento. ||**-nisser** vt. (-*é*). Vidrar (louça).
vérole (petite) f. (pâtit-êrol). Varíola, bexigas, pl.
véronal m. (vêronal). Veronal.
Véronique n. pr. (vêronic). Verónica.
verrat m. (véra). Varrão, varrasco.
ve||rre m. (vér). Vidro. ||Copo [à boire]. ||Lente, f. [optique]. ||*Loc. Boire dans le verre de*, ter* muita intimidade com. *Maison de verre*, *casa* devassada. ||**-rrerie** f. (-*âri*). Vidraria. ||**-rrier** m. (-*ié*). Vidrace*i*ro. ||**-rrière** f. (-*iér*). Grande vitral, m. ||**-rroterie** f. (-*otri*). Vidrílhos, m. pl., missanga, contas, pl.
ver||rou m. (véru). Ferrolho. ||**-rouiller** vt. (-*ié*). Aferrolhar, fechar, encerrar.
ver||rue f. (vérù). Verruga. ||**-ruqueux, euse** adj. (-*câ*, *âz*). Verrugoso, sa; verruguento, ta.
vers m. (vér). Verso. ||prep. Para, na direcção de; cerca de [environ].
Versailles n. pr. (vérçai). Versalhes.
ver||sant m. (vérçã). Vertente, f. ||**-satile** adj. (-*atil*). Versátil.
verse (à) loc. (avérç). A cântaros, a potes, torrencialmente.
ver||sé, ée adj. (vérçé). Versado, da. ||**-sement** m. (-*ã*). Pagamento; depósito. ||**-ser** vt. (-*é*). Verter, deitar [líquides, larmes, sang, etc.]. ||Pagar, entregar [argent]. ||vi. Voltar-se [voiture]. ||**-seuse** f. (-*âz*). Cafeteira de cabo direito.
versi||ficateur m. (vér-atãr). Versificador. ||**-fication** f. (-*ció*). Versifi-

cação. ||**-fier** vt. (-*ié*). Versificar. ||**-on** f. (-*iõ*). Versão.
verso m. (vérçô). Verso (de folha).
versoir m. (vérçuar). Aiveca, f.
verste f. (vérçt). Versta.
verti||, erte adj. e s. m. (vér, ért). Verde. ||**-de-gris** m. (-*âgri*). Azebre.
ver||tèbre f. (vértébr). Vértebra. ||**-tébré, e** adj. e s. m. (-*êbré*). Vertebrado, da.
vertement adv. (vér-*ã*). Enèrgicamente, vivamente, prontamente.
verti||cal, ale adj. e s. f. (vér-*al*). Vertical. ||**-calité** f. (-*té*). Verticalidade. ||**-cille** m. (-*il*). Verticilo (bot.).
verti||ge m. (vértij). Vertígem, f. ||**-gineux, euse** adj. (-*â*, *âz*). Vertiginoso, sa; antecessor, ora.
vertu|| f. (vértù). Virtude. ||**-eux, euse** adj. (-*â*, *âz*). Virtuoso, sa.
vertugadin m. (vértùgadãn). Vestido de balão, saia (f.) de roda.
verve f. (vérv). Veia, estro, m.
verveine f. (vérvén). Verbena.
verveux m. (vérvâ). Miudeiro (rede).
vésanie f. (vézani). Vesânia, mania.
vesce f. (véç). Ervilhaca.
vési||cal, ale adj. (vê-*al*). Vesical. ||**-cant, ante** adj. e s. m. (-*ã*, *ãt*). Vesicante. ||**-catoire** adj. e s. m. (-*atuar*). Vesicatório. ||**-cule** f. (-*ùl*). Vesícula.
vesou m. (vâzu). Suco da cana do açúcar.
Vespasien n. pr. (véçpaziãn). Vespasiano.
vespasienne f. (véçpazién). Urinol, m., mictório, m.
vespéral, ale adj. (véçpêral). Vesperal.
ves||se f. (véç). Bufa. ||**-de-loup** (-âlu). Bexiga-de-lobo. ||**-ser** vi. (-*é*). Dar* bufas.
vessle f. (véci). Bexiga.
vessigon m. (-*õ*). Alifafe (tumor).
vestale f. (véçtal). Vestal.
ves||te f. (véçt). Casaco, m. ||*Pop.* Quinau, m., desaire, m. [échec]. ||**-tiaire** m. (-*iér*). Vestiário, bengaleiro.
vestibule m. (véç-*ùl*). Vestíbulo.
vestige m. (véçtij). Vestígio.
veston m. (véçtô). Casaco, jaquetão.
Vésuve n. pr. (vêzùv). Vesúvio.
vêtement m. (vé-*ã*). Vestuário.
vétéran m. (vêtêrã). Veterano.

Itálico: accento tónico. ||V. página verde para a pronúncia figurada. ||*Verbo irreg. V. no final do livro.

vétérinaire adj. e s. (vêtêr-ér). Veterinário, ia.
vétil‖le f. (vétiiá). Ninharia. ‖-**leux, euse** adj. (-iâ, âz). Frívolo, la.
vêtir* vt. (vétir). Vestir*.
vétiver m. (vê-ér). Vetiver.
veto m. (vêtô). Veto.
vétusté f. (vêtùçtê). Vetustez, velhice, vetustade.
veuf, euve adj. e s. (vâf, âv). Viúvo, viúva.
veu‖le adj. (vâl). Débil; frouxo, xa. ‖-**lerie** f. (-rí). Frouxidão, debilidade, moleza, tibieza, fraqueza.
veuvage m. (vâvaj). Viuvez.
veuve f. (vâv). Viúva [oiseau, plante].
ve‖xant, ante adj. (vèkçã, ãt). Vexatório, ia. ‖-**xation** f. (-aciô). Vexação. ‖-**xatoire** adj. (-uar). Vexatório, ia. ‖-**xer** vt. (-ê). Vexar. ‖Molestar. ‖ Atormentar.
via loc. lat. (via). Via, passando por.
via‖bilité f. (via-ê). Viabilidade. ‖Transitabilidade [chemins]. ‖-**ble** adj. (-a-). Viável. ‖Transitável.
viaduc m. (viadùc). Viaduto.
viager, ère adj. (viajê, ér). Vitalício, ia. ‖s. m. Renda (f.) vitalícia.
viande f. (viád). Carne.
viatique m. (viatic). Viático.
vi‖brant, ante adj. (-rã, ãt). Vibrante. ‖-**bration** f. (-aciô). Vibração. ‖-**bratoire** adj. (-tuar). Vibratório, ia. ‖-**brer** vi. (-ê). Vibrar. ‖-**breur** m. (-âr). Vibrador. ‖-**brion** m. (-iô). Vibrião.
vicaire m. (-ér). Vigário.
vice m. (viç). Vício, defeito.
vice pref. (viç). Vice : vice-amiral, vice-almirante ; vice-consul, vice-cônsul ; vice-roi, vice-rei.
vi‖cier vt. (-ié). Viciar. ‖-**cieux, euse** adj. (-iâ, âz). Vicioso, sa. ‖Manhoso ; arengueiro (Br.) [cheval].
vicinal, ale adj. (-al). Vicinal.
vicissitude f. (-ùd). Vicissitude.
vicom‖te m. (-ôt). Visconde. ‖-**té** f. (-ê). Viscondado, m. ‖-**tesse** f. (-éç). Viscondessa.
victime f. (-ctim). Vítima.
vic‖toire f. (-ctuar). Vitória. ‖-**toria** f. (-ia). Vitória (carruagem). ‖-**torieux, euse** adj. (-oriâ, âz). Vitorioso, sa.
victuaille f. (-ctùai). Vitualha.

vidan‖ge f. (-áj). Despejo, m. [action de vider]. ‖Limpeza [latrines]. ‖-**ger** vt. (-ê). Despejar. ‖-**geur** m. (-âr). Limpa-latrinas.
vide‖ adj. (vid). Vazio, ia. ‖s. m. Vazio, vácuo. ‖Loc. A vide, em seco. Faire le vide, fazer* o vácuo. ‖- -**bouteille** m. (-butéi). Sorvete com jardim (para beber). ‖- -**gousset** m. (-gucé). Larápio, gatuno. ‖- -**poche** m. (-ox). Cestinha (f.) móvel para esvaziar os bolsos.
vider vt. (-ê). Esvaziar. ‖Deixar [maison]. ‖Dar* andamento a [affaire]. ‖ Terminar, solucionar.
vie f. (vi). Loc. A vie, por toda a vida, vitalício, ia [charge, rente]. Avoir la vie dure, ter* sete fôlegos. Faire la vie, andar na vida airada, divertir-se. Jamais de la vie, em tempo algum. Mener une vie de bâton de chaise, levar vida dissoluta. Passer de vie à trépas, passar desta para melhor vida. Pour la vie, para sempre.
vieil, eux, eille adj. (viéi, viâ, viéi). Velho, lha. ‖Observ. Vieil usa-se antes de palavra começada por vogal ou h mudc. ‖Antigo, ga : un vieil usage, um costume antigo. ‖Vieil homme, velho. Vieille femme, velha. Vieille dame, senhora de idade.
vieil‖lard m. (viéiiar). Velho. ‖-**lerie** f. (-âri). Velharia. ‖-**lesse** f. (-iéç). Velhice. ‖-**lir** vi. (-ir). Envelhecer. ‖-**lissant, ante** adj. (-ã, ãt). Que envelhece. ‖-**lissement** m. (-ã). Envelhecimento. ‖-**lot, otte** m. e f. (-iô, ot). Velhote, ta.
vielle f. (véél). Sanfona, viela.
Vienne n. pr. (vién). Viena.
viennois, oise adj. e s. (viénua, uaz). Vienense.
vierge adj. e s. f. (viérj). Virgem.
vieux adj. V. VIEIL.
vif, ive adj. (vif, iv). Vivo, va. ‖Loc. Piquer au vif, ofender grandemente Prendre sur le vif, imitar com realismo. Trancher dans le vif, não estar* com meias medidas.
vif-argent m. Azougue, mercúrio.
vigie f. (-i). Vigia, atalaia.
vi‖gilance f. (-ãç). Vigilância. ‖-**gilant, ante** adj. (-ã, ãt). Vigilante. ‖-**gile** f. (-íl). Vigília. ‖m. Vigia nocturno (en Roma).

Lettres penchées : accent tonique. ‖V. page verte pour la prononciation figurée. ‖*Verbe irrég. V. à la fin du volume.

VIG — VIS 348

vign∥e f. (vinh). Vinha, vide, videira. ∥Loc. *Dans les vignes du Seigneur*, bêbedo. *Vigne vierge*, dulcâmara. ∥**-eron, onne** m. e f. (-rô, on). Vinhateiro, ra.
vignette f. (-ét). Vinheta.
vignoble m. (-o-). Vinhedo, vinha. f. ∥adj. Vinícola, vinhateiro, ra.
vigogne f. (-onh). Vigonho, m.
vi∥goureux, euse adj. (-urâ, âz). Vigoroso, sa. ∥**-gueur** f. (-gâr). Vigor, m.
vil, ile adj. (vil)! Vil, reles; chinfrim (*Br*.).
vilain, aine m. e f. (-àn, én). Vilão, ã [roturier]. ∥adj. Feio, ia [laid]. ∥*Mau, má*; desagradável : *un vilain travail*, um trabalho desagradável.
vilayet m. (-aié). Vilaieto.
vilebrequin m. (-râcàn). Arco de pua, berbequim.
vi∥lenie f. (-i). Vilania. ∥**-lipendier** vt. (-âdié). Vilipendiar.
villa f. (-a). Vila, vivenda.
villa∥ge m. (-aj). Aldeia, f. ∥**-geois, oise** adj. e s. (-jua, uaz). Aldeão, eã; camponês, esa ; rústico, ca.
ville f. (vil). Cidade. ∥Loc. *En ville*, por mão própria [lettres].; fora (de casa) [manger].
villégiatu∥re f. (-ê-atùr). Vilegiatura, veraneio, m. ∥**-rer** vi. (-ê). Veranear, andar em vilegiatura.
villosité f. (-o-ê). Vilosidade.
vin m. (vàn). Vinho. ∥Loc. *Cuver son vin*, cozer a bebedeira. *Entre deux vins*, com um grão na asa. *Petit vin*, água-pé, f. *Pris de vin*, bêbedo. *Sac à vin*, borrachão. *Vin rouge*, vinho tinto. *Vin trempé*, vinho aguado.
vinai∥gre m. (-égr). Vinagre. ∥**-grer** vt. (-ê). Avinagrar. ∥**-grette** f. (-ét). Molho (m.) de vinagre [sauce]. ∥*Carrinho* (m.) de duas rodas. ∥**-grier** m. (-ié). Vinagreiro. ∥Galheta (f.) do vinagre, vinagreira.
Vincent n. pr. (vànçà). Vicente.
vin∥dicatif, ive adj. (vàn-atíf, iv). Vingativo, va. ∥**-dicte** f. (-ict). Vindicta, punição, castigo, m.
vineux, euse adj. (-â, âz). Vinoso, osa.
vingt adj. (vàn). Vinte. ∥**-aine** f. (-én). Vintena. ∥**-ième** adj. (-iém). Vigésimo, ma.
vini∥cole adj. (-ol). Vinícola. ∥**-fication** f. (-aciô). Vinificação.

viol m. (viol). Violação, f., estupro. ∥**-ateur, trice** m. e f. (-atâr, ríç). Violador, ora. ∥**-ation** f. (-ciô). Violação, infracção, profanação.
viole f. (viol). Viola, violeta.
viol∥emment adv. (violamâ). Violentamente. ∥**-ence** f. (-âç). Violência. ∥**-ent, ente** adj. (-â, ât). Violento, ta. ∥**-enter** vt. (-ê). Violentar. ∥**-er** vt. (-ê). Violar; transgredir*.
violet, ette adj. e s. f. (-olé, ét). Violeta.
violon m. (-olô). Violino. ∥**-celle** m. (-él). Violoncelo. ∥**-cellste** m. (-íçt). Violoncelista. ∥**-iste**. m. e f. (-oníçt). Violinista.
viorne f. (viorn). Viburno, m.
vip∥ère f. (-ér). Víbora. ∥**-érin, ine** adj. (-àn, in). Viperino, na.
virage m. (-raj). Viragem, f. ∥*Banho fotográfico.*
virago f. (-ragô). Virago, mulher de armas.
vi∥rement m. (-rmâ). Viramento. ∥Transferência (f.) de verba [commerce]. ∥**-rer** vi. (-ê). Virar. ∥vt. Transferir*. ∥ Mudar de direcção.
vireux, euse adj. (-râ, âz). Viroso, sa ; virulento, ta; nauseabundo, da.
virevolte f. (-rvo-). Viravolta.
Virgile n. pr. (-rjíl). Virgílio.
virginal, ale adj. (-r-al). Virginal, puro, ra ; casto, ta; cândido, da.
Virginie n. pr. (-r-í). Virgínia.
virginité f. (-r-é). Virgindade.
virgule f. (-rgùl). Vírgula.
viril, ile adj. (-ríl). Viril. ∥**-ité** f. (-é). Virilidade.
virole f. (-rol). Virola, casquilho, m.
virtuel, elle adj. (-rtùél). Virtual, potencial.
virtuo∥se m. (-rtùôz). Virtuoso (artista). ∥**-sité** f. (-ê). Virtuosidade, talento, m.
vi∥rulence f. (-rùlâç). Virulência. ∥**-rulent, ente** adj. (-â, ât). Virulento, ta. ∥**-rus** m. (-ùç). Vírus.
vis f. (víç). Parafuso, m. ∥Loc. *Escalier à vis*, escada (f.) de caracol. *Pas de vis*, rosca (f.) de parafuso. *Vis de rappel*, parafuso de chamada. *Vis de ridage*, macaco de tesar. *Vis de tour*, fuso de torno.
visa m. (-â). Visto, m.
visage m. (-aj). Rosto, cara, f.
vis-à-vis loc. prep. e adv. (-zaví).

Itálico : accento tónico. ∥V. página verde para a pronúncia figurada. ∥ *Verbo irreg. V. no final do livro.

VIS — VOI

Defronte; frente a frente. ‖s. m. Pessoa (f.) que está em frente.
viscère m. (vicér). Víscera, f.
viscosité f. (-çco-ê). Viscosidade.
vi‖sée f. (-ê). Pontaria [arme]. ‖Míra [intention]. ‖-ser vt. (-é). Apontar. ‖Fig. Ter* em míra, aspirar. ‖Visar [documents, etc.]. ‖-seur m. (-âr). Apontador (mil.). ‖Visor (fot.).
vi‖sibilité f. (-é). Visibilidade. ‖-sible adj. (-i-). Visível. ‖-sière f. (-iér). Viseíra. ‖Loc. Rompre en visière, atacar de frente, investir*. ‖-sion f. (-iô). Visão. ‖-sionnaire adj. e s. (-onér). Visionário, ia.
visi‖tandine f. (-âdin). Visitandína. ‖-tation f. (-aciô). Visitação. ‖-te f. (-ít). Visita. ‖Loc. Carte de visite, cartão, m., bilhete (m.) de visita. Rendre une visite, pagar uma visita. Rendre visite, visitar. ‖-ter vt. (-é). Visitar. ‖-teur, euse m. e f. (-âr, âz). Visitador, ora. ‖Visita, f., visitante, m. e f. [personne en visite].
vison m. (-ô). Espécie de fuinha, f.
visqueux, euse adj. (-çcâ, âz). Viscoso, sa; pegajoso, sa; peganhento, ta; pegadiço, ça.
visser vt. (-é). Aparafusar.
visuel, elle adj. (-ûél). Visual.
vital, ale adj. (-al). Vital. ‖-ité f. (-é). Vitalidade.
vite adv. (-vít). Depressa. ‖adj. Rápido, da. ‖-sse f. (-éç). Velocidade. ‖Loc. Gagner de vitesse, adiantar-se a, ultrapassar.
viti‖cole adj. (-ol). Vitícola. ‖-culteur m. (-ù-âr). Viticultor. ‖-culture f. (-ûr). Viticultura.
vi‖trage m. (-raj). Envidraçamento. ‖-trail m. (-ai). Vitral.
vi‖tre f. (vítr). Vidro, m., vidraça. ‖-tré, ée adj. (-é). Vítreo, ea. ‖Envidraçado, da : porte vitrée, porta envidraçada. ‖-trerie f. (-ârí). Vidraria. ‖-treux, euse adj. (-â, âz). Vidroso, sa. ‖-trier m. (-ié). Vidraceiro. ‖-trifier vt. (-ié). Vitrificar. ‖-trine f. (-ín). Escaparate, m.
vitri‖ol m. (-riol). Vitríolo. ‖-oler vt. (-é). Vitriolizar, vitriolar.
viva‖ce adj. (-aç). Vivaz. ‖-cité f. (-é). Vivacidade, viveza, força.

vivandier, ère m. e f. (-âdiê, ér). Vivandeiro, ra; cantineiro, ra.
vivant, ante adj. (-â, ât). Vivo, va.
vivarium m. (-ariom). Viveiro (de animais).
vivat interj. (-a). Viva!
vive f. (viv). Peixe-aranha, m.
vi‖veur m. (-âr). Boémio. ‖-vier m. (-ié). Viveíro. ‖-vifiant, ante adj. (-â, ât). Vivificante. ‖-vifier vt. (-ié). Vivificar. ‖-vipare adj. (-ar). Vivíparo, ra ‖-visection f. (-cékciô). Vivisseoção. ‖-voter vi. (-oté). Vegetar, ir* vivendo.
vivre* vi. (vivr). Viver. ‖Loc. Qui vive? Quem vem lá? Savoir vivre, ter* boas maneiras (V. SAVOIR-VIVRE). Vivre au jour le jour, viver do que se ganha. Vivre sur soi-même, viver do ar. ‖s. m. Sustento : le vivre et le couvert, cama e mesa. ‖pl. Mantimentos, provisões, f.
vizir m. (-ír). Alvazir, vizir.
vo‖cable m. (voca-). Vocábulo. ‖-cabulaire m. (-ûlér). Vocabulário. ‖-cal, ale adj. (-al). Vocal. ‖-calise f. (-iz). Vocalizo, m. (mús.). ‖-caliser vi. (-é). Vocalizar. ‖-catif m. (-if). Vocativo. ‖-cation f. (-ciô). Vocação, propensão; talento, m.
vocifé‖ration f. (vo-êraciô). Vociferação. ‖-rer v. (-é). Vociferar, berrar, clamar, bradar, gritar.
vœu m. (vâ). Voto. ‖Juramento.
vo‖gue f. (ɐog). Voga. ‖-guer vi. (-é). Vogar. ‖Fig. Vaguear. ‖Loc. Vogue la galère, suceda o que suceder, avante, o que for há-de soar.
voici prep. (ɐuací). Eis (aqui) : me voici, eis-me (aqui). ‖Loc. Le livre que voici, este livro, o livro que aqui está. Voici venir*, eis aí.
voie f. (ɐua). Via. ‖Caminho, m. [chemin]. ‖Pista, rasto, m. [gibier]. Trava [scie]. ‖Loc. Mettre sur la voie, esclarecer. Voie d'eau, dois baldes cheios, m. pl.; rombo, m. sing. Voies de fait, vias de facto. Voies et moyens, receita pública, f. sing.
voilà prep. (ɐualà). Eis (alí) : vous voilà, eis-vos (alí). En voilà assez, basta. Ne voilà-t-il pas que... não querem lá ver* que... Voilà tout, acabou-se, não há mais nada, pronto.

Lettres penchées : accent tonique. ‖V. page verte pour la prononciation figurée. ‖*Verbe irrég. V. à la fin du volume.

voi‖le m. (vual). Véu. ‖ f. Vela. ‖ Loc. *A pleine voile*, a todo o pano. *Faire voile*, fazer-se* de vela, velejar. *Mettre à la voile*, embarcar. ‖**-ler** vt. (-é). Velar. ‖*Fig.* Ocultar. *Mar.* Velear. ‖**-lette** f. (-ét). Véu, m. (de chapéu). ‖**-lier** m. (-ié). Veleiro : *fin voilier*, bom veleiro. ‖**-lure** f. (-ùr). Velame, m. ‖ Empenamento, m. [bois, etc.].

voir* vt. (vuar). Ver*. ‖ Loc. *A voir*, atendendo a. *Voyons!* vá lá! *Y voir clair*, ver* bem. ‖ vi. *Voir à ce que*, vigiar que, fazer* (com) que.

voire adv. (vuar). Até, e mesmo; na verdade (ant.).

voirie f. (vuarí). Pelouro (m.) da limpeza, etc. ‖ Monturo, m. [ordures].

voi‖sin, ine adj. e s. (vuazán, ín). Vizinho, nha. ‖**-sinage** m. (-aj). Vizinhança, f.; vizindário (*Br.*). ‖**-siner** vi. (-é). Dar-se* com os vizinhos, com a vizinhança.

voitu‖re f. (vuatùr). Carro, m., carruagem, viatura. ‖**-rée** f. (-é). Carrada, carroçada. ‖**-rer** vt. (-é). Acarretar. ‖ Transportar. ‖**-rette** f. (-ét). Carrinho, m. ‖**-rier** m. (-ié). Carreiro, carroceiro, cocheiro.

voix f. (vua). Voz. ‖ Voto, m. [élections]. ‖ Loc. *A haute voix*, em voz alta. *Grosse voix*, voz grossa. *Manquer de voix*, não ter* voz.

vol m. (vol). Roubo [voleurs]. ‖ Voo [oiseau, etc.]. ‖**-age** adj. (-aj). Volúvel. ‖**-aille** f. (-ai). Criação, aves (pl.) de capoeira. ‖ *Ave* [poulet, etc.] : *manger une volaille*, comer uma ave. ‖**-ant, ante** adj. e s. m. (-ã, ãt). Volante. ‖**-atil, ile** adj. (-atíl). Volátil. ‖**-atile** m. (-íl). Volátil. ‖**-atiliser** vt. (-é). Volatilizar.

vol-au-vent m. (volôvã). Pastel folhado, empadão, empada, f., pastelão.

volcan m. (vo-ã). Vulcão.

voler vi. (volé). Voar. ‖ vt. Roubar [voleurs].

volet m. (volé). Postigo [fenêtre]. ‖ Taipal [boutique]. ‖ Tábua, f. [triage]. ‖ Loc. *Trié sur le volet*, escolhido.

voleter vi. (vo-é). Esvoaçar.

voleur, euse m. e f. (volör, âz). Ladrão, ladra; calunga (*Br.*). ‖ *Au voleur!* agarra que é ladrão! aquidelrei! acudam! socorro! ó da guarda!

volière f. (voliér). Aviário, m., viveiro (m.) de pássaros, gaiola.

volige f. (volíj). Ripa, tabuínha.

volon‖taire adj. e s. m. (volötér). Voluntário, ia. ‖ **Voluntarioso**, sa [entêté]. ‖**-tariat** m. (-ariá). Voluntariado. ‖**-té** f. (-é). Vontade. ‖**-tiers** adv. (-ié). De bom grado.

volt m. (volt). Volte. ‖**-age** m. (-aj). Voltagem, f. ‖**-aïque** adj. (-aík). Voltaico, ca.

voltairien, enne adj. (vo-érián, én). Voltairiano, na.

voltamètre m. (vo-amétr). Voltâmetro.

volte‖ f. (vo-). Volta [cheval]. ‖ Desvio, m. [escrime]. ‖ **-face** f. (-aç). Meia volta; reviravolta; cara-volta (*Br. de gaúchos*).

vol‖ter vi. (vo-é). Desviar-se [escrime]. ‖ Fazer* voltear (cavalo). ‖**-tige** f. (-ij). Corda bamba. ‖ Volteio, m. [équitation]. ‖**-tiger** vi. (-é). Voltear. ‖**-tigeur** m. (-âr). Atirador de pequena estatura.

volubi‖le adj. (volùbil). Volúvel. ‖**-lis** m. (-iç). Ipoméia, f. ‖**-lité** f. (-é). Volubilidade.

volu‖me m. (volùm). Volume. ‖**-mineux, euse** adj. (-â, âz). Volumoso, sa.

volup‖té f. (volù-é). Volúpia. ‖**-tueux, euse** adj. (-â, âz). Voluptuoso, sa.

volute f. (volùt). Voluta.

vom‖ique adj. e s. f. (vomík). Vómico, ca. ‖**-ir** vt. (-ír). Vomitar. ‖**-issement** m. (-â). Vómito. ‖**-itif, ive** adj. e s. m. (-íf, ív). Vomitivo, va.

vora‖ce adj. (voraç). Voraz. ‖**-cité** f. (-é). Voracidade, avidez.

vos adj. pos. (vô). (Os) vossos, (as) vossas; (os) *seus*, (as) *suas* (de V.).

Vosges n. pr. (vôj). Vosgos.

vo‖tant adj. e s. m. (votã). Votante. ‖**-te** m. (vot). ‖ Voto. ‖**-er** vt. (-é). Votar. ‖**-tif, ive** adj. (-tíf, ív). Votivo, va.

votre adj. pos. (votr). (O) vosso, (a) vossa; (o) *seu*, (a) sua (de você).

vôtre adj. pos. (vôtr). Vosso, sa. ‖ le (*le*) pron. pos. O vosso, a vossa; o *seu*, a sua (de V.).

Itálico : accento tónico. ‖ V. página verde para a pronúncia figurada. ‖ *Verbo irreg. V. no final do livro.

vouer vt. (vué). Votar, consagrar. ‖ Dedicar. ‖ Prometer. ‖Loc. *Ne savoir à quel saint se vouer*, não saber* a quem recorrer.
vouloir* vt. (vuluar). Querer*. ‖s. m. Vontade, f. : *bon vouloir*, boa vontade. ‖Loc. *En vouloir à quelqu'un*, querer* mal a alguém. *Veuillez*, queira, tenha a bondade de. *Vouloir bien*, aceitar com gosto; fazer* favor de. ‖**-lu, ue** adj. (-ù). Querido da. ‖Ordenado, da; desejado, da; determinado, da.
vous pron. (vu). Vós. ‖ *Você*, ês. ‖ O senhor, a senhora; os senhores, as senhoras. ‖ V. Ex. ª, V. Ex. as [formule de politesse]. ‖Vos [complément correspondant à *vós*] : *je vous parle*, falo-vos. ‖ Lhe, lhes [pronom complément correspondant à *você, ês*, etc.] : *Monsieur, je vous parle, senhor*, falo-lhe. ‖*Observ.* Você, vocês, s'écrivent en abrégé V., VV. ‖ *Vous-même(s)*, você(s) próprio(s).
vouss‖oir m. (vuçuar). Aduela, f. (de abóbada). ‖**-ure** f. (-ùr). Curvatura (de abóbada).
voû‖te f. (vut). Abóbada. ‖**-té, ée** adj. (-é). Abobadado, da. ‖Curvado, da [plié, courbé]. ‖**-ter** vt. (-é). Abobadar; arquear, curvar, dobrar.
voya‖ge m. (vuaiaj). Viagem, f. ‖**-ger** vi. (-é). Viajar. ‖**-geur, euse** adj. (-àr). Viajante. ‖s. m. Caixeiro-viajante [de commerce].
voyant, ante adj. (vuaiã, ãt). Vistoso, sa; folheiro, ra (*Br. du S.*). ‖s. m. Vidente, profeta. ‖Parte emersa (f.) da bóia. ‖Cursor (de mira).

voyelle f. (vuεiél). Vogal.
voyer m. (vuaié). Fiscal dos caminhos; cantoneiro.
voyou m. (vuaiu). Vadio, vagabundo.
vrac m. (vrac). Misturada, f. ‖Loc. *En vrac*, a granel, a monte.
vrai, aie adj. (vré). Verdadeiro, a. ‖s. m. Verdade, f. ‖adv. Verdadeiramente : *vrai, je ne l'aurais pas cru*, verdadeiramente não o teria acreditado. ‖Loc. *A vrai dire*, a falar verdade. ‖**-ment** adv. (-ã). Verdadeiramente, na verdade; realmente.
vraisem‖blable adj. (vréçã-a-). Verosímil. ‖**-blance** f. (-ãç). Verosimilhança, plausibilidade.
vrille f. (vriîâ). Gavinha. ‖ *Bot.* Corríola, liserão (m.) dos campos.
vu, ue adj. (vu). Visto, ta. ‖prep. Visto, atendendo a : *vue cette difficulté*, atendendo a essa dificuldade. ‖Loc. *Au vu et au su de tout le monde*, à vista de todos. *Vu que*, visto que. ‖s. f. Vista. ‖Objectivo, m., fim, m. [but]. ‖Loc. *A perte de vue*, a perder de vista. *A vue*, à vista [commerce] : *à trois jours de vue*, a três dias de vista.
vulcaniser vt. (vù-a-é). Vulcanizar.
vulg‖aire adj. (vu-ér). Vulgar. ‖s. m. Vulgo. ‖**-arisation** f. (-ar-acio). Vulgarização. ‖**-ariser** vt. (-é). Vulgarizar. ‖**-arité** f. (-é). Vulgaridade, trivialidade, banalidade.
vulné‖rable adj. (vù-èra-). Vulnerável. ‖**-raire** adj. (-ér). Vulnerário, ia. ‖s. f. Vulnerária (planta).

W

wagon‖ m. (vagõ). Vagão, carruagem, f. ‖**-net** m. (-oné). Vagoneta, f. ‖**--lit** m. (-i). Carruagem-cama, f.
walkyrie f. (va-rí). Valquíria.
wallace f. (valaç). Fontanário, m. (em Paris).
wallon, onne adj. et s. (valõ, on). Valão, ona f.
warrant‖ m. (varã). Ordem (f.) de captura. ‖**-er** vt. (-é). Garantir com um título de depósito.

water-closet m. (uatér-ozét). Retrete, f., latrina, f., sentina, f.
watt‖ m. (uat). Vátio. ‖**-man** m. (-an). Guarda-freio.
week-end m. (uikénd). Fim de semana.
Westphalie n. pr. (véçtfali). Vestefália.
whisky m. (uiçki). Uísque [surtout au Brésil].
whist m. (uiçt). Uíste (jogo).

Lettres penchées : accent tonique. ‖V. page verte pour la prononciation figurée. ‖ *Verbe irrég.* V. à la fin du volume.

X

Xavier n. pr. (gzavié). Xavier.
xéno‖phobe adj. (kcênofob). Xenófobo, ba. ‖**-phobie** f. (-bí). Xenofobia.

Xénophon n. pr. (gzênofô). Xenofonte.
Xérès n. pr. e s. m. (kcêréç). Xeres.
xiphoïde adj. (kcifoíd). Xifóide.

Y

y adv. (i). Aí, alí, lá : *allez-y*, vá lá. ‖pron. Nele, a ele, etc. : *je m'y fie*, fio-me nele; *j'y pense*, penso nela. ‖*Nisso*, naquilo, à isso, àquilo. ‖Loc. *Vas-y, allons-y, allez-y, vai lá, vamos, vá, vão.*
yacht m. (iac). *I*ate.
yankee m. (iâki). *I*anque.
yard m. (iard). Jarda, f.
yatagan m. (iatagã). Iatagã.
yeuse f. (iâz). Azinheira.
yeux m. pl. (iâ). Olhos.
yogourt m. (iogur). Iogurte.

Yolande n. pr. (iolãd). Iolanda.
yole f. (iol). *I*ole, m.
yougoslave adj. e s. (iugoçlav). Jugoslavo, va; iugoslavo, va (*Br.*).
Yougoslavie n. pr. (iugoçlaví). Jugoslávia; Iugoslávia (*Br.*).
youyou m. (iuiu). Canoa, f., bote.
ypérite f. (-êrit). Iperite.
Yseult n. pr. (izã). Isolda, Iseu.
yttrium m. (itriiom). Ítrio.
yucca m. (iuca). Iúca, f.
Yves n. pr. (iv). *I*vo.
Yvonne n. pr. (-on). Ivone.

Z

Zacharie n. pr. (zacarí). Zacarías.
zagaie f. (zaghé). Azagaia.
z‖èbre m. (zébr). Zebra, f. ‖**-ébrer** vt. (zébré). Zebrar, raiar. ‖**-ébrure** f. (-ùr). Zebrado, m., riscado, m.
Zélande n. pr. (zêlãd). Zelândia.
z‖èle m. (zél). Zelo. ‖**-élé, ée** adj. (zêlé). Zeloso, sa; diligente.
zénith m. (zênit). Zénite.
zéphir m. (zêfír). Zéfiro. ‖*Arg. mil.* Soldado das companhias disciplinares da Argélia.
Zéphirin n. pr. (zêfírãn). Zeferino.
zéro m. (zêrô). Zero.
zest interj. (zéçt). Zás! ‖Loc. *Entre le zist et le zest,* nem bem nem mal.
zeste m. (zéçt). Zesto [noix]. ‖*Casca,* f. [orange, citron].
zé‖zaiement m. (zêzémã). Ceceio. ‖**-zayer** vi. (-iê). Cecear.

zibeline f. (-ín). Zibelina [zool.].
zig‖zag m. (-ag). Ziguezague. ‖**-zaguer** vi. (-é). Ziguezaguear.
zin‖c m. (zãnc). Zínco. ‖Balcão. ‖**-gueur** m. (-gâr). Operário que trabalha em zinco.
zizanie f. (-ani). Cizânia.
zodia‖cal, ale adj. (zo-açtr). Zodiacal. ‖**-que** m. (-ac). Zodíaco.
zona m. (zona). Zona, f., cobrão.
zone f. (zon). Zona; faixa.
zoo‖logie f. (zoolojí). Zoologia. ‖**-logiste** m. (-içt). Zoólogo. ‖**-phyte** m. (-fit). Zoófito.
Zoroastre n. pr. (zoroaçtr). Zoroastro.
zouave m. (zuav). Zuavo.
zoulou adj. e s. (zulu). Zulu, Zulo.
zut! interj. (zùt). Cebo! Bolas!
zygomatique adj. (-omatíc). Zigomático, ca.

Itálico : accento tónico. ‖V. página verde para a pronúncia figurada. ‖*Verbo irreg. V. no final do livro.

RESUMO DE GRAMÁTICA FRANCESA

CONSTRUÇÃO

A construção directa é geral : sujeito, verbo e complementos. A inversão é pouco corrente, excepto para a interrogação.

Interrogação. — Quando há um pronome sujeito faz-se a inversão. Ex. : *Avez-vous parlé?* Você falou? Quando não, junta-se um pronome sujeito : *il, elle, ils, elles*. Ex. : *Ces hommes ont-ils parlé?* Estes homens falaram?

Pronomes complementos. — Não se põem depois do verbo senão no imperativo. Ex. *Assieds-toi*, senta-te. Nos tempos compostos, em qualquer frase também não se intercalam entre o auxiliar e o verbo. Ex. : *Il me l'avait dit*, tinha-mo dito. Em compensação intercalam-se entre o auxiliar e o particípio os pronomes sujeitos e os advérbios. Ex. : *L'avez-vous déjà lu?* Você já o leu?

ARTIGO

O artigo definido é *le, la, les*. Ex. : *Le pain*, o pão; *les enfants*, os meninos.

O artigo indefinido é *un, une, des*. Ex. : *Un livre*, um livro.

Artigo partitivo. — É *du, de la, des* e emprega-se nos casos em que um substantivo não leva em português qualquer artigo. Ex. : *Je bois du vin et de l'eau*, bebo vinho e água. *Des hommes parlent*, falam homens. No plural, quando um adjectivo acompanha o substantivo, usa-se *de* antes daquele. Ex. : *Ce sont de bons élèves*, são bons alunos.

SUBSTANTIVO

Número. — Forma-se geralmente o plural juntando um *s* ao singular. Ex. : *Livre*, livro; *livres*, livros; *pain*, pão; *pains*, pães.

Os nomes terminados em *s, x* ou *z* no singular são invariáveis.

Os em *au, eu* (exc. *pneu*), e sete em *ou* : *bijou, caillou, chou, genou, hibou, joujou* e *pou*, tomam um *x*. Ex. : *Chou*, couve, *choux*, couves.

Os em *al* fazem o plural em *aux*. Ex. : *Cheval*, cavalo; *chevaux*, cavalos. Exc. : *Bal, carnaval, chacal, festival, narval, nopal, pal, régal, serval*.

Os seguintes em *ail* têm plural em *aux*. Ex. : *Bail, corail, émail, soupirail, travail, vitrail. Ail*, alho, faz no pl. *aulx* e *ails*.

Aïeul faz no plural *aïeux* no sentido de antepassados. *Ciel* faz *cieux* em sentido ordinário, e *ciels* no de dossel, céu de quadro, etc. *Œil* faz no pl. *yeux*, excepto nos vocábulos compostos.

Feminino. — Forma-se geralmente juntando um *e* ao masculino. Ex. : *Parent*, parente; *parente*, parenta; *ami*, amigo; *amie*, amiga.

Os nomes em *er* terminam no feminino em *ère*. Ex. : *Ouvrier*, operário; *ouvrière*, operária. Os em *e* terminam em *esse*. Ex. : *Maître*, mestre; *maîtresse*, mestra. Os em *en, on* terminam em *enne, onne*. Ex. : *Chien*, cão; *chienne*, cadela; *lion*, leão; *lionne*, leoa. Os em *eur* terminam em *euse*, e alguns em *teur*, em *trice*. Ex. : *Acheteur*, comprador; *acheteuse*, compradora; *fondateur*, fundador; *fondatrice*, fundadora.

ADJECTIVO

Plural. — Forma-se como o dos substantivos, juntando um *s*. Os adjectivos em *s* ou *z* não mudam. Os em *eau* tomam um *x*. Ex. : *Beau*, belo; *beaux*, belos.

Os em *al* formam o plural em *aux*, excepto *bancal, fatal, glacial, natal, naval*, que tomam *s*.

Género. — Forma-se o feminino juntando um *e* ao masculino. Ex. : *Poli*, polido; *polie*, polida.

Os terminados em *e* não variam. Os em *f* mudam este *f* em *ve*. Ex. : *Neuf*, novo; *neuve*, nova. Os em *x* mudam este *x* em *se*. Ex. : *Heureux*, feliz; *heureuse*, feliz. (Exc. : *Faux, roux*, que mudam *x* em *sse*, *doux* [*douce*], e *vieux* [*vieille*].) Os em *er* fazem o feminino em *ère*. Os em *el, eil, en, et, on* dobram no feminino a consoante final. Ex. : *Bon*, bom; *bonne*, boa. As excepções figuram por ordem alfabética no dicionário.

Comparativos. — Os comparativos de superioridade e de inferioridade fazem-se com *plus* ou *moins* e *que*. O de igualdade faz-se com *aussi... que* com os adjectivos, *autant... que* com os verbos, e *autant de... que* com os substantivos.

Superlativo. — O superlativo forma-se com *très, bien* ou *fort*, muito.

Numerais cardinais. — *Un, deux, trois, quatre, cinq, six, sept, huit, neuf, dix, onze, douze, treize, quatorze, quinze, seize, dix-sept, dix-huit, dix-neuf, vingt, vingt et un, vingt-deux, vingt-trois*, etc.; *trente, trente et un, trente-deux*, etc.; *quarante, cinquante, soixante, soixante-dix, quatre-vingts, quatre-vingt-dix*; *cent, cent un*, etc.; *deux cents, trois cents*, etc.; *mille*, etc.; *un million*.

Vingt e *cent*, precedidos de um numeral, ficam invariáveis quando vão seguidos de outro. Ex. : *Quatre-vingt-dix francs*, noventa francos; *trois cent douze*, trezentos e doze.

Mille, sempre singular, escreve-se *mil* nas datas.

Numerais ordinais. — *Premier, deuxième* (*second*), *troisième, quatrième, cinquième, sixième, septième, huitième, neuvième, dixième, onzième, douzième, treizième, quatorzième, quinzième, seizième, dix-septième, dix-huitième, dix-neuvième, vingtième, vingt et unième, trentième*, etc.; *centième*, etc.; *millième*, etc.

Adjectivos e pronomes demonstrativos. — *Ce* (diante de um s. m. que começa por consoante), *cet* (diante de um s. m. que começa por vogal ou *h* mudo), *cette, ces*. Ex. : *Ce livre-ci*, este livro; *cet homme-là*, esse ou aquele homem. *Celui-ci* traduz-se por *este*, *celui-là* por *esse*, *aquele*. *O* ou *aquele*, seguidos de *de, que, cujo, com*, etc., traduzem-se por *celui, celle, ceux, celles*. Ex. : *Celui qui parle*, o que fala; *ceux dont il s'agit*, aqueles de quem se trata.

É um livro, *são livros* traduzem-se por *c'est un livre, ce sont des livres*. O verbo *ser* seguido de pronome traduz-se por *c'est* com *moi, toi, lui, nous, vous*, e *ce sont* com os pronomes *eux, elles*.

Adjectivos possessivos. — *Mon, ma, ton, ta, son, sa, notre, votre, leur* (sing.); *mes, tes, ses, nos, vos, leurs* (pl.). Ex. : *Mon jardin et ma maison*, o meu jardim e a minha casa.

Depois de um substantivo *meu, teu*, etc. traduzem-se por *à moi, à toi*, etc. Ex. : *Ce livre est à lui*, este livro é dele.

PRONOME

Sujeitos. — *Je, tu, il, elle, nous, vous, ils, elles*. Empregam-se sempre na conjugação. Ex. : *Je parle et tu réponds*, falo e respondes.

Você e *vocês* traduzem-se por *vous*, bem como *o senhor, a senhora, os senhores, as senhoras*.

Quando se repete o pronome sujeito, o primeiro pronome converte-se em *moi, toi, lui, nous, vous, eux*. Ex. : *Moi, je parle*, eu falo.

— 355 —

Pronomes complemento directo. — *Me, te, le, la, nous, vous, les.* Ex. : *Je te vois,* vejo-te; *il vous voit,* vê-vos.

Pronomes complemento sem preposição. — Como os anteriores, excepto, para a terceira pessoa : *lui, leur.* Ex. : *Tu me parles et je lui parle,* falas-me e falo-lhe; *je leur dis,* digo-lhes.

Pronomes complemento com preposição. — *Moi, toi, lui, elle, nous, vous, eux, elles.* Ex. : *Ceci est pour moi et cela est pour eux,* isto é para mim e isso é para eles.

Lho, lha, etc. — Faz-se a inversão : *le lui, la lui,* etc. Ex. : *Ce livre, je le leur donne,* este livro, dou-lho (a eles, a elas). *Ces lettres, je les leur écris,* estas cartas, escrevo-lhas (a eles, a elas).

Que. — *Que* relativo referente a coisas ou pessoas traduz-se por *que* quando é compl. dir. ou n. predicativo. Ex. : O livro que leio, *le livre que je lis.* Referente ao sujeito, por *qui.* Ex. : O homem que vem, *l'homme qui vient.* Quando é interrogativo, emprega-se *qui* para pessoas e *que* para coisas, sem importar a função.

Com uma preposição, sem se tratar de pessoas, traduz-se por *quoi.* Ex. : Em que pensas? *A quoi penses-tu? De que,* afirmativo, traduz-se por *dont.* Diante dum nome traduz-se por *quel.* Ex. : Que dia? *Quel jour?*

Quem. — Traduz-se por *qui.* Ex. : Aqueles a quem falo, *ceux à qui je parle. De quem* afirmativo traduz-se por *dont.*

Qual. — Interrogativo traduz-se por *quel.* Ex. : Qual é o nome dele? *Quel est son nom?* Quando serve para distinguir uma pessoa ou coisa entre várias, equivale a *lequel.* Ex. : Qual dos dois? *Lequel des deux?* Precedido de *o, a, os, as* traduz-se por *lequel, laquelle, lesquels, lesquelles.*

Cujo. — Traduz-se por *dont* seguido de artigo. Ex. : Aquele cujos filhos estão aqui, *celui dont les enfants sont ici.* Precedido de uma preposição traduz-se por *duquel, de laquelle, desquels, desquelles.* Ex. : As pessoas com cujos filhos passeias, *les personnes avec les fils desquelles tu te promènes.*

On. — Este pronome traduz amiúde formas verbais indefinidas, como : trabalha-se, *on travaille;* vendem-se livros, *on vend des livres;* disseram-nos, *on nous a dit.* Também traduz o indefinido *a gente* e *uma pessoa* : não sabe a gente que fazer, *on ne sait que faire. On* pede sempre o verbo no singular.

Dele, dela, disso, nele, nela, etc. — Relatives a coisas traduzem-se por *en* ou *y.* Ex. : Falo dele, *j'en parle;* estou nisso, *j'y suis.*

VERBOS

O futuro e o condicional formam-se com o infinitivo ao qual se juntam respectivamente as terminações do presente e do imperfeito do indicativo de *avoir.* Na terceira e quarta conjugações, antes de juntar estas terminações, suprime-se *oi* ou *e* : *recev(oi)rai; rend(e)rai.*

Do particípio presente vem o imperfeito do indicativo.

Os tempos compostos formam-se com o particípio passado do verbo e os tempos simples dos auxiliares *avoir* (para os verbos transitivos e para a maioria dos intransitivos) e *être* (para os verbos reflexos, intransitivos de movimento e os que indicam mudança de estado).

O imperativo e o presente do conjuntivo formam-se do presente do indicativo. O pretérito perfeito simples dá origem ao imperfeito do conjuntivo.

Os verbos franceses dividem-se em quatro conjugações (em três segundo certas gramáticas). A 3ª e a 4ª compreendem uns 80 verbos, quase todos irregulares.

1ª conjugação. — **Aimer**, amar.

Indicativo.

Presente.	Imperfeito.
J'aime	J'aimais
Tu aimes	Tu aimais
Il aime	Il aimait
Nous aimons	Nous aimions
Vous aimez	Vous aimiez
Ils aiment	Ils aimaient

Pretérito.	Futuro.
J'aimai	J'aimerai
Tu aimas	Tu aimeras
Il aima	Il aimera
Nous aimâmes	Nous aimerons
Vous aimâtes	Vous aimerez
Ils aimèrent	Ils aimeront

Condicional.

J'aimerais	Nous aimerions
Tu aimerais	Vous aimeriez
Il aimerait	Ils aimeraient

Imperativo.

Aime   **Aimons**   **Aimez**

Conjuntivo.

Presente.	Imperfeito.
Que j'aime	Que j'aimasse
Que tu aimes	Que tu aimasses
Qu'il aime	Qu'il aimât
Que n. aimions	Que n. aimassions
Que v. aimiez	Que v. aimassiez
Qu'ils aiment	Qu'ils aimassent

Particípio.

Presente.	Passado.
Aimant	**Aimé**, ée

2ª conjugação. — **Finir**, acabar.

Indicativo.

Presente.	Imperfeito.
Je finis	Je finissais
Tu finis	Tu finissais
Il finit	Il finissait
Nous finissons	Nous finissions
Vous finissez	Vous finissiez
Ils finissent	Ils finissaient

Pretérito.	Futuro.
Je finis	Je finirai
Tu finis	Tu finiras
Il finit	Il finira
Nous finîmes	Nous finirons
Vous finîtes	Vous finirez
Ils finirent	Ils finiront

Condicional.

Je finirais	Nous finirions
Tu finirais	Vous finiriez
Il finirait	Ils finiraient

Imperativo.

Finis   **Finissons**   **Finissez**

Conjuntivo.

Presente.	Imperfeito.
Que je finisse	Que je finisse
Que tu finisses	Que tu finisses
Qu'il finisse	Qu'il finît
Que n. finissions	Que n. finissions
Que v. finissiez	Que v. finissiez
Qu'ils finissent	Qu'ils finissent

Particípio.

Presente.	Passado.
Finissant	**Fini**, ie

3ª conjugação. — **Recevoir**, receber.

Indicativo.

Presente.	Imperfeito.
Je reçois	Je recevais
Tu reçois	Tu recevais
Il reçoit	Il recevait
Nous recevons	Nous recevions
Vous recevez	Vous receviez
Ils reçoivent	Ils recevaient

Pretérito.	Futuro.
Je reçus	Je recevrai
Tu reçus	Tu recevras
Il reçut	Il recevra
Nous reçûmes	Nous recevrons
Vous reçûtes	Vous recevrez
Ils reçurent	Ils recevront

Condicional.

Je recevrais	Nous recevrions
Tu recevrais	Vous recevriez
Il recevrait	Ils recevraient

Imperativo.

Reçois   **Recevons**   **Recevez**

Conjuntivo.		*Pretérito.*	*Futuro.*

		Je **vend**is	Je **vend**rai

Presente. Imperfeito.

Que je re**ç**oive   Que je re**ç**usse
Que tu re**ç**oives Que tu re**ç**usses
Qu'il re**ç**oive   Qu'il re**ç**ût
Que n. rec**ev**ions Que n. re**ç**ussions
Que v. rec**ev**iez Que v. re**ç**ussiez
Qu'ils re**ç**oivent Qu'ils re**ç**ussent

Particípio.

Presente. Passado.
Re**cev**ant Re**ç**u, ue

4ª conjugação. — **Vendre,** vender.

Indicativo.

Presente. Imperfeito.
Je **vend**s   Je **vend**ais
Tu **vend**s   Tu **vend**ais
Il **vend**   Il **vend**ait
Nous **vend**ons Nous **vend**ions
Vous **vend**ez   Vous **vend**iez
Ils **vend**ent   Ils **vend**aient

Pretérito. *Futuro.*
Je **vend**is   Je **vend**rai
Tu **vend**is   Tu **vend**ras
Il **vend**it   Il **vend**ra
Nous **vend**îmes Nous **vend**rons
Vous **vend**îtes Vous **vend**rez
Ils **vend**irent Ils **vend**ront

Condicional.

Je **vend**rais   Nous **vend**rions
Tu **vend**rais   Vous **vend**riez
Il **vend**rait   Ils **vend**raient

Imperativo.

Vends **Vend**ons **Vend**ez

Conjuntivo.

Presente. Imperfeito.
Que je **vend**e   Que je **vend**isse
Que tu **vend**es Que tu **vend**isses
Qu'il **vend**e   Qu'il **vend**ît
Que n. **vend**ions Que n. **vend**issions
Que v. **vend**iez   Que v. **vend**issiez
Qu'ils **vend**ent   Qu'ils **vend**issent

Particípio.

Presente. Passado.
Vendant **Vend**u, ue

VERBOS IRREGULARES FRANCESES

Os tempos marcados com (*) (**) (***) conjugam-se como os correspondentes da primeira, segunda ou terceira conjugações.

PRIMEIRA CONJUGAÇÃO

Aller. Pr. i. : Vais, vas, va, vont. Fut. : Irai, iras, etc. Imper. : Va (Vas-y). Pr. conj. : Aille, ailles, aille, allions, alliez, aillent.

Envoyer. Fut. : Enverrai, etc.

Verbos em **cer.** Tomam **ç** diante de a, o. Ex. : *Percer* : Je perçais, nous perçons.

Verbos em **ger.** Juntam e depois de g diante de a, o. Ex. : *Manger* : Je mangeais, nous mangeons.

Verbos em **eler, eter.** Dobram o l ou o t diante dum e mudo. Ex. : *Appeler* : j'appelle; *jeter* : je jette. Os verbos *acheter, bourreler, celer, déceler, dégeler, écarteler, geler, haleter, harceler, marteler, modeler, peler, racheter* só tomam um **è**. Ex. : *Geler* : gèle; *acheter* : achète.

Verbos em **e mudo** na penúltima sílaba (excepto os em *eler* e *eter*). Tomam **è** antes de sílaba muda. Ex. : *Peser* : je pèse, je pèserai.

Verbos com **e fechado** na penúltima sílaba. Mudam o é em è antes duma sílaba muda final. Ex. : *Protéger* : Je protège, je protégerai.

Verbos em **yer.** Mudam o y em i antes de e mudo. Ex. : *Ployer* : Je ploie. Os em **ayer** mudam o y facultativamente.

SEGUNDA CONJUGAÇÃO

Acquérir. Pr. i. : Acquiers, acquiers, acquiert, acquérons, acquérez, acquièrent. Imp. : Acquérais, etc. P. s. : Acquis, etc. Pr. conj. : Acquière, acquières, acquière, acqué-

rions, acquériez, acquièrent. P. pr. : Acquérant. P. p. : Acquis, ise.
Assaillir. Pr. i. : Assaille, etc. (*). Imp. : Assaillais, etc. (*). Pr. conj. : Assaille, etc. (*). P. pr. : Assaillant.
Bénir. P. p. : Bénit, ite (liturgia) ; béni, ie (nos demais casos).
Bouillir. Pr. i. : Bous, bous, bout, bouillons, bouillez, bouillent. Imp. : Bouillais, etc. (*). Pr. conj. : Bouille (*). P. pr. : Bouillant.
Conquérir. V. ACQUÉRIR.
Courir. Pr. i. : Cours, cours, court, courons, courez, courent. Imp. : Courais, etc. (*). P. s. : Courus (***). Fut. : Courrai, etc. Pr. conj. : Coure, etc. (*). Imp. conj. : Courusse (***). P. pr. : Courant. P. p. : Couru.
Couvrir. V. OUVRIR.
Cueillir. Pr. i. : Cueille, etc. (*). Imp. : Cueillais, etc. (*). Fut. : Cueillerai, etc. (*). Pr. conj. : Cueille, etc. (*). P. pr Cueillant.
Dormir. Pr. i. : Dors, dors, dort, dormons, dormez, dorment. Imp. : Dormais, etc. (*). Pr. conj. : Dorme, etc. (*) P. pr. : Dormant.
Faillir. U. só em : Pret. faillis, faillis, faillit, faillîmes, faillîtes, faillirent, e t. comp.
Fleurir. No sentido de *prosperar* faz no imperf. florissais, etc. e no part. pr. florissant.
Fuir. Pr. i. : Fuis, fuis, fuit, fuyons, fuyez, fuient. Imp. : Fuyais, etc. (*). Pr. conj. : Fuie, fuies, fuie, fuyions, fuyiez, fuient. P. pr. : Fuyant. P. p. : Fui.
Gésir. U. só em : Pr. i. : Gis, gis, gît, gisons, gisez, gisent. Imp. : Gisais, etc. (*). P. pr. : Gisant.
Haïr. Regular, mas perde o trema, no sing. do pr. i. e do imper.
Mentir. Pr. i. : Mens, mens, ment, mentons, mentez, mentent. Imp. : Mentais, etc. (*). Pr. conj. : Mente, etc.
Mourir. Pr. i. : Meurs, meurs, meurt, mourons, mourez, meurent. Imp. : Mourais, etc. (*). Pret. : Mourus, etc. (***). Fut. : Mourrai, etc. Pr. conj. : Meure, meures, meure, mourions, mouriez, meurent. P. pr. : Mourant. P. p. : Mort, orte.

Offrir. Pr. i. : Offre, etc. (*). Imp. : Offrais, etc. (*). Pr. conj. : Offre, etc. (*). P. pr. : Offrant. P. p. : Offert, erte.
Ouvrir. Pr. i. : Ouvre, etc. (*). Imp. : Ouvrais, etc. (*). Pr. conj. : Ouvre, etc. (*). P. pr. : Ouvrant. P. p. : Ouvert, erte.
Partir. V. MENTIR.
Repentir. V. MENTIR.
Requérir. V. ACQUÉRIR.
Sentir. V. MENTIR.
Servir. Pr. i. : Sers, sers, sert, servons, servez, servent. Imp. : Servais, etc. (*). Pr. conj. : Serve, etc. (*). P. pr. : Servant.
Sortir. V. MENTIR.
Souffrir. V. OFFRIR.
Tenir. Pr. i. : Tiens, tiens, tient, tenons, tenez, tiennent. Imp. : Tenais, etc. (*). P. s. : Tins, tins, tint, tînmes, tîntes, tinrent. Fut. : Tiendrai, etc. Pr. conj. : Tienne, etc. P. pr. : Tenant. P. p. : Tenu, ue.
Tressaillir. V. ASSAILLIR.
Venir. V. TENIR.
Vêtir. Pr. i. : Vêts, vêts, vêt, vêtons, vêtez, vêtent. Imp. : Vêtais, etc. (*). Pr. conj. : Vête, etc. (*). P. pr. : Vêtant. P. p. : Vêtu, ue.

TERCEIRA CONJUGAÇÃO

Asseoir. Pr. i. : Assieds, assieds, assied, asseyons, asseyez, asseyent. Imp. : Asseyais, etc. P. s. : Assis, etc. (**). Fut. : Assiérai, etc. ; assoirai, etc. Pr. conj. : Asseye, etc. P. pr. : Asseyant. P. p. : Assis, ise.
Avoir. Pr. i. : Ai, as, a, avons, avez, ont. P. s. : Eus, eus, eut, eûmes, eûtes, eurent. Fut. : Aurai, etc. Pr. conj. : Aie, aies, ait, ayons, ayez, aient. Imp. conj. : Eusse, eusses, eût, eussions, eussiez, eussent. Imper. : Aie, ayons, ayez. P. pr. : Ayant. P. p. : Eu, eue.
Choir. P. p. : Chu, ue.
Déchoir. Pr. i. : Déchois, déchois, déchoit, déchoyons, déchoyez, déchoient. Fut. : Décherrai, etc. Pr. conj. : Déchoie, déchoies, déchoie, déchoyions, déchoyiez, déchoient. P. pr. : Não tem. P. p. : Déchu, ue.

Devoir. Pr. i. : Dois, etc. Imp. : Devais, etc. P. s. : Dus, etc. Fut. : Devrai, etc. Pr. conj. : Doive, etc. P. pr. : Devant. P. p. : Dû, ue.
Échoir. Pr. i. : Échoit ou échet, échoient ou échéent. P. s. : Échut. Fut. : Écherra. P. pr. : Échéant. P. p. Échu, ue.
Falloir. Pr. i. : Faut. Imp. : Fallait. P. s. : Fallut. Fut. : Faudra. Pr. conj. : Faille. P. p. : Fallu.
Mouvoir. Pr. i. : Meus, meus, meut, mouvons, mouvez, meuvent. Imp. : Mouvais, etc. P. s. : Mus, etc. Fut. : Mouvrai, etc. Pr. conj. : Meuve, etc. P. pr. : Mouvant. P. p. : Mû, ue.
Pleuvoir. Pr. i. : Pleut. Imp. : Pleuvait. P. s. : Plut. Fut. : Pleuvra. Pr. conj. : Pleuve. P. pr. : Pleuvant. P. p. : Plu.
Pourvoir. Como *voir*, exc. no P. s. : Pourvus, etc. Fut. : Pourvoirai, etc.
Pouvoir. Pr. i. : Puis ou peux, peux, peut, pouvons, pouvez, peuvent. P. s. : Pus, etc. Fut. : Pourrai, etc. Pr. conj. : Puisse, puisses, puisse, puissions, puissiez, puissent. P. pr. : Pouvant. P. p. : Pu.
Prévaloir. Como *valoir* exc. no Pr. conj. : Prévale, etc.
Savoir. Pr. i. : Sais, sais, sait, savons, savez, savent. P. s. : Sus, etc. Fut. : Saurai, etc. Imper. : Sache, sachons, sachez. Pr. conj. : Sache, etc. P. pr. : Sachant. P. p. : Su, ue.
Seoir. Pr. i. : Sied, siéent. Imp. : Seyait, seyaient. Fut. : Siéra, siéront. P. p. : Seyant.
Valoir. Pr. i. : Vaux, vaux, vaut, valons, valez, valent. Imp. : Valais, etc. P. s. : Valus, etc. Fut. : Vaudrai, etc. Pr. conj. : Vaille, etc. P. pr. : Valant. P. p. : Valu, ue.
Voir. Pr. i. : Vois, vois, voit, voyons, voyez, voient. Imp. : Voyais, etc. P. s. : Vis, etc. (**). Fut. : Verrai, etc. Pr. conj. : Voie, voies, voie, voyions, voyiez, voient. P. pr. : Voyant. P. p. : Vu, ue.
Vouloir. Pr. i. : Veux, veux, veut, voulons, voulez, veulent. Imp. : Voulais, etc. P. s. : Voulus, etc. Fut. : Voudrai, etc. Imper. : Veux ou veuille, veuillons, veuillez. Pr. conj. : Veuille, etc. P. p. : Voulant. P. p. : Voulu, ue.

QUARTA CONJUGAÇÃO

Absoudre. Pr. i. : Absous, absous, absout, absolvons, absolvez, absolvent. Imp. : Absolvais, etc. P. s. : Não tem. Fut. : Absoudrai, etc. Pr. conj. : Absolve, etc. P. pr. : Absolvant. P. p. : Absous, oute.
Atteindre. Como *peindre*.
Battre. Pr. i. : Bats, bats, bat, battons, battez, battent.
Boire. Pr. i. : Bois, bois, boit, buvons, buvez, boivent. Imp. : Buvais, etc. P. s. : Bus, bus, but, bûmes, bûtes, burent. Fut. : Boirai, etc. Pr. conj. : Boive, boives, boive, buvions, buviez, boivent. Imp. conj. : Busse, etc. (***). P. pr. : Buvant. P. p. : Bu, bue.
Braire. Pr. i. : Brait. Imp. : Brayait. Cond. : Brairait. Fut. : Braira. P. pr. : Brayant. P. p. : Brait (só nos tempos compostos).
Ceindre. V. PEINDRE.
Clore. Pr. i. : Clos, clos, clot. Pr. conj. : Close, etc. P. pr. : Closant. P. p. : Clos, ose.
Conclure. Pr. i. : Conclus, conclus, conclut, concluons, concluez, concluent. Imp. : Concluais, etc. P. s. : Conclus, etc. (***). Pr. conj. : Conclue, conclues, conclue, concluions, concluiez, concluent. Imp. conj. : Conclusse, etc. P. pr. : Concluant. P. p. : Conclu, ue.
Conduire. V. DÉDUIRE.
Confire. Como *interdire*.
Connaître. V. PARAÎTRE.
Construire. V. DÉDUIRE.
Contraindre. V. CRAINDRE.
Contredire. Pr. i. : Contredis, contredisez, contredisent. Imper. : Contredisez. O resto como *dire*.
Coudre. Pr. i. : Couds, couds, coud, cousons, cousez, cousent. Imp. : Cousais, etc. P. s. : Cousis, etc. Pr. conj. : Couse, etc. P. pr. : Cousant. P. p. : Cousu, ue.
Craindre. Pr. i. : Crains, crains, craint, craignons, craignez, craignent. Imp. : Craignais, etc. P. s. : Craignis, etc. Pr. conj. : Craigne, etc. P. pr. : Craignant. P. p. : Craint, ainte.
Croire. Pr. i. : Crois, crois, croit, croyons, croyez, croient. Imp. :

— 360 —

Croyais, etc. Fut. : Croirai, etc. P. s. : Crus, crus, crut, crûmes, crûtes, crurent. Pr. conj. : Croie, croies, croie, croyions, croyiez, croient. Imp. conj. : Crusse, etc. P. pr. : Croyant. P. p. : Cru, ue.
Croître. Pr. i. : Croîs, croîs, croît, croissons, croissez, croissent. Imp. : Croissais, etc. P. s. : Crûs, crûs, crût, crûmes, crûtes, crûrent. Pr. conj. : Croisse, etc. Imp. conj. : Crûsse, etc. P. pr. : Croissant. P. p. : Crû, ue.
Déduire. Pr. i. : Déduis, déduis, déduit, déduisons, déduisez, déduisent. Imp. : Déduisais, etc. P. s. : Déduisis, etc. Fut. : Déduirai, etc. Pr. conj. : Déduise, etc. P. pr. : Déduisant. P. p. : Déduit, ite.
Détruire. V. DÉDUIRE.
Dire. Pr. i. : Dis, dis, dit, disons, dites, disent. Imp. : Disais, etc. P. s. : Dis, dis, dit, dîmes, dîtes, dirent. Fut. : Dirai, etc. Imper. : Dites. Pr. conj. : Dise, etc. P. pr. : Disant. P. p. : Dit, ite.
Dissoudre. V. ABSOUDRE.
Écrire. Pr. i. : Écris, écris, écrit, écrivons, écrivez, écrivent. Imp. : Écrivais, etc. P. s. : Écrivis, etc. Fut. : Écrirai, etc. Pr. conj. : Écrive, etc. P. pr. : Écrivant. P. p. : Écrit, ite.
Élire. V. LIRE.
Enduire. V. DÉDUIRE.
Enfreindre, éteindre, étreindre. V. PEINDRE.
Être. Pr. i. : Suis, es, est, sommes, êtes, sont. Imp. : Étais, etc. P. s. : Fus, fus, fut, fûmes, fûtes, furent. Fut. : Serai, seras, etc. Imper. : Sois, soyons, soyez. Pr. conj. : Sois, sois, soit, soyons, soyez, soient. P. pr. : Étant. P. p. : Été.
Faire. Pr. i. : Fais, fais, fait, faisons, faites, font. Imp. : Faisais, etc. P. s. : Fis, fis, fit, fîmes, fîtes, firent. Fut. : Ferai, etc. Imper. : Faites. Pr. conj. : Fasse, etc. P. pr. : Faisant. P. p. : Fait, aite.
Feindre. V. PEINDRE.
Frire. Pr. i. : Fris, fris, frit. Fut. : Frirai, etc. e Cond. : Frirais, etc. pouco usados. P. p. : Frit, ite. Nos demais tempos usa-se *faire frire*.
Instruire. V. DÉDUIRE.

Interdire. Como *contredire*.
Joindre. Pr. i. : Joins, joins, joint, joignons, joignez, joignent. Imp. : Joignais, etc. Fut. : Joindrai, etc. P. s. : Joignis, etc. Pr. conj. : Joigne, etc. P. pr. : Joignant. P. p. : Joint, ointe.
Lire. Pr. i. : Lis, lis, lit, lisons, lisez, lisent. Imp. : Lisais, etc. P. s. : Lus, etc. Fut. : Liraâ, etc. Pr. conj. : Lise, etc. P. pr. : Lisant. P. p. : Lu, lue.
Luire. V. DÉDUIRE. Pouco empregado no p. s. e no imp. conj. P. p. : Lui.
Maudire. Pr. i. : Maudis, etc. (**). Imp. : Maudissais, etc. Imper. : Maudissons, maudissez. P. pr. : Maudissant.
O resto como *dire*.
Médire. Como *contredire*.
Mettre. Pr. i. : Mets, mets, met, mettons, mettez, mettent. Imp. : Mettais, etc. P. s. : Mis, etc. Pr. conj. : Mette, etc. P. p. : Mis, ise.
Moudre. Pr. i. : Mouds, mouds, moud, moulons, moulez, moulent. Imp. : Moulais, etc. P. s. : Moulus, etc. (***). Pr. conj. : Moule, etc. P. pr. : Moulant. P. p. : Moulu, ue.
Naître. Pr. i. : Nais, nais, naît, naissons, naissez, naissent. Imp. : Naissais, etc. P. s. : Naquis, etc. Pr. conj. : Naisse, etc. P. pr. : Naissant. P. p. : Né, née.
Nuire. Como *déduire*. P. p. : Nui.
Oindre. V. JOINDRE.
Paître. Como *paraître*. Não se usa no p. s., no imp. conj. no t. comp., no p.p.
Paraître. Pr. i. : Parais, parais, paraît, paraissons, paraissez, paraissent. Imp. : Paraissais, etc. P. s. : Parus, etc. Pr. conj. : Paraisse, etc. P. pr. : Paraissant. P. p. : Paru, ue.
Peindre. Pr. i. : Peins, peins, peint, peignons, peignez, peignent. Imp. : Peignais, etc. P. s. : Peignis, etc. Pr. conj. : Peigne, etc. P. pr. : Peignant. P. p. : Peint, einte.
Plaindre. V. CRAINDRE.
Plaire. Pr. i. : Plais, plais, plaît, plaisons, plaisez, plaisent. Imp. : Plaisais, etc. P. s. : Plus, etc. Pr. conj. : Plaise, etc. P. pr. : Plaisant. P. p. : Plu, ue.

Poindre. V. JOINDRE.
Prendre. Pr. i. : Prends, prends, prend, prenons, prenez, prennent. Imp. : Prenais, etc. P. s. : Pris, etc. Pr. conj. : Prenne, etc. P. pr. : Prenant. P. p. : Pris, ise.
Résoudre. Como *absoudre*, exc. : P. s.: Résolus etc. P.p.: Résolu, ue.
Rire. Pr. i. : Ris, ris, rit, rions, riez, rient. Imp. : Riais, riais, riait, riions, riiez, riaient. P. s. : Ris, etc. Fut. : Rirai, etc. Pr. conj. : Rie, etc. P. pr. : Riant. P. p. : Ri.
Rompre. Pr. i. : Romps, romps, rompt, rompons, rompez, rompent. No resto como *vendre*.
Suffire. Como *déduire*, mas imp. conj. desusado e o p. p. não tem fem.
Suivre. Pr. i. : Suis, suis, suit, suivons, suivez, suivent. Imp. : Suivais, etc. P. s. : Suivis, etc. Pr. conj. : Suive, etc. P. pr. : Suivant. P. p. : Suivi, ie.
Taire. V. PLAIRE. [il tait, sem î].
Teindre. V. PEINDRE.
Traire. Pr. i. : Trais, trais, trait, trayons, trayez, traient. Imp. : Trayais, etc. P. s. : Não tem. Pr. conj. : Traie, etc. Imp. conj. : Não tem. P. pr. : Trayant. P. p. : Trait, aite.
Vaincre. Pr. i.: Vaincs, vaincs, vainc, vainquons, vainquez, vainquent. Imp. : Vainquais, etc. P. s. Vainquis, etc. P. conj. : Vainque, etc. P. pr. Vainquant. P. p. : Vaincu, ue.
Vivre. Pr. i. : Vis, vis, vit, vivons, vivez, vivent. P. s. : Vécus, etc. (***). Pr. conj. : Vive, etc. P. pr. : Vivant. P. p. : Vécu, ue.

RÈGLES POUR LA LECTURE
DE LA PRONONCIATION FIGURÉE

Toute lettre se prononçant de même n'est pas transcrite, ou bien elle l'est généralement par la même lettre.

Deux voyelles, dont l'une toujours atone, et trois consonnes, en caractères gras, se prononcent différemment dans les deux langues, ainsi que quelques autres voyelles signalées ci-dessous. Ces dernières, et les autres voyelles et diphtongues sans explication spéciale, se trouvent en italique lorsqu'elles portent l'accent tonique.

Les consonnes de la transcription qui ne sont pas en caractères gras gardent le son qui leur est propre en français.

LETTRE	EXEMPLES	PRONONCIATION
à	alto (àltou).	Un *a* semblable à celui de *pâte*. Il est toujours suivi de *l* appartenant à la même syllabe, lequel se prononce alors presque comme *ou*.
a (et â)	beijar (bâyjar). eira (âyra).	Son se rapprochant de celui de l'*e* muet de *premier*. On le transcrit *â* dans la diphtongue *ây* et lorsqu'il est tonique.
e	meter (metér).	Son ressemblant à celui de l'*e* muet de *petite*, mais beaucoup plus fermé. Il est très souvent tout à fait muet lui aussi.
o	avó (avó).	C'est l'*o* ouvert français de *vol*.
ô	avô (avô).	C'est l'*o* fermé français de *mot*.
y	baile (bayle). fui (fouy). põe (pôy).	C'est le son de la semi-voyelle *i* de plusieurs diphtongues orales et nasales.
ã	andar (ãdar).	A peu près la nasale de *parfum, un*.
ẽ	então (ẽtãou).	C'est un *é* fermé nasal.
ĩ	lindo (lĩdou).	C'est un *i* nasal, semblable à celui de l'anglais *ring*.
õ	onde (õd).	Plus ou moins la nasale de *tombeau, on*.
ũ	atum (atũ).	C'est un *ou* nasal, à peu près comme dans l'allemand *Junge*.
l	palha (pala).	Son de *ll* en espagnol ou *gl* en italien, intermédiaire de *l* et *i*.
r	lira (líra).	*R* roulé dans lequel la pointe de la langue frappe une fois le palais, tout près des dents.
rr	carro (carrou).	*R* roulé multiple, formé par plusieurs battements rapides de la pointe de la langue contre le palais, tout près des dents.
z	doze (dôz). base (baz).	Représente toujours le *z* de *zone*.

REGRAS PARA A LEITURA
DA PRONÚNCIA FIGURADA

Todas as vogais e ditongos em itálico são tónicos. Frequentemente não se transcrevem as letras que se pronunciam de igual modo.

Damos abaixo o quadro dos sons especiais do francês, com a sua indicação no nosso sistema de transcrição, de que explicamos todas as letras susceptíveis de dúvida. As restantes conservam o seu valor em português.

Renunciámos a apontar matizes quase imperceptíveis, como œ aberto e fechado, *i* breve ou longo, ou a distinção entre o *a* de *pâte* e o de *partie*.

LETRA	EXEMPLOS	PRONÚNCIA
a	balle (bal).	Representa sempre *a* aberto.
â	peur (pâr), le (lâ).	Assemelha-se ao *a* fechado de *libra*.
o	botte (bot).	Indica sempre *o* aberto, como em *fome*.
ù	pur (pùr).	Som especial que se pronuncia arredondando os lábios como para *u* e avançando a língua como para *i*.
ã	cent (çã).	Nasal fechada, intermédia da de *tanga* e da de *Tonga*.
àn	fin (fàn).	Nasal aberta, como em *anda*, na pronúncia nortenha.
ân	un (ân).	Nasal muito parecida com a de *anjo*.
õ	son (sõ).	Mais ou menos a nasal de *bom*, *onde*.
'	hache ('ax).	Som nulo, representa o chamado *h* aspirado. Impede as ligações e as elisões.
m, n	âme (am). âne (an).	Soam como em *ano* e *Ema*, excepto depois de à e de â (V. ACIMA).
r	rein (ràn). guerre (ghér).	*R* levemente gutural, em que não intervém a ponta da língua.
x	chat (xa).	Tem sempre o valor de *ch*.
z	oser (ôzê). azur (azùr).	Sempre com o valor que possui em *azedo*.

Dicionário

PORTUGUÊS - FRANCÊS

por

Fernando V. Peixoto da Fonseca

Professeur agrégé au Lycée militaire de Lisbonne,
Vice-président de la direction de la Société de Langue portugaise,
Chevalier de l'ordre des Palmes académiques.

LIBRAIRIE LAROUSSE

17, rue du Montparnasse, et boul. Raspail, 114, Paris-6e

DICIONÁRIO
PORTUGUÊS-FRANCÊS

A

a (a) art. déf. La, l'. ‖pron. pers. La, l'. ‖pron. dém. Celle. ‖prép. A : *às duas horas*, à deux heures. ‖En : *ir a França*, aller* en France. ‖De : *ir a par*, aller* de pair. ‖Par : *à força*, par force. ‖Sur : *subir a*, monter sur. Sous : *ter* à mão*, avoir sous la main. ‖Chez : *ir ao padeiro*, aller* chez le boulanger. ‖Contre : *encostar-se à porta*, s'appuyer contre la porte. Jusque : *de manhã à noite*, depuis le matin jusqu'*au soir*. ‖Dans : *cair à água*, tomber dans l'eau.

à art. déf. f. contracté avec la prép. a (a). A la, à l'. ‖pron. dém. f. contracté avec la prép. a. A celle.

Aarão n. pr. (aarãou). Aaron.
aba f. (aba). Bord, m. ‖Pan, m.
abacial adj. (abaciàl). Abbatial, ale.
ábaco m. (abacou). Abaque.
ab‖ade m. (abad). Abbé, curé. ‖**-adengo, a** adj. (-engou, a). Abbatial, ale. ‖**-adessa** f. (-adéça). Abbesse. ‖**-adessado** m. (-dçadou). Dignité (f.) d'une abbesse. ‖**-adia** f. (-ia). Abbaye.
abaf‖adamente adv. (abafadamét). *Fig*. En cachette. ‖**-adiço, a** adj. (-adiçou, a). Étouffant, ante. ‖*Fig*. Emporté, ée. ‖**-ado, a** adj. (-adou, a). Étouffé, ée; étouffant, ante. Emmitouflé, ée [vestido]. ‖Loc. *Vinho abafado*, vin doux. ‖**-ador** m. (-adôr). Étouffoir [mecanismo]. ‖Étouffeur [pessoa]. ‖**-amento** m. (-améntou). Étouffement, ante. ‖**-ante** adj. (-ât). Étouffant, ante. ‖**-ar** vt. (-ar). Étouffer.

Emmitoufler [roupa]. ‖**-o** m. (-afou). Fourrure, f.

abalnhar vt. (abaignar). Ourler.
abaix‖ador adj. et s. m. (abaychadôr). Abaisseur. ‖**-a-língua** m. (-ígoua). Abaisse-langue. ‖**-a-luz** m. (-oux). Abat-jour. ‖**-amento** m. (-étou). Abaissement. ‖**-ar** vt. (-ar). Abaisser, baisser. ‖Rabattre*. ‖**-ar-se** vr. (-ç). S'abaisser. ‖**-o** adv. (-aychou). Bas, à bas, en bas. ‖Loc. *De cima abaixo*, de haut en bas. *Mais abaixo*, ci-après. ‖Ci-dessous. *Abaixo de*, au-dessous de. *Vir* abaixo*, descendre ; s'écrouler. ‖**-o‑assinado, a** adj. et s. (-a-adou, a). Soussigné, ée. ‖s. m. Pétition, f., réclamation, ?.

abal‖ada f. (abalada). Départ, m. ‖**-ado, da** adj. (-ou, a). Ébranlé, ée. ‖*Fig*. Ému, ue. ‖**-ançar-se** vr. (-açarç). *Fig*. Se hasarder. ‖**-ar** vt. (-ar). Ébranler. ‖vi. Partir*. ‖**-austrar** vt. (-uchtrar). Balustrer. ‖**-ável** adj. (-avèl). Ébranlable.
abalienar vt. (-ar). Abaliéner, céder.
abalizad‖amente adv. (aba-adamét). Remarquablement. ‖**-o, a** adj. (-adou, a). Distingué, ée.
abalo m. (abalou). Ébranlement. ‖Tremblement de terre. ‖Loc. *Sentir* abalo*, se troubler.
abalro‖ação f. (abàlrrouaçãou) et **-amento** m. (-étou). Abordage, m. ‖**-ar** vt. et vi. (-ar). Aborder.
abaluartar vt. (abalouartar). Bastionner, garnir de bastions.
aban‖adela f. (abanadéla). Secousse. ‖**-ador** m. (-adôr). Éventoir. ‖**-a-moscas** m. (-ôchcach). Chasse-mouches. ‖**-ado, da** adj. (-adou, a). Ébaubi,

---

Itálico : accento tónico. ‖V. página verde para a pronúncia figurada. ‖*Verbo irreg. V. no final do livro.

ABA — ABE

ie, ebahí, ie. ‖-ão m. (-ãou). Saccade f. ‖-ar vt. (-ar). Éventer [leque]. ‖Secouer, hocher. ‖vi. Branler. ‖-ar-se vr. (-ç). S'éventer, se faire* du vent.

abancar vi. et –se vr. (abãcar, ç). S'attabler, se mettre* à table.

abandalh‖amento m. (abãdalamétou). Avilissement. ‖-ar vt. (-ar). Avilir. ‖-ar-se vr. (-ç). S'encanailler, s'avilir.

abandejar vt. (abãdejar). Vanner [trigo, cevada].

aband‖oar vt. (abãdouar). Attrouper. ‖-onadamente adv. (-adamét). A l'abandon. ‖-onar vt. (-ar). Abandonner. ‖-onar-se vr. (-ç). Se livrer. ‖-onável adj. (-avèl). Abandonnable. ‖-ono m. (-ônou). Abandon, oubli.

abano m. (abãnou). Éventoir.

abantesma f. (abãtéjma). Fantôme, m., spectre. ‖Chose gigantesque.

abarc‖ador m. (abarcadôr). Fig. Accapareur. ‖-amento m. (-étou). Embrassement. ‖Fig. Accaparement. ‖-ante adj. (-ãt). Accaparant, ante. ‖-ar vt. (-ar). Embrasser. ‖Renfermer. ‖Fig. Accaparer. ‖Loc. Quem muito abarca pouco aperta, qui trop embrasse mal étreint.

abarrac‖ado, a adj. (abarracadou, a). Qui a la forme d'une baraque. ‖-amento m. (-étou). Baraquement. ‖-ar vt. (-ar). Baraquer.

abarregar-se vr. (abarrégarç). Vivre* en concubinage.

abarreirar vt. (abarrãyrar). Retrancher, fortifier.

abarrot‖ado, a adj. (abarroutadou, a). Bondé, ée. ‖Empiffré, ée [comida]. ‖-amento m. (-étou). Entassement. ‖-ar vt. (-ar). Bonder. ‖Empiffrer [comida]. ‖-ar-se vr. (-ç). S'empiffrer.

abast‖adamente adv. (abachtadamét). Abondamment. ‖Loc. Viver* abastadamente, vivre* dans l'aisance. ‖-ado, da adj. (-adou, a). Riche, aisé, ée. ‖-ança f. (-aça). Aisance. ‖Abondance, grande quantité.

abastard‖amento m. (abachtardamétou). Abâtardissement. ‖-ar vt. (-ar). Abâtardir. ‖-ar-se vr. (-ç). Dégénérer.

abastec‖edor, a m. et f. (abachtcedôr, a). Fournisseur, m. ‖-er vt. (-ér). Pourvoir*, vi. ‖-ido, a adj. (-idou, a). Approvisionné, ée; fourni, ie. ‖-imento m. (-étou). Approvisionnement. ‖pl. Provisions, f. pl.

abatata‖do, a adj. (abatatadou, a). Gros et large. ‖-r vt. (-ar). Aplatir. ‖Rendre gros et large.

abat‖edor m. (abatedôr). Abatteur [de árvores]. ‖-er vt. (-ér). Abattre*. Rabattre* [preço]. ‖-idamente adv. (-amét). Humblement. ‖-ido, a adj. (-idou, a). Abattu, ue. ‖Loc. Arco abatido, arc surbaissé. ‖-imento m. (-étou). Abattement. ‖Affaissement [solo]. ‖Rabais [preço]. ‖Arch. Surbaissement (d'une arcade).

abaul‖ado, a adj. (abaouladou, a). Bombé, ée. ‖-amento m. (-étou). Bombement. ‖-ar vt. (-ar). Bomber.

abc‖esso m. (a-éçou). Abcès. ‖-issa f. (-iça). Abscisse.

abdic‖ação f. (a-açãou). Abdication. ‖-ar vt. et vi. (-ar). Abdiquer. ‖-ável adj. (-avèl). Abdicable.

abd‖ómen m. (a-omén). Abdomen. ‖-ominal adj. (-ou-àl). Abdominal.

abdu‖ção f. (a-oução). Abduction. ‖-tor adj. et s. m. (-ôr). Abducteur. ‖-zir* vt. (-ír). Écarter.

abeberar‖ vt. (abebérar). Abreuver. ‖-se vr. (-arç). S'imbiber.

a-bê-cê m. (abécé). ABC.

abecedário m. (abecedáryou). Abécédaire.

abeg‖ão m. (abegãou). Valet de ferme. ‖-oaria f. (-ouaría). Train (m.) nécessaire pour le labourage.

Abel n. pr. (abèl). Abel.

abelh‖a f. (abéyla). Abeille. ‖-a-mestra f. (-èchtra). Reine des abeilles. ‖Fig. Femme rusée. ‖-ão m. (-elãou). Bourdon. ‖-aruco m. (-roucou). Guêpier. ‖-eira f. (-áyra). Ruche. ‖Bot. Mélisse. ‖-eiro m. (-ou). Guêpier (oiseau). ‖-udamente adv. (-ouamét). Indiscrètement. ‖-udice f. (-iç). Impertinence. ‖-udo, a adj. (-oudou, a) Indiscret, ète.

a bel-prazer loc. adv. (abè-razér). Sans gêne, à son aise.

abençoar vt. (abéçouar). Bénir*. ‖Loc. Deus o abençoe, Dieu vous bénisse; à vos souhaits.

aberr‖ação f. (aberraçãou). Aberra-

Lettres penchées : accent tonique. ‖V. page verte pour la prononciation figurée. ‖*Verbe irrég V. à la fin du volume.

ABE — ABO

tion. ‖-ante adj. (-āt). Aberrant, ante. ‖-ar vi. (-ar). Aberrer.
abert‖a f. (abèrta). Éclaircie [tempo]. ‖Opportunité, occasion. ‖-amente adv. (-èt). Ouvertement. ‖-o, a adj. (-èrtou, a). Ouvert, erte. ‖Loc. Campo aberto rase campagne, f. ‖-ura f. (-e-oura). Ouverture. ‖Percement, m. [duma rua, etc.]. ‖Rentrée [aulas].
abespinh‖adamente adv. (abech-gnadamēt). Acrimonieusement. ‖-ado, a adj. (-adou, a). Irrité, ée. ‖-amento m. (-amētou). Agacement. ‖-ar-se vr. (-arç). S'agacer.
abetarda f. (abetarda). Outarde.
abeto m. (abètou). Sapin.
abetumar vt. (abetoumar). Bitumer. ‖Mastiquer [vidraças].
abexim adj. et s. m. (abechī). Abyssin, abyssinien.
abibe m. (abîb). Vanneau.
abichar vt. (a-ar). Fam. Obtenir*.
Abirão n. pr. (a-rāou). Abiron.
abiscoitar vt. (a-chcōytar). Biscuiter. ‖Pop. Attraper.
abism‖ar vt. (a-jmar). Étonner. ‖-o m. (-ijmou). Abîme, gouffre.
abissal adj. (a-àl). Abyssal, ale.
Abissínia n. pr. (a-ínya). Abyssinie.
abissínio, a adj. et s. (a-ínyou, a). Abyssinien, enne.
abjec‖ção f. (a-èçaou). Abjection. ‖-tamente adv. (-ètamēt). Abjectement. ‖-to, a adj. (-ètou, a). Abject, ecte.
abjur‖ação f. (a-ouraçāou). Abjuration. ‖-ar vt. (-ar). Abjurer. ‖-atório, ia adj. (-atoryou, a). Abjuratoire. ‖-gar vt. (-ar). Déposséder quelqu'un judiciairement.
abla‖ção f. (a-açāou). Ablation. ‖-ctação f. (-ctaçāou). Ablactation. ‖-queação f. (-kyaçāou). Ablaquéation. ‖-tivo, a adj. et s. m. (-ivou, a). Ablatif, ive.
ableg‖ação f. (a-egaçāou). Bannissement, m. ‖-ar vt. (-ar). Bannir.
ablução f. (a-ouçāou). Ablution.
abneg‖ação f. (a-egaçāou). Abnégation. ‖-ado, a adj. (-adou, a). Dévoué, ée. ‖-adamente adv. (-ēt). Avec abnégation.
à boa mente loc. adv. (-ôamēt). De bon gré, volontiers.
ab‖óbada f. (abobada). Voûte. ‖-obadado, a adj. (-oubadadou, a). Voûté, ée. ‖-obadar vt. (-ar). Voûter.
abóbora f. (aboboura). Citrouille, courge.
aboc‖adura f. (aboucadoura). Embrasure. ‖-amento m. (-ētou). Abouchement [tubos]. ‖-anhar vt. (-gnar). Mordre. ‖Fig. Déchirer, diffamer. ‖-ar vt. (-ar). Saisir avec la bouche. ‖Braquer [cenhāo]. ‖vi. Aboutir.
abocet‖ado, a adj. (abouçtadou, a). Arrondi, ie. ‖-ar vt. (-ar). Arrondir. ‖Garder dans une boîte.
aboio m. (abôyou). Br. de Minas. Chant du vacher.
abolachado, a adj. (aboulachadou, a). Plat, ate.
aboletamento m. (aboulétamētou). Logement des soldats chez les particuliers.
aboli‖ção f. (abou-āou). Abolition. ‖-cionismo m. (-ounijmou). Abolitionnisme. ‖-cior ista adj. et s. (-ichta). Abolitionniste. ‖-r vt. (-ir). Abolir.
abolorecer vi. (aboulourecér). Moisir, chancir. ‖Fig. Rester inutile.
abomin‖ação f. (abou-açāou). Abomination. ‖-ar vt. (-ar). Abominer. ‖-ável adj. (-avèl). Abominable, exécrable, détestable.
abon‖ação f. (abounaçāou). Garantie. ‖-ado, da adj. (-adou, a). Accrédité, ée. ‖Riche. ‖-ador m. (-adôr). Garant. ‖-ar vt. (-ar). Garantir. ‖Allouer [despesa]. ‖Avancer [dinheiro]. ‖-o m. (-ônou). Garantie, f. ‖Avance, f. [pagamento]. ‖Allocation, f. [duma quantia]. ‖Loc. Em abono da verdade, à vrai dire*.
abord‖agem f. (abourdajáy). Abordage, m. ‖-ar vt. (-ar). Aborder. ‖-ável adj. (-avèl). Abordable, accessible.
aborígene adj. et s. (abourijene). Aborigène, autochtone.
aborrec‖edor, a adj. et s. (a-bourrecedôr, a). Ennuyeux, euse. ‖Importun, une. ‖-er v. (-ér). Ennuyer. ‖vt. Détester haïr*. ‖-er-se vr. (-ç). S'ennuyer. ‖-idamente adv. (-amēt). à contre-cœur. ‖Ennuyeusement. ‖-ido, a adj. (-idou, a). Détesté, ée. ‖Ennuyé, ée. ‖Fig. Triste, plein, e d'ennui. ‖-imento m. (-ētou). Ennui. ‖Aversion, f. ‖-ível adj. (-ivèl). Détestable.

Itálico : accento tónico. ‖V. página verde para a pronúncia figurada. ‖*Verbo irreg. V. no final do livro.

abort‖adeira f. (abourtadâyra). Avorteuse. ‖-amento m. (-étou). Avortement. ‖-ar vt. et vi. (-ar). Avorter. ‖-ivo, va adj. (-ívou, a). Abortif, ive. ‖-o m. (-órtou). Avortement. ‖Avorton [planta, animal].
aboto‖ação f. (aboutouaçáou). Bourgeonnement. ‖-adeira f. (-âyra). Tire-bouton, m. ‖-ador m. (-ôr). Tire-bouton. ‖-ar vt. (-ar). Boutonner. ‖-ar-se vr. (-ç). Fam. S'approprier.
Abraão n. pr. (abraáou). Abraham.
abraç‖adeira f. (abraçadâyra). Embrasse. ‖-amento m. (-étou). Embrassement. ‖-ar vt. (-ar). Embrasser (dans ses bras). ‖-o m. (-açou). Embrassade, f., embrassement. ‖Loc. Dar* um abraço, embrasser, enlacer.
abrand‖amento m. (abrâdamétou). Amollissement, adoucissement. ‖-ar vt. et vi. (-ar). Amollir. ‖Adoucir. ‖Amortir [pancada]. ‖vi. Se calmer, devenir* calme.
abranger vt. (abrâjér). Embrasser. ‖Renfermer. ‖Comprendre*, saisir.
Abrantes n. pr. (abrâtch). Abrantès.
abras‖adamente adv. (abrazadamét). Ardemment. ‖-ado, a adj. (-adou, a). Embrasé, ée. ‖-ante, ora adj. (-adôr, a). Brûlant, ante. ‖-amento m. (-étou). Embrasement. ‖-ão f. (-áou). Abrasion. ‖-ar vt. (-ar). Embraser. ‖Ravager, dévaster.
abrasileir‖ado, a adj. (abra-âyradou, a). Qui a un air brésilien. ‖-ar vt. (-ar). Donner un air brésilien.
abrejeirado, a adj. (abrèjâyradou, a). Un peu grivois, oise.
abrenúncio ! interj. (abrenúncyou). Dieu m'en garde !
abretanhado, a adj. (abretagnadou, a). Fabriqué, ée à la façon de la toile de Bretagne.
abrevi‖ação f. (abre-açáou). Abréviation. ‖-adamente adv. (adamét). En abrégé. ‖-ar vt. (-ar). Abréger. ‖-atura f. (-atoura). Abréviation.
abri‖‖dela f. (abr-èla). Ouverture. ‖-dor, a m. (-ôr, a). Ouvreur, euse. ‖-gada f. (-ada). Abri, m. ‖-gar vt. (-ar). Abriter. ‖-gar-se vr. (-arç). S'abriter. ‖-go m. (-ígou). Abri, refuge.
abril (abríl). Avril.

abrilhantar vt. (abrilâtar). Fig. Donner de l'éclat, brillanter.
abri‖‖mento m. (abr-étou). Ouverture, f. ‖-r vt. (-ír). Ouvrir*. ‖Creuser [poço]. ‖vi. S'épanouir, éclore* [flores]. ‖Loc. Num abrir e fechar de olhos, en un clin d'œil.
abroch‖ador m. (abrou-adôr). Tire-bouton. ‖-adura f. (-oura). Agrafage, m. ‖-ar vt. (-ar). Agrafer.
ab-rog‖ação f. (abrrougaçáou). Abrogation. ‖-ar vt. (-ar). Abroger. ‖-atório, a adj. (-atoryou). Abrogeable, qui peut être abrogé, ée.
abrolho m. (abrôlou). Tribule [planta]. ‖pl. (-o-ch). Épines, f.
abroquel‖ado, a adj. (abrouképladou, a). Protégé, ée. ‖-ar vt. (-ar). Couvrir* d'un bouclier. ‖Protéger.
abrótea f. (abrotya). Asphodèle, m.
abrunh‖al m. (abrougnàl). Prunelaie, f. ‖-eiro m. (-âyrou). Prunier. ‖Loc. Abrunheiro bravo, prunellier. ‖-o m. (-ougnou). Prune, ft.
abrup‖ção f. (abrou-çáou). Abruption. ‖-tamente adv. (-amét). Abruptement. ‖-to, a adj. (-ou-ou, a). Abrupt, upte ; escarpé, ée ; rude.
abrut‖adamente adv. (abroutadamêt). Brutalement. ‖-ado, a adj. (-adou, a). Brutal, ale. ‖-alhado, a adj. (-ladou, a). Grossier, ère ; impoli, ie.
Abruzos n. pr. (abrouzouch). Abruzzes, f.
abscisão f. (abchç-áou). Abscission, retranchement, m.
absentis‖mo m. (a-bétíjmou). Absenteísme. ‖-ta s. (-chta). Absentéiste.
abside f. (a-íd). Abside.
absinto m. (a-ítou). Absinthe, f.
absolut‖amente adv. (a-ouloutamêt). Absolument. ‖-o, a adj. (-outou, a). Absolu, ue ; impérieux, euse.
absol‖ver vt. (a-ô-ér). Absoudre*. ‖-ição f. (-áou). Absolution. ‖Absoute [oração]. ‖-ido, a adj. (-ídou, a). Absous, oute.
absor‖ção f. (a-oçáou). Absorption. ‖-to, ta adj. (-órtou, a). Extasié, ée. ‖-vente adj. et s. m. (-êt). Absorbant, ante. ‖-ver vt. (-ér). Absorber, s'imbiber de ; neutraliser.
abst‖émio, a adj. et s. m. (abchtêmyou). Abstème, f. ‖ -enção f. (-êçáou). Abstention. ‖-encionismo

---

Lettres penchées : accent tonique. ‖V. page verte pour la prononciation figurée. ‖*Verbe irrég. V. à la fin du volume.

ABS — ACA

m. (-ounijmou). Abstentionnisme. ‖-encionista adj. et s. (-ichta). Abstentionniste. ‖-er-se vr. (-érç). S'abstenir*. ‖-inência f. (-ēcya). Abstinence. ‖-inente adj. (-ēt). Abstinent, ente. ‖-tracção f. (-racãou). Abstraction. ‖-tractamente adv. (-atamēt). Abstraitement. ‖-tracto, a adj. (-atou, a). Abstrait, aite. ‖-traido, a adj. (-aidou, a). Abstrait, aite. ‖-trair* vt. (-ír). Abstraire*. ‖-truso, a adj. (-ouzou, a). Abstrus, use; obscur, ure; abstrait, aite.
absur‖damente adv. (a-ourdamēt). Absurdement. ‖-do, a adj. et s. m. (-ourdou, a). Absurde.
ab‖ulia f. (aboulía). Aboulie. ‖-úlico, a adj. et s. (-ou-ou, a). Aboulique, atteint, einte d'aboulie.
abund‖ância f. (abū́dacya). Abondance. ‖-ante adj. (-āt). Abondant, ante. ‖-antemente adv. (-ēt). Abondamment. ‖-ar vi. (-ar). Abonder.
Abúndio n. pr. (abū́dyou). Abonde.
aburguesar-se vr. (abourghezarç). S'embourgeoiser.
abus‖ador m. (abouzadôr). Abuseur. ‖-ar vi. (-ar). Abuser. ‖-ivamente adv. (-amēt). Abusivement. ‖-ivo, va adj. (-ívou, a). Abusif, ive. ‖-o m. (-ouzou). Abus; erreur, f.
abutre m. (aboutr). Vautour.
acab‖adamente adv. (acabadamēt). Parfaitement. ‖-ado, a adj. (-adou, a). Parfait, aite. ‖Fini, ie. ‖Fig. Usé, ée. ‖-ador m. (-adôr). Finisseur. ‖-adote m. (-ot). Un peu affaibli par l'âge. ‖-amento m. (-étou). Achèvement. ‖Finissage [retoque]. ‖-ar vt. (-ar). Finir, achever. ‖vi. Finir. ‖Loc. Acabar com, mettre* fin à. Acabar de, venir* de. Acabou-se, c'est fini.
acabrunh‖ado, a adj. (acabrougnadou, a). Accablé, ée. ‖-amento m. (-amétou). Accablement. ‖-ar vt. (-ar). Accabler, affaisser. ‖Affliger.
acaçapa‖do, da adj. (acaçapadou, a). Blotti, ie. ‖-r-se vr. (-rç). Se blottir, s'accroupir. Se cacher.
acácia f. (acacya). Acacia, m.
Acácio n. pr. (acacyou). Acace.
acad‖emia f. (academía). Académie. ‖-émia f. (-ēmya). Académie (figure). ‖-èmicamente adv. (-amēt). Acadé-

miquement. ‖-émico, ca adj. (-è-ou, a). Académique. ‖s. m. Académicien. ‖-emista m. (-emíchta). Académiste.
Academo n. pr. (académou). Académos.
Acádia n. pr. (acadya). Acadie.
acádico, a adj. (acadicou, a). Acadien, enne.
açafat‖a f. (açafata). Dame d'atour. ‖-e m. (-at). Corbeille, f.
açafr‖ão m. (açafrãou). Safran. ‖-oal m. (-ouàl). Safranière, f. ‖-oeira f. (-áyra). Safran, m. (plante).
Acaia n. pr. (acaya). Achaïe.
açaim‖ar vt. (açaymar). Museler. ‖-e m. ou -o m. (-aym, ou). Muselière, f.
acairelar vt. acayrelar). Galonner, donner des galons.
acaju‖ m. (acajou). Noix (f.) d'acajou. ‖-eiro m. (-áyrou). Acajou.
acalcanh‖amento m. (acà-agnamétou). Piétinement. ‖-ar vt. (-ar). Piétiner. ‖Éculer [calçado].
acalentar vt. (acalētar). Bercer [criança]. ‖Apaiser. ‖Caresser.
acalm‖ar vt. et vi. (acà-ar). Calmer. ‖-ia f. (-ía). Accalmie.
acalora‖damente adv. (acalouradamēt). Chaudement. ‖-do, a adj. (-adou, a). Échauffé, ée; animé, ée.
acamar‖ vt. (acamar). Disposer par couches. ‖-adar vi. (-aradar). Être* camarade. ‖-adar-se vr. (-arç). Prendre* quelqu'un pour camarade. ‖açambarc‖ador m. (açãbarcadôr). Accapareur. ‖-amento m. (-étou). Accaparement. ‖-ar vt. (-ar). Accaparer, monopoliser.
acamp‖amento m. (acāpamétou). Campement, camp. ‖-ar vt. et vi. (-ar). Camper, asseoir* un camp.
acamurçar vt. (acamourçar). Chamoiser, préparer par le chamoisage.
acanalha‖do, a adj. (acanaladou, a). De canaille. ‖-r vt. (-ar). Encanailler, avilir
acanavear vt. (acanavyar). Fig. Affaiblir, abattre* ‖Tourmenter.
acanelar vt. (acanelar). Couvrir* de cannelle.
acanh‖adamente adv. (acagnadamēt). D'un air timide. ‖-ado, a adj. (-adou, a). Honteux, euse; timide.

Itálico: accento tónico. ‖V. página verde para a pronúncia figurada. ‖*Verbo irreg. V. no final do livro.

ACA — ACE

‖ Étriqué, ée [roupa]. ‖ **-amento** m. (-amétou). Rétrécissement. ‖ Gêne, f. [timidez]. ‖ **-ar** vt. (-ar). Étriquer [fato]. ‖ Rétrécir. ‖ Intimider. ‖ **-ar-se** vr. (-ç). Devenir* honteux, s'intimider.
acant‖ácea f. (acátacya). Acanthacée. ‖ **-o** m. (-átou). Acanthe, f. ‖ **-onamento** m. (-amétou). Cantonnement. ‖ **-onar** vt. (-ar). Cantonner.
acapela‖do, a adj. (acapeladou, a). Encapuchonné, ée. ‖ Houleux, euse [mar]. ‖ Submergé, ée [barco, etc.]. ‖ **-r** vt. (-r). Encapuchonner. ‖ Engloutir, submerger [embarcação].
acapitulado, a adj. (aca-ouladou, a). Divisé, ée en chapitres.
acardia f. (acardía). Acardie.
acardumar-se vr. (acardoumarç). Se réunir en bancs (poissons).
acare‖ação f. (acaryaçáou). Confrontation. ‖ **-ar** vt. (-yar). Confronter. mettre* des personnes en présence.
acariase f. (acaria-). Acariasis.
acarici‖ador, a adj. (acar-adór, a). Caressant, ante. ‖ **-ar** vt. (-ar). Caresser. ‖ **-dar-se** vr. (-arç). S'apitoyer, compatir.
acarídeo m. (acarídyou). Acarien.
acarinhar vt. (acarignar). Caresser. ‖ Traiter avec tendresse.
Acarnânia n. pr. (acarnânya). Acarnanie.
acarneirado, a adj. (acarnâyrαdou, a). Moutonné, ée; qui ressemble au mouton.
ácaro m. (acarou). Acarus.
acarre‖ar vt. (acarryar). Charrier. ‖ Fig. Causer. ‖ **-tador** m. (-etadôr). Porteur. ‖ Charroyeur [em carro]. ‖ **-tamento** m. (-etamétou). Charriage. ‖ **-tar** vt. (-ar). Charroyer. ‖ Porter [a cabeça, etc.]. ‖ Fig. Entraîner, occasionner, causer, donner lieu.
acasal‖amento m. (acasalamétou). Accouplement. ‖ **-ar** vt. (-ar). Accoupler. ‖ Appareiller [coisas].
acasmurr‖ado, da adj. (acajmourradou, a). Entêté, ée. ‖ **-ar-se** vr. (-arç). S'entêter, s'opiniâtrer.
acaso m. (acasou). Hasard. ‖ Loc. Por acaso, par hasard. ‖ adv. Est-ce que par hasard ?
acastanhado a adj. (acachtagna-

dou, a). Brunâtre, tirant sur le châtain, sur le marron.
acastel‖ado, a adj. (acachteladou, a). Amoncelé, ée. ‖ **-ar** vt. (-ar). Amonceler. ‖ **-ar-se** vr. (-arç). Se réfugier. ‖ S'amonceler.
acastiçar vt (acach-ar). Châtier (le style). ‖ Rendre pur.
acata‖damente adv. (acatadamét). Respectueusement. ‖ **-mento** m. (-étou). Respect. ‖ **-r** vt. (-ar). Respecter.
acatassolado, a adj. (acataçouladou, a). Moiré, ée; chatoyant, ante.
acatável adj. (acatavèl). Respectable, digne de respect.
acaudilhar vt. (acaou-lar). Commander (guerre).
acautel‖adamente adv. (acaoutelαdamét). Prudemment, avec précaution. ‖ **-ado, a** adj. (-adou, a). Précautionneux, euse; prudent, ente. ‖ Prévoyant, ante. ‖ **-ar** vt. (-ar). Précautionner.
acaval‖ado, a adj. (acavaladou, a). Entassé, ée. ‖ Loc. Dentes acavaladoes, dents qui chevauchent. ‖ **-ar** vt. (-ar). Superposer. ‖ Entasser.
acção f. (acçáou). Action. ‖ Loc. Acção nominal, action nominative.
Áccio n. pr. (akcyou). Actium.
accion‖ar vt. et vi. (acyounar). Actionner. ‖ Gesticuler. ‖ **-ista** m. et f. (-íchta). Actionnaire.
aced‖ência f. (acedécya). Acquiescement, m. ‖ **-er** vi. (-ér). Accéder, acquiescer. ‖ Accepter [convite].
ac‖efalia f. (acefalía). Acéphalie. ‖ **-éfalo, a** adj. (-éfalou, a). Acéphale.
aceirar vt. (açâyrar). Aciérer, acérer. ‖ Détruire* les buissons.
aceit‖abilidade f. (açâytabil-ad). Acceptabilité. ‖ **-ação** f. (-açáou). Acceptation. ‖ Approbation. ‖ **-ador** m. (-ôr) Accepteur. ‖ **-ante** adj. et s. (-ât). Acceptant, ante. ‖ **-ar** vt. (-ar). Accepter. ‖ **-ável** adj. (-avèl). Acceptable. ‖ **-e, a** adj. (-âyt). Accepté, ée. ‖ s. m. Acceptation, f. [letra].
aceler‖ação f. (aceleraçáou). Accélération. ‖ **-adamente** adv. (-adamét). Rapidement. ‖ **-ador, a** adj. (-adór, a). Accélérateur, trice. ‖ s. m. Accélérateur. ‖ **-ar** vt. (-ar). Accélérer, hâter, presser, activer.

Lettres penchées : accent tonique. ‖ V. page verte pour la prononciation figurée. ‖ *Verbe irrég. V. à la fin du volume.

acelga f. (acê-a). Poirée, bette, blette.

acém m. (açáy). Côtes, f. pl. (bœuf).

acenar vi. (acenar). Faire* signe de la tête, des yeux, etc.

acend‖alha f. (acêdála). Allume-feu, m. ‖**-edor** m. (-edór). Allumoir [aparelho]. ‖**-er** vt. (-ér). Allumer.

aceno m. (acénou). Signe (de tête, des mains, etc.).

acent‖o m. (acêtou). Accent. ‖**-uação** f. (-açãou). Accentuation. ‖**-uar** vt. (-ar). Accentuer.

acepção f. (acèçãou). Acception.

acepi‖pe m. (acepíp). Morceau délicat. ‖**-pes** pl. (-pch). Hors-d'œuvre.

ácer m. (acèr). Érable.

acerar vt. (acerar). Acérer.

acerb‖amente adv. (acèrbamêt). Aigrement. ‖**-ar** vt. (-ar). Aigrir. ‖**-o, ba** adj. (-èrbou, a). Acerbe.

acerc‖a adv. (acérca). Près. ‖Loc. *Acerca de*, au sujet de. ‖**-ar** vt. (-ar). Approcher. ‖**-ar-se** vr. (-ç). S'approcher. ‖**Accoster, aborder [alguém].

ac‖èrrimamente adv. (acèrr-amêt). À outrance, très vivement. ‖**-érrimo, ma** adj. (-ê-ou, a). Acharné, ée.

acert‖adamente adv. (acertadamêt). Convenablement. ‖**-ar** vt. et vi. (-ar). Toucher au but. ‖Deviner. ‖Régler [relógio]. ‖**-o** m. (-értou). Réussite, f. ‖Sagesse, f., tact. ‖Loc. *Com acerto*, sagement.

acervo m. (acèrvou). Amas, tas.

aceso, a adj. (acézou, a). Allumé, ée.

acess‖ão f. (acessãou). Accession. ‖**-ível** adj. (-ivèl). Accessible. ‖**-o** m. (-èçou). Accès. ‖**-òriamente** (-oryamèt). Accessoirement. ‖**-ório, ia** adj. et s. m. (-oryou, a). Accessoire.

ac‖etato m. (açtatou). Acétate. ‖**-ético, ca** adj. (-ê-ou, a). Acétique. ‖**-etileno** m. (-açt-énou). Acétylène.

acetinado, da adj. et s. m. (acetadou, a). Satiné, ée.

acetona f. (açtôna). Acétone.

acha f. (acha). Bûche [lenha]. ‖Hache d'armes.

achac‖adamente adv. (achacadamêt). Maladivement. ‖**-adiço, a** adj. (-adiçou, a). Maladif, ive; chétif, ive.

acha‖diço, a adj. (a-adiçou, a). Trouvable. ‖**-do, a** adj. (-adou, a). Trouvé, ée. ‖s. m. Trouvaille, f.

achamento n. (a-amétou). Trouvaille, f., découverte, f.

achaque m. (a-ac). Infirmité, f.

achar vt. (a-ar). Trouver. ‖Loc. *Que tal acha?* Qu'en dites-vous?

acharoado, a adj. (acharouadou, a). Laqué, ée.

achat‖ado, a adj. (achatadou, a). Aplati, ie. ‖Loc. *Nariz achatado*, nez épaté. ‖**-amento** m. (-amêtou). Aplatissement. ‖**-ar** vt. (-ar). Aplatir.

achavascado, a adj. (a-avachcadou, a). Grossier, ère; rustique.

achega f. (a-éga). Accroissement, m. ‖**-do, a** adj. (-egadou). Proche.

achincalh‖ação f. (a-icalaçãou). Brocard, m. ‖**-ar** vt. (-ar). Bafouer, brocarder, railler.

achinelado, a adj. (a-nladou, a). En forme de savate.

achinesar vt. (a-nzar). Chinoiser.

achocalha‖do, a (a-oucaladou, a). Divulgué, ée. ‖**-r** vt. (-ar). Divulguer, rapporter.

acicate m. (a-at). Éperon, m. ‖*Fig.* Aiguillon, excitant.

acident‖ado, a adj. (a-êtadou, a). Accidenté, ée. ‖**-al** adj. (-àl). Accidentel, elle. ‖**-almente** adv. (-àlmêt). Accidentellement. ‖**-e** m. (-êt). Accident, événement fortuit, malheur.

acid‖ez f. (a-éch). Acidité. ‖**-ificação** f. (-açãou). Acidification. ‖**-ificar** vt. (-ar). Acidifier. ‖**-imetria** f. (-etría). Acidimétrie.

ácido, a adj. et s. m. (acidou, a). Acide.

acidul‖ado, a adj. (a-ouladou, a). Acidulé, ée. ‖**-ar** vt. (-ar). Aciduler. ‖**-o, a** adj. (a-acidoulou, a). Acidulé, aigrelet, ette.

acima adv. (acíma). Au-dessus, ci-dessus; en haut. ‖Loc. *Acima de*, au-dessus de.

acin‖te m. (acít). Provocation, f. ‖**-tosamente** adv. (-osamèt). A dessein, de propos délibéré.

acinzentado, a adj. (acizêtadou, a). Tirant sur le cendré, grisâtre.

acirrar vt. (a-rrar). Provoquer.

aclama‖ção f. (a-açãou). Acclamation. ‖**-dor, a** m. et f. (-ôr, a).

ACL —ACO 372

Acclamateur, m., celle qui acclame, f. ‖-r vt. (-ar). Acclamer, saluer.
aclar‖ação f. (a-araçãou). Éclaircissement, m. ‖-ar vt. (-ar). Éclairer. Éclaircir [esclarecer].
aclim‖ação f. (a-açãou). Acclimatation. ‖-ar vt. (-ar). Acclimater. ‖-ar-se vr. (-arç). S'acclimater. ‖-ável adj. (-avèl). Acclimatable.
acne f. (a-). Acné.
aço m. (açou). Acier. ‖Loc. Aço do espelho, tain.
acobard‖adamente adv. (acoubaramèt). Lâchement. ‖-ar-se vr. (-arç). S'intimider. ‖S'intimider.
acobrear vt. (acoubryar). Cuivrer.
acocor‖amento m. (acoucouramètou). Accroupissement. ‖-ar-se vr. (-arç). S'accroupir, s'accroupetonner.
açod‖adamente adv. (açou-amèt). Précipitamment. ‖-ado, a adj. (-adou, a). Pressé, ée. ‖-amento m. (-amètou). Empressement, zèle. ‖-ar-se vr. (-arç). Se hâter, se presser.
açofeifa f. (açoufáyfa). Jujube.
acoimar vt. (acôymar). Accuser.
açoitador m. (açôytadôr). Fouetteur.
açoitar vt. (açôytar). Accueillir.
açoit‖ar vt. (açôytar). Fouetter. ‖-e m. (-ôyt). Fouet. ‖Coup de fouet [chicotada]. ‖Fessée, f. [nas nádegas].
acolá adv. (acoula). Là, là-bas.
acolchet‖amento m. (acôlchtamètou). Agrafage. ‖-ar vt. (-ar). Agrafer, attacher avec une agrafe.
acolcho‖ado m. (acô-ouadou). Piqué. ‖-ar vt. (-ar). Ouater. ‖Matelasser [à maneira de colchão].
acolh‖edor, a m. et f. (acouledôr, a). Celui, celle qui accueille. ‖adj. Accueillant, ante. ‖-er vt. (-ér) Accueillir*. ‖-imento m. (-ètou). Accueil, réception, f. ‖Refuge, asile.
ac‖olitar vt. (acou-ar). Servir* la messe. ‖Fam. Accompagner. ‖-ólito m. (-o-ou). Acolyte. ‖Servant [missa].
acomet‖edor m. (acoumetedôr). Agresseur. ‖-er vt. (-ér) Assaillir*. ‖Entreprendre* [empresa]. ‖-ida f. (-ida). Attaque, assaut, m., atteinte.
acomod‖ação f. (acoumoudaçãou). Accommodation. ‖Accommodement, m., conciliation. ‖Emploi, m., occupation. ‖-adamente adv. (-adamèt). Commodément. ‖-ar vt. (ar). Accommoder. ‖Placer [emprego]. ‖Loger [casa]. ‖Arranger. ‖-atício, a adj. (-ati-ou, a). Accommodant, ante. ‖-ável adj. (-avèl). Accommodable.
acompanh‖adeira f. (acôpagnadâyra). Suivante. ‖-ador m. (-ôr). Mus. Accompagnateur. ‖-amento m. (-ètou). Accompagnement. ‖Suite, f., cortège. ‖Convoi [fúnebre]. ‖-ar vt. (-ar). Accompagner. ‖Reconduire* [à porta].
acondicion‖ado, a adj. (acô-ounadou, a). Conditionné, ée. ‖-amento m. (-amètou). Conditionnement. ‖-ar vt. (-ar). Conditionner.
acónito m. (aco-ou). Aconit.
aconselh‖adamente adv. (acôce-amèt). Prudemment. ‖-ado, a adj. (-adou, a). Prudent, ente. ‖Loc. Mal aconselhado, mal avisé. ‖-ador m. (-adôr). Conseilleur. ‖-ar vt. (-ar). Conseiller. ‖-ável adj. (-avèl). Qui est à conseiller.
acontec‖edeiro, a adj. (acôtcedâyrou, a). Fréquent, ente. ‖-er vi. (-ér). Arriver, survenir*. ‖-imento m. (-ètou). Événement.
açor m. (açôr). Autour.
açorda f. (açôrda). Panade. ‖Loc. Papa-açorda, benêt, niais.
ac‖ordado, da adj. (acourdadou, a). Éveillé, ée. ‖-órdão m. (-ordãou). Arrêt [jugement]. ‖-ordar vt. (-ourdar). Réveiller. ‖vi. Se réveiller. ‖Se mettre* d'accord. ‖-orde m. (-ord). Mus. Accord. ‖-ordeão m. (-yãou). Accordéon. ‖-ordeonista m. et f. (-ounichta). Accordéoniste. ‖-ordo m. (-órdou). Accord. ‖Loc. Connaissance, f. [sentidos]. ‖Loc. De acordo, d'accord, j'en conviens, j'y consens.
açordeiro m. (-âyrou). Autoursier, dresseur d'autours.
Açores n. pr. (açôrès). Açores.
açoriano, a adj. et s. (açouryânou, a). Açoréen, enne.
acoroço‖amento m. (acourouçouamètou). Encouragement. ‖-ar vt. (-ar). Encourager, donner du courage.
acorr‖entamento m. (acourrètamètou). Enchaînement. ‖-entar vt. (-ar).

Lettres penchées : accent tonique. ‖V. page verte pour la prononciation figurée. ‖ *Verbe irrég V. à la fin du volume.

ACO — ADA

Enchaîner. ‖**-er** vi. (-ér). Accourir*.
acossar vt. (acouçar). Traquer.
acostar vt. (acouchtar). *Mar.* Accoster, s'approcher de.
acostum‖**ado, a** adj. (acouchtoumádou, a). Accoutumé, ée. ‖**-ar** vt. (-ar). Accoutumer. ‖**-ar-se** vr. (-ç). S'habituer, s'accoutumer.
açoteia f. (açoutáya). Terrasse.
acotilédone adj. (acou-ëdoun). Acotylédone, acotylédoné, ée.
acotovel‖**amento** m. (acoutouvlamētou). Coudoiement. ‖**-ar** vt. (-ar). Coudoyer.
açougue m. (açóg). Boucherie, f.
acrânio adj. (acrãnyou). Acranien.
acre m. (acr). Acre, f. ‖ adj. Âcre.
acredit‖**ado, a** adj. (acre-ádou, a). Cru, ue. ‖Accrédité, ée [crédito]. ‖**-ar** vt. (-ar). Croire*. ‖ Accréditer [embaixador, etc.].
acrescent‖**amento** m. et -o m. (acrĕchcētamētou, -étou). Accroissement. ‖Addition, f. ‖**-ar** vt. (-ar). Accroître*. ‖ Ajouter, joindre*.
acr‖**escer** vi. (acrechcér). S'ajouter. ‖**-éscimo** m. (-èchç-ou). Surcroît, augmentation, f.
acriançado, a adj. (acryãçadou, a). Enfantin, ine. ‖Étourdi, ie.
acr‖**ídio** m. (acrídyou). Acridien. ‖**-imónia** f. (-onya). Acrimonie. ‖**-imoniosamente** adv. (-ounyosamēt). Acrimonieusement. ‖**-imonioso, a** adj. (-yósou, osa) Acrimonieux, euse. ‖**-isoladamente** adv. (-ou-amēt). De tout son cœur. ‖**-isolado, a** adj. (-adou, a). Pur, ure. ‖**-obacia** f. (-oubacía). Acrobatie. ‖**-obata** m. (-ata). Acrobate. ‖**-obático, a** adj. (-a-ou, a). Acrobatique. ‖**-ocefalia** f. (-ouçfalía). Acrocéphalie. ‖**-océfalo, a** adj. (-è-ou, a). Acrocéphale. ‖**-omático, a** adj. (-a-ou, a). Achromatique. ‖**-ópole** f. (-opoul). Acropole. ‖**-óstico** m. (-óch-ou). Acrostiche.
act‖**a** f. (ata). Procès-verbal, m. ‖pl. Actes, m. [santos, etc.]. ‖**-ínia** f. (ac-ínya). Actinie. ‖**-ivação** f. (at-açãou). Activation. ‖**-ivamente** adv. (-ēt). Activement. ‖**-ivar** vt. (-ar). Activer. ‖**-ividade** f. (-ad). Activité, f. ‖**-ivo, a** adj. et s. (-ívou, a). Actif, ive. ‖**-o** m. (atou). Acte. ‖Loc. *Acto continuo*, tout de

suite. ‖**-or** m. (-ôr). Acteur. ‖**-riz** f. (-rich). Actrice. ‖**-uação** f. (-ouaçãou). Agissement, m. ‖**-ual** adj. (-oual). Actuel, elle. ‖**-ualidade** f. (-a-ad). Actualité, f. ‖**-ualização** f. (-açãou). Actualisation. ‖**-ualizar** vt. (-ar). Actualiser. ‖**-ualmente** adv. (-à-ēt). Actuellement. ‖**-uar** vi. (-ouar). Agir. ‖**-uário** m. (-ouaryou). Actuaire. ‖**-uoso, a** adj. (-ósou, osa). Actif, ive.
acuar vt. (acouar). *Br.* Poursuivre* (gibier, ennemi).
aç‖**úcar** m. (açoucar). Sucre. ‖Loc. *Açúcar mascavado*, cassonade, f. ‖**-ucarado, a** adj. (-aradou, a). Sucré, ée. ‖**-ucarar** vt. (-ar). Sucrer. ‖**-ucareiro** m. (-âyrou). Sucrier. ‖**-ucena** f. (-éna). Lis blanc, m. ‖**-ude** m. (-oud). Écluse, f.
acu‖**dir*** vi. (acoudir). Secourir*. ‖Accourir* [vir]. ‖**-idade** f. (-ydad). Acuité.
açular vt. (açoular). Exciter.
acúleo m. (acou‖you). Aiguillon.
acumul‖**ação** f. (acoumoulaçãou). Accumulation. ‖Cumul, m. [empregos]. ‖**-ar** vt. (-ar). Accumuler. ‖Cumuler [empregos]. ‖**-ável** adj. (-avèl). Cumulatif, ive.
acupunctura f. (acoupũtoura). Acuponcture ou acupuncture.
acuradamente adv. (acour-amēt). Soigneusement, avec soin.
acus‖**ação** f. (acousaçãou). Accusation. ‖**-ado, a** adj. et s. (-adou, a). Accusé, ée. ‖**-ador, a** adj. et s. (-adôr, a). Accusateur, trice. ‖**-ar** vt. (-ar). Accuser. ‖**-ativo, a** adj. et s. m. (-atívou, a). Accusatif, ive. ‖**-ável** adj. (-avèl). Accusable.
acústico, a adj. et s. f. (acouch-ou, a). Acoustique.
acut‖**ângulo** adj. (acoutãgoulou). Acutangle. ‖**-ilar** vt. (-ar). Sabrer.
ad‖**aga** f. (adaga). Dague. ‖**-ágio** m. (-ájyou). Adage, proverbe.
Adalberto n. pr. (adà-èrtou). Adalbert.
adam‖**ado, a** adj. (adamadou, a). Efféminé, ée. ‖Loc. *Homem adamado*, dameret, m. ‖**-antino, a** adj. (-ãtínou, a). Adamantin, ine. ‖**-ascado, a** adj. (-achcadou, a). Damassé, ée. ‖**-ascar** vt. (-ar). Damasser.

Itálico : accento tónico. ‖V. página verde para a pronúncia figurada. ‖ *Verbo irreg. V. no final do livro.

Adamastor n. pr. (adamachtôr). Adamastor (personnage des Lusiades).
Adão n. pr. (adãou). Adam.
adaptabilidade f. (ada-a-ad). Adaptabilité.
adapt‖ação f. (ada-açāou). Adaptation. ‖**-ar** vt. (-ar). Adapter. ‖**-ável** adj. (-avèl). Adaptable.
adarve m. (adarv). Chemin de ronde.
adega f. (adéga). Cave.
adejar vi. (adejar). Voltiger.
Adelaide n. pr. (adelayd). Adélaïde.
adelgaç‖ado, a adj. (adè-açadou, a). Aminci, ie. ‖**-amento** m. (amétou). Amincissement. ‖**-ar** vt. (-ar). Amincir. ‖vi. S'amincir.
Adélia n. pr. (adèlya). Adèle.
Adelina n. pr. (adelina). Adeline.
adelo m. (adèlou). Fripier.
Adém n. pr. (aday). Adem.
ademanes m. pl. (adémánch). Agaceries, f. pl.
adenda f. (adéda). Addenda, m.
adenite f. (adenit). Adénite.
aden‖sar vt. (adéçar). Rendre dense. ‖**-tro** adv. (-étrou). Dedans.
adepto, a m. et f. (adè-ou, a). Adepte.
adequ‖adamente adv. (adecouadamét). Convenablement. ‖**-ado, a** adj. (-adou, a). Convenable. ‖**-ar** vt. (-ar). Adapter, ajuster.
ader‖eço m. (adéréçou). Ornement. ‖pl. Accessoires [teatro]. ‖**-ência** f. (-êcya). Adhérence. ‖**-ente** adj. et s. (-êt). Adhérent, ente. ‖**-ir*** vi. (-ir). Adhérer.
ades‖ão f. (adesãou). Adhésion. ‖**-ivo, a** adj. (-ivou, a). Adhésif, ive. ‖s. m. Agglutinatif.
a desoras loc. adv. (adesorach). Trop tard.
adestr‖amento m. (adechtramétou). Dressage. ‖**-ar** vt. (-ar). Dresser (un animal).
adeus m. et interj. (adéouch). Adieu; au revoir!
adiamento m. (a-amétou). Ajournement. ‖Atermoiement [pagamento].
adiant‖adamente adv. (adyā-amét). D'avance. ‖**-ado, a** adj. (-adou, a). Avancé, ée. ‖**-amento** m. (amétou). Avancement. ‖Avance, f. [pagamento]. ‖**-ar** vt. (-ar). Avancer. ‖**-e** adv. (-át). Devant, avant, ci-après.
adi‖ar vt. (adyar). Refuser (à un examen). ‖**-ável** adj. (-avèl). Ajournable.

adi‖ção f. (a-ãou). Addition. ‖**-cional** adj. (-ounál). Additionnel, elle. ‖**-cionar** vt. (-ar). Additionner. ‖**-cionável** adj. (-avèl). Additionnable. ‖**-do** m. (-idou). Attaché. ‖**-posidade** f. (-ou-ad). Adiposité. ‖**-poso, a** adj. (-ôsou, osa). Adipeux, euse. ‖**-tamento** m. (amétou). Addition, f. ‖**-tar** vt. (-ar). Ajouter. ‖**-tivo, a** adj. (-ivou, a). Additif, ive.
ádito m. (a-ou). Accès, entrée, f.
adivinh‖a f. (advigna). Devineresse (mulher). ‖Devinette. ‖**-ar** vt. (-ar). Deviner. ‖**-o** m. (-ignou). Devin.
adjacente adj. (a-acét). Adjacent, ente; contigu, uë; attenant, ante.
adjectiv‖ação f. (a-èt-açãou). Action d'adjectiver. ‖**-amente** adv. (-ét). Adjectivement. ‖**-ar** vt. (-ar). Adjectiver. ‖**-o, a** adj. et s. m. (-ivou, a). Adjectif, ive.
adjudic‖ação f. (a-ou-açãou). Adjudication. ‖**-ador** m. (-ôr). Adjudicateur. ‖**-ar** vt. (-ar). Adjuger.
adjun‖ção f. (a-uçãou). Adjonction. ‖**-to, a** adj. et s. m. (-ùtou, a). Adjoint, ointe; aide.
adjutor m. (a-outôr). Adjuteur.
administr‖ação f. (a-emnichtraçãou). Administration. ‖Mairie [municipal]. ‖**-ador, a** m. et f. (-ôr, a). Administrateur, trice. ‖Maire [câmara]. ‖**-ar** vt. (-ar). Administrer. ‖**-ativamente** adv. (-a-amét). Administrativement. ‖**-ativo, a** adj. (-ivou, a). Administratif, ive.
admir‖ação f. (a-raçãou). Admiration. ‖Étonnement, m., surprise. ‖**-ador, a** m. et f. (-ôr, a). Admirateur, trice. ‖**-ar** vt. (-ar). Admirer. ‖Étonner, surprendre*. ‖**-ar-se** vr. (-ç). S'étonner. ‖**-ável** adj. (-avèl). Admirable. ‖**-àvelmente** adv. (-êt). Admirablement.
admiss‖ão f. (a-ãou). Admission. ‖**-ibilidade** f. (-bl-ad). Admissibilité. ‖**-ível** adj. (-ivèl). Admissible.
admitir vt. (a-ir). Admettre*.
admoest‖ação f. (a-ouechtaçãou). Admonestation. ‖**-ar** vt. (-ar). Admonester, faire* une remontrance.
adobe m. (adôb). Brique (f.) cuite au soleil.

Lettres penchées : accent tonique. ‖V. page verte pour la prononciation figurée. ‖*Verbe irrég. V. à la fin du volume.

ado‖çamento m. (adouçamḗtou).
Adoucissement. ‖-çar vt. (-ar).
Sucrer [bebidas]. ‖Adoucír. ‖-cicado,
a adj. (-adou, a). Doucereux, euse.
‖-cicar vt. (-ar). Adoucír légèrement.
adoe‖cer vi. (adouicér). Tomber
malade. ‖-ntado, a adj. (-ẽtadou, a).
Souffrant, ante; mal portant, ante.
adolesc‖ência f. (adoulechcẽcya).
Adolescence. ‖-ente adj. et s. (-ẽt).
Adolescent, ente.
Adolfo n. pr. (adô-ou). Adolphe.
Adónis n. pr. et adónis m. (adonich).
Adonis.
adop‖ção f. (adoçãou). Adoption.
‖-tar vt. (-ar). Adopter. ‖-tivo, a
adj. (-ívou, a). Adoptif, íve.
ador‖ação f. (adouraçãou). Adoration. ‖-ador, a adj. et s. (-ôr, a).
Adorateur, trice. ‖-ar vt. (-ar). Adorer. ‖-ável adj. (-avèl). Adorable.
‖-avelmente adv. (-ẽt). Adorablement.
adormec‖er vt. (adourmecér). Endormir. ‖vi. S'endormír. ‖-imento m.
(-ẽtou). Assoupissement. ‖Engourdissement [membro].
adorn‖ar vt. (adournar). Orner. ‖vi.
Mar. Pencher de côté. ‖-o m.
(-ôrnou). Ornement, parure, f.
adquirir vt. (adkirír). Acquérir*.
‖ Contracter [doença].
adrede adv. (adréd). Exprès.
adregar vi. (adregar). Arriver.
Adriano, a n. pr. (adryãnou, a).
Adrien, enne.
Adriático n. pr. m. (adrya-ou).
Adriatique, f. (mer).
adriça f. (adriça). Drisse.
adro m. (adrou). Parvis.
adscrito, a adj. (adchcritou, a). Inscrit, íte. ‖Astreint, einte; soumis, íse.
adstring‖ência f. (adchtrĩjẽcya).
Astringence. ‖-ente adj. et s.
(-ẽt). Astringent, ente. ‖-ir vt. (-ír).
Astreindre*, assujettír. ‖ Resserrer
[apertar].
adstrito, a adj. (adchtrítou, a). Astreint, einte. ‖Resserré, ée; fermé, ée.
Aduá n. pr. (adoua). Adoua.
aduaneiro, a adj. (adouanãyrou, a).
Douanier, ère.
aduar m. (adouar). Douar.
adub‖ação f. (adoubaçãou). Fumage,
m. ‖-ar vt. (-ar). Engraisser. ‖-o m.
(-oubou). Engrais, fumíer.

aduela f. (adouèla). Douve. [pipa].
‖ Voussoír, m [abóbada].
adufa f. (adoufa). Persienne.
adufe m. (adoef). Tambour de basque.
adul‖ação f. (adoulaçãou). Adulation. ‖-ador, a adj. et s. (-ôr, a).
Adulateur, trice. ‖-ar vt. (-ar). Aduler, flatter bassement.
adulter‖ação f. (adou-eraçãou).
Adultération. ‖-ar vt. (-ar). Adultérer. ‖-ino, a adj. (-inou, a). Adultérin, íne.
adultério m. (adou-èryou). Adultère
(crime).
adúltero, a adj. et s. m. (adouerou, a). Adultère. ‖f. Femme adultère.
adulto, a adj. et s. (adou-ou, a).
Adulte.
adunco, a adj (adũcou, a). Crochu,
ue. ‖Loc. Nariz adunco, nez crochu.
adusto, a adj. [adouchtou, a). Aduste.
‖Brûlant, ante [escaldante].
aduzir* vt. (adouzír). Apporter.
‖ Alléguer, produire*.
advent‖iciamente adv. (a-ẽticyamẽt).
Accidentellement. ‖-ício, a adj.
(-icyou, a). Etranger, ère. ‖-Adventíce, adventíf, íve.
advento m. (a-ẽtou). Avènement.
‖ Avent (litúrg.).
adverb‖ial acj. (-erbyàl). Adverbíal, ale. ‖-ialmente adv. (-ẽt).
Adverbialement.
advérbio m. (a-èrbyou). Adverbe.
advers‖amente adv. (a-èrçamẽt).
Malheureusement. ‖-ão f. (-ãou).
Opposition. ‖-ário, a m. f. (-aryou).
Adversaíre. ‖ adj. Contraíre. ‖-ativo,
a adj. (-ativou, a). Adversatíf, íve.
‖-idade f. (-ad). Adversité. ‖-o, a
adj. (-èrçou, a). Adverse, contraíre.
advert‖ência f. (a-ertẽcya). Avertissement, m. ‖Remontrance [censura].
‖-ir* vt. (-ír). Avertír, prévenír*.
ad‖vir* vi. (a-ír). Advenír*. ‖-vocacía f. (-oucacia). Barreau, m. ‖-vogado m. (-ãdou). Avocat. ‖-vogar vt.
et vi. (-ar). Plaider.
aedo m. (aèdou). Aède.
aèreamente adv. (aèryamẽt). A la
légère, en l'air (fig.) ; dans l'air.
aéreo, a adj. (aèryou, a). Aérien,
enne. ‖Fig. Chimérique, vain, aíne.
aer‖óbio m. et s. m. (aèrobyou, a). Aérobie. ‖-odinâmica f. (-ou-ã-

Itálico : accento tónico. ‖V. página verde para a pronúncia figurada. ‖*Verbo
irreg. V. no final do livro.

AFÃ — AFI

a). Aérodynamique. ||**-odinâmico, a** adj. (-ou). Aérodynamique. ||**-ódromo** m. (-odroumou). Aérodrome. ||**-ofagia** f. (-oufajía). Aérophagie. ||**-ólito** m. (-o-ou). Aérolithe. ||**-onauta** m. (-ounaouta). Aéronaute. ||**-onave** f. (-av). Aéronef, m. ||**-oplano** m. (-ánou). Aéroplane. ||**-ostática** f. (-chta-a). Aérostatique. ||**-óstato** m. (-ochtatou). Aérostat.
afã m. (afã). Empressement.
afabilidade f. (afa-ad). Affabilité, courtoisie, aménité.
afadigar-se vr. (afa-arç). Se fatiguer. || Se presser [apressar-se].
afag||**ar** vt. (afagar). Caresser. ||**-o** m. (-agou). Caresse, f.
afam||**adamente** adv. (afamadamét). Avec renommée. ||**-ado, a** adj. (-adou, a). Fameux, euse; renommé, ée.
afanosamente adv. (afanosamêt). Péniblement, laborieusement.
af||**asia** f. (afasía). Aphasie. ||**-ásico, a** adj. (-a-ou, a). Aphasique.
afast||**a!** interj. (afachta). Gare! ||**-ado, a** adj. (-a-ad-amêt). A distance. ||**-amento** m. (-êtou). Éloignement. ||**-ar** vt. (-ar). Éloigner.
af||**ável** adj. (afavèl). Affable. ||**-avelmente** adv. (-êt). Affablement.
afazeres m. pl. (afazérch). Affaires, f. pl.
afe||**amento** m. (afyamêtou). Enlaidissement. ||**-ar** vt. (-yar). Enlaidir.
afec||**ção** f. (afèçãou). Affection. ||**-tação** f. (-açãou). Affectation. ||**-tar** vt. (-ar). Affecter. ||**-tivamente** adv. (-amêt). Affectueusement. ||**-tivo, a** adj. (-ivou, a). Affectif, ive. ||**-to m.** (-êtou). Affection, f. ||**-tuosamente** adv. (-ouosamêt). Affectueusement. ||**-tuoso, a** adj. (-ôsou, osa). Affectueux, euse.
Afeganistão n. pr. (afga-chtãou). Afghanistan.
afeiç||**ão** f. (afàyçãou). Affection. ||**-oado, a** adj. (-ouadou, a). Affectionné, ée. ||**-oar-se** vr. (-ouarç). S'attacher, s'affectionner.
afeito, a adj. (afâytou, a). Habitué, ée; accoutumé, ée; fait, aite à.
afélio m. (afélyou). Aphélie.
aferente adj. (aferêt). Afférent, ente.
aférese f. (aférese). Aphérèse.
afer||**ição** f. (afer-ãou). Étalonnage, m. ||**-idor** m. (-ôr). Étalonneur. ||**-ir**

vt. (-ír). Étalonner. ||**-radamente** adv. (-rr-a-mêt). Opiniâtrement. ||**-rado, a** adj. (-adou, a). Entiché, ée. ||**-rar** vi. (-ar). Ancrer. ||**-rar-se** vr. (-arç). S'entricher. ||**-ro** m. (-érrou). Attachement. ||**-rolhar** vt. (-oular). Verrouiller. || Encoffrer.
afervor||**adamente** adv. (afervourr-amêt). Avec ferveur. ||**-ado, a** adj. (-adou a). Fervent, ente. ||**-ar** vt. (-ar). Enflammer, inspirer de la ferveur.
afestoar vt. (afchtouar). Festonner.
afiador m. (a-adôr). Aiguiseur. || Aiguisoir [instrumento].
afiambrado, a adj. (a-ãbradou, a). Tiré, ée à quatre épingles.
afianç||**ado, a** adj. (a-ãçadou, a). Garanti, ie. ||**-ar** vt. (-ar). Cautionner. || Garantir, répondre de.
afiar vt. (afyar). Affiler, aiguiser.
afidalg||**adamente** adv. (a-à-amêt). Noblement. ||**-ado, a** adj. (-adou, a). Noble. ||**-ar** vt. (-ar). Anoblir.
afídio m. (afídyou). Aphidien.
afil||**ado, a** adj. (a-adou, a). Effilé, ée. ||**-ar** vt. (-ar). Amincir.
afilhado, a m. et f. (a-ladou, a). Filleul, eule. || *Fig.* Protégé, ée.
afili||**ação** f. (a-açãou). Affiliation. ||**-ar** vt. (-yar). Affilier, adopter.
afim m. (afí). Parent par affinité. || adj. Qui a de l'affinité.
a fim de loc. conj. (afí de). Afin que.
afin||**ação** f. (a-açãou). Accordage, m. || Justesse [a cantar, tocar]. ||**-adamente** adv. (-adamêt). Avec justesse. ||**-ado, a** adj. (-adou, a). Juste. || *Fam.* Irrité, ée. ||**-ador** m. (-adôr). Accordeur. ||**-al** adv. (-àl). Finalement. ||**-ar** vt. (-ar). Accorder. || vi. Se fâcher (*fam.*), s'irriter.
afinc||**adamente** adv. (afí-amêt). Opiniâtrement, obstinément. ||**-ado, a** adj. (-adou, a). Persévérant, ante. ||**-o** m. (-ícou). Obstination, f.
afinidade f. (a-ad). Affinité.
a fio loc. adv. (a fíou). De suite.
afirm||**ação** f. (a-rmaçãou). Affirmation. ||**-ar** vt. (-ar). Affirmer. ||**-ativa** f. (-atíva). Affirmative. ||**-ativamente** adv. (-êt). Affirmativement. ||**-ativo, a** adj. (-ívou, a). Affirmatif, ive.
afistulado, a adj. (a-chtouladou, a). Fistuleux, euse.

Lettres penchées: accent tonique. || V. page verte pour la prononciation figurée. || *Verbe irrég. V. à la fin du volume.

afivelar vt. (a-elar). Boucler, serrer avec une boucle.
afix‖ação f. (a-açãou). Affichage, m. ‖-ar vt. (-ar). Afficher. ‖-o m. (-ikçou). Affixe.
aflaut‖ado, a adj. (a-aoutadou, a). Flûté, ée.
afli‖ção f. (a-ãou). Affliction. ‖-gidor, a adj. (-ôr, a). Affligeant, ante. ‖-gir vt. (-ir). Affliger. ‖-tivo, a adj. (-ivou, a). Affligeant, eante. ‖-to, a adj. (-itou, a). Affligé, ée.
aflor‖ação f. (a-ouração). Affleurement, m. ‖-ar vt. et vi. (-ar). Affleurer.
aflu‖ência f. (a-ouêcya). Affluence. ‖-ente adj. et s. m. (-ēt). Affluent, ente. ‖-ir vi. (-ir). Affluer.
afluxo m. (a-oukçou). Afflux.
afobar-se vr. (afoubarç). Br. Se démener, se presser, se hâter.
afo‖cinhar vi. (afou-gnar). Tomber sur le nez. ‖-far vt. (-ar). Rendre mollet.
afog‖adilho m. (afougadilou). Empressement. ‖ Loc. De afogadilho, précipitamment. ‖-ado, a adj. (-adou, a). Noyé, ée. ‖ Étouffé, ée; suffoqué, ée. ‖-amento m. (-amētou). Étouffement, suffocation, f. ‖-ar vt. (-ar). Étouffer. Noyer [na água]. ‖-ar-se vr. (-arç). Se noyer. ‖-ueadamente adv. (-ghy-amēt). Ardemment. ‖-ueado, a adj. (-adou, a). Enflammé, ée. ‖-ueamento m. (-amētou). Rougeur, f. ‖-uear vt. (-yar). Embraser. ‖ Faire* rougir [coral].
afoit‖amente adv. (afõytamēt). Hardiment. ‖-ar-se vr. (-arç). Oser, hasarder de. ‖-eza f. (-éza). Hardiesse. ‖-o, a adj. (-õytou, a). Hardi, ie; audacieux, euse.
af‖onia f. (afounia). Aphonie. ‖-ónico, a adj. (-o-ou, a) et áfono, a adj. (afounou, a). Aphone.
Afonso n. pr. (afõçou). Alphonse.
afor‖a prép. (afora). Hormis. ‖-amento m. (-ouramētou). Accensement. ‖-ar vt. (-ar). Accenser.
aforismo m. (afourijmou). Aphorisme.
aformose‖ador, a m. et f. (afourmousyadôr, a). Embellisseur, euse. ‖-amento m. (-ētou). Embellissement. ‖-ar vt. (-yar). Embellir.
afortun‖adamente adv. (afourtouamēt). Heureusement. ‖-ado, a

-adou, a). Fortuné, ée; heureux, euse.
afrances‖ado, a adj. (afrãcesadou, a). Francisé, ée. ‖-amento m. (-amētou). Francisation, f. ‖-ar vt. (-ar). Franciser.
afregues‖ado, a adj. (afrègzadou, a). Achalandé, ée. ‖-ar vt. (-ar). Achalander, fournir des clients.
África n. pr. (afr-a). Afrique.
african‖ista m. (afr-anichta). Celui qui a des affaires en Afrique. ‖-o, a adj. et s. (-ãnou, a). Africain, aine.
afrodisíaco, a adj. (afrou-íacou, a). Aphrodisiaque.
Afrodite n. pr. (afroudit). Aphrodite.
afront‖a f. (afrõta). Affront, m. ‖-ado, a adj. (-adou, a). Outragé, ée. ‖-amento m. (-amētou). Feu qui monte au visage. ‖-ar vt. (-ar). Affronter. ‖-osamente adv. (-osamēt). Outrageusement. ‖-oso, a adj. (-ósou, osa). Outrageant, ante; injurieux, euse.
afrouxamento m. (afrôchamētou). Relâchement. ‖-ar vt. (-ar). Relâcher. ‖ Mollir [vento].
afta f. (a-a). Aphte.
afugent‖amento m. (afoujētamētou). Action (f.) de faire fuir*. ‖-ar vt. (-ar). Mettre en fuite.
afundar vt. afudar). Couler. ‖-ar-se vr. (-arç). Couler, s'engloutir.
afunil‖adamente adv. (afou-amēt). En entonnoir ‖-ado, a adj. (-adou, a). En forme d'entonnoir. ‖-amento m. (-amētou). Rétrécissement. ‖-ar vt. (-ar). Rétrécir.
agã m. (aga). Nom de la lettre H.
agach‖ado, a adj. (agachadou, a). Tapi, ie; blotti, ie; accroupi, ie. ‖-amento m. (-amētou). Accroupissement. ‖-ar-se vr. (-arç). S'accroupir.
agadanhar vt. (agadagnar). Agriffer, égratigner. ‖ Filouter [roubo].
agalega‖damente adv. (agale-amēt). Fig. Grossièrement. ‖-do, a adj. (-a-dou, a). Fig. Grossier, ère. ‖-r-se vr. (-arç). Fig. Devenir* grossier.
agaloar vt. (agalouar). Galonner.
Agamémnon n. pr. (agamē-õn). Agamemnon.
agamia f. (agamia). Agamie.
Aganipe n. pr. (aganip). Aganippe.
ágape m. (agap). Agape, f.

Itálico : accento tónico. ‖ V. página verde para a pronúncia figurada. ‖ *Verbo irreg. V. no final do livro.

Agapito n. pr. (agapítou). Agapet.
Agar n. pr. (agar). Agar.
agareno, a adj. et s. (agarénou, a). Agaréen, enne ; arabe.
agarot‖**ado, a** adj. (agaroutádou, a). Qui agit en gamin. ‖**-ar-se** vr. (-arç). Devenir* gamin, galopin.
agarr‖**ado, a** adj. (agarrádou, a). *Fam.* Mesquin, ine. ‖**-ar** vt. (-ar). Prendre*, saisir. ‖ Arrêter [prender]. ‖**-ar-se** vr. (-arç). S'accrocher.
agasalh‖**adamente** adv. (agasal-ámêt). Chaudement. ‖ Affectueusement. ‖**-ado, a** adj. (-ádou, a). Abrité, ée. ‖ Emmitouflé, ée [roupa]. ‖**-ar** vt. (-ar). Héberger. ‖ Faire* bon accueil. ‖**-alho** m. (-alou). Hébergement. ‖ Abri. ‖ Vêtement pour se garantir du froid.
agast‖**adamente** adv. (agach-amêt). Avec colère. ‖**-ado, a** adj. (-ádou, a). Fâché, ée. ‖**-amento** m. (-amêtou). Fâcherie, f. ‖**-ar** vt. (-ar). Irriter.
ágata f. (agata). Agate.
Agata n. pr. (agata). Agathe.
agantanhar vt. (agatagnar). Egratigner, griffer.
ag‖**ência** f. (ajêcya). Agence. ‖**-enciar** vt. (-yar). Négocier. ‖**-encioso, a** adj. (-yósou, ósa). Diligent, ente. ‖**-enda** f. (-êda). Agenda, m. ‖**-enesia** f. (-enesia). Agénésie. ‖**-enésico, a** adj. (-è-ou, a). Agénésique.
Agenor n. pr. (ajenôr). Agénor.
agente m. (ajêt). Agent.
Agesilau n. pr. (aje-aou). Agésilas.
Ageu n. pr. (ajéou). Aggée.
agigant‖**ado, a** adj. (a-ãtadou, a). Gigantesque. ‖**-ar** vt. (-ar). Exagérer, agrandir. ‖ *Fig.* Se signaler.
ágil adj. (a-). Agile.
agilidade f. (a-ad). Agilité.
àgilmente adv. (-êt). Agilement.
ágio m. (ájyou). Agio.
agiot‖**a** m. (ajyota). Agioteur. ‖**-agem** f. (-outajèy). Agiotage, m.
agir vi. (ajír). Agir.
agit‖**ação** f. (a-açáou). Agitation. ‖**-ador** m. (-ôr). Agitateur. ‖**-ar** vt. (-ar). Agiter. ‖**-ável** adj. (-avèl). Agitable.
aglomer‖**ação** f. (a-oumeraçáou). Agglomération. ‖**-ado** m. (-ádou). *Minér.* Agglomérat. ‖**-ar** vt. (-ar). Agglomérer.

aglutin‖**ação** f. (a-ou-açáou). Agglutination. ‖**-ante** adj. (-ãt). Agglutinant, ante. ‖**-ar** vt. (-ar). Agglutiner. ‖**-ável** adj. (-avèl). Agglutinable.
ag‖**ora** vt. et vi. (agôyrar). Augurer. ‖**-ento, a** adj. (-êtou, a). Qui est de mauvais augure. ‖**-o** m. (-ôyrou). Augure, présage.
agoni‖**a** f. (agounía). Agonie. ‖**-adamente** adv. (-adamêt). Afflictivement. ‖**-ado, a** adj. (-adou, a). Angoissé, ée. ‖ Écœuré, ée [enjoo]. ‖**-ar** vt. (-yar). Écœurer. ‖ Chagriner.
agon‖**ística** f. (agounich-a). Agonistique. ‖**-izante** adj. et s. (-ãt). Agonisant, ante. ‖**-izar** vi. (-ar). Agoniser, être* à l'agonie.
agora adv. (agora). Maintenant. ‖ *Loc.* *Ainda agora*, tout à l'heure, peu avant.
ágora f. (agoura). Agora.
Agostinho, a n. pr. (agouchtígnou, a). Augustin, ine.
agosto m. (agôchtou). Août.
agourar vt. (agôrar). V. AGOIRAR.
agraciar vt. (agracyar). Accorder à (une grâce).
agraço m. (agraçou). Verjus.
agrad‖**a** adj. (agradádou, a). Satisfait, aite. ‖**-ar** vi. (-ar). Plaire*. ‖**-ável** adj. (-avèl). Agréable. ‖**-àvelmente** adv. (-êt). Agréablement. ‖**-ecer** vt. et vi. (-dcér). Remercier. ‖**-ecidamente** adv. (-amêt). Avec gratitude. ‖**-ecido, a** adj. (-idou, a). Reconnaissant, ante. ‖**-ecimento** m. (-étou). Remerciement. ‖**-o** m. (-adou). Plaisir. ‖ Obligeance, f.
agrário, a adj. (agraryou, a). Agraire, qui a rapport aux terres.
agrav‖**amento** m. (agravamêtou). Aggravation, f. ‖**-ante** adj. (-ãt). Aggravant, ante. ‖ s. f. Circonstance aggravante. ‖**-ar** vt. (-ar). Aggraver. ‖**-o** m. (-avou). Offense, f.
agre‖**dir** vt. (agredír). Battre*. ‖**-gação** f. (-gaçáou). Agrégation. ‖**-gado, a** adj. (-ádou, a). Agrégé, ée. ‖ s. m. Agrégat. ‖**-gar** vt. (-ar). Agréger. ‖**-gar-se** vr. (-arç). S'agréger ; passer l'agrégation (*Br.*). ‖**-miação** f. (-açáou). Réunion. ‖**-miar** vt. (-yar). Assembler. ‖**-ssão** f. (-áou). Agression. ‖**-ssivamente**

Lettres penchées : accent tonique. ‖ V. page verte pour la prononciation figurée. ‖ *Verbe irrég. V. à la fin du volume.

adv. (-amêt). Agressivement. ‖-ssividade f. (-ad). Agressivité. ‖-ssivo, a adj. (-ívou, a). Agressíf, ive. ‖-ssor m. (-ôr). Agresseur.

agr‖este adj. (agrècht). Agreste. ‖-ião m. (-ãou). Cresson. ‖-ícola adj. (-ícoula). Agricole. ‖-icultor m. (-ou-ôr). Agriculteur. ‖-icultura f. (-oura). Agriculture. ‖-idoce adj. (-ôç). Aigre-doux, ouce.

Agrigento n. pr. (agr-ẽtou). Agrigente.

agri‖lhoar vt. (agrilouar). Enchaîner. ‖-mensor m. (-ẽçôr). Arpenteur. ‖-mensura f. (-oura). Arpentage, m.

Agripina n. pr. (agr-ína). Agrippine.

agr‖onomia f. (agrounoumía). Agronomie. ‖-onómico, a adj. (-o-ou, a). Agronomique. ‖-ónomo m. (-onoumou). Agronome. ‖-upamento m. (-oupamẽtou). Groupement. ‖-upar vt. (-ar). Grouper. ‖-ura f. (-oura). Amertume.

água f. (agoua). Eau. ‖ Loc. Ficar em águas de bacalhau, s'en aller* en eau de boudin. Pancada de água, ondée. Vinho com água, vin trempé.

agua‖ceiro m. (agouaçãyrou). Averse, f. ‖-ada f. (-ada). Mar. Aiguade. ‖ Peint. Lavis, m.

água-de-colónia f. (agoua dcoulonya). Eau de Cologne.

aguad‖eiro m. (agouaddyrou). Porteur d'eau. ‖-ilha f. (-ila). Sérosité. ‖-o, a adj. (-ouadou, a). Mêlé, ée d'eau. ‖ Trop délayé, ée.

água-forte f. (agoua-fort). Eau-forte.

água-fortista m. (agouafourtíchta). Aquafortiste.

água‖s-furtadas f. pl. (agouach fourtadach). Mansarde, f. sing., grenier, m. sing. ‖- pé f. (-è). Piquette.

aguar vt. (agouar). Mêler d'eau.

aguardar vt. (agouardar). Attendre.

aguardente f. (agouardẽt). Eau-de-vie.

água-régia f. (agouarrèjya). Eau régale.

aguarel‖a f. (agouarèla). Aquarelle. ‖-ar vt. (-ar). Laver [desenho]. ‖ vi. Peindre* à l'aquarelle. ‖-ista m. et f. (-íchta). Aquarelliste.

aguarrás f. (agouarrach). Essence de térébenthine.

aguç‖adeira f. (agouçadãyra). Taille-crayon, m. ‖-ado, a adj. (-adou, a). Pointu, ue. ‖-ar vt. (-ar). Aiguiser.

agud‖amente adv. (agoudamêt). Fig. Finement. ‖-eza f. (-éza). Acuité. ‖-o, a adj. -oudou, a). Aigu, uë.

aguentar‖ vt. (agouẽtar). Supporter. ‖- -se vr. (-arç). Tenir* bon.

aguerri‖damente adv. (aghèrr-amêt). Vaillammen. ‖-do, a adj. (-ídou, a). Aguerri, ie. ‖-r vt. (-ir). Aguerrir, accoutumer à la guerre.

águia f. (aghya). Aigle, m.

aguilh‖ada f. (aghilada). Aiguillade. ‖-ão m. (-ãcu). Aiguillon. ‖-oada f. (-ouada). Coup (m.) d'aiguillon. ‖-oar vt. (-ouar). Aiguillonner.

aguilh‖a f. (agoula). Aiguille. ‖- de marear, compas, m. ‖-magnética, aiguille aimantée. ‖ Peixe -, aiguille (f.) de mer. ‖-eira f. (-ãyra). Cerfeuil (m.) à aiguillettes. ‖-eiro m. (-ãyrou). Aiguillier [estojo]. ‖ Aiguilleur. ‖-eta f. (-éta). Lance (pompe). ‖ Aiguillette (de gendarme).

ah! interj. Ah!

ai m. (ay). Gémissement. ‖ interj. Aïe! ‖ Loc. Ai de mim! Hélas!

aí adv. (aí). Là. ‖ Até aí, jusque-là.

aia f. (aya). Gouvernante.

Aida n. pr. (ayda). Aïda.

ai-jesus m. (ayjesouch). Benjamin.

ainda adv. (aída). Encore. ‖ Loc. Ainda agora, tout à l'heure (peu avant). Ainda bem, heureusement. Ainda não, pas encore. Ainda que, bien que.

aio m. (ayou). Précepteur.

aipo m. (aypou). Céleri.

airado, a adj. (ayradou, a). Léger, ère. ‖ Vida cirada, vie oisive.

airos‖amente adv. (ayrosamêt). Élégamment. ‖-o, a adj. (-ôsou, osa). Gentil, ille. ‖ Digne, honorable.

aiveca f. (ayvèca). Versoir, m.

ajaezar vt. (ajaizar). Harnacher.

ajantarado, a adj. (ajãtaradou, a). Dînatoire, qui tient lieu de dîner.

ajardinar vt. (ajar-ar). Transformer en jardin.

Ájax n. pr. (a-). Ajax.

ajeitar vt. (iãytar). Apprêter.

ajoelhar‖ vt. et vi. (ajouilar). Agenouiller. ‖- -se vr. (-ç). S'agenouiller.

Itálico : accento tónico. ‖ V. página verde para a pronúncia figurada. ‖ *Verbo irreg. V. no final do livro.

ajoujar vt. (ajôjar). Surcharger.
ajud‖ante m. (ajoudát). Aide. ‖- de cartório, clerc. ‖-ar vt. et vi. (-ar). Aider. ‖Servir* [missa].
ajuiz‖adamente adv. (ajou-amêt). Sagement. ‖-ado, a adj. (-adou, a). Sage. ‖-ar vt. (-ar). Apprécier. ‖Conjecturer.
ajunt‖adeira f. (ajũtadâyra). Couturière de chaussure. ‖-amento m. (-étou). Rassemblement. ‖-ar vt. (-ar). Joindre*. ‖Réunir. ‖Ajouter.
ajuramentado, a adj. (ajourametádou, a). Assermenté, ée.
ajust‖adamente adv. (ajouch-amêt). Justement. ‖-ado, a adj. (-adou, a). Convenu, ue. ‖-ador m. (-adôr). Ajusteur. ‖-amento m. (-êtou). Ajustement. ‖Couplage. ‖-ar vt. (-ar). Marchander [preço]. ‖Loc. Ajustar contas, régler ses comptes. Ajustar de empreitada, traiter à forfait. ‖-e m. (-oucht). Contrat. ‖Loc. Ajuste de contas, arrêté de compte. ‖-ura f. (-oura). Ajusture.
ajutório m. (ajoutóryou). Br. Aide, f., coup de main.
ala f. (ala). Aile. ‖interj. Loin d'ici! oust! [pop.] filez!
Alá n. pr. (alá). Allah.
alabard‖a f. (alabarda). Hallebarde. ‖-eiro m. (-a-âyrou). Hallebardier.
alabastr‖ino, a adj. (alabachtrínou, a). Alabastrin, ine. ‖-o m. (-a-ou). Albâtre.
álacre adj. (alacr). Gai, e enjoué, ée.
alacridade f. (alacr-ad). Alacrité.
Aladino n. pr. (aladínou). Aladin.
alado, a adj. (aladou, a). Ailé, ée.
alag‖adiço, a adj. (alagadiçou, a). Marécageux, euse. ‖-ado, a adj. (-adou, a). Inondé, ée. ‖-amento m. (-amêtou). Inondation, f. ‖-agar vt. (-ar). Inonder, submerger.
alamar m. (alamar). Brandebourg.
alambaz‖adamente adv. (alàbamêt). Goulûment. ‖-ar-se vr. (-arç). S'empiffrer, manger avec excès.
alambic‖adamente adv. (alà-amêt). D'une manière alambiquée. ‖-ado, a adj. (-adou, a). Alambiqué, ée. ‖-ar vt. (-ar). Alambiquer.
alambique m. (alàbic). Alambic.
alameda f. (alamêda). Avenue, allée.
álamo m. (alamou). Peuplier.

alance‖ado, a adj. (alácyadou, a). Affligé, ée. ‖-amento m. (-amêtou). Fig. Affliction, f. ‖-ar vt. (-yar). Fig. Affliger, mortifier.
alandroal m. (alãdrouàl). Lieu planté de lauriers-roses.
Alanos n. pr. (alánouch). Alains.
alapardar-se vr. (alapardarç). Se tapir, se cacher.
alar-se vr. (alarç). S'élever.
alaranjado, a adj. (alarãjadou, a). Orangé, ée.
alard‖e m. (alard). Parade, f., étalage. ‖-ear vt. (-yar). Faire* parade de. ‖Se vanter de [gabar-se].
alarg‖amento m. (alargamêtou). Élargissement. ‖-ar vt. (-ar). Élargir. ‖Desserrer [cinto].
Alarico n. pr. (alaricou). Alaric.
alarido m. (alarídou). Vacarme.
alarm‖ante, ante adj. (alarmãt). Alarmant, ante. ‖-ar vt. (-ar). Alarmer. ‖-e m. (-arm). Alarme, f.
alarve m. (alarv). Malotru.
alastr‖amento m. (alachtramêtou). Épanchement. ‖-ar vi. (-ar). Se répandre, se propager.
alaúde m. (alaoud). Luth.
alavanca f. (alavãca). Levier, m.
alazão m. (alazãou). Alezan.
Alba-Longa adj. (à-a-óga). Albe la Longue.
albanês, esa adj. et s. (à-anéch, ésa). Albanais, aise.
Albânia n. pr. (à-ânya). Albanie.
Albano n. pr. (à-ánou). Alban.
albard‖a f. (à-arda). Bât, m. ‖-ar vt. (-a-ár). Bâter. ‖-eiro m. (-âyrou). Bâtier.
albarrã f. (à-arrã). Seille (plante). ‖Tour (m.) de l'enceinte des villes.
albatroz m. (à-atroch). Albatros.
alberg‖ar vt. (à-ergar). Héberger. ‖-aria f. (-aría). Auberge. ‖-ue m. (-èrgh). Auberge, f. ‖Asile.
Albert‖ina n. pr. (à-ertína). Albertine. ‖-o n. pr. (-értou). Albert.
albi‖gense adj. et s. (à-éç). Albigeois, oise. ‖-nismo m. (-íjmou). Albinisme. ‖-no adj. et s. m. (-ínou). Albinos.
albornoz m. (à-ournoch). Burnous.
albricoqu‖e m. (à-r-oc). Abricot. ‖-eiro m. (-ouéâyrou). Abricotier.
albufeira f. (à-oufâyra). Lagune.
álbum m. (à-ũ). Album.

Lettres penchées : accent tonique. ‖V. page verte pour la prononciation figurée. ‖*Verbe irrég. V. à la fin du volume.

ALB — ALE

albumin‖**a** f. (à-oumína). Albumine. ‖**-óide** adj. (-oyd). Albuminoïde. ‖**-úria** f. (-ourya). Albuminurie.
alburno m. (à-ournou). Aubier.
alça f. (á-a). Bretelle. ‖ Hausse (des armes à feu).
alcácer m. (à-acèr). Alcazar.
alcachofra f. (à-achófra). Artichaut, m.
alcáçova f. (à-açouva). Forteresse.
alcaçuz m. (à-açouch). Réglisse. f.
alçad‖**a** f. (à-ada). Juridiction. ‖ Ressort, m. ‖**-o** m. (-adou). Projection (f.) verticale (d'un objet).
alcaide‖ m. (à-ayd). Gouverneur d'un château. ‖**-ssa** f. (-éça). Femme gouverneur d'un château.
álcali m. (á-a-). Alcali.
alcal‖**imetria** f. (à-a-mtría). Alcalimétrie. ‖**-inidade** f. (-ad). Alcalinité. ‖**-ino, a** adj. (-ínou, a). Alcalin, ine. ‖**-ização** f. (-açáou). Alcalisation. ‖**-óide** m. (-oyd). Alcaloïde.
alcan‖**çar** vt. (à-açar) Atteindre*. ‖**-ce** m. (-áç). Portée, f. ‖ Loc. *Fora de alcance*, hors d'atteinte. *Ir* no alcance de alguém*, poursuivre* quelqu'un. *óculo de alcance*, lunette (f.) d'approche.
alcandor‖**ado, a** adj. (à-ádouradou, a). Perché, ée. ‖**-ar-se** vr. (-arç). Se percher. ‖ *Fig.* S'élever.
alcantilado, a adj. (à-ã-adou, a). Escarpé, ée ; taillé, ée à pic, accore.
alçapão m. (à-apáou). Trappe, f.
alcaparra f. (à-aparra). Câprier, m. [planta]. ‖ Câpre (bouton à fleur).
alçapremar vt. (à-aprémar). Soulever (avec un levier).
alçar vt. (à-ar). Hausser, élever.
alcateia f. (à-atáya). Bande (loups).
alcatif‖**a** f. (à-atífa). Tapis, m. ‖**-ar** vt. (-ar). Tapisser.
alcatra f. (à-atra). Culotte de bœuf.
alcatr‖**ão** m. (à-atráou). Goudron. ‖**-oar** vt. (à-atrouar). Goudronner. ‖ *Máquina de alcatroar*, goudronneuse.
alcatraz m. (à-atrach). Goéland.
alcatroar vt. (à-atrouar). Goudronner. ‖ *Máquina de alcatroar*, goudronneuse.
alcatruz m. (à-atrouch). Godet (noria).
alce m. (à-). Élan (animal).
alcião m. (à-yáou). Alcyon.
Alcibíades n. pr. (à-iádch). Alcibiade.

alcofa f. (à-ófa). Corbeille, panier, m.
álcool m. (à-ouol). Alcool.
alco‖**ólico, a** adj. et s. (à-ouo-ou, a). Alcoolique. ‖**-olismo** m. (-oulíjmou). Alcoolisme.
Alcorão m. (à-ouráou). Coran.
alcouce m. (à-óç). Bordel.
alcov‖**a** f. (à-óva). Alcôve. ‖**-itar** vt. et vi. (-ou-ar). Intrigailler. ‖**-iteira** f. (-áyra). Entremetteuse.
alcunha f. (à-ougna). Sobriquet, m.
aldeão, eã adj. et s. (à-yáou, ã̃). Villageois, oise ; paysan, anne.
aldeia f. (à-áya). Village, m.
aldrav‖**a** f. (à-raba). Heurtoir, m. ‖**-adamente** adv. (-abadamèt). Grossièrement. ‖**-ão, ona** m. et f. (-áou, óna). Menteur, euse. ‖**-ar** vt. (-ar). Saboter. ‖ *vi*. Mentir*. ‖**-ice** f. (-íç). Mensonge, m.
alecrim m. (alécrī). Romarin.
aleg‖**ação** f. (aléraçáou). Allégation. ‖**-ar** vt. (-ar). Alléguer. ‖**-oria** f. (-ouría). Allégorie. ‖**-órico, a** adj. (-or-ou, a). Allégorique.
alegr‖**ão** m. (alegráou). *Fam.* Grande joie, f. ‖**-ar** vt. (-ar). Égayer. ‖**-e** adj. (-ègr). Gai, aie ; joyeux, euse. ‖ Gris, ise [com vinho]. ‖**-ia** f. (-ía). Joie, gaieté. ‖ Allégresse [viva]. ‖**-ote, a** adj. (-ot, a). Gris, ise (ivre).
alej‖**ado, a** adj. et s. (alàyjadou, a). Estropié, ée. ‖**-ar** vt. (-ar). Estropier. ‖ *Pop.* Blesser, faire* mal.
alevos‖**amente** adv. (àlàyvosamèt). Faussement. ‖**-ia** f. (-ousía). Trahison. ‖**-o, a** adj. (-ósou, osa). Perfide.
aleluia f. (alèlouya). Alléluia, m.
além adv. (-áy). Là, là-bas. ‖ Loc. *Além de*, outre. *Além disso*, en outre. ‖ s. m. Au-delà.
Alemanha n. pr. (alemágna). Allemagne.
alemão, mã adj. et s. (alemáou, ã̃). Allemand, ande.
além-mar adv. (-áymar). Outre-mer.
alent‖**ado, a** adj. (alètadou, a). Robuste. ‖**-ar** vt. (-ar). Animer. ‖**-o** m. (-étou). Courage, énergie, f.
alerta adv. (-èrta). Au guet.
aletria f. (alètría). Vermicelle.
Alexandr‖**e** n. pr. (alechãdr). Alexandre. ‖**-ia** n. pr. (-ía). Alexandrie.

Itálico : accento tónico. ‖V. página verde para a pronúncia figurada. ‖*Verbo irreg. V. no final do livro.

alfabet‖**ar** vt. (à-abt*ar*). Alphabétiser. ‖**-o** m. (-ètou). Alphabet.
alface f. (à-*aç*). Laitue.
alfaias f. pl. (à-*ayach*). Effets, m. pl. ‖Outils (m. pl.) de labour*age*.
alfaiat‖**aria** f. (à-âyat*aria*). Atelier (m.) de tailleur. ‖**-e** m. (-*yat*). Tailleur (d'habits).
alfândeg‖**a** f. (à-*âdega*). Douane. ‖**-ário, a** adj. (-*aryou, a*). Douanier, ère.
alfarr‖**abio** m. (à-*arrabyou*). Bouquin. ‖**-abista** m. (-abíchta). Bouquiniste. ‖**-oba** f. (-*ôba*). Caroube. ‖**-obeira** f. (-oubâyra). Caroubier, m.
alfa‖**vaca** f. (à-avaca). Basilic, m. ‖**-zema** f. (-éma). Lavande.
alfena f. (à-éna). Troène, m.
alferes m. (à-èrch). Sous-lieutenant. ‖Loc. *Fazer pé de alferes*, faire* la cour (à une dame).
alfinet‖**e** m. (à-ét). Épingle, f. ‖**-eira** f. (-etâyra). Pelote.
alfobre m. (à-ôbr). Couche (f.) de jardin.
alfombra f. (à-ôbra). *Fig.* Tapis (m.) de gazon, de mousse.
alforje m. (à-ôrj). Besace, f.
alforreca f. (à-ourrèca). Méduse.
alforri‖**a** f. (à-ourr*ia*). Affranchissement, m. ‖**-ar** vt. (-*yar*). Affranchir.
Alfredo n. pr. (à-rédou). Alfred.
alfurja f. (à-*ourja*). Refuge (m.) de malfaiteurs.
alg‖**a** f. (à-*a*). Algue. ‖**-ália** f. (-*alya*). Algalie. ‖**-ar** m. (-*ar*). Antre. ‖**-ara** f. (-*ara*). Algarade. ‖**-aravia** f. (-aravía). Charabia, m. ‖**-araviar** vt. et vi. (-*yar*). Baragouiner. ‖**-arismo** m. (-*ijmou*). Chiffre. ‖**-azarra** f. (-*azarra*). Vacarme, m., tapage, m., bruit tumultu*eux*.
álgebra f. (*djbra*). Algèbre.
algem‖**a** f. (à-*éma*). Menotte. ‖**-ar** vt. (-*emar*). Emmenotter.
algeroz m. (àljroch). Chéneau.
algibeira f. (à-âyra). Poche.
algidez f. (à-éch). Algidité.
algo pron. ind. (à-*ou*). Quelque chose.
algod‖**ão** m. (à-ouddâou). Coton. ‖Loc. *Algodão em rama*, ouate, f. *Algodão hidrófilo*, coton hydrophile. ‖**-oeiro** m. (-ouâyrou). Cotonnier.
algoz m. (à-ôch). Bourreau.
alguém pron. ind. (àlg*ây*). Quelqu'un.
alguidar m. (àlghidar). Bassine, f.

algum, a pron. ind. (à-*û, ouma*). Quelqu'un, une. ‖adj. Quelque.
algures adv. (à-*ourch*). Quelque part.
alheio, a adj. (alâyou, a). D'autr*ui*. ‖*Étranger, ère* [estranho]. ‖Abstrait, aite. ‖s. m. (Le) bien d'autr*ui*.
alho m. (*alou*). Ail. ‖Loc. *Alho porro*, poireau. *Dente de alho*, gousse (f.) d'ail.
ali adv. (*ali*). Là, y.
aliáceo, a adj. (al*yacyou, a*). Alliacé, ée.
ali‖**ança** f. (al*yâça*). Alliance. ‖**-ar** vt. (-*yar*). Allier.
aliás adv. (al*yach*). D'ailleurs.
alicate m. (a-*at*). Pince, f.
alicerce m. (a-*èrç*). Fondement.
aliciar vt. (a-*yar*). Attirer. ‖Entraîner, enrôler [descontentes].
alien‖**ação** f. (a-énaç*âou*). Aliénation. ‖**-ar** vt. (-*ar*). Aliéner. ‖**-ista** m. (-*ichta*). Aliéniste.
ali‖**geirar** vt. (a-âyr*ar*). Alléger. ‖**-jamento** m. (-amétou). Allégement. ‖**-jar** vt. (-*ar*). Alléger (navire).
alim‖**ária** f. (a-*arya*). Animal, m. ‖**-entação** f. (-étaç*âou*). Alimentation. ‖**-entar** vt. (-*ar*). Alimenter, nourrir. ‖adj. Alimentaire. ‖**-entício, a** adj. (-*icyou, a*). Alimentaire, nourrissant, ante. ‖Loc. *Massas alimentícias*, pâtes alimentaires. ‖**-ento** m. (-étou). Aliment, nourriture, f.
alimpadura f. (alipadoura). Nettoyure (ordure). ‖Criblure (grain).
alind‖**amento** m. (alídamétou). Embellissement. ‖**-ar** vt. (-*ar*). Embellir, enjoliver, orner.
alínea f. (a*linya*). Alinéa, m.
alinh‖**amento** m. (a-gnamétou). Alignement. ‖**-ar** vt. (-*ar*). Aligner. ‖**-avar** vt. (-*avar*). Faufiler. ‖**-avo** m. (-*avou*). Faufilure, f. ‖**-o** m. (-ígnou). Propreté, f.
aliquota adj. f. (alícouta). Aliquote.
alis‖**ar** vt. (a-*ar*). Lisser, surfacer. ‖**-isio** adj. (-*isyou*). Alizé ou alisé.
alist‖**amento** m. (a-chtamétou). Enrôlement. ‖**-ar** vt. (-*ar*). Enrôler.
aliteração f. (a-traç*âou*). Allitération.
al‖**iviar** vt. (a-y*ar*). Soulager. ‖vi. Se mettre* au beau. ‖**-ívio** m. (-*ívyou*). Soulagement.

Lettres penchées : accent tonique. ‖V. page verte pour la prononciation figurée. ‖ *Verbe irrég. V. à la fin du volume.

alizar m. (a-ar). Chambranle. Frise.
aljava f. (à-ava). Carquois, m.
aljofre m. (à-ófr). Perles (f. pl.) très petites. ‖ Rosée, f.
ajube m. (à-oub). Prison, f.
alma f. (à-a). Âme. ‖Loc. *Alma penada*, revenant, m. *Dar a alma ao Criador*, rendre l'*âme*.
almadrava f. (à-adruva). Madrague.
alm‖agesto m. (à-ajêchtou). Almageste. ‖ **-agre** m. (-agr). Almagra.
almanaque m. (à-anac). Almanach.
almargem f. (à-ar-jãy). Pâturage, m.
almejar vt. (àlmjar). Désirer avec ardeur, f. ‖ vi. Être* à l'agonie.
almenara f. (à-enara). Falot, m.
almirant‖ado m. (à-rãtadou). Amirauté, f. ‖ **-e** m. (-àt). Amiral.
alm‖iscar m. (à-íchcar). Musc. ‖ **-iscarado**, a adj. (-aradou, a). Musqué, ée. ‖ **-iscareiro** m. (-âyrou). Musc, porte-musc (animal).
almo, a adj. (à-ou, a). Aime.
almoç‖ar vt. et vi. (à-ouçar). Déjeuner. ‖ **-o** m. (-óçou). Déjeuner.
almocreve m. (à-oucrèv). Muletier.
almo‖eda f. (à-ouèda). Encan, m. ‖ **-faça** f. (-aça). Étrille. ‖ **-fada** f. (-ada). Coussin, m, oreiller, m. ‖ **-fadar** vt. (-adar). Rembourrer.
almofariz m. (à-oufarich). Mortier (vase). ‖Loc. *Mão de almofariz*, pilon, m.
almôndega f. (à-ôdga). Boulette (de chair hachée).
almotolia f. (à-outoulía). Bidon, m., cruche à huile.
almuadem m. (à-ouadãy). Muézin.
alna f. (à-a). Aune (mesure).
alocução f. (aloucouçâou). Allocution.
alodial adj. (aloudyàl). Allodial, ale.
alo‖endro m. (alouèdrou). Laurier-rose. ‖ **-és** m. (ouèch). Aloès.
aloirar vt. (alôyrar). Dorer.
aloj‖amento m. (aloujamêtou). Logement. ‖ **-ar** vt. (-ar). Loger.
alombar vt. (alôbar). Supporter.
along‖amento m. (alõgamêtou). Allongement. ‖ **-ar** vt. (-ar). Allonger.
alop‖atia m. (aloupatía). Allopathie. ‖ **-ecia** f. (-pcia). Alopécie.
al‖otropia f. (aloutroupía). Allotropie. ‖ **-otrópico, a** adj. (-o-ou, a). Allotropique. ‖ **-ótropo** m. (-otroupou). Doublet (mot).
alourar vt. (alôrar). Dorer.

alpaca f. (à-aca). Alpaga, m. [ruminante].
alparcata f. (à-arcata). Espadrille.
alpendr‖ada f. (à-êdrada). Hangar, m. ‖ **-e** m. (-êdr). Auvent.
alperc‖e m. (à-erc). Alberge, f. ‖ **-eiro** m. (-ãyrou). Albergier.
alp‖estre adj. (à-èchtr). Alpestre. ‖ **-inismo** m. (-íjmou). Alpinisme. ‖ **-inista** m. et f. (-ichta). Alpiniste. ‖ **-ino, a** adj. (-inou, a). Alpin, ine.
alporcas f. pl. (à-orcach). Écrouelles.
alquebrar vt. (àlcbrar). Affaiblir.
alquei‖re m. (àlcâyr). Boisseau. ‖ **-ve** m. (-âyv). Jachère, f.
alquimi‖a f. (àlkimía). Alchimie. ‖ **-sta** m. (-íchta). Alchimiste.
Alsácia n. pr. (àlçacya). Alsace.
alsaciano, a adj. et s. (àlçacyânou, a). Alsacien, enne.
alta f. (à-a). Hausse [preço]. ‖ Exeat, m. [doente]. ‖Grand monde, m.
Altai n. pr. (à-ay). Altaï.
altamente adv. (à-amêt). Hautement.
altan‖aria f. (à-anaria). Haute volerie. ‖ Hauteur. ‖ **-eiro, a** adj. (-âyrou, a). Altier, ère ; fier, ère. ‖ **-eria** f. (-neria). Hauteur, fierté.
altar‖ m. à-ar). Autel. ‖ **-mor** m. (-or). Maître autel.
alta-roda f. (à-arroda). Grand monde, m, haute société.
alteia f. (à-âya). Guimauve.
altear vt. (à-yar). Surhausser.
alter‖ação f. (àltraçâou). Altération. ‖ **-ar** vt. (-ar). Altérer. ‖ **-ável** adj. (-avèl). Altérable.
alterc‖ação f. (à-èrcaçâou). Altercation. ‖ **-ador** m. (-ôr). Querelleur. ‖ **-ar** vi. (-ar). Disputer.
altern‖adamente adv. (à-ern-amêt). Alternativement. ‖ **-ado, a** adj. (-adou, a). Alterné, ée. ‖ **-ância** f. (-âcya). Alternance. ‖ **-ar** vt. et vi. (-ar). Alterner. ‖ **-ativa** f. (-íva). Alternative. ‖ **-o, a** adj. (-èrnou, a). Alterne.
alteza f. (à-éza). Altesse.
alt‖ifalante m. (à-alàt). Haut-parleur. ‖ **-issonante** adj. (-ounàt). Pompeux, euse. ‖ **-íssimo, a** adj. (-í-ou, a). Très haut. ‖ **-itude** f. (-oud). Altitude. ‖ **-ivamente** adv. (-amêt). Hautainement. ‖ **-ivez** f. (-éch). Fierté. ‖ **-ivo, a** adj. (-ívou, a). Fier, ère. ‖ **-o, a** adj. (à-ou, a).

Itálico : acento tónico. ‖V. página verde para a pronúncia figurada. ‖*Verbo irreg. V. no final do livro.

Haut, aute. ||Loc. *Em voz alta*, à haute voix. Grand, ande [pessoas]. ||s. m. et adv. Haut. ||Loc. *Por alto*, superficiellement. || interj. Halte! ||-**o-relevo** m. (-rrelévou). Haut-relief. ||-**ruismo** m. (-rouij-mou). Altruisme. ||-**ruista** adj. et s. (-ichta). Altruiste. ||-**ura** f. (-oura). Hauteur. ||Loc. *Em que altura vai?* Où en êtes-vous?
alucin||**ação** f. (alou-açãou). Hallucination. ||-**ado, a** adj. et s. (-adou, a). Halluciné, ée.
alude m. (aloud). Avalanche, f.
aludir vi. (aloudír). Faire* allusion à, se rapporter à.
alug||**ar** vt. (alougár). Louer. ||-**guer** m. (-ér). Louage. ||Loyer [casa].
aluir* vt. (alouír). Ébranler. ||vi. S'écrouler, s'abattre*.
alúmen m. (alouměn). Alun.
alumiar vt. (aloumyár). Éclairer.
alum||**ina** f. (aloumína). Alumine. ||-**inio** m. (-ínyou). Aluminium.
aluno, a m. et f. (alounou, a). Élève.
alus||**ão** f. (alousãou). Allusion. ||-**ivou, a** adj. (-ivou, a). Allusif, ive.
aluvião f. (alouvyãou). Alluvion.
alv||**a** f. (à-a). Aube. ||-**acento, a** adj. (-étou, a). Blanchâtre. ||-**ar** adj. (-ár). Niais, aise. ||-**ará** m. (-ara). Brevet, patente, f.
Álvaro n. pr. (à-arou). Alvare.
alvedrio m. (à-edríou). Libre arbitre.
alveitar m. (à-áytar). Maréchal vétérinaire.
alvej||**ante** adj. (à-eját). Blanchissant, ante. ||-**ar** vt. (-ár). Blanchir. ||Viser [atirar].
alvenaria f. (àlvnaría). Limousinage, m., limousinage, m.
alvéola f. (à-éoula). Bergeronnette.
alv||**éolado, a** adj. (à-youladou, a). Alvéolé, ée. ||-**éolo** m. (-éoulou). Alvéole.
alvião m. (à-yãou). Pioche, f.
alvíssaras f. pl. (à-içarach). Récompense, f. sing.
alvitr||**ar** vt. (à-itrar). Proposer. ||-**e** m. (-ítr). Avis, conseil.
alv||**o, a** adj. (à-ou, a). Blanc, anche. ||s. m. Cible, f. [tiro]. ||Loc. *Ser o alvo de*, être* en butte à. ||-**or** m.

(-ôr). Blancheur, f. ||-**orada** f. (-ou-rada). Aube du jour. ||Diane [toque]. ||-**orecer** vi. (-ourcér). Commencer à faire* jour. ||Poindre* [despontar].
alvoroç||**adamente** adv. (à-ourou-amêt). Précipitamment. ||-**ado, a** adj. (-adou, a). Troublé, ée. ||-**amento** m. (-étou). Trouble. ||-**ar** vt. (-ár). Émouvoir*. ||-**o** m. (-óçou). Émoi.
alvorotadamente adv. (à-ourou-amêt). Tumultueusement.
alvura f. (à-oura). Blancheur.
ama f. (âma). Nourrice. ||Gouvernante.
amabilidade f. (ama-lidad). Amabilité. || pl. Prévenances.
amachucar vt. (amachoucár). Chiffonner, froisser. ||*Fig.* Accabler.
amaciar vt. (amacyár). Assouplir.
amada f. (amáda). Bien-aimée.
amad||**o, a** adj. (amádou, a). Chéri, ie; aimé, ée. ||-**or** adj. et s. m. (-ôr). Amateur.
amadurec||**er** vt. et vi. (amadourcér). Mûrir. ||-**imento** m. (-étou). Maturation, f., maturité, f.
âmago m. (âmagou). Fond, essentiel.
amainar vt. (amaynár). Abaisser. ||Calmer [ondas]. ||vi. Se calmer.
amaldiço||**ado, a** adj. (amà-ouadou, a). Maudit, ite. ||-**ar** vt. (-ár). Maudire*.
am||**álgama** m. (amà-ama). Amalgame. ||-**algamar** vt. (-amar). Amalgamer.
Amália n. pr. (amalya). Amélie.
amalucado, a adj. (amaloucadou, a). Écervelé, ée; braque (fam.).
amament||**ação** f. (amamëtaçãou). Allaitement, m. ||-**ar** vt. (-ár). Allaiter, nourrir de son lait.
amancebamento m. (amaçbamētou). Concubinage.
amaneir||**ado, a** adj. (amanâyradou, a). Maniéré, ée. ||-**ar** vt. (-ár). Maniérer.
amanhã adv. (amanyã). Demain. ||Loc. *Amanhã de manhã*, demain matin. *Até amanhã*, à demain. *De hoje para amanhã*, du jour au lendemain. *Depois de amanhã*, après-demain. ||s. m. Lendemain, avenir, temps futur. ||-**ecer** vi. (-gnecér). Poindre*. ||s. m. Point du jour. ||Aurore, f. (de la vie, etc.).

Lettres penchées : accent tonique. ||V. page verte pour la prononciation figurée. || *Verbe irrég. V. à la fin du volume.

AMA — AME

amanho m. (am*â*gnou). Labour. || Arrangement, disposition, f.
amansar vt. (am*â*çar). Apprivoiser.
amante m. (am*ât*). Amant. || f. Maîtresse. || adj. Aimant, ante; amoureux, euse.
amanteigado, a adj. (amãtâygadou, a). Beurrier, ère. ||*Fig.* Mou, molle.
amanuense m. (amanou*ê*ç). Commis de bure*au.*
amar vt. (am*ar*). Aimer. || Loc. *Quem o feio ama bonito lhe parece,* il n'y a point de la*i*des amours.
amar||agem f. (amar*a*jãy). Amerrissage, m. ||-ar vi. (-*ar*). Amerrir.
amarel||ado, a adj. (amarel*a*dou, a). Jaunâtre. ||-ecer vt. et vi. (-l*c*ér). Jaunir. ||-o, a adj. (-*e*iou, a). Jaune. || s.m. J*a*une.
amarfanhar vt. (amarfagn*ar*). Froisser, chiffonner, friper.
amarg||amente adv. (amargam*ê*t). Amèrement. || -ar vi. (-arg*a*r). *Être** amer, ère. ||-o, a adj. et s. m. (-argou, a). Amer, ère. ||-or m. (-argó*r*). Amertume, f. ||-oso, a adj. (-ósou, osa). Amer, ère. ||-ura f. (-oura). Amertume. ||-urado, a adj. (-*a*dou, a). Affligé, ée. ||-urar vt. (-*ar*). Chagriner.
amaric||ado adj. m. (amar-*a*dou). Efféminé. ||-ar-se vr. (-arç). S'efféminer.
amarilis f. (amar*i*lich). Amaryllis.
amarr||a f. (am*a*rra). Am*a*rre. ||-ação f. (-arraç*ã*ou). Amarrage, m. ||-ado adj. (-*a*dou). En arrêt (chien). ||-adura f. (-ad*o*ura). Lien, m. ||-ar vt. (-*ar*). *Mar.* Amarrer. || Attacher.
amarreca||do, a adj. (amarrec*a*dou, a). Un peu bossu, ue. ||-r vt. (-*ar*). Voûter, rendre un peu bossu.
amarrot||amento m. (amarroutamêtou). Chiffonnement. ||-ar vt. (-*ar*). Chiffonner, froisser, friper.
ama-seca f. (ãma séca). Bonne d'enfant.
amásia f. (am*a*sya). Maîtresse.
amass||adeira f. (amaçad*â*yra). Pétrisseuse. ||Pétr*i*n, m. (coffre). ||-adura f. (-*o*ura). Pétrissage, m. ||-ar vt. (-*ar*). Pétr*i*r (pão).
am||ável adj. (am*a*vèl). Aim*a*ble. ||-àvelmente adv. (-*ê*t). Aim*a*ble-

ment. ||-avio m. (-av*i*ou). Philtre.
amazona f. (amaz*ô*na). Amazone, écuyère.
Amazonas n. pr. (amaz*ô*nach). Amazones [Estado]. || Amazone [rio].
âmbar m. (*â*bar). Ambre.
ambi||ção f. (ã-*â*ou). Ambition. ||-cionar vt. (-cun*a*r). Ambitionner. ||-cioso, a adj. (-yósou, osa). Ambitieux, *e*use.
ambidextrismo m. (ã-âychtríjmou). Ambidextrie f.
ambiente adj. (ãby*ê*t). Ambi*a*nt. ante. || s. m. Ambi*a*nce, f.
amb||iguidade f. (ã-ouid*a*d). Ambiguité. ||-íguo, a adj. (-*í*gouou, a). Ambigu, uë
âmbito m. (*â*-ou). Cont*o*ur. || Sphère, f. (d'activité).
ambos, as pron. ind. (*â*bouch, ach). Tous (*tou*tes) les deux, tous (*tou*tes) deux. || adj. ind. Les deux.
ambr||ósia f. (ãbr*o*sya). Ambroisie. ||-osiano, a adj. (-ousy*â*nou, a). Ambrosi*e*n, *e*nne.
Ambrósio n. pr. (ãbr*o*syou). Ambroise.
ambul||acrár o, a adj. (ãboulacr*a*ryou, a). Ambulacraire. ||-ância f. (-*â*cya). Ambulance. ||-ante (-*â*t). Ambul*a*nt, ante. ||-atório, a adj. (-atoryou, a). Ambulat*o*ire.
ameaç||a f. (amy*a*ça). Menace. ||-ador, a adj. (-aç*a*dôr, a). Menaçant, ante. ||-ar vt. (-*ar*). Menacer.
amealhar vt. (amyal*ar*). Amasser peu à peu.
amear vt. (amy*a*r). Créneler.
amedrontar vt. (amedrõt*ar*). Effrayer.
ameia f. (am*â*ya). Créne*a*u, m.
amêijoa f. (am*â*yjoua). Clovisse.
ameix||a f. (am*â*ycha). Prune. ||-ial m. (-y*à*l). Prunel*a*ie, f. ||-ieira f. (-*â*yra). Prun*i*er, m.
Amélia n. pr. (am*ê*lya). Amélie.
amén ou *á*men interj. et s. m. (-*â*y, am*è*n). Am*e*n.
amêndoa f. (am*ê*doua). Am*a*nde. || Loc. *Amêndoas cobertas,* dragées. || pl. Étrennes, présent, m., cade*au*, m.
amendo||eira f. (amêdou*â*yra). Amandier, m. ||-im m. (-*i*). Arachide, f. [planta]. || Cacahu*è*te, m. [fruto].

Itálico : acento tónico. ||V. página verde para a pro*n*úncia figurada. ||**Verbo irreg. V. no final do livro.*

AME — AMP

amen‖izar vt. (amnizar). Donner de l'aménité. ‖ **-o, a** adj. (-énou, a). Amène [lugar]. ‖ Affable.
amercear-se vr. (amerçyarç). S'apitoyer, compatir.
América n. pr. (amèr-a). Amérique.
american‖ismo m. (amr-anínmou). Américanisme. ‖ **-o, a** adj. et s. (-ánou, a). Américain, aine.
amesendar-se vr. (amzèdarç). S'asseoir* commodément.
amesquinhar vt. (amchkignar). Rabaisser, déprécier.
amestr‖ado, a adj. (amèchtradou, a). Dressé, ée. ‖ **-ar** vt. (-ar). Dresser, instruire*.
amial m. (amyàl). Aunaie, f.
amianto m. (amyàtou). Amiante.
amiba f. (amiba). Amibe.
amido m. (amídou). Amidon.
amieiro m. (amyâyrou). Aune.
amig‖a f. (amíga). Amie. ‖ [Maîtresse [amante]. ‖ **-ado, a** adj. (-adou, a). Qui vit en concubinage. ‖ **-alhaço** m. (-alaçou). Grand ami. ‖ **-ável** adj. (-avèl). Amical, ale. ‖ Amiable [partilha]. ‖ **-àvelmente** adv. (-ét). Amicalement. ‖ A l'amiable.
am‖ígdala f. (amí-ala). Amygdale. ‖ **-igdalite** f. (-ít). Amygdalite.
amigo adj. et s. m. (amígou). Ami.
Amílcar n. pr. (amí-ar). Amílcar.
amim‖ado, a adj. (a-adou, a). Choyé, ée; gâté, ée. ‖ **-ar** vt. (-ar). Choyer, gâter. ‖ Caresser, mignarder.
amina f. (amina). Amine.
amistos‖amente adv. (a-chtosamét). Amicalement. ‖ **-o, a** adj. (-ôsou, osa). Amical, ale.
ami‖udar vt. (amioudar). Répéter souvent. ‖ **-úde** adv. (-oud). Souvent.
amizade f. (a-ad). Amitié.
amnésia f. (a-èsya). Amnésie.
amnisti‖a f. (a-chtía). Amnistie. ‖ **-ar** vt. (-yar). Amnistier.
amo m. (âmou). Maître.
amodorrar‖ vt. (amoudourrar). Assoupir. ‖ **-se** vr. (-ç). S'assoupir.
amoed‖ação f. (amouedaçãou). Monnayage, m. ‖ **-ar** vt. (-ar). Monnayer.
amofin‖ado, a adj. (amou-adou, a). Fâché, ée. ‖ **-ar** vt. (-ar). Chagriner.
amoitar-se ou **amoitar** (Br.) [amõytarç, ar]. Se cacher.

amol‖ador m. (amouladôr). Rémouleur. ‖ Loc. *Amolador ambulante*, gagne-petit. ‖ **-adura** f. (-oura). Émoulage, m. ‖ **-ar** vt. (-ar). Émoudre*, aiguiser. ‖ *Fam.* Faire* du mal.
amold‖ar vt. (amo-ar). Façonner. ‖ **-ável** adj. (-avèl). Adaptable.
amol‖ecer vt. (amoulecér). Amollir. ‖ **-ecimento** m. (-étou). Amollissement. ‖ *Méd.* Ramollissement.
amolg‖adela f. (amo-adèla). Bosse. ‖ Bossellement, m. [acção]. ‖ **-ável** adj. (-avèl). Qui peut être bosselé. ‖ **-ar** vt. (-ar). Bosseler, bossuer.
amon‖iacal adj. (amou-acàl). Ammoniacal, ale. ‖ **-íaco** adj. (-íacou). Ammoniaque, f.
amónio m. (amonyou). Ammonium.
amontoado, a adj. (amõtouadou, a). Amoncelé, ée. ‖ s. m. Ramas. ‖ **-ar** vt. (-ar). Amonceler, entasser.
amor m. (amôr). Amour.
amora f. (amora). Mûre. ‖ Mûron, m. [da silva].
amoralidade f. (amoura-ad). Amoralité.
amorável adj. (amouravèl). Affectueux, euse; tendre.
amordaçar vt. (amourdaçar). Bâillonner.
amoreira f. (amourâyra). Mûrier, m.
amorfo, a adj. (amorfou, a). Amorphe.
amoricos m. pl. (amouricouch). Amourettes, f. pl.
amornar vt. (amournar). Attiédir.
amor‖oso, a adj. (amourôsou, osa). Amoureux, euse. ‖ **--perfeito** m. (-ô-erfâytou). Pensée, f. (fleur).
amort‖alhar vt. (amourtalar). Ensevelir. ‖ **-ecer** vt. (-tcér). Amortir. ‖ **-ecimento** m. (-étou). Amortissement. ‖ **-ização** f. (-açãou). Amortissement, m. ‖ **-izar** vt. (-ar). Amortir.
amostra f. (mochtra). Échantillon, m.
amotin‖ação f. (amou-açãou). Mutinerie, émeute. ‖ **-ador** m. (-ôr). Émeutier. ‖ **-ar** vt. (-ar). Mutiner.
amovível adj. (amouvivèl). Amovible.
ampar‖ar vt. (âparar). Protéger. ‖ **-o** m. (-arou). Soutien. ‖ Refuge.
amperímetro m. (âperimtrou). Ampèremètre.

Lettres penchées : accent tonique. ‖ V. page verte pour la prononciation figurée. ‖ *Verbe irrég. V. à la fin du volume.

AMP — AND

amp‖lamente adv. (ã-amět). Amplement. ‖-lexo m. (-ěkçou). V. ABRAÇO. ‖-lidão f. (-ãou). Ampleur. ‖-lificar (-ar). Amplifier. ‖-litude f. (-oud). Amplitude. ‖-lo, a adj. (ã-ou, a). Ample.
amp‖ola f. (ãpôla). Ampoule. ‖-ulheta f. (-ouléta). Sablier, m.
amput‖ação f. (ãpoutaçãou). Amputation. ‖-ar vt. (-ar). Amputer.
Amsterdão n. pr. (amchtèrdãou). Amsterdam.
amu‖ado, a adj. (amouadou, a). Boudeur, euse. ‖-ar vi. (-ar). Bouder.
amul‖atado, a adj. (amoulatadou, a). Moricaud, aude. ‖-eto m. (-étou). Amulette, f.
amuo m. (amouou). Bouderie, f.
Amur n. pr. (amour). Amour (géog.).
amur‖ada f. (amourada). Vibord, m. ‖-alhar vt. (-alar). Murer.
Ana n. pr. (ãna). Anne.
anã f. (anã). Naine.
anabaptista m. et f. (anabatichta). Anabaptiste.
anacarado, a adj. (anacaradou, a). Rougi, ie; nacarat.
Anacleto n. pr. (ana-ètou). Anaclet.
anacoluto m. (anacouloutou). Anacoluthe, f.
anacoreta m. (anacouréta). Anachorète.
Anacreonte n. pr. (anacryõt). Anacréon.
anacreôntico, a adj. (anacryõ-ou, a). Anacréontique.
ana‖crónico, a adj. (anacrõ-ou, a). Anachronique. ‖-cronismo m. (-ouníjmou). Anachronisme. ‖-eróbio. a adj. (-èrobyou, a). Anaérobie.
anafado, a adj. (anafadou, a). Dodu, ue.
anáfega f. (anafga). Jujubier, m.
anafil m. (anafil). Trompette (f.) des Maures.
anáfora f. (anafoura). Anaphore.
anafrodisia f. (anafrou-ía). Anaphrodisie.
anais m. pl. (anaych). Annales, f. pl.; histoire, f. sing.
anal adj. (anàl). Anal.
analfabet‖ismo m. (anà-abtíjmou). Analphabétisme. ‖-o, a adj. et s. (-ètou, a). Illettré, ée.
analgésico, a adj. (anà-è-ou, a). Analgésique.

analis‖ar vt. (ana-ar). Analyser. ‖-ável adj. (-avèl). Analysable.
análise f. (ana-). Analyse.
anal‖ista m. (analíchta). Annaliste [historiador]. ‖Analyste. ‖-ítico, a adj. (-í-ou, a). Analytique. ‖-ogia f. (-oujía). Analogie.
análogo, a adj. (analougou, a). Analogue.
anamita adj. et s. (anamíta). Annamite.
ananás m. (ananach). Ananas.
anão m. (anãou). Nain.
anapesto m. (anapěchtou). Anapeste.
an‖arquia f. (anarkía). Anarchie. ‖-árquico, a adj. (-ark-ou, a). Anarchique. ‖-arquista adj. et s. (-íchta). Anarchiste.
anasarca f. (anasarca). Anasarque.
Anastáci‖a n. pr. (anachtacya). Anastasie. ‖-o n. pr. (-ou). Anastase.
anastomos‖ar-se vr. (anachtoumousarç). S'anastomoser. ‖-e f. (-oz). Anastomose.
an‖ástrofe f. (anachtrouf). Anastrophe. ‖-átema m. (-atma). Anathème. ‖-atematizar vt. (-a-a-ar). Anathématiser.
Anatólia n. pr. (anatolya). Anatolie.
anatomi‖a f. (anatoumía). Anatomie. ‖-sta m. (-íchta). Anatomiste.
anavalhar vt (anavalar). Blesser avec un couteau de poche.
anca f. (ãca). Hanche.
ancestral adj. (ãcechtràl). Ancestral, ale.
ancho, a adj. (ãchou, a). Fier, ère.
anchova f. (ãchóva). Anchois, m.
ancião, iã m. et f. (ãcyãou, yã). Vieillard, vieille femme.
ancinho m. (ãcíngnou). Râteau.
Ancona n. pr. (ãcôna). Ancône.
âncora f. (ãcoura). Ancre.
ancor‖adoiro m. (ãcouradôyrou). Mouillage. ‖-agem f. (-ajãy). Ancrage, m. ‖-ar vi. (-ar). Mouiller.
and‖a! interj. (ãda). Allez! va! ‖-aço m. (-cçou). Petite épidémie, f. ‖-adeiras f. pl. (-adãyrach). Lisières. ‖-ado, a adj. (-adou, a). Parcouru, ue. ‖-adura f. (-adoura). Allure, train, m. ‖-aime m. (-ãym). Échafaud, échafaudage. ‖-aina f. (-ayna). Vêtement (m.) complet.

Itálico : accento tónico. ‖V. página verde para a pronúncia figurada. ▮*Verbo irreg. V. no final do livro.

andaluz, a adj. et s. (ādal*ouch*, za). Andal*ou, ouse.*
and‖amento m. (ādamétou). M*arche,* f., *allure,* f. ‖ *Mus.* Mouvement. ‖**-ante** adj. (-āt). Al*lant, ante, errant, ante.* ‖**-ar** vi (-ar). Marcher. ‖ Loc. *Andar de gatas,* marcher à quatre pattes. *Andar para diante, faire** du *chemin.* ‖ Aller* [a cavalo, etc]. *Être** (*triste,* etc.). ‖ Loc. *Andar em direito, etc., faire* son droit,* etc. *Andar para, être* sur* le *point de. Pôr-se a andar,* s'en *aller*. Anda cá,* viens *ici.* ‖vt. Parcourir*. ‖s. m. Démarche, f. ‖Étage [casa]. ‖**-ilho** m. (-ílou). *Coureur, marcheur.* ‖**-as** f. pl. (ádach). *Échasses.* ‖**-or** m. (-ôr). Brancard (procession).
andorinha f. (ādourígna). *Hirondelle.*
Andorra n. pr. (ādôrra). Andorre.
andraj‖o m. (ādragiou). *Haillon.* ‖**-oso, a** adj. (-ajósou, ósa). *Haillonneux, euse,* déguenillé, *ée* ; *dépenaillé, ée.*
andrógino, a adj. (ādro-ou, a). Androgyne.
anediar vt. (anedyar). Lisser [alisar]. ‖ Caresser [fazer festas].
aned‖ota f. (andóta). Anecdote. ‖**-ótico, a** adj. (-o-ou, a). Anecdotique.
anel‖ m. (anêl). Anneau, bague, f. ‖ Loc. *Anel dè cabelo,* boucle (f.) de *cheveux.* ‖**-ação** f. (-elaçãou). Anhélation. ‖**-ado, a** adj. (-adou, a). Annelé, ée ; bouclé, ée. ‖**-ante** adj. (-āt). Anhéleux, *euse* [ofegante]. ‖ Désireux, *euse.* ‖**-ar** vi. (-ar). Désirer ardemment. ‖Anneler. ‖**-o** m. (-élou). Désir ardent.
an‖emia f. (anmia). Anémie. ‖**-émico, a** adj. (-è-ou, a). Anémique. ‖**-emofilia** f. (-emo-ía). Anémophilie. ‖**-emómetro** m. (-omtrou). Anémomètre. ‖**-émona** f. (-èmouna). Anémone. ‖**-estesia** f. (-echtzía). Anesthésie. ‖**-estesiar** vt. (-yar). Anesthésier. ‖**-estésico, a** adj. (-è-ou, a). Anesthésique. ‖**-eurisma** m. (-éourījma). Anévrisme.
anex‖ação f. (anèkçaçãou). Annexion. ‖**-ar** vt. (-ar). Annexer.
anexim m. (anchī). Adage.

anexo, a adj. (anèkçou, a). Annexe. ‖ s. m. Annexe, f.
anf‖íbio adj. et s. m. (āfébyou). Amphibie. ‖**-ibologia** f. (-ouloujía). Amphibologie. ‖**-iguri** m. (-ouri). Amphigouri. ‖**-iteatro** m. (-yatrou). Amphithéâtre. ‖**-itreão** m. (-ryáou). Amphitryon.
Anfitrite n. pr. (ā-rít). Amphitrite.
ânfora f. (āfoura). Amphore.
anfractu‖osidade f. (āfra-ouou-ad). Anfractuosité. ‖**-oso, a** adj. (-ósou, osa). Anfractueux, *euse.*
angari‖ador m. (āgaryadôr). Celui qui obtient. ‖ Loc. *Angariador de seguros,* courtier d'assurances. ‖**-ar** vt. (-yar) ; Obtenir* ; gagner.
Ângela n. pr. (ájla). Angèle.
Angélica n. pr. (ājèla). Angélique.
ang‖elical adj. (ājl-àl). V. ANGÉLICO. ‖**-élico, a** adj. (ājè-ou, a). Angélique. ‖**-elizar** vt. (ājl-ar).
Ângelo n. pr. (ājlou). Ange.
ang‖ina f. (ājina). Angine. ‖**-ografia** f. (-ougrafía). Angiographie.
angl‖icanismo m. (ā-anījmou). Anglicanisme. ‖**-icano, a** adj. et s. (-ânou, a). Anglican, ane. ‖**-icismo** m. (-íjmou). Anglicisme. ‖**-ófilo, a** adj. et s. (-o-ou, a). Anglophile. ‖**-ófobo, a** adj. et s. (-oubou, a). Anglophobe. ‖**-o-saxão** adj. et s. m. (-ou sakçáou). Anglo-saxon.
Angola n. pr. (āgola). Angola.
angolano, a adj. et s. (āgoulânou, a). Angolais, *aise.*
angra f. (āgra). Anse, crique.
angu m. (āgou). *Br. de Rio.* Bruit, confusion, f. ; intrigue, f.
angular adj. (āgoular). Angul*aire.*
ângulo m. (āgoulou). Angle.
anguloso, a adj. (āgoulósou, osa). Angul*eux, euse.*
ang‖ústia f. (āgouchtya). Angoisse. ‖**-ustiar** vt. (-yar). Angoisser. ‖**-ustioso, a** adj. (-yósou, osa). Angoissant, *ante.* ‖Angoiss*eux,* euse.
anho m. (āgnou). *Agneau.*
Aníbal n. pr. (aníbal). Hannibal.
Anica n. pr. (aníca). Annette.
anichar vt. (a-ar). *Fam.* Caser.
anidr‖ido m. (a-rídou). Anhydride. ‖**-o, a** adj. (-idrou, a). Anhydre.
anil m. (aníl). Indigo.
anilha f. (aníla). Petit anneau, m.

Lettres penchées : accent tonique. ‖V. page verte pour la prononciation figurée. ‖ **Verbe irrég.* V. à la fin du volume.

ANI — ANT

anilina f. (a-ína). Aniline.
anim‖**ação** f. (a-açaou). Animation. ‖**-adamente** adv. (-adamêt). Avec animation. ‖**-ado, a** adj. (-adou, a). Animé, ée. ‖**-ador, a** adj. et s. (-adôr, a). Animateur, trice. ‖**-adversão** f. (-erçaou). Animadversion. ‖**-al** adj. et s. m. (-àl). Animal, ale. ‖**-alejo** m. (-alằyjou). Bestiole, f. ‖**-alesco, a** adj. (-échcou, a). Animalesque. ‖**-alidade** f. (-ad). Animalité. ‖**-alista** adj. et s. m. (-ichta). Animalier [pintor]. ‖Animaliste. ‖**-ar** vt. (-ar). Animer. ‖**-atógrafo** m. (-ografou). V. CINEMATÓGRAFO. ‖**-imismo** m. (-ijmou). Animisme. ‖**-imista** adj. et s. (-ichta). Animiste.
ânimo m. (â-ou). Courage. ‖ Âme, f.
animos‖**amente** adv. (a-amêt). Courageusement. ‖**-idade** f. (-ad). Animosité. ‖Valeur. ‖**-o, a** adj. (-ôsou, osa). Courageux, euse; hardi, ie.
aninhar vt. et vi. (a-gnar). Nicher.
aniquil‖**ação** f. (a-k-açaou). Anéantissement, m. ‖**-ador, a** adj. (-ôr, a). Destructeur, trice. ‖**-ar** vt. (-ar). Anéantir, annihiler.
anis m. (aních). Anis.
aniversário, a adj. et s. m. (a-ersaryou, a). Anniversaire.
anj‖**inho** m. (ãjígnou). Angelet. ‖**-o** m. (ãjou). Ange. ‖Loc. Anjo da guarda, ange gardien.
ano m. (ânou). An, année, f. ‖Loc. De ano para ano, d'année en année. Dia de ano bom, jour de l'an. Faço anos, c'est mon anniversaire. Um ano por outro, bon an, mal an.
anódino, a adj. (ano-ou, a). Anodin, ine.
ânodo m. (ânoudou). Anode, f.
anoitecer vi. (anòytcêr). Faire* nuit. ‖Loc. Ao anoitecer, à la tombée de la nuit.
an‖**omalia** f. (anoumalía). Anomalie. ‖**-ómalo, a** adj. (-omalou, a). Anomal, ale; irrégulier, ère.
anona f. (anóna). Anone.
an‖**onimato** m. (anou-atou). Anonymat. ‖**-ónimo, a** adj. et s. (-ó-ou, a). Anonyme. ‖**-orexia** f. (-ourêkcia). Anorexie.
an‖**ormal** adj. (-ormàl). Anormal, ale; détraqué, ée. ‖**-ormalidade** f. (-a-ad). Irrégularité.

anota‖**ção** f. (anoutaçaou). Annotation. ‖**-dor** m. (-ôr). Annotateur.
anquilos‖**ar** vt. (ãkilousar). Ankyloser. ‖**-e** f. (-oz). Ankylose.
anquinhas f. pl. (ãkígnach). Vertugadins, m. pl.
Anquises n. pr. (ãkísech). Anchise.
anseio m. (ãçằyou). Désir véhément.
ânsia f. (ãcya). Anxiété. ‖ pl. Nausées. ‖Loc. Ânsias da morte, affres de la mort.
ansi‖**ar** vt. (ãcyar). Désirer ardemment, soupirer après. ‖**-edade** f. (-édad). Anxiété. ‖**-oso, a** adj. (-ôsou, osa). Anxieux, euse. ‖Loc. Estar ansioso por, brûler de.
anta f. (ãta). Dolmen, m.
antagónico, a adj. (ãtago-ou, a). Antagonique.
antanho m. (ãtãgnou). Antan.
Antão n. pr. (ãtaou). Antoine.
antárctico, a adj. (ãtart-ou, a). Antarctique.
ante prép. (ãt). Devant. ‖Loc. Pé ante pé, à pas de loup. ‖**-braço** m. (-raçou). Avant-bras. ‖**-cedência** f. (-çdêcya). Antécédence. ‖**-cedente** adj. et s. m. (-êt). Antécédent. ‖**-ceder** vt. et vi. (-ér). Précéder. ‖**-cessor, a** m. et f. (-ôr, a). Devancier, ère. ‖**-cipação** f. (-açãou). Anticipation. ‖**-data** f. (-ata). Antidate. ‖**-datar** vt. (-atar). Antidater. ‖**-diluviano, a** adj. (-ouvyânou, a). Antédiluvien, enne. ‖**-fosso** m. (-ôçou). Avant-fossé. ‖**-gozar** vt. (-ouzar). Goûter par avance. ‖**-gozo** m. (-ôzou). Avant-goût.
Antelmo n. pr. (ãtè-ou). Anthelme.
ante‖**lóquio** m. (ãtlókyou). Avantpropos. ‖**-manhã** f. (-agnã). Avantjour, m. ‖ adv. Avant le jour. ‖**-mão (de)** loc. adv. (dyãtmằou). D'avance. ‖**-meridiano, a** adj. (-mr-yânou, a). Avant-midi.
antena f. (ãténa). Antenne.
Antenor n. pr. (ãtnôr). Anténor.
ante‖**nupcial** adj. (ãtnoupçyàl). Anténuptial, ale. ‖**-ontem** adv. (-yótãy). Avant-hier. ‖**-para** f. (-ara). Cloison. ‖**-paro** m. (-arou). Rempart. ‖**-passados** m. pl. (-açadouch). Ancêtres, aïeux. ‖**-pasto** m. (-ach-tou). Hors-d'œuvre. ‖**-penúltimo, a** adj. (-pnou-ou, a). Antépénultième. ‖**-por*** vt. (-ôr). Préposer. ‖Pré-

---

Itálico : acento tónico. ‖V. página verde para a pronúncia figurada. ‖*Verbo irreg. V. no final do livro.

férer. ‖**-posição** f. (-ou-*ãou*). Précédence. ‖**-projecto** m. (-roujètou). Avant-projet.
antera f. (-*è*ra). Anthère.
anterior‖ adj. (ãtr*yôr*). Antérieur, *eure*. ‖**-idade** f. (-our-*ad*). Antériorité.
antero-superior adj. (ãtro soupr*yôr*). Antérosupérieur, *eure*.
anterrosto m. (ãtr*ô*chtou). Faux-titre.
antes adv. (ãtch). Plutôt. ‖ Auparavant [tempo]. ‖ Avant [tempo, lugar]. ‖ Loc. *Antes pelo contrário*, bien au contraire. *Quanto antes*, au plus tôt. ‖ Loc. prép. *Antes de*, avant.
ante‖**ssala** f. (ãt*ç*ala). Antichambre. ‖**-ver*** vt. (-ér). Prévoir*. ‖**-véspera** f. (-èchpra). Avant-veille.
anti‖**aéreo, a** adj. (ã-a*è*ryou, a). Antiaérien, enne. ‖**-canceroso, a** adj. (ãc*r*ôsou, *os*a). Anticancéreux, *euse*. ‖**-católico, a** adj. (-ato-ou, a). Anticatholique. ‖**-ciclone** m. (-on). Anticyclone. ‖**-ciclónico, a** adj. (-o-ou, a). Anticyclonique. ‖**-clerical** adj. (-er-*à*l). Anticlérical, *ale*. ‖**-clericalismo** m. (-al*ij*mou). Anticléricalisme. ‖**-constitucional** adj. (-ôch-oucyoun*à*l). Anticonstitutionnel, *elle*.
Anticristo n. pr. (ã-richtou). Antéchrist.
antídoto m. (ãtidoutou). Antidote.
anti‖**escorbútico, a** adj. (ãtichcourbou-ou, a). Antiscorbutique. ‖**-espasmódico, ca** adj. (achmo-ou, a). Antispasmodique.
ant‖**ífona** f. (ãtifouna). Antienne. ‖**-ifonário** m. (-*a*ryou). Antiphonaire. ‖**-ífrase** f. (-ifraz). Antiphrase. ‖**-igamente** adv. (-am*è*t). Jadis. ‖**-igo, a** adj. (-igou, a). Ancien, enne; vieux, eille. ‖ *Antique* [muito antigo]. ‖ s. m. Antique. ‖ m. pl. Anciens. ‖**-igovernamental**, *ale*. ‖**-iguala** f. (-ouala). Antiqualle. ‖**-iguidade** f. (-ghid*a*d). Antiquité, ancienneté. ‖**-i-hemorrágico, a** adj. (-imourra-ou, a). Antihémorragique. ‖**-i-higiénico, a** adj. (-*y*è-ou, a). Antihygiénique.
Antilhas n. pr. (ãtilach). Antilles.
anti‖**liberalismo** m. (ã-bralijmou). Antilibéralisme. ‖**-logia** f. (-oujia). Antilogie.

antílope m. (ãtiloup). Antilope, f.
anti‖**militarismo** m. (ã-ari*j*mou). Antimilitarisme. ‖**-militarista** adj. et s. (-arichta). Antimilitariste. ‖**-monárquico, a** adj. (-oun*à*rkicou, a). Antimonarchique. ‖**-mónio** m. (-onyou). Antimoine. ‖**-monioso, a** adj. (-oun*y*ôsou, a). Antimoni*eux*, *euse*. ‖**-nacional** adj. (-acyoun*à*l). Antinational, *ale*. ‖**-nomia** f. (-oumía). Antinomie.
Antí‖**noo** n. pr. (ãtínouou). Antinoüs. ‖**-oco** n. pr. (-oucou). Antiochus.
Antioquia n. pr. (ã-oukía). Antioche.
anti‖**papa** m. (ã-*a*pa). Antipape. ‖**-parlamentar** adj. (-alam*è*t*à*r). Antiparlementaire. ‖**-patia** f. (-atía). Antipathie. ‖**-pático, a** adj. (-a-ou, a). Antipathique. ‖**-patizar** vi. (-a-*ar*). Avoir* de l'antipathie (pour). ‖**-patriótico, a** adj. (-r*y*o-ou, a). Antipatriotique. ‖**-pirético, a** adj. et s. m. (-rè-ou, a). Antipyrétique. ‖**-pirina** f. (-rina). Antipyrine.
ant‖**ipoda** m. (ãtipouda). Antipode. ‖**-iquado, a** adj. (-couadou, a). Suranné, ée. ‖**-iqualha** f. (-ouala). V. ANTIGUALHA. ‖**-iquar-se** vr. (-*arç*). Vieillir. ‖**-iquário** m. (-*a*ryou). Antiquaire. ‖**-iquíssimo, a** adj. (-oui-ou, a). Très ancien, enne. ‖**-irrábico, a** adj. (-rra-ou, a). Antirabique. ‖**-i-regulamentar** adj. (-egoulam*è*t*à*r). Antiréglementaire. ‖**-i-reumatismal** adj. (-éouma-jm*à*l). Antirhumatism*a*l, *ale*. ‖**-i-semita** m. (-*ç*mita). Antisémite. ‖**-i-semítico, a** adj. (-í-ou, a). Antisémitique. ‖**-i-séptico, a** adj. et s. m. (-è(p)-ou, a). Antiseptique. ‖**-i-sifilítico, a** adj. (-fli-ou, a). Antisyphilitique. ‖**-i-stite** m. (-ich-). Prélat. ‖**-strofe** f. (-íchtrouf). Antistrophe. ‖**-i-itese** f. (-itz). Antithèse. ‖**-tetânico, a** adj. (-etã-ou, a). Antitétanique. ‖**-itético, a** adj. (-è-ou a). Antithétique. ‖**-itoxina** f. (-okcína). Antitoxine. ‖**-ituberculoso, a** adj. (-ouèrcoulôsou, osa). Antituberculeux, *euse*. ‖**-ivenéreo, a** adj. (-vn*è*ryou, a). Antivénérien, enne. ‖**-olhos** m. pl. (-olouch). Œillères, f. pl.
antologia f. (ãtouloujía). Anthologie.
Antónia n. pr. (ãt*ô*nya). Antoinette.
ant‖**onímia** f. (ãtounímya). Anto-

Lettres penchées : accent tonique. ‖ V. page verte pour la prononciation figurée. ‖ *Verbe irrég. V. à la fin du volume.

nymíe. ‖**-ónimo, a** adj. et s. m. (-*o-ou*, **a**). Antonyme.
António n. pr. (ātonyeu). Antoine.
ant‖onomásia f. (ātounoumasya). Antonomase. ‖**-raz** m. (-*rach*).
Anthr*a*x.
antro m. (ātrou). Antre.
antrop‖ofagia f. (ātroupoufajía). Anthropophagíe. ‖**-ófago,** f a adj. et s. (-*o-ou*, **a**). Anthropoph*age*. ‖**-ografia** f. (-*ougrafía*). Anthropographie. ‖**-óide** adj. et s. m. (-*oyd*). Anthropo*ïde*. ‖**-ologia** f. (-*ouloujía*). Anthropologie. ‖**-ologista** m. (-*ichta*). Anthropologiste. ‖**-ométrico, a** adj. (-*ètr-ou*, **a**). Anthropométrique. ‖**-omórfico, a** adj. (-*or-ou*, **a**). Anthromorphique. ‖**-omorfismo** m. (ourfíjmou). Anthropomorphisme. ‖**-opiteco** m. (-*ècou*). Anthropopithèque.
Antuérpia n. pr. (ātouèrpya). Anvers.
anu‖al adj. (anou*à*l). Annuel, elle. ‖**-alidade** f. (-*a-ad*). Annualité. ‖**-ário** m. (-*aryou*). Annu*ai*re.
anu‖ência f. (anouẽcya). Consentement, m. ‖**-ir*** vi. (-*ouvir*). Consentír*.
anu‖lação f. (anoulaçãou). Annulation. ‖**-lar** vt. (-*ar*). Annuler. ‖**-lável** adj. (-*avèl*). Annulable.
anunci‖ação f. (anũcyaçãou). Annonciation. ‖**-ante** adj. (-*ãt*). Annonç*ant*. ‖**-ador** m. Annonceur, trice. ‖**|**s. m. Annonceur. ‖**-ar** vt. (-*ar*). Annoncer.
anúncio m. (anũcyou). Annonce, f.
anuro adj. et s. m. (anourou). Anoure.
ânus m. (ānouch). Anus.
anuviar vt. (anouvyar). Couvr*ir* de nuages.
anverso m. (āvèrsou). Avers.
anzol m. (āzol). Hameçon.
ao art. déf. contr. (aou). Au, à l'. ‖ pron. dém. contr. A celui, à ce.
aonde adv. (aõd). Où.
aoristo m. (aourichtou). Aoriste.
aort‖a f. (aorta). Aorte. ‖**-ite** f. (-*it*). Aortite.
apadrinh‖ado, a adj. (apadrignadou, **a**). Protégé, ée. ‖**-amento** m. (-amẽtou). Patronage. ‖**-ar** vt. (-*ar*). Servir* de parrain. ‖*Fig.* Patronner.
apag‖adamente adv. (apa-amẽt). Faiblement. ‖**-ador** m. (-*ador*). Éteigneur [pessoa]. ‖Éteignoir [instrumento]. ‖Éponge, f., torchon [de quadro]. ‖**-amento** m. (-ẽtou). Effacement. ‖Extinction, f. [luz]. ‖**-ar** vt. (-*ar*). Éteindre* [luz, sede]. ‖Effacer [palavra].
apainelar vt. (apaynlar). Lambrisser.
apaixon‖adamente adv. (anaychou-amẽt). Passionnément. ‖**-ado, a** adj. (-*adou*, **a**). Passionné, ée. ‖s. m. et f. Amoureux, euse. ‖**-ar** vt. Passionner. ‖Attrister, affliger.
apalaçado, a adj. (apalaçadou, **a**). Qui a l'air d'un pal*ai*s.
apalavr‖ado, a adj. (apalavradou, **a**). Convenu, ue. ‖**-ar** vt. (-*ar*). Convenír* de. ‖ Traiter verbalement.
apalermaco, a adj. (apalèrmacou, **a**). Qui a l'air nigaud, e.
apalhaçado, a adj. (apalaçadou, **a**). Ridicule, bouffon, onne.
apalp‖adeira f. (apà-adâyra). Fouilleuse. ‖**-adela** f. (-*èla*). Action de tâter. ‖Loc. *As apalpadelas*, à tâtons. ‖**-ar** vt. (-*ar*). Tâter. ‖ Fouiller [bolsos]. ‖*Fam.* Peloter.
apanágio m. (apanajyou). Apan*a*ge.
apanh‖a f. (apāgna). Récolte, cueillette. ‖**-ado** m. (-*adou*). Aperçu. ‖Relevé [conta]. ‖**-a-moscas** m. (-*õchcact*). Attrape-mouche(s). ‖**-ar** vt. (-*ar*). Cueillír*, récolter [fruta]. ‖ Ramasser, relever [do chão]. ‖Trousser [saia]. ‖Attraper, prendre* [doenças, pessoas, etc.].
apaniguado m. (apa-ouadou). Créature, f. (*fig.*). ‖Partisan, adhérent.
apaparicar vt. (apapar-*ar*). Donner des friandises à. ‖ Caresser.
apar‖a f. (apara). Rognure. ‖Copeau, m. [madeira]. ‖**-ador** m. (-*arador*). Dressoir. ‖**-ar** vt. (-*ar*). Rogner. ‖Rafraîchir [cabelo]. ‖ Tailler [lápis]. ‖Parer [golpe]. ‖**-ato** m. (-*atou*). Apparat. ‖**-atosamente** adv. (-*atosamẽt*). Pompeusement. ‖**-atoso, a** adj. (-*õsou*, *osa*). Somptueux, euse. ‖**-ecer** vi. (-*cér*). Apparaître*, paraître*. ‖**-ecimento** m. (-ẽtou). Apparition, f. ‖**-elhar** vt. (-*lar*). Apprêter. ‖ Harnacher [cavalo]. ‖*Constr.* Appareiller. ‖*Mar.* Gréer. ‖**-elho** m. (-*âylou*). Appareil. ‖Apprêts, pl. ‖ Harnais [cavalo]. ‖Attirail [guerra, caça]. ‖**-ência** f. (-*ẽcya*). Apparence. ‖**-entado, a** adj. (-*adou*, **a**). Apparenté, ée. ‖**-entar**

Itálico : acento tónico. ‖V. página verde para a pronúncia figurada. ‖*Verbo irreg. V. no final do livro.

APA — APÉ

vt. (-ar). Sembler avoir*. ‖-entar-se vr. (-arç). S'apparenter. ‖-ente adj. (-êt). Apparent, ente. ‖-entemente adv. (-tmêt). Apparemment. ‖-ição f. (-ãou). Apparition. ‖-o m. (-arou). Plume, f. ‖-tadamente adv. (-ar-amêt). En particulier. ‖-tamento m. (-amêtou). Séparation, f. ‖Br. Appartement. ‖-ar vt. (-ar). Mettre* à part. ‖ Écarter [afastar]. ‖-te m. (apart). Aparté. ‖-valhado, a adj. (aparvaladou, a). Hébété, ée. Stupéfait, aite; ébahi, ie.

apascent‖**ador** m. (apachẽtadôr). Pasteur. ‖-amento m. (-êtou). Action (f.) de faire* paître*. ‖-ar vt. (-ar). Faire* paître*, mener paître*.

apass‖**amanar** vt. (apaçamanar). Passementer. ‖-ivar vt. (-ar). Donner la forme passive à.

apat‖**etado**, a adj. (apatètadou, a). Imbécile. ‖-ia f. (-ia). Apathie. ‖**ap**‖**àticamente** adv. (a-amêt). Apathiquement. ‖-ático, a adj. (-a-ou, a). Apathique. ‖-aulado, a adj. (-aouladou, a). Marécageux, euse.

apavor‖**ador**, a adj. (apavouradôr, a). Effrayant, ante. ‖-amento m. (-ê-tou). Épouvantement. ‖-ar vt. (-ar). Épouvanter, effrayer.

apazigu‖**ador**, a adj. et s. (apa-ouadôr, a). Pacificateur, trice. ‖-amento m. (-êtou). Pacification, f. ‖-ar vt. (-ar). Apaiser. ‖ Accommoder, réconcilier. ‖ Pacifier, concilier.

ape‖**adeiro** m. (apyadêyrou). Halte, f., station, f. ‖-ar vt. (-yar). Mettre* à pied. ‖-ar-se vr. (-arç). Descendre (cheval, voiture).

apedrej‖**amento** m. (apdrejamêtou). Lapidation, f. ‖-ar vt. (-ar). Lapider. ‖ Fig. Injurier, calomnier.

apeg‖**adamente** adv. (apg-amêt). Avec attachement. ‖-ar-se vr. (-arç). S'attacher. ‖-o m. (-égou). Attachement. ‖ Application.

apel‖**ação** f. (aplaçãou). Appel, m. ‖-ante adj. et s. m. (-ãt). Appelant, ante. ‖-ar vi. (-ar). Appeler. ‖-ativo, a adj. et s. m. (apltivou, a). Appellatif, ive.

Apeles n. pr. (apèlch). Apelle.

apelid‖**ação** f. (apl-açãou). Appellation. ‖-ar vt. (-ar). Surnommer. ‖-o m. (-idou). Nom, surnom.

apelo m. (apélou). Appel.

apenas adv. (apénach). Ne... que. ‖ conj. A peine... que, aussitôt que.

ap‖**êndice** m. (apêdiç). Appendice. ‖-endicite f. (-it). Appendicite.

Apeninos n. pr. (apninouch). Apennins.

apens‖**ar** vt. (apêçar). Joindre*. ‖-ionado, a adj. (-ounadou, a). Affairé, ée. ‖-o, a adj. (-êçou, a). Annexe. ‖s. m. Annexe, f.

apequenado, a adj. (apcnadou, a). Un peu petit, ite; bas, asse.

aperaltado, a adj. (aprà-adou, a). Élégamment mis, ise.

aperce‖**ber** vt. (apercébér). Apercevoir*. ‖ Apprêter, préparer. ‖Loc. Aperceber de, pourvoir* de. ‖-bido, a adj. (-idou, a). Préparé, ée. Pourvu, ue. ‖-bimento m. (-êtou). Apprêts, pl. ‖-pção f. (-eçãou). Aperception.

aperfeiço‖**amento** m. (aperfàyçouamêtou). Perfectionnement. ‖-ar vt. (-ouar). Perfectionner.

apergaminhado, a adj. (aperga-gnadou, a). Parcheminé, ée.

aperitivo, a adj. et s. m. (apr-ivou, a). Apéritif, ive.

aperrar vt. (aperrar). Armer.

aperre‖**adamente** adv. (aprry-amêt). Avec contrainte. ‖-amento m. (-amêtou). Vexation, f. ‖-ar vt. (-yar). Tourmenter, vexer, rudoyer.

apert‖**adamente** adv. (aper-amêt). Étroitement, à l'étroit. ‖-adela f. (-adèla). Serrement, m. ‖-ado, a adj. (-adou, a). Serré, ée; pressé, ée. ‖ Étroit, oite [estreito]. ‖ Rigoureux, euse. ‖-ão m. (-ãou). Serrement. ‖Presse, f. [multidão]. ‖-ar vt. (-ar). Serrer, presser. ‖Boutonner [abotoar]. ‖Nouer, lacer [atacar sapato, etc.]. ‖Rétrécir [estreitar]. ‖-o m. (-értou). Serrement. ‖Presse, f. [multidão]. ‖ Rétrécissement [estreitamento]. ‖Embarras. ‖Pauvreté, f. ‖Sévérité, f. ‖Loc. Aperto de mão, poignée (f.) de main.

apesar de loc. prép. (apzar de). Malgré. ‖Loc. conj. Apesar de que, bien que, quoique.

apétalo, a adj. (apètalou, a). Apétale.

Lettres penchées : accent tonique. ‖V. page verte pour la prononciation figurée. ‖*Verbe irrég. V. à la fin du volume.

apet‖ecer vt. (aptcér). Désirer vivement. ‖vi. Avoir* envie, plaire*. ‖**-ecível** adj. (-ívèl). Appétissant, ante. ‖**-ência** f. (-ẽcya). Appétence. ‖**-ite** m. (-ít). Appétit. ‖**-itoso, a** ‖**-ecível** adj. (-ívèl). Appétissant.
apetrech‖ar vt. (aptrechar). Outiller. ‖**-o** m. (-âychou). Outil.
apical adj. (a-àl). Apical, ale.
ápice m. (a-). Sommet. ‖Apogée. ‖Loc. *Num ápice*, en un clin d'œil.
ap‖ícola adj. (apícoula). Apicole. ‖**-icultor** m. (-ou-ôr). Apiculteur. ‖**-icultura** f. (-oura). Apiculture.
apiedar-se vr. (apyédarç). S'apitoyer, compatir (à).
apimentar vt. (a-ẽtar). Poivrer.
apinh‖ado, a adj. (a-gnadou, a). Plein, eine; bondé, ée. ‖**-ar** vt. (-ar). Accumuler. ‖**-ar-se** vr. (-arç). Se serrer, se presser.
apirético, a adj. (a-rê-ou, a). Apyrétique.
apiso‖amento m. (a-ouamẽtou). Foulage. ‖**-ar** vt. (-ouar). Fouler.
apit‖ar vi. (a-ar). Siffler. ‖**-o** m. (-ítou). Sifflet.
aplac‖ar vt. (a-acar). Apaiser. ‖**-ável** adj. (-avèl). Facile à se calmer, qui peut être* apaisé, ée.
aplain‖amento m. (a-aynamẽtou). Rabotage. ‖**-ar** vt. (-ar). Raboter. ‖Aplanir [caminho].
aplan‖ador, a m. et f. (a-anadôr, a). Aplanisseur, euse. ‖**-ar** vt. (-ar). Aplanir.
aplau‖dir vt. et vi. (a-aoudír). Applaudir. ‖**-so** m. (-aousou). Applaudissement.
aplic‖abilidade f. (a-abl-ad). Applicabilité. ‖**-ação** f. (-ãou). Application. ‖**-ar** vt. (-ar). Appliquer. ‖**-ável** adj. (-avèl). Applicable.
apocalíptico, a adj (apoucalíp-ou, a). Apocalyptique.
apó‖cope f. (apocoup). Apocope. ‖**-crifo, a** adj. (-r-ou, a). Apocryphe.
apodar vt. (apoudar). Taxer.
ápode adj. (apoud). Apode.
apoder‖amento m. (apoudramẽtou). Appropriation, f. ‖**-ar-se** vr. (-arç). S'emparer.
apodo m. (apódou). Sobriquet.
apodrec‖er vt. et vi. (apoudrecér). Pourrir. ‖**-imento** m. (-ẽtou). Putréfaction, f.

ap‖ófise f. (apo-). Apophyse. ‖**-ogeu** m. (-oujéou). Apogée. ‖**-ógrafo** m. (-ografou). Apographe.
apoi‖ado! interj. (apôyadou). Très bien! ‖**-ar** vt. (-yar). Appuyer. ‖**-o** m. (-ôyou). Λppui.
apólice f. (apo-). Police (assurance).
apolíneo, a adj. (apoulínyou, a). Apollonien, enne.
apolítico, a adj. (apoulí-ou, a). Apolitique.
Apolo n. pr. (apolou). Apollon.
apol‖ogética f. (apoulojê-a). Apologétique. ‖**-ogia** f. (-jía). Apologie. ‖**-ogista** m. et f. (-ícnta). Apologiste.
apólogo m. (apologou). Apologue.
Apolónio n. pr. (apoulonyou). Apollonius.
apo‖fonia f. (apoufounía). Apophonie. ‖**-nevrose** f. (-evroz). Aponévrose.
apont‖ador m. (apôtadôr). Pointeur [artilheiro]. ‖**-amento** m. (-ẽtou). Note, f. ‖**-ar** vt. (-ar). Montrer (du doigt). ‖Pointer [canhão]. ‖Viser [lebre, etc.]. ‖Noter. ‖vi. Pointer. ‖Loc. *Apontar! fogo!* En joue! feu!
apopl‖éctico, a adj. et s. (apou-ê-ou, a). Apoplectique. ‖**-exia** f. (-èkcía). Apoplexie.
apoquent‖ação f. (apoukẽtaçãou). Chagrin, m. ‖**-ado, a** adj. (-adou, a). Chagriné, ée. ‖**-ador, a** adj. et s. (-adôr, a). Affligeant, ante; importun, une. ‖**-ar** vt. (-ar). Chagriner, affliger.
apor* vt. (apôr). Apposer.
aport‖amento m. (apourtamẽtou). Arrivage au port. ‖**-ar** vi. (-ar). Arriver dans un port.
aportugues‖amento m. (apourtou-.gzamẽtou). Λction (f.) de rendre portugais. ‖**-ar** vt. (-ar). Rendre portugais.
após prép. et adv. (apoch). Après.
aposent‖ação f. (apousẽtaçãou). Retraite (d'un fonctionnaire). ‖**-adoria** f. (-ouría). V. APOSENTAÇÃO. ‖**-ar** vt. (-ar). Retraiter. ‖**-o** m. (-ẽtou). Appartement. ‖Chambre, f.
aposição f. (apou-ãou). Apposition.
apossar-se* vt. (apouçarç). S'emparer, prendre* possession.
apost‖a f. (apochta). Pari, m., gageure. ‖**-ado, a** adj. (-adou, a).

Itálico : acento tónico. ‖V. página verde para a pronúncia figurada. ‖*Verbo irreg. V. no final do livro.

ap||ostasia f. (apouchtasía). Apostasie. ||**-óstata** adj. et s. (-o-a). Apostat.

apost||ila f. (apuchtíla). Apostille. ||**-o, a** adj. (-ôchtou, ochta). Apposé, ée. ||s. m. Apposition, f.

apost||olado m. (apouchtouladou). Apostolat. ||**-ólico, a** adj. (-o-ou, a). Apostolique.

apóstolo m. (apochtoulou). Apôtre.

apostrofar vt. (apouchtroufar). Apostropher.

apóstrof||e f. (apochtrouf). Apostrophe (figure). ||**-o** m. (-ou). Apostrophe, f. (signe).

apótema m. (apotma). Apothème.

apote||ose f. (apoutyoz). Apothéose. ||**-ótico, a** adj. (-o-ou, a). Qui glorifie, qui porte aux nues.

apótese f. (apotz). Apothèse.

apoucar vt. (apôcar). Amoindrir.

apraz||amento m. (aprazamétou). Ajournement, assignation, f. ||**-ar** vt. (-ar). Assigner. ||Ajourner [adiar]. ||**-er*** vi. (-ér). Plaire*. ||**-imento** m. (-étou). Agrément. ||**-ível** adj. (-ívèl). Agréable. ||Avenant, ante.

apre! interj. (apr). Sapristi!

apre||çar vt. (aprèçar). Demander le prix de. ||**-ciação** f. (-aciáou). Appréciation. ||**-ciador, a** adj. et s. (-ôr, a). Appréciateur, trice. ||**-ciar** vt. (-yar). Apprécier. ||**-ciável** adj. (-ávèl). Appréciable. ||**-o** m. (-éçou). Estime, f.

apreen||der vt. (apryèdér). Saisir. ||**-são** f. (-ãou). Appréhension. ||Saisie [judicial]. ||**-sivo, a** adj. (-ívou, a). Appréhensif, ive.

aprego||adamente adv. (apregouamét). Publiquement. ||**-ador, a** adj. (-adôr, a). Qui publie. ||s. m. Crieur. ||**-ar** vt. (-ar). Crier. Divulguer.

aprend||er vt. et vi. (aprédér). Apprendre*. ||**-iz, a** m. et f. (-díz, iza). Apprenti, ie. ||**-izado** m. (-adou) et **-izagem** f. (-ajày). Apprentissage, m.

apres||amento m. (apresamétou). Capture, f. ||**-ar** vt. (-ar). Saisir.

apresent||ação f. (apresètaçáou). Présentation. ||**-ador** m. (-ôr). Présentateur. ||**-ar** vt. (-ar). Présenter. ||**-ável** adj. (-ávèl). Présentable.

apress||adamente adv. (aprèç-amét). A la hâte. ||**-ado, a** adj. (-adou, a). Hâté, ée; pressé, ée. ||**-ar** vt. (-ar). Hâter, presser. ||**-ar-se** vr. (-arç). Se hâter, s'empresser. ||**-uradamente** adv. (-our-amét). A la hâte. ||**-urado, a** adj. (-adou, a). Empressé, ée; pressé, ée; diligent, ente.

aprest||ar vt. (aprechtar). Apprêter. ||**-o** m. (-èchtou). Apprêt. ||Attirail [caça, guerra]. Équipement.

aprimorado, a adj. (apr-ouradou, a). Accompli, ie; parfait, aite.

aprisco m. (apríchcou). Bercail.

aprision||amento m. (apr-ounamétou). Emprisonnement. ||**-ar** vt. (-ar). Emprisonner.

aproar vt. et vi. (aprouar). Mettre* le cap sur. ||vi. Arriver.

aprobativo, a adj. (aproubatívou, a). Approbatif, ive.

aprofundar vt. (aproufũdar). Approfondir, creuser.

aprontar vt. (aprõtar). Apprêter.

apropinqu||ação f. (aproupicouaçãou). Proximité. ||**-ar-se** vr. (-arç). S'approcher, se mettre* auprès de.

apropositadamente adv. (aproupou-amét). Convenablement.

a-propósito m. (aproupo-ou). A-propos.

apropri||ação f. (aprouprya çáou). Appropriation. ||**-ar** vt. (-yar). Approprier, conformer.

aprov||ação f. (aprouvaçáou). Approbation. ||**-ador, a** adj. et s. (-ôr, a). Approbateur, trice. ||**-ar** vt. (-ar). Approuver. ||**-ativo, a** adj. (-ívou, a). V. APROBATIVO. ||**-ável** adj. (-ávèl). Approuvable.

aproveit||ado, a adj. (aprouvãytadou, a). Mis, ise à profit. ||Parcimonieux, euse. ||**-amento** m. (-amétou). Profit. ||Avancement [estudo]. ||**-ar** vt. (-ar). Profiter de. ||vi. Profiter. ||**-ável** adj. (-ávèl). Profitable.

aproxim||ação f. (aprocimaçáou). Rapprochement, m. ||Approximation [cálculo]. ||**-adamente** adv. (-adamét). Approximativement. ||**-ar** vt. (-ar). Approcher. ||**-ar-se** vr. (-arç). S'approcher, se mettre* auprès de. ||**-ativo, a** adj. (-ativou, a). Approximatif, ive.

aprum||ar vt. (aproumar). Mettre* d'aplomb. ||**-o** m. (-oumou). Aplomb.

Lettres penchées : accent tonique. ||V. page verte pour la prononciation figurée. ||*Verbe irrég. V. à la fin du volume.

áptero, a adj. et s. m. (aptrou, a). Aptère.
apt∥idão f. (a-ãou). Aptitude. ‖**-o, a** adj. (a-ou, a). Apte.
Apuleio n. pr. (apoulãyou). Apulée.
apunhalar vt. (apougnalar). Poignarder.
apup∥ada f. (apoupada). Huée. ‖**-ar** vt. (-ar). Huer. ‖**-o** m. (-oupou). Huée, f., cri.
apur∥amento m. (apouraméntou). Apurement [conta]. ‖ Vérification, f. ‖ Choix [escolha]. ‖**-ar** vt. (-ar). Choisir. ‖ Avérer [pôr a claro]. ‖ Encaisser [dinheiro]. ‖ Rechercher [verdade]. ‖ Relever [molho]. ‖**-o** m. (-ourou). Recherche, f. [esmero]. ‖ Embaraças. ‖ Recette, f. ‖ Loc. *Livrar-se de apuros*, se tirer d'affaire.
aquário m. (acouaryou). Aquarium. ‖ *Astr.* Verseau.
aquartel∥amento m. (acouartelaméntou). Cantonnement. ‖**-ar** vt. (-ar). Cantonner. ‖ *Blason.* Écarteler.
aqu∥ático, a adj. (acouá-ou, a). Aquatique. ‖**-atinta** f. (a-atínta). Aqua-tinta, aquatinte.
aquec∥edor m. (akècdôr). Chaufferette, f. ‖**-er** vt. (-ér). Chauffer. ‖ vi. Devenir* chaud. ‖**-imento** m. (-étou). Chauffage.
aqueduto m. (adoutou). Aqueduc.
aquel∥a adj. dém. f. (akéla). Cette. ‖ pr. dém. f. Celle, celle-là. ‖ s. f. Cérémonie : *sem mais aquela*, sans façon. ‖**-e** adj. dém. m. (-él). Ce, cet. ‖ pr. dém. m. Celui, celui-là. Loc. *Todo aquele que*, quiconque. ‖**-outro, a** adj. dém. (-klôtrou, a). Cet, cette autre. ‖ pr. dém. Celui-là, celle-là.
aquém adv. (akãy). En deçà. ‖ Loc. *Daquém e dalém*, deçà et delà.
aquénio m. (akènyou). Akène.
aquentar vt. (akētar). V. AQUECER.
aqueu adj. et s. m. (akéou). Achéen.
Aqueronte n. pr. (akerôt). Achéron.
aqui adv. (akí). Ici. ‖ Loc. *Aqui d'el-rei!* Au secours! *Aqui e ali*, çà et là. *Aqui jaz*, ci-gît. *Aqui para nós*, soit dit en passant. *Daqui em diante*, dorénavant. *Eis aqui*, voici, voilà.
aquiesc∥ência f. (akyèchcécya). Acquiescement. ‖**-er** vi. (-ér). Acquiescer, consentir*.

aquietar vt. (-ètar). Apaiser, calmer.
aquilão m. (akilãou). Aquilon.
aquilatar vt. (akilatar). Apprécier. ‖ Essayer [ouro].
Aquiles n. pr. (akílch). Achille.
aquilino adj. (akilínou). Aquilin.
aquilo pron. dém. (akílou). Ce, cela.
aquinhoar vt. (akignouar). Partager également.
aquisição f. (akz-ãou). Acquisition.
aquista m. et f. (acouíchta). Personne qui va aux eaux.
Aquitânia n. pr. (akitânya). Aquitaine.
aquoso, a adj. (acouôsou, osa). Aqueux, euse.
ar m. (ar). Air. ‖ Loc. *Ao ar livre*, en plein air. *Cabeça no ar*, écervelé. *Dar ares*, ressembler. *De pernas para o ar*, sens dessus dessous. *Ir aos ares*, se mettre en colère.
ara f. (ara). Autel, m.
árabe adj. et s. m. (aráb). Arabe.
aracnídeo m. (aracnídyou). Arachnide.
arado m. (arádou). Araire.
aragem f. (arajāy). Petit vent, m.
aragonês, esa adj. et s. (aragounéch, za). Aragonais, aise.
aramaico m. (aramáycou). V. ARAMEU.
arame m. (arâm). Fil de fer.
arameu m. (araméou). Araméen.
arandela f. (aradèla). Bobèche.
aranh∥a f. (arãgna). Araignée. ‖**-ão** m. (-ãou). Grande araignée, f. ‖**-iço** m. (-íçou). Faucheux ou faucheur (araignée des champs).
aranzel m. (arãzèl). Kyrielle, f.
arapuca adj. (arapóuca). *Br.* Rusé, ée. ‖ s. f. Piège, m.; vieille maison.
arar vt. (arar). Labourer.
arara f. (arara). Ara, m.
araruta f. (ararouta). Arrow-root, m.
araucária f. (araoucarya). Araucaria, m.
arauto m. (araoutou). Héraut.
arável adj. (aravèl). Arable.
arbitr∥agem f. (arbitrajāy). Arbitrage, m. ‖**-ar** vt. (-ar). Arbitrer. ‖**-ariedade** f. (-aryédad). Procédé (m.) arbitraire. ‖**-ário, a** adj. (-aryou, a). Arbitraire.
arbítrio m. (arbitryou). Arbitraire. ‖ Gré, caprice. ‖ Arbitrage.
árbitro m. (cr-rou). Arbitre.

Itálico: acento tónico. ‖ V. página verde para a pronúncia figurada. ‖ *Verbo irreg. V. no final do livro.

ARB — ARG 396

arbóreo, a adj. (arb*o*ryou, a). D'*arbre*.
arbor‖**escência** f. (arbourchcêcya). Arborescence. ‖**-escente** adj. (-êt). Arborescent, ente. ‖**-escer** vi. (-ér). Devenir* *arbre*. ‖**-icultor** m. (ou-ôr). Arboriculteur. ‖**-icultura** f. (-oura). Arboriculture. ‖**-ização** f. (-aç*ã*ou). Boisement, m. ‖**-izar** vt. (-ar). Boiser, planter d'arbres.
arbusto m. (arbouchtou). Arbrisseau.
arca f. (arca). *Caisse*, coffre, m. ‖ Huche [do pão]. ‖ Arche [Aliança, Noé].
arcabouço m. (arcabôçou). Thorax.
arcabuz‖ m. (arcabouch). Arquebuse, f. ‖**-ada** f. (-zada). Arquebusade. ‖**-ar** vt. (-ar). Arquebuser. ‖**-eiro** m. (-âyrou). Arquebusier.
arcada f. (arcáda). Arcade.
árcade m. (arcad). Arcadien.
arcadura f. (arcadoura). Courbure.
arca‖**ico, a** adj. (arc*á*ycou, a). Archaïque. ‖**-ismo** m. (-aijmou). Archaïsme.
arcanjo m. (arc*á*jou). Archange.
arcano m. (arc*á*nou). Arcane.
arção m. (arç*ã*ou). Arçon.
arcar‖ vt. (arcar). Arquer. ‖ Cercler [tonel]. ‖ vi. *Faire* face à. ‖**-ia** f. (-aria). Arcades, pl.
arce‖**bispado** m. (arce-chpadou). Archevêché. ‖**-bispo** m. (-chpou). Archevêque. ‖**-diago** m. (-yagou). Archidi*a*cre.
arch‖**eiro** m. (arch*â*yrou). Archer. ‖**-ote** m. (-ot). Torche, f.
arcipreste m. (ar-rècht). Archiprêtre.
arco‖ m. (arcou). Arc. ‖ Archet [violino]. ‖ Cerc*e*au [de pipa; de criança]. ‖ Arceau [abóbada]. *Arche*, f. [ponte]. ‖**-botante** m. (-outát). Arc-boutant. ‖**-da-velha** m. (-avèla). V. ARCO-ÍRIS. ‖**-íris** m. (-írich). Arc-en-ciel.
arcontado m. (arcôtadou). Archontat.
árctico, a adj. (art-ou, a). Arctique.
ard‖**ência** f. (ardêcya). Ardeur. ‖**-ente** adj. (-êt). Ardent, ente. ‖**-er** vi. (-ér). Brûler. ‖**-ida** adj. (-ídou, a). Brûlé, ée. ‖ Hardi, ie; intrépide.
ardil‖ m. (ardíl). Astuce, f., ruse, f. ‖**-oso, a** adj. (-ôsou, ósa). Rusé, ée.
ard‖**imento** m. (ar-êtou). Bravoure, f.

‖**-or** m. (-ôr). Ardeur, f. ‖**-oroso, a** adj. (-ourôsou, ósa). Ardent, ente.
ardósia f. (ardósya). Ardoise.
àrduamente adv. (ardouamêt). Péniblement, difficilement.
árduo, a adj. (ard*o*uou, a). Ardu, ue.
área f. (arya). *Aire*, surface.
are‖**al** m. (ary*á*l). Grève, f. ‖**-ar** vt. (-yar). Sabler, sablonner. ‖**-eiro** m. (-âyrou). Sablier. ‖**-ia** f. (-áya). Sable, m. ‖ pl. Gravier, m. sing.
arej‖**ado, a** adj. (arejadou, a). Aéré, ée. ‖**-amento** m. (-amétou). Aération, f. ‖**-ar** vt. (-ar). Aérer.
arena f. (aréna). Arène.
areng‖**a** f. (arêga). Harangue. ‖**-ar** vt. et vi. (-ar). Haranguer. ‖**-ueiro** m. (-âyrou). Harangueur. ‖ adj. *Br.* Vicieux (cheval).
arenoso, a adj. (arenôsou, ósa). Aréneux, euse.
arenque m. (arêc). Hareng.
areómetro m. (ary*o*mtrou). Aréomètre.
areó‖**opagita** m. (aryoupajita). Aréopagite. ‖**-ópago** m. (-opagou). Aréopage.
aresta f. (arêchta). Arête.
arfar vi. (arfar). Haleter. ‖ *Mar.* Tanguer. ‖ Se cabrer [cavalo].
argamassa f. (argamaça). Mortier, m.
arganaz m. (arganach). Loir. ‖ *Fig.* Homme de grande taille.
Arg‖**el** n. pr. (arjèl). Alger. ‖**-élia** n. pr. (-élya). Algérie.
argelino, a adj. et s. (arjlínou, a). Algérien, enne.
argentário, a adj. (arjêtaryou). Richard.
argênteo, a adj. (arjêtyou, a). D'argent. ‖ Argenté, ée [brilho]. Argentin, ine [som].
argent‖**ífero, a** adj. (arjêtífrou, a). Argentifère. ‖**-ino, a** adj. et s. (-ínou, a). Argentin, ine.
argil‖**a** f. (arjíla). Argile. ‖**-oso, a** adj. (-ôsou, ósa). Argileux, euse.
argola f. (argola). Anneau, m. ‖ Rond, m. [guardanapo].
argonauta m. (argounaouta). Argonaute.
arg‖**úcia** f. (argoucya). Argutie. ‖**-ucioso, a** adj. (-ôsou, ósa). Argutieux, euse.
argueiro m. (arg*â*yrou). Fétu.
argu‖**ente** m. (arguêt). Argumentant. ‖**-ido, a** adj. (-ídou, a). Pré-

---

Lettres penchées : accent tonique. ‖ V. page verte pour la prononciation figurée. ‖ *Verbe irrég. V. à la fin du volume.

ARG — ARQ

venu, ue; accusé, ée. ‖-ir vt. (-ir). Arguer. ‖vi. Argumenter. ‖-mentação f. (-ētaçãou). Argumentation. ‖-mentar vi. (-ar). Argumenter. ‖-mento m. (-ētou). Argument.
arguto, a adj. (argoutou, a). Subtil, ile; ingénieux, euse.
ária f. (arya). Air, m. (chanson).
Árias n. pr. (aryach). Aryas.
ariano, a adj. et s. (aryânou, a). Aryen, enne.
aridez f. (ar-éch). Aridité.
árido, a adj. (ar-ou, a). Aride.
aríete m. (ariét). Bélier (machine).
arisco, a adj. (aríchcou, a). Fig. Farouche, sauvage.
Aristides n. pr. (arichtídeh). Aristide.
aristocr‖acia f. (arichtoucracia). Aristocratie. ‖-ata s. (-ata). Aristocrate. ‖-ático, a adj. (-ou, a). Aristocratique.
Aristó‖fanes n. pr. (arichtofanch). Aristophane. ‖-teles n. pr. (-tlch). Aristote.
arist‖otélico, a adj. (arichtoutê-ou, a). Aristotélique. ‖-otelismo m. (-tlíjmou). Aristotélisme.
aritmética f. (ar-è-a). Arithmétique.
arlequim m. (arlekī). Arlequin.
arma f. (arma). Arme. ‖pl. Armes, armoiries (escudo, brasão).
arm‖ação f. (armaçãou). Bois, m. (du cerf). ‖Cornes, f. pl. (du taureau). ‖Charpente (casa). ‖-ada f. Flotte, escadre. ‖-adilha f. (-adila). Piège, m. ‖-ador m. (-ôr). Tapissier. ‖Armateur [navio]. ‖-adura f. (-oura). Armure [ferro]. ‖Armature [condensador]. ‖Bois, m. [veado] cornes [touro]. ‖-amento m. (-étou). Armement.
Armando n. pr. (armãdou). Armand.
armão m. (armãou). Armon.
armar* vt. (armar). Armer. ‖Décorer, tapisser. ‖Monter [máquina]. ‖Tendre [emboscada]. ‖Susciter [questão]. ‖-ia f. (-aria). Arsenal, m.
armário m. (armaryou). Armoire, f.
armaz‖ém m. (armazãy). Magasin. ‖-enagem f. (-enajãy). Magasinage, m. ‖-enar vt. (-ar). Emmagasiner. ‖-enista m. et f. (-ichta). Propriétaire d'un magasín.

armeiro m. (armâyrou). Armurier. ‖Râtelier [para espingardas].
armila‖do, a adj. (ar-adou, a). Armillé, ée. ‖-r adj. (-ar). Armillaire.
arminho m. +armígnou). Hermine, f.
armisticio m. (ar-chtícyou). Armistice.
arnês m. (arnéch). Harnais
arnica f. (arnica). Arnica.
aro m. (arou). Cerceau. ‖Jante, f. [roda].
arom‖a m. (arôma). Arome ‖-ático, a adj. (-ouma-ou, a). Aromatique. ‖-atizar vt. (-ar). Aromatiser.
arp‖ão m. (ɛrpãou). Harpon [pesca]. ‖Grappin [abordagem]. ‖-ar vi. (-ar). Lever l'ancre. ‖-ejo m. (-âyjou). Arpège. ‖-éu m. (-ẽou). Grappin. ‖-oação f. (-ouaçãou). Harponnement, m. ‖-oar vt. (-ar). Harponner.
arque‖ação f. (arkyaçãou). Jaugeage, m. [navio, etc.]. ‖-adura f. (-oura). Courbure et. arc. ‖-ar vt. (-ar). Courber en arc. ‖Hausser [sobrancelhas]. ‖Loc. Arquear o lombo, faire* gros dos (chat).
arquej‖ante adj. (arkjãt). Haletant, ante. ‖-ar vt. (-ar). Haleter.
arqueol‖ogia f. (arkyoulujía). Archéologie. ‖-ógico, a adj. (-o-ou, a). Archéologique.
arquétipo m. (arkê-ou). Archétype.
arqui‖confraria f. (arkicõfraria). Archiconfrérie. ‖-diácono m. (-yacounou). Archidiacre. ‖-diocesano, a adj. (-oucesânou, a). Archidiocésain, aine.
arquidu‖cado m. (arkidoucadou). Archiduché. ‖-que m. (-ouc). Archiduc. ‖-quesa f. (-ésa). Archiduchesse.
arquiepiscop‖ado m. (arkiipíchcoupadou). Archiépiscopat. ‖-al adj. (-àl). Archiépiscopal, ale.
Arquimedes n. pr. (arkimèdch). Archimède.
arqui‖pélago m. (arkipèlagou). Archipel. ‖Fig. Imaginer. ‖-tectar vt. (-ètar). Bâtir. ‖-tecto m. (-êtou). Architecte. ‖-tectónico, a adj. (-o-ou, a). Architectonique. ‖-tectura f. (-oura). Architecture. ‖-trave f. (-rav). Arehitrave.
arqui‖ar vt. (arkivar). Garder dans

Itálico : acento tónico. ‖V. página verde para a pronúncia figurada. ‖ *Verbo irreg. V. no final do livro.

ARR — ARR

les archives. ‖Classer. ‖**-ista** m. et f. (-íchta). Archiviste, m. ‖**-o** m. (-ívou). Archives, f. pl.
arrabalde m. (arrabáld). Faubourg.
arraia f. (arraya). Raie (poisson). ‖Frontière. ‖Loc. *Arraia miúda*, menu peuple, m.
arraial m. (arrayál). Camp. ‖Fête (f.) champêtre.
arraiga‖**do, a** adj. (arraygádou, a). Invétéré, ée. ‖**-r** vt. (-ar). Enraciner.
arrais m. (arraych). Patron (d'une barque de pêche).
arranc‖**ada** f. (arrâcáda). Élan, m. ‖Loc. *Duma arrancada*, soudain. ‖**-ar** vt. (-ar). Arracher. ‖vi. Partir*; démarrer. ‖**-o** m. (-âcou). Élan. ‖Démarrage. ‖Loc. *Arrancos da morte*, affres (f.) de la mort.
arranh‖**a-céus** m. (arrâgna cèouch). Gratte-ciel. ‖**-adela** ou **-dura** f. (-éla, oura). Égratignure. ‖**-ão** m. (-ãou). Égratignure. ‖**-ar** vt. (-ar). Égratigner. ‖Racler [violino]. ‖Écorcher [uma língua].
arranj‖**ado, a** adj. (arrãjádou, a). Tenu, ue; soigné, ée. ‖Loc. fam. *Estar arranjado*, avoir* du fil à retordre. ‖**-ar** vt. (-ar). Arranger. ‖Trouver, se procurer [achar]. Parer. ‖**-ar-se** vr. (-ç). *Faire** sa toilette. ‖S'y prendre*. ‖**-ista** f. (-íchta). Profiteur. ‖**-o** m. (-ãjou). Arrangement. ‖Loc. *Fazer arranjo*, faire** l'affaire de. ‖pl. Apprêts.
arranque m. (arrâc). V. ARRANCO.
arrasar vt. (arrasar). Démanteler. ‖Rabattre*, humilier. ‖Harasser, fatiguer. ‖Loc. *Arrasarem-se os olhos de lágrimas a*, avoir* les larmes aux yeux.
arrast‖**adamente** adv. (arrach-amét). En traînant. ‖*Fam*. A bas prix. ‖**-adeira** f. (-áyra). Bassin (m.) de lit. ‖**-ar** vt. (-ar). Traîner, entraîner. ‖vi. Traîner. ‖**-ar-se** vr. (-ç). Ramper. ‖Traîner en longueur [demorar]. ‖**-o** m. (-áchtou). Traîneau (filet) [rede].
arrátel m. (arratèl). Livre, f. (poids).
arrazo‖**ado, a** adj. (arrazoádou, a). Raisonnable. ‖s. m. Plaidoyer. ‖**-ar** vi. (-ouar). Raisonner. ‖Discourir*, disputer.
arre! interj. (arre). Haïe! peste!

arre‖**ar** vt. (arryar). Harnacher. ‖Parer, orner. ‖Loc. *Arrear a bandeira*, baisser le pavillon. ‖**-ata** f. (-yata). Licou, m.
arrebanhar vt. (arrebagnar). Saisir, attraper.
arrebat‖**adamente** adv. (arrebaamét). Avec emportement. ‖**-ado, a** adj. (-adou, a). Emporté, ée. ‖*Fig*. Ravi, ie. ‖**-ador, a** adj. (-adór, a). Ravissant, ante. ‖**-amento** m. (-ĕtou). Emportement. ‖Enlèvement, ravissement. ‖**-ar** vt. (-ar). Ravir, enlever. ‖**-ar-se** vr. (-arç). S'emporter [cólera]. ‖S'enthousiasmer, s'extasier.
arrebi‖**cado, a** adj. (arrebicádou, a). Attifé, ée. ‖**-car-se** vr. (-arç). S'attifer. ‖**-que** m. (-ic) Ornement exagéré.
arrebit‖**ado, a** adj. (arrebitádou, a). Éveillé, ée. ‖Loc. *Nariz arrebitado*, nez retroussé. ‖**-ar** vt. (-ar). Dresser, redresser (l'oreille).
arre-burrinho m. (arrbourrígnou). Balançoire, f. (jeu d'enfant).
arrecad‖**ação** f. (arrecadaçãou). Magasin, m. ‖Perception (impôts). ‖**-ar** vt. (-ar). Placer en lieu sûr. ‖Percevoir (impôts).
arrecuas (às) loc. adv. (azarrcouach). A reculons, en reculant.
arred‖**a!** interj. (arrèda). Gare! ‖**-ar** vt. (arredar). Écarter. ‖**-io, a** adj. (-íou, a). Écarté, ée; éloigné, ée; séparé, ée.
arredond‖**amento** m. (arrdõdamétou). Arrondissement. ‖**-ar** vt. (-ar). Arrondir.
arredores m. pl. (arredorch). Environs, alentours.
arrefec‖**er** vt. et vi. (arrefecér). Refroidir. ‖**-imento** m. (-étou). Refroidissement.
arregaçar vt. (arregaçar). Retrousser, trousser.
arregalar vt. (arregalar). Écarquiller (les yeux).
arreganh‖**ar** vt. (arregagnar). Montrer (les dents). ‖**-o** m. (-ãgnou). Morgue, f., contenance (f.) hautaine.
arregimentar vt. (arre-ētar). Enregimenter.
arreio m. (arrãyou). Harnais.
arreli‖**a** f. (arrelía). Ennui, m. ‖**-ador, a** adj. et s. (-ór, a). Taquin,

---

Lettres penchées : accent tonique. ‖V. page verte pour la prononciation figurée. ‖*Verbe irrég. V. à la fin du volume.

ARR — ARR

ine; fâcheux *euse*. ‖**-ar** vt. (-*ar*). Fâcher, taquiner. ‖**-ento** f, a adj. (-*ētou*, a). Taquín, *íne*.
arrelv‖amento m. (arrè-amétou). Gazonnement. ‖**-ar** vt. (-*ar*). Gazonner.
arremangar-se vr. (arremãgarç). Se retrousser les manches.
arremat‖ação f. (arremataçãou). Adjudication. ‖**-ador** ou **-ante** m. (-*ôr*, *ãt*). Adjudicataire. ‖**-ar** vt. (-*ar*). Adjuger au plus offrant.
arremed‖ar vt. (arremedár). Contrefaire, singer. ‖**-o** m. (-*édou*). Singerie, f. Apparence, f.
arremess‖ar vt. (arremeçár). Jeter. ‖**-ar-se** vr. (-*arç*). S'élancer. ‖**-o** m. (-*éçou*). Jet. ‖Attaque, f.
arremet‖er vi. (arremetér). Attaquer. ‖**-ida** f. (-*ída*). Attaque.
arrend‖amento m. (arrēdamétou). Bail. ‖**-ar** vt. (-*ar*). Affermer [propriedade]. ‖Louer [casa]. ‖**-atário**, a m. et f. (-atáryou, a). Locataire.
arreneg‖ado, a adj. (arrenegadóu, a). Irrité, *ée*. ‖**-ar-se** vr. (-*arç*). Se fâcher. *Arrenego!* diantre!
arrepanhar vt. (arrepagnár). Ratatiner, rider.
arrepelar vt. (arreplár). Arracher (cheveux). ‖**-se** vr. *Fig.* Se repentir.
arrepend‖er-se vr. (arrepēdérç). Se repentír. ‖**-imento** m. (-*étou*). Repentir.
arrepi‖ar vt. (arrpyár). Rebrousser, dresser (cheveux). ‖*Faire* frissonner [estremecer]. ‖**-o** m. (-*íou*). Frisson, frissonnement.
arrest‖ar vt. (arrèchtár). Saisir, *faire* saisie. ‖**-o** m. (-èchtou). Arrêt, saisie, f.
arrevessado, a adj. (arrevesadou, a). Difficile. ‖Intraitable.
arrib‖a f. (arríba). Falaise. ‖interj. Debout! ‖**-ação** f. (-*ãou*). Arrivage, m. ‖Loc. *Aves de arribação*, oiseaux (m.) de passage. ‖**-ana** f. (-*ãna*). Cabane. ‖**-ar** vi. (-*ar*). Arriver. ‖*Fig.* Se remettre*, se rétablir (d'une maladie).
arrieiro m. (arryâyrou). Muletier.
arrim‖ar vt. (arr-ar). Appuyer. ‖**-o** m. (-ímou). Appui, soutien.
arrisc‖ado, a adj. (arrichcadou, a). Hasardeux, *euse*; dangereux, *euse*. ‖**-ar** vt. (-ichcár). Risquer, hasar-

der. ‖**-ar-se** vr. (-*arç*). Se hasarder.
arr‖ítmia f. (arr-ía). Arythmie. ‖**-ítmico, a** adj. (-*i*-ou, a). Arythmique
arroba f. (arrôba). Arrobe.
arrocho m. (arrôchou). Gourdin.
arrog‖ância f. (arrougãcya). Arrogance. ‖**-ante** adj. (-*ãt*). Arrogant, *ante*. ‖**-antemente** adv. (-*tmét*). Arrogamment. ‖**-ar-se** vr. (-*arç*). S'arroger.
arroio m. (arrôyou). Ruisseau.
arroj‖ado, a adj. (arroujadou, a). Hardi, *ie*. ‖**-ar** vt. (-*ar*). Jeter : *arrojar de si*, repousser. ‖**-ar-se** vr. (-*arç*). Se jeter. ‖*Fig.* Oser. ‖**-o** m. (-ôjou). Hardiesse, f. ‖Impudence, f.
arrol‖ador m. (arrouladôr). Celui qui fait un inventaire. ‖**-amento** m. (-étou). Inventaire. ‖**-ar** vt. (-*ar*). Inventorier, dénombrer.
arrolhar vt. (arroulár). Boucher (une bouteille).
arromba f. (arrôba). U. dans la loc. : *de arromba*, d'éclat.
arromb‖amento m. (arrōbamétou). Enfoncement, effraction, f. ‖**-ar** vt. (-*ar*). Enfoncer [porta]. ‖Forcer [fechadura].
arrostar vt. et vi. (arrouchtár). Braver, affronter.
arrotar vi. (arroutár). Éructer, roter (*pop.*).
arrote‖ador m. (arroutyadôr). Défricheur. ‖**-amento** m. (-étou). Défrichement. ‖**-ar** vt. (-*yar*). Défricher.
arroto m. (arrôtou). Éructation, f., rot (*pop.*).
arroubo m. (arrôbou). Extase, f.
arroxe‖ado, a adj. (arrouchyadou, a). Violacé, *ée*. ‖**-ar** vt. (-*yar*). Teindre* en violet.
arroz m. (arrôch). Riz. ‖Loc. *Arroz doce*, riz sucré. ‖**-al** m. (-ouzál). Rizière, f.
arrua‖ça f. (arrouaça). Émeute. ‖**-ceiro** m. (-*âyrou*). Émeutier.
arrua‖mento m. (arrouamétou). Alignement en rues. ‖Rue, f. ‖**-r** vt. (-*ouar*). Diviser en rues.
arruçar vi. (arrouçár). Roussir. ‖Grisonner [barba, cabelo].
arruda f. (arrouda). Rue (plante).
arruf‖ar-se vr. (arroufarç). Bouder. ‖**-o** m. (-*oufou*). Bouderie, f.

Itálico : acento tónico. ‖V. página verde para a pronúncia figurada. ‖*Verbo irreg. V. no final do livro.

arruído m. (arrouídou). Bruit. ‖Tumulte.
arruin‖amento m. (arrou-amêtou). Ruine, f. ‖**-ar** vt. (-ar). Ruiner.
arruivado, a adj. (arrouyvádou, a). Roussâtre.
arrulh‖ar vi. (arroular). Roucouler. ‖**-o** m. (-oulou). Roucoulement.
arrum‖ação f. (arroumaçaõu). Arrangement, m. ‖Débarras, m. [Cajón]. ‖**-adela** f. (-êla). Léger arrangement, m. ‖**-ado, a** adj. (-adou, a). Arrangé, ée. ‖*Fig. Estar arrumado*, être* casé. ‖**-adora** f. (-adôra). Ouvreuse. ‖**-ar** vt. (-ar). Arranger, ranger. *Arrumar o quarto, faire* la chambre. ‖ Placer (un fils, une fille). ‖ Caser (dans un emploi).
arsenal m. (arçnàl). Arsenal.
ars‖eniato m. (arsenyatou). Arséniate. ‖**-énico** m. (-ê-ou). Arsenic. ‖ adj. Arsénique. ‖**-énio** m. (-ényou). Arsenic.
Arsénio n. pr. (arsényou). Arsène.
arseni‖oso adj. m. (arsenyózou). Arsénieux. ‖**-to** m. (-itou). Arsénite.
Arta‖fernes n. pr. (artafèrnech). Artapherne. ‖**-xerxes** n. pr. (-chèrchech). Artaxerxès.
arte‖ f. (art). Art, m. ‖Métier, m. ‖Adresse [manha]. ‖*Loc. Desta arte*, de la sorte. ‖**-facto** m. (artefa-ou). Produit manufacturé.
arteir‖ice f. (artâyríç). Astuce. ‖**-o, a** adj. (-âyrou, a). Fin, ine; rusé, ée.
artelho m. (artâylou). Cheville, f. (du pied).
art‖éria f. (artèrya). Artère. ‖**-erial** adj. (-eryàl). Artériel, elle. ‖**-erioesclerose** f. (-è-ôch-eroz). Artériosclérose.
artesão m. (artzãou). *Arch*. Caisson.
artesiano adj. (artzyânou). Artésien.
artesoar vt. (artzoar). Lambrisser.
articul‖ação f. (ar-oulaçãou). Articulation. ‖**-ar** adj. (-ar). Articulaire. ‖**-ista** m. et f. (-íchta). Rédacteur, trice.
art‖ífice m. (artífiç). Artisan. ‖**-ificial** adj. (-yàl). Artificiel, elle. ‖**-ificio** m. (-iciou). Artifice.
artig‖o m. (artigou). Article. ‖**-uelho** m. (-gáylou). Petit article.
artilh‖aria f. (ar-larîa). Artillerie. ‖**-eiro** m. (-âyrou). Artilleur.

artimanha f. (-ãgna). Ruse, fourberie.
art‖ista m. et f. (-tíchta). Artiste. ‖**-ístico, a** adj. (-ích-ou, a). Artistique.
artr‖ite f. (artrít). Arthrite. ‖**-ítico, a** adj. et s. (-ít-ou, a). Arthritique. ‖**-itismo** m. (-íjmou). Arthritisme.
Artur n. pr. (artour). Arthur.
arvorar‖ vt. (arvourar). Arborer. ‖**- -se** vr. Se poser en, s'ériger en.
árvore f. (arvour). Arbre, m.
arvoredo m. (arvourédou). Bocage.
as art. déf. et pron. pers. f. pl. (ach). Les. ‖*pron*. dém. Celles.
às art. déf. f. pl. contr. (ach.). Aux. ‖pron. dém. f. pl. contr. A celles.
asa f. (ása). Aile [ave, insecto]. ‖Anse [cesto, bilha]. ‖*Loc. Dar asas*, encourager.
asca f. (achca). Aversion, haine.
Ascânio n. pr. (achcányou). Ascagne.
ascen‖dência f. (achcêdêcya). Ascendance. ‖**-dente** adj. et s. (-ant). Ascendant, ante. ‖**-der** vi. (-êr). Monter, s'élever. ‖**-são** f. (-ãou). Ascension. ‖**-sional** adj. (-ounàl). Ascensionnel, elle. ‖**-sor** m. (-ôr). Ascenseur.
asc‖ese f. (achèz). Ascèse. ‖**-eta** m. (-êta). Ascète. ‖**-ético, a** adj. (-ét-ou, a). Ascétique. ‖**-etismo** m. (-etíjmou). Ascétisme.
ascite f. (achcít). Ascite.
asclepíadeu adj. et s. m. (ach-epyadéou). Asclépiade.
asco m. (achcou). Nausée, f., dégoût.
ascuma f. (achcouma). Sorte de javelot.
Asdrúbal n. pr. (ajdroubàl). Asdrubal.
asfalt‖ar vt. (achfà-ar). Asphalter. ‖**-o** m. (-à-ou). Asphalte.
asfixi‖a f. (ach-kcía). Asphyxie. ‖**-ante** adj. (-yàt). Asphyxiant, ante. ‖**-ar** vt. (-yar). Asphyxier.
asiático, a adj. et s. (asyà-ou, a). Asiatique.
asil‖ado, a m. et f. (a-àdou, a). Pensionnaire d'un asile. ‖**-ar** vt. (-ar). Accueillir* dans un asile. ‖**-o** m. (-ílou). Asile.
asinino, a adj. (a-ínou, a). Asine, adj. f.
asm‖a f. (ájma). Asthme. ‖**-ático, a** adj. et s. (a-à-ou, a). Asthmatique.
asn‖a f. (ájna). Ânesse. ‖*Constr*. Ferme. ‖**-àticamente** adv. (a-amét).

Lettres penchées : accent tonique. ‖V. page verte pour la prononciation figurée. ‖*Verbe irrég. V. à la fin du volume.

Bêtement. ||**-ático, a** adj. (-a-ou, a).
Bête. ||**-ear** vi. (-yar). Díre* ou
faíre* des bêtises. ||**-eira** f. (-âyra).
Ânerie. ||Gros mot. m. [palavrão].
||**-eirola** f. (-ola). Saleté, obscénité.
||**-o** m. (ajnou). Âne, baudet. ||Loc.
Asno chapado, âne bâté.

aspa f. (achpa). Sautoir, m. ||pl.
Guillemets, m. pl. ||pl. Aíles (moulin à vent). ||Corne (Br. du S.).

Aspásia n. pr. (achpasya). Aspasie.

aspecto m. (achpètou). Aspect.

àsperamente adv. (achpramēt). Âprement.

aspereza f. (achpréza). Âpreté.
||Aspérité, rugosité.

asperg||**es** m. (achpèrjech). Asperges.
||**-ir** vt. (-erjir). Asperger.

áspero, a adj. (achprou, a). Âpre.

aspérrimo, a adj. (achpèrr-ou, a).
Très âpre.

aspersão f. (achpersāou). Aspersion.

áspide f. (achpid). Aspic, m.

aspir||**ação** f. (ach-raçãou). Aspiration. ||**-ador, a** adj. et s. m. (-ôr, a). Aspirateur, trice. ||**-ante** adj. (-āt). Aspirant, ante. ||**-ar** vt. et vi. (-ar). Aspirer.

asquer||**osamente** adv. (achkerosamēt). Sordidement. ||**-oso, a** adj.
(-ôsou, osa). Sale, dégoûtant, ante;
malpropre.

assacar vt. (açacar). Imputer calomnieusement.

assad||**eira** f. (açadâyra). Rôtissoire.
||**-o** m. (-adou). Rôti, rôt. ||pl. Difficultés, f. ||pl. ||Loc. Nem assim nem
assado, en aucune manière. ||**-ura** f.
(-oura). Rôtissage, m.

assalari||**ado** adj. et s. m. (açalaryadou). Salarié. ||**-ar** vt. (-yar).
Prendre* à gages. ||Soudoyer [mercenários, assassinos].

assaloiado, a adj. (açalôyadou, a).
Grossier, ère; rustique.

assalt||**ar** vt. (açá-ar). Assaillir*. ||**-o**
m. (-à-ou). Assaut.

assanh||**ado, a** adj. (açagnadou, a).
Irrité, ée. ||**-ar** vt. (-ar). Irriter,
agacer. ||Envenimer [ferida].

assar vt. (açar). Griller, rôtir.

assarapantar vt. (açarapātar). Pop.
Effrayer [assustar]. ||Emberlificoter (pop.), embarrasser.

assass||**inar** vt. (aça-ar). Assassiner.
||**-ínio** m. (-inyou). Assassinat. ||**-ino**
m. (-inou). Assassin.

assaz adv. (açach). Assez.

asseado, a adj. (acyadou, a). Propre.

assedi||**ador, a** adj. et s. (acè-adôr, a). Assiégeant, ante. ||**-ar** vt. (-ar). Assiéger.

assédio m. (acèdyou). Siège.

assegurar vt. (acegourar). Assurer.

asseio m. (açãyou). Propreté, f.

asselvajado, a adj. (acè-ajadou, a). Brutal, ale; grossier, ère.

assembleia f. (acē-āya). Assemblée.

assemelhar|| vt. (acemelar). Rendre semblable. ||**-se** vr. (-ç). Ressembler.

assenhorear-se vr. (acegnouryarç). S'emparer, se rendre maître.

assent||**ada** f. (acētada). Dr. Audience pour la déposition des témoins. Pop. Duma assentada, d'un coup, d'un seul trait. ||**-ador** m. (-adôr). Cuir à rasoir [navalha]. ||**-ar** vt. (-ar). Asseoír*. Décider. ||Enregistrer, inscrire*. ||Loc. Assentar a navaíha, repasser le rasoir. Assentar no papel, prendre* note. Assentar o pêlo, coucher le poil. Assentar praça, s'enrôler. ||vi. Devenír* sage. |Se calmer. ||Aller* (habit) [fato]. ||Reposer [líquido]. ||Loc. Assentar numa coisa, convenir* d'une chose. ||**-ar-se** vr. (-arç). S'asseoír*. ||**-e** adj. (-ēt). Reposé, ée [líquido]. ||Convenu, æe [combinado].

assent||**imento** m. (acē-ētou). Assentiment. ||**-ir*** vi. (-ir). Assentír*.

assento m. (acētou). Siège (pour s'asseoir). ||Séamce, f. (droit) [cabimento]. ||Derrière (de l'homme) [traseiro]. ||Demeure, f.; résidence, f. ||Enregistrement, registre. ||Note, f. ||Bon sens. ||Loc. Banho de assento, bain de siège. Tomar assento, devenír* sage; prendre* séance [numa assembleia].

asser||**ção** f. (acerçāou). Assertion. ||**-to m.** (-értou). Assertion, f.

assertoado, a adj. (acertouadou, a). Croisé, ée.

assessor m. (acèçôr). Assesseur.

assestar vt. (acechtar). Braquer.

assever||**ação** f. (aceveraçãou). Affirmation. ||**-ar** vt. (-ar). Assurer.

Itálico : acento tônico. ||V. página verde para a pronúncia figurada. ||*Verbo irreg. V. no final do livro.

assexuado, a adj. (acèkçou*a*dou, a). Asexué, ée.
assibilação f. (a-a*çá*ou). Assibilation.
ass‖iduidade f. (a-ouid*a*d). Assiduité. ‖**-iduo, a** adj. (-*i*douou, a). Assidu, ue.
assim adv. (ac*i*). Ainsi, comme ceci. ‖Loc. *Assim-assim*, comme ci comme ça. *Assim como*, ainsi que. *Assim como assim*, après tout. *Assim que*, aussitôt que.
assim‖etria f. (a-etr*i*a). Asymétrie. ‖**-étrico, a** adj. (-*è*-ou, a). Asymétrique.
assimil‖ação f. (a-a*çá*ou). Assimilation. ‖**-ar** vt. (-*a*r). Assimiler. ‖**-ável** adj. (-*a*vèl). Assimilable.
assinal‖ado, a adj. (a-al*a*dou, a). Signalé ée. ‖Insigne. ‖**-ar** vt. (-*a*r). Indiquer, signaler. ‖Rendre illustre.
assin‖ante m. (a-*a*t). Souscripteur. ‖Abonné [jornal]. ‖**-ar** vt. (-*a*r). Signer. ‖S'abonner à [jornal]. ‖**-atura** f. (-at*ou*ra). Signature. ‖Abonnement, m. [jornal].
Assíria n. pr. (ac*i*rya). Assyrie.
Assis n. pr. (ac*i*ch). Assise.
assisado, da adj. (a-*a*dou, a). Sensé, ée; sage.
assist‖ência f. (a-cht*è*cya). Assistance. ‖**-ente** adj. et s. m. (-*è*t). Assistant. ‖**-ir** vt. et vi. (-*i*r). Assister.
assoalh‖ado, a adj. (açoual*a*dou, a). Parqueté, ée. ‖Divulgué, ée. ‖**-ar** vt. (-*a*r). Parqueter. ‖Divulguer.
assoar vt. (aço*ua*r). Moucher.
assoberb‖ar vt. (açouberb*a*r). Accabler, surcharger (de travail).
assobi‖ada f. (açouby*a*da). Criaillerie. ‖**-ar** vt. et vi. (açouby*a*r). Siffler. ‖**-o** m. (-*i*ou). Sifflet. ‖Sifflement, coup de sifflet [som].
assobradar vt. (açoubrad*a*r). Parqueter.
associ‖ação f. (açoucya*çá*ou). Association. ‖**-ar** vt. (-*a*r). Associer.
assol‖ador, a adj. et s. (açoulad*ô*r, a). Dévastateur, trice. ‖**-ar** vt. (-*a*r). Dévaster, ravager. ‖
assom‖adiço, a adj. (açoumad*i*çou, a). Irritable. ‖**-ar** vt. (-*a*r). Irriter. ‖vi. Poindre*.
assombr‖adiço, a adj. (açôbrad*i*çou, a). Ombrageux, euse. ‖**-ado, a** adj. (-*a*dou, a). Stupéfait, aite. ‖

Frappé, ée (de la fou*d*re) [raio]. ‖**-ar** vt. (-*a*r). Effrayer. Stupéfier. ‖**-o** m. (-*ô*brou). Étonnement. ‖Prodige. ‖**-oso, a** adj. (-*ô*sou, osa). Étonnant, ante.
assomo m. (aç*ô*mou). Emportement.
asson‖ância f. (açounã*c*ya). Assonance. ‖**-ante** adj. (-*à*t). Assonant, ante.
assore‖amento m. (açouryam*é*tou). Ensablement. ‖**-ar** vt. (-*ya*r). Ensabler.
assuada f. (açou*a*da). Cohue. ‖Huée [gritaria].
assumir vt. (açoum*i*r). Assumer.
assunção f. (açu*çá*ou). Assomption.
assunto m. (aç*ú*tou). Sujet.
assust‖adiço, a adj. (açouchtad*i*çou, a). Craintif, ive. ‖**-ador, a** adj. (-*ô*r, a). Effrayant, ante. ‖**-ar** vt. (-*a*r). Effrayer, épouvanter.
ast‖enia f. (achtn*i*a). Asthénie. ‖**-énico, a** adj. (-*è*-ou, a). Asthénique.
asterisco m. (achtr*i*chcou). Astérisque.
asteróide m. (achter*o*yd). Astéroïde.
astigm‖ático, a adj. (ach-*a*-ou, a). Astigmate. ‖**-atismo** m. (-at*i*jmou). Astigmatisme.
astracã f. (achtrac*ã*). Astrakan, m.
astrágalo m. (achtr*a*galou). Astragale.
astral adj. (achtr*à*l). Astral, ale.
astr‖o m. (*a*chtrou). Astre. ‖**-olábio** m. (a-*a*byou). Astrolabe. ‖**-ologia** f. (-ouj*i*a). Astrologie. ‖**-ológico, a** adj. (-*o*-ou, a). Astrologique. ‖**-ólogo** m. (-*o*lougou). Astrologue. ‖**-onomia** f. (-ounoum*i*a). Astronomie. ‖**-onómico, a** adj. (-*o*-ou, a). Astronomique. ‖**-ónomo** m. (-*o*noumou). Astronome.
ast‖úcia f. (acht*ou*cya). Astuce. ‖**-ucioso, a** adj. (-*ô*sou, osa). Astucieux, euse.
asturiano, a adj. et s. (achtoury*a*nou, a). Asturien, enne.
Astúrias n. pr. (acht*ou*ryach). Asturies.
astuto, a adj. (acht*ou*tou, a). Astucieux, euse; rusé, ée; finaud, aude.
atabales m. pl. (atab*a*lch). V. TIMBALES.
atabalhoadamente adv. (atabalou-

Lettres penchées : accent tonique. ‖V. page verte pour la prononciation figurée. ‖*Verbe irrég. V. à la fin du volume.

amêt). A la diable. ‖-ar vt. (-ar). Bâcler, saboter, brocher.

atac‖ador m. (atacadôr). Lacet, cordon. ‖-ar vt. (-ar). Attaquer. ‖ Lacer, attacher [atacador].

at‖ado, a adj. (atadou, a). Attaché, ée. ‖ Indécis, ise. ‖-adura f. (-adoura). Attache. ‖ Bandage, m., ligature.

atafulhar vt. (atafoular). Empiffrer ‖ Amasser, thésauriser.

atalaia f. (atalaya). Sentinelle. ‖ Loc. Estar de atalaia, être* aux aguets.

atalh‖ar vt. (atalar). Arrêter. ‖ vi. Prendre* un sentier. ‖-o m. (-alou). Sentier.

atamancar vt. (atamacar). Bâcler.

atan‖ado m. (atanadou). Tan. ‖ Cuir tanné [coiro]. ‖ adj. Tanné. ‖-ar vt. (-ar). Tanner (le cuir).

Atanásio n. pr. (atanasyou). Athanase.

atapetar vt. (ataptar). Tapisser.

ataque m. (atac). Attaque, f.

atar vt. (atar). Attacher, lier, nouer. ‖ Br. de Rio Grande do Sul. Décider, résoudre*.

atarant‖ação f. (ataratacãou). Trouble, m., embarras, m. ‖-ar vt. (-ar). Troubler. ‖-ar-se vr. (-arç). Se démonter, se troubler.

ataraxia f. (atarakcía). Ataraxie.

atarefado, a adj. (atarèfadou, a). Affairé, ée.

atarracado, a adj. (atarracadou, a). Trapu, ue; boulot, otte (fam.).

atarraxar vt. (atarrachar). Visser.

atascar-se vr. (atachcarç). S'embourber.

atassalhar vt. (ataçalar). Dépecer.

ataúde m. (ataoud). Bière, f., cercueil.

ataviar vt. (atavyar). Parer, orner.

atávico, a adj. (ata-ou, a). Atavique.

atavio m. (atavyou). Atour.

ataxia f. (atakcía). Ataxie.

atazanar vt. (atazanar). V. ATENAZAR.

até prép. (atè). Jusque, jusqu'à, à. ‖ Loc. Até logo, à tantôt, à ce soir. Até mais não, à n'en pouvoir plus. Até que enfim, il n'était que temps. ‖ adv. Même. ‖ Até que, jusqu'à ce que, en attendant que.

atear vt. (atyar). Allumer. ‖ Attiser [lume].

ateís‖mo m. (atéíjmou). Athéisme. ‖-ta m. et f. (-íchta). Athée.

atemoriz‖adamente adv. (atmour-amêt). Craintivement. ‖-ar vt. (-ar). Effrayer, intimider.

Atenas n. pr. (aténach). Athènes.

atenazar vt. (atnazar). Tenailler.

atenção f. (atẽcãou). Attention, égard, m. ‖ Loc. Em atenção a, eu égard à. Prestar atenção, faire* attention.

atencios‖amente adv. (atẽcyosamêt). Avec égard. ‖-o, a adj. (-ósou, osa). Attentionné, ée; obligeant, ante.

atend‖er vt. (atêdér). Écouter. ‖ Exaucer [pedido]. ‖ Prendre* en considération [reclamação]. ‖ Répondre [telefone]. ‖ Recevoir [clientes]. ‖ Entendendo, étant donné. ‖-ível adj. (-ívèl). Digne d'attention.

ateniense adj. et s. (atenyéc). Athénien, enne.

atentado m. (atètadou). Attentat.

atent‖amente adv. (atêtamêt). Attentivement. ‖-ar vt. et vi. (-ar). Faire* attention à. ‖ Réfléchir. ‖ Attenter [crime]. ‖-atório, a adj. (-atoryou, a). Attentatoire. ‖-o, a adj. (-êtou, a). Attentif, ive.

atenu‖ação f. (atnouaçãou). Atténuation. ‖-ante adj. (-ãt). Atténuant, ante. ‖ s. f. Circonstance atténuante. ‖-ar vt. (-ar). Atténuer.

atérmico, a adj. (atèr-ou, a). Athermique.

aterr‖ado, a adj. (atrradou, a). Atterré, ie [terra]. ‖ Frappé, ée (d'épouvante). ‖-ador, a adj. (-adôr, a). Effroyable, terrifiant, ante.

aterr‖agem f. (atrrajãy). Atterrissage, m. ‖-ar vt. (-ar). Effrayer [susto]. Eemblayer [terra]. ‖ Faire* peur [medo]. ‖ vi. Atterrir [avião]. ‖-o m. (-érrou). Remblai.

aterroriz‖ador, a adj. (atrrour-adôr, a). V. ATERRADOR. ‖-ar vt. (-ar). Terroriser.

ater-se* vr. (atérç). S'en tenir*.

atest‖ado m. (atchtadou). Attestation, f., certificat. ‖ adj. Comblé, rempli. ‖ Certifié, attesté. ‖-ar vt. (-ar). Combler. ‖ Attester, certifier. ‖-ar-se vr. Fam. S'empiffrer.

ateu m. (atéos). Athée.

Atica n. pr. (a-a). Attique.

Itálico : accento tónico. ‖ V. página verde para a pronúncia figurada. ‖ *Verbo irreg. V. no final do livro.

atiç‖ador m. (a-adôr). Attisoir. ‖Attiseur, instigateur. ‖-amento m. (-étou). Attisage. ‖-ar vt. (-ar). Attiser. ‖-ar-se vr. (-arç). S'emporter.
aticis‖mo m. (a-ijmou). Atticisme. ‖-ta nm. et f. (-íchta). Atticiste.
ático adj. et s. m. (a-ou). Attique.
Átila n. pr. (a-a). Attila.
atilado, a adj. (a-adou, a). Sage.
atilho m. (atílou). Petit cordon.
atin‖ado, a adj. (a-adou, a). Avisé, ée. ‖-ar vt. (-ar). Trouver.
atinente adj. (a-ét). Touchant, relatif à.
ating‖ir vt. (atijír). Atteindre*. ‖Comprendre*. ‖-ivel adj. (-ível). Qui peut être atteint, einte. ‖Intelligible, compréhensible.
atípico, a adj. (atí-ou, a). Atypique.
atir‖adiço, a adj. (a-radíçou, a). Fam. Hardi, ie (auprès des gens du sexe opposé). ‖-ador, a m. et f. (-ôr, a). Tireur, euse. ‖ m. Tirailleur [soldado]. ‖-ar vt. (-ar). Jeter, lancer. ‖ vi. Tirer (arme). ‖Loc. Atirar ao acaso, tirer à coup perdu. ‖-ar-se vr. (-arç). Se lancer, se ruer. ‖Fam. Être* hardi. ‖S'en prendre [a alguém]. ‖S'attaquer [a preconceitos, etc.].
atitude f. (a-oud). Attitude.
atlântico, a adj. (a-ã-ou, a). Atlantique.
Atlânti‖co n. pr. (a-ã-ou). Atlantique. ‖-da n. pr. (-a). Atlantide.
atlas m. (a-ach). Atlas.
atl‖eta nm. et f. (a-éta). Athlète. ‖-ético, a adj. (-ê-ou, a). Athlétique. ‖-etismo m. (-etíjmou). Athlétisme.
atmosf‖era f. (a-ouchfèra). Atmosphère. ‖-érico, a adj. (-è-ou, a). Atmosphérique.
atoalhado, a adj. (atoualadou, a). Damassé, ée. ‖En forme de nappe.
atoarda f. (atouarda). Bruit, m.
atol m. (atol). Atoll.
atolar vt. (atoular). Embourber. ‖Fig. Se plonger (dans le vice).
atoleimado, a adj. (atoulâymadou, a). Hébété, ée; niais, aise.
atoleiro m. (atoulâyrou). Bourbier.
atomatar vt. (atoumatar). Confondre*, rendre honteux, euse.
atómico, a adj. (ato-ou, a). Atomique.

atomismo m. (atoumíjmou). Atomisme.
átomo m. (atoumou). Atome.
at‖onia f. (atounía). Atonie. ‖-ónico, a adj. (-o-ou, a). Atonique.
atónito, a adj. (ato-ou, a). Étonné, ée; interdit, ite.
átono, a adj. (atounou, a). Atone.
atordo‖amento m. (atourdouamẽtou). Étourdissement. ‖-ar vt. (-ar). Étourdir, ahurir. ‖Étonner [pasmar].
atorment‖ação f. (atourmẽtaçáou). Affliction. ‖-ador, a adj. et s. (-ôr, a). Tourmentant, ante. ‖Tourmenteur, euse [carrasco]. ‖Importun, une. ‖-ar vt. (-ar). Tourmenter.
atóxico, a adj. (atokç-ou, a). Atoxique.
atrabiliário, a adj. (atra-yaryou, a). Atrabilaire.
atrac‖ação f. (atracaçáou). Mar. Amarrage, m. ‖Accostage, m. ‖-ar vt. (-ar). Accoster, amarrer.
atrac‖ção f. (atraçáou). Attraction. ‖-tivo, a adj. (-ívou, a). Attractif, ive. ‖Fig. Attirant, ante. ‖s. m. Attrait.
atraente adj. (atraét). Attirant, ante; attachant, ante; attrayant, ante.
atraiçoar vt. (atrayçouar). Trahir.
atrair* vt. et vi (atraír). Attirer. ‖Charmer, séduire*.
atrapalh‖ação f. (atrapalaçáou). Confusion, désordre, m. ‖-ar vt. (-ar). Troubler, embarrasser. ‖Embarbouiller (fam.).
atrás adv. (atrách). Derrière, en arrière. ‖Précédemment. ‖Loc. Estar de pé atrás, se tenir* sur ses gardes. Estes dias atrás, ces jours passés. Voltar com a palavra atrás, se dédire*, manquer à sa parole.
atras‖ado, a adj. (atrasadou, a). Arriéré, ée. ‖En retard. ‖-ar vt. (-ar). Retarder. ‖Rester en arrière. ‖Loc. Atrasar uma data, antidater. ‖-ar-se vr. (-arç). Être* en retard. ‖Retarder [relógio]. ‖-o m. (-asou). Retard. ‖État arriéré [civilização, etc.]. Loc. Atraso mental, arriération (f.) mentale.
atravanc‖amento m. (atravãcamẽtou). Encombrement. ‖-ar vt. (-ar). Encombrer.

Lettres penchées : accent tonique. ‖V. page verte pour la prononciation figurée. ‖*Verbe irrég. V. à la fin du volume.

através adv. (atravêch). En travers. ‖ *Através de*, loc. prép. A travers.
atravess‖**ado, a** adj. (atravçadou, a). Traversé, ée. ‖Mis, ise en travers. ‖ Métis, isse. ‖Méchant, ante [mau]. ‖**-ar** vt. (-ar). Traverser. ‖Mettre* en travers. ‖*Être* exposé à. ‖**-ar-se** vr. (-arç). S'entremêler.
atreito, a adj. (atráytou, a). Enclín, íne; porté, ée à.
atrel‖**agem** f. (atrelajáy). Attelage, m. ‖**-ar** vt. (-ar). Atteler.
atrev‖**er-se** vr. (atrevérç). Oser. ‖**-ido, a** adj. (-ídou, a). Audacieux, euse. ‖Effronté, ée; insolent, ente. ‖**-imento** m. (-étou). Hardiesse, f. ‖ Effronterie, f., insolence, f.
atribu‖**ição** f. (atr-ouiçãou). Attribution. ‖**-ir** vt. (-ir). Attribuer. ‖**-ível** adj. (-ívèl). Attribuable.
atribul‖**ação** f. (atr-oulaçãou). V. TRIBULAÇÃO. ‖**-adamente** adv. (-adamét). Afflictivement. ‖**-ado, a** adj. (-adou, a). Peiné, ée; chagriné, ée. ‖Loc. *Dia atribulado*, jour funeste. ‖**-ar** vt. (-ar). Affliger, chagriner.
atribut‖**ivo, a** adj. (atr-outívou, a). Attributif, ive. ‖**-o** m. (-outou). Attribut. ‖*Gram.* Épithète.
atrição f. (atr-ãou). Attrition.
atrigueirado, a adj. (atrigáyradou, a). Brunâtre.
átrio m. (atryou). Vestibule.
atrito m. (atrítou). *Phys.* Attrition, f.
atro‖**ador, a** adj (atrouadôr, a). Retentissant, ante; étourdissant, ante. ‖**-ar** vt. (-ar). Abasourdir. ‖ *Faire** retentir.
atrocidade f. (atrou-ad). Atrocité.
atrofi‖**a** f. (atroufía). Atrophie. ‖**-ar** vt. (-yar). Atrophier. ‖**-ante** adj. (-yât). Qui atrophie.
atropel‖**adamente** adv. (atroupeamét). Tumultueusement. ‖**-amento** m. (-amétou). Renversement. ‖ Précipitation, f. ‖Offense, f. ‖**-ar** vt. (-ar). Renverser. ‖**-o** m. (-élou). V. ATROPELAMENTO.
atropina f. (atroupína). Atropine.
atroz adj. (atroch). Atroce.
atulhar vt. (atoulár). Remplir, combler. ‖ Encombrer, obstruer.
atum m. (atû). Thon.
atur‖**adamente** adv. (atour-amét). Patiemment. ‖**-ado, a** adj. (-adou, a). Assidu, ue. ‖**-ar** vt. (-ar). Souffrir*, supporter.
aturd‖**imento** m. (atour-étou). Étourdissement. ‖**-ir** vt. (-ir). Étourdir.
aud‖**ácia** f. (aoudácya). Audace. ‖**-acioso, a** adj. (-acyôsou, osa). Audacieux, euse. ‖**-az** adj. (-ach). V. AUDACIOSO.
audi‖**ção** f. (aou-çãou). Audition. ‖**-ência** f. (-êcya). Audience. ‖**-tivo,** m. (-ívou, a). Auditif, ive. ‖**-tor** m. (-ôr). Auditeur. ‖**-tório** m. (-oryou). Auditoire.
audível adj. (aoudívèl). Audible.
auferir* vt. (aouferír). Obtenir*, gagner, recevrir.
auge m. (aouj). Apogée, faîte.
augur‖**al** adj. (aougourál). Augural, ale. ‖**-ar** vt. (-ar). Augurer.
áugure m. (aougour). Augure (pers.).
augúrio m. (aougouryou). Augure (présage).
august‖**amente** adv. (aougouchtamét). Majestueusement. ‖**-o, a** adj. (-ou, a). Auguste.
aula f. (aoula). Classe.
áulico, a adj. (aou-ou, a). Aulique. ‖ s. m. Courtisan.
aument‖**ar** vt. et vi. (aoumêtar). Augmenter. ‖ Grossir, amplifier. ‖**-ativo, a** adj. et s. m. (-ativou, a). Augmentatif, ive. ‖**-ável** adj. (-avèl). Augmentable. ‖**-o** m. (-étou). Augmentation, f. ‖ Progrès. ‖ Renchérissement [preço]. ‖ Loc. *Ir em aumento*, aller* en augmentant. *Vidro de aumento*, verre grossissant.
aura f. (aoura). Zéphyr, m. ‖ Renommée. ‖ *Méd.* Aura. ‖ Loc. *Aura popular*, faveur du peuple.
Aur‖**élia** n. pr. (aourèlya). Aurélie. ‖**-eliano** n. pr. (-elyánou). Aurélien. ‖**-élio** n. pr. (-èlyou). Aurèle.
áureo, a adj. (aouryou, a). D'or, doré, ée. ‖ Loc. *Áurea mediocridade*, médiocrité d'or. ‖ s. m. Auréus.
aur‖**éola** f. (aourèoula). Auréole. ‖**-eolar** vt. (-yoular). Auréoler. ‖adj. Auréolaire.
aur‖**ícula** f. (aourícoula). Auricule. ‖ Oreillette [coração]. ‖**-icular** adj. (-ar). Auriculaire.
aur‖**ífero, a** adj. (aourífrou, a). Aurifère. ‖**-iflama** f. (-âma). Oriflamme. ‖**-ifulgente** adj. (-ou-êt). Qui a l'éclat de l'or.

Itálico : accento tónico. ‖V. página verde para a pronúncia figurada. ‖*Verbo irreg. V. no final do livro.

AUR — AVA 406

auroque m. (aour*oc*). Aurochs (zool.).
aurora f. (aour*óra*). Aurore.
auscult‖**ação** f. (aouchcou-a*çãu*). Auscultation. ‖**-ador** m. (-*ôr*). Stéthoscope [instrumento]. ‖ Récepteur [telefone]. ‖**-ar** vt. (-*ar*). Ausculter.
ausência f. (aous*ê*cya). Absence. ‖ Loc. *Na ausência de*, en l'absence de.
ausent‖**ar-se** vr. (aousẽta*r*). S'absenter. ‖**-e** adj. et s. (-*ēt*). Absent, ente.
Ausónio n. pr. (aousonyou). Ausone.
auspiciar vt. (aouch-ya*r*). Augurer.
ausp‖**ício** m. (aouchpícyou). Auspice. ‖ Loc. *Sob os auspícios de*, sous les auspices de. ‖**-iciosamente** adv. (-osamêt). Sous d'heureux auspices. ‖**-icioso, a** adj. (-*yôsou, osa*). Qui se présente sous d'heureux auspices.
auster‖**idade** f. (aoucht*e*r-ad). Austérité. ‖**-o, a** adj. (-*èrou, a*). Austère.
austral adj. (aouchtr*àl*). Austral, ale.
Austrália n. pr. (aouchtralya). Australie.
australiano, a adj. et s. (aouchtral*y*ânou, a). Australien, enne.
Áustria n. pr. (*aou*chtrya). Autriche.
austríaco, a adj. et s. (aouchtri*a*cou, a). Autrichien, enne.
autentic‖**ação** f. (aoutē-a*çãou*.) Action d'authentiquer. ‖**-ar** vt. (-*ar*). Authentiquer, authentifier. ‖**-idade** f. (-*ad*). Authenticité.
autêntico, a adj. (aoutē-*cou, a*). Authentique.
auto m. (*aou*tou). Procès-verbal. ‖ pl. Pièces (f.) d'un procès.
auto‖**biografia** f. (aoutoubyougrafi*a*). Autobiographie. ‖**-carro** m. (-*a*rrou). Autocar. ‖ Autobus [cidades].
auto‖**clave** f. (aoutou-*av*). Autoclave, m. ‖**-clismo** m. (-*ij*mou). Réservoir à chasse d'eau. ‖**-crata** m. (-*rata*). Autocrate. ‖**-crático, a** adj. (-*a*-ou, a). Autocratique.
autóctone adj. et s. (aouto-oun). Autochtone.
auto-de-fé m. (*aou*tou de fè). Auto dafé.
autodidacta m. et f. (aoutou-ata). Autodidacte.
aut‖**ografar** vt. (aoutougrafa*r*). Autographier. ‖**-ógrafo** m. (-*o*-ou). Autographe.

autom‖**ático, a** adj. (aoutoum*a*-ou, a). Automatique. ‖**-atismo** m. (-*atij*mou). Automatisme.
autómato m. (aoutoumatou). Automate.
automobilis‖**mo** m. (aoutoumou-i*jmou*). Automobilisme. ‖**-ta** m. et f. (-*ichta*). Automobiliste.
autom‖**otora** f. (aoutoumout*ôra*). Automotrice. ‖**-óvel** m. (-*ov*èl). Automobile, f.
aut‖**onomia** f. (aoutounom*ia*). Autonomie. ‖**-ónomo, a** adj. (-*o*-ou, a). Autonome. ‖**-ópsia** f. (-*o*-a). Autopsie. ‖**-opsiar** vt. (-*ou-yar*). Autopsier.
autor‖, a m. et f. (aout*ôr*, a). Auteur. ‖ Demandeur, deresse en justice. ‖**-ia** f. (-*ouria*). Qualité d'auteur. ‖**-idade** f. (-*ad*). Autorité. ‖**-itário, a** adj. (-*aryou, a*). Autoritaire. ‖**-ização** f. (-*açãou*). Autorisation. ‖**-izadamente** adv. (-*ada*-mêt). Avec autorité. ‖**-izar** vt. (-*ar*). Autoriser.
auto-sugestão f. (*aou*tou soujechtãou). Autosuggestion.
autuar vt. (aoutou*ar*). Dresser procès-verbal contre.
aux‖**iliar** vt. (aouç-*yar*). Aider. ‖ adj. Auxiliaire. ‖ s. m. Aide. ‖**-ílio** m. (-*ilyou*). Aide, f. ‖ Loc. *Dar auxílio*, venir* en aide.
aval‖**iação** f. (*ava*-açãou). Estimation, évaluation. ‖**-ador** m. (-*ôr*). Expert. ‖**-ar** vt. (-*yar*). Évaluer, estimer, apprécier.
avalista m. (aval*i*chta). Avaliste.
avanç‖**ada** f. (av*ā*çada). Attaque; avancée [corpo de guarda]. ‖ Loc. *Às avançadas*, petit à petit. ‖**-ado** m. (-*adou*). Avant [futebol]. ‖**-ar** vt. et vi. (-*ar*). Avancer. ‖**-o** m. (-*açou*). Avancement [acção]. ‖ Avance, f. [porção que se avança].
avant‖**ajar** vt. (avãtaj*ar*). Avantager. ‖**-ajar-se** vr. (-*arç*). Devancer, surpasser. ‖**-e** adv. (av*āt*). Avant, en avant. ‖ Loc. *Levar a sua avante*, accomplir ses desseins. ‖ interj. En avant!
avar‖**amente** adv. (avaramêt). Avarement, chichement. ‖**-ento, a** adj. et s. (-*ētou, a*). Avare. ‖**-eza** f. (-*êza*). Avarice.
avari‖**a** f. (avar*ia*). Avarie. ‖ Panne [motor, etc.]. ‖**-ar** vt. (-*ar*). Ava-

Lettres penchées : accent tonique. ‖ V. page verte pour la prononciation figurée. ‖ *Verbe irrég. V. à la fin du volume.

AVA — AVO

rier. ||-ose f. (-oz). Avarie, syphilis.

avassal||ador, a adj. (avaçaladôr, a). Dominateur, trice. ||-ar vt. (-ar). Asservir, assujettir, maîtriser.

ave f. (av). Oiseau, m. ||Loc. Ave de arribação, oiseau de passage. Ave de rapina, oiseau de proie. Aves de capoeira, volaille, f. sing.

aveia f. (avâya). Avoine.

avel||ã f. (avlã). Noisette. ||-anal m. (-anãl). Noiseraie, f. ||-eira f. (-âyra). Noisetier, m.

avelh||ado, a adj. (avèlado, a). Qui a l'air vieux, eille. ||-entar vt. (-elêtar). Rendre vieux.

aveludar vt. (aveloudar). Velouter.

ave-maria f. (avmaria). Ave ou avé Maria, m. ||pl. Angélus, m. sing.

avença f. (avêça). Abonnement (m.) au timbre.

avenida f. (avnida). Avenue, allée.

avental m. (avêtãl). Tablier.

aventar vt. (avêtar). Avancer (une opinion).

aventur||a f. (avêtoura). Aventure Loc. À aventura, à tout hasard. ||-ar-se vr. (-arç). S'aventurer. ||-eiro, a adj. et s. (-âyrou, a). Aventurier, ère.

averb||amento m. (averbamêtou). Enregistrement. ||-ar vt. (-ar). Émarger. ||Enregistrer.

averigu||ação f. (aver-ouaçãou). Enquête, recherche. ||-adamente adv (-adamêt). Assurément. ||-ador, a adj. et s. (-adôr). Enquêteur, euse; investigateur, trice. ||-ar vt (-ouar). S'enquérir*. ||Avérer, démontrer comme vrai.

avermelh||ado, a adj. (avermeladou, a). Rougeâtre. ||-ar vt. (-ar). Rougir.

Averroís n. pr. (averroych). Averroès.

aversão f. (aversãou, a). Aversion. ||Loc. Ter aversão a, avoir* en horreur.

avessas f. pl. (avèçach). U. dans la loc. às avessas, à rebours.

avesso m. (avéçou). Envers. ||Loc. Do avesso, à l'envers. ||adj. Contraire. ||Méchant, ante [mau].

avestruz m. (avechtrouch). Autruche, f.

avezado, a adj. (avezadou, a). Habitué, ée.

aviação f. (avyaçãou). Aviation.

aviado, a adj. (avyadou, a). Préparé, ée; prêt, ête.

aviador, a m et f. (avyadôr, a). Aviateur, trice.

aviajado adj. (a-ajadou). Arco aviajado, arc rampant.

aviamento m. (a-amêtou). Préparation, f. ||pl. Fournitures, f. (de tailleur, etc.).

avião m. (avyéou). Avion.

aviar|| vt. (avyar). Préparer. ||Exécuter [receita]. ||Dépêcher, presser. ||Servir*. ||- -se vr. (-arç). Se hâter.

aviário m. (avyaryou). Volière, f.

avicult||or m. (a-ou-ôr). Aviculteur. ||-ura f. (-oura). Aviculture.

avidez f. (a-éch). Avidité.

ávido, a adj. va-ou, a). Avide.

avilt||amento m. (a-amêtou). Avilissement. ||-ante adj. (-ãt). Avilissant, ante. ||-ar vt. (-ar). Avilir.

avinagr||ado, a adj. (a-agradou, a). Acéteux, euse. ||Grisé, ée [bébedo]. ||-ar vt. (-ar). Aigrir.

avindo, a adj (avidou, a). D'accord.

avinhado, a adj. (a-gnadou, a). Enviné, ée [cheiro]. ||Vineux, euse [cor]. ||Aviné, ée [bébedo]. ||Loc. Água avinhada, eau rougie.

Avinhão n. pr. (a-gnãou). Avignon.

avinhar vt. (a-gnar). Aviner.

avio m. (avsou). Br. de Gauchos. Ensemble des objets dont on se sert pour allumer les cigarettes.

avir-se* vr. (avirç). S'entendre. ||S'y prendre* [arranjar-se].

avis||adamente adv. (a-amêt). Prudemment. ||-ar vt. (-ar). Avertir. ||Com. Aviser. ||-o m. (-ísou). Avis, avertissement. ||Prudence, f. ||Aviso [navio]. ||Loc. Aviso de recepção, accusé de réception. Mandar aviso, faire* part.

avistar|| vt. (a-chtar). Apercevoir. ||- -se vr. (-arç). Se rencontrer.

aviv||amento m. (a-amêtou). Avivage. ||-ar vt. (-ar). Aviver. ||Rafraîchir [memória]. ||Garnir de passepoil [costura]. ||-ar-se vr. (-arç). Se ranimer.

aviventar vt. (a-êtar). Vivifier.

avizinhar-se vr. (ave-gnarç). Se rapprocher; approcher.

avo m. (avol). Mot qui exprime les fractions d'une unité.

Itálico : accento tónico. ||V. página verde para a pronúncia figurada. ||*Verbo irreg. V. no final do livro.

avô m. (avô). Aïeul, grand-père. ‖ pl. Aïeux, ancêtres.
avó f. (avó). Aïeule, grand-mère. ‖ pl. Ancêtres.
avoengo, a adj. (avouégou, a). Qui vient des aïeux. ‖ pl. Ancêtres.
avolumar‖ vt. (avouloumar). Grossir. ‖ vi. Tenir* trop de place. ‖ **-se** vr. (-ç). Grossir.
avonde adv. (avôd). A foison.
avulso, a adj. (avou-ou, a). Détaché, ée. ‖ Dépareillé, ée. ‖ Loc. *Venda avulso*, vente au numéro.
avult‖**ado, a** adj. (avou-adou, a). Grand, ande; gros, osse. ‖ **-ar** vt. (-ar). Augmenter, agrandir. ‖ vi. Exceller.
axadrezado, a adj. (achadrezadou, a). Quadrillé, ée, en carreaux.
axe m. (ach). Bobo.
axial‖ adj. (akçyàl). Axial, ale.
axil‖**a** f. (akçila). Aisselle. ‖ **-ar** adj. (-or). Axillaire.
axiom‖**a** m. (acyôma). Axiome. ‖**-ático, a** adj. (-ouma-ou, a). Axiomatique.
azabumbado, a adj. (azabūbadou, a). *Pop.* Ahuri, ie; abasourdi, ie.
azado, a adj. (azadou, a). Opportun, une.
azáfama f. (azafama). Empressement, m., tracas, m., affairement, m.
azafam‖**ado, a** adj. (azafamadou, a). Affairé, ée; pressé, ée. ‖ **-ar-se** vr. (-arç). Se démener.
azagaia f. (azagaya). Sagaie.
azar‖ m. (azar). Guignon, malchance, f. ‖ Malheur, revers [infelicidade]. ‖ Hasard : *jogos de azar*, jeux de hasard. ‖ Loc. *Ter azar a*, prendre* en grippe. ‖ vt. Occasionner. ‖**-ento, a** adj. (-arētou, a). Malchanceux, euse; guignard, arde (*fam.*).
azebre m. (azèbr). Vert-de-gris.
azed‖**ado, a** adj. (azedadou, a). Aigri, ie. ‖ **-amento** m. (-amētou).

Aigrissement. ‖ **-ar** vt. (-ar). Aigrir. ‖ **-as** f. pl. (-édach). Oseille, sing.
‖ **-o, a** adj. (-édou, a). Aigre.
‖ **-ote, a** adj. (-edot, a). Aigrelet, ette; suret, ette. ‖ **-ume** m. (-edoum). Aigreur, f.
azeit‖**ar** vt. (azàytar). Huiler. ‖ **-e** m. (-àyt). Huile, f. (d'olive). ‖**-eiro** m. (-àyrou). Huilier. ‖**-ona** f. (-ôna). Olive. ‖**-oneira** f. (-ounâyra). Ravier, m.
azemel m. (azemèl). Muletier.
azémola f. (azèmoula). Bête de somme. ‖ *Fig.* Personne stupide.
azenha f. (azâygna). Moulin (m.) à eau.
azevia f. (azevia). Limande.
azeviche m. (azevich). Jais.
azevinho m. (azevignou). Houx.
azia f. (azia). Aigreur d'estomac.
aziago, a adj. (azyagou, a). Funeste.
ázimo adj. (a-ou). Azyme.
azinhaga f. (a-gnaga). Sentier, m.
azinheiro m. (a-gnâyrou). Yeuse, f.
azo m. (azou). Motif, prétexte. ‖ Loc. *Dar azo a*, prêter à.
azorrag‖**ar** vt. (azourragar). Fouetter. ‖ **-ue** m. (-ag). Fouet. ‖ *Fig.* Fléau.
azoug‖**ado, a** adj. (azôgadou, a). Éveillé, ée; turbulent, ente. ‖ **-ue** m. (-ôg). Mercure, vif-argent.
azucrinar vt. (azoucr-ar). *Br. du N.* Importuner, ennuyer.
azul‖ m. (azoul). Azur, bleu. ‖ adj. Bleu, eue. ‖**-ado, a** adj. (-adou, a). Bleuâtre. ‖ **-ar** vt. (-ar). Bleuir.
‖**-ar-se** vr. (-arç). *Fam.* Décamper.
‖**-ego** adj. (-égou). *Br. du S.* Qui semble bleu au loin (cheval). ‖**-ejo** m. (-àyjou). Azulejos. ‖**- -ferrete** adj. et s. m. (-èrrèt). Bleu foncé.
‖**-oio** adj. et s. m. (-oyou). Violet foncé.

B

bab‖**a** f. (baba). Bave. ‖ **-ado, a** adj. (babadou, a). Rempli, ie de bave. ‖ *Fam.* Amoureux, euse. ‖ **-adouro** m. (-adôrou). Bavette, f. ‖ **-ar-se** vr. (-arç). Baver.
Babilónia n. pr. (ba-onya). Babylone.

babos‖**eira** f. (babousâyra). Bêtise. ‖ **-o, a** adj. (-ôsou, osa). Galantin, amante ridicule.
babugem f. (baboujãy). Bave légère.
babujar vt. (baboujar). Salir de bave.
bacalh‖**au** m. (bacalaou). Morue, f.

Lettres penchées : accent tonique. ‖ V. page verte pour la prononciation figurée. ‖ *Verbe irrég.* V. à la fin du volume.

‖ Loc. *Ficar em águas(s) de bacalhau*, s'en aller* en eau de boudin. ‖ **-oeiro** m. (-ou*d*y*rou*). Morut*ier* [navio].
bacamarte m. (bacam*art*). Espingole, f., tromblon.
bacanal f. (bacan*àl*). Bacchanale.
bacelo m. (bac*élou*). Cépage.
bacharel m. (bachar*èl*). Bachel*ier*.
bacia f. (ba*cía*). Bassin, m. ‖ Cuvette [de cara]. ‖ Pot (m.) de ch*a*mbre.
bacil ‖ar adj. (ba-*ar*). Bacill*aire*. ‖ **-o** m. (-*i*lou). Bacille.
bacio m. (ba*cíou*). *V*ase de nuit.
Baco n. pr. (b*acou*). Bacchus.
baço m. (b*açou*). R*a*te, f. ‖ adj. Terne, bla*fard*, *a*rde.
bácoro m. (ba*courou*). Cochon de lait, goret, cochonnet.
bact ‖ éria f. (ba-*èrya*). Bactérie. ‖ **-ericida** adj. (-er-*i*da). Bactéri*c*ide. ‖ **-eriologia** f. (-ouloují*a*). Bactériologie. ‖ **-eriologista** m. et f. (-íchta). Bactériologiste.
báculo m. (ba*coulou*). Crosse, f. (de l'évêque).
bad ‖ alada f. (badal*ada*). Coup (m.) de cloche. ‖ **-ar** vt. (-*ar*). Ébruiter. ‖ vi. Tinter (cloche). ‖ **-o** m. (-*alou*). Battant de cloche. ‖ Loc. *Dar ao badalo*, bavarder, jaser.
badameco m. (badam*ècou*). Blanc-bec.
badanal m. (badan*àl*). Tintamarre.
baet ‖ a f. (ba*éta*). Bayette. ‖ **-ilha** f. (-*e*tilha). Finette.
baf ‖ ejar vt. (bafej*ar*). Réchauffer de son haleine. ‖ *Fig*. Favoriser. ‖ vi. Souffler légèrement. ‖ **-iento, a** adj. (-*yétou*, a). Qui sent le moisi. ‖ **-io** m. (-*íou*). Renfermé (odeur). ‖ **-o** m. (b*afou*). Haleine, f. ‖ Halen*ée*, f. [vinho, etc.] ‖ Brin d'air. ‖ **-orada** f. (bafour*ada*). Halenée, bouffée.
baga f. (b*aga*). B*a*ie (fruit). ‖ *G*outte de sueur.
bagaço m. (bag*açou*). Marc (de raisin, etc.).
bagag ‖ eiro m. (bagajâyrou). Porteur de bagages. ‖ **-em** f. (-*ajây*). B*a*gage, m.
bagatela f. (bagat*èla*). Bagatelle.
bago m. (b*agou*). Grain. ‖ *Pop*. Argent.
bagual m. (bagou*àl*). *Br. du S*. Poulain apprivoisé.
baía f. (ba*ía*). *Géog.* Baie.
baila f. (b*ayla*). *U*. dans les loc. :
trazer à baila, mettre* sur le tapis. *Vir à baila*, venir* à propos.
bail ‖ adeira f. (bayla*d*â*yra*). Bayadère. ‖ **-ado** m. (-*a*dou). Ballet. ‖ **-ar** vt. et vi. (-*c*r). Danser. ‖ **-arico** m. (-*ar*í*cou*). Bal popul*ai*re. ‖ **-arina** f. (-*ína*). Baller*ine.* ‖ **-arino** m. (-*í*nou). Danseur. ‖ **-e** m. (bayl). Bal.
bailio m. (bayl*íou*). Bailli.
bainha f. (b*a*igna). Fourreau, m., g*a*ine [esp*a*da]. ‖ Ourlet, m. [lenço, etc.].
baio adj. (b*ayou*). Bai (cheval).
baioneta f. (*b*ayoun*éta*). Baïonnette.
bairr ‖ ismo m. (bayrr*íj*mou). Esprit de clocher. ‖ **-ista** adj. et s. (-*íchta*). Personne (f.) qui fait pr*e*uve d'esprit de clocher. ‖ **-o** m. (b*ayrrou*). Quartier (d'*u*ne ville). ‖ Loc. *Bairro econômico*, gr*o*upe d'habitations à bon marché.
baiúca f. (ba*youca*). Gargote. ‖ Bicoque [casinhoto].
baixa ‖ f. (b*a*ycha). Baisse. ‖ Congé, m. [militar]. ‖ Partie basse d'une ville. ‖ Loc. *Dar baixa ao hospital*, entrer à l'hôpital. ‖ **--mar** f. (-*ar*). B*a*sse mer.
baixar ‖ vt. et vi. (baych*ar*). Baisser. ‖ **--se** vr. (-*arç*). Se baisser.
baixel ‖ m. (baych*él*). Petit bateau. ‖ **-a** f. (-a). Vaisselle.
baix ‖ eza f. (baych*éza*). Bassesse. ‖ **-inho, a** adj. (-*ígnou*, a). Petit, ite. ‖ adv. Tout bas. ‖ **-io** m. (-*íou*). Basse, f. ‖ *Fig*. Danger. ‖ **-o, a** adj. (-*ou*, a). B*a*s, *a*sse. ‖ Petit, ite [estatura]. ‖ s. m. Bas. ‖ B*a*sse, f. [voz, instrumento]. ‖ m. pl. Bas : *os baixos da casa*, le rez-de-chaussée. ‖ adv. Bas. ‖ Loc. *Em baixo*, en b*a*s, au-dessous. *Estar em baixo*, être* en mauv*a*is état (fortune, santé). *Por baixo*, en dessous. *Por baixo de*, sous, au-d*e*ss*o*us de. ‖ **-o-relevo** m. (-*rel*é*vou*). B*a*s-relief. ‖ **-ote, a** adj. (-ot, a). De petite t*a*ille, court*aud*, *a*ude.
bajoujo adj. et s. m. (ba*jôj*ou). Gal*a*nt*in*, gal*a*nt ridicule.
bajul ‖ ação f. (bajoulaç*ãou*). Flagornerie. ‖ **-ador, a** adj. et s. (-*ad*ó*r*, a). Flagorn*eur*, *euse.* ‖ **-ar** vt. (-*ar*). Flagorner.
bala f. (b*ala*). Balle (de fusil). Boulet, m. [canhão]. ‖ Loc. *Como uma*

Itálico : acento tônico. ‖ V. página verde para a pronúncia figurada. ‖ *Verbo irreg. V. no final do livro.

BAL — BAN 410

bala, comme un éclair, comme un trait.
balada f. (balada). Ballade.
balanç‖a f. (baláça). Balance. ‖**-ar** vt. et vi. (-ar). Balancer.
balanc‖é m. (balácé). Balançoire, f. [de criança]. ‖**-ear** vt. et vi. (-yar). Balancer. ‖**-eiro** m. (-áyrou). Balancier. ‖**-ete** m. (-ét). Bilan partiel.
balanço m. (-áçou). Balancement. ‖Roulis [barco]. ‖Com. Bilan. ‖Inventaire. ‖Loc. *Dar balanço a*, balancer.
balandrau m. (baládraou). Balandran, balandras. ‖Sorte de robe, f.
balanço m. (-áçou). Balancement. *de balão*, crinoline.
balar vi. (balar). Bêler.
balastro m. (balachtrou). Ballast.
balaustrada f. (balaouchtráda). Balustrade.
balaústre m. (balaouchtr). Balustre.
balb‖**uciante** adj. (bà-oucyát). Balbutiant, ante. ‖**-uciar** vt. et vi. (-yar). Balbutier.
balbúrdia f. (bà-ourdya). Tohu-bohu, m., grand désordre, m.
balça f. (bà-a). Brousse. ‖*Haie, clôture* [vedação].
balcânico, a adj. (bà-â-ou, a). Balkanique.
balcão m. (bà-áou). Balcon [teatro, etc.]. ‖Comptoir [loja].
Balcãs n. pr. (bà-ách). Balkans.
balc‖**edo** m. (bà-édou). *Br.* Terrain marécageux et buissonneux. ‖**-eiro, a** adj. (-áyrou, a). Plein, eine de haies, buissonneux, euse.
balda f. (bà-). Défaut (m.) habituel. ‖Défausse (au jeu). ‖**-do, a** adj. (-adou, a). Inutile, vain, aine.
baldaquim m. (bà-akî). Baldaquin.
baldar vt. (bà-ar). Frustrer. ‖**--se** vr. (-arç). Se défausser (jeu).
balde m. (bà-). Seau. ‖**-ar** vt. (-yar). Transvaser [líquidos]. ‖Transborder [mercadorias, etc.]. ‖Laver (un vaisseau).
baldio, a adj. (bà-íou, a). Inculte, en friche. ‖s. m. Terrain en friche.
baldroca f. (bà-roca). *Pop.* Tromperie. ‖*Fam. Trocas e baldrocas*, contrats (m.) frauduleux.
Balduíno n. pr. (bà-ouínou). Baudouin.
baleeir‖a f. (balyáyra). Baleinière. ‖**-o** m. (-ou). Baleinier.

baleia f. (baláya). Baleine (cétacé).
balela f. (baléla). Canard, m., blague, fausse nouvelle.
bal‖**ido** m. (balídou). Bêlement. ‖**-ir** vi. (-ír). Bêler.
baliz‖a f. (balíza). Balise. ‖Borne, limite. ‖**-ar** vt. (-ar). Baliser. ‖Borner, limiter.
balne‖**ar** adj. (bà-yar). Balnéaire. ‖**-ário** m. (-ou). Bains, pl.
balofo, a adj. (balôfou, a). Bouffi, ie; mou, molle. ‖*Fam.* Vain, aine; vide.
baloiç‖**ar** vt. (baloyçar). Balancer. ‖**-o** m. (-óyçou). Balançoire, f. ‖Loc. *Cadeira de baloiço*, berceuse (siège).
balsa f. (bà-a). Cuve. ‖Radeau, m. [jangada].
balsâmico, a adj. (bà-â-ou, a). Balsamique.
bálsamo m. (bà-amou). Baume.
balseiro m. (bà-áyrou). Cuve (f.) de pressoir [lagar]. ‖Conducteur de radeau.
Baltasar n. pr. (bà-asar). Balthazar.
báltico, a adj. (bà-ou, a). Baltique.
Báltico n. pr. m. (bà-ou). Baltique, f.
baluarte m. (balouárt). Bastion, rempart.
bamba f. (bába). *Br.* Raccroc, m. ‖Désordre, tohu-bohu, confusion, f.
bamb‖**alhão, ona** adj. (bàbaláou, ôna). Lâche, flasque. ‖**-o, a** adj. (bábou, a). Lâche, débandé, ée. ‖Loc. *Corda bamba*, voltige. ‖**-olear** vi. (-yar). Balancer, osciller. ‖**-oleio** m. (-áyou). Balancement.
bambu m. (bábou). Bambou.
bambúrrio m. (bábourryou). Raccroc.
banal‖ (banàl). Banal, ale. ‖**-idade** f. (-a-ádade). Banalité. ‖**-izar** vt. (-ar). Banaliser.
banan‖a f. (banána). Banane. ‖*Fam.* Homme sans vigueur. ‖**-al** m. (-àl). Bananeraie, f. ‖**-eira** f. (-áyra). Bananier, m.
banca f. (báca). Table, bureau, m. ‖Étude (d'avocat). ‖Évier, m. [da louça]. ‖Banque (somme). ‖Loc. *Levar a banca à glória*, faire* sauter la banque.
banc‖**ada** f. (bácada). Rangée de bancs. ‖Gradin, m. [de anfiteatro]. ‖**-ário, a** adj. (-áryou, a). Bancaire. ‖**-arrota** f. (-arróta). Banqueroute. ‖**-o** m. (bácou). Banque, f. ‖Banc

---

Lettres penchées : accent tonique. ‖V. page verte pour la prononciation figurée. ‖*Verbe irrég. V. à la fin du volume.

BAN — BAR

[assento]. ‖Établi [marceneiro]. ‖Poste de secours [hospital].
ban‖da f. (báda). Écharpe [oficial]. ‖Musique [regimento]. ‖Blas. Bande. ‖Revers, m. [fato]. ‖Bande, troupe. ‖Côté, m. [lado]. ‖Loc. Ficar de cara à banda, rester confus. Pôr de banda, mettre* à l'écart. ‖-alheira f. (-lâyra). Dévergondage, m. ‖-alhice f. (-iç). V. BANDALHEIRA. ‖-alho m. (-alou). Dévergondé.
bandarilh‖a f. (bádarila). Banderille. ‖-eiro m. (-âyrou). Banderillero.
bandear-se vr. (bád*y*arç). Se liguer.
bandeir‖a f. (bádâyra). Drapeau, m., pavillon, m. ‖Dessus, m. (de porte). Vasistas, m. [de abrir]. ‖Loc. A bandeiras despregadas, à gorge déployée. ‖-inha f. (-igna). Petit drapeau, m. ‖-ola f. (-ola). Banderole. ‖Jalon, m. [alinhamentos].
bandeja f. (bádâyja). Plateau, m.
bandi‖do m. (bádídou). Bandit. ‖-tismo m. (-íjmou). Banditisme.
bando m. (bádou). Bande, f. [ladrões]. ‖Volée, f. [aves]. ‖Faction, f., parti.
bandoleir‖a f. (bádoulâyra). Bandoulière. ‖-o m. (-ou). Bandoulier.
bandolim m. (bádoulí). Mandoline, f.
bandulho m. (bádoulou). Pop. Panse, f., bedaine, f.
bandurra f. (bádourra). Mandore.
banha f. (bágna). Graisse. ‖Saindoux, m. [porco].
banh‖ar vt. (bagnar). Baigner. ‖-ar-se vr. (-arç). Se baigner. ‖-eira f. (-âyra), Baignoire. ‖-eiro m. (-ou). Baigneur. ‖Br. Salle (f.) de bains. ‖-ista m. et f. (-ichta). Baigneur, euse. ‖-o m. (bágnou). Bain. ‖pl. Bans (proclamation). ‖Loc. Dispensa de banhos, dispense de bans. ‖-o-maria m. (-aría). Bain-marie.
banir vt. (banír). Bannír.
banqu‖eiro m. (bâk*y*rou). Banquier. ‖-eta f. (-éta). Banquette. ‖Gradín, m. (d'un autel [altar]. ‖-ete m. (-ét). Banquet. ‖-etear-se vr. (-et*y*arç), Banqueter, se régaler.
banz‖ar vt. (bâzar). Étonner. ‖-ativo, a adj. (-ativou, a). Br. Pensif, ive. ‖-eiro adj. (-âyrou). Mar. Clapoteux. ‖Faible et variable (vent). ‖-o m. (bózou). Nostalgie (f.) des esclaves africains. ‖adj. Br. Triste, accablé, ée. ‖pl. Montants d'une échelle [escada]. ‖Bras de scie.
bapti‖smal adj. (batijmál). Baptismal, ale. ‖-smo m. (-i-ou). Baptême. ‖-sta m. (-ichta). Celui qui baptise. ‖Baptiste (partisan). ‖-stério m. (-èryou). Baptistère. ‖-zado m. (-adou). Baptême. ‖Festin de baptême. ‖-zar vt. (-ar). Baptiser.
baque‖ m. (bak). Chute, f., fracas ‖Palpitation (f.) violente. ‖-ar vi. (bak*y*ar). Tomber, s'écrouler.
baqueta f. (bakéta). Baguette de tambour.
bar m. (bar). Bar.
baraço m. (baraçou). Ficelle, f. ‖Hart, f. [forca].
barafunda f. (barafúda). Cohue, pêle-mêle, m. ‖Criaillerie [gritaria].
barafustar vi. (barafouchtar). Se débattre*. ‖Criailler [gritar].
baralh‖ar vt. (baralar). Battre* les cartes. ‖Fig. Brouiller, confondre. ‖-o m. (-alou). Jeu de cartes.
barão m. (barôou). Baron.
barata f. (baráta). Blatte, cafard, m.
barat‖ear vt. (barat*y*ar). Vendre au rabais. ‖-eiro, a adj. et s. (-âyrou, a). Gâte-métier. ‖Qui vend à bon marché. ‖-eza f. (-éza). Bon marché, m., bas prix, m. ‖-o, a adj. (-atou, a). Bon marché, pas cher, ère. ‖adv. A bon marché, à bas prix.
barb‖a f. (barba). Barbe. ‖Loc. Fazer a barba, se faire* la barbe, se raser. ‖Menton, m. [queixo]. ‖Fanon (m.) de baleine. ‖pl. Moustaches (animaux).
barb‖aças m. (barbaçaou). Fam. Homme barb*u*. ‖-ado m. (-adou). Barbu.
barbante m. (barbât). Ficelle, f.
Bárbara n. pr. (bárbara). Barbe.
barbar‖ia f. (barbaría). Barbarie. ‖-idade f. (-cd). Barbarie, inhumanité.
barbárie f. (barbarye). Barbarie.
barbarizar vt. (barbarizar). Barbariser.
bárbaro, a adj. et s. (bárbarou, a). Barbare.
barbatana f. (barbatána). Nageoire.
barbear‖ vt. (barb*y*ar). Raser, faire* la barbe. ‖-se vr. (-arç). Se raser.

Itálico : acento tónico. ‖V. página verde para a pronúncia figurada. ‖*Verbo irreg. V. no final do livro.

‖**-ia** f. (-aría). Salon (m.) de coiffeur.
barbeiro m. (barbâyrou). Coiffeur, barbier. ‖ Vent fort perçant.
barb‖ela f. (barbéla). Fanon, m. (du bœuf). ‖**-icha** f. (-ícha). Barbiche. ‖**-ilhão** m. (-lãou). Barbillon. ‖ Fanon (du dindon) [peru]. ‖**-irruivo** adj. (-rrouyvou). A barbe rousse.
barbo m. (barbou). Barbeau.
barbudo, a adj. (barboudou, a). Barbu, ue.
barc‖a f. (barca). Barque. ‖**-aça** f. (barcaça). Grande barque. ‖**-arola** f. (-arola). Barcarolle.
Barcelona n. pr. (barçlôna). Barcelone.
barco m. (barcou). Bateau. ‖ Loc. *Barco costeiro*, caboteur.
bard‖a f. (barda). Barde (armure). ‖ Loc. *Em barda*, en grande quantité. ‖**-ar** vt. (bardàr). Barder (une volaille) [criação]. ‖**-o** m. (bardou). Barde [poeta].
bargante m. (bargãt). Coquin.
bário m. (baryou). Baryum.
baritono m. (baritounou). Baryton.
barlavento m. (barlavêtou). *Mar.* Lieu d'où vient le vent.
barómetro m. (baromtrou). Baromètre.
baron‖esa f. (barounéza). Baronne. ‖**-ia** f. (-ia). Baronnie.
barqu‖eiro m. (barcâyrou). Batelier. ‖**-ilha** f. (-ila). Loch, m. ‖**-ilho** m. (-ilou). Oublie, f. ‖**-inha** f. (-igna). Barquette. ‖ Nacelle (d'un ballon).
barra f. (barra). Barre. ‖ Lingot, m. (métal). ‖ Bord, m. (robe).
barrac‖a f. (barraca). Baraque. ‖**-ão** m. (-acãou). Hangar.
barragem f. (barrajãy). Barrage, m.
barranc‖a f. (barrãca). *Br.* V. BARRANCO. ‖**-o** m. (-o). Fondrière, f. ‖ Précipice. ‖**-oso, a** adj. (-ôsou, osa). Plein, eine de fondrières. ‖ *Fig.* Plein, eine de difficultés.
barraqueiro m. (barracâyrou). Celui qui tient une baraque.
barrar vt. (barrar). Barrer. ‖ Couvrir* d'un enduit. ‖ Loc. *Barrar de manteiga*, beurrer.
barregã f. (barregã). Concubine.
barreir‖a f. (barrâyra). Barrière. ‖**-o** m. (-ou). Glaisière, f.
barrel‖a f. (barrêla). Lessive, f. ‖**-eiro** m. (-elâyrou). Cuvier [vasilha].

barrento, a adj. (barrêtou, a). Argileux, *euse*; glaiseux, *euse*.
barret‖e m. (barrét). Bonnet. ‖ Barrette, f. [padres]. ‖**-ina** f. (-etina). Shako, m., képi, m.
barri‖ca f. (barrica). Barrique. ‖**-ada** f. (-ada). Barricade.
barrig‖a f. (barriga). Ventre, m. ‖ Loc. *Barriga da perna*, mollet, m. *Fazer barriga*, bomber. ‖**-ada** f. (-ada). Ventrée. ‖**-udo, a** adj. (-oudou, a). Ventru, *ue*; pansu, *ue*.
barril m. (barril). Baril. ‖**-ete** m. (-ét). Barillet.
barrista m. (barrícha). Celui qui fait des statuettes en terre. ‖ Acrobate (à la barre fixe).
barr‖o m. (barrou). Argile, f., terre (f.) glaise (à potier). ‖**-oca** f. (ba-oca). Glaisière. ‖ Ravine. ‖**-oco** m. (-ôcou). Baroque (style). ‖**-oso, a** adj. (-ôsou, osa). Argileux, *euse*.
barrote m. (barrot). Solive, f.
Bartolomeu n. pr. (bartoulouméou). Barthélemy.
barulh‖eira f. (baroulâyra). Vacarme, m. ‖**-ento, a** adj. (-êtou, a). Tapageur, *euse*. ‖**-o** m. (-oulou). Bruit, tapage. ‖ Bagarre, f., tumulte.
bas‖áltico, a adj. (bazá-ou, a). Basaltique. ‖**-alto** m. (-á-ou). Basalte.
basbaque m. (bajbac). Badaud.
báscula f. (bachcoula). Bascule.
bas‖e f. (baz). Base. ‖**-ear** vt. (bazyàr). Baser. ‖**-ear-se** vr. (-yarç). Se baser. ‖**-icidade** f. (-cidad). Basicité.
básico, a adj. (ba-ou, a). Basique.
basilar adj. (ba-ar). Basilaire.
Basileia n. pr. (ba-âya). Bâle.
basilica f. (basí-a). Basilique.
bast‖a! interj. (bachta). Assez! C'est assez! ‖**-ante**, adj. (-ãt). Suffisant, *ante*. ‖ adv. Assez, suffisamment.
bastão m. (bachtãou). Bâton.
bastar vi. (bachtàr). Suffire*. ‖ Loc. *E basta*, c'est tout dire.
bastardo, a adj. et s. (bachtardou, a). Bâtard, *arde*. ‖ s. m. Bâtarde, f. [letra].
bastear vt. (bachtyar). Piquer.
bastião m. (bachtyãou). Bastion.
bastidão f. (bach-ãou). Épaisseur.
bastidor m. (bach-ôr). Métier à broder. ‖ pl. Coulisses, f.

Lettres penchées : accent tonique. ‖ V. page verte pour la prononciation figurée. ‖ *Verbe irrég. V. à la fin du volume.

BAS — BEI

basto, a adj. (bachtou, a). Épais, aisse; touffu, ue; serré, ée; dru, ue. ‖ Abondant, ante.
bata f. (bata). Blouse.
batalh‖**a** f. (batala). Bataille. ‖ Loc. *Batalha campal*, bataille rangée. ‖**-ador, a** adj. et s. (-alador, a). Batailleur, euse. ‖**-ão** m. (-ãou). Bataillon. ‖**-ar** vi. (-ar). Batailler.
batat‖**a** f. (batata). Pomme de terre. ‖ Loc. *Batata doce*, patate. ‖**-al** m. (-atàl). Terrain planté de pommes de terre. ‖**-eira** f. (-àyra). Pomme de terre (plante).
bate ‖**-cu** m. (batcou). Casse-cul. ‖**-deira** f. (batdâyra). Baratte. ‖**-dor** m. (-ôr). Batteur. ‖ Rabatteur (à la casquilho) adj. et s. m. (cachkilou). fléau. ‖**-dura** f. (-oura). Battement, m., battage, m. ‖**-estacas** m. (batechtacach). Mouton (pour enfoncer des pieux).
bátega f. (batega). Averse.
bateira f. (batâyra). Bateau (m.) plat de rivière.
batel m. (batèl). Batelet. bachot
bat‖**ente** adj. (batèt). Battant, ante. ‖ s. m. Battant (de porte, etc.). ‖ Heurtoir (argola de porta). ‖**-er** vt. et vi. (-ér). Battre*, frapper. ‖ Sonner [horas]. ‖ Loc. *Bater à porta*, frapper à la porte. *Bater o queixo*, claquer les dents. *Bater palmas*, battre* des mains, applaudir.
bateria f. (batéria). Batterie.
batida f. (batida). Battue. ‖ *Fig.* Réprimande, semonce.
batimetria f. (ba-mtria). Bathymétrie.
batina f. (batina). Soutane.
bato‖**car** vt. (batoucar). Bondonner. ‖**-que** m. (-oc). Bonde, f. [buraco]. ‖ Bondon [rolha]. ‖ *Fam.* Homme trapu.
bat‖**ota** f. (batota). Tricherie. ‖ Loc. *Casa de batota*, tripot, m. *Fazer batota*, tricher. ‖**-eiro** m. (-àyrou). Tricheur, pipeur.
batráquio m. (batrakyou). Batracien.
batuque m. (batouc). Batouque, f. ‖ *Fam.* Tapage. ‖ *B. du N.* Bal populaire.
batuta f. (batouta). Baguette (de chef d'orchestre). ‖ adj. f. *Br.* Jolie.
baú m. (baou). Bahut.
baunilha f. (baounila). Vanille.

bávaro, a adj. et s. (bavarou, a). Bavarois, oise.
Baviera n. pr. (bavyèra). Bavière.
bazar m. (bazar). Bazar. ‖ Bimbeloterie, f. [de brinquedos].
bazófia f. (bazòfya). Jactance.
bazulaque m. (bazoulac). *Pop.* Homme très gros, gros bedon (fam.).
beata f. (byata). *Pop.* Mégot, m., bout (m.) de cigarette.
beat‖**ice** f. (byatiç). Bigoterie. ‖**-ificação** f. (-açãou). Béatification. ‖**-ificar** vt. (-ɪr). Béatifier. ‖**-itude** f. (-oud). Béatitude. ‖**-o, a** adj. et s. (byatou, a). Béat, ate; dévot, ote. ‖ *Bienheureux, euse* [da Igreja]. ‖ *Péj.* Bigot, ote; cagot, ote.
Beatriz n. pr. (byatrich). Béatrice.
bebé m. (bèbè). Bébé.
bebedeira f. (bebedâyra). Ivresse. ‖ Loc. *Apanhar uma bebedeira*, prendre* une cuite.
bêbedo, a adj. (bébdou, a). Ivre, soûl, oûle. ‖ s. m. et f. Ivrogne, esse; pochard, arde.
bebedouro m. (bebedôrou). Abreuvoir. ‖ Auget [de aves].
beber vt. et vi. (bebér). Boire*. ‖ Loc. *Beber até não querer mais*, boire* tout son soûl. *Beber azeite*, être* un fin renard. *Beber do fino*, être bien renseigné. *Beber pela garrafa*, boire* à même la bouteille.
beber‖**agem** f. (beberajãy). Breuvage, m. ‖ Boisson désagréable. ‖**-ete** m. (-ét). Réunion (f.) pour boire*. ‖**-rão** m. (-rrãou). Grand buveur. ‖ Ivrogne [bêbedo]. ‖**-ricar** vi. (-ar). Buvoter, gobelotter (fam.). ‖**-rona** f. (-ôna). Ivrogne.
bebes m. pl. (bèbch). Boissons, f. pl.
beb‖**ida** f. (bebida). Boisson. ‖**-ível** adj. (-ivèl). Buvable.
beca f. (bèca). Robe. ‖ *Fig.* Charge de magistrat.
beco m. (bécou). Ruelle, f. ‖ *Beco sem saída*, impasse, f., cul-de-sac.
bedel m. (bedèl). Bedeau.
bedelho m. (bedâylou). Loquet [porta]. ‖ Loc. *Meter o bedelho*, dire son mot.
beduíno, a adj. et s. (bedouinou, a). Bédouin, ine.
bei m. (bây). Bey.
bei‖**ça** f. (bâyça). *Pop.* Lippe. ‖ Loc. *Fazer beiça*, faire* la lippe, la

---

Itálico : acento tónico. ‖ V. página verde para a pronúncia figurada. ‖ *Verbo irreg. V. no final do livro.

moue. ‖-cinho m. (-ígnou). Petite lèvre. ‖Loc. *Fazer beicinho, faire* la moue.* ‖-ço m. (báyçou). Lèvre, f. ‖Loc. *Trazer alguém pelo beiço, mener quelqu'un par le bout du nez.* ‖-çudo, a adj. (-oudou, a). Lippu, ue.
beij‖ado, a adj. (báyjadou, a). Baisé, ée. ‖Loc. *De mão beijada,* gratuitement. ‖-a-mão m. (-amáou). Baisemain. ‖-ar vt. (-ar). Baiser, embrasser. ‖-inho m. (-ignou). Petit baiser, bécot (fam.). ‖*Fig.* Crème, f., fleur, f. ‖-o m. (báyjou). Baiser. ‖-oca f. (-oca). Baiser (m.) bruyant. ‖-ocar vt. (-oucar). Baisoter. ‖-oqueiro, a adj. (-câyrou, a). Qui *aime* à embrasser.
beiju m. (báyjou). *Br.* Pâte (f.) de tapioca ou de manioc.
beir‖a f. (báyra). Bord, m. ‖Loc. *à beira de,* au (sur) le bord ; sur la rive de [rio]. *Não ter eira nem beira,* n'avoir* ni sou ni maille. ‖-al m. (-ál). Avant-toit. ‖-a-mar f. (-ar). Bord (f.) de la mer. ‖Loc. *à beira-mar,* sur le bord de la mer.
Beirute n. pr. (báyrout). Beyrouth.
beladona f. (bèladóna). Belladone.
belamente adv. (bèlamét). Joliment, parfaitement.
belas-artes f. pl. (bèlazartch). Beaux-arts, m. pl.
beldade f. (bè-ad). Beauté.
beldroega f. (bè-rouèga). Pourpier, m.
beleguim m. (beleghī). Huissier. ‖ Mouchard, agent de police.
Belém n. pr. (beláy). Bethléem. ‖ Belem (au Brésil).
beleza f. (beléza). Beauté.
belga adj. et s. (bè-a). Belge.
Bélgica n. pr. (bè-a). Belgique.
beliche m. (belích). Cabine, f.
bélico, a adj. (bè-ou, a). Belliqueux, euse ; propre à la guerre.
beli‖coso, a adj. (be-ósou, ósa). Belliqueux, euse ; guerrier, ère. ‖-gerância f. (-erácya). Belligérance. ‖-gerante adj. et s. (-át). Belligérant, ante.
belisca‖dura f. (be-chcadoura) Pincement, m. [acção]. ‖Pinçon, m. [marca]. ‖-ar vt. (-ar). Pincer. ‖Fig. Égratigner, blesser. ‖-ão m. (-áou). Forte pincade, f. ‖-ar vt. (-ar). Pincer. ‖Fig. Agacer. ‖-o m. (-íchcou). V. BELISCADURA.

bel‖o, a adj. (bèlou, a). Beau, belle. ‖ -prazer m. (-razér). Bon plaisir.
beltrano n. pr. (bè-rânou). Un tel.
Beltrão n. pr. (bè-ráou). Bertrand.
belvedere m. (bè-edér). Belvédère.
Belzebu n. pr. (bè-ebou). Belzébuth.
bem m. (báy). Bien. ‖Loc. *Bens de raiz,* biens-fonds. *Bens de sacristão cantando vêm, cantando vão* (prov.). ce qui vient de la flûte s'en va par le tambour. *Haver por bem,* vouloir* bien. *Levar a bem,* trouver bon, prendre* en bonne part. *Meu bem,* mon chéri, ma chérie. *Querer bem a alguém,* aimer quelqu'un. ‖adv. Bien. ‖Loc. *Ainda bem!* à la bonne heure! *Bem haja!* merci! *Bem mais,* beaucoup plus. *É bem feito!* c'est bien pain bénit! *Está bem,* c'est bien. *Não estar bem de,* avoir* mal à. *Ora bem! pois bem!* eh bien! *Vai tudo muito bem,* tout est pour le mieux.
bem-‖aventurado, a adj. et s. (báy avètourádou, a). Bienheureux, euse. ‖-criado, a adj. (-ryadou, a). Bien élevé, ée. ‖-dizer vt. (-ér). Dire* du bien de. ‖-estar m. (-echtar). Bien-être. ‖-fadado, a adj. (-adadou, a). Heureux, euse. ‖-falante adj. (-át). Bien-disant, ante. ‖-fazer* vi. (-ér). Faire* du bien. ‖-humorado, a adj. (-oumourádou, a). De bonne humeur. ‖-intencionado, a adj. (-ítècyounadou, a). Bien intentionné, ée. ‖-mequer m. (-mekèr). Marguerite, f. ‖-nado, a adj. (-ádou, a). V. BEMNASCIDO. ‖-nascido, a adj. (-achcidou, a). Bien-né, ée.
bemol m. (bemol). Bémol. ‖-ar vt (-oular). Bémoliser.
bem-‖parecido, a adj. (báyparécídou, a). Gentil, ille ; joli, ie. ‖-posto, a adj. (-óchtou, o-a). Bien mis, íse. ‖-querer vt. (-kerér). Aimer, vouloir* du bien à. ‖-soante adj. (-ouát). Mélodieux, euse. ‖-vindo, a adj. (-ídou, a). Bienvenu, ue. ‖-visto, a adj. (-íchtou, a). Bien vu, ue ; considéré, ée.
bênção f. (bêçáou). Bénédiction.
ben‖dito, a adj. (báydítou, a). Béni, ie. ‖-dizer* vt. (-ér). Bénir. ‖Louer, exalter.
Benedita n. pr. (benedíta). Benoîte.
beneditino, a adj. et s. (bene-ínou, a). Bénédictin, ine.

Lettres penchées : accent tonique. ‖V. page verte pour la prononciation figurée. ‖ *Verbe irrég. V. à la fin du volume.

Benedito n. pr. (benedítou). Benoît
benef‖icência f. (bene-ēcya). Bienfaisance. ‖**-icente** adj. (-ēt). Bienfaisant, ante. ‖**-iciação** f. (-açãou). Amélioration. ‖**-iciar** vt. (-yar). Faire* du bien à. ‖Améliorer. ‖vi. Profiter. ‖**-icio** m. (-icyou). Bienfait, bénéfice. ‖Loc. *A beneficio de inventário*, sous bénéfice d'inventaire.
benéfico, a adj. (benè-ou, a). Bienfaisant, ante.
benem‖erência f. (benemerēcya). Mérite, m. ‖Service, m. ‖**-erente** adj. (-ēt). Bien méritant, ante. ‖**-érito, a** adj. (-èr-ou, a). Bien méritant, ante. ‖Illustre.
bene‖plácito m. (bene-a-ou). Agrément. ‖**-volência** f. (-gulēcya). Bienveillance. ‖**-volente** adj. (-ēt). V. BENÉVOLO.
benévolo, a adj. (benèvoulou, a). Bénévole, bienveillant, ante.
benf‖azejo, a adj. (bāy- ou bēfazāyjou, a). Bienfaisant, ante. ‖**-eitor, a** m. et f. (-āytór, a). Bienfaiteur, trice.
bengal‖a f. (bēgala). Canne. ‖**-eiro** m. (-alāyrou). Fabricant ou marchand de cannes. ‖Vestiaire. ‖Porteparapluies.
benign‖idade f. (be-ghn-ad). Bénignité. ‖**-o, a** adj. (-í-ou, a). Bénin, igne.
benjamim n. pr. (bējamī). Benjamín.
benjoim m. (bējouī). Benjoin.
benqu‖erença f. (bēkerēça). Affection. ‖**-isto, a** adj. (-íchtou, a). Aimé, ée; estimé, ée; apprécié, ée.
bent‖inhos m. pl. (bētignouch). Scapulaire, sing. ‖**-o, a** adj. (bētou, a). Bénit, ite. ‖s. m. Bénédictin.
Ben‖to n. pr. (bētou). Benoît. ‖**-vinda** n. pr. (-īda). Bienvenue.
benz‖edeiro, a adj. (bēzedāyrou, a). Guérisseur, euse. ‖Sorcier, ère [bruxo]. ‖**-er** vt. (-ér). Bénir. ‖**-se** vr. (-ç). Faire* le signe de la croix. ‖*Fig.* Demeurer bouche bée.
benzina f. (bēzina). Benzine.
bequadro m. (bécouadrou). Bécarre.
beque m. (bèc). *Mar.* Poulaine, f. ‖*Pop.* Grand nez.
berbequim m. (berbekī). Vilebrequin.
berbere adj. et s. (berbèr). Berbère.

berbigão m. (ber-áou). Sorte de clovisse, f.
berço m. (bérçou). Berceau. ‖Loc. *O que o berço dá a tumba o leva* (prov.), le renard change de poil, mais non de nature.
bergamota f. (bergamota). Bergamote.
bergantim m. (bergātī). Brigantin.
berilo m. (berílou). Béryl ou béril.
berimbau m. (berībaou). Guimbarde, f.
berinjela f. [berījèla). Aubergine.
Berlim n. pr. (berlī). Berlin.
berlinda f. (berlīda). Berline.
berlinense adj. et s. (ber-ēç). Berlinois, oise.
berl‖iques m. pl. (berlíkeh). U. dans la loc. : *por artes de berliques e berloques*, par la vertu de la poudre de perlimpinpin. ‖**-oque** m. (-oc). Breloque, f.
berma f. (bèrma). Berme.
berra f. (bèrra). Rut, m. (des cerfs). ‖Loc. *Andar na berra*, être* en vogue.
berr‖ante adj. (berrāt). Criard, arde. ‖**-ar** vi. (-ar). Criailler, gueuler. ‖**-aria** f. (-aria) ou **-eiro** m. (-âyrou). Criaillerie, f., crierie, f. ‖**-o** m. (bérrou). Mugissement, m. ‖Grand cri [pessoas].
bes‖oiro m. (besōyrou) ou **-ouro** m. (-ōrou). Hanneton.
besta f. (bēchta). Arbalète [arma].
besta f. (béchta). Bête.
besta-fera f. (béchta fèra). Bête féroce.
best‖eira f. (bechtāyra). *Br.* Bêtise. ‖**-ial** adj. (-yál). Bestial, ale. ‖**bestiali‖dade** f. (bech-a-ad). Bestialité. ‖**-zar-se** vr. (-arç). Se bestialiser.
bestunto m. (bechtūtou). *Fam.* Caboche, f., tête, f.
besunt‖ão, ona m. et f. (besūtáou, ōna). *Fam.* Salaud, aude. ‖**-ar** vt. (-ar). Poisser, graisser.
beta m. (bè:a). Bêta (lettre).
betão m. (betáou). Béton.
bétele m. (bètele). Bétel.
beterraba f. (beterraba). Betterave.
betesga f. (betéjga). Ruelle, impasse.
bet‖onar vt. (betounar). Bétonner. ‖**-oneira** f. (-âyra). Bétonnière.
bétula f. (bètoula). Bouleau, m.

Itálico : acento tônico. ‖V. página verde para a pronúncia figurada. ‖*Verbo irreg. V. no final do livro.

betum||ar vt. (betoum*a*r). Bitumer. ||Mastiquer [vidro]. ||-e m. (-*ou*m). Bitume. ||Mastic [para vidro]. ||-inoso, a adj. (-*ô*sou, osa). Bitumineux, *euse*.

bexig||a f. (bech*í*ga). Vessie. ||pl. Petite vérole, sing. ||Loc. *Bexigas doidas,* varicelle, sing. *Fazer bexiga,* railler. ||-oso, a adj. (-*ô*sou, osa). Grêlé, *ée*; gravé, *ée*. ||-uento, a adj. (-ghét*ou*o, a). V. BEXIGOSO.

bezerr||a f. (bez*é*rra). Génisse. ||-o m. (-ou). Veau.

bibe n. (bib). Blouse (*f.*) d'enfant.

biberão m. (-er*ã*ou). Biberon.

Bíblia n. pr. (bí-ya). Bible.

bíblico, a adj. (bí-ou, a). Biblique.

bibli||ófilo m. (-ou-ou). Bibliophile. ||-ografia f. (-ougra*fí*a). Bibliographie. ||-ográfico, a adj. (-a-ou, a). Bibliographique. ||-omania f. (-aní*a*). Bibliomanie. ||-ómano m. (-omanou). Bibliomane. ||-oteca f. (-outéca). Bibliothèque. ||-otecário m. (-ecaryou). Bibliothécaire.

biboca f. (-oca). *Br.* Fondrière.

bica f. (bíca). Tuy*au* (m.) de fontaine. ||Loc. *Em bica,* ruisselant. *Estar à bica,* être* sur le point d'obtenir quelque chose.

bicarbonato m. (-arboun*a*tou). Bicarbonate.

bicéfalo, a adj. (-êf*a*lou). Bicéphale.

bíceps m. (bicèpch). Biceps.

bicha|| f. (bícha). Ver intestinal, m., lombric, m. : *bicha solitária,* ver solitaire, m. ||Sangsue. ||Fi*l*e, queue : *fazer bicha,* faire* la queue; *ir em bicha,* aller* à la file indienne. ||Femme enragée [mulher] : *estar como uma bicha,* être* très fâché, *ée.* ||Loc. *Bicha de rabiar,* serpent*eau*, m. ||-cadela f. (-adé*la*). Perce-oreille, m.

bich||anar vi. (-an*a*r). Chuchoter. ||-ano m. (-*â*nou). Minet, petit chat. ||-aria f. (-rí*a*). Vermine. ||*Fig.* Multitude. ||-aroco m. (-óc*ou*). Gros ver. ||-o m. (bichou). Bête, m. ||Ver, insecte; pou [piolho]. ||*Fig.* (personne). ||Personne (f.) très laide. ||Loc. *Bicho de cozinha,* marmiton. *Matar o bicho,* tuer le ver. *Que bicho lhe mordeu?* sur quelle bête a-t-il marché? *Ter bichos carpinteiros,* avoir* des fourmis dans les jambes.

||-o-da-seda m. (-a séda). Ver à soie. ||-o-de-conta m. (-e côta). Cloporte. ||-oso, a adj. (-ôsou, osa). Plein, *eine* de vers.

bicicleta f. (-ét*a*). Bicyclette. ||Loc. *Andar de bicicleta,* aller* à bicyclette.

bico m. (bícou). Bec. ||Mamelon. ||Loc. *Bico de obra,* chose difficile. *Bico do pé,* pointe (f.) du pied. *Calar o bico, se taire*. Chapéu de bicos,* chapeau à cornes. *Jogar com pau de dois bicos,* ménager la chèvre et le chou. *Não abrir bico,* ne pas desserrer les dents. *Pássaro de bico amarelo,* fin merle.

bicudo, a adj. (-oud*ou*, a). Aigu, *uë*, pointu, *ue.* ||*Fig.* Difficile.

bidé m. (-é). Bidet (objet).

bidente m. (-êt). Bident.

biela f. (by*é*la). Bielle.

bi||enal adj. (-en*à*l). Biennal, *ale.* ||-énio m. (-ènyou). Espace de deux ans.

bifar vt. (-*a*r). *Fam.* Chiper.

bife m. (bif). Bifteck.

bifurc||ação f. (-ourcaç*ã*ou). Bifurcation. ||-ar vt. (-*a*r). Bifurquer. ||-ar-se vr. (-*a*rç). Se bifurquer.

bigamia f. (-amí*a*). Bigamie.

bígamo, a adj. et s. (bíg*a*mou, a). Bigame.

bigode m. (-ód). Moustache, f.

bigorna f. (-*ó*rna). Enclume.

bigorrilha(s) m. (-ourri*la*[ch]). Pleutre, gredin.

bilateral adj. (-at*rá*l). Bilatéral, *ale.*

Bilbau n. pr. (-*a*ou). Bilbao.

bilha f. (bí*la*). Cruche. ||Bidon, m. (à huile, à pétrole, etc.).

bilhar m. (-l*a*r). Billard.

bilhetaria f. (-letarí*a*). *Br.* V. BILHETEIRA.

bilhete m. (-lét). Billet. ||Loc. *Bilhete de ida e volta,* billet d'aller et retour. *Meio bilhete,* demi-place, f. ||Carte, f. : *bilhete de visita,* carte de visite; *bilhete postal,* carte postale.

bilhetei||ra f. (-let*â*yra). Guichet (m.) aux billets; bureau de location (théâtre). ||-ro m. (-ou). Employé qui vend des billets.

bilhostre m. (-lochtr). Fripon.

bilião m. (-*ã*ou). Billion.

Lettres penchées : accent tonique. ||V. page verte pour la prononciation figurée. ||*Verbe irrég. V. à la fin du volume.

BIL — BLA

bili‖ar ou -ário, a adj. (-yar, aryou, a). Biliaire.
bilíngue adj. (-īgoue). Bilingue.
bilioso, a adj. (-yósou, osa). Bilieux, euse.
bilis f. (bílich). Bile.
bilontra m. (-ōtra). Br. Coquin.
bilro m. (bílrrou). Fuseau (pour faire de la dentelle).
biltre m. (-bí-r). Bélître, coquin.
bimbalhada f. (bibalada). Tintement, m.
bi‖mensal adj. (-ēçàl). Bimensuel, elle. ‖-mestral adj. (-echtràl) ; Bimestriel, elle. ‖-motor adj. et s. m. (-outór). Bimoteur. ‖-nário m. (-aryou). Méc. Couple. ‖ adj. Binaire. ‖-óculo m. (-ocoulou). Jumelles, f. pl. ‖-óculos m. pl. (-ch). Br. V. BINÓCULO.
bio‖grafar vt. (byougrafar). Biographier. ‖-grafia f. (-ia). Biographie. ‖-gráfico, a adj. (-a-ou, a). Biographique.
biógrafo m. (byografou). Biographe.
bio‖logia f. (byouloujia). Biologie. ‖-lógico, a adj. (-o-ou, a). Biologique. ‖-logista ou biólogo m. (-oujíchta, byolougou). Biologiste, biologue.
biombo m. (byóbou). Paravent.
bioquímica f. (byouki-a). Biochimie.
bióxido m. (byokç-ou). Bioxyde.
bipartido, a adj. (-artídou, a). Biparti, ie.
bípede adj. et s. (bíped). Bipède.
bi‖plano m. (-ânou). Biplan. ‖-quadrado, a adj. (-couadradou, a). Bicarré, ée.
biqueira f. (-kâyra). Bout, m. (de soulier).
birbante adj. (-rbát). Vaurien.
Birmânia n. pr. (-rmânya). Birmanie.
birra f. (bírra). Entêtement, m.
birreme f. (-rrèm). Birème.
birrento, a adj. (-rrétou, a). Entêté, ée. ‖Bourru, ue ; irascible.
bis adv. (bich). Bis.
Bisâncio n. pr. (-âçyou). Byzance.
bisar vt. (-ar). Biser.
bisarma f. (-arma). Fig. Chose gigantesque.
bisavô, ó m. et f. (-avô, o). Bisaïeul, eule; arrière-grand-père, m.
bisbilhotar vi. (bij-loutar). Cancaner. ‖-eira f. (-âyra). Commère.

‖-eiro m. (-ou). Cancanier. ‖-ice f. (-iç). Commérage, m., cancan, m.
bisbórria m. (bijborrya). Malotru.
bisca f. (bích:a). Brisque (jeu de cartes).
Biscaia n. pr. (-chcaya). Biscaye.
biscato m. (-chcatou). Becquée, f. ‖Bricole, f. (fig.) [trabalho].
bisco‖uteira ou -iteira f. (-chcôtâyra, -ôy-). Boîte à biscuits. ‖-uto ou -ito m. (-ôtou, ôytou). Biscuit. ‖-elar vt. (-elar). Biseauter.
bismuto m. (-jmoutou). Bismuth.
bisnaga f. (-jnaga). Tube, m.
bisnau adj. m. (-jnaou). U. dans la loc. Pássaro bisnau, fin merle.
bisnet‖o, a m. et f. (-jnétou, a). Arrière-petit-fils, re-fille.
bisonho, a adj. (-ôgnou, a). Timide, gauche, inexpérimenté, ée.
bisonte m. (-ōt). Bison.
bisp‖ado m. (-chpadou). Évêché. ‖-o m. (bíchpou). Évêque. ‖Fou (échecs) [xadrez]. ‖Loc. Trabalhar para o bispo, travailler pour le roi de Prusse.
bissec‖ção f. (-kçãou). Bissection. ‖-triz f. (-ètrich). Bissectrice.
bissemanal adj. (-emanàl). Bihebdomadaire.
bissexto adj. (-âychtou). Bissextile. ‖s. m. Bissexte [29 de fevereiro].
bissexuado, a adj. (-èkçouadou, a). Bissexué, ée.
bissílabo adj. et s. m. (-ílabou). V. DISSÍLABO.
bisturi m. (-chtouri). Bistouri.
bitácula f. (-acoula). Habitacle, m.
bitola f. (-ola). Étalon, m.
bivacar vi. (-acar). Bivouaquer.
bivalve adj. (-a-). Bivalve.
bivaque m. (-ac). Bivouac.
bizantino, a adj. et s. (-âtínou, a). Byzantin, ine.
bizarr‖ia f. (-arria). Générosité. ‖Gentillesse, agrément, m. ‖-o, a adj. (-arrou, a). Généreux, euse; noble.
blandícia f. (-ādícya). Caresse, flatterie, propos (m.) tendre.
blasfem‖ador, a m. et f. (-achfemadôr, a). Blasphémateur, trice. ‖-ar vi. (-ar). Blasphémer.
blasfémia f. (-achfêmya). Blasphème, m.

Itálico : acento tónico. ‖V. página verde para a pronúncia figurada. ‖*Verbo irreg. V. no final do livro.

blasfemo, a adj. et s. (-achfémou, a). Blasphémateur, trice.
blason‖ador, a adj. et s. (-asounadôr, a). Vantard, arde. **‖-ar** vt. (-ár). Vanter, afficher. ‖vi. Se vanter.
blenda f. (-éda). Blende.
blenorragia f. (-ènôrrajía). Blennorragie.
blind‖agem f. (-ïdajèy). Blindage, m. ‖**-ar** vt. (-ár). Blinder.
bloco m. (-ocou). Bloc.
bloqu‖ear vt. (-oukyar). Bloquer. **‖-eio** m. (-áyou). Blocus.
blusa f. (-ousa). Blouse.
boa adj. (bôa). V. bom. ‖Loc. *Às boas*, de bon à gré. *É boa!* par exemple! *Escapar de boa*, l'échapper belle. *Vir às boas*, s'arranger à l'amiable. ‖s. f. Boa, m.
Boaventura n. pr. (bôavétoura). Bonaventure.
boas-vindas f. pl. (bôaj vïdach). Bienvenue, sing. ‖Loc. *Dar as boas-vindas*, souhaiter la bienvenue.
boato m. (bouatou). Bruit, rumeur, f., on-dit.
bob‖agem f. (bôbajèy). *Br. du* N. Bêtise. **‖-ice** f. (-iç). Br. Sottise ‖**-o** m. (bôbou). Bouffon. ‖adj. *Br.* Sot.
boca f. (bôca). Bouche. ‖Loc. *Fazer crescer água na boca*, faire* venir l'eau à la bouche. ‖ Gueule [em lamais]. Brèche (au tranchant d'une lame) [em lâmina]. ‖Loc. *À boca cheia*, ouvertement. *À boca da noite*, entre chien et loup. *Andar de boca em boca*, devenir* public. *Andar nas bocas do mundo*, avoir* une mauvaise réputation. *Boca de cena*, avant-scène. *Boca do estômago*, creux (m.) de l'estomac. *Dizer pela boca pequena*, dire* tout bas. *Mandar calar a boca*, faire* taire. *Pôr a boca em alguém*, médire* de quelqu'un. *Quem tem boca vai a Roma*, qui langue a, à Rome va. *Ter o coração na boca*, avoir* la tête près du bonnet. *Vir à boca*, revenir* (d'un aliment).
boca-aberta m. et f. (bôcabèrta). Badaud, aude; gobe-mouches; niagud, aude.
boc‖ado m. (boucadou). Bouchée, f. [o que se mete na boca duma vez]. ‖Morceau, fragment. ‖Loc. *Há bocado*, tout à l'heure. *Mau bocado*, moment dur. *Um bocado*, un peu.

‖-al m. (-ál). Ouverture, f. (d'un vase). ‖Embouchure, f. (d'un instrument). ‖Margelle, f. [de poço].
boçal adj. (bouçál). Rustre, rude. **‖-idade** f. (-a-ád). Grossièreté, stupidité.
bocarra f. (boucarra). Grande bouche, gueule (*pop.*).
bocej‖ar vi. (boucejar). Bâiller. ‖**-o** m. (-áyjou). Bâillement.
boceta f. (boucéta). Petite boîte. ‖Loc. *A boceta de Pandora*, la boîte de Pandore.
bochech‖a f. (bouchâycha). Grosse joue. ‖Joue gonflée [com ar]. ‖Loc. *Dizer nas bochechas de*, dire* au nez de. ‖**-ar** vi. (-echar). Se rincer la bouche. ‖**-o** m. (-áychou). Action (f.) de se rincer la bouche. ‖Ce qui peut contenir la bouche en remplissant les joues. ‖Petite portion de liquide. **‖-udo, a** adj. (-e-oudou, a). Joufflu, ue.
bócio m. (bocyou). Goitre.
boda f. (bôda). Noce.
bode m. (bod). Bouc. ‖Loc. *Bode expiatório*, bouc émissaire.
bodega f. (boudèga). Galimafrée [comida]. ‖Saleté.
bodelha f. (boudáyla). Variété d'algue.
bodo m. (bôdou). Repas (donné aux *pauvres*).
bodum m. (boudũ). Odeur (f.) de bouc.
Boécio n. pr. (bouècyou). Boèce.
boémia f. (bouèmya). Bohème (vie).
Boémia n. pr. (bouèmya). Bohème.
boémio, m (bouèmyou). Bohème. ‖Bohémien, tzigane. ‖Bohémien, de la Bohème.
boer adj. et s. (bouèr). Boer.
bofe m. (bof). Mou (de bœuf, etc.). ‖Jabot (d'une chemise). ‖*Pop.* Poumon. ‖Loc. *Deitar os bofes pela boca fora*, être* essoufflé.
bofet‖ada f. (bouftáda). Soufflet, m., gifle. **‖-ão** m. (-áou). Grand soufflet, gifle, f.
boga f. (boga). Bogue.
boi m. (bôy). Bœuf, f. ‖Loc. *A passo de boi*, à pas de tortue. *Pôr o carro à frente dos bois*, mettre* la charrue devant les bœufs.
bóia f. (boya). Bouée. ‖Bouchon, f. (d'un filet) [de rede]. ‖*Br.* Nourriture; repas, m.

Lettres penchées : accent tonique. ‖V. page verte pour la prononciation figurée. ‖*Verbe irrég. V. à la fin du volume.

bolada f. (bŏyada). Troupeau (m.) de bœufs.
boião m. (bŏyãou). Bocal.
boiar vi. (bŏyar). Flotter.
boicot‖**agem** f. (bŏycoutajãy). Boycottage, m. ‖**-ar** vt. (-ar). Boycotter.
boieir‖**a** f. (bŏyãyra). Bouvière. ‖**-o** m. (-ou). Bouvier.
boina f. (bŏyna). Béret (m.) basque.
biúna f. (bŏyouna). Br. du N. Grande couleuvre noire.
bojar vt. (boujar). Gonfler. ‖ vi. Saillir.
boj‖**o** m. (bŏjou). Ventre (d'une cruche, etc.). ‖**-udo, a** adj. (boujoudou, a). Ventru, ue; pansu, ue.
bola f. (bola). Boule, balle, pelote. ‖ Ballon, m. (football). ‖ Bulle [de sabão]. ‖ Bille [bilhar].
bolach‖**a** f. (boulacha). Galette, biscuit, m. ‖ Fig. Gifle, soufflet, m. ‖**-udo, a** adj. (-achoudou, a). Qui a un visage de pleine lune.
bolandas f. pl. (boulãdach). Cahots, m. pl. ‖ Loc. Andar em bolandas, être* balloté, tiraillé.
bolas! interj. (bolach). Zut!
bolb‖**o** m. (bŏ-ou). Bulbe. ‖**-oso, a** adj. (-ŏsou, osa). Bulbeux, euse.
bolchev‖**ismo** m. (bo-eνijmou). Bolchevisme. ‖**-ista** adj. et s. (-ichta). Bolcheviste. ‖**-izar** vt. (-ar). Bolcheviser.
boldrié m. (bo-ryè). Baudrier.
bole‖**ar** vt. (boulyar). Arrondir. ‖ Mener en postillon (d'une voiture). ‖**-eiro** m. (-ãyrou). Postillon. Cocher. ‖**-ia** f. (-lãya). Volée (d'une voiture). ‖ Siège, m. (du cocher). ‖**-io** m. (-ãyou). Arrondissement (action).
bolero m. (boulèrou). Boléro.
boleti‖**m** m. (bouletĩ). Bulletin. ‖**-neiro** m. (-inãyrou). Distributeur (de télégrammes, etc.).
boleto m. (boulétou). Billet de logement. ‖ Bolet (champignon [cogumelo].
boléu m. (boulèou). Chute, f. [queda]. ‖ Cahot, saut [solavanco].
bolha f. (bŏla). Bulle. ‖ Loc. Nível de bolha, niveau à bulle d'air. ‖ Fam. Ter bolha, être* marteau.
bólide m. (bo-). Bolide.
bolin‖**a** f. (boulina). Bouline. ‖**-ar** vt. et vi. (-ar). Bouliner. ‖ Br. Caresser, peloter, patiner.

Bolívia n. pr. (boulívya). Bolivie.
boliviano, a adj. et s. (bou-yãnou, a). Bolivien, enne.
bolo m. (bŏlou). Gâteau : bolo-rei, gâteau des Rois. ‖ Bol (alimentaire). ‖ Loc. Fazer num bolo, chiffonner.
Bolonha n. pr. (boulõgna). Bologne [Itália]. Boulogne [França].
bolonhês, esa adj. et s. (boulougnéch, ésa). Bolonais, aise.
bolor‖ m. (boulŏr). Moisissure f., moisi : cheirar a bolor, sentir* le moisi. ‖ Fig. Signe de vieillesse. ‖**-ento, a** adj. (-ourẽtou, a). moisi, ie. ‖ Fig. Vieilli, ie; suranné, ée.
bolota f. (bculota). Gland, m.
bols‖**a** f. (bŏ-a). Bourse. ‖ Loc. Bolsa de senhora, sac (m.) à main. Bolsa de tabaco, blague. Puxar pelos cordões à bolsa, dénouer son escarcelle. ‖**-ar** vi. (-ar). Goder, faire* des poches. ‖**-eiro** m. (-ãyrou). Boursier. ‖**-inho** m. ;-ĩgnou). Petite poche, f. ‖ Argent de poche. ‖ Cassette, f. [de príncipe]. ‖**-o** m. (bŏ-ou). Poche, f. ‖ Gousset [colete].
bom, boa adj. (bõ, bŏa). Bon, onne. ‖ Loc. Ano bom, la nouvelle année, f. ; le jour de l'an [dia]. Às boas, à l'amiable. Boas tardes, bonsoir. Bons dias, bonjour. É boa! Tiens! par exemple! bon! Estar bem, se porter bien. ‖s. m. Bon. ‖ interj. Bien!
bomb‖**a** f. (bõba). Bombe. ‖ Pompe : bomba premente, pompe foulante. ‖ Loc. Dar à bomba, pomper. ‖**-arda** f. (-arda). Bombarde. ‖**-ardeamento** m. (-ardyamẽtou). Bombardement. ‖**-ardear** vt. (-yar). Bombarder. ‖**-eiro** m. (-ãyrou). Bombardier. ‖**-ástico, a** adj. (-ach-ou, a). Fig. Enflé, ée; boursouflé, ée. ‖**-eiro** m. (-ãyrou). Pompier. ‖**-ista** m. (-ichta). Dynamiteur.
bômbix m. (bõbikç). Bombyx (ver à soie).
bombo m. (bõbou). Grosse caisse, f.
bombom m. (bõbõ). Bonbon.
bombordo m. (bõbordou). Bâbord.
bom-tom m. (bõtõ). Bon ton.
Bona n. pr. (bŏna). Bonn.
bonacheirãɔ, **ona** adj. et s. (bounacháyrãou, ŏna). Bonasse, débonnaire.
bonan‖**ça** f. (bounãça). Bonace. ‖**-oso, a** adj. (-ŏsou, osa). Calme.

Itálico : acento tónico. ‖ V. página verde para a pronúncia figurada. ‖ *Verbo irreg. V. no final do livro

bonapartis‖mo m. (bounapartijmou). Bonapartisme. ‖**-ta** adj. et s. (-íchta). Bonapartiste.
bonda! interj. (bôda). Assez!
bondade f. (bôdad). Bonté.
bonde m. (bôd). Br. Tramway.
bondoso, a adj. (bôdôsou, ôsa). Plein, eine de bonté.
boné m. (bonè). Casquette, f.
bonec‖a f. (bounèca). Poupée. ‖ Tampon, m. (pour vernir). ‖ Nouet, m. (pour faire infuser une drogue). ‖**-o** m. (-ou). Pantin, marionnette, f. Bonhomme [desenho]. ‖ Petit-maître [homem].
bonifrate m. (bou-rat). Pantin. ‖ Fig. Freluquet, damoiseau, muguet.
bonina f. (bounína). Pâquerette.
boníssimo, a adj. (bouní-ou, a). Très bon, onne.
bonit‖ão, ona adj. (bou-áou, ôna). Br. Joliet, ette. ‖**-eza** f. (-éza). Beauté. ‖**-o, a** adj. (-ítou, a). Joli, ie; gentil, ille. ‖ Beau, belle; noble. ‖ Loc. Fê-la bonita! Vous avez fait là une belle affaire! ‖ s. m. Joujou. ‖**-ote, a** adj. (-ot, a). Joliet. ette.
bonomia f. (bounoumía). Bonhomie.
bons-dias m. pl. (bôjdíach). Belle-de-jour, f. sing.
bónus m. (bónouch). Prime, f.
bonzo m. (bôzou). Bonze.
boqueira f. (boukáyra). Gerçure aux coins de la bouche.
boqui‖aberto, a adj. (bou-abèrtou, a). Qui est bouche bée. ‖**-lha** f. (-ília). Fume-cigare, m., fume-cigarette, m. ‖**-nha** f. (-ígna). Petite bouche. ‖ Loc. Fazer boquinhas, faire* des grâces.
borato m. (bouratou). Borate.
bórax m. (bòrakç). Borax.
borbolet‖a f. (bourbouléta). Papillon, m. ‖**-ear** vi. (-etyar). Papillonner (fam.).
borbot‖ão m. (bourboutáou). Bouillon, bouillonnement. ‖ Loc. Em borbotões, à gros bouillons. ‖**-ar** vt. et vi. (-ar). Bouillonner.
borbulh‖a f. (bourboula). Bouton, m. (sur la peau). ‖ Bourgeon, m. (fig.). ‖ Bulle (d'un liquide). ‖**-ão** m. (-áou). Gros bouton (sur la peau). ‖**-agem** f. (-ajèy). Grande quantité de boutons sur la peau. ‖**-ar** vi.

(-ar). Bouillonner. ‖ Bourgeonner [borbulhas]. ‖ Goutter [gotas].
borco m. (bórcou). U. dans la loc. De borco, la face contre terre.
bord‖a f. (borda). Bord, m. ‖**-ada** f. (bourdada). Bordée. ‖**-a-d'água** f. (bo-adágoua). Bord, m. (région), rivage, m. ‖ m. Almanach.
bord‖adeira f. (bourdadáyra). Brodeuse. ‖**-ado** m. (-adou). Broderie, f. ‖**-adura** f. (-adoura). Broderie. ‖ Bordure [de qualquer coisa].
bordão m. (bourdáou). Bourdon, bâton. ‖ Fig. Soutien, appui.
bordar vt. et vi. (bourdar). Broder. ‖ Border, garnir le bord.
bordejar vi. (bourdejar). Louvoyer.
bordelês, esa adj. et s. (bourdeléch, ésa). Bordelais, aise.
Bordéus n. pr. (bourdéouch). Bordeaux.
bordo m. (bordou). Bord. ‖ Fig. Andar aos bordos, longer* les murs.
bordo m. (bórdou). Érable.
bordoada f. (bourdouada). Coup (m.) de bâton : houve bordoada, il y a eu des coups.
boreal adj. (bouryàl). Boréal, ale.
Bóreas m. (bòryach). Poés. Borée.
Borgonha n. pr. (bourgógna). Bourgogne.
borgonhês, esa adj. et s. (bourgougnéch, ésa). Bourguignon, onne.
bórico, a adj. (bor-ou, a). Borique.
borla f. (borla). Gland, m. (de cordon, etc.). ‖ Houppe (touffe). ‖ Bonnet (m.) de docteur. ‖ Pop. Billet (m.) de faveur (théâtre). ‖ Loc. De borla, gratis, à l'œil (pop.).
bornal m. (bournàl). Musette, f.
Bornéu n. pr. (bournéou). Bornéo.
boro m. (bórou). Bore.
boroa f. (bouróa). Pain (m.) de maïs. ‖ pl. Étrennes.
borra f. (bôrra). Lie. ‖ Boue (dépôt de l'encre) [tinta].
borra-botas m. (bòrrabotach). Homme insignifiant. ‖ Loc. Não é nenhum borra-botas, il n'est pas le premier venu.
borracha f. (bourracha). Gomme élastique, caoutchouc, m. ‖ Gomme (à effacer) [de apagar]. ‖ Clysoir, m. [irrigador].
borrach‖ão, ona m. et f. (bourracháou, ôna). Soûlard, arde. ‖**-eira**

Lettres penchées : accent tonique. ‖ V. page verte pour la prononciation figurée. ‖ *Verbe irrég. V. à la fin du volume.

BOR — BRA

f. (-âyra). Ivresse, ivrognerie. ‖Loc. Apanhar uma borracheira, prendre* une cuite. ‖Cochonnerie, chose mal faite. ‖Four, m. [peça de teatro]. ‖-o, a adj. (-achou, a). Ivre, grisé, ée. ‖s. m. Ivrogne, pochard (pop.) [bêbedo]. ‖Pigeonneau [pombo].
borr‖adela f. (bourradéla). Barbouillage, m. ‖Pâté, m., tache [borrão]. ‖Chiure (d'insecte). ‖-ador m. (-adôr). Brouillard [livro]. ‖Barbouilleur [mau pintor].
borragem f. (bourrajăy). Bourrache.
borralh‖eiro, a adj. (bourralăyrou, a). Frileux, euse. ‖Loc. Gata borralheira, cendrillon. ‖-o m. (-alou). Cendre chaude, f.
borr‖ão m. (bourrăou). Pâté, tache (f.) d'encre. ‖Brouillon [rascunho]. ‖Ébauche, f., croquis. ‖Brouillard. brouillon (cahier). ‖-ar vt. (-ar). Salir, tacher. ‖Barbouiller [esborratar, garatujar]. ‖-ar-se vr. (-arç). Pop. et bas. Foirer.
borrasc‖a f. (bourrachca). Bourrasque. ‖-oso, a adj. (-ôsou, osa). Orageux, euse; tempêtueux, euse.
borrego, a m. et f. (bourrégou, a). Agnelet, petite agnelle. ‖Fig. Mouton.
borrif‖ar vt. (bourr-ar). Bassiner, asperger. ‖-o m. (-ifou). Bassinage. ‖Bruine, f. [chuvisco]. ‖Embrun (des vagues) [das ondas].
borzeguim m. (bourzéghĭ). Brodequin.
Bósforo n. pr. (bochfourou). Bosphore.
Bósnia n. pr. (bojnya). Bosnie.
bosque m. (bochk). Bois, forêt, m.
bosquej‖ar vt. (bouchkjar). Ébaucher, esquisser. ‖-o m. (-ăyjou). Ébauche, f., esquisse, f. ‖Aperçu [resumo].
bossa f. (bóça). Bosse. ‖Loc. ter bossa para, avoir* la bosse de.
bosta f. (bochta). Bouse.
bostela f. (bouchtéla). Croûte (sang séché).
bota f. (bota). Bottine. ‖Loc. Bota alta, botte. Botas de montar, bottes à l'écuyère.
bota‖-fogo m. (botaf́ogou). Boutefeu. ‖-fora m. (-ora). Sortie (f.) du port.
botânic‖a f. (boutâ-a). Botanique. ‖-o, a adj. (-ou, a). Botanique. ‖s. m. Botaniste.
botão m. (boutăou). Bouton. ‖Mouche, f. (du fleuret). ‖Loc. Falar com os seus botões, parler à son bonnet.
botar vt. (boutar). Jeter. ‖Verser [líquido]. ‖Loc. Botar discurso, faire* un discours.
botaréu m. (boutaréou). Arc-boutant.
bote m. (bot). Canot, barque, f. ‖Botte (escrime).
botequim m. (boutekĭ). Estaminet.
botic‖a f. (boutíca). Pharmacie. ‖-ário m. (-aryou). Apothicaire, pharmacien.
botija f. (toutíja). Bouteille de grès. ‖Moine, m., cruchon (m.) à eau chaude. ‖Loc. Ser apanhado com a boca na botija, être* pris la main dans le sac.
botim m. (boutí). Bottine, f.
botina f. (boutína). Bottine (de femme ou d'enfant). ‖Br. Femme du boto (prêtre indien).
boto, a adj. (bôtou, bota). Émoussé, ée [gume, fio]. ‖Agacé, ée [dente].
boto‖aria f. (boutouaría). Boutonnerie. ‖-eira f. (-âyra). Boutonnière.
bouça f. (bôça). Terre inculte.
bov‖ideos m. pl. (bouvídeyouch). Bovidés. ‖-ino, a adj. (-ínou, a). Bovin, ine.
box‖e m. (bokç). Boxe, f. ‖-ista m. (-ichta). Br. Boxeur.
Brabante n. pr. (brabăt). Brabant.
braç‖a f. (braça). Brasse. ‖-ada f. (-açada). Brassée. ‖-adeira f. (-âyra). Embrasse (de rideau). ‖Capucine (d'une arme). ‖-ado m. (-adou). Brassée, f. (de bois, etc.).
bracej‖ar vi. (bracéjar). Mouvoir* les bras. ‖Fig. Lutter avec peine. ‖-o m. (-âyjou). Mouvement des bras.
bracelete m. (bracelét). Bracelet.
braço m. (braçou). Bras. ‖Bot. Branche, f., rameau. ‖Loc. À força de braços, à force de bras. Andar a braços com, lutter contre. Braço de rabeca, manche de violon. Braço de rio, bras de rivière. Braço ao peito, le bras en écharpe. Com os braços abertos, à bras ouverts. Dar-se os braços, s'embrasser (dans les bras). De braço dado, bras dessus, bras dessous. Não dar o braço a tor-

Itálico : acento tónico. ‖V. página verde para a pronúncia figurada. ‖*Verbo irreg. V. no final do livro.

BRÁ — BRE

cer, ne pas démordre (d'une opinion). *Não ter senão os seus braços*, ne vivre* que de ses bras.
bráctea f. (bractya). Bractée.
braçudo, a adj. (braçoudou, a). Qui a des bras vigoureux.
brad∥ar vi. (bradar). Crier fort, vociférer. ∥ *Loc. Bradar por socorro*, appeler au secours. ∥**-o** m. (-adou). Cri, clameur, f. ∥ *Loc. Dar brado, faire* du bruit.
bragal m. (bragàl). Linge de maison.
braguilha f. (braghila). Braguette.
brama f. (brâma). Rut, m. (des cerfs).
brâmane m. (brâman). Brahmane.
bram∥ar vi. (bramar). Bramer (cerf). ∥ Crier, rugir. ∥ *Se fâcher* [cólera]. ∥**-ido** m. (-ídou). Rugissement (lion, etc.). ∥ Mugissement (vent, etc.). ∥ Grondement (artillerie, etc.). ∥ **-ir** vi. (-ir). Crier. ∥ Rugir (bêtes féroces). ∥ Mugir (mer, vent, etc.). ∥ Gronder, tonner [trovão].
branc∥a f. (brãca). Cheveu (m.) blanc. ∥**-o, a** adj. (-ou, a). Blanc, anche. ∥ *Loc. Armazém de roupa branca*, magasin de lingerie, maison (f.) de blanc. *Dar carta branca*, donner carte blanche. *De ponto em branco*, tiré à quatre épingles. *Espaço em branco*, blanc. *Manjar branco*, blanc-manger. *Noite em branco*, nuit blanche. *Página em branco*, page blanche. *Pôr o preto no branco*, mettre du noir sur du blanc. *Roupa branca*, linge, m. *Vestido de branco*, vêtu de blanc. *Pâle, blême* [pálido]. ∥ s. m. Blanc. ∥**-ura** f. (-oura). Blancheur.
brandão m. (brãdãou). Flambeau.
brandir vt. (brãdir). Brandir.
brand∥o, a adj. (brãdou, a). Mou, molle) ∥ *Suave*. ∥**-ura** f. (-oura). Mollesse. ∥ *Suavité*. ∥ Modération, mansuétude.
branqu∥ear vt. et vi. (brãkyar). Blanchir. ∥**-ejar** vi. (-kjar). Blanchir.
brânquias f. pl. (brãkyach). Branchies.
branquidão f. (brãkidãou). Blancheur.
braquial adj. (brakyàl). Brachial, ale.
Brás n. pr. (brach). Blaise.
brasa f. (brasa). Braise. ∥ *Loc. Estar em brasas*, être* sur des braises (fig.).
brasão m. (brasãou). Blason.

braseir∥a f. (brasâyra). Brasero, m. ∥**-o** m. (-ou). Brasero.
brasido m. (brasidou). Brasier.
brasil m. (brasil). Brésil (bois).
Brasil n. pr. (brasil). Brésil.
brasil∥eirismo m. (bra-ãyrijmou). Locution particulière au portugais du Brésil. ∥**-eiro, a** adj. et s. (-âyrou, a). Brésilien, enne. ∥**-ense** adj. et s. (-éç). Brésilien, enne.
brasonar vt. (brasounar). Blasonner. ∥ vi. Se vanter, *faire* parade.
brav∥ata f. (bravata). Bravade. ∥**-eza** f. (-éza). Férocité. ∥ Bravoure. ∥**-io, a** adj. (-íou, a). Féroce, farouche. ∥ *Âpre*, raboteux, euse (chemin) [caminho]. ∥ *Agric.* En friche, inculte. ∥**-o, a** adj. (-avou, a). Brave, vaillant, ante. ∥ Farouche, sauvage. ∥ Irrité, ée. ∥ Inculte. ∥ *Loc. Gado bravo*, taureaux, pl. *Mar bravo*, mer grosse, f. *Porco bravo*, sanglier. ∥ s. m. Brave. ∥ interj. Bravo! ∥**-ura** f. (-oura). Bravoure. ∥ Férocité (des animaux).
brear vt. (bryar). *Mar.* Brayer. (navire).
breca f. (brèka). Crampe. ∥ *Loc. Com a breca! parbleu!* nom d'un chien! *Fazer coisas da breca*, faire* des choses extraordinaires. *Ser levado da breca*, être* turbulent, espiègle.
brecha f. (brècha). Brèche. ∥ *Loc. Abrir brecha*, faire* brèche. *Estar na brecha*, être* toujours sur la brèche. ∥ Blessure large et profonde [ferida].
brej∥eiro, a adj. (brèjâyrou, a). Polisson, onne. ∥ Malicieux, euse. ∥**-o** m. (-âyjou). Terrain en friche.
brenha f. (brâygna). Terrain (m.) raboteux. ∥ Buisson, m. [moita].
breque m. (brec). Break.
Bretanha n. pr. (bretãgna). Bretagne.
bretão, ã adj. et s. (bretãou, ã). Breton, onne.
breu m. (bréou). Brai, goudron. ∥ *Loc. Escuro como breu*, très noir.
breve adj. (brèv). Bref, ève. ∥ s. m. Bref (du pape). ∥ f. Brève (syllabe). ∥ *Mus.* Brève. ∥ adv. Bientôt. ∥ *Loc. (Dentro) em breve*, sous peu. *Até breve*, à bientôt. ∥**-mente** adv. (-ét). Bientôt. ∥ Brièvement [laconicamente].

Lettres penchées : accent tonique. ∥V. page verte pour la prononciation figurée. ∥ *Verbe irrég. V. à la fin du volume.

brevi‖ário m. (brevyaryou). Bréviaire. ‖**-idade** f. (-ad). Brièveté.
bricabraque m. (br-rac). Bric-à-brac.
brid‖a f. (brida). Bride : *a toda a brida*, à bride abattue. ‖**-ão** m. (-ãou). Bridon. ‖**-ar** vt. (-ar). Brider.
brig‖a f. (briga). Lutte. ‖Querelle. ‖**-ada** f. (-ada). Brigade. ‖**-adeiro** m. (-adãyrou). Général de brigade. ‖**-alhão** m. (-lãou). *Br.* V. BRIGÃO. ‖**-ão** adj. et s. m. (-ãou). Batailleur, querelleur. ‖**-ar** vi. (-ar). Lutter. ‖Quereller, disputer.
brigue m. (brig). Brick.
brilh‖ante adj. (brilãt). Brillant, ante. ‖s. m. Brillant. ‖**-antina** f. (-ína). Brillantine. ‖**-ar** vi. (-ar). Briller. ‖**-o** m. (-ílou). Éclat. ‖Luisant [de tecido].
brim m. (bri). Noyale, f. (toile).
brinc‖adeira f. (bricadãyra). Plaisanterie, badinage, m. ‖**-alhão, ona** adj. et s. (-lãou, ôna). Badin, íne. ‖**-ar** vi. (-ar). Jouer. ‖Plaisanter [gracejar]. ‖**-o** m. (-ícou). Boucle (f.) d'oreilles. ‖Loc. *Estar, ficar um brinco*, être* très beau.
brind‖ar vt. (bridar). Faire* cadeau à. ‖vi. Toaster, porter un toast. ‖**-e** m. (-íd). Cadeau. ‖Toast : *fazer um brinde*, porter un toast, boire* à la santé (de).
brinquedo m. (brĩkédou). Jouet.
brio m. (briou). Amour-propre, cœur. ‖Loc. *Encher-se de, meter-se em brios*, se piquer d'honneur. ‖Brio. ‖**-so, a** adj. (-yósou, ósa). De cœur, d'honneur, qui a de l'amour-propre.
briquete m. (brikèt). Briquette, f.
brisa f. (brísa). Brise.
britador m. (br-adôr). Casseur de pierre.
britânico, a adj. et s. (br-â-ou, a). Britannique.
britar vt. (br-ar). Casser (pierre).
broa f. (brôa). V. BOROA.
broca f. (broca). Vilebrequin, m, tamponnoir, m.
brocado m. (broucadou). Brocart.
brocar vt. (broucar). Percer avec une mêche, un vilebrequin.
brocha f. (brocha). Caboche (clou) [prego]. ‖Loc. *Estar (ver-se) à brocha* (argot), être* embarrassé.
broch‖ador, eira m. et f. (broucha-

dôr, âyra). Brocheur, euse. ‖**-agem** f. (-jãy). Brochage, m. ‖**-ar** vt. (-ar). Brocher.
broche m. (broch). Broche, f.
brochura f. (brouchoura). Brochure.
brócolos m. pl. (brocoulouch). Brocoli, sing.
brometo m. (broumétou). Bromure.
brómi‖co, a adj. (bro-ou, a). Bromique. ‖**-o** ou **bromo** m. (-ou, omou). Brome.
bronco, a adj. (brôcou, a). Rude. ‖Balourd, ourde; grossier, ère.
broncopneumonia f. (brôcou-éoumounía). Broncho-pneumonie.
bronquial adj. (brôkyàl). Bronchial, ale.
brônquios m. pl. (brôkyouch). Bronches.
bronquite f. (brôkit). Bronchite.
bronze‖ m. (brôz). Bronze. ‖**-ado, a** adj. (-yadou, a). Bronzé, ée. ‖**-ar** vt. (-yar). Bronzer.
brônzeo, a adj. (brôzyou, a). Bronzé, ée.
broquel m. (broukèl). Petit bouclier.
brot‖ar vt. (broutar). Pousser, produire*. ‖vi. Pousser, germer. ‖**-o** m. (-ôtou). *Br.* Bourgeon.
brox‖a f. (brocha). Badigeon, m. ‖**-ante** m. (-ouchãt). Peintre en bâtiment.
bruços m. pl. (brouçouch). U. dans la loc. *De bruços*, à plat ventre.
brum‖a f. (brouma). Brume. ‖**-oso, a** adj. (-ôsou, ósa). Brumeux, euse.
bruni‖deira f. (brou-âyra). Repasseuse. ‖**-do, a** adj. (-ídou, a). Repassé, ée (linge) [roupa]. ‖Bruni, ie; poli, ie. ‖s. m. Brunissure, f. ‖**-dor** m. (-ôr). Brunisseur [operário]. ‖Brunissoir [ferramenta]. ‖**-r** vt. (-ir). Brunir. Repasser (du linge) [roupa].
Bruno n. pr. (brounou). Bruno.
brus‖co, a adj. (brouchcou, a). Brusque. ‖**-quidão** f. (-kidãou). Brusquerie.
brut‖al adj. (broutàl). Brutal, ale. ‖**-alidade** f. (-a-ad). Brutalité. ‖**-alizar** vt. (-ar). Abrutir [embrutecer]. ‖Brutaliser, traiter brutalement. ‖**-amontes** m. (-ôtch). Butor, balourd. ‖**-o, a** adj. (-outou, a). Brut, ute : *peso bruto*, poids brut. ‖Loc. *Em bruto*, brut : *diamante em*

Itálico : acento tônico. ‖V. página verde para a pronúncia figurada. ‖*Verbo irreg. V. no final do livro.

BRU — BUS 424

bruto, diamant brut. ‖ s. m. Brute, f.
Bruto n. pr. (*broutou*). Brutus.
bruxa f. (*broucha*). Sorcière.
brux‖**aria** f. ou **-edo** m. (*broucharía, édou*). Sorcellerie, f.
Bruxelas n. pr. (*brouchèlach*). Bruxelles.
bruxo m. (*brouchou*). Sorcier.
bruxul‖**eante** adj. (*brouchouly*át). Clignotant, *ante* ; tremblotant, *ante*. ‖ **-ear** vi. (*-yar*). Trembloter (*lumière*).
bubão m. (*boub*áou). Bubon.
bubina f. (*boubína*). *Br.* Fluctuation.
bubónico, a adj. (*boub*ó*-ou, a*). Bubonique.
bucal adj. (*boucàl*). Buccal, *ale*.
bucéfalo m. (*boucéfalou*). Bucéphale.
buch‖**a** f. (*boucha*). Bourre (*d'une arme*). ‖ Tampon, m. ‖ *Pop.* Bouchée, croûte : *comer uma bucha*, casser une croûte. ‖ **-o** m. (*-ou*). Estomac.
buço m. (*bouçou*). Poil follet.
bucólic‖**a** f. (*bouco-a*). Bucolique. ‖ **-o, a** adj. (*-ou, a*). Bucolique.
Buda n. pr. (*bouda*). Bouddha.
budismo m. (*boudíjmou*). Bouddhisme.
bufa f. (*boufa*). *Pop.* Vesse.
búfalo m. (*boufalou*). Buffle.
bufar vi. (*boufar*). Souffler avec force. ‖ Haleter (locomotive). ‖ Fumer (de dépit, etc.).
bufarinheiro m. (*boufarignáyrou*). Colporteur, marchand ambulant.
bufete m. (*boufét*). Buffet ; *Bureau*, table, f.
bufo m. (*boufou*). Chat-huant. ‖ Mouchard (espion de police).
bufonaria f. (*boufounaría*). Bouffonnerie.
bugalh‖**o** m. (*bougalou*). Noix (f.) de galle. ‖ Globe (de l'œil) [*olho*]. ‖ **-udo, a** adj. (*-aloudou, a*). En forme de galle. ‖ Saillant, *ante* (yeux) [*olho*].
bug‖**ia** f. (*boujía*). Bougie. ‖ Guenon [*macaca*]. ‖ **-iar** vi. (*-yar*). U. dans la loc. : *Mandar bugiar*, envoyer* paître (ou promener). ‖ **-iganga** f. (*-ígua*). Babiole, bibelot, m. ‖ **-io** m. (*-iou*). Babouin, gros singe.
bugr‖**ada** f. (*bougráda*). *Br.* Troupe de *bugres*. ‖ **-e** m. (*bougr*). *Br.* Sauvage du Brésil (en mauvaise part).
bujarrona f. (*boujarrôna*). *Mar.* Foc, m.

bula f. (*boula*). Bulle (du pape).
bulb‖**o** m. (*bou-ou*). Bulbe. ‖ **-oso, a** adj. (*-ósou, osa*). Bulbeux, *euse*.
buldogue m. (*bou-og*). Bouledogue.
bule m. (*boul*). Théière, f.
Bulgária n. pr. (*bou-arya*). Bulgarie.
búlgaro, a adj. et s. (*bou-arou, a*). Bulgare.
bulh‖**a** f. (*boula*). Tapage, m. ‖ Rixe, querelle. ‖ **-ar** vi. (*-ar*). Se chamailler, se quereller. ‖ Se battre*. ‖ **-ento, a** adj. (*-étou, a*). Tapageur, *euse*. ‖ Querelleur, *euse*.
bulício m. (*boulíçyou*). Bruit. ‖ Tumulte, désordre.
buliçoso, a adj. (*bou-ôsou, osa*). Remuant, *ante* ; frétillant, *ante*.
bulir vi. (*boulír*). Remuer, bouger. ‖ Toucher (*tocar*). ‖ Loc. *Bulir com alguém*, inquiéter quelqu'un.
bumba! interj. (*búba*). Patatras !
bundo m. (*búdou*). Langue (f.) des nègres d'Angola et du Congo. ‖ Langage incorrect.
buraco m. (*bouracou*). Trou.
burburinho m. (*bourbourignou*). Murmure, rumeur, f., bruit sourd.
burel m. (*bourèl*). Bure, f. (étoffe).
burgo m. (*bourgou*). Bourg. ‖ **-mestre** m. (*-èchtr*). Bourgmestre.
burgu‖**ês, esa** adj. et s. (*bourghéch, ésa*). Bourgeois, *oise*. ‖ **-uesia** f. (*-esía*). Bourgeoisie.
buril‖ m. (*bouríl*). Burin. ‖ **-ador** m. (*-adôr*). Burineur. ‖ **-ar** vt. (*-ar*). Buriner.
burl‖**a** f. (*bourla*). Duperie. ‖ **-ador** ou **-ão** m. (*-ôr, áou*). Dupeur. ‖ **-ar** vt. (*-ar*). Duper, carotter (*fam.*).
burlesco, a adj. (*bourléchcou, a*). Burlesque.
burocr‖**acia** f. (*bouroucracía*). Bureaucratie. ‖ **-ata** m. (*-ata*). Bureaucrate. ‖ **-ático, a** adj. (*-a-ou, a*). Bureaucratique.
burr‖**a** f. (*bourra*). Ânesse. ‖ Coffre-fort, m. ‖ **-icada** f. (*-áda*). Troupeau (m.) d'ânes. ‖ Cavalcade à ânes. ‖ **-ice** f. (*-iç*). Ânerie, bêtise. ‖ **-ico** m. (*-ícou*). Ânon. ‖ **-iqueiro** m. (*-kâyrou*). Ânier. ‖ **-o** m. (*bourrou*). Âne, baudet. ‖ Loc. *Burro de carga*, bête de somme, f. *Trabalhar como um burro*, travailler à l'excès. ‖ adj. Bête, bêta.
bus (*bouch*). U. dans la loc. : *sem*

Lettres penchées : accent tonique. ‖ V. page verte pour la prononciation figurée. ‖ *Verbe irrég. V. à la fin du volume.

BUS — CAB

dizer chus nem bus, sans dire* mot.
busc‖a f. (bouchca). Recherche, quête. ‖*Dr.* Perquisition. ‖Loc. *Andar em busca de*, chercher. ‖**-a-pé** m. (-è). Serpenteau. ‖**-ar** vt. (-ar). Chercher.
busílis m. (bousílich). Difficulté, f.; entrave, f. U. dans la loc. : *aí é que está o busílis*, voilà le hic !

bússola f. (bouçoula). Boussole.
busto m. (bouchtou). Buste.
buxo m. (bouchou). Buis.
buzin‖a f. (bouzina). Corne, cornet (m.) d'appel, klaxon, m. ‖**-ar** vi. (-ar). Corne·, klaxonner.
búzio m. (bouzyou). Buccin. ‖Plongeur (pour pêcher des perles).

C

cá adv. (ca). Ici, en ce lieu, çà. ‖Loc. *Diga-me cá*, dites donc. *Eu cá*, moi. *Nós cá, a gente cá*, nous. *Eu cá me entendo*, je sais ce que je dis (ou fais). *Há um ano para cá*, depuis un an.
cabaç‖a f. ou **-o** m. (cabaça, ou). Calebasse, f.
cabal adj. (cabàl). Complet, ète.
cabala f. (cabala). Cabale.
cabana f. (cabâna). Cabane, hutte.
cabaz m. (cabach). Panier à provisions.
cabeça f. (cabéça). Tête. ‖Loc. *Aprender de cabeça*, apprendre* par cœur. *Atirar-se de cabeça*, se jeter à la tête la première. *Cabeça de alho chocho, de vento, no ar*, tête éventée, tête de linotte. *Cabeça de comarca*, chef-lieu, m. *Cabeça de motim*, chef d'émeute. *Cada cabeça cada sentença*, autant de têtes, autant d'avis. *Dar-lhe na cabeça*, lui passer dans la tête. *Direito de cabeça*, capitation, f. *Dos pés à cabeça*, de haut en bas, de pied en cap. *Fazer contas de cabeça*, calculer de tête. *Não ter pés nem cabeça*, n'avoir* ni queue ni tête. *Sem pés nem cabeça*, sans rime ni raison. *Tal cabeça tal sentença*, telle bête, telle tête. *Ter pouca cabeça*, avoir* peu de tête.
cabeç‖**ada** f. (cabeçada). Coup (m.) de tête. ‖Têtière (partie du harnais). ‖**-alho** m. (-alou). En-tête. ‖**-ão** m. (-ãou). Collet (de manteau, etc.). ‖Rabat (d'un prêtre). ‖Caveçon (pour dompter les chevaux).
cabec‖**ear** vi. (cabecyar). Dodeliner de la tête. ‖Pencher la tête (de sommeil). ‖**-eira** f. (-âyra). Chevet, m.

(du lit). ‖Haut (m.) d'une table. ‖**-ilha** m. (-ila). Chef d'une bande.
cabeç‖**o** m. (cabéçou). Tertre. ‖**-orra** f. (-eçôrra). *Pop.* Caboche. ‖**-udo, a** adj. (-oudou, a). Qui a une grosse tête. ‖*Fig.* Têtu, ue ; cabochard, arde.
cabedal m. (cabedàl). Cuir (pour les chaussures, etc.). ‖Capital, fonds. ‖Abondance, f. ‖pl. Biens.
cabedelo m. (cabedélou). Dune, f.
cabel‖**eira** f. (cabelâyra). Chevelure. ‖Loc. *Cabeleira postiça*, perruque. ‖**-eireiro, a** m. et f. (-âyrâyrou, a). Coiffeur, euse ; perruquier, ère. ‖**-o** m. (-élou). Cheveu. ‖Loc. *Agarrar a ocasião pelos cabelos*, saisir l'occasion aux cheveux. *Estar pelos cabelos*, être* gêné (ou pressé). *Estar por um cabelo*, ne tenir* qu'à un cheveu. *Levar couro e cabelo*, se faire* payer grassement. ‖Ressort de montre (relógio). ‖**-udo, a** adj. (-oudou, a) Chevelu, ue : *coiro cabeludo*, cuir chevelu.
caber* vi. (cabér). Échoir* (tocar). ‖Convenir*, cadrer, venir* à propos. ‖Appartenir* (pertencer). ‖Tenir*, entrer. ‖Revenir* (dans un partage) (partilha). ‖Loc. *Não caber em si de contente*, ne pas se sentir* de joie.
cabide m. (cabid). Portemanteau.
cabidela f. (ca-èla). Abattis (m.) de volaille, de gibier.
cabido m. (cabidou). Chapitre de chanoines. ‖adj. *Bem cabido*, convenable, bien vu. *Mal cabido*, déplacé.
cabimento m. (ca-étou). Place, f., lieu. ‖Opportunité, f. ‖Crédit, faveur, f. (auprès de quelqu'un).

Itálico : acento tónico. ‖ V. página verde para a pronúncia figurada. ‖ *Verbo irreg. V. no final do livro.

CAB — CAC

cabisbaixo, a adj. (ca-jbaychou, a). Abattu, ue; triste.
cabo m. (cabou). Cap, promontoire. ‖ Bout, extrémité. f. ‖ Câble, cordage. ‖ Manche (d'un outil) [de ferramenta]. ‖ Terme, fin, f. ‖ Loc. A cabo, à la fin. Ao cabo de, au bout de. Cabo de infantaria, caporal. Cabo submarino, câble sous-marin. Dar cabo de, détruire*. Essa é de cabo de esquadra! quelle grande sottise! Ir logo às do cabo, brusquer l'aventure. Levar a cabo, mener à fin, venir* à bout de. Levar às do cabo, pousser à bout. Vir às do cabo, en venir* aux dernières extrémités.
caboclo, a adj. (cabô-ou, a). Br. Métis, isse. ‖ s. m. et f. Indigène du Brésil.
cabograma m. (cabougrâma). Câblogramme.
caboré m. (caburè). Br. Sorte de hibou.
cabotagem f. (caboutajây). Cabotage, m.
cabotino m. (caboutinou). Cabotin.
cabouc‖ar vt. et vi. (cabõcar). Creuser les fondations. ‖ Jeter les fondements [alicerces]. ‖-o m. (-ôcou). Fondation, f. (d'un édifice).
Cabo-Verde n. pr. (cabou vérd). Cap-Vert (archipel portugais).
cabra f. (cabra). Chèvre, bique (fam.). ‖ Br. Métis, m.; bravache, m.; dénonciateur, m.; traître, m. ‖ Loc. Cabra-cega, colin-maillard, m.
cábrea f. (cabrya). Chèvre (machine).
cabrestante m. (cabrechtát). Cabestan.
cabresto m. (cabréchtou). Licou.
cabriola f. (cabryola). Cabriole.
cabriolé m. (cabryoulè). Cabriolet.
cabr‖ita f. (cabrita). Biquette. ‖ Loc. Às cabritas, à califourchon. ‖-ito m. (-itou). Chevreau, cabri. ‖-ocha m. et f. (-ocha). Br. Jeune métis, isse; mulâtre, esse. ‖-um adj. m. (-ũ). Qui concerne les chèvres.
cábula s. m. (caboula). Cancre, élève paresseux. ‖ adj. Inappliqué, ée.
cabul‖ar vi. (caboular). Ne pas s'appliquer à l'étude. ‖-ice f. (-iç). Inapplication, paresse.
caça f. (caça). Chasse ‖ dar caça, donner la chasse. ‖ Gibier, m. ‖ caça miúda, menu gibier. ‖ levantar a caça, faire* lever le gibier.

caç‖ada f. (caçada). Partie de chasse. ‖-adeira f. (-adâyra). Fusil (m.) de chasse. ‖-adeiro, a adj. (-ou, a). Propre à la chasse. ‖-ador, a m. et f. (-ôr, a). Chasseur, euse (chasseresse, poét.). ‖ Loc. Caçador furtivo, braconnier.
caçamba f. (caçâba). Br. Godet, m. (de noria). ‖ Seau, m. ‖ Étrier, m.
caça-minas m. (caça minach). Dragueur de mines.
caçar vt. (caçar). Chasser. ‖ Attraper, obtenir* par adresse. ‖ Carguer, haler (les voiles, etc.).
cacar‖acá m. (cacaraca). U. dans la loc.: coisa de cacaracá, chose sans aucune valeur. ‖-ejar vi. (cacarejar). Glousser, caqueter. ‖-ejo m. (-âyjou). Gloussement, caquet.
caçarola f. (caçarola). Casserole.
cacatua f. (cacatoua). Cacatoès, m.
cacau m. (cacaou). Cacao. ‖-al m. (-àl). Cacaoyère, f. ‖-eiro m. (-âyrou). Cacaoyer ou cacaotier.
cacet‖ada f. (caçtada). Coup (m.) de gourdin. ‖-e m. (-ét). Gourdin. ‖ adj. Br. Ennuyeux, importun. ‖-ear vi. (-etyar). Br. Ennuyer, importuner. ‖-érrimo, a adj. (-èrr-ou, a). Br. Très ennuyeux, euse.
cacha‖ça f. (cachaça). Tafia, m., eau-de-vie. ‖-ceira f. (-açâyra). Br. Cuite (pop.).
cachaço m. (cachaçou). Chignon. ‖ Collet (d'animal).
cachalote m. (cachalot). Cachalot.
cachamorra f. (cachamôrra). Massue.
cachão m. (cachãu). Gros bouillon.
cacharolete m. (cacharoulét). Cocktail.
cacheado, a adj. (cachyadou, a). Br. Ondé, ée; bouclé, ée (cheveu).
cacheira f. (cachâyra). Massue.
cacheiro adj. (cachâyrou). U. dans la loc.: ouriço cacheiro, hérisson.
cachimb‖ada f. (cachibada). Quantité de tabac pour une pipe ‖ fumar uma cachimbada, fumer une pipe. ‖-o m. (-ĩbou). Pipe, f.
cachimónia f. (ca-onya). Pop. Caboche, tête.
cacho m. (cachou). Grappe, f. ‖ Régime (de dattes, etc.) [tâmaras, etc.]
cacho‖ar vi. (cachouar). Bouillonner. ‖-eira f. (-âyra). Cataracte.
cachola f. (cachola). Pop. Caboche.

Lettres penchées : accent tonique. ‖ V. page verte pour la prononciation figurée. ‖ *Verbe irrég. V. à la fin du volume.

cachop∥a f. (cachopa). Jeune fille. ∥-o m. (-ôpou). Mar. Écueil. ∥ Pop. Garçon.
cachorr∥a f. (cachôrra). Petite chienne. ∥-o m. (-ou). Jeune chien. ∥Louveteau, lionceau, etc. [feras]. ∥Mar. Étançon. ∥ Pop. Homme ou garçon méchant.
cachumba f. (cachúba). Br. Oreillons, m. pl.
cacifo m. (cacifou). Compartiment, case, f.
cacimba f. (cacíba). Serein, m.
caciqu∥e m. (cacìc). Cacique. ∥-ismo m. (-ìjmou). Caciquisme.
caco m. (cacou). Tesson. ∥ Loc. Fazer em cacos, mettre* en pièces. ∥ Pop. Intelligence, f.
caço∥ada f. (caçouada). Moquerie. ∥-ar vi. (-ouar). Blaguer, railler.
cacofonia f. (cacoufounía). Cacophonie.
caç∥oila ou **-oula** f. (caçóyla, ô-). Cassolette. ∥Casserole [cozinha].
cacto m. (catou). (cactou, au Brésil). Cactus.
caçula m. et f. (caçoula). Br. Cadet, ette.
cada adj. ind. (cada). Chaque. ∥Loc. Cada qual, cada um, chacun. Cada vez mais, de plus en plus. Cada vez menos, de moins en moins. Cada vez melhor, de mieux en mieux. Cada vez pior, de pis en pis. Cada vez que, toutes les fois que. Tem cada uma! vous vous faites des idées!
cadafalso m. (cadafâ-ou). Échafaud.
cadastr∥ado m. (cadachtradou). Repris de justice. ∥-o m. (-ôchtrou). Cadastre. ∥Casier judiciaire (d'un individu). ∥Dossier (d'un fonctionnaire).
cadáver m. (cadavèr). Cadavre.
cadavérico, a adj (cadavèr-ou, a). Cadavérique.
cad∥eado m. (cadyadou). Cadenas. ∥-eia f. (-âya). Chaîne. ∥Prison.
cadeir∥a f. (cadâyra). Chaise. ∥Chaire (de professeur). ∥Loc. Cadeira de baloiço, berceuse (chaise). Cadeira de braços, fauteuil, m. ∥-inha f. (-ígna). Petite chaise. ∥ Chaise à porteurs [veículo].
cadela f. (cadèla). Chienne.
cadência f. (cadêcya). Cadence.

cadenciado, a adj. (cadêcyadou, a). Cadencé, ée.
cadente adj. (cadêt). Tombant, ante. ∥Loc. Estrela cadente, étoile filante.
cadern∥al m. (cadernâl). Mar. Moufle. ∥-eta f. (-éta). Livret, m. ∥-o m. (-ê-ou). Cahier. ∥Loc. Caderno de encargos, cahier des charges. Caderno eleitoral, liste (f.) électorale.
cadete m. (cadét). Cadet (militaire).
cadilhos m. pl. (cadílouch). Frange, f. sing. ∥Soucis, soins.
cadinho m. (ca-ýou). Creuset.
cádmio m. (ca-you). Cadmium.
caduc∥ar vi. (cadoucar). Dr. Périmer. ∥-idade f. (-àd). Caducité. ∥-o, a adj. (-oucou, a). Caduc, uque.
caduquice f. (cadoukíç). Décrépitude.
Caetano n. pr. (caytánou). Gaétan.
cafajeste m. (cafajècht). Br. Celui qui n'est pas étudiant.
café m. (café). Café. ∥ Loc. Café puro ou simples, café noir. Café com leite, café au lait. Café pequeno (Br.), bagatelle, f.; pauvre hère.
caf∥eeiro m. (cafyâyrou). V. CAFEZEIRO. ∥-eína f. (-eìna). Caféine. ∥-eteira f. (-tâyra). Cafetière. ∥-èzal m. (-èzàl). Caféière, f. ∥-èzeiro m. (-âyrou). Caféier ou cafier. ∥-ezista m. (-íchta). Planteur de café.
cáfila f. (ca-a). Caravane. ∥Foule, troupe. ∥Canaille; clique.
cafre adj. et s. (cafr). Cafre.
cáften m. (ca-én). Br. Entremetteur, maquereau.
caftina f. (ca-ína). Br. Marieuse.
cafua f. (cafoua). Caverne.
cafundó m. (cafúdo). Br. Lieu solitaire et lointain.
cafuné m. (cafcuné). Br. Claquement des ongles sur la tête de quelqu'un.
cafuso, a adj. et s. m. (cafousou, a). Br. Fils ou fille de mulâtre et négresse ou de nègre et mulâtresse. ∥Descendant de nègre et d'Indien de l'Amérique.
cágado m. (cagadou). Tortue (f.) d'eau.
cag∥anita f. (caganita). Crottin, m. ∥-ão, ona adj et s. (-ãou, ôna). Pop. Vaniteux, euse. ∥-ar vi. (-ar). Pop. Chier. ∥-arola m. et f. (-arola). Pop. Froussard, arde; poltron, onne.
cal∥adela f. (cayadèla). Badigeonnage, m. ∥-ar vt. (-yar). Badigeon-

Itálico : acento tônico. ∥V. página verde para a pronúncia figurada. ∥*Verbo irreg. V. no final do livro.

CÃI — CAL

ner. ‖ Loc. *Caiar de branco*, blanchir à la chaux.

cãibra f. (*cáybra*). Crampe.

caibro m. (*caybrou*). Solive, f.

caiçara f. (*cayçara*). *Br. du N.* Bergerie, étable.

caido, a adj. (*caidou, a*). Tombé, ée. ‖*Abattu, ue*; triste. ‖ m. pl. Restes, débris. ‖*Br.* Caresses, f. pl.

caimão m. (*caymãou*). Caïman.

Cai‖fás n. pr. (*cayfach*). Caïphe. ‖**-m** n. pr. (*caī*). Caïn.

caimento m. (*caimētou*). Chute, f. ‖*Fig.* Affaiblissement, abattement.

caip‖ira m. (*caypira*). *Br.* Rustre. ‖**-ora** m. (*-ora*). *Br.* Feu follet, être fantastique, esprit de la forêt. ‖ adj. et s. Malheureux, euse. ‖**-orismo** m. (*-ourijmou*). *Br.* Malheur.

cair* vi. (*cair*). Tomber. ‖ Loc. *Ao cair da folha*, à la chute des feuilles. *Ao cair da noite*, à la tombée de la nuit. *Cair bem ou mal*, aller* bien ou mal (robe). *Cair como a sopa no mel*, arriver comme marée en carême. *Cair em graça*, plaire*. *Cair em si*, revenir* d'une erreur. *Cair em tentação*, succomber à la tentation. *Cair na esparrela*, donner dans le panneau. *Cair na razão*, entendre raison. *Não ter onde cair morto*, n'avoir* pas de quoi se faire enterrer. *Nessa não caio eu!* on ne m'y prend pas, pas si bête!

cairel m. (*cayrèl*). Galon.

cairo m. (*cayrou*). Caire (filasse).

Cairo n. pr. (*cayrou*). Caire (Le).

cais m. (*caych*). Quai.

caixa f. (*caycha*). Boîte. ‖ Loc. *Caixa do correio*, boîte aux lettres. ‖ *Caisse* [caixote; com.]. ‖ Loc. *Caixa econômica*, caisse d'épargne. *Caixa geral de depósitos*, caisse des dépôts et consignations. *Caixa forte*, coffre-fort, m. *Caixa das esmolas*, tronc, m. (église). *Mandar a toque de caixa*, chasser tambour battant. ‖ *Casse* [imprensa]. ‖ *Boîtier*, m. (de montre) [relógio]. ‖ m. Livre de caisse. ‖ *Caissier*, celui qui tient la *caisse*.

caix‖ão m. (*caychãou*). Bière, f., cercueil. ‖**-eiro** m. (*-áyrou*). Commis. ‖ Loc. *Caixeiro de praça*, placier. ‖**-ilho** m. (*-ilou*). Châssis, m. ‖**-ote** m. (*-ot*). Caisse, f. (grande). ‖ Loc. *Caixote do lixo*, boîte à ordures,

poubelle, f. ‖**-otim** m. (*-outī*). Cassetin.

cajado m. (*cajadou*). Houlette, f. ‖ *Fig.* Appui, soutien.

cal f. (*càl*). Chaux. ‖ Loc. *Água de cal*, eau de chaux. *De pedra e cal*, à chaux et à sable.

calabolço m. (*calabôyçou*). Violon, cachot.

Calábria n. pr. (*calabrya*). Calabre.

calad‖a f. (*calada*). Silence, m. ‖ Loc. *Pela calada*, en secret, en cachette. ‖**-o, a** adj. (*-ou, a*). Tu, ue. ‖ Loc. *Estar calado*, se taire*. ‖ Silencieux, euse; taciturne. ‖ Discret, ète. ‖ s. m. *Mar.* Calaison, f., tirant (m.) d'eau.

calafet‖agem f. (*calaftajáy*). Calfatage, m. [barco]. ‖ Calfeutrage, m. [porta, etc.]. ‖**-ar** vt. (*-ar*). Calfater [barco]. Calfeutrer [porta, etc.].

calafrio m. (*calafríou*). Frisson.

calami‖dade f. (*cala-ad*). Calamité. ‖**-toso, a** adj. (*-ósou, osa*). Calamiteux, euse.

cálamo m. (*calamou*). Calame. ‖ *Bot.* Chaume. ‖ *Poét.* Chalumeau, flûte, f.

calandr‖a f. (*calādra*). Calandre. ‖**-agem** f. (*-ajày*). Calandrage, m. ‖**-ar** vt. (*-ar*). Calandrer.

calão m. (*calãou*). Argot.

calar vt. (*calar*). Taire*. ‖ *Faire* taire*. ‖ *Mar.* Caler (la voile). ‖ Croiser (la baïonnette). ‖ Jauger (les futailles) [barris]. ‖ vi. et **-se** vr. (-ç). Se taire*, garder le silence.

calç‖ada f. (*cà-ada*). Chaussée. ‖ Rue montante. ‖**-adeira** f. (*-adàyra*). Chausse-pied, m. ‖**-ado** m. (*-adou*). Chaussure, f.

calcanhar m. (*cà-agnar*). Talon. ‖ Loc. *Dar aos calcanhares*, se sauver. *Não lhe chega aos calcanhares*, il ne lui arrive pas à la cheville.

calç‖ão m. ou **-ões** m. (cà-ãou, ōych). Culotte, f.

calcar vt. (*cà-ar*). Fouler.

calçar vt. (*cà-ar*). Chausser [sapatos, etc.]. ‖ Paver [ruas]. ‖ Caler [calço]. ‖ **-se** vr. (*-arç*). Se chausser.

calcário m. (*cà-aryou*). Calcaire.

calças f. pl. (*cà-ach*). Pantalon, m. sing. ‖ Loc. *Calças de mulher*, culotte, sing. *Dar umas calças*, faire* trotter longtemps. *Ver-se em calças pardas*, être* dans un grand embarras.

---

*Lettres penchées : accent tonique. ‖ V. page verte pour la prononciation figurée. ‖ *Verbe irrég. V. à la fin du volume.*

calcet‖ar vt. (cà-*etar*). Paver. **‖-eiro** m. (-*âyrou*). Paveur.
calcific‖ação f. (cà-*açãou*). Calcification. **‖-ar-se** vr. (-*arç*). Se calcifier.
calcin‖ação f. (cà-*açãou*). Calcination. **‖-ar** vt. (-*ar*). Calciner.
cálcio m. (cà-*you*). Calcium.
calcite f. (cà-*ít*). Calcite.
calcografia f. (cà-*ougrafia*). Chalcographie.
calço m. (cà-*ou*). Cale, f.
calcul‖ar vt. (cà-*oular*). Calculer. ‖Se douter de, soupçonner [imaginar]. **‖-ável** adj. (-*avèl*). Calculable. **‖-ista** m. et f. (-*ichta*). Calculateur, trice.
cálculo m. (cà-*oulou*). Calcul.
calda f. (cà-*a*). Sirop, m. [*açúcar*]. Confiture liquide [doces]. ‖pl. Thermes.
calde‖ação f. (cà-*yaçãou*). Dissolution dans l'eau. **‖-ar** vt. (-*yar*). Mêler avec de l'eau. ‖Rougir au feu [metais]. **‖-ira** f. (-*âyra*). Chaudière. **‖-irada** f.(-*ada*). *Cuis*. Matelote. **‖-irão** m. (-*ãou*). Grande chaudière, f. **‖-iro** m. (-*âyrou*). Chaudière, f. (de cuisine).
caldo m. (cà-*ou*). Bouillon. ‖ Loc. *Caldo de substância,* consommé. *Estar a caldos*, être* au bouillon. *Temos o caldo entornado*, cela va mal tourner.
cale‖ça f. ou **-che** f. (calèça, èch). Calèche.
Caledónia n. pr. (caledonya). Calédonie.
calefacção f. (calefacçãou). Caléfaction.
caleira f. (calâyra). Gouttière.
calejado, a adj. (calejadou, a). Calleux, euse. ‖*Fig*. Endurci, ie.
calendário m. (calêdaryou). Calendrier.
calha f. (cala). Rigole, canal, m. ‖Rail, m. ‖Anche [moinho].
calhamaço m. (calamaçou). Bouquin.
calhandra f. (calãdra). Calandre (oiseau).
calhar vi. (calar). Arriver (fait). ‖Convenir*, aller* bien. ‖Être* possible. ‖Loc. *Como calhar*, n'importe comment. *Estar (mesmo) a calhar,* tomber à merveille. *Se calhar,* peut-être.
calhau m. (calaou). Pierre, f., gros caillou.
calheta f. (caléta). Crique.

calibr‖ador m. (ca-*radôr*). Calibre (instrument). **‖-ar** vt. (-*ar*). Calibrer. **‖-e** m. (-*ibr*). Calibre.
caliça f. (caliça). Plâtras, m.
cálice m. (cc-). Calice [igreja; bot.]. ‖*Petit verre* [licor, vinho fino].
cálido, a adj. (*ea*-ou, a). Chaud, aude.
califa m. (califa). Calife.
Califórnia n. pr. (ca-*ornya*). Californie.
calig‖em f. (calijây). Brouillard (m.) épais. ‖Obscurité, ténèbres, pl. **‖-inoso, a** adj. (-*ôsou, osa*). Caligineux, euse.
caligr‖afia f. (ca-*rafia*). Calligraphie. **‖-áfico, a** adj. (-*a*-ou, a). Calligrafo m. (calígrafou). Calligraphe.
calin‖ada f. (ca-*ada*). Calinotade. ‖-o adj. et s. m. (-*inou*). Sot, niais.
Cálíope n. pr. (calíoup). Calliope.
calista m. et f. (calíchta). Pédicure.
Calisto n. pr. [calichtou). Calixte.
cálix m. (calicx). V. CÁLICE.
calm‖a f. (cà-*ma*). Calme, m. ‖Chaleur [calor]. **‖-ante** adj et s. m. (-*ât*). Calmant, ante. **‖-ar** vt. (-*ar*). Calmer. **‖-ar-a** f. (-*aria*). Calme, m. **‖-o, a** adj. (cà-ou, a). Calme, chaud, aude. **‖-oso, a** adj. (-*ôsou, osa*). Chaud, aude; brûlant, ante (parlant du temps).
calo m. (calo)). Cor (aux pieds). ‖Durillon, ca..
caloiro m. · cal*ôyrou*). Novice, apprenti; bizut.
calombo m. (calôbou). *Br*. Tumeur, f.
calor‖ m. (calôr). Chaleur, f., chaud. ‖Loc. *Com ca.or,* avec chaleur (fig.). *Está calor*, il fait chaud. *Ter calor*, avoir* chaud. **‖-ia** f. (-*ouria*). Calorie. **‖-ifero** m. (-*îferou*). Calorifère. **‖-ificação** f. (-*açãou*). Calorification. **‖-ífico, a** adj. (-*i*-ou, a). Calorifique. **‖-ímetro** m. (-*ímetrou*). Calorimètre. **‖-oso, a** adj. (-*ôsou, osa*). Chaleu*r*eux, euse.
calosidade f. (caloza*d*-ad). Callosité.
calota f. (calo*t*a). Calotte.
calot‖e m. (calot). Dette, f. ‖Loc. *Ferrar, pregar o calote,* faire* un pouf. **‖-eiro** m. (-*outâyrou*). Escroc, carotteur.
caluda! interj. (calouda). Chut!

Itálico : acento tónico. ‖V. página verde para a pronúncia figurada. ‖*Verbo irreg. V. no final do livro.

calunga m. (calúga). *Br.* Pantin [boneco]. ‖ Voleur.
calúnia f. (calounya). Calomnie.
caluni‖ador, a adj. et s. (calounyadôr, a). Calomniateur, trice. ‖ **-ar** vt. (-yar). Calomnier. ‖ **-oso, a** adj. (-ósou, osa). Calomnieux, euse.
calva f. (cà-a). Tête chauve.
calvário m. (cà-aryou). Calvaire : *levar a cruz ao calvário*, gravir son calvaire.
calv‖ície f. (cà-ícye). Calvitie. ‖ **-o, a** adj. (cà-ou, a). Chauve.
cama f. (câma). Lit, m. ‖Loc. *Abrir a cama*, garder le lit, s'aliter*. *Estar de cama*, garder le lit. *Fazer a cama a*, faire* de mauvais rapports contre. ‖ Litière [animal].
camada f. (camada). Couche. ‖ Grande quantité, grand nombre, m.
camafeu m. (camaféou). Camée. ‖ *Fam.* Laideron, f. [mulher].
camaleão m. (camalyáou). Caméléon.
camalote m. (camalot). *Br. du S.* Îlot flottant.
câmara f. (câmara). Chambre (des députés; à air; obscure; musique). ‖Loc. *Câmara municipal*, hôtel (m.) de ville, mairie. ‖ **--ardente** (-rardét). Chapelle ardente.
camarada m. et f. (camarada). Camarade (2 g.); compagnon, compagne. ‖ **-gem** f. (-adajáy). Camaraderie.
camarão m. (camaráou). Crevette, f.
Camarões n. pr. pl. (camarôych). Cameroun, sing.
camarário, a adj. (camararyou, a). Qui concerne la municipalité.
camar‖eira f. (camaráyra). Camérière, camériste. ‖ **-eiro** m. (-ou). Camérier. ‖ **-ilha** f. (-ila). Camarilla. ‖ **-im** m. (-í). Loge (f.) des acteurs. ‖ **-lengo** m. (-égou). Camerlingue. ‖ **-ote** m. (-ot). Loge, f. [Cabine, f. [barco]. ‖ **-oteiro** m. (-outáyrou). Préposé au bureau de location (d'un théâtre).
cambada f. (câbada). *Fig.* Tas (m.) de canailles, de fripons.
camb‖ado, a adj. (câbadou, a). Qui a les jambes tortes, torses. ‖Tortu, ue [torto]. ‖ Éculé, ée [calçado]. ‖ **-aio, a** adj. (-áyou, a). Cagneux, euse.
cambalear vi. (câbalyar). Chanceler.

cambalhota f. (câbalota). Cabriole, culbute, chute.
cambão m. (câbáou). *Br.* Paire (f.) de bœufs.
cambapé m. (câbapê). Croc-en-jambe.
cambi‖al adj. (câbyál). De change. ‖ s. f. Devise. ‖ **-ante** adj. (-át). Changeant, ante; chatoyant, ante. ‖ s. m. Nuance, f. ‖ **-ar** vt. (-yar). Changer (de l'argent).
câmbio m. (câbyou). Change, cours. ‖Loc. *Casa de câmbio*, bureau (m.) de change. *Letra de câmbio*, lettre de change, traite.
Cambises n. pr. (câbísech). Cambyse.
cambista m. (câbíchta). Cambiste, changeur, agent de change. ‖*Br.* Agent de location [contratador].
Camboja n. pr. (câboja). Cambodge.
cambota f. (câbota). *Br.* Capot, m. (d'automobile).
cambraia f. (câbraya). Cambrai, m.
cambulhada f. (câboulada). Multitude de choses liées ensemble. ‖Loc. *De cambulhada*, pêle-mêle, confusément.
cameleiro m. (cameláyrou). Chamelier.
camélia f. (camélya). Camélia, m.
came‖lice f. (camelíc). *Pop.* Sottise. ‖ **-elo** m. (-élou). Chameau. ‖ *Fig.* Bête, f.
camião m. (camyáou). Camion.
caminh‖ada f. (ca-gnada). Longue course, grande promenade. ‖ **-ante** (-át). Passant. ‖ *Voyageur à pied.* ‖ **-ão** m. (-áou). *Br.* Camion. ‖ **-ar** vi. (-ar). Cheminer, marcher. ‖ **-eiro** m. (-áyrou). Voyageur à pied. ‖ **-eta** f. (-éta). *Br.* Camionnette [pequena e de carga]. ‖ Autocar, m. [passageiros].
caminho m. (camígnou). Chemin. ‖Loc. *Andar muito caminho*, faire* beaucoup de chemin. *Caminho público*, grand chemin. *De caminho*, chemin faisant, tout en allant. *Não sei que caminho levou*, je ne sais pas ce qu'il est devenu. *Perder-se no caminho*, s'égarer. *Siga o seu caminho*, passez votre chemin. *Todos os caminhos vão dar a Roma* (prov.), tout chemin mène à Rome. *Torcer caminho*, se détourner.
camion‖agem f. (camyounajáy). Camionnage, m. ‖ **-eta** f. (-éta).

Lettres penchées : accent tonique. ‖V. page verte pour la prononciation figurée. ‖ *Verbe irrég. V. à la fin du volume.

Camion, m., camionnette [carga]. ‖ Auto*car*, m. [passageiros].
camisa f. (ca*misa*). Chemise. ‖ Manchon (m.) à incandescence. ‖ Cosse de fruit. ‖ P*eau* (m.) de serpent. ‖ Loc. *Camisa de forças*, camisole de force. *Em fralda de camisa*, en chemise. *Em mangas de camisa*, en bras de chemise. *Importo-me tanto com isso como com a primeira camisa que vesti*, je m'en moque comme de ma première chemise. *Meter-se numa camisa de onze varas*, s'embarquer sans biscuit. *Fig. Mudar de camisa*, changer de chemise.
camis‖aria f. (ca-a*ria*). Chemiserie. ‖-**eiro** m. (-á*y*rou). Chemisier. ‖**-ola** f. (-o*la*). Gilet (m.) de coton, de *laine*; tricot, m. ‖ Chand*ail* m. [desportista]. ‖ Camisole [sem mangas. de mulher]. ‖ Pull-over, m. [de enfiar pela cabeça].
Camões n. pr. (camõ*ych*). Camoëns.
camomila f. (camou*míla*). Camomille.
camondongo m. (camõ*dógou*). Sorte de petite souris, f.
campa f. (cã*pa*). P*ierre* sépulcr*ale*. ‖ Tombe, tomb*eau*, m. [sepultura].
campainha f. (cã*pa*i*gna*). Sonnette. ‖ Clochette (fleur). ‖ *Fig.* Divulgateur, m. ‖ Luette [da boca].
campal adj. (cã*pál*). De campagne.
campanário m. (cã*panaryou*). Clocher.
campanha f. (cã*pá*g*na*). Campagne (militaire); électorale).
camp‖anudo, a adj. (cã*panoudou*, a). En forme de cloche. ‖ *Fig.* Enflé, ée; boursouflé, ée. ‖**-ânula** f. (-*ánoula*). Cloche. ‖ *Bot.* Campanule. ‖**-anulácea** f. (-a*cya*). Campanulacée. ‖**-anulado, a** adj. (-adou, a). Campanulé, ée.
campar vi. (cã*par*). Exceller, surpasser. ‖ Se vanter, se flatter de [gabar-se].
campe‖ão, ã m. et f. (cã*pyãou, ã*). Champion, onne. ‖**-ar** vi. (-*yar*). Briller. ‖ Exceller, surpasser. ‖ *Br.* Battre* la campagne à cheval à la recherche du bét*ail.* ‖**-irada** f. (-âyrada). *Br.* Troupe de *campeiros.* ‖**-iro** m. (-á*y*rou). *Br.* Celui qui soigne le bét*ail* à la campagne. ‖**-onato** m. (-younatou). Championnat.

camp‖esinho, a ou **-esino, a** ou **-estre** adj. (cã*pe*s*ignou*, -*ínou, a, -êchtr*). Champêtre. ‖**-ina** f. (-*ína*). Campagne, pla*ine.* ‖**-ino** m. (-ou) Gardien de taur*eaux.* ‖**-o** m. (cã*pou*). Champ. ‖ Campagne, f. [oposto à cidade]. ‖ *Mil.* Camp. ‖ Terr*ain* [futebol, etc.]. ‖ Loc. *Ajudante de campo*, aide de camp. *Bater campo*, battre* la campagne. *Campo de batalha*, champ de bat*aille*. *Cam po entrincheirado*, camp retranché. *Campo santo*, cimetière. *Casa de campo*, maison de campagne. *Combater em campo raso*, combattre* en rase campagne. *Ir para o campo*, aller* à la campagne. *Pôr-se em campo*, se mettre* en campagne. ‖**-onês, esa** adj. et s. (-éch, éza). P*aysan*, anne; campagn*ard*, *a*rde. ‖**-ónio, a** adj. et s. (-onyou, a). R*ustre*, camp*agnard*, *a*rde.
camuflagem f. (camou-a*jáy*). Camouflage, m.
camunhengue adj. (camougn*êg*). *Br.* Soporifique.
camurça f. (camou*rça*). Chamois, m.
cana f. (câ*na*). *Bot.* Ros*eau*, m.; canne : *cana de açúcar*, canne à sucre. ‖ Baguette (d'une fusée) [foguete]. ‖ Barre (du gouvernail) [leme]. ‖ Loc. *Cana do nariz*, épine du nez. *Ter voz de cana rachada*, avoir* une voix de pot cassé.
canada f. (ca*náda*). *Ancienne* mesure pour les liquides (1,4 l).
Canadá n. pr. (canadá). *Canadá*.
canadiano, a adj. et s. (canady*ânou, a*). Canadien, enne.
canal m. (can*ál*). Can*al*.
canalha m. et f. (can*al*ha). Can*aille*, f. ‖ adj. Can*aille*.
canaliz‖ação f. (cana-a*çãou*). Canalisation. ‖**-ar** vt. (-*ar*). Canaliser.
canapé m. (cana*pé*). Canapé.
canarana f. (cana*ráña*). *Br. du N.* Ros*eau* (m.) sauvage.
Canárias n. pr. (can*aryach*). Canaries.
canário, a m. et f. (can*aryou, a*). Serin, ine; canari, m. [amarelo].
Canas n. pr. (ca*nach*). Cannes.
canastr‖a f. (can*achtra*). Manne, bourriche. ‖**-ada** f. (-a*ada*). Mannée. ‖**-eiro** m. (-á*y*rou). Vannier. ‖**-o** m. (*oe*chtrou). Panier. ‖ Loc. *Dar cabo do canastro*, rouer de coups.

Itálico : acento tónico. ‖ V. página verde para a pronúncia figurada. ‖ *Verbo irreg. V. no final do livro.

CAN — CAN

canavial m. (canavyàl). Cannaie, f.
canção f. (cãçãou). Chanson.
cancela f. (cãcèla). Grille, porte grillée. ‖ Barrière (d'un passage à niveau).
cancel‖amento m. (cãcelamêtou). Cancellation, f. ‖ **-ar** vt. (-ar). Canceller, annuler. ‖ Clore*, arrêter [conta].
câncer m. (cãcèr). Astr. Cancer.
canceroso, a adj. (cãcerósou, osa). Cancéreux, euse.
cancha f. (cãcha). Br. Hippodrome, m.
cancioneiro m. (cãçyounêyrou). Chansonnier. ‖ Cancionéro [medieval].
cançoneta f. (cãçounéta). Chansonnette.
cancro m. (cãcrou). Cancer (méd.). ‖ Fig. Chancre.
candeeiro m. (cãdyêyrou). Lampe, f. ‖ Réverbère [da rua].
candel‖a f. (cãdèya). Lampe à huile. ‖ Loc. Estar de candeias às avessas, être* brouillé. Festa das candeias, la Chandeleur. ‖ adj. Br. Gracieux, euse; élégant, ante. ‖ **-o** m. (-ou). Flambeau (pour pêcher).
candel‖abro m. (cãdelabrou). Candélabre. ‖ **-ária** f. (-arya). Chandeleur. ‖ Bot. Bouillon-blanc, m.
candente adj. (cãdêt). Incandescent, ente; rouge.
cândi adj. (cãdi). Candi (sucre).
candid‖ato m. (cã-atou). Candidat. ‖ **-atura** f. (-atoura). Candidature.
candidez f. (cã-déch). Candeur.
cândido, a adj. (cã-ou, a). Candide.
candonga f. (cãdóga). Contrebande de vivres.
candor m. (cãdôr). V. CANDURA.
candura f. (cãdoura). Candeur.
canec‖a f. (canèca). Gobelet (m.) de faïence à anse. ‖ - de cerveja, chope. ‖ **-o** m. (-ou). Broc.
caneiro m. (canêyrou). Conduit pour l'écoulement des eaux.
canela f. (canèla). Cannelle [planta]. ‖ Tibia, m. ‖ Bobine.
canel‖ado, a adj. (caneladou, a). Cannelé, ée. ‖ **-ar** vt. (-ar). Canneler. ‖ **-eira** f. (-êyra). Cannelier, m. [árvore]. ‖ **-ura** f. (-oura). Cannelure.
caneta f. (canéta). Porte-plume, m. ‖ Loc. Caneta (de tinta) permanente ou caneta (m.) tinteiro, stylo(graphe).

cânfora f. (cãfoura). Camphre, m.
canga f. (cãga). Joug (m.) des bœufs.
canga‖ceiro m. (cãgaçêyrou). Br. Celui qui porte beaucoup d'armes faisant parade de bravoure. ‖ **-ço** m. (-açou). V. ENGAÇO. ‖ Br. Armement.
cangalh‖as f. pl. (cãgalach). Paniers (m. pl.) de bête de somme. ‖ Fam. Lunettes. ‖ **-eiro** m. (-êyrou). Entrepreneur de pompes funèbres. ‖ **-o** m. (-alou). Pop. Patraque, f. ‖ Vieux meuble.
cangar vt. (cãgar). Accoupler (des bœufs). ‖ Fig. Dominer, vaincre*.
canguru m. (cãgourou). Kangourou.
canhada f. (cagnada). Br. Plaine étroite entre montagnes.
canhamaço m. (cagnamaçou). Étoupe (f.) de chanvre.
cânhamo m. (cãgnamou). Chanvre.
canhão m. (cagnãou). Canon, pièce d'artillerie. ‖ Revers (de botte). ‖ Parement (d'un habit) [fatos].
canhenho m. (cagnâygnou). Carnet, calepin.
canhestro, a adj. (cagnéchtrou, a). Gauche, maladroit, oite.
canhon‖ada f. (cagnounada). Canonnade. ‖ **-ear** vt. (-yar). Canonner. ‖ **-eio** m. (-âyou). V. CANHONADA. ‖ **-eira** f. (-âyra). Canonnière.
canhoto, a adj. (cagnôtou, ota). Gaucher, ère. ‖ Fig. Maladroit, oite. ‖ Pop. Démon.
canib‖al adj. et s. (ca-àl). Cannibale. ‖ **-alesco, a** adj. (-aléchcou, a). De cannibale. ‖ **-alismo** m. (-ijmou). Cannibalisme.
caniço m. (caniçou). Roseau très délié. ‖ Ridelle (f.) de charrette.
canícula f. (canicoula). Canicule.
canicular adj. (ca-oulàr). Caniculaire.
canil m. (canil). Chenil.
canino, a adj. (caninou, a). Canin, ine ; dente canino, dent (f.) canine.
canivete m. (ca-èt). Canif.
canja f. (cãja). Consommé (m.) de poule au riz.
canjica f. (cãjica). Bouillie de farine de maïs. ‖ Br. Tabac (m.) à priser.
canoa f. (canôa). Canot, m.
cano m. (cânou). Tuyau, conduit. ‖ Canon (d'une arme). ‖ Tige, f. (d'une botte). ‖ Loc. Espingarda de dois canos, fusil (m.) à deux coups.

Lettres penchées : accent tonique. ‖ V. page verte pour la prononciation figurée. ‖ *Verbe irrég. V. à la fin du volume.

cânon(e) m. (cânôn). Canon (décret).
canoni||**cal** adj. (canou-àl). Canonial, ale. ||**-cato** m. (-atou). Canonicat.
canónico, a adj. (cano-ou, a). Canonique. ||Loc. *Direito canónico*, droit canon. *Horas canónicas*, heures canoniales.
canon||**isa** f. (canounisa). Chanoinesse. ||**-ização** f. (-açãou). Canonisation. ||**-izar** vt. (-ar). Canoniser.
cans||**aço** m. (cãçaçou). Lassitude, f. ||**-ado, a** adj. (-adou, a). Las, asse. ||**-ar** vt. (-ar). Lasser. ||**-ar-se** vr. (-arç). Se lasser. ||**-eira** f. (-âyra). Lassitude, fatigue.
cant||**adeira** f. (cãtadâyra). Chanteuse. ||**-ador** m. (-ôr). Chanteur, chansonnier. ||**-ante** adj. (-ãt). Chantant, ante.
cantão m. (cãtãou). Canton.
cantar vt. et vi. (cãtar). Chanter. ||Loc. *Isto é outro cantar*, c'est une autre paire de manches.
cantaria f. (cãtaria). Pierre de taille.
cantárida f. (cãtar-a). Cantharide.
cântaro m. (cãtarou). Cruche, f. ||Loc. *A cântaros*, à verse.
canta||**rolar** vt. et vi. (cãtaroular). Chantonner, fredonner. ||**-ta** f. (-ata). Cantate.
canteiro m. (cãtâyrou). Tailleur de pierre. ||Marbrier [mármore]. ||Parterre (de jardin).
cântico m. (cã-ou). Cantique.
cantiga f. (cãtiga). Chanson.
cantil m. (cãtíl). Bidon (soldat); gourde, f.
cantilena f. (cã-éna). Cantilène.
cantina f. (cãtina). Cantine.
canto|| m. (cãtou). Chant. ||Coin, angle. ||**-chão** m. (-ãou). Plain-chant.
canton||**al** adj. (cãtounàl). Cantonal, ale. ||**-eira** f. (-âyra). Encoignure (meuble). ||**-eiro** m. (-ou). Cantonnier.
cantor, a m. et f. (cãtôr, a). Chanteur, euse; cantatrice, f.
Cantuária n. pr. (cãtouarya). Cantorbéry.
cânula f. (cãnoula). Canule.
cão m. (cãou). Chien. ||*Pop.* Pouf (dette). ||Loc. *Cão de chaminé*, chenet. *Cão de fila*, chien de métairie. *Cão de gado*, mâtin. *Cão perdigueiro*, chien d'arrêt. *Despertar o cão que dorme*, éveiller le chat qui dort. *Pregar, ferrar o cão*, faire* un pouf.
caolho adj. (caôlou). *Br.* Borgne.
caos m. (caouch). Chaos, trouble, désordre.
caótico, a adj (cao-ou, a). Chaotique.
capa f. (capa). Manteau, m., cape. Chemise, enveloppe. ||*Fig.* Prétexte; apparence. ||m Kappa [letra grega].
capacete m. (capacét). Casque.
capacho m. (capachou). Paillasson. ||*Fig.* Homme rampant, flagorneur, servile.
capac||**idade** f. (capa-ad). Capacité. ||**-itar** vt. (-ar). Persuader.
capanga m. (capãga). *Br.* Brave au service de que qu'un.
cap||**ão** m. (capãou). Chapon. ||*Br.* Bois, buisson. ||**-ar** vt. (-ar). Châtrer.
caparrosa f. (caparrosa). Couperose.
capatão m. (capatãou). Muge, chabot.
capataz m. (capatach). Contremaître.
capaz adj. (capach). Capable. ||Honnête.
capcioso, a adj (ca-yôsou, osa). Captieux, euse.
cape||**ador** m. (capyadôr). Écarteur. ||**-ar** vt. (-yar). Écarter le taureau.
capela f. (ca éla). Chapelle. ||**-mor** f. (-or). Sanctuaire, m. (d'une église).
capel||**ania** f. (capelania). Chapellenie. ||**-ão** m. (-ãou). Chapelain. ||Aumônier (d'un régiment, etc.). ||**-ista** m. et f. (-ichta). Mercier, ère. ||**-o** m. (-élou). Capuchon [capuz]. ||Chausse, f. [de doutor].
capenga adj. et. s. (capẽga). *Br.* Boiteux, euse.
capilar adj. (ca-ar). Capillaire.
capi||**im** m. (capí). Sorte de foin d'Amérique. ||**-nar** vt. (-inar). *Br.* Sarcler, faucher le *capim*.
capinha f. (capina). Petit manteau, m. ||Écarteur (de taureaux).
capitação f. (ca-açãou). Capitation.
capit||**al** adj. et s. m. (ca-àl). Capital, ale. ||**-alismo** m. (-alijmou). Capitalisme. ||**-alista** adj. et s. (-ichta). Capitaliste. ||**-alizar** vt. et vi. (-ar). Ca italiser.
capitan||**ear** vt. (capi-anyar). Commander. ||**-ia** f. (-ia). Capitainerie.
capitânia f. (ca-ãnya). Capitane.

Itálico: acento tónico. ||V. página verde para a pronúncia figurada. ||*Verbo irreg. V. no final do livro.

CAP — CAR

capitão m. (ca-*ãou*). Capitaine. ‖ -**de-mar-e-guerra** m. (-emarighérra). Capitaine de vaisseau. ‖ -**tenente** m. (-enêt). Capitaine de corvette.
capitel m. (ca-*êl*). Chapiteau.
capitólio m. (ca-*olyou*). Capitole.
capitul‖**ação** f. (ca-oula*çãou*). Capitulation. ‖ -**ar** vi. (-*ar*). Capituler. ‖ adj. Capitulaire.
capítulo m. (capi*toulou*). Chapitre. ‖ Loc. *Ter voto no capítulo*, avoir* voix au chapitre.
capivara f. (ca-*ara*). *Br.* Cabiai, m. (mammifère rongeur).
capoeir‖**a** f. (capou*âyra*). Poulailler, m. ‖ *Br.* Broussailles, pl. ‖ -**agem** f. (-*ajãy*). *Br.* Sorte de jiu-jitsu.
capot‖**a** f. (capota). Capote (d'une auto). ‖ -**ar** vi. (-*outar*). Capoter. ‖ -**e** m. (-*ot*). Cape, f. ‖ Capot (au jeu) : *dar capote*, faire* capot; *levar capote*, être* capot.
caprich‖**ar** vi. (caprich*ar*). Se piquer d'honneur de. ‖ *Avoir** la fantaisie de. ‖ -**o** m. (-*i-ou*). Caprice. ‖ *Fig.* Point d'honneur. ‖ Loc. *A capricho*, soigneusement. ‖ -**oso, a** adj. (-*ôsou, oza*). Capricieux, euse. ‖ Qui se pique d'honneur. ‖ *Fig.* Opiniâtre, entêté, ée.
capri‖**córnio** m. (capr-*órnyou*). Capricorne. ‖ -**no, a** adj. (-*ínou, a*). Caprin, ine.
cápsula f. (ca-*oula*). Capsule.
capt‖**ação** f. (ca-a*çãou*). Captation. ‖ -**ador** m. (-*ôr*). Captateur. ‖ -**ar** vt. (-*ar*). Capter. ‖ -**ura** f. (ca-*oura*). Capture, saisie. ‖ -**urar** vt. (-*ar*). Capturer, saisir.
Cápua n. pr. (capoua). Capoue.
capuch‖**a** f. (cap*oucha*). Capuche. ‖ Capucinière [casa]. ‖ Loc. *A capucha*, sans ostentation. ‖ -**inho** m. (-*ignou*). Chaperon. ‖ adj. et s. m. Capucin (religi*eux*). ‖ -**o** m. (-*ou-ou*). Capucin.
capuz m. (cap*ouch*). Capuchon.
caqui m. (c*aki*). Kaki.
cáqui m. (c*aki*). *Br.* Kaki.
cara f. (*cara*). Visage, m., fig*u*re. ‖ Mine, air (m.) du visage [aspecto]. ‖ Grimace [careta]. ‖ *Fig.* Audace. ‖ Loc. *Cara a cara*, face à face. *Cara de poucos amigos*, visage renfrogné. *Dar com a porta na cara*, fermer la porte au nez. *Dar de cara com*, rencontrer. *De cara*, de front. *Fazer boa cara*, faire* bonne mine. *Ficar com cara de asno*, rester tout camus. *Não ter cara para*, ne pas avoir* le courage de. *Partir a cara a*, frapper au visage. *Ter cara de saúde*, avoir* une bonne mine. *Ter má cara*, avoir* mauvaise mine.
caraça f. (ca*raça*). Masque, m.
carabi‖**na** f. (ca*rabina*). Carabine. ‖ -**neiro** m. (-bin*âyrou*). Carabinier.
caracol m. (cara*col*). Escargot, limaçon. ‖ Boucle, f. (de cheveux) [cabelo]. ‖ -**ar** vi. (-*oular*). Caracoler. ‖ -**ear** vi. (-*yar*). V. CARACOLAR.
carácter m. (car*atêr*). Caractère.
caracter‖**ística** f. (caraterich-a). Caractéristique. ‖ -**ístico, a** adj. (-*ou, a*). Caractéristique. ‖ -**ização** f. (-a*çãou*). Caractérisation. ‖ -**izador** m. (-*ôr*). Maquilleur [teatro]. ‖ -**izar** vt. (-*ar*). Caractériser. ‖ Maquiller [teatro].
cara‖**dura** m. (cara*doura*). *Br.* Insolent. ‖ -**durismo** m. (-i*jmou*). *Br.* Insolence, f., effronterie, f.
caramanch‖**ão** ou **-el** m. (caramã-*ãou, êl*). Tonnelle, f. (verdure).
caramba! interj. (ca*rãba*). Zut!
carambol‖**a** f. (car*ãbola*). Carambolage, m. ‖ -**ar** vi. (-*oular*). Caramboler.
caramelo m. (caram*êlou*). Caramel. ‖ Glaçon [gelo].
caranguej‖**a** f. (car*ãgâyja*). Mar. Vergue à corne. ‖ -**o** m. (-*ou*). Crabe.
car‖**antonha** f. (car*atôgna*). Vilaine figure. ‖ -**ão** m. (-*ãou*). Gros visage. ‖ *Fam.* Personne très maigre, f.
carapau m. (car*apaou*). Épinoche, f.
carapinh‖**a** f. (cara*pigna*). Cheveux (m. pl.) crépus de Noirs. ‖ -**ada** f. (-*ada*). Sorte de sorbet, m.
carapuç‖**a** f. (cara*pouça*). Bonnet, m. ‖ Loc. *A carapuça não me serve*, cela ne me regarde pas. *Qual carapuça! nenni!* point du tout! ‖ -**o** m. (-*ou*). V. CARAPUÇA.
caravana f. (cara*vâna*). Caravane.
caravela f. (carav*êla*). Caravelle.
cara-volta f. (car*avó-ta*). *Br.* de ga*uchos*. Volte-face, m.
carbon‖**ato** m. (carboun*atou*). Carbonate. ‖ -**eto** m. (-*étou*). Carbure.

Lettres penchées : accent tonique. ‖ V. page verte pour la prononciation figurée. ‖ *Verbe irrég. V. à la fin du volume.

carbónico, a adj. (carbo-ou, a). Carbonique.
carbon||**ífero, a** adj. (carbouníferou, a). Carbonifère. ||**-izar** vt. (-ar). Carboniser. ||**-o** m. (-onou). Carbone. ||**oso, a** adj. (-ósou, a). Charbonneux, euse.
carbúnculo m. (carbŭcoulou). *Méd.* Charbon. ||*Minér.* Escarboucle, f.
carbur||**ação** f. (carbouraçãou). Carburation. ||**-ador** m. (-ôr). Carburateur. ||**-eto** m. (-étou). Carbure.
carc||**aça** f. (carcaça). Carcasse. ||**-ás** m. (-ach). Carquois.
carcamano m. (carcamânou). *Br. du N.* Italien (péjor.). || Colporteur.
carcela f. (carcêla). Patte (vêtement).
cárcere m. (carcère). Prison, f., cachot, geôle, f.
carcereiro m. (carcerâyrou). Geôlier.
carcom||**a** f. (carcôma). Artison, m. [bicho]. ||Vermoulure [pó]. ||**-er** vt. (-oumér). Ronger.
card||**a** f. (carda). Caboche (clou) [prego]. ||Carde [máquina]. ||**-ador** m. (ca-ôr). Cardeur. ||**-ar** vt. (-ar). Carder.
cardeal adj et s. m. (cardyàl). Cardinal, ale.
cárdia f. (cardya). Cardia, m.
cardíaco, a adj. et s. (cardíacou, a). Cardiaque.
cardinal adj. (car-àl). Cardinal, ale.
cardo m. (cordou). Chardon.
cardume m. (cardoúme). Banc de poissons. ||*Fig.* Troupe, f., essaim.
careca adj. et s. (carèca). Chauve. ||s. f. Tête chauve.
carecer vi. (carecér). Manquer, avoir* besoin.
careiro, a adj. (carâyrou, a). Qui vend cher.
carência f. (carêcya). Manque, m., besoin, m., défaut, m.
carestia f. (carechtía). Cherté. ||Disette, rareté.
careta f. (carêta). Grimace. ||Masque, m.
carg||**a** f. (carga). Charge. ||*Mar.* Cargaison. ||Loc. *Besta de carga*, bête de somme. *Carga de água*, averse. *Carga de ossos*, personne très maigre. *Carga de pau*, décharge de coups de bâton. *Deitar a carga ao mar*, vomir. *Navio de carga*, cargo. *Por que carga de água?* pourquoi diable? ||**-o** m.

(-ou). Charge, f. (emploi). ||**-oso** adj. et s. m. (cargôsou). *Br. de Rio Grande do Sul.* Entêté, impertinent.
cariar vt. (caryar). Carier. ||vi. Se carier.
cariboca ou **curiboca** m. et f. (car-oca, cou-). *Br.* Métis, isse.
caric||**ato, a** adj. (car-atou, a). Grotesque. ||**-atura** f. (-atoura). Caricature. ||**-atural** adj. (-àl). Caricatural, ale. ||**-aturar** vt. (-ar). Caricaturer. ||**-aturista** m. (-ichta). Caricaturiste.
carícia f. (caricya). Caresse.
caricioso, a adj. (car-yôsou, osa). Caressant, ante.
carid||**ade** f. (car-ad). Charité. ||**-oso, a** adj. (-ôsou, osa). Charitable.
cárie f. (carye). Carie.
caril m. (caríl). Cari.
carimb||**agem** f. (caribajãy). Timbrage, m. ||**-ar** vt. (-ar). Timbrer. ||**-o** m. (-îbou). Timbre.
carinh||**o** m. (carignou). Affection, f. ||**-oso, a** adj. (-ôsou, osa). Tendre, caressant, ante.
carioca m. et f. (caryoca). Naturel, elle de *Rio de Janeiro*.
cariopse m. (caryó-). Caryopse.
caritativo, a adj. (car-ativou, a). Charitable.
cariz m. (carích). Aspect (de l'atmosphère). ||Visage, figure, f.
carlinga f. (carliga). Carlingue.
Carlos n. pr. (carlouch). Charles. ||**- -Magno** n. pr. (-jmaghnou). Charlemagne.
Carlota n. pr. (carlota). Charlotte.
carmelita m. (carmelíta). Carme. ||f. Carmélite.
carm||**esim** adj. et s. m. (carmesí). Cramoisi, ie. ||**-im** m. (-í). Carmin. ||**-inado, a** adj. (-adou, a). Carminé, ée. ||**-inar** vt. (-ar). Carminer.
carmo m. (carmou). Carmel.
carn||**ação** f. (carnaçãou). Carnation. ||**-adura** f. (-oura). Charnure, f. ||**-agem** f. (-ajãy). Carnage, m. ||**-al** adj. (-àl). Charnel, elle. ||Consanguin, ine. ||**-alidade** f. (-a-ad). Charnalité. ||**-aúba** f. (carnaoúba). *Br.* Suif (m.) de palmier du Brésil.
carnav||**al** m. (carnavàl). Carnaval. ||**-alesco, a** adj. (-aléchcou, a). Carnavalesque.
carne f. (carn). Chair. ||Viande [cria-

Itálico : acento tónico. ||V. página verde para a prorúncia figurada. ||*Verbo irreg. V. no final do livro.

CAR — CAR 436

ção, caça]. ‖Loc. *Dia de carne*, jour gras. *Ser unha com carne*, être* ami intime. *Ter carne de cão*, être* de fer.
carneir‖a f. (carnâyra). Basane. ‖-o m. (-ou). Mouton, bélier. ‖pl. *Mar.* Moutons (vagues).
carn‖iceiro adj. (car-âyrou). Carnassier. ‖*Fig.* Sanguinaire. ‖s. m. Boucher. ‖-ificina f. (-ína). Carnage, m. ‖-ivoro, a adj. et s. (-ívou-rou, a). Carnivore. ‖-udo, a adj. (-oudou, a). Charnu, ue.
caro, a adj. (carou, a). Cher, ère. ‖ adv. Cher.
caroch‖a f. (carocha). Carabe, m. ‖Loc. *Chupado das carochas*, extrêmement maigre. ‖-inha f. (-ígna). U. dans la loc. : *histórias da carochinha*, contes (m.) de ma mère l'oie.
caroço m. (carôçou). Noyau. ‖*Méd.* Glande enflée, f. ‖Trognon (pêra, maçã].
carolingio, a adj. (caroulíjyou, a). Carolingien, enne.
carolo m. (carôlou). Coup de bâton à la tête.
carona (de) loc. adv. (decarôna). *Br.* Gratis ; à crédit.
Caronte n. pr. (carôt). Charon.
carótida f. (caro-a). Carotide.
carpa f. (carpa). Carpe (poisson).
Cárpatos n. pr. (carpatouch). Carpates.
carpideira f. (car-âyra). Pleureuse d'enterrement.
carpint‖aria f. (carpitaría). Charpenterie. ‖-eirar vi. (-âyrar). Travailler en charpenterie. ‖-eiro m. (-âyrou). Charpentier. ‖Loc. *Bicho carpinteiro*, vrillette, f. *Carpinteiro de carros*, charron. *Ter bicho carpinteiro*, avoir* des fourmis dans les jambes.
carpir‖ vt. (carpír). Déplorer, pleurer (la mort). ‖ -se vr. (-ç). Se plaindre*, se lamenter.
carpo m. (carpou). Carpe (poignet).
carqueja f. (carkâyja). Espèce de genêt, m.
carraça f. (carraça). Tique. ‖*Fig.* Assommeur, m., importun, m.
carrada f. (carrada). Charretée. ‖Loc. *Às carradas*, à foison. *Ter carradas de razão*, avoir* bien raison.
carranc‖a f. (carrâca). Visage (m.) renfrogné. ‖*Archit.* Mascaron, m. ‖-udo, a adj. (-oudou, a). Renfrogné, ée.
carrão m. (carrâou). Grande voiture, f.
carrapato m. (carrapatou). Tique, f. ‖ adj. *Feijão carrapato*, haricot vert.
carrapito m. (carrapítou). Chignon. ‖Loc. *No carrapito*, au sommet.
carrasco m. (carráchcou). Bourreau.
carraspana f. (carrachpâna). Cuite (*pop.*), ivresse.
carr‖ear vt. (carryar). Charrier. ‖-egado, a adj. (-egãou, a) Chargé, ée. ‖Foncé, ée [cor]. ‖Sombre [rosto]. ‖*Typ.* Gras, asse. ‖-egador m. (-adôr). Chargeur. ‖Portefaix [moço]. ‖-egamento m. (-êtou). Chargement. ‖-egar vt. et vi. (-ar). Charger. ‖Froncer [sobrecenho]. ‖*Mar.* Carguer. ‖Appuyer (sur un boutou, etc.). ‖-ego m. (-égou). Charge, f.
carreira f. (carrâyra).Route. ‖Course. ‖- *de gaúchos*. *Br.* Course de deux chevaux. ‖File, rangée. ‖Carrière, profession. ‖Ligne (d'autobus, etc.). ‖Loc. *Navio de carreira*, paquebot, m.
carreiro m. (carrâyrou). Charretier. ‖Sentier [atalho].
carrejão, ona m. et f. (carrejãou, ôna). Portefaix, femme de peine.
carret‖a f. (carrêta). Charrette. ‖Affût (m.) du canon [peça]. ‖-e m. (-êt). Chariot (de machine à écrire). ‖-el m. (-êl). Bobine, f. ‖-o m. (-êtou). Charriage.
carriça f. (carríça). Roitelet, m.
carril‖ m. (carríl). Rail. ‖-ar vt. (-ar). Mettre* sur les rails.
carrilhão m. (carrilãou). Carillon.
carrinho m. (carrígnou). Petite voiture, f. ‖Loc. *Carrinho de linha*, bobine, f. *Carrinho de mão*, brouette, f.
carripana f. (carr-âna). Bagnole.
carro m. (carrou). Char, voiture, f. ‖Loc. *Carro de mão*, baladeuse. *Ir de carro*, aller* en voiture.
carro‖ça f. (carrôça). Charrette, chariot, m. ‖-ceiro m. (-ouçâyrou). Charretier. ‖-çada f. (-ada). Charretée. ‖-çaria f. (-aría). Carrosserie.
carruagem f. (carrouajây). Voiture, f. ‖Wagon, m.

Lettres penchées : accent tonique. ‖V. page verte pour la prononciation figurée. ‖ *Verbe irrég. V. à la fin du volume.

CAR — CAS

cart‖a f. (carta). Lettre, pli, m. : *carta de prego*, lettre close. ‖Carte [de jogar; mapa]. ‖Charte [lei]. ‖Diplôme, m. ‖Permis, m. [licença] ‖-ada f. (ca-ada). Coup, m. (au jeu des *cartes*).
cartaginês, esa adj. et s. (carta-éch, ésa). Carthaginois, oise.
Cartago n. pr. (cartagou). Carthage.
cart‖ão m. (cartãou). Carton. ‖-az m. (-ach). Affiche, f., placard. ‖-azeiro m. (-azãyrou). Afficheur. ‖-eira f. (-âyra). Portefeuille, m. ‖Pupitre, m. [escola]. ‖Sac à main, m. [de senhora]. ‖-eiro m. (-ou). Facteur.
cárter m. (cartèr). Carter.
cartilag‖em f. (car-ajãy). Cartilage, m. ‖-íneo, a ou -inoso, a adj. (-inyou, a, -ôsou, osa). Cartilagineux, euse.
cart‖ilha f. (cartila). Syllabaire, m., abécédaire, m. ‖-ório m. (-oryou). Étude (f.) de notaire.
cartuch‖eira f. (cartou-âyra). Cartouchière, f. ‖-o m. (-ou-ou). Cartouche, f. ‖Cornet [de papel].
cartuxa f. (cartoucha). Chartreuse.
caruara f. (carouara). *Br. du N.* Douleur rhumatismale. ‖Mauvais œil, m. ‖Infirmité. ‖Petite abeille.
caruma f. (carouma). Aiguilles (pl.) de pin.
carunch‖o m. (carũ-ou). Vrillette, f. ‖Vermoulure, f. [pó]. ‖*Fig.* Vieillesse. ‖-oso, a adj. (-ôsou, osa). Vermoulu, ue.
carvalho m. (carvalou). Chêne.
carv‖ão m. (carvãou). Charbon. ‖-oaria f. (-ouaria). Charbonnerie. ‖-oeiro m. (-ouâyrou). Charbonnier.
casa f. (casa). Maison. ‖Ménage, m. [governo]. ‖Pièce [quarto]. ‖Chambrée [teatro]. ‖Case [tabuleiro]. ‖Loc. *Em casa*, à la maison. *Em casa de*, chez.
casac‖a f. (casaca). Habit, m. ‖-o m. (-ou). Veston. ‖Veste, f. [pijama, etc.].
cas‖ado, a adj. (casadou, a). Marié, ée. ‖-al m. (-ál). Métairie, f. Couple, paire, f. ‖-amenteiro m. (amêtâyrou). Marieur. ‖-amento m. (-ètou). Mariage. ‖-ão m. (-ãou). Grande maison, f. ‖-ar vt. (-ar). Marier. ‖-arão m. (-arãou). Grande maison, f. ‖-aria f. (-ia). Suite de maisons.
casc‖a f. (cachca). Écorce [árvore, limão, etc.]. ‖Pelure [pêra, etc.]. ‖Cosse [favas, etc.]. ‖Écaille [ostra]. ‖Coquille [noz, ovo, etc.]. ‖-alho m. (ca-alou). Pierraille, f. ‖-ar vi. (-ar). *Pop.* Rosser. ‖*Fig.* Maltraiter.
cascata f. (cachcata). Cascade.
cascavel m. (cachcavèl). Grelot. ‖Loc. *Cobra-cascavel*, serpent (m.) à sonnettes.
casc‖o m. (cchcou). Sabot du cheval. ‖Coque, f. (de navire). ‖Tonneau. ‖-udo m. (ca-oudou). Calotte, f.
cas‖ebre m. (casèbre). Masure, f., taudis. ‖-eiro, a adj. et s. (-âyrou, a). Fermier, ère. ‖adj. Casanier, ère. ‖-erna f. (-èrna). Chambrée.
casimira f. (casemíra). Casimir, m.
cas‖inha f. (casígna). Maisonnette. ‖-inhoto m. (-ôtou). Turne, f. ‖-ino m. (-inou). Casino.
casmurr‖ice f. (cajmourriç). *Pop.* Entêtement, m. ‖-o, a adj. (-ourrou, a). Entêté, ée; opiniâtre, têtu, ue.
caso m. (casou). Cas. ‖Loc. *No pior dos casos*, au pis-aller.
casório m. (casoryou). *Pop.* Mariage.
caspa f. (cachpa). Pellicules, pl.
cáspite! interj. (cach-è). Bravo!.
Cáspio (Mar) n. pr. m. (cachpyou). Caspienne (Mer), f.
casquilho adj. et s. m. (cachkilou). Élégant. ‖Dandy, petit-maître.
casquinha f. (cachkigna). Bois (m.) de sapin.
cassa f. (caça). Mousseline.
cássia f. (cœya). Cassier, m.
Cassiano n. pr. (caciânou). Cassien.
Cássio n. pr. (cacyou). Cassius.
Cassiopeia n. pr. (cacyoupâya). Cassiopée.
casta f. (cachta). Caste. ‖Race.
castanh‖a f (cachtâgna). Châtaigne, marron, m. ‖-eiro m. (-âyrou). Châtaignier, marronnier. ‖-o m. (-âgnou). Châtaignier (bois). ‖adj. et s. m. Châtain. ‖Loc. *Castanho-avermelhado*, auburn. *Castanho-escuro*, brun, tête-de-nègre. ‖-olas f. pl. (-olach). Castagnettes.
castão m. (cachtãou). Pomme, f. (d'une canne).
Castela n. pr. (cachtèla). Castille.
castelão m. (cachtelãou). Châtelain.

Itálico: acento tónico. ‖V. página verde para a pronúncia figurada. ‖*Verbo irreg. V. no final do livro.

CAS — CAV

castelhano, a adj. et s. (cachtelắ-nou, a). Castillan, ane.
castelo m. (cachtêlou). Château. ||Loc. *Castelos no ar*, châteaux en Espagne.
castiçal m. (cach-àl). Flambeau, bougeoir. ||*Br. Lampe*, f.
castiço, a adj. (cachtíçou, a). Châtié, ée; pur, ure (style).
castidade f. (cach-ad). Chasteté.
castig||**ar** vt. (cach-ar). Châtier. ||**-o** m. (-igou). Châtiment.
casto, a adj. (cachtou, a). Chaste.
castrar vt. (cachtrar). Castrer.
casual adj. (casouàl). Casuel, elle.
casulo m. (casoulou). Cocon.
cata f. (cata). Recherche.
catacumbas f. pl. (catacúbach). Catacombes.
catadupa f. (catadoupa). Cataracte.
catadura f. (catadoura). Air, m., mine. ||Loc. *Má catadura*, air sombre, m.
catalão, ã adj. et s. (catalắou, ã). Catalan, ane.
catalepsia f. (cata-ía). Catalepsie.
catalisador m. (cata-adôr). Catalyseur.
catálogo m. (catalougou). Catalogue.
Catalunha n. pr. (catalougna). Catalogne.
cataplasma m. (cata-ajma). Cataplasme, m.
catapora(s) f. sing. ou pl. (catapora[ch]). *Br. Varicelle*, f. sing.
catapultar vt. (catapou-ar). Catapulter.
catarata f. (catarata). Cataracte.
Catarina n. pr. (catarina). Catherine.
catarro m. (catarrou). Catarrhe.
cat||**ástrofe** f. (catachtrouf). Catastrophe. ||**-astrófico, a** adj. (-a-o-ou, a). Catastrophique.
cata-vento m. (catavêtou). Girouette, f.
catecismo m. (catecíjmou). Catéchisme.
cátedra f. (catedra). Chaire.
catedral f. (catedràl). Cathédrale.
categoria f. (categouría). Catégorie, classe, rang, m.
catequese f. (catekèz). Catéchèse.
cateto m. (-têtou). Côté d'angle droit.
Catilina n. pr. (ca-ína). Catilina.
catimbau m. (catibaou). *Br. Pipe* (f.) de mauvaise qualité.
catinga m. (catíga). Mauvaise odeur (de certains noirs). ||*Br. Bois* (m.) rabougri.
catit||**a** adj. (catíta). Élégant, ante. ||**-ismo** m. (-íjmou). Dandysme.
cativ||**ante** adj. (ca-āt). Captivant, ante. ||**-ar** vt. (-ar). Rendre captif. ||Captiver. ||**-eiro** m. (-âyrou). Captivité, f. ||**-o, a** adj. et s. (-ivou, a). Captif, ive.
cátodo m. (catoudou). Cathode, f.
cat||**olicismo** m. (catou-íjmou). Catholicisme. ||**-ólico, a** adj. et s. (-o-ou, a). Catholique.
catorze adj. num. (catôrz). Quatorze.
catrapus interj. (catrapouch). Patatras! crac!
catre m. et f. (catr). Grabat.
caturra m. et f. (catourra). Entêté, ée.
caução f. (aouçáou). Caution.
Cáucaso n. pr. (caoucasou). Caucase.
cauda f. (caouda). Queue.
cauíla adj. (cauíla). *Br*. Avare.
caulino m. (caoulínou). Kaolin.
caus||**a** f. (caousa). Cause. ||Loc. *Por causa de*, à cause de. ||**-ador**, a adj. et s. (-ôr, a). Cause, s. f., auteur, m. ||**-alidade** f. (-ad). Causalité. ||**-ar** vt. (-ar). Causer. ||Loc. *Causar dó, medo, prazer, faire* pitié, peur, plaisir. Causar prejuízo*, porter préjudice. ||**-ídico** m. (-í-ou). Avocat.
causticar vt. (caouch-ar). *Fam.* Importuner, ennuyer.
cáustico, a adj. (caouch-ou, a). Caustique. ||s. m. Vésicatoire.
cautel||**a** f. (caoutèla). Prudence. ||interj. Gare! ||**-oso, a** adj. (-tlôsou, osa). Prudent, ente; prévoyant, ante.
cauterizar vt. (caouter-ar). Cautériser.
cauto, a adj. (caoutou, a). Prudent, ente.
cava f. (cava). Emmanchure [manga].
cavaco m. (cavacou). Causerie, f.
cavador m. (cavadôr). Bêcheur.
caval||**a** f. (cavala). Maquereau, m. ||**-ar** adj. (-alar). Chevalin, ine. ||**-aria** f. (-ía). Cavalerie. ||Chevalerie [ordem]. ||**-ariça** f. (-íça). Écurie. ||**-ariço** m. (-íçou). Écuyer. ||**-eiro** m. (-âyrou). Cavalier. ||Chevalier [ordem]. ||**-ete** m. (-êt). Chevalet. ||**-gada** f. (-à-ada). Cavalcade. ||**-gadura** f. (-adoura). Monture. ||*Pop*. Bête. ||**-gar** vt. et vi. (-ar).

Lettres penchées : accent tonique. ||V. page verte pour la prononciation figurée ||*Verbe irrég. V. à la fin du volume.

Chevaucher. ‖ Enjamber [pôr-se às cavalitas]. ‖ **-heiresco** adj. (-alâyréchcou). Chevaleresque. ‖ **-heirismo** m. (-ìjmou). Générosité, f. ‖ **-heiro** m. (-âyrou). Monsieur. ‖ Gentilhomme. ‖ Cavalíer (accompagnant *une dame*). ‖ **-icoque** m. (-l-oc). *Pop.* Bidet. ‖ **-itas (às)** loc. adv. (achìtach). A califourchon. ‖ **-o** m. (-alou). Cheval. ‖ Dada [infantil]. ‖ Cavalíer [xadrez]. ‖ Chancre [úlcera venérea].
cavaqu‖ear vi. (cavakyar). *Fam.* Causer, deviser. ‖ **-eira** f. (-âyra). *Fam.* Causerie, entretien (m.) familíer.
cavar vt. (cavar). Creuser. ‖ Élargir [cava de manga].
caveira f. (cavâyra). Tête de mort.
caverna f. (cavèrna). Caverne. ‖ *Mar.* Varangue.
caviar m. (cavyar). Caviar.
cavidade f. (ca-ad). Cavité, creux, m.
cavilha f. (cavíla). Cheville.
cavilosamente adv. (ca-osamêt). Captieusement, sophistiquement.
cavo, a adj. (cavou, a). Creux, *euse*; profond, onde. ‖ Loc. *Veia cava, veine cave.*
caxerenguengue m. (cacherēghêg). *Br. de Minas,* couteau vieux et inutile.
cear vt. et vi. (cyar). Souper.
cebola f. (cebóla). Oignon, m.
Cecília n. pr. (cecílya). Cécile.
ceco m. (cècou). Cæcum.
ced‖ência f. (cedêcya). Cession. ‖ **-er** vt. et vi. (-ér). Céder.
cediço, a adj. (cedìçou, a). Vieilli, íe.
cedilha f. (cedíla). Cédille.
cedo adv. (cédou). Tôt, de bonne heure.
cedro m. (cèdrou). Cèdre.
cédula f. (cèdoula). Cédule.
ceg‖amente adv. (cègamêt). Aveuglément. ‖ **-arrega** f. (-rrêga). Cliquet, m. [instrumento]. ‖ **-o, a** adj. et s. (cègou, a). Aveugle.
cegonha f. (cegógna). Cigogne.
cegueira f. (cegâyra). Cécité. ‖ Aveuglement, m. [também fig.].
ceia f. (çáya). Souper, m. ‖ Cène [do Senhor].
ceif‖a f. (çâyfa). Moisson. ‖ **-ar** vt. (-ar). Moissonner. ‖ **-eiro, a** m. et f. (-âyrou, a). Moissonneur, *euse.*
Ceilão n. pr. (çâyláou). Ceylan.

cela f. (cèla). Cellule (prison, etc.).
celebrar vt. (celebrar). Célébrer.
célebre adj. (cèlebr). Célèbre.
celebridade f. (celebr-ad). Célébrité.
celeiro m. (celâyrou). Grenier.
celest‖e ou **-ial** adj. (celècht, -eyàl). Céleste.
Celestino n. pr. (celechtínou). Célestin.
celeuma f. (celéouma). Criaillerie, vacarme, m.
celha f. (çâyla). Baquet, m.
celibato m. (ce-atou). Célibat.
celoidina f. (cèloydína). Celloïdine.
celta ou adj. et s. (cè-ou, a). Celte.
céltico, a adj. (cè-ou, a). Celtique.
célula f. (cèloula). Cellule.
celul‖ose f. (celouloz). Cellulose. ‖ **-ósico, a** adj. (-ou, a). Cellulosique.
cem adj. num. (çây). Cent.
cemitério m. (ce-èryou). Cimetière.
cen‖a f. (céna). Scène. ‖ **-ário** m. (cenaryou). Scénario, décoration, f.
cendrado, a adj. (cèdradou, a). Cendré, ée.
cenho m. (çâygnou). Mine (f.) renfrognée.
cénico, a adj. (cè-ou, a). Scénique.
cenobita m. (cenoubita). Cénobite.
cenotáfio m. (cenotafyou). Cénotaphe.
cenoura f. (cenóra). Carotte.
cens‖o m. (cèçou). Cens. ‖ **-or** m. (-ôr). Censeur.
censur‖a f. (cêçoura). Censure, blâme, m. ‖ **-ar** vt. (-ar). Censurer, blâmer. ‖ **-ável** adj. (-avèl). Censurable, reprochable, blâmable.
centeio m. (cêtâyou). Seigle.
centen‖a f. (cêtêna). Centaine. ‖ **-ário** m. (-enaryou). Centenaire.
cent‖ésimo, a adj. num. (cètès-ou, a). Centième. ‖ **-igrama** m. (-rāma). Centigramme. ‖ **-ímetro** m. (-ìmetrou). Centimètre. ‖ **-o** (cétou). Cent, centaine, f. ‖ **-opeia** f. (-âya). Mille-pattes, m.
centr‖al adj. (cêtràl). Central, ale. ‖ **-alizar** vt. (-a-ar). Centraliser. ‖ **-ifugar** vt. (-ougar). Centrifuger. ‖ **-ífugo, a** adj. (-í-ou, a). Centrifuge. ‖ **-ípeto, a** adj. (-ípetou, a). Centripète. ‖ **-o** m. (cêtrou). Centre.
centurião m. (cêtouryáou). Centurion.
cep‖a f. (cépa). Cep, m. ‖ **-o** m. (-ou).

Itálico : acento tónico. ‖V. página verde para a pronúncia figurada. ‖*Verbo irreg. V. no final do livro.

Souche, f. (tronc). ||Taule, f. [de bigorna]. ||Fig. Lourdaud.
cepticismo m. (cèt-ijmou). Scepticisme.
ceptro m. (cètrou). Sceptre.
cera f. (céra). Cire.
cerâmica f. (cerâ-a). Céramique.
cérbero m. (cèrberou). Cerbère.
cerc||a f. (cérca). Parc, m. ||- de loc. prép. Environ, presque. ||-adura f. (ce-oura). Encadrement, m. ||-anias f. pl. (-íach). Environs, m. pl., alentours, m. pl. ||-ar vt. (-ar). Entourer. ||Assiéger [praça forte].
cerce adj. (cèrç). Ras. ||adv. De près.
cercear vt. (cercyar). Diminuer.
cerco m. (cércou). Siège (d'une place).
cerdas f. pl. (cérdach). Soies de sanglier, etc.
cereal m. (ceryàl). Céréale, f.
cerebel||o m. (cerebélou). Cervelet. ||-oso, a adj. (-elôsou, ôsa). Cérébelleux, euse.
cerebral adj. (cerebràl). Cérébral, ale.
cérebro m. (cèrebrou). Cerveau.
cerej||a f. (ceráyja). Cerise. ||-eira f. (-éjayra). Cerisier, m.
Ceres n. pr. (cérech). Cérès.
cerim||ónia f. (cer-onya). Cérémonie. ||-onial m. (-ounyàl). Cérémonial.
cerne m. (cèrn). Cerne (d'arbre).
cernelha f. (cernâyla). Garrot, m.
ceroulas f. pl. (cerôlach). Caleçon (m. sing.) long.
cerr||ação f. (cerraçáou). Brume. ||-ado, a adj. (-adou, a). Fermé, ée; serré, ée. ||Touffu, ue. ||-ar vt. (-ar). Fermer. || Serrer [apertar]. ||Clôturer.
cerro m. (cérrou). Tertre.
cert||amente adv. (cèrtamét). Certainement, certes. ||-eiro, a adj. (ce-âyrou, a). Juste. ||-eza f. (-éza). Certitude. ||-idão f. (-ãou). Certificat, m., attestation. ||-ificado m. (-adou). V. CERTIDÃO. ||-ificar vt. (-ar). Certifier. ||-o, a adj. (cértou, a). Certain, aine. ||Sûr, e [seguro]. ||Juste, exact, acte. ||A l'heure [relógio].
cerúleo, a adj. (ceroulyou, a). Céruléen, enne.
cerval adj. (cervàl). Qui appartient au cerf. Cervier, ière.
cervej||a f. (cervâyja). Bière. ||-aria

f. (-ejaría). Brasserie. ||-eiro m. (-âyrou). Brasseur.
cerv||ical adj. (cer-àl). Cervical, ale. ||-iz f. (-ich). Cou, m., nuque.
cervo m. (cèrvou). Cerf.
cerz||ideira f. (cer-âyra). Rentrayeuse. ||-ir vt. (-ír). Rentraire*.
César n. pr. (cèsar). César.
Cesareia n. pr. (cesaráya). Césarée.
cessar vi. (ceçar). Cesser. ||Loc. Sem cessar, sans cesse.
cest||a f. (céchta). Panier, m. ||-eiro m. (cechtâyrou). Vannier. ||-o m. (cé-ou). Corbeille, f., panier.
cesura f. (cesoura). Césure.
cetáceo m. (cetacyou). Cétacé.
cetim m. (cetī). Satin.
cetona f. (cetôna). Cétone.
céu m. (céou). Ciel.
ceva f. (cêva). Engraissement, m. (animaux). ||Assouvissement, m.
cevad||a f. (cevada). Orge. ||-inha f. (-adigna). Orge perlé, m.
cevad||o m. (cevadou). Cochon engraissé. ||-ura f. (-oura). Pâture, mangeaille.
cevar vt. (cevar). Engraisser. ||Assouvir [paixões].
chá m. (-a). Thé. ||Loc. Chá das cinco, five o'clock.
chã f. (-ã). Plaine.
chacal m. (-acàl). Chacal.
chácara f. (-acara). Br. Ferme.
chacareiro m. (-acarâyrou). Br. Petit éleveur de bétail. ||Fermier.
chacin||a f. (-acina). Abattage, m. (animaux). ||Tuerie. ||-ar vt. (-ar). Déchirer, mettre* en pièces.
chacota f. (-acota). Persiflage, m., moquerie. ||Loc. Fazer chacota, railler.
chafariz m. (-afarich). Fontaine (f.) publique.
chafurdar vi. (-afourdar). Barboter, patauger, se vautrer.
chag||a f. (-aga). Plaie. ||-ar vt. (-agar). Causer des plaies à.
chagrém m. (-agrây). Chagrin (peau).
chal||a f. (-alaça). Plaisanterie. ||-cear vi. (-cear). Plaisanter.
chalé m. (-alé). Chalet.
chaleira f. (-alâyra). Bouilloire.
chalre||ada f. (-àlrryada). Gazouillement, m. ||-ar vi. (-yar). Gazouiller.
chalupa f. (-aloupa). Chaloupe.
chama f. (-âma). Flamme.

Lettres penchées : accent tonique. ||V. page verte pour la prononciation figurée. ||*Verbe irrég. V. à la fin du volume.

CHA — CHI

cham‖ada f. (-amada). Appel, m. ‖-ado m. (surtout au Brésil) (-ou). Appel. ‖-amento m. (-amêtou). Appel. ‖-ar vt. et vi. (-ar). Appeler; rappeler. ‖Loc. *Chamar à fala*, héler. *Chamar por*, invoquer (saints). ‖-ar-se vr. (-arç). S'appeler, se nommer. ‖-ariz m. (-arich). Chanterelle, f. [ave]. ‖*Pipeau* [isca]. ‖*Fig*. Appât.
chămente adv. (-ămēt). Franchement.
chaminé f. (-a-è). Cheminée.
champanh‖a f. (-ăpăgna). *Br*. Champagne, m. ‖-e m. (-gn). V. CHAMPANHA.
chamusc‖ar vt. (-amouchcar). Flamber. ‖Roussir [roupa]. ‖-o m. (-ou-ou). Flambage. ‖Roussi [cheiro].
chanca f. (-ăca). *Pop*. Grand pied, m.
chancel‖a f. (-ăcèla). Sceau, m. ‖Griffe [rubrica]. ‖-aria f. (-elaria). Chancellerie. ‖-er m. (-èr). Chancelier. ‖Loc. *Chanceler-mor*, garde des sceaux.
chanfalho m. (-ăfalou). *Pop*. Vieux sabre.
chanfr‖adura f. (-ăfradoura). Échancrure. ‖-ar vt. (-ar). Échancrer.
changueiro m. (-ăghâyrou). *Br. du S*. Cheval pour de petites courses.
chantre m. (-ătr). Chantre.
chão, ã adj. (-ăou, ă). Plat, ate; uni, ie. ‖s. m. Sol, terre, f. ‖Plancher [soalho].
chap‖a f. (-apa). Plaque. ‖-ear vt. (-yar). Plaquer. ‖Bander [roda].
chap‖eirão m. (-apâyrăou). *Fam*. Grand chapeau. ‖-elada f. (-elada). Coup (m.) de chapeau. ‖-elaria f. (-aria). Chapellerie. ‖-eleira f. (-âyra). Étui (m.) à chapeau. ‖-eiro m. (-ou). Chapelier. ‖*Br*. Porte-chapeaux. ‖-éu m. (-éou). Chapeau. ‖Loc. *Chapéu alto; de seda* (*Br.*), haut de forme.
chapim f. (-apî). Mésange f. [ave].
chapinhar vi. (-a-gnar). Barboter.
charada f. (-arada). Charade.
charamela f. (-aramèla). Chalumeau, m.
charanga f. (-arăga). Fanfare.
charão m. (-arăou). Laque.
charco m. (-arcou). Mare, f.
charlatão m. (-arlatăou). Charlatan.
charlateira f. (-arlatâyra). Épaulette.

charneca f. (-arnèca). Lande; terrain en friche.
charneira f. (-arnâyra). Charnière.
char‖ro, a adj. (-arrou, a). Grossier, ère. ‖-rua s. ?. (-arroua). Charrue.
charut‖eira f. (-aroutâyra). Porte-cigares, m. ‖-o m. (-outou). Cigare.
chasco m. (-achcou). Sarcasme.
chasquear vi. (-achkyar). Railler.
chata f. (-ata). Barque.
chat‖ear vt. (-atyar). *Fam*. Embêter. ‖-eza f. (-atêza). Platitude. ‖-ice f. (-iç). *Fam*. Scie, barbe: *que chatice! la barbe!* ‖-o, a adj. (-atou, a). Plat, ate. ‖*Fam*. Embêtant, ante. ‖s. m. et f. Raseur, euse.
chavascal m. (-avachcăl). Bourbier.
chave f. (-av). Clef, clé. ‖Loc. *Chave de parafusos*, tournevis, m. *Chave falsa*, fausse clef.
chaveco m. (-avècou). Chebec.
chaveiro m. (-avâyrou). Porte-clefs.
chavelho m. (-avăylou). Corne, f.
chávena f. (-avena). Tasse.
Checoslováquia n. pr. (-écoujlouvakya). Tchécoslovaquie.
chef‖e m. (-èf). Chef. ‖-ia f. (-efia). Commandement, m. ‖-iar vt. (-yar). Commander.
cheg‖a f. (-éga). *Fam*. Réprimande. ‖-ada f. (-egada). Arrivée. ‖Arrivage, m. [navio]. ‖-ado, a adj. (-adou, a). Arrivé, ée. ‖Proche. ‖-ador m. (-adôr). Chauffeur (bateau). ‖-ar vi. (-ar). Arriver. ‖Synt. *Chegar em* (*Br.*), arriver à. ‖Suffire* [bastar]. ‖S'approcher [vir]. ‖vt. Approcher. ‖-ar-se vr. (-arç). S'approcher.
chei‖a f. (-âya). Crue, inondation. ‖-o, a adj. (-ou, a). Plein, eine.
cheir‖ar vt. (-âyrar). Flairer, sentir*. ‖vi. Sentir* : *cheirar bem, mal, sentir* bon, mauvais. ‖-ete m. (-ét). Puanteur. ‖-o m. (-âyrou). Odeur, f., senteur, f. ‖Odorat [olfacto]. ‖-oso, a adj. (-ôsou, osa). Odoriférant, ante.
cheque m. (-èc). Chèque.
cherimbalo m. (-eribalou). *Br*. Personne docile, f.
cherne m. (-èrn). Mérou, f.
cheta f. (-éta). *Pop*. U. dans la loc. : *não ter cheta*, être* fauché (argot).
chia‖da ou -deira f. (-yada, -adâyra). Criaillerie. ‖Lamenta-

Itálico : acento tónico. ‖V. página verde para a pronúncia figurada. ‖*Verbo irreg. V. no final do livro.

CHI — CHU 442

tion. ‖-r vi. (-yar). Piauler. ‖Crier [roda].
chibante adj. (-ắt). Chicard, arde.
chibat‖a f. (-ata). Verge. ‖-ada f. (-atada). Coup (m.) de baguette.
chibé m. (-ê). Br. Gâteau ou boisson faits de farine de manioc.
chicana f. (-âna). Chicane.
chicha f. (-í-a). Br. Boisson alcoolique à l'hydromel.
chicharro m. (-arrou). Sorte de grande épinoche, f.
chichi m. (-i). Pipi.
chicória f. (-orya). Chicorée.
chicot‖**ada** f. (-outada). Coup (m.) de fouet. ‖**-e** m. (-ot). Fouet. ‖**-ear** vt. (-outyar). Fouetter.
chifre m. (-ifr). Corne, f.
Chile n. pr. (-il). Chili.
chileno, a adj. et s. (-énou, a). Chilién, enne.
chilindró m. (-elidro). Pop. Violon.
chilique m. (-elic). Pop. Évanouissement.
chilre‖**ar** vi. (-rryar). Gazouiller. ‖**-io** m. (-âyou). Gazouillement.
chim adj. et s. m. (-ī). Chinois.
chimarrão m. (-arrãou). Br. du S. Bœufs (pl.) qui s'enfuient dans les bruyères. ‖Infusion (f.) de maté sans sucre.
China n. pr. (-ína). Chine.
chinel‖**a** f. (-éla). Mule. ‖**-o** m. (-ou). Chausson, savate, f.
chin‖**ês, esa** adj. et s. (-éch, ésa). Chinois, oise. ‖**-esice** f. (-esíç). Chinoiserie.
chinfrim m. (-ífrĩ). Pop. Chahut. ‖adj. Br. Vil, bas, grossier.
chino, a adj. et s. (-ínou, a). Chinois, oise.
chinó m. (-o). Perruque, f.
chinoca f. (-oca). Br. du S. Jeune fille indigène.
chinquilho m. (-ikilou). Jeu du palet.
Chipre n. pr. (-pr). Chypre.
chique adj. (-ic). Chic.
chispa f. (-íchpa). Étincelle.
chispe m. (-chp). Pied de cochon.
chiste m. (-cht). Saillie, f.
chita f. (-íta). Indienne (étoffe).
choça f. (-oça). Hutte, chaumière.
chocadeira f. (-oucadâyra). Couveuse.
chocalh‖**ar** vt. (-oucalar). Faire* sonner. ‖Fig. Rapporter. ‖**-ice** f. (-iç). Commérage, m. ‖**-o** m. (-alou).

Sonnaille, f. ‖Fig. Bavard, rapporteur.
chocar vi. (-oucar). Choquer, heurter. ‖vt. Choquer, offenser. ‖Couver [ovos].
chocarr‖**ear** vi. (-oucarryar). Bouffonner. ‖**-eiro, a** adj. et s. (-âyrou, a). Goguenard, arde. ‖**-ice** f. (-iç). Goguenarderie, bouffonnerie.
chocho, a adj. (-ô-ou, a). Desséché, ée. (fruit). ‖Insignifiant, ante. ‖s. m. Pop. Baiser.
choco, a adj. (-ôcou, oca). Gâté, ée. ‖s. m. Couvaison, f. ‖Seiche, f. [molusco].
chocolate m. (-oucoulat). Chocolat.
chofer m. (-ofèr). Pop. Chauffeur.
chofre (de) loc. adv. (de-ofr). A l'improviste, soudainement.
choldra f. (-o-ra). Pop. Canaille.
choque m. (-oc). Choc. ‖Commotion, f.
chor‖**adeira** f. (-ouradâyra). Jérémiade. ‖**-amingar** vi. Fam. (-ígar). Pleurnicher. ‖**-amingas** m. et f. (-ígach). Pleurnicheur, euse. ‖**-ão** m. (-ãou). Pleureur. ‖Saule pleureur [planta]. ‖**-ar** vt. et vi. (-ar). Pleurer. ‖**-o** m. (-ôrou). Pleurs, pl. ‖**-oso, a** adj. (-ôsou, osa). Pleurant, ante.
chorrilho m. (-ourrilou). Suite, f., série, f.
choru‖**do, a** adj. (-ouroudou, a). Fam. Succulent, ente. ‖Lucratif, ive. ‖**-me** m. (-oum). Jus, suc.
choupa f. (-ôpa). Fer (m.) de lance.
choupal m. (-ôpal). Peupleraie, f.
choupana f. (-ôpâna). Chaumière.
choupo m. (-ôpou). Peuplier.
chouriço m. (-ôriçou). Saucisson. ‖Loc. Chouriço de sangue, boudin. ‖Bourrelet [de porta, etc.].
chover vi. (-ouvér). Pleuvoir*.
chuch‖**a** f. (-ou-a). Pop. Sucette. ‖**-adeira** f. (-âyra). Moquerie. ‖**-ar** vt. (-ar). Sucer. ‖vi. Se moquer.
chuço m. (-ouçou). Épieu, pique, f.
chucro adj. (-oucrou). Br. du S. Sauvage.
chufa f. (-oufa). Gausserie.
chulo, a adj. (-oulou, a). Bas, basse; grossier, ère. ‖s. m. Souteneur.
chuma‖**çar** vt. (-oumaçar). Ouater. ‖**-ceira** f. (-âyra). Coussinet, m. ‖**-ço** m. (-açou). Ouate, f. ‖**-ço** m. Coussinet.

Lettres penchées : accent tonique. ‖V. page verte pour la prononciation figurée. ‖* Verbe irrég. V. à la fin du volume.

CHU — CIR

chumb‖ado, a adj. (-ūba̍dou, a). Collé, ée; refusé, ée (à un examen). ‖-agem f. (-aja̍y). Scellement, m. ‖-ar vt. (-ar). Plomber. ‖ Pop. Refuser (un candidat). ‖-o m. (-ūbou). P!omb. ‖ Loc. Apanhar um chumbo, être* recalé.
chup‖adela f. (-oupadèla). Sucement, m. ‖-a-flor m. (-ôr). Colibri. ‖-ão m. (-ãou). Suçon. ‖-ar vt. (-ar). Sucer. ‖-eta f. (-éta). Pipette (vin). ‖ Sucette. ‖-ista m. (-ichta). Pique-assiette, parasite, grugeur.
churrasco m. (-ourrachcou). Br. Rôti.
chusma f. (-oujma). Foule.
chuv‖a f. (-ouva). Pluie. ‖-eiro m. (-âyrou). Douche, f. ‖-oso, a adj. (-ôsou, oza). Pluvieux, euse.
cian‖amide f. (-anami̍da). Cyanamide. ‖-eto m. (-étou). Cyanure. ‖-ídrico adj. (-ídr-ou). Cyanhydrique. ‖-ogénio m. (-ojé-iou). Cyanogène. ‖-ose f. (-oz). Cyanose.
ciática f. (-a-a). Sciatique.
cibernética f. (-ernê-a). Cybernétique.
cicatriz‖ f. (-atrich). Cicatrice. ‖-ar vt. et vi. (-zar). Cicatriser.
Cícero n. pr. (cícerou). Cicéron.
cicl‖ismo m. (-íjmou). Cyclisme. ‖-ista m. et f. (-ichta). Cycliste. ‖-o m. (-ci-ou). Cycle. ‖-one m. (-on). Cyclone. ‖-ónico, a adj. (-on-ou, a). Cyclonal, ale. ‖-ope m. (-op). Cyclope.
cicuta f. (-outa). Ciguë.
cidad‖ão, ã m. et f. (-adãou, ã). Citoyen, enne. ‖-e f. (-ad). Ville. ‖ Cité : direito de cidade, droit de cité. ‖-ela f. (-adèla). Citadelle.
cidreira f. (-râyra). Cédratier, m.
cieiro m. (cyâyrou). Gerçure, f.
ciência f. (cyêcya). Science.
cient‖le adj. (cyêt). Informé, ée; au courant. ‖-ífico, a adj. (-í-ou, a). Scientifique. ‖-ista m. et f. (-ichta). Scientiste.
cifr‖a f. (cifra). Zéro, m. ‖ Chiffre, m. ‖-ar vt. (-ar). Chiffrer.
cigan‖ice f. (-aníç). Duperie, escroquerie. ‖-o, a adj. et s. (-ânou, a). Gitan, e, bohémien, enne ; tzigane.
cigarra f. (-arra). Cigale.
cigarr‖eira f. (-arrâyra) Cigarière [operária]. ‖ Porte-cigarettes, m. ‖-o m. (-arrou). Cigarette, f.
cilada f. (-ada). Piège, m.

cilha f. (cíla). Sangle, sous-ventrière.
cilindro m. (-ídrou). Cylindre.
cima f. (cima). Loc. Em cima de, sur. Ainda por cima, par-dessus le marché.
címbalo m. (cíbalou). Cymbale, f.
cimeira f. (-âyra). Cimier, m.
ciment‖ar vt. (-êtar). Cimenter. ‖-o m. (-étou). Ciment.
cimitarra f. (-arra) Cimeterre, m.
cinábrio m. (-abryou). Cinabre.
cinamomo m. (-amômou). Cinnamome.
cincerro m. (cicérrou). Br. Grande sonnaille, f.
cincho m. (cīch-ou). Éclisse, f.
cinco adj. num. (cīcou). Cinq.
cindir vt. (cidīr). Scinder.
cinegética f. (-ejê-a). Cynégétique.
cinema‖ m. (-êma). Cinéma. ‖-tografia f. (-ougrafia). Cinématographie.
cinerária f. -erarya). Cinéraire.
cinético, a adj (-ê-ou, a). Cinétique.
cingalés, esa adj. et s. (cigaléch, ésa). Cingalais, aise.
cingir vt. (cijīr). Ceindre*.
cínico, a adj. et s. (cí-ou, a). Cynique.
cinismo m. (-íjmou). Cynisme.
cinquenta adj. num. (cicouêta). Cinquante.
cinta f. (cīta). Ceinture. ‖ Bande.
cintil‖ação f. (ci-açãou). Scintillation. ‖-ante adj. (-ât). Scintillant, ante. ‖-ar vi. (-ar). Scintiller.
cint‖o m. (cītou). Ceinture, f. (objet). ‖-ura f. (-oura). Ceinture. ‖-urão m. (-ãou). Ceinturon.
cinz‖a f. (cīza). Cendre. ‖-eiro m. (-âyrou). Cendrier.
cinzel‖ m. (cizêl). Ciseau. ‖-ar vt. (-elar). Ciseler.
cinzento, a adj. (cizêtou, a). Gris, ise ; cendré, ée.
ciol m. (cíou). Rut. ‖-so, a adj. (cyôsou, oza). Jaloux, ouse.
cipó m. (-ó). Liane, f.
cipreste m. (-rècht). Cyprès.
circ‖ense adj. (-rcêç). De cirque. ‖-o m. (circou). Cirque. ‖-uito m. (-cuytou). Circuit. ‖-ulação f. (-oulaçãou). Circulation. ‖-ular vt. (-ar). Circuler. ‖ adj. Circulaire.
círculo m. (círcoulou). Cercle.
circun‖cida- vt. (rcū-ar). Circoncire*. ‖-cisão f. (- ãou). Circoncision. ‖-darte adj. (-ât). Environnant,

Itálico : acento tónico. ‖ V. página verde para a pronúncia figurada. ‖ *Verbo irreg. V. no final do livro.

ante. ‖-**dar** vt. (-ar). Entourer. ‖-**ferência** f. (-frēcya). Circonférence. ‖-**flexo** adj. (-èkçou). Circonflexe. ‖-**lóquio** m. (-okyou). Circonlocution, f. ‖-**screver** vt. (-chcrevér). Circonscrire*. ‖-**specção** f. (-chpèçaou). Circonspection. ‖-**specto**, **a** adj. (-ètou, **a**). Circonspect, ecte. ‖-**stância** f. (-chtācya). Circonstance. ‖-**stancial** adj. (-yàl). Circonstanciel, elle. ‖-**stantes** m. pl. (-ātch). Assistants. ‖-**valação** f. (-alaçaou). Circonvallation. ‖Ceinture [cidade]. ‖-**volução** f. (-oulouçaou). Circonvolution.

cireneu adj. (-renéou). De Cyrène.

Ciro n. pr. (cirou). Cyrus.

cirr‖**o** m. (cirrou). Squirre. ‖ Cirrus [nuvem]. ‖-**ose** f. (-oz). Cirrhose.

cirurgi‖**a** f. (-rourjía). Chirurgie. ‖-**ão** m. (-āou). Chirurgien.

cirúrgico, a adj. (-rour-ou, **a**). Chirurgical, ale.

cisalpino, a adj. (-à-inou, **a**). Cisalpin, ine.

cisão f. (-āou). Incision.

cisco m. (cíchcou). Poussier.

cism‖**a** m. (cíjma). Schisme. ‖ f. Appréhension. ‖-**ar** vi. (-ar). Rêver. ‖-**ático, a** adj. (-a-ou, **a**). Appréhensif, ive.

cisne m. (cijn). Cygne.

ciss‖**ão** f. (-āou). Scission. ‖-**iparidade** f. (-ar-ad). Scissiparité.

cisterna f. (-chtêrna). Citerne.

cistite f. (-chtít). Cystite.

citação f. (-açāou). Citation.

citadino, a adj. et s. (-adinou, **a**). Citadin, ine.

citar vt. (-ar). Citer.

citara f. (cítara). Cithare.

Citas n. pr. (cítach). Scythes.

cítrico, a adj. (cítr-ou, **a**). Citrique.

ci‖**úme** m. (cyoum). Jalousie, f. ‖-**umento, a** adj. (-étou, **a**). Jaloux, ouse.

cívico, a adj. (cí-ou, **a**). Civique.

civil‖ adj. (-íl). Civil, ile. ‖-**ização** f. (-açāou). Civilisation. ‖-**izar** vt. (-ar). Civiliser.

cizânia f. (-ânya). Ivraie [planta]. ‖ Fig. Zizanie.

clam‖**ar** vt. et vi. (-amar). Crier. ‖-**or** m. (-ór). Clameur, f.

clandestino, a adj. (-ādechtínou, **a**). Clandestin, ine.

clara f. (-ara). Blanc (m.) d'œuf.

Clara n. pr. (-ara). Claire.

clarabóia f. (-raboya). Œil-de-bœuf, m.

clar‖**ão** m. (-arāou). Lueur, f., éclat. ‖-**eira** f. (-āyra). Clairière, coupe-feu, m. ‖-**eza** f. (-éza). Clarté. ‖-**idade** f. (-ad). Clarté, jour, m. ‖-**ificar** vt. (-ar). Clarifier. ‖-**im** m. (-í). Clairon. ‖-**ividência** f. (-ēcya). Clairvoyance. ‖-**ividente** adj. (-ēt). Clairvoyant, ante. ‖-**o, a** adj. (-arou, **a**). Clair, aire.

class‖**e** f. (-aç). Classe. ‖-**icismo** m. (-a-ijmou). Classicisme.

clássico, a adj. et s. m. (-a-ou, **a**). Classique.

classific‖**ação** f. (-a-açāou). Classification. ‖-**ar** vt. (-ar). Classifier. ‖ Classer [plantas, etc.]. ‖ Noter [aluno].

claudicar vi. (-aou-ar). Clocher.

Cláudio n. pr. (-aoudyou). Claude.

claustro m. (-aouchtrou). Cloître.

cláusula f. (-aousoula). Clause.

clausura f. (-aousoura). Clôture.

clava f. (-ava). Massue.

clave f. (-av). Clef (musique).

clavícula f. (-avícoula). Clavicule.

clavin‖**a** f. (-avína). Carabine. ‖-**ote** m. (-ot). Br. Petite carabine, f.

clem‖**ência** f. (-emēcya). Clémence. ‖-**ente** adj. (-ēt). Clément, ente.

Cleópatra n. pr. (-yopatra). Cléopâtre.

clepsidra f. (-è-ídra). Clepsydre.

cleptómano, a m. et f. (-omanou, **a**). Kleptomane.

clérigo m. (-èr-ou). Prêtre.

clero m. (-èrou). Clergé.

client‖**e** m. et f. (-yēt). Client, ente. ‖-**ela** f. (-èla). Clientèle.

clim‖**a** m. (-íma). Climat. ‖-**atérico, a** adj. (-èr-ou, **a**). Climatérique. ‖-**ático, a** adj. (-a-). Climatique. ‖-**atizar** vt. (-a-ar). Climatiser.

clínica f. (-ín-a). Clinique.

clinicar vi. (-ar). Br. Exercer la médecine.

clínico, a adj. (-ín-ou, **a**). Clinique. ‖ s. m. Médecin.

clister m. (-chtèr). Clystère.

clitoris m. (-ítourich). Clitoris.

clivagem f. (-ajāy). Clivage, m.

cloaca f. (-ouaca). Cloaque, m.

Clódio n. pr. (-odyou). Clodius.

clor‖**eto** m. (-ourétou). Chlorure. ‖-**o**

Lettres penchées: accent tonique. ‖ V. page verte pour la prononciation figurée. ‖ *Verbe irrég. V. à la fin du volume.

m. (-*orou*). Chlore. ‖**-ofórmio** m. (-*ormyou*). Chloroforme.
Clotário n. pr. (-outaryou). Clotaire.
clube m. (-oub). Club.
coabitar vt. et vi. (coua-ar). Cohabiter.
coacção f. (couaçãou). Coaction.
coadjuv‖ação f. (coua-ouvaçãou). Coopération. ‖**-ar** vt. (-ar). Aider.
coador m. (couadôr). Passoire, f.
coagir vt. (couajír). Contraindre*.
coagul‖ação f. (couagoulaçãou). Coagulation. ‖**-ador, a** adj. et s. m. (-ôr, a). Coagulant, ante. ‖**-ar** vt. (-ar). Coaguler.
coágulo m. (couagoulou). Caillot.
coalh‖ar vt. (coualar). Cailler. ‖**-eira** f. (-âyra). Caillette. ‖**-o** m. (coualou). Présure, f. [leite].
coar vt. (couar). Couler.
cobaia f. (coubaya). Cobaye, m.
cobalto m. (coubâ-ou). Cobalt.
cobard‖e adj. et s. (coubard). Lâche. ‖**-ia** f. (-ardia). Lâcheté.
cobert‖a f. (coubêrta). Couvre-lit, m. [cama]. ‖Pont, m., tillac, m. [navio]. ‖**-or** m. (-e-ôr). Couverture, f. (lit).
cobiç‖a f. (cuobiça). Cupidité. ‖**-ar** vt. (-ar). Convoiter. ‖**-oso, a** adj. (-ôsou, osa). Cupide, désireux, euse.
cobra f. (cobra). Couleuvre, serpent, m.
cobr‖ador m. (coubradôr). Receveur. ‖**-ança** f. (-áça). Recouvrement, m. ‖**-ar** vt. (-ar). Percevoir. ‖Recouvrer (fig.). ‖**-ar-se** vr. (-arç). Se payer.
cobre m. (cobr). Cuivre.
cobri‖ção f. (coubr-ãou). Accouplement, m. (animaux). ‖**-r*** vt. (-ír). Couvrir*. ‖**-r-se** vr. (-ç). Se couvrir*.
cobro m. (côbrou). Fin, f.
coça f. (coça). Fig. Volée de coups.
coca‖ína f. (cocaína). Cocaïne. ‖**-inomania** f. (-oumania). Cocaïnomanie. ‖**-inómano, a** m. et f. (-o-ou, a). Cocaïnomane.
cocar vt. (coucar). Pop. Guetter.
coçar vt. (couçar). Gratter. ‖ Râper, user [roupa].
cocção f. (cokçãou). Coction.
cóccix m. (cokcich). Coccyx.
cócegas f. pl. (ocegach). Chatouillements, m. pl. ‖Loc. *Fazer cócegas*, chatouiller. *Ter cócegas*, être* chatouilleux.
coch‖e m. (cô-). Carrosse. ‖**-eira** f.

(cou-*âyra*). Remise. ‖**-eiro** m. (-*âyrou*). Cocher.
cochich‖ar vi. (cou-ar). Fam. Chuchoter. ‖**-o** m. (-i-ou). Alouette (f.) des champs. ‖Petite maison, f. ‖Chuchotement [voz].
cochil‖ar vi. (cou-ar). Br. Sommeiller. ‖Dodeliner de la tête en sommeillant. ‖**-o** m. (-ílou). Br. Action (f.) de pencher la tête de sommeil.
Cochinchina n. pr. (cou-î-ína). Cochinchine.
coco m. (côcou). Coco. ‖Loc. *Chapéu de coco*, chapeau melon.
cocó m. (cocó). Fam. Caca.
cócoras f. pl. (cocourach). U. dans la loc.: *de côcoras*, accroupi.
côdea f. (côdya). Croûte.
códice m. (co-ç). Manuscrit ancien.
codicilo m. (cou-ílou). Codicille.
codific‖ação f. (cou-açãou). Codification. ‖**-ar** vt. (-ar). Codifier.
código m. (co-ou). Code.
codoense m. (coudouêç). Br. Guitariste.
codório m. (coudoryou). Br. Gorgée (f.) de vin ou d'eau-de-vie.
codorniz f. (coudournich). Caille.
coeducação f. (couidoucaçãou). Coéducation.
coeficiente m. (couè-yêt). Coefficient.
coelh‖a f. (couâyla). Lapine. ‖**-eira** f. (-yláyra). Clapier, m. ‖**-o** m. (couâylou). Lapin.
coentro m. (couêtrou). Coriandre, f.
coer‖ção f. (couèrçãou). Coercition. ‖**-civel** adj. (-ívèl). Coercible.
coerência f. (couèrêcya). Cohérence.
coesão f. (coiesãou). Cohésion.
coevo, a adj. (couèvou, a). Contemporain, aine.
cofo m. (côfou). Br. Sorte de panier à poisson.
cofre m. (cofr). Coffre.
cogitar vt. et vi. (cou-ar). Réfléchir, penser, méditer, rêver.
cognom‖e m. (coughnôm). Surnom. ‖**-inar** vt. (-ou-ar). Surnommer.
cognoscível adj. (côghnouchcìvèl). Connaissable.
cogumelo m. (cougoumèlou). Champignon.
coib‖ição f. (cou-ãou). Cohibition. ‖**-ir** vt. (-ír). Réprimer, cohiber.
coice m. (côyç). Ruade, f., coup de pied. ‖Loc. *Dar coices*, ruer.

Itálico: acento tónico. ‖V. página verde para a pronúncia figurada. ‖*Verbo irreg. V. no final do livro.

coi — col

coifa f. (côyfa). Coiffe. ‖ Résille [de cabelo].
Coimbra n. pr. (couïbra). Coïmbre.
coincid‖ência f. (couï-ēcya). Coïncidence. ‖-**ir** vi. (-ír). Coïncider.
coirmão, ã adj. (couirmãou, ã). *Primo coirmão*, cousin germain.
coisa f. (côysa). Chose. ‖ Loc. *Aqui há coisa*, il y a anguille sous roche. *Coisa de*, environ. *Não dizer coisa com coisa*, radoter, extravaguer.
coitado, a adj. (côytadou, a). Malheureux, *euse*; pauvre, infortuné, ée.
coito m. (côytou). Coït.
coivara f. (côyvara). *Br. du N.* Flambée, feu, m.
cola f. (cola). Colle.
colabor‖ação f. (coulabouraçãou). Collaboration. ‖-**ador, a** m. et f. (-ôr, a). Collaborateur, trice. ‖-**ar** vi. (-ár). Collaborer.
cola‖ção f. (coulaçãou). Collation. ‖ *Dr.* Rapport, m. ‖-**cionar** vt. (-ounár). Collationner.
colaço m. (coulaçou). Frère de lait.
colagem f. (coulajãy). Collage m.
colapso m. (coula-ou). Collapsus.
colar vt. (coular). Coller. ‖ s. m. Collier.
colargol m. (coulargól). Collargol.
colarinho m. (coularignou). Col (de chemise) : *colarinho postiço*, faux col.
colateral adj. (coulateràl). Collatéral, *ale*.
colch‖a f. (cô-a). Couvre-lit, m. ‖-**ão** m. (-ãou). Matelas.
colch‖eia f. (cô-áya). Croche. ‖-**ete** m. (-ét). Agrafe, f. ‖ Crochet (parenthèse).
colcho‖aria f. (cô-ouaría). Atelier (m.) ou boutique de matelassier. ‖-**eiro** m. (-áyrou). Matelassier.
coldre m. (cô-r). Fonte (f.) de pistolets.
cole‖ante adj. (coulyât). Qui serpente. ‖-**ar** vi. (-yar). Serpenter.
colec‖ção f. (coulèçãou). Collection. ‖-**cionador, a** m. et f. (-ounadôr, a). Collectionneur, *euse*. ‖-**cionar** vt. (-ár). Collectionner. ‖-**ta** f. (-a). Collecte. Recueil, m. ‖-**tar** vt. (-ár). Imposer, taxer. ‖-**tável** adj. (-avèl). Imposable. ‖-**tividade** f. (-ad). Collectivité. ‖-**tivo, a** adj. (-ívou, a).

Collectif, *ive*. ‖-**tor** adj. et s. m. (-ôr). Collecteur.
coleg‖a m. (coulèga). Collègue. Camarade [de travalho, estudo]. ‖-**iada** f. (-éjyada). Collégiale. ‖-**ial** adj. (-yál). Collégial, *ale*. ‖ s. m. Collégien.
colégio m. (coulèjyou). Collège.
coleira f. (coulâyra). Collier, m. (de chien, etc.).
cólera f. (colera). Colère. ‖ Choléra, m. [doença].
colérico, a adj. (coulèr-ou, a). Colérique.
colete m. (coulét). Gilet. ‖ Corset [de mulher]. ‖ Soutien-gorge [para o seio].
colgadura f. (cô-adoura). Tenture.
colh‖eita f. (coulâyta). Récolte. ‖-**er** vt. (-ér). Cueillir*. ‖ Surprendre*, attraper.
colher ‖ f. (coulèr). Cuillère. ‖-**ada** f. (-erada). Cuillerée.
colhida f. (coulída). Prise d'un toréador par un taureau (coup de corne).
colibri m. (cou-rí). Colibri.
cólica f. (co-a). Colique.
colidir vt. (cou-ír). Choquer, heurter. ‖ vi. Se heurter.
colig‖ação f. (cou-açãou). Ligue, confédération. ‖ Complot, m. ‖-**ar** vi. (-ár). Liguer. ‖-**ar-se** vr. (-árç). Se liguer, se confédérer.
coligir vt. (cou-ír). Colliger.
colina f. (coulína). Colline.
colírio m. (coulíryou). Collyre.
colisão f. (cou-ãou). Collision.
coliseu m. (cou-éou). Colisée.
colite f. (colít). Colite.
colmatar vt. (cô-atar). Colmater.
colm‖eal m. (cô-yál). Rucher. ‖-**eia** f. (-áya). Ruche. ‖ *Fig.* Essaim, m.
colmilho m. (cô-ílou). Croc (dent).
colmo m. (cô-ou). Chaume. ‖ *Bot.* Chalumeau.
colo m. (colou). Cou, gorge, f. ‖ Loc. *Ao colo*, sur les genoux, sur le giron, dans les bras.
coloc‖ação f. (coulouçaçãou). Placement, m. ‖ Place, emploi, m. [emprego]. ‖-**ar** vt. (-ár). Placer.
coloidal adj. (couloydàl). Colloïdal, *ale*.
Colômbia n. pr. (coulôbya). Colombie.
Colombo n. pr. (coulôbou). Colomb.
cólon m. (colon). Côlon.
colónia f. (coulonya). Colonie.

Lettres penchées : accent tonique. ‖ V. page verte pour la prononciation figurée. ‖ *Verbe irrég. V. à la fin du volume.

Colónia n. pr. (coulonya). Cologne.
coloni‖**al** adj. (coulounyàl). Colonial, ale. ‖**-zação** f. (-açáou). Colonisation. ‖**-zador**, a adj. et s. (-ôr, a). Colonisateur, trice. ‖**-zar** vt. (-ar). Coloniser. ‖**-zável** adj. (-avèl). Colonisable.
colono m. (coulônou). Colon.
colóquio m. (coulòkyou). Colloque.
color‖**ação** f. (coulouraçáou). Coloration. ‖**-au** m. (-aou). Piment en poudre. ‖**-ido** m. (-ìdou). Coloris. ‖**-ido, a** adj. Coloré, ée. ‖**-ir** vt. (-ir). Colorier [pintar]. Colorer [dar cor].
coloss‖**al** adj. (coulouçàl). Colossal, ale. ‖**-o** m. (-ôçou). Colosse.
colostro m. (coulôchtrou). Colostrum.
Cólquida n. pr. (colkida). Colchide.
colubrina f. (couloubrìna). Couleuvrine.
colun‖**a** f. (coulouna). Colonne. ‖**-ata** f. (-ata). Colonnade.
colza f. (cô-a). Colza, m.
com prép. (cô). Avec. ‖ En : *estar com vida*, être* en vie. ‖ De : *sonhar com alguém*, rêver de quelqu'un. ‖ A : *lavar-se com água fria*, se laver à l'eau froide. ‖ Par : *provar com exemplos*, prouver par des exemples. ‖ Sur : *contar com*, compter sur. ‖ Sous : *com nome suposto*, sous un nom supposé. ‖ Loc. *Com as lágrimas nos olhos*, les larmes aux yeux. *Fazer com que*, faire* que.
coma f. (côma). Chevelure. ‖ Coma, m. [estado]. ‖ Comma, m. [sinal].
comadre f. (coumadr). Commère.
comand‖**ante** adj. et s. m. (coumadãt). Commandant. ‖**-ar** vt. (-ar). Commander. ‖**-ita** f. (-ita). Commandite. ‖**-itário** adj. et s. m. (-aryou). Commanditaire. ‖**-o** m. (-àdou). Commandement.
comarca f. (coumarca). Canton, m. Contrée, région. ‖ Ressort (m.) judiciaire. ‖ Loc. *Cabeça de comarca*, chef-lieu, m.
comatoso, a adj. (coumatôsou, osa). Comateux, euse.
combal‖**ido, a** adj. (côbalídou, a). Mal portant, ante. ‖**-ir** vt. (-ir). Affaiblir, abattre*.
combat‖**e** m. (côbat). Combat. ‖**-ente** adj. et s. (-atẽt). Combattant, ante. ‖**-er** vt. et vi. (-ér). Combattre*.

‖**-ividade** f. (-ad). Combativité. ‖**-ivo, a** adj. (-ívou, a). Combatif, ive.
combin‖**ação** f. (cô-açáou). Combinaison. ‖**-ado** m. (-àdou). Br. Équipe, f. ‖**-ar** vt. (-ar). Combiner. ‖ Concerter [com alguém].
comboi‖**ar** vt. (côbôyar). Convoyer. ‖**-o** m. (-oyou). Convoi (de navires, etc.). ‖ Train (de chemin de fer, au Portugal).
combro m. (côbrou). V. CÔMORO.
combuca f. (côbouca). Br. *du N.* Calebasse.
comburente adj. (côbourẽt). Comburant, ante.
combust‖**ão** f. (côbouchtáou). Combustion. ‖**-ível** adj. (-ívèl). Combustible. ‖**-or** m. (-ôr). Br. Réverbère.
começ‖**ar** vt. et vi. (coumçar). Commencer. ‖**-o** m. (-éçou). Commencement.
comédia f. (coumèdya). Comédie.
comediante m. et f. (coumedyãt). Comédien, enne.
comed‖**ido, a** adj. (coumedídou, a). Modéré, ée. ‖**-imento** m. (-ẽtou). Modération, f., mesure, f.
comed‖**oiro** ou **-ouro** m. (coumedôyrou, -ôr-). Auget [aves]. ‖ Auge, f. ‖**-or, a** adj. et s. (-ôr, a). Mangeur, euse. ‖**-orias** f. pl. (-ouríach). Aliments, m. pl ‖ Frais (m.) de table.
comemor‖**ação** f. (coumemouraçáou). Commémoration. ‖ Commémoraison [de santo]. ‖**-ar** vt. (-ar). Commémorer. ‖**-ativo, a** adj. (-atívou, a). Commémoratif, ive. ‖**-ável** adj. (-avèl). Digne de mémoire.
comendador m. (coumẽdadôr). Commandeur.
comenos m. (couménouch). *Neste comenos*, sur ces entrefaites.
comensal m. (coumẽçàl). Commensal.
comensurável adj. (coumẽçouravèl). Commensurable.
coment‖**ador** m. (coumẽtadôr). Commentateur. ‖**-ar** vt. (-ar). Commenter. ‖**-ário** m. (-aryou). Commentaire.
comer vt. (coumér). Manger.
comerci‖**al** adj. (coumercyàl). Commercial, ale. ‖**-alista** m. (-alíchta). Spécialiste en droit. ‖**-alizar** vt. (-ar). Commercialiser. ‖**-ante** adj.

Itálico : acento tónico. ‖V. página verde para a pronúncia figurada. ‖*Verbo irreg. V. no final do livro.

COM — COM

et s. (-ãt). Commerçant, ante. ‖-ar vi. (-yar). Commercer. ‖-ável adj. (-yavèl). Commerçable.
comércio m. (coumèrcyou). Commerce.
comestível adj. et s. m. (coumèchtivèl). Comestible.
cometa m. (coumèta). Comète, f.
comet‖er vt. (coumètér). Commettre*. ‖-ida f. (-ida). Attaque. ‖-imento m. (-ètou). Entreprise, f.
comez‖aina f. (coumèzayna). Fam. Bombance. ‖-inho, a (-ignou, a). Fig. Aisé, ée à comprendre*, simple.
comichão f. (cou-ãou). Démangeaison.
comício m. (coumicyou). Comice.
cómico, a adj. et s. (co-ou, a). Comique.
comida f. (coumída). Nourriture. ‖ Pâture, mangeaille [animais].
comigo loc. pron. (coumígou). Avec moi.
comilão, ona adj. et s. (cou-ãou, óna). Grand, ande mangeur, euse.
comin‖ação f. (cou-açãou). Commination. ‖-ar vt. (-ar). Comminer.
cominho m. (coumignou). Cumin.
comiser‖ação f. (cou-èracãou). Commisération. ‖-ar vt. (-ar). Apitoyer. ‖-ar-se vr. (-arç). Compatir.
comiss‖ão f. (cou-ãou). Commission. ‖-ariado m. (-aryadou). Commissariat. ‖-ário m. (-aryou). Commissaire. ‖-ionar vt. (-ounar). Commissionner. ‖-ionista m. (-íchta). Commissionnaire. ‖-o m. (-içou). Dédit. ‖-ório, a adj. (-oryou, a). Commissoire. ‖-ura f. (-oura). Commissure.
comi‖tente m. (cou-èt). Commettant. ‖-tiva f. (-íva). Suite, cortège, m.
comível adj. (coumivèl). Mangeable.
como conj. (cômou). Comme. ‖ Que : tão rico como eu, aussi riche que moi. ‖ adv. Comment; comment (inter.). ‖ En : proceder como homem, agir en homme.
comoção f. (coumoucãou). Commotion.
cómoda f. (comoda). Commode.
comodidade f. (coumou-ad). Commodité.
cómodo, a adj. (comoudou, a). Commode.
cômoro m. (cômourou). Tertre.
comov‖edor, a ou -ente adj. (coumou-

vedôr, a, èt). Émouvant, ante. ‖-er vt. (-ér). Émouvoir*.
compacto, a adj. (cõpactou, a). Compact, acte.
compadec‖er-se vr. (cõpadècérç). Compatir. ‖-ido, a adj. (-idou, a). Compatissant, ante.
compadr‖e m. (cõpadr). Compère. ‖-io m. (-a-íou). Compérage.
compaixão f. (cõpaychãou). Compassion, pitié.
companh‖eiro, a m. et f. (cõpagnâyrou, a). Compagnon, agne. ‖-ia f. (-ía). Compagnie. ‖ Troupe (théâtre).
compar‖ação f. (cõparaçãou). Comparaison. ‖-ar vt. (-ar). Comparer. ‖-ável adj. (-avèl). Comparable. ‖-ecer vi. (-ècér). Comparaître*. ‖-ência f. (-ècya). Comparution.
comparsa m. (cõparça). Comparse.
comparti‖cipação f. (cõpar-açãou). Coparticipation. ‖-lhar vt. (-ar). Copartager. ‖-mento m. (-ètou). Compartiment. ‖ Pièce (f.) d'un appartement.
compass‖ado, a adj. (cõpaçadou, a). Mesuré, ée. ‖ Lent, ente. ‖ Cadencé, ée. ‖-ivo, a adj. (-ívou, a). Compatissant, ante. ‖-o m. (-açou). Compas.
compat‖ibilidade f. (cõpa-ad). Compatibilité. ‖-ível adj. (-ívèl). Compatible.
compatriota adj. et s. (cõpatryota). Compatriote.
compelir* vt. (cõpelir). Contraindre*.
compl‖endiar vt. (cõpèdyar). Abréger. ‖-êndio m. (-èdyou). Abrégé.
compensar vt. (cõpèçar). Compenser.
compet‖ência f. (cõpetècya). Compétence. ‖-ição f. (-ãou). Compétition. ‖-ir* vi. (-ir). Compéter.
compil‖ador m. (cõpiladôr). Compilateur. ‖-ar vt. (-ar). Compiler.
compita f. (cõpita). À compita, à l'envi.
complacência f. (cõ-acècya). Complaisance.
compleição f. (cõ-ãycãou). Complexion.
complement‖ar adj. (cõ-emètar). Complémentaire. ‖-o m. (-ètou). Complément.
complet‖ar vt. (cõ-etar). Compléter. ‖ Completar uma quantia, faire* l'appoint. ‖-o, a adj. (-ètou, a). Complet, ète.

Lettres penchées : accent tonique. ‖ V. page verte pour la prononciation figurée. ‖ *Verbe irrég. V. à la fin du volume.

complex‖idade f. (cõ-èkç-ad). Complexité. ‖**-o, a** adj. (-è-ou, **a**). Complexe. ‖s. m. Nombre complexe.
complic‖ação f. (cõ-plic-açãou). Complication. ‖**-ado, a** adj. (-adou, **a**). Compliqué, ée. ‖**-ar** vt. (-ar). Compliquer.
comp‖onente adj. et s. m. (cõpounêt). Composant, ante. ‖**-or*** vt. (-ôr). Composer.
comporta f. (cõpórta). Écluse.
comport‖amento m. (cõpourtamétou). Conduite, f. ‖**-ar** vt. (-ar). Contenir*. ‖**-ar-se** vr. (-arç). Se *conduire**.
compos‖ição f. (cõpou-ãou). Composition. ‖**-itor, a** m. et f. (-ôr, **a**). Compositeur, trice. ‖**-to, a** adj. et s. m. (-ôchtou, -o-**a**). Composé, ée.
compota f. (cõpóta). Compote.
compr‖a f. (cõpra). Achat, m., emplette. ‖*Fig.* Subornation. ‖**-ador, ora** m. et f. (-ôr, ora). Acheteur, euse. ‖**-ar** vt. (-ar). Acheter. ‖ Suborner, gagner.
comprazimento m. (cõpra-ētou). Complaisance, f.
compreen‖der vt. (cõpryédér). Comprendre*. ‖**-são** f. (-ãou). Compréhension. ‖**-sível** adj. (-ivèl). Compréhensible.
compressa f. (cõpréça). Compresse.
compressão f. (cõpreçãou). Compression.
compri‖do, a adj. (cõprídou, **a**). Long, ongue. ‖**-mento** m. (-étou). Longueur, f.
comprim‖ido, a adj. et s. m. (cõpr-ou, **a**). Comprimé, ée. ‖**-ir** vt. (-ir). Comprimer.
comprobatório, a adj. (cõproubatoryou, **a**). Qui prouve, qui confirme.
comprom‖eter vt. (cõproumetér). Compromettre*. ‖ Engager, obliger. ‖**-isso** m. (-içou). Compromis (droit). ‖ Engagement.
comprov‖ação f. (cõprouvaçãou). Confirmation, preuve. ‖**-ador, a** adj. (-ôr, **a**). Qui confirme. ‖**-ar** vt. (-ar). Confirmer, prouver, vérifier.
compuls‖ação f. (cõpou-açãou). Compulsation; compulsion. ‖**-ar** vt. (-ar). Compulser. ‖**-ória** f. (-orya). Compulsoire, m.
compun‖ção f. (cõpüçãou). Componction. ‖**-gir** vt. (-ir). Émouvoir*.

comput‖ação f. (cõpoutaçãou). Computation. ‖**-ar** vt. (-ar). Computer, calculer.
cômputo m. (cõpoutou). Comput.
comu‖m adj. (coumũ). Commun, une. ‖**-na** f. (-ouna). Commune.
comu‖ngar vi. (coumũgar). Communier. ‖**-nhão** f. (-ougnãou). Communion.
comunic‖ação f. (coumou-açãou). Communication. ‖**-ado, a** adj. et s. m. (-adou, **a**). Communiqué, ée. ‖**-ar** vt. et vi. (-ar). Communiquer.
comuni‖dade f. (coumou-ad). Communauté. ‖**-smo** m. (-ijmou). Communisme. ‖**-sta** adj. et s. (-ichta). Communiste.
comut‖ação f. (coumoutaçãou). Commutation. ‖**-ar** vt. (-ar). Commuer. ‖**-atriz** f. (-atrich). Commutatrice. ‖**-ável** adj. (-avèl). Commutable.
concatenar vt. (cõcatenar). Enchaîner, lier des idées.
côncavo, a adj. (cõcavou, **a**). Concave.
conceb‖er vt. et vi. (cõcebér). Concevoir. ‖**-ível** adj. (-ivèl). Concevable.
conceder vt. (cõcedér). Accorder.
conceição f. (cõçaiçãou). Conception.
conceit‖o m. (cõçaytou). Concept. ‖**-uado, a** adj. (-ouadou, **a**). Réputé, ée. ‖**-uoso, a** adj. (-ouõsou, osa). Sentencieux, euse; saillant, ante.
concelh‖io, a adj. (cõceliou, **a**). Municipal, ale. ‖**-o** m. (-ãylou). Arrondissement. ‖Loc. *Paços do concelho*, hôtel (sing.) de ville.
concentr‖ação f. (cõcētraçãou). Concentration. ‖**-ar** vt. (-ar). Concentrer.
concêntrico, a adj. (cõcêtr-ou, **a**). Concentrique.
concepção f. (cõcècãou). Conception.
concert‖ar vt. et vi. (cõcértar). Concerter [combinar]. ‖ Arranger [arrumar]. ‖ Réparer. ‖**-ina** f. (-ina). Accordéon, m. ‖**-o** m. (-értou). Concert. ‖ Concerto [trecho de música]. ‖ Réparation, f. [arranjo].
concess‖ão f. (cõceçãou). Concession. ‖**-ionário, a** adj. et s. (-ounaryou, **a**). Concessionnaire.
concha f. (cõ-a). Coquille. ‖Écaille (de tortue, d'huître, etc.) [tartaruga, ostra]. ‖Loupe [da sopa].
conchavar-se vr. (cõ-avarç). *Br. du S.* S'engager au service de quelqu'un ou d'une maison.

Itálico : acento tónico. ‖V. página verde para a pronúncia figurada. ‖*Verbo irreg. V. no final do livro.

conchego m. (cõ-égou). Réconfort.
concho adj. (cõ-ou). *Pop.* Vaniteux. ‖*Sapo concho*, tortue (f.) d'eau.
concidadão, ã m. et f. (cõ-adáou). Concitoyen, enne.
conciliábulo m. (cõ-yaboulou). Conciliabule.
concili‖ação f. (cõ-açáou). Conciliation. ‖**-ar** vt. (-yar). Concilier. ‖**-atório**, a adj. (-atoryou, a). Conciliatoire. ‖**-ável** adj. (-yavèl). Conciliable.
concílio m. (cõcilyou). Concile.
concis‖ão f. (cõ-áou). Concision. ‖**-o, a** adj. (-isou, a). Concis, ise.
concitar vt. (cõ-ar). Inciter.
conclave m. (cõ-av). Conclave.
conclu‖dente adj. (cõ-oudēt). Concluant, ante. ‖**-ir*** vt. (-ir). Conclure* d'accord. ‖**-são** f. (-áou). Conclusion. ‖**-sivo, a** adj. (-ivou, a). Conclusif, ive.
concomit‖ância f. (cōcoumi-ācya). Concomitance. ‖**-ante** adj. (-āt). Concomitant, ante.
concord‖ância f. (cõcourdācya). Concordance, accord, m. ‖**-ar** vi. (-ar). Être* d'accord. ‖*Gram.* S'accorder. ‖**-ata** f. (-ata). Concordat. ‖**-e** adj. (-ord). Concordant, ante.
concórdia f. (cõcordya). Concorde.
concorr‖er vi. (cõcourrér). Concourir*. ‖Accourir*, affluer. ‖**-ido, a** adj. (-idou, a). Fréquenté, ée.
concret‖izar vt. (cōcre-ar). Concrétiser. ‖**-o, a** adj. (-ét, a). Concret, ète. ‖s. m. *Br.* Ciment.
concubin‖a f. (cōcoubina). Concubine. ‖**-ato** m. (-atou). Concubinage.
concúbito m. (cõcou-ou). Coït.
concupiscência f. (cõcou-chcēcya). Concupiscence.
concurso m. (cōcourçou). Concours.
concussão f. (cōcouçáou). Concussion.
cond‖ado m. (cõdadou). Comté. ‖**-ão** m. (-áou). Pouvoir, privilège. ‖*Loc. Varinha de condão*, baguette divinatoire. ‖**-e** m. (cõd). Comte.
condecor‖ação f. (cõdecouraçáou). Décoration. ‖**-ar** vt. (-ar). Décorer.
conden‖ação f. (cõdenaçáou). Condamnation. ‖Damnation [eterna]. ‖**-ar** vt. (-ar). Condamner.
condens‖ação f. (cõdẽçaçáou). Condensation. ‖**-ador** m. (cõ-ētar). Conden-

sateur. ‖Condenseur [recipiente]. ‖**-ar** vt. (-ar). Condenser.
condescend‖ência f. (cõdechcēdēcya). Condescendance. ‖**-ente** adj. (-ēt). Condescendant, ante. ‖**-er** vi. (-ér). Condescendre.
cond‖essa f. (cõdéça). Comtesse. ‖**-estável** m. (-echtavèl). Connétable.
condi‖ção f. (cõ-áou). Condition. ‖**-cional** adj. (-ounàl). Conditionnel.
condiment‖ar vt. (cõ-ētar). Assaisonner. ‖**-o** m. (-ētou). Condiment.
condiscípulo m. (cõ-chcípoulou). Condisciple.
condizer* vi. (cõ-ér). S'accorder.
condo‖er-se* vr. (cõdouérç). S'apitoyer. ‖**-ído, a** adj. (-idou, a). Compatissant, ante. ‖**-lência** f. (-ēcya). Condoléance.
condomínio m. (cõ-chcípoulou). Condominium.
condor m. (cõdôr). Condor.
condu‖ção f. (cõdouçáou). Conduite. ‖**-tância** f. (-ācya). Conductance. ‖**-tibilidade** f. (-ad). Conductibilité. ‖**-tividade** f. (-ad). Conductivité. ‖**-tor** m. (-ôr). Conducteur. ‖**-zir*** vt. et vi. (-ir). Conduire*.
cone m. (con). Cône.
conector m. (counè-ôr). Connecteur.
cónego m. (conegou). Chanoine.
conex‖ão f. (counekçáou). Connexion. ‖**-o, a** adj. (-è-ou, a). Connexe.
confec‖ção f. (cõfèçáou). Confection. ‖**-cionar** vt. (-ounar). Confectionner.
confederação f. (cõfederaçáou). Confédération.
confeit‖aria f. (cõfāytaria). Confiserie. ‖*Br.* Pâtisserie. ‖**-eiro, a** m. et f. (-āyrou, a). Confiturier, ère. ‖**-o** m. (-áytou). Dragée, f.
confer‖ência f. (cõferēcya). Conférence. ‖**-enciar** vi. (-yar). Conférer. ‖**-ente** m. et f. (-ēt). Conférencier, ère. ‖**-ir*** vt. (-ir). Conférer.
confess‖ar vt. (cõfeçar). Confesser, avouer. ‖**-ionário** m. (-younaryou). Confessionnal. ‖**-or** m. (-ôr). Confesseur.
confi‖ado, a adj. (cõfyadou, a). Confiant, ante. ‖Impertinent, ente. ‖**-ança** f. (-āça). Confiance. ‖**-ante** adj. (-yāt). Confiant, ante. ‖**-ar** vt. (-yar). Confier. ‖vi. Se confier. ‖**-dência** f. (-ēcya). Confidence.

Lettres penchées : accent tonique. ‖V. page verte pour la prononciation figurée. ‖*Verbe irrég. V. à la fin du volume.

‖**-dencial** adj. (-yàl). Confidentiel, elle. ‖**-denciar** vt. (-yar). Dire* en confidence. ‖**-dente** adj. et s. (-ēt). Confident, ente.
configuração f. (cō-raçãou). Configuration.
confins m. pl. (cōfĩch). Confins.
confinar vt. et vi. (cō-ar). Confiner.
confirm‖**ação** f. (cō-rmaçãou). Confirmation. ‖**-ar** vt. (-ar). Confirmer.
confiscar vt. (cō-chcar). Confisquer.
confissão f. (cō-ãou). Confession. ‖ Confiteor, m. [oração].
conflagração f. (cō-agraçãou). Conflagration.
conflit‖**o** m. (cō-itou). Conflit. ‖**-uoso, a** adj. (-ouosou, osa). Querelleur, euse.
conflu‖**ência** f. (cō-ouēcya). Confluence (méd.). ‖ Confluent, m. [de rios]. ‖**-ir*** vi. (-ír). Confluer.
conform‖**ação** f. (cōfourmaçãou). Conformation. ‖ Conformité, soumission. ‖ Résignation. ‖**-ar-se** vr. (-arç). Se conformer. ‖ Se résigner. ‖**-e** adj. (-orm). Conforme. ‖ prép. Conformément à; selon, d'après. ‖ conj. Comme. ‖**-idade** f. (-ou-ad). Conformité.
confort‖**ar** vt. (cōfourtar). Réconforter. ‖**-ável** adj. (-avèl). Confortable. ‖**-o** m. (-ô-ou). Confort. ‖ Réconfort, consolation, f.
confrade m. (cōfrad). Confrère.
confrang‖**edor, a** adj. (cōfrājedôr, a). Navrant, ante. ‖**-er** vt. (-ér). Affliger. ‖**-imento** m. (-étou). Angoisse, f.
confra‖**ria** f. (cōfraría). Confrérie. ‖**-ternização** f. (-ter-açãou). Fraternisation. ‖**-ternizar** vi. (-ar). Fraterniser.
confront‖**ar** vt. (cōfrōtar). Confronter. ‖**-o** m. (-ôu). Confrontation, f.
Confúcio n. pr. (cōfoucyou). Confucius
confu‖**ndir** vt. (cōfūdír). Confondre. ‖**-são** f. (-ãou). Confusion. ‖**-so, a** adj. (-ousou, a). Confus, use.
congel‖**ação** f. (cōjelaçãou). Congélation. ‖**-ar** vt. (-ar). Congeler.
congeminação f. (cōje-açãou). Congémination.
congé‖**nere** adj. (cōjènere). Congénère. ‖**-nito, a** adj. (-ou, a). Congénital, ale.
congest‖**ão** f. (cōjechtāou). Congestion. ‖**-ionar** vt. (-ounar). Congestionner. ‖**-ivo, a** adj. (-ívou, a). Congestif, ive.
conglobar vt. (cō-oubar). Conglober.
conglomer‖**ado** m. (cō-oumeradou). Conglomérat. ‖**-ar** vt. (-ar). Conglomérer.
Congo n. pr. tcōgou). Congo.
congra‖**çar** vt. (cōgraçar). Réconcilier. ‖**-tulação** f. (-oulaçãou). Congratulation. ‖**-tular** vt. (-ar). Congratuler. ‖**-tulatório, a** adj. (-atoryou, a). Congratulatoire.
congreg‖**ação** f. (cōgregaçãou). Congrégation. ‖**-ar** vt. (-ar). Assembler, réunir, convoquer.
congress‖**ista** m. et f. (cōgrecichta). Congressiste. ‖**-o** m. (-ècou). Congrès.
congro m. (cōgrou). Congre.
congru‖**ência** f. (cōgrouēcya). Congruence. ‖**-ente** adj. (-ēt). Congruent, ente.
conhaque m. (cognac). Cognac.
conhec‖**hedor, a** adj. et s. (cougnecedôr, a). Connaisseur, euse. ‖**-er** vt. (-ér). Connaître*. ‖**-ido, a** adj. (-ídou, a). Connu, ue. ‖ s. m. Connaissance, f. ‖**-imento** m. (-étou). Connaissance, f.
cónico, a adj (co-ou, a). Conique.
Conisberga n. pr. (cou-jbèrga). Kœnigsberg.
coniv‖**ência** f. (cou-ēcya). Connivence. ‖**-ente** adj. (-ēt). Complice.
conjectur‖**a** f. (cōjètoura). Conjecture. ‖**-ar** vt. (-ar). Conjecturer.
conjug‖**ação** f. (cōjougaçãou). Conjugaison. ‖**-al** adj. (-àl). Conjugal, ale. ‖**-ar** vt (-ar). Conjuguer.
cônjuge m. (cōjou). Conjoint.
conjun‖**ção** f. (cōjūçãou). Conjonction. ‖**-tivo** m. (-ívou). Subjonctif. ‖**-to** m. (-útou). Ensemble.
conjura f. (cōjoura). Conjuration.
conluio m. tcōlouyou). Collusion, f.
connosco loc. pron. (cōnôchcou). Avec nous.
conosco loc. pron. (counôchcou). Br. Avec nous.
conquanto conj. (cōcouátou). Bien que, quoique.
conquist‖**a** f. (cōkichta). Conquête. ‖**-ador, a** adj. et s. m. (-ôr, a). Conquérant, ante. ‖**-ar** vt. (-ar).

Itálico : acento tónico. ‖ V. página verde para a pronúncia figurada. ‖ *Verbo irreg. V. no final do livro.

CON — CON

Conquerír*. ‖-ável adj. (-avèl). Qui peut être* conquis, ise.
consabido, a adj. (côçabidou, a). Connu, ue.
consagr‖ação f. (côçagraçáou). Consécration. ‖-ador, a adj. et m. (-ôr, a). Consécrateur, m. ‖-ar vt. (-ar). Consacrer.
consangu‖íneo, a adj. (côçãgouinyou, a). Consanguín, íne. ‖-inidade f. (-ad). Consanguinité.
consci‖ência f. (côchcyénça). Conscience. ‖-encioso, a adj. (-yósou, osa). Consciencieux, euse. ‖-ente adj. (-yêt). Conscient, ente.
cônscio, a adj. (côchcyou, a). V. CONSCIENTE.
conscrição f. (côchcriçáou). Conscription.
consecu‖ção f. (côcecouçáou). Réalisation. ‖-tivo, a adj. (-ívou, a). Consécutif, ive.
consegu‖imento m. (côsegh-étou). V. CONSECUÇÃO. ‖-inte adj. (-ít). Consécutif, ive. ‖Loc. Por consegüinte, par conséquent. ‖-ir vt. (-ír). Obtenír*, réussir, parvenír* à, arriver à.
conselh‖eiro m. (côselâyrou). Conseiller. ‖-o m. (-áylou). Conseil.
consen‖so m. (côcéçou). Consentement. ‖-tâneo, a adj. (-ânyou, a). Convenable. ‖-timento m. (-étou). Consentement. ‖-tir vt. et vi. (-ír). Consentír*.
consequ‖ência f. (côcecouêcya). Conséquence. ‖-ente adj. et s. m. (-êt). Conséquent, ente.
consert‖ar vt. (côcertar). Raccommoder, réparer. ‖-o m. (-ê-ou). Réparation, f., raccommodage.
conserv‖a f. (côcérva). Conserve. ‖-ação f. (-e-áou). Conservation. ‖-ar vt. (-ar). Conserver, garder. ‖-aria f. (-aría). Conserverie. ‖-atória f. (-orya). Bureau (m.) d'état civil. ‖-atório m. (-ou). Conservatoire. ‖-eiro m. (-áyrou). Fabricant de conserves.
consider‖ação f. (cô-eraçáou). Considération. ‖-ando m. (-ádou). Considérant. ‖-ar vt. (-ar). Considérer. ‖-ável adj. (-avèl). Considérable.
consign‖ação f. (cô-ghnaçáou). Consignation. ‖-ar vt. (-ar). Consigner. ‖-atário m. (-ataryou). Consignataire.
consigo loc. pron. (côcigou). Avec soi, avec lui, avec elle; sur soi, etc.
const‖ância f. (cô-chtêcya). Constance. ‖-ente adj. (-êt). Constant, ante. ‖-ir vi. (-ír). Consister. ‖-ório m. (-oryou). Consistoire.
consoada f. (côçouada). Réveillon, m.
consoante f. (côçouât). Consonne. ‖prép. Suivant, selon.
consócio m. (côçocyou). Coassocié.
consol‖ação f. (côçoulaçáou). Consolation. ‖-ar vt. (-ar). Consoler. ‖-ável adj. (-avèl). Consolable.
consolid‖ação f. (côçou-açáou). Consolidation. ‖-ar vt. (-ar). Consolider.
consolo m. (côçôlou). Consolation.
consonância f. (côçounâcya). Consonance.
cons‖orciar vt. (côçourcyar). Marier. ‖-órcio m. (-o-ou). Mariage. ‖-orte m. (-o-). Conjoint. ‖ adj. Consort.
consp‖icuidade f. (côchtônouidad). Circonspection. ‖-ícuo, a adj. (-ícouou). Circonspect, ecte; grave.
conspir‖ação f. (côch-raçáou). Conspiration. ‖-ador, a adj. et s. (-ôr, a). Conspirateur, trice. ‖-ar vi. (-ar). Conspirer. ‖-ata f. (-ata). Fam. Complot, m.
conspurc‖ação f. (côchpourcaçáou). Souillure. ‖-ar vt. (-ar). Souiller.
constante‖ adj. (côchtât, e). Constant, ante. ‖-mente adv. (-êt). Constamment.
constar vi. (côchtar). Être évident, connu. ‖ Consister en. ‖ Être* écrit.
constelação f. (côchtelaçáou). Constellation.
constern‖ação f. (côchternaçáou). Consternation. ‖-ar vt. (-ar). Consterner.
constip‖ação f. (côch-açáou). Rhume, m. (-ar vt.). Enrhumer.
constitu‖cional adj. (côch-oucyounàl). Constitutionnel, elle. ‖-ição f. (-áou). Constitution. ‖-inte adj. (-ít). Constituant, ante. ‖ s. m. Commettant [de advogado, etc.]. ‖-ir* vt. (-ír). Constituer. ‖-tivo, a adj. (-ívou, a). Constitutif, ive.
constrang‖er vt. (côchtrãjér). Con-

Lettres penchées : accent tonique. ‖V. page verte pour la prononciation figurée. ‖ *Verbe irrég. V. à la fin du volume.

CON — CON

traindre*. ||-lmento m. (-ētou).
Contrainte, f.
constri||ção f. (cŏchtr-ãou). Construction. ||-ngir vt. (-ijír). Resserrer. ||-tivo, a adj. (-ívou, a). Constrictif, ive.
constru||ção f. (cŏchtroução). Construction. ||-ir* vt. (-ouír). Construire*. ||-tivo, a adj. (-ívou, a). Constructif, ive. ||-tor, a adj. et s. m. (-ôr, a). Constructeur, trice.
consuetudinário, a adj. (cŏçouètou-aryou, a). Coutumier, ère.
cônsul m. (cŏçoul). Consul.
consulado m. (cŏçouladou). Consulat.
consul||ente adj. et s. (cŏçoulẽt). Qui consulte. ||-ta f. (-ou-a). Consultation. ||-tar vt. et vi. (-ar). Consulter. ||-tório m. (-oryou). Cabinet de consultation.
consum||ação f. (cŏçoumação). Consommation. ||-ado, a adj. (-adou, a). Consommé, ée. ||-ar vt. (-ar). Consommer. ||-ição f. (-ãou). Chagrin, m. ||-idor, a adj. (-ôr, a). Affligeant, ante. ||Affligeant, ante. ||s. m. et f. Consommateur, trice. ||-ir vt. (-ír). Consumer. ||Consommer (denrées). ||Affliger. ||-o m. (-oumou). Consommation, f. ||Débit [de gás]. ||-pção f. (-ũçãou). Consomption.
conta|| f. (cŏta). Compte, m. : por conta, à compte. ||Addition, note [restaurante]. ||Opération arithmétique. ||Soin, m ; attention. ||Cas, m., considération. ||Grain (m.) de chapelet [rosário]. ||Loc. Fazer conta, convenir*. ||-bilidade f. (-bl-ad). Comptabilité. ||-bilista adj. et s. m. (-íchta). Comptable : perito contabilista, expert comptable. ||-bilizar vt. (-ar). Comptabiliser.
contact||ar vi. (cŏtactar). Contacter. ||-o m. (-a-ou). Contact : em contacto com, au contact de.
conta||dor m. (cŏtadôr). Compteur (appareil). ||- -fios m. (-íouch). Compte-fils. ||-gem f. (-ajãy). Énumération.
cont||aglar vt. (cŏtajyar). Contagionner. ||-ágio m. (-ajyou). Contagion, f. ||-agioso, a adj. (-yôsou, ôsa). Contagieux, euse.
conta-gotas m. (cŏtagôtach). Compte-gouttes.
contamin||ação f. (cŏta-ação). Contamination. ||-ar vt. (-ar). Contaminer.
contanto que loc. conj. (cŏtãtou ke). Pourvu que, une fois que.
cont||ar vt. (cŏtar). Compter. ||Raconter, conter [contos]. ||-as f. pl. (cŏtach). Rosaire, m. sing. ||Chapelet, m. sing. [terço]. ||Calcul, m. sing. [aritm.].
contempl||ação f. (cŏtẽ-ação). Contemplation. ||-ar vt. (-ar). Contempler. ||-ativo, a adj. (-ativou, a). Contemplatif, ive.
contempor||âneo, a adj. (cŏtẽpourâ-nyou, a). Contemporain, aine. ||-ização f. (-ação). Temporisation. ||-izador, a adj. et s. (-ôr, a). Temporiseur, trice. ||Condescendant, ante. ||-izar vi. (-ar). Temporiser. ||Condescendre.
contencioso, a adj. et s. (cŏtẽcyósou, a). Contentieux, euse.
contend||a f. (cŏtẽda). Querelle. ||Lutte. ||-er vi. (-ér). Disputer. ||-or, a adj. et s. (-ôr, a). Combattant, ante ; contendant, ante.
content||amento m. (cŏtẽtamẽtou). Contentement. ||-ar vt. (-ar). Contenter. ||-e adj. (-êt). Content, ente. ||-o m. (-ẽtou). Contentement, gré.
conter* vt. (cŏtér). Contenir*.
conterrâneo m. (cŏterrãnyou). Compatriote, pays (fam.).
contest||ação f. (cŏtechtação). Contestation. ||-ar vt. et vi. (-ar). Contester. ||-ável adj. (-avèl). Contestable.
conteúdo m. (cŏtyoudou). Contenu.
contexto m. (cŏtãychtou). Contexte.
contigo loc. pron. (cŏtígou). Avec toi.
contíguo, a adj. (cŏtígouou, a). Contigu, uë ; attenant, ante.
continente m. (cŏ-êt). Contenant [o que contém]. ||Continent [terra].
conting||ência f. (cŏtijẽcya). Contingence. ||-ente adj. et s. m. (-êt). Contingent, ente. ||Fixação dum contingente, contingentement, m.
continu||ação f. (cŏti-ouação). Continuation, suite. ||-ador, a s. (-ôr). Continuateur. ||-ar vt. et vi. (-ouar). Continuer. ||-idade f. (-ad). Continuité.
contínuo, a adj. (cŏtínouou, a). Continu, ue ; continuel, elle. ||s. m.

Itálico : acento tónico. ||V. página verde para a pronúncia figurada. ||*Verbo irreg. V. no final do livro.

Garçon de bureau. ‖Huissier (du Sénat, etc.).
contista m. (cōtíchta). Conteur.
conto m. (cōtou). Conte. ‖ Mille escudos. ‖Loc. Sem conto, sans nombre.
contor‖ção f. (cōtourçãou). Contorsion. ‖-cer vt. (-ér). Tordre. ‖-cionista m. et f. (-ounichta). Contorsionniste.
contorn‖ar vt. (cōtournar). Contourner. ‖-o m. (-ōrnou). Contour.
contra prép. (cōtra). Contre. ‖--almirante m. (-rà-rāt). Contre-amiral. ‖--ataque m. (-ratac). Contre-attaque, f. ‖-baixo m. (-abaychou). Contrebasse, f. ‖-balançar vt. (-alāçar). Contrebalancer. ‖-bandista m. (-ādíchta). Contrebandier. ‖-bando m. (-ādou). Contrebande, f. ‖-canto m. (-ātou). Contre-chant. ‖-cção f. (-acçãou). Contraction. ‖-costa f. (-ochta). Côte opposée.
contr‖áctil adj. (cōtráct-). Contractile. ‖-acto, a adj. (-átou, a). Contracté, ée. ‖-adança f. (-adāça). Contredanse. ‖-adição f. (-āou). Contradiction. ‖-adita f. (-íta). Contredit, m. ‖-aditar vt. (-ar). Contredire*. ‖-editor, a adj. (-ōr, a). Contredisant, ante. ‖-aditório, a adj. (-oryou, a). Contradictoire. ‖-adizer* vt. et vi. (-ér). Contredire*.
contraente adj. (cōtraét). Contractant, ante.
contra‖espionagem f. (cōtrach-ounajāy). Contre-espionnage, m. ‖-facção f. (-açãou). Contrefaçon. ‖-factor m. (-ōr). Contrefacteur. ‖-fazer* vt. (-azér). Contrefaire*. ‖-fé f. (-è). Copie d'une assignation. ‖-feito, a adj. (-āytou, a). Contrefait, aite. ‖Embarrassé, ée. ‖Forcé, ée. ‖-forte m. (-ort). Contrefort. ‖--indicação f. (-ī-açãou). Contre-indication. ‖--indicar vt. (-ar). Contre-indiquer. ‖-ir* vt. (-ir). Contracter. ‖-Ito m. (-à-ou). Contralto. ‖-luz m. (-alouch). Contre-jour. ‖-marca f. (-arca). Contre-marque. ‖-mestre m. (-èchtr). Contremaître. ‖-mina f. (-ína). Contre-mine. ‖--minar vt. (-ar). Contre-miner. ‖-muro m. (-ourou). Contre-mur. ‖--ordem f. (-ordāy). Contre-ordre. ‖--ordenar vt. (-ô-enar). Contremander. ‖-pelo m.

(-élou). Contre-poil. ‖--peso m. (-ésou). Contrepoids. ‖-placagem f. (-acajāy). Contreplacage, m. ‖-pontista m. (-ōtíchta). Contrepointiste. ‖-ponto m. (-ōtou). Contrepoint. ‖-por* vt. (-ōr). Opposer. ‖-producente adj. (-roudoucēt). Contraire à ce que l'on veut faire. ‖-projecto m. (-étou). Contreprojet. ‖-proposta f. (-ochta). Contreproposition. ‖-prova f. (-ova). Contre-épreuve. ‖-regra m. (-rrègra). Avertisseur. ‖--réplica f. (-è-a). Duplique. ‖--revolução f. (-evoulouçãou). Contre-révolution. ‖-riador, a adj. et s. (-ryadōr, a). Contrariant, ante. ‖Taquin, ine. ‖-riar vt. (-yar). Contrarier. ‖-riedade f. (-édad). Contrariété.
contr‖ário, a adj. (cōtraryou, a). Contraire. ‖-a-senha f. (-açāygna). Contre-mot, m. ‖-a-senso m. (-ēçou). Contresens. ‖-astar vt. (-achtar). S'opposer. ‖vi. Contraster. ‖-astaria f. (-aría). Contrôle. ‖M. (or, argent). ‖-aste m. (-acht). Contraste. ‖Contrôle (marque).
con‖tratador, a adj. et s. (cōtratadōr, a). Contractant, ante. ‖Commerçant, ante. ‖-tratante adj. et s. (-āt). Contractant, ante.
contratempo m. (cōtratēpou). Contre-temps.
contrato m. (cōtratou). Contrat.
contra‖torpedeiro m. (cōtratourpedāyrou). Contre-torpilleur. ‖-vapor m. (-apōr). Contre-vapeur, f. ‖-venção f. (-ēçãou). Contravention. ‖-veneno m. (-enénou). Contrepoison. ‖-ventor, a adj. et s. (-ētōr, a). Contrevenant, ante.
contribu‖ição f. (cōtr-ou-āçou). Contribution. ‖-inte adj. et s. (-ouīt). Contribuable. ‖-ir* vi. (-ouir). Contribuer.
contrição f. (cōtr-āou). Contrition.
contristar vt. (cōtrichtar). Contrister.
controv‖érsia f. (cōtrouvèrcya). Controverse. ‖-erso, a adj. (-ou, a). Controversé, ée. ‖-erter vt. (-ertér). Controverser.
contudo conj. (cōtoudou). Toutefois.
contum‖ácia f. (cōtoumacya). Obstination. ‖-az adj. (-ach, a-). Opiniâtre. ‖-élia f. (-èlya). Affront, m.
contund‖ente adj. (cōtūdét). Conton-

Lettres penchées : accent tonique. ‖V. page verte pour la prononciation figurée. ‖*Verbe irrég. V. à la fin du volume.

CON — COR

dant, ante. ‖-**lr** vt. (-*ír*). Contusionner.
contus‖**ão** f. (cōtousáou). Contusion. ‖-**o, a** adj. (-ousou, a). Contus, use.
convalesc‖**ença** f. (cōvalechcéça). Convalescence. ‖-**ente** adj. et s. (-*ét*). Convalescent, ente. ‖-**er** vi. (-ér). Être* en convalescence.
convecção f. (cōvékçáou). Convection.
conven‖**ção** f. (cōvéçáou). Convention. ‖-**cer** vt. (-ér). Convaincre*. ‖-**cional** adj. (-ounál). Conventionnel, elle. ‖-**cionalismo** m. (-alíjmou). Conventionnalisme. ‖-**cionar** vt. (-ar). Stipuler.
conveni‖**ência** f. (cōvenyécya). Convenance. ‖-**ente** adj. (-yêt). Convenable. ‖Loc. *É conveniente*, il convient.
convénio m. (cōvényou). Convention, f.
convento m. (cōvétou). Couvent.
converg‖**ência** f. (cōvérjécya). Convergence. ‖-**ente** adj. (-ét). Convergent, ente. ‖-**lr*** vi. (-ír). Converger.
convers‖**a** f. (cōvérça.) Conversation. ‖-**ar** vi. (-e-ar). Causer.
conver‖**ter** vt. (cōvertér). Convertir. ‖-**tível** adj. (-ívèl). Convertible.
convés m. (cōvéch). Pont, tillac.
convexo, a adj. (cōvèkçou, a). Convexe.
convic‖**ção** f. (cō-kçáou). Conviction. ‖-**to, a** adj. (-íctou, a). Convaincu, ue.
convid‖**ar** vt. (cō-ar). Inviter. ‖-**ativo, a** adj. (-atívou, a). Attirant, ante.
convincente adj. (cōvicét). Convaincant, ante.
convir* vi. (cōvír). Convenir*.
convite m. (cōvít). Invitation, f.
conviv‖**a** m. (cōvíva). Convive. ‖-**ência** f. (-écya). Cohabitation. ‖Intimité. ‖-**er** vi. (-ér). Fréquenter (une personne).
convívio m. (cōvívyou). V. CONVIVÊNCIA.
convoc‖**ação** f. (cōvouacáou). Convocation. ‖Appel, m. (des réservistes). ‖-**ar** vt. (-ar). Convoquer.
convosco loc. pron. (cōvóchcou). Avec vous.
convuls‖**ão** f. (cōvou-áou). Convulsion. ‖-**ionar** vt. (-ounar). Convulsionner. ‖-**ivo, a** adj. (-ívou, a). Convulsif, ive.
cooper‖**ação** f. (cououperaçáou). Coopération. ‖-**ador, a** adj. et s. (-adór, a). Coopérateur, trice. ‖-**ar** vi. (-ar). Coopérer. ‖-**ativa** f. Coopérative. ‖-**ativismo** m. (-íjmou). Coopératisme.
coorden‖**ação** f. (couourdenaçáou). Coordination. ‖-**adas** f. pl. (-adach). Coordonnées. ‖-**ador, a** adj. et s. (-adór, a). Coordonnateur, trice. ‖-**ar** vt. (-ar). Coordonner. ‖-**ativo, a** adj. (-atívou, a). Coordonnant, ante.
coorte f. (couort). Cohorte.
cop‖**a** f. (copa). Office. ‖Cime (arbre). ‖Forme (chapeau). ‖pl. Cœur (cartes). ‖-**ado, a** adj. (-adou, a). Touffu, ue; épais, aisse.
co-particip‖**ação** f. (coupar-açáou). Coparticipation. ‖-**ar** vi. (-ar). Copartager.
copejar vt. coupejar). Harponner.
Copérnico n. pr. (coupér-ou). Copernic.
cópia f. (copya). Copie. ‖Abondance.
copi‖**ador** m. (coupyadór). Copiste. ‖Copie (f.) de lettres. ‖-**ar** vt. (-yar). Copier. ‖-**ógrafo** m. (-yografou). Duplicateur. ‖-**oso, a** adj. (-yósou, osa). Copieux, euse.
copo m. (copou). Verre.
copra f. (copra). Coprah, m.
cópula f. (copoula). Coït, m.
copular vt. (coupoular). Joindre*.
coqueiro m. (coukáyrou). Cocotier.
cor f. (côr) Couleur.
cor‖ m. (cor). U. dans la loc. : *de cor*, par cœur. ‖-**ação** m. (couraçáou). Cœur.
corado, a adj. (coradou, a). Blanchi, ie (linge) [roupa]. ‖Rouge (teint) [tez]. ‖Rissolé, ée; rôti, ie [cozinhado].
cora‖**gem** f. (courajáy). Courage, m. ‖-**joso, a** adj. (-ajósou, osa). Courageux, euse. ‖-**judo, a** adj. (-oudou, a). *Br. de Minas.* Courageux, euse
coral m. (courál). Corail.
cor‖**ante** adj. et s. m. (corát). Colorant, ante. ‖-**ar** vi. (-ar). Rougir.
corça f. (cárça). Biche.
corcel m. (courcél). Coursier.
corcov‖**a** f. (courcova). Bosse. ‖-**ado, a** adj. (-ouvadou, a). Bossu, ue.

Itálico : acento tônico. ‖V. página verde para a pronúncia figurada. ‖*Verbo irreg. V. no final do livro.

‖Voûté, ée; courbé, ée. ‖-ar vt. (-ar). Courber, arquer.
corcunda f. (courcúda). Bosse. ‖ adj. et s. Bossu, ue.
cord‖a f. (corda). Corde. ‖-ame m. (courdâm). Cordage. ‖-ão m. (-ãou). Cordon. ‖ Cordelière, f. [frades].
cordato, a adj. (courdátou, a). Sage.
cordeiro m. (courdâyrou). Agneau.
cordel m. (courdêl). Ficelle.
cor-de-rosa adj. et s. m. (côrdrrosa). Rose.
cordial‖ adj. et s. m. (courdyàl). Cordial, ale. ‖-idade f. (-a-ad). Cordialité.
cordilheira f. (cour-lâyra). Cordillère, chaîne de montagnes.
cordoeiro m. (courdouâyrou). Cordier.
Córdova n. pr. (cordouva). Cordoue.
cordovão m. (courdouvâou). Cordouan.
coreano, a adj. et s. (couryânou, a). Coréen, enne.
coreia f. (courâya). Chorée.
Coreia n. pr. (courâya). Corée.
coreto m. (courêtou). Kiosque à musique.
co-réu, ré m. et f. (courrêou, è). Coaccusé, ée.
coriáceo, a adj. (couryacyou, a). Coriacé, ée; coriace.
corifeu m. (cour-éou). Coryphée.
corintio, a adj. (courîtyou, a). Corinthien, enne.
corisco m. (couríchcou). Éclair.
corja f. (corja). Clique, gueusaille.
cornaca m. (cournaca). Cornac.
córnea f. (cornya). Cornée.
Cornélio n. pr. (cournêlyou). Cornélius.
córneo, a adj. (cornyou). Corné, ée.
cornet‖a f. (cournéta). Trompette. ‖-eiro m. (-etâyrou). Trompette. ‖-im m. (-ĩ). Bugle. ‖-o m. (-étou). Cornet.
corni‖cho m. (courníchou). Petite corne, f. ‖-ja f. (-íja). Corniche.
corno m. (côrnou). Corne, f.
Cornualha n. pr. (cournouála). Cornouailles, pl.
cornucópia f. (cournoucópya). Corne d'abondance.
cornúpeto m. (cournouptou). Taureau.

coro m. (côrou). Chœur. ‖ Loc. Fazer coro, faire* chorus.
coro‖a f. (courôa). Couronne. ‖ Tonsure. ‖-ação f. (-ouaçãou). Couronnement, m. ‖-ar vt. (-ouar). Couronner.
corografia f. (courougrafía). Chorographie.
coroa f. (courola). Corolle.
coronel m. (courounêl). Colonel.
coronha f. (courógna). Crosse.
corozo m. (courôzou). Corozo, ivoire végétal.
corp‖anzil m. (courpãzíl). Gros corps. ‖-ete m. (-ét). Soutien-gorge. ‖ Corsage. ‖-o m. (cô-ou). Corps. ‖-oração f. (cou-raçãou). Corporation. ‖-orativismo m. (-íjmou). Corporatisme. ‖-óreo, a adj. (-oryou, a). Corporel, elle. ‖-orizar vt. (-ou-ar). Corporifier. ‖-ulência f. (-oulêcya). Corpulence. ‖-ulento, a adj. (-étou, a). Corpulent, ente. ‖-uscular adj. (-choular). Corpusculaire. ‖-úsculo m. (-ou-ou). Corpuscule.
correame m. (courryâm). Assemblage de courroies. ‖ Buffleterie, f. [soldado].
correc‖ção f. (courrèçãou). Correction. ‖-tivo, a adj. et s. m. (-ívou, a). Correctif, ive. ‖-to, a adj. (-étou, a). Correct, ecte. ‖-tor m. (-ôr). Correcteur.
corredi‖ça f. (courredíça). Coulisse. ‖-ço, a adj. (-íço, a). Coulant, ante. ‖-o, a adj. (-íou, a). Coulant, ante.
corredor, a adj. et s. m. (corredôr, a). Coureur, euse. ‖ Corridor, couloir [de casa].
correeiro m. (courryâyrou). Sellier.
corregedor m. (courrejedôr). Corrégidor.
córrego m. (córregou). Ravin.
correia f. (courrâya). Courroie.
correio m. (courrâyou). Courrier. ‖ Facteur [distribuidor]. ‖ Poste, f. [repartição, administração].
correla‖ção f. (courrelaçãou). Corrélation. ‖-cionar vt. (-ounar). Comparer. ‖-tivo, a adj. (-ívou, a). Corrélatif, ive.
correligionário, a adj. et s. m. (courreounaryou, a). Coreligionnaire.
corr‖ente adj. (courrẽt). Courant, ante. ‖ s. f. Chaîne (de montre, etc.)

Lettres penchées : accent tonique. ‖ V. page verte pour la prononciation figurée. ‖ *Verbe irrég. V. à la fin du volume.

COR — COS

‖**-entemente** adv. (-ēt). Couramment. ‖**-enteza** f. (-éza). Courant m. (de l'eau). ‖Suite (de maisons) [casas]. ‖**-entio, a** adj. (-iou, a). Coulant, ante. ‖**-er** vt. et vi. (-ér). Courir*. ‖Loc. *Correr parelhas*, aller* de pair. *Correr mundo*, voyager. ‖Couler [líquidos]. ‖Avoir cours [moeda]. ‖Chasser [expulsar]. ‖ **-eria** f. (-eria). *Course* à perdre haleine. ‖Course, incursion.

correspond‖**ência** f. (courrechpŏdḗcya). Correspondance. ‖**-ente** adj. et s. m. (-ēt). Correspondant, ante ; correspondancier (com.). ‖**-er** vi. (-ér). Correspondre. ‖**-er-se** vr. (-érç). Correspondre.

corretor m. (courretôr). Courtier.

corrid‖**a** f. (courrída). Course. ‖**-o, a** adj. (-ídou, a). Couru, ue. ‖Chassé, ée [expulso]. ‖*Fig.* Honteux, euse; confus, use.

corrigir vt. (courr-ir). Corriger.

corri‖**mão** m. (courr-ãou). Main courante, f. ‖**-mento** m. (-ētou). Ecoulement. ‖**-queiro, a** (-kâyrou, a). Rebattu, ue; usé, ée; très connu, ue.

corrobor‖**ação** f. (courroubouração̍ou). Corroboration. ‖**-ar** vt. (-ar). Corroborer.

corroer* vt. (courrouér). Corroder.

corr‖**omper** vt. (courrŏpér). Corrompre*. ‖**-osão** f. (-zãou). Corrosion. ‖**-osivo, a** adj. (-ívou, a). Corrosif, ive. ‖**-upção** f. (-oução̍ou). Corruption. ‖**-uptela** f. (-èla). Corruptèle. ‖**-uptível**, adj. (-ívēl). Corruptible. ‖**-upto, a** adj. (-outou, a). Corrompu, ue. ‖**-uptor, a** adj. et s. (-ôr, a). Corrupteur, trice.

corsário adj. et s. m. (coursáryou). Corsaire.

Córsega n. pr. (corsega). Corse.

corso adj. et s. m. (côrsou). Corse.

cort‖**adela** f. (courtadéla). Coupure. ‖**-ador** m. (-ôr). Coupeur. ‖Étalier [talho]. ‖Abatteur (d'arbres). ‖**-a-mar** m. (co-ar). Brise-lames. ‖**-ante** adj. (cou-āt). Tranchant, ante. ‖Loc. *Frio cortante*, froid cuisant. ‖**-a-papel** m. (co-apél). Coupepapier. ‖**-ar** vt. (cou-ar). Couper. ‖Loc. *Cortar na pele*, déchirer à belles dents. *Cortar o coração*, fendre le cœur. ‖**-e** m (cort). Coupe, f. ‖Coupure, incision, f. ‖Toit, étable, f.

cort‖**e** f. (côrt). Cour. ‖pl. Assemblée nationale. ‖**-ejar** vt. (courtejar). Courtiser. ‖Saluer, complimenter. ‖**-ejo** m. (-áyjou). Cortège. ‖**-ês** adj. (-éch). Courtois, oise. ‖**-esã** f. (-esã̍). Courtisane. ‖**-esão** m. (-ãou). Courtisan. ‖**-esia** f. (-ia). Courtoisie. ‖Révérence. ‖**-êsmente** adv. (-éjmēt). Courtoisement, poliment.

córtex m. (cortèkç). Écorce, f.

corti‖**ça** f. (courtiça). Liège, m. ‖**-cal** adj. (-él). Cortical, ale. ‖**-ço** m. (-içou). Ruche, f.

cortin‖**a** f. (courtína). Rideau, m. ‖**-ado** m. (-ádou). Rideaux, pl.

coruchéu m. (courouchéou). Flèche, f. (d'un clocher).

coruja f. (courouja). Chouette.

Corunha n. pr. (courougna). La Corogne.

corusca‖**nte** adj. (courouchcāt). Eclatant, ante. ‖**-r** vi. (-ar). Flamboyer.

corveta f. (courvéta). Corvette.

corvo m. (côrvou). Corbeau.

cós m. (coch). Ceinture, f.

coscuvilh‖**ar** vi. (couchcou-lar). Cancaner. ‖**-eiro, a** adj. (-áyrou, a). Cancanier, ère.

cosedura f. (couzedoura). Couture.

co-seno m. (coucénou). Cosinus.

coser vt. (couser). Coudre*. ‖Loc. *Coser-se com*, se coller contre.

cosmético m. (coujmé-ou). Cosmétique.

cósmico, a adj. (coj-ou, a). Cosmique.

cosmo‖**gonia** f. (coujmougounía). Cosmogonie. ‖**-grafia** f. (-rafía). Cosmographie. ‖**-logia** f. (-oujía). Cosmologie. ‖**-polita** adj. et s. (-oulíta). Cosmopolite.

cosmos m. (cojmouch). Univers.

cossaco m. (couçacou). Cosaque.

costa f. (cochta). Côte. ‖Loc. *Dar à costa*, faire* côte. ‖pl. Dos, m. sing. ‖Loc. *Ás costas*, sur le dos. *De costas*, sur le dos (couché). *Ter as costas quentes*, compter sur la protection de quelqu'un.

cost‖**ado** m. (couchtádou). Côté [animal]. ‖Flanc (vaisseau) [navio]. ‖Loc. *De quatro costados*, accompli. ‖**-al** adj. (-ál). Costal, ale.

costaneira f. (couchtanáyra). Papier (m.) de rebut.

Itálico : acento tónico. ‖V. página verde para a pronúncia figurada. ‖*Verbo irreg. V. no final do livro.

cost‖ear vt. (couchty*ar*). Côtoyer. ‖-eiro, a adj. (-âyrou, a). Côtier, ère. ‖-ela f. (-éla). Côte. ‖eleta f. (-eléta). Côtelette.
costum‖ado, a adj. (couchtoumadou, a). Accoutumé, ée. ‖-ar vt. (-ar). Accoutumer. ‖Avoir* l'habitude de. ‖-e m. (-oum). Coutume, f. ‖pl. Mœurs, f. ‖Loc. Ter por costume, avoir* l'habitude de. ‖-eira f. (-âyra). Accoutumance.
costura f. (couchtoura). Couture.
costur‖ar vt. (couchtourar). Coudre*. ‖vi. Travailler en couture. ‖-eiro, a m. et f. (-âyrou, a). Couturier, ère.
cota f. (cota). Cote. ‖Cotte [armadura]. ‖Cotisation. ‖-ção f. (coutaçáou). Cote, cours, m. ‖Réputation. ‖-do, a adj. (-adou, a). Considéré, ée. ‖ Coté, ée.
cotão m. (coutáou). Amas de poussière.
cotar vt. (coutar). Coter.
cotej‖ar vt. (coutejar). Confronter. ‖-o m. (-âyjou). Confrontation, f.
cotilhão m. (cou-lâou). Cotillon.
cotim m. (coutî). Coutil.
cotiz‖ação f. (cou-açáou). Cotisation. ‖-ar vt. (-ar). Cotiser.
coto m. (côtou). Bout. ‖Moignon [membro]. ‖Lumignon [vela].
cotovel‖ada f. (coutouvelada). Coup de coude, m. ‖-o m. (-élou). Coude. ‖Loc. Falar pelos cotovelos, parler beaucoup. Ter dor de cotovelo, être* jaloux.
cotovia f. (coutouvia). Alouette.
coturno m. (coutournou). Cothurne. ‖Loc. De alto coturno, élevé, important.
couce m. (côçy). V. COICE.
coudelaria f. (côdelaria). Haras, m.
cour‖aça f. (côraça). Cuirasse. ‖-açado m. (-açadou). Cuirassé. ‖-açar vt. (-ar). Cuirasser. ‖-aceiro m. (-âyrou). Cuirassier.
courela f. (côrèla). Pièce de terre à cultiver.
couro m. (côrou). Cuir. ‖Loc. Levar couro e cabelo, écorcher (prix).
cousa f. (côsa). V. COISA.
cout‖ada f. (côtada). Bois réservé, m. ‖-ar vt. (-ar). Défendre (la chasse). ‖-o m. (côtou). Terrain clos. ‖Asile, refuge.

couve‖ f. (côv). Chou, m. ‖- -flor f. (-ór). Chou-fleur, m.
cova f. (cova). Fosse. ‖Fig. Tombe.
côvado m. (côvadou). Coudée, f.
covanca f. (couvâca). Br. de Rio. Terrain (m.) entouré de tertres.
covarde m. (couvard). V. COBARDE.
cov‖eiro m. (couvâyrou). Fossoyeur. ‖-il m. (-îl). Tanière, f., repaire. ‖-inha f. (-igna). Fossette.
coxa f. (côcha). Cuisse.
cox‖ear vi. (couchy*ar*). Boiter. ‖-ia f. (-ia). Passage, m., ruelle. ‖-ilha f. (-ila). Br. du S. Monticule, m., sommet prolongé d'une montagne. ‖-im m. (-î). Coussin, coussinet. ‖-o, a adj. et s. (cô-ou, a). Boiteux, euse.
coz‖edura f. (couzedoura). Cuisson. ‖Cuite (argile). ‖-er vt. et vi. (-ér). Cuire*. ‖Bouillir*, faire* bouillir* (aliments) [em água]. ‖-ido, a adj. (-idou, a). Cuit, uite. ‖s. m. Bouilli. ‖-imento m. (-étou). Décoction, f. ‖-inha f. (-igna). Cuisine. ‖-inhado m. (-adou). Mets. ‖-inhar vt. et vi. (-ar). Cuisiner. ‖-eiro, a m. et f. (-âyrou, a). Cuisinier, ère.
crânio m. (crânyou). Crâne.
crápula f. (crapoula). Crapule.
crapuloso, a adj. (crapoulôsou, osa). Crapuleux, euse.
crasso, a adj. (craçou, a). Gros, osse. ‖Fig. Grossier, ère.
cratera f. (cratèra). Cratère, m.
crav‖ação f. (cravaçáou). Clouement, m. ‖Sertissure [pedras]. ‖-agem f. (-ajây). Ergot, m. (maladie). ‖-ar vt. (-ar). Clouer. ‖Enfoncer (couteau, etc.). ‖Sertir [pedras]. ‖Loc. Cravar os olhos em, avoir* les yeux fixés sur. ‖-eira f. (-âyra). Étalon, m. (mesures). ‖Toise (instrument). ‖-eiro m. (-âyrou). Œillet. ‖-ejar vt. (-ejar). Sertir (des pierres). ‖-elha f. (-âyla). Cheville. ‖-inho m. (-ignou). Clou de girofle. ‖-o m. (-avou). Clou. ‖Œillet [flor]. ‖Clavecin [instrumento]. ‖-da-índia m. (-da ídya). Clou de girofle.
cré m. (crè). Craie, f.
cred‖encial adj. (credêcyàl). De créance. ‖s. f. pl. Lettres de créance. ‖-enciar vt. (-ar). Br. Attester. Créditer. ‖-ibilidade f. (-ad). Cré-

CRÉ — CRI

dibilité. ‖-**ltar** vt. (-*ar*). Créditer.
crédito m. (crè-ou). Crédit : *carta de crédito*, lettre (f.) de crédit.
cred‖o m. (crèdou). Credo. ‖-**or**, a adj. et s. (-ôr, a). Créancier, ère. ‖-**ulidade** f. (-e-ad). Crédulité.
crédulo, a adj. (crèdoulou, a). Crédule.
crem‖ação f. (cremaçãou). Crémation. ‖-**ar** vt. (-ar). Crémer. ‖-**atório, a** adj. (-atoryou, a). Crématoire.
creme m. (crèm). Crème, f.
crença f. (crèça). Croyance.
cren‖deiro, a adj. (crèdâyrou, a). Crédule. ‖-**dice** f. (-iç). Croyance absurde. ‖-**te** adj. et s. (-èt). Croyant, ante.
creo‖lina f. (cryolína). Créoline. ‖-**sote** m. (-ot). Créosote, f.
crepe m. (crèp). Crêpe.
crepit‖ação f. (cre-açãou). Crépitation. ‖-**ar** vt. (-ar). Crépiter.
crep‖uscular adj. (crepouchcoular). Crépusculaire. ‖-**úsculo** m. (-ou-ou). Crépuscule.
crer* vt. et vi. (crér). Croire*.
cresc‖endo m. (crèchêdou). Crescendo. ‖-**ente** adj. et s. m. (-êt). Croissant, ante. ‖-**er** vi. (-èr). Croître*. ‖**Grandir.** ‖**Rester.** ‖-**ido, a** adj. (-idou, a). Grandi, ie. ‖-**imento** m. (-êtou). Croissance, f., accroissement.
crespo, a adj. (créchpou, a). Crépu, ue ; frisé, ée.
crestar vt. (crechtar). Hâler.
crestomatia f. (crechtoumatía). Chrestomatie.
cretáceo, a adj. (cretacyou, a). Crétacé, ée.
cretin‖ismo m. (cre-ijmou). Crétinisme. ‖-**o** m. (-ínou). Crétin.
cretone m. (crèton). Cretonne, f.
cria f. (cría). Petit, m. (d'animal). ‖-**ção** f. (-ãou). Création. ‖Élevage, m. (animaux). ‖**Volaille** [aves]. ‖-**da** f. (-yada). Domestique, servante. ‖-**do** m. (-ou). Domestique, serviteur. ‖- -**mudo** m. (-oudou). *Br.* Table (f.) de nuit. ‖-**dor**, adj. et s. (-ôr, a). Créateur, trice.
criança f. (criãça). Enfant, m. et f. ‖-**da** f. (-ada). Marmaille.
crian‖cice f. (criãciç). Enfantillage, m. ‖-**çola** f. (-ola). Morveux.

crianestesia f. (crianechtesía). Cryanesthésie.
cria‖r vt. (criar). Créer. ‖Nourrir [criança]. ‖Élever [animais, plantas; educar]. ‖-**tura** f. (-atoura). Créature.
crim‖e m. (crim). Crime. ‖-**inal** adj. et s. (-àl). Criminel, elle. ‖-**inalidade** f. (-a-ad). Criminalité. ‖-**inalista** m. (-íchta). Criminaliste. ‖-**inologia** ?. (-ouloujía). Criminologie. ‖-**inoso, a** adj. et s. (-ôsou, osa). Criminel, elle.
crina f. (crína). Crinière, crin, m.
cri‖ólito m. (crio-lou). Cryolithe. ‖-**oscópio** m. (-chco-ou). Cryoscope.
crioulo, a adj. et s. (criôlou, a). Créole.
cripta f. (crí-a). Crypte.
cripton m. (cri-on). Crypton.
crisálida f. (cr-a-a). Chrysalide.
crisântemo m. (cr-átemou). Chrysanthème.
crise f. (criz). Crise.
crism‖a m. et f. (críjma). Sacrement (m.) de la confirmation. ‖Chrême, m. [santos óleos]. ‖-**ar** vt. (-ar). Confirmer (sacrement). ‖*Fig.* Donner un sobriquet. ‖-**ar-se** vr. (-arç). Recevoir le sacrement de la confirmation. ‖*Fig.* Changer de nom.
crisol m. (cr-ol). Creuset.
crispar vt. (crichpar). Crisper.
Crispim n. pr. (crichpĩ). Crépin.
crista f. (críchta). Crête : *levantar a crista*, lever la crête.
cristal‖ m. (crichtàl). Cristal. ‖-**ino, a** adj. (-aĩnou, a). Cristallin, ine. ‖-**izar** vt. et vi. (-ar). Cristalliser.
crist‖andade f. (crichtãdàd). Chrétienté. ‖-**ão, ã** adj. et s. (-ãou, ã). Chrétien, enne. ‖-**ianismo** m. (-ãjmou). Christianisme. ‖-**ianizar** vt. (-ar). Christianiser.
Crist‖o n. pr. (críchtou). Le Christ. ‖-**ovão** n. pr. (-ovãou). Christophe.
crit‖ério m. (cr-èryou). Critérium ou critère. ‖**Discernement.** ‖-**erioso, a** adj. (-∂-yósou, osa). Judicieux, euse.
critica f. (crí-a). Critique.
critic‖ar vt. (cr-ar). Critiquer. ‖-**ável** adj. (-avèl). Critiquable.
critico, a adj. et s. (crí-ou, a). Critique.

Itálico : acento tônico. ‖V. página verde para a pronúncia figurada. ‖*Verbo irreg. V. no final do livro*

CRI — CUL 460

crivar vt. (cr-ar). Cribler; tamiser.
crivel adj. (crivèl). Croyable.
crivo m. (crívou). Crible. ‖Pomme (f.) d'arrosoir [regador].
Croácia n. pr. (crouacya). Croatie.
croata adj. et s. (crouata). Croate.
crocitar vi. (crou-ar). Croasser.
crocodilo m. (croucoudélou). Crocodile.
crom‖ado, a adj. (croumadou, a). Chromé, ée. ‖-ática f. (-a-a). Chromatique. ‖-ático, a adj. (-ou, a). Chromatique.
crómio ou cromo m. (cromyou, -mou). Chrome.
cromolitografia f. (cromo-ougrafia). Chromolithographie.
crónic‖a f. (cró-a). Chronique. ‖-o, a adj. (-ou, a). Chronique.
cron‖ista m. (crounichta). Chroniqueur. ‖-ologia f. (-oulougía). Chronologie. ‖-ómetro m. (-ometrou). Chronomètre.
croquete m. (krokèt). Croquette, f.
crosta f. (crôchta). Croûte.
cru, a adj. (crou, oua). Cru, ue.
cruc‖ial adj. (croucyàl). Crucial, ale. ‖-iante adj. (-yât). Poignant, ante. ‖-iar vt. (-yar). Navrer. ‖-ífera f. (-ífera). Crucifère.
crucifi‖cação f. (crou-açãou). Crucifiement, m, crucifixion. ‖-car vt. (-ar). Crucifier. ‖-xo m. (-ikçou). Crucifix.
cru‖el adj. (crouèl). Cruel, elle. ‖-eldade f. (-ad). Cruauté. ‖-ento, a adj. (-étou, a). Sanglant, ante. ‖-eza f. (-éza). Cruauté.
crustáceo m. (crouchtácyou). Crustacé.
cruz‖ f. (crouch). Croix : *cruz gamada*, croix gammée. ‖Loc. *De cruz alçada*, la croix levée. *Fazer cruzes na boca*, être* à jeun. *Levar a cruz ao calvário*, gravir son calvaire. ‖pl. Lombes, m. pl. ‖Pile, sing. [moedas] : *cruzes ou cunhos*, pile ou face. ‖-ada f. (-zàda). Croisade. ‖-ado m. (-adou). Croisé. [Crusade, f. [moeda]. ‖-ador m. (-adôr). Croiseur. ‖-amento m. (-étou). Croisement. ‖-ar vt. et vi. (-ar). Croiser. ‖-eiro m. (-âyrou). Grande croix (f.) de pierre. ‖*Mar.* Croisière, f. ‖Croix (f.) du Sud. ‖-eta f. (-éta). Croisette.

cu m. (cou). *Pop.* Cul, anus. ‖Chas [agulha].
cuba f. (couba). Cuve (vin). ‖Tonne.
Cuba n. pr. (couba). Cuba.
cubagem f. (coubajãy). Cubage, m.
cubano, a adj. et s. (coubânou, a). Cubain, aine.
cubata f. (coubata). Paillote.
cúbico, a adj. (cou-ou, a). Cubique. ‖Cube [metro].
cubículo m. (coubícoulou). Cellule, f. ‖Loge (f.) du concierge [porteiro].
cubis‖mo m. (coubijmou). Cubisme. ‖-ta adj. et s. (-íchta). Cubiste.
cúbito m. (cou-ou). Cubitus.
cubo m. (coubou). Cube. ‖Moyeu de roue [roda].
cuca f. (couca). *Br. U.* dans les loc. : *fazer, pôr cuca, faire* peur, effrayer.
cuco m. (coucou). Coucou.
cu‖ecas f. pl. (couècach). Caleçon (m. sing.) court. ‖-eiro m. (-âyrou). Lange.
cula f. (couya). Chignon, m. ‖*Br.* Vase, m.
cuid‖ado m. (couydadou). Soin, Souci, préoccupation, f. ‖Loc. *É de cuidado?* est-ce grave? *Ter cuidado com, prendre* garde de. ‖interj. Gare! Attention! ‖-adoso, a adj. (-adôsou, osa). Soigneux, euse. ‖-ar vt. (-ar). Soigner. ‖Croire*, penser. ‖Loc. *Cuidar de*, prendre* soin de. ‖-ar-se vr. (-arç). S'imaginer.
cuitelo m. (couytélou). *Br.* Colibri.
cujo pron. rel. (coujou). Dont, de qui, de quoi, duquel, de.
culatra f. (coulatra). Culasse. ‖*Br. du S.* Arrière-garde.
culinári‖a f. (cou-arya). Art (m.) culinaire. ‖-o, a adj. (-ou, a). Culinaire.
culmin‖ação f. (cou-açãou). Culmination. ‖-ância f. (-âcya). Culminance. ‖-ante adj. (-âtya). Culminant, ante. ‖-ar vi. (-ar). Culminer.
culp‖a f. (cou-a). Faute : *a culpa é dele*, c'est sa faute. ‖-abilidade f. (-ad). Culpabilité. ‖-ado, a adj. et s. (-adou, a). Coupable. ‖-ar vt. (-ar). Inculper. ‖-ável adj. (-avèl). Coupable.
cult‖eranismo ou -ismo m. (cou[eran]íjmou). Cultisme.
cultiv‖ação f. (cou-açãou). Culture. ‖-ador m. (-ôr). Cultivateur. ‖-ar

---

Lettres penchées : accent tonique. ‖V. page verte pour la prononciation figurée. ‖*Verbe irrég. V. à la fin du volume.

CUL — CUS

vt. (-ar). Cultiver. ‖**-ável** adj. (-avèl). Cultivable. ‖**-o** m. (-ívou). Culture, f.
cult‖**o** m. (cou-ou). Culte. ‖adj. Cultivé. ‖**-or** m. (-ôr). Cultivateur. ‖*Fig.* Amateur. ‖**-ura** f. (-oura). Culture. ‖**-ural** adj. (-àl). Culturel, elle. ‖ Cultural, ale [agricultura].
cum‖**e** m. (coum). Cime, f. ‖*Fig.* Comble. ‖**-eada** f. (-yada). Ligne formée par la succession des cîmes des montagnes. ‖**-eeira** f. (-yâyra). Crête d'un bâtiment, d'une montagne. ‖ Faîtage, m. [telhado]. ‖ Loc. *Linha de cumeeira*, ligne de faîte.
cúmplice m. et f. (cú-iç). Complice.
cumplicidade f. (cū-ad). Complicité.
cumpr‖**idor, a** adj. (cúpr-ôr, a). Qui accomplit. ‖s. m. et f. Exécuteur, trice. ‖**-imentar** vt. (-ētar). Complimenter. ‖ Saluer. ‖**-imento** m. (-ētou). Compliment [palavras]. ‖ Salut. ‖ Accomplissement, exécution, f. ‖**-ir** vt. (-ir). Accomplir, exécuter, remplir. ‖vi. Convenir*, importer. ‖vr. S'accomplir.
cumul‖**ar** vt. (coumoular). Combler. ‖**-ativo, a** adj. (-atívou, a). Cumulatif, ive.
cúmulo m. (coumoulou). Comble. ‖ Cumulus [nuvem].
cuneiforme adj. (counàyform). Cunéiforme.
cunha f. (cougna). Coin, m. ‖ Piston, m., recommandation. ‖ Loc. *À cunha*, au grand complet.
cunhado, a m. et f. (cougnadou, a). Beau-frère, belle-sœur.
cunh‖**agem** f. (cougnajây). Frappage, m. (monnaie). ‖**-al** m. (-àl) Angle (édifice). ‖**-ar** vt. (-ar). Frapper (médaille, monnaie). ‖ Monnayer. ‖**-o** m. (cougnou). Coin (monnaie). ‖ Cachet, empreinte, f., marque, f.
cunicultor m. (cou-ou-ôr). Éleveur de lapins.
cupão m. (coupáou). Coupon.
cupidez f. (cou-éch). Cupidité.
Cupido n. pr. (coupídou). Cupidon.
cúpido, a adj. (cou-ou, a). Cupide.
cupim m. (coupĩ). *Br.* Termite. ‖ Termitière, f.
cúprico, a adj. (coupr-ou, a). Cuprique.

cupr‖**ífero, a** adj. (coupríferou, a). Cuprifère. ‖**-oso, a** adj. (-ôsou, osa). Cuivreux, euse.
cúpula f. (coupoula). Coupole.
cur‖**a** f. (coura). Guérison, cure. ‖m. Curé. ‖**-abilidade** f. (-ad). Curabilité.
curaçau m. (couraçaou). Curaçao.
cur‖**ador** m. (couradôr). Curateur. ‖**-adoria** f. (-ouría). Curatelle. ‖**-andeiro** m. (-ādàyrou). Guérisseur. ‖**-ar** vt. (-ar). Guérir. ‖ Boucaner (viandes) [carnes]. ‖vi. Guérir. ‖ Avoir* soin de. ‖**-ar-se** vr. (-arç). Se guérir.
curare m. (courar). Curare.
cur‖**atela** f. (couratèla). Curatelle. ‖**-ativo, a** adj. (-ívou, a). Curatif, ive. ‖**-ato** s. m. Pansement (d'une plaie). ‖**-ato** m. (-atou). Cure, f. ‖**-ável** adj. (-avèl). Curable, guérissable.
curdo, a adj. et s. (courdou, a). Kurde.
cúria f. (courya). Curie.
curial adj. (couryàl). Qui concerne la curie. ‖*Fig.* Convenable, légal, ale.
curios‖**idade** f. (couryou-ad). Curiosité. ‖**-o, a** adj. et s. (-ôsou, osa). Curieux, euse. ‖m. Amateur.
curral m. (courràl). Bergerie, f.
curs‖**ar** vt. (courçar). Parcourir*. ‖ Suivre* un cours. ‖**-ivo, a** adj. (-ívou, a). Cursif, ive. ‖s. m. Cursive, f. ‖**-o** m. (courçou). Cours.
curt‖**imento** m. (cour-ētou). Tannage. ‖**-ir** vt. (-ir). Tanner [peles]. ‖ Endurer, souffrir*.
curto, a adj. (courtou, a). Court, ourte.
curtume m. (courtoum). Tannage ‖ *Fábrica de curtumes*, tannerie.
curul adj. (couroul). Curule.
curumba f. (courúba). *Br.* Vieille femme.
curumim m. (couroumĩ). *Br. du N.* Garçonnet; négrillon.
cururu m. (courourou). *Br.* Sorte de crapaud.
curv‖**a** f. (courva). Courbe. ‖**-ar** vt. et vi. (-ar). Courber. ‖**-atura** f. (-atoura). Courbure. ‖**-ilíneo, a** adj. (-inyou, a). Curviligne. ‖**-o, a** adj. (courvou, a). Courbe.
cuscuta f. (couchcouta). Cuscute.
cuspinh‖**ador** m. (couch-gnadôr).

Itálico : acento tónico. ‖ V. página verde para a pronúncia figurada. ‖ *Verbo irreg. V. no final do livro.*

CUS — DAN

Cracheur. ‖-ar vi. (-ar). Crachoter.
cusp‖ir vt. et vi. (couchpír). Cracher. ‖-o m. (cou-ou). Salive, f.
cust‖a f. (couchta). U. dans la loc. : *a custa de*, aux frais, aux dépens de. ‖pl. Dépens, m. pl. ; frais, (m. pl.) de justice. ‖-ar vt. et vi. (-ar). Coûter. ‖*Être* pénible, en coûter. ‖-eamento m. (-yamétou). Entretien. ‖-ear vt. (-yar). Faire les frais de. ‖-eio m. (-áyou). V. CUSTEAMENTO. ‖-o m. (cou-ou). Coût, prix. *Fig.* Peine, f., difficulté, f. ‖Loc. *A custo*, difficilement. *A todo o custo*, à tout prix. *Com grande custo*, à grandpeine. *Sem custo*, haut la main.
cust‖ódia f. (couchtódya). Garde. ‖ Réclusion. ‖ Custode, f. [hóstia]. ‖*Fig.* Protection. ‖-odiar vt. (-oudyar). Mettre* en prison. ‖ Protéger. ‖-ódio adj. m. (-odyou). Gardien : *anjo custódio*, ange gardien. ‖s. m. Gardien.

custos‖amente adv. (couchtosamët). Difficilement. ‖-o, a adj. (-ôsou, osa). Coûteux, euse ; cher, ère. ‖Difficile.
cutâneo, a adj. (coutânyou, a). Cutané, ée.
cutel‖aria f. (coutelaría). Coutellerie. ‖-o m. (-élou). Coutelas. ‖ Couperet. ‖Loc. *De cutelo*, de champ.
cutícula f. (coutícoula). Cuticule.
cutil‖ada f. (cou-ada). Coup (m.) de sabre, d'épée. ‖-eiro m. (-âyrou). Coutelier.
cutirreacção f. (cou-rryaçáou). Cutiréaction.
cútis f. (coutich). Peau (du visage).
cutuba adj. (coutouba). *Br. Argot.* Excellent, ente.
cutucar vt. (coutoucar). *Br.* Faire* du coude, du pied ou de la main.
czar‖ m. (czar). Tsar. ‖-ina f. (-arína). Tsarine.

D

D. Abréviation de *Dom, Dona.*
da prép. *de* et art. f. *a* (da). De la, de l'.
Dacar n. pr. (dacar). Dakar.
Dácia n. pr. (dacya). Dacie.
dácio, a adj. et s. (dacyou, a). Dace.
dáctilo adj. et s. m. (da-ou). Dactyle.
dactil‖ografia f. (dat-ougrafía). Dactylographie. ‖-ográfico, a adj. (-a-ou, a). Dactylographique. ‖-ógrafo, a m. et f. (-o-afou, a). Dactylo- (graphe). ‖-oscopia f. (-ouchcoupía). Dactyloscopie.
dádiva f. (da-a). Don, m., présent, m.
dad‖ivoso, a adj. (da-ôsou, osa). Généreux, euse. ‖-o, a adj. (dadou, a). Donné, ée. ‖ Adonné, ée ; incliné, ée. ‖ Aimable. ‖Loc. *Dado que*, en admettant que. ‖s. m. Dé (à jouer). ‖Donnée, f. (d'un problème). ‖-or, a adj. et s. (dadór, a). Donneur, euse.
Dafne n. pr. (dafn). Daphné.
daguerreotipia f. (daghèrryou-ía). Daguerréotypie.

daí prép. *de* et adv. *aí* (daí). De là. ‖Loc. *Daí em diante*, dès lors.
dali prép. *de* et adv. *ali* (dalí). De là, de cet endroit.
dália f. (dalya). Dahlia, m.
Dalmácia n. pr. (dà-acya). Dalmatie.
dálmata adj. et s. (dà-ata). Dalmate.
dalt‖ónico, a adj. et s. (dà-o-ou, a). Daltonien, ienne. ‖-onismo m. (-ounijmou). Daltonisme.
dama f. (dâma). Dame. ‖Loc. *Fazer dama*, damer. ‖pl. Jeu (m. sing.) de dames.
Damasco n. pr. (damachcou). Damas.
damas‖co m. (damachcou). Abricot. ‖Damas [tecido]. ‖-queiro m. (-kâyrou). Abricotier.
Damião n. pr. (damyáou). Damien.
Dámocles n. pr. (damou-ech). Damoclès.
dan‖ação f. (danaçáou). Rage. ‖ Damnation [inferno]. ‖-ado, a adj. (-adou, a). Enragé, ée. ‖-ar vt. (-ar). Faire* enrager. ‖-ar-se vr. (-arç). Enrager.
danç‖a f. (dâça). Danse. ‖-ante adj.

Lettres penchées : accent tonique. ‖ V. page verte pour la prononciation figurée. ‖ *Verbe irrég. V. à la fin du volume.

DÂN — DEB

(-ăt). Dansant, ante. ‖**-ar** vt. et vi. (-ar). Danser. ‖**-arino,** a m. et f. (-arínou, a). Danseur, euse.
dândi m. (dã-). Dandy.
dandismo m. (dãdijmou). Dandysme.
Daniel n. pr. (danyèl). Daniel.
danific‖ação f. (da-açãou). Dommage, m. ‖**-ador, a** adj. (-adôr, a). Dommageable. ‖s.m. Celui qui cause des dommages. ‖**-ar** vt. (-ar). Endommager.
dan‖inho, a adj. (danignou, a). Nuisible. ‖**-o** m. (dânou). Dommage.
dantes adv. (dătch). Autrefois, jadis.
dantesco, a adj. (dătéchcou, a). Dantesque.
Danúbio n. pr. (danoubyou). Danube.
daqui prép. de et adv. aqui (daki). D'ici. ‖Loc. Daqui em diante, dorénavant, dès aujourd'hui.
dar* ‖vt. (dar). Donner. ‖Sonner (heures). ‖Rendre : dar o troco, rendre la monnaie. ‖Faire* : dar erros, gosto, um passeio, etc., faire* des fautes, plaisir, une promenade ‖Pousser : dar gritos, ais, pousser des cris, des soupirs. ‖Souhaiter : dar as boas festas, as boas noites, os bons dias, souhaiter la bonne année, le bonsoir, le bonjour. ‖Porter : dar felicidade, infelicidade, porter bonheur, malheur. ‖Mettre* : dar cuidado, fim, mettre* en peine, fin. ‖Prêter : dar ouvidos, prêter l'oreille. ‖Livrer : dar batalha, livrer bataille. ‖Céder : não dar o braço a torcer, ne céder à personne. ‖Loc. Dar lição, prendre* leçon. Dar tempo ao tempo, attendre l'occasion. Dar uma vista de olhos, jeter un coup d'œil. Dê lá por onde der, advienne que pourra. ‖vi. Donner : dar para o jardim, donner sur le jardin. ‖Loc. Dar à costa, faire* côte. ‖Dar aos calcanhares, décamper. Dar com, trouver. Dar com a porta na cara, fermer la porte au nez. Dar de si, céder. Dar em alguém, battre* quelqu'un. Dar em doido, devenir* fou. Dar na vista, frapper la vue. Dar por, se rendre compte de. Ir dar a, aboutir à. Quem me dera! plût à Dieu! Toma lá, dá cá, donnant, donnant. ‖**-se** vc. (-ç). Se donner. ‖Croître* (plantes). ‖Loc. Dar-se a conhecer, se faire* connaître*. Dar-se bem, se porter bien, se plaire* (quelque part). ‖lugar). ‖s'entendre (pessoas). Dar-se por desentendido, faire* la sourde oreille. Dar-se por vencido, s'avouer vaincu. Dar-se pressa, se hâter.

Dardanelos n. pr. (dardanèlouch). Dardanelles, f.
Dardânia n. pr. (dardânya). Dardanie.
dardej‖ante adj. (dardejăt). Étincelant, ante. ‖**-ar** vt. (-ar). Darder. ‖vi. Étinceler.
dardo m. (dardou). Dard, trait.
Dario n. pr. (aríou). Darius.
dartr‖o m. (dartrou). Dartre, f. ‖**-oso, a** adj. (da-ôsou, osa). Dartreux, euse.
darwinis‖mo m. (darou-íjmou). Darwinisme. ‖**-ta** adj. et s. (-íchta). Darwiniste.
dat‖a f. (data). Date. ‖Fam. Portion, grande quantité, force [adv.]. tas, m. ‖**-ar** vt. et vi. (datar). Dater.
dativo m. (dativou). Datif.
de prép. (de). De. ‖ A : de bicicleta, à bicyclette. ‖En : de barco, en bateau ; de luto, en deuil. ‖Par : de cor, par cœur. ‖Sur : de bruços, sur le ventre. ‖Loc. A boa da mulher, la bonne femme. De dia, le jour. De noite, le soir. Pobre de mim! malheureux que je suis!
dealbar vi. (dyà-ar). Blanchir.
deambul‖ar vi. (dyăboular). Déambuler. ‖**-atório,** a adj. (-atoryou, a). Déambulatoire.
deão m. (dyãou). Doyen (église).
debaixo adv. (debaychou). Sous, dessous, en bas. ‖Loc. Debaixo de, au-dessous de.
debalde adv. (debà-). En vain.
deband‖ada f. (debădada). Débandade. ‖Loc. Em debandada, à la débandade. ‖**-ar** vi. (-ar). Se débander.
debat‖e m. (debat). Débat. ‖**-ter** vt. (-atér). Débattre*. ‖**-ter-se** vr. (-érç). Se débattre*.
debelar vt. (debelar). Vaincre*.
debicar vi. (de-ar). Becqueter. ‖Pignocher [comida]. ‖Railler [dizer mal].
débil adj. (dè-). Débile.
debili‖dade f. (de-ad). Débilité. ‖**-tação** f. (-açãou). Débilitation.

Itálico : acento tónico. ‖V. página verde para a prorúncia figurada. ‖*Verbo irreg. V. no final do livro.

‖**-tar** vt. (-ar). Débiliter. ‖**-tar-se** vr. (-arç). Se débiliter.
debitar vt. (de-ar). Débiter.
débito m. (dè-ou). Débit.
debochado, a adj. et s. (deboucha-dou, a). Débauché, ée.
debruar vt. (debrouar). Liserer.
debruçar ‖ vt. (debrouçar). Incliner. ‖**-se** vr. (-ç). Se pencher.
debrum m. (debrû). Liséré.
debulh ‖ **a** f. (deboula). Battage. ‖**-ador** m. (-ôr). Batteur de blé. ‖**-adora** f. (-a). Batteuse (machine). ‖**-ar** vt. (-ar). Battre* le blé. ‖Écosser [ervilhas, etc.]. ‖**-ar-se** vr. (-arç). U. dans la loc. : *debulhar-se em lágrimas*, pleurer à chaudes larmes.
debux ‖ **ar** vt. (deboucha*r*). Esquisser. ‖**-o** m. (-ouchou). Esquisse, f.
década f. (dècada). Décade.
decad ‖ **ência** f. (decadêcya). Décadence. ‖**-ente** adj. (-êt). Décadent, ente.
deca ‖ **ído, a** adj. (decaídou, a). Déchu, ue. ‖**-ir*** vi. (-ir). Déchoir*. ‖*Fig.* Tomber en décadence ; diminuer peu à peu.
decalcar vt. (decà-ar). Calquer.
decálogo m. (decàlougou). Décalogue.
decalque m. (decà-). Calque.
decano m. (decânou). Doyen.
decant ‖ **ação** f. (decâtaçaou). Décantation. ‖**-ar** vt. (-ar). Décanter. ‖Chanter, célébrer.
decapitar vt. (deca-ar). Décapiter.
decen ‖ **al** adj. (decenàl). Décennal, ale. ‖**-ário, a** adj. (-aryou, a). Décennaire.
decência f. (decêcya). Décence.
decénio m. (decènyou). Espace de dix ans.
decente adj. (decêt). Décent, ente. ‖Propre, net, ette.
decepar vt. (decepar). Mutiler.
decepção f. (decèçãou). Déception.
decerto adv. (decèrtou). Certainement.
decidi ‖ **do, a** adj. (decedídou). Décidé, ée. ‖**-r** vt. (-ir). Décider. ‖**-r-se** vr. (-irç). Se décider.
decifr ‖ **ação** f. (de-fraçaou). Déchiffrement, m. ‖**-ável** adj. (-avèl). Déchiffrable.
decigrama m. (de-râma). Décigramme.

décima f. (dè-a). Dixième, m. [parte]. ‖Décime, m. [imposto]. ‖Dizain, m. [versos]
decimal adj. (dè-àl). Décimal, ale.
decímetro m. (decímetrou). Décimètre
décimo, a adj. et s. m. (dè-ou, a). Dixième. ‖Loc. *Em décimo lugar*, dixièmement.
decis ‖ **ão** f. (de-âou). Décision. ‖Prononcé, m. [tribunal]. ‖**-ivo, a** adj. (-ívou, a). Décisif, ive.
declam ‖ **ação** f. (de-amaçaou). Déclamation. ‖**-ador** m. (-ôr). Déclamateur. ‖**-ar** vt. et vi. (-ar). Déclamer. ‖**-atório, a** adj. (-oryou, a). Déclamatoire.
declar ‖ **ação** f. (de-araçaou). Déclaration. ‖Aveu, m. [justiça]. ‖**-adamente** adv. (-adamét). Ouvertement. ‖**-ante** adj. et s. (-ât). Déposant, ante. ‖**-ar** vt. (-ar). Déclarer. ‖**-ar-se** vr. (-arç). Se déclarer.
declin ‖ **ação** f. (de-açãou). Déclin, m. ‖*Astr.* et *Gram.* Déclinaison. ‖**-ar** vt. et vi. (-ar). Décliner. ‖**-ável** adj. (-avèl). Déclinable.
declínio m. (de-ínyou). Déclin.
declive m. (de-ív). Déclive, f.
decoada f. (decouada). Lessive.
decocç ‖ **ão** f. (decokçãou). Décoction. ‖**-to** m. (-o-ou). Décocté.
decomp ‖ **onível** adj. (decõpounívèl). Décomposable. ‖**-or*** vt. (-ôr). Décomposer. ‖**-or-se** vr. (-ç). Se décomposer. ‖**-osição** f. (-ou-âou). Décomposition.
decor ‖ **ação** f. (decouraçaou). Décoration. ‖**-ador** m. (-ôr). Décorateur. ‖**-ar** vt. (-ar). Décorer, orner. ‖Apprendre* par cœur.
decor ‖ **o** m. (decôrou). Décorum. ‖Dignité, f. ‖**-oso, -osa** adj. (-ourôsou, osa). Honnête, digne.
decorr ‖ **er** vi. (decourrér). S'écouler [tempo]. ‖Arriver, advenir*. ‖Loc. *No decorrer de*, au cours de. ‖**-ido, a** adj. (-ídou, a). Écoulé, ée. ‖Arrivé, ée.
decot ‖ **ado, a** adj. (decoutadou, a). Décolleté, ée. ‖**-ar** vt. (-ar). Décolleter. ‖**-ar-se** vr. (-arç) Se décolleter. ‖**-e** m. (-ot). Décolletage.
decr ‖ **epidez** f. (decre-éch). Décrépitude. ‖**-épito, a** adj. (-è-ou, a).

Lettres penchées : accent tonique. ‖V. page verte pour la prononciation figurée. ‖*Verbe irrég. V. à la fin du volume.

DEC — DEG

Décrépit, ite. ‖**-epitude** f. (-e-oud). V. DECREPIDEZ.
decresc‖ente adj. (decrechcēt). Décroissant, ante. ‖**-er** vi. (-ér). Décroître*. ‖**-imento** m. (-ētou). Décroissement, décroissance, f.
decret‖ar vt. (decretar). Décréter; ordonner. ‖**-o** m. (-ētou). Décret.
decúbito m. (decou-ou). Décubitus.
décuplo, a adj. et s. m. (dècou-ou, a). Décuple.
decurso m. (decourçou). Cours.
ded‖ada f. (dedada). Marque d'un doigt. ‖**-al** m. (-àl). Dé (à coudre) ‖**-aleira** f. (-alâyra). Digitale. ‖**-eira** f. (-âyra). Doigtier, m.
dedic‖ação f. (de-acāou). Dévouement, m., attachement, m. ‖**-ado**, a adj. (-adou, a). Dédié, ée; consacré, ée. ‖**Dévoué**, ée. ‖**-ar** vt. (-ar). Dédier. ‖Consacrer, vouer. ‖**-ar-se** vr. (-arç). Se vouer. ‖S'appliquer. ‖S'attacher. ‖**-atória** f. (-atorya). Dédicace.
dedignar-se vr. (de-ghnarç). Dédaigner, ne pas daigner.
dedilh‖ação f. (de-laçāou). Doigté, m. ‖**-ar** vt. (-ar). Doigter.
dedo m. (dēdou). Doigt. ‖Loc. *Como os próprios dedos*, comme sa poche. *Dois dedos de conversa*, un brin de conversation. *Ter dedo para*, être* habile à, avoir* le sens de.
dedu‖ção f. (dedoucāou). Déduction. ‖**-tivo**, a adj. (-ivou, a). Déductif, ive. ‖**-zir*** vt. (-ir). Déduire*.
defec‖ação f. (defecacāou). Défécation. ‖**-ar** vt. et vi. (-ar). Déféquer.
defec‖tível adj. (defètìvèl) Défectible. ‖**-tivo**, a adj. (-ivou, a). Défectif, ive (gramm.). ‖Défectueux, euse.
defeit‖o m. (defâytou). Défaut. ‖**-uoso**, a adj. (-ouôsou, osa). Défectueux, euse.
defen‖der vt. (defèdér). Défendre. ‖Plaider [justiça]. ‖**-der-se** vr. (-ç). Se défendre. ‖**-dível** adj. (-ìvèl). Défendable. ‖**-são** f. (-āou). Défense. ‖**-sável** adj. (-avèl). Défendable. ‖**-siva** f. (-iva). Défensive. ‖**-sivo**, a adj. (-ou, a). Défensif, ive. ‖**-sor** m. (-ôr). Défenseur.
defer‖ência f. (deferêcya). Déférence. ‖**-ente** adj. (-èt). Déférent,

ente. ‖**-ir*** vt. (-ir). Déférer. ‖Accorder [pedido].
defes‖a f. (defésa). Défense. ‖Soutenance [tese]. ‖**-o**, a adj. (-ou, a). Défendu, ue. ‖s. m. Temps prohibé.
defici‖ência f. (de-yècya). Défaut, m., manque, m. ‖**-ente** adj. (-èt). Défectueux, euse; déficient, ente.
definh‖amento m. (de-gnamētou). Dépérissement. ‖**-ar** vi. (-ar). Dépérir. ‖Se faner [secar].
defin‖ição f. (de-āou). Définition. ‖**-ido**, a adj. (-idou, a). Défini, ie. ‖**-ir*** vt. (-ir). Définir. ‖**-itivo, a** adj. (-ivou, a). Définitif, ive : *em definitivo*, en définitive. ‖**-ível** adj. (-ivèl). Définissable.
deflagr‖ação f. (de-agracāou). Déflagration. ‖**-ador** m. (-ôr). Déflagrateur. ‖**-ar** vi. (-ar). Déflagrer.
defluxo m. (de-oukçou). Rhume.
deform‖ação f. (defourmacāou). Déformation. ‖**-ar** vt. (-ar). Déformer. ‖**-idade** f. (-ad). Difformité.
defraud‖ação f. (defraoudacāou). Fraude. ‖Usurpation. ‖**-ador, a** adj. et s. (-ôr, a). Fraudeur, euse. ‖Usurpateur, trice. ‖**-ar** vt. (-ar). Frauder, dépouiller. ‖Éluder (la loi) [lei].
defront‖ação f. (defrōtacāou). Position en face. ‖**-ar** vi. (-ar). Demeurer en face. ‖vt. Braver. ‖**-ar-se** vr. (-arç). Se mettre* en face de. ‖**-com**, braver. ‖**-o** adv. (-ôt). En face.
defum‖ação f. (defounacāou). Fumage, m (de jambons). ‖**-ar** vt. (-ar). Fumer (des jambons, etc.). ‖Parfumer.
defunto, a adj. et s. (defūtou, a). Défunt, unte; mort, orte; décédé, ée.
degel‖ar vt. (dejlar). Dégeler. ‖**-o** m. (-élou). Dégel.
degener‖ação f. (dejneracāou). Dégénération. ‖**-ar** vi. (-ar). Dégénérer.
deglutir vt. (de-outir). Déglutir.
degol‖ação f. (degoulaçāou). Décollation. ‖**-ar** vt. (-ar). Décoller, égorger.
degrad‖ação f. (degradacāou). Dégradation. ‖**-ante** adj. (-ât). Dégradant ante. ‖**-ar** vt. (-ar). Dégrader.
degrau m. (degraou). Degré, marche, f. ‖Échelon [escada de mão]. ‖Gradin [anfiteatro].

Itálico : acento tónico. ‖V. página verde para a pronúncia figurada. ‖*Verbo irreg. V. no final do livro.

DEG — DEM

degred‖ar vt. (degredar). Déporter. ‖-o m. (-édou). Déportation, f., exil.
degressivo, a adj. (degrecívou, a). Dégressif, ive.
dei‖cida adj. et s. (deícida). Déicide. ‖-ficar vt. (-ar). Déifier.
deit‖ado, a adj. (dàytadou, a). Couché, ée. ‖-ar vt. (-ar). Coucher. ‖Jeter; lancer. ‖Verser, répandre [liquidos]. ‖Mettre* : deitar uma carta ao correio, mettre une lettre à la poste. ‖Rendre [pus, sumo]. ‖Loc. Deitar abaixo, abattre*, renverser. Deitar a culpa a, s'en prendre* à. Deitar bichas, appliquer des sangsues. Deitar carnes, prendre* de l'embonpoint. Deitar fora, jeter; chasser [expulsar]. Deitar sortes, tirer au sort. ‖vi. Couler [líquido]. ‖Jeter [pus]. ‖Loc. Deitar a fugir, prendre* la fuite. Deitar para, donner sur. Deitar por fora, déborder. ‖-ar-se vr. (-arç). Se coucher. ‖Se jeter, se précipiter. ‖S'appliquer. ‖Loc. Deitar-se a afogar, se noyer. Deitar-se a alguém, se jeter sur quelqu'un. Deitar-se aos pés de, se jeter aux pieds de.
deixa f. (dáycha). Réplique (théât.).
deix‖á-lo! interj. (dàychalou). C'est la même chose! Tant pis! ‖-ar vt. (-ar). Laisser. ‖Quitter, abandonner. ‖Rapporter, produire* [Permettre*, consentir*. ‖Déposer. ‖Lâcher [largar]. ‖Loc. Deixar de parte, mettre* de côté. Deixar no tinteiro, laisser au bout de la plume. Deixar para o outro dia, remettre* au lendemain. Deixar ver, montrer. ‖vi. Cesser : deixar de fumar, cesser de fumer. ‖Manquer : não deixe de lá ir, ne manquez pas d'y aller. ‖Loc. Não poder deixar de, ne pouvoir* s'empêcher de. Nem por isso deixar de, n'en... pas moins : nem por isso deixo de vir, je n'en viens pas moins. ‖-ar-se vr. (-arç). Se laisser. ‖Loc. Deixar-se de, renoncer à. Deixar-se estar, rester tranquille.
dejec‖ção f. (dèjècçáou). Déjection. ‖-to m. (-étou). Déjection.
dela prép. de et pron. ela (dèla). D'elle, à elle, en, son, sa.
delação f. (delaçáou). Délation.
delambido, a adj. et s. (delàbidou, a). Affecté, ée; maniéré, ée. ‖f. Mijaurée.
delapid‖ação f. (dla-açáou). Dilapidation. ‖-ar vt. (-ar). Dilapider.
delat‖ar vt. (dlatar). Dénoncer. ‖-or m. (-ôr). Délateur.
deleg‖ação f. (dlegaçáou). Délégation. ‖-acia f. (-ía). Charge, bureau (m.) d'un délégué. ‖Br. Poste (m.) de police. ‖-ado m. (-adou). Délégué. ‖Procureur (magistrat). ‖Br. Commissaire de police. ‖-ar vt. (-ar). Déléguer.
deleit‖ar vt. (delàytar). Délecter. ‖-ável adj. (-avèl). Délectable.
delgado, a adj. (dè-adou, a). Mince.
deliber‖ação f. (de-braçáou). Délibération. ‖-ar vt. (-ar). Délibérer.
delicad‖eza f. (de-adéza). Délicatesse. ‖-o, a adj. (-adou, a). Délicat, ate.
delicia f. (delicya). Délice, m. ‖pl. Délices, f.
delici‖ar vt. (de-yar). Délecter. ‖-ar-se vr. (-arç). Se plaire*. ‖-oso, a adj. (-yôsou, ósa). Délicieux, euse.
delimit‖ação f. (de-açáou). Délimitation. ‖-ar vt. (-ar). Délimiter.
deline‖ação f. (de-yaçáou). Délinéament, m. ‖-ar vt. (-ar). Délinéer.
delinqu‖ente adj. et s. (delícouèt). Délinquant, ante. ‖-ir vi. (-ír). Commettre* un délit.
deliquio m. (delíkyou). Évanouissement. ‖Chim. Déliquium.
delir‖ante adj. (de-rát). Délirant, ante. ‖-ar vi. (-ar). Délirer.
delirio m. (delíryou). Délire.
delit‖o m. (delítou). Délit. ‖-uoso, a adj. (-ouôsou, osa). Délictueux, euse, criminel, elle.
delong‖a f. (delóga). Retard, m. : sofrer delongas, éprouver du retard. ‖-ar vt. (-ar). Retarder, prolonger.
demag‖ogia f. (demagoujía). Démagogie. ‖-ógico, e adj. (-o-ou, a). Démagogique. ‖-ogo m. (-ógou). Démagogue.
demais adv. (demaych). Trop. ‖Loc. Demais a mais, qui plus est, d'ailleurs. É demais, c'est trop fort, c'en est trop. ‖adj. Trop de. ‖pron. pl. Autres.
demand‖a f. (demáda). Action, procès, m. ‖Loc. Mover demanda, actionner. ‖Démêlé, m., contestation. ‖Loc.

Lettres penchées : accent tonique. ‖ V. page verte pour la prononciation figurée. ‖ *Verbe irrég. V. à la fin du volume.

Em demanda de, à la recherche de. ‖ **-ante** ou **ista** m. et f. (-ắt, -íchta). Demandeur, eresse. ‖ **-ar** vt. (-ar). Demander en justice, intenter une action. ‖ Demander, exiger. ‖ Se diriger à.

demão f. (demãou). Couche de chaux [cal], etc. ‖ Loc. *Dar a última demão,* mettre* la dernière main.

demarc‖ação f. (demarcaçãou). Démarcation. ‖ **-ar** vt. (-ar). Délimiter.

demasia‖ f. (demasía). Reste, m. ‖ Loc. *Dar a demasia,* rendre la monnaie. *Em demasia,* trop, à l'excès. ‖ **-do,** a adj. (-yadou, a). Excessif, ive. ‖ Superflu, ue. ‖ adv. Trop, excessivement.

dem‖ência f. (demêcya). Démence. ‖ **-ente** adj. et s. (-êt). Dément, ente.

demi‖ssão f. (de-ãou). Démission : *pedir a demissão,* donner sa démission. ‖ Révocation, destitution. ‖ **-ssionário,** a adj. (-ounaryou, a). Démissionnaire. ‖ **-tir** vt. (-ir). Révoquer, destituer. ‖ **-tir-se** vr. (-tirç). Se démettre*, donner sa démission.

demo m. (dèmou). *Fam.* Diable.

democr‖acia f. (democracía). Démocratie. ‖ **-ata** m. et f. (-áta). Démocrate. ‖ **-ático,** a adj. (-a-ou, a). Démocratique.

demogr‖afia f. (demougrafía). Démographie. ‖ **-áfico,** a adj. (-a-ou, a). Démographique.

demol‖ição f. (demou-ãou). Démolition. ‖ **-ir** vt. (-ir). Démolir.

dem‖oníaco, a adj. (demouníacou, a). Démoniaque. ‖ **-ónio,** m. (-onyou). Démon, diable. ‖ Loc. *Vai-te com os demónios!* va-t'en au diable. ‖ interj. Diable!

demonstr‖ação f. (demõchtraçãou). Démonstration. ‖ **-ar** vt. (-ar). Démontrer. ‖ **-ativo,** a adj. (-ativou, a). Démonstratif, ive. ‖ **-ável** adj. (-avèl). Démontrable.

demor‖a f. (demora). Retard, m., délai, m. ‖ Loc. *Sem demora,* tout de suite. ‖ **-ado,** a adj. (-ouradou, a). Lent, ente, tardif, ive. ‖ **-ar** vt. (-ar). Retarder, différer; attarder. ‖ **-ar-se** vr. (-arç). S'attarder.

demover vt. (demouvér). Dissuader.

demudar vt. (demudár). Changer, altérer. ‖ **-se** vr. (-ç). Se troubler.

deneg‖ação f. (dengaçãou). Dénégation. ‖ **-ar** vt. (-ar). Dénier. ‖ *Jurispr.* Débouter.

denegrir* vt. (denegrír). Noircir. ‖ Dénigrer, diffamer.

deng‖oso, a adj. (dēgósou, osa). Minaudier, ère; grimacier, ère. ‖ *Br.* Pleurant, ante. ‖ **-ue** adj. (dēg). V. DENGOSO. ‖ s. f. *Méd.* Dengue. ‖ *Br.* Plaintes, pl. ‖ Entêtement, m. [birra]. ‖ **-uice** f. (-ghiç). Minauderie, mignardise.

den‖odado, a adj. (denoudadou, a). Intrépide, courageux, euse. ‖ **-odo** m. (-ôdou). Intrépidité f., courage.

denomin‖ação f. (denou-açãou). Dénomination. ‖ **-ador** adj. et s. m. (-ôr). Dénominateur. ‖ **-ar** vt. (-ar). Nommer. ‖ **-ar-se** vr. (-arç). Se nommer.

denot‖ação f. (denoutaçãou). Dénotation. ‖ **-ar** vt. (-ar). Dénoter.

dens‖idade f. (dē-ad). Densité. ‖ **-ímetro** m. (-ímetrou). Densimètre. ‖ **-o,** a adj. (dēçou, a). Dense.

dent‖ada f. (dètáda). Coup (m.) de dent. ‖ *Fig.* Mot (m.) piquant. ‖ **-ado,** a adj. (-ou, a). Denté, ée. ‖ Mordu, ue. ‖ **-adura** f. (-adoura). Denture. ‖ Râtelier, m. [postiça]. ‖ **-al** adj. (-àl). Dental, ale. ‖ s. f. Dentale. ‖ **-ar** vt. (-ar). Mordre. ‖ Denter [dentear]. ‖ **-ário,** a adj. (-aryou, a). Dentaire. ‖ **-e** m. (dèt). Dent, f. ‖ Loc. *Andar com os dentes,* faire* ses dents. *Arregarihar os dentes,* montrer les dents. *Dá Deus as nozes a quem não tem dentes,* Dieu donne des noisettes à ceux qui n'ont plus de dents. *Dar ao dente,* manger. *Dar com a língua nos dentes,* divulguer un secret. *Dente de alho,* gousse (f.) d'ail. *Dentes postiços,* fausses dents, f. *Embotar os dentes,* agacer les dents. *Falar por entre (os) dentes,* marmotter. *Não meter dente em,* ne pas comprendre* *Ranger (bater) os dentes,* grincer des dents.

dent‖ear vt. (dètyar). Denteler. ‖ **-ição** f. (-ãou). Dentition. ‖ **-iculado,** a adj (-ouladou, a). Denticulé, ée. ‖ **-icular** adj. (-ar). Denticulé, ée. ‖ **-ículo** m. (-ícoulou). Denticule. ‖ **-ificação** f. (-açãou). Dentification. ‖ **-ifrício** m. (-ríçyou). Dentifrice. ‖ **-ífrico,** a adj. (-í-ou, a).

Itálico : acento tónico. ‖ V. página verde para a prorúncia figurada. ‖ *Verbo irreg. V. no final do livro.

Dentifrice. ‖**-ina** f. (-ína). Dentine. ‖**-ista** m. et f. (-íchta). Dentiste.
dentro adv. (dĕtrou). Dedans, au dedans. ‖Loc. *Cá dentro*, au dedans. *Meter dentro*, enfoncer. *Por dentro*, en dedans. ‖ *- de* loc. prép. Dans.
dentuça f. (dĕtouça). Denture.
denúncia f. (denũcya). Dénonciation.
denunci‖ador, a adj. et s. (denũcyadôr, a). Dénonciateur, trice. ‖**-ante** m. et f. (-yát). Dénonciateur, trice. ‖**-ar** vt. (-yar). Dénoncer. ‖**-ativo, a** adj. (-ativou, a). Qui dénonce.
Deodato n. pr. (dyoudatou). Déodat, Dieudonné, Déi.
deparar vt. (deparar). Trouver par hasard (Synt. Deparar com).
departamento m. (departamétou). Département.
depauper‖ação f. (depoupração). Appauvrissement, m. ‖**-amento** m. (-étou). V. DEPAUPERAÇÃO. ‖**-ar** vt. (-ar). Appauvrir.
depenar vt. (depnar). Plumer.
depend‖ência f. (depĕdécya). Dépendance. ‖**-ente** adj. (-ĕt). Dépendant, ante. ‖**-er** vi. (-ér). Dépendre. ‖**-ura** f. (-oura). Accrochage, m. ‖Loc. *Estar à dependura*, être* aux abois, être* fauché. ‖**-urar** vt. (-ar). Accrocher, suspendre.
depenicar vt. et vi. (depnikar). Arracher peu à peu. ‖Pignocher [comida].
depil‖ação f. (de-ação). Dépilation. ‖**-ar** vt. (-ar). Dépiler. ‖**-atório** m. (-atoryou). Dépilatoire.
deplor‖ar vt. (de-ourar). Déplorer. ‖**-ável** adj. (-avél). Déplorable.
depo‖ente adj. et s. (depouét). Jurispr. Déposant, ante. ‖adj. Gramm. Déponent, ente. ‖**-imento** m. (-ôymétou). Déposition, f.
depois adv. (depôych). Après, puis, depuis. ‖ *- de* loc. prép. Après. ‖ *- que* loc. conj. Depuis que.
depor* vt. et vi. (depôr). Déposer.
deport‖ação f. (depourtação). Déportation. ‖**-ar** vt. (-ar). Déporter.
deposi‖ção f. (depou-ãou). Déposition. ‖**-tante** adj. et s. (-ãt). Déposant, ante. ‖**-tar** vt. (-ar). Déposer. Verser de l'argent [dinheiro]. ‖Loc. *Depositar confiança*, avoir* confiance. ‖**-tário, a** m. (you). Dépositaire.
depósito m. (depo-ou). Dépôt : *depó- sito à ordem*, dépôt en compte. ‖Loc. *Depósito de água*, réservoir, m.
deprav‖ação f. (depravação). Dépravation. ‖**-ado, a** adj. et s. (-adou, a). Dépravé, ée. ‖**-ador, a** adj. et s. (-adôr, a). Dépravant, ante. ‖**-ar** vt. (-ar). Dépraver.
deprec‖ação f. (deprecação). Prière. ‖Déprécation. ‖**-ada** f. (-ada). Commission rogatoire. ‖**-ar** vt. (-ar). Supplier, prier. ‖vi. Adresser une commission rogatoire. ‖**-ativo, a** adj. (-ativou, a). Qui dénonce.
depreci‖ação f. (depre-ação). Dépréciation. ‖**-ador, a** adj. et s. (-ôr, a). Dépréciateur, trice. ‖**-ar** vt. (-yar). Déprécier. ‖**-ativo, a** adj. (-ativou, a). Dépréciatif, ive.
depreender vt. (depryĕdér). Inférer, conclure*.
depressa adv. (deprĕça). Vite.
depress‖ão f. (deprĕãou). Dépression. ‖**-ivo, a** adj. (-ivou, a). Dépressif, ive.
deprim‖ente adj. (depr-ĕt). Déprimant, ante. ‖**-ir** vt. (-ir). Déprimer.
depur‖ação f. (depouração). Dépuration. ‖Fig. Épuration. ‖**-ador, a** adj. (-ôr, a). Qui dépure, qui épure. ‖s. m. Épurateur. ‖**-ar** vt. (-ar). Dépurer. ‖Fig. Épurer. ‖**-ativo, a** adj. et s. (-ativou, a). Dépuratif, ive.
deput‖ação f. (depoutação). Députation. ‖**-ado** m. (-adou). Député. ‖**-ar** vt. (-ar). Députer.
deriv‖ação f. (der-ação). Dérivation. ‖**-ado, a** adj. et s. (-adou, a). Dérivé, ée. ‖**-ar** vt. et vi. (-ar). Dériver. ‖**-ativo, a** adj. et s. m. (-ativou, a). Dérivatif, ive.
derm‖atologia f. (dèrmatouloujía). Dermatologie. ‖**-atologista** m. et f. (-íchta). Dermatologiste. ‖**-e** f. (dèrm). Derme, m.
dérmico, a adj. (dèr-ou, a). Dermique.
dermite f. (dèrmít). Dermite.
derradeiro, a adj. (derradáyrou, a). Dernier, ère.
derrama f. (derrâma). Taxe municipale.
derram‖amento m. (derramamétou). Épanchement, écoulement. ‖Dispersion, f. (d'un peuple). ‖**-ar** vt. (-ar). Répandre. ‖**-ar-se** vr. (-arç). Se répandre. ‖**-e** m. (-âm). V. DERRAMAMENTO.

derrancar‖ vt. (derrācar). Corrompre*. ‖Dépraver. ‖- -se vr. (-arç). Se corrompre*, se pervertir. ‖ S'éventer, se gâter [deteriorar-se].
derre‖**ado, a** adj. (derryadou, a). Éreinté, ée. ‖-ar vt. (-yar). Éreinter.
derredor adv. (derredor). A l'entour.
derreter‖ vt. (derretér). Fondre. ‖Gaspiller [dinheiro]. ‖- -se vr. (-ç). Fondre, se liquéfier. ‖S'attendrir. ‖*Fig.* Faire* le galant.
derribar‖ vt. (derr-ar). Renverser. ‖Terrasser (en luttant). ‖- -se vr. (-ç). Se précipiter par terre.
derric‖**ar** vt. et vi. (derr-ar). *Pop.* Persifler [troçar]. ‖Faire* la cour. ‖-o m. (-içou). *Pop.* Amourette, f. ‖Amoureux, euse.
derroc‖**ada** f. (derroucada). Écroulement, m., éboulement, m. ‖-ar vt. (-ar). Renverser, abattre*. ‖-ar-se vr. (-ç). S'écrouler, s'ébouler.
derroga‖**ção** f. (derrougaçãou). Dérogation. ‖-r vt. (-ar). Déroger à.
derrot‖**a** f. (derrota). Déroute, défaite. ‖*Mar.* Route. ‖-ar vt. (-outar). Mettre* en déroute, défaire*, battre*. ‖vi. *Mar.* Dériver. ‖-ismo m. (-íjmou). Défaitisme. ‖-ista adj. et s. (-íchta). Défaitiste.
derrubar vt. (derroubar). V. DERRIBAR.
desabat‖**ado, a** adj. (dsabafado, a). Découvert, erte; ouvert, erte. ‖Délivré, ée; débarrassé, ée. ‖Calme, tranquille. ‖-ar vt. (-ar). Découvrir*. ‖vi. S'épancher. ‖-ar-se vr. (-ç). Se découvrir*. ‖*Br.* S'épancher. ‖-o m. (-afou). Épanchement.
desabalado, a adj. (dsabaladou, a). Démesuré, ée; énorme. ‖Précipité, ée; impétueux, euse.
desab‖**amento** m. (dsabamétou). Écroulement. ‖-ar vt. (-ar). Abattre*, faire* tomber. ‖vi. S'écrouler, tomber.
desabitar vt. (desa-ar). Cesser d'habiter. ‖Dépeupler [um país].
desabituar vt. (desa-ouar). Déshabituer, désaccoutumer.
desabon‖**ado, a** adj. (dsabounado, a). Décrédité, ée. ‖Qui manque d'argent. ‖-ar vt. (-ar). Décréditer, décrier. ‖-ar-se vr. (-arç). Perdre son crédit. ‖-o m. (-ônou). Manque de crédit. ‖Défaveur, f. [censura]. ‖Préjudice. ‖Loc. *Em desabono*, au désavantage.

desabotoar‖ vt. (desaboutouar). Déboutonner. ‖- -se vr. (-ç). Se déboutonner.
desabrido, a adj. (desabridou, a). Rude, tempétueux, euse. ‖Âpre, bourru, ue [caráter].
desabrig‖**ado, a** adj. (dsabr-ado, a). Inabrité, ée; exposé, ée au vent. ‖Légèrement vêtu, ue. ‖-ar vt. (-ar). Désabriter. ‖Abandonner, délaisser. ‖-o m. (-ígou). Manque d'abri. ‖Abandon, délaissement.
desabro‖**char** vt. (desabrouchar). Déboucler, dégrafer, déboutonner. ‖vi. S'épanouir, éclore* [flores]. ‖-lhar vi. (-lar). Éclore*, s'ouvrir*. ‖Croître*.
desabus‖**ado, a** adj. (dsabouzadou, a). Inconvenant, ante. ‖Désabusé, ée; détrompé, ée [desenganado]. ‖-ar vt. (-ar). Désabuser, désillusionner. ‖-ar-se vr. (-ç). Se désabuser, se détromper.
desacat‖**ado, a** adj. (desacatadou, a). Profané, ée. ‖-ar vt. (-ar). Manquer de respect à. ‖Profaner. ‖-o m. (-atou). Manque de respect. ‖Profanation, f.
desacautelar‖ vt. (desacaoutlar). Ne pas veiller à. ‖- -se vr. (-ç). Négliger (Synt. - *de*).
desacert‖**ado, a** adj. (dsacertadou, a). Insensé, ée. ‖Étourdi, ie; imprudent, ente. ‖-ar vt. (-ar). Se tromper. ‖Rompre* (le pas) [passo]. ‖vi. Se tromper [enganar-se]. ‖Manquer son but, errer. ‖-o m. (-értou) Erreur, f.
desacompanh‖**ado, a** adj. (dsacõpagnadou, a). Seul, eule; isolé, ée; solitaire. ‖-ar vt. (-ar). Quitter, abandonner, délaisser, se séparer de.
desaconselh‖**ado, a** adj. (dsacõçlados, a). Mal avisé, ée; inconsidéré, ée. ‖-ar vt. (-ar). Déconseiller.
desacord‖**ar** vt. (desacourdar). Désaccorder. ‖Être* en désaccord. ‖Parler inconsidérément. ‖Perdre connaissance [desmaiar]. ‖-o m. (-órdou). Désaccord. ‖Distraction, f., oubli. ‖Évanouissement [desmaio].

Itálico : acento tônico. ‖V. página verde para a pronuncia figurada. ‖*Verbo irreg. V. no final do livro.

desacostumar vt. (desacouchtoumar). Désaccoutumer.

desacreditar‖ vt. (desacre-ar). Discréditer, décréditer. ‖ **-se** vr. (-ç). Perdre le crédit.

desafect‖**ação** f. (desafètaçáou). Sincérité, simplicité. ‖ **-ado, a** adj. (-adou, a). Sincère, simple. ‖ **-o** m. (-ètou). Désaffectation, f. ‖ **-ar** vt. a adj. (-ou, a). Contraire, opposé, ée; ennemi, ie.

desafeiç‖**ão** f. (desafâyçáou). Désaffection; aversion. ‖ **-oado, a** adj. (-ouadou, a). Désaffectionné, ée. ‖ Contraire. ‖ **-oar** vt. (-ouar). Désaffectionner, détacher. ‖ Défigurer.

desa‖**feito, a** adj. (desafâytou, a). Désaccoutumé, ée. ‖ **-ferrar** vt. (-frrar). Décrocher, détacher. ‖ Fig. Dissuader. ‖ vi. Désancrer. ‖ **-ferrar-se** vr. (-ç). Se détacher. ‖ **-fiar** vt. (-yar). Défier. ‖ Affronter, braver. ‖ Émousser [fio].

desafin‖**ação** f. (desa-açáou). Désaccord, m., dissonance, manque (m.) d'harmonie. ‖ **-ado, a** adj. (-adou, a). Désaccordé, ée; faux, ausse. ‖ **-ar** vt. (-ar). Désaccorder. ‖ vi. Être* dissonant, détonner. ‖ S'écarter de l'intonation. ‖ Fig. Se fâcher. ‖ Fam. Se dépiter.

desafio m. (desafíou). Défi. ‖ Duel, combat, compétition, f. ‖ Loc. Ao desafio, à l'envi, à qui mieux mieux.

desafivelar vt. (desa-vlar). Déboucler.

desafog‖**ado, a** adj. (desafougadou, a). Débarrassé, ée; dégagé, ée. ‖ Spacieux, euse. ‖ Tranquille, soulagé, ée. ‖ Aisé, ée [fácil]. ‖ **-ar** vt. (-ar). Dégager, débarrasser. ‖ Décharger [descarregar]. ‖ - com, ouvrir* son cœur à. ‖ **-ar-se** vr. (-ç). Se soulager. ‖ Loc. Desafogar-se em lágrimas, alléger ses peines en versant des larmes. ‖ **-o** m. (-ôgou). Soulagement [alivio]. ‖ Bien-être, commodité, f. ‖ Aisance, f. : viver com desafogo, vivre* dans l'aisance. ‖ Effusion, f., épanchement de cœur.

desafoguear vt. (desafoughyar). Rafraîchir.

desafor‖**ado, a** adj. (desafouradou, a). Effronté, ée. ‖ **-ar-se** vr. (-arç). Devenir* effronté, faire* l'insolent. ‖ **-o** m. (-órou). Effronterie, f.

desafortunado, a adj. (desafourtounadou, a). Infortuné, ée ; malheureux, euse.

desafregues‖**ado, a** adj. (desafrèghesadou, a). Désachalandé, ée. ‖ **-ar** vt. (-ar). Désachalander. ‖ **-ar-se** vr. (-ç). Changer de maison d'achat.

desafront‖**a** f. (desafrôta). Réparation d'un affront. ‖ **-ar** vt. (-ar). Tirer vengeance d'un affront. ‖ Soulager [aliviar]. Dégager, délivrer.

desagasalh‖**ado, a** adj. (desagasalhadou, a). Désabrité, ée ; exposé, ée au temps. ‖ Légèrement vêtu, ue. ‖ **-o** m. (-alou). Manque d'abri. ‖ Manque de vêtements. ‖ Fig. Mauvais accueil.

desagastar vt. (desagachtar). Désennuyer. ‖ **-se** vr. (-ç). Se défâcher.

desagrad‖**ar** vi. (desagradar). Déplaire*. ‖ **-ável** adj. (-avèl). Désagréable. ‖ **-ecer** vt. (-dcér). Se montrer ingrat envers, méconnaître*. ‖ **-ecido, a** adj. (-idou, a). Ingrat, ate. ‖ **-ecimento** m. (-étou). Ingratitude, f. ‖ **-o** m. (-adou). Déplaisir. ‖ Loc. Cair no desagrado, perdre les bonnes grâces.

desagrav‖**ar** vt. (desagravar). Donner satisfaction, venger. ‖ Dégrever (un impôt). ‖ Désenflammer. ‖ Jurispr. Casser (un jugement). ‖ **-o** m. (-avou). Réparation, f., satisfaction, f. ‖ Jurispr. Arrêt de cassation d'un jugement.

desagreg‖**ação** f. (desagregaçáou). Désagrégation. ‖ **-ar** vt. (-ar). Désagréger. ‖ **-ar-se** vr. (-ç). Se désagréger, se disjoindre*.

desagu‖**adoiro** ou **-adouro** m. (desagouadôyrou, -ôrou). Déversoir, déchargeoir. ‖ **-amento** m. (-étou). Écoulement (des eaux). ‖ **-ar** vt. (-ouar). Vider, tarir. ‖ Donner à manger à. ‖ vi. Se jeter, déboucher (un fleuve).

desair‖**e** m. (desayr). Gaucherie, f. [falta de jeito]. ‖ Honte, f., déshonneur. ‖ Échec, affront [revés]. ‖ Malheur [infelicidade]. ‖ **-oso, a** adj. (-ósou, osa). Gauche, maladroit, oite [desajeitado]. ‖ Disgracieux, euse [feio]. ‖ Honteux, euse ; malséant, ante ; déshonorant, ante.

desa‖**jeitado, a** adj. (desajâytadou,

---

*Lettres penchées : accent tonique. ‖ V. page verte pour la prononciation figurée. ‖ *Verbe irrég. V. à la fin du volume.*

a). Gauche, maladroit, *oite*. ||-judar vt. (-ou*dar*). Desservír*, nuire* à. ||-juizado, a adj. (-ouiz*a*dou, a). Écervelé, ée.
desajust||ar vt. (desajouch*tar*). Désajuster, désunir. ||Rompre* (un marché). ||-ar-se vr. (-ç). Ne point s'accorder. ||-e m. (-*ouch*t). Désajustement.
desalagar vt. (desalag*ar*). Sécher, dessécher, épuiser l'eau de. ||*Fig.* Délivrer, débarrasser.
desalent||ar vt. (desalé*tar*). Décourager. ||-ar-se vr. (-ç). Se décourager. ||-o m. (-*é*tou). Découragement.
desalinh||ado, a adj. (desa-gn*a*dou, a). Hors de l'alignement. ||Désajusté, ée. ||-ar vt. (-*ar*). Désaligner, mettre* hors de l'alignement. ||Désajuster. ||-o m. (-*í*-ou). Désordre. ||Négligence, f. ||Nonchalance, f. [relaxamento].
desalmado, a adj. (desà-*a*dou, a). Dénaturé, ée; méchant, *a*nte, cruel, elle.
desaloj||amento m. (desaloujam*é*tou). Délogement. ||Débusquement [inimigo]. ||-ar vt. (-*ar*). Déloger. ||Débusquer. ||vi. Décamper.
desam||ar vt. (desam*ar*). Désaimer. ||-arrar vt. (-arr*ar*). Détacher, délier. ||vi. Démarrer, lever l'ancre. ||-arrotar vt. (-out*ar*). Déchiffonner.
desam||ável adj. (desamav*èl*). Discourtois, *oise*. ||-igar-se vr. (-arç). Cesser d'être ami. ||-or m. (-*ô*r). Désaffection, f. ||Inimitié, f. ||-orável adj. (-ouravèl). Rude, dédaigneux, *euse*.
desampar||ado, a adj. (desãpar*a*dou, a). Délaissé, ée; abandonné, ée. ||Désert, *e*rte; inculte, isolé, ée. ||-ar vt. (-*ar*). Délaisser, abandonner. ||Déserter. ||-o m. (-*a*rou). Délaissement, abandon.
desancar vt. (desãc*ar*). Assommer, rosser, éreinter, échiner.
desand||ador m. (desãdad*ôr*). Tournevis. ||-ar vt. (-*ar*). Dévisser [parafuso]. ||*Faire** reculer. ||vi. Rebrousser chemin, reveni*r** sur ses pas.
desa||nexar vt. (desanèxç*ar*). Désannexer. ||-nichar vt. (-*ar*). Dénicher.
desanim||ado, a adj. (desa-a*dou, a). Découragé, ée; abattu, *ue*. ||Inanimé, ée. ||-ar vt. (-*ar*). Décourager, abattre*. ||vi. et -ar-se vr. (-ç). Se décourager, perdre le courage.
desânimo m. (desâ-*nou*). Découragement, abattement. ||Accablement.
desaninhar vt. (desa-gn*ar*). Dénicher.
desanuvi||ado, a adj. (desanouvy*a*dou, a). Lim*p*ide, clair, *a*ire; net, *e*tte. ||-ar vt. (-*ar*). Dissiper. ||*Fig.* Rassurer.
desa||paixonado, a adj. (desapaychoun*a*dou, a). Impartial, *a*le; désintéressé, *é*e. ||-parafusar vt. (-arafous*ar*). Dévisser, desserrer (les vis).
desaparec||er vi. (desaparcèr). Disparaître*. ||-ido, a adj. (-*í*dou, a). Disparu, *ue*. ||-imento m. (-*é*tou). Disparition, f.
desaparelhar vt. (desaparel*ar*). Débâter. ||Dételer [desatrelar]. ||Désaccoupler [separar]. ||*Mar.* Dégréer.
desapeg||ado, a adj. (desapg*a*dou, a). Détaché, ée; désintéressé, ée. ||-ar-se vr. (-*ar*ç). Se détacher. || - *de*, se désintéresser de. ||-o m. (-*é*gou). Détachement, désintéressement.
desapercebido, a adj. (desapercebi*dou, a). Dépourvu, *ue*; dégarni, *i*e. ||*Vulg.* V. DESPERCEBIDO.
desapert||ar vt. (desapert*ar*). Desserrer. ||Délacer [desatar]. ||Déboutonner [botões]. ||Déboucler [fivelas]. ||-ar-se vr. (-arç). Se déboutonner. ||-o m. (-*é*-ou). Desserrage, relâchement.
desapiedado, a adj. (desapyed*a*dou, a). Impitoy*e*ble, cruel, *e*lle.
desapoder||ado, a adj. (desapoudr*a*dou, a). Dépossédé, ée. ||Furieux, *euse*. ||-ar vt. (-*ar*). Déposséder. ||-ar-se vr. (-ç). Se priver de, renoncer à.
desapont||amento m. (desapôtam*é*tou). Désappointement. ||-ar vt. (-*ar*). Désappointer, déconcerter. ||Décevoir.
desapossar vt. (desapouç*ar*). Déposséder. ||-se vr. (-ç). Se priver de, renoncer à.
desapre||ciar vt. (desaprecy*ar*). Mésestimer. ||-ço m. (-éçou). Mépris.
desa||prender vt. (desaprèd*êr*). Désapprendre*. || -propriar vt. (-ou-

---

Itálico : acento tónico. ||V. página verde para a pronúncia figurada. ||*Verbo irreg. V. no final do livro.

DES — DES

pryar). Désapproprier. ‖**-provar** vt. (-ar). Désapprouver.
desaproveit‖ado, a adj. (desaprouvâytadou, a). Mal employé, ée. ‖Infructueux, euse. ‖Dissipé, ée. ‖Prodigue. ‖**-amento** m. (-amétou). Gaspillage. ‖Inapplication, f. ‖**-ar** vt. (-ar). Négliger, mal employer. ‖Ne pas faire* de progrès dans.
desaprum‖ar-se vr. (desaproumarç). Pencher. ‖Fig. Perdre son aplomb. ‖**-o** m. (-oumou). Manque d'aplomb, inclinaison, f.
desaquartelar vt. (desacouartlar). Déloger.
desar m. (desar). Revers, malheur.
desarboriz‖ado, a adj. (desarbour-adou, a). Déboisé, ée. ‖**-ar** vt. (-ar). Déboiser, arracher les arbres de.
desarm‖ação f. (desarmaçáou). Démontage, m. ‖**-ado, a** adj. (-adou, a). Désarmé, ée. ‖Démonté, ée [máquina]. ‖**-amento** m. (-amétou). Désarmement. ‖**-ar** vt. (-ar). Désarmer. ‖Démonter [desmontar]. ‖vi. Désarmer.
desarm‖onia f. (desarmounia). Désharmonie, inharmonie. ‖**-ónico, a** adj. (-o-ou, a). Inharmonique. ‖**-onioso, a** adj. (-ounyósou, osa). Inharmonieux, euse. ‖**-onizar** vt. (-ar). Déranger l'harmonie de, mettre* en désaccord.
desarraigar vt. (desarráygar). Déraciner.
desarranj‖ado, a adj. (desarrájadou, a). Dérangé, ée. ‖Désordonné, ée. ‖**-ar** vt. (-ar). Déranger, défaire*. ‖Détraquer [escangalhar]. ‖Mettre* en désordre. ‖**-o** m. (-ájou). Dérangement. ‖l'anne, f. ‖Négligence, f. ‖Loc. Causar desarranjo, donner de la peine, déranger.
desarrazo‖ado, a adj. (desarrazouadou, a). Déraisonnable. ‖**-ar** vt. (-ouar). Déraisonner.
desarrear vt. (desarryar). Déharnacher.
desarrimo m. (desarrimou). Manque d'appui, de soutien. ‖Abandon.
desarrolhar vt. (desarroular). Déboucher.
desarrum‖ação f. (desarroumaçáou). Dérangement, m. ‖**-ado, a** adj. (-adou, a). Dérangé, ée; déplacé, ée. ‖**-ar** vt. (-ar). Déranger, déplacer. ‖Mar. Désarrimer.
desarticular vt. (desar-oular). Désarticuler.
desarvorar vt. et vi. (desarvourar). Mar. Démâter. ‖Fig. S'enfuir* en désordre, se sauver.
desass‖anhar vt. (desaçagnar). Apaiser la colère de. ‖**-azonado, a** adj. (-ounadou, a). Hors de saison. ‖Fig. Intempestif, ive. ‖**-eio** m. (-áyou). Malpropreté, f. ‖**-imilação** f. (-açáou). Désassimilation. ‖**-isar** vt. (-ar). Rendre fou. ‖**-ociar** vt. (-oucyar). Désassocier; rompre* l'association de.
desassombr‖ado, a adj. (desaçóbradou, a). Exposé, ée au soleil. ‖Rassuré, ée. [confiante]. ‖Hardi, ie; audacieux, euse. ‖**-o** m. (-ô-ou). Hardiesse, f., intrépidité, f. ‖Assurance, f., confiance, f.
desassosseg‖ado, a adj. (desaçouçgadou, a). Inquiet, ète. ‖**-ar** vt. (-ar). Inquiéter. ‖**-o** m. (-égou). Inquiétude, f., trouble, agitation, f.
desastr‖adamente adv. (desachtr-amét). Maladroitement. ‖**-ado, a** adj. (-adou, a). Maladroit, oite; brise-tout. ‖Désastreux, euse, funeste. ‖**-e** m. (-r). Désastre, malheur. ‖Accident [viação, etc.]. ‖**-oso, a** adj. (-a-ôsou, osa). Désastreux, euse; malheureux, euse.
desa‖tacar vt. (desatacar). Délacer [sapatos, etc.]. ‖Délier (un sac). ‖**-tar** vt. (-ar). Délier, dénouer. ‖Déficeler [embrulho]. ‖Défaire* [nó]. ‖Séparer, désunir. ‖vi. - a, se mettre* à, commencer à. ‖**-tar-se** vr. (-arç). Se détacher, se défaire*, se séparer. ‖**-tarraxar** vt. (-arrachar). Dévisser.
desaten‖ção f. (desatéçáou). Inattention, distraction. ‖Impolitesse, incivilité. ‖**-cioso, a** adj. (-yósou, osa). Impoli, ie; désobligeant, ante. ‖**-der** vt. (-ér). Ne pas faire* attention à. ‖Ne pas tenir* compte de. ‖Négliger [desprezar]. ‖**-dível** adj. (-ivél). Qui n'est pas digne d'attention. ‖**-tar** vt. et vi. (-ar). Ne pas faire* attention à, négliger. ‖**-to, a** adj. (-étou, a). Distrait, aite; inattentif, ive.
desaterr‖ar vt. (desaterrar).

Lettres penchées : accent tonique. ‖ V. page verte pour la prononciation figurée. ‖ *Verbe irrég. V. à la fin du volume.

DES — DES

Déblayer. ||-o m. (-é-ou). Déblai; déblayement.

desati||**lado, a** adj. (desa-adou, a). Fou, folle; insensé, ée. ||Inintelligent, ente. ||**-nado, a** adj. (-adou, a). Étourdi, ie; inconsidéré, ée. ||Fou, folle; insensé, ée. ||**-nar** vt. (-ar). Étourdir, troubler. ||vi. Déraisonner, extravaguer. ||**-no** m. (-inou). Folie, f., extravagance, f., bêtise, étourderie, f.

desa||**tracar** vt. et vi. (desatracar). Démarrer. ||**-travancar** vt. (-âcar). Désencombrer, désobstruer. ||**-trelar** vt. (-elar). Dételer.

desaustinado, a adj. (desaouch-adou, a). Turbulent, ente; étourdi, ie; remuant, ante.

desautorizar vt. (desaoutour-ar). Désavouer, décréditer, ôter l'autorité ou l'autorisation à. ||**-se** vr. (-ç). Se déconsidérer.

desavença f. (desavêça). Querelle, démêlé, m., brouillerie, dissension.

desavergonhado, a adj. (desavergougnadou, a). Effronté, ée; dévergondé, ée.

desav||**indo, a** adj. (desavidou, a). Brouillé, ée. ||**-ir*** vt. (-ir). Brouiller.

desavis||**ado, a** adj. (desa-adou, a). Mal avisé, ée; imprudent, ente. ||**-ar** vt. (-ar). Déconseiller. ||**-o** m. (-isou). Légèreté, f., imprudence, f.

desavistar vt. (desa-chtar). Perdre de vue.

desaz||**ado, a** adj. (desazadou, a). Maladroit, oite. ||**-o** m. (-azou). Gaucherie, f., maladresse, f. ||Inopportunité, f.

desbancar vt. (dejbâcar). Débanquer. ||*Fam.* Surpasser, l'emporter sur.

desbarat||**adamente** adv. (dejbara-amêt). Confusément. ||A la débandade. ||**-ado, a** adj. (-adou, a). Mis, ise en déroute. ||**-amento** m. (-étou). Défaite, f. ||Dissipation, f. ||**-ar** vt. (-ar). Dissiper, gaspiller. ||Défaire*, mettre* en déroute. ||Détruire*, gâter, abîmer. ||**-ar-se** vr. (-ç). Se perdre. ||**-e** ou **-o** m. (-at, ou) Défaite, f., déroute, f. ||Dissipation, f., gaspillage. ||*Loc. Ao desbarato,* au rabais, à grosse perte, f.

desbast||**ador, a** adj. (dejbachtador, a). Qui dégrossit. ||**-ar** vt. (-ar).

Dégrossir, amincir. ||Éclaircir (une plantation). ||Perfectionner. ||*Fig.* Civiliser, polir, façonner. ||**-e** m. (-a-t). Dégrossissement, amenuisement. ||Éclaircissement (d'une forêt).

desboc||**ado, a** adj. (dejboucadou, a). Emporté, ée; emballé, ée (cavalo). ||*Fig.* Obscène, indécent, ente. ||**-ar** vt. (-ar). Rendre fort en bouche (cavalo). ||*Fig.* Rendre licencieux, euse. ||**-ar-se** vr. (-arç). S'emporter (cavalo). ||*Fig.* Parler sans retenue, sans frein.

desbordar vt. (dejbourdar). V. TRASBORDAR.

desbotar vt. (dejboutar). Déteindre*, ternir. ||vi. Se décolorer, se ternir. ||Déteindre* (une étoffe).

desbravar vt. (dejbravar). Dompter, apprivoiser (cavalo). ||Défricher, mettre* en culture.

descabel||**ado, a** adj. (dechcabladou, a). Chauve (calvo). ||Échevelé, ée (despenteado). ||*Fig.* Furieux, euse. ||Excessif, ive, extraordinaire, absurde. ||**-ar** vt. (-ar). Arracher les cheveux. ||**-ar-se** vr. (-ç). S'arracher les cheveux.

descabido, a adj. (dechcabidou, a). Déplacé, ée. ||Inconvenant, ante; impropre.

descadeirar vt. (dechcadâyrar). Déhancher.

desca||**ída** f. (dechcaida). Abattis (m.) de volaille. ||*Pop.* Indiscrétion. ||**-imento** m. (-étou). Déclin, décadence, f. ||Abattement, affaiblissement. ||**-ir*** vt. (-ir). Laisser tomber. ||vi. Décliner, déchoir*. ||*Mar.* Dériver. ||**-ir-se*** vr. (-ç). Commettre* une indiscrétion.

descalabro m. (dechcalabrou). Dommage important. ||Ruine, f., perte, f.

descalç||**adeira** f. ou **-ador** m. (dechcà-adâyra, -ar). Tire-botte, m. ||**-ar** vt. (-ar). Déchausser. ||Décaler (calço). ||Dépaver (rua). ||*Fam. Descalçar a bota,* se tirer d'affaire. ||**-ar-se** vr. (-ç). Se déchausser.

descalcificar vt. (dechcà-ar). Décalcifier.

descalço, a adj. (dechcà-ou, a). Déchaussé, ée; nu-pieds. ||*Fig.* Dépourvu, ue.

descamb||**ada** f. (dechcâbada). *Br.* Pente. ||**-ar** vi. (-ar). Tomber de

---

Itálico : acento tônico. ||V. página verde para a pronúncia figurada. ||*Verbo irreg. V. no final do livro.

FR.-PORTUG. — 1   16

DES — DES

côté [de lado]. ‖Glisser d'en haut [do alto]. ‖Dégénérer, se changer en, tomber dans: *descambar no ridículo*, tomber dans le ridicule.
descaminh‖ar vt. (dechca-gnar) V. DESENCAMINHAR. ‖**-o** m. (-i-ou) Égarement. ‖Perte, f. ‖Détournement [desvio]. ‖Fausse direction, f. ‖Loc. *Dar descaminho*, détourner. *Levar descaminho*, disparaître*, s'égarer, s'évanouir.
descamisar vt. (dechca-*ar*) Ôter la chemise à. ‖Effeuiller [milho, etc.].
descampado m. (dechcãpadou). Désert.
descans‖ado, a adj. (dechcãdou, a). Tranquille, reposé, ée: *esteja descansado*, soyez tranquille. ‖Lent, ente. ‖**-ar** vt. (-*ar*). Reposer. ‖Rassurer, tranquilliser. ‖Loc. *Descansar armas*! reposez armes! ‖vi. Reposer, dormir*. ‖ Se reposer : *descansar em*, se reposer sur. ‖Loc. *Sem descansar*, sans relâche. ‖**-o** m. (-çou). Repos, relâche, f., répit; délassement. ‖Soutien, support. Arrêt (d'armes). ‖Loc. *Com descanso*, lentement. *Deus tenha a sua alma em descanso*, que Dieu ait son âme. *Estar no descanso*, être* au repos.
descar‖ado, a adj. (dechcaradou, a). Éhonté, ée. ‖**-amento** m. (-amẽtou). Effronterie, f. ‖**-ar-se** vr. (-*ar*ç) Se dévergonder, devenir* polisson, impudent.
descarg‖a f. (dechcarga). Décharge, déchargement, m. ‖Fusillade [tiroteio]. ‖**-o** m. (-ou). Décharge, f., allégement, acquit. ‖Jurispr. Justification, f.
descari‖doso, a adj. (dechcar-ôsou, osa). Inhumain, aine. ‖**-nhoso, a** adj. (-gñosou, osa). Dur, ure; peu caressant, ante.
descarn‖ado, a adj. (dechcarnadou, a). Décharné, ée. ‖**-ar** vt. (-*ar*). Décharner. ‖Déchausser (les dents). ‖Fig. Amaigrir. ‖**-ar-se** vr. (-ç). Maigrir.
descaro m. (dechcarou). Impudence, f.
descaroçar vt. (dechcarouçar). Ôter les noyaux à.
descarreg‖adoiro ou **-adouro** m. (dechcarregadóyrou, -ôr-). Quai de déchargement, m. ‖**-ador** m. (-ôr). Déchargeur; débardeur, m. ‖**-amento** m. (-ẽtou). Déchargement, le

(-*ar*). Décharger. ‖Tenir* quitte (dispensar). ‖Canceller. ‖Rayer [riscar]. ‖Absoudre*. ‖Fig. Soulager, exempter. ‖Tirer (une arme à feu). ‖Assener (un coup) [pancada]. ‖vi. Se décharger, tomber sur.
descarril‖amento m. (dechcarr-amẽtou). Déraillement. ‖**-ar** vt. (-*ar*). Faire* dérailler. ‖vi. Dérailler.
descartar-se vr. (dechcartarç). Écarter (au jeu). ‖Fig. Se débarrasser.
descasc‖ar vt. (dechcachcar). Écorcer. ‖Écosser [favas, etc.]. ‖Écaler [nozes, avelãs, etc.]. ‖Peler [maçãs, peras, etc.]. ‖vi. S'écorcer. ‖**-que** m. (-achk). Écorcement, écorçage.
descend‖ência f. (dechcẽdẽcya). Descendance; postérité. ‖**-ente** adj. et s. (-ẽt). Descendant, ante. ‖**-er** vi. (-ér). Descendre, provenir*. ‖**-imento** m. (-ẽtou). Descente, f.
descentr‖alização f. (dechcẽtraacãou). Décentralisation. ‖**-alizador, a** adj. et s. (-ôr, a). Décentralisateur, trice. ‖**-alizar** vt. (-*ar*). Décentraliser. ‖**-ar** vt. (-*ar*). Décentrer.
descer vt. (dechcér). Descendre, baisser, abaisser. ‖vi. Descendre. ‖Diminuer, baisser. ‖Déchoir* [descair]. ‖S'abaisser, s'abattre*. ‖Loc. *Descer ao túmulo*, descendre au tombeau. *Descer a pormenores*, descendre à des détails.
descerc‖ar vt. (dechcercar). Lever le siège de. ‖Déclore*, enlever la clôture. ‖**-o** m. (-ércou). Levée (f.) d'un siège.
descerrar vt. (dechcerrar). Ouvrir*, décacheter [carta]. ‖Manifester.
desci‖da f. (dechcída). Descente [acção]. ‖Descente, pente [declive]. ‖Fig. Déclin, m., décadence. ‖Baisse, f., diminution, f. [preço]. ‖Décrue [de cheia]. ‖**-mento** m. (-ẽtou). V. DESCIDA.
desclassific‖ado, a adj. (dech-a-adou, a). Déclassé, ée. ‖**-ar** vt. (-*ar*). Déclasser.
descloretado, a adj. (dech-ouretadou, a). Déchloruré, ée.
descoa‖gular ou **-lhar** vt. (dechcouagoular, -lar). Défiger, décoaguler.
descobert‖a f. (dechcoubèrta). Découverte. ‖**-o, a** adj. (-ou, a).

Lettres penchées : accent tonique. ‖V. page verte pour la prononciation figurée. ‖*Verbe irrég. V. à la fin du volume.

Descoberto, *erte*. ‖ **Connu**, *ue*; divulgué, ée. ‖Loc. *A descoberto*, à découvert. *A peito descoberto*, à cœur ouvert. *Estar descoberto*, avoir* la tête nue.

descobri‖dor, a adj. (dechcoubr-ôr, a). Qui découvre. ‖s. m. Découvreur. ‖**-imento** m. (-ētou). Découverte, f. ‖**-ir*** vt. (-ir). Découvrir*. ‖vi. et **-ir-se** vr. (-ç). Se découvrir.

descochado, a adj. (dechcou-adou, a). *Br.* Dévergondé, ée. ‖ Démoralisé, ée.

descol‖agem f. (dechcoulajãy). Décollage, m. [aviões]. ‖**-amento** m. (-amētou). Décollement. ‖**-ar** vt. et vi. (-ar). Décoller.

descolor‖ação f. (dechcouloura*ç*ãou). Décoloration. ‖**-ar** vt. (-ar). V. DESCORAR. ‖**-ir*** vt. et vi. (-ir). V. DESCORAR.

descomed‖ido, a adj. (dechcoumdidou, a). Démesuré, ée; excessif, ive; immodéré, ée. ‖**-imento** m. (-ētou). Impolitesse, f., incivilité, f. ‖**-ir-se*** vr. (-irç). S'oublier; s'emporter.

descompass‖ado, a adj. (dechcõpaçadou, a). Démesuré, ée, disproportionné, ée. ‖**-ar-se** vr. (-arç). Dépasser *toute* mesure.

descom‖por* vt. (dechcõpôr). Déranger. ‖Quereller, maltraiter de paroles. ‖**-por-se*** vr. (-ôrç). Se déranger. ‖Se découvrir* trop. ‖**-posto**, **a** adj. (-ôchtou, o-a). Dérangé, ée; altéré, ée. ‖Indécent, ente; trop découvert, erte. ‖Insolent, ente. ‖**-postura** f. (-ouchtoura). Désordre, m., négligence. ‖Semonce, réprimande.

descompressão f. (dechcõprçãou). Décompression.

descomunal adj. (dechcoumounàl). Énorme, extraordinaire.

desconceituar vt. (dechcõçãytouar). Décréditer, discréditer.

desconcert‖ado, a adj. (dechcõcertadou, a). Dérangé, ée. Déréglé, ée. ‖Déconcerté, ée. ‖**-ante** adj. (-ãt). Déconcertant, *ante.* ‖**-ar** vt. (-ar). Déconcerter, déranger. ‖vi. Ne pas convenir*. ‖Radoter, extravaguer. ‖**-ar-se** vr. (-ç). Ne pas s'accorder. ‖Se démettre* (un membre). ‖Se déconcerter, se déranger. ‖**-o** m.

(-értou). Dérèglement, dérangement. ‖**Mésintelligence**, f., désaccord. ‖**Démêlé** [zaragata]. ‖Dérèglement de mœurs.

desconchav‖ado, a adj. (dechcõ-avadou, a). Insensé, ée. ‖**-o** m. (-avou). Bêtise, f., sottise, f.

desconcord‖ância f. (dechcõcourdãcya). Discon*v*enance, discordance. ‖**-ante** adj. (-ãt). Discordant, *ante*.

desconex‖ão f. (dechcounèçãou). Défaut (m.) de connexion. ‖**-o**, a adj. (-ê-ou, a). Sans connexion. désuni, ie.

desconfi‖ado, a adj. (dechcõfyadou, a). Méfiant, ante; soupçonneux, euse. ‖Susceptible. ‖**-ança** f. (-yãça). Méfiance. ‖**-ar** vt. (-yar). Conjecturer. ‖vi. Se défier, se méfier. ‖*Fam.* Se fâcher.

desconform‖e adj. (dechcõform). Énorme, démesuré, ée. ‖Discordant, ante. ‖**-idade** f. (-ou-ad). Discordance. désacc*o*rd. ‖Disproportion, disconvenance, inégalité.

desconfort‖ar vt. (dechcõfourtar). Décourager, a*b*attre*. ‖**-o** m. (-ô-ou). Manque de confort. ‖Abattement

descongelar vt. (dechcõjlar). Décongeler, dégeler.

descongestion‖amento m. (dechcõjech-amētou). Purification, f. ‖**-ar** vt. (-ar). Décongestionner; purifier.

desconhec‖edor, a adj. et s. (dechcougnecedôr, a). Méconnaissant, *ante*. ‖**-er** vt. (-ér). Méconnaître*. ‖**-er-se** vr. (-ç). Se méconnaître*. ‖**-ido, a** adj. (-idou, a). Inconnu, ue. ‖**-imento** m. (-ētou). Ignorance, f., méconnaissa*n*ce, f.

desconjunt‖amento m. (dechcõjũtamētou). Dislocation, f. ‖**-ar** vt. (-ar). Disloquer. ‖**-ar-se** vr. (-ç). Se disloquer.

desconside‖ração f. (dechcõ-draçãou). Déconsidération. ‖**-ar** vt. (-ar). Déconsidérer.

desconsol‖ação f. (dechcõçoulaçãou). Désolation. ‖**-ado, a adj.** (-adou, a). Désolé, ée; triste. ‖*Fam.* Insipide. ‖**-ador**, a adj. (-adôr, a). Désolant, ante. ‖**-ar** vt. et vi. (-ar). Affliger, chagriner. ‖**-o** m. (-ôlou). V. DESCONSOLAÇÃO

descontar vt. (dechcõtar). Décompter, déduire*. ‖Verser (pour sa

---

Itálico : acento tônico. ‖V. página verde para a pronúncia figurada. ‖*Verbo irreg. V. no final do livro.

DES — DES

retraite) [para a reforma]. ‖ Escompter [letra, etc.].

descontent‖adiço, a adj. (dechōtētadiçou, a). Exigeant, ante. ‖**-e** adj. (-ēt). Mécontent, ente.

descontin‖uar vt. et vi. (dechcō--ouar). Discontinuer. ‖**-uidade** f. (-ad). Discontinuité.

descontínuo, a adj. (dechcōtínouou, a). Discontinu, ue.

desconto m. (dechcōtou). Décompte. ‖ Retenue, f. (sur un salaire, etc.). ‖ Rabais, remise, f. [abatimento]. ‖ Escompte [cheque, letra.]. ‖ Loc. *Desconto por dentro, fora,* escompte en dedans, dehors.

descon‖vidar vt. (dechcō-ar). Désinviter. ‖**-vir*** vi. (-ír). Disconvenir*.

descor‖ado, a adj. (dechcoradou, a). Pâle, blême. ‖**-amento** m. (-amētou). Pâleur, f. ‖**-ante** adj. (-āt). Décolorant, ante. ‖**-ar** vt. (-ar). Décolorer. ‖vi. et **-ar-se** vr. (-ç). Perdre sa couleur. ‖ Pâlir, blêmir.

descor(o)çoar vt. (dechcour(ou)çoar). Décourager. ‖vi. Se décourager.

descort‖ês adj. (dechcourtéch). Impoli, ie. ‖**-esia** f. (-esía). Impolitesse. ‖**-içar** vt. (-ar). Décortiquer. ‖**-inar** vt. (-ar). Tirer les rideaux. ‖ *Fig.* Voir*, découvrir* au loin.

descos‖er vt. (dechcouser). Découdre*. ‖ *Fig.* Divulguer. ‖**-er-se** vr. (-ç). Se découdre*. ‖ *Fig.* S'ouvrir*, découvrir* sa pensée. ‖**-ido, a** adj. (-ídou, a). Décousu, ue.

descravar vt. (dechcravar). Déclouer.

descrédito m. (dechcrē-ou). Discrédit.

descr‖ença f. (dechcrēça). Incrédulité, mécréance. ‖**-ente** adj. (-ēt). Incroyant, ante; incrédule. ‖**-er*** vt. et vi. (-ér). Ne pas croire*.

descr‖ever vt. (dechcrevér). Décrire*, dépeindre*. ‖**-ição** f. (-āou). Description.

descriminar vt. (dechcr-ar). Acquitter, absoudre*, déclarer innocent.

descritivo, a adj. (dechcr-ívou, a). Descriptif, ive.

descuid‖ado, a adj. (dechcouydadou, a). Insoucieux, euse; négligent, ente; nonchalant, ante. ‖**-ar** vt. (-ar). Négliger. ‖**-ar-se** vr. (-arç). Se négliger, oublier. ‖ **-o** (-ouy-

dou). Négligence, f. ‖ Oubli, inadvertance, f.

desculpa f. (dechcou-a). Excuse. ‖ Loc. *Dar desculpa a,* excuser. *Pedir desculpa,* demander pardon. ‖**-ar** vt. (-ar). Excuser. ‖**-ar-se** vr. (-ç). S'excuser : *desculpar-se com,* s'excuser sur.

descurar vt. et vi. (dechcourar). Négliger.

desde prép. (déjd). Depuis, dès. ‖ Loc. *Desde agora,* dès à présent. *Desde então,* dès lors. *Desde já,* d'ores et déjà. *Desde que,* depuis que.

desdém m. (dejdāy). Dédain, mépris.

desdenh‖ar vt. (dejdegnar). Dédaigner. ‖vi. Déprécier. ‖**-ável** adj. (-avèl). Dédaignable. ‖**-oso, a** adj. (-ōsou, osa). Dédaigneux, euse.

desdentado, a adj. (dejdētadou, a). Édenté, ée. ‖ s. m. pl. Édentés.

desdit‖a f. (dejdíta). Malheur, m., infortune. ‖**-oso, a** adj. (-ōsou, osa). Malheureux, euse; infortuné, ée.

desdizer* vt. (dej-ér). Dédire*. ‖vi. S'écarter. ‖ Dégénérer. ‖ **-se*** vr. (-ç). Se dédire*.

desdobr‖amento m. (dejdoubramētou). Dédoublement. ‖ Déploiement [tropa]. ‖**-ar** vt. (-ar). Dédoubler. ‖ Déplier [lenço, etc.]. ‖ *Mil.* Déployer. ‖ Expliquer, développer.

desdoir‖ar ou **desdour‖ar** vt. (dejdōyrar, ōr-). Dédorer. ‖ *Fig.* Dénigrer. ‖**-o** m. (-ōyrou, ōr-). Dénigrement.

desej‖ar vt. (desejar). Désirer, souhaiter. ‖**-ável** adj. (-avèl). Désirable, souhaitable. ‖**-o** m. (-āyjou). Désir, souhait, envie, f. ‖ Loc. *A medida dos seus desejos,* à souhait. ‖**-oso, a** adj. (-ejōsou, osa). Désireux, euse.

deseleg‖ância f. (desilgācya). Inélégance. ‖**-ante** adj. (-āt). Inélégant, ante.

desembainhar vt. (desēbaygnar). Dégainer [espada]. ‖ Défaire* [bainha].

desembalar vt. (desēbalar). Déballer.

desembar‖açado, a adj. (desēbaraçadou, a). Expéditif, ive; débrouillard, arde (fam.). ‖**-açar** vt. (-ar). Débarrasser. ‖ Démêler [cabelos]. ‖**-açar-se** vr. (-ç). Se débarrasser. ‖ Se dépêcher [aviar-se]. ‖**-aço** m.

Lettres penchées : accent tonique. ‖ V. page verte pour la prononciation figurée. ‖ *Verbe irrég. V. à la fin du volume.

(-açou). Débrouillement. ‖Agilité, f. ‖Assurance, f. [à-vontade]. ‖Loc. *Com desembaraço*, aisément.
desembarc‖adoiro ou **-adouro** m. (desēbarcadóyrou, -ôr). Débarcadère. ‖**-ar** vt. et vi. (-ar). Débarquer.
desembarg‖ador m. (desēbargadôr). Juge, conseiller. ‖**-ar** vt. (-ar). Donner mainlevée d'une saisie. ‖*Fig.* Débarrasser. ‖**-o** m. (-a-ou). Arrêt (d'une cour de justice).
desembarque m. (desēbarc). Débarquement.
desembestar vt. (desēbèchtar). Décocher. ‖vi. Courir*, partir* comme un trait.
desemboc‖adura f. (desēboucadoura). Embouchure (fleuve). ‖**-ar** vi. (-ar). *Mar.* Débouquer [sair dum canal]. ‖Déboucher [rio, rua].
desembols‖ar vt. (desēbô-ar). Débourser, dépocher. ‖**-o** m. (-ô-ou). Déboursement [acção]. ‖Déboursé [o gasto].
desem‖briagar vt. (desēbryagar). Désenivrer. ‖**-brulhar** vt. (-oular). Dépaqueter. ‖*Fig.* Démêler, débrouiller. ‖**-buchar** vt. (-ou-ar). Dégorger. ‖*Fig.* Débonder. ‖vi. *Fam.* Débonder.
desemoldurar vt. (desi-ourar). Désencadrer.
desempach‖ar vt. (desēpa-ar). Débarrasser, dégager. ‖**-o** m. (-a-ou) Débarras.
desem‖pacotar vt. (desēpacoutar). Dépaqueter. ‖**-palhar** vt. (-lar). Dépailler. ‖**-panar** vt. (-ar). Ôter les draperies. ‖*Fig.* Éclaircir, éclairer. ‖**-parelhar** vt. (-relar). Dépareiller.
desempat‖ar vt. (desēpatar). Départager [sufrágios]. ‖*Résoudre*, décider. ‖**-e** m. (-at). *Action* (f.) de départager. ‖Loc. *Eleição de desempate*, scrutin (m.) de ballotage. *Jogar o desempate*, jouer la belle.
desempe‖çar vt. (desēpeçar) ou **-cer** (-ér). Débarrasser, désentraver. ‖**-cilhar** vt. (-lar). V. DESEMPEÇAR.
desem‖pedernir vt. (desēpdernír). Amollir. ‖**-pedrar** vt. (-rar). Dépaver [rua]. ‖Épierrer [campo].
desempen‖ado, a adj. (desēpnadou, a). Droit, oite. ‖*Fig.* Svelte, gracieux, euse; bien découplé, ée. ‖**-ar** vt. (-ar). Dégauchir.
desempenh‖ar vt. (desēpgnar). Dégager, déclouer (pop.), décrocher (pop.). ‖S'acquitter de [missão]. ‖*Jouer* (rôle) [papel]. ‖Libérer de ses dettes [alguém]. ‖**-ar-se** vr. (-ç). Payer ses dettes. ‖**-o** m. (-ãygnou). Dégagement (mont-de-piété) [penhores]. ‖Accomplissement [cumprimento]. ‖Exécution, f. [obra]. ‖Jeu [actor].
desempeno m. (desēpénou). Redressement, dégauchissement [tábua]. ‖*Fig.* Gentillesse, f.
desem‖perrar vt. (desēprrar). Détendre. ‖*Fig.* Désentêter. ‖**-pestar** vt. (-pèchtar). Désinfecter.
desempo‖ado, a ou **-eirado, a** adj. (desēpouadou, a, -âyr). Époussette, ée. ‖*Libre de préjugés.* ‖**-ar** ou **-eirar** vt. (-ouar, -âyrar). Dépoudrer, épousseter. ‖*Fig.* Aérer, ventiler.
desempreg‖ado, a adj. (desēpregadou, a). Chômeur, euse. ‖Loc. *Estar desempregado*, chômer. ‖**-ar** vi. (-ar). Priver d'un emploi. ‖**-o** m. (-égou). Chômage.
desem‖proar vt. (desēprouar). Abattre* l'orgueil. ‖**-punhar** vt. (-ougnar). Lâcher. ‖*Faire* sauter (l'épée).
desemudecer vt. (desimoudcér). Dénouer la langue à. ‖vi. Rompre* le silence. ‖Recouvrer la parole [mudo].
desen‖cabeçar vt. (desēcabçar). Dissuader. ‖**-cabrestar** vt. (-rechtar). Déchevêtrer. ‖*Fig.* Lâcher la bride à. ‖vi. et **-cabrestar-se** vr. (-ç). Se délicoter. ‖*Fig.* Devenir* dissolu.
desencade‖amento m. (desēcadyamétou). Déchaînement. ‖**-ar** vt. (-yar). Déchaîner. ‖*Fig.* Se déchaîner.
desencaix‖ar vt. (desēcaychar). Déboîter. ‖**-ar-se** vr. (-ç). Se déboîter. ‖**-ilhar** vt. (-lar). Désencadrer. ‖**-otar** vt. (-outar). Décaisser.
desencalh‖ar vt. (desēcalar). Déséchouer, renflouer. ‖**-e** m. (-al). Renflouage.
desencaminh‖ado, a adj. (desēcagnadou, a). Égaré, ée. ‖**-amento** m. (-amétou). Égarement. ‖**-ar** vt. (-ar). Égarer, fourvoyer. ‖Soustraire*, détourner (des fonds) [dinheiro].

Itálico : acento tónico. ‖V. página verde para a pronúncia figurada. ‖*Verbo irreg. V. no final do livro.

DES — DES

‖ **-ar-se** vr. (-ç). S'égarer, se fourvoyer.
desencant‖amento m. (desēcātamétou). Désenchantement. ‖ **-ar** vt. (-ar). Désenchanter. ‖ Fig. Découvrir*, trouver. ‖ **-o** m. (-átou). Désenchantement.
desen‖carregar vt. (desēcarregar). Décharger. ‖ **-carretar** vt. (-ar). Démonter (les canons). ‖ **-cerrar** vt. (-ar). Mettre* en liberté. ‖ Fig. Manifester, découvrir*. ‖ **-colher** vt. (-oulér). Étendre. ‖ Fig. Dégourdir. ‖ **-comendar** vt. (-ar). Décommander.
desencontr‖ado, a adj. (desēcōtradou, a). Inégal, ale. ‖ Opposé, ée. Détourné, ée. ‖ **-ar** vt. (-ar). Faire* qu'on ne se rencontre pas. ‖ **-ar-se** vr. (-ç). Ne pas se rencontrer. ‖ Disconvenir*, ne pas être* d'accord. ‖ **-o** m. (-ō-ou). Fait de ne pas se rencontrer. ‖ Divergence, f., opposition, f.
desen‖costar vt. (desēcouchtar). Mettre* debout, ôter l'appui à. ‖ **-cravar** vt. (-ravar). Déclouer. ‖ Fam. Tirer d'affaire. ‖ **-crespar** vt. (-echpar). Défriser. ‖ **-crostante** m. (-ouchtāt). Désincrustant. ‖ **-dividar** vt. (-ar). Payer les dettes de. ‖ Acquitter (d'une obligation).
desenfad‖adiço, a adj (desēfadadíço, a). Divertissant, ante; amusant, ante. ‖ **-ado, a** adj. (-adou, a). Gai, aie; joyeux, euse. ‖ Calme. ‖ **-ar** vt. (-ar). Délasser, désennuyer. ‖ **-o** m. (-adou). Délassement, récréation, f. ‖ Repos. ‖ Calme.
desen‖fardar vt. (desēfardar). Déballer. ‖ **-fastiar** vt. (-achtyar). Mettre en appétit. ‖ Fig. Désennuyer. ‖ **-feitar** vt. (-āytar). Déparer. ‖ **-feitiçar** vt. (-ar). Désensorceler. ‖ **-ferrujar** vt. (-errouyar). Dérouiller. ‖ Loc. Desenferrujar a lingua, bavarder. ‖ **-fezar** vt. (-èzar). Fortifier. ‖ Fig. Éveiller, animer.
desenfre‖ado, a adj. (desēfryadou, a). Effréné, ée. ‖ **-amento** m. (-amétou). Débordement. ‖ Déréglement, débordement, m. ‖ **-ar** vt. (-ar). Débrider. ‖ **-ar-se** vr. (-ç). Prendre* le mors aux dents [cheval]. ‖ Se déchainer [desencadear-se]. ‖ S'emporter, entrer en fureur.

desen‖fronhar vt. (desēfrougnar). Ôter la taie [almofada]. ‖ Fig. Montrer, faire* connaître*. ‖ **-gaçar** vt. (-açar). Égrapper. ‖ Pop. Goinfrer, dévorer.
desengan‖ado, a adj. (desēganadou, a). Détrompé, ée; désabusé, ée; désillusionné, ée. ‖ **-ar** vt. (-ar). Désabuser, détromper. ‖ **-ar-se** vr. (-ç). Se détromper, se désillusionner, se désabuser.
desenganchar vt. (desēgā-ar). Décrocher.
desengano m. (desēgânou). Désabusement. ‖ Désillusion, f.
desen‖gastar vt. (desēgachtar). Dessertir. ‖ **-gatar** vt. (-atar). Dételer [cavalos]. ‖ Débrayer [automóvel]. ‖ **-gomar** vt. (-oumar). Désempeser. ‖ **-gonçado, a** adj. (-ōcadou, a). Dégingandé, ée. ‖ **-gonçar** vt. (-ar). Dégingander. ‖ **-gordurar** vt. (-ourdourar). Dégraisser. ‖ **-graçado, a** adj. (-raçadou, a). Disgracieux, euse. ‖ Insipide. ‖ **-grossar** vt. (-ougar). Dégrossir. ‖ Allonger (sauce) [molho].
desenh‖ador, a m. et f. (desēgnadōr, a). Dessinateur, trice. ‖ **-ar** vt. (-ar). Dessiner. ‖ **-ista** m. (-íchta). Surtout au Brésil. Dessinateur. ‖ **-o** m. (-âygnou). Dessin.
desenjoar vt. (desējouar). Distraire*.
desen‖lace m. (desēlaç). Dénouement. ‖ Loc. Desenlace fatal, issue (f.) fatale. ‖ **-lamear** vt. (-amyar). Décrotter. ‖ Ébouer [ruas, etc.]. ‖ **-lear** vt. (-yar). Délier.
dese‖nobrecer vt. (desinoubrecér). Déshonorer. ‖ **-nodoar** vt. (-oudouar). Détacher, ôter les taches.
desen‖raizar vt. (desērrayzar). V. DESRAIGAR. ‖ **-rascar** vt. Pop. (-chcar). Débarbouiller (pop.). ‖ **-redar** vt. (-edar). Débrouiller. ‖ **-rijar** vt. (-ar). Amollir. ‖ **-rodilhar** vt. (-ou-lar). Déchiffonner. ‖ **-rolamento** m. (-oulamétou). Déroulement. ‖ **-rolar** vt. (-ar). Dérouler. ‖ **-roscar** vt. (-chcar). Détortiller. ‖ Dévisser [parafuso]. ‖ **-rouquecer** vt. (-ôkcér). Dérouer. ‖ **-rugar** vt. (-ougar). Dérider. ‖ **-sarilhar** vt. (-arilar). Démêler. ‖ Désassembler (armes).
desensinar vt. (desē-ar). Faire* désapprendre*.

Lettres penchées: accent tonique. ‖ V. page verte pour la prononciation figurée. ‖ *Verbe irrég. V. à la fin du volume.

desen‖surdecer vt. (desēçourdcér). Enlever la surdité. ‖-taipar vt. (-aypar). Déclore*. ‖-talar vt. (-alar). Délivrer. ‖-taramelar vt. (-ramlar). Dégourdir (la langue).
desentend‖er vt. (desētēdér). Feindre* d'ignorer. ‖-imento m. (-étou). Mésintelligence, f.
desenterr‖ado, a adj. (desētrradou, a). Déterré, ée. ‖-amento m. (-amétou). Déterrement. ‖-ar vt. (-ar). Déterrer.
desen‖tesar vt. (desētesar). Déraidir. ‖-toação f. (-ouaçáou). Dissonance, f. ‖-toar vi. (-ouar). Détonner. ‖-torpecer vt. (-ourpcér). Dégourdir. ‖-torpecimento m. (-étou). Dégourdissement. ‖-tortar vt. (-ar). Redresser. ‖-trançar vt. (-rãçar). Dénatter.
desentranhar vt. (desētragnar). Arracher les entrailles.
desen‖tristecer vt. (desētrichtcér). Désattrister. ‖-trouxar vt. (-ôchar). Dépauperer. ‖-tulhar vt. (-oular). Désencombrer.
desentu‖limento m. (desētou-étou). Dégorgement. ‖-ir* vt. (-ir). Désengorger. ‖ Curer (puits) [poço].
desen‖vasilhar vt. (desēva-lar). Ôter des futailles. ‖-vencilhar vt. (-ē-lar). Délier, désentortiller. ‖-venenar vt. (-vnenar). Désenvenimer; désempoisonner. ‖-vernizar vt. (-ar). Dévernir.
desenvol‖to, a adj. (desēvô-ou, a). Désinvolte, agile, alerte. ‖Turbulent, ente; étourdi, ie. ‖-tura f. (-oura). Désinvolture, agilité. ‖Effronterie.
desenvolv‖er vt. (desēvô-ér). Développer, déployer. ‖Débrouiller. ‖-ido, a adj. (-idou, a). Développé, ée. ‖Agrandi, ie. ‖-imento m. (-étou). Développement. ‖ Avancement, progrès.
desenxabido, a adj. (desēchabídou, a). Fade. ‖Fig. Maussade [enfadonho].
desenxovalh‖ado, a adj. (desēchouvaládou, a). Propre, bien mis, ise. ‖-ar vt. (-ar). Nettoyer. ‖Fig. Délivrer, dégager.
desequil‖ibrado, a adj. et s. (desiklradou, a). Déséquilibré, ée; détraqué, ée. ‖-ibrar vt. (-ar). Déséquilibrer. ‖-íbrio m. (-íbryou). Déséquilibre, manque d'équilibre.

deserção f. (deserçáou). Désertion.
deserdar vt. (desirdar). Déshériter.
desert‖ar vi. (desertar). Déserter. ‖vt. Dépeupler. ‖-o m. (-è-ou). Désert. ‖-o, a adj. (-a). Désert, erte; inhabité, ée; dépeuplé, ée. ‖-or m. (-e-ôr). Déserteur.
desesp‖eração f. (desechpraçáou). Désespoir, m., désespérance. ‖ Colère, fureur, rage. ‖-erado, a adj. (-adou, a). Désespéré, ée; furieux, euse. ‖-erança f. (-áça). Désespérance, désespoir, m. ‖-erançar vt. (-ar). Ôter l'espoir. ‖-erar vt. et vi. (-ar). Désespérer, enrager. ‖-erar-se vr. (-ç). Enrager, se désespérer. ‖-ero m. (-érou). Désespoir.
desestim‖a f. (desechtíma). Mésestime. ‖-ar vt. (-ar). Mésestimer.
desfaçatez f. (dechfaçatéch). Effronterie, impudence.
desfalcar vt. (dechfà-ar). Défalquer, retrancher d'une quantité, etc.
desfalec‖er vi. (dechfalcér). Défaillir*, s'évanouir, tomber en défaillance. ‖ Se décourager. ‖S'affaiblir. ‖-ido, a adj. (-ídou, a). Défaillant.
desfalcar vt. (dechfà-ar). Défaillir, lance, f., évanouissement, affaiblissement.
desfalque m. (dechfà-). Défalcation, f. ‖Malversation, f., détournement.
desfastio m. (dechfachtíou). Bon appétit. ‖Fam. Enjouement. ‖Loc. Por desfastio, pour s'amuser.
desfav‖or m. (dechfavôr). Défaveur, f., discrédit. ‖-orável adj. (-ouravèl). Défavorable. ‖-orecer vt. (-rcér). Disgrâcier. ‖Nuire* à [prejudicar]. ‖ Contrarier. ‖Ne pas favoriser.
desfazer* vt. (dechfazér). Défaire*. ‖Ruiner, détruire*, dissoudre*. ‖ Fondre, liquéfier. ‖Annuler ‖ Délayer, détremper [derreter]. ‖Renverser [deitar abaixo]. ‖vi. Médire* de [pessoas]. ‖Déprécier [coisas]. ‖--se* vr. (-ç). Se défaire*, se débarrasser. ‖Se fondre. ‖Se disiper. ‖Renvoyer* [despedir]. ‖Loc. Desfazer-se em lágrimas, fondre en larmes.
desfear vt. (dechfyar). Enlaidir.
desfech‖ar vt. (dechfe-ar). Tirer (un fusil) [espingarda, etc.]. ‖Décocher [dardo, etc.]. Assener [pancada].

Itálico : acento tônico. ‖V. página verde para a pronúncia figurada. ‖*Verbo irreg. V. no final do livro.

‖ Jeter, lancer. ‖ Loc. *Desfechar uma gargalhada*, partir* d'un éclat de rire. ‖ vi. Se dénouer, finir par. ‖ -o m. (-ây-ou). Dénouement. ‖ Solution, f.

desfeit‖a f. (dechfâyta). Offense. ‖ -ear vt. (-yar). Insulter, outrager, offenser. ‖ -o, a adj. (-âytou, a). Détait, aite. ‖ Violent, ente ; impétueux, euse.

des‖ferir* vt. (dechfrír). *Mar.* Déferler. ‖ Lancer, jeter. ‖ Faire* vibrer (les cordes d'un instrument). ‖ -ferrar vt. (-errar). Déferrer. ‖ *Mar.* Déferler. ‖ -fiar vt. (-yar). Effiler. ‖ *Fig.* Raconter en détail. ‖ -fiar-se vr. (-ç). S'effiler. ‖ -fibrar vt. (-rar). Défibrer.

desfigur‖ação f. (dech-ouraçâou). Déformation. ‖ -ar vt. (-ar). Défigurer, contrefaire*, déformer.

desfil‖ada f. (dech-ada). Défilade. ‖ Loc. *À desfilada*, à bride abattue, ventre à terre. ‖ -adeiro m. (-adâyrou). Défilé. ‖ -ar vi. (-ar). Défiler. ‖ -e m. (-él). Défilé, défilade, f.

desfitar vt. (dech-ar). Détourner les yeux de.

desflor‖ação f. (dech-ouraçâou) ou -amento m. (-étou). Défleuraison, f. ‖ Viol, m. ‖ -ar vt. (-ar). Défleurir [tirar a flor]. ‖ Déflorer, violer. ‖ -ecer vi. (-ér). Défleurir, perdre sa fleur. ‖ -ecimento m. (-étou). Défleuraison, f., DÉFLORAISON, f.

desfolh‖a f. (dechfola). Effeuillaison. ‖ Effeuillage, m. [acção]. ‖ -ar vt. (-oular). Effeuiller [árvore, flor]. ‖ Défeuiller [árvore]. ‖ -ar-se vr. (-ç). S'effeuiller.

desforç‖a f. (dechfourçar). Venger. ‖ -ar-se vr. (-ç). Se venger. ‖ -o m. (-ô-ou). Redressement (des torts). ‖ Vengeance, f. (d'une injure).

desforr‖a f. (dechforra). Revanche. ‖ Réparation. ‖ -ar vt. (-ou-ar). Débourrer. ‖ Rattraper (son argent, son temps). ‖ Indemniser (d'une perte). ‖ -ar-se vr. (-ç). Prendre* sa revanche. ‖ Se racquitter [pagar-se]. ‖ Loc. *Desforrar-se de alguém*, dire* son fait à quelqu'un.

des‖fosforação f. (-ouchfouraçâou). Déphosphoration. ‖ -fraldar vt. (dechfrà-ar). *Mar.* Déferler. ‖ Déployer (un drapeau) [bandeira]. ‖ -franzir

vt. (-âzir). Déplisser, défroncer. ‖ -frizar vt. (-ar). Défriser.

desfrut‖ador, a adj. et s. (dechfroutadôr, a). Usufruitier, ère. ‖ Moqueur, euse [trocista]. ‖ -ar vt. (-ar). Jouir de. ‖ *Fig.* Se moquer de. ‖ Vivre* aux dépens de. ‖ -e (-out) ou -o (-ou). Usufruit, jouissance, f. ‖ *Fam.* Raillerie, f.

desgalhar vt. (dejgalar). Ébrancher.

desgarr‖ado, a adj. (dejgarradou, a). Égaré, ée ; perdu, ue. ‖ -ar vt. (-ar). Écarter de sa route, du droit chemin. ‖ vi. et -ar-se vr. (-ç). S'égarer, se perdre. ‖ Lever l'ancre. ‖ S'écarter, s'éloigner [afastar-se].

desgast‖ar vt. (dejgachtar). User, consommer. ‖ Ronger [roer]. ‖ -e m. (-a-). Usure, f.

desgost‖ar vt. (dejgouchtar). Dégoûter, désobliger. ‖ Déplaire* à [aborrecer]. ‖ Fâcher [zangar]. ‖ vi. Ne pas aimer : *não desgostar de*, aimer ‖ -ar-se vr. (-ç). Se dégoûter, être* fâché de. ‖ -o m. (-ô-ou). Dégoût ; chagrin, regret. ‖ -oso, a adj. (-ousou, osa). Dégoûté, ée ; ennuyé, ée ; mécontent, ente. ‖ Désagréable, fade. ‖ Découragé, ée (desanimado).

desgovern‖ado, a adj. (dejgouvernadou, a). Gaspilleur, euse. ‖ Désordonné, ée. ‖ -ar vt. (-ar). Gaspiller, mal administrer. ‖ Gouverner mal (un navire). ‖ -ar-se vr. (-ç). Se dérégler, se conduire* mal. ‖ -o m. (-ô-ou). Gaspillage. ‖ Dérèglement, inconduite, f.

desgraç‖a f. (dejgraça). Malheur, m., infortune, m. ‖ Désastre, m. ‖ Disgrâce : *cair em desgraça*, tomber en disgrâce. ‖ Loc. *Por minha desgraça*, malheureusement pour moi. ‖ -adamente adv. (-açadamét). Malheureusement, par malheur. ‖ -ado, a adj. et s. (-adou, a). Malheureux, euse ; infortuné, ée. ‖ Misérable. ‖ Méprisable [desprezível]. ‖ -ar vt. (-ar). Rendre malheureux.

desgracioso, a adj. (dejgracyôsou, osa). Disgracieux, euse.

desgrenh‖ado, a adj. (dejgrenadou, a). Ébouriffé, ée ; échevelé, ée ; mal peigné, ée (pop.). ‖ -ar vt. (-ar). Ébouriffer, décheveler, écheveler, décoiffer.

desguaritar vt. (dejgouar-ar). *Br.*

Lettres penchées : accent tonique. ‖ V. page verte pour la prononciation figurée. ‖ *Verbe irrég. V. à la fin du volume.

Laisser échapper; égarer (bétail).
desguarnecer vt. (dejgouarnecér).
Dégarnir; déparer.
desguedelhar vt. (dejghedelar).
V. DESGRENHAR.
desiderato m. (de-dratou). Desideratum.
Desidério n. pr. (de-éryou). Désiré.
desidratar vt. (de-ratar). Déshydrater.
design‖ação f. (de-ghnaçãou). Désignation, dénomination. ‖ Choix, m. [escolha]. ‖**-adamente** adv. (-adamét). Notamment. ‖**-ar** vt. (-ar). Désigner, signaler. ‖ Nommer. ‖**-ativo, a** adj. (-atívou, a). Désignatif, íve.
designio m. (desíghnyou). Dessein, plan, projet.
desigual‖ adj. (de-ouàl). Inégal, ale; dissemblable. ‖ Raboteux, euse; accidenté, ée. ‖**-ar** vt. (-alar). Rendre inégal. ‖ vi. Différer. ‖**-dade** f. (-ad). Inégalité, différence, dissemblance.
desilu‖dido, a adj. (de-oudídou, a). Désillusionné, ée. ‖**-dir** vt. (-ír). Désillusionner, désabuser. ‖**-dir-se** vr. (-ç). Se désillusionner, se détromper. ‖**-são** f. (-ãou). Désillusion.
desimpedir* vt. (desipdír). Désencombrer, désobstruer, débarrasser.
desin‖çar vt. (desiçar). Purger, délivrer. ‖**-char** vt. et vi. (-ar). Désenfler. ‖**-char-se** vr. (-ç). Se dégonfler. ‖**-cumbir-se** vr. (-úbirç). S'acquitter.
desinência f. (de-êcya). Désinence.
desinfec‖ção f. (desiféçãou). Désinfection. ‖**-tante** adj. et s. m. (-át). Désinfectant, ante. ‖**-tar** vt. (-ar). Désinfecter. ‖**-tório** m. (-oryou). Br. Désinfectoire.
desin‖festar vt. (desifechtar). Délivrer. ‖**-flamar** vt. (-amar). Désenflammer. ‖ Désenvenimer (plaie). ‖**-quieto, a** adj. (-kyétou, a). Remuant, ante.
desinteligência f. (desitl-ẽcya). Mésintelligence, désaccord, f.
desinteress‖ado, a adj. (desitreçadou, a). Désintéressé, ée. ‖**-ar** vt.
(-ar). Désintéresser. ‖ Ôter l'intérêt à. ‖**-ar-se** vr. (-ç). Se désintéresser, se départir*, se désister. ‖**-e** m. (-éç). Désintéressement, détachement, renoncement.
desin‖trincar vt. (desitricar). Démêler, débrouiller. ‖**-tumecer** vt. (-oumcér). Dissiper l'intumescence de. ‖ vi. Désenfler. ‖**-tumecer-se** vr. (-ç). Se dégourdir.
desirman‖ado, a adj. (de-rmanadou, a). Dépareillé, ée; désassorti, ie. ‖**-ar** vt. (-ar). Désassortir, dépareiller.
desist‖ência f. (de-chtêcya). Désistement, m. ‖**-ir** vi. (-ír). Se désister, renoncer à, se départir*, abandonner, délaisser.
des‖lacrar vt. (dejlacrar). Décacheter. ‖**-lassar** vt. (-ar). Rendre lâche.
deslav‖ado, a adj. (dejlavadou, a). Délavé, ée; décoloré, ée. ‖ Fig. Effronté, ée; insolent, ente : cara deslavada, mine éhontée. ‖**-ar** vt. (-ar). Délaver, décolorer. ‖ Fig. Rendre éhonté.
desleal‖ adj. (dejlyàl). Déloyal, ale; traître, esse; perfide. ‖**-dade** f. (-ad). Déloyauté, trahison, félonie.
desleitar vt. (dejlãytar). Délaiter.
desleix‖ado, a adj. (dejlãychadou, a). Négligent, ente; insouciant, ante. ‖**-ar-se** vr. (-ç). Se négliger. ‖**-o** m. (-ãy-ou). Négligence, f., insouciance, f.
deslembr‖ança f. (dejlẽbràça). Oubli, m. ‖**-ar** vt. (-ar). Oublier.
desligar vt. (dej-ar). Délier.
deslind‖amento m. (dejlídamétou). Délimitation. ‖ Éclaircissement. ‖**-ar** vt. (-ar). Délimiter. ‖ Éclaircir. ‖**-e** m. (-íd). Délimitation. ‖ Éclaircissement.
desliz‖adeiro m. (dej-adãyrou). Glissoire, f. ‖**-amento** m. (-étou). Glissade, f. ‖**-ar** vi. (-ar). Glisser. ‖**-e** m. (-iz). Glissade, f. ‖ Fig. Faute, f., erreur, f., écart, faux pas.
desloc‖ação f. (dejloucaçãou) ou **-amento** m. (-étou). Déplacement, m. ‖ Dislocation, f. [membro, terreno]. ‖**-ar** vt. (-ar). Déplacer. ‖ Disloquer, luxer. ‖**-ar-se** vr. (-ç). Se déplacer, se disloquer.
deslombar vt. (dejlõbar). Éreinter, échiner.

Itálico : acento tônico. ‖V. página verde para a pronúncia figurada. ‖*Verbo irreg. V. no final do livro.

deslumbr‖amento m. (dejlūbramē-tou). Éblouissement, féerie, f., fascination, f. ‖ Aveuglement [cegueira]. ‖**-ar** vt. (-ar). Éblouir, offusquer.

deslustr‖ar vt. (dejlouchtrar). Ternir. ‖ Flétrir. ‖**-oso, a** adj. (-ōsou, osa). Terne. ‖ *Fig.* Honteux, euse; déshonorant, ante.

desluz‖ido, a adj. (dejlouzídou, a). Obscur, ure; terne. ‖ Sans grâce. ‖ *Déprécié, ée.* ‖ Sans honneur. ‖**-imento** m. (-ētou). Ternissure, f., manque d'éclat. ‖ Déshonneur, opprobre. ‖**-ir*** vt. (-ír). Ternir, obscurcir. ‖ Déprécier.

desmagnetizar vt. (dejmaghnt-ar). Démagnétiser, désaimanter.

desmal‖ado, a adj. (dejmáyadou, a). Évanoui, ie. ‖ Terne, pâle. ‖ Faible [fraco]. ‖**-ar** vt. (-yar). Faire* pâlir. ‖ vi. Pâlir. ‖ S'évanouir [perder os sentidos]. ‖ Se ternir [desbotar]. ‖ Se décourager. ‖**-o** m. (-ayou). Évanouissement. ‖ Découragement. ‖ Pâleur, f. [palidez].

desmam‖a f. (dejmáma). Sevrage, m. ‖**-ar** vt. (-ar). Sevrer. ‖**-e** m. (-ām). Sevrage.

desmanch‖-a-prazeres m. et f. (dejmā-aprazérch). Trouble-fête, m., rabat-joie, m., éteignoir, m. [fam.]. ‖**-ar** vt. (-ar). Défaire* (mariage, etc.) [casamento, etc.]. ‖ Démonter (une machine). ‖ Désajuster (la coiffure) [penteado]. ‖ Débâtir (robe) [vestido]. ‖ Disloquer, démettre* [membro, osso]. ‖ *Fig.* Déconcerter, démonter. ‖**-ar-se** vr. (-arç). Se défaire*, se disjoindre*. ‖ *Fig.* Se démonter, se décontenancer; se dérégler. ‖**-o** m. (-ā-ou). Dérangement, désordre, renversement. ‖ *Fam.* Fausse couche, f., avortement : *ter um desmancho,* faire* une fausse couche.

desmand‖ar vt. (dejmadár). Contremander. ‖**-ar-se** vr. (-ç). Se déborder, s'emporter, sortir* des règles. ‖**-o** m. (-ádou). Dérèglement, désobéissance, f., désordre, abus.

desmantel‖amento m. (dejmātlamētou). Démantèlement. ‖**-ar** vt. (-ar). Démanteler. ‖ *Mar.* Démâter. ‖ Détruire*, démolir. ‖ *Fig.* Déranger.

desmarc‖ado, a adj. (dejmarcadou, a). Démesuré, ée; énorme. ‖**-ar** vt. (-ar). Démarquer.

desmascarar vt. (dejmachcarar). Démasquer. ‖ Dévoiler [revelar].

desmastrear vt. (dejmachtryar). Démâter.

desmaterializar vt. (dejmatrya-ar). Immatérialiser.

desmazel‖ado, a adj. (dejmazladou, a). Négligent, ente; insouciant, ante. ‖**-ar-se** vr. (-arç). Se négliger. ‖**-o** m. (-élou). Négligence, f., nonchalance, f., insouciance, f., laisser-aller.

desmed‖ido, a adj. (dejmedídou, a). Démesuré, ée; excessif, ive. ‖**-ir-se** vr. (-írç). Sortir* des bornes.

desmedr‖ado, a adj. (dejmedradou, a). Rabougri, ie; chétif, ive. ‖**-ar** vi. (-ar). Dépérir, rabougrir, maigrir.

desmembr‖amento m. (dejmēbramētou). Démembrement, division, f. ‖**-ar** vt. (-ar). Démembrer, diviser. ‖**-ar-se** vr. (-ç). Se démembrer, se séparer.

desmemoriado, a adj. (dejmemouryadou, a). Oublieux, euse.

desment‖ido m. (dejmētídou). Démenti, dénégation, f. ‖**-ir** vt. (-ír). Démentir*, contredire*, nier. ‖ *Br.* Se tordre (le pied).

desmerec‖edor, a adj. (dejmerecedor, a). Indigne de. ‖**-er** vt. (-ér). Ne pas mériter. ‖ vi. Démériter. ‖ Déteindre* [perder a cor]. ‖**-imento** m. (-ētou). Démérite, manque de mérite.

desmesur‖a f. (dejmesoura). Impolitesse. ‖**-ado, a** adj. (-ádou, a). Démesuré, ée; excessif, ive. ‖**-ar-se** vr. (-ç). Sortir* des bornes, s'emporter, s'oublier.

desmilit‖arizar vt. (dejmilit-ar-ar). Démilitariser.

desmiolado, a adj. (dejmyouladou, a). Sans mie. ‖ *Fig.* Écervelé, ée.

desmobil‖ar vt. (dejmou-ar). Démeubler. ‖**-ização** f. (-açou). Démobilisation. ‖**-izar** vt. (-ar). Démobiliser.

desmoitar vt. (dejmōytar). Défricher.

desmont‖ada f. (dejmōtáda). Démontage, m. ‖**-ar** vt. (-ar). Démonter. ‖ vi. Descendre (de cheval). ‖**-ável**

Lettres penchées : accent tonique. ‖ V. page verte pour la prononciation figurée. ‖ *Verbe irrég. V. à la fin du volume.

DES — DES

adj. (-avèl). Démont*able*. ‖**-e** m. (-ôt). Démont*age*.

desmoraliz‖**ação** f. (dejmoura-açãou). Démoralisati*on*. ‖**-ado, a** adj. (-adou, a). Démoralisé, ée; immoral, *ale*. ‖**-ar** vt. (-ar). Démoraliser. ‖Déconcerter, décourag*er*.

desmoron‖**adiço, a** adj. (dejmourounadiçou, a). Ébouleux, *euse*. ‖**-amento** m. (-étou). Éboulement, écroulement. ‖**-ar** vt. (-ar). Faire* tomber, ébouler. ‖Détru*ire**, démolir. ‖**-ar-se** vr. (-ç). S'écrouler, crouler, s'ébouler, ébouler.

desmoutar vt. (dejmôt*ar*). V. DESMOITAR.

desnacionaliz‖**ação** f. (dejnacyounaaçãou). Dénationalisati*on*. ‖**-ar** vt. (-ar). Dénationaliser.

desnat‖**ação** f. (dejnataçãou). Écré*mage*, m. ‖**-adeira** f. (-ãyra). Écrém*oir*, m. ‖**-ar** vt. (-ar). Écrém*er*.

desnatur‖**ado, a** adj. (dejnatouradou, a). Dénaturé, ée; inhum*ain*, *aine*. ‖**-alização** f. (-a-açãou). Dénaturalisati*on*. ‖**-alizar** vt. (-ar). Dénatura*liser*. ‖**-ar** vt. (-ar). Dénatur*er*.

desneces‖**sariamente** adv. (dijnecaçaryamét). Inutilement. ‖**-ário, a** adj. (-a-ou, a). Inutile, superflu, *ue*.

desnicotinizar vt. (dej-ou-ar). Dénicotiniser.

desnível m. (dejnivèl). Dénivellati*on*, f., différence, f., inégalité, f.

desnivel‖**amento** m. (dej-vlamétou). Dénivellement, dénivellati*on*, f. ‖**-ar** vt. (-ar). Déniveler.

desnorte‖**ado, a** adj. (dejnourtyadou, a). Désorienté, ée; égaré, ée. ‖Déconcerté, ée. ‖**-amento** m. (-amétou). Désorientati*on*, f., égarement, m. ‖**-ar** vt. (-yar). Désorienter, égarer. ‖Déconcerter, embarrasser.

desnublar vt. (dejnou-ar). Éclaircir.

desnud‖**amento** m. (dejnoudamétou). Dénudati*on*, f. ‖**-ar** vt. (-ar). Dénud*er*, déshabiller. ‖**-ar-se** vt. (-ç). Se déshabiller. ‖**-ez** f. (-éch). Nudité.

desobed‖**ecer** vi. (desôbdec*èr*). Désobéir*. ‖**-lência** f. (-yéçya). Désobéissance. ‖**-lente** adj. (-yèt). Désobéiss*ant*, *ante*.

desobrig‖**a** f. (desôbr*iga*). Acquittement, m. [acção]. ‖Acquit, m. [documento]. ‖Communion pascale.

‖**-ação** f. (-áou). Désengagement, m. ‖**-ar** vt. (-ar). Dégager, exempter, affranch*ir*, dispenser. ‖**-ar-se** vr. (-ç). S'acquitter. ‖Faire* ses pâques [confessar-se].

desobstr‖**ução** f. (desobchtrouçãou). Désobstructi*on*. ‖**-uir*** vt. (-ou*ir*). Désobstru*er*, débarrasser.

desocup‖**ação** f. (desôcoupaçãou). Désoccupati*on*, inoccupati*on*. ‖**-ado, a** adj. (-adou, a). Inoccupé, ée; désœuvré, ée. ‖**-ar** vt. (-ar). Débarrasser, désempl*ir*, évacuer, vider.

desodorizar vt. (desôdour-ar). Désodoriser.

desofuscar vt. (desôfouchc*ar*). Ôter ce qui offusque

desol‖**ação** f. (desoulaçãou). Désolati*on*. ‖Dévastati*on*. ‖**-ar** vt. (-ar). Désoler. ‖Ravager, dévaster.

desolhado, a adj. (desôladou, a). Qui a les yeux cernés ou ternes.

desonest‖**idade** f. (desouněch-ad). Malhonnêteté, déshonnêteté. ‖**-o, a** adj. (-è-ou, a). Malhonnête, déshonnête, impudique. ‖Indigne.

desonr‖**a** f. (desôrra). Déshonneur, m., ignominie. ‖**-ar** vt. (-ar). Déshonorer. ‖**-oso, a** adj. (-ôzou, osa). Déshonorant, *ante*; déshonorable, avilissant, *ente*.

desopil‖**ação** f. (desô-açãou). Désopilati*on*. ‖**-ante** adj. (-*át*). Désopilant, *ante*; désopilat*if*, *ive*. ‖**-ar** vt. (-ar). Désopil*er*. ‖Désobstruer. ‖Faire* ri*re**. ‖Loc. Desopilar o fígado, se désopiler la rate. ‖**-ativo, a** adj. (-ativou, a). V. DESOPILANTE.

desoprimir vt. (desôpr-*ir*). Alléger.

desoras (desor*ach*). U. dans la loc. a desoras, à une heure indue.

desord‖**eiro, a** adj. (desôrdâyrou, a). Émeutier, ère; querelleur, *euse*. ‖**-em** f. (-o-ây). Désordre, m. ‖Bagarre, émeute [barulho]. ‖Rixe. ‖**-enado, a** adj. (-dnadou, a). Désordonné, ée. ‖**-ar** vt. (-ar). Désordonner, déranger, conf*ondre*.

desorganiz‖**ação** f. (desôrga-açãou). Désorganisati*on*, désordre, m. ‖**-ar** vt. (-ar). Désorganiser, désordonn*er*.

desorient‖**ação** f. (desôryétaçãou). Désorientati*on*. ‖**-ado, a** adj. (-adou, a). Désorienté, ée; déconcerté, ée.

Itálico: acento tónico. ‖V. página verde para a pronúncia figurada. ‖*Verbo irreg. V. no final do livro.

DES — DES

‖Deséquilibré, ée. ‖-ar vt. (-ar). Désorienter, déconcerter.
desornar vt. (desôrnar). Dégarnir.
desossar vt. (desôçar). Désosser.
desov‖a f. (desova). Frai, m. ‖-ar vi. (-ôvar). Frayer.
desoxidar vt. (desokç-ar). Désoxyder.
despach‖ado, a adj. (dechpachadou, a). Expeditif, íve ‖Enregistré, ée [bagagem]. ‖-ante m. (-ât). Expéditeur ‖-ar vt. (-ar). Dépêcher, expédier. ‖ Déférer à [requerimento]. ‖Nommer [emprego]. ‖ Enregistrer [bagagens]. ‖Fig. Dépêcher, tuer [matar]. ‖-ar-se vr. (-ç). Se dépêcher, se hâter. ‖-o m. (-a-ou). Dépêche, f., expédition, f. ‖Dédouanage [alfândega]. ‖ Nomination, f. [cargo]. ‖Enregistrement [bagagens].
despedaçar vt. (dechpdaçar). Dépecer; déchirer, dilacérer.
desped‖ida f. (dechpdída). Séparation, adieux, m. pl. ‖Congé, m., renvoi, m. ‖-ir* vt. (-ír). Congédier, remercier, renvoyer*. ‖Décocher, jeter [dardo, seta]. ‖Dégager, répandre [espalhar]. ‖vi. Finir. ‖-ir-se* vr. (-ç). Prendre* congé, faire* ses adieux. ‖Se retirer, se séparer, se quitter.
despeg‖ar vt. (dechpgar). Décoller, détacher. ‖vi. Pop. Cesser; quitter ou abandonner le travail. ‖-o m. (-égou). Détachement, désintéressement.
despeit‖ar vt. (dechpâytar). Dépiter. ‖-o m. (-âytou). Dépit. ‖Loc. A despeito de, en dépit de, malgré.
despej‖ado, a adj. (dechpjadou, a). Vidé, ée; débarrassé, ée; désobstrué, ée. ‖Licencieux, euse. ‖-ar vt. (-ar). Vider, désemplir. ‖Désobstruer, évacuer. ‖vi. Déménager. ‖-o m. (-âyjou). Vidange, f., évacuation, f. ‖Débarras [local]. ‖Déménagement [mudança]. ‖Fig. Effronterie, f. ‖Loc. Ordem de despejo, assignation de déménagement.
despender vt. (dechpêder). Dépenser. ‖Employer, prodiguer.
despenh‖adeiro m. (dechpgnadâyrou). Précipice, abîme. ‖-ar vt. (-ar). Précipiter.
despensa f. (dechpêça). Office, m.; garde-manger, m.

despentear vt. (dechpêtyar). Décoiffer.
desperceb‖er vt. (dechperçbér). Ne pas comprendre*, ne pas remarquer.
desperdiç‖ado, a adj. (dechper-adou, ‖-ido, a adj. (-ídou, a). Inaperçu, ue.
a). Dissipé, ée. ‖s. m. et f. Gaspilleur, euse. ‖-ar vt. (-ar). Dissiper, gaspiller, prodiguer.
desperdicio m. (dechper-ícyou). Gaspillage, dissipation, f. ‖pl. Chiffons.
desper‖sonalizar vt. (dechperçou-a-ar). Ôter la personnalité. ‖-suadir vt. (-ouadír). Dissuader, déconseiller.
despert‖ador m. (dechpertadôr). Réveille-matin. ‖-ar vt. (-ar). Éveiller, réveiller. ‖Exciter, piquer. ‖vi. S'éveiller, se réveiller. ‖-o, a adj. (-ê-ou, a). Éveillé, ée.
despesa f. (dechpêsa). Dépense, frais, m. pl., coût, m.
despido, a adj. (dechpídou, a). Déshabillé, ée; nu, ue. ‖Loc. Despido de, dénué de, sans.
despiedoso, a adj. (dechpyedôsou, osa). Impitoyable, cruel, elle.
despiolhar vt. (dechpyoular). Épouiller.
despir‖* vt. (dechpír). Déshabiller, dévêtir*. ‖Ôter, retirer [peça de vestuário]. ‖--se vr. (-ç). Se déshabiller.
despoj‖ar vt. (dechpoujar). Dépouiller. ‖Dégarnir. ‖-ar-se vr. (-ç). Se dépouiller. ‖-o m. (-ôjou). Dépouille, f. ‖Dépouillement [acção]. ‖Butin [guerra, etc.]. ‖pl. Fig. Restes, fragments, butin, sing. ‖Loc. Despojos mortais, dépouille (f. sing.) mortelle.
despolarizar vt. (dechpoular-ar). Dépolariser.
despolpar vt. (dechpô-ar). Dépulper.
despont‖ar vt. (dechpôtar). Épointer. ‖vi. Éclore*. ‖Poindre (l'aurore, le jour).
desport‖ista m. (dechpourtíchta). Sportsman. ‖f. Sportswoman. ‖-ivo, a (-ívou, a). Sportif, íve. ‖-o m. (-ô-ou). Sport.
despos‖ar vt. (dechpousar). Se fiancer à [prometer casamento]. ‖Épou-

---

Lettres penchées : accent tonique. ‖V. page verte pour la prononciation figurée. ‖ *Verbe irrég. V. à la fin du volume.

ser. ‖-**ório** m. (-*oryou*). Fianç*ailles*, f. pl. ‖Mari*age* [casamento].
déspota m. (dèchpouta). Despote.
despótico, a adj. (dèchpo-ou, a). Despot*ique*.
despovo‖ação f. ou **-amento** m. (dèchpouvouação*u*, -ètou). Dépeuplement, m. ‖**-ado, a** adj. (-*ouadou*, a). Dépeuplé, ée. ‖s. m. Désert. ‖**-ar-t.** (-*ouar*). Dépeupler; dévaster.
desprec‖atado, a adj. (dèchprècatadou, a). Insouci*ant*, ante; dépourvu, ue. ‖**-atar-se** vr. (-*arç*). Négliger, ne prendre* garde à. ‖**-aver*** vt. (-*avér*). Ne pas veiller à. ‖**-aver-se*** vr. (-ç). Manquer de prévoyance.
despregar vt. (dèchprègar). Déclouer. ‖ Déplisser [pregas]. ‖Déployer [desdobrar]. ‖Écarter, détourner [olhar].
desprend‖er vt. (dèchprèdér). Lâcher. ‖Détacher, délier. ‖**-er-se** vr. (-ç). Se dégager. ‖**-imento** m. (-*ètou*). Détachement, désintéressement.
despreocup‖ação f. (dèchprèyòcoupaçãou). Insouciance. ‖**-ado, a** adj. (-adou, a). Insouci*ant*, ante; insoucieux, euse. ‖**-ar** vt. (-*ar*). Délivrer d'une préoccupation.
desprest‖igiar vt. (dèchprèch-yar). Ôter le prestige à. ‖**-ígio** m. (-í-ou). Perte (f.) du prestige.
despretensioso, a adj. (dèchprètècyòsou, osa). Modeste, franc, anche.
despreven‖ido, a adj. (dèchprèvènidou, a). Insouciant, ante [descuidado]. ‖Imprévoyant, ante. ‖Dépourvu, ue. ‖**-ir-se*** vr. (-*irç*). Ne pas se prémunir.
desprez‖ador, a adj. et s. (dèchprèzadôr, a). Contempteur, trice. ‖**-ar** vt. (-ar). Mépriser. ‖ Refuser, dédaigner. ‖**-o** m. (-*ézou*). Mépris, dédain. ‖**-ível** adj. (-*ivèl*). Méprisable, vil, ile. ‖Loc. *Dar-se ao desprezo*, s'avilir.
despron‖úncia f. (dèchprounûcya). Non-lieu, m. ‖**-unciar** vt. (-*yar*). Mettre* hors d'accusation.
despropor‖ção f. (dèchproupourçãou). Disproportion. ‖**-cionado, a** adj. (-*ounadoua* a). Disproportionné, ée. ‖**-cionar** vt. (-ar). Disproportionner.
despropositᴏ‖adamente adj. (dèchproupou-amēt). Sans raison, hors de propos, sans rime ni raison. ‖**-ado, a** adj. (-adou, a). Absurde, importun, une; étourdi, ie; emporté, ée [irritado]. ‖**-ar** vi. (-*ar*). Déraisonner; extr*a*vaguer.
despropósito m. (dèchproupo-ou). Absurdité, f., extravagance, f.; coq-à-l'âne [disparate pegado].
desproteger vt. (dèchproutjér). Abandonner, délaisser.
desprov‖eito m. (dèchprouvàytou). Perte, f.; inutilité, f. ‖**-er*** vt. (-ér). Dégarnir [do necessário]. ‖Priver. ‖**-ido, a** adj. (-*ídou*, a). Dépourvu, ue; privé, ée.
desqualific‖ação f. (dèchcoua-açãou). Déclassement, m. ‖**-ado, a** adj. (-adou, a). Déclassé, ée. ‖**-ar** vt. (-ar). Déclasser; disqualifier.
desquit‖ação f. (dèchkitaçãou). Séparation, divorce, m. ‖**-ar** vt. (-ar). Faire* divorcer. ‖**-ar-se** vr. (-ç). Divorcer. ‖**-e** m. (-*ít*). V. DESQUITAÇÃO.
desramar vt. (dejrramar). Ébrancher.
desregr‖ado, a adj. (dejrrègradou, a). Déréglé, ée; désordonné, ée; immoral, ale. ‖**-amento** m. (-amètou). Dérèglement, désordre; intempérance, f. ‖**-ar** vt. (-*ar*). Dérégler. ‖**-ar-se** vr. (-ç). Se dérégler.
desrespeit‖ar vt. (dejrrèchpàytar). Manquer de respect ou d'égards à. ‖**-o** m. (-*àytou*). Manque de respect ou d'égards.
dessangrar vt. (dèchçãgrar). Saigner.
desse, a contr. de et *esse, a* (déç, dèça). De cel*ui-*là, de celle-là [pron.]; de cet, de cette (...-là) [adj].
desselar vt. (dèchcèlar). Desseller. ‖Desceller [selo].
dessemelhante adj. (dèchcèmèlãt). Dissemblable.
dessoldar vt. (dèchçô-ar). Dessouder.
destabocado, a adj. (déçtabôcadou, a). *Br.* Emporté, ée; exalté, ée.
destac‖ado, a adj. (dèchtacadou, a). Détaché, ée; séparé, ée. ‖**-amento** m. (-amètou). Détachement. ‖**-ar** vt. (ar). Détacher, séparer. ‖**-ar-se** vr. (-ç). Se détacher; s'écarter [afastar-se].

Itálico : acento tônico. ‖V. página verde para a pronúncia figurada. ‖*Verbo irreg. V. no final do livro

destampar vt. (dechtãpar). Découvrir*.

destapar vt (dechtapar). Découvrir*; déboucher [rolha].

destaque m. (dechtac). *Gal.* Évidence, f.

destarte adv. (dèchtart). De la sorte.

deste, a contr. de *de* et *este*, *a* (décht, dè-a). De celui(-ci), de celle(-ci) [pron.] ; de cet, de cette (...-ci) [adj.].

destelhar vt. (dechtelar). Ôter les *tuiles de*.

destem||ido, a adj. (dechtmídou, a). Intrépide, téméraire. ||-or m. (-ôr). Intrépidité, f.

destemper||ado, a adj. (dechtèpradou, a). Déréglé, ée; faux, ausse. ||Délayé, ée; détrempé, ée. ||-ar vt. (-ar). Tempérer, délayer. ||Désaccorder [instrumento]. || Détremper [tirar a têmpera]. ||vi. Se déconcerter. ||-ar-se vr. (-ç). S'emporter. ||-o m. (-érou). Extravagance, f., boutade, f., coq-à-l'âne. ||Emportement [irritação].

desterr||ar vt. (dechterrar). Bannir, exiler. ||-o m. (-é-ou). Exil.

destil||ação f. (dech-açãou). Distillation. ||-ador, a adj. (-ôr, a). Qui distille. ||s. m. Distillateur [pessoa]. ||Alambic [aparelho]. ||-ar vt. (-ar). Distiller. ||vi. Découler, dégoutter.

destin||ar vt. (dech-ar). Destiner; assigner; affecter. ||-atário, a m. et f. (-ataryou, a). Destinataire.

destingir vt. (dechtijir). Déteindre*; décolorer; pâlir. ||vi. Déteindre*, pâlir.

destino m. (dechtínou). Destin, sort. ||Destinée [de cada um]. ||Loc. *Com destino a*, à destination de.

destitu||ição f. (dech-ouiçãou). Destitution. ||Privation. ||-ir vt. (-ír). Destituer, démettre; révoquer.

desto||ante adj. (dechtouãt). Dissonant, ante; discordant, ante. ||Déplaisant, ante. ||-ar vi. (-ouar). Dissoner, détonner. ||Discorder. ||Déplaire* [desagradar].

des||toldar vt. (dechtô-ar). Découvrir*, éclaircir. ||-torcer vt. (-ourcér). Détordre; détortiller.

destramar vt. (dechtramar). *Fig.* Démêler, découvrir*, *faire* échouer.

destrambelh||ado, a adj. (dechtrãbladou, a). Détraqué, ée; radoteur, euse. ||-ar vi. (-ar). Se détraquer, radoter. ||S'emporter [irritar-se]. ||-o m. (-âylou). Détraquement, sottise, f.

destrancar vt. (dechtrãcar). Débarrer.

destratar vt. (dechtratar). *Br.* Insulter, injurier.

destrav||ado, a adj. (dechtravadou, a). Désentravé, ée. ||*Pop.* Écervelé, ée; fou, folle. ||-ar vt. (-ar). Désentraver. ||Désenrayer [roda].

destreza f. (dechtréza). Adresse; agilité; sagacité; aptitude; art, m.

destribar-se vr. (dechtr-arç). Vider les étriers. ||*Fig.* Perdre l'appui.

destrinç||a f. (dechtríça). Spécification. ||-ar vt. (-ar). Spécifier; séparer; détailler; éplucher.

destro, a adj. (dèchtrou, a). Adroit, oite; habile; agile; fin, ine; rusé, ée.

destroç||ar vt. (dechtrouçar). Détruire*; dépecer; défaire*, mettre* en déroute; disperser. ||-o m. (-ôçou). Ravage. ||pl. Débris; épaves, f.

destronar vt. (dechtrounar). Détrôner.

destroncar vt. (dechtrõcar). Couper par le tronc, séparer du tronc.

destru||ição f. (dechtrou-ãou). Destruction, dévastation. ||-idor, a adj. (-ôr, a). Destructeur, trice. ||-ir* vt. (-ír). Détruire*, ravager, ruiner.

destrunfar vt. (dechtrũfar). *Faire* tomber les atours à.

destrutivo, a adj. (dechtroutívou, a). Destructif, ive.

desumano, a adj. (desoumánou, a). Inhumain, aine; cruel, elle; dur, ure.

desun||ião f. (desounyãou). Désunion; mésintelligence. ||-ir vt. (-ír). Désunir, séparer, disjoindre*.

desurdir vt. (desourdír). Désourdir.

desus||ado, a adj. (desouzádou, a). Inusité, ée. ||-ar-se vr. (-arç). Être* hors d'usage. ||-o m. (-ousou) Manque d'usage, désuétude, f.

desvair||ado, a adj. (dejvayradou, a). Halluciné, ée; égaré, ée; perdu, ue; étourdi, ée. ||-amento m. (-amétou). Hallucination, f. ; délire, égarement. ||-ar vt. (-ar). Égarer, affo-

---

Lettres penchées : accent tonique. ||V. page verte pour la prononciation figurée. ||*Verbe irrég. V. à la fin du volume.

ler, halluciner. ||vi. Extravaguer, délirer.
desvall||ido, a adj. (dejvalídou, a). Disgracié, ée; abandonné, ée. ||-loso, a adj. (-yôsou, ôsa). Sans valeur. ||-or m. (-ôr). Manque de valeur, dépréciation, f. ||Découragement.
desvaloriz||ação f. (dejvalour-açãou). Dévalorisation. ||Dévaluation [legal da moeda]. ||-ar vt. (-ar). Dévaloriser. ||Dévaluer [legalement].
desvanec||er vt. (dejvancér). Dissiper, faire* disparaître*; flatter, enorgueillir. ||-er-se vr. (-ç). Se dissiper, s'évanouir; s'évaporer. ||S'enorgueillir [regozijar-se]. ||-ido, a adj. (-ídou, a). Dissipé, ée. ||Orgueilleux, euse. ||-imento m. (-étou). Évanouissement. ||Vanité, f., orgueil.
desvanta||gem f. (dejvãtajây). Désavantage, m. ||-joso, a adj. (-ôsou, osa). Désavantageux, euse.
desvario m. (dejvaríou). Délire.
desvelo m. (dejvélou). Soins, pl.
des||vendar vt. (dejvēdar). Débander. ||Découvrir*. ||-ventura f. (-toura). Infortune, m. ||-venturado, a adj. (-adou, a). Malheureux, euse. ||-vergonha f. (-ergôgna). Impudence. ||-viar vt. (-yar). Écarter. ||-vio m. (-íou). Détour. ||-virtuação f. (-rtouaçãou). Altération. ||-virtuar vt. (-ouar). Adultérer.
detector m. (detètôr). Détecteur.
de||tença f. (detêça). Retard, m. ||-tenção f. (-ãou). Détention. ||Mil. Consigne. ||-tentor m. (-ôr). Détenteur. ||-ter* vt. (-ér) Détenir*. ||Arrêter, suspendre. ||-ter-se* vr. (-érç). S'arrêter.
deterior||ação f. (deteryouraçãou). Détérioration. ||-ar vt. (-ar). Détériorer.
determin||ação f. (deter-açãou). Détermination. ||-ante adj. (-ãt). Déterminant, ante. ||-ar vt. (-ar). Déterminer. ||-ativo, a adj. (-atívou, a). Déterminatif, ive. ||-ável adj. (-avèl). Déterminable.
detest||ar vt. (detechtar). Détester. ||-ável adj. (-avèl). Détestable.
detid||amente adv. (de-amêt). Longuement. ||-o, a adj. (-ídou, a). Minutieux, euse. ||Lent, ente; tardif, ive.

deton||ação f. (detounaçãou). Détonation. ||-ador m. (-ôr). Détonateur. ||-ar vi. (-ar). Détoner.
detrás adv. (detrach). Derrière.
detrito m. (detritou). Détritus.
deturp||ação f. (detourpaçãou). Déformation. ||-ar vt. (-ar). Déformer, défigurer, détorquer.
Deus n. pr. (déouch). Dieu. ||Loc. Ao Deus dará, à la grâce de Dieu. Deus queira, plaise à Dieu. Em nome de Deus, au nom de Dieu. Graças a Deus, Dieu merci.
deusa f. (déousa). Déesse.
devagar adv. (devagar). Doucement, lentement. |interj. Tout doux!
devan||ear vt. et vi. (devanyar). Rêver. ||-eio m. (-áyou). Rêverie, f.
devass||a f. (devaça). Enquête. ||-ar vt. (-açar). Divulguer. ||Pénétrer dans. ||-Idão f. (-ãou). Débauche. ||-o, a adj. et s. (-açou, a). Débauché, ée.
devast||ação f. (devachtaçãou). Dévastation. ||-ador, a adj. et s. (-ôr, a). Dévastateur, trice. ||-ar vt. (-ar). Dévaster, ravager, détruire*.
dev||edor, a adj. et s. (devdôr, a). Débiteur, trice. ||-er vt. (-ér). Devoir*. ||s. m. Devoir.
deveras adv. (devêrach). En vérité.
devoção f. (devouçãou). Dévotion.
devol||ução f. (devouluçãou). Dévolution. ||Renvoi, m. [mercadorias]. ||-uto, a aij. (-outou, a). Vacant, ante. ||-ver vt. (-ér). Renvoyer*, retourner.
devor||ador, a adj. (devouradôr, a). Dévorant, ante. ||-ar vt. (-ar). Dévorer.
devot||ar vt. (devoutar). Dévouer. ||-o, a adj. et s. (-otou, a). Dévot, ote.
dextra f. (dèchtra). Main droite.
dez num. (dèch). Dix. ||-anove adj. num. (dezanov). Dix-neuf. ||-asseis adj. num. (-áych). Seize. ||-assete adj. num. (-èt). Dix-sept.
dezembro m. (dezêbrou). Décembre.
dez||ena f. (dezéna). Dizaine. ||-oito adj. num. -oytou). Dix-huit.
dia f. (día). Jour, journée, f. ||Loc. Dar os bons dias, souhaiter le bonjour. Dia aziago, jour funeste. Dia de ano novo, jour de l'an. Dia de anos, anniversaire, fête, f. Dia santo,

---

Itálico : acento tónico. ||V. página verde para a pronúncia figurada. ||*Verbo irreg. V. no final do livro.

DIA — DIF

jour de fête. *Dia sim, dia não,* tous les deux jours. *Dia útil,* jour ouvrable. *Em dia,* à jour; à la page, au courant. *No dia seguinte,* le lendemain.
diabetes m. et f. (dyabètch). Diabète, m.
diabo m. (dyabou). Diable. ǁ Loc. *Como o diabo,* en diable. *Com os diabos!* sapristi! *Que diabo!* que diable!
diab∥ólico, a adj. (dyabo-ou, a). Diabolique. ǁ**-rete** m. (-rét). Diablotín. ǁ**-rura** f. (-oura). Diablerie.
diacho! interj. (dya-ou). Diantre!
diaconisa f. (dyacounísa). Diaconesse.
diácono m. (dyacounou). Diacre.
dia∥crítico, a adj. (dyacrí-ou, a). Diacritique. ǁ**-dema** m. (-éma). Diadème.
diáfano, a adj. (dyafanou, a). Diaphane.
dia∥fragma m. (dyafra-a). Diaphragme. ǁ**-gnosticar** vt. (-ghnouch-ar). Diagnostiquer. ǁ**-gnóstico** m. (-o-ou). Diagnostic. ǁ**-gonal** adj. (-ounàl). Diagonale. ǁ**-grama** m. (-ráma). Diagramme.
dial∥ectal adj. (dyalètàl). Dialectal, ale. ǁ**-éctica** f. (-è-a). Dialectique. ǁ**-ecto** m. (-ètou). Dialecte. ǁ**-ectologia** f. (-oujía). Dialectologie.
dialog∥al adj. (dyalougàl). Dialogique. ǁ**-ar** vt. et vi. (-ar). Dialoguer.
diálogo m. (dyalougou). Dialogue.
diamant∥e m. (dyamát). Diamant. ǁ**-ífero, a** adj. (-ífrou, a). Diamantifère. ǁ**-ino, a** adj. (-ínou, a). Diamantin, ine.
diâmetro m. (dyâmtrou). Diamètre.
Diana n. pr. (dyâna). Diane.
diante adv. (dyàt). Devant, en avant, en face. ǁ Loc. *Daqui em diante,* dorénavant. *De amanhã em diante,* dès demain. *Diante de,* devant, en face de. *Para diante,* en avant.
dianteir∥a f. (dyàtâyra). Devant, m. : *tomar a dianteira,* prendre* les devants. ǁ**-o, a** adj. (-ou, a). De devant.
diapasão m. (dyapasáou). Diapason.
diári∥a f. (dyàrya). Recette ou dépense journalière. ǁ**-o, a** adj.

(-ou, a). Journalier, ère. ǁ s. m. Journal.
diarreia f. (dyarrâya). Diarrhée.
diástase f. (dyachtaz). Diastase.
diástole f. (dyachtoul). Diastole.
diatermia f. (dyatermía). Diathermie.
diatónico, a adj. (dyato-ou, a). Diatonique.
diatribe f. (dyatríb). Diatribe.
dicção f. (dicáou). Diction.
dicaz adj. (-ach). Mordant, ante.
dichote m. (-ot). Plaisanterie, f.
dicion∥ário m. (-ounaryou). Dictionnaire. ǁ**-arista** m. (-aríchta). Dictionnariste.
dicotiledónea f. (-ou-edonya). Dicotylédonée, dicotylédone.
Dido n. pr. (dídou). Didon.
diedro m. (dyèdrou). Dièdre.
dieta f. (dyèta). Diète.
difam∥ação f. (-amacáou). Diffamation. ǁ**-ador, a** adj. et s. (-ôr, a). Diffamateur, trice. ǁ**-ante** adj. (-àt). Diffamant, ante. ǁ**-ar** vt. (-ar). Diffamer, dénigrer. ǁ**-atório, a** adj. (-atoryou, a). Diffamatoire.
diferen∥ça f. (-frèça). Différence. ǁ Loc. *Com a diferença de,* à la différence de. *Com muita diferença,* à beaucoup près. *Fazer diferença a,* déranger. ǁ**-çar** vt. (-ar). Différencier. ǁ**-cial** adj. et s. f. (-yàl). Différentiel, elle. ǁ**-ciar** vt. (-ar). Différencier. ǁ *Mat.* Différentier. ǁ**-te** adj. (-êt). Différent, ente. ǁ**-temente** adv. (-êt). Différemment.
diferir* vt. et vi. (-frir). Différer.
dif∥ícil adj. (-ícil). Difficile. ǁ**-icílimo, a** adj. (-ífrou, a). Très difficile. ǁ**-icilmente** adv. (-êt). Difficilement.
dificul∥dade f. (-ou-ad). Difficulté. ǁ Loc. *Com grande dificuldade,* à grand'peine. *Lutar com dificuldades, être* en peine. ǁ**-tar** vt. (-ar). Rendre difficile. ǁ**-tar-se** vr. (-ç). Devenir* difficile. ǁ**-toso, a** adj. (-ôsou, osa). Difficultueux, euse.
difracção f. (-racáou). Diffraction.
difteria f. (-ería). Diphtérie.
difundir vt. (-ûdír). Répandre, diffuser.
difus∥ão f. (-ousáou). Diffusion. ǁ**-o, a** adj. (-ousou, a). Diffus, use. ǁ**-or** m. (-ôr). Diffuseur.

Lettres penchées : accent tonique. ǁ V. page verte pour la prononciation figurée. ǁ *Verbe irrég. V. à la fin du volume.

dige‖rir vt. et vi. (-e*ri*r). Digérer. ‖ **-rível** adj. (-*í*vèl). Digérable. ‖ **-stão** f. (-cht*ã*ou). Digestion. ‖ **-stivo, a** adj. et s. m. (-*í*vou, **a**). Digestíf, íve.
digit‖ação f. (-ac*ão*u). Digitation. ‖ **-ado, a** adj. (-*a*dou, **a**). Digité, ée. ‖ **-al** adj. (-*à*l). Digital, ale. ‖ s. f. Digitale.
digladiar vi. (-ady*a*r). Combattre*, disputer avec véhémence.
dign‖ar-se vr. (-ghnarç). Daigner. ‖ **-idade** f. (-*a*d). Dignité. ‖ **-ificar** (-*a*r). Rendre digne. ‖ **-itário, a** m. et f. (-*a*ryou, **a**). Dignit*ai*re. ‖ **-o, a** adj. (-ou, **a**). Digne.
digress‖ão f. (-rç*ão*u). Digression. ‖ Tournée, promenade. ‖ **-ionar** vi. (-oun*a*r). Digresser. ‖ **-ivo, a** adj. (-*í*vou, **a**). Digressíf, íve.
dilação f. (-aç*ão*u). Retard, m., délai, m.
dilacer‖ação f. (-acer*açã*ou). Dilacération. ‖ **-ante** adj. (-*à*t). Déchirant, ante. ‖ **-ar** vt. (-*a*r). Dilacérer, déchirer.
dilapid‖ação f. (-a-aç*ão*u). Dilapidation. ‖ **-ar** vt. (-*a*r). Dilapider.
dilat‖ação f. (-ataç*ã*ou). Dilatation. ‖ **-ador, a** adj. et s. m. (-*ô*r, **a**). Dilatat*e*ur, trice. ‖ **-ar** vt. (-*a*r). Dilater ‖ Retarder. ‖ Propager. ‖ **-ável** adj. (-*a*vèl). Dilatable. ‖ **-ório, a** adj. (-*o*ryou, **a**). Dilatoire.
dilecto, a adj. (-*è*tou, **a**). Bien-aimé, ée.
dilema f. (-*é*ma). Dilemme.
diletante adj. et s. (-etát*). Dilettante.
dilig‖ência f. (-*ê*cya). Diligence. ‖ Loc. Oficial de diligências, huissier. ‖ **-enciar** vt. (-y*a*r). Essayer, tâcher de. ‖ **-ente** adj. (-*è*t). Diligent, ente.
dilu‖ição f. (-ou-*ã*ou). Dilution. ‖ **-ir*** vt. (-*i*r). Diluer.
diluvi‖al adj. (-ouvy*à*l). Diluvial, ale. ‖ **-ano, a** adj. (-y*â*nou, **a**). Diluvien, enne.
dilúvio m. (-*ou*vyou). Déluge.
dimanar vi. (-an*a*r). Découler, dériver.
dimensão f. (-eç*ão*u). Dimension.
diminu‖endo m. (-ou*ê*dou). Nombre à diminuer. ‖ **-ição** f. (-*ão*u). Diminution ‖ Mat. Soustraction. ‖ **-idor** m. (-*ô*r). Le plus petit nombre. ‖ **-ir***

vt. et vi. (-*i*r). Diminuer. ‖ Mat. Soustraíre*. ‖ Baisser [preço]. ‖ **-ir-se** vr. (-*ç*). Se diminuer. ‖ **-tivo** m. (-*i*vou). Diminutíf. ‖ **-to, a** adj. (-*ou*tou, **a**). Petít, íte; faible, mínce.
Dinamarca n. pr. (-amarca). Danemark, m.
dinamarquês, esa adj. et s. (-amarkéch, ésa). Danois, oise.
dinâmic‖a f. (-*â*-a). Dynamíque. ‖ **-o, a** adj. :-ou, **a**). Dynamíque.
dinam‖ismo m. (-amíjmou). Dynamísme. ‖ **-iter** vt. (-*a*r). Dynamiter. ‖ **-ite** f. (-*i*t). Dynamite.
dinamo m. (dínamou). Dynamo.
dinastia f. (-acht*í*a). Dynastie.
dingo m. (díġou). Dingo.
dinheir‖ame m. (-gny*ê*r*â*m). Grande quantité (f.) d'argent. ‖ **-ão** m. (-*ão*u). Beaucoup d'argent. ‖ **-o** m. (-*â*yrou). Argent. ‖ Loc. Vender a dinheiro, vendre au comptant.
Dinís n. pr. (-*i*ch). Denís.
dioc‖esano, a adj. et s. (-oucesânou, **a**). Diocésa*i*n, *ai*ne. ‖ **-ese** f. (-*è*z). Diocèse, m.
diplom‖a m. (-*ô*ma). Diplôme. ‖ **-acia** f. (-oumac*i*a). Diplomatie. ‖ **-ado, a** adj. (-*a*dou, **a**). Diplômé, ée; breveté, ée. ‖ **-ata** m. (-*a*ta). Diplomate. ‖ **-ática** f. (-a). Diplomatique. ‖ **-ático, a** adj. (-ou, **a**). Diplomatique.
dique m. (dik). Digue, f.
direc‖ção f. (-rèc*ão*u). Direction. ‖ Comité, m.; bureau directeur, m. ‖ Adresse [carta]. ‖ **-tamente** adv. (-amét). Dírectement. ‖ **-tivo, a** adj. (-*i*vou, **a**). Directíf, íve. ‖ **-to, a** adj. (-*è*tou, **a**). Direct, ecte. ‖ **-tor, a** adj. et s. et s. m. (-*ô*r, **a**). Directeur, trice. ‖ **-toria** f. (-*ou*ria). Direction. ‖ **-tório** m. (-*o*ryou). Directoíre. ‖ **-triz** adj. et s. f. (-r*i*ch). Directrice.
direit‖a f. (-ráyta). Droite. ‖ Loc. À direita, à droite. As direitas, comme il faut. ‖ **-o, a** adj. (-ou, **a**). Droit, oite. ‖ Droit*i*er, ère [que não é canhoto]. ‖ adv. Droit. ‖ s. m. Droit. ‖ Loc. A torto e a direito, à tort et à travers. Com que direito? de quel droit? Está no seu direito, lìbre à lui. Estudar direito, étudier le droit. ‖ Endroit [de tecido]. ‖ **-ura** f. (-*ou*ra). Droiture.

Itálico : acento tónico. ‖ V. página verde para a pronúncia figurada. ‖ *Verbo irreg. V. no final do livro.

DIR — DIS

dirig‖ente adj. (-r-ët). Dirigeant, ante. ‖s. m. Directeur. ‖-ir vt. (-ir). Diriger. ‖ Adresser [carta, palavra]. ‖-ir-se vr. (-ç). Se diriger. ‖S'adresser [a uma pessoa]. ‖-ivel adj. (-ivèl). Dirigeable.
dirim‖ente adj. (-r-ët). Diriment, ante. ‖-ir vt. (-ir). Dirimer.
discente adj. (-chcët). Qui apprend.
discern‖imento m. (-chcer-ëtou). Discernement. ‖-ir* vt. (-ir). Discerner. ‖-ivel adj. (-ivèl). Discernable.
disciplin‖a f. (-chci-ína). Discipline. ‖ Matière (d'enseignement). ‖-ado, a adj. (-adou, a). Discipliné, ée. ‖-ar vt. (-ar). Discipliner. ‖ adj. Disciplinaire.
discípulo m. (-chcípoulou). Disciple.
disco m. (dichcou). Disque. ‖Br. Cadran (poste de radio).
discord‖ância f. (-chcourdãcya). Discordance. ‖-ante adj. (-ãt). Discordant, ante. ‖-ar vi. (-ar). Discorder. ‖-e adj. (-ord). Discordant, ante.
discórdia f. (-chcordya). Discorde.
discorrer vi. (-chcourrér). Courir* çà et là. ‖Fig. Discourir*. ‖Réfléchir.
discrep‖ância f. (-chcrepãcya). Diversité. ‖ Divergence. ‖-ante adj. (-ãt). Différent, ente. ‖Discordant, ante. ‖-ar vi. (-ar). Disconvenir*.
discret‖ear vi. (-chcretyar). Discourir*. ‖-o, a adj. (-ëtou, a). Discret, ète.
discri‖ção f. (-chcr-ãou). Discrétion. ‖Loc. À discrição, à discrétion. ‖-cionário, a adj. (-ounaryou, a). Discrétionnaire.
discrimin‖ação f. (-chcr-açãou). Discrimination. ‖-ar vt. (-ar). Distinguer, discerner. ‖Détailler.
discurs‖ar vi. (-chcourçar). Prononcer un discours. ‖-ivo, a adj. (-ívou, a). Discursif, ive. ‖-o m. (-ou-ou). Discours.
discu‖ssão f. (-chcouçãou). Discussion. ‖-tir vt et vi. (-ir). Discuter. ‖-tível adj. (-ivèl). Discutable.
disent‖eria f. (-ëtría). Dysenterie. ‖-érico, a adj. (-è-ou, a). Dysentérique.
disfar‖çado, a adj. (-chfarçadou, a). Déguisé, ée. ‖-çar vt. (-ar). Déguiser. ‖-çar-se vr. (-ç). Se déguiser. ‖-ce m. (-arç). Déguisement.
disforme adj. (-chform). Difforme.
disjun‖ção f. (-jjuçãou). Disjonction. ‖-gir vt. (-ir). Disjoindre*. ‖-tivo, a adj. (-ívou, a). Disjonctif, ive. ‖-to, a adj. (-útou, a). Disjoint, ointe. ‖-tor m. (-ôr). Disjoncteur.
dislate m. (-jlat). Sottise, f.
dispar adj. (dichpar). Dissemblable.
dispar‖ada f. (-chparada). Br. Fuite. ‖-ador m. (-adôr). Déclencheur. ‖-ar vt. (-ar). Tirer [flèche, etc.). ‖-ar-se vr. (-ç). Partir* (fusil). ‖-atado, a adj. (-chparatadou, a). Déraisonnable. ‖-ar vi. (-ar). Radoter. ‖-e m. (-at). Sottise, f.
disparidade f. (-chpar-ad). Disparité. ‖Br. Sottise, bêtise.
dispêndio m. (-chpëdyou). Dépense, f. ‖Fig. Désavantage, détriment.
dispendioso, a adj. (-chpëdyôsou, osa). Dispendieux, euse.
dispens‖a f. (-chpëça). Dispense. ‖-ar vt. (-ar). Dispenser. ‖-ário m. (-aryou). Dispensaire. ‖-atório m. (-atoryou). Dispensaire. ‖-ável adj. (-avèl). Dispensable.
disp‖epsia f. (-chpè-ía). Dyspepsie. ‖-éptico, a adj. (-è-ou, a). Dyspeptique.
dispers‖ão f. (-chperçãou). Dispersion. ‖-ar vt. (-ar). Disperser. ‖-o, a adj. (-è-ou, a). Dispersé, ée.
displic‖ência f. (-ch-ëcya). Déplaisir, m. ‖-ente adj. (-ët). Déplaisant, ante.
dispneia f. (-chpnâya). Dyspnée.
dispon‖ibilidade f. (-chpou-ad). Disponibilité. ‖-ível adj. (-ivèl). Disponible.
dispor* ‖ vt. et vi. (-chpôr). Disposer. ‖-se* vr. (-ç). Se disposer. ‖s. m. Disposition, f. Loc. Estou ao seu dispor, je suis à vos ordres.
disposi‖ção f. (-chpouçãou). Disposition. ‖Loc. Estar em disposição de, être* en état de, prêt à. ‖-tivo m. (-ívou). Dispositif.
disposto, a adj. (-chpôchtou, o-a). Disposé, ée. ‖s. m. Disposition, f.
disput‖a f. (-chpouta). Dispute. ‖-ador, a adj. et s. (-ôr, a). Disputeur, euse. ‖-ar vt. et vi. (-ar) Disputer. ‖-ável adj. (-avèl). Disputable.

Lettres penchées : accent tonique. ‖V. page verte pour la prononciation figurée. ‖*Verbe irrég. V. à la fin du volume.

dissabor m. (-abôr). Désagrément.
dissec‖ação f. (-ecaçáou). Dissection. ‖-ar vt. (-ar). Disséquer. ‖-ção f. (-èkçáou). Dissection. ‖-tor m. (èktór). Dissecteur, disséqueur.
dissemelh‖ança f. (-emelága). Dissemblance. ‖-ante adj. (-át). Dissemblable.
dissemin‖ação f. (-e-açáou). Dissémination. ‖-ar vt. (-ar). Disséminer.
dissen‖são f. (-ēçáou). Dissension. ‖-timento m. (-ētou). Dissentiment. ‖-tir* vi. (-ír). Être* en désaccord.
dissert‖ação f. (-ertaçáou). Dissertation. ‖-ar vi. (-ar). Disserter.
dissid‖ência f. (-ēcya). Dissidence. ‖-ente adj. (-ēt). Dissident, ente.
dissimilar adj. (-ar). Dissimilaire.
dissimul‖ação f. (-oulaçáou). Dissimulation. ‖-ado, a adj. (-adou, a). Dissimulé, ée. ‖-ar vt. (-ar). Dissimuler. ‖vi. User de dissimulation.
dissip‖ação f. (-açáou). Dissipation. ‖-ado, a adj. (-adou, a). Dissipé, ée. ‖-ador m. (-adôr). Dissipateur. ‖-ar vt. (-ar). Dissiper.
disso prép. de et pron. isso (diçou). De cela, en.
dissoci‖ação f. (-ou-açáou). Dissociation. ‖-ar vt. (-ar). Dissocier.
dissol‖ução f. (-oulouçáou). Dissolution. ‖-utivo, a adj. (-ívou, a). Dissolutif, ive. ‖-uto, a adj. (-outou, a). Dissolu, ue. ‖-vente adj. et s. m. (-ô-êt). Dissolvant, ante. ‖-ver vt. (-ér). Dissoudre*.
disson‖ância f. (-ounācya). Dissonance. ‖-ante adj. (-āt). Dissonant, ante. ‖-ar vi. (-ar). Dissoner.
dissua‖dir vt. (-ouadír). Dissuader. ‖-dir-se vr. (-ç). Se dissuader. ‖-são f. (-áou). Dissuasion. ‖-sivo, a adj. (-ívou, a). Dissuasif, ive. ‖-sório, a adj. (-oryou, a). V. DISSUASIVO.
dist‖ância f. (-chtācya). Distance. ‖-anciar vt. (-yar). Éloigner. ‖-anciar-se vr. (-ç). S'éloigner, se séparer. ‖-ante adj. (-āt). Distant, ante; loin (adv.). ‖-ar vi. (-ar). Être* distant, ante; éloigné, ée. ‖Fig. Différer.
disten‖der vt. (-chtēdér). Distendre ‖-são f. (-áou). Distension. ‖-sor m. (-ôr). Détendeur.

dístico m. (díc a -ou). Distique. ‖Écriteau [letreiro].
distin‖ção f. (-chtíçáou). Distinction. ‖Loc. Fazer distinção, distinguer. ‖-guir vt. (-ghír). Distinguer. ‖-guível adj. (-ívèl). Qui est facile à distinguer. ‖-to, a adj. (-ítou, a). Distinct, in·cte. ‖Distingué, ée [fino].
distorção f. ·-chtourçáou). Distorsion.
distrac‖ção f. (-chtraçáou). Distraction. ‖-tivo, a adj. (-ívou, a). Distrayant, ante.
distra‖idamente adv. (-chtraidamēt). Distraitement. ‖-ído, a adj. (-ídou, a). Distrait, aíte. ‖-ir* vt. (-ír). Distraire*. ‖-ir-se vr. (-ç). Se distraire*.
distribu‖ição f. (-chtr-ou-áou). Distribution. ‖-idor, a adj. et s. (-ôr, a). Distributeur, trice. ‖s. m. Facteur [carteiro]. ‖-ir* vt. (-ír). Distribuer*.
distrit‖al adj. (-chtr-àl). Du district. ‖-o m. (-ítou). District.
disturbar vt. (-chtourbar). Troubler.
distúrbio m. (-chtourbyou). Trouble.
dita f. (dita). Bonheur, m.
dit‖ado m. (-adou). Dictée, f. ‖Dicton, proverbe. ‖-ador m. (-adôr). Dictateur. ‖-adura f. (-oura). Dictature. ‖-ame m. (-âm). Dictamen. ‖-ar vt. (-ar). Dicter. ‖-atorial adj. (-atouryàl). Dictatorial, ale. ‖-o, a adj. (dí-tou, a). Dit, ite. ‖Loc. Dito e feito, aussitôt dit, aussitôt fait. ‖s. m. Mot, trait. ‖pl. Cancans, commérages.
ditongo m. (-ōgou). Diphtongue, f.
ditoso, a adj. (-ôsou, osa). Heureux, euse; fortuné, ée.
diur‖ese f. (-ourèz). Diurèse. ‖-ético, a adj. (-è-ou, a). Diurétique.
diurno, a adj. (-ournou, a). Diurne.
diuturno, a adj. (-outournou, a). Long, ongue; de longue durée.
divã m. (-á). Divan.
divag‖ação f. (-agaçáou). Divagation. ‖-ador, a adj. et s. (-ôr, a). Divagateur, trice. ‖-ar vi. (-ar). Divaguer, vaguer.
diverg‖ência f. (-erjēcya). Divergence. ‖-ente adj. (-ēt). Divergent, ente. ‖-ir* vi. (-ír). Diverger.
divers‖ão f. (-ersáou). Diversion.

Itálico : acento tónico. ‖V. página verde para a pronúncia figurada. ‖*Verbo irreg. V. no final do livro.

DIV — DOE

‖ Divertissement, m. ‖-**idade** f. (-*ad*). Diversité. ‖-**ificar** vt. (-*ar*). Diversifier. ‖-**ivo, a** adj. (-*ívou, a*). Diversif, ive. ‖-**o, a** adj. (-*ê-ou, a*). Divers, erse; plusieurs, pl.

divert‖**ido, a** adj. (-*ertídou, a*). Divertissant, ante. ‖-**imento** m. (-*étou*). Divertissement, amusement. ‖-**ir*** vt. (-*ír*). Divertir, amuser. ‖-**ir-se** vr. (-*ç*). Se divertir, s'amuser, se réjouir.

divida f. (*dí-a*). Dette. ‖ Loc. *Estar em dívida para com alguém*, être* en demeure envers quelqu'un.

divid‖**endo** m. (-*étou*). Dividende. ‖-**ir** vt. (-*ír*). Diviser.

divinatório, a adj. (-*atoryou, a*). Divinatoire.

divin‖**dade** f. (-*ídad*). Divinité. ‖-**izar** vt. (-*ar*). Diviniser. ‖-**o, a** adj. (-*ínou, a*). Divin, ine.

divisa f. (-*ísa*). Devise. ‖ *Mil.* Galon, m. (*sous-officier*).

divis‖**ão** f. (-*āou*). Division. ‖ Pièce (d'un appartement) [*casa*]. ‖-**ar** vt. (-*ar*). Apercevoir. ‖-**ionário, a** adj. (-*ounaryou, a*). Divisionnaire. ‖-**ivel** adj. (-*ívèl*). Divisible. ‖-**o, a** adj. (-*ísou, a*). Divisé, ée. ‖-**or** adj. et s. m. (-*ór*). Diviseur. ‖-**ória** f. (-*orya*). Cloison, m. [*tabique*]. ‖-**ório, a** adj. (-*ou, a*). Qui divise.

divorciar‖ vt. (-*ourcyar*). Séparer par le divorce, etc. ‖-**se** vr. (-*ç*). Divorcer, faire* divorce.

divórcio m. (-*orcyou*). Divorce.

divulg‖**ação** f. (-*ou-açãou*). Divulgation. ‖-**ar** vt. (-*ar*). Divulguer.

dizedor m. (-*edór*). Débiteur; parleur; bavard.

dizer* ‖ vt. (-*ér*). Dire*. ‖ Loc. *Achar que dizer*, trouver à redire. ‖ *Digam o que disserem*, quoi qu'on en dise. *Dizer cobras e lagartos de*, dire la rage et la peste de. *Dizer consigo mesmo*, se dire. *Dizer que sim* (*não*), dire oui (non). *Diz-se, dizem*, on dit. *É como diz*, vous l'avez dit. *É muito bom de dizer*, c'est bientôt dit. *Está dito*, c'est entendu. *Por assim dizer*, pour ainsi dire. *Quer dizer*, c'est-à-dire. ‖ vi. Aller*, s'ajuster. ‖- **-se** vr. (-*érç*). Se dire*. ‖ s. m. Dire : *no dizer de*, au dire de.

dízima f. (*dí-a*). Dîme.

dizimar vt. (-*ar*). Décimer.

dízimo m. (*dí-ou*). Dîme, f. ‖ adj. Dixième, dixième partie, f.

dizível adj. (-*ivèl*). Qu'on peut dire.

do prép. *de et o* (*dou*). Du, de *celui*.

dó m. (*do*). Pitié, f. ‖ Deuil [*luto*]. ‖ Do, ut [nota de música].

do‖**ação** f. (*douaçãou*). Donation. ‖-**ador, a** m. et f. (-*ôr, a*). Donateur, trice. ‖-**ar** vt. (*douar*). Faire* donation de.

dob‖**adoira** ou **-adoura** f. (*doubadóyra, óra*). Dévidoir, m. ‖ Loc. *Andar numa dobadoira*, remuer continuellement. ‖-**agem** f. (-*ajãy*). Dévidage, m. ‖-**ar** vt. (-*ar*). Dévider, bobiner.

doble adj. (*do-*). Double.

dobl‖**ete** m. (*dou-êt*). Doublet (pierre). ‖-**ez** f. (-*éch*). Duplicité.

dobr‖**a** f. (*dobra*). Pli, m. ‖ Doublon, m. [*moeda*]. ‖-**ada** f. (*dou-ada*). Gras-double, m. ‖-**adeira** f. (-*adãyra*).Plieuse. ‖-**adiça** f. (-*iça*). Charnière. ‖-**adiço, a** adj. (-*içou, a*). Pliable. ‖-**ado, a** adj. (-*adou, a*). Double. ‖-**adura** f. (-*adoura*). Pliage, m. ‖-**ar** vt. (-*ar*). Plier [*roupa*, etc.]. ‖ Doubler [*duplicar*]. ‖ Loc. *Dobrar a língua*, parler avec plus de respect. ‖ vi. Doubler. ‖ Plier. Céder. ‖ Sonner le glas [*sino*]. ‖-**ar-se** vr. (-*ç*). Se courber. ‖-**e** adj. (*do-*). Double. ‖ s. m. Glas funèbre [*sino*]. ‖-**ez** f. (-*éch*). Duplicité. ‖-**o** m. (*dó-ou*). Double.

doca f. (*doca*). Bassin, m., dock, m. : *doca seca*, bassin de radoub.

doçaria f. (*douçaría*). Confiserie.

doce adj. (*dôç*). Doux, ouce. ‖ Sucré, ée. ‖ s. m. Confiture, f. ; marmelade, f. ‖ pl. Douceurs, f., sucreries, f.

docente adj. (*doucét*). Enseignant, ante.

dócil adj. (*do-*). Docile.

docilidade f. (*dou-dad*). Docilité.

document‖**ação** f. (*doucoumētaçãou*). Documentation. ‖-**al** adj. (-*àl*). Documentaire. ‖-**ar** vt. (-*ar*). Documenter. ‖-**ário** m. (-*aryou*). Film culturel. ‖-**ável** adj. (-*avèl*). Que l'on peut documenter. ‖-**o** m. (-*étou*). Document.

doçura f. (*douçoura*). Douceur.

Dodecaneso n. pr. (*dodcanèsou*). Dodécanèse.

doen‖**ça** f. (*douêça*). Maladie. ‖-**te**

Lettres penchées : accent tonique. ‖ V. page verte pour la prononciation figurée. ‖ *Verbe irrég. V. à la fin du volume.

DOE — DOR

adj. et s. (douēt). Malade, souffrant, ante. ‖**-tio, a** adj. (-íou, a). Maladif, ive. ‖Malsain, aine [prejudicial].
doer* ‖ vi. (douér). Faire* mal, avoir* mal à. ‖Avoir* de la peine à. ‖**- -se** vr. (-ç). Être* sensible. ‖Gémir.
doest‖ador, a adj. et s. (douèchtadôr, a). Infamant, ante. ‖**-ar** vt. (-ar). Insulter. ‖**-o** m. (douèchtou). Injure, re.
dogm‖a f. (do-a). Dogme. ‖**-ática** f. (-a-a). Dogmatique. ‖**-ático, a** adj. (-ou, a). Dogmatique. ‖**-atizar** vt. (-a-ar). Dogmatiser.
dogue m. (do-). Dogue.
doid‖ ou **doud‖amente** adv. (dôydamēt, dôd-). Follement. ‖**-ejar** vi. (-djar). Folâtrer. ‖**-ice** f. (-iç). Folie; sottise. ‖**-ivanas** m. et f. (-ânach). Écervelé, ée ‖**-o, a** adj. et s. (dôydou, a; dôd-). Fou, folle. ‖Loc. *À doida*, à l'étourdie. *Dar em doido*, devenir* fou. *Doido varrido*, fou à lier.
doido, a adj. (douídou, a). Compatissant, ante. ‖Endolori, ie [magoado].
dói-dói m. (doydoy). Bobo (mot enfantin).
dois adj. num. (dôych). Deux. ‖Loc. *De dois em dois dias*, tous les deux jours.
dólar m. (dolar). Dollar.
dolente adj. (doulēt). Dolent, ente.
dólmen m. (do-ẽn). Dolmen.
dolo m. (dôlou). Dol.
dolomite f. (douloumít). Dolomite.
doloroso, a adj. (doulourôsou, osa). Douloureux, euse. ‖Affligeant, ante.
doloso, a adj. (doulôsou, osa). Dolosif, ive.
dom m. (dõ). Don. ‖Dom, don [título].
dom‖ador, a adj. et s. (doumadôr, a). Dompteur, euse. ‖**-ar** vt. (-ar). Dompter. ‖**-ável** adj. (-avèl). Domptable.
domesticar vt. (doumech-ar). Domestiquer, apprivoiser.
Domiciano n. pr. (dou-yânou). Domitien.
domicili‖ado, a adj. (dou-yadou, a). Domicilié, ée. ‖**-ar** vt. (-yar). Donner un domicile. ‖**-ar-se** vr. (-ç)

Se domicilier. ‖**-ário, a** adj. (-aryou, a). Domiciliaire.
domicílio m. (dou-í-ou). Domicile.
domin‖ação f. (dou-açãou). Domination. ‖**-ador** adj. et s. m. (-ôr). Dominateur. ‖**-ante** adj. (-ãt). Dominant, ante. ‖**-ar** vt. et vi. (-ar). Dominer.
domingo m. (doumĩgou). Dimanche. **Domingos** n. pr. (doumĩgouch). Dominique.
domingueiro, a adj. (doumĩgâyrou, a). Du dimanche.
dominic‖al adj. (dou-àl). Dominical, ale. ‖**-o** adj. et s. m. (-ícou). Dominicain. ‖**-ano, a** adj. et s. (-ânou, a). Dominicain, aine.
domínio m. (doumínyou). Domination, f. ‖Domaine, propriété, f. ‖Loc. *Domínio de si próprio*, contenance, f.
dominó m. (cò-o). Domino.
dom-juanesco, a adj. (dõjouanéchcou, a). Donjuanesque.
dona f. (dôna). Dame. ‖Loc. *Boa dona de casa*, bonne ménagère. *Dona da casa*, maîtresse de maison.
donair‖e m. (dounayr). Gentillesse, f. ‖**-oso, a** adj. (-ôsou, osa). Gentil, ille; gracieux, euse.
donat‖ário m. (dounataryou). Donataire. ‖**-ivo** m. (-ívou). Don.
donde prép. *de* et adv. *onde* (dõd). D'où.
doninha f. (donígna). Belette.
dono, a m. et f. (dônou, a). Maître, esse.
donzela f. (dõzèla). Demoiselle.
dor f. (dôr). Douleur. ‖Loc. *Estar com as dores*, être* en travail.
doravante loc. adv. (doravãt). Dorénavant, à l'avenir, désormais.
dorido, a adj. (dourídou, a). Endolori, ie. Gemissant, ante. ‖Compatissant, arte.
dorm‖ente adj. (dourmēt). Dormant, ante. ‖Engourdi, ie [membro]. ‖**-ida** f. (-ida). Somme, m. ‖Couchée [sítio]. ‖**-ideira** f. (-âyra). Pavot, m. ‖**-inhoco, a** adj. et s. (-gnôcou, oca). Dormeur, euse. ‖**-ir*** vt. et vi. (-ir). Dormir*. ‖**-itar** vi. (-ar). Sommeiller. ‖**-itório** m. (-oryou). Dortoir. ‖*Br.* Chambre (f.) à coucher.
dorna f. (derna). Cuve de vendange.
Doroteia n. pr. (dourouṭâya). Dorothée.

Itálico : acento tónico. ‖V. página verde para a pronúncia figurada. ‖*Verbo irreg. V. no final do livro.

dors‖al adj. (doursâl). Dorsal, ale. ‖**-o** m. (dôrsou). Dos.
dos‖agem f. (dousajây). Dosage, m. ‖**-ar** vt. (-ar). Doser. ‖**-e** f. (doz). Dose. ‖**-ar** vt. (dousyar). Doser. ‖**-ificar** vt. (-ar). Diviser en doses.
dossel m. (doucêl). Dais. ‖Loc. *Dossel de cama*, ciel de lit.
dot‖ação f. (doutaçãou). Dotation. ‖**-ado, a** adj. (-adou, a). Doté, ée. ‖Doué, ée [favorecido]. ‖**-al** adj. (-ál). Dotal, ale. ‖**-ar** vt. (-ar). Doter [dote]. ‖Douer, avantager. ‖**-e** m. (dot). Dot, f. ‖Don, qualité (f.) avantageuse.
dour‖ ou **doir‖ada** f. (dôr, dôyrada). Daurade. ‖**-ado, a** adj. (-adou, a). Doré, ée. ‖**-ador** m. (-adôr). Doreur. ‖**-ar** vt. (-ar). Dorer.
dout‖o, a adj. (dôtou, a). Docte. ‖**-or** m. (-ôr). Docteur. ‖**-ora** f. (-a). Doctoresse, femme docteur. ‖**-oral** adj. (-ouràl). Doctoral, ale. ‖**-oramento** m. (-amétou). Doctorat. ‖**-orar** vt. Conférer le grade de docteur. ‖**-orar-se** vr. (-ç). Être* reçu docteur.
doutrin‖a f. (dôtrina). Doctrine. ‖Catéchisme, m. ‖**-ação** f. (-ãou). Endoctrinement, m. (p. u.). ‖**-al** adj. (-ál). Doctrinal, ale. ‖**-ar** vt. (-ar). Endoctriner. ‖**-ário, a** adj. et s. (-a, a). Doctrinaire
doze adj. num. (dôz). Douze.
draconiano, a adj. (dracounyânou, a). Draconien, enne.
drag‖a f. (droga). Drague. ‖**-agem** f. (-agajây). Dragage, m.
dragão m. (dragãou). Dragon.
dragar vt. (dragar). Draguer.
dragona f. (dragóna). Épaulette.
dram‖a f. (dráma). Drame. ‖**-ático, a** adj. (-a-ou, a). Dramatique.
dramat‖izar vt. (drama-ar). Dramatiser. ‖**-urgia** f. (-ourjia). Dramaturgie. ‖**-urgo** m. (-ou-ou). Dramaturge.
drástico, a adj. (drach-ou, a). Drastique.
Drávidas n. pr. (dra-ach). Dravidiens.
dren‖agem f. (drenajây). Drainage, m. ‖**-ar** vt. (-ar). Drainer.
driça f. (driça). Drisse.
drog‖a f. (droga). Drogue. ‖Loc. *Dar em droga*, perdre sa réputation.

‖**-aria** f. (-ougaria). Droguerie. ‖**-uista** m. (-ghichta). Droguiste.
dromedário m. (droumdaryou). Dromadaire.
drupa f. (droupa). Drupe, m.
dual‖idade f. (doua-ad). Dualité. ‖**-ismo** m. (-íjmou). Dualisme. ‖**-ista** adj. et s. (-ichta). Dualiste.
Duarte n. pr. (douart). Édouard.
duas adj. num. f. (douach). Deux.
dúbio, a adj. (doubyou, a). Douteux, euse; incertain, aine.
dubitativo, a adj. (dou-atívou, a). Dubitatif, ive.
duc‖ado m. (doucadou). Duché. ‖Ducat [moeda]. ‖**-al** adj. (-ál). Ducal, ale.
duch‖a f. ou **-e** m. (doucha, ch). Douche, f.
dúctil adj. (dou-). Ductile.
ductilidade f. (dou-ad). Ductilité.
duel‖ista s. (douélichta). Duelliste. ‖**-o** m. (-élou). Duel.
duende m. (douêtou). Lutin, farfadet.
dueto m. (douétou). Duetto, duo.
dulci‖ficar vt. (dou-ar). Dulcifier. ‖**-neia** f. (-áya). Dulcinée, amoureuse.
dum, a prép. *de* et *um*, a (dũ, douma). D'un, d'une, de l'un, de l'une.
duna f. (douna). Dune.
duod‖écimo, a adj. num. (douodé-ou, a). Douzième. ‖**-eno** m. (-énou). Duodénum.
dupli‖cação f. (dou-açãou). Duplication. ‖**-cado, a** adj. (-adou, a). Doublé, ée. ‖m. Duplicata, double. ‖**-car** vt. (-ar). Doubler. ‖**-cidade** f. (-ad). Duplicité.
duplo, a adj. (dou-ou, a). Double.
duque m. (douc). Duc. ‖**-sa** f. (-ésa). Duchesse.
dura f. (doura). Durée.
dur‖abilidade f. (doura-ad). Durabilité. ‖**-ação** f. (-ãou). Durée. ‖**-adoiro, a** ou **-adouro, a** adj. (-ôyrou, a, ôrou, a). Durable. ‖**-ante** prép. (-ãt). Durant, pendant. ‖**-ar** vi. (-ar). Durer. ‖**-ável** adj. (-avèl). Durable. ‖**-ázio, a** adj. (-azyou, a). *Fam.* Mûr, ûre (personne). ‖**-eza** f. (-éza). Dureté.
durindana f. (dourídâna). Flamberge.
duro, a adj. (dourou, a). Dur, ure.

Lettres penchées : accent tonique. ‖V. page verte pour la prononciation figurée. ‖*Verbe irrég. V. à la fin du volume.

||*Fig.* Difficíle. ||s. m. Douro [moeda].
dúvida f. (dou-a). Doute, m. ||Loc. *Estar em dúvida,* être* en doute. *Ficar em dúvida,* demeurer dans le doute. *Pôr em dúvida,* mettre* en doute. *Sem dúvida,* sans doute.

duvid||**ar** vt. et vi. (dou-ar). Douter. ||**-oso, a** adj. (-ôsou, ôsa). Douteux, euse; incertain, aine.
duzentos, as adj. num. (douzẽtouch, ach). Deux cents.
dúzia f. (douzya). Douzaine.

E

e conj. (i). Et.
ébano m. (èbanou). Ébène, f.
ebonite f. (èbounit). Ébonite.
ébrio, a adj. (èbryou, a). Ivre.
ebulição f. (ibou-ãou). Ébullition.
ebúrneo, a adj. (ibournyou, a). D'ivoire, ivoirin, ine.
Eclesiastes n. pr. (i-esyachtch). Ecclésiaste.
eclesiástico, a adj et s. m. (i-esyach, -ou a). Ecclésiastique.
eclips||**ar** vt. (i-ar). Éclipser. ||**-e** m. (-i-). Éclipse, f.
ec||**o** m. (èkou). Écho. ||**-oar** vi. (icouar). Résonner.
econom||**ato** m. (icounoumatou). Économat. ||**-ia** f. (-ia). Économie.
econ||**òmicamente** adv. (icouno-amêt). Économiquement. ||**-ómico, a** adj. (-o-ou, a). Économique. ||**-omista** m. et f. (-oumíchta). Économiste, m. ||**-omizar** vt. (-ar). Économiser.
ecónomo m. (icónoumou). Économe.
ectoplasma m. (-ajma). Ectoplasme.
eczema m. (i-éma). Eczéma.
edema m. (idéma). Œdème.
éden m. (èdãy). Éden.
edi||**ção** f. (idiçãou). Édition. ||**-cto** m. (èditou). Édit.
edific||**ação** f. (i-açãou). Édification. ||**-ante** adj. (-ãt). Édifiant, ante. ||**-ar** vt. (-ar). Édifier, bâtir.
edifício m. (-içyou). Édifice.
edil|| m. (idil). Édile. ||**-idade** f. (-ad). Édilité.
Edimburgo n. pr. (idĩbourgou). Édimbourg.
edit||**al** m. (i-ál). Placard, avis imprimé. ||**-ar** (-ar). Éditer.
Édipo n. pr. (è-ou). Œdipe.
édito m. (è-ou). Placard, avis.
edit||**or** m. (i-ôr). Éditeur. ||**-ora** f. (-óra). Maison éditrice. ||**-orial** adj. et s. m. (-ouryàl). Éditorial, ale.

edredão m. (édredãou). Édredon.
educ||**ação** f. (idoucaçãou). Éducation. ||**-ador, a** adj. et s. (-ôr, a). Éducateur, trice. ||**-ando, a** m. et f. (-ãdou, a). Élève. ||**-ar** vt. (-ar). Élever. ||**-ativo, a** adj. (-ativou, a). Éducatif, ive.
efectiv||**amente** adv. (ifèt-amêt). Effectivement. ||**-ar** vt. (-ar). Effectuer, accomplir. ||**-idade** f. (-ad). Effectivité. ||**-o, a** adj. et s. m. (-ivou, a). Effectif, ive.
efectuar|| v:. (ifètouar). Effectuer. ||**-se** vr. (-ç). S'effectuer, avoir* lieu.
efeito m. (ifâytou). Effet. ||Loc. *Com efeito,* en effet. *Levar a efeito,* exécuter. *Para os devidos efeitos,* à toutes fins utiles.
efémero, a adj. (ifêmerou, a). Éphémère.
efemin||**ado** adj. (ife-adou). Efféminé. ||**-ar** vt. (-ar). Efféminer.
efervesc||**ência** f. (ifervechcẽcya). Effervescence. ||**-ente** adj. (-êt). Effervescent, ente.
efi||**cácia** f. (i-acya). Efficace. ||**-caz** adj. (-ach-. Efficace. ||**-ciência** f. (-yêcya). Efficacité.
efígie f. (ifíjye). Effigie.
floresc||**ência** f. (i-ourechcẽcya). Efflorescence. ||**-er** vi. (-ér). Effleurir, s'effleurir.
efus||**ão** f. (ifousãou). Effusion. ||**-ivo, a** adj. (-ivou, a). Vif, ive.
Egeu n. pr (ijéou). Égée.
égide f. (è-). Égide.
egípcio, a adj. et s. (iji-ou, a). Égyptien, enne.
Egipto n. pr. m. (ijítou). Égypte, f.
ego||**ísmo** m. (igouíjmou). Égoïsme. ||**-ista** adj. et s. (-íchta). Égoïste. ||**-tísta** adj. et s. (-íchta). Égotiste.
egrégio, a adj. (igrèjyou, a). Insigne.

Itálico : acento tónico. ||V. página verde para a pronúncia figurada. ||*Verbo irreg. V. no final do livro.

égua f. (ègoua). *Jument.*
eia! interj. *(âya). Courage! ‖Eh!*
ei-lo, la, los, las adv. *eis* et pron. *o, a, os, as* (âylou, a, ouch, ach). *Le, la, les voici, voilà.*
eir‖a f. *(âyra). Aire. ‖Loc. Não ter eira nem beira,* n'avoir* ni feu ni lieu. **‖-ado** m. *(-adou). Terrasse,* f.
eis adv. *(âych). Voici, voilà. ‖Loc. Eis porque,* c'est pourquoi.
eito m. *(âytou). Suite,* f. *: a eito, de suite.*
eiv‖ado, a adj. *(âyvadou, a). Souillé, ée.* **‖-ar** vt. *(-ar). Souiller, tacher.*
eixo m. *(âychou). Axe* [geom.]. *‖Essieu* [rodas]. *‖ Saute-mouton* [jogo]. *‖Loc. Anda tudo fora dos eixos,* rien ne va plus.
ejacul‖ação f. (ijacoulaçáou). *Éjaculation.* **‖-ar** vt. *(-ar). Éjaculer.*
ejector m. *(ijètór). Éjecteur.*
el art. *(èl). Le. U. dans la loc. el-rei,* le roi.
ela pron. *(èla). Elle.*
elabor‖ação f. (ilabouraçáou). *Élaboration.* **‖-ar** vt. *(-ar). Élaborer.*
elasticidade f. (ilach-ad). *Élasticité.*
elástico, a adj. et s. m. (ilach-ou, a). *Élastique.*
ele pron. *(él). Il, lui.*
electivo, a adj. (ilètivou, a). *Électif, ive.*
electr‖ão m. (ilètráou). *Électron.* **‖-icidade** f. *(-ad). Électricité.* **‖-icista** m. *(-ichta). Électricien.*
eléctrico, a adj. (ilètr-ou, a). *Électrique.* ‖s. m. *Tramway* (électrique).
electri‖ficação f. (ilètr-açáou). *Électrification.* **‖-ficar** vt. *(-ar). Électrifier.*
electro‖cussão f. (ilètroucouçáou). *Électrocution.* **‖-dinâmico, a** adj. et s. f. *(-â-ou, a). Électrodynamique.*
eléctrodo m. (ilètroudou). *Électrode,* f.
electró‖lise f. (ilètro-). *Électrolyse.* **‖-metro** m. *(-mtrou). Électromètre.*
electr‖omotor, triz adj. et s. (ilètrômoutór, ich). *Électromoteur, trice.* **‖-ónico, a** adj. et s. f. *(-o-ou, a). Électronique.*
elefant‖e m. *(ilefát). Éléphant.* **‖-iase** f. *(-iaz). Éléphantiasis.*
eleg‖ância f. (ilegácya). *Élégance.*
‖-ante adj. et s. *(-át). Élégant, ante.*
eleger vt. *(ilejér). Élire*.*
eleg‖ia f. (ilejía). *Élégie.* **‖-iaco, a** adj. *(-iacou, a). Élégiaque.*
elegível adj. (ilejívèl). *Éligible.*
elei‖ção f. (ilâyçáou). *Élection.* **‖-to, a** adj. *(-âytou, a). Élu, ue.* **‖-tor, a** m. et f. *(-ôr, a). Électeur, trice.* **‖-torado** m. *(-ouradou). Électorat.* **‖-toral** adj. *(-âl). Électoral, ale.*
element‖ar adj. (ilemétar). *Élémentaire.* **‖-o** m. *(-étou). Élément.*
elenco m. (ilécou). *Catalogue. ‖ Théât. Troupe,* f.
elev‖ação f. (ilevaçáou). *Élévation.* **‖-ado, a** adj. *(-adou, a). Élevé, ée.* **‖-ador** m. *(-adór). Ascenseur.* **‖-ar** vt. *(-ar). Élever.* **‖-ar-se** vr. *(-ç). S'élever.*
Elias n. pr. (iliach). *Élie.*
elidir vt. *(ilidír). Élider.*
elimin‖ação f. (i-açáou). *Élimination.* **‖-ar** vt. *(-ar). Éliminer.* **‖-atório, a** adj. *(-atoryou, a). Éliminatoire.*
elipse f. *(ilé-). Ellipse.*
elisão f. (i-áou). *Élision.*
elixir m. *(i-chír). Élixir.*
elmo m. *(è-ou). Casque.*
elogi‖ar vt. (iloujyar). *Louer.* **‖-o** m. *(-iou). Éloge.* **‖-oso, a** adj. *(-yôsou, ôsa). Élogieux, euse.*
eloqu‖ência f. (iloucouécya). *Éloquence.* **‖-ente** adj. *(-ét). Éloquent, ente.*
elucid‖ação f. (ilou-açáou). *Élucidation.* **‖-ar** vt. *(-ar). Élucider.* **‖-ativo, a** adj. *(-ativou, a). Qui élucide.*
em prép. *(áy). En, dans, à. ‖ De : em vida dele,* de son vivant. *‖Sur. ‖ Par. ‖ Sous : passar em silêncio,* passer sous silence. *‖ Chez* [autores]. *‖Entre. ‖ Contre : tropeçar em,* buter contre. *‖Loc. Morar em,* loger [rua].
emagrec‖er vi. (imagrecér). *Maigrir.* **‖-imento** m. *(-étou). Amaigrissement.*
eman‖ação f. (imanaçáou). *Émanation.* **‖-ar** vi. *(-ar). Émaner.*
emancip‖ação f. (imá-paçáou). *Émancipation.* **‖-ar** vt. *(-ar). Émanciper.*
emaranh‖amento m. (imaragnamé-

---

*Lettres penchées : accent tonique. ‖ V. page verte pour la prononciation figurée. ‖ *Verbe irrég. V. à la fin du volume.*

EMB — EMB

tou). Enchevêtrement. ‖**-ar** vt. (-ar). Embrouiller, enchevêtrer.
emba‖çadela f. (ẽbaçadèla). Honte. ‖**-çado, a** adj. (-adou, a). Confus, use. ‖**-çar** vt. (-ar). Interdire*. ‖**-ciar** vt. (-yar). Ternir. ‖**-ciar-se** vr. (-ç). Se ternir.
embainhar vt. (ẽbaignar). Rengainer [espada]. ‖ Ourler [lenços].
embair* vt. (ẽbaír). Enjôler, tromper.
embaix‖ada f. (ẽbaychada). Ambassade. ‖**-ador m.** (-adôr). Ambassadeur. ‖**-atriz** f. (-rích). Ambassadrice.
embal‖agem f. (ẽbalajãy). Gal. Emballage, m. ‖**-ar** vt. (-ar). Bercer. ‖ Enjôler [enganar]. ‖**-o** m. (-alou). Bercement. ‖ Agitation, f. [mar, etc.].
embalsamar vt. (ẽbà-amar). Embaumer.
embandeirar vt. (ẽbãdâyrar). Pavoiser.
embaraç‖ar vt. (ẽbaraçar). Embarrasser. ‖**-ar-se** vr. (-ç). S'embarrasser. ‖**-o** m. (-açou). Embarras. ‖**-oso, a** adj. (-ósou, osa). Embarrassant, ante.
embarc‖ação f. (ẽbarcaçãou). Bâtiment, m., vaisseau, m. ‖**-adoiro** ou **-adouro** m. (-óyrou, ôrou). Embarcadère. ‖**-ar** vt. et vi. (-ar). Embarquer.
embarg‖ar vt. (ẽbargar). Former opposition (jurispr.). ‖ Saisir, séquestrer. ‖**-o** m. (-a-ou). Opposition, f. (jurispr.). ‖ Mainmise, f., saisie, f. ‖ Loc. *Pôr embargo(s)*, s'opposer. *Sem embargo*, nonobstant.
embarque m. (ẽbarc). Embarquement.
embarrilar vt. (ẽbarr-ar). Embariller. ‖*Fig.* Tromper, duper.
embasbac‖ado, a adj. (ẽbajbacadou, a). Ébahi, ie. ‖**-ar** vt. (-ar). Étonner. ‖ vi. S'ébahir, s'étonner.
embat‖e m. (ẽbat). Choc. ‖pl. Coups du hasard. ‖**-er** vi. (-ér). Choquer.
embatucar vt. (ẽbatoucar). Réduire* au silence. ‖ vi. Se confondre.
embeb‖edar vt. (ẽbebedar). Enivrer. ‖**-edar-se** vr. (-ç). S'enivrer. ‖**-er** vt. (-ér). Imbiber. ‖ Enfoncer [mergulhar]. ‖**-er-se** vr. (-ç). S'imbiber. ‖ Pénétrer dans. ‖**-erar** vt. (-erar).

Abreuver. ‖**-ido, a** adj. (-ídou, a). Imbibé, ée. ‖ Tout occupé, ée de.
embeiç‖ado, a adj. (ẽbãyçadou, a). Épris, ise. ‖**-ar** vt. (-ar). *Pop.* Charmer.
embele‖zamento m. (ẽbelezamẽtou). Embellissement. ‖**-zar** vt. (-ar). Embellir.
embevec‖er vt. (ẽbevecér). Charmer. ‖**-er-se** vr. (-ç). S'extasier. ‖**-imento** m. (-ẽtou). Extase, f., ravissement.
embezerrar vi. (ẽbezerrar). *Pop.* Se fâcher, bouder.
embicar vi. (ẽ-ar). Broncher [tropeçar]. ‖ *Fig.* Être* arrêté par un obstacle.
embira f. (ẽbira). *Br.* Corde de liane ou d'écorce d'arbre. ‖ Fibre végétale.
embirr‖ação f. (ẽ-rraçãou). Antipathie. ‖**-ante** adj. (-ãt). Antipathique. ‖**-ar** vi. (-ar). Prendre* en grippe. ‖**-ento, a** adj. (-ẽtou, a). Antipathique.
emblem‖a m. (ẽ-éma). Emblème. ‖**-ático, a** adj. (-ema-ou, a). Emblématique
emboc‖adura f. (ẽboucadoura). Embouchure. ‖ *Fig.* Penchant, m. ‖**-ar** vt. (-ar). Emboucher.
embolar vt. (ẽboular). Bouler [cornos]. ‖ Moucheter [florete].
êmbolo m. (ẽboulou). Piston.
embolsar vt. (ẽbô-ar). Empocher.
embondo m. (ẽbõdou). *Br.* Difficulté. f.
embonecar vt. (ẽbounecar). Bichonner.
embora conj. (ẽbora). Quoique. ‖ adv. A la bonne heure. ‖ Loc. *Ir se embora*, s'en aller*, partir*.
emborc‖ação f. (ẽbourcaçãou). Renversement, m. ‖ *Méd.* Embrocation. ‖**-ar** vt. (-ar). Renverser. ‖ Vider, boire*.
embornal m. (ẽbournàl). Musette. ‖
emborrachar vt. (ẽbourrachar). *Pop.* Pocharder. ‖**-se** vr. (-ç). Se pocharder, se soûler.
emborrascar-se vr. (ẽbourrachcarç). Se mettre* à l'orage
embosc‖ada f. (ẽbouchcada). Embuscade. ‖**-ar** vt. (-ç). Embusquer. ‖**-ar-se** vr. (-ç). S'embusquer.
embot‖amento m. (ẽboutamẽtou). Émoussement. ‖**-ar** vt. (-ar). Émous-

Itálico : acento tônico. ‖V. página verde para a pronúncia figurada. ‖*Verbo irreg. V. no final do livro.

ser. ||Agacer [dentes]. ||-ar-se vr. (-ç). S'émousser.
embrai||agem f. (ēbrayajãy). *Gal.* Embrayage, m. ||-ar vt. (-ar). Embrayer. ||vi. Devenir* blanc.
embranquecer vt. (ēbrākcér). Blanchir. ||vi. Devenir* blanc.
embravec||er vt. (ēbravcér). Irriter. ||vi. ou -er-se vr. (-ç). Se mettre* en colère. ||-imento m. (-étou). *Rage*, m.
embrenhar-se vr. (ēbregnarç). S'engager, s'enfoncer.
embria||gar vt. (ēbryagar). Enivrer. ||-gar-se vr. (-ç). S'enivrer. ||-guez f. (-ghéch). Ivresse, enivrement, m.
embrião m. (ēbryãou). Embryon.
embrulh||ada f. (ēbroulada). Embrouillement, m. ||-ar vt. (-ar). Envelopper. ||Embrouiller. ||-ar-se vr. (-ç). S'embrouiller [ideias]. ||Se brouiller [nuvens]. ||-o m. (-oulou). Paquet. ||*Loc. Ir no embrulho*, donner dans le panneau.
embrumado, a adj. (ēbroumadou, a). Brumeux, euse; nuageux, euse.
embrutec||er vt. (ēbroutcér). Abrutir. ||vi. S'abrutir. ||-imento m. (-étou). Abrutissement.
embruxar vt. (ēbrouchar). Ensorceler.
embuçar vt. (ēbouçar). Couvrir* le visage. ||*Fig.* Déguiser.
embuchar vt. (ēbou-ar). Gorger. ||*Faire* taire** [calar]. ||vi. Se taire*.
embust||e m. (ēboucht). Tromperie, f. ||-eiro adj. et s. m. (-âyrou). Menteur.
embut||ido m. (ēboutidou). Marqueterie, f. ||-ir vt. (-ir). Marqueter. ||Emboîter [encaixar].
emend||a f. (iméda). Correction. ||Amendement, m. [lei]. ||Ajoutage, m. [acrescento]. ||-ar vt. (-ar). Corriger. ||Amender [lei]. ||Altérer. ||Émender (jurispr.). ||-ar-se vr. (-ç). Se corriger.
ementa f. (iméta). Menu, m., liste.
emerg||ência f. (imerjécya). *Fig.* Occurrence. ||-ir vi. (-ir). Émerger.
emérito, a adj. (imér-ou, a). Émérite.
emers||ão f. (imersãou). Émersion. ||-o, a adj. (-è-ou, a). Émergé, ée.
emigr||ação f. (i-raçãou). Émigration. ||-ado, a adj. et s. (-adou, a). Émigré, ée. ||-ante adj. et s. (-ãt). Émigrant, ante. ||-ar vi. (-ar). Émigrer.
Emilia n. pr. (imilya). Émilie.
Emilio n. pr. (imilyou). Émile.
emin||ência f. (i-ēcya). Éminence. ||-ente adj. (-ēt). Éminent, ente. ||-entíssimo superl. (-i-ou). Éminentíssime.
emiss||ão f. (i-ãou). Émission. ||-ário m. (-aryou). Émissaire. ||-or adj. et s. m. (-ôr). Émetteur. ||-ora f. (-a). Émetteur, m. (radiophonique).
emitir vt. (i-ir). Émettre*.
emo||ção f. (imouçãou). Émotion. ||-cional adj. (-ounál). Émotif, ive.
moldurar vt. (imô-ourar). Encadrer.
emolumento m. (imoulouméntou). Émolument.
emotiv||idade f. (imou-ád). Émotivité. ||-o, a adj. (-ívou, a). Émotif, ive.
empacar vi. (ēpacar). *Br.* S'arrêter (cheval).
empachar vt. (ēpa-ar). Embarrasser. ||-se vr. (-ç). S'embarrasser.
empacot||ador adj. et s. m. (ēpacoutadôr). Emballeur. ||-ar vt. (-ar). Emballer, empaqueter.
empada f. (ēpada). Pâté, m.
empáfia f. (ēpafya). Fatuité.
empalhar vt. (ēpalar). Empailler.
empalidecer vi. (ēpa-dcér). Pâlir.
empalmar vt. (ēpa-ar). Escamoter.
empanar vt. (ēpanar). *Fig.* Ternir.
empan||deirar vt. (ēpādâyrar). Se débarrasser de. ||-turrar vt. (-ourrar). Gaver. ||-turrar-se vr. (-ç). Se gaver. ||-zinar vt. (-ar). Empiffrer
empapar vt. (ēpapar). Imbiber, tremper. ||*Br.* Manger. ||-se vr. (-ç). S'imbiber, se tremper.
empapuçado, a adj. (ēpapouçadou, a). Gonflé, ée.
empaquetar-se vr. (ēpakétarç). *Br.* Se vanter, faire* gloire.
emparedar vt. (ēparedar). Emmurer.
emparelh||ado, a adj. (ēparelladou, a). Appareillé, ée. ||*Loc. Rimas emparelhadas*, rimes plates. ||-ar (-ar). Appareiller. ||Comparer. ||vi. Aller* de pair; s'égaler.
emparvoecer vt. (ēparvouecér). Rendre bête. ||vi. Devenir* bête.

Lettres penchées : accent tonique. ||V. page verte pour la prononciation figurée. ||* Verbe irrég. V. à la fin du volume.

EMP — EMP

empast‖ado, a adj. (ēpachtadou, a). Empâté, ée. ‖-ar vt. (-ar). Empâter (peinture). ‖ Réduire* en pâte. ‖-ar-se vr. (-ç). Se coller. ‖-e m. (-at). Empâtement.
empat‖ar vt. (ēpatar). Égaliser. ‖Embarrasser. ‖ Employer improductivement (de l'argent). ‖-e m. (-at). Embarras. ‖ Partage (de votes). ‖ Emploi improductif (d'argent).
empavesar‖ vt. (ēpavesar). Pavoiser. ‖ -se vr. (-ç). Se pavoiser. ‖Fig. Se pavaner.
empavonar‖ vt. (ēpavounar). Enorgueillir. ‖ -se vr. (-ç). Se pavaner.
empe‖çar vt. (ēpeçar). Empiérrer. ‖vi. Heurter. ‖-cer vt. (-ér). Embarrasser, empêcher, nuire*. ‖-cilho m. (-ílou). Empêchement, obstacle.
empeçonhar vt. (ēpçougnar). Empoisonner, envenimer.
empedern‖ido, a adj. (ēpedernídou, a). Endurci, ie. ‖-ir vt. (-ir). Pétrifier. ‖Fig. Endurcir.
Empédocles n. pr. (ēpèdou-ech). Empédocle.
empedr‖ado m. (ēpdradou). Empierrement. ‖-ar vt. (-ar). Empierrer. ‖-ar-se vr. (-ç). Fig. S'endurcir.
empen‖a f. (ēpéna). Pignon, m. ‖-ar vt. (-enar). Emplumer. ‖vi. Gauchir.
empenh‖ado, a adj. (ēpgnadou, a). Engagé, ée. ‖Intéressé, ée. ‖-ar vt. (-ar). Engager, mettre* en gage. ‖-ar-se vr. (-ç). S'endetter [dívidas]. ‖- em. Tenir* à [ter empenho]. ‖- por. Recommander. ‖-o m. (-ay-ou). Engagement. ‖Empressement, sollicitude, f. ‖Piston (fam.) [cunha]. ‖Loc. Carta de empenho, lettre de recommandation. Com empenho, avec intérêt. Meter empenhos, briguer des protections. Ter empenho em, tenir* beaucoup à.
emperrar‖ vt. (ēpèrrar). Raidir. ‖Fig. Rendre opiniâtre. ‖vi. S'arrêter. ‖-se vr. (-ç). S'obstiner, s'entêter.
empertig‖ado, a adj. (ēper-adou, a). Raide. ‖Fig. Vaniteux, euse. ‖-ar vt. (-ar). Raidir. ‖-ar-se vr. (-ç). Se redresser; se carrer [dar-se ares].
empilhar vt. (ē-lar). Empiler.
empin‖ado, a adj. (ē-adou, a).

Escarpé, ée. ‖Cabré, ée [cavalo]. ‖-ar vt. (-ar). Lever. ‖ Vider [copo]. ‖-ar-se vr. (-ç). Se mettre* sur la pointe des pieds. ‖Se cabrer [cavalo].
empipocado, a adj. (ē-ôcadou, a). Br. du S. Pustuleux, euse.
empiricamerte adv. (ē-r-amēt). Empiriquement.
empírico, a adj. (ēpir-ou, a). Empirique.
emplastro m. (ē-achtrou). Emplâtre.
emplum‖ado, a adj. (ē-oumadou, a). Orné, ée de plumes. ‖-ar vt. (-ar). Emplumer, orner de plumes.
empoar vt. (ēɔouar). Poudrer.
empobrec‖er vt. (ēpoubrecér). Appauvrir. ‖S'appauvrir. ‖-imento m. (-étou). Appauvrissement.
empoeirar vt. (ēpouâyrar). Poudroyer.
empol‖a f. (ēpôla). Ampoule. ‖-ado, a adj. (-adou, a). Ampoulé, ée. ‖-ar vi. et -ar-se vr. (-ç). S'enfler.
empoleir‖ado, a adj. (ēpoulâyradou, a). Perché, ée. ‖Fig. Hautement placé, ée. ‖-ar vt. (-ar). Fig. Élever. ‖-ar-se vr. (-ç). Se percher.
empolg‖ante adj. (ēpô-āt). Empoignant, ante. ‖-ar vt. (-ar). Empoigner, saisir. ‖Fig. Entraîner.
emporcalhar vt. (ēpourcalar). Salir.
empório m. (ēporyou). Emporium, entrepôt, lie₂ célèbre.
empossar‖ vt. (ēpouçar). Mettre* en possession. ‖ -se vr. (-ç). Prendre* possession.
emprazar‖ vt. (ēprazar). Assigner. ‖Mettre* en demeure de, sommer de.
empreend‖edor, a adj. (ēpryédedôr, a). Entreprenant, ante. ‖s. m. Entrepreneur. ‖-er vt. (-ér). Entreprendre*. ‖-imento m. (-étou). Entreprise, f.
empreg‖ado, a m. et f. (ēpregadou, a). Employé, ée. ‖s. f. Br. Servante, bonne. ‖-ar vt. (-ar). Employer. ‖-ar-se vr. (-ç). S'employer. ‖-o m. (-égou). Emploi.
empreit‖ada f. (ēprâytada). Forfait, ‖ Loc. Dar de empreitada, donner à l'entreprise. De empreitada, à forfait. ‖-eiro m. (-âyrou). Entrepreneur à forfait.
emprenhar vt. (ēpregnar). Engrosser. ‖vi. Devenir* enceinte.
empres‖a f. (ēprésa). Entreprise.

Itálico : acento tónico. ‖V. página verde para a pronúncia figurada. ‖*Verbo irreg. V. no final do livro.

‖-ário m. (-esaryou), Entrepreneur. ‖ Impresario [teatro].
emprest‖ado, a adj. (ēprechtadou, a). Prêté, ée. ‖Loc. Pedir emprestado, emprunter. ‖-ar vt. (-ar). Prêter.
empréstimo m. (ēprèch-ou). Prêt. ‖Emprunt [pedido].
empro‖ado, a adj. (ēprouadou, a). Rengorgé, ée. ‖-ar-se vr. (-ç). Se rengorger, faire* le fier.
empunhar vt. (ēpougnar). Empoigner.
empurr‖ão m. (ēpourrãou). Poussée, f. ‖Loc. Aos empurrões, en bousculant. ‖-ar vt. (-ar). Pousser.
empuxão m. (ēpouchãou). Poussée, f.
emudec‖er vi. (ìmoudecér). Devenir* muet. ‖Fig. Se taire*. ‖-imento m. (-étou). Mutisme.
emul‖ação f. (ìmoulaçãou). Émulation. ‖-ar vt. (-ar). Imiter par émulation. ‖vi. Être* ému.
émulo adj. et s. m. (èmoulou). Émule.
emulsão f. (ìmou-ãou). Émulsion.
enaltec‖er vi. (ìnàltecér). Exalter. ‖-imento m. (-étou). Exaltation, f.
enamorar‖ vt. (ìnamourar). Séduire*, charmer. ‖-se vr. (-ç). S'enamourer, s'éprendre*, devenir* amoureux.
encabeçar vt. (ēcabeçar). Mettre* l'en-tête à un écrit.
encabelado, a adj. (ēcabeladou, a). Recouvert, erte de poil.
encabrestar vt. (ēcabrechtar). Enchevêtrer. ‖Fig. Subjuguer.
encabritar-se vr. (ēcabr-arç). Se cabrer (cheval).
encabular vt. (ēcaboular). Br. Faire* rougir. ‖vi. Bouder [amuar].
encade‖amento m. (ēcadyamétou). Enchaînement, f. ‖-ar vt. (-ar). Enchaîner.
encadern‖ação f. (ēcadernaçãou). Reliure, f. ‖-ador m. (-ór). Relieur. ‖-ar vt. (-ar). Relier.
encafifar vi. (ēca-ar). Br. Bouder.
encafu‖ar ou -rnar vt. (ēcafouar, rnar). Cacher, enfermer.
encaiporar vt. (ēcaypórar). Br. Rendre malheureux. ‖vi. Avoir* la guigne.
encaix‖ar vt. (ēcaychar). Emboîter : mesa de encaixar, (table) gigogne. ‖Enchâsser [entalhe; discurso]. ‖vi. S'emboîter. ‖-ar-se vr. (-ç).

S'emboîter. ‖-e m. (-aych). Emboîture, f. ‖Assemblage, jointure, f.
‖-ilhar vt. (-ar). Encadrer. ‖-otamento m. (-outamétou). Encaissement, emballage, f. ‖-otar vt. (-ar). Encaisser, emballer.
encalacrar vt. (ēcalacrar). Mettre* dans l'embarras.
encalço m. (ēcà-ou). Piste, f. ‖Loc. ir no encalço de, suivre* à la piste.
encalh‖ar vt. et vi. (ēcalar). Échouer. ‖-e m. (-al). Échouement.
encalistar vt. (ēca-chtar). Porter guignon à.
encalistrar vi. (ēca-chtrar). Br. Faire* rougir. ‖vi. Avoir* honte.
encaminh‖ado, a adj. (ēca-gnadou, a). Conduit, uite. ‖Loc. Bem encaminhado, en bon train. ‖-ar vt. (-ar). Mettre* en chemin, montrer le chemin. ‖-ar-se vr. (-ç). S'acheminer. ‖Se diriger vers.
encan‖amento m. (ēcanamétou). Canalisation, f. ‖Éclissage [membro]. ‖-ar vt. (-ar). Canaliser. ‖Éclisser [membro fracturado].
encanastrar vt. (ēcanachtrar). Tresser.
encandear vt. (ēcàdyar). Éblouir.
encanecer vt. et vi. (ēcanecér). Blanchir. ‖Vieillir sur une chose.
encant‖ador, a adj. (ēcàtadór, a). Charmant, ante. ‖s. m. Enchanteur. ‖-amento m. (-étou). Enchantement. ‖-ar vt. (-ar). Enchanter, charmer. ‖-o m. (-àtou). Charme, enchantement.
encantoar vt. (ēcàtouar). Recogner.
encanudado, a adj. (ēcanoudadou, a). Tuyauté, ée.
encapar vt. (ēcapar). Couvrir* (livre).
encapelar‖ vt. (ēcaplar). Rendre houleuse (la mer). ‖-se vr. (-ç). Devenir* houleuse, grossir (la mer).
encapotar-se vr. (ēcapoutarç). S'envelopper d'un manteau.
encaprichar-se vr. (ēcapr-arç). S'obstiner.
encaracolar(-se) vi. ou vr. (ēcaracoular[ç]). Boucler (cheveux).
encar‖ado, a adj. (ēcaradou, a). Bem -, avenant. Mal -, de mauvaise mine.
encarapinh‖ado, a adj. (ēcara-gnadou, a). Crépu, ue. ‖-ar vt. (-ar). Crêper.

Lettres penchées : accent tonique. ‖V. page verte pour la prononciation figurée. ‖* Verbe irrég. V. à la fin du volume.

encarar‖ vt. et vi. (ẽcarar). Envisager. ‖- -se vr. (-ç). S'envisager.
encarcer‖amento m. (ẽcarceramẽtou). Incarcération, f. ‖-ar vt. (-ar). Incarcérer.
encardir vt. et vi. (ẽcardir). Salir.
encarec‖er vt. (ẽcarecér). Enchérir ‖ Exalter. ‖ vi. Enchérir. ‖-idamente adv. (-ét). Instamment. ‖-imento m. (-étou). Enchérissement. ‖ Exagération, f. ‖ Loc. Com -, avec empressement, avec instance.
encargo m. (ẽcargou). Charge, f.
encarn‖ação f. (ẽcarnaçãou). Incarnation, f. ‖-ado, a adj. (-adou, a). Incarné, ée. ‖ Incarnat, ate [cor de carne]. ‖ Rouge vermeil, eille. ‖ s. m. Rouge. ‖-ar vt. (-ar). Incarner. ‖ vi. S'incarner.
encarniç‖ado, a adj. (ẽcar-adou, a). Acharné, ée. ‖ Rougeaud, aude [cor]. ‖-amento m. (-étou). Acharnement. ‖-ar vt. (-ar). Acharner. ‖-ar-se vr. (-ç). S'acharner.
encarquilh‖ado, a adj. (ẽcarkiladou, a). Ratatiné, ée. ‖-ar vt. (-ar). Ratatiner, rider.
encarrapitar vt. (ẽcarra-ar). Jucher.
encarreg‖ado, a adj. (ẽcarregadou, a). Chargé, ée. ‖ s. m. Contremaître. ‖ Chargé (de cours, d'affaires). ‖-ar vt. (-ar). Charger. ‖-ar-se vr. (-ç). Se charger.
encarreirar vt. (ẽcarrâyrar). Acheminer, diriger. ‖ vi. Prendre* la bonne voie.
encarri‖lar ou **-lhar** vt. (ẽcarr-ar, -lar). Mettre* sur les rails. ‖ Fig. Mettre* sur le droit chemin. ‖ vi. Prendre* le bon chemin.
encart‖ado, a adj. (ẽcartadou, a). Attitré, ée. ‖ Pop. Accompli, ie. ‖-ar vt. (-ar). Attitrer. ‖ vi. Répondre à la carte (au jeu). ‖-e m. (-art). Enregistrement, diplôme, brevet.
encartuchar vt. (ẽcartou-ar). Mettre* en cartouche [pólvora]. ‖ Encorneter, mettre* en cornet de papier.
encasacar‖ vt. et - -se vr. (ẽcasacar, ç). Mettre* l'habit.
encasi‖car‖ vt. (ẽcachcar). Enfutailler [vinho]. ‖ vi. Se couvrir* d'écorce [árvore]. ‖-quetar v. (-ktar). Pop. Fourrer dans la tête.
encastelar vt. (ẽcachtelar). Fig. Amonceler, entasser.

encastoar vt. (ẽcachtouar). Enchâsser, sertir. ‖ Garnir de pomme (canne).
encavac‖ado, a adj. (ẽcavacadou, a). Décontenancé, ée. ‖-ar vi. (-ar). Se formaliser. ‖ Être* gêné, ée [acanhar-se].
encavilhar vt. (ẽca-lar). Cheviller.
encefalite f. (ẽcefalit). Encéphalite.
enceleirar vt. (ẽcelâyrar). Engranger.
encen‖ação f. (ẽcenaçãou). Mise en scène. ‖-ador m. (-ôr). Metteur en scène. ‖-ar vt. (-ar). Mettre* en scène.
encer‖ado m. (ẽçradou). Linoléum. ‖-amento m. (-amétou). Encirement. ‖-ar vt. (-ar). Encirer, cirer.
encerr‖amento m. (ẽcerramétou). Fermeture, f. ‖ Clôture, f. [conta, sessão, etc.]. ‖-ar vt. (-ar). Fermer, enfermer; renfermer. ‖ Clore* [conta].
encetar vt. (ẽcetar). Entamer.
encharcar‖ vt. (ẽ-arcar). Tremper, détremper. ‖- -se vr. (-ç). Être* trempé.
ench‖ente f. (ẽ-ẽt). Montant, m. [maré]. ‖ Crue [cheia]. ‖ Salle comble [teat.]. ‖-er vt. (-ér). Emplir, remplir; faire* le plein. ‖ Gonfler [balão]. ‖ vi. Monter. ‖-er-se vr. (-ç). S'emplir, se remplir. ‖ S'enrichir [dinheiro]. ‖ Se gorger [comida]. ‖-ido m. (-idou). Boyau rempli de viande de porc. ‖-imento m. (-étou). Remplissage. ‖ Gonflement [balão]. ‖ Plénitude, f. [estômago].
enchouriçar‖ vt. (ẽ-ôr-ar). Rendre semblable au saucisson. ‖- -se vr. (-ç). Se hérisser. ‖ Fam. Se fâcher.
enchumaçar vt. (ẽ-oumaçar). Ouater.
enciclop‖édia f. (ẽ-o-oupédya). Encyclopédie. ‖-édico, a adj. (-ê-ou, a). Encyclopédique.
encimar vt. (ẽ-ar). Mettre* sur, au-dessus. ‖ Surmonter, dominer.
enclau‖strar vt. (ẽ-aouchtrar). Cloîtrer. ‖-surar vt. (-ourar). Cloîtrer.
enclavinhar vt. (ẽ-a-gnar). Entrelacer (les doigts).
enclítico, a adj. et s. f. (ẽ-i-ou, a). Enclitique.
encobert‖a f. (ẽcoubèrta). Cachette; dissimulation. ‖ Loc. Às encobertas,

---

Itálico : acento tónico. ‖ V. página verde para a pronúncia figurada. ‖ * Verbo irreg. V. no final do livro.

ENC — END

en cachette. ||-o, a adj. (-ou, a). Secret, ète. ||Dissimulé, ée. ||Couvert, erte [tempo].
encobr||ideira f. (ēcoubr-âyra). Receleuse. ||-idor adj. (-ôr). Qui cache. ||s. m. Receleur. ||-imento m. (-étou). Recel. ||-ir* vt. (-ír). Cacher. ||Receler [furtos, etc.]. ||-ir-se* vr. (-ç). Se cacher. ||S'obscurcir [tempo].
encolerizar|| vt. (ēcoler-ar). Mettre en colère. ||- -se vr. (-ç). Se mettre en colère.
encolh||er vt. (ēcoulér). Rétrécir, raccourcir. ||Contracter. ||Fig. Intimider. ||vi. Rétrécir. ||-er-se vr. Se rétrécir. ||Se contracter. ||Fig. S'intimider. ||-ido, a adj. (-ídou, a). Rétréci, ie. ||Timide. ||-imento m. (-étou). Rétrécissement. ||Timidité, f.
encomend||a f. (ēcouméda). Commande. ||Loc. Encomenda postal, colis (m.) postal. Por encomenda, sur commande. ||-ar vt. (-ar). Commander. ||Charger de [encarregar]. ||Recommander [alma]. ||-ar-se vr. (-ç). Se recommander.
encomi||ar vt. (ēcoumyar). Louer. ||-asta m. (-achta). Louangeur. ||-ástico, a adj. (-ou, a). Élogieux, euse.
encómio m. (ēcómyou). Éloge, louange, f.
encompridar vt. (ēcōpr-ar). Br. Rendre plus long, allonger.
encontr||adiço, a adj. (ēcōtradíço, a). Qu'on rencontre par hasard ou par habitude. ||Loc. Fazer-se encontradiço com, se rencontrer à dessein avec. ||-ado, a adj. (-adou, a). Rencontré, ée; trouvé, ée. ||-ão m. (-ãou). Heurt. ||Bourrade, f. [com o ombro, etc.]. ||-ar vt. (-ar). Rencontrer, trouver. ||-ar-se vr. (-ç). Se rencontrer. ||-o m. (-ô-ou). Rencontre, f. ||Choc. ||Loc. Ir ao encontro de, aller* à la rencontre de. Ir de encontro a, se heurter contre.
encorajar vt. (ēcourajar). Encourager.
encorp||ado, a adj. (ēcourpadou, a). Corsé, ée [pano]. ||Corpulent, ente. ||-ar vt. (-ar). Donner du corps. ||vi. Prendre* du corps. ||-orar vt. (-ou-

rar). Incorporer. ||vi. Prendre* du corps.
encóspias f. pl. (ēcochpyach). Embauchoirs, m.
encost||a f. (ēcochta). Versant, m. ||-ar vt. (-ou-ar). Appuyer (contre), adosser (à). ||-ar-se vr. (-ç). S'adosser. ||-o m. (-ô-ou). Dossier. ||Appui.
encov||ado, a adj. (ēcouvadou, a). Enfoncé, ée (yeux) [olhos]. ||-ar vt. (-ar). Enfouir. ||-ar-se vr. (-ç). S'enfoncer.
encrav||ação f. (ēcravaçãou). Fig. Embarras, m., gêne. ||-ado, a adj. (-adou, a). Cloué, ée. ||Enclavé, ée [terreno]. ||Loc. Unha encravada, ongle (m.) incarné. ||-ar vt. (-ar). Clouer. ||Enclaver. ||Embarrasser. ||-ar-se vr. (-ç). S'incarner [unha].
encrenca f. (ēcrēca). Difficulté.
encresp||ado, a adj. (ēcrechpadou, a). Crépu, ue. ||-ar vt. (-ar). Crêper. ||-ar-se vr. (-ç). Friser. ||S'irriter. ||S'enfler, grossir (la mer) [mar].
encrist||ado, a adj. (ēcrichtadou, a). Fig. Hautain, aine. ||-ar-se vr. (-ç). Fig. Se redresser.
encruar vt. (ēcrouar). Endurcir. ||vi. S'endurcir.
encruz||amento m. (ēcrouzamétou). Croisement. ||-ar vt. (-ar). Croiser. ||-ilhada f. (-lada). Carrefour, m.
encurralar vt. (ēcourralar). Établer.
encurtar vt. (ēcourtar). Écourter. ||- -se vr. (-ç). Devenir* moins long.
encurvar vt. (ēcourvar). Courber.
endecha f. (ēdáycha). Complainte.
endefluxado, a adj. (ēde-oukçadou, a). Enrhumé, ée.
endemoninh||ado, a adj. (ēdemougnadou, a). Possédé, ée du démon. ||Endêvé, ée; indiscipliné, ée. ||-ar vt. (-ar). Fig. Faire* enrager. ||-ar-se vr. (-ç). Endiabler, se donner au diable.
endentar vt. (ēdētar). Endenter.
endereç||ar vt. (ēdereçar). Mettre* l'adresse. ||Adresser. ||-o m. (-éçou). Adresse, f. [carta].
endeusar vt. (ēdéousar). Déifier. ||- -se vr. (-ç). S'enorgueillir.
endiabrado, a adj. (ēdyabradou, a). Endiablé, ée. ||Endêvé, ée; turbulent, ente.
endinheirado, a adj. (ē-gnâyradou,

Lettres penchées : accent tonique. ||V. page verte pour la prononciation figurée. ||* Verbe irrég. V. à la fin du volume.

END — ENF

a). Riche, argenteux, euse (pop.).
endireitar‖ vt. (ẽ-rãytar). Redresser. ‖ Arranger, remettre* en ordre. ‖ vi. Aller* droit à. ‖ -se vr. (-ç). Se redresser.
endivia f. (ẽdivya). Endive.
endivid‖ado, a adj. (ẽ-adou, a). Endetté, ée. ‖-ar vt. (-ar). Endetter. ‖-ar-se vr. (-ç). S'endetter.
Endoenças n. pr. (ẽdouẽçaš). U. dans la loc. *quinta-feira de Endoenças*, Jeudi saint, m.
endoidecer vt. (ẽdõydcér). Rendre fou. ‖ vi. Devenír* fou.
endomingado, a adj. (ẽdoumĩgadou, a). Endimanché, ée.
endoss‖ado m. (ẽdouçadou). Endossé. ‖-ante m. et f. (-ãt). Endosseur. ‖-ar vt. (-ar). Endosser. ‖-o m. (-óçou). Endossement, endos.
endurec‖er vt. (ẽdourecér). Durcir, endurcir. ‖ vi. et -se vr. (-ç). S'endurcir. ‖-imento m. (-ímẽtou). Endurcissement.
enegrecer‖ vt. (ínegrecér). Noircir. ‖ vi. et --se vr. (-ç). Se noircír.
Eneias n. pr. (indyach). Énée.
energ‖ético, a adj. (inerjè-ou, a). Énergétique. ‖-ia f. (-ía). Énergie.
enérgico, a adj. (inèr-ou, a). Énergique.
enerv‖ação f. (inervaçãõ). Énervation. ‖-amento m. (-ẽtou). Énervement. ‖-ar vt. (-ar). Énerver. ‖-ar-se vr. (-ç). S'énerver.
enevoar vt. (inevouar). Enbrumer.
enfad‖adiço, a adj. (ẽfadadiçou, a). Facile à se fâcher. ‖-ar vt. (-ar). Ennuyer. ‖-o m. (-adou). Ennuí. ‖-onho, a adj. (-õgnou, a). Ennuyeux, euse.
enfaixar vt. (ẽfaychar). Emmailloter [criança]. ‖ Bander (membre).
enfard‖ador m. (ẽfardadór). Emballeur. ‖-amento m. (-ẽtou). Emballage. ‖-ar vt. (-ar). Emballer. ‖-elar vt. (-elar). Empaqueter.
enfarinh‖ado, a adj. (ẽfarignadou, a). Enfariné, ée. ‖-ar vt. (-ar). Enfariner. ‖-ar-se vr. (-ç). S'enfariner.
enfarruscar vt. (ẽfarrouchcar). Mâchurer, barbouiller de noir.
enfart‖amento m. (ẽfartamẽtou). Engorgement. ‖-ar vt. (-ar). Ras-

sasier. ‖ **Engorger**. ‖-e m. (-art). Engorgement.
ênfase f. (ẽfaz). Emphase.
enfasti‖ado, a adj. (ẽfachtyadou, a). Ennuyé, ée. ‖-ar vt. (-yar). Dégoûter. ‖-ar-se vr. (-ç). Se dégoûter. ‖-oso, a adj. (-óšou, oša). Ennuyeux, euse.
enfático, a adj. (ẽfa-ou, a). Emphatique.
enfatu‖ado, a adj. (ẽfatouadou, a). Présomptueux, euse. ‖-amento m. (-amẽtou). Présomption, f. ‖-ar vt. (-ar). Rendre vaniteux. ‖-ar-se vr. (-ç). Devenír* vaniteux, présomptueux, euse.
enfeit‖ar vt. (ẽfãytar). Enjoliver. ‖-e m. (-ãyt). Embellissement.
enfeitiçar vt. (ẽfãy-ar). Ensorceler.
enfeixar vt. (ẽfãychar). Fagoter.
enferm‖agem f. (ẽfermãjãy). Art (m.) de soigner les malades. ‖-ar vi. (-ar). Tomber malade. ‖*Fig.* Être* entaché de. ‖-aria f. (-aría). Infirmerie. ‖-eira f. (-ãyra). Infirmière. ‖-eiro m. (-ou). Infirmier. ‖-iço, a adj. (-íçou, a). Maladif, ive. ‖-idade f. (-ad). Maladie. ‖ Infirmité. ‖-o, a adj. et s. (-é-ou, a). Malade. ‖ Infirme.
enferruj‖ado, a adj. (ẽferroujadou, a). Rouillé, ée. ‖-ar vt. et vi. (-ar). Rouiller.
enfez‖ado, a adj. (ẽfèzadou, a). Rabougri, ie. ‖-ar vt. (-ar). Rabougrír.
enfi‖ada f. (ẽfi̯ada). Enfilade. ‖ Loc. *De enfiada*, de suite. ‖-ado, a adj. (-yadou, a). Enfilé, ée. ‖ Pâle [pálido]. ‖-adura f. (-adoura). Aiguillée [linha]. ‖-amento m. (-ẽtou). Action (f.) d'enfiler. ‖-ar vt. (-yar). Enfiler. ‖ Mettre* (vêtements) [roupa]. ‖ vi. Changer de couleur, pâlir. ‖ se troubler [perturbar-se].
enfileirar vt. (tẽ-ãyrar). Aligner les rangs. ‖ vi. S'aligner.
enfim adv. (ẽfĩ). Enfin, finalement.
enfit‖euse f. (ẽ-éouz). Emphytéose. ‖-euta m. (-a). Emphytéote. ‖-êutico, a adj. (-ou, a). Emphytéotique.
enforc‖ado, a adj. (ẽfourcadou, a). Pendu, ue. ‖-amento m. (-amẽtou). Pendaison, f. ‖-ar vt. (-ar). Pendre.

Itálico : acento tónico. ‖V. página verde para a pronúncia figurada. ‖*Verbo irreg. V. no final do livro.

ENF — ENG 504

enformar vt. (ẽfourm*a*r). Enformer. ‖vi. Prendre* du corps.
enfornar vt. (ẽfourn*a*r). Enfourner.
enfraquec‖**er** vt. (ẽfrakcér). Affaiblir. ‖vi. S'affaiblir. ‖**-imento** m. (-étou). Affaiblissement.
enfrascar vt. (ẽfrachc*a*r). Mettre* en flacon.
enfr‖**ear** vt. (ẽfry*a*r). Brider. ‖**-enar** vt. (-én*a*r). Br. Brider. ‖*Fig.* Réfréner.
enfrentar vt. (ẽfrẽt*a*r). Affronter.
enfronh‖**ado, a** adj. (ẽfrougn*a*dou, a). Instr*ui*t, *i*te; versé, ée. ‖**-ar** vt. (-*a*r). *Fig.* Instr*ui*re*, mettre* au courant. ‖**-ar-se** vr. (-ç). S'instruire*.
enfumarar vt. (ẽfoumar*a*r). Enfumer.
enfunar vt. (ẽfoun*a*r). Gonfler.
enfurec‖**er** vt. (ẽfourecér). Mettre* en fureur. ‖vi. et **-er-se** vr. (-ç). Entrer en fureur. ‖**-ido, a** adj. (-*i*dou, a). Fur*ieu*x, *eu*se.
engaço m. (ẽgaçou). Rafle. (raisin).
engaiolar vt. (ẽgayoul*a*r). Encager.
engaj‖**ador** m. (ẽgajadôr). Enrôleur. ‖**-ar** vt. (-*a*r). Enrôler, engager.
engalanar vt. (ẽgalan*a*r). Orner.
engalfinhar-se vr. (ẽgã-gnarç). Se colleter, en venir* aux mains.
engan‖**adiço, a** adj. (ẽganad*i*çou, a). Facile à tromper. ‖**-ado, a** adj. (-*a*dou, a). Trompé, ée. ‖Loc. *Estar enganado*, être* dans l'erreur. ‖**-ador, a** adj. et s. (-adôr, -a). Trompeur, *euse*. ‖**-ar** vt. (-*a*r). Tromper. ‖**-ar-se** vr. (-ç). Se tromper. ‖**-o** m. (-*â*nou). Tromperie, f. ‖**-oso, a** adj. (-ôsou, ôsa). Trompeur, *euse*; décevant, ante.
enganchar vt. (ẽga-*a*r). Accrocher. ‖**-se** vr. (-ç). S'accrocher.
engarraf‖**amento** m. (ẽgarrafamẽtou). Embouteillage. ‖**-ar** vt. (-*a*r). Embouteiller.
engasgar‖ vt. (ẽgajg*a*r). Engouer. ‖**-se** vr. (-ç). S'engouer. ‖*Fig.* Demeurer court.
engast‖**ar** vt. (ẽgacht*a*r). Enchâsser. ‖**-e** m. (-at). Chaton. ‖ Enchâssement, enchatonnement [acção].
engat‖**ar** vt. (ẽgat*a*r). Cramponner. ‖ Atteler [cavalos, etc.]. ‖**-e** m. (-at). Attelage.

engatilhar vt. (ẽga-lar). Armer (un fusil). ‖*Fig.* Préparer, apprêter.
engatinhar vi. (ẽga-gnar). Marcher à quatre pattes.
engelh‖**ado, a** adj. (ẽjel*a*dou, a). Ridé, ée. ‖**-ar** vt. (-*a*r). Rider. ‖**-ar-se** vr. (-ç). Se rider. ‖Se sécher.
engendrar vt. (ẽjẽdr*a*r). Engendrer. ‖*Fig.* Inventer, imaginer.
engenh‖**ar** vt. (ẽjegn*a*r). Inventer. ‖**-aria** f. (-ar*i*a). Génie, m. ‖**-eiro** m. (-*â*yrou). Ingénieur. ‖**-o** m. (-*â*y-ou). Esprit. ‖Aptitude, f. ‖Finesse, f. ‖Engin, machine, f. ‖**-oca** f. (-egnoca). Engin, m. ‖Astuce. ‖**-osidade** f. (-ou-*a*d). Ingéniosité. ‖**-oso, a** adj. (-ôsou, osa). Ingénieux, euse.
englobar vt. (ẽ-ob*a*r). Englober.
engod‖**ar** vt. (ẽgoud*a*r). Amorcer. ‖**-o** m. (-ôdou). Appât, amorce, f.
engolf‖**ar** vt. (ẽgô-ar). Engouffrer. ‖**-ar-se** vr. (-ç). S'engouffrer.
engolir vt. (ẽgoul*i*r). Engloutir.
engomar vt. (ẽgoum*a*r). Repasser [a ferro]. ‖ Empeser [com goma].
engonç‖**ar** vt. (ẽgôçar). Mettre* des gon*d*s. ‖**-o** m. (-ôçou). Gond. ‖Loc. *Boneco de engonços*, marionnette, f.
engord‖**a** f. (ẽgorda). Engraissement, m. ‖**-ar** vt. et vi. (-ou-*a*r). Engraisser. ‖**-urar** vt. (-our*a*r). Graisser, souiller de graisse.
engrac‖**ado, a** adj. (ẽgraç*a*dou, a). Plaisant, ante; drôle. ‖**-ar** vi. (-*a*r). Sympathiser avec [com].
engrad‖**ado** m. (ẽgrad*a*dou). Emballage à claire-voie. ‖**-ar** vt. (-*a*r). Griller (fermer). ‖ Emballer.
engrandec‖**er** vt. (ẽgrãdcér). Agrandir. ‖Exalter. ‖vi. et **-er-se** vr. (-ç). S'agrandir. ‖**-imento** m. (-étou). Agrandissement.
engravat‖**ado, a** adj. (ẽgravat*a*dou, a). Cravaté, ée. ‖**-ar-se** vr. (-arç). Mettre* une cravate. ‖*Fig.* Se cravater.
engrax‖**adela** f. (ẽgrachad*â*la). Décrottage, m. ‖**-ador** m. (-ôr). Cireur. ‖*Fig.* Pommadeur (fam.). ‖**-ar** vt. (-*a*r). Cirer, décrotter. ‖*Fig.* Flagorner. ‖**-ate** m. (-at). *Br.* Cireur, décrotteur.
engren‖**agem** f. (ẽgrenajẽy). Engrenage, m. ‖**-ar** vt. (-*a*r). Engrener.

Lettres penchées : accent tonique. ‖V. page verte pour la prononciation figurée. ‖* Verbe irrég. V. à la fin du volume.

engrinaldar vt. (ĕgr-à-ar). Enguirlander.
engrip‖ado, a adj. (ĕgr-adou, a). Grippé, ée. ‖**-ar-se** vr. (-ç). Attraper la grippe.
engrossar vt. et vi. (ĕgrouçar). Grossir, épaissir.
enguia f. (ĕghia). Anguille.
enguiç‖ado, a adj. (ĕghiçadou, a). Enguignonné, ée. ‖**-ar** vt. (-ar). Donner du guignon à. ‖**-o** m. (-içou). Guignon, guigne, f. ‖Sorcellerie, f. [bruxedo].
engulh‖ar vt. (ĕgoular). Faire* des nausées à. ‖**-o** m. (-oulou). Nausée, f.
enigm‖a m. (ini-a). Énigme, f. ‖**-ático, a** adj. (-a-ou, a). Énigmatique.
enjeit‖ado, a adj. (ĕjâytadou, a). Abandonné, ée. ‖**s.** m. et f. Enfant trouvé, ée. ‖**-ar** vt. (-ar). Rejeter; abandonner.
enjo‖ado, a adj. (ĕjouadou, a). Ennuyé, ée; dégoûté, ée; écœuré, ée. ‖**-ar** vt. (-ouar). Dégoûter, écœurer. ‖vi. Avoir* le mal de mer. ‖**-ativo, a** adj. (-ativou, a). Écœurant, ante. ‖**-o** m. (-ô-ou). Nausée, f.; mal de mer [a bordo].
enla‖çar vt. (ĕlaçar). Enlacer, entrelacer. ‖Nouer [atar]. ‖Serrer, étreindre* [abraçar]. ‖**-ce** m. (-aç). Liaison, f., enlacement. ‖Mariage [casamento].
enlaivado, a adj. (ĕlayvadou, a). Sali, ie de taches légères.
enlamear vt. (ĕlamyar). Éclabousser.
enlatar vt. (ĕlatar). Mettre* dans des boîtes de fer-blanc.
enle‖ado, a adj. (ĕlyadou, a). Attaché, ée. ‖Perplexe. ‖**-ar** vt. (-yar). Attacher. ‖Embarrasser. ‖Charmer [encantar]. ‖**-ar-se** vr. (-ç). Se troubler.
enleio m. (ĕlâyou). Entrelacement. ‖Fig. Embarras. ‖Charme [encanto].
enlev‖ar vt. (ĕlevar). Charmer. ‖**-ar-se** vr. (-ç). S'extasier. ‖**-o** m. (-évou). Enchantement.
enlodar vt. (ĕloudar). Crotter.
enlouquecer vt. (ĕlôkcér). Rendre fou. ‖vi. Devenir* fou.
enlut‖ado, a adj. (ĕloutadou, a). Mis, ise en deuil. ‖Fig. Lugubre. ‖**-ar** vt. (-ar). Mettre* en deuil.

‖**-ecido, a** adj. (-écidou, a). Br. Affligé, ée.
enobrecer vt. (inoubrecér). Anoblir.
enoj‖adiço, a adj. (inoujadiçou, a). Qui a souvent des nausées. ‖**-ar** vt. (-ar). Dégoûter.
enorm‖e adj. (inorm). Énorme. ‖**-idade** f. (-ou-ad). Énormité.
envolar‖ vt. (inouvelar). Pelotonner. ‖**-se** vr. (-ç). Se pelotonner.
enquadr‖amento m. (ĕcouadramĕtou). Encadrement. ‖**-ar** vt. (-ar). Encadrer.
enquanto conj. (ĕcouãtou). Pendant que. ‖Loc. Enquanto não, en attendant que. Por enquanto, pour le moment.
enraivec‖er vt. (ĕrrayvcér). Faire* enrager. ‖vi. et **-er-se** vr. (-ç). Enrager. ‖**-imento** m. (-étou). Rage, f.
enraizar‖ vt. (ĕrra-ar). Enraciner. ‖vi. et **-se** vr. (-ç). S'enraciner.
enred‖ar vt. (ĕrredar). Embrouiller, emmêler. ‖Brouiller [indispor]. ‖Embarrasser. ‖**-o** m. (-édou), Embrouillement, confusion, f. ‖Intrigue, f. ‖Cancan [mexerico]. ‖**-oso, a** adj. (-ôsou, ôsa). Embrouillé, ée; difficile.
enregelar vt. (ĕrrejelar). Glacer, geler.
enrij‖ar et **-ecer** vt. et vi. (ĕrr-ar, -ecér). Durcir.
enriquec‖er vt. (ĕrrikcér). Enrichir. ‖vi. S'enrichir. ‖**-imento** m. (-étou). Enrichissement.
enrodilhar vt. (ĕrrou-lar). Chiffonner, froisser. ‖Embrouiller, embarrasser.
enrol‖amento m. (ĕrroulamĕtou). Enroulement. ‖**-ar** vt. (-ar). Enrouler. ‖**-ar-se** vr. (-ç). S'enrouler.
enroscar‖ vt. (ĕrrouchcar). Entortiller. ‖**-se** vr. (-ç). S'entortiller.
enroupar vt (ĕrrôpar). Emmitoufler.
enrouquecer vt. (ĕrrôkcér). Enrouer.
enrubescer vt. (ĕrroubechcér). Rendre rouge. ‖vi. Rougir.
enrug‖ar vt. (ĕrrougar). Rider. ‖vi. et **-se** vr. (-ç). Se rider.
ensabo‖adela f. (ĕçabouadèla). Savonnage, m. ‖Fig. Savon, m., verte réprimande. ‖**-ado, a** adj. (-ouadou, a). Savonné, ée. ‖**-ar** vt. (-ouar). Savonner.

---

*Itálico : acento tônico. ‖V. página verde para a pronúncia figurada. ‖*Verbo irreg. V. no final do ivro.

FR.-PORTUG. — ‖

ENS — ENT 506

ensaburrado, a adj. (ẽçaburradou, a). Couvert, erte de saburre.
ensacar vt. (ẽçacar). Ensacher.
ensai‖**ador, a** adj. et s. (ẽçayadôr, a). Essayeur, euse. ‖s. m. Metteur en scène. ‖-**ar** vt. (-yar). Essayer. ‖Répéter [peça]. ‖-**ar-se** vr. (-ę). S'exercer, se préparer.
ensaibrar vt. (ẽçaybrar). Graveler.
ensaio m. (ẽçayou). Essai. ‖ Répétition, f. [peça].
ensaísta m. (ẽçaíchta). Essayiste.
ensancha f. (ẽçã-a). Élargissure.
ensangüenta‖**ado, a** adj. (ẽçãgouẽtadou, a). Ensanglanté, ée. ‖-**ar** vt. (-ar). Ensanglanter.
ensarilhar vt. (ẽçarilar). Embrouiller. ‖Loc. Ensarilhar armas, mettre* les fusils en faisceaux.
enseada f. (ẽçyada). Crique, anse.
ensebar vt. (ẽçbar). Ensuifer.
ensecadeira f. (ẽcecadêyra). Arch. Palplanche.
ensejo m. (ẽçãyjou). Opportunité, f.
ensilagem f. (ẽ-ajãy). Ensilage, m., silotage, m.
ensimesmar-se vr. (ẽ-ejmarç). Se recueillir, rentrer en soi-même.
ensin‖**adela** f. (ẽ-adêla). Correction. ‖-**ado, a** adj. (-adou, a). Enseigné, ée. ‖Dressé, ée [animal]. ‖-**amento** m. (-amẽtou). Enseignement. ‖-**ar** vt. (-ar). Enseigner. ‖Élever [educar]. ‖Dresser [cavalo]. ‖-**o** m. (-ínou). Enseignement. ‖Dressage [animal].
ensoberbecer‖ vt. (ẽçouberbecêr). Enorgueillir. ‖-**se** vr. (-ç). S'enorgueillir.
ensolarado, a adj. (ẽçoularadou, a). Ensoleillé, ée.
ensombrar vt. (ẽçõbrar). Ombrager.
ensop‖**ado, a** adj. (ẽçoupadou, a). Trempé, ée. ‖Loc. Carne ensopada, viande en ragoût. ‖s. m. Ragoût. ‖-**ar** vt. (-ar). Tremper, mouiller. ‖Apprêter en ragoût [carne]. ‖-**ar-se** vr. (-ç). Se mouiller être* trempé.
ensurdec‖**er** vt. (ẽçourdecêr). Rendre sourd. ‖Assourdir [com barulho; um som]. ‖vi. Devenir* sourd. ‖-**imento** m. (-êtou). Assourdissement.
entablamento m. (ẽta-amẽtou). Entablement.

entabu‖**amento** m. (ẽtabouamẽtou). Planchéiage. ‖-**ar** vt. (-ouar). Planchéier. ‖-**ar-se** vr. (-ç). S'endurcir.
entabular‖ vt. (ẽtaboulạr). Préparer. ‖Entamer, commencer. ‖--**se** vr. (-ç). Prendre* commencement.
entaipar vt. (ẽtaypar). Claquemurer.
ental‖**ação** f. (ẽtalaçãou). Fig. Embarras. ‖-**ado, a** adj. (-adou, a). U. dans les loc. estar entalado, être* dans de beaux draps ; ficar entalado, se trouver dans une situation pénible. ‖-**ar** vt. (-ar). Pincer [dedos, etc.]. ‖Compromettre*. ‖Border (un lit) [roupa]. ‖-**ar-se** vr. (-ç). Fig. Se mettre* dans l'embarras, s'attirer de mauvaises affaires.
entalh‖**ador** m. (ẽtaladôr). Sculpteur sur bois. ‖-**adura** f. (-oura). Sculpture et gravure sur bois. ‖-**ar** vt. (-ar). Sculpter sur bois. ‖Graver, ciseler. ‖-**e, -o** m. (-al, -ou). Ouvrage de sculpture, de gravure, de ciselure.
entanguido, a adj. (ẽtãghidou, a). Transi, ie de froid.
entanto adv. (ẽtãtou). Cependant : no entanto, cependant, pourtant.
então adv. (ẽtãou). Alors. ‖Loc. Desde então, dès lors. Para então, pour ce temps-là. Pois então, dans ce cas.
entardecer m. (ẽtardecêr). Tombée (f.) du jour.
ente m. (ẽt). Être.
enteado, a m. et f. (ẽtyadou, a). Beau-fils, belle-fille.
entediar vt. (ẽtedyar). Dégoûter.
entend‖**edor** m. (ẽtẽdedôr). Entendeur. ‖-**er** vt. (-êr). Entendre, comprendre*. ‖Croire*, penser, juger. ‖vi. S'entendre (à, en). ‖Loc. Entender do seu ofício, savoir* son métier. Fazer-se entender, se faire* comprendre*. No meu entender, à mon avis. ‖-**er-se** vr. (-ç). S'entendre. ‖-**ido, a** adj. (-ídou, a). Entendu, ue. ‖Loc. Dar-se por entendido, prendre* un air entendu. Não se dar por entendido, faire* la sourde oreille. ‖s. m. Connaisseur. ‖-**imento** m. (-êtou). Entendement. ‖Entente, f.
entenebrecer vt. (ẽtenebrecêr). Obscurcir, remplir de ténèbres.

Lettres penchées : accent tonique. ‖V. page verte pour la prononciation figurée. ‖* Verbe irrég. V. à la fin du volume.

enterite f. (ēterit). Entérite (méd.).
enternec∥er vt. (ēternecér). Attendrir. ‖**-er-se** vr. (-ç). S'attendrir. ‖**-imento** m. (-étou). Attendrissement.
enter∥ramento m. (ēterramétou). Enterrement. ‖**-ar** vt. (-ar). Enterrer. ‖ Enfoncer [punhal]. ‖**-ar-se** vr. (-ç). S'enterrer. ‖ S'enfoncer, pénétrer. ‖**-o** m. (-é-ou). Enterrement.
entesar vt. et vi. (ētesar). Raidir.
entes∥oirar ou **-ourar** vt. (ētesôyrar, -ôr-). Thésauriser.
entestar vi. (ētechtar). Confiner à.
entibiar vt. (ē-yar). Attiédir.
entidade f. (ē-ad). Entité. ‖ Personnalité, individualité.
ento∥ação f. (ētouaçáou). Intonation. ‖**-ar** vt. (-ouar). Entonner.
entono m. (ētónou). Orgueil, fierté, ‖ Loc. Avoir* le vertige.
entontecer vt. (ētŏtcér). Étourdir. ‖ vi. Avoir* le vertige.
entornar‖ vt. (ētournar). Répandre, renverser. ‖**-se** vr. (-ç). Se répandre.
entorpec∥er vt. (ētourpcér). Engourdir. ‖ Gêner, embarrasser. ‖**-imento** m. (-étou). Engourdissement. ‖ Paralysie, f. ‖ Obstacle.
entorse f. (ētorç). Entorse.
entortar‖ vt. (ētourtar). Tortuer. ‖ Loc. *Entortar os olhos*, loucher. ‖ vi. Se courber.
entr∥ada f. (ētrada). Entrée. ‖ Mise (au jeu) [jogo]. ‖ *Comm. Mise de fonds*, apport, m. ‖ Loc. *Meia entrada*, demi-place. *Votos de boas entradas*, souhaits de bonne année. ‖**-ado, a** adj. (-adou, a). *Pop.* Gris, ise; allumé, ée. ‖ Loc. *Entrado em anos*, avancé en âge. ‖**-adote** adj. (-adot, a). *Fam.* Avancé, ée en âge.
entranç∥ado, a adj. (ētráçadou, a). Tressé, ée. ‖**-ar** vt. (-ar). Tresser.
entrância f. (ētráçya). *Br.* Ancienneté. ‖ Entrée au service.
entranh∥as f. pl. (ētrâgnach). Entrailles. ‖ Loc. *Não ter entranhas*, être* insensible. ‖**-ado, a** adj. (-adou, a). Introduit, uite dans les entrailles. ‖ *Fig.* Profond, onde. ‖**-ar** vt. (-ar). Introduire*. ‖**-ar-se** vr. (-ç). S'enfoncer. ‖ Se dévouer profondément. ‖**-ável** adj. (-avèl). Profond, onde; intime; enraciné, ée.
entrar vi. (ētrar). Entrer. ‖ Loc.

entrer, introduire*. ‖ Enfoncer [enterrar]. ‖ Envahir, occuper [par les armes]. ‖ Loc. *Entrar a*, commencer à. *Entrar de guarda*, monter la garde. *Entrar de posse*, entrer en possession. *Entrar em disputas*, se mêler de disputes. *Entrar en idade*, avancer en âge. *Entrar em si*, rentrer en soi-même. *Entrar na matéria*, entrer en matière.
entrav∥ar vt. (ētravar). Entraver. ‖**-e** m. (-av). Entrave, f.
entre prép. (ētr). Entre. ‖ Parmi [no meio de]. ‖ Chez [povos]. ‖ Loc. *Por entre*, à travers. *Trazer entre mãos*, avoir* entre les mains.
entreab∥erto, a adj. (ētryabèrtou, a). Entrouvert, erte. ‖**-rir** v. (-ir). Entrouvrir*. ‖ vi. S'entrouvrir*.
entreacto m. (ētryatou). Entracte.
entrecasc∥a f. ou **-o** m. (ētrechcach, ou). Liber, m.
entrecho m. (ētrâychou). Nœud, intrigue, f.
entrechocar-se vr. (ētrechoucarç). S'entrechoquer, s'entre-heurter.
entrecort∥ar vt. (ētrecourtar). Entrecouper. ‖**-e** m. (-o-). Entre-coupe, f.
entre∥cruzar-se vr. (ētrecrouzarç). S'entrecroiser. ‖**-folho** m. (-ôlou). Repli, recoin.
entre∥ga f. (ētrêga). Remise. ‖ Livraison [vendas]. ‖ Reddition [dum forte]. ‖ Loc. *Fazer entrega de*, livrer. ‖**-gar** vt. (-egar). Livrer, remettre*. ‖ Loc. *Entregar a alma a Deus*, rendre l'âme. ‖**-gar-se** vr. (-ç). Se livrer. ‖ Se rendre [guerra]. ‖**-gue** adj. (-èg). Livré, ée; remis, ise.
entrelaç∥ado, a adj. (ētrelaçadou, a). Entrelacé, ée. ‖**-s** m. Entrelacement. ‖**-amento** m. (-amétou). Entrelacement. ‖**-ar** vt. (-ar). Entrelacer.
entrelinh∥a f. (ētreligna). Entreligne, m.; interligne, m. ‖**-ar** vt. (-ar). Interligner.
entreluzir vi. (ētrelouzir). Entreluire*.
entrem∥ear vt. (ētremyar). Entremêler, mêler. ‖ Entrelarder [discurso; carne]. ‖**-eio** m. (-áyou). Entredeux.
entrementes adv. (ētremétch). Entretemps, sur ces entrefaites.

Itálico : acento tónico. ‖ V. página verde para a pronúncia figurada. ‖ *Verbo irreg. V. no final do livro.

entremeter vt. (ẽtremetér). Interposer, entremêler.
entremez m. (ẽtreméch). Intermède.
entre‖olhar-se vr. (ẽtryōlárç). S'entre-regarder. ‖**-ouvir*** vt. (-ōvír). Entr'ouïr*.
entreponte f. (ẽtrpôt). Entrepont, m.
entreposto m. (ẽtrpôchtou). Entrepôt.
entretanto adv. (ẽtrtátou). Cependant.
entretecer vt. (ẽtretcér). Brocher [tecido]. ‖ Entrelacer. ‖Parsemer [juncar].
entretel‖a f. (ẽtretéla). Bougran, m. [fato]. ‖**-ar** vt. (-elár). Garnir de bougran.
entret‖(en)imento m. (ẽtr[e]-ẽtou). Amusement. ‖**-er*** vt. (-ér). Amuser. ‖Retenir*, attarder. ‖**-er-se** vr. (-ç). S'amuser. ‖ S'occuper.
entrevado, a adj. (ẽtrèvadou, a). Paralytique, perclus, use.
entrever* vt. (ẽtrevér). Entrevoir*.
entrevist‖a f. (ẽtrevíchta). Entrevue. ‖ Interview, m. et f. [jornalismo]. ‖**-ador** m. (-ōr). Interviewer. ‖**-ar** vt. (-ar). Interviewer.
entrincheir‖amento m. (ẽtrĩ-âyramétou). Retranchement. ‖**-ar** vt. (-ar). Retrancher. ‖**-ar-se** vr. (-ç). Se retrancher.
entristecer* vt. (ẽtrichtecér). Attrister. ‖ vi. et **-er-se** vr. (-ç). S'attrister.
entronc‖ado, a adj. (ẽtrõcadou, a). Robuste. ‖**-amento** m. (-ẽtou). Embranchement. ‖**-ar** vt. (-ar). Faire* réunir. ‖ vi. Descendre de la même souche. ‖ S'embrancher.
entroniz‖ação f. (ẽtrou-açãou). Intronisation. ‖**-ar** vt. (-ar). Introniser.
entrudo m. (ẽtroudou). Carnaval.
entufar vi. (ẽtoufár). Bouffer.
entulh‖ar vt. (ẽtoular). Remplir de plâtras. ‖**-o** m. (-oulou). Plâtras.
entumecer* vt. (ẽtoumecér). Gonfler.
entup‖ido, a adj. (ẽtoupídou, a). Engorgé, ée. ‖*Fig. Ficar entupido*, être* à quia. ‖**-imento** m. (-ẽtou). Engorgement. ‖**-ir** vt. (-ír). Engorger. ‖*Fig.* Interloquer, embarrasser.
entusi‖asmar vt. (ẽtousyajmár). Enthousiasmer. ‖**-asmo** m. (-yajmou). Enthousiasme. ‖**-asta** m. et s. (-achta). Enthousiaste. ‖**-ástico, a** adj. (-ou, a). Enthousiaste.
enumer‖ação f. (inoumeraçãou). Énumération. ‖**-ar** vt. (-ar). Énumérer.
enunci‖ação f. (inũcyaçãou). Énonciation. ‖**-ado** m. (-yadou). Énoncé. ‖**-ar** vt. (-yár). Énoncer. ‖**-ativo, a** adj. (-ativou, a). Énonciatif, ive.
envaidecer* vt. (ẽvaydcér). Rendre vaniteux. ‖**--se** vr. (-ç). S'enorgueillir.
envasilhar vt. (ẽva-lar). Enfutailler.
envelhec‖er vt. et vi. (ẽvelecér). Vieillir. ‖**-imento** m. (-ẽtou). Vieillissement.
envelope m. (ẽvelop). *Gal.* Enveloppe, f.
envencilhar vt. (ẽvẽ-lar). Lier. ‖**--se** vr. (-ç). S'emmêler, s'enchevêtrer
envenen‖ador, a adj. et s. (ẽvenenadōr, a). Empoisonneur, euse. ‖**-amento** m. (-ẽtou). Empoisonnement. ‖**-ar** vt. (-ar). Empoisonner.
enveredar vt. (ẽveredár). Guider. ‖ vi. S'acheminer.
enverg‖adura f. (ẽvergadoura). Envergure. ‖**-ar** vt. (-ar). *Mar.* Enverguer. ‖Mettre* (un habit) [fatos].
envergonh‖ado, a adj. (ẽvergougnadou, a). Honteux, euse. ‖**-ar** vt. (-ar). Faire* honte à. ‖**-ar-se** vr. (-ç). Avoir* honte, rougir.
enverniz‖ador m. (ẽver-adōr). Vernisseur. ‖**-ar** vt. (-ar). Vernir.
envi‖ado, a adj. et s. (ẽvyadou, a). Envoyé, ée. ‖**-ar** vt. (-ar). Envoyer*.
envidar vt. (ẽvidár). Renvier [jogo]. ‖ *Loc. Envidar os seus esforços*, faire* de son mieux, s'efforcer
envidraç‖ado, a adj. (ẽ-raçadou, a). Vitré, ée. ‖Terne [olhos]. ‖**-ar** vt. (-ar). Vitrer.
envies‖ado, a adj. (ẽ-èsadou, a). Mis, ise de biais. ‖**-ar** vt. (-ar). Mettre* de biais. ‖ *Loc. Enviesar os olhos*, loucher.
envilecer* vt. (ẽ-lcér). Avilir. ‖ vi. et **-se** vr. (-ç). S'avilir.
envio m. (ẽviou). Envoi.
enviscar vt. (ẽ-chcar). Engluer.
enviuvar vi. (ẽyyouvár). Devenir* veuf ou veuve.
envolt‖a f. (ẽvo-a). *De -*, ensemble.

Lettres penchées : accent tonique. ‖V. page verte pour la prononciation figurée. ‖* Verbe irrég. V. à la fin du volume.

ENV — EQU

||-o, a adj. (-ô-, a). Enveloppé, ée.
||-ório m. (-oryou). Enveloppe, f.
envol||vente adj. (êvô-êt). Enveloppant, ante. ||-ver vt. (-ér). Envelopper. ||-ver-se vr. (-ç). S'envelopper. ||*Fig.* Se mêler, s'engager.
enxad||a f. (êchada). Houe. ||-ada f. (-adada). Coup (m.) de houe. ||-ão m. (-ãou). Bêchoir.
enxadrezar vt. (êchadrezar). Diviser en échiquier.
enxaguar vt. (êchagouar). Rincer.
enxalmo m. (êchâ-ou). Couverture (f.) de bête de somme.
enxambrar vt. (êchâbrar). Sécher à demi.
enxam||e m. (êchâm). Essaim. ||-ear vi. (-yar). Essaimer. ||*Fig.* Pulluler.
enxaqueca f. (êchakêca). Migraine.
enxárcia f. (êcharcya). Gré(e)-ment, m.
enxerg||a f. (êchérga). Paillasse. ||Grabat, m. [catre]. ||-ão m. (-e-ãou). Sommier.
enxergar vt. (êchergar.) Apercevoir, distinguer, entrevoir*.
enxert||adeira f. (êchertadâyra). Greffoir, m. ||-ar vt. (-ar). Greffer, enter. ||-la f. (-ia). Greffe : *enxertia de encosto*, greffe par approche. ||-o m. (-é-ou). Greffe, m.
enxó f. (êcho). Doloire, herminette.
enxofr||ar vt. (êchoufrar). Soufrer. ||-e m. (-ô-). Soufre.
enxot||a-moscas m. (êchotamôchcach). Chasse-mouches. ||-ar vt. (-outar). Chasser. ||Émoucher [as moscas].
enxoval m. (êchouvál). Trousseau. ||Layette, f. [criança].
enxovalh||ar vt. (êchouvalar). Souiller. ||Insulter. ||-o m. (-alou). Manque de propreté. ||*Fig.* Affront, injure, f.
enxovia f. (êchouvia). Basse-fosse.
enxugadoiro ou -adouro m. (-êchougadôyrou, -ôr-). Séchoir. ||-ador m. (-ôr). Séchoir. ||-ar vt. (-ar). Essuyer. ||vi. Sécher.
enxúndia f. (êchúdya). Graisse de volaille.
enxurr||ada f. (êchourrada). Torrent (m.) d'eau pluviale. ||*Fig.* Torrent, m. ||-o m. (-ou-ou). V. ENXURRADA. ||*Fig.* Lie, f., rebut.

enxuto, a adj. (êchoutou, a). Sec, sèche.
éolo n. pr. (èoulou). Éole.
Epaminondas n. pr. (ipa-õdach). Epaminond*as*.
epicentro m. (é-êtrou). Épicentre.
épico, a adj. (ê-ou, a). Épique. ||s. m. Poète épique.
epid||emia f. (i-emia). Épidémie. ||-émico, a adj. (-ê-ou, a). Épidémique.
epid||erme f. (i-èrm). Épiderme, m. ||-érmico, a adj. (-ou, a). Épidermique.
Epifania n. pr. (i-ania). Épiphanie.
epi||gastro m. (è-achtrou). Épigastre. ||-al adj. (-ál). Épigastrique. ||-glote f. (-ot). Épiglotte.
epigono m. (ipigounou). Épigone.
epigrafe f. (ipigraf). Épigraphe.
epigr||ama m. (i-râma). Épigramme, m. ||-amático, a adj. (-at-ou, a). Épigrammatique.
epil||epsia f. (i-ia). Épilepsie. ||-éptico, a adj. (-êt-ou, a). Épileptique.
epilogar vt. (i-ougar). Récapituler, résumer.
epilogo m. (ipilougou). Épilogue.
Epiro n. pr. (epirou). Épire.
episcop||ado m (i-chcoupadou). Épiscopat. ||-al ad. (-ál). Épiscopal, ale.
episód||ico, a adj. (i-o-ou, a). Épisodique. ||-lo m. (-oyu). Épisode.
epistaxe f. (è-chtakç). Épistaxis.
epístola f. (ipéchtoula). Épître.
epistol||ar adj. (i-chtoular). Épistolaire. ||-ário m. (-aryou). Recueil d'épîtres, de lettres.
epitáfio m. (ż-afyou). Épitaphe, f.
epíteto m. (ipétetou). Épithète, f.
época f. (épouca). Époque.
epopeia f. (ipeupáya). Épopée.
equação f. (icouaçãou). Équation.
equa||dor m. (icouadôr). Équateur. ||-torial adj. (-ál). Équatorial, ale.
equestre adj. (icouèchtr). Équestre.
equiângulo adj. (icouyâgoulou). Équiangle.
equidade f. (icou-ád). Équité.
equídeo m. (icouídyou). Équidé.
equi||distante adj. (icou-chtât). Équidistant, ante. ||-látero adj. (-atrou). Équilatère.
equilibr||ação f. (iclibraçãou). Équilibration. ||-ado, a adj. (-adou, a).

Itálico : acento tónico. ||V. página verde para a pronúncia figurada. ||*Verbo irreg. V. no final do livro.

Équilibré, ée. ‖-**ar** vt. (-ar). Équilibrer. ‖-**ar-se** vr. (-ç). S'équilibrer.
equil‖íbrio m. (iclíbryou). Équilibre. ‖-**ibrista** m. et f. (-íchta). Équilibriste.
equino, a adj. (écouínou, a). Équin, ine.
equinócio m. (ikinócyou). Équinoxe.
equinoderme m. (ikinoudèrm). Échinoderme.
equipa f. (ikípa). Équipe.
equip‖ação f. (ikipaçáou). Br. Équipage, m. (-améṭou). Équipement. ‖-**ar** vt. (-ar). Équiper.
equipar‖ação f. (ikiparaçáou). Égalisation. ‖-**ar** vt. (-ar). Égaler.
equitação f. (ikitaçáou). Équitation.
equitativo, a adj. (icou-atívou, a). Équitable.
equival‖ência f. (ikivalêcya). Équivalence. ‖-**ente** adj. (-êt). Équivalent, ente. ‖-**er*** vi. (-ér). Équivaloir*.
equivocar‖ vt. (ikivoucar). Tromper. ‖- -**se** vr. (-ç). Se tromper.
equívoc‖o m. (ikívoucou). Équivoque. f. ‖-**o, a** adj. (-a). Équivoque.
era f. (èra). Ère.
erário m. (iraryou). Trésor public.
er‖ecção f. (irèçáou). Érection. ‖-**ecto, a** adj. (-étou, a). Érigé, ée.
eremit‖a m. (irmíta). Ermite. ‖-**ério** m. (-èryou). Ermitage.
erguer vt. (irghér). Lever, élever.
eriçar vt. (ir-ar). Hérisser.
erigir vt. (ir-ír). Ériger.
erisipela f. (irz-èla). Érysipèle, m.
Eritreia n. pr. (ir-ráya). Érythrée.
erm‖ar vt. (érmar). Dépeupler. ‖-**ida** f. (irmída). Chapelle. ‖-**itão** m. (-áou). Ermite. ‖-**o, a** adj. (érmou, a). Désert, erte. ‖s. m. Désert, solitude, f.
Ernesto n. pr. (irnèchtou). Ernest.
eros‖ão f. (irouzáou). Érosion. ‖-**ivo, a** adj. (-ívou, a). Érosif, ive.
erótico, a adj. (iro-ou, a). Érotique.
erotismo m. (iroutíjmou). Érotisme.
err‖abundo, a adj. (irrabúdou, a). Errant, ante. ‖-**adio, a** adj. (-íou, a). Errant, ante. ‖-**ado, a** adj. (-ádou, a). Faux, ausse; inexact, acte. ‖Fautif, ive [com erros]. ‖-**ante** adj. (-át). Errant, ante. ‖-**ar** vt. (-ar). Manquer [caça, alvo, etc.]. ‖Se tromper dans [contas, etc.]. ‖vi. Errer. ‖-**ata** f.

(-ata). Erratum, m. ‖-**ático, a** adj. (-a-ou, a). Erratique. ‖-**o** m. (érrou). Erreur, f. ‖Faute, f. [ortografia, etc.]. ‖-**óneo, a** adj. (i-onyou, a). Erroné, ée. ‖-**or** m. (-ôr). Erreur, f.
erudi‖ção f. (irou-áou). Érudition. ‖-**to, a** adj. et s. (-ítou, a). Érudit, ite.
erupção f. (irou-áou). Éruption.
erva‖ f. (èrva). Herbe. ‖pl. Herbes potagères. ‖-**çal** m. (-ál). Herbage. ‖- -**caúna** f. (-aouna). Br. Maté (m.) de mauvaise qualité. ‖-**cidreira** f. (-ráyra). Mélisse. ‖-**doce** f. (-ôç). Anis, m. ‖-**nário** m. (-aryou). Herboriste.
ervário m. (èrvaryou). Herbier.
ervilh‖a f. (irvíla). Pois ou petit pois, m. ‖-**a-de-cheiro** f. (-de-dáyrou). Pois (m.) de senteur. ‖-**aca** f. (-aca). Vesce. ‖-**al** m. (-ál). Champ semé de pois.
esbaforido, a adj (ejbafourídou, a). Essoufflé, ée; hors d'haleine.
esbandalhar vt. (ejbádalar). Déchirer, mettre* en morceaux. ‖Défaire*, déranger [desarrumar].
esbanj‖ador, a adj. et s. (ejbájadôr, a). Dissipateur, trice. ‖-**amento** m. (-étou). Dissipation, f. ‖-**ar** vt. (-ar). Dissiper, gaspiller.
esbarrar vi. (ejbarrar). Heurter contre. ‖Fig. Achopper, échouer.
esbater vt. (ejbatér). Dégrader (une teinte).
esbelto, a adj. (ejbé-ou, a). Svelte.
esbirro m. (ejbírrou). Sbire.
esboç‖ar vt. (ejbouçar). Esquisser. ‖-**o** m. (-óçou). Esquisse, f., ébauche, f.
esbofetear vt. (ejbouftyar). Gifler.
esbo‖lroamento m. (ejbourouamétou). Effritement. ‖-**roar** vt. (-ouar). Effriter. ‖-**roar-se** vr. (-ç). S'effriter.
esborrachar vt. (ejbourrachar). Écraser, écrabouiller (pop.).
esbranquiçado, a adj. (ejbrákiçadou, a). Blanchâtre.
esbra‖seado, a adj. (ejbrasyadou, a). Embrasé, ée. ‖-**sear** vt. (-yar). Embraser, enflammer.
esbravejar vi. (ejbravéjer). Tempêter, s'emporter, se mettre* en fureur.
esbugalh‖ado, a adj. (ejbougaladou,

Lettres penchées : accent tonique. ‖V. page verte pour la prononciation figurée. ‖* Verbe irrég. V. à la fin du volume.

a). U. dans la loc. *olhos esbugalhados*, yeux sortis de la tête. ‖-ar vt. (-ar). Écarquiller (les yeux) [olhos].
esbulh‖**ar** vt. (ejboular). Spolier. ‖-o m. (-oulou). Spoliation, f.
esburacar vt. (ejbouraçar). Percer de trous.
esburgar vt. (ejbourgar). Décharner (un os).
escabeche m. (echcabêch). Marinade, f. ‖*Fig*. Vacarme, tapage.
escabelo m. (echcabélou). Escabeau.
escabichar vt. (echca-ar). Enquêter.
escabroso, a adj. (echcabrôsou, ôsa). Scabreux, *euse*.
escachelado, a adj. (echca-éladou, a). *Br. Faible*, affaibli, *ie*; vieilli, *ie*.
escad‖**a** f. (echcada). Escalier, m. ‖**-aria** f. (-adaria). Grand escalier, m. ‖**-ote** m. (-ot). Marchepied.
escafandro m. (echcafâdrou). Scaphandre.
escala f. (echcala). Échelle. ‖*Mar.* Escale. ‖ Tableau, m. (de service). ‖Loc. *Em grande escala*, en masse. *Fazer escala*, faire* escale. *Por escala*, à tour de rôle, chacun à son tour.
escal‖**ada** f. (echcalada). Escalade. ‖**-ão** m. (-âou). Échelon. ‖Loc. *Em escalão*, par échelons. ‖**-ar** vt. (-ar). Escalader. ‖Vider (un poisson) [peixe]. ‖Désigner, nommer à tour de rôle.
escalavr‖**adura** f. ou **-amento** m. (echcalavradoura, -étou). Écorchure, f. ‖**-ar** vt. (-ar). Écorcher, blesser.
Escalda n. pr. (echcà-a). Escaut.
escald‖**adela** f. (echcà-adèla).Échaudure. ‖**-ante** adj. (-ât). Qui échaude. ‖**-ar** vt. (-ar). Échauder. ‖ vi. Brûler.
escaleno adj. (echcalénou). Scalène.
escaler m. (echcalèr). Canot.
escalf‖**ar** vt. (echcà-ar). Chauffer. ‖Pocher [ovos]. ‖**-eta** f. (éta). Chaufferette.
escalonar vt. (echcalounar). Échelonner.
escalp‖**ar** vt. (echcà-ar). Scalper. ‖**-elo** m. (-élou). Scalpel.
escam‖**a** f. (echcâma). Écaille. ‖**-ar** vt. (-ar). Écailler. ‖**-ar-se** vr. (-ç). *Pop.* Se fâcher. ‖**-oso, a** adj. (-ôsou,

osa). Écailleux, *euse* ; squameux, *euse*.
escamote‖**ador** m. (echcamoutyadôr). Escamoteur. ‖**-ar** vt. (-yar). Escamoter.
escâncara f. (echcâcara). U. dans la loc. *às escâncaras*, à découvert.
escancar‖**ado, a** adj. (echcâcaradou, a). Béant, *ante*. ‖**-ar** vt. (-ar). Ouvrir* complètement, ouvrir* tout grand.
escanchar‖ vt. (echcâ-ar). Écarquiller, écarter. ‖**-se** vr. (-ç). Se mettre* à califourchon.
escandalizar‖ vt. (echcâda-ar). Scandaliser. ‖**-se** vr. (-ç). Se scandaliser.
escândalo m. (echcâdalou). Scandale.
escandaloso, a adj. (echcâdalôsou, ôsa). Scandaleux, *euse*.
escangalhar‖ vt. (echcâgalar). Abîmer. ‖**-se** vr. (-ç). Se détraquer.
escanhoar vt. (echcagnouar). Raser de très près.
escanifrado, a adj. (echca-radou, a). Décharné, *ée*; amaigri, *ie*.
escan‖**inho** m. (echcanignou). Secret (d'un coffre, etc.). ‖**-o** m. (-ânou). Escabeau.
escanteio m. (echcâtéyou). *Br*. Corner (football).
escantilhão m. (echcâ-lâou). Gabarit. ‖Loc. *De escantilhão*, précipitamment.
escanzelado, a adj. (echcâzeladou, a). Décharné, *ée*.
escap‖**adela** f. (echcapadèla). Escapade. ‖**-adiço, a adj.** (-içou, a). Fugitif, *ive*. ‖**-ar** vi. (-ar). Échapper : *escapar de boa*, l'échapper belle. ‖**-ar-se** vr. (-ç). S'échapper. ‖**-arate** m. (-rat). Vitrine, f., étalage. ‖**-atória** f. (-orya). Échappatoire. ‖**-atório, a** adj. (-ou, a). Passable, tolérable. ‖**-e** m. (-cap). Fuite, f., évasion, f. ‖*Méc.* Échappement. ‖**-o** m. (-ou) *Arch.* Escape, f., cavet.
escápula f. (echcapoula). Clou (m.) à crochet. ‖Détente (montre) [relógio].
escapulário m. (echcapoularyou). Scapulaire.
escapulir-se vr. (echcapoulirç). Se sauver, détaler, décamper, s'enfuir*.
escara f. (echcara). Escarre, eschare.

Itálico : acento tônico. ‖V. página verde para a pronúncia figurada. ‖*Verbo irreg. V. no final do livro.

ESC — ESC

escarafunchar vt. (echcarafũ-ar). Fourrer les doigts. ‖*Fig.* Fureter.
escaramuç‖a f. (echcaramouça). Escarmouche. ‖-ar vi. (-ar). Escarmoucher.
escaravelho m. (echcaravâylou). Scarabée, escarbot.
escarcha f. (echcar-a). Givre, Gelée blanche.
escarcéu m. (echcarcèou). Grosse vague, f. ‖*Fig.* Vacarme. ‖*Loc. Fazer grandes escarcéus,* faire* beaucoup de bruit pour peu de chose.
escarific‖ador m. (echcar-adôr). Scarificateur. ‖-ar vt. (-ar). Scarifier.
escarlat‖e adj. (echcarlàt). Écarlate. ‖s. m. Écarlate, f. ‖-ina f. (-atína). Scarlatine.
escarment‖ar vt. (echcarmêtar). Punir. ‖vi. et -ar-se vr. (-ç). Apprendre* à ses dépens. ‖-o m. (-êtou). Exemple, leçon, f. ‖Punition, f.
escarnecer vt. et vi. (echcarnecér). Railler, bafouer, se moquer (de).
escárnio m. (echcarnyou). Moquerie, f.
escarp‖a f. (echcarpa). Escarpe. ‖-ado, a adj. (-a-adou, a). Escarpé, ée. ‖-ar vt. (-ar). Escarper.
escarrador m. (echcarradôr). Crachoir.
escarranch‖ado, a adj. (echcarrã-adou, a). A califourchon. ‖-ar vt. (-ar). Écarter beaucoup (les jambes). ‖-ar-se vr. (-ç). Se mettre* à califourchon.
escarr‖ar vt. et vi. (echcarrar). Cracher. ‖-o m. (-a-ou). Crachat.
escarvar vt. (echcarvar). Gratter, creuser à la surface.
escass‖ear vt. (echcacyar). Donner peu. ‖vi. Manquer, diminuer. ‖-ez f. (-éch). Manque, m. ‖-o, a adj. (-açou, a). Peu abondant, rare. ‖Faible [fraco].
escav‖ação f. (echcavaçãou). Excavation. ‖-ador m. (-ôr). Excavateur. ‖-ar vt. (-ar). Excaver. ‖*Fig.* Rechercher.
escaveirado, a adj. (echcavâyradou, a). Au visage de déterré, ée.
esclarec‖er vt. (ech-arecêr). Éclairer, éclaircir. ‖vi. S'éclaircir (le temps). ‖-ido, a adj. (-ídou, a).
Éclairé, ée. ‖-imento m. (-êtou). Éclaircissement. ‖Éclat, splendeur, f.
escler‖ose f. (ech-eroz). Sclérose. ‖-ótica f. (-o-a). Sclérotique.
esco‖adoiro ou -adouro m. (echcouadôyrou, -ôr). Égout, boit-tout. ‖-amento m. (-êtou). Écoulement. ‖-ar vt. (-ouar). Verser doucement. ‖-ar-se vr. (-ç). S'écouler. ‖*Fig.* Se glisser, s'esquiver.
escocês, esa adj. et s. (echcoucéch, éza). Écossais, aise.
Escócia n. pr. (echcocya). Écosse.
escol m. (echcol). Élite, f.
escol‖a f. (echcola). École. ‖-ar adj. (-oular). Scolaire. ‖s. m. et f. Écolier, ière : étudiant, ante. ‖-ástica f. (-ach-a). Scolastique. ‖-ástico, a adj. (-ou, a). Scolastique.
escolh‖a f. (echcôla). Choix, m. : *à escolha,* au choix. ‖-er vt. (-oulér). Choisir. ‖-ido, a adj. (-ídou, a). Choisi, ie.
escolho m. (echcôlou). Écueil.
escolt‖a f. (echco-a). Escorte. ‖-ar vt. (-ô-ar). Escorter.
escombros m. pl. (echcôbrouch). Décombres.
esconde-esconde m. (echcôdechcôd). Cache-cache.
escond‖er vt. (echcôdér). Cacher. ‖-erijo m. (-erijou). Cachette, f. ‖-idamente adv. (-amêt). En cachette. ‖-idas f. pl. (-ídach). Cache-cache, m. sing. ‖*Loc. Às escondidas,* en cachette, à la dérobée.
esconjur‖ar vt. (echcôjourar). Conjurer. ‖-o m. (-ourou). Conjuration, f.
esconso, a adj. (echcôçou, a). Caché, ée. ‖s. m. Recoin.
escopo m. (echcôpou). But.
escopro m. (echcôprou). Ciseau.
escor‖a f. (echcora). Accore, m. ‖-ar vt. (-ourar). Étayer, étançonner.
escorbuto m. (echcourboutou). Scorbut.
escorç‖ar vt. (echcourçar). Peindre* en raccourci. ‖-o m. (-ô-ou). Raccourci.
escória f. (echcorya). Scorie. ‖*Fig.* Rebut, m. ‖*fig.* lie.
escori‖ação f. (echcouryaçãou). Excoriation. ‖-ar vt. (-yar). Excorier. ‖-ficar vt. (-ar). Scorifier.

Lettres penchées : accent tonique. ‖ V. page verte pour la prononciation figurée. ‖ * Verbe irrég. V. à la fin du volume.

escorpião m. (echcourpyáou). Scorpion.

escorraçar vt. (echcourraçar). Chasser, mettre* en fuite, mettre* à la porte.

escorralhas f. pl. (echcourralach). Baissière, sing.

escorreg||**adela** f. (echcourregadèla). Glissade. ||**-adiço, a** ou **-adio, a** adj. (-adiçou, a, íou, a). Glissant, ante. ||**-adoiro** ou **-adouro** m. (-adóyrou, -ôr-). Casse-cou. ||**-ar** vi. (-ar). Glisser.

escorreito, a adj. (echcourrâytou, a). Sans défaut physique. || Loc. São e escorreito, bien portant.

escorrer vt. (echcourrér). Laisser s'écouler. ||Égoutter. ||vi. S'égoutter; ruisseler.

escorva f. (echcorva). Bassinet, m. (d'arme à feu).

escot||**a** f. (echcota). Écoute. ||**-eiro** m. (-ôtéyrou). Br. V. ESCUTEIRO. ||**-ilha** f. (-outila). Écoutille.

escov||**a** f. (echcôva). Brosse. ||**-adela** f. (-ou-èla). Brossage, m. || Loc. Dar uma escovadela, donner un coup de brosse. ||**-ador** m. (-ôr). Machine (f.) pour nettoyer le blé. ||**-alho** m. (-alou). Écouvillon. ||**-ar** vt. (-ar). Brosser.

escovém m. (echcouvây). Écubier.

escovinha f. (echcouvigna). Bot. Bluet, m. || Loc. Cortar à escovinha, couper ras (cheveux).

escrav||**atura** f. (echcravatoura). Traite des nègres. ||Esclavage, m. [escravidão]. ||**-idão** f. (-ãou). Esclavage, m. ||**-izar** vt. (-ar). Réduire* en esclavage. ||Fig. Asservir. ||**-o, a** adj. et s. (-avou, a). Esclave.

escrev||**edor** m. (echrevedôr). Grattepapier. ||**-ente** m. (-êt). Clerc. ||m. et f. Employé, ée de bureau. ||**-er** vt. (-ér). Écrire*. ||**-inhador** m. (-gnadôr). Écrivassier. ||**-inhar** vt. (-ar). Écrivailler, griffonner.

escri||**ba** m. (echcriba). Scribe. ||**-ta** f. (-ita). Écriture. ||**-to, a** adj. et s. m. (-ou, a). Écrit, ite. ||m. pl. Écriteau, sing. : pôr escritos, mettre* l'écriteau. ||**-tor, a** m. et f. (-ôr, a). Écrivain. ||**-tório** m. (-oryou). Bureau. ||Étude, f. [notário]. ||**-tura** f. (-oura). Acte notarié, m. Écriture.

||**-turação** f. (-ãou). Tenue de livres. ||**-turar** vt. (-ar). Inscrire*. ||Comm. Coucher sur les livres. ||**-turário** m. (-aryou). Teneur de livres. ||**-vaninha** f. (-anigna). Écritoire. ||**-vão** m. (-ãou). Greffier.

escrófula f. (echcrôfoula). Écrouelles, pl., scrofule.

escroful||**ose** f. (echcroufoulôz). Scrofule. ||**-oso, a** adj. (-ôsou, osa). Scrofuleux, euse; écrouelleux, euse.

escroto m. (echcrôtou). Scrotum.

escrúpulo m. (echcroupoulou). Scrupule.

escrupuloso, a adj. (echcroupoulôsou, osa). Scrupuleux, euse.

escrut||**ar** vt. (echcroutar). Scruter. ||**-inador** m. (-dôr). Scrutateur. ||**-inar** vi. (-ar). Dépouiller le scrutin. ||**-ínio** m. (-ínyou). Scrutin.

escud||**ar** vt. (eehcoudar). Fig. Protéger. ||**-eiro** m. (-âyrou). Écuyer. ||**-ela** f. (-èla). Écuelle. ||**-o** m. (-oudou). Bouclier, écu. ||Écu [brasão, moeda]. || Loc. Enxertia de escudo, greffe en écusson.

esculhambação f. (echcoulãbaçãou). Br. Argot. Désordre, m., démoralisation.

escul||**pir** vt. (echcou-ír). Sculpter. ||**-tor, a** m. et f. (-ôr, a). Sculpteur. ||**-tórico, a** adj. (-or-a, a). Concernant la sculpture. ||**-tura** f. (-oura). Sculpture. ||**-tural** adj. (-àl). Sculptural, ale.

escum||**a** f. (echcouma). Écume. ||**-adeira** f. (-âyra). Écumoire. ||**-alha** f. (-ala). Écume (d'une population). ||**-alho** m. (-alou). Mâchefer. ||**-ar** vt. et vi. (-ar). Écumer. ||**-ilha** f. (-íla). Menu plomb, m. ||Crêpe [tecido]. ||**-oso, a** adj. (-ôsou, osa). Écumeux, euse.

escuna f. (echcouna). Goélette.

escur||**as** f. pl. (echcourach). U. dans la loc. às escuras, dans l'obscurité. ||**-ecer** vt. (-ecér). Obscurcir. ||vi. S'obscurcir. ||**-entar** vt. (-êtar). V. ESCURECER. ||**-idade** f. (-ad). V. ESCURIDÃO. ||**-idão** m. (-ãou). Obscurité, f. ||**-o, a** adj. (-ourou, a). Obscur, ure; sombre. ||Foncé, ée (couleurs) [cres].

escus||**adamente** adv. (echcou-amêt). Inutilement. ||**-ado, a** adj. (-adou, a). Inutile. ||**-amente** adv. (-amêt).

Itálico : acento tónico. ||V. página verde para a pronúncia figurada. ||*Verbo irreg. V. no final do livro.

Secrètement. ‖-ar vt. (-ar). Excuser, pardonner. ‖Exempter de [isentar]. ‖vi. Ne pas avoir* besoin. ‖-ável adj. (-avèl). Excusable.
escut‖a f. (echcouta). Écoute. ‖s. m. V. ESCUTEIRO. ‖Loc. Estar à escuta, être* aux écoutes. ‖-ar vt. (-ar). Écouter. ‖vi. Écouter, s'écouter. ‖-eiro m. (-àyrou). Boy-scout, éclaireur.
esdrúxulo, a adj. (ejdrouchoulou, a). Qui a l'accent sur l'antépénultième syllabe.
esfacelar vt. (echfacelar). Gangrener. ‖Fig. Détruire*, ravager, écraser.
esfaim‖ado, a adj. (echfaymadou, a). Affamé, ée. ‖-ar vt. (-ar). Affamer.
esfarelar vt. (echfarelar). Réduire* en son. ‖Émietter [esmigalhar]. ‖Réduire* en poudre [pulverizar].
esfarp‖ar ou -elar vt. (echfarpar, -elar). Déchirer.
esfarrap‖ado, a adj. (echfarrapadou, a). Déguenillé, ée. ‖-ar vt. (-ar). Déchirer, mettre* en lambeaux.
esfer‖a f. (echfèra). Sphère. ‖-icidade f. (-é-ad). Sphéricité.
esférico, a adj. (echfèr-ou, a). Sphérique.
esfiar vt. (echfyar). Effiler.
esfincter m. (echfi-èr). Sphincter.
esfinge f. (echfĩj). Sphinx, m.
esfol‖adela f. (echfouladèla). Écorchure. ‖-ador m. (-ôr). Écorcheur. ‖-adura f. (-oura). Écorchure. ‖-amento m. (-étou). Écorchement. ‖-ar vt. (-ar). Écorcher.
esfolhar vt. (echfoular). Effeuiller.
esfoliar vt. (echfoulyar). Exfolier.
esfome‖ado, a adj. (echfomyadou, a). Affamé, ée. ‖-ar vt. (-yar). Affamer.
esforç‖ado, a adj. (echfourçadou, a). Courageux, euse. ‖-ar vt. (-ar). Encourager. ‖-ar-se vr. (-ç). S'efforcer. ‖-o m. (-ô-ou). Effort. ‖Courage.
esfrangalhar vt. (echfrãgalar). Déchirer, mettre* en lambeaux.
esfreg‖a ou -adela f. (echfrèga, -e-èla). Frottement, m. ‖-ão m. (-ãou). Torchon. ‖-ar vt. (-ar). Frotter.
esfri‖amento m. (echfryamétou). Refroidissement. ‖-ar vt. (-yar). Refroidir, rafraîchir. ‖vi. Refroidir,

se refroidir. ‖-ar-se vr. (-ç). Se refroidir.
esfum‖ado, a adj. (echfoumadou, a). Estompé, ée. ‖-ar vt. (-ar). Estomper. ‖-ar-se vr. (-ç). Fig. S'évanouir. ‖-ear vi. (-yar). Fumer. ‖-inho m. (-ignou). Estompe, f.
esgalho m. (ejgalou). Grappillon. ‖Cor. andouiller du cerf [veado].
esgan‖a f. (ejgãna). Pop. Coqueluche. ‖-ado, a adj. (-adou, a). Étranglé, ée. ‖-ar vt. (-ar). Étrangler. ‖-ar-se vr. (-ç). S'étrangler. ‖Fig. Être* avare. ‖-içado, a adj. (-adou, a). Criard, arde. ‖-içar-se vr. (-arç). Crier d'une voix aigre, glapir.
esgar m. (ejgar). Grimace, f.
esgaravatar vt. (ejgaravatar). Fouiller. ‖Se curer (les dents, les oreilles).
esgarçar‖ vt. (ejgarçar). Érailler. ‖-se vr. (-ç). S'effiler (étoffe).
esgazear vt. (ejgazyar). U. dans la loc. esgazear os olhos, regarder d'un œil hagard.
esgot‖adouro ou -adoiro m. (ejgoutadôrou, -ôy-). Égout. ‖-ador m. (-ôr). Chevalet de séchage. ‖-amento m. (-étou). Épuisement. ‖-ante adj. (-ãt). Épuisant, ante. ‖-ar vt. (-ar). Épuiser. ‖-ar-se vr. (-ç). S'épuiser. ‖-ável adj. (-avèl). Épuisable. ‖-o m. (-ôtou). Écoulement [acção]. Égout.
esgrim‖a f. (ejgrima). Escrime. ‖-ir vt. (-ir). Manier (une arme). ‖vi. Escrimer. ‖-ista m. (-ìchta). Escrimeur.
esgrouviado, a adj. (ejgrôvyadou, a). Grand, ande et maigre.
esguedelhar vt. (ejghedelar). Ébouriffer, décheveler.
esgueirar-se vr. (ejgâyrarç). Se sauver, s'échapper, s'époufer [povo].
esguelha f. (ejgâyla). Guingois, m., travers, m. : de esguelha, de travers.
esguich‖ar vt. (ejgh-ar). Faire* jaillir. ‖vi. Jaillir. ‖-o m. (-i-ou). Jet d'eau. ‖Petite seringue, f.
esguio, a adj. (ejghiou, a). Efflanqué, ée.
eslavo, a adj. et s. (ejlavou, a). Slave.

Lettres penchées : accent tonique. ‖V. page verte pour la prononciation figurée. ‖* Verbe irrég. V. à la fin du volume.

eslov‖aco, a adj. et s. (ejlouvacou, a). Slovaque. ‖-eno, a adj. et s. (-énou, a). Slovène.
esmaecer vi. (ejmayecér). Pâlir.
esmag‖ador, a adj. (ejmagadôr, a). Écrasant, ante. ‖s. m. Pressoir. ‖-ar vt. (-ar). Écraser, fouler.
esmalt‖ar vt. (ejmà-ar). Émailler. ‖-e m. (-à-). Émail. ‖-ina f. (-ina). Smaltine.
esmar vt. (ejmar). Estimer, évaluer.
esmerado, a adj. (ejmeradou, a). Soigné, ée; achevé, ée. ‖Recherché, ée.
esmerald‖a f. (ejmerà-a). Émeraude. ‖-ino, a adj. (-ínou, a). Smaragdin, ine.
esmerar‖ vt. (ejmerar). Soigner. ‖--se vr. (-ç). S'évertuer, s'étudier à.
esmer‖il m. (ejmeríl). Émeri. ‖-ilado, a adj. (-adou, a). Passé, ée à l'émeri. ‖-ilar vt. (-ar). Passer à l'émeri. ‖-ilhar vt. (-lar). V. ESMERILAR.
esmero m. (ejmérou). Grand soin.
esmigalhar vt. (ej-alar). Émietter.
esmiolar vt. (ejmyoular). Ôter la mie [miolo]. ‖Ôter la cervelle [miolos].
esmiuçar vt. (ejmyouçar). Hacher. ‖Fig. Éplucher.
esmo m. (éjmou). Estimation, f. ‖Loc. A esmo, au hasard; indistinctement.
esmol‖a f. (ejmola). Aumône. ‖-ar vi. (-oular). Demander l'aumône. ‖-er adj. (-èr). Charitable. ‖s. m. Aumônier. ‖Br. Mendiant, ante; pauvre, esse.
esmorec‖er vt. (ejmourecér). Décourager. ‖vi. Se décourager. ‖-Diminuer. ‖-ido, a adj. (-ídou, a). Découragé, ée. ‖Faible [fraco]. ‖-imento m. (-étou). Découragement. ‖Affaiblissement.
esmurr(aç)ar vt. (ejmourr(aç)ar). Donner des coups de poing.
esófago m. (isófagou). Œsophage.
esôfago m. (isôfagou). Br. Œsophage.
espaç‖adamente adv. (echpa-amét). Lentement. ‖-ado, a adj. (-adou, a). Espacé, ée. ‖Lent, ente. ‖-amento m. (-amétou). Espacement. ‖-ar vt. (-ar). Espacer. ‖Ajourner, différer.
espa‖cejamento m. (echpacejamétou). Espacement. ‖-cejar vt. (-ar).

Espacer. ‖-ço m. (-açou). Espace. ‖Délai, temps. ‖Loc. A espaços, par intervalles. Espaço em branco, blanc. ‖-çoso, a adj. (-açôsou, osa). Spacieux, euse.
espad‖a f. (echpada). Épée. ‖Matador [de touros]. ‖Loc. Peixe-espada, espadon. ‖pl. Pique, m. sing. (cartes). ‖-achim m. (-ada-ĩ). Spadassin. ‖-agão m. (-ãou). Espadon (poisson). ‖-ana f. (-âna). Glaïeul, m. (plante). ‖ Jet, m. (d'eau) [repuxo]. ‖ Nageoire [barbatana] ‖-anar vi. (-ar). Jaillir. ‖-arte m. (-art). Épaulard. ‖-aúdo, a adj. (-aoudou, a). Qui a les épaules larges. ‖-ela f. (-èla). Brisoir, m. ‖-elar vt. (-elar). Briser (le blé, etc.). ‖-im m. (-ĩ). Épée (f.) de cérémonie.
espádua f. (echpadoua). Épaule.
espairec‖er vi. (echpayrecér). Se distraire*. ‖-imento m. (-étou). Récréation, f., promenade, f.
espaldar m. (echpà-ar). Dossier d'une chaise. ‖Espalier [ginástica].
espalhafa‖to m. (echpalafatou). Tapage [barulho]. ‖Étalage, ostentation, f. ‖-oso, a adj. (-atôsou, osa). Bruyant, ante.
espalhar‖ vt. (echpalar). Répandre, éparpiller. ‖vi. Se distraire*. ‖Se dissiper. ‖- -se vr. (-ç). Se répandre.
espalmar vt. (echpà-ar). Aplatir. ‖Mar. Espalmer. ‖Vétér. Dessoler.
espampanante adj. (echpãpanãt). Fam. Épatant, ante; formidable.
espan‖ador m. (echpanadôr). Époussette, f. ‖- de penas, plumeau. ‖-ar vt. (-ar). Épousseter.
espancar vt. (echpãcar). Rosser, assommer, battre*, frapper.
espanej‖ador m. (echpanejadôr). Époussette, f. ‖-ar vt. (-ar). V. ESPANADOR. V. ESPANAR.
Espanha n. pr. (echpágna). Espagne.
espanhol, a adj. et s. (echpagnol, a). Espagnol, ole.
espant‖adiço, a adj. (echpãtadiçou, a). Ombrageux, euse. ‖-alho m. (-alou). Épouvantail. ‖-ar vt. (-ar). Épouvanter. ‖Étonner, surprendre*. ‖Lever (le gibier) [caça]. ‖-ar-se vr. (-ç). S'épouvanter. ‖-o m. (-átou). Épouvante, f. ‖-oso, a adj.

Itálico: acento tônico. ‖V. página verde para a pronúncia figurada. ‖*Verbo irreg. V. no final do livro.

ESP — ESP

(-ôsou, osa). Épouvantable. ‖Étonnant, ante; surprenant, ante.
espargir vt. (echparjír). Épancher. ‖Épandre [espalhar]. ‖Divulguer.
espargo m. (echpargou). Asperge, f.
esparramo m. (echparrâmou). Br. Épanchement, effusion, f., éparpillement.
esparregado m. (echparregadou). Hachis d'herbes.
esparrela f. (echparrèla). Regingletle. ‖Fig. Attrape. ‖Loc. Cair na esparrela, donner dans le panneau.
esparso, a adj. (echparsou, a). Épars, arse.
Esparta n. pr. (echparta). Sparte.
espartano, a adj. et s. (echpartânou, a). Spartiate.
espartilho m. (echpartilou). Corset.
esparto m. (echpartou). Sparte.
espasm‖o m. (echpajmou). Spasme. ‖**-ódico, a** adj. (-a-ó-ou, a). Spasmodique.
espatifar vt. (echpa-ar). Délabrer, mettre* en pièces. ‖Fig. Dissiper.
espato m. (echpatou). Spath.
espátula f. (echpatoula). Spatule.
espavent‖ar vt. (echpavêtar). Épouvanter. ‖**-ar-se** vr. (-ç). S'épouvanter. ‖**-o** m. (-êtou). Épouvante, f. ‖Étalage, ostentation, f. ‖**-oso, a** adj. (-ôsou, osa). Luxueux, euse. ‖Vaniteux, euse.
espavorir vt. (echpavourír). Effrayer.
espec‖ado, a adj. (echpècadou, a). Raide, droit, oite. ‖**-ar** vt. (-ar). Étayer. ‖**-ar-se** vr. (-ç). S'arrêter.
especial adj. (echpecyál). Spécial, iale. ‖Loc. Em especial, spécialement, notamment. ‖**-idade** f. (-a-ad). Spécialité. ‖**-ista** m. (-ichta). Spécialiste. ‖**-ização** f. (-açãou). Spécialisation. ‖**-izar** vt. (-ar). Spécialiser. ‖**-izar-se** vr. (-ç). Se spécialiser. ‖**-mente** adv. (-à-êt). Spécialement.
especiaria f. (echpecyaría). Épice.
espécie f. (echpècye). Espèce, sorte. ‖Loc. Fazer espécie, intriguer. Pagar em espécie, payer en nature. Toda a espécie de, toute sorte de.
especieiro m. (echpecyâyrou). Épicier.
especific‖ação f. (echpe-açãou). Spécification. ‖**-ado, a** adj. (-adou, a).

Spécifié, ée. ‖**-ar** vt. (-ar). Spécifier.
específico, a adj. (echpecí-ou, a). Spécifique.
espécim‖e ou **-en** m. (echpè-m, én). Spécimen.
espect‖acular adj. (echpètacoular). Spectaculaire. ‖**-áculo** m. (-a-ou). Spectacle. ‖**-aculoso, a** adj. (-a-ôsou, osa). Spectaculaire. ‖**-ador, a** m. et f. (-ôr, a). Spectateur, trice.
espectr‖al adj. (echpètrál). Spectral, ale. ‖**-o** m. (-è-ou). Spectre. ‖**-ógrafo** m. (-ógrafou). Spectrographe.
especul‖ação f. (echpecoulaçãou). Spéculation. ‖**-ador, a** adj. et s. (-ôr, a). Spéculateur, trice. ‖**-ar** vt. (-ar). Observer. ‖Explorer. ‖vi. Spéculer. ‖adj. Spéculaire. ‖**-ativo, a** adj. (-ativou, a). Spéculatif, íve.
espéculo m. (echpècoulou). Spéculum.
espelh‖ar vt. (echpelar). Polir. ‖Réfléchir. ‖**-ar-se** vr. (-ç). Se mirer. ‖**-o** m. (-âylou). Miroir, glace, f.
espelunca f. (echpelúca). Fig. Taudis, m.
espeque m. (echpèc). Étai.
esper‖a f. (echpèra). Attente. ‖Sursis, m. [prazo]. ‖Affût, m. [local]. ‖Loc. Estar à espera de, attendre. ‖**-ança** f. (-práça). Espérance, espoir, m. ‖Loc. Estar de esperanças, être* enceinte. ‖**-ançar** vt. (-ar). Donner espoir à. ‖**-ançoso, a** adj. (-ôsou, osa). Plein, eine d'espérance. ‖Qui promet. ‖**-anto** m. (-erâtou). Espéranto. ‖**-ar** vt. (-erar). Attendre. ‖Espérer [com espérança]. ‖S'attendre à [contar com]. ‖vi. Espérer. ‖**- por**, attendre.
esperm‖a m. (echpèrma). Sperme. ‖**-aceta** m. (-e-èt). Spermaceti.
espernear vi. (echpernyar). Gigoter.
espert‖alhão, ona adj. et s. (echpertalôou, ôna). Finaud, aude. ‖**-ar** vt. (-ar). Éveiller. ‖**-eza** f. (-éza). Finesse. ‖**-o, a** adj. (-è-ou, a). Éveillé, ée. ‖Intelligent, ente.
espess‖ar vt. (echpeçar). Épaissir. ‖**-o, a** adj. (-éçou, a). Épais, aisse. ‖**-ura** f. (-oura). Épaisseur.
espet‖adela f. (echpetadèla). Coup de pointe. ‖**-ar** vt. (-ar). Embrocher [no espeto]. ‖Piquer [alfinetes, etc.].

Lettres penchées : accent tonique. ‖V. page verte pour la prononciation figurée. ‖* Verbe irrég. V. à la fin du volume.

ESP — ESP

‖ Enfoncer [prego, estaca]. ‖ -ar-se vr. (-ç). *Fam.* S'enferrer. ‖ -o m. (-étou). Broche, f. ‖ *Fig.* Échalas (personne).
espevit‖adeira f. (echpe-adâyra). Mouchettes, pl. ‖ -ado, a adj. (-adou, a). Mouché, ée. ‖ -ar vt. (-ar). Moucher (chandelle). ‖ *Fig.* Éveiller, stimuler.
espezinhar vt. (echpè-gnar). Fouler aux pieds. ‖ *Fig.* Opprimer, vexer.
espi‖a m. et f. (echpía). Espion, onne. ‖s. f. Touée [corda]. ‖ -ão m. (-áou). Espion. ‖ -ar vt. (-yar). Épier, espionner.
espicaçar vt. (ech-açar). Becqueter. ‖ *Fig.* Harceler, tourmenter, agacer.
espich‖ar vt. (ech-ar). Enfiler (de petits poissons) [peixinhos]. ‖ Percer, piquer. ‖vi. *Pop.* Mourir*. ‖ -e m. (-ich). *Fam.* Discours. ‖ -o m. (-ou). Fausset [de pipa]. ‖ *Fam.* Flandrin.
espig‖a f. (echpíga). Épi, m. [cereal]. ‖ Soie (d'une arme). ‖ Envie (ongles) [unhas]. ‖ *Fig.* Ennui, m., dommage, m. ‖ -ão m. (-áou). Pointe, f. ‖ Envie, f. (ongles) [unhas]. ‖ *Archit.* Faîtage, faîte. ‖ *Br.* Série (f.) de monts séparant des cours d'eau. ‖ -ar vt. (-ar). Épier (monter en épi). ‖ Croître* [crescer]. ‖ -o m. (-ígou). Bourgeon, pousse, f.
espim adj. (echpí). Épineux, *euse*.
espinafre m. (ech-afr). Épinard.
espinal adj. (ech-ál). Spinal, *ale*. ‖ Loc. *Espinal medula*, moelle épinière.
espineta f. (ech-éta). Épinette.
espingarda f. (echpigárda). Fusil, m. : *espingarda de dois canos*, fusil (m.) à deux coups.
espinh‖a f. (echpígna). Épine. ‖ Loc. *Espinha* ou *espinha dorsal*, épine dorsale, échine. ‖ Arête [de peixe]. ‖ Échauboulure, bouton, m. [na pele]. ‖ Loc. *Estar na espinha*, être* trop maigre. ‖ -aço m. (-açou). Échine, f. ‖ Chaîne (f.) de montagnes. ‖ -al adj. (-ál). Spinal, *ale*. ‖ -ar vt. (-ar). Piquer. ‖ *Fig.* Offenser. ‖ -eiro m. (-áyrou). Épine, f. (plante). ‖ Loc. *Espinheiro alvar*, aubépine, f. ‖ -o m. (-ígnou). Épine, f., piquant. ‖ *Fig.* Épine, f. ‖ -oso, a adj. (-ôsou, *osa*). Épineux, *euse*.

espiolhar vt. (echpyoular). Épouiller. ‖ *Fig.* Éplucher.
espion‖agem f. (echpyounajây). Espionnage, m. ‖ -ar vt. (-ar). Espionner.
espique m. (echpíc). Stipe.
espir‖a f. (echpíra). Spire. ‖ -al adj. (-ál). Spiral, *ale*. ‖ f. Spirale.
espirar vt. (ech-rar). Respirer. ‖ vi. Exhaler, repandre (des odeurs).
espirit‖ismo m. (ech-r-íjmou). Spiritisme. ‖ -ista adj. et s. (-íchta). Spirite.
espirit‖ual adj. (ech-r-ouál). Spirituel, *elle*. ‖ -ualidade f. (-a-ad). Spiritualité. ‖ -ualizar vt. (-ar). Spiritualiser. ‖ -uoso, a adj. (-ouôsou, *osa*). Spiritueux, *euse* [bebida]. ‖ Spirituel, *elle* [com espírito].
espiroqueta m. (ech-roukéta). Spirochète.
espirr‖a-canivetes m. et f. (echpirra-ca-étch). Personne (f.) susceptible. ‖ -ar vt. (-ar). Jeter hors de soi. ‖ vi. Éternuer. ‖ Jaillir [sangue, etc.]. ‖ Cracher [caneta]. ‖ -o m. (-í-ou). Éternuement. ‖ Loc. *Dar um espirro, faire* un éternuement. ‖ Ébrouement [dos animais].
esplêndido, a adj. (ech-ê-ou, a). Splendide.
esplendor ‖ m. (ech-êdôr). Splendeur, f. ‖ -oso, a adj. (-ourôsou, *osa*). Splendide.
esplenite f (ech-enit). Splénite.
espojar-se vr. (echpoujarç). Se vautrer. ‖ Loc. *Espojar-se com riso*, crever de rire.
espoleta f. (echpouléta). Fusée (de bombe). ‖ Capsule (fusil) [espingarda].
espoli‖ação f. (echpou-ação). Spoliation. ‖ -ar vt. (-yar). Spolier.
espólio m. (echpolyou). Dépouille, f. ‖ f. Spoliation.
esponj‖a f. (echpôja). Éponge. ‖ -oso, a adj. (-ôsou, *osa*). Spongieux, *euse*.
esponsais m. pl. (echpôçaych). Fiançailles, f.
espont‖âneamente adv. (echpôtanyamèt). Spontanément. ‖ -aneidade f. (-áydad). Spontanéité. ‖ -âneo, a adj. (-ânyou, a). Spontané, ée.
espora f. ‹echpora). Éperon, m.

Itálico : acento tônico. ‖ V. página verde para a pronúncia figurada. ‖ *Verbo irreg. V. no final do livro.

esporádico, a adj. (echpoura-ou, a). Sporadique.
espor∥ão m. (echpourãou). Éperon. ∥**-ear** vt. (-yar). Éperonner.
esp∥ório ou **-oro** m. (echpor(y)ou). Spore.
esporte m. (echport). *Br.* Sport.
espórtula f. (echportoula). Pourboire, m., gratification.
espos∥a f. (echpôsa). Épouse. ∥**-ar** vt. (-ousar). Épouser. ∥**-o** m. (-ôsou). Époux.
espraiar∥ vt. (echprâyar). *Fig.* Répandre, étendre. ∥ vi. Se retirer (la mer). ∥**--se** vr. (-ç). Se répandre sur les *rivages* (la mer, etc.). ∥S'étendre (sur une *matière*).
espreguiç∥adeira f. ou **-ador** m. (echprèghiçadâyra, ôr). Couchette, f. ∥**-ar-se** vr. (-arç). S'étirer les bras.
espreit∥a f. (echprâyta). Action de guetter. ∥Loc. *À espreita,* aux aguets. *Estar à espreita de,* guetter. ∥**-ar** vt. (-ar). Guetter. ∥Observer attentivement.
espremer vt. (echpremér). Exprimer, pressurer.
espulgar vt. (echpou-ar). Épucer.
espum∥a f. (echpouma). Écume. ∥**-adeira** f. (-âyra). Écumoire. ∥**-ante** adj. (-ât). Écumant, ante. ∥**-ar** vt. (-ar). Écumer. ∥**-ejar** vi. (-ejar). Écumer. ∥**-oso, a** adj. (-ôsou, osa). Écumeux, euse. ∥Mousseux, euse [champanhe].
esquadr∥a f. (echcouadra). *Mar.* Escadre. ∥ Escouade [soldados]. ∥Poste (m.) de police. ∥**-ão** m. (-adrãou). Escadron. ∥**-ejar** vt. (-ejar). Équarrir. ∥**-ia** f. (-ia). Équerre. ∥**-ilha** f. (-ila). Escadrille. ∥**-inhar** vt. (-ignar). Fureter. ∥**-o** m. (-ouadrou). Équerre, f.
esquálido, a adj. (echcoua-ou, a). Sale, malpropre.
esquartejar vt. (echcouartejar). Écarteler [condenado]. ∥Écarrir.
esquec∥ediço, a adj. (echkècediçou a). Oublieux, euse. ∥**-er** vt. et vi. (-ér). Oublier. ∥ S'oublier [de si]. ∥**-ido, a** adj. (-idou, a). Oublieux, euse. ∥**-imento** m. (-êtou). Oubli.
esquel∥ético, a adj. (echkelè-ou, a). Squelettique. ∥**-eto** m. (-étou). Squelette.
esquem∥a f. (echkéma). Schéma, m. ∥**-ático, a** adj. (-a-ou, a). Schématique.
esquent∥ação f. (echkêtaçãou). Échauffement, m. ∥**-ado, a** adj. (-adou, a). Chaud, aude. ∥*Fig.* Irrité, ée. ∥**-ador** m. (-adôr). Chauffe-*bain*. ∥Bassinoire, f. [de cama]. ∥**-amento** m. (-êtou). *Pop.* Blennorr(h)agie, f. ∥**-ar** vt. (-ar). Chauffer. ∥**-ar-se** vr. (-ç). S'échauffer.
esquerd∥a f. (echkérda). Gauche. ∥**-o, a** adj. (-ou, a). Gauche. ∥Gaucher, ère [canhoto].
esqui∥ m. (echki). Ski. ∥**-ador, a** m. et f. (-adôr, a). Skieur, euse.
esquife m. (echkif). Bière, f., cercueil.
esquilo m. (echkilou). Écureuil.
Ésquilo n. pr. (èchkilou). Eschyle.
esquimó adj. et s. m. (echkimo). Esquimau.
esquina f. (echkína). Coin, m., angle, m.
equip∥ação f. (echkipaçãou). Équipement, m. (d'un navire). ∥Vêtement (m.) complet [fato]. ∥**-amento** m. (-êtou). Équipement (mar.). ∥**-ar** vt. (-ar). Équiper. ∥Orner. ∥ vi. Courir*.
esquírola f. (echkírola). Esquille.
esquisit∥ice f. (echkz-iç). Bizarrerie, singularité. ∥**-o, a** adj. (-itou, a). Bizarre, extravagant, ante. ∥Exquis, ise, excellent, ente. ∥Difficile à contenter.
esquiv∥ança f. (echkivâça). Dédain, m. [desdém]. ∥Insociabilité. ∥**-ar** vt. (-ar). Esquiver. ∥**-ar-se** vr. (-ç). S'esquiver, se dérober. ∥**-o, a** adj. (-ivou, a). Dédaigneux, euse ; froid, oide. ∥Farouche, peu sociable.
essa f. (êça). Cénotaphe, m., catafalque, m.
essa adj. dém. (êça). Cette... (-là). ∥pron. dém. Celle(-là). ∥Loc. *Essa é boa!* par exemple! *É por essa e por outras que,* voilà pourquoi. *Ora essa!* or ça! bah!
esse adj. dém. (éç). Ce(t)... (-là). ∥pron. dém. Celui (-là).
essência f. (icêcya). Essence (sauf miné*rale*).

Lettres penchées : accent tonique. ∥V. page verte pour la prononciation figurée. ∥* Verbe irrég. V. à la fin du volume.

ESS — EST

essencial adj. (icĕcyàl). Essentiel, elle; fondamental, ale. ‖ s. m. Essentiel.
essoutro, a adj. et pron. dém. (éçôtrou, è-a). Cet, cette autre; celui-là, celle-là.
esta adj. dém. (èchta). Cette... (-ci). ‖ pron. dém. Celle-ci.
estabelec‖er vt. (echtabelecér). Établír. ‖**-er-se** vr. (-ç). S'établír. ‖**-imento** m. (-étou). Établissement.
estabili‖dade f. (echta-ad). Stabilité. ‖**-zar** vt. (-ar). Stabiliser.
estábulo m. echt- (-ar). Étable.
estac‖a f. (echtaca). Pieu, m. Loc. Pegar de estaca, bouturer. ‖**-ada** f. (-acada). Palissade. ‖ Lice [tourneios].
estação f. (echtaçáou). Station. ‖ Gare [cam. de ferro]. ‖ Saison [ano]. ‖ Loc. Da estação, saisonnier, ière. ‖ Bureau, m. (de poste) [correios]. ‖ Mil. Étape.
estac‖ar vt. (echtacar). Fixer avec des pieux. ‖ vi. S'arrêter. ‖ Fig. Demeurer court. ‖**-aria** f. (-aria). Pilotis, m. [lacustre, etc.]. ‖ Estacade [porto].
Estácio n. pr. (echtacyou). Stace.
estacion‖al adj. (echtacyounâl). Stationnal, ale. ‖**-amento** m. (-amétou). Stationnement. ‖**-ar** vi. (-ar). Stationner. ‖ Rester stationnaire. ‖**-ário, a** adj. (-aryou, a). Stationnaire.
estad‖a f. (echtada). Séjour, m. ‖**-ão** m. (-adáou). Pop. Étalage. ‖**-ear** vt. (-yar). Étaler. ‖**-la** f. (-ía). Séjour, m., demeure. ‖ Mar. Estarie.
estádi‖a f. (echtadya). Stadia. ‖**-o** m. (-ou). Stade.
estad‖ista m. (echtadichta). Homme d'État. ‖**-o** m. (-adou). État. ‖ Loc. Dar estado a, marier. Estado interessante, grossesse; état intéressant, position (f.) intéressante. O terceiro estado, le tiers état. ‖**-o-maior** m. (-âyor). État-major. ‖**-ual** adj. (-ouâl). Br. De l'État, du pays.
estaf‖a f. (echtafa). Fatigue. ‖**-ado, a** adj. (-afadou, a). Rompu, ue; fatigué, ée. ‖**-ar** vt. (-ar). Éreinter. ‖ Estrapasser [cavalo]. ‖ Dépenser [gastar]. ‖**-ar-se** vr. (-ç). S'éreinter.
estafermo m. (echtafêrmou). Fam.
Laideron, m. ou f. [mulher feia].
estafeta m. (echtaféta). Estafette, f.
estafilococo m. (echta-ococou). Staphylocoque.
estagiário m. (echtajyaryou). Stagiaire.
estágio m. (echtajyou). Stage.
estagn‖ação f. (echtaghnaçáou). Stagnation. ‖**-ar** vt. (-ar). Faire* arrêter (un liquide). ‖ Fig. Paralyser.
estai m. (echtay). Étai.
estalactite f. (echtala-ít). Stalactite.
estal‖agem f. (echtalajăy). Auberge. ‖**-ajadeiro, a** m. et f. (-ajadâyrou, a). Aubergiste.
estalar vt. (echtalar). Casser, fêler. ‖ vi. Claquer [dar estalo]. ‖ Éclater [estourar]. ‖ Se fendre. ‖ Crépiter.
estaleiro m. echtalâyrou). Chantier.
estal‖ejar vi. (echtalejar). Claquer. ‖ Pétillement [lenha verde]. ‖**-inho** m. (-ignou) Petit claquement. ‖**-o** m. (-alou). Claquement. ‖ Pop. Soufflet. ‖ Loc. Dar estalos com, faire* claquer.
estambre m. (echtăbr). Étai [lã].
estame m. (echtăm). Étamine, f.
estamp‖a f. (echtăpa). Estampe. ‖ Empreinte, vestige, m. ‖ Loc. Dar à estampa, publier. ‖**-agem** f. (-ajăy). Estampage, m. ‖**-ar** vt. (-ar). Estamper. ‖ Empreindre*, imprimer. ‖**-aria** f. (-aria). Fabrique de gaufrage.
estampido m. (echtăpídou). Détonation, f., explosion, f., éclat.
estampilha f. (echtăpíla). Timbre-poste, m. ‖ Pop. Gifle, soufflet, m.
estanc‖amento m. (echtăcămétou). Étanchement. ‖**-ar** vt. (-ar). Étancher. ‖ Tarír, épuiser [esgotar]. ‖ vi. Tarír. ‖**-ar-se** vr. (-ç). S'étancher. ‖ Se tarír, s'épuiser.
estância f. (echtăcya). Séjour, m. ‖ Chantier (m.) de bois [de madeira]. ‖ Mil. Étape. ‖ Station (d'eaux) [balnear]. ‖ Stance, strophe.
estancieiro m. (echtăcyâyrou). Br. du N. Métayer, fermier, cultivateur.
estanco m. (echtăcou). Bureau de tabac, débit de tabac.
estandardizar vt. (echtădăr-ar).

Itálico : acento tónico. ‖ V. página verde para a prenúncia figurada. ‖ *Verbo irreg. V. no final do livro.

EST — EST

Standardiser. ‖**-te** m. (-*art*). Étendard. ‖Bannière, f. [corporação].
estanh‖**ar** vt. (echtagn*a*r). Étamer. ‖**-o** m. (-*á*gnou). Étain.
Estanislau n. pr. (echta-jl*a*ou). Stanislas.
estan‖**que** adj. (echt*á*c). Étanche. ‖Stagnant, ante [que não corre]. ‖s. m. V. ESTANCO. ‖**-queiro** m. (-k*á*yrou). Buraliste.
estante f. (echt*á*t). Bibliothèque, armoire. ‖Loc. *Estante de coro*, lutrin, m.
estatel‖**ado**, a adj. (echtatel*a*dou, a). Couché, ée de son long. ‖**-ar** vt. (-*a*r). Renverser. ‖**-ar-se** vr. (-ç). S'étendre de son long.
estátic‖**a** f. (echt*i*t-a). Statique. ‖**-o**, a adj. (-ou, a). Statique.
estatista m. (echtat*i*chta). Étatiste.
estatística f. (echtat*i*ch-a). Statistique.
estátua f. (echt*á*toua). Statue.
estatu‖**ária** f. (echtatou*a*rya). Statuaire. ‖**-eta** f. (-*é*ta). Statuette. ‖**-ir** vt. (-*ou*ir). Statuer. ‖**-ra** f. (-*ou*ra). Stature, taille. ‖**-to** m. (-ou). Statut.
estável adj. (echt*a*vèl). Stable.
este m. (èchl). Est [leste].
este adj. dém. (écht). Ce(t)... (-*c*i) ‖pron. dém. Celui-*ci*.
estear vt. (echty*a*r). Étayer.
esteio m. (echt*a*you). Étai.
esteir‖**a** f. (echt*á*yra). Natte (de paille ou de jonc). ‖Sillage, m. [de barco]. ‖Trace [peugada]. ‖**-o** m. (-*ou*). Bras de rivière ou de mer; fiord.
estend‖**al** m. (echtèd*a*l). Étendoir. ‖*Fig*. Étalage. ‖**-er** vt. (-*é*r). Étendre; tendre. ‖*Fig*. Coller, réduire* au silence. ‖**-er-se** vr. (-ç). S'étendre. ‖*Fig*. Dire* ou *faire* des sottises. ‖**-idamente** adv. (-amēt). Amplement, largement.

esten‖**odactilógrafo**, a m. et f. (echténoudat-*ografou, a). Sténodactylographe. ‖**-ografar** vt. (-enou--*a*r). Sténographier. ‖**-ografia** f. (-*i*a). Sténographie. ‖**-ográfico, a** adj. (-a-ou, a). Sténographique. ‖**-ógrafo**, a m. et f. (-o-afou, a). Sténographe. ‖**-otipia** f. (-ou-*i*a). Sténotypie.
estepe f. (echt*è*p). Steppe.
Ester n. pr. (echt*è*r). Esther.
esterc‖**ada** f. (echtercada). Fum*a*ge, m. ‖**-ar** vt. (-*a*r). Fumer (la terre). ‖**-o** m. (-*é*-ou). Fiente, f., fumier. ‖**-oreiro** m. (-r*á*yrou). Stercoraire.
estere m. (echt*è*r). Stère.
estereo‖**metria** f. (echtèryoumetri*a*). Stéréométrie. ‖**-scópio** m. (-cheopyou). Stéréoscope. ‖**-tipia** f. (-*i*a). Stéréotypie.
estéril adj. (echt*è*r-). Stérile.
esteril‖**idade** f. (echter-*a*d). Stérilité. ‖**-zador** m. (-ad*ô*r). Stérilisateur. ‖**-zar** vt. (-*a*r). Stériliser.
esterlino, a adj. et s. m. (echtèrlínou, a). Sterling.
esterno m. (echt*è*rnou). Sternum.
esterqueira f. (echterk*á*yra). Fosse à fumier. ‖Tas (m.) d'ordures [lixo].
esterroar vt. (echterrou*a*r). Herser.
estert‖**or** m. (echtert*ô*r). Râle(ment). ‖**-orar** vt. (-our*a*r). Râler. ‖**-oroso**, a adj. (-*ô*sou, osa). Râlant, ante.
esteta m. (echt*è*ta). Esthéticien.
estética f. (echt*è*-a). Esthétique.
estetoscópio m. (echtétouche*o*pyou). Stéthoscope.
esteva f. (echt*é*va). Mancheron, m. [charrua]. ‖Ciste, m. [planta].
Estêvão n. pr. (echt*é*vãou). Étienne.
esti‖**agem** f. (echtyaj*a*y). Beau temps, m. ‖Sécheresse [seca]. ‖**-ar** vi. (-y*a*r). Cesser de pleuvoir.
estibina f. (ech-*i*na). Stibine.
estibordo m. (ech-órdou). Tribord.
estic‖**ão** m. (ech-*á*ou). Saccade, f. ‖**-ar** vt. (-*a*r). Raidir; bander [arco]. ‖Loc. *Esticar o pernil*, mourir.
estigma‖ m. (echti-*a*ma). Stigmate. ‖**-tizar** vt. (-*a*r). Stigmatiser.
estilete m. (ech-*é*t). Stylet. ‖*Méd*. Sonde, f.
estilha‖ f. (echt*i*la). Éclat (m.) de bois, etc. ‖Loc. *Fazer em estilhas*,

---

Lettres penchées : accent tonique. ‖V. page verte pour la prononciation figurée. ‖* Verbe irrég. V. à la fin du volume.

mettre* en pièces. ‖-çar vt. (-ar).
Mettre* en pièces. ‖-ço m. (-açou).
Éclat (de bois, etc.).
estill‖ística f. (ech-ích-a). Stylistique. ‖-ístico, a adj. (-ou, a). Stylistique. ‖-izar vt. (-ar). Styliser.
‖-o m. (-ílou). Style.
estim‖a f. (echtíma). Estime. ‖Amitié, affection. ‖-ação f. (-ãou).
V. ESTIMA. ‖Loc. Ter em grande estimação, apprécier beaucoup. ‖-ador m. (-ór). Estimateur. ‖-ar vt. (-ar). Estimer, évaluer. ‖Aimer. ‖Se réjouir [regozijar-se]. ‖Souhaiter [desejar]. ‖-ativa f. (-ativa). Aperçu, m. ‖Appréciation. ‖-ativo, a adj. (-ívou, a). Estimatif, ive.
estimul‖ação f. (ech-oulaçãou).
Stimulation. ‖-ante adj. et s. m. (-ãt). Stimulant, ante. ‖-ar vt. (-ar). Stimuler.
estímulo m. (echtímoulou). Aiguillon. ‖Stimulation, f. ‖Méd. Stimulus.
estio m. (echtíou). Été.
estiolar‖ vt. (echtyoular). Étioler.
‖ -se vr. (-ç). S'étioler.
estipul‖ação f. (ech-oulaçãou). Stipulation. ‖-ante adj. et s. (-ãt).
Stipulant, ante. ‖-ar vt. (-ar). Stipuler.
estir‖açar vt. (ech-raçar). Étirer.
‖-ão m. (-ãou). Longue trotte, f.
‖-ar vt. (-ar). Étirer. ‖Aligner.
‖Loc. Estirar no chão, renverser.
estirpe f. (echtírp). Race, extraction.
estiva f. (echtíva). Arrimage (m.) de la cale. ‖Treillis (m.) de bois. ‖Tarif, m. ‖Bureau (m.) de douane [alfândega].
estiv‖ação f. (ech-açãou). Estivation. ‖-ador m. (-ór). Arrimeur.
‖-agem f. (-àjãy). Arrimage, m.
‖-al adj. (-àl). Estival, ale. ‖-ar vt.
(-ar). Arrimer, estiver.
estocada f. (echtoucada). Estocade.
Estocolmo n. pr. (echtoucô-lou).
Stockholm.
estof‖ador m. (echtoufadôr). Tapissier. ‖-amento m. (-étou). Br. Rembourrage, m. ‖-ar vt. (-ar). Rembourrer. ‖-o m. (-ôfou). Étoffe, f. [tecido]. ‖Rembourrage [de cadeiras, etc.]. ‖adj. Étale.

estóico, a adj. et s. (echtoycou, a).
Stoïque; stoïcien, enne.
estoir‖ada f. (echtôyrada). Bruit, m. (suite d'éclats). ‖-ar vt. (-ar).
Crever, faire* éclater. ‖vi. Éclater.
‖-o m. (-ôyrou). Éclat; détonation, f.
estojo m. (echtôjou). Étui. ‖Loc.
Estojo de costura, nécessaire à ouvrage. Estojo de desenho, boîte (f.) à compas.
estola f. (echtola). Étole.
estoma‖cal adj. (echtoumacàl). Stomacal, ale. ‖-gar vt. (-ar). Fâcher.
‖-gar-se vr. (-ç). Se fâcher.
estômago m. (echtômagou). Estomac.
‖Fig. Courage, patience, f.
estomat‖ite f. (echtoumatít). Stomatite. ‖-ologia f. (-ouloujía). Stomatologie.
Estónia n. pr. (echtonya). Esthonie.
estonte‖ado, a adj. (echtõtyadou, a).
Étourdi, ie. ‖-amento m. (-amétou).
Étourdissement. ‖-ar vt. (-yar).
Étourdir.
estop‖a f. (echtôpa). Étoupe. ‖-ada f. (-oupada). Portion d'étoupe. ‖Fig.
Corvée. ‖-ar vt. (-ar). Étouper.
‖-ento, a adj. (-étou, a). Filandreux, euse ‖Fig. Br. Ennuyeux, euse. ‖-im m. (-í). Étoupille, f.
‖-inha f. (-igna). Filasse de lin très fine. ‖Loc. Falar as estopinhas, bavarder.
estoqu‖e m. (echtôk). Estoc. ‖Br. Stock. ‖-ear vt. (-yar). Estocader.
estorcer‖ vt. (echtourcér). Tordre avec force. ‖vi. Changer de direction. ‖ -se vr. (-ç). Se tordre, se débattre*.
estore m. (echtôr). Store.
estorninho m. (echtournígnou). Étourneau, sansonnet.
estorv‖ar vt. (echtourvar). Entraver.
‖Déranger. ‖-o m. (-ô-ou).
Encombre, embarras.
estoutro, a adj. et pron. dém. (échtôtrou, è-a). Cet, cette autre.
estouv‖ado, a adj. (echtôvadou, a).
Étourdi, ie. ‖-amento m. (-amétou).
Étourderie, f.
estovaina f. (echtovaína). Stovaïne.
Estrabão n. pr. (echtrabãou). Strabon.
estrabar vi. (echtrabar). Fienter.

Itálico : acento tónico. ‖V. página verde para a pronúncia figurada. ‖*Verbo irreg. V. no final do livro.

estrábico, a adj. (echtra-ou, a). Strabique.

estrabismo m. (echtrabíjmou). Strabisme.

estrad‖a f. (echtrada). Route. ‖ Loc. *Estrada de ferro* (Br.), chemin (m.) de fer. *Estrada de Sant'Iago*, chemin (m.) de saint Jacques. ‖ **-eiro, a** adj. (-éyrou, a). *Br.* Qui marche bien. ‖ **-ista** m. (-íchta). Routier. ‖ **-o** m. (-adou). Estrade, f.

estrag‖ar vt. (echtragar). Gâter. ‖ Dissiper, m. ‖ **-ar-se** vr. (-ç). Se gâter. ‖ **-o** m. (-agou). Dégât. ‖ *Fig.* Délabrement, dépérissement.

estramónio m. (echtramonyou). Stramoine.

estrangeir‖ado, a adj. (echtrājâyradou, a). Qui a l'air ou l'accent étranger. ‖ **-ismo** m. (-íjmou). Mot ou construction (f.) propre à une langue étrangère. ‖ **-o, a** adj. et s. (-âyrou, a). Étranger, ère.

estrangul‖ação f. (echtrãgoulaçãou). Étranglement, m. ‖ **-amento** m. (-étou). Étranglement. ‖ **-ar** vt. (-ar). Étrangler.

estranguria f. (echtrãgourya). Stranguerie.

estranh‖ar vt. (echtragnar). Trouver étrange. ‖ S'étonner de [admirer-se]. ‖ Critiquer. ‖ Ne pas se faire à [não se habituar]. ‖ Méconnaître*, ne pas reconnaître*. ‖ **-eza** f. (-éza). Étrangeté. ‖ Étonnement, m., surprise. ‖ Insociabilité. ‖ **-o, a** adj. (-â-ou, a). Étrange. ‖ Étranger, ère [que não é da família]. ‖ Insociable, intraitable.

Estrasburgo n. pr. (echtrajbourgou). Strasbourg.

estrat‖agema m. (echtratajéma). Stratagème. ‖ **-égia** f. (-èjya). Stratégie. ‖ **-égico, a** adj. (-è-ou, a). Stratégique. ‖ **-egista** m. (-ejichta). Stratégiste.

estrat‖ificação f. (echtra-açãou). Stratification. ‖ **-ificar** vt. (-ar). Stratifier. ‖ **-o** m. (-atou). Strate, f. ‖ Stratus [nuvem]. ‖ **-osfera** f. (-chfèra). Stratosphère.

estre‖ante adj. et s. (echtryāt). Débutant, ante. ‖ **-ar** vt. (-yar). Étrenner [fato, etc.]. ‖ Inaugurer, commencer. ‖ **-ar-se** vr. (-ç). Débuter [teatro, etc.]. ‖ Étrenner.

estrebuchar vi. (echtrebou-ar). Éprouver des convulsions.

estreia f. (echtráya). Étrenne. ‖ Début, m. [teatro, advocacia].

estreit‖amento m. (echtràytamétou). Étrécissement, rétrécissement. ‖ **-ar** vt. (-ar). Étrécir, rétrécir. ‖ Resserrer [laços de amizade]. ‖ Raccourcir [encurtar]. ‖ Serrer [nos braços]. ‖ **-ar-se** vr. (-ç). S'étrécir, se rétrécir. ‖ **-eza** f. (-éza). Étroitesse ‖ Amitié. ‖ Gêne, pénurie. ‖ Rigueur ‖ **-o, a** adj. (-âytou, a). Étroit, oite. ‖ Avare. ‖ Rigide, austère. ‖ s. m. Détroit.

estrel‖a f. (echtréla). Étoile. ‖ **-ado, a** adj. (-eladou, a). Étoilé, ée. ‖ Sur le plat [ovo]. ‖ **-a-do-mar** f. (-éla-oumár). Étoile de mer. ‖ **-ar** vt. (-elar). Étoiler. ‖ Frire* (des œufs sur le plat) [ovos]. ‖ **-ejar** vi. (-ar). Se remplir d'étoiles. ‖ **-inha** f. (-igna). Petite étoile. ‖ Astérisque, m. ‖ Pâte à potage (en forme d'étoiles).

estrem‖a f. (echtréma). Borne. ‖ **-adura** f. (-e-oura). Limite d'une région.

Estremadura n. pr. (echtremadoura). Estrémadure.

estrem‖ar vt. (echtremar). Délimiter. ‖ **-e** adj. (-èm). Pur, ure; sans plus.

estreme‖cer vt. (echtremecér). Ébranler. ‖ Chérir, aimer tendrement. ‖ vi. Trembler, frémir. ‖ **-cido, a** adj. (-dou, a). Chéri, ie. ‖ **-cimento** m. (-étou). Tremblement, frémissement. ‖ *Fig.* Amour, tendresse, f.

estremunh‖ado, a adj. (echtremougnadou, a). A moitié endormi, ie. ‖ **-ar** vt. (-ar). Réveiller en sursaut.

estrénuo, a adj. (echtrènouou, a). Courageux, euse, valeureux, euse.

estrepitar vi. (echtre-ar). Causer du fracas.

estrépito m. (echtrè-ou). Fracas.

estrepitoso, a adj. (echtre-ôsou, ósa). Éclatant, ante; bruyant, ante.

estr‖ia f. (echtría). Stries. Rayure (d'arme à feu). ‖ **-iar** vt. (-yar). Strier. ‖ Rayer (un canon).

estrib‖ar vt. (echtr-ar). Mettre* dans les étriers. ‖ Appuyer. ‖ **-ar-se** vr. (-ç). S'appuyer sur les étriers.

Lettres penchées : accent tonique. ‖ V. page verte pour la prononciation figurée. ‖ * Verbe irrég. V. à la fin du volume.

etc. ‖**-eira** f. (-áyra). Étrier, m. ‖Marchepied, m. (de voiture). Loc. *Perder as estribeiras*, s'emporter. ‖**-eiro** m. (-ou). Écuyer. ‖Loc. *- -mor*, grand étrier.

estribilho m. (echtr-ílou). Refrain.

estribo m. (echtríbou). Étrier. ‖ Marchepied (de voiture). ‖*Fig.* Appui.

estricção f. (echtriçãou). Striction.

estricnina f. (echtr-ína). Strychnine.

estrid‖ente adj. (echtr-ēt). Strident, ente. ‖**-or** m. (-ôr). Bruit strident. ‖**-ular** vi. (-oular). *Faire** entendre un bruit aigu.

estridulo, a adj. (echtridoulou, a). Stridulant, ante.

estripar vt. (echtr-ar). Étriper.

estrito, a adj. (echtrítou, a). Strict, icte; rigoureux, euse; exact, acte; étroit, oite.

estroboscopia f. (echtrobouchcoupía). Stroboscopie.

estrofe f. (echtrof). Strophe.

estroin‖a adj. et s. (echtrõyna). Noceur, euse. ‖**-ice** f. (-iç). Frasque.

estrond‖ear vi. (echtrõdyar). Retentir, gronder. ‖**-o** m. (-ôdou). Fracas, grand bruit. ‖*Fig.* Éclat, pompe, f. ‖**-oso, a** adj. (-ôsou, osa). Bruyant, ante, ‖*Fig.* Éclatant, ante.

estropiar vt. (echtroupyar). Estropier.

estrum‖ar vt. (echtroumar). Fumer (les terres). ‖**-e** m. (-oum). Fumier. ‖**-eira** f. (-áyra). Fosse à fumier.

estrupido m. (echtroupídou). Fracas.

estrutur‖a f. (echtroutoúra). Structure. ‖**-al** adj. (-àl). Concernant la structure.

estuário m. (echtouaryou). Estuaire.

estuc‖ador m. (echtoucadôr). Stucateur. ‖**-ar** vt. (-ar). Stuquer.

estud‖ante et f. (echtoudãt). Étudiant, ante. ‖**-ar** vt. (-ar). Étudier. ‖*Faire** : *estudar direito, faire* son droit.*

estúdio m. (echtoúdyou). Studio.

estud‖ioso, a adj. (echtoudyóusou, osa). Studieux, euse. ‖**-o** m. (-ou-dou). Étude, f. ‖Loc. *Andar nos estudos, faire* ses études. Em estudo*, à l'étude.

estuf‖a f. (echtoúfa). Étuve. ‖Poêle, m., fourneau (). Appareil de chauffage. ‖ Serre [plantas]. ‖**-adeira** f. (-áyra). Daubière. ‖**-ado, a** adj. (-adou, a). Étuvé, ée. ‖s. m. Étouffée, f., étuvée, f. ‖ **-ar** vt. (-ar). Étuver.

Estugarda n. pr. (echtougarda). Stuttgart.

estupef‖acção f. (echtoupfaçãou). Stupéfaction. ‖**-aciente** adj. et s. m. (-acyēt). Stupéfiant, ante. ‖**-acto, a** adj. (-actou a). Stupéfait, aite.

estupendo, a adj. (echtoupēdou, a). Admirable, épatant, ante; formidable.

estupid‖ez f. (echtou-éch). Stupidité. ‖**-ificar** vt. (-ar). Abrutir. ‖**-ificar-se** vr. (-ç). S'abrutir.

estúpido, a adj. et s. (echtou-ou, a). Stupide, bête, sot, otte.

estupor m. (echtoupôr). Stupeur, f.

estuprar vt. (echtouprar). Violer. ‖**-o** m. (-ou-ou). Stupre, viol.

estuque m. (echtouc). Stuc.

esturjão m. (echtourjãou). Esturgeon.

esturr‖ado, a (echtourradou, a). Brûlé, ée. ‖*Fig.* Exalté, ée. ‖**-ar** vt. (-ar). Brûler, roussir. ‖**-ar-se** vr. (-ç). Brûler légèrement. ‖**-o** m. (-ou-ou). Brûlé : *cheirar a esturro*, sentir* le brûlé.

esvaec‖er vt. (ejvàycēr). Dissiper. ‖vi. Se décourager. ‖**-er-se** vr. (-ç). S'évanouir, se dissiper. ‖S'affaiblir, diminuer d'intensité. ‖**-imento** m. (-ētou). Évanouissement. ‖Abattement.

esva‖imento m. (ejvaymētou). Évanouissement, abattement. ‖**-ir*** vt. (-ir). V. **ESVAECER**. ‖**-ir-se** vr. (-ç). S'évanouir. ‖Loc. *Esvair-se em sangue*, perdre du sang jusqu'à tomber en défaillance. *Esvair-se em suor*, transpirer copieusement.

esvaziar vt. (ejvazyar). Vider.

esverd‖eado, a ou **-inhado, a** adj. (ejverdyadou, a, -ign-). Verdâtre.

esvoaçar vi. (ejvouaçar). Voltiger.

etapa f. (etápa). Étape.

éter m. (ètèr). Éther.

etéreo, a adj. (itèryou, a). Éthéré, ée.

etern‖idade f. (iter-ad). Éternité. ‖**-izar** vt. (-ar). Éterniser. ‖**-o, a** adj. (-è-ou, a). Éternel, elle.

etileno m. (é-énou). Éthylène.

etílico, a adj. (éti-ou, a). Éthylique.

etilo m. (étílou). Éthyle.

Itálico : acento tónico. ‖V. página verde para a pronúncia figurada. ‖*Verbo irreg. V. no final do livro.

etiquet‖a f. (i-kéta). Étiquette. ‖-ar vt. (-etar). Étiqueter.
étnico, a adj. (è-ou, a). Ethnique.
etno‖grafia f. (è-ougrafía). Ethnographie. ‖-gráfico, a adj. (-a-ou, a). Ethnographique. ‖-logia f. (-oujía). Ethnologie.
Etrúria n. pr. (itrourya). Étrurie.
eu pron. pers. (éou). Je, moi. ‖ s. m. Moi.
eucaristia f. (éoucarichtía). Eucharistie.
Euclides n. pr. (éou-idch). Euclide.
euf‖émico, a adj. (éoufê-ou, a). Euphémique. ‖-emismo m. (-emíjmou). Euphémisme. ‖-onia f. (-ounía). Euphonie. ‖-ónico, a adj. (-o-ou, a). Euphonique. ‖-oria f. (-ouría). Euphorie. ‖-órico, a adj. (-o-ou, a). Euphorique.
Eufrates n. pr. (éoufratch). Euphrate.
Eugénia n. pr. (éoujènya). Eugénie.
eugénico, a adj. (éoujè-ou, a). Eugénique.
Eugénio n. pr. (éoujènyou). Eugène.
eunuco m. (éounoucou). Eunuque.
Eurásia n. pr. (éourasya). Eurasie.
Europa n. pr. (éuropa). Europe.
europ‖eizar vt. (éouroupâyzar). Européaniser. ‖-eu, eia adj. et s. (-éou, âya). Européen, enne.
Eustáquio n. pr. (éouchtakyou). Eustache.
Eutrópio n. pr. (éoutropyou). Eutrope.
Eva n. pr. (èva). Ève.
evacu‖ação f. (ivacouaçáou). Évacuation. ‖-ar vt. (-ouar). Évacuer. ‖ vi. Décharger le ventre.
evadir‖ vt. (ivadír). Fuir*, éviter. ‖- -se vr. (-ç). S'évader.
Evangelho n. pr. (ivájèlyou). Évangile.
evang‖élico, a adj. (ivajè-ou, a). Évangélique. ‖-ista m. (-elíchta). Évangéliste. ‖-elizar vt. (-ar). Évangéliser.
evapor‖ação f. (ivapouraçáou). Évaporation. ‖-ar vt. (-ar). Évaporer. ‖-ar-se vr. (-ç). S'évaporer.
evas‖ão f. (ivasáou). Évasion. ‖-iva f. (-íva). Réponse évasive. ‖-ivo, a adj. (-ívou, a). Évasif, ive.
event‖o m. (ivêtou). Événement. ‖-ual adj. (-ouál). Éventuel, elle. ‖-ualidade f. (-a-ad). Éventualité.

‖-ualmente adv. (-à-êt). Éventuellement.
evid‖ência f. (i-êcya). Évidence. ‖-enciar vt. (-yar). Rendre évident, mettre* en évidence. ‖-enciar-se vr. (-yarç). Devenir* évident, se mettre* en évidence. ‖-ente adj. (-êt). Évident, ente. ‖-entemente adv. (-êt). Évidemment.
evit‖ar vt. (i-ar). Éviter. ‖-ável adj. (-avèl). Évitable.
evoc‖ação f. (ivoucaçáou). Évocation. ‖-ar vt. (-ar). Évoquer. ‖-ativo, a, ou -atório, a adj. (-atívou, a, -oryou, a). Évocatoire.
evolar-se vr. (ivoularç). S'envoler.
evolu‖ção f. (ivouloução). Évolution. ‖-cionar vi. (-ounar). Évoluer. ‖-cionismo m. (-tíjmou). Évolutionnisme. ‖-tivo, a adj. (-ívou, a). Évolutif, ive.
ex- préf. (âych [avant consonne sourde], âyj). Ex-.
exacerb‖ação f. (izacerbaçáou). Exacerbation. ‖-ar vt. (-ar). Exaspérer, irriter. ‖-ar-se vr. (-ç). S'exaspérer.
exact‖amente adv. (izatamêt). Exactement. ‖-idão f. (-a-áou). Exactitude. ‖-o, a adj. (-atou, a). Exact, acte.
exager‖ação f. (izajeraçáou). Exagération. ‖-ar vt. (-ar). Exagérer. ‖-o m. (-érou). Exagération, f.
exal‖ação f. (izalaçáou). Exhalation. ‖-ar vt. (-ar). Exhaler.
exalt‖ação f. (izà-açáou). Exaltation. Emportement, m., irritation. ‖-ado, a adj. (-adou, a). Exalté, ée. ‖Exagéré, ée. Violent, ente. ‖-ar vt. (-ar). Exalter. Irriter, mettre* en colère. ‖-ar-se vr. (-ç). S'exalter.
exam‖e m. (izâm). Examen. ‖Loc. Fazer exame, passer un examen. Passar no exame, réussir, être* reçu. ‖-inador m. (-adôr). Examinateur. ‖-inando m. (-ádou). Candidat. ‖-inar vt. (-ar). Examiner.
exangue adj. (izág). Exsangue.
exânime adj. (izâ-). Évanoui, ouie.
exantem‖a m. (izatéma). Exanthème. ‖-ático, a adj. (-ema-ou, a). Exanthématique.
exarar vt. (izarar). Graver. ‖Fig. Mentionner, écrire*.
exasper‖ação f. (izachperaçáou).

Lettres penchées : accent tonique. ‖ V. page verte pour la prononciation figurée. ‖ * Verbe irrég. V. à la fin du volume.

Exaspération. ‖**-ar** vt. (-ar). Exaspérer.
exau‖rir vt. (izaourír). Épuiser. ‖**-rir-se** vr. (-ç). S'épuiser. ‖**-stivo**, a adj. (-chtívou, a). Épuisant, ante. ‖**-sto, a** adj. (-aou-ou, a). Épuisé, ée.
exced‖ente adj. (âych- ou echcedêt). Excédant, ante. ‖**s.** m. Excédent. ‖**-er** vt. (-ér). Excéder. ‖**-er-se** vr. (-ç). Se surpasser. ‖ Sortir* des bornes.
excel‖ência f. (echcelêcya). Excellence : *por excelência*, par excellence. ‖**-ente** adj. (-êt). Excellent, ente. ‖**-entíssimo**, a adj. superl. (-í-ou, a). Excellentíssime.
excelso, a adj. (echcê-ou, a). Éminent, ente.
excêntrico, a adj. (echcêtr-ou, a). Excentrique.
excep‖ção f. (echcèçãou). Exception. ‖**-cional** adj. (-ounàl). Exceptionnel, elle. ‖**-cionalmente** adv. (-êt). Exceptionnellement. ‖**-cionar** vt. (-ar). Exciper. ‖**-to** prép. (-ètou). Excepté. ‖**-tuar** vt. (-ouar). Excepter.
excerto m. (echcèrtou). Extrait.
excess‖ivo, a adj. (echcecívou, a). Excessif, ive. ‖**-o** m. (-èçou). Excès. ‖ Loc. *Em excesso*, à l'excès.
excipiente m. (ech-yét). Excipient.
excit‖ação f. (echç-açãou). Excitation. ‖**-ador** m. (-ôr). Excitateur. ‖**-amento** m. (-étou). Excitation. ‖**-ante** adj. et s. m. (-ât). Excitant, ante. ‖**-ar** vt. (-ar). Exciter.
exclam‖ação f. (ech- ou âych-amaçãou). Exclamation. ‖**-ar** vi. (-ar). S'écrier, s'exclamer. ‖**-ativo, a** ou **-atório, a** adj. (-ívou, a, -oryou, a). Exclamatif, ive.
excluir* vt. (ech-ouír). Exclure*.
exclu‖são f. (ech-ousãou). Exclusion. ‖ Loc. *Com exclusão de*, à l'exclusion de. ‖**-sive** adv. (-ivè). Exclusivement, en excluant. ‖**-sivismo** m. (-íjmou). Exclusivisme. ‖**-sivo, a** adj. (-ívou, a). Exclusif, ive. ‖ m. Monopole.
excogitar vt. (echcou-ar). Imaginer.
excom‖ungado, a adj. et s. (echcoumûgadou, a). Excommunié, ée. ‖**-ungar** vt. (-ar). Excommunier. ‖**-unhão** f. (-ougnãou). Excommunication.

excre‖ção f. (echcreçãou). Excrétion. ‖**-mento** m. (-étou). Excrément. ‖**-scência** f. (-chcêcya). Excroissance. ‖**-scente** adj. (-êt). Qui forme excroissance. ‖**-tar** vt. (-ar). Excréter. ‖**-to** m. (-êtou). Excrétion, f.
excurs‖ão f. (echcoursãou). Excursion. ‖**-ionista** m. et f. (-ounichta). Excursionniste. ‖**-o** m. (-oursou). Écart.
execr‖ação f. izecraçãou). Exécration. ‖**-ando, a** adj. (-ãdou, a). Exécrable. ‖**-ar** vt. (-ar). Exécrer. ‖**-ável** adj. (-avèl). Exécrable.
execu‖ção f. (izecouçãou). Exécution. ‖**-tante** adj. et s. (-ât). Exécutant, ante. ‖**-tar** vt. (-ar). Exécuter. ‖**-tável** adj. (-avèl). Exécutable. ‖**-tivo, a** adj. (-ívou, a). Exécutif, ive. ‖**-tor** m. (-ôr). Exécuteur.
exegese f. (izejèz). Exégèse.
exempl‖ar adj. et s. m. (izê-ar). Exemplaire. ‖**-ificação** f. (-açãou). Explication par des exemples. ‖**-ificar** vt. (-ar). Expliquer au moyen d'exemples. ‖**-o** m. (-ê-ou). Exemple. ‖ Loc. *A exemplo de*, à l'exemple de. *Exemplo digno de imitar-se*, exemple à imiter. *Por exemplo*, par exemple.
exéquias f. pl. (izèkyach). Obsèques.
exequível adj. (izecouivèl). Exécutable, faisable.
exerc‖er vt. (izercér). Exercer. ‖**-ício** m. (-í-ou). Exercice. ‖**-itar** vt. (-ar). Exercer.
exército m. (izèr-ou). Armée, f.
exib‖ição f. (iz-ãou). Exhibition. ‖**-ir** vt. (-ír). Exhiber, exposer, montrer.
exig‖ência f. (iz-êcya). Exigence. ‖**-ente** adj. (-êt). Exigeant, ante. ‖**-ir** vt. (-ír). Exiger.
exíguo, a adj. (izígouou). Exigu, uë.
exilar vt. (iz-cr). Exiler, bannir. ‖**-ísmo** m. (izílyou). Exil.
exímio, a adj. (izímyou, a). Excellent, ente ; éminent, ente ; insigne, remarquable.
exim‖ir vt. (izimír). Exempter. ‖**--se** vr. (-ç). S'exempter.
exist‖ência f. (izichtêcya). Existence. ‖**-ente** adj. (-êt). Existant, ante. ‖**-ir** vi. (-ír). Exister.

Itálico : acento tónico. ‖ V. página verde para a pronúncia figurada. ‖ *Verbo irreg. V. no final do livro.

êxito m. (âyz-ou). Succès, issue, f.
êxodo m. (âyzoudou). Exode.
exoftálmico, a adj. (izô-à-ou, a). Exophtalmique.
exoner‖ação f. (izouneraçãou). Exonération. ‖**-ar** vt. (-ar). Exonérer. ‖ Révoquer (un fonctionnaire).
exor‖ar vt. (âyzourar). Implorer. ‖**-ável** adj. (-avèl). Exorable.
exorbit‖ância f. (izour-ācya). Exorbitance. ‖ pl. (-āt). Exorbitant, ante. ‖**-ar** vt. (-ar). Passer les bornes, sortir* des limites.
exorcism‖ar vt. (izour-jmar). Exorciser. ‖**-o** m. (-íjmou). Exorcisme.
exórdio m. (izordyou). Exorde.
exort‖ação f. (izourtaçãou). Exhortation. ‖**-ar** vt. (-ar). Exhorter.
exótico, a adj. (izo-ou, a). Exotique.
expan‖dir vt. (àych- ou echpãdir). Dilater. ‖ Manifester, faire* connaître. ‖**-são** f. (-ãou). Expansion. ‖**-sivo, a** adj. (-ívou, a). Expansif, ive.
expatri‖ação f. (echpatryaçãou). Expatriation. ‖**-ar** vt. (-yar). Expatrier. ‖**-ar-se** vr. (-ç). S'expatrier.
expectativa f. (echpèctativa). Expectative : *estar na expectativa*, être* dans l'expectative.
expector‖ação f. (echpètouraçãou). Expectoration. ‖**-ante** adj. et s. m. (-āt). Expectorant, ante. ‖**-ar** vt. (-ar). Expectorer.
exped‖ição f. (echpe-ãou). Expédition. ‖**-icionário, a** adj. et s. m. (-ounaryou, a). Expéditionnaire. ‖**-iente** adj. (-yèt). Expéditif, íve. ‖ m. Expédient. ‖ Travail d'un bureau. ‖ Correspondance, f. ‖ Adresse, f., dextérité. ‖ Loc. *Viver de expedientes*, vivre* d'expédients. ‖**-ir*** vt. (-ir). Expédier. ‖ Promulguer. ‖ Proférer (des plaintes) [queixas]. ‖**-ito, a** adj. (-itou, a). Expéditif, ive ; actif, ive.
expelir* vt. (echpelir). Expulser, chasser. ‖ Lancer, jeter.
expensas f. pl. (echpẽcach). Frais, m. ‖ Loc. *A expensas de*, aux frais de.
experi‖ência f. (echperyẽcya). Expérience. ‖**-ente** adj. (-yèt). Expérimenté, ée. ‖ s. m. Expert.

experiment‖ação f. (echpr-ētaçãou). Expérimentation. ‖**-al** adj. (-àl). Expérimental, ale. ‖**-ar** vt. (-ar). Expérimenter [remédio]. Essayer [cavalo, arma]. ‖ Éprouver [pôr à prova].
expi‖ação f. (ech-açãou). Expiation. ‖**-ar** vt. (-yar). Expier. ‖**-atório, a** adj. (-oryou, a). Expiatoire. ‖ Loc. *Bode expiatório*, bouc émissaire.
expir‖ação f. (ech-raçãou). Expiration. ‖**-ar** vt. et vi. (-ar). Expirer.
explan‖ação f. (ech-anaçãou). Explication. ‖**-ar** vt. (-ar). Expliquer.
expletiv‖a f. (ech-ètiva). Explétif, ‖**-o, a** adj. (-ou, a). Explétif, íve.
explic‖ação f. (ech-açãou). Explication. ‖ Répétition [lição particular]. ‖**-ador** m. (-ôr). Répétiteur. ‖**-ar** vt. (-ar). Expliquer. ‖ Répéter [dar explicações]. ‖**-ativo, a** adj. (-ativou, a). Explicatif, ive.
explícito, a adj. (ech-ícitou, a). Explicite.
explodir* vi. (ech-oudir). Exploser.
explor‖ação f. (ech-ouraçãou). Exploration. ‖ Exploitation [mina, teatro, etc.]. ‖**-ador** m. (-ôr). Explorateur. ‖ Exploiteur. ‖**-ar** vt. (-ar). Explorer. ‖ Battre* (la campagne) [terreno]. ‖ Exploiter [caminho de ferro, operários, etc.].
explos‖ão f. (ech-ousãou). Explosion. ‖**-ivo, a** adj. et s. m. (-ívou, a). Explosif, íve.
expoente adj. et s. m. (echpouèt). Exposant, ante.
expor‖ vt. (echpôr). Exposer. ‖**--se** vr. (-ç). S'exposer.
export‖ação f. (echpourtaçãou). Exportation. ‖**-ador, a** adj. et s. m. (-ôr, a). Exportateur, trice. ‖**-ar** vt. (-ar). Exporter. ‖**-ável** adj. (-avèl). Exportable.
expos‖ição f. (-pou-ãou). Exposition. ‖**-itor, a** m. et f. (-ôr, a). Exposant, ante. ‖**-to, a** adj. (-ôchtou, -o-a). Exposé, ée. ‖ s. m. Enfant trouvé.
express‖ão f. (echpreçãou). Expression. ‖**-ar** vt. (-ar). Exprimer. ‖**-ivo, a** adj. (-ívou, a). Expressif, íve. ‖**-o, a** adj. (-èçou, a), Exprès, esse.

Lettres penchées : accent tonique. ‖ V. page verte pour la prononciation figurée. ‖* Verbe irrég. V. à la fin du volume.

exprimir vt. (echpr-ír). Exprimer.
exprobr‖ação f. (echproubração). Reproche, m. ‖**-ar** vt. (-ar). Reprocher, blâmer.
expropri‖ação f. (echproupryação). Expropriation. ‖**-ar** vt. (-yar). Exproprier, déposséder.
expugnar vt. (echpoughnar). Prendre* d'assaut. ‖ Conquérir*, vaincre*.
expuls‖ão f. (echpou-ãou). Expulsion. ‖**-ar** vt. (-ar). Expulser, chasser. ‖**-o, a** adj. (-ou-ou, a). Expulsé, ée.
expurg‖ar vt. (echpourgar). Expurger. ‖**-atório, a** adj. (-atoryou, a). U. dans la loc. *índice expurgatório*, index expurgatoire.
exsudar vt. et vi. (âych- ou echçoudar). Exsuder.
êxtase m. (âychtaz). Extase, f.
ext‖asiar vt. (âych- ou echtasyar). Ravir. ‖**-asiar-se** vr. (-ç). S'extasier. ‖**-ático, a** adj. (-a-ou, a). Extatique.
extens‖ão f. (echtēçãou). Étendue. ‖ Extension [acção]. ‖ Longueur [discurso, etc.]. ‖**-ível** adj. (-ívèl). Extensible. ‖**-ivo, a** adj. (-ívou, a). Extensif, ive. ‖**-o, a** adj. (-ēçou, a). Étendu, ue; vaste. ‖ Por *extenso*, en détail; en toutes lettres. ‖**-or** m. (-ôr). Extenseur.
extenu‖ação f. (echtenouação). Exténuation. ‖**-ar** vt. (-ouar). Exténuer.
exterior adj. et s. m. (echteryôr). Extérieur, eure. ‖**-idade** f. (-ou-ad). Extériorité. ‖**-ização** f. (-ação). Extériorisation. ‖**-izar** vt. (-ar). Extérioriser. ‖**-mente** adv. (-êt). Extérieurement.
extermin‖ador, a adj. et s. m. (echtēr-adôr, a). Exterminateur, trice. ‖**-ar** vt. (-ar). Exterminer, anéantir.
extermínio m. (echtermínyou). Extermination, f. destruction totale, f.
externo, a adj. et s. m. (echtērnou, a). Externe. ‖ Extérieur, eure [culto, comércio].
exterritorialidade f. (âychtèrr-ourya-ad). Exterritorialité.
extin‖ção f. (echtição). Extinction. ‖**-guir** vt. (-ghír). Éteindre*.

‖**-guir-se** vr. (-ç). S'éteindre*. ‖**-to, a** adj. (-ītcu, a). Éteint, einte. ‖ s. m. et f. Défunt, unte. ‖**-tor** m. (-ôr). Extincteur.
extirp‖ação f. (ech-rpação). Extirpation. ‖**-ar** vt. (-ar). Extirper.
extor‖quir vt. (echtourkír). Extorquer. ‖**-são** f. (-ãou). Extorsion.
extrac‖‖ção f. (echtracção). Extraction. ‖ Tirage, m. [lotaria]. ‖ *Comm.* Vente, écoulement, m. ‖**-tar** vt. (-atar). Extraire*, faire* des extraits, tirer. ‖**-to** m. (-atou). Extrait. ‖ Relevé.
extradi‖ção f. (echtra-ãou). Extradition. ‖**-tar** vt. (-ar). Extrader.
extrair* vt. (echtraír). Extraire*.
extra‖ordinário, a adj. et s. m. (echtraôr-aryou, a). Extraordinaire. ‖**-polar** vt. (-oular). Extrapoler. ‖**-programa** adj. (-rougrâma). En dehors du programme. ‖**-vagância** f. (-agâcya). Extravagance. ‖ Dissipation. ‖**-vagante** adj. et s. (-ãt). Extravagant, ante. ‖ Étourdi, ie [desmiolado]. ‖ Dissipateur, trice. ‖**-vasar** vt. (-asar). Répandre. ‖ vi. S'extravaser. ‖**-viar** vt. (-yar). Égarer. ‖ Détourner [subtrair]. ‖**-viar-se** vr. (-ç). S'égarer. ‖**-vio** m. (-íou). Égarement. ‖ Détournement, soustraction frauduleuse.
extrem‖ado, a adj. (echtremadou, a). Insigne. Délimité, ée. ‖**-ar** vt. (-ar). Faire* remarquer. ‖**-a-unção** f. (-émaūção). Extrême-onction. ‖**-idade** f. (-e-ad). Extrémité. ‖**-ismo** m. (-íjmeu). Extrémisme. ‖**-ista** adj. et s. (-íchta). Extrémiste. ‖**-o, a** adj. et s. m. (-émou, a). Extrême. ‖ Loc. *Em extremo*, excessivement. ‖ pl. Tendresses, f. ‖**-oso, a** adj. (-ômosou, osa). Très affectueux, euse; tendre.
extrínseco, a adj. (echtrícecou, a). Extrinsèque. ‖ Conventionnel, elle.
exuber‖ância f. (izouberâcya). Exubérance. ‖**-ante** adj. (-ãt). Exubérant, ante. ‖**-ar** vi. (-ar). Exubérer, être* exubérant, ante.
exult‖ação f. (izou-ação). Exultation. ‖**-ar** vi. (-ar). Exulter.
exumar vt. (izoumar). Exhumer, déterrer.

Itálico : acento tônico. ‖ V. página verde para a pronúncia figurada. ‖ * Verbo irreg. V. no final do livro.

F

fá m. (fa). Fa [nota e clave mus.].
fã m. (fã). *Br.* Admirateur.
fábrica f. (fabr-a). Fabrique, usine. ||Loc. *Fábrica de aço*, aciérie.
fabric||**ação** f. (fabr-açâou). Fabrication. ||**-ante** m. et f. (-āt). Fabricant. ||**-ar** vt. (-ar). Fabriquer. Édifier, construire*. ||**-o** m. (-ícou). Fabrication, f.
fabril adj. (fabríl). Manufacturier, ère.
fábula f. (faboula). Fable.
fabul||**ar** vt. (faboular). Inventer. ||vi. Composer des fables. ||**-ista** m. (-íchta). Fabuliste. ||**-oso, a** adj. (-ôsou, osa). Fabuleux, euse.
faca|| f. (faca). Couteau, m. : *faca de mato*, couteau de chasse. ||Loc. *Pôr a faca aos peitos*, mettre* le couteau sur la gorge. ||**-ada** f. (facada). Coup (m.) de couteau. ||Loc. *Coser* (ou *matar*) *às facadas*, cribler de coups de couteau. *Dar uma facada* (Br.), emprunter de l'argent.
façanha f. (façgâna). Exploit, m.
fac||**ão** m. ou **-alhão** m. (facâou, -alâou). Grand couteau.
fac||**ção** f. (façâou). Faction. ||**-closismo** m. (-ousíjmou). Caractère factieux. ||**-cioso, a** adj. (-yôsou, osa). Factieux, euse.
face f. (faç). Face. ||Joue [cara]. ||Loc. *De face*, en face. *Fazer face, tête* à *face*. *Na face de*, en présence de.
facécia f. (facècya). Facétie.
faceiro, a adj. (façâyrou, a). Coquet, ette. ||Vaniteux, euse ; fat [só m.].
facet||**a** f. (facéta). Facette. ||**-ar** ou **-ear** vt. (-etar, yar). Facetter.
faceto, a adj. (facétou, a). Facétieux, euse ; bouffon, onne ; plaisant, ante.
fachada f. (fa-ada). Façade.
facho m. (fa-ou). Flambeau, torche, f.
facial adj. (façyál). Facial, ale.
fácil adj. (fa-). Facile.
facili||**dade** f. (fa-ad). Facilité. ||**-tar** vt. (-ar). Faciliter. ||**-tar-se** vr. (-ç). Devenir* facile.
fàcilmente adv. (-êt). Facilement.

facínora m. (facínoura). Scélérat.
fact||**ício, a** adj. (-icyou, a). Factice. ||**-ível** adj. (-ívèl). Faisable. ||**-to** m. (factou; fatou, au Brésil). Fait. ||Loc. *De facto*, de fait. *Estar ao facto*, être* au fait. *Passar a vias de facto*, en venir* aux voies de fait. ||**-tor** m. (-ôr). Facteur.
factur||**a** f. (fatoura). Facture. ||**-ar** vt. (-ar). Facturer.
facul||**dade** f. (facou-ad). Faculté. ||**-tar** vt. (-ar). Faciliter. ||Offrir*. ||**-tativo, a** adj. (-ativou, a). Facultatif, ive. ||s. m. Docteur, médecin.
facundo, a adj. (facûdou, a). Éloquent, ente.
fada f. (fada). Fée.
fad||**ado, a** adj. (fadadou, a). Prédestiné, ée. ||Loc. *Bem fadado*, heureux. *Mal fadado*, malheureux. ||**-ar** vt. (-ar). Prédestiner. ||Douer, doter. ||**-ário** m. (-aryou). Sort, destinée, f. ||Fatigue, peine.
fadiga f. (fadiga). Fatigue, peine.
fad||**ista** m. et f. (fadíchta). Celui, celle qui chante le *fado*. ||Fig. Souteneur. ||**-o** m. (fadou). Destin. ||Fado [canção]. ||Vie (f.) de prostitution.
fagedénico, a adj. (fajedè-ou, a). l'hagédénique.
fagote m. (fagot). Basson.
fagueiro, a adj. (fagâyrou, a). Flatteur, euse ; tendre. ||Agréable, doux, ouce.
fagulha f. (fagoula). Étincelle.
fal||**a** f. (faya). Hêtre, m. ||**-al** m. (fâyàl). Hêtraie, f.
faiança f. (fâyâça). Faïence.
faina f. (fayna). Manœuvre (à bord). ||Fig. Besogne, travail, m., labeur, m.
faisão m. (faysâou). Faisan.
faísca f. (faíchca). Étincelle. ||Foudre, coup (m.) de foudre [raio].
faiscar vi. (faichcar). Étinceler. ||vi. Darder, lancer avec force.
faixa f. (taycha). Bande. ||Écharpe [de oficial]. ||Ceinture [cinta].
fal||**a** f. (fala). Parole, langage, m. ||**-ácla** f. (falacya). Bavardage, m. ||Tromperie [engano]. ||**-ação** m.

Lettres penchées ; accent tonique. ||V. page verte pour la prononciation figurée. ||* Verbe irrég. V. à la fin du volume.

-açou). *Br.* Bruit, rumeur, f.
‖-**adeira** f. (-adáyra). Bavarde.
‖-**ado, a** adj. (-adou, a). Renommé,
ée. ‖-**dor, a** adj. et s. (-adôr, a).
Bavard, arde.
falange f. (falãj). Phalange. ‖ Armée.
fall‖ante adj. (falãt). Parlant, ante.
‖ Loc. *Bem falante*, bien-disant. ‖-**ar**
vi. (-ar). Parler. ‖ Loc. *A falar a
verdade*, à dire vrai. *Dar que
falar, fazer falar de si, faire* parler le monde*. *Falar com*, parler à.
Falar de arte, etc., parler art, etc.
Falar pelos cotovelos, jaser comme
une pie. ‖-**atório** m. (-atoryou).
Bavardage. ‖-**az** adj. (-ach). Fallacieux, euse; mensonger, ère.
falcão m. (fà-ãou). Faucon.
falcatr‖ua f. (fà-atroua). Escroquerie. ‖-**uar** vt. (-ouar). Tromper,
duper.
falec‖er vi. (falecér). Décéder.
‖ Manquer (de) (ter falta). ‖-**ido,
a** adj. (-ídou, a). Décédé, ée; mort,
orte, feu, e. ‖-**imento** m. (-étou).
Décès, trépas, mort, f.
falena f. (faléna). Phalène.
falência f. (falêcya). Faillite : *abrir
falência*, faire* faillite.
falésia f. (falèsya). Falaise.
falh‖a f. (fala). Fêlure [num objecto].
‖ Manque, m. [falta]. ‖ *Géol.* Faille.
‖-**ado, a** adj. (faladou, a). Fêlé,
ée. ‖ s. m. Raté. ‖-**ar** vi. (-ar).
Faill*er**, manquer [faltar]. ‖ Rater
[arma ; não ter êxito]. ‖ vt. Fêler.
‖-**o, a** adj. (falou, a). Dépourvu, ue
[falto]. ‖ Fêlé, ée.
fall‖ido, a adj. (falidou, a). Failli, ie.
‖-**ir*** vi. (-ir). Faire* faillite.
‖ Manquer [faltar]. ‖-**ível** adj.
(-ivèl). Faillible, qui peut se
tromper.
fals‖amente adv. (fà-amét). Faussement. ‖-**ar** vt. (-ar). Fausser, déformer. ‖ Falsifier, altérer. ‖ vi. Mentir*. ‖ Fausser [música]. ‖-**ário** m.
(-aryou). Faussaire. ‖-**ear** vt. (-yar).
Fausser. Trahir. ‖ vi. Fausser
[canto]. ‖-**ete** m. (-ét). Fausset.
‖-**idade** f. (-ad). Fausseté. ‖-**ificação** f. (-açãou). Falsification. ‖-**ificador** m. (-ôr). Falsificateur.
‖-**ificar** vt. (-ar). Falsifier. ‖-**o, a**
adj. (fà-ou, a). Faux, ausse. ‖ Loc.
Estar em falso, porter à faux. *Fechar
em falso*, fermer à faux. *Moeda
falsa*, fausse monnaie. *Passo em
falso*, faux-pas. *Porta falsa*, fausse
porte.
falt‖a f. (fà-a). Faute, défaut, m.,
manque, m. ‖ Loc. *Cair em falta,
commettre* une faute. Fazer falta,
faire* faute, défaut. Ficar em falta,
ne pas s'acquitter. Por falta de,
faute de. Ter falta de*, manquer
de. ‖-**ar** vi. (-ar). Manquer, faire*
défaut. ‖ Loc. *Faltar a*, manquer.
Faltar ao respeito, manquer de respect. *Não faltava mais nada, era o
que faltava*, il ne manquait plus que
cela. *Pouco faltou*, peu s'en est fallu.
‖-**o, a** adj. (fà-ou, a). Dépourvu, ue.
‖ Loc. *Estar falto de*, manquer de.
fama f. (fâma). Renommée, renom,
m. ‖ Loc. *Ter a fama de*, avoir* la
réputation de. *Ter má fama*, avoir*
une mauvaise réputation.
famélico, a adj. (famé-ou, a). Famélique, affamé, ée; tourmenté, ée par
la faim.
famigerado, a adj. (fa-radou, a).
Fameux, euse; célèbre, renommé, ée.
família f. (familya). Famille. ‖ *Br.*
Fille, enfant, m. et f. ‖ Loc. *Pessoa
de família*, parent, ente.
famili‖ar adj. (fa-yar). Familier,
ère. ‖ Familial, ale (de família).
‖ s. m. Familier. ‖-**aridade** f. (-a-ad).
Familiarité. ‖-**arizar** vt. (-ar).
Familiariser. ‖-**arizar-se** vr. (-ç).
Se familiariser.
faminto, a adj. (famítou, a). Affamé,
ée; famélique. ‖ Désireux, euse;
avide.
famoso, a adj. (famôsou, osa).
Fameux, euse; célèbre, renommé,
ée ; illustre.
fâmulo m. (fâmoulou). Serviteur.
fanal m. (fanà). Fanal.
fanático, a adj. (fana-ou, a). Fanatique.
fanat‖ismo m. (fanatíjmou). Fanatisme. ‖-**izar** vt. (-ar). Fanatiser.
fancaria f. (fãcaría). Lingerie. ‖ Loc.
Obra de fancaria, camelote.
fandango m. (fãdágou). Fandango.
faneca f. (fanèca). Capelan, m. ‖ Loc.
Ao pintar da faneca, à point nommé.
fanhoso, a adj. (fanècou). Morceau.
fanfarr‖ão, ona adj. et s. (fãfarrãou, óna). Fanfaron, onne. ‖-**ear** vi.

(-yar). Faire* des fanfaronnades. ||-ice, -onada, -onice f. (-iç, -ounada, -ìç). Fanfaronnade, vanterie.
fanhoso, a adj. (fagnôsou, osa). Nasillard, arde; qui nasille.
fani||co m. (fanicou). Miette, f., éclat. ||-Altura (f.) de nerfs. ||Loc. Fazer em fanicos, mettre* en pièces.
fantas||ia f. (fãtasía). Fantaisie. ||-iar vt. (-yar). Imaginer. ||Faire* de la fantaisie. ||-ioso, a adj. (-yósou, osa). Fantasque. ||-ista adj. et s. (-ìchta). Fantaisiste.
fantasm||a m. (fãtájma). Fantôme, phantasme. ||-agoria f. (-aj-ouría). Fantasmagorie. ||-agórico, a adj. (-o-ou, a). Fantasmagorique.
fantástico, a adj. (fãtùch-ou, a). Fantastique. ||Fam. Incroyable.
fantoche m. (fãto-). Marionnette, f.
faqu||eiro m. (fakéyrou). Étui à couteaux. ||-ista m. (-ìchta). Apache.
fard||a f. (farda). Uniforme, m. ||-ado, a adj. (fardadou, a). En uniforme. ||-amento m. (-amêtou). Uniforme, m. ||-ar vt. (-ar). Habiller d'uniforme. ||-ar-se vr. (-ç). Mettre* l'uniforme.
farejar vt. (farejar). Flairer.
farel||o m. (farêlou). Son (de la farine). ||-ório m. (-oryou). Babioles, f. pl., bagatelles, f. pl.
farfalh||ada f. (farfalada). Tapage, m. (barulho). ||-ão (-ãou). Hâbleur, euse. ||-ar vi. (-ar). Faire* du bruit. ||Hâbler (gabar-se). ||-eira f. (-ôyra). Bruit, m. (barulho). ||Fam. Râle, m. (respiração).
farinåceo, a adj. (far-acyou, a). Farinacé, ée. ||s. m. Farinacé.
faringe f. (farìj). Pharynx, m. ||-ite f. (-ít). Pharyngite.
farinh||a f. (farìgna). Farine. ||Loc. Farinha de pau, cassave. ||-ento, a adj. (-êtou, a). Farineux, euse.
faris||aico, a adj. (far-aycou, a). Pharisaïque. ||-eu, a (-éou). Pharisien.
farm||acêutico, a adj. (farmacéou-ou, a). Pharmaceutique. ||s. m. et f. Pharmacien, enne. ||-ácia (-acya). Pharmacie. ||-acologia f. (-acoulou-jía). Pharmacologie.
farnel m. (farnêl). Goûter; paquet de provisions.
faro m. (farou). Flair.

faróf||ias f. pl. (farofyach). Œufs (m.) à la neige. ||Fam. Babioles.
farol|| m. (farol). Phare. ||Fanal [navio]. ||-eiro m. (-ouléyrou). Gardien de phare. ||-im m. (-ĩ). Pharillon.
farp||a f. (farpa). Banderille. ||Écharde [lasca de madeira]. ||Barbillon, m. [seta, etc.]. ||-ado, a adj. (farpadou, a). Barbelé, ée. ||-ão m. (-ãou). Grande déchirure, f. ||Harpon, croc. ||-ar vt. (-ar). Découper en pointes. ||Déchirer [rasgar]. ||-ear vt. (-yar). Darder. ||-ela f. (-éla). Pop. Vêtement, m.
farra f. (farra). Br. Noce, fête.
farrapo m. (farrapou). Chiffon.
farrear vi. (farryar). Br. Faire* la noce, la fête.
farripas f. pl. (farripach). Pop. Cheveux (m.) rares et courts.
farroupilha m. et f. (farrôpila). Déguenillé, ée; haillonneux, euse. ||Croquant, misérable.
farrusc||a f. (farrouchca). Tache de charbon. ||-o, a adj. (-ou, a). Noirci, ée.
fars||a f. (farsa). Farce. ||-ista m. et f. (farsìchta). Farceur, euse. ||-ola f. (-óla). Goguenarderie. ||m. Goguenard.
fart||a f. (farta). U. dans la loc. à farta, à foison. ||-ar vt. (tartar). Assouvir, rassasier [comida]. ||Ennuyer, dégoûter. ||Loc. A fartar, à n'en pouvoir* plus. ||-ar-se vr. (-ç). Se rassasier. ||Fig. En avoir* assez [estar farto]. ||-o, a adj. (fartou, a). Rassasié, ée. ||Fatigué, ée. ||Abondant, ante. ||Loc. Estar farto de, en avoir* assez; avoir* beau [em vão]. ||-ura f. (-oura). Abondance. ||Satiété.
fascículo m. (fachcícoulou). Livraison, f. (ouvrage).
fascin||ação f. (fachç-açãou). Fascination. ||-ar vt. (-ar). Fasciner.
fase f. (faz). Phase.
fasquia f. (fachkìa). Latte.
fast||idioso, a adj. (fach-yósou, a). Fastidieux, euse. ||-io m. (-íou). Dégoût, manque d'appétit.
fast||o, a adj. et s. m. (fachtou, a). Faste. ||s. m. pl. Fastes. ||-(u)oso, a adj. (facht(ou)ôsou, a). Fastueux, euse.

Lettres penchées : accent tonique. || V. page verte pour la prononciation figurée. ||* Verbe irrég. V. à la fin du volume.

fatal|| adj. (fatàl). Fatal, ale. ||**-idade** f. (-a-*ad*). Fatalité. ||**-ista** adj. et s. (-íchta). Fataliste. ||**-mente** adv. (-à-ét). Fatalement, inévitablement.
fateixa f. (fatáycha). Grappin, m.
fatia f. (fatía). Tranche. || Tartine.
fatídico, a adj. (fatí-ou, a). Fatidique.
fatig||**ante** adj. (fa-ãt). Fatigant, ante. ||**-ar** vt. (-*ar*). Fatiguer. || Harceler.
fat||**lota** f. (fatyota). Vêtement, m. ||**-o** m. (fatou). Habit, complet.
fátuo, a adj. (fatouou, a). Fat. [*Observ.* Não tem f.] || Loc. *Fogo-fátuo,* feu follet.
fauce f. (faouç). Gueule; ouverture.
faúlha f. (faoula). Étincelle.
faulhento, a adj. (faoulétou, a). Qui jette des étincelles.
faun||**a** f. (faouna). Faune. ||**-o** m. (-ou). Faune (divinité).
faust||**o, a** adj. (faouchtou, a). Heureux, *euse*. ||S. m. Faste. ||**-(u)oso, a** adj. (-(ou)ósou, osa). Fastueux, *euse*.
fautor m. (faoutôr). Fauteur.
fava f. (fava). Fève. || Loc. *Favas contadas,* ça ne saurait manquer. *Mandar à fava,* envoyer* promener, paître. *Vá à fava,* allez vous promener.
favo m. (favou). Rayon de miel.
favor|| m. (favôr). Faveur, f. || Loc. *A favor de,* en faveur de. *Com o favor de,* à la faveur de. *Falar a favor,* parler pour. *Fazer o favor de,* avoir* la bonté de. *Por favor!* de grâce! *Se faz favor,* s'il vous plaît. ||**-ável** adj. (-ouravèl). Favorable. ||**-ecer** vt. (-ecér). Favoriser. || Flatter (portrait) [retrato]. ||**-ecer-se** vr. (-ç). S'aider. ||**-itismo** m. (-ijmou). Favoritisme. ||**-ito, a** adj. et s. (-ítou, a). Favori, *ite*.
faxina f. (fachína). Mil. Corvée : *estar de faxina,* être* de corvée.
fazedor, a m. et f. (fazedôr, a). Faiseur, *euse*.
fazend||**a** f. (fazénda). Ferme (quinta). || Fortune. || Drap, m. [pano]. || Comm. Marchandises, pl. || Loc. *A fazenda pública,* les finances publiques, pl. ||**-eiro** m. (-áyrou). Fermier, cultivateur, métayer.
fazer||* vt. (fazér). Faire. || Rendre [justiça]. || Croire* [julgar]. || Donner [conferência]. || *Faire** semblant [fingir]. || Loc. *Dar que fazer,* donner du fil à retordre. *Fazer as vezes de,* tenir* lieu de. *Fazer a vista grossa, faire** semblant de ne pas voir. *Fazer das tripas coração, faire** contre mauvaise fortune bon cœur. *Fazer de conta,* supposer. *Fazer de sábio, etc., faire** le savant, etc. *Fazer em pedaços,* mettre* en pièces. *Fazer frente,* tenir* tête. *Fazer gosto em,* se complaire* à. *Fazer ouvidos de mercador, faire** la sourde oreille. *Fazer por, faire** ses efforts pour, faire* en sorte de. *Fazer tenção,* avoir* l'intention. *Fazer uma saúde,* porter une santé. *Mandar fazer, faire** faire. ||**-se** vr. (-ç). Se faire*. || Devenir* [tornar-se]. || *Faire** le [fingir-se]. || Loc. *Fazer-se ao largo,* prendre* le large. *Fazer-se à vela,* mettre* à la voile. *Fazer-se ver,* se montrer.
faz-tudo m. (fachtoudou). Auguste (clown). || Factotum.
fé f. (fè). Foi. || Loc. *À falsa fé,* perfidement. *À fé de homem de bem,* foi d'honnête homme. *Dar fé a, croire**. *De boa (má) fé,* de bonne (mauvaise) foi. *Estar na fé de que,* supposer que. *Por minha fé!* ma foi!
fealdade f. (fyà-*ad*). Laideur.
febra f. (fébra). Maigre, m. (chair). || *Fig.* Énergie, force, courage, m.
febr||**e** f. (fèbr). Fièvre. ||**-ifugo** m. (-e-ifougou). Fébrifuge. ||**-il** adj. (-íl). Fébrile. ||**-ilidade** f. (-*ad*). Fébrilité, état (m.) fébrile.
fecal adj. (fecàl). Fécal, *ale*.
fech||**adura** f. (fe-adoura). Serrure. ||**-amento** m. (-étou). Claveau [abóbada]. ||**-ar** vt. (-*ar*). Fermer, clore*. ||vi. Se fermer. ||**-ar-se** vr. (-ç). Se taire* [calar-se]. ||**-aria** f. (-aría). Batterie (d'armes à feu). ||**-o** m. (fâyou). Fermeture, f. || Loquet [porta]. || Fermoir [livro].
fécula f. (fecoula). Fécule.
feculento, a adj. (fecoulétou, a). Féculent, *ente*.
fecund||**ação** f. (fecúdaçáou). Fécondation. ||**-ar** vt. (-*ar*). Féconder. ||**-idade** f. (-*ad*). Fécondité. ||**-o, a** adj. (-*údou*, a). Fécond, *onde*; fertile.

Itálico : acento tónico. ||V. página verde para a prenúncia figurada. ||*Verbo irreg. V. no final do livro.

fed∥elho m. (fedáylou). Marmot. ∥**-entina** f. (-ĕtína). Mauvaise odeur. ∥**-er** vi. (-ér). Puer. ∥*Fig*. Ennuyer.
feder∥ação f. (federaçãou). Fédération. ∥**-al** adj. (-ál). Fédéral, ale. ∥**-alismo** m. (-alísmou). Fédéralisme. ∥**-ar** vt. (-ár). Fédérer.
fedor∥ m. (fedôr). Puanteur, f. ∥**-ento, a** adj. (-étou, a). Puant, ante ; fétide.
feérico, a adj. (fyèr-ou, a). Féerique.
feição f. (fàyçãou). Façon, forme. ∥Caractère, m. ∥Loc. *A feição de*, au gré de. *De feição*, de bonne humeur ; favorable. ∥pl. Traits, m. (visage).
feij∥ão m. (fàyjãou). Haricot. ∥**-oal** m. (-oál). Champ de haricots.
fei∥o, a adj. (fâyou, a). Laid, aide. ∥**-ote, a** adj. (-yót, a). Assez laid, aide.
feira f. (fâyra). Foire, marché, m.
feita f. (fâyta). Fois : *desta feita*, cette fois-ci, pour le coup.
feiti∥çaria f. (fây-aría). Sorcellerie. ∥**-ceiro, a** m. et f. (-âyrou, a). Sorcier, ère. ∥Séducteur, trice. ∥**-ço** m. (-íçou). Sortilège, enchantement. ∥Fétiche [objecto].
feit∥io m. (fâytíou). Façon, f. ∥Humeur, f., caractère. ∥Loc. *Do feitio de*, en forme de. *Perder o tempo e o feitio*, travailler pour le roi de Prusse. ∥**-o, a** adj. m. et s. (fâytou, a). Fait, aite. ∥Loc. *Andar feito com*, être* de connivence avec. *De feito*, de fait. *Dito e feito*, aussitôt dit, aussitôt fait. *Que é feito de...?* qu'est devenu...? ∥**-or** m. (-ôr). Intendant. ∥Factorerie. ∥**-oria** f. (-ouría). ∥**-ura** f. (-oura). Exécution. ∥Ouvrage, m., travail, m.
feixe m. (fâych). Faisceau. ∥Fagot [lenha]. ∥Botte, f. [palha]. ∥Gerbe, f. [trigo].
fel m. (fèl). Fiel.
felici∥dade f. (fe-ad). Bonheur, m. ∥Loc. *Felicidades!* bonne chance ! *Por felicidade*, par bonheur. ∥**-tação** f. (-açãou). Félicitation, f. ∥**-tar** vt. (-ár). Féliciter, complimenter.
felino, a adj. et s. m. (felínou, a). Félin, ine.
Felisberto, a n. pr. (felijbèrtou, a). Philibert, erte.
Félix n. pr. (fèlich). Félix.
feliz∥ adj. (felích). Heureux, euse. ∥**-ão** ou **-ardo** m. (-zãou, ardou). Chançard, veinard. ∥**-mente** adv. (-jmét). Heureusement, par bonheur.
felonia f. (felouní́a). Félonie.
felp∥a f. (fè-a). Peluche. ∥Velu, m. [planta]. ∥**-udo, a** adj. (-oudou, a). Peluché, ée ; velu, ue.
feltro m. (fé-rou). Feutre.
fêmea f. (fémya). Femelle.
femeeiro adj. et s. m. (femyâyrou). Juponnier (pop.), coureur de femmes.
femin∥idade f. (fe-ad). Féminité. ∥**-il** adj. (-íl). Féminin, ine. ∥**-ino, a** adj. (-ínou, a). Féminin, ine. ∥**-ismo** m. (-íjmou). Féminisme. ∥**-ista** adj. et s. (-íchta). Féministe.
fémur m. (fêmour). Fémur.
fend∥a f. (féda). Fente, crevasse. ∥**-er** vt. (-ér). Fendre. ∥**-er-se** vr. (-ç). Se fendre, s'entrouvrir*.
fenecer vi. (fenecér). Finir ; mourir*.
Fenícia n. pr. (fenícya). Phénicie.
fenício, a adj. et s. (fenícyou, a). Phénicien, enne.
feno m. (fénou). Foin.
fenol m. (fenól). Phénol.
fenomenal adj. (fenouménàl). Phénoménal, ale.
fenómeno m. (fenómenou). Phénomène.
fera f. (fèra). Bête féroce, fauve.
feraz adj. (feràch). Fertile.
féretro m. (fèrétrou). Cercueil.
féria f. (fèrya). Paye (des ouvriers) [salário]. ∥pl. Vacances.
feriado adj. (feryàdou). Férié. ∥s. m. Congé, jour férié.
feri∥da f. (frída). Blessure, plaie. ∥**-mento** m. (-étou). Blessure, f., coup, m.
ferino, a adj. (ferínou, a). Féroce.
ferir* vt. (ferír). Blesser. ∥Battre*, frapper. ∥Punir, châtier [castigar].
ferment∥ação f. (fermétaçãou). Fermentation. ∥**-ar** vt. et vi. (-ár). Fermenter. ∥**-o** m. (-étou). Ferment, levain.
fer∥o, a adj. (fèrou, a). Féroce. ∥Sauvage. ∥**-cidade** f. (ferou-ad). Férocité. ∥**-z** adj. (-och). Féroce, sauvage.
ferrabrás m. (ferrabràch). Fier-à-bras.
ferra∥dela f. (ferradèla). Morsure.

Lettres penchées : accent tonique. ∥V. page verte pour la prononciation figurée. ∥* Verbe irrég. V. à la fin du volume.

‖**-dor** m. (-ôr). Maréchal ferrant. ‖**-dura** f. (-oura). Fer (m.) à cheval. ‖**-geiro** m. (-jâyrou). Ferronnier. ‖**-gem** f. (-jáy). Ferrure. ‖pl. Ferrements, m. ‖Loc. *Loja de ferragens*, ferronnerie. ‖**-gista** m. (-íchta). Ferronnier. ‖**-jaria** f. (-aría). Ferronnerie. ‖**-menta** f. (-êta). Outil, m. ‖Outillage, m. [colecção].

ferr‖ão m. (ferrãou). Dard (insectes). ‖**-ar** vt. (-ar). Ferrer. ‖Ferler [velas]. ‖Appliquer (coup, soufflet). ‖Jouer (un tour) [partida]. ‖vi. Mordre. ‖Se mettre* à. ‖Loc. *Ferrar a unha*, vendre trop cher. *Ferrar com*, jeter. *Ferrar um calote*, faire* un pouf. ‖**-aria** f. (-aría). Ferronnerie. ‖**-eiro** m. (-âyrou). Forgeron. ‖**-enho, a** adj. (-âygnou, a). *Fig.* Intransigeant, ante. ‖Entêté, ée. [teimoso]. ‖Despotique, dur, ure.

férreo, a adj. (fèrryou, a). Ferré, ée. ‖De fer. ‖Ferrugineux, euse.

ferret‖e m. (ferrét). Fer à marquer. ‖*Fig.* Stigmate. ‖Loc. *Azul ferrete*, bleu foncé. ‖**-ear** vt. (-etyar). Marquer avec un fer. ‖**-oar** vt. (-ouar). Aiguillonner. ‖Réprimander, savonner.

férrico, a adj. (fèrr-ou, a) Ferrique.

ferro m. (fèrrou). Fer. ‖Ancre, f. ‖*Pop.* Dépit. ‖Loc. *Ferro de engomar*, fer à repasser. *Ferro fundido*, fonte, f. *Malhar em ferro frio*, savonner un nègre. *Levantar ferro*, lever l'ancre. *Pôr a ferro e fogo*, mettre* à fer et à sang.

ferro‖ada f. (ferrouada). Piqûre. ‖**-lho** m. (-ólou). Verrou. ‖**-velho** m. (fèrrouvélou). Brocanteur, chineur; marchand de ferraille.

ferrov‖ia f. (fèrrouvía). Chemin (m.) de fer. ‖**-iário, a** adj. (-yaryou, a). Ferroviaire. ‖s. m. Cheminot (fam.).

ferrug‖em f. (ferroujây). Rouille. ‖Nielle [doença]. ‖**-ento, a** adj. (-étou, a). Rouillé, ée. ‖**-íneo, a** adj. (-ínyou, a). Qui est couleur de rouille. ‖**-inoso, a** adj. (-ôsou, osa). Ferrugineux, euse.

fértil adj. (fèr-). Fertile.

fertili‖dade f. (fer-dd). Fertilité. ‖**-zar** vt. (-ar). Fertiliser.

férula f. (fèroula). Férule.

ferv‖edoiro ou **-edouro** m. (fervedôyrou, -ôr-). Bouillonnement. ‖**-ente** adj. (-êt). Bouillant, ante. ‖**-er** vt. (-êr). Faire* bouillir. ‖vi. Bouillir*. ‖Bouillonner [em borbotões]. ‖Loc. *Ferver em pouca água*, s'emporter facilement.

férvido, a adj. (fèr-ou, a). Ardent, ente; brûlant, ante. ‖Violent, ente; impétueux, euse.

ferv‖ilhar vi. (fer-lar). Bouillir* sans cesse. ‖Grouiller [mexer-se]. ‖**-or** m. (-ôr). *Fig.* Ferveur, f. ‖**-oroso, a** adj. (-ourôsou, osa). Fervent, ente. ‖**-ura** f. (-oura). Bouillonnement, m., ébullition. ‖Loc. *Deitar água na fervura*, apaiser la colère.

festa f. (fèch:a). Fête. ‖pl. Caresses. ‖Loc. *Dar as boas-festas*, souhaiter la bonne année. *Fazer festas*, caresser, flatter, faire* des caresses.

fest‖ança f. (fechtâça). Partie de plaisir. ‖**-ão** m. (-ãou). Feston. ‖**-arola** f. (-arola). *Fam.* Partie de plaisir. ‖**-ejar** vt. (-ejar). Fêter. ‖**-ejo** m. (-êyjou). Fête, f. ‖**-im** m. (-í). Festin. ‖**-ival** m. (-àl). Festival. ‖**-ividade** f. (-idd). Festivité. ‖**-ivo, a** adj. (-ívou, a). De fête. ‖Gai, aie [alegre].

festo m. (féchtou). Laise ou laize, f.

fetidez f. (fə-éch). Fétidité.

fétido, a adj. (fè-ou, a). Fétide.

feto m. (fètou). Fœtus. ‖*Bot.* Fougère, f.

feud‖al adj. (féoudàl). Féodal, ale. ‖**-alismo** m. (-alíjmou). Féodalité, f. ‖**-o** m. (féoudou). Fief.

fêvera f. (fêvera). V. FEBRA.

fevereiro m. (fəverâyrou). Février.

fez m. (féch). Fez (calotte turque).

fezes f. pl. (fèzech). Fèces. ‖Scorie, sing. (des métaux) [metais].

fia‖ção f. (fyaçãou). Filage. ‖Loc. *Fábrica de fiação*, filature. ‖**-da** f. (tyada). File. ‖Assise [pedras]. ‖**-deira** f. (-adâyra). Machine à filer. ‖**-dilho** m. (-ílou). Bourre (f.) de soie. ‖**-do, a** adj. (fyadou, a). Filé, ée. ‖A crédit. ‖Loc. *Fiado em*, croyant. ‖**-dor** m. (-adôr). Garant, répondant, caution, f. ‖Arrêt (fusil) [espingarda].

fiambre m. (fyâbr). Viandes froides.

fiança f. (tyâça). Caution : *prestar fiança*, donner, fournir caution.

Itálico : acento tónico. ‖V. página verde para a pronúncia figurada. ‖*Verbo irreg. V. no final do livro.

fiandeiro, a m. et f. (fyãdᴀyrou,‧ a). Fileur, euse.
fiapo m. (fyapou). Filet, petit fil.
fiar‖ vt. (fyar). Filer. ‖Confier. ‖Vendre à crédit. ‖vi. et --se vr. (-ç). Se fier, mettre* sa confiance en.
fiasco m. (fyachcou). Fiasco : *fazer fiasco*, faire* fiasco.
fibr‖a f. (fibra). Fibre. ‖-**ina** f. (-ína). Fibrine. ‖-**ino, a** adj. (-ínou, a). Fibrineux, euse. ‖-**ocimento** m. (-o-étou). Fibro-ciment. ‖-**oso, a** adj. (-ósou, osa). Fibreux, euse.
ficar‖ vi. (-ar). Rester, demeurer. ‖Être* [contente, etc.]. ‖Loger [hôtel, etc.]. ‖Aller* [vêtement] [fato]. ‖Loc. *Ficar bem, mal* (*num exame*), réussir, échouer (à un examen). *Ficar com*, garder; prendre. *Ficar órfão*, devenir* orphelin. *Ficar por*, revenir* à, coûter [preço]; cautionner, répondre de [fiador]. *Ficar sem*, perdre. ‖ --**se** vr. (-ç). Rester, demeurer. ‖S'arrêter; se taire [calar-se]. ‖Loc. *Fique-se com Deus*, que Dieu vous garde. *Fique-se com esta*, n'oubliez pas ce que je vous dis, prenez garde.
ficção f. (-icçãou). Fiction.
fich‖a f. (fí-a). Fiche. ‖-**ar** vt. (-ar). Br. Enregistrer. ‖-**ário** m. (-aryou). Br. V. **PICHEIRO**. ‖-**eiro** m. (-ᴀyrou). Fichier.
fictício, a adj. (-icyou, a). Fictif, ive; feint, einte; simulé, ée.
fidalg‖a f. (-â-a). Femme noble. ‖-**o** m. (-ou). Noble, gentilhomme. ‖-**o, a** adj. (-ou, a). Noble. ‖-**ote** m. (-ót). Nobléau. ‖-**uia** f. (-ghía). Noblesse. ‖-**uice** f. (-íç). Jactance, vanterie.
fide‖digno, a adj. (-edighnou, a). Digne de foi. ‖-**lidade** f. (-ad). Fidélité. ‖-**líssimo, a** adj. (-í-ou, a). Très fidèle.
fidúcia f. (-oucya). Confiance.
fieira f. (fyâyra). Filière, fil, enfilade. ‖Ficelle [cordel]. ‖Loc. *Passar pela fieira*, passer à la filière.
fiel adj. (fyèl). Fidèle. ‖s. m. Fidèle. ‖Magasinier [de armazém]. ‖Fléau [balança].
fifó m. (-o). Br. Lampe (f.) en fer-blanc.
figa f. (fíga). Sorte d'amulette. ‖Loc. *Fazer figas a*, faire* la figue à.

figadal adj. (-adàl). Hépatique. ‖*Fig.* Profond, onde; mortel, elle (*haine*) [ódio].
figado m. (fígadou). Foie. ‖Loc. *Maus fígados*, mauvais cœur, sing.
figo m. (fígou). Figue, f. ‖Loc. *Chamar um figo*, trouver exquis.
figueira f. (-gâyra). Figuier, m.
figur‖a f. (-oura). Figure, gravure, image. ‖Loc. *Fraca* (ou *má*) *figura*, piètre figure. ‖-**ação** f. (-ãou). Figuration. ‖-**adamente** adv. (-adamét). Figurément. ‖-**ado, a** adj. (-adou, a). Figuré, ée. ‖-**ante** m. et f. (-ãt). Figurant, ante. ‖-**ão** m. (-ãou). *Fam.* Gros bonnet. ‖Drôle [marau]. ‖Loc. *Fazer um figurão*, faire* bonne figure. ‖-**ar** vt. et vi. (-ar). Figurer. ‖-**ar-se** vr. (-ç). Se figurer. ‖-**ativo, a** adj. (-atívou, a). Figuratif, ive. ‖-**ino** m. (-ínou). Journal de modes. ‖Modèle.
fila f. (fíla). File. ‖Loc. *Cão de fila*, dogue, mâtin. *Em fila*, à la file.
fil‖aça f. (-aça). Filasse. ‖-**amento** m. (-amétou). Filament. ‖-**amentoso, a** adj. (-ósou, osa). Filamenteux, euse. ‖-**andras** f. pl. (-ãdrach). Filandres.
filantr‖opia f. (-àtroupía). Philanthropie. ‖-**ópico, a** adj. (-o-ou, a). Philanthropique. ‖-**opo** m. (-ópou). Philanthrope.
filão m. (-ãou). Filon.
filar vt. (-ar). Saisir; capturer.
filarmónic‖a f. (-armo-a). Société philharmonique. ‖-**o, a** adj. (-ou, a). Philharmonique.
filat‖elia f. (-atelía). Philatélie. ‖-**élico, a** adj. (-è-ou, a). Philatélique. ‖-**elista** m. et f. (-elichta). Philatéliste.
fil‖é m. (-è). Filet (tissu). ‖-**eira** f. (-âyra). File. ‖Loc. *Pau de fileira*, faîtage, m. ‖-**ete** m. (-ét). Filet.
filh‖a f. (fílha). Fille. ‖-**ão** m. (-ãou). Br. Grand enfant. ‖-**arada** f. (-arada). Quantité d'enfants. ‖-**o** m. (fílou). Fils [rapaz]; enfant. ‖pl. Enfants; fils [rapazes].
filhó f. (-lo). Beignet, m.
filhote m. (-ot). Br. Petit (d'animal).
fili‖ação f. (-yaçãou). Filiation. ‖Affiliation [corporação, etc.]. ‖-**al** adj. (-yàl). Filial, ale. ‖s. f. Filiale. ‖-**ar** vt. (-yar). Affilier [socie-

Lettres penchées : accent tonique. ‖V. page verte pour la prononciation figurée. ‖* Verbe irrég. V. à la fin du volume.

dade]. ‖*Faire** dériver. ‖**-ar-se** vr. (-ç). S'affilier, s'enrôler. ‖Dériver, procéder, venir*.
fil‖iforme adj. (-orm). Filiforme. ‖**-grana** f. (-râna). Filigrane, m.
Filipe n. pr. (felíp). Philippe.
Filipinas n. pr. (-ínach). Philippines.
filisteu m. (-chtéou). Philistin.
film‖agem f. (-ajây). Prise de vue. ‖**-ar** vt. (-ar). Filmer. ‖**-e** m. (fí-). Film : *filme falado* (*falante*, Br.), film parlant.
filó m. (-o). Sorte de tulle.
filol‖ogia f. (-ouloujía). Philologie. ‖**-ógico, a** adj. (-o-ou, a). Philologique.
filólogo m. (-olougou). Philologue.
filo‖sofal adj. f. (-ousoufàl). Philosophale [pedra]. ‖**-sofar** vi. (-ar). Philosopher. ‖**-sofia** f. (-ía). Philosophie. ‖**-sófico, a** adj. (-o-ou, a). Philosophique.
filósofo m. (-osoufou). Philosophe.
filoxera f. (-okcèra). Phylloxéra, m.
filtr‖ação f. (-raçãou). Filtration. ‖**-ar** vt. (-ar). Filtrer. ‖**-ar-se** vr. (-ç). S'enfiltrer. ‖**-o** m. (fí-ou). Filtre.
fim m. (fi). Fin, f. ‖Bout [extremo]. ‖But, intention, f. ‖Loc. *A fim de*, afin de. *Ao fim de*, au bout de. *Com o fim de*, dans le but de. *Para este fim*, à cette fin. *Por fim*, à la fin.
fimbria f. (fíbrya). Bord, m.
fin‖ação f. (-áça). Finance. ‖**-ceiro, a** adj. et s. m. (-âyrou, a). Financier, ère. ‖**-ciamento** m. (-amêtou). Mise (f.) de fonds. ‖**-ciar** vt. (-yar). Financer.
finar-se vr. (-arç). Se consumer. ‖Mourir*, décéder [falecer].
finc‖a f. (fíca). Étai, m. ‖**-a-pé** m. (-è). Fig. Point d'appui. ‖Loc. *Fazer finca-pé*, insister. ‖**-ar** vt. (-ar). Mettre*, appuyer. ‖**-ar-se** vr.
(-ç). Tenir* ferme. ‖S'obstiner, insister.
find‖ar vt. (fidar). Finir, achever. ‖vi. Prendre* fin. ‖**-ável** adj. (-avèl). Qui aura une fin. ‖**-o, a** adj. (fídou, a). Fini, ie; achevé, ée ; terminé, ée.
fineza f. (-éza). Finesse. ‖Faveur. ‖Loc. *Fazer a fineza*, avoir* la bonté.
fing‖ido, a adj. (fijídou, a). Feint, einte. ‖Dissimulé, ée. ‖Artificiel, elle. ‖**-imento** m. (-êtou). Feinte, f. ‖**-ir** vt. (-ír). Feindre*, faire* semblant. ‖Imiter ‖vi. Feindre*. ‖**-ir-se** vr. (-ç). Feindre* d'être*, faire* le...
finito, a adj. (-ítou, a). Fini, ie.
finlandês, esa adj. et s. (filãdéch, ésa). Finlandais, aise.
Finlândia n. pr. (filãdya). Finlande.
fin‖o, a adj. (fínou, a). Fin, ine. ‖Mince [delgado]. Malin, igne ; rusé, ée [esperto]. ‖Intelligent, ente. ‖Loc. *À fina força*, obstinément. *Beber do fino*, être* bien renseigné. *Gente fina*, des gens (m. pl.) très bien. ‖**-ório, a** adj. et s. (-oryou, a). Finaud, aude ; malin, igne.
fint‖a f. (fíta). Contribution. ‖**-ar** vt. (-ar). Imposer (contribution). ‖**-ar-se** vr. (-ç). Se cotiser.
finura f. (-oura). Finesse. ‖Politesse.
fio m. (tíou). Fil. ‖Filet (d'eau, de voix) [água, voz]. ‖Loc. *A fio*, de suite. *De fio a pavio*, d'un bout à l'autre. *Estar num fio* (roupa), montrer la corde (drap). *Estar por um fio*, ne tenir* qu'à un fil. *Fio de prumo*, fil à plomb.
firm‖a f. (fírma). Signature. ‖*Comm*. Firme. ‖**-amento** m. (-êtou). Firmament. ‖**-ar** vt. (-ar). Affermir. ‖Signer [assinar]. Mettre*, fonder. ‖**-ar-se** vr. (-ç). S'affermir. ‖S'appuyer (sur). ‖**-e** adj. (fírm). Ferme. ‖Loc. *A pé firme*, de pied ferme. *Manter-se firme*, tenir* ferme. ‖**-eza** f. (-éza). Fermeté.
Firmino n. pr (-rmínou). Firmin.
fiscal adj. (-cdàl). Fiscal, ale. ‖Loc. *Conselho fiscal*, conseil de surveillance. ‖s. m. Douanier [alfândega]. ‖Contrôleur, surveillant. ‖**-ização** f. (-a-açãou). Contrôle, m. ‖**-izador, a**

Itálico : acento tónico. ‖V. página verde para a pronúncia figurada. ‖*Verbo irreg. V. no final do livro.

FIS — FLO

adj. et s. (-ôr, a). Contrôleur, euse. ‖**-izar** vt. (-ar). Contrôler, vérifier; surveiller.
fisco m. (fíchcou). Fisc.
fisg‖a f. (fíjga). Fente [fresta]. ‖Fronde, lance-pierres, m. ‖**-ar** vt. (-ar). Harponner [peixe]. ‖Saisir [apanhar].
físic‖a f. (fí-a). Physique. ‖**-o, a** adj. (-ou, a). Physique. ‖s. m. Physicien.
fisio‖logia f. (-oulojía). Physiologie. ‖**-logista** m. (-íchta). Physiologiste. ‖**-nomia** f. (-oumía). Physionomie.
fissura f. (-oura). Fissure.
fístula f. (fíchtoula). Fistule.
fit‖a f. (fíta). Ruban, m. ‖Loc. *Fita (cinematográfica)*, film, m. *Fita métrica*, mètre (m.) en ruban. ‖**-ar** vt. (-ar). Fixer, regarder fixement. ‖Dresser (les oreilles). ‖**-eiro, a** m. et f. (-áyrou, a). Rubanier, ère. ‖**-ilho** m. (-ílou). Ruban étroit. ‖**-inha** f. (-ígna). V. FITILHO. ‖*Fam.* Décoration (signe).
fito m. (fítou). But. ‖Petit palet [jogo]. ‖adj. Dressé, ée (oreille).
fivela f. (-éla). Boucle.
fixa f. (fíkça). Fiche: *fixa de agrimensor*, fiche d'arpenteur.
fix‖ação f. (-kçaçãou). Fixation. ‖**-ador** m. (-ôr). Fixateur. ‖**-ar** vt. (-ar). Fixer. ‖Retenir* [data, etc.]. ‖Ficher [espetar]. ‖Regarder fixement [alguém]. ‖**-ar-se** vr. (-ç). Se fixer. ‖**-ativo, a** adj. et s. m. (-atívou, a). Fixatif, ive. ‖**-e m.** (fíkç). Châssis, cadre (d'auto, etc.). ‖interj. Entendu! ‖adj. *Pop.* Digne de confiance. ‖**-idez** f. (-kç-éch). Fixité. ‖**-o, a** adj. (fi-ou, a). Fixe. ‖*Invariable*.
flácido, a adj. (-a-ou, a). Flasque.
flagel‖ar vt. (-ajelar). Flageller. ‖**-o** m. (-élou). Fléau. Fouet.
flagrante adj. (-agrát). Flagrant, ante. ‖Loc. *Em flagrante*, en flagrant délit.
flam‖a f. (-áma). Flamme. ‖**-ejante** adj. (-mját). Flamboyant, ante. ‖**-ejar** vi. (-ar). Flamboyer; briller.
flamengo, a adj. et s. (-amêgou, a). Flamand, ande.
flâmula f. (-âmoula). Flammette.
flanco m. (-ácou). Flanc.

Flandres n. pr. (-ádrech). Flandre.
flanela f. (-anéla). Flanelle.
flanquear vt. (-ákyar). Flanquer.
flato m. (-átou). Flatuosité, f. *Pop.* Défaillance, évanouissement.
flatul‖ência f. (-atoulêçya). Flatulence. ‖**-ento, a** adj. (-êtou, a). Flatulent, ente. ‖**-oso, a** adj. (-ôsou, osa). Sujet, ette à la flatulence.
flaut‖a f. (-aouta). Flûte. ‖Loc. *Flauta pastoril*, chalumeau, m. ‖**-ar** vi. (-ar). *Fig.* Parler avec affectation. ‖**-ear** vi. (-yar). Flûter. ‖*Br.* Railler. ‖**-im** m. (-ĩ). Petite flûte, f. ‖**-ista** m. et f. (-íchta). Flûtiste.
Flávio n. pr. (-ávyou). Flavius.
flebite f. (-ebít). Phlébite.
flecha f. (-è-a). Flèche.
fle‖ima ou **-uma** f. (-áyma, -éou-). Flegme, m. ‖**-umático, a** adj. (-a-ou, a). Flegmatique.
flex‖ão f. (-èkçãou). Flexion. ‖**-ível** adj. (-ívèl). Flexible.
floc‖o m. (-ocou). Flocon. ‖**-oso, a** adj. (-oucôsou, osa). Floconneux, euse. ‖**-ular** vi. (-oular). Floculer.
flóculo m. (-ocoulou). Petit flocon.
flor ‖ f. (-ôr). Fleur. ‖Loc. *À flor de água*, à fleur d'eau. *À flor de rosto*, à fleur de tête. *Estar em flor, être** en fleur. ‖**-a** f. (-ora). Flore. ‖**-ação** f. (-ouraçãou). Floraison. ‖**-al adj.** (-ál). Floral, ale. ‖**-ão** m. (-ãou). Fleuron. ‖**-eado, a** adj. (-yádou, a). Fleuri, ie. ‖s. m. Ornement. ‖**-ear** vt. (-yar). Fleurir. ‖Manier bien [pena, etc.]. ‖vi. Fleurir. ‖**-eio** m. (-áyou). Fioriture, f. [estilo]. ‖Maniement adroit (de l'épée). ‖**-eira** f. (-áyra). Bouquetier, m, vase à fleurs, m. ‖Bouquetière [florista].
Florença n. pr. (-ouréça). Florence.
floresc‖ência f. (-ourechcêcya). Fleuraison. f. ‖**-er** vt. (-ér). Fleurir. ‖vi. Fleurir*.
florest‖a f. (-ourèchta). Forêt. ‖**-al** adj. (-e-ál). Forestier, ère.
florete m. (-ourét). Fleuret. ‖**-ista** m. (-etíchta). Escrimeur de fleuret.
floricult‖ura f. (-our-ou-oura). Floriculture. ‖**-or** m. (-ôr). Fleuriste.
Flórida n. pr. (-or-a). Floride.
florido, a ou **florindo, a** adj. (-or-ou, a, -ourí-). Fleuri, ie.
florilégio m. (-ouléjyou). Florilège.

Lettres penchées: accent tonique. ‖V. page verte pour la prononciation figurée. ‖* Verbe irrég. V. à la fin du volume.

florim m. (-ourĩ). Florin (monnaie).
flor∥ir* vt. et vi. (-ourír). Fleurír. ∥**-ista** m. et f. (-íchta). Bouquetière. ∥adj. et s. Fleuriste [flores artificiais].
flotilha f. (-outíla). Flottille.
flu∥ência f. (-ouẽcya). Fluence. ∥**-ente** adj. (-ēt). Coulant, ante. ∥**-idez** f. (-éeh). Fluidité. ∥**-ido, a** adj. et s. m. (-ouydou, a). Fluide. ∥**-ir*** vi. (-ír). Fluer, couler.
fluminense adj. et s. (-ou-ẽç). De Rio de Janeiro.
flúor m. (-ouor). Fluor.
fluor∥escência f. (-ouourechcẽcya). Fluorescence. ∥**-escente** adj. (-ẽt). Fluorescent, ente. ∥**-eto** m. (-étou). Fluorure.
flutu∥ação f. (-outouaçãou). Fluctuation. ∥Loc. *Linha de flutuação*, ligne de flottaison. ∥**-ador** m. (-ôr). Flotteur. ∥**-ante** adj. (-ouát). Flottant, ante. ∥*Méd*. Fluctuant, ante. ∥**-ar** vi. (-ouar). Flotter.
fluvi∥al adj. (-ouvyál). Fluvial, ale. ∥**-ómetro** m. (-yometrou). Fluviomètre.
flux∥ão f. (-oukçãou). Fluxion. ∥**-o** m. (-ou-ou). Flux.
fobia f. (foubía). Phobie (haine).
foca f. (foca). Phoque, m. ∥adj. Avare. ∥s. m. *Br*. Commençant, débutant.
foc∥agem f. (-oucajãy). Centrage m. de l'image. ∥**-al** adj. (-ál). Focal, ale. ∥**-ar** vt. (-ar). Centrer (l'image).
foçar vt. (fouçar). Fouiller (terre).
focinh∥eira f. (-ou-gnãyra). Groin, m. (porc; visage). ∥**-o** m. (-i-ou). Museau. ∥Groin [porco; javali; cara].
foco m. (focou). Foyer (lumineux). ∥Projecteur. ∥Loc. *Pôr em foco*, mettre* en lumière.
fofo, a adj. (fôu-ou, a). Mou, molle; mollet, ette; douillet, ette. ∥s. m. Bouffant.
fog∥aça f. (fougáça). Fouace. ∥**-acho** m. (-á-ou). Feu subit et passager. ∥Bouffée (f.) de colère. ∥**-agem** f. (-ajãy). Échauffaison. ∥**-aleira** f. (-aláyra). Pelle à feu. ∥**-ão** m. (-ãou). Fourneau de cuisine. ∥*de sala*, poêle. ∥**-areiro** m. (-aráyrou). Réchaud. ∥**-aréu** m. (-éou). Feu,

flambeau. ∥**-o** m. (tôgou). Feu. ∥Foyer [lar]. ∥Loc. *A fogo lento, à petit feu. À ferro e fogo*, à feu et à sang. *Arma de fogo*, arme à feu. *Boca de fogo*, bouche à feu. *Dar fogo, faire* feu. ∥**-o-fátuo** m. (-atouou). Feu follet.
fogos∥idade f. (fougou-ad). Fougue. ∥**-o, a** adj. (-ôsou, osa). Fougueux, euse.
fogu∥eira f. (fougãyra). Feu, m., flambée. ∥Bûcher, m. [suplício]. ∥**-eiro** m. (-ou). Chauffeur de locomotive, de bateau. ∥**-etão** m. (-etãou). Fusée, f. ∥**-ete** m. (-ét). Fusée, f. (petite). ∥Loc. *Deitar foguetes*, lancer des fusées. ∥**-eteiro** m. (-etãyrou). Artificier. ∥**-ista** m. (-íchta). *Br*. Chauffeur.
folce f. (fôyç) et dérivés. V. FOUCE, etc.
fojo m. (fôjou). Trappe, f. ∥Ravin.
folar m. (foular). Gâteau de Pâques.
folcl∥ore m. (fo-or). Folklore. ∥**-órico, a** adj. (-o-ou, a). Folklorique.
fole m. (fol). Soufflet. ∥Soufflerie, f. [de harmónic]. ∥Loc. *Gaita de foles*, cornemuse, musette.
fôlego m. (fôlegou). Haleine, f. ∥Loc. *Perder o fôlego*, perdre haleine. *Sem tomar fôlego*, tout d'une haleine.
folg∥a f. (fo-a). Relâche, m. ∥Jeu, m. (d'un piston, etc.) [de gaveta, etc.]. ∥Loc. *Dar folga*, donner du jeu. ∥**-ado, a** adj. (fô-adou, a). Oisif, ive; tranquille. ∥Aisé, ée; large. ∥Gai, aie [alegre]. ∥**-ança** f. (-áça). Réjouissance. ∥**-ar** vt. (-ar). Donner du repos. ∥Élargir [fato]. ∥vi. Se reposer. ∥S'amuser, se divertir. ∥Loc. *Folgo muito*, j'en suis bien aise. ∥**-azão, ona** adj. et s. (-azãou, ôna). Folâtre, badin, ine. ∥**-uedo** m. (-édou). Réjouissance, f.
folh∥a f. (fôla). Feuille. ∥Feuillet, m. (de livre). ∥Lame (d'épée, etc.) [espada]. ∥Panneau, m. (de paravent) [biombo]. ∥Loc. *Folha da charrua*, soc (m.) de la charrue. *Folha de Flandres*, fer-blanc, m. *Novo em folha*, tout neuf. ∥**-ado, a** adj. (fouládou, a). Feuillu, ue. ∥Loc. *Massa folhada*, pâte feuilletée. ∥s. m. Feuilletage. ∥**-agem** f. (-ãy). Feuillage, m. ∥**-ar** vt. (-ar).

Itálico: acento tónico. ∥V. página verde para a pronúncia figurada. ∥*Verbo irreg. V. no final do livro.

FOL — FOR

Feuiller. ‖ Feuilleter (la pâte) [massa]. ‖**-eado, a** adj. (-yadou, a). Garni, ée de feuilles. ‖ s. m. Placage. ‖**-ear** vt. (-yar). Feuilleter. ‖ Plaquer [madeira]. ‖**-eiro, a** adj. (-éyrou, a). Br. du S. Voyant, ante; gentil, ille. ‖**-elho** m. (-áylou). Balle, f. ‖**-ento, a** adj. (-étou, a). Feuillu, ue. ‖**-eta** f. (-éta). Petite lame de métal. ‖**-etear** vt. (-etyar). Monter sur feuilles. ‖ Monter à fond (une pierre) [pedra]. ‖**-etim** m. (-ĩ). Feuilleton. ‖**-etinista** m. et f. (-íchta). Feuilletoniste. ‖**-eto** m. (-étou). Feuillet (bot.). ‖ Brochure, f. ‖**-inha** f. (-ígna) Calendrier, m. ‖**-o** m. (-fólou). Volant de robe. ‖**-oso, a** adj. (-foulôsou, osa). Feuillu, ue. ‖ s. m. Feuillet (estomac).
foll‖a f. (foulía). Folâtrerie, folichonnerie. ‖**-ão, ona** m. et f. (-áou, ôna). Badin, ine. ‖**-ar** vi. (-yar). Rigoler, folichonner, folâtrer.
fólio m. (fólyou). Folio.
fome f. (fom). Faim. ‖ Loc. Estar com fome, ter fome, avoir* faim. Matar a fome, apaiser sa faim.
foment‖ação f. (foumẽtaçáou). Fomentation. ‖**-ador, a** adj. et s. (-ôr, a). Fomentateur, trice. ‖**-ar** vt. (-ar). Fomenter. ‖ Favoriser, faire* développer [dar incremento]. ‖**-o** m. (-étou). Lénitif. ‖ Encouragement, protection, f.
fona f. (fóna). Pop. Tracas, m. Andar numa fona, ne pas avoir* un instant de repos.
fon‖e m. (fon). Br. Téléphone. ‖ pl. Br. Écouteurs, récepteurs. ‖**-endoscópio** m. (founẽdouchcopyou). Phonendoscope. ‖**-ética** f. (-ê-a). Phonétique. ‖**-ético, a** adj. (-ou, a). Phonétique. ‖**-ógrafo** m. (-ógrafou). Phonographe. ‖**-ómetro** m. (-etrou). Phonomètre.
font‖ainha f. (fõtaigna). Petite fontaine. ‖**-anário** m. (-aryou). Bornefontaine, f. ‖**-anela** f. (-éla). Fontanelle. ‖**-e** f. (fõt). Fontaine, f. ‖ Fig. Source. ‖ Tempe [cabeça].
fora‖ adv. (fóra). Dehors, au dehors. ‖ Loc. Andar por fora, être* dehors. Br. Dar um fora, répondre par un non. De fora para dentro, de dehors en dedans. Deitar a fora, jeter, tirer la langue. Lá fora, au dehors. Ter gente de fora, avoir* du monde chez soi. ‖ prép. Hors, hormis. ‖ Loc. Fora de horas, à une heure indue. Fora disso, de plus. ‖ interj. Hors d'ici! à bas! ‖**-gido, a** adj. (fourajídou, a). Fugitif, ive. ‖**-steiro, a** adj. et s. (-chtáyrou, a). Étranger, ère.
forca f. (fôrca). Potence, gibet, m.
força f. (fôrça). Force. ‖ Loc. À força, de força, par force. À força de, à force de. À viva força, de vive force. Na força do, au fort de. Por força, à toute force. Ter força para, avoir* la force de.
forcado m. (fourcádou). Fourche, f.
forç‖ado, a adj. (fourçádou, a). Forcé, ée. ‖ s. m. Forçat. ‖**-amento** m. (-amétou). Action (f.) de forcer. ‖**-ar** vt. (-ar). Forcer. ‖ Violer [mulher].
forcejar vi. (fourcejar). Faire* des efforts, s'efforcer.
fórceps m. (forcèpch). Forceps.
forçoso, a adj. (fourçôsou, osa). Nécessaire, indispensable. ‖ Loc. É forçoso, il faut. É-me forçoso, force m'est de.
for‖leiro, a adj. et s. (fouráyrou, a). Redevancier, ère (p. us.). ‖**-ense** adj. (-ẽç). Du barreau.
forj‖a f. (forja). Forge. ‖ Loc. Estar na forja, être* sur le tapis. Ter na forja, avoir* sur le métier. ‖**-ador** adj. et s. m. (fou-adôr). Forgeur. ‖**-ar** vt. (-ar). Forger.
form‖a f. (fórma). Forme. ‖ Façon, manière. ‖ Loc. Debaixo de forma, en rang. De forma que, de sorte que. De tal forma que, si bien que. Em devida forma, en bonne et due forme. Pró forma, pour la forme.
forma f. (fôrma). Forme, moule, m.
form‖ação f. (fourmaçáou). Formation. ‖**-ado, a** adj. (-adou, a). Licencié, ée. ‖**-al** adj. (-ál). Formel, elle. ‖ s. m. Extrait de partage [heranças]. ‖**-alidade** f. (-a-ád). Formalité. ‖ Loc. Por formalidade, pour la forme. ‖**-alista** adj. et s. (-íchta). Formaliste. ‖**-alizar** vt. (-ar). Revêtir* des formes nécessaires. ‖**-alizar-se** vr. (-ç). Se formaliser. ‖**-almente** adv. (-à-ẽt). Formellement. ‖**-ão** m. (-áou). Fermoir (ciseau). ‖**-ar** vt.

Lettres penchées : accent tonique. ‖ V. page verte pour la prononciation figurée. ‖ * Verbe irrég. V. à la fin du volume.

(-ar). Former. ‖ Mil. Ranger. ‖ vi. Se ranger. ‖-ar-se vr. (-ç). Se former. ‖ Prendre* sa licence (en droit, etc.). ‖-ativo, a adj. (-ativou, a). Formatif, ive. ‖-ato m. (-atou). Format.

formicida m. (four-ida). Préparation (f.) pour tuer les fourmis.

formidável adj. (four-avèl). Formidable, fantastique; épatant, ante (pop.).

formi‖ga f. (fourmíga). Fourmi. ‖-gar vi. (-ar). Fourmiller. ‖-gueiro m. (-gàyrou). Fourmilière, f. ‖-guejar vi. (-ghejar). Fourmiller.

Formosa n. pr. (fourmósa). Formose.

formos‖o, a adj. (fourmôsou, osa). Beau, belle. ‖-ura f. (-ousoura). Beauté.

fórmula f. (formoula). Formule.

formul‖ar vt. (fourmoular). Formuler. ‖-ário m. (-aryou). Formulaire.

forn‖ada f. (fournada). Fournée. ‖-alha f. (-ala). Fournaise, foyer, m.

fornec‖edor m. (fournecedôr). Fournisseur. ‖-er vt. (-ér). Fournir. ‖-imento m. (-ētou). Fourniture, f.

fornicar vt. (fournic-ar). Forniquer.

fornido, a adj. (fournídou, a). Fourni, ie. ‖Loc. Fornido de carnes, charnu.

forn‖ilho m. (fournílou). Petit four. ‖Fourneau (de mine, de pipe). ‖-o m. (fôrnou). Four. ‖Loc. Alto-forno, haut fourneau.

foro m. (fórou). Forum.

foro m. (fôrou). Redevance, f. [renda]. ‖Barreau, justice, f. ‖For, juridiction, f. : foro íntimo, for intérieur.

forqu‖eta f. (fourkéta). Fourche. ‖-ilha f. (-ila). Petite fourche à trois dents.

forrador m. (fourradôr). Celui qui revêt de planches ou d'un doublage.

forrag‖ear vt. et vi. (fourrajyar). Fourrager. ‖-em f. (-ajāy). Fourrage, m. ‖-inoso, a adj. (-ósou, osa). Fourrageux, euse.

forr‖ar vt. (fourrar). Doubler (un vêtement). ‖Plafonner [tecto]. ‖Tendre, tapisser [a papel, a damasco]. ‖-o m. (fô-ou). Doublure, f. [de fato]. ‖Coiffe, f. (de chapeau). ‖Plafond, lambris.

fortal‖ecer vt. (fourtalecér). Fortifier. ‖-ecer-se vr. (-ç). Se fortifier. ‖-ecimento m. (-ētou). Fortifica-

tion, f. ‖-eza f. (-éza). Force. ‖Mil. Forteresse, château fort, m.

fort‖e adj. et s. m. (fort). Fort, orte. ‖adv. Fort. ‖Loc. Jogar forte, jouer gros jeu. ‖-idão f. (four-ãou). Force. ‖-ificação f. (-acãou). Fortification. ‖-ificar vt. (-ar). Fortifier. ‖-im m. (-ĩ). Fortin.

fortu‖ito, a adj. (fourtouytou, a). Fortuit, ite. ‖-una f. (-ouna). Fortune. ‖Loc. Fazer fortuna, faire* fortune. Por fortuna, par bonheur.

fosc‖ar vt. (fouchcar). Dépolir. ‖-o, a adj. (fô-ou, a). Mat, ate; dépoli, ie.

fosfor‖ear vi. (fouchforuyar). Être* phosphorescent. ‖-eira f. (-ảyra). Porte-allumettes, m. ‖-escência f. (-echcēcya). Phosphorescence. ‖-escer vi. (-ér). Briller.

fosfórico, a adj. (fouchfor-ou, a). Phosphorique

fósforo m. (fochfourou). Phosphore. ‖Allumette, f. [de acender]. ‖Loc. Em menos de um fósforo, en un clin d'œil.

foss‖a f. (foça). Fosse. ‖Fossette [covinha no queixo, etc.]. ‖Loc. Fossa abissal, abysse, m. ‖-ado m. (fouçadou). Fossé. ‖Razzia, f. ‖-ar vt. (-ar). Creuser un fossé, entourer d'un fossé.

fóssil adj. et s. m. (fo-). Fossile.

fosso m. (fôçou). Fosse, f. ‖Fort. Fossé.

foto‖cópia f. (fotoucopya). Photocopie. ‖-génico, a adj. (-è-ou, a). Photogénique. ‖-grafar vt. (fou-rafar). Photographier. ‖-grafia f. (-ia). Photographie, photo : tirar uma fotografia, prendre* une photo. ‖-gráfico, a adj. (-a-ou, a). Photographique.

fot‖ógrafo m. (foutografou). Photographe. ‖-ómetro m. (-etrou). Photomètre.

fototipia f. (fotou-ia). Phototypie.

fou‖çada f. (fôçada). Coup (m.) de faucille, de faux. ‖-ar vt. (-ar). Faucher. ‖-ce f. (fôç). Faucille. ‖Faux [da morte, do tempo].

fouveiro, a adj. (fôvảyrou, a). Fauve.

foz f. (foch). Embouchure.

fracalhão, ona adj. et s. (fracalãou, ôna). Personne sans vigueur, faiblard, arde.

Itálico : acento tônico. ‖V. página verde para a pronúncia figurada. ‖*Verbo irreg. V. no final do livro.

fracass‖ar vt. (fracaçar). Fracasser. ‖vi. Échouer. ‖-o m. (-açou). Désastre. ‖ Échec, insuccès, échouement.
frac‖ção f. (fraçãou). Fraction. ‖**-cionar** vt. (-ounar). Fractionner. ‖**-cionário, a** adj. (-aryou, a). Fractionnaire.
frac‖o, a adj. et s. m. (fracou, a). Faible. ‖**-ote, a** adj. (-acot, a) Assez faible.
fractur‖a f. (fratoura). Fracture. ‖**-ar** vt. (-ar). Fracturer, casser.
frad‖alhão m. (fradalãou). Gros moine. ‖**-aria** f. (-ría). Moinaille. ‖**-e** m. (-ad). Moine. ‖ Borne, m. (pierre) [marco]. ‖ Typ. Moine. ‖ Loc. Feijão-frade, haricot prince. Frade leigo, frère lai. ‖**-inho** m. (-ignou). Moinillon. ‖ Vanneau [ave].
fraga f. (fraga). Rocher (m.) escarpé.
fragata f. (fragata). Frégate.
frágil adj. (fra-). Fragile.
fragilidade f. (fra-ad). Fragilité.
fragment‖ação f. (fra-ètaçãou). Fragmentation. ‖**-ar** vt. (-ar). Fragmenter, morceler. ‖**-ário, a** adj. (-aryou, a). Fragmentaire. ‖**-o** m. (-étou). Fragment.
frago m. (fragou). Fiente (f.) de gibier.
fragor‖ m. (fragôr). Bruit. ‖**-oso, a** adj. (-ourôsou, osa). Bruyant, ante.
fragoso, a adj. (fragôsou, osa). Scabreux, euse; impraticable.
fragr‖ância f. (fragrãcya). Parfum, m. ‖**-ante** adj. (-ãt). Odoriférant, ante.
frágua f. (fragoua). Forge. ‖ Fig. Chagrin, m., adversité.
fraid‖a f. (frà-a). Bas (m.) de la chemise. ‖ Couche (de bébé). ‖ Bas, m. (montanha). ‖**-ilha** f. (-íla). Tablier de cuir. ‖**-iqueiro** adj. (-kâyrou). U. dans la loc. cão fraldiqueiro, chien de manchon. ‖**-oso, a** adj. (-ôsou, osa). Fig. Prolixe, redondant, ante.
frambo‖esa f. (frâbouésa). Framboise. ‖**-eseiro** m. (-esâyrou). Framboisier.
França n. pr. (frãça). France.
francalete m. (frãcalét). Jugulaire, f. (courroie).
franca‖mente adv. (frâcamêt). Franchement. ‖**--tripa** f. (-rípa). Br. Marionnette.
franc‖ês, esa adj. et s. (frãcéch, ésa). Français, aise. ‖**-esismo** m. (-esíjmou). Gallicisme.
Francisco, a n. pr. (frãcíchcou, a). François, oise.
franco, a adj. (frãcou, a). Franc, anche. ‖ Généreux, euse. ‖ s. m. Franc.
franco-‖alemão, ã adj. (frãcoualemãou, ã). Franco-allemand, ande. ‖**-atirador** m. (-radôr). Franc-tireur. ‖**-mação** m. (-açãou). Franc-maçon.
francófilo, a adj. et s. (frãco-ou, a). Francophile.
frangalh‖eiro, a adj. (frãgalâyrou, a). Déguenillé, ée. ‖**-o** m. (-alou). Haillon. ‖ Loc. Fazer em frangalhos, mettre* en pièces.
frang‖alhote m. (frãgalot). Gros poulet. ‖**-anito** m. (-ítou). Petit poulet. ‖**-anote** m. (-ot). Petit poulet. ‖**-o, a** m. et f. (-ãgou, a). Poulet, ette.
franj‖a f. (frãja). Frange. ‖**-ar** vt. (-ar). Franger.
franqu‖ear vt. (frãkyar). Affranchir [carta]. ‖ Faciliter. ‖ Donner libre accès ; ouvrir*. ‖**-eza** f. (-éza). Franchise. ‖ Libéralité. ‖ Loc. Com franqueza, avec franchise. ‖**-ia** f. (-ía). Franchise ; affranchissement.
franz‖ido, a adj. (frãzídou, a). Froncé, ée. ‖ s. m. Froncis. ‖**-ino, a** adj. (-ínou, a). Mince. ‖**-ir** vt. (-ír). Froncer.
fraque m. (frac). Frac.
fraqu‖ejar vi. (frakejar). Faiblir. ‖**-eza** f. (-éza). Faiblesse.
frasco m. (frachcou). Flacon.
frase f. (fraz). Phrase. ‖**-ado** m. (-asyadou). Arrangement des phrases. ‖**-ar** vi. (-yar). Phraser. ‖**-ologia** f. (-ouloujía). Phraséologie.
frasqueira f. (frachkâyra). Cave. ‖ Flaconnier, m.
fratern‖al adj. (fraternàl). Fraternel, elle. ‖**-idade** f. (-ad). Fraternité. ‖**-izar** vi. (-ar). Fraterniser. ‖**-o, a** adj. (-è-ou, a). Fraternel, elle.
fratric‖ida adj. et s. (fratr-ída).

Lettres penchées : accent tonique. ‖ V. page verte pour la prononciation figurée. ‖ * Verbe irrég. V. à la fin du volume.

FRA — FRO

Fratricide. ‖-ídio m. (-ídyou). Fratricide [crime].

fraud‖ar vt. (fraoudar). Frauder. ‖-e f. (-aoud). Fraude. ‖-ulento, a adj. (-étou, a). Frauduleux, euse.

frauta f. (fraouta). V. FLAUTA.

freiar vt. (fréyar). Br. Freiner.

frech‖a f. (frècha). Flèche. ‖-ada f. (-ada). Coup (m.) de flèche. ‖-al m. (-àl). Sablière, f. ‖-ar vt. (-ar). Cribler de flèches.

fregu‖ês, esa m. et f. (frèghéch, ésa). Chaland, ande. ‖-esia f. (-esía). Paroisse. ‖ Clientèle.

frei m. (fràÿ). Frère (moine).

frelo m. (fràÿou). Frein, mors. ‖Loc. *Tomar o freio nos dentes*, prendre* le mors aux dents.

freira f. (fràÿra). Religieuse, sœur.

freixo m. (fràÿchou). Frêne.

frem‖ente adj. (fremēt). Frémissant, ante. ‖-ir vi. (fremir). Frémir.

frémito m. (frè-ou). Frémissement.

fren‖esi m. (frenesí). Frénésie, f. ‖-ético, a adj. (frenè-ou, a). Frénétique.

frente f. (frēt). Devant, m. ‖Loc. *De frente*, de face; de front [ataque]. *Em frente*! en avant! *Fazer frente*, faire* face. *Frente a frente*, face à face.

frequ‖ência f. (frecouēcya). Fréquence. ‖ Fréquentation. ‖Loc. *Com frequência*, fréquemment. ‖-entador, a adj. et s. (-adōr, a). Habitué, ée. ‖-entar vt. (-ar) Fréquenter. ‖-ente adj. (-ouēt). Fréquent, ente. ‖-entemente adv. (-ēt). Fréquemment, souvent, maintes fois.

fresca f. (fréchca). Fraîcheur, frais, m.

fresc‖alhote, a adj. (frechcalòt, a). Assez vert, erte. ‖-o, a adj. (-é-ou, a). Frais, fraîche. ‖Libre, pimenté, ée. ‖ s. m. Frais. ‖Fresque, f. [pintura]. ‖Loc. *Pôr-se ao fresco*, ficher le camp. ‖-or m. (-echcōr). Fraîcheur, f. ‖-ura f. (-oura). Fraîcheur. ‖Graveleure [brejeirice].

fresquidão f. (frechkidàou). Fraîcheur.

fressura f. (freçoura). Fressure.

frest‖a f. (frèchta). Lucarne. ‖-ão m. (-àou). Grande fenêtre.

fret‖ador m. (fretadōr). Fréteur, affréteur. ‖-amento m. (-étou). Frètement; affrètement. ‖-ar vt. (-ar). Fréter; affréter. ‖-e m. (-ēt). Fret. ‖ Commission, f. [recado]. ‖ Course (f.) d'un portefaix [moço].

freudiano, a adj. (froydyánou, a). Freudien, enne.

fri‖acho m. (frya-ou). Froidure, f. ‖-agem f. (-àÿ). Froidure. ‖-aldade f. (-àd). Froidure, froid, m.

friável adj. (fryavèl). Friable.

fricativo, a adj. (fr-ativou, a). Fricatif, ive.

fri‖eira f. (fryāÿra). Engelure. ‖-eza f. (-éza). Froideur.

Frígia n. pr. Frijya). Phrygie.

frigideira f. (fr-àÿra). Poêle.

frigidez f. (fr-éch). Frigidité.

frígido, a adj. (frí-ou, a). Froid, oïde.

frigir* vt. (fr-ir). Frire*.

frigoria f. (fr-ouría). Frigorie.

frigorífico, a adj. (fr-ourí-ou, a). Frigorifique. ‖ m. Refrigérateur.

frincha f. (frí-a). Fente étroite.

frio, a adj. (fríou, a). Froid, oïde. ‖s. m. Froid. ‖Loc. *Apanhar frio*, prendre* froid. *A sangue frio*, de sang-froid. *Está frio*, il fait froid. *Ter frio*, avoir* froid.

frioleira f. (fryoulàÿra). Freluche.

friorento, a adj. (friourētou, a). Frileux, euse.

frisa f. (frísa). Frise. ‖Baignoire [teatro]. ‖Loc. *Cavalo-de-frisa*, cheval de frise.

fris‖ado, a adj. (fr-ádou, a). Frisé, ée. ‖-ador m. (-adōr). Frisoir [ferro]. ‖Friseur. ‖-ante adj. (-àt). Convaincant, ante. ‖-ar vt. (-ar). Friser. ‖ Mettre* en relief. ‖vi. Friser. ‖-o m. (-ísou). Frise, f.

frit‖ada f. (fr-áda). Poêlée. ‖-ar vt. (-ar). Frire*, faire* frire*. ‖-o, a adj. (fríton, a). Frit, ite. ‖-ura f. (-oura). Friture.

frívolo, a adj. (frivoulou, a). Frivole.

froco m. (froçou). Flocon.

frond‖e f. (frōd). Branchage, m. ‖-ear ou -ejar vi. (-yar, -ejar). Se couvrir* de feuilles. ‖-oso, a adj. (-ōsou, ósa). Feuillu, ue; branchu, ue.

fronha f. (frōgna). Taie (d'oreiller).

front‖al adj (frotàl). Frontal, ale. ‖s. m. Frontal [osso]. ‖Devant d'autel [altar]. ‖-ão m. (-àou). Fron-

---

Itálico : acento tónico. ‖V. página verde para a pronúncia figurada. ‖*Verbo irreg. V. no final do livro.

FRO — FUN 542

ton. ‖-aria f. (-aria). Façade. ‖-e f. (-ót). Front, m. ‖-eira f. (-áyra). Frontière. ‖-eiriço, a adj. (-içou, a). Situé, ée à la frontière, frontalier, ère. ‖-eiro, a adj. (-áyrou, a). Placé, ée en face. ‖-ispicio m. (-chpícyou). Frontispice. ‖Fam. Visage [cara].

frota f. (frota). Flotte.

froux‖ ou froix‖el m. (frôchèl, -ôy-). Duvet des oiseaux. ‖-idão f. (-áou). Relâchement, m. ‖-o, a adj. (-ô, -ôy-ou, a). Lâche, languissant, ante.

frugal‖ adj. (fougàl). Frugal, ale. ‖-idade f. (-a-ád). Frugalité.

fru‖ição f. (frou-áou). Jouissance. ‖-ir vt. et vi. (-ír). Jouir (de).

frumento m. (froumétou). Froment.

frustr‖ação f. (frouchtraçáou). Frustration. ‖-ado, a adj. (-adou, a). Frustré, ée. ‖-ar vt. (-ar). Frustrer. ‖Déjouer [fazer abortar]. ‖-ar-se vr. (-ç). Échouer, manquer.

frut‖a f. (frouta). Fruits, m. pl. ‖Loc. Fruta do tempo, fruits de la saison. ‖-eira f. (-áyra). Coupe à fruits. ‖Fruitière [mulher]. ‖-eiro, a adj. (-ou, a). Fruitier, ère. ‖s. m. Fruitier. ‖-ífero, a adj. (-íferou, a). Fruitier, ère; fructifère. ‖-ificar vi. (-ar). Fructifier. ‖-o m. (-outou). Fruit. ‖Loc. Dar fruto, fructifier (fig.); porter des fruits [planta]. ‖-ose f. (-oz). Fructose, m. ‖-uoso, a adj. (-ouôsou, osa). Fructueux, euse.

fuá adj. (foua). Br. Ombrageux (cheval).

fubá m. (fouba). Br. Farine (f.) à bouillie.

fubeca f. (foubèca). Br. Volée de coups de bâton.

fug‖a f. (fouga). Fuite. ‖Échappatoire [pretexto]. ‖Loc. Pôr em fuga, mettre* en fuite. ‖-acidade f. (-ad). Fugacité. ‖-az adj. (-ach). Fugace.

fugi‖da f. (fouj'ída). Fuite. ‖Loc. De fugida, à la hâte. ‖-diço, a ou -dio, a adj. (-díçou, a, -díou, a). Fuyard, arde. ‖-r* vi. (-ir). Fuir*, s'enfuir*. ‖Loc. Fugir com o corpo, se détourner. ‖-tivo, a adj. et s. (-ívou, a). Fugitif, ive.

fuinha f. (fouígna). Fouine.

fula f. (foula). Hâte, précipitation.

‖Foule [multidão]. ‖Loc. À fula, en désordre, confusément.

fulano, a m. et f. (foulânou, a). Un tel, elle; machin, ine. ‖Loc. Fulano e sicrano, un tel et un tel.

fulcro m. (fou-rou). Soutien; pivot.

ful‖gente adj. (fou-êt). Brillant, ante. ‖-gir vi. (-ír). Briller, éclater. ‖-gor m. (-ór). Éclat, lueur brillante, f.

fulgur‖ação f. (fou-ouraçáou). Fulguration. ‖-ar vt. (-ar). Jeter des éclairs. ‖Luire*, éclater, briller.

fulig‖em f. (foulíjáy). Suie. ‖-inoso, a adj. (-ôsou, osa). Fuligineux, euse, qui a la couleur de la suie.

fulmin‖ante adj. (fou-át). Fulminant, ante; foudroyant, ante. ‖s. m. Capsule, f. (de fusil). ‖-ar vt. (-ar). Foudroyer. ‖Fulminer [anátema]. ‖vi. Fulminer, détoner.

fulo, a adj. (foulou, a). Enragé, ée.

fulvo, a adj. (fou-ou, a). Fauve.

fum‖aça f. (fou-ou, a). Bouffée de fumée. ‖-aceira f. (-açáyra). Grande fumée. ‖-ada f. (-ada). Fée (m.) qui sert de signal. ‖-ador adj. et s. (-adór). Fumeur. ‖-ar vt. et vi. (-ar). Fumer. ‖-arento, a adj. (-arétou, a). Fumeux, euse. ‖-arola f. (-aróla). Fumerolle. ‖-atório, m. (-oryou). Fumoir. ‖-ear ou -egar vi. (-yar, -egar). Fumer. ‖-eiro m. (-áyrou). Fumoir (de viande). ‖Viande fumée, f. [carne fumada]. ‖-ífugo, a adj. (-ífougou, a). Fumivore. ‖s. m. Appareil fumivore. ‖-igar vt. (-ar). Fumiger. ‖-igatório, a adj. (-atóryou, a). Fumigatoire. ‖-ista m. et f. (-ichta). Fumeur, euse. ‖-ívoro, a adj. et s. (-ívourou, a). Fumivore. ‖-o m. (foumou). Fumée, f. ‖Crêpe (deuil) [luto]. ‖Br. Tabac. ‖Loc. Carne de fumo, viande fumée. Curado ao fumo, fumé. ‖-oso, a adj. (-ôsou, osa). Fumeux, euse.

funâmbulo m. (founâboulou). Funambule.

função f. (túçáou). Fonction. ‖Fête, solennité.

funcho m. (fú-ou). Fenouil.

funcion‖al adj. (fú-ounàl). Fonctionnel, elle. ‖-alismo m. (-alíjmou). Fonctionnarisme. ‖-amento m. (-amétou). Fonctionnement. ‖-ar vi. (-ar). Fonctionner; aller*, jouer. ‖-ário m. (-aryou). Fonctionnaire.

Lettres penchées : accent tonique. ‖V. page verte pour la prononciation figurée. ‖* Verbe irrég. V. à la fin du volume.

funda f. (fũda). Fronde (arme). ||Band*age* herni*aire*.
fund||**ação** f. (fũ-ãou). Fondat*ion*. ||**-ador, a** adj. et s. (-ôr, a). Fondateur, trice. ||**-amental** adj. (-êtàl). Fondamental, *ale*. ||**-amentar** vt. (-ar). Fonder (raisons). ||**-amento** m. (-ètou). Fondement. ||**-ar** vt. (-ar). Fonder. ||**-eadoiro ou -eadouro** m. (-yadôyrou, -ôr-). Mouill*age*. ||**-ear** vi. (-yar). Mouiller. ||**-eiro, a** adj. (-âyrou, a). Qui est au fond. ||**-iário, a** adj. (-yaryou, a). Qui a rapport aux terres.
fund||**ição** f. (fũ-ãou). Fonte (act*ion*). || Fonder*ie* [fábrica]. ||**-idor** m. (-ôr). Fondeur.
fundilho m. (fũdilou). Fond de culotte ou de pantalon.
fund||**ir** vt. (fũdir). Fondre. ||Fusion*ner* [partidos]. ||Dissiper. ||**-ir-se** vr. (-ç). Fondre. ||Fusion*ner* [partidos]. ||**-ível** adj. (-ívèl). Fusible. ||**-o, a** adj. (fũdou, a). Profond, onde. ||s. m. Fond. ||Chas [agulha]. ||pl. Fonds. ||adv. Profondément. ||Loc. *A fundo*, à fond. *Artigo de fundo*, article de tête. *Ir ao fundo*, couler, vi.; *meter no fundo*, couler, vt. [barco]. *Prometer mundos e fundos*, promettre* monts et merveilles. ||**-ura** f. (-oura). Profondeur.
fúnebre adj. (founèbr). Funèbre.
funer||**al** m. (founeràl). Obsèques, f. pl. ||**-ário, a** adj. (-aryou, a). Funér*aire*.
funesto, a adj. (founèchtou, a). Funeste, sinistre; fatal, *ale*.
fung||**ão** m. (fũgãou). *Bot*. Morille, f. ||Ergot (champignon) [centeio]. ||**-ar** vt. et vi. (-ar). Renifler. ||*Pop*. Grogner. ||**-o** m. (fũgou). Fongus. ||**-oso, a** adj. (-ôsou, osa). Fongueux, *euse*.
funicular adj. et s. m. (fou-oular). Funicul*aire*.
funil m. (founíl). Entonnoir. ||**-eiro** m. (-âyrou). Ferblantier.
furacão m. (fouracãou). Ouragan.
fur||**ador** m. (fouradôr). Perçoir. ||**-ão** m. (-ãou). Furet. ||**-ar** vt. (-ar). Percer. ||*Fig*. Faire* échouer. ||vi. Percer, se frayer un passage. ||**-a-vidas** m. (-avídach). *Fam*. Gagne-denier.
furg||**ão** m. (fourgãou). Fourgon.

||**-oneta** f. (-ounèta). Fourgonnette.
fúria f. (fourya). Furie, fureur.
fur||**ibundo, a** adj. (four-ũdou, a). Furibond, *onde*. ||**-ioso, a** adj. (-yôsou, osa). Furi*eux*, *euse*; impétu*eux*, *euse*.
furna f. (fourna). Caverne, grotte.
furo m. (fourou). Trou. ||Loc. *Subir um furo*, monter d'un cran.
furor m. (fourôr). Fureur, f., violence, f., colère extrême, f.
furriel m. (fourryèl). Fourrier.
furt||**a-cor** adj. (fourtacôr). Chatoyant, ante. ||**-adela** f. (-èla). Action de (se) cacher, à la dérobée. ||**-a-fogo** m. (-ôgou). Feu caché. ||Loc. *Lanterna de furta-fogo*, lanterne sourde. ||**-ar** vt. (-ar). Dérober, voler. ||Loc. *Furtar o corpo*, se détourner. ||**-ar-se** vr. (-ç). Se dérober. ||**-ivo, a** adj. (-ívou, a). Furtif, *ive*. ||Loc. *Caçador furtivo*, braconnier. ||**-o** m. (fou-rtou). Larcin, vol.
furúnculo m. (fourũcoulou). Furoncle.
fusa f. (fousa). Triple croche.
fusão f. (fousãou). Fusion.
fusco, a adj (fouchcou, a). Sombre.
fuselagem f. (fouselajãy). Fuselage, m.
fus||**ionar** vt. (fou-ounar). Fusionner. ||**-ível** adj. et s. m. (-ívèl). Fusible.
fuso m. (fousou). Fuseau.
fuste m. (foucht). Hampe, f. [lança, etc.]. ||Fût de colonne. ||Verge, f. [vara].
fustigar vt. (fouch-ar). Fustiger.
fute||**bol** m. (foutbòl). Football. ||**-bolista** m. (-ichta). Footballeur.
fútil adj. (fcu-). Futile.
futrica f. (foutrica). Gargote [tasca]. ||m. Celu*i* qui n'est pas étudiant.
futur||**ar** vt. (foutourar). Conjecturer. ||**-o** m. (-ourou). Futur, avenir: *de futuro, para o futuro*, à l'avenir. ||**-o, a** adj. (-ou, a). Futur, *ure*. ||**-oso, a** adj. (-ôsou, osa). *Br*. Plein, *eine* d'espoir.
fuzil|| m. (fouzíl). Chaînon [elo]. ||Fusil. ||*Fig*. Éclair. ||**-ada** f. (-ada). Fusillade. ||**-amento** m. (-amètou). Fusillade, f. (exécution). ||**-ar** vt. (-ar). Fusiller. ||vi. Étinceler. ||**-aria** f. (-aría). Fusillade (décharge). ||**-eiro** m. (-âyrou). Fusilier.

Itálico : acento tónico. ||V. página verde para a pronúncia figurada. ||*Verbo irreg. V. no final do livro.

G

gabar ‖ vt. (gabar). Vanter. ‖ **- -se** vr. (-ç). Se vanter, se faire* fort.
gabardina f. (gabardína). Gabardine.
gabarol ‖ a m. et f. (gabarola). *Fam.* Vantard, arde. ‖ **-ice** f. (-oulíç). Vanterie.
gabinete m. (ga-ét). Cabinet.
gadanh ‖ a f. (gadâgna). Faux. ‖ **-eira** f. (-âyra). Faucheuse. ‖ **-o** m. (-â-ou). Griffe, m. ‖ Croc (instrument).
gado m. (gadou). Bétail : *gado miúdo*, petit ou menu bétail.
gafanhoto m. (gafagnôtou). Sauterelle, f.
gaf ‖ **eira** f. (gafâyra). Lèpre. ‖ **-eirento, a** adj. (-étou, a). Lépreux, euse. ‖ Galeux, euse.
gaforina f. (gafourína). *Fam.* Tignasse.
gag ‖ **o, a** adj. et s. (gagou, a). Bègue. ‖ **-uejar** vt. et vi. (gaghejar). Bégayer. ‖ **-uez** ou **-uice** f. (-éch, -íç). Bégayement, m.
gaiato, a adj. et s. (gayatou, a). Gamin, ine.
gaio m. (gayou). Geai.
gaiola f. (gayola). Cage.
gait ‖ a f. (gayta). Chalumeau, m., pipeau, m. ‖ *Loc. Gaita de foles,* cornemuse. ‖ **-eiro** m. (-âyrou). Cornemuseur.
gaiv ‖ **ão** m. (gayvâou). Martinet. ‖ **-ota** f. (-ota). Mouette.
gajo, a m. et f. (gajou, a). *Pop.* Type, m.; môme, f.; souris, f.
gala f. (gala). Gala, m. [festa]. ‖ Agrément, m., grâce. ‖ *Loc. De grande gala,* en grande tenue. *Fazer gala de,* se faire* gloire de, se vanter de.
galã m. (galã). *Théât.* Jeune premier.
galactómetro m. (gala-ometrou). Galactomètre.
galalau m. (galalaou). *Br.* Géant (fig.).
galant ‖ **aria** f. (galâtaría). Galanterie. ‖ **-e** adj. (-ât). Galant, ante; gentil, ille. ‖ **-eador** m. (-yadôr).

Galant, ‖ **-ear** vt. (-yar). Courtiser. ‖ **-eio** m. (-âyou). Galanterie, f.
galão m. (galâou). Galon. ‖ Soubresaut [salto]. ‖ Gallon [medida inglesa].
galard ‖ **ão** m. (galardâou). Récompense, f. ‖ **-oar** vt. (-ouar). Récompenser.
galáxia f. (galakcya). Galaxie.
galé f. (galè). Galère. ‖ *Typ.* Galée.
galeão m. (galyâou). Galion.
galego, a adj. et s. (galégou, a). Galicien, enne. ‖ s. m. *Fig.* Homme de *peine,* portefaix. ‖ *Homme grossier.*
galena f. (galéna). Galène.
Galeno n. pr. (galénou). Galien.
galera f. (galèra). Galère. ‖ Camion, m., chariot, m. [carro]. ‖ Galère [forno].
galeria f. (galería). Galerie.
galerno m. (galèrnou). Galerne, f.
Gales n. pr. (galech). Galles.
galês, esa adj. et s. (galéch, ésa). Gallois, oise.
galg ‖ a f. (gâ-a). Levrette. ‖ **-ar** vt. (-ar). Franchir. ‖ Gravir [subir]. ‖ vi. Bondir [saltar]. ‖ **-o** m. (gâ-ou). Lévrier.
galha f. (gala). Noix de galle.
galhard ‖ **ear** vi. (galardyar). Briller. ‖ vt. Étaler. ‖ **-ete** m. (-ét). Flamme, f. (banderole). ‖ **-ia** f. (-ía). Grâce, élégance. ‖ **-o, a** adj. (-a-ou, a). Beau, belle. ‖ Généreux, euse. ‖ Vaillant, ante.
galhet ‖ a f. (galéta). Burette. ‖ *Pop.* Claque, soufflet, m. ‖ **-eiro** m. (-etâyrou). Huilier (ustensile de ménage).
galho m. (galou). Branche (f.) d'un arbre. ‖ Rejeton d'un arbre [rebento]. ‖ Bois des ruminants.
galhof ‖ **a** f. (galofa). Badinerie. ‖ *Loc. Fazer galhofa de,* se moquer de. ‖ **-ar** vi. (-oufar). Badiner ; se moquer.
Gália n. pr. (galya). Gaule.
gali ‖ **cano, a** adj. et s. (ga-ânou, a). Gallican, ane. ‖ **-cismo** m. (-íjmou). Gallicisme.
Galileia n. pr. (ga-âya). Galilée.

Lettres penchées : accent tonique. ‖ V. page verte pour la prononciation figurée. ‖ * Verbe irrég. V. à la fin du volume.

GAL — GAR

galinh‖a f. (galígna). *Poule.* ‖ Loc. *Pés de galinha*, pattes (f.) d'oie (rídes). ‖ **-inho** m. (-âyrou). Poulailler. ‖ **-ola** f. (-ola). Bécasse.
galo m. (galou). Coq. ‖ *Bosse*, f. (à la tête) [alto]. ‖ Loc. *Missa do galo*, messe de minuit.
galocha f. (galo-a). Caoutchouc, m. (chaussure protectrice).
galop‖ar vi. (galoupαr). Galoper. ‖ **-e** m. (-op). Galop : *a galope*, au galop. ‖ **-ear** vt. (-yαr). *Br.* Galoper. ‖ **-im** m. (-ĩ). Galopin. Agent d'élections. ‖ **-inagem** f. (-ajăy). Agissement m) des agents d'élections.
galpão m. (gà-ãou). *Br. du S.* Balcon, auvent.
galr‖ar vi. (gàlrrar). *Pop.* Bavarder. ‖ **-ear** vt. (-yαr). Gazouiller (enfant). ‖ Bavarder, jaser, babiller.
galucho m. (galou-ou). Recrue, f.
galvânico, a adj. (gà-â-ou, a). Galvanique.
galvan‖izar vt. (gà-a-αr). Galvaniser. ‖ **-ómetro** m. (-ometrou). Galvanomètre.
gama f. (gâma). *Mus.* Gamme. ‖ *Daine.*
gâmbia f. (gâbya). *Pop.* Jambe : *dar às gâmbias*, jouer des jambes.
gamela f. (gamêla). *Auge.*
gamo m. (gâmou). Daim.
gan‖a f. (gâna). *Pop.* Grande envie. ‖ Loc. *Dar na gana, ter ganas de*, se sentir* des envies de. *Ter gana a alguém*, avoir* une dent contre quelqu'un. ‖ **-ância** f. (-ăcya). Cupidité. ‖ **-ancioso, a** adj. (-yôsou, osa). Âpre au gain.
gancho m. (gã-ou). Crochet. ‖ Épingle (f.) à cheveux [do cabelo]. ‖ *Fig.* Petit travail extraordinaire, bricole, f.
gândara f. (gădara). Lande.
ganga f. (gâga). Nankin, m. (étoffe). ‖ *Minér.* Gangue. ‖ Ganga, m. [ave].
Ganges n. pr. (găjech). Gange.
gânglio m. (gã-ou). Ganglion.
gangr‖ena f. (găgréna). Gangrène. ‖ **-enar** vt. (-enαr). Gangrener. ‖ vi. Se gangrener. ‖ **-enoso, a** adj. (-ôsou, osa). Gangreneux, euse.
ganh‖adeiro, a adj. et s. (-gnadây-rou, a). Gagnant, ante. ‖ **-a-dinheiro** m. (-dignâyrou). *Pop.* Gagne-denier. ‖ **-ão** m. (-ăou). Journalier. ‖ **-a-pão** m. (-ăou). Gagne-pain. ‖ **-a-perde** m. (-èrd). Qui perd gagne. ‖ **-ar** vt et vi. (-αr). Gagner. ‖ Loc. *Ganhar a dianteira*, prendre les devants. *Ganhar amigos*, se faire* des amis. *Ganhar mundos e fundos*, gagner des mille et des cents. ‖ **-o** m. (gα-ou). Gain. ‖ Loc. *Ganhos e perdas*, profits et pertes.
gan‖içar vi. (ga-αr). *Br.* V. GANIR. ‖ **-ido** m. (-ídou). Glapissement. ‖ **-ir** vi. (-ír). Glαpir, japper.
ganj‖a f. (gája). *Br.* Vanité. ‖ **-ento, a** adj. (-étou, a). *Br.* Vaniteux, euse.
ganso m. (gặsou). Oie, f.
gapul‖ador m. (gapouyadôr). *Br. du N.* Pêcheur de crevettes. ‖ **-ar** vi. (-yαr). *Br. du N.* Pêcher. ‖ Rechercher [rebuscar]. ‖ Épuiser un étang [esgotar lagoa].
garagem f. (garájăy). Garage, m.
garanhão m. (garagnăou). Étalon (cheval).
garant‖e m. et f. (garất). Garant, ante. ‖ **-la** f. (-ía). Garantie. ‖ **-ir** vi. (-ír). Garantir, assurer, répondre pour.
garapa f. (garαpa). *Br.* Eau sucrée. ‖ Limonade, citronnade.
garat‖uja f. (garatouja). Griffonnage, m. ‖ Grimace [careta]. ‖ **-ujar** vt. (-αr). Griffonner, gribouiller.
garav‖ato ou **-eto** m. (garavatou, -é-). Bûchette, f., menu bois.
garb‖o m. (gαrbou). Gentillesse, f. ‖ **-oso, a** adj. (gα-ôsou, osa). Gentil, ille; distingué, ée. ‖ Fier, ère [altivo].
garça f. (garça). Héron, m.
garço, a adj. (garçou, a). *Pers,* erse.
garf‖ada f. (garfáda). Fourchetée. ‖ **-o** m. (gαrfou). Fourchette, f. ‖ Loc. *Bom garfo*, belle fourchette, f.
gargalh‖ada f. (gargalαda). Éclat (m.) de rire. ‖ **-ar** vi. (-αr). Rire* aux éclats.
garg‖alo m. (gargalou). Goulot. ‖ **-anta** f. (-ắta). Gorge, gosier, m. ‖ Loc. *Estar com a corda na garganta*, avoir* la corde au cou. *Ter alguém atravessado na garganta*, garder rancune à quelqu'un. ‖ **-ar** vt. (-yαr). Chanter. ‖ vi. Faire* des roulades (en chantant). ‖ **-eio** m.

Itálico : acento tónico. ‖V. página verde para a pronúncia figurada. ‖*Verbo irreg. V. no final do livro.

GÁR — GAZ

(-âyou). Roulade, f. ‖-**ilha** f. (-íla). Collerette de femme. ‖-**arejar** vi. (-arejár). Se gargariser. ‖-**arejo** m. (-âyou). Gargarisme.

gárgula f. (gargoula). Gargouille.

garimpeiro m. (garipéyrou). Br. Prospecteur de diamants.

garlopa f. (garlopa). Varlope.

garnacha f. (garnácha). Robe de magistrat.

garoa f. (garôa). Br. Bruine; brume.

Garona n. pr. (garóna). Garonne, f.

garot‖**ada** f. (garoutáda). Troupe de gamins. ‖-**ice** f. (-íç). Polissonnerie. ‖-**o, a** adj. et s. (-ôtou, a). Gamin, ine; polisson, onne.

garra f. (garra). Griffe.

garraf‖**a** f. (garráfa). Bouteille [vulgar]; carafe. ‖-**ão** m. (-afâou). Dame-jeanne, f. ‖-**eira** f. (-âyra). Cave.

garraio m. (garráyou). Bouvillon.

garr‖**idice** f. (garr-iç). Coquetterie. ‖-**ido, a** adj. (-ídou, a). Coquet, ette. ‖Voyant, ante [cor]. ‖-**ir** vi. (-ír). Se pavaner. ‖Bavarder [tagarelar]. ‖-**ir-se** vr. (-ç). S'habiller coquettement.

garrot‖**ar** vt. (garroutar). Étrangler. ‖-**e** m. (-ot). Garotte, f.; garrot. ‖Br. Veau âgé de deux à quatre ans.

garrucha f. (garrou-a). Br. Grand pistolet, m.; tromblon, m. [bacamarte].

garupa f. (garoupa). Croupe.

gás m. (gach). Gaz: ‖-**gás de iluminação**, gaz d'éclairage.

Gasconha n. pr. (gachcôgna). Gascogne.

gase‖**ar** vt. (gasyar). Gazer. ‖-**ificar** vt. (-éy-ar). Gazéifier. ‖-**iforme** adj. (-órm). Gazéiforme.

gasganete m. (gajganét). Pop. Gorge, f.

gasguita adj. (gajghíta). Br. du N. Bredouilleur, euse.

gasnete m. (gajnét). Pop. Gosier.

gas‖**ogénio** m. (gasojènyou). Gazogène. ‖-**olina** f. (-oulína). Essence (minérale). ‖m. Canot automobile. ‖-**ómetro** m. (-ómetrou). Gazomètre. ‖-**osa** f. (-osa). Limonade gazeuse. ‖-**oso, a** adj. (-ôsou, osa). Gazeux, euse.

gáspea f. (gachpya). Empeigne.

gastalho m. (gachtalou). Sergent (outil de menuisier).

gast‖**ar** vt. (gachtar). Dépenser. ‖Consommer [alimentos, etc.]. ‖User, détériorer. ‖Se fournir [abastecer-se]. ‖-**ar-se** vr. (-ç). Se dépenser. ‖S'user [estragar-se]. ‖-**o** m. (ga-ou). Dépense, f. ‖Consommation, f. [géneros]. ‖pl. Frais. ‖-**o, a** adj. (-ou, a). Dépensé, ée; usé, ée.

gástrico, a adj. (gachtr-ou, a). Gastrique.

gastr‖**ite** f. (gachtrít). Gastrite. ‖-**onomia** f. (-ounoumía). Gastronomie. ‖-**ónomo** m. (-o-ou). Gastronome. ‖-**ópode** m. (-opoud). Gastéropode.

gata f. (gata). Chatte. ‖Loc. Andar de gatas, marcher à quatre pattes. Gata-borralheira, cendrillon.

gatafunhos m. pl. (gatafougnouch). Pattes (f.) de mouche, griffonnage, sing.

gat‖**ear** vt. (gatyar). Cramponner. ‖-**eira** f. (-âyra). Chatière. ‖-**eiro, a** adj. (-âyrou, a). Qui aime les chats. ‖-**ilho** m. (-ílou). Détente, f. (arme). ‖-**imanhos** m. pl. (-ágnouch). Singeries, f. ‖-**inha** f. (-ígna). Petite chatte. ‖Loc. De gatinhas, à quatre pattes. ‖-**o** m. (gatou). Chat. ‖Crampon [grampo]. ‖Faute, f. [erro]. ‖Loc. Vender gato por lebre, rouler quelqu'un. ‖-**o-pingado** m. (-ígadou). Croque-mort.

gatun‖**ice** f. (gatouníç). Filouterie. ‖-**o** m. (-ounou). Filou.

gaúcho m. (gaouchou). Gaucho.

gáudio m. (gaoudyou). Joie, f. gaieté, f.

gaulês, esa adj. et s. (gaouléch, ésa). Gaulois, oise.

gávea f. (gavya). Grand hunier, m.

gavela f. (gavéla). Gerbe (de blé, etc.).

gaveta f. (gavéta). Tiroir, m.

gav‖**ião** m. (gavyáou). Épervier (oiseau). ‖-**inha** f. (-ígna). Vrille (plantes).

gaza ou **gaze** f. (gaza, -z). Gaze.

gazear vi. (gazyar). Faire* l'école buissonnière. ‖Gazouiller.

gazela f. (gazéla). Gazelle.

gazet‖**a** f. (gazéta). Gazette. ‖Escapade (d'écolier). ‖Loc. Fazer gazeta, faire* l'école buissonnière. ‖-**eiro** m. (-etâyrou). Gazetier. ‖Celui qui fait

---

Lettres penchées : accent tonique. ‖V. page verte pour la prononciation figurée. ‖* Verbe irrég. V. à la fin du volume.

l'école buissonnière. ‖ *Br.* Vendeur de journ*aux*.
gazua f. (gaz*ou*a). Rossignol, m., crochet, m.
ge‖ada f. (*iy*ada). Givre, m. ‖-**ar** vi. (*iy*ar). Geler blanc.
gel‖adeira f. (jelad*ây*ra). Glacière (apar*eil*). ‖-**ado, a** adj. (-ad*ou*, a). Glacé, ée; gelé, ée. ‖s. m. Glace, f. ‖-**adura** f. (-ad*ou*ra). Gélivure. ‖-**ar** vt. (-*ar*). Geler, glacer. ‖vi. Geler. ‖-**ar-se** vr. (-ç) Se geler, se glacer. ‖-**atina** f. (-at*i*na). Gélatine. ‖-**atinoso, a** adj. (-ôs*ou*, *o*sa). Gélatin*eux*, *eus*e. ‖-**eia** f. (-*ây*a). Gelée. ‖-**eira** f. (-*ây*ra). Glacière.
gélido, a adj. (jé-*ou*, a). Glacé, ée.
gelo m. (jél*ou*). Glace, f. ‖Loc. *Pedaço de gelo*, glaçon.
gelosia f. (jelous*i*a). Jalousie, persienne.
gema f. (jéma). Gemme, ‖Loc. *De gema,* vrai. *Gema de ovo*, jaune (m.) d'œuf.
gémeo, a adj. et s. (jèmy*ou*, a). Jum*eau*, *ell*e.
Gémeos n. pr. (jèmy*ouch*). Gémeaux.
gem‖er vi. (jem*ér*). Gémir. ‖vt. Pleurer. ‖-**ido** m. (-id*ou*). Gémissement.
geminado, a adj. (je-ad*ou*, a). Géminé, ée.
genciana f. (jêcy*ân*a). Gentiane.
geneal‖ogia f. (jenyalou*ji*a). Généalogie. ‖-**ógico, ca** adj. (-o-*ou*, a). Généalogique.
genebra f. (jen*èb*ra). Geni*èv*re, m.
Genebra n. pr. (jen*èb*ra). Gen*èv*e.
general‖ m. (jen*e*r*àl*). Général. ‖-**a** f. (-a). Générale. ‖-**ato** m. (-al*a*tou). Générala*t*. ‖-**idade** f. (-*i*-ou). Généralité. ‖-**íssimo** m. (-í-*ou*). Généralíssime. ‖-**izar** vt. (-*ar*). Généraliser. ‖-**izar-se** vr. (-ç). Se généraliser.
gen‖ericamente adv. (jenèr-am*ét*). Génériquement. ‖-**érico, a** adj. (-*è*-*ou*, a). Générique.
género m. (jèn*er*ou). Genre. ‖pl. Denrées, f. ‖Loc. *Pagar em géneros*, payer en nature.
gener‖osidade f. (jenerou-*ad*). Générosité. ‖-**oso, a** adj. (-ôs*ou*, ó*s*a). Gén*er*eux, *euse*; libéral, ale.
gén‖ese f. (jèn*ez*). Genèse. ‖-**is** m. (-*ich*). Genèse, f. (de la Bible).

genetriz f. (jenetr*ich*). Mère.
gengibre m. (jêj*ibr*). Gingembre.
gengiv‖a f. (jêj*iv*a). Gencive. ‖-**ite** f. (-*it*). Gengivite.
genial adj. (jeny*àl*). Génial, *al*e.
génio m. (jèny*ou*). Génie. ‖Humeur, f. ‖Djinn [na crença dos Árabes]. ‖Loc. *Ter bom (mau) génio*, avoir un bon (m*au*v*ais*) caract*è*re.
genit‖al adj. (je-*àl*). Génital, *al*e. ‖-**ivo** m. (-*iv*ou). Génitif. ‖-**or** m. (-*ôr*). Géniteur, père.
Génova n. pr. (jènou*v*a). Gênes.
genovés, esa adj. et s. (jenouvéch, éza). Génois, *oi*se.
Genoveva n. pr. (jenouv*è*va). Geneviève.
genro m. (j*e*rr*ou*). Gendre, beau-fils.
gent‖alha f. (j*êt*ala). Bas peuple, m. ‖-**e** f. (j*êt*). Gens, f. pl., monde m. ‖Loc. *A gente*, on. *A gente*, (à) nous. *Toda a gente*, tout le monde, m. ‖-**il** adj (-*il*). Gentil, *ill*e. ‖-**ileza** f. (-*éz*a_). Gentillesse. ‖Politesse ‖-**ílico, a ou -ílico, a** adj. (-*ic*you, a, -il-*ou*-). Gentil, *ill*e; païen, *enn*e. ‖-**inha** f. (-*ig*na). Gens (m. pl.) de peu. ‖-**io** m. (-*io*u). Sauvages, pl. ‖-**io, a** adj. (-a). Païen, *enne*. ‖Sauvage.
genuflex‖ão f. (jenou-èkç*ãou*). Génuflexion. ‖-**ório** m. (-ory*ou*). Prie-Dieu.
genu‖inidade f. (jenoui-*ad*). Pureté. ‖-**ino, a** adj. (-inoui, a). Pur, *ur*e.
geo‖desia f. (jyoud*esi*a). Géodésie. ‖-**grafia** f. (-raf*i*a). Géographie. ‖-**gráfico, a** adj. (-a-*ou*, a). Géographique.
geógrafo m. (jy*o*grafou). Géographe.
geol‖ogia f. (jyouloj*i*a). Géologie. ‖-**ógico, a** adj. (-o-*ou*, a). Géologique.
geólogo m. (jyoloug*ou*). Géologue.
geometria f. (jyoumetr*i*a). Géométrie.
gera‖ção f. (jèraçã*ou*). Génération. ‖-**dor, a** adj. et s. (-*ôr*, a). Générateur, tr*i*ce.
geral‖ adj. et s. m. (jer*àl*). Général, *al*e. ‖s. f. Poulailler, m. (théât.). ‖Loc. *Em geral*, en général. ‖-**mente** adv. (-*êt*). Généralement, en général.
gerânio m. (jer*â*ny*ou*). Géranium.
ger‖ar vt. (jer*ar*). Engendrer. ‖-**ar-se** vr. (-ç). S'engendrer. ‖-**atriz** adj.

Itálico : acento tónico. ‖V. página verde para a pronúncia figurada. ‖*Verbo irreg. V. no final do livro.

GER — GLO

et s. f. (-atrich). Génératrice. ‖**-ência** f. (-écya). Gestion. ‖**-ente** adj. et s. (-ét). Gérant, ante.
gergelim m. (jerjelī). Sésame.
geringonça f. (jerigōça). Jargon, m.
germânico, a adj. (jermã-ou, a). Germanique.
german‖ismo m. (jermanījmou). Germanisme. ‖**-ista** m. et f. (-ichta). Germaniste. ‖**-o, a** adj. et s. m. (-ânou, a). Germain, aine. ‖**-ófilo, a** adj. (-o-ou, a). Germanophile.
germe ou **gérmen** m. (jèrm, jèrmén). Germe.
germin‖ação f. (jer-açáou). Germination. ‖**-adoiro** m. (-óyrou). Germoir. ‖**-ar** vi. (-ar). Germer. ‖**-ativo, a** adj. (-ativou, a). Germinatif, ive.
gess‖ar vt. (jeçar). Plâtrer. ‖**-o** m. (jéçou). Plâtre ; gypse.
gest‖ação f. (jechtaçãou). Gestation. ‖**-ão** f. (-áou). Gestion. ‖**-atório, a** adj. (-atoryou, a). Gestatoire : *cadeira gestatória*, chaise gestatoire.
gest‖iculação f. (jech-oulaçãou). Gesticulation. ‖**-iculado, a** adj. (-adou, a). Gesticulé, ée. ‖**-s** m. Gesticulation, f. ‖**-icular** vi. (-ar). Gesticuler. ‖**-o** m. (jè-ou). Geste. *Fig.* Mine, f., visage.
gia f. (jía). *Br.* Grosse grenouille comestible.
giba f. (jíba). Gibbosité, bosse.
gibão m. (-áou). Pourpoint. ‖ Gibbon [macaco].
giboso, a adj. (-ósou, osa). Gibbeux, euse.
giesta f. (jyèchta). Genêt, m.
giga f. (jíga). Grande corbeille.
gigant‖e a adj. et s. (-ãt, a). Géant, ante. ‖**-esco, a** adj. (-échcou, a). Gigantesque.
gin‖asial adj. (-asyàl). *Br.* Du lycée. ‖**-asiano** m. (-yãnou). *Br.* Lycéen. ‖**-ásio** m. (-asyou). Gymnase. ‖ *Br.* Lycée. ‖**-asta** m. et f. (-achta). Gymnaste. ‖**-ástica** f. (-a-a). Gymnastique. ‖**-ástico, a** adj. (-ou, a). Gymnastique.
gincana f. (jicâna). Épreuve d'habileté (d'auto, etc.).
ginecolog‖ia f. (-ècouloujía). Gynécologie. ‖**-ista** m. (-ichta). Gynécologiste.
gingar vi. (jĩgar). Se dandiner.
ginj‖a f. (jīja). Griotte. ‖**-eira** f.

(-âyra). Griottier, m. ‖ *Loc. Conhecer de ginjeira*, connaître* très bien. ‖**-inha** f. (-ígna). Boisson constituée par des griottes macérées dans de l'eau-de-vie.
girafa f. (-rafa). Girafe.
gir‖ândola f. (-rãdoula). Girande. ‖**-ar** vi. (-ar). Tourner. ‖ Circuler. ‖ Flâner [vaguear]. ‖**-assol** m. (-açol). Tournesol (plante). ‖**-atório, a** adj. (-oryou, a). Giratoire. ‖**-au** m. (-aou). *Br.* Lit.
giria f. (jírya). Argot, m. [calão]. ‖ Jargon, m. [dos estudantes, etc.].
girino m. (-rínou). Têtard.
gir‖o m. (jírou). Tour : *dar um giro, faire* un tour. ‖ Mouvement commercial. ‖**-o, a** adj. (-a). *Pop.* Drôle, joli, ie. ‖**-oscópio** m. (-chcopyou). Gyroscope.
giz m. (jich). Craie, f.
glabro, a adj. (-abrou, a). Glabre.
glaci‖al adj. (-acyàl). Glacial, ale. ‖**-ar** m. (-yar). Glacier. ‖**-ário, a** adj. (-aryou, a). Glaciaire.
gládio m. (-adyou). Glaive.
glande f. (-ãd). Gland, m.
glândula f. (-ãdoula). Glande.
glandular adj. (-ãdoular). Glandulaire.
glauc‖o, a adj. (-aoucou, a). Glauque. ‖**-oma** m. (-ôma). Glaucome.
gleba f. (-éba). Glèbe.
glena f. (-éna). Glène.
gleucómetro m. (-éoucometrou). Gleucomètre.
gli‖cerina f. (-erína). Glycérine. ‖**-cínia** f. (-ínya). Glycine. ‖**-cose** f. (-oz). Glucose.
glob‖al adj. (-oubàl). Global, ale. ‖**-almente** adv. (-èt). Globalement.
glob‖o m. (-óbou). Globe. ‖ *Loc. Em globo*, globalement, en bloc. ‖**-ular** adj. (-oular). Globulaire.
glóbulo m. (-oboulou). Bulbule.
glória f. (-órya). Gloire. ‖ Gloria, m. [hino]. ‖ *Loc. Dar com a glória*, rendre gloire. ‖ *Levar a banca à glória*, faire* sauter la banque.
glor‖ificação f. (-our-áçáou). Glorification. ‖**-ificar** vt. (-ar). Glorifier. ‖**-íola** f. (-íoula). Gloriole. ‖**-ioso, a** adj. (-yósou, osa). Glorieux, euse.
glos‖a f. (-ósa). Glose. ‖**-ar** vt. (-ousar). Commenter. ‖ Critiquer.
glossário m. (-ouçaryou). Glossaire.

Lettres penchées : accent tonique. ‖ V. page verte pour la prononciation figurée. ‖* Verbe irrég. V. à la fin du volume.

glote f. (-ot). Glotte (orif. du larynx).
glutão, ona adj. et s. (-outãou, ôna). Glouton, onne.
glúten m. (-outén). Gluten.
glutinoso, a adj. (-ou-ôsou, osa). Glutineux, euse.
gnoma f. (ghnôma). Maxime, sentence.
gnomo m. (ghnômou). Gnome.
gobo m. (gôbou). Caillou.
godo, a adj. (gôdou, a). Gothique.
Godos n. pr. (godouch). Goths.
goela f. (gouéla). Gosier, m., gorge.
goi∥aba f. (gôyaba). Goyave. ∥**-abada** f. (-abada). Confiture de goyave. ∥**-abeira** f. (-âyra). Goyavier, m. ∥**-va** f. (gôyva). Gouge. ∥**-vo** m. (-ou). Giroflée, f.
gol∥a f. (-gola). Col, m. ∥**-ada** f. (goulada). Grande gorgée. ∥**-e** m. (gol). Coup, gorgée, f.
golf∥ada f. (gô-ada). Vomissement, m. ∥**-ar** vt. (-ar). Vomir. ∥vi. Jaillir. ∥**-inho** m. (-ignou). Cochon de mer, marsouin. ∥**-o** m. (gô-ou). Golfe.
Golias n. pr. (gouliach). Goliath.
golo m. (gôlou). Coup, gorgée, f.
golp∥e m. (go-). Coup. ∥Coupure, f., incision, f. ∥Filet (de vinaigre, etc.). ∥Loc. *Dar um golpe, se faire* une coupure. De golpe*, tout à coup. *Golpe de Estado*, coup d'État. *Golpe de vento*, coup de vent. ∥**-ear** vt. (-yar). Taillader. ∥*Fig*. Affliger, chagriner.
goma∥ f. (gôma). Gomme. ∥**- arábica** f. (-mara-a). Gomme arabique.
gomo m. (gômou). Quartier (d'orange).
gomoso, a adj. (goumôsou, osa). Gommeux, euse.
gôndola f. (gôdoula). Gondole.
gondoleiro m. (gôdoulâyrou). Gondolier.
gong∥órico, a adj. (gôgor-ou, a). Obscur, ampoulé. ∥**-orismo** m. (-ourijmou). Gongorisme.
goniómetro m. (gounyometrou). Goniomètre.
gonorreia f. (gounourrâya). Gonorrhée.
gonzo m. (gôzou). Gond.
gor∥ar vt. (gourar). Faire* échouer. ∥**-ar-se** vr. (-ç). Se gâter. ∥*Fig*. Avorter.
goraz m. (gourach). Brême, f.
gord∥o, a adj. (gôrdou, a). Gras,

asse. Gros, osse [espesso]. ∥Loc. *Domingo gordo*, dimanche gras. ∥**-ucho, a** adj. (gourdou-, a). Grassouillet, ette. ∥**-ura** f. (-oura). Graisse. ∥Embonpoint, m. [estado]. ∥**-uroso, a** adj. (-ôsou, osa). Graisseux, euse.
gorgo∥lejar vi. (gourgoulejar). Gargouiller. ∥**-lhão** m. (-lãou). Jet. ∥**-lhar** vi. (-ar). Jaillir.
gorgulho m. (gourgoulou). Charançon.
gorila ou **gorilha** m. (gourila, -la). Gorille.
gorj∥ear vi. (gouriyar). Gazouiller. ∥**-eio** m. (-âyou). Gazouillement. ∥**-eta** f. (-éta). Pourboire, m.
goro adj. m. (gôrou). Couvi.
gorr∥a f. (gôrra). Bonnet, m. ∥**-o** m. (-ou). Bonnet.
gosma f. (gejma). Pépie [aves].
gost∥ar vi. (gouchtar). Aimer : *gostar de pão*, aimer le pain. *Gostar de* (suivi d'un infinitif), aimer (à). ∥Loc. *Gostar mais de*, aimer mieux. ∥**-o** m. (gô-ou). Goût. ∥Plaisir. ∥Loc. *Com muito gosto*, avec grand plaisir. *Dar gosto, faire* plaisir. Fazer gosto em*, prendre* plaisir à. *Se faz gosto nisso*, si cela vous fait plaisir. *Ter muito gosto em*, se faire* un plaisir de. *Vestido com gosto*, mis avec goût. ∥**-osamente** adv. (gou-osamêt). Avec plaisir. ∥**-oso, a** adj. (-ôsou, osa). Savoureux, euse. ∥Content, ente.
gota∥ f. (gêta). Goutte : *gota a gota*, goutte à goutte. ∥**-serena** f. (-eréna). Goutte sereine.
got∥eira f. (goutâyra). Gouttière. ∥**-ejar** vt. et vi. (-tjar). Dégoutter.
gótico, a adj. (-a). Gothique.
goto m. (gâtou). *Pop*. Glotte, f. ∥Loc. *Dar no goto*, suffoquer ; plaire*.
gotoso, a adj. (goutôsou, osa). Goutteux, euse.
govern∥ação f. (gouvernaçãou). Gouvernement, m. ∥**-adeira** adj. et s. f. (-âyra). Économe, bonne ménagère. ∥**-ado, a** adj. (-adou, a). Bien réglé, ée. ∥**-ador** m. (-adôr). Gouverneur. ∥Loc. *Governador civil*, préfet. ∥**-amental** adj. (-êtal). Gouvernemental, ale. ∥**-ança** f. (-âça). Gouvernement, m. ∥**-anta** f. (-âta). Gouvernante, ménagère. ∥**-ante** adj.

Itálico : acento tónico. ∥V. página verde para a pronúncia figurada. ∥*Verbo irreg. V. no final do livro.

et s. (-ăt). Gouvernant, ante. ‖-ar vt. et vi. (-ar). Gouverner. ‖-ar-se vr. (-ç). Se gouverner. ‖-ativo, a adj. (-atívou, a). Gouvernemental, ale. ‖-ável adj. (-avèl). Gouvernable ‖-icho m. (-ĭ-ou). Br. Gouvernement de conventicule. ‖-o m. (-é-ou). Gouvernement. ‖ Gouverne, f. [embaraçāo]. ‖Loc. Governo civil, préfecture, f.

goz‖ar vt. (gouzar). Jouir de. ‖ vi. Jouir. ‖-ar-se vr. (-ç). Jouir de. ‖-o m. (gôzou). Jouissance, f. ‖-oso, a adj. (gouzôsou, osa). Joyeux, euse.

graça f. (graça). Grâce. ‖Loc. Cair em graça a, trouver grâce devant. Dar graças a, rendre grâce à. De graça, gratis. Graças a Deus! Grâce à Dieu. Não estar para graças, n'avoir* pas envie de rire. Por graça, par plaisanterie. Ter graça, avoir* de l'esprit.

gracej‖ar vi. (gracejar). Plaisanter. ‖-o f. (-ájyou). Plaisanterie, f.

grácil adj. (gra-). Gracieux, euse; léger, ère; mince, fin, ine; subtil, ile.

gracios‖idade f. (gracyou-ad). Grâce. ‖-o, a adj. (-yôsou, osa). Gracieux, euse; plaisant, ante. ‖ s. m. Plaisant.

graçola f. (graçóla). Mauvaise plaisanterie. ‖ m. Goguenard.

grad‖ação f. (gradaçáou). Gradation. ‖-ador m. (-ôr). Herseur. ‖-agem f. (-ájāy). Hersage, m. ‖-ar vt. (-ar). Herser. ‖-aria f. (-aría). Suite de grilles. ‖-e f. (-ad). Grille. ‖ Herse [instrument]. ‖-eamento m. (-yamétou). Grille, f. ‖-ear vt. (-yar). Griller.

grad‖o m. (gradou). U. dans les loc. de bom (mau) grado, volontiers (à contre-cœur); mau grado, malgré; mau grado meu, malgré moi. ‖-o, a adj. (-a). Gros, osse; épais, aisse. ‖ Grenu, ue.

gradu‖ação f. (gradouaçáou). Graduation. ‖ Mil. Rang. ‖-ado, a adj. (-ouadou, a). Gradué, ée. ‖ adj. et s. m. Mil. Gradé. ‖-ador adj. et s. m. (-adôr). Graduateur. ‖-al adj. (-oual). Graduel, elle. ‖-ar vt. (-ouar). Graduer. ‖ Classer [candidatos]. ‖-ar-se vr. (-ç). Prendre* un grade.

graf‖ar vt. (grafar). Écrire*. ‖-ia f. (-ía). Graphie, orthographe.

gráfico, a adj. (gra-ou, a). Graphique.

graf‖ila f. (grafíla). Grènetis, m. ‖-ite f. (-it). Graphite, m. ‖-ologia f. (-oulojía). Graphologie. ‖-ólogo m. (-olougou). Graphologue. ‖-ómetro m. (-ométrou). Graphomètre. ‖-onola f. (-ounola). Phonographe, m.; tourne-disques, m.

grainha f. (graígna). Pépin, m.

gralh‖a f. (grala). Corneille [ave]. ‖ Fig. Bavarde. ‖ Typ. Coquille. ‖-ar vi. (-alar). Croasser. ‖ Fig. Bavarder.

grama f. (grâma). Gramen, m. ‖ m. Gramme.

grama‖deira f. (gramadáyra). Macque. ‖-lheira f. (-láyra). Crémaillère. ‖-r vt. (-ar). Macquer. ‖ Pop. Gober [engolir]. ‖ Aimer.

gram‖ática f. (grama-a). Grammaire. ‖-atical adj. (-al). Grammatical, ale. ‖-ático m. (-ou). Grammairien.

gramine‖as f. pl. (gramínyach). Graminées. ‖-o, a adj. (-ou, a). Graminé, ée.

graminho m. (gramignou). Trusquin.

gramofone m. (gramofón). Gramophone.

grampo m. (grâpou). Crampon, crochet.

grana‖da f. (granada). Grenade. ‖ Grenat, m. [pedra preciosa]. ‖-deiro m. (-adáyrou). Grenadier. ‖-r vt. (-ar). Grener. ‖-te m. (-at). Grenat.

grande‖ adj. (grăd). Grand, ande. ‖ Loc. Em ponto grande, en grand. Sorte grande, gros lot, m. Viver à grande, mener grand train. ‖-mente adv. (-ĕt). Grandement. ‖-za f. (-éza). Grandeur.

grand‖iloquência f. (gră-oucouêcya). Noblesse de style. ‖-iosidade f. (-ou-ad). Grandeur. ‖-ioso, a adj. (-yôsou, osa). Grandiose.

granel m. (granèl). Typ. Paquet; placard [prova]. ‖ Loc. A granel, en tas, pêle-mêle.

gran‖ir vt. (granir). Pointiller. ‖-ítico, a adj. (graní-ou, a). Granitique. ‖-ito m. (-ítou). Granit.

Lettres penchées : accent tonique. ‖ V. page verte pour la prononciation figurée. ‖ * Verbe irrég. V. à la fin du volume.

‖Petit grain. ‖-izar vi. (-ar). Grêler. ‖-izo m. (-ízou). Grêle, f.
granj‖a f. (grája) Grange, ferme. ‖-ear vt. (-yar). Cultiver, labourer. ‖Obtenir*, se faire*, gagner. ‖-eio m. (-áyou). Culture (f.) des terres. ‖Gain, profit. ‖-eiro m. (-áyrou). Fermier, métayer.
granul‖ação f. (granoulaçáou). Granulation. ‖-agem f. (-ajãy). Granulage, m. ‖-ar adj. (-ar). Granulaire. ‖vt. Granuler.
grânulo m. (grânoulou). Granule.
granuloso, a adj. (granoulôsou, osa). Granuleux, euse.
grão‖ m. (gráou). Grain. ‖adj. m. Grand. ‖-de-bico m. (-ebicou). Pois chiche.
grapa f. (grapa). Grappe (vétér.).
grasnar vi. (grajnar). Croasser [corvo, gralha]. ‖ Coasser [rã]. ‖Cacarder [ganso]. ‖Jacasser [pega].
grass‖ar vi. (graçar). Courir*, se propager une maladie. ‖-ento, a adj. (-étou, a). Graisseux, euse.
grat‖idão f. (gra-ãou). Gratitude. ‖-ificação f. (-açáou). Gratification. ‖-ificar vt. (-ar). Gratifier. ‖Donner un pourboire [gorjeta]. ‖vi. Rendre grâces.
grátis adv. (gra-ch). Gratis.
grato, a adj. (gratou, a.). Agréable. ‖Reconnaissant, ante.
gratui‖(ti)dade f. (gratouy-ad). Gratuité. ‖-to, a adj. (-ouytou, a). Gratuit, uite.
gratul‖ação f. (gratoulaçáou). Congratulation. ‖-ar vt. (-ar). Remercier. ‖-atório, a adj. (-atoryou, a). Congratulatoire. ‖De remerciement.
grau m. (graou). Degré. ‖Grade [académico].
graúdo, a adj. (graoudou, a). Grand, ande. ‖Huppé, ée (fam.). ‖m. pl. Grands.
grav‖ação f. (gravaçáou). Action de graver. ‖-ame m. (-âm). Obligation, f. ‖Injustice, f., vexation, f.
gravanço m. (gravãçou). Pois chiche.
gravar vt. (gravar). Graver. ‖Grever, opprimer, surcharger.
gravata f. (gravata). Cravate.
grave adj. (grav). Grave.
gravela f. (gravèla). Gravelle.

graveto m. (gravétou). V. GARAVETO.
grav‖idade f. (gra-ad). Gravité. ‖-idez f. (-éch). Grossesse.
grávido, a adj. (gra-ou, a). Chargé, ée. ‖Loc. Mulher grávida, femme enceinte.
gravit‖ação f. (gra-açáou). Gravitation. ‖-ar vi. (-ar). Graviter.
gravura f. (gravoura). Gravure.
graxa f. (grácha). Cirage, m.
Grécia n. pr. (grècya). Grèce.
greco-latino a adj. (grécolatínou, a). Gréco-atin, ine.
gred‖a f. (gréda). Glaise. ‖-oso, a adj. (-edôsou, osa). Glaiseux, euse.
gregário, a adj. (gregaryou, a). Grégaire.
grego, a adj. et s. (grégou, a). Grec, ecque. ‖Loc. Ver-se grego, passer un mauvais quart d'heure.
Gregório n pr. (gregoryou). Grégoire.
grei f. (grãy). Troupeau (m.) de menu bétail. ‖Monde, m., groupe, m., parti, m.
grelar vi. (grelar). Germer.
grelh‖a f. (grâyla). Gril, m. ‖Grille [de forno]. ‖-ar vt. (-elar). Griller.
grelo m. (grélou). Tendron, rejeton.
grémio m. (grèmyou). Giron, sein. ‖Corporation, f. ‖Cercle, club.
grenh‖a f. (gráygna). Tignasse. ‖-o, a adj. (-ou, a). Br. Embrouillé, ée.
grés m. (grèch). Grès.
gret‖a f. (gréta). Crevasse. ‖-ar-se vr. (-etarç). Se crevasser, gercer.
grev‖e f. (grèv). Grève : fazer greve, faire* grève. ‖-ista m. et f. (-evichta). Gréviste.
grif‖ar vt. (gr-ar). Mettre* en italique. ‖-o m. (-ifou). Griffon. ‖Énigme, f. ‖Griffe, f. [garra].
grilh‖ão m. (grilãou). Chaîne, f. ‖-eta f. (-éta). Chaîne du forçat. ‖m. Forçat.
grilo m. (grílou). Grillon, cricri.
grimpa f. (grípa). Girouette. ‖Loc. Levantar a grimpa, regimber contre l'éperon.
grinalda f. (gr-à-a). Guirlande.
gringo m. (grígou). Br. Étranger.
grip‖al adj. (gr-àl). Grippal, ale. ‖-e f. (-ip). Grippe.
gris‖alho, a adj. (gr-alou, a). Grisonnant, ante. ‖-éu m. (-èou). Pois.
grisu m. (gr-ou). Grisou.

Itálico : acento tónico. ‖V. página verde para a pronúncia figurada. ‖*Verbo irreg. V. no final do livro.

grit‖ador m. (gr-adór). Criailleur. ‖**-ante** adj. (-ắt). Criant, ante. ‖**-ar** vt. et vi. (-ar). Crier. ‖**-aria** f. (-aría). Criaillerie. ‖**-o** m. (-itou). Cri. ‖ Loc. *Dar um grito,* pousser un cri. *Em altos gritos,* à cor et à cri.

grogue m. (grog). Grog.

grosa f. (grosa). Grosse. ‖ Râpe [lima].

groselha f. (grousáyla). Groseille.

gross‖aria f. (groucaría). Grossièreté. ‖**-eiro, a** adj. (-ắyrou, a). Grossier, ère. ‖**-eria** f. (-ería). Grossièreté. ‖**-o, a** adj. (-óçou, oça). Gros, osse. ‖ s. m. Gros. ‖ Loc. *Comércio por grosso,* commerce de gros. *Fazer a voz grossa,* faire* la grosse voix. *Por grosso,* en gros. ‖**-ura** f. (-ouçoura). Grosseur, épaisseur.

grotesco, a adj. (groutéchcou, a). Grotesque, ridicule, extravagant, ante.

grou m. (grô). Grue, f. (oiseau).

grua f. (groua). Grue.

grud‖ar vt. (groudar). Coller. ‖**-e** m. et f. (-oud). Colle forte, f.

grulhar vi. (groular). Bavarder.

grumete m. (groumét). Mousse (mar.).

grum‖o m. (groumou). Grumeau. ‖**-oso, a** adj. (-ôsou, osa). Grumeleux, euse.

grunh‖ido m. (groughídou). Grognement. ‖**-ir** vi. (-ir). Grogner.

grupo m. (groupou). Groupe.

grut‖a f. (grouta). Grotte. ‖**-esco, a** adj. (-échcou, a). Grotesque.

guaiaca f. (gouayaca). Br. Bourse de cuir.

guaiaco m. (gouayacou). Gaïac.

gualdrapa f. (gouà-rapa). Chabraque.

Gualter n. pr. (gouà-èr). Gautier.

guamp‖a f. (gouắpa). Br. Corne à boire. ‖**-aço** m. ou **-ada** f. (-açou, ada). Br. Coup (m.) de cornes. ‖**-udo, a** adj. (-oudou, a). Br. Cornu, ue.

guano m. (gouắnou). Guano.

guap‖ear vi. (guapyar). Br. Se pavaner. ‖**-eação** m. (-etắou, a). *Vantard.* ‖**-eza** ou **-ice** f. (-éza, iç). Br. Adresse, aptitude. ‖**-o, a** adj. (-apou, a), Vaillant, ante. ‖ Élégant, ante. ‖ Beau, belle.

guará m. (gouará). Br. Chien croisé de loup.

guarachaim m. (gouara-aí). B. du S. Renard.

guarda‖ f. (gouarda). Garde. ‖ Loc. *Entrar de guarda,* monter la garde. *Pôr-se em guarda,* se mettre* en garde. *Render a guarda,* relever la garde. *Sair de guarda,* descendre la garde. ‖ s. m. Gardien, garde. ‖ Loc. *Guarda campestre,* garde champêtre. ‖**-barreira** m. (-arrắyra). Garde-barrière. ‖**-calhas** m. (-álach). Chasse-pierres. ‖**-chuva** m. (-ouva). Parapluie. ‖**-costas** m. (-ochtach). Garde-côte (navire pour la garde des côtes). ‖**-fato** m. (-atou). Armoire (f.) à glace [de espelho]. ‖**-fogo** m. (-ôgou). Garde-feu. ‖**-freio** m. (-rắyou). Garde-frein. ‖ Mécanicien [electrico]. ‖**-jóias** m. (-oyach). Coffret à bijoux. ‖**-lama** m. (-áma). Garde-crotte, garde-boue. ‖**-linha** m. (-ígna). Garde-ligne. ‖**-livros** m. (-ívrouch). Teneur de livres. ‖**-louça** m. (-óça). Buffet (meuble). ‖**-mão** m. (-ắou). Garde (f.) d'une épée. ‖**-marinha** m. (-arígna). Enseigne de vaisseau. ‖**-mato** m. (-atou). Sous-garde (f.) d'un fusil. ‖**-menor** m. (-enor). Huissier de la cour d'appel. ‖**-mor** m. (-or). Chef des huissiers. ‖**-napo** m. (-ar-apou). Serviette, f (de table). ‖**-nocturno** m. (-ar-ôtournou). Gardien de nuit. ‖**-pó** m. (-o). Cache-poussière. ‖**-portão** m. (-ourtắou). Concierge. ‖**-prata** m. (-rata). Armoire f. (où l'on garde l'argenterie).

guardar‖ vt. (gouardar). Garder. ‖ Protéger. ‖**-se** vr. (-ç). Se garder.

guarda‖-rede f. (gouardarréd). Gardien de but. ‖**-roupa** m. (-ôpa). Garde-robe, f. [quarto]. ‖ *Théât.* Magasin des costumes. ‖**-sol** m. (-çol). Parasol. ‖**-vento** m. (-ẽtou). Paravent. ‖**-vestidos** m. (-echtidouch). Armoire, f. ‖**-vista** m. (-ichta). Garde-vue. ‖**-voz** m. (-och). Abat-voix.

guardião m. (gouardyắou). Gardien (d'un couvent). ‖ *Mar.* Maître d'équipage. ‖ Gardien de but (desporto).

guari‖da f. (gouarída). Tanière

Lettres penchées : accent tonique. ‖ V. page verte pour la prononciation figurée. ‖* Verbe irrég. V. à la fin du volume.

[animais]. ‖*Fig.* Refuge, m., asile, m. ‖**-ta** f. (*-íta*). Guérite.
guarn‖ecer vt. (gouarnecér). Garnir. ‖**-ição** f. (*-áou*). Garniture. ‖*Mil.* Garnison. ‖*Mar.* Equipage (m.) d'un vaisseau. ‖Garde d'épée [espada] ‖Harnachement, m. [cavalo].
guasca f. (gouachca). *Br.* Courroie de cuir. ‖*Br. du S.* Rustre.
Guatemala n. pr. (gouatmála). Guatemala.
Gúdula n. pr. (goudoula). Gudule.
guedelha f. (ghedâyla). Tignasse.
guelra f. (ghêlrra). Branchie, ouïe.
guerr‖a f. (ghêrra). Guerre. ‖Loc. *Dar guerra*, déranger. *Fazer guerra a*, faire* la guerre à. ‖**-ear** vt. (*-e-yar*). Guider, conduire*. *Faire* la guerre à. ‖vi. Guerroyer. ‖**-eiro** m. (*-âyrou*). Guerrier. ‖**-ilha** f. (*-íla*). Guérilla. ‖**-ilheiro** m. (*-âyrou*). Guérillero.
guia‖ f. (ghía). Guide. ‖Bulletin, m. [bagagens]. ‖Branche mère [ramo]. ‖m. Guide. ‖Indicateur [caminho de ferro]. ‖**-dor** m. (*-ôr*). Guide. ‖Guidon [bicicleta].
Guiana n. pr. (gouyâna). Guyane.
gui‖ão m. (ghyãou). Guidon. ‖**-ar** vt. (*-yar*). Guider, conduire*. ‖**-ar-se** vr. (*-ç*). Se conduire*.
Guido m. pr. (ghídou). Guy.
Guilherme n. pr. (ghilêrm). Guillaume.
guilhotin‖a f. (ghilotína). Guillotine. ‖**-ar** vt. (*-ar*). Guillotiner.
guin‖ada f. (ghináda). *Mar.* Embardée. ‖Elancement, m. [dor]. ‖Écart, m. [cavalo]. ‖**-ar** vi. (*-ar*). Embarder (mar.).

guinch‖ar vi. (ghî-*ar*). Glapir. ‖**-o** m. (*-ī-ou*). Glapissement. ‖Treuil [máq.].
guind‖agem f. (ghĩdajãy). Guindage. ‖**-alete** m. (*-alét*). Guinderesse, f. ‖**-ar** vt. (*-ar*). Guinder, hisser. ‖**-ar-se** vr. (*-ç*). Se guinder. ‖**-aste** m. (*-acht*). Grue, f.
guisa f. (ghísa). Guise, manière : *à guisa de*, en guise de.
guis‖ado m. (ghisado). Ragoût. ‖**-ar** vt. (*-ar*). Faire* un ragoût. *Fig.* Arranger, préparer.
guita f. (ghíta). Ficelle.
guitarr‖a f. *(ghitarra). Guitare. ‖**-ada** f. (*-a-áda*). Concert de guitares. ‖**-ista** m. et f. (*-íchta*). Joueur, euse de guitare.
guizo m. (ghízou). Grelot.
gul‖a f. (goula). Gourmandise. ‖**-odice** ou **-osélma** f. (*-oudíç, -zâyma*). Friandise. ‖**-oso, a** adj. (*-ôsou, osa*). Gourmand, ande.
gume m. (goum). Tranchant, coupant.
gumífero, a adj. (goumífero, a). Gummifère.
guri‖ m. (gourí). *Br.* Enfant. ‖**-zada** f. (*-áda*). *Br.* Marmaille (fam.).
gurupés m. (gouroupêch). Beaupré.
gusa f. (gousa). Gueuse (fonte).
gusano m. (gcusánou). Taret.
gusta‖ção f. (gouchtaçãou). Gustation. ‖**-tivo, a** adj. (*-ívou, a*). Gustatif, ive.
Gustavo n. pr. (gouchtavou). Gustave.
gutural adj. (goutourál). Guttural, ale.

H

h m. (agá). H. Abrev. d'*hydrogène*.
hábil adj. (*a-*). Habile.
habili‖dade f. (abl-*ad*). Habileté. ‖**-doso, a** adj. (*-ôsou, osa*). Habile. ‖**-tação** f. (*-açãou*). *Dr.* Habilitation. ‖Aptitude. ‖pl. Connaissances littéraires ou scientifiques. ‖**-tar** vt. (*-ar*). Préparer. ‖Mettre* en état de. ‖*Jurispr.* Habiliter. ‖**-tar-se** vr. (*-ç*). Se préparer. ‖Se mettre* en mesure de. ‖Prendre* un billet de loterie.
habit‖ação f. (a-açãou). Habitation. ‖**-ante** adj. et s. (*-át*). Habitant, ante. ‖**-ar** vt. et vi. (*-ar*). Habiter.
hábito m. (*a-ou*). Habitude, f.

Itálico : acento tónico. ‖V. página verde para a pronúncia figurada. ‖*Verbo irreg. V. no final do livro.

Habit (de relig*ieux*). Croix, f. (d'un ordre militaire). ‖ **Habitus** [aspecto exterior].
habitu‖**al** adj. (*a-ouàl*). Habit*uel, elle*. ‖**-ar** vt. (*-ouar*). Habit*uer*.
Haia n. pr. (*aya*). La Haye.
hálito m. (*a-ou*). Halei*ne*, f.
halo m. (*alou*). Halo.
Hamburgo n. pr. (*àbourgou*). Ham*bourg*.
hangar m. (*àgar*). Hangar (aviation).
hans‖**a** f. (*àça*). Hanse. ‖**-eático, a** adj. (*-ya-ou, a*). Hanséati*que*.
harmonia f. (*armounía*). Harmonie.
harmón‖**ica** f. (*armo-a*). Harmonic*a*, m. ‖**-ico, a** adj. (*-ou, a*). Harmon*ique*. ‖**-io** m. (*-you*). Harmon*ium, petit orgue*.
harmon‖**ioso, a** adj. (*armounyòsou, osa*). Harmoni*eux, euse*. ‖**-izar** vt. (*-ar*). Harmonis*er*.
harp‖**a** f. (*àrpa*). Harp*e*. ‖**-ista** m. et f. (*-a-ichta*). Harp*iste*.
hast‖**a** f. (*achta*). Hast*e* [ant.]. ‖**-pública**, encan, m. ‖Loc. *Vender em hasta pública*, vendre à la criée, aux enchères. ‖**-e** f. (*a-t*). Hampe [bandeira, lança]. ‖ Tige [planta]. ‖ Corne (de taur*eau*). ‖Loc. *A meia haste*, en berne. ‖**-ear** vt. (*-yar*). Hisser, arborer.
haurir vt. (*aourír*). Épuis*er*. ‖ *Fig.* Hum*er*, aspir*er*.
havano m. (*avànou*). Havan*e* (cigare).
haver * ‖ vt. (*avér*). Avoir* (comme auxiliaire). ‖ Loc. *Haver de*, devoir* (suivi d'infinitif). *Haver por*, regarder comme. *Haver por bem*, trouver bon, daigner. ‖ v. impers. Y avoir*. ‖ Loc. *Não há nada como*, il n'est rien de tel que. ‖**--se** vr. (*-ç*). Se conduire*. ‖ Loc. *Haver-se com alguem*, avoir* affaire à quelqu'un. ‖ s. m. *Comm.* Avoir. ‖pl. Avoir, sing.
hebdomadário m. (*è-oumadàryou*). Hebdomada*ire*.
hebr‖**aico, a** adj. (*ibraycou, a*). Hébraï*que*. ‖ s. m. Lang*ue* hébraï*que*, f. ‖**-eu, eia** adj. (*-éou, âya*). Hébr*eu*, hébraï*que*. ‖ s. m. Hébr*eu* (langue des Hébreux).
hectare m. (*è-ar*). Hectar*e*.
hediondo, a adj. (*idyòdou, a*). Hid*eux, euse*, horrible, difforme.

hegemonia f. (*ijemouníα*). Hégémo*nie*.
Heitor n. pr. (*àytòr*). Hector.
Hélada n. pr. (*èlada*). Hellad*e*.
Helena n. pr. (*iléna*). Hélène.
hélice f. (*è-*). Hélic*e*.
helicóptero m. (*è-o-èrou*). Hélicoptè*re*.
hélio m. (*èlyou*). Hélium.
helio‖**gravura** f. (*èlyogravoura*). Héliogravure. ‖**-scópio** m. (*-chcopyou*). Hélioscope. ‖**-terapia** f. (*-èrapia*). Héliothérapi*e*. ‖**-trópio** m. (*-ropyou*). Héliotrope.
hem! interj. (*ày*). Hein!
hemato‖**cele** m. (*èmatocèl*). Hématocèl*e*, f. ‖**-logia** f. (*-oulouji*α). Hématologie.
hemi‖**ciclo** m. (*i-i-ou*). Hémicycle. ‖**-sfério** m. (*-chfèryou*). Hémisphère.
hemo‖**ptise** f. (*imo-iz*). Hémoptysi*e*. ‖**-rragia** f. (*-ourraji*α). Hémorragi*e*. ‖**-rróidas** f. pl. (*-oydach*). Hémorroïd*es*. ‖**-stático, a** adj. et s. m. (*èmochta-ou, a*). Hémostati*que*.
Hendaia n. pr. (*èdaya*). Hendaye.
Henriqu‖**e** n. pr. (*èrric*). Henri. ‖**-eta** n. pr. (*-èta*). Henriette.
hep‖**atalgia** f. (*èpatà-ia*). Hépatalgi*e*. ‖**-ática** f. (*-a-a*). Hépati*que*. ‖**-ático, a** adj. (*-ou, a*). Hépati*que*. ‖**-atite** f. (*-it*). Hépatit*e*.
hera f. (*èra*). Lierre, m.
heráldica f. (*irà-a*). Héraldi*que*.
herança f. (*iràça*). Héritage, m.
herb‖**áceo, a** adj. (*èrbacyou, a*). Herbac*é, ée*. ‖**-ário** m. (*-aryou*). Herbier. ‖**-ivoro, a** adj. et s. m. (*-ivourou, a*). Herbivor*e*. ‖**-orista** m. et f. (*-ichta*). Herborist*e*. ‖**-orizador, a** adj. et s. (*-our-adòr, a*). Herborisat*eur, trice*. ‖**-orizar** vt. (*-ar*). Herboriser, botaniser.
hercúleo, a adj. (*ircouloua, a*). Hercul*éen, enne*.
Hércules n. pr. (*èrcoulèch*). Hercule.
herd‖**ade** f. (*irdad*). Ferme. ‖**-ar** vt. (*-ar*). Hériter. ‖**-eiro, a** m. et f. (*-àyrou, a*). Héritier, *ère*.
hereditariedade f. (*ire-aryédad*). Hérédit*é*. ‖**-ário, a** adj. (*-aryou, a*). Héréditai*re*.
here‖**ge** adj. et s. (*irèj*). Héréti*que*. ‖**-sia** f. (*-esia*). Hérési*e*.

HER — HIR

herético, a adj. (irè-ou, a). Hérétique.
hermético, a adj. (irmè-ou, a). Hermétique.
hérnia f. (èrnya). Hernie.
heról‖ m. (iroy). Héros. ‖**-co, a** adj. (-ou, a). Héroïque.
hero‖**ína** f. (irouína). Héroïne. ‖**-ísmo** m. (-íjmou). Héroïsme.
hertziano, a adj. (èrtzyánou, a). Hertzien, enne.
hesit‖**ação** f. (i-açáou). Hésitation. ‖**-ante** adj. (-át). Hésitant, ante. ‖**-ar** vi. (-ar). Hésiter, être* incertain.
heter‖**ódino, a** adj. (èterò-ou, a). Hétérodyne. ‖**-odoxo, a** adj. et s. m. (-okçou, a). Hétérodoxe. ‖**-ogéneo, a** adj. (-ènyou, a). Hétérogène.
hex‖**aedro** m. (èkçaèdrou). Hexaèdre. ‖**-agonal** adj. (àyzagounàl). Hexagonal, ale. ‖**-ágono** m. (-a-ou). Hexagone. ‖**-âmetro** m. (èkçámetrou). Hexamètre.
hiato m. (yatou). Hiatus.
hibern‖**ação** f. (-ernaçáou). Hibernation. ‖**-al** adj. (-àl). Hibernal, ale. ‖**-ar** vi. (-ar). Hiberner.
híbrido, a adj. (ibr-ou, a). Hybride.
hidrat‖**ar** vi. (-ratar). Hydrater. ‖**-o** m. (-atou). Hydrate.
hidráulico, a adj. et s. f. (-raou-ou, a). Hydraulique.
hídrico, a adj. (ìdr-ou, a). Hydrique.
hidr‖**oaviāo** m. (-roavyáou). Hydravion. ‖**-océfalo, a** adj. et s. m. (-èfalou, a). Hydrocéphale. ‖**-oeléctrico, a** adj. (-ilètr-ou, a). Hydro-électrique. ‖**-ófilo, a** adj. (-o-ou, a). Hydrophile. ‖**-ofobia** f. (-oubía). Hydrophobie. ‖**-ófobo, a** adj. (-o-ou, a). Hydrophobe. ‖**-ogénio** m. (-ènyou). Hydrogène. ‖**-ografia** f. (-rafía). Hydrographie. ‖**-ográfico, a** adj. (-a-ou, a). Hydrographique. ‖**-óide** m. (-oyd). Hydroïde. ‖**-ólise** f. (-o-) Hydrolyse. ‖**-omel** m. (-èl). Hydromel. ‖**-ómetro** m. (-ometrou). Hydromètre. ‖**-ópico, a** adj. (-o-ou, a). Hydropique. ‖**-opisia** f. (-ía). Hydropisie. ‖**-oplano** m. (-ánou). Hydroplane. ‖**-oterapia** f. (-erapía). Hydrothérapie.
hiena f. (yéna). Hyène.

hierarquia f. (yèrarkía). Hiérarchie.
hierático, a adj. (yèra-ou, a). Hiératique.
hieróglifo m. (yèro-ou). Hiéroglyphe.
hífen m. (ifén). Trait d'union.
higi‖**ene** f. (-yèn). Hygiène. ‖**-énico, a** adj. (-ou, a). Hygiénique.
higr‖**ómetro** m. (-rometrou). Hygromètre. ‖**-oscópio** m. (-chcopyou). Hygroscope.
hilar‖**lante** adj. (-aryát). Hilarant, ante. ‖**-idade** f. (-ad). Hilarité.
Hilário n. pr. (-aryou). Hilaire.
Himalaia n. pr. (-alaya). Himalaya.
hímen m. (imén). Hymen.
himeneu m. (-enéou). Hyménée, hymen.
hino m. (inou). Hymne, m. et f.
hiper préf. (-èr). Hyper.
hipérbole f. (-erboulè). Hyperbole.
hiper‖**emia** f. (-emía). Hyperémie. ‖**-estesia** f. (-æchtesía). Hyperesthésie. ‖**-tensão** f. (-èçáou). Hypertension. ‖**-trofia** f. (-roufía). Hypertrophie. ‖**-trofiado, a** adj. (-yadou, a). Hypertrophié, ée.
hípico, a adj. (í-ou, a). Hippique.
hipismo m. (-ìjmou). Hippisme.
hipn‖**ose** f. (-oz). Hypnose. ‖**-ótico, a** adj. et s. m. (-o-ou, a). Hypnotique. ‖**-otizador** adj. et s. m. (-ou-adôr). Hypnotiseur. ‖**-otizar** vt. (-ar). Hypnotiser.
hipocondr‖**ia** f. (-oucôdría). Hypocondrie. ‖**-íaco** m. et s. (-íacou, a). Hypocondriaque.
hipocrisia f. (-oucr-ía). Hypocrisie.
hipócrita adj. et s. (-ocr-a). Hypocrite.
hipódromo m. (-odroumou). Hippodrome.
hipófise f. (-o-). Hypophise.
Hipólito n. pr (-o-ou). Hippolyte.
hipopótamo m. (-opotamou). Hippopotame.
hipotec‖**a** f. (-outèca). Hypothèque. ‖**-ar** vt. (-ecar). Hypothéquer. ‖**-ário, a** adj. (-aryou, a). Hypothécaire.
hipotenusa f. (-otenousa). Hypoténuse.
hipótese f. (-otese). Hypothèse.
hipotético, a adj. (-outè-ou, a). Hypothétique, douteux, euse; incertain, aine.
hirsuto, a adj. (-rzoutou, a). Hirsute.

Itálico: acento tónico. ‖V. página verde para a pronúncia figurada. ‖*Verbo irreg. V. no final do livro.

HIR — HOR 556

hirto, a adj. (írtou, a). Raide, rigide.
hispânico, a adj. (-chpâ-ou, a). Hispanique.
hispanizante m. et f. (-chpa-ãt). Hispanisant, ante.
hissope m. (-op). Goupillon.
história f. (-chtourya). Histoire.
histori‖ado, a adj. (-chtouryadou, a). Historié, ée. ‖**-ador** m. (-adór). Historien. ‖**-ar** vt. (-yar). Raconter en détail. ‖ Historier [enfeitar].
histórico, a adj. (-chtor-ou, a). Historique.
histori‖eta f. (-chtouryéta). Historiette. ‖**-ografia** f. (-ougrafía). Historiographie. ‖**-ógrafo** m. (-o-ou). Historiographe.
hodierno, a adj. (odyèrnou, a). D'aujourd'hui.
hoje adv. (òj). Aujourd'hui.
Holanda n. pr. (ôláda). Hollande.
holandês, esa adj. et s. (ôládech, ésa). Hollandais, aise.
holo‖causto m. (ouloucaouchtou). Holocauste. ‖**-fote** m. (olofot). Projecteur.
homem m. (omãy). Homme : *homem de bem, homem às direitas*, honnête homme.
homen‖agear vt. (omenajyar). Rendre hommage à. ‖**-agem** f. (-ajãy). Hommage, m.
homenz‖arrão m. (omẽzarrãou). Homme grand. ‖**-inho** m. (-ígnou). Petit homme. ‖ Bonhomme [depreciativo].
homeopatia f. (omyopatía). Homéopathie.
homic‖ida f. (ou-ída). Homicide. ‖**-ídio** m. (-ídyou). Homicide (crime).
homiz‖iar vt. (ou-yar). Cacher à l'action de la justice. ‖**-lar-se** vr. (-ç). Se cacher (de la justice). ‖**-lo** m. (-íou). Asile, refuge.
homog‖eneidade f. (omoujenãydad). Homogénéité. ‖**-eneizar** vt. (-ar). Homogénéiser. ‖**-éneo, a** adj. (-ényou, a). Homogène.
homologar vt. (oumoulougar). Homologuer, approuver, confirmer.
homónimo, a adj. et s. m. (oumo-ou, a). Homonyme.
homúnculo m. (ounũcoulou). Homoncule.
honest‖idade f. (ounech-ad). Honnêteté. ‖**-o, a** adj. (-è-ou, a). Honnête.

honor‖abilidade f. (ounoura-ad). Honorabilité. ‖**-ário, a** adj. (-aryou, a). Honoraire. ‖ s. m. pl. Honoraires. ‖**-ífico, a** adj. (-í-ou, a). Honorifique.
Honório n. pr. (ounoryou). Honorius.
honr‖a f. (õrra). Honneur, m. ‖ Loc. *Campo de honra*, champ d'honneur. *Conceder a honra de, faire* l'honneur de. *Em honra de*, en l'honneur de. *Honras fúnebres*, honneurs funèbres. *Palavra de honra*, parole d'honneur. *Pela minha honra*, sur mon honneur. ‖**-adez** f. (-éch). Honnêteté. ‖**-ado, a** adj. (-adou, a). Honoré, ée. ‖ Honnête [digno de honra]. ‖ Honnête [irrepreensível]. ‖**-ar** vt. (-ar). Honorer. ‖**-ar-se** vr. (-ç). S'honorer. ‖**-aria** f. (-aría). Honnneur, m., distinction. ‖**-oso, a** adj. (-ôsou, osa). Honorable.
hora f. (ora). Heure. ‖ Loc. *A estas horas*, à l'heure qu'il est. *A horas certas*, à heure fixe. *Chegou a sua hora*, son heure est venue. *Fazer horas*, passer le temps en attendant. *Fora de horas*, à une heure indue. *Horas canónicas*, heures canoniales. *Nas horas vagas*, aux heures de loisir. *Perguntar as horas*, demander l'heure. *Que horas são?* quelle heure est-il? *São horas*, c'est l'heure. *Ter horas certas*, avoir* l'heure.
Horácio n. pr. (oraçyou). Horace.
horário m. (oraryou). Horaire. ‖ Emploi du temps [escolar].
horda f. (orda). Horde, bande.
horizont‖al adj. (ôr-ôtál). Horizontal, ale. ‖**-e** m. (-ôt). Horizon.
horoscópio ou **horóscopo** m. (orôchcopyou, -ochcoupou). Horoscope.
horr‖endo, a ou **-ífico, a** adj. (ourrèdou, a, -if-ou, a). Affreux, euse. ‖**-ipilante** adj. (-át). Horripilant, ante. ‖**-ipilar** vt. (-ar). Horripiler. ‖**-ível** adj. (-ivèl). Horrible. ‖**-or** m. (-ór). Horreur, f. ‖ *Pop.* Grande quantité. ‖ Loc. *Meter horror, faire* horreur. ‖**-orizar** vt. (-ar). *Faire* horreur à. ‖**-orizar-se** vr. (-ç). Frémir d'horreur. ‖**-oroso, a** adj. (-ôsou, ósa). Horrible, affreux, euse.

Lettres penchées : accent tonique. ‖ V. page verte pour la prononciation figurée. ‖ * Verbe irrég. V. à la fin du volume.

HOR — IDA

hort‖a f. (orta). Jardin potager, m. ‖-aliça f. (-éça). Légumes, m. pl. ‖-elã f. (-elã). Menthe. ‖-elão, oa m. et f. (-ãou, õa). Jardinier, ère; maraîcher, ère. ‖-elã-pimenta f. (-éta). Menthe poivrée. ‖-ense adj. (-éç). Potager, ère. ‖-ênsia f. (-ēcya). Hortensia, m. ‖-icultor m. (-ou-ôr). Horticulteur. ‖-icultura f. (-oura). Horticulture. ‖-o m. (-órtou). Jardin : *horto das Oliveiras*, jardin des Oliviers.

hosped‖agem f. (ôchpdajāy). Logement, m., hébergement, m. ‖-ar vt. (-ar). Héberger. ‖-ar-se vr. (-ç). Se loger. ‖-aria f. (-aría). Hôtellerie.

hóspede m. (ochped). Hôte. ‖Loc. *Casa de hóspedes*, pension, f.

hospedeiro, a adj. (ôchpedáyrou, a). Hospitalier, ère. ‖ s. m. et f. Hôtelier, ère.

hosp‖ício m. (ôchpícyou). Hospice. ‖-ital m. (-ál). Hôpital.

hospital‖ar adj. (ôch-alar). Hospitalier, ère. ‖-eiro, a adj. (-áyrou, a). Hospitalier, ère. ‖-idade f. (-ad). Hospitalité. ‖-ização f. (-açãou). Hospitalisation. ‖-izar vt. (-ar). Hospitaliser.

hoste f. (ocht). Corps (m.) d'armée.

hóstia f. (ochtya). Hostie.

hostil‖ adj. (ôchtíl). Hostile. ‖-idade f. (-ad). Hostilité. ‖-izar vt. (-ar). Traiter hostilement.

hotel‖ adj. (otèl). Hôtel. ‖-eiro, a adj. et s. (otelâyrou, a). Hôtelier, ère.

Hugo n. pr. (ougou). Hugo, Hugues.

hulh‖a f. (oula). Houille. ‖-eira f. (-áyra). Houillère.

hum! interj. (ū̃). Hom!

human‖amente adv. (oumanamēt). Humainement. ‖-idade f. (-ad). Humanité. ‖-ístico, a adj. (-ích-ou, a). Concernant l'humanisme. ‖-itário, a adj. (-aryou, a). Humanitaire. ‖-itarismo m. (-arijmou). Humanitarisme. ‖-izar-se vr. (-arç). S'humaniser. ‖-o, a adj. (-ãnou, a). Humain, aine. ‖ s. m. pl. Humains.

Humberto n. pr. (übèrtou). Humbert.

hum‖edecer vt. (oumedecér). Humecter. ‖-edecer-se vr. (-ç). S'humecter. ‖-idade f. (-ed). Humidité.

húmido, a f. (ou-ou, a). Humide.

humild‖ade f. (ou-ad). Humilité. ‖-e adj. (-í-). Humble.

humilh‖ação f. (ou-laçãou). Humiliation. ‖-ante adj. (-milãt). Humiliant, ante. ‖-ar vt. (-miar). Humilier.

humílimo, a adj. (oumí-ou, a). Très humble.

humo m. (oumou). Humus.

humor m. (oumôr). Humeur, f. : *bom humor*, bonne humeur.

humor‖ado, a adj. (oumourádou, a). U. dans les loc. *bem (mal) humorado*, de bonne (mauvaise) humeur. ‖-ista m. et f. (-ouríchta). Humoriste. ‖-ístico, a adj. (-ích-ou, a). Humoristique.

húngaro, a adj. et s. (ūgarou, a). Hongrois, oise.

Hungria n. pr. (úgria). Hongrie.

hunos m. pl. (ounouch). Huns.

hussardo m. (ouçardou). Hussard.

I

I m. I. ‖Loc. *Pôr os pontos nos ii*, mettre* les points sur les i.

iambo m. (yábou). Iambe.

iate m. (yat). Yacht.

Ibéria n. pr. (-érya). Ibérie.

ibérico, a adj. (-èr-ou, a). Ibérique.

ibero m. (-érou). Ibère.

içar vt. (-ar). Hisser, hausser.

ícaro n. pr. (icarou). Icare.

iconoclasta m. (-ono-achta). Iconoclaste.

ict‖erícia f. (-ericya). Ictère, m., jaunisse. ‖-érico, a adj. (-è-ou, a). Ictérique.

ictiose f. (-yoz). Ichtyose.

ida f. (ída). Aller, m., allée. ‖Loc. *Ida e volta*, aller et retour. *Idas e vindas* (ou *voltas*), allées et venues.

Itálico : acento tónico. ‖V. página verde para a promúncia figurada. ‖*Verbo irreg. V. no final do livro.

idade f. (-ad). Âge, m. ||Loc. *A Idade Média*, le Moyen Âge. *De meia idade*, entre deux âges. *Estar na idade de, être* en âge de. Ter vinte anos de idade, être* âgé de vingt ans.
ide||**ação** f. (-yaçãou). Idéation. ||**-al** adj. et s. m. (-yàl). Idéal, ale. ||**-alidade** f. (-a-ad). Idéalité. ||**-alismo** m. (-ijmou). Idéalisme. ||**-alista** adj. et s. (-ichta). Idéaliste. ||**-alização** f. (-açãou). Idéalisation. ||**-alizar** vt. (-ar). Idéaliser. ||**-ar** vt. (-yar). Imaginer. ||Projeter. ||**-ável** adj. (-avèl). Imaginable, concevable.
ideia f. (-àya). Idée. ||Loc. *Fazer ideia*, s'imaginer.
idêntic||**amente** adv. (-ê-a-èt). Identiquement. ||**-o, a** adj. (-ê-ou, a). Identique.
identi||**dade** f. (-ê-ad). Identité. ||**-ficar** vt. (-ar). Identifier. ||**-ficar-se** vr. (-ç). S'identifier.
ideo||**logia** f. (-youloujía). Idéologie. ||**-lógico, a** adj. (-o-ou, a). Idéologique. ||**-logista** m. (-oujíchta). Idéologue.
idil||**ico, a** adj. (-íl-ou, a). Idyllique. ||**-io** m. (-you). Idylle.
idioma m. (-yóma). Idiome. ||**-ático, a** adj. (-ouma-ou, a). Idiomatique.
idiossincrasia f. (-youcicrasía). Idiosyncrasie.
idiot||**a** adj. et s. (-yota). Idiot, ote. ||**-ia** m. (-outía). Idiotie. ||**-ice** f. (-iç). Idiotie. ||**-ismo** m. (-ijmou). Idiotisme.
idólatra adj. et s. (-olatra). Idolâtre. ||**-tre** f. Idolâtrie. ||**-ia** f. (-ía). Idolâtrie.
ídolo m. (-idoulou). Idole, f.
id||**oneidade** f. (-ônâydad). Capacité. ||**-ôneo, a** adj. (-onyou, a). Apte.
idoso, a adj. (-ôsou, ôsa). Âgé, ée.
igareté m. (-aretè). Br. Pirogue, f.
ignaro, a adj. (ighnarou, a). Ignare.
ignavo, a adj. (ighnyou, a). Lâche.
ígneo, a adj. (ighnyou, a). Igné, ée.
ign||**escente** adj. (ighnèchèt). Ignescent, ente. ||**-ição** f. (-ãou). Ignition. ||**-ívoro, a** adj. (-ívourou, a). Ignivore.
ignóbil adj. (ighno-). Ignoble.
ignom||**ínia** f. (ighnouménya). Ignominie. ||**-inioso, a** adj. (-yôsou, osa). Ignominieux, euse.

ignor||**ância** f. (ighnourācya). Ignorance. ||**-antão** m. (-àtãou). Grand ignorant. ||**-ante** adj. et s. (-àt). Ignorant, ante. ||**-ar** vt. (-ar). Ignorer.
ignoto, a adj. (ighnotou, a). Inconnu, ue.
igreja f. (-ràyja). Église.
igual|| adj. (-ouàl). Égal, ale. ||Loc. *De igual para igual*, également. *Sem igual*, sans pareil. ||**-ar** vt. et vi. (-alar). Égaler, égaliser. ||**-dade** f. (-à-ad). Égalité. ||**-ha** f. (-ala). Rang, m. ||Loc. *Os da minha igualha*, mes pareils. ||**-itário, a** adj. (-al-aryou, a). Égalitaire. ||**-mente** adv. (-à-èt). Également. ||**-zinho, a** adj. (-ignou, a). Tout à fait pareil, eille.
iguaria f. (-ouaría). Mets, m.
ilaquear vt. (-akyar). Enchaîner. ||vi. Tomber dans un piège.
ile||**gal** adj. (-egàl). Illégal, ale. ||**-gítimo, a** adj. (-ít-ou, a). Illégitime. ||**-gível** adj. (-ivèl). Illisible. ||**-so, a** adj. (-èsou, a). Indemne. ||**-trado, a** adj. (-etradou, a). Illettré, ée.
ilha f. (íla). Île.
ilh||**al** m. (ilàl). Flanc. ||**-arga** f. (-arga). Flanc, m., côté, m. ||Éclisse (d'un violon) [violino]. ||Hanche [anca].
ilh||**éu** m. (ilèou). Insulaire. ||**-oa** f. (-ôa). Insulaire.
ilhó m. et f. (ilo). Œillet, m. (trou).
ilíaco, a adj. (-íacou, a). Iliaque. ||s. m. Os iliaque.
ilib||**ado, a** adj. (-adou, a). Déclaré, ée innocent ente. ||**-ar** vt. (-ar). Innocenter, déclarer innocent, ente.
iliberal adj. (-eràl). Illibéral, ale.
ilícito, a adj. (-iç-ou, a). Illicite.
ilimitado, a adj. (-adou, a). Illimité, ée ; sans limites, sans bornes.
Ilíria n. pr. (-írya). Illyrie.
ilógico, a adj. (-o-ou, a). Illogique.
ilogismo m. (-oujíjmou). Illogisme.
iludir vt. (-oudír). Tromper ; éluder.
ilumin||**ação** f. (-ou-açãou). Illumination. ||Éclairage, m. [a gás, etc.]. ||**-ar** vt. (-ar). Illuminer. ||Éclairer [a gás, etc.]. ||Enluminer [livro]. ||**-ativo, a** adj. (-atívou, a). Illuminatif, íve. ||**-ura** f. (-oura). Enluminure.

Lettres penchées : accent tonique. ||V. page verte pour la prononciation figurée. ||* Verbe irrég. V. à la fin du volume.

ILU — IMP

Ilus‖ão f. (-ousãou). Illusion. ‖-ionismo m. (-ounĵimou). Illusionnisme. ‖-ionista m. (-ichta). Illusionniste. ‖-ivo, a adj. (-ivou, a). Illusoire. ‖-o, a adj. (-ousou, osa). Illusionné, ée. ‖-ório, a adj. (-oryou, a). Illusoire.

Ilustr‖ação f. (-ouchtraçãou). Illustration. ‖ Savoir, m., instruction. ‖-ado, a adj. (-adou, a). Instruit, uite. ‖Illustré, ée [obra]. ‖-ar vt. (-ar). Illustrer. ‖Instruire*, enseigner. ‖-e adj. (-ou-r). Illustre.

Imã m. (ĩmã). Br. Aimant.

Imaculado, a adj. (-acouladou, a). Immaculé, ée.

Imagem f. (-ajãy). Image.

Imagin‖ação f. (-a-açãou). Imagination. ‖-ar vt. (-ar). Imaginer. ‖S'imaginer [pensar]. ‖-ar-se vr. (-ç). S'imaginer. ‖-ário, a adj. (-aryou, a). Imaginaire. ‖-ativa f. (-ativa). Imaginative. ‖-ativo, a adj. (-ou, a). Imaginatif, íve. ‖ Appréhensif, íve. ‖-oso, a adj. (-ôsou, osa). Plein, eine d'imagination.

Imaleável adj. (-alyavèl). Qui n'est pas malléable.

Iman m. (ĩman). Aimant.

Imaterial adj. (-atryàl). Immatériel, elle. ‖-izar vt. (-ar). Immatérialiser.

Imbecil adj. (ĩbecil). Imbécile.

Imberbe adj. (ĩbèrb). Imberbe.

Imbróglio m. (ĩbro-ou). Imbroglio.

Imbu‖ído, a adj. (ĩbouidou, a). Imbu, ue. ‖-ir* vt. (-ir). Imprégner, pénétrer.

Imedia‖ção f. (-edyaçãou). Proximité. ‖pl. Abords, m. ‖-tamente adv. (-atamêt). Immédiatement, sur-le-champ. ‖-to, a adj. (-yatou, a). Immédiat, ate. ‖s. m. Second (mar.).

Imemor‖ável ou -ial adj. (-emouravèl, -yàl). Immémorable, immémorial, ale.

Imens‖idade f. (-ē-ad). Immensité. ‖-idão f. (-ãou). Immensité. ‖-o, a adj. (-êçou, a). Immense. ‖-urável adj. (-ouravèl). Immensurable.

Imerecido, a adj. (-erecidou, a). Immérité, ée.

Imergir‖ vt. (-erjir). Immerger. ‖vi. S'immerger. ‖- -se vr. (-ç). Se plonger.

Imérito, a adj. (-èr-ou, a). Immérité, ée.

Imers‖ão f. (-erçãou). Immersion. ‖-ivo, a adj. (-ivou, a). Immersif, íve. ‖-o, a adj. (-è-ou, a). Immergé, ée.

Imigr‖ação f. (-raçãou). Immigration. ‖-ante adj. et s. (-ãt). Immigrant, ante. ‖-ar vi. (-ar). Immigrer.

Imin‖ência f. (-ēcya). Imminence. ‖-ente adj. (-êt). Imminent, ente.

Imiscuir-se* vr. (-chcouirç). S'immiscer.

Imit‖ação f. (-açãou). Imitation : à imitação de, à l'imitation de. ‖-ador, a adj. et s. (-or, a). Imitateur, trice. ‖-ar vt. (-ar). Imiter. ‖-ativo, a adj. (-ativou, a). Imitatif, íve.

Imobil‖iário, a adj. (-ou-yaryou, a). Immobilier, ère. ‖s. m. Immeuble. ‖-idade f. (-ad). Immobilité. ‖-ização f. (-açãou). Immobilisation. ‖-izar vt. (-ar). Immobiliser. ‖-izar-se vr. (-ç). S'immobiliser.

Imoder‖ação f. (-ouderaçãou). Immodération. ‖-ado, a adj. (-adou, a). Immodéré, ée.

Imod‖éstia f. (-oudèchtya). Immodestie. ‖-esto, a adj. (-ou, a). Immodeste.

Imódico, a adj. (-o-ou, a). Excessif, íve.

Imol‖ação f (-oulaçãou). Immolation. ‖-ar vt. (-ar). Immoler.

Imoral‖ adj. (-ourài). Immoral, ale. ‖-idade f. (-a-ad). Immoralité.

Imóvel adj. (-ovèl). Immobile. ‖s. m. pl. Immeubles, biens immeubles.

Impaci‖ência f. (ipacyêcya). Impatience. ‖-entar vt. (-ar). Impatienter. ‖-entar-se vr. (-ç). S'impatienter. ‖-ente adj. (-êt). Impatient, ente.

Impacto m. (ĩpaktou). Impact.

Im‖pagável adj. (ĩpagavèl). Impayable. ‖-palpável adj. (-àavèl). Impalpable.

Impar adj. (ĩpar). Impair, aire.

Impar‖cial adj. (ĩparcyàl). Impar-

Itálico : acento tónico. ‖V. página verde para a pronúncia figurada. ‖*Verbo irreg. V no final do livro.

tial, ale. ‖-cialidade f. (-a-ad). Impartialité.
impass‖ibilidade f. (ipa-bl-ad). Impassibilité. ‖-ível adj. (-ível). Impassible, insensible.
impávido, a adj. (ipa-ou, a). Impavide.
impecável adj. (ipecável). Impeccable.
imped‖ido, a adj. (ipedídou, a). Empêché, ée. ‖s. m Mil. Brosseur, ordonnance. ‖-imento m. (-étou). Empêchement. ‖-ir* vt. (-ír). Empêcher.
impelir* vt. (ipelír). Pousser.
impend‖ente adj. (ipêdêt). Imminent, ente. ‖-er vi. (-ér). Être* imminent, ente.
impenetrável adj. (ipenetravèl). Impénétrable.
impenit‖ência f. (ipe-êcya). Impénitence. ‖-ente adj. (-êt). Impénitent, ente.
impens‖ado, a adj. (ipêçadou, a). Irréfléchi, ie. ‖-ável adj. (-avèl). Qui ne peut être pensé.
imper‖ador m. (iperadór). Empereur. ‖-ar vi. (-ar). Régner. ‖-ativo, a adj. et s. m. (-atívou, a). Impératif, ive. ‖-atório, a adj. (-oryou, a). Impérial, ale. ‖-atriz f. (-rich). Impératrice.
imperceptível adj. (ipercetível). Imperceptible.
imperdoável adj. (iperdouavèl). Impardonnable.
imperecível adj. (iperecívèl). Impérissable.
imperf‖eição f. (iperfàyçáou). Imperfection. ‖-eito, a adj. et s. m. (-dytou, a). Imparfait, aite.
imperi‖al adj. (iperyál). Impérial, ale. ‖-alismo m. (-alíjmou). Impérialisme. ‖-alista adj. et s. (-íchta). Impérialiste.
impericia f. (ipericya). Impéritie.
império m. (ipéryou). Empire. ‖ Fig. Arrogance, f., hauteur, f.
imperioso, a adj. (iperyósou, ósa). Impérieux, euse.
imperito, a adj. (iperitou, a). Inhabile, malhabile.
imperme‖abilizar vt. (ipermya-ar). Imperméabiliser. ‖-ável adj. et s. m. (-yavèl). Perméable.
imper‖mutável adj. (ipermoutavèl). Impermutable. ‖-scrutável adj. (-chcroutavèl). Inscrutable. ‖-sistente adj. (-chtêt). Qui n'est pas persistant, ante.
impertin‖ência f. (iper-êcya). Impertinence. ‖-ente adj. (-êt). Impertinent, ente; inconvenant, ante. ‖ Hargneux, euse [quezilento].
imperturbável adj. (ipertourbavèl). Imperturbable.
impessoal adj. (ipeçouàl). Impersonnel, elle.
ímpeto m. (ipetou). Impétuosité, f. ‖ Loc. Dum impeto, soudainement.
impetrar vt. (ipetrar). Prier.
impetuos‖idade f. (ipetouou-ad). Impétuosité. ‖-o, a adj. (-ósou, osa). Impétueux, euse.
impied‖ade f. (ipyédad). Impiété. ‖-oso, a adj. (-ósou, osa). Impitoyable.
impigem f. (ipíjày). Dartre.
impingir vt. (ipijír). Faire* avaler; vendre cher.
impio, a adj. (ipyou, a). Impie.
implacável adj. (i-acavèl). Implacable.
implant‖ação f. (i-átaçáou). Implantation. ‖-ar vt. (-ar). Implanter.
implicar‖ vt. (i-ar). Impliquer. ‖ Entraîner [acarretar]. ‖ Embarrasser. ‖ vi. Impliquer. ‖ Taquiner [arreliar]. ‖ -se vr. (-ç). S'engager.
impl‖icitamente adv. (i-amêt). Implicitement. ‖-ícito, a adj. (-íç-ou, a). Implicite.
implor‖ação f. (i-ouraçáou). Imploration. ‖-ar vt. (-ar). Implorer.
implume adj. (-i-oum). Sans plume.
impol‖idez f. (ipou-éch). Impolitesse. ‖-ido, a adj. (-ídou, a). Impoli, ie.
impolitico, a adj. (ipoulí-ou, a). Impolitique.
imponder‖ado, a adj. (ipôderadou, a). Impondéré, ée. ‖-ável adj. et s. m. (-avèl). Impondérable.
impon‖ência f. (iponêcya). Magnificence. ‖-ente adj. (-êt). Imposant, ente.
impopular‖ adj. (ipoupoular). Impopulaire. ‖-idade f. (-a-ad). Impopularité.
impor‖* vt. (ipôr). Imposer. ‖ vi. En imposer, tromper. ‖ -se vr. (-ç). S'imposer.
import‖ação f. (ipourtaçáou). Impor-

Lettres penchées : accent tonique. ‖V. page verte pour la prononciation figurée. ‖* Verbe irrég. V. à la fin du volume.

IMP — IMP

tation. ‖-**ador, a** adj. et s. (-adôr, a).
Importateur, trice. ‖-**ância** f. (-âcya).
Importance. ‖**Montant**, m. [de factura]. ‖**Somme** [quantia]. ‖Loc.
Ligar importância, attacher de l'importance. *Na importância de*, au montant de. ‖-**ante** adj. (-ât).
Important, ante. ‖-**ar** vt. (-ar).
Importer. ‖vi. **Importer** : *não importa*, n'importe; *que importa?* qu'importe? ‖Monter [custar]. ‖-**ar-se** vr. (-ç). Se soucier. ‖-**ável** adj. (-avèl). **Importable**.
importun‖**ação** f. (ipourtounaçãou).
Importunité. ‖-**ar** vt. (-ar). **Importuner**. ‖-**o, a** adj. (-ounou, a).
Importun, une.
imposição f. (ipou-ãou). **Imposition**.
imposs‖**ibilidade** f. (ipou-bl-ad).
Impossibilité. ‖-**ibilitar** vt. (-ar).
Rendre impossible. ‖**Mettre*** dans l'impossibilité. ‖-**ível** adj. (-ivèl).
Impossible.
imposto m. (ipôchtou). **Impôt** : *imposto de rendimento*, impôt sur le revenu.
impost‖**or** m. (îpouchtôr). **Imposteur**. ‖-**ura** f. (-oura). **Imposture**.
impotável adj. (ipoutavèl). **Impotable**.
impot‖**ência** f. (ipoutêcya). **Impuissance**; impotence. ‖-**ente** adj. (-êt).
Impuissant, ante. ‖adj. et s. **Impotent**, ente.
impraticável adj. (ipra-avèl). **Impraticable**.
imprec‖**ação** f. (iprecaçãou). **Imprécation**. ‖-**ar** vi. (-ar). **Maudire** (prononcer des imprécations).
impregn‖**ação** f. (îpreghnaçãou).
Imprégnation. ‖-**ar** vt. (-ar). **Imprégner**.
imprens‖**a** f. (îprêça). **Imprimerie**.
‖**Presse** [arte]. ‖-**ar** vt. (-ar).
Imprimer.
impres‖**cindível** adj. (îprechcîdivèl).
Indispensable. ‖-**critível** adj. (-r-ivèl). **Imprescriptible**.
impress‖**ão** f. (îpreçãou). **Impression**. ‖-**ionante** adj. (-ounât). **Impressionnant**, ante. ‖-**ionar** vt. (-ar).
Impressionner. ‖-**ionar-se** vr. (-ç).
S'impressionner. ‖-**ionável** adj.
(-avèl). **Impressionnable**. ‖-**o, a** adj.
et s. m. (-êçou, a). **Imprimé**, ée.
‖-**or** m. (-eçôr). **Imprimeur**.

impretrível adj. (îpreterível). **Indéclinable, inévitable**.
imprevi‖**dência** f. (îpre-êcya).
Imprévoyance. ‖-**dente** adj. (-êt).
Imprévoyant, ante. ‖-**são** f. (-ãou).
Imprévision. ‖-**sível** adj. (-ivèl).
Imprévisible. ‖-**sto, a** adj. (-ichtou, a). **Imprévu**, ue.
imprim‖**ar** vt. (ipr-ar). **Imprimer** (la toile). ‖-**ir** vt. (-ir). **Imprimer**.
impro‖**babilidade** f. (iproubabl-ad).
Improbabilité. ‖-**bidade** f. (-ad).
Improbité. ‖-**cedente** adj. (-edêt).
Mal fondé, ée. ‖-**dutivo, a** adj.
(-outivou, a) **Improductif**, ive.
‖-**fícuo, a** adj. (-icouou, a). **Improfitable**. ‖-**pério** m. (-èryou). **Affront, injure**. ‖**Liturg**. **Impropère**.
impr‖**opriamente** adv. (îpropryamêt).
Improprement. ‖-**óprio, a** adj. (-o-ou, a). **Impropre**. ‖**Malséant**, ante [indecente].
improrrogável adj. (îprourrougavèl).
Improrogeable.
improvável adj. (îprouvavèl). **Improbable**.
improvis‖**ação** f. (îprou-açãou).
Improvisation. ‖-**ar** vt. (-ar). **Improviser**. ‖-**o, a** adj. (-isou, a). **Imprévu**, ue. ‖s. m. **Improvisation**, f.,
impromptu. ‖**Loc.** *De improviso*, à l'improviste.
prud‖**ência** f. (îproudêcya). **Imprudence**. ‖-**ente** adj. et s. (-êt). **Imprudent**, ente.
impúbere adj. (îpouber). **Impubère**.
impudente adj. (îpoudêt). **Impudent**, ente.
impud‖**ico, a** adj. (îpoudicou, a).
Impudique. ‖-**or** m. (-ôr). **Impudeur**, f.
impugn‖**ar** vt. (îpoughnar). **Attaquer**. ‖-**ável** adj. (-avèl). **Réfutable**.
impuls‖**ão** f. (îpou-ãou). **Impulsion**.
‖-**ionar** vt. (-ounar). **Pousser**. ‖-**ivo, a** adj. (-ivou, a). **Impulsif**, ive. ‖-**o** m. (-ou-ou). **Impulsion**, f.
impun‖**ir** vt. (îpoun). **Impuni**, ie.
‖-**idade** f. (-ad). **Impunité**.
impur‖**eza** f. (ipouréza). **Impureté**.
‖*Fig.* **Souillure**. ‖-**o, a** adj. (-ourou, a). **Impur**, ure. ‖*Fig.* **Infâme**, impudique.
imput‖**ação** f. (îpoutaçãou). **Imputation**. ‖-**ar** vt. (-ar). **Imputer**.
‖-**ável** adj. (-avèl). **Imputable**.

Itálico : acento tônico. ‖V. página verde para a pronúncia figurada. ‖*Verbo irreg. V. no final do livro.

Imputrescível adj. (ĩpoutrechcível). Imputrescible.

imund‖ície f. (-ūdí-e). Immondice. ‖**-o, a** adj. (-ūdou, a). Immonde.

imun‖e adj. (-oun). Exempt, empte. ‖**-idade** f. (-ad). Immunité. ‖**-ização** f. (-açãou). Immunisation. ‖**-izar** vt. (-ar). Immuniser.

imutável adj. (-outavèl). Immuable.

inabalável adj. (-abalavèl). Inébranlable, solide. ‖*Fig.* Ferme, constant, ante.

inábil adj. (-a-). Inhabile.

inabil‖idade f. (-abil-ad). Inhabileté. ‖**-tar** vt. (-ar). Rendre inhabile.

inabit‖ado, a adj. (-a-adou, a). Inhabité, ée. ‖**-ável** adj. (-avèl). Inhabitable.

inacção f. (-açãou). Inaction.

ina‖ceitável adj. (-açaytavèl). Inacceptable. ‖**-cessível** adj. (-ecivèl). Inaccessible. ‖**-creditável** adj. (-re-avèl). Incroyable, extraordinaire.

inactiv‖idade f. (-at-ad). Inactivité. ‖**-o, a** adj. (-ívou, a). Inactif, ive.

inad‖equado, a adj. (-adecouadou, a). Inadéquat, ate. ‖**-iável** adj. (-yavèl). Inajournable. ‖**-missível** adj. (-ívèl). Inadmissible.

inadvert‖ência f. (-a-ertécya). Inadvertance. ‖**-idamente** adv. (-amẽt). Par inadvertance, par mégarde.

inal‖ação f. (alaçãou). Inhalation. ‖**-ador** m. (-ór). Inhalateur. ‖**-ar** vt. (-ar). Inhaler.

inalienável adj. (-alyenavèl). Inaliénable.

inalter‖ado, a adj. (-à-eradou, a). Inaltéré, ée. ‖**-ável** adj. (-avèl). Inaltérable.

inambu f. (-ãbou). *Br.* Espèce de perdrix.

inamovível adj. (-amouvível). Inamovible.

inane adj. (-ân). Vain, aine.

inanim‖ado, a adj. (-a-adou, a). Inanimé, ée; sans vie.

inapelável adj. (-aplavèl). Sans appel, dont on ne peut appeler.

inaplic‖ável adj. (-avèl). Inapplicable, qui ne peut être appliqué, ée.

inapreciável adj. (-aprecyavèl). Inappréciable.

inapt‖idão f. (-a-ãou). Inaptitude. ‖**-o, a** adj. (-a-ou, a). Inapte.

inarticulado, a adj. (-ar-ouladou, a). Inarticulé, ée.

inatacável adj. (-atacavèl). Inattaquable.

inatingível adj. (-atījivèl). Qu'on ne peut atteindre.

inato, a adj. (-atou, a). Inné, ée.

inau‖dito, a adj. (-aouditou, a). Inouï, ïe. ‖**-dível** adj. (-ivèl). Inaudible.

inaugur‖ação f. (-aougouraçãou). Inauguration. ‖**-al** adj. (-àl). Inaugural, ale. ‖**-ar** vt. (-ar). Inaugurer.

inavegável adj. (-avegavèl). Innavigable.

incalculável adj. (ĩcà-oulavèl). Incalculable.

incandes‖cência f. (ĩcãdechcẽcya). Incandescence. ‖**-cente** adj. (-ẽt). Incandescent, ente. ‖**-er** vt. (-ér). Rendre incandescent.

incansável adj. (ĩcãçavèl). Infatigable.

incap‖acidade f. (ĩcapa-ad). Incapacité. ‖**-acitar** vt. (-ar). Rendre incapable. ‖**-az** adj. (-ach). Incapable.

incauto, a adj. (ĩcaoutou, a). Imprudent, ente. ‖*Fig.* Simple, naïf, ïve.

incend‖iar vt. (ĩcẽdyar). Incendier. ‖**-iar-se** vr. (-ç). S'embraser. ‖**-iário, a** adj. et s. (-yaryou, a). Incendiaire.

incêndio m. (ĩcẽdyou). Incendie.

incens‖ação f. (ĩcẽçaçãou). Encensement, m. ‖**-ar** vt. (-ar). Encenser. ‖**-ário** m. (-aryou). Encensoir. ‖**-o** m. (-ẽçou). Encens.

incentivo m. (ĩcẽtivou). Stimulant.

incert‖eza f. (ĩcertéza). Incertitude. ‖**-o, a** adj. (-è-ou, a). Incertain, aine.

incessante adj. (ĩceçãt). Incessant, ante.

incest‖o m. (ĩcèchtou). Inceste. ‖**-uoso, osa** adj. (-e-ouóSou, osa). Incestueux, euse.

inch‖ação f. ou **-aço** m. (ĩ-açãou, -açou). Enflure, f. ‖**-ado, a** adj. (-adou, a). Enflé, ée. ‖**-ar** vt. et vi. (-ar). Enfler, gonfler.

incid‖ência f. (ĩ-ẽcya). Incidence. ‖**-ente** adj. et s. m. (-ẽt). Incident,

---

Lettres penchées : accent tonique. ‖V. page verte pour la prononciation figurée. ‖* Verbe irrég. V. à la fin du volume.

ente. ‖-**ir** vi. (-*ir*). Tomber sur, frapper.
inciner‖**ação** f. (ĭ-*eração*u). Incinération. ‖-**ar** vt. (-*ar*). Incinérer.
incipiente adj. (ĭ-*yêt*). Qui commence.
incis‖**ão** f. (ĭ-*ão*u). Incision. ‖-**ivo, a** adj. (-*ivou, a*). Incisif, ive. ‖ s. m. Incisive, f. ‖-**o, a** adj. (-*ísou, a*). Incisé, ée. ‖ s. m. Incise, f.
incit‖**ação** f. (ĭ-*ação*u). Incitation. ‖-**ador, a** adj. et s. (-*ôr, a*). Incitateur, trice. ‖-**amento** m. (-*ẽto*u). Incitation, f. ‖Stimulant. ‖-**ante** adj. (-*ãt*). Incitant, ante. ‖-**ar** vt. (-*ar*). Inciter. ‖-**ativo, a** adj. (-*ativou, a*). Incitatif, ive.
incivil‖ adj. (ĭ-*il*). Incivil, *ile*. ‖-**idade** f. (-*ad*). Incivilité.
inclem‖**ência** f. (ĭ-*emẽcya*). Inclémence. ‖-**mente** adj. (-*ẽt*). Inclément, ente.
inclin‖**ação** f. (ĭ-*ação*u). Inclinaison. ‖ Inclination, penchant, m. [tendência]. ‖-**ado, a** adj. (-*adou, a*). Incliné, ée. ‖-**ar** vt. et vi. (-*ar*). Incliner, pencher. ‖-**ar-se** vr. (-*ç*). S'incliner, se pencher.
inclu‖**indo** (ĭ-*ouĭdou*). Y compris. ‖-**ir*** vt. (-*ir*). Inclure*, renfermer. ‖-**são** f. (-*ão*u). Inclusion. ‖-**sivamente** ou **-sive** adv. (-*amêt*, -*ivè*). Y compris. ‖-**so, a** adj. (-*ousou, a*). Inclus, use.
incobrável adj. (ĭ*coubrav*èl). Irrecouvrable.
incoer‖**ência** f. (ĭ*couerẽcya*). Incohérence. ‖-**ente** adj. (-*ẽt*). Incohérent, ente ; sans liaison.
incógn‖**ita** f. (ĭ*coghn-a*). Inconnue. ‖-**ito, a** adj. (-*ou, a*). Inconnu, ue. ‖ s. m. Incognito.
incolor adj. (ĭ*coulôr*). Incolore.
incólume adj. (ĭ*coloum*). Sain, *aine*, et sauf, *auve*; intact, acte ; en bon état.
incombustível adj. (ĭ*couboucht*ivèl). Incombustible.
incom‖**ensurável** adj. (ĭ*coumeçouravèl*). Incommensurable. ‖-**ensuravelmente** adv. (-*ẽt*). Incommensurablement.
incomod‖**ado, a** adj. (ĭ*coumoudadou, a*). Incommodé, ée. Gêné, ée [pouco à vontade]. ‖-**ar** vt. (-*ar*). Incommoder. ‖ Déranger [perturbar].

‖-**ar-se** vr. (-*ç*). S'incommoder. ‖Se déranger. ‖-**ativo, a** adj. (-*ativou, a*). Incommodant, ante. ‖-**idade** f. (-*ad*). Incommodité, gêne.
incómod‖**o** m. (ĭ*coumoudou*). Incommodité, f. ‖ Loc. *Dar-se ao incómodo de*, se donner la peine de. ‖-**o, a** adj. (-*a*). Incommode, fâcheux, *euse*; gênant, ante.
incomparável adj. (ĭ*cõparav*èl). Incomparable.
incompat‖**ibilidade** f. (ĭ*cõpa*-bl-*ad*). Incompatibilité. ‖-**ibilizar** vt. (-*ar*). Rendre incompatible. ‖-**ível** adj. Incompatible.
incompet‖**ência** f. (ĭ*cõpetẽcya*). Incompétence. ‖-**ente** adj. (-*ẽt*). Incompétent, ente.
incompleto, a adj. (ĭ*cõ-ẽtou, a*). Incomplet, ète ; inachevé, ée.
incomportável adj. (ĭ*cõpourtav*èl). Insupportable, intolérable.
incompreen‖**dido, a** adj. (ĭ*cõpryẽdidou, a*). Incompris, ise. ‖-**são** f. (-*ão*u). Incompréhension. ‖-**sível** adj. (-*ivèl*). Incompréhensible, inintelligible.
incomunic‖**abilidade** f. (ĭ*coumou*-*abl-ad*). Incommunicabilité. ‖-**ável** adj. (-*avèl*). Incommunicable.
incomutável adj. (ĭ*coumoutav*èl). Incommutable.
incon‖**cebível** adj. (ĭ*cõceb*ivèl). Inconcevable. ‖-**ciliável** adj. (-*ya*vèl). Inconciliable. ‖-**cusso, a** adj. (-*ouçou, a*). Inébranlable ; incorruptible.
incondicion‖**ado, a** adj. (ĭ*cõ-ou*nadou, a). Incondítionné, ée. ‖-**al** adj. (-*àl*). Inconditionnel, *elle*.
inconfess‖**ável** adj. (ĭ*cõfeçavèl*). Inavouable. ‖-**o, a** adj. (-*èçou, a*). Qui n'avoue pas son crime. ‖ Déconfès, esse.
inconfid‖**ência** f. (ĭ*cõ-ẽcya*). Indiscrétion. ‖-**ente** adj. (-*ẽt*). Indiscret, ète. ‖Infidèle.
inconfundível adj. (ĭ*cõfũd*ivèl). Qui ne peut être confondu, ue.
incongru‖**ência** f. (ĭ*cõgrouẽcya*). Incongruité. ‖-**ente** adj. (-*ẽt*). Incongru, ue.
inconsci‖**ência** f. (ĭ*cõchcyẽcya*). Inconscience. ‖-**encioso, a** adj. (-*yôsou, osa*). Inconscieneieux, *euse*.

Itálico : acento tónico. ‖V. página verde para a pronúncia figurada. ‖*Verbo irreg. V. no final do livro.

INC — IND

‖**-ente** adj. et s. (-yēt). Inconscient, ente.
Inconsequ‖ência f. (īcõcecouēcya). Inconséquence. ‖**-ente** adj. (-ouēt). Inconséquent, ente.
Inconsider‖ação f. (īcõ-eraçāou). Inconsidération. ‖**-ado, a** adj. (-adou, a). Inconsidéré, ée; étourdi, ie.
Inconsist‖ência f. (īcõ-chtēcya). Inconsistance. ‖**-ente** adj. (-ēt). Inconsistant, ante.
Inconsolável adj. (īcõçoulavèl). Inconsolable.
Inconstitucional adj. (īcõch-ou-ounál). Inconstitutionnel, elle.
Inconsútil adj. (īcõçou-). Sans coutures.
Incontável adj. (īcōtavèl). Incomptable, innombrable.
Inconteste adj. (īcōtechtadou, a). Incontesté, ée. ‖**-ável** adj. (-avèl). Incontestable.
Incontin‖ência f. (īcõ-ēcya). Incontinence. ‖**-ente** adj. (-ēt). Incontinent, ente; immodéré, ée.
Incontrastável adj. (īcōtrachtavèl). Irréfutable, incontestable.
Inconven‖iência f. (īcõvenyēcya). Inconvenance. ‖**-ente** adj. (-yēt). Inconvenable. ‖s. m. Inconvénient.
Inconver‖sível ou **-tível** adj. (īcõversivèl, -t-). Inconversible, inconvertible.
Incorpor‖ação f. (īcourpouraçāou). Incorporation. ‖**-ar** vt. (-ar). Incorporer. ‖vt. Prendre* du corps. ‖**-ar-se** vr. (-ç). S'incorporer.
Incorpóreo, a adj. (īcourporyou, a). Incorporel, elle.
Incorr‖ecção f. (īcourrèçāou). Incorrection. ‖**-ecto, a** adj. (-étou, a). Incorrect, ecte. ‖**-er** vi. (-ér). Encourir*. ‖Synt. Incorrer em, encourir* (quelque chose). ‖**-igível** adj. (-ivèl). Incorrigible. ‖**-uptível** adj. (-outivèl). Incorruptible. ‖**-upto, a** adj. (-outou, a). Incorrompu, ue. ‖Fig. Intègre.
Incred‖ibilidade f. (īcre-bl-ad). Incrédibilité. ‖**-ulidade** f. (-ou-ad). Incrédulité.
incrédulo, a adj. et s. (īcrèdoulou, a). Incrédule.
incremento m. (īcremētou). Développement. ‖Gramm. Crément. ‖Loc. Dar incremento a, développer.

Increp‖ação f. (īcrepaçāou). Réprimande, semonce. ‖**-ar** vt. (-ar). Réprimander, gronder, blâmer, semoncer.
incrível adj. (īcrivèl). Incroyable.
Incruento, a adj. (īcrouētou, a). Non sanglant, ante.
Incrust‖ação f. (īcrouchtaçāou). Incrustation. ‖**-ar** vt. (-ar). Incruster. ‖**-ar-se** vr. (-ç). S'incruster.
Incub‖ação f. (īcoubaçāou). Incubation. ‖**-ador, a** adj. et s. (-ōr, a). Incubateur, trice. ‖**-ar** vt. (-ar). Couver.
Inculcar vt. (īcou-ar). Inculquer. ‖Indiquer. ‖Conseiller, recommander.
Inculpar vt. (īcou-ar). Inculper.
Inculto, a adj. (īcou-ou, a). Inculte.
incumb‖ência f. (īcūbēcya). Commission. ‖**-ir** vt. (-ir). Charger. ‖vi. Incomber, appartenir*.
incunábulo m. (īcounaboulou). Incunable.
incurável adj. (īcouravèl). Incurable, inguérissable.
Incúria f. (īcourya). Incurie.
Incurs‖ão f. (īcoursāou). Incursion. ‖**-o, a** adj. (-ou-ou, a). Qui a encouru.
Incutir vt. (īcoutir). Inculquer.
inda adv. (īda). V. AINDA.
indag‖ação f. (īdagaçāou). Enquête. ‖**-ar** vt. (-ar). S'enquérir*, faire* des recherches, s'informer.
indébito, a adj. (īdè-ou, a). Indu, ue.
Inde‖cência f. (īdecēcya). Indécence. ‖**-cente** adj. (-ēt). Indécent, ente; malséant, ante. ‖**-cifrável** adj. (-ravèl). Indéchiffrable. ‖**-cisão** f. (-āou). Indécision. ‖**-clinável** adj. (-avèl). Indéclinable. ‖**-coro** m. (-ōrou). Indécence, f. ‖**-coroso, a** adj. (-ourōsou, osa). Indécent, ente. ‖**-fectível** adj. (-ètivèl). Indéfectible. ‖**-fensável** ou **-fensível** adj. (-ēçavèl, -i-). Indéfendable. ‖**-fenso, a** adj. (-ēçou, a). V. INDEFESO. ‖**-ferimento** m. (-er-ētou). Jurispr. Débouté. ‖**-ferir** tv. (-ir). Jurispr. Débouter. ‖**-feso, a** adj. (-ēsou, a). Sans défense. ‖**-fesso, a** adj. (-èçou, a). Infatigable, inlassable.
Indefin‖idamente adv. (īde-amēt). Indéfiniment. ‖**-ido, a** adj. (-idou,

---

Lettres penchées : accent tonique. ‖V. page verte pour la prononciation figurée. ‖* Verbe irrég. V. à la fin du volume.

IND — IND

a). Indéfini, ie. ‖-ível adj. (-ìvèl).
Indéfinissable.
inde‖tével adj. (ìdelèvèl). Indélébile.
‖-licadeza f. (-adéza). Indélicatesse. ‖-licado, a adj. (-adou, a).
Indélicat, ate; impoli, ie.
indemne adj. (ĩdè-). Indemne.
indemni‖dade f. (ìde-ad). Indemnité. ‖-zação f. (-açãou). Indemnisation [acção]. ‖Indemnité, dédommagement, m. ‖-zar vt. (-ar).
Indemniser, dédommager.
indemonstrável adj. (ĩdemõchtravèl).
Indémontrable.
independ‖ência f. (ìdepêdẽcya).
Indépendance. ‖-ente adj. (-êt).
Indépendant, ante.
indes‖critível adj. (ìdechr-ĩvèl).
Indescriptible. ‖-culpável adj. (-ou-avèl). Inexcusable.
indesejável adj. (ĩdesejavèl). Indésirable.
indestrutível adj. (ĩdechtroutĩvèl).
Indestructible.
indetermin‖ado, a adj. (ĩdeter-adou, a). Indéterminé, ée. ‖-ável adj.
(-avèl). Indéterminable. ‖-ismo m.
(-ĩjmou). Indéterminisme.
indevid‖amente adv. (ĩde-amêt).
Indûment. ‖-o, a adj. (-ĩdou, a).
Indu, ue.
Índia n. pr. (ĩdya). Inde.
indian‖ista m. (ĩ-anichta). Indianiste. ‖-o, a adj. et s. (-ânou, a).
Indien, enne.
indic‖ação f. (ĩ-açãou). Indication.
‖-ador, a adj. (-ôr, a). Indicateur, trice. ‖s. m. Indicateur. ‖Index [dedo]. ‖f. Br. Ouvreuse. ‖-ar vt.
(-ar). Indiquer, montrer. ‖-ativo, a adj. et s. m. (-ativou, a). Indicatif, ive.
índice m. (ĩ-). Index, table (f.) des
matières. ‖Indice [radical; refracção].
indiciar vt. (ĩ-yar). Donner des indices. ‖Soupçonner [suspeitar].
indicio m. (ĩdĩcyou). Indice.
indiferen‖ça f. (ĩ-frêça). Indifférence. ‖-te adj. (-êt). Indifférent, ente. ‖-temente adv. (-êt). Indifféremment.
indígena adj. et s. (ĩdíjena). Indigène.
indig‖ência f. (ĩ-êcya). Indigence.

‖-ente adj. et s. (-êt). Indigent, ente.
indige‖rível adj. (ĩ-erìvèl). Qui ne peut être digéré, ée. ‖-stão f.
(-chtãou). Incigestion. ‖-sto, a adj.
(-è-ou, a). Irdigeste.
indigitar vt. (ĩ-ar). Indiquer.
indign‖ação f. (ĩ-ghnaçãou). Indignation. ‖-ar vt. (-ar). Indigner.
‖-o, a adj. (-ĩ-ou, a). Indigne.
indiligente adj. (ĩdl-êt). Négligent, ente.
indio, a adj. e: s. (ĩdyou, a). Indien, enne.
indirecto, a adj. (ĩ-rètou, a). Indirect, ecte.
indiscernível adj. (ĩ-chcernĩvèl).
Indiscernable.
indisciplin‖a f. (ĩ-chç-ĩna). Indiscipline. ‖-ado, a adj. (-adou, a).
Indiscipliné, ée. ‖-ar vt. (-ar).
Rendre indiscipliné, ée. ‖-ar-se vr.
(-ç). S'indiscipliner. ‖-ável adj.
(-avèl). Indisciplinable.
indiscreto, a adj. (ĩ-rètou). Indiscret, ète.
indiscri‖ção f. (ĩ-chcr-ãou). Indiscrétion. ‖-minado, a adj.(-rm-adou, a). Mêlé, ée. ‖-minável adj. (-avèl).
Qui ne peut être démêlé, ée.
indisoutível adj. (ĩ-chcoutĩvèl). Indiscutable.
indispensável adj. (ĩ-chpêçavèl).
Indispensable, nécessaire.
indisp‖onível adj. (ĩ-chpounĩvèl).
Indisponible. ‖-or* vt. (-ôr). Indisposer. ‖-osição f. (-ou-ãou). Indisposition. ‖-osto, a adj. (-ôchtou, o-a). Indisposé, ée.
indissolúvel adj. (ĩ-oulouvèl). Indissoluble.
indistin‖guível adj. (ĩ-chtĩghivèl).
Qu'on ne peut distinguer. ‖-tamente adv. (-amêt). Indistinctement. ‖-to, a adj. (-ĩtou, a). Indistinct, incte.
individu‖ação f. (ĩ-ouaçãou). Individuation. ‖-al adj. (-ouàl). Individuel, elle. ‖-alidade f. (-a-ad).
Individualité. ‖-alista adj. et s.
(-ichta). Individualiste. ‖-alizar vt.
(-ar). Individualiser. ‖-almente vt. (-ouar). Individuellement. ‖-ar vt. (-ouar). Individuer.
indi‖víduo, a adj. (ĩ-ĩdouou, a).
Indivis, ise. ‖s. m. Individu. ‖-visivel adj. (-ĩvèl). Indivisible. ‖-viso, a

---

Itálico : acento tónico. ‖V. página verde para a pronúncia figurada. ‖*Verbo irreg. V. no final do livro.

IND — INF

adj. (-ísou a). Indivís, íse. ‖-zível adj. (-ível). Indicéble.
Indo n. pr. (ĩdou). Indus.
Indochina n. pr. (ĩdo-ína). Indochine.
indócil adj. (ĩdo-). Indocíle.
índole f. (ĩdoul). Caractère, m.
indol‖ência f. (ĩdoulẽcya). Indolence. ‖-ente adj. (-ẽt). Indolent, ente. ‖-or adj. (-ôr). Sans douleur.
indom‖ável adj. (ĩdoumavèl). Indomptable. ‖-esticável adj. (-echavèl). Inapprivoisable.
indómito, a adj. (ĩdo-ou, a). Indompté, ée.
Indonésia n. pr. (ĩdounè-a). Indonésie.
Indostão n. pr. (ĩdouchtãou). Hindoustan.
indouto, a adj. (ĩdôtou, a). Indocte.
indubitável adj. (ĩdou-avèl). Indubitable, assuré, ée.
indução f. (ĩdoução). Induction.
indúctil adj. (ĩdou-). Inductile.
indulg‖ência f. (ĩdou-ẽcya). Indulgence. ‖-ente adj. (-ẽt). Indulgent, ente.
indult‖ar vt. (ĩdou-ar). Gracier. ‖-o m. (-ou-ou). Grâce, f. (jurispr.). ‖ Indult [canónico]
indumentária f. (ĩdoumẽtarya). Habillement, m., vêtement, m.
indústria f. (ĩdouchtrya). Industrie. ‖ Adresse, sagacité. ‖ Loc. *De indústria*, à dessein, exprès.
industri‖al adj. et s. m. (ĩdouchtryàl). Industriel, elle. ‖-alizar vt. (-a-ar). Industrialiser. ‖-ar vt. (-yar). Instruire*, dresser. ‖-ar-se vr. (-ç). S'instruire*. ‖-oso, a adj. (-yôsou, osa). Industrieux, euse.
indu‖tivo, a adj. (ĩdoutívou, a). Inductif, íve. ‖-tor, a adj. et s. m. (-ôr, a). Inducteur, trice. ‖-zir* vt. (-ir). Induire*, conclure*. ‖Mettre*.
inebriar vt. (-ebryar). Enivrer.
inédito, a adj. (-è-ou, a). Inédit, íte. ‖ s. m. Ouvrage inédit.
ine‖fável adj. (-efavèl). Ineffable. ‖-ficaz adj. (-ach). Inefficace.
inegável adj. (-egavèl). Indéniable.
inepto, a adj. (-è-ou, a). Inepte.
inequívoco, a adj. (-ekívoucou, a). Clair, aire. ‖ Indubitable, évident, ente.
inércia f. (-èr-a). Inertie.

iner‖ência f. (-erẽcya). Inhérence. ‖-ente adj. (-ẽt). Inhérent, ente.
inerte adj. (-èrt). Inerte.
ines‖crutável adj. (-echeroutavèl). Inscrutable. ‖-gotável adj. (-jgoutavèl). Inépuisable. ‖-perado, a adj. (-chperadou, a). Inespéré, ée; inattendu, ue. ‖-quecível adj. (-kècívèl). Inoubliable. ‖-timável adj. (-avèl). Inestimable.
inevitável adj. (-e-avèl). Inévitable.
inex‖actidão f. (-âyza-ãou). Inexactitude. ‖-acto, a adj. (-atou, a). Inexact, acte. ‖-aurível adj. (-aourívèl). Intarissable. ‖-cedível adj. (-chcedívèl). Insurpassable. ‖-cusável adj. (-ousavèl). Inexcusable. ‖-equível adj. (-zecouívèl). Inexécutable. ‖-istência f. (-chtẽcya). Inexistence. ‖-istente adj. (-ẽt). Inexistant, ante. ‖-orável adj. (-ouravèl). Inexorable.
inex‖periência f. (-âγ- ou -echperyẽcya). Inexpérience. ‖-periente adj. (-yẽt). Inexpérimenté, ée. ‖-plicável adj. (-avèl). Inexplicable. ‖-plorado, a adj. (-ouradou, a). Inexploré, ée. ‖ Inexploité, ée [mina]. ‖-pressivo, a adj. (-recívou, a). Inexpressíf, íve. ‖-primível adj. (-rmívèl). Inexprimable. ‖-pugnável adj. (-oughnavèl). Inexpugnable. ‖-tenso, a adj. (-ẽçou, a). Inétendu, ue. ‖-tinguível adj. (-ĩghívèl). Inextinguible. ‖-tirpável adj. (-rpavèl). Inextirpable. ‖-tricável adj. (-r-avèl). Inextricable.
infal‖ibilidade f. (ĩfa-bl-ad). Infaillibilité. ‖-ível adj. (-ívèl). Infaillible.
infam‖ante adj. (ĩfamãt). Infamant, ante. ‖-ar vt. (-ar). Diffamer. ‖-atório, a adj. (-atoryou, a). Diffamatoire. ‖-e adj. (-âm). Infâme.
infâmia f. (ĩfãmya). Infamie.
infância f. (ĩfãcya). Enfance.
infant‖aria f. (ĩfãtarya). Infanterie. ‖-a f. (-âta). Infante. ‖-e m. (-ãt). Infant. ‖ Fantassin [soldado]. ‖-icida adj. et s. (-ída). Infanticide (personne). ‖-icídio m. (-ídyou). Infanticide (meurtre). ‖-il adj. (-íl). Enfantin, íne. ‖ Infantile [criancinhas].
infatigável adj. (ĩfa-gavèl). Infatigable, inlassable.

Lettres penchées : accent tonique. ‖ V. page verte pour la prononciation figurée. ‖ * Verbe irrég. V. à la fin du volume.

infausto, a adj. (ïfaouchtou, a). Malheureux, euse ; funeste, fâcheux, euse.
Infec||ção f. (ïfèçãou). Infection. ||**-cionar** vt. (-èçyounar). Infecter. ||**-cioso, a** adj. (-yôsou, ôsa). Infectieux, euse. ||**-tar** vt. (-ar). Infecter. ||**-to, a** adj. (-ètou, a). Infect, ecte.
Infel||Icidade f. (ïfe-ad). Malheur, m. ||**-iz** adj. et s. (-ích). Malheureux, euse. ||**-izmente** adv. (-jmêt). Malheureusement, fâcheusement.
Inferência f. (ïferẽcya). Inférence.
Inferior|| adj. et s. m. (iferyôr). Inférieur, eure. ||**-Idade** f. (-ou-ad). Infériorité. ||**-izar** vt. (-ar). Amoindrir.
Inferir* vt. (iferír). Inférer.
infern||al adj. (ifernàl). Infernal, ale. ||**-o** m. (-è-ou). Enfer.
Infero, a adj. (iferou, a). Inférieur, eure.
Infértil adj. (ifèr-). Infertile.
Infest||ar vt. (ifechtar). Infester. ||**-o, a** adj. (-ê-ou, a). Hostile, nuisible.
Infidelidade f. (i-e-ad). Infidélité.
Infiel adj. (ifyèl). Infidèle.
Infiltr||ação f. (ï-raçãou). Infiltration. ||**-ar** vi. (-ar). S'infiltrer. ||**-ar-se** vr. (-ç). S'infiltrer.
ínfimo, a adj. (ï-ou, a). Infime.
Infin||dável adj. (ïfĩdàvèl). Interminable. ||**-Idade** f. (-en-ad). Infinité. ||**-itesimal** adj. (-è-àl). Infinitésimal, ale. ||**-itivo** m. (-ivou). Infinitif. ||**-ito, a** adj. et s. m. (-itou, a). Infini, ie.
Infirmar vt. (ï-rmar). Infirmer.
Infla||ção f. (ï-açãou). Enflure. ||Inflation [dinheiro]. ||**-cionismo** m. (-ounjmou). Inflationisme.
Inflam||ação f. (ï-amaçãou). Inflammation. ||**-ado, a** adj. (-adou, a). Enflammé, ée. ||**-ar** vt. (-ar). Enflammer. ||**-ar-se** vr. (-ç). S'enflammer. ||**-atório, a** adj. (-atóryou, a). Inflammatoire. ||**-ável** adj. (-avèl). Inflammable.
Inflar|| vt. (ï-ar). Enfler. ||vi. et -se vr. (-ç). S'enfler.
Inflectir vt. (ï-ètír). Infléchir.
Inflex||ão f. (ï-èksãou). Inflexion. ||**-ivel** adj. (-ivèl). Inflexible.
infligir vt. (ï-ír). Infliger.

Inflorescência f. (ï-ourechcẽcya). Inflorescence.
Influ||ência f. (ï-ouẽcya). ||Influence. ||**-enciar** vt. (-yar). Influencer. ||**-enciável** adj. (-yavèl). Influençable. ||**-ente** adj. (-ẽt). Influent, ente. ||**-enza** ?. (-ẽza). Influenza. ||**-ir*** vi. (-ír). Influer : influir em, influer sur. ||vt. Animer. ||**-xo** m. (-oukçou). Influxion, f., influx. ||Influence, f.
In-fólio m. (ifolyou). In-folio.
Inform||ação f. (ïfourmaçãou). Information, renseignement, m. ||Loc. Agência de informações, bureau (m.) de renseignements. ||**-ado, a** adj. (-adou, a).Renseigné, ée. ||Loc. Bem informado, à la page. ||**-ador ou -ante** adj. et s. (-adôr, -àt). Informateur, trice. ||**-ar** vt. (-ar). Informer, renseigner. || Modeler. ||**-ar-se** vr. (-ç). S'informer, se renseigner.
Informe adj. (ïform). Informe. ||s. m. Information, f., renseignement, m.
Infort||unado, a adj. (ïfourtounadou, a). Infortuné, ée. ||**-únio** m. (-ounyou). Infortune, f., adversité, f.
Infrac||ção f. (ïfraçãou). Infraction. ||**-tor** m. (-ôr). Infracteur.
Infra-estructura f. (ïfrachtroutoura). Infrastructure.
Infrangível adj. (ïfrãjivèl). Infrangible.
Infringir vt. (ïfrĩjír). Enfreindre*.
Infrutífero, a adj. (ïfroutiferou, a). Improductif, ive; infructueux, euse.
Infund||ado, a adj. (ïfũdadou, a). Sans fondement. ||**-ir** vt. (-ír). Infuser. ||Fig. Inspirer, faire* naître.
Infus||ão f. (ïfousãou). Infusion. Loc. Pôr de infusão, infuser. ||**-ível** adj. (-ivèl). Infusible. ||**-órios** m. pl. (-oryouch). Infusoires.
Ingénito, a adj. (ïjè-ou, a). Inné, ée.
Ingente adj. (ïjẽt). Énorme.
Ing||enuidade f. (ïjenouidad). Ingénuité, naïveté. ||**-énuo, a** adj. (-ènouou, a). Ingénu, ue ; naïf, ïve.
Inge||rência f. (ïjerẽcya). Ingérence. ||**-rir** vt. (-ír). Ingérer. ||**-rir-se** vr. -(ç). S'ingérer. ||**-stão** f. (-chtãou). Ingestion.
Inglaterra n. pr. (ï-atèrra). Angleterre.
Inglês, esa adj. et s. (ï-éch, ésa). Anglais, aise.

Itálico : acento tónico. ||V. página verde para a pronúncia figurada. ||*Verbo irreg. V. no final do livro.

inglório, a adj. (ī-*oryou*, a). Inglorieux, *euse*.
ingovernável adj. (īgouv*e*rnavèl). Ingouvernable.
ingrat‖idão f. (īgra-*ãou*). Ingratitude. ‖**-o, a** adj. (-*atou*, a). Ingrat, *ate*.
ingrediente m. (īgred*y*ēt). Ingrédient.
ingreme adj. (īgrēm). Abr*u*pt, *u*pte.
ingress‖ar vi. (īgre*çar*). Entrer. ‖**-o** m. (-è*çou*). Entrée, f., admission, f.
ingua f. (ī*goua*). Glande engorgée.
inguinal adj. (īghin*a*l). Inguinal, *ale*.
ingurgit‖ar vt. (īgour-*ar*). Ingurgiter. ‖**-ar-se** vr. (-ç). S'ingurgiter.
inhaca f. (ign*a*ca). *Br*. Puant*e*ur.
inib‖ição f. (-*ãou*). Inhibition. ‖**-ir** vt. (-*ir*). Empêcher ; inhiber [p. u.]. ‖**-itivo, a** adj. (-*ivou*, a). Inhibitif, *ive*. ‖**-itório, a** adj. (-*oryou*, a). Inhibitoire. ‖**s.** f. Difficulté, embarras, m.
inici‖ação f. (-a*çãou*). Initiation. ‖**-ador, a** adj. et s. (-*ôr*, a). Initiateur, trice. ‖**-al** adj. et s. f. (-*àl*). Initi*a*l, *ale*. ‖**-ar** vt. (-y*ar*). Initier [pessoa] ‖ Commencer. ‖**-ar-se** vr. (-ç). S'initier. ‖**-ativa** f. (-*ativa*). Initiative.
início m. (-i*çyou*). Commencement.
inimaginável adj. (-a-*avèl*). Inimaginable, extraordin*a*ire.
inimigo, a adj. et s. m. (-em*i*gou, a). Ennem*i, ie*.
inimitável adj. (-*avèl*). Inimitable.
inimiz‖ade f. (-*ad*). Inimiti*é*. ‖**-ar** vt. (-*ar*). Rendre ennem*i*.
inintel‖ligível adj. (-ite-*ivèl*). Inintelligible. ‖**-rrupto, a** adj. (-*rrou*-ou, a). Ininterromp*u, ue*.
iníquo, a adj. (-*icouou*, a). Iníque.
injec‖ção f. (īj*è*çãou). Injection, piqûre. ‖**-tado, a** adj. (-è*tadou*, a). Inject*é, ée*. ‖**-tar** vt. (-*ar*). Injecter. ‖**-tor, a** adj. et s. (-*ôr*, a). Injecteur, trice.
injúria f. (ījo*u*rya). Injure, insulte, m.
injuri‖ar vt. (ījoury*ar*). Injurier, insulter. ‖**-oso, a** adj. (-*yôsou*, osa). Injuri*e*ux, *euse* ; insultant, *ante*.
injust‖iça f. (ījouchti*ç*a). Injustice. ‖**-ificável** adj. (-*avèl*). Injustifiable. ‖**-o, a** adj. (-*ou*-ou, a). Injuste.

inobediência f. (-ôb*e*dy*ē*cya). Inobéissance, déf*a*ut (m.) d'obéiss*a*nce.
inobserv‖ado, a adj. (-ô-*e*rvadou, a). Inobserv*é, ée*. ‖**-ância** f. (-*â*cya). Inobservance.
inocência f. (-ouc*ē*cya). Innocence.
inocêncio n. pr. (-ouc*ē*cyou). Innocent.
inocente adj. et s. (-oucēt). Innocent, *ente* ; simple.
in-octavo m. (ino-*a*vou). In-octavo.
inocul‖ação f. (-ôcoula*çãou*). Inoculation. ‖**-ar** vt. (-*ar*). Inoculer. ‖**-ável** adj. (-*avèl*). Inoculable.
inócuo, a adj. (-*ocouou*, a). Inoffensif, *ive*.
inodoro, a adj. (-oud*o*rou, a). Inodore.
inofensivo, a adj. (-ouf*é*civou, a). Inoffensif, *ive*.
inolvidável adj. (-ô-*avèl*). Inoubliable.
inomin‖ado, a adj. (-ou-*a*dou, a). Innomin*é, ée*. ‖**-ável** adj. (-*avèl*). Innommable. ‖ *Fig*. Vil, *i*le ; dégoût*a*nt, *a*nte.
inop‖erante adj. (-ouper*â*t). Inopér*a*nt, *ante*. ‖**-inado, a** adj. (-*a*dou, a). Inopin*é, ée*. ‖**-ortuno, a** adj. (-*ourtounou*, a). Inopportun, *une* ; mal à propos.
inorgânico, a adj. (-ourg*â*-ou, a). Inorganique.
inospitaleiro, a adj. (-ouch-al*ày*rou, a). Inhospitali*e*r, *ère*.
inov‖ação f. (-ouva*çãou*). Innovation. ‖**-ador, a** adj. et s. (-*ôr*, a). Innovateur, trice. ‖**-ar** vt. (-*ar*). Innover.
inoxidável adj. (-ok*ç*-*avèl*). Inoxydable.
inqualificável adj. (īcoua-*avèl*). Inqualifi*a*ble.
in-quarto m. (incouart*ou*). In-quarto.
inquebrantável adj. (īk*e*br*ā*t*a*vèl). Inflexible. ‖ Inlassable, infatigable.
inquérito m. (īk*è*r-*ou*). Enquête, f.
inquiet‖ação f. (īkyèta*çãou*). Inquiétude. ‖**-ar** vt. (-*ar*). Inquiéter. ‖**-o, a** adj. (-*yètou*, a). Inquiet, *ète*.
inquilin‖ato m. (īkl-*a*tou). État de locat*a*ire. ‖ *Loc. Lei do inquilinato*, loi sur les loyers. ‖**-o, a** m. et f. (-*inou*, a). Locat*a*ire.
inquin‖ação f. (īkina*çãou*). Infec-

Lettres penchées : accent tonique. ‖ V. page verte pour la prononciation figurée. ‖ * Verbe irrég. V. à la fin du volume.

tion. ‖-ar vt. (-ar). Infecter, souiller.
inquir‖ição f. (īkir-*ã*ou). Enquête. ‖-ir vt. (-ír). S'enquérir* de. ‖Interroger (des témoins) [testemunhas].
inquisi‖ção f. (ik-*ã*ou). Inquisition. ‖-dor m. (-ốr). Inquisiteur. ‖-torial ou -tório, a adj. (-ouryàl, -oryou, a). Inquisitorial, *ale*.
insa‖ciável adj. (içacyavèl). Insatiable. ‖-livar vt. (-ar). Imprégner par la salive. ‖-lubre adj. (-oubr). Insalubre, malsain, *aine*.
insan‖ável adj. (içanavèl). Incurable. ‖-o, a adj. (-ânou, a). Insensé, ée. ‖*Fig.* Excessif, *ive*; fou, folle; pénible.
insatisfeito, a adj. (iça-chfâytou, a). Mécontent, *ente*, non satisfait, *aite*.
insciente adj. (ĭchcyét). Inscient, *ente*.
inscr‖ever vt. (ĭchrevér). Inscrire*. ‖-ição f. (-*ã*ou). Inscription.
insect‖icida adj. et s. m. (icèt-ída). Insecticide. ‖-ívoro, a adj. et s. m. (-ívourou, a). Insectivore. ‖-o m. (-ètou). Insecte.
insedutível adj. (icedouzivèl). Inséductible.
insensa‖tez f. (icẽçatéch). Manque (m.) de bon sens, sottise. ‖-to, a adj. (-atou, a). Insensé, ée; sot, *otte*.
insens‖ibilidade f. (içẽ-ad). Insensibilité. ‖-ibilizar vt. (-ar). Insensibiliser. ‖-ível adj. (-ívèl). Insensible. ‖Imperceptible.
inseparável adj. (icéparavèl). Inséparable.
inser‖ção f. (icerçãou). Insertion. ‖-ir* vt. (-ír). Insérer. ‖-to, a adj. (-è-ou, a). Inséré, ée; ajouté, ée.
insídia f. (icídya). Embûche, piège, m.
insidi‖ar vt. (ĭ-yar). Tendre des pièges. ‖-oso, a adj. (-yốsou, osa). Insidieux, *euse*.
insigne adj. (icíghnn). Insigne.
insignia f. (icíghnya). Insigne, m. ‖Enseigne, étendard, m. [pendão].
insignific‖ância f. (ĭ-ghn-âcya). Insignifiance. ‖-ante adj. (-ât). Insignifiant, *ante*; sans importance.
insinu‖ação f. (ĭ-ouaçãou). Insinuation. ‖-ante adj. (-ouât). Insinuant, *ante*. ‖-ar vt. (-ouar). Insinuer.

‖-ar-se vr. (-ç). S'insinuer, s'introduire*.
Ins‖Ipidez f. (ĭ-éch). Insipidité. ‖-ípido, a adj. (-í-ou, a). Insipide. ‖-ipiente adj. (-yét). Ignorant, *ante*.
insist‖ência f. (ĭ-chtẽcya). Insistance. ‖-ente adj. (-ẽt). Insistant, *ante*. ‖-ir vi. (-ir). Insister. ‖Loc. *Insistir com, presser.*
insoci‖abilidade f. (içou-abl-ad). Insociabilité. ‖-al adj. (-àl). Insocial, *ale*. ‖-ável adj. (-avèl). Insociable.
insofismável adj. (içou-jmavèl). Qu'on ne peut fausser. ‖-frido, a adj. (-rídou, a). Impatient, *ente*. ‖-frível adj. (-ívèl). Insupportable, intolérable.
insol‖ação f. (içoulaçãou). Insolation. ‖-ar vt. (-ar). Insoler. ‖-ente adj. (-ẽt). Insolent, *ente*.
insólito, a adj. (ĭço-ou, a). Insolite.
insolúvel adj. (içoulouvèl). Insoluble.
insolv‖ência f. (içõ-ẽcya). Insolvabilité. ‖-ente adj. (-ẽt). Insolvable.
insondável adj. (içõdavèl). Insondable.
insónia f. (içenya). Insomnie.
insosso, a adj. (içôçou, a). Insipide.
inspec‖ção f. (ichpècãou). Inspection. ‖-cionar vt. (-ounar). Inspecter. ‖-tor, a m. et f. (-ốr, a). Inspecteur, *trice*.
inspir‖ação f. (ĭch-raçãou). Inspiration. ‖-ador, a adj. et s. (-ốr, a). Inspirateur, *trice*. ‖-ar vt. (-ar). Inspirer.
instabilidade f. (ĭchtabl-ad). Instabilité.
install‖ação f. (ĭchtalaçãou). Installation. ‖-ador, a adj. et s. (-ốr, a). Celui, celle qui installe. ‖-ar vt. (-ar). Installer. ‖-ar-se vr. (-ç) S'installer.
instância f. (ĭchtâcya). Instance. ‖Loc. *Em última instância, en dernier ressort*, m.
instant‖âneo, a adj. et s. m. (ĭchtâtânyou, a). Instantané, ée. ‖-e adj. et s. m. (-ât). Instant, *ante*.
instar vi. (ĭchtar). Presser, être* urgent. ‖Insister.
instaur‖ação f. (ĭchtaouraçãou). Instauration. ‖-ador, adj. et s. m.

Itálico : acento tónico. ‖V. página verde para a pronúncia figurada. ‖*Verbo irreg. V. no final do livro.

INS — INT 570

(-ôr). Instaurateur. ‖**-ar** vt. (-ar). Instaurer, fonder, établir. ‖ Intenter (un procès).

instável adj. (ichtavèl). Instable.

instig‖ação f. (ich-açãou). Instigation. ‖**-ador, a** adj. et s. (-ôr, a). Instigateur, trice. ‖**-ar** vt. (-ar). Pousser, inciter, instiguer.

instilar vt. (ich-ar). Instiller.

instint‖ivo, a adj. (ichtitivou, a). Instinctif, ive. ‖**-o** m. (-ītou). Instinct, impulsion (f.) naturelle.

institu‖ição f. (ich-ou-ãou). Institution. ‖**-ir*** vt. (-ír). Instituer, établir. ‖**-to** m. (-outou). Institut.

instru‖ção f. (ichtrouçãou). Instruction. ‖pl. Mode (m.) d'emploi. ‖**-ido, a** adj. (-ídou, a). Instruit, uite. ‖**-ir*** vt. (-ír). Instruire*. ‖ Informer.

instrument‖ação f. (ichtroumētaçãou). Instrumentation. ‖**-ar** vt. (-ar). Instrumenter. ‖**-ista** m. (-ichta). Instrumentiste. ‖**-o** m. (-ētou). Instrument : *instrumento de corda*, instrument à cordes. ‖ Loc. *Tocar um -*, jouer d'un -.

instrut‖ivo, a adj. (ichtroutívou, a). Instructif, ive. ‖**-or** adj. et s. m. (-ôr). Instructeur.

insua f. (içoua). Îlot, m. (au milieu d'une rivière).

insubmisso, a adj. (içou-içou, a). Insoumis, ise; non soumis, ise.

insubordin‖ação f. (içoubour-açãou). Insubordination. ‖**-ado, a** adj. (-adou). Insubordonné, ée. ‖**-ar** vt. (-ar). Rendre insubordonné, soulever. ‖**-ar-se** vr. (-ç). Se soulever.

insub‖ornável adj. (içoubournavèl). Incorruptible. ‖**-sistente** adj. (-chtētt). Qui ne peut subsister. ‖**-stituível** adj. (-ouivèl). Qu'on ne peut remplacer.

insucesso m. (içoucèçou). Insuccès.

insufici‖ência f. (içou-yēcya). Insuffisance. ‖**-ente** adj. (-yēt). Insuffisant, ante.

insufl‖ador m. (içou-adôr). Insufflateur. ‖**-ar** vt. (-ar). Insuffler.

insul‖ação f. (içoulaçãou). Isolement, m. ‖**-ano, a** adj. et s. (-ânou, a). Insulaire. ‖**-ar** adj. et s. (-ar). Insulaire. ‖ vt. Isoler.

insult‖ar vt. (içou-ar). Insulter. ‖**-to** m. (-ou-ou). Insulte, f.

insu‖perável adj. (içouperavèl). Insurmontable. ‖**-portável** adj. (-ourtavèl). Insupportable. ‖**-prível** adj. (-rívèl). Qu'on ne peut suppléer.

insurg‖ente adj. et s. (içourjēt). Insurgé, ée. ‖**-ir** vt. (-ír). Soulever. ‖**-ir-se** vr. (-ç). S'insurger.

insurr‖ecto, a adj. et s. (içourrètou, a). Insurgé, ée. ‖**-eição** f. (-ẽyçãou). Insurrection, émeute.

insus‖peito, a adj. (içouchpāytou, a). Insoupçonnable. ‖Impartial, ale. ‖**-tentável** adj. (-ētavèl). Insoutenable.

intacto, a adj. (ita-ou, a). Intact, acte.

intangível adj. (ītājívèl). Intangible.

integra f. (ītegra). U. dans la loc. *na integra*, intégralement, en entier.

integr‖ação f. (ītegraçãou). Intégration. ‖**-al** adj. et s. f. (-àl). Intégral, ale. ‖**-ante** adj. (-āt). Intégrant, ante. ‖**-ar** vt. (-ar). Intégrer. ‖**-idade** f. (-ad). Intégrité.

íntegro, a adj. (ītegrou, a). Intègre, incorruptible.

inteir‖ar vt. (itāyrar). Compléter. ‖ Informer. ‖**-ar-se** vr. (-ç). S'informer ‖**-eza** f. (-éza). Intégrité. ‖**-içado, a** adj. (-adou, a). Raide. ‖**-içar** vt. (-ar). Raidir. ‖**-içar-se** vr. (-ç). Se raidir. ‖**-iço, a** adj. (-içou, a). Monobloc. ‖**-o, a** adj. et s. m. (-āyrou, a). Entier, ère. ‖ *Fig*. Intègre, incorruptible.

intelecto m. (itelé-ou). Intellect.

intelectual adj. et s. (itelè-ouàl). Intellectuel, elle. ‖**-izar** vt. (-ar). Intellectualiser.

inteligência f. (ite-jēcya). Intelligence. ‖**-ente** adj. (-èt). Intelligent ente. ‖**-ível** adj. (-ívèl). Intelligible.

intemper‖ado, a adj. (itēpradou, a). Intempéré, ée. ‖**-ança** f. (-àça). Intempérance. ‖**-ante** adj. (-àt). Intempérant, ante.

intemp‖érie f. (itēpèrye). Intempérie. ‖**-estivo, a** adj. (-echtivou, a). Intempestif, ive.

inten‖ção f. (itēçãou). Intention. ‖Loc. *Com intenção*, de parti pris. *Por intenção de*, à l'intention de. ‖**-cionado, a** adj. (-ounadou, a). Intentionné, ée. ‖**-cional** adj. (-àl).

Lettres penchées : accent tonique. ‖V. page verte pour la prononciation figurée. ‖* Verbe irrég. V. à la fin du volume.

Intentionnel, elle. ‖ **-dência** f. (-ēcya). Intendance. ‖ **-dente** m. (-t̄e). Intendant. ‖ **-der** vi. (-ér). Gérer, administrer.
intens‖idade f. (itē-ad). Intensité. ‖ **-ificar** vt. (-ar). Intensifier. ‖ **-ivo**, a adj. (-ívou, a). Intensif, ive. ‖ **-o**, a adj. (-ēçou, a). Intense, grand, ande.
intent‖ar vt. (ītētar). Avoir* l'intention de. ‖ Intenter (un procès). ‖ **-o** m. (-ētou). Intention, f., dessein, but.
intercalar vt. (ītercalar). Intercaler. ‖ adj. Intercalaire.
inter‖câmbio m. (ītercâbyou). Permutation, f. ‖ **-ceder** vi. (-edér). Intercéder. ‖ **-ceptar** vt. (-èptar). Intercepter. ‖ **-cessão** f. (-eçāou). Intercession. ‖ **-cessor** m. (-ór). Intercesseur.
interdepend‖ência f. (itèrdepēdēcya). Interdépendance. ‖ **-ente** adj. (-ēt). Interdépendant, ante.
interdi‖ção f. (iter-āou). Interdiction. ‖ **-to**, a adj. et s. m. (-itou, a). Interdit, ite. ‖ **-zer*** vt. (-ér). Interdire*.
interess‖ado, a adj. et s. (ītereçadou, a). Intéressé, ée. ‖ **-ante** adj. (-āt). Intéressant, ante. ‖ **-ar** vt. (-ar). Intéresser. ‖ vi. Intéresser, vt. ‖ **-ar-se** vr. (-ç). S'intéresser : *interessar-se por*, s'intéresser à. ‖ **-e** m. (-éç). Intérêt. ‖ **-eiro**, a adj. (-áyrou, a). Intéressé, ée (trop).
interfer‖ência f. (ītèrferēcya). Interférence. ‖ **-ente** adj. (-ēt). Interférent, ente. ‖ **-ir*** vi. (-ir). Intervenir*. ‖ *Phys.* Interférer.
interin‖ado m. **-ato** m. (īter-adou, -atou). Intérimat. ‖ **-o**, a adj. (-inou, a). Intérimaire.
interior adj. et s. m. (īteryór). Intérieur, eure. ‖ **-idade** f. (-ou-ad). État (m.) de ce qui est intérieur.
inter‖jeição f. (īterjāyçāou). Interjection. ‖ **-linear** adj. (-yar). Interlinéaire. ‖ **-locutor**, a m. et f. (-oucoutór, a). Interlocuteur, trice.
intermedi‖ar vi. (ītermedyar). Tenir* le milieu. ‖ **-ário**, a adj. et s. m. (-aryou, a). Intermédiaire.
intermédio, a adj. (ītermèdyou, a). Intermédiaire. ‖ s. m. *Théât.* Inter-

mède. ‖ Entremise, f. ‖ Loc. *Por intermédio de*, par l'intermédiaire de.
intermi‖nável adj. (īter-avèl). Interminable. ‖ **-ssão** f. (-āou). Intermission. ‖ **-tência** f. (-ēcya). Intermittence. ‖ **-tente** adj. (-ēt). Intermittent, ente.
internacional adj. (īternacyounàl). International, ale.
intern‖ar vt. (iternar). Interner. ‖ **-ar-se** vr. (-ç). Pénétrer. ‖ **-ato** m. (-atou). Internat. ‖ **-o**, a adj. et s. m. (-ê-ou , a). Interne. ‖ adj. Intérieur, eure.
interpel‖ação f. (īterpelaçāou). Interpellation. ‖ **-ar** vt. (-ar). Interpeller. ‖ Sommer (un ministre).
interpenetrar-se vr. (iterpenetrarç). Interpénétrer.
interplanetário, a adj. (ītèr-anetaryou, a). Interplanétaire.
interpol‖ação f. (iterpoulaçāou). Interpolation. ‖ **-ar** vt. (-ar). Interpoler. ‖ adj. Interpolaire.
interp‖or* vt. (iterpōr). Interposer. ‖ **-or-se*** vr. (-ç). S'interposer.
interpret‖ação f. (īterpretaçāou). Interprétation. ‖ **-ar** vt. (-ar). Interpréter. ‖ **-ativo**, a adj. (-ativou, a). Interprétatif, ive.
intérprete m. (itèrpret). Interprète.
interregno m. (iterrèghnou). Interrègne.
interrog‖ação f. (īterrougaçāou). Interrogation. ‖ **-ar** vt. (-ar). Interroger. ‖ **-ativo**, a adj. (-ativou, a). Interrogatif, ive. ‖ **-atório** m. (-oryou). Interrogatoire (jurispr.). ‖ Interrogation, f.
interr‖omper vt. (iterrōpér). Interrompre. ‖ **-upção** f. (-ou-āou). Interruption. ‖ **-uptor** m. (-ór). Interrupteur.
inter‖secção f. (itersè(k)çāou). Intersection. ‖ **-urbano**, a adj. (-èrourbānou, a). Interurbain, aine. ‖ **-valo** m. (-e-alou). Intervalle. ‖ *Théât.* Entr'acte.
interv‖enção f. (itervēçāou). Intervention. ‖ **-eniente** adj. et s. m. (-enyēt). Intervenant, ante. ‖ **-ir*** vi. (-ir). Intervenir*.
intestin‖al adj. (itech-àl). Intestinal, ale. ‖ **-c**, a adj. et s. m. (-inou, a). Intestin, ine : *intestino grosso*,

---

Itálico : acento tónico. ‖ V. página verde para a pronúncia figurada. ‖ *Verbo irreg. V. no final do livro.

INT — INV 572

gros intestín; *intestino delgado*, intestin grêle.
intim‖ação f. (ĭ-açáou). Intimation. ‖*Mise en demeure*. ‖**-ar** vt. (-*ar*). *Jurispr*. Intimer. ‖ *Sommer*. ‖**-ativa** f. (-*ativa*). Ton (m.) impérieux. ‖**-ativo**, **a** adj. (-*ou*, *a*). Impérieux, euse.
intimid‖ação f. (ĭ-açáou). Intimidation. ‖**-ade** f. (-*ad*). Intimité. ‖ Loc. *Ter intimidades com*, avoir* des rapports intimes avec. ‖**-ar** vt. (-*ar*). Intimider.
íntimo, a adj. et s. (ĭ-ou, a). Intime.
intitular‖ vt. (ĭ-oular). Intituler. ‖**--se** vr. (-ç). S'intituler.
intoler‖ância f. (ĭtoulerácya). Intolérance. ‖**-ante** adj. et s. (-ât). Intolérant, ante. ‖**-ável** adj. (-avèl). Intolérable, insupportable, importun, une.
intoxic‖ação f. (ĭto-açáou). Intoxication. ‖**-ar** vt. (-*ar*). Intoxiquer.
intraduzível adj. (ĭtradouzívèl). Intraduisible; inexprimable.
intranquilo, a adj. (ĭtrãcouílou, a). Inquiet, ète; agité, ée; troublé, ée.
intransferível adj. (ĭtrãchferivèl). Intransférable.
intransig‖ência f. (ĭtrã-êcya). Intransigeance. ‖**-ente** adj. et s. (-êt). Intransigeant, ante.
intransit‖ável adj. (ĭtrã-avèl). Impraticable. ‖**-ivo, a** adj. (-*ivou*, *a*). Intransitif, ive.
intrans‖missível adj. (ĭtrãj-ivèl). Intransmissible. ‖**-ponível** adj. (-ounívèl). Infranchissable. ‖**-portável** adj. (-*ourtavèl*). Intransportable.
intratável adj. (ĭtratavèl). Intraitable; exigeant, ante.
intravenoso, a adj. (ĭtravenósou, osa). Intraveineux, euse.
intr‖epidez f. (ĭtre-éch). Intrépidité. ‖**-épido, a** adj. (-è-ou, a). Intrépide, vaillant, ante; brave.
intrig‖a f. (ĭtríga). Intrigue. ‖**-ante** adj. et s. (-ât). Intrigant, ante. ‖**-ar** vt. et vi. (-*ar*). Intriguer. ‖**-uista** adj. et s. (-ghicht*a*). Intrigant, ante.
intrinc‖ado, a adj. (ĭtrícadou, a). Embrouillé, ée. ‖**-ar** vt. (-*ar*). Embrouiller, confondre. ‖*Rendre obscur*.

intrinseco, a adj. (ĭtrĭcecou, a). Intrinsèque.
introdu‖ção f. (ĭtroudoução). Introduction. ‖**-tivo, a** adj. (-*ivou*, a). Introductif, ive. ‖**-zir*** vt. (-*ir*). Introduire*. ‖**-zir-se*** vr. (-ç). S'introduire*.
intróito m. (ĭtroytou). Introït.
intrometer vt. (ĭtroumetér). Introduire*. ‖**-eter-se** vr. (-ç). Se mêler. ‖**-issão** f. (-*áou*). Intromission.
introspec‖ção f. (ĭtrouchpèçáou). Introspection. ‖**-tivo, a** adj. (-*ivou*, a). Introspectif, ive.
introver‖são f. (ĭtrouversáou). Recueillement. ‖**-tido, a** adj. (-*idou*, a). Recueilli, e.
intruj‖ão, ona m. et f. (ĭtroujáou, óna). *Pop*. Menteur, euse; dupeur, euse. ‖**-ar** vt. (-*ar*). *Pop*. Duper, tromper. ‖**-ice** f. (-*iç*). *Pop*. Duperie, tromperie.
intruso, a adj. et s. (ĭtrousou, a). Intrus, use.
intui‖ção f. (ĭtou-áou). Intuition. ‖**-tivo, a** adj. (-*ivou*, a). Intuitif, ive. ‖**-to** m. (-*ouytou*). But, dessein.
intumesc‖ência f. (ĭtoumechcêcya). Intumescence. ‖**-ente** adj. (-êt). Intumescent, ente. ‖**-er** vt. et vi. (-*ér*). Enfler.
inum‖ação f. (-oumação). Inhumation. ‖**-ano, a** adj. (-*ânou*, a). Inhumain, aine. ‖**-ar** vt. (-*ar*). Inhumer. ‖**-erável** adj. (-*eravèl*). Innombrable.
inúmero, a adj. (-oumerou, a). Innombrable, très nombreux, euse.
inund‖ação f. (-údação). Inondation. ‖**-ar** vt. (-*ar*). Inonder, submerger.
inútil adj. (-ou-). Inutile.
inutili‖dade f. (-outl-ad). Inutilité. ‖**-zar** vt. (-*ar*). Inutiliser.
invadir vt. (ĭvadír). Envahir.
invalid‖ade f. (ĭva-ad). Invalidité. ‖**-ar** vt. (-*ar*). Invalider. ‖**-ez** f. (-éch). Invalidité, manque (m.) de validité.
inválido, a adj. et s. (ĭva-ou, a). Invalide.
invariável adj. (ĭvaryavèl). Invariable.
invas‖ão f. (ĭvasáou). Invasion. ‖**-or, a** adj. (-ór, a). Envahissante, ante. ‖ s. m. Envahisseur.

Lettres penchées : accent tonique. ‖V. page verte pour la prononciation figurée. ‖* Verbe irrég. V. à la fin du volume.

invectiv‖a f. (īvètíva). Invective. ‖**-ar** vt. et vi. (-αr). Invectiver.
invej‖a f. (īvèja). Envie : *ter inveja de*, porter envie à. ‖**-ar** vt. (-ar). Envier, porter envie à. ‖**-ável** adj. (-avèl). Enviable. ‖**-oso, a** adj. et s. (-ôsou, osa). Envieux, euse.
inven‖ção f. (īvēçáou). Invention. ‖**-cível** adj. (-ivèl). Invincible. ‖**-dável** adj. (-avèl). Invendable.
invent‖ar vt. (īvētar). Inventer. ‖**-ariar** vt. (-aryar). Inventorier. ‖**-ário** m. (-aryou). Inventaire. ‖**-ivo, a** adj. (-ívou, a). Inventif, ive. ‖**-o** m. (-étou). Invention, f. ‖**-or** m. (-ôr). Inventeur.
invern‖ada f. (īvernada). V. INVERNIA. ‖**-adoiro** m. (-adóyrou). Hivernage. ‖**-al** adj. (-ál). Hivernal, ale. ‖**-ar** vi. (-ar). Hiverner. ‖*Faire* mauvais temps. ‖**-ia** f. (-ía). Hiver (m.) rigoureux. ‖**-o** m. (-ê-ou). Hiver.
invero‖símil adj. (īverousí-). Invraisemblable. ‖**-similhança** f. (-láça). Invraisemblance.
invers‖ão f. (īversáou). Inversion. ‖**-o, a** adj. et s. m. (-ê-ou, a). Inverse. ‖**-or** adj. et s. m. (-ôr). Inverseur.
invert‖ebrado, a adj. et s. m. (īvertebradou, a). Invertébré, ée. ‖**-er** vt. (-ér). Renverser, invertir. ‖**-ido** adj. et s. m. (-ídou). Homosexuel.
invés (īvèch). U. dans la loc. *ao invés*, à l'envers.
invest‖ida f. (īvechtída). Assaut, m. ‖**-idura** f. (-oura). Investiture.
investig‖ação f. (īvech-açáou). Investigation. ‖**-ador, a** adj. et s. (-ôr, a). Investigateur, trice. ‖**-ar** vt. (-ar). Rechercher. ‖vi. *Faire** une enquête.
invest‖imento m. (īvech-ētou). Investissement. ‖**-ir*** vt. (-ír). Investir. ‖Attaquer, assaillir*. ‖vi. Se jeter.
inveter‖ado, a adj. (īveteradou, a). Invétéré, ée. ‖**-ar-se** vr. (-ç). S'invétérer.
inviável adj. (īvyavèl). Non viable.
invicto, a adj. (īví-ou, a). Invaincu, ue.
inviol‖ado, a adj. (īvyouládou, a). Violé, ée. ‖**-ável** adj. (-avèl). Inviolable.
invisível adj. et s. (ī-ivèl). Invisible.

invoc‖ação f. (īvoucaçáou). Invocation. ‖**-ar** vt. (-ár). Invoquer.
invólucro m. (īvoloucrou). Enveloppe, f.
involuntário, a adj. (īvoulūtaryou, a). Involontaire.
invul‖gar adj. (īvou-ar). Extraordinaire. ‖**-nerável** adj. (-eravèl). Invulnérable.
iod‖ado, a adj. (youdadou, a). Iodé, ée. ‖**-eto** m. (-étou). Iodure. ‖**-ismo** m. (-íjmou). Iodisme. ‖**-o** m. (yôdou). Iode. ‖**-ofórmio** m. (-ouformyou). Iodoforme.
iogurte m. (yôgourt). Yogourt.
ionizar vt. (iou-ar). Ioniser.
ir* vi. (-ír). Aller*. ‖Loc. *Ao ir pagar*, au moment de payer. *Ia morrendo*, il a failli mourir. *Ir ao encontro*, aller au devant. *Ir a pique*, couler (bateau). *Ir às do cabo, venir* aux gros mots*. *Ir atrás de*, courir après. *Ir no alcance de*, suivre* de près. *Ir ter com*, aller trouver. *Por mal que vá*, au pis aller. *Vá com Deus*, Dieu vous accompagne. *Vai nisso a minha honra*, il y va de mon honneur. *Vai para dois meses*, il y aura bientôt deux mois. ‖**-se*** vr. (-ç). S'en aller*. ‖Loc. *Irem-se os olhos em*, désirer vivement.
ira f. (íra). Colère.
Iracema f. (iracéma). *Br.* Personne tendre, docile.
ira‖cúndia f. (iracūdya). Irascibilité. ‖**-cundo, a** adj. (-ūdou, a). Irascible. ‖**-do, a** adj. (-adou, a). En colère. ‖**-scível** adj. (-achcivèl). Irascible.
Irene n. pr. (irèn). Irène.
iridescente adj. (ir-echcēt). Iridescent.
íris f. (írich). Iris, m.
irisar vt. (ir-ar). Iriser.
Irlanda n. pr. (irláda). Irlande.
irlandês, esa adj. et s. (irlādéch, ésa). Irlandais, aise.
irm‖ã f. (irmȳ). Sœur. ‖**-anar** vt. (-anar). Assortir. ‖**-andade** f. (-ádad). Fraternité. ‖Confrérie. ‖**-ão** m. (-áou). Frère. ‖adj. m. Égal, pareil.
ironia f. (irouría). Ironie.
irónico, a adj. (iro-ou, a). Ironique.
ironizar vt. e: vi. (irou-ar). Ironiser.

Itálico : acento tônico. ‖V. página verde para a pronúncia figurada. ‖*Verbo irreg. V. no final do livro.

iroso, a adj. (irôsou, osa). Furieux, euse; emporté, ée; irritable, coléreux.
irra! interj. (irra). Morbleu! Peste!
irracional adj. (irra-ounàl). Irrationnel, elle. ‖Irraisonnable [desprovido de razão]. ‖s. m. Bête, f.
irradi‖ação f. (irra-açãou). Irradiation. ‖**-ador**, a adj. et s. m. (-ôr, a). Irradiateur, trice. ‖**-ar** vt. (-yar). Émettre* (des rayons). ‖Propager. ‖vi. Rayonner, irradier.
irreal‖ adj. (irryàl). Irréel, elle. ‖**-idade** f. (-a-ad). Irréalité. ‖**-izável** adj. (-avèl). Irréalisable.
irre‖conciliável adj. (irrecô-yavèl). Irréconciliable. ‖**-cuperável** adj. (-ouperavèl). Irrécouvrable. ‖**-cusável** adj. (-uzavèl). Irrécusable.
irredu‖tível ou **-zível** adj. (-irredoutivèl, -z-). Irréductible.
irreflectido, a adj. (irre-ètidou, a). Irréfléchi, ie.
irre‖freável adj. (irrefryavèl). Irréfrénable. ‖**-futável** adj. (-outavèl). Irréfutable.
irregular adj. (irregoular). Irrégulier, ère. ‖**-idade** f. (-a-ad). Irrégularité.
irreligi‖ão f. (irre-ãou). Irréligion. ‖**-osidade** f. (-ou-ad). Irréligiosité. ‖**-oso, a** adj. (-ôsou, osa). Irréligieux, euse.
irre‖mediável adj. (irremedyavèl). Irrémédiable. ‖**-parável** adj. (-aravèl). Irréparable. ‖**-preensível** adj. (-ryécivèl). Irrépréhensible. ‖**-primível** adj. (-ivèl). Irréprimable. ‖**-quieto, a** adj. (-kyètou, a). Remuant, ante. ‖**-sistível** adj. (-chtivèl). Irrésistible. ‖**-soluto, a** adj. (-ouloutou, a). Irrésolu, ue. ‖**-spirável** adj. (-ch-ravèl). Irrespirable.
irrespon‖dível adj. (irrechpôdivèl). Irréfutable. ‖**-sabilidade** f. (-abl-ad). Irresponsabilité. ‖**-sável** adj. (-avèl). Irresponsable.
irrever‖ência f. (irreverêcya). Irrévérence. ‖**-encioso, a** adj. (-yôsou, osa). Irrévérencieux, euse. ‖**-ente** adj. (-êt). Irrévérent, ente.
irrevogável adj. (irrevougavèl). Irrévocable.
irrig‖ação f. (irr-açãou). Irrigation. ‖**-ador** m. (-ôr). Irrigateur. ‖**-ar** vt. (-ar). Irriguer.
irris‖ão f. (irr-ãou). Dérision.

‖**-ório, a** adj. (-oryou, a). Dérisoire.
irrit‖abilidade f. (irr-abl-ad). Irritabilité. ‖**-ação** f. (-açãou). Irritation. ‖**-adiço, a** adj. (-içou, a). Irritable. ‖**-ante** adj. (-àt). Irritant, ante. ‖**-ar** vt. (-ar). Irriter. ‖**-ável** adj. (-avèl). Irritable.
irr‖omper vi. (irrôpér). Faire* irruption. ‖*Fig.* Pousser, sortir*. ‖**-upção** f. (-ou-ãou). Irruption.
Isabel n. pr. (-abèl). Élisabeth.
isc‖a f. (ichca). Amorce. ‖Loc. *Morder a isca,* mordre à l'hameçon. ‖**-ar** vt. (-ar). Amorcer. ‖*Fig.* Allécher.
isen‖ção f. (-êçãou). Exemption. ‖Désintéressement, m. ‖**-tar** vt. (-ar). Exempter. ‖**-to, a** adj. (-ètou, a). Exempt, ée; exonéré, ée.
islam‖ m. (ijlàm). V. ISLÃO. ‖**-ismo** m. (-ijmou). Islamisme.
islandês, esa adj. et s. (ijlàdéch, ésa). Islandais, aise.
Islândia n. pr. (ijlàdya). Islande.
islão m. (ijlãou). Islam.
isobárico, a adj. (-obar-ou, a). Isobarique, isobare.
isol‖ador, a adj. (-ouladôr, a). Isolant, ante. ‖s.m. Isolateur. ‖**-amento** m. (-étou). Isolement. ‖**-ar** vt. (-ar). Isoler.
isósceles adj. (-ochcelech). Isocèle.
isotérmico, a adj. (-otèr-ou, a). Isotherme.
isqueiro m. (ichcâyrou). Briquet.
israelita adj. et s. (ijrràyelita). Israélite.
isso pron. dém. (içou). Cela, ça, ce. ‖Loc. *A isso,* à cela, y. *Disso,* de cela, en. *Nem por isso deixa de ser...,* il n'en est pas moins. *Por isso,* pour cela.
istmo m. (ichtmou). Isthme.
isto pron. dém. (ichtou). Ceci, cela, ce. ‖Loc. *Isto é,* c'est-à-dire. *Nisto,* là-dessus, soudain, tout à coup.
Itália n. pr. (-alya). Italie.
italiano, a adj. et s. (-alyânou, a). Italien, enne.
itálico, a adj. (-a-ou, a). Italique. ‖s. m. Italique : *em -*, en -.
iter‖ar vt. (-erar). Réitérer. ‖**-ativo, a** adj. (-ativou, a). Itératif, ive.
itinerário, a adj. et s. m. (-eraryou, a). Itinéraire.
iugoslavo, a adj. et s. (yougoj/avou, a). *Br.* Yougoslave.

Lettres penchées : accent tonique. ‖* Verbe irrég. |V. page verte pour la prononciation figurée. V. à la fin du volume.

J

J m. (jota). J. Abrev. de *joule* (phys.).
já adv. (ja). Déjà. ‖ Tout de suite [a seguir]. ‖ Plus [com negação]. ‖ Loc. *Até já*, à tout à l'heure. *Já... já*, tantôt... tantôt. *Desde já, d'ores et déjà*. *Já agora*, puisqu'il le faut, chemin faisant.
jaca f. (jaca). Jaque.
jacaré m. (jacaré). Caïman.
jacente adj. (jacét). Gisant, ante. ‖ *Jurispr.* Jacent, ente. ‖ s. m. pl. Bas-fonds.
jaci m. (jaci). *Br.* Sorte de palmier.
jacinto m. (jacítou). Jacinthe, f.
Jacinto n. pr. (jacítou). Hyacinthe.
jact‖ância f. (ja-ácya). Jactance. ‖ **-ancioso, a** adj. (-yôsou, osa). Plein, eine de jactance. ‖ **-ar-se** vr. (-c). Se vanter, se piquer.
jacto m. (ja-ou). Jet. ‖ Loc. *Dum jacto*, d'un coup, d'un seul jet.
jacuba f. (jacouba). *Br.* Boisson composée d'eau, farine et sucre.
jaculatória f. (jacoulatorya). Jaculatoire.
jacumaúba m. (jacoumaouba). *Br.* Pilote de canot.
jaez m. (jaéch). Harnachement. ‖ *Fig.* Acabit. ‖ Loc. *Do mesmo jaez*, de la même étoffe, f.
jagunço m. (jagúçou). *Br.* Bravache. ‖ Garde du corps.
já-hoje adv. (jaój). *Br.* Maintenant.
Jaime n. pr. (jaym). Jacques.
jainismo m. (ja-íjmou). Djaïnisme.
jalapa f. (jalopa). Jalap, m.
Jamaica n. pr. (jamayca). Jamaïque.
jamais adv. (jamaych). Jamais.
janeiro m. (janêyrou). Janvier.
janela f. (janéla). Fenêtre, croisée.
jangad‖a f. (jãgada). Radeau, m. ‖ **-eiro** m. (-adáyrou). Conducteur d'un radeau.
janota adj. (janota). Élégant, ante; coquet, ette. ‖ s. m. Gommeux, muguet, dandy.
jantar vt. et vi. (játar). Dîner. ‖ s. m. Dîner. ‖ **-ada** f. (-arada). Grand dîner, m. ‖ **-inho** m. (-ígnou). Dînette, f.
Januário n. pr. (janouaryou). Janvier (homme).
Japão n. pr. (japáou). Japon.
japonês, esa adj. et s. (japounéch, ésa). Japonais, aise.
jaqueira f. (jacáyra). Jaquier, m.
jaquet‖a f. (jakéta). Veste. ‖ **-ão** m. (-etáou). Veston croisé.
jarda f. (jarda). Yard, m.
jardim m. (jardí). Jardin.
jardin‖agem f. (jar-ajáy). Jardinage, m. ‖ **-ar** vi. (-ar). Jardiner. ‖ *Fam.* Flâner. ‖ **-eira** f. (-áyra). Jardinière. ‖ **-eiro** m. (-áyrou). Jardinier.
jarerê m. (jareré). *Br.* Maladie de la peau, f.
jarr‖a f. (jarra). Porte-bouquet, m. ‖ **-ão** m. (ja-cou). Potiche, f.
jarret‖e m. (jarrét). Jarret. ‖ **-eira** f. (-etáyra). Jarretière.
jarro m. (jarrou). Broc. ‖ Pied de veau [planta].
jasmin m. (jajmí). Jasmin.
jaspe m. (jachp). Jaspe.
jaula f. (jaoula). Cage (à bêtes féroces, singes, etc.).
Java n. pr. (java). Java.
javali m. (javalí). Sanglier. ‖ **-ina** f. (-ína). Laie.
javanês, esa adj. et s. (javanéch, ésa). Javanais, aise.
javardo m. (javardou). Sanglier.
jaz‖er vi. (jazér). Gésir*, être* couché, ée. ‖ Loc. *Aqui jaz*, ci-gît. ‖ **-ida** f. (-ída). Lieu (m.) où l'on gît, où l'on est couché. ‖ **-igo** m. (-ígou). Caveau de famille. ‖ Gisement [minas].
jeit‖o m. (jáytou). Tournure, f., forme, f. ‖ Adresse, f., habileté, f. ‖ Mouvement. ‖ Entorse, f. ‖ Loc. *A jeito*, convenablement. *Com jeito*, adroitement. *Dar jeito*, être* com-

---

Itálico : acento tônico. ‖ V. página verde para a pronúncia figurada. ‖ *Verbo irreg V. no final do livro.

JEJ — JUD

mode. *Fazer jeito*, convenir*; servir*, être* utile. *Ter jeito*, être* adroit. *Ter jeito para*, avoir* de l'habileté pour. ||**-oso, a** adj. (-ôsou, osa). Adroit, oite. || Gentil, ille.
jeju||**ador** a adj. et s. (jejouadôr, a). Jeûneur, euse. ||**-ar** vi. (-ouar). Jeûner. ||**-m** m. (-ũ). Jeûne. ||Loc. *Em jejum*, à jeun.
Jeová n. pr. (jyouva). Jéhovah.
jer||**arquia** f. (jerarkía). Hiérarchie. ||**-árquico, a** adj. (-arkicou, a). Hiérarchique.
Jeremias n. pr. (jeremíach). Jérémie.
Jerónimo n. pr. (jero-ou). Jérôme.
jeropiga f. (jeroupiga). Vin (m.) bourru.
Jerusalém n. pr. (jerousalãy). Jérusalem.
jesu||**íta** m. (jesouíta). Jésuite. ||**-ítico, a** adj. (-í-ou, a). Jésuitique.
Jesus n. pr. (jesouch). Jésus.
jibóia f. (-oya). Boa, m.
jiu-jitsu m. (-oují-ou). Jiu-Jitsu.
joalh||**aria** f. (joualaría). Joaillerie. ||**-eiro** m. (-âyrou). Joaillier.
Joana n. pr. (jouãna). Jeanne.
joan||**ete** m. (jouanét). *Mar.* Perroquet. || Oignon (au pied). ||**-inha** f. (-ígna). Coccinelle, bête à bon Dieu.
João n. pr. (jouãou). Jean.
joão||**-ninguém** m. (jouãounigãy). Homme de rien. ||**--pestana** m. (-echtãna). *Pop.* Sommeil.
Joaqui||**m** n. pr. (jouakí). ||**-na** n. pr. (-ína). F. de Joachim.
jocos||**idade** f. (joucou-ad). Jocosité. ||**-o, a** adj. (-ôsou, osa). Plaisant, ante.
joeir||**a** f. (jouâyra). Van, m. ||**-ar** vt. (-ar). Vanner, cribler. ||*Fig.* Passer au crible.
joelh||**eira** f. (jouâyra). Genouillère. || Genou, m. (au pantalon) [nas calças]. ||**-eiro, a** adj. (-ou, a). Qui couvre le genou. ||**-o** m. (-âylou). Genou. ||Loc. *De joelhos*, à genoux. *Dobrar o joelho*, fléchir le genou.
jog||**ada** f. (jougada). Coup, m. (au jeu). ||**-ador, a** adj. et s. (-ôr, a). Joueur, euse. ||**-ar** vt. et vi. (-ar).

Jouer : *jogar as cartas*, jouer aux cartes. ||**Jeter** [atirar]. ||Loc. *Jogar de fora*, tirer son épingle du jeu. ||**-o** m. (jôgou). Jeu : *jogo do pim-pampum*, jeu du massacre. ||Loc. *Jogo dianteiro*, *traseiro dum carro*, avant-train, arrière-train d'une voiture. *Ver o jogo mal parado*, voir* mal tourner une chose.
joguetear vt. (joughetyar). Plaisanter, railler.
jóia f. (joya). Bijou, m., joyau, m. || Droit (m.) d'entrée.
jónico, a adj. (jo-ou, a). Ionique.
Jordão n. pr. (jourdãou). Jourdain.
Jorge n. pr. (jorj). George.
jorn||**a** f. (jorna). *Pop.* Journée (salaire). ||**-ada** f. (journada). Journée. ||Loc. *Andar de jornada*, être* en voyage. ||**-al** m. (-àl). Journal. ||Journée (salaire). ||**-aleco** m. (-alècou). Petit journal. ||**-aleiro** m. (-âyrou). Journalier. ||**-alismo** m. (-íjmou). Journalisme. ||**-alista** m. et f. (-íchta). Journaliste.
jorr||**a** f. (jôrra). Brai, m. ||**-ar** vt. (jou-ar). Faire* jaillir. ||vi. Jaillir. ||**-o** m. (jô-ou). Jaillissement. ||Loc. *A jorros*, à flots. *Correr em jorro*, jaillir.
José n. pr. (jousè). Joseph.
Josefa n. pr. (jousèfa). Joséphine.
jota m. (jota). Nom de la lettre J.
jovem adj. (jovãy). Jeune. || s. m. Jeune homme. ||f. Jeune fille.
jovial|| adj. (jouvyàl). Jovial, ale. ||**-idade** f. (-a-ad). Jovialité.
juba f. (jouba). Crinière (du lion).
jubil||**ação** f. (jou-açãou). Retraite d'un professeur. ||**-ar** vt. (-ar). Retraiter. ||**-ar-se** vr. (-ç). Obtenir* sa retraite. ||**-eu** m. (-éou). Jubilé.
júbilo m. (-ou). Grande joie, f.
jubiloso, a adj. (jou-ôsou, osa). Joyeux, euse.
jucundo, a adj. (joucũdou, a). Enjoué, ée.
jud||**aico, a** adj. (joudaycou, a). Judaïque. ||**-aismo** m. (-aíjmou). Judaïsme. ||**-eu, ia** adj. et s. (-éou, ia). Juif, ive. ||**-iar** vi. (-yar). *Fig.* Tourmenter. || Synt. *Judiar com*, tourmenter, vt. ||**-iaria** f. (-aría). Juiverie. ||*Fig.* Taquinerie. ||Loc. *Fazer judiarias a*, taquiner, tourmenter.

Lettres penchées : accent tonique. ||V. page verte pour la prononciation figurée. ||* Verbe irrég. V. à la fin du volume.

JUD — JUV

judǁcatura f. (jou-at*ou*ra). Judicature. ǁ-**cial** adj. (-y*àl*). Judiciaire. ǁ-**ciar** vi. (-y*ar*). Décider judiciairement. ǁ-**ciário, a** adj. (-y*ar*you, a). Judiciaire. ǁ-**cioso, a** adj. (-y*ô*sou, *os*a). Judicieux, *eu*se.
Judite n. pr. (joudít). Judíth.
jugo m. (jo*u*gou). Joug.
Jugoslávia n. pr. (jougou*j*lavya). Yougoslavie.
jugoslavo, a adj. et s. (jougou*j*lavou, a). Yougoslave.
Jugurta n. pr. (jougo*u*rta). Jugurtha.
juiz m. (j*ou*ich). Juge : *juiz de paz,* juge de paix. ǁ oc. *Ser juiz em causa própria, ê*tre* juge et partie.
juízo m. (jo*u*ízou). Jugement. ǁ Sagesse, f., prudence, f., bon sens. ǁ Loc. *A meu juízo,* à mon avis. *Comparecer em juízo,* compara*î*tre* en justice. *Dar volta ao juízo,* rendre fou. *Homem de juízo,* homme sage. *Juízo final,* jugement dernier.
julgǁado, a adj. (jou-*a*dou, **a**). Jugé, ée. ǁ s. m. Juridiction, f. ǁ-**ador** m. (-ad*ô*r). Juge. ǁ-**amento** m. (-ét*ou*). Jugement. ǁ-**ar** vt. (-*ar*). Juger. ǁ Croire*, juger, estimer. ǁ-**ar-se** vr. (-*ç*). Se croire*, s'estimer.
julho m. (jo*u*lou). Juillet.
Júlio n. pr. (jo*u*lyou). Jules.
jumento, a m. et f. (joum*é*tou, **a**). Âne, ânesse.
juncal m. (j*ù*c*àl*). Jonchaie, f.
junção f. (j*ù*ç*ào*u). Jonction.
juncǁar vt. (j*ù*c*ar*). Joncher. ǁ-**o** m. (j*ú*cou). Jonc. ǁ Jonque, f. [barco].
jungir vt. (j*ù*gír). Atteler (des bœufs). ǁ Joindre*, assembler [juntar].
junho m. (jo*u*gnou). Juin.
júnior adj. (jo*u*ny*ô*r). Jeune, cadet.
junquilho m. (j*ù*kílou). Jonquille, f.
juntǁa f. (j*ú*ta). Joint, m., jointure. ǁ Paire (de bœufs). ǁ Consultation (de médecins). ǁ*Junte,* conseil, m. ǁ Comité, m. ǁ*Junta de freguesia,* mairie. ǁ-**amente** adv. (-*é*t). Ensemble. ǁ-**ar** vt. et vi. (-*ar*). Joindre*, approcher [aproximar]. ǁ Réunir, assembler. ǁ Accr*oî*tre*, ajouter [acrescentar]. ǁ Recueillir, colliger. ǁ Accumuler, amasser. ǁvi. Thésauriser. ǁ-**ar-se** vr. (-*ç*). Se joindre*. ǁ S'accoupler (les animaux). ǁ-**eira** f. (-*à*yra). Rabot (m.) de menuisier. ǁ-**o, a** adj. (j*ú*tou, a). Joint, ointe. ǁ Ci-joint, ointe [incluso]. ǁ adv. Auprès, tout près. ǁ Ci-jo*i*nt [juntamente]. ǁ Loc. *Junto a, de,* auprès de. *Por junto,* en gros. ǁ-**ura** f. (-*ou*ra). Jointure, joint, m.
Júpiter n. pr. (jou-*è*r). Jupiter.
jurǁa f. (jo*u*ra). Jurement, m. ǁ-**ado, a** adj. et s. m. (-*a*dou, a). Juré, ée. ǁ-**amento** m. (-am*é*tou). Serment. ǁ-**ar** vt. et vi. (-*ar*). Jurer. ǁ Loc. *Jurar falso,* f*ai*re* un faux serment.
jurema f. (jour*é*ma). Br. Besogne, tâche.
júri m. (jo*u*rí). Jury.
jurídico, a adj. (jourí-ou, a). Juridique.
jurisǁconsulto m. (jourichc*ô*çou-ou). Jurisconsulte. ǁ-**dição** f. (-j-*ào*u). Juridiction. ǁ-**perito** m. (-ch*p*erítou). Jurisconsulte. ǁ-**prudência** f. (-roud*é*cya). Jurisprudence. ǁ-**ta** m. (-íchta). J*u*riste, jurisconsulte.
juriti f. (jo*u*r-í). Br. Sorte de tourterelle ou de pigeon, m.
juro m. (jo*u*rou). Intérêt : *juro composto,* intérêt composé.
jururu adj. (jourou*rou*). Br. Morose, mélancoli*q*ue.
jus m. (jo*u*ch). Droit. ǁ Loc. *Fazer jus a,* acquérir* droit sur.
justa f. (j*ó*chta). Joute.
justamente adv. (jouchtam*é*t). Justement.
justapor* vt. (jouchtap*ô*r). Juxtaposer.
justǁar vt. (jouchtar). Jouter. ǁ-**eza** f. (-*é*za). Justesse. ǁ-**iça** f. (-í*ç*a). Justice. ǁ Loc. *Fazer justiça,* rendre justice. *Fazer justiça por suas mãos,* se faire* justice. ǁ-**içar** vt. (-*ar*). Exécuter. ǁ-**iceiro, a** adj. (-*à*yrou, a). Justicier, ère. ǁ-**iço, a** adj. (-*ô*sou, *os*a). Justicier, ère.
justǁificação f. (jouch-aç*ào*u). Justification. ǁ-**ificadamente** adv. (-adam*é*t). Justement. ǁ-**ificar** vt. (-*ar*). Justifier. ǁ-**ificativo, a** adj. (-atívou, **a**). Justificati*f, ive. ǁ-**o, a** adj. et s. m. (jo*u*-ou, **a**). Juste. ǁ Loc. *À justa,* au juste.
juvenǁil adj. (jouv*e*níl). Juvénile. ǁ-**tude** f. (-*é*toud). Jeunesse.

Itálico : acento tónico. ǁV. página verde para a pronúncia figurada. ǁ*Verbo irreg. V. no final do livro.

L

lá adv. (la). Là, y. ‖ s. m. La (note). ‖ Loc. Cá e lá, çà et là. Lá adiante, là-bas. Diz (olha) lá, dis donc.
lã f. (lã). Laine.
labareda f. (labarêda). Flamme.
labéu m. (labèou). Tache, f.
lábia f. (labya). Belles paroles, pl. : ter muita lábia, avoir* de belles paroles.
labi‖ado, a adj. et s. f. (labyàdou, a). Labié, ée. ‖**-al** adj. et s. f. (-yàl). Labial, ale.
lábio m. (labyou). Lèvre, f.
labirinto m. (la-rĭtou). Labyrinthe.
labor‖ m. (labôr). Labeur. ‖**-ação** f. (-ouraçãou). Activité. ‖**-ar** vi. (-ar). Travailler. ‖**-atório** m. (-atoryou). Laboratoire. ‖**-ioso, a** adj. (-yôsou, osa). Laborieux, euse.
labrego, a adj. et s. (labrégou, a). Fig. Manant, ante; rustaud, aude.
labut‖a ou **-ação** f. (labouta, -ãou). Labeur, m. ‖**-ar** vi. (-ar). Bûcher, peiner.
laca f. (laca). Laque, m. [verniz].
laç‖ada f. (laçada). Nœud ; m.) coulant. ‖**-ador** m. (-adôr). Br. Celui qui lance le lasso. ‖**-ar** vt. (-ar). Lacer. ‖ Prendre* avec des lacs ou un lasso.
lacaio m. (lacayou). Laquais.
lacete m. (lacét). Lacet.
Lácio n. pr. (lacyou). Latium.
laço m. (laçou). Nœud (de ruban). ‖ Lacs [pássaros]. ‖ Lasso [américano].
lac‖ónico, a adj. (laco-ou, a). Laconique. ‖**-onismo** m. (-ounijmou). Laconisme.
la‖craia f. (lacraya). Br. Sorte de canot, m. ‖ Insecte (m.) de l'Amazone. ‖ Br. du N. Mille-pattes. ‖**-crar** vt. (-ar). Cacheter. ‖**-crau** m. (-aou). Scorpion. ‖**-cre** m. (lacr). Cire, f. à cacheter.
lacrim‖al adj. (lacr-àl). Lacrymal, ale. ‖ s. m. Larmier. ‖**-ejar** vi. (-mjɐr). Larmoyer. ‖**-ogéneo, a** adj. (-ojènyou, a). Lacrymogène. ‖**-oso, a**

adj. (-ôsou, osa). Larmoyant, ante.
lact‖ação f. (la-açãou). Lactation. ‖**-ar** vt. (-ar). Allaiter. ‖ vi. Téter. ‖**-ário** m. (-aryou). Lactaire.
lácte‖a f. (la-ya). Laitance. ‖**-o, a** adj. (-ou, a). Lacté, ée.
lacticínio m. (la-ĭnyou). Laitage.
láctico, a adj. (la-ou, a). Lactique.
lact‖ómetro m. (la-ometrou). Lactomètre. ‖**-ose** f. (-oz). Lactose.
lacuna f. (lacouna). Lacune.
lacustre adj. (lacouchtr). Lacustre.
ladainha f. (ladaĭna). Litanies, pl.
ladear vt. (ladyar). Côtoyer. ‖ Esquiver. ‖ vi. Aller* de côté. ‖ Biaiser.
ladeir‖a f. (ladàyra). Pente d'un terrain, montée. ‖**-ento, a** adj. (-êtou, a). Montueux, euse. ‖**-o** adj. m. (-àyrou). U. dans la loc. prato ladeiro, assiette (f.) plate.
lado m. (ladou). Côté. ‖ Loc. Ao lado, à côté. Ao lado um do outro, côte à côte. De ambos os lados, de part et d'autre, des deux côtés. Estar deitado de lado, de part en part. Estar deitado de lado, être* couché sur le côté. Para que lado? de quel côté ? Por um lado, d'une part.
ladr‖a f. (ladra). Voleuse. ‖**-ão** m. (ladrãou). Voleur, larron. ‖**-ar** vi. (-ar). Aboyer. ‖**-ido** m. (-ĭdou). Aboiement.
ladrilh‖ar vt. (ladrilar). Carreler. ‖**-eiro** m. (-àyrou). Carreleur. ‖**-o** m. (-ĭlou). Carreau en faïence.
ladro‖eira f. (ladrouâyra). Volerie. ‖**-ice** f. (-iç). Vol, m., volerie.
Laertes n. pr. (laèrtech). Laërte.
lagar m. (lagar). Pressoir à vin, à huile.
lagart‖a f. (lagarta). Chenille. ‖**-ixa** f. (-a-ícha). Lézard (m.) gris. ‖**-o** m. (-a-ou). Lézard.
lag‖o m. (lagou). Lac. ‖ Bassin [jardim]. ‖**-oa** f. (lagôa). Étang, m., lagon, m.
lagost‖a f. (lagôchta). Langouste. ‖**-im** m. (ou-ĭ). Langoustine, f.

Lettres penchées : accent tonique. ‖ V. page verte pour la prononciation figurée. ‖ * Verbe irrég. V. à la fin du volume.

lágrima f. (lagr-a). Larme. ‖Loc. *Banhado em lágrimas*, tout en larmes.
laguna f. (lagouna). Lagune.
laia f. (laya). Pop. Acabit, m. ‖Loc. *À laia de*, en manière de.
laic‖**al** ou **-o, a** adj. (laycàl, laycou, a). Laïque, laïcal, ale.
laiv‖**ar** vt. (layvar). Tacher. ‖**-o** m. (layvou). Tache (f.) légère. ‖*Fig*. Teinture.
laj‖**a** ou **-e** f. (laja, -j). Dalle.
lájea f. (lajya). Dalle.
laj‖**eado** m. (lajyadou). Dallage. ‖**-ear** vt. (-yar). Daller.
lama‖ f. (lãma). Boue. ‖m. Lama (padre; animal). ‖**-çal** ou **-ceiro** m. (-àl, âyrou). Bourbier. ‖**-cento, a** adj. (-étou, a). Boueux, euse; bourbeux, euse.
lambada f. (làbada). Coup (m.) de bâton [paulada]. ‖Frottée, volée [sova].
lamb‖**ão** m. (làbãou). Glouton. ‖**-areiro, a** adj. et s. (-arâyrou, a). Gourmand, ande. ‖**-arice** f. (-iç). Friandise. ‖**-er** vt. (-ér). Lécher. ‖**-idela** f. (-éla). Léchage, m. ‖**-iscar** vt. et vi. (-chcar). Pignocher. ‖**-isco** m. (-ichcou). Petit morceau. ‖**-isqueiro, a** adj. et s. (-kâyrou, a). Gourmand, ande. ‖**-ona** f. (-ôna). Gloutonne.
lambri‖**l** ou **-m** m. (làbríl, -ĩ). Lambris.
lambu‖**jar** vi. (làboujar). Se montrer friand. ‖**-jem** f. (-oujãy). Gourmandise. ‖**-zadela** f. (-zadèla). Tache de graisse, etc. ‖*Fig*. Teinture. ‖**-zar** vt. (-ar). Barbouiller, salir, tacher.
lamecha adj. et s. m. (lamê-a). Galantin.
lameir‖**a** f. ou **-o** m. (lamâyra, -ou). Bourbier, m., mare, f., marais, m.
lamel‖**a** f. (lamèla). Lamelle. ‖**-ado, a** adj. (-eladou, a). Lamellé, ée. ‖**-oso, a** adj. (-ôsou, osa). Lamelleux, euse.
lament‖**ação** f. (lamẽtaçãou). Lamentation. ‖**-ar** vt. (-ar). Plaindre*, regretter. ‖**-ar-se** vr. (-ç). Se lamenter. ‖**-ável** adj. (-avèl). Lamentable. ‖**-o** m. (-étou). Lamentation, f. ‖**-oso, a** adj. (-ôsou, osa). Lamentable, plaintif, ive.

lâmina f. (lã-a). Lame (de métal).
lamin‖**ação** f. (la-açãou). Laminage, m. ‖**-ar** vt. (-ar). Laminer. ‖**-oso, a** adj. (-ôsou, osa). Lamineux, euse.
lâmpada f. (lãpada). Lampe. ‖*Lâmpada no tecto*, plafonnier, m.
lamp‖**adejar** vi. (lãpadejar). Briller. ‖**-arina** f. (-rina). Veilleuse. ‖**-eiro, a** adj. (-âyrou, a). Précoce. ‖*Fig*. Empressé, ée. ‖**-ianista** m. (-anichta). Allumeur de réverbères. ‖**-ião** m. (-ãou). Lanterne, f ‖Réverbère [das ruas].
lampo, a adj. (lãpou, a). Précoce.
lampreia f. (lãprâya). Lamproie.
lamúria f. (lamourya). Plainte.
lamuri‖**ante** adj. (lamouryãt). Geignard, arde. ‖**-ar** vi. (-yar). Geindre*. ‖**-ento, a** adj. (-étou, a). Geignard, arde.
lanç‖**a** f. (lãça). Lance. ‖**-a-chamas** m. (-âmach). Lance-flammes. ‖**-ada** f. (-ada). Coup (m.) de lance. ‖**-adeira** f. (-adâyra). Navette. ‖**-amento** m. (-étou). Jet. ‖Lancement. ‖Établissement [imposto]. Écriture, f. [com.]. ‖**-ar** vt. (-ar). Lancer, jeter. ‖Répandre [espalhar]. ‖Exhaler. ‖Attribuer. ‖Pousser (des bourgeons) [botões]. ‖Vomir. ‖Inscrire*. ‖Loc. *Lançar a rede*, tendre ses filets. *Lançar em rosto*, reprocher. *Lançar mão de*, saisir. *Lançar por terra*, renverser, terrasser. ‖**-ar-se** vr. (-ç). Se lancer. ‖**-a-torpedos** m. (-atourpédouch). Lance-torpille.
lance m. (lãç). Coup. ‖Danger, péril. ‖ Incident, événement.
lanc‖**ear** vt. (lãcyar) Blesser avec une lance. ‖*Fig* Affliger ‖**-eiro** m. (-âyrou) Lancier ‖**-eolado, a** adj. (-youladou, a). Lancéolé, ée. ‖**-eta** f. (-éta). Lancette. ‖**-etar** vt. (-etar). Percer avec une lancette.
lanch‖**a** f. (lã-a). Chaloupe, canot, f. ‖**-ão** m. (-ãou). Chaland (bateau).
lanch‖**ar** vt. (lã-ar). Manger au goûter. ‖ vi. Goûter. ‖**-e** m. (lã-). Lunch.
lancinante adj. (lã-ãt). Lancinant, ante.
lanço m. (lãçou). Jet. ‖Étendue, f. (d'une tranchée); pan [parede]. ‖Volée, f. (d'un escalier) [escada]. ‖Tronçon (route) [estrada]. ‖Coup

Itálico : acento tónico. ‖V. página verde para a pronúncia figurada. ‖*Verbo. irreg. V. no final do livro.

LAN — LAS

(de dés, de filet) [dados, rede]. ‖Enchère, f. [leilão].
land‖a f. (láda). Lande. ‖-e f. (lád). Gland, m. ‖-eira f. (-áyra). Chenaie.
lang‖or m. (lâgôr). Langueur, f. ‖-oroso, a adj. (-ourôsou, osa). Langoureux, euse. ‖-uento, a adj. (-ghétou, a). Pop. Maladif, íve. ‖-uescer vi. (-ghechcér). Languir. ‖-uidez f. (-éch). Langueur; affaissement (m.) moral; apathie.
lánguido a adj. (lâgh-ou, a). Languissant, ante; faible; langoureux, euse.
lanho m. (lâgnou). Coupure, f.
lan‖ífero, a adj. (laníferou, a). Lanifère. ‖-ifício m. (-icyou). Lainage. ‖-ígero, a adj. (-íjerou, a). Lanigère. ‖-oso, a adj. (-ôsou, osa). Laineux, euse.
lantejoila f. (látejôyla). Clinquant, m.
lanterna f. (lâtèrna). Lanterne : lanterna de furta-fogo, lanterne sourde.
lanu‖do, a adj. (lanoudou, a). Laineux, euse. ‖-gem f. (-oujày). Duvet, m. ‖-ginoso, a adj. (-ôsou, osa). Lanugineux, euse.
lapa f. (lapa). Grotte. ‖Zool. Patelle.
lapão, poa adj. et s. (lapáou, ôa). Lapon, onne.
láparo m. (laparou). Lapereau.
lapela f. (lapéla). Revers, m. (du veston etc.).
lapid‖ação f. (la-açáou). Lapidation [suplício]. ‖Taille des pierres fines. ‖-agem f. (-ájay). Taille. ‖-ar adj. (-ar). Lapidaire, ‖vt. Lapider [matar à pedrada]. ‖Tailler (des pierres précieuses). ‖-ário adj. et s. m. (-aryou). Lapidaire.
láp‖ide f. (la-). Plaque commémorative. ‖Pierre sépulcrale. ‖-is m. (lapich). Crayon.
lapiseira f. (la-âyra). Porte-crayon, m., porte-mine(s), m.
Lapónia n pr. (lapónya). Laponie.
lapso m. (la-ou). Laps [tempo]. ‖Lapsus.
lapuz adj. et s. (lapouch). Rustre, rustaud, aude.
laque‖ação f. (lakyaçáou). Ligature (d'une artère). ‖-ar vt. (-yar). Ligaturer, attacher avec une ligature.

lar m. (lar). Foyer (maison). ‖Âtre, foyer [lareira]. ‖pl. Lares (dieux).
laracha f. (lara-a). Facétie.
laranj‖a f. (larája). Orange. ‖-ada f. (-ada). Orangeade. ‖-al m. (-àl). Orangerie, f. ‖-eira f. (-âyra). Oranger, m.
larápio m. (larápyou). Filou.
lard‖eadeira f. (lardyadâyra). Lardoire. ‖-ear vt. (-yar). Larder. ‖-o m. (lardou). Lard.
lareira f. (larâyra). Foyer, m., âtre, m.
larg‖a f. (larga). U. dans les loc. à larga, à son aise: dar largas, donner carrière. ‖-ada f. (la-ada). Lâcher, m. [pombos]. ‖Action de faire voile. ‖-amente adv. (la-amêt). Largement. ‖-ar vt. (la-ar). Lâcher. ‖Quitter, abandonner. ‖Mar. Larguer. ‖vi. Faire* voile, se mettre* au large. ‖-o, a adj. (la-ou, a). Large. ‖Loc. A passo largo, à grands pas. Largos anos, de longues années, f. Mar largo, haute mer, f. ‖s. m. Place (publique), f. ‖Large, largeur, f. ‖Large : fazer-se ao largo, prendre* le large. ‖Mus. Largo. ‖adv. Largement. ‖-ueza f. (-ghéza). Largeur. ‖Fig. Largesse. ‖-ura f. (-oura). Largeur.
laring‖e f. (larïj). Larynx, m. ‖-ite f. (-ít). Laryngite. ‖-oscópio m. (-ochcopyou). Laryngoscope.
larva f. (larva). Larve.
lasc‖a f. (lachca). Éclat, m. (de bois, etc.). ‖Fig. Morceau, m. ‖-ar vt. (la-ar). Rompre* par éclats. ‖vi. S'écailler.
lasc‖ívia f. (lachcívya). Lasciveté. ‖-ivo, a adj. (-ívou, a). Lascif, íve.
lass‖idão f. (la-áou). Lassitude. ‖-o, a adj. (laçou, a). Lâche, qui n'est pas tendu, ue. ‖Faible [fraco]. ‖Dissolu, ue.
lástima f. (lach-a). Plainte. ‖État (m.) de malheur. ‖Compassion. ‖Loc. Ser uma lástima, n'être* bon à rien.
lastim‖ar vt. (lach-ar). Plaindre*, regretter. ‖-ar-se vr. (-ç). Se plaindre*. ‖-ável adj. (-avèl). Regrettable. ‖-oso, a adj. (-ôsou, osa). Piteux, euse.
lastr‖ar vt. (lachtrar). Lester. ‖-o m. (la-ou). Lest. ‖Fig. Base, f.

Lettres penchées : accent tonique. ‖ V. page verte pour la prononciation figurée. ‖* Verbe irrég. V. à la fin du volume.

lat‖a f. (lata). Fer blanc, m. ‖**Boîte en fer blanc**. ‖Loc. *Ter muita lata, avoir* du culot* (pop.). ‖**-ada** f. (lata*da*). Treilla*ge*, m. ‖**Treille** [a' vinha]. ‖**-agão** m. (-agãou). Grand gaillard. ‖**-ão** m. (-ãou). Laiton, cuivre jaune.
látego m. (*la*tegou). Escourgée, f.
latej‖ar vt. (late*j*ar). Palpiter, battre*. ‖**-o** m. (-âyjou). Battement.
latente adj. (latét). Latent, ente.
lateral adj. (later*à*l). Laté*r*al, ale.
latido m. (lat*í*dou). Glapissement.
latifúndio m. (la-ũdyou). Vaste propriété rural*e*, f.
latim m. (lat*ĩ*) Latin.
latin‖idade f. (la-a*d*). Latinité. ‖**-ismo** m. (-*i*jmou). Latinisme. ‖**-ista** m. et f. (-*i*chta). Latiniste. ‖**-o, a** adj. et s. (-*i*nou, a). Latin, ine.
latir vi. (lat*i*r) Glapír.
latitud‖e f. (la-*o*ud). Latitude. ‖**-inário, a** adj. (-*a*ryou, a). Latitudin*ai*re.
lato, a adj. (latou, a). Vaste, large *no sentido lato*, au sens large.
latoeiro m. (latouâyrou). Ferblantier.
latrina f. (latr*i*na). Latrines, pl.; lieux (m. pl.) d'aisances.
latrocínio m. (latrouc*í*nyou). Brigandage, pillage, rapine, f.
laudatório, a adj. (laoudator*y*ou, a). Laudatif, ive, louang*e*ur, euse.
laudémio m. (laoud*è*myou). Lods (pl.) et ventes, f. pl.
laudo m. (l*a*oudou). Opinion, f., avis d'un arbitre.
Laura n. pr. (l*a*oura). Laure.
láurea f. (l*a*ourya). Couronne de laurier. ‖*Br*. Grade (de doct*e*ur, etc.).
laur‖eado, a adj. et s. (laoury*a*dou, a). Lauré*a*t, *a*te. ‖**-el m.** (-*è*l). Laurier. ‖*Fig*. Gloire, f., prix, couronne, f.
lauto, a adj. (l*a*outou, a). Copieux, euse. ‖Splendide, sompt*u*eux, euse.
lava f. (l*a*va). Lave.
lavabo m. (lav*a*bou). *Liturg*. Lavabo.
lavad‖aria f. (lavad*a*ria). Lavanderie. ‖**-eira** f. (-*â*yra). Blanchisseuse. ‖**Laveuse** [máquina]. ‖**-ela** f. (-*è*la). Lavage léger, m. ‖**-ado, a** adj. (-*a*dou, a). Lavé, ée. ‖Loc. *Lavado de ares*, aéré. ‖**-oiro** ou **-ouro** m.

(-*ôy*rou, -*ô*r-). Lavoir. ‖**-or** adj. et s. m. (-*ô*r). Lav*e*ur. ‖**-ura** f. (-*ou*ra). Lavage, m. ‖acção]. ‖**Lavure** [água].
lavagante m. (lavag*ã*t). Homard.
lavagem f. (lav*a*jãy). Lav*a*ge, m. ‖Blanchissa*ge*, m. [de roupa].
lavand‖aria f. (lavãdar*í*a). Blanchisserie. ‖**-eira** ou **-isca** f. (-*â*yra, -*i*chca). Lavand*iè*re.
lavar vt. (lav*a*r). Laver : *lavo daí as minhas mãos*, je m'en lave les mains.
lavatório m. (lavator*y*ou). Lavabo.
lavável adj. (lav*à*vèl). Lavable.
lav‖oira f. (lav*ôy*ra). V. LAV*OURA*. ‖**-or** m. (-*ô*r). Ouvrage (d'aiguille) ‖Ornement en relief. ‖**-oura** f. (-*ô*ra). Labour, m., labour*a*ge, m. ‖**-ra** f. (la-a). Labour, m. ‖Loc. *Da lavra de*, cu cru de. ‖**-radeira** (la-*â*yra). Paysanne. ‖**-radeiro, a** adj. (-ou, a). Qui laboure (bête). ‖**-radio, a** adj. (-*a*dyou, a). Labourable. ‖**-rado** m. (-*a*dou). Broderie, f. ‖Ciselure, f. ‖**-rador** m. (-ad*ô*r). Laboureur.
Lavrador n. pr. (lavrad*ô*r). Labrador.
lavrar vt. (lavr*a*r). Labourer [terra]. ‖Façonner [pedra]. ‖Travailler (bois) [madeira]. ‖Broder [agulha]. ‖Ouvrager [ourivesaria]. ‖Dresser [acta, aut*c*]. ‖vi. Se propager, se répandre.
lax‖ação f (lachaç*ãou*). Relâchement, m. ‖**-ante** adj. et s. m. (-*ã*t). Laxatif. ‖**-ar** vt. (-*a*r). Lâcher. ‖**-ativo, a** adj. (-ativou, a). Laxatif, ive.
lazar‖ento, a adj. (lazar*ẽ*tou, a). Lépreux, *e*use. ‖s. m. Misérable. ‖**-eto** m. (-*é*tou). Lazaret.
lázaro adj. et s. m. (l*a*zarou). L*a*dre, lépreux.
lazeira f. (laz*â*yra). Misère. ‖Faim. ‖Lèpre.
lazulite f. (lazoul*i*t) Lazulite. m
leal adj. +ly*à*l). Loyal, *a*le. ‖**-dade** f. (-*a*d). ï oy*a*uté.
leão m. (ly*ã*ou). Lion.
Leão n. pr (ly*ã*ou). Léon.
lebr‖acho m. (lebra-ou). Levraut. ‖**-ão** m. (-*ã*ou). Lièvre (mâle). ‖**-e** f. (lèbr). L*iè*vre, m.; h*a*se [fêmea]. ‖Loc. *Esta lebre está corrida*, cette

Itálico : acento tónico. ‖V. página verde para a pronúncia figurada. ‖*Verbo irreg. V. no final do livr*o*.

LEC — LEN 582

question est épuisée. ‖**-éu** m. (le*éou*). Lévrier.
lec‖cionar vt. (lècyoun*ar*). Enseigner, donner des leçons. ‖**-tivo, a** adj. (*-ivou,* a). Scolaire; de classe.
ledo, a adj. (lé*dou,* a). Gai, *aie.*
leg‖ação f. (leg*açáou*). Légation. ‖**-acia** f. (*-ía*). Légation. ‖**-ado** m. (*-adou*). Légat. ‖**-Legs** [testamento]. ‖**-al** adj. (*-àl*). Légal, *ale.* ‖**-alidade** f. (*-a-ad*). Légalité. ‖**-alização** f. (*-açáou*). Légalisation. ‖**-alizar** vt. (*-ar*). Légaliser. ‖**-ar** vt. (*-ar*). Léguer. ‖**-atário, a** m. et f. (*-ata-ryou,* a). Légataire.
legenda f. (lej*éda*). Légende (inscription).
legi‖ão f. (lejy*áou*). Légion. ‖**-onário** m. (*-ounaryou*). Légionnaire.
legisl‖ação f. (lejichlaç*áou*). Législation. ‖**-ador, a** adj. et s. (*-ôr,* a). Législateur, trice. ‖**-ar** vt. (*-ar*). Établir. ‖vi. Légiférer. ‖**-ativo, a** adj. (*-ativou,* a). Législatif, *ive.* ‖**-atura** f. (*-oura*). Législature.
legitima f. (leji*-*a). Légitime.
legitim‖ação f. (le-*açáou*). Légitimation. ‖**-ar** vt. (*-ar*). Légitimer. ‖**-idade** f. (*-ad*). Légitimité.
legítimo, a adj. (leji*-ou,* a). Légitime.
legível adj. (lejí*vèl*). Lisible.
légua f. (lé*goua*). Lieue. ‖**Loc.** *À légua,* de fort loin.
legum‖e m. (leg*oum*). Légume. ‖**-inosa** f. (*-osa*). Légumineuse. ‖**-oso, a** adj. (*-ósou, osa*). Légumineux, *euse.*
lei f. (l*ày*). Loi. ‖**Loc.** *Em nome da lei,* au nom de la loi. *Estudar leis, faire** son droit. *Homem de leis,* jurisconsulte. *Ouro de lei,* or de bon aloi.
leigo, a adj. et s. (l*áygou,* a). Lai, *aie;* laïque. ‖*Fig.* Ignorant, *ante.*
leil‖ão m. (lày*láou*). Vente (f.) aux enchères. ‖**Loc.** *Fazer leilão,* pôr *em leilão,* mettre à l'encan, aux enchères. ‖**-oar** vt. (*-ouar*). Mettre* aux enchères. ‖**-oeiro** m. (*-ouàyrou*). Crieur (aux enchères).
leira f. (l*àyra*). Élévation de terre entre deux sillons.
leit‖ão f. (lày*táou*). Cochon de lait. ‖**-aria** f. (*-aría*). Laiterie. ‖**-e** m. (l*àyt*). Lait. ‖**-eira** f. (*-àyra*). Laitière. ‖**Pot** (m.) à lait. ‖**-eiro, a** adj. et s. (*-ou,* a). Laitier, *ère.*
leito m. (l*àytou*). Lit. ‖**Loc.** *Leito de automóvel,* châssis.
leitoa f. (lày*tôa*). Jeune truie.
leitor‖, a m. et f. (lày*tôr,* a). Lecteur, trice. ‖**-ado** m. (*-ouradou*). Charge (f.) de lecteur.
leitoso, a adj. (lày*tósou, osa*). Laiteux, *euse.*
leitura f. (lày*toura*). Lecture : *ter muita leitura,* avoir* de la lecture.
leiva f. (l*àyva*). Motte de terre, glèbe.
lembr‖adiço, a adj. (lèbradiç*ou,* a). Qui a une bonne mémoire. ‖**-ado,** a adj. (*-adou,* a). Qui se souvient. ‖Dont on se souvient. ‖**Loc.** *Estar lembrado de,* se souvenir* de. ‖**-ança** f. (*-áça*). Souvenir, m. ‖Avis, m. [conselho]. ‖Idée. ‖pl. Amitiés, compliments, m. ‖**-ar** vt. (*-ar*). Rappeler. ‖Avertir. ‖Suggérer. ‖vi. Venir* à la mémoire, à l'idée. ‖**-ar-se** vr. (*-c*). Se rappeler [vt.], se souvenir* [ter a ideia]. ‖S'aviser [ter a ideia]. ‖**-ete** m. (*-èt*). Souvenir. ‖*Fam.* Réprimande, f.
leme m. (lèm). Gouvernail.
lenç‖aria f. (lèç*aría*). Manufacture de mouchoirs. ‖**-o** m. (l*éçou*). Mouchoir. ‖**-ol** m. (*-ol*). Drap (de lit). ‖Nappe, f. (d'eau) [água]. ‖**Loc.** *Estar em maus lençóis,* être* dans de beaux draps.
lend‖a f. (l*éda*). Légende (fable). ‖**-ário, a** adj. (*-aryou,* a). Légendaire.
lengalenga f. (lègal*éga*). Rabâchage, m.
lenh‖a f. (l*àygna*). Bois (m.) à brûler. ‖**-ador** m. (le-*ôr*). Bûcheron. ‖**-ar** vi. (*-ar*). Abattre* du bois. ‖**-eiro** m. (*-àyrou*). Bûcheron. ‖*Br.* Endroit où l'on entasse du bois. ‖**-o** m. (l*ày-ou*). Tronc (coupé); bois. ‖*Fig.* Navire. ‖**Loc.** *O santo lenho,* le bois de la vraie croix. ‖**-oso, a** adj. (le-*ósou, osa*). Ligneux, *euse.*
leni‖ficar vt. (le-*ar*). Lénifier. ‖**-mento** m. (*-étou*). Liniment. ‖**-r** vt. (*-ir*). Calmer. ‖**-tivo, a** adj. (*-ivou,* a). Lénitif.
lente m. (lèt). Professeur à une faculté. ‖f. Lentille (verre).

Lettres penchées : accent tonique. ‖V. page verte pour la prononciation figurée. ‖* Verbe irrég. V. à la fin du volume.

lentejo‖ila ou **-ula** f. (lĕtejôyla, -ôla). Clinquant, m., paillette.
lenticular adj. (lĕ-oular). Lenticulaire, lenticulé, ée.
lentidão f. (lẽ-ãou). Lenteur.
lenti‖gem f. (lĕtijáy). Lentigo, m. ‖**-lha** f. (-íla). Lentille (légume).
lento, a adj. (lĕtou, a). Lent, ente. ‖Moite [húmido]. ‖adv. Lentement.
leo‖a f. (lyôa). Lionne. ‖**-nino, a** adj. (-ouninou, a). Léonin, ine. ‖**-pardo** m. (-ardou). Léopard.
lépido, a adj. (lé-ou, a). Souple.
lepr‖a f. (lĕpra). Lèpre. ‖**-osaria** f. (le-ousaría). Léproserie. ‖**-oso, a** adj. et s. (-ôsou, ôsa). Lépreux, euse.
leque m. (lèc). Éventail.
ler* vt. et vi. (lér). Lire*.
lerdo, a adj. (lèrdou, a). Lourdaud, aude.
léria f. (lèrya). Pop. Blague. ‖pl. Chansons, balivernes.
lés (lech). U. dans la loc. **de lés a lés**, de part en part.
lesa-majestade f. (lèsamajechtad). Lèse-majesté.
les‖ão f. (lesãou). Lésion. ‖**-ar** vt. (-ar). Léser, faire* tort à.
lesma f. (léjma). Limace. ‖Gnangnan, m. [pessoa].
lés-nordeste m. (lèjnordècht). Estnord-est.
leso, a adj. (lèsou, a). Atteint, einte. ‖Br. Sot, otte; imbécile, stupide.
lés-sueste m. (lèchçouècht). Est-sud-est.
leste m. (lècht). Est.
lesto, a adj. (lèchtou, a). Leste.
letão, ã adj. et s. (letãou, ã). Letton, onne.
let‖argia f. (letarjía). Léthargie. ‖**-árgico, a** adj. (-a-ou, a). Léthargique.
Letónia n. pr. (letonya). Lettonie.
letr‖a f. (létra). Lettre (de l'alphabet). ‖Écriture : **ter boa letra**, avoir* une belle écriture. ‖Paroles, pl. [canção]. ‖Traite, lettre de change [com.]. ‖Loc. **Com todas as letras**, en toutes lettres. **Dar aval a uma letra**, avaliser une traite. **Doutor em letras**, docteur ès lettres. **Em letra gorda**, en grosses lettres. **Letra de forma**, lettre moulée. **Letra grande**, grande lettre. **Letra por letra**, exactement. ‖**-ado, a** adj. et s. (le-adou, a). Lettré, ée. ‖**-eiro** m. (-ãyrou). Écriteau, inscription, f. ‖Enseigne, f.
léu m. (lèou). Pop. Loisir. ‖Loc. **Ao léu**, nu, ue.
leuc‖ócito m. (lèouco-ou). Leucocyte ‖**-oplasia** f. (-ou-asía). Leucoplasie.
lev‖a f. (lèva). Levée de soldats ‖Convoi, m. (de prisonniers). ‖Bande. ‖**-ada** f. (levada). Courant (m.) d'eau. ‖Biez, m. [moinho]. ‖Loc. **De levada**, précipitamment.
levad‖iça f. (levadiça). Pont-levis, m. ‖**-iço, a** adj. (-içou, a). Qui peut se lever et se baisser. ‖**-o, a** adj. (-adou, a). Dans la loc. **levado da breca**, qui a le diable au corps.
levant‖adiço, a adj. (levătadiçou, a). Insubordonné, ée. ‖**-ado, a** adj. (-adou, a). Levé, ée. ‖Étourdi, ie [estouvado]. ‖**-amento** m. (-amẽtou). Levée, f. ‖Lever [plano]. ‖Retrait [depósito]. ‖Sédition, f. ‖**-ar** vt. (-cr). Lever. ‖Élever [templo; preço]. ‖Relever [do chão; a cabeça]. ‖Soulever [soerguer; amotinar]. ‖Dresser [cabelos; auto]. ‖Inventer. ‖vi. Croître* [crescer]. ‖Grossir [mar]. ‖Lever (la pâte) [massa]. ‖Hausser [preço] ‖Loc. **Levantar a mesa**, desservir*. **Levantar do chão**, ramasser. **Levantar fervura**, commencer à bouillir. ‖**-ar-se** vr. (-ç). Se lever. ‖Se relever [recuperar]. ‖Se soulever, se révolter.
lev‖ar vt. (levar). Porter. ‖Emporter [de cá para lá]. ‖Mener [alguém; animais]. ‖Emmener [seres vivos, para outro lado]. ‖Amener [convencer]. ‖Mettre* [tempo]. ‖Prendre* [dinheiro; tempo]. ‖vi. Mener. ‖Loc. **Levar a bem**, rendre* en bonne part. **Levar a cabo**, mener à fin. **Levar a melhor**, avoir* le dessus. ‖**-ar-se** vr. (-ç). Partir. ‖Se laisser emporter par.
leve adj. (lèv). Léger, ère. ‖Loc. **Ao de leve**, légèrement. **De leve**, à la légère. **Ter a mão leve**, avoir* la main leste.
leved‖ar vt. (levedar). Faire* lever. ‖vi. Lever. ‖**-ura** f. (-oura). Levure [cerveja] ‖Levain, m.
leveza f. (levéza). Légèreté.

Itálico : acento tónico. ‖V. página verde para a pronúncia figurada. ‖*Verbo irreg. V. no final do livro.

LEV — LIM 584

levian‖dade f. (levyādad). Légèreté (fig.). ‖-o, a adj. (-yãnou, a). Léger, ère ; inconsidéré, ée.
lexic‖ográfico, a adj. (lèkç-ougra-ou, a). Lexicographique. ‖-ógrafo m. (-o-afou, a). Lexicographe.
leziria f. (lezírya). Bord (m.) inondable d'une rivière.
lhan‖eza f. (lanéza). Franchise. ‖-o, a adj. (lãnou, a). Franc, anche. ‖Simple. ‖Avenant, ante; affable.
lhe pron. pers. (le). Lui (à lui, à elle). ‖pl. Leur (à eux, à elles).
li‖aça f. (lyaça). Lien (m.) d'osier. ‖-ame m. (lyãm). Lien. ‖-ar vt. (lyar). V. LIGAR.
Lião n. pr. (lyãou). Lyon.
lib‖ação f. (-açãou). Libation. ‖-ar vi. (-ár). Faire* des libations. ‖vi. Boire*. ‖Sucer [sugar]. ‖Fig. Savourer.
libelinha f. (-eligna). Libellule.
libelo m. (-èlou). Jurispr. Articulation (f.) des faits de l'accusation. ‖Libelle, pamphlet.
libélula f. (-éloula). Libellule.
liber m. (libèr). Liber.
liber‖al adj. et s. (-erál). Libéral, ale. ‖-alidade f. (-a-ad). Libéralité. ‖-alismo m. (-íjmou). Libéralisme. ‖-alizar vt. (-ar). Donner libéralement. ‖-ar vt. (-ar). Libérer. ‖-atório, a adj. (-atoryou, a). Libératoire. ‖-dade f. (-ad). Liberté. ‖Loc. Liberdade poética, licence poétique.
Libéria n. pr. (-érya). Libéria.
libert‖ação f. (-ertaçãou). Libération. ‖-ar vt. (-ar). Libérer, délivrer. ‖-inagem f. (-ajãy). Libertinage, m. ‖-ino, a adj. et s. (-ínou, a). Libertin, ine. ‖-o, a adj. et s. (-è-ou, a). Affranchi, ie [escravo]. ‖Libéré, ée.
Líbia n. pr. (líbya). Libye.
libidinoso, a adj. (-ósou, osa). Libidineux, euse.
libra f. (líbra). Livre (poids; argent).
libr‖ação f. (-raçãou). Libration. ‖-ar vt. (-ar). Suspendre. ‖-ar-se vr. (-ç). Planer, se soutenir* en l'air.
libré f. (-rè). Livrée.
libreto m. (-rétou). Libretto.
liça f. (líça). Lice.

lição f. (-ãou). Leçon. ‖Loc. Dar lição, réciter sa leçon. Dar lições, faire* des leçons.
liceal adj. (-yál). Du lycée.
licença f. (-éça). Permission. ‖Congé, m. [funcionário]. ‖Permis, m. [caça, etc.]. ‖Licence [poética; desregramento]. ‖Loc. Com licença, pardon. Dá licença? vous permettez?
licenci‖ado, a adj. et s. (-ēcyadou, a). Licencié, ée. ‖-ar vt. (-ar). Licencier [despedir]. ‖Conférer la licence. ‖-atura f. (-atoura). Licence (grade). ‖-oso, a adj. (-yósou, osa). Licencieux, euse; déréglé, ée.
liceu m. (-éou). Lycée.
licitar vt. (-ar). Liciter. ‖vi. Enchérir.
lícito, a adj. (li-ou, a). Licite.
licor m. (-ór). Liqueur, f. ‖-eiro m. (-ourãyrou). Porte-liqueurs.
licorne n. pr. (-órn). Licorne, f.
Licurgo n. pr. (-ourgou). Lycurgue.
lid‖a f. (lída). Besogne. ‖-ador m. (-ór). Lutteur. ‖-ar vi. (-ar). Lutter. ‖Travailler. ‖Loc. Lidar com, connaître*. ‖-e f. (líd). Lutte. ‖Controverse.
lider‖ança f. (-eráça). Br. Commandement, m. ‖-ar vt. (-ar). Br. Gouverner, conduire*, commander.
lídimo, a adj. (li-ou, a). Légitime.
li‖to, a adj. (lídou, a). Instruit, uite.
liga f. (líga). Ligue, confédération. ‖Alliage, m. [metais]. ‖Jarretière.
lig‖ação f. (-açãou). Liaison, union. ‖-adura f. (-oura). Bande à pansement. ‖-ame ou -âmen m. (-ãm, -én). Liaison, f. ‖Anat. Ligament. ‖-ar vt. (-ar). Lier. ‖Relier [duas coisas]. ‖Attacher [importância; atar]. ‖Bander [ferida]. ‖Allier [metais]. ‖Loc. Não ligar nenhuma (cu meia) a, ne pas faire* attention à. ‖-ar-se vr. (-ç). Se lier.
ligeir‖eza f. (-ãyréza). Légèreté. ‖-o, a adj. (-ãyrou, a). Léger, ère.
lign‖ificar-se vr. (-gh-arç). Se lignifier. ‖-ite f. (-ít). Lignite, m.
lilás m. (-ach). Lilas.
lim‖a f. (líma). Lime. ‖-dura ou -gem f. (-oura, -ajãy). Limage, m. ‖-lha f. (-ála). Limaille.
limão m. (-ãou). Citron.
limar vt. (-ar). Limer.

Lettres penchées : accent tonique. ‖V. page verte pour la prononciation figurée. ‖* Verbe irrég. V. à la fin du volume.

limbo m. (líbou). Limbe. ||*Théol.* Limbes, pl.
limeira f. (-áyra). Limettier, m.
limiar m. (-yar). Seuil, pas de la porte.
limit||ação f. (-açãou). Limitation. ||**-ar** vt. (-ar). Limiter. ||vi. Confiner à. ||**-ar-se** vr. (-ç). Se borner. ||Se restreindre* [despesa]. ||**-ativo, a** adj. (-atívou, a). Limitatif, ive. ||**-e** m. (-it). Limite, f., borne, f.
limítrofe adj. (-itrouf). Limitrophe.
limo m. (límou). *Bot.* Sorte d'algue, f. ||Limon, fange, f. [rios].
limo||al m. (-ouál). Verger de citronniers. ||**-eiro** m. (-áyrou). Citronnier. ||**-nada** f. (-áda). Citronnade, limonade.
limonite f. (-ounit). Limonite.
limoso, a adj. (-ôsou, ôsa). Limoneux, euse.
limpa|| f. (lípa). Nettoyage, m. ||**-chaminés** m. (-a-éch). Ramoneur.
limp||adela f. (lípadéla). Nettoyage, m. ||**-ar** vt. (-ar). Nettoyer. ||Cureter [cavidades do corpo]. ||Dépoussiérer [pó]. ||Essuyer [lágrimas]. ||vi. S'éclaircir [tempo]. ||**-eza** f. (-éza). Propreté. ||Perfection. ||Loc. *Limpeza de mãos*, propreté. *Uma limpeza completa*, une rafle complète [ladrões]. ||**-idez** f. (-éch). Limpidité.
límpido, a adj. (lí-ou, a). Limpide.
limpo, a adj. (lípou, a). Propre, net, ette. ||Loc. *Passar a limpo*, mettre* au net. *Tirar a limpo*, tirer au clair.
lince m. (líç). Lynx.
linch||agem f. (lí-ajãy). Lynchage, m. ||**-ar** vt. (-ar). Lyncher.
lind||a f. (lída). Borne. ||**-ar** (-ar). Borner. ||**-eira** f. (-áyra). Linteau, m. ||**-eza** f. (-éza). Beauté. ||**-o, a** adj. (lídou, a). Joli, ie; beau, belle.
line||amento m. (-yamêtou). Linéament. ||**-ar** adj. (-yar). Linéaire.
linf||a f. (lífa). Lymphe. ||**-angite** f. (-it). Lymphangite. ||**-ático, a** adj. (-a-ou, a). Lymphatique. ||**-atismo** m. (-atijmou). Lymphatisme.
lingote m. (lígot). Lingot, barre, f.
língua f. (lígoua). Langue. ||Loc. *Dar à língua*, bavarder. *Debaixo da língua*, sur le bout de la langue. *Deitar a língua de fora*, tirer la langue. *Não ter papas na língua*, avoir* la langue bien pendue. *Na ponta da língua*, sur le bout du doigt. *Pôr a língua em*, médire* de.
lingu||ado m. (lígouadou). Sole, f. [peixe]. ||*Typ.* Copie, f. ||**-agem** f. (-ouajãy). Langage, m. ||**-eta** f. (-éta). Languette. ||Pène, m. [fechadura]. ||**-iça** f. (-ouiça). Andouille. ||**-ista** m. (-chta). Linguiste. ||**-ístico, a** adj. et s. f. (-ou, a). Linguistique.
linha f. (lígna). Ligne. ||Fil (m.) à coudre [de coser]. Loc. *Estar por uma linha*, ne tenir qu'à un fil. *Linha de água*, ligne de flottaison. *Perder a linha*, perdre son maintien.
linh||aça f. (-gnaça). Linette. ||**-agem** f. (-ajãy). Lignage, m. ||Toile d'emballage. ||**-o** m. (lí-ou). Lin. ||**-ol** m. (-ol). Ligneul.
linificio m. (-ízyou). Filature (f.) de lin; industrie (f.) linière.
linimento m. (-êtou). Liniment.
linotip||ia f. (-ou-ía). Linotypie. ||**-ista** m. et f. (-íchta). Linotypiste.
Lípsia n. pr. ·lí-a). Leipzig.
liqu||ação f. (-couaçãou). Liquation. ||**-efacção** f. (-kéfacçãou). Liquéfaction. ||**-efazer*** vt. (-azér). Liquéfier.
líquen m. (líkén). Lichen.
liquid||ação f. (-kidaçãou). Liquidation. ||Règlement, m. [pagamento]. ||**-ar** vt. et vi. (-ar). Liquider. ||Régler [pagar]. ||**-ável** adj. (-avèl). Liquidable. ||**-ez** f. (-éch). Liquidité.
líquido, a adj. et s. m. (líkidou, a). Liquide.
lira f. (líra). Lyre [instrumento]. ||Lire [moeda italiana].
liric||a f. (lír-a). Collection de poésies lyriques. ||**-o, a** adj. et s. m. (-ou, a). Lyrique.
lírio m. (líryou). Lis. ||Loc. *Lírio convale*, muguet, lis des vallées.
lirismo m. (-rijmou). Lyrisme.
Lisboa n. pr. (-jbôa). Lisbonne.
lisboeta ou **-nense** adj. et s. (-ou-éta, -êç). Lisbonnin, ine.
liso, a adj. (lísou, a). Lisse, uni, ie.
lisonj||a f. (-ója). Flatterie. ||**-ear** vt. (-yar). Flatter. ||**-ear-se** vr. (-ç).

Itálico : acento tónico. ||V. página verde para a pronúncia figurada. ||*Verbo irreg. V. no final do livro.

Se flatter. ‖-eiro, a adj. et s. (-âyrou, a). Flatteur, euse.

lista f. (líchta). Liste. ‖Carte (des mets) [ementa]. ‖Bulletin (m.) de vote. ‖Loc. *À lista,* à la carte.

list‖ão m. (-chtãou). Large bande, f. ‖*Mar.* Sillage. ‖-el m. (-èl). Listel. ‖-ra f. (lí-ra). Raie de couleur. ‖-rado, a adj. (-adou, a). Rayé, ée.

lisura f. (-oura). Lissé, m.

liteira f. (-âyra). Litière (chaise).

liter‖al adj. (-erál). Littéral, ale. ‖-ário, a adj. (-aryou, a). Littéraire. ‖-ato m. (-atou). Littérateur. ‖-ata f. (-ata). Femme de lettres. ‖-atura f. (-atoura). Littérature.

litiase f. (-iaz). Lithiase.

litig‖ante adj. et s. (-át). Litigant, ante. ‖s. m. et f. Plaideur, euse. ‖-ar vt. et vi. (-ar). Plaider, contester en justice.

litigio m. (-íjyou). Litige.

litigioso, a adj. (-yósou, osa). Litigieux, euse.

litograf‖ar vt. (-ougrafár). Lithographier. ‖-ia f. (-ía). Lithographie.

litoral adj. et s. m. (-ourál). Littoral, ale.

litro m. (lítrou). Litre.

Lituânia n. pr. (-ouánya). Lituanie.

lituano, a adj. et s. (-ouânou, a). Lituanien, enne.

liturgia f. (-ourjía). Liturgie.

litúrgico, a adj. (-our-ou, a). Liturgique.

lividez f. (-éch). Lividité.

livido, a adj. (lí-ou, a). Livide, blême.

Livio n. pr. (lívyou). Live.

livrar vt. (-rar). Délivrer. ‖Loc. *Deus me livre!* Dieu m'en garde!

livraria f. (-raría). Librairie.

livre‖ adj. (livr). Libre. ‖- -câmbio m. (-âbyou). Libre échange.

livr‖eco m. (-rècou). Livre sans valeur. ‖-eiro m. (-âyrou). Libraire.

livre‖mente adv. (-remèt). Librement. ‖- -pensador m. (-êçadôr). Libre penseur.

livr‖esco, a adj. (-réchcou, a). Livresque. ‖-ete m. (-ét). Livret. ‖-o m. (lívrou). Livre. ‖ Loc. *Livro de mortalhas,* cahier de papier à cigarettes. *Livro mestre,* grand

livre. ‖-ório m. (-oryou). Gros livre sans valeur.

lix‖a f. (lícha). Papier émeri, m. ‖-ar vt. (-ar). Polir avec du papier émeri. ‖-ívia f. (-ívya). Lessive. ‖-iviar vt. (-yar). Lessiver. ‖-o m. (lí-ou). Ordures, f. pl. ‖ *Fig.* Rebut. ‖-oso, a adj. (-ôsou, osa). Malpropre, sale.

ló m. (lo). *Mar.* Lof. ‖Loc. *Pão de ló,* gâteau de Savoie.

lob‖a f. (lôba). Louve. ‖-acho m. (louba-ou). Louveteau. ‖-ado, a adj. (-adou, a). Lobé, ée. ‖-al adj. (-àl). *Fig.* Cruel, elle. ‖-ato m. (-atou). Louveteau. ‖-inho m. (-ignou). Loupe, f. (tumeur). ‖-isomem m. (-omáy). Loup-garou.

lobo m. (lobou). Lobe.

lobo‖ m. (lôbou). Loup. ‖Loc. *Lobo do mar,* loup de mer. *Na boca do lobo,* dans la gueule du loup. ‖- -cerval m. (-ervál). Loup cervier. ‖- -marinho m. (-arignou). Phoque.

lóbrego, a adj. (lôbregou, a). Sombre.

lobrigar vt. (loubr-ár). Entrevoir*.

lóbulo m. (loboulou). Lobule.

local adj. (loucál). Local, ale. ‖s. m. Endroit, local. ‖f. Entrefilet, m. ‖-idade f. (-a-ad). Localité. ‖-ização f. (-acáou). Localisation. ‖-izar vt. (-ar). Localiser, déterminer la place de.

locanda f. (loucáda). Échoppe; gargote.

loção f. (loução). Lotion.

locatário, a m. et f. (loucatáryou, a). Locataire.

locomo‖ção f. (loucoumoução). Locomotion. ‖-tiva f. (-íva). Locomotive. ‖-tor, triz adj. (-ôr, rích). Locomoteur, trice.

locu‖ção f. (loucoução). Locution. ‖-pletar vt. (-etar). Enrichir. ‖-tor m. (-ôr) Speaker. ‖-tório m. (-oryou). Parloir.

loda‖çal m. (loudaçál). Bourbier. ‖-cento, a adj. (-étou, a). Bourbeux, euse.

lódão m. (lodáou). Lotus. ‖ Alisier.

lodo‖ m. (lódou). Vase, f. ‖-so, a adj. (loudôsou, osa). Vaseux, euse.

loendro m. (louêdrou). Laurier-rose.

logar‖ítmico, a adj. (lougari-ou, a).

Lettres penchées : accent tonique. ‖V. page verte pour la prononciation figurée. ‖* Verbe irrég. V. à la fin du volume.

LÓG — LUC

Logarithmique. ‖-**itmo** m. (-ou). Logarithme.
lógic‖**o, a** adj. et s. f. (lo-ou, a). Logique. ‖ s. m. Logicien.
logo adv. (logou). Aussitôt [imediatamente]. ‖Tout à l'heure. ‖Loc. *Até logo!* à tout à l'heure! *Logo que,* aussitôt que. ‖conj. Donc, par conséquent.
logr‖**ar** vt. (lougrar). Jouir de, posséder. ‖Arriver à [conseguir]. ‖Obtenir*. ‖*Tromper [enganar]. ‖-**o** m. (lô-ou). Tromperie, f. [engano]. ‖Possession, f.
loiça f. (lóyça). Vaisselle.
lóio m. (loyou). Bluet [planta].
loj‖**a** f. (lója). Boutique [venda]. ‖ Chambre au rez-de-chaussée. ‖-**ista** m. et f. (loujchta). Boutiquier, ère.
lomb‖**a** f. (lôba). Versant, m. ‖-**ada** f. (-ada). Dos, m. (d'un livre relié). ‖-**ar** adj. (-ar). Lombaire. ‖-**ilho** m. (-ílou). *Br. du S.* Partie principale du harnais, laquelle peut remplacer la selle. ‖-**o** m. (lôbou). Dos; lombes, pl. ‖Filet [carne].
lombriga f. (lôbriga). Lombric, m.
lona f. (lôna). Cotonnine.
Londres n. pr. (lôdrech). Londres.
londrino a. adj. et s. (lôdrínou, a). Londonien, enne.
long‖**ânime** adj. (lôgâ-). Longanime. ‖-**animidade** f. (-ad). Longanimité.
longe adv. (lôj). Loin. ‖Loc. *Ao longe,* au loin. *De longe em longe,* de loin en loin. *Longe de,* loin de. *Para longe!* loin d'ici! ‖adj. Distant, ante : *longes terras,* pays (m.) lointains. ‖ s. m. pl. Lointains [pintura].
long‖**evidade** f. (lôje-ad). Longévité. ‖-**evo, a** adj. (-évou, a). De longue vie. ‖-**inquo, a** adj. (-ícouou, a).
Lointain, aine. ‖-**itude** f. (-oud). Longitude. ‖-**itudinal** adj. (-àl). Longitudinal, ale. ‖-**o, a** adj. (lôgou, a). Long, ongue : *ao longo de,* le long de.
lontra f. (lôtra). Loutre.
loqu‖**acidade** f. (loucouaad). Loquacité. ‖-**az** adj. (-ouach). Loquace. ‖-**ela** f. (-ouèla). Parole; loquacité.
lorde m. (lord). Lord.
Lorena n. pr. (louréna). Lorraine.
loreno, a adj. et s. (lourénou, a). Lorrain, aine.

lorot‖**a** f. (lèrota). *Br.* Bourde. ‖-**eiro, a** adj. et s. (-ôtéyrou, a). *Br.* Menteur, euse.
lorpa adj et s. (lôrpa). Niais, aise.
losango m. (lousàgou). Losange.
lota f. (lota). Endroit (m.) où l'on taxe le poisson.
lot‖**ação** f. (loutaçàou). Lotissement, m. ‖Estimation. ‖Capacité. ‖-**ar** vt. (-ar). Lotir. ‖Mixtionner [misturar]. ‖-**aria** f. (-aría). Loterie.
Lotário n. pr. (loutaryou). Lothaire.
louça f. (lóça). Vaisselle.
loução, ã adj. (lôçàou, ã). Gentil, ille.
louc‖**o, a** adj. et s. (lôcou, a). Fou. folle. ‖-**ura** f. (-oura). Folie.
lour ou **loir**‖**eiro** m. (lôràyrou, lôy-). Laurier. ‖-**ejar** vt. (-ejar). Dorer. ‖vi. Blondir. ‖-**o, a** adj. (lôrou, a, lôy-). Blond, onde. ‖ s. m. Laurier.
lousa f. (lôsa). Ardoise.
louv‖**a-a-deus** m. (lôvadéouch). Prie-Dieu (insecte). ‖-**ado, a** adj. (-adou, a). Loué, ée. ‖ s. m. Expert. ‖-**aminha** f. (-amígna). Flagornerie. ‖-**ar** vt. (-ar). Louer. ‖Estimer [avaliar]. ‖-**ar-se** v. (-ç) Se louer. ‖-**ável** adj. (-avèl). Louable. ‖-**or** m. (-ôr). Louange, f.
lua f. (loua). Lune. ‖Loc. *Lua nova.* nouvelle lune. ‖-**r** m. (louar). Clair de lune. ‖-**rento, a** adj. (-arètou, a). Éclairé, ée par la lune.
lúbrico, a adj. (loubr-ou, a). Lubrique.
lubrific‖**ação** f. (loubr-açàou). Lubrification. ‖-**ante** adj. (-àt). Lubrifiant, ante. ‖-**ar** vt. (-ar). Lubrifier.
lucarna f. (loucarna). Lucarne.
Lucas n. pr. (loucach). Luc.
Lúcia n. pr. tloucya). Lucie.
lucidez f. (lou-éch). Lucidité.
lúcido, a adj. (lou-ou, a). Lucide. ‖Lumineux, euse; luisant, ante; brillant, ante.
Lúcifer m. (lsu-èr). Lucifer.
luci‖**fugo, a** adj. (louéifougou, a). Lucifuge. ‖-**lar** vi. (-ar). Briller faiblement.
lúcio m. (loucyou). Brochet.
lucr‖**ar** vt. et vi. (loucrar). Gagner. ‖-**ativo, a** adj. (-atívou, a). Lucra-

---

Itálico : acento tónico. ‖V. página verde para a pronúncia figurada. ‖*Verbo irreg. V. no final do livro.

LUD — LUZ

tif, íve. ‖-o m. (lou-ou). Gain, profit.
lud‖ibriar vt. (lou-ryar). Duper.
‖-íbrio m. (-í-ou). Moquerie, f.
‖-ibrioso, a adj. (-yôsou, osa). Moqueur, euse.
luf‖ada f. (loufada). Rafale : às lufadas, à rafales. ‖-a-lufa f. (-aloufa). Affairement, m. ‖Loc. À lufa-lufa, à la hâte. ‖-ar vi. (-ar). Souffler avec force (le vent).
lugar‖ m. (lougar). Lieu. ‖ Place, f. ‖Loc. Em lugar de, au lieu de, à la place de. Dar lugar a, donner lieu à. Em primeiro lugar, en premier lieu, d'abord. Pôr-se no lugar de, se mettre* à la place de. ‖-ejo m. (-arêjou). Hameau. ‖- tenente m. (-a-enêt). Lieutenant (d'un roi, etc.).
lugre m. (lougr). Lougre.
lúgubre adj. (lougoubr). Lugubre.
Luís, a n. pr. (louïch, íza). Louis, ise.
lula f. (loula). Calmar, m.
lumbago m. (lūbagou). Lumbago.
lume m. (loum). Feu. ‖Lumière, f. [luz]. ‖Loc. Ao lume da água, à fleur d'eau. Acender o lume, allumer le feu. Trazer a lume, mettre* au jour.
lumieir‖a f. (loumyâyra). Lucarne. ‖ Torche, flambeau, m. ‖-o m. (-ou). Luminaire.
lumin‖ar adj. (lou-ar). Lumineux, euse. ‖ s. m. Lumière, f. (homme). ‖-ária f. (-arya). Lampion, m. (illuminations). ‖ Luminaire, m. [tocha, etc.]. ‖-escência f. (-echcêcya). Luminescence. ‖-osidade f. (-ou-ad). Luminosité. ‖-oso, a adj. (-ósou, osa). Lumineux, euse.
lun‖ação f. (lounaçãou). Linaison. ‖-ar adj. (-ar). Lunaire. ‖ s. m. Envie, f. (tache). ‖-ático, a adj. (-a-ou, a). Lunatique. ‖-eta f. (-éta). Pince-nez, m. ‖Lunette [arq., fort., liturg.].
lupanar m. (loupanar). Lupanar.
lúpulo m. (loupoulou). Houblon.
lura f. (loura). Terrier, m. (trou).
lusco, a adj. (louchcou, a). Louche. ‖- fusco m. (-ouchcou). Crépuscule. ‖Loc. Ao lusco-fusco, entre chien et loup.
Lusíadas n. pr. (lousíadach). Lusíades.

Lusitânia n. pr. (lou-ânya). Lusitanie.
lusitano, a adj. et s. (lou-ânou, a). Lusitanien, enne.
luso, a adj. et s. (lousou, a). V. LUSITANO.
lustr‖ar vt. (louchtrar). Lustrer. ‖ Cirer [calçado]. ‖Purifier par des lustrations. ‖Vernir. ‖vi. Luire*, briller. ‖-e m. (louchtr). Lustre. ‖-ino, a adj. (-ínou, a). Luisant, ante. ‖-o m. (lou-ou). Lustre. ‖Luisant [dum tecido]. ‖-oso, a adj. (-ósou, osa). Luisant, ante.
lut‖a f. (louta). Lutte. ‖-ador m. (-ôr). Lutteur. ‖-ar vi. (-ar). Lutter.
Lutécia n. pr. (loutêcya). Lutèce.
luteran‖ismo m. (louteranĳmou). Luthéranisme. ‖-o, a adj. et s. (-ânou, a). Luthérien, enne.
luto m. (loutou). Deuil. ‖Loc. Andar de luto aliviado (pesado), être* en petit (grand) deuil. Andar (estar) de luto por, porter le deuil de.
lutulento, a adj. (loutoulétou, a). Boueux, euse; bourbeux, euse.
lutuoso, a adj. (loutuôsou, osa). Qui porte le deuil. ‖ Lugubre, funèbre.
luv‖a f. (louva). Gant, m. ‖ pl. Pot-de-vin, m. sing. ‖-aria f. (-ría). Ganterie. ‖-eiro, a m. et f. (-âyrou, a). Gantier, ère.
lux‖ação f. (louchaçãou). Luxation. ‖-ar vt. (-ar). Luxer. ‖vi. Étaler du luxe. ‖-o m. (lou-ou). Luxe. ‖ Br. Affectation, f. ‖-uoso, a adj. (-ouôsou, osa). Luxueux, euse. ‖-úria f. (-ourya). Luxure. ‖-uriante adj. (-yãt). Luxuriant, ante. ‖-urioso, a adj. (-yôsou, sa). Luxurieux, euse.
luz‖ f. (louch). Lumière. ‖ Jour [do sol]. ‖Loc. À luz do dia, au grand jour, en plein jour. Apagar a luz, éteindre* la lumière. Meia luz, demi-jour, m. Ter umas luzes, avoir* une teinture. ‖-eiro m. (-zâyrou). Lumière, f. ‖ Astre, m. ‖-ente adj. (-êt). Luisant, ante; lumineux, euse.
luzerna f. (louzêrna). Luzerne.
luzi‖dio, a adj. (lou-íou, a). Luisant, ante. ‖-do, a adj. (-ídou, a). Éclatant, ante. ‖-r vi. (-ír). Luire*, briller. ‖ S'illustrer.

Lettres penchées : accent tonique. ‖V. page verte pour la prononciation figurée. ‖* Verbe irrég. V. à la fin du volume.

M

maca f. (maca). Brancard, m. ‖ *Mar*. Branle, m.
maça f. (maça). Masse. ‖ Massue [pau].
maçã f. (maçã). Pomme. ‖ Loc. *Maçã do rosto*, pommette.
macabro, a adj. (macabrou, a). Macabre.
macac‖a f. (macaca). Guenon. ‖ *Pop*. Guignon, m. ‖**-ão** m. (-acãou). Gros singe.
macaco m. (macacou). Singe. ‖ Cric [máquina]. ‖ Loc. *Fato (de) macaco*, saloppette, f. ‖ adj. m. Rusé, finaud.
maçada f. (maçada). *Fig.* Scie, ennui, m.
macadam‖e m. (macadâm). Macadam. ‖**-izar** vt. (-ar). Macadamiser.
maç‖ador, a adj. (maçadôr, a). Ennuyeux, *euse*. ‖ s. m. et f. Importun, *une*. ‖**-al** m. (-ál). Petit lait.
macambúzio, a adj. (macãbouzyou, a). Taciturne, sombre, silencieux, *euse*.
maç‖aneta f. (maçanéta). Pommette. ‖**-ão** m. (-ãou). Franc-maçon. ‖**-apão** m. (-ãou). Massepain.
macaqu‖ear vt. (macakyar). Singer. ‖**-ice** f. (-iç). Singerie. ‖**-inho** m. (-ignou). Petit singe. ‖ Loc. *Ter macaquinhos no sótão*, avoir* une araignée au plafond.
maçar ‖ vt. (maçar). Battre* avec un maillet. ‖ Ennuyer, embêter (pop.). ‖ Lasser, fatiguer. ‖**-ico** m. (-aricou). Chalumeau (lampe). ‖**-oca** f. (-oca). Fusée (fil) [linho, etc.]. Épi (m.) de maïs [milho].
macarr‖ão m. (macarrãou). Macaroni. ‖**-ónico, a** adj. (-o-ou, a). Macaronique. ‖ Loc. *Latim macarrónico*, latin de cuisine.
Macau n. pr. (macaou). Macao.
macela f. (macéla). Camomille.
macer‖ação f. (maceracãou). Macération. ‖**-ar** vt. (-ar). Macérer.
macet‖a f. (macéta). Maillet, m. [de canteiro]. ‖**-e** m. (-ét). Maillet de sculpteur. ‖ Petit maillet de bois.

machad‖a f. (ma-ada). Hachereau, m. ‖**-ada** f. (-adáda). Coup (m.) de hache. ‖**-inha** f. (-igna). Hachette. ‖**-o** m. (-adou). Hache, f. ‖ Cognée, f.
macha-fêmea f. (ma-afémya). Charnière.
machear vt. (ma-yar). Plisser.
macho adj. y s. m. (ma-ou). Mâle. ‖ s. m. Mulet [mulo]. ‖ Crochet [gancho]. ‖ Large plissé [vestido].
machucar vt. (ma-oucar). Meurtrir.
maciço, a adj. et s. m. (maciçou, a). Massif, *ive*.
macieira f. (maziâyra). Pommier, m.
macilento, a adj. (ma-étou, a). Blême.
macio, a adj. (maciou, a). Doux, *douce*.
maço m. (maçou). Maillet. ‖ Liasse, f. [papel]. ‖ Paquet [cartas, cigarros].
maç‖onaria f. (maçounaría). Maçonnerie. ‖**-ónico, a** adj. (-o-ou, a). Maçonnique. ‖ s. m. *Pop*. Maçon.
macotena adj. (macouténa). *Br*. Hypnotique.
má-criação f. (macriaçãou). Impolitesse, grossièreté.
maçudo, a adj. (maçoudou, a). Ennuyeux, *euse*; assommant, *ante*; fatigant, *ante*.
mácula f. (macoula). Souillure, tache.
macular vt. (macoular). Maculer.
macumba f. (macúba). *Br*. Sorcellerie.
Madeira n. pr. (madâyra). Madère.
madeir‖a f. (madâyra). Bois, m. ‖ m. Madère (vin). ‖**-amento** m. (-étou). Charpente, f. ‖**-ar** vt. (-ar). Boiser. ‖**-eiro** m. (-âyrou). Marchand de bois. ‖**-ense** adj. et s. (-éç). Madérien, *enne*. ‖**-o** m. (-âyrou). Poutre, f. ‖ Tronc.
madeixa f. (madâycha). Mèche (cheveux).
madraço, a adj. et s. (madraçou, a). Paresseux, *euse*; fainéant, *ante*.

Itálico : acento tónico. ‖ V. página verde para a pronúncia figurada. ‖ *Verbo irreg. V. no final do livro.

MAD — MAI

madrasta f. (madr*a*chta). Belle-mère, marâtre.
madre‖ f. (madre). Mère. ‖*Anat.* Matrice. ‖ *Lie* (du vin) [borra]. Lit, m. (rivière). ‖**-pérola** f. (-èroula). Mère perle. ‖**-silva** f. (-i-a). Chèvrefeuille.
madrinha f. (madrigna). Marraine.
madrug‖**ada** f. (madrougada). Aube. Loc. *De madrugada,* au petit jour, de grand mat*i*n. ‖**-ador, a** adj. (-ad*ô*r, a). Matinal, *a*le. ‖**-ar** vi. (-*a*r) Se lever matin, de grand matin.
madur‖**ar** vt. et vi. (madour*a*r). Mûr*i*r. ‖**-eza** f. (-éza). Maturité. ‖**-o, a** adj. (-ourou, a). Mûr, *u*re.
mãe‖ f. (m*â*y). Mère. ‖**-d'água** f. (-agoua). Château (m.) d'eau.
maestro m. (ma*ê*chtrou). Chef d'orchestre. ‖ Maestro [composit*e*ur].
Mafalda n. pr. (maf*á*lda). Math*i*lde.
Mafoma n. pr. (maf*ó*ma). Mahomet.
magan‖**ão** adj. et s. m. (maganão*u*). Farceur. ‖**-ice** f. (-iç). Drôlerie. ‖**-o, a** adj. et s. (-ânou, a). Drôle, esse.
magarefe m. (magarèf). Boucher.
magia f. (majía). Magie, sorcellerie.
mágica f. (ma-a). Féerie. ‖*Br.* Tour (m.) de prestidigitation.
magicar vi. (ma-ar). *Fam.* Rêver.
mágico, a adj. (ma-ou, a). Magique. ‖ Lunatique, fantasque. ‖ s. m. et f. Magicien, *e*nne.
magistério m. (ma-chtèryou). Professorat. ‖ Enseignement.
magistr‖**ado** m. (ma-chtr*a*dou). Magistr*a*t. ‖**-al** adj. (-*â*l). Magistr*a*l, *a*le. ‖**-atura** f. (-atoura). Magistrat*u*re.
magn‖**animidade** f. (maghna-ad). Magnanimité. ‖**-ânimo, a** adj. (-*â*ou, a). Magnan*i*me; noble, élev*é*, ée.
magnate m. (maghn*a*t). Magnat.
magn‖**ésia** f. (maghnèsya). Magnésie. ‖**-ésio** m. (-ou) Magnésium. ‖**-esite** f. (-esit). Magnés*i*te. ‖**-ético, a** adj. (-è-ou, a). Magnétique. ‖**-etite** f. (-etít). Magnét*i*te. ‖**-etizador** m. (-ad*ô*r). Magnétis*e*ur. ‖**-etizar** vt. (-*a*r). Magnétiser. ‖ Aimanter [agulha].
magnific‖**ência** f. (magh-êcya). Magnificence. ‖**-ente** adj. (-êt). Magnifique.

magnífico, a adj. (maghní-ou, a). Magnifique. ‖ *Généreux, euse.*
magn‖**itude** f. (magh-oud). Grandeur. ‖**-o, a** adj. (ma-ou, a). Grand, *a*nde. ‖ Loc. *Carlos Magno,* Charlem*a*gne.
mago, a adj. (m*a*gou, a). Magique. ‖ s. m. Mage [rei]. ‖ Magic*i*en.
mágoa f. (m*á*goua). Peine, chagr*i*n, m.
mago‖**ado, a** adj. (magouadou, a). Meurtr*i, ie*. ‖**-ar** vt. (-ou*a*r). Meurtr*i*r, f*ai*re mal. ‖ Blesser [ferir; ofender]. ‖ Choquer.
magote m. (mag*o*t). Tas.
magr‖**eza** f. (magréza). Maigreur. ‖**-icela(s)** ou **-izela** m. et f. (-èla [ch]). Maigrichon, *o*nne. ‖**-o, a** adj. (ma-ou, a). Maigre : *dia* (de) *magro,* jour maigre.
maio m. (m*a*you). Mai.
maionese f. (m*â*youn*è*z). Mayonn*ai*se.
maior adj. (m*â*yor). Plus grand, *a*nde. Majeur, *e*ure [ordens; tom, modo ; idade]. ‖ s. f. Majeure [silogismo]. ‖ Loc. *A maior parte,* la plupart. *Estado-maior,* état-major. ‖ pl. Ancêtres, a*i*eux. ‖**-al** m. (-our*â*l). ‖ Chef d'un corps. ‖ Maître valet [criadagem]. Maître berger [quinta].
Maiorca n. pr. (m*â*y*o*rca). Majorque.
maiori‖**a** f. (m*â*youría). Majorité : *por maioria,* à la majorité. ‖**-dade** f. (-*a*d). Majorité (âge).
mais adv. (m*a*ych). Plus ; davantage [final]. ‖ Encore [ainda]. ‖ pron. ind. Plus. ‖ Loc. *A mais,* de plus, en plus. *As mais das vezes,* le plus souvent. *De mais,* de trop. *De mais a mais,* au reste ; d'autant plus que. *E mais isto e mais aquilo,* patati, patata. *E que mais?* et avec ça ? [nas lojas]. *E tudo o mais,* et tout le reste. *Mais nada,* rien d'autre. *Mais uma razão para,* raison de plus pour. *Mais uma vez,* encore une fois. *Não poder mais,* en avoir* assez, n'en pouvoir* mais (ou plus). *O mais tardar,* au plus tard. *Por mais difícil que seja,* si difficile que ce soit. *Por mais beleza que tenha,* quelle que soit sa beauté. *Por mais que diga,* j'ai beau dire.

Lettres penchées : accent tonique. ‖ V. page verte pour la prononciation figurée. ‖ * Verbe irrég. V. à la fin du volume.

mais-‖querer vt. (maychker*ér*). Aimer mi*eux*. ‖**-que-perfeito** m. (**-erf***ây*tou). Plus-que-parf*ait*.
maiúsculo, a adj. et s. f. (mayouchcoulou, **a**). Majuscule.
majest‖ade f. (majechtad). Majesté. ‖**-oso, a** adj. (-ôsou, osa). Majestu*eux*, *euse*.
major m. (major). Command*ant*.
mal adv. et s. m. (màl). Mal. ‖Loc. *A bem ou a mal*, bon gré, mal gré. *A mal*, de force. *Cheirar mal*, sent*ir** mauv*ais*. *Do mal o menos*, de deux maux le mo*i*ndre. *Estar de mal com*, être* mal avec. *Estar mal de saúde*, se porter mal. *Há males que vêm por bem*, à quelque chose malh*eur* est bon. *Levar a mal*, prendre* en mal. *Mal haja!* malh*eur* à lui! *Mal a vejo*, je ne la vois guère, je la vois à peine. ‖conj. A p*eine*.
mala f. (mala). Malle [grande]. Valise [de mão]. Loc. *Arranjar (fazer) a mala*, f*aire** sa m*al*le. ‖ Gibecière [da escola].
malabar adj. et s. (malabar). Malabare. ‖Loc. *Jogos malabres*, jonglerie, f. sing. ‖**-ista** m. et f. (-arichta). Jongleur, *euse*.
malaca‖ f. (malaca). *Br.* Souffrance. ‖**-fento, a** adj. (-ac-êtou, **a**). *Br.* Souffr*ant*, *ante*.
mal-‖afortunado, a adj. (màlafourtounadou, **a**). Malchanc*eux*, *euse*. ‖**-agradecido, a** adj. (-radecidou, **a**). Ingr*at*, *ate*.
malagueta f. (malaghéta). Malaguette.
malaio, a adj. et s. (malayou, **a**). Mal*ais*, *aise*.
mal-amanhado, a adj. (màlamagnadou, **a**). Malotr*u*, *ue*; mal tourné, ée; mal fait, *aite*.
malandrice f. (maládriç). Friponnerie. ‖**-im** m. (-î). Malandrín. ‖**-o** m. (-â-ou). Gueux, voy*ou*, fripon, coquin.
mala-posta f. (malapochta). Malleposte.
malar adj. (malar). Mal*aire*. ‖s. m. Os mal*aire*.
malária f. (malarya). Malaria.
malas-artes f. pl. (malazartech). Mauv*ais* moyens, m.
Malásia n. pr. (malasya). Malaisie.

mal-‖aventurado, a adj. (màlavêtouradou, **a**). Malheur*eux*, *euse*. ‖**-avindo, a** adj. (-ídou, **a**). Brouillé, ée.
malax‖ador m. (malakçador). Malax*eur*. ‖**-ar** vt. (-ar). Malaxer.
malbarat‖ar vt. (mà-aratar). Gaspiller. ‖Mévendre [vender mal]. ‖**-ear** vt. (-yar). *Br.* Gaspiller. ‖**-o** m. (-atou). Mévente, f. ‖ Mépris [menosprezo].
mal‖cheiroso, a adj. (mà-âyrôsou, osa). Pu*ant*, *ante*. ‖**-criação** f. (-ryaçãou). *Br.* Grossièreté. ‖**-criado, a** adj. (-yadou, **a**). Grossi*er*, *ère*; mal élevé, ée.
mald‖ade f. (mà-ad). Méchanceté. ‖**-ição** f. (-ãou). Malédiction. ‖**-ito, a** adj. (-ítou, **a**). Maud*it*, *ite*. ‖**-izente** adj. *-*êt). Médis*ant*, *ante*. ‖**-izer*** vt. (-ér). Maudire*. ‖vi. Médire. ‖**-oso, a** adj. (-ôsou, osa). Méch*ant*, *ante*; mord*ant*, *ante*.
male‖abilidade f. (malyabl-ad). Malléabilité. ‖**-ável** adj. (-avèl). Malléable.
maledicência f. (male-êçya). Médis*ance*.
malefic‖ência f. (male-êcya). Malfaisance. ‖**-iar** vt. (-yar). Ensorceler.
mal‖efício m. (maleficyou). Maléfice. ‖**-éfico, a** adj. (-ê-ou, **a**). Malfais*ant*, *ante*. ‖Maléfique. ‖**-eita(s)** f. (pl.) (-âyta(ch). Fièvre intermittente. ‖**-encarado, a** adj. (mâlêcaradou, **a**). De mauv*aise* mine. ‖**-ensinado, a** adj. (-adou, **a**). Mal*appris*, *ise*. ‖**-entendido, a** adj. (-êdidou, **a**). Mal interprété, ée. ‖s. m. Mal*e*ntendu. ‖**-estar** m. (-echtar). Mal*aise*.
maleta f. (maléta). Mallette.
mal‖evolente adj. (malevoulêt). Malveill*ant*, *ante*. ‖**-évolo, a** adj. (è-ou, **a**). Malévole. ‖**-fadado, a** adj. (mà-a-dadou, **a**). Infortuné, ée. ‖**-fadar** vt. (-ar). Rendre malheur*eux*, *euse*. ‖**-fazejo, a** adj. (-âyjou, **a**). Malfais*ant*, *ante*. ‖**-fazer*** vi. (-ér). F*aire** du mal. ‖**-feito, a** adj. (-âytou, **a**). Mal fait, *aite*. ‖**-feitor** m. (-ôr). Malfait*eur*. ‖**-ferido, a** adj. (-erídou, **a**). Grièvement blessé, ée.
malga f. (mà-a). Bol, m.

Itálico : acento tónico. ‖V. página verde para a pronúncia figurada. ‖*Verbo irreg. V. no final do livro.

malha f. (ma*l*a). Ma*i*lle. ‖ Tache [pele]. ‖Loc. *Fazer malha*, tricoter. *Jogo da malha*, jeu du palet.
malh‖ada f. (ma*l*ada). Battage, m. (du blé) [trigo]. ‖Bergerie [redil]. ‖*Fig.* Intrigue. ‖**-adeiro** m. (-ad*ây*rou). Fléau (blé). ‖**-ado, a** adj. (-adou, a). Tacheté, ée. ‖**-adoiro** ou **-adouro** m. (-adôyrou, ô-). Batteur en grange. ‖**-ar** vt. et vi. (-ar). Battre*. ‖Loc. *Malhar em ferro frio*, savonner un nègre. ‖**-ete** m. (-ét). P'etit maillet. ‖**-o** m. (ma*l*ou). Maillet. ‖Fléau (blé) [trigo].
mal‖-humorado, a adj. (màloumourad*o*u, a). Mal port*a*nt, ante [sa*ú*de]. ‖De mauva*i*se humeur. ‖**-icia** f. (ma*lí*cya). Ma*l*ice. ‖**-icioso, a** adj. (-yôsou, *o*sa). Ma*l*icieux, euse. ‖**-igna** f. (-i*g*hna). Fièvre ma*l*igne. ‖**-ignidade** f. (-*a*d). Malig*ni*té. ‖**-igno, a** adj. (-*i*-ou, a). Ma*l*in, *i*gne.
má-lingua f. (ma*l*ī*g*oua). Médisance. ‖m. et f. *Une méchante langue*, f.
mal‖-intencionado, a adj. et s. (màltē-ounad*o*u, a). Malintentionné, ée [jeitoso, a] adj. (-àytôsou, *o*sa). Maladroit, *o*ite. ‖**-mequer** m. (-ekèr). Marguer*i*te, f. ‖**-nascido, a** adj. (-achcīdou, a). Né, ée sous *une mauvaise étoile*. ‖**-ogrado, a** adj. (malougrad*o*u, a). Échoué, ée. ‖Regretté, ée [saudoso]. ‖**-ograr** vt. (-ar). Faire* manquer. ‖**-ograr-se** vr. Échouer. ‖**-ogro** m. (-*ô*grou). Échec. ‖**-parado, a** adj. (mà-arádou, a). En mauv*ai*s état. ‖**-querença** f. (-kerê*ç*a). Malveillance. ‖**-querente** adj. (-êt). Malveill*a*nt, ante. ‖**-querer*** vt. (-êr). En vouloir* à. ‖**-quistar** vt. (-kicht*a*r). Brouiller. ‖**-quisto, a** adj. (-í-ou, a). Mal vu, ue. ‖**-são, ã** adj. (-*ãou*, *ã*). Malsa*i*n, *ai*ne. ‖**-sim** m. (-*ī*). Mouch*a*rd. ‖**-sinar** vt. (-ar). Prendre* en mauv*ai*se part. ‖Dénoncer. ‖**-soante** adj. (-o*u*át). Malsonn*a*nt, ante. ‖**-sofrido, a** adj. (-oufr*i*dou, a). Impati*e*nt, ente.
malta f. (mà-a). Gueusa*i*lle, clique. ‖*Bande de travailleurs rur*a*ux.*
Malta n. pr. (mà-a). M*al*te.
malte m. (mà-). M*al*t.

maltês m. (mà-éch). Malta*i*s. ‖Tr*a*vaill*eu*r rural. ‖Vagabond.
maltina f. (mà-*i*na). Maltine.
maltra‖pilho adj. et s. m. (mà-rap*i*lou). Déguenillé, gueux. ‖**-tar** vt. (-ar). Maltraiter.
malu‖co, a adj. et s. (maloucou, a). Fou, folle. ‖Étourdi, ie [estouvado]. ‖**-quice** f. (-k*i*ç). Folie. ‖Étourderie.
malva f. (mà-a). M*a*uve. ‖Loc. *Ir para as malvas*, mour*i*r*.
malvad‖ez f. (mà-zdéch). Méchanceté. ‖**-o, a** adj. et s. (-adou, a). Méchant, ante.
malva‖isco m. (mà-a*i*chcou). Guim*au*ve, f. ‖**-rosa** f. (-*rr*osa). Rose trémi*è*re.
mama f. (m*â*ma). Mam*e*lle ; nichon, m. ‖Loc. *Criança de mama*, enfant (m.) à la mamelle, nourrisson, m.
mam‖ã f. ou **-ãe** *Br.* (mam*ã*, -*ãy*). Mam*a*n. ‖**-ar** vt. (-ar). Téter. ‖*Fam.* Manger [comer]. *Pop.* Tromper [enganar]. ‖Loc. *Dar de mamar*, donner à téter. ‖**-ário, a** adj. (-aryou, a). Mammai*r*e. ‖**-ifero** m. (-*i*ferou). Mammif*è*re. ‖**-ilar** adj. (-ar). Mammilaire. ‖**-ilo** m. (-*i*lou). Mamelon, tétin, bout de la mamelle.
mamparrear vi. (m*â*parryar). *Br* Cagnarder, *perdre son temps.*
mana f. (m*â*na). *Fam.* Sœ*u*r [irmã] ‖Belle-sœur.
manada f. (man*a*da). Troupe*au* (m.) de gros bétail.
manancial m. (manà*ç*yàl). Source, f.
manápula f. (man*á*poula). *Pop.* Patoche.
manar vt. (man*a*r). Verser. ‖vi. Jaillir, couler abondamment.
Manaus n. pr. (manáouch). Manaos.
mancar vt. (mâc*a*r). Estropier. ‖vi. Clocher, boiter.
manceb‖a f. (mâcé*b*a). Concubine. ‖**-ia** f. (-*ebi*a). Concubinage, m. ‖**-o** m. (-*é*bou). Je*u*ne homme. ‖*Mil.* Conscrit. ‖*Br.* Porte-manteau. ‖adj. Je*u*ne.
Mancha n. pr. (mâ-a). Manche.
manch‖a f. (mâ-a). Tache. ‖**-ar** vt. (-ar). T*a*cher. ‖ vi. Déchar*g*er (encre).
mancheia f. (mâ-*â*ya). Poignée.
manchil m. (mâ-*í*l). Couperet.

Lettres penchées : accent tonique. ‖V. page verte pour la prononciation figurée. ‖* Verbe irrég. V. à la fin du volume.

mancomun‖ação f. (mãcoumounação). Combinaison, connivence. ‖**-ar** vt. (-ɑr). Mettre* d'accord. ‖**-ar-se** vr. (-ç). Se concerter.

mand‖a f. (mɑ́da). Renvoi, m. ‖**-ado m.** (-adou). Commandement. ‖ Loc. *Mandado de prisão*, mandat d'arrêt. ‖**-amento** m. (-amétou). Commandement (Dieu). ‖**-ante** m. (-ɑ̃t). Commandant. ‖**-ão** m. (-ɑ̃ou). Autoritaire; Monsieur j'ordonne. ‖**-ar** vt. (-ɑr). Envoyer*. ‖*faire* : *mandar fazer*, faire* faire. ‖ Commander, ordonner. ‖ vi. Commander. ‖ Loc. *Mandar para o diabo*, envoyer* au diable. *Mandar passear*, envoyer* promener (ou paître). *Mandar vir*, mander. ‖**-atário** m. (-atɑryou). Mandataire. ‖**-ato** m. (-atou). Mandat.

mandíbula f. (mãdiboula). Mandibule.

mandil m. (mãdíl). Tablier grossier.

manding‖a f. (mãdíga). Sortilège, m. ‖ Guignon, m. [enguiço]. ‖**-ar** vt. (-ɑr). Ensorceler.

mandioca f. (mãdyoca). Manioc, m.

mando m. (mɑ̃dou). Commandement.

mândria f. (mɑ́drya). Flemme.

mandri‖ão, ona adj. et s. (mãdryɑ̃ou, ɔ́na). Paresseux, euse. ‖**-ar** vi. (-yɑr). Cagnarder. ‖**-ice** f. (-yíç). Paresse, flemme.

mandril m. (mãdríl). Mandril [macaco]. ‖ Mandrin [ferramenta].

manducar vt. (mãdoucɑr). Pop. Manger.

mane‖ar vt. (mãnyɑr). Manier. ‖**-ável** adj. (-avél). Maniable. ‖**-ia** f. (-ɑ́ya). Br. Entrave. ‖**-io** m. (-ou). Maniement.

maneir‖a f. (manɑ́yra). Manière, façon. ‖ Moyen, m. [meio]. ‖ Loc. *À maneira de*, à la manière de. *De maneira que*, de façon que. *De qualquer maneira*, n'importe comment. *Descobrir maneira*, trouver moyen. *Duma maneira ou doutra*, d'une manière ou d'une autre. ‖**-ismo** m. (-íjmou). Maniérisme. ‖**-o, a** adj. (-ɑ́yrou, a). Portatif, ive. ‖ Maniable. ‖**-oso, a** adj. (-ô-sou, ɔ́sa). Qui a de bonnes manières.

manej‖ar vt. (manejɑr). Manier. ‖**-ável** adj. (-avél). Maniable. ‖**-o**

m. (-âyjou). Manège (fig.). Maniement [acção]. ‖ pl. Menées, f.

manequim m. (manekí). Mannequin.

maneta m. et f. (manéta). Manchot, ote.

manga f. (mɑ́ga). Manche (vêtement). ‖ Mangue [fruto]. ‖ Loc. *Em (mangas de) camisa*, en manches de chemise. *Manga de água*, trombe.

mang‖ação f. (mãgaçaou). Moquerie. ‖**-ar** vi (-ɑr). Se moquer.

mang‖o m. (mɑ́gou). Manche d'un fléau. ‖**-ual** m. (-ouɑ́l). Fléau.

mangu‖e m. (mɑ̃g). Br. Basse, f. (géog.). ‖**-eira**, f. (-ɑ́yra). Manguier, m. [árvore]. ‖ Tuyau (m.) de pompe. ‖**-ara** f. (-ouara). Br. Grande canne, f.

manha f. (mɑ́gna). Ruse, astuce. ‖ Vice (m.) d'un cheval. ‖ Loc. *Ter manhas*, finasser.

manhã‖ f. (magnɑ̃). Matin, m. ‖ Matinée [duração]. ‖**-ar** vt. (-ɑyra). Matinal. ‖ Loc. *Amanhã de manhã*, demain matin. *Ao romper da manhã*, au point du jour. *De manhã*, le matin. *De manhã cedo*, de bon matin. *Hoje de (-igna)*. U. dans la loc. *de manhãzinha*, de grand matin.

manhoso, a adj. (magnôsou, ɔ́sa) Rusé, ée; cauteleux, euse. ‖ Vicieux, euse.

mani‖a f. (manía). Manie. ‖ *Fam*. Lubie. ‖ Loc. *Ter a mania de* (infinitif) ou *que*, avoir* la prétention de s'imaginer que. ‖**-íaco, a** adj. et s. (-íacoı, a). Maniaque. ‖**-cómio**, m. (-omyou). Asile d'aliénés.

mani‖cura f. (ma-oura). Manucure. ‖**-curto, a** adj. (-ourtou, a). Qui a les mains courtes. ‖ *Fig*. Avare, chiche.

manifest‖ação f. (ma-echtaçãou). Manifestation. ‖**-ante** adj. et s. (-ɑ̃t). Manifestant, ante. ‖**-ar** vt. (-ɑr). Manifester. ‖**-o, a** adj. et s. (-é-ou, a). Manifeste.

manilha f. (maníla). Manille. ‖ Bracelet (m.) de femme. ‖ Tuyau (m.) en grès [cano]. ‖ pl. Menottes, f.

maninho, a adj. (manignou, a). Infécond, onde. ‖ Inculte, en friche. ‖ s. m. Terrain vague.

maniota f. (manyotɑ́y). Abot, m.

Itálico : acento tónico. ‖ V. página verde para a pronúncia figurada. ‖ *Verbo irreg. V. no final do livro.

MAN — MÁQ 594

manipanso m. (ma-ãçou). Idole, f. (chez les nègres).
manipul‖ação f. (ma-oulaçãou). Manipulation. ‖-ador m. (-ôr). Manipulateur. ‖-ar vt. (-ar). Manipuler.
man‖ípulo m. (manípoulou). Poignée, f. ‖Hist. et rel. Manipule. ‖Manette, f. (mécanisme). ‖-ívela f. (-êla). Manivelle : dar à manivela, tourner la manivelle.
manj‖ar m. (mãjar). Mets délicat. ‖Loc. Manjar branco, blanc manger. ‖-edoura f. (-edôra). Mangeoire.
manjeric‖ão ou -o m. (mãjer-ãou, icou). Basilic.
manjerona f. (mãjerôna). Marjolaine.
mano m. (mãnou). Fam. Frère.
manobr‖a f. (manobra). Manœuvre. ‖-ar vt. et vi. (-ou-ar). Manœuvrer.
manojo m. (manôjou). Petit faisceau.
man‖ómetro m. (manometrou). Manomètre. ‖-opla f. (-o-a). Gantelet (m.) de fer. ‖Pop. Patoche, grosse main.
manquejar vi. (mãkejar). Clocher.
mans‖ão f. (mãçãou). Demeure. ‖Séjour, m. ‖-arda f. (-arda). Mansarde. ‖-idão f. (-ãou). Mansuétude, douceur. ‖-inho, adj. (-ignou, a). Doux, ouce. ‖Loc. De mansinho, doucement. ‖-o, a adj. (mãçou, a). Doux, ouce. ‖Cultivé, ée (arbre). ‖Loc. De manso, doucement. Manso e manso, peu à peu.
mant‖a f. (mãta). Couverture. ‖Plaid, m. (viagem). ‖Loc. Manta de toucinho, flèche de lard. ‖-ear vt. (-yar). Berner.
manteig‖a f. (mãtáyga). Beurre, m. ‖Loc. Dar manteiga, passer de la pommade. ‖-aria f. (-ria). Crémerie. ‖-ueira f. (-gâyra). Beurrier (m. pot). ‖-ueiro, a adj. (-ou, a). Fig. Pommadeur, euse (fam.). ‖-uento, a adj. (-ëtou, a). Butyreux, euse.
manter*‖ vt. (mãtér). Maintenir*. ‖Nourrir [alimentar]. ‖Tenir* (parole) [palavra]. ‖-se vr. (-ç). Se maintenir*.
mant‖ilha f. (mãtila). Mantille. ‖-o m. (mãtou). Manteau.

mantimento m. (mã-ëtou). Entretien. ‖pl. Vivres.
Mântua n. pr. (mãtoua). Mantoue.
manual adj. et s. m. (manouàl). Manuel, elle.
Manuel n. pr. (manouèl). Emmanuel.
manuelino, a adj. (manouèlinou, a). Manuélin, ine (style archit.).
manufact‖or adj. et s. m. (manoufatôr). Manufacturier. ‖-ura f. (-oura). Manufacture. ‖-urar vt. (-ar). Manufacturer. ‖-ureiro, a adj. (-âyrou, a). Manufacturier, ère.
manuscrito, a adj. et s. m. (manoucheritou, a). Manuscrit, ite.
manutenção f. (manoutêçãou). Maintien, m., entretien, m. ‖Mil. Manutention.
mão f. (mãou). Main. ‖Pied (m.) de devant (quadrúpedes). ‖Pilon [almofariz]. ‖Couche (couleur) [tinta]. ‖Loc. À mão, à la main; sous la main [alcance]. À mão direita, à droite. As mãos cheias, à pleines mains. Com ambas as mãos, à deux mains. Com as mãos postas, à mains jointes. Com o coração nas mãos, à cœur ouvert. Dar a mão à palmatória, convenir* de ses torts. Dar de mão, abandonner. Deitar a mão a tudo, bricoler. De mão beijada, gratis. De mão dadas, la main dans la main. Em segunda mão, d'occasion. Estar com a mão na massa, être* dans le bain. Ir à mão a, empêcher d'agir. Lançar mão de, se servir* de. Mãos à obra, à l'ouvrage. Meter mãos à obra, mettre* la main à la pâte. Na palma da mão, au creux de la main. Vir às mãos, en venir* aux mains.
mão-cheia f. (mãou-ãya). Poignée.
maometano, a adj. et s. (maoumetânou, a). Mahométan, ane.
mapa‖ m. (mapa). Carte (géog.). ‖Bordereau, liste, f. ‖-múndi m. (-ú). Mappemonde.
maqueta f. (makéta). Maquette.
maquia f. (makia). Mouture [moleiro]. ‖Fig. Somme d'argent.
máquina f. (makina). Machine. ‖Mécanisme, m. ‖Loc. Máquina de costura, machine à coudre. Máquina fotográfica, appareil (m.) photographique.

Lettres penchées : accent tonique. ‖V. page verte pour la prononciation figurée. ‖* Verbe irrég. V. à la fin du volume.

MAQ — MÁR

maquin‖ação f. (makinaçãou). Machination. ‖-ador m. (-ôr). Machinateur. ‖-al adj. (-àl). Machinal, ale. ‖-ar vt. (-ar). Machiner. ‖-aria f. (-aría). Machinerie. ‖-eta f. (-éta). Petite locomotive. ‖-ismo m. (-íjmou). Machinisme. ‖-ista m. (-íchta). Machiniste. ‖ Mécanicien [locomotiva].

mar m. (mar). Mer, f. : *fazer-se ao mar*, lever l'ancre.

marasmo m. (marájmou). Marasme.

marau m. (maráou). Finaud, matois.

marav‖alhas f. pl. (maravalach). Broutilles. ‖-ilha f. (-íla). Merveille. ‖ Loc. *Às mil maravilhas*, à merveille. ‖-ilhar vt. (-ar). Émerveiller. ‖-ilhoso, a adj. (-ôsou, osa). Merveilleux, euse.

marc‖a f. (marca). Marque. ‖ Figure d'un quadrille [cartas]. ‖ Loc. *De marca (maior)*, de (grande) marque. *Passar (d)as marcas*, dépasser les bornes. ‖-ação f. (ma-açãou). Marquage, m.

marçano m. (marçánou). Garçon de boutique; garçon épicier [merceari].

marc‖ante adj. (marcát). Marquant, ante. ‖-ar vt. (-ar). Marquer. ‖ Battre* (la mesure) [compasso]. ‖ Assigner [encontro]. ‖ vi. Marquer, se distinguer.

marcen‖aria f. (marcenaría). Ébénisterie. ‖-eiro m. (-âyrou). Ébéniste.

marcha f. (mar-a). Marche. ‖ Loc. *Guia de marcha*, feuille (ou ordre, m.) de route.

marchante m. (mar-át). Marchand de bétail.

marchar vi. (mar-ar). Marcher.

marchet‖ado, a adj. (mar-etadou, a). Marqueté, ée. ‖ Marqueterie, f. ‖-ar vt. (-ar). Marqueter. ‖-aria f. (-aría). Marqueterie. ‖-eiro m. (-âyrou). Marqueteur.

marcial adj. (marcyàl). Martial, ale.

marco m. (márcou). Borne, f. ‖ Mark [moeda]. ‖ Loc. *Marco postal*, boîte (f.) aux lettres.

março m. (mórçou). Mars.

Marcos n. pr. (márcouch). Marc.

maré f. (marè). Marée. ‖ Loc. *Maré viva*, grande marée. *Remar contra a maré*, aller* contre vent et marée

mare‖ação f. (maryaçãou). Art (m.) de navigation. ‖-ante m. (-yát). Marin. ‖-ar vt. (-yar). Gouverner (vaisseau). ‖ Causer le mal de mer [enjoo]. ‖ Ternir [embaciar]. ‖ vi. Avoir* le mal de mer. ‖ Se ternir [perder o brilho].

marechal m. (mare-àl). Maréchal.

mare‖jar vi. (marejar). Dégoutter. ‖-moto m. (-otou). Tremblement de mer, raz de marée.

marfim m. ¦marfĩ). Ivoire. ‖ Loc. *Deixar correr o marfim*, laisser couler l'eau.

marga f. (marga). Marne.

Margarida n. pr. (margarída). Marguerite.

margari‖da f.-(margarída). Marguerite. ‖-na f (-ina). Margarine.

marg‖ear vt. (maryar). Côtoyer. ‖-em f. (ma-ãy). Marge. ‖ Rive [rio, lago]. ‖ Loc. *À margem*, en marge. *Dar margem a*, prêter à. ‖-inal adj. (-àl). Marginal, ale. ‖-inar vt. (-ar). Marginer.

Maria n. pr. (maría). Marie.

mariano, a adj. (maryánou, a). De la Vierge Marie.

maribondo m. (mar-õdou). Br. Guêpe, f.

maric‖á m. (mar-a). Br. Arbuste épineux. ‖-as m. (-ícach). Femmelette, f. ‖ adj. Peureux, timide.

marido m. (marídou). Mari.

marimacho m. (mar-a-ou). Virago, m.

marimba f. (maríba). Marimba, m. ‖ *Br.* Mauvais piano, m.

marinh‖a f. (marígna). Marine. ‖ Saline. ‖-agem f. (-ajãy). Marins, m. pl. ‖-ar vt. (-ar). Gouverner (vaisseau). ‖ vi. Grimper. ‖-eiro m. (-âyrou). Marin, matelot. ‖-o, a adj. (-ígnou, a). Marin, ine.

mariola m. (maryola). Fig. Fripon.

mariposa f. (mar-osa). Papillon, m.

marisco m. (maríchcou). Coquillages, m.

marítimo, a adj. (mari-ou, a). Maritime. ‖ s. m. Marin, homme de mer.

marmel‖ada f. (marmelada). Pâte de coing. ‖-eiro m. (-âyrou). Cognassier. ‖ *Pop.* Gros bâton. ‖-o m. (-èlou). Coing.

marmita f. (marmíta). Marmite. ‖ Gamelle, écuelle [soldado].

mármore m. (marmour). Marbre.

Itálico : acento tónico. ‖ V. página verde para a pronúncia figurada. ‖ * Verbo irreg. V. no final do livro.

MAR — MAT

marmota f. (marmota). Marmotte.
marom‖a f. (marôma). Grosse corde. ‖ **-ba** f. (-ôba). Balancier, m. (danseur).
maroto, a adj. et s. (marôtou, a). Polisson, onne; coquin, ine.
marqu‖ês, esa m. et f. (markéch, ésa). Marquis, ise. ‖ **-esado** m. (-esadou). Marquisat.
marr‖ã f. (marrã). Jeune truie. ‖ **-ão** m. (-ãou). Petit cochon qui ne tête plus. ‖ **-ar** vi. (-ar). Donner des coups de cornes. ‖ Donner de la tête contre.
Marrocos n. pr. (marrocouch). Maroc.
marroqu‖im m. (marrouki). Maroquin. ‖ **-ino, a** adj. et s. (-inou, a). Marocain, aine.
Marselha n. pr. (marsâyla). Marseille.
marsupial adj. (marsoupyàl). Marsupial, ale.
marta f. (marta). Marte, martre.
Marta n. pr. (marta). Marthe.
Marte n. pr. (marta). Mars (dieu).
martel‖ada f. (martelada). Coup (m.) de marteau. ‖ **-agem** f. (-ajãy). Martelage, m. ‖ **-ar** vt. (-ar). Marteler. ‖ vi. Donner des coups de marteau. ‖ *Fig.* Insister. ‖ **-o** m. (-élou). Marteau.
martinete m. (mar-ét). Martinet. ‖ Marteau d'un piano.
mártir m. et f. (mar-r). Martyr, yre.
mart‖irio m. (martiryou). Martyre. ‖ **-irizar** vt. (-ar). Martyriser.
marujo m. (maroujo). Matelot.
marulh‖ar vi. (maroulàr). Clapoter. ‖ **-o** m. (-oulou). Clapotage. ‖ **-oso, a** adj. (-ôsou, osa). Clapoteux, euse.
mas conj. (mach). Mais.
mascar vt. (maschar). Mâcher. ‖ vi. Marmotter. ‖ Loc. *Mascar tabaco*, chiquer.
máscara f. (machcara). Masque, m.
mascar‖ada f. (mascharada). Mascarade. ‖ **-ar** vt. (-ar). Masquer. ‖ **-ilha** f. (-ila). Loup, m., demi-masque, m.
mascarr‖a f. (machcarra). Tache noire. ‖ **-ar** vt. (-a-ar). Barbouiller de noir.
mascate‖ m. (machcat). Br. Colporteur d'étoffes. ‖ **-ar** vt. (-yar). Br. Colporter.
mascote f. (macheot). Mascotte.
masculino, a adj. (machcoulínou, a). Masculin, ine.
másculo, a adj. (machcoulou, a). Mâle.
masmorra f. (majmôrra). Cachot, m.
masoquismo m. (masoukíjmou). Masochisme.
massa f. (maça). Masse. ‖ Pâte [pão, bolos]. ‖ Loc. *Estar com a mão na massa*, être* dans le bain. *Massa de vidraceiro*, mastic, m.
massacr‖ar vt. (maçacrar). Massacrer. ‖ **-e** m. (-acr). Massacre.
massag‖em f. (maçajãy). Massage, m. ‖ **-ista** m. et f. (-ajíchta). Masseur, euse.
massame m. (maçam). *Mar.* Cordages, pl.
masseira f. (maçayra). Pétrin, m.
massudo, a adj. (maçoudou, a). Pâteux, euse.
mastaréu m. (machtarèou). Mâtereau.
mastig‖ação f. (mach-açãou). Mastication. ‖ **-ar** vt. (-ar). Mâcher. ‖ *Fig.* Ruminer. ‖ Mâchonner [articulação].
mastim m. (machtí). Mâtin [cão].
mastoidite f. (machtoydít). Mastoïdite.
mastr‖eação f. (machtryaçãou). Mâture. ‖ **-ear** vt. (-yar). Mâter. ‖ **-o** m. (ma-ou). Mât. ‖ Hampe, f. [bandeira].
masturbação f. (machtourbaçãou). Masturbation.
mata f. (mata). Bois, m., forêt.
mata‖-borrão m. (matabourrãou). Papier buvard. ‖ **-cavalos** (-avalouch). U. dans la loc. *a mata-cavalos*, à bride abattue; en hâte. ‖ **-doiro** ou **-douro** m. (-ôyrou, ôr-). Abattoir. ‖ *Fig.* Boucherie, f. ‖ **-dor** m. (-ôr). Matador [touros].
matagal m. (matagàl). Bois épais, forêt.
matalote m. (matalot). Matelot.
mata‖-moiros ou **-mouros** m. (matamôyrouch, -ôr-). Matamore.
mat‖ança f. (matàça). Tuerie. ‖ **-ar** vi. (-ar). Tuer. ‖ Apaiser [fome]. ‖ Loc. *Matar a sede*, (-ç) désaltérer. ‖ **-ar-se** vr. (-ç). Se tuer ; *matar-se*

Lettres penchées : accent tonique. ‖ V. page verte pour la prononciation figurée. ‖ * Verbe irrég. V. à la fin du volume.

a trabalhar, se tuer au travail. ‖-**a-ratos** m. (matarratouch). Mort-aux-rats, f.

mate m. (mat). Mat [xadrez]. ‖ Maté [chá]. ‖ adj. Mat, *a*te [sem brilho].

mateiro m. (matâyrou). Garde forestier. ‖ *Br.* Bûcheron.

matemátic‖**a** f. (matem*a*-a). Mathématiques, pl. ‖-**o, a** adj. (-ou, a). Mathématique. ‖ s. m. et f. Mathématicien, *e*nne.

matéria f. (matèrya) Matière. ‖ Pus, m. ‖ Loc. *Matéria prima,* matière première.

material‖ adj. et s. m. (materyàl). Matériel, *e*lle. ‖ s. m. pl. Matériaux. ‖-**ismo** m. (-alìjmou). Matérialisme. ‖-**ista** adj. et s. (-ìchta). Matérialiste. ‖-**izar** vt. (-ar). Matérialiser.

matern‖**al** adj. (maternàl). Maternel, *e*lle. ‖-**idade** f. (-ad). Maternité. ‖-**o, a** adj. (-ê-ou, a). Maternel, *e*lle.

matilha f. (matìlha). Meute.

matin‖**al** adj. (ma-àl). Matinal, *a*le. ‖-**ar** vt. (-ar). Éveiller de bon matin. ‖ vi. Se lever matin. ‖-**as** f. pl (-ìnach). Matines.

matiz‖ m. (matìch). Nuance, f. ‖ Diaprure, f. [variedade de cores]. ‖-**ado**, a adj. (-zadou, a). Nuancé, ée. ‖-**ar** vt. (-ar). Nuancer. ‖ Diaprer, émailler.

mato m. (matou). Bruyère, f. (terrain). ‖ Broussailles, f. pl. [silvas]. ‖ Loc. *Faca de mato,* couteau (m.) de chasse.

matraca f. (matraca). Claquette.

matraque‖**ado, a** adj. (matrakyadou, a). Expérimenté, ée. ‖-**ar** vt. (-yar). Huer [apupar]. ‖ Étourdir [atordoar].

matreiro, a adj. (matrâyrou, a). Rusé, ée; madré, ée; matois, oise; fin, fine.

matric‖**ida** adj. et s. (matr-ìda). Matricide. ‖-**ídio** m. (-ìdyou). Matricide (crime).

matrícula f. (matrìcoula). Matricule. ‖ Immatriculation [acto].

matricular vt. (matr-oular). Immatriculer.

matrim‖**onial** adj. (matr-ounyàl). Matrimonial, *a*le. ‖-**ónio** m. (-onyou). Mariage.

matriz f. (matrìch). Matrice. ‖ Mère [origem]. ‖ Cliché, m.

matul‖**a** f. (matoula). Troupe de vagabonds. ‖-**agem** f. (-ajây). V. MATULA. ‖-**ão, ona** m. et f. (-âou, ôna). Homme, femme de grande taille.

matungo m. (matûgou). *Br.* Rosse, f.

matur‖**ação** f. (matouraçãou). Maturation. ‖-**ar** vt. et vi. (-ar). Mûrir. ‖-**escência** f. (-echcêcya). Maturité. ‖-**idade** f. (-ad). Maturité.

matut‖**ar** vi. (matoutar). Rêvasser. ‖-**ino, a** adj. (-ìnou, a). Matinal, *a*le. ‖-**o, a** adj. (-outou, a). Maniaque. ‖ s. m. *Br.* du *N.* Rustre, ignorant.

mau, má adj. (maou, ma). Mauvais, *a*ise. ‖ Méchant, *a*nte [maldoso]. ‖ s. m. Mauvais, méchant. ‖ interj. Sapristi! ‖ Loc. *Mau de contentar,* difficile à contenter. *Mau olhado,* mauvais œil.

mavioso, a adj. (mavyôsou, osa). Doux, *d*ouce; suave. ‖ Touchant, *a*nte; attendrissant, *a*nte.

maxil‖**a** f. (-ìla). Mâchoire. ‖-**ar** adj. (-ar). Maxillaire.

máxim‖**a** f. (maç-a). Maxime. ‖-**o, a** adj. (-ou, a). Le, la plus grand, *a*nde. ‖ s. m. Maximum.

mazel‖**a** f. (mazèla). Blessure. ‖-**ar** vt. (-elar). Couvrir* de plaies. ‖ *Fig.* Affliger. ‖ Souiller [manchar].

mazombo, a adj. (mazôbou, a). Sombre.

me pron. pers. (me). Me, moi.

mead‖**a** f. (myada). Écheveau, m. ‖-**eira** f. (-adâyra). *Br.* Dévidoir, m. ‖-**o** m. (myadou). Milieu. ‖ Loc. *Em meado(s) de maio,* à la mi-mai.

mealh‖**a** f. (myala). Maille [moeda]. ‖ Miette, petite quantité. ‖-**eiro** m. (-alâyrou). Tirelire, f.

meandro m (myãdrou). Méandre.

me‖**ão, ã** adj. (myâou, ã). Moyen, *e*nne. ‖ s. m. Moyeu (roue) [roda]. ‖-**ar** vt. (n*y*ar). Partager par moitié.

mecânic‖**o, a** adj. et s. (mecâ-ou, a). Mécarique. ‖ s. m. Mécanicien.

mecan‖**ismo** m. (mecanìjmou). Mécanisme. ‖-**izar** vt. (-ar). Mécaniser. ‖-**oterapia** f. (-outerapìa). Mécanothérapie.

Itálico : acento tónico. ‖ V. página verde para a pronúncia figurada. ‖ *Verbo irreg. V. no final do livro.

MEÇ — MEI 598

meças f. pl. (mèçach). Mesurage, m. sing. ‖ Loc. *Pedir meças*, se croire* supérieur.
mecenas m. (mecénach). Mécène.
mech‖a f. (mè-a). Mèche. ‖-ar vt. (-e-ar). Mécher. ‖-eiro m. (-áyrou). Lamperon.
meda f. (méda). Meule (paille).
medalh‖a f. (medala). Médaille. ‖-ão m. (-aláou). Médaillon. ‖-ário m. (-aryou). Médaillier.
média f. (mèdya). Moyenne : *em média*, en moyenne.
medi‖ação f. (medyaçáou). Médiation. ‖-ador, a adj. et s. (-ôr, a). Médiateur, trice. ‖-al adj. (-yàl). Médial, ale. ‖-aneiro, a adj. et s. (-anâyrou, a). Médiateur, trice. ‖-a f. (-yâna). Médiane. ‖-ania f. (-ía). Médiocrité. ‖-ano, a adj. (-yânou, a). Moyen, enne. ‖-ante prép. (-yát). Moyennant, au moyen de. ‖-ar vt. (-yar). Partager en deux. ‖ vi. Y avoir* (entre). ‖ S'écouler [tempo]. ‖-ato, a adj. (-yatou, a). Médiat, ate.
médica f. (mè-ka). Femme médecin.
medic‖ação f. (me-açáou). Médication. ‖-al adj. (-àl). Médical, ale. ‖-amento m. (-amétou). Médicament. ‖-amentoso, a adj. (-ôsou, osa). Médicamenteux, euse.
medição f. (me-áou). Mesurage, m.
medi‖car vt. (me-ar). Médicamenter. ‖-castro m. (-achtrou). Médicastre. ‖-cina f. (-ína). Médecine. ‖-cinal adj. (-cinàl). Médicinal, ale. ‖-cinar vt. (-ar). Médicamenter.
médic‖o m. (mè-ou). Médecin. ‖-o, a adj. (-a). Médical, ale.
medid‖a f. (medída). Mesure. ‖-o- Pointure [luvas, calçado]. ‖ Loc. *À medida de*, au gré de. *À medida que*, à mesure que. *Por medida*, sur mesure. *Sem meias medidas*, à la bonne franquette. *Tomar (ou tirar) a(s) medida(s)*, prendre* mesure. ‖-or m. (-ôr). Mesureur.
mediev‖al ou -o, a adj. (medyévàl, -évou, a). Médiéval, ale; moyenâgeux, euse (fam.).
médio, a adj. (mèdyou, a). Moyen, enne : *idade média*, moyen âge, m.
mediocre adj. et s. m. (mediouer). Médiocre.

medir* vt. (medír). Mesurer. ‖ Scander [versos]. ‖ Loc. *Não ter mãos a medir*, avoir* beaucoup d'ouvrage.
medit‖abundo, a adj. (me-abúdou, a). Méditatif, ive. ‖-ação f. (-áou). Méditation. ‖-ar vt. et vi. (-ar). Méditer. ‖-ativo, a adj. (-ativou, a). Méditatif, ive.
Mediterrâneo n. pr. m. (me-errânyou). Méditerranée, f.
med‖o m. (médou). Peur, f., frousse, f. ‖ Loc. *A medo*, timidement. *Meter medo*, faire* peur. ‖-onho, a adj. (medôgnou, a). Affreux, euse; effroyable.
medrar vt. (medrar). Faire* croître. ‖ Engraisser [engordar]. ‖ vi. Croître*.
medrica(s) m. et f. (medríca[ch]). Peureux, euse; timide, craintif, ive.
medronh‖eiro m. (medrougnâyrou). Arbousier. ‖-o m. (-ô-ou). Arbouse, f.
medroso, a adj. (medrôsou, osa). Peureux, euse; craintif, ive, timide
medul‖a f. (medoula). Moelle. ‖-ar adj. (-ar). Médullaire. ‖-oso, a adj. (-ôsou, osa). Médulleux, euse.
medusa f. (medousa). Méduse.
meeiro, a adj. (myâyrou, a). Qui doit être partagé par moitié. ‖ s. m. Celui qui a la moitié dans un fonds, etc.
Mefistófeles n. pr. (me-chtófelech) Méphistophélès.
mefítico, a adj.(mefí-ou, a). Méphitique.
mega‖lomania f. (megaloumanía). Mégalomanie. ‖-ómano, a adj. et s. (-ó-ou, a). Mégalomane.
mei‖a f. (mâya). Bas, m. ‖ pl. Contrat (m.) de moitié. ‖ Loc. *Fazer meia*, tricoter des bas. *Pé de meia* (fig.), bas de laine. ‖-cana f. (-âna). Demi-ronde [lima]. ‖-idade f. (-ad). Âge, m.) moyen. ‖-laranja f. (-arája). Demi-cercle, m. ‖-lua f. (-oua). Croissant, m. ‖-noite f. (-ôyt). Minuit, m. ‖-tinta f. (-íta). Demi-teinte.
meigl‖o, a adj. (mâygou, a). Doux, ouce. ‖-uice f. (-ghiç). Douceur, tendresse.
meio‖, a adj. (mâyou, a). Demi, ie; mi. ‖ Moyen, enne [médio]. ‖ s. m. Milieu [centro]. ‖ Moyen [processo]. ‖ Demi [metade]. ‖ adv. A

Lettres penchées : accent tonique. ‖ V. page verte pour la prononciation figurée. ‖* Verbe irrég. V. à la fin du volume.

demi, à moitié. ‖Loc. *A meia encosta*, à mi-côte. *A meio caminho*, à mi-chemin. *Meio* termo, moyen terme. *Neste meio tempo*, sur ces entrefaites. *No meio de*, au milieu de. *Por meio de*, au moyen de, à l'*aide* de. *Ser de meia idade*, être* d'un âge moyen. *Serrar ao meio*, scier par le milieu. ‖**-dia** m. (-*ía*). Midi. ‖**- -relevo** m. (-rrel*é*vou). Demi-relief. ‖**- -soprano** m. (-çouprânou). Mezzo-soprano. ‖**- -tom** m. (-*õ*). Demi-ton.

mel‖ m. (mèl). Miel : *mel rosado*, miel rosat. ‖Loc. *Dar mel pelos beiços*, bouillir* du lait. ‖**-aço** m. (melaçou). Mélasse, f. ‖**-ado, a** adj. (-adou, a). Miellé, ée.

melanol‖**a** f. (melácia). Pastèque. ‖**-al** m. (-yàl). Terr*ain* planté de pastèques.

melanc‖**olia** f. (melácoulía). Mélancolie. ‖**-ólico, a** adj. (-o-ou, a). Mélancolique, triste.

melão m. (melãou). Melon.

melena f. (meléna). Tignasse (fam.).

melga f. (mè-a). Cousin, m. (insecte).

melhor‖ adj. (melor). Meilleur, eure. ‖adv. Mieux. ‖s. m. Meilleur, mieux. ‖interj. Tant mieux! ‖Loc. *Levar a melhor*, l'emporter. ‖**-a f**. (-*ora*). Amélioration (santé). ‖Loc. *Estimo as melhoras!* je souhaite que vous alliez mieux! ‖**-amento** m. (-ou-êtou). Amélioration, f. ‖**-ar** vt. (-ar). Améliorer. ‖vi. S'améliorer. *Aller* mieux [saúde]. ‖Se mettre* au beau [tempo]. ‖**-ia f**. (-*ía*). Amélioration.

meliante m. (melyât). Voyou, vaurien.

mélico, a adj. (mè-ou, a). Mélodieux, euse. ‖Mielleux, euse; doux, *once*.

meli‖**fero, a** adj. (meliferou, a). Mellifère. ‖**-fico, a** adj. (-ou, a). Mellifique. ‖**-fluo, a** adj. (-ouou, a). Melliflu, ue; doucereux, euse.

melindr‖**ar** vt. (melindrar). Froisser. ‖**-ar-se** vr. (-ç). Se froisser. ‖**-e** m. (-î-). Susceptibilité, f. ‖Scrupule. ‖**-oso, a** adj. (-ôsou, ôsa). Délic*at*, ate. ‖Froissable, très susceptible.

melissa f. (melíça). Mélisse.

melo‖**a** f. (meléa). Gros melon, m. ‖**-al** m. (-ouàl). Melonnière, f.

melo‖**dia** f. (meloudía). Mélodie. ‖**-dioso, a** adj. (-yôsou, ôsa). Mélodieux, euse. ‖**-peia f**. (-*âya*). Mélopée. ‖**-so, a** adj. (-ôsou, ôsa). Mielleux, euse.

melro m. (mèlrrou). Merle.

membran‖**a** f. (mèbrána). Membrane. ‖**-oso, a** adj. (-ôsou, ôsa). Membraneux, euse.

membr‖**o** m. (mèbrou). Membre. ‖**-udo, a** adj. (-oudou, a). Membru, ue.

memor‖**ando** m. (memourãdou). Mémorandum. ‖**-ando, a** adj. (-a). Mémorable. ‖**-ar** vt. (-ar). Rappeler à la mémoire. ‖**-ável** adj. (-avèl). Mémorable.

memória f. (memorya). Mémoire. ‖Mémoire, m. [exposição]. ‖pl. Mémoires, m. ‖Loc. *De memória*, par cœur. *Trazer à memória*, rappeler à la mémoire.

memori‖**al** m. (memouryàl). Mémoire. ‖**-ar** vt. (-yar). Signaler, remarquer.

menagem f. (m*e*najày). État (m.) de prisonnier sur parole. ‖Loc. *Torre de menagem*, donjon, m.

men‖**ção f**. (mêçãou). Mention. ‖**-cionar** vt. (-ouner). Mentionner. ‖Dire*.

mendi‖**cante** *a*dj. et s. (mê-àt). Mendi*ant*, ante. ‖**-cidade** f. (-ad). Mendicité. ‖**-gar** vt. et vi. (-ar). Mendier, m*e*ndigoter. ‖**-go, a** m. et f. (-igou, a). Mendi*ant*, ante.

mend‖**ubi** ou **-uí** m. (mêdou(b)*í*). V. AMENDOIM.

mene‖**ar** vt. (menyar). Remuer. ‖Hocher [cabeça]. ‖**-ar-se** vr. (-ç). Se remuer. ‖**-ável** adj. (-yavèl). Mani*a*ble. ‖**- o** m. (-âyou). Mouvement (corps). ‖Dandinement [bamboleio]. ‖Maniement [manejo]. ‖Ruse, f., artifice. ‖Main-d'œuvre, f. ‖*Fig.* Profit, gain [lucro, ganho].

Menelau n. pr. (menelaou). Ménélas.

menestrel m. (menchtrèl). Ménestrel.

menin‖**a** f. (menina). Fillette. ‖Demoiselle [solteira]. ‖Loc. *Menina do olho*, prunelle de l'œil. ‖**-eiro, a** adj. (-âyrou, a). Enfantin, *ine*. ‖**-oso, a** adj. (-ôsou, ôsa). Déli*cat, ate*.

mening‖**e** f. (menij). Méninge. ‖**-ite** f. (-it). Mér*i*ngite.

Itálico : acento tónico. ‖V. página verde para a pronúncia figurada. ‖*Verbo irreg. V. no final do livro.

MEN — MES

menin‖ice f. (me-íç). Enfance. ‖-o m. (-ínou). Enfant. ‖-ona f. (-óna). Br. Jeune fille.

menopausa f. (menopaousa). Ménaupause.

menor‖ adj. (menór). Moindre, plus petit, ite. ‖Mineur, eure [idade; mús.]. ‖s. m. Mineur. ‖Loc. Menor múltiplo comum, plus petit commun multiple. ‖-idade f. (-ou-ad). Minorité.

menos‖ adv. (ménouch). Moins. ‖prép. Excepté, hormis. ‖s. m. Le moins. ‖Loc. A menos, de moins. Cada vez menos, de moins en moins. De menos, de moins. Muito menos, beaucoup moins, bien moins. Pelo menos, au moins. Pouco mais ou menos, à peu près. ‖-cabar vt. (-abar). Laisser inachevé. ‖Fig. Mépriser. ‖-prezo m. (-rézou). Mépris.

mensag‖eiro, a m. et f. (mẽçajéyrou, a). Messager, ère. ‖-em f. (-ajẽy). Message, m.

mens‖al adj. (mẽçàl). Mensuel, elle. ‖-alidade f. (-a-ad). Mensualité. ‖-ário m. (-aryou). Publication (f.) mensuelle.

menstruação f. (mẽchtrouaçãou). Menstruation, menstrues, pl., règles, pl.

mensur‖ação f. (mẽçouraçãou). Mensuration. ‖-ar vt. (-ar). Mensurer.

menta f. (mẽta). Menthe.

ment‖al adj. (mẽtàl). Mental, ale. ‖-idade f. (-a-ad). Mentalité. ‖-mente adv. (-à-êt). Mentalement.

mente f. (mẽt). Esprit, m. ‖Loc. De boa mente, de bon gré. De má mente, à contrecœur. ‖-capto, a adj. (-a-ou, a). Insensé, ée. ‖Idiot, ote; imbécile.

ment‖ido, a adj. (mẽtídou, a). Trompeur, euse. ‖-ir vi. (-ir). Mentir*. ‖-ira f. (-íra). Mensonge, m. ‖-irola f. (-ola). Blague (fam.). ‖-iroso, a adj. (-ósou, osa). Menteur, euse.

mento m. (mẽtou). Menton.

meramente adv. (mèramẽt). Simplement.

merca f. (mèrca). Achat, m., emplette.

merc‖adejar vt. (mercadejar). Commercer. ‖-adinho m. (-ignou). Br. Boutique, f. ‖-ado m. (-adou). Marché. ‖-ador m. (-adór). Marchand. ‖Loc. Fazer ouvidos de mercador, faire* la sourde oreille. ‖-adoria f. (-adouría). Marchandise. ‖-ante adj. (-ãt). Marchand, ande. ‖-antil adj. (-íl). Mercantile. ‖-antilismo m. (-íjmou). Mercantilisme. ‖-ar vt. (-ar). Acheter.

mercê f. (mercé). Grâce. ‖Service, m. ‖Loc. A mercê de, à la merci de. Mercê de, grâce à. Vossa mercê, vous.

merce‖aria f. (mercyaría). Épicerie. ‖-eiro m. (-yáyrou). Épicier.

mercenário, a adj. et s. m. (mercenáryou). Mercenaire.

mercurial adj. (mercouryàl). Mercuriel, elle. ‖s. f. Mercuriale.

mercúri‖co, a adj. (mercóur-ou, a). Mercurique. ‖-o m. (-you). Mercure.

merda f. (mèrda). Merde.

merec‖edor, a adj. (merecedór, a). Méritant, ante. ‖- de, digne de. ‖-er vt. (-ér). Mériter. ‖vi. Bem de, bien mériter de. ‖-idamente adv. (-amêt). A bon droit. ‖-ido, a adj. (-ídou, a). Mérité, ée. ‖-imento m. (-êtou). Mérite.

merend‖a f. (merẽda). Goûter, m. ‖-ar vt. (-ar). Manger à l'heure du goûter. ‖vi. Goûter.

merengue m. (merẽgh). Meringue, f.

meretriz f. (meretrích). Courtisane.

mergulh‖ador, a adj. et s. (mergoulador, a). Plongeur, euse. ‖-ão m. (-ãou). Plongeon (oiseau). ‖-ar vt. et vi. (-ar). Plonger. ‖vt. Agr. Provigner. ‖-ia f. (-ía). Provignement, m. ‖-o m. (-oulou). Plongeon.

meridi‖ano, a adj. et s. m. (meryánou, a). Méridien, enne. ‖-onal adj. (-ounàl). Méridional, ale.

meritissimo, a adj. (mer-íç-ou, a). Très digne.

mérito m. (mèr-ou). Mérite.

meritório, a adj. (mer-oryou, a). Méritoire.

merlim m. (merlí). Mar. Merlin.

mero, a adj. (mèrou, a). Simple, pur, pure.

mês m. (méch). Mois.

mesa f. (méça). Table. ‖Loc. Levantar a mesa, desservir*. Mesa de cabeceira, table de nuit. Mesa redonda, table d'hôte. ‖-da f. (meçada). Mois, m. (pension).

Lettres penchées : accent tonique. ‖V. page verte pour la prononciation figurée. ‖* Verbe irrég. V. à la fin du volume.

mescl‖a f. (mè-a). Mél*a*nge, m. ‖**-ar** vt. (-*ar*). Mél*a*nger.

mesentério m. (mesêt*è*ryou). Mésent*è*re.

mesm‖**a** f. (méjma). Même état, m. ‖ Loc. *Deixar na mesma*, laiss*er* en l'état. *Ficar na mesma*, en être* au même point, rester de *même*. ‖**-issimo**, a adj. (mejm*i*-ou, a). Absolument le, la *même*. ‖**-o**, a adj. (méjmou, a). *Même.* ‖ s. m. Le même, la même chose, f. ‖ adv. *Même.* ‖ Loc. *Ainda mesmo*, quand même. *Ao mesmo tempo*, en même temps. *Do mesmo modo*, de même. *Mesmo assim*, tout de même. *Vir a dar no mesmo*, reven*ir** au même.

mesotório m. (mesoutoryou). Mésothorium.

mesquinh‖**aria** ou **-ez** f. (mechkign*aria*, éch). Mesquiner*ie*, chicher*ie*. ‖**-o**, a adj. (-*i*-ou, a). Mesqu*in*, *ine*; chich*e*.

mesquita f. (mechkita). Mosqu*ée*.

messe f. (mèc). Moisson. ‖ Mess, m. ǀ de oficiais).

Messias n. pr. (mec*i*ach). Messi*e*.

mester m. (mechtèr). Mét*ier*.

mestiç‖**ar** vt. (mech-*ar*). Métiss*er.* ‖**-o**, a adj. (-içou, a). Métis, *isse*.

mestr‖**a** f. (mechtra). Maîtr*esse* (institut*rice*). ‖**-e m.** (mè-). Maîtr*e*. ‖ adj. Maître, princip*al*. ‖**-e-de-obras** m. (-dobrach). Entrepren*eur* de travaux publics, de bâtiments. ‖**-e-escola** m. (-rechcola). Instituteur, *trice*. ‖**-ia** f. (-*ia*). Maîtrise, capac*ité*, habil*eté*.

mesur‖**a** f. (mesoura). Révérence. ‖**-ado**, a adj. (-*a*dou, a). Mesur*é*, *ée*. ‖**-eiro**, a adj. (-*â*yrou, a). Révérenci*eux*, *euse*.

meta f. (mèta). Poteau (m.) d'arriv*ée*.

meta‖**bolismo** m. (metabouli*j*mou). Métabolisme. ‖**-carpo** m. (-*a*rpou). Métacarp*e*.

metade f. (met*a*d). Moit*ié : a cara metade*, la moitié (femme).

metafisi‖**ca** f. (metafí-a). Métaphysique. ‖**-o**, a adj. (-ou, a). Métaphysique. ‖ s. m. Métaphysic*ien*.

metáfora f. (mataf*o*ura). Métaphor*e*.

metafórico, a adj. (metaf*o*r-ou, a). Métaphorique.

metal m. (-tàl). Mét*al.* *Fig.* L'arg*ent*.

metálico, a adj. (meta-ou, a). Métallique.

metal‖**ifero, a** adj. (metal*i*ferou, a). Métallifère. ‖**-óide** m. (-*o*yd). Métalloïd*e*. ‖**-urgia** f. (-ourj*i*a). Métallurgie. ‖**-úrgico, a** adj. (-*o*u-ou, a). Métallurgique. ‖ s. m. Métallurgiste.

metamorfos‖**e** f. (metam*o*rfoz). Métamorphose. ‖**-ear** vt. (-ousy*a*r). Métamorphos*er.*

metástase f. (met*a*chtaz). Métasta*se.*

metatarso m. (metat*a*rsou). Métatars*e.*

mete‖**diço, a** adj. (metedi*ç*ou, a). Import*un*, *une*; qui se mêle de tout.

metempsicose f. (metê-oz). Métempsycose.

mete‖**órico, a** adj. (met*y*or-ou, a). Météorique. ‖**-orismo** m. (-ourijmou). Météorisme. ‖**-oro** m. (-*y*orou). Météor*e*.

meteorol‖**ogia** f. (metyourouloujia). Météorologie. ‖**-ógico, a** adj. (-*o*-ou, a). Météorologique.

meter‖ vt. (met*é*r). Mettre*. Enfonc*er* [espet*ar*]. ‖ Engag*er* [enfronh*ar*]. ‖ Fourr*er* [encaix*ar*]. ‖ Fai*re** [medo, dó, água]. ‖**-se** vr. (-ç). Se mettre*. S'enfoncer [enfronhar-se]. ‖ Se mêler [imiscuir-se]. ‖ S'engager, s'introduire*. ‖ Loc. *Meter a colherada*, dire* son mot. *Meter dentro*, renferm*er*; enfoncer [porta]. *Meter-se com alguém*, provoqu*er* quelqu'un. *Meter-se numa camisa de onze varas*, s'embarquer sans biscuit. *Meter-se onde não é chamado*, se mêler de ce qui ne le concerne pas.

meticulos‖**icade** f. (me-oulou-*a*d). Méticulosité. ‖**-o, a** adj. (-*o*sou, *o*sa). Méticuleux, *euse*.

metido, a adj. (metidou, a). Mis, *ise*. ‖ Renferm*é*, *ée*. ‖ Loc. *Metido corsigo*, renfermé en soi-même. *Metido em*, intéress*é* dans.

meti‖**lene** m. (me-èn). Méthylène. ‖**-o** m. (-*i*lou). Méthyle.

metódico, a adj. (meto-ou, a). Méthod*ique*.

método m. (mètoud*o*u). Méthod*e*, f.

metragem f (metr*a*jày). Longu*eur* en mètres.

Itálico : acento tónico. ‖ V. página verde para a pronúncia figurada. ‖ *Verbo irreg. V. no final do livro.

FR.-PORTUG. — ǀ 20

MET — MÍM 602

metralha‖ f. (metr*a*la). Mitr*a*ille. ‖**-dora** f. (-al-*ó*ra). Mitrailleuse. ‖**-r** vt. (-*a*r). Mitrailler.
métric‖**a** f. (mètr-*a*). Métr*i*que. ‖**-o, a** adj. (-ou, a). Métr*i*que.
metro m. (mètrou). Mètre.
metrópole f. (metropoul). Métropole.
metropolitano, a adj. et s. m. (metroupoul-*â*nou, a). Métropolit*ai*n, *ai*ne.
meu, minha adj. et pron. pos. (m*é*ou, m*i*gna). Mon, ma; à moi. ‖ M*ie*n, *e*nne; le m*ie*n, la m*ie*nne [pron.]. ‖ s. m. pl. Les miens, mes proches. Loc. *Um amigo meu*, un m*ie*n ami, un ami à moi, un de mes amis.
mex‖**ediço, a** adj. (meched*i*çou, a). Remuant, ante. ‖**-er** vt. (-*ér*) Remuer. ‖ vi. Toucher à. ‖**-er-se** vr. (-*c*). Se remuer, bouger. ‖ Loc. Pop. *Pôr-se a mexer*, s'en aller*, se sauver, décamper, s'enfuir*.
mexeri‖**car** vt. et vi. (mecher-*a*r). Cancaner, potiner. ‖**-co** m. (-*i*cou). Cancan. ‖**-queiro, a** adj. et s. (-c*â*yrou, a). Cancan*ie*r, *è*re; potin*ie*r, *è*re.
mexicano, a adj. et s. (mech-*â*nou, a). Mexic*ai*n, *ai*ne.
México n. pr. (mêch-ou). Mexique.
mexid‖**a** f. (mech*i*da). Confusion. ‖**-o, a** adj. (-*i*dou, a). Remuant, ante. ‖ Loc. *Ovos mexidos*, œufs brouillés.
mexilhão m. (mechilã*ou*). Moule, f.
mezena f. (mez*é*na). Misaine.
mezinha f. (mèz*i*gna). *Pop.* Remède (m.) de bonne femme. ‖ Clystère, m.
mi m. (m*i*). Mi.
miar vi. (my*a*r). Miauler.
mic‖**a** f. (m*i*ca). Mica, m. ‖**-áceo, a** adj. (-acyou, a). Micac*é*, *é*e.
micção f. (mikç*â*ou). Miction.
Micenas n. pr. (-énach). Mycènes.
micr‖**óbio** m. (-robyou). Microbe. ‖**-ofone** m. (-ofon). Micr*o*(phone). ‖**-o-organismo** m. (-*ô*rganĭmou). Microrganísme. ‖**-oscópico, a** adj. (-ouchco-ou, a). Microscopíque. ‖**-oscópio** m. (-opyou). Microscope.
mictório m. (-oryou). Urin*o*ir.
migalha f. (-*a*la). Miette.
migr‖**ação** f. (-raç*âou*). Migration. ‖**-atório, a** adj. (-*ó*ryou, a). Migratoire, *è*re.

Miguel n. pr. (migh*è*l). Michel.
Miguel Ângelo n. pr. (-ghêl*â*jelou). Michel-Ange.
mij‖**adeiro** m. (-ad*â*yrou). Urin*o*ir. ‖**-ar** vt. et vi. (-ar). *Pop.* Pisser. ‖**-o** m. (m*i*jou). *Pop.* Pissat.
mil adj. num. (mil). M*i*lle; mil [datas da era cristã].
milagr‖**e** m. (-*a*gr). Miracle. ‖**-eiro, a** adj. (-a-*â*yrou, a). Qui fait des mir*a*cles. ‖**-oso, a** adj. (-*ó*sou, *o*sa). Miraculeux, *e*use.
milanês, esa adj. et s. (-anéch, *é*sa). Milan*ai*s, *ai*se.
Milão n. pr. (-*â*ou). Milan.
milavo m. (-*a*vou). Millième.
Milciades n. pr. (-*i*adech). Miltiade.
mildio m. (m*i*-ou). Mild*io*u.
mil‖**efólio** m. (-ef*o*lyou). Mille-feuille, f. ‖**-enário, a** adj. et s. m. (-*a*ryou, a). Millén*ai*re. ‖**-énio** m. (-*é*-ou). Millén*ai*re. ‖**-ésimo, a** adj. et s. (-*é*-ou, a). Milli*è*me, adj. et s. m.
milha f. (m*i*la). M*i*lle, m. (mesure).
milh‖**afre** ou **-ano** m. (-l*a*fr, -*â*nou). Milan (oiseau).
milh‖**ão** m. (-*â*ou). Milli*o*n. ‖**-ar** m. (-*a*r). Millier. ‖**-aral** m. (-ar*a*l). Champ de maïs. ‖**-eiro** m. (-*â*yrou). Millier. ‖ Tíge, f. de maïs [milho]. ‖**-o** m. (m*i*lou). Maïs. ‖ Loc. *Milho mi*ú*do*, millet.
mili‖**ar** adj. (-y*a*r). Miliaire. ‖**-ário, a** adj. (-*a*ryou, a). Miliaire.
milícia f. (-*i*cya). Milice.
miliciano, a adj. (-y*â*nou, a). De la milice. ‖ s. m. Milicien.
mili‖**grama** m. (-gr*a*ma). Milli-gr*a*mme. ‖**-métrico, a** adj. (-ètr-ou, a). Millimétrique.
milímetro m. (-*i*metrou). Millim*è*tre.
milionário, a adj. et s. (-oun*a*ryou, a). Millionn*ai*re.
milit‖**ante** adj. (-*â*t). Militant, ante. ‖**-ar** adj. et s. m. (-*a*r). Milit*ai*re. ‖ vi. Combattre*, militer. ‖**-arista** adj. et s. (-ar*i*chta, a). Militar*i*ste.
mim pron. pers. (mi). Moi.
mim‖**alho** a, adj. (-*a*lou, a). Mignard, *a*rde. ‖**-ar** vt. (-*a*r). Mimer. ‖ V. AMIMAR. ‖**-etismo** m. (-*é*tijmou). Mimét*i*sme.
mímico, a adj. et s. f. (m*i*-ou, a). Mim*i*que.

Lettres penchées : accent tonique. ‖ V. page verte pour la prononciation figurée. ‖ * Verbe irrég. V. à la fin du volume.

mim‖o m. (*mímou*). Mignardise, f. ‖Perfection, f. ‖*Théât.* Mime. ‖**-osa** f. (*-ósa*). Mimosa, m. ‖**-osear** vt. (*-ousyár*). Faire* cadeau (de). ‖**-oso, a** adj. (*-ôsou, ósa*). Mignon, onne. ‖Tendre [terno]. ‖Charmant, ante; délicieux, euse. ‖s. m. Favori.

min‖a f. (*mína*). Mine. ‖Source d'eau [nascente]. ‖Assiette au beurre [fonte de receita]. ‖**-ar** vt. (*-ar*). Miner. ‖vi. Couver [fogo, etc.]. ‖Se propager. ‖**-eiro, a** adj. (*-áyrou, a*). Minier, ère. ‖s. m. Mineur (ouvrier). ‖**-eração** f. (*-erâçáou*). Exploitation d'une mine. ‖**-eral** adj. et s. m. (*-ál*). Minéral, ale. ‖**-eralizar** vt. (*-a-ar*). Minéraliser. ‖**-eralogia** f. (*-ougía*). Minéralogie. ‖**-eralogista** m. et f. (*-íchta*). Minéralogiste.

minério m. (*-èryou*). Minerai.

ming‖a f. (*míga*). *Pop.* V. MÍNGUA. ‖**-ar** vi. (*-ar*). *Pop.* Diminuer. ‖Manquer [faltar]. ‖**-au** m. (*-aou*). *Br.* Bouillie, f.

míngua f. (*mígoua*). Pauvreté; faute, manque, m. ‖*Loc.* À míngua de, à défaut de.

mingu‖ado, a adj. (*mígouadou, a*). Dépourvu, ue. ‖Stérile [ano]. ‖**-ante** adj. (*-át*). Décroissant, ante. ‖*Loc. Quarto minguante*, dernier quartier (lune). ‖**-ar** vi. (*-ouar*). Décroître*, diminuer. ‖Manquer [faltar]. ‖Raccourcir [encurtar].

minha adj. et pr. pos. (*mígna*). V. MEU.

minhoca f. (*-gnóca*). Ver (m.) de terre. ‖pl. *Pop.* Préjugés, m., manies.

miniatu‖ra f. (*-atoúra*). Miniature. ‖**-rista** m. et f. (*-íchta*). Miniaturiste.

mínim‖a f. (*mí-a*). Blanche (musique). ‖**-o, a** adj. (*-ou, a*). Minime, minimum. ‖s. m. Minimum. ‖Auriculaire [dedo].

mínio m. (*mí-ou*). Minium.

minist‖erial adj. (*menichteryàl*). Ministériel, elle. ‖**-ério** m. (*-éryou*). Ministère.

ministr‖ante adj. et s. (*me-chtrát*). Qui dessert. ‖**-ar** vt. (*-ar*). Donner. ‖**-o** m. (*-í-ou*). Ministre.

minor‖ação f. (*-ouraçáou*). Amoindrissement, m. ‖**-ar** vt. (*-ar*). Dimi-

nuer. ‖**-ia** f. (*-ía*). Minorité. ‖**-itário, a** adj. (*-aryou, a*). Minoritaire.

Minorca n. pr. (*-órca*). Minorque.

minuano m. (*-ouánou*). *Br. du S.* Vent froid et sec.

minúcia f. (*-oucya*). Minutie.

minucios‖idade f. (*-ou-ou-ad*). Minutie. ‖**-o, a** adj. (*-yôsou, ósa*). Minutieux, euse.

minuete m. (*-ouét*). Menuet.

minúscul‖a f. (*-oúchcoula*). Minuscule. ‖**-o, a** adj. (*-ou, a*). Minuscule.

minut‖a f. (*-oúta*). Minute (de lettre). ‖**-ar** vt. (*-ar*). Minuter. ‖**-o** m. (*-outou*). Minute, f. (temps).

miocárdio m. (*-oucárdyou*). Myocarde.

miolo m. (*myôlou*). Mie, f. [pão]. ‖Moelle, f. [a substância]. ‖Cervelle, f., intelligence. ‖pl. Cerveau, sing., cervelle, f. sing.

míope adj. et s. (*míoup*). Myope.

miopia f. (*-oupía*). Myopie.

mios‖ota ou **-ótis** f. (*-ousota, otich*). Myosotis, m.

mir‖a f. (*míra*). Mire. ‖*Fig.* But, m., vue. ‖*Loc. Estar à mira*, être* aux aguets. *Ponto de mira*, point de mire. *Pôr a mira em*, viser à. ‖**-bolante** adj. (*-oulát*). Mirobolant, ante (fam.) merveilleux, euse.

miraculoso, a adj. (*-racoulôsou, ósa*). Miraculeux, euse.

mir‖adoiro ou **-adouro** m. (*-radôyrou, -ôr-*). Mirador. ‖**-agem** f. (*-ájèy*). Mirage, m. ‖**-ante** m. (*-át*). Belvédère. ‖**-ar** vt. (*-ar*). Regarder. ‖Mirer [visar]. ‖vi. Viser à. ‖**-ar-se** vr. (*-ç*). Se mirer.

miríade f. (*mirïád*). Myriade.

mirr‖a f. (*mírra*). Myrrhe. ‖**-ar** vt. (*-ar*). Dessécher. ‖vi. Se dessécher.

mirto m. (*mírtou*). Myrte.

misantr‖opia f. (*-átroupía*). Misanthropie. ‖**-ópico, a** adj. (*-o-ou, a*). Misanthropique. ‖**-opo** adj. et s. m (*-ópou*). Misanthrope.

miscaro m. (*míchcarou*). Sorte de champignon.

miscelânea f. (*-chcelânya*). Miscellanées, pl., mélanges, m. pl. ‖*Fig.* Bigarrure.

miser‖ando, a adj. (*-erádou, a*).

Itálico: acento tónico. ‖V. página verde para a pronúncia figurada. ‖*Verbo irreg. V. no final do livro.

Misérable. ||-ável adj. (-avèl). Misérable.
miséria f. (-èya). Misère. ||Avarice.
miseric||órdia f. (-er-ordya). Miséricorde. ||-ordioso, a adj. (-ou-yósou, a). Miséricordieux, euse.
misero, a adj. (miserou, a). Misérable.
miss||a f. (miça). Messe : missa cantada, grand-messe; missa do galo, messe de minuit. ||-al m. (-àl). Missel.
missanga f. (-ága). Verroterie.
miss||ão f. (-áou). Mission. ||-ionar vt. (-ounar). Évangéliser. ||-ionário m. (-ouryou). Missionnaire. ||-iva f. (-íva). Missive, lettre missive.
mistela f. (michtèla). Gâchis, m.
mister m. (-chtèr). Métier, profession, f. ||Loc. Haver (ser) mister, falloir*.
mist||ério m. (-chtèryou). Mystère. ||-erioso, a adj. (-eryósou, osa). Mystérieux, euse.
mística f. (mích-a). Mystique.
misticismo m. (-ch-ijmou). Mysticisme.
mistico, a adj. et s. (mích-ou, a). Mystique.
mistific||ação f. (-ch-açãou). Mystification. ||-ar vt. (-ar). Mystifier.
mist||ifório m. (-ch-oryou). Méli-mélo. ||-o, a adj. (mí-ou, a). Mixte. ||s. m. Mélange. ||-ura f. (-oura). Mélange, m. ||-urada f. (-áda). Mélange, m. ||-urado m. (-adôr). Mélangeur. ||-urar vt. (-ar). Mélanger, mêler; emmêler; joindre*.
misula f. (mísoula). Console.
mitico, a adj. (mí-ou, a). Mythique.
mitigar vt. (-ar). Mitiger.
mito m. (mítou). Mythe. ||-logia f. (-oujía). Mythologie.
mitra f. (mitra). Mitre. ||-do, a adj. (-adou, a). Mitré, ée. Br. du S. Éveillé, ée; sagace.
Mitridates n. pr. (-r-atech). Mithridate.
miu||calha f. (-ouçàla). Brin, m. ||pl. Menuaille (p. u.). ||-dagem f. (-ajày). Marmaille.
miudeza f. (-oudéza). Petitesse. ||Mesquinerie. ||pl. Détails, m. ||Viscères, m. (de volaille et d'animaux de boucherie) [miúdos de criação, etc.].

miúdo, a adj. (myoudou, a). Menu, ue; petit, ite. ||Minutieux, euse. ||s. s. Fam. Mioche. ||m. pl. Menue monnaie, f. sing. ||Viscères (volaille, etc.). ||Loc. A miúdo, souvent. Por miúdo(s), par le menu, en détail.
mixórdia f. (-chordya). Mets (m.) mal préparé [comida]. ||Mauvais vin, m.
mnem||ónica f. (-emo-a). Mnémonique. ||-ónico, a adj. (-ou, a). Mnémonique. ||-otecnia f. (-è-ía). Mnémotechnie.
mó f. (mo). Meule (de moulin) : mó de baixo, meule gisante.
moagem f. (mouájày). Mouture. ||Minoterie [fábrica, comércio].
móbil adj. et s. m. (mo-). Mobile.
mobilar vt. (mou-ar). Meubler.
mobília f. (moubílya). Mobilier, m.
mobil||iário, a adj. (mou-yaryou, a). Mobilier, ère. ||s. m. Mobilier, ameublement. ||-idade f. (-ad). Mobilité. ||-ização f. (-açãou). Mobilisation. ||-izar vt. (-ar). Mobiliser. ||-izável adj. (-avèl). Mobilisable.
moca f. (moca). Pop. Gourdin, m. ||m. Moka.
moça f. (môça). Fille. ||Servante [criada]. ||Fille de joie, courtisane.
Moçambique n. pr. (mouçábic). Mozambique.
mocambo m. (môcãbou). Br. Grand buisson. ||Hutte, f., chaumière, f. [choça].
moção f. (mouçãou). Motion.
mocetão, ona m. et f. (moucetáou, ôna). Beau garçon, belle fille.
mochila f. (mou-íla). Havresac, m.
mocho (mô-ou). Hibou. ||Tabouret, siège de bois [banco].
mocidade f. (mou-ad). Jeunesse.
moç||o, a adj. (môçou, a). Jeune. ||s. m. Jeune homme. ||Valet [criado]. ||-oila f. (mouçôyla). Fille. ||Fille forte.
mocotó m. (môcoutó). Br. Pied de bœuf.
moda f. (moda). Mode. ||Chanson [ária]. ||Loc. À moda, à la mode. Fora de moda, démodé, ée. Passar de moda, passer de mode. Última moda, dernier cri, m.

Lettres penchées : accent tonique. ||V. page verte pour la prononciation figurée. ||* Verbe irrég. V. à la fin du volume.

modal‖ adj. (moudâl). Modal, ale. ‖**-idade** f. (-a-ad). Modalité.
mode‖lar vt. (moudelar). Modeler. ‖adj. Parfait, aite. ‖**-ar-se** vr. (-ç). Se modeler. ‖**-o** m. (-élou). Modèle.
moder‖ação f. (mouderaçãou). Modération. ‖**-ado,** a adj. (-adou, a). Modéré, ée. ‖**-ar** vt. (-ar). Modérer. ‖**-ar-se** vr. (-ç). Se modérer.
modern‖amente adv. (moudèrnamêt). De nos jours. ‖**-ice** f. (-e-iç) Innovation. ‖**-idade** f. (-ad). Modernité. ‖**-ismo** m. (-ijmou). Modernisme. ‖**-ista** adj. et s. (-íchta). Moderniste. ‖**-izar** vt. (-ar). Moderniser. ‖**-o,** a adj. (-è-ou, a). Moderne. ‖Loc. À moderna, à la moderne.
mod‖éstia f. (moudèchtya). Modestie. ‖**-o,** a adj. (-ou, a). Modeste.
módico, a adj. (mo-ou, a). Modique.
modific‖ação f. (mou-açãou). Modification. ‖**-ar** vt. (-ar). Modifier. ‖**-ativo,** a adj. (-ativou, a). Modificatif, ive.
mod‖inha f. (modígna). Chansonnette. ‖**-ista** f. (moudíchta). Couturière. ‖Modiste [de chapéus].
modo m. (modou). Mode, façon, f., manière, f. ‖Loc. Advérbio de modo, adverbe de manière. Não ter modos, n'avoir* pas de manières. A modo de, en guise de. A seu modo, à sa manière. De modo que, de manière que, de sorte que. De modo nenhum, aucunement. De outro modo, autrement. De qualquer modo, de toute façon. Do mesmo modo, de même.
modorr‖a f. (moudôrra). Assoupissement, m. ‖Fig. Apathie. ‖**-ento,** a adj. (-ou-ètou, a). Assoupi, ie; somnolent, ente.
modul‖ação f. (moudoulaçãou). Modulation. ‖**-ar** vt. (-ar). Moduler.
módulo m. (modoulou). Module.
moeda f. (mouèda). Monnaie [em geral]. ‖Pièce (de monnaie). ‖Loc. Moeda falsa, fausse monnaie. Pagar na mesma moeda, rendre la pareille. Papel-moeda, papier-monnaie.
moela f. (mouèla). Gésier, m.
moenda f. (mouèda). Mouture.
moer* ‖ vt. (mouér). Moudre* [no moinho]. ‖Broyer, triturer. ‖Presser [no lagar]. ‖Briser de fatigue.

‖**-se** vr. (ç). Se donner beaucoup de peine.
mof‖a f. (mofa). Moquerie. ‖**-ar** vt. et vi. (moufar). Se moquer de, railler.
mofento, a adj. (moufêtou, a). Moisi, ie.
mofin‖a f. (moufína). Malheur, m. ‖**-o,** a adj. (-ínou, a). Malheureux, euse. ‖Avare, mesquin, ine. ‖Turbulent, ente.
mofo m. (mófou). Moisissure, f. ‖Loc. Cheirar a mofo, sentir* le renfermé. ‖**-so,** a adj. (moufôsou, osa). Moisi, ie.
mogno m. (moghnou). Acajou.
Mogúncia n. pr. (mougúcya). Mayence.
moido, a adj. (mouídou, a). Moulu, ue. ‖Brisé, ée de fatigue, rompu, ue; moulu, ue.
moinh‖a f. (moígna). Criblure. ‖**-o** m. (-ou). Moulin. ‖Loc. Levar a água ao seu moinho, apporter de l'eau à son moulin. Moinho de vento, moulin à vent.
Moisés n. pr. (mòysèch). Moïse.
moita f. (môyta). Buisson, m.
moitão m. (môytâou). Poulie, f.
mola f. (molas). Ressort, m. : mola real, grand ressort, m.
molambo m. (môlâbou). Br. Haillons, pl.
molar adj. (moular). Molaire.
mold‖ação f (mô-açãou). Moulage, m. ‖**-ado,** a adj. (-adou, a). Moulé, ée. ‖s. m. Moulure, f. ‖**-ador** m. (-adôr). Mouleur. ‖**-agem** f. (-ajãy). Moulage, m. ‖**-ar** vt. (-ar). Mouler. ‖Fig. Conformer, adapter. ‖**-ar-se** vr. (-ç). Se mouler. ‖**-e** m. (mo-). Moule [estátua, etc.]. ‖Patron [bordado, etc.]. Exemple. ‖Loc. De molde a, de façon à. ‖**-ura** f. (mô-oura). Moulure. ‖Cadre, m. (d'un tableau) [de quadro].
mole f. (mol). Grande masse. ‖adj. Mou, molle. ‖Tendre [pão, carne, madeira].
molec‖agem f. (moulecajãy). Br. Gaminerie. ‖**-ote** m. (-ot). Br. Garçonnet nègre.
molécula f. (moulècoula). Molécule.
moleiro m. (moulâyrou). Meunier.
molenga adj. (moulêga). Mollasse, indolent, ente. ‖Paresseux, euse [preguiçoso].

Itálico : acento tônico. ‖V. página verde para a pronúncia figurada. ‖*Verbo irreg. V. no final do livro.

MOL — MON 606

moleque m. (moulêc). Négrillon.
molestar vt. (moulechtar). Molester. ‖Ennuyer [aborrecer]. ‖Maltraiter.
moléstia f. (moulêchtya). Infirmité, incommodité, maladie.
molesto, a adj. (moulêchtou, a). Nuisible. ‖ Gênant, ante; incommode.
mole‖te m. (moulét). Pain mollet. ‖-**za** f. (-éza). Mollesse. ‖ Indulgence.
molh‖adela f. (mouladèla). Bain, m. ‖-**agem** f. (-ajãy). Mouillage, m. ‖-**ar** vt. (-ar). Mouiller, tremper.
molhe m. (mol). Jetée, f., môle.
molheira f. (moulãyra). Saucière, f.
molho m. (môlou). Sauce, f.
molho m. (molou). Faisceau. ‖ Fagot [cavacos]. ‖Gerbe, f. (de blé) [trigo].
moliço m. (moulíçou). Varech.
molin‖ete m. (mou-ét). Moulinet. ‖-**ote** m. (-ot). Moulin à sucre.
molongó adj. (moulõgo). *Br. de l'Amazonas.* Faible. ‖ Souffrant. ‖ Paresseux.
molusco m. (moulouchcou). Mollusque.
moment‖âneamente adv. (moumêtânyamét). Momentanément. ‖-**âneo, a** adj. (-ânyou, a). Momentané, ée. ‖-**o** m. (-étou). Moment. ‖ Loc. *A todo o momento,* à tout moment. *Daqui a um momento,* dans un moment. *Neste momento,* en ce moment. *No momento preciso,* à point nommé. ‖-**oso, a** adj. (-ôsou, osa). Important, ante; pressant, ante; grave, urgent, ente.
mom‖ice f. (moumiç). Mômerie, singerie. ‖-**o** m. (mômou). Pantomime, f.
mona f. (môna). Guenon. ‖ Poupée [boneca]. ‖ Cuite, ivresse [bebedeira].
monac‖al adj. (mounacàl). Monacal, ale. ‖-**ato** m. (-atou). Monachisme.
Mónaco n. pr. (monacou). Monaco.
monarc‖a f. (mounarca). Monarque. ‖-**quia** f. (-a-kía). Monarchie.
monárquico, a adj. (mounárkicou, a). Monarchique. ‖m. et f. Monarchiste.
monástico, a adj. (mounach-ou, a). Monastique.
monazite f. (mounazít). Monazite.

monção f. (mõçãou). Mousson. ‖ *Fig.* Opportunité.
monco m. (môcou). Morve, f.
mond‖a f. (môda). Sarclage, m. ‖-**adeiro, a** m. et f. (-ãyrou, a). Sarcleur, euse. ‖-**ador** m. (-ôr). Sarcloir [ferramenta]. ‖ -**ar** vt. (-ar). Sarcler. ‖ Corriger.
monetário, a adj. (mounetaryou, a). Monétaire.
monge m. (mõj). Moine.
mongol adj. et s. (mõgol). Mongol, ole.
Mongólia n. pr. (mõgolya). Mongolie.
mongólico, a adj. (mõgo-ou, a). Mongolique.
monha f. (môgna). Mannequin, m.
monja f. (môja). Nonne, religieuse.
mono, a adj. (mônou, a). Sombre. ‖s. m. Singe. ‖Personne (f.) taciturne.
monococo m. (monocôcou). Monocoque.
monóculo m. (mounocoulou). Monocle.
monogamia f. (monogamía). Monogamie.
monógamo, a adj. et s. m. (mounogamou, a). Monogame.
monogra‖fia f. (mounougrafía). Monographie. ‖-**ma** m. (-âma). Monogramme.
monólogo m. (mounologou). Monologue.
mono‖pólio m. (mounoupolyou). Monopole. ‖-**polizar** vt. (-ou-ar). Monopoliser.
monoss‖ilábico, a adj. (mono-a-ou, a). Monosyllabique. ‖-**ilabismo** m. (-abijmou). Monosyllabisme. ‖-**ílabo** m. (-ílabou). Monosyllabe.
monótipo f. (mouno-ou). Monotype.
mon‖otonia f. (mounoutounía). Monotonie. ‖-**ótono, a** adj. (-o-ou, a). Monotone; trop uniforme.
monstro m. (môchtrou). Monstre.
monstruos‖idade f. (môchtrouou-ad). Monstruosité. ‖-**o, a** adj. (-ôsou, osa). Monstrueux, euse. ‖ Horrible.
monta f. (môta). Valeur. ‖ Considération, estime.
mont‖ada f. (môtada). Monture. ‖-**ado** m. (-adou). Chênaie, f. ‖-**ado, a** adj. (-ou, a). Monté, ée. ‖-**agem** f. (-ajãy). Montage m. (machine).

Lettres penchées : accent tonique. ‖V. page verte pour la prononciation figurée. ‖* Verbe irrég. V. à la fin du volume.

MON — MOR

montanh||a f. (mōtắgna). Montagne. ||**-ês, esa** adj. et s. (-éch, ésa). Montagnard, arde. ||**-esco, a** adj. (-échcou, a). Des montagnes. ||**-oso, a** adj. (-ôsou, osa). Montagneux, euse.

mont||**ante** adj. (mōtắt). Montant, ante. ||s. m. Montant. ||Espadon. ||Loc. *A montante*, en amont. ||**-ão** m. (-ãou). Tas, monceau. ||Loc. *Aos montões*, à foison. ||**-ar** vt. et vi. (-ar). Monter. ||Loc. *Tanto monta*, autant vaut. ||**-aria** f. (-aría). Vénerie. ||Chasse à courre [caçada]. ||**-e** m. (mōt). Mont. ||Tas [de coisas]. ||Talon [cartas]. ||Loc. *A monte*, pêle-mêle. *Aos montes*, à foison. ||**-eada** f. (-yada). Vénerie. ||**-eador** m. (-adôr). Chasseur de montagne. ||**-ear** vt. (-yar). Chasser dans la montagne. ||vi. Aller* à la chasse (du loup, du sanglier, etc.). ||**-eiro** m. (-ãyrou). Veneur. ||Garde forestier.

montepio m. (mōtepiou). Mont-de-piété.

mont||**ês** adj. (mōtéch). Sauvage. ||Loc. *Cabra montês*, chevrette. *Cabrito montês*. chevreuil. ||**-ículo** m. (-icoulou). Monticule.

montra f. (mōtra). Montre, vitrine.

montur||**eiro** m. (mōtourấyrou). Chiffonnier. ||**-uro** m. (-ourou). Voirie, f.

monument||**al** adj. (mounoumētắl). Monumental, ale. ||**-o** m. (-ẽtou). Monument.

moqu||**ear** vt. (môkyar). *Br.* Griller (de la viande), boucaner. ||**-ém** m. (-ắy). *Br.* Gril, boucan.

mor adj. (mor). Grand, ande : *monteiro-mor*, grand veneur.

mora f. (mora). Délai, m.

mor||**ada** f. (mourada). Demeure. ||**-adia** f. (-adía). Demeure, maison. ||**-ador, a** adj. et s. (-ôr, a). Habitant, ante; demeurant, ante.

moral|| adj. et s. f. (mourắl). Moral, ale. ||**-idade** f. (-a-ad). Moralité. ||**-ista** adj. et s. (-íchta). Moraliste. ||**-izador, a** adj. et s (-adôr, a). Moralisateur, trice. ||**-izar** vt. (-ar). Moraliser.

moran||**go** m. (mourắgou). Fraise, f. ||**-gueiro** m. (-gắyrou). Fraisier.

morar vi. (mourar). Demeurer, loger.

moratória f. (mouratorya). Moratoire, m.

morbid||**ade** ou **-ez** f. (mour-ad, -éch). Morbidité. ||*Arts*. Morbidesse.

mórbido, a adj. (mor-ou, a). Morbide.

morcego m. (mourcégou). Chauve-souris, f.

morcela f. (mourcéla). Boudin, m.

mord||**aça** f. (mourdaça). Bâillon, m. ||**-az** adj. (-zch). Mordant, ante. ||**-edela** ou **-edura** f. (-edẽla, -oura). Morsure. ||**-ente** adj. et s. m. (-ẽt). Mordant, ante. ||**-er** vt. et vi. (-ér). Mordre. ||Loc. *Morder na pele de, déchirer à belles dents.* ||**-er-se** vr. (-ç). Se mordre. ||**-l(s)car** vt. (-(ch)car). Mordiller. ||*Fig.* Aiguillonner. ||**-imento** m. (-ẽtou). Morsure, f.

mordomo m. (mordômou). Majordome.

moreia f. (mourắya). Murène [peixe]. ||Moraine [glacier].

Moreia n. pr. (mourắya). Morée.

moren||**o, a** adj. et s. (mourénou, a). Brun, une (teint).

Morfeu n. pr. (mourféou). Morphée.

morfi||**na** f. (mourfina). Morphine. ||**-nómano, a** adj. et s. (-omanou, a). Morphinomane.

morfologia f. (mourfouloujía). Morphologie.

morgad||**a** f. (mourgada). Dame en possession d'un majorat. ||**-io** m. (-íou). Majorat. ||**-o** m. (-adou). Fils aîné en possession d'un majorat.

morgue f. (morg). Morgue.

moribundo, a adj. et s. (mour-ũdou, a). Moribond, onde; mourant, ante.

morigerado, a adj. (mour-eradou, a). Qui a des mœurs.

moringa f. (mouríga). Cruche.

morma||**cento** adj. (mourmacẽtou). Humide et lourd (se dit du temps). ||**-ço** m. (-açou). Temps lourd et humide.

mormente adv. (mormẽt). Surtout.

mormo m. (môrmou). Morve, f. (cheval).

morn||**idão** f. (mour-ãou). Tiédeur. ||**-o, a** adj. (mô-ou, mo-a). Tiède. ||Loc. *Águas mornas*, palliatifs, m.

moros||**idade** f. (mourou-ad). Lenteur. ||**-o, a** adj. (-ôsou, osa). Lent, ente.

Itálico : acento tónico. ||V. página verde para a pronúncia figurada. ||*Verbo irreg. V. no final do livro.

MOR — MOT

morra ! interj. (mó*rra*). A bas!
morred‖**iço, a** adj. (mourre*diç*ou, **a**). Pâle. ‖**-oiro** ou **-ouro, a** adj. (-ó*yrou*, -ô*r*-, **a**). Périssable, mortel, elle.
morrer vi. (mourré*r*). Mourir*. ‖ Loc. *Morrer de morte natural*, mourir* de sa belle mort. *Morrer por alguém*, raffoler de quelqu'un. *Morrer por fazer*, etc., brûler de faire, etc.
morrinh‖**a** f. (mou*rrigna*). Clavelée. ‖**-ento, a** adj. (-é*tou*, **a**). Clavelé,ée.
morro m. (mô*rrou*). Tertre.
morsa f. (mo*rsa*). Morse.
mort‖**adela** f. (mourtadé*la*). Mortadelle. ‖**-al** adj. (-à*l*). Mortel, elle. ‖**-alha** f. (-a*la*). Linceul, m. ‖**-alldade** f. (-a-a*d*). Mortalité. ‖**-andade** f. (-a*dad*). Tuerie, carnage, m. ‖**-e** f. (mo*rt*). Mort. ‖ Loc. *Estar morto por*, brûler de. *Morto de trabalho*, écrasé de besogne. ‖**-eiro** m. (mou-á*yrou*). Artill. Mortier. ‖**-icinio** m. (-í*nyou*). Massacre. ‖**-iço, a** adj. (-í*çou*, **a**). Terne. ‖**-ificado, ée.** ‖**-ifero a** adj. (-i*férou*, **a**). Mortifère. ‖**-ificação** f. (-a*çàou*). Mortification. ‖**-ificar** vt. (-a*r*). Mortifier. ‖**-o, a** adj. (-mô-ou, mo-a). Mort, orte. ‖**-ualha** f. (-oua*la*). Monceau (m.) de cadavres. ‖**-uário, a** adj. (-oua*ryou*, **a**). Mortuaire.
morzelo m. (mourzé*lou*). Moreau.
Mosa n. pr. m. (mo*sa*). Meuse, f.
mosaico, a adj. et s. m. (mousa*y*-cou). Mosaïque.
mosca f. (mô*chca*). Mouche. ‖ Arrêt, m. (de boutonnière). ‖ Loc. *Andar às moscas*, tourner ses pouces. *Papar moscas*, gober des mouches.
moscad‖**a** f. (mouchca*da*). Muscade. ‖**-eira** f. (-adá*yra*). Muscadier, m. ‖**-eiro** m. (-o*u*). Émouchoir. ‖**-o, a** adj. (-a*dou*, **a**). Musqué, ée.
mosc‖**a-morta** f. (môchca*morta*). Chattemite. ‖**-ão** m. (mou-*àou*). Grosse mouche, m. ‖**-ar** vi. (-a*r*). Fuir* les mouches. ‖**-ardo** m. (-a*rdou*). Taon.
moscatel adj. et s. m. (mouchca*tèl*). Muscat.
Moscovo n. pr. m. (mouchcó*vou*). Moscou.
mosqu‖**eado, a** adj. (mouchk*yadou*, **a**). Moucheté, ée. ‖s. m. Moucheture, f. ‖**-ear** vt. (-*yar*). Moucheter. ‖**-eiro** m. (-á*yrou*). Garde-manger; couvre-plat.
mosquet‖**e** m. (mouchké*t*). Mousquet. ‖ *Br.* Petit cheval léger. ‖**-eiro** m. (-etá*yrou*). Mousquetaire.
mosquit‖**eiro** m. (mouchkitá*yrou*). Moustiquaire. ‖**-o** m. (-í*tou*). Moustique.
mossa f. (mo*ça*). Marque (d'un coup). ‖ *Fig.* Impression.
mostard‖**a** f. (mouchta*rda*). Moutarde. ‖**-eira** f. (-a-á*yra*). Moutardier, m.
mosteiro m. (mouchtá*yrou*). Monastère.
mosto m. (mô*chtou*). Moût.
mostra f. (mo*chtra*). Action de montrer. ‖ Semblant, m., apparence. ‖ pl. Marques. ‖ Loc. *À mostra*, à découvert. *Dar mostras de*, donner des marques de. *Fazer mostra de*, faire* semblant de.
mostr‖**ador, a** adj. (mouchtrad*ôr*, **a**). Montreur, euse. ‖s. m. Cadran [relógio]. ‖**-ar** vt. (-a*r*). Montrer.
mostrengo m. (mouchtré*gou*). Lourdaud.
mostruário m. (mouchtrou*aryou*). Vitrine, f., montre, f., étalage.
mota f. (mo*ta*). Berge (d'une rivière). ‖ *Br.* Pourboire, m.
mote m. (mo*t*). Refrain (d'improvisateur). ‖ Mot d'une devise.
mote‖**jar** vt. et vi. (moutejar). Railler. ‖**-jo** m. (-á*yjou*). Raillerie, f. ‖**-te** m. (-é*t*). Motet. ‖ Plaisanterie, f.
motim m. (mout*ĩ*). Émeute, f. ‖ Tumulte.
motiv‖**ação** f. (mou-açáou). Action de motiver. ‖**-ar** vt. (-a*r*). Motiver. ‖**-o** m. (-í*vou*). Motif, raison, f. ‖ Loc. *Por motivo de força maior*, pour *cause* de force majeure.
moto m. (mo*tou*). Mouvement : *de moto próprio*, de son propre mouvement.
moto f. (mo*tou*). Moto. ‖**-cicleta** f. (-é*ta*). Motocyclette. ‖**-ciclista** m. et f. (-i*chta*). Motocycliste. ‖**-ciclo** m. (-í*-ou*). Motocycle. ‖**-cultura** f. (-ou-*oura*). Motoculture.
mot‖**or** m. (mout*ôr*). Moteur. ‖**-or, triz** adj. (-*rich*). Moteur, trice. ‖**-orista** m. (-ou*richta*). Chauffeur.

Lettres penchées : accent tonique. ‖ V. page verte pour la prononciation figurée. ‖ * Verbe irrég. V. à la fin du volume.

‖-or(n)eiro m. (-éyrou). Br. Wattman, mécanicien.
mou‖co, a adj. (môcou, a). Sourd, e. ‖-quidão f. (-kidáou). Surdité.
mour‖ adj. et s. m. (môr, môyraría). Quartier (m.) habité par des Maures. ‖-ejar vi. (-ejár). Peiner. ‖-isco, a adj. et s. (-íchcou, a). Mauresque. ‖-o, a adj. et s. (mórou, a, môy-). Maure, more. ‖Loc. Trabalhar como um mouro, travailler comme un bœuf.
mouta f. (môta). Buisson, m.
movediço, a adj. (mouvedíçou, a). Mouvant, ante. ‖Changeant, ante [carácter].
móvel adj. et s. m. (movèl). Mobile. ‖ Meuble [terra, bens; mobília]. ‖s. m. pl. Meubles, mobilier, sing.
mover‖ vt. (mouvér). Mouvoir*. ‖Exciter. ‖Intenter [acção]. ‖Toucher [comover].
moviment‖ação f. (mou-ētaçáou). Mise en mouvement. ‖Mouvement, m. ‖-ar vt. (-ar). Mouvementer. ‖-o m. (-ētou). Mouvement.
muar adj. (mouár). De mule(t). ‖s. m. et f. Mulet, m., mule, f.
mucama f. (moucâma). Br. Servante ou esclave noire.
muco‖ m. (moucou). Mucus. ‖-sa f. (-osa). Muqueuse. ‖-sidade f. (-ouád). Mucosité. ‖-so, a adj. (-ósou, osa). Muqueux, euse.
muçulmano, a adj. et s. (mouçouânou, a). Musulman, ane.
mucumbu m. (moucũbou). Br. Vieux meubles, pl.
mud‖a f. (mouda). Changement, m. ‖Mue [animais; voz]. ‖Relais, m. [cavalos]. ‖Muette [mulher]. ‖-ança f. Changement, m. ‖Déménagement, m. [de casa]. ‖-ar vt. (-ar). Changer. ‖Déplacer [de sítio]. ‖vi. Changer ‖Muer [animais; voz].] ‖Loc. Mudar a pena, muer. Mudar de casa, déménager. Mudar de fato, se changer. ‖-ar-se vr. (-ç). Se changer. ‖Déménager, changer de domicile. ‖-ável adj. (-avèl). Changeable. ‖Changeant, ante; inconstant, ante.
mud‖ez f. (moudéch). Mutisme, m. ‖-o, a adj. et s. (moudou, a). Muet, ette.

mug‖ido m. (moujídou). Mugissement. ‖-ir vi (-ír). Mugir.
mui‖ adj. (múy). V. MUITO. ‖-to, a adj. et pron. ind. (múytou, a). Beaucoup (de). ‖adv. Beaucoup. ‖Très [antes de adj. e adv.]. ‖Loc. Há muito, il y a longtemps. Quando muito, tout au plus.
mula f. (moula). Mule.
mulambo m. (moulâbou). Br. Chiffon, loque, f.
mulato, a adj. et s. (moulatou, a). Mulâtre, esse.
mulet‖a f. (mouléta). Béquille. ‖-eiro m. (-etâyrou). Muletier.
mulher‖ f. (mouLèr). Femme : mulher a dias, femme de ménage. ‖-aça f. (-eraça). Grande femme. ‖-ão m. (-áou). V. MULHERAÇA. ‖-engo, a adj. (-égou, a). Efféminé, ée. ‖-il adj. (-íl). Féminin, ine. ‖-inha f. (-ígna). Femmelette. ‖-io m. (-íou). Les femmes, pl.
mult‖a f. (mou-a). Amende. ‖-ar vt. (-ar). Condamner à une amende.
multi‖color adj. (mou-oulôr). Multicolore. ‖-dão f. (-áou). Multitude, foule. ‖-forme adj. (-orm). Multiforme.
multiplic‖ação f. (mou-açáou). Multiplication. ‖-ador m. (-ôr). Multiplicateur. ‖-ando m. (-ádou). Multiplicande. ‖-ar vt. et vi. (-ar). Multiplier. ‖-ar-se vr. (-ç). Se multiplier. ‖-ativo, a adj. (-atívou, a). Multiplicati/, ive.
multiplice adj. (mou-i-iç). Multiple.
multiplicidade f. (mou-ad). Multiplicité, nombre considérable.
múltiplo, a adj. et s. m. (mou-ou, a). Multiple.
múmia f. (moumya). Momie.
mumificar‖ vt. (mou-ar). Momifier. ‖- -se vr. (-ç). Se momifier.
mund‖ana f. (mūdâna). Cocotte. ‖-anidade f. (-ad). Mondanité. ‖-ano, a adj. (-ânou, a). Mondain, aine. ‖-ão m. (-áou). Br. Étendue infinie, f. ‖-ial adj. (-yàl). Mondial, ale.
mundificar vt. (mū-ar). Mondifier.
mundo m. (mũdou). Monde. ‖Br. Abondance, f. ‖Foule, f. ‖Loc. Neste mundo, ici-bas, dans ce bas monde. Todo o mundo (Br.), tout le monde. Ver mundo, parcourir* le monde.

Itálico : acento tónico. ‖V. página verde para a pronúncia figurada. ‖*Verbo irreg. V. no final do livro.

mungir vt. (mũ*j*ír). Tra*i*re*.
munhecaço m. (mugne*c*açou). *Br.* Gifle, f. ‖Coup de poignet.
muni‖ção f. (mou-*ã*ou). Munit*i*on : *pão de munição*, pain de munit*i*on. ‖Menu plomb (m.) de ch*a*sse [chumbo]. ‖**-cionar** vt. (-o*uar*). Munitionner. ‖**-cionário** m. (-*a*ryou). Munitionn*aire*. ‖**-cipal** adj. (-*â*l). Municip*al*, *a*le. ‖**-cipalidade** f. (-*a-ad*). Municipalité.
munícipe m. (mouní-). Habitant d'une municipalité.
município m. (mou-*í*pyou). Municipalité, f. ‖*Anc.* Municipe.
Munique n. pr. (mou*ní*e). Muních.
munir‖ vt. (mouní*r*). Muni*r*. ‖**- -se** vr. (-ç). Se muni*r*.
mupicar vi. (mou-*a*r). *Br.* Ramer rapidement.
muque m. (mou*c*). *Br.* Valeur, f, force, f. ‖*Loc. A muque*, de force.
muquirana f. (-ki*r*â*n*a). *Br.* Pou, m.
mur‖al adj. (mou*r*ál). Mural, *a*le. ‖**-alha** f. (-*a*la). Muraille. ‖**-ar** vt. (-*a*r). Murer. ‖*Fig.* Fortifier.
murch‖ar vt. (mou*r*-a*r*). Flétrir. ‖vi. Se faner, se flétrir. ‖**-idão** f. (-*ã*ou). Fan*a*ge, m. ‖*Fig.* Découragement, m. ‖**-o, a** adj. (mou-ou, a). Fané, ée; flétri, e.
múrice m. (mou*r-*). Murex.
murmulho m. (mour*m*oulou). Murmure.
murmur‖ação f. (mourmou*r*a*ç*ãou). Murmure, m. ‖**-ar** vt. (-*a*r). Murmurer. ‖vi. Murmurer. ‖D*i*re* du mal, cancaner (fam.).
murmúrio m. (mourmou*r*you). Murmure, bruit sourd. ‖*Fig.* Plaintes, f. pl.
muro m. (mou*r*ou). Mur, muraille, f.
murro m. (mou*r*rou). Coup de poing.
murta f. (mou*r*ta). Myrte, m.

murundu m. (mourũ*d*ou). *Br.* Tas, monceau.
musa f. (mo*u*sa). Muse.
musaranho m. (mousa*r*â*g*nou). Musaraigne, f.
muscul‖ado, a adj. (mouchcoul*a*dou, a). Musclé, ée. ‖**-ar** adj. (-*a*r). Musculaire. ‖**-atura** f. (-*a*tou*r*a). Musculature.
músculo m. (mouchcoulou). Muscle.
musculoso, a adj. (mouchcoul*ô*sou, ósa). Musculeux, *e*use.
museu m. (mou*s*éou). Musée. ‖Mus*e*um [h*i*stó*r*ia natural].
musg‖o m. (mou*j*gou). Mousse, f. ‖**-oso, a** adj. (-*ô*sou, ósa). Moussu, ue.
música f. (mou-a). Musique.
music‖al adj. (mou-*â*l). Music*a*l, *a*le. ‖**-ar** vt. (-*a*r). Musiquer. ‖**-ata** f. (-*a*ta). *Fam.* Musique. ‖**-ista** m. et f. (-*í*chta). *Br.* Connaisseur, *e*use de m*u*sique.
músic‖o m. (mou-ou). Musicien. ‖**-o, a** adj. (-*a*). Music*a*l, *a*le.
musicó‖logo m. (mou-olougou). Connaisseur de musique. ‖**-mano** m. (-*a*nou). Musicomane.
muta‖bilidade f. (moutabl-*a*d). Mutabilité. ‖**-ção** f. (-*ã*ou). Mutation. Changement, m. [mudan*ç*a].
mutil‖ação f. (mou-a*ç*ãou). Mutilation. ‖**-ado, m.** (-*a*dou). Mutilé. ‖**-ar** vt. (-*a*r). Mutiler.
mutismo m. (moutí*j*mou). Mutisme.
mutu‖alidade f. (moutoua-*a*d). Mutualité. ‖**-ar** vt. (-*ouar*). Échanger.
mutuca f. (moutouca). *Br.* Espèce de grand taon, m.
mútuo, a adj. (moutouou, a). Mutuel, elle. ‖s. m. Éch*a*nge [troca]. ‖Prêt.
muxoxo m. (mou-*ô*-ou). *Br.* Baiser, caresse, m. ‖*Br. de Baía.* Claquement de la l*a*ngue exprim*a*nt le dédain, l'ennui.

N

nababo m. (naba*b*ou). Nabab, richard.
nab‖al m. (na*b*àl). Champ de navets. ‖**-iça** f. (-*í*ça). Feuille tendre du navet. ‖**-o** m. (na*b*ou). Navet.
nação f. (na*ç*ãou). Nation.
nácar m. (na*c*ar). Nacre, f.

nacela f. (na*c*èla). Nacelle; cavet, m.
nacion‖al adj. (na-ounàl). National, *a*le. ‖**-alidade** f. (-*a-a*d). Nationalité. ‖**-alismo** m. (-*í*jmou). Nationalisme. ‖**-alista** adj. et s. (-*í*chta). Nationaliste. ‖**-alização** f. (-*a*çãou).

Lettres penchées : accent tonique. ‖V. page verte pour la prononciation figurée. ‖* Verbe irrég. V. à la fin du volume.

NAC — NAT

Nationalisation. ||-**alizar** vt. (-ar). Nationaliser.
naco m. (naco*u*). Gros morce*au*.
nada m. (nada). Néant. ||Rien : *um nada*, un rien. ||pron. ind. Rien. ||adv. Point du tout, aucunement, point. ||Loc. *Como se nada fosse*, comme si de rien n'était. *Daqui a nada*, dans un instant. *Em um nada*, en moins de rien. *Mais nada*, rien d'autre. *Nada de cerimónias*, point de façons. *Não é nada comigo*, cela ne me regarde pas. *Não é nada de cuidado*, ce n'est rien de grave. *Não há nada como*, il n'y a rien de tel que. *Por nada*, pour rien. *Qualquer nada*, un rien. *Um quase nada*, un petit peu.
nad||**ador**, a adj. (nadadôr, a). Nageant, ante ; nageur, euse. ||s. m. et f. Nageur, e*use*. ||**-ar** vi. (-ar). Nager.
nádega f. (nadega). Fesse.
nadinha m. (nadígna). Petit rien.
nad||**o** m. (nadou). Nage, f. : *a nado*, à la nage. ||**-o, a** adj. (-a). Né, ée.
nafta|| f. (na-*a*). Naphte, m. ||**-lina** f. (na-ína). Naphtaline.
naipe m. (nayp). Couleur, f. (des cartes à jouer). ||Partie, f. (d'un orchestre).
nambu m. (nãbou). *Br.* Sorte de perdrix, f.
namor||**ada** f. (namourada). Amoureuse. ||**-adeiro, a** adj. (-adâyrou, a). Flirteur, *euse*. ||**-ado, a** adj. (-adou, a). Épris, *ise*. ||s. m. Amoureux. ||**-ar** vt. (-ar). Courtiser. ||Flirter. ||**-ar-se** vr. (-ç). S'enamourer. ||**-i(s)car** vt. (-(ich)car). Faire* la cour à. ||**-i(s)co** m. (-i(ch)cou). Amourette, f. ||**-oro** m. (-ôrou). Cour (f.) que l'on fait. ||**Amoureux**, *euse*.
nanismo m. (nanijmou). Nanisme.
não adj. (nãou). Non, pas. ||Ne... (pas) (com verbos). ||s. m. Non. ||Loc. *A não ser que*, si ce n'est que, à moins que. *Já... não*, ne... plus. *Não hoje*, pas aujourd'hui. *Não... mais* (Br.), ne... plus. *Não muito*, pas beaucoup. *Não obstante*, nonobstant. *Porque não?* pourquoi pas?
Napoleão n. pr. (napoulyãou). Napoléon.
Nápoles n. pr. (napoulech). Naples.

narciso s. m (narcísou). Narcisse.
Narciso n. pr. (narcísou). Narcisse.
narc||**ose** f. (*ɔ*arcoz). Narcose. ||**-ótico** m. (-o-ou) Narcotique. ||**-otizar** vt. (-ou-ar). N*a*rcotiser.
nardo m. (n*a*rdou). Nard.
narguilé m. (narghilè). Narguilé.
nari||**gudo, a** adj. (nar-oudou, a). Qui a un gros nez. ||**-na** f. (-ina). Narine. ||**-z** m. (-ich). Nez. ||Loc. *Cana do nariz*, arête du nez. *Não ver um palmo adiante do nariz*, ne pas voir* plus loin que le bout de son nez.
narr||**ação** f. (narraçãou). Narration. ||**-ador, a** m. et f. (-ôr, a). Narrateur, trice. ||**-ar** vt. (-ar). Narrer. ||**-ativa** f. (-ativa). Récit, m. ||**-ativo, a** adj. (-ivou, a). Narratif, *ive*.
nasal|| adj. (nas*a*l). Nasal, *ale*. ||s. f. Nasale. ||**-ar** vt. (-ar). Nasaliser.
nasc||**ença** f. (nachèç*a*). Naissance. ||**-ente** adj. (-ẽt). Naissant, *ante*. ||s. m. Levant, orient. ||s. f. Source d'eau. ||**-er** vi. (-ér). Naître*. ||Se lever (*astr*ɔ). ||Pousser [plantas]. ||s. m. Le*v*er. ||Loc. *Ao nascer do dia*, au point du jour. ||**-ido, a** adj. (-idou, a). Né, ée. ||**-imento** m. (-étou). Naissance, f. ||**Lever** (astre).
nassa f. (na*ç*a). Nasse.
nastro m. (n*a*chtrou). Ruban très étroit.
nata f. (nata). Crème.
natação f. (nataçãou). Natation.
Natal n. pr. (nat*a*l). Noël, m. et f.
natal|| adj. (nat*a*l). Natal, *ale*. ||**-idade** f. (-a-ad). Natalité.
natatório, a adj. (natatoryou, a). Natat*o*ire.
nateiro m. (nat*a*yrou). Limon.
nativ||**idade** f. (na-ad). Nativité. ||**-o, a** adj. (-ivou, a). Natif, *ive*.
nato, a adj. (natou, a). Né, ée.
natural|| adj. (natour*a*l). Naturel, *elle*. ||Natif, *ive* (de), né, ée (à). ||s. m. et f. Natif, *ive*, naturel, *elle*. ||m. Natur*e*l. ||Loc. *Ao natural*, d'après nature. ||**-idade** f. (-a-ad). Naturalité. ||Naturel, m. [espontaneidade] ||Lieu (m.) de naissance. ||**-ista** adj. et s. (-ichta). Naturaliste. ||**-ização** f. (-açãou). Naturalisation. ||**-izar** vt. (-ar). Naturaliser.

Itálico : acento tónico. ||V. página verde para a pronúncia figurada. ||*Verbo irreg.* V. no final do livro.

natur‖eza f. (natouréza). Nature. ‖**-ismo** m. (-íjmou). Naturisme.
nau‖ f. (naou). Vaisseau, m. ‖**-fragado, a** adj. (-ragudou, a). Naufragé, ée. ‖**-fragar** vi. (-ragar). Faire* naufrage. ‖**-frágio** m. (-aou). Naufrage.
náufrago, a m. et f. (naoufragou, a). Naufragé, ée.
náusea f. (naousya). Nausée.
nause‖abundo, a adj. (naousyabũdou, a). Nauséabond, onde. ‖**-ado, a** adj. (-yadou, a). Qui a des nausées. ‖**-ar** vt. (-yar). Causer des nausées.
nauta m. (naouta). Navigateur, marin.
náutic‖a f. (naou-a). Art (m.) nautique. ‖**-o, a** adj. (-ou, a). Nautique.
naval adj. (navàl). Naval, ale.
navalh‖a f. (navala). Couteau (m.) de poche. ‖Rasoir, m. [de barba]. ‖Défense de sanglier [de javali]. ‖**-ada** f. (-alada). Coup (m.) de couteau, de rasoir.
nave‖ f. (nav). Nef. ‖**-gação** f. (navegaçãou). Navigation. ‖**-gador ou -gante** m. (-ôr, -àt). Navigateur. ‖**-gar** vt. (-ar). Parcourir* (la mer). ‖vi. Naviguer. ‖**-gável** adj. (-avèl). Navigable. ‖**-ta** f. (-éta). Navette.
navio m. (naviou). Navire, vaisseau. ‖Loc. Navio costeiro, caboteur.
nazi m. (nazi). Nazi.
neblina f. (ne-ína). Brume.
nebul‖osa f. (neboulosa). Nébuleuse. ‖**-oso, a** adj. (-ôsou, osa). Nébuleux, euse.
necedade f. (necedad). Sottise, bêtise.
necess‖ario, a adj. (neceçaryou, a). Nécessaire. ‖**-idade** f. (-ad). Nécessité. ‖Besoin, m. [falta]. ‖Loc. Fazer as suas necessidades, (satisfaire)* ses nécessités (besoins). Por necessidade, par nécessité. Ter necessidade de, avoir* besoin de. ‖**-itado, a** adj. (-adou, a). Nécessiteux, euse. ‖**-itar** vt. (-ar). Avoir* besoin de. ‖vi. Être* dans le besoin.
necr‖ologia f. (necrouloujía). Nécrologie. ‖**-ológico, a** adj. (-o-ou, a). Nécrologique. ‖**-ológio** m. (-ojyou). Nécrologe. ‖**-mancia** f. (-àcia). Nécromancie. ‖**-mante** m. et f. (-àt). Nécromancien, enne. ‖**-ópole** f. (-opoul). Nécropole. ‖**-otério** m. (-outèryou). Morgue, f.

nédio, a adj. (nèdyou, a). Gras, asse.
neerlandês, esa adj. et s. (néerlãdéch, ésa). Néerlandais, aise.
nef‖ando, a adj. (nefàdou, a). Abominable. ‖**-as** m. (nèfach). U. dans la loc. por fás ou por nefas, à tort ou à raison. ‖**-asto, a** adj. (nefàchtou, a). Néfaste.
nefrite f. (nefrit). Néphrite.
neg‖aça f. (negàça). Leurre, m. ‖Loc. Fazer negaças, faire* des agaceries. ‖**-ação** f. (-açãou). Négation. ‖Manque (m.) d'aptitude (pour). ‖**-acear** vt. et vi. (-yar). Faire* des agaceries. ‖**-ador, a** adj. et s. (-ôr, a). Négateur, trice. ‖**-ar** vt. (-ar). Nier. ‖Dénier [recusar]. ‖Empêcher [impedir]. ‖vi. Nier. ‖**-ar-se** vr. (-ç). Se refuser. ‖**-ativa** f. (-ativa). Négative. ‖**-ativo, a** adj. (-ou, a). Négatif, ive.
neglig‖ência f. (ne-ècya). Négligence. ‖**-enciar** vt. (-yar). Négliger. ‖**-ente** adj. (-èt). Négligent, ente.
negoci‖ação f. (negou-açãou). Négociation. ‖**-ador, a** m. et f. (-ôr, a). Négociateur, trice. ‖**-ante** m. (-yàt). Négociant. ‖**-ar** vt. (-yar). Négocier. ‖vi. Négocier, commercer. ‖**-arrão** m. (-arrãou). Affaire avantageuse, f. ‖**-ata** f. (-àta). Affaire suspecte. ‖**-ável** adj. (-avèl). Négociable.
negócio m. (negoçyou). Négoce. ‖Affaire, f. ‖Loc. Homem de negócios, homme d'affaires. Um bom negócio, une bonne affaire.
negr‖eiro m. (negrâyrou). Négrier. ‖**-ejante** adj. (-ejàt). Qui tire sur le noir. ‖**-ejar** vi. (-ar). Paraître* noir. ‖Noircir (escurecer). ‖**-idão** f. (-ãou). Noirceur. ‖**-ito** m. (-itou). Petit nègre. ‖**-o, a** adj. (nègrou, a). Noir, oire. ‖s. m. et f. Nègre, négresse. ‖Loc. Negro de fumo, noir de fumée. ‖**-óide** adj. (-oyd). Négroïde. ‖**-or ou -ume** m. (-ôr, -oum). Noirceur (f.) épaisse. ‖**-ura** f. (-oura). Noirceur.
nem conj. (nãy). Ni. ‖Pas même [com verbos]. ‖Loc. Nem de dia nem de noite, ni le jour ni la nuit. Nem que, quand même. Nem tanto nem tão pouco, ni trop ni trop peu. Nem um nem outro, ni l'un ni l'autre. Nem um só, pas un seul.

Lettres penchées : accent tonique. ‖V. page verte pour la prononciation figurée. ‖* Verbe irrég. V. à la fin du volume.

Nem por isso deixa de fumar, il n'en fume pas moins.
nené m. (nènè). *Fam*. Bébé, poupon.
neném m. (nenẽy). *Br*. V. NENÉ.
nenh∥um, a adj. et pron. ind. (negnũ, ouma). Aucun, une. ∥**-ures** adv. (-ourech). Nulle part.
nenúfar m. (nenoufar). Nénuphar.
neófito, a m. et f. (nyo-ou, a). Néophyte.
neo∥latino, a adj. (nèolatinou, a). Néo-latin, íne. ∥**-litico, a** adj. (-i-ou, a). Néolithique. ∥**-logismo** m. (-oujîjmou). Néologisme.
nepotismo m. (nepoutîjmou). Népotisme.
Nero n. pr. (nèrou). Néron.
nerv∥ação f. (nervaçãou). Nervation. ∥**-ado, a** adj. (-adou, a). Nervé, ée. ∥**-o** m. (né-ou). Nerf. ∥*Loc. Fazer nervos*, agacer les nerfs. ∥**-osidade** f. (ou-ad). Nervosité. ∥**-osismo** m. (-îjmou). Nervosisme. ∥**-oso, a** adj. (-ôsou, osa). Nerveux, euse. ∥**-udo, a** adj. (-oudou, a). Nerveux, euse. ∥**-ura** f. (-oura). Nervure.
néscio, a adj. (nèchçyou, a). Niais, aise.
nesga f. (néjga). Coin, m. (espace).
néspera f. (néchpéra). Nèfle.
neto, a adj. (nètou, a). Petit-fils, petite-fille. ∥pl. Postérité, f. sing., neveux.
neur∥astenia f. (néourachtenia). Neurasthénie. ∥**-asténico, ca** adj. et s. (-é-ou, a). Neurasthénique. ∥**-ologia** f. (-ouloujía). Neurologie. ∥**-ologista** m. et f. (-îchta). Neurologue. ∥**-ose** f. (-oz). Névrose.
neutr∥al adj. (néoutrál). Neutre. ∥**-alidade** f. (-a-ad). Neutralité. ∥**-alizar** vt. (-ar). Neutraliser. ∥**-o, a** adj. (néoutrou, a). Neutre.
nev∥ada f. (nevada). Chute de neige. ∥**-ado, a** adj. (-adou, a). Neigé, ée. ∥**-ão** m. (-ãou). Tempête (f.) de neige. ∥**-ar** vi. (-ar). Neiger. ∥vt. Glacer [gelar]. ∥**-asca** f. (-achca). Tempête de neige. ∥**-e** f. (nèv). Neige.
nevo m. (nèvou). Naevus, envie, f.
névoa f. (nèvoua). Brouillasse.
nevo∥aça f. ou **-eiro** m. (nevouaça, -ãyrou). Brouillard.
nevr∥algia f. (nevrà-ia). Névralgie. ∥**-ite** f. (-it). Névrite. ∥**-ose** f. (-oz).

Névrose. ∥**-ótico, a** adj. et s. (-o-ou, a). Névrosé, ée.
nexo m. (nèkçou). Connexion, f., suite, f.
nh∥á f. (gna). *Br*. Abrév. de *Sinhá* (V.). ∥**-onhô** m. (-ôgnô). *Br. du S. Fam*. Enfant. ∥**-o(r)** m. (-ô(r)). *Br*. Abrév. de *Senhor* (V.).
Niassa n. pr. ▸nyaça). Nyassa.
nicho m. (ní-ou). Niche, f. ∥*Fig*. Sinécure, f.
Nicolau n. pr (-oulaou). Nicolas.
nicotina f. (-outina). Nicotine.
Nigéria n. pr. (-érya). Nigeria.
nigua f. (nigoua). Nigua.
niilismo m. (-îjmou). Nihilisme.
Nilo n. pr. (nílou). Nil.
nimbo m. (nĩbou). Nimbus [nuvem]. ∥*Nimbe* [auréola].
nimio, a adj. (nímyou, a). Excessif, ive.
ninfa f. (nîfa). Nymphe.
ninguém pron. ind. (nîgãy). Personne, nul : *não vê ninguém*, il ne voit personne.
ninh∥ada f. (-gnada). Nichée. ∥**-aria** f. (-aria). Babiole, rien, m. ∥**-o** m. (ní-ou). Nid.
nipónico, a adj. (-ó-ou, a). Japonais, aise ; nippon, onne.
niquel m. (ríkèl). Nickel.
niquel∥agem f. (-kelájãy). Nickelage, m. ∥**-ar** vt. (-ar). Nickeler.
niqu∥ento, a adj. (-kétou, a). Pointilleux, euse. ∥**-ice** f. (-iç). Impertinence, importunité, exigence.
nirvana m. ▪rvána). Nirvana.
nitidez f. (-éch). Netteté.
nitido, a adj. (ní-ou, a). Net, nette; clair, aire. ∥Luisant, ante; brillant, ante.
nitr∥ato m. ▸-ratou). Nitrate. ∥**-eira** f. (-ãyra). Nitrière.
nítrico, a adj. (nítr-ou, a). Nitrique.
nitro∥ m. (nitrou). Nitre. ∥**-génio** m. (-ènyou). Nitrogène. ∥**-so, a** adj. (-ôsou, osa). Nitreux, euse.
nivel m. (ni-). Niveau. ∥*Loc. Nível de bolha*, niveau à bulle d'air. *Passagem de nivel*, passage (m.) à niveau. *Pôr-se ao nível de*, se mettre* à la portée de.
nivel∥ador m. (-eladôr). Niveleur. ∥**-amento** m. (-étou). Nivellement. ∥**-ar** vt. (-cr). Niveler.

Itálico : acento tónico. ∥V. página verde para a pronúncia figurada. ∥*Verbo irreg. V. no final do livro.

níveo, a adj. (nívyou, a). Nivéen, enne.

nó m. (no). Nœud. ‖Loc. *Dar um nó, faire* un nœud. *Nó cego*, double nœud. *Ter um nó na garganta*, avoir* un nœud à la gorge.

nobil‖iário, a adj. et s. m. (nou-yaryou, a). Nobiliaire. ‖**-itar** vt. (*-ar*). Anoblir.

nobr‖e adj. et s. (nobr). Noble. ‖**-eza** f. (nou-éza). Noblesse.

noção f. (nougáou). Notion.

nocaute m. (nocáout). Br. Knock-out.

nocivo, a adj. (noucívou, a). Nocif, ive.

noct‖âmbulo, a s. (*-ãbou-lou*, a). Noctambule. ‖**-urno, a** adj. et s. m. (nôtournou, a). Nocturne. ‖Loc. *Guarda-nocturno*, gardien de nuit.

nodal adj. (noudál). Nodal, ale.

nódoa f. (nódoua). Tache.

nodoso, a adj. (noudôsou, osa). Noueux, euse.

nogueira f. (nougáyra). Noyer, m.

Noé n. pr. (nouè). Noé.

noit‖e ou **nout‖ada** f. (nôy-, nôtada). Nuitée [duração]. ‖ Nuit. ‖**-e** f. (nóyt, nôt). Nuit. ‖Loc. *À boca da noite*, à la tombée de la nuit. *Alta noite*, bien avant dans la nuit. *Boa noite*, bonsoir, m.; bonne nuit [ao deitar]. *Dar as boas noites*, souhaiter une bonne nuit. *É noite*, il fait nuit. *Noite fechada*, nuit close. *Uma noite em claro*, une nuit blanche. ‖**-ibó** m. (*-ó*). Engoulevent. ‖**-inha** f. (*-iña*). Crépuscule, m. ‖Loc. *À noitinha*, à la nuit tombante.

noiv‖a f. (nóyva). Fiancée. ‖**-ado** m. (*-adou*). Mariage, noce, f. ‖**-ar** vt. (*-ar*). Courtiser la fiancée. ‖**-o** m. (nóyvou). Fiancé.

noj‖ento, a adj. (nôjétou, a). Dégoûtant, ante. ‖**-o** m. (nôjou). Nausée, f. ‖ Grand deuil [luto]. ‖Loc. *Causar nojo*, faire* soulever le cœur.

nómada adj. et s. (nómada). Nomade.

nomadismo m. (*-adijmou*). Nomadisme.

nome m. (nôm). Nom. ‖Loc. *Alcançar nome*, se faire* un nom. *Chamar nomes a*, injurier. *Em nome de*, au nom de. *Nome de baptismo*, petit nom, prénom.

nome‖ação f. (noumyaçáou). Nomination. ‖**-ada** f. (*-yada*). Renommée. ‖**-adamente** adv. (*-ét*). Nommément, notamment. ‖**-ar** vt. (*-yar*). Nommer.

nomenclatura f. (noumẽ-atoura). Nomenclature.

nomin‖ação f. (nou-açáou). Nomination. ‖**-al** adj. (*-àl*). Nominal, ale. ‖**-ativo, a** adj. et s. m. (*-ativou*, a). Nominatif, ive.

nonag‖enário, a adj. et s. (nônajenaryou, a). Nonagénaire. ‖**-ésimo, a** adj. num. et s. m. (*-è-ou*, a). Quatre-vingt-dixième.

nongentésimo, a adj. num. (nõjètèou, a). Neuf centième.

nono, a adj. num. et s. m. (nónou, a). Neuvième.

nónuplo, a adj. num. et s. m. (nonou-ou, a). Nonuple.

nora f. (nóra). Bru, belle-fille. ‖ Noria [máquina hidráulica].

nordeste m. (nordècht). Nord-est.

nórdico, a adj. et s. (nor-ou, a). Nordique.

norma f. (nórma). Règle, modèle, m.

norm‖al adj. et s. f. (normàl). Normal, ale. ‖**-alidade** f. (*-a-ad*). Normalité. ‖**-alizar** vt. (*-ar*). Rendre normale. ‖**-almente** adv. (*-à-èt*). Normalement.

Normandia n. pr. (nôrmãdía). Normandie.

normando, a adj. et s. (nôrmádou, a). Normand, ande.

normativo, a adj. (normativou, a). Normatif, ive.

nor-nor‖deste m. (nornordècht). Nord-nord-est. ‖**-oeste** m. (*-ouè-*). Nord-nord-ouest.

noroeste m. (norouècht). Nord-ouest.

nort‖ada f. (nortada). Bise. ‖**-e** adj. et s. m. (nort). Nord. ‖**-ear** vt. (*-yar*). Diriger vers le nord. ‖*Fig.* Orienter. ‖**-ear-se** vr. (*-yarç*). Se guider. ‖**-ista** m. et f. (*-ichta*). Nordiste.

Noruega n. pr. (norouèga). Norvège.

norueguês, esa adj. et s. (norouèghêch, ésa). Norvégien, enne.

nós pron. pers. (noch). Nous. *Observ.* Il sert de sujet et de compl. avec une prép.

Lettres penchées : accent tonique. ‖V. page verte pour la prononciation figurée. ‖* Verbe irrég. V. à la fin du volume.

NOS — NÚM

nosso, a adj. et pron. poss. (noçou, a). Notre; le, la nôtre [pron.]. ||À nous.
nost||**algia** f. (nouchtà-ía). Nostalgie. ||**-álgico, a** adj. (-à-ou, a). Nostalgique.
nota f. (nota). Note. ||Point, m. [valor]. ||Billet, m. [banco]. ||Loc. *De boa nota*, honnête. *De má nota*, mal famé. *Nota de culpa*, acte (m.) d'accusation. *Notas públicas*, registres publics, m.
notabil||**idade** f. (noutabl-ad). Notabilité. ||**-izar** vt. (-ar). Signaler. ||**-izar-se** vr. (-ç). Se distinguer.
not||**ação** f. (noutaçáou). Notation. ||**-ado, a** adj. (-adou, a). Remarqué, ée. ||**-ar** vt. (-ar). Remarquer, observer. ||Noter [tomar nota]. ||Dicter [carta]. ||**-ariado** m. (-aryadou). Notariat. ||**-al** adj. (-yàl). Notarial, ale. ||**-ário** m. (-aryou). Notaire. ||**-ável** adj. (-avèl). Notable. ||Remarquable [digno de nota]. ||**-ícia** f. (-í-a). Nouvelle. ||Notice [biográfica, etc.]. ||Loc. *Saber notícias*, avoir des nouvelles.
notici||**ar** vt. (nou-yar). Informer. ||**-ário** m. (-aryou). Faits divers, pl. ||**-oso, a** adj. (-yôsou, osa). Qui donne des nouvelles.
notific||**ação** f. (nou-açáou). Notification. ||**-ar** vt. (-ar). Notifier.
notoriedade f. (noutouryédad). Notoriété.
notório, a adj. (noutoryou, a). Notoire.
nova f. (nova). Nouvelle.
Nova Iorque n. pr. (novayork). New York.
novamente adv. (novamêt). De nouveau.
novato, a adj. et s. (nouvatou, a). Novice.
nove|| adj. num. et s. m. (nov). Neuf. ||**-centos, as** adj. num. (-êtouch, a-). Neuf cents.
novel|| adj. (nouvèl). Novice. ||**-a** f. (-a). Nouvelle, récit, m. ||**-esco, a** adj. -eléchcou, a). Romanesque. ||**-ista** m. et f. (-íchta). Auteur de nouvelles.
novelo m. (nouvélou). Pelote, f., peloton.
novembro m. (nouvêbrou). Novembre.

nov||**ena** f. (nouvéna). Neuvaine. ||**-eno, a** adj. (-énou, a). Neuvième. ||**-enta** adj. num. (-êta). Quatre-vingt-dix.
novi||**ciado** m. (nou-yadou). Noviciat. ||**-ço, a** adj. et s. (-íçou, a). Novice (religieux). ||**-dade** f. (-ad). Nouvelle. ||Nouveauté [o que é novo]. ||Loc. *Chegar sem novidade*, arriver sans encombre. ||**-lha** f. (-ila). Génisse. ||**-ilhada** f. (-ada). Course avec des jeunes taureaux. ||**-lho** m. (-ílou). Bouillon. ||**-lúnio** m. (-ounyou). Nouvelle lune, f.
novo, a adj. (nôvou, nova). Nouveau, elle [recente]. ||Jeune [idade]. ||Loc. *De novo*, de nouveau; à nouveau. *Que há de novo?* qu'y a-t-il de nouveau?
novocaína f. (nôvoucaína). Novocaïne.
noz f. (noch) Noix.
nu, a adj. (nou, noua). Nu, ue. ||Loc. *Verdade nua e crua*, vérité toute nue.
núbil adj. (nou-). Nubile.
nubl||**ado, a** adj. (nou-adou, a). Nuageux, euse. ||**-ar** vt. (-ar). Se couvrir* de nuages. ||**-oso, a** adj. (-ôsou, osa). Nuageux, euse.
nuca f. (nouca). Nuque.
nuclear adj. (nou-yar). Nucléaire.
núcleo m. (nou-you). Noyau. ||Nucléus [célula].
nud||**ez** ou **-eza** f. (noudéch, éza). Nudité. ||**-ismo** m. (-íjmou). Nudisme. ||**-ista** m. et f. (-íchta). Nudiste.
nul||**idade** f. (nou-ad). Nullité. ||**-ificar** vt. (-ar). Nullifier. ||**-o, a** adj. (noulou, a) Nul, ulle (sans valeur).
numer||**ação** f. (noumeraçáou). Numération. ||Numérotage, m. [acção]. ||**-ador** m. (-ôr). Numérateur. ||**-al** adj. (-àl). Numéral, ale. ||**-ar** vt. (-ar). Numéroter [pôr um número]. ||Nombrer. ||**-ável** adj. (-avèl). Nombrable [que se pode contar].
numérico, a adj. (noumér-ou, a). Numérique.
número m. (noumerou). Nombre. ||Numéro [dum carro, etc.]. ||Loc. *Grande número de*, (grand) nombre de. *Número branco*, numéro perdant.

Itálico : acento tónico. ||V. página verde para a pronúncia figurada. ||*Verbo irreg. V. no final do livro.

NUM — OBS

numeroso, a adj. (noumerôsou, osa). Nombreux, euse.
numismática f. (nou-jma-a). Numismatique.
nunca adv. (nũca). Jamais : *nunca mais*, jamais plus.
núncio m. (nũcyou). Nonce.
nupcial adj. (nou-yàl). Nuptial, ale.
núpcias f. pl. (nou-ach). Noces : *em segundas núpcias*, en secondes noces.
nutr‖ição f. (noutr-ãou). Nutrition. ‖-ido, a adj. (-ídou, a). Nourri, ie. [Gras, *asse* [gordo]. ‖-ir vt. (-ir). Nourrir. ‖vi. Prendre* de l'embonpoint. ‖-itivo, a adj. (-ívou, a). Nourrissant, ante.
nuvem f. (nouvãy). Nuage, m., nue. ‖Nuée [gafanhotos, pássaros ; tempestade].

O

o, a art. déf. et pron. pers. compl. (ou, a). Le, la. ‖pron. dém. Ce(lui), celle.
ó interj. (o). Ô! ‖vocatif : *ó João!* Jean!
oásis m. (oua-ch). Oasis, f.
obcec‖ação f. (-ecaçãou). Aveuglement, m. [doença]. ‖Obstination. ‖-ar vt. (-ar). Aveugler.
obed‖ecer vi. (õbedecér). Obéir. ‖-iência f. (-yẽcya). Obéissance. ‖-iente adj. (-yẽt). Obéissant, ante.
obes‖idade f. (oube-ad). Obésité. ‖-o, a adj. (-ésou, a). Obèse.
óbito m. (o-ou). Décès : *certidão de óbito*, acte (m.) de décès.
objec‖ção f. (-eçãou). Objection. ‖-tar vt. (-ar). Objecter. ‖-tiva f. (-iva). Objectif, m. ‖-tivar vt. (-ar). Objectiver. ‖-tividade f. (-ad). Objectivité. ‖-tivo, a adj. et s. m. (-ivou, a). Objectif, ive. ‖-to m. (-étou). Objet.
oblíqua f. (õ-ícoua). Oblique.
obliqu‖ângulo adj. m. (õ-couãgoulou). Scalène [gordo]. ‖-ar vt. (-ouar). Obliquer. ‖-idade f. (-ad). Obliquité.
oblíquo, a adj. (õ-ícouou, a). Oblique.
obliter‖ação f. (ou-eraçãou). Oblitération. ‖-ar vt. (-ar). Oblitérer.
oblongo, a adj. (-õgou, a). Oblong, ongue.
obo‖é m. (õbouè). Hautbois. ‖-ísta m. et f. (-íchta). Hautboïste.
óbolo m. (oboulou). Obole, f.
obra‖ f. (obra). Œuvre. Observ. É m. quando designa o conjunto das obras dum autor. ‖Ouvrage, m. ‖pl. Travaux, m. ‖Loc. *É obra!* c'est une affaire! *Mão-de-obra*, main-d'œuvre. *Meter mãos à obra*, mettre* la main à la pâte. *Obra de...*, environ... *Pecar por obras*, pécher par actions. ‖- -prima f. (-ríma). Chef-d'œuvre, m. ‖-r vt. (oubrar). Opérer, faire*. ‖Exécuter. ‖vi. Agir. ‖Opérer [remédio]. ‖Aller* à la garde-robe [evacuar].
obreia f. (õbrâya). Pain (m.) à cacheter.
obreir‖a f. (oubrâyra). Ouvrière. ‖-o (-ou). Ouvrier, artisan.
obrep‖ção f. (-rrèãou). Obreption. ‖-tício, a adj. (-í-ou, a). Obreptice.
obrig‖ação f. (õbr-açãou). Obligation. ‖Devoir. ‖Loc. *Dever obrigações a*, avoir* des obligations à. ‖-ado, a adj. (-ádou, a). Obligé, ée. ‖interj. Merci : *muito obrigado!* merci bien! ‖-ar vt. (-ar). Obliger. ‖-atório, a adj. (-atòryou, a). Obligatoire.
obscen‖idade f. (õbchce-ad). Obscénité. ‖-o, a adj. (-énou, a). Obscène.
obscur‖amente adv. (õbchcouramẽt). Obscurément. ‖-antismo m. (-ãtijmou). Obscurantisme. ‖-antista adj. et s. (-íchta). Obscurantiste. ‖-ecer vt. (-ecér). Obscurcir. ‖vi. et -ecerse vr. (-ç). S'obscurcir. ‖-ecimento m. (-étou). Obscurcissement. ‖-idade f. (-ad). Obscurité. ‖-o, a adj. (-ourou, a). Obscur, ure.
obsequi‖ador, a adj. (obzekyadór, a). Obligeant, ante. ‖-ar vt. (-yar). Obliger, rendre service à. ‖Loc. *Obsequiar com*, faire* cadeau de.
obséquio m. (obzékyou). Faveur, f. ‖-idade f. (obzekyou-ad).

Lettres penchées : accent tonique. ‖V. page verte pour la prononciation figurée. ‖* Verbe irrég. V. à la fin du volume.

OBS — ODI

Obligeance. ‖-o, a adj. (-yósou, osa). Obligeant, ante; empressé, ée.
observ‖ação f. (obcervaçãou). Observation. ‖Remarque. ‖-ador, a adj. et s. (-ôr, a). Observateur, trice. ‖-ância f. (-âcya). Observance. ‖-ar vt. (-ar). Observer. ‖Remarquer. ‖Loc. *Observar a*, faire* observer à. ‖-atório m. (-atoryou). Observatoire.
obsess‖ão f. (ô-eçãou). Obsession. ‖-o, a adj. (-èçou, a). Obsédé, ée. ‖-or, a adj. (ô-ôr, a). Qui obsède.
obsoleto, a adj. (-oulétou, a). Obsolète, désuet, ète.
obst‖áculo m. (obchtacoulou). Obstacle. ‖-ante adj. (-ât). U. dans la loc. *não obstante*, nonobstant; quoique. ‖-ar vi. (-ar). Mettre* obstacle, s'opposer.
obstetrícia f. (ôbchtetri-a). Obstétrique.
obstin‖ação f. (ôbch-açãou). Obstination. ‖-ado, a adj. (-adou, a). Obstiné, ée. ‖-ar vt. (-ar). Rendre obstiné. ‖-ar-se vr. (-ç). S'obstiner.
obstru‖ção f. (ôbchtrouçãou). Obstruction. ‖-cionismo m. (-ounijmou). Obstructionnisme. ‖-cionista adj. et s. (-íchta). Obstructionniste. ‖-ir* vt. (-ir). Obstruer, engorger.
obtemperar vt. (o-êperar). Faire* observer, remarquer. ‖vi. Obtempérer.
obt‖enção f. (o-eçãou). Obtention. ‖-er* vt. (-ér). Obtenir*.
obtur‖ação f. (ô-ouraçãou). Obturation. ‖-ador, a adj. et s. m. (-ôr, a). Obturateur, trice. ‖-ar vt. (-ar). Obturer.
obtus‖ângulo adj et s. m. (ô-ousãgoulou). Obtusangle. ‖-o, a adj. (-ousou, a). Obtus, use.
obviar vt. et vi. (-yar). Obvier à.
óbvio, a adj. (-ou, a). Patent, ente; clair, aire.
oca f. (oca). Br. Maison d'indigènes.
ocasi‖ão f. (ôca-ãou). Occasion : *por ocasião de*, à l'occasion de. ‖-onal adj. (-ounâl). Occasionnel, elle. ‖-onar vt. (-ar). Occasionner, donner lieu à.
ocaso m. (ôcasou). Couchant. ‖Coucher [dum astro].
occip‖ício m. (-í-ou). Occiput. ‖-ital adj. et s. m. (-âl). Occipital, ale.

Oceânia n. pr. (ôcyânya). Océanie.
oce‖ânico, a adj. (ocyâ-ou, a). Océanique. ‖-ano m. (-yânou). Océan. ‖-anografia f. (-rafía). Océanographie.
ocident‖al adj. et s. (ô-êtâl). Occidental, ale. ‖-e m. (-êt). Occident.
ocio m. (o-ou). Loisir. ‖Oisiveté, f.
ocios‖idade f. (ô-ou-ad). Oisiveté. ‖-o, a adj. (-ósou, osa). Oisif, ive.
oclusão f. (ô-ousãou). Occlusion.
oco, a adj. (ôcou, a). Creux, euse.
ocorr‖ência f. (ôcourrêcya). Occurrence. ‖-ente adj. (-êt). Occurrent, ente. ‖-er vi. (-ér). Venir* à l'esprit. ‖Arriver, subvenir* [acontecer]. ‖Remédier. ‖Aller* à la rencontre.
ocre m. (ocr). Ocre, f.
Octávio n. pr. (otavyou). Octave.
oct‖ingentésimo, a adj. num. (-ígètè-ou, a). Huit centième. ‖-ogenário, a adj. et s. (-enaryou, a). Octogénaire. ‖-ogésimo, a adj. num. (-è-ou, a). Quatre-vingtième. ‖-ogonal adj. (-ounâl). Octogonal, ale. ‖-ógono m. (-ogounou). Octogone.
óctuplo adj. num. (o-ou-ou). Octuple.
ocul‖ação f. (ôcoulaçãou). Oculation. ‖-ar adj. (-ar). Oculaire. ‖s. f. Oculaire, m. ‖-armente adv. (-êt). Oculairement. ‖-ista adj. (-íchta). Oculiste. ‖s. m. Oculiste [médico]. ‖Lunetier [fabricante].
óculo m. (ocoulou). Lunette, f. ‖pl. Lunettes, f.
ocult‖ação f. (ôcou-açãou). Action de (se) cacher. ‖Astr. Occultation. ‖-amente adv. (-êt). Occultement. ‖-ar vt. (-ar). Cacher, celer. ‖Astr. Occulter. ‖-as s. f. pl. (-ou-ach). U. dans la loc. *às ocultas*, en cachette, à la dérobée. ‖-o, a adj. (-ou-ou, a). Occulte.
ocup‖ação f. (ôcoupaçãou). Occupation. ‖-ado, a adj. (-adou, a). Occupé, ée. ‖-ar vt. (-ar). Occuper. ‖-ar-se vr. (-ç). S'occuper.
odi‖ar vt. (ôdyar). Haïr*. ‖-ento, a adj. (-êtou, a). Haineux, euse.
ódio m. (odyou). Haine, f.
odioso, a adj. (ôdyósou, osa). Odieux, euse; haïssable.
odisséia f. (ô-âya). Odyssée.

Itálico: acento tônico. ‖V. página verde para a pronúncia figurada. ‖*Verbo irreg. V. no final do livro.

odont‖álgico, a adj. (odŏta-ou, a). Odontalgique. ‖**-ologia** f. (-oulouji̅a). Odontologie.
odor‖ m. (ŏdŕ). Odeur, f. ‖**-ante, -ífero, a ou -oso, a** adj. (-ăt, -ife̅rou, a, -ŏsou, osa). Odor(ifér), ante.
odre m. (ŏdr). Outre, f. ‖ *Fig.* Sac à vin.
oés‖-noroeste m. (ouèjnorouèc̅ht). Ouest-nord-ouest. ‖**- -sudoeste** m. (-ou-douèc̅ht). Ouest-sud-ouest.
oeste m. (ouèc̅ht). *Ouest*
ofeg‖ante adj. (ŏfegăt). Haletant, ante. ‖**-ar** vi. (-ar). Haleter. ‖**-o m.** (-égou). Halètement, essoufflement.
ofen‖der vt. (ŏfe̅dér). Offenser. ‖**-der-se** vr. (-ç). S'offenser. ‖**-sa** f. (-éça). Offense. ‖ *Loc. Sem ofensa*, sans vous fâcher. ‖**-siva** f. (-iva). Offensive. ‖**-sivo, a** adj. (-ivou, a). Offensif, ive. ‖**-sor, -sora** (sic) m. (-ŏr). Offenseur.
ofer‖ecer vt. (ŏferecér). Offrir*. ‖**-ecer-se** vr. (-ç). S'offrir*. ‖**-imento** m. (-étou). Offre, f. ‖**-enda** f. (-éda). Offrande. ‖**-endar** vt. (-ar). Offrir*. ‖**-ta** f. (-ê-a). Offre. ‖ Enchère [leilão]. ‖**-tar** vt. (-e-ar). Offrir*.
ofic‖ial adj. (ŏ-yăl). Officiel, elle. ‖ s. m. Officier. ‖ *Loc. Oficial de diligências*, huissier. ‖**-ialato** m. (-alatou). Dignité (f.) d'officier. ‖**-ialidade** f. (-ad). Les officiers. ‖**-iante** adj. (-ăt). Officiant. ‖**-iar** vi. (-yar). Officier. ‖**-ina** f. (-ina). Atelier, m.
ofício m. (ŏf́i-ou). Office [divino; função]. ‖ Métier [mister]. Dépêche, f. [carta oficial]. ‖ *Loc. Fazer o ofício de*, remplir l'office de. *Ofício de defuntos*, office des morts. *Ossos do ofício*, désagréments du métier.
oficioso, a adj. (ŏ-yŏsou, osa). Officieux, euse. ‖ *Loc. Advogado oficioso*, avocat d'office.
ofídio m. (ŏfi̅-ou). Ophidien.
Ofir n. pr. (ŏfir). Ophir.
oftalm‖ia f. (-ă-ia). Ophtalmie. ‖**-ologia** f. (-ouloujia). Ophtalmologie. ‖**-ologista** f. (-ĭchta). Ophtalmologiste.
ofusc‖ação f. (ŏfousckaçăou). Offuscation. ‖**-ar** vt. (-ar). Offusquer.
Ogigia n. pr. (ojĭ-a). Ogygie.

ogiv‖a f. (ŏgĭva). Ogive. ‖**-al** adj. (-ăl). Ogival, ale.
oh! interj. (o). Oh!
oiro m. (ŏyrou). Or. V. OURO.
oit‖ante m. (ŏytăt). Octant. ‖**-ava** f. (-ava). Huitain, m. [estância]. ‖ Octave (mús., relig.). ‖**-avado, a** adj. (-avădou, a). Octogone. ‖**-avo, a** adj. (-avou, a). Huitième. ‖ *Huit* [reis]. ‖ s. m. Huitième.
oiteiro m. (ŏytăyrou). V. OUTEIRO.
oitent‖a adj. num. (ŏytêta). Quatre-vingts. *Observ.* Perde o s antes de outro num. ‖**-ão** m. (-ăou). *Pop.* Octogénaire.
oito‖ adj. num. et s. m. (ŏytou). Huit. ‖**-centos, as** adj. num. (-étouch, a-). Huit cents.
olá! interj. (ola). Holà! Hé!
olaria f. (ŏlarĭa). Poterie.
olé! interj. (olè). Holà! Eh! Oh!
ole‖áceo, a adj. (ŏlyacyou, a). Oléagineux, euse. ‖**-ado** m. (-yadou). Linoléum. ‖**-aginoso, a** adj. (-a-osou, osa). Oléagineux, euse. ‖**-ar** vt. (-yar). Huiler.
oleiro m. (ŏlăyrou). Potier.
óleo m. (ŏlyou). Huile, f. : *os Santos óleos*, les saintes huiles, f.
oleo‖grafia f. (olyougrafĭa). Oléographie. ‖**-so, a** adj. (-yŏsou, osa). Huileux, euse.
olfacto m. (ŏ-atou). Odorat.
olh‖ada ou -adela f. (ŏlăda, -adèla). Œillade, coup (m.) d'œil. ‖**-ado** m. (-adou). Mauvais œil. *Observ.* On dit aussi *mau olhado*. ‖**-ar** vt. et vi. (-ar). Regarder. ‖ *Loc. Olha!* Tiens! *Olhar por*, prendre* soin de. *Olhar que*, se garder que. ‖**-eiras** f. pl. (-ăyrach). Cerne, m. sing. ‖**-eirento, a** adj. (-étou, a). Qui a les yeux cernés. ‖**-ento, a** adj. (-étou, a). Qui a des yeux (fromage, etc.).
olho m. (ŏlou). Œil. ‖ Cœur (de chou, etc.) [couve, alface]. ‖ *Loc. A olho*, à vue d'œil. *A olho nu*, à l'œil nu. *A olhos vistos*, à vue d'œil. *Custar os olhos da cara*, coûter les yeux de la tête. *Entortar os olhos*, loucher. *Irem-se os olhos nalguma coisa*, faire* l'œil à quelque chose. *Meter-se pelos olhos dentro*, sauter aux yeux, crever les yeux. *Num abrir e fechar de olhos*, en un clin d'œil. *Pôr no olho da rua*, mettre* à la

---

Lettres penchées : accent tonique. ‖ V. page verte pour la prononciation figurée. ‖ * Verbe irrég. V. à la fin du volume.

OLI — OPO

porte. *Pôr os olhos em alvo, faire* les yeux blancs. Ter os olhos pisados, avoir* les yeux pochés. Vista de olhos,* coup (m.) d'œil.
olimpíada f. (ŏlĭpĭada). Olympiade.
olímpico, a adj. (ŏlĭ-ou, a). Olympien, enne [Júpiter]. ‖ Olympique [jogos].
Olimpo n. pr. (ŏlĭpou). Olympe.
oliv‖áceo, a adj. (ŏ-αcyou, a). Olivacé, ée. ‖-al m. (-ἀl). Olivaie, f. ‖-eira f. (-âyra). Olivier, m. ‖-icultor m. (-ou-ŏr). Oléiculteur. ‖-icultura f. (-oura). Oléiculture.
olm‖eiro ou -o m. (ŏ-âyrou, ŏ-ou). Orme.
olvid‖ar vt. (ŏ-ar). Oublier. ‖-o m. (-ĭdou). Oubli.
ombr‖ear vt. (ŏbryar). Aller* de pair. ‖-eira f. (-âyra). Jambage, m. [porta]. ‖-o m. (ŏbrou). Épaule, f. ‖ Loc. *Aos ombros,* sur les épaules. *Largura de ombros,* carrure. *Meter ombros a,* donner tous ses soins à.
omeleta f. (ŏmèlèta). Omelette.
ominoso, a adj. (ŏ-ŏsou, osa). Funeste.
omi‖ssão f. (ŏ-ãou). Omission. ‖-sso, a adj. (-ĭçou, a). Omis, ise. ‖-tir vt. (-ĭr). Omettre*.
omni‖potência f. (ŏ-outẽcya). Omnipotence. ‖-potente adj. (-ẽt). Omnipotent, ente. ‖-presente adj. (-resẽt). Omniprésent, ente. ‖-sciente adj. (-chcyẽt). Omniscient, ente.
omoplata f. (omo-ata). Omoplate.
ónagro m. (onagrou). Onagre.
onça f. (ŏça). Once.
onda f. (ŏda). Onde, flot, m. : *onda sonora,* onde sonore.
onde adv. (ŏd). Où. *Observ.* En port. *onde* ne désigne jamais le temps. ‖ Loc. *Para onde?* où? *Por onde,* par où.
onde‖ado, a adj. (ŏdyadou, a). Ondé, ée. ‖-ar vt. (-yar). Onduler. ‖vi. Ondoyer.
ondul‖ação f. (ŏdoulaçãou). Ondulation. ‖-ado, a adj. (-adou, a). Ondulé, ée. ‖-ante adj. (-ant). Ondulant, ante. ‖-ar vt. et vi. (-ar). Onduler. ‖-atório, a adj. (-atoryou, a). Ondulatoire.
oner‖ação f. (ŏneraçãou). Impôt, m. ‖-ar vt. (-ar). Grever, charger.

‖-oso, a adj. (-ŏsou, osa). Onéreux, euse.
ónibus m. (ŏ-ouch). Omnibus.
onomástic‖a f. (onomach-a). Onomastique. ‖-o, a adj. (-ou, a). Onomastique.
onomatop‖aico, a adj. (onoumatoupaycou, a). Onomatopéique. ‖-eia f. (-âya). Onomatopée. ‖-eico, a adj. (-âycou, a). ν. ΟΝΟΜΑΤΟΡΑΙCΟ.
ontem adv. (ŭtãy). Hier.
ontologia f. (ŏtouloujía). Ontologie.
ónus m. (onouch). Charge, f., fardeau.
onze adj. num. et s. m. (ŏz). Onze.
onzen‖a f. (ŏzéna). Usure. ‖-ário m. (-aryou). Usurier.
opa f. (opa). Robe de confrérie.
opal‖cidade f. (ŏpa-ad). Opacité. ‖-co, a adj. (-açou, a). Opaque.
opal‖escente ou -ino, a adj. (ŏpalechcẽt, -ĭnou, a). Opalescent, ente; opalin, ine.
opção f. (ŏ-ãou). Option.
ópera f. (opera). Opéra, m.
oper‖ação f. (ŏperaçãou). Opération. ‖-ador m. (-ŏr). Opérateur. ‖-ante adj. (-ãt). Opérant, ante. ‖-ar vt. et vi. (-ar). Opérer. ‖-ar-se vr. (-ç). S'opérer. ‖-ariado m. (-aryadou). Classe (f.) ouvrière. ‖-ário m. (-ɛryou). Ouvrier. ‖-ativo, a adj. (-atĭvou, a). Agissant, ante. ‖-atório, a adj. (-oryou, a). Opératoire.
opereta f. (ŏpereta). Opérette.
operoso, a adj. (ŏperŏsou, osa). Laborieux, euse; difficile.
opil‖ação f. (ŏ-açãou). Opilation. ‖-ar vt. (-ar). Opiler.
opin‖ante adj. et s. (ŏ-ãt). Opinant, ante. ‖-ar vt. et vi. (-ar). Opiner. ‖-ativo, a adj. (-atĭvou, a). Discutable. ‖-ião f. (-ãou). Opinion, avis, m. ‖-ioso, a adj. (-yŏsou, osa). Entêté, ée; opiniâtre.
ópio m. (opyou). Opium.
opiómano m. (o-omanou). Opiomane.
opíparo, a adj. (ŏpiparou, a). Somptueux, euse. ‖ Abondant, ante; copieux, euse.
opo(n)ente adj. et s. (ŏpou(n)ẽt). Opposant, ente.
opor‖* vt. (ŏpŏr). Opposer. ‖-se vr. (-ç). S'opposer.

Itálico : acento tónico. ‖ V. página verde para a pronúncia figurada. ‖ *Verbo irreg. V. no final do livro.

oportun‖amente adv. (ôpourtounamēt). Opportunément. ‖**-idade** f. (-ád). Opportunité. ‖**-ista** adj. et s. (-íchta). Opportuniste. ‖**-o, a adj.** (-ounou, a). Opportun, une. ‖Loc. *Não é oportuno*, il n'y a pas lieu.
oposi‖ção f. (ôpou-âou). Opposition. ‖**-cionista** adj. et s. (-ouníchta). Opposant, ante. ‖**-tivo, a** adj. (-ívou, a). Oppositif, ive.
oposto, a adj. (ôpôchtou, -o-a). Opposé, ée.
opress‖ão f. (ôpreçáou). Oppression. ‖**-ivo, a** adj. (-ívou, a). Oppressif, ive. ‖**-o, a** adj. (-èçou, a). Oppressé, ée. ‖**-or** m. (-ôr). Oppresseur.
oprimir vt. (ôpr-ir). Opprimer. ‖Oppresser [a respiração].
opróbrio m. (ôpróbryou). Opprobre.
oprobrioso, a adj. (ôproubryôsou, osa). Ignominieux, euse; honteux, euse.
opt‖ar vi. (o-ar). Opter : *optar por*, opter pour. ‖**-ativo, a** adj. et s. m. (-atívou, a). Optatif, ive.
óptic‖a f. (ót-a). Optique. ‖**-o, a** adj. (-ou, a). Optique. ‖s. m. Opticien.
optimi‖smo m. (ot-ijmou). Optimisme. ‖**-sta** adj. et s. (-íchta). Optimiste.
óptimo, a adj. (ot-ou, a). Très bon, onne.
opul‖ência f. (ôpoulēcya). Opulence. ‖**-ento, a** adj. (-étou, a). Opulent, ente.
opúsculo m. (ôpouchcoulou). Opuscule.
ora conj. (ora). Or. ‖Loc. *Ora...ora*, tantôt...tantôt. ‖adv. A présent. ‖interj. Bah! ‖Loc. *Ora essa!* par exemple!
ora‖ção f. (oraçáou). Prière, oraison. ‖*Gramm.* Proposition. ‖**-cional** adj. (-ounál). Qui a rapport à la proposition.
oráculo m. (oracoulou). Oracle.
orador m. (oradôr). Orateur.
orangotango m. (ôrāgoutágou). Orang-outan(g).
orar vi. (ôrar). Prier. ‖Parler en public.
oratóri‖a f. (oratorya). Art (m.) oratoire. ‖**-o** m. (-ou). Oratoire.
orbe m. (orb). Orbe.
órbita f. (or-a). Orbite.

orça f. (orça). Bouline, orse. ‖Loc. *Meter à orça*, bouliner, orser.
orçar vt. (orçar). Évaluer. ‖vi. *Mar.* Lofer. ‖Loc. *Orçar por*, être* environ.
ordeiro, a adj. (ôrdáyrou, a). Ami, ie de l'ordre.
ordem f. (ordáy). Ordre, m. ‖Loc. *Cada um por sua ordem*, chacun à son tour. *Chamar à ordem*, rappeler à l'ordre. *Ordem de pagamento*, ordonnancement, m. *Ordem de prisão*, mandat d'arrêt, m. *Ordens maiores (menores)*, ordres majeurs (mineurs), m.
orden‖ação f. (ôrdenaçáou). Mise en ordre. ‖Ordonnance [lei]. ‖Ord'nation [religião]. ‖**-ada** f. (-ada). Ordonnée. ‖**-adamente** adv. (-ét). D'une manière ordonnée. ‖**-ado** adj. (-adou). Ordonné. ‖s. m. Traitement (d'un fonctionnaire). ‖**-ador, a** adj. et s. (-ador, a). Ordonnateur, trice. ‖**-ança** f. (-áça). Ordonnance. ‖**-ar** vt. (-ar). Ordonner.
ordenhar vt. (ôrdegnar). Traire*.
ordin‖al adj. (ôr-ál). Ordinal, ale. ‖**-ante** m. (-át). Ordinant. ‖**-ário, a** adj. (-aryou, a). Ord'naire. ‖Vulgaire [grosseiro]. ‖Loc. *De ordinário*, d'ordinaire.
orelh‖a f. (ôráyla). Oreille. ‖Loc. *Torcer a orelha*, s'en mordre les pouces. ‖**-eira** f. (-eláyra). Oreille de cochon.
orfanato m. (ôrfanatou). Orphelinat.
órfã f. (orfā). Orpheline.
órfão, ā m. et f. (orfáou). Orphelin, ine.
orfeão m. (orfyáou). Orphéon.
Orfeu n. pr. (ôrféou). Orphée.
organdi m. (ôrgádi). Organdi.
orgânico, a adj. (ôrgá-ou, a). Organique.
organis‖mo m. (ôrganijmou). Organisme. ‖**-ta** m. et f. (-íchta). Organiste.
organ‖ização f. (ôrga-açáou). Organisation. ‖**-izador, a** adj. et s. (-ôr, a). Organisateur, trice. ‖**-izar** vt. (-ar). Organiser. ‖**-oterapia** f. (-outerapia). Organothérapie.
órgão m. (orgáou). Organe. ‖*Mus.* Orgue.
orgia f. (ôrjia). Orgie. ‖*Fig.* Désordre, m.

Lettres penchées : accent tonique. ‖V. page verte pour la prononciation figurée. ‖* Verbe irrég. V. à la fin du volume.

orgulh‖ar vt. (ôrgoul*ar*). Enorgueillir. ‖**-ar-se** vr. (-ç). S'enorgueillir. ‖**-o** m. (-oul*ou*). Orgueil. ‖**-oso**, a adj. (-ôsou, *o*sa). Orgueill*eux, euse*.
orient‖ação f. (ôry*ê*taçã*ou*). Orientation. ‖**-ador**, a adj. et s. (-ô*r*, a). Qui *oriente*. ‖**-al** adj. et s. (-àl). Orient*al, ale*. ‖**-alista** m. et f. (-alichta). Oriental*iste*. ‖**-ar** vt. (-*ar*). Orienter. ‖**-ar-se** vr. (-ç). S'orienter. ‖**-e** m. (-y*ê*t). Ori*ent*.
orifício m. (or-íçyou). Orif*ice*.
origem f. (ôríjãy). Orig*ine* :*na origem*, à l'origine, dans l'origine.
origin‖al adj. (ôr-àl). Originel, *elle* [que ascende à origem]. ‖ adj. et s. Original [pessoa ou coisa que se imita]. ‖ s. m. *Typ*. Cop*ie*, f. ‖ adj. et s. Original, *ale* [pessoa extravagante]. ‖**-alidade**, f. (-a-*a*d). Originalit*é*. ‖**-ar** vt. (-*ar*). Donner origine à. ‖**-ar-se** vr. (-ç). Provenir*, tirer son origine. ‖**-ário**, a adj. (-*a*ryou, a). Origin*aire*.
oriundo, a adj. (ôry*ũ*dou, a). Origin*aire*.
orl‖a f. (*o*rla). Bord, m. ‖*Arts*. *O*rle. ‖**-ar** vt. (-*ar*). Border, ourler.
Orleães n. pr. (ôrly*ã*ych). Orléans.
ornament‖ação f. (ôrnamêtaçã*ou*). Ornementation. ‖**-al** adj. (-àl). Ornement*al, ale*. ‖**-ar** vt. (-*ar*). Ornementer. ‖**-o** m. (-*ê*tou). Ornement.
orna‖r vt. (ôrn*a*r). Orner, parer. ‖**-to** m. (-*a*tou). Ornement. ‖*Mus*. Agr*é*ments, pl.
orne‖ar ou **-jar** vi. (ôrny*a*r, -ejar). Br*aire**.
ornitologia f. (ôr-ouloujía). Ornithologie.
orquestr‖a f. (ôrkèchtra). Orchestre, m. ‖**-ação** f. (-e-açã*ou*). Orchestration. ‖**-al** adj. (-àl). Orchestr*al, ale*. ‖**-ar** vt. (-*ar*). Orchestrer.
orquídia f. (ôrkí-a). Orchid*ée*.
ortocromático, a adj. (ôrtôcroumà-*ou*, a). Orthochromatique.
orto‖doxia f. (ortôdo*c*ía). Orthodoxie. ‖**-doxo**, a adj. (-*o*-ou, a). Orthodoxe. ‖**-grafia** f. (-ougrafía). Orthographe. ‖**-gráfico**, a adj. (-*a*-ou, a). Orthographique. ‖**-pedia** f. (-édia). Orthopéd*ie*. ‖**-pedista** m. et f. (-ichta). Orthopédiste.

orvalh‖ar vt. (ôrval*ar*). Couvrir* de rosée. ‖**-o** m. (-al*ou*). Rosée, f.
oscil‖ação f. (ôchç-açã*ou*). Oscillation. ‖**-ante** adj. (-àt). Oscill*ant, ante*. ‖**-ar** vi. (-*ar*). Osciller. ‖**-atório**, a adj. (-atoryou, a). Oscillat*oire*.
oscular vt. (ôchcoul*ar*). Baiser.
ósculo m. (ochçoulou). Baiser.
oss‖o m. (*o*çou). Os. ‖Loc. *Em carne e osso*, en chair et en os. *Ossos do ofício*, les désagréments du métier. ‖**-ada** adj. (ôç*ou*dou, a). Ossu, *ue*.
osten‖sível adj. (ôchtêcivèl). Ostensible. ‖**-sivo**, a adj. (-ívou, a). Ostensible. ‖**-tação** f. (-açã*ou*). Ostentation. ‖**-tar** vt. (-*ar*). Étaler, f*aire** parad*e* de. ‖**-tativo**, a adj. (-atívou, a). Ostentat*eur, trice*. ‖**-toso**, a adj. (-ôsou, *o*sa). Fait, *aite* avec ostentation. ‖Magnifique.
ostr‖a f. (*ô*chtra). Hu*î*tre. ‖**-acismo** m. (-íjmou). Ostraci*sme*. ‖**-eira** f. (-*â*yra). Clayère. ‖Marchand*e* d'hu*î*tres.
ostrogodo m. (ôchtrougôdou). Ostrogoth.
Otão n. pr. tôt*ã*ou). Othon.
ótico, a adj. (*o*-ou, a). Otique.
otite f. (ôtít). Otite.
otorreia f. (ôtôrr*â*ya). Otorrhée.
otorrinolaringologista m. (ôtôrr-ôlarigouloujíchta). Oto-rhino-laryngologiste.
ou conj. (ô). Ou. ‖Loc. *Ou... ou*, soit... soit. *Ou então*, ou bien.
ouç‖ão n. (ôs*ã*ou). Ciron.
our‖ela f. (ôrêla). Lisière. ‖**-içar** vt. (-*ar*). Hér*i*sser. ‖**-iço** m. (-íçou). Hérisson [animal]. ‖Loc. *Ouriço do mar*, oursin. ‖**-ives** m. (-ívech). *O*rfèvre. ‖**-ivesaria** f. (-zaría). *O*rfèvrerie.
ouro ou **oiro** m. (*ô*rou, *ô*yr-). Or. ‖ pl. Carre*c*u, sing. [cartas]. ‖**-pel** m. (-èl). Cripeau.

Itálico : acento tônico. ‖V. página verde para a pronúncia figurada. ‖*Verbo irreg. V. no final do livro

ous‖adia f. (ôsadía). Hardiesse. ‖-ado, a adj. (-adou, a). Hardi, ie. ‖-ar vt. (-ar). Oser.
outeiro m. (ôtâyrou). Tertre, colline, f., coteau.
outon‖al adj. (ôtounàl). Automnal, ale. ‖-o m. (-ônou). Automne.
outorg‖a f. (ôtorga). Octroi. ‖-ante adj. (-ou-ât). Qui octroie. ‖s. m. Partie (f.) contractante. ‖-ar vt. (-ar). Octroyer.
outr‖em pron. (ôtrãy). Autrui. ‖-o, a adj. et pron. (ô-ou, a). Autre. Loc. De outra forma, autrement. Não torno a cair noutra, on ne m'y reprendra plus. Noutra parte, autre part. Noutro tempo, autrefois. Outro tanto, autant. Por outra, autrement. Um e outro, l'un et l'autre. ‖-ora adv. (-ora). Autrefois, jadis. ‖-ossim adv. (-oucí). De même.
outubro m. (ôtoubrou). Octobre.
ouv‖ido m. (ôvídou). Ouïe, f. [sentido]. ‖Oreille, f. (conque de l'oreille). ‖Loc. Dar ouvidos a, prêter l'oreille à. De ouvido, de mémoire. Fazer ouvidos de mercador, faire* la sourde oreille. ‖-idor m. (-ôr). Auditeur. ‖-inte m. et f. (-ît). Auditeur, trice. ‖-ir* vt. (-ír). Entendre. ‖Loc. Por ouvir dizer, par ouï-dire.

ova f. (ova). Œufs (m. pl.) de poisson.
ova‖ção f. (ovaçãou). Ovation. ‖-cionar vt. (-ounar). Acclamer, applaudir.
ov‖al adj. (ôvàl). Ovale. ‖s. f. Ovale, m. ‖-ário m. (-aryou). Ovaire. ‖-eiro m. (-âyrou). Ovaire des oiseaux. ‖Coquetier [copo]. ‖adj. Br. Pâle.
ovelh‖a f. (ôvâyla). Brebis. ‖-um adj. (-elũ). De brebis. ‖Loc. Gado ovelhum, bêtes (f. pl.) à laine.
ovíparo, a adj. (oviparou, a). Ovipare.
ovo m. (ôvou). Œuf.
óvulo, m. (ovoulou). Ovule.
oxalá interj. (ochala). Plaise à Dieu! ‖Loc. Oxalá que..., pourvu que...
oxid‖ação f. (o-açãou). Oxydation. ‖-ar vt. (-ar). Oxyder.
óxido m. (o-ou) Oxyde.
oxigen‖ado, a adj. (-enadou, a). Oxygéné, ée. ‖-ar vt. (-ar). Oxygéner.
oxigénio m. (-ènyou). Oxygène.
ozena f. (ôzéna). Ozène, m.
oz‖one ou -ónio m. (ôzon, -onyou). Ozone. ‖-onizar vt. (-ou-ar). Ozoniser.

P

pá f. (pa). Pelle, bêche. ‖Paleron, m. [do boi].
pabulagem f. (paboulajãy). Br. Mensonge, m., tromperie. ‖Pédantisme, f. pédantisme, m.
paca f. (paca). Paca, m.
pacat‖ez f. (pacatéch). Tranquillité. ‖-o, a adj. (-atou, a). Tranquille.
pachorr‖a f. (pa-ôrra). Flegme, m. ‖-ento, a adj. (-ou-étou, a). Lent, ente.
paci‖ência f. (pacyẽ-a). Patience. ‖Loc. Ter paciência, prendre* patience. ‖interj. Patience! Tant pis! ‖-ente adj. (-yẽt). Patient, ente.
pacifi‖cação f. pa-açãou). Pacification. ‖-ador, a adj. et s. (-ôr, a).

Pacificateur, trice. ‖-ar vt. (-ar). Pacifier.
pacífico, a adj. (pací-ou, a). Pacifique.
Pacífico n. pr. (pací-ou). Pacifique.
pacifista adj. et s. (pa-ichta). Pacifiste.
paço m. (paçou). Palais (de l'évêque). ‖Cour, f. (du roi). ‖Loc. Paços do concelho, hôtel de ville, sing.
pacoba f. (pacoba). Br. Banane.
pacote m. (pacot). Paquet.
pacóvio, a adj. et s. (pacovyou, a). Nigaud, aude; benêt, m., ganache, f.
pact‖o m. (pa-ou). Pacte. ‖-uante adj. et s. (-pa-ouàt). Qui pactise.

Lettres penchées : accent tonique. ‖V. page verte pour la prononciation figurée. ‖* Verbe irrég. V. à la fin du volume.

PAD — PAL

‖**-uar** vi. (*-ouar*). Pactiser. ‖**-uário** m. (*-ouaryou*). Qui fait un pacte.

padaria f. (*padaria*). Boulangerie.

padec‖**ente** m. et f. (*padecēt*). Patient, ente. ‖adj. Souffrant, ante. ‖**-er** vt. et vi. (*-ér*). Souffrir; pâtir. ‖**-imento** m. (*-ētou*). Souffrance, f.

padeiro, a m. et f. (*-âyrou, a*). Boulanger, ère.

padejar vt. (*padejar*). Pelleter.

padiola f. (*padyola*). Civière, bard, m.

padrão m. (*padrãou*). Étalon [pesos, medidas]. ‖Patron, modèle. ‖ Monument commémoratif.

padrasto m. (*padrachtou*). Beaupère.

padre m. (*padr*). Prêtre, abbé. ‖Père : *o Santo Padre*, le Saint-Père.

padre‖**ação** f. (*padryaçãou*). Reproduction de la race chevaline. ‖ Loc. *Cavalo de padreação*, étalon. ‖**-ar** vi. (*-yar*). Se reproduire* (cheval).

padre-nosso m. (*padrenoçou*). Pater.

padrinho m. (*padrignou*). Parrain. ‖ Témoin [casamento; duelo]. ‖*Fig.* Patron, protecteur.

padro‖**ado** m. (*padrouadou*). Patronage. ‖**-eiro, a** m. et f. (*-âyrou, a*). Patron, onne (saint, ainte).

pag‖**a** f. (*paga*). Payement, m. ‖Loc. *Em paga*, en retour. ‖**-ador, a** adj. et s. (*pagadôr, a*). Payeur, euse. ‖**-amento** m. (*-ētou*). Payement. ‖Loc. *Pagamento por conta*, acompte.

paganismo m. (*paganijmou*). Paganisme.

pagão, ã adj. et s. (*pagãou, ã*). Païen, enne.

pagar‖ vt. (*pagar*). Payer : *pagar as favas*, payer les pots cassés. ‖**-se** vr. (*-ç*). Se payer : *pagar-se por suas mãos*, se payer de ses mains.

pagável adj. (*pagavèl*). Payable.

pagé m. (*-è*). *Br. du N.* Sorcier.

página f. (*pa-a*). Page.

pagin‖**ação** f. (*pa-açãou*). Pagination. ‖*Typ.* Mise en pages. ‖**-ar** vt. (*-ar*). Paginer. ‖ vi. *Typ.* Mettre* en pages.

pago, a adj. (*pagou, a*). Payé, ée.

pagode m. (*pagôd*). Pagode, f. [templo]. ‖*Fam.* Amusement, noce, f.

pai m. (*pay*). Père. ‖pl. Parents.

painço m. (*païçou*). Panic, millet.

painel m. (*paynèl*). Tableau.

paio m. (*payou*). Gros saucisson.

paiol m. (*pâyol*). Poudrière, f. (magasin). ‖Soute, ≈. [navio]. ‖*Br. du N.* Grenier (grains, fourrages).

pairar vi. (*payrar*). Planer. ‖ Menacer (orage) [tempestade, trovoada].

país m. (*païch*). l'*ays*, patrie, f.

paisag‖**em** f. (*paisajây*). Paysage, m. ‖**-ista** m. et f. (*-ajichta*). Paysagiste.

paisan‖**a** ou **-o** m. (*paysâna, ou*). Civil : *à paisana*, en civil.

Países-Baixos m. pr. (*paisejbaychouch*). Pays-Bas.

paixão f. (*payehãou*). Passion. ‖Loc. *Morrer de paixão*, mourir* de chagrin. *Paixão segundo S. Mateus*, Passion selon saint Matthieu.

pajem m. (*pajây*). Page. ‖*Br.* Gouvernante.

pala f. (*pala*). Visière (de casquette). ‖Sertissure [pedra fina]. ‖ *Liturg.* Pale. ‖Empièchement [vestido].

palac‖**ete** m. (*palacét*). Petit palais. ‖**-iano, a** adj. (*-ŷânou, a*). De courtisan. ‖s. m. Courtisan, homme de cour.

palácio m. (*palaçyou*). Palais.

paladar m. (*paladar*). Palais (partie de la bouche). ‖Goût, saveur, f.

palafita f. (*palafita*). Palafite, m.

palafr‖**ém** m. (*palafrây*). Palefroi. ‖**-eneiro** m. (*-enâyrou*). Palefrenier.

palanqu‖**e** m. (*palâc*). Amphithéâtre, tribune, f. ‖**-im** m. (*-ī*). Palanquin.

palão m. (*palãou*). Canard, bourde, f.

palatal adj. (*palatàl*). Palatal, ale

palatin‖**ado** m. (*pala-adou*). Palatinat. ‖**-o, a** adj. (*-inou, a*). Palatin, ine : *abóbada palatina*, voûte palatine.

palato m. (*palatou*). *Anat.* Palais.

palavra f. (*palavra*). Mot, m., parole. ‖Loc. *Cumprir a sua palavra*, tenir* sa parole. *Em toda a extensão da palavra*, dans toute la force du mot. *Meias palavras*, demi-mots. *Molhar a palavra*, arroser la gorge. *Não dizer palavra*, ne souffler mot. *Nem palavra*, pas un mot. *Numa palavra*, en un mot. *Palavra (de honra)!* Ma parole (d'honneur) ! *Palavra por palavra*, mot à mot. *Pegar-lhe no palavra*, le prendre* au mot.

Itálico : acento tónico. ‖V. página verde para a pronúncia figurada. ‖*Verbo irreg.* V. no final do livro.

palavr‖ão m. (palavr*ão*u). Gros mot. ‖**-eado** m. (-y*a*dou). Verbiage. ‖**-ear** vi. (-y*a*r). Bavarder. ‖**-a** adj. et s. (-*â*yrou, a). Bavard, arde. ‖**-ório** m. (-*o*ryou). Verbiage. ‖**-oso, a** adj. (-*ô*sou, osa). Verbeux, euse.
palco m. (pà-ou). Scène, f.
palerm‖a adj. et s. (pal*è*rma). Nigaud, aude. ‖**-ice** f. (-*i*ç). Nigauderie, niaiserie.
Palestina n. pr. (pal*ech*tina). Palestine.
palestr‖a f. (pal*è*chtra). Causerie. ‖**-ar** vi. (-e-*a*r). Causer, bavarder.
paleta f. (pal*é*ta). Palette.
paletó m. (pal*etó*). Paletot.
palha f. (p*a*la). Paille. ‖**Chalumeau** (m.) **de paille** [palhinha de aspirar]. ‖*Loc. Por dá cá aquela palha,* à propos de bottes ; sur la pointe d'une aiguille (discutir).
palhaç‖ada f. (palaç*a*da). Clownerie, bouffonnerie. ‖**-o** m. (-*a*çou). Paillasse, clown. ‖*Fig.* Pitre, paillasse.
palh‖ada f. (pal*a*da). Paille hachée et mêlée de son. ‖**-eireiro** m. (-âyr*a*yrou). Pailleur. ‖**-eiro** m. (-*â*yrou). Pailler. ‖**-eta** f. (-*é*ta). *Anche* [instrumento de sopro]. ‖ Plectre, m. [bandolim]. ‖ Paillette [ouro, etc.]. ‖**-etão** m. (-et*ão*u). Panneton (d'une clef) [de chave]. ‖**-ete** adj. (-*é*t). Paillet (vin). ‖**-iço** m. (-*i*çou). Paille menue, f. ‖**-inha** f. (-*i*gna). Brin (m.) de paille. ‖ Paille [cadeira]. ‖**-oça** f. (-*o*ça). Chaumière. ‖ Manteau (m.) de paille [capote].
pali‖ar vt. et vi. (paly*a*r). Pallier. ‖**-ativo, a** adj. et s. m. (-at*i*vou, a). Palliatif, ive.
paliçada f. (pa-*a*da). Palissade.
palidez f. (pa-*é*ch). Pâleur.
pálido, a adj. (pa-ou, a). Pâle.
pálio m. (p*a*lyou). Dais. ‖ Pallium [antigo ; papal].
palit‖ar vt. (pa-*a*r). Curer (les dents). ‖**-eiro** m. (-*â*yrou). Porte-cure-dents. ‖**-o** m. (-*i*tou). Cure-dent.
palm‖a f. (p*à*-a). Palme. ‖ Paume [da mão]. ‖*Loc. Dar palmas,* applaudir. *Levar a palma,* remporter la palme. ‖**-ada** f. (-*a*da). Claque. ‖**-ar** m. (-*a*r). Palmeraie, f. ‖ adj. Palmaire. ‖*Fig.* Évident, ente. ‖**-atoada** f. (-atou*a*da). Coup (m.) de férule. ‖**-atória** f. (-*o*rya). Férule. ‖ Bougeoir, m. [de vela]. ‖**-ear** vt. (-y*a*r). Applaudir en battant des mains. ‖**-eira** f. (-*â*yra). Palmier, m. ‖**-eta** f. (-*é*ta). Spatule. ‖**-ilha** f. (-*i*la). Semelle intérieure. ‖ Semelle de bas [meia]. ‖**-ilhar** vt. (-*a*r). Rempiéter (des bas). ‖*Fig.* Arpenter, parcourir* à pied. ‖**-ípedes** m. pl. (-*i*pedech). Palmipèdes. ‖**-ito** m. (-*i*tou). Palmiste [planta]. ‖ Bouquet de fleurs. ‖**-o** m. (p*à*-ou). Empan. ‖ Palme [medida romana].
palpável adj. (p*à*lpavèl). Palpable.
pálpebra f. (p*à*-ebra). Paupière.
palpit‖ação f. (pà-aç*ão*u). Palpitation. ‖**-ante** adj. (-*â*t). Palpitant, ante. ‖**-ar** vi. (-*a*r). Palpiter. ‖*Fig.* Pressentir*. ‖**-e** m. (-*i*t). *Fig.* Pressentiment.
palpo m. (p*à*-ou). Palpe, f.
palrr‖ador, a adj. et s. (pàlrrad*ô*r, a). Bavard, arde. ‖**-ar** vi. (-*a*r). Gazouiller (les enfants) [crianças]. ‖ Jacasser [pega]. ‖**-eiro, a** adj. (-*â*yrou, a). Bavard, arde. ‖**-ice** f. (-*i*ç). Bavardage, m., jacasserie, caquetage, m.
palu‖dismo m. (paloud*i*jmou). Paludisme. ‖**-stre** adj. (-*ou*chtr). Palustre.
pamonha f. (pam*ô*gna). *Br.* Gaude. ‖ m. et f. *Fig.* Gourde, imbécile.
pampa f. (p*â*pa). Pampa.
pâmpano m. (p*â*panou). Pampre.
pampilho m. (p*â*pilou). Aiguillon.
panaceia f. (panac*â*ya). Panacée.
panar vt. (pan*a*r). Paner.
panarício m. (panar*i*-ou). Panaris.
panasco m. (pan*ach*cou). Herbe (f.) de pâturage.
panca f. (p*â*ca). *Br.* U. dans la loc. *dar pancas,* exceller, se distinguer.
pança f. (p*â*ça). Panse.
pancad‖a f. (p*â*cada). Coup, m. ‖*Loc. Jogar a pancada,* en venir* aux mains. *Ter pancada* (na mola), avoir* un coup de marteau. ‖**-aria** f. (-ad*a*ria). Volée de coups. ‖ Bagarre, tumulte, m.
pâncreas m. (p*â*cryach). Pancréas.
pançudo, a adj. (paçou*dou*, a). Pansu, ue.

Lettres penchées : accent tonique. ‖ V. page verte pour la prononciation figurée. ‖ * Verbe irrég. V. à la fin du volume.

PÂN — PAP

pândeg‖a f. (pãdega). Partie de plaisir, de débauche. ‖Loc. *Andar na pândega*, faire* la fête. ‖**-o, a** adj. et s. (-ou, a). Fêtard, arde; noceur, euse.
pandeir‖**eta** f. ou **-o** m. (pãdayréta, -ãyrou). Tambour (m.) de basque.
pandilha m. (pãdila). Coquin, vaurien. ‖f. Bande (de voleurs).
pando, a adj. (pãdou, a). Gonflé, ée.
Pandora n. pr. (pãdóra). Pandore.
pandorga f. (pãdorga). Charivari, m. ‖Grosse femme. ‖*Br*. Cerf-volant, m. (jouet).
paneg‖**írico** m. (panejír-ou). Panégyrique. ‖**-irista** m. et f. (-íchta). Panégyriste.
paneiro m. (panãyrou). Panier d'osier à deux anses.
panejar vt. (panejar). Draper. ‖vi. Flotter (la voile).
panel‖**a** f. (panéla). Marmite. ‖Pot, m. (à viande) [de carne]. ‖**-ada** f. (-elada). Potée. ‖**-inha** f. (-ígna). Petite marmite, petit pot, m. ‖Coterie, cabale, intrigue.
panema adj. et s. (panéma). *Br. du N.* Malchanceux, euse; guignard, arde.
panfleto m. (pã-étou). Pamphlet.
pangaré m. (pãgarè). *Br.* Rosse, f.
pânico m. (pã-ou). Panique, f.
panicula f. (panícoula). Panicule.
panific‖**ação** f. (pa-açãou). Panification. ‖**-ar** vt. (-ar). Panifier. ‖**-ável** adj. (-avèl). Panifiable.
pan‖**inho** m. (panígnou). Calicot. ‖**-o** m. (pãnou). Étoffe, f., toile, f. ‖Drap [lã]. ‖Pan (de muraille). ‖Manteau de cheminée. ‖*Théât.* Rideau. ‖Masque (taches au visage) [na cara]. ‖Loc. *A todo o pano*, à toute voile. *Pano mortuário*, poêle. *Panos quentes*, palliatifs.
panorama m. (panourãma). Panorama.
pantalha f. (pãtala). Abat-jour, m.
pantan‖**a** f. (pãtãna). U. dans la loc. *dar em pantana*, gaspiller son bien. ‖**-al** m. (-ãl). Marécage.
pântano m. (pãtanou). Marais.
pantanoso, a adj. (pãtanósou, osa). Marécageux, euse.
panteão m. (pãtyãou). Panthéon.
pantera f. (pãtèra). Panthère.

pantógrafo m. (pãtografou). Pantographe.
pantom‖**ima** f. (pãtoumíma). Pantomime. ‖**-ineiro** m. (-ãyrou). Dupeur.
pantu‖**fa** f. (pãtoufa). Pantoufle. ‖**-rra** f. (-ourra). Gros ventre, m.
pão m. (pãou). Pain : *pão duro*, pain rassis. ‖Loc. *Comer o pão que o diabo amassou*, manger de la vache enragée. ‖**-ce-ló** m. (-elo). Gâteau de Savoie. ‖**-zinho** m. (-ígnou). Petit pain.
papá m. (papc). Papa.
papa‖ m. (papa). Pape. ‖f. Bouillie. ‖Loc. *Cobertor de papa*, couverture (f.) de laine à longs poils. ‖pl. Bouillie. ‖**-açorda** m. (-paçórda). Lambin. ‖**-da** f. (papáda). Double menton, m. ‖**-do** m. (-ou). Papauté, f. ‖**-figo** m. (papafígou). Becfigue. ‖**-fina** adj. (-ína). Exquis, ise. ‖s. m. Personne ridicule, f. ‖**-formigas** m. (-ourmigach). Fourmilier. ‖**-gaio** m. (papagayou). Perroquet. ‖Cerf-volant (jouet). ‖**-guear** vt. (-ghyar). Réciter comme un perroquet.
papai m. (papay). *Br*. Papa.
papa-jantares m. et f. (-pajátarech). Pique-assiette, m.
papal adj. (papãl). Papal, ale.
papa-léguas m. et f. (-palègouach). Grand, ande marcheur, euse. ‖**-moscas** m. (-óchcach). Gobe-mouches, jobard (fam.).
papão m. (papãou). Croque-mitaine.
papar‖ vt. et vi. (papar). Manger. ‖**-icar** vt. et vi. (-ar-ar). Pignocher. ‖**-iccs** m. pl. (-icouch). Câlineries, f.
papeira f. (papãyra). Oreillons, m. pl.
papel m. (papèl). Papier. ‖Rôle [de actor, etc.]. ‖Loc. *Papel de seda*, papier pelure. *Papel mata-borrão*, papier buvard. *Papel pintado*, papier tenture. *Papel químico*, papier carbone. *Papel vegetal*, papier-calque. *Representar um papel*, jouer un rôle.
papel‖**ada** f. (papelãda). Paperasse. ‖**-ão** m. (-ãou). Carton. ‖**-aria** f. (-aría). Papeterie. ‖**-eira** f. (-ãyra). Casier, m. ‖**-eiro** m. (-ou). Papetier. ‖**-eta** f. (-éa). Bulletin, m.; affiche. ‖**-inho** m. (-ígnou). Petit papier. ‖**-otes** m. pl. (-otch). Papillotes, f.

Itálico : acento tônico. ‖V. página verde para a pronúncia figurada. ‖*Verbo irreg. V. no final do livro.

‖**-ucho** m. (-ou-ou). Morceau de papier.
papila f. (papila). Papille.
papilionácea f. (pa-ounacya). Papilionacée.
papismo m. (papijmou). Papisme. ‖**-sta** adj. et s. (-ichta). Papiste.
papo m. (papou). Jabot. ‖ Bouillon (dans un vêtement). ‖Loc. *Falar de papo*, enfler le gosier.
pap‖oila ou **-oula** f. (papóyla, -ôl-). Coquelicot, m., pavot des champs, m.
papudo, a adj. (papoudou, a). Renflé, ée.
paquete m. (pakét). Paquebot. ‖ Galopin, groom, petit commissionnaire.
paquiderme m. (pakidèrm). Pachyderme.
par adj. (par). Pair, aire. Pareil, eille [semelhante]. ‖ s. m. Paire, f. [meias, etc.]. ‖ Pair [de França, etc.]. ‖ Cavalier ou sa dame [dança]. ‖Loc. *A par*, de pair. *Ao par*, au pair. *De par em par*, grand ouvert; à deux battants. *Estar a(o) par de*, être* au courant de. *Pares ou nones* (ou *nunes*), pair ou non.
para prép. (para). Pour [destino; fim]. ‖ A [destino; tempo]. ‖ En [destino (países sem artigo)]. ‖Dans [para dentro]. ‖Vers [destino]. ‖ Sur le point de, près de [quase; mesmo]. ‖ Sur [para cima de]. ‖Loc. *Dar para* (um local), donner sur. *De dia para dia*, de jour en jour. *De mim para mim*, en moi-même. *Para com*, envers. *Para o futuro*, à l'avenir. *Para que*, pour que, afin que.
parabéns m. pl. (parabãych). Félicitations, f., compliments, f. ‖Loc. *Dar (os) parabéns*, féliciter.
parábola f. (paraboula). Parabole.
pára-choque m. (-ra-oc). Tampon (chem. de fer). ‖ Pare-chocs [automóvel].
parad‖a f. (parada). Enjeu, m. [jogo]. ‖ Défilé, m. [tropas]. ‖ Parade [esgrima]. ‖**-eiro** m. (-adãyrou). Séjour, demeure, f.
paradigma m. (paradi-a). Paradigme.
paradisíaco, a adj. (paradiziacou, a). Paradisiaque.
parado, a adj. (paradou, a.). Arrêté, ée. ‖Loc. *Estar* (ou *ficar*) *parado*, s'arrêter.
paradox‖al adj. (paradou-àl). Paradoxal, ale. ‖**-o** m. (-o-ou). Paradoxe.
parafina f. (parafina). Paraffine.
paráfrase f. (parafraz). Paraphrase.
parafr‖asear vt. (parafrasyar). Paraphraser. ‖**-ástico, a** adj. (-ach-ou, a.). Paraphrastique.
parafus‖ar vt. (parafousar). Visser. ‖vi. Rêver, ruminer. ‖**-o** m. (-ousou). Vis, f. ‖Loc. *Chave de parafusos*, tournevis, m.
paragem f. (parajãy). Arrêt, m., halte. ‖Parage, m. [local].
parágrafo m. (paragrafou). Paragraphe. ‖Loc. *Ponto, parágrafo*, point, à la ligne [no ditado].
Paraguai n. pr. (paragouay). Paraguay.
paraíso m. (paraïsou). Paradis.
paral‖ela f. (paralèla). Parallèle. ‖**-elepípedo** m. (-epipedou). Parallélépipède. ‖**-elismo** m. (-ijmou). Parallélisme. ‖**-elo, a** adj. et s. m. (-èlou, a.). Parallèle.
paralis‖ação f. (para-açãou). Suspension, interruption. ‖**-ar** vt. (-ar). Paralyser. ‖vi. Se paralyser. ‖**-ia** f. (-ia). Paralysie.
paralítico, a adj. et s. (parali-ou, a). Paralytique.
pára-luz m. (paralouch). Abat-jour.
parament‖ar vt. (paramẽtar). Parer. ‖**-ar-se** vr. (-ç). Mettre* les habits sacerdotaux. ‖**-o** m. (-ẽtou). Ornement. ‖ pl. Ornements, habits sacerdotaux.
páramo m. (paramou). Plaine déserte, f.
paran‖á m. (parana). *Br*. Rivière, f., canal, bras de rivière. ‖**-aense** adj. et s. (-aéç). Du Paraná (État du Brésil).
parangona f. (paragõna). Parangon, m.
paraninfo m. (paranĩfou). Parrain.
parapeito m. (parapãytou). Parapet. ‖Garde-fou [de ponte]. ‖Allège, f. [janela].
pára-qu‖edas m. (parakèdach). Parachute. ‖**-edista** m. (-edichta). Parachutiste.
parar vt. (parar). Arrêter. ‖Parer (un coup) [estocada]. ‖Ponter [jogo]. ‖vi. S'arrêter. ‖Cesser [fin-

---

Lettres penchées : accent tonique. ‖V. page verte pour la prononciation figurée. ‖* Verbe irrég. V. à la fin du volume.

dar]. ‖Loc. *Ir parar a*, aboutir, tomber. *Não pára quieto*, il ne tient pas en place. *Parar em mal*, finir mal. *Sem parar*, sans relâche; sans arrêt.

pára-raios m. (pararr*a*youch). Paratonnerre.

parasit‖a adj. et s. (paras*i*ta). Parasite. ‖**-ário**, **a** adj. (-*a*ryou, a). Parasitaire. ‖**-ismo** m. (-*i*jmou). Parasit*i*sme.

pára-sol m. (para*ç*ol). Parasol.

paratifóide adj. (para-*oy*d). Paratyph*o*ïde.

pára-vento m. (parav*ê*tou). Paravent.

parca f. (p*a*rca). Parque.

parc‖eiro, **a** adj. (parç*â*yrou, a). Pareil, eille. ‖s. m. Partenaire (au jeu). ‖**-ela** f. (-*ê*la). Parcelle. ‖**-elar** vt. (-el*a*r). Parceller. ‖**-ial** adj. (-*yà*l). Partial, ale [injusto]. ‖Partiel, elle. ‖**-ialidade** f. (-a-*a*d). Partialité.

parcim‖ónia f. (par-*o*nya). Parcimonie. ‖**-onioso**, **a** adj. (-ouny*ô*sou, osa). Parcimonieux, euse.

parco, **a** adj. (p*a*rcou, a). Frugal, ale.

pardacento, **a** adj. (pardacêtou, a). Grisâtre.

pardal m. (pard*à*l). Moineau.

pardieiro m. (pardy*â*yrou). Masure, f.

pardo, **a** adj. (p*a*rdou, a). Gris, ise. ‖Sombre [tempo]. ‖s. m. Mulâtre.

páreas f. pl. (p*a*ryach). Délivre, m. sing.

parec‖ença f. (parec*ê*ga). Ressemblance. ‖**-er** vi. (-*ê*r). Paraître*, sembler; avoir* l'air de. ‖Loc. *Ao que parece*, à ce qu'il semble, à ce qu'il paraît. *Como lhe parecer*, comme bon vous semble. *Parece que*, il paraît que. ‖s. m. Avis, opinion, f. ‖**-er-se** vr. (-ç). Ressembler. ‖*Mine*, f. : *ter bom parecer*, avoir* bonne mine. ‖**-ido**, **a** adj. (-*i*dou, a). Ressemblant, ante. ‖Loc. *Bem parecido*, de bonne mine.

pared‖ão m. (pared*ãou*). Gros mur. ‖**-e** f. (-*ê*d). Mur, m. ‖Paroi, m. [recipiente, etc.]. ‖Loc. *Entre a espada e a parede*, au pied du mur. *Fazer parede*, faire* grève. *Pôr os pés à parede*, s'opposer opiniâtrement.

paredro m. (pared*rou*). *Br.* Grand animal.

parelh‖a f. (par*ê*yla). Paire (de chevaux). ‖Loc. *Correr parelhas*, aller* de pair. *Parelha de coices*, ruade. ‖**-eiro** adj. (-*êy*rou). *Br.* Cheval de course. ‖**-o**, **a** adj. (-*â*ylou, a). Pareil, eille.

parent‖e m. (par*ê*t). Parent. ‖**-ela** f. (-*ê*la). Parenté. ‖**-esco** m. (-échcou). Parenté, f.; rapport, affinité, f.

parênteses‖e ou -is m. (par*ê*tez, -ch). Parenthèse, f. : *entre parênteses*, entre parenthèses.

parição f. (par-*ã*ou). Parturition.

paridade f. (par-*a*d). Parité.

parietal adj. et s. m. (pary*è*tàl). Pariétal, ale.

parir vt. et vi. (par*i*r). Enfanter, accoucher. ‖Mettre* bas [animais].

Paris n. pr. (par*i*ch). Paris.

Páris n. pr. (par*i*ch). Pâris.

parisiense adj. et s. (par-*yê*ç). Parisien, enne.

parlament‖ar adj. et s. m. (parlam*ê*tar). Parlementaire. ‖vi. Parlementer. ‖**-ário**, **a** adj. (-*a*ryou). Parlementaire (à l'ennemi). ‖**-arismo** m. (-*a*rijmou). Parlementarisme. ‖**-ear** vi. (-*ya*r). Parlementer. ‖**-o** m. (-*ê*tou). Parlement.

parlapat‖ão m. (parlapat*ãou*). Vantard. ‖**Impostor**. ‖**-ice** f. (-*iç*). Vantardise, forfanterie, hâblerie.

parl‖atório m. (parlat*o*ryou). Parloir. ‖*Fig. Fam.* Bavardage. ‖**-enga** f. (-*ê*ga). Harangue.

parmesão adj. et s. m. (parmes*ãou*). Parmesan.

parnaíba f. (parna*í*ba). *Br.* Couteau (m.) de boucher.

Parnaso n. pr. (parn*a*sou). Parnasse.

pároco m. (p*a*roucou). Curé.

paródia f. (par*o*dya). Parodie.

parod‖iar vt. (paroudy*a*r). Parodier. ‖**-ista** m. et f. (-*i*chta). Parodiste.

parol‖a f. (par*o*la). Verbiage, m. ‖**-agem** f. (-oul*a*jây). Bavardage, m. ‖**-ar** vi. (*-*ar). Bavarder. ‖**-eiro** m. (-*â*yrou). Bavard. ‖**-o** m. (-*ô*lou). Manant, rustre.

paróquia f. (par*o*kya). Paroisse.

paroqui‖al adj. (parouky*à*l). Paroissial, ale. ‖**-ano**, **a** adj. et s. (-y*â*nou, a). Paroissien, enne.

Itálico : acento tónico. ‖V. página verde para a pronúncia figurada. ‖*Verbo irreg. V. no final do livro

parótida f. (par*o*-a). Parotíde.
parotidite f. (par*o*-it). Parotidite.
paroxismo m. (par*o*-ijmou). Paroxysme.
parque m. (parc). Parc.
parquete m. (park*é*t). Parquet.
parra f. (p*a*rra). Feuille de vigne.
parrana adj. et s. (parr*ã*na). Mal habillé, ée. ‖Lambin, *ine* [molenga]. ‖Suranné, ée [antiquado].
parreir‖**a** f. (parr*â*yra). Treille. ‖**-al** m. (-àl). Suite (f.) de treilles.
parte f. (part). Partie. ‖Part [quinhão; participação]. ‖Côté, m. [lado]. ‖*Théât*. Rôle, m. ‖Plainte [queixa]. ‖Loc. *A maior parte*, la plupart. *A qualquer parte*, n'importe où. *À parte*, à part. *Da parte de*, de la part de. *Dar parte, faire* part. Dar parte de alguém*, porter plainte contre quelqu'un. *De parte a parte*, de part et d'autre. *Em alguma parte*, quelque part. *Em nenhuma parte*, nulle part. *Em outra parte*, ailleurs. *Em parte*, en partie. *Em toda a parte*, partout. *Fazer parte de*, faire* partie de. *Por partes*, séparément. *Tomar parte*, prendre* part.
parteir‖**a** f. (part*â*yra). Sage-femme. ‖**-o** m. (-ou). Accoucheur.
particip‖**ação** f. (par-*a*ç*ã*ou). Communication. ‖Faire-p*a*rt, m. [escrita]. ‖**-ante** adj. et s. (-*ã*t). Participant, *ante*. ‖**-ar** vt. (-*a*r). Faire* part. ‖vi. Participer, prendre* part [em]. ‖Participer à.
particípio m. (part-*í*pyou). Participe.
partícula f. (part-*í*coula). Particule.
particul‖**ar** adj. (par-oul*a*r). Particulier, *ère*; privé, *ée*. ‖s. m. Particulier. ‖pl. Particularités, f. ‖Loc. *Em particular*, en particulier. ‖**-aridade** f. (-ar-*a*d). Particularité. ‖**-arismo** m. (-*i*jmou). Particularisme. ‖**-arista** adj. et s. (-*i*chta). Particulariste. ‖**-arizar** vt. (-*a*r). Particulariser. ‖**-arizar-se** vr. (-*a*r). Se particulariser. ‖**-armente** adv. (-arm*ê*t). Particulièrement.
partida f. (part*í*da). Départ, m. ‖Partie [jogo; caça]. Tour, m., niche (fam.) [p*i*rraça]. ‖Loc. *Escrituração por partidas dobradas*, tenue des livres en partie double. *Pregar uma partida*, jouer un tour.

partid‖**ário, a** adj. (par-*a*ryou, a). De part*i*. ‖s. m. Partisan. ‖Loc. *Partidário da maioria*, majoritaire. ‖**-arismo** m. (-ar*i*jmou). Esprit de part*i*. ‖**-(ar)ista** adj. et s. (-*i*chta). Partisan, *ane*. ‖**-o** m. (-*i*dou). Part*i*. ‖Loc. *Dar partido ao jogo*, rendre des points. *Tirar partido de*, tirer part*i* de. *Tomar o partido de*, prendre* le parti de. ‖**-or** m. (-*ô*r). *Celui qui partage*.
partilh‖**a** f. (part*í*lha). Partage, m. ‖**-ar** vt. et vi. (-*a*r). Partager, copartager.
partir‖ vt. (part*í*r). Partager, diviser : *partir ao meio*, partager par moitié. ‖Casser [quebrar]. ‖Briser [em estilhas]. ‖Rompre* [pão]. ‖vi. Partir*. ‖**-se** vr. (-ç). (Se) casser, se rompre. ‖Se fendre [coração, alma].
partit‖**ivo, a** adj. (par-*í*vou, a). Partitif, *ive*. ‖**-ura** f. (-*ou*ra). Partition.
parto m. (p*a*rtou). Accouchement, délivrance, f. ‖Mise (f.) bas [animais].
parturiente adj. et s. f. (partoury*ê*t). Femme en couche [antes]. ‖Accouchée.
parvo‖**, a** adj. et s (p*a*rvou, a). Sot, *otte*. ‖**-ice** f. (p*a*-iç). Sottise, bêtise.
párvulo m. (p*á*rvoulou). Petit enfant. ‖adj. Petit.
pascal adj. (pach*a*l). Pascal, *ale*.
pascer vt. (pach*é*r). Paître*. ‖*Fig.* Se repaître*.
Páscoa n. pr. f. (p*a*chcoua). Pâques, m. pl. ‖Pâque, f. [dos Judeus].
pasco‖**al** adj. (pachcou*a*l). Pascal, *ale*. ‖**-ela** f. (-*ê*la). Quasimodo.
pasm‖**ar** vt. (pajm*a*r). Étonner. ‖vi. S'ébahir, s'étonner. ‖**-o** m. (p*a*-ou). Ahurissement, ébahissement. ‖adj. *Br.* Étonné, perplexe. ‖**-oso** adj. (pa-*ô*sou, *ô*sa). Étonnant, *ante*; admir*a*ble.
pasquim m. (pachk*î*). Pasquin. ‖Pasquinade, f., raillerie bouffonne, f.
passa f. (p*a*ça). Raisin sec, m.
passada f. (paç*a*da). Pas, m., enjambée.
passad‖**eira** f. (paçad*â*yra). Tapischemin, m. ‖Pierre de passage [ribeiro]. ‖Anneau (m.) de cravate. ‖**-iço** m. (-*i*çou). Passage étroit, cor-

Lettres penchées : accent tonique. ‖V. page verte pour la prononciation figurée. ‖* Verbe irrég. V. à la fin du volume.

PAS — PAT

ridor. ‖ adj. Passager, transitoire. ‖-io m. (-íou). Ordinaire. ‖-o, a adj. (-adou, a). Passé, ée. ‖ Dernier, ère [ano, semana]. ‖ Sec, sèche [fruto]. ‖ Stupéfait, aite. ‖ s. m. Passé. ‖ Loc. Bem passado (bife), bien cuit. ‖-or m. (-adôr). Passoire. f., [cozinha]. ‖-ouro ou -oiro m. (-ôrou, -ôy-). Passage.

passag‖eiro, a adj. et s. (paçajây-rou, a). Passager, ère. ‖-em f. (-ájay). Passage, m. ‖ Reprise (à une étoffe) [costura]. ‖ Loc. Abrir passagem, se frayer un passage. De passagem, en passant.

passaman‖aria f. (paçamanaría). Passementerie. ‖-eiro m. (-âyrou). Passementier. ‖-es m. pl. (-ânech). Passements.

pas‖ant, ante m. et f. (paçãt). Passant, ante. ‖ adj. Qui dépasse.

passaporte m. (paçaport). Passeport.

passar‖ vt. (paçar). Passer. ‖ Dépasser [ultrapassar]. ‖ Souffrir*. ‖ Délivrer [entregar]. ‖ vi. Passer. ‖ Être* reçu (à un examen). ‖ - -se vr. (-ç). Se passer. ‖ Loc. Como passou? comment allez-vous ? Passar a ferro, repasser. Passar a fio de espada, passer au fil de l'épée. Passar a segundas núpcias, convoler en secondes noces. Passar as marcas, sortir* des bornes. Passar a vias de facto, en venir* aux mains. Passar de, dépasser. Passar em silêncio, passer sous silence. Passar por [ser considerado], passer pour. Passar sem, se passer de. Passar-se para, passer à. Ter com que passar, avoir* de quoi vivre.

passar‖ada f. (paçarada). Volée d'oiseaux. ‖-eira f. (-âyra). Volière. ‖-(inh)eiro m. (-(gn)âyrou). Oiseleur.

pássaro m. (paçarou). Oiseau. ‖ Passereau [ordem]. ‖ Pop. Fin merle.

passatempo m. (paçatépou). Passetemps.

passe‖ m. (paç). Passe, f. ‖-ante m. et f. (paçãt). Promeneur, euse. ‖-ar vt. (-yar). Promener. ‖ vi. Se promener. ‖ Loc. Mandar passear, envoyer* paître. ‖ Vai passear! va te promener ! ‖-ata f. (-yata). Petite promenade. ‖-io m. (-âyou). Promenade, f. ‖ Trottoir, m. [nas ruas]. ‖ Loc. Dar um passeio, faire* une promenade.

passional adj. (pa-ounàl). Passionnel, elle. ‖ s. m. Passionnaire (livre).

passível adj. (pacivèl). Passible.

passiv‖idade f. (pa-at). Passivité. ‖-o, a adj. et s. (-ívou, a). Passif, ive. ‖ Loc. Voz passiva, voix passive.

passo m. (paçou). Pas. ‖ Passage [dum livro]. Station, f. (du chemin de la croix) [calvário]. ‖ pl. Démarches, f. ‖ Passion (f. sing.) du Christ. ‖ Loc. A cada passo, au pas. A cada passo, à chaque pas. A passo de boi, à pas de tortue. A passos largos, à grands pas. Ao passo que, tandis que ; à mesure que. Dar um passo em falso, faire* un faux pas.

passoca f. (paçoca). Br. Mets composé de viande rôtie ou frite au beurre pilée avec de la farine.

pasta f. (pachta). Pâte [de papel; para dentes, etc.] ‖ Serviette (d'écolier, etc.). ‖ Portefeuille, m. [ministro]. ‖ Sous-main, m. [de secretária]. ‖ Ouatine [no forro dum fato].

past‖agem f. (pachtajãy). Pâturage, m. ‖-ar vt. et vi. (-ar). Paître*. ‖-el m. (-èl). Gâteau [bolo]. ‖ Petit pâté. ‖ Pastel [pint.]. ‖-elão m. (-elãou). Pâté farci. ‖-elaria f. (-elaría). Pâtisserie. ‖-eleiro, a m. et f. (-âyrou, a). Pâtissier, ère. ‖-ilha f. (-ílα). Pastille. ‖-o m. (pα-ou). Pâture, f., pâturage, m. ‖ Loc. Casa de pasto, restaurant, m.

pastor‖ m. (pachtôr). Pâtre, pasteur. ‖ Berger [de ovelhas]. ‖ Pasteur [padre protestante]. ‖-a f. (-a). Bergère. ‖-al adj. (-ouràl). Pastoral, ale. ‖ s. f. Mandement, m. [religião]. ‖ Pastorale [liter.]. ‖-ear vt. (-yar). Mener paître. ‖ Guider (os troupeaux). ‖-ejar vt. (-ejar). Br. V. PASTOREAR. ‖-ela f. (-èla). Pastourelle. ‖-il adj. (-íl). Pastoral, ale.

pastoso, a adj. (pachtôsou, ôsa). Pâteux, euse. ‖ Rond, onde (voix) [voz].

pata f. (pata). Patte. ‖ Cane [fêmea do pato]. ‖ Loc. Pop. A pata, à pied.

pataco m. (paτacou). Ancienne monnaie portugaise. ‖ pl. Fig. Argent, sing.

Itálico : acento tónico. ‖ V. página verde para a pronúncia figurada. ‖ *Verbo irreg. V. no final do livro.

patada f. (patada). Coup (m.) de pied.
patamar m. (patamar). Palier.
pataqueiro, a adj. (patakẽyrou, a). Sans valeur. ‖ Vulgaire, trivial, ale; bas, asse.
patarata f. (pataráta). Bourde. ‖ m. Nigaud, benêt. ‖ Vantard, hâbleur.
patavina f. (patavína). Rien; mie.
pate‖ada f. (patyóda). Trépinement, m. ‖ Loc. *Dar pateada*, siffler (un acteur, etc.). ‖ **-ar** vt. (-yar). Siffler (une pièce, etc.). ‖ vi. Trépigner. ‖ Succomber. ‖ Échouer [fracassar].
patent‖e adj. (patét). Patent, ente. ‖ Ouvert, erte. ‖ s. f. Brevet, m. ‖ *Mil.* Grade, m. ‖ Loc. *Pagar a patente*, payer sa bienvenue. ‖ **-ar** vt. (-yar). Manifester. ‖ Breveter [invento]. ‖ **-ar-se** vr. (-ç). Devenir* manifeste.
patern‖al adj. (paternàl). Paternel, elle. ‖ **-idade** f. (-ad). Paternité. ‖ **-o, a** adj. (-ê-ou, a). Paternel, elle.
patet‖a m. et f. (patéta). Sot, otte. ‖ **-ice** f. (-íç). Sottise, niaiserie, bêtise.
patético, a adj. (patè-ou, a). Pathétique.
patíbulo m. (patiboúlou). Gibet.
patif‖aria f. (pa-aría). Friponnerie. ‖ **-e, a** adj. et s. (-íf, a). Coquin, ine; fripon, onne. ‖ **-ório** m. (-oryou). Gros coquin.
patilha f. (patila). Favori, m. (barbe). ‖ Patte (d'un vêtement) [presilha].
pati‖m m. (patí). Patin. ‖ Petit palier [patamar]. ‖ **-nador, a** m. et f. (-adôr, a). Patineur, euse. ‖ **-nagem** f. (-ajày). Patinage, m. ‖ **-ar** vi. (-ar). Patiner.
patinhar vi. (pa-gnar). Patauger, barbotter. ‖ Patiner (véhicule).
pátio m. (patyou). Cour, f.
pato m. (patou). Canard. ‖ *Pop.* Pigeon, dupe, f.
patogénico, a adj. (patoujê-ou, a). Pathogénique.
patranha f. (patrâgna). Bourde, canard, m.
patrão m. (patráou). Patron.
pátria f. (patrya). Patrie.
patri‖arca f. (patryárka). Patriarche. ‖ **-arcado** m. (-a-adou). Patriarcat. ‖ **-arcal** adj. (-àl). Patriarcal, ale.

patrício, a adj. et s. (patrí-ou, a). Patricien, enne. ‖ s. m. et f. Compatriote, pays, yse (fam.).
patrim‖onial adj. (patr-ounyàl). Patrimonial, ale. ‖ **-ónio** m. (-onyou). Patrimoine.
pátrio, a adj. (patryou, a). De la patrie. ‖ Paternel, elle [do pai].
patri‖ota m. et f. (patryóta). Patriote. ‖ **-oteiro, a** adj. (-outêyrou, a). Patriotard, arde. ‖ **-ótico, a** adj. (-o-ou, a). Patriotique. ‖ **-otismo** m. (-outíjmou). Patriotisme.
patroa f. (patrôa). Patronne. ‖ Loc. *Fam. A minha patroa*, ma femme.
patroc‖inador, a adj. et s. (patrou-adôr, a). Patron, onne. ‖ **-inar** vt. (-ar). Patronner. ‖ **-ínio** m. (-ínyou). Patronage.
Pátroclo n. pr. (patrou-ou). Patrocle.
patron‖ado m. (patrounádou). Patronat. ‖ **-ato** m. (-átou). Patronat (catholique). ‖ **-o** m. (-ônou). Patron (saint).
patrulh‖a f. (patroúla). Patrouille. ‖ **-ar** vt. (-ar). Garnir de patrouilles. ‖ vi. Patrouiller.
patusc‖ada f. (patouchcáda). Gogaille. ‖ Rigolade, fête. ‖ **-ar** vi. (-ar). Rigoler, faire* la fête. ‖ **-o, a** adj. et s. (-ou-ou, a). Rigoleur, euse. ‖ Ridicule.
pau|| m. (paou). Bois (substance). ‖ Bâton; mât. ‖ pl. Trèfle, sing. [cartas]. ‖ Loc. *Dar por paus e por pedras*, aller* par sauts et par bonds. *Jogar com paus de dois bicos*, ménager la chèvre et le chou. *Pau de vassoura*, manche à balai. ‖ **-brasil m. (-rasíl). Brésil (bois).
paul m. (paoul). Marais, marécage.
paulada f. (paouláda). Coup (m.) de bâton.
paulatinamente adv. (paoula-amêt). Lentement, peu à peu, petit à petit.
paulificar vt. (paou-ar). *Br.* Fâcher, dégoûter. ‖ Importuner, déranger.
paulista adj. et s. (paoulíchta). Habitant, ante de São Paulo (Brésil).
paulito m. (paoulítou). Quille, f. (morceau de bois).
Paulo, a n. pr. (paoulou, a). Paul, aule.
paup‖erismo m. (paoupepríjmou).

Lettres penchées : accent tonique. ‖ V. page verte pour la prononciation figurée. ‖ * Verbe irrég. V. à la fin du volume.

Paupérisme. ‖**-érrimo, a** adj. (-èrrou, a). Très pauvre.
paus‖**a** (pαousa). Pause. ‖**-ado, a** adj. (-αdou, a). Lent, ente ; modéré, ée ; compassé, ée.
Pausânias n. pr. (paousânyach). Pausanias.
pau-santo m. (paouçátou). Palissandre.
pausar vt. (paousar). Arrêter. ‖ vi. Faire* une pause. ‖ Mus. Pauser.
paut‖**a** f. (paouta). Guide-âne, m. (pour écrire droit). ‖ Tarif (m.) des douanes. ‖ Liste de noms. ‖ Mus. Portée. ‖**-ado, a** adj. (-αdou, a). Réglé, ée. ‖**-al** adj. (-àl). Concernant les tarifs des douanes. ‖**-ar** vt. (-αr). Régler (le papier).
pautear vi. (paoutyar). Br. Causer.
pauzinho m. (paouzignou). Petit bâton. ‖ Loc. Mexer (ou tecer, Br.) os pauzinhos, tenir* les ficelles.
pavão m. (pavãou). Paon.
paveia f. (pavêya). Javelle.
pávido, a adj. (pa-ou, a). Effrayé, ée.
pavilhão m. (pa-lãou). Pavillon.
paviment‖**ar** vt. (pa-ētar). Paver. ‖**-o** m. (-ētou). Pavé. ‖ Plancher [soalho]. ‖ Étage [andar].
pavio m. (paviou). Mèche, f. (de vela). ‖ Rat de cave [enrolado]. ‖ Loc. De fio a pavio, d'un bout à l'autre.
pavonear‖ vt. (pavounyar). Étaler. ‖**--se** vr. (-ç). Se pavaner. ‖ Se vanter.
pavor‖ m. (pavôr). Épouvante, f., frousse, f. ‖**-oso, a** adj. (-ourôsou, osa). Effrayant, ante ; effroyable, horrible.
paz f. (pach). Paix. ‖ Loc. Descansar em paz, reposer en paix. Fazer as pazes com, faire* la paix avec (quelqu'un).
pàzada f. (pazada). Pelletée. ‖ Coup (m.) de pelle [pancada].
pé m. (pè). Pied. ‖ Loc. A pé, à pied. A pé! debout! Ao pé, tout près. Ao pé de, auprès de. A pé firme, de pied ferme. A sete pés, à toutes jambes. Aos pés de [cama], au pied de (lit). De pé, debout. Do pé para a mão, en un instant. Em pé, debout. Entrar com o pé direito, débuter heureusement. Estar com um pé para a cova, avoir* un pied dans la tombe.

Não ter pés nem cabeça, n'avoir ni queue ni tête. Pé ante pé, à pas de loup.
peão m. (pyãou). Piéton. ‖ Fantassin [soldado]. ‖ Pion [xadrez].
pear vt. (pyar). Entraver, empêtrer.
peça f. (pêça). Pièce. ‖ Loc. Boa (ou má) peça, mauvais garnement, m.
pec‖**ado** m. (pecádou). Péché. ‖**-ador, a** adj. et s. (-adôr, a). Pécheur, eresse. ‖**-aminoso, a** adj. (-ôsou, osa). Coupable. ‖**-ar** vi. (-αr). Pécher, commettre* un péché. ‖ Avorter (fruit).
pecha f. (pê-a). Défaut, m.
pechinch‖**a** f. (pe-ī-a). Aubaine, profit (m.) inespéré. ‖**-ar** vt. (-αr). Obtenir* sans peine. ‖ vi. Obtenir* un avantage irattendu.
pech‖**isbeque** m. (pé-jbèc). Pinchbeck, chrysocal(que). ‖**-oso, a** adj. (-ôsou, osa.). Défectueux, euse ; imparfait, aite.
peco, a adj. (pécou, a.). Avorté, ée (fruit). ‖ Fig. Sot, otte ; niais, aise. ‖ Lâche, lambin, ine [mole, indolente].
peçonh‖**a** f. (peçôgna). Venin, m. ‖**-ento, a** adj. (-ou-étou, a). Venimeux, euse.
pecuári‖**a** f. (pecouarya). Art (m.) d'élever les bestiaux. ‖**-o, a** adj. (-ou, a). Concernant les bestiaux.
peculato m. (pecoulatou). Péculat.
pec‖**uliar** adj. (pecoulyar). Particulier, ère. ‖**-úlio** m. (-ou). Pécule.
pecuniário, a adj. (pecounyaryou, a). Pécuniaire.
pedaço m. (pedaçou). Morceau. ‖ Loc. Fazer em pedaços, mettre* en pièces.
pedag‖**ogia** f. (pedagoujía). Pédagogie. ‖**-ógico, a** adj. (-ou-ou, a). Pédagogique. ‖**-ogo** m. (-ôgou). Pédagogue.
pedal‖ m. (pedàl). Pédale, f. ‖**-agem** f. (-alajãy). Action de pédaler. ‖ Loc. Pedalagem para trás, rétropédalage, m. ‖**-ar** vi. (-αr). Pédaler.
pedant‖**aria** f. (pedãtaria). Pédanterie. ‖**-e** adj. et s. (-ãt). Pédant, ante. ‖**-ismo** m. (-ījmou). Pédantisme.
pé-de-‖**altar** n. (pèdà-ar). Casuel (d'un curé). ‖**-boi** m. (-ôy). Tête à perruque, vieille perruque, f. ‖**-cabra** m. (-abra). Pied-de-chèvre. ‖**-ga-**

Itálico : acento tónico. ‖ V. página verde para a pronúncia figurada. ‖ *Verbo irreg. V. no final do livro.

linha m. (-alígna). Patte-d'oie, f. (ride). ‖**-galo** m. (-alou). Houblon [planta]. ‖ Loc. *Mesa de pé-degalo*, guéridon, m. ‖**-meia** m. (-áya). Bas de laine. ‖**-moleque** m. (-oulèc). Br. Gâteau de maïs. ‖**-vento** m. (-vétou). Rafale, f.

pederast‖**a** m. (pederàchta). Pédéraste. ‖**-ia** f. (-a-ia). Pédérastie.

pedern‖**al** m. (pedernàl). Roc. ‖ adj. Pierreux, euse. ‖**-eira** f. (-áyra). Pierre à fusil.

pedest‖**al** m. (pedechtàl). Piédestal. ‖**-re** adj. (-ètr). Pédestre. ‖**-rianismo** m. (-e-anijmou). Pédestrianisme.

pediatria f. (pedyatría). Pédiatrie.

pediculo m. (pedícoulou). Pédicule.

pedicuro m. (pe-ourou). Pédicure.

pedid‖**o** m. (pedídou). Demande, f. ‖ Prière, f. [rogo]. ‖**-o, a** adj. (-a). Demandé, ée. ‖ Loc. *A pedido de*, sur la demande de.

pedilúvio m. (pe-ouvyou). Pédiluve.

pedin‖**chão, ona** adj. et s. (pedí-áou, ôna). Quémandeur, euse. ‖**-char** vt. et vi. (-ar). Quémander. ‖ Mendier [esmola]. ‖**-te** adj. et s. (-ît). Mendiant, ante; gueux, euse.

pedir vt. et vi. (pedír). Demander, prier. ‖ Loc. *Pedir a Deus*, prier Dieu. *Pedir esmola*, demander l'aumône. *Pedir por alguém*, prier pour quelqu'un.

peditório m. (pe-oryou). Quête, f.

pedómetro m. (pedómetrou). Pédomètre.

pedr‖**a** f. (pèdra). Pierre. ‖ Grêle [granizo]. ‖ Tableau (m.) noir [quadro]. ‖ Pion, m. [damas]. ‖ Pièce [xadrez]. ‖ Loc. *Estar de pedra e cal*, être* solidement fixé. *Pedra de sal*, grain (m.) de sel. *Pedra dos dentes*, tartre, m. ‖**-ada** f. (-pe-áda). Coup (m.) de pierre. ‖**-a-pomes** f. (pè-apomech). Pierre ponce. ‖**-a-ume** f. (-oum). Alun, m.

pedreg‖**al** m. (pedregàl). Lieu pierreux. ‖**-oso, a** adj. (-ósou, osa). Pierreux, euse. ‖**-ulho** m. (oulou). Bloc de pierre.

pedreir‖**a** f. (pedráyra). Carrière (de pierre). ‖**-o** m. (-ro). Maçon. ‖**-o-livre** m. (-ívr). Franc-maçon.

Pedro n. pr. (pèdrou). Pierre.

pedúnculo m. (pedúcoulou). Pédoncule.

pega f. (péga). Pie.

pega‖ f. (pèga). Prise, poignée. ‖ Anse [asa]. ‖ Manche, m. [cabo]. ‖ Prise, querelle [questão]. ‖**-da** f. (-òda). Pas, m., trace. ‖**-diço, a** adj. (pegadíçou, a). Gluant, ante. ‖ Importun, une. ‖ Contagieux, euse. ‖**-do, a** adj. (-àdou, a). Collé, ée. ‖ Persistant, ante. ‖ Contigu, uë. ‖ *Cuis.* Gratiné, ée. ‖ *Fig.* Brouillé, ée. ‖**-dor** adj. et s. m. (-adór). Preneur. ‖**-joso, a** adj. (-ósou, osa). Poisseux, euse. ‖**-massa** f. (-aça). Bardane. ‖**-masso** m. (-ou). Chose gluante, f. ‖ *Fam.* Bassinoire, f. (personne).

pegão m. (pegáou). Emplâtre.

pegão m. (pègáou). Culée, f. (pont). ‖ Gouffre, abîme. ‖ Tourbillon, ouragan.

pegar‖ vt. (pegàr). Coller. ‖ Transmettre*. ‖ vi. Prendre*. ‖ Tenir* [segurar]. Tenir* à [com]. ‖**-se** vr. (-ç). S'attacher, se coller. ‖ Se communiquer (maladie) [doença]. ‖ En venir* aux mains [com alguém]. ‖ Loc. *Pegar com alguém*, chercher noise à quelqu'un. *Pegar fogo*, mettre* le feu. *Pegar em* (Br.), attraper. *Pegar no ar* (Br.), accepter volontiers. *Pegar no sono*, s'endormir*.

Pégaso n. pr. (pègasou). Pégase.

pego m. (pègou). Gouffre, abîme.

peguilh‖**ar** vi. (peghilàr). Chercher querelle. ‖**-ento, a** adj. (-étou, a). Chercheur, euse de querelle. ‖**-o** m. (-ílou). Obstacle, entrave, f. ‖ *Fig.* Prétexte.

peia f. (páya). Entrave. ‖ Br. Fouet, m. ‖ *Fig.* Frein, m.

peit‖**a** f. (páyta). Subornation. ‖**-ar** vt. (-ar). Corrompre*; suborner.

peit‖**ilho** m. (páytilou). Plastron. ‖ Barbette, f. [freira]. ‖**-o, m.** (páytou). Poitrine, f. ‖ Sein, mamelle, f. ‖ *Fig.* Cœur, âme, f. ‖ Devant [vestuário]. ‖ Loc. *A peito descoberto*, à découvert. *Criança de peito*, nourrisson. *Criar ao peito*, allaiter. *Peito do pé*, cou-de-pied. *Tomar a peito*, prendre à cœur. ‖**-oral** adj. (-ràl). Pectoral, ale. ‖ s. m. Poitrail.

Lettres penchées : accent tonique. ‖ V. page pour la prononciation figurée. ‖ * Verbe irrég. V. à la fin du volume.

PEI — PEN

‖ Remède pectoral. ‖ **-oril** m. (-íl). Appui de croisée.

peix‖**e** m. (pâych). Poisson. ‖ Loc. *Filho de peixe sabe nadar*, bon chien chasse de race. *Vender o seu peixe*, débiter sa marchandise (fam.). ‖**-eira** f. (-âyra). Poissonnière. ‖**-eiro** m. (-ou). Poissonnier. ‖**-elim** m. (-elĩ). Menu poisson de mer.

pej‖**ada** adj. f. (pejada). Grosse, enceinte. ‖ *Pleine [fêmea de animal]*. ‖**-ado, a** adj. (-ou, a). Plein, eine. ‖ *Fig*. Honteux, euse. ‖**-ar** vt. (-ar). Combler. ‖ vi. Devenir* enceinte. ‖**-ar-se** vr. (-ç). S'encombrer. Avoir* honte [envergonhar-se]. ‖**-o** m. (pâyjou). Honte, f., pudeur, f. ‖**-orativo, a** adj. (pejourativou, a). Péjoratif, ive.

pela prép. et art. déf. f. (pela). Par la, pour la; vers la [tempo].

péla f. (pèla). Balle (à jouer). ‖ Loc. *Jogo da péla*, jeu de paume.

pela‖**do, a** adj. (peladou, a). Pelé, ée. ‖**-dura** f. (-oura). Action de peler. ‖**-gem** f. (-ájay). Pelage, m.

pélago m. (pèlagou). La haute mer, f. (-âca). ‖ *Fig*. Immensité, f.

péll‖**ame** m. (pelãm). Corroi. ‖**-anca** f. (-ãca). Peau flasque. ‖**-ar** vt. (-ar). Peler. ‖**-ar-se** vr. (-ç). Aimer beaucoup [por]. ‖**-aria** f. (-ária). Peausserie. ‖**-e** f. (pèl). Peau. ‖ Fourrure [com pêlo]. ‖ Loc. *Casaco de peles*, manteau de fourrure. *Não caber na pele*, crever dans sa peau. ‖**-eiro, a** m. et f. (-âyrou, a). Pelletier, ère.

pelej‖**a** f. (pelâyja). Bataille. ‖**-ar** vi. (-ar). Batailler.

pé-leve m. (pèlèv). *Br*. Vagabond.

pele-vermelha m. et f. (pèlvermâyla). Peau-rouge.

peli‖**ca** f. (pelica). Peau fine. ‖ Loc. *Luva de pelica*, gant (m.) de peau. ‖**-ça** f. (-iça). Pelisse. ‖**-cano** m. (-ánou). Pélican.

película f. (pelícoula). Pellicule.

pelintra adj. s. (pelitra). Panné, ée (pop.); misérable, pauvre.

pelo prép. et art. déf. m. (pelou). Par le, pour le; sur le; vers le [tempo].

pêlo m. (pêlou). Poil. ‖ Duvet [fruta]. ‖ Loc. *Em pêlo*, tout nu. *Vir a pêlo, venir* à propos.

Peloponeso n. pr. (peloupounèsou). Péloponnèse.

pelota f. (pelota). Pelote. ‖ *Br*. Barque (en peau de bœuf). ‖ Loc. *Em pelota*, tout nu.

pelot‖**ão** m. (peloutáou). Peloton. ‖**-iqueiro** m. (-kâyrou). Saltimbanque.

pelour‖**inho** m. (pelôrignou). Pilori. ‖**-o** m. (-ôrou). Boulet [projectil].

pelúcia f. (peloucya). Peluche.

pelud‖**o, a** adj. (peloudou, a). Poilu, ue; velu, ue. ‖ *Fig*. Susceptible. ‖**-gem** f. (-oújay). Poil follet, duvet.

pena f. (pêna). Peine [castigo; trabalho]. ‖ Regret, m. [saudade; desgosto]. ‖ Pitié [piedade]. ‖ Plume [de ave; aparo]. ‖ Loc. *Ao correr da pena*, au courant de la plume. *É pena*, c'est dommage. *É pena que*, il est regrettable que. *Fazer pena a*, ter pena, regretter. *Valer a pena*, valoir* la peine.

pena‖**cho** m. (pena-ou). Panache. ‖ *Fig*. Commandement, pouvoir. ‖**-da** f. (-ada). Coup (m.) [ou trait] de plume. ‖**-do, a** adj. (-ou, a). En peine. ‖ Loc. *Alma penada*, revenant, m.

penal adj. (penál). Pénal, ale. ‖**-idade** f. (pena-ad). Pénalité. ‖**-izar** vt. (-ar). Peiner, affliger.

penca f. (pêca). Feuille charnue [planta]. ‖ *Pop*. Gros nez, m., piton, m. (pop.). ‖ *Br*. Foule.

pencudo, a adj. (pecoudou, a). Piffard, arde (pop.); qui a un gros nez.

pend‖**ão** m. (pêdáou). Bannière, f., enseigne, f., étendard. ‖**-ência** f. (-êcya). Dispute, querelle. ‖**-enga** f. (-êga). *Br*. Conflit, m., dispute. ‖**-ente** adj. (-êt). Pendant, ante. ‖ s. m. Pendant d'oreille. ‖**-er** vi. (-ér). Pendre. Pencher, incliner. ‖ *Être* pendant* [processo]. ‖**-or** m. (-ôr). Penchant, m.

péndul‖**a** f. (pêdoula). Pendule (horloge). ‖**-o** m. (-ou). Pendule.

pendur‖**ar** vt. (pêdourar). Pendre, accrocher, suspendre. ‖**-icalho** m. (-alou). *Fam*. Breloque, f. ‖ *Pop*. Décoration, f. (insigne).

pened‖**ia** f. (penedía). Endroit (m.) rocheux. ‖**-o** m. (-édou). Rocher.

peneir‖**a** f. (penâyra). Tamis, m. ‖**-ar** vt. (-ar). Tamiser, bluter.

Itálico : acento tónico. ‖V. página verde para a pronúncia figurada. ‖ * Verbo irreg. V. no final do livro.

PEN — PER

‖-**ar-se** vr. (-ç). *Fig.* Se dandiner. ‖-**o** m. (-ây*rou*). Tamis, blutoir.
penetr‖**ação** f. (penetraçáou). Pénétration. ‖-**ante** adj. (-ât). Pénétrant, ante. ‖-**ar** vt. et vi. (-ar). Pénétrer. ‖-**ar-se** vr. (ç). Se pénétrer. ‖-**ável** adj. (-avèl). Pénétrable.
penh‖**a** f. (pâygna). Rocher, m. ‖-**asco** m. (pe-achcou). Rocher élevé.
penhor‖ m. (pegnôr). *Gage.* ‖ *Loc. Casa de penhores*, mont-de-piété; clou (pop.). ‖-**a** f. (-ora). Saisie. ‖-**ado, a** adj. (-ouradou, a). Saisi, ie. ‖*Fig.* Obligé, ée; reconnaissant, ante. ‖-**ado** adj. (-ât). Obligeant, ante. ‖-**ar** vt. (-ar). Saisir. ‖*Fig.* Obliger. ‖-**ista** m. (-ichta). Prêteur sur gages.
península f. (penîçoula). Péninsule, presqu'île.
peninsular adj. (peniçoular). Péninsulaire.
penit‖**ência** f. (pe-êcya). Pénitence. ‖-**encial** adj. (-yàl). Pénitentiel, ale. ‖Pénitentiel, elle. ‖*Observ.* Estes dois adj. só se usam no pl. ‖s. m. Pénitentiel. ‖-**enciar** vt. (-yar). Imposer une pénitence. ‖-**enciar-se** vr. (-ç). Se repentir*. ‖-**enciária** f. (-arya). Pénitencier, m. (prison). ‖-**enciário, a** adj. (-ou, a). Pénitentiaire. ‖-**ente** adj. et s. (-êt). Pénitent, ente.
penoso, a adj. (penôsou, osa). Pénible.
pens‖**ado, a** adj. (pêçadou, a). Pensé, ée. ‖*Loc. Bem pensado!* c'est ça! *De caso pensado*, de propos délibéré. ‖-**ador, a** adj. (-adôr). Penseur. ‖-**amento** m. (-étou). Pensée, f.; penser [poét.]. ‖-**ão** f. (-âou). Pension. ‖*Fig.* Charge, obligation. ‖-**ar** vt. et vi. (-ar). Penser. ‖Panser [ferida]. ‖Donner à manger [bétail]. ‖s. m. Pensée, f. ‖*Loc. Dar que pensar*, donner à penser. *Pensando bem*, à tout prendre. *Pensar em tudo*, songer à tout. ‖-**ativo, a** adj. (-ativou, a). Pensif, ive.
pênsil adj. (pê-). Suspendu, ue.
Pensilvânia n. pr. (pê-ânya). Pennsylvanie.
pension‖**ário, a** m. et f. (pê-ouná-

ryou, a). Pensionnaire. ‖-**ista** m. et f. (-ichta). Pensionnaire.
penso m. (pêçou). Pansement. ‖Ration, f. (des animaux).
pent‖**agonal** adj. (pêtagounàl). Pentagonal, ale. ‖-**ágono** m. (-agounou). Pentagone.
pente m. (pêt). Peigne. f. ‖*Loc. Pente de caspa*, décrassoir.
pente‖**ado** m. (pêtyadou). Coiffure, f. ‖-**ador** m. (-adôr). Peignoir. ‖-**ar** vt. (-yar). Peigner. ‖Coiffer. [alguém]. ‖*Loc. Vá pentear macacos!* allez vous promener! ‖-**ar-se** vr. (-ç). Se peigner, se coiffer.
Pentecostes n. pr. m. (pêtcochtch). Pentecôte, f.
penteeiro m. (pêtyâyrou). Peignier.
penu‖**do, a** adj. (penoudou, a). Qui porte des plumes. ‖-**gem** f. (-oujây). Duvet, m. ‖-**gento, a** ou **-joso, a** adj. (-êtou, a, -ôsou, osa). Duveteux, euse; duveté, ée.
penúltimo, a adj. (penou-ou, a). Pénultième, avant-dernier, ère.
penumbra f. (penûbra). Pénombre.
penúria f. (penourya). Pénurie.
peonada f. (pyounada). *Br. du S.* Valetaille, domestique, m.
peônia f. (pyonya). Pivoine.
pepin‖**al** m. (pe-àl). Lieu planté de concombres. ‖-**eiro** m. (-âyrou). Concombre (plante). ‖-**o** m. (-inou). Concombre.
Pepino n. pr. (pepinou). Pépin.
pequim n. pr. (pekî). Pékin.
pêra f. (pêra). Poire. ‖Barbiche.
peral‖**ta** ou **-vilho** m. (perà-ta, -ilou). Petit-maître, petit crevé.
perambeira f. (perâbéyra). *Br. de Minas Gerais.* Précipice, m., abîme, m.
perambular vi. (peràboular). Déambuler, flâner; fainéanter.
perante prép. (perât). Devant.
perau m. (peràou). *Br.* Ravin; talus.

Lettres penchées: accent tonique. ‖V. page verte pour la prononciation figurée. ‖* Verbe irrég. V. à la fin du volume.

PER — PER

perca f. (pèrca). Perche (poisson). ‖ Perte [perda].
percalço m. (percà-ou). *Fam.* Contretemps, accident.
percalina f. (pèrcalína). Percaline.
perceber vt. (percebér). Comprendre*. ‖ Connaitre* [ser entendido]. ‖ Percevoir [sentidos; impostos]. ‖ Loc. *Dar a perceber*, faire* comprendre.
percentagem f. (percëtajáy). Pourcentage, m.
percep‖ção f. (percèçáou). Perception. ‖-tível adj. (-ivèl). Perceptible.
percevejo m. (percevàyjou). Punaise, f.
percha f. (pèr-a). Perche (bois).
percorrer vt. (percourrér). Parcourir*. ‖ Loc. *Percorrer com a vista* (ou *os olhos*), parcourir* des yeux.
percurso m. (percourçou). Parcours.
percu‖ssão f. (percouçãou). Percussion. ‖-ssor m. (-ôr). Percuteur. ‖-tir vt. (-ír). Percuter, frapper, choquer. ‖ *Méd.* Percuter.
perda f. (pérda). Perte. ‖ Loc. *Com perda*, à perte. *Perdas e danos*, dommages-intérêts, m. *Sem perda de tempo*, sur-le-champ, immédiatement.
perdão m. (perdãou). Pardon. ‖ Grâce, f. [dum castigo].
perder* ‖ vt. (perdér). Perdre. ‖ Manquer (le train, etc.) [comboio, etc.]. ‖ Loc. *A perder de vista*, à perte de vue. *Deitar a perder*, perdre, manger gâter [transtornar]. ‖-se vr. (-ç). Se perdre. ‖ Loc. *Perder-se por*, aimer éperdument, raffoler de.
perdi‖ção f. (per-áou). Perte, ruine. ‖ Perdition [condenação eterna]. ‖-damente adv. (-amèt). Éperdument. ‖-do, a adj. (-ídou, a). Perdu, ue. ‖ Loc. *Perdido por*, éperdu de.
perdi‖gão m. (per-ãou). Perdrix mâle. ‖-gueiro m. (-gâyrou). Chien d'arrêt. ‖-z f. (-ích). Perdrix.
perdo‖ar* vt. (perdouár). Pardonner. ‖ *Faire*** remise [dívida; pena]. ‖-ável adj. (-avèl). Pardonnable.
perdulário, a adj. et s. (perdoularyou, a). Prodigue, gaspilleur, *euse.*
perdur‖ação f. (perdouraçáou). Longue durée. ‖-ar vi. (-ar). Durer

longtemps. ‖-ável adj. (-avèl). Durable.
pereb‖a f. (péréba). *Br.* Gale. ‖ Pustule. ‖ Égratignure [arranhadela]. ‖-ento, a adj. (-étou, a). Galeux, *euse.*
perec‖edor, a adj. (perecedôr, a). Périssable. ‖-er vi. (-ér) Périr. ‖-imento m. (-ëtou). Décès, mort, f. ‖-ível adj. (-ívèl). Périssable.
peregrin‖ação f. (peregr-açáou). Pèler*n*age, m. ‖ Pérégrination [viagem longínqua]. ‖-ar vt. (-ar). Parcourir*. ‖ vi. Aller* en pèlerin*age* [religião]. ‖ Pérégriner [viajar longe]. ‖-o, a adj. (-inou, a). Étranger, ère ‖ *Fig.* Rare, merveilleux, *euse.* ‖ s. m. et f. Pèlerin, íne. ‖ Voyageur, *euse.*
pereira f. (peráyra). Poirier, m.
peremp‖ção f (perë-ãou). Péremption. ‖-tório, a adj. (-oryou, a). Péremptoire.
peren‖e adj. (perèn). Perpétuel, elle, éternel, elle ‖-idade f. (-e-ad). Pérennité.
perer‖eca adj. (pérérèca). *Br.* Remuant, ante inquiet, ète. ‖ s. m. et f. Personne ou animal rabougri. ‖ f. *Fig.* Grenouille. ‖-ecar vi. (-écár). *Br.* Se débattre*.
perfazer* vt. (perfazér). Parfaire*.
perfectível adj. (perfètivèl). Perfectible.
perfei‖ção f. (perfáyçáou). Perfection. ‖-tamente adv. (-amêt). Parfaitement. ‖-to, a adj. (-âytou, a). Parfait, aite. ‖ s. m. *Gram.* Passé (simple, composé).
perfidia f. (perfídya). Perfidie.
pérfido, a adj. (pèr-ou, a). Perfide.
perfil ‖ m. (perfíl). Profil. ‖-ar vt. (-ar). Profiler. ‖ Aligner [soldados]. ‖-ar-se vr. (-ç). Se redresser.
perfilhar vt. (per-lar). Légitimer (un enfant). ‖ Adopter [opinião].
perfum‖ador m. (perfoumadôr). Brûle-parfum, m. ‖-ar vt. (-ar). Parfumer, embaumer. ‖-aria f. (-aría). Parfumerie. ‖-e m. (-oum). Parfum. ‖-ista m. et f. (-íchta). Parfumeur, *euse.*
perfur‖ação f. (perfouraçáou). Perforation. ‖-ador, a adj. et s. (-ôr, a). Perforateur, trice. ‖-ante adj.

Itálico : acento tónico. ‖ V. página verde para a pronúncia figurada. ‖ *Verbo irreg.* V. no final do livro.

(-át). Perforant, ante. ‖-ar vt. (-ar). Perforer, percer.
pergaminho m. (pergamignou). Parchemin.
Pérgamo n. pr. (pèrgamou). Pergame.
pérgula f. (pèrgoula). Pergola.
pergunt‖a f. (pèrgüta). Question, demande. ‖-ar vt. (-ar). Demander (question). ‖vi. Questionner, interroger. ‖ Loc. Perguntar por, demander (quelqu'un, etc.).
peric‖árdio m. (per-ardyou). Péricarde. ‖-ardite f. (-a-it). Péricardite. ‖-arpo m. (-a-ou). Péricarpe.
perícia f. (perícya). Adresse, habileté. ‖ Maîtrise, capacité, savoir, m.
Péricles n. pr. (pèr-ech). Périclès.
periclitar vt. (per-ar). Péricliter.
perif‖eria f. (per-ería). Périphérie. ‖-érico, a adj. (-è-ou, a). Périphérique.
perifrase f. (perífraz). Périphrase.
perifrástico, a adj. (per-rach-ou, a). Périphrastique.
perigar vi. (per-ar). Être* en danger, péricliter.
perig‖o m. (perígou). Péril, danger. ‖ Loc. Com perigo de vida, au péril de sa vie. ‖-oso, a adj. (-ósou, ósa). Périlleux, euse; dangereux, euse.
perímetro m. (perímetrou). Périmètre.
perimir vt. (per-ir). Périmer.
perineo m. (perínyou). Périnée.
periodicidade f. (peryod-ad). Périodicité.
peri‖ódico, a adj. (peryo-ou, a). Périodique. ‖s. m. Journal.
período m. (perioudou). Période, f. peri‖ósteo m. (peryochtyou). Périoste. ‖-ostite f. (-it). Périostite.
peripécia f. (per-ècya). Péripétie.
periquito m. (perikítou). Perruche, f.
periscópio m. (perichcopyou). Périscope.
perit‖o m. (perítou). Expert. ‖-o, a adj. (-a). Expert, erte.
perit‖oneu ou -ónio m. (per-ounéou, -onyou). Péritoine. ‖-onite f. (-ounít). Péritonite.
perj‖urar vt. (perjourar). Abjurer. ‖vi. Se parjurer. ‖-úrio m. (-ouryou). Parjure (faux serment). ‖-uro, a adj. et s. (-ourou, a). Parjure (coupable).

perman‖ecer vi. (permanecér). Demeurer, rester. ‖-ência f. (-ècya). Permanence. ‖-ente adj. (-èt). Permanent, ente.
perme‖abilidade f. (permyabl-ad). Perméabilité. ‖-ar vt. (-yar). Traverser. ‖vi. Être* entre deux. ‖ Intervenir*. ‖-ável adj. (-yavèl). Perméable.
permeio (permáyou). U. dans la loc. de permeio, au milieu; meter-se de permeio, se mettre* au milieu, s'interposer.
permi‖ssão f. (per-ãou). Permission. ‖-ssível adj. (-ivèl). Qui peut être permis, ise. ‖-ssivo, a adj. (-ívou, a). Qui permet. ‖-ssório, a adj. (-oryou, a). V. PERMISSIVO. ‖-tir vt. (-ir). Permettre*, consentir*. ‖ Loc. Deus permita, plaise (ou plût) à Dieu.
permut‖a f. (permouta). Permutation. ‖-ar vt. (-ar). Permuter, échanger.
perna f. (pèrna). Jambe. ‖ Cuisse (volaille) [criação]. ‖ Jambage, m. [letra]. ‖ Branche, jambe [compasso]. ‖ Loc. Barriga da perna, mollet, m. De pernas para o ar, sens dessus dessous.
pern‖ada f. (pernada). Enjambée. ‖ Branche d'un arbre. ‖ Br. Longue marche. ‖-altas f. pl. (-à-ach). Échassiers, m. ‖-alto, a adj. (-ou, a). Qui a de longues jambes.
a. Pernambuco n. pr. (pernãboucou). Pernambouc.
pern‖ear vi. (pernyar). Gigoter (fam.). ‖ Gambader [saltar]. ‖-eiras f. pl. (-éyrach). Br. du S. Bottes.
pernicioso, a adj. (per-yósou, osa). Pernicieux, euse; nuisible.
pernil m. (pernil). Jambonneau. ‖ Loc. Esticar o pernil, raidir le jarret (pop.). ‖-ongo, a adj. (-ógou, a). Qui a de longues jambes.
perno m. (pèrnou). Goujon (cheville).
pern‖oitar ou -outar vi. (pernòytar, -ôt-). Passer la nuit, coucher.
pero m. (pérou). Poire-pomme, f.
pérola f. (péroula). Perle.
perol‖eira f. (peroulâyra). Huître perlière [ostra]. ‖-ífero, a adj. (-íferou, a). Perlier, ère.
perónio m. (peronyou). Péroné.

Lettres penchées : accent tonique. ‖ V. page verte pour la prononciation figurée. ‖ * Verbe irrég. V. à la fin du volume.

PER — PES

peror‖ação f. (perouraçãou). Péroraison. ‖-ar vi. (-ar). Pérorer.
perpassar vi. (perpaçar). Passer auprès de. ‖ Passer, s'écouler [tempo]. ‖ Se mouvoir*.
perpend‖icular adj. et s. f. (perpẽ-oular). Perpendiculaire. ‖-iculo m. (-icoulou). Perpendicule.
perpetr‖ação f. (perpetraçãou). Perpétration. ‖-ar vt. (-ar). Perpétrer, commettre*.
perpétua f. (perpètoua). Immortelle.
perpetu‖ação f. (perpetouaçãou). Perpétuation. ‖-ar vt. (-ouar). Perpétuer. ‖-idade f. (-ad). Perpétuité. ‖-o m. (pérrou). Chien. ‖ adj. (-a). Entêté, ée. ‖ Loc. Estar perro, ne pas jouer (serrure, etc.).
perpétuo, a adj. (perpètouou, a). Perpétuel, elle.
perplex‖idade f. (per-è-ad). Perplexité. ‖-o, a adj. (-è-ou, a). Perplexe, confus, use; hésitant, ante.
perr‖engue adj. (perrẽgh). Br. Inutile. ‖ Bourru, ue. ‖-enguice f. (-iç). Pop. Br. Entêtement, m. ‖ Opiniâtreté. ‖-o m. (pérrou). Chien. ‖ adj. (-a). Entêté, ée. ‖ Loc. Estar perro, ne pas jouer (serrure, etc.).
persa adj. et s. (pèrsa). Persan, ane. ‖ Perse [da antiguidade].
perscrut‖ação f. (perchcroutaçãou). Action de scruter, recherche. ‖-ador adj. et s. m. (-ôr). Scrutateur. ‖-ar vt. (-ar). Scruter, sonder, examiner.
persegu‖ição f. (perseghiçãou). Persécution [aos cristãos]. ‖ Poursuite. ‖-idor, a vt. et f. (-ôr, a). Persécuteur, trice. ‖-ir vt. (-ir). Poursuivre*. ‖ Persécuter [os cristãos]; importunar].
Perseu n. pr. (perséou). Persée.
persever‖ança f. (perseveráça). Persévérance. ‖-ante adj. (-ãt). Persévérant, ante. ‖-ar vi. (-ar). Persévérer.
Pérsia n. pr. (pèrsya). Perse.
persiana f. (persyâna). Persienne.
pérsico, a adj. (pèr-ou, a). Persique.
persignar-se vr. (-ghnarç). Se signer, faire* le signe de la croix.
persist‖ência f. (per-chtêcya). Persistance. ‖-ente adj. (-êt). Persistant, ante. ‖-ir vi. (-ir). Persister.
person‖agem f. (persounájãy). Personnage, m. ‖-alidade f. (-a-ad). Personnalité. ‖-alismo m. (-íjmou). Personnalisme. ‖-alizar vt. (-ar).

Personnaliser. ‖-ificar vt. (-ar). Personnifier.
perspectiv‖a f. (perchpètíva). Perspective. ‖-ar vt. (-ar). Mettre* en perspective.
persp‖icácia f. (perch-ácya). Perspicacité. ‖-icaz adj. (-ach). Perspicace. ‖-icuo, a adj. (-ícouou, a). Évident, ente; clair, aire; net, ette.
persua‖dir vt. et vi. (persouadír). Persuader. ‖-são f. (-ãou). Persuasion. ‖-siva f. (-íva). Art (m.) de persuader. ‖-sivo, a adj. (-ívou, a). Persuasif, ive.
perten‖ça f. pertêça). Bien, m., propriété. ‖ Appartenance, dépendance. ‖-ce m. (-êç). Accessoire. ‖-cente adj. (-êt). Appartenant, ante. ‖-cer vi. (-ér). Appartenir*. ‖-cer* à.
pertin‖ácia f. (per-ácya). Pertinacité. ‖-az adj. (-ach). Obstiné, ée.
pertinente adj. (per-êt). Pertinent, ente.
perto adv. (pèrtou). Près. ‖ Loc. Aqui perto, ici près. Muito perto, tout près. Perto de, près de. Vir perto, approcher, devenir* proche. ‖ s. m. pl. Objets les plus proches.
perturb‖ação f. (pertourbaçãou). Trouble, m., perturbation. ‖-ador, a adj. et s. (-ôr, a). Perturbateur, trice. ‖-ar vt. (-ar). Troubler, bouleverser. ‖-ar-se vr. (-ç). Se troubler.
Peru n. pr. (perou). Pérou.
peru, ua m. et f. (perou, a). Dindon, dinde. ‖ f. Pop. Cuite, ivresse.
peruano, a adj. (peroúanou, a). Péruvien, enne.
peruar vt. (perouar). Br. Observer, assister à (jeu de cartes).
perver‖são f. (perversãou). Perversion. ‖-sidade f. (-ad). Perversité. ‖-so, a adj. (-è-ou, a). Pervers, erse. ‖-ter vt. (-ér). Pervertir. ‖-ter-se vr. ‖-ç). Se pervertir.
pesa‖dão, ona adj. (pesadãou, ôna). Lourdaud, aude. ‖-delo m. (-élou). Cauchemar. ‖-do, a adj. (-adou, a). Lourd, ourde; pesant, ante. ‖ Loc. Ser pesado a, être* à charge à. Serviço pesado, gros ouvrage. Tornar pesado, alourdir. ‖-gem f. (-ajãy). Pesage, m.

Itálico: acento tónico. ‖ V. página verde para a pronúncia figurada. ‖ *Verbo irreg. V. no final do livro.

pesa-||leite m. (pèsalâyt). Pèse-lait. ||-licor m. (-ór). Pèse-liqueur.
pésame(s) m. (pl.) [pèsam(ch)]. Condoléance, f. ||Loc. *Dar os pêsames*, présenter ses condoléances.
pesa-mosto m. (pèsamôchtou). Pèse-moût.
pesar|| vt. (pesar). Peser. ||vi. Peser. ||Peser, affliger. ||Loc. *Vale quanto pesa*, il vaut son pesant d'or. ||s. m. Chagrin, peine, f. ||*Fig.* Repentir, regret. ||Loc. *A meu pesar*, malgré moi. ||-oso, a adj. (-arôsou, osa). Peiné, ée ; fâché, ée. ||Repentant, ante ; contrit, íte.
pesc||a f. (pèchca). Pêche (de poissons). ||-ada f. (pe-ada). Merlan, m. ||-ador a m. et f. (-adôr, a). Pêcheur, euse. ||-anço m. (-ãçou). Tricherie (f.) au jeu des cartes. ||-ar vt. (-ar). Pêcher. ||*Fam.* Découvrir*, surprendre*. ||Connaître* [saber]. ||Loc. *Pescar em águas turvas*, pêcher en eau trouble. ||-aria f. (-aría). Poissonnerie. ||Partie de pêche. ||Quantité de poisson pêché.
pescoço m. (pechcôçou). Cou.
peseta f. (pesèta). Peseta.
peso m. (pésou). Poids. ||Pesanteur, f. [física] ; mal-estar]. ||Presse-papiers. ||Loc. *A peso*, au poids. *Em peso*, en masse. *Tomar o peso*, soupeser.
pespeg||ar vt. (pechpegar). Flanquer. ||-ar-se vr. (-ç). Se camper. ||-o m. (égou). Fâcheux, importun.
pespont||ar vt. (pechpõtar). Coudre* à arrière-point. ||-o f. (-ôtou). Point arrière, arrière-point.
pesqu||eira f. (pechkâyra). Pêcherie. ||-o m. (-ou). Bâteau de pêche.
pesquis||a f. (pechkísa). Recherche. ||Prospection [minas]. ||-ar vt. (-ar). Rechercher. ||Prospecter [minas].
péssego m. (pécegou). Pêche, f. (fruit).
pessegueiro m. (pecegâyrou). Pêcher.
pessimi||smo m. (pè-íjmou). Pessimisme. ||-sta adj. et s. (-íchta). Pessimiste.
péssimo, a adj. (pè-ou, a). Très mauvais, aise ; très méchant, ante.
pesso||a f. (peçôa). Personne. ||Loc. *Uma pessoa*, quelqu'un, on. ||pl. Personnes, gens, m. ||*Observ.* Os adj. que precedem *gens* são adj. f.

quando não acabam em *e* mudo e não há qualquer outra palavra de permeio. ||-al adj. et s. m. (-ouàl). Personnel, elle.
pestana f. (pechtâna). Cil, m.
pestan||ear vi. (pechtanyar). Ciller. ||-ejar vi. (-nejar). Ciller. ||Loc. *Sem pestanejar*, sans sourciller. ||-ejo m. (-âyjou). Cillement, clin d'œil. ||-udo, a adj. (-oudou, a). Qui a de grands cils.
pest||e f. (pècht). Peste. ||Puanteur [fedor]. ||-ifero, a adj. (pe-íferou, a). Pestifère. ||Pestiféré, ée. ||-ilência f. (-êcya). Pestilence. ||-ilencial adj. (-yàl). Pestilentiel, elle. ||-ilente ou -ilento, a adj. (-êt, -êtou, a). Pestilent, ente.
peta f. (péta). Bourde, canard, m.
pétala f. (pètala). Pétale, m.
petardo m. (petardou). Pétard.
peteca f. (petéca). *Br.* Jouet, m. (au propre et au fig.).
peteleco m. (petelékou). *Br.* Coup, claque, f.
peti||ção f. (pe-áou). Pétition. ||-cionário m. (-ounaryou). Pétitionnaire.
petitório, a adj. et s. m. (pe-oryou, a). Pétitoire.
petiz||, a m. et f. (petich, iza). Bambin, ine ; mioche, môme, f. ||-ada f. (-zada). Marmaille.
Petrarca n. pr. (petrarca). Pétrarque.
petrechos m. pl. (petrây-ouch). Moyens de défense d'une place. ||Attirail, sing., outils [ferramentas].
pétreo, a adj. (pètryou, a). Pierreux, euse.
petrific||ação f. (petr-açáou). Pétrification. ||-ar vt. (-ar). Pétrifier. ||-ar-se vr. (-ç). Se pétrifier.
petr||oleiro, a adj. et s. m. (petroulâyrou, a). Petrolier, ère. ||s. m. et f. Pétroleur, euse. ||-óleo m. (-olyou). Pétrole. ||-olifero, a adj. (-oulíferou, a). Pétrolifère.
Petrónio n. pr. (petrónyou). Pétrone.

Lettres penchées : accent tonique. ||V. page verte pour la prononciation figurée. ||* Verbe irrég. V. à la fin du volume.

petul‖ância f. (petoulãcya). Hardiesse, effronterie. ‖**-ante** adj. (-ãt). Hardi, ie; effronté, ée; insolent, ente.
peúga f. (pyouga). Chaussette, f.
peugada f. (pyougada). Piste, trace.
pevide f. (pevíd). Pépin, m. ‖ **Pépie** [galinhas].
pevinha m. (pevigna). Br. Jeune chien.
pexote m. (pechot). Mazette, f. (fam.) [pessoa sem jeito para um jogo]. ‖ Novice [inexperiente].
pez m. (péch). Poix, f.
pia f. (pía). Auge. ‖ Évier, m. [cozinha]. ‖ Loc. Pia do baptismo, fonts (m. pl.) baptismaux.
piá m. (pyá). Br. Enfant. ‖ Garçon.
piada f. (pyáda). Fam. Brocard, m.
pia-máter f. (piamatèr). Pie-mère.
piamente adv. (piamēt). Pieusement.
pian‖íssimo adv. (pyani-ou). Pianissimo. ‖**-ista** m. et f. (-íchta). Pianiste. ‖**-o** m. (pyánou). Piano. ‖**-ola** f. (-óla). Piano (m.) automatique.
pião m. (pyáou). Toupie, f.
piar vi. (pyar). Piauler. ‖ Piailler [passarinhos]. ‖ (H)ululer [aves nocturnas].
piauiense adj. et s. (pyaouyēç). De Piauí (au Brésil).
pic‖ada f. (-áda). Piqûre. ‖ Picotement, m. [sensação na pele]. ‖ Élancement, m. ‖ [guinada]. ‖**-adeira** f. (-adáyra). Marteau (m.) à repiquer. ‖**-adeiro** m. (-ou). Manège. ‖**-adela** f. (-èla). Piqûre. ‖**-adinho** m. (-ignou). Br. Viande (f.) hachée. ‖**-ado, a** adj. (-adou, a). Piqué, ée. ‖ Haché, ée [carne]. ‖ Fam. Froissé, ée. ‖ s. m. Hachis [prato]. ‖ Viande hachée. ‖ Loc. Picado das bexigas, marqué de petite vérole; irritable, irascible. ‖**-ador** m. (-adôr). Écuyer [equitação]. ‖ Piqueur [de cavalos]. ‖ Picador [de touros]. ‖**-anço** m. (-áçou). Pic, pivert. ‖**-ante** adj. (-ãt). Piquant, ante. ‖**-ão** m. (-áou). Pic. ‖**-a-pau** m. (-apaou). Pivert. ‖**-a-peixe** m. (-áych). Martin-pêcheur. ‖**-ar** vt. (-ar). Piquer. ‖ Hacher (aux enchères) [leilão]. ‖ vi. Mordre à l'hameçon. ‖ Loc. Picar de esporas, piquer des deux. ‖**-ar-se** vr. (-ç). Se piquer. ‖ Devenir* houleuse [mar]

‖**-ardia** f. (-ardía). Friponnerie.
‖**-aresco, a** adj. (-échcou, a). Drolatique. ‖**-areta** f. (-éta). Pic, m.
‖**-aria** f. (-ía). Équitation.
pícaro, a adj. et s. (pícarou, a). Coquin, ine. ‖ Fam. Fin, ine. ‖ Ridicule.
piçarr‖a f. (-árra). Gravier, m. ‖**-oso, a** adj. (-a-ôsou, osa). Rocailleux, euse.
piche m. (pi-). Poix (f.) de houille.
pichel m. (-èl). Broc, pichet.
pichel‖aria f. (-elaría). Ferblanterie. ‖**-eiro** m. (-áyrou). Ferblantier.
pico m. (pícou). Pic [monte]. ‖ Piton [cume]. ‖ Piquant [espinho]. ‖ Marteau de maçon [pedreiro].
pict‖órico, a adj. (-or-ou, a). Pictural, ale. ‖**-ural** adj. (-ourál). Pictural, ale.
picuinha f. (-ouígna). Pointe, propos malin, m., coup (m.) d'épingle.
pied‖ade f. (-édad). Piété [devoção]. ‖ Pitié, compassion. ‖**-oso, a** adj. (-ôsou, osa). Pieux, euse [devoto]. ‖ Compatissant, ante; miséricordieux, euse.
pie‖gas adj. et s. (pyègach). Douillet, ette. ‖ Mièvre, languissant, ante. ‖**-guice** f. (-ghíç). Sensiblerie; mièvrerie. ‖ Impertinence.
Piemonte n. pr. (-émót). Piémont.
pifa‖no ou **-ro** m. (pifanou, -rou). Fifre.
pigarço, a adj. (-arçou, a). Pie.
pigarr‖ear vi. (-arryar). Graillonner. ‖**-o** m. (-a-ou). Graillon.
pigm‖eia f. (-áya). Pygmée, m. ‖**-meu** m. (-éou). Pygmée.
pijama m. (-íma). Pyjama.
pil‖ão m. (-áou). Pilon. ‖**-ar** vt. (-ar). Piler. ‖ Sécher (châtaignes) ‖ m. Pilier. ‖**-astra** f. (-áchtra). Pilastre, m.
Pilatos n. pr. (-atouch). Pilate.
pileca f. (-éca). Pop. Rosse.
pilh‖a f. (píla). Pile. ‖ Pillage, m. ‖ m. Pillard. ‖ Loc. Às pilhas, beaucoup. Em pilha, en tas. Ter pilhas de graça, avoir beaucoup d'esprit. ‖**-agem** f. (-ajáy). Pillage, m. ‖**-ar** vt. (-ar). Piller. ‖ Attraper [apanhar].
pilhéria f. (-lèrya). Plaisanterie.
pilheta f. (-léta). Boîle.
piloro m. (-orou). Pylore.

Itálico : acento tónico. ‖ V. página verde para a pronúncia figurada. ‖ *Verbo irreg. V. no final do livro.

PIL — PIP

pilot‖**agem** f. (-outajãy). Pilotage, m. ‖**-ar** vt. (-ar). Piloter. ‖**-o** m. (-ótou). Pilote.
pilula f. (pīloula). Pilule.
pilungo m. (-ūgou). *Br.* Bidet, rosse, f.
piment‖**a** f. (-ẽta). Poivre, m. ‖**-ão** m. (-ãou). Piment. ‖**-eira** f. (-áyra). Poivrier, m. ‖**-eiro** m. (-ou). Poivrière, f. ‖**-o** m. (-étou). Piment, paprika.
pimp‖**ão, ona** adj. et s. (pĩpãou, ōna). Fanfaron, onne. ‖**Pimpant, ante**; coquet, ette. ‖**-olho** m. (-ólou). Joli mioche.
pina f. (pĩna). Jante.
pináculo m. (-acoulou). Pinacle.
pinázio m. (-azyou). Croisillon d'un châssis.
pinça f. (pīça). Pince.
pincaro m. (pīcarou). Sommet, cime, f.
pincel‖ m. (pīcèl). Pinceau. ‖**Blaireau** [de barba]. ‖**-ada** f. (-elada). Coup (m.) de pinceau. ‖**-ar** vt. (-ar). Peindre* au pinceau. ‖Badigeonner [a garganta].
pinch‖**ar** vi. (pī-ar). Sauter, bondir. ‖**-o** m. (pī-ou). Bond, saut.
pindaíba f. (pidaíba). *Br.* Corde faite de l'écorce du coco. ‖*Fam.* Manque (m.) d'argent [andar na pindaíba, être* fauché, n'avoir* pas le sou.
pindoba f. (pĩdoba). *Br.* Palmier (m.) sylvestre.
pineal adj. (-yàl). Pinéal, ale.
ping‖**a** f. (pĩga). Goutte. ‖*Fam.* Vin, m. ‖*Loc. Estar com a* (ou *tocado da*) *pinga*, avoir* une pointe de vin. *Gostar da pinga*, aimer la bouteille. ‖**-adeira** f. (-áyra). Lèchefrite. ‖*Pop.* Affaire qui rapporte toujours.
pingalim m. (pigalī). Cravache, f.
pingar vi. (pīgar). Dégoutter*. ‖Commencer à pleuvoir. ‖Produire*.
pingente m. (pijēt). Pendant d'oreille. ‖Pendeloque f. [lustre, etc.].
pin‖**go** m. (pīgou). Goutte, f. ‖*Loc. Pingo do nariz*, roupie, f. ‖**-ue** m. (pigh). Saindoux. ‖adj. Gras, asse.
pingue-pongue m. (pighpógh). Ping-pong.
pinguim m. (pīgouī). Pingouin.
pinha f. (pigna). Pomme de pin. ‖Tas, m., bouquet, m. ‖*Pop.* Caboche, f.

pinh‖**al** m. (-gnàl). Pineraie, f. ‖**-ão** m. (-ãou). Pignon (du pin). ‖**-eiral** m. (-áyràl). Pineraie, f. ‖**-eiro** m. (-áyrou). Pin. ‖*Loc. Pinheiro alvar, sapin. Pinheiro bravo*, pin sauvage. *Pinheiro manso*, pin cultivé. ‖**-o** m. (pígnou). Bois de pin. ‖*Br.* Violon. ‖*Loc. Bater o pinho*, jouer du violon.
pino m. (pīnou). Le plus fort. ‖*Loc. A pino*, à pic. *No pino de*, au plus fort de. *No pino do dia*, en plein midi.
pinot‖**e** m. (-ot). Bond, saut. ‖**-ear** vi. (-outyar). Bondir, sauter.
pinta f. (pīta). Moucheture. ‖Marque, signe, m., air, m. ‖Poulette [franga].
pint‖**adela** f. (pītadèla). Peinture légère. ‖**-ado, a** adj. (-adou, a). Peint, einte. ‖*Loc. O mais pintado*, le plus adroit. ‖**-ainho** m. (-aignou). Poussin. ‖**-alegrete** m. (-egrét). Coquet. ‖**-algar** vt. (-à-ar). Bigarrer. ‖**-a-monos** m. (-amónouch). *Fam.* Barbouilleur. ‖**-ar** vt. (-ar). Peindre*. ‖Maquiller, farder [cara]. ‖*Loc. Ir ao pintar*, tomber à point. ‖**-ar-se** vr. (-ç). Se maquiller, se farder.
pint‖**arroxo** s. m. (pītarróchou). Linette, f. ‖**-assilgo** m. (-í-ou). Chardonneret. ‖**-o** m. (pītou). Poussin. ‖*Loc. Encharcado como um pinto*, trempé comme un canard.
pintor, a m. et f. (pītór, a). Peintre, tresse.
pintur‖**a** f. (pītoura). Peinture. ‖Maquillage, m., fard, m. [da cara]. ‖**-esco, a** adj. (-échcou, a). Pittoresque.
pinula f. (pĩnoula). Pinnule.
pio, a adj. (pīou, a). Pieux, euse. ‖Pie [obra]. ‖s. m. Piaulement. ‖*Loc. Nem (mais) um pio!* pas un mot (de plus) !
Pio n. pr. (pīou). Pie.
piolh‖**ento, a** adj. (pyoulētou, a). Pouilleux, euse. ‖**-o** m. (-ólou). Pou.
pioneiro m. (-ounáyrou). Pionnier.
pior‖ adj. (pyor). Pire, pis. ‖*Loc. De mal a pior*, de mal en pis. *Tanto pior*, tant pis. ‖**-a** f. (-ora). Empirement, m. ‖**-ar** vt. et vi. (-ourar). Empirer.
piorno m. (pyôrnou). Genêt sauvage.
pip‖**a** f. (pīpa). Pipe, tonneau, m.

Lettres penchées : accent tonique. ‖V. page verte pour la prononciation figurée. ‖* Verbe irrég. V. à la fin du volume.

piparote m. (-arót). Chiquenaude, f.
pipeta f. (-éta). Pipette.
pip||**i** m. (-i). Oiseau (langage des enfants). ||**-iar** vi. (-yar). Pépier. ||**-ilar** vi. (-ar). Pépier. ||**-i(l)o** m. (-i[l]ou). Pépiement ||**-o**. m. Baril.
pipoc||**a** f. (-óca). Br. Grain (m.) de maïs torréfié. ||**-ar** vt. et vi. (-ócar). Br. Éclater, claquer. ||**vi**. Bouillir*. ||**-o** m. (-ócou). Br. Claquement.
pipuiruçu adj. et s. f. (-ouyrouçou). Br. Certaine race de poules.
pipuíra adj. et s. f. (-ouíra). Br. Certaine race de poules.
pique m. (pic). Pique, f. (arme). ||Saveur piquante, f. ||Loc. A pique, à pic. Ir a pique, couler. Meter a pique, couler.
piquenique m. (-kenic). Pique-nique.
piquet||**a** f. (-kéta). Piquet, m. ||**-ar** vt. (-etar). Piqueter. ||**-e** m. (-ét). Piquet (soldats, etc.).
piquira m. (-kíra). Br. de Rio. Cheval de petite taille.
piracema f. (-racéma). Br. Époque du frai des poissons. ||Banc (m.) de poissons.
piraí m. (-raí). Br. Knout.
piramidal adj. (-ra-ál). Pyramidal, ale. ||Fig. Colossal, ale.
pirâmide f. (-râ-). Pyramide.
piranga f. (-rága). Argile rouge du Brésil. ||adj. Misérable. ||Br. Rouge.
pirão m. (-ráou). Br. Bouillie (f.) de tapioca.
pirat||**a** m. (-rata). Pirate. ||**-aria** f. (-ataría). Piraterie.
pirenaico, a adj. (-renaycou, a). Pyrénéen, enne.
Pirenéus n. pr. m. (-renéouch). Pyrénées, f.
pires m. (pirch). Soucoupe, f.
Pireu n. pr. (réou). Pirée.
piri||**lampo** m. (-r-ápou). Ver luisant. ||**-rica** adj. (-ríca). Br. Brusque, récalcitrant, ante; regimbeur, euse.
pirite f. (-rit). Pyrite.
piroga f. (-roga). Pirogue; canoë, m.
pir||**ogálico, a** adj. (-roga-ou, a), Pyrogallique. ||**-ogravura** f. (-ravoura). Pyrogravure. ||**-ose** f. (-oz). Pyrosis, m. ||**-otecnia** f. (-è-ía). Pyrotechnie. ||**-otécnico, a** (-è-ou, a). Pyrotechnique. ||s. m. Artificier.

pirraça f. (-rraça). Taquinerie. ||Loc. Fazer pirraça, taquiner.
Pirro n. pr. (pirrou). Pyrrhus.
pirtiga f. (pír-a). Perche, gaule.
piruet||**a** f. (-rouéta). Pirouette. ||**-ar** vi. (-etar). Pirouetter.
pisa f. (písa). Foulage, m. ||Pressurage, m. [azeite]. ||Fig. Volée de coups.
Pisa n. pr. (písa). Pise.
pis||**ada** f. (-ada). Trace. ||**-adela** f. (-adèla). Action de marcher sur le pied de quelqu'un. ||Loc. Dar uma pisadela, marcher sur le pied. ||**-ador, a** adj. et s. (-ôr, a). Fouleur, euse. ||**-adura** f. (-oura). Meurtrissure. ||**-a-flores** m. (-órech). Dameret. ||**-a-mansinho** m. (-ăcignou). Sournois. ||**-ão** m. (-áou). Moulin à foulon. ||**-ar** vt. (-ar). Fouler. ||Meurtrir, contusionner. ||Marcher sur les pieds [pessoas]. ||Piler [almofariz]. ||Pocher (l'œil) [olhos].
piscar vt. (-cḯcar). Cligner : piscar o olho, cligner de l'œil.
piscatório, a adj. (-chcatoryou, a). Piscatoire.
piscicult||**or** m. (+chç-ou-ôr) Pisciculteur. ||**-ura** f. (-oura). Pisciculture.
piscina f. (-chcína). Piscine.
pisc||**o** m. (píchcou). Bouvreuil. ||**-o, a** adj. (-a). Qui cligne les yeux. ||Loc. Olhos piscos, yeux clignotants.
piso m. (písou). Démarche, f. [maneira de andar]. ||Marcher, pavé [solo].
piso||**ar** vt. (-ouar). Fouler. ||**-tear** vt. (-yar). Br. Fouler aux pieds.
pista f. (píchta). Piste : andar (ou ir) na pista de alguém, être* sur la piste de quelqu'un.
pistácia f. (-chtacya). Pistachier, m.
pistão m. (-chtáou). Piston.
pistilo m. (-chtílou). Pistil.
pistol||**a** f. (-chtola). Pistolet, m. ||**-eiro** m. (-ouláyrou). Bandit.
pitada f. (-ada). Pincée [açúcar, sal]. ||Prise de tabac. ||Pop. Puanteur.
pitar vi. (-ar). Br. Fumer.
piteira f. (-áyra). Pite. ||Pop. Ivresse. ||Br. Fume-cigarette, m.
pitéu m. (-éu). Morceau friand.
pitinga m. (-íga). Br. Blanc, anche; clair, aire.

Itálico : acento tônico. ||V. página verde para a pronúncia figurada. ||*Verbo irreg. V. no final do livro.

pito m. (pítou). *Br.* Pípe, f. [cachimbo]. ‖ Cigarette, f. ‖ Loc. *Passar um pito*, réprimander, semoncer.
pitoresco, a adj. (-ouréchcou, a). Pittoresque.
pitosga adj. et s. (-ojga). Myope.
pitu‖**ita** f. (-ouíta). Pituíte. ‖**-itário,** a adj. (-aryou, a). Pituitaire. ‖s. f. Membrane pituitaire.
pivete m. (-ét). Enfant éveillé. ‖*Pop.* Puanteur, f.
pixaim adj. (-chaí). *Br.* Crépu, ue.
placa f. (-aca). Plaque.
Placência n. pr. (-acêcya). Plaisance.
placenta f. (-acéta). Placenta, m.
placidez f. (-a-éch). Placidité.
plácido, a adj. (-a-ou, a). Placide.
plagi‖**ar** vt. (-ajyar). Plagier. ‖**-ário** m. (-yaryou). Plagiaire. ‖**-ato** m. (-yatou). Plagiat.
plágio m. (-ájyou). Plagiat.
plain‖**a** f. (-ayna). Rabot, m. ‖**-o,** a adj. (-ou, a). Plain, aine; plat, ate. ‖s. m. Plaine, f.
plana f. (-ána). Rang, m.
plan‖**ado,** a adj. (-anadou, a). Plané, ée. ‖**-alto** m. (-à-ou). *Géogr.* Plateau. ‖**-ar** vi. (-ar). Planer.
plan‖**ear** vt. (-anyar). Faire* le plan de. ‖**-ejar** vt. (-ejar). Projeter. ‖*Faire* le plan de.
planet‖**a** m. (-anéta). Planète, f. ‖**-ário,** a adj. (-aryou, a). Planétaire.
plangente adj. (-ájêt). Plaintif, ive.
planície f. (-anícye). Plaine.
planific‖**ação** f. (-a-acáou). Développement, m. ‖**-ar** vt. (-ar). Développer.
planimetria f. (-a-etría). Planimétrie.
plano, a adj. (-ánou, a). Plain, aine; plat, ate; uni, ie. ‖s. m. Plan.
plant‖**a** f. (-áta). Plante. ‖ Plan, m. (d'une ville, etc.). ‖**-ação** f. (-áou). Plantation. ‖**-ador** m. (-ôr). Planteur. ‖**-ão** m. (-áou). Planton. ‖**-ar** vt. (-ar). Planter. ‖**-igrado** m. (-ígradou). Plantigrade. ‖**-io** m. (-íou). Plantation, f.
planura f. (-anoura). Plaine.
plaqué m. (-akê). Plaqué.
plasm‖**a** m. (-ájma). Plasma. ‖**-ar** vt. (-a-ar). Former, modeler.
plástica f. (-ach-a). Plastique.

plasticidade f. (-ach-ad). Plasticité.
plástico, a adj. (-ach-ou, a). Plastique.
plataforma f. (-ataforma). Plateforme. ‖*Br.* Programme (m.) de gouvernement.
plátano m. (-atanou). Platane.
Platão n. pr. (-atáou). Platon.
plateia f. (-atáya). Parterre, m. (d'un théâtre).
platibanda f. (-a-áda). Plate-bande.
platina f. (-atína). Platine, m.
platónico, a adj. (-ato-ou, a). Platonique.
plausível adj. (-aousível). Plausible.
Plauto n. pr. (-aoutou). Plaute.
plebe f. (-èb). Plèbe, peuple, m.
pleb‖**eísmo** m. (-ebéíjmou). Plébéianisme. ‖**-eu, eia** adj. et s. (-éou, áya). Plébéien, enne. ‖**-iscitário,** a adj. (-che-aryou, a). Plébiscitaire. ‖**-iscito** m. (-ítou). Plébiscite.
plêiad‖**a** ou **-e** f. (-áyada, -d). Pléiade.
pleit‖**ear** vt. (-áytyar). Plaider. ‖**-o** m. (-áytou). Litige. ‖ Dispute, f.
plen‖**amente** adv. (-énamêt). Pleinement. ‖**-ário,** a adj. (-enáryou, a). Plénier, ère. ‖s. m. *Br.* Tribunal. ‖**-ilúnio** m. (-ounyou). Pleine lune, f. ‖**-ipotenciário,** a adj. et s. (-outècyaryou, a). Plénipotentiaire. ‖**-itude** f. (-oud). Plénitude. ‖**-o,** a adj. (-énou, a). Plein, eine : *em plena rua*, en pleine rue.
plet‖**ora** f. (-ètora). Pléthore. ‖**-órico,** a adj. (-or-ou, a). Pléthorique.
pleur‖**a** f. (-éoura). Plèvre. ‖**-isia** f. (-ía). Pleurésie.
plum‖**a** f. (-ouma). Plume. ‖ Loc. *Br. Algodão em pluma*, ouate, f. ‖**-agem** f. (-ajãy). Plumage, m.
plúmb‖**eo,** a adj. (-úbyou, a). De plomb. ‖ Plombé, ée [cor]. ‖**-ico,** a adj. (-ou, a). Plombique.
plural m. (-ourál). Pluriel. ‖**-idade** f. (-a-ad). Pluralité. ‖**-izar** vt. (-ar). Pluraliser.
Plutarco n. pr. (-outarcou). Plutarque.
pluvi‖**al** adj. et s. m. (-ouvyàl). Pluvial, ale. ‖**-ómetro** m. (-yometrou). Pluviomètre. ‖**-oso,** a adj. (-yôsou, osa). Pluvieux, euse.
pneu m. (-néou). Pneu.

Lettres penchées : accent tonique. ‖V. page verte pour la prononciation figurée. ‖* Verbe irrég. V. à la fin du volume.

PNE — POL

pneum‖ático, a adj. (-éouma-ou, a). Pneumatique. ‖**-onia** f. (-ounía). Pneumonie.

pó m. (po). Poudre, f. ‖**Poussière**, f. [poeira]. ‖Loc. *Açúcar em pó,* sucre en poudre. *Fazer pó,* faire* de la poussière. *Limpar o pó,* dépoussiérer. *Ouro em pó,* poudre d'or. *Pó de arroz,* poudre de riz.

poaia adj. (pôyaya). *Br.* Disgracieux, euse; antipathique.

pobre adj. (pobr). Pauvre. ‖ s. m. et f. *P*auvre, *e*sse.

pobr‖etana ou **-etão** m. (poubretâna, -âou). Gueux, va-nu-pieds. ‖**-eza** f. (-éza). Pauvreté.

poça f. (poça). Flaque.

poção m. (pouçâou). Potion.

poceiro m. (pouçâyrou). Puisatier. ‖ Grand panier [cesto].

pocema f. (pôcéma). *Br.* Criaillerie, crierie.

pocilga f. (pouci-a). Porcherie.

poço m. (pôçou). Puits.

poda f. (poda). Élagage, m. ‖Loc. *Saber da poda,* savoir* son métier.

podad‖eira f. (poudadâyra). Serpe. ‖**-or** m. (-ôr). Élagueur.

podagra f. (poudagra). Podagre.

pod‖ão m. (poudâou). Serpe, f. ‖**-ar** vt. (-ar). Élaguer. ‖*Fig.* Couper.

podengo m. (poudégou). Chien pour la chasse aux lapins.

poder* vt. et vi. (poudèr). Pouvoir*. ‖Loc. *Até mais não poder,* à n'en pouvoir plus. *Não poder mais,* n'en pouvoir plus (ou mais). *Pudera!* cela va sans dire! *Salve-se quem puder,* sauve qui peut. ‖ s. m. Pouvoir, puissance, f. ‖Loc. *A poder de,* à force de. *Cair em poder de,* tomber entre les mains de. *Plenos poderes,* pleins pouvoirs.

poder‖io m. (pouderiou). Puissance, f. ‖**-oso, a** adj. (-ôsou, ôsa). Puissant, *a*nte.

podr‖e adj. et s. m. (pôdr). Pourri, ie. ‖Loc. *Podre de rico,* cousu d'or. ‖**-idão** f. (-âou). Pourriture. ‖**-ido, a** adj. (-idou, a). Pourri, ie.

poedeira adj. et s. f. (pouidâyra). Pondeuse.

poeir‖a f. (pouâyra). Poussière. ‖ adj. *Br.* Méchant, *a*nte. ‖Loc. *Deitar poeira nos olhos,* jeter de la poudre aux yeux. *Levantar poeira,* faire* de la poussière. ‖**-ada** f. (-ada). Nuage (m.) de poussière. ‖**-ento, a** adj. (-étou, a). ‖**-ento, a** adj. (-étou, a). Poussiéreux, euse; poudreux, euse.

poema m. (pouéma). Poème.

poente adj. et s. m. (pouét). Couchant.

poe‖sia f. (pouizia). Poésie. ‖**-ta** m. (-èta). Poète. ‖**-tar** vi. (-ar). Faire* des vers. ‖**-tastro** m. (-achtrou). Poétereau, rimailleur, rimeur.

poétic‖a f. (pouè-a). Poétique. ‖**-o, a** adj. (-ou, a). Poétique.

poeti‖sa f. (pouétisa). Poétesse. ‖**-zar** vt. (-ar). Poétiser. ‖ vi. Faire* des vers.

pois conj. (pòych). Donc. ‖ Car [porquanto]. ‖Loc. *Pois bem,* eh bien. *Pois então,* en ce cas. *Pois não!* volontiers! ‖ Certainement. *Pois que, puisque. Pois quê!* eh quoi!

polaco, a adj. et s. (poulacou, a). Polonais, *a*ise.

polaina f. (poulayna). Guêtre.

polar adj. (poular). Polaire.

polariz‖ador m. (poular-adôr). Polariseur. ‖**-ar** vt. (-ar). Polariser.

poldro, a m. et f. (pô-rou, a). Poulain, pouliche.

polé f. (poulè). Poulie. ‖Loc. *Tratos de polé,* estrapade, f. sing.

poleame m. (pouly*a*me). Ensemble des poulies d'un vaisseau.

poleg‖ada f. (poulegada). Pouce, m. (mesure). ‖**-ar** m. (-ar). Pouce (doigt).

poleiro m. (poul*â*yrou). Perchoir. ‖ Juchoir [de capoeira]. ‖Loc. *Estar no poleiro,* tenir* le haut du pavé.

polémico, a adj. et s. f. (poulè-ou, a). Polémique.

pólen m. (polén). Pollen.

policia f. (poulícya). Police. ‖ m. Agent de police.

polici‖al adj. (-al). Policier, ère. ‖**-mento** m. (-amétou). Surveillance, f. ‖**-r** vt. (-yar). Surveiller. ‖ Policer, civiliser.

poli‖cópia f. (pou-opya). Polycopie. ‖**-cromia** f. (-oumia). Polychromie.

policromo, a adj. (poulicroumou, a). Polychrome.

polid‖ez f. (pou-éch). Politesse. ‖**-o, a** adj. (-idou, a). Poli, ie. ‖**-or** m. (-ôr). Polisseur. ‖**-ura** f. (-oura). Polissure.

Itálico : accento tónico. ‖V. página verde para a pronúncia figurada. ‖*Verbo irreg. V. no final do livro.

POL — PON

Polifemo n. pr. (pou-*é*mou). Polyphème.
poli‖**fonia** f. (pou-ounía). Polyphonie. ‖**-gamia** f. (-amía). Polygamie. ‖**-glota** adj. et s. (pou-*o*ta). Polyglote. ‖**-gonal** adj. (pou-ounâl). Polygonal, ale.
polígono m. (poulígounou). Polygone.
polimatia f. (pou-atía). Polymathie.
polimento m. (pou-êtou). Poli. ‖ Polissure, f. [acção]. ‖ Élégance, f. ‖ Chevr*eau* glacé [sapatos].
Polinésia n. pr. (pou-*è*sya). Polynésie.
polinização f. (pou-açaou). Pollinisation.
pólipo m. (po-ou). Polype.
polir* vt. (pouli*r*). Poli*r*.
poli‖**ssilábico, a** adj. (po-a-ou, a). Polysyllabique. ‖**-ssilabo** m. (-ílabou). Polysyllabe. ‖**-técnico, a** adj. (pou-è-ou, a). Polytechnique. ‖**-teismo** m. (-éijmou). Polythéisme.
política f. (pouli-a). Politique.
politic‖**agem** f. (pou-aj*a*y). V. POLITIQUICE. ‖**-ar** vi. (-*ar*). Fai*r*e* de la politique. ‖ Politiquer [p. u.].
político, a adj. et s. m. (pouli-ou, a). Politique. ‖ s. m. et f. Politicien, enne [pejorativo].
politiqu‖**eiro** m. (pou-kâyrou). Politicien. ‖**-ice** f. (-iç). Politicaillerie. (fam.), basse politique.
pólo m. (polou). Pôle. ‖ Polo [jogo].
polonês, esa adj. et s. (poulounêch, êsa). *Br.* Polona*i*s, *ai*se.
Polónia n. pr. (poulonya). Pologne.
polp‖**a** f. (pô-a). Pulpe. ‖ *Fig.* Autorité, importance. ‖**-oso, a** adj. (-ôsou, osa). Pulp*eux, euse.* ‖**-udo, a** adj. (-oudou, a). V. POLPOSO.
poltr‖**ão** adj. et s. m. (pô-*r*aou). Poltron. ‖**-ona** s. f. (-ôna). Fauteu*il,* m. ‖**-onear-se** vr. (-ounyar*ç*). Se carrer dans un fauteuil.
polu‖**ção** f. (poulouçaou). Pollution. ‖**-ição** f. (-aou). Pollution. ‖**-ir*** vt. (-ouir). Polluer.
polvilh‖**ar** vt. (pô-la*r*). Poudr*er.* ‖**-o** m. (-ílou). Poussière (f.) fine.
polvo m. (pô-ou). Poulpe, pieuvre, f.
pólvora f. (po-oura). Poudre (de chasse, etc.).
polvor‖**inho** m. (pou-ourígnou). Poire (f.) à poudre. ‖**-osa** f. (-osa). *Pop.* Tracas, m. ‖ *Loc. Andar em polvorosa, être* très affairé. *Pôr os pés em polvorosa,* prendre* la *poudre d'escampette.*
pomácea f. (poumacya). Pomacée.
pomada f. (poumada). Pommade. ‖ Cirage [calçado]. ‖ *Fig. Br.* Présomption.
pomar m. (poumar). Verger.
pomb‖**a** f. (pôba). Pigeon, m. ‖ Pigeonne [fêmea]. ‖ Colombe [poét.; bíblico]. ‖ Palombe [pombo bravo]. ‖**-al** m. (-âl). Colombier, pigeonnier. ‖**-eiro** m. (-éyrou). *Br.* Marchand de volaille. ‖**-o** m. (pôbou). Pigeon. ‖**-o-correio** m. (-ourr*â*you). Pigeon voyageur.
pomes adj. (pom*e*ch). Ponce : *pedra-pomes,* p*i*erre ponce.
pomicultor m. (pou-ou-ô*r*). Pomiculteur.
pomo m. (pômou). Pomme, f. : *o pomo da discórdia,* la pomme de discorde.
pomp‖**a** f. (pôpa). Pompe. ‖**-ear** vt. (-*ar*). Étaler. ‖ vi. Mener grand train. ‖**-oso, a** adj. (-ôsou, osa). Pomp*eux, euse.*
ponch‖**e** m. (pô-). Punch. ‖**-eira** f. (-*â*yra). Vase (m.) à punch.
poncho m. (pô-ou). Poncho.
Pôncio n. pr. (pó*c*you). Ponce.
ponder‖**ação** f. (pôder*a*çaou). Réflexion, examen (m.) attentif. ‖**-ado, a** adj. (-adou, a). Réfléchi, ie; prudent, ente. ‖**-ar** vt. (-a*r*). Peser mûrement. ‖vi. Réfléchir, penser. ‖**-ável** adj. (-avèl). De poids. ‖ Pondérable [que pode pesar-se]. ‖**-oso, a** adj. (-ôsou, a). Lourd, ourde. ‖ Important, ante; de poids.
pónei m. (ponây). Poney.
pong‖**ar** vi. (pôg*a*r). *Br. du N.* Sauter (dans un tram en marche). ‖**-o** m. (p*ô*gou). Chimpanzé. ‖ *Br.* Fondrière, f.
ponta f. (p*ô*ta). Pointe, bout (m.) piquant. ‖ Coin, m. (d'un voile, etc.) [véu, toalha, etc.]. ‖ pl. Cornes. ‖ Bois, m. (du cerf) [veado]. ‖ *Loc. Andar de ponta com alguém, être* en pique avec quelqu'un. *De ponta a ponta,* d'un bout à l'autre, de bout en bout. *Na ponta da lingua,* sur le bout de la langue. *Ponta som ponta,* bout à bout. *Ponta da lingua,* pointe

---

Lettres penchées : accent tonique. ‖V. page verte pour la prononciation figurée. ‖* Verbe irrég. V. à la fin du volume.

PON — POR

de la langue. *Ponta do nariz*, bout du nez.
pont‖ada f. (pótada). Point (m.) de côté. ‖-al m. (-àl). Pointe (f.) de terre qui entre dans la mer. ‖-alete m. (-alét). Pointal. ‖*Mar*. Épontille, f. ‖-ão m. (-áou). Ponton. ‖-apé m. (-apé). Coup de pied. ‖-aria f. (-aria). Pointage, m. ‖*Fig*. Visée, but, m. ‖ Loc. *Fazer pontaria*, viser. ‖-a-seca f. (-céca). Pointe sèche.
ponte f. (pót). Pont, m. : *ponte de barcas*, pont de bateaux ; *ponte levadiça*, pont-levis.
pontear vt. (pôtyar). Pointiller. ‖ Passefiler [meias, etc.]. ‖ *Br*. Racler (de la guitare).
ponteir‖a f. (pôtâyra). Embout, m. ‖-o m. (-ou). Baguette, f., bâton. ‖ Aiguille, f. [relógio]. ‖ *Br*. Guide, chef. ‖ Désobéissant (chien). ‖ Contraire (vent). ‖ Inexact (fusil).
pontiagudo, a adj. (pôtyagoudou, a). Pointu, ue.
pontific‖ado m. (pô-adou). Pontificat. ‖-al adj. et s. m. (-àl). Pontifical, ale. ‖-ar vi. (-ar). Pontifier.
pontífice m. (pôti-). Pontife : *o sumo pontífice*, le souverain pontife.
pont‖ilha f. (pôtila). Pointe aiguë. ‖ Frange étroite en argent ou en or. ‖-ilhão m. (-áou). Petit pont. ‖-ilhar vt. (-ar). Pointiller. ‖-inha f. (-igna). Petite pointe. ‖ Loc. *Uma pontinha de*, une pointe de. ‖-inho m. (-ignou). Petit point; ‖ pl. Points de suspension.
ponto m. (pótcu). Point. ‖ Endroit, lieu [sítio]. ‖ Occasion, f. ‖ Sujet [exames]. ‖ *Théât*. Souffleur. ‖ Feuille (f.) de présence. ‖ Loc. *Açúcar em ponto*, sucre en sirop. *A tal ponto que*, de telle sorte que. *Dar no ponto*, trouver le nœud de l'affaire. *Dar um ponto*, faire un point. *Em ponto*, juste (heure). *Em ponto pequeno*, en raccourci, en abrégé. *Em que ponto estamos?* où en sommes-nous? *Em todo o ponto*, tout à fait. *Estar a ponto de*, être sur le point de. *Ponto por ponto*, de point par point. *Pôr os pontos nos ii*, mettre les points sur les i. *Pôr ponto*, mettre fin.
Ponto n. pr. (pótou). Pont.

pontu‖ação f. (pôtouaçáou). Ponctuation. ‖-al adj. (-ouàl). Ponctuel, elle ; exact, acte. ‖-alidade f. (-a-ad). Ponctualité, exactitude. ‖-ar vt. (-ouar). Ponctuer. ‖-do, a adj. (-oudou, a). Pointu, ue. ‖*Fig*. Âpre.
popa f. (pópa). Poupe : *ir de vento em popa*, avoir le vent en poupe.
popul‖aça f. (poupoulaça). Populace. ‖-ação f. (-açáou). Population. ‖-acho m. (-a-ou). Populace, f. ‖-ar adj. (-ar). Populaire. ‖ s. m. Homme du peuple. ‖-aridade f. (-a-ad). Popularité. ‖-arizar vt. (-ar). Populariser. ‖-arizar-se vr. (-ç). Se populariser. ‖-ista adj. et s. (-ichta). Populiste. ‖-oso, a adj. (-ôuza, ôza). Populeux, euse.
por prép. (pour). Par. ‖ Pour [preço ; causa ; fim ; a favor]. ‖ De : *por bem ou por mal*, de gré ou de force. ‖ Sur : *por medida*, sur mesure. ‖ Vers [tempo aproximado]. ‖ Contre [troca]. ‖ A : *palavra por palavra*, mot à mot. ‖ Loc. *Contar pelos dedos*, compter sur les doigts. *Esperar por*, attendre. *Estar por fazer*, etc., n'être pas encore fait. *Ir por alguma coisa*, aller chercher quelque chose. *Pela manhã cedo*, de grand matin. *Pela pátria*, pour la patrie. *Por agora*, pour le moment. *Por assim dizer*, pour ainsi dire. *Por baixo*, par en bas, par dessous. *Por cento*, pour cent. *Por cima*, par en haut, par dessus. *Por fora*, par dehors. *Por isso*, pour cela. *Por mim*, quant à moi.
pôr vt. (pôr). Mettre. ‖ Rendre [tornar]. ‖ Poser, placer [colocar]. ‖ Déposer, laisser, larguer. ‖ Pondre [ovos]. ‖ Loc. *Pôr casa*, monter son ménage. *Pôr de parte*, mettre de côté. *Pôr na rua*, mettre à la porte. ‖ s. m. Coucher [astro]. ‖ -se vr. (-ç). Se mettre. ‖ Se coucher [astro]. ‖ Loc. *Pôr-se bom*, se remettre. *Pôr-se mal com*, se brouiller avec.
poraca m. (pôraca). *Br*. Panier à poisson.
poranduba f. (pouradouba). *Br*. Histoire. ‖ Nouvelle [notícia]. ‖ Narration.
porão m. (pouráou). Cale, f. ‖*Br*. Cave.

Itálico : acento tónico. ‖V. página verde para a pronúncia figurada. ‖*Verbo irreg. V. no final do livro.

porc‖a f. (pórca). Truie, coche. Écrou, m. [de parafuso]. ‖-alhão, ona adj. et s. (pou-lâou, óna). Sal(ig)aud, aude. ‖-aria f. (-aria). Saleté, cochonnerie. ‖Crasse [sujidade].
porção f. (pourçãou). Portion.
porcelana f. (pourcelâna). Porcelaine.
porc‖o m. (pórcou). Porc, cochon, pourceau. ‖Sal(ig)aud [homem]. ‖-o, a adj. (-o, a). Sale, malpropre. ‖-o-espinho m. (-ouchpignou). Porc-épic.
porém conj. (pouráy). Toutefois, mais.
porfi‖a f. (pourfía). Dispute. ‖Obstination. ‖Loc. À porfia, à l'envi. ‖-adamente adv. (-adamêt). Obstinément. ‖-ado, a adj. (-yadou, a). Disputé, ée. ‖Obstiné, ée. ‖-ar vi. (-yar). Disputer. ‖Insister, s'obstiner. ‖-oso, a adj. (-yôsou, osa). Obstiné, ée.
pórfiro m. (pór-rou). Porphyre.
pormenor‖ m. (pourmenor). Détail. ‖-izar vt. (-ou-ar). Détailler.
pornogr‖afia f. (pournoughrafía). Pornographie. ‖-áfico, a adj. (-a-ou, a). Pornographique.
poro‖ m. (porou). Pore. ‖-so, a adj. (pourôsou, osa). Poreux, euse.
porqu‖anto conj. (pourcouâtou). Vu que, car. ‖-e conj. (-k). Parce que, car. ‖adv. Pourquoi. ‖-ê adv. et s. m. (-é). Pourquoi.
porqu‖eiro m. (pourkâyrou). Porcher. ‖-inho m. (-ignou). Cochonnet. ‖Loc. Porquinho da Índia, cochon d'Inde.
porr‖e m. (pôrr). Br. Cuite, f. ivresse, f. ‖-o m. (ou-) Poireau. ‖Loc. Alho-porro, poireau.
porta f. (pórta). Porte. ‖Loc. À porta fechada, à huis clos. Dar com a porta na cara, fermer la porte au nez. Dar com o nariz na porta, se casser le nez à la porte. Fora de portas, hors barrière. Porta da janela, volet, m.
port‖a-aviões m. (portavyôych). Porte-avions. ‖-a-bandeira m. (-bâdâyra). Porte-drapeau. ‖-a-cartas m. (-artach). Porte-lettres. ‖-ada f. (pou-ada). Portail, m. ‖Frontispice, m. ‖-ador, a m. et f. (-adôr, a). Porteur, euse. ‖-agem f. (-ajây). Péage, m. ‖-al m. (-âl). Portail. ‖-a-lápis m. (po-alapich). Porte-crayon. ‖-aló m. (pou-o). Coupée, f. ‖-a-moedas m. (po-ouèdach). Porte-monnaie. ‖-a-níqueis m. (-íkéys). Br. Porte-monnaie. ‖-a-novas m. (-ovach). Nouvelliste.
portanto conj. (pourtâtou). Donc.
portão m. (pourtãou). Porte, f. (principale, cochère, de ferme).
porta‖-objecto m. (portao-étou). Porte-objet. ‖-pó m. (-o). Br. Poudrière, f. (boîte).
port‖ar vt. (portar). U. dans la loc. portar por fé, certifier. ‖-ar-se vr. (-ç-). Se comporter, se conduire*. ‖-aria f. (-aría). Porte principale (d'un couvent). ‖Arrêté ministériel. ‖-átil adj. (-a-). Portatif, ive. ‖-a-voz m. (po-avoch). Porte-voix [instrumento]. ‖Porte-parole [pessoa].
porte‖ m. (port). Port (action de porter; maintien). ‖Condulte. ‖[comportamento]. ‖Importance, f., considération f. ‖-ar vt. (pou-yar). Taxer (une lettre).
porteiro, a m. et f. (pourtâyrou, a). Concierge, portier, ère.
portela f. (pourtéla). Petite porte. ‖Défilé, m. (passage étroit).
portent‖o m. (pourtêtou). Prodige. ‖-oso, a adj. (-ôsou, osa). Prodigieux, euse.
pórtico m. (pór-ou). Portique, porche. ‖Portail [portada].
portinhola f. (pour-gnola). Portière (d'une voiture). ‖Mar. Sabord, m.
Porto n. pr. (pôrtou). (O) Porto.
porto‖ m. (pôrtou). Port. ‖-franco m. (-rácou). Port franc.
portuense adj. et s. (pourtouêç). De Porto.
Portugal n. pr. (pourtougàl). Portugal.
portugu‖ês, esa adj. et s. (pourtoughéch, ésa). Portugais, aise. ‖-esismo m. (-esìjmou). Tournure (f.) portugaise. ‖-ésmente adv. (-éjmét). A la portugaise.
portuoso, a adj. (pourtouôsou, osa). Qui a des ports de mer.
porventura adv. (pourvêtoura). Par hasard. ‖Est-ce que? ‖Peut-être [talvez].
porv‖indoiro, a adj. (pourvídôyrou, a). Futur, ure. ‖m. pl. Postérité, f. sing. ‖-ir m. (-ir). Avenir.

Lettres penchées : accent tonique. ‖V. page verte pour la prononciation figurée. ‖* Verbe irrég. V. à la fin du volume.

pós- préf. (poch, -j devant une consonne sonore). Post...
pós-||boca f. (pojbôca). Partie postérieure de la bouche. ||**-data** f. (-ata). Postdate. ||**-datar** vt. (-atar). Postdater. ||**-escolar** adj. (-zechcoular). Postscolaire. ||**-escrito** m. (-rítou). Post-scriptum.
posfácio m. (pochfacyou). Postface, f.
posição f. (pou-ãou). Position.
positiv||amente adv. (pou-amēt). Positivement. ||**-ismo** m. (-íjmou). Positivisme. ||**-ista** adj. et s. (-íchta). Positiviste. ||**-o, a** adj. et s. m. (-ívou, a). Positif, íve.
posologia f. (pousouloujía). Posologie.
pospelo m. (pouchpélou). Contre-poil.
posp||or* vt. (pouchpôr). Mettre* après. ||**-osição** f. (-ou-ãou). Postposition. ||**-ositivo, a** adj. (-ívou, a). Postpositif, ive. ||**-osto, a** adj. (-ôchtou, a). Mis, ise après. ||Mis, ise à l'écart [de lado].
poss||ança f. (pouçãça). Puissance. ||**-ante** adj. (-ãt). Puissant, ante; fort, orte.
posse f. (poç). Possession. ||Loc. *Dar posse, mettre* en possession. *Tomar posse,* prendre* possession. ||pl. Moyens, m.
poss||essão f. (pouceçãou). Possession. ||**-essivo, a** adj. (-ívou, a). Possessif, íve. ||**-esso, a** adj. et s. (-êçou, a). Possédé, ée. ||**-essor** m. (-ôr). Possesseur.
possibil||idade f. (pou-bl-ad). Possibilité. ||pl. Moyens, m. ||**-itar** vt. (-ar). Rendre possible.
possível adj. et s. m. (poucívèl). Possible. ||Loc. *É possível que,* il se peut que. *Fazer (todo) o possível,* faire* son possible, de son mieux. *Tanto quanto possível,* autant que possible.
possu||idor, a adj. et s. (pouçou-ôr, a). Possesseur, m. ||**-ir*** vt. (-ouir). Posséder. ||**-ir-se** vr. (-ç). Se posséder. ||Se convaincre*, se persuader.
posta f. (pochta). Tranche. ||*Fig.* Emploi, m. ||Poste [correio]. ||Relais, m. [muda de cavalos].
post||al adj. (pouchtal). Postal, ale. ||s. m. Carte f. postale. ||**-ar** vt. (-ar). Poster. ||**-ar-se** vr. (-ç). Se poster. ||**-a-restante** f. (po-arrech-

tãt). Poste restante. ||**-e** m. (-t). Pot*eau* [telegráfico]. ||Colonne, f., pil*ier.*
postema f. (pouchtéma). Abcès, m.
postergar vt. (pouchtergar). Laisser en arrière. ||*Fig.* Négliger, mépriser.
poster||idade f. (pouchter-ad). Postérité. ||**-ior** adj. (-yôr). Posté*rieur, eure.* ||s. m. *Pop.* Derrière (du corps).
póstero, a adj. (pochterou, a). Futur, ure. ||s. m. pl. Postérité, f., sing.
postiço, a adj. (pouchtíçou, a). Postiche, faux, *au*sse, artificiel, elle.
postigo m. (pouchtígou). Guichet.
postila f. (pouchtíla). Cahier (m.) de leçons. ||Apostille.
postilhão m. (pouchtilhãou). Postillon.
post||o m. (pôchtou). Poste. ||*Br.* Hutte (f.) de vacher. ||Grade militaire. ||**-o, a** adj. (-o-a). Mis, ise; placé, ée. ||Loc. *Ao sol posto,* après le coucher du soleil. *Bem posto,* bien mis, élégant. *Posto que,* loc. conj., quoique, bien que.
postular vt. (pouchtoular). Postuler.
póstumo, a adj. (pochtoumou, a). Posthume.
postura f. (pouchtoura). Posture, attitude. ||Ordonnance de la municipalité. ||Ponte [aves].
potassa f. (routaça). Potasse: *potassa cáustica,* p*o*tasse caustique.
potássio m. (poutacyou). Potassium.
potável adj (poutavèl). Potable.
pote m. (pct). Marmite (f.) à trois pieds. ||Fontaine, f. (pot de terre). ||*Fig.* Personne obèse, f.
poteia f. (poutãya). Potée.
potência f. (poutēcya). Puissance.
potenci||al adj. et s. m. (poutēcyàl). Potentiel, elle. ||**-alidade** f. (-a-ad). Potentialité. ||**-ar** vt. (-yar). Élever à une puissance.
potent||ado m. (poutētadou). Potentat. ||**-e** adj. (-ēt). Puissant, ante.
poto||ca f. (pôtoca). *Br.* Dette frauduleuse. ||**-car** vi. (-ar). *Br.* Faire* un pouf. ||**-queiro** m. (-kéyrou). *Br.* Escroc, carottier.
potra f. (pôtra). Pouliche. ||*Méd.* Hernie. ||*Br.* Bonheur, m. ||Présomption.
potranc||a f. (pôtrãca). *Br.* Pouliche. ||**-ada** f. (-ada). *Br.* Troupeau (m.)

Itálico : acento tónico. ||V. página verde para a pronúncia figurada. ||*Verbo irreg. V. no final do livro.

de poulains. ‖-o m. (-ácou). *Br.* Poulain.

potr‖eiro m. (poutréyrou). *Marchand de poulains ou de chevaux.* ‖-il m. (-íl). *Lieu où l'on renferme les poulains.* ‖-ilho m. (-íliou). *Br.* Poulain. ‖-o m. (pótrou). *Poulain.* ‖ *Chevalet (ancien instrument de torture).*

pouc‖achinho, a adj. et adv. (pôcaignou, a). *Très peu (de).* ‖s. m. *Petit peu.* ‖-a-vergonha f. (-ergógna). *Dévergondage,* m. ‖-o, a adj., adv. et s. m. (pôcou a). *Peu (de).* Loc. *A pouco e pouco, petit à petit. Fazer pouco,* se moquer. *Há pouco, tout à l'heure. Nem eu tão pouco, ni moi non plus. Por pouco que não morri,* j'ai failli mourir. *Poucas vezes,* peu souvent. *Pouco mais ou menos,* à peu près. ‖-ochinho, a adj. et adv. (-ígnou, a). V. POUCACHINHO.

poupa f. (pôpa). *Huppe.*

poup‖ado, a adj. (pôpadou, a). *Épargnant,* ante. ‖-ança f. (-áça). *Épargne.* ‖-ar vt. (-ár). *Épargner, ménager.* ‖-ar-se vr. (-ç). *S'épargner.* ‖ *Fuir*, éviter : poupar-se ao trabalho,* fuir* le travail.

pouqu‖idade ou -idão f. (pôkidad, -áou). *Manque,* m., *insuffisance.* ‖-inho m. (-ígnou). *Petit peu.* ‖-issimo, a adj. et adv. (-íç-ou, a). *Très peu (de).*

pous‖ ou pois‖ada f. (pô[y]sada). *Logis,* m. ‖*Br.* V. POUSO. ‖-a-papel m. (-apapél). *Br. Presse-papiers.* ‖-ar vt. (-ár). *Poser, déposer.* ‖vi. *Poser.* ‖*Se poser* [ave]. ‖*Loger, habiter.* ‖-io m. (-íou). *Jachère,* f. ‖-o m. (pósou). *Juchoir* [poleiro]. ‖ *Gisant de la meule [da mó].*

pov‖aréu m. (pouvaréou). *Populace,* f. ‖-iléu m. (-éou). V. POVARÉU. ‖-o m. (póvou). *Peuple.* ‖-oação f. (pouvouaçáou). *Peuplement,* m. [acção]. ‖ *Localité.* ‖*Br. Plantation de caoutchouc.* ‖-oado m. (-ouadou). *Bourg,* lieu peuplé. ‖-oador m. (-adór). *Colonisateur.* ‖-oamento m. (-étou). *Peuplement.* ‖*Br. Population,* f. ‖-oar vt. (-oár). *Peupler.* ‖-oléo m. (-éou). *Populace,* f.

praça f. (práça). *Place. Halle, marché,* m. [mercado]. ‖ *Soldat,* m.

‖ Loc. *Caixeiro de praça,* placier. *Carro de praça,* voiture (f.) *de place. Fazer praça de,* divulguer. *Ir à praça,* être* mis à l'enchère. *Praça de touros,* arènes, pl. *Praça forte,* château fort, m.

pracista m. (pracíchta). *Placier.*

prad‖aria f. (pradaría). *Suite de prairies, savane.* ‖-o m. (-adou). *Pré.* ‖*Br.* Manège, *hippodrome.*

praga f. (prága). *Plaie, fléau,* m. ‖ *Juron,* m., *imprécation.* ‖Loc. *Rogar pragas,* pester, vomir des imprécations.

Praga n. pr. (prága). *Prague.*

pragana f. (pragána). *Arête (des épis).*

pragm‖ática f. (pra-a-a). *Pragmatique (sanction).* ‖ *Cérémonial,* m. ‖-ático, a adj. (-ou, a). *Pragmatique.* ‖-atismo m. (-atíjmou). *Pragmatisme.*

pragu‖ejar vi. (praghejár). *Pester.* ‖vt. *Maudire*.* ‖-ento, a adj. (-étou, a). *Médisant,* ante.

prai‖a f. (práya). *Plage.* ‖ -mar f. (-ár). V. PREIA-MAR. ‖-no m. (-ánou). *Br. Habitant de la plage. Baigneur.*

pranch‖a f. (prá-a). *Planche.* ‖-ada f. (-áda). *Coup* (m.) *de plat d'épée.* ‖-ão m. (-áou). *Grande planche,* f. ‖-eta f. (-éta). *Planchette.* ‖*Planche à dessin* [desenho].

prant‖ear vt. et vi. (prätyár). *Pleurer.* ‖-o m. (-átou). *Pleurs,* pl. ‖ *Lamentation,* f., *plainte,* f.

prata f. (práta). *Argent,* m. ‖pl. *Argenterie,* sing.

prat‖aria f. (prataría). *Argenterie.* ‖-eado, a adj. (-yadou, a). *Argenté, ée.* ‖s. m. *Argenture,* f. ‖-ear vt. (-yár). *Argenter.* ‖-eleira f. (-eláyra). *Rayon,* m. *(d'armoire).* ‖ *Tablette-console.*

prática f. (pra-a). *Pratique.* ‖ *Apprentissage,* m. ‖ *Conversation.* ‖ *Prône,* m., *instruction chrétienne.* ‖ Loc. *Pôr em prática,* mettre* en pratique.

pratic‖ante adj. et s. (pra-ãt). *Apprenti,* ie. ‖ *Pratiquant,* ante [religião]. ‖ *Aide de médecin.* ‖-ar vt. (-ár). *Pratiquer.* ‖ *Faire** (un sport). ‖vi. *Faire* son stage.* ‖-ável adj. (-avél). *Praticable.*

prático, a adj. (pra-ou, a). *Pratique.* ‖s. m. *Praticien.*

Lettres penchées : accent tonique. ‖V. page verte pour la prononciation figurée. ‖* Verbe irrég. V. à la fin du volume.

prati‖lheiro m. (pra-lâyrou). Cymbalier. ‖**-nho** m. (-gnou). Soucoupe, f.; petite assiette, f. ‖Loc. *Servir de pratinho*, servir* de plastron.

prato m. (pratou). Assiette, f. ‖Plat, mets [iguaria]. ‖Plate*au* (balança). ‖pl. Cymb*ales*, f. ‖Loc. *Pôr tudo em pratos limpos*, défiler son chapelet.

prax‖e f. (prach). Us*age*, m. ‖Étiquette. ‖**-ista** adj. et s. (-a-íchta). Qui suit les us et coutumes.

praz‖enteiro, a adj. (prazẽtâyrou, a). Joyeux, *euse*; réjoui, *ie*. ‖**-er** m. (-ér). Plaisir. ‖vi. Pl*aire** ‖Loc. *Com (muito) prazer*, avec plaisir. *Dar prazer, faire** plaisir. *Ter prazer em*, prendre* plaisir à. ‖**-eroso, a** adj. (-erósou, osa). *Br.* V. PRAZENTEIRO.

prazo m. (prazou). Dél*ai*. ‖Terme [venda]. ‖Loc. *A longo prazo*, à long terme. *Dar um prazo*, accorder un dél*ai*. *Num curto prazo*, dans un bref dél*ai*.

pré m. (prè). Prêt (solde).

preamar m. (préamar). *Br.* V. PREIAMAR.

preambular adj. (pryãboul*ar*). Préambul*aire*. ‖vt. F*aire** un préambule.

preâmbulo m. (pryãboulou). Préambule.

prebenda f. (prebẽda). Prébende.

precário, a adj. (precaryou, a). Précaire.

preçário m. (preçaryou). Tarif.

precat‖ado, a adj. (precatadou, a). Précautionneux, *euse*. ‖**-ar** vt. (-ar). Précautionner. ‖**-ar-se** vr. (-ç). Se précautionner.

precaução f. (precaouçãou). Précaution, prudence, ménagement, m.

precav‖er* vt. (precavér). Précautionner, mettre* en garde. ‖**-er-se** vr. (-ç). Se précautionner.

prece f. (prèç). Prière, oraison.

preced‖ência f. (precedẽcya). Précédence. ‖**-ente** adj. (-ẽt). Précédent, ente. ‖**-er** vt. et vi. (-ér). Précéder.

preceit‖o m. (preçâytou). Précepte. ‖Loc. *A preceito*, dans la perfection. ‖**-uar** vt. (-ouar). Prescrire*. ‖**-uário** m. (-ouaryou). Collection (f.) de préceptes.

preceptor m. (precètôr). Précepteur.

precinta f. (precíta). Bande de cuir. ‖*Mar.* Préceinte.

precios‖idade f. (precyou-ad). Excellence, rareté. ‖**-o, a** adj. (-yósou, osa). Précieux, *euse*.

precip‖ício m. (pre-íçyou). Précipice. ‖**-itação** f. (-açãou). Précipitation. ‖**-itado, a** adj. et s. m. (-adou, a). Précipité, ée. ‖adj. Étourdi, ie. ‖**-itar** vt. (-ar). Précipiter. ‖**-itar-se** vr. (-ç). Se précipiter.

precípuo, o a adj. (precipouou, a). Principal, *ale*.

precis‖ado, a adj. (pre-adou, a). Nécessiteux, *euse*. ‖**-amente** adv. (-amẽt). Précisément. ‖**-ão** f. (-ãou). Précision. ‖Besoin, m., nécessité. ‖Loc. *Ter precisão de*, avoir* besoin de. ‖**-ar** vt. (-ar). Préciser, déterminer. ‖Nécessiter, exiger. ‖Avoir* besoin de. ‖vi. Manquer, avoir* besoin de. ‖Être* dans le besoin [ter necessidades]. ‖Loc. *Precisa-se*, on demande. ‖**-o, a** adj. (-isou, a). Précis, ise. ‖Nécessaire, indispensable. ‖Loc. *Ser preciso, falloir**.

preclaro, a adj. (pre-arou, a). Illustre, célèbre, distingué, ée.

preço m. (prêçou). Prix (d'un objet). ‖Loc. *De preço, de prix*. *Pelo preço do*, au prix de. *Por bom preço*, très cher. *Preço de custo*, prix coûtant. *Sem preço*, sans prix.

precoc‖e adj. (precoç). Précoce. ‖**-idade** f. (-ou-ad). Précocité.

preconc‖eber vt. (precõcebér). Préconcev*oir*. ‖**-ebido, a** adj. (-idou, a). Préconçu, *ue*. ‖**-eito** m. (-âytou). Préjugé.

preconizar f. (precou-ar). Préconiser, vanter.

precursor m. (precoursôr). Précurseur, avant-coureur.

predecessor m. (predeceçôr). Prédécesseur, devancier.

predestin‖ação f. (predech-açãou). Prédestinat*ion*. ‖**-ado, a** adj. et s. (-adou, a). Prédestiné, ée. ‖**-ar** vt. (-ar). Prédestiner.

predial adj. (predyal). Foncier, ère.

prédica f. (prè-a). Prédication.

predic‖ado m. (pre-ad*ou*). Verbe d'une proposition. ‖Verbe et attribut du sujet [com nome predicativo]. ‖Qualité, f., talent. ‖**-ante** m.

Itálico : acento tónico. ‖V. página verde para a pronúncia figurada. ‖*Verbo irreg. V. no final do livro.

PRE — PRE 650

predição f. (pre-áou). Prédiction.
predicativo adj. (pre-ativou). U. dans la loc. *nome predicativo*, attribut (du sujet ou de l'objet direct).
predilec‖ção f. (pre-ecáou). Prédilection. ‖**-to**, a adj. et s. (-étou, a). Chéri, ie; bien-aimé, ée; favori, ite.
prédio m. (prédyou). Immeuble.
predisp‖or* vt. (pre-chpór). Prédisposer. ‖**-osição** f. (-ou-áou). Prédisposition. ‖**-osto**, a adj. (-óchtou, o-a). Prédisposé, ée.
predizer* vt. (pre-ér). Prédire*.
predom‖inar vt. (predou-ar). Prédominer. ‖**-ínio** m. (-inyou). Prédominance, f. ‖Empire, ascendance, f.
preemin‖ência f. (prei-ēcya). Prééminence. ‖**-ente** adj. (-ēt). Prééminent, ente; supérieur, eure aux autres.
preempção f. (pryēçáou). Préemption.
preench‖er vt. (pryē-ér). Remplir. ‖**-imento** m. (-étou). Remplissage.
preestabelecer vt. (prèchtabelcér). Préétablir.
pref‖aciar vt. (prefacyar). Faire* une préface, préfacer. ‖**-ácio** m. (-acyou). Préface, f., avant-propos.
prefeit‖o m. (prefáytou). Préfet [magistrado]. ‖Surveillant. ‖**-ura** f. (-oura). Préfecture.
prefer‖ência f. (preferēcya). Préférence. ‖**-encial** adj. (-yàl). Préférentiel, elle. ‖**-ir*** vt. (-ír). Préférer, aimer mieux. ‖vi. Avoir* la préférence. ‖**-ível** adj. (-ivèl). Préférable.
prefix‖ar vt. (pre-ar). Préfixer. ‖**-o** m. (-í-ou). Préfixe. ‖**-o**, a adj. (-a). Préfix, ixe.
prega f. (prèga). Pli, m. (double).
pregação f. (prègaçáou). Prédication.
pregad‖eira f. (pregadáyra). Pelote. ‖**-or** m. (-ór). Broche, f. (bijou). ‖(-è-).
preg‖ão m. (pregáou). Ban. ‖Cri [vendedor]. ‖pl. Bans (de mariage). ‖**-ar** vt. (-ar). Clouer. ‖Enfoncer (un clou) [um prego]. ‖Coudre* (botões, etc.]. ‖vi. Jeter. ‖Loc. *Pregar com alguém no chão*, terrasser quelqu'un. ‖(-è-). vt. et vi. Prêcher. ‖**-o** m. (-ègou). Clou. ‖Loc. *Carta de prego*, lettre close. ‖**-oeiro** m. (-oudýrou). Crieur (public; d'enchère).

pregu‖iça f. (preghíça). Paresse. ‖Paresseux, m. [animal]. ‖**-içeira** f. (-áyra). Dormeuse, chaise longue. ‖**-içoso**, a (-ósou, osa). Paresseux, euse.
pré-histór‖ia f. (prèichtórya). Préhistoire. ‖**-ico**, a adj. (-ou, a). Préhistorique.
preia-mar f. (práyamar). Pleine mer.
preito m. (práytou). Hommage.
prejudic‖ar vt. (prejou-ar). Porter préjudice à, nuire* à. ‖**-ial** adj. (-yàl). Préjudiciable, nuisible.
prejuízo m. (prejouízou). Préjudice, dommage. ‖Loc. *Causar prejuízo*, faire* tort, nuire*, porter préjudice.
prelado m. (preládou). Prélat.
prelec‖ção f. (prelèçáou). Leçon. ‖**-cionar** vt. (-ounar). Enseigner.
preliminar adj. et s. m. (pre-ar). Préliminaire.
prelo m. (prèlou). Presse, f. : *estar no prelo*, être* sous presse.
prel‖udiar vt. (preloudyar). Préluder. ‖**-údio** m. (-oudyou). Prélude.
prematuro, a adj. (prematourou, a). Prématuré, ée; précoce.
premedit‖ação f. (preme-açáou). Préméditation. ‖**-ar** vt. (-ar). Préméditer.
prem‖ente adj. (premēt). Foulant, ante [bomba]. ‖Pressant, ante; urgent, ente. ‖**-er** vt. (-ér). Presser, comprimer.
premi‖ado, a adj. (premyadou, a). Récompensé, ée. ‖**-ar** vt. (-yar). Récompenser. ‖Couronner (un roman).
prémio m. (prèmyou). Prix, récompense, f. ‖Lot [lotaria].
premir* vt. (premír). Presser.
premissa f. (premíça). Prémisse.
premun‖ição f. (premou-áou). Précaution. ‖**-ir** vt. (-ír). Prémunir. ‖**-ir-se** vr. (-ç). Se prémunir.
prend‖a f. (prēda). Cadeau, m. Talent, m. ‖Loc. *Jogo de prendas*, jeu de gages. ‖**-ado, a** adj. (-adou, a). Doué, ée de talents. ‖**-ar** (-ar). Faire* un cadeau à; récompenser.
prender vt. (prēdér). Prendre*, saisir. ‖Arrêter [prisão]. ‖Attacher [ligar]. ‖Captiver, charmer. ‖Constiper [barriga]. ‖vi. Intéresser.

Lettres penchées : accent tonique. ‖V. page verte pour la prononciation figurée. ‖* Verbe irrég. V. à la fin du volume.

‖ -se vr. (-ç). S'attacher. ‖ S'embarrasser.
prenh‖e adj. (prègn). Grosse, enceinte. ‖ Pleine [animal]. ‖ *Fig.* Plein, eine. ‖ -ez f. (-e-éch). Grossesse.
prenome m. (prenôm). Prénom.
prens‖a f. (prêça). Presse. ‖ -ar vt. (-ar). Presser, serrer, peser sur.
pren‖unciar vt. (prenũcyar). Annoncer d'avance. ‖ -úncio m. (-ũcyou). Annonce, f., présage, prédiction, f.
preocup‖ação f. (pryoucoupaçãou). Préoccupation, souci, m. ‖ -ado, a adj. (-adou, a). Préoccupé, ée; soucieux, euse. ‖ -ar vt. (-ar). Préoccuper. ‖ -ar-se vr. (-ç). Se préoccuper, se soucier.
preopinante m. et f. (prèou-ãt). Préopinant, ante.
prepar‖ação f. (preparaçãou). Préparation. ‖ -ado m. (-adou). Préparation, f. ‖ -ador, a m. et f. (-adôr, a). Préparateur, trice. ‖ -ar vt. (-ar). Préparer. ‖ -ar-se vr. (-ç). Se préparer. ‖ -ativos m. pl. (-ativouch). Préparatifs. ‖ -atório, a adj. (-oryou, a). Préparatoire. ‖ m. pl. Études préparatoires, f. ‖ -o m. (-arou). Apprêt. ‖ Avance (f.) d'argent (procès). ‖ pl. Fournitures, f.
preponder‖ância f. (prepõderãcya). Prépondérance. ‖ -ante adj. (-ãt). Prépondérant, ante. ‖ -ar vi. (-ar). Prédominer.
prep‖or* vt. (prepôr). Préposer. ‖ Préférer. ‖ -osição f. (-ou-ãou). Préposition.
prepot‖ência f. (prepoutẽcya). Prépotence. ‖ -ente adj. (-ẽt). Oppresseur, qui abuse du pouvoir.
prepúcio m. (prepoucyou). Prépuce.
prerrogativa f. (prerrougativa). Prérogative, privilège exclusif, m.
presa f. (prèsa). Prise, capture. ‖ Proie [despojo]. ‖ Femme détenue. ‖ pl. Griffes [ave de rapina]. ‖ Crocs, m. [dentes].
presb‖ita adj. et s. (prejbita). Presbyte. ‖ -itério m. (-èryou). Presbytère. ‖ -ítero m. (-iterou). Prêtre. ‖ -itia f. (-ia). Presbytie. ‖ -itismo m. (-ijmou). Presbytisme.
prescind‖ir vi. (prechcidir). Laisser de côté. ‖ Se passer de [passar sem].

‖ -ível adj. (-ívèl). Dont on peut se passer.
prescr‖ever vt. et vi. (prechcrevér). Prescrire*. ‖ -ição f. (-ãou). Prescription. ‖ -ito, a adj. (-itou, a). Prescrit, ite.
pré-selecção f. (prèceleçãou). Présélection.
presença f. (prezẽça). Présence. Mine, air, m., aspect, m. ‖ Loc. *Em presença de*, devant. *Presença de espírito*, présence d'esprit.
presenci‖al adj. (prezẽcyàl). Oculaire. ‖ -ar vt. (-ar). Être* témoin de, assister à, être* présent à.
present‖âneo, a adj. (prezẽtânyou, a). Rapide. ‖ -e adj. (-ẽt). Présent, ente. ‖ s. m. Présent, cadeau. ‖ Loc. *Ao presente*, à présent. *Fazer presente de*, faire* cadeau de. *Ter presente*, avoir* sous les yeux; se rappeler [lembrar-se]. ‖ -ear vt. (-yar). *Faire* des cadeaux.* Loc. *Presentear alguém com*, faire* cadeau (ou présent) à quelqu'un de.
presépio m. (prezèpyou). Étable. ‖ Crèche, f. (de l'Enfant Jésus).
preserv‖ação f. (prezervaçãou). Préservation. ‖ -ar vt. (-ar). Préserver. ‖ -ativo, a adj. et s. m. (-ativou, a). Préservatif, ive.
presid‖ência f. (prezidẽcya). Présidence. ‖ -enc al adj. (-yàl). Présidentiel, elle. ‖ -enta f. (-ẽta). Présidente. ‖ -ente m. (-ẽt). Président.
presidiári‖o m. (pre-yaryou). Pénitentiaire. ‖ -o, a adj. (-a). De garnison.
presídio m. (rezidyou). Bagne.
presidir vi. (pre-ir). Présider.
presilha f. (prezilia). Patte (d'un pantalon, etc.). ‖ Sous-pied, m. [polaina].
preso, a adj. (prèsou, a). Attaché, ée [ligado]. ‖ Arrêté, ée; détenu, ue [capturado]. ‖ s. m. et f. Prisonnier, ère.
pressa f. (prèça). Hâte, empressement, m. ‖ Embarras, m. Affaire urgente. ‖ Loc. *À pressa*, à la hâte, en hâte. *Dar-se pressa*, se presser. *Ter (ou estar com) pressa*, être* pressé.
press‖agiar vt. (preçajyar). Présager. ‖ -ágio m. (-àjyou). Présage.
pressama f. (preçãma). *Br.* Inflammation de la peau.

Itálico : acento tônico. ‖ V. página verde para a pronúncia figurada. ‖ *Verbo irreg.* V. no final do livro.

pressão f. (preçãou). Pression. ‖ *Br.* Tensão arterial.
pressent‖**imento** m. (precè-ētou). Pressentiment. ‖**-ir*** vt. (*-ir*). Pressentir*.
pressup‖**or*** vt. (preçoupôr). Presupposer. ‖**-osto, a** adj. (-ôchtou, o-a). Présupposé, ée. ‖s. m. Présupposition, f.
pressuroso, a adj. (preçourôsou, osa). Empressé, ée.
prest‖**ação** f. (prechtaçãou). Prestation (d'un serment) [juramento] ‖Reddition (de compte) [pagamento]. ‖Loc. *A prestações*, à tempérament. *Pagar a prestações*, payer en plusieurs termes. ‖**-adio, a** adj. (-iou, a). Serviable. ‖Utile. ‖**-amista** m. et f. (-ichta). Prêteur, *euse*. ‖**-ante** adj. (-āt). Obligeant, ante. ‖**-ar** vt. (-ar). Prêter. [socorro ; juramento.] ‖Rendre [homenagem ; serviço ; contas]. ‖Subir [exame]. ‖Être* bon, utile. *Não presta para nada*, cela ne vaut rien. ‖**-ar-se** vr. (-ç). Se prêter. ‖Prêter à [dar assunto]. ‖**-ativo, a** adj. (-ativou, a). Serviable. ‖**-ável** adj. (-avèl). Obligeant, ante. ‖**-es** adj. (-è-tch). Prêt, ête. ‖Loc. *Prestes a*, sur le point de. ‖**-eza** f. (-e-éza). Prestesse, célérité.
prestidigita‖**ção** f. (prech-açãou). Prestidigitation. ‖**-dor** m. (-ôr). Prestidigitateur.
prest‖**igiar** vt. (prech-yar). Honorer. ‖**-igio** m. (-i-ou). Prestige. ‖**-igioso, a** adj. (-yôsou, osa). Prestigieux, *euse*.
préstimo m. (prèch-iou). Mérite. ‖Loc. *Sem préstimo*, sans utilité.
prestimoso, a adj. (prech-ôsou, osa). Qui a du mérite. ‖Serviable [prestável].
préstito m. (prèch-ou). Cortège. ‖Loc. *Préstito fúnebre*, convoi.
presum‖**ido, a** adj. (presoumidou, a). Présumé, ée. ‖Présomptueux, *euse* [vaidoso]. ‖**-ir** vt. et vi. (-ir). Présumer. ‖**-ível** adj. (-ivèl). Présumable.
presun‖**ção** f. (presuçãou). Présomption. ‖**-çoso, a** adj. (-ôsou, osa). Présomptueux, *euse*. ‖**-tivo, a** adj. (-ivou, a). Présomptif, *ive*.
presunto m. (presũtou). Jambon.

prete‖**ndente** m. (pretēdēt). Prétendant. ‖**-nder** vt. et vi. (-ér). Prétendre. ‖Loc. *Pretende-se*, on demande. ‖**-ndida** f. (-ida). Prétendue. ‖**-nsão** f. (-ãou). Prétention. ‖**-nsioso, a** adj. et s. (-yôsou, osa). Prétentieux, *euse*. ‖**-nso, a** adj. (-éçou, a). Prétendu, *ue*.
preterir* vt. (preterir). Exclure*.
pretérito, a adj. et s. m. (preter-ou, a). Passé, ée. ‖Loc. *Pretérito imperfeito*, imparfait (gramm.).
pretext‖**ar** vt. (pretechtar). Prétexter. ‖**-o** m. (-ây-ou). Prétexte.
pret‖**idão** f. (pre-ãou). Noirceur. ‖**-o, a** adj. (-ètou, a). Noir, *oire*. ‖s. m. et f. Nègre, négresse ; noir, oire.
preval‖**ecer** vi. (prevalecér). Prévaloir* : *prevalecer sobre*, prévaloir* sur, l'emporter sur. ‖**-ecer-se** vr. (-ç). Se prévaloir*. ‖**-ência** f. (-écya). Suprématie, supériorité.
prevaric‖**ação** f. (prevar-açãou). Prévarication. ‖**-ador, a** adj. et s. (-ôr, a). Prévaricateur, trice. ‖**-ar** vi. (-ar). Prévariquer. ‖vt. Corrompre*.
prev‖**enção** f. (prevēçãou). Prévention [opinião]. ‖Précaution. ‖Avis, m. [advertência]. ‖Loc. *Estar de prevenção*, être* consigné (troupes) ; être* en garde (contre). ‖**-enido, a** adj. (-enidou, a). Averti, *ie*. ‖**-enir*** vt. (-ir). Avertir. ‖**-enir-se** vr. (-ç). Se prémunir, se précautionner, se mettre* sur ses gardes. ‖**-entivo, a** adj. (-ètivou, a). Préventif, *ive*.
prever* vt. (prevér). Prévoir*.
previamente adv. (prè-amēt). Préalablement, au préalable.
previd‖**ência** f. (pre-ēcya). Prévoyance. ‖**-ente** adj. (-ēt). Prévoyant, *ante*.
prévio, a adj. (prèvyou, a). Préalable.
previs‖**ão** f. (pre-ãou). Prévision. ‖**-or, a** adj. (-ôr, a). *Br.* Prévoyant, ante. ‖**-to, a** adj. (-ichtou, a). Prévu, *ue*.
prez‖**ado, a** adj. (prezadou, a). Cher, ère. ‖**-ar** vt. (-ar). Chérir. ‖Apprécier. ‖**-ar-se** vr. (-ç). Se respecter. ‖S'honorer, se louer, s'enorgueillir.
prima f. (prima). Cousine. ‖Prime [esgrima ; hora canónica].

Lettres penchées : accent tonique. ‖V. page verte pour la prononciation figurée. ‖* Verbe irrég. V. à la fin du volume.

prim‖acial adj. (pr-acyàl). Primatial, ale. ‖-ado m. (-adou). Primauté, f. ‖-ar vi. (-ar). Exceller. ‖Loc. Primar por, s'efforcer de. ‖-ário, a adj. (-aryou, a). Primaire. ‖Principal, ale. ‖Loc. Professor, ora primário, ia, instituteur, trice. ‖-avera f. (-avèra). Printemps, m. ‖-averal ou -averil adj. (-eràl, -íl). Printanier, ère. ‖-az adj. (-ach). Qui est au premier rang. ‖s. m. Primat. ‖-azia f. (-azia). Primauté. ‖Loc. Apostar primazias, rivaliser.

primeir‖a f. (pr-âyra). U. dans la loc. à primeira, du premier coup; d'abord. ‖-amente adv. (-ēt). D'abord. ‖-anista m. et f. (-ichta). Élève de première année (d'une faculté). ‖-o, a adj. (-âyrou, a). Premier, ère. ‖adv. Premièrement. ‖Loc. Primeiro que, avant.

primevo, a adj. (pr-évou, a). Du premier âge, primitif, ive.

primícias f. pl. (pr-ícyach). Prémices.

primitivo, a adj. et s. (pr-ivou, a). Primitif, ive.

prim‖o m. (prímou). Cousin. ‖-o, a adj. (-a). Premier, ère. ‖Loc. Obra-prima, chef-d'œuvre, m. ‖-ogénito, a adj. et s. (-oujè-ou, a). Premier, ère né, ée, aîné, ée.

primor m. (pr-ôr). Perfection, f. ‖Chef-d'œuvre [obra-prima]. ‖Loc. Com primor, à ravir. ‖-dial adj. (-ou-yàl). Primordial, ale. ‖-oso, a adj. (-ôsou, osa). Parfait, aite. ‖Délicat, ate. ‖Habile.

prímula f. (prímoula). Primevère.

princ‖esa f. (prićésa). Princesse. ‖-ipado m. (-adou). Principauté, f. ‖-ipal adj. (-àl). Principal, ale. ‖s. m. Principal. ‖Supérieur (d'une communauté religieuse). ‖Patron; chef.

principe m. (prícep). Prince.

princip‖esco, a adj. (prī-échcou, a). Princier, ère. ‖-iante adj. et s. (-yàt). Commençant, ante; débutant, ante. ‖-iar vt. et vi. (-yar). Commencer.

princípio m. (prićipyou). Commencement, début. ‖Principe [física, filosofia, ete.]. ‖Loc. A(o) princípio, au commencement. Ter princípios, avoir* des principes.

prior‖, esa m. et f. (pryôr, ourésa). Curé, m. ‖Prieur, eure. ‖-idade f. (-ou-ad). Priorité, primauté.

pris‖ão f. (pr-éou). Prison. ‖Arrestation [acção]. ‖Loc. Prisão de ventre, constipation. ‖-ioneiro, a m. et f. (-ounâyrou, a). Prisonnier, ère.

prisma m. (príjma). Prisme.

priv‖ação f. (pr-açãou). Privation. ‖-ada f. (-ada). Garde-robe. ‖-ado, a adj. (-adou a). Privé, ée. ‖m. et f. Favori, ite. ‖-ança f. (-ãça). Faveur (auprès d'un prince). ‖Familiarité. ‖-ar vt. (-ar). Priver. ‖vi. Approcher. ‖-ar-se vr. (-ç). Se priver. ‖-ativo, a adj. (-ativou, a). Privatif, ive.

privil‖egiado, a adj. et s. (pr-ejyadou, a). Privilégié, ée. ‖-egiar vt. (-yar). Privilégier. ‖-égio m. (-èjyou). Privilège.

pró adv. (pro). Pour, en faveur de. ‖s. m. Pour : o(s) pró(s) e o(s) contra(s), le pour et le contre.

proa f. (prôa). Mar. Proue. ‖Fig. Arrogance, orgueil, m.

probabil‖idade f. (proubabl-ad). Probabilité. ‖-ismo m. (-íjmou). Probabilisme.

prob‖ante adj. (proubãt). Probant, ante. ‖-atório, a adj. (proubatoryou, a). Probatoire.

probidade f. (prou-ad). Probité.

probl‖ema f. (prou-éma). Problème. ‖-emático, a adj. (-ema-ou, a). Problématique.

probo, a adj. *probou, a). Probe.

proced‖ência f. (proucedēcya). Provenance. ‖-ente adj. (-ēt). Provenant, ante. ‖Fondé, ée; juste. ‖-er vi. (-ér). Procéder. ‖Loc. Proceder contra, agir contre; procéder contre [jurispr.]. ‖m. ou -imento m. (-étou). Procédé [modo de agir]. ‖Conduite, f. [comportamento]. ‖Jurispr. Poursuite, f.

procel‖a f. (proucèla). Tempête, orage, m. ‖-ária f. (-elarya). Procellaria, m. ‖-oso, a adj. (-ôsou, osa). Orageux, euse; tempêtueux, euse.

process‖ar vt. (prouceçar). Faire* un procès à. ‖-ional adj. (-ounàl). Processionnel, elle. ‖-ionária f. (-arya). Processionnaire. ‖-o m. (-êçou). Procès [instância perante

Itálico : acento tónico. ‖V. página verde para a pronúncia figurada. ‖*Verbo irreg. V. no final do livro.

PRO — PRO 654

a justiça]. ‖Procédure, f. : *código do processo civil*, code de procédure civile. ‖Procédé [método]. ‖**-ual** adj. (-eçoud*i*). Processif, *ive*; de procès.
procissão f. (prou-ãou). Procession.
proclam‖a(s) m. (pl.)[prou-ãma(ch)]. Ban de mariage. ‖**-ação** f. (-ãou). Proclamation. ‖**-ar** vt. (-ar). Proclamer. ‖**-ar-se** vr. (-ç). Se proclamer
procri‖ador, a adj. et s. (proucryador, a). Procréateur, *trice*. ‖**-ar** vt. (-*yar*). Procréer.
procura f. (procoura). Recherche. ‖ Loc. *Andar à procura*, chercher. ‖**Procur‖ação** f. (procouraçãou). Procuration. ‖**-ador** m. (-ôr). Procureur, fondé de pouvoir. ‖**-adoria** f. (-ouría). *Charge* de procureur. ‖**-ar** vt. (-*ar*). Chercher. ‖ Essayer [tentar].
prodig‖alidade f. (prou-a-ad). Prodigalité. ‖**-alizar** ou **-ar** vt. (-a-ar). Prodiguer, ne pas ménager.
prod‖ígio m. (proudí-iou). Prodige. ‖**-igioso, a** adj. (-yôsou, osa). Prodigieux, *euse*.
pródigo, a adj. et s. (pró-ou, a). Prodigue.
produ‖ção f. (proudoução*ou*). Production. ‖**-cente** adj. (-êt). Qui produit. ‖ Logique. ‖**-tividade** f. (-ad). Productivité. ‖**-tivo, a** adj. (-ívou, a). Productif, *ive*. ‖**-to** m. (-outou). Produit. ‖**-tor, a** adj. et s. m. (-ôr, a). Producteur, *trice*. ‖**-zir*** vt. (-*ir*). Produire*. ‖**-zir-se** vr. (-ç). Avoir* lieu.
proemin‖ência f. (proui-êcya). Proéminence. ‖**-ente** adj. (-êt). Proéminent, *ente*.
proémio m. (prouèmyou). Proème.
proeza f. (prouéza). Prouesse.
profan‖ação f. (proufanaçãou). Profanation. ‖**-ar** vt. (-*ar*). Profaner. ‖**-o, a** adj. et s. (-ânou, a). Profane.
profecia f. (proufecía). Prophétie.
proferir* vt. (prouferír). Proférer.
profess‖ar vt. (proufçar). Professer. ‖vi. *Faire** sa profession (les vœux). ‖**-or, ora** m. et f. (-ôr, a). Professeur, m. ‖**-orado** m. (-ouradou). Professorat [função]. ‖ Professeurs, pl. ‖**-oral** adj. (-ál). Professoral, *ale*. ‖**-ando** m. (-ãdou). *Br.* Candidat au professorat.

profeta m. (proufèta). Prophète.
profético, a adj. (proufê-ou, a). Prophétique.
profeti‖sa f. (proufetíza). Prophétesse. ‖**-zar** vt. (-*ar*). Prophétiser.
prof‖icuidade f. (prou-ou-ad). Profit, m. ‖**-icuo, a** adj. (-ícouou, a). Avantageux, *euse*; utile.
profil‖áctico, a adj. (proupt-ou, a). Prophylactique. ‖**-axia** f. (-ía). Prophylaxie.
profiss‖ão f. (proufissãou). Profession. ‖**-ional** adj. et s. (-ounál). Professionnel, *elle*.
prófugo, a adj. (profougou, a). Fugitif, *ive*.
profund‖ar vt. (proufũdar). Approfondir. ‖vi. S'enfoncer. ‖**-as** f. pl. (-ũdach). *Pop.* Profond, m. sing. ‖Fond (m.) de l'enfer. ‖**-eza** ou **-idade** f. (-éza, -ad). Profondeur. ‖**-o, a** adj. (-údou, a). Profond, *onde*. ‖s. m. Profondeur, f.
profus‖ão f. (proufousãou). Profusion. ‖**-o, a** adj. (-ousou, a). Copieux, *euse*; abondant, *ante*. ‖*Méd.* Profus, *use*.
prog‖énie f. (proujènye). Progéniture. ‖**-enitor** m. (-e-ôr). Père. ‖pl. Ancêtres. ‖**-enitura** f. (-oura). Progéniture, génération. ‖ Origine.
progn‖ose f. (proughnoz). Prognose. ‖**-osticar** vt. et vi. (-ouch-ar). Pronostiquer. ‖**-óstico** m. (-o-ou). Pronostic.
programa m. (prougrâma). Programme.
progre‖dimento m. (prougre-êtou). Progression, f. ‖**-dir** vi. (-*ir*). Progresser, avancer. ‖**-ssão** f. (-ãou). Progression. ‖**-ssista** adj. et s. (-íchta). Progressiste. ‖**-ssivo, a** adj. (-ívou, a). Progressif, *ive*. ‖**-sso** m. (-èçou). Progrès.
proib‖ição f. (prou-ãou). Défense, prohibition. ‖**-ir** vt. (-*ir*). Défendre. ‖ Prohiber [legalmente]. ‖**-itivo, a** adj. (-ívou, a). Prohibitif, *ive*. ‖**-itório, a** adj. (-oryou, a). Prohibitoire.
pro‖jecção f. (proujèçãou). Projection. ‖**-ectar** vt. (-tar). Projeter. ‖**-ectar-se** vr. (-ç). Se projeter. ‖**-éctil** m. (-èt-). Projectile. ‖**-ecto** m. (-ètou). Projet. ‖**-ector** m. (-ôr). Projecteur, m.

Lettres penchées : accent tonique. ‖V. page verte pour la prononciation figurée. ‖* Verbe irrég. V. à la fin du volume.

prol m. (prol). *Vx.* Profit. ‖ Loc. *Em prol de*, en faveur de.
prolapso m. (proula-ou). Prolapsus.
prole f. (prol). Descendance.
prolet‖**ariado** m. (prouletaryadou). Prolétariat. ‖**-ário, a** adj. (-aryou, a). Prolétarien, enne. ‖ s. m. Prolétaire.
prolif‖**eração** f. (prou-eraçáou). Prolifération. ‖**-erar** vi. (-ar). Proliférer. ‖**-icação** f. (-açáou). Prolification. ‖**-icar** vi. (-ar). Proliférer.
prolífico, a adj. (prouli-ou, a). Prolifique.
prolixo, a adj. (prouli-ou, a). Prolixe.
prólogo m. (prolougou). Prologue.
prolong‖**a** f. (proulõga). Délai, m. ‖**-ação** f. (-áou). Prolongation. ‖**-amento** m. (-étou). Prolongement. ‖**-ar** vt. (-ar). Prolonger. ‖**-ar-se** vr. (-ç). Se prolonger.
prolóquio m. (proulokyou). Dicton.
promessa f. (prouméça). Promesse : *cumprir a promessa, tenir* sa promesse. ‖ Vœu, m. (à Dieu).
promet‖**edor, a** adj. (proumetedôr, a). Prometteur, euse. ‖**-er** vt. et vi. (-ér). Promettre* : *prometer mundos e fundos*, promettre* monts et merveilles.
Prometeu n. pr. (proumetéou). Prométhée.
prometimento m. (proume-ẽtou). Promesse, f.
prom‖**iscuamente** adv. (proumichcouamẽt). Avec promiscuité. ‖**-iscuidade** f. (-ad). Promiscuité. ‖**-íscuo, a** adj. (-í-ouou, a). Confus, use; mêlé, ée.
promiss‖**ão** f. (prou-áou). Promission. ‖**-ória** f. (-orya). Titre (m.) d'un dépôt à échéance fixe. ‖**-ório, a** adj. (-ou, a). Promissoire.
promoção f. (proumouçáou). Promotion. ‖ Avancement, m. [funcionalismo].
promontório m. (proumõtóryou). Promontoire.
promo‖**tor, a** m. et f. (proumoutôr, a). Promoteur, trice. ‖**-ver** vt. (-ér). Encourager. ‖ Occasionner. ‖ Promouvoir* [posto]. ‖ Proposer, demander (jurispr.).
promulg‖**ação** f. (proumou-açáou). Promulgation. ‖**-ar** vt. (-ar). Promulguer, publier officiellement.

pronome m. (prounôm). Pronom.
pront‖**amente** adv. (prõtamẽt). Promptement. ‖**-idão** f. (-áou). Promptitude. ‖**-ificar** vt. (-ar). Apprêter, préparer. ‖ Offrir*. ‖**-ificar-se** vr. (-ç). S'offrir*. ‖**-o, a** adj. (-õtou, a). Prompt, ompte [rápido]. Prêt, ête ; préparé, ée. ‖ Loc. *Num pronto*, en un instant. ‖**-uário** m. (-ouaryou). Fromptuaire.
pronúncia f. (prounũcya). Prononciation. ‖ *Jurispr.* Accusation.
pronunci‖**ação** f. (prounũ-açáou). Prononciation. ‖**-amento** m. (-étou). Pronunciamiento. ‖**-ar** vt. (-yar). Prononcer. ‖ *Jurispr.* Accuser. ‖**-ar-se** vr. (-ç). Se prononcer.
propag‖**ação** f. (proupagaçáou). Propagation. ‖**-ador, a** adj et s. (-ôr, a). Propagateur, trice. ‖**-anda** f. (-áda). Propagande. ‖**-andista** m. et f. (-íchta). Propagandiste. ‖**-ar** vt. (-ar). Propager. ‖**-ar-se** vr. (-ç). Se propager.
propalar vt. (proupalar). Ébruiter.
propen‖**der** vi. (proupẽdér). Pencher. ‖**-são** f. (-áou). Propension. ‖**-so, a** adj. (-étou, a). Enclin, ine ; porté, ée (à).
propício, a adj. (proupí-ou, a). Propice, favorable.
propina f. (proupína). Frais (m. pl.) d'inscription de scolarité. ‖ Gratification, pourboire, m.
propínquo, a adj. (proupícouou, a). Proche. ‖ s. m. pl. Proches, parents.
prop‖**onente** adj. et s. (proupounét). Proposant, ante. ‖**-or** vt. (-ôr). Proposer. ‖**-or-se** vr. (-ç). Se proposer.
propor‖**ção** f. (proupourçáou). Proportion. ‖**-cionado, a** adj. (-ounadou, a). Proportionné, ée. ‖**-cional** adj. (-ál). Proportionnel, elle. ‖**-cionar** vt. (-ar). Proportionner. ‖ Faciliter, procurer. ‖**-cionar-se** vr. (-ç). Se présenter.
proposi‖**ção** f. (proupou-áou). Proposition. ‖**-tado, a** adj. (-ádou, a). Fait, aite exprès. ‖**-talmente** adv. (-à-ét). *Br.* Exprès.
propósito m. (proupo-ou). Dessein. ‖ Loc. *A propósito*, à propos. *Chegar a propósito*, arriver à point. *De propósito*, exprès, à dessein. *Fora de propósito*, mal à propos.

Itálico : acento tónico. ‖V. página verde para a prorúncia figurada. ‖*Verbo irreg. V. no final do livro.

proposta f. (proupóchta). Proposition. ‖ Soumission (déclaration écrite).
pròpriamente adv. (propryamêt). Proprement. ‖ Personnellement.
proprie‖dade f. (proupryédad). Propriété. ‖**-tário, a** adj. et s. (-aryou, a). Propriétaire.
próprio, a adj. (própryou, a). Propre. ‖ s. m. Propre. ‖ Messager, exprès. ‖ Loc. *Ele próprio*, lui-même. *Nome próprio*, prénom; nom propre [gram.].
propugn‖ador m. (proupoughnadôr). Défenseur. ‖**-ar** vt. et vi. (-ar). Défendre, combattre* pour la défense de.
propuls‖ão f. (proupou-áou). Propulsion. ‖**-ar** vt. (-ar). Pousser en avant. ‖**-ivo, a** adj. (-ívou, a). Propulsif, ive. ‖**-or** m. (-ôr) Propulseur.
prorrog‖ação f. (prourrougaçáou). Prorogation. ‖**-ar** vt. (-ar). Proroger.
prosa f. (prósa). Prose. ‖ adj. Br. Bavard, arde; loquace. ‖ Loc. *Br. Dar uma prosinha*, causer un brin.
pros‖ador m. (prousadôr). Prosateur. ‖**-aico, a** adj. (-aycou, a). Prosaïque. ‖**-aista** m. (-aíchta). Br. Prosateur.
prosápia f. (prousápya). *Fam.* Fierté.
proscénio m. (prouchcényou). Avantscène.
proscr‖ever vt. (prouchcrevêr). Proscrire*. ‖**-ição** f. (-áou). Proscription.
prosear vi. (prôsyar). Br. Bavarder.
pros‖elitismo m. (prouse-íjmou). Prosélytisme. ‖**-élito** m. (-ê-ou). Prosélyte.
prosista m. et f. (prousíchta). Prosateur.
prospecto m. (prouchpétou). Prospectus. ‖ Aspect, vue, f.
prosper‖ar vi. (prouchperar). Prospérer. ‖**-idade** f. (-ad). Prospérité.
próspero, a adj. (próchperou, a). Prospère, favorisé, ée; propice pour le succès.
Próspero n. pr. (próchperou). Prosper.
prossegu‖imento m. (prouceghimétou). Suite, f., continuation, f. ‖**-ir*** vt. (-ir). Poursuivre*. ‖ vi. Continuer.
próstata f. (próchtata). Prostate.
prosternar vt. (prouchternar). Prosterner.

prostíbulo m. (prouchtíboulou). Maison (f.) de prostitution; bordel (pop.).
prostit‖uição f. (prouch-ou-áou). Prostitution. ‖**-uir*** vt. (-ir). Prostituer. ‖**-uir-se** vr. (-ç). Se prostituer. ‖**-uta** f. (-outa). Prostituée.
prostr‖ação f. (prouchtraçáou). Prosternation. ‖ Prostration. ‖**-ar** vt. (-ar). Renverser à terre. ‖ Abattre*. ‖**-ar-se** vr. (-ç). Se prosterner.
protagonista m. et f. (proutagounichta). Protagoniste.
protec‖ção f. (proutèçáou). Protection. ‖**-cionismo** m. (-ounijmou). Protectionnisme. ‖**-cionista** adj. et s. (-íchta). Protectionniste. ‖**-tor, a** adj. et s. (-ètôr, a). Protecteur, trice. ‖**-torado** m. (-ouradou). Protectorat.
proteg‖er vt. (proutejér). Protéger. ‖**-ido, a** adj. et s. (-ídou, a). Protégé, ée.
protel‖ação f. (prouteláçaou). Ajournement, m. ‖**-ar** vt. (-ar). Ajourner, remettre*.
protervo, a adj. (proutèrvou, a). Insolent, ente; effronté, ée.
prótese f. (prótez). Prothèse.
protest‖ação f. (proutechtaçáou). Protestation. ‖**-ante** adj. et s. (-át). Protestant, ante. ‖**-antismo** m. (-íjmou). Protestantisme. ‖**-ar** vt. (-ar). Protester, assurer. ‖ *Comm.* Protester, *faire** un protêt. ‖ vi. Protester.
-o (-ê-ou). Protestation, f. ‖ *Comm.* Protêt.
protocol‖ar adj. (proutoucoular). Protocolaire. ‖**-o** m. (-olou). Protocole.
protótipo m. (prouto-ou). Prototype.
protuber‖ância f. (proutoubèrácya). Protubérance. ‖**-ante** adj. (-át). Protubérant, ante.
prova f. (próva). Preuve. ‖ Épreuve [tipogr.; exame]. ‖ Essai, m. (d'un vin). ‖ Essayage, m. [fato, etc.]. ‖ Loc. *A prova de*, à l'épreuve de. *Dar as suas provas*, faire* ses preuves. *Fazer prova contra*, faire* preuve. *Pôr à prova*, mettre* à l'épreuve.
prov‖ação f. (prouvaçáou). Épreuve. ‖**-adamente** adv. (-adamêt). Évidemment. ‖**-ado, a** adj. (-adou, a). Prouvé, ée. ‖ Éprouvé, ée [posto à prova]. ‖**-ador** m. (-adôr). Essayeur;

Lettres penchées : accent tonique. ‖ V. page verte pour la prononciation figurée. ‖ * Verbe irrég. V. à la fin du volume.

degustateur de vin. ||**-adura** f. (-*oura*). Degustation. ||**-ar** vt. (-*ar*). Prouver. ||Éprouver [pôr à prova]. ||Goûter [vinho, etc.]. ||Essayer [fato, etc.]. ||Déguster, apprécier. ||**-ável** adj. (-*avèl*). Probable. ||Prouvable [démonstrável].

provedor m. (prouvedôr). Pourvoyeur.

proveit||**o** m. (prouváytou). Profit. ||Loc. *Bom proveito!* bon appétit! *Dar proveito*, être* avantageux. ||**-oso, a** adj. (-ôsou, osa). Profitable.

Provença n. pr. (prouvéça). Provence.

provençal adj. et s. (prouvèçàl). Provençal, ale.

proveni||**ência** f. (prouvenyécya). Provenance. ||**-ente** adj. (-êt). Provenant, ante.

provento m. (prouvêtou). Profit.

prover* || vt. (prouvér). Pourvoir*. Donner ordre. ||Nommer, pourvoir*. ||vi. Pourvoir*. ||**--se** vr. (-ç). Se pourvoir*.

proverbial adj. (prouvèrbyàl). Proverbial, ale.

provérbio m. (prouvèrbyou). Proverbe.

proveta f. (prouvéta). Éprouvette.

provid||**ência** f. (prou-êcya). Providence. ||Mesure, résolution. ||Loc. *Dar (ou tomar) providências, prendre* des mesures.* ||**-encial** adj. (-yàl). Providentiel, elle. ||**-enciar** vt. et vi. (-*yar*). Prendre* des mesures. ||**-ente** adj. (-êt). Providentiel, elle. ||Prudent, ente; avisé, ée; circonspect, ecte.

próvido, a adj. (pro-ou, a). Providentiel, elle. ||Prudent, ente.

provimento m. (prou-êtou). Approvisionnement. ||Nomination (f.) à un emploi.

província f. (prouvícya). Province.

provinci||**al** adj. et s. m. (prouvicyàl). Provincial, ale. ||**-alismo** m. (-*alijmou*). Provincialisme. ||**-ano, a** adj. et s. (-*yânou*, a). Provincial, ale (personne; accent).

prov||**indo, a** adj. (prouvîdou, a). Issu, ue. ||**-ir*** vi. (-*ir*). Provenir*.

provis||**ão** f. (prou-âou). Provision. ||**-or** m. (-ôr). Pourvoyeur. ||**-ório, a** adj. (-*oryou*, a). Provisoire.

provoc||**ação** f. (prouvoucaçâou). Provocation. ||**-ador, a** adj. et s. (-ôr, a). Provocateur, trice. ||**-ar** vt. (-*ar*). Provoquer. ||**-ativo, a** adj.

(-*ativou*, a). Provocant, ante. ||**-atório, a** adj. (-*oryou*, a). Provocant, ante.

próximamente adv. (proç-amêt). Prochainement. ||Récemment. ||Environ [cerca de]. ||Près, non loin.

proximidade f. (proç-ad). Proximité. ||pl. Abords, m.

próximo, a adj. (proç-ou, a). Proche, prochain, aine. ||s. m. Prochain. ||Loc. *Próximo de, proche (ou près) de.*

prud||**ência** f. (proudêcya). Prudence. ||**-ente** adj. (-êt). Prudent, ente.

prumo m. (proumou). Plomb (fil). *A prumo*, à plomb.

prur||**ido** m. (prouridou). Prurit. ||*Fig.* Démangeaison, f. ||**-ir** vi. (-*ir*). Démanger. || *Fig. Être** désireux de.

Prússia n. pr. (proucya). Prusse.

prussiano, a adj. et s. (proucyânou, a). Prussien, enne.

pseudónimo m. (-éoudo-ou). Pseudonyme.

psican||**álise** f. (-ana-). Psychanalyse. ||**-alista** m. et f. (-*alíchta*). Psychanaliste.

psicastenia f. (-achtenía). Psychasténie.

psico||**logia** f. (-ouloujía). Psychologie. ||**-lógico, a** adj. (-o-ou, a). Psychologique. ||**-logista** m. et f. (-*oujíchta*). Psychologiste, m.

psicólogo m. (-*olougou*). Psychologue.

psicop||**atia** f. (-ôpatía). Psychopatie. ||**-ático, a** adj. (-*a*-ou, a). Psychopathique.

psiqui||**atra** m. et f. (-kyatra). Psychiatre, m. ||**-atria** f. (-a-ía). Psychiatrie.

psíquico, a adj. (-íkicou, a). Psychique.

psitac||**ismo** m. (-*acijmou*). Psittacisme. ||**-ose** f. (-oz). Psittacose.

psiu! interj. (-íou). Psitt! pst!

ptose f. (-oz). Ptose.

pua f. (poua). Piquant, m. ||Mèche (à percer).

pube f. (poub). V. **PÚBIS**.

puberdade f. (pouberdad). Puberté.

púbere adj. (pouber). Pubère.

púbis m. (poubich). Pubis.

publicação f. (pou-açâou). Publica-

Itálico : acento tônico. ||V. página verde para a pronúncia figurada. || *Verbo irreg. V. no final do livro.

pública-forma f. (pou-aforma). Expédition (copie authentique).
publi‖car vt. (pou-ar). Publier. ‖**-cidade** f. (-ad). Publicité. ‖**-cista** m. et f. (-ichta). Publiciste, m. ‖**-citário, a** adj. (-aryou, a). Publicitaire.
público, a adj. et s. m. (pou-ou, a). Public, ique. ‖ Loc. *Trazer a público*, publier.
puçanga f. (pouçãga). *Br. du N.* Remède (m.) de bonne femme.
púcaro f. (poucarou). Petit pot à anse.
puden‖do, a adj. (poudédou, a). Honteux, euse. ‖**-te** adj. (-êt). V. PUDICO.
pudi‖bundo, a adj. (pou-ŭdou, a). Pudibond, onde. ‖**-cícia** f. (-ícya). Pudicité. ‖**-co, a** adj. (-ícou, a). Pudique.
pudim m. (poudĩ). Pouding(ue).
pudor m. (poudôr). Pudeur, f.
puer‖icia f. (pouerí-cya). Enfance. ‖**-il** adj. (-íl). Puéril, ile. ‖**-ilidade** f. (-ad). Puérilité, enfantillage, m.
puerp‖eral adj. (pouerperál). Puerpéral, ale. ‖**-ério** m. (-éryou). Enfantement, accouchement.
pugi‖lato m. (pou-atou). Pugilat. ‖**-ismo** m (-íjmou). Boxe, f. ‖**-ista** m. (-ichta). Pugiliste, boxeur.
pugn‖a f. (poughna). Lutte. ‖**-ar** vi. (-ar). Lutter, combattre*. ‖ Travailler.
puir* vt. (pouir). User.
puj‖ança f. (poujãça). Vigueur. ‖**-ante** adj. (-ãt). Vigoureux, euse. ‖**-ar** vt. (-ar). Surpasser. ‖ vi. S'efforcer.
pular vt. (poular). Sauter, franchir. ‖ vi. Bondir, sauter.
pulg‖a f. (pou-a). Puce. ‖**-ão** m. (-ãou). Puceron.
pulh‖a f. (poula). Raillerie. ‖ m. *Pop.* Fripouille, f. ‖ adj. *Pop.* Canaille. ‖**-ice** f. (-íç). Tour (m.) de cochon.
pulm‖ão m. (pou-ãou). Poumon. ‖**-onar** adj. (-ounar). Pulmonaire.
pulo m. (poulou). Bond. ‖ Loc. *Aos pulos*, par bonds. *Dar um pulo*, faire* un bond.
púlpito m. (pou-ou). Chaire, f. (église).
puls‖ação f. (pou-açãou). Pulsation. ‖**-ar** vt. (-ar). Pincer (les cordes). ‖

vi. Battre* (cœur). ‖**-eira** f. (âyra). Bracelet, m. ‖**-o** m. (pou-ou). Pouls [pulsação]. ‖ Poignet. ‖ Loc. *Ter pulso*, avoir* de la force.
pulular vi. (pouloular). Pulluler.
pulver‖ização f. (pou-er-açãou). Pulvérisation. ‖**-izador** m. (-adôr). Pulvérisateur. ‖**-izar** vt. (-ar). Pulvériser. ‖**-ulento, a** adj. (-oulêtou, a). Pulvérulent, ente.
puma m. (pouma). Puma.
pun‖ção f. (pũçãou). Ponction, f. ‖ m. Poinçon. ‖**-çar** vt. (-ar). Ponctionner.
pundonor m. (pŭdounôr). Point d'honneur. ‖**-oso, a** adj. (-ourôsou, osa). Digne.
pung‖ente adj. (pũjêt). Poignant, ante. ‖**-ir** vt. (-ir). Piquer. ‖ Affliger. ‖ vi. Pointer.
punh‖ada f. (pougnada). Coup (m.) de poing. ‖**-ado** m. (-adou). Poignée, f. ‖**-al** m. (-ál). Poignard. ‖**-alada** f. (-alada). Coup (m.) de poignard. ‖**-o** m. (pougnou). Poing. ‖ Manchette, f. [camisa]. ‖ Loc. *Pelo meu próprio punho*, de ma propre main.
pun‖ibilidade f. (pou-ad). Punissabilité. ‖**-ição** f. (-ãou). Punition. ‖**-ir** vt. (-ir). Punir. ‖**-ível** adj. (-ívèl). Punissable.
pupil‖a f. (poupíla). Pupille, f. ‖ *Anat.* Prunelle. ‖**-o** m. (-ílou). Pupille.
puramente adv. (pouramêt). Purement.
puré m. (pourè). Purée, f.
pureza f. (pouréza). Pureté.
purg‖a f. (pourga). Purge. ‖**-ação** f. (-ãou). Purgation. ‖ Écoulement, m. (d'une humeur). ‖**-ante** adj. et s. m. (-ãt). Purgatif, ive. ‖**-ar** vt. (-ar). Purger. ‖ vi. Jeter (du pus). ‖**-ar-se** vr. (-ç). Prendre* une purge. ‖**-ativo, a** adj. et s. m. (-ativou, a). Purgatif, ive. ‖**-atório, a** adj. et s. m. (-oryou, a). Purgatoire.
puris‖mo m. (pourijmou). Purisme. ‖**-ta** adj. et s. (-ichta). Puriste.
puro, a adj. (pourou, a). Pur, ure. ‖ Loc. *Pura e simplesmente*, tout court.
púrpura f. (pourpoura). Pourpre.
purp‖urado m. (pourpourádou). Cardinal. ‖**-úreo, a** adj. (-ouryou, a). Pourpré, ée. ‖**-urino, a** adj. et s. f. (-ouríno, a). Purpurin, ine.

Lettres penchées : accent tonique. ‖ V. page verte pour la prononciation figurée. ‖ * Verbe irrég. V. à la fin du volume.

purulento, a adj. (pourouletou, a). Purulent, ente.
pus m. (pouch). Pus.
pusil‖lânime adj. (pou-â-). Pusillanime. ‖-animidade f. (-ad). Pusillanimité.
pústula f. (pouchtoula). Pustule.
pustul‖ento, a ou **-oso, a** adj. (pouchtouletou, a, -ôsou, osa). Pustuleux, euse.
purunga f. (pourûga). Br. Calebasse (ustensile).
putativo, a adj. (poutativou, a). Putatif, ive.
putrefa‖cção f. (poutrefaçáou). Putréfaction. ‖-ciente ou **-ctivo, a** adj. (-acyêt, -ativou, a). Putréfactif, ive.
putres‖cência f. (poutrechcêcya). Putrescence, ente. ‖-cente adj. (-êt). Putrescent, ente. ‖-cível adj. (-ivèl). Putrescible.

pútrido, a adj (poutr-ou, a). Putride.
puxa! interj. (poucha). Br. Eh! çà!
pux‖ada f. (pouchada). Invite [ao jogo]. ‖Br. Longue marche, long voyage, m. ‖-adeira f. (-adáyra). Tirant, m. ‖-adinho, a adj. (-ignou, a). Ficelé, ée (fam.). ‖-ado, a adj. (-adou, a). Tiré, ée. ‖Bien ficelé, ée [bem posto]. ‖Exorbitant, ante [preço]. ‖-ador m. (-adór) Poignée, f., anneau. ‖-ão m. (-áou). Saccade, f. ‖-a-puxa f. (-apoucha). Br. Sucre (m.) candi. ‖-ar vt. (-ar). Tirer. ‖Demander, réclamer. ‖Flanquer [bofetada]. ‖Relever (sauce) [molho]. ‖Inviter à (carte; couleur). ‖vi. Tirer. |Loc. Puxar os preços, vendre cher. Puxar para (uma coisa), incliner à (quelque chose). Puxar pela cabeça, étudier. Puxar pela língua a, faire* jaser. ‖-ar-se vr. (-ç). Se mettre* bien. ‖-o m. (pou-ou). Épreinte, f.

Q

q m. (kê). Q.
quadra f. (couadra). Quatrain, m. ‖Quatre, m. (au jeu) [jogo]. ‖Br. Immeuble, m.
quadr‖ado, a adj. (couadradou, a). Carré, ée. ‖s. m. Typ. Cadrat. ‖-agesimal adj. (-ajè-àl). Quadragésimal, ale. ‖-agésimo, a adj. et s. m. (-è-ou, a). Quarantième. ‖-angulado, a adj. (-âgouladou, a). Quadrangulé, ée. ‖-angular adj. (-ar). Quadrangulaire. ‖-ângulo m. (-â-ou). Quadrangle. ‖-ante m. (-ât). Cadran. ‖-ar vi. (-ar). Convenir*, cadrer avec. ‖-ático, a adj. (-a-ou, a). Quadratique. ‖-ícula f. (-ícoula). Petit carré, m. ‖-icular vt. (-ar). Quadriller. ‖adj. Quadrillé, ée. ‖-ienal adj. (-énàl). Quadriennal, ale. ‖-iénio m. (-yènyou). Espace de quatre ans. ‖-iga f. (-íga). Quadrige, m. ‖-il m. (-íl). Hanche, f. ‖-ilátero, a adj. et s. m. (-aterou, a). Quadrilatère. ‖-ilha f. (-íla). Quadrille, m. [dança]. ‖Bande (voleurs). ‖Br. Troupeau (m.) de chevaux. ‖-imestral adj. (-èchtràl). Qui a lieu

tous les quatre mois. ‖-imotor m. (-outór). Quadrimoteur. ‖-ingentésimo, a adj (-ijêtè-ou, a). Quatre centième. ‖-issílabo, a adj. (-ílabou, a). Quadrisyllabique. ‖s. m. Quadrisyllabe.
quadro m. (couadrou). Tableau. ‖Cadre [moldura; oficiais]. ‖Châssis [automóvel]. ‖quadr‖úpede adj. et s. m. (couadroúped). Quadrupède. ‖-uplicar vt. (-ar). Quadrupler.
quádruplo, a adj. (couadrou-ou, a). Quadruple.
qual pron. rel. (couàl). Lequel, laquelle. ‖pron. inter. Quel, elle; lequel, laquelle. ‖Loc. Cada qual, chacun. Do qual, dont. Qual ... qual, qui... qui. Seja qual for, quel que ce soit.
qualidade f. (coua-ad). Qualité. ‖Loc. Na qualidade de, en qualité de, en tant que.
qualific‖ação f. (coua-açáou). Qualification. ‖-ado, a adj. (-adou, a). Qualifié, ée. ‖-ar vt. (-ar). Qualifier. ‖-ativo, a adj. (-ativou, a,

---

Itálico : acento tónico. ‖V. página verde para a pronúncia figurada. ‖*Verbo irreg. V. no final do livro.

QUA — QUE

Qualificatif, ive. ‖**-ável** adj. (-avèl). Qualifiable.

qualitativo, a adj. (coua-ativou, a). Qualitatif, ive.

qualquer adj. et pron. ind. (couàlkèr). Quelconque, n'importe quel, elle. ‖ Loc. *De qualquer maneira,* n'importe comment. *Qualquer coisa (um bocado),* un peu. *Qualquer pessoa,* n'importe qui, quiconque, qui que ce soit.

quando adv. (couãdou). Quand. ‖ conj. Quand, lorsque. ‖ Loc. *Ainda quando,* quand même. *De vez em quando,* de temps en temps. *Quando muito,* tout au plus.

quant‖ia f. (couatía). Somme (d'argent). ‖**-idade** f. (-ad). Quantité. ‖**-itativo, a** adj. (-ativou, a). Quantitatif, ive. ‖**-o, a** adj. et adv. (couãtou, a). Combien. ‖ Loc. *Quanto a,* quant à. *Quanto antes,* au plus tôt. *Quanto mais... (tanto) mais...,* plus... plus...

quão adv. (couãou). Combien, que.

quaren‖ta adj. num. (couarẽta). Quarante. ‖**-tão, tona** adj. et s. (-ãou, -ôna). Qui a atteint la quarantaine. ‖**-tena** f. (-éna). Quarantaine.

quaresm‖a f. (couarèjma). Carême, m. ‖**-al** adj. (-e-àl). Quadragésimal, ale. ‖**-ar** vi. (-ar). Observer le carême.

quarta, a adj. (couarta). Quart, m.

quartã f. (couartã). Fièvre quarte.

quarta-feira f. (couartafâyra). Mercredi, m.

quart‖anista m. et f. (couartanichta). Élève de quatrième année (faculté). ‖**-ear** vt. (-yar). Partager en quatre. ‖**-eio** m. (-ãyou). Mise (f.) de banderilles en faisant un écart. ‖**-eirão** m. (-ráou). Quarteron. ‖ Pâté (maisons) [casas]. ‖**-el** m. (-èl). Caserne, f.; quartier. ‖ Loc. *Não dar quartel,* ne point faire* de quartier. *Quartel-mestre,* maréchal des logis. ‖**-eleiro** m. (-elǻyrou). Magasinier militaire. ‖**-eto** m. (-étou). *Mus.* Quatuor. ‖**-ilho** m. (-ílou). Chopine, f. ‖ Demi-litre.

quarto, a adj. num. (couartou, a). Quatrième. ‖ s. m. Chambre, f. (aposento). ‖ Quart. ‖ Quartier (lune, etc.). ‖ Loc. *Quarto crescente,* premier quartier. *Quarto minguante,* dernier quartier. *Quarto mobilado,* chambre (f.) garnie.

quartz‖ífero, a adj. (couar-íferou, a). Quartzifère. ‖**-o** m. (couar-ou). Quartz.

quase adv. (couaz). Presque.

quat‖ernário, a adj. (couaternaryou, a). Quaternaire. ‖ Loc. *Compasso quaternário,* mesure (f.) à quatre temps. ‖**-orze** adj. num. (-ôrz). Br. Quatorze.

quatro adj. num. et s. m. (couatrou). Quatre.

quatrocent‖ista adj. (couatroucẽtíchta). Relatif, ive au XVᵉ siècle. ‖ s. m. Quattrocentiste. ‖**-os** adj. num. (-ētouch). Quatre cents.

quatrolho adj. (couatrólou). Br. Qui a les sourcils blancs.

que pron. rel. (kè). Qui, que, quoi, quel, elle, lequel, laquelle. ‖ adv. Que, combien. ‖ conj. Que, parce que.

quê pron. int. et s. m. (kê). Quoi. Difficulté, f. ‖ Loc. *Pois quê!* eh quoi! *Um não sei quê,* un je ne sais quoi.

quebra f. (kèbra). Rupture. ‖ Diminution. ‖ Infraction. ‖ *Comm.* Faillite. ‖ Perte [perda]. ‖ Loc. *Sem quebra,* sans interruption. ‖**-cabeça** m. (-abéça). Casse-tête.

quebr‖ada f. (kebrada). Ravin, m. ‖**-adeira** f. (-adãyra). Cassement (m.) de tête. ‖**-adiço, a** adj. (-adíçou, a). Cassant, ante. ‖**-ado, a** adj. (-adou, a). Cassé, ée. ‖ Failli, ie [falido]. ‖ Hernieux, euse. ‖ s. m. Fraction, f. ‖**-adura** f. (-adoura). Hernie. ‖ Rupture, fracture.

quebra‖-gelo m. (kèbrajélou). Brise-glace. ‖**--luz** m. (-ouch). Abat-jour. ‖**--mar** m. (-ar). Brise-lames. ‖**-mento** m. (kè-ētou). Cassement. ‖**--nozes** m. (kè-ozech). Casse-noix.

quebrant‖amento m. (kebrãtamẽtou). Infraction, f. ‖ Abattement. ‖**-ar** vt. (-ar). Rompre*. ‖ Abattre*. ‖ Apaiser, calmer. ‖ Transgresser. ‖**-ar-se** vr. (-ç). Se décourager. ‖**-o** m. (-ãtou). Prostration, f. ‖ Sortilège.

quebr‖ar vt. (kebrar). Casser, briser. ‖ Rompre*. ‖ vi. *Fig.* Faire* faillite. ‖ Se briser. ‖ *Fig.* Céder. ‖ Se calmer. Contracter une hernie. ‖**-eira** f. (-ãyra). Lassitude. ‖**-o** m. (kèbrou). Écart ou inflexion (f.) du corps.

Lettres penchées : accent tonique. ‖ V. page verte pour la prononciation figurée. ‖ * Verbe irrég. V. à la fin du volume.

queda f. (kèda). Chute. ‖Pente [terreno]. ‖Inclination, propension, faible, m. ‖Loc. *Dar uma queda, faire* une chute.*
qued‖**ar(-se)** vi. (vr.) (kedarç). Rester. ‖S'arrêter [parar]. ‖**-o, a** adj. (kédou, a). Tranquille; coi, oite.
queij‖**ada** f. (kâyjada). Talmouse. ‖**-aria** f. (-aria). Fromagerie. ‖**-eira** f. (-âyra). Fromagère. ‖**-eiro** m. (-ou). Fromager. ‖**-o** m. (kâyjou). Fromage.
queim‖**a** f. (kâyma). Brûlement, m. ‖**-ada** f. (-ada). Brûlage, m. ‖Brûlis, m. [terreno]. ‖**-adela** f. (-adéla). V. QUEIMADURA. ‖**-ado, a** adj. (-adou, a). Brûlé, ée. ‖**-adura** f. (-adoura). Brûlure. ‖**-ar** vt. et vi. (-ar). Brûler. ‖**-ar-se** vr. (-ç). Se brûler. ‖**-a-roupa** f. (-arrôpa). U. dans la loc. *à queima-roupa*, à brûle-pourpoint.
queixa f. (kâycha). Plainte. ‖Grief, m. [motivo de queixa].
queixada f. (kâychada). Mâchoire.
queixar-se vr. (kâycharç). Se plaindre*, s'en prendre* à.
queixo m. (kâychou). Menton.
queix‖**oso, a** adj. (kâychôsou, osa). Plaignant, ante. ‖Plaintif, ive [lamuriento]. ‖**-ume** m. (-oum). Plainte, f., complainte, f.
quejando, a adj. (kejádou, a). Semblable.
quelha f. (kâyla). Ruelle.
quem pron. rel. et int. (kây). Qui. ‖Loc. *De quem*, dont. *Seja quem for*, qui que ce soit.
quent‖**e** adj. (kêt). Chaud, aude. ‖Loc. *Está quente*, il fait chaud. ‖**-ura** f. (-oura). Chaleur, chaud, m.
quépi m. (kè-). Képi.
queque m. (kèk). Gâteau.
quer conj. (kèr). Soit, que. ‖Loc. *Como quer que seja*, quoi qu'il en soit. *Onde quer que*, partout où. *Quer queira, quer não*, bon gré, mal gré.
querel‖**a** f.(keréla). Querelle. ‖Plainte en justice. ‖**-ado, a** m. et f. (-eládou, a). Accusé, ée en justice. ‖**-ante** adj. et s. (-ât). Plaignant, ante. ‖**-ar** vi. (-ar). Porter plainte en justice. ‖**-ar-se** vr. (-ç). Se plaindre*.
querena f. (keréna). Carène.
quer‖**ença** f. (kerêça). Volonté.

‖**-ência** f. (-êcya). *Br. Fig.* Patrie. ‖**-er** vt. (-ér). Vouloir*. ‖vi. Chérir. ‖Loc. *Por querer*, à dessein. *Querer bem a*, vouloir du bien à. *Querer mal a*, en vouloir à. *Se Deus quiser*, si Dieu le permet. *Sem querer*, sans dessein. ‖**-ido, a** adj. et s. (-idou, a). Chéri, ie. ‖adj. Affectionné, ée; aimé, ée.
quermesse f. (kèrmèç). Kermesse.
querosene m. (kerousèn). Kérosène.
quesito m. (kesítou). Question, f.
quest‖**ão** f. (kechtáou). Question. ‖Querelle. ‖Loc. *É questão dum momento*, c'est l'affaire d'un moment. ‖**-ionar** vt. (-ounar). Controverser. ‖vi. Disputer. ‖**-ionário** m. (-aryou). Questionnaire. ‖**-ionável** adj. (-avél). Discutable. ‖**-iúncula** f. (-yúcoula). Petite querelle, bisbille (fam.). ‖**-or** m. (-ôr). Questeur.
quez‖**ilento, a** adj. (kezilétou, a). Ennuyeux, euse. ‖**-ilia** f. (-ílya). Fâcherie.
quiçá adv. (kiça). Peut-être.
quicé f. (kiçé). *Br. du N.* Couteau (m.) petit et vieux.
quicio m. (kí-ou). Gond.
quiet‖**ação** f. (kyètaçáou). Calme, m. ‖**-ar** vt. (-ar). Apaiser. ‖**-ismo** m. (-íjmou). Quiétisme. ‖**-o, a** adj. (kyétou, a). Tranquille. ‖**-ude** f. (-oud). Quiétude.
quilat‖**ação** f. (kilataçáou). Essai (m.) des matières (de l'or, etc.). ‖**-ar** vt. (-ar). Essayer (de l'or, etc.). ‖**-e** m. (-at-). Carat. ‖Aloi [título legal do ouro etc.]. ‖*Fig.* Excellence, f.
quilha f. (kíla). Quille.
quilo‖ m. (kílou). Kilo [peso]. ‖Chyle. ‖**-grama** m. (-ráma). Kilogramme. ‖**-grâmetro** m. (-etrou). Kilogrammètre. ‖**-metragem** f. (-etrájäy). Kilométrage. ‖**-metrar** vt. (-ar). Kilométrer. ‖**-métrico, a** adj. (-ètr-om, a). Kilométrique.
quilómetro m. (kilomètrou). Kilomètre.
quilovátio m (kilouvatyou). Kilowatt.
quimb‖**embe** m. (kibêb). *Br.* Hutte. ‖**-embeques** m. pl. (-èkech). *Br.* Partisans.
quim‖**era** f. (kimèra). Chimère. ‖**-érico, a** adj. (-ou, a). Chimérique.

Itálico: acento tónico. ‖V. página verde para a pronúncia figurada. ‖*Verbo irreg. V. no final do livro.

QUI — RAB

quimic‖a f. (kí-a). Chimie. ‖-o, a adj. (-ou, a). Chimique. ‖s. m. Chimiste.
quimo m. (kímou). Chyme.
quin‖a f. (kína). Angle, m. ‖Quíne, m. [loto]. ‖Quinquina, m. [planta]. ‖-ado, a adj. (-adou, a). Au quinquina (vin).
quinau m. (kinaou). Correction, f.
quincha f. (kí-a). Br. Natte ou toit (m.) en chaume.
quindim m. (kídī). Pop. Difficulté, f. ‖Ornement, parure, f. ‖Br. Douceur (f.) au coco.
quingentésimo, a adj. num. et s. m. (couïjētê-ou, a). Cinq centième.
quinhão m. (kignãou). Part, f.; quote part.
quinhent‖ista m. (kignētíchta). Écrivain ou artiste du XVIᵉ siècle. ‖-os, as adj. num. (-étouch, ach). Cinq cents.
quinina f. (kinína). Quinine.
quinquag‖enário, a adj. et s. (couĩcouajenaryou, a). Quinquagénaire. ‖-ésimo, a adj. num. et s. m. (-è-ou, a). Cinquantième.
quinqu‖enal adj. (couĩcouenàl). Quinquennal, ale. ‖-énio m. (-ényou). Quinquennium.
quinquilh‖aria f. (kīkilaría). Quincaillerie. ‖-eiro m. (-áyrou). Quincaillier.
quint‖a f. (kíta). Ferme. ‖Mus. Quinte. ‖--essência f. (-icêcya). Quintessence. ‖--feira f. (-áyra). Jeudi, m.
quint‖al m. (kitàl). Jardin potager. ‖Quintal [peso]. ‖-anista m. et f. (-anichta). Étudiant, ante universitaire de cinquième année. ‖-ar vt. (-ar). Prendre* un sur cinq. ‖-arola f. (-arola). Petite ferme.

‖-eiro m. (-áyrou). Fermier. ‖-eto m. (-étou). Quintette. ‖-o, a adj. num. (kítou, a). Cinquième. ‖Cinq [reis; papas]. ‖s. m. Cinquième. ‖-uplicar vt. (-ou-ar). Quintupler.
quíntuplo, a adj. num. et s. m. (kítou-ou, a). Quintuple.
quinz‖e adj. num. (kíz). Quinze. ‖-ena f. (-éna). Quinzaine. ‖-enal adj. (-enàl). Qui se fait tous les quinze jours. ‖Bimensuel, elle [publicação]. ‖-ário m. (-aryou). Journal bimensuel.
quiosque m. (kyochk). Kiosque.
quiriri m. (kirirí). Br. Silence nocturne.
quirom‖ancia f. (kiroumâcía). Chiromancie. ‖-ante m. et f. (-ât). Chiromancien, enne.
quisto m. (kíchtou). Kyste.
quit‖ação f. (kitaçãou). Quittance. Quittus, m. [declaração de quite]. ‖-anda f. (-áda). Boutique. ‖-ar vt. (-ar). Déclarer quitte. ‖Éviter. ‖Quitter [deixar]. ‖-e adj. (kit). Quitte.
quitute m. (kitout). Br. Mets exquis.
quixot‖ada f. (kichoutáda). Bravade. ‖-esco, a adj. (-échcou, a). Extravagant, ante. ‖-ice f. (-iç). V. QUIXOTADA.
quizilia f. (kizílya). Seule forme au Brésil de QUEZILIA.
quociente m. (couocyêt). Quotient.
quórum m. (couorũ). Quorum.
quota f. (couota). Quote-part. ‖Cotisation. ‖--parte f. (-àrt). Quotepart.
quotidiano, a adj. (couo-yânou, a). Quotidien, enne.
quotiz‖ação f. (cou-açãou). Cotisation. ‖-ar vt. (-ar). Cotiser. ‖-ar-se vr. (-ç). Se cotiser.

R

r m. (èrr). R.
rã f. (rrã). Grenouille.
raba‖da f. (rrabáda). Culotte (de bœuf). ‖-dela ou -dilha f. (-adéla, ila). Croupion, m. ‖-do, a adj. (-adou, a). Qui a une queue. ‖-nada f. (-anáda). Croûte dorée. ‖Coup (m.) de vent. ‖-nete m. (-ét). Radis.

ráb‖ano ou -ão m. (rrabanou, -áou). Rave, f.
rabear vi. (rrabyar). Remuer la queue. ‖Se remuer sans cesse. ‖Fig. Être* inquiet.
rabec‖a f. (rrabèca). Violon, m. ‖-ão m. (-ecãou). Contrebasse, f.
rabejar vt. (rrabejar). Tenir* par

Lettres penchées : accent tonique. ‖V. page verte pour la prononciation figurée. ‖* Verbe irrég. V. à la fin du volume.

la qu*eue* (le taur*eau*). ‖ vi. Traîner sa r*o*be (en march*a*nt).
rabequista m. (**rr**abek*i*chta). Violoníste.
rabiar vi. (**rr**aby*a*r). Se mettre* en colère. ‖ Être* enragé.
rabi‖ça f. (**rr**ab*í*ça). M*a*nche (m.) de la charru*e*. ‖**-cho** m. (-chou). Que*ue* (f.) de chev*eux*.
rábi‖co, a adj. (**rr**a-ou, a). Rab*i*que. **-do, a** adj. (-ou, a). Enra*gé*, *ée*.
rabin‖o m. (**rr**ab*i*nou). Rabb*i*n. ‖**-o, a** adj. (-a). Espiègle, turbulent, *en*te.
rabisc‖a f. (**rr**abichca). V. RABISCO. ‖**-ar** vt. (-*a*r). Griffonner. ‖**-o** m. (-i-ou). Trait de plume. ‖ Griffonn*a*ge, gribouill*a*ge.
rabo m. (**rr**abou). Que*ue*, f. (anim*aux*). ‖ Pop. Derri*è*re, cul. ‖ Loc. *Com o rabo do olho*, du coin de l'œil.
rabona f. (**rr**ab*ô*na). Vest*o*n, m.
rabote m. (**rr**abot). Rab*o*t.
rabudo, a adj. (**rr**abo*u*dou, a). Qui a *u*ne longue que*ue*.
rabug‖e(m) f. (**rr**abouj[*ã*y]). G*a*le de chien [doença]. ‖ *Fig.* Hum*e*ur chagr*i*ne. ‖ *Br.* Bois (m.) nou*eux*. ‖**-ento, a** adj. (-*ê*tou, a). Hargn*e*ux, *e*use. ‖ Pleurnich*eur*, *euse* [criança]. ‖**-ice** f. (-*i*ç). Rechignement, m., mauvaise hum*eu*r.
rabujar vi. (**rr**abouj*a*r). Rechigner. ‖ Pleurnicher [choram*i*ngar].
rábula m. (**rr**aboula). Avocat chicaneur. ‖ f. *Théât.* P*a*nne.
rabulice f. (**rr**abouliç). Chic*a*ne.
raça f. (**rr**aça). R*a*ce. ‖ Enge*a*nce [pejorativo]. ‖ Sorte, espèce.
ração f. (**rr**aç*ã*ou). Rati*o*n.
rach‖a f. (**rr**a-a). Crev*a*sse. ‖**-adela** f. (-a-ad*é*la). Fêlure. ‖**-ar** vt. (-*a*r). Fendre. ‖ Casser [quebrar]. ‖ vi. Se crevasser, se fendre.
racimo m. (**rr**ac*i*mou). Racème.
racio‖cinar vi. (**rr**a-ou-*a*r). Raisonner. ‖**-cínio** m. (-*i*nyou). Raisonnement. ‖**-nal** adj. (-*à*l). Raisonn*a*ble. ‖ Rationn*el*, *elle* [mecân*i*ca; mét*o*do; horiz*o*nte; matem*á*tica]. ‖ s. m. Ce qui est rationn*el*. ‖**-nalidade** f. (-a-*a*d). Rationalité. ‖**-nalismo** m. (-al*i*jmou). Rationalísme. ‖**-nalista** adj. et s. (-*i*chta). Rationaliste.

RAB — RAI

‖**-nalizar** vt. (-*a*r). Rationaliser. ‖**-nar** vt. (-*a*r). Rationner.
radi‖ação f. (**rr**adyaç*ã*ou). Radiati*o*n. ‖**-activo, a** adj. (-at*i*vou, a). Radio-act*i*f, *i*ve. ‖**-ado, a** adj. (-y*a*dou, a). Radié, *ée*. ‖ s. m. Radi*ai*re. ‖**-ador** m. (-ad*ô*r). Radiat*eu*r. ‖**-al** adj. (-*y*àl). Radi*a*l, *a*le. ‖**-ante** adj. (-*y*àt). Rayonn*a*nt, *an*te. ‖**-ar** vi. (-*y*ar). Rayonn*e*r. ‖ vi. Radiodiffus*e*r. ‖**-ário** m. (-*y*a-ryou). Radi*ai*re.
radic‖al adj. et s. m. (**rr**a-àl). Rad*i*cal, *a*le. ‖**-alismo** m. (-al*i*jmou). Radicalísme. ‖**-ar** vt. (-*a*r). Enraciner.
radícula f. (**rr**ad*i*coula). Radic*u*le.
rádio m. (**rr**adyou). Radius [osso]. ‖ Radium [metal]. ‖ Poste de radio [aparelho]. ‖ f. Rad*i*o.
radio‖activo, a adj. (**rr**adyouat*i*vou, a). Radio-act*i*f, *i*ve. ‖**-difundir** vt. (-üd*i*r). Radiodiffus*e*r. ‖**-difusão** f. (-ous*ã*ou). Radiodiffusi*o*n. ‖**-eléctrico, a** adj. ´-ilètr-ou, a). Radio-électr*i*que. ‖**-emissão** f. (-im-*ã*ou). Radio-émissi*o*n. ‖**-fonia** f. (-ounía). Radiophon*i*e. ‖**-grafar** vt. (-raf*a*r). Radiographi*e*r. ‖**-grafia** f. (-*i*a). Radiograph*i*e. ‖**-grama** m. (-*ã*ma). Radiogr*a*mme. ‖**-gramofone** f. (-of*o*n). Pick-up. ‖**-logia** f. (-oujía). Radiolog*i*e. ‖**-lógico** adj. (-o-ou, a). Radiolog*i*que. ‖**-scopia** f. (-chcoupia). Radioscop*i*e. ‖**-so, a** adj. (-ad*y*ósou, osa). Radi*eux*, *e*use. ‖**-telefonia** f. (-a-elefounía). Radio-téléphon*i*e. ‖**-telegrafia** f. (-rafía). Radiotélégraph*i*e. ‖**-terapia** f. (-ra-pia). Radioth*é*rapie.
rafado, a adj. (**rr**af*a*dou, a). Râpé, *ée*; usé, *ée*. ‖ Pauvre, misér*a*ble.
Rafael n. pr. (**rr**afaèl). Raphaël.
rafiar vt. (**rr**af*o*r). Us*e*r. ‖**-eiro** m. (-*á*yrou). Mât*i*n.
rai‖la f. (**rr**aya). R*a*ie. ‖ Fronti*è*re. ‖ Loc. *Passar d*a*s raias*, passer les bornes. ‖**-ar** vt. (-ay*a*r). Rayer. ‖ vi. Rayonner. ‖ Loc. *Raiar por*, avoir* environ; être* près de.
Raimundo n. pr. (**rr**aym*ü*dou). Raymond.
raineta f. (**rr**ayn*é*ta). Rainette.
rainha f. (**rra*i*gna). Reine. ‖ D*a*me (échecs) [xadrez]. ‖**-cláudia** f. (-aoudya). Reine-claude.

Itálico : acento tónico. ‖ V. página verde para a pron*ú*ncia figurada. ‖ *Verbo irreg. V. no final do livro.

RAI — RAP 664

rainúnculo m. (rrayn*ŭ*coulou). Renoncule, f.

raio m. (rr*a*you). Rayon. ‖Foudre, f. [faísca]. ‖Loc. *Que raio de...!* (quel) chien de...! *Raios te partam!* que le diable t'emporte!

raiv‖a f. (rr*a*yva). Rage. ‖Loc. *Ter* (ou *estar com*) *raiva a,* en vouloir* à. ‖-ar vi. (-*a*r). Enrager. ‖-oso, a adj. (-*ô*sou, *o*sa). Enragé, ée.

raiz f. (rr*a*ich). Racine. ‖Loc. *Bens de raiz,* bien-fonds. *Saber de raiz,* connaître* à fond.

rajada f. (rraj*a*da). Rafale.

ral‖ação f. (rralac*ao*u). Chagrin, m. ‖-ador, a adj. (-*ô*r, *a*). Taquin, ine. ‖-adura f. (-*ou*ra). Râpure. ‖-ar vt. (-*a*r). Râper [queijo, etc.]. ‖Taquiner. ‖-ar-se vr. (-ç). Se tourmenter.

ralé f. (rral*é*). Racaille, engeance.

ral‖ear vt. (rraly*a*r). Éclaircir. ‖-eira f. (-*ây*ra). Clair, m. (dans un champ).

ralh‖ar vi. (rral*a*r). Gronder. ‖-o m. (-*a*lou). Gronderie, f. ‖Dispute, f.

ralo, a adj. (rr*a*lou, *a*). Clairsemé, ée. ‖s. m. Courtilière, f. [insecto]. ‖Crépine, f. (de tuyau) [cano]. Grille, f. (confessionário) ‖Pomme (f.) d'arrosoir [regador].

rama f. (rr*â*ma). Feuillage, m. ‖Loc. *Algodão em rama,* ouate, f. *Pela rama,* superficiellement.

ram‖ada f. (rram*a*da). Ramée. ‖Treille [vinha]. ‖-ado, a adj. (-*a*dou, *a*). Branchu, ue. ‖-agem f. (-*á*jãy). Ramure. ‖Ramage, m. (sur une étoffe) [tecidos]. ‖-al m. (-*á*l). Embranchement [caminho de ferro; cano]. ‖Rameau [mina]. ‖Toron [corda]. ‖-alhar vt. (-*a*lar). Agiter. ‖vi. Bruire*. ‖-alhete m. (-*é*t). Bouquet. ‖-alho m. (-*a*lou). Branchage sec. ‖-alhudo, a adj. (-*a*loudou, *a*). Branchu, ue.

ramerrão m. (rramerr*ão*u). Traintrain.

ramific‖ação f. (rra-ac*ão*u). Ramification. ‖Embranchement, m. (d'un tuyau) [cano]. ‖-ar vt. (-*a*r). Ramifier. ‖-ar-se vr. (-ç). Se ramifier.

ramo m. (rr*â*mou). Branche, f. ‖Rameau [pequeno]. ‖Bouquet (de fleurs). ‖*Fig.* Branche, f., embranchement. ‖Bouchon (enseigne de cabaret) [à porta de taberna]. ‖Loc. *Domingo de Ramos,* dimanche des Rameaux. ‖-so, a adj. (-*ô*sou, *o*sa). Rameux, euse; branchu, ue.

rampa f. (rr*a*pa). Rampe (route, rue).

rançar vi. (rr*a*çar). Rancir.

ranch‖eiro m. (rr*a*-*d*you). Cuisinier d'un régiment. ‖-o m. (-*a*chou). Soupe, f. (du soldat). ‖Troupe, f., bande, f. ‖*Br.* Hutte, f.

ranço m. (rr*â*çou). Rance. ‖Loc. *Cheirar a ranço,* sentir* le rance.

rancor‖ m. (rr*a*c*ô*r). Rancune, f. ‖-oso, a adj. (-*ou*rôsou, *o*sa). Rancunier, ère.

rançoso, a adj. (rraç*ô*sou, *o*sa). Rance.

rangifer m. (rr*â*jif*e*r). Renne, f.

ranho m. (rr*a*gnou). Morve, f. ‖-so, a adj. (-*ô*sou, *o*sa). Morveux, euse.

ranhura f. (rragn*ou*ra). Rainure.

ranúnculo m. (rran*ŭ*coulou). Renoncule, f.

ranzinza adj. (rr*â*ziza). *Br.* Acariâtre.

rapa m. (rr*a*pa). Toton.

rapac‖e adj. (rrap*a*ç). Rapace. ‖-idade f. (-a-ad). Rapacité.

rapad‖eira f. (rrapad*ây*ra). Grattoir, m. (-*ê*la). Raclure. ‖-o, a adj. (-*a*dou, *a*). Rasé, ée. ‖-ura f. (-*ou*ra). Raclure. ‖pl. Gratin, m. sing.

rapagão m. (rrapag*ão*u). Grand garçon, gaillard.

rapapé m. (rrap*a*pé). *Pop.* Salamalec.

rapar m. (rrap*a*r). Raser [barba, cabelo]. ‖Gratter [raspar]. ‖Prendre*, voler [tirar]. ‖Loc. *Rapar frio,* prendre* froid.

raparig‖a f. (rrapar*i*ga). Jeune fille. ‖*Br. Pop.* Prostituée.

rapaz m. (rrap*a*ch). Garçon. ‖-elho m. (-*a*zylou). Garçonnet. ‖-iada f. (-*ya*da). Fredaine. ‖Troupe de garçons. ‖-inho m. (-*i*gnou). Garçonnet. ‖-io m. (-*i*ou). Garçonnaille, f. ‖-ola m. (-*ô*la). Grand garçon. ‖-ote m. (-*o*t). Garçonnet, jeune garçon.

rapé m. (rrap*é*). Tabac à priser. ‖Loc. *Tomar rapé,* priser (du tabac).

rapidez f. (rra-*é*ch). Rapidité.

rápido, a adj. et s. m. (rr*a*-ou, *a*). Rapide. ‖adv. Rapidement.

rapin‖a f. (rrap*i*na). Rapine. ‖Loc. *Ave de rapina,* oiseau (m.) de proie.

raponço m. (rrap*ô*çou). Raiponce.

Lettres penchées : accent tonique. ‖V. page verte pour la prononciation figurée. ‖* Verbe irrég. V. à la fin du volume.

rapos‖a f. (rrapôsa). Renard, arde.
‖Loc. Apanhar uma raposa, échouer
à un examen, être* recalé. ‖-eira f.
(-ousêyra). Bon somme, m. [sono].
‖Ivresse [piela]. ‖-eiro, a adj. et
s. m. (-ou, a). Rusé, ée. ‖-o m.
(-ôsou). Renard.
raps‖ódia f. (rra-ódya). R(h)apso-
die. ‖-odo m. (-ôdou). R(h)apsode.
rapt‖ar vt. (rra-ar). Ravir. ‖-o m.
(-a-ou). Rapt, enlèvement, ravisse-
ment. ‖-or m. (-ôr). Ravisseur.
Raquel n. pr. (rrakèl). Rachel.
raqueta f. (rrakéta). Raquette.
raqu‖ítico, a adj. et s. (rraki-ou, a).
Rachitique. ‖-ismo m. (-íjmou).
Rachitisme.
rar‖ear vt. (rraryar). Rendre rare.
‖vi. Devenir* rare. ‖-efacção f.
(-efaçãou). Raréfaction. ‖-efazer*
vt. (-azér). Raréfier. ‖-efeito, a
adj. (-àytou, a). Raréfié, ée. ‖-ida-
de f. (-ad). Rareté. ‖-o, a adj.
(-arou, a). Rare. ‖Adv. ou loc. Raras
vezes, rarement, peu souvent.
rasa f. (rrasa). Mesure de grain.
‖Racloire [régua]. ‖Loc. Pôr à (ou
pela) rasa, déchirer à belles dents.
ras‖ante adj. (rrasãt). Rasant, ante.
‖-ão m. (-ãou). Racloire, f. ‖-ar vt.
(-ar). Racler. ‖Raser, passer tout
auprès, effleurer. ‖V. ARRASAR.
rasca f. (rrachca). Barque de pêcheur.
‖Loc. Pop. Estar à rasca, être* aux
abois; se trouver dans une situation
fâcheuse.
rasc‖adeira f. (rrachcadéyra). Br.
Étrille. ‖-ador m. (-ôr). Racloir.
‖-adura f. (-adoura). Écorchure.
‖-ante adj. (-ãt). Âpre. ‖-ar vt.
(-ar). Racler, ratisser. ‖Égratigner
[arranhar].
rascunh‖ar vt. (rrachcougnar).
Brouillonner. ‖-o m. (-ou-ou). Brouil-
lon. ‖Esquisse, f., ébauche, f.
[esboço].
rasg‖adela f. (rrajgadèla). V. RAS-
GÃO. ‖-ado, a adj. (-adou, a). Dé-
chiré, ée. ‖Fendu, ue (bouche, etc.)
[boca, olhos]. ‖Large, ouvert, erte.
‖Sincère. ‖-adura f. (-adoura). Dé-
chirement, m. ‖-ão m. (-ãou). Déchi-
rure, f. ‖-ar vt. (-ar). Déchirer.
‖Ouvrir* [abrir]. ‖Élargir (une
porte). ‖-ar-se vr. (-ç). Se déchi-

rer. ‖-o m. (-a-ou). Trait (de bra-
voure, etc.). ‖Ouverture, f., fente, f.
raso, a adj. (rrasou, a). Ras, ase.
‖Loc. Em campo raso, en rase cam-
pagne. Sapeto raso, soulier plat.
Soldado raso, simple soldat.
ras‖oira ou -oura f. (rrasôyra, ôra).
Racloire.
rasp‖adeira f. (rrachpadâyra).
Grattoir, m. ‖-adela f. (-èla). Grat-
tage, m. ‖-adura f. (-oura). Raclage,
m. ‖-agem ?. (-ajãy). Raclage, m.,
grattage, m. ‖-ão m. (-ãou). Éra-
flure, f. ‖Loc. De raspão, de travers.
‖-ar vt. (-ar). Racler, gratter.
‖Effleurer [roçar]. ‖-ar-se vr. (-ç).
Décamper, filer.
rast‖ear vt. et vi. (rrachtyar). V. RAS-
TEJAR. ‖-eiro, a adj. (-âyrou, a).
Rampant, ante; rasant, ante. ‖-ejar
vt. (-ejar). Suivre* les traces de.
‖vi. Ramper. ‖-ejo m. (-âyjou).
Rampement.
rastel‖ar vt. (rrachtelar). Herser
[campo]. ‖-o m. (-élou). V. RES-
TELO.
rastilho m. (rrachtílou). Traînée
(f.) de poudre.
rasto m. (rrachtou). Trace, f. ‖Loc.
Andar de rastos, se traîner. Levar
de rastos, traîner.
rastr‖ear vt (rrachtryar). V. RAS-
TEJAR. ‖Br. Ratisser. ‖-o m.
(-a-ou). V. RASTO.
rat‖a f. (rrata). Souris femelle.
‖Rat, m. (ratazana). ‖-ão m.
(-atãou). Gros rat. ‖Fam. Farceur.
‖adj. Drôle. ‖-azana f. (-azãna).
Rat, m.
rat‖ear vt. (rratyar). Partager au
prorata. ‖-eio m. (-âyou). Partage
au prorata.
rateiro m. (rratâyrou). Souricier.
ratific‖ação f. (rra-açãou). Ratifi-
cation. ‖-ar vt. (-ar). Ratifier.
ratinh‖ar vt. et vi. (rra-gnar). Mar-
chander. ‖-eiro, a adj. (-âyrou a).
Qui marchande. ‖-o (-ignou).
Souriceau.
rato m. (rratou). Souris, f. ‖-eira
f. (-atouâyra). Souricière. ‖Fig.
Piège.
raton‖eiro m. (rratounâyrou). Filou.
‖-ice f. (-ç). Filouterie.
ravina f. (rravína). Ravin, m.

Itálico: acento tónico. ‖V. página verde para a pronúncia figurada. ‖*Verbo
irreg. V. no final do livro.

FR.-PORTUG. —] 22

razão f. (rrazáou). Raison. ‖Loc. *À razão de*, à raison de. *Com justa razão*, à bon droit. *Com mais forte razão*, à plus forte raison. *Como for de razão*, comme de raison. *Dar razão de*, s'apercevoir de. *É mais uma razão*, raison de plus. *Não ter razão*, avoir* tort. *Travar-se de razões*, se prendre* de paroles. ‖m. Grand livre (comm.).
razoável adj. (rrazouavèl). Raisonnable. ‖Convenable, suffisant, *ante*.
ré f. (rrè). Accusée. ‖Poupe [barco]. ‖m. Ré (mus.).
reabastec‖er vt. (rryabachtcér). Réapprovisionner. ‖**-imento** m. (-étou). Réapprovisionnement.
reabilit‖ação f. (rrya-açáou). Réhabilitation. ‖**-ar** vt. (-ar). Réhabiliter. ‖**-ar-se** vr. (-ç). Se réhabiliter.
reabsorver vt. (rrya-ôrvér). Réabsorber.
reac‖ção f. (rryaçáou). Réaction. ‖**-cionário, a** adj. et s. (-ounaryou, a). Réactionnaire.
reactivo, a adj. et s. m. (rryativou, a). Réactif, *ive*.
reafirmar vt. (rrya-rmar). Réaffirmer.
reag‖ente adj. et s. m. (rryajèt). Réactif, *ive*. ‖**-ir** vi. (-ir). Réagir.
real adj. (rryàl). Réel, elle. ‖Royal, ale [de rei]. ‖s. m. Réel. ‖*Réal* [moeda].
real‖çar vt. (rryà-ar). Rehausser. *Faire* ressortir*. ‖vi. Ressortir*. ‖**-çar-se** vr. (-ç). Se mettre* en relief. ‖**-ce** m. (-yà-). Relief. ‖Loc. *Dar realce a*, mettre* en relief.
realejo m. (rryalêyjou). Orgue de barbarie. ‖*Fig.* Serinette, f.
real‖engo, a adj. (rryalêgou, a). Régalien, *enne*. ‖**-eza** f. (-éza). Royauté. ‖**-idade** f. (-ad). Réalité. ‖**-ismo** m. (-ijmou). Réalisme. ‖Royalisme [monarquico]. ‖**-ista** adj. et s. (-ichta). Réaliste. ‖Royaliste [monárquico]. ‖**-ização** f. (-açáou). Réalisation. ‖**-izar** vt. (-ar). Réaliser. ‖**-izar-se** vr. (-ç). Avoir* lieu. ‖**-izável** adj. (-avèl). Réalisable.
realmente adv. (rryà-êt). Réellement.
reanimar vt. (rrya-ar). Ranimer.
rearmamento m. (rryarmamêtou). Réarmement.

re‖atar vt. (rryatar). Renouer. ‖**-aver*** vt. (-ér). Recouvrer. ‖**-avivar** vt. (-ar). Raviver.
rebaix‖amento m. (rrebaychamêtou). Rabaissement. ‖**-ar** vt. (-ar). Rabaisser. ‖**-ar-se** vr. (-ç). Se rabaisser. ‖**-o** m. (-ay-ou). Dessous d'escalier. ‖Logement sous les combles [sótão].
rebalsar(-se) vi. (vr.) [rrebà-ar(-ç)]. Devenir* marécageux.
rebanho m. (rrebágnou). Troupeau.
rebarb‖a f. (rrebarba). Bavure. ‖Serte [engaste]. ‖**-ar** vt. (-a-ar). Ébarber.
rebarbativo, a adj. (rrebarbativou, a). Rébarbatif, *ive*.
rebat‖e m. (rrebat). Alarme, f. Attaque (f.) imprévue. ‖Pressentiment. ‖Rabais [abatimento de preço]. ‖Loc. *Tocar a rebate* (o sino), sonner le tocsin. ‖**-er** vt. (-atér). Rebattre* [tornar a bater]. ‖Réfuter. ‖Rabattre* [costura; prego]. ‖Escompter [pagamento]. ‖Repousser [assalto].
Rebeca n. pr. (rrebèca). Rébecca.
rebel‖lão, ona adj. (rrebeláou, ôna). Rétif, *ive*. ‖**-ar** vt. (-ar). Révolter. ‖**-ar-se** vr. (-ç). Se révolter. ‖**-de** adj. et s. (-ê-). Rebelle. ‖**-dia** f. (-ía). Rébellion. ‖**-ião** f. (-elyáou). Rébellion.
rebenque m. (rrebêc). *Br. du S.* Petit fouet.
rebent‖ação f. (rrebêtaçáou). Déferlage, m. (des vagues). ‖**-ão** m. (-áou). Œilleton. ‖**-ar** vi. (-ar). Éclater [explosão]. ‖Crever [romper-se]. ‖Jaillir [água]. ‖Déferler [vagas]. ‖Bourgeonner [botões]. ‖vt. Crever. ‖**-o** m. (-étou). Bourgeon, pousse, f.
rebit‖ar vt. (rre-ar). Riveter. ‖**-e** m. (-it). Rivet, clou rivé.
reboar vi. (rrebouar). Retentir.
reboc‖ador, a adj. et s. m. (rreboucadôr, a). Remorqueur, *euse*. ‖**-ar** vt. (-ar). Remorquer. ‖Crépir [parede]. ‖**-o** m. (-ôcou). Crépi.
rebojo m. (rrebôjou). Tourbillon.
rebol‖ar vt. (rreboular). Rouler. ‖vi. et **-ar-se** vr. (-yarç). Remuer les fesses. ‖**-ear-se** vr. (-yarç). Se rouler. ‖**-eira** f. (-âyra). Bois, m., forêt. ‖**-iço, a** adj. (-içou, a). Qui tourne. ‖**-o** m. (-ólou). Meule (f.) de rémouleur.

Lettres penchées : accent tonique. ‖V. page verte pour la prononciation figurée. ‖* Verbe irrég. V. à la fin du volume.

‖-udo, a adj. (-ouloudou, a). Gros, osse; arrondi, ie.
reboque m. (rreboc). Remorque, f. ‖Loc. A reboque, à la remorque.
rebord‖ão, ona adj. (rrebourdãou, ôna). Sauvage. ‖-ar vt. (-ar). Reborder. ‖-o m. (-ô-ou). Rebord.
rebotalho m. (rreboutalou). Rebut.
rebrilhar vi. (rrebrilar). Briller beaucoup ou de nouveau.
rebuç‖ado, a adj. (rrebouçadou). Bonbon. ‖-ar vt. (-ar). Envelopper. ‖-o m. (-ouçou). Revers (de veston).
rebul‖iço m. (rrebouliçou). Vacarme. ‖-ir vt. (-ir). Retoucher.
rebusc‖a f. (rreboucha). Recherche. ‖-ado, a adj. (-adou, a). Recherché, ée. ‖-ar vt. (-ar). Rechercher. ‖Furetar [por toda a parte]. ‖-o m. (-ou-ou). Recherche, f.
recad‖eira f. (rrecadâyra). Femme qui fait des commissions. ‖-ista m. et f. (-íchta). Commissionnaire, m. ‖-o m. (-adou). Commission, f. ‖Communication (f.) verbale. ‖Loc. Fazer recados, faire* des courses. Moço de recados, commissionnaire, garçon de courses.
recaí‖da f. (rrecaída). Rechute. ‖-ir* vi. (-ir). Retomber. ‖Rechuter.
recalc‖amento m. (rrecà-amétou). Refoulement. ‖-ar vt. (-ar). Refouler. ‖Br. Se tordre le pied.
recalcitr‖ante adj. (rrecà-rät). Récalcitrant, ante. ‖-ar vi. (-ar). Récalcitrer, regimber, se révolter, résister.
recalque m. (rrecà-). Refoulement.
recamar vt. (rrecamar). Broder en relief. ‖Fig. Orner. ‖Couvrir*.
recambiar vt. (rrecâbyar). Renvoyer* (une lettre de change, etc.).
recâmbio m. (rrecâ-ou). Rechange.
recamo m. (rrecâmou). Broderie (f.) en relief. ‖Ornement.
recanto m. (rrecätou). Recoin.
recapitul‖ação f. (rreca-oulaçãou). Récapitulation. ‖-ar vt. (-ar). Récapituler, résumer, redire* sommairement.
recat‖ado, a adj. (rrecatadou, a). Modeste. ‖-ar vt. (-ar). Cacher avec soin. ‖-ar-se vr. (-ç). Se cacher. ‖-o m. (-atou). Modestie, f. ‖Modération, f. ‖Loc. A bom recato, en lieu sûr.
recear vt. et vi. (rreceyar). Craindre*.

receb‖edor m. (rrecebedôr). Receveur. ‖-edoria f. (-ouría). Recette. ‖-er vt. et vi. (-ér). Recevoir. ‖-er-se vr. (-ç). Se marier. ‖-imento m. (-étou). Réception, f. ‖Mariage.
receio m. (rreçâyou). Crainte, f.
receit‖a f. (rreçâyta). Recette. ‖Ordonnance [médico]. ‖-ar vt. (-ar). Prescrire* (remède). ‖-uário m. (-ouaryou). Livre d'ordonnances.
recém-‖casado, a adj. (rreçãycasadou, a). Nouveau, elle marié, ée. ‖-chegado, a adj. (-egadou, a). Nouveau, elle venu, ue. ‖-nascido, a adj. (-achcidou, a). Nouveau-né, ée.
recender vt. rrecêdér). Exhaler.
recense‖amento m. (rrecêcyamétou). Recensement. ‖-ar vt. (-yar). Recenser.
recént‖e adj. (rrecét). Récent, ente. ‖-mente adv. (-êt). Récemment.
receoso, a adj. (rrecyôsou, ôsa). Craintif, ive; timide. ‖Défiant, ante [descorfiado].
recep‖ção f. (rrecècãou). Réception. ‖-tação f. (-ptaçãou). Recèlement. ‖-táculo m. (-acoulou). Réceptacle. ‖-tador, a m. et f. (-adôr, a). Receleur, euse. ‖-tar vt. (-ar). Receler. ‖-tivo, a adj. (-ívou, a). Réceptif, ive. ‖-tor, a adj. (-ôr, a). Qui reçoit. ‖s. m. Récepteur.
recesso m. (rrecéçou). Recoin.
rechaçar vt. (rre-açar). Repousser.
reche‖ado m. (rre-yadou, a). Farci, ie. ‖-ar vt. (-yar). Farcir.
rechego m. (rre-égou). Canardière, f.
recheio m. (rre-âyou). Remplissage [acção]. ‖Farce, f. (cuisine). ‖Tout ce qui garnit une maison [de casa].
rechinar vi. (rre-ar). Grincer.
recibo m. (rrecíbou). Reçu, récépissé.
recidiva f. (rre-íva). Récidive.
recife m. (rrecíf). Récif.
recinto m. (rrecítou). Enceinte, f. [fechado]. ‖Emplacement.
recipiente m. (rre-yét). Récipient.
reciprocidade m. (rre-rou-ad). Réciprocité.
recíproco, a adj. (rrecíproucou, a). Réciproque.
récita f. (rré-a). Représentation.
recit‖ação f. (rre-açãou). Récitation. ‖-ador m. (-ôr). Récitateur.

‖**-al** m. (-àl) Récital. ‖**-ar** vt. (-ar). Réciter. ‖**-ativo** m. (-ativou). Récitatif.
reclam‖ação f. (rre-amaçáou). Réclamation. ‖**-ar** vt. (-ar). Réclamer. ‖**-o** m. (-ámou). Réclamation, f. ‖ **Réclame**, f. ‖ Appeau [chamariz].
reclinar vt. (rre-ar). Appuyer.
reclus‖ão f. (rre-ousáou). Reclusion. ‖**-o, -a** adj. et s. (-ousou, a). Reclus, use.
recobrar vt. (rrecoubrar). Recouvrer.
recolh‖a f. (rrecólha). Action de recueillir. ‖ Remise, garage, m. ‖ Hangar [telheiro]. ‖**-er** vt. (-ér). Recueillir*. ‖ Rentrer (récolte) [colheita; garras]. ‖ Ferler, ployer [velas]. ‖ vi. Rentrer chez soi. ‖**-er-se** vr. (-ç). Se recueillir*. ‖ Rentrer chez soi. ‖ Se retirer [convento]. ‖ Loc. *Tocar a recolher*, battre* la retraite. ‖**-ida** f. (-ida). Recluse. ‖**-ido, -a** adj. (-idou, a). Retiré, ée du monde. ‖ Recueilli, ie. ‖ Loc. *Estar recolhido*, se reposer, être* couché. ‖**-imento** m. (-étou). Recueillement. ‖ Couvent. ‖ Abri, refuge, asile, retraite, f.
recomend‖ar vt. (rrecoumēdacáou). Recommandation. ‖ pl. Compliments, m. ‖**-ar** vt. (-ar). Recommander. ‖ *Faire* ses amitiés. ‖**-ável** adj. (-avèl). Recommandable, estimable.
recompens‖a f. (rrecōpéça). Récompense. ‖**-ar** vt. (-ar). Récompenser.
recomp‖or vt. (rrecōpór). Recomposer. ‖**-osição** f. (rrecō-çétou-áou). Recomposition.
reconcentrar vt. (rrecōcétrar). Concentrer.
reconcili‖ação f. (recō-açáou). Réconciliation. ‖**-ar** vt. (-yar). Réconcilier. ‖**-atório, -a** adj. (-atoryou, a). Réconciliatoire.
recôndito, -a adj. (rrecō-ou, a). Secret, ète. ‖ s. m. Recoin.
recondu‖ção f. (rrecōdoucáou). Continuation dans le même emploi. ‖**-zir*** vt. (-ir). Reconduire*. ‖ Renommer.
reconfort‖ante adj. et s. m. (rrecōfourtāt). Réconfortant, ante. ‖**-ar** vt. et vt. (-ar). Réconforter, fortifier.
reconhec‖er vt. (rrecougnecér). Reconnaître*. ‖ Légaliser [assinatura]. Re-

‖**-ido, -a** adj. (-idou, a). Reconnaissant, ante [grato]. ‖**-imento** m. (-étou). Reconnaissance, f. ‖ Légalisation, f. [assinatura]. ‖**-ível** adj. (-ivèl). Reconnaissable.
reconquist‖a f. (rrecōkichta). Reconquête. ‖**-ar** vt. (-ar). Reconquérir*.
reconsiderar vt. (rrecō-drar). Considérer de nouveau. ‖ vi. Réfléchir.
reconstitu‖ição f. ‖**-inte** adj. et s. m. ‖**-ir*** vt. (-ir). Reconstituant, ante. ‖**-ir*** vt. (-ir). Reconstituer, constituer de nouveau.
reconstru‖ção f. (rrecōchtroucáou). Reconstruction. ‖**-ir*** vt. (-ir). Reconstruire*, construire* de nouveau.
recontar vt. (rrecōtar). Reconter.
recontro m. (rrecōtrou). Rencontre, f.
recopil‖ação f. (rrecou-açáou). Compilation. ‖**-ar** vt. (-ar). Compiler.
record‖ação f. (rrecourdaçáou). Souvenir, m. ‖**-ar** vt. (-ar). Rappeler. ‖**-ar-se** vr. (-ç). Se souvenir*.
recorr‖ente adj. et s. (rrecourrēt). Appelant, ante. ‖**-er** vi. (-ér). Recourir. ‖ Appeler (d'un jugement). ‖ vt. Parcourir* de nouveau. ‖ Rechercher.
recort‖ar vt. (rrecourtar). Découper. ‖**-ar-se** vr. (-ç). Se découper. ‖**-e** m. (-ort). Découpure, f.
recostar vt. (rrecouchtar). Incliner; appuyer. ‖**-se** vr. (-ç). Se coucher.
recov‖agem f. (rrécouvajáy). Transport (m.) de marchandises. ‖**-ar** vt. (-ar). Transporter (des marchandises). ‖**-eiro** m. (-áyrou). Commissionnaire.
recoz‖er vt. (rrecouzér). Recuire*. ‖**-imento** m. (-étou). Recuite, f.
recr‖ear vt. (rrecryar). Récréer. ‖**-ear-se** vr. (-ç). S'amuser. ‖**-eativo, -a** adj. (-yativou, a). Récréatif, ive. ‖**-eio** m. (-áyou). Récréation, f. ‖ Cour (f.) de récréation [pátio].
recresc‖er vi. (rrecrechcér). Recroître*. ‖ Rester [sobejar]. ‖**-imento** m. (-étou). Accroissement, augmentation, f.
recriar vt. (rrecryar). Recréer.
recrimin‖ação f. (rrecr-açáou). Récrimination. ‖**-ar** vt. (-ar). Récriminer contre.
recrudesc‖ência f. (rrecroudechcēcya). Recrudescence, f. ‖**-er** vi. (-ér). Augmenter d'intensité.

Lettres penchées : accent tonique. ‖ V. page verte pour la prononciation figurée. ‖ * Verbe irrég. V. à la fin du volume.

recrut‖a f. (rrecrouta). Recrue (enrôlement). ‖m. Recrue, f. (soldat). ‖-amento m. (-ētou). Recrutement. ‖-ar vt. (-ar). Recruter.
rect‖a f. (rrèta). Droite. ‖-al adj. (-ál). Rectal, ale. ‖-angular adj. (-ã-goular). Rectangulaire. ‖-ângulo, a adj. et s. m. (-ãgoulou, a). Rectangle. ‖-idão f. (-áou). Rectitude.
rectific‖ação f. (rrèt-açãou). Rectification. ‖-ador adj. et s. m. (-ôr). Rectificateur. ‖-ar vt. (-ar). Rectifier.
rectilíneo, a adj. (rrèt-ínyou, a). Rectiligne.
recto, a adj. (rrètou, a). Droit, oite. ‖s. m. Rectum [intestino].
recua f. (rrècoua). Train (m.) de bêtes de somme. ‖*Fam.* Ribambelle.
recu‖ada f. (rrecouada). Recul, m. ‖-ar vt. et vi. (-ouar). Reculer. ‖-o m. (-ouou). Recul(ement), reculade, f.
recuper‖ação f. (rrecoupéraçãou). Récupération. ‖-ar vt. (-ar). Récupérer, recouvrer. ‖-ar-se vr. (-ç). Se récupérer.
recurso m. (rrecoursou). Recours. ‖Ressource, f. [expediente]. ‖*Jurispr.* Appel, pourvoi. ‖Loc. *Em último recurso*, en dernier ressort.
recurv‖ar vt. (rrecourvar). Recourber. ‖-o, a adj. (-ou-ou, a). Recourbé, ée.
recus‖a f. (rrecousa). Refus, m. ‖*Jurispr.* Récusation. ‖-ar vt. (-ar). Refuser. ‖*Jurispr.* Récuser. ‖-ar-se vr. (-ç). Se refuser.
redacç‖ão f. (rredacçãou). Rédaction. ‖-tor m. (-atór). Rédacteur.
redarguir* vt. (rredargouir). Rétorquer.
rede f. (rréd). Filet, m., rets, m.
rédea f. (rrèdya). Rêne, bride. ‖Loc. *À rédea solta*, à bride abattue. *Soltar a rédea*, lâcher la bride.
redemoinho m. (rredemouignou). V. REMOINHO.
reden‖ção f. (rredẽçãou). Rédemption. ‖-tor m. (-ór). Rédempteur.
redib‖ição f. (rre-ãou). Rédhibition. ‖-ir* vt. (-ir). Résilier. ‖-itório, a adj. (-oryou, a). Rédhibitoire.
redigir vt. (rre-ir). Rédiger.
redil m. (rredíl). Bercail, bergerie, f.
redimir vt. (rre-ír). V. REMIR.
redistribuição f. (rre-chtr-ou-ãou). Nouvelle distribution.

rédito m. (rrè-o_l). Retour. ‖Profit.
redivivo, a adj. (rre-ívou, a). Rajeuni, ie.
redobr‖amento m. (rredoubramẽtou). Redoublement. ‖-ar vt. et vi. (-ar). Redoubler.
redoma f. (rredôma). Cloche (couvercle; *vase de verre ou de cristal*).
redomão m. (rredoumãou). *Br. du S.* Jeune cheval pas encore tout à fait dompté.
redond‖amente adv. (rredõdamẽt). Rondement. ‖-el m. (-èl). Arène, f. ‖-eza f. (-éza). Rondeur. ‖pl. Alentours, m. ‖-o, a adj. (-ôdou, a). Rond, onde. ‖Loc. *À mesa redonda*, à table d'hôte.
redor m. (rredør). Contour. ‖Loc. *Ao redor*, à la ronde. *Em redor de*, autour de: à l'entour de [nos arredores].
redução f. (rredouçãou). Réduction. ‖Rabais, m. [abatimento].
redund‖ância f. (rredũdãcya). Redondance. ‖-ante adj. (-ãt). Redondant, ante. ‖-ar vi. (-ar). Redonder. *S'ensuivre*. ‖*Revenir** à, tourner à.
reduplicar vt. (rredou-ar). Redoubler.
redut‖ível adj. (rredoutivèl). Réductible. ‖-o m. (-outou). Réduit.
reduz‖ir* vt. (rredouzir). Réduire*. ‖Convertir [a dinheiro]. ‖-ir-se vr. (-ç). Se réduire*. ‖Diminuer.
reedição f. (rryi-ãou). Réédition.
reedific‖ação f. (rryi-açãou). Réédification. ‖-ar vt. (-ar). Réédifier.
reeditar vt. (rryi-ar). Rééditer.
reeduc‖ação f. (rryidoucaçãou). Rééducation. ‖-ar vt. (-ar). Rééduquer.
reembar‖car vt. (rryẽbarcar). Rembarquer. ‖vi. Se rembarquer. ‖-que m. (-arc). Rembarquement.
reembols‖ar vt. (rryẽbô-ar). Rembourser. ‖-o m. (-ô-ou). Remboursement.
reencher vt. (rryẽ-ér). Remplir de nouveau.
reentrante adj. (rryẽtrãt). Rentrant, ante.
reenviar vt. (rryẽvyar). Renvoyer*.
reexp‖edir* vt. (rryãychpdir). Réexpédier. ‖-ortação f. (-ourtaçãou). Réexportation.

Itálico : acento tónico. ‖V. página verde para a pronúncia figurada. ‖*Verbo irreg. V. no final do livro.

refals‖ado, a adj. (rrefà-adou, a) Faux, *ausse*. ‖**-amento** m. (-amẽtou). Fausseté, f., tromperie, f.
refaz‖er vt. (rrefazér). Refaire*. ‖**-er-se** vr. (-ç). Se refaire*. ‖**-imento** m. (-étou). Réfection, f., réparation, f.
refece adj. (rrefèç). Bas, *asse*; vil, ile.
refego m. (rrefégou). Rempli, bourrelet.
refei‖ção f. (rrefâyçáou). Repas, m. ‖**-to, a** adj. (-âytou, a). Refait, *aite*. ‖**-tório** m. (-oryou). Réfectoire.
refém m. (rrefãy). Otage.
refer‖ência f. (rreferécya). Référence. ‖Loc. *Ponto de referência*, point de repère. ‖**-endar** vt. (-ar). Contresigner. ‖**-endo** m. (-édou). Referendum. ‖**-ente** adj. (-ét). Qui a rapport à. ‖**-ido, a** adj. (-idou, a). Cité, ée. ‖**-ir-se** vr. (-ir). Rapporter. ‖**-ir*** vt. (-ir). Rapporter. ‖**-ir-se** vr. (-ç). Se rapporter, avoir* rapport à.
referver vi. (rrefervér). Rebouillir*. ‖Fermenter. ‖S'agiter, se troubler.
refestelar-se vr. (rrefechtelarç). Se prélasser, s'étendre de son long.
refil‖ão, ona adj. et s. (rre-áou, ôna). Regimbeur, *euse*. ‖**-ar** vi. (-ar). Regimber, récalcitrer.
refin‖ação f. (rre-açáou). Raffinage, m. [acção]. ‖Raffinerie. ‖**-ado, a** adj. (-ádou, a). Raffiné, ée. ‖Fieffé, ée [patife, etc.]. ‖**-amento** m. (-amẽtou). Raffinement. ‖**-ar** vt. et **-ar-se** vr. (-ç). Se raffiner. ‖**-aria** f. (-aría). Raffinerie.
reflect‖ido, a adj. (rre-etídou, a). Réfléchi, ie. ‖**-ir*** vt. (-ír). Réfléchir. ‖Refléter [luz, cor]. ‖vi. Réfléchir. ‖**-ir-se** vr. (-ç). Se réfléchir; se refléter. ‖**-ivo, a** adj. (-ívou, a). Qui réfléchit. ‖**-or** m. (-ôr). Réflecteur.
reflex‖ão f. (rre-èkçáou). Réflexion. ‖**-ionar** vt. (-ounar). Réfléchir. ‖**-ivo, a** adj. (-ívou, a). Réfléchi, ie. ‖**-o** m. (è-ou). Réfléchissement [luz]. ‖Reflet [de tecido, quadro]. ‖**-o, a** adj. (-a). Réfléchi, ie. ‖Réflexe (méd.).
reflu‖ir* vi. (rre-ouir). Refluer. ‖**-xo** m. (-ou-ou). Reflux.
refocil‖ar vt (rrefou-ar). Restaurer. ‖**-ar-se** vr. (-ç). Se délasser.

refog‖ado m. (rrefougadou). Friture (f.) dans le beurre, à l'oignon haché. ‖**-ar** vt. (-ar). Frire* dans le beurre, etc. à l'oignon haché.
reforç‖ar vt. (rrefourçar). Renforcer. ‖**-o** m. (-ô-ou). Renfort.
reform‖a f. (rrefórma). Réforme. ‖Retraite [de empregado]. ‖Renouvellement, m. (d'un effet de commerce). ‖**-ação** f. (-ou-áou). Réformation. ‖**-ado, a** adj. et s. (-ádou, a). Réformé, ée. ‖Retraité, ée [emprego]. ‖**-ador, a** adj. et s. (-adôr, a). Réformateur, *trice*. ‖**-ar** vt. (-ar). Réformer. ‖Comm. Renouveler. ‖Retraiter [um empregado]. ‖**-ar-se** vr. (-ç). Prendre* sa retraite. ‖**-atório, a** adj. (-atoryou, a). Qui réforme. ‖s. m. Maison (f.) de correction. ‖**-ável** adj. (-avèl). Réformable. ‖**-ista** adj. et s. (-ichta). Réformiste.
refrac‖ção f. (rrefraçáou). Réfraction. ‖**-tar** vt. (-atar). Réfracter. ‖**-tário, a** adj. et s. m. (-aryou, a). Réfractaire. ‖**-tivo, a** adj. (-ívou, a). Réfractif, *ive*. ‖**-to, a** adj. (-átou, a). Réfracté, ée.
refrang‖er vt. (rrefrajér). Réfracter ‖**-ibilidade** f. (-bl-ad). Réfrangibilité. ‖**-ível** adj. (-ivèl). Réfrangible, susceptible de réfraction.
refrão m. (rrefráou). Refrain. ‖Adage.
refrear vt. (rrefryar). *Fig.* Réfréner.
refrega f. (rrefréga). Mêlée. ‖Travail, m.
refreio m. (rrefráyou). Frein, m.
refresc‖ante adj. (rrefrechcát). Rafraîchissant, *ante*. ‖**-ar** vt. (-ar). Rafraîchir. ‖vi. Fraîchir [vento; temperatura]. ‖**-o** m. (-é-ou). Rafraîchissement (boisson).
refriger‖ação f. (rrefr-eraçáou). Réfrigération. ‖**-ante** adj. et s. m. (-át). Réfrigérant, *ante*. ‖**-ar** vt. (-ar). Réfrigérer. ‖Rafraîchir. ‖Adoucir.
refrigério m. (rrefr-èryou). Rafraîchissement. ‖*Fig.* Soulagement.
refugar vt. (rrefougar). Mettre* au ‖*Br.* Séparer. ‖vi. *Br.* S'échapper.
refugi‖ado, a adj. et s. (rrefou-jyadou, a). Réfugié, ée. ‖**-ar-se** vr. (-yarç). Se réfugier.

Lettres penchées : accent tonique. ‖V. page verte pour la prononciation figurée. ‖* Verbe irrég. V. à la fin du volume.

refúgio m. (rrefoujyou). Refuge, asile.
refugo m. (rrefougou). Rebut; fretin.
refulg∥ência f. (rrefou-ẽcya). Éclat, m. ∥**-ir** vi. (-ir). Resplendir.
refund∥ição f. (rrefũ-ãou). Refonte. ∥**-ir** vt. (-ir). Refondre.
refut∥ação f. (rrefoutaçãou). Réfutation. ∥**-ar** vt. (-ar). Réfuter.
rega∥ f. (rrèga). Arrosage, m., arrosement, m. ∥**--bofe** f. (-of). Bombance, f.
regaço m. (rregaçou). Giron. ∥Sein.
regad∥io, **a** adj. (rregadiou, a). Arrosable. ∥s. m. Arrosage, irrigation, f. ∥**-or** m. (-ór). Arrosoir.
regal∥ada f. (rregalada). U. dans la loc. *à regalada*, délicieusement. ∥**-ado**, **a** adj. (-ou, a). Réjoui, ie. ∥Satisfait, aite. ∥**-ão** adj. (-ãou). Badin. ∥s. m. Grand plaisir. ∥**-ar** vt. (-ar). Délecter, réjouir. ∥**-ar-se** vr. (-ç). Se réjouir. ∥**-ia** f. (-ía). Prérogative. ∥**-o** m. (-alou). Plaisir. ∥Manchon (fourrure) [para as mãos].
regar vt. (rregar). Arroser.
regata f. (rregata). Régate.
regat∥ar vt. (rregatar). Revendre au détail. ∥**-eador**, **a** adj. et s. (-yadôr, a). Marchandeur, euse. ∥**-ear** vt. (-yar). Marchander. ∥vi. Marchander. ∥Disputer. ∥**-eio** m. (-áyou). Marchandage. ∥**-eira** f. (-âyra). Dame ou marchande de la halle, poissarde.
regato m. (rregatou). Ruisseau.
regedor∥ m. (rrejedôr). Maire. ∥**-ia** f. (-ouría). Mairie; charge de maire.
regel∥ado, **a** adj. (rrejeladou, a). Glacé, ée. ∥**-ador**, **a** ou **-ante** adj. (-adôr, a, -ãt). Glaçant, ante. ∥**-ar** vt. (-ar). Glacer. ∥**-o** m. (-élou). Verglas. ∥*Fig.* Glace, f.
regência f. (rrejẽcya). Régence.
regener∥ação f. (rrejeneraçãou). Régénération. ∥**-ador**, **a** adj. et s. m. (-ôr, a). Régénérateur, trice. ∥**-ar** vt. (-ar). Régénérer.
regente adj. et s. (rrejẽt). Régent, ente. ∥Loc. *Regente de orquestra*, chef d'orchestre.
reger∥ vt. (rrejér). Régir. ∥Diriger [orquestra]. ∥Enseigner [cadeira]. ∥*Faire** (une classe). ∥**--se** vr. (ç). Se régir, se gouverner.

região f. (rrejyãou). Région, contrée.
regicida adj. et s. m. (rre-ída). Régicide.
regime m. (rrejím). Régime.
regiment∥al adj. (rre-ẽtàl). Régimentaire. ∥**-o** m. (-ẽtou). Régiment.
Reginaldo n. pr. (rre-à-ou). Regnault.
régio, **a** adj. (rrèjyou, a). Royal, ale.
region∥al adj (rrejyounàl). Régional, ale. ∥**-alismo** m. (rre-alijmou). Régionalisme.
regist∥ado, **a** adj. (rre-chtadou, a). Recommandé ée (lettre). ∥**-ador**, **a** adj. et s. m. t-adôr, a). Enregistreur, euse. ∥**-ar** vt. (-ar). Enregistrer. ∥Recommander (une lettre). ∥**-o** m. (-íchtou). Enregistrement. ∥Registre [livro; voz; órgão]. ∥Recommandation, f. [carta]. ∥Régulateur (horloge). ∥Loc. *Repartição do registo civil*, bureau (m.) d'état civil.
rego m. (rrêgou). Sillon. ∥Rigole, f. [água]. ∥Raie, f. [cabelo].
regougar vt. et vi. (rregôgar). Glapir.
regozij∥ar vt. (rregou-ar). Réjouir*. ∥**-o** m. (-íjcu). Réjouissance, f.
regra f. (rrègra). Règle. ∥Loc. *Com regra*, d'une manière réglée. *Por via de regra*, généralement.
regr∥ado, **a** adj. (rregradou, a). Réglé, ée. ∥**-ador** m. (-adôr). Régloir. ∥**-ar** vt. (-ar). Régler. ∥**-ar-se** vr. t-ç). Se régler, devenir* régulier.
regress∥ão f. (rregreçãou). Régression. ∥**-ar** vi. (-ar). Retourner, revenir*. ∥**-ivo**, **a** adj. (-ívou, a). Régressif, ive. ∥**-o** m. (-èçou). Retour.
régua f. (rrègoua). Règle (objet).
regueifa f. (rregâyfa). Pain (m.) en forme d'anneau.
regueir∥a f. ou **-o** m. (rregâyra, -ou). Rigole, f.
regul∥ação f (rregoulaçãou). Règlement, m. ∥**-ador**, **a** adj. et s. m. (-ôr, a). Régulateur, trice. ∥**-amentação** f. (-ẽtaçãou). Réglementation. ∥**-amentar** vt. (-ar). Réglementer. ∥adj. Réglementaire. ∥**-amento** m. (-ẽtou). Règlement. ∥**-ar** vt. (-ar). Régler. ∥vi. Servir* de règle. ∥*Être* environ*. ∥*Aller* bien* (montre) [relógio]. ∥adj. Régulier, ère. ∥Passable [sofrível]. ∥**-aridade** f. (-a-adá). Régularité. ∥**-arizar** vt. (-ar). Régulariser.

Itálico : acento tónico. ∥V. página verde para a pronúncia figurada. ∥*Verbo irreg. V. no final do livro.

régulo m. (**rrègoulou**). Roitelet, chef africain, petit souverain nègre.
regurgitar vt. et vi. (**rregour-ar**). Regorger.
rei m. (**rây**). Roi, souverain.
reimpr‖essão f. (**rreipreçãou**). Réimpression. ‖**-imir** vt. (-*ir*). Réimprimer.
rein‖adio, a adj. (**rrâynadíou, a**). Marrant, ante (argot) ; drôle. ‖**-ado** m. (-*adou*). Règne.
Reinaldo n. pr. (**rrâynà-ou**). Renaud.
reinar vi. (**rrâynar**). Régner.
reincid‖ência f. (**rryi-dêcya**). Récidive. ‖**-ente** adj. et s. (-ết). Récidiviste. ‖**-ir** vi. (-*ir*). Récidiver.
reineta f. (**rrâynéta**). Reinette.
reintegrar vt. (**rreitegrar**). Réintégrer. ‖ Reconduire*.
réis m. pl. (**rrêych**). Réis (monnaie).
reiterar vt. (**rryiterar**). Réitérer.
reit‖or m. (**rrâytôr**). Recteur. ‖ Proviseur (d'un lycée). ‖**-orado** m. (-*ouradou*). Rectorat. ‖**-oria** f. (-*ouria*). Rectorat, m. ‖ Bureau (m.) du proviseur, du recteur.
reiuno, a adj. (**rréyounou, a**). Br. Politique. ‖ Sans valeur.
reivindic‖ação f. (**rrâyvi-açãou**). Revendication. ‖**-ar** vt. (-*ar*). Revendiquer.
reixa f. (**rráycha**). Planchette.
rejei‖ção f. (**rrejâyçãou**). Rejet, m. ‖**-tar** vt. (-*ar*). Rejeter. ‖**-ável** adj. (-*avèl*). Rejetable.
rejubilar vt. (**rrejou-ar**). Réjouir beaucoup. ‖**-se** vr. (-*ç*). Se réjouir beaucoup, éprouver de la joie.
rejuvenescer vt. et vi. (**rrejouvenechcér**). Rajeunir.
rela f. (**rréla**). Rainette.
rela‖ção f. (**rrelaçãou**). Relation, rapport, m. ‖ Liste. ‖ Énumération. ‖ Loc. *Com relação a*, par rapport à. ‖**-cionar** vt. (-*ounar*). Rapporter, raconter. ‖ Mettre* en rapport. ‖**-cionar-se** vr. (-*ç*). Se mettre* en rapport (avec). ‖ Faire* des connaissances.
relâmpago m. (**rrelâpagou**). Éclair.
relamp‖(agu)ear ou **-ejar** vi. (**rrelâp(agh)yar, -ejar**). Faire* des éclairs.
relance m. (**rrelâç**). Coup d'œil. ‖ Loc. *De relance*, en un clin d'œil.

‖**-ear** vt. (-*yar*). Jeter un coup d'œil sur. ‖ m. Coup d'œil.
relapso, a adj. et s. (**rrela-ou, a**). Relaps, *apse*.
relat‖ar vt. (**rrelatar**). Rapporter. ‖**-ivo, a** adj. (-*ivou, a*). Relatif, ive. ‖**-o** m. (-*ou*). Rapport. ‖**-or** m. (-*ôr*). Rapporteur. ‖**-ório** m. (-*óryou*). Rapport.
relax‖ação f. (**rrelachaçãou**). Relâchement, m. ‖**-ado, a** adj. (-*a-adou, a*). Relâché, ée. ‖**-amento** m. (-*amêtou*). Relâchement. ‖**-ar** vt. (-*ar*). Relâcher. ‖**-ar-se** vr. (-*ç*). Se relâcher. ‖**-e** m. (-*ach*). Relâchement.
releg‖ação f. (**rrelegaçãou**). Relégation. ‖**-ar** vt. (-*ar*). Reléguer.
relembrar vt. (**rrelẽbrar**). Rappeler de nouveau.
relento m. (**rrelẽtou**). Serein.
reler* vt. (**rrelér**). Relire*.
reles adj. (**rrélech**). Vil, *ile*; bas, *asse*.
relev‖ação f. (**rrelevaçãou**). Rémission. ‖**-ância** f. (-*âcya*). Importance. ‖**-ante** adj. (-*ât*). Important, ante. ‖**-ar** vt. (-*ar*). Rehausser. ‖ Remettre* [falta]. ‖ Alléger [aliviar]. ‖**-o** m. (-*évou*). Relief. ‖ Loc. *Dar relevo*, donner du relief.
relh‖a f. (**rráyla**). Soc (m.) de charrue. ‖**-o** m. (-*ou*). Fouet de cuir tors.
relicário m. (**rre-aryou**). Reliquaire.
religi‖ão f. (**rre-ãou**). Religion. ‖**-osa** f. (-*yosa*). Religieuse. ‖**-osidade** f. (-*ou-ad*). Religiosité. ‖**-oso, a** adj. et s. m. (-*yôsou, osa*). Religieux, *euse*.
relinch‖ar vi. (**rrelĩ-ar**). Hennir. ‖**-o** m. (-*ĩ-ou*). Hennissement.
relíquia f. (**rrelĩkya**). Relique.
relógio m. (**rrelojyou**). Horloge, f. ‖ Montre, f. [de bolso]. ‖ Pendule, f. [de sala, mesa]. ‖ Loc. *Relógio de pulso*, bracelet-montre (f.).
reloj‖oaria f. (**rreloujouaría**). Horlogerie. ‖**-eiro** m. (-*âyrou*). Horloger.
relut‖ância f. (**rreloutâcya**). Répugnance. ‖**-ante** adj. (-*ât*). Résistant, ante ; opiniâtre. ‖**-ar** vi. (-*ar*). Se débattre*.
reluzir* vi. (**rrelouzír**). Reluire*.
relv‖a f. (**rrê-a**). Gazon, m. ‖**-ado** m. (-*adou*). Gazonnée, f. ‖**-oso, a** adj. (-*ôsou, osa*). Gazonneux, *euse*.

Lettres penchées : accent tonique. ‖ V. page verte pour la prononciation figurée. ‖ * Verbe irrég. V. à la fin du volume.

remad‖a f. (**rre**m*a*da). Coup (m.) de rame. ‖-**or** m. (-ad*ô*r). Rameur.
reman‖**ência** f. (**rre**man*ê*cya). Rémanence. ‖-**escente** adj. (-ech*cê*t). Restant, ante. ‖-**escer** vi. (-*é*r). Rester.
remans‖**ado, a** adj. (**rre**mãç*a*dou, a). Calme. ‖-**ear(-se)** vi. (vr.) [-yar(-ç)]. Se calmer. ‖-**o** m. (-*â*çou). Calme. Eau (f.) dormante [água]. ‖-**oso, a** adj. (-*ô*sou, *ô*sas). V. REMANSADO.
remar vi. (**rre**m*a*r). Ramer.
remat‖**ado, a** adj. (**rre**mat*a*dou, a). Achevé, ée. ‖-**ar** vt. (-*a*r). Achever, finir, terminer. ‖-**e** m. (-*a*ti). Parachèvement. ‖ Nœud de fil [costura]. ‖ Loc. *Dar remate*, mettre* la dernière main.
remed‖**eio** m. (**rre**med*â*you). Palliatif. ‖-**iado, a** adj. (-y*a*dou, a). Aisé, ée. ‖-**iar** vt. (-y*a*r). Remédier à. ‖-**iar-se** vr. (-ç). Pourvoir* à ses besoins. ‖-**ável** adj. (-y*a*vèl). Remédiable.
remédio m. (**rre**m*è*dyou). Remède : *remédio caseiro*, remède de bonne femme.
remeiro, a adj. (**rre**m*â*yrou, a). Facile à mener à la rame. ‖ s. m. Rameur.
remeleixo m. (**rre**mel*â*ychou). Br. Danse (f.) effrenée.
rememorar vt. (**rre**memour*a*r). Remémorer.
remend‖**ão** m. (**rre**m*ê*d*ā*ou). Ravaudeur [alfaiate]. ‖ Savetier [sapateiro; operário]. ‖-**ar** vt. (-*a*r). Rapiécer [pôr remendos]. ‖ Raccommoder [arranjar]. ‖-**eira** f. (-*â*yra). Ravaudeuse. ‖-**o** m. (-*ê*dou). Pièce, f. (morceau d'étoffe, etc.). ‖ Raccommodage, réparation, f.
remessa f. (**rre**m*ê*ça). Envoi, m.
remet‖**ente** adj. et s. (**rre**met*ê*t). Envoyeur, euse; expéditeur, trice. ‖-**er** vt. (-*é*r). Envoyer*, expédier. ‖ Remettre*, différer. ‖-**er-se** vr. (-ç). S'en rapporter.
remex‖**er** vt. et vi. (**rre**mech*é*r). Remuer. ‖ Farfouiller [rebuscar]. ‖-**er-se** vr. (-ç). Se remuer.
Remigio n. pr. (**rre**m*i*jyou). Rémi.
remigr‖**ação** f. (**rre**-graç*ā*ou). Retour, m. ‖-**ar** vi. (-*a*r). Retourner.
reminiscência f. (**rre**-mi-chc*ê*cya). Réminiscence.

remir* ‖ vt. (**rre**m*i*r). Racheter. ‖- -**se** vr. (-ç). Se racheter.
remirar vt. (**rre**-m*i*r*a*r). Examiner.
remiss‖**ão** f. (**rre**-*ã*ou). Rémission. ‖-**ível** adj. (-*i*vèl). Rémissible. ‖-**ivo, a** adj. (-*i*vou, a). Qui renvoie. ‖-**o, a** adj. (-*i*çou, a). Négligent. ente.
remit‖**ência** f. (**rre**-*ê*cya). Rémittence. ‖-**ente** adj. (-*ê*t). Rémittent, ente. ‖-**ir*** vt. (-*i*r). Remettre*. ‖ Relâcher [abrandar]. ‖ vi. Diminuer d'intensité.
remível adj. (**rre**m*i*vèl). Rachetable.
remo m. (**rrè**mou). Rame, f., aviron.
Remo n. pr. (**rrè**mou). Rémus.
remoção f. (**rre**mouç*ā*ou). Transport, m.
remoçar vt. et vi. (**rre**mouç*a*r). Rajeunir.
remodel‖**ação** f. (**rre**moudelaç*ā*ou). Remodelage, m. ‖-**ar** vt. (-*a*r). Remodeler.
remoer* vt. (**rre**mu*é*r). Remoudre*. ‖ Ruminer. ‖ Importuner.
remoinh‖**ar** vi. (**rre**mouig*na*r). Tourbillonner, tournoyer. ‖-**o** m. (-*i*-ou). Tourbillon. ‖ Épi [cheveux; cabelo].
remolh‖**ar** vt. (**rre**moul*a*r). Retremper. ‖-**o** m. (-*ô*lou). Trempage.
remont‖**a** f. (**rre**m*ô*ta). Remonte. ‖-**ado, a** adj. (-*a*dou, a). Remonté, ée. ‖-**ar** vt. (-*a*r). Remonter. ‖ Élever, hausser. ‖ vi. ou -**ar-se** vr. (-ç). Remonter.
remoqu‖**e** m. (**rre**m*o*c). Brocard. ‖-**ear** vt. (-ouky*a*r). Brocarder. ‖ vi. Faire* des brocards.
remor‖**der*** vt. (**rre**mourd*é*r). Remordre. ‖ vi. Blâmer. ‖-**der-se** vr. (-ç). Enrager. ‖-**so** m. (-*o*-ou). Remords.
remoto, a adj. (**rre**m*o*tou, a). Lointain, aine.
remov‖**er** vt. (**rre**mouv*é*r). Remouvoir*. ‖ Remuer [perturbar]. ‖ Éloigner [afastar]. ‖-**ível** adj. (-*i*vèl). Amovible.
remuner‖**ação** f. (**rre**mouneraç*ā*ou). Rémunération. ‖-**ador, a** adj. (-*ô*r, a). Rémunérateur, trice. ‖-**ar** vt. (-*a*r). Rémunérer. ‖-**ativo, a** adj. (-*a*tivou, a). Rémunératif, ive. ‖-**atório, a** adj. (-*o*ryou, a). Rémunératoire.

Itálico : acento tónico. ‖V. página verde para a pronúncia figurada. ‖*Verbo irreg. V. no final do livro

RENˍˍˍREP

renal adj. (rrenàl). Rénal, ale.
renano, a adj. et s. m. (rrenânou, a). Rhénan, ane.
renascença f. (rrenachcēça). Renaissance. ‖-er vi. (-ér). Renaître*. ‖-imento m. (-étou). Renaissance, f.
Renato, a n. pr. (rrenatou, a). René, ée.
renda f. (rrēda). Dentelle, f. ‖Rente [rendimento]. ‖Loyer, m. [aluguer].
rend‖ado, a adj. (rrēdadou, a). Garni, ie de dentelle. ‖-eiro, a m. et f. (-âyrou, a). Fermier, ère. ‖f. Dentellière. ‖-er* vt. (-ér). Rapporter, produire*, rendre. ‖Vaincre*, soumettre* [o inimigo]. ‖Rendre [prestar]. ‖Relever, remplacer [guarda]. ‖vi. Rapporter, produire*. ‖-er-se vr. (-ç). Se rendre. ‖-ição f. (-âou). Reddition. ‖-ido, a adj. (-ídou, a). Rendu, ue. ‖-ilha f. (-íla). Dentelle étroite. ‖-ilhado, a adj. (-adou, a). Orné, ée de dentelles. ‖s. m. Dentelle, f. ‖-imento m. (-étou). Rendement. ‖Revenu [dum capital]. ‖Reddition, f. [rendição]. ‖-oso, a adj. (-ôsou, osa). Lucratif, ive; productif, ive.
reneg‖ado, a adj. et s. (rrenegadou, a). Renégat, ate. ‖-ar vt. et vi. (-ar). Renier, abjurer.
ren‖go, a adj. (rrēgou, a). Br. Boiteux, euse. ‖-guear vi. (-ghyar). Br. Boiter.
renh‖ido, a adj. (rregnidou, a). Acharné, ée. ‖-ir vt. et vi. (-ir). Disputer. ‖Combattre*, lutter.
renit‖ência f. (rre-ēcya). Obstination. ‖-ente adj. (-ēt). Rénitent, ente ‖-ir vi. (-ir). Résister.
Reno n. pr. (rrēnou). Rhin.
renome m. (rrenōm). Renom.
renov‖ação f. (rrenouvaçãou). Rénovation, renouvellement, m. ‖-ador, a adj. et s. m. (-ôr, a). Rénovateur, trice. ‖-ar vt. (-ar). Renouveler. ‖vi. Pousser des rejetons [planta]. ‖-o m. (-ôvou). Rejeton. ‖Descendant.
renque m. (rrēc). Rangée, f.
rente adj. (rrēt). Ras, ase. ‖adv. Au ras. ‖Loc. Passar rente, raser.
renúncia f. (rrenúcya). Renoncement, m.
renunciar vt. et vi. (rrenūcyar). Renoncer, se désister.

reorganiz‖ação f. (rryorga-açãou). Réorganisation. ‖-ar vt. (-ar). Réorganiser.
reóstato m. (rryochtatou). Rhéostat.
repa f. (rrépa). Pop. Cheveux (m. pl.) clairsemés.
repar‖ação f. (rreparaçãou). Réparation. ‖-ador, a adj. et s. (-ôr, a). Réparateur, trice. ‖-ar vt. (-ar). Réparer. ‖vi. Regarder, observer, remarquer, faire* attention à, s'apercevoir de. ‖-ável adj. (-avèl). Réparable. ‖-o m. (-arou). Réparation, f. ‖Remarque, f., observation, f. ‖Retranchement [trincheira]. ‖Affût de canon [artil.].
repart‖ição f. (rrepar-ãou). Répartition. ‖Bureau, m. (d'un ministère). ‖-idor m. (-ôr). Répartiteur. ‖-ir vt. (-ir). Répartir. ‖-ível adj. (-ivèl). Partageable.
repassar vt. (rrepaçar). Repasser. ‖Pénétrer. ‖vi. Suinter [escorrer].
repast‖ar vt. (rrepachtar). Repaître*. ‖vi. ou -ar-se vr. (-ç). Se repaître* ‖-o m. (-a-ou). Repas.
repatri‖ação f. (rrepatryaçãou). Rapatriement, m. ‖-ar vt. (-yar). Rapatrier.
repel‖ão m. (rrepelãou). Saccade, f. ‖-ente adj. (-èt). Repoussant, ante. ‖-ir* vt. (-ír). Repousser. ‖-o m. (-élou). U. dans la loc. a repelo, à rebrousse-poil; avec violence.
repenicar vi. (rrepe-ar). Carillonner.
repensar vt. (rrepēçar). Repenser.
repent‖e m. (rrepēt). Mouvement brusque. ‖Saillie, f. [dito]. ‖Loc. De repente, tout à coup, soudain. ‖-inamente adv. (-ēt). Soudainement. ‖-ino, a adj. (-inou, a). Soudain, aine.
repercu‖ssão f. (rrepercouçãou). Répercussion. ‖-tidor m. (-tidôr). Résonateur. ‖-tir vt. (-ir). Répercuter. ‖vi. Se répercuter.
repertório m. (rrepertoryou). Répertoire. ‖Pop. Almanach.
repesar vt. (rrepeçar). Repeser.
repet‖ente adj. et s. (rrepetēt). Qui répète. ‖-ição f. (-ãou). Répétition. ‖Arme automatique. ‖-idamente adv. (-amēt). A plusieurs reprises. ‖-idor m. (-ôr). Répétiteur. ‖-ir* vt. (-ir). Répéter. ‖Doubler [ano].
repicar vt. (rre-ar). Copter [sino].

Lettres penchées : accent tonique. ‖V. page verte pour la prononciation figurée. ‖* Verbe irrég. V. à la fin du volume.

repimpar‖ vt. (rrepīpar). Remplir la bedaine. ‖-se vr. (-ç). Se carrer.
repintar vt. (rrepitar). Repeindre*.
repique m. (rrepic). Carillon.
repis‖a f. (rrepisa). Refoulement, m. ‖-ar vt. (-ar). Refouler. ‖ *Fig.* Rebattre*, rabâcher, répétailler (fam.).
replantar vt. (rre-ãtar). Replanter.
reple‖**ção** f. (rre-èçãou). Réplétion. ‖**-to**, a adj. (-ètou, a). Rempli, ie; plein, eine; rassasié, ée.
réplica f. (rrè-a). Réplique.
replicar vt. et vi. (rre-ar). Répliquer.
repolh‖o m. (rrepólou). Chou pommé. ‖**-udo**, a adj. (-ouloudou, a). Cabus [couve]. ‖ Pommé, ée. ‖ *Fig.* Rebondi, ie.
repoltrear-se vr. (rrepô-ryarç). Se carrer (dans un fauteuil).
repont‖**ão, ona** adj. et s. (rrepõtãou, õna). Récalcitrant, ante. ‖**-ar** vi. (-ar). Récalcitrer. ‖ Riposter.
repor* vt. (rrepór). Remettre*, replacer. ‖ Restituer, rendre.
report‖**agem** f. (rrepourtajãy). Reportage. ‖**-ar** vt. (-ar). Rapporter. ‖ Modérer. ‖**-ar-se** vr. (-ç). *Faire* allusion. ‖ Se modérer, se contenir*.
repórter m. (rrepórter). Reporter.
reposi‖**ção** f. (rrepou-ãou). Restitution. ‖ *Théât.* Reprise. ‖**-tório** m. (-oryou). Recueil [leis, etc.].
repost‖**ada** f. (rrepouchtada). Réponse grossière. ‖**-ar** vt. (-ar). Répondre grossièrement.
reposteiro m. (rrepouchtãyrou). Portière, f. (rideau).
repous‖**ar** vt. (rrepôsar). Reposer. ‖ vi. Reposer. ‖ Se reposer [descansar]. ‖**-o** m. (-ôsou). Repos.
repreen‖**der** vt. (rrepryēdér). Réprimander. ‖**-são** f. (-ãou). Réprimande. ‖**-sível** adj. (-ívèl). Répréhensible, blâmable.
represa f. (rreprésa). Écluse.
represália f. (rrepresalya). Représaille.
represar vt. (rreprezar). Retenir*. ‖ *Fig.* S'emparer de, saisir [apreender].
represent‖**ação** f. (rrepresētaçãou). Représentation. ‖**-ante** adj. et s. (-ãt). Représentant, ante. ‖**-ar** vt. (-ar). Représenter. ‖ *Théât.* Jouer.

REP — REQ

represent*ar*. ‖ vi. Jouer. ‖ *Faire* des représentations. ‖**-ativo, a** adj. (-ativou, a). Représentatif, ive.
repress‖**ão** f. (rrepreçãou). Répression. ‖**-ivo, a** adj. (-ívou, a). Répressif, ive.
reprim‖**enda** f. (rrepr-ēda). Réprimande. ‖**-ir** vt. (-ir). Réprimer. ‖**-ir-se** vr. (-ç). Se réprimer.
réprobo, a adj. et s. (rrèproubou, a). Damné, ée; réprouvé, ée.
reprodu‖**ção** f. (rrèproudouçãou). Reproduction. ‖**-tível** adj. (-ívèl). Reproductible. ‖**-tivo, a** adj. (-ívou, a). Reproductif, ive. ‖**-tor, a** adj. et s. m. (-ôr, a). Reproducteur, trice. ‖**-zir*** vt. (-ir). Reproduire*. ‖**-zir-se** vr. (-ç). Se reproduire. ‖**-zível** adj. (-ívèl). Reproductible.
reprov‖**ação** f. (rrèprouvaçãou). Réprobation. ‖ Échec, m. [exame]. ‖**-ado, a** adj. et s. (-adou, a). Réprouvé, ée. ‖ Refusé, ée (examen). ‖**-ar** vt. (-ar). Réprouver. ‖ Refuser [exame]. ‖**-ável** adj. (-avèl). Réprouvable.
reptar vt. (rrè-ar). Lancer un défi.
réptil m. (rrè-). Reptile.
repto m. (rrè-ou). Défi.
república f. (rrèpou-a). République.
republicano, a adj. et s. (rrèpou-ãnou, a). Républicain, aine.
repu‖**udiar** vt. (rrepoudyar). Répudier. ‖**-údio** m. (-oudyou). Répudiation, f.
repugn‖**ância** f. (rrepoughnãcya). Répugnence. ‖**-ante** adj. (-ãt). Répugnant, ante. ‖**-ar** vt. (-ar). Refuser. ‖ vi. Répugner.
repuls‖**a ou -ão** f. (rrepou-a, -ãou). Répulsion. ‖**-ar** vt. (-ar). Repousser. ‖**-ivo, a** adj. (-ívou, a). Répulsif, ive.
reput‖**ação** f. (rrepoutaçãou). Réputation. ‖**-ar** vt. (-ar). Réputer. ‖**-ar-se** vr. (-ç). Se réputer.
repux‖**ão** m. (rrepouchãou). Saccade (f.) violente. ‖**-ar** vt. (-ar). Tirer avec force. ‖ Tirer en arrière [para trás]. ‖ vi. Jaillir. ‖**-o** m. (-ou-ou). Jet d'eau. ‖ *Fontaine* (f.) jaillissante. ‖ Recul (d'une arme à feu) [coice].
requebr‖**ado, a** adj. (rrekebradou, a). Langoureux, euse. ‖**-ar** vt. (-ar). Remuer langoureusement. ‖ Loc.

Itálico : acento tónico. ‖V. página verde para a pronúncia figurada. ‖*Verbo irreg. V. no final do livro.

REQ — RES

Requebrar a voz, prendre* un ton langoureux. *Requebrar os olhos*, faire* les yeux doux. ‖-**ar-se** vr. (-ç). Se déhancher. ‖-**o** m. (-ê-ou). Ton langoureux. ‖Galanterie, f. ‖Déhanchement [do corpo].

requeijão m. (**rrekèyjàou**). Fromage blanc.

requeimar vt. (**rrekâymar**). Brûler. ‖ Hâler [tez].

requentar vt. (**rrekètar**). Réchauffer.

requer‖**ente** adj. et s. (**rrèkerét**). Pétitionnaire. ‖*Jurispr.* Requérant, ante. ‖-**er*** vt. (-ér). Demander. ‖Requérir* [jurispr.]. ‖-**imento** m. (-étou). Pétition, f. ‖Requête, f. (jurispr.).

requestar vt. (**rrekèchtar**). Solliciter. ‖Courtiser [fazer a corte].

réquiem m. (**rrèkyày**). Requiem.

requint‖**ado, a** adj. (**rrekitadou, a**). Raffiné, ée. ‖Parfait, aite. ‖Affecté, ée. ‖-**ar** vt. (-ar). Raffiner. ‖-**e** m. (-ít). Raffinement, recherche, f., subtilité, f.

requisi‖**ção** f. (**rreke-ãou**). Réquisition. ‖-**tar** vt. (-ar). Requérir*, réquisitionner. ‖-**to** m. (-ítou). Qualité, f. ou condition (f.) requise.

rés f. (**rréch**). Tête de bétail.

rés adj. (**rrèch**). Ras, ase : (ao) *rés de*, au ras de.

rescald‖**ar** vt. (**rrechcà-ar**). Échauder de nouveau. ‖-**o** m. (-à-ou). Cendre (f.) chaude. ‖Chaleur (f.) réfléchie [de lareira, etc.]. ‖Réchaud [fogão].

resci‖**ndir** vt. (**rrechcidir**). Rescinder. ‖-**são** f. (-ãou). Rescission.

rescr‖**ever** vt. (**rrechcrevér**). Récrire*. ‖-**ição** f. (-ção). Rescription. ‖-**ito** m. (-ítou). Rescrit.

rés-do-chão m. (**rrèjdou-ãou**). Rez-de-chaussée.

resenh‖**a** f. (**rrésâyna**). Compte (m.) rendu. ‖Énumération. ‖-**ar** vt. (-ar). Faire* un compte rendu de. ‖Énumérer.

reserva f. (**rrésèrva**). Réserve. ‖Loc. *Passagem à reserva*, passage (m.) à la réserve (militaire). *Sem reserva*, sans rancune. *Ser de reserva*, garder rancune.

reserv‖**ado, a** adj. (**rresèrvadou, a**). Réservé, ée. ‖Rancunier, ère. *Pensamento reservado*, arrière-pensée, f. ‖-**ar** vt. (-ar). Réserver. ‖ Garder, défendre, préserver. ‖Dissimuler, cacher. ‖-**ar-se** vr. (-ç). Se réserver. ‖-**atório** m. (-atoryou). Réservoir, récipient. ‖-**ista** m. (-íchta). Réserviste.

resfol‖(**e)gar** vi. (**rrechfôlgar**). Souffler. ‖*Fig.* Respirer. ‖-**go** m. (-ô-ou). Haleine, f., respiration, f., souffle.

resfri‖**ado, a** adj. (**rrechfryadou, a**). Refroidi, ie. ‖-**ador, a** adj. (-adôr, a). Qui refroidit. ‖s. m. Rafraîchissoir. ‖-**amento** m. (-étou). Refroidissement. ‖-**ar** vt. (-yar). Refroidir. ‖vi. et -**ar-se** vr. (-ç). (Se) refroidir.

resgat‖**ar** vt. (**rrejgatar**). Racheter. ‖-**ar-se** vr. (-ç). Se racheter. ‖-**e** m. (-at). Rachat. ‖Rançon, f. [dinheiro para resgatar].

resguard‖**ar** vt. (**rrejgouardar**). Garder avec soin. ‖Protéger, garantir, défendre. ‖vi. Considérer. ‖-**ar-se** vr. (-ç). Se garantir. ‖-**o** m. (-oua-ou). Abri. ‖Précaution, f. ‖Loc. *Sem resguardo*, sans abri.

resid‖**ência** f. (**rre-ècya**). Résidence. ‖Loc. *Residência paroquial*, cure. ‖-**ente** adj. (-ét). Résidant, ante. ‖s. m. Résident. ‖-**ir** vi. (-ir). Résider. ‖*Fig.* Résider, consister, se trouver. ‖-**ual** adj. (-ouàl). Résiduel, elle.

resíduo m. (**rresídouou**). Résidu.

resign‖**ação** f. (**rre-ghnaçãou**). Résignation. ‖-**ado, a** adj. (-adou, a). Résigné, ée. ‖-**ar** vt. (-ar). Résigner. ‖-**ar-se** vr. (-ç). Se résigner.

resin‖**a** f. (**rresina**). Résine. ‖-**agem** f. (-ajày). Résinage. ‖-**ar** vt. (-ar). Résiner. ‖-**eiro, a** adj. et s. (-âyrou, a). Résinier, ère. ‖-**ificar** vt. (-ar). Résinifier. ‖-**oso, a** adj. (-ôsou, osa). Résineux, euse.

resist‖**ência** f. (**rre-chtécya**). Résistance. ‖-**ente** adj. (-ét). Résistant, ante. ‖-**ir** vi. (-ir). Résister, tenir* ferme.

resma f. (**rréjma**). Rame (de papier).

resm‖**elengo, a** adj. (**rrejmelégou, a**). Br. V. RESMUNGÃO. ‖-**ungão, ona** adj. et s. (-úgãou, ôna). Grognon, onne; bougon, onne. ‖-**ungar** vi. (-ar). Bougonner.

Lettres penchées : accent tonique. ‖V. page verte pour la prononciation figurée. ‖* Verbe irrég. V. à la fin du volume.

RES — RES

resol‖ução f. (rresouloução). Résolution. ‖Solution (problème). ‖-uto, a adj. (-outou, a). Résolu, ue. ‖-ver vt. et vi. (-ô-ér). Résoudre*. ‖Décider, se déterminer. ‖-ver-se vr. (-ç). Se résoudre*, se déterminer.
respaldar m. (rrechpà-ar). Dossier (d'un siège).
respectiv‖amente adv. (rrechpètamét). Respectivement. ‖-o, a adj. (-ívou, a). Respectif, ive. ‖Convenable.
respeit‖ante adj. (rrechpàytàt). Concernant. ‖-ar vt. (-ar). Respecter. ‖vi. Concerner. ‖-ável adj. (-avèl). Respectable. ‖-o m. (-áytou). Respect. ‖pl. Respects, hommages. ‖Loc. A que respeito? à propos de quoi? A respeito de, à l'égard de, au sujet de. A todos os respeitos, sous tous les rapports. Com o devido respeito, sauf votre respect. Dar-se ao respeito, se faire* respecter. Dizer respeito a, concerner, regarder. ‖-oso, a adj. (-ôsou, osa). Respectueux, euse.
respig‖a f. (rrechpíga). Glanage, m. ‖-ão m. (-áou). Envie, f. (aux ongles). ‖-ar vt. et vi. (-ar). Glaner.
resping‖ão, ona adj. et s. (rrechpigáou, ôna). Récalcitrant, ante. ‖-ar vi. (-ar). Regimber, récalcitrer. ‖Rejaillir [água]. ‖Éclabousser. ‖-o m. (-ígou). Éclaboussure, f. ‖Action de récalcitrer.
respir‖ação f. (rrech-raçáou). Respiration. ‖Haleine [fôlego]. ‖-adoiro ou -adouro m. (-ôyrou, -ôr-). Soupirail. ‖-ar vt. et vi. (-ar). Respirer. ‖Loc. Sem respirar, tout d'une haleine. ‖-atório, a adj. (-atoryou, a). Respiratoire. ‖-ável adj. (-avèl). Respirable.
respland‖ecência f. (rrech-âdecècya). Splendeur, éclat, m. ‖-ecente adj. (-ét). Resplendissant, ante. ‖-ecer vi. (-ér). Resplendir. ‖-or m. (-ôr). Splendeur, f. ‖Auréole, f. [santos].
responder vt. et vi. (rrechpôdér). Répondre. ‖Synt. Responder por, répondre de.
respons‖abilidade f. (rrechpôçabl-ad). Responsabilité. ‖-abilizar vt. (-ar). Rendre responsable. ‖-abilizar-se vr. (-ç). Répondre de. ‖-ável adj. (-avèl). Responsable. ‖s. m. Répondant. ‖-o m. (-ôçou). Répons. ‖Fam. Réprimande, f., savon, réprehension, f.
respost‖a f. (rrechpochta). Réponse. ‖-ada f. (-ou-ada). Réponse grossière.
ressabi‖ado, a adj. (rreçabyadou, a). Choqué, ée. ‖Défiant, ante [desconfiado]. ‖Vicieux, euse [cavalo]. ‖-ar vi. (-yar). Se choquer, se froisser. ‖Avoir* une saveur désagréable.
ressabido, a adj. (rreçabidou, a). Connu, ue à fond. ‖Versé, ée; exercé, ée. ‖Loc. Isto é sabido e ressabido, cela est connu de tout le monde.
ressaca f. (rreçaca). Ressac, m.
ressaibo m. (rreçaybou). Mauvais goût. ‖Marque, f. ‖Ressentiment.
ressair* vi. (rreçair). Ressortir*.
ressalt‖ar vi. (rreçà-ar). Rebondir. ‖Ressortir* [relevo]. ‖Sauter aux yeux. ‖-o m. (-à-ou). Ressaut, saillie, f. ‖Rebond [salto].
ressalv‖a f. (rreçà-lva). Sauvegarde. ‖Exception. ‖Certificat (m.) d'exemption du service militaire. ‖Déclaration de l'authenticité d'une correction. ‖-ar vt. (-ar). Sauvegarder. ‖Exempter [isentar]. ‖Excepter.
ressaque m. (rreçac). Retraite, f.
ressarcir vt. (rreçarcír). Dédommager, indemniser, compenser.
ressecar vt. (rreceçar). Dessécher.
resseguro m. (rrecègourou). Contre-assurance, f., réassurance, f.
ressent‖ido, a adj. (rrecétidou, a). Ressenti, ie. ‖-imento m. (-étou). Ressentiment. ‖-ir* vt. (-ir). Ressentir*. ‖-ir-se vr. (-ç). Se ressentir*.
ressequ‖ido, a adj. (rrecekidou, a). Desséché, ée. ‖-ir vt. (-ir). Dessécher. ‖Amaigrir [emagrecer].
ressicar vt. (rre-ar). Dessécher.
ressoar vt. (rreçoar). Entonner, célébrer. ‖vi. Résonner.
resson‖ância f. (rreçounácya). Résonance. ‖-ante adj. (-àt). Résonant, ante. ‖-ar vi. (-ar). Ronfler.
ressudar vi. (rreçoudar). Ressuer. ‖Transsuder. ‖vt. Transsuder.
ressum‖ar ou -brar vt. (rreçoumar, -çûbrar). Distiller. ‖vi. Suinter.
ressurg‖imento m. (rreçour-étou).

Itálico: acento tônico. ‖V. página verde para a pronúncia figurada. ‖*Verbo irreg. V. no final do livro.

RES — RET 678

Résurrection, f. ‖-**ir** vi. (-ír). Ressusciter. ‖*Fig.* Reparaítre*.
ressurreição f. (rreçourràyçáou). Résurrection.
ressuscit‖**ação** f. (rreçouch-açáou). Action de ressusciter. ‖-**ar** vt. et vi. (-*ar*). Ressusciter.
restabelec‖**er** vt. (rrechtabelecér). Rétablir. ‖-**er-se** vr. (-ç). Se rétablir. ‖-**imento** m. (-étou). Rétablissement.
rest‖**ante** adj. (rrechtãt). Restant, ante. ‖-**ar** vi. (-*ar*). Rester.
restaur‖**ação** f. (rrechtaouraçáou). Restauration. ‖-**ador, a** adj. (-ór, a). Restaurant, ante. ‖s. m. Restaurateur. ‖-**ante** m. (-ãt). Restaurant. ‖-**ar** vt. (-*ar*). Restaurer. ‖-**ar-se** vr. (-ç). Se restaurer.
réstia f. (rrèchtya). Chapelet, m. (d'oignons [cebolas]. ‖Rayon (m.) de lumière [luz].
restinga f. (rrechtīga). Bas-fond, m. ‖*Br.* Petit bois (m.) le long d'une rivière.
restitu‖**ição** f. (rrech-ou-áou). Restitution. ‖-**ir*** vt. (-*ir*). Restituer.
resto m. (rrèchtou). Reste. ‖Loc. *De resto*, d'ailleurs, du reste.
restolh‖**al** m. (rrechtoulàl). Terrain couvert de chaumes. ‖-**o** m. (-ólou). Chaume. ‖*Fig.* Tapage, bruit.
restr‖**ição** f. (rrechtr-áou). Restriction. ‖-**ingente** adj. et s. m. (-ĩjẽt). Restringent, ente. ‖-**ingir*** vt. (-*ingír*). Restreindre*. ‖-**itivo, a** adj. (-ívou, a). Restrictif, ive. ‖-**ito, a** adj. (-ítou, a). Restreint, einte.
result‖**ado** m. (rresou-ádou). Résultat. ‖Loc. *Dar em resultado,* valoir, avoir* comme conséquence. ‖-**ar** vi. (-*ar*). Résulter. ‖Avoir pour résultat. ‖Loc. *Resultar em (proveito, prejuízo de)*, tourner au (profit, préjudice de).
resum‖**ir** vt. (rresoumír). Résumer. ‖-**ir-se** vr. (-ç). Se résumer. ‖-**o** m. (-oumou). Résumé, précis, abrégé. ‖Loc. *Em resumo,* en résumé.
resval‖**adiço, a** adj. (rrejvaladiçou, a). Glissant, ante. ‖-**adoiro** ou -**adouro** m. (-óyrou, ór-). Glissoire, f. ‖Casse-cou [quebra-costas]. ‖-**ar** vi. (-*ar*). Glisser. ‖Déraper [roda]. ‖S'égarer, tomber dans l'erreur.

resvés adj. et adv. (rrèjvèch). Ras, ase ; rasibus (fam.).
retábulo m. (rretaboulou). Rétable.
retaguarda f. (rrètagouarda). Arrière-garde.
retalh‖**ar** vt. (rretalòr). Taillader ; morceler. ‖-**ista** m. (-ichta). Détaillant. ‖-**o** m. (-álou). Morceau, fragment. ‖Loc. *A retalho,* au détail.
retard‖**ação** f. (rretardaçáou). Retardation. ‖Retard, m. [prazo]. ‖-**ador** m. (-ór). Retardateur. ‖Loc. *Ao retardador,* au ralenti. ‖-**amento** m. (-étou). Ralentissement. ‖-**ar** vt. (-*ar*). Retarder. ‖vi. et -**ar-se** vr. (-ç). Se retarder. ‖-**atário, a** adj. et s. m. (-áryou, a). Retardataire. ‖-**e** m. (-étard). *Br.* RETARDAÇÃO.
retém m. (rretáy). Réserve.
ret‖**enção** f. (rretẽçáou). Rétention. ‖Détention (du bien d'autrui). ‖-**entor, a** adj. (-ór, a). Rétenteur, trice. ‖s. m. Rétentionnaire. ‖-**er*** vt. (-*ér*). Retenir*. ‖-**er-se** vr. (-ç). Se retenir*.
retesar vt. (rretesar). Raidir. ‖-**se** vr. (-ç). Se raidir, raidir.
reticência f. (rre-èçya). Réticence. ‖pl. Points (m.) de suspension.
ret‖**iculado, a** adj. (rre-ouladou, a). Réticulé, ée. ‖-**ular** adj. (-*ar*). Réticulaire. ‖-**ículo** m. (-ícoulou). Réticule.
retina f. (rretina). Rétine.
retingir vt. (rretijír). Reteindre*.
retinir vi. (rre-ír). Retentir. ‖Cliqueter [armas ; palavras]. ‖vt. Faire* retentir. ‖s. m. Cliquetis.
retinto, a adj. (rretĩtou, a). Reteint, einte.
retir‖**ada** f. (rre-rada). Retraite. *Bater em retirada,* battre* en retraite. ‖-**ante** m. (action de retirer). ‖-**ado, a** adj. (-adou, a). Retiré, ée. ‖-**ar** vt. (-*ar*). Retirer. ‖Loc. *Mandar retirar,* faire* sortir. *Tocar a retirar,* battre* la retraite. ‖-**ar-se** vr. (-ç). Se retirer. ‖-**o** m. (-írou). Retraite, f. (lieu).
retocar vt. (rretoucar). Retoucher, perfectionner, châtier, corriger.
retoiça f. (rretóyça). V. RETOUÇA.
retomar vt. (rretoumár). Reprendre*.
retoque m. (rretoc). Retouche, f. ; correction (f.) *faite après coup.*
retorc‖**edeira** f. (rrétourcedáyra).

Lettres penchées : accent tonique. ‖V. page verte pour la prononciation figurée. ‖* Verbe irrég. V. à la fin du volume.

Machine à retordre. ‖-er vt. (-ér). Retordre. ‖-er-se vr. (-ç). Se tordre.
retóric‖a f. (rrètor-a). Rhétorique. ‖-o, a adj. (-ó-ou, o-a). Loquace, verbeux, euse. ‖s. m. Rhéteur.
retorn‖ar vi. (rretournar). Retourner. ‖vt. Restituer, rendre. ‖-elo m. (-ê-lou). Ritournelle, f. ‖-o m. (-ô-ou). Retour. ‖Loc. *Cavalos de retorno*, chevaux de retour.
retorquir* vi. (rretourkir). Rétorquer.
retorsão f. (rretoursãou). Retordage, m. ‖Rétorsion [acção de retorquir].
retort‖a f. (rretorta). Cornue. ‖-o, a adj. (-ô-ou, o-a). Retordu, ue.
retouç‖a f. (rretôça). Balançoire. ‖-ar (-se) vi. (vr.) [-ç]. Se balancer.
retracção f. (rretraçãou). Rétraction, raccourcissement, m.
retract‖ação f. (rrètrataçãou). Rétractation. ‖-ar vt. (-ar). Rétracter. ‖-ar-se vr. (-ç). Se rétracter.
retr‖**actil** adj. (rretrat-). Rétractile. ‖-**activo**, a adj. (-ívou, a). Rétractif, ive.
retra‖**ído, a** adj. (rretraídou, a). Rétracté, ée. ‖Réservé, ée. ‖-**imento** m. (-étou). Retirement. ‖Réserve. ‖-**ir*** vt. (-ír). Rétracter, retirer. ‖Dissuader. ‖Dissimuler. ‖-**ir-se** vr. (-ç). Se rétracter. ‖Se retirer.
retrat‖**ar** vt. (rretratar). Faire* le portrait de. ‖Dépeindre [descrever]. ‖Manifester. ‖-**ista** m. f. (-íchta). Portraitiste. ‖-**o** m. (-átou). Portrait. ‖Photographiée, f. ‖Loc. *Tirar o retrato*, se faire* photographier. *Tirar o retrato a*, prendre* une photo de.
retret‖**a** f. (rretrêta). *Mil.* Retraite. ‖-**e** f. (-èt). Cabinets, m. pl.
retribu‖**ição** f. (rretr-ou-ãou). Rétribution. ‖**Réciprocité**. ‖-**ir*** vt. (-ouír). Rétribuer. ‖Correspondre.
retrincar vt. (rretricar). Remâcher.
retroactivo, a adj. (rrètrouátivou, a). Rétroactif, ive.
retroc‖**eder** vi. (rretroucedér). Rétrocéder. ‖vi. Rétrograder, reculer. ‖-**essão** f. (-ãou). Rétrocession. ‖Recul, m. ‖-**esso** m. (-éçou). Recul, m.
retrógrado, a adj. (rretrógradou, a). Rétrograde.
retrós m. (rretroch). Soie (f.) torse.
retros‖**aria** f. (rretrousaria). Mercerie. ‖-**eiro** m. (-âyrou). Mercier.
retrospec‖**ção** f. (rrètrochpècãou). Rétrospection. ‖-**tivo**, a adj. (-ètivou, a). Rétrospectif, ive. ‖-**to** m. (-étou). Vue (f.) rétrospective.
retrover‖**são** f. (rrètroversãou) *Gramm.* Thème, m. ‖-**ter** vt. (-e-ér). Traduire* dans une langue étrangère.
retrovisor m. (rrètro-ôr). Rétroviseur.
retrucar vt. (rretroucar). Rétorquer.
retumb‖**ante** adj. (rretũbãt). Retentissant, ante. ‖-**ar** vi. (-ar). Retentir, résonner. ‖vt. Répercuter.
réu f. (rréou). Accusé.
reum‖**ático**, a adj. (rréouma-ou, a) Rhumatismal, ale. ‖s. m. *Pop.* Rhumatisme. ‖-**atismo** m. (-atijmou). Rhumatisme.
reun‖**ião** f. (rryounyãou). Réunion. ‖*Mil.* Ralliement, m. ‖-**ir** vt. (-ír). Réunir. ‖*Mil.* Rallier. ‖-**ir-se** vr. (-ç). Se réunir, se rallier.
reval‖**idar** vt. (rrèva-ar). Revalider. ‖-**orizar** vt. (-our-ar). Revaloriser.
revel‖**ação** f. (rreveláçãou). Révélation. ‖-**ador**, a adj. et s. m. (-ór, a). Révélateur, trice. ‖-**ar** vt. (-ar). Révéler. ‖-**ar-se** vr. (-ç). Se révéler.
revelia f. (rrevelía). Contumace. ‖Loc. *À revelia*, par contumace.
revend‖**a** f. (rrevêda). Revente. ‖-**edor**, a m. et f. (-edôr, a). Revendeur, euse. ‖-**er** vt. (-ér). Revendre.
rever* vt. (rrevêr). Revoir*. ‖Corriger (épreuves) [provas].
reverber‖**ação** f. (rreverberaçãou). Réverbération. ‖-**ar** vt. et vi. (-ar). Réverbérer, réfléchir.
revérbero m. (rrevèrberou). Réverbère.
reverdecer vi. (rreverdecér). Reverdir. ‖vt. Faire* reverdir.
rever‖**ência** f. (rreverêcya). Révérence. ‖-**enciar** vt. (-yar). Révérer. ‖-**encioso**, a adj. (-yósou, osa). Révérencieux, euse. ‖-**endíssimo**, a adj. (-iç-ou). Révérendissime. ‖-**endo**, a adj. et s. m. (-êdou, a). Révérend, ende. ‖-**ente** adj. (-êt). Respectueux, euse.
rever‖**são** f. (rreversãou). Réversion. ‖-**sível** adj. (-ivèl). Réversible. ‖-**sivo**, a adj. (-ivou, a). V. REVERSÍVEL. ‖-**so**, a adj. (-êçou, a). Contraire. ‖s. m. Revers. ‖-**ter** vi. (-ér).

Itálico : acento tónico. ‖V. página verde para a pronúncia figurada. ‖*Verbo irreg. V. no final do livro.

Retourner. ‖Loc. *Reverter em proveito* (ou *a favor*) *de*, tourner au profit de. ‖**-tível** adj. (-ivèl). Réversible.
revllés m. (**rrevèch**). Revers. ‖ *Arrière-main* [pancada ; jogo da péla]. ‖Loc. *Ao revés*, à l'envers. *De revés*, de travers. ‖**-esso**, **a** adj. (-éçou, a). Noueux, euse. ‖*Fig.* Revêche [intratável].
revest‖imento m. (**rrevèch-étou**). Revêtement. ‖**-ir*** vt. (-ir). Revêtir*. ‖**-ir-se** vr. (-ç). Se revêtir*.
revez‖adamente adv. (**rrèvè-amét**). Alternativement.‖**-amento** m. (-amétou). Alternative, f. ‖**-ar** vt. (-ar). Relayer. ‖vi. Alterner. ‖**-ar-se** vr. (-ç). Se relayer. ‖**-o** m. (-ézou). Enclos de pâturage.
revigorar (-se) vi. (vr.) (**rre-ourar**[-ç]). Se remettre* en vigueur.
revir* vi. (**rrévir**). Revenir*, retourner.
revir‖ar vt. (**rre-ar**). Retourner. ‖River (clou) [prego]. ‖Loc. *Revirar o dente*, montrer les dents. ‖vi. et **-ar-se** vr. (-ç). Se retourner. ‖**-avolta** f. (-avo-a). Volte-face.
revis‖ão f. (**rre-ãou**). Revision. ‖ Correction [provas]. ‖**-ar** vt. (-ar). Contrôler. ‖**-or** m. (-ôr). Contrôleur. ‖ Correcteur [tipografia].
revist‖a f. (**rrevichta**). Revue. ‖ Loc. *Passar revista a*, passer en revue. ‖**-ar** vt. (-ar). Passer en revue. ‖ Visiter (une malle, etc.). ‖ Fouiller [pessoa].
reviv‖er* vt. et vi. (**rre-ér**). Revivre*. ‖**-escência** f. (-echcéçya). Reviviscence. ‖**-escer** vt. et vi. (-ér). Revivre*. ‖**-ificar** vt. (-ar). Revivifier. ‖*Fig.* Animer, ranimer.
revoada f. (**rrevouada**). Action de revoler. ‖Vol, m. (bande d'oiseaux).
revo‖cação f. (**rrevoucaçãou**). Révocation. ‖**-car** vt. (-ar). Rappeler. ‖ Révoquer, annuler. ‖**-catório, a** adj. (-atoryou, a). Révocatoire. ‖**-gação** f. (-açãou). Abrogation [lei]. ‖Révocation [lei]. ‖**-gar** vt. (-ar). Abroger [lei]. ‖Révoquer. ‖**-gatório, a** adj. (-atoryou, a). Révocatoire. ‖**-gável** adj. (-avèl). Révocable.
revolta f. (**rrevo-a**). Révolte.
revolt‖ado, a adj. (**rrevô-adou, a**). Révolté, ée. ‖**-ante** adj. (-ãt). Révoltant, ante. ‖**-ar** vt. et vi. (-ar). Révolter. ‖**-ar-se** vr. (-ç). Se révolter. ‖**-o, a** adj. (-ô-ou, a). Agité, ée. ‖**-oso, a** adj. et s. (-ôsou, osa). Insurgé, ée.
revolu‖ção f. (**rrevoulouçãou**). Révolution. ‖**-cionar** vt. (-ounar). Révolutionner. ‖**-cionário, a** adj. et s. (-aryou, a). Révolutionn*a*ire.
revolver vt. (**rrevô-ér**). Tourner. ‖ Agiter, remuer. ‖Mettre* en désordre. ‖ Méditer.
revólver m. (**rrevô-èr**). Revolver.
revoo m. (**rrevôou**). Action (f.) de voleter.
revulsivo, a adj. et s. m. (**rrevou-ívou, a**). Révulsif, ive.
rez‖a f. (**rrèza**). Prière. ‖**-ar** vt. (-ezar). Réciter (une prière). ‖vi. Prier. ‖*Pop.* Grogner, grommeler.
rezin‖gão, ona adj. et s. (**rrezigãou, ôna**). Grognon, onne. ‖Récalcitrant, ante. ‖**-gar** vi. (-ar). *Pop.* Grogner. ‖**-gueiro, a** adj. et s. (-gâyrou, a). V. REZINGÃO.

ria f. (**rria**). Bras (m.) de rivière. ‖**-cho** m. (-ya-ou). Ruisseau.
riba f. (**rriba**). Berge. ‖Loc. *Em riba de*, en haut.
ribaldo adj. et s. (**rr-à-ou**). Coquin.
ribalta f. (**rr-à-a**). Rampe [teatro].
ribanceira f. (**rr-açãyra**). Berge (talus d'un chemin).
ribeira f. (**rr-âyra**). Ruisseau, m., petite rivière.
ribeir‖inho, a adj. (**rr-âyrígnouo, a**). Riverain, aine. ‖**-o** m. (-âyrou). Ruisseau.
ribomb‖ar vi. (**rr-ôbar**). Gronder (le tonnerre). ‖**-o** m. (-ôbou). Grondement (canon ; tonnerre).
ricaço, a adj. (**rr-açou, a**). Très riche. ‖s. m. et f. *Richard*, *arde*.
riçar vt. (**rr-ar**). Crêper, friser.
Ricardo n. pr. (**rr-ardou**). Richard.
ricino m. (**rri-ou**). Ricin.
rico, a adj. et s. m. (**rricou, a**). Riche. ‖Loc. *Novo rico*, enrichi, parvenu, nouveau riche.
ricochet‖e m. (**rr-ôét**). Ricochet. ‖ Loc. *De ricochete*, par ricochet. ‖**-ear** vi. (-etyar). Ricocher.
ridente adj. (**rr-èt**). Riant, ante.
ridicul‖aria f. (**rr-oularia**). Chose

Lettres penchées : accent tonique. ‖V. page verte pour la prononciation figurée. ‖* Verbe irrég. V. à la fin du volume.

RID — ROB

ridicule. ‖-(ar)izar vi. [(-ar)-ar]. Ridiculiser.
ridiculo, a adj. (rr-ícoulou, a). Ridicule. ‖Loc. Meter a ridículo, tourner en ridicule.
rif‖a f. (rrífa). Tombola. ‖-ão vt. (-ãou). Dicton. ‖-ar vt. (-ar). Mettre* en loterie.
rigidez f. (rr-éch). Rigidité, raideur; grande sévérité; probité.
rigido, a adj. (rrí-ou, a). Rigide, raide. ‖Fig. Inflexible.
rigor m. (rr-ôr). Rigueur, f. ‖Loc. De rigor, de rigueur. Em rigor, à la rigueur. No rigor de, au plus fort de.
rigor‖ismo m. (rr-ourijmou). Rigorisme. ‖-ista adj. et s. (-íchta). Rigoriste. ‖-osamente adv. (-osamét). Rigoureusement. ‖-oso, a adj. (-ôsou, osa). Rigoureux, euse; rigide, rude.
rij‖eza f. (rr-éza). Dureté. ‖Force. ‖Fig. Raideur. ‖-o, a adj. (-íjou, a). Dur, ure. ‖Vigoureux, euse; fort, orte.
rim m. (rrĩ). Rein. ‖Rognon [culinária].
rim‖a f. (rríma). Rime. ‖Pile, tas, m. ‖pl. Vers, m. ‖-ar vt. et vi. (-ar). Rimer. ‖-oso, a adj. (-ôsou, osa). Plein, eine de fentes.
rincão m. (rricãou). Recoin. ‖Endroit [sítio]. ‖Arêtier [construção].
rinch‖ar vi. (rri-ar). Hennir. ‖-o m. (-í-ou). Hennissement.
rinha f. (rrígna). Br. Combat (m.) de coqs.
rin‖ite f. (rr-ít). Rhinite. ‖-oceronte m. (-oucerõt). Rhinocéros.
rio m. (rríou). Fleuve; rivière, f. [afluente].
ripa‖ f. (rrípa). Latte. ‖-do m. (-adou). Lattis.
ripanço m. (rr-ãçou). Râteau de jardinier. ‖Fig. Indolence, f., lenteur, f.
ripar vt. (rr-ar). Dréger [linho]. Latter [com ripas]. ‖Arracher [cabelos]. ‖Chiper [roubar].
ripio m. (rrípyou). Gravier, plâtras [cascalho]. ‖Fig. Cheville, f. (mot).
ripostar vi. (rr-ouchtar). Riposter.
riqueza f. (rrikéza). Richesse.
rir(-se)* vi. (vr.) [rrir(-ç)]. Rire*. ‖Loc. Desatar a rir, éclater de rire.

Rir a bandeiras despregadas, rire* à gorge déployée. Rir a bom rir, rire* de bon cœur. Rir às gargalhadas, rire* aux éclats. Rir contrafeito, rire* du bout des dents. Rir na cara de, rire* au nez de.
risada f. (rr-ada). Éclat (m.) de rire. ‖Risée [de várias pessoas].
risc‖a f. (rríchca). Raie. ‖Loc. À risca, exactement. ‖-ado m. (-adou). Étoffe (f.) à raies. ‖-ar vt. (-ar). Rayer. ‖Ébaucher, esquisser. ‖-ar-se vr. (-ç). S'e?facer. ‖-o m. (-í-ou). Trait, raie, f. ‖Rayure, f. [no soalho, num espelho]. ‖Risque [perigo]. ‖Loc. A todo o risco, à tout hasard. Por sua conta e risco, à ses risques et périls.
ris‖ível adj. (rr-ivèl). Risible. ‖-o m. (-ísou). Ris, rire. ‖Risée, f. [trocista]. ‖Loc. Coisa de riso, chose risible. Chorar de riso, rire aux larmes. ‖-onho, a adj. (-ôgnou, a). Riant, ɔnte. ‖-ota f. (-ota). Risée, ricanerie.
rispidez f. (rrich-éch). Âpreté, sévérité.
rispido, a adj. (rrích-ou, a). Bourru, ue; dur, ure; âpre, rude, sévère.
Rita n. pr. (rrita). Marguerite.
ritmico, a adj. et s. f. (rrí-ou, a). Rythmique.
ritmo m. (rrí-ou). Rythme.
rit‖o m. (rrítou). Rit(e). ‖-ual adj. et s. m. (-ovàl). Rituel, elle.
rival‖ adj. et s. (rr-àl). Rival, ale. ‖-idade f. (-a-ad). Rivalité. ‖-izar vi. (-ar). Rivaliser.
rixa f. (rrícha). Rixe. ‖Querelle.
rix‖ador, a adj. et s. (rrichadôr, a). Querelleur, euse. ‖-ar vi. (-ar). Se quereller. ‖-oso, a adj. (-ôsou, osa). Querelleur, euse.
rizoma m. (rr-óma). Rhizome.
robalo m. (rroubalou). Bar (poisson).
Roberto, a n. pr. (rroubèrtou, a). Robert, erte.
roble m. (rrc-e). Chêne.
robor‖ar vt. (rroubourar). Corroborer, appuyer. ‖-ativo, a adj. (-ativou, a). Roboratif, ive. ‖-izar vt. (-ar). Fortifier, corroborer.
robust‖ecer vt. (rroubouchtecér). Fortifier. ‖-ecer-se vr. (-ç). Se fortifier. ‖-ecimento m. (-étou). Affermissement. ‖-ez f. (-éch). Robus-

---
Itálico : acento tónico. ‖V. página verde para a pronúncia figurada. ‖*Verbo irreg. V. no final do livro.

ROC — ROL

tesse. ‖**-o, a** adj. (*-ou-ou*, **a**). Robuste.
roca f. (**rró**ca). Quenouille.
roça f. (**rró**ça). Ferme en outre-mer.
roçad‖**o** f. (**rrou**ça*dou*). *Br.* Plantation (f.) de manioc. ‖**-oira** ou **-oura** f. (*-óyra, -óra*). Faux.
roca‖**l** m. (**rrou**cá*l*). Collier de perles. ‖adj. Dur, *ure comme le roc*. ‖**-lha** f. (*-ala*). Collier (m.) de perles.
rocar vi. (**rrou**cár). Roquer.
roçar vt. (**rrou**çár). Effleurer, frôler [tocar ao de leve]. ‖ Couper, essarter [cortar]. ‖ Râper [coçar, usar]. ‖ vi. Raser, passer tout auprès.
roch‖**a** f. (**rró**-a). Roc, m., roche. ‖**-edo** m. (*-ou-édou*). Rocher. ‖**-oso, a** (*-ósou, osa*). Rocheux, *euse*.
rociar vt. (**rrou**ciár). Couvrir* de rosée. ‖ vi. Tomber de la rosée.
roc‖**im** m. (**rrou**cí). Rosse, f. ‖**-inante** m. (*-át*). Rossinante, f.
rocio m. (**rrou**cíou). Rosée, f.
rococó m. (**rrou**cocó). Rococo.
rod‖**a** f. (**rró**da). Roue. ‖ Rouelle [limão, etc.]. ‖ Ampleur (d'une robe) [vestido]. ‖ Tour, m. (couvent) [enjeitado]. ‖ Entourage, m., milieu, m. [meio]. ‖ Loc. *A alta roda*, le grand monde, m. *Amanhã anda a roda*, demain c'est le tirage de la loterie. *Andar à roda*, tourner. *Andar à roda de, faire* le tour. *Andar numa roda viva*, ne pas avoir* un moment de repos. *A roda, de roda*, à la ronde. *À roda* (ou *em roda*) *de*, autour de. *Correr a roda, faire* la ronde. *Dança de roda*, ronde. *Fazer (uma) roda, faire* le cercle.
roda‖**do, a** adj. (**rrou**dá*dou*, **a**). Ample (jupe) [saia]. ‖ Roué, *ée* [supliciado]. ‖ Pommelé, *ée* (cheval). ‖ s. m. Roues, f. pl. ‖**-gem** f. (*-ájêy*). Rodage, m. [de automóvel]. ‖ Rouage, m. [rodas]. ‖ Loc. *Em rodagem*, en rodage. ‖**-nte** adj. (*-át*). Roulant, *ante*. ‖**-pé** m. (*-o-é*). Plinthe, f. (des murs). ‖**-r** vt. et vi. (*-oudar*). Rouler, tourner. ‖ s. m. Roulement, m. ‖**-viva** f. (*-o-íva*). Roue qui tourne toujours. ‖*Fig.* Peine, fatigue continuelle.
rode‖**ar** vt. (**rrou**diár). Entourer. ‖ Tourner. ‖**-ar-se** vr. (*-ç*). S'entourer. ‖**-io** m. (*-áyou*). Détour, sub-

terfuge. ‖*Br.* Bercail, bergerie, f. ‖ Loc. *Sem rodeios*, sans détour.
rodeir‖**a** f. (**rrou**dáyra). Tourière. ‖**-o, a** adj. (**-ou, a**). Qui a rapport aux roues. ‖ s. m. Essieu d'une voiture.
rodela f. (**rrou**déla). Rouelle. ‖ Rondelle [furada].
Rodes n. pr. (**rró**dech). Rhodes.
Rodésia n. pr. (**rrou**dèsya). Rhodésie.
Ródano n. pr. (**rró**danou). Rhône.
rodilh‖**a** f. (**rrou**dí*la*). Torchon, m. ‖ Tortillon, m. [para a cabeça]. ‖**-ão** m. (*-áou*). Grand torchon. ‖**-o** m. (*-ou*). V. **RODILHA**.
rodízio m. (**rrou**dízyou). Roulette, f.
rodo m. (**rró**dou). Râteau aux dents. ‖ Loc. *A rodo(s)*, à foison.
Rodolfo n. pr. (**rrou**-dó*fou*). Rodolphe.
rodop‖**elo** m. (**rrou**doupélou). Épi (de cheveux, de poils). ‖**-iar** vi. (*-yar*). Tournoyer. ‖**-io** m. (*-íou*). Tournoiement. ‖ Loc. *Andar num rodopio*, travailler sans relâche, se démener.
rodovalho m. (**rrou**douvá*lou*). Turbot.
rodovia f. (**rró**dovia). *Br.* Autoroute, autostrade.
Rodrigo n. pr. (**rrou**drígou). Rodrigue.
roed‖**or, a** adj. et s. m. (**rrou**y*dôr*, **a**). Rongeur, *euse*. ‖**-ura** f. (*-oura*). Rongement, m. ‖ Excoriation.
roer vt. (**rrou**ér). Ronger. ‖ Loc. *Roer a corda*, fausser sa parole. *Roer na pele*, déchirer à belles dents.
rog‖**ador** m. (**rrou**gadôr). Intercesseur. ‖**-ar** vt. et vi. (*-ar*). Prier. ‖ Loc. *Fazer-se rogado*, se faire* prier. *Rogar a Deus*, prier Dieu. *Rogar pragas*, pester.
Rogério n. pr. (**rrou**jèryou). Roger.
rogo m. (**rró**gou). Prière, f. ‖ Loc. *A rogo*, sur demande.
rojão m. (**rrou**jáou). Sorte de pique, f. (courses de taureaux). ‖ Morceau de viande de porc frit. ‖ *Br.* Fusée, f.
roj‖**ar** vt. et vi. (**rrou**jár). Traîner. ‖**-o** m. (*-ôjou*). Rampement, m. ‖ *Andar de rojo*, se traîner, ramper.
rol m. (**rrol**). Liste, f. ‖ Loc. *Rol da roupa*, carnet de blanchissage.
rola f. (**rró**la). Tourterelle.
rol‖**ador** m. (**rrou**ladôr). Trolley. ‖**-amento** m. (*-étou*). Roulage. ‖ Rou-

Lettres penchées : accent tonique. ‖ V. page verte pour la prononciation figurée. ‖ * Verbe irrég. V. à la fin du volume.

ROL — ROS

lement : *rolamento de esferas*, roulement à billes.
Rolando n. pr. (rrouládou). Roland.
rol||**ante** adj. (rroulát). Roulant, ante. ||**-ão** m. (-áou). Bisaille, f. ||Loc. *Pão de roldão*, pain bis. ||**-ar** vt. et vi. (-ar). Rouler. ||Roucouler [pombos].
rold||**ana** f. (rrô-âna). Poulie. ||**-ão** m. (-áou). Confusion, f. ||Loc. *De roldão*, d'emblée; pêle-mêle.
rolet||**a** f. (rrouléta). Roulette. ||**-e** m. (-ét). Roulet. ||Bourrelet [de cabelo].
rolh||**a** f. (rrôla). Bouchon, m. ||Loc. *Meter uma rolha na boca*, se taire*. ||**-ar** vt. (-oular). Boucher.
roliço, a adj. (rrouliçou, a). Potelé, ée.
rolo m. (rrôlou). Rouleau. ||Bourrelet (de porte, etc.). ||Crêpé [cabelo postiço]. ||Tourterelle (f.) mâle. ||*Br*. Émeute, f., bagarre, f., rixe, f.
Roma n. pr. (rrôma). Rome.
romã f. (rroumã). Grenade (fruit).
romana f. (rroumâna). Romaine (balance).
roman||**ça** f. (rroumáça). Romance. ||**-cear** vt. (-yar). Romancer. ||vi. Conter des histoires. ||**-cista** m. et f. (-íchta). Romancier, ère.
romanesco, a adj. (rroumanéchcou, a). Romanesque.
romântico, a adj. (rroumâ-ou, a) Roman, ane.
romano, a adj. et s. (rroumânou, a). Romain, aine.
romanticismo m. (rroumatijmou). Romantisme.
romântico, a adj. et s. (rroumã-ou, a). Romantique. ||Romanesque.
romantismo m. (rroumãtíjmou). Romantisme.
romaria f. (rroumaría). Pèlerinage, m. ||Fête patronale d'un village.
romãzeira f. (rroumãzáyra). Grenadier, m. (arbre).
rombo, a adj. (rrôbou, a). Mousse. ||s. m. Rhombe, losange. ||Voie (f.) d'eau.
romeiro, a m. et f. (rroumáyrou, a). Pèlerin, ine. ||f. Grenadier, m. (arbre).
Roménia n. pr. (rroumènya). Roumanie.
romeno, a adj. et s. (rroumènou, a). Roumain, aine.

Romeu n. pr. (rrouméou). Roméo.
romp||**ante** ad. (rrõpát). Arrogant, ante; violent ente. ||s. m. Arrogance, f., impétuosité, f. ||**-er** vt. (-ér). Rompre*. ||Déchirer [rasgar]. ||User [gastar]. ||Percer, ouvrir* [furar]. ||vi. Percer, s'ouvrir*, se frayer un passage. ||Fondre sur, attaquer impétueusement. ||Commencer à poindre* [dia]. ||Pousser, sortir*, paraître* [nascer, brotar] ||Loc. *Ao romper do dia*, au point du jour. *Romper em queixas*, etc., éclater en plaintes, etc. ||**-er-se** vr. (-ç). Se rompre*. ||S'user [vestuário]. ||**-imento** m. (-étou). Rupture, f. ||Ouverture, f. [canal, rua].
Rómulo n. pr. (rromoulou). Romulus.
ronc||**a** f. (rrõca). Ronflement, m. ||*Fig*. Bravade [farronca]. ||**-ar** vi. (-ar). Ronfler. ||*Fig*. Faire* ou dire* des bravades.
ron||**caria** f. (rrõçaría). Lenteur. ||**-cear** vi. (-yar). Lambiner. ||**-ceirismo** m. (-ríjmou). Lenteur, f. ||**-ceiro, a** adj. (-âyrou, a). Lambin, ine. ||m.; traînard, m., paresseux, euse.
ronco m. (rrõcou). Ronflement.
rond||**a** f. (rrôda). Ronde (inspection). ||**-ar** vt. et vi. (-ar). Faire* une ronde. ||Guetter, épier [espreitar]. ||**-ó** m. (-ó). Rondeau.
ronh||**a** f. (rrõgna). Rogne. ||*Pop*. Roublardise [esperteza]. ||**-ento, a** ou **-oso, a** adj. (-ou-étou, a, -õsou, ósa). Rogneux, euse; galeux, euse. ||*Fig*. Roublard, arde.
ronqu||**eira** f. (rrõkáyra). Enrouement, m. ||**-ejar** vi. (-ejar). Ronfler.
ronr||**om** m. (rrõrrõ). Ronron. ||**-onar** vi. (-ounar). Ronronner.
roque m. (rroc). Tour, f. (échecs). ||Loc. *Sem rei nem roque*, comme à la cour du roi Pétaud.
Roque n. pr. (rroc). Roch.
roqueiro adj. m. (rroukáyrou). Bâti sur des rocs (château).
roquete m. (rroukét). Rochet [bispo]. ||Cliquet à percer [ferramenta].
ror m. (rrôr). *Pop*. Grande quantité, f.
ros||**a** f. (rrosa). Rose. ||Loc. *Cor de rosa*, rose (couleur). ||**-ácea** f. (-ousacya). Rosacée. ||**-áceo, a** adj. (-ou, a). Rosacé, ée. ||**-ado, a** adj. (-adou, a). Rosé, ée. ||**-al** m. (-ál)

Itálico : acento tônico. ||V. página verde para a pronúncia figurada. ||*Verbo irreg. V. no final do livro.

Rose*raie*, f. ‖-ário m. (-*aryou*). Rosá*rie*.
rosbife m. (rrojbif). Rosbif.
rosc‖a f. (rró*chca*). Filet, m. (vis). ‖Repli, m. (serpent). ‖Couronne (pain). ‖-ar vt. (-ou-*ar*). V. ENROSCAR.
rose*ir*‖a f. (rrous*áyra*). Rosi*er*, f. ‖-al m. (-*ál*). Rose*raie*, f.
róseo, a adj. (rr*osyou*, a). Rose, rosé, ée.
roseta f. (rrous*éta*). Rosette.
rosnar vi. (rrouj*nar*). Grogner.
rosquilha f. (rrouch*kila*). Gimblette.
Rossilhão n. pr. (rrou-*ãou*). Roussillon.
rossio m. (rrouc*iou*). Grand-place, f.
rost‖o m. (rr*óchtou*). Visage. ‖Face, f. [cara, medalha, etc.]. ‖Frontispice. ‖Loc. Lançar em rosto, reprocher. Rosto a rosto, face à face. Voltar o rosto, détourner la face. ‖-ral adj. (-ou-*ál*). Rostr*al*, *ale*. ‖-ro m. (-ó-ou). Rostre. ‖Bec d'oiseau [ave].
rota f. (rr*ota*). Route (navire). ‖Loc. De rota batida, tambour battant.
rot‖ação f. (rrout*açaou*). Rotation. ‖-ador, a adj. et s. m. (-*ôr*, a). Rotate*ur*, *trice*. ‖-ário m. (-*aryou*). Rotarien. ‖-ativo, a adj. (-*ivou*, a), Rotatif, *ive*. ‖-atório, a adj. (-*oryou*, a). Rotatoire.
rote‖ar vt. (rrouty*ar*). Conduire (navire). ‖-iro m. (-*âyrou*). Routier. ‖Guide indicateur des rues. *Fig.* Règle (f.) de conduite.
Roterdão n. pr. (rrouter*dáou*). Rotterdam.
rotim m. (rrout*i*). Rotin.
rotin‖a f. (rrout*ina*). Routine. ‖-eiro, a adj. et s. (-*âyrou*, a). Routinier, ère.
roto, a adj. (rr*ótou*, a). Rompu, ue. ‖Déchir*é*, ée [rasgado]. ‖s. m. Dégueni*llé*.
rotogravura f. (rrotougra*voura*). Rotogravure.
rótula f. (rr*otoula*). Rotule [osso].
rotular vt. (rroutoul*ar*). Étiqueter. ‖Mettre* un titre à [intitular].
rótulo m. (rr*otoulou*). Étiquette, f. ‖Petite grille, f. [grade].
rotund‖a f. (rrout*ûda*). Rotonde. ‖-idade f. (-*ad*). Rotondité.
rotura f. (rrout*oura*). Rupture.

roub‖alheira f. (rrôbal*âyra*). Volerie. ‖-ar vt. (-*ar*). Voler. ‖Ravir. ‖-o m. (-ô*bou*). Vol (action de voler).
rouco, a adj. (rr*ôcou*, a). Rauque.
roufenho, a adj. (rrôf*âygnou*, a). Nasillard, arde.
roup‖a f. (rr*ópa*). Vêtements, m. pl., effets, m. pl. ‖Loc. Chegar a roupa ao pêlo, rouer de coups. Roupa branca, linge, m. ‖-agem f. (-*ajây*). Habits, m. pl. ‖Draperie [de estátua, etc.]. ‖-ão. (-*ãou*). Robe (f.) de chambre. ‖-aria f. (-*aria*). Lingerie. ‖-eira f. (-*âyra*). Lingère.
rouqu‖ejar vi. (rrôkej*ar*). Grailler. ‖-enho, a adj. (-*âygnou*, a). Peu enroué, ée. ‖-idão f. (-*ãou*). Enrouement, m.
rouxinol m. (rrôch-*ol*). Rossignol.
rox‖ear vt. (rrouchy*ar*). Rendre violet. ‖-o, a adj. (-ô-ou, a). Violet, ette.
rua f. (rr*oua*). Rue. ‖Loc. Pôr na rua, mettre* à la porte.
Ruão n. pr. (rrou*áou*). Rouen.
rub‖efacção f. (rroubefa*çãou*). Rubéfaction. ‖-efaciente adj. (-*acyét*). Rubéfiant, ante. ‖-i m. (-*i*). Rubis. ‖-ificar vt. (-*ar*). Rubéfier. ‖-im m. (-*i*). V. RUBI.
rublo m. (rr*ou*-ou). Rouble.
rubor‖ m. (rroub*ôr*). Rougeur, f. ‖-escer vi. (-ourechc*er*). Rougir. ‖-izar vt. (-*ar*). Rougir. ‖-izar-se vr. (-ç). Rougir.
rubr‖ica f. (rroub*rica*). Rubrique. ‖Parafe ou paraphe, m., signature abrégée. ‖-icar vt. (-*ar*). Parafer.
rubro, a adj. (rr*oubrou*, a). Rouge.
ruço, a adj. (rr*ouçou*, a). Gris, se (cheval). ‖Grisonnant, ante (pessoas). ‖s. m. Âne.
rud‖e adj. (rr*oud*). Rude. ‖-Grossier, ère. ‖-eza f. (-*éza*). Rudesse. ‖Grossièreté. ‖ Stupidité.
rudiment‖ar adj. (rrou-êt*ar*). Rudimentaire. ‖-o m. (-*étou*). Rudiment.
ruela f. (rrou*èla*). Ruelle.
rufar vt. et vi. (rrouf*ar*). Faire* un roulement de tambour. ‖Plisser.
rufião m. (rroufy*áou*). Ruffian.
rufo m. (rr*oufou*). Roulement de tambour. ‖Loc. Num rufo, en un instant.

RUG — SAB

ruga f. (rrouga). Ride. ||Pli, m. [prega].
rug||lido m. (rroujídou). Rugissement. .||-ir vi. (-ír). Rugír. ||s. m. Rugissement.
ruído m. (rrouídou). Bruit. ||Loc. Com (grande) ruído, à grand bruit.
ruidoso, a adj. (rrou-ósou, osa). Bruyant, ante. ||Fig. Éclatant, ante.
ruim adj. (rrouí). Méchant, ante; mauvais, aise.
ruína f. (rrouína). Ruine.
ruinoso, a adj. (rrou-ósou, osa). Ruineux, euse. ||Qui menace ruine.
ruir* vi. (rrouír). S'écrouler.
ruiv||a f. (rrouyva). Garance. ||-o, a adj. (-ou, a). Roux, rousse. ||s. m. Rouget.
rum m. (rrũ). Rhum.
rumar vt. (rroumar). Donner la route à (un vaisseau).
rúmen m. (rroumén). Rumen.
rumin||ação f. (rrou-açãou). Rumination. ||-adoiro ou -adouro m. (-óyrou, -ôr). Jabot (des ruminants). ||-ante adj. et s. m. (-ãt). Ruminant, ante. ||-ar vt. et vi. (-ar). Ruminer.
rumo m. (rroumou). Rumb [bússola]. ||Route, f. (vaisseau). ||Fig.
Chemin, route, f. ||Loc. Mudar de rumo, changer de direction; changer de conduite
rumor|| m. (rroumôr). Rumeur, f. ||-ejar vi. (-ourejar). Murmurer. ||-ejar-se vr. (-ç). Courir* le bruit. ||-ejo m. (-áyjou). Murmure. ||-oso, a adj. (-ósou, osa). Qui cause une rumeur.
runa f. (rrouna). Sève de pin.
rúnico, a adj. (rrou-ou, a). Runique.
rupestre adj. (rroupêchtre). Rupestre.
rúpia f. (rroupya). Rupia, m.
rupia f. (rroupia. Roupie (monnaie).
ruptura f. (rrouptoura). Rupture.
rural adj. (rrourál). Rural, ale.
rusga f. (rroujga). Rafle.
Rússia n. pr. (rroucya). Russie.
russo, a adj. et s. (rrouçou, a). Russe.
rusticidade f. (rrouch-ad). Rusticité.
rústico, a adj. (rrouch-ou, a). Rustique. ||Grossier, ère; rude.
rutabaga f. (rroutabaga). Rutabaga, m.
rutil||ante adj. rrou-ãt). Rutilant, ante. ||-ar vi. (-ar). Rutiler.

S

s m. (èç). S.
sábado m. (sabadou). Samedi.
sabão m. (sabãou). Savon.
sabedor||, a adj. et s. m. (sabedôr, a). Savant, ante. ||-ia f. (-ouria). Sagesse. ||Savoir, m.
saber* vt. et vi. (sabér). Savoir*. ||Loc. A saber, (à) savoir. Mal sabe ele, il ne se doute pas de. Saber bem, avoir une bonne saveur; faire* bon (fig). Saber uma notícia, apprendre* une nouvelle. Sem eu saber, à mon insu. Um não sei quê, un je ne sais quoi.
sabiá m. (sabya). Oiseau du Brésil. ||Br. Mégot.
sàbiamente adv. (-amêt). Savamment.
sabi||chão, ona adj. et s. (-ãou, ôna). Grand savant, femme savante. ||-das f. pl. (-idach). U. dans la loc. às sabidas, à découvert. ||-do, a adj. (-idou, a). Su ue. ||Loc. Sabido e ressabido, connu de tout le monde, notoire.
sábio, a adj. et s. m. (sabyou, a). Savant, ante. ||Sage (da Grécia).
sabo||aria f. (sabouaría). Savonnerie. ||-eiro m. (-áyrou). Savonnier.
Sabóia n. pr. (saboya). Savoie.
sabon||eira f. (sabounéyra). Br. V. SABONETEIRA. ||-ete m. (-ét). Savonnette, f.; savon de toilette. ||-eteira f. (-etáyra). Porte-savon, m.
sabor|| m. (sabôr). Saveur, f. ||-ear vt. (-ouryar). Savourer. ||-ear-se vr. (-ç). Prendre* plaisir à. ||-oso, a adj. (-ósou, osa). Savoureux, euse.
sabot||agem f. (saboutajáy). Sabotage, m. ||-ar vt. (-ar). Saboter.
sabre m. (sabr). Sabre.
sabug||o m. (sabougou). Sureau

Itálico : acento tónico. ||V. página verde para a pronúncia figurada. ||*Verbo irreg. V. no final do livro.

SAB — SAÍ 686

[arbusto]. ‖Racine (f.) des ongles [unha]. ‖-ueiro m. (-gâyrou). Sureau.
sabuj‖ar vt. (sabouja̱r). Flagorner. ‖-ice f. (-íç). Flagornerie. ‖-o m. (-oujou). Limíer [cão]. ‖Flagorneur.
saburr‖a f. (sabou̱rra). Saburre. ‖-ento, a ou -oso, a adj. (-étou, a, -ósou, osa). Saburral, ale.
saca‖ f. (saca). Sac, m. ‖- -balas m. (-alach). Tire-balle. ‖- -bocados m. (-oucadouch). Emporte-pièce. ‖- -buchas m. (-ou-ach). Tire-bourre.
sacad‖a f. (sacada). Balcon, m. ‖ Sachée [saco cheio]. ‖-ela f. (-adéla). Saccade. ‖-o m. (-adou). Tiré. ‖-or m. (-adór). Tireur.
sacaí m. (sacaí). Br. du N. Bûchette, f. [graveto]. ‖ Allume-feu [acendalha].
saca-molas m. (sacamolach). Arracheur de dents. ‖Davíer [boticão].
sacanga f. (-ága). Br. V. SACAÍ.
sac‖ão m. (sacãou). Saccade, f. ‖-ar vt. (-ar). Arracher. ‖ Tirer, sortir. ‖ Comm. Tirer.
sacar‖ificar vt. (sacar-ar). Saccharifier. ‖-ina f. (-ína). Saccharine. ‖-ino, a adj. (-ínou, a). Saccharine, ine.
saca-‖rolhas m. (sacarrôlach). Tire-bouchon. ‖-trapos m. (-rapouch). Tire-bourre.
sacerd‖ocio m. (sacerdocyou). Sacerdoce. ‖-otal adj. (-outál). Sacerdotal, ale. ‖-ote m. (-ot). Prêtre. ‖-otisa m. (-outísa). Prêtresse.
sach‖a ou -adura f. (sa-a, sa-adoura). Sarclage, m. ‖-ar vt. (sa-ar). Sarcler. ‖-o m. (sa-ou). Sarcloir. ‖-ola f. (sa-ola). Houette, binette.
saci‖ar vt. (sacyar). Rassasier, assouvir. ‖-edade f. (-édad). Satiété.
saco‖ m. (sacou). Sac. ‖Br. Baíe (géog.). ‖ Loc. Despejar o saco, vider son sac. ‖ -la f. (sacola). Besace. ‖-lejar vt. (-oulejar). Secouer. ‖- -roto m. (sacourrótou). Fam. Bavard, indiscret.
sacrament‖al adj. (sacramentál). Sacramentel, elle. ‖ s. m. Sacramental. ‖-ar vt. (-ar). Administrer les sacrements à. ‖-o m. (-étou). Sacrement
sacrário m. (sacraryou). Tabernacle.
sacrif‖ical adj. (sacr-ál). Qui concerne le sacrifice. ‖-icar vt. et vi. (-ar). Sacrifier. ‖-icio m. (-ícyou). Sacrifice.
sacr‖ilégio m. (sacr-éjyou). Sacrilège. ‖-ilego, a adj. et s. m. (-ílegou, a). Sacrilège.
sacrist‖ã f. (sacrichtã). Sacristine. ‖-ão m. (-ãou). Sacristain. ‖-ia f. (-ía). Sacristie.
sacro‖, a adj. (sacrou, a). Sacré, ée. ‖ s. m. Sacrum [osso]. ‖-ssanto, a adj. (sa-ãtou, a). Sacro-saint, ainte.
sacud‖idela f. (sacou-éla). Légère secousse. ‖Fam. Frottée. ‖-ir* vt. (-ír). Secouer. ‖ Chasser, repousser.
sadio, a adj. (sa-íou, a). Sain, aine.
safa! interj. (safa). Dieu m'en garde!
saf‖ado, a adj. (safadou, a). Usé, ée [vestuário]. ‖Pop. Effronté, ée. ‖-anão m. (-anãou). Secousse, f. ‖-ar vt. (-ar). Dégager [soltar] ‖Détériorer. ‖Effacer [apagar]. ‖-ar-se vr. (-ç). Se dégager [soltar-se]. ‖Filer [fugir].
sáfar‖a f. (safara). Terrain (m.) rocailleux. ‖-o, a adj. (-ou, a). Sauvage, inculte. ‖ Rude, intraitable.
safira f. (safíra). Saphír, m.
safo, a adj. (safou, a). Débarrassé, ée; dégagé, ée [solto]. ‖Effacé, ée [apagado].
Safo n. pr. (safou). Sapho.
safra f. (safra). Récolte (de fruits).
saga‖cidade f. (saga-ad). Sagacité. ‖-z adj. (-ach). Sagace.
sagit‖al adj. (sa-ál). Sagital, ale. ‖-ário, a m. et f. (-aryou, a). Sagittaire.
sagr‖ado, a adj. (sagradou, a). Sacré, ée. ‖-ar vt. (-ar). Sacrer.
sagu‖ m. (sagou). Sagou. ‖-eiro m. (-ãyrou). Sagoutíer. ‖-i ou -im m. (-ouí, -í). Sagouin.
saia f. (saya). Jupe.
saibr‖eira f. (saybrâyra). Gravière. ‖-o m. (say-ou). Gravier. ‖-oso, a adj. (-ósou, osa). Graveleux, euse.
saíd‖a f. (saída). Sortie. ‖ Sortie, issue [sítio]. ‖Débouché, m.; vente [mercadorias]. ‖Repartie, bon mot [graça]. ‖Saillie [saliência]. ‖Loc. A saída de, à la sortie (issue) de. ‖-o, a adj. (-ou, a). Saillant, ante [saliente].

Lettres penchées : accent tonique. ‖V. page verte pour la prononciation figurée. ‖* Verbe irrég. V. à la fin du volume.

saimento m. (sa-ētou). Convoi funèbre.
sair* ‖ vi. (saír). Sortir*. ‖Loc. *Acaba de sair,* vient de paraître. *Ao sair de,* au sortir de. *Sair ao encontro,* aller* (ou venir*) à la rencontre. *Sair aos pais,* tenir* de ses parents. *Sair a sorte grande a,* gagner le gros lot. *Sair bem* (mal), avoir* une bonne (mauvaise) issue. *Sair caro,* coûter cher. *Sair certo, se confirmer. Sair do atoleiro,* se tirer du bourbier. *Sair fora de si,* sortir des gonds. ‖- -se vr. (-ç). U. dans les loc. *sair-se bem,* réussir; *sair-se mal,* échouer, ne pas réussir.
sal m. (sàl). Sel. ‖Loc. *Sem sal,* fade.
sala f. (sala). Salle. ‖Loc. *Sala de visitas,* salon, m.
salad‖**a** f. (salada). Salade. ‖**-eira** f. (-adáyra). Saladier, m.
salamaleque m. (salamalèc). Salamalec.
Salamanca n. pr. (salamáca). Salamanque.
salamandra f. (salamádra). Salamandre.
salame m. (salâm). Saucisson (de Lyon).
salão m. (saláou). Salon.
salário m. (saláryou). Salaire.
salaz adj. (salach). Impudique.
sald‖**ar** vt. (sà-ar). Solder. ‖**-o** m. (sà-ou). Solde. ‖**-o, a** adj. (-a). Acquitté, ée; payé, ée.
saleiro, a adj. (saláyrou, a). Saunier, ère. ‖s. m. Salière, f.
saleta f. (saléta). Petite salle.
salg‖**a** f. (sà-a). Salage, m. ‖*Br.* V. SALGADEIRA. ‖**-ação** f. (-áou). Salaison. ‖**-adeira** f. (-áyra). Saloir, m. ‖Pourpier (m.) de mer [planta]. ‖**-ado, a** adj. (-adou, a). Salé, ée. ‖**-ar** vt. (-ar). Saler.
sal-gema m. (sà-éma). Sel gemme.
salgueir‖**al** m. (sàlgâyràl). Saulaie, f. ‖**-o** m. (-áyrou). Saule.
sali‖**cílico, a** adj. (sa-íl-ou, a). Salicylique. ‖**-cultura** f. (-ou-oura). Saliculture.
sali‖**ência** f. (salyêcya). Saillie. ‖**-entar** vt. (-ar). Faire* ressortir. ‖**-entar-se** vr. (-ç). Se distinguer. ‖**-ente** adj. (-yêt). Saillant, ante.

sal‖**ificar** vt. (sa-ar). Salifier. ‖**-ina** f. (-ína). Saline. ‖**-inação** ou **-inagem** f. (-áou, -ajày). Salinage, m. ‖**-inar** vt. (-ar). Saliner. ‖**-ineiro, a** m. et f. (-áyrou, a). Paludier, ère. ‖adj. Salinier, ère. ‖**-inidade** f. (-ad). Salinité. ‖**-ino, a** adj. (-ínou, a). Salin, ine.
salitr‖**e** m. (salítr). Salpêtre. ‖**-oso, a** adj. (-ósou, ósa). Salpêtreux, euse.
saliv‖**a** f. (salêva). Salive. ‖**-ação** f. (-áou). Salivation. ‖**-ar** vi. (-ar). Saliver. ‖adj. Salivaire. ‖**-oso, a** adj. (-ósou, ósa). Saliveux, euse.
salmão m. (sà-áou). Saumon.
salm‖**ear** vt. et vi. (sà-yar). Psalmodier. ‖**-ista** m. (-íchta). Psalmiste. ‖**-o** m. (sà-ou). Psaume. ‖**-odia** f. (-ía). Psalmodie. ‖**-odiar** vt. et vi. (-yar). Psalmodier.
salmoeir‖**a** f. (sà-ouâyra). V. SALMOURA. ‖**-o** m. (-ou). Vase à saumure.
salmonete m. (sà-ounét). Surmulet. ‖Rouget [ver nelho].
salm‖**oura** ou **-oira** f. (sà-ôra, -ôy-). Saumure. ‖**-ourar** ou **-oirar** vt. (-ar). Mariner.
salobr‖**e** ou **-o, a** adj. (salôbr, -ou, a). Saumâtre.
saloio, a adj. et s. (salôyou, a). Paysan, anne des environs de Lisbonne. ‖*Fig.* Rustre. ‖Finaud, aude [esperto].
salpic‖**ão** m. (sà-áou). Saucisson. ‖**-ar** vt. (-ar). Saupoudrer. ‖Éclabousser [lama]. ‖Tacheter [malhar]. ‖**-o** m. (-ícou). Éclaboussure, f. ‖Grain de sel.
salpiment‖**a** f. (sà-êta). Mélange (m.) de sel et de poivre. ‖**-ar** vt. (-ar). Assaisonner avec du sel et du poivre. ‖*Fig.* Injurier.
salpres‖**ar** vt. (sà-resar). Saler légèrement. ‖**-o, a** adj. (-ésou, a). Un peu salé, ée; demi-sel.
sals‖**a** f. (sà-a). Persil, m. ‖**-eira** f. (-áyra). Saucière. ‖**-eiro** m. (-ou). Averse, f. ‖**-icha** f. (-í-a). Saucisse. ‖**-ichão** m. (-áou). Saucisson. ‖**-icharia** f. (-aría). Charcuterie. ‖**-icheiro, a** m. et f. (-áyrou, a). Charcutier, ère.
salt‖**ada** f. (sà-ada). Incursion. ‖Loc. *Dar uma saltada a,* faire* une

---

Itálico : acento tónico. ‖V. página verde para a pronúncia figurada. ‖*Verbo irreg. V. no final do livro.

SAL — SAN

course jusqu'à. ||**-ão** m. (-*ãou*). Sauterelle, f. ||**-ão, ona** adj. (-*ôna*). Sauteur, *euse*. ||**-ar** vt. et vi. (-*ar*). Sauter. || Loc. *Ao saltar da cama*, au saut du lit. *Saltar aos olhos*, crever les yeux. ||**-eador** m. (-*yadôr*). Brigand. ||**-eamento** m. (-*étou*). Assaut. ||**-ear** vt. (-*yar*). Faire* sauter [culinária]. ||vi. Brigander. ||**-ear-se** vr. (-ç). S'effrayer, faire* un bond.
saltério m. (sà-*èryou*). Psautier. ||Psaltérion [instrumento].
saltimbanco m. (sà-*ībācou*). Saltimbanque.
saltitar vi. (sà-*ar*). Sautiller.
salto m. (sá-ou). Saut, bond. || Talon (chaussure) [*sapato*]. ||Loc. *Aos saltos*, par sauts et par bonds. *Dar saltos*, sauter, bondir. *Salto mortal*, saut périlleux.
salu||**bérrimo, a** adj. (salou*bèrr*-ou, a). Très salubre. ||**-bre** adj. (-*oubr*). Salubre. ||**-bridade** f. (-*ad*). Salubrité. ||**-brificar** vt. (-*ar*). Rendre salubre. ||**-tar** adj. (-*ar*). Salutaire. ||**-tação** f. (-*sàou*). Salutation.
salva f. (sà-a). Salve [palmas, etc.]. ||Plateau (m.) en argent.
salv||**ação** f. (sà-*açãou*). Sauvetage, m. ||Salut, m. (cumprimento; das almas). ||**-ador** adj. et s. m. (-*ôr*). Sauveteur [desastres]. ||Sauveur [Jesus]. ||**-ados** m. pl. (-*âdouch*). Épaves, f. ||**-aguarda** f. (-*ouarda*). Sauvegarde. ||**-aguardar** vt. (-a-*ar*). Sauvegarder. ||**-amento** m. (-*étou*). Sauvetage. ||Refuge. ||Loc. *A salvamento*, à bon port. ||**-ar** vt. (-*ar*). Sauver. ||Saluer [honrar]. ||Sauter [transpor]. ||vi. Saluer. ||**-ar-se** vr. (-ç). Se sauver. ||Loc. *Salve-se quem puder*, sauve-qui-peut. ||**-a-vidas** m. (-*avídach*). Appareil ou canot de sauvetage.
salve|| interj. (sà-è). Salut. ||**-rainha** f. (-*rraígna*). Salvé, m.
salvo||**, a** adj. (sá-ou, a). Sauf, *auve*. ||Sauvé, ée [particípio]. ||Loc. *A salvo*, hors d'atteinte. *Pôr-se a salvo*, se sauver. ||prép. Sauf [*salvo o devido respeito*], sauf votre respect. ||**- conduto** m. (-ôdoutou). Sauf-conduit.
samambaia f. (samā*baya*). Br. Fougère.
samango m. (sa*māgou*). Br. Flémmard.
samaritano, a adj. et s. (samar-*ānou*, a). Samaritain, *aine*.

samb||**a** m. (sâba). Br. Samba. ||**-ista** m. et f. (-*ícta*). Br. Danseur, *euse* de samba.
samburá f. (sâbou*ra*). Br. Sorte de panier de pêcheur.
san||**ar** vt. (sa*nar*). Guérir. ||*Fig.* Remédier. ||**-atório** m. (-*atoryou*). Sanatorium. ||**-ável** adj. (-*avèl*). Guérissable. ||*Fig.* Réparable.
san||**ção** f. (sà*çāou*). Sanction. ||**-cionar** vt. (-*ounar*). Sanctionner.
sandália f. (sā*dalya*). Sandale.
sandalo m. (*sādalou*). Santal, sandal.
sand||**eu, ia** adj. et s. (sā*dèou, ía*). Nigaud, *aude*; niais, *aise*. ||**-ice** f. (-*ic*). Nigauderie, niaiserie, bêtise.
sanduiche f. (sādoui-). Sandwich, m. (m. au Brésil).
sanefa f. (sa*néfa*). Cantonnière.
sanfona f. (sā*fôna*). Vielle.
sangr||**a** f. (sā*gra*). Liquide (m.) violet obtenu du pressage des olives. ||**-adoiro** ou **-adouro** m. (-*ôyrou*, -ôr). Saignée, f. ||**-adura** f. (-*oura*). Saignée. ||**-ar** vt. et vi. (-*ar*). Saigner. ||**-ar-se** vr. (-ç). Se faire* saigner. ||**-ento, a** adj. (-*étou*, a). Sanglant, *ante*. ||**-ia** f. (-*ía*). Saignée.
sangue|| m. (sāg). Sang. ||Loc. *Deitar sangue pelo nariz*, saigner du nez. ||**- frio** m. (-*ríou*). Sang-froid: *a sangue-frio*, de sang-froid.
sanguento, a adj. (sāghé*tou*, a). Sanglant, *ante*.
sanguessuga f. (sāghe*çouga*). Sangsue.
sangu||**ina** f. (sāg*ouina*). Sanguine. ||**-inário, a** adj. (-*aryou*, a). Sanguinaire. ||**-ineo, a** adj. (-*inyou*, a). Sanguin, *ine*. ||**-inho** m. (-*ghignou*). Purificatoire. ||**-inolento, a** adj. (-*oulèto*, a). Sanguinolent, *ente*. ||**-inoso, a** adj. (-*ôsou, osa*). V. SANGUINOLENTO.
sanh||**a** f. (sā*gna*). Fureur. ||**-oso, a** ou **-udo, a** adj. (-*ôsou, osa, -oudou, a*). Furieux, *euse*; coléreux, *euse*; emporté, ée.
sani||**dade** f. (sa-*nd*). Salubrité, f. ||Santé. ||Sanité [p. u.]. ||**-ficar** vt. (-*ar*). Rendre sain, assainir. ||**-tário, a** adj. (-*aryou*, a). Sanitaire.
sanja f. (*sāja*). Rigole.
Sansão n. pr. (sa*çāou*). Samson.
sant||**a-bárbara** f. (sâta*bārbara*). *Mar.* Sainte-barbe. ||**-arrão** adj. et s. m. (-*rrāou*). Papelard (fam.).

Lettres penchées : accent tonique. ||V. page verte pour la prononciation figurée. ||* Verbe irrég. V. à la fin du volume.

SÃO — SAR

‖**-eiro, a** adj. (-*âyrou, a*). Dévot. ote. ‖s. m. Sculpteur de saints, imagier. ‖**-elmo** m. (-ê-ou). Feu Saint-Elme. ‖**-iamen** m. (-*yamén*). *Fam.* Moment. ‖**-idade** f. (-ad). Sainteté. ‖**-ificar** vt. (-ar). Sanctifier. ‖**-imonia** f. (-*onya*). Sainteté. ‖**-inho** m. (-*ignou*). Petite image (f.) de saint. ‖Saint homme. ‖**-issimo, a** adj. (-*iç-ou, a*). Três saint, ainte. ‖s. m. Saint Sacrement. ‖**-o, a** adj. (*sâtou, a*). Saint, ainte. ‖Loc. *Dia de todos os Santos*, la Toussaint, f. ‖**-o-e-senha** (-*içâygna*). Mot d'ordre. ‖**-uário** m. (-*ouaryou*). Sanctuaire.
são, sã adj. (*sâou, ã*). Sain, aine. ‖s. m. Saint (avant consonne).
sap‖**a** f. (*sapa*). Sape. ‖**-ador** m. (*sapadôr*). Sapeur. ‖**-ar** vi. (-ar). Travailler avec la sape.
sapata f. (*sapata*). Soulier (m.) bas. ‖*Constr.* Patin, m.
sapat‖**ada** f. (*sapatada*). Coup (m.) de soulier. ‖Claque (gifle). ‖**-aria** f. (-*aría*). Cordonnerie. ‖**-eada** f. (-*yada*). Piétinement, m. ‖**-eado** m. (-ou). Zapatéado, sabotière, f. ‖**-ear** vi. (-*yar*). Piétiner. ‖**-eira** f. (-*âyra*). Cordonnière. ‖**-eiro** m. (-ou). Cordonnier. ‖**-ilha** f. (-*ila*). Soulier (m.) en toile. ‖**-o** m. (*-ou*). Patin.
sapec‖**a** f. (*sapêca*). *Br.* Flambage, m. ‖**-ar** vt. (-*écar*). Flamber (du gibier).
sapi‖**ência** f. (*sapyêcya*). Sagesse. ‖**-ente** adj. (-*yêt*). Savant, ante.
sapiranga f. (-*râga*). *Br.* Inflammation des paupières.
sapo m. (*sapou*). Crapaud.
sapon‖**ária** f. (*sapounarya*). Saponaire. ‖**-ário, a** adj. (-*aryou, a*). Savonneux, euse. ‖**-ificação** f. (-*açâou*). Saponification. ‖**-ificar** vt. (-ar). Saponifier. ‖**-ificável** adj. (-*avèl*). Saponifiable.
saqu‖**e** f. (*sac*). Sac (d'une ville). ‖Traite, f. [comercial]. ‖Loc. *Pôr a saque*, mettre* à sac. ‖**-eador** m. (*sakyadôr*). Saccageur. ‖**-ear** vt. (-*yar*). Saccager. ‖**-eio** m. (-*âyou*). Sac. ‖**-inho** m. (-*ignou*). Sachet. ‖**-itel** m. (-*êl*). Sachet, petit sac.
Sara n. pr. (*sara*). Sara(h).
sarabanda f. (*sarabâda*). Sarabande. ‖Réprimande, semonce.

sarabatana f. (*sarabatâna*). Corne d'appel, avertisseur, m.
sarabulh‖**ento, a** adj. (*sarabouletou, a*). Âpre au toucher. ‖*Pop.* Bourgeonné, ée (peau). ‖**-o** m. (-*oulou*). Âpreté, f. (de la faïence). ‖*Pop.* Pustule, f.
saracot‖**ear** vt. (*saracoutyar*). Remuer (les hanches). ‖**-ear-se** vr. (-ç). Se déhancher. ‖**-eio** m. (-*âyou*). Trémoussement, déhanchement, dandinement.
saraiv‖**a** f. (*sarayva*). Grêle. ‖**-ada** f. (-*ada*). Pluie de grêle. ‖**-ar** vt. et vi. (-ar). Grêler.
sarampo m. (*sarâpou*). Rougeole, f.
sarandear vi (-râdyar). *Br.* Se déhancher en dansant, se dandiner.
sarapantar vt. (*sarapâtar*). V. ASSARAPANTAR.
sarapintar vt. (*sarapîtar*). Bigarrer, barioler. ‖Moucheter [às bolas].
sarar vt. et vi. (*sarar*). Guérir.
sarau m. (*sarâou*). Soirée, f. : *sarau de gala*, soirée (f.) de gala.
sarç‖**a** f. (*sarça*). Buisson, m. ‖**-al** m. (*sa-àl*). Ronceraie, f., buisson.
sarc‖**asmo** m. (*sarcajmou*). Sarcasme. ‖**-ástico, a** adj. (-*ach-ou, a*). Sarcastique.
sarcófago m. (*sarcôfagou*). Sarcophage.
sard‖**a** f. (*sarda*). Maquereau, m. ‖pl. *Taches de rousseur.* ‖**-ento, a** adj. (*sa-êtou, a*). Lentilleux, euse.
sardinh‖**a** f. (*sardígna*). Sardine. ‖Loc. *Chegar a brasa à sua sardinha*, tirer à soi la couverture. ‖**-eira** f. (-*âyra*). Géranium (m.) carmin. ‖**-eiro, a** ad;. (-ou, a). De sardine. ‖s. m. et f. Marchand, ande de sardines.
sardónico, a adj. (*sardo-ou, a*). Sardonique.
sardoso, a adj. (*sardôsou, osa*). V. SARDENTO.
sargaço m. (*sargaçou*). Varech.
sargent‖**ear** vi. (*sarjètyar*). *Pop.* S'affairer, m. (m.-*êtou*). Sergent.
sarigu‖**é** m. cu -**eia** f. (*sarighê, -âya*). Sarigue, m.
sarilho m. (*sarilou*). Dévidoir [dobar]. ‖Treuil [máquina]. ‖Râtelier [armas]. ‖Faisceau [de espingardas]. ‖*Fig.* Complication, f. ‖Loc.

Itálico : acento tónico. ‖V. página verde para a promúncia figurada. ‖*Verbo irreg. V. no final do livro.

SAR — SÉC

Pôr em sarilho (as armas), former les faisceaux.
sarj‖a f. (sarja). Serge [tecido]. ‖**-ado, a** adj. (sarjadou, a). Qui imite la serge. ‖**-ador** m. (adôr). Scarificateur. ‖**-ar** vt. (-ar). Scarifier. ‖**-eta** f. (-éta). Sergette [tecido]. ‖ Rigole, conduit, m. [vazadouro].
sarmento m. (sarmêtou). Sarment.
sarn‖a f. (sarna). Gale. ‖**-ento, a** adj. (sa-ētou, a). Galeux, euse. ‖**-oso, a** adj. (-ôsou, osa). Galeux, euse.
sarpar vt. (-rpar). *Br.* V. ZARPAR.
sarrabulho m. (sarraboulou). Sang coagulé de porc. ‖ *Fig.* Charivari.
sarrafo m. (sarrafou). Latte, f.
sarr‖**ento, a** adj. (sarrêtou, a). Qui a du tartre. ‖**-o** m. (sa-ou). Tartre. ‖ Saburre, f. [na boca, etc.].
Satanás n. pr. (satanach). Satan.
satânico, a adj. (satã-ou, a). Satanique.
satélite m. (satè-). Satellite.
sátira f. (sa-ra). Satire.
satírico, a adj. (satír-ou, a). Satirique.
sátiro m. (sa-rou). Satyre.
satisf‖**ação** f. (sa-chfaçãou). Satisfaction. ‖ *Loc. À satisfação de*, au gré de. *Dar satisfação de*, rendre raison de. *Tomar satisfações*, demander, tirer raison. ‖**-atório, a** adj. (-oryou, a). Satisfaisant, ante. ‖**-azer*** vt. et vi. (-ér). Satisfaire*. ‖**-azer-se** vr. (-ç). Se satisfaire. ‖**-eito, a** adj. (-áytou, a). Satisfait, aite.
satur‖**ação** f. (satouraçãou). Saturation. ‖**-ar** vt. (-ar). Saturer.
saturn‖**al** adj. (satournàl). Saturnien, enne. ‖ s. f. Saturnales, pl. ‖**-ino, a** adj. (-ínou, a). Saturnien, enne. ‖ *Méd.* Saturnin, ine. ‖**-ismo** m. (-íjmou). Saturnisme.
Saturno n. pr. (satournou). Saturne.
saud‖**ação** f. (saoudaçãou). Salutation. ‖**-ade** f. (-ad) Nostalgie, mal (m.) du pays [da pátria]. Regret tendre, souvenir doux et triste. ‖ *Bot.* Scabieuse. ‖ *Loc. Ter saudades*, regretter. ‖**-ar** vt. (-ar). Saluer; acclamer. ‖**-ável** adj. (-avèl). Salubre, sain, aine.
saúde f. (-aoud). Santé. ‖ *Loc. À sua saúde*, à votre santé. *Fazer uma saúde*, porter une santé.
saudoso, a adj. (saoudôsou, osa). Nostalgique. ‖ Qui regrette l'absence de quelqu'un ou le temps écoulé.
Saul n. pr. (saoul). Saül.
saveiro m. (-áyrou). Barque (f.) de pêcheur. ‖ *Br.* Grande barque, f. ‖ Batelier.
sável m. (savèl). Alose, f.
sax‖**ão, ona** adj. et s. (sa-ãou, ôna). Saxon, onne. ‖**-ofone** m. (sa-ofon). Saxophone.
Saxónia n. pr. (sa-onya). Saxe.
saxónio, a adj. et s. (sa-onyou, a). Saxon, onne.
sazão f. (sazãou). Saison.
sazon‖**ar** vt. (sazounar). Mûrir. ‖ vi. ou -ar-se vr. (-ç). Mûrir.
se pron. (sè). Se [reflexo]. ‖ On [ind. suj.]. ‖ conj. Si. ‖ *Loc. Se assim for*, s'il en est ainsi. *Se bem que*, bien que.
sé f. (sè). Cathédrale. ‖ *Loc. A santa sé*, le saint-siège, m.
seara f. (syara). Moisson, champ (m.) de blé, etc.
seba f. (sèba). Engrais (m.) d'algues.
seb‖**áceo, a** adj. (sebacyou, a). Sébacé, ée. ‖**-ácico, a** adj. (-ou, a). Sébacique. ‖**-acina** f. (-acína). Sébacine.
Sebastião n. pr. (sebachtyãou). Sébastien.
sebe f. (sèb). Haie.
sebent‖**a** f. (sebêta). Cahier (m.) de brouillon. ‖**-o, a** adj. (-ou, a). Sale, malpropre, plein, pleine de suif.
sebo m. (sébou). Suif. ‖ interj. Zut! ‖**-rreia** f. (sebourrâya). Séborrhée. ‖**-so, a** adj. (-ôsou, osa). Taché, ée de suif. ‖ Sébacé, ée.
sec‖**a** f. (sèca). Sécheresse [tempo]. ‖**-agem** f. (-ajèy). Séchage, m. ‖**-ante** adj. et s. m. (-át). Siccatif, ive. ‖ s. f. Sécante. ‖**-ar** vt. et vi. (-ar). Sécher. ‖**-ativo, a** adj. et s. m. (-atívou, a). Siccatif, ive.
sec‖**ção** f. (sèkçãou). Section. ‖ Rayon (m.) d'un magasin [armazém]. ‖**-cionar** vt. (-ounar). Sectionner.
seci‖**a** f. (sècya). Femme élégante

Lettres penchées : accent tonique. ‖ V. page verte pour la prononciation figurée. ‖ * Verbe irrég. V. à la fin du volume.

|| *Bot.* Reine-marguerite. ||-o, a adj. (-ou, a). Élégant, *ante.* ||s. m. Dandy.
seco, a adj. (sécou, a). Sec, èche. ||s. m. Sèche, f. banc de sable. ||Loc. *A seco,* sans nourriture. *Ama seca,* nourrice sèche. *Mastigar em seco,* mâcher à vide.
secre||ção f. (secreçãou). Sécrétion. ||-ta f. (-èta). Secrète [oração]. ||*Pop.* Cabinet (m.) d'aisances. ||Police secrète. ||-taria f. (-etaria). Secrétariat, m. ||-tária f. (-arya). Bureau, m. (meuble). ||-tária f. Femme secrétaire. ||-tariado m. (-aryadou). Secrétariat. ||-tariar vi. (-yar). Faire* l'office de secrétaire. ||-tário m. (-aryou). Secrétaire. ||-to, a adj. (-étou, a). Secret, ète.
sect||ário m. (sè-aryou). Sectaire. ||-or m. (-[c]tôr). Secteur.
secular adj. (secoular). Séculaire. ||Séculier, ère [clero]. ||s. m. Séculier.
seculari||dade f. (secoular-ad). Sécularité. ||-zação f. (-açãou). Sécularisation. ||-zar vt. (-ar). Séculariser. ||-zar-se vr. (-ç). Se séculariser.
século m. (sècoulou). Siècle. *Por todos os séculos dos séculos,* dans tous les siècles des siècles.
secund||ar vt. (secūdar). Seconder. ||-ário, a adj. (-aryou, a). Secondaire. ||-inas f. pl. (-inach). Secondines.
secura f. (secoura). Sécheresse.
seda f. (séda). Soie. ||Loc. *Bicho-da-seda,* ver à soie. ||-ço m. (sedaçou). Soie (f.) à tamis.
sed||ar vt. (sedar). Calmer. ||-ativo, a adj. e st. m. (-ativou, a). Sédatif, ive.
sede f. (séd). Soif : *estar com (o ter) sede,* avoir* soif.
sede f. (sèd). Siège, m. (endroit).
sedeiro m. (sedáyrou). Séran.
sedentário, a adj. (sedétaryou, a). Sédentaire.
sedento, a adj. (sedétou, a). Altéré, ée ; assoiffé, ée.
sedi||ção f. (se-ãou). Sédition. ||*Fig.* Désobéissance. ||-cioso, a adj. (-yósou, osa). Séditieux, euse.
sediment||ação f. (se-ētaçãou). Sédimentation. ||-ar vi. (-ar). Déposer un sédiment. ||adj. Sédimentaire.

||-ário, a adj. (-aryou, a). Sédimentaire. ||-o m. (-étou). Sédiment.
sedoso, a adj. (sedósou, osa). Soyeux, euse.
sedu||ção f. (sedouçãou). Séduction. ||-tor, a adj. et s. m. (-ôr, a). Séducteur, trice. ||-zir* vt. (-ir). Séduire*.
seg||a f. (séga). Fauchage, m. ||Fauchaison [tempo]. ||-ada f. (segada). V. SEGA. ||-ador, a m. et f. (-adôr, a). Faucheur, euse. ||-ar vt. (-ar). Faucher. ||Trancher.
segmento m. (sè-ētou). Segment.
segred||ar vt. et vi. (segredar). Chuchoter (fam.). ||-o m. (-édou). Secret : *em segredo,* en secret.
segregar vt. (segregar). Ségréger.
segu||ida f. (seghida). Suite. ||Loc. *Em seguida,* ensuite. ||-idamente adv. (-ēt). De suite. ||Ensuite, immédiatement. ||-ido, a adj. (-idou, a). Suivi, ie. ||Loc. *Três horas seguidas,* trois heures de suite. ||-imento m. (-étou). Suite, f. ||-inte adj. (-īt). Suivant, ante. ||-ir* vt. (-ir). Suivre*. ||vi. Se diriger, se rendre. ||*Suivre*,* aller* à la suite. ||Loc. *A seguir,* ensuite. *Seguir a advocacia,* Se consacrer au barreau. *Seguir fazendo...,* continuer à (ou de) faire... ||-ir-se* vr. (-ç). Se suivre*. ||S'ensuivre*, résulter. ||Loc. *Segue-se que...,* il s'ensuit que...
segund||a f (segūda). *Mus.* Seconde. ||-a-feira f. (-áyra). Lundi, m. ||-amente adv. (-ēt). Secondement. ||-anista m. et f. (-ichta). Élève de deuxième année (universitaire). ||-o, a adj. (-ūdou, a). Second, onde ; deuxième. ||s. m. Seconde, f. ||prép. Selon, suivant, d'après. ||Loc. *Sem segundo,* sans pareil. ||-ogénito, a adj. (-è-ou, a). Puîné, ée.
segur||ado, a adj. (segouradou, a). Assuré, ée. ||-ança f. (-áça). Sûreté. ||Assurance, sécurité, confiance. ||-ar vt. (-ar). Tenir*, saisir. ||Assurer [seguros, etc.]. ||-o, a adj. (-ourou, a). Sûr, āre. ||Assuré, ée ; garanti, ie. Ferme [fixo]. ||s. m. Assurance, f. ||Sûreté, f. [o mais certo]. ||Loc. *Ir pelo seguro,* aller* au plus sûr. *Pôr no seguro,* assurer.
seio m. (sáyou). Sein. ||Cavité, f., creux. ||*Fig.* Giron: *o seio da Igreja,* le giron de l'Église.

Itálico : acento tónico. ||V. página verde para a pronúncia figurada. ||*Verbo irreg. V. no final do livro.

SEI — SEM 692

seira f. (*sáyra*). Cabas, m., panier, m.
seis‖ adj. num. et s. m. (*sâych*). Six. ‖**-centista** adj. et s. (*-étichta*). Écrivain, etc. du XVIIᵉ siècle. ‖**-centos, as** adj. num. (*-étouch, ach*). Six cents.
seita f. (*sáyta*). Secte.
seiv‖**a** f. (*sáyva*). Sève. ‖**-oso, a** adj. (*-ôsou, osa*). Plein de sève.
seix‖**o** m. (*sáychou*). Caillou. ‖**-oso, a** adj. (*-ôsou, osa*). Caillouteux, euse.
sela f. (*sèla*). Selle : *cavalo de sela*, cheval de selle.
sel‖**ado, a** adj. (*seladou, a*). Sellé, ée. ‖Scellé, ée [selo]. Timbré, ée [papel]. ‖**-adura** f. (*-adoura*). Sellage, m. ‖**-agem** f. (*-ajèy*). Timbrage, m. ‖**-ar** vt. (*-ar*). Seller [cavalo]. ‖ Timbrer [recibo, carta]. ‖Sceller [porta, aliança]. ‖**-aria** f. (*-aría*). Sellerie.
selec‖**ção** f. (*selèçãou*). Sélection. ‖**-cionado** adj. (*-ounadou*). Br. Équipe, f. (sports). ‖**-cionar** vt. (*-ar*). Sélectionner. ‖**-ta** f. (*-êta*). Recueil (m.) de morc*eaux* choisis. ‖**-tivo, a** adj. (*-ívou, a*). Sélectif, ive. ‖**-to, a** adj. (*-êtou, a*). Choisi, ie; select. (fam.). ‖**-tor** m. (*-ôr*). Sélecteur.
seleiro, a adj. (*seláyrou, a*). Habitué, ée à la selle. ‖ s. m. Sellier.
selha f. (*sályla*). Baquet, m.
selim m. (*selĩ*). Selle, f.
selo m. (*sélou*). Sceau [Estado]. Timbre [correio]. Scellé [justiça].
selv‖**a** f. (*sé-a*). Forêt vierge. ‖**-agem** adj. et s. (*-ajèy*). Sauvage. ‖**-agineo, a** adj. (*-ají-ou*). Sauvage. ‖**-ajaria** f. (*-aría*). Sauvagerie. ‖**-ático, a** adj. (*-a-ou, a*). Sauvage. ‖**-oso, a** adj. (*-ôsou, osa*). Plein, *ei*ne de forêts vierges, de jungles.
sem prép. (*sãy*). Sans. ‖Loc. *Sem mais (aquelas; nem menos)*, sans plus.
semáforo m. (*semafourou*). Sémaphore.
seman‖**a** f. (*semâna*). Semaine. ‖ Loc. *Fim de semana*, week-end, m. ‖**-al** adj. (*-ál*). Hebdomad*a*ire. ‖**-ário** m. (*-aryou*). Journal hebdomad*a*ire.
semântic‖**a** f. (*semã-a*). Sémantique. ‖**-o, a** adj. (*-ou, a*). Sémantique.
semblante m. (*sê-át*). Visage, mine, f.
sem-cerimónia f. (*sãycer-onya*). Sans-façon, m.

sêmea f. (*sémya*). Son, m. (de farine). ‖ Pain bis, m. [pão de sêmea].
semea‖**ção** f. (*semyaçãou*). V. SEMEADURA. ‖**-da** f. (*-yada*). Semis, m. ‖**-dor, a** adj. (*-ôr, a*). Qui sème. ‖ s. m. et f. Semeur, semeuse. ‖**-doiro** ou **-douro** m. (*-ôyrou, -ôr-*). Terrain propre à être ensemencé. ‖**-dura** f. (*-oura*). Semis, m. ‖**-r** vt. (*-yar*). Semer.
semelh‖**ança** f. (*semelâça*). Ressemblance. ‖ Loc. *À semelhança de*, à l'imitation de. ‖**-ante** adj. et s. m. (*-ãt*). Semblable. ‖**-ar** vt. (*-ar*). Ressembler à. ‖Imiter. ‖Comparer.
sémen m. (*sémén*). Sperme. ‖ Semence, f.
sement‖**al** adj. (*semêtál*). Qui appartient aux semailles. ‖**-e** f. (*-êt*). Semence, graine. ‖**-eira** f. (*-âyra*). Semailles, pl. ‖Temps (m.) des semailles. ‖*Fig.* Source, cause. ‖**-eiro** m. (*-ou*). Semoir (sac à grain).
semestr‖**al** adj. (*semechtrál*). Semestriel, ielle. ‖**-e** m. (*-êchtr*). Semestre.
sem-fim adj. (*sãyfĩ*). Infini, ie.
semi‖**breve** f. (*se-rèv*). Ronde (mus.). ‖**-colcheia** f. (*-ô-âya*). Mus. Double croche. ‖**-cúpio** m. (*-oupyou*). Bain de siège. ‖**-fusa** f. (*-ousa*). Mus. Quadruple croche. ‖**-lunar** adj. (*-ounar*). Semi-lun*a*ire.
semin‖**ação** f. (*se-açãou*). Sémination. ‖**-al** adj. (*-ál*). Séminal, *a*le. ‖**-ário** m. (*-aryou*). Séminaire. ‖**-arista** m. (*-arichta*). Séminariste.
seminima f. (*se-a*). Mus. Noire.
seminu, a adj. (*se-ou, a*). Deminu, ue.
semita m. et f. (*semíta*). Sémite.
semítico, a adj. (*semí-ou, a*). Sémitique.
sem‖**-justiça** f. (*sãyjouchtiça*). Injustice. ‖**-nome** adj. (*-ôm*). Anonyme. ‖**-número** adj. (*-oumerou*). Innombrable. ‖ s. m. Infinité, f.
sêmola f. (*sémoula*). Semoule.
sempiterno, a adj. (*sê-êrnou, a*). Sempiternel, elle.
sempre adv. (*sêpr*). Toujours. ‖ Loc. *Nem sempre*, pas toujours. *Sempre que*, toutes les fois que. ‖**-noiva** f. (*-ôyva*). Renouée [planta]. ‖**--verde** f. (*-érd*). V. SEMPRE-NOIVA.
sem‖**-razão** f. (*sãyrrazãou*). Dérai-

Lettres penchées : accent tonique. ‖V. page verte pour la prononciation figurée. ‖* Verbe irrég. V. à la fin du volume.

SEN — SEP

son. ||- -tir-te-nem-guar-te loc. adv. (-rtnäygouart). Sans crier gare.
sena f. (séna). Six, m. (au jeu).
Sena n. pr. m. (séna). Seine, f.
senad||**o** m. (senadou). Sénat. ||-or m. (-adôr). Sénateur.
senão conj. (senãou). Sinon [de contrário; a não ser]. ||Loc. *Não... senão, ne... que*; seulement. || s. m. Défaut.
senat||**orial** adj. (senatouryàl). Sénatorial, ale. ||-**ório, a** adj. (-oryou, a). Sénatorial, ale.
send||**a** f. (séda). Sentier, m. ||-**eiro** m. (-âyrou). Rosse, f. ||*Fig.* Homme méprisable.
semostradeira adj. f. (semouchtradâyra). *Br.* Vaniteuse, coquette.
sene m. (sène). Séné.
Senegal n. pr. (senegàl). Sénégal.
senha f. (sáygna). Signe (m.) convenu. ||Bon, m. [racionamento]. ||*Mil.* Mot (m.) de ralliement.
senhor|| m. (segnôr). Seigneur [fidalgo; Cristo]. || Maître [dominador]. ||Monsieur. ||Vous [tratamento]. ||Sire [soberanos]. ||-**a** f. (-a). Maîtresse [dominadora; ama]. ||Dame; madame. ||Mademoiselle [solteira]. ||Vous [tratamento]. ||Femme, épouse [esposa]. ||Loc. *Nossa Senhora*, Notre-Dame. ||-**ear** vt. (-ouryar). Maîtriser. ||Commander en maître. ||-**ear-se** vr. (-ç). Se rendre maître. ||-**ia** f. (-ia). Seigneurie. ||Propriétaire (d'une maison). ||-**ial** adj. (-yàl). Seigneurial, ale. ||-**il** adj. (-il). De monsieur ou de dame. ||-**inha** f. (-igna). *Br.* Mademoiselle. ||-**io** m. (-iou). Propriétaire (d'une maison). ||Domaine. ||-**ita** f. (-ita). Petite dame. ||*Br.* Mademoiselle.
senil|| adj. (senil). Sénile. ||-**idade** f. (-ad). Sénilité.
sénior adj. (sényor). Plus vieux, aîné. ||s. m. Sénior [desporto].
seno m. (sénou). Sinus.
sensabor|| adj. (seçabôr). Insipide. ||-**ão** ou -**ona** adj. et s. (-ouräou, ôna). Personne sans esprit. ||-**ia** f. (-ia). Désagrément, m. ||Insipidité, fadeur.
sensa||**ção** f. (seçaçãou). Sensation. ||Loc. *De sensação*, à sensation.

||-**cional** adj. (-ounàl). Sensationnel, elle.
sensat||**ez** f. (seçatéch). Sagesse. ||-**o, a** adj. (-atou, a). Sensé, ée; sage.
sens||**ibilidade** f. (sē-bl-ad). Sensibilité. ||-**ibilizar** vt. (-ar). Sensibiliser. ||-**ibilizar-se** vr. (-ç). S'attendrir. ||-**itiva** f. (-iva). Sensitive. ||-**itivo, a** adj. (-ou, a). Sensitif, ive. ||-**ível** adj. (-ivèl). Sensible. ||-**o** m. (seçou). Sens : *bom senso, bon sens*. ||-**orial** adj. (-ouryàl). Sensoriel, elle. ||-**ual** adj. (-ouàl). Sensuel, elle. ||-**ualidade** f. (-a-ad). Sensualité. ||-**ualista** m. et f. (-ichta). Sensualiste.
sentar|| vt. (sètar). Asseoir*. ||- -**se** vr. (-ç). S'asseoir*.
senten||**ça** f. (sétèça). Sentence. ||Jugement, m. [tribunal]. ||Opinion. ||-**ciar** vt. (-yar). Condamner. ||vi. Donner son avis. ||-**cioso, a** adj. (-yôsou, ôsa). Sentencieux, euse.
sentido, a adj. (sétidou, a). Senti, ie. ||Froissé, ée [melindrado]. ||Chagrin, ine; triste. ||s. m. Sens. ||Loc. *Em mau sentido*, en mauvaise part, f. *Perder os sentidos*, perdre connaissance. *Tomar sentido em*, prendre* soin de. *Tome sentido!* faites attention; prenez garde! ||interj. *Garde à vous!*
sentiment||**al** adj. (sē-ētàl). Sentimental, ale. ||-**alidade** f. (-a-ad). Sentimentalité. ||-**alismo** m. (-ijmou). Sentimentalisme. ||-**alista** adj. (-ichta). Sentimentaliste. ||s. m. et f. Sentimental, ale. ||-**o** m. (-ētou). Sentiment. ||pl. Condoléances, f. ||Loc. *Dar os sentimentos*, présenter ses condoléances.
sentina f. (sétina). Cabinet (m.) d'aisances. ||*Fig.* Sentine.
sentinela f. (sē-éla). Sentinelle. ||Loc. *Estar de sentinela*, être* de sentinelle, être* en faction.
sentir* || vt. et vi. (sètir). Sentir*. ||Éprouver [sentimentos]. ||Ressentir* [amizade, ódio]. Regretter [lamentar]. ||Loc. *Dar a sentir*, faire* remarquer. ||s. m. Sentiment. ||- -**se** vr. (-ç). Se sentir*. ||Se froisser [magoar-se].
separ||**ação** f. (separaçãou). Séparation : *separação de bens*, séparation

---

Itálico : acento tónico. ||V. página verde para a pronuncia figurada. ||*Verbo irreg. V. no final do livro.

SÉP — SER

de biens. ‖**-adamente** adv. (-adamèt). Séparément. ‖**-ado, a** adj. (-dou, a). Séparé, ée. ‖Loc. *Em separado*, séparément. ‖**-ador, a** adj. et s. m. (-adôr, a). Séparateur, trice. ‖**-ar** vt. (-ar). Séparer. ‖**-ar-se** vr. (-ç). Se séparer. ‖**-ata** f. (-ata). Tirage (m.) à part. ‖**-atismo** m. (-atíjmou). Séparatisme. ‖**-ável** adj. (-avèl). Séparable.
sépia m. (sèpya). Sépia.
septénio m. (sè-ènyou). Septénaire.
septicemia f. (-emía). Septicémie.
septingentésimo, a adj. num. (-ijẽtẽ-ou, a). Sept centième.
septuag‖**enário, a** adj. et s. (-ouajenaryou, a). Septuagénaire. ‖**-ésimo, a** adj. num. (-ézimou, a). Soixante-dixième.
séptu‖**or** m. (sè-ouor). Septuor. ‖**-plo, a** adj. num. et s. m. (-ou, a). Septuple.
sepul‖**cral** adj. (sepou-ràl). Sépulcral, ale. ‖**-cro** m. (-ou-ou). Sépulcre. ‖**-tar** vt. (-ar). Ensevelir. ‖**-to, a** adj. (-ou-ou, a). Enseveli, ie. ‖**-tura** f. (-oura). Sépulture.
sequaz m. (secouach). Sectateur.
sequeiro m. (sekáyrou). Terrain sec. ‖ Séchoir [lugar para secar].
sequ‖**ela** f. (secouèla). Séquelle. ‖**-ência** f. (-ouẽcya). Suite. ‖ Séquence [jogo].
sequer adv. (sekèr). U. dans la loc. *nem sequer*, pas même.
sequestr‖**ação** f. (sekechtraçáou). Séquestration. ‖**-ar** vt. (-ar). Séquestrer.
sequioso, a adj. (sekyósou, osa). Altéré, ée [sedento]. ‖ Aride, sec, sèche.
séquito m. (sèkitou). Suite, f.
ser* vi. (sér). Être*. ‖ *Observ.* C'est l'auxiliaire de la forme passive. ‖Loc. *Ainda que fosse*, fût-ce. *A não ser*, sinon. *A não ser que*, si ce n'est que, à moins que. *A ser assim*, cela étant. *A ser certo*, si c'est vrai. *Como quer que seja*, quoi qu'il en soit. *Era uma vez*, il était une fois. *Isto é*, c'est-à-dire. *Seja o que for*, quoi qu'il en soit. *Seja como for*, quoi que ce soit, n'importe quoi. *Seja quem for*, qui que ce soit, n'importe qui. *Vir a ser*, devenir*. ‖ s. m. Être.

ser‖**áfico, a** adj. (sera-ou, a). Séraphique. ‖**-afim** m. (-afĩ). Séraphin.
serão m. (seráou). Veillée, f., soirée, f.
serapilheira f. (sera-láyra). Serpillière.
sereia f. (seráya). Sirène.
seren‖**ar** vt. (serenar). Rasséréner. ‖ vi. Se rasséréner. ‖**-ata** f. (-ata). Sérénade. ‖**-idade** f. (-ad). Sérénité. ‖**-íssimo, a** adj. (-iç-ou, a). Sérénissime [Alteza]. ‖ Très serein, eine [muito calmo]. ‖**-o, a** adj. (-énou, a). Serein, eine. ‖ s. m. Serein [relento].
Sérgio n. pr. (sèrjyou). Serge.
seriação f. (seryaçáou). Sériation.
sèriamente adv. (ryamèt). Sérieusement.
seri‖**ar** vt. (seryar). Sérier. ‖**-ário, a** adj. (-yaryou, a). Sériaire.
sericicultura f. (ser-ou-oura). Sériciculture.
série f. (sèrye). Série.
seriedade f. (seryédad). Sérieux, m.
seriema f. (seryéma). *Br.* Sorte de petit émeu, m.
serin‖**ga** f. (seriga). Seringue. ‖**-gação** f. (-áou). *Fig.* Scie. ‖**-gada** f. (-ada). Jet (m.) de seringue. ‖**-gador** m. (-adôr). Raseur. ‖**-gar** vt. (-ar). Seringuer. ‖**-gueira** f. (-gáyra). Arbre (m.) à caoutchouc. ‖**-gueiro** m. (-ou). Manipulateur de caoutchouc.
sério, a adj. (sèryou, a). Sérieux, euse; honnête. ‖ adv. Sérieusement. ‖Loc. *(A) sério?* pour de bon? *Tomar a sério*, prendre* au sérieux.
sermão m. (sermáou). Sermon.
serôdio, a adj. (serôdyou, a). Tardif, ive.
serpão m. (serpáou). Serpolet.
serp‖**ear** vi. (serpyar). Serpenter. ‖**-entária** f. (-ètarya). Serpentaire. ‖**-entário** m. (-ou). Serpentaire. ‖**-ente** f. (-èt). Serpent, m. ‖**-entear** vi. (-yar). Serpenter. ‖**-entina** f. (-ína). Serpentin, m. ‖ Serpentine, f. [canhão]. ‖**-entino, a** adj. (-ínou, a). Serpentin, ine.
serra f. (sèrra). Scie. ‖ Montagne. ‖Loc. *Ir à serra*, monter à l'échelle. ‖**-ção** f. (se-áou). Sciage, m. ‖ Scierie [fábrica]. ‖**-dura** f. (-oura). Sciure. ‖ Sciage, m. [acção].

Lettres penchées : accent tonique. ‖V. page verte pour la prononciation figurée. ‖* Verbe irrég. V. à la fin du volume.

serralh‖aria f. (serralaría). Serrurerie. ‖-eiro m. (-âyrou). Serrurier.
serralho m. (serralou). Sérail.
serran‖ia f. (serranía). Chaîne de montagnes. ‖-o, a adj. et s. (-ânou, a). Montagnard, arde; paysan, anne.
serr‖ar vt. (serrar). Scier. ‖-aria f. (-aría). Scierie. ‖-eado, a adj. (-yadou, a). En scie. ‖-ilha f. (-íla). Dentelure. ‖-im m. (-ĩ). Sciure, f. ‖-inho m. (-ignou). Br. Sciure, f. ‖-ote m. (-ot). Scie (f.) à main.
sertã f. (sertã). Poêle à frire.
sert‖anejo, a adj. et s. (sertanâyjou, a). Des bois. ‖-ão m. (-ãou). Bois loin des côtes, bruyère, f. (terrain).
serva f. (sèrva). Servante. Esclave.
serv‖ente adj. et s. (servẽt). Domestique. ‖s. m. Artill. Servant. ‖-entia f. (-ía). Utilité, emploi, m. ‖Passage. m. ‖Loc. Dar serventia a, faire* métier de. ‖-içal adj. (-àl). Serviable. ‖s. m. et f. Domestique. ‖-iço m. (-içou). Service. ‖Loc. Criada para todo o serviço, bonne à tout faire. Prestar serviço, rendre service. Serviço pesado, gros ouvrage. ‖-idão f. (-ãou). Servitude. ‖-ido, a adj. (-ídou, a). Usagé, ée. ‖Loc. Ser servido, daigner, vouloir* bien. ‖-idor m. (-ór). Serviteur. ‖-il adj. (-íl). Servile. ‖-ilismo m. (-ijmou). Servilisme.
sérvio, a adj. et s. (sèrvyou, a). Serbe.
serv‖ir* vt. et vi. (servír). Servir*. ‖Loc. Estar a servir, être* en condition [criada]. Para que serve isso? Se servir*. ‖Daigner [dignar-se]. ‖-ível adj. (-ívèl). Utile. ‖-o m. (sè-ou). Serf. ‖Serviteur [criado]. ‖-o, a adj. (-a). Serf erve.
sessão f. (seçãou). Séance. ‖Session [Câmara; concílio].
sessar vt. (seçar). Br. Tamiser.
sessenta adj. num. (seçẽta). Soixante.
sest‖a f. (sèchta). Sieste : dormir a sesta, faire* la sieste. ‖-ear vi. (sechtyar). Faire* la sieste.
sestro, a adj. (sèchtrou, a). Gauche. ‖s. m. Destin. ‖Manie, f., fantaisie, f.
set‖a f. (sèta). Flèche. ‖-ada f. (setada). Coup (m.) de flèche.

‖-azinha f. (sèt-azigna). Fléchette.
sete adj. num. et s. m. (sèt). Sept.
setear vt. (setyar). Percer de flèches.
setecentos, as adj. num. (sètecẽtouch, ach). Sept cents.
seteira f. (setẽyra). Archière.
setembro m. (setẽbrou). Septembre.
setenta adj. num. (setẽta). Soixante-dix.
setentrional adj. (setẽtryounàl). Septentrional, ale.
sétim‖a f. (sè-a). Mus. Septième. ‖-o, a adj. num. (-ou, a). Septième.
seu, sua adj. et pron. poss. (séou, soua). Son, sa; leur [mais de um possuidor]. ‖Le sien, la sienne; le, la leur [pron.]. ‖Loc. Seu idiota! espèce d'idiot!
seva f. (sèva). Br. Corde à sécher le linge.
sevandija f. (sevãdija). Fig. Homme rampant, m.; parasite, m.
sevar vt. (sèvar). Br. Râper (du manioc).
sever‖idade f. (sever-ad). Sévérité. ‖-o, a adj. (-érou, a). Sévère.
sevicia f. (sevi-a). Sévice.
Sevilha n. pr. (sevíla). Séville.
sex‖agenário, a adj. et s. (sè-ajenaryou, a). Sexagénaire. ‖-agésimo, a adj. num. (-ê-ou, a). Soixantième. ‖-centésimo, a adj. num. (sàychcẽtè-ou, a). Six centième. ‖-enal adj. (sèkcenàl). Sezennal, ale. ‖-énio m. (-è-ou). Espace de six ans.
sexo m. (sè-ou). Sexe.
sexta‖ f. (sâychta). Sexte [hora]. ‖Mus. Sixte. ‖-feira f. (-âyra). Vendredi, m.
sext‖anista m. et f. (sâychtanichta). Élève de sixième année. ‖-ante m. (sechtãt). Sexant. ‖-eto m. (-étou). Sextuor. ‖-ilha ou -ina f. (-íla, ína). Sixain, m. ‖-o, a adj. num. (sâychtou, a). Sixième. ‖Six [rei, papa]. ‖s. m. Sixième.
sêxtuplo, a adj num. et s. m. (sâychtou-ou, a). Sextuple.
sexual adj. (sè-ouàl). Sexuel, elle. ‖-idade f. (-a-ad). Sexualité. ‖-ismo m. (-íjmou). Sexualisme.
sez‖ão f. (sezãou). Fièvre intermittente. ‖-onismo m. (-ounijmou). Paludisme.
si pron. (si). Soi. ‖Lui, elle, eux, elles. ‖Loc. Dizer de si para si, se

---

Itálico: acento tónico. ‖V. página verde para a pronúncia figurada. ‖*Verbo irreg. V. no final do livro.

SIA — SIN

dire*. *Em si*, en soi, de soi. *De per si*, isolément, tout seul. ‖conj. *Br*. Si.
siamês, esa adj. et s. (-améch, ésa). Siamois, *oise*.
Sião n. pr. (syâou). Siam. ‖Sion [montanha de Jerusalém].
Sibéria n. pr. (-èrya). Sibérie.
siberiano, a adj. et s. (-eryânou, a). Sibérien, *enne*.
sibil‖ante adj. et s. (-ât). Sifflant, *ante*. ‖**-ar** vi. (-ar). Siffler.
sicativo, a adj. et s. m. (-atívou, a). Siccatif, *ive*.
Sicília n. pr. (seci-a). Sicile.
siciliano, a adj. et s. (se-yânou, a). Sicilien, *enne*.
sicrano m. (-rânou). Un tel : *fulano e sicrano*, un tel et un tel.
sid‖eral adj. (-eràl). Sidéral, *ale*. ‖**-érico, a** adj. (-è-ou, a). Sidérique. ‖**-erurgia** f. (-erourjía). Sidérurgie. ‖**-erúrgico, a** adj. (-ou-ou, a). Sidérurgique.
sidra f. (sídra). Cidre, m.
sifão m. (-âou). Siphon.
sifilis f. (sífelich). Syphilis.
sifilítico, a adj. et s. (-lí-ou, a). Syphilitique.
sigilo m. (-ílou). Secret.
sigla f. (sí-a). Sigle, m.
signatário m. (-ghnatàryou). Signataire.
signific‖ação f. (-ghn-açâou). Signification. ‖**-ado** m. (-adou). Signification, f. ‖**-ar** vt. (-ar). Signifier. ‖**-ativo, a** adj. (-atívou, a). Significatif, *ive*.
signo m. (síghnou). Signe (zodíaque).
sílaba f. (sílaba). Syllabe.
sil‖êncio m. (-êcyou). Silence. ‖**-encioso, a** adj. (-yósou, osa). Silencieux, *euse*.
Silésia n. pr. (-è-a). Silésie.
silex m. (silèkç). Silex.
silfide f. (sí-). Sylphide.
silfo m. (sí-ou). Sylphe.
silhueta f. (-louéta). Silhouette.
sílica f. (sí-a). Silice.
silicato m. (-atou). Silicate.
silo m. (sílou). Silo.
silogismo m. (-oujíjmou). Syllogisme.
siluro m. (-ourou). Silure.
silv‖a f. (sí-a). Ronce. ‖**-ado** m. (-adou). Ronceraie, f. ‖**-ar** vi. (-ar).

Siffler. ‖**-eira** f. (-âyra). Ronce. ‖**-estre** adj. (-èchtr). Sauvage.
silvicultura f. (-ou-oura). Sylviculture.
silvo m. (sí-ou). Sifflement.
sim adv. (sî). Oui, si. ‖Loc. *Dar o sim, dire* le grand oui. *Dizer que sim, dire* oui. *Isso sim!* penses-tu!
Simão n. pr. (-âou). Simon.
simb‖ólico, a adj. (sîbo-ou, a). Symbolique. ‖**-olizar** vt. (-ou-ar). Symboliser.
símbolo m. (sîboulou). Symbole.
simetria f. (-etría). Symétrie.
simétrico, a adj. (-ètr-ou, a). Symétrique.
similesco, a adj. (-yéchcou, a). Simiesque.
similar adj. (-ar). Similaire.
sim‖ile m. (sí-). Ressemblance, f. ‖adj. Semblable.
similitude f. (-oud). Similitude.
simio m. (sí-ou). Singe.
simp‖atia f. (sipatía). Sympathie. ‖**-ático, a** adj. (-a-ou, a). Sympathique. ‖**-atizar** vi. (-a-ar). Sympathiser.
simples ‖adj. (síplech). Simple. ‖**-mente** adv. (-jmét). Simplement.
simpl‖icidade f. (sí-eç-ad). Simplicité. ‖**-icíssimo, a** adj. (-ícimou, a). Très simple. ‖**-ificação** f. (-açâou). Simplification. ‖**-ificar** vt. (-ar). Simplifier. ‖**-ista** adj. (-ichta). Simpliste. ‖**-ório, a** adj. (-oryou, a). Simple. ‖s. m. Bonhomme, benêt.
sim-senhor m. (sîcegnôr). Fam. Derrière.
simul‖ação f. (-oulaçâou). Simulation. ‖**-acro** m. (-acrou). Simulacre. ‖**-ado, a** adj. (-adou, a). Simulé, *ée*. ‖**-ador, a** adj. et s. (-adôr, a). Simulateur, *trice*. ‖**-ar** vt. (-ar). Simuler. ‖**-atório, a** adj. (-oryou, a). Feint, *einte*. ‖**-taneidade** f. (-anéydad). Simultanéité. ‖**-âneo, a** adj. (-ânyou, a). Simultané, *ée*.
sina f. (sína). Sort, m. ‖Loc. *Ler a sina*, dire* à quelqu'un son aventure.
sinagoga f. (-agoga). Synagogue.
sinal‖ m. (-àl). Signe. ‖Signal [aviso]. ‖Arrhes, f. pl. [dinheiro]. ‖Signature, f. ‖pl. Signalement, sing. [duma pessoa]. ‖Loc. *A um sinal*, sur un signal. *Em sinal de*, en témoignage de. *Fazer sinal a*,

---

Lettres penchées : accent tonique. ‖V. page verte pour la prononciation figurée. ‖* Verbe irrég. V. à la fin du volume.

faire* signe à. *Por sinal que,* à telles enseignes que. ‖**-eiro** m. (-al*ây*rou). Signal*eur* [soldado; empregado dos cam. de ferro]. ‖*Agent* de la circulation [polícia]. ‖**-ização** f. (-ação*ou*). Signalisation.

sinapismo m. (-ap*ij*mou). Sinapisme.

sincer‖idade f. (sic*er-ad*). Sincérité. ‖**-o, a** adj. (-êr*ou,* a). Sincère.

sinclinal m. (si-àl). Synclin*al.*

sincopar vt. (sicoup*ar*). Syncop*er*.

sincope f. (sic*oup*). Syncope.

sincr‖ónico, a adj. (sicro-*ou*, a). Synchron*ique.* ‖**-onizar** vt. (-ou-ar). Synchroniser.

sindic‖al adj. (si-àl). Syndical, *ale.* ‖**-alismo** m. (-alijmou). Syndicalisme. ‖**-alista** adj. et s. (-ichta). Syndicaliste. ‖**-ância** f. (-ansia). Enquête. ‖**-ar** vt. et vi. (-ar). *Faire** *une* enquête. ‖ **-ato** m. (-atou). Syndic*at.*

síndico f. (si-ou). Syndic.

sinecura f. (-ecoura). Sinécure.

sineiro m. (-âyrou). Sonn*eur.*

sinet‖a f. (-éta). Clochette. ‖**-e** m. (-ét). Cachet.

sinf‖onia f. (sifounia). Symphonie. ‖**-ónico, a** adj. (-o-ou, a). Symphonique.

Singapura n. pr. (sigapoura). Singapour.

singel‖eza f. (sijeléza). Simplicité. ‖**-o, a** adj. (-êlou, a). Simple.

singrar vi. (sigrar). Cingler.

singular‖ adj. et s. m. (sigoular). Singuli*er, ère.* ‖**-idade** f. (-a-ad). Singularité. ‖**-izar** vt. (-ar). Singulariser.

sinhá f. (-gna). *Br. pop.* Madame.

sinistr‖a f. (-ichtra). Main gauche. ‖**-ado, a** adj. et s. (-adou, a). Sinistré, *ée.* ‖**-ar** vi. (-ar). Subir un sinistre. ‖**-o** m. (-ichtrou). Sinistre. ‖**-o, a** adj. (-a, a). Sinistre. ‖*Gauche* [mão].

sino m. (sinou). Cloche, f.

sínodo m. (sinoudou). Synode.

sinónimo m. (-o-ou). Synonyme.

sint‖áctico, a adj. (sitat-ou, a). Syntactique. ‖**-axe** f. (-aç). Syntaxe.

sintese f. (sitêz). Synthèse.

sint‖ético, a adj. (sitê-ou, a). Synthétique. ‖**-etizar** vt. (-e-ar). Synthétiser.

sintom‖a m. (sitôma). Symptôme. ‖**-ático, a** adj. (-oum*a*-ou, a). Symptomatique. ‖**-atologia** f. (-atouloujia). Symptomatologie.

sintoniz‖ação f. (sitou-ac*ão*u). Syntonisation. ‖**-ar** vt. (-ar). Syntoniser.

sinu‖osidade f. (-ouou-*ad*). Sinuosité. ‖**-oso, a** adj. (-ôsou, osa). Sinu*eux, euse* ‖**-site** f. (-ít). Sinusite. ‖**-sóide** f. (-oyd). Sinusoïde.

Siracusa n. pr. (-rac*ou*sa). Syracuse.

sirg‖a f. (sirga). Cordelle. ‖Halage, m. [acção]. ‖**-ar** vt. (-ar). Haler.

sirgo m. (sirgou). Ver à soie.

Síria n. pr. (s*î*rya). Syrie.

sírio, a adj. et s. (sir*you*, a). Syri*en, enne.*

sísmico, a adj. (sij-ou, a). Sism*ique.* ‖**sism‖o** m. (sijmou). Séisme. ‖**-ógrafo** m. (-ografou). Sismographe. ‖**-ologia** f. (-ouloujia). Sismologie.

siso m. (sisou). Bon sens. ‖Loc. *Dente do siso,* dent (f.) de sagesse.

sistem‖a f. (-chtéma). Système. ‖**-ático, a** ad*j*. (-em*a*-ou, a). Systématique. ‖**-atizar** vt. (-a-ar). Systématiser.

sisal m. (-àl). Sisal.

sisud‖ez f. (-oudéch). Gravité, sérieux, m. ‖**-o, a** adj. (-oudou, a), sérieux, *euse* sage, sensé, ée.

sitiar vt. (-yar). Assiéger.

sítio m. (si-ou). Endroit. ‖Siège [cerco]. ‖Loc. *Pôr sítio a,* assiéger.

sito, a adj. (sitou, a). Sis, ise.

situ‖ação f. (-ouaç*ão*u). Situation. ‖**-ado, a** adj (-ouadou, a). Situé, ée. ‖**-ar** vt. (-ar). Situ*er*, placer.

só adj. (so). Seul *eule;* solitaire. ‖Loc. *A sós,* seul à seul. ‖adv. Seulement; ne... que [com verbos].

sol‖ada f. (so*u*da). Son, m. ‖Bruit, m., rumeur. ‖**-alha** f. (-la). Grelot.

soalheir‖a f. (soualâyra). Soleil brûlant, m. ‖**-o, a** adj. (a, a). Exposé, ée au soleil. ‖s. m. Lieu exposé au soleil.

soalho m. (soualou). Plancher.

sol‖ante adj. (souât). Sonnant, *ante.* ‖**-ar** vi. (-ar). Sonner. ‖vt. Sonner. ‖*Faire* sonner.* ‖ Annoncer.

sob prép. (sôb). Sous.

soba m. (soba). Roitelet africain.

sobej‖amente adv. (soubâyjamêt). Trop, excessivement. ‖**-ar** vi. (-ejar).

Itálico : acento tónico. ‖V. página verde para a pronúncia figurada. ‖*Verbo irreg. V. no final do livro.

FR.-PORTUG. —

SOB — SOB

Rester. ‖**-idão** f. (-ãou). Excès, m. ‖**-o, a** adj. (-ãyjou, a). Trop de. Énorme. ‖s. m. pl. Restes.
sober‖ania f. (soubêrania). Souveraineté. ‖**Hauteur, orgueil, m. ‖-ano, a** adj. et s. (-ânou, a). Souverain, aine.
soberb‖a f. (soubêrba). Superbe. ‖**-o, a** adj. (-ou, a). Superbe, orgueilleux, euse. ‖Magnifique.
sobra f. (sobra). Excédent, m. ‖pl. Restes, m. ‖Loc. *De sobra*, de trop.
sobraçar vt. (soubraçar). Prendre* sous le bras. ‖**- -se** vr. (-ç). Se donner le bras.
sobrad‖amente adv. (soubradamêt). Surabondamment. ‖**-o, a** adj. (-ãdou, a). Resté, ée. ‖Superflu, ue. ‖s. m. Plancher. ‖*Br.* Maison (f.) à étages.
sobral m. (soubrâl). Lieu planté de chênes-lièges.
sobran‖cear vi. (soubrãcyar). Dominer. ‖**-ceiro, a** adj. (-ãyrou, a). Élevé, ée. ‖Orgueilleux, euse. ‖**-celha** f. (-ãyla). Sourcíl, m. ‖**-ceria** f. (-eria). Morgue, contenance hautaine.
sobrar vi. (soubrar). Rester, être* de trop. ‖Excéder, surpasser.
sobre prép. (sôbr). Sur. ‖Loc. *Ir sobre alguem*, suivre* quelqu'un de près. *Sobre isto*, quant à cela ; de plus.
sobre‖aviso m. (sôbr(y)avisou). Avis anticipé. ‖Loc. *De sobreaviso*, prévenu. ‖**-carga** f. (-arga). Surcharge. ‖**-carregar** vt. (-karregar). Surcharger. ‖**-carta** f. (-arta). Seconde lettre sur le même sujet. ‖**-casaca** f. (-asaca). Redingote. ‖**-cenho** m. (-ãygnou). Renfrognement. ‖**-céu** m. (-éou). Ciel de lit. ‖**-dito, a** adj. (-itou, a). Susdit, ite. ‖**-doirar** ou **-dourar** vt. (-ôyrar, -ôr-). Surdorer. ‖**-erguer** vt. (-irghêr). Surélever. ‖**-exaltar** vt. (-isà-ar). Surexalter. ‖**-exceder** vt. (-echcedêr). Surpasser. ‖vi. Exceller. ‖**-excelente** adj. (-êt). Excellent, ente au suprême degré. ‖**-excitação** f. (-açãou). Surexcitation. ‖**-excitar** vt. (-ar). Surexciter. ‖**- -humano, a** adj. (-oumãnou, a). Surhumain, aine.
sobreir‖al m. (soubrâyràl). V. SOBRAL. ‖**-o** m. (-ãyrou). Chêne-liège.

sobre‖lanço m. (sôbrelãçou). Surenchère, f. ‖**-levar** vt. (-evar). Surmonter. ‖Supporter. ‖vi. Excéder. ‖Exceller, l'emporter [levar a palma]. ‖**-loja** f. (soubreloja). Entresol, m. ‖**-lotação** f. (sôbreloutaçãou). Surcharge d'un bateau. ‖**-maneira** adv. (- anâyra). Excessivement. ‖**-manhã** f. (-gnã). Point (m.) du jour. ‖**-mão** f. (-ãou). U. dans la loc. *de sobremão*, en perfection, à loisir. ‖**-mesa** f. (sou-ésa). Dessert, m. ‖**-modo** adv. (sô-odou). Extrêmement. ‖**-nadar** vi. (-adar). Surnager. ‖**-natural** adj. (-ourâl). Surnaturel, elle. ‖**-nome** m. (-ôm). Surnom. ‖**-nomear** vt. (-oumyar). Surnommer. ‖**-olhar** vt. (-ôlar). Regarder de haut en bas. ‖**-osso** m. (-yôçou). Suros. ‖**-paga** f. (-aga). Surpaye. ‖**-parto** m. (-artou). Temps qui suit les couches. ‖**-peliz** f. (-elich). Surplis, m. ‖**-pensar** vt. et vi. (-êçar). Penser mûrement (à). ‖**-peso** m. (-ésou). Surcharge, f. ‖**-por** vt. (-ôr). Superposer. ‖**-posição** f. (-ou-ãou). Superposition. ‖**-posse** adv. (-oç). Trop. ‖**-posto, a** adj. (-ôchtou, o-a). Superposé, ée. ‖s. m. pl. Passements. ‖**-pujante** adv. (-oujãt). Qui surpasse. ‖**-pujar** vt. (-ar). Excéder, surpasser. ‖vi. Exceller. ‖**-screver** vt. (-chcrevêr). Écrire* dessus. ‖**-scritar** vt. (-ar). Mettre* l'adresse. ‖**-scrito** m. (sou- -itou). Enveloppe, f. ‖**-ssair** vi. (-aìr). Ressortir*. ‖Se distinguer. ‖**-ssaltar** vt. (-à-ar). Alarmer. ‖**-ssaltar-se** vr. (-ç). S'effrayer. ‖**-ssalto** m. (-à-ou). Sursaut. ‖Loc. *Em sobressalto*, inquiet. ‖**-ssaturar** vt. (-atourar). Sursaturer. ‖**-sselente** adj. (-elét). De rechange. ‖s. m. Pièce (f.) de rechange. ‖**-star** vi. (-chtar). Surseoir*. ‖**-tarde** f. (-ard). Tombée de la nuit. ‖**-taxa** f. (-acha). Surtaxe. ‖**-toalha** f. (-ouala). Napperon, m. ‖**-tudo** m. (-oudou). Pardessus. ‖adv. Surtout. ‖**-vento** m. (-êtou). Coup de vent. ‖Le *vir*. ‖**-vir** vi. (-ir). Survenir*. ‖**-vivência** f. (-êcya). Survivance. ‖**-vivente** adj. et s. (-êt). Survivant, ante. ‖**-viver** vi. (-êr). Survivre*. ‖**-voar** vt. (-ouar). Survoler.
sobriedade f. (soubryédad). Sobriété.

Lettres penchées : accent tonique. ‖V. page verte pour la prononciation figurée. ‖* Verbe irrég. V. à la fin du volume.

SOB — SOL

sobrinh||**a** f. (soubrigna). Nièce. ||**-o** m. (-ou). Neveu.
sóbrio, a adj. (sobryou, a). Sobre.
sobrolho m. (soubrôlou). Sourcil.
socalco m. (soucà-ou). Assise, f.
socapa f. (soucapa). U. dans la loc. à socapa, sous cape, en cachette.
socar vt. (soucar). Gourmer, donner des coups de poing à. ||vi. Souquer.
socav||**a** f. (soucava). Fosse. ||**-ar** vt. (-avar). Creuser par-dessous.
soci||**abilidade** f. (sou-abl-ad). Sociabilité. ||**-abilizar** vt. (-ar). Sociabiliser. ||**-al** adj. (-àl). Social ale. ||**-alismo** m. (-alijmou). Socialisme. ||**-alista** adj. et s. (-alichta). Socialiste. ||**-alização** f. (-açãou). Socialisation. ||**-alizar** vt. (-ar). Socialiser. ||**-ável** adj. (-avèl). Sociable. ||**-edade** f. (-édad). Société. ||Loc. A alta sociedade, le grand monde, m.
sócio m. (socyou). Associé. ||Membre.
soci||**ologia** f. (sou-ouloujia). Sociologie. ||**-ológico, a** adj. (-o-ou, **a**). Sociologique. ||**-ólogo** m. (-olougou). Sociologue.
soco m. (socou). Socle. ||Sabot [tamanco]. ||Hist. Socque [de actores].
soco m. (sócou). Coup de poing. ||interj. Br. Sapristi! Peste! Haïe!
soçobr||**ar** vt. (souçoubrar). Submerger, couler à fond. ||vi. Sombrer. ||Fig. S'écrouler [arruinar-se]. ||**-o** m. (-ó-ou). Naufrage. ||Fig. Péril, danger.
socorr||**er** vt. (soucourrér). Secourir*. ||**-er-se** vr. (-ç). S'entraider. ||**-o** m. (ó-ou). Secours.
Sócrates n. pr. (socratech). Socrate.
soda f. (soda). Soude. ||Soda, m. (boisson).
sód||**ico, a** adj. (so-ou, **a**). Sodique. ||**-io** m. (-you). Sodium.
Sodoma n. pr. (soudôma). Sodome.
soerguer|| vt. (souirghér). Soulever. ||**-se** vr. (-ç). Se soulever.
sofá n. m. (soufa). Sofa, canapé.
Sofia n. pr. (soufia). Sophie.
Sófia n. pr. (so-a). Sofia.
sof||**isma** m. (soufijma). Sophisme. ||**-ismar** vt. (-ar). Fausser. ||vi. Faire* des sophismes. ||**-ista** m. et f. (-ichta). Sophiste. ||**-ístico, a** adj. (-ou, **a**). Sophistique.
Sófocles n. pr. (sofouclech). Sophocle.

sofrear vt. (soufryar). Réfréner.
sofredor, a adj. (soufredôr, **a**). Endurant, ante. ||s. m. et f. Celui, celle qui souffre.
sôfrego, a adj. (sôfregou, **a**). Goulu, ue.
sofreguidão f. (soufreghidãou). Avidité, goinfrerie, gloutonnerie.
sofr||**er** vt. et vi. (soufrér). Souffrir*. ||**-ido, a** adj. (-idou, **a**). Patient, ente. ||**-imento** m. (-étou). Souffrance, f. ||**-ível** adj. (-ivèl). Passable.
soga f. (soga). Corde grosse de jonc.
sogro, a m. et f. (sôgrou, so-**a**). Beau-père, belle-mère.
sol m. (sol). Soleil : está sol, il fait soleil. ||Mus. Sol.
sola f. (sola). Cuir, m. (de bœuf). ||Semelle [sapato]. ||Plante (du pied).
solama f. (sôláma). Br. Lumière forte.
solanácea f. (soulanacya). Solanacée.
solapa f. (soulapa). Excavation dissimulée. ||Lcc. À solapa, en cachette.
solap||**ado, a** adj. (soulapadou, **a**). Sapé, ée. ||Secret, ète. ||**-ar** vt. (-ar). Saper, miner. ||Cacher, dissimuler.
solar|| adj. (soular). Solaire. ||s. m. Manoir. ||**-engo, a** adj. (-arégou, **a**). Seigneurial, ule; noble.
solavanco m. (soulavacou). Cahot.
sold||**a** f. (so-**a**). Soudure. ||**-ada** f. (sô-oda). Gages, m. pl. ||**-adesca** f. (-adéchca). Soldatesque. ||**-ado** m. (-adou). Soldat. ||**-ador** m. (adôr). Soudeur. ||**-adura** f. (-oura). Soudure. ||**-agem** f. (-ajãy). Soudage, m. ||**-ar** vt. (-ar). Souder. ||**-o** m. (sô-ou). Solde, f., paye, f. ||Sou [moeda].
soledade f. (souledad). Solitude.
soleira f. (soulâyra). Seuil, m.
solen||**e** adj. (soulèn). Solennel, elle. ||**-idade** f. (-e-ad). Solennité. ||**-izar** vt. (-ar). Solenniser.
solerte f. (soulèrt). Rusé, ée.
soleta f. (soulèta). Semelle taillée.
soletrar vt. (souletrar). Épeler.
solfej||**ar** vt. et vi. (sô-ejar). Solfier. ||**-o** m. (-âyjou). Solfège.
solferino m. (sô-érinou). Br. Écarlate, f. (couleur).

Itálico : acento tónico. ||V. página verde para a pronúncia figurada. ||*Verbo irreg. V. no final do livro.

SOL — SON

solh||**a** f. (sóla). Flet, m. ||**-o** m. (-ou). Esturgeon. ||Plancher [soalho].
solicit||**ação** f. (sou-açáou). Sollicitation. ||**-ador** m. (-ôr). Avoué. ||**-ar** vt. (-ar). Solliciter.
solicito, a adj. (soulí-ou, **a**). Empressé ée d'une civilité attentive.
solicitude f. (sou-oud). Sollicitude.
solidão f. (sou-áou). Solitude.
solid||**ar** vt. (sou-ar). Consolider. ||**-ariedade** f. (-a-édad). Solidarité. ||**-ário, a** adj. (-áryou, **a**). Solidaire. ||**-arizar** vt. (-a-ar). Solidariser. ||**-arizar-se** vr. (-ç). Se solidariser. ||**-éu** m. (-éou). Calotte, f. ||**-ez** f. (-éch). Solidité. ||**-ificar** vt. (-ar). Solidifier. ||vi. et **-ificar-se** vr. (-ç). Se solidifier.
sólido, a adj. et s. m. (so-ou, **a**). Solide.
solilóquio m. (sou-okyou). Soliloque.
sólio m. (sólyou). Trône.
solípede m. (soulíped). Solipède.
solista m. et f. (soulíchta). Soliste.
solitári||**a** f. (sou-arya). Ver (m.) solitaire. ||**-o, a** adj. (-ou, **a**). Solitaire. ||s. m. Solitaire (anacoreta).
solo m. (solou). Sol. ||Mus. Solo.
sol-posto m. (so-ôchtou). Soleil couchant.
solstício m. (solchtí-ou). Solstice.
solt||**a** f. (sô-a). Entrave. ||Loc. À solta, en liberté. ||**-ar** vt. (-ar). Détacher, délier [desatar]. Lâcher [largar]. Élargir [preso]. Déferler [velas]. ||**-ar-se** vr. (-ç). Se détacher.
solteir||**ão** adj. et s. m. (sô-âyráou). Vieux garçon. ||**-o, a** adj. et s. (-âyrou, **a**). Célibataire. ||**-ona** adj. et s. (-ôna). Vieille fille.
solt||**o, a** adj. (sô-ou, **a**). Délié, ée lâché, ée [largado]. ||Relâché, ée [liberto]. ||Dégagé, ée; libre. ||Loc. Dormir a sono solto, dormir* profondément. ||**-ura** f. (-oura). Élargissement, m. [de preso]. ||Licence [desregramento]. ||Relâchement, m. [diarreia].
solu||**bilidade** f. (soulouhl-ad). Solubilité. ||**-ção** f. (-áou). Solution.
soluçar vi. (soulouçar). Sangloter. ||Mar. Tanguer.
solucionar vt. (soulou-ounar). Résoudre*.

soluço m. (soulouçou). Sanglot. ||Loc. Estar com soluços, avoir* le hoquet*.
soluto m. (soulouton). Soluté.
solúvel adj. (soulouvèl). Soluble.
solv||**ência** f. (sô-êcya). Solvabilité. ||**-ente** adj. (-êt). Solvable. ||**-er** vt. (-ér). Acquitter. ||**-ível** adj. (-ivèl). Solvable.
som m. (sô). Son. ||Loc. Alto e bom som, haut et clair. Sem tom nem som, sans rime ni raison.
som||**a** f. (soma). Somme. ||Addition [operação]. ||**-ar** vt. (soumar). Sommer, additionner.
som||**ático, a** adj. (souma-ou, **a**). Somatique. ||**-atologia** f. (-atoulojía). Somatologie.
somatório m. (soumatoryou). Sommation, f.
sombr||**a** f. (sôbra). Ombre. ||Loc. De má sombra, de mauvaise mine. Nem por sombras, aucunement, nullement. ||**-eado** m. (-yadou). Ombres, f. pl. ||**-eado, a** adj. (-a). Ombré, ée [desenho]. ||**-ear** vt. (-yar). Ombrer [desenho]. ||Faire [cobrir de sombra]. ||**-inha** f. (-ígna). Ombrelle. ||**-io, a** adj. (-íou, **a**). Sombre.
somenos adj. (souménouch). Inférieur, eure.
somente adv. (somêt). Seulement.
sonâmbulo, a adj. et s. (sounâboulou, **a**). Somnambule.
son||**ante** adj. (sounát). Sonnant, ante. ||**-ata** f. (-ata). Sonate.
sond||**a** f. (sôda). Sonde. ||**-agem** f. (-ájay). Sondage. ||**-ar** vt. (-ar). Sonder.
soneca f. (sounèca). Fam. Petit somme, m.
soneg||**ação** f. (sounegaçáou). Recèlement, m. ||**-adamente** adv. (-adamét). En recelant. ||**-ar** vt. (-ar). Receler.
sonet||**ista** m. et f. (sounetíchta). Auteur de sonnets. ||**-o** m. (-étou). Sonnet.
sonh||**ador, a** adj. et s. (sougnadôr, **a**). Songeur euse. ||**-ar** vt. et vi. (-ar). Rêver, songer. ||**-o** m. (sô-ou). Rêve, songe.
sonido m. (sounídou). Son, bruit.
sono m. (sônou). Sommeil. ||Loc. Dormir um sono, faire* un somme. Tirar o sono, empêcher de dormir. ||**-lência** f. (sou-ê-a). Somnolence.

Lettres penchées : accent tonique. ||V. page verte pour la prononciation figurée. ||* Verbe irrég. V. à la fin du volume.

||**-lento, a** adj. (-étou, a). Somnolent, ente.
sonor||**idade** f. (sounour-ad). Sonorité. ||**-izar** vt. (-ar). Sonoriser. ||**-o, a** adj. (-orou, a). Sonore.
sonso, a adj. (sôçou, a). Sournois, oise.
sopa f. (sôpa). Potage, m., soupe. || Loc. *Molhado como uma sopa*, trempé comme une soupe.
sopapo m. (soupapou). Soufflet. || *Br* Crépi d'argile jetée à la main.
sopé m. (soupè). Bas, pied.
sopeir||**a** f. (soupâyra). *Pop.* Bonne (servante). ||**-o, a** adj. (-ou, a). Soupier, ère. ||**s.** m. Mangeur de soupe. || Parasite.
sopesar vt. (soupesar). Soupeser.
soporif||**ero, a** adj. (soupouríferou, a). Soporifère. ||**-ico, a** adj. (-ou, a). Soporifique.
soprano m. (souprânou). Soprano.
sopr||**ar** vt. et vi. (souprar). Souffler. ||**-o** m. (sô-ou). Souffle.
sordidez f. (sour-éch). Sordidité.
sórdido, a adj. (sor-ou, a). Sordide.
sorn||**a** f. (sorna). Lenteur. ||adj. et s. Lambin, ine; lent, ente. ||**-ar** vi. (sou-ar). Lambiner.
soro m. (sôrou). Sérum. || Petit lait.
sóror f. (soror). Sœur (religieuse).
sorrateiro, a adj. (sourratâyrou, a). Sournois, oise; rusé, ée; malin, igne.
sorrelfa f. (sourrè-a). Matoiserie. || Loc. *À sorrelfa*, en tapinois.
sorri||**dente** adj. (sour-êt). Souriant, ante. ||**-r*** vi. (-ír). Sourire*. ||**-iso** m. (-ísou). Sourire.
sorte f. (sort). Sort, m. || Chance, veine (pop.) [felicidade]. || Sorte, espèce. || Loc. *À sorte*, au petit bonheur. *Estar com sorte*, être* en veine. *Por sorte*, par bonheur. *Pouca sorte*, déveine. *Sorte grande*, gros lot, m. *Tirar à sorte*, tirer au sort.
sort||**eado, a** adj. (sourtyadou, a). Tiré ée au sort. ||**-ear** vt. (-yar). Tirer au sort. ||**-eio** m. (-âyou). Tirage au sort. ||**-ido, a** adj. (-ídou, a). Assorti, ie. ||**s.** m. Assortiment. ||**-ilégio** m. (-è-ou). Sortilège. ||**-ir** vt. (-ír). Assortir. ||vi. Avoir* en partage.
sorumbático, a adj. (sourûba-ou, a).

Sombre, morose, bourru, ue; chagrin, ine.
sorved||**oiro** ou **-ouro** m. (sourvedôyrou, -ôr-). Gouffre.
sorveira f. (sourvâyra). Sorbier, m.
sorver vt. (sourvér). Humer.
sorvet||**e** m. (sourvét). Sorbet. ||**-eira** f. (-etâyra) Sorbetière.
sorvo m. (sôrvou). Trait (boissons).
sósia m. (so-a). Sosie.
soslaio m. (soujlayou). U. dans la loc. *de soslaio*, de biais, de travers.
sosseg||**ado, a** adj. (soucegadou, a). Tranquille. ||**-ar** vt. (-ar). Tranquilliser. ||vi. Se tranquilliser. ||**-o** m. (-égou). Tranquillité, f., calme.
sota f. (sota). Valet, m. (jeu de cartes). ||m. Postillon.
sotaina f. (soutayna). Soutane.
sótão m. (sotãou). Grenier.
sotaque m. (soutac). Accent (prononciation particulière).
sotavento m. (-avêtou). Côté sous le vent (du vaisseau).
soterrar vt. (souterrar). Enterrer.
sotopor* vt. (soutoupôr). Mettre* dessous.
soturno, a adj. (soutournou, a). Sombre.
souto m. (sôtou). Châtaigneraie, f.
sova f. (sova). Volée de coups.
sovaco m. (souvacou). Aisselle, f.
sovar vt. (souvar). Rosser.
sovela f. (souvèla). Alêne.
soviético, a adj. et s. (souvyè-ou, a). Soviétique.
sovin||**a** m. (souvína). Pince-maille. ||adj. Chiche. ||**-ice** f. (-iç). Ladrerie.
sozinho, a adj. (sozignou, a). Seulet, ette; tout, *n*ute seul, eule.
suaçu m. (souaçou). *Br*. Cerf.
su||**ado, a** adj. (souadou, a). Couvert, erte de sueur. ||**-adoiro** ou **-adouro** m. (-adôyrou, -ôr-). Suée, f. || Sudorifique [remédio]. ||**-ão** m. (-ãou). Vent du sud. ||**-ar** vt. et vi. (-ar). Suer.
suástica f. (souach-a). Swastica, m.
suav||**e** adj. (souav). Suave, doux, ouce. ||**-idade** f. (a-ad). Suavité, douceur. ||**-izar** (-ar). Adoucir.
subagudo, a adj. (soubagoudou, a). Subaigu, uë.
subaltern||**izar** vt. (sou-à-er-ar). Subalterniser. ||**-o, a** adj. et s. m. Subalterne.

Itálico : acento tônico. ||V. página verde para a pronúncia figurada. ||*Verbo irreg. V. no final do livro.

SUB — SUB

subaquático, a adj. (soubacoua-ou, a). Subaquatique.
subarrend‖**amento** m. (soubarrẽdamẽtou). Sous-location, f. ‖**-ar** vt. (-ar). Sous-louer. ‖**-atário** a m. et f. (-ataryou, a). Sous-locataire.
sub‖**chefe** m. (sou-ẽf). Sous-chef. ‖**-consciente** adj. et s. m. (-õchcyẽt). Subconscient, ente.
subdeleg‖**ação** f. (sou-elegaçãou). Subdélégation. ‖**-ado** m. (-adou). Subdélégué. ‖**-ar** vt. (-ar). Subdéléguer.
subdirec‖**ção** f. (sou-rèçãou). Sous-direction. ‖**-tor, a** m. et f. (-ôr, a). Sous-directeur, trice.
súbdito m. (sou-ou). Sujet (soumis à une autorité souveraine).
subdivi‖**dir** vt. (sou-ev-ír). Subdiviser. ‖**-são** f. (-ãou). Subdivision. ‖**-sível** adj. (-ívèl). Subdivisible.
subentend‖**er** vt. (soubẽtẽdér). Sous-entendre. ‖**-ido, a** adj. et s. m. (-ídou, a). Sous-entendu, ue.
subespécie f. (soubechpè-e). Sous-espèce.
subi‖**da** f. (soubída). Montée, ascension. ‖**-damente** adv. (-ẽt). Hautement. ‖**-do, a** adj. (-ídou, a). Haut, e.
subin‖**spector** m. (soubíchpètôr). Sous-inspecteur. ‖**-tendência** f. (-ẽdẽ-a). Sous-intendance. ‖**-tendente** m. (-ẽt). Sous-intendant.
subir* vt. et vi. (soubír). Monter. ‖ Exalter.
súbito, a adj. (sou-ou). Subit, ite; soudain, aine. ‖ Loc. De súbito, soudain.
subjacente adj. (sou-acẽt). Sous-jacent, ente; subjacent, ente.
subjectiv‖**ar** vt. (sou-èt-ar). Subjectiver. ‖**-idade** f. (-ad). Subjectivité. ‖**-o, a** adj. (-ívou, a). Subjectif, ive.
subjugar vt. (sou-ougar). Subjuguer.
sublev‖**ação** f. (sou-evaçãou). Soulèvement, m. ‖**-ar** vt. (-ar). Soulever. ‖**-ar-se** vr. (-ç). Se soulever.
sublim‖**ado, a** adj. et s. m. (sou-adou, a). Sublimé, ée. ‖**-ar** vt. (-ar). Sublimer. ‖ Fig. Agrandir. ‖**-e** adj. (-ím). Sublime.
sublinhar vt. (sou-gnar). Souligner.
subloc‖**ação** f. (sou-oucaçãou). Sous-location. ‖**-ar** vt. (-ar). Sous-louer.
submarino, a adj. et s. m. (sou-aríno, a). Sous-marin, ine.

submer‖**gir** vt. (sou-erjír). Submerger. ‖**-são** f. (-ãou). Submersion. ‖**-sível** adj. (-ívèl). Submersible. ‖**-so, a** (-è-ou, a). Submergé, ée.
subm‖**eter** vt. (sou-etér). Soumettre*. ‖**-issão** f. (-ãou). Soumission. ‖**-isso, a** adj. (-íçou, a). Soumis, ise.
subordin‖**ação** f. (soubour-açãou). Subordination. ‖**-ada** f. (-ada). Proposition subordonnée. ‖**-ado, a** adj. et s. m. (-ou, a). Subordonné, ée. ‖**-ar** vt. (-ar). Subordonner.
suborn‖**ar** vt. (soubournar). Suborner. ‖**-ável** adj. (-avèl). Qui peut être suborné, ée. ‖**-o** m. (-ô-ou). Subornation, f.
subrepticio, a adj. (soubrr-ícyou, a). Subreptice.
subscr‖**ever** vt. et vi. (soubchcrevér). Souscrire*. ‖**-ição** f. (-ãou). Souscription. ‖**-itor** m. (-ôr). Souscripteur.
subse‖**cretário** m. (sou-ecretaryou). Sous-secrétaire. ‖**-quente** adj. (-couẽt). Subséquent, ente.
subservi‖**ência** f. (sou-er-yẽcya). Servilité. ‖**-ente** adj. (-yẽt). Servile.
subsidi‖**ar** vt. (sou-yar). Donner un subside à. ‖**-ário, a** adj. (-aryou, a). Subsidiaire.
subsidio m. (sou-í-ou). Subside.
subsist‖**ência** f. (sou-chtẽ-a). Subsistance. ‖**-ente** adj. (-ẽt). Subsistant, ante. ‖**-ir** vi. (-ír). Subsister.
subsolo m. (sou-olou). Sous-sol.
substância f. (soubchtã-a). Substance.
substan‖**cial** adj. (soubehtãcyàl). Substantiel, elle. ‖**-cializar** vt. (-a-ar). Substantialiser. ‖**-ciar** vt. (-yar). Fortifier. ‖**-cioso, a** adj. (-yôsou, a). Substantiel, elle. ‖**-tivar** vt. (-ar). Substantiver. ‖**-tivo** m. (-ívou). Substantif (nom).
substitu‖**ição** f. (soubch-ou-ãou). Substitution, remplacement, m. ‖**-inte** adj. (-ít). Qui remplace. ‖**-ir*** vt. (-ír). Remplacer, se substituer à. ‖**-ível** adj. (-ívèl). Remplaçable. ‖**-to, a** adj. et s. (-outou, a). Suppléant, ante; remplaçant, ante.
substrato m. (soubchtratou). Substratum.
subterfúgio m. (sou-erfou-ou). Subterfuge.
subterrâneo, a adj. et s. m. (sou-errãnyou, a). Souterrain, aine.

Lettres penchées : accent tonique. ‖ V. page verte pour la prononciation figurée. ‖ * Verbe irrég. V. à la fin du volume.

SUB — SUM

subtil‖ adj. (sou-íl). Subt*i*l, *i*le. ‖**-eza** f. (-éz*a*). Subtilit*é*. ‖**-izar** vt. et vi. (-*a*r). Subtiliser.
subtr‖**acção** f. (sou-açãou). Soustraction. ‖**-air*** vt. (-*a*ír). Soustr*ai*re*. ‖**-air-se*** vr. (-ç). Se soustr*ai*re*.
subtropical adj. (sou-rou-àl). Subtropic*a*l, *a*le.
sub‖**urbano, a** adj. (soubourhânou, a). Suburb*ai*n, *ai*ne. ‖**-úrbio** m. (-ou-ou). Faubourg, alent*ou*rs, pl.
subven‖**ção** f. (sou-ēçãou). Subvention. ‖**-cionar** vt. (-oun*a*r). Subventionner.
subver‖**são** f. (sou-ersãou). Subversion. ‖**-sivo, a** adj. (-ívou, a). Subvers*i*f, *i*ve. ‖**-sor, a** adj. et s. m. (-ôr a). Qui trouble, qui renverse. ‖**-ter** vt. (-ér). Renverser.
sucata f. (souc*a*ta). Ferr*ai*lle.
suce‖**dâneo, a** adj. et s. m. (soucedânyou, a). Succédan*é*, *é*e. ‖**-der** vi. (-ér). Succéder. ‖**Arriver**. ‖**-dido** m. (-ídou). Événement. ‖**-são** f. (-ãou). Succession. ‖**-ssivamente** adv. (-amêt). Successivement. ‖**-ssivo, a** adj. (-ívou, a). Success*i*f, *i*ve. ‖**-sso m**. (-èçou). Événement. ‖Succès, issue quelconque, f. ‖**-ssor, a** m. et f. (-ôr, a). Successeur, m.
súcia f. (sou-a). Clique. ‖B*a*nde.
sucinto, a adj. (soucítou, a). Succinct, *i*ncte.
suc‖**o m**. (soucou). Suc. ‖**-ulento, a** adj. (-étou, a). Succulent *e*nte.
sucumbir vi. (soucubír). Succomber.
sucursal f. (soucursàl). Succurs*a*le.
sud‖**ação** f. (soudaçãou). Sudation. ‖**-ário** m. (-aryou). Su*ai*re.
sud‖**este** m. (soudècht). V. SUESTE. ‖**-oeste** m. (-ouècht). Sud-ouest.
sudorí‖**fero, a** adj. (soudourí*f*erou, a). Sudorifère. ‖**-fico, a** adj. et s. m. (-ou, a). Sudorifique. ‖**-paro, a** adj. (-arou, a). Sudoripare.
Suécia n. pr. (souè-a). Suède.
sueco, a adj. et s. (souècou, a). Suédois, *oi*se.
sueste m. (souèchte). Sud-est.
sufici‖**ência** f. (sou-yē-a). Suffis*a*nce. ‖**-ente** adj. (-yēt). Suffisant, *a*nte. ‖ s. m. Assez bien [nota]. ‖adv. Assez [bast*a*nte].
sufoc‖**ação** f. (soufoucaçãou). Suffo-

cation. ‖**-ar** vt. et vi. (-*a*r). Suffoquer, étouff*e*r.
sufrag‖**âneo, a** adj. et s. m. (soufragãnyou, a). Suffragant, m. ‖**-ar** vt. (-*a*r). Secour*i*r* par des suffrages (âmes).
sufrágio m. ‣soufr*a*-ou). Suffrage.
sug‖**adoiro** ou **-ouro** m. (sougadôyrou, -ôr-). Suço*i*r. ‖**-ar** vt. (-*a*r). Sucer.
suge‖**rir*** vt. (souj*e*rír). Suggérer. ‖**-stão** f. (-chtãou). Suggestion. ‖**-stionar** vt. (-oun*a*r). Suggestionner. ‖**-stionável** adj. (-*a*vèl). Facile à suggestionner. ‖**-stivo, a** adj. (-ívou, a). Suggest*i*f, *i*ve.
suíça f. (souíça). Favori, m. (b*a*rbe).
Suíça n. pr. (souíça). Suisse.
suic‖**ida** m. et f. (sou-íd*a*). Suicide ‖adj. Suicid*é*, *é*e. ‖**-idar-se** vr. (-ç). Se suicider. ‖**-ídio** m. (-ídyou). Suic*í*de (meurtre de soi-même).
suíço, a adj. (souíçou, a). Suisse ‖ s. m. et f. Suisse, esse.
suíno m. (souínou). Cochon, porc.
sujar vt. (souj*a*r). Sal*i*r, souiller.
sujeição f. (souj*a*yçãou). Sujétion.
sujeira f. (soujàyra). Salet*é*.
sujeit‖**ar** vt. (soujàyt*a*r). Assujettir ‖**-ar-se** vr. (-ç). S'assujett*i*r. ‖**-o, a** adj. (-âytou, a). Assujetti íe; sujet, ette. ‖s. m. Sujet.
suj‖**idade** f. (sou-ad). Salet*é*. ‖**-o, a** adj. (soujou, a). S*a*le.
sul m. (soul). Sud.
sulc‖**ar** vt. (sou-*a*r). Sillonner. ‖**-o** m. (sou-ou). Sillon.
sulf‖**atador** m. (sou-atadôr). Sulfateur. ‖**-atagem** f. (-*a*jäy). Sulfat*a*ge, m. ‖**-atar** vt. (-*a*r). Sulfater. ‖**-ato** m. (-atou). Sulf*a*te. ‖**-ito** m. (-ítou). Su*l*fite. ‖**-uração** f. (-ouraçãou). Sulfuration. ‖**-urar** vt. (-our*a*r). Sulfurer. ‖**-úreo, a** adj. (-ouryou, a). Sulfureux, *e*use. ‖**-ureto** m. (-étou). Sulf*u*re. ‖**-úrico, a** adj. (-*u*r-ou, a). Sulfurique. ‖**-urizar** vt. (-*a*r). Sulfuriser. ‖**-uroso, a** adj. (-ôsou, osa). Sulfur*eu*x, *eu*se.
sulista adj. (soulíçta). Br. Brésili*e*n, *e*nne du Sud.
Sulpício n. pr. (sou-íçyou). Sulpice.
sultão m. (sou-ãou). Sultan.
sum‖**a** f. (sum*a*). Somme, abrégé,

Itálico : acento tônico. ‖V. página verde para a prnúncia figurada. ‖*Verbo irreg. V. no final do livro.

SUM — SUR

m. : *em suma*, en somme. ‖**-mente** adv. (*-ēt*). Extrêmement.
sumarento, a adj. (soum*arētou*, a). Juteux, *euse*.
sum‖àriamente adv. (sou-*ryamēt*). Sommairement. ‖**-ariar** vt. (*-aryar*). Résumer. ‖**-ário, a** adj. et s. m. (*-aryou*, a). Sommaire.
suma‖úma f. (soum*aouma*). Kapok, m. ‖**-umeira** f. (*-àyra*). Kapokier, m.
sumiço m. (soumi*çou*). Disparition, f. ‖ Loc. *Levar sumiço*, disparaître*.
sumidade f. (sou-*ad*). Sommité.
sumid‖o, a adj. (soumidou, a). Éteint, *einte*; effacé, *ée*. ‖**-oiro** ou **-ouro** m. (*-ōyrou*, *-ōr-*). Épanchoir. ‖*Fig.* Gouffre.
sumir* ‖ vt. (soum*ir*). Faire* disparaître. ‖**-se** vr. (-ç). Disparaître*.
sum‖o m. (soumou). Jus. ‖**-o, a** adj. (-a). Suprême. ‖ Loc. *O sumo pontifice*, le souverain pontife.
sumptu‖osidade f. (sũ-ouou-*ad*). Somptuosité. ‖**-oso, a** adj. (-*ōsou*, osa). Somptueux, *euse*.
súmula f. (soumoula). Court abrégé, m.
suor m. (sou*or*). Sueur, f. : *com o suor do (seu) rosto*, à la sueur de son front.
superabund‖ância f. (soupèrabũdã--a). Surabondance. ‖**-ante** adj. (*-ãt*). Surabondant, *ante*. ‖**-ar** vi. (*-ar*). Surabonder.
superar vt. (souper*ar*). Surmonter.
super‖ficial adj. (souper-*yàl*). Superficiel, *elle*. ‖**-ficialidade** f. (-*a-ad*). Superficialité. ‖**-ficie** f. (*-icye*). Superficie, surface. ‖**-fino, a** adj. (*-è-inou*, a). Superfin, *ine*.
sup‖èrfluamente adv. (soupèr-oua-mēt). Inutilement. ‖**-erfluidade** f. (*-e-ad*). Superfluité. ‖**-érfluo, a** adj. (*-è-ou*, a). Superflu, *ue*; inutile.
superintend‖ência f. (souperitēdē-a). Surintendance. ‖**-ente** m. et f. (*-ēt*). Surintendant, *ante*. ‖**-er** vt. et vi. (*-ér*). Diriger.
superior‖, a adj. et s. (soupery*òr*, a). Supérieur, *eure*. ‖**-idade** f. (*-ou-ad*). Supériorité. ‖**-mente** adv. (*-ēt*). Supérieurement.
superlativo, a adj. et s. m. (soup*er*lativou, a). Superlatif, *ive*.

superno, a adj. (soupèrnou, a). Supérieur, *eure*. ‖*Fig.* Excellent, *ente*.
supersti‖ção f. (souperch-*āou*). Superstition. ‖**-cioso, a** adj. (*-yôsou*, osa). Superstitieux, *euse*.
suplantar vt. (sou-*lãtar*). Supplanter.
suplement‖ar adj. (sou-em*ētar*). Supplémentaire. ‖**-o** m. (*-ētou*). Supplément.
suplente adj. et s. (sou-*ēt*). Suppléant, *ante*.
súplica f. (sou-a). Supplication. ‖ Supplique [requerimento].
suplic‖ante adj. et s. (sou-*āt*). Suppliant, *ante*. ‖**-ar** vt. (*-ar*). Supplier.
supl‖iciar vt. (sou-*yar*). Supplicier. ‖**-ício** m. (*-i-ou*). Supplice.
supor* vt. (soup*ôr*). Supposer.
suport‖ar vt. (soupourt*ar*). Supporter. ‖**-ável** adj. (*-avèl*). Supportable. ‖**-e** m. (*-ort*). Support.
suposi‖ção f. (soupou-*āou*). Supposition. ‖**-tório** m. (*-oryou*). Suppositoire.
suposto, a adj. (soup*ôchtou*, o-a). Supposé, *ée*. ‖ s. m. Suppôt [filosofia].
supra‖citado, a adj. (supra-*adou*, a). Précité, *ée*. ‖**-dito, a** adj. (*-itou*, a). Susdit, *ite*. ‖**-numerário, a** adj. (*-oumerāryou*, a). Surnuméraire.
suprem‖acia f. (soupremacia). Suprématie. ‖**-o, a** adj. (*-émou*, a). Suprême.
supress‖ão f. (soupreç*āou*). Suppression. ‖**-ivo, a** adj. (*-ivou*, a). Suppressif, *ive*.
supr‖imento m. (soupr-*ētou*). Suppléance, f. ‖ Supplément. ‖ Subside. ‖**-imir** vt. (soupr-*ir*). Supprimer. ‖**-ir** vt. et vi. (soupr*ir*). Suppléer.
supur‖ação f. (soupoura*çāou*). Suppuration. ‖**-ar** vi. (*-ar*). Suppurer.
surd‖ez f. (sourd*éch*). Surdité. ‖**-ir** vi. (*-ir*). Sourdre. ‖**-o, a** adj. et s. (*-ourdou*, a). Sourd, *ourde* : *surdo como uma porta*, sourd comme un pot. ‖**-o-mudo, a** adj. et s. (*-oudou*, a). Sourd-muet, sourde-muette.
surg‖idoiro ou **-idouro** m. (sour-*ôyrou*, *-ōr-*). Mouillage (lieu). ‖**-ir** vi. (*-ir*). Surgir. ‖*Mar.* Aborder.
surpre‖endente adj. (soupryêdēt). Surprenant, *ante*. ‖**-ender** vt. (*-ér*). Surprendre. ‖**-sa** f. (*-ésa*). Sur-

---

Lettres penchées : accent tonique. ‖V. page verte pour la prononciation figurée. ‖* Verbe irrég. V. à la fin du volume.

SUR — TAC

prise. ‖**-so, a** adj. (-ou, a). Surpr*i*s*e*; étonné, ée.
surra f. (s*ou*rra). *Pop.* Volée de coups.
surr‖**ão** m. (sourr*ão*u). Panetière f. (berger). ‖**-ar** vt. (-ç). Étriller. ‖**-ar-se** vr. (-ç). Se râper, s'user.
surribar vt. (sourr-ar). Défoncer.
surripiar vt. (sourr-*y*ar). Filouter.
surt‖**ida** f. (sourt*i*da). Sort*i*e(attaque). ‖**-ir** vt. (-ir). Produ*i*re*. ‖ vi. Avoir* son effet. ‖**-o** m. (sou-ou). Essor. ‖**-o, a** adj. (-a). Mouillé, ée.
suscept‖**ibilidade** f. (souchcètibl-*a*d). Susceptibilité. ‖**-ibilizar** vt. (-ar). Froisser. ‖**-ível** adj. (-*i*vèl). Susceptible.
suscitar vt. (souchç-ar). Susciter.
suseran‖**ia** f. (souser*a*n*i*a). Suzeraineté. ‖**-o, a** adj. et s. (-*â*nou, a). Suzer*a*in, *a*ine.
suspei‖**ção** f. (souchpâyç*ão*u). Suspic*i*on. ‖**-ta** f. (-*â*yta). Soupçon, m. ‖**-tar** vt. et vi. (-ar). Soupçonner. ‖**-to, a** adj. (-*â*ytou, a). Suspect, ecte. ‖**-toso, a** adj. (-*ó*sou, osa). Soupçonneux, *eu*se.
suspen‖**der** vt. (souchpēd*é*r). Suspendre. ‖**-der-se** vr. (-ç). Se suspendre. ‖**-são** f. (-*ão*u). Suspens*i*on. ‖*Mus.* Point (m.) d'orgue. ‖**-so, a** adj. (-êçou, a). Suspend*u*, *u*e. ‖**-sório, m.** (-*o*ryou). Suspens*oi*r. ‖pl. Bretelles, f. (pour soutenir le pantalon).
suspic‖**ácia** f. (souch-*a*-a). Défiance. ‖**-az** adj. (-*o*ch). Défiant, *a*nte.
suspir‖**ado, a** adj. (souch-r*a*dou, a). Soupiré, ée. ‖**-ar** vi. (-ar). Soupirer. ‖**-o** m. (-*i*rou). Soupir.
sussurr‖**ar** vi (souçourr*a*r). Susurrer, bru*i*re*. ‖**-o** m. (-ou-ou). Bruissement, susu*r*rement.
sustar vt. (so*u*cht*a*r). Arrêter.
sustent‖**ação** f. (souchtētaç*ão*u). Soutien, m.; maint*ie*n, m.; sustentation. ‖**-áculo** m. (*-a*couloui). Soutien. ‖**-ar** vt. (-ar). Soutenir*, appuyer. Nourrir (alimentar). ‖ Affirmer. ‖**-ar-se** vr. (-ç). Se soutenir*. ‖ Se nourrir. ‖**-ável** adj. (-*a*vèl). Soutenable. ‖**-o** m. (-*ê*tou). Nourriture, f. ‖ App*u*i, soutien.
suster* ‖ vt. (soucht*é*r). Soutenir*. Nourrir, alimenter. ‖ Réprimer. ‖**- -se*** vr. (-ç). Se soutenir*. ‖ Se contenir*.
susto m. (s*ou*chtou). Peur, f. ‖ Loc. *Ser só o sust*o, en être* quitte pour la peur.
sutur‖**a** f. (s*ou*t*ou*ra). Suture. ‖**-ar** vt. (-ar). Suturer.

T

taba‖**caria** f. (tabacar*i*a). Bureau (m.) de tabac. ‖**-co** m. (-acou). Tabac. ‖**-queira** f. (-ak*â*yra). Tabat*i*ère.
tabaréu m. (tabar*ê*ou). *Br.* Rustre.
tabel‖**a** f. (tab*e*la). Table, tabl*eau*, m. ‖ Tarif, m. [preços]. ‖ Bande [bilhar]. ‖**-ado, a** adj. (-el*a*dou, a). Tarifé, ée. ‖**-amento** m. (-am*ē*tou). Fixation (f.) des prix. ‖**-ar** vt. (-ar). Tarifer. ‖**-ião** m. (-*ão*u). Not*a*ire.
tabern‖**a** f. (tab*è*rna). Cabaret, m., taverne. ‖**-áculo** m. (-e-acoulou). Tabern*a*cle. ‖**-eiro**, a m. et f. (-*â*yrou, a). Cabaret*i*er, *è*re; tavernier, ère.
tabique m. (tab*i*c). Cloison, f.
tablado m. (ta-*a*dou). Scène, f. | **taboca** f. (-oca). *Br.* Espèce de bambou, m. ‖ Leurre, m. [logro]. ‖ Déception.
tábua f. (tab*ou*a). Planche. ‖ Table [logaritmos, etc.].
tabu‖**lada** f. (tab*ou*ada). Livre (m.) des quatre rēgles. ‖**-inha** f. (-*i*gna). Planchette. ‖pl. Jalous*i*e, sing. (fenêtre). ‖ Tablettes (hist.).
tabul‖**ador** m. (taboulad*ó*r). Tabulateur. ‖**-eiro** m. (-*â*yrou). Plateau à servir. ‖ Tabl*i*er (pont). ‖ Échiqu*i*er [xadrez]. ‖ Dam*i*er [damas]. ‖**-eta** f. (-*ê*ta). Enseigne.
taça f. (taça. Coupe (à boire).
tacanho, a adj. (tac*â*gnou, a). Borné, ée (fig.). ‖ Étroit, *oi*te [estreito].
tacão m. (tac*ão*u). Talon (botte).
tach‖**a** f. (ta-a). Broquette. ‖**-ar** vt.

Itálico : acento tónico. ‖ V. página verde para a pronúncia figurada. ‖ *Verbo irreg. V. no final do livro.

TÁC — TAN

(ta-ar). Qualifier. ‖-o m. (ta-ou). Casserole, f.
tácito, a adj. (ta-ou, a). Tacite.
taciturno, a adj. (ta-ournou, a). Taciturne, silencieux, euse.
taco m. (tacou). Queue, f. (billard). ‖ Tampon.
tactear vt. (tatyar). Tâter. ‖ vi. Tâtonner.
táctico, a adj. et s. f. (tat-ou, a). Tactique. ‖ s. m. Tacticien.
tacto m. (tatou). Toucher, tact.
tafetá m. (tafeta). Taffetas.
taful adj. (tafoul). Coquet, ette.
tagarel ‖ a adj. et s (tagarèla). Bavard, arde. ‖ -ar vi. (-elar). Bavarder. ‖ -ice f. (-iç). Bavardage, m.
taiaçu m. (tayaçou). Br. Sorte de sanglier.
tainha f. (taigna). Cabot, m.
taip ‖ a f. (taypa). Mur (m.) de pisé. ‖ -al m. (-ál). Volet (boutique). ‖ Ridelle, f. (tombereau) [carroça].
Taiti n. pr. (ta-i). Tahiti, Taïti.
tal pron. et adj. (tàl). Tel, elle. ‖ Loc. *E tal*, et quelques. *Não esperar por tal*, ne pas s'y attendre. *Outro que tal*, voilà son pareil. *Que tal?* qu'en dites-vous? *Tal como*, tel que. *Um tal João*, un nommé Jean.
tala f. (tala). Éclisse. ‖ Loc. *Ver-se em talas*, être* aux abois.
talagarça f. (talagarça). Canevas, m.
tálamo m. (talamou). Lit nuptial.
talante m. (talất). Gré, caprice : *a seu (belo) talante*, à son gré.
talão m. (talãou). Souche, f. (reçu).
talar vt. (talar). Ravager. ‖ adj. Qui descend jusqu'aux talons.
talco m. (tà-ou). Talc.
talent ‖ **aço** m. (talètaçou). Fam. Grand talent. ‖ -o m. (-étou). Talent. ‖ -oso, a adj. (-ósou, osa). Talentueux, euse (fam.), qui a du talent.
talh ‖ a f. (tala). Taille. ‖ Fontaine (vaisseau de grès, etc.). ‖ -ada f. (talada). Tranche. ‖ -ado, a adj. (-adou, a). Taillé, ée. ‖ Sculpté, ée. ‖ s. m. Br. Gorge, f., fondrière, f. ‖ -ão m. (-ãou). Planche, f. (jardin). ‖ -ar vt. (-ar). Tailler. ‖ vi. Se cailler [leite]. ‖ -ar-se vr. (-ç). Se fendre. ‖ -e m. (tal). Taille, f. ‖ -er m. (talèr). Couvert, m.

Taille, f. ‖ Boucherie, f. (au Portugal) [de carne]. ‖ Loc. *Vir a talho de foice*, tomber à propos, à pic [fam.] (dans la conversation).
talião m. (talyãou). Talion.
talisca f. (talichca). Lèche.
talo m. (talou). Tige, f. ‖ Trognon [couve].
talqualmente adv. (tà-ouà-èt). De même, également.
taluda f. (talouda). Pop. Gros lot, m.
talude m. (taloud). Talus.
taludo, a adj. (taloudou, a). Grand, ande.
talvegue m. (tà-èg). Thalweg.
talvez adv. (tà-éch). Peut-être.
tamanco m. (tamãcou). Sabot, m.
tamanduá m. (tamãdoua). Tamandua.
tamanho, a adj. (tamãgnou, a). Si grand, ande. ‖ s. m. Grandeur, f., grosseur, f.
tamanqueiro m. (tamãkâyrou). Sabotier.
tâmara f. (tâmara). Datte.
tamareira f. (tamarâyra). Dattier, m.
tambeiro, a adj. (tâbâyrou, a). *Br. du S.* Doux, ouce (bétail).
também conj. (tãbẽy). Aussi ; non plus.
tambo m. (tãbou). Br. Ferme, f.
tambor m. (tãbôr). Tambour. ‖ -il m. (-ouríl). Tambourin. ‖ -ilada f. (-ada). Tambourinage, m. ‖ -ilar vi. (-ar). Tambouriner. ‖ -ileiro m. (-âyrou). Tambourineur. ‖ -im m. (-ĩ). V. TAMBORIL.
Tamisa n. pr. (tamisa). Tamise, f.
tamisar vt. (ta-ar). Tamiser.
tamp ‖ a f. (tãpa). Couvercle, m. ‖ -ão m. (-ãou). Tampon. ‖ -o m. (tãpou). Table, f. (d'un instrument à cordes).
tanga f. (tãga). Pagne, m.
tang ‖ **edor** m. (tãjedôr). Joueur (mus.). ‖ -ência f. (-ê-a). Tangence. ‖ -ente adj. et s. f. (-êt). Tangent, ente : *escapar pela tangente*, s'échapper par la tangente. ‖ -er vt. (-ér). Jouer (mus.). ‖ Sonner [sinos]. ‖ Toucher [bois, etc.].
Tânger n. pr. (tãjer). Tanger.
tangerin ‖ a f. (tãjerina). Mandarine. ‖ -eira f. (-âyra). Mandarinier, m.
tangível adj. (tãjívèl). Tangible.
tango m. (tãgou). Tango.
tânico, a adj. (tã-ou, a). Tannique.
tanino m. (taninou). Tan(n)in.

Lettres penchées : accent tonique. ‖ V. page verte pour la prononciation figurée. ‖ * Verbe irrég. V. à la fin du volume.

tano‖aria f. (tanouaría). Tonnellerie. ‖**-eiro** m. (-áyrou). Tonnelier.
tanque m. (tãe). Réservoir d'eau. ‖Tank, char d'assaut.
tantã m. (tãtã). Tam-tam.
tanto, a adj. et pron. (tãtou, a). Autant, tant. ‖Loc. *As tantas horas*, à telle heure. *Há tanto tempo*, il y a si longtemps. *Tanta gente!* que de monde! *Tantas vezes*, si souvent, (au) tant de fois. *Trinta e tantos*, trente et quelques. ‖s. m. Tant. ‖Loc. *Outro tanto*, autant. *Três tantos de*, trois fois plus grand que. ‖adv. Autant, tant. ‖Loc. *Se tanto*, tout au plus. *Tanto mais*, d'autant plus. *Tanto menos*, d'autant moins. *Tanto monta*, autant vaut. *Tanto pior*, tant pis.
tão adv. (tãou). Aussi, si; autant, tant.
tap‖ada f. (tapɐda). Parc, m., clos, m. ‖**-a-olho(s)** m. (tapadlou, -olouch). Gifle, f., soufflet. ‖**-ar** vt. (tapɐr). Boucher, couvrir*. ‖Murer [porta, etc.].
tape‖ação f. (-yação). *Br*. Tromperie. ‖**-ar** vt. (-yɐr). *Br*. Tromper.
tapeçaria f. (tapeçaría). Tapisserie.
tapera f. (-èra). *Br*. Masure. ‖adj. Inhabité, ée; abandonné, ée.
tapet‖e m. (tapét). Tapis : *tapete rolante*, tapis roulant. ‖**-eiro** m. (-etɐyrou). Tapissier.
tapicuri m. (-ouri). *Br*. Vin de manioc.
tapinhas f. pl. (tapignach). *Br*. Petits coups, m.
tapioca f. (tapyoca). Tapioca, m.
tapona f. (tapóna). *Pop*. Coups, m. pl.
tapume m. (tapoum). Clôture, f., haie, f.
taquar‖a f. (-ouara). *Br*. Bambou, m. ‖**-al** m. (-àl). *Br*. Bois de bambou.
taqu‖icardia f. (takicardía). Tachycardie. ‖**-igrafar** vt. (-rafɐr). Sténographier. ‖**-igrafia** f. (-ía). Sténographie. ‖**-ígrafo, a** m. et f. (-í-ou). Sténographe.
tara‖ f. (tara). Tare. ‖**-do, a** adj. (taradou, a). Taré, ée.
taramel‖a f. (taramèla). Traquet, m. [moinho]. ‖*Fig*. Crécelle. ‖Loc. *Dar à taramela*, bavarder. ‖**-ar** vi. (-elɐr). Bavarder.

tarântula f. (tarãtoula). Tarentule.
tarar vt. (tarɐr). Tarer.
tard‖ança f. (tardãça). Retard, m. ‖**-ar** vt. (-ɐr). Retarder. ‖vi. Tarder. ‖Loc. *O mais tardar*, au plus tard. *Sem mais tardar*, sur le champ. ‖**-e** f. (tɐrd). Après-midi, m. ‖Loc. *Boa(s) tarde(s)!* bonjour! ‖adv. Tard. ‖Loc. *Faz-se tarde*, il se fait tard. *Mais vale tarde que nunca*, mieux vaut tard que jamais. ‖**-Inha** f. (ta-ígna). Tombée du jour. ‖**-io, a** adj. (-íou, a). Tardif, ive. ‖**-o, a** adj. (ta-ou, a). Lent, ente; tardif, ive.
tarecos m. pl. (tarècouch). Vieux meubles.
tarefa f. (tarèfa). Tâche. ‖*Br*. *Agr*. Matin, m.
tareia f. (tarãya). Volée de coups.
tarif‖a f. (tarifa). Tarif, m. ‖**-ar** (-ɐr). Tarifer.
tarimba f. (tarĩba). Bat-flanc, m.
tarj‖a f. (tarja). Bordure. ‖**-ado, a** adj. (ta-adou, a). Entouré, ée d'une bordure.
tarrax‖a f. (tarracha). Vis. ‖**-ar** vt. (-a-ɐr). V. ATARRAXAR.
tarro m. (tɐrrou). Baquet à lait.
tarso m. (tɐrsou). Tarse.
tartamud‖ear vi. (tartamoudyɐr). Bégayer. ‖**-o, a** adj. et s. (-oudou, a). Bègue.
tartárico, a adj. (tartɐr-ou, a). Tartrique.
tártaro m. (tɐrtarou).Tartre [dentes]. ‖Tartare [inferno].
tartaruga f. (tartarouga). Tortue.
tasca f. (tɐsca). Gargote.
Tasmânia n. pr. (tajmãnya). Tasmanie.
tasquinhar vt. (tachkignɐr). Mangeot(t)er, pignocher.
tatalar vi. t-ɐr). *Br*. Claquer.
tatu m. (tatou). Tatou.
tatu‖agem f. (tatouajãy). Tatouage, m. ‖**-ar** vt. (-ɐr). Tatouer.
taumaturgo m. (taoumɐtourgou). Thaumaturge.
taur‖ino, a adj. (taourínou, a). Qui a rapport au taureau. ‖**-omaquia** f. (-oumakía). Tauromachie.
tautologia f. (taoutouloujía). Tautologie.
tavão m. (tavãou). Taon.

Itálico : acento tônico. ‖V. página verde para a pronúncia figurada. ‖*Verbo irreg. V. no final do livro.

tavern‖a f. e **-eiro** m. (tavèrna, e-âyrou). V. TABERNA e TABERNEIRO.
taxi‖a f. (tacha). Taxe. ‖ **Taux**, m. [juros]. ‖ **-ação** f. (ta-ãou). Taxation. ‖ **-ar** vt. (-ár). Taxer. ‖ Limiter.
táxi m. (takç). Taxi.
taxímetro m. (ta-ímetrou). Taximètre.
te pron. pers. (te). Te, toi.
tear m. (tyar). Métier à tisser.
teatr‖al adj. (tyatrál). Théâtral, ale. ‖ **-o** m. (tyá-ou). Théâtre.
Tebas n. pr. (tèbach). Thèbes.
tec‖edeira f. (tecedáyra). Tisserande. ‖ **-elagem** f. (-ajãy). Tissage, m. ‖ **-elão** m. (-ãou). Tisserand. ‖ **-er** vt. (-ér). Tisser. ‖ Fig. Ourdir. ‖ Loc. Tecer o elogio de, faire* l'éloge de. Tecer os pauzinhos (Br.), tenir* les ficelles. ‖ **-ido** m. (-ídou). Tissu.
tecl‖a f. (tè-a). Touche. ‖ **-ado** m. (-ádou). Clavier.
técnic‖a f. (tè-a). Technique. ‖ **-o, a** adj. (-ou a). Technique. ‖ s. m. Technicien.
tect‖o m. (tètou). Plafond. ‖ **-ónica** f. (-o-a). Tectonique.
tédio m. (tèdyou). Dégoût.
tegumento m. (tegoumêtou). Tégument.
teia f. (tâya). Toile. ‖ Barre [tribunal]. ‖ Canevas, m. [obra]. ‖ Intrigue.
teim‖a f. (tâyma). Opiniâtreté, entêtement, m. ‖ **-ar** vi. (-ar). S'entêter. ‖ **-osia** f. (-ousia). Opiniâtreté. ‖ **-oso, a** adj. (-ôsou, osa). Têtu, ue.
teixo m. (tâychou). If.
tejadilho m. (tejadíllou). Impériale, f.
Tejo n. pr. (tèjou). Tage.
tela f. (tèla). Toile; tissu, m.
telefon‖adela f. (telefounadèla). Coup (m.) de téléphone. ‖ **-ar** vt. et vi. (-ar). Téléphoner. ‖ **-em** m. (-on). Téléphone. ‖ **-ema** m. (-éma). Communication (f.) téléphonique. ‖ **-ia** f. (ounía). Téléphonie.
telef‖ónico, a adj. (telefó-ou, a). Téléphonique. ‖ **-onista** m. et f. (-ounichta). Téléphoniste.
telefotogr‖afia f. (telefoutougrafía). Téléphotographie. ‖ **-áfico, a** adj. (-a-ou, a). Téléphotographique.
telegr‖afar vt. et vi. (telegrafár). Télégraphier. ‖ **-afia** f. (-ía). Télégraphie. ‖ **-áfico, a** adj. (-a-ou, a). Télégraphique. ‖ **-afista** m. et f. (-afíchta). Télégraphiste.
telégrafo m. (telègrafou). Télégraphe.
telegrama m. (telegráma). Télégramme.
telémetro m. (telèmetrou). Télémètre.
telep‖atia f. (telepatía). Télépathie. ‖ **-ático, a** adj. (-a-ou, a). Télépathique.
tele‖scópio m. (telechcópyou). Télescope. ‖ **-visão** f. (-ãou). Télévision.
telh‖a f. (tâyla). Tuile. ‖ Fam. Maboulisme, m. ‖ **-ado** m. (telãdou). Toit. ‖ **-al** m. (telál). Tuilerie, f. ‖ **-eiro** m. (-âyrou). Hangar. ‖ Briquetier. ‖ **-udo, a** adj. (-oudou, a). Maniaque.
telúrico, a adj. (telour-ou, a). Tellurique.
tem‖a m. (téma). Thème. ‖ **-ático, a** adj. (tema-ou, a). Thématique.
tem‖ente adj. (temêt). Craintif, ive. ‖ **-er** vt. (-ér). Craindre*. ‖ **-erário, a** adj. (-eráryou, a). Téméraire. ‖ **-eridade** f. (-ad). Témérité. ‖ **-eroso, a** adj. (-ôsou, osa). Redoutable. ‖ Peureux, euse. ‖ **-ido, a** adj. (-ídou, a). Craint, ainte. ‖ **-ível** adj. (-ivèl). Redoutable. ‖ **-or** m. (-ôr). Crainte, f. peur, f.
têmpera f. (têpera). Trempe.
temper‖ado, a adj. (têperadou, a). Assaisonné, ée [iguaria]. ‖ Trempé, ée [aço]. ‖ Tempéré, ée; modéré, ée. ‖ **-amento** m. (-amétou). Tempérament. ‖ **-ança** f. (-ãça). Tempérance. ‖ **-ar** vt. (-ar). Assaisonner [comida]. ‖ Tremper [têmpera]. ‖ Tempérer, modérer. ‖ Accorder [instrumento]. ‖ **-atura** f. (-atoura). Température. ‖ **-o** m. (-érou). Assaisonnement, accommodage.
tempest‖ade f. (tepechtad). Tempête. ‖ **-uoso, a** adj. (-ouôsou, osa). Tempêtueux, euse; orageux, euse.
templário m. (tê-áryou). Templier.
templo m. (tê-ou). Temple.
tempo m. (têpou). Temps. ‖ Loc. Antes de tempo, avant le temps. Ao mesmo tempo, en même temps. Com o andar do tempo, à la longue. Está bom tempo, il fait beau (temps) Está mau tempo, il fait mauvais.

Lettres penchées = accent tonique. ‖ V. page verte pour la prononciation figurée. ‖ * Verbe irrég. V. à la fin du volume.

Fora de tempo, après coup. *Há muito tempo*, il y a longtemps. *Muito tempo*, longtemps. *No tempo de*, au temps de. *O tempo está de chuva*, le temps est à la pluie. *Tanto tempo como*, aussi longtemps que. *Ter tempo para*, avoir* le temps de.

tempor‖ada f. (tẽpour*ada*). Laps (m.) de temps. ‖**-al** m. (-*ál*). Orage. ‖adj. Temporal [ossos]. ‖ Temporel, elle. ‖**-ão, ã** adj. (-*ãou, ã*). Hâtif, ive. ‖**-ário, a** adj. (-*aryou, a*). Temporaire.

têmporas f. pl. (tẽpour*ach*). Quatre temps, m.

temporiz‖ação f. (tẽpour-açãou). Temporisation. ‖**-ar** vi. (-*ar*). Temporiser. ‖vt. Différer.

ten‖acidade f. (tena-*ad*). Ténacité. ‖**-az** adj. (-*ach*). Tenace. ‖s. f. Tenaille.

tenca f. (tẽca). Tanche.

ten‖ção f. (tẽçãou). Intention. ‖ Tenson [poética]. ‖ Loc. *Fazer* (ou *ter*) *tenção de*, avoir* l'intention de. ‖**-cionar** vt. (-*ounar*). Avoir* l'intention de, compter.

tenda f. (tẽda). Tente. ‖Boutique.

tend‖ão m. (tẽd*ãou*). Tendon. ‖**-eiro, a** m. et f. (-*áyrou, a*). Boutiquier, ère. ‖**-ência** f. (-*ẽcya*). Tendance. ‖**-encioso, a** adj. (-*yôsou, osa*). Tendancieux, euse. ‖**-er** vt. (-*ér*). Étendre. ‖vi. Tendre à.

tênder m. (tẽdẽr). Tender.

tenebroso, a adj. (tenebrôsou, osa). Ténébreux, euse.

tenência f. (tenẽcya). Lieutenance. ‖*Br.* Fermeté, énergie. ‖ Habitude.

tenente m. (tenẽt). Lieutenant. ‖Loc. *Segundo tenente*, enseigne de vaisseau.

tenesmo m. (tenéjmou). Ténesme.

ténia f. (tènya). Ténia, m.

ténis m. (tènich). Tennis.

tenor m. (tenôr). Ténor.

tens‖ão m. (tẽçãou). Tension. ‖**-o, a** adj. (tẽçou, a). Tendu, ue. ‖**-or** m. (-ôr). Tenseur.

tent‖ação f. (tẽtaçãou). Tentation. ‖**-acular** adj. (-*oular*). Tentaculaire. ‖**-áculo** m. (-*acoulou*). Tentacule. ‖**-ador, a** adj. et s. m. (-*ôr, a*). Tentateur, trice. ‖**-âmen** m. (-ámén). Tentative, f. ‖**-ar** vt. (-*ar*).

Tenter, essayer. ‖**-ativa** f. (-*ativa*). Tentative. ‖**-ear** vt. (-*yar*). Tâter (terrain). ‖Mesurer.

tentilhão m. (tẽ-lãou). Pinson.

tento m. (tẽtou). Attention, f. ‖Point (au jeu). ‖But [futebol]. ‖Appui-nain [pintor].

ténue adj. (tènoue). Ténu, ue; subtil, ile.

tenuidade f. (tenou-*ad*). Ténuité.

teobromina f. (tyoubroumina). Théobromine.

teo‖cracia f. (tyoucracia). Théocratie. ‖**-logia** f. (-*oujía*). Théologie. ‖**-lógico, a** adj. (-*o-ou, a*). Théologique.

teólogo m. tyolougou). Théologien.

teor‖ m. (tyór). Teneur, f. ‖Principe. ‖**-ema** m. (-*ouréma*). Théorème. ‖**-ia f.** (-*ía*). Théorie.

teórico, a adj. (tyor-ou, a). Théorique. ‖s. m. Théoricien.

teorizar vt. (tyour-*ar*). Théoriser.

tepidez f. (te-éch). T:déeur.

tépido, a acj. (tê-ou, a). Tiède.

ter‖ vt. ·*tér*). Avoir*. ‖Tenir* [manter; segurar]. ‖Loc. *Não tens nada com isso*, cela ne te regarde pas. *Ir ter a*, aboutir à. *Ir ter com*, aller* trouver. *Ter com que*, avoir* de quoi. *Ter de*, devoir*, avoir* à. *Ter em muito*, faire* grand cas. *Ter falta de*, manquer de. *Ter febre*, avoir* la fièvre. *Ter necessidade*, avoir* besoin. *Ter paciência*, prendre* patience. *Ter para si*, être* d'avis. *Ter por*, réputer. ‖**- -se** vr. (-ç). Se tenir*.

terapêutico, a adj. et s. f. (terapéou-ou, a). Thérapeutique.

terça adj. (tér*ça*). Troisième. ‖s. f. Tiers, m. ‖terça parte]. ‖Tierce.

terç‖ã f. (ter*çã*). Fièvre tierce. ‖**-ado, m** (-*adou*). Coutelas (épée). ‖**-a-feira** f. (té-afáyra). Mardi, m. ‖**-ar** vt. (tə-*ar*). Mettre* en travers (armes). ‖vi. Combattre* pour.

terc‖eira f. (terçáyra). *Mus.* Tierce. ‖**-eiramente** adv. (-ét). Troisièmement. ‖**-eiranista** m. et f. (-*íchta*). Élève de troisième année. ‖**-eiro, a** adj. (-áyrou, a). Troisième. ‖Trois [reis, papas]. ‖**-eto** m. (-étou). Tercet. ‖*Mus.* Trio. ‖**-iário, a** adj. (-yaryou, a). Tertiaire.

terciopelo m. (tercyoupélou). Velours.

Itálico : acento tónico. ‖V. página verde para a pronúncia figurada. ‖*Verbo irreg.* V. no final do livro.

TER — TES 710

terço m. (térçou). Tiers. ‖ Chapelet [de rosário]. ‖ Régiment.
terçol m. (terçol). Orgelet; compèreloriot.
terebint‖ina f. (terebitína). Térébenthine. ‖-**o** m. (-ĭtou). Térébinthe.
Terêncio n. pr. (terĕcyou). Térence.
Teresa n. pr. (terésa). Thérèse.
tergiversa‖ção f. (ter-ersaçáou). Tergiversation. ‖-**ar** vi. (-ar). Tergiverser.
term‖al adj. (termál). Thermal, ale. ‖-**as** f. pl. (té-ach). Thermes.
térmico, a adj. (tèr-ou, a). Thermique.
termin‖ação f. (ter-açáou). Terminaison. ‖-**al** adj. (-ál). Terminal, ale. ‖-**ante** adj. (-át). Décisif, ive. ‖-**ar** vt. (-ar). Terminer. ‖ vi. Se terminer [gram.]. ‖ Finir, être* terminé.
término m. (tér-ou). Fin, f. ‖ Terminus [linha de comboio, etc.].
terminologia f. (ter-ouloujía). Terminologie.
térmite f. (tèr-). Termite, m.
termo m. (termou). Bouteille (f.) thermos.
termo m. (tèrmou). Terme. ‖ Loc. *Levar a bom termo*, mener à fin. *Por outros termos*, en d'autres termes. *Pôr termo a*, mettre* fin à. *Sem termo*, sans fin. ‖ *Jurispr.* Acte. ‖ Territoire. ‖pl. Manières, f., façons, f. ‖ Loc. *Em termos*, en règle.
termo‖dinâmica f. (tèrmo-d-a). Thermodynamique. ‖-**genia** f. (-enía). Thermogénie.
termómetro m. (termometrou). Thermomètre.
Termópilas n. pr. (termo-ach). Termopyles.
termóstato m. (tèrmochtatou). Thermostat.
ternário, a adj. (ternaryou, a). Ternaire.
terneiro m. (ternéyrou). *Br.* Bouvillon.
tern‖o, a adj. (tèrnou, a). Tendre. ‖ s. m. Terne [loto]. ‖ Trois [cartas, dominó]. ‖ *Br.* Complet. ‖-**ura** f. (te-oura). Tendresse.
terra f. (tèrra). Terre. ‖ Loc. *A minha terra*, mon pays, m. *Deitar por terra*, terrasser [derrubar]; jeter à terre. *Estar por terra*, être* à terre. *Pôr pé em terra*, mettre* pied à terre. *Terra natal*, pays natal, m.
terra‖ço m. (terraçou). Terrasse, f. ‖-**moto** m. (-amotou). Tremblement de terre. ‖-**-nova** m. (tè-ova). Terreneuve. ‖-**plenagem** f. (te-enajãy). Terrassement, m. ‖-**plenar** vt. (-ar). Terrasser (munir de terre).
terre‖al adj. (terryál). Terrestre. ‖-**iro** m. (-ăyrou). Place, f. ‖-**moto** m. (-emotou). Tremblement de terre. ‖-**no, a** adj. (-énou, a). Terrestre. ‖ s. m. Terrain.
térreo, a adj. (tèrryou, a). Terrestre. ‖ Terreux, euse [terroso]. ‖ Loc. *Casa térrea*, maison sans étage.
terrestre adj. (terréchtr). Terrestre.
terr‖ificante adj. (ter-át). Terrifiant, ante. ‖-**ificar** vt. (-ar). Terrifier. ‖-**ífico, a** adj. (-í-ou, a). Terrifiant, ante.
terrina f. (terrína). Soupière.
terri‖ola f. (terryola). Hameau, m. ‖-**torial** adj. (-ouryál). Territorial, ale. ‖-**tório** m. (-oryou). Territoire.
terr‖ível adj. (terrìvèl). Terrible. ‖-**or** m. (-ôr). Terreur, f. ‖-**orismo** m. (-ourijmou). Terrorisme. ‖-**orista** adj. et s. (-íchta). Terroriste.
terroso, a adj. (terrôsou, osa). Terreux, euse.
terso, a adj. (tèrsou, a). Luisant, ante.
tertúlia f. (tertoulya). Réunion.
Tertuliano n. pr. (tertoulyánou). Tertulien.
tese f. (tèz). Thèse : *defesa de tese*, soutenance de thèse.
Teseu n. pr. (teséou). Thésée.
teso, a adj. (tésou, a). Tendu, ue. ‖ Brave. ‖ Violent, ente. ‖ Fort, orte. ‖ s. m. Tertre.
tesour‖ ou **tesoir‖a** f. (tesôra, -ôy-). Ciseaux, m. pl. ‖-**ada** f. (-ada). Coup (m.) de ciseaux. ‖-**aria** f. (-aria).Trésorerie. ‖-**eiro-o** m. (-ãyrou). Trésorier. ‖-**o** m. (-ô(y)rou). Trésor.
Tessália n. pr. (teçalya). Thessalie.
tessitura f. (te-oura). Tessiture.
test‖a f. (tèchta). Front, m. ‖ Loc. *testa coroada*, tête couronnée. ‖-**ada** f. (te-ada). Partie de la rue devant

Lettres penchées : accent tonique. ‖V. page verte pour la prononciation figurée. ‖ Verbe irrég. V. à la fin du volume.*

une maison. ||Loc. *Varrer a testada*, s'en laver les mains.
testador, a m. et f. (techtadôr, a). Testateur, trice.
testament||**ário, a** adj. (techtamêtaryou, a). Testamentaire. ||**-eiro** m. (-áyrou). [Héritier] testamentaire. ||**-o** m. (-étou). Testament.
test||**ar** vi. (techtar). Tester. ||vt. Léguer. ||**-e** m. (tè-). Test.
testeira f. (te-áyra). Têtière. ||Façade.
testemunh||**a** f. (techtemougna). Témoin, m. ||**-al** adj. (-ál). Testimonial ale. ||**-ar** vt. et vi. (-ar). Témoigner. ||**-o** m. (-ou-ou). Témoignage.
testículo m. (techticoulou). Testicule.
testificar vt. (tech-ar). Attester.
tesura f. (tesoura). Raideur.
teta m. (téta). Mamelle, tétine.
tetanizar vt. (teta-ar). Tétaniser.
tétano m. (tétanou). Tétanos.
Tétis n. pr. (tètich). Thétis.
tetraedro m. (tètraèdrou). Tétraèdre.
tétrico, a adj. (tètr-ou, a). Funèbre.
teu, tua adj. et pron. pos. (téou, toua). Ton, ta, adj. ||A toi; (le) tien, (la) tienne.
teutónico, a adj. (téouto-ou, a). Teutonique. ||s. m. Teuton.
têxtil adj. (táych-). Textile.
text||**o** m. (táychtou). Texte. ||**-ual** adj. (-ouál). Textuel, elle. ||**-ura** f. (-oura). Texture.
texugo m. (techougou). Blaireau (animal). ||*Fig.* Piffre.
tez f. (téch). Peau. ||Teint, m. [rosto].
ti pron. pers. Toi.
tia f. (tía). Tante. ||*Pop.* Mère (femme âgée). ||Loc. *Ficar para tia*, coiffer sainte Catherine.
tiara f. (tyara). Tiare.
Tibete n. pr. (-èt). T(h)ibet.
tíbia f. (tí-a). Tibia, m.
tibieza f. (-yéza). Tiédeur.
tíbio, a adj. (tí-ou, a). Tiède.
Tibre n. pr. (tibr). Tibre.
tição m. (-áou). Tison.
tido, a adj. (tídou, a). Eu, ue. ||Réputé, ée.
tif||**o** m. (tifou). Typhus. ||**-óide** adj. (-oyd). Typhoïde.
tigela f. (-éla). Bol, m, jatte.
tigr||**ado, a** adj. (-radou, a). Tigré, ée. ||**-e** m. (tigr). Tigre.

tijol||**inho** m. (-oulignou). *Br.* Carré de pâte de coing. ||**-o** m. (-ôlou). Brique, f.
tijuc||**a** f. cu **-o** m. (-ouca, ou). *Br.* Bourbier, m, mare, f.
tijupá m. (-oupá). *Br.* Chaumière, f.
til m. Tilde.
tília f. (tí-a). Tilleul, m.
tilintar vi. (-itar). Tinter.
timão m. (-áou). Timon.
timbal||**e** m. (tibál). Timbale, f. ||**-eiro** m. (-aláyrou). Timbalier.
timbr||**ar** vt. (tibrar). Timbrer. ||vi. Se piquer de, tenir* à honneur de. ||**-e** m. (tibr). Timbre. ||*Fig.* Point d'honneur. ||Loc. *Fazer timbre de*, se piquer de, tenir* à honneur de.
timbu m. (tibou). *Br. du N.* Sarigue.
timidez f. (-éch). Timidité.
tímido, a adj. (tí-ou, a). Timide.
timoneiro m. (-ounáyrou). Timonier.
Timor n. pr. (-ôr). Timor.
timorato, a adj. (-ouratou, a). Timoré, ée; timide.
tímpano m. (típanou). Tympan. ||*Mus.* Tympanon. ||pl. Oreilles, f.
tin||**a** f. (tína). Baignoire. ||Cuvette. ||**-eta** f. (-éta). Lubie, manie.
tingir vt. (tijír). Teindre*.
tinh||**a** f. (tígna). Teigne. ||**-oso, a** adj. et s. (-ôsou, osa). Teigneux, euse.
tin||**ido** m. (-ídou). Tintement. ||**-ir** vi. (-ír). Tinter. ||*Pop.* *Estar a tinir*, ne pas avoir* le sou.
tino m. (tínou). Discernement. ||Tact. ||Attention, f. ||Loc. *Dar tino de*, s'apercevoir. *Pelo tino*, en tâtonnant. *Perder o tino*, perdre la tramontane.
tint||**a** f. (títa). Encre. ||Couleur [pintura]. ||Teinte, nuance. ||**-eiro** m. (-áyrou). Encrier.
tintim m. (titĩ). U. dans la loc. *tintim por tintim*, par le menu.
tint||**o, a** adj. (títou, a). Teint, einte. ||Rouge (vin). ||**-ura** f. (-oura). Teinture. ||**-uraria** f. (-ouraría). Teinturerie. ||**-ureiro, a** adj. et s. m. (-áyrou, a). Teinturier, ère.
tio||m. (tíou). Oncle. ||**-avô** m. (-avô). Grand-oncle. ||*Pop.* Père (homme âgé).
típico, a adj. (tí-ou, a). Typique.
tipiti m. (-í). *Br. Fam.* Embarras.

Itálico : acento tónico. ||V. página verde para a pronúncia figurada. ||*Verbo irreg. V. no final do livro.

TIP — TOE 712

tipitinga adj. (-íga). Br. Argileux, euse (eau).
tipo‖ m. (típou). Type. ‖**-grafia** f. (-rafía). Typographie. ‖**-gráfico, a** adj. (-a-ou, a). Typographique.
tipógrafo m. (-ografou). Typographe.
tipóia f. (-oya). Pop. Fiacre, m.
tique m. (tic). Tic.
tiquetaque m. (-ctac). Tic-tac.
tiquinho m. (-kígnou). Br. Petit peu.
tir‖**a** f. (tíra). Bande. ‖Loc. Fazer em tiras, déchirer. ‖**-acolo** m. (-ólou). Baudrier. ‖Loc. A tiracolo, en écharpe. ‖**-ada** f. (-ada). Traite (parcours). ‖Tirade. ‖**-agem** f. (-ájay). Tirage, m. ‖**-a-linhas** m. (-alignach). Tire-ligne.
tiran‖**ete** m. (-ranét). Tyranneau. ‖**-ia** f. (-ía). Tyrannie. ‖**-icida** m. (-ída). Tyrannicide. ‖**-icidio** m. (-í-ou). Tyrannicide.
tirânico, a adj. (-râ-ou, a). Tyrannique.
tiran‖**izar** vt. (-ra-ar). Tyranniser. ‖**-o** m. (-ânou). Tyran.
tir‖**ante** adj. (-rât). Tirant, ante (sur). ‖prép. Excepté. ‖s. m. Trait (longe de cuir). ‖**-ar** vt. (-ar). Tirer. [Ôter, enlever [subtrair, arrancar, etc.]. ‖Sortir* [do bolso, etc.]. ‖Retirer. ‖Arracher, extraire*. ‖Puiser [água]. ‖Prendre* [retratos; bilhetes; um bocado]. ‖Dérober, enlever [roubar]. ‖Loc. Tirar satisfações, demander raison. ‖vi. Tirer. ‖Loc. Isso não tira, cela ne fait rien. Sem tirar nem pôr, exactement. Tira que tira, sans cesse. ‖**-ar-se** vr. (-ç). Se tirer, s'ôter.
tireóide f. (-ryoyd). Glande thyroïde.
tiririca adj. (-rírica). Br. Furieux, euse ; colère, fâché, ée.
tiritar vi. (-r-ar). Grelotter.
tiro m. (tírou). Tir. ‖Coup [de pistola, etc.]. ‖Jet (de pierre). ‖Attelage [cavalos]. ‖Loc. Cavalos de tiro, chevaux de trait. Dar um tiro, tirer un coup de feu. Errar o tiro, manquer son coup.
Tiro n. pr. (tírou). Tyr.
tirocinio m. (-roucí-ou). Stage.
Tirol n. pr. (-rol). Tyrol.
tirolês, esa adj. et s. (-rouléch, ésa). Tyrolien, enne.
tiroteio m. (-routáyou). Fusillade, f.

Tirreno n. pr. (-rrénou). Mer (f.) Tyrrhénienne.
tisana f. (-âna). Tisane.
tísic‖**a** f. (tí-a). Phtisie. ‖**-o, a** adj. et s. (-ou, a). Phtisique.
tisn‖**a** f. (tíjna). Noircissure. ‖**-ar** vt. (-ar). Noircir. ‖Charbonner [assado]. ‖**-e** m. (tijn). Noircissure.
tit‖**ã** m. (-â). Titan. ‖**-ânico, a** adj. (-â-ou, a). Titanique.
titere m. (títere). Pantin.
titilar vt. et vi. (-ar). Titiller.
Tito n. pr. (títou). Tite, Titus.
titubear vi. (-oubyar). Tituber. ‖Ânonner [ao falar].
titular vt. (-oular). Titrer. ‖adj. Titulaire. ‖s. m. et f. Noble.
título m. (títoulou). Titre.
toa f. (tôa). Câble (m.) pour touer. ‖Loc. À toa, en étourdi, à l'aventure.
toada f. (touáda). Chanson. ‖Bruit, m.
toalh‖**a** f. (touála). Nappe. ‖Essuiemain(s), m. [de mãos]. ‖Serviette [de rosto]. ‖**-eiro** m. (-aláyrou) Porte-serviettes.
toar vi. (touar). Sonner. ‖Fig. Convenir*, plaire*.
Tobias n. pr. (toubíach). Tobie.
toca f. (tóca). Trou, m.
tocad‖**o, a** adj. (toucádou, a). Qui commence à se gâter (fruit). ‖**-or** m. (-adôr). Joueur (instruments).
tocaia f. (tôkaya). Br. Embuscade. ‖**-ar** vt. (-yar). Br. S'embusquer.
toc‖**ante** adj. (toucât). Concernant. ‖Loc. No tocante a, quant à ; à l'égard de. ‖**-ar** vt. (-ar). Toucher. ‖Jouer [instrumento]. ‖Sonner [sinos, cornetas]. ‖vi. Toucher, jouer, sonner. ‖Revenir* [partilhas]. ‖Br. Se diriger. ‖**-ar-se** vr. (-ç). Se toucher. ‖Mus. Se jouer. ‖Loc. Pelo que toca a, pour ce qui est de. Toca a comer, mangez donc.
tocha f. (tó-a). Torche, flambeau, m.
toco m. (tócou). Bout de bougie.
todavia conj. (tôdavía). Toutefois.
todo, a adj. et pron. ind. (tôdou, a). Tout, oute. ‖s. m. Tout. ‖Loc. Ao todo, en tout. De todo, tout à fait. Em toda a parte, partout. ‖**-poderoso, a** adj. et s. m. (-ouderôsou, osa). Tout, oute puissant, ante.
toesa f. (touésa). Toise.

Lettres penchées : accent tonique. ‖V. page verte pour la prononciation figurée. ‖* Verbe irrég. V. à la fin du volume.

toga‖ f. (to*g*a). Toge. ‖**-do, a** adj. et s. (tougadou, a). De robe.
tojo m. (tôjou). Ajonc.
told‖**a** f. (to-a). Tillac, m. ‖**-ado, a** adj. (tô-adou, a). Couvert, erte (temps). ‖**-ar** vt. (-ar). Couvrir* (de nuages). ‖**-o** m. (tô-ou). Banne, f., bâche, f.
Toledo n. pr. (toulédou). Tolède.
tolei‖**ma** f. (toulâyma). Vanité. ‖**-rão, ona** adj. et s. (-rão, ôna). Vaniteux, euse.
toler‖**ada** f. (toulerada). Fille publique. ‖**-ância** f. (-âcya). Tolérance. ‖**-ante** adj. (-ât). Tolérant, ante. ‖**-ar** vt. (-ar). Tolérer. ‖**-ável** adj. (-avèl). Tolérable.
tolh‖**er** vt. (toulér). Empêcher ‖Interdire*. ‖Paralyser. ‖Loc. *Tolher o passo*, barrer le chemin. ‖**-er-se** vr. (-ç). Devenir* perclus. ‖**-ido, a** adj. (-idou, a). Engourdi, ie; perclus, use.
tol‖**ice** f. (toulíç). Sottise. ‖**-o, a** adj. et s. (tôlou, a). Sot, otte; fou, folle. ‖Vaniteux, euse.
Tolosa n. pr. (toulo*s*a). Toulouse.
tom m. (tô). Ton. ‖Loc. *Sem tom nem som*, sans rime ni raison.
tom‖**ada** f. (toumada). Prise. ‖**-ado, a** adj. (-ou, a). Pris, ise. ‖Paralysé, ée. ‖**-ar** vt. (-ar). Prendre*. ‖Loc. *Tomar a bem*, prendre* en bonne part. *Tomar a peito*, prendre* à cœur. *Tomara eu!* je le voudrais bien! *Tomar ordens*, entrer dans les ordres. ‖vi. Prendre*. ‖**-ar-se** vr. (-ç). Se prendre*. ‖Se brouiller, se fâcher.
Tomás n. pr. (touma*ch*). Thomas.
tomat‖**ada** f. (toumatada). Sauce tomate. ‖**-e** m. (-at). Tomate, f. ‖**-eiro** m. (-atâyrou). Tomate, f (plante).
tomba f. (tô*b*a). Pièce (soulier).
tomb‖**adilho** m. (tô*b*adilou). Franc tillac, pont complet. ‖**-ar** vi. (-ar). Tomber. ‖vt. Renverser. ‖**-o** m. (tô*b*ou). Chute, f. ‖Loc. *Aos tombos* m, cahotant.
tômbola f. (tô*b*oula). Tombola.
Tomé n. pr. (toumè). Thomas.
tomilho m. (toumílou). Thym.
tomo m. (tômou). Tome. ‖*Fig.* Valeur, f.
tona f. (tôna). Surface (d'un liquide).

‖Loc. *À tona da água*, à fleur d'eau.
tonal‖ adj. (counàl). Tonal, ale. ‖**-idade** f. (-a-ad). Tonalité.
tonante adj. (teunât). Tonnant, ante.
tonel m. (tourèl). Tonne, f. (tonneau).
tonela‖**da** f. (tounelada). Tonne. ‖**-gem** f. (-âj). Tonnage, m.
tónica f. (to-a). Tonique.
tonicidade f. [tou-ad). Tonicité.
tónico, a adj. et s. m. (to-ou, a). Tonique.
tonificar vt. (tou-ar). Tonifier.
toninha f. (tounígna). Marsouin, m.
tonitruante adj. (tou-rouât). Tonitruant, ante.
tono m. (tônou). Ton. ‖Chanson, f.
Tonquim n. pr. (tôkī). Tonkin.
tonsura f. (tô*ç*ura). Tonsure.
tont‖**ice** f. (tǔtiç). Sottise. ‖**-o, a** adj. (tôtou, a) Troublé, ée; étourdi, ie. ‖Sot, otte [doido]. ‖s. m. et f. Fou, folle. ‖**-ura** f. (-oura). Étourdissement, m., vertige, m.
topar vt. (toupar). Rencontrer par hasard. ‖vi. Heurter, se heurter.
topázio m. (to*i*pa-*i*ou). Topaze.
tope m. (top). Sommet. ‖Bout (mât) [mastro]. ‖Choc, heurt.
topet‖**ar** vt. et vi. (toupetar). Toucher de la tête. ‖**-e** m. (-ét). Toupet.
tópico, a adj. et s. m. (to-ou, a). Topique.
topo m. (tôpou). Haut, sommet. ‖Extrémité, f., bout.
topogr‖**afia** f. (toupougrafía). Topographie. ‖**-áfico, a** adj. (-a-ou, a). Topographique.
toponímia f. (toupouní-a). Toponymie.
toque m. (toc). Attouchement. ‖Son. ‖Touche, f. : *pedra de toque*, pierre de touche. ‖Battement [tambor]. ‖Sonnerie, f. [campainha, corneta]. ‖Loc. *A toque de*, au son de. *A toque de caixa*, tambour battant. *Toque a finados*, glas. *Toque de sineta*, coup de cloche.
tórax m. (toraçç). Thorax.
torç‖**al** m. (tourçàl). Cordonnet. ‖**-ão** f. (-âou). Torsion.
torc‖**edor** m. (tourcedôr). Tordeur. ‖*Br.* Partisan, adepte. ‖**-edura** f. (-oura). Torsion. ‖Sinuosité. ‖Entorse. ‖*Fig.* Subterfuge, m. ‖**-er** vt. (-ér). Tordre. ‖Faire* changer

---

Itálico : acento tónico. ‖V. página verde para a pronúncia figurada. ‖*Verbo irreg. V. no final do livro.

TOR — TOS 714

d'avis. ‖Loc. *Não dar o braço a torcer*, ne pas en démordre. *Torcer o nariz*, rechigner. *Torcer os olhos*, tourner les yeux de travers. ‖vi. *Faire** des détours. ‖Plier [vergar]. ‖*Br*. Se manifester pour quelqu'un. ‖**-er-se** vr. (-ç). Se tordre. ‖**-icolo** m. (-olou). Torticolis. ‖*Zool*. Torcol. ‖**-ida** f. (-ída). Mèche (d'une lampe). ‖*Br*. Ensemble de partisans, d'adeptes. ‖**-ido, a** adj. (-ou, a). Tordu, ue. ‖*Tors, orse* [fio, coluna].
toré m. (tôrê). *Br*. Flûte, f.
torena adj. et s. m. (touréna). *Br. du S*. Homme élégant, vaillant, brave.
torment‖a f. (tourmēta). Tourmente. ‖**-o** m. (-ou). Tourment. ‖**-oso, a** adj. (-ôsou, ôsa). Tourmenteux, euse.
torn‖a f. (torna). Retour, m. ‖Soulte (succession). ‖**-ada** f. (tou-ada). Retour (m.) d'un voyage. ‖**-adiço, a** adj. (-adiçou, a). Transfuge. ‖**-ado** m. (-adou). Tornado. ‖**-ar** vt. (-ar). Rendre. ‖Changer, convertir. ‖Répondre. ‖vi. Retourner, revenir*. ‖Loc. *Tornar a dizer, ver, etc., dire**, *voir**, etc. de nouveau. ‖**-ar-se** vr. (-ç), etc. Devenir*. ‖Se changer en [mudar]. ‖**-ear** vt. (-yar). Tourner. ‖Arrondir [arredondar]. ‖*Faire** le tour de. ‖**-eio** m. (-ǎyou). Tournoi. ‖**-eira** f. (-ǎyra). Robinet, m. ‖**-eiro** m. (-ou). Tourneur. ‖**-ejar** vt. (-ejar). *Faire** le tour de. ‖vi. Se courber. ‖**-ilho** m. (-ílou). Étau. ‖**-iquete** m. (-kêt). Tourniquet. ‖**-o** m. (tôou). Tour (machine). ‖Étau [para apertar]. ‖*Em torno*, tout autour. ‖**-ozelo** m. (tou-ouzêlou). Cheville (f.) du pied.
toro m. (torou). Tronc. ‖Billot [madeira]. ‖*Arch*. Tore. ‖Lit nuptial.
torpe adj. (tôrp). Honteux, euse; déshonnête, malhonnête.
torped‖eamento m. (tourpedyamêtou). Torpillage. ‖**-ear** vt. (-yar). Torpiller. ‖**-eiro** m. (-ǎyrou). Torpilleur. ‖**-o** m. (-édou). Torpille, f.
torpeza f. (tourpéza). Turpitude.
torpor m. (tourpôr). Torpeur, f.
torquês m. (tôrkêç). *Br*. V. TURQUÊS.
torr‖ada f. (tourrada). Rôtie. ‖**-adeira** f. (-adǎyra). Grille. ‖**-ado, a** adj. (-adou, a). Grillé, ée; rôti,

ie. ‖**-ão** m. (-aou). Motte (f.) de terre. ‖Sol. ‖Morceau (sucre). ‖pl. Fonds de terre. ‖**-ar** vt. (-ar). Griller, rôtir. ‖*Br*. Gaspiller, dissiper.
torre* f. (tôrr). Tour. ‖**-ão** m. (tou-yãou). Fortif. Donjon.
torrefac‖ção f. (tourrefaçãou). Torréfaction. ‖**-to, a** adj. (-atou, a). Torréfié, ée.
torren‖cial adj. (tourrēcyàl). Torrentiel, elle. ‖**-cialmente** adv. (-êt). Torrentiellement. ‖**-te** f. (-êt). Torrent, m.
torresmo m. (tourrêjmou). Morceau de lard frit.
tórrido, a adj (tòrr-ou, a). Torride.
torrificar vt. (tourr-ar). Torréfier.
torrinha f. (tourrigna). Tourelle.
tort‖a f. (torta). Tourte, tarte. ‖**-eira** f. (tou-ǎyra). Tourtière. ‖**-o, a** adj. (tô-ou, to-a). Tortu, ue. ‖Tors, orse [perna]. ‖Louche [olho]. Inexact, acte. ‖Taquin, ine; contrariant, ante. ‖adv. De travers. ‖Mal. ‖Loc. *A torto e a direito*, à tort et à travers.
tortulho m. (tourtoulou). Champignon.
tortuos‖idade f. (tourtouou-ad). Tortuosité. ‖**-o, a** adj. (-ôsou, ôsa). Tortueux, euse.
tortur‖a f. (tourtoura). Torture. ‖**-ar** vt. (-ar). Torturer.
torv‖ação f. (tourvaçãou). Trouble, m., perturbation. ‖Irritation. ‖**-ar** vt. (-ar). Troubler. ‖vi. et **-ar-se** vr. (-ç). Se troubler. ‖Se fâcher [zangar-se]. ‖**-elinhar** vi. (-e-gnar). Tourbillonner. ‖**-elinho** m. (-ignou). Tourbillon. ‖**-o, a** adj. (tô-ou, a). Sinistre.
tosa f. (tosa). Volée de coups.
tos‖ão m. (tousãou). Toison, f. ‖**-ar** vt. (-ar). Tondre. ‖*Fig*. Brouter [erva]. ‖Rosser, *battre** [sovar].
tosco, a adj. (tôchcou, a). Grossier, ère; rude.
tosqu‖ia f. (touchkía). Tondaison. ‖**-iar** vt. (-yar). Tondre.
toss‖e f. (toç). Toux. ‖Loc. *Tosse convulsa* (*Br.*, *t. comprida*), coqueluche. ‖**-icar** vi. (-ar). Toussoter. ‖**-idela** f. (-êla). Tousserie. ‖**-ir*** vi. (-ir). Tousser.
tosta f. (tochta). Rôtie.

Lettres penchées : accent tonique. ‖V. page verte pour la prononciation figurée. ‖* Verbe irrég. V. à la fin du volume.

tostão m. (toucht*ão*u). Dix centavos (centimes portug*ais*) ; sou.
tostar vt. (toucht*ar*). Roussir. ‖ Rôtir, griller. ‖ Hâler [tez].
total ‖ adj. et s. m. (tout*à*l). Tot*al*, *ale*. ‖ Loc. *No total*, au total. ‖ **-idade** f. (*-a-ad*). Totalité. ‖ **-itário, a** adj. (*-aryou, a*). Totalit*aire*. ‖ **-izador** m. (*-adôr*). Totalisat*eur*. ‖ **-izar** vt. (*-ar*). Totaliser.
touc‖**a** f. (tôc*a*). Bonnet (m.) de femme. ‖ Béguin, m. [de criança]. ‖ **-ado** m. (*-adou*). Coiffure [f.] de femme. ‖ **-ador** m. (*-adôr*). Toilette, f. (meuble). ‖ Cabinet de toilette. ‖ **-ar** vt. (*-ar*). Coiffer. ‖ Embellir, parer [enfeitar].
tou‖ ou **toi**‖**cinho** m. (tô(y)cígnou). Lard.
toupeira f. (tôp*ây*ra). T*aup*e.
tour‖ ou **toir**‖**ada** f. (tô(y)r*a*da). Course de taur*eaux*. ‖ **-ão** m. (*-ãou*). Furet sauvage. ‖ **-ear** vt. et vi. (*-yar*). Prendre* part à *un*e course de taur*eaux*. ‖ **-eio** m. (*-âyou*). Art de combattre* les taur*eaux*. ‖ **-eiro** m. (*-âyrou*). Toréador. ‖ **-o** m. (tô(y)rou). Taureau.
touti‖**ço** m. (tôtiçou). Tête, f. ‖ **-negra** f. (*-égra*). Fauvette.
tóxico, a adj. et s. m. (*to-ou, a*). Toxique.
toxina f. (*to-ina*). Toxine.
trabalh‖**adeira** adj. (trabalad*ây*ra). Travaill*eu*se. ‖ **-ado, a,** adj. (*-adou, a*). Travaillé, *é*e. ‖ **-ador** adj. et s. m. (*-adôr*). Travaill*eur*. ‖ **-ão** m. (*-ãou*). Grand trav*ail*. ‖ **-ar** vt. et vi. (*-ar*). Travailler. ‖ **-eira** f. (*-âyra*). Peine. ‖ **-ista** adj. et s. (*-íchta*). Travaill*iste*. ‖ **-o** m. (*-alou*). Trav*ail*. ‖ Ouvrage [artístico, etc.]. ‖ **-oso, a** (*-ôsou, osa*). Labori*eux*, *eu*se.
trac‖**a** f. (tr*a*ça). Mite [bicho]. ‖ Plan, m., projet, m. ‖ *Fam.* Faim. ‖ *Br.* Aspect, m. ‖ **-ado** m. (*-a*çadou). Tracé. ‖ **-ar** vt. (*-ar*). Tracer. ‖ Ronger, piquer [traça]. ‖ Rayer, barrer [riscar]. ‖ Machiner. ‖ Croiser (les jambes). ‖ Retrousser (le mant*eau*).
tracção f. (traçãou). Traction.
tracejar vi. (tracej*ar*). Tracer des traits. ‖ vt. Peindre* à grands traits.
traço m. (traçou). Trait.
tracoma adj. (trac*ô*ma). Trachome.

tracto m. (tr*a*tou). Étendue, f. (de terr*ain*). ‖ Région, f. ‖ Espace de temps.
tractor m. (trat*ô*r). Tracteur.
tradi‖**ção** f. (tr*a-ã*ou). Tradition. ‖ **-cional** adj (*-ounàl*). Traditionnel, *elle*. ‖ **-cionalismo** m. (*-alíjnou*). Traditional*isme*. ‖ **-cionalista** adj. et s. (*-alíchta*). Traditional*iste*. ‖ **-cionalmente** adv. (*-à-êt*). Traditionnellement.
trado m. (tr*a*dou). Tarière, f.
tradu‖**ção** f. (traduçãou). Traduction. ‖ **-tor** m. (*-ôr*). Traduct*eur*. ‖ **-zir*** vt. (*-ir*). Traduire*. ‖ **-zir-ze*** vr. (*-ç*). Se traduire*. ‖ **-zível** adj. (*-ivèl*). Trad*u*isible.
trafegar vi. (trafeg*ar*). Trafiquer. ‖ Travailler beaucoup. ‖ *Br.* Circuler.
tráfego m. (trafegou). Trafic. ‖ Occupation, f., trav*ail*. ‖ Fréquentation, f.
trafic‖**ância** f. (tra-*â*cya). Tripotage. ‖ **-ante** m. (*-ãt*). Trafiquant. ‖ **-ar** vi. (*-ar*). Trafiquer. ‖ vt. Négocier.
tráfico m. (tr*a*-ou). Trafic. ‖ Traite, f. (des noirs) [negros].
trag‖**adoiro** ou **-adouro** m. (tragadôyrou, -*ô*r-). Gouffre. ‖ **-ar** vt. (*-ar*). Avaler. ‖ Souffrir (quelqu'*un*).
tragédia f. (traj*è*dya). Tragédie.
tràgicamente adv. (tra-amêt). Tragiquement.
trágico, a adj. (tra-*ou, a*). Tragique. ‖ s. m. Tragique. ‖ m. et f. Tragédien, *enn*e [actor, actriz].
tragicomédia f. (tra-toum*è*dya). Tragi-comédie.
trago m. (tragou). Coup, trait.
trai‖**ção** f. (trayçãou). Trahison. ‖ **-çoeiramente** adv. (*-ouâyramêt*). Traîtreusement. ‖ **-çoeiro, a** adj. (*-ouâyrou, a*). Traître, *esse*; perfide. ‖ **-dor, a** adj. et s. (*-ôr, a*). Tra*î*tre, *esse*.
traineira f. (trayn*â*yra). Chalutier, m.
trair* vt. (tra*í*r). Trahir.
Trajano n. pr. (traj*â*nou). Trajan.
traj‖**ar** vt. (traj*ar*). S'habiller. ‖ **-e** m. (*-aj*). Habillement; tenue, f. ‖ *traje de passeio*, tenue de ville.
traject‖**o** m. (trajètou). Trajet. ‖ **-ória** f. (*-ory*a). Trajectoire.
trajo m. (tr*a*jou). V. TRAJE.
tralha f. (tr*a*lla). *Pop.* Bataclan, m.

Itálico : acento tónico. ‖ V. página verde para a pron*ú*ncia figurada. ‖ *Verbo irreg. V. no final do livro.

TRA — TRA

tram‖a f. (trâma). Trame. ‖ Intrigue. ‖-ar vt. (-ar). Tramer. ‖ Fig. Tramer, comploter, machiner.

trambolh‖ão m. (trâboulãou). Dégringolade, f. ‖ Loc. Dar um trambolhão, faire* une chute, dégringoler. ‖-o m. (-ôlou). Billot. ‖ Fig. Entrave, f.

trâmite m. (tra-). Voie, f.

tramóia f. (tramoya). Ruse. ‖ Intrigue.

tramontana f. (tramõtâna). Tramontane.

trampol‖im m. (trâpouli). Tremplin. ‖-inar vi. (-ar). Faire* des fourberies. ‖-ineiro m. (-âyrou). Fourbe. ‖-inice f. (-iç). Fourberie.

tranca f. (trâca). Bâcle. ‖ Loc. Fam. Dar às trancas, marcher.

trança f. (trâça). Tresse, natte.

trancar vt. (trâcar). Bâcler. ‖ Radier, rayer [riscar].

trançar vt. (trâçar). Tresser.

tranc‖elim m. (trâceli). Soutache, f. ‖-inha f. (-igna). Petite tresse.

tranco m. (trâcou). Cahot. B. du S. Cahot. ‖ Loc. A trancos, en cahotant.

tranqu‖eira f. (trâkâyra). Palissade. ‖-eta f. (-éta). Clenchette.

tranquil‖idade f. (trâcou-ad). Tranquillité, f. ‖-izar vt. (-ar). Tranquilliser. ‖-o, a adj. (-ouilou, a). Tranquille.

trans‖acção f. (trâsaçãou). Transaction. ‖-accionar vi. (-ounar). Faire* une transaction. ‖-acto, a adj. (-atou, a). Précédent, ente. ‖-atlântico, a adj. et s. m. (-a-â-ou, a). Transatlantique.

transbor‖dar vt. (trâjbourdar). Déborder. ‖-o m. (-ô-ou). Transbordement. ‖vt. Transborder (voyageurs).

transcend‖ência f. (trâchcêdêcya). Transcendance. ‖-ente adj. (-êt). Transcendant, ante. ‖-er vt. (-êr). Surpasser. ‖vi. Être* transcendant.

transcr‖ever vt. (trâchcrevêr). Transcrire*. ‖-ição f. (-âou). Transcription.

transe m. (trâç). Transe, f. ‖ Loc. A todo o transe, à tout prix.

trans‖epto m. (trâcê-ou). Transept. ‖-eunte adj. et s. (-zyût). Passant, ante.

transferência f. (trâchferêcya). Transfèrement, m., transfert, m.

‖ Déplacement, m. [funcionário]. ‖-Idor m. (-ôr). Rapporteur (géom.). ‖-Ir* vt. (-ír). Transférer. ‖ Déplacer [funcionário]. ‖-ivel adj. (-ivèl). Transférable.

transfigur‖ação f. (trâch-ouraçãou). Transfiguration. ‖-ar vt. (-ar). Transfigurer.

transform‖ação f. (trâchfourmaçãou). Transformation. ‖-ador, a adj. et s. (-ôr, a). Transformateur, trice. ‖-ar vt. (-ar). Transformer.

trânsfuga m. (trâchfouga). Transfuge.

transfusão f. (trâchfousãou). Transfusion.

transgre‖dir* vt. (trâjgredir). Transgresser. ‖-ssão f. (-ãou). Transgression. ‖-ssor m. (-ôr). Transgresseur, infracteur.

trans‖ição f. (trâ-âou). Transition. ‖-ido, a adj. (-idou, a). Transi, ie. ‖-igência f. (-êcya). Accommodement, m. ‖-igente adj. (-êt). Accommodant, ante. ‖-ir vt. (-ír). Accommoder. ‖vi. Transiger. ‖-ir vt. (-ír). Transir. ‖-itar vi. (-ar). Passer. ‖-itável adj. (-avèl). Praticable (chemin). ‖-itivo, a adj. (-ivou, a). Transitif, ive.

trânsito m. (trâ-ou). Passage (action). ‖ Circulation, f. (de voitures, etc.). ‖ Trépas, décès [morte].

transitório, a adj. (trâ-oryou, a). Transitoire, passager, ère.

trans‖lação f. (trâjlaçãou). Translation. ‖-lúcido, a adj. (-ou-ou, a). Translucide. ‖-luzir* vi. (-ír). Reluire*. ‖-migração f. (-raçãou). Transmigration. ‖-migrar vi. (-ar). Transmigrer. ‖-missão f. (-ãou). Transmission. ‖-missivel adj. (-ivèl). Transmissible. ‖-missor, a adj. (-or, a). Qui transmet. ‖s. m. Transmetteur. ‖-mitir vt. (-ír). Transmettre*. ‖-mitir-se vr. (-ç). Se transmettre. ‖-mutação f. (-outaçãou). Transmutation. ‖-mutar vt. (-ar). Transmuer [metais]. ‖ Changer. ‖-mutável adj. (-avèl). Muable.

transoceânico, a adj. (trâsôcyâ-ou, a). Transocéanique, transocéanien, enne.

trans‖parecer vi. (trâchparecêr). Transparaître*. ‖-parência f. (-êcya).

TRA — TRA

Transparence. ||**-parente** adj. et s. m. (-ét). Transparent, ente. ||**-piração** f. (-raçãou). Transpiration. ||**-pirar** vi. (-ar). Transpirer. ||**-plantar** vt. (-átar). Transplanter. ||**-plantar-se** vr. (-ç). Se transplanter. ||**-por*** vt. (-ór). Transposer. ||**-portar** vt. (-ou-ar). Transporter. ||**-portar-se** vr. (-ç). Se transporter. ||**-portável** adj. (-avèl). Transportable. ||*Mus.* Transposable. ||**-porte** m. (-o-). Transport. ||*Mus.* Transposition. ||Report [de soma]. ||Extase, f., ravissement. ||**-posição** f. (-ou-áou). Transposition. ||**-tornar** vt. (-ournar). Déranger. ||**-tornar-se** vr. (-ç). Se déranger. ||**-torno** m. (-ó-ou). Dérangement. ||Loc. *Causar transtorno,* déranger.

transud||**ação** f. (trãçoudaçãou). Transsudation. ||**-ar** vt. et vi. (-ar). Transsuder.

transunto m. (trãçútou). Copie, f.

Transval n. pr. (trãjvàl). Transvaal.

trans||**vasar** vt. (trãjvasar). Transvaser. ||**-vazar** vt. (-ç). Se répandre. ||**-vazar-se** vr. (-ç). Se répandre. ||**-versal** adj. (-ersàl). Transversal, ale. ||**-viar** vt. (-yar). Dévoyer. ||**-viar-se** vr. (-ç). Se dévoyer. ||**-vio** m. (-íou). Égarement.

trap||**aça** f. (trapáça). Tricherie. ||**-acear** vi. (-acyar). Tricher. ||**-aceiro**, a m. et f. (-áyrou, a). Tricheur, euse.

trapalh||**ada** f. (trapalyáda). *Fig.* Embrouillement, m. ||**-ão** m. (-ãou). Brouillon (homme). ||**-ice** f. (-íç). Tromperie. ||Confusion, embrouillement, m.

trapeir||**a** f. (trapáyra). Lucarne. ||Chiffonnière (femme). ||**-o** m. (-ou). Chiffonnier.

trap||**ézio** m. (trapè-ou). Trapèze. ||**-iche** m. (-í-). Magasin au bord de la mer.

trapo m. (trapou). Chiffon, nippe, f.

traqueia f. (trakáya). Trachée.

traquete m. (trakét). *Mar.* Misaine, f.

traqueotomia f. (trakyoutoumía). Trachéotomie.

traquin||**ar** vi. (trakinar). Faire* des espièglerieis. ||**-as** adj. et s. (-ínach). Turbulent, ente; espiègle. ||**-ice** f. (-íç). Espièglerie, turbulence.

trás prép. (trach). V. ATRÁS. ||Loc. *Para trás,* en arrière. ||interj. Pan!

tras||**bordar** vt. et vi. (trajbourdar). V. TRANSBORDAR. ||**-bordo** m. (-ó-ou). Transbordement.

traseir||**a(s)** f. (pl.) f. (trasâyra(ch)]. Derrière, m. ||**-o** m. (-ou). Derrière ||**-o, a** adj. (-a). De derrière.

trasfegar vt. (trachfegar). Soutirer.

trasla||**ção** f. (trajlaçãou). V. TRANSLAÇÃO. ||**-dação** f. (-a-). Translation. ||**-dar** vt. (-ar). Transcrire*. ||Traduire*. ||**-do** m. (-adou). Copie, f. ||Modèle.

trasmontano, a adj. et s. (trajmõtánou, a). De Trás-os-Montes.

trasorelho m. (trasourâylou). Oreillons, pl.

trasp||**assar** vt. (trachpaçar). Traverser. ||Transpercer. ||Transporter. ||**-assar-se** vr. (-ç). Se pénétrer. ||**-asse** m. (-aç). Transport. ||**-asso** m. (-ou). Douleur (f.) vive.

traste m. (tracht). Meuble. ||*Pop.* Coquin, drôle.

trat||**ado** m. (tratadou). Traité. ||**-amento** m. (-amétou). Traitement (de maladie). ||Nourriture, f., alimentation, f. ||**-ante** m. (-át). Fripon, coquin. ||**-ar** vt. (-ar). Soigner. ||Traiter. ||S'occuper. ||Tâcher [esforçar-se]. ||Se faire* (les ongles, etc.) [unhas]. ||**-ar-se** vr. (-ç). Se traiter. ||S'agir : *trata-se de,* il s'agit de. ||**-ável** adj. (-avèl). Traitable. ||**-o** m. (-atou). Traitement, fréquentation, f., commerce.

traumático, a adj. (traouma-ou, a). Traumatique.

trautear vt. (traoutyar). Fredonner.

trav||**ado, a** adj. (travadou, a). Engagé, ée (combat). ||**-amento** m. (-amétou). Enrayure, f. (d'une roue). ||**-ão** m. (-ãou). Frein (d'une voiture). ||**-ar** vt. (-ar). Enrayer (une voiture). ||Entamer [conversa]. ||Engager [combate]. ||Lier [amizade]. ||vi. Saisir, prendre*. ||**-ar-se** vr. (-ç). S'engager [começar]. ||Loc. *Travar-se de razões,* se prendre* de paroles. ||**-e** f. (-av). Poutre. ||**-ejamento** m. (-avejamétou). Charpente, f. ||**-és** m. (-éch). Travers. ||**travess**||**a** f. (travéça). Barreau, m. (de chaise) [cadeira]. ||Plat, m.

Itálico : acento tónico. ||V. página verde para a pronúncia figurada. ||*Verbo irreg. V. no final do livro.

[louça]. ‖*Peigne*, m. (pour retenir les cheveux). ‖*Rue de traverse*. ‖**-ão** m. (-eçãou) *Tiret*. ‖*Fléau* [balança]. ‖*Broche* (f.) à cheveux. ‖**-eiro** m. (-áyrou). *Traversin* ‖**-ia** f. (-ia) *Traversée*. ‖**-o**, a adj (-éçou, a) *Espiègle*. ‖(-è-). *Mis, ise en travers*. ‖*Loc. Por portas travessas, indirectement*. ‖**-ura** f. (-eçoura) *Espièglerie*.
travo m. (travou). *Goût âpre*.
trazer* vt. (trazér). *Apporter*. ‖*Amener* [pessoas, animais]. ‖ *Porter* [usar]. ‖*Loc. Trazer consigo, porter sur soi; entraîner, attirer* [consequência].
trecentésimo, a adj. num. et s. m. (trecétè-ou, a). *Trois centième*.
trecho m. (tráy-ou). *Morceau*. ‖*Loc. A breve trecho, dans peu, sous peu*.
tredo, a adj. (trédou, a). *Traître, esse*.
trégua(s) f. (pl.) [trègoua(ch)]. *Trêve, sing*.
trein‖ador m. (traynadôr). *Entraîneur*. ‖**-ar** vt. (-ar). *Entraîner*. ‖**-o** m. (-áynou). *Entraînement*.
trejeito m. (trejáytou). *Geste*. ‖pl. *Grimaces*, f., *mines* (f.) *affectées*.
trela f. (tréla). *Laisse*. ‖*Loc. Dar trela, faire* jaser; *accepter la cour. Levar* (ou *trazer*) *à trela, mener en laisse*.
treliça f. (tréliça). *Br. Charpente*.
trem m. (tráy). *Fiacre*. ‖*Batterie*, f. (de cuisine). ‖*Br. Train* (ch. de fer).
trem‖a f. (tréma). *Tréma*. ‖**-ar** vt. (-emar). *Marquer d'un tréma*.
trem‖ebundo, a adj. (tremebúdou, a). *Redoutable*. ‖ *Timide*. ‖**-edal** m. (-àl). *Bourbier*. ‖**-elicar** vi. (-ar). *Trembloter*. ‖ *Scintiller*. ‖**-eluzir** vi. (-ouzir). *Trembler*. ‖**-endo**, a adj. (-édou, a). *Affreux, euse*. ‖**-er** vi. (-ér). *Trembler*. ‖*Loc. Tremer a voz, chevroter*. ‖**-ido**, a adj. (-idou, a). *Tremblant, ante*. ‖s. m. *Tremblement*.
tremo‖ceiro m. (tremouçáyrou). *Lupin* (plante). ‖**-ço** m. (-óçou). *Lupin*.
tremonha f. (tremógna). *Trémie*.
tremor m. (tremór). *Tremblement*.
trempe f. (trêp). *Trépied*, m.
tremular vt. (tremoular). *Faire*

flotter. ‖vi. *Trembler* [luz]. ‖*Flotter*. ‖*Hésiter, vaciller*.
trémulo, a adj. (trèmoulou, a). *Tremblant, ante*. ‖*Chevrotant, ante* [voz].
trenó m. (trenó). *Traîneau*.
trepad‖eira f. (trepadáyra). *Plante grimpante*. ‖**-or** m. (-ôr). *Grimpeur* (oiseau).
trepanar vt. (trepanor). *Trépaner*.
trepar vt. (trepar). *Gravir*. ‖vi. *Grimper*.
trepid‖ação f. (tre-açáou). *Trépidation*. ‖**-ar** vi. (-ar). *Trembler*.
trépido, a adj. (trè-ou, a). *Tremblant, ante*.
três adj. num. et s. m. (tréch). *Trois*.
tresandar vt. (tresádar). *Faire* reculer. ‖ *Puer*. ‖vi. *Puer*.
tres‖loucar vt. (trejlôcar). *Rendre fou*. ‖**-malhar** vt. (-alar). *Disperser*. ‖vi. ou **-malhar-se** vr. (-ç). *Se disperser*. ‖**-noitado**, a adj. (-ôytadou, a). *Qui passe la nuit sans dormir*.
tressuar vi. (treçouar). *Suer beaucoup*.
treta f. (tréta). *Baliverne, bagout*, m.
trevas f. pl. (trèvach). *Ténèbres*.
trevo m. (trévou). *Trèfle*.
trez‖e adj. num. (tréz). *Treize*. ‖**-entos**, as adj. num. (-ezétouch, a-). *Trois cents*.
triangular adj. (tryâgoular). *Triangulaire*.
triângulo m. (tryâgoulou). *Triangle*.
tribo f. (tribou). *Tribu*.
tribofe m. (tribof). *Br. Tricherie*, f.
tribulação f. (tr-oulaçáou). *Tribulation*.
tribuna f. (tr-ouna). *Tribune*.
tribunal m. (tr-ounál). *Tribunal*. ‖*Loc. Supremo Tribunal de Justiça*, cour (f.) *de cassation*. *Tribunal da Relação*, cour (f.) *d'appel*.
tribuno m. (tr-ounou). *Tribun*.
tribut‖ar vt. (tr-outar). *Imposer* (tribut). ‖ *Rendre* (hommage, etc.). ‖**-ário**, a adj. et s. m. (-áryou, a). *Tributaire*. ‖**-o** m. (-outou). *Tribut*.
tri‖centenário m. (tr-étenáryou). *Tricentenaire* (anniversaire). ‖**-ciclo** m. (-í-ou). *Tricycle*. ‖**-color** adj. (-oulôr). *Tricolore*. ‖**-córnio** m. (-or-ou). *Tricorne*. ‖**-cromia** f. (-roumia). *Trichromie*. ‖**-dente** m.

Lettres penchées: accent tonique. ‖V. page verte pour la prononciation figurée. ‖* Verbe irrég. V. à la fin du volume.

TRI — TRO

(-ĕt). Trident. ‖**-enal** adj. (-ènàl).
Triennal, ale. ‖**-énio** m. (-ènyou).
Triennat. ‖**-fásico, a** adj (-a-ou. a)
Triphasé, ée. ‖**-fólio** m. (-olyou).
Trifolium. ‖**-forme** adj. (-orm)
Triforme
trigal m. (tr-àl). Champ de blé
trigésimo, a adj. num. et s. m. (tr-è-ou a). Trentième.
trigo m. (trigou) Blé.
trigonometria f. (tr-ounounmetría)
Trigonométrie
trigueiro, a adj (trigâyrou, a)
Brun, une. ‖Bis, ise (pain).
trilar vi. (tr-ar). Faire* des trilles
trilh‖ado, a adj. (trilàdou, a). Battu.
ue. ‖**-ar** vt. (-ar). Parcourir*.
‖Fig. Meurtrir. ‖**-o** m. (-ílou).
Chemin frayé. ‖Vestige. ‖Br. Rail.
trilião m. (tr-ãou) Trillion
trilíngue adj. (tr-ĭg(ou)e). Trilingue.
trilo m. (trílou). Trille.
trimestr‖al adj. (tr-echtràl). Trimestriel, elle. ‖**-e** m. (-è-). Trimestre.
trinado m. (tr-ádou). Roulade, f.
‖vi. Faire* des roulades.
trincar vt. et vi. (trícar). Croquer.
trinch‖ante m (trĭ-át). Couteau à
découper. ‖**-ar** vt. (-ar). Découper
(viande). ‖**-eira** f. (-âyra). Tranchée.
trinco m. (tríkou). Loquet.
trindade f. (trĭdád). Trinité.
trino m. (trínou). Trille, roulade, f.
trinómio m. (tr-omyou). Trinôme.
trinta adj. num. (tríta). Trente.
trintanário m. (trítanaryou). Valet
de pied.
trintena f. (tríténa). Trentaine.
trio m. (tríou). Trio.
tripa f. (-ípa). Tripe, boyau, m.
‖Loc. Fazer das tripas coração, faire*
contre mauvaise fortune bon cœur.
tri‖partir vt. (tr-artír). Diviser en
trois parties. ‖**-pé** m. (-è). Pied
(d'appareil photogr.). ‖**-peça** f.
(-èça). Trépied, m. (siège).
tripeiro m. (tr-âyrou). Tripier. ‖Fig.
Habitant ou naturel de Porto
triplicar vt. et vi. (tr-ar). Tripler.
triplice ou triplo, a adj. et s. (tríou, a). Triplice, triple.
tríptico m. (trí-ou). Triptyque.
tripudiar vi. (tr-oudyar) Folâtrer
tripul‖ação f. (tr-oulaçãou) Équi-

page, m. ‖**-ante** m. (-ãt). Marin
d'équipage. ‖**-ar** vt. (-ar) Équiper.
‖Piloter.
triquina f. (trikína). Trichine.
trisavô, vó m. et f. (tr-avô, o).
Trisaïeul, eule.
trist‖e adj. (tricht). Triste. ‖**-eza** f.
(-éza). Tristesse. ‖**-onho, a** adj.
(-ôgnou, a). Triste, maussade.
tritur‖ador m. (tr-ouradôr). Triturateur. ‖**-ar** vt. (-ar). Triturer.
triunf‖ador, a adj. et s. (triŭfadôr, a). Triomphateur, trice. ‖**-al**
adj. (-àl). Triomphal, ale. ‖**-ante**
adj. (-ãt). Triomphant, ante. ‖**-ar**
vi. (-ar). Triompher. ‖**-o** m. (-ŭfou).
Triomphe.
trivalente adj. (tr-alĕt). Trivalent,
ente.
trivial‖ adj. (tr-yàl). Trivial, ale.
‖**-idade** f. (-ad). Trivialité.
triz m. (trich). Peu de chose. ‖Loc.
Por um triz..., peu s'en fallut. Escapar por um triz, l'échapper belle.
troar vi. (trcuar). Tonner, retentir.
troca f. (tróca). Échange, m. ‖Troc,
m.
troça f. (tróça). Moquerie. ‖Loc.
Fazer troça, se moquer.
trocadilho m. (troucadílou). Calembour.
trocar vt. (troucar). Échanger, troquer. ‖Changer (de l'argent, etc.).
troca-tintas m. (trocatítach). Fig.
Dupeur, trompeur.
trocista adj. et s. (troucíchta).
Railleur, euse.
troço m. (trôcou). Monnaie, f. (que
l'on rend). ‖Fig. Riposte, f.
troço m. (trôçou). Tronçon. ‖Détachement [tropas]. ‖Groupe. ‖Troçmen [couve]. ‖Tige, f. [plantas].
troféu m. (trouféou). Trophée.
troglodita adj. et s. m. (trou-oudíta).
Troglodyte.
Tróia m. pr. (trôya). Troie.
trolha f. (trôla). Truelle. ‖m.
Maçon.
tromb‖a f. (trôba). Trompe.
‖Trombe (cyclone). ‖**-eta** f. (-éta).
Trompette. ‖**-etear** vi. (-etyar).
Sonner de la trompette. ‖**-eteiro** m.
(-âyrou). Trompette. ‖**-one** m.
(-on). Trombone. ‖**-udo, a** adj.
(-oudou, a). Renfrogné, ée.
tromp‖a f. trôpa). Cor, m. ‖Anat.

Itálico : acento tónico. ‖V. página verde para a pronúncia figurada. ‖*Verbo
irreg. V. no final do livro.

Trompe. ‖m. Cor. ‖**-aço** m. (-*açou*). *Br. du S.* Bourrade, f. ‖**-ázio** m. (-*azyou*). Coup.
tronc‖o m. (*trôcou*). Tronc. ‖**-udo, a** adj. (-*oudou*, a). Robuste, fort, orte.
trono m. (*trônou*). Trône.
tropa f. (*tropa*). Troupe.
trope‖**çar** vi. (troupeçar). Achopper, buter. ‖**-ço** m. (-*éçou*). Obstacle.
trópego, a adj. (*trôpegou*, a). Éclopé, ée.
trop‖**eiro** m. (troupéyrou). *Br.* Marchand de bétail. ‖**-el** m. (-êl). Cohue, f. ‖*Loc. Em tropel,* tumultueusement.
tropical adj. (trou-ál). Tropical, ale.
trópico m. (tro-ou). Tropique.
tropilha f. (troupíla). *Br. du S.* Troupeau (m.) de chevaux ayant la même couleur de poil.
trot‖**ar** vi. (troutar). Trotter. ‖**-e** m. (-ót). Trot.
trouxa f. (*trôcha*). Paquet, m. (de linge, etc.). ‖adj. et s. Sot, otte.
trov‖**a** f. (trova). Chanson. ‖**-ador** m. (-ou-ôr). Troubadour, trouvère.
trov‖**ão** m. (trouvãou). Tonnerre. ‖**-ejar** vi. (-ejar). Tonner. ‖**-iscar** vi. (-chcar). *Pop.* Tonner légèrement. ‖**-isco** m. (-i-ou). Garou, [planta]. ‖**-oada** f. (-ouada). Orage, m.; averse.
tru‖**anice** f. (trouaniç). Bouffonnerie. ‖**-ão** m. (-ãou). Bouffon.
trucidar vt. (trou-ar). Massacrer.
truculento, a adj. (troucoulêtou, a). Truculent, ente.
truf‖**a** f. (troufa). Truffe. ‖**-ar** vt. (-ar). Truffer.
truncar vt. (trũcar). Tronquer.
trunf‖**ar** vi. (trũfar). Faire* atout. ‖**-o** m. (-ũfou). Atout.
truque m. (trouc). Truc.
truta f. (*trouta*). Truite.
tu pron. (tou). Tu. ‖*Loc. Tratar por tu,* tutoyer.
tua adj. et pron. poss. (toua). Ta; tienne.
tuba f. (*touba*). Trompette.
tubagem f. (toubajãy). Tuyautage, m.
tubarão m. (toubarãou). Requin.
tubera f. (*toubera*). Truffe.
tubérculo m. (toubèrcoulou). Tubercule.

tubercul‖**ose** f. (toubèrcouloz). Tuberculose. ‖**-oso, a** adj. et s. (-ôsou, osa). Tuberculeux, euse.
tuberos‖**idade** f. (toubérou-ad). Tubérosité. ‖**-o, a** adj. (-ôsou, osa). Tubéreux, euse.
tubo m. (*toubou*). Tuyau, tube.
tubular adj. (touboular). Tubulaire.
tucum m. (toucũ). *Br.* Palmier fruitier.
tudo‖ pron. ind. (toudou). Tout. ‖*Loc. Em tudo e por tudo,* en toutes manières. *Meter o nariz em tudo,* fourrer son nez partout. ‖**-nada** m. (-ada). Un tant soit peu.
tufão m. (toufãou). Ouragan.
tuf‖**ar** vt. (toufar). Enfler. ‖vi. Se gonfler. ‖**-o** m. (toufou). Touffe, f.
tule m. (toul). Tulle.
tulha f. (*toula*). Grenier, m. (grains).
túlipa f. (tou-a). Tulipe.
tulipeiro m. (tou-âyrou). Tulipier.
tumba f. (*tũba*). Tombe. ‖interj. Pouf!
tume‖**facção** f. (toumefaçãou) Tuméfaction. ‖**-facto, a** adj. (-ac tou, a). Tuméfié, ée. ‖**-fazer*** vt. (-azér). Tuméfier. ‖**-ficar** vt. (-ar). Tuméfier. ‖**-ficar-se** vr. (-ç). Se tuméfier.
tumidez f. (tou-éch). Tuméfaction.
túmido, a adj. (tou-ou, a). Tumide.
tumor m. (toumôr). Tumeur, f.
tumular adj. (toumoular). Tumulaire.
túmulo m. (toumoulou). Tombeau.
tumult‖**o** m. (toumou-ou). Tumulte. ‖**-uário, a** adj. (-ouaryou, a). Tumultuaire. ‖**-uoso, a** adj. (-ôsou, osa). Tumultueux, euse.
tun‖**a** f. (touna). Orchestre, m. ‖**-ante** adj. et s. (-ãt). Vagabond, onde; fainéant, ante.
tunda f. (*tũda*). Raclée.
túnel m. (tounèl). Tunnel.
túnica f. (tou-a). Tunique.
turb‖**a** f. (tourba). Foule. ‖**-amulta** f. (ou-a). Cohue.
turbante m. (tourbãt). Turban.
turbilhão m. (tour-lãou). Tourbillon.
turbina f. (tourbína). Turbine.
turbul‖**ência** f. (tourboulêcya). Turbulence. ‖**-ento, a** adj. (-êtou, a). Turbulent, ente; remuant ante.
turco, a adj. et s. (*tourcou*, a). Turc, urque. ‖s. m. *Mar.* Bossoir.

Lettres penchées : accent tonique. ‖V. page verte pour la prononciation figurée. ‖* Verbe irrég. V. à la fin du volume.

turf‖a f. (tour*f*a). Tourbe. ‖**-eira** f. (-*â*yra). Tourbière.
túrgido, a adj. (*tour*-ou, a). Turgide.
turíbulo m. (tour*i*boulou). Encensoir.
Turim n. pr. (tour*ĩ*). Turin.
turis‖**mo** m. (tour*i*jmou). Tourisme. ‖**-ta** m. et f. (-*í*chta). Touriste.
turma f. (tou*r*ma). Division (écoles). ‖Groupe, m., bande. ‖Multitude.
turno m. (tou*r*nou). Équipe, f. ‖Tour : *por seu turno*, à son tour.
turqu‖**ês** f. (tour*k*éch). Pince à monter, à tendre. ‖**-esa** f. (-*é*sa). Turquoise.
Turquia n. pr. (tour*ki*a). Turquie.

turra f. (tou*r*ra). Coup (m.) de tête. ‖Dispute, querelle. ‖Entêtement, m. [teimosia]. ‖Loc. *Andar às turras*, se disputer, se quereller.
turv‖**ação** f. (tourva*ç*áou). Trouble, m. ‖**-ar** vt. (-*a*r). Troubler. ‖**-o, a** adj. (*tour*vou, a). Trouble.
tussilagem f. (:ou-a*j*ãy). Tussilage, m.
tutano m. (tot*ã*nou). Moelle, f.
tutel‖**a** f. (tout*é*la). Tutelle. ‖**-ado, a** m. et f. (-*e*ladou, a). Enfant en tutelle. ‖**-ar** adj. (-*a*r). Tutélaire. ‖vt. Prendre⁺ sous tutelle. ‖*Fig.* Défendre, protéger.
tutor‖, **a** m. et f. (toutôr, a). Tuteur, trice. ‖**-ia** f. (-our*i*a). Tutelle.
tuxaua m. (toucha*ou*a). *Br.* Chef indien.

U

uariqu‖**ena** ou **-ina** f. (ouar*i*kéna, -*i*-). *Br.* Piment, m.
uarubé m. (ouaroub*ê*). *Br.* Bouillie (f.) de manioc.
uauaçu m. (ouaoua*çou*). *Br.* Cocotier.
úbere adj. (*ou*bere). Fertile. ‖s. m. Pis (mamelle).
ucharia f. (ou-a*ri*a). Dépense (à provisions). ‖Abond*a*nce.
Ucrânia n. pr. (oucr*â*nya). Ukraine.
ucraniano, a adj. et s. (oucrany*â*nou, a). Ukrani*e*n, *e*nne.
ufa! interj. (ou*f*a). Ouais!
ufan‖**ar** vt. (oufa*n*ar). Rendre fier. ‖**-ar-se** vr. (-*ç*). Se vanter. ‖**-ia** f. (-*í*a). Fierté. ‖**-o, a** adj. (-*â*nou, a). Fier, ère ; glori*e*ux, *e*use.
ui! interj. (*ou*y). Aïe!
uísque m. (ou*í*chk). Whisky.
uiv‖**ar** vi. (ouy*v*ar). Hurler. ‖**-o** m. (*ou*yvou). Hurlement.
úlcera f. (*ou*-éra). Ulcère, m.
ulcer‖**ação** f. (ou-era*çá*ou). Ulcération. ‖**-ar-se** vr. (-*a*rç). S'ulcérer. ‖**-oso, a** adj. (-*ô*sou, ósa). Ulcéreux, *e*use.
Ulisses n. pr. (oul*í*cech). Ulysse.
ulm(eir)o m. (ou-(*â*yr)ou). Orme.
ulterior‖ adj. (ou-ery*ô*r). Ultérieur, *e*ure. ‖**-mente** adv. (-*ê*t). Ultérieurement.

ultim‖**ação** f. (ou-a*çá*ou). Achèvement, m. ‖**-ado, a** adj. (-*a*dou, a). Achevé, ée ; fini, ie.
ùltimamente adv. (ou-am*ê*t). Dernièrement.
ultimar vt. (cu-*a*r). Achever, finir.
últimas f. pl. (*ou*-ach). Misère extrême, sing., abois, m. ‖Loc. *Estar na(s) última(s), être⁺* à bout [sem dinheiro].
ultimato m. (ou-*a*tou). Ultimatum.
último, a adj. (*ou*-ma, a). Dernier, ère. ‖Loc. *Por último*, finalement.
ultraj‖**ar** vt. (ou-ra*j*ar). Outrager. ‖**-e** m. (-*a*j). Outrage.
ultra‖**mar** m. (ou-ra*m*ar). Pays d'outre-mer. ‖Outremer [cor]. ‖**-marino, a** adj. (-ar*í*nou, a). D'outre-mer. ‖**-passar** vt. (-a*ç*ar). Outre-passer, dépasser. ‖D*o*ubler [automobilismo]. ‖**- -som** m. (-*ô*). Ultra-son. ‖**-violeta** m. (-*é*ta). Ultraviolet.
ulular vi. (oulou*l*ar). Hurler.
um, a num., art., adj. (ũ, *ou*ma). Un, *u*ne. ‖pron. L'un, *u*ne. ‖Loc. *A uma*, ensemble; d'abord [primeiro]. *De duas umc*, de deux choses l'une. *É tudo um*, c'est tout un. *Nem um*, pas un. *Um e outro*, l'un et l'autre. *Uns*... *quelc*u*e*... (environ).
umbela f. (ũ*cè*la). Ombrelle. ‖*Bot.* Ombelle.

Itálico : acento tónico. ‖V. página verde para a pronúncia figurada. ‖*Verbo irreg. V. no final do livro.

UMB — USA

umbi‖go m. (ûbigou). Nombril. ‖-lical adj. (-àl). Ombilical, ale.
umbroso, a adj. (úbrôsou, osa). Ombreux, euse. ‖Sombre [sombrio].
ume adj. (oum). Alun, m. (dans pedra-ume).
unânime adj. (ounâ-). Unanime.
unanimidade f. (ouna-ad). Unanimité.
unção f. (uçãou). Onction.
undé‖cimo, a adj. num. et s. m. (ûdè-ou, a). Onzième. ‖-cuplo, a adj. et s. m. (-ou-ou, a). Onze fois aussi grand, ande.
ungir vt. (ùjír). Oindre*.
unguento m. (ũgouẽtou). Onguent.
ungulado, a adj. (ũgouladou, a). Ongulé, ée.
unha‖ f. (ougna). Ongle, m. ‖Loc. Defender-se com unhas e dentes, se défendre du bec et des ongles. Meter a unha, faire* sa main. Ser unha com carne, être* à tu et à toi. Unhas-de-fome, p:nce-maille. ‖-da f. (-ada). Coup (m.) d'ongle.
união f. (ounyãou). Union : traço de união, trait d'union.
único, a adj. (ou-ou, a). Unique, seul, eule.
unid‖ade f. (ou-ad). Unité. ‖-o, a adj. (-ídou, a). Uni, ie.
unific‖ação f. (ou-açãou). Unification. ‖-ar vt. (-ar). Unifier.
uniform‖e adj. et s. m. (ou-òrm). Uniforme. ‖-idade f. (-ad). Uniformité. ‖-ização f. (-açãou). Uniformisation. ‖-izar vt. (-ar). Uniformiser.
uni‖génito, a adj. (ou-è-ou, a). Unique (fils). ‖-lateral adj. (-ateràl). Unilatéral, ale. ‖-r vt. (-ír). Unir.
unissono, a adj. (ouniçounou, a). Unissonant, ante. ‖s. m. Unisson : em unissono. à l'unisson
univers‖al adj. (ou-ersàl). Universel, elle. ‖-alidade f. (-a-ad). Universalité. ‖-alismo m. (-íjmou). Universalisme. ‖-alista m. et f. (-íchta). Universaliste, m. ‖-alizar vt. (-ar). Universaliser. ‖-idade f. (-ad). Université. ‖-itario, a adj. et s. (-aryou, a). Universitaire. ‖-o m. (-è-ou). Univers.
uno, a adj. num. (ounou, a). Un, une.

unt‖ar vt. (ûtar). Oindre*, graisser : untar as mãos a, graisser la patte à. ‖-o m. (ũtou). Graisse (f.) de porc. ‖-uoso, a adj. (-ouôsou, osa). Onctueux, euse. ‖-ura f. (-oura). Graissage, m. ‖Onguent, m. ‖Fig. Teinture.
upa! interj. (oupa). Houp! Debout!
urânio m. (ourânyou). Uranium.
urato m. (ouratou). Urate.
urban‖idade f. (ourba-ad). Urbanité. ‖-ismo m. (-íjmou). Urbanisme. ‖-ista m. et f. (-íchta). Urbaniste. ‖-izar vt. (-ar). Urbaniser. ‖ Civiliser. ‖-o, a adj. (-ânou, a). Urbain, aine. ‖Fig. Poli, ie; courtois, oise ; civil, ile.
urbe f. (ourb). Ville.
urd‖ideira f. (our-âyra). Ourdisseuse. ‖-idor m. (-ôr). Ourdisseur. ‖-idura f. (-oura). Ourdissage, m. ‖-ir vt. (-ír). Ourdir.
ur‖eia f. (ourâya). Urée. ‖-emia f. (-emía). Urémie. ‖-éter m. (-étèr). Uretère. ‖-etra f. (-étra). Urètre, m.
urg‖ência f. (ourjẽcya). Urgence. ‖-ente adj. (-èt). Urgent, ente. ‖-ir vi. (-ír). Presser, être* urgent.
urin‖a f. (ouría). Urine. ‖-ar vt. et vi. (-ar). Uriner. ‖-ário, a adj. (-a-ou, a). Urinaire. ‖-ol m. (-ol). Urinoir. ‖Urinal [de doentes].
urna f. (ourna). Urne.
uropigio m. (ouroupi-ou). Uropyge.
urr‖ar vi. (ourrar). Rugir. ‖-o m. (ou-ou). Rugissement.
urs‖a f. (oursa). Ourse : ursa maior, grande ourse. ‖-o m. (-ou). Ours.
urti‖cáceas f. pl. (our-acyach). Urticacées. ‖-cária f. (-arya). Urticaire. ‖-ga f. (-íga). Ortie.
uru m. (ourou). Br. Galinacé du Brésil.
urubu m. (ouroubou). Urubu.
urucungo m. (ouroucúgou). Br. Instrument grossier des nègres (mus.).
Uruguai n. pr. (ourougouay). Uruguay.
uruguaio, a adj. et s. (ourougouayou, a). Uruguayen, enne.
urz‖al m. (ourzàl). Bruyère, f. ‖-e f. (ourz). Bruyère.
usado, a adj. (ousadou, a). Usité, ée. ‖ Usagé, ée [servido]. ‖Usé, ée [gasto].
usagre m. (ousagr). Gourme, f.

Lettres penchées : accent tonique. ‖V. page verte pour la prononciation figurée. ‖* Verbe irrég. V. à la fin du volume.

us‖ança f. (ousáça). Usage, m. ‖-ar vt. (-ar). Faire* usage de. ‖ Porter [consigo]. ‖User [deteriorar]. ‖ vi. User (de). ‖-ar-se vr. (-ç). Être* à la mode. ‖-ina f. (-ína). Br. Usine. ‖-o m. (ousou). Usage. ‖Loc. Para uso de, à l'usage de. Segundo o uso, selon l'usage. Usos e costumes, us et coutumes.
ustório, a adj. (ouchtoryou, a). Ardent, ente.
usu‖al adj. (ousouàl). Usuel, elle. ‖-ário, a adj. et s. m. (-aryou, a). Usager, ère. ‖-capir vt. (-apír). Acquérir* par usage. ‖-fruir vt. (-rouír). Avoir* l'usufruit de. ‖-fruto m. (-outou). Usufruit. ‖-frutuário, a adj. et s. (-ouaryou, a). Usufruitier, ère.
usur‖a f. (ousoura). Usure. ‖-ário, a adj. et s. (-aryou, a). Usurier, ère. ‖Usuraire, adj.
usurp‖ação f. (ousourpaçáou). Usurpation. ‖-ador, a m. et f. (-ôr, a).

Usurpateur, trice. ‖-ar vt. (-ar). Usurper.
utensílio m. (outěci-ou). Ustensile.
uterino, a adj. (outerínou, a). Utérin, ine.
útero m. (outerou). Utérus.
útica n. pr. (cu-a). Utique.
útil adj. (ou-). Utile. ‖Loc. Dia útil, jour ouvrable.
utili‖dade f. (outl-ad). Utilité. ‖-tário, a adj. et s. m. (-aryou, a). Utilitaire. ‖-tarismo m. (-arijmou). Utilitarisme. ‖-tarista adj. et s. (-ichta). Utilitaire. ‖-zar vt. (-ar). Utiliser. ‖-zável adj. (-avèl). Utilisable
utopia f. (outoupía). Utopie.
utópico, a adj. (outo-ou, a). Utopique.
utopista m. et f. (outoupíchta). Utopiste.
uva f. (ouva). Raisín, m.
úvula f. (ouvoula). Uvule.

V

vaca‖ f. (vaca). Vache. ‖-ria f. (va-ría). Vacherie.
vacatura f. (vacatoura). Vacance.
vacil‖lação f. (va-açáou). Vacillation. ‖-ante adj. (-àt). Vacillant, ante. ‖-ar vi. (-ar). Vaciller.
vacin‖a f. (vacína). Vaccin, m. ‖-ação f. (-áou). Vaccination. ‖-ar vt. (-ar). Vacciner.
vacuidade f. (vacouydad). Vacuité.
vacum adj (vacū). Bovin, ine.
vácuo, a adj. et s. m. (vacouou, a). Vide
vadear vt. (vadyar). Guéer.
vad‖iar vi. (-yar). Fainéanter. ‖-io, a adj. et s. m. (-íou, a). Fainéant, ante; vagabond, onde.
vaga f. (vaga). Vague. ‖Place vacante [emprego].
vagabund‖ear vi. (vagabūdyar). Vagabonder. ‖-o, a adj. et s. (-ūdou, a). Vagabond, onde.
vagalhão m. (vagaláou). Grosse vague, f.
vaga-lume m. (vagaloum). Ver luisant.

vagão m. (-áou). Wagon.
vag‖ar vi. (vagar). Vaquer. ‖Vaguer [vaguear]. ‖s. m. Lenteur, f. ‖Loisir [ócio]. ‖-ente adj. (va-ět). Br. V. VAGAROSC. ‖-oso, a adj. (vagarósou, osa). Lent, ente.
vag‖em f. (vajăy). Gousse, cosse. ‖Haricot vert [feijão]. ‖-ina f. (vajína). Vagín. m. ‖-al adj. (-àl). Vaginal, ale.
vago, a adj (vagou, a). Vague ‖Vacant, ante [desocupado]. ‖s. m. Vague.
vagoneta f. (vagounéta). Wagonnet, m.
vagu‖ear vi. (vaghyar). Vaguer. ‖-ejar vi. (-ějor). V. VAGUEAR.
vaia f. (vaya). Moquerie. ‖Huée.
vaid‖ade f. (vaydad). Vanité. ‖-oso, a adj. (-ósou, osa). Vaniteux, euse.
vaivém m. (vayváy). Va-et-vient. ‖Bélier (guerre). ‖pl. Vicissitudes, f.
val‖a f. (vala). Fossé, m. ‖Fosse commune. ‖-ado m. (valadou).

Itálico: acento tónico. ‖V. página verde para a pronúncia figurada. ‖*Verbo irreg. V. no final do livro.

VAL — VAR 724

Fossé. ‖-ar vt. (-ar). Entourer de fosses.
valdevinos m. (và-evinouch). Garnement.
vale m. (valé). Vallée, f. ‖Mandat-poste [correio]. ‖Bon [comercial].
valência f. (valêcya). Valence.
Val‖ência ou -ença n. pr. (valêcya). Valence.
valent‖ão m. (valêtãou). Brave. ‖Bravache [fanfarrão]. ‖-e adj. et s. m. (-êt). Vaillant, brave. ‖-ia f. (-ía). Vaillance, bravoure. ‖-ona adj. et s. f. (-ôna). Vaillante femme.
valer*‖ vt. et vi. (valér). Valoir*. ‖Être* valable. ‖Secourir*, venir* en aide. ‖Loc. A valer, tout de bon; avec force. Mais vale..., il vaut mieux... = Não vale a pena, ce n'est pas la peine. Valer a pena, valoir* la peine. Valha-me Deus! Dieu me soit en aide! ‖- -se* vr. (-ç). S'aider (de). ‖Profiter de [aproveitar].
valeriana f. (valeryâna). Valériane.
valeta f. (valéta). Ruisseau, m. (rue).
valete m. (valèt). Valet.
valetudinário, a adj. (valetou-aryou, a). Valétudinaire.
valia f. (valía). Valeur. ‖ Protection, aide. ‖Importance, influence.
valid‖ade f. (va-ad). Validité. ‖-ar vt. (-ar). Valider. ‖-ez f. (-éch). Validité. ‖-o m. (-ídou). Favori.
válido, a adj. (va-ou, a). Valide, vigoureux, euse. ‖Valide, valable.
vali‖mento m. (va-étou). Valeur, f. ‖Faveur, f. ‖-oso, a adj. (-ósou, osa). Précieux, euse. ‖Valide.
valor‖ m. (valór). Valeur, f. ‖Point [nota]. ‖-ização f. (-ou-açãou). Valorisation. ‖Cotation. ‖-izar vt. (-ar). Mettre* en valeur. ‖-oso, a adj. (-ôsou, osa). Valeureux, euse.
valquiria f. (vàlkýrya). Valkyrie.
vals‖a f. (và-a). Valse. ‖-ar vt. (-ar). Valser.
valva f. (và-a). Valve.
válvula f. (và-oula). Soupape. ‖Anat. Valvule.
vãmente adv. (vãmét). Vainement.
vampiro m. (vãpírou). Vampire.
vand‖álico, a adj. (vãda-ou, a). Vandalique. ‖-alismo m. (-alijmou). Vandalisme.

vândalo m. (vãdalou). Vandale.
vangl‖ória f. (vã-orya). Vaine gloire. ‖-oriar vt. (-ouryar). Enorgueillir. ‖-orioso, a adj. (-yôsou, osa). Vaniteux euse; glorieux, euse.
vanguarda f. (vãgouarda). Avant-garde.
vanta‖gem f. (vãtajây). Avantage, m. ‖-joso, a adj. (-ajôsou, osa). Avantageux, euse.
vão, vã adj. (vãou, ã). Vain, aine. ‖s. m. Vide. ‖Embrasure, f. [porta]. ‖Dessous (d'escalier) [escada].
vapor‖ m. (vapôr). Vapeur, f. ‖-ização f. (-ou-açãou). Vaporisation. ‖-izador m. (-ôr). Vaporisateur. ‖-izar vt. (-ar). Vaporiser. ‖-oso, a adj. (-ôsou, osa). Vaporeux, euse.
vaqu‖eano m. (vakyânou). Br. Conducteur. ‖-eiro m. (-âyrou). Vacher. ‖-eta f. (-éta). Baguette [tambor]. ‖-ilhona f. (-lôna). B. du S. Génisse.
var‖a f. (vara). Perche (long bâton). ‖Aune [medida]. ‖Baguette [ponteiro]. ‖Troupeau, m. [porcos]. ‖-ado, a adj. (varadou, a). Fig. Stupéfait, aite. ‖-adoiro ou -adouro m. (-adôyrou, -ôr). Plage (f.) d'échouage. ‖Br. Voie (f.) de communication. ‖-al m. (-àl). Brancard (voiture). ‖Bâton (chaise à porteur) [cadeirinha].
varanda f. (varãda). Balcon, m. ‖Véranda [galeria envidraçada].
varão m. (varãou). Mâle, homme. ‖Barreau (de métal, etc.). ‖adj. Mâle.
varapau m. (varapaou). Bâton.
varar vt. (varar). Percer. ‖Mettre* à sec. ‖Rendre stupéfait. ‖vi. Échouer.
varej‖ar vt. (varejar). Gauler. ‖Tirer des coups de feu. ‖Battre*. ‖Br. Jeter. ‖-eira f. (-âyra). Mouche de la viande. ‖-ista m. (-ichta). Br. Détaillant. ‖-o m. (-âjou). Gaulage. ‖Visite, f. (d'un magasin). ‖Br. Transaction (f.) au détail.
vareta f. (varéta). Baguette (fusil). ‖Brin, m. (éventail). ‖Baleine (parapluie).
vari‖abilidade f. (varya-ad). Variabilité. ‖-ação f. (-ãou). Variation. ‖-ado, a adj. (-yadou, a). Varié, ée. ‖-ante adj. et s. f. (-yãt). Va-

Lettres penchées : accent tonique. ‖V. page verte pour la prononciation figurée. ‖* Verbe irrég. V. à la fin du volume.

VAR — VEL

riant, ante. ‖-ar vt. (-yar). Varier. ‖vi. Varier. ‖Perdre la raison. ‖Délirer. ‖-ável adj. (-yavèl). Variable.
varicela f. (var-èla). Varicelle.
varie‖dade f. (varyédad). Variété. ‖-gado, a adj. (-adou, a). Bigarré, ée. ‖-gar vt. (-ar). Nuancer, bigarrer.
varinha f. (varigna). Petite baguette.
vário, a adj. (varyou, a). Divers erse. ‖Inconstant, ante. ‖Délirant, ante. ‖pl. Plusieurs, quelques.
variola f. (varioula). Variole.
variz f. (varich). Varice.
varon‖ia f. (varounia). Masculinité. ‖-il adj. (-il). Viril, mâle; fort.
varrão m. (varrãou). Verrat.
varr‖edela f. (varredèla). Balayage, m. ‖-edoira ou -edoura f. (-ôyra, ôra). Balayeuse. ‖-edor, a m. et f. (-ôr, a). Balayeur, euse. ‖-edura f. (-oura). Balayage, m. ‖-er vt. et vi. (-er). Balayer. ‖-ição f. (-ãou). Br. Balayage, m. ‖-ido, a (-ídou, a). Balayé, ée. ‖Loc. Doido varrido, fou à lier.
Varsóvia n. pr. (varsovya). Varsovie.
várzea f. (varzya). Plaine cultivée.
vasa f. (vasa). Vase. ‖Fig. Fange.
vascão m. (vachcãou). Vascon, basque.
vascas f. pl. (vachcach). Affres.
vasco, a adj. et s. (vachcou, a). Basque, vascon, onne.
vascolejar vt. (vachcoulejar). Agiter (liquide dans un vase).
vas‖conço m. (vachcôçou). Basque (langue). ‖-congado, a adj. et s. (-adou, a). Basque.
vascular adj. (vachcoular). Vasculaire.
vasculh‖ar vt. (vachcoular). Fig. Fureter. ‖-o m. (-oulou). Tête (f.) de loup (balai).
vaselina f. (vaselina). Vaseline.
vasilh‖a f. (vasilα). Vaisseau, m, vase, m. ‖Tonneau, m. [vinho]. ‖-ame m. (-âm). Futaille, m.
vaso m. (vasou). Vase. ‖Pot à fleurs. ‖Mar. et anat. Vaisseau.
vassal‖agem f. (vaçalajãy). Vasselage, m. ‖-o, a adj et s. (-alou, a). Vassal, ale; sujet, ete.
vass‖oira ou **-oura** f. (vaçôyra, -ôra). Balai, m. ‖-oirada ou **-ourada** f. (-ada). Coup (m.) de balai.

vast‖idão f. (vach-ãou). Grande ampleur ou étendue. ‖-o, a adj. (va-ou, a). Vaste.
Vaticano n. pr. (va-ãnou). Vatican.
vatic‖inar vt. (va-ar). Prédire*. ‖-ínio m. (-ányou). Prédiction, f.
vátio m. (vatyou). Watt.
vau m. (vaou). Gué. ‖Loc. A vau, à gué.
vaz‖a f. (vaza). Levée (aux cartes). ‖-ador m. (va-ôr). Emporte-pièce. ‖-adouro ou **-adoiro** m. (-ôrou, -ôy-). Cloaque. ‖-adura f. (-oura). Vidange. ‖-amento m. (-ètou). Videment. ‖-ante adj. (-ãt). Descendante (marée). ‖s. f. Descente de la marée. ‖-ão f. (-ãou). Vidange. ‖Fig. Vente. ‖Issue [saída]. ‖Débit, m. (fontaine, etc.). ‖-ar vt. (-ar). Vider. ‖Verser [espalhar]. ‖Percer, traverser. ‖Creuser [olhos]. ‖vi. Baisser (marée). ‖S'écouler [esvaziar-se]. ‖-ar-se vr. (-c). S'écouler. ‖-io, a adj. et s. m. (-íou, a). Vide.
vea‖ção f. (vyaçãou). Venaison. ‖-do m. (vyadou). Cerf.
ved‖ação f. (vedaçãou). Clôture. ‖-ar vt. (-ar). Défendre. ‖Mettre* une barrière. ‖Embarrasser. ‖Étancher.
vedeta f. (vedéta). Vedette.
vedo m. (védou). Br. Clôture, f.
vedor m. (vedôr). Intendant. ‖Sourcier [de água].
veem‖ência f. (vyemê-a). Véhémence. ‖-ente adj. (-êt). Véhément, ente.
veget‖ação f. (vejetaçãou). Végétation. ‖-al ad. et s. m. (-àl). Végétal, ale. ‖-ar vi. (-ar). Végéter. ‖-ariano, a adj. et s. (-aryãnou, a). Végétarien, enne. ‖-ativo, a adj. (-ativou, a). Végétatif, ive.
veia f. (vâya). Veine. ‖Talent, m.
veículo m. (vyícoulou). Véhicule.
veiga f. (vâyga). Plaine fertile.
veio m. (vâyou). Veine, f. (mines). ‖Arbre (axe) [eixo].
vel‖a f. (vèla). Mar. Voile. ‖Bougie [de estearira]. ‖Cierge, m. [de igreja]. ‖Veille [insónia]. ‖Loc. Estar de vela, veiller. Fazer-se de (ou à) vela, faire* voile. ‖-acho m. (vela-ou). Petit hunier. ‖-ador m. (-adôr). Porte-chandelier. ‖-ame

*Itálico : acento tónico. ‖V. página verde para a pronúncia figurada. ‖*Verbo irreg. V. no final do livro.*

VEL — VEN

veleidade f. (velàyd*a*d). Velléité.
veleiro m. (vel*á*yrou). Voilier. ‖adj. Rapide, léger.
velejar vi. (velej*a*r). Naviguer.
velha f. (v*é*la). Vieille (femme).
velha‖caria f. (velacaría). Fourberie. ‖-co, a adj. et s. (-*a*cou, a). Coquin, ine; fourbe. ‖ Rusé, ée; matois, oise.
velh‖ice f. (vèliç). Vieillesse. ‖-o, a adj. (vêl*ou*, a). Vieux [vieil antes de vogal ou h mudo], vieille. ‖ s. m. Vieux vieillard. ‖-ota f. (-ota). Vieille femme. ‖-ote m. (-ot). Vieux bonhomme.
velo m. (v*é*lou). Toison, f.
veloc‖idade f. (velou-*a*d). Vitesse, vélocité, rapidité. ‖-ípede m. (-íped). Vélocipède, vélo (fam.).
velódromo m. (velodr*ou*mou). Vélodrome.
velório m. (vel*ó*ryou). Br. Veille, f. (d'un mort).
veloso, a adj. (vel*ó*sou, osa). Velu, ue.
veloz adj. (veloch). Rapide, agile.
veludo m. (vel*ou*dou). Velours.
venal adj. (ven*á*l). Vénal, ale. ‖-idade f. (-a-*a*d). Vénalité.
venatório, a adj. (venat*ó*ryou, a). Qui concerne la chasse.
venc‖edor, a adj. et s. (vècedór, a). Vainqueur, victorieux, euse. ‖-er vt. (-ér). Vaincre*. ‖ Gagner [bataille, etc.]. ‖ Effectuer. ‖ Parcourir*. ‖ vi. Vaincre*. ‖-er-se vr. (-ç). Se vaincre*. ‖ Échoir* [pagamento]. ‖-ida f. (-ída). Victoire. ‖-ido, a adj. (-ou, a). Vaincu, ue. ‖ Échu, ue. ‖-imento m. (-étou). Victoire, f. ‖ Échéance, f. [comércio]. Traitement, appointements, pl.
vend‖a f. (v*è*da). Vente. ‖ Bandeau, m. [pano]. ‖ Boutique, f. ‖-ar vt. (-*a*r). Bander. ‖ Fig. Aveugler.
vendaval m. (vêdav*á*l). Tempête, f.
vend‖ável adj. (vêd*á*vèl). Vendable. ‖-edor, edeira m. et f. (-edór, *á*yra). Vendeur, euse. ‖-eiro, a m. et f. (-*á*yrou, a). Boutiquier ère. ‖-er vt. (-ér). Vendre. ‖-ido, a adj. (-ídou, a). Vendu, ue. ‖ Embarrassé, ée. ‖-ilhão m. (-l*ã*ou). Colporteur.

vendeur. ‖-ível adj. (-ívèl). Vendable, de bon débit.
veneno‖ m. (venénou). Poison. ‖ Venin [peçonha]. ‖-so, a adj. (-enósou, osa). Vénéneux, euse. ‖ Venimeux, euse [peçonhento].
vener‖ação f. (veneraç*ã*ou). Vénération. ‖-ador, a m. et f. (-ór, a). Vénérateur, trice. ‖-ando, a adj. (-*ã*dou, a). Vénérable. ‖-ar vt. (-*a*r). Vénérer. ‖-ável adj. (-*a*vèl). Vénérable.
venéreo, a adj. (venèryou, a). Vénérien, enne.
veneta f. (venéta). Fantaisie : dar na veneta, se passer une fantaisie.
Veneza n. pr. (venéza). Venise.
veneziano, a adj. et s. (venezy*a*nou, a). Vénitien, enne.
Venezuela n. pr. f. (venezouèla). Venezuela, m
vénia f. (v*è*nya). Permission. ‖ Révérence (salut) [cumprimento].
venial adj. (veny*á*l). Véniel, elle.
venoso, a adj. (venósou, osa). Veineux, euse.
venta f. (v*ê*ta). Narine, f. ‖ Naseau, m. [animal]. ‖ Loc. Ter cabelinho na venta, avoir* du poil. ‖ pl. Nez, m. sing.
ven‖tania f. (vêtanía). Gros vent, m. ‖-ar vi. (-*a*r). Venter. ‖ Fig. Favoriser. ‖-arola f. (-arola). Éventail, m. ‖-ilação f. (-aç*ã*ou). Ventilation. ‖-ilador m. (-ór). Ventilateur, prise (f.) d'air. ‖-ilar vt. (-*a*r). Ventiler. ‖ Nettoyer (cereais). ‖ Agiter. ‖-o m. (vétou). Vent. ‖ Loc. Ir de vento em popa, avoir* le vent en poupe. Moinho de vento, moulin à vent. Pé de vento, rafale, f. ‖-inha f. (-ígna). Girouette [cata-vento]. ‖ Ventilateur [aparelho]. ‖-osa f. (-osa). Ventouse. ‖-osidade f. (-ou-*a*d). Ventosité. ‖-oso, a adj. (-ósou, osa). Venteux, euse.
ventr‖al adj. (vêtr*á*l). Ventral, ale. ‖-e m. (vêtr). Ventre. ‖ Loc. Prisão de ventre, constipation. ‖-ículo m. (-ícoulou). Ventricule. ‖-íloquo m. (-íloucou). Ventriloque. ‖-udo, a adj. (-*ou*dou, a). Ventru, ue.
ventur‖a f. (vêt*ou*ra). Bonheur, m. ‖ Fortune [acaso]. ‖ Loc. À ventura, à tout hasard. ‖-oso, a adj. (-ósou,

Lettres penchées : accent tonique. ‖ V. page verte pour la prononciation figurée. ‖ * Verbe irrég. V. à la fin du volume.

osa). Heureux, *euse*. ‖*Aventureux, euse.*

Vénus n. pr. (**vè**nouch). Vénus.

ver* ‖ vt. (**vér**). Voir*. ‖Loc. *Aqui onde me vê*, tel que vous me voyez. *Até mais ver*, au revoir. *Fazer que não vê*, faire* semblant de ne pas voir. *Pelo que vejo*, à ce que je vois. *Ter que ver com*, avoir* des rapports avec. *Vamos a ver*, nous verrons. *Ver com maus olhos*, voir d'un mauvais œil. ‖**- se*** vr. (-ç). Se voir*. ‖Loc. *Já se vê*, cela va sans dire. ‖s. m. *A(o) meu ver*, à mon avis, selon moi.

veracidade f. (**ver**a-ad). Véracité.

veran‖eante m. (**ver**anyãt). Estivant. ‖**-eio** m. (-ãyou). Villégiature, f.

verão m. (**ver**ãou). Été.

verb‖a f. (**vèr**ba). Article, m. ‖Somme, quantité d'argent. ‖**-al** adj. (**ve**-àl). Verbal, *ale*. ‖**-alismo** m. (-alijmou). Excès de rigueur verbale, verbalisme.

verbena f. (**ver**béna). Verveine.

verberar vt. (**ver**berar). Blâmer.

verbete m. (**ver**bét). Fiche, f.

verbo‖ m. (**vèr**bou). Verbe. ‖**-rreia** f. (ve-**rrã**ya). Verbiage, m. ‖**-sidade** f. (-ad). Verbosité. ‖**-so, a** adj. (-ôsou, osa). Verbeux, *euse*.

verdad‖e f. (**ver**àd). Vérité. ‖Loc. *É verdade*, c'est vrai. *Falar verdade*, dire* la vérité. *Não é verdade?* pas vrai? n'est-ce pas? ‖**-eiro, a** adj. (-adàyrou, a). Véritable, vrai, *aie*.

verde‖ adj. (**vérd**). Vert, *erte*. ‖s. m. Vert. ‖Loc. *Em verde*, en herbe. *Vestido de verde*, habillé en vert. ‖**-al** adj. (ve-yàl). Qui tire sur le vert. ‖s. m. Huissier de l'université de Coïmbre. ‖**-claro, a** adj. et s. m. (vé-àrou, a). Vert clair. ‖**-escuro, a** adj. et s. m. (-echcourou, a). Vert foncé. ‖**-jante** adj. (ve-ejàt). Verdoyant, *ante*. ‖**-jar** vi. (-ar). Verdoyer. ‖**- -mar** adj. et s. m. (vé-ar). Vert de mer. ‖**-te** m. (ve-ét). Vert-de-gris.

verdo‖engo, a adj. (**ver**douẽgou, a). Verdâtre. ‖**-r** m. (-ôr). Verdure, f. ‖*Fig.* Verdeur, f.

verdugo m. (**ver**dougou). Bourreau.

verdur‖a f. (**ver**doura). Verdure. ‖Loc. *Verduras da mocidade*, écarts (m.) de la jeunesse. ‖**-eiro** m. (-éyrou). *Br.* Marchand de légumes.

verea‖ção f. (**ver**yaçãou). Conseil (m.) municipal. ‖**-dor** m. (-ôr) Conseiller municipal.

vereda f. (**ver**éda). Sentier, m.

veredicto m. (**ver**editou). Verdict.

verga f. (**vér**ga). Verge. ‖Osier, m. [vime]. ‖*Mar.* Vergue. ‖Linteau m. [porta].

verg‖alho m. (**ver**galou). Fouet. ‖**-ame** m. (-ãm). Vergues (f. pl.) d'un navire. ‖**-ão** m. (-ãou). Grosse verge, f. ‖Marque (f.) de coup de verge. ‖**-ar** vt. et vi. (-ar). Ployer, plier. ‖**-asta** f. (-achta). Houssine. ‖**-astar** vt. (-a-ar). Houssiner. ‖*Fig.* Fouetter.

vergonh‖a f. (**ver**gôgna). Honte. ‖**-oso, a** adj. (-ou-ôsou, osa). Honteux, *euse*.

vergôntea f. (**ver**gôtya). Rejeton, m.

verídico, a adj. (**ver**i-ou, a). Véridique.

verific‖ação f. (**ver**-açãou). Vérification. ‖**-ador** m. (-ôr). Vérificateur. ‖**-ar** vt (-ar). Vérifier. ‖**-ar-se** vr. (-ç). Avoir* lieu. ‖**-ável** adj. (-àvèl). Vérifiable.

verme m. (**vèrm**). Ver, m.

vermelh‖ão m. (**ver**melãou). Vermillon. ‖**-idão** f. (-ãou). Rougeur. ‖**-o, a** adj. et s. m. (-âylou, a). Rouge. ‖**-usco, a** adj. (-ouchcou, a). Rouget, *ette*.

verm‖icida adj. et s. m. (**ver**-ída). Vermicide. ‖**-icular** adj. (-oulàr). Vermiculaire. ‖**-ífugo, a** adj. et s. m. (-ífougou, a). Vermifuge.

vermute m. (**ver**mout). Vermouth.

vernáculo, a adj. (**ver**nàcoulou, a). Vernaculaire. ‖Pur, *ure* (langage).

verniz m. (**ver**nich). Vernis.

vero, a adj. (**vè**rou, a). Vrai, *aie*; véritable.

Verona n. pr. (**ver**ôna). Vérone.

verónica f. (**ver**o-a). Véronique.

veros‖ímil adj. (**ver**ousi-). Vraisemblable. ‖**-imilhança** f. (-làça). Vraisemblance. ‖**-imilitude** f. (-oud). Vraisemblance.

verrug‖a f. (**ver**rouga). Verrue. ‖**-uento, a** adj. (-ghétou, a). Verruqueux, *euse*.

verrum‖a f. (**ver**rouma). Vrille. ‖**-ar**

Itálico : acento tónico. ‖V. página verde para a pronúncia figurada. ‖***Verbo irreg.** V. no final do livro.

VER — VIB 728

vt. (-ar). Vriller. ‖vi. *Fig.* Ruminer.
vers‖ado, a adj. (versadou, a). Versé, ée. ‖-al adj. et s. (-àl). Majuscule. ‖*Typ.* Capitale. ‖-alete m. (-alét). Petite capitale, f. (typ.).
Versalhes n. pr. (versalèch). Versailles.
vers‖ão f. (versãou). Version. ‖-ar vt. (-ar). Traiter de. ‖ Mettre* en vers. ‖vi. Porter sur. ‖-átil adj. (-a-). Versatile. ‖-atilidade f. (-a-ad). Versatilité. ‖-ejador et s. m. (-ejadór). Rimeur. ‖-ejar vi. (-ar). Rimer, rimailler. ‖-ículo m. (-ícoulou). Verset. ‖-ificação f. (-açãou). Versification. ‖-ificar vt. (-ar). Versifier. ‖-o m. (vè-ou). Vers. ‖ *Verso* [de folha].
vértebra f. (vèrtebra). Vertèbre.
vertebr‖ado, a adj. et s. m. (vertebrádou, a). Vertébré, ée. ‖-al adj. (-àl). Vertébral, ale.
vert‖edoiro ou -edouro m. (vertedóyrou, -ôr-). Écope, f. ‖-ente adj. et s. f. (-êt). Versant, m. ‖-er vt. (-ér). Verser. ‖ *Fig.* Répandre. ‖ Traduire*. ‖vi. Couler.
vertical adj et s. f. (ver-àl). Vertical, ale.
vértice m. (vèr-). Sommet.
vertig‖em f. (vertijãy). Vertige. ‖-inoso, a adj. (-ósou, osa). Vertigineux, euse.
vesgo, a adj. et s. (véjgou, a). Louche.
vesicatório m. (ve-atoryou). Vésicatoire.
vesícula f. (vesícoula). Vésicule.
vesp‖a f. (vèchpa). Guêpe. ‖-eiro m. (ve-áyrou). Guêpier.
véspera f. (vèchpera). Veille. ‖pl. Vêpres. ‖ *Loc. Estar em vésperas de,* être* à la veille de.
vesper‖al m. (vechperàl). Matinée, f. (spectacle). ‖-tino, a adj. (-ínou, a). Du soir.
veste f. (vècht). Vêtement, m.
véstia f. (vèchtya). Veste.
vestiário m. (vechtyaryou). Vestiaire.
vestíbulo m. (vechtíboulou). Vestibule.
vestid‖o m. (vechtídou). Robe, f. ‖-ura f. (-oura). Vêtement, m.
vestígio m. (vechtíjyou). Vestige, trace, f.

vest‖imenta f. (vech-êta). Vêtement, m. ‖pl. Ornements (m. pl.) sacerdotaux. ‖-ir* vt. (-ír). Vêtir*, habiller. ‖vi. Habiller. ‖-uário m. (-ouaryou). Vêtement, habit. ‖ Costume [maneira].
Vesúvio n. pr. (vesouvyou). Vésuve.
veterano m. (veterânou). Vétéran.
veterinári‖a f. (veter-arya). Médecine vétérinaire. ‖-o, a adj. et s. m. (-ou, a). Vétérinaire.
veto m. (vètou). Veto.
vetust‖ez f. (vetouchtéch). Ancienneté. ‖-o, a adj. (-ou-ou, a). Ancien, enne; antique.
véu m. (vèou). Voile.
vex‖ação f. (vèchaçãou). Vexation. ‖-ame m. (-âm). Vexation. ‖-ar vt. (-ar). Vexer. ‖-atório, a adj. (-atoryou, a). Vexatoire, vexant, ante.
vez f. (véch). Fois, tour, m. ‖ *Loc. As mais das vezes,* le plus souvent. *As vezes,* quelquefois, parfois. *Cada vez mais,* de plus en plus. *Cada vez pior,* de mal en pis. *Da outra vez,* la dernière fois. *De vez,* une fois pour toutes. *Em vez de,* au lieu de. *Era uma vez,* il était une fois. *Fazer as vezes de,* tenir* lieu de. *Mais vezes,* plus souvent. *Muitas vezes,* souvent. *Uma vez por outra,* de fois à autre.
vez‖eiro, a adj. (vezáyrou, a). Coutumier, ère. ‖-o m. (vézou). Coutume, f.
via f. (vía). Voie. ‖ *Loc. Estar em vias de,* être* en voie de. *Por via de regra,* généralement. *Segunda via,* duplicata, m. *Via Paris, etc.,* via Paris, etc. *Via sacra,* chemin (m.) de la croix.
via‖bilidade f. (-abl-ad). Viabilité. ‖-ção f. (-ãou). Roulage, m. ‖-duto m. (-outou). Viaduc. ‖-gem f. (vyájãy). Voyage, m.
viaj‖ado, a adj. (-ajadou, a). Qui a voyagé. ‖-ante adj. et s. (-ãt). Voyageur, euse. ‖-ar vi. (-ar). Voyager.
viandante m. (-ãdãt). Voyageur à pied, pèlerin, passant.
viático m. (vya-ou). Viatique.
viatura f. (atoura). Voiture.
viável adj. (vyavèl). Viable.
víbora f. (víboura). Vipère.
vibordo m. (-órdou). Vibord.

Lettres penchées : accent tonique. ‖V. page verte pour la' prononciation figurée. ‖* Verbe irrég. V. à la fin du volume.

VIB — VIN

vibr‖ação f. (-raçãou). Vibration. ‖-ador m. (-ôr). Vibreur. ‖-ante adj. (-ãt). Vibrant, ante. ‖-ar vi. (-ar). Vibrer. ‖vt. Faire* vibrer. ‖Assener [palmada]. ‖Brandir. ‖Pincer [cordas]. ‖-átil adj. (-a-). Vibratile. ‖-atório, a adj. (-a-) ryou, a). Vibratoire. ‖-ião m. (-ãou). Vibrion.
vicejar vi. (-ejar). Verdoyer.
vice-reitor m. (-çrrãytôr). Vice-recteur.
vice-versa loc. adv. (-çvèrsa). Vice versa.
vici‖ado, a adj. (-yadou, a). Vicié, ée. ‖-ar vt. (-yar). Vicier. ‖-ar-se vr. (-ç). Se vicier.
vício m. (vi-ou). Vice.
vicioso, a adj. (-yôsou, osa). Vicieux, euse.
vicissitude f. (-oud). Vicissitude.
viço‖ m. (viçou). Vigueur, f., sève, f. ‖-so, a adj. (-ôsou, osa). Verdoyant, ante, en sève. ‖Fig. Vigoureux, euse.
vida f. (vída). Vie. ‖Loc. Andar à boa vida, être* désœuvré. Dar má vida, rendre la vie dure. Em minha vida, de mon vivant. Estar com vida, être* en vie. Levar boa vida, mener une bonne vie. Modo de vida, vie, f. Para a vida e para a morte, à la vie et à la mort. Para toda a vida, pour la vie. Por minha vida, sur ma vie. Por toda a vida, à vie.
vid‖e f. (vid). Vigne. ‖-eira f. (-áyra). Vigne.
vidente adj. et s. (-êt). Voyant, ante.
vidoeiro m. (-ouáyrou). Bouleau.
vidr‖aça f. (-raça). Vitre. ‖-aceiro m. (-açáyrou). Vitrier. ‖-ado, a adj. (-adou, a). Vernissé, ée. ‖Vitreux, euse [olhos]. ‖-ar vt. (-ar). Vernisser. ‖-aria f. (-aría). Verrerie. ‖-eiro, a adj. et s. m. (-áyrou, a). Verrier, m.; du verre. ‖-ilhos m. pl. (-ílouch). Verroterie, f. sing. ‖-o m. (vi-ou). Verre. Vitre, f. [vidraça].
viela f. (vyèla). Ruelle.
Viena n. pr. (vyéna). Vienne.
vienense adj. et s. (-enêç). Viennois, oise.
viés m. (vyèch). Biais : ao viés, de biais, en biais.

vig‖a f. (víga). Poutre. ‖-amento m. (-ẽtou). Charpente, f.
vigário m. (-aryou). Vicaire. ‖Curé. ‖Loc. Conto do vigário, vol à l'américaine.
vigarista m. et f. (-aríchta). Escroc, m.
vig‖ência f. (-êcya). Vigueur, durée. ‖-ente adj. (-êt). En vigueur.
vigésimo, a adj. num. et s. m. (-è-ou, a). Vingtième.
vigi‖a f. (-ía). Veille. ‖Hublot, m. [navio]. ‖m. Veilleur, vigie, f. ‖-ar vt. (-yar). Surveiller; épier. ‖vi. Veiller.
vigil‖ância f. (-âcya). Surveillance, vigilance. ‖-ante adj. (-ãt). Vigilant, ante. ‖s. m. Surveillant.
vigília f. (-ílya). Veille. ‖Vigile.
vigor‖ m. (-ôr). Vigueur, f. : em vigor, en vigueur. ‖-ar vt. (-ourar). Fortifier. ‖vi. Être* en vigueur. ‖-oso, a adj. (-ôsou, osa). Vigoureux, euse.
vil adj. (vil). Vil, île; méprisable.
vila‖ f. (víla). Bourg, m. ‖Villa [vivenda]. ‖--diogo (-yôgou). U. dans la loc. dar às de vila-diogo, prendre* la poudre d'escampette, décamper.
vil‖ania f. (-anía). Vilenie. ‖Vilainage, m. [condição]. ‖-ão m. (-ãou). Vilain, roturier [condição]. ‖Paysan, campagnard. ‖adj. et s. m. Rustre, avare. ‖-ã f. (-ã). Vilaine, paysanne. ‖-egiatura f. (-e-atoura). Villégiature. ‖-eza f. (-éza). Vileté.
vilip‖endiar vt. (-êdyar). Vilipender. ‖-êndio, a adj. (-ê-ou). Mépris. ‖-endioso, a adj. (-yôsou, osa). Méprisant, ante; dédaigneux, euse.
vimaranense adj. et s. (-aranêç). Relatif, ive ou habitant, ante de Guimarães (ville portugaise).
vim‖e m. (vim). Osier. ‖-eiro m. (-áyrou). Osier. ‖-leiro m. (-yáyrou). Oseraie, f.
vinagr‖e m. (-cgr). Vinaigre. ‖-eira f. (-a-áyra). Vinaigrier, m. ‖-eiro m. (-ou). Vinaigrier (marchand). ‖-ento, a adj. (-ētou, a). Qui a le goût du vinaigre.
vinc‖ar vt. (vicar). Plier. ‖Fig. Accentuer. ‖-o m. (vícou). Pli. ‖Trace, f., marque, f. ‖Anneau de métal. ‖-ilho m. (-cílou). Hart, f., pleyon.

Itálico : acento tônico. ‖V. página verde para a pronúncia figurada. ‖*Verbo irreg. V. no final do livro.

FR.-PORTUG. — | 24

VIN — VIS

vínculo m. (vĭcoulou). Attache, f., lien. ‖ Majorat [bens inalienáveis].
vinda f. (vída). Venue, arrivée.
vindic‖ação f. (vi-açáou). Revendication. ‖**-ar** vt. (-ar). Revendiquer. ‖ Défendre. ‖**-ativo, a** adj. (-atívou, a). Vindicatif, ive. ‖**-ta** f. (-íta). Vindicte.
vindim‖a f. (vidíma). Vendange. ‖**-adeira** f. (-âyra). Vendangeuse. ‖**-ador, a** m. et f. (-ôr, a). Vendangeur, euse. ‖**-ar** vt. et vi. (-ar). Vendanger. ‖ Pop. Tuer. ‖**-o** adj. m. (-ímou). Vendangeoir; hotte, f.
vind‖oiro ou **-ouro, a** adj. (vidóyrou, -ôr-, a). Futur, ure; à venir. ‖ s. m. Br. Nouveau venu. ‖ pl. Nos descendants.
vineo, a adj. (vínyou, a). Vineux, euse
ving‖ança f. (vigáça). Vengeance. ‖**-ar** vt. (-ar). Venger. ‖ Atteindre* [atingir]. ‖ vi. Réussir. ‖**-ativo, a** adj. (-atívou, a). Vindicatif, ive.
vinha f. (vígna). Vigne.
vinh‖aça f. (-gnáça). Pop. Ivresse. ‖**-ateiro** m. (-atâyrou). Vigneron. ‖**-edo** m. (-édou). Vignoble.
vinheta f. (-gnéta). Vignette.
vinho m. (vígnou). Vin. ‖ Loc. Vinho abafado, vin bourru. Vinho tinto, vin rouge. Vinho da região, vin du cru.
vínico, a adj. (ví-ou, a). Vinique.
vin‖ícola adj. (-ícoula). Vinicole. ‖**-icultor** m. (-ou-ôr). Vigneron. ‖**-icultura** f. (-oura). Viticulture. ‖**-ificação** f. (-açáou). Vinification. ‖**-ificar** vt. (-ar). Transformer en vin. ‖**-oso, a** adj. (-ôsou, osa). Vineux, euse.
vint‖avo m. (vĭtavou). Vingtième. ‖**-e** adj. num. et s. m. (vĭt). Vingt. ‖**-ém** m. (-áy). Ancienne monnaie de 20 reis. ‖**-ena** f. (-éna). Vingtaine.
viola f. (vyola). Guitare.
viol‖ação f. (-oulaçáou). Violation. ‖ Viol, m. [de mulher]. ‖**-ar** vt. (-ar). Violer. ‖**-ência** f. (-êcya). Violence. ‖**-entar** vt. (-ar). Violenter. ‖ Violer [mulher]. ‖**-ento, a** adj. (-étou, a). Violent, ente.
violeta f. (-ouléta). Violette. ‖ Viole [instrumento].
viol‖inista m. et f. (-ou-íchta). Violoniste. ‖**-ino** m. (-ínou). Violon. ‖**-oncelista** m. et f. (-ôcelíchta).
Violoncelliste. ‖**-oncelo** m. (-êlou). Violoncelle.
viperino, a adj. (-erínou, a). Vipérin, ine.
vir* vi. (vir). Venir*. ‖ Loc. Vir à boca, revenir* (goût). Vir a saber-se, se répandre. Vir a ser, devenir*. Vir às mãos, en venir* aux mains. Vir a dar no mesmo, revenir* au même. Vir em socorro, venir* en aide. Vir ter com, venir* trouver, à la rencontre de.
vir‖ação f. (-açáou). Brise. ‖**-agem** f. (-ajáy). Virage, m.
virago f. (-ragou). Virago.
vira-lata m. (-ralata). Br. Mâtin.
vir‖ar vt. et vi. (-ar). Tourner. ‖ Mar. Virer. ‖ Br. Devenir*, se changer en. ‖**-ar-se** vr. (-ç). Se tourner. ‖ Mar. Chavirer. ‖ Verser [voltar-se]. ‖**-avolta** f. (-avo-a). Culbute. ‖ Fig. Vicissitude.
virgem adj. et s. f. (virjáy). Vierge.
Virgílio n. pr. (verjí-ou). Virgile.
virg‖inal adj. (-r-ál). Virginal, ale. ‖**-indade** f. (-idad). Virginité. ‖**-íneo, a** adj. (-ínyou, a). V. VIRGINAL.
Virgínia n. pr. (-rjínya). Virginie.
vírgula f. (vírgoula). Virgule.
viril adj. (-rĭl). Viril, ile.
virilha f. (-rĭla). Aine.
virilidade f. (-r-ad). Virilité.
virola f. (-rola). Virole.
virtual‖ adj. (-rtoual). Virtuel, elle. ‖**-mente** adv. (-êt). Virtuellement.
virtu‖de f. (-rtoud). Vertu. ‖**-oso, a** adj. (-ouôsou, osa). Vertueux, euse. ‖ s. m. Mus. Virtuose.
virul‖ência f. (-roulêcya). Virulence. ‖**-ento, a** adj. (-étou, a). Virulent, ente.
vírus m. (vírouch). Virus.
vis‖ão f. (-áou). Vision. ‖**-ar** vt. et vi. (-ar). Viser.
viscera f. (víchcera). Viscère, m.
visceral adj. (-chcerál). Viscéral, ale.
visco‖ m. (víchcou). Glu, f. ‖**-sidade** f. (-ad). Viscosité. ‖**-so, a** adj. (-ôsou, osa). Visqueux, euse; gluant, ante.
visconde, essa m. et f. (-chcôd, éça). Vicomte, esse.
viseira f. (-âyra). Visière.
visibilidade f. (-bl-ad). Visibilité.
visigodos m. pl. (-ódouch). Wisigoths.

Lettres penchées : accent tonique. ‖V. page verte pour la prononciation figurée. ‖* Verbe irrég. V. à la fin du volume.

VIS — VOA

vision‖ar vt. (-ounar). Rêver. ‖vi. Avoir* des visions. ‖**-ário, a** adj. et s. (-aryou, a). Visionn*ai*re.

visit‖a f. (-íta). Visite. ‖Loc. *Sala de visitas*, salon, m. ‖**-ação** f. (-áou). Visitation. ‖**-ador, a** m. et f. (-ôr, a). Visitat*eu*r, trice. ‖**-ante** adj. et s. (-ắt). Visiteur, teuse. ‖**-ar** vt. (-ar). Visiter.

visível adj. (-ivèl). Visible.

vislumbr‖**ar** vt. (-jlúbrar). Entrevoir*. ‖vi. Commencer à paraître. ‖**-e** m. (-úbr). Légère apparence, f.

viso m. (vísou). Aspect. ‖ Signal. ‖ Connaissance (f.) superficielle.

visor m. (-ôr). Vis*eu*r.

vista f. (víchta). Vue. ‖Loc. *À vista*, en vue. *A perder de vista*, à perte de vue. *À primeira vista*, à (la) première vue; de prime abord [de entrada]. *Até à vista*, au revoir. *Dar nas vistas*, taper dans l'œil. *Em vista de*, en raison de. *Fazer a vista grossa*, fa*i*re* semblant de ne pas voir. *Pagar à vista*, payer à vue. *Ter à vista*, avoir* sous les yeux. *Ter vista para*, avoir* vue sur. *Vista de olhos*, coup (m.) d'œil. ‖pl. Vues, projets, m.

visto‖, **a** adj. (víchtou, a). Vu, ue. ‖s. m. Visa. ‖Loc. *A olhos vistos*, à vue d'œil. *Está visto*, cela va sans dire. *Visto que*, puisque, vu que. ‖**-ria** f. (-ría). Expertise. ‖ Inspection. ‖**-riar** vt. (-yar). Expertiser. ‖**-so, a** adj. (-ôsou, osa). Voyant, ante; beau, belle.

visual adj. (-ouàl). Visuel, elle.

vit‖**al** adj. (-àl). Vital, ale. ‖**-alício, a** adj. (-alí-ou, a). Viager, ère. *A vie* [cargo]. ‖**-alidade** f. (-a-ad). Vitalité. ‖**-alizar** vt. (-ar). Vitaliser.

vitam‖**ina** f. (-amina). Vitamine. ‖**-inado, a** adj. (-adou, a). Vitaminé, ée.

vitel‖**a** f. (-éla). Génisse; veau, m. [carne]. ‖**-o** m. (-ou). Veau.

vitícola adj. (-ícoula). Viticole.

viticult‖**or** m. (-ou-ôr). Viticulteur. ‖**-ura** f. (-oura). Viticulture.

vítima f. (ví-a). Victime.

vitimar vt. (-ar). Rendre victime.

Vítor n. pr. (vítor). Victor.

vitória f. (-orya). Victoire.

vitori‖**ar** vt. (-ouryar). Acclamer. ‖**-oso, a** adj. (-yôsou, osa). Victorieux, euse.

vitral m. (-ràl). Vitrail.

vítreo, a adj. (vítryou, a). Vitré, ée.

vitri‖**ficar** vt. (-r-ar). Vitrifier. ‖**-na** f. (-ína). Vitrine.

vitríolo m. (-ríoulou). Vitriol.

vitrola f. (-rola). *Br.* Gramophone,m.

vitualha(s) f. (pl.) [-ouala(ch)]. Victu*ai*lles, pl.

vitup‖**erar** vt. (-ouperar). Vitupérer. ‖**-ério** m. (-éryou). Blâme. ‖**-erioso, a** adj. (-eryôsou, osa). Blâme, qui vitupère.

viuvez f. (-ouvéch). Veuvage, m., viduité.

viúvo, a adj. et s. (-ouvou, a). Veuf, veuve.

viva m. (viva). Vivat : *dar um viva*, pousser un vivat. ‖ interj. Vive! Vivat! [só o primeiro se emprega seguido de substantivo].

vivacidade f. (-a-ad). Vivacité.

vivalma (-à-a). U. dans la loc. *nem vivalma*, âme qui vive.

vivandeiro, a m. et f. (-ādảyrou, a). Vivandi*e*r, ère.

viv‖**az** adj. (-ach). Vivace. ‖**-edoiro** ou **-edouro, a** adj. (-edôyrou, -ôr, -a). Durable. ‖**-eiro** m. (-ảyrou). Pépini*è*re, f. [plantas]. ‖ Voli*è*re, f [aves]. ‖ Vivier [peixes]. ‖ Parc (à huîtres) [ostras]. ‖**-enda** f. (-éda). Chalet, m., villa. ‖**-er** vi. (-ér). Vivre*. ‖vt. Vivre*, mener. ‖s. m. Vie, f.

víveres m. pl. (vivérech). Vivres.

viveza f. (-éza). Vivacité.

vívido, a adj. (ví-ou, a). Vif, ive ‖ Brillant, ante; éclatant, ante.

vivificar vt. (-ar). Vivifier.

vivo, a adj. (vívou, a). Vif, ive; vivant, ante. ‖Loc. *Ao vivo*, au naturel. *À viva força*, de vive force. *Em carne viva*, au vif. ‖s. m. Vivant [pessoa]. ‖ Vif [carne]. ‖ Vif [questão, etc.]. ‖ Liséré [vestuário].

vizindário n. (-ídaryou). *Br.* Voisinage.

vizinh‖**ança** f. (vezingàça). Voisinage, m. ‖**-o, a** adj. et s. (-í-ou, a). Voisin, ine.

vizir m. (-ír). Vizir. ‖Loc. *Grão-vizir*, grand vizir.

vo‖**ador, a** adj. (vouadôr, a). Volant, e. ‖**-ar** vi. (-ouar). Voler.

Itálico : acento tónico. ‖ V. página verde para a pronúncia figurada. ‖* Verbo irreg. V. no final do livro

voc‖**abulário** m. (voucaboul*a*ryou). Vocabul*aire*. ‖**-ábulo** m. (-*a*-ou). Voc*able*.
vocação f. (voucaç*ão*u). Vocation.
vocal adj. (vouc*à*l). Voc*al, ale*.
vocal‖**ismo** m. (voucal*ij*mou). Voc*a*lisme. ‖**-izar** vt. (-*ar*). Vocaliser. ‖**-izo** m. (-izou). Vocalis*e*, f.
vocativo m. (voucativou). Vocatif.
você pron. (você). Vous.
vocifer‖**ação** f. (vou-eraç*ão*u). Vociférat*i*on. ‖**-ar** vt. et vi. (-*ar*). Vociférer.
voejar vi. (vouej*ar*). Voleter.
voga f. (v*o*ga). Vogue.
vogal f. (voug*à*l). Voyelle. ‖m. Membre d'un conseil, d'un jury, etc.
vogar vi. (voug*ar*). Voguer. ‖*Fig.* Être* en vogue.
vol‖**ante** adj. et s. m. (voul*ã*t). Vol*a*nt, *ante*. ‖**-átil** adj. (-*a*-). Volat*i*l, *ile*. ‖s. m. Volat*i*le. ‖**-atilizar** vt. (-a-*ar*). Volatiliser.
volfrâmio m. (vô-râmyou). Wolfr*a*m.
volta f. (v*o*-a). Tour, m. : *dar uma volta*, f*aire** un tour. ‖Retour, m. [regresso]. ‖Course (démarche). ‖Tournant, m. [de rua]. ‖C*o*urbe. ‖Changement, m. [mudança]. ‖Loc. *À volta*, tout autour. *À volta de*, autour de. *Dar volta ao juizo*, se creuser la tête. *Dar volta ao miolo a*, tourner la tête à. *Dar voltas*, f*aire** des courses; se retourner (dans son lit) [na cama]. *Em volta de*, autour de. *Estar de volta*, être* de ret*ou*r. *Por volta de*, vers.
volt‖**agem** f. (vô-aj*ãy*). Voltage, m. ‖**-aico, a** adj. (-*ay*cou, a). Voltaïque. ‖**-âmetro** m. (-*a*metrou). Voltamètre.
voltar vi. (vô-*ar*). Revenir*. ‖Retourner [mudar de direcção]. ‖Tourner [mudar de fazer], etc., f*aire**, etc. de nouve*au*. *Voltar a si*, revenir* à soi. ‖vt. Tourner. ‖Retourn*er* [do avesso]. ‖Rendre [devolver]. ‖Répondre. ‖**- -se** vr. (-ç). Se tourner, se retourn*er*. ‖Renverser [carro].
volt‖**ear** vt. (vô-y*ar*).Tourner.‖F*aire** le tour de. ‖vi. Tournoyer. ‖Voltiger [equitação]. ‖**-eio** m. (-*dy*-ou). Voltige, f. ‖Voltigement [mouvement]. ‖**-ejar** vt. et vi. (-ej*ar*). V. VOLTEAR.

voltímetro m. (vô-*i*metrou). Voltimètre.
vóltio m. (v*o*-ou). Volt.
volubilidade f. (vouloubl-*ad*). Volubilité. ‖Inconst*a*nce. ‖Mobilité.
volum‖**e** m. (vouloum). Volume. ‖**-oso, a** adj. (-*ô*sou, *o*sa). Volumin*eux, euse*; gros, *o*sse.
volunt‖**ário, a** adj. et s. m. (voulūt*a*ryou, a). Volont*aire*. ‖**-arioso, a** adj. (-ary*ô*sou, *o*sa). Entêté, ée.
volúpia f. (voul*ou*pya). Volupté.
voluptuos‖**idade** f. (voulou-ouou-*ad*). Volupté. ‖**-o, a** adj. (-ou*ô*sou, *o*sa). Voluptu*eux, euse*.
voluta f. (voul*ou*ta). Volute.
volúvel adj. (voulouvèl). Vol*a*ge, chang*e*ant, *ante*. ‖*Bot.* Volub*i*le.
volver vt. (vô-*ér*). Tourner. ‖Mouvoir*. ‖Rouler. ‖vi. Tourner. ‖S'écouler [tempo]. ‖Répondre. ‖s. m. Cours. ‖Loc. *Volver de olhos*, coup d'œil.
volvo m. (v*o*-ou). Volvulus.
vólvulo m. (v*o*-oulou). V. VOLVO.
vômer m. (vomèr). Vomer.
vómica f. (v*o*-a). Vomique. ‖adj. f. Vomique: *noz vómica*, noix vomique.
vomit‖**ar** vt. (vou-*ar*). Vomir. ‖Loc. *Ter vontade de vomitar*, avoir* mal au cœur. ‖**-ivo** m. (-*i*vou). Vomitif.
vómito‖ m. (v*o*-ou). Vomissement. ‖**- -negro** m. (-*é*grou). Vomito(-n*é*gro).
vomitório, a adj. et s. m. (vou-or*y*ou, a). Vomitif, *ive*.
vontade f. (võt*ad*). Volonté. ‖Envie [de qualquer coisa]. ‖Loc. *À vontade*, à son aise. *À vontade de*, au gré de. *Com vontade ou sem ela*, de gré ou de force, bon gré mal gré. *De boa vontade*, volontiers. *De má vontade*, à contrecœur. *Ter má vontade a*, en vouloir* à.
voo m. (v*ôo*u). Vol (oiseaux; voile). ‖Loc. *Levantar voo*, prendre* son vol, prendre* son essor.
vor‖**acidade** f. (voura-*ad*). Voracité. ‖**-agem** f. (-*aj*ãy). Gouffre, m. ‖**-az** adj. (-*ach*). Vor*a*ce.
vos pron. compl. (vouch). Vous.
vós pron. suj. ou compl. avec prép. (vo*ch*). Vous.
vossemecê pron. (-*ç*mecé). Vous.
vossência pron. (-*ê*cya). Vous.
vosso, a adj. poss. (voçou, a). V*o*tre. ‖ pron. possif. V*ô*tre; à vous.

Lettres penchées : accent tonique. ‖V. page verte pour la prononciation figurée. ‖* Verbe irrég. V. à la fin du volume.

vot‖ação f. (voutação). Votation. ‖-ar vt. (-ar). Voter [lei, orçamento]. ‖Allouer [crédito, etc.]. ‖Vouer, consacrer. ‖vi. Voter. ‖-ivo, a adj. (-ivou, a). Votif, ive. ‖-o m. (votou). Vœu. ‖Voix, f. [eleições]. ‖Vote [direito]. ‖Avis, opinion, f. ‖Loc. *Fazer votos por, faire* des vœux pour. Ir a votos,* aller* aux voix. *Ter voto na matéria,* avoir* voix au chapitre.
voz f. (voch). Voix. ‖*Mil.* Commandement. ‖Loc. *A uma voz,* à l'unisson. *Em voz alta,* à haute voix. *Em voz baixa,* à voix basse. *Ter voz, avoir** de la voix.
voz‖eador m. (vouzyador). Criailleur. ‖-ear vi. (-yar). Crier, criailler. ‖vt. Crier. ‖m. Criaillerie, f., clameur, f. ‖-earia f. (-aria). Crierie, criaillerie, clameur. ‖-eio m. (-ãyou). Clameur, f. ‖-eirão m. (-rãou). Grosse voix, f. ‖-eiro, a adj. (-ãyrou, a). Criard, arde ; crieur, euse. ‖s. m. Clameur, f. ‖-eria f. (-eria). Crierie, criaillerie, clameur.
vulc‖anicidade f. (vou-a-ad). Vulcanicité. ‖-ânico, a adj. (-â-ou, a). Volcanique. ‖-anismo m. (-ijmou). Volcanisme. ‖Vulcanisme [sistema]. ‖-anista adj. et s. (-ichta). Vulcaniste. ‖-anite f. (-it). Vulcanite. ‖-anização f. (-ação). Vulcanisation. (*Géol.* Volcanisation, f. ‖-anizar vt. (-ar). Vulcaniser [borracha]. ‖*Géol.* Volcaniser. ‖*Fig.* Exalter.
Vulcano n. pr. (vou-ânou). Vulcain.
vulc‖anologia f. (vou-anoulou-jía). Vulcanologie. ‖-anologista m. et f. (-ichta). Vulcanologiste. ‖-ão m. (-ãou). Volcan.
vulg‖acho m. (vou-a-ou). Populace, f. ‖-ar adj. (-ar). Vulgaire, commun, une ; ordinaire. ‖s. m. Vulgaire. ‖Langue (f.) vulgaire. ‖-aridade f. (-a-ad). Vulgarité. ‖-arização f. (-ação). Vulgarisation. ‖-arizador, a adj. et s. m. (-ôr, a). Vulgarisateur, trice. ‖-arizar vt. (-ar). Vulgariser. ‖-arizar-se vr. (-ç). Se vulgariser. ‖-armente adv. (-a-êt). Vulgairement, ordinairement. ‖-ata f. (-ata). Vulgate. ‖-o m. (vou-ou·. Vulgaire, commun des hommes. ‖Petit peuple, peuple.
vulner‖abilidade f. (vou-era-ad). Vulnérabilité. ‖-ação f. (-ãou). Vulnération. ‖-ar vt. (-ar). Blesser. ‖-ável adj. (-avèl). Vulnérable.
vulp‖inite f. (vou-it). Vulpinite. ‖-ino, a adj. (-inou, a). Vulpin, ine.
vult‖o m. (vou-ou). Figure, f., silhouette, f. ‖Masse, f., volume. ‖Importance, f. ‖Personne (f.) notable, notabilité, f., personnalité, f. ‖Loc. *Dar vulto a,* attacher de l'importance à. *De vulto,* d'importance, important. *Fazer vulto,* être* volumineux. *Tomar vulto,* s'agrandir. ‖-oso, a adj. (-ôsou, osa). Volumineux euse ; gros, osse. ‖-uoso, a adj. (-ouô-, a). Vultueux, euse.
vultur‖ídeo m. (vou-ourídyou). Vulturidé. ‖-ino, a adj. (-inou, a). Vautourin, ine. ‖-no m. (-ou-ou). Vulturnus.
vulv‖a f. (vou-a). Vulve. ‖-ar adj. (-ar). Vulvaire. ‖-ária f. (-arya). Vulvaire. ‖-ário, a adj. (-ou, a). Vulvaire. ‖-ite f. (-it). Vulvite. ‖-o-vaginal adj. (-ôva-àl). Vulvovaginal, ale.
vurm‖o m. (vourmou). Pus des plaies. ‖-oso, a adj. (-ôsou, osa). Purulent, ente.
Vurtemberga n. pr. (vourtêbèrga). Wurtemberg.
vurtemburgu‖ês, esa adj. et s. (vourtêbourghéch, ésa). Wurtembergeois, oise.

X

x (chich). X (lettre). ‖Loc. *Não ter uma de X,* ne pas avoir* un sou. *Raios X,* rayons X.
xá m. (cha). Schah, shah, chah.
xabouco m. (chabôcou). Lagune, f.
xabraque m. (chabrac). Chabraque, f.
xácara f. (chacara). Romance.
xacoco m. (chacôcou). Baragouineur. ‖*Fam.* Fadeur, f.
xadrez m. (chadréch). Jeu d'échecs.

Itálico : acento tônico. ‖V. página verde para a pronúncia figurada. ‖*Verbo irreg. V. no final do livro.

‖Échiquier [tabuleiro]. ‖Écossais (étoffe) [tecido]. ‖Br. Prison, f., cachot. ‖Loc. Em xadrez, en échiquier. ‖-ado, a adj. (-ezadou, a). En échiquier. ‖-ar vt. (-ar). Disposer en échiquier.
xaile m. (chayle). Châle.
xairel m. (chayrèl). Housse, f. (de cheval).
xale m. (chàl). Châle.
xalmas f. pl (châ-ach). Ridelles.
xamate m. (chamat). Échec et mat.
Xangai n. pr. (chāgay). Changhaï.
xântico, a adj. (chā-ou, a). Xantique.
xantina f. (châtina). Xanthine.
xântio m. (chātyou). Xanthium.
Xantipa n. pr. f. (châtípa). Xanthippe. ‖-o n. pr. m. (-ou). Xanthippe.
xanto m. (châtou). Xanthion [pedra]. ‖Zool. Xanthe.
xará adj. et s. (chara). Br. Homonyme.
xarif‖e m. (charif). Chérif. ‖-ado m. (-adou). Chérifat.
xarop‖ada f. (charoupada). Une quantité de sirop, m. ‖-e m. (-op). Sirop.
xaveco m. (chavècou). Petit bateau.
Xavier n. pr. (chavyèr). Xavier.
xelim m. (chelí). Shilling.
xen‖ofobia f. (chenoufoubìa). Xénophobie. ‖-ófobo, a adj. et s. (-ofoubou, a). Xénophobe.
Xenofonte n. pr. (chenoufôt). Xénophon.
xénon m. (chénon). Xénon.
xeque‖ m. (chèc). Échec : sofrer um xeque, éprouver un échec. ‖(S)cheik. ‖- -mate m. (-at). Échec et mat.

xerez m. (chérech). Xérès (vin).
xerif‖e m. (cherif). Chérif. ‖-ino, a adj. (-inou, a). Chérifien, enne.
xerimbabo m. (chéribabou). Br. Animal domestique.
xeroftalmia f. (cher-à-ía). Xérophtalmie.
Xerxes n. pr. (chèrchech). Xerxès.
xeta f. (chéta). Br. Baiser (m.) jeté de loin avec les doigts.
xicara f. (chicara). Tasse.
xifóide adj. (ch-oyd). Xiphoïde.
xilo m. (chílou). Xylon.
xilo‖fone m. (ch-on). Xylophone. ‖-grafia f. (-rafía). Xylographie. ‖-grafo m. (ch-ografou). Xylographe.
xing‖ação f. (chigaçãou). Br. Insulte. ‖-amento m. (-amêtou). Br. Insulte, f. ‖-ar vt. et vi. (-ar). Br. Insulter, injurier. ‖ Railler, se moquer [troçar].
xintã m. (chitā). Br. Sorte de perdrix.
xintoís‖mo m. (chitouijmou). Shintoïsme. ‖-ta m. et f. (-ichta). Shintoïste.
xiridácea f. (chír-ocya). Xyridacée.
xiris m. (chirich). Xyris, f.
xiró m. (-ro). Br. Potage au riz.
xis m. (chich). Nom de la lettre x.
xisto‖ m. (chichtou). Min. Schiste. ‖Antiq. Xyste. ‖-sidade f. (-ad). Schistosité. ‖-so, a adj. (-ósou, osa). Schisteux, euse.
xistro m. (chichtrou). Xystre.
xixica f. (chichíca). Br. Pourboire, m.
xofrango m. (choufrágou). Orfraie, f.
xurumbambo(s) m. (pl.) [chourūbábou(ç)]. Br. Vieux meuble(s).

Z

zabaneira f. (zabanâyra). Femme effrontée.
zabumb‖a m. (zabúba). Grosse caisse, f. ‖Pop. Chapeau haut de forme. ‖-ar vt. (-ar). Étourdir. ‖vi. Battre*.
Zacarias n. pr. (zacaríach). Zacharie.
zag‖a f. (zaga). Arbre (m.) dont on fait les zagaies. ‖-aia f. (zagaya). Zagaie.

zagal, a m. et f. (zagàl, ala). Berger, ère.
zagalote m. (zagalot). Lingot, m. (projectile).
zagunch‖ada f. (zagū-ada). Coup (m.) de zagaie. ‖Fig. Brocard, m. ‖-ar vt. (-ar). Blesser avec une zagaie. ‖Fig. Brocarder piquer, blesser.
zâibo, a adj. (záybou, a). Bancal, ale. ‖Louche [vesgo].

Lettres penchées : accent tonique. ‖V. page verte pour la prononciation figurée. ‖* Verbe irrég. V. à la fin du volume.

zaino, a adj. (zaynou, **a**). Zain, adj. m. ‖*Fig.* Dissimulé, ée.
Zama n. pr. (zâma). Zama.
zambaio, a adj. et s. (zâbayou, **a**). Borgne.
Zambeze n. pr. (zâbèze). Zambèze.
zambeta adj. et s. (zâbéta). *Br.* Cagneux, euse.
zamboa f. (zâbôa). *Br. Fig.* Bonhomme, m.
zambro, a adj. (zâbrou, **a**). Bancal, ale; cagneux, euse.
zambuj‖**al** m. (zâboujàl). Bois d'oliviers sauvages. ‖**-eiro** m. (-âyrou). Olivier sauvage.
zampar vt. et vi. (zâpar). Manger à la hâte, goulûment.
zanaga adj. et s. (zanaga). Louche.
zang‖**a** f. (zâga). Fâcherie, brouillerie, brouille. ‖**Aversion**, haine. ‖**-ado, a** adj. (-adou, **a**). Fâché, ée.
zangalh‖**ão** ou **-o** m. (zâgalôou, -alou). Flandrin, homme mal bâti.
zângano m. (zâganou). Courtier. ‖*Fripier* [adelo].
zângão m. (zâgâou). *Zool.* Bourdon.
zangar‖ vt. (zâgar). Fâcher. ‖**-se** vr. (-ç). Se fâcher. ‖**-alhão** m. (-aralâou). *Pop.* Homme grand et mal bâti.
zangarr‖**ear** vt. et vi. (zâgarryar). Racler de la guitare.
zanguizarra f. (zâghizarra).Vacarme, m., bruit, m. ‖Raclerie [viola].
Zanzibar n. pr. (zâ-ar). Zanzibar.
Zaqueu n. pr. (zakéou). Zachée.
zarabatana f. (zarabatâna). Sarbacane.
zaragat‖**a** f. (zaragata). Bagarre. ‖Querelle [questão]. ‖**-eiro, a** adj. et s. (-atâyrou, **a**). Querelleur, euse.
zaragatoa f. (zaragatôa). Pinceau (m.) à badigeonner la gorge. ‖Badigeonnage (m.) de la gorge.
zaranza adj. et s. (zarâza). Étourdi, ie ; écervelé, ée.
zarcão m. (zarcâou). Minium.
zarco, a adj. (zarcou, **a**). Qui a les yeux bleu clair.
zarolho, a adj. (zarôlou, **a**). *Pop.* Borgne. ‖Louche, bigle.
zarpar vt. (zarpar). Lever (l'ancre). ‖vi. Lever l'ancre. ‖*Faire* voile.*
zarzuela f. (zarzouèla). Zarzuela.

zás! interj. (zach). Pan! Pif, paf!
zás-trás! interj. (zachtrach). V. zás!
zê m. (zé). Nom de la lettre Z.
Zebedeu n. pr. (zebedéou). Zébédée.
zebr‖**a** f. (zébra). Zèbre, m. ‖‖**-ar** vt. (ze-ar). Zébrer.
Zeferino n. pr. (zeferinou). Zéphyrin.
zefir(e) m. (zéfir). Zéphyr (tissu).
zéfiro m. (zè-rou). Zéphyr (vent).
zel‖**ação** f. (zelaçâou). *Br.* Étoile filante. ‖**-ador, a** adj. et s. (-ôr, **a**). Zélateur, trice.
Zelândia n. pr. (zelâdya). Zélande.
zel‖**ar** vt. (zelar). Avoir* du zèle pour. ‖*Être** jaloux, ouse de. ‖**-o** m. (zélou). Zèle. ‖pl. Jalousie, f. sing. ‖**-oso, a** adj. (-elôsou, osa). Zélé, ée. ‖*Jaloux,* ouse [ciumento].
Zenão n. pr. (zenâou). Zénon.
zende m. (zêdi. Zend(e).
zenital adj. (ze-àl). Zénithal, ale.
zénite m. (zènit). Zénith.
Zenóbia n. pr. (zenobya). Zénobie.
zepelim m. (zepelî). Zeppelin.
zero m. (zèron). Zéro.
zeugma m.(zéw-a). Zeugma, zeugme.
Zêuxis n. pr. (zéou-ich). Zeuxis.
zibelina f. (-elina). Zibeline.
zigoma m. (-âma). Zygoma.
ziguezague‖ n. (-ag). Zigzag. ‖**-ar** vi. (-yar). Zigzaguer.
zimbório m. (ziboryou). Dôme.
zimbrar‖ vt. (zîbrar). Fouetter. ‖vi. *Mar.* Tanguer.
zimbro m. (zîbrou). Genevrier. ‖Rosée, f. [orvalho].
zimico, a adj (zi-ou, **a**). Zumique.
zina f. (zina). Point (m.) culminant.
zinc‖**ar** vt. (zicar). Zinguer. ‖**-o** m. (zîcou). Zinc. ‖**-ogravura** f. (-ogravoura). Zincogravure.
zíngaro m. (zîgarou). Zingaro.
zircónio m. (-rcounyou). Zirconium.
ziziar vi. (-ycr). *Br.* Siffler (vent).
zo‖**ada** f. (zouada). Bourdonnement, m. ‖**-ar** vi. (zouar). Bruire*, bourdonner.
zodiacal adj. (zou-acàl). Zodiacal, ale.
zodíaco m. (zoudiacou). Zodiaque.
zoeira f. (zoudyra). V. ZOADA.
zomb‖**adeira** adj. et s. f. (zîbadâyra). Moqueuse. ‖**-ador** adj. et s. m. (-ôr). Moqueur. ‖**-ar** vi. (-ar). Se moquer, railler. ‖**-aria** f. (-aria).

Itálico : acento tónico. ‖V. página verde para a pronúncia figurada. ‖*Verbo irreg. V. no final do livro.

Raillerie, moquerie. ‖ **-etear** vi. (-et*y*ar). V. ZOMBAR. ‖ **-eteiro, a** adj. et s. (-*â*yrou, a). V. ZOMBADOR.
zona f. (z*ô*na). Zone. ‖ *Méd.* Zona.
zonch‖ar vi. (zõ-*a*r). Pomper. ‖ **-o** m. (zõ-ou). Piston de la p*o*mpe.
zonzo, a adj. (z*õ*zou, a). Étourdi, ie.
zo‖ologia f. (zououlouj*í*a). Zoologie. ‖ **-ológico, a** adj. (-o-ou, a). Zoologique. ‖ **-ólogo** m. (-*o*lou*go*u). Zoologue. ‖ **-omorfismo** m. (-ourf*i*jmou). Zoomorph*i*sme. ‖ **-oquímica** f. (-k*í*-a). Zoochimie. ‖ **-otecnia** f. (-*i*a). Zootechnie. ‖ **-otécnico, a** adj. (-*è*-ou, a). Zootechnique.
Zoroastro n. pr. (zourou*a*chtrou). Zoro*a*stre.
zorr‖a f. (z*ô*rra). Binard, m. [carro]. ‖ Vieux ren*a*rd, m. [raposa]. ‖ Traîn*a*rde [molengona]. ‖ **-eiro, a** adj. et s. (zourr*â*yrou, a). Traîn*a*rd, *a*rde. ‖ **-o** m. (zõ-ou). Ren*a*rd (mâle). ‖ adj. Lent. ‖ Fin.
Zósimo n. pr. (-o-ou). Zos*i*me.
zot‖e adj. et s. m. (zot). Imbéc*i*le. ‖ **-ismo** m. (zout*i*jmou). Embarras, imbécillit*é*, f., sott*i*se, f., stupidit*é*, f.
zoupeiro, a adj. (zôp*â*yrou, a). Éclopé, ée. ‖ Lourd*a*ud, *a*ude; indolent, ente.
zuavo m. (zou*a*vou). Zouave.
zuir* vi. (zou*i*r). Bourdonner.

zulo adj. et s. m. (zoul*o*u). Zoul*o*u.
Zululândia n. pr. (zoulouláďya). Zoulouland, m.
zumba! interj. (z*ũ*ba). Patatr*a*s!
zumb‖aia f. (z*ũ*b*a*ya). Révérence outrée. ‖ **-aiar** vt. (-a*y*ar). F*a*ire* des courbettes.
zumbar vi. (z*ũ*bar). Frapper. ‖ V. ZUMBIR.
zumb‖ido m. (z*ũ*b*i*dou). Bourdonnement. ‖ **-idor, a** adj. (-ô*r*, a). Bourdonn*a*nt, *a*nte. ‖ **-ir** vi. (-*i*r). Bourdonner.
zun‖ido m. (zoun*i*dou). Bourdonnement. ‖ Brondissement [pião]. ‖ Bruissement [ruído]. ‖ Sifflement [vento, etc.]. ‖ **-idor, a** adj. (-ô*r*, a). Bourdonn*a*nt. ‖ **-ir** vi. (-*i*r). Bourdonner. ‖ Brondir [pião]. ‖ Bruire [ruído]. ‖ Siffler [vento, balas, etc.].
zunz‖um m. (zũz*ũ*). Bourdonnement. ‖ Rumeur, f., bruit qui court [boato]. ‖ **-unar** vi. (-oun*a*r). Bruire*, murmurer.
Zurique n. pr. (zour*í*e). Zurich.
zurrapa f. (zourr*a*pa). Piquette.
zurr‖ar vi. (zourr*a*r). Br*a*ire*. ‖ **-o** m. (zou-ou). Braiment.
zurz‖idela f. (zour-*è*la). Raclée. ‖ **-idor, a** adj. et s. (-ô*r*, a). Qui bat. ‖ **-ir** vt. (-*i*r). Battre*, frotter. ‖ *Fig.* Malmener [maltratar].

Lettres penchées : accent tonique. ‖ V. page verte pour la prononciation figurée. ‖ * Verbe irrég. V. à la fin du volume.

RÉSUMÉ DE GRAMMAIRE PORTUGAISE

CONSTRUCTION

La construction portugaise est à peu près la même que la française. L'ordre direct est le plus employé, mais on rencontre fréquemment des inversions. Celles-ci ne sont pas obligatoires.

Interrogation. — Elle se fait par l'intonation plutôt que par inversion. Ex. : *O livro está aqui*, le livre est ici. *O livro está aqui?* Le livre est-il ici?

Pronoms compléments. — Ils se placent toujours après l'impératif. Ex. : *Dá-lhe*, donne-lui. Avec les autres temps, cette construction est aussi de règle, sauf à la forme négative ou si la phrase est une proposition intégrante ou commençant par une conjonction ou un adverbe. Ex. : *Dissera-mo*, il me l'avait dit; *não mo dissera*, il ne me l'avait pas dit; *quando me lavo*, quand je me lave; *depois te contarei*, je te raconterai (ça) après; *quero que te levantes*, je veux que tu te lèves. Au futur et au conditionnel, ils s'insèrent dans la forme verbale. Ex. : *Lavar-te-ás*, tu te laveras; *sentar-me-ia*, je m'assiérais.

ARTICLE

L'article défini est *o, a, os, as*. L'article indéfini est *um, uma, uns, umas*. Au pluriel on le supprime très souvent. Ex. : *Um homem*, un homme; *homens*, des hommes.

Les articles se contractent avec *a* et *de* pour donner *ao, à, aos, às; do, da, dos, das; dum, duma, duns, dumas*; avec *em* ils donnent *no, na, nos, nas; num, numa, nuns, numas*. L'article défini se contracte encore avec *por* : *pelo, pela, pelos, pelas*.

Il n'y a pas d'article partitif. Ex. : *Bebo vinho*, je bois du vin.

NOM

Pluriel. — Les noms terminés par une voyelle ajoutent *s* au pluriel. Ex. : *Casa*, maison; *casas*, maisons. Ceux terminés par *r* ou *z* ajoutent *es*. Ex. : *Mar*, mer; *mares*, mers. Ceux terminés en *m* le changent en *ns*. Ex. : *Fim*, fin; *fins*, fins. Ceux qui sont terminés par *al, el, ol, ul* changent leur terminaison en *ais, éis, óis, uis*, et ceux qui se terminent par *il*, en *eis* s'ils sont graves, ou en *is* s'ils sont aigus. Ex. : *Sal*, sel; *sais*, sels; *papel*, papier; *papéis*, papiers; *sol*, soleil; *sóis*, soleils; *paul*, marécage; *pauis*, marécages; *projéctil*, projectile; *projécteis*, projectiles; *funil*, entonnoir; *funis*, entonnoirs.

Les noms se terminant par la diphtongue nasale *ão* forment leur pluriel de trois manières : en changeant *ão* en *ões* (les plus nombreux), en le changeant en *ães* (les moins nombreux), en ajoutant *s* d'après la règle générale. Ex. : *Leão*, lion; *leões*, lions; *cão*, chien; *cães*, chiens; *órfão*, orphelin; *órfãos*, orphelins.

Féminin. — Les noms terminés par *o* muet le changent en *a* muet au féminin. Ex. : *Gato*, chat; *gata*, chatte. Ceux qui se terminent en *or* et en *ês* ajoutent *a*. Ex. : *Senhor*, monsieur; *senhora*, madame; *marquês*, marquis; *marquesa*, marquise. Les noms terminés par *eu* forment leur féminin en changeant *eu* en *eia*. Ex. : *Europeu*, Européen ; *europeia*, Européenne. Ceux qui se terminent par *ão* changent cette terminaison en *ã*, en *oa* ou en *ona*. Ex. : *órfão*, orphelin, *orfã*, orpheline ; *leão*, lion, *leoa*, lionne ; *mocetão*, beau garçon ; *mocetona*, belle fille.

Il existe, comme en français, des féminins particuliers. Ex. : *Mulher*, femme, épouse ; *actriz*, actrice ; *nora*, bru ; *rapariga*, jeune fille.

Augmentatifs, diminutifs. — Certains mots : ren ent une terminaison augmentative. Ex. · *Homenzarrão* (de *homem*), gros homme ; *garrafão*, damejeanne (de *garrafa*, carafe, bouteille). Le débutant n'a pas à les employer.

Les diminutifs sont, en revanche, d'un usage fréquent. Employer uniquement la terminaison **inho, inha**, qui remplace la voyelle muette finale de la plupart des mots. Ex. : *Livro*, livre ; *livrinho*, petit livre ; *mesa*, table ; *mesinha*, petite table.

Cette terminaison devient **zinho, zinha** après une consonne, une voyelle tonique ou une diphtongue finales. Ex. : *Jardim*, jardin ; *jardinzinho*, jardinet ; *flor*, fleur ; *florzinha*, petite fleur ; *pé*, pied ; *pèzinho*, petit pied ; *mão*, main ; *mãozinha*, menotte.

ADJECTIF

Pluriel. — Se forme comme celui des noms.

Féminin. — Les adjectifs en *o* changent l'*o* en *a*. Ex. : *Belo*, beau ; *bela*, belle. Les adjectifs en *or* (sauf les comparatifs), ceux en *ês* également, ajoutent un *a*. Ex. : *Maçador*, ennuyeux ; *maçadora*, ennuyeuse ; *francês*, français ; *francesa*, française.

Les adjectifs terminés au masculin par *a, e, l, m, n, r, s, z* sont invariables, et tous les autres suivent les règles des substantifs. Ex. : *Prudente*, prudent, *ente* ; *persa*, persan, ane ; *leal*, loyal, ale ; *ruim*, méchant, ante ; *regular*, régulier, ère ; *simples*, simple ; *feliz*, heureux, euse. Excep. : *Bom*, bon ; *boa*, bonne ; *andaluz*, andalou ; *andaluza*, andalouse.

Comparatifs. — Le comparatif de supériorité ou d'infériorité se fait avec *mais* ou *menos* et *que* ou *do que*. Ex. : *Mais rico que*, plus riche que ; *menos rico que*, moins riche que. Il existe des comparatifs en un mot, comme *maior*, plus grand, *melhor*, meilleur.

Le comparatif d'égalité se fait avec *tão... como* (adjectifs), *tanto... como* (verbes), *tanto* [adj.] *... como* (noms). Ex. : *Tão bom como*, aussi bon que ; *beber tanto como*, boire autant que ; *tantos homens como mulheres*, autant d'hommes que de femmes.

Superlatif. — Se fait avec **muito**, très, ou avec la terminaison **issimo**. Ex. : *Muito grande*, grandíssimo, très grand.

Il y a quelques adjectifs dont le superlatif se termine par *érrimo*. Ex. : *Acre*, âcre, *acérrimo*, très âcre ; *livre*, libre, *libérrimo*, très libre ; *pobre*, pauvre, *paupérimo*, très pauvre. D'autres ont le superlatif terminé en *ílimo*. Ex. : *Fácil*, facile, *facílimo*, très facile ; *difícil*, difficile, *dificílimo*, très difficile ; *humilde*, humble, *humílimo*, très humble. D'autres encore le forment en ajoutant *entíssimo*. Ex. : *Benéfico*, bienfaisant, *beneficentíssimo*, très bienfaisant ; *malévolo*, malveillant, *malevolentíssimo*, très malveillant.

Il y a quatre adjectifs qui ont trois superlatifs absolus : **bom**, bon, *muito bom*, *boníssimo* (peu usité), *óptimo*, très bon ; **mau**, mauvais, *muito mau*, *malíssimo* (peu usité), *péssimo*, très mauvais ; **grande**, grand, *muito grande*, *grandíssimo*, *máximo*, très grand ; **pequeno**, petit, *muito pequeno*, *pequeníssimo*, *ínfimo*, très petit.

Numéraux cardinaux. — *Um, dois* (f. *duas*), *três, quatro, cinco, seis, sete, oito, nove, dez, onze, doze, treze, catorze, quinze, dezasseis, dezassete,* *dezoito, dezanove, vinte, vinte e um, trinta, quarenta, cinquenta, sessenta, setenta, oitenta, noventa, cem; duzentos, trezentos, quatrocentos, quinhentos, seiscentos, setecentos, oitocentos, novecentos, mil; dois mil, três mil; um milhão.*

Cem est remplacé par **cento** devant un autre numéral. Ex. : *Cento e oito*, cent huit. Cependant il reste devant **mil** (Ex. : *Cem mil*, cent mille) et **milhão** (Ex. *Cem milhões*, cent millions).

Les multiples de **cem** ont un féminin. Ex. : *Duzentas*.

Numéraux ordinaux. — On emploie surtout *primeiro, segundo, terceiro, quarto, quinto, sexto, sétimo, oitavo, nono, décimo, undécimo* ou *décimo primeiro, duodécimo* ou *décimo segundo, décimo terceiro, décimo quarto*, etc., *vigésimo*. On emploie les ordinaux jusqu'à *décimo* pour les noms des souverains et pour indiquer les siècles. Ex. : *Afonso terceiro*, Alphonse trois; *o século quinto*, le cinquième siècle.

Adjectifs-pronoms démonstratifs. — *Este* (près de moi), *esse* (près de toi), *aquele* (loin des deux). Ils ont un féminin et un pluriel. Ex. : *Este livro*, ce livre-ci; *esse homem*, cet homme-là; *aquela casa*, cette maison là-bas.

Celui que, celui de, celui dont, etc. — Avec *que* ou *qui*, *celui* se rend par *o, aquele*. Ex. : *O (aquele) que fala*, celui qui parle. Avec *de*, on le traduit par *o*. Avec d'autres mots, on le rend par *aquele*.

Ce, ceci, cela. — Ils se rendent respectivement par : *aquilo, o; isto; isso, aquilo.* Ex. : *Aquilo de que falo*, ce dont je parle.

C'est, ce sont. — On les rend par *é, são.* Ex. : *É um homem*, c'est un homme; *são elas*, ce sont elles. Le verbe varie toujours. Ex. : *Somos nós*, c'est nous.

Adjectifs-pronoms possessifs. — *Meu, teu, seu, nosso, vosso, seu* (et leurs féminins *minha, tua, sua, nossa, vossa, sua*) précédés généralement de l'article, surtout au Portugal. Ex. : *A minha casa*, ma maison ; *com pesar meu*, à mon regret ; *teu pai*, ton père.

Dele, dela, deles, delas remplacent presque toujours *seu, sua*, etc. Ex. : *A mulher dele*, sa femme; *os pais dela*, ses parents (à elle).

A moi, à toi, etc., **possessifs.** — On les rend par l'adjectif possessif. Ex. : *Este chapéu é meu* (sans article), ce chapeau est à moi.

Votre, le vôtre. — Avec le pronom *você*, ils se rendent par *seu*, etc. (3ᵉ personne). Il en est de même toutes les fois que l'on ne tutoie pas quelqu'un. Ex. : *Você sabe do seu livro?* Est-ce que vous savez où se trouve votre livre? *O senhor pode dizer-me o seu nome?* Pouvez-vous me dire votre nom?

PRONOM

Sujets. — *Eu, tu, ele (ela), nós, vós, eles (elas).* Vous se rend généralement par *o senhor, os senhores*, ou bien, s'il y a quelque familiarité, par *você, vocês* (votre seigneurie, vos seigneuries), qui sont de la troisième personne. Ex. : *Aqui tem você o seu livro*, voici votre livre (mot à mot : vous avez ici votre livre). Pour parler à plusieurs personnes que l'on tutoie séparément, on emploie de plus en plus *vocês* au lieu de *vós*.

On supprime les pronoms-sujets en général, parce que les formes verbales sont suffisamment différentes à l'oreille.

Pronoms-compléments directs. — *Me, te, o, a, nos, vos, os, as.* Ex. : *Cumprimentas-me*, tu me salues; *cumprimento-te*, je te salue; *cumprimento-os*, je les salue (eux); *cumprimento-as*, je les salue (elles).

O, a, os, as prennent les formes *lo, la, los, las* après des formes verbales terminées par *r, s, z* et après l'adverbe *eis*, voici, voilà. Ex. : *Tomá-lo*, le prendre (pour *tomar-o*) ; *come-la*, tu la manges (au lieu de *comes-a*) ; *fá-los*, fais-les (pour *faz-os*) ; *ei-las*, les voilà (à la place de *eis-as*). Ils prennent les formes *no, na, nos, nas* après les formes verbales terminées par un son nasal. Ex. : *Fazem-no*, ils le font ; *amam-na*, ils l'aiment ; *dão-nos*, ils les donnent.

Compléments indirects sans préposition. — Comme les directs, sauf à la troisième personne : *lhe, lhes* pour les deux genres. Ex. : *Falo-lhe*, je lui parle, *falas-lhes*, tu leur parles.

Pronoms-compléments avec préposition. — *Mim, ti, ele (ela, si), nós, vós, eles (elas, si)*. Ex. : *A mim*, à moi ; *de ti*, de toi ; *para ele*, pour lui. Avec la préposition *com*, les pronoms *mim, ti, si, nós, vós* deviennent *comigo, contigo, consigo, connosco, convosco*. *Soi*, ainsi que *lui* et *eux* à valeur réfléchie, se rend par *si*. Ex. : *De si para si*, à part soi ; *não pensa senão em si*, il ne pense qu'à lui-même ; *não cabem em si de contentes*, ils ne se tiennent pas de joie. *Si* correspond aussi à *vous* précédé d'une préposition. Ex. : *Só penso em si*, je ne pense qu'à vous ; *falaram-me de si*, on m'a parlé de vous ; *deram-me isto para si*, on m'a donné ceci pour vous.

Le lui, le lui, etc. — On fait l'inversion et l'on contracte les pronoms : *lho, lha, lhos, lhas*. Dans ce cas, *lhes* est toujours remplacé par *lhe*, autrefois invariable. Ex. : *Digo-lho*, je le lui (ou leur) dis ; *dou-lha*, je la lui (leur) donne.

Que, quoi. — Se rendent par *que*, mais le second aussi par *quê* lorsqu'il est tonique. Ex. : *De que fala?* De quoi parlez-vous ? *De quê?* De quoi ?

Qui. — *Qui* relatif se rend par *que*. Ex. : *O que fala*, celui qui parle. *Qui* interrogatif ou dubitatif, ou précédé d'une préposition, se rend par *quem*, pourvu qu'il s'agisse de personnes. Ex. : *Quem está aí?* qui est là ? *De quem*, de qui. *Qui*, sujet direct, se rend par *quem*, qui se rapporte toujours à des personnes. Ex. : *Sei quem é*, je sais qui c'est.

Lequel, laquelle. — Interrogatifs, ils se rendent par *qual, quais* ; affirmatifs, par *o qual, a qual*, etc. Ex. : *Qual dos dois?* lequel des deux ? *Aquele para o qual*, celui pour lequel.

Quel, quelle. — Devant un nom, se rend par *que* ; devant un verbe, par *qual, quais*. Ex. : *Que homem?* Quel homme ? *Qual é o peso deste objecto?* Quel est le poids de cet objet ?

Dont. — A sens possessif, se rend par *cujo* (adjectif) suivi de la chose possédée. Ex. : *O menino cuja mãe está aqui*, l'enfant dont la mère est ici. Non possessif, il équivaut à *de que, de quem*, etc. Ex. : *Aquilo de que falo*, ce dont je parle.

On. — Se rend par la troisième personne du verbe réfléchi. Ex. : *Vendem-se flores*, on vend des fleurs. On emploie aussi la première ou la troisième personne du pluriel. Ex. : *Trabalhamos aqui, trabalham aqui* ou *trabalha-se aqui*, on travaille ici. On le rend encore par *a gente* ou *uma pessoa*, surtout avec un verbe réfléchi. Ex. : *A gente diverte-se, diverte-se uma pessoa*, on s'amuse.

En. — Se rend par son équivalence en français. Ex. : *Falo dele* ou *dela*, j'en parle. Lorsqu'il remplace le neutre *cela*, on le rend par *disso*. Ex. : *Falo disso*, j'en parle (de cela). Très souvent il ne faut pas le traduire. Ex. : *Falas dele? Falo.* Parles-tu de lui ? J'en parle.

VERBES

Il existe, en portugais, trois conjugaisons : en **ar, er, ir**.

PREMIÈRE CONJUGAISON (**amar**, aimer.)		DEUXIÈME CONJUGAISON (**beber**, boire.)	
Indicatif.		*Indicatif.*	
Présent.	P.-q.-parfait.	Présent.	P.-q.-parfait.
amo	amara	bebo	bebera
amas	amaras	bebes	beberas
ama	amara	bebe	bebera
amamos	amáramos	bebemos	bebêramos
amais	amáreis	bebeis	bebêreis
amam	amaram	bebem	beberam
Passé simple.	Imparfait.	Passé simple.	Imparfait.
amei	amava	bebi	bebia
amaste	amavas	bebeste	bebias
amou	amava	bebeu	bebia
amámos	amávamos	bebemos	bebíamos
amastes	amáveis	bebestes	bebíeis
amaram	amavam	beberam	bebiam
Futur simple.		Futur simple.	
amarei	amaremos	beberei	beberemos
amarás	amareis	beberás	bebereis
amará	amarão	beberá	beberão
Conditionnel.		*Conditionnel.*	
amaria	amaríamos	beberia	beberíamos
amarias	amaríeis	beberias	beberíeis
amaria	amariam	beberia	beberiam
Impératif.		*Impératif.*	
ama	amai	bebe	bebei
Subjonctif.		*Subjonctif.*	
Présent.	Imparfait.	Présent.	Imparfait.
ame	amasse	beba	bebesse
ames	amasses	bebas	bebesses
ame	amasse	beba	bebesse
amemos	amássemos	bebamos	bebêssemos
ameis	amásseis	bebais	bebêsseis
amem	amassem	bebam	bebessem
Futur.		Futur.	
amar	amarmos	beber	bebermos
amares	amardes	beberes	beberdes
amar	amarem	beber	beberem
Gérondif.	Participe passé.	Gérondif.	Participe passé.
amando	amado	bebendo	bebido

TROISIÈME CONJUGAISON
(unir, unir.)

Indicatif.

Présent.	P.-q.-parfait.
uno	unira
unes	uniras
une	unira
unimos	uníramos
unis	uníreis
unem	uniram

Passé simple.	Imparfait.
uni	unia
uniste	unias
uniu	unia
unimos	uníamos
unistes	uníeis
uniram	uniam

Futur simple.	
unirei	uniremos
unirás	unireis
unirá	unirão

Conditionnel.

uniria	uniríamos
unirias	uniríeis
uniria	uniriam

Impératif.

une	uni

Subjonctif.

Présent.	Imparfait.
una	unisse
unas	unisses
una	unisse
unamos	uníssemos
unais	unísseis
unam	unissem

Futur.

unir	unirmos
unires	unirdes
unir	unirem

Gérondif.	Participe passé.
unindo	unido

Remarque. — Il y a quelques verbes dont l'infinitif se termine par **or** : ce sont le verbe **pôr** (ancien **poer**), placer, mettre, et ses composés.

En portugais il y a encore un temps simple, d'ailleurs très usité : c'est l'**infinitif personnel**, tout à fait égal au *futur du subjonctif*, dans les verbes réguliers. Dans les verbes irréguliers, le *futur du subjonctif* est presque toujours différent de l'*infinitif personnel*, qui se forme en ajoutant ses désinences à l'*infinitif impersonnel*.

TEMPS COMPOSÉS

On les forme avec les temps simples de **haver** (littéraire), ou **ter**, et le participe passé.

VERBES IRRÉGULIERS PORTUGAIS

Dans le tableau suivant nous donnons l'irrégularité des verbes les plus usités, mais non celle de leurs composés. Ainsi, il faudra chercher la conjugaison de **supor** à **pôr**. Nous ne donnons également que les personnes irrégulières de chaque temps.

PREMIÈRE CONJUGAISON

Dar. Pr. i. : Dou, dás, dá, damos, dais, dão. P. s. : Dei, deste, deu, demos, destes, deram. P.-q.-p. : Dera, deras, etc. Pr. subj. : Dê, dês dê, dêmos, deis, dêem. Imp. subj. : Desse, desses, desse, déssemos, désseis, dessem. Fut. subj. : Der, deres, etc.

Estar. Pr. i. : Estou, estás, está, estamos, estais, estão. P. s. : Estive, estiveste, esteve, estivemos, estivestes, estiveram. Pr. subj. : Esteja, estejas, etc. Imp. subj. : Estivesse, estivesses, estivesse, estivéssemos, estivésseis, estivessem. Fut. subj. : Estiver, estiveres, etc.

DEUXIÈME CONJUGAISON

Caber. Pr. i. : Caibo, cabes, cabe, etc. P. s. : Coube, coubeste, coube, etc. P.-q.-p. : Coubera, couberas, coubera, coubéramos, coubéreis, couberam. Pr. subj. : Caiba, etc. Imp. subj. : Coubesse, coubesses, coubesse, coubéssemos, coubésseis, coubessem. Fut. subj. : Couber, etc.
Crer. Pr. i. : Creio, crês, crê, cremos, credes, crêem. Impér. : Crê, crede. Pr. subj. . Creia, creias, creia, creamos, creais, creiam.
Dizer. Pr. i. : Digo, dizes, diz, dizemos, etc. P. s. : Disse, disseste, disse, dissemos, etc. P.-q.-p. : Dissera, disseras, dissera, disséramos, disséreis, disseram. Fut. i. : Direi, etc. Cond. : Diria, etc. Impér. : Diz (ou dize), dizei. Pr. subj. : Diga, etc. Imp. subj. : Dissesse, dissesses, dissesse, disséssemos, dissésseis, dissessem. Fut. subj. : Disser, etc. P. p. : Dito.
Fazer. Pr. i. : Faço, fazes, faz, fazemos, etc. P. s. : Fiz, fizeste, fez, fizemos, etc. P.-q.-p. : Fizera, fizeras, fizera, fizéramos, fizéreis, fizeram. Fut. : Farei, etc. Cond. : Faria, etc. Impér. : Faz (ou faze), fazei. Pr. subj. : Faça, etc. Imp. subj. : Fizesse, fizesses, fizesse, fizéssemos, fizésseis, fizessem. Fut. subj. : Fizer, etc. P. p. : Feito.
Haver. Pr. i. : Hei, hás, há, havemos (ou hemos), haveis (ou heis), hão. P. s. : Houve, houveste, houve, etc. P.-q.-p. : Houvera, houveras, houvera, houvéramos, houvéreis, houveram. Impér. : Há, havei. Pr. subj. : Haja, etc. Imp. subj. : Houvesse, houvesses, houvesse, houvéssemos, houvésseis, houvessem. Fut. subj. : Houver, etc.
Ler. Pr. i. : Leio, lês, lê, lemos, ledes, lêem. Impér. : Lê, lede. Pr. subj. : Leia, leias, leia, leamos, leais, leiam.
Poder. Pr. i. : Posso, podes, pode, etc. P. s. : Pude, pudeste, pôde, pudemos, etc. P.-q.-p. : Pudera, puderas, pudera, pudéramos, pudéreis, puderam. Pr. subj. : Possa, etc. Imp. subj. : Pudesse, pudesses, pudesse, pudéssemos, pudésseis, pudessem. Fut. subj. . Puder, etc.
Pôr. Pr. i. : Ponho, pões, põe, pomos, pondes, põem. Imp. : Punha, punhas, punha, púnhamos, púnheis, punham. P. s. : Pus, puseste, pôs, pusemos, etc. P.-q.-p. : Pusera, puseras, pusera, puséramos, puséreis, puseram. Impér. : Põe, ponde. Pr. subj. : Ponha, etc. Imp. : Pusesse, pusesses, pusesse, puséssemos, pusésseis, pusessem. Fut. subj. : Puser, etc. P. p. : Posto.
Precaver. Il ne se conjugue qu'aux temps et aux personnes où la dernière consonne du radical est suivie d'un *e* ou d'un *i*. Ce verbe n'a donc pas la 1re pers. sing. du pr. i.
Querer. Pr. i. : Quero, queres, quer (quere, lorsque la 3e pers. sing. du pr. i. est suivie d'un pronom compl.), queremos, etc. P. s. : Quis, quiseste, quis, quisemos, etc. P.-q.-p. : Quisera, quiseras, quisera, quiséramos, quiséreis, quiseram. Pr. subj. : Queira, etc. Imp. : Quisesse, quisesses, quisesse, quiséssemos, quisésseis, quisessem. Fut. subj. : Quiser, etc.
Reaver. Comme *haver*, mais seulement aux temps et aux personnes où il y a un *v*. Il n'a donc que *reavemos*, *reaveis* au pr. i., et il n'a pas de pr. subj.
Requerer. Pr. i. : Requeiro, requeres, requer (requere, devant un pronom compl.), requeremos, etc. Pr. subj : Requeira, etc.
Saber. Pr. i. : Sei, sabes, sabe, etc. P. s. : Soube, soubeste, soube, soubemos, etc. P.-q.-p. : Soubera, souberas, soubera, soubéramos, soubéreis, souberam. Pr. subj. : Saiba, etc. Imp. subj. : Soubesse, soubesses, soubesse, soubéssemos, soubésseis, soubessem. Fut. subj. : Souber, etc.
Ser. Pr. i. : Sou, és, é, somos, sois, são. Imp. : Era, eras, era, éramos, éreis, eram. P. s. : Fui, foste, foi, fomos, fostes, foram. P.-q.-p. : Fora, foras, fora, fôramos, fôreis, foram. Impér. Sê, sede. Pr. subj. : Seja, sejas, etc. Imp. subj. : Fosse, fosses, fosse, fôssemos, fôsseis, fossem. Fut. subj. : For, etc. P. p. : Sido.

Ter. Pr. i. : Tenho, tens, tem, temos, tendes, têm. Imp. : Tinha, tinhas, tinha, tínhamos, tínheis, tinham. P. s. : Tive, tiveste, teve, tivemos, etc. P.-q.-p. : Tivera, tiveras, tivera, tivéramos, tivéreis, tiveram. Impér. : Tem, tende. Pr. subj. : Tenha, tenhas, etc. Imp. subj. : Tivesse, tivesses, tivesse, tivéssemos, tivésseis, tivessem. Fut. subj. : Tiver, etc. P. p. : Tido.

Trazer. Pr. i. : Trago, trazes, traz, trazemos, etc. P. s. : Trouxe, trouxeste, trouxe, trouxemos, etc. P.-q.-p. : Trouxera, trouxeras, trouxera, trouxéramos, trouxéreis, trouxeram. Fut. . Trarei, etc. Cond. : Traria, etc. Impér. : Traz (ou traze), trazei. Pr. subj. : Traga, etc. Imp. subj. : Trouxesse, trouxesses, trouxesse, trouxéssemos, trouxésseis, trouxessem. Fut. subj. : Trouxer, etc.

Valer. Pr. i. : Valho, vales, vale, etc. Pr. subj. : Valha, etc.

Ver. Pr. i. : Vejo, vês, vê, vemos, vedes, vêem. P. s. : Vi, viste, viu, etc. P.-q.-p. : Vira, etc. Impér. : Vê, vede. Pr. subj. : Veja, etc. Imp. subj. : Visse, etc. Fut. subj. : Vir, etc. P. p. : Visto.

TROISIÈME CONJUGAISON

Ir. Pr i. : Vou, vais, vai, vamos, ides, vão. Imp. : Ia, ias, etc. P. s. : Fui, foste, foi, fomos, fostes, foram. P.-q.-p. : Fora, foras, fora, fôramos, fôreis, foram. Impér. : Vai, ide. Pr. subj. : Vá, vás, vá, vamos, vades, vão. Imp. subj. : Fosse, fosses, fosse, fôssemos, fôsseis, fossem. Fut. subj. : For, etc.

Rir. Pr. i. : Rio, ris, ri, rimos, rides, riem. Impér. : Ri, ride. Pr. subj. : Ria, etc.

Vir. Pr. i. : Venho, vens, vem, vimos, vindes, vêm. Imp. : Vinha, vinhas, vinha, vínhamos, vínheis, vinham. P. s. : Vim, vieste, veio, viemos, viestes, vieram. P.-q.-p. : Viera, vieras, viera, viéramos, viéreis, vieram. Impér. : Vem, vinde. Pr. subj. : Venha, etc. Imp. subj. : Viesse, viesses, viesse, viéssemos, viésseis, viessem. Fut. subj. : Vier, etc. Part. p. et Gér. : Vindo.

Verbes en **ubir** : *subir;* **udir** : *acudir,* *sacudir;* **ugir** : *fugir;* **uir** : *construir,* *destruir, reconstruir;* **ulir** : *bulir;* **umir** : *consumir, sumir;* **uspir** : *cuspir.* Ces verbes changent l'**u** de la dernière syllabe du radical en **o** ouvert, au pr. i. (2e et 3e pers. du sing. et 3e pers. du pl.) et à l'impér. (2e pers. du sing.). Ex. : *Acudir.* Pr. i. : Acudo, acodes, acode, acudimos, acudis, acodem. Impér. : Acode, acudi.

Verbes en **eguir** : *conseguir, perseguir, prosseguir, seguir;* **elir** : *impelir, repelir;* **entir** : *consentir, pressentir, ressentir, sentir;* **erir** : *conferir, deferir, desferir, digerir, ferir, indeferir, inferir, ingerir, preferir, proferir, referir, transferir;* **ervir** : *servir;* **espir** : *despir;* **estir** : *revestir, vestir;* **etir** : *repetir.* Changent l'**e** du radical en **i** au pr. i. (1re pers. sing.) et pr. subj. Ex. : *Ferir.* Pr. i. : Firo, feres, etc. Pr. subj. : Fira, firas, etc.

Verbes en **obrir** : *cobrir, descobrir, encobrir, recobrir;* **olir** : *engolir;* **ormir** : *dormir.* Changent l'**o** en **u**, au pr. i. : (1re pers. du sing.) et au pr. subj. Ex. : *Cobrir.* Pr. i. : Cubro, cobres, cobre, etc. Pr. subj. : Cubra, cubras, etc.

Verbes en **dir** : *despedir, expedir, impedir, medir, pedir;* **vir** : *ouvir.* Changent le **d** ou le **v** en **ç**, au pr. i. (1re pers. sing.) et au pr. subj. Ex. : *Pedir.* Pr. i. : Peço, pedes, pede, etc. Pr. subj. : Peça, peças, etc.

Verbes en **zir** : *conduzir, deduzir, induzir, luzir, reduzir, reluzir, traduzir.* Ces verbes perdent l'**e** final de la 3e pers. du sing. du pr. i. Ex. : *Luzir.* Pr. i. : Luzo, luzes, luz, luzimos, luzis, luzem.

Verbes **défectifs** en **ir** : *banir, brandir, carpir, colorir, demolir, discernir, descomedir-se, empedernir, extorquir, falir, florir, retorquir, submergir.* Ils ne sont usités qu'aux temps et aux personnes où la dernière consonne du radical est suivie d'un *i*. Ils ne peuvent donc se conjuguer à la 1re, 2e et 3e pers. du sing. ni à la 3e pers. du pl. du pr. i., à toutes les pers. du sing. et du pl. du pr. subj., à la 2e pers. du sing. de l'impér.

Verbes intransitifs et réfléchis. — Se conjuguent toujours avec *ter* ou *haver*, le second étant plus littéraire.

Ter de. — Cette locution verbale traduit le verbe *falloir* (ou *devoir*) suivi d'un infinitif. Ex. : *Tenho de estudar*, il faut que j'étudie, je dois étudier. On entend souvent *ter que*, dans le même sens, ce qui est peut-être dû à une influence espagnole.

Haver de. — Cette locution traduit une idée de certitude ou de volonté. Ex. : *Hei-de estudar*, j'étudierai sans doute, j'étudierai parce que je le veux.

Verbes « ser » et « estar ». — Ils équivalent tous les deux à *être*. On emploie *estar* : 1º Avec un complément circonstanciel de lieu. Ex. : *Estou na escola*, je suis à l'école; *está aqui*, il est ici. 2º Avec un adjectif ou un participe passé indiquant un *état* (passager ou permanent). Ex. : *Estar doente*, être malade; *estar morto*, être mort; *a porta está fechada*, la porte est fermée. On peut généralement le remplacer dans ce cas par *se trouver*. Quand on désigne les *attributs* permanents d'une personne ou d'une chose, on emploie *ser*. Ex. : *É um menino*, c'est un enfant; *somos cinco*, nous sommes cinq; *é bom*, il est bon; *ser de madeira*, être en bois. Le verbe *ser* est aussi l'auxiliaire de la voix passive. Ex. : *A porta é fechada pelo porteiro*, la porte est fermée par le concierge. (Voir dans le Dictionnaire les articles **être, ser, estar**.)

Y avoir. — Se rend par *haver*, soit pour indiquer l'existence de personnes ou de choses, soit pour indiquer le temps écoulé. Ex. : *Há uma hora havia aqui dois homens*, il y a une heure il y avait ici deux hommes.

Conjugaisons secondaires. — Avec les verbes *estar, continuar, andar, ir* et le gérondif d'autres verbes, on forme une sorte de conjugaison indiquant une action continue; il en est de même si l'on emploie, au lieu du gérondif, l'infinitif impersonnel précédé de la préposition *a*. Ex. : *Está dormindo* (ou *a dormir*), il est en train de dormir, il dort; *continua estudando* (ou *a estudar*), il continue à étudier. La première construction est normale au Brésil et au sud du Portugal.

Accord du participe passé. — Il est invariable avec *ter* ou *haver*.

Complément infinitif. — L'infinitif complément précédé de *de* en français perd ce régime s'il est complément direct. Ex. : *Decidi sair*, j'ai décidé de sortir. Lorsque ce n'est pas le cas, il garde le régime correspondant en portugais. Ex. : *Preocupar-se com*, se préoccuper de.

Avec les verbes de prière, d'exhortation, de menace, on met le verbe au subjonctif. Ex. : *Rogo-te que venhas*, je te prie de venir.

Passé simple, passé composé. — Le second ne s'emploie que lorsque l'action a été répétée ou qu'elle s'est prolongée jusqu'au moment où l'on parle. Ex. : *Tenho estudado quase todos os dias*, j'ai étudié presque tous les jours; *tenho estudado muito*, j'ai beaucoup étudié; *tenho estudado até agora*, j'ai étudié jusqu'à présent. Lorsque l'action est entièrement écoulée, on emploie le passé simple. Ex. : *Ontem escrevi uma carta*, hier j'ai écrit une lettre; *ele partiu a cabeça*, il s'est cassé la tête; *acabei hoje de ler este livro*, j'ai fini aujourd'hui de lire ce livre.

Impératif négatif. — Se fait avec le subj. Ex. : *Não digas*, ne dis pas. On emploie également le subjonctif pour remplacer la 1re pers. du pluriel de l'impératif affirmatif, qui fait défaut. Ex. : *Comamos*, mangeons.

Impératif avec « você », « o senhor ». — Se met à la 3e personne du subj. : Ex. : *Venha você*, venez ; *o senhor saia !* sortez !

Emploi du subjonctif. — On l'emploie encore dans les tournures suivantes : *Se tivesse tempo viria*, si j'avais le temps je viendrais. *Virás quando* *puderes*, tu viendras quand tu pourras. *Vem quando quiseres*, viens quand tu voudras. *Farás o que te disserem*, tu feras ce que l'on te dira. *Iria quando viesses*, il irait quand tu viendrais. *Sai logo que possas*, sors aussitôt que tu pourras.

Adverbes, prépositions. — On trouvera à l'ordre alphabétique tous les renseignements concernant ces mots.

LE PORTUGAIS DU BRÉSIL

Le portugais parlé au Brésil ne diffère pas dans sa structure grammaticale de celui du Portugal.

Ce n'est guère que dans le vocabulaire que l'on remarquera des différences, et encore celles-ci ne se trouvent que dans le vocabulaire de l'histoire naturelle et dans la langue familière, où l'on rencontrera pas mal de mots non péninsulaires, ce qui n'empêche pas les termes portugais équivalents d'être connus et parfois même employés concurrement avec les américanismes.

Nous avons indiqué, dans la partie portugais-français de notre ouvrage, les plus importants de ces mots. Beaucoup sont également donnés comme synonymes dans la partie français-portugais.

La prononciation portugaise que nous donnons dans notre Dictionnaire est celle du portugais normal, c'est-à-dire celui de la région entre Coïmbre et Lisbonne. Cependant, dans le reste du Portugal (comme il arrive d'ailleurs dans les autres pays) et surtout au Brésil, cette prononciation est quelque peu différente. Pour ce qui est du Brésil, voici les principales différences :

Le *t* est bien aspiré et souvent fricatif comme *ch* dans l'anglais *church*. Le *d* est aussi généralement fricatif comme *j* dans l'anglais *judge*. L'*r* est plutôt prononcé avec la partie postérieure de la langue que de la pointe, ce qui arrive parfois au Portugal, surtout dans la région de Sétubal ; lorsqu'il est final, souvent on ne le prononce pas. L'*s* est moins chuintant que sifflant : à la fin d'une syllabe ou d'un mot, il ne se prononce pas *ch* ou *j* comme au Portugal, mais comme *ç* (final ou avant une consonne sourde) et comme *z* (avant une consonne sonore) : *bastar* [baçtar], *asma* [azma], *livros* [livroç]. L'*l* vélaire est encore plus reculé, presque vocalique. Au lieu de *lh* [l] on entend souvent un léger *i* [y]. L'*x* se prononce *cs* en des cas où il sonne *ch* au Portugal, comme dans le mot *extremo*. La diphtongue [ây] devient [čy] lorsqu'elle est écrite *em*, *ens*, comme dans *bem*, *homens*. Les voyelles atones sont moins faibles au Brésil qu'au Portugal. L'*e* n'est pas muet dans certains mots, comme *quebrar* ; il est même ouvert dans le groupe *es*, comme dans *estado* ou *questão*. En revanche, il est fermé dans beaucoup de mots, comme *director*, *género*, et il en est de même des voyelles *o* et *a*, comme dans *homónimo*, et *redacção*. Quelques consonnes, muettes au Portugal, sont prononcées au Brésil, telles que le *c* de *cacto* ; il arrive le contraire par exemple dans le mot *facto*, prononcé *fato* au Brésil.

Du point de vue de la syntaxe, le phénomène le plus saillant, même chez les gens cultivés, c'est l'emploi de la préposition *em* au lieu de *para* et *a* avec des verbes de mouvement : *levei-o na casa*, je l'ai conduit à la maison.

CONVERSATION

Phrases usuelles.

Oui (ui).
Non (nõ).
Pardon (pardõ).
Veuillez (vâiié).
S'il vous plaît (-vu -é).
Monsieur (mâsiâ).
Madame (madam).
Mademoiselle (madmuazél).
Bonjour (-ur).
Bonjour (-ur) [l'après-midi].
Bonsoir (-uar).
Merci (mérci).
Il n'y a pas de quoi (-a pa dcua).
Pourquoi ? (purcua).
Parce que (parsă kâ).
Pouvez-vous me dire? (puvêvu mdir)
Ayez la bonté de (êiê labôté dâ).
Parlez lentement, je vous prie (parl lătmă, jâ vuprí).
Répétez, s'il vous plaît (rêpêté, -vu -é).
Écrivez-le, s'il vous plaît (êcrivélâ, -).

Frases usuals.

Sim (sĩ).
Não (nãou).
Desculpe (dchcoulp).
Queira (câyra).
Se faz favor (sfach favôr).
Senhor (segnôr).
Senhora (segnôra).
Menina (me-na).
Bom dia (bõ dia).
Boa tarde (bôa -rde).
Boa noite (bõa nôyt).
Obrigado, da (obr-ou,a).
Não tem de quê (nãou tãy dké).
  Porquê? Porque...? (pourké, ke).
Porque (pourke).
Pode dizer-me? (poddizérme).
Tenha a bondade de (táygnabõdadde).
Fale devagar, se faz favor (fàl devagár, -).
Faça o favor de repetir (façofavôr derreptír).
Faça o favor de escrevê-lo (-dchcrvélou).

Les endroits.

Où est? (u é).
C'est loin (sé luăn).
C'est près (sé pré).
A quelle distance? (a kél diçtăç).
Ici (ici).
Là, là-bas (la, -a).
A côté (a côté).
Vers (vér).
Très près (tré pré).
Tout près (tu -).
Assez loin (acé luăn).
Trop loin (trô -).
Devant (dâvă).
Derrière (dériér).
Autour (ôtur).
Dedans (dâdă).
Dehors (dâor).

Os lugares.

Onde está? (õdechta).
É longe (è lõj).
É perto (è pèrtou).
A que distância? (a kdichtácya).
Aqui (akí).
Aí, ali, lá (aí, ali, la).
Ao lado (aouladou).
Na direcção de (nadirèçãou de).
Muito perto (múytou pèrtou).
Pertinho (pertignou).
Bastante longe (bachtăt lõj).
Demasiado longe (demaziadou -).
Em frente (ãyfrẽt).
Atrás (atrach).
Em volta (ãyvolta).
Dentro (dẽtrou).
Fora (fora).

Le temps.

Aujourd'hui (ôjurdùi).
Hier (iér).
Avant-hier (avãtiér).
Demain (dâmàn).
Après-demain (apré-dâ-).
Dans la matinée (dã la ma-nê).
Dans la soirée (-suarê).
Le soir (lâ suar) [em anoitecendo].
La nuit (la nùi) [durante a noite].
A la tombée du jour (ala-ê dùjur).
De bon matin (dâ -atàn).
Maintenant (mãntanã).
Tard (tar).
Tôt (tô), de bonne heure (dâbonâr).
De très bonne heure (dâ tré bonâr).
Bientôt (biàntô).
Avant (avã).
Toujours (tujur).
Après (apré).
Jamais (jamé).
Déjà (dêja).
Pendant (pãdã).
Pendant que (-kâ).
Encore (ãcor).
Lundi (lãndi).
Mardi (mardi).
Mercredi (mércrâdi).
Jeudi (jâdi).
Vendredi (vãdrâdi).
Samedi (samdi).
Dimanche (-ã).
Janvier (jãviê). Juillet (jùiié).
Février (fêvriê). Août (u).

Mars (març). Septembre (séptãbr).
Avril (avril). Octobre (octobr).
Mai (mé). Novembre (nôvãbr).

Juin (jùàn). Décembre (dêçãbr).

O tempo.

Hoje (ôj).
Ontem (õtãy).
Anteontem (ãti-).
Amanhã (amagnã).
Depois de amanhã (depôyj dya-).
De manhã (demagnã).
Ao serão (aoucerãou).
A noite (anôyt).
De noite (de-).
Ao anoitecer (aouanôytcér).
De madrugada (demadrougada).
Agora (agora).
Tarde (tard).
Cedo (cédou).
Muito cedo, cedinho (cedignou).
Em breve (ãybrêv).
Antes (ãtch).
Sempre (sẽpr).
Depois (depôych).
Nunca (nũca).
Já (ja).
Durante (dourãt).
Enquanto (ẽcuãtou).
Ainda (aïda).
Segunda-feira (segũda-fâyra).
Terça-feira (térça-fâyra).
Quarta-feira (couarta-).
Quinta-feira (kĩta-).
Sexta-feira (sâychta-).
Sábado (sabadou).
Domingo (doumĩgou).
Janeiro (janâyrou). Julho (joulou).
Fevereiro (fevrây- Agosto (agôchtou).
rou).

Março (marçou). Setembro (stẽbrou).
Abril (abril). Outubro (ôtoubrou).
Maio (mayou). Novembro (nouvẽ-
brou).

Junho (jougnou). Dezembro (dezẽ-
brou).

La quantité.

Un (ãn) Sept (sét).
Deux (dâ). Huit ('ùit).
Trois (trua). Neuf (nâf).
Quatre (catr). Dix (diç).
Cinq (çànk). Onze (õz).
Six (siç). Douze (duz).
Treize (tréz).
Quatorze (catorz).
Quinze (kànz).
Seize (séz).

A quantidade.

Um (ũ). Sete (sèt).
Dois (dôych). Oito (ôytou).
Três (tréch). Nove (nov).
Quatro (couatrou). Dez (dèch).
Cinco (cĩcou). Onze (õz).
Seis (sâych). Doze (dôz).
Treze (tréz).
Catorze (catôrz).
Quinze (kiz).
Dezasseis (dezaçãych).

— 749 —

Dix-sept (di-).	Dezassete (dezaçêt).
Dix-huit (dizùit).	Dezoito (dezoytou).
Dix-neuf (diznâf).	Dezanove (dezanov).
Vingt (vàn).	Vinte (vit).
Vingt et un (-têân).	Vinte e um t-iũ).
Vingt-deux (-tdâ).	Vinte e dois (-idôych).
Trente (trât).	Trinta (trîta).
Trente et un (-têân).	Trinta e um (-iũ).
Trente-deux (-dâ).	Trinta e dois (-idôych).
Quarante (carât).	Quarenta (ccuarêta).
Cinquante (càncât).	Cinquenta (cicouêta).
Soixante (suaçât).	Sessenta (serêta).
Soixante-dix (-díç).	Setenta (setêta).
Quatre-vingts (catrâvàn).	Oitenta (ôytêta).
Quatre-vingt-dix (-díç).	Noventa (nouvêta).
Cent (çã).	Cem (çãy).
Cent un (çã ân).	Cento e um (cêtouiũ).
Deux cents (dâ çã).	Duzentos (douzêtouch).
Trois cents (trua çã).	Trezentos (trezêtouch).
Quatre cents (catrâçã).	Quatrocentos (couatroucêtouch).
Cinq cents (çàncã).	Quinhentos (kignêtouch).
Six cents (siçã).	Seiscentos (sâychcêtouch).
Sept cents (sét çã).	Setecentos (sètcêtouch).
Huit cents ('ùiçã).	Oitocentos (ôytoucêtouch).
Neuf cents (nâfçã).	Novecentos (novcêtouch).
Mille (mil).	Mil (mil).
Mille un (mil ân).	Mil e um (-iũ).
Un million (ân -iố).	Um milhão tũ -lãou).
Premier (prâ-ê).	Primeiro (pr-âyrou).
Deuxième (dâziém).	Segundo (segũdou).
Troisième (truaziém).	Terceiro (te*r*çâyrou).
Quatrième (catriém).	Quarto (couartou).
Cinquième (çànkiém).	Quinto (kîtcu).
Sixième (siziém).	Sexto (sâychtou).
Septième (sétiém).	Sétimo (sè-mou).
Huitième ('ù-ém).	Oitavo (ôytavou).
Neuvième (nâ-ém).	Nono (nônou).
Dixième (-ziém).	Décimo (dê-ou).
Onzième (ôziém).	Undécimo (ũdê-ou).
Douzième (du-ém).	Duodécimo tdouodê-ou).
Beaucoup (bôcu). Beaucoup de (dâ).	Muito (mũytou). Muito, -a, -os, -as (a, ouch, ach).
Peu (pâ). Peu de...	Pouco (pôcou). Pouco, -a, -os, as.
Trop (trô). Trop de...	Demais (dmaych). Demasiado, a, -os, as (demazyadou, a, ouch, ach).
Assez (acê). Assez de...	Bastante (bachtât). Bastante, es (-tch).
Tout, -e, tous, toutes (tu, -t, tuç, -t).	Todo, -a, -os, -as (tôdou, -a, -ouch, -ach).
Rien (riàn).	Nada (nada).

L'heure.

Quelle heure est-il? (kél âr étil).
A quelle heure ouvre...? (a kél âr uvr).
Quand ferme-t-on? (kã férmâtõ).

As horas.

Que horas são? (kyorach sãou).
A que horas abre? (akyorazabr).
Quando é que fecha? (couâdou è kfâycha).

— 750 —

Quel jour peut-on visiter? (-ur pâtô-é).
Il est une heure (ilétùnâr).
Il est deux heures (-dâzâr).
Trois heures et quart (truazâr ê car).
Quatre heures et demie (catrâr ê dmi).
Cinq heures vingt (çànkâr vàn).
Six heures juste (-zâr jùçt).
Sept heures sonnent (sétâr son).

Midi. Minuit (-ùi).

Em que dia pode visitar-se? (ây kdía pode vzitarç).
É uma hora (è ouma ora).
São duas horas (sãou douazorach).
Três e um quarto (tréziũ couartou).
Quatro e meia (couatrou i mâya).
Cinco e vinte (cícou i vít).
Seis em ponto (sâyzãypôtou).
Estão a dar as sete (echtãou a dar ach sèt).
Meio-dia (mâyou dia). Meia-noite (mâya nôyt).

En chemin de fer.

Un billet pour... (ân biié pur).
De première, seconde, troisième (dâ prâmiér, sâgôd, truaziém).
D'aller et retour (dalé ê râtur).
Jusqu'à quand est-il valable? (jùçcacâ étil valabl).
Combien coûte...? (-àn cut).
Sur quelle voie? (sùr kél vua).
Je désire m'arrêter à... (jâ dêzir marêtê a).

No comboio.

Um bilhete para (ũ bilét para).
De primeira, segunda, terceira (de primâyra, segúda, terçâyra).
De ida e volta (dída i volta).
Até quando serve? (atè couâdou sèrv).

Quanto custa? (couátou couchta).
Em que linha ? (ây -lígna).
Desejo parar em... (dezâyjou parar ây).

Malle (mal).	Mala de viagem (mala de vyajãy).	Demi-place, f. (dâmi -aç).	Meio bilhete, m. (mâyou -lét).
Valise (valíz).	Mala de mão (-mãou).	Circulaire (-rcùlér).	Circular (-rcoular).
Oreiller, m. (oréié).	Almofada, f. (à-oufada).	Quai (kê).	Cais (caych).
Couverture (cuvértùr).	Manta (mãta).	Colis (colí).	Volume (vouloum).
Bagages, m. (bagaj).	Bagagens, f. (bagajãych).	Louer (luê).	Marcar (marcar).
Passeport (paçpor).	Passaporte (-çaport).	Compartiment (-ar-mã).	Compartimento (-ar-êtou).
Consigne, f. (côcinh).	Depósito (m.) de bagagens (depo-tou).	Couloir (culuar).	Corredor (courredôr).
Coin (cuàn).	Canto (cátou).	Embranchement (âbrã-mã).	Entroncamento (êtrõcamêtou).
Partir (partír).	Partir (partír).	Entrée (ãtrê).	Entrada (ẽtrada).
Arriver (ar-ê).	Chegar (-egar).	Sortie (sortí).	Saída (saída).
Arrêt, m. (aré).	Paragem, f. (parajãy).	Toilette, f. (tualét).	Toucador, m. (tôcadôr).
Gare (-r).	Estação (echtaçãou).	Place, f. (-aç).	Lugar, m. (lougar).
Halte, f. ('alt).	Apeadeiro (apyadâyrou).	Portière (por-ér).	Portinhola (pour-gnola).
Buffet (bùfé).	Restaurante (rrechtaourât).	Salle d'attente (sal datât).	Sala de espera (sala dechpèra).
Enregistrer (ârâçtrê).	Expedir (echpdír).	Supplément, m. (sù-êmã).	Sobretaxa, f. (soubretacha).
Bulletin (bùltàn).	Talão (talãou).	Départ, m. (dêpar).	Partida, f. (partída).
Indicateur, m. (àn-atâr).	Guia, f. (-ía).	Retard (râtar).	Atraso (atrasou).
		S'arrêter (sarété).	Parar (parar).
		Changer (xãgê).	Mudar (moudar).
		Couchette (cuxét).	Cama (câma).

A la douane.

Douanier (dua-é).

Avez-vous quelque chose à déclarer? (avêvu kélkâxôz a dê-arê).
Payer des droits (péié dê drua).
Ouvrir les malles (uvrír lê mal).
Voici les clefs (vuací lê -é).

Il est défendu de... (-é dêfâdù).
Défense de... (dêfâç dâ).

En voiture.

Un fiacre (ân fíacr).
Un sapin, m. (ân sapân).
Une auto, f. (unôtô).
Cocher (coxê).
Chauffeur (xôfâr).
Conduisez-moi... (-ù-ê mua).
Rue de... (rù dâ), avenue... (avnù).

Combien dois-je? (-ân duaj).
Combien me coûtera?... (-ân mâ cutra).
Avez-vous la monnaie de...? (avêvu la moné dâ).
Gardez la monnaie (gardê).
Montrez-moi le tarif (-rê mua lâ tarif).
C'est trop (cé trô).
Un sergent de ville (ân sérjã dvil).

Le pourboire (lâ purbuar).

A l'hôtel.

Je désire une chambre (jâ dêzír ùn xâbr).
Au un lit, à deux lits (a ân li, a dâ -).

Pouvez-vous me recommander un hôtel? (puvê vu mâ rãcomãdé ânnotél).
Combien coûte...? (-cut).
La chambre seule (- sâl).
Y compris le service (i -rí lâ sérvíç).
Avez-vous une chambre moins chère? (-muàn xér).
Sur la rue (sùr -).
Sur la cour (- cur).
A quel étage? (-kélêtaj).
Y a-t-il un ascenseur? (iatil ânnacaçâr).
Avec salle de bains (avéc sal dâ bàn).
Faites monter mes bagages (fét -ê mê bagaj).

Na alfândega.

Guarda de alfândega (gouarda dàlfâdega).

Tem alguma coisa para declarar? (tãy à-ouma côyza para de-arar).
Pagar direitos (pagar -râytouch).
Abrir as malas (abrír ajmalach).
Aqui estão as chaves (akichtãou achavch).

É proibido... (è prou-ídou).
É proibido...

No carro.

Um trem (ũ trãy).
Uma tipóia, f. (ouma -oya).
Um automóvel, m. (aoutoumovèl).
Cocheiro (couchâyrou).
Motorista (moutourichta).
Leve-me (lèvm a).
Rua de... (rroua de), avenida... (avnída).

Quanto lhe devo? (couãtou le dêvou).
Quanto me custará? (- me couchtara).
Tem troco de...? (tãy trôcou de)

Fique com o troco (fícceõoutrôcou).
Mostre-me a tarifa (mochtrmatarifa).
É demais (è demaych).
Um guarda (-gouarda), um polícia (-poulícya).

A gorjeta (a gourjéta).

No hotel.

Desejo um quarto (dezâyjũcouartou).
Com uma cama, com duas camas (-douach câmach).

Pode recomendar-me um hotel? (pod recoumẽdar mũ otèl).
Quanto custa...? (conchta).
Só o quarto (sõ ou -).
Incluindo o serviço (ĩ-ouĩdoucerviçou).
Tem um quarto mais barato? (-mayjbaratou).
Para a rua (para-).
Para o pátio (-raou patyou).
Em que andar? (ây kyãdar).
Há elevador? (a ilevadôr).

Com casa de banho (-caza dbâgnou).
Mande subir a minha bagagem (mãd soubír a mígna bagajãy).

A quelle heure le déjeuner ? (a kélár lâ déjânê).
Et le dîner? (ê lâ -ê).
Pour mon petit déjeuner, je désire du café au lait, du chocolat, du thé (pur - pâtí - dù café ô lé, - xôcôla, - tê).
Veuillez me réveiller... (vâiié mâ rêvéiié).
Régler ma note (rê-é ma not).

Veuillez faire porter mes bagages à la gare (vâié fér porté mê bagaj a la gar).

A que horas é o almoço? (akyoraz è ou àlmóçou).
E o jantar? (i ou jâtar).
Para o meu pequeno almoço desejo café com leite, chocolate, chá (-méou pkénou àlmóçou dezáyjou café - lâyt, choucoulat, cha).
Faça o favor de despertar-me... (faça ou favór de dechpertarm).
Pagar a minha conta (pagar a migna cóta).
Queira mandar levar a minha bagagem à estação (káyra mádar levar a migna bagajây achtaçáou).

Au restaurant.

Je désire déjeuner (jâ dèzir déjânê).
Un couvert (ân cuvér).
A la-carte (a la cart).
A prix fixe (apri fikç).
Je suis pressé (- sùi prêcé).
Garçon, l'addition (garçó la-ció).

Plat, m. (pla).
Assiette, f. (aciét).
Serviette, f. (sérviét).
Verre (vér).
Cuiller (cùiér).
Fourchette, f. (furxét).
Tasse (taç).
Bouteille (butéi).
Pain (pàn).
Vin blanc, rouge (vàn -â, ruj).

Bière (-ér).
Cidre m. (cidr).
Potage, m. (pôtaj).
Viande (-âd).
Poisson (puaçó).
Dessert, m. (dêcér).
Rôti (r-i).
Beurre (bâr).

Bifteck (-ék).
Bœuf, m. (bâf).
Mouton (mutô).

Veau, m. (vô).
Porc (por).
Sauce, f. (sôç).

No restaurante.

Desejo almoçar (dezáyjou àlmouçar).
Um talher (û talèr).
À lista (a lìchta).
A preço fixo (a préçou fíkçou).
Tenho pressa (táygnou préça).
Traga a conta (traga côta).

Travessa, f. (travèça).
Prato, m. (pratou).
Guardanapo, m. (gouardanapou).
Copo (copou).
Colher (coulèr).
Garfo, m. (garfou).
Chávena (chavna).
Garrafa (garrafa).
Pão (páou).
Vinho branco, tinto (vignou brácou, tìtou).
Cerveja (cerváyja).
Cidra f. (cídra).
Sopa, f. (sôpa).
Carne (carn).
Peixe (pâych).
Sobremesa, f. (soubrméza).
Assado (açadou).
Manteiga (mâtáyga).
Bife (bif).
Vaca, f. (-a).
Carneiro (carnâyrou).
Vitela, f. (-éla).
Porco (pórcou).
Molho, m. (môlou).

Œufs frits, à la coque (â fri, a la cok).
Omelette (omlét).
Légume (lègùm).
Pomme de terre (pom dâ tér).
Haricot ('aricô).
Pois, m. (pua).
Chou, m. (xu).
Riz (ri).
Pois chiche (pua xix).
Macaroni (macaroni).
Salade (salad).
Cornichon (cor-xô).

Moutarde (mutard).
Sel (sél).
Poivre, m. (puavr).
Olive (oliv).
Huile, f. (ùil).
Vinaigre (-égr).
Mayonnaise (-onéz).
Entremets (ãtrâmé).

Ovos estrelados, cozidos (avouzechtreladouch, couzidouch).
Omeleta (omlèta).
Legume (legoum).
Batata (batata).
Feijão (fâyjáou).
Ervilha, f. (irvìla).
Couve, f. (côv).
Arroz (arrôch).
Grão (gráou).
Macarrão (macarráou).
Salada (salada).
Pepino pequeno (pepinou pekénou).
Mostarda (mouchtarda).
Sal (sàl).
Pimenta, f. (-êta).
Azeitona (azâytôna).
Azeite, m. (azâyt).
Vinagre (-agr).
Maionese (mayounèz).
Prato do meio (pratou dou mâyou).

Côtelette (-tlét).	Costeleta (couchtléta).
Filet (-é).	Lombo (-ou).
Lard (lar).	Toucinho (tô-gnou).
Entrée (ātrê).	Entrada (ētrada).
Jambon (jābō).	Presunto (prezūtou).
Poulet (pulé).	Frango (frāgou).
Crème f. (crém).	Creme, m. nata (crèm, nata).
Fruits, m. (frùi).	Fruta, f. (frouta).
Poire (puar).	Pêra (péra).
Pêche, f. (péx).	Pêssego, m. (péçgou).
Perdreau, m. (pérdrô).	Perdiz, f. (perdich).
Dindon (dàndō).	Peru (perou).
Huîtres (ùìtr .	Ostras (ôchtrach).
Hors-d'œuvre (ordâvr).	Acepipes (açpípch)
Fromage (fromaj).	Queijo (câyjou).
Glace, f. (-çt.	Gelado, m. (jeladou).
Raisins, m. (rézān).	Uvas, f. (ouvach).
Café (café).	Café (café).
Sucre (sùcr).	Açúcar (açoucar).
Tilleul, m. (tiāāl).	Tília, f. (-ya).
Liqueur, f. (-xâr).	Licor, m. (-ôr).
Gâteau (gatô).	Pastel (pachtèl).
Melon (mālō).	Melão (melāou).
Pomme (pom).	Maçã (maçā).
Pouding (pudāng).	Pudim (poudī).

Dans la rue.

Où y a-t-il une station de voitures? (u iatìl ùn çtaciō dâ vuatùr).
Par où va-t-on à...? (par u va-).
Pardon, Monsieur ou Madame, est-ce le chemin de...? (pardō, mâciâ, madam, éç lâ xmān dā).
Suivez tout droit (sùivê tu druа).
A main droite (a màn druat).
A gauche (a gôch).
Tournez à... (turné a).
La première, seconde, troisième rue (la prāmiér çgōd, truaziém rù).
Où est la poste? (u é la poçt).
Le musée (lâ mùzé).
L'église (lēglìz).
Quel tramway faut-il prendre pour aller à...? (kél tramué fôtil prādr pur alé a).
Où faut-il descendre? (u - déçādr).
Le métro (-mêtrô).

Na rua.

Onde há uma praça de carros? (ōdya ouma praça de carrouch).
Por onde se vai a...? (pour ōd cvay a).
Desculpe o senhor ou a senhora; é este o caminho para...? (dechcoulp ou çgnôr, a çgnôra; è écht ou camīgnou para).
Siga a direito (siga dirāytou).
À mão direita (a māou dirāyta).
À esquerda ʃachkérda).
Volte à... (vǫlta).
A primeira, segunda, terceira rua (a primāyra, segúda, terçāyra rrowa).
Onde é o correio? (ōdyé ou courrāyou).
O museu (ou mouzéou).
A igreja (a igrāyja).
Que eléctrico se deve tomar para ir a...? (kilètricou çdèv toumar para ir a).
Onde se deve descer? (ōd - dechcér).
O metropolitano (ou metroupou-ânou).

A la poste.

Je désire un timbre de... (jâ dēzir ân tānbr dā).
Je désire envoyer un télégramme (-âvuaiiē ân télēgram).
Ai-je une lettre à la poste restante? (éj ùn létr ala poçt réçtāt).

No correio.

Quero um selo de... (kèrūcélou de).
Quero mandar um telegrama (-rou mādr ũ telgrāma).
Tenho uma carta na posta restante? (tāygnouma carta na pochta rrechtāt).

Une carte postale (- cart poçt*a*l).
Le courrier est arrivé (lâ curi*é* étari*vé*).
Recommander une lettre (râcomâd*ê* ùn lét*r*).
Avez-vous des papiers? (avêv*u* dê papi*é*).
La cabine téléphonique (- têlêfon*i*k).

Um bilhete postal (ũ -l*é*t pouchtǎl).
Chegou o correio (chegô ou courr*â*you).
Registar uma carta (**r**rejicht*ar* o*u*ma c*a*rta).
Tem papéis? (tãy pap*è*ych).
A cabine telefónica (a - tel*fo*-a).

En visite.

Monsieur X demeure-t-il ici? (mâci*â* ... dmârt*i*l-).
Monsieur ... est-il chez lui? (-éti*l* xê l*ùi*).
Voici ma carte (vuac*í* ma c*a*rt).

Je passerai demain (- paç*r*ê dmàn).
Quand reviendra-t-il? (cã râviàndr*a*-).
Où puis-je le voir maintenant? (u p*ùi*j lâ v*ua*r màntân*â*).

De visita.

Vive aqui o senhor...? (viva*k*i ou çgn*o*r).
O senhor... está em casa? (- cht*a* ãy c*a*za).
Eis o meu cartão (*â*yzoum*é*ou cartã*ou*).
Passarei amanhã (paçar*ǎy* amagn*ã*).
Quando voltará? (co*uã*dou voltar*a*).
Onde posso vê-lo agora? (ôd poçou vélou ag*o*ra).

Dans un magasin.

Je désire (jâ dêz*i*r).
De bonne qualité (dâ b*o*n ca-*ê*).
C'est trop cher (sé trô xér).
Meilleur marché (méii*â*r marx*ê*).
Grand (gr*ã*), petit (pât*í*).
Large (la*r*j), étroit (êtr*u*a).
Long (lõ), court (cur).
Couleur (cul*â*r) : blanc (bl*ã*), noir (n*ua*r), rouge (ruj), bleu (bl*â*), jaune (jôn), vert (v*é*r), violet (viol*é*).
Combien coûte...? (-*à*n cut).
Envoyez-moi... (ãvuai*ê* m*ua*).

Num armazém.

Queria (cr*i*a).
De boa qualidade (dbô*a* coua-d).
É muito caro (è m*ũy*tou c*a*rou).
Mais barato (m*ay*jbar*a*tou).
Grande (gr*ã*d), pequeno (pk*é*nou).
L*a*rgo (-ou), estreito (echtr*ây*tou).
Comprido (-r*í*dou), curto (c*our*tou).
Cor (côr) : branco (br*â*cou), preto (pr*é*tou), encarnado (ẽcarn*a*dou), azul (*a*zoul), amarelo (amar*è*lou), verde (v*é*rd), roxo (r*rô*chou).
Quanto custa? (co*uã*tou c*ou*chta).
Mande-me (m*â*dme).

Au bureau de tabac.

La fumée vous dérange-t-elle? (la fùm*é* vu dêr*â*jt*é*l).
Du feu, s'il vous plaît (dù fâ, sil vu pl*é*).

Cigarette, f. (-ar*é*t).
Cigarro, m. (-*a*rrou).
Pipe, f. (pip).
Cachimbo, m. (cach⁻bou).
Allumettes, f. (alùm*é*t).
Fósforos, m. (f*o*chfourouch).

Na tabacaria.

O fumo incomoda-o? (ou f*ou*mou ícoumod*a*ou).
Faz favor dá-me lume? (fach fav*ô*r dam loum).

Tabac (tab*a*)
Tabaco (tab*a*cou).
Paquet (pak*é*).
Maço (m*a*çou).
Cigare (-r).
Charuto (char*ou*tou).

Chez le coiffeur.

Je désire me faire raser (jâ dêzi*r* mâ fé*r* razé).
Que vous me coupiez les cheveux (kâ vu mâ cupié lê xvâ ¹).
Que vous me rafraîchissiez les cheveux (-rafré-*ê* lê -).

Moustache, f. (muçt*ach*). Bigode, m. (-o*d*).
Favori, m. (favo*ri*). Patilha, f. (pat*í*la).
Savon (sav*ô*). Sabão (sab*ãou*).
Peigner (pénh*é*). Pêntear (pêty*ar*).
Friction (frikci*ô*). Fricção (frikç*ãou*).
Parfum (parf*ân*). Perfume (p*e*rfoum).
Friser (frizé). Frisar (friz*ar*).

No barbeiro.

Quero fazer a barba (kèrou fazé*r* a ba*r*ba).
Que me corte o cabelo (kme co*r*t ou cab*é*lou).
Que me apare o cabelo (kmyap*ar*-).

Onduler (-ùl*é*). Ondular (-oul*ar*).
Tailler (taii*é*). Cortar (court*ar*).
Laver (lav*é*). Lavar (lav*ar*).
Shampooing (xã- Champô (-āp*ô*).
    puán).
Brillantine (briiã- Brilhantina (brilã-
    tín). tína).

Chez le médecin.

J'ai mal à... (jê -).
Je ne me trouve pas bien (-nmâ truv pa bi*ân*).
Mal à... la tête etc. (-tét).

J'ai pris froid (jê p*r*i fru*a*).

J'éprouve... (jêp*r*uv).

Fièvre (-évr). Febre (fébr).
Toux (tu). Tosse (toç).
Rhume, m. (rùm). Constipação, f. (-ch-—aç*ãou*).
Évanouissement Desmaio (dej-
    (évanu-*ã*). ma*y*ou).
Lourdeur, f. (lur- Peso, m. (pézou).
    d*ê*r).
Indigestion (àn- Indigestão (i-ech-
    -éç-). t*ãou*).
Furoncle (fùr-). Furúnculo (fourũ-coulou).
Bouton, m. (but*ô*). Borbulha, f. (bour-boula).
Rhumatisme (rù- Reumatismo (rré-
    -çm). oumatíjmou).
Migraine (-rén). Enxaqueca (écha-kéca).
Névralgie (nêvr-*i*). Nevralgia (nvràl-g*i*a).
Arracher (arax*é*). Arrancar (arr*ã*c*ar*).
Cor (cor). Calo (calou).

No médico.

Dói-me (do*y*m).
Não me sinto bem (n*ãou* mc*ī*tou b*ã*y).
Dores de cabeça, etc. (dô*r*j d*e* cab*é*ça).

Apanhei um resfriamento (apagn*ây* ũ rr*e*chfriam*ẽ*:ou).
Sinto... (s*ĩ*tou).

Chaga (-cha).
Ferir (fr*ir*).
Ferida (fr*i*da).
Dentista (dẽt*í*chta).
Dente, m. (dẽt).
Moelar, f. (mo-   Queixal, m. (cây-
    l*é*r). chàl).
Plomber (-*ê*). Chumbar (chũb*ar*).
Potion (poci*ô*). Poção (pouç*ãou*).
Poudre, f. (pu*e*r). Pó, m. (po).
Pilule (-*ù*l). Pílula (-oula).
Pastille (paçt*íã*). Pastilha (pach-la).
Teinture (tànt*ù*r). Tintura (titoura).
Comprimé (côōr-   Comprimido (-r-
    -*é*). -ou).
Coton (cot*ô*). Algodão (àlgou-d*ãou*).
Purge (pùrj). Purga (p*ou*rga).
Abcès (abc*é*). Abcesso (abcèçou).
Douleur (dul*âr*). Dor (dô*r*).
Sirop (-rô). Xarope (ch*a*rop).

Plaie (plé). Blesser (-éç*é*). Blessure (-éç*ù*r). Dentiste (dãt*i*çt). Dent, f. (dã).

Sur la route.

A quelle distance suis-je de...? (-ç--t*à*ç sùij dâ).
Par où va-t-on à...? (par u vat*ô* -).

Na estrada.

A que distância estou de...? (akdich-t*â*cya cht*ô* d*e*...).
Por onde se v*ai* a...? (pour - v*ay* a).

— 755 —

Est-ce le chemin de... ? (éç lâ xmàn-).		É o caminho para... ? (é ou camígnou para).
La route est-elle bonne? (la rut étél bon).		A estrada é boa? (achtrada è bôa).
Y a-t-il un réparateur d'autos à...? (iatíl ân rê-ratúr dôtô-).		Fazem reparações de automóveis em...? (fazãy rreparaçõyj daoutou-movâyz ãy).
Où puis-je faire réparer ma voiture? (u puìj fér rêparé ma vuatùr).		Onde posso mandar consertar o meu carro? (-poçou mãdar -ertar ou méou carrou).
Mettez le moteur en marche (-té lâ motúr ã marx).		Ponha o motor em andamento (pôgna ou moutor ãy ãdamétou).
Les changements de vitesse se font mal (lé xãjmã - viteç-).		As mudanças funcionam mal (-moudãça-fũ-onãou).
La portière ne tient pas fermée (la portièr-tién-férmé).		A porta não fecha bem (-porta nãou fây-a bãy).
Les accus sont à plat (lê acù-pla).		Os acumuladores estão descarregados (-acoumuladórz echtãou dechcarregadouch).
Appuyez sur la pédale (apùié cùrpédal).		Carregue no pedal (carre-nou-).
Où y a-t-il un poste d'essence? (upoçt déçãç).		Onde há um posto de gasolina? (-pôchtou-gazoulína).
Mettez dix litres d'essence (lítrá déçãç).		Meta dez litros de gasolina (-dèch lítrouch).
Nettoyez mes bougies (nétuaié mê bují).		Limpe as velas (lĩpajvèlach).
Ce pneu est dégonflé; regonflez-le (çâ pnâ-dê-é rã-êlã).		Este pneu está vazio; encha-mo (-pnéou-vazíou; ê-amou).
Prenez le volant (-nê-olã).		Pegue no volante (nou voulãt).
Où y a-t-il une auberge? (-ùn ô-r-).		Onde há uma pousada? (- a ouma pôzada).
Où pourrais-je trouver à manger? (-puréj truvé a mãjé).		Onde poderei arranjar de comer? (- poudrây arrãjar dcoumér).
Arrêtez! (arété).		Pare! (par).
Où allez-vous? (- alé vu).		Onde vai?
D'où venez-vous? (du vnê vu).		Donde vem? (dõd vãy).
On ne passe pas par ici (-pa par-).		Não se passa por aqui (nãou çpaça pour akí).
Avez-vous vos papiers? (avé vu vô papié).		Tem os seus papéis? (tãy ouch séouch papéych).
Dresser procès-verbal (drécé procé vérbal).		Levantar auto (levãtar aoutou).
Encourir une amende (ácurír ùn amãd).		Incorrer em multa (ícourrér ãy moulta).

Essence (éçãç).	Gasolina (gazou-a).	Chambre (xãbr).	Câmara (cãmara).
Huile, f. (ùil).	Óleo, m. (olyou).	Gonfler (-é).	Encher (êchér).
Graisse (gréç).	Massa lubrificante (-a loubr-ãt).	Panne (pan).	Avaria (avaría).
		Crevé (crâvé).	Rebentado (rebétadou).
Eau (ô).	Água (oua-).		
Bidon, m.	Lata, f. (-ta).	Dégonflé (dê-é).	Esvaziado (ejvazyadou).
Pétrole (pêtrol).	Petróleo (ptrolyou).		
Vaseline (vazlín).	Vaselina (vaz-a).	Réparation, f. (réparaciô).	Conserto, m. (-értou).
Bouchon (bu-).	Tampão (tãpãou).		
Pneu (pnâ).	Pneu (pnéou).	Caler (calé).	Calçar (cálçar).

Rater (rat*é*). Falhar (fal*ar*). Lanterne (lãtér*n*). Lanterna (lãtèr*n*a).
Cogner (conh*é*). Bater (bat*ér*). Radiateur (ra- Radiador (radya-
Chauffer (xôf*é*). Aquecer (akèc*ér*). -atár). dôr).
Déréglé (dêrê- Desarranjado (de- Phare (far). Farol (far*ol*).
glé). zarrãjadou). Capot m. (cap*ô*). Capota, f. (cap*ot*a).
Châssis (xaci). Fíxe (-ch), quadro Commande, f. (co- Comando, m. (cou-
(couadrou). mãd). mãdou).
Essieu (éci*â*). Eixo (*â*ychou). Tambour (tãbu*r*). Tambor (tãbôr).
Moyeu (muai*â*). Cubo (coubou). Carrosserie (car*o*- Carroçaria (carrou-
Fusée (fùz*é*). Porca (p*o*rca). -çr*í*). çar*ía*).
Gripper (grip*é*). Gripar (grip*ar*). Réservoir (rêzér- Reservatório (rre-
Allumage, m. (alù- Ignição, f. (ighni- vuar). zervatoryou).
maj). çãou). Moteur (motâr). Motor (moutôr).
Bougies (bují). Velas (vèlach). Cylindre (-àndr). Cilindro (cl*í*drou).
Delco (délcô). Bateria (batr*í*a). Bielle (-él). Biela (-èla).
Étincelle (êtãn- Faísca (faíchca). Soupape (supap). Válvula (vàlvoula).
cél). Course, f. (cur*ç*). Percurso, m. (per-
Charbon (xar-). Carvão (carv*ã*ou). coursou).
Balai, m. (balé). Escova, f. (ech- Roulement (rùl- Rolamento (rroula-
côva). mã). métou).
Dynamo (-am*ô*). Dínamo (-amou). Bille (b*í*l*â*). Esfera (echfèra).
Avance, f. (avãç). Avanço, m. (avã- Chaîne (xén). Corrente (courr*ét*).
çou). Cuir (cùir). Coiro (côyrou).
Retard (râtar). Atraso (atrazou). Pignon (-nhô). Carreto (carrétou).
Accélérateur (ak- Acelerador (açlera- Distribution (diç- Distribuição (dich-
célêratár). dôr). tribuciô). tribouiçãou).
Carburateur (car- Carburador (car- Pivot (-ô). Eixo (*â*ychou).
bùratár). bourad*ôr*). Coupe-circuit (cup Corta-circuito (cor-
Tige (tij). Haste (acht). -rcù*í*). ta-rcouytou).
Échappement Escape (ech-). Marche, f. (-rx). Andamento, m.
(ê-ã). (ãdamétou).
Arbre (arbr). Veio (vâyou). Embrayer (ãbré*ié*). Embraiar
Gicleur (-âr). Pulverizador (poul- (ẽbrâyar).
vrizadôr). Débrayer (dã- Desembraiar (de-
Pointeau (puãntô). Punção (pùçãou). bré*ié*). zẽ-).
Boucher (bux*é*). Tapar (tap*ar*). Démarrer (dã- Arrancar (arrãcar).
Accumulateur (acù- Acumulador (acou- maré).
mùlatâr). mouladôr). Reculer (râcùl*é*). Recuar (rrecouar).
Charger (xarj*é*). Carregar (carre- Avancer (avãc*é*). Avançar (avãçar).
gar). Vitesse (-éç). Velocidade (vlou-).
Roue (ru). Roda (rro*d*a). Déraper (dêrap*é*). Derrapar (derra-
Frein (frãn). Travão (travãou). par).
Volant (volã). Volante (voulãt). Ralentir (ralãt*ír*). Abrandar (abrã-
Levier, m. (lâviê). Alavanca, f. (ala- dar).
vãca). Virage, m. (-r*a*j). Curva, f. (courva).
Changement (m.) Mudança (f.) de Côte (côt). Ladeira (ladâyra).
de vitesse (xãj- velocidade (mou- Direction (-rékc*tô*). Direcção (-rèçãou).
mãdã-). dãça de vlou-). Passage (m.) à Passagem (f.) de
Différentiel (-êrã- Diferencial (-frē- niveau (paçaj nível (paçajãy
ciél). cyàl). a -ô). de -èl).
Carter (cartér). Cárter (-rtèr). Avertisseur Avisador (-dor).
Cardan (cardã). Cardã (-rdã). (-sér).
Pédale, f. (pêdal). Pedal, m. (pedàl). Klaxon, m. (-akç*ô*). Buzina, f. (bou-na).
Manivelle (ma-él). Manivela (ma-éla). Redresser (râ- Rectificar (rè-a*r*).
Ressorts, m. Molas, f. (molach). drécé).
(rãçor). Clef (-ê). Chave.

Tournevis (turnâ--viç). Desandador (dezádadôr).
Marteau (martô). Martelo (martèlou).
Clou (-u). Prego (prègou).
Vis, f. (viç). Parafuso, m. (parafouzou).
Goupille (goupíâ). Cavilha (**cavíla**).
Boulon (buló). Perno (-ou).
Écrou, m. (ècru). Porca, f. (-rca).
Bague (bagh). Argola (**argola**).
Garde-boue (-rdâbu). Guarda - lama (gouarda-lâma).

Pour écrire une lettre.

Date : Paris, le 8 novembre 195...
En-tête : M. X..., M. Louis X..., Mme Jeanne X..., Mme veuve X..., Mlle Marie X...
Monsieur..., Madame..., Mademoiselle..., Messieurs..., Mesdames..., Mesdemoiselles...
Phrases usuelles : J'ai le plaisir de... Je me permets... J'ai le regret... Je vous prie... Ayez la bonté... Veuillez...
Finale : Veuillez agréer mes salutations distinguées [ou respectueuses (a senhoras)]... l'expression de mes sentiments respectueux [a um superior].

Para escrever uma carta.

Data : Paris, 8 de Novembro de 195...
Cabeçalho : Ex. mo Sr. X..., Ex. mo Sr. Luís X..., Ex. ma Sra. D. Joana X..., idem, Menina Maria X...
Caro Senhor..., Minha Senhora..., Menina... Caros Senhores..., Minhas Senhoras..., Meninas...
Frases usuais : Tenho o prazer de... Permito-me... Lamento... Rogo-lhe... Tenha a bondade... Queira...
Final : Com toda a consideração, sou de V. Ex.ª Atentamente... [ou bien] : Com a máxima consideração, sou de V. Ex.ª At.º, V. or e Obg.º...

— édition 1974 —

IMPRIMERIE HÉRISSEY. — ÉVREUX. — Septembre 1957.
Dépôt légal 1957 - 3e — Nº 14895. — Nº de série Éditeur 6859.
IMPRIMÉ EN FRANCE *(Printed in France)*. — 20 909 A-6-74.

pour l'étude du français

PETIT LAROUSSE

Le plus célèbre des dictionnaires en un volume. Cinquante ans d'expérience, et une mise à jour annuelle, en font aussi le plus complet et le plus moderne.
71 000 mots : toute la langue d'usage, les mots nouveaux, les termes techniques, les principales étymologies, les synonymes ; importante partie historique, géographique, artistique, littéraire et scientifique ; précis de grammaire ; tableaux chronologiques de l'histoire mondiale ; citations latines et étrangères (pages roses).

Un volume relié (14,5 x 21 cm), jaquette pelliculée en couleurs, 1 808 pages, 5 535 illustrations en noir, 215 cartes en noir, 56 hors-texte en couleurs dont 26 cartes, atlas de 8 pages en couleurs.

DICTIONNAIRE DES DIFFICULTÉS DE LA LANGUE FRANÇAISE

(ouvrage couronné par l'Académie française)

par Adolphe V. THOMAS. Des réponses aux questions les plus diverses concernant l'orthographe, la ponctuation, le genre et le nombre, la grammaire, la prononciation, les synonymes et paronymes, etc.

Un volume relié (13,5 x 20 cm), 436 pages.

GRAMMAIRE LAROUSSE DU FRANÇAIS CONTEMPORAIN

Par J.-Cl. CHEVALIER, Cl. BLANCHE-BENVENISTE, M. ARRIVÉ et J. PEYTARD.

1 volume (14,5 x 20,5 cm), 496 pages.

grands dictionnaires bilingues

DICTIONNAIRE MODERNE
Français-Allemand, Allemand-Français,
par Pierre Grappin, professeur à la Sorbonne.

L'ouvrage fait bénéficier le lecteur d'une information méthodique et actuelle, tout en conservant à la langue littéraire la place qui lui revient. De très nombreuses innovations et des illustrations modernes facilitent au maximum les recherches. Relié pleine toile (14,5 x 20 cm), sous jaquette, 1 744 pages.

DICTIONNAIRE MODERNE
Français-Anglais, Anglais-Français
par M.-M. DUBOIS, maître assistant de philosophie anglaise à la Sorbonne.
De même conception et de même présentation que le volume précédent : vocabulaire riche et vivant, américanismes, prononciation en alphabet phonétique international, illustrations, etc. 1 552 pages.

en exclusivité pour la France et la Communauté:
DICTIONNAIRE SACHS-VILLATTE
Français-Allemand
Allemand-Français.

Grand dictionnaire en 2 volumes, bien connu de tous les professeurs et étudiants germanistes. Édition révisée, avec un supplément ; 2 142 pages (20 x 27 cm).